U0625684

བྱང་ཛོས་སྤྲུལ་པ་སྣེ་ཡི་ལྷ་ཁང་དུ། །གནས་ལྔ་རིག་པའི་མཐར་སོན་འཇམ་པའི་དབྱངས། །
དྲེགས་ལྡན་རྒོལ་བ་འཇོམས་པའི་དཔའ་བོ་ཆེ། །ས་སྐྱ་པཎ་ཆེན་ཞབས་ལ་གསོལ་བ་འདེབས། །

ཚར་ཆེན་བློ་གསལ་རྒྱ་མཚོས།

༩

༄༅། །དཔལ་ས་སྐྱའི་སྡོམ་གསུམ་ཕྱོགས་བསྒྲིགས་བཞུགས་སོ། །

པོད་བཞི་པ།

པཎ་ཆེན་ཤཱཀྱ་མཆོག་ལྡན་དང་ལྷ་དབང་བློ་གྲོས་མཛད།

སི་ཁྲིན་བོད་ཡིག་དཔེ་རྙིང་བསྡུ་སྒྲིག་ཁང་གིས་བསྒྲིགས།

རྒྱལ་ཁབ་དཔེ་མཛོད་དཔེ་སྐྲུན་ཁང་།

དཀར་ཆག

༄༅། །སྡོམ་པ་གསུམ་གྱི་རྣམ་པར་བཞག་པ་རྒྱ་ཆེར་བཤད་པ་ལས། སོ་སོ་ཐར་པའི་རིམ་པ་དང་པོ་རྣམ་པར་བཤད་པ་ ཞེས་བྱ་བ་བཞུགས་སོ། །

པཎ་ཆེན་ཤཱཀྱ་མཆོག་ལྡན།

སྡོམ་པ་གསུམ་གྱི་རྣམ་པར་བཞག་པ་རྒྱ་ཆེར་བཤད་པ་ལས། སོ་སོར་ཐར་པའི་རིམ་པ་དང་པོ་རྣམ་པར་བཤད་པ་ཞེས་བྱ་བ། ཐམས་ཅད་མཁྱེན་པའི་དཔལ་ལ་གུས་པས་ཕྱག་འཚལ་ལོ། །སྲིད་པའི་ཀུན་དགའ་རིང་དུ་གོམས་པའི་མཐུས། །ཉེས་པར་སྤྱོད་པའི་སྨྱོས་ཐུམ་མཐོ་ལྡན་ཞིང་། །འཁོར་བའི་རྒྱ་མཚོར་འཇུག་ལ་མངོན་དགའ་བའི། །དངོས་འཛིན་གླང་ཆེན་ཁྲོས་པའི་ཁྲི་སྟེངས་སུ། །ཡིད་ཀྱི་བསྲུབ་ཤིང་དགྱེས་པའི་དཔལ་འབར་བས། །ཀུན་ནས་དྲིགས་པའི་ལུས་ཅན་དབང་པོའི་དགྲ། །ཆོས་འདུལ་བསྒྲིངས་པའི་རྩེ་བརྒྱུས་འདུལ་མཁས་པ༔ །ཀུན་མཁྱེན་སྨྲན་སྟོང་མདའ་བ་རྒྱལ་གྱུར་ཅིག །

དེ་ལ་རྒྱལ་བའི་བསྟན་པ་དྲི་མ་མེད་པ་ལ་ལེགས་པར་ཞུགས་ནས། ཆོས་ཀྱི་རྒྱལ་པོ་བཅོམ་ལྡན་འདས་ཀྱི་གོ་འཕང་དོན་དུ་གཉེར་བ་རྣམས་ཀྱིས། བསླབ་པར་བྱ་བའི་རིམ་པ་འདི་ལ་གསུམ་ཏེ། སོ་སོར་ཐར་པའི་བསླབ་པ་དང་། བྱང་ཆུབ་སེམས་དཔའི་བསླབ་པ་དང་། རིག་པ་འཛིན་པའི་བསླབ་པ་རྣམས་སོ། །དེ་ལ་རེ་ཞིག་དང་པོར་སོ་སོར་ཐར་པ་ངོས་བཟུང་བ་དང་། དེའི་བསླབ་པར་བྱ་བ་གང་ཡིན་པ་དང་། དེ་ལ་ཇི་ལྟར་སློབ་པའི་ཚུལ་ལོ། །དང་པོ་ལ་གཉིས་ཏེ། ཉན་ཐོས་ཀྱི་སོ་སོར་ཐར་པ་དང་། བྱང་སེམས་ཀྱི་སོ་སོར་ཐར་པའོ། །དེ་གཉིས་ཀྱི་ཁྱད་པར་ནི། མན་ངག་གི་བྱེད་པའི་རྐྱེན་ཆོག་མཚུངས་ཤིང་། རང་གི་ངོ་བོ་ལུས་ངག་གི་སྤང་བྱ་སྤོང་བའི་སེམས་དཔའ་ཙམ་ཡིན་པ་ལ་ཁྱད་པར་མེད་ཀྱང་། ཉེར་ལེན་གྱི་རྒྱུ་མི་འདྲ་སྟེ། སྔ་མ་ནི་ངེས་འབྱུང་གི་བསམ་པའི་ཉེར་ལེན་ཅན་ཡིན་ལ། ཕྱི་མ་བྱང་ཆུབ་མཆོག་ཏུ་སེམས་བསྐྱེད་པ་ལས་བྱུང་བའི་ཕྱིར་རོ། །ཉན་ཐོས་དང་བྱང་སེམས་གང་ཡིན་ཀྱང་རུང་། སོ་ཐར་དང་དེའི་སྡོམ་པ་ལ་ཁྱབ་ཆེ་ཆུང་ལ་ཁྱད་པར་ཆེན་པོ་ཡོད་དེ། དང་པོ་ནི། རྐྱེན་ཆོག་ལ་ངེས་པར་མི་ལྟོས་ལ། ཕྱི་མ་ནི་ངེས་པར་དེ་ལ་ལྟོས་པའི་ཕྱིར་རོ། །དེའི་ཕྱིར། བྱང་སེམས་ཀྱི་སྡོམ་པ་བླངས་ན་བྱང་སེམས་ཀྱི་སོ་ཐར་ནི་ངེས་པར་སྐྱེ་བ་ཡིན་ཏེ། དེའི་ཚེ་ན་གཞན་དོན་དོན་གཉེར

གྱི་བསམ་པས་ཉེར་ལེན་བྱས་པ་ལས་བྱུང་བའི་གཞན་ལ་གནོད་པ་གཞི་དང་བཅས་པ་སྤོང་བར་འདོད་པའི་སེམས་བྱུང་སེམས་པ་དེ་ངེས་པར་སྐྱེ་བའི་ཕྱིར་རོ། །དེའི་ཚེ་ན་བྱང་སེམས་ཀྱི་སོ་ཐར་སྡོམ་པ་ནི་སྐྱེ་བར་མ་ངེས་ཏེ༑ དེ་ནི་ཆོ་གའི་ཡན་ལག་རྣམས་ངེས་པར་ཚང་བ་ལ་ལྟོས་པའི་ཕྱིར། དེ་ལ་ཉན་ཐོས་ཀྱི་སོ་ཐར་སྡོམ་པའི་ངོ་བོ་ནི༑ བྱེ་བྲག་ཏུ་སྨྲ་བས་གཟུགས་ཅན་དུ་འདོད་ཀྱང་། རང་རང་གི་ཐོབ་རྒྱུས་ཐོབ་ཅིང་གཏོང་རྒྱུས་གཏོང་བའི་གླིང་གསུམ་གྱི་སྐྱེས་པ་དང་། བུད་མེད་གང་རུང་གི་རྟེན་ཅན་དུ་ངེས་པའི་སེམས་བྱུང་སེམས་དཔའ་གཅིག་གི་ངོ་བོར་གནས་པ་ཡིན་ནོ། །དེ་ཡང་དཔེར་ན། དགེ་སློང་གི་སྡོམ་པའི་ངོ་བོ་ནི། རྒྱུ་གསོལ་བཞིའི་ཆོ་ག་མཚན་ཉིད་དང་ལྡན་པ་ལས་ཐོབ་ཅིང་། ཤི་འཕོས་མ་ཐག་ཏུ་གཏོང་བར་ངེས་པའི་སེམས་པ་རྒྱུན་ཆགས་པ་ཅིག་ཡིན་ནོ། །དེ་ཉིད་བྱང་ཆུབ་མཆོག་ཏུ་སེམས་བསྐྱེད་པའི་ཚེ། བྱང་སེམས་ཀྱི་སོ་ཐར་ཙམ་དུ་འགྱུར་གྱི། དེའི་སྡོམ་པ་འགྱུར་བ་ནི་མ་ཡིན་ཏེ། སོ་ཐར་གྱི་སྡོམ་པ་ནི། རྐྱེན་ད་ལྟར་གྱི་ཆོ་ག་དེ་ཁོ་ན་ལ་ལྟོས་པའི་ཕྱིར། ཅི་སྟེ་སོ་ཐར་སྡོམ་པའི་ངོ་བོ་སེམས་བྱུང་དུ་འདོད་ན་ཆོས་ཀྱི་རྗེས། སེམས་ལ་སྐྱེ་ཕྱིར་གཟུགས་ཅན་མིན། །དེས་ན་ཇི་སྲིད་སེམས་མ་ཉམས། །དེའི་བར་དུ་སྡོམ་པ་ཡོད། །ཅེས་གསུངས་པ་ལྟར་བྱང་ཆུབ་བར་དུ་མི་ཉམས་པར་ཐལ་ལོ་ཞེ་ན། སེམས་མ་ཉམས་ཀྱི་བར་དུ་འཛིན་པར་ཁས་བླངས་སོ་ཞེ་ན། བདེན་མོད་ཀྱི། སོ་ཐར་སྡོམ་པ་ནི་དེའི་བར་དུ་ཁས་མ་བླངས་པའི་ཕྱིར་རོ། །སྡོམ་པ་གཟུགས་ཅན་ཡིན་པའི་ཕྱིར། །ཤི་བའི་ཚེ་ན་སྡོམ་པ་གཏོང་ཞེས་བཤད་པ་མ་ཡིན་ནམ་ཞེ་ན། དེ་ནི་བྱེ་བྲག་སྨྲ་བའི་འདོད་པ་ཉེ་བར་བཟུང་ནས་བཤད་པ་ཡིན་ལ། དོན་ལ་གནས་པའི་ཕྱོགས་སམ། མདོ་སྡེ་པ་ཡན་ཆད་ཀྱི་འདོད་པ་ནི། ཤི་ནས་ཁས་བླངས་མེད་པའི་ཕྱིར། །ཤི་བའི་ཚེ་ན་སྡོམ་པ་གཏོང་། །ཞེས་པར་འགྱུར་རོ། འོན་སྡོམ་པ་གསུམ་རིམ་པར་ནོས་པའི་དགེ་སློང་གི་རྒྱུད་ལ། དགེ་བསྙེན་དང་དགེ་ཚུལ་གྱི་སྡོམ་པ་ཇི་ལྟར་ལྡན་ཞེ་ན། རྫས་གཅིག་ཏུ་ལྡན་ཏེ། དེའི་རྒྱུད་ལ་གསུམ་ཀ་ལྡན་པ་ནི། གང་ཟག་གི་སྤང་བྱ་ལྔ་སྤོང་བའི་སེམས་པ་དང་། སྤང་བྱ་བཅུ་སྤོང་བའི་སེམས་པ་དང་། སྤོང་བདུན་འཁོར་དང་བཅས་པའི་སེམས་པ་གསུམ་པོ་རྫས་ཐ་དད་པར་ལྡན་པ་འགལ་བའི་ཕྱིར་ཏེ། གཙོ་སེམས་གཅིག་གི་འཁོར་དུ་སེམས་བྱུང་རིགས་མཐུན་རྫས་གཞན་གཉིས་ཅིག་ཅར་དུ་འབྱུང་བ་འགལ་བའི་ཕྱིར། དེའི་རྒྱུད་ལ་གསུམ་ཀ་ལྡན་པ་ཡིན་ཏེ༑ གསུམ་ཀ་ཐོབ་རྒྱུས་ཐོབ་ནས་གཏོང་རྒྱུས་མ་གཏང་བའི་ཕྱིར། འོན་སྡོམ་གསུམ་ལྡན་པའི་དགེ་སློང་དེས་དགེ་སློང་གི་སྡོམ་པ་ཕུལ་བའི་ཚེ། སྡོམ་པ་སྔ་མ་གཉིས་ཀྱང་ཕུལ་བར་འགྱུར་ཏེ། དེའི་རྒྱུད་ཀྱི་གསུམ་ཀ་ངོ་བོ་གཅིག་པའི་ཕྱིར་ཅེ་ན། ཉེས་པ་མེད་སྟེ། རྫས་སེམས་པ་གཅིག་པོ་དེའི་སྟེང་ན། ལྡོག་པའི་ཆ་ཐ་དད་པ་གསུམ་གནས་པའི་ཕྱིར་དཔེར་ན། གྲི་ལྷ་བུའི་རྫས་གཅིག་བདག་པོ་ཐ་དད་པ་གསུམ་གྱིས་བཟུང་བ་བཞིན་ནོ། །

གཉིས་པ་དེའི་བསླབ་བྱ་ལ་གཉིས་ཏེ། སྤང་བྱ་ལྡོག་པའི་བསླབ་པ་དང་། ཉམས་སུ་བླང་བྱ་འཇུག་པའི་བསླབ་པ་གཉིས་སོ། །དང་པོ་ལ་རྐང་གྲངས་ངོས་བཟུང་བ་དང་། དེས་བསླབ་པ་ལ་ཇི་ལྟར་གནོད་པ་བྱེད་པའི་ཚུལ་དང་། དེ་ཕྱིར་བཅོས་པའི་ཐབས་ལ་དོགས་པ་དཔྱད་པའོ། །དང་པོ་ལ་སྡེ་ཚན་ལྔ་ནི། ཕམ་པ། ལྷག་མ་ལྟུང་བྱེད་སོར་བཤགས་ཉེས་བྱས་སོ། །དང་པོ་ལ་བཞི་སྟེ། སོ་སོར་ཐར་པའི་མདོར། མི་ཚངས་སྤྱོད་དང་རྐུ་བ་དང་། །མི་ལ་བསད་པར་མི་བྱ་ཞིང་། །རྫུན་དུ་སྨྲ་དང་བཅས་པ་ཡིས། །ཆོས་བཞི་འདིར་ནི་གསུངས་པ་ཡིན། །ཞེས་སོགས་ཇི་ལྟར་གསུངས་པའི་རིམ་པ་བཞིན་སྒྲོལ་བར་བྱའོ། །དེ་ལ་དང་པོ་མི་ཚངས་སྤྱོད་ཀྱི་ཕམ་པ་ལ་གླེང་གཞི་ནི། སྟོན་པ་མངོན་པར་རྫོགས་པར་སངས་རྒྱས་ནས། །ལོ་བཅུ་གཉིས་ཀྱི་བར་དུ་བཅའ་བ་མ་མཛད་ལ༑ བཅུ་གསུམ་པ་ལ་དགེ་སློང་བཟང་སྦྱིན་གྱིས་ཆུང་མ་ལ་མི་ཚངས་པར་སྤྱད་པ་ལས། བསླབ་པའི་གཞི་དང་པོ་འདི་བཅའ་བར་མཛད་དོ། །དེ་ལྟར་ན་ཡང་དགེ་སློང་བཟང་སྦྱིན་ལ་ནི་ལྟུང་བ་འདི་མ་བྱུང་སྟེ། དེས་བཅས་པ་ལས་མ་འདས་པའི་ཕྱིར་རོ། །དེའི་ཕྱིར་ལས་དང་པོ་པ་ལ་ལྟུང་བ་མེད་ཅེས་བྱའོ། །དེས་ན་བསླབ་པ་འཆའ་བའི་སྐད་ཁ་གླེང་གཞི་ནི་དྲུག་སྡེ་ལ་མཛད་ཀྱང་དྲུག་སྡེས་ནི་བསླབ་པའི་གཞི་ཕྲ་མོ་ཙམ་ལས་འགལ་བར་མ་བྱས་སོ། །འོན་གང་བྱས་པས་ཕམ་པ་དང་པོར་འགྱུར་ཅེ་ན། འདི་ལ་ལྟུང་བ་ཐམས་ཅད་ཀྱི་ཡན་ལག་ཐུན་མོང་བ་དང་། ཐུན་མོང་མ་ཡིན་པ་གཉིས། དང་པོ་ལ་རྟེན་དགེ་སློང་གི་སྡོམ་པ་གསོ་རུང་ཡན་ཆད་དང་ལྡན་པ་བསླབ་པ་བཅས་པ་དང་འབྲེལ་བ་ཤེས་པ་རང་བཞིན་དུ་གནས་པ་དང་གསུམ་དགོས་སོ། །

གཉིས་པ་ལ། གཞིའི་ཡན་ལག །བསམ་པའི་ཡན་ལག །སྦྱོར་བའི་ཡན་ལག །མཐར་ཐུག་བཞི་ཚང་དགོས་པ་ལས། དང་པོ་ནི། བགྲོད་པར་བྱ་བའི་ཡུལ་སྐྱེས་པའམ། བུད་མེད་དུད་འགྲོ་སོགས་ཀྱི་རྨའི་སྒོ་གསུམ་གང་རུང་མ་ཉམས་པ་སྤྲོད་པར་ནུས་པ། སྤྲོད་པར་བྱེད་པ་ནི། རང་རྒྱུད་དུ་གཏོགས་པའི་ནོར་བུ་ནད་མེད་པ་ལས་སུ་རུང་བའོ། །བསམ་པ་ནི། བདེ་བ་མྱོང་བར་འདོད་པས་སོ། །སྦྱོར་བ་ནི་རེག་ཅིང་རྩོལ་བས་སོ། །མཐར་ཐུག་བདེ་བ་ཉམས་སུ་མྱོང་བས་སོ། །

གཉིས་པ་མ་བྱིན་ལེན་ལ། ཡན་ལག་ཐུན་མོང་བ་ནི་སྔ་མ་དང་འདྲ། ཐུན་མོང་མ་ཡིན་པ་ལ་གཞིའི་ཡན་ལག་ནི། ཡུལ་རང་ལས་རྫས་ཐ་དད་པའི་མིའི་འགྲོ་བ་པ་ཡིན་ལ། དངོས་པོ་ཁ་ཟས་སུ་བྱས་པ་མིན་པ་རིན་ཐང་ཚང་བ། དེ་ཡང་ཡུལ་ཅིག་ཏུ་རིན་ཐང་ཚང་དགོས་ཏེ། རྒྱ་ནག་ཏུ་རིང་ཐང་མ་ཚང་བའི་རྫས་ཅིག་རྐུས་པས། རྒྱ་གར་དུ་ཁྱེར་ན་རིན་ཐང་ཚང་ཡང་ཕམ་པ་སྐྱེད་པར་མི་ནུས་པའི་ཕྱིར། དུས་གཅིག་ཏུ་ཚང་དགོས་ཏེ། ད་ལོ་རིན་ཐང་མ་ཚང་བའི་རྫས་ཅིག་རྐུས་པ། སང་ཕོད་རྫས་དེ་དཀོན་པའི་དབང་གིས་རིན་ཐང་ཚང་ཡང་ཕམ་པ་

བསྐྱེད་མི་ནུས་པའི་ཕྱིར། བརྐུ་བྱ་རྐུ་བྱེད་གཉིས་ཀ་ལ་ལྟོས་ནས་རིན་ཐང་ཚང་དགོས་ཏེ། དགེ་སློང་བརྒྱས་བདག་པོ་བརྒྱ་ལ་རྐུན་རིན་ཐང་ཚང་བ་ཁྲི་དགོས་པའི་ཕྱིར། བགོད་རྫས་ཀྱི་དབང་དུ་བྱས་སོ། །སྦྱོར་བ་གཅིག་གི་ནང་དུ་རིན་ཐང་ཚང་དགོས་ཏེ། སྦྱོར་བ་ཐ་དད་ཀྱིས་ཡང་ཡང་རྐུས་ན་མཐར་ནི་རིན་ཐང་ཚང་བར་བྱའོ་སྙམ་པ་མེད་ན། ལུས་ངག་གིས་སྦྱོར་བ་གཉིས་བརྒྱའི་ནང་དུ་རིན་ཐང་ཚང་བ་བརྒྱ་རྐུས་ཀྱང་ཕམ་པར་མི་འགྱུར་བའི་ཕྱིར། བསམ་པའི་ཁྱད་པར་ནི་འདུ་ཤེས་མ་འཁྲུལ་བའི་སྒོ་ནས་གཏན་དུ་ཐལ་འདོད་ཀྱི་བློ་སྐྱེས་པའོ། །སྦྱོར་བ་ལུས་ངག་ཏུ་གྲུབ་པའོ། །མཐར་ཐུག་གྲུབ་བློ་སྐྱེས་པའོ། །དེ་ལ་ཡང་དམར་ཏེ་ཀ་ཏུ། གནས་སྤོས་པ་དགོས་པ་མི་འཐད་དེ། ཞིང་ཁང་དང་རྒྱལ་སྲིད་ལ་སོགས་པ་རྐུ་བ་མི་སྲིད་པར་ཐལ་བའི་ཕྱིར་རོ། །འོན་འདིར་རིན་ཐང་གི་ཚད་གང་ཞེ་ན། རྫས་ཅི་ཙམ་ཞིག་བརྐུས་པ་ན། ཡུལ་དེའི་རྒྱལ་པོའམ། ཡུལ་མི་ཚད་པ་རྣམས་ཀྱིས་རྐུན་མའི་གྲངས་སུ་འཛུག་པར་ནུས་པ་སྟེ། ད་ལྟ་ནི་གསེར་སེ་བ་གང་ཙམ་མོ་ཞེས་དམར་སྟོན་པ་གསུང་ངོ། །

གསུམ་པ་སྲོག་གཅོད་པ་ལ། ཇི་ཞིག་བྱས་པས་ཕམ་པ་འདིར་འགྱུར་ཞེ་ན། ཡུལ་མིའི་འགྲོ་བ། རང་ལས་རྒྱུད་ཐ་དད་པ། ཀུན་སློང་འདུ་ཤེས་མ་བསྒྱུར་བར་གསོད་པར་འདོད་པའོ། །སྦྱོར་བ་རང་ངམ་བསྐོས་པས་མ་ཁྱོག་པར་གསོད་པར་བརྩམས་པའོ། །མཐར་ཐུག་དེའི་རྐྱེན་གྱིས་སྲོག་ཆད་པའོ། །གསོད་བྱེད་གསོད་བྱ་མཉམ་དུ་ཤི་བའམ། གསོད་བྱེད་སྔ་རོལ་དུ་ཤི་བ་ལ་ནི་ལྟུང་བ་འདིར་མི་འགྱུར་ཏེ། སྡོམ་ལྡན་གྱི་རྟེན་ལ་མཐར་ཐུག་མ་གྲུབ་པའི་ཕྱིར། འོན་གསོད་བྱེད་བཅུས་ཉིན་གཅིག་ལ་སྦྱོར་བར་བྱ་སྟེ། དངོས་མི་དེ་ཞག་བཅུ་ནས་ཤི་བར་མཆོན་བསྣུན་གཉིས་པས་མི་དེ་ཞག་དགུ་ནས་འཆི་བར་མཆོན་བསྣུན་པ་ནས་མཐའ་མས་ད་ལྟར་རང་འཆི་རིས་སུ་མཆོན་བསྣུན་པ་བཅུ་ཆར་ལ། ཕམ་པ་བསྐྱེད་དམ་མི་བསྐྱེད། བསྐྱེད་ན་མི་འཐད་དེ། སྔ་མ་དགུས་བསྣུན་པའི་རྐྱེན་གྱིས་ཤི་བ་མ་ཡིན་པའི་ཕྱིར། སྔ་མ་དགུ་ལ་དེས་ཤི་བ་མེད་པས་རིགས་པ་དང་འགལ་བའི་ཕྱིར། མི་བསྐྱེད་ན་ཐེ་བྲག་ཏུ་བཤད་པར། དང་པོ་དགུས་ཕམ་པའི་རྣམ་པར་རིག་བྱེད་མིན་པར་བཟུང་ལ། བཅུ་པ་ནི། ཕམ་པའི་རིག་བྱེད་དང་རིག་བྱེད་མིན་པ་གཉིས་ཀ་བཟུང་ངོ་། །ཞེས་གསུང་པའི་ལུང་དང་འགལ་ལོ་ཞེ་ན། བཅུ་ཆར་ལ་ཕམ་པ་བསྐྱེད་དེ། རང་རང་གི་སྐབས་ན་འཆི་རིས་པའི་སྦྱོར་བ་རེ་རེ་ཡོད་པས། བཅུ་ཆར་གྱི་ཕམ་པ་གྲུབ་རིས་ཀྱི་སྦྱོར་བ་བྱས་པར་མཚུངས། འབྲས་བུ་དེ་ཤི་བར་མཚུངས་པའི་ཕྱིར། དེས་ན་བཅུ་ཆར་ལ་སྦྱོར་བ་རིས་ཤི་བ་ཡོད་དེ། འོད་ལྡན་ལས། འགལ་བ་མེད་དེ། བཅུ་ཆར་གྱི་སྦྱོར་བ་མཐུན་པའི་ཕྱིར་དང་འབྲས་བུ་གཅིག་པའི་ཕྱིར། ཞེས་གསུངས་སོ། །དེ་བཞིན་དུ། གསོད་བྱེད་བཅུས་གསད་བྱ་གཅིག་ལ་ཉི་མ་བཅུ་ལ་སྦྱོར་བ་བྱས་ཏེ། དང་པོས་ཆོས་གཅིག་གི་ཉིན་ཞག་བཅུ་ནས་འཆི་རིས་སུ་བྱས། གཅིག་གིས་ཆོས་གཉིས་ཀྱི་ཉིན

ཞག་དགུ་ནས་འཆི་ངེས་སུ་བྱས་པ་ནས། གཅིག་གིས་ཆོས་བཅུའི་ཉིན་ད་ལྟ་འཆི་ངེས་སུ་བྱས་པ་ལའང་། བཅུ་ལ་ཕམ་པར་འགྱུར་ཏེ། དང་པོ་དགུ་ནས་སྦྱོར་བ་ངེས་ཤི་བ་ཡོད་པའི་ཕྱིར། འདི་ནི་རིགས་ལ་སྦྱར་མ་ནི་དཔྱད་དགོས་སོ། །

བཞི་པ་རྫུན་སྨྲ་བ་ལ། གཞིའི་ཡན་ལག་ལ། ཡུལ་ནི་ཐ་སྙད་ལྔ་ལྡན་ཏེ། སྨྲ་ཤེས་ཤིང་དོན་གོ་བ་ཤེས་པ་རང་བཞིན་དུ་གནས་པ། མ་ནིང་དང་མཚན་གཉིས་པ་མིན་པ། རང་ལས་རྒྱུད་ཐ་དད་པ་སྟེ། ཐ་སྙད་ལྔ་དང་ལྡན་པ་ཅིག་དགོས། དངོས་པོ་ནི་མི་ཆོས་བླ་མ་སྨྲས་པ། བསམ་པ་འདུ་ཤེས་མ་འཁྲུལ་བས། ཀུན་སློང་བསྒྱུར་བའི་དོན་ཅན་དུ་སྨྲ་བ་འདོད་པས་སོ། །སྦྱོར་བ་ནི་ངག་མཚན་ཉིད་དྲུག་ལྡན་གྱིས་སྨྲ་དགོས་སོ། །མཐར་ཐུག་ནི་དེའི་རྐྱེན་གྱིས་དོན་གོ་བའོ། །མཚན་ཉིད་དྲུག་ནི། རང་གིས་སྨྲས་པ་ངག་གིས་སྨྲས་པ། བདག་ཉིད་དང་འབྲེལ་བ་སྨྲས་པ། བསམ་པའི་དོན་སྨྲས་པ། གསལ་པོར་སྨྲས་པ། མངོན་དུ་སྨྲས་པའོ། །འདི་མན་ཆད་དུ་ཡུལ་ཐ་སྙད་ལྔ་ལྡན་དང་། ངག་མཚན་ཉིད་དྲུག་ལྡན་ཞེས་པ་དེ་ལ་གོ་བར་བྱའོ། །འདིའི་མི་ཆོས་བླ་མ་ནི། བསམ་གཏན་དང་གཟུགས་མེད་ཀྱི་ཏིང་ངེ་འཛིན་ནི། སྤྱན་དང་མངོན་པར་ཤེས་པ་རྒྱུན་དུ་ཞུགས་པ་དང་། དགྲ་བཅོམ་པ་ལ་སོགས་པའོ། །འདི་ལ་ཅིའི་ཕྱིར་ཕམ་པ་ཞེས་བྱ་ཞེ་ན་སོ་ཐར་དང་འགལ་བའི་རིག་བྱེད་མ་ཡིན་པར་སྐྱེས་པས། སོ་ཐར་གྱི་སྡོམ་པ་ཕམ་པར་བྱས་ཤིང་ཉམས་པར་བྱས་པའི་ཕྱིར་རོ། །དེའང་ཕམ་པ་འཆབ་བཅས་ལ་ནི། སླར་གསོ་བའི་ཐབས་མེད་ལ་འཆབ་མེད་ལ་སླར་གསོ་བའི་ཐབས་རེ་རེ་འཆད་པར་འགྱུར་རོ། །གཉིས་པ་ལྷག་མའི་སྡེ་ཚན་ལ། སྡོམ་ནི། མདོ་ལས། ཁུ་བ་འཛིན་དང་འཁྲིག་ཚིག་བསྙེན་བཀུར་སྨྲོན། །ཁང་པ་ཁང་ཆེན་དང་ནི་གཞི་མེད་དང་། །བག་ཙམ་དགེ་འདུན་དབྱེན་དང་དེར་རྗེས་ཕྱོགས། །ཁྱིམ་སུན་འབྱིན་དང་བཀའ་བློ་མི་བདེ་བའོ། །ཞེས་བཅུ་གསུམ་གསུངས་པ་ལས། དང་པོ་ནི་འབྱིན་པའི་ལྷག་མ་ལ། ཅི་ཞིག་བྱས་པས་འདིར་འགྱུར་ཅེ་ན། འདི་ལ་གཞི་བསམ་སྦྱོར་བ་མཐར་ཐུག་བཞི་ལས། དང་པོ་གཞི་ལ་གང་འབྱིན་པ་ནི། རང་གི་ཁུ་བ་ཡིན་པ༏ དངོས་གཞི་གནས་ན་གནས་པ་གང་ལ་ཡན་ལག་མིན། སྐྱེས་པའི་ལག་པའི་རྣམ་པ་ཡིན་པ། གང་གིས་དབྱུང་བ་ནི། བསམ་པ་ནི། འདུ་ཤེས་མ་འཁྲུལ་བས་ཁུ་བ་དབྱུང་འདོད་པའོ། །མཐར་ཐུག་སྤྲུབས་སུ་འོང་ཤིང་བདེ་བ་མྱོང་བའོ། །འདི་ནི་རྨི་ལམ་དང་འདྲ་བའོ། །ཞེས་གསུངས་པས། རྨི་ལམ་དུ་ལྟུང་བ་སྡེ་ལྔ་གང་ལ་སྤྱད་པ་ལྟར་སྣང་ཡང་ལྟུང་བ་མི་འབྱུང་ངོ་། །གཉིས་པ་འཛིན་པའང་རེག་པའི་དགེ་འདུན་ལྷག་མ་ལ། གཞི་ནི་ཡུལ་བུད་མེད་ཤེས་པའང་རང་བཞིན་དུ་གནས་པ། མཚན་དོན་བྱེད་ནུས་པ། ལུས་རྟེན་དུ་རུང་བ། མ་ཉམས་པ་སྒོ་གསུམ་ལས་གཞན་པ། ལུས་དངོས་སམ། སྐྲའམ། དེ་དང་འབྲེལ་བའི་གོས་གང་རུང་ཡིན་པ། རེག་བྱེད་ནི་རང་

གི་ལུས་མ་ཉམས་པ། ཟག་བྱེད་ལས་གཞན་ཡིན་པ། མིག་ནས་ཕུས་མོའི་བར་ཡིན་ནོ། །བསམ་པ་ནི། འདུ་ཤེས་མ་འཁྲུལ་བས། རེག་པ་ལས་བྱུང་བའི་བདེ་བ་ཉམས་སུ་མྱོང་བར་འདོད་པའོ། །སྦྱོར་བ་ནི། རེག་པར་རྩམས་པ། མཐར་ཐུག་རེག་པ་ལས་བྱུང་བའི་བདེ་བ་ཉམས་སུ་མྱོང་བའོ། །གསུམ་པ་འཁྲིག་ཚིག་སྨྲ་བའི་ལྷག་མ་ལ། གཞི་བསམ་སྦྱོར་མཐར་ཐུག་བཞི་ལས། དང་པོ་གཞི་ལ་ཡུལ་ནི། མིའི་བུད་མེད། མཚན་དོན་བྱེད་ནུས་པ་ཐ་སྙད་བཞི་དང་ལྡན་པ། རྫུ་འཕྲུལ་མ་ཐོབ་པའོ། །གང་བརྗོད་པའི་དངོས་པོ་ནི། ཡུལ་དུས་དེར་འཁྲིག་པ་ལ་གོ་བའོ། །ཀུན་སློང་ནི་སྨྲས་པའི་བདེ་བ་མྱོང་འདོད་པ། སྦྱོར་བ་ངག་ཐ་སྙད་ལྔའམ་དྲུག་ལྡན་ཏེ། དྲུག་ནི་སྔར་རྫུན་སྨྲ་བར་བཤད་པ་ལྟར་རོ། །མཐར་ཐུག་དེའི་དོན་གོ་བའོ། །བཞི་པ་བསྙེན་བཀུར་སྔགས་པའི་ལྷག་མ་ལ༑ གཞི་བསམ་སྦྱོར་བ་མཐར་ཐུག་གོང་མ་དང་འདྲ་ལ། ཁྱད་པར་ནི་སྔ་མ་སྤྱིར་འཁྲིག་ཚིག་གང་ཡང་རུང་བ་སྨྲས་པ་ཡིན་ལ། འདིར་བདག་ལྟ་བུའི་དགེ་སློང་ལ་འཁྲིག་པའི་བསྙེན་བཀུར་བྱས་ན་མཆོག་ཡིན་ཞེས་སྨྲ་བ་ལྟ་བུའོ། །སློབ་དཔོན་དྲི་མེད་བཤེས་གཉེན་གྱིས་ལྷག་མ་འདི་བྱུང་བའི་ཚེ། ལྟ་མ་ཡང་འབྱུང་བར་བཤད་ལ། འགྲེལ་པར་ཀུན་སློང་གིས་བྱེད་པར་བཤད་དོ། །འདིར་ལུང་རྣམ་འབྱེད་ལས། ལྷག་མ་བརྒྱ་དང་བརྒྱད་ཅུ་གསུངས་པ་ལ་སྡོམ་དུ་བསྡུས་པ་ནི། བདག་འདྲའི་ཚུལ་ལྡན་དེ་དག་ཆོས། །ཚངས་སྤྱོད་ཉེ་གནས་རྒྱང་བ་གསུམ། །གཉིས་སྦྱར་དྲུག་དང་གསུམ་སྦྱར་གཅིག །ཅེས་དང་། མཆོག་ཡུལ་ཁྱད་འཕགས་བཟང་མཛེས་དགེ། མཆོད་འོས་བསྟོད་འོས་རྒྱ་ཆེ་བ། །ཚིས་སྦྱར་བས་ནི་བཅོ་བརྒྱད་དོ། །ཞེས་དགུ་སྦྱར་བས་མིན་ཏེ། དེ་ཡང་ལྟ་མ་བཅུ་ཕྱི་མ་དགུས་བསྒྱུར་བས་དགུ་བཅུ། དགུ་ཅུ་པོ་དེ་ཡང་བདག་ཉིད་དང་འཁྲིག་པ་ལས་སོ་སོ་སྦྱར་བས་བརྒྱ་བརྒྱད་ཅུའོ། །དེ་སྐད་དུ་མདོ་རྩར་བདག་ཉིད་དང་འཁྲིག་པ་ཀུན་ཏུ་སྤྱོད་པ་བསྟགས་ནའོ། །ཞེས་སོ་སོར་སྦྱར་རོ༑ ༑

ལྔ་པ་སྨྱན་བྱེད་པ་ལ། སྤྲད་བྱ་སྐྱེས་པ་དང་བུད་མེད་གཉིས་ཀ་མཚན་དོན་བྱེད་ནུས་པ། ཐ་སྙད་བཞི་དང་ལྡན་པ། ལུས་རྟེན་དུ་རུང་བ་ད་ལྟ་མི་མཐུན་པར་གནས་པ། རང་ལས་རྒྱུད་ཐ་དད་ཅིང་སྤྲད་བྱ་དང་རྒྱུད་ཐ་དད་དུ་གནས་པ། ཡང་དེ་གཉིས་ཀྱི་བདག་པོ་ལས་སྨྱན་བྱེད་པ། བདག་པོ་གཉིས་ཀྱང་མཚན་ཉིད་ལྔ་ལྡན་དགོས་སོ། །ཀུན་སློང་ནི་སྤྲད་བྱ་གཉིས་འཕྲད་པའི་དོན་དུ་ཕྲིན་བྱེད་འདོད་པའོ། །སྦྱོར་བ་ནི་རང་ངམ་སྒྲོས་པས་ཕྲིན་ལན་བྱེད་པར་འདོད་པའོ། །མཐར་ཐུག་དེ་གཉིས་ཀྱི་དབང་པོ་འཕྲད་པ་ལའོ། །དྲུག་པ་ཁང་པའི་ལྷག་མ་ལ། གཞི་ནི་ས་གཞི་དང་ཡོ་བྱད་རྩལ་བ་དང་། དེས་རྗེས་སུ་གནང་བ་དང་། གཞི་མ་དག་པ་དང་མ་བརྟན་པ། ནང་རྒྱུག་པར་བྱ་བ་གཅིག་གི་ཚད་ཡིན་པ། ཚད་ལས་ལྷག་པའི་རྒྱུག་པ། སྤྱོད་ལམ་བཞི་ཤོང་ཡན་

ཆད། གཞན་གྱིས་བརྩམས་པ་ཡིན་པ། ཀུན་སློང་རྩིག་འདོད་རྒྱུན་མ་ཆད་པའོ། །སྦྱོར་བ་རང་ངམ་གཞན་གྱིས་བརྩིག་པར་ཞུགས་པ། མཐར་ཐུག་བསྐོར་བ་དང་སྐབས་ཟིན་པའོ། །འདིར་གཞི་མ་དག་པ་ནི། སྐྱེ་བ་པོ་ཕྲ་མོའི་གནས་དང་རྒྱལ་པོ་དང་། ལྷའི་གནས་དང་། མུ་སྟེགས་ཅན་གྱི་གནས་དང་། ཤིང་ལྗོན་པ་ལ་སོགས་པ་གནས་པའོ། །མ་བརྟན་པ་ནི། དགེ་འདུན་ལས་གསོལ་གཉིས་ཀྱི་གནང་བ་མ་ཐོབ་པའོ། །འདིར་ཚད་ལྡན་དེ་ཇི་ལྟ་བུ་ཞེ་ན། མདོར་ཚད་དང་ལྡན་པའི་ཁྲུ་ཕྱེད་དང་དོ་ནི། བདེ་བར་གཤེགས་པའི་མཐོ་གང་སྟེ། ནང་རོལ་ནས་དེ་བཅུ་གཉིས་དང་བདུན་གྱི་ཚད་དོ། །ཞེས་གསུངས་པས། ཁང་པའི་ནང་གི་སྲིད་དུ་ཁྲུ་བཅོ་བརྒྱད། ཞེང་དུ་ཁྲུ་ཕྱེད་དང་བཅུ་གཅིག་གོ། བདུན་པ་ཁང་ཆེན་ལ་གཞན་སྡེ་མ་དང་འདྲ་ལ། གཅིག་གི་ཕྱེད་དུ་བྱས་པས་ཁང་པར་གསུངས་སོ། །བརྒྱད་པ་གཞི་མེད་བསྐུར་འདེབས་ལ། གཞི་ནི་ཡུལ་བསྙེན་པར་རྫོགས་པའི་སྡོམ་པ་དང་ལྡན་པ་རྣམ་པར་དག་པའི་ལྟ་བ་དང་མཚན་མཐུན་པ་རྒྱུད་ཐ་དད་གོ་བྱའི་ཡུལ་ནི་མི་ཡིན་པ་སྨྲ་ཤེས་པ་དོན་གོ་བ་ཤེས་པ་རང་བཞིན་དུ་གནས་པ་མ་ནིང་དང་མཚན་གཉིས་པ་མ་ཡིན་པ་སྐྱེ་ཐ་སྙད་ལྔ་ལྡན་ཡིན་པ། རང་ལས་རྒྱུད་ཐ་དད་པའོ། །དངོས་པོ་ཕམ་པ་བཞིའི་བརྒྱད་གང་ཡང་རུང་བས་བསྐུར་པ་བཏབ་པའོ། །ཀུན་སློང་འདུ་ཤེས་བསྒྱུར་ཏེ་ཡུལ་དེ་ཉམས་པར་འདོད་པས་བསྐུར་པ་བཏབ་འདོད་པ། སྦྱོར་བ་ངག་བཞི་ལྡན་གྱིས་བསྐུར་པ་བཏབ་པ། མཐར་ཐུག་ཡུལ་གྱིས་དོན་གོ་བའོ། །དགུ་པ་བག་ཙམ་ལ་གཞན་རྣམས་སྡེ་མ་དང་འདྲ་ལ་སྦྱོར་བ་ནི། མིང་ནས་སློས་ཤིང་གཞན་ལ་གནས་པའི་ཚིག་གི་མིག་གསལ་མཚན་ཉིད་དྲུག་ལྡན་ནོ། །མཐར་ཐུག་དོན་གོ་བའོ། །བཅུ་པ་དགེ་འདུན་དབྱེན་གྱི་ལྷག་མ་ལ། གཞི་ལ་གཉིས་ལས་སྦྱོར་བ་རྩམས་པའི་གཞི་ནི། བདག་ཉིད་འཁོར་ལོ་དབྱེན་གྱི་སྦྱོར་བའི་མཚན་ཉིད་ལ་ཞུགས་པ། རྫོགས་པར་བྱེད་པའི་རྐྱེན་ནི། དགེ་འདུན་མཚན་ཉིད་པའི་ལས་ངོ་བོ་ཉིད་ཆོས་ལྡན་ནོ། །ཀུན་སློང་ཆོས་ལས་ཆོས་མ་ཡིན་པར་དབྱེ་བར་འདོད་པ་ལ་སྦྱོར་བས་བརྩམས་པར་བྱེད་པ། མཐར་ཐུག་བརྗོད་པ་གསུམ་པའི་མཐའ་ལས་འདས་པ། བཅུ་གཅིག་པ་རྗེས་སུ་ཕྱོགས་པའི་ལྷག་མ་ལ། གཞི་ནི་གང་གིས་གྲོགས་བྱས་པའི་ཡུལ་དེ་དབྱེན་གྱིས་སྦྱོར་བ་ལ་ཞུགས་པ། རྐྱེན་ནི་འདྲའོ། །ཀུན་སློང་ནི་དེའི་གྲོགས་བསྒྲུབ་པར་འདོད་པ། སྦྱོར་བ་དེར་རྩོམ་པ་མཐར་ཐུག་འདྲ། བཅུ་གཉིས་པ་ཁྱིམ་སུན་འབྱིན་པའི་ལྷག་མ་ལ། གཞི་ནི་རང་བསྐྲོད་པར་བྱེད་པའི་དགེ་འདུན་བདག་ཉིད་དང་ལྡན་པ་གོ་བྱའི་ཡུལ་ཐ་སྙད་ལྔ་ལྡན་རང་ལས་རྒྱུད་ཐ་དད་པ་རྐྱེན་ནི་དེ་འདྲའོ། །ཀུན་སློང་ནི་དགེ་འདུན་ལ་སྐུར་པ་འདེབས་འདོད་པ། སྦྱོར་བ་ངག་དྲུག་ལྡན་གྱི་རྩོམ་པ་མཐར་ཐུག་འདྲ། ཁ་ཅིག་སྡིག་སྨད་སྐྲད་དང་ཕྱིར་འབྱེད་བཞི་ཀ་ལ་འདིར་འགྱུར་བར་གསུང་ལ། དམར་ཏིཀ་ལས། ལུང་དང་བསྟན་བཅོས་ལས་མ་གསུངས་པས་མི་འཐད་ཟེར་རོ། །

བཅུ་གསུམ་པ་བཀའ་བློ་མི་བདེ་བའི་ལྷག་མ་ལ། གང་སྤྱང་བའི་དངོས་པོ་བདག་ཉིད་ཀྱི་བསླབ་པའི་གཞི་དང་། གླིང་བྱེད་དགེ་འདུན་མཐའ་དག་གོ། གོ་བྱེད་གླིང་བྱེད་མཚན་ཉིད་དང་ལྡན་པ། བདག་ཉིད་ལ་གླིང་བ་པོ་ཡིན་ལ༑ བདག་ཉིད་གླིང་དྲན་བྱས་ལ་ཆགས་པ། རྐྱེན་ནི་འདྲ། ཀུན་སློང་སྤོང་བར་འདོད་པ། སྦྱོར་བ་སྤྱང་བའི་ཚིག་མཚན་ཉིད་དྲུག་ལྡན་ནོ། །མཐའ་ནི་འདྲའོ་འདིར་བཀའ་བློ་མི་བདེ་བའི་དོན། རྣམ་འབྱེད་འགྲེལ་པར་དཀའ་བློ་མི་བདེ་བ་ཞེས་བྱ་བ་ནི། ཚིག་སྨྲོན་ཆགས་ཤིང་འབྲས་བུ་མེད་པའོ། །གུས་པར་མི་བསྟེན་ཅིང་འགོག་པར་བྱེད་པའོ་ཞེས་བཤད། དགེ་འདུན་དབྱེན་ལ་སོགས་པ་བཞི་པོ་འདི་ལ་བསྒོ་བ་ལས་གྱུར་པ་ཞེས་བྱ་སྟེ། དགེ་སློང་འགའ་ཞིག་ལྟུང་བ་འདི་རྣམས་ཀྱི་སྦྱོར་བ་ལ་ཞུགས་པ་ན། དགེ་འདུན་མཚན་ཉིད་གསུམ་ལྡན་གྱི་བཞམས་ཏེ་སྒོ་བ་སོགས་རྐྱེན་བཟློག་ཚུལ་ལྡས་ལྡོག་ཀྱང་། ལྡ་པའི་མཐའ་ལ་མ་གཏང་བ་ཁོ་ན་ལ་དངོས་གཞིར་འགྱུར་བའི་ཕྱིར་རོ། །བཞམས་བསྒོ་ནི། དགེ་འདུན་གྱི་དེ་ལ་ཡིད་བཅུ་དྲུག་ལ་སོགས་པའི་དགེ་སློང་ཅིག་བསྒོས་ནས་དྲན་བསྐུལ་བྱེད་དུ་བཅུག་པ་ཡིན་ལ། འདིའི་སྔ་རོལ་དུ་ཡང་སྦྱོར་བའི་ཉེས་བྱས་གཅིག་བཞམས་བསྒོ་སོགས་དངོས་གཞིའི་མཐའ་ལ་སྦོམ་པོ་རེ་རེ། ལྡ་པའི་ཐ་ལ་མི་གཏོང་ན། དངོས་གཞིའི་ལྷུང་བ་གཅིག་སྟེ། བཞི་པོ་རེ་རེའི་སྐབས་སུའང་། སྦྱོར་དངོས་ཀྱི་ལྷུང་བ་དྲུག་དྲུག་རེ་བསྐྱེད་པ་ཡིན་ནོ། །དགེ་འདུན་ལྷག་མ་རྣམས་བསྟན་ཟིན་ཏོ། །

སོ་སོར་ཐར་པའི་མདོ་ལས། དབེན་པར་སྐབས་ཡོད་ན་འདུག་པའོ། །ཞེས་མ་ངེས་པའི་ལྟུང་བ་གཉིས་གསུང་བ་ནི། གླིང་གཞིའི་དབང་གིས་ལོགས་སུ་གསུངས་བ་ཡིན་ལ། མདོ་རྩ་ར་སྡེ་ཚན་ལ་སོགས་པར་མ་གསུངས་པ་ནི། ཕམ་ལྷག་ལྟུང་བྱེད་གསུམ་གང་རུང་གི་རིགས་སུ་འདུ་བ་ལ་དགོངས་སོ། །དེ་ཡང་དང་པོ་དབེན་པ་ན་འདུག་པ་ནི། དབེན་པར་འདོམ་གང་གི་ནང་རོལ་ན་འདུག་པ་ལ་བྱ་བ་ཡིན་པས། ཕམ་ལྷག་ལྟུང་བྱེད་གསུམ་གང་དུ་འགྱུར་མ་ངེས་ལ། གཉིས་པ་ནི། སྐབས་ཡོད་ན་འདོམ་གང་གི་ཕྱི་རོལ་ཏུ་འདུག་པ་ལ་བྱ་བ་ལྷག་མ་དང་ལྟུང་བྱེད་གང་དུ་འགྱུར་མ་ངེས་པ་ཡིན་ནོ། །

སྡེ་ཚན་གསུམ་པ་སྤྱང་བ་ལྟུང་བྱེད་ཀྱི་སྡེ་ཚན་ལ། བཅུ་ཚན་གསུམ་ལས། དང་པོ་ལ་སྡོམ་ནི། མདོ་ལས། འཆང་བ་འབྲལ་བ་འཇོག་པ་དང་། །འཁྲུར་འཇུག་པ་དང་ལེན་པ་དང་། །སློང་དང་སྟོད་གཡོགས་སྣམ་གཡོགས་བཅས། །རིན་ཐང་སོ་སོར་བསྐུར་བའོ། །ཞེས་གསུངས་པ་ལས། དང་པོ་གོས་ཞག་བཅུ་འཆང་བའི་སྤྱང་བ་ལས། གཞི་བསམ་སྦྱོར་བ་མཐར་ཐུག་བཞི་ལས། དང་པོ་གཞི་ལ་དངོས་པོ་ནི། གོས་དངོས་སུ་གྲུབ་པ་དང་། རྒྱུ་དང་དབྱིབས་དང་ཁ་དོག་གིས་རུང་བ་དང་། རང་དབང་བའམ། གནས་སྐབས་དབང་བྱར་ཡོད་པ།

བྱིན་གྱིས་བརླབས་པ་དང་མ་འབྲེལ་བའམ། འབྲེལ་ཀྱང་རྗེས་སུ་ཞུགས་པ་དང་བཅས་པ་ཟླ་བ་བཞག་པ་མ་ཡིན་པའོ། །བདག་ཉིད་ཀྱང་སྲ་བརྐྱང་བཏིང་བ་མ་ཡིན་པ། ཀུན་སློང་ནི་འཆང་བར་འདོད་པ། མཐར་ཐུག་ནི་ཞག་བཅུ་གཅིག་པའི་སྐྱ་རེངས་ཤར་བ། དགག་བྱ་ནི་འདོད་པ་ཆུང་ཤིང་ཚོག་མི་ཤེས་པ་དང་། ཐོས་བསམ་གྱི་བར་ཆད་དུ་འགྱུར་བའོ། །ལྟུང་བ་འདི་བྱུང་ནས་མ་གཤེགས་ཀྱི་བར་དུ། ཞག་རེ་རེ་ལ་སྤྱང་ལྟུང་རེ་རེ་འབྱུང་སྟེ། དེའི་རྒྱུ་རྐྱེན་ཚོགས་མཐར་ཚང་བའི་ཕྱིར་རོ། །དེས་ན་འདིར་ཤན་འབྱུང་ཚུལ་ནི། དགེ་སློང་གི་ཆོས་གཅིག་དང་། ཆོས་ལྔ་ལ་ཆོས་གོས་ལྷག་མ་གཉིས་བདག་གིར་བྱེད་ཅིང་། སྔ་མ་བྱིན་གྱིས་མ་བརླབས་ན། ཕྱིས་ཐམས་ཅད་བྱིན་གྱིས་བརླབས་སམ། མ་བརླབས་ཀྱང་ཆོས་བཅུ་གཅིག་གི་སྐྱ་རེངས་ཤར་བའི་ཚེ་གཉིས་ཀ་ལ་སྤང་བར་འགྱུར་ཏེ། སྔ་མའི་ཤན་གྱིས་སོ། །ཡང་སྔ་མ་བྱིན་གྱིས་བརླབས་ཕྱི་མ་བྱིན་གྱིས་མ་བརླབས་ན། ཕྱི་མ་རང་ཉིད་ཀྱི་ཞག་བཅུ་ལོན་པའི་ཚེ་ཕྱི་མ་ཁོ་ན་ལ་སྤང་བར་འགྱུར་གྱི་སྔ་མ་ལ་མི་འགྱུར་ཏེ། ཕྱི་མའི་ཤན་སྔ་མ་ལ་མི་འབྱུང་བའི་ཕྱིར། ཉིན་གཅིག་ཆོས་གོས་གཉིས་བདག་གིར་བྱས་ནས། གཅིག་བྱིན་གྱིས་བརླབས། གཅིག་བྱིན་གྱིས་མ་བརླབས་ན་གཉིས་ཀས་ཞག་ལོན་པའི་ཚེ་གཉིས་ཀ་ལ་སྤང་བར་འགྱུར་ཏེ། དུས་མཉམ་པས་མཉམ་པ་ལ་ཤན་བརྗེག་པའི་ཕྱིར།

འདིར་རྟོགས་དཀའ་བཤན་གྱི་འབྱུང་ཚུལ་ལ། རྫས་ཀྱི་ཤན་དང་ལྟུང་བའི་ཤན་གཉིས། དང་པོ་ནི་གོས་ལྟུང་བཟེད་སྨན་གསུམ་ལས་འབྱུང་ལ། གཞན་ལ་བཤད་པ་མེད་པའོ། །དེ་ལ་ཤན་རྗེག་བྱེད་བརྗེག་བྱ་གཉིས་ལས་དང་པོས་རང་སྟོབས་ཀྱི་ལྟུང་བ་འབྱུང་རུང་གི་རྫས་གང་ཞིག །ཤན་བརྗེག་བྱ་དང་བཅས་པ་རིགས་མཐུན་པའོ། །བརྗེག་བྱ་ནི་ཤན་སྟོབས་ཀྱི་ལྟུང་བ་འབྱུང་རུང་གི་རྫས་གང་ཞིག །རྗེག་བྱེད་དང་བཅས་རིགས་མཐུན་པའོ། །ཤན་བརྗེག་པའི་ཚུལ་ནི། ཤན་བརྗེག་བྱེད་ཀྱི་གོས་རང་གི་རྗེས་ཞུགས་དང་བཅས་པ་དེས། བརྗེག་བྱ་རྙིང་མ་ཐག་པ་རང་གི་རྗེས་ཞུགས་དེ་འདྲེས་པར་བྱས་ནས། རྗེག་བྱེད་དེས་རང་སྟོབས་ཀྱིས་ཞག་ལོན་པའི་ཚེ། ཁོས་བརྗེག་བྱ་དེ་ལའང་ལྟུང་བ་སྐྱེ་རུང་གི་ངོ་བོར་བྱས་པའོ། །ལྟུང་བའི་ཤན་ནི། སྤང་བ་ལྟུང་བྱེད་སུམ་ཅུ་པོ་གང་རུང་བྱུང་ནས་ཕྱིར་བཅོས་མ་གྲུབ་པའི་བར་དེར་ཡོ་བྱད་རིགས་མཐུན་མི་མཐུན་གང་བདག་གིར་བྱས་པ་ཐམས་ཅད་ལྟུང་བ་དེ་ཕྱིར་བཅོས་བྱེད་པའི་ཚེ་སྤང་དགོས་སུ་བྱས་པའོ། །གཉིས་པ་འབྲལ་བའི་སྤང་བ་ལ། དངོས་གཞི་ཆོས་གོས་གང་རུང་རང་རང་བྱིན་རླབས་ཅན། རུང་བ་ཚད་ལྡན་རང་དབང་སོགས་སྔ་མ་ལྟར་རོ། ། བདག་ཉིད་གནང་བ་ཐོབ་པ་དང་དགོན་པ་བར་ཆད་དང་ལྡན་པ་མ་ཡིན་པའོ། །གནས་ནི་དེའི་གནས་ཉེ་འཁོར་དང་བཅས་པ་ལས་གཞན་ཡིན་པ། ཀུན་སློང་ནི་གནས་དེར་གནས་འདོད་པ། མཐར་ཐུག་མཚན་མོའི་མཐའ་

འདས་པའོ། །གསུམ་པ་ཟླ་འཛོག་གི་སྤང་བ་ལ། བཞག་བྱའི་དངོས་པོ་གོས་སུ་གྲུབ་པ། ཁྲུ་གང་ཡན་ཆད་པ། རང་དབང་དུ་བྱ་བར་ཡོད་པ། རེ་བའི་ཆོས་གཉིས་དང་ལྡན་པ། བདག་ཉིད་ཀྱི་བྱིན་གྱིས་བརླབས་པར་བྱ་བ་མེད་པ་སྲབ་རྒྱང་མ་བཏིང་བའོ། །ཀུན་སློང་ནི་འཆང་བར་འདོད་པ། མཐར་ཐུག་ནི་ཞག་སོ་གཅིག་པའི་སྐྱ་རེངས་ཤར་བའོ། །འདི་ལ་རིགས་བཟློག་ཤན་འབྱུང་། རིགས་མི་བཟློག་ཤན་འབྱུང་། རིགས་མི་འབྱུང་རིགས་བཟློག ། ཤན་མི་བཟློག་ལ་ཤན་མི་འབྱུང་བའོ། །དང་པོ་ནི། ཆོས་གཅིག་གི་ཉིན་ཁ་སོགས་ཀྱི་གོས་ཅིག་ཁ་སྐང་ལ་རེ་བ་དང་བཅས་ན་བཅངས་པ་ལ་ཆོས་ལྔའི་ཉིན་ཁ་སྐོང་རིགས་མཐུན་རེ་བའི་ཚད་དུ་ཚོག་པ་རྙེད་པ་ལྔ་བུ་གཅིག་བྱུང་ན། རིགས་བཟློག་སྟེ་སྔ་མ་ཟླ་བའི་རིགས་ལས་ལོག་ནས་ཞག་བཅུ་པའི་རིགས་སུ་སོང་བའི་ཕྱིར། ཤན་འབྱུང་སྟེ་ཤན་ཆོས་བཅུ་གཅིག་གི་ཉིན་ཕྱིས་བརྙེད་དེས་ཀྱང་ཞག་བཅུ་ལོན་པར་བྱས་པའི་ཕྱིར། གཉིས་པ་ནི། ཆོས་གཅིག་ལ་ཁ་སོགས་བཞག་པ་ལས། ཆོས་གཉིས་ནས་སུམ་ཅུའི་བར་དུ་ཁ་སྐང་རིགས་མི་མཐུན་ནམ་རེ་བའི་ཚད་དུ་མ་ཚོག་པ་ཅིག་རྙེད་ན། རིགས་མི་བཟློག་སྟེ། ཟླ་འཛོག་གི་རིགས་ཉིད་དུ་གནས་པའི་ཕྱིར། ཤན་འབྱུང་སྟེ་ཁ་སོགས་ཀྱིས་སོ་གཅིག་པའི་སྐྱ་རེངས་ཤར་བའི་ཚེ་སྔ་མས་ཀྱང་ཞག་སུམ་ཅུ་ལོན་པའི་ཕྱིར། གསུམ་པ་ནི་རྟོགས་སླའོ། །བཞི་པ་ནི་ཆོས་གཅིག་གི་སྔ་དྲོ་ཁ་སོགས་ཀྱི་གོས་གཅིག་ལ་རེ་བས་བཅངས་པ་ལས། ཕྱི་དྲོ་རིགས་མཐུན་རེ་བའི་ཚད་ཚོག་གཅིག་བརྙེད་པའམ། རེ་བ་ཆད་ན་ཤན་མི་འབྱུང་སྟེ། རྗེས་བྱེད་ལ་ཞག་ལྷག་པོ་མེད་པའི་ཕྱིར། རིགས་བཟློག་སྟེ། ཞག་བཅུ་གཅིག་པའི་སྐྱ་རེངས་ཤར་བའི་ཚེ། འཆང་སྤང་དུ་འགྱུར་བའི་ཕྱིར་འདིར་ཆོས་གོས་ཀྱི་ཚད་མ་ཡིན་པ་ཁ་བསྐོང་ལ་རེ་བ་ཡོད་ཀྱང་ཟླ་བར་བཞག་ཏུ་མི་རུང་ངོ་། །བཞི་པ་འཁྲུར་འཇུག་པའི་སྤང་བ་ལ། གཞི་ནི་ཡུལ། བསྙེན་པར་རྫོགས་པའི་སྡོམ་པ་དང་ལྡན་པ། ལྟ་བ་མཐུན་པ། མཚན་མཐུན་པ། ཐ་སྙད་གསུམ་དང་ལྡན་པ། ལུས་རྟེན་དུ་རུང་བ། ལུས་ཐ་མལ་པར་གནས་པ། རྫུ་འཕྲུལ་མ་ཐོབ་པ། ཉེ་དུ་མ་ཡིན་པ་སྟེ། ཐ་སྙད་བརྒྱད་ལྡན་དེ་དགེ་སློང་ལས་བསྐྱེད་པ་ཕལ་ཆེ་བ་ལ་ཤེས་པར་བྱའོ། །དངོས་པོ་ཆོས་གོས་གསུམ་དང་། གདིང་བ་ལས་གང་ཡང་རུང་བ། རུང་བ་ཚད་ལྡན་རང་གི་ཡིན་པ། བྱིན་གྱིས་བརླབས་པ། འཁྲུར་འཇུག་པར་འོས་པ། སྟར་ཕྱེད་བྱས་པ་མ་ཡིན་པ། ཀུན་སློང་འཁྲུ་ལ་སོགས་པ་འཆག་ཚད་མར་བྱེད་དུ་འཇུག་པ། སྦྱོར་བ་ངག་དྲུག་ལྡན། མཐར་ཐུག་བྱ་བ་ཡོངས་སུ་རྫོགས་པའོ། །ལྔ་པ་ལེན་པའི་སྤང་བ་ལ། ཡུལ་ནི་སྔར་བཤད་པའི་ཐུན་མོང་བ་ཆོས་བརྒྱད་ལྡན། རྫས་ཐ་དད་པ་ཅན་དང་སེམས་ཡངས་པ་མ་ཡིན་པ། དངོས་པོ་གོས་དངོས་སུ་གྲུབ་པ། མཐར་ཐུག་ལག་ཏུ་ཐོབ་པའོ། །དྲུག་པ་སློང་བའི་སྤང་བ་ལ། ཡུལ་ཁྲིམ་པ་ཐ་སྙད་ལྔ་ལྡན། བདག་ཉིད་ལས་རྫས་ཐ་དད་པ། ཉེ་དུ་མིན་པ། ལུས་ཐ་མལ་

པར་གནས་པ། མ་བླངས་པའི་སྔ་རོལ་དུ་གཏེར་བ་པོ་མ་ཡིན་པའོ། །དངོས་པོ་གོས་དངོས་སུ་གྲུབ་པ། རུང་བ་ཚད་དང་ལྡན་པ། ཁྲིམ་པ་དེ་ཉིད་ཀྱི་ཡིན་པ། འདི་ཉིད་འོག་མ་གསུམ་ལའང་སྦྱར་རོ། །བདག་ཉིད་སྲབ་རྐྱང་མ་བཏིང་བ། འཚོ་བའི་ཡོ་བྱད་ཚང་བ་ཀུན་སློང་སློང་བར་འདོད་པ། སྦྱོར་བ་ངག་དྲུག་ལྡན་ནོ། །མཐར་ཐུག་ལག་ཏུ་ཐོབ་པའོ། །བདུན་པ་སློང་བར་རིགས་པའི་སྤང་བ་ལ། གཞི་ལ་ཡུལ་དངོས་སྔ་མ་དང་འདྲ་ལ། བདག་ཉིད་སློང་བར་རིགས་པ་ཡིན་པ། དེ་ཡང་བྱིན་གྱིས་བརླབས་པར་བྱ་བ་ཐམས་ཅད་མེད་པ། ཀུན་སློང་ལྷག་མ་སློང་བར་འདོད་པའམ། མ་བྱིན་པར་སློང་བའོ། །སྦྱོར་བ་དེ་གཉིས་གང་རུང་རྩམས་པ། མཐར་ཐུག་ཐོབ་པའམ་ཐག་ཆོད་པའོ། །བརྒྱད་པ་སྤུགས་པ་སློང་བ་ལ། གཞན་སྔ་མ་དང་འདྲ། སྦྱིན་བདག་སྤྱངས་ཆུང་བ། ཀུན་སློང་ནི་སྤོས་པ་ལས་ལྷག་པར་སློང་བར་འདོད་པའོ། །དགུ་པ་སོ་སོ་ནས་སྤུགས་པ་སློང་བ་ལ། གཞན་རྣམས་སྔ་མ་དང་འདྲ་བ་ལ། འདི་ལ་སྦྱིན་པར་བྱེད་པ་སྤྱངས་ཆེ་བ་ཅིག་དགོས་སོ། །འདིར་ཁྱིམ་བདག་ཕོ་མོ་ལྟ་བུ་སོ་སོ་ནས་སྤུགས་པ་ཐོབ་ནས་སྦྱོར་བ་ཅིག་པའི་ཕྱིར་ལྟུང་བ་ནི་ཅིག་ཁོ་ནའོ། །བཅུ་པ་རིན་ཐང་བསྐུར་བའི་སྤང་བ་ལ༑ གཞི་ནི་ཁྱིམ་བདག་ཞལ་ལྟ་བ་གསུམ་ཆར་གྱི་ཁྲིམ་པ་ཐ་སྙད་ལྡ་ལྡན། རང་ལས་ཐ་དད་ཅིང་ནང་ཕན་ཚུན་རྫས་ཐ་དད་པ། དངོས་པོ་ནི་རིན་བསྐུར་བ་ལས་གྲུབ་པའི་ཆོས་གོས་རུང་བ་ཚད་ལྡན། ཀུན་སློང་ལེན་པར་འདོད་པ། སྦྱོར་བ་ལེན་པར་བརྩམས་པ། མཐར་ཐུག་ལག་ཏུ་ཐོབ་པ། འདི་ལ་གོ་སླ་བར་བྱས་ན་ཡང་། ཁྱིམ་བདག་སེང་གེ་ལྟ་བུས། དགེ་སློང་ཉེར་དགའ་ལྟ་བུ་ལ། ཆོས་གོས་ཀྱི་རྒྱུ་རུང་བ་མ་ཡིན་པ། གསེར་ལྟ་བུ་ཅིག་ཕོ་ཉ་བཏང་ནས་བསྐུར་བ་ལ། དགེ་སློང་གིས་འདི་ལེན་དུ་མི་རུང་། ཞེས་སྤྲངས་པ་ལས། ཕོ་ཉས་སྨྲས་པ། ཞལ་ལྟ་བགྱིད་པ་འགའ་ཡོད་དམ། དགེ་སློང་གིས་སྨྲས་པ་ཡོད་དེ། ཞལ་ལྟ་བ་འདི་ཞེས་བྱའོ། །ཕོ་ཉས་ཞལ་ལྟ་པ་ལ་སྨྲས་པ། འདི་ལ་གོས་རུང་བ་བསྒྲུབས་ལ་དགེ་སློང་ལ་ཕུལ་ཤིག །ཞལ་ལྟ་བྱེད་པས་སྨྲས་པ་དེ་ལྟར་བྱེད་དོ། །ཚུལ་དེ་ཕོ་ཉས་དགེ་སློང་ལ་སྨྲས་པའོ། །དེ་ལྟ་བུའི་ཞལ་ལྟ་བྱེད་པ་དེ་ལ། དགེ་སློང་གི་བརྡའ་སྤྲོད་པའི་སྒོ་ནས་བསྐུལ་བ་གསུམ་དང་སྡོད་པ་གསུམ་གྱི་བར་བྱའོ། །དེ་ལྟར་བསྐུལ་སྡོད་དྲུག་ལས་ལྷག་པ། ཁས་ལེན་ན་དངོས་གཞིར་འགྱུར་ལ། ཡང་སྦྱིན་བདག་ལས་སྤྲངས་ཟིན་པ། ཡང་འབུལ་བར་བྱེད་ན་སྤྲངས་པ་སླ་ཤེས་སྦྱིན་བདག་གིས་སེམས་བསྲུ་བར་ཁས་མི་ལེན་པ་ལས་ལེན་ན་དངོས་གཞིའོ། །

བཅུ་ཚན་གཉིས་པ་ལ་སྡོམ་ནི། སྲིན་བལ་འབའ་ཞིག་ཆ་གཉིས་དང་། །དྲུག་དང་མཐོ་གང་ལམ་དང་ནི། །འཁྲུ་བ་དང་ནི་གསེར་དངུལ་དང་། །མངོན་མཚན་ཅན་དང་ཉོ་ཚོང་ངོ་། །ཞེས་གསུངས། དང་པོ་ནི། སྲིན་བལ་གྱི་སྤྲངས་བ་ལ། གཞི་བསམ་སྦྱོར་བ་མཐར་ཐུག་བཞི་ལས། དང་པོ་གཞི་ལ། དངོས་པོ་ནི་སྲིན་བལ་ཡིན་པ།

རུང་ཚད་ལྡན་གསར་པ་ཡིན་པ། དམན་པ་དང་མ་འདྲེས་པ། རང་གི་ཡིན་པ། སྔར་གཞན་གྱིས་བཟོ་བཅོས་མ་མ་བྱས་པ། གནས་ནི་ཁྲིན་བལ་རིན་ཆེ་བའི་གནས་ཡིན་པ། ཀུན་སློང་ནི། སྟན་བྱེད་པར་འདོད་པ། སྦྱོར་བ་རང་ངམ་གཞན་གྱིས་བརྩམས་པ། མཐར་ཐུག་འཁོར་བཀྲམ་པ་ཡོངས་སུ་རྫོགས་པའོ། །གཉིས་པ་ལུག་བལ་ནག་པོ་འབའ་ཞིག་པའི་སྤང་བ་ལ། སྔ་མ་དང་ཁྱད་པར་མེད་པ་ལ། ལུག་བལ་ནག་པོ་ཞེས་སྦྱར་རོ། །གསུམ་པ་སྒྲི་བའི་སྤང་བ་ལ། གཞན་འདྲ་བ་ལ། ནག་པོ་ཕྱེད་ཀྱི་ཆ་ལས་སྲང་ཕྱེད་ཡན་ཆད་ཀྱི་ལྷག་པ་ཞེས་སྦྱར་རོ། །ནག་པོ་དཀར་པོ་སོགས་ཆ་མཉམ་པའམ། ཉུང་བ་ལ་ལྷུང་བ་མེད་ལ། དཀར་པོ་མང་ན་ཉེས་བྱས་དང་། འཁོབ་ལྷག་ན་ཉེས་པ་མེད་དོ། །འདིར་བཤད་པ་རྣམས་ཀྱང་མཚོན་པ་ཙམ་ཡིན་ལ། གང་ན་དཀོན་ཤིང་རིན་ཆེ་བ་དེ་ལྷུང་བ་བསྐྱེད་པའི་དངོས་པོར་ཤེས་པར་བྱའོ། །བཞི་པ་ལོ་དྲུག་གི་ནང་དུ། སྟན་གཉིས་བྱེད་པའི་སྤང་བ་ལ། གཞི་ནི་དངོས་པོ་ནི། ཀླིང་པའི་སྟན་ལ་ཡིན་ཞེས་སྦྱར། གཞན་སྔ་མ་དང་འདྲ། བདག་ཉིད་སྟན་གཞན་ཡོད་པའམ། རང་དགར་བཏང་བ་དང་། སྟན་གཉིས་པ་བྱེད་པའི་གནང་བ་མ་ཐོབ་པ། སྟན་སྔ་མ་བྱས་ནས་ལོ་དྲུག་མ་ལོན་པ༑ སྦྱོར་བ་དང་། བསམ་པ་དང་། མཐའ་གསུམ་སྔ་མ་བཞིན་ནོ། །ལྔ་པ་བདེ་བར་གཤེགས་པའི་མཐོ་གང་གིས་མ་བསྣན་པའི་སྤང་བ་ལ། དངོས་པོ་གདིང་བ་རང་གི་ཡིན་པ། རུང་ཚད་ལྡན་གསར་པ་གདིང་བ་བཏིང་བ་དེ་ཙམ་ཡོད་གཞན་མ་གླན་པའོ། །ཀུན་སློང་ལོངས་སྤྱོད་པར་འདོད་པ། སྦྱོར་བ་ལོངས་སྤྱོད་པར་བརྩམས་པ། མཐར་ཐུག་ལོངས་སྤྱོད་པའོ། །དྲུག་པ་ལམ་རྒྱང་གྲགས་ལས་ལྷག་པར་ཐོགས་པའི་སྤང་བ་ལ། གཞི་ལ། དངོས་པོ་བལ་རུང་ཚད་ལྡན། རང་དབང་བ་ལ་ངོ་བོ་མ་སྤྱོས་པ། ལམ་སའམ་ཆུ་ལ་བརྟེན་པ་རྒྱང་གྲགས་གཅིག་ཡན་ཆད་དུ་ལོངས་པ། རང་རྫུ་འཕྲུལ་དང་སྤྲུལ་པའི་སྐབས་མིན་པ། དུས་ཉི་མ་གཅིག་གི་དུས་ཡིན་པ། ཀུན་སློང་འགྲོ་བར་འདོད་པ། སྦྱོར་བ་འགྲོ་བ་བཙོམ་པ། མཐར་ཐུག་རྒྱང་གྲགས་ལས་འདས་པའོ། །འདིར་ཚད་ནི་མིའི་ཁྲུར་གྱི་ཚད་དུ་ལོངས་པ། སྲང་ཉིས་སྟོང་དགོས་པར་རྣམ་འབྱེད་འགྲེལ་པ་ལས་བཤད་དོ། །བདུན་པ་བལ་སྨེལ་བའི་སྤང་བ་ལ། བལ་ཞེས་སྦྱར་ནས་གཞན་འཁྲུར་འཇུག་པའི་སྤང་བ་བཞིན་ནོ། །མཐར་ཐུག་ནི། འདའ་བལ་གཅིག་ཙམ་སྨེལ་བ་རྫོགས་པའོ། །བརྒྱད་པ་གསེར་དངུལ་ལེན་པའི་སྤང་བ་ལ། གཞི་ནི་རིན་པོ་ཆེ་དངོས་སམ་དེ་དང་འདྲ་བ་ཐ་སྙད་བཏགས་སུ་རུང་བ་ཚད་དང་ལྡན་པ། རང་གི་ཡིན་པ། རུང་བ་མ་བྱས་པ། ཀུན་སློང་བདག་གིར་བྱེད་འདོད་པ། སྦྱོར་བ་རང་ངམ་བསྐོས་པས་རེག་པར་བརྩམ་པ། མཐར་ཐུག་བདག་གིས་བྱས་པ། བསྐོས་པའི་ཁྱད་པར་ཡང་འདི་ལོང་། འདི་ནས་འདི་ཙམ་ལོང་། འདི་ཁྱེར། འདི་ནས་འདི་ཙམ་ཁྱེར། འདི་ཞོག་འདི་ནས་འདི་ཙམ་ཞོག །དེ་སྦྱར་བས་ནི་བཅོ་བརྒྱད་དོ་ཞེས་པ་ལྟར་རོ། །རུང་བ་ཇི་ལྟར་བྱ་ཞེ

ན༔ སྦྱིན་བདག་ལ་ཡིད་གཏད་དེ་བཙང་བ་དང་། རང་གི་ཞལ་ལྟ་བྱེད་པ་བདག་པོར་ཁས་ལེན་དུ་གཞུག་པ་དང་། ཡུལ་ཆོས་བདུན་ལྡན་གྱི་དྲུང་དུ་སྔགས་ཀྱིས་བྱིན་གྱིས་བརླབས་པའོ། །དགུ་པ་མངོན་མཚན་ཅན་གྱི་སྤང་བ་ལ། ཡུལ་ནི་ཁྱིམ་པ་ཐ་སྙད་ལྔ་ལྡན། རྫས་ཐ་དད་པ། ཉེ་དུ་མིན་པ། དངོས་པོའམ་རིན་པོ་ཆེ་རང་དབང་བ་ཚད་དང་ལྡན་པའོ། །ཀུན་སློང་བརྙེད་པ་ཐོབ་འདོད་པའོ། །སྦྱོར་བ་ངག་མཚན་ཉིད་དྲུག་ལྡན་གྱིས་བསྐྱེད་པར་བརྩམས་པ༔ མཐར་ཐུག་ཁྲུ་གང་དུ་ལོངས་པ་ཐོབ་པའོ། །བཅུ་པ་ཉོ་ཚོང་བྱེད་པའི་སྤང་བ་ལ། གཞན་སྔ་མ་དང་འདྲ་བ་ལ༔ གཞན་འབྲས་བུ་ལ་སོགས་པ་ཡིན་པ་ཞེས་སྦྱར་རོ། །

བཅུ་ཚན་གསུམ་པའི་སྡོམ་ལ། ལྷུང་བཟེད་གཉིས་དང་ཐ་ག་གཉིས། །བྱིན་འཕྲོག་སྙན་ཟླ་ཐ་ཆུང་དང་། །དགོན་པ་དང་ནི་རས་ཆེན་དང་། །སྡོས་བསྒྱུར་དང་ནི་བསོག་འཇོག་གོ། ཞེས་གསུངས་པ་ལ། དང་པོ་ལྷུང་བཟེད་ཞག་བཅུ་འཆང་སྤང་ལ། གཞི་བསམ་སྦྱོར་བ་མཐར་ཐུག་བཞི་ལས། གཞི་ནི་རང་གི་ལྷུང་བཟེད་རུང་བ་ཚད་ལྡན། དབང་བྱར་ཡོད་པ། བྱིན་གྱིས་བརླབས་པ་དང་འབྲེལ་པའམ་མ་འབྲེལ་ཀྱང་རྗེས་སུ་ཞུགས་པ་དང་བཅས་པ། ལྷུང་བཟེད་འབྲེལ་མེད་མ་ཡིན་པའོ། །ཀུན་སློང་རང་གི་ཆེད་དུ་འཆང་འདོད་པ། མཐར་ཐུག་ཞག་བཅུ་གཅིག་པའི་སྐྱ་རེངས་ཤར་བའོ། །གཉིས་པ་ལྷུང་བཟེད་ཚོལ་བའི་སྤང་བ་ལ། ཡུལ་ནི་ཁྱིམ་པ་ཐ་སྙད་དྲུག་ལྡན། དངོས་པོ་ལྷུང་བཟེད་རུང་བ་ཚད་ལྡན། ཁྱིམ་པ་དེ་ཉིད་ཀྱི་ཡིན་པ། རང་གི་ལྷུང་བཟེད་རུང་བ་ཚད་ལྡན་ལོངས་སྤྱོད་བཟོད་དབང་བྱར་ཡོད་པ། འབྲེལ་མེད་པ་མ་ཡིན་པ། ཀུན་སློང་ནི་སློང་བར་འདོད་པ། སྦྱོར་བ་ངག་དྲུག་ལྡན། མཐར་ཐུག་ལག་ཏུ་ཐོབ་པ། ལྷུང་བ་འདི་ཕྱིར་བཅོས་པའི་ཚེ། ལྷུང་བཟེད་དེ་དགེ་འདུན་ལ་སྤང་བའི་ཚེ་ན། ལྷུང་བཟེད་རྙིང་པ་ཅིག་བྱུང་བ། རང་གི་གཏན་དུ་བཙང་དགོས་པ་དེ་ལ་ལྷུང་བཟེད་འབྲེལ་མེད་ཅེས་ཀྱང་བྱའོ། །གསུམ་པ་འཐག་ཏུ་འཇུག་པའི་སྤང་བ་ལ། ཡུལ་ཐག་པ་ཁྱིམ་པ་ཆོས་དྲུག་ལྡན། དངོས་པོ་གོས་ཀྱི་རྒྱུ་རུང་བ་ཚད་ལྡན་རང་དབང་བ། ཀུན་སློང་ཡིད་བཙུགས་དང་། རྒྱུ་སེམས་ལས་གཞན་པས་འཐག་ཏུ་འཇུག་འདོད་པ། སྦྱོར་བ་རང་ངམ་གཞན་གྱི་ངག་དྲུག་ལྡན། མཐར་ཐུག་གོས་གྲུབ་པ། དགག་བྱ་ནི་འདོད་པ་ཆེས་བས་སོ། །བཞི་པ་འཐག་པ་བསྐྱེད་པ་ལ། ཡུལ་སྦྱིན་བདག་དང་། ཐ་ག་པ་ཁྱིམ་ཆོས་ལྔ་ལྡན། དངོས་པོ་གོས་ཀྱི་རྒྱུ། དོག་པ་རུང་བ་ཚད་ལྡན། ཁྱིམ་པ་དེ་ཉིད་ཀྱི་ཡིན་པ་བཟོ་རྩོམ་མ་བྱས་སྦྱིན་བདག་དང་ཐ་ག་པས་མ་གནང་བ། ཀུན་སློང་འཐག་པ་བསྐྱེད་དུ་འཇུག་པ། མཐར་ཐུག་དོག་པ་ཟད་པའམ། རྣན་པ་མ་བྱིན་པ་གང་རུང་གི་རྒྱུ་ལས་གོས་ཐོབ་པའོ། །ལྔ་པ་བྱིན་འཕྲོག་གི་སྤང་བ་ལ། ཡུལ་རྫོགས་པའི་སྡོམ་ལྡན་མཚན་མཐུན་པ་ཐ་སྙད་གསུམ་ལྡན་རྒྱུད་ཐ་དད་པ། ལུས་ཐ་མལ་པར་གནས་པ་དྲུག་ལྡན་ནོ། །དངོས་པོ་དགེ་སློང་ཡོ་བྱད་རུང

བ་ཚད་ལྡན། ཡུལ་དེ་དབང་བའོ། །ཀུན་སློང་རྒྱུ་སེམས་མིན་པར་བསྟན་དུ་བྲལ་བར་འདོད་པ། སྦྱོར་བ་རང་ངམ་བསྐོས་པས་ལུས་ངག་གང་ཡང་རུང་བས་འཕྲོག་པར་རྩོམ་པ། མཐར་ཐུག་ཡུལ་གྱི་ལུས་ལས་བྲལ་བའོ། །དྲུག་པ་དགོན་པའི་འབྲལ་སྤང་ལ། གཞི་ལ་ཡུལ་གྱི་ཡན་ལག་ནི། ཆོས་གོས་གསུམ་གང་ཡང་རུང་བ། རུང་བ་ཚད་ལྡན་སོགས་རང་གིས་བྱིན་གྱིས་བརླབས་ལ། བདག་ཉིད་མི་འབྲལ་བའི་གནང་བ་ཐོབ་པ། སྲབ་རྐྱུང་བཏིང་བ་དང་། བར་ཆད་དང་ལྡན་པ་མིན་པ། དགོན་པ་བ་ཡིན་པ། གནས་ཆོས་གོས་སོགས་ཡོད་པ་ལས་ཐ་དད་པ། ཀུན་སློང་ཐ་དད་དུ་འདུག་པར་འདོད་པ། མཐར་ཐུག་བདུན་པའི་སྐྱ་རེངས་ཤར་བའོ། །བདུན་པ་དབྱར་གྱི་རས་ཆེན་བཞག་འཕྲིས་ལ། དངོས་པོ་རང་གི་རས་ཆེན་སོགས་རུང་བ་ཚད་ལྡན་སོགས་རྙིང་པ་མིན་པ༑ བདག་ཉིད་རས་ཆེན་ཡོད་པ་ལ་མ་གཏད་པ། ཀུན་སློང་འཆད་པར་འདོད་པ། མཐར་ཐུག་མ་གནང་བའི་དུས་ཀྱི་སྐྱ་རེངས་ཤར་བ། བརྒྱད་པ་རས་ཆེན་བཙལ་སྤྱས་ལ། ཡུལ་ཁྱིམ་པ་ཐ་སྙད་དྲུག་ལྡན། དངོས་པོ་དེ་ཉིད་ཡིན་པ། དུས་བཙལ་དུ་མ་གནང་བའི་དུས་ཡིན་པ། ཀུན་སློང་ཚོལ་བར་འདོད་པ། སྦྱོར་བ་དྲུག་ལྡན། མཐར་ཐུག་གོས་ཐོབ་པ། འདིར་སྟོན་རས་ཆེན་བཙལ་བའི་དུས་ནི། དབྱར་ཁས་ལེན་གྱི་དུས་ཀྱི་ཟླ་བ་ཅིག་ཚུན་ཆད་ཡིན་པ། གོས་བཞག་པའི་དུས་ནི། དགག་དབྱེ་ཟིན་ནས་ཟླ་བ་ཕྱེད་ཚུན་ཆད་ཡིན་པའོ། །དགུ་པ་སྟོན་ཟླ་ཐ་ཆུང་ཞེས་པ་བརྙེད་པ་ལས་བྱུང་བའི་སྤང་བ་ལ། ཡུལ་ཁྱིམ་པ་ཐ་སྙད་ལྔ་ལྡན། དངོས་པོ་དབྱར་རྙེད་རུང་བ་ཚད་ལྡན། ས་མིན་པ་བདག་ཉིད་དབྱར་ཁས་བླངས་པ་དང་། རང་ཉིད་གོས་སྐབས་ལེན་འདོད་པ། དུས་དབྱར་གྱི་ནང་ཡིན་པ། དགག་བྱ་ནི། བརྙེད་པའི་མཐའ་བཅུ་མིན་པ། ཀུན་སློང་བདག་གིར་བྱེད་པར་འདོད་པ། སྦྱོར་བ་བརྩོམ་པ། མཐར་ཐུག་བརྙེད་པ་ཐོབ་པའོ། །དགག་བྱ་དབྱར་གྱིས་པ། སྦྱིན་བདག་མ་དད་པའོ། །འདི་ལ་ཡང་བགོད་སྤྱས་དང་། བཞག་ཕྲིས་གཉིས་ཡོད་ལ། བརྙེད་པ་དགོད་པའི་དུས་ནི་དགག་དབྱེའི་ཉིན་པར་ཕྱི་དེ་ཉིན་བར་ཡིན་པའོ། །བཅུ་པ་སྔོས་བསྒྱུར་ལ། ཡུལ་ཁྱིམ་བདག་ཐ་སྙད་ལྔ་ལྡན། རང་དང་དངོས་པོ་ལས་རྫས་ཐ་དད་པ། དངོས་པོ་ཁ་ཟས་ལས་གཞན་པའི་རྙེད་པ་རུང་བ་ཚད་ལྡན། དགེ་སློང་ཆོས་ལྔ་ལྡན་ལ་སོགས་སྔོས་པ། ཀུན་སློང་རྒྱུ་སེམས་དང་ཡིད་བཙུག་ལས་གཞན་པས་བསྒྱུར་བར་འདོད་པ། སྦྱོར་བ་རང་ལས་བསྒྱུར་བ་བརྩམ་པ༑ མཐར་ཐུག་ལག་ཏུ་ཐོབ་པའོ། །བཅུ་གཅིག་པ་བསོག་འཇོག་གི་སྤང་བ་ལ། གཞི་བསམ་སྦྱོར་བ་མཐར་ཐུག་བཞི་ལས། གཞི་ནི། སྨན་རྣམ་པ་བཞི། རང་གི་ངོ་བོ་གྲུབ་པ། རུང་བ་ཚད་ལྡན་བྱིན་ལེན་རང་གི་ཡིན་པ། ཀུན་སློང་འཆང་བར་འདོད་པ། སྦྱོར་བ་འཆང་བར་བརྩོམ་པ། མཐར་ཐུག་རང་གི་དུས་ལས་འདས་པ་སྟེ། ཚད་ནི་སྔ་དྲོ་བྱིན་ལེན་ཅན་གྱི་ཟས་བྱིན་གྱིས་མ་བརླབས་ན། གུང་ཚིགས་ཡོལ་བ་དང་། ཕྱི་དྲོའི་བྱིན་ལེན་བྱས་པ།

ཐུན་ཚོད་ཀྱི་མཐའ་ལས་འདས་པ་དང་། ཞག་བདུན་པ་སྐྱ་རེངས་བརྒྱད་པ་འདས་པའོ། །འདི་ར་རས་ཆེན་བཙལ་སྟུས་དང་བཞག་འཕྲིས་གཅིག་ཏུ་བྱའོ། །སྤང་བ་རྣམས་བཤད་ཟིན་ཏོ། །

སྡེ་ཚན་བཞི་པ་འབབ་ཞིག་པ་ལ། བཅུ་ཚན་དགུ་ལས། དང་པོ་སྡོམ་ནི། བརྟེན་སྐྱོན་དགེ་སློང་ཕྲ་མ་དང་། །སྐྱོ་སྡོགས་བྱེད་དང་སྟོན་པ་དང་། །འདོན་དང་གནས་ངན་ལེན་དང་ཆོས། །བཤེས་ངོར་བྱེད་དང་ཁྲད་དུ་གསོད། །ཞེས་པའོ། །དང་པོ་ཤེས་བཞིན་དུ་བརྟེན་སླ་བའི་ལྟུང་བྱེད་ལ། གཞི་བསམ་སྦྱོར་བ་མཐར་ཐུག་བཞི་ལས། དང་པོ་གཞི་ལ་ཡུལ་ནི། ཐ་སྙད་ལྔ་ལྡན་རང་ལས་རྒྱུད་ཐ་དད་པ། དངོས་པོ་ཕམ་ལྷག་སྡོམ་པོ་ཉེས་བྱས་བཞི་དང་། བཤེས་ངོར་འཆའ་བ་དང་། ཟས་ཆུང་བསྐུར་འདེབས། བསླབས་པ་ལས་ཉེར་འཇོག་སྤང་བ་སོགས་ལས་གཞན་པའི་རྟེན། ཀུན་སློང་ཤེས་བཞིན་སླ་འདོད་པ། སྦྱོར་བ་ངག་དྲུག་ལྡན་གྱིས་སླས་པ། མཐར་ཐུག་དོན་གོ་བའོ། །གཉིས་པ་སྐྱོན་སླ་བའི་ཡུལ། དགེ་སློང་ཆོས་དྲུག་ལྡན། དངོས་པོ་སྐྱོན་སྒྲགས་པ། ཀུན་སློང་སྐྱོན་བརྗོད་པ། སྦྱོར་བ་ངག་ཐ་སྙད་དྲུག་ལྡན་གྱིས་སླས་པ། མཐར་ཐུག་དོན་གོ་བའོ། །གསུམ་པ་དགེ་སློང་གིས་ཕྲ་མ་བྱེད་པའི་ལྟུང་བྱེད་ལ། ཡུལ་དགེ་སློང་ཆོས་དྲུག་ལྡན། དངོས་པོ་སྐྱོན་དུ་སྒྲགས་པ། ཀུན་སློང་ཕྲ་མ་བྱེད་འདོད་པ། སྦྱོར་བ་མཐར་ཐུག་འདྲའོ། །བཞི་པ་སྐྱོ་སྡོགས་བྱེད་པའི་ལྟུང་བྱེད་ལ། ཡུལ་དགེ་སློང་ཆོས་དྲུག་ལྡན་གཉིས་ཡན་ཆད་དངོས་པོ་རྩོད་པ་བཞི་ལས་གང་ཡང་རུང་བ། ཆོས་ལྡན་གྱིས་ཞི་བར་བྱས་པ། གོ་བྱ་ཆོས་དྲུག་ལྡན། ཞི་བྱེད་ཀྱི་ལས་མ་གཏོགས་པ། བདག་ཉིད་ཀྱང་ཞི་བྱེད་ཀྱི་ལས་མ་གཏོགས་པ། ལྟ་བ་སླ་བ་མ་ཡིན་པ༑ ཀུན་སློང་བསྐྱོད་པ་དཀྲུག་པར་འདོད་པ། སྦྱོར་བ་མཐར་ཐུག་འདྲའོ། །ལྔ་པ་སྟོན་པའི་ལྟུང་བྱེད་ལ་སྤར་ལྟར་བཞི་ལས། ཡུལ་ནི་བུད་མེད་ཐ་སྙད་བཞི་ལྡན། མཚན་དོན་བྱེད་ནུས་པ། ཁྱིམ་པ་ཡིན་པ། ཉེ་དུ་མིན་པ། རྫུ་འཕྲུལ་དང་མི་ལྡན་ཞིང་ཉན་པར་འདོད་པ་དངོས་པོ་སངས་རྒྱས་སམ་ཉན་ཐོས་ཀྱི་གསུངས་པའི་ཆོས་ཡུལ་དེས་མི་ཤེས་པའོ། །དྲུག་པ་འདོན་པ་ལ། སྤར་ལྟར་བཞི་ལས། དང་པོ་གཞི་ལ་ཡུལ་ནི། མ་རྫོགས་པ་ཐ་སྙད་ལྔ་ལྡན། བསམ་པ་ཐག་པ་ནས་འདོན་པར་འདོད་པ། དངོས་པོ་འདྲ། བདག་ཉིད་ཀྱང་མཉམ་པའམ་མཇུག་ཏུ་འདོན་པ། ཀུན་སློང་འདོད་པ། སྦྱོར་བ་འདྲ། མཐར་ཐུག་སྟོན་པའོ། །བདུན་པ་གནས་ངན་ལེན་ཞེས་བརྗོད་པའི་ལྟུང་བྱེད་ལ། སྤར་ལྟར་བཞི་ལས། དང་པོ་གཞི་ལ་ཡུལ་དགེ་སློང་ཆོས་ལྔ་ལྡན། དངོས་པོ་ཕམ་ལྷག་གང་རུང་ཡུལ་དེ་ལ་བྱུང་བ། གོ་བྱ་མ་རྫོགས་པ། ཐ་སྙད་ལྔ་ལྡན་ཕམ་ལྷག་མི་ཤེས་པ། བདག་ཉིད་བསྒོ་བ་དང་གསོལ་བ་མ་བྱས་པའོ། །ཀུན་སློང་གནས་ངན་ལེན་བརྗོད་པར་འདོད་པ། སྦྱོར་བ་ངག་དྲུག་ལྡན། མཐར་ཐུག་དོན་གོ་བའོ། །བརྒྱད་པ་མི་ཆོས་བླ་མ་བརྗོད་པ་ལ། བཞི་ལས། གཞིའི་ཡན་ལག་ལ། ཡུལ་མ་རྫོགས་པ་ཐ་

སྣད་ལྔ། བདེན་པ་མ་ཐོབ་པ། དངོས་པོ་མིའི་ཆོས་བླ་མ་མཚན་ཉིད་ཅན་རང་གིས་མ་ཐོབ་པ། ཀུན་སློང་ཐོབ་པར་འདོད་པ་གཉིས་པོ་འདྲའོ། །དཀུ་པ་བཤེས་ངོར་འབྱིད་པའི་ལྟུང་བྱེད་ལ། གཞི་ལ་ཡུལ་ནི། ཆོས་དྲུག་ལྡན། རང་དང་དེ་ལས་རྫས་ཐ་དད་པ། དངོས་པོ་དགེ་འདུན་ཆོས་ལྔ་ལྡན་གྱི་ཟས་བྱིན་པའི་རྙེད་པ་རུང་བ་ཚད་ཡང་དག་པར་བསྔོས་པ་བདག་ཉིད་དགེ་འདུན་གྱི་རུང་བའི་ལས་དེ་ལ་གཏོགས་པའི་གོ་བྱ་ཐ་སྣད་ལྔ་ལྡན་རྒྱུད་ཐ་དད་པ། ཀུན་སློང་བསྐུར་བར་འདོད་པ། གཉིས་པོ་ནི་འདྲའོ། །བཅུ་པ་ཁྱད་དུ་གསོད་པའི་ལྟུང་བྱེད་ལ། གཞི་ནི་དངོས་པོ་འདུལ་བར་གཏོགས་པའི་བསླབ་པའི་གཞི་ཡིན་ལ། གོ་བྱ་དགེ་སློང་ཆོས་དྲུག་ལྡན། ཀུན་སློང་ཁྱད་དུ་གསོད་འདོད་པ། གཉིས་པོ་ནི་འདྲའོ། །

བཅུ་ཚན་གཉིས་པ་ལ་སྡོམ་ནི། ས་བོན་འཕྲུ་བ་བསྒོ་བ་དང་། །ཁྲི་དང་གདིང་དང་སྒྲོད་པ་དང་། །ཕྱིས་གནོན་འབྱུང་བ་འདེབས་པ་དང་། །རིམ་པ་གཉིས་སུ་རྩིག་པའོ། །དང་པོ་ས་བོན་དང་སྐྱེ་བ་འཇིག་པའི་ལྟུང་བྱེད་ལ། དངོས་པོ་ས་བོན་དང་སྐྱེ་བ་རང་གི་ཆོས་སུ་གྲུབ་པ། མ་ཉམས་པ་རུང་བ་མ་བྱས་པ། བདག་ཉིད་རྫུ་འཕྲུལ་དང་སྤྲུལ་པའི་སྐབས་མིན་པ། ཀུན་སློང་ཉམས་པར་འདུན་པ། སྦྱོར་བར་རང་ངམ་བསྐོས་པ་བརྒྱམས་པ༑ མཐར་ཐུག་ཉམས་པར་གྱུར་པའོ། །གཉིས་པ་འཕྲུ་བའི་ལྟུང་བྱེད་ལ། ཡུལ་དགེ་སློང་ཆོས་དྲུག་ལྡན། ཞལ་ལྟ་བཞིན་བྱས་པའམ་བྱེད་བཞིན་པ། བདག་ཉིད་ལ་གནས་མལ་སོགས་སྤོབས་པ་མིན་པ། བདག་ཉིད་ངན་པའི་གྲངས་སུ་བགྲངས་པ། ཀུན་སློང་འཕྲུ་བར་འདོད་པ། སྦྱོར་བ་ངག་དྲུག་ལྡན། མཐར་ཐུག་དོན་གོ་བའོ། །གསུམ་པ་བསྒོ་བ་ནྲ་ལ་གཞོན་པའི་ལྟུང་བྱེད་ལ། ཡུལ་དགེ་སློང་རྫོགས་པའི་སྡོམ་པ་དང་ལྡན་པ། ལྟ་བ་མཚན་མཐུན་པ་ཐ་སྙད་གསུམ་དང་ལྡན་པ། ལུས་ཐ་མལ་པར་གནས་པ། བདག་ཉིད་ལ་ཆོས་དང་ལྡན་པར་བསྒོ་བ་པོ་ཡིན་པ། རང་གི་སྡེ་པའི་གྲངས་སུ་བགྲངས་པ། ཀུན་སློང་གཞོན་པར་འདོད་པའོ། །གཉིས་ནི་གོང་མ་བཞིན་ནོ༑ །བཞི་པ་ཁྲི་དང་ཁྲིའུ་སོགས་ཕན་ཕུན་དུ་གྱུར་པའི་ལྟུང་བྱེད་ལ། གཞི་ནི་དངོས་པོ་དགེ་འདུན་གྱི་གནས་མལ་རུང་ཚད་ལྡན། ཕན་ཕུན་གྱི་ཉེན་དང་བཅས་པ། རང་ངམ་བསྐོས་པའི་བཏིང་ངམ་བསྟུ་བར་ཁས་བླངས་པ༑ བདག་ཉིད་རྫུ་འཕྲུལ་སོགས་དང་བར་ཆད་དང་ལྡན་པ། དོན་ཁྱད་པར་སྒྲུབ་པའི་སྐབས་མིན་པ། ཀུན་སློང་མལ་ཆ་མི་བསྡུ་བར་འདོད་པ། སྦྱོར་བ་གཞན་དུ་འགྲོ་བ་བརྩོམ་པ། མཐར་ཐུག་འདོམ་བཞི་བཅུ་རྩ་དགུ་ལས་འདས་པའམ། ཕན་ཕུན་དུ་གྱུར་པའོ། །ལྔ་པ་རྩྭ་མ་བཏིང་བའི་ལྟུང་བྱེད་ནི། གཞི་ལ་གནས་དགེ་འདུན་གྱི་གཙུག་ལག་ཁང་ཆུད་ཟ་བའི་ཉེན་དང་བཅས་པ་གནས་ཀྱི་མཚན་ཉིད་དུ་གྲུབ་པ། དངོས་པོ་རྩྭ་མི་བཏིང་བ་ཡིན་པ་སྦྱར། གཞན་སྔ་མ་དང་འདྲ། དྲུག་པ་སྒྲོད་པའི་ལྟུང་བྱེད་ལ། གཞི་ལ་གནས་ནི། དགེ་འདུན་གྱི་གཙུག་

ལག་ཁང་གནས་མཚན་ཉིད་དུ་གྲུབ་པ། ཡུལ་དགེ་སློང་དྲུག་ལྡན་དེར་ཞུགས་པ། ཀུན་སློང་ཕན་འདོད་མ་གཏོགས་པ་སྐྲོད་འདོད་པ། སྦྱོར་བ་རང་དམ་བསྒོས་པས་བསྐྲོད་པར་བརྩོམ་པ། མཐར་ཐུག་ཉེ་འཁོར་ལ་འདས་པའོ། །བདུན་པ་ཕྱིས་ནོན་བྱེད་པའི་ལྟུང་བྱེད་ལ། གཞན་འདུ་བ་ལ་ཀུན་སློང་ན་བ་སོགས་མིན་པར་ཕྱིས་ནོན་བྱེད་འདོད་པ། སྦྱོར་བ་ལུས་ངག་གང་རུང་གིས་རྩོམ་པ། མཐར་ཐུག་ཡུལ་གྱིས་དོན་གོ་བའོ། །བརྒྱད་པ་ཁྲི་འུ་རྐང་བས་བྱུང་བའི་ལྟུང་བྱེད་ལ། གནས་གཙུག་ལག་ཁང་གནས་ཀྱི་མཚན་ཉིད་དུ་གྲུབ་པ། ཐོག་རྡོལ་བའི་ཉེན་དང་བཅས་པ། དངོས་པོ་ཁྲི་འམ་ཁྲི་འུ་ཚད་ལྡན། རྐང་བ་ཕུར་བུ་ལྟ་བུ་མ་ཡིན་པ། བཀན་པ་སོགས་མ་ཡིན་པ༏ ཀུན་སློང་ཉལ་འདུག་བྱེད་པ། སྦྱོར་བ་ཉལ་འདུག་བྱེད་པར་ལུས་ཀྱི་བརྩམ་པ། མཐར་ཐུག་རྫོགས་པའོ། །དགུ་པ་སྲོག་ཆགས་འདེབས་པའི་ལྟུང་བྱེད་ལ། དུད་འགྲོའི་སྐྱེ་གནས་སུ་སྐྱེས་པ། ཐ་མལ་པའི་དམིགས་པ་སྣང་དུ་རུང་བ། རྩ་རག་ཤིང་ལ་སོགས་པའི་གཞི་དང་བཅས་པ། ཀུན་སློང་གཞན་བྱེད་དུ་ལོངས་སྤྱོད་པར་འདོད་པ། སྦྱོར་བ་རང་དམ་བསྒོས་པས་ལོངས་སྤྱོད་པར་རྩམས་པ། མཐར་ཐུག་ཤི་བའོ། །བཅུ་པ་རིམ་པ་གཉིས་སུ་རྩིག་པའི་ལྟུང་བྱེད་ལ། གཞི་ལ་དངོས་པོ་གཙུག་ལག་ཁང་སྤྱོད་ལམ་བཞི་ཤོང་བ། འཇིགས་ཉེན་དང་བཅས་ཤིང་གཞན་གྱིས་བཟོ་རྩོམ་མ་བྱས་པ། བདག་ཉིད་ཆར་ཆུ་སྐྱབ་པའི་སྦྱོར་བ་མ་བྱས་པ་དང་། ས་བོན་བདག་གིས་མ་བསྐྱལ་བ། དུས་ནི་འཛིམ་པ་སྦྱར་བ་སོགས་མ་བྱས་ན་ཉི་མ་ཐ་དད་ལའང་བསྐྱེད་པས། དེ་དག་བྱས་ན་ཉི་མ་གཅིག་གི་དུས་ཡིན་པའོ། །ཀུན་སློང་རྩིག་པར་འདོད་པ། སྦྱོར་བ་རང་དམ་བསྒོས་པས་རྩོམ་པ། མཐར་ཐུག་རིམ་པ་བཞི་སྣ་འགྱུར་བའོ། །

བཅུ་ཚན་གསུམ་པ་ལ་སྡོམ་ནི། མ་བསྒོས་ཉི་མ་ནུབ་པ་དང་། །ཟས་དང་ཆོས་གོས་གཉིས་དག་དང་། །དོན་མཐུན་གྲུ་དང་དབེན་པ་གཉིས། །དགེ་སློང་མས་སྦྱོར་བཅུག་པའོ། །དང་པོ་མ་བསྒོས་ཆོས་སྟོན་གྱི་ལྟུང་བྱེད་ལ། ཡུལ་དགེ་སློང་མ་ནི་རྫོགས་པའི་སྡོམ་པ་དང་ལྡན་པ། ལྟ་བ་མཐུན་པ། མཚན་མཐུན་པ། ཐ་སྙད་གསུམ་དང་ལྡན་པ། ལུས་རྟེན་དུ་རུང་བ། ཐ་མལ་བར་གནས་པ། རྫུ་འཕྲུལ་ཅན་མིན་པ་སྐྱེ་བདུན་དང་ལྡན་པའོ། །བསམ་པ་ཐག་པ་ནས་ཉན་འདོད་པ། དངོས་པོ་ལུང་གི་ཤོ་ལོ་ཀ་གཅིག་ཡན་ཆད་དུ་གང་རུང་བདག་ཉིད་ལ་ཐོས་པ་བདག་ཉིད་སྟོན་པར་མ་བསྒོས་པའམ། བསྒོས་ཀྱང་ཡོན་ཏན་དྲུག་དང་མི་ལྡན་པ། བདག་ཉིད་ཆོས་བླ་མའི་མཐུ་དང་ལྡན་པ་མིན་པའོ། །ཀུན་སློང་ཆོས་སྟོན་པར་འདོད་པའོ། །སྦྱོར་བ་ངག་དྲུག་ལྡན་ནོ། །མཐར་ཐུག་དོན་གོ་བའོ། །གཉིས་པ་ཉི་མ་ནུབ་ཀྱི་བར་དུ་ཆོས་སྟོན་པའི་ལྟུང་བྱེད་ལ། གཞི་ལ་ཡུལ་དང་དངོས་པོ་གཉིས་འདྲ། གཞན་འཇིགས་པ་དང་བཅས་པ། དུས་ཉི་མ་ནུབ་ནས་སྐྱ་རེངས་མ་ཤར་བ། མཚན་ཐོག་ཐག་སྟོན་

པའི་དུས་མ་ཡིན་པ། གཞན་གསུམ་འདྲའོ། །གསུམ་པ་ཟས་ཐུང་ཟད་ཀྱི་ཕྱིར་ཆོས་སྟོན་ནོ་ཞེས་བསྒྲུར་པ་འདེབས་པའི་ལྟུང་བྱེད་ལ། དགེ་སློང་ཆོས་དྲུག་ལྡན། ཟང་ཟིང་ཐུང་ཟད་ཙམ་གྱི་ཕྱིར་ཆོས་སྟོན་པ་མ་ཡིན་པ། གོ་བྱ་ཐ་སྙད་གསུམ་ལྡན། ལུས་ཐ་མལ་པར་གནས་པ་རྒྱུད་ཐ་དད་པ། ཀུན་སློང་བསྒྲུར་བར་འདོད་པ། སྦྱོར་བ་ངག་དྲུག་ལྡན། མཐར་ཐུག་དོན་གོ་བའོ། །བཞི་པ་དགེ་སློང་མའི་གོས་བཟོ་བའི་ལྟུང་བྱེད་ལ། གཞི་ལ་ཡུལ་དགེ་སློང་མ་ཆོས་བརྒྱད་ལྡན། དངོས་པོ་གོས་རུང་བ་ཚད་ལྡན། དགེ་སློང་མ་དེ་ཉིད་ཀྱི་ཡིན་པ། དེས་བདག་ལ་ངག་གིས་རྩོལ་བ། སྤྲར་བཟོ་བཙེམས་མ་བྱས་པ་ཀུན་སློང་བཟོ་བྱེད་པར་འདོད་པ། སྦྱོར་བ་བརྩམས་པ། མཐར་ཐུག་བཟོ་རྫོམ་རྫོགས་པའོ། །ལྔ་པ་དགེ་སློང་མ་ལ་གོས་སྦྱིན་པའི་ལྟུང་བྱེད་ལ། ཡུལ་དགེ་སློང་མ་ཆོས་བརྒྱད་ལྡན། དགེ་འདུན་ལ་གོས་འབུལ་བ་ལེན་པ་སོགས་ལྔ་མ་ཡིན་པ། རྫས་ཐ་དད་པ། དངོས་པོ་གོས་རུང་བ་ཚད་ལྡན་རང་གི་ཡིན་པ། རང་གི་སེམས་ཡངས་པ་དང་དད་པ་ཅན་མ་ཡིན་པ་དང་རུང་བའི་ཕྱིར་རྗེ་བ་མིན་པ། ཀུན་སློང་སྟེར་བར་འདོད་པ། སྦྱོར་བ་རྩོམ་པ། མཐར་ཐུག་དེས་ཐོབ་པའོ། །དྲུག་པ་དགེ་སློང་མ་དང་ལྷན་ཅིག་འགྲོ་བའི་ལྟུང་བྱེད། གཞི་ལ་ཡུལ་དགེ་སློང་མ། ཉེ་དུ་མ་ཡིན་པ་མ་གཏོགས་པའི་བདུན་ལྡན། བདག་ཉིད་ལ་ཕན་འདོགས་པ་མ་ཡིན་པའི་བདུན་ལྡན། ཐབས་ཡོད་པ། ལམ་ལ་བརྟེན་པ། རྒྱང་གྲགས་སུ་ལོངས་པ། འཇིགས་པ་དང་བཅས་པ་མ་ཡིན་པ། དུས་ཉི་མ་གཅིག་གི་དུས་ཡིན་པ། ཀུན་སློང་ལམ་གཅིག་ལ་འགྲོ་འདོད་པ། སྦྱོར་བ་འགྲོ་བར་བརྩོམ་པ། མཐར་ཐུག་རྒྱང་གྲགས་ལས་འདས་པའོ། །བདུན་པ་དགེ་སློང་མ་དང་ལྷན་ཅིག་གྲུར་འཛུག་པའི་ལྟུང་བྱེད་ལ། ལམ་རྐྱལ་བརྟེན་པ་ཞེས་བྱ་བ་དང་། འགྲམ་གཉིས་འཇིགས་པ་དང་བཅས་པ་མིན་པ་ཞེས་པ་དང་། ཐད་ཀར་རྒྱང་གྲགས་སུ་ལོངས་པ་མ་ཡིན་པ་ཞེས་སྣྲར། གཞན་འདྲ། བརྒྱད་པ་དབེན་པ་ན་འདུག་པའི་ལྟུང་བྱེད་ལ། གཞི་ལ་ཡུལ་བུད་མེད་ནི་མཚན་དོན་བྱེད་ནུས་པ། ཐ་སྙད་ཕྱེད་དང་ལྔ་དང་ལྡན་པ། ལུས་བརྟེན་དུ་རུང་བ། རྫུ་འཕྲུལ་མ་ཐོབ་པ། ཉེ་དུ་མ་ཡིན་པ། གྲོགས་དང་མི་ལྡན་པ། ལུས་ཐ་མལ་པར་གནས་པ། བདག་ཉིད་ཕན་འདོགས་མ་ཡིན་པ། འདུག་པའི་སྤྱོད་ལམ་ཅན། གནས་ནི་ས་ཕྱོགས་དབེན་པར། སྐབས་ཡོད་འདོམ་གང་གི་ནང་ཡིན་པ། བདག་ཉིད་ཀྱང་འདུག་པ། ཀུན་སློང་འདུག་པར་འདོད་པ། སྦྱོར་བ་རྩོམ་པ། མཐར་ཐུག་འཕོངས་བརྟོད་ས་ལ་བཞག་པའོ། །དགུ་པ་དབེན་པར་དགེ་སློང་མ་དང་ལྷན་ཅིག་འགྲེང་བའི་ལྟུང་བྱེད་ལ། བདག་ཉིད་འགྲེང་བ་དང་། ཡུལ་དགེ་སློང་མ་ཞེས་སྣྲར། གཞན་སྔ་མ་ཁོ་ནའོ། །བཅུ་པ་དགེ་སློང་མས་སྦྱོར་དུ་བཅུག་པ་བཟའ་བའི་ལྟུང་བྱེད་ལ། གཞི་ལ་ཡུལ་ཁྱིམ་པ་ཐ་སྙད་ལྔ་ལྡན་རྫས་ཐ་དད་པ། དངོས་པོ་དུས་སུ་རུང་བའི་བཟའ་བཅའ་བཅའ་བ་བཏུང་བ་འགྲོན་ཅིག་གི་ཚད་དུ་ལོངས་པ། སྦྱིན་བདག་དེ་

ཉིད་ཀྱི་ཡིན་པ། བདག་ཉིད་ཀྱི་ཡང་དག་པ་མ་ཡིན་པའི་ཡོན་ཏན་གྱིས་བཅུག་པ། སྦྱོར་བྱེད་དགེ་སློང་མ་ཚོས་བརྒྱད་ལྡན། བདག་ཉིད་མགྲོན་དུ་མ་བསམས་པར་གསོས་ཀྱང་ལྷག་པའོ། །ཀུན་སློང་ཟ་བར་འདོད་པ། སྦྱོར་བ་ཟ་བར་བརྩམས་པ་མཐར་ཐུག་མགུལ་དུ་མིད་པའོ། །

བཅུ་ཚན་བཞི་པ་ལ་སྡོམ་ནི། ཡང་ཡང་དང་ནི་འདུག་གནས་དང་། །ཕྱེ་དང་བཅའ་དང་སྟོབས་པ་དང་། །འདུས་དང་དུས་མིན་བསོག་འཛོག་དང་། །ཁ་ནས་མིད་དང་གསོད་པ་ཉིད། །ཅེས་པའོ། །དང་པོ་ཡང་ཡང་ཟ་བའི་ལྟུང་བྱེད་ལ། གཞི་ལ་ལུས་རྟེན་གཉིས་ཀ་ཐ་སྙད་ལྔ་ལྡན། བདག་ཉིད་དང་གསུམ་ཀ་ཕན་ཚུན་རྫས་ཐ་དད་པ། ནར་མར་སྦྱོར་བ་མ་ཡིན་པ། བསམ་པ་ཐག་པ་ནས་འབོད་པ་ཡིན་པ། ཟས་དེ་གཉིས་ཀ་བཟའ་བ་ལྔའི་ཁོངས་སུ་གཏོགས་པ། ཀུན་སློང་སོགས་གསུམ་ནི་འདྲ། གཉིས་པ་མུ་སྟེགས་ཅན་གྱི་འདུག་གནས་སུ་ཟ་བའི་ལྟུང་བྱེད་ལ། གཞི་ལ་གནས་མལ་དེའི་བདག་པོ་ཁྱིམ་པ་ཚོས་ལྔ་ལྡན། དེའི་མཆོད་གནས་མུ་སྟེགས་ཅན་ཐ་སྙད་གསུམ་ལྡན་བཞིར་ལོངས་པ། གནས་ནི་གནས་ཀྱི་མཚན་ཉིད་དུ་གྲུབ་པ། ཡ་མཚན་ཅན་གྱི་སྤྱིའི་གནས་ཡིན་པ། དངོས་པོ་བཟའ་བ་ལྔའི་ཁོངས་སུ་གཏོགས་པ། བདག་ཏུ་གནས་པ་དེ་ཉིད་ཀྱི་ཡིན་པ། རྟེན་ནད་པ་དང་སྐབས་པ་མ་ཡིན་པ། ཞག་གཅིག་གནས་ཤིང་ཟས་ཅིག་ཟོས་པ་གསུམ་ནི་འདྲའོ། །གསུམ་པ་སྦྱིན་བདག་གཅིག་ལས་བླངས་པ་ཚད་ལས་འདས་པའི་ལྟུང་བྱེད་ལ། གཞི་ལ་ཡུལ་ཁྱིམ་པ་ཐ་སྙད་ལྔ་ལྡན། ཡོངས་སུ་དཔགས་པ་དང་ཅི་བདེ་བར་སྟོབས་པ་མ་ཡིན་པ། དངོས་པོ་འདྲ་བ་ལ་བྲེ་ཕྱེད་དང་ལྔ་ལས་བྲེ་ཕྱེད་དམ་ཕུལ་ཕྱེད་ཡོད་པ། ཕུལ་ཕྱེད་དང་ལྔ་ཡན་ཆད་གཡོས་སུ་བྱས་པ། གནས་གནོས་པ་དེ་ལས་གཞན་ལ། སྦྱོར་བ་དགུ་ལྡན། མཐར་ཐུག་མགུལ་དུ་མིད་པ། བཞི་པ་ཟས་སྐྱངས་པ། ལྷག་པོར་མ་བྱས་པར་ཟ་བའི་ལྟུང་བྱེད་ལ། དངོས་པོ་དུས་སུ་རུང་བའི་བཟའ་བ་དང་བཅའ་བ་རུང་ཚད་ལྡན་ལྷག་པོར་མ་བྱས་ཤིང་དགོན་ཟས་མ་ཡིན་པ། བདག་ཉིད་སྐྱངས་པ་ཡོངས་སུ་རྫོགས་པ་ཡིན་ཅིང་། ནད་པ་མ་ཡིན་པ། དུས་སྐྱང་བའི་མཚན་གྱིས་དུས་ཡིན་པ༑ མུ་གེའི་དུས་མ་ཡིན་པ། ཀུན་སློང་ཟ་བར་འདོད་པ། སྦྱོར་བ་ཟ་བར་རྩམས་པ། མཐར་ཐུག་མགུལ་དུ་མིད་པའོ། །འདིར་ལྷག་པོར་གྱི་མཚན་ཉིད་ཇི་ལྟ་བུ་ཅེ་ན། ཡུལ་དགེ་སློང་ཚོས་དྲུག་ལྡན། དངོས་པོ་དུས་སུ་རུང་བའི་བཟའ་བ་དང་བཅའ་བ་ཚད་ལྡན་བྱིན་ལེན་ཅན་ལྷག་པོར་བྱས་པ་མིན་པ་གནས་བྱིན་ལེན་བཞིན་ནོ། །བདག་ཉིད་སྐྱོང་བ་ཡོངས་རྫོགས་ཡིན་པ་དང་། ནད་པ་དང་མུ་གེ་བྱུང་བ་མ་ཡིན། བསམ་པ་ལྷག་པོར་བྱེད་འདོད་པ། ཚིག་ནི་སྐྱོད་ལམ་བཏན་པ་སོགས་བྱས་ཏེ། ཚེ་དང་ལྡན་པ་དགོངས་སུ་གསོལ། བདག་དགེ་སློང་མིང་འདི་ཞེས་བགྱི་བ། འཚལ་མ་འཚལ་ལགས་ཤིང་། སྐྱངས་ཏེ་ཡོངས་སུ་རྫོགས་ཤིང་། བཅའ་བ་དང་བཟའ་བ་རྙེད་ཅིང་

འཕེལ་བར་འཚལ་ན། ལྷག་པོར་བགྱིས་ཏེ་བདག་ལ་སྩལ་ཏུ་གསོལ། ཞེས་ལན་ཅིག་བརྗོད་དོ། །ཡུལ་དེ་སྤྱངས་ན་མི་ཟ། མ་སྤྱང་ན་ཁམ་གཉིས་སམ་གསུམ་ནས་སྤྱོང་བའི་ཚིག་བརྗོད། སྦྲ་དོན་ནི། ལྷག་མར་བྱས་ཤིང་བོར་བས་ན། །ལྷག་པོར་ཞེས་བྱའོ། །དགོས་པ་ཡང་ཡང་ཟ་བའི་ཉེས་པ་མི་འབྱུང་བ་དང་བཅས་པའི་ས་མཚམས་ཟིན་པའོ། །ལྷ་པ་སྤྱངས་པ་སྟོབས་པའི་ལྟུང་བྱེད་ལ། གཞི་ལ་ཡུལ་ནི་དགེ་སློང་ཆོས་དྲུག་ལྡན། སྤྱངས་པ་ཡོངས་རྫོགས་ནད་པ་མ་ཡིན་པ། དངོས་པོ་དང་དུས་འདྲ། ཀུན་སློང་སྟོབས་པར་འདོད་པ། སྦྱོར་བ་ངག་དྲུག་ལྡན་གྱིས་བཙམས་པ་མཐར་ཐུག་དོན་གོ་བའོ། །དྲུག་པ་གནས་ཁང་སོ་སོར་འདུས་ཤིང་ཟ་བའི་ལྟུང་བྱེད་ལ། གཞི་ལ་གནས་ནི་མཚམས་ནང་ཡིན་པ། གཞན་དགེ་འདུན་དུ་ལོངས་པ་ཡོད་པ། གཞན་དགེ་སློང་ཆོས་ལྡན་གསུམ་ཡན་ཆད་དུ་ལོངས་པ། ཡུལ་དགེ་སློང་ཆོས་ལྔ་ལྡན་གསུམ་ཡན་ཆད་དུ་ལོངས་པ། རང་རང་ལྷན་ཅིག་ཟ་བ་པོ་ཡིན་པ། དངོས་པོ་དུས་སུ་རུང་བའི་བཟའ་བའམ་བཅའ་བ་རུང་ཚད་ལྡན། མུ་སྟེགས་ཅན་དང་དུས་སྟོན་ཆེན་པོའི་ཟས་ལས་གཞན་པ། ཟས་གཅིག་པ་མ་ཡིན་པ། བདག་ཉིད་ན་བ་དང་ལས་བྱས་པ། ལམ་དུ་ཞུགས་པ་སྲ་བརྒྱང་བཏིང་བ་མ་ཡིན་པ། ཀུན་སློང་ཟ་བར་འདོད་པ། སྦྱོར་བ་ཟ་བར་རྩོམ་པ་མཐར་ཐུག་མགུལ་དུ་མིད་པ། འདི་ལ་དགག་བྱ་ནི་དགེ་འདུན་བྱེ་བར་འགྱུར་བའི་དགག་བྱ་ཡོད་དོ། །བདུན་པ་དུས་མིན་པར་ཟ་བའི་ལྟུང་བྱེད་ལ། གཞི་ནི་དུས་དེ་རིང་ཉི་མ་ཕྱེད་ཡོལ་ནས་སྐྱ་རེངས་མ་ཤར་བའི་བར་ཡིན་པ་དང་། མུ་གེའི་དུས་མིན་པ་དང་། དངོས་པོ་དུས་སུ་རུང་བ་དང་། མགུལ་དུ་མིད་པར་མངོན་པ་བདག་ཉིད་ནད་པ་དང་ཟན་མེད་པ་དང་། མཚན་ཉིད་པ་གཉིས་པ་མ་ཡིན་པ་དང་། གསུམ་ནི་འདྲའོ། །ཞུ་བ་ལས། དགེ་སློང་གི་འཚལ་མ་ལན་གཅིག་འཚལ་བས་ལྟུང་བ་བཞི་འབྱུང་བ་ཡོད་དེ། བྱིན་ལེན་མ་བྱས་པ་དང་། རུང་བ་མ་ཡིན་པ་དང་། གསོག་འཇོག་བྱས་པ་དང་། དུས་མ་ཡིན་པར་ཟ་ནའོ། །ཞེས་གསུངས། འདིར་དུས་རུང་ནི་ཤ་དང་ཕྱེ་དང་ཐུད་ལ་སོགས་པ་བཟའ་བ་དང་། ཀུན་འབྲུམ་དང་། ཁམ་བུ་དང་། སྐར་ག་དང་། གྲོ་མ་དང་། སེ་འབྲུ་དང་། བུ་རམ་ཤིང་ལ་སོགས་པ་བཟའ་བ་དང་། ཞོ་དང་འོ་མ་དང་། སྐྱོ་མའི་ཐུག་པ་ལ་སོགས་པའོ། །བརྒྱད་པ་གསོག་འཇོག་བྱས་པ་ཟ་བའི་ལྟུང་བྱེད་ལ། གཞི་བསམ་སྦྱོར་བ་མཐར་ཐུག་བཞི་ལས། དང་པོ་ནི། དངོས་པོ་ནི་སྨན་བཞི་ལས་གང་རུང་ཡིན་པ། རུང་བ་ཚད་དང་ལྡན་པ། རང་ངམ་རང་དང་འདྲ་བས་གསོག་འཇོག་བྱས་པ། ངོ་བོ་ནི་ཡོངས་སུ་རྫོགས་པ། ཀུན་སློང་ཟ་བར་འདོད་པ། སྦྱོར་བ་ཟ་བར་རྩམས་པ། མཐར་ཐུག་མགུལ་དུ་མིད་པའོ། །འདིར་གསོག་འཇོག་ནི། དུས་རུང་གི་ཟས་ལ་སྔ་དྲོ་བྱིན་ལེན་བྱས་བྱིན་ལེན་མ་ཞིག་པར་གུང་ཚིགས་ཡོལ་བ་དང་། ཐུན་ཚོད་དུ་རུང་བའི་སྨན་བྱིན་ལེན་ཅན། ཐུན་ཚོད་ལས་འདས་པ་ལྟ་བུ་དང་། ཞག་བདུན་པའི་སྨན་བྱིན་

ལེན་ཅན་དང་། བྱིན་རླབས་ཅན་ཞག་བརྒྱད་པའི་སྐྱ་རེངས་ཤར་བ་ལྟ་བུའོ། །འདིར་ཟས་ལ་ལག་ཉ། མཚམས་བཅོས། ཞག་ལོན། དགེ་སློང་གིས་བཅོས་པ་སྟེ། ཚ་གའི་སྒོ་ནས་རུང་བ་མ་ཡིན་པའི་ཟས་བཞིའོ། །བཞི་ག་ལ་དངོས་པོ་ནི་སྨན་རྣམ་པ་བཞི་ལས། དངོས་པོ་དེའི་སྔ་གོན་དུ་གནས་པ། རང་དམ་རང་དང་མཚུངས་པའི་དགེ་སློང་ལ། དེ་དང་དེ་ཡིན་པ་ཅིག་དགོས་སོ། །ཁྱད་པར་ལག་ཉ་ལ། དངོས་པོ་སྨན་བཞི་ལས་གང་ཡང་རུང་བ་བྱིན་ལེན་མ་བྱས་སམ། བྱས་ཀྱང་ཞིག་པ། བརྟེན་ནི་རྐྱེན་དགོས་ཁྱད་པར་ཅན་མེད་པར་དགེ་སློང་རང་དང་འདྲ་བས་ལག་ཏུ་བླངས་པ་ཅིག་དགོས་སོ། །དེ་ཡང་བྱིན་ལེན་མ་བྱས་པར་ཟ་བའི་བསམ་པས་ལག་ཉར་བླངས་པ་ལ་ནི་བྱིན་ལེན་མ་བྱས་པར་ཟ་བའི་སྦྱོར་བའི་ལྟུང་བར་འགྱུར་ལ་ཐུན་ཚོད་དུ་རུང་བའི་ལྟུང་བ་ངོ་བོ་མ་རྫོགས་པའི་སྦྱོར་ལ་སྦྱར་ཚགས་སོགས་བྱས་པ་ངོ་བོ་རྫོགས་པ་དང་། བྱིན་ལེན་བྱས་ཏེ་ཟ་བར་བྱའོ་སྙམ་པའི་བསམ་པ་རང་དམ་རང་དང་འདྲ་བས་ལས། ལག་ཉར་བླངས་པ་ན་དེ་ཉིད་ཀྱི་ཚེ། ལག་ཉའི་ཉེས་པ་ཁོ་ནར་འགྱུར་ཞིང་དེ་ཕྱིས་གཞན་ལ། སྡོས་པ་སོགས་མ་བྱས་པར་བྱིན་ལེན་བྱས་ཏེ། ཟོས་ན་ལག་ཉར་བླངས་པ་ལྟུང་བ་ཉེས་བྱས་སུ་འགྱུར་རོ། །ལོངས་སྤྱོད་འདོད་ཀྱི་བསམ་པ་མེད་པ་ནི། ལག་ཉའི་ཉེས་པ་མི་འབྱུང་ངོ་། །

དེས་ན་བྱིན་ལེན་ལ་གཉིས་ཏེ། ལག་ཉའི་འགོགས་བྱེད་ཀྱི་བྱིན་ལེན་དང་། བཟའ་ཆེད་ཀྱི་བྱིན་ལེན་ནོ། །

དང་པོ་ནི། སྨན་བཞི་པོ་ངོ་བོ་ཉིད་ཀྱི་སྒོ་ནས་རྫོགས་པར་མ་གྲུབ་པ་སྟེ། དགེ་སློང་རང་གི་སྦྱར་ཚགས་སོགས་བྱ་བའི་ཆེད་དུ་བྱ་བ་ཡིན་ལ། གཉིས་པ་ནི། སྨན་བཞི་པོ་ངོ་བོ་རྫོགས་པར་གྲུབ་ཟིན་པ་སྟེ། བསླེན་པར་མ་རྫོགས་པས་སྦྱོར་ཚགས་སོགས་བྱས་སམ། རང་གིས་བྱས་པ་ཡིན་ཀྱང་ཕྱིས་ངོ་བོ་རྫོགས་པ་ན་སྔར་གྱི་བྱིན་ལེན་ཞིག་པས་སླར་ཡང་བྱེད་དགོས་པ་ཡིན་ནོ། །

གཉིས་པ་མཚམས་བཅོས་ནི། རང་དམ་རང་དང་འདྲ་བའི་འཇུག་ལྡོག་ལ་དབང་བའི་མཚམས་དངོས་སམ་དེའི་ཉེ་འཁོར་རུང་ཁང་གི་མཚན་ཉིད་དང་མི་ལྡན་པའི་སར། དངོས་པོའི་ཁྱད་པར་རྗེན་པ་བཅོས་པའོ། །ཞག་ལོན་ནི། དེ་འདྲའི་གནས་སུ་ཞག་ཕྱི་མའི་སྐྱ་རེངས་ཤར་བའོ། །བཞི་པ་དགེ་སློང་གིས་བཅོས་པ་ནི་གནས་གཙང་མར་རང་དམ་རང་དང་ཟས་ཀྱི་ཚ་ག་འདྲ་བའི་དགེ་སློང་ལོངས་སྤྱོད་པའི་བཟའ་བར་རང་དམ་བསྐོས་པའི་དགེ་སློང་གིས་བཅོས་པའོ། །དངོས་པོའི་ཁྱད་པར་རྗེན་པའོ། །དགུ་པ་ལ་བྱིན་ལེན་མ་བྱས་པར་ཟ་བའི་ལྟུང་བྱེད་ལ། གཞི་ལ་དངོས་པོ་སྨན་བཞི་པོ་རུང་ཚད་ལྡན། བྱིན་ལེན་མ་བྱས་པའམ་བྱས་ཀྱང་ཞིག་པའོ། །གནས་ནི་སྦྲ་མི་སྣན་མ་ཡིན་པ། ཀུན་སློང་བྱིན་ལེན་མ་བྱས་པར་ཟ་བར་འདོད་པ། སྦྱོར་བ་བརྩམས་པ། མཐར་ཐུག་མགུལ་དུ་མིད་པའོ། །ཞར་ལ་བྱིན་ལེན་བྱེད་པའི་ཚུལ་ནི། བྱིན་ལེན་སྟོབས་པ་པོ་ནི། སྦྱིར་བཏང་དུ

བསྙེན་པར་མ་རྫོགས་པ་གཅིག་དགོས་ལ། དམིགས་བསལ་རང་རྣམ་དག་ཡིན་ན། ལྷས་སྦྱིན་གྱིས་ཀྱང་སྟོབས་སུ་རུང་ལ། དགེ་སློང་མ་ལ་དགེ་སློང་མས་ཀྱང་སྟོབས་སུ་རུང་། དགེ་སློང་ཕ་ལ་མས་སྟོབས་སུ་རུང་། དེ་ཡང་བསམ་པ་ཐག་པ་ནས་སྟོབས་པར་འདོད་ལ། གཞན་དུ་འདེགས་པའི་ནུས་པ་ཡོད་པ། བློ་གཡས་གཡོན་དང་མཐོ་བའི་ཕྱོགས་ན་འདུག་པ་མིན་པར་མདུན་དྲང་ཐད་ན་འདུག་པ། རྟེན་ནི་དགེ་སློང་མའི་སྡོམ་པ་ཡན་ཆད་གསོ་རུང་དང་ལྡན་པ། ལག་པ་གཉིས་བཀན་ཏེ་བྱིན་ལེན་ནོད་འདོད་པའོ། །གནས་ནི་མཚམས་གཞན་གྱིས་བར་མ་ཆོད་པའོ། །མཚམས་གཞན་ལྔ་སྟེ། མི་དང་ཆུ་བྱ་སོགས་ནམ་མཁའ་དང་། བདག་པོ་མི་ཅིག་པའི་ས་མཚམས་གཞན་དང་། རགས་པ་མཚམས་གཞན་རྣམས་སོ། །སྨན་ངོ་བོ་དང་ཚོ་གའི་སྒོ་ནས་མི་རུང་བ་རྣམས་ལ༔ བྱིན་ལེན་མི་ཆགས་པ་མིན་ཤིང་བྱིན་ལེན་བྱ་དགོས་ཏེ་མ་བྱས་ན་བྱིན་ལེན་མ་བྱས་པར་ཟོས་པ་དང་། རུང་བ་མིན་པ་ཟོས་པའི་ཉེས་པ་སོགས་སུ་འགྱུར་བར་བཤད་པའི་ཕྱིར། བྱིན་ལེན་ཉམས་པའི་རྒྱུ་ནི་བརྒྱད་དེ། ཕྲོགས་དང་འཕྲིབ་དང་རེག་པ་དང་། །དགེ་སློང་མིན་པར་གྱུར་པ་དང་། །དངོས་པོར་འགྱུར་དང་སྐྱེ་བར་འགྱུར། །དོར་བས་ཀྱང་ནི་བྱིན་ལེན་ཉམས། །ཞེས་སོགས་བརྒྱད་དོ། །གཞན་གྱིས་ཕྲོགས་པ་དང་། མ་ཕྲོགས་པར་ལེན་མི་ནུས་པའི་སར་འཕྲིལ་བ་དང་། རང་གི་མ་རེག་པར་རང་དང་ཟས་ཀྱི་ཚོ་ག་མི་གཅིག་པའི་གང་ཟག་གིས་རེག་པ་དང་། ཟས་ཚོ་ག་མི་གཅིག་པ་དང་། བསམ་པ་ཐག་པ་ནས་བསྔོས་པ་དང་། རང་དགེ་སློང་མིན་པར་གྱུར་པ་དང་། སྨན་གཞན་དུ་གྱུར་པ་དང་། མཚན་གྱུར་པ་དང་། ཐག་རིང་པོ་དོར་བའོ། །བཅུ་པ་ཟས་བསོད་པ་སློང་བའི་ལྟུང་བྱེད་ལ། གཞི་ལ་ཡུལ་ཁྱིམ་པ་ཆོས་དྲུག་ལྡན། དངོས་པོ་ནི་སྨན་རྣམ་པ་བཞི་ལས་གང་ཡང་རུང་བ། ཡུལ་དུས་དེར་བསོད་པ་སྟེ་བཟང་པོར་གྲགས་པའོ། །བསམ་པ་ནི་སློང་བར་འདོད་པའོ། །སྦྱོར་བ་བརྩམས་པ། མཐར་ཐུག་མགུལ་དུ་མིད་པའོ། །

བཅུ་ཚན་ལྔ་པ་ལ་སྡོམ་ནི། སྲོག་ཆགས་བཅས་དང་ཉལ་སར་འདུག །འགྲེང་དང་གཅེར་བུ་དམག་དང་ནི༔ །ཞག་གཉིས་བཤམ་བཀྲུགས་འགྲོ་བ་དང་། །བརྡེག་དང་ཟས་དང་གནས་ངན་ལེན། །ཞེས་གསུངས། དང་པོ་སྲོག་ཆགས་དང་བཅས་པའི་ཆུ་ལ་སྤྱོད་པའི་ལྟུང་བྱེད་ལ། གཞི་བསམ་སྦྱོར་བ་མཐར་ཐུག་བཞི་ནི། སྔར་འདེབས་པ་དང་འདྲ་བ་ལས། ཁྱད་པར་ནི་འདི་ལ་རང་ཕྱེད་ཅེས་སྦྱར་རོ། །གཉིས་པ་ཉལ་པོ་བྱེད་པར་བཤོམ་པའི་ཁྱིམ་ན་འདུག་པའི་ལྟུང་བྱེད་ལ། གཞི་ལ་གནས་གཞན་ཡིན་པ། གེགས་བྱེད་གཞན་མེད་པ། མངོན་སུམ་ཡིན་པ། བདག་གིར་བར་ཆད་དང་མི་ལྡན་པར་འདུག་པ། ཡུལ་ནི་སྐྱེས་པ་དང་བུད་མེད་ཁྱིམ་པ་ཕྱེད་དང་ལྡ་ལྡན། ལུས་རྟེན་དུ་རུང་བ། རྫ་འཕྲུལ་མ་ཐོབ་པ། སྤྱོད་པར་ཞུགས་པའམ་ཕྱོགས་པའོ། །ཀུན་སློང་འདུག་པར་

འདོད་པ། སྦྱོར་བ་བསྒོམ་པར་འདོད་པ། མཐར་ཐུག་འདུག་པ་རྫོགས་ཤིང་ཚོར་བའོ། །གསུམ་པ་ཉལ་པོ་བྱེད་པར་ཤོམ་པའི་ཁྲིམ་ན་འགྲེང་བའི་ལྟུང་བྱེད་ལ། འགྲེང་བ་དང་འདུག་པ་རྗེ་ཞིང་། མངོན་སུམ་ཡིན་ཞེས་པ་དང་དབེན་པ་ཞེས་རྗེ། གཞན་འདྲ། བཞི་པ་གཅེར་བུ་ལ་ཟས་སྦྱིན་པའི་ལྟུང་བྱེད་ལ། ཡུལ་ནི་མུ་སྟེགས་ཀྱི་སྟོན་པ་བསླབ་པ་ཅན་ཐ་སྙད་གསུམ་ལྡན། ནོར་རྫས་ཐ་དད་པ། ཉེ་དུ་ནད་པ་རབ་ཏུ་བྱུང་འདོད། ཆོས་འདི་པ་ལ་འཚོ་བ་ལྟོས་པ་བཞི་མ་ཡིན་པ། དངོས་པོ་དུས་སུ་རུང་བའི་བཟའ་བཅའ་བཅའ་བ་རུང་བ་ཚད་ལྡན། རང་གི་ཡིན་པ༑ ༑དམན་པ་མ་ཡིན་པ། ཀུན་སློང་སྟེགས་པ་དང་བྲལ་འདོད་མ་ཡིན་པར་སྟེར་འདོད་པ། སྦྱོར་བ་བརྩམས་པ༑ མཐར་ཐུག་དེས་ཐོབ་པའོ། །ལྟ་བ་དམག་ལ་བལྟ་བའི་ལྟུང་བྱེད་ལ། གཞི་ནི་ཡུལ་ཁྲིམ་པ་ཐ་སྙད་ལྟ་ལྡན། དམག་གི་མཚན་ཉིད་དུ་གྲུབ་པ། གཡུལ་བསྒྲད་པའི་ཕྱིར་དུ་ཆས་པ་མ་ཡིན་པ། བདག་ཉིད་རྐྱེན་དགོས་ཁྱད་པར་ཅན་དང་མི་ལྡན་པ། དེ་ན་གནས་པའི་དོན་མ་ཡིན་པ། ཀུན་སློང་ལྟ་འདོད་པ། སྦྱོར་བ་བལྟ་བར་བརྩམས་པ༑ མཐར་ཐུག་ཉེ་འཁོར་ལས་དེས་མཐོང་བའོ། །དྲུག་པ་དམག་ན་གནས་པའི་ལྟུང་བྱེད་ལ། ཡུལ་རྟེན་སྔ་མ་བཞིན། གནས་ནི་དམག་གི་གནས་ཉེ་འཁོར་དང་བཅས་པ། ཀུན་སློང་གནས་པར་འདོད་པ། སྦྱོར་བ་བརྩམས་པ༑ མཐར་ཐུག་སྐྱ་རེངས་ཤར་བའོ། །བདུན་པ་བཤམས་པ་དཀྲུགས་པ་ལ། ཡུལ་རྟེན་ནི་སྔ་མ་བཞིན་ནོ། །དུས་ནི་དམག་ནང་ན་གནས་པའི་དུས་ཡིན་པ། ཀུན་སློང་ནི་རང་དགར་དབྱུང་གི་ཡན་ལག་ཉམས་སུ་མྱོང་བར་བྱེད་འདོད་པའོ། །རྒྱུན་མ་ཆད་པར་སྦྱོར་བ་རེག་པའམ། གཡུལ་བཤམས་པ་དཀྲུགས་པའམ། བལྟ་བར་བརྩམས་པ། མཐར་ཐུག་དེའི་བྱ་བ་རྫོགས་པའོ། །བརྒྱད་པ་བརྡེག་པའི་ལྟུང་བྱེད་ལ། ཡུལ་ནི་དགེ་སློང་ཆོས་དྲུག་ལྡན། ཀུན་སློང་ནི་གསོད་སེམས་ལས་གཞན་པའི། ཏྲོག་པ་ཅན་གྱི་སེམས་ཀྱིས་བརྡེག་འདོད་པ། སྦྱོར་བ་ལུས་དངོས་སམ་དེ་དང་། འབྲེལ་བའི་དབྱུག་པ་ལྟ་བུའམ། དེས་འཕངས་པའི་ཡུངས་དཀར་སོགས་ཀྱིས་བརྡེག་པར་བརྩམས་པ། མཐར་ཐུག་བརྡེག་བྱེད་ཇི་སྙེད་ཀྱི་ལུས་ལ་རེག་པ་ན། དེ་སྙེད་ཀྱི་ལྟུང་བར་འགྱུར་རོ། །བརྡེག་ཀྱང་མ་ཐོག་ན་བརྡེག་བྱེད་ཀྱི་གྲངས་དང་མཉམ་པའི་ཉེས་བྱས་སུ་འགྱུར་རོ། །དགུ་པ་བརྡེག་པར་བཟས་པའི་ལྟུང་བྱེད་ལ། བརྡེག་པ་དང་བརྡེག་པར་བཟས་པའི་རྗེ་བ་མ་གཏོགས་པ་སྔ་མ་བཞིན་ནོ། །བཟས་པ་ཙེས་པ་ནི་བརྡེག་པར་བརྩམས་པའོ། །བཅུ་པ་གནས་ངན་ལེན་ཆབ་པའི་ལྟུང་བྱེད་ལ། གཞི་ལ། གང་གི་གནས་ངན་ལེན་འཆབ་པའི་ཡུལ་ནི། དགེ་སློང་རྫོགས་པའི་སྡོམ་པ་དང་ལྡན་པ་ལྟ་མཚན་མཐུན་པ། ཐ་སྙད་གསུམ་དང་ལྡན་པ། རྒྱུད་ཐ་དད་པ། ལུས་ཐ་མལ་པར་གནས་པ་སྟེ་ཐ་སྙད་གསུམ་ལྡན་ནོ། །དངོས་པོ་ཕམ་ལྷག་གང་རུང་ཡུལ་དེ་ལ་བྱུང་བ། གནས་ནི་མཐོལ་ཡུལ་མཚན་ཉིད་པ་ཡོད་པའི་གནས་སོ། །ཀུན་སློང་ནི་རྐྱེན་

སོགས་མེད་པར་འཆབ་འདོད་པ། མཐའ་ནི་མཚན་མོའི་མཐའ་ལས་འདས་པའོ། །

བཅུ་ཚན་དྲུག་པ་ལ་སྡོམ་ནི། བདེ་དང་མེ་དང་འདུན་གནས་དང་། །བསྙེན་པར་མ་རྫོགས་ཆོས་སྨྲ་དང་། །དགེ་ཚུལ་ཁ་དོག་བསྒྱུར་བ་དང་། །རིན་པོ་ཆེ་དང་ཚ་བའི་དུས། །ཞེས་གསུངས། བདེ་དང་ཞེས་པ། ཟན་གཙོད་དུ་འཇུག་པའི་ལྟུང་བྱེད་ལ། གཞི་ལ་སྦྱིན་བདག་ནི་ཁྱིམ་པ་ཡིན་པ། ཐ་སྙད་ལྔ་ལྡན་ལུས་ཐ་མལ་དུ་གནས་པ། བདག་དང་ཟན་གཙོད་པའི་ཡུལ་གཉིས་ཀ་ལས་ཐ་དད་པ། ཡུལ་དེ་ལ་བསམ་པ་ཐག་པ་ནས་སྟེར་བ་པོ་ཡིན་པའོ། །ཟན་གཙོད་པའི་ཡུལ་ནི། དགེ་སློང་ཆོས་བརྒྱད་ལྡན་གྱི་སྟེང་དུ་ངེས་ཕན་པའི་ནད་ཅན་མ་ཡིན་པ། གང་གཅད་པའི་ཟས་ནི་དུས་རུང་གི་ཟས་རུང་ཚད་ལྡན། སྦྱིན་བདག་གིས་དེ་ལ་བསྔོས་པ་ཡིན་པ། ཀུན་སློང་ནི་རང་དགས་ཟན་གཙོད་དུ་འཇུག་འདོད་པ། སྦྱོར་བ་ངག་མཚན་ཉིད་དྲུག་ལྡན་གྱི་ཟན་གཙོད་དུ་འཇུག་པའི་ཚིག་སྨྲ་བ། །མཐར་ཐུག་དོན་གོ་བའོ། །གཉིས་པ་མེ་ལ་རེག་པའི་ལྟུང་བྱེད་ལ། དངོས་པོ་གང་ལ་རེག་པ་ནི། འཇིག་རྟེན་ན་གྲགས་པའི་མེ་ཡིན་པ། བུད་ཤིང་མཚན་ཉིད་པ་ལས་བྱུང་བ་ཡིན་པ། མེ་མ་མུར་དང་། མེ་ལྕེ་གང་ཡང་མ་ཡིན་པ། རྟེན་ནི་ངེས་ཕན་པའི་ནད་ཅན་མ་ཡིན་པ། ཆོས་ལྡན་གྱི་ཆེད་དུ་བྱིན་གྱིས་བརླབས་པ་དང་མ་འབྲེལ་བ། ཀུན་སློང་རང་དགར་རེག་འདོད་པ། སྦྱོར་བ་རང་གིས་རེག་པར་བཅོས་པའམ་བཅོལ་བའམ་བསྐོས་པས་རེག་ཏུ་འཇུག་པ། མཐར་ཐུག་རེག་པ། དེ་ཡང་རང་ངམ་བསྐོས་པས་མེ་སྦར་བ་དང་། གསོད་པ་དང་། བུད་ཤིང་ནང་དུ་འཇུག་པ་དང་། མེ་དང་བཅས་པའི་བུད་ཤིང་ཕྱིར་འདྲེན་པ་དང་། མེ་མདག་འབྱུ་བ་དང་། སྤར་བ་དང་མེའི་ལྕེར་བུད་ཤིང་མཚན་ཉིད་པ་འཇུག་པ་རྣམས་ལ་ལྟུང་བྱེད་དོ། །མེ་མ་མུར་དང་མེ་ལྕེ་ཙམ་ལ་ཉེས་བྱས་སོ། །ཞར་ལ་དུས་དྲན་བྱ་ཚུལ་ལ། གང་ལ་བྱ་བའི་གཞི་ནི། བཀག་པ་རྐྱེན་ལ་ལྟོས་ཏེ་གནང་བ་གཅིག་བྱ་ལ། བྱ་བའི་ངོ་བོ་ནི་ཆོས་ལྡན་གྱི་བྱ་བའི་ཆེད་དུ། མེ་ལ་རེག་པ་ལྟ་བུ་གནང་བ་ཡིན་ནོ་སྙམ་དུ་ཡིད་ལ་བྱེད་པའོ། །བྱས་པའི་དགོས་པ་ནི། དངོས་སུ་དུས་དྲན་མ་བྱས་པའི་ཉེས་བྱས་ཁེགས་ལ་རྒྱུད་ནས་གནང་མ་གནང་གིས་མཚམས་ཟིན་པའོ། །དེས་ན་ཆོས་ལྡན་གྱི་བྱ་བའི་ཆེད་དུ་གནང་བ་ཡིན་ཀྱང་། དུས་དྲན་མ་བྱས་ན་ཉེས་བྱས་སུ་འགྱུར་རོ། །གསུམ་པ་འདུན་པ་ཕྱིར་བསྒྱུར་བའི་ལྟུང་བྱེད་ལ། གཞི་ལ་དངོས་པོ་ནི། དགེ་འདུན་མཚན་ཉིད་དང་ལྡན་པའི་ལས་མཚན་ཉིད་པ་ཡིན་པ། དགེ་སློང་གི་ཆེད་དུ་བྱས་པ་ཡིན་པ། བདག་ཉིད་འདུན་པ་ཕུལ་ཟིན་པ་ཡིན་པ། གོ་བྱ་ཆོས་དགེ་སློང་དྲུག་ལྡན་འདུན་པ་ལེན་པ་པོ་ཡིན་པ། ཀུན་སློང་འདུན་པ་ཕྱིར་ལ་བསྒྱུར་འདོད་པ། སྦྱོར་བ་ངག་དྲུག་ལྡན། མཐར་ཐུག་དོན་གོ་བའོ། །བཞི་པ་བསྙེན་པར་མ་རྫོགས་པ་དང་ལྷན་ཅིག་ཉལ་བའི་ལྟུང་བྱེད་ལ། ཡུལ་ནི་དགེ་ཚུལ་ལྟ་བུ་ངོ་བོའི་སྒོ་ནས་བསྙེན་པར་མ་རྫོགས་པའམ། བསླབ་བྱིན་

ལྷ་བུ་རྣམ་གྲངས་ཀྱི་སྒོ་ནས་བསྙེན་པར་མ་རྫོགས་པ་ཐ་སྙད་ལྟ་ལྡན་ནོ། །བདག་ཉིད་ནད་པ་དང་། ནད་གཡོག་དང་། བཏགས་པ་དང་། དབྱར་ཟླ་བ་གཉིས་ལ་བབ་པའི་ཚེ། སྡིག་ཅན་ཉེ་བར་གནས་པ་རྣམས་མ་ཡིན་པ། ཡུལ་རྟེན་གཉིས་ཉལ་ཤིང་གཉིད་ལོག་པའི་སྤྱོད་ལམ་ཅན་ཡིན་པ། དུས་མཚན་མོའི་དུས་ཡིན་པ། གནས་ཚད་དུ་གྲུབ་པ་དང་གཅིག་པའོ། །ཀུན་སློང་ཉལ་བར་འདོད་པ། སྦྱོར་བ་བརྩམས་པ། མཐར་ཐུག་མཚན་མོ་གསུམ་པའི་མཐའ་ལའོ། །འདི་ལ་བར་འདོམ་གང་ཡིན་པ་དགོས་སོ། །ལྔ་པ་ཆོས་ཤེས་པ་སྡིག་ལྟ་མི་གཏོང་བའི་ལྟུང་བྱེད་ལ། བཞི་ལ་གོ་བྱ་དགེ་སློང་ཆོས་དྲུག་ལྡན་དངོས་པོ་ཆོས་ལས་ཕྱིན་ཅི་ལོག་གི་ཚིག་གོ། རྐྱེན་གསོལ་བཞིའི་ལས་མཚན་ཉིད་པ། ཀུན་སློང་སྡིག་ལྟ་མི་གཏོང་བར་འདོད་པ། སྦྱོར་བ་བརྩམས་པ། མཐར་ཐུག་བརྗོད་པ་གསུམ་པ་ལས་འདས་པའོ། །དྲུག་པ་སླ་ཤེས་པ་སྤྱང་བ་རྗེས་སུ་ཆགས་པའི་ལྟུང་བྱེད་ལ། གཞི་ལ་ཡུལ་ལྟ་བ་མཐུན་པ་མ་གཏོགས་པའི་ཐ་སྙད་ལྔ་དང་ལྡན་པ། སྤོང་བ་ཕྱིར་བཅོས་མ་བྱས་པ། བདག་ཉིད་གནས་ཕྱུང་མ་ཡིན་པ། ཀུན་སློང་ནད་དང་ལྟ་བ་དང་བྲལ་འདོད་མིན་པ། སྦྱོར་བ་རྗེས་སུ་ཕྱོགས་པར་བརྩམ་པ༑ མཐར་ཐུག་ལུང་འབོགས་པ་སོགས་གང་རུང་བྱས་པའོ། །བདུན་པ་དགེ་ཚུལ་བསླིལ་བ་བསྡུད་པའི་ལྟུང་བྱེད་ལ། གཞི་ལ་ཡུལ་དགེ་སློང་གི་སྡོམ་པ་རྣམ་པར་དག་པ་དང་ལྡན་པ། མཚན་མཐུན་པ་ཐ་སྙད་གསུམ་དང་ལྡན་པ། དགེ་འདུན་གྱི་བསླིལ་བ་དང་འབྲེལ་བ། བཟོད་པ་གསོལ་མ་ཟིན་པ། ཀུན་སློང་དེ་དང་ཆོས་དང་ཟང་ཟིང་གི་ལོངས་སྤྱོད་ལྷན་ཅིག་པར་བྱེད་འདོད་པ། སྦྱོར་བ་བརྩམས་པ། མཐར་ཐུག་དེ་ལྟར་བྱས་པའམ། ལྷན་ཅིག་ཉལ་ནས་མཚན་མོ་འདས་པའོ། །བརྒྱད་པ་ཁ་དོག་བསྒྱུར་བ་དང་ཞེས་པ་ཁ་དོག་མ་བསྒྱུར་བའི་གོས་གྱོན་པའི་ལྟུང་བྱེད་ལ། གཞི་ལ་དངོས་པོ་རང་གི་ཡིན་པའི་གོས་རུང་ཚད་ལྡན་ཁ་མ་བསྒྱུར་བའོ། །སྔིང་གཡོགས་མ་ཡིན་པ། ཆུ་ཚགས་ལས་གཞན་པའོ། །བདག་ཉིད་དེ་འདྲ་གནང་བ་མ་ཡིན་པ། ཀུན་སློང་སྤྱོད་པར་འདོད་པ། སྦྱོར་བར་བརྩམ་པ། མཐར་ཐུག་སྤྱོད་པར་འདོད་པའོ། །འདིར་མི་རུང་བའི་ཚོན་ཆེན་བརྒྱད་ནི། སུམ་བརྒྱ་པར། མཚལ་དང་དེ་བཞིན་རྒྱ་སྐྱེགས་བཙོད་རྣམས་དང་། །གུར་གུམ་དག་དང་ཐང་ཤིང་ལི་ཁྲི་དང་། །སླན་ཤིང་ལེབ་རྒན་རྩི་རྣམས་མི་རུང་སྟེ། །བརྒྱད་པོ་ཚོན་ཆེན་ཡིན་པས་བཀག་ཕྱིར་རོ། །ཞེས་སོ། །དགུ་པ་རིན་པོ་ཆེ་དང་ཞེས་པ་སོགས་ལོངས་པ་གཞིར་གཏོགས་པའི་ལྟུང་བྱེད་ལ། གཞི་ལ་དངོས་པོ་ནི་རིན་པོ་ཆེའམ། དེར་སློས་པ་གང་རུང་ཡིན་པ། རིན་པོ་ཆེའི་ཆ་ནས་གཞན་དབང་བ། དེར་སློས་རང་གཞན་གང་རུང་དབང་བ། ཚུད་ཟ་བ་དང་སྦྱིན་བདག་བསོད་ནམས་འདོད་པས་སྐབས་པ་མ་ཡིན་པ། མ་ཡིན་པའི་གནས་སུ་དེའི་བསོད་ནམས་ཀྱིས་གྲུབ་པ་མ་ཡིན་པ། བདག་གི་དོན་ཁྱད་པར་ཅན་བསྒྲུབ་པ་དང་། ཆོས་འཆད་པའི་སྐབས་མ་ཡིན་པའོ། །ཀུན་

སློང་རྒོད་པའི་བསམ་པས་རེག་འདོད་པ། སྦྱོར་བ་བརྩམས་པ། མཐར་ཐུག་རེག་པའོ། །འདིར་རིན་པོ་ཆེར་སློས་པ་ནི། རོལ་མོར་དཔྱད་པའི་ལག་ཆ་གཡུལ་ངོར་སྤྱད་པའི་ལག་ཆའི་དགོས་པ་བསྒྲུབ་པའོ། །བཅུ་པ་ཚ་བའི་དུས་ཞེས་པ་ཁྲུས་བྱེད་པའི་ལྟུང་བྱེད་ལ། གང་གིས་ཁྲུས་བྱ་བའི་དངོས་པོ་ནི། འཇིག་རྟེན་ན་གྲགས་པའི་ཆུ་ཡིན་ལ། ལྟེ་བར་སླེབ་པའི་ཚད་དུ་ཕྱོགས་པ། གང་གི་ཚེ་ཁྲུས་བྱ་བའི་དུས་ནི། དཔྱར་ཟླ་ར་བའི་ཚེས་གཅིག་ནས། དཔྱར་ཟླ་འབྲིང་པོའི་ཚེས་བཅོ་ལྔའི་བར་སོགས་རྣམས་ཀྱི་ཟླ་བ་ལྷག་མ་ཕྱེད་དང་གཉིས་དང་། དཔྱར་ཟླ་འབྲིང་པོའི་བཅུ་དྲུག་ནས། དཔྱར་ཟླ་ཐ་ཆུང་གི་བཅོ་ལྔའི་བར་དཔྱར་གྱི་དང་པོའོ། །ཟླ་བ་གཅིག་དང་ཟླ་བ་ཕྱེད་ཅིང་གནང་བའི་དུས་མ་ཡིན་པ། བདག་ཉིད་ནད་པ། ལམ་ཞུགས་དྲི་ལྟུང་འཆར་སྐྲ་ཁར་ལེན། སྒོག་པ། རེ་རེག །ཕྱུག་དར་བྱས་པ་མ་ཡིན་པ། ལུས་དངོས་པོ་ཡིན་པའོ། །གནས་ནི་ཨ་སླན་པ་རན་ཏའམ། དེ་འདྲ་མ་ཡིན་པ། ཀུན་སློང་ཁྲུས་བྱེད་པར་འདོད་པ། སྦྱོར་བ་བརྩམས་པ། མཐར་ཐུག་ལུས་ཕྱེད་ཙམ་དུ་སོན་པའོ། །

བཅུ་ཚན་བདུན་པ་ལ་སྡོམ་ནི། དུད་འགྲོ་འགྱོད་པ་སོར་མོ་དང་། །རྩེ་དང་ལྷན་ཅིག་ཉལ་བྱེད་དང་། །སྐྲིད་དང་གདིང་མེད་གཞི་མེད་དང་། །སྐྱེས་པ་མེད་པར་ལམ་འགྲོ་བའོ། །ཞེས་གསུངས། དང་པོ་དུད་འགྲོ་གསོད་པའི་ལྟུང་བྱེད་ལ། ཡུལ་ནི་དུད་འགྲོར་གཏོགས་པ་དང་། གཞི་མེད་པ་གཉིས་སོ། །ཀུན་སློང་དུད་འགྲོར་འདུ་ཤེས་ཏེ་གསོད་པར་འདོད་པ་དང་། སྦྱོར་བ་རང་ངམ་བསྐོས་པས་གསང་སྔགས་སོགས་ཀྱིས་གསོད་པར་བརྩམས་པ། མཐར་ཐུག་དེའི་རྐྱེན་གྱིས་རང་གི་སྔ་རོལ་དུ་ཤི་བའོ། །གཉིས་པ་འགྱོད་པ་བསྐྱེད་པའི་ལྟུང་བྱེད་ལ༔ ཡུལ་དགེ་སློང་ཆོས་བརྒྱད་ལྡན་ལ། དངོས་པོ་དགེ་སློང་མ་ཡིན་པའི་དོན་གྱིས། ཀུན་སློང་འགྱོད་པ་བསྐྱེད་འདོད། སྦྱོར་བ་ཁྱོད་ལ་དང་པོ་སྡོམ་པ་མ་སྐྱེས་སོ་ཞེས་སམ་སྐྱེས་ཀྱང་ཉམས་པ་བྱུང་ཞེས་སོགས་ངག་མཚན་ཉིད་ལྔ་ལྡན་གྱིས་སྨྲ་བར་བརྩམས་པ། མཐར་ཐུག་དོན་གོ་བའོ། །གསུམ་པ་སོར་མོ་ཞེས་པ་ག་ག་ཚིལ་བྱེད་པའི་ལྟུང་བྱེད་ལ། ཡུལ་དགེ་སློང་ཆོས་བརྒྱད་ལྡན་གྱི་ཡུལ་ཡིན་པ། མ་ཉམས་རྨ་དང་ཟག་བྱེད་ལས་གཞན་ཡིན་པ། རྟེན་གྱི་ལུས་ཀྱང་དེ་དང་འདྲའོ། །ཀུན་སློང་ནི་གཡའ་བར་བྱ་བའི་སེམས་ཀྱིས་རེག་འདོད་རྒྱུན་མ་ཆད་པ༔ སྦྱོར་བ་རེག་པར་བརྩམས་པ། མཐར་ཐུག་རེག་པའོ། །བཞི་པ་ཆུ་ལ་རྩེ་བའི་ལྟུང་བྱེད་ལ། དངོས་པོ་འཇིག་རྟེན་ལ་གྲགས་པའི་ཆུ་ཡིན་པ། ལྟེ་བ་ནུབ་པའི་ཚད་དུ་ཕྱོགས་པ། ཀུན་སློང་རྒོད་བག་གིས་རྩེ་བར་འདོད་པ། སྦྱོར་བ་རང་གིས་རྩེ་བའམ་གཞན་རྩེར་འཇུག་པ། མཐར་ཐུག་རྩེས་པའོ། །ལྔ་པ་བུད་མེད་དང་ལྷན་ཅིག་ཉལ་བའི་ལྟུང་བྱེད་ལ། ཡུལ་ནི་བུད་མེད་སྨྲིས་བསྐྱེད་པའི་ཐུན་མོང་བའི་ཆོས་ལྔའི་སྟེང་དུ་ཉེ་དུ་མིན་པ་བསྲུང་བ་དང་མི་ལྡན་པ། གནས་ནི་གནས་ཀྱི་མཚན་ཉིད་དུ་གྲུབ་པ། གནས་གཅིག་ཅིང་འདོམ་གང་གི་ནང་

ཡིན་པ། རྟེན་ནི་གྲོགས་མཚན་ཉིད་པས་བསྒྲུངས་པ་མ་ཡིན་པ། དུས་མཚན་མོ། །ཀུན་སློང་ཉལ་བར་འདོད་པ། སྦྱོར་བ་གཉིད་ལོག་པར་བརྩམས་པ། མཐའ་མཚན་མོ་འདས་པའོ། །དྲུག་པ་སྤངས་པར་བྱེད་པའི་ལྟུང་བྱེད་ལ། ཡུལ་ནི་དགེ་སློང་ཆོས་བརྒྱད་ལྡན། དངོས་པོ་ནི་འདི་ནཤ་ཟ་ཡོད་དོ། །ཞེས་སོགས་ཡིད་དུ་མི་འོང་བས་སོ། ། ཀུན་སློང་སྤངས་པར་བྱེད་འདོད། སྦྱོར་བ་རང་ངམ་བསྐོས་པས་དངངས་པའི་རྒྱུ་གོ་བར་བྱེད་པ། མཐར་ཐུག་དོན་གོ་བའོ། །བདུན་པ་སྨྲེད་པའི་ལྟུང་བྱེད་ལ། ཡུལ་ནི་རབ་བྱུང་སྡེ་ལྔའི་སྡོམ་པ་རྣམ་པར་དག་པ་དང་ལྡན་པ། ལྟ་བ་མཐུན་པ། ཐ་སྙད་གསུམ་ལྡན། རང་ལས་རྒྱུད་ཐ་དད་པའི་ཡོ་བྱད་ཡིན་པ། དངོས་པོ་ནི། ལྟུང་བཟེད་དང་འདྲ་བ། ཕོར་བུ་དང་ཆོས་གོས་སོགས་རབ་བྱུང་གི་འཚོ་བའི་ཡོ་བྱད་གང་རུང་ཡིན་པ་རུང་ཚད་ལྡན་དེ་ཉིད་དབང་བ། རྒྱུད་འཛའ་བའི་རྐྱེན་དང་མི་ལྡན་པ། ཀུན་སློང་རྐྱ་སེམས་དང་ཡིད་བཙུགས་ཕན་སེམས་ལས་གཞན་པས་སྨྲེད་འདོད་པ། སྦྱོར་བ་རང་ངམ་བསྐོས་པས་སྨྲེད་པར་བརྩམས་པ། མཐར་ཐུག་སྨྲས་ཟིན་པའོ། ། བརྒྱད་པ་གདིང་བ་མེད་པར་ལོངས་སྤྱོད་པའི་ལྟུང་བྱེད་ལ། ཡུལ་ནི་དགེ་སློང་ཆོས་བརྒྱད་ལྡན་རང་ལས་ནོར་ཐ་དད་པ། དངོས་པོ་གོས་རུང་ཚད་ལྡན། རང་གི་དེ་ལ་བྱིན་ནས་དེ་དབང་བ་ཡིན་པ། རྟེན་ནི་དེ་ཡིས་གནང་བ་མ་ཐོབ་པ། ཀུན་སློང་ནི་རྐྱ་སེམས་དང་ཡིད་གཙུགས་ལས་གཞན་པའི་བློས་སྤྱོད་པར་འདོད་པ། སྦྱོར་བ་དེ་ལྟར་བརྩམས་པ། མཐར་ཐུག་དེའི་རྐྱེན་གྱིས་ལོངས་སྤྱོད་པའོ། །དགུ་པ་གཞི་མེད་ཅེས་པ་བསྐུར་པ་འདེབས་པའི་ལྟུང་བྱེད་ལ། གང་ལ་བསྐུར་པ་བཏབ་པའི་ཡུལ་དང་གང་ལ་གོ་བར་བྱ་བའི་ཡུལ་ནི། བསྐུར་འདེབས་ཀྱི་ལྷག་མ་བཞིན་ནོ། །ཁྱད་པར་ནི་འདིར་མཐོང་ཐོས་དོགས་གསུམ་གཞི་མེད་པར་ལྷག་མའི་དངོས་པོ་བཞིས་བསྐུར་པ་འདེབས་པའོ། །ཀུན་སློང་ནི་འདུ་ཤེས་བསྒྱུར་ཏེ་ཉམས་པར་འདུན་པས་བསྐུར་པ་འདེབས་པ་འདོད་པ། སྦྱོར་བ་བརྩམས་པ། མཐའ་དོན་གོ་བའོ། །བཅུ་པ་བུད་མེད་དང་ཞེས་པ་ལམ་དུ་འགྲོ་བའི་ལྟུང་བྱེད་ལ། ཡུལ་ནི་བུད་མེད་མཚན་དོན་བྱེད་ནུས་པ། ལུས་ཐ་མལ་དུ་གནས་པ། རྟེན་དུ་རུང་བ་རྫུ་འཕྲུལ་ཅན་མ་ཡིན་པ། ཐ་སྙད་བཞི་ལྡན། ཁྱིམ་པ་ཡིན་པ། ཉེ་དུ་མ་ཡིན་པ། བདག་ཉིད་ལ་སེལ་བྱེད་པ་ལ་སོགས་པ་ཕན་འདོགས་པ་མ་ཡིན་པ༑ ངོ་མ་སྦྱོས་པ་སྟེ་དགུའོ། །ལམ་ནི་ས་ལས་བརྟེན་པ་ཡིན་པ། རྒྱང་གྲགས་གཅིག་གི་མཐའ་ཡིན་པ། རྟེན་ནི་རིག་པའི་སྐྱེས་པའི་མཚན་ཉིད་པ་དང་མི་ལྡན་པ། བསམ་པ་ནི་ལྷན་ཅིག་འགྲོ་འདོད་པ། སྦྱོར་བ་བརྩམས་པ། མཐར་རྒྱང་གྲགས་ལས་འདས་པའོ། །

བཅུ་ཚན་བརྒྱད་པ་ལ་སྡོམ་ནི། རྐུ་དང་ཉི་ཤུ་མ་ལོན་དང་། །རྐོ་དང་འགྲོན་དང་བསླབ་པ་དང་། །འཐབ་དང་མི་སྨྲ་འགྲོ་བ་དང་། །མ་གུས་ཆང་འཐུང་དུས་མིན་པའོ། །དང་པོ་རྐུན་མ་དང་ལྷན་ཅིག་ལམ་དུ་འགྲོ་བའི་

ལྟུང་བྱེད་ལ། ཡུལ་རྐྱེན་མ་མཚན་ཉིད་པ། ཁྲིམ་པ་ཐ་སྙད་ལྔ་ལྡན། སྐྱེས་པའི་མཚན་མ་དང་ལྡན། རྐུ་བའི་བྱ་བ་མ་སྤྱངས་པས་ངོ་མ་སྤྲོས་པ། བདག་ཉིད་ལ་ཕན་འདོགས་པ་མ་ཡིན་པ། གཞན་སྟེ་མ་ལྔར་རོ། །གཉིས་པ་ལོ་ཉི་ཤུ་མ་ལོན་པ་བསྙེན་པར་རྫོགས་པ་བྱེད་པའི་ལྟུང་བྱེད་ལ། ཡུལ་ནི་བསྙེན་པར་རྫོགས་འདོད་ཐ་སྙད་ལྔ་ལྡན། བར་ཆད་ཀྱི་ཆོས་གཞན་དང་མི་ལྡན་ཞིང་ལོ་ཉི་ཤུ་མ་ལོན་པའོ། །གྲོགས་དགེ་འདུན་ཆོས་གསུམ་ལྡན་ནོ། །ཆོ་ག་གསོལ་བཞིའི་ལས་སོ། །རྟེན་བདག་ཉིད་ནི་བསླབ་བྱ་དེའི་མཁན་པོ་བྱེད་པའོ། །བསམ་པ་ཉི་ཤུ་མ་ལོན་པ་ལ་དེར་འདུ་ཤེས་སམ་ཐེ་ཚོམ་ཟ་བ། རང་དགར་དེའི་མཁན་པོ་བྱེད་འདོད་རྒྱུན་མ་ཆད་པར་སྦྱོར་བ་ངག་མཚན་ཉིད་ལྔ་ལྡན་གྱི་བསྙེན་རྫོགས་བྱེད་པར་བརྩོམ་པ། མཐར་ཐུག་བརྗོད་པ་གསུམ་པའི་ཐ་མ། མཁན་པོ་དེ་ལ་ལྟུང་བྱེད། སློབ་དཔོན་དང་དགེ་འདུན་ལ་ཉེས་བྱས་སོ། །དེ་ཡང་བསླབ་བྱ་ལ་སྡོམ་པ་སྐྱེ་ལ། ཕྱིས་བདག་ཉིད་ལ་མ་ལོན་པར་བསྙེན་པར་རྫོགས་པ་མི་རུང་བའི་འདུ་ཤེས་སྐྱེས་ན། དེའི་ཚེ་མངལ་ཟླ་དང་བཅས་པའི་ཉི་ཤུ་ལོན་ན་སྔར་སྐྱེས་པའི་སྡོམ་པ་ཞིག་པར་མི་འགྱུར་ལ། མ་ལོན་ན་ཞིག་གོ། དེའི་ཕྱིར་སྐྱར་ནས་བསྙེན་རྫོགས་ལེན་དགོས་ཤིང་། མ་སྐྱར་བར་དགེ་འདུན་དང་ལྷན་ཅིག་ལས་ཉམས་སུ་མྱོང་བར་བྱེད་ན་རྐུ་ཐབས་སུ་གནས་པར་འགྱུར་རོ། །གསུམ་པ་ས་རྐོ་བའི་ལྟུང་བྱེད་ལ། དངོས་པོ་ནི་འཇིག་རྟེན་ན་གྲགས་པའི་ས་ཡིན་པ། མ་ཉམས་པ། འོག་གཞི་ས་དང་འབྲེལ་བས་སར་གནས་པ། སྤྱར་གང་ཡན་ཆད་ཀྱི་ཚད་དང་ལྡན་པ། བདག་ཉིད་ལག་གི་བླ་སོགས་བྱེད་པར་གནང་བ་མ་ཡིན་པ། ཀུན་སློང་རང་དགར་ས་རྐོ་འདོད། སྦྱོར་བ་རང་ངམ་བསྐོས་པས་མངོན་སུམ་དུ་རྐོ་བར་བརྩམས་པ། མཐར་ཐུག་འོག་གཞི་དང་བྲལ་བའོ། །འཇིམ་པ་དང་བཅས་པའི་བརྩིག་པ་འཇིག་པ་ལའང་མཐར་ལྟུང་བྱེད་དོ། །བཞི་པ་མགྲོན་གཉེར་བ་ལ་བཏིང་དུ་འདུག་པའི་ལྟུང་བྱེད་ལ། སྦྱིན་བདག་ཁྱིམ་པ་ཆོས་ལྔ་ལྡན་གྱིས་རང་ཉིད་དུ་འགྲོན་དུ་འབོད་པ་པོ་ཡིན་ལ། རྟག་ཏུ་འགྲོན་དུ་འབོད་པ་པོ་མིན་པས་བདུན་ལྡན་ནོ། །དངོས་པོ་ནི་དུས་རུང་ཡིན་པ་རུང་ཚད་ལྡན། སྦྱིན་བདག་དེ་ཉིད་ཀྱིས་ཡིན་པ། སྔར་བཤམས་པའི་འགྲོ་ཡིན་པ། དུས་ནི་ཇི་སྲིད་མགྲོན་དུ་གཉེར་དུས་ཟླ་བ་བཞི་ལྟ་བུ་རྫོགས་པའི་རྗེས་ལ་ཡིན་པ། བསམ་པ་ནི་མགྲོན་དུ་བོས་གཉེར་པ་ལ་རང་ཉིད་དུ་ཟ་འདོད་པ། སྦྱོར་བ་དེར་བརྩམས་པ། མཐའ་མེད་པའོ། །ལྔ་པ་བཟླས་པ་ལ་ཉེར་འཛུག་སྤྱང་བའི་ལྟུང་བྱེད་ལ། ཡུལ་ནི་དགེ་སློང་ཆོས་བརྒྱད་ལྡན། རང་གི་བསླབ་པ་ལས་བརྩམས་ཏེ་ཚུལ་བཞིན་སློབ་པ་པོ་ཡིན་པ། འདུལ་བར་ཤེས་པ། དངོས་པོ་ནི་འདུལ་བར་གཏོགས་པའི་རང་གི་བསླབ་པ་ཡིན་པའོ། །བསམ་པ་འདུ་ཤེས་བསྒྱུར་ཏེ་བསླབ་པ་ལ་མི་སློབ་པའི་ཚིག་སྨྲ་འདོད། སྦྱོར་བ་ནི་སྨྲ་བ་པོ་ཁྱོད་ཀྱིས་མི་ཤེས་པས་གཞན་ལ་མ་དྲིས་ཀྱི་བར་དུ་མི་སློབ་བོ་ཞེས་པ་ལྟ་བུ་བསླབ་པ་ལ་མི་སློབ་ངག་སྨྲ

བའོ། །མཐར་ཐུག་དོན་གོ་བའོ། །དྲུག་པ་འཐབ་པ་དང་ཅེས་པ་ཉན་རྣ་བྱེད་པའི་ལྟུང་བྱེད་ལ། ཡུལ་ནི་དགེ་སློང་ཆོས་བརྒྱད་ལྡན། ལས་ལྟ་བ་མཐུན་པ་མ་གཏོགས་པའི་ཆོས་བདུན་ལྡན། བདག་ཉིད་ཀྱི་རྩོད་ བླར་གྱུར་པའི་གཉིས་ཡན་ཆད་དང་གྲོས་བྱེད་པ་ཡིན་པས་དགུའོ། །དངོས་པོ་ནི་བརྩོད་པ་བཞི་ལས་གང་ཡང་རུང་བ། ལྟ་ནི་དབེན་པ་སྐབས་ཡོད་པ། ཀུན་སློང་རང་དགར་རྩོད་པ་སད་པའི་ཆེད་དུ་ཉན་རྣ་བྱེད་འདོད་པ། སྦྱོར་བ་ཉན་པར་བརྩམས་པ། མཐར་ཐུག་དོན་གོ་བའོ། །བདུན་པ་ལས་ཁྲལ་ནས་མི་སྨྲ་བར་འགྲོ་བའི་ལྟུང་བྱེད་ལ། གཞི་ལ་གང་ནས་འགྲོ་བའི་གནས་དགེ་འདུན་ཆོས་ལས་མཚན་ཉིད་པའི་གནས་ཡིན་པ། བདག་ཉིད་ལ་མི་མཐུན་པའི་ལས་བྱེད་པ་མ་ཡིན་པ། དུས་ནི་གསོལ་བ་ཙམ་ཡང་མ་བྱས་པ། གང་དུ་འགྲོ་བའི་གནས་ནི་ལས་མཚམས་དེའི་ཁོངས་སུ་གཏོགས་པ། ལས་ཀྱི་སྨྲ་མི་ཆོར་བ། རྟེན་ནི་ཁ་བསྐོང་བར་འདོད་པ། དགེ་འདུན་གྱི་ནང་དུ་འདུས་པ། འདུན་པ་མ་ཕུལ། དགེ་སློང་འཁོད་པ་ལ་མ་སྨྲས་པ། ཀུན་སློང་དགེ་སློང་འཁོད་པ་ཙམ་ལ་མ་སྨྲས་པར། བཤང་གཅི་ཙམ་གྱི་ཕྱིར་ཡང་འགྲོ་འདོད་པ། སྦྱོར་བ་བརྩམས་པ། མཐར་ཐུག་མཚམས་ནང་ནས། དེར་རྟོགས་པའི་ནང་ཡིན་ཅིང་། ཐོས་པའི་ཉེ་འཁོར་ལས་འདས་པ། བརྒྱད་པ་མ་གུས་པའི་ལྟུང་བྱེད་ལ། ཡུལ་ནི་སངས་རྒྱས་ཀྱི་བཀའ་འམ། དགེ་འདུན་ཆོས་བརྒྱད་ལྡན་ནམ། དེའི་ཞལ་ལྟ་བ་དགེ་སློང་ཆོས་བརྒྱད་ལྡན་གང་རུང་ཡིན་པ། དེའང་རང་ལས་བསྒོ་བ་ཡིན་པ། ཆོས་དང་ལྡན་པ་བསླབ་པར་ནུས་པ། རྟེན་ནི་མ་གུས་པས་ཞུགས་པ། ཆོས་ལྡན་གྱི་བཤད་སྒྲུང་མི་བྱེད་པ། ཀུན་སློང་འགལ་བར་བྱེད་པ། མཐར་ཐུག་འགལ་བའི་བྱ་བ་རྫོགས་པའོ། །དགུ་པ་ཆང་འཐུང་བའི་ལྟུང་བྱེད་ལ། གཞི་ནི་འབྲས་བུའི་ཆང་དངོས་སམ། དེའི་སྦྱང་མའམ། ཕབས་མ་བཏབ་པའི་ཆང་དངོས་སམ། དེའི་ཚིགས་མ་གང་རུང་ཡིན་པ། མདོར་ན་མ་གཏོགས་པར་འགྱུར་བའི་རིགས་ཡིན་པ། ཚད་དུ་ལོངས་པ། ཀུན་སློང་ནི་མྱོས་འགྱུར་མི་འདོད་པ། སྦྱོར་བ་བརྩམས་པ། མཐར་ཐུག་མགུལ་དུ་མིད་ཐེབས་རེ་ལ་ལྟུང་བྱེད་རེ་རེའོ། །གཞན་ལ་སྟེར་བ་དང་། ཅག་པ་སྦྱར་བ་ལ་སོགས་པ་ལ་ཉེས་བྱས་སོ། །ཆང་བཀོལ་བས་འཐུང་བ་ལ་ཉེས་བྱས་སོ། །ཆང་བསྐོལ་བས་འཐུངས་པ་ལ་ཉེས་པ་མེད་པ་ནི། དྲི་རོ་ནུས་པ་ཐམས་ཅད་ཉམས་པ་ལ་དགོངས་པ་ཡིན་ནོ། །རྩབ་མོ་ལ་ཉེས་པ་མེད་པར་གསུངས་ཀྱང་། ཕབས་བཏབ་པའི་སངས་པོ་ནི་མཐུང་ན་ཉེས་བྱས་ཏེ། རྒྱ་ཆེར་འགྲེལ་ལས། རྩབ་མོ་ཞེས་བྱ་བ་ནི་འབྲས་དང་། ཁྲི་དང་། གྲོ་ལ་སོགས་པ་བཙོས་པའི་ཁུ་བ་རྩི་མེད་པར་གནས་པའི་ཅང་ཤུའོ། །ཞེས་གསུངས་པས་སོ། །བཅུ་པ་དུས་མིན་པར་འགྲོ་བའི་ལྟུང་བྱེད་ལ། གཞི་ལ་དང་པོ་གང་དུ་འགྲོ་བའི་གནས་ནི། ཁྱིམ་པ་ཆོས་ལྔ་ལྡན་གྱི་གནས་ཡིན་པ། གནས་པའི་མཚན་ཉིད་དུ་གྲུབ་པ། གང་ནས་འགྲོ་བའི་གནས་ནི། ཆོས་འདི་པའི་རབ་བྱུང་ཡོད་

པའི་གནས་མཚན་ཉིད་པ། དུས་ནི་ཉི་མ་ཕྱེད་ཡོལ་ནས་སྐྱ་རེངས་མ་ཤར་བའི་དུས་སོ། །རྟེན་ནི་སྲ་བརྒྱང་མ་བརྡིང་བ། བར་ཆད་ཀྱི་རྟེན་དང་མི་ལྡན་པ། གཞན་འདུལ་བའི་དགོངས་པ་ཁྱད་པར་ཅན་མེད། ཀུན་སློང་ནི་དུས་མིན་ལ་དེར་ཤེས་པ། འཁོད་པ་ལས་མ་སླུས་པར་རང་དགར་འགྲོ་འདོད་པ། སྦྱོར་བ་དེར་བརྩམས་པ། མཐར་ཐུག་རྩིག་པ་ལ་སོགས་པའི་ར་བས་མ་བསྐོར་བའི་ཉེ་འཁོར་འདས་པ་དང་། བསྐོར་བ་ལས་སྐོར་རྒྱུགས་ནས་བསྐོར་བ་འདས་པ་དང་། སྒོ་གླེགས་བཅད་ནས་གཏན་པའི་གནས་ལས་འདས་པ་དང་། མ་བཅད་ན་གཏན་པའི་རྩེ་མོ། ཞུགས་སོགས་སུ་གཏན་པའི་མཐའ་ལས་འདས་པའོ། །

བཅུ་ཚན་དགུ་པ་ལ་སྡོམ་ནི། ཟས་བཅས་སྐྱ་རེངས་ད་གདོད་དང་། །ཁབ་རལ་དང་ནི་ཁྲི་རྐང་དང་། །བཛལ་དང་གདིང་བ་གཡན་པ་དང་། །རས་ཆེན་བདེ་གཤེགས་ཆོས་གོས་སོ། །ཞེས་གསུངས། དང་པོ་ཟས་བཅས་ཤེས་པ་ལ། སྔ་དྲོ་གྲོང་རྒྱུ་དང་། ཕྱི་དྲོ་གྲོང་རྒྱུ་གཉིས་ལས། དང་པོ་ལ་གཞི་བསམ་སྦྱོར་བ་མཐར་ཐུག་བཞི་ལས། དང་པོ་ལ་གང་དུ་འགྲོ་བའི་གནས་ནི། ཁྲིམ་པ་མཚན་ཉིད་དང་ལྡན་པའི་གནས་ཁྲིམ་གསུམ་ཡན་ཆད་ཡིན་པ། དུས་ནི་སྔ་དྲོའི་དུས་ཡིན་པ། རང་ཉིག་གིས་དགེ་སློང་ཆོས་བརྒྱུད་ལྡན་དུ་ལོངས་པ། ཟས་ལ་སྤྱད་པའི་དུས་ཡིན་པ། སྦྱིན་བདག་གི་ནི་ཁྲིམ་པ་ཆོས་བཞི་ལྡན། རྟེན་ནི་དུས་ལ་མ་ཡོལ་བར་བྲིམས་ཤིག་ཅེས་མ་བསྒོ་བ་དང་། བར་ཆད་ཀྱི་རྐྱེན་དང་མི་ལྡན་པའོ། །ཀུན་སློང་ནི་རང་དགར་ཁྲིམ་གསུམ་ཡན་ཆད་དུ་འགྲོ་འདོད་པའོ། །སྦྱོར་བ་དེར་བརྩམས་པ། མཐར་ཐུག་ཁྲིམ་གསུམ་པའི་ཉེ་འཁོར་དུ་སླེབ་པའོ། །ཕྱི་དྲོ་གྲོང་དུ་རྒྱུ་བ་ལ། གང་དུ་འགྲོ་བའི་གནས་ནི་མ་སླུས་པར་གྲོང་དུ་འགྲོ་བ་དང་འདྲ་ལ། ཁྱད་པར་ནི་ཁྲིམ་པ་བཞི་ཡན་ཆད་ཡིན་པ་ཆོས་འདི་པའི་རབ་བྱུང་འཁོད་པ་ལ་མ་སླུས་པ། རྐྱེན་ཁྱད་པར་ཅན་དང་མི་ལྡན་པ། ཀུན་སློང་ནི་དེར་འགྲོ་འདོད་པ། སྦྱོར་བ་འགྲོ་བར་བརྩམས་པ། མཐར་ཐུག་ཁྲིམ་བཞི་ལས་འདས་པ། གཉིས་པ་སྐྱ་རེངས་ཤེས་པ་རྒྱལ་པོའི་ཕོ་བྲང་དུ་ནུབ་མོ་འགྲོ་བའི་ལྟུང་བྱེད་ལ། གཞི་ལ་གནས་ནི། རྒྱལ་པོའི་བཙུན་མོ་མཚན་ཉིད་དང་ལྡན་པ་འདུག་བཞིན་པའི་གནས། དུས་ནི་ཉི་མ་ནུབ་ནས་སྐྱ་རེངས་དང་པོ་ཤར་བའི་དུས་གང་རུང་། རྟེན་ནི་རྐྱེན་དགོས་ཁྱད་པར་ཅན་དང་། མི་ལྡན་ལ། བསམ་པ་ནི་འདུ་ཤེས་མ་འཁྲུལ་བར། དེར་རང་དགར་འགྲོ་འདོད་པ། མཐར་ཐུག་དུས་མིན་པར་གྲོང་དུ་འགྲོ་བའི་ལྟུང་བྱེད་བཞིན། ནུབ་གཅིག་ཡིན་ཀྱང་བཙུན་མོའི་གནས་སུ་འགྲོ་འོང་ཇི་སྙེད་བྱས་པ་དེ་སྙེད་ཀྱི་ལྟུང་བ་འབྱུང་ལ། འགྲོ་འོང་མ་བྱས་པར་འདུག་ན་སྐྱ་རེངས་ཤར་ཐེངས་རེ་ལ་ལྟུང་བ་དངོས་གཞི་རེ་རེ་བསྐྱེད་དོ། །འདི་ཡང་རབ་བྱུང་འཁོད་པ་ལ་མ་སླུས་ན། ཕྱི་དྲོ་གྲོང་རྒྱུ་བའི་ལྟུང་བ་འབྱུང་ཞེས་འགའ་ཞིག་གསུང་མོད། ཀུན་སློང་གིས་བྱེད་པ་འགྲེལ་པའི་དགོངས་པ་ཡིན་ནོ། །ལུང་ལས་

རྒྱལ་པོའི་ཕོ་བྲང་དང་། བཙུན་མོའི་གནས་སུ་འཇུག་པ་ལ་ཉེས་དམིགས་བཅུ་གསུངས་སོ། །ད་གདོད་ཤེས་པ་བསླབ་པ་བཞིའི་དངོས་པོ་ལ་ཁྱད་དུ་གསོད་པའི་ལྟུང་བྱེད་ལ། ཡུལ་ནི་དགེ་སློང་ཆོས་བརྒྱད་ལྡན་གྱི་སྟེང་དུ། གསོ་སྦྱོང་དེ་ལ་གཏོགས་པ་དང་དགུའོ། །གང་ཁྱད་དུ་གསོད་པའི་དངོས་པོ་ནི། འདུལ་བར་གཏོགས་པའི་རང་གི་བསླབ་པའི་གཞི་ཡིན་པ། དོན་གྱི་བདག་ཉིད་ཡིན་པ་གསུམ་མོ། །དུས་ནི་གསོ་སྦྱོང་གི་དུས་སོ། །རྟེན་ནི་སོ་ཐར་གྱི་མདོ། ལན་གཉིས་ཡན་ཆད་ཐོས་ཤིང་མདོ་དེ་ལས་རང་གི་ཁྱད་དུ་གསོད་པའི་དོན་དེ་ཡོད་པར་ཤེས་པའོ། །ཀུན་སློང་ནི། བཤད་གད་ཡན་ཆད་ཀྱི་མདོའི་དོན་ཤེས། རང་བཞིན་མེད་པའི་རྣམ་པ་ཁྱད་པར་དུ་གསོད་འདོད་རྒྱུན་མ་ཆད་པ། སྦྱོར་བ་ངག་མཚན་ཉིད་ལྔ་ལྡན་གྱི་ཆོས་འདི་ལ། དོན་འདི་ཡོད་པར་གདོད་བདག་གིས་ཤེས་སོ། །ཞེས་སོགས། ཁྱད་དུ་གསོད་པའི་ཚིག་སྨྲ་བ་བརྩམས་པ། མཐར་ཐུག་དོན་གོ་བའོ། །བཞི་པ་ཁབ་རལ་འཆོས་པའི་ལྟུང་བྱེད་ལ། གཞི་ནི་བ་སོ་དང་ལྕགས་ལ་སོགས་པ་ཁབ་རལ་གྱི་རྒྱུ་ཡིན་པ། རང་ཉིད་ཀྱི་ཡིན་པ། ཡུལ་དེར་དགོན་པ། ཀུན་སློང་ནི་ཁབ་རལ་གྱི་དོན་དུ་བཟོ་བྱེད་འདོད་པ། སྦྱོར་བ་བརྩམས་པ། མཐར་ཐུག་བཟོ་རྫོགས་རྫོགས་པའོ། །ལྔ་པ་ཁྲི་རྐང་འཆོས་པའི་ལྟུང་བྱེད་ལ། གཞི་ནི་དགེ་འདུན་ཆོས་བརྒྱད་ལྡན་དབང་བའི་ཁྲིའམ། ཁྲིའི་རྒྱུའི་རྐང་པ་ཡིན་པ་རྒྱ་ཁྱོན་རང་གི་ཚད་དང་ལྡན་པ། བུགས་གཞུག་པའི་ཕྱོགས་མ་གཏོགས་པ། ཁྲུ་གང་གི་ཚད་ལས་ལྷག་པ། སྔར་ཚད་ལས་ལྷག་པའི་བཟོ་བཅོས་མ་བྱས་པ། ཀུན་སློང་ནི་དེར་ཚད་ལྡན་བྱེད་འདོད་པ། སྦྱོར་བ་བརྩམས་པ། མཐར་ཐུག་བཟོ་བཅོས་རྫོགས་པ། དྲུག་པ་བརྡལ་ཞེས་པ་ཤིང་བལ་གྱིས་གོས་པར་བྱས་པའི་ལྟུང་བྱེད་ལ། གཞི་ལ་གང་ལ་གོས་པར་བྱས་པའི་གནས་མལ་ནི། དགེ་འདུན་གྱི་གནས་མལ་རུང་ཚད་ལྡན། དངོས་པོ་ནི་གོས་སམ་ཆུད་ཟོས་པའི་རྫས་ཤིང་བལ་ལྷ་བུ་ཡིན་པ། སྔར་གང་གི་ཚད་དུ་ལོངས་པ། ཀུན་སློང་ནི་རང་དགར་རང་ཉིད་ཀྱི་དོན་དུ་ཤིང་བལ་གྱི་གོས་པར་བྱེད་འདོད་པ། སྦྱོར་བ་རང་ངམ་བསྒོས་པས་བརྩམས་པ། མཐར་ཐུག་དེ་བྱས་པ། རང་ཉིད་ཀྱིས་གནས་མལ་དེ་བྱས་ན་ཉེས་བྱས་སོ། །བདུན་པ་གདིང་ཞེས་པ། གདིང་བ་ཚད་ལྡན་བྱེད་པའི་ལྟུང་བྱེད་ལ། རྒྱུ་ནི་གདིང་བའི་རྒྱུ་རུང་ཚད་ལྡན་རང་གི་ཡིན་པ། སྔར་ཚད་ལས་གནོད་པའི་བཟོ་བཅོས་མ་བྱས་པ། ཀུན་སློང་གདིང་བ་ཚད་ལྡན་བྱེད་འདོད་པ། སྦྱོར་བ་བརྩམས་པ། མཐར་ཐུག་གྲུབ་པའོ། །གདིང་བའི་ཚད་ནི། སྲིད་དུ་ཁྲུ་གསུམ་ཞེང་དུ་ཁྲུ་དོ་སོར་དྲུག་གོ། བརྒྱད་པ་གཡན་དགབ་པའི་ལྟུང་བྱེད་ལ། སྔ་མ་འདྲ་བ་བསྒྱུར་རོ། །ཚད་ནི་སྲིད་དུ་ཁྲུ་དྲུག །ཞེང་དུ་ཁྲུ་གསུམ་མོ། །འདི་ནི་དགེ་སློང་གཡན་པའི་ནད་ཅན་ལ་གནང་བ་ཡིན་ནོ། །དགུ་པ། རས་ཆེན་ལས་གྱུར་པའི་ལྟུང་བྱེད་ལ། གདིང་བ་འདྲ་བ་བསྒྱུར་རོ། །ཚད་ནི་སྲིད་དུ་ཁྲུ་དགུ། འདི་ནི་དབྱར་ཆར་སྐྱབ

པའི་གཡན་པ་ཡིན་ནོ། །ཚད་ལྡན་ཅིག་ལྟུང་བ་འབྱུང་བ་ཐམས་ཅད་ལ། སོར་གྱིས་འཛལ་བ་རྣམས་ལ་སོར་ཕྱེད་དང་། ཁྲུས་འཛལ་བ་རྣམས་ལ་ཁྲུ་ཕྱེད་ཡན་ཆད་ཀྱིས་ལྷག་ན་དངོས་གཞིར་གསུངས་སོ། །བཅུ་པ་བདེ་བར་གཤེགས་པའི་ཆོས་གོས་ཀྱི་ཚད་ལྷག་ལས་གྱུར་པའི་ལྟུང་བྱེད་ལ། འོ་ན་ཆོས་གོས་གསུམ་ལ་འདང་དེ་ལྟར་ངེས་སམ་ཞེ་ན། གཞི་ལ་དངོས་པོ་ནི། ཆོས་གོས་གསུམ་གྱི་རྒྱུ་ཡིན་པ། རུང་ཚད་ལྡན་བདེ་བར་གཤེགས་པའི་ཆོས་གོས་ཀྱི་ཚད་དུ་ལོངས་པ། རང་གི་ཡིན་པ་སྤུར་ཚད་ལས་གཅོད་པའི་བཟོ་མ་བྱས་པ། རྟེན་ནི་བདེ་བར་གཤེགས་པའི་སྐུ་གཟུགས་ཀྱི་ཚད་ཙམ་མེད་པའོ། །ཀུན་སློང་ནི་རང་དོན་དུ་ཚད་དེ་བྱེད་འདོད་པའོ། །སྦྱོར་བ་རང་ངམ་བསྐོས་པས་དེ་ལྟར་བརྩམས་པ། མཐར་ཐུག་བཟོ་ཡོངས་སུ་རྫོགས་པའོ། །འདིར་སྟོན་པའི་ཆོས་གོས་ཀྱི་ཚད་ནི། སྟོན་པ་རང་གི་ཁྲུ་ལྔ་སྲིད་ཀྱི་ཚད། ཞེང་དུ་གསུམ་མོ། །དེ་ལ་མི་འབྲིང་གི་ཆོས་གོས་རབ་ཚད་དགུ་ཡོད་ལ། བདེ་བར་གཤེགས་པའི་སྐུ་གཟུགས་ཙམ་ཡོད་ཀྱང་། ཆོས་གོས་གསུམ་རབ་ཚད་ལས་སུམ་འགྱུར་དུ་བྱས་ན་དངོས་པོའིའོ། །

སྡེ་ཚན་བཞི་པ་སོར་བཤགས་ལ་སྡོམ་ནི། གྲོང་དང་ཁྱིམ་གཞན་ཉིད་དང་ཡང་། །བསླབ་པ་རྣམས་དང་དགོན་པ་ནི། །སངས་རྒྱས་ཕན་པ་གསུངས་པ་ཡིས། །སོ་སོར་བཤགས་པར་བྱ་བར་གསུངས། །ཞེས་པ་དང་པོ་དགེ་སློང་མ་ལ་ཟས་ལེན་པའི་སོར་བཤགས་ལ། གཞི་ནི་དགེ་སློང་མ་ཆོས་བརྒྱད་ལྡན། གྲོང་ངམ་དེའི་ཉེ་འཁོར་རམ། ལམ་པོ་ཆེ་གསུམ་པོ་གང་རུང་ན་འདུག་པ། དངོས་པོ་དུས་རུང་གི་བཟའ་བའམ་བཅའ་བ་རུང་ཚད་ལྡན། དགེ་སློང་མ་དེ་ཉིད་ཀྱིས་བསྐྱབས་པ། དེ་ཡང་འབྲིམ་པའི་ཆེད་དུ་མ་བསྐྱབས་པར་བཟའ་བའི་ཆེད་དུ་བསྐྱབས་པ། བདག་ཉིད་ཀྱང་གནས་གསུམ་པོ་གང་རུང་ན་འདུག་པ། ཀུན་སློང་ལེན་པར་འདོད་པ། སྦྱོར་བ་དེར་རྩོམ་པ། མཐར་ཐུག་ཟོས་པའོ། །གཉིས་པ་ཐོད་རྒལ་དུ་འབྲིམ་པ་མ་བཟློག་པར་ཟ་བ་ལ། གཞི་ནི་ཁྱིམ་པ་ཡིན་པ་ཐ་སྙད་ལྔ་ལྡན། ལུས་ཐ་མལ་དུ་གནས་པ། རང་དང་དགེ་སློང་མ་གང་ཡང་ནོར་མི་གཅིག་པ། གཉིས་ཀའི་ཉེ་དུ་མིན་པ། འགྲོན་དང་འབོད་པ་པོ་ཡིན་པ་དང་དྲུག་གོ། ཟ་བའི་གྲོགས་ནི་དགེ་སློང་གསུམ་ཡན་ཆད་དོ། །དངོས་པོ་ནི་དུས་རུང་བ་ཚད་དང་ལྡན་པ། དགེ་སློང་མ་ཆོས་བརྒྱད་ལྡན་པས་སྐོ་བཤམ་བྱས་པ་དང་དྲུག་གོ། །རྟེན་དགེ་སློང་མ་དེའི་ཚིག་གིས་འགྲོན་དུ་བོས་པ་མ་ཡིན་པ། སྐོ་བཤམ་བྱེད་པ་རང་ངམ་རང་དང་ཟས་གཅིག་པའི་གང་ཟག་དང་ལྷན་ཅིག་མི་ཟ་བ། སྤུར་ཟློས་ཟིན་ཅིང་གྲལ་ལ་གནས་པའམ། རང་དང་ཅིག་ཆར་ཟ་བ་གང་ཡང་རུང་བ་ལ་མ་བཟློག་པར། གནས་ནི་གཏམ་ཐ་མལ་པས་སྐོ་རུང་བ། སྦྱིན་བདག་དེ་ཉིད་དམ། དེས་བསྒྲགས་པའི་གཡོག་ལ་སོགས་པ་ཟན་སྦྱོར་བ་པོའི་མངོན་སུམ་ཡིན་པ། འདུ་ཤེས་ནི་སྐོ་བཤམ་བྱེད་པ་ལ་དེར་

འདུ་ཤེས་པར་འདོད་པ། སྦྱོར་བ་ནི་རང་ལ་སྒོ་བཤམ་བྱེད་པ་མ་བཟློག་པར་ཟ་བར་བརྩམས་པ། མཐར་ཐུག་མགུལ་དུ་མིད་པའོ། །འདིར་སྒོ་བཤམ་ནི་ཐོད་རྒལ་དུ་འཁྲིམ་པའམ། ངོ་འགྲོན་བྱེད་པའོ། །གསུམ་པ་བསླབ་པ་བྲལ་ཏེ་ཁྲིམ་དུ་འཇུག་པ་ལ། གཞི་ལ་སྦྱིན་བདག་ནི་ཁྱིམ་པ་ཡིན་པ་ཐ་སྙད་ལྔ་དང་ལྡན་པ། ལུས་ཐ་མལ་དུ་གནས་པ། རང་ལས་ནོར་ཐ་དད་པ། དེ་ལས་ཟས་མི་སླང་བའི་བསླབ་པའི་སྡོམ་པས་གདམས་པ་ཡིན་པ། ཟས་ནི་དུས་སུ་རུང་བ་དང་རུང་ཚད་ལྡན། ཁྱིམ་བདག་དེ་ཉིད་ཀྱི་ཡིན་པ། ལྡམ་ལྡུམ་སོགས་ཤིན་ཏུ་ཡོད་པ་མ་ཡིན་པ། རྟེན་ནི་ཁྲིམས་དེ་འཆའ་བ་ལ་གཏོགས་པ། དེའི་སྔ་རོལ་དུ་འགྲོན་དུ་བོས་པ་མ་ཡིན་པ། ཀུན་སློང་ནི་དེ་ནས་རང་དགར་བླངས་ཏེ་ཟ་འདོད་པ། གཉིས་པོ་ནི་འདྲའོ། །བཞི་པ་ནགས་མ་བརྟགས་པར་ལས་འགྱུར་བའི་སོར་གཤགས་ལ། དང་པོ་གཞི་ལ་སྦྱིན་བདག་ཁྱིམ་པ་ཆོས་བཞི་ལྡན། དངོས་པོ་དུས་སུ་རུང་ཚད་ལྡན། སྦྱིན་བདག་དེ་ཉིད་ཀྱིས་ཡིན་པ། གསུམ་པོ་ནི་འདྲའོ། །

ལྔ་པ་ཉེས་བྱས་ཀྱི་སྡེ་ཚན་ལ། ཤམ་ཐབས་ལ་ནི་རྣམ་པ་བདུན། །ཞེས་པ་ཤམ་ཐབས་ཟླུམ་པོར་མ་བགོས་པ་དང་། ཧ་ཅང་ཅེངས་པ་དང་། ཧ་ཅང་འབྱོལ་བ་དང་། གླང་པོའི་སྣ་ལྟར་མ་ཡིན་པ། ལྟེ་བའི་འོག་ཏུ་ཏ་ལའི་ལོ་མ་ལྟར་སྡེབས་པ་དང་། ལྟེ་བའི་འོག་ཏུ་སྦྲུལ་མགོའི་གདེང་ཀ་ལྟར་ཕྱིར་འབྱུང་བ་དང་། སྐེ་རགས་ཀྱི་བར་དུ་འབྲས་བུའི་འཕྱར་མ་ལྟར་ཐུམ་བུར་འདུག་པ་རྣམས་སོ། །སྟོད་གཡོགས་ལ་ཡང་རྣམ་པ་གསུམ། །ཞེས་པ་ཧ་ཅང་ཅེངས་པ་དང་། འབྱོལ་བ་ཟླུམ་པོར་མ་བགོས་པ་གསུམ་མོ། །ཤིན་ཏུ་གདམས་ལ་སོགས་པ་ལྔ། །ཞེས་པ། ཤིན་ཏུ་གདམས་ཤིང་ཁྱིམ་གཞན་འགྲོ་བ། སྟོད་གཡོགས་སྨད་གཡོགས་ལེགས་པར་བགོས་པ་དང་། ཅ་ཅོའི་སྒྲ་སྒྲུངས་ཤིང་འགྲོ་བ་དང་། ཡིད་མི་གཡེང་བ་དང་། མིག་གཉའ་ཤིང་གང་ཙམ་དུ་བལྟ་བར་བྱས་པ་རྣམས་སོ། །མགོ་གཡོགས་ལ་སོགས་རྣམ་པ་ལྔ། །ཞེས་པ། མགོ་བོ་གོས་ཀྱི་མི་གཡོག །འདོམ་མི་སྣང་མི་འབྱེད། ཆོས་གོས་ཕྲག་པ་གཉིས་ཀ་ལ་མི་བཟར། ལག་པ་གཉའ་གོང་དུ་མི་བསྣོལ། སོར་མོ་ལྟག་པར་མི་བསྣོལ་བར་བྱ་བ་རྣམས་སོ། །འཚོངས་ལ་སོགས་པ་རྣམ་པ་ལྔ། །ཞེས་པ། འཚོངས་པ་དང་སྒྲིད་པ་བརྐྱང་བསྐུམ་བྱེད་ཅིང་འགྲོ་བ་དང་། ཙོག་པུས་འགྲོ་བ་དང་། རྐང་པའི་བྲང་གིས་འགྲོ་བ་དང་། དཀུར་བརྟེན་པས་ཏེ། གང་རུང་བསྒྲེངས་བྱས་ཏེ་འགྲོ་བ་རྣམས་སོ། །ལུས་ལ་སོགས་པ་རྣམ་པ་ལྔ། །ཞེས་པ། ལུས་བསྒྱུར་ཅིང་འགྲོ་བ་དང་། ལག་པ་བསྒྱོད་ཅིང་འགྲོ་བ་དང་། མགོ་བསྒྱུར་ཞིང་འགྲོ་བ་དང་། གཞན་དང་ཕྲག་པ་གཉིས་སྤྲད་ཅིང་འགྲོ་བ་དང་། གཞན་ལ་ལག་པ་སྦྲེལ་ཏེ་ཁྱིམ་གཞན་དུ་འགྲོ་བ་རྣམས་སོ། །འདུག་པར་བྱ་བ་དགུ་དག་དང་། །ཞེས་པ། ཁྱིམ་དེར་འདུག་པ་ན། གཞན་གྱིས་མ་བསྒོས་པར་སྟན་ལ་འདུག་པ་དང་། སྟན་ལ་མ་བརྟགས་པར

འདུག་པ་དང་། གྲུ་ཆོམ་དུ་ལུས་ལྡིང་ཐམས་ཅད་ཕབ་སྟེ་འདུག་པ་དང་། འདོམ་སྣང་བར་བྱས་ཏེ་འདུག་པ་རྣམས་སོ། །བྲིན་ལེན་བྱ་བ་བརྒྱད་རྣམས་སོ། །ཞེས་པ། ཟས་ལེགས་པར་མ་བླངས་པ་དང་། མུ་དང་ཁ་དང་ཆད་དུ་བླངས་པ་དང་། ཚོད་མ་སྟེ་བྱུན་དང་། འབྲས་ཆན་ནམ། ཟན་མཉམ་པོ་ཡན་ཆད་བླངས་པ་དང་། དེ་བསླབ་པ་རྒྱན་གཞན་གང་ཡིན་ཀྱང་གྲལ་རིམ་བཞིན་མ་ཡིན་པར་བླངས་པ་དང་། ལྷུང་བཟེད་ལ་མིག་གཏད་དེ་བླངས་པ་དང་། ཟས་མངོན་དུ་མ་སླེབ་པར་ལྷུང་བཟེད་སོགས་བཟེད་པ་དང་། ལྷག་པ་འདོད་ཕྱིར་འབྲས་ཆན་དང་། ཚོད་མ་སོགས་གཅིག་གིས་ཅིག་ལ་འགེབ་པ་དང་། ཟས་ཀྱི་སྟེང་དུ་ཟས་ཟ་བའི་སྣོད་བཟེད་པ་རྣམས་སོ། །ཟས་ལ་ལེགས་པར་བྱ་བ་དྲུག །ཅེས་པ་ཟས་ལེགས་པར་མ་ཟོས་པ་དང་། ཁམ་ཧ་ཅང་ཆུང་བ་དང་། ཧ་ཅང་ཆེས་པ་དང་། ཁམ་རན་པར་མ་ཟོས་པ་དང་། ཟས་ཁའི་ཟས་ལ་ཧ་ཅང་བསྐུར་བ་ཞེས་སོ། །འཆའ་སློད་བྱེད་པ་དང་། འབུར་བ་གཉིས་ཀ་བཀང་སྟེ་ཟ་བ་དང་། ལྕེས་བཀན་ཏེག་ཅིང་ཟ་བ་དང་། ཁམ་སོས་གཅོད་ཅིང་ཟ་བ་རྣམས་སོ། །ལག་པ་ལྡག་ལ་སོགས་པ་ལྔ། །ཞེས་པ་ལ་ཟས་འཛར་བ་ལྡག་པ་དང་། ཟས་ཀྱི་སྣོད་ལྕེ་རྩེས་འབྲོག་པ་དང་། ལག་པ་ལ་ཆགས་པ་སྤྲུག་པ་དང་། ཟས་དང་བཅས་པའི་ལྷུང་བཟེད་ལ་སོགས་པའི་སྣོད་སྐྱུལ་པ་དང་། ཟས་ལ་མཆོད་རྟེན་གྱི་དབྱིབས་འདྲ་བ་བྱས་ཏེ་གཞོམ་ཞིང་ཟ་བ་རྣམས་སོ། །འཕྱ་ལ་སོགས་པ་རྣམ་པ་བཞི། །ཞེས་པ་གཞན་གྱི་ལྷུང་བཟེད་ལ། ཕྱས་འདོགས་པའི་ཆེད་དུ་བལྟ་བ་དང་། ལག་པ་ཟས་དང་འབགས་པས་ཆུ་སྣོད་ལ་འཛུ་བ་དང་། དགེ་སློང་ལ་ཟས་དང་འབགས་པའི་ཆུས་གཏོར་བ་དང་། ཁྱིམ་པའི་ཁྱིམ་དུ་དེ་ལ་མ་དྲིས་པར་ཟས་དང་འབགས་པའི་ཆུ་ལ་སོགས་པ་ཁྱིམ་དུ་འབོ་བ་རྣམས་སོ། །ལྷུང་བཟེད་ལའང་རྣམ་པ་བཅུ། །ཞེས་པ། ལྷུང་བཟེད་དུ་ཟས་ཀྱི་ལྷག་རོལ་དན་པ་དོར་བ་དང་། ལྷག་མ་སོགས་ཕན་ཆད་ནི་འོག་གཞི་མེད་པ་དང་། ངམ་གྲོག་གི་ཁ་དང་། བྲིན་གྱིས་གཞོལ་བའི་གཡང་ས་དང་། བང་རིམ་གྱི་ཁ་ལ་སོགས་པར་ལྷུང་བཟེད་བཞག་པ་དང་། འགྲེང་བཞིན་དུ་ལྷུང་བཟེད་བཀྲུ་བ་དང་། གད་ཁ་དང་གཡང་ས་ཀྲན་བཟར་པོ་རྣམས་སུ་ལྷུང་བཟེད་བཀྲུ་བ་དང་། འབབ་ཆུ་དྲག་པོའི་རྒྱུན་ལས་བཟློག་སྟེ་ལྷུང་བཟེད་ཀྱིས་ཆུ་བཅུ་བ་རྣམས་ལ་ཉེས་བྱས་སོ། །འགྲེང་བ་ལ་སོགས་རྣམ་པ་ལྔ། །ཞེས་པ་ཉན་པ་པོ་ནད་པ་མ་ཡིན་པར་འདུག་པ་ལ། འཆད་པ་པོ་འགྲེང་སྟེ་ཆོས་འཆད་པ་དང་། ཉལ་བ་ལ་འདུག་སྟེ་འཆད་པ་དང་། ས་ཕྱོགས་མཐོན་པོ་ན་འདུག་པ་ལ་དམན་པ་ནས་འདུག་སྟེ་འཆད་པ་དང་། མདུན་ནས་འགྲོ་བ་ལ་ཕྱི་ནས་འགྲོ་ཞིང་འཆད་པ་དང་། ལམ་ནས་འགྲོ་བ་ལ་ལམ་གྱི་འགྲམ་ནས་འགྲོ་ཞིང་འཆད་པ་རྣམས་སོ། །མགོ་གཡོགས་ལ་སོགས་རྣམ་པ་ལྔ། །ཞེས་པ། ནད་པ་མ་ཡིན་པར། ཉན་པ་པོ་རས་ལ་སོགས་པས་མགོ་གཡོག་པ་དང་། གོས་རྫེས་པ་དང་། ཆོས་གོས་ཐྲག་པ་གཉིས་ཀ་ལ་

བཟར་བ་དང་། ལག་པ་གཉའ་གོང་དུ་སྣོལ་བ་དང་། ལག་པ་ལྟག་པར་སྣོལ་བ་རྣམས་ལ་ཆོས་འཆད་ན་ཉེས་བྱས་སོ། །ཏོ་གར་ཅན་ལ་སོགས་པ་ལྔ། །ཞེས་པ། ཉན་པ་པོ་ནད་པ་མ་ཡིན་པར། མགོ་ཏོ་གར་ཅན་ཏེ་སྐྲའི་ཐོར་ཅོག་དང་། མགོ་ལ་ཞྭ་གྱོན་པ་དང་། མགོ་ལ་དར་ལ་སོགས་པའི་ཅོད་པན་བཅིངས་པ་དང་། མགོ་ལ་མེ་ཏོག་ལ་སོགས་པའི་ཕྲེང་བས་བཅིངས་པ་དང་། མགོ་ལ་ཐོད་ཀྱིས་དཀྲིས་པ་རྣམས་ལ་ཆོས་འཆད་ན་ཉེས་བྱས་སོ༔ །གླང་ཆེན་ལ་སོགས་རྣམ་པ་ལྔ། །ཞེས་པ་ནི། ནད་པ་མ་ཡིན་པར་གླང་པོ་ཆེ་ལ་ཞོན་པ་དང་། རྟ་ལ་ཞོན་པ་དང་། ཁྱོགས་ཀྱི་སྟེང་དུ་འདུག་པ་དང་། དེ་ལས་གཞན་པའི་སྟེང་ན་འདུག་པ་དང་། མཆིལ་ལྷམ་གྱོན་པ་ལ་ཆོས་འཆད་པ་རྣམས་སོ། །ལག་ན་འཁར་བ་ལ་སོགས་དྲུག །ཅེས་པ། ནད་པ་མ་ཡིན་པར་ལག་ན་འཁར་བ་ཐོགས་པ་དང་། ལག་ན་མདུང་ཐོགས་པ་དང་། ལག་ན་མཚོན་ཆ་ཐོགས་པ་དང་། ལག་ན་རལ་གྲི་ཐོགས་པ་དང་། ལག་ན་དགྲ་སྟ་ཐོགས་པ་དང་། ཁྲབ་ལ་སོགས་པ་གོ་ཆ་གྱོན་པ་ལ་ཆོས་འཆད་པ་རྣམས་སོ། །ན་བ་རྣམ་པ་བཞི་རྣམས་སོ། །ཞེས་པ། ནད་པ་མ་ཡིན་པར་བཤང་གཅི་བྱས་པ་དང་། ཆུའི་ནང་དུ་བཤང་གཅི་དང་མཆིལ་མ་ལ་སོགས་པ་དོར་བ་དང་། རྩྭ་སྔོན་ཡོད་པའི་ས་ཕྱོགས་སུ་བཤང་གཅི་ལ་སོགས་པ་འདོར་བ་ལ་ཉེས་བྱས་ཏེ་གསུམ་དང་། སྲོག་ལ་གནོད་པའི་རྐྱེན་མ་གཏོགས་པར་རང་དགར་ཤིང་ལ་མི་གང་ཙམ་ལས་མཐོ་བར་འཛེག་པ་རྣམས་སོ། །དེ་དག་གིས་དགེ་སློང་ཕའི་ལྟུང་བྱེད་ལས་བྱུང་བའི་བསླབ་གཞི་བརྒྱ་དང་ལྔ་བཅུ་རྩ་གསུམ་གསུངས་པ་ངོས་བཟུང་བ་ཡིན་ནོ། །

གཉིས་པ་དེས་རང་རྒྱུད་ཀྱིས་བསླབ་པ་ལ་གནོད་པ་ཇི་ལྟར་བྱས་པའི་ཚུལ་ལ། སྔར་བཤད་པའི་ཕམ་པ་བཞི་པོ་དེ་གང་རུང་ཅིག་བྱུང་བས་སྡོམ་པ་གཏོང་བ་ནི་མ་ཡིན་ཏེ། ཕམ་པ་སྡོམ་པའི་གཏོང་རྒྱུར་མ་གསུངས་པའི་ཕྱིར་དང་། རྒྱ་ཆེར་འགྲེལ་ལས། དགེ་སློང་ཕམ་པར་གྱུར་པ་ལ་ནི་སྡོམ་པ་ཡོད་ཟེར་ཀྱང་། ཞེས་གསུངས་པའི་ཕྱིར། ཕམ་པ་ལ་འཆབ་བཅས་དང་། འཆབ་མེད་གཉིས་ལས་སྔ་མ་བྱུང་ན་སྡོམ་པ་རྩ་བ་ནས་མི་གཏོང་ཀྱང་། དགོས་པ་བསླབ་ནུས་སུ་མེད་པ་ཡིན་ཏེ། དེ་བྱུང་ན་གྲོགས་ཚངས་པ་མཚུངས་པར་སྤྱོད་པ་རྣམས་དང་། ཆོས་དང་ཟང་ཟིང་གི་ལོངས་སྤྱོད་ལྷན་ཅིག་ཏུ་མི་རུང་བའི་ཕྱིར་དང་། དེས་ལྟུང་བ་སྡེ་ལྔ་གང་ལ་སྤྱར་ཀྱང་ཉེས་བྱས་ལས་ལྷག་པ་མི་བསྐྱེད་པའི་ཕྱིར་དང་། ཚེ་དེ་ཉིད་ལ་དགྲ་བཅོམ་པའི་འབྲས་བུ་ཐོབ་པའི་སྐལ་བ་མེད་པའི་ཕྱིར་དང་། ཕྱི་མ་ལ་ལྷ་མིའི་གོ་འཕང་ཐོབ་པའི་སྐལ་བ་མེད་པའི་ཕྱིར་དང་། ཕྱིས་སོ་ཐར་གྱི་སྡོམ་པ་གང་བླངས་ཀྱང་མི་སྐྱེ་བའི་ཕྱིར། ཁ་ཅིག་ན་རེ། ཕམ་པ་གང་བྱུང་ཀྱང་། དེའི་ངོ་སྐལ་གྱི་གཉེན་པོ་དེ་གཏོང་བ་ཡིན་གྱི་སྡོམ་པ་གཞན་རྣམས་དགོས་པ་བསླབ་ནུས་སུ་ཡོད་ཅེས་ཟེར་རོ། །དེ་ནི་མི་འཐད་དེ། སྡོམ་པ་མ་ཚང་བའི་

དགེ་སློང་དང་། དགེ་ཚུལ་ཡོད་པར་ཐལ་བའི་ཕྱིར་དང་། ཕམ་པ་གང་རུང་ཅིག་བྱུང་བའི་དགེ་སློང་དེས་ཕམ་པ་ལྷག་མ་རྣམས་ལ་སྤྱོར་ན་ཕམ་པ་བསྐྱེད་པར་འགྱུར་ལ་དེ་ཡང་མི་འཐད་དེ། མདོར་ཉམས་པ་ལྟུང་བ་ལ་སྤྱོར་ན་ཉེས་བྱས་ཞེས་གསུངས་པ་དང་འགལ་ལོ། །ཕམ་པ་འཆབ་མེད་བྱུང་བ་ནི། སྔར་ཡོད་ཀྱི་སྡོམ་པ་མི་གཏོང་བ་མ་ཟད་སྡོམ་པ་དགོས་པ་བསྒྲུབ་ནུས་ཡང་ཡོད་དེ། མདོར་བསླབ་པ་ཞེས་པའི་དོན་ནི། ཕམ་པ་འཆབ་མེད་བྱུང་བའི་དགེ་སློང་གིས་སྔར་གྱི་ཁྲལ་མཚམས་བོར་ཏེ། དགེ་སློང་རྣམ་དག་ཐམས་ཅད་ཀྱི་གྲལ་མཇུག་ཏུ་སྡོད་པ་ལ་སོགས་པ་དམན་སྤྱོད་ལྔ་དང་དུ་ལེན་པ་དང་། རང་ལས་བསླབ་པ་གཞན་པ་རྣམས་ཀྱི་ཕྱག་དང་། བཀུར་སྟི་དང་དུ་མི་ལེན་པ་སོགས། ཁྱད་པར་ཅན་གྱི་སྤྱོད་པ་ལྔ་སྤོང་བ་ལ་སློབ་པའོ། །དེ་ཡང་ཚེ་དེ་ཉིད་ལ་དགྲ་བཅོམ་པའི་འབྲས་བུ་ཐོབ་པའི་སྐལ་བ་ཡོད་པས། དེའི་ཚེ་ན་ནི་དགེ་སློང་རྣམ་དག་ཏུ་སོར་ཆུད་པར་འགྱུར་ལ། དེ་ལྟ་མིན་ན་ཕྱིར་མི་འོང་གི་འབྲས་བུ་ཐོབ་པས་ཀྱང་སོར་ཆུད་པར་མི་འགྱུར་རོ། །ལྟུང་བ་སྡེ་ལྔ་ལྷག་མ་རྣམས་ནི། འཆབ་བཅས་འཆབ་མེད་གང་བྱུང་ཡང་སྡོམ་པ་སོར་མི་རུང་དུ་བྱེད་མི་ནུས་ཏེ། བཅས་པའི་ཉེས་པ་རྣམས་ནི་མཐོལ་བས་འདག་པའི་ཕྱིར་དང་། རང་གི་ངོ་བོ་ནི་བཤགས་པས་འདག་པའི་ཕྱིར་རོ། །གསུམ་པ་ཕྱིར་བཅོས་ལ་དོགས་པ་དཔྱད་པ་ལ། ཕམ་པ་བྱུང་ན་འཆབ་སེམས་སྐད་ཅིག་མ་ཅིག་ཡན་ཆད་སྐྱེས་ནས་ཕྱི་བཅོས་སུ་མི་རུང་ལ། འཆབ་མེད་བྱུང་ན་དགྲ་བཅོམ་པའི་འབྲས་བུ་མ་ཐོབ་ཀྱི་བར་དུ་བསླབ་པ་སྤྱོད་པའི་ཚད་ལས་ཉམས་སུ་བླང་དགོས་སོ། །སྤང་ལྟུང་མན་ཆད་ཀྱི་ལྟུང་བ་ལྷག་མ། འཆབ་པ་དང་བཅས་པ་བྱུང་ནའང་བཅབས་པའི་ཉེས་པ་ནི་མཐོལ་བས་འདག་ལ། རང་གི་ངོ་བོ་ནི་བཤད་པས་འདག་གོ། དང་པོ་མཐོལ་ཚུལ་ནི་ཡུལ་མཚན་ཉིད་དང་ལྡན་པའི་དྲུང་དུ་སྤྱོད་ལམ་གུས་པ་དང་བཅས་པས། བཙུན་པ་དགོངས་སུ་གསོལ། བདག་མིང་འདི་ཞེས་བགྱི་བ་ལ། ལྟུང་བ་སྡེ་ཚན་འདི་ཞེས་བགྱི་བའི་ལྟུང་བའི་རིགས་འདི་ཞེས་བགྱི་བ། ཞག་གྲངས་འདི་ཙམ་དུ་བཅབས་པའི་བྱུང་སྟེ། ཉེས་པ་དེ་བཙུན་པའི་མདུན་དུ་མཐོལ་ལོ་བཤགས་སོ། །མི་འཆབ་བོ། །མཐོལ་ཞིང་བཤགས་ན་བདག་བདེ་བ་ལ་གནས་པར་འགྱུར་གྱི་མ་མཐོལ་མ་བཤགས་ན་མི་འགྱུར་རོ། །ཞེས་ལན་གསུམ་བརྗོད་ལ། དེའི་རྗེས་སུ་བཤགས་ཡུལ་གྱིས་ལྟུང་བ་དེ་མཐོང་ངམ། ཕྱིན་ཆད་སྡོམ་མམ་ཞེས་ལན་གསུམ་དུ་དྲི་ཞིང་རྟེན་གྱིས་ཀྱང་མཐོང་ངོ་། །སྡོམ་མོ་ཞེས་དེའི་མཐར་བརྗོད་པར་བྱའོ། །གལ་ཏེ་ལྟུང་བ་དེ་ལ་བཅབས་པའི་ཉེས་པ་མེད་ན། ལྟུང་བ་རང་གི་ངོ་བོ་ཕྱིར་བཅོས་པས་མཐོལ་ལོ། །མི་འཆབ་བོ་ཞེས་བརྗོད་མི་དགོས་པས་ཉེས་པ་དེ་བཙུན་པའི་མདུན་དུ་བཤགས་སོ། །ཞེས་པ་རྐྱང་པས་བརྗོད་པས་ཆོག་གོ། མཐོལ་བཤགས་ཀྱང་མྱུར་དུ་བྱ་དགོས་ཏེ། མཚམས་ནང་དེ་ན་བཤགས་ཡུལ་མཚན་ཉིད་དང་ལྡན་པ་ཡོད་བཞིན་དུ་ཕྱིར་བཅོས་མི་

བྱེད་ན། ལྟུང་བ་ཅིག་ཡིན་ཀྱང་ཞག་དང་པོ་ལ་མ་བཅོས་ན། ཡོད་པ་ཕྱིར་མི་བཅོས་པའི་ཉེས་པ་ཅིག་དང་། དངོས་གཞིའི་ཉེས་པ་གཅིག་དང་གཉིས་སུ་འགྱུར་ཞིང་། ཞག་གཅིག་པ་འདས་པ་ན། ཉེས་པ་སྔ་མ་གཉིས་པོ་དེ་ཕྱིར་མི་བཅོས་ཀྱི་ཉེས་པ་གསར་དུ་འབྱུང་ཞིང་། སྔ་མའི་ཉེས་པ་གཉིས་དང་བཞིར་འགྱུར་ལ། དེ་ཕྱིན་ཆད་ཞག་ཇི་སྙེད་འདས་པའི་ཞག་སྔ་མ་སྔ་མ་ལས་ཕྱི་མ་ཕྱི་མ་ཉིས་འགྱུར་དུ་འབྱུང་ངོ་། །ཡང་ཉེས་པ་དེ་འཆབ་བཅས་ཡིན་ན། མཐོལ་ཡུལ་མཚན་ཉིད་དང་ལྡན་པ་མཚམས་ནང་དེ་ན་ཡོད་བཞིན་དུ། མ་མཐོལ་ན་ཞག་རེ་རེ་ཞིང་ཕྱིར་མི་འཆོས་ཀྱི་འབྱུང་ཚུལ་སྔ་མ་དང་འདྲ་ལ། ཞག་རེ་རེ་ཞིང་ལྟུང་བའི་གྲངས་དུ་ཡོད་ཀྱི་འཆབ་པའི་ཉེས་པའང་དེ་སྙེད་དུ་འགྱུར་རོ། །འདིར་འཆབ་མེད་ཇི་ལྟར་འབྱུང་ཞེ་ན། ལྟུང་བ་དེ་བྱུང་ནས་འཆབ་སེམས་མངོན་འགྱུར་ཡོད་དམ་དེ་མེད་ཀྱང་རུང་། འཆབ་སེམས་དེ་མ་སྐྱངས་ཤིང་མཚམས་ནང་དེ་ན། མཐོལ་ཡུལ་མཚན་ཉིད་པ་ཡོད་བཞིན་དུ། མ་མཐོལ་བར་ཞག་འདས་པའི་ཚེ་ན་འཆབ་ཉེས་དངོས་གཞིར་འགྱུར་ལ། མདུན་རོལ་ནི་སྦྱོར་བའི་ཉེས་བྱས་སུ་འགྱུར་རོ། །འཆབ་པའི་ཉེས་པ་རྣམས་ནི་ལྟུང་བ་ངོ་བོ་དེའི་སྔ་རོལ་དུ་ངེས་པར་གཤགས་དགོས་ཏེ། ལྷག་མ་འཆབ་བཅས་དག་བྱེད་དུ་སྤོ་བ་མ་སྤྱད་པར་འགྱུར་བ་དང་། དབྱུང་བ་མི་འཆགས་པར་གསུངས་པ་བཞིན་ནོ། །འདིར་གཤགས་ཡུལ་དུ་རུང་བ་ལ། དགེ་སློང་ཆོས་བརྒྱད་ལྡན་གྱི་སྟེང་དུ་ལྟུང་བའི་སྡེ་ཚན་མི་མཐུན་པ་དགོས། དེ་མ་འགྱོར་ནའང་ཡུལ་རྟེན་གཉིས་ཀྱི་ལྟུང་བ་ནི་ནང་ཚན་མི་མཐུན་པ་ཅིག་ངེས་པར་དགོས་སོ། །མཐོལ་ཡུལ་དུ་རུང་ཙམ་ལ་ནི། དེ་ལྟ་བུ་དགོས་པའི་ངེས་པ་མེད་དོ། །

དེ་དག་གིས་སྦྱོར་བསྟན་ནས། དངོས་སོ་སོའི་བཤགས་པ་བྱ་ཚུལ་བཤད་པར་བྱ་སྟེ། ཕམ་པར་གཏོགས་པའི་སྡོམ་པོ་ལྕི་བ་ལ་ནི་ཐ་ན་དགེ་སློང་དྲུག་མན་ཆད་མཚམས་ནང་དེ་ན་ཡོད་པའི་དགེ་སློང་བཤགས་ཡུལ་དུ་ལྟུང་བ་མཐའ་དག་ལ་བཤགས་དགོས་ལ། ཡང་བ་ནི་བཞི་ཡན་ཆད་དང་། ལྷག་མར་གཏོགས་པའི་སྡོམ་པོ་ལྕི་བ་ལ་ནི་དགེ་སློང་ལྔ་ཡན་ཆད་ལ་ངེས་པར་བཤགས་དགོས་ལ། ལྷག་མར་གཏོགས་པའི་སྡོམ་པོ་ཡང་བ་ནི། གཅིག་གི་མདུན་དུ་བཤགས་པས་ཆོག་གོ། ལྷག་མ་དངོས་ཀྱི་ཕྱིར་བཅོས་བྱེད་ཚུལ་ལ། འཆབ་བཅས་ཡིན་ན་འཆབ་ཉེས་དག་བྱེད་དུ་ཇི་སྙེད་འཆབས་པའི་གྲངས་དང་མཉམ་པའི་སྤོ་བ་སྤྱད་དགོས་ལ་དེའི་དབྱུང་བ་འཆགས་པའི་དོན་དུ། མགུ་བ་ཞག་དྲུག་སྤྱད་ནས། དེ་ནས་ལྷག་མ་དངོས་ཀྱི་དག་བྱེད་དུ་དབྱུང་བ་ནོད་དགོས་སོ༑ ༑སྡེ་སྣོད་ཤེས་པའི་དགེ་སློང་དག་རྒྱུན་དུ་ཞུགས་པ་ལ་སོགས་པའི་གང་ཟག་ཁྱད་པར་ཅན་ལ་ནི། སྤོ་མགུ་མ་སྤྱད་ཀྱང་། བཤགས་ཙམ་གྱིས་འདག་པར་གསུངས་སོ། །སྤང་ལྟུང་གཤགས་པའི་ཚུལ་ལ་ལྟུང་བྱེད་ཕྱིར་བཅོས་བྱས་པའི་ཚེ་གང་ལ་བརྟེན་ནས་ལྟུང་བ་འབྱུང་བའི་རྫས་དང་། ལྟུང་བ་དེ་ཕྱིར་བྱུང་ཕྱིན་ཆད་རྙེད་པའི་

ནོར་ལྡན་པ་ཁྲུ་གང་བ་ཡན་ཆད་གཞགས་ཡུལ་མཚན་ཉིད་དང་ལྡན་པ་དེའི་དྲུང་དུ། ཞག་གཅིག་ཏུ་སྤངས་ནས་ལྟུང་བ་དེ་ཕྱིར་བཅོས་བྱེད་དགོས་ལ། དེ་ཡང་ལྟུང་བཟེད་ཆོལ་བའི་ཕྱོགས་གཅིག་དང་། བྱིན་འཕྲོགས་གཉིས་ནི་གཏན་སྤངས་ཡིན་ནོ། །ལྟུང་བ་འདག་པའི་རྒྱུའི་གཙོ་བོ་ཡང་། སྔོན་ཆད་ལ་འགྱོད་སེམས་དང་། ཕྱིན་ཆད་ལ་སྡོམ་སེམས་དྲག་པོ་ངེས་པར་དགོས་ལ། དེ་གཉིས་མེད་པར་ཚིག་ཙམ་གྱིས་བཤགས་པ་བྱས་ཀྱང་ཉེས་པ་མི་འདག་གི་སྟེང་དུ་རྫུན་གྱི་ཉེས་པར་འགྱུར་རོ། །འདིར་བཤགས་པས་ལྟུང་བ་འདག་པར་གསུངས་པ་ཡང་མངོན་གྱུར་མགོ་མནན་པ་ཙམ་ཡིན་གྱི། ས་བོན་ནི་མཐོང་སྒོམ་ལམ་གྱིས་སྤང་བར་བྱ་དགོས་སོ། །དེའི་ཕྱིར་དམ་པའི་ཆོས་འདུལ་བ་ལ་ཚུལ་བཞིན་དུ་ཞུགས་ནས་དྲན་པ་དང་བག་ཡོད་པ་དང་། བདེ་བར་གནས་པའི་རྐྱེན་དང་དགེ་བའི་བཤེས་གཉེན་ལ་བརྟེན་ནས་མི་མཐུན་ཕྱོགས་ངོ་ཤེས་པར་བྱ་སྟེ། ཉེས་པས་མ་གོས་པ་ལ་བསླབ་པར་བྱ་དགོས་ཤིང་གསོ་སྦྱོང་དང་དགག་དབྱེ་ཕྱིར་འཆོས་ཀྱི་ཉེས་པས་གོས་ཀྱང་། སོར་ཆུད་པའི་ཐབས་ལ་འབད་པར་བྱ་དགོས་ཏེ། ལུང་ལས་གཉིས་ནི། མཁས་པ། གསལ་བ། དགེ་བ། སྐྱེས་བུ་དམ་པ་སྟེ། གཉིས་གང་ཞེ་ན། ལྟུང་བ་མི་འབྱིན་པ་གང་ཡིན་པ་དང་། ལྟུང་བ་བྱུང་ནས་ཆོས་བཞིན་དུ་ཕྱིར་འཆོས་པ་གང་ཡིན་པའོ། །ཞེས་གསུངས་སོ། །དེ་དག་གིས་ནི་སྤང་བྱ་ལྡོག་པའི་ཚུལ་ཁྲིམས་བསྟན་ཟིན་ནོ། །

གཉིས་པ་ཉམས་སུ་བླང་བྱ་འཇུག་པའི་ཚུལ་ཁྲིམས་ནི། བཞི་བཅུ་བདུན་གྱི་བཤད་པ་ལོགས་སུ་བྱས་པ་ལས་ཤེས་པར་བྱའོ། །གསུམ་པ་དེ་དག་ལ་ཇི་ལྟར་སློབ་པའི་རིམ་པ་ནི། ཐོག་མ་ཁོ་ནར་ཡུལ་ཁྱད་པར་ཅན་ལས། གཞི་ཚུལ་ཁྲིམས་རྣམ་པར་དག་པ་མནོས་ཏེ། དེ་ནས་བརྟན་མཁས་གཉིས་ཀྱི་ཡོན་ཏན་དང་ལྡན་པའི་དགེ་བའི་བཤེས་གཉེན་ཚུལ་བཞིན་དུ། རྟེན་ནས་བླང་དོར་གྱི་གནས་ཕྱིན་ཅི་མ་ལོག་པར་བྱས་ཏེ། ཇི་ལྟར་ནོས་པའི་བསླབ་པ་ཕྲ་མོ་ཙམ་ལའང་ཁྱད་དུ་མི་གསོད་པར་མིག་འབྲས་བཞིན་དུ་གཅེས་པར་བཟུང་ནས་ཐོས་པ་དང་། བསམ་པ་དང་བསྒོམ་པའི་རིམ་པས་ཕན་བདེའི་འབྱུང་གནས་རྒྱལ་བའི་བསྟན་པ་ལ་རིམ་བཞིན་འཇུག་པར་བྱའོ། །ཐུབ་བསྟན་སྙིང་པོ་ལེགས་གསུངས་འདུལ་བའི་མདོ། །མདོ་དོན་རྒྱས་པར་འགྲེལ་པ་རྣམ་འབྱེད་ལུང་། །ལུང་རིགས་སྐོར་ལ་རྒྱུས་པ་རྩ་བའི་གཞུང་། །གཞུང་བཞིན་བསྡུས་པའི་དོན་གསལ་ངག་ཉུང་འདི། །སྡོམ་གསུམ་གོམས་སྟབས་བརྟན་པར་བསྒྱུར་མཁས་ཤིང་། །མང་ཐོས་རྒྱ་མཚོར་འཇུག་ལ་མངོན་དགའ་བའི། །བློ་གསལ་དབང་པོ་ཤཱཀྱ་མཆོག་ལྡན་དཔལ། །ལེགས་པའི་བློ་ཡིས་དང་བས་བསྐུལ་པ་ཡིན། །དེ་ལས་སྐྱེས་པའི་དགེ་བ་གང་། །གངས་རིའི་ཏོག་ལྟར་དཀར་བ་དེ། །ཀུན་ཀྱང་རྒྱལ་བའི་བསྟན་པ་ལ། །ཚུལ་བཞིན་འཇུག་པའི་དོན་དུ་བསྔོ། །བསླབ་ལ་གུས་པའི་དགེ་སློང་འགས། །གཞུང་མང་ཉན་པར་མི་ནུས་ན། །འདི་ཙམ

ཁོ་ནས་བསླབ་པའི་གནས། །མ་ལུས་ལེགས་པར་བསྡུས་པ་ཡིན། །

ཞེས་པ་འདི་ནི་བསླབ་པ་ལ་གུས་པའི་དགེ་སློང་གྲགས་པ་རྒྱལ་མཚན་ཞེས་བྱ་བས་ལེགས་པར་བསྒྲུབ་པའི་ངོར། འདུལ་བ་འཛིན་པའི་ཐ་ཤལ། དབུ་རུ་བྱང་ཕྱོགས་ཀྱི་རྒྱུད་དུ་བྱུང་བའི་ཐོས་པ་འཛིན་པ། ཤཱཀྱའི་སྲས་ཀྱི་དགེ་སློང་དཔལ་ཤཱཀྱ་མཆོག་ལྡན་དྲི་མེད་ལེགས་པའི་བློས། དབང་ཕྱུག་གི་ལོ་ས་གསས་ཉ་བའི་ཡར་ངོ་ལ་དཔལ་བྱ་ཡུལ་ཐུབ་ཆེན་མདོན་པར་དགའ་བའི་ཆོས་གྲྭ་ཆེན་པོར་སྦྱར་བའོ། ། །མངྒ་ལཾ་བྷ་ཝ་ནྟུ། ། །

༄༅། །ཐེག་པ་གསུམ་གྱི་འདུལ་བ་རྣམ་པར་བཞག་པ་ལས་ཉན་ཐོས་ཀྱི་འདུལ་བ་བཞུགས་སོ། །

པཎ་ཆེན་ཤཱཀྱ་མཆོག་ལྡན།

སྨྲ་བ་རྣམས་ཀྱི་མཆོག་ཐམས་ཅད་མཁྱེན་པ་ལ་ཕྱག་འཚལ་ལོ། །མི་རྟོག་གཞུ་ཅན་དགྲ་བོའི་དམ་ཆོས་ཀྱི། །དཔུང་ཚོགས་ཡན་ལག་རྣམ་བཞིའི་རོལ་རྩེད་གར། །གཞན་འཕྲུལ་དབང་བྱེད་བདག་པོའི་བློས་གར་ལས། །རྣམ་རྒྱལ་ལྷ་ཡི་ལྷ་ཁྱོད་ཕྱུག་གི་གནས། །དང་པོར་ངན་འགྲོའི་ལམ་སྲང་རྒྱུད་མར་བཀག །བར་དུ་བདེ་འགྲོའི་སྒོ་མང་རིམ་པར་ཕྱེ། །ཐ་མར་ངེས་ལེགས་ཁང་བཟང་ཉམས་དགའ་བར། །འཇུག་མཁས་དམ་པའི་ཆོས་ཁྱོད་བསྔགས་པར་འོས། །ཐུབ་བསྟན་ཡིད་བཞིན་རིན་ཆེན་འོད་འབར་བ། །མཁས་བཙུན་བཟང་པོའི་སྒྲོང་ཚུལ་རིམ་གསུམ་གྱིས། །ཕྲིན་ལས་ཆར་ཆེན་འབེབས་ལ་རྟག་འགྲུས་པ། །ཚོགས་མཆོག་འདུས་པའི་དབང་ཕྱུག་འདི་ན་དགེ། །

ཞེས་མཆོད་པར་བརྗོད་ནས། རྩོམ་པར་དམ་བཅའ་བ་ནི། འཕྲལ་དུ་བདེ་དང་ཡུན་རིང་པོར། །ཕན་པའི་ཐབས་ཆེན་ཟླ་བྲལ་བ། །ལེགས་གསུངས་དམ་ཆོས་འདུལ་བ་ཡི། །རྣམ་པར་བཞག་པ་འདིར་བཤད་བྱ། །དེ་ལ་འདིར་ཆོས་འདུལ་བ་ནི། །རྣམ་པ་གསུམ་སྟེ། ཉན་ཐོས་ཀྱི་དང་། བྱང་ཆུབ་སེམས་དཔའི་དང་། སྔགས་ཀྱི་འདུལ་བའོ། །གསུམ་པོ་འགལ་བ་ནི་མ་ཡིན་ཏེ། སྔ་མ་སྔ་མ་གཞིར་གཞག་ནས་ཕྱི་མ་ཕྱི་མའི་ཐབས་མཁས་ཀྱིས་ཉམས་སུ་ལེན་དགོས་པའི་ཕྱིར།

དང་པོ་ཉན་ཐོས་ཀྱི་འདུལ་བ་རྣམ་པར་བཤད་པ་ལ་གསུམ་སྟེ། སྡོམ་པའི་ངོ་བོ་ངོས་བཟུང་བ་དང་། སོ་སོའི་བསླབ་བྱ་ལ་ཇི་ལྟར་སློབ་པའི་ཚུལ་དང་། ཉེས་པས་གོས་ན་ཕྱིར་བཅོས་པའི་ཐབས་བསྟན་པའོ། །དང་པོ་ལ་གཉིས་ཏེ། མཚན་ཉིད་དང་། དབྱེ་བའོ། །དང་པོ་ནི། ཆོས་འདི་པ་དག་གི་ལུས་ངག་གང་རུང་དུ་གཏོགས་པའི་ཉེས་སྤྱོད་སྡོམ་པའི་ཚུལ་ཁྲིམས་གང་ཞིག །ཤི་འཕོས་པས་གཏོང་བའོ། །ཟུར་དང་པོས་ཕྱི་རོལ་པའི་ཚུལ་ཁྲིམས་དང་། ཟུར་གཉིས་པས་བྱང་ཆུབ་སེམས་དཔའི་ཚུལ་ཁྲིམས་དང་། ཟུར་གསུམ་པས་བསམ་གཏན་དང་ཟག་མེད་ཀྱི་སྡོམ་པ་རྣམས་བསལ་ལོ། །གཉིས་པ་དབྱེ་བ་ནི། གསུམ་སྟེ། དགེ་བསྙེན་གྱི་དང་། དགེ་ཚུལ་གྱི་དང་། དགེ་སློང་གིའོ། །དང་པོ་ལ་མཚན་ཉིད་ནི། ཁྱིམ་པའི་ཕྱོགས་སུ་གཏོགས་པའི་ཇི་སྲིད་འཚོ་བའི་བར་གྱི་

སོ་སོར་ཐར་པའི་ཚུལ་ཁྲིམས་སོ། །དབྱེ་ན། ཆོས་མངོན་པ་སོགས་ལས། སྐྱབས་གསུམ་འཛིན་པ་དང་། སྣ་གཅིག་སྤྱོད་པ་ལ་སོགས་པའི་དབྱེ་བ་མང་པོ་བཤད་ཀྱང་། འདུལ་བ་ལས་ཡོངས་རྫོགས་ཀྱི་དགེ་བསྙེན་ལས་གཞན་འབོགས་པའི་ཆོག་མ་བཤད་དོ། །

གཉིས་པ་དགེ་ཚུལ་གྱི་སྡོམ་པའི་མཚན་ཉིད་ནི། རབ་ཏུ་བྱུང་བའི་ཕྱོགས་སུ་གཏོགས་པའི་སོ་སོར་ཐར་པའི་ཚུལ་ཁྲིམས་ཡན་ལག་བཅུ་ལྡན་ནོ། །འདི་ལ་ངོ་བོའི་སྒོ་ནས་དབྱེ་བ་མ་བཤད་ཅིང་། རྟེན་སྐྱེས་པ་དང་བུད་མེད་ཀྱི་དབྱེ་བས་གཉིས་ཡིན་ལ། དགེ་སློབ་མ་ནི་སོ་ཐར་གྱི་སྡོམ་པ་མཚན་ཉིད་པར་མི་རུང་སྟེ། དེའི་བསླབ་བྱར་བཤད་པ་རྣམས་ཇི་སྲིད་འཚོ་དང་ཉིན་ཞག་མཐའ་པ་གང་དུ་ཡང་མི་རུང་བའི་ཕྱིར། གསུམ་པ་དགེ་སློང་གི་མཚན་ཉིད། སྤོང་བ་བདུན་འཁོར་དང་བཅས་པས་ཁྱད་པར་དུ་བྱས་པའི་སོ་ཐར་གྱི་ཚུལ་ཁྲིམས་སོ། །སྤོང་བ་བདུན་ནི། ལུས་ངག་གི་ཉེས་པ་བདུན་པོའི་རང་བཞིན་གྱི་ཁ་ན་མ་ཐོ་བའི་ཆ་སྤོང་བའི་དབང་དུ་བྱས་ལ། འཁོར་བཅས་ཞེས་པ་ནི། ལུས་ངག་གི་བཅས་པ་ཆུང་བའི་དབང་དུ་བྱས་སོ། །གལ་ཏེ་འོན་སྡོམ་པ་གསུམ་པོ་འདིའི་ངོ་བོ་བེམ་པོའམ་ཤེས་པར་གནས། གང་ཟག་གཅིག་གི་རྒྱུད་ལ་ལྡན་པའི་ཚུལ་ཇི་ལྟ་བུ་ཞེ་ན། བྱེ་བྲག་ཏུ་སྨྲ་བ་ནི། སྡོམ་པ་འདི་གསུམ་གའི་ངོ་བོ་རིག་བྱེད་མ་ཡིན་པའི་གཟུགས་སུ་གནས་ཤིང་། གསུམ་པོ་རིམ་པར་མནོས་པའི་གང་ཟག་གཅིག་གི་རྒྱུད་ལ་རྫས་ཐ་དད་དུ་ལྡན་པར་ཁས་ལེན་པ་ཡིན་ཏེ། མཛོད་དུ། ཐ་དད་དེ་དག་འགལ་བ་མེད། །ཅེས་སོ། །ཐེག་པ་ཐུན་མོང་བ་ལྟར་ན། གསུམ་གའི་ངོ་བོ་སྤྱིར་ཤེས་པ་དང་། བྱེ་བྲག་ཏུ་སེམས་བྱུང་དང་། དེའི་ནང་ནས་ཀྱང་སེམས་པ་ཞེས་བྱ་བ་དེར་ཁས་ལེན་པ་ཡིན་ཏེ། སྤྱོད་འཇུག་ཏུ། སྤོང་བའི་སེམས་ནི་ཐོབ་པ་ལ། །ཚུལ་ཁྲིམས་ཕ་རོལ་ཕྱིན་པར་བཤད། །ཅེས་པ་ལྟར་རོ། །ལྡན་ཚུལ་ནི་ངོ་བོ་གཅིག་ཏུ་ལྡན་པ་ཡིན་ཏེ། གཙོ་བོ་སེམས་གཅིག་གི་འཁོར་དུ་སེམས་པ་རིགས་མཐུན་རྫས་གཞན་གཉིས་མི་འབྱུང་བའི་ཕྱིར། ལྡོག་པ་ནི་ཐ་དད་པ་ཡིན་ཏེ། འཐོབ་བྱེད་ཀྱི་རྒྱུ་དང་སྲུང་བྱ་དང་བླང་བྱ་སོ་སོར་ངེས་པས་གསུམ་པོ་ལ་གཞི་མཐུན་མི་སྲིད་པའི་ཕྱིར། ངོ་བོ་གཅིག་ཅིང་ལྡོག་པ་ཐ་དད་པའི་དཔེ་ནི། སྟོན་སུམ་ཀྱང་བདག་ཏུ་མ་བཟུང་བའི་རྫས་གསེར་གྱི་བུམ་པ་ལྟ་བུ་གཅིག་བདག་པོ་འགལ་བ་ཅན་གསུམ་ལ་ཐུན་མོང་དུ་བྱིན་པ་བཞིན་ནོ། །

གཉིས་པ་སོ་སོའི་བསླབ་བྱ་ལ་གསུམ་སྟེ། དགེ་བསྙེན་གྱི་དང་། དགེ་ཚུལ་གྱི་དང་། དགེ་སློང་གི་བསླབ་བྱ་ལ་ཇི་ལྟར་སློབ་པའི་ཚུལ་ལོ། །དང་པོ་ལ་གཉིས་ཏེ། བསླབ་བྱ་དངོས་དང་། དེའི་གསོ་སྦྱོང་ཇི་ལྟར་ལེན་པའོ། །དང་པོ་ལ་གཉིས་ཏེ། སྐྱབས་འགྲོའི་བསླབ་བྱ་དང་། དགེ་བསྙེན་དངོས་ཀྱི་བསླབ་བྱའོ། །དང་པོ་ལ་གསུམ་སྟེ། སངས་རྒྱས་ལ་སྐྱབས་སུ་སོང་བའི་དང་། ཆོས་ལ་དང་། དགེ་འདུན་ལ་སྐྱབས་སུ་སོང་བའི་བསླབ་བྱའོ། །དང

པོ་ནི། འཇིག་རྟེན་པའི་ལྷ་གཞན་ལ་ཕྱག་མི་བྱ། དེ་ལྟར་བྱས་ན་སངས་རྒྱས་ཀྱི་སྐྱབས་འགྲོ་གཏོང་། གཉིས་པ་ནི༔ ཆོས་ལ་སྐྱབས་སུ་སོང་ནས་སེམས་ཅན་ལ་གནོད་འཚེ་སྤོང་། གསུམ་པ་ནི། དགེ་འདུན་ལ་སྐྱབས་སུ་སོང་ནས་གྲོགས་མུ་སྟེགས་ཅན་དང་འགྲོགས་པ་སྤོང་། གསུམ་གའི་ཐུན་མོང་གི་བསླབ་བྱ་ནི། རྟག་ཏུ་སྐྱེས་བུ་དམ་པ་ལ་བརྟེན་པ་དང་། དམ་པའི་ཆོས་ཉན་པ་དང་། ཚུལ་བཞིན་དུ་ཡིད་ལ་བྱ་བ་དང་། ཆོས་ཀྱི་རྗེས་སུ་འབྲང་བའི་ཆོས་སྒྲུབ་པ་དང་། དབང་པོ་མི་གཏོད་པ་དང་། སྡོམ་པ་ཅི་ནུས་སུ་ལེན་པ་དང་། སེམས་ཅན་ལ་སྙིང་བརྗེ་བ་དང་། དཀོན་མཆོག་མཆོད་པ་ལ་བརྩོན་པའོ། །

གཉིས་པ་ལ། དགེ་བསྙེན་གྱི་དབང་དུ་བྱས་པའི་སྤང་བྱ་ནི་གཉིས་ཏེ། རྩ་བ་དང་། ཡན་ལག་གོ། དང་པོ་ནི་བཞི་སྟེ། སྲོག་གཅོད་པ་དང་། མ་བྱིན་པར་ལེན་པ་དང་། འདོད་པས་ལོག་པར་གཡེམ་པ་དང་། རྫུན་དུ་སྨྲ་བའོ། །བྱེ་བྲག་ཚངས་སྤྱོད་ཀྱི་དགེ་བསྙེན་ཡིན་ན་མི་ཚངས་པར་སྤྱོད་པ་རིལ་གྱིས་སྤོང་བ་རྩ་བ་ཉིད་དོ། །འདི་དག་ལ་ཡུལ་གྱི་ཡན་ལག་ཏུ་ཕལ་ཆེར་མི་ཡིན་པ་དགོས་ལ། དེ་མ་ཚང་ན་རྩ་བར་གཏོགས་པའི་ཉེས་པ་ཡིན་ཀྱང་རྩ་བ་དངོས་མིན་པས་སྡོམ་པ་ཉམས་པར་མི་འགྱུར་རོ། །

ཡན་ལག་ལ་དངོས་དང་ཕྱོགས་མཐུན་གཉིས་ལས། དང་པོ་ནི། མྱོས་འགྱུར་འཐུང་བ་གཅིག་པུ་སྟེ་དགེ་བསྙེན་གྱི་བསླབ་བྱ་བརྗོད་པ་ན་ཡན་ལག་གི་ཉེས་པ་འདི་ལས་གཞན་མ་བཤད་པའི་ཕྱིར། ཕྱོགས་མཐུན་ནི། མི་དགེ་བ་ལྷག་མ་གསུམ་ཀུན་སློང་གི་ཉོན་མོངས་པ་དང་བཅས་པ་དག་ཀྱང་ཡིན་ཏེ། དེ་དག་ཀྱང་འགྲོད་སེམས་དང་སྡོམ་སེམས་ཀྱིས་ཕྱིར་འཆོས་དགོས་པའི་ཕྱིར། གལ་ཏེ་བཅས་ཀྲུང་རྣམས་ཀྱི་ནང་ནས་ཆང་སྤོང་བ་ཁོ་ན་དགེ་བསྙེན་གྱི་བསླབ་པའི་ཡན་ལག་ཏུ་འཇོག་པ་ཅི་ཞེ་ན། དེ་མ་སྤངས་ན་བསླབ་པ་གཞན་རྣམས་བསྲུང་མི་ནུས་པ་ཡིན་ཏེ། མཛོད་ལས། བཅས་པའི་ཁ་ན་མ་ཐོ་བ། །མྱོས་འགྱུར་ལས་གཞན་བསྲུང་ཕྱིར་རོ། །ཞེས་སོ། །གཉིས་པ་དེའི་གསོ་སྦྱོང་ནི་བསྙེན་གནས་ཡན་ལག་བརྒྱད་པ་ལ་བྱ་བ་ཡིན་ཏེ། དེས་དགེ་བསྙེན་གྱི་བསླབ་བྱ་རྣམས་གསོ་ཞིང་། སྤང་བྱ་རྣམས་སྦྱོང་བར་བྱེད་པའི་ཕྱིར། དཔེར་ན་དགེ་སློང་གི་གསོ་སྦྱོང་བཞིན་ནོ། །དེ་སྐད་དུ་ཡང་། བཤེས་སྤྲིང་ལས། ཡན་ལག་བརྒྱད་པོ་འདི་དག་དང་ལྡན་ན། །གསོ་སྦྱོང་འདོད་སྤྱོད་ལྷ་ལུས་ཡིད་འོང་བ། །སྐྱེས་པ་བུད་མེད་དག་ལ་སྩོལ་བར་བགྱིད། །ཅེས་སོ། །བསྙེན་གནས་འདི་ཡན་ལག་བརྒྱད་པོ་མ་ཚང་བར་ནོད་དུ་རུང་བ་ནི་མ་ཡིན་ཏེ། མཛོད་དུ། བསྙེན་གནས་ཡན་ལག་ཚང་བར་ནི། །ནང་པར་གཞན་ལས་ནོད་པར་བྱ། །ཞེས་སོ། །འདི་ཡོངས་རྫོགས་དང་ཚངས་སྤྱོད་དགེ་བསྙེན་གྱིས་བླངས་པའི་ཚེ། སྡོམ་པ་རྫས་ལོགས་པ་ཞིག་སྐྱེའམ་ཞེ་ན། བྱེ་བྲག་ཏུ་སྨྲ་བ་ལྟར་ན། གཟུགས་ཅན་དུ་སྐྱེ་བའི་རྒྱུ་མཚན་གྱིས་རྫས་ལོགས་པར

སྐྱེ་བ་མི་འགལ་ཡང་། ངོ་བོ་སེམས་པར་འདོད་པའི་ལུགས་ལ་དེ་ལྟར་སྐྱེ་བ་མ་ཡིན་ཏེ། རྩ་བ་བཞི་ཇི་སྲིད་འཚོའི་བར་དུ་སྤོང་བའི་སེམས་པ་དང་། ཉིན་ཞག་གཅིག་ལས་ལྷག་པར་མི་སྲུང་བའི་སེམས་པ་ནི་ཚ་གྲང་ལྟར་ལྷན་ཅིག་ཏུ་མི་གནས་པའི་ཕྱིར་རོ། །དེས་ན་དེ་འདྲ་དེ་ལ་སྡོམ་པའི་རྩ་བ་ལོགས་སུ་བླངས་བ་མེད་དོ། །འོ་ན་དེས་ཡན་ལག་བརྒྱད་ཚང་མར་ནོད་པ་མི་འཐད་དོ་ཞེ་ན། འགལ་བ་མེད་དེ། དེས་རྩ་བ་བཞི་སྤྲངས་པའི་སྡོམ་པ་མ་བླངས་ཀྱང་། རྩ་བའི་ཆར་གཏོགས་པ་དག་སྤོང་བར་ཁས་བླངས་པ་ན་ཡན་ལག་བརྒྱད་ཚང་བར་འཇོག་པའི་ཕྱིར། དཔེར་ན་ཡོངས་རྫོགས་དགེ་བསྙེན་གྱི་སྲོག་གཅོད་སྤོང་བའི་སྡོམ་པ་ནི་ཇི་སྲིད་འཚོའི་བར་དུ་མིའི་འགྲོ་བ་པ་མི་གསོད་པར་དམ་བཅས་པ་ལས་ཐོབ་པ་ཡིན་ལ། བསྙེན་གནས་ཀྱི་ཡན་ལག་ནི། ཉིན་ཞག་གཅིག་གི་བར་དུ་སྲོག་གཅོད་ཙམ་སྤྲངས་པས་འཐོབ་པ་བཞིན་ནོ། །དེ་ལྟ་མོད་ཀྱི། འདི་ལ་སྡོམ་པ་མི་སྲིད་པ་ནི་མ་ཡིན་ཏེ། སྔར་དགེ་བསྙེན་གྱི་སྡོམ་པ་ཡེ་མ་བླངས་པའམ། སྣ་གཅིག་ཙམ་ཞིག་བླངས་པ་དེས་བསྙེན་གནས་འདི་བླངས་པའི་ཚེ་ཉིན་ཞག་གཅིག་པའི་སྡོམ་པ་སྐྱེ་བའི་ཕྱིར་རོ། །རབ་ཏུ་བྱུང་བའི་སྡོམ་ལྡན་གྱིས་ནི་འདི་བླང་བྱ་མ་ཡིན་པར། སངས་རྒྱས་དྲིན་ལན་བསབ་པའི་མདོ་དང་སྨན་བླ་དང་། དྲི་མེད་ཀྱི་ཚིག་ལས་བཤད་ཅིང་། དེ་ལྟར་རིགས་པས་གྲུབ་པ་ཡང་ཡིན་ཏེ། དགེ་ཚུལ་ལེན་པའི་དུས་སུ་རྩ་བ་བཞིའི་ཆར་གཏོགས་པ་དང་བཅས་པ་ཇི་སྲིད་འཚོའི་བར་དུ་བླངས་ཟིན་པས། དེ་ལས་ལྷག་པ་ཅིག་ཉིན་ཞག་གི་བར་དུ་ལེན་རྒྱུ་མ་དམིགས་པའི་ཕྱིར། དགེ་བསྙེན་ལ་ནི་མི་མཚུངས་ཏེ། དེའི་དུས་སུ་སྲོག་གཅོད་ཀྱི་སྤྱོར་བ་དང་། ཡན་ལག་མ་ཚང་བའི་དངོས་གཞི་ལྟ་བུ་ཁས་བླངས་པ་མེད་པའི་ཕྱིར་དང་། ཡོད་ན་དེ་དག་དགེ་བསྙེན་གྱི་བླངས་འདས་སུ་ཐལ་བ་ལས། དེ་དག་ལ་བླངས་འདས་ཀྱི་རྣམ་པར་བཞག་པ་ནི་རབ་བྱུང་མ་ཡིན་པ་ལ་བཤད་པ་མེད་པའི་ཕྱིར་རོ། །

གཉིས་པ་དགེ་ཚུལ་གྱི་བསླབ་བྱ་ལ་གཉིས་ཏེ། རབ་ཏུ་བྱུང་བ་ཙམ་གྱི་དང་། ཕྱི་བྲག་དགེ་ཚུལ་ཉིད་ཀྱི་བསླབ་བྱ་ལ་ཇི་ལྟར་སློབ་པའོ། །དང་པོ་ནི། སྤྱིར་རབ་ཏུ་བྱུང་བ་ཙམ་ནི་སྡོམ་པའི་ངོ་བོར་བཤད་པ་མ་ཡིན་ཏེ། བར་མ་ཡང་དག་པར་བླངས་པ་ཞེས་འབྱུང་བས་སྡོམ་པ་དང་སྡོམ་མིན་གང་རུང་དུ་མ་གཏོགས་པའི་བར་མ་ཉིད་དུ་འཆད་དགོས་པའི་ཕྱིར། ངོ་བོ་ནི། བྱེ་སྨྲ་ལྟར་ན། ཁྱིམ་པ་དང་རབ་བྱུང་གི་རྟགས་སྤོང་ལེན་བྱེད་པར་ཁས་བླངས་པ་ལས་བྱུང་བའི་རིག་བྱེད་མ་ཡིན་པའི་གཟུགས་ཤིག་ཏུ་འདོད་ལ། ཐེག་པ་ཐུན་མོང་བ་ལྟར་ན་དེ་ལྟར་ཁས་བླངས་པའི་སེམས་པའོ། །འདིའི་མེད་ན་མི་འབྱུང་བའི་རྒྱུ་ལ་མཁན་པོར་གསོལ་བ་བཏབ་པ་ཞིག་དགོས་ཤིང་། དུས་ཇི་སྲིད་འཚོ་བ་ལས་གཞན་མ་བཤད་དོ། །འདིའི་དུས་སུ་བླངས་པས་ཐོབ་པའི་བསླབ་བྱ་ནི་གསུམ་སྟེ༑ ཁྱིམ་པའི་ཕྱི་རོལ་གྱི་རྟགས་སྤོང་བ་དང་། རབ་ཏུ་བྱུང་བའི་ཕྱི་རོལ་གྱི་རྟགས་ཡང་དག་པར་བླངས་པ་དང་།

མཁན་པོར་གསོལ་བཏབ་མ་ཉམས་པའོ། །དང་པོ་གཉིས་ནི་གོ་བར་ཟད་ལ། གསུམ་པ་ནི་གནས་དང་གནས་པའི་ཚུལ་ཁྲིམས་ལས་ཉམས་པ་སྟེ། ཇི་སྐད་དུ། གཉིས་ཀ་ལ་མི་ལྟོས་པའི་འདུ་ཤེས་སྐྱེས་པ་ནི། གནས་བཅས་པ་འཇིག་པའི་རྒྱུ་ཡིན་ནོ། །ཞེས་འབྱུང་བ་ལྟར་རོ། །འདིའི་དོན་ཀྱང་། ཇི་སྐད་དུ། གནས་པས་གནས་ལ་མ་ཞུས་པར་བྱ་བ་མི་བྱའོ། །ཞེས་པ་ལྟར་མཁན་པོ་ཞུ་བྱར་ཡོད་བཞིན་དུ་མ་ཞུ་བ་དང་སློབ་པ་བློས་བཏང་བ་ལ་བྱ་བ་ཡིན་གྱི། ཕན་ཚུན་རྒྱུད་དཀྲུགས་པའི་སྒོ་ནས་འགལ་དགོས་པ་ནི་མ་ཡིན་ནོ། །བར་མ་རབ་བྱུང་ཙམ་ལ་གནས་པ་དེས་རྩ་བ་བཞི་ཡན་ལག་ཚང་བར་སྲུང་ཀྱང་། ཁྱིམ་པས་སྲུད་པ་དང་འདྲ་བར་རང་བཞིན་ཁོ་ནར་འགྱུར་གྱི། བཅས་པ་དང་འགལ་བར་མི་འགྱུར་ཏེ། དེ་ལྟར་ཁས་བླངས་པ་མེད་པའི་ཕྱིར་རོ། །རབ་ཏུ་བྱུང་བའི་རྟགས་ཇི་སྲིད་འཚོའི་བར་དུ་སྤྱངས་པ་ཁོ་ནར་མ་ཟད། བསམ་པ་ཐག་པས་ཁྱིམ་པའི་རྟགས་ཉིན་རེ་ཙམ་བླངས་ནའང་བར་མ་དེ་ཉིད་གཏོང་བ་ཡིན་ཏེ། མཛོད་དུ། བར་མའི་གཏོང་རྒྱུ་འཆད་པ་ན། །བར་མ་ཤུགས་བླངས་བྱ་བ་དང་། །དོན་ཆེ་རྩ་བ་ཆད་པ་ལས། །ཞེས་གསུངས་པས་སོ། །

གཉིས་པ་དགེ་ཚུལ་ཉིད་ཀྱི་བསླབ་བྱ་ལ། གཉིས་ཏེ། སྤང་བྱ་ལྡོག་པའི་ཚུལ་ཁྲིམས་དང་། ཉམས་སུ་བླང་བྱ་འཇུག་པའི་ཚུལ་ཁྲིམས་སོ། །དང་པོ་ལ་གཉིས་ཏེ། བླངས་འདས་དངོས་བསྲུང་བའི་ཚུལ་དང་། བསྟུམ་བྱའི་ཉེས་བྱས་བསྲུང་བའི་ཚུལ་ལོ། །དང་པོ་ལ། རབ་བྱུང་དང་། དགེ་ཚུལ་གྱི་དུས་སུ་བླངས་པ་དངོས་ནི། རགས་པར་རྩིས་ན་བཅུ་གསུམ་དང་། ཞིབ་མོར་རྩིས་ན་སུམ་ཅུ་རྩ་གསུམ་མོ། །དང་པོ་ལ་གཉིས་ལས། དགེ་ཚུལ་དུ་ཁས་བླངས་པའི་དུས་སུ་ཐོབ་པ་བཅུ་ནི། ཚིག་ལེའུར་བྱས་པ་ལས། གང་ཞིག་སྲོག་གཅོད་གཞན་གྱི་ནོར་འཕྲོག་དང་། །མི་ཚངས་སྤྱོད་རྫུན་བཅོས་པའི་ཆང་ལ་སོགས། །གར་སོགས་ཕྲེང་སོགས་མལ་ཆེན་མཐོ་བ་དང་། །ཕྱི་དྲོའི་ཁ་ཟས་གསེར་དངུལ་སྤོང་བ་སྟེ། །ཞེས་པའོ། །རབ་བྱུང་གིས་དུས་སུ་བླངས་པས་ཐོབ་པ་གསུམ་ནི། ཁྱིམ་པའི་རྟགས་སྤོང་བ་དང་། མུ་སྟེགས་ཅན་གྱི་རྟགས་སྤོང་བ་དང་། བླ་མར་གསོལ་བ་བཏབ་པ་ལས་ཉམས་པ་སྤང་བའོ། །དང་པོ་བཅུ་ནི་གཉིས་སུ་འདུ་སྟེ། རྩ་བ་དང་། ཡན་ལག་གོ། ཅིའི་ཕྱིར་རྩ་བ་ཞེས་བྱ་ན༔ བཞི་པོ་འདི་བསྲུངས་ན་ཚུལ་ཁྲིམས་སུ་འགྱུར་ཞིང་། མ་སྲུངས་ན་ཚུལ་ཁྲིམས་འཆལ་པར་འགྱུར་བས་སོ། །ཅིའི་ཕྱིར་ཡན་ལག་ཅེས་བྱ་ན། རྩ་བ་བཞི་པོ་དེ་སྲུང་བའི་ཐབས་སུ་གྱུར་པས་ན་དེ་ཞེས་བྱ་ལ། དེ་ཡང་ཆང་སྤོང་བ་ནི་བག་ཡོད་པའི་ཡན་ལག་དང་། གཞན་རྣམས་ནི་བརྟུལ་ཞུགས་ཀྱི་ཡན་ལག་ཏུ་འཛོག་པ་ཡིན་ཏེ། ཆང་གིས་དྲན་པ་ཉམས་པ་དང་། གར་སོགས་ཀྱིས་དྲེགས་པ་སྐྱེ་བ་དང་། གསེར་དངུལ་ལེན་པ་ནི་གསོག་འཛོག་གི་རྩ་བར་གྱུར་པའི་ཕྱིར། དེ་ལྟར་བཅུ་གསུམ་པོ་གོ་རིམ་བཞིན་དུ་ངོས་བཟུང་བར་བྱ་བ་ལ།

དགེ་ཚུལ་གྱི་ལྟུང་བ་ཐམས་ཅད་ནི་ཉེས་བྱས་ཁོ་ནར་འདུས་པས་ཕམ་པ་དང་འདྲ་བའི་ཉེས་བྱས་དང་། བཤགས་པར་བྱ་བའི་ཉེས་བྱས་དང་། རབ་ཏུ་བྱུང་བ་ལས་ཉམས་པའི་ཉེས་བྱས་སོ། །དང་པོ་ལ་བཞི་ལས། སྲོག་གཅོད་ཀྱི་ཕམ་པ་དང་འདྲ་བའི་ཉེས་བྱས་ངོས་བཟུང་བ་ནི། ཇི་སྐད་དུ། གང་ཞིག་རང་བཞིན་གནས་ལ་བསླབ་བཅས་པས། །མི་གཞན་ཡིན་ལ་མིར་ནི་འདུ་ཤེས་དང་། །བསད་པའི་བསམ་པས་འཁྲུལ་མེད་གསོད་བྱེད་ཅིང་། །མི་ཤི་སྨི་ལམ་མ་གཏོགས་དེ་ རྣག་འགྱུར། །ཞེས་སོ། །

གཉིས་པ་མ་བྱིན་ལེན་གྱི་ཕམ་པ་དང་འདྲ་བའི་ཉེས་བྱས་ནི། །ཇི་སྐད་དུ། དགེ་ཚུལ་གང་ཞིག་རྐུ་བའི་སེམས་ཀྱིས་སུ། །མི་ཡི་རྫས་སུ་འདུ་ཤེས་མི་གཞན་ནོར། །མ་བྱིན་རིན་ཐང་ཚང་བ་བདག་གིར་བྱས། །དུར་ཁྲོད་མི་དབང་བསོད་སྙོམས་མ་གཏོགས་པ། །བསམ་པ་དེ་ཉིད་སྐོར་བ་གཅིག་ པུ་ཡིས། །བདག་གི་དོན་དུ་རྐུན་དེའི་གནས་དང་། །དུས་ཀྱི་རིན་ཐང་དབང་གིས་དེ་བསྒྲིལ་བྱ། ཞེས་སོ། །

གསུམ་པ་མི་ཚངས་པར་སྤྱོད་པའི་ཕམ་པ་དང་འདྲ་བའི་ཉེས་བྱས་ནི། ཇི་སྐད་དུ། གང་ཞིག་འཇིགས་མེད་ངོ་ཚ་མེད་ཆགས་ཕྱིར། །ཡན་ལག་ཆ་ཀུན་བཟུང་བར་བཟོད་པ་ཡི། །ལམ་ནི་གཞུག་ཏུ་རུང་དང་མ་ཉམས་པའི། །པགས་པ་སྲུ་གུ་ཁ་དང་སོ་ལས་ཕར། །ནོར་བུ་ནད་མེད་ལས་རུང་དྲུད་ནས་ནི། །ཆགས་པས་རེག་པས་བདེ་བ་མྱོང་དེ་ཉམས། །ཞེས་སོ། །

བཞི་པ་རྫུན་དུ་སྨྲ་བའི་ཕམ་པ་དང་འདྲ་བའི་ཉེས་བྱས་ནི། ཇི་སྐད་དུ། གང་ཞིག་བླ་མ་བརྗོད་བློས་མི་ཆོས་ལས། །བླ་མ་ཞེས་བྱ་དེ་བདག་ལ་ཡོད་ཅེས། །མི་ལ་རྫུན་ཟེར་གཞན་གྱིས་གོ་ན་ནི། །མངོན་པའི་ང་རྒྱལ་མ་གཏོགས་དེ་བསྒྲིལ་བྱ། །ཞེས་སོ། །ཕྲ་བ་བཞི་པོ་ལས་གསུམ་ལ་ནི་དོན་དང་མཐུན་པའི་འདུ་ཤེས་གཙོ་ཆེ་ལ། མི་ཚངས་སྤྱོད་ལ་ནི་དེ་ལྟར་མ་ཡིན་ཏེ། ཇི་སྐད་དུ། འཁྲིག་པ་ལ་ནི་འདུ་ཤེས་གཙོར་བྱ་མེད། །ཅེས་སོ། །འདུ་ཤེས་གཙོ་ཆེ་བ་ལ་ཁྱད་པར་ཇི་ལྟ་བུ་དགོས་ཞེས་ན། ཇི་སྐད་དུ། འདུ་ཤེས་གཙོ་ལ་དོན་ཉིད་ཇི་བཞིན་ན། །ལྟུང་རྫོགས་དོན་ཉིད་ཇི་བཞིན་མིན་ན་ཆུང་། །ཡིད་གཉིས་གྱུར་ན་ངེས་དང་འདྲ་བར་བཞག །ཅེས་སོ། གཉིས་པ་བཤགས་པར་བྱ་བའི་ཉེས་བྱས་ལ་དྲུག་ལས། དང་པོ་མྱོས་འགྱུར་འཐུང་བའི་ཉེས་པ་ནི། ཇི་སྐད་དུ། གང་ཞིག་མྱོས་འདུ་ཤེས་པས་མྱོས་འཐུང་བ། །འཐུངས་ལ་མྱོས་པས་ཉེས་བྱས་ཉིད་ཡིན་ནོ། །ཞེས་བཤད་པ་དེ་ཉིད་ཡིན་ལ༑ དེ་ལྟ་བུའི་ཡན་ལག་རྣམས་མ་ཚང་བ་ལ་ནི་འདིར་བསྟན་གྱི་ཉེས་བྱས་དངོས་གཞིར་མི་འགྱུར་ཡང་། འདིའི་ཆར་གཏོགས་ཀྱི་ཉེས་པར་འགྱུར་བ་དག་ཡོད་དེ། ཇི་སྐད་དུ། མྱོས་འགྱུར་རྩ་མཆོག་གིས་ཀྱང་བཏུང་བྱ་མིན། །ཞེས་དང་། ཆུར་རྩི་དང་ནི་སྦྱང་མ་ཟ་བྱེད་ལས། །དེ་དང་འདྲ་བར་ཉེས་བྱས་རྫོ་རྗེས་འཛོམས། །ཞེས་སོ། །

གཉིས་པ་གར་སོགས་ཀྱི་ཉེས་བྱས་ནི། ཇི་སྐད་དུ། བྲོ་གར་གླུ་དང་རོལ་མོའི་སྒྲ་ཡང་རུང་། །བརྟུལ་ཞུགས་ཅན་གྱིས་རང་ངམ་གཞན་བྱ་མིན། །འདི་འདིར་འཁོར་བ་ལ་ཆགས་རྒྱུ་ཡིན་ནོ། །འོན་ཀྱང་གལ་ཏེ་བྱེད་ན་ཉེས་བྱས་འགྱུར། །ཞེས་སོ། །

གསུམ་པ་ཕྲེང་སོགས་ཀྱི་ཉེས་བྱས་ནི། ཇི་སྐད་དུ། གང་ཞིག་སྤོས་བྱུག་མེ་ཏོག་ཕྲེང་བའམ། །དེ་བཞིན་ལུས་མདོག་ཁ་དོག་བྱ་བ་དག །མི་གཙང་སྟོད་ཀྱི་ལུས་ལ་འཆང་བྱེད་ན། །སྨྲོངས་པ་དེ་ནི་ཉེས་བྱས་ཉིད་ཀྱིས་གཟིར། །ཞེས་སོ། །

བཞི་པ་མལ་ཆེན་མཐོ་ལ་བརྟེན་པའི་ཉེས་བྱས་ནི། ཇི་སྐད་དུ། མལ་ཆེན་མཐོན་པོ་དག་ལ་ཉལ་བྱེད་པ། །

ཉེས་བྱས་བགྲ་མི་ཤེས་པས་ངེས་པར་གཟིར། ཁྲུ་གང་ལས་ལྷག་ཚད་ནི་མཐོན་པོ་ཡིན། །རིན་ཆེན་ལ་སོགས་རྐང་པ་སྤྲས་ཆེན་ཡིན། །ཞེས་སོ། །

ལྔ་པ་ཕྱི་དྲོའི་ཁ་ཟས་ཟ་བའི་ཉེས་བྱས་ནི། །ཇི་སྐད་དུ། རང་གླིང་སྐྱ་རེངས་དང་པོ་སོགས་བཟུང་ནས། །ཉི་མ་ཕྱེད་པར་འདི་ནི་དུས་ཡིན་ཏེ། །དེ་ཡོལ་གང་ཞིག་དུས་རུང་ཟ་བྱེད་དེ། །ཉེས་བྱས་ལྕུགས་ཀྱི་གོང་བུའི་ཟས་རྣམས་ཟ། །ཞེས་སོ། །

དྲུག་པ་གསེར་དངུལ་ལེན་པའི་ཉེས་པ་ནི། ཇི་སྐད་དུ། དངུལ་དང་གསེར་གྱི་རྣམ་པ་ལེན་བྱེད་ན། ཉེས་བྱས་འགྱུར་རོ་གོས་དང་རྒྱགས་ཕྱིར་དང་། །ལུས་ཀྱི་ཕྱིར་དང་དེ་བཞིན་སྨན་ཕྱིར་དང་། །ཆོས་དང་ལྡན་པའི་ཕྱིར་ནི་ཉེས་པ་མེད། །ཅེས་སོ། །

གཉིས་པ་རང་བྱུང་གི་དུས་སུ་བླངས་བ་ལས་འདས་པའི་ཕྱོགས་མཐུན་ནི། ཇི་སྐད་དུ། ཁྱིམ་པའི་རྟགས་ནི་སྤང་བར་སླུས་པ་ན། །དེ་ཉམས་ཕྱོགས་མཐུན་ཡོངས་སུ་སྤང་བྱ་སྟེ། །ཁྱིམ་པ་འདྲ་བར་ཤམ་ཐབས་མི་བགོ་ཞིང་། །ཞེས་སོགས་དང་། སྡོམ་བརྩོན་རྟགས་ནི་ཁས་བླངས་བརྗོད་པ་ན། །དེར་གཏོགས་ཉམས་པའི་ཕྱོགས་མཐུན་སྤང་བྱ་སྟེ། །དཔེར་ན་མུ་སྟེགས་རྟགས་ནི་ཐོགས་པ་དང་། །ཞེས་སོགས་དང་། །ཇི་སྐད་དུ། བླ་མར་གསོལ་བཏབ་ཉམས་པའི་ཕྱོགས་མཐུན་ནི། །རང་གི་བླ་མར་མ་གུས་དེ་ཡིན་པས། །བདག་གི་འདོད་པས་ཕ་ལྟར་རབ་བསྟུག་དང་། །གུས་པ་བྱས་ཏེ་བླ་མར་རིམ་གྲོ་བྱ། །ཞེས་སོགས་རྒྱ་ཆེར་གསུངས་སོ། །གལ་ཏེ་འོན་རབ་བྱུང་གི་བླངས་པ་དངོས་དང་ཁྱད་པར་ཅི་ཡོད། ཁྱད་པར་མེད་ན་ནི་དགེ་ཚུལ་གྱི་བླངས་འདས་སུ་འཆད་པ་མི་འཐད་ལ། ཡོད་ན་ཁྱད་པར་དེ་ཉིད་གང་ཞེ་ན། ཁྱད་པར་ཡོད་པའི་ཚུལ་ནི་འདི་ལྟར། རབ་བྱུང་གི་སྡོམ་པ་མ་བླངས་པར་རབ་བྱུང་བར་མ་ཙམ་ཞིག་བླངས་པ་དེ་ནི་བཤད་མ་ཐག་པའི་བར་མ་ཡང་དག་པར་བླངས་པའི་

ཕྱོགས་མཐུན་རྣམས་སྤྱོད་དགོས་པ་མ་ཡིན་གྱི། བར་མའི་དུས་སུ་བླངས་པ་དངོས་གསུམ་པོ་དེ་ཉིད་བསྲུངས་པས་ཆོག་ལ། དགེ་ཚུལ་གྱིས་ནི་བར་མའི་དུས་སུ་བླངས་པ་དངོས་གསུམ་པོ་དང་། དེའི་ཕྱོགས་མཐུན་གཉིས་ཀ་བསྲུང་དགོས་པའི་ཁྱད་པར་ཡོད་དོ། །དངོས་དང་ཕྱོགས་མཐུན་གྱི་ཁྱད་པར་ཅི་ཞེ་ན། ཕྱོགས་མཐུན་ནི། དགེ་ཚུལ་གྱི་ཚིག་ལེའུར་བྱས་པ་ལས་རྒྱས་པར་འབྱུང་བ་དེ་ཉིད་ཡིན་ལ། དངོས་ནི་བར་མ་རབ་བྱུང་གཏོང་བྱེད་ཀྱི་རྒྱུར་གོང་དུ་བཤད་ཟིན་པ་དེ་ཉིད་དོ། །ཕྱོགས་མཐུན་རྣམས་ནི་བར་མ་གཏོང་བྱེད་མ་ཡིན་ཏེ། །བཤགས་བྱའི་ཉེས་བྱས་སུ་བཤད་པས་སོ། །སྔ་མ་ཁ་ཅིག་སྐྱབས་འགྲོ་ཁས་བླངས་པ་དེ་བར་མ་ཡང་དག་པར་བླངས་པ་གསུམ་གྱི་གྲངས་སུ་བགྲངས་ནས་དགེ་ཚུལ་གྱི་བླངས་འདས་སུ་འཆད་པ་ཡོད་ཀྱང་། སུམ་བརྒྱ་པར་གོང་དུ་སྨོས་པ་གསུམ་པོ་ཉིད་ལས་གཞན་བཤད་པ་མེད་དོ། །

སྤྱིར་ནི་སྐྱབས་འགྲོ་ཁས་བླངས་པ་ལ་གསུམ་སྟེ། དགེ་བསྙེན་གྱི་དུས་སུ་དང་། རབ་བྱུང་གི་དུས་སུ་དང་། དགེ་ཚུལ་གྱི་དུས་སུ་ཐོབ་པའོ། །གསུམ་ཀ་ཡང་བར་མ་ཉིད་དུ་རིགས་ཀྱི་སྡོམ་པར་ནི་མི་འཇོག་སྟེ། དགེ་བསྙེན་སོགས་གསུམ་པོ་གང་དུའང་མི་རུང་བའི་ཕྱིར། དེས་ན་འདིའི་འགལ་ཟླ་ནི་སྐྱབས་འགྲོ་ཉིད་ཀྱི་མི་མཐུན་པའི་ཕྱོགས་སུ་གཞག་པར་བྱ་བ་ཡིན་གྱི། རབ་ཏུ་བྱུང་བ་ཉིད་ཀྱི་ཆ་ནས་མ་ཡིན་ནོ། །

གཉིས་པ་རྒྱས་པར་ཕྱེ་བ་ནི། བོད་སྔ་མ་རྣམས་ཀྱི་གསུང་ལས། ཇི་སྐད་དུ། རྩ་གཞི་གསོད་གསུམ་གཞི་མེད་ནས། །སྲུན་འབྱིན་བར་ལྷ་ཤེས་བཞིན་གཤེ། འཕྱུང་དང་ཟས་ཅུང་ལྷག་མས་བསྐུར། །ཉེར་འཇོག་འབྲས་ཆེན་འགེབས་དང་ཆད། །གར་གསུམ་ཕྲེང་གསུམ་མལ་ཆེན་མཐོ། །དུས་མིན་རིན་ཆེན་བར་མ་གསུམ། །དེ་ལྟར་སུམ་ཅུ་རྩ་གསུམ་མོ། །ཞེས་འཆད་དོ། །

གཉིས་པ་བསྟམ་བྱའི་ཉེས་བྱས་བསྲུང་བའི་ཚུལ་ནི། མདོ་རྩ་བ་ལས། དེའི་ཕྱོགས་དང་མཐུན་པ་ལ་ནི་ཡིད་ཀྱིའོ། །ཞེས་གསུངས། དོན་ནི། དགེ་ཚུལ་གྱི་བླངས་པ་དངོས་རྣམས་ཀྱང་མ་ཡིན། ཉེས་མེད་དུ་བཤད་པ་རྣམས་ཀྱང་མ་ཡིན་པའི་བླངས་པ་དངོས་ཀྱི་ཕྱོགས་མཐུན་རྣམས་ལས་འདས་ན། ཉེས་པ་དེ་བཤགས་ཡུལ་ལ་མི་ལྟོས་པར་ཡིད་ཀྱིས་བསྡམ་པ་ཙམ་གྱིས་འདག་ཅེས་པའོ། །ཉེས་མེད་དུ་བཤད་པ་གང་ཞེ་ན། བསྟན་བཅོས་བྱེ་བྲག་ཏུ་བཤད་པ་ལས། འཚང་བ་དང་ནི་འབྲལ་བ་དང་། །དེ་བཞིན་ས་ནི་རྐོ་བ་དང་། །རིན་ཆེན་རེག་དང་མེ་ལ་རེག །བཏད་ནས་ཟ་བར་བྱེད་པ་དང་། །ལྗོན་ཤིང་འཇིག་དང་ཤིང་གཅོད་དང་། །རྩ་སྔོན་མི་གཙང་འདོར་བ་དང་། །དེ་བཞིན་གསོག་འཇོག་ཟ་བ་དང་། །བྱིན་ལེན་མ་བྱས་ཟ་བ་དང་། །ས་བོན་འཇོམ་དང་བསླབ་པའི་གཞི། །བཅུ་པོ་རྣམས་ནི་མ་གཏོགས་པ། །སོ་སོར་ཐར་པར་བསྟན་པ་དག །བླངས་པའི་ཕྱོགས་མཐུན་ཤེས

པར་བྱ། །ཞེས་འཆང་བ་ལ་གཉིས་སུ་ཕྱེ་ནས་ཉེས་མེད་བཅུ་གསུམ་གསུངས་སོ། །ལུང་འདི་དང་སུམ་བརྒྱ་པ་རྩ་འགྲེལ་གྱི་དངོས་བསྟན་ལྟར་ན། བླངས་པ་དངོས་ནི་བཅུ་པོ་ཉིད་ཡིན་ལ། དེའི་ལྷག་མ་ཉེས་མེད་དུ་བཤད་པ་རྣམས་མ་གཏོགས་གཞན་ཐམས་ཅད་ཕྱོགས་མཐུན་ཁོ་ནར་ངེས་སོ། །འདི་ཉིད་རིགས་པ་ཡིན་ཏེ། །བླངས་པ་ལས་འདས་པ་དངོས་སུ་འགྱུར་བ་ལ་རྒྱུ་དུས་གང་རུང་གི་ཀུན་སློང་བཅུ་པོ་དང་འདྲ་བ་ཁོ་ན་དགོས་པར་རིགས་པས་སོ། །དེས་ན་རགས་པ་བཅུ་པོའི་དངོས་གཞི་ཁོ་ནར་མ་ཟད་བཅུ་པོའི་ཀུན་སློང་གིས་བསླང་བའི་སྦྱོར་བ་དང་ཡན་ལག་མ་ཚང་བའི་དངོས་གཞི་རྣམས་ཀྱང་བླངས་པ་དངོས་ལས་འདས་པའོ། །འོ་ན་ཉེས་མེད་བཅུ་གསུམ་པོ་དེར་ངེས་སམ་ཞེ་ན། བོད་སྔ་མ་རྣམས་རུང་མཐུན་དྲུག་སྦྱར་ནས་ཉེས་མེད་བཅུ་དགུར་བཞེད་པ་ཡིན་ཏེ༑ ཇི་སྐད་དུ། ཟླ་འཇོག་གསོག་འཇོག་དགོན་པར་འབྲལ། །མ་སླས་འདུན་བསྒྱུར་མ་ཇོགས་ཉལ། །ཞེས་པའོ། །

གཉིས་པ་ཉམས་སུ་བླངས་བྱ་འཇུག་པའི་ཚུལ་ཁྲིམས་ལ། གསུམ་སྟེ། ཉེར་ལེན་གྱི་རྒྱུ་དང་ལྷན་ཅིག་བྱེད་པའི་རྐྱེན་མ་ཉམས་པའི་སྒོ་ནས་ཚུལ་ཁྲིམས་བསྲུང་བའི་ཚུལ་དང་། བསླབ་པ་ཡོངས་སུ་སྲུང་བའི་སྒོ་ནས་བསྲུང་བའི་ཚུལ་དང་། །ཉམས་ན་ཕྱིར་བཅོས་པའི་ཚུལ་ལོ། །དང་པོ་ལ་གཉིས་ཏེ། ནང་གི་རྒྱུ་དང་། ཕྱིའི་རྐྱེན་ནོ༑ །དང་པོ་ནི། རྒྱུ་དུས་ཀྱི་ཀུན་སློང་ངེས་འབྱུང་གི་བསམ་པ་དང་། དེ་དུས་ཀྱི་ཀུན་སློང་དྲན་པ་དང་། བག་ཡོད་པ་རྣམས་དང་མ་བྲལ་བར་བྱ་དགོས་པ་ཡིན་ཏེ། ངེས་འབྱུང་གི་བསམ་པས་ཐར་པ་དོན་གཉེར་གྱི་བློ་དང་མི་འབྲལ། བག་ཡོད་པས་དུག་གསུམ་མངོན་གྱུར་བ་དང་མི་མཐུན་པར་བྱེད། དྲན་པས་བླང་དོར་གྱི་གནས་རྣམས་མི་བརྗེད་པར་འཛིན་པས་སོ། །དེ་སྐད་དུ་ཡང་། ངེས་པར་འབྱུང་བའི་ཚུལ་ཁྲིམས་སྡུག་བསྔལ་སྤོང་། །ཞེས་དང་། མདོ་རྩ་བར། བསླབ་པར་བྱ་བ་ཐབས་བརྗོད་པ་དང་བཅས་པ་ཡང་ངོ་། །ཞེས་དང་། ལུང་བའི་སྔོར་གྱུར་པའི་འཇུག་པ་ཐམས་ཅད་ལ་དྲན་པས་བསླབ་པར་བྱའོ། །ཞེས་གསུངས་སོ། །

གཉིས་པ་ཕྱིའི་རྐྱེན་བསྟེན་པའི་ཚུལ་ལ་གཉིས་ཏེ། གནས་ཀྱི་བླ་མའི་མཚན་ཉིད་དང་། དེ་ཇི་ལྟར་བསྟེན་པའི་ཚུལ་ལོ། །དང་པོ་ནི། ཇི་སྐད་དུ། ཚུལ་ཁྲིམ་ལྡན་དང་འདུལ་བའི་ཆོ་ག་ཤེས། །ནད་པ་སྙིང་བརྩེ་འཁོར་ནི་དག་པ་དང་། །ཆོས་དང་ཟང་ཟིང་ཕན་འདོགས་བརྩོན་པ་དང་། །དུས་སུ་འདོམས་པ་དེ་ནི་བླ་མར་བསྟགས། །ཞེས་གསུངས། སྤྱིར་དགེ་ཚུལ་དང་དགེ་སློང་གི་གནས་ཀྱི་བླ་མ་ལ་མཚན་ཉིད་སོ་སོ་བ་མེད་དེ། བརྟན་མཁས་གཉིས་ཀ་དང་མི་ལྡན་ན་དགེ་ཚུལ་ཉེ་བར་འཇོག་པ་མི་དབང་བའི་ཕྱིར། བརྟན་མཁས་དང་ལྡན་ཀྱང་དགེ་ཚུལ་གཅིག་ལས་ལྷག་པ་འཇོག་པར་མ་གསུངས་སོ། །དེའི་ཕྱིར་དགེ་སློང་གཏན་མེད་པ་དང་། ཡོད་

ཀྱང་བརྟན་མཁས་དང་ལྡན་པ་མེད་པའི་སར་དགེ་ཚུལ་གྱི་ཚོགས་འབའ་ཞིག་གནས་པ་དང་། དགེ་ཚུལ་གྱི་འདུལ་བ་མ་ལུས་པ་ཤེས་ཀྱང་། གནས་ལ་མ་ཧྲེན་པར་འདུག་པས་ཆོག་པ་སོགས་ནི་གསུང་བ་མེད་ཅིང་། ངེས་པར་བླ་མ་ལ་བརྟེན་དགོས་ཏེ། གང་ཟག་རང་དབང་ཅན་མ་ཡིན་པའི་ཕྱིར། དེ་བཞིན་དུ་སྤྱིར་བཏང་ལ་ཧ་སྲིད་འཚོའི་བར་དུ་དགེ་ཚུལ་འབའ་ཞིག་པར་གནས་ཆོག་པའི་བཤད་པ་ཡང་ཡོད་པ་མ་ཡིན་ཏེ། ལོ་ཉི་ཤུ་ལོན་ནས་ངེས་པར་རྫོགས་དགོས་པ་ཉིད་དུ་བཤད་པའི་ཕྱིར། དེས་ན་དགེ་འདུན་གྱི་སྡེ་གང་དུ་གནས་པའི་ས་ཕྱོགས་སུ་དགེ་སློང་མེད་པ་ལྟ་ཅི་སྨོས། རབ་ཏུ་བྱུང་བ་གཞན་ལས་དགེ་སློང་ཉུང་བ་ནི་ངེས་པར་རུང་བ་མ་ཡིན་ཏེ། འདུལ་བ་ལས་དེ་རུང་བར་གསུངས་པ་མེད་པའི་ཕྱིར་དང་། གནས་ཀྱི་བླ་མ་ལ་མ་ཧྲེན་པའི་དགེ་ཚུལ་རང་དབང་དུ་གནས་པ་ནི་མི་རུང་ལ། བླ་མ་གཅིག་གི་འཁོར་དུ་ལྷན་ཅིག་གནས་པའི་དགེ་སློང་གི་ཚོགས་ནི་མང་པོ་དག་རུང་ཞིང་། དགེ་ཚུལ་ནི་གཅིག་ལས་ལྷག་པ་བཞག་ཏུ་མི་རུང་བའི་ཕྱིར། གཅིག་པུ་དེ་ལ་ནི་ཉེ་གནས་ཞེས་བྱའི། ལྷན་ཅིག་གནས་པ་ཞེས་ནི་མི་བྱ་སྟེ། ནུབ་གསུམ་ལས་ལྷག་པར་ལྷན་ཅིག་གནས་སུ་མི་རུང་བའི་ཕྱིར། གཉིས་པ་ལ་གཉིས་ཏེ། སློབ་མའི་མཚན་ཉིད་དང་། དེས་དེ་ཇི་ལྟར་བསྟེན་པའི་ཚུལ་ལོ། །དང་པོ་ནི། །ཇི་སྐད་དུ། སློབ་དཔོན་ལ་གུས་ཚུལ་ཁྲིམས་ཡོངས་དག་དང་། །བསམ་གཏན་དང་ནི་འདོན་ལ་རྟག་བརྩོན་དང་། །ཁྲིམས་ཤིང་དུལ་ལ་བཟོད་དང་ལྡན་པ་ནི། །སྡོམ་བརྩོན་གནས་པའི་ཆོས་ལྡན་ཤེས་པར་བྱ། །

གཉིས་པ་ལ་གཉིས་ཏེ། །བྱ་བ་ཞུ་བའི་ཚུལ་དང་། བསྙེན་བཀུར་དང་། བཀུར་བསྟི་བྱ་བའི་ཚུལ་ལོ། །དང་པོ་ནི། །ཇི་སྐད་དུ། བཤང་དང་གཅི་དང་སོ་ནི་དག་བྱ་དང་། །མཚམས་ཀྱི་ནང་དུ་རྒྱལ་ལ་ཕྱག་བྱ་དང་། །ཆུ་དག་བཙུད་བ་དག་ནི་མ་གཏོགས་པ། །ཐམས་ཅད་དྲིས་ནས་བྱ་བ་ཡིན་པར་གསུངས། །ཞེས་སོ། །གཉིས་པ་ལ་གཉིས་ལས། དང་པོ་ནི། བླ་མ་དག་ལ་བསྙེན་བཀུར་བྱེད་པས་ནི། །ཟས་སྐོམ་ལ་སོགས་ཞིམ་པོ་ཀུན་ཀྱང་འབུལ། །ཞེས་སོ། །གཉིས་པ་བཀུར་སྟི་ནི། །བདག་ཉིད་འདོད་པས་ཕ་ལྟར་རབ་བསྟུག་དང་། །གུས་པ་བྱས་ཏེ་བླ་མར་རིམ་གྲོ་བྱ། །ཞེས་སོ། །སྤྱིར་དགེ་ཚུལ་ཞེས་པ་ཤྲ་མ་ཎེ་རའི་སྒྲ་ལས་དྲངས་ན་བླ་མའི་བྱ་བས་ངལ་བ་ཞེས་འབྱུང་ལ། དེའི་བྱ་བ་བྱིན་ལེན་དང་རུང་བ་སོགས་བསྙེན་པར་མ་རྫོགས་པས་བྱ་དགོས་པ་ཐམས་ཅད། སྤྱིར་དགེ་ཚུལ་དང་། བྱེ་བྲག་གང་ལ་བརྟེན་ནས་ཉེ་བར་གནས་པ་དེ་ཁོ་ནས་བྱེད་དགོས་པའི་ངེས་པ་མེད་དེ། དེ་ལ་མ་ཧྲེན་པའི་དགེ་ཚུལ་གཞན་དང་། དགེ་བསྙེན་དང་། ལྷ་འབངས་སོགས་གཞན་གྱིས་ཀྱང་དེ་དག་རུང་བའི་ཕྱིར། དེ་ལྟ་ན་ཡང་། དགེ་ཚུལ་བླ་མ་ལ་མ་ཧྲེན་པར་གནས་པ་ནི་མི་སྲིད་ལ། གང་ལ་བརྟེན་པ་དེ་ལ་དགོས་པའི་བསྙེན་པར་མ་རྫོགས་པའི་བྱ་བ་རྣམས་ནི། གཞན་མེད་ན་དགེ་ཚུལ་དེ་ཁོ་ནས། ངེས་པར་བྱ་དགོས

པའི་རིས་སུ་གནས་པས་ན་བླ་མའི་བྱ་བས་དལ་བ་ཞེས་བྱའོ། །དེ་ལྟར་བཤད་ན་གནས་དང་མཁན་པོའི་འོས་སུ་གྱུར་པའི་དགེ་སློང་རབ་ཏུ་མང་པོ་དག་སྲིད་པ་དེ་དག་གི་འཁོར་དུ་དགེ་ཚུལ་ཉེ་བར་བཞག་པ་མེད་ཀྱང་། །བསྙེན་པར་མ་རྫོགས་པས་བྱ་དགོས་པ་རྣམས་ནི་ཁྲིམ་པའམ་དགེ་ཚུལ་གཞན་ལ་བཅོལ་བས་འགྲུབ་པའོ། །

གཉིས་པ་བསླབ་པ་ཡོངས་སུ་སྦྱོང་བའི་ཚུལ་ལ། གཞི་གསུམ་པ་ཇི་ལྟར་སློབ་པའི་ཚུལ་དང་། བདེ་བར་གནས་པའི་རྐྱེན་བསྟེན་ཚུལ་ཇི་ལྟར་ཡོད་པའོ། །དང་པོ་ལ་གཉིས་ཏེ། དབྱར་དང་། དགག་དབྱེ་ལུང་ལས་གསུངས་པ་བཞིན་བཤད་པ་དང་། །གསོ་སྦྱོང་བསྟན་བཅོས་མཁན་པོའི་རིགས་པས་བསྒྲུབ་པའོ། །དང་པོ་ལ་གཉིས་ལས། དང་པོ་ནི། དགེ་སློང་གི་དགེ་འདུན་དག་གིས་དབྱར་གནས་པར་ཁས་བླངས་པ་དེའི་ཚེ། དགེ་ཚུལ་ནི་མང་པོ་དག་གམ་གཅིག་ལས་མེད་ཀྱང་། བླ་མ་གང་དུ་གནས་པའི་མཚམས་ནང་དེར་དབྱར་གནས་པར་ཁས་ལེན་དགོས་པ་ཡིན་ཏེ། ཇི་སྐད་དུ། གྲོང་ལ་སོགས་པ་མིང་སྨོས་རིམ་པ་ཡིས། །དབྱར་དུ་དབྱར་གནས་དམ་ནི་བཅའ་བར་བྱ། །གལ་ཏེ་དེ་ནི་གཞན་དུ་འགྲོ་འགྱུར་ན། །ཞག་བདུན་བྱིན་གྱིས་བརླབས་ནས་འགྲོ་བར་བྱ། །ཞེས་སོ། །

གཉིས་པ་དགག་དབྱེ་ནི། །དགེ་ཚུལ་གྱི་དགག་དབྱེའི་ཚོག་ལུང་ལས་དངོས་སུ་གསུང་བ་ལྟར་ལག་ལེན་གྱི་ཚོག་ན་གསལ་བ་དང་། རྒྱུ་དབྱར་གནས་ཡོད་ན་འབྲས་བུ་དགག་དབྱེ་འབྱུང་བར་རིགས་པ་ཉིད་ཀྱི་ཕྱིར་སྤྱགས་ཀྱི་ཚོག་ལས་ཇི་ལྟར་འབྱུང་བ་བཞིན་ཉམས་སུ་བླང་བར་བྱ་དགོས་ཏེ། དེ་ལྟར་མ་བྱས་ན་དགེ་ཚུལ་གྱི་བླངས་པའི་ཕྱོགས་མཐུན་གྱི་ཉེས་པར་བཤད་པའི་ཕྱིར། དེ་སྐད་དུ་ཡང་། རྒྱ་ཆེར་འགྲེལ་ལས། དབྱར་གནས་གཅིག་ཏུ་གནས་པ་དང་། །གསོ་སྦྱོང་དགག་དབྱེར་བཅས་པ་དང་། །དེ་ལ་སོགས་པ་དེ་ཡི་ནི། །བླངས་པའི་ཕྱོགས་དང་མཐུན་པ་ཡིན། །ཞེས་སོ། །གཉིས་པ་ནི། དགེ་ཚུལ་གྱི་གསོ་སྦྱོང་བྱ་བའི་སྤྱགས་དང་རིམ་པ་ལུང་ན་མི་བཞུགས་ཀྱང་། དེ་ལ་དེར་དགོས་པའི་རིགས་པ་དང་། སྤྱགས་ཀྱི་ཚོག་ཇི་ལྟར་བྱེད་པ་གཉིས་འཆད་དགོས་པ་ལས། དང་པོ་ནི། ཇི་སྐད་དུ། གལ་ཏེ་མངོན་སུམ་གསུངས་པ་མེད་གྱུར་ཀྱང་། །དགག་དབྱེ་གསུངས་ཕྱིར་འདིར་ནི་གསོ་སྦྱོང་ཡོད། །དགག་དབྱེ་དག་པར་གོ་བར་བྱ་ཕྱིར་ཏེ། །དེ་ལས་གསོ་སྦྱོང་དོན་ནི་ཐ་དད་མིན། །ཞེས་སོ། །

གཉིས་པ་ནི། ཇི་སྐད་དུ། ཀྱེ་ཚེ་དག་ལ་བཙུན་པ་དགོངས་གསོལ། །དེང་འདིར་འཕགས་པའི་དགེ་འདུན་གསོ་སྦྱོང་ལགས། །དེ་ནི་དགེ་ཚུལ་བདག་གི་འང་ལགས་ཏེ་བདག །ཡང་བདག་དག་པར་མཆིས་ཞེས་བྱ་སྤྱགས་ཡིན། །ཞེས་གསུངས་སོ། །འདི་བསྟན་བཅོས་བྱེ་བྲག་ཏུ་བཤད་པའི་ཚིག་ཡིན་པར་འགྲེལ་པ་མཁན་པོ

དག་འཆད་དོ། །

གཉིས་པ་ལ་བདེ་བར་གནས་པའི་རྐྱེན་ཇི་ལྟར་གནང་བ་དང་། བསྟན་ཚུལ་ལོགས་པ་མ་གསུངས་པའི་རྒྱུ་མཚན་ནོ། །དང་པོ་ནི། ཆོས་གོས་གཉིས་ནི་རབ་བྱུང་གི་ཚེ་མེད་དུ་མི་རུང་བའི་ཚུལ་གྱིས་གནང་བ་དང་། དགེ་འདུན་དང་གང་ཟག་གི་གནས་མལ་ཁྱད་པར་ཅན་ལ་ལོངས་སྤྱོད་པའི་ཚེ་གདིང་བ་མེད་དུ་མི་རུང་བར་གསུངས་པ་དང་། བསོད་སྙོམས་པས་ལྷུང་བཟེད་དང་གསིལ་བྱེད་ཀྱང་ངེས་པར་བཅང་དགོས་ཏེ། གཞན་དུ་ན་རབ་བྱུང་གི་རྟགས་ཉམས་པའི་ཕྱོགས་མཐུན་དུ་གསུངས་པའི་ཕྱིར། དེ་སྐད་དུ་ཡང་། ལྷུང་བཟེད་གཉིས་ཏེ་ས་དང་ལྕགས་ལས་བྱས། །ལྷུང་བཟེད་གཞན་མིན་ཆུང་ཆེ་སྐྱ་བོ་མིན། །འཁར་སིལ་སྦྲ་དང་ལྡན་པར་བཅང་བྱ་སྟེ། དེ་ནི་གོ་བྱེད་ཕྱི་སྒྲོད་ཡིན་པས་སོ། །ཞེས་སོ། །ཟས་དང་སྨན་ནི་སྦྱངས་པའི་ཡོན་ཏན་ཁས་བླངས་ན་སྨན་བཀུས་ཏེ་བོར་བ་དང་། ཟས་བསོད་སྙོམས་པ་ཁོ་ནར་ངེས་ཤིང་། དེ་ལས་གཞན་གྱི་ལྷག་པར་རྟེད་ན་མཐའ་གཉིས་སྤངས་ཏེ་ཇི་ལྟར་རྙེད་པ་བཞིན་བཅང་བ་དང་ལོངས་སྤྱད་པར་གསུངས་སོ། །གནས་མལ་ནི། དགེ་སློང་དང་མ་འབྲེལ་བའི་གནས་རང་དབང་ཅན་ནི་བཤད་པ་མེད་ལ། དེ་ལ་ལྟོས་པ་དང་བཅས་པའི་སར་རུང་བའི་ཁང་པར་བྱིན་གྱིས་བརླབས་པ་དང་། གནས་ཁང་ཐ་དད་པའི་མཚན་ཉིད་ཚང་བ་ནི་དགེ་ཚུལ་གྱི་ཐུན་མོངས་མ་ཡིན་པའི་གནས་སུ་བཤད་པ་ཙམ་མོ། །

གཉིས་པ་ནི། དགེ་ཚུལ་དགེ་སློང་ལྟར་བདེ་བར་གནས་པའི་རྐྱེན། སྨན་དང་། གོས་དང་། གནས་མལ་གསུམ་ལོགས་པ་མི་འཆད་པའི་རྒྱུ་མཚན་ཅི་ཞེ་ན། འདི་ལ་གོས་འཆང་འབྲལ་གྱི་བཅས་པ་མེད་པ་དང་། ནད་པ་ཡིན་ཀྱང་སྨན་བྱིན་གྱིས་རླབ་མི་དགོས་པ་དང་། དགེ་སློང་ལ་མ་ལྟོས་པར་སྤོང་ཁང་དང་གཙུག་ལག་ཁང་གསར་དུ་རྩིག་པ་སོགས་ཀྱི་བཅས་པ་མེད་པའི་ཕྱིར། གསུམ་པ་ལྟུང་བ་བྱུང་ན་ཕྱིར་བཅོས་པའི་ཚུལ་ལ་གཉིས་ཏེ༑ དགེ་ཚུལ་ཉིད་ཀྱི་ཕྱིར་བཅོས་ཇི་ལྟར་ཡིན་པ་དང་། དེ་ལ་འཕྲོས་ནས་དགེ་བསྙེན་གྱི་ཕྱིར་བཅོས་ལ་དཔྱད་པའོ། །དང་པོ་ལ་ཉེས་པ་ནི། གཉིས་ཏེ། ཕྱིར་བཅོས་སུ་རུང་བ་དང་། མི་རུང་བའོ། །དང་པོ་ལ་གསུམ་སྟེ། ཡིད་ཀྱིས་བསྡམས་པས་འདག་པ་དང་། བཤགས་པས་འདག་པ་དང་། ཆད་ལས་ཀྱི་འཚོས་དགོས་པའོ། །དང་པོ་ནི་གོང་དུ་བསྡམ་བྱའི་ཉེས་བྱས་སུ་བཤད་མ་ཐག་པ་རྣམས་སོ། །གཉིས་པ་ནི། བཤགས་བྱའི་ཉེས་བྱས་སུ་བཤད་པ་རྣམས་སོ། །དེ་ཇི་ལྟར་བཤགས་པའི་ཚུལ་ནི། ཇི་སྐད་དུ། མཆོད་རྟེན་ཁྲིམས་དག་ཅི་ནུས་བྱི་དོར་བྱ། །བདུག་པ་མེ་ཏོག་བཀྲམ་པ་བཀྲམ་བྱས་ཏེ། །རང་གི་རྒྱུད་བརྟགས་ཐོག་མར་སྨོམ་བརྩོན་གྱིས། །མདུན་དུ་ལྟུང་བ་དག་ནི་བཤགས་པར་བྱ། །ཞེས་སོ། །

གསུམ་པ་ནི། ཕམ་པ་དང་འདྲ་བའི་ཉེས་བྱས་ལ་འཆབ་སེམས་བྱུང་མ་བྱུང་གཉིས་ལས། འཆབ་མེད་ལ་ཆད་པའི་ལས་ཀྱིས་བསླབ་པ་དགེ་འདུན་ལ་ནོད་ནས་ཇི་སྲིད་འཚོའི་བར་དུ་སྤྱོད་དགོས་པ་ནི། དགེ་སློང་ལ་བཤད་པ་དང་འདྲ་བར་འགྲེལ་པ་མཁན་པོ་དག་འཆད་དོ། །འདི་བསྙེན་པར་རྫོགས་པ་མི་རུང་ཡང་། མི་སྐྱེ་བ་ནི་མ་ཡིན་ཏེ། ཕམ་པ་འཆབ་མེད་ཅན་གྱིས་སྡོམ་པ་སླར་བླངས་ན་སྐྱེ་བ་ནི་བྱེ་བྲག་ཏུ་སྨྲ་བ་དག་གི་འདོད་པར་འཆད་དགོས་པས་སོ། །

གཉིས་པ་འཆབ་བཅས་བྱུང་བ་ནི། བསླབ་པར་བྱ་བ་པོ་ན་ཡིན་གྱི། ལྟུང་བ་ཕྱིར་བཅོས་སུ་ཡོད་པ་མ་ཡིན་ཏེ། ལྟུང་བས་རྒྱུད་གསོར་མི་རུང་དུ་སོང་བའི་ཕྱིར། དེ་སྐད་དུ་ཡང་། ཉེས་རྗོམ་བྱེད་དང་ཁྲིམ་སུན་འབྱིན་པ་དང་། །འདིར་ནི་གསུམ་པ་ཚུལ་ཁྲིམས་འཆལ་པ་དག །འཐབ་མོ་སྤྱངས་ཏེ་གཉྫི་བརྟུངས་བྱས་ནས། །ཚུ་ཤིང་རུལ་བ་བཞིན་དུ་ངེས་བསྐྲད་བྱ། །ཞེས་སོ། །སྐྲོད་པའི་ཚེ་གཉྫི་བརྟུང་བའི་གོ་བ་ནི་སྐྲོད་པ་ལ་མཚམས་ནང་དེའི་དགེ་འདུན་ཐམས་ཅད་མཐུན་དགོས་པའི་དོན་ཏེ། མ་མཐུན་ན་དབྱེན་དུ་འགྱུར་བས་སོ། །དགེ་ཚུལ་གྱི་སྐབས་འདིར་བསླབ་བ་དང་སྐྲོད་པ་དོན་གཅིག་པ་པོ་ནར་མ་ངེས་ཏེ། སྡིག་ལྟ་མི་གཏོང་བའི་དགེ་ཚུལ་བསླབ་བར་གསུངས་ཀྱང་དེ་གནས་ཁང་ནས་སྐྲོད་པ་མ་ཡིན་པས་སོ། །དེ་བཞིན་དུ་གནས་དབྱུང་ནན་ཏུར་དང་གནས་ནས་འབྱིན་པ་དོན་མི་གཅིག་པར་ཡང་འོག་ནས་འཆད་པར་འགྱུར་རོ། །འོ་ན་ཇི་སྐད་དུ། ཀ་བར་གྱུར་པ་མདོ་སྡེ་འཛིན་གང་དང་། །དེ་བཞིན་གཞན་ཀུང་ཆོག་བཞིན་དཔྱད་བསྐྲད། །དཔྱང་བྱེད་བཏང་ན་སླར་ཡང་བཞུག་བྱ་སྟེ༑ །གལ་ཏེ་མིན་ན་དེ་སྐལ་རིན་གྱིས་ལྟུང་། །ཞེས་སྡེ་སྣོད་འཛིན་པའི་དགེ་ཚུལ་གནས་ཁང་ནས་བསྐྲད་པ་ཞིག་སླར་ཡང་འཇུག་ཏུ་རུང་བར་བཤད་ལ། དེ་ལྟ་ན་ཚུལ་ཁྲིམས་འཆལ་པ་སླར་ཡང་འཇུག་ཏུ་རུང་བར་འགྱུར་ཏེ༑ ཚུལ་ཁྲིམས་འཆལ་པ་མ་ཡིན་པ་ལ་གནས་ཁང་ན་སྐྲོད་པ་མི་འབྱུང་བར་ཁས་བླངས་པའི་ཕྱིར་ཏེ། དགེ་ཚུལ་བསླབ་པ་དང་སྐྲོད་པ་དོན་མི་གཅིག་པར་འདོད་པའི་ཕྱིར་སྙམ་དུ་དོགས་ན། འདི་ནི་སྡེ་སྣོད་འཛིན་པའི་དགེ་ཚུལ་ཚུལ་ཁྲིམས་འཆལ་བ་མ་ཡིན་པ་ཞིག་གནས་ཁང་ནས་བསྐྲད་པའི་དབང་དུ་བྱས་པ་ཡིན་ཏེ། དཔྱང་བྱེད་བཏང་ན་ཞེས་བཤད་པའི་ཕྱིར། དེ་མ་ཡིན་པ་ལ་སྐྲོད་པ་ཇི་ལྟར་ཡོད་ཅེ་ན། དེ་ཡོད་པར་ནི། ཇི་སྐད་དུ། ཉེས་རྗོམ་བྱེད་དང་ཁྲིམ་སུན་འབྱིན་པ་དང་། །ཞེས་བཤད་མ་ཐག་པ་ལྟར་ཤེས་སོ། །

གཉིས་པ་ནི། དགེ་བསྙེན་ལའང་དགེ་ཚུལ་ལྟར་བླངས་པ་དངོས་དང་། དེའི་ཕྱོགས་མཐུན་ལ་སོགས་པའི་རྣམ་པར་བཞག་པ་འཆད་ནུས་སམ་ཞེ་ན། དེ་ལྟར་འདུལ་བ་ནས་བཤད་པ་མེད་ཅིང་། འཆད་ནུས་པ་ཡང་མ་ཡིན་ཏེ། དགེ་བསྙེན་ལ་བཅས་པའི་ལྟུང་བ་མ་བཤད་པའི་ཕྱིར། ཚང་སྤྱོད་བར་ཁས་བླངས་པ་ལས་འགལ

བའི་ཉེས་པ་ནི་རབ་ཏུ་བྱུང་བ་ལ་བཅས་ལྟུང་ཡིན་ཀྱང་། ཁྱིམ་པ་ལ་མ་ཡིན་ཏེ། དཔེར་ན་ཁྱིམ་པ་ཐ་མལ་བས་ཀུན་སློང་ཉོན་མོངས་པ་ཅན་གྱིས་སྲོག་གཅོད་ནས་ལོངས་སྤྱོད་ཀྱི་དགོས་ཉེས་པ་བཞིན་ནོ། །འོན་ཆང་སྤོང་བ་དགེ་བསྙེན་གྱི་བསླབ་པའི་ཡན་ལག་ཏུ་འཛོག་པ་ཅི་ཞེ་ན། བསླབ་པའི་ཡན་ལག་གཞན་རྣམས་བསྲུང་བའི་ཆེད་ཡིན་ཏེ། མཛོད་ལས། བཅས་པའི་ཁ་ན་མ་ཐོ་བ། །སྨྱོས་འགྱུར་ལས་གཞན་བསྲུང་ཕྱིར་རོ། །ཞེས་གསུངས། དེ་བཞིན་དུ་རྒྱ་བ་མ་ཡིན་པའི་རྫུན་སྨྲ་བ་ཡང་བཅས་པའི་ཉེས་པ་མ་ཡིན་ཏེ། ཁྱིམ་པ་གཞན་གྱིས་རྫུན་སྨྲས་པའི་ཉེས་པ་ལས་ལྷག་པ་མ་བཅས་པའི་ཕྱིར། འོན་དགེ་བསྙེན་ལ་རྒྱ་བར་མ་གྱུར་པའི་རྫུན་གཞན་བཀག་པ་མ་ཡིན་ནམ་ཞེ་ན། བཀག་མོད། བཅས་པའི་ཉེས་པར་འཛོག་པ་མ་ཡིན་ཏེ། བསླབ་པ་གཞན་བསྲུང་བའི་ཡན་ལག་ཏུ་སྲུང་དགོས་པར་བཞག་པ་ཙམ་ཡིན་པའི་ཕྱིར། དེ་སྐད་དུ་ཡང་། བསླབ་པ་ཐམས་ཅད་འདས་གྱུར་ན། །རྫུན་དུ་ཐལ་བར་འགྱུར་བའི་ཕྱིར། །ཞེས་སོ། །འོན་དགེ་བསྙེན་གྱི་བསླབ་པའི་ཡན་ལག་ཏུ་རྒྱ་བ་བཞི་བཞག་པ་ལ་རྒྱུ་མཚན་མེད་པར་འགྱུར་ཏེ། བཞི་པོ་དང་འགལ་བ་ལ་ཁྱིམ་པ་ཐ་མལ་པ་གཞན་གྱིས་བྱས་པའི་ཉེས་པ་ལས་ལྷག་པ་མི་འབྱུང་བའི་ཕྱིར་སྙམ་ན། དེ་ལྟར་ན་ཡང་དེར་འཛོག་པ་ནི་རྒྱ་བའི་ཉེས་པ་འཆབ་པ་དང་བཅས་པས་མ་གོས་ན་ཚེ་འདི་ལ་དགྲ་བཅོམ་པའི་སྐལ་བ་ཡོད་པ་དང་། དེས་ཉེ་བར་རེག་ན་ཚེ་དེ་ཉིད་ལ་དགེ་བསྙེན་གྱི་རྒྱུད་གསོར་མི་རུང་དུ་བྱས་པས་སླར་དགེ་བསྙེན་གྱི་སྡོམ་པ་བླང་དུ་མི་རུང་བ་ཉིད་དུ་གོ་བའི་ཕྱིར་དུ་རྒྱ་བ་བཞིར་བཅས་སོ། །

དགེ་བསྙེན་ལ་ལྟུང་བའི་རྣམ་པར་བཞག་པ་མེད་པ་དེས་ན་རང་བཞིན་གྱི་ཁ་ན་མ་ཐོ་བའི་བཤགས་པ་ལས་ལོགས་སུ་ལྟུང་བ་བཤགས་པ་ཞེས་བྱ་བའི་རྣམ་གཞག་གསུངས་པ་མེད་དོ། །འོན་བསྙེན་གནས་ལའང་དེ་ལྟར་ངེས་སམ་ཞེ་ན། ངེས་པ་ཡིན་ཏེ། ཇི་སྐད་དུ། ཁྱིམ་པ་རྣམས་ལ་ནི་བསོད་ནམས་མ་ཡིན་པ་མང་ངོ་། །ཞེས་གསུངས་ལ། དོན་ནི། ཁྱིམ་པས་ཀུན་སློང་ཉོན་མོངས་ཅན་གྱིས་རབ་བྱུང་ལ་བཅས་པ་དག་དང་འགལ་བར་བྱས་པའི་ཚེ་བཅས་འགལ་གྱི་ཉེས་པར་མི་འཛོག་ཅེས་བྱ་བའི་དོན་ཡིན་པས་སོ། །དེ་ལྟར་བཤད་པ་ན་དགེ་བསྙེན་གསོ་སྦྱོང་ལ་གནས་པ་དེས། ཀུན་སློང་ལུང་མ་བསྟན་གྱིས་དུས་མིན་གྱི་ཟས་སྤྱོད་པར་ཁས་བླངས་པ་སོགས་ཡན་ལག་བཞི་པོ་དག་དང་འགལ་བ་དེའི་ཚེ་བསྙེན་གནས་དང་འགལ་བར་འཛོག་ནུས་པ་མ་ཡིན་ཏེ། རང་བཞིན་གྱི་ཉེས་པར་ནི་འཛོག་མི་ནུས་ཤིང་། བཅས་པ་ནི་མེད་པའི་ཕྱིར། དཔེར་ན་ཡོངས་རྫོགས་དགེ་བསྙེན་གྱིས་ཀུན་སློང་ལུང་དུ་མ་བསྟན་པ་དང་། གཉེན་པོའི་བློས་ཆང་འཐུང་བ་བཞིན་ནོ། །འོན་ཡོངས་རྫོགས་ཀྱི་དགེ་བསྙེན་བསྙེན་གནས་ལ་གནས་པ་དང་མི་གནས་པ་གཉིས་རྒྱ་བ་བཞིའི་ཆར་གཏོགས་པའི་ཉེས་པ་སྲུང་

དགོས་ལ་ཁྱབ་ཆེ་ཆུང་གི་ཁྱད་ཡོད་པ་ཉིད་དུ་མི་འགྱུར་ཏེ། གཉིས་ཀ་ལ་དེར་གཏོགས་ཀྱི་བཅས་པ་ནི་མེད་ལ། ཉོན་མོངས་པ་ཅན་གྱི་ཉེས་པ་འབྱུང་ཚུལ་ནི་མཚུངས་པའི་ཕྱིར་སྙམ་ན། ཁྱད་མེད་པ་ཡིན་ཏེ། དགེ་བསྙེན་གསོ་སྦྱོང་ལ་གནས་པ་དེས་ཀུན་སློང་ཉོན་མོངས་པ་ཅན་གྱིས་སྲོག་གཅོད་པ་ལྟ་བུའི་སྤྱོར་བ་དང་། ཡན་ལག་མ་ཚང་བའི་དངོས་གཞི་གྲུབ་པ་དེའི་ཚེ་བསོད་ནམས་མ་ཡིན་པ་དེས་གསོ་སྦྱོང་ལས་ཉམས་པར་འཛག་ཅིང་། དགེ་བསྙེན་གྱི་བསླབ་པ་ལས་ཉམས་པར་ནི་མི་འཛག་པའི་ཕྱིར་རོ། །དགེ་བསྙེན་ལ་བཅས་པ་མེད་དོ་ཞེས་པ་འདི་ཡང་། སོ་སོར་ཐར་པའི་སྡོམ་པ་ལ་ལྟོས་ནས་ཡིན་གྱི། སྤྱིར་མ་ཡིན་ཏེ། དགེ་བསྙེན་གྱིས་བྱང་ཆུབ་སེམས་དཔའི་བསླབ་པ་དང་གསང་སྔགས་ཀྱི་བསླབ་པ་ཡང་དག་པར་བླངས་པ་དག་སྲིད་པའི་ཕྱིར་དང་། སངས་རྒྱས་ཀྱི་འཁོར་དུ་གཏོགས་པའི་བཅས་པ་མང་པོ་དག་སྲིད་པའི་ཕྱིར། དེས་ན་མྱོས་འགྱུར་ནི་རབ་ཏུ་བྱུང་བའི་སྡོམ་ལྡན་གྱིས་ཀུན་སློང་ལུང་མ་བསྟན་གྱིས་རྩ་བའི་མཆོག་མ་གང་ཙམ་བཏུངས་པས་ཀྱང་བཅས་འགལ་གྱི་ཁ་ན་མ་ཐོ་བར་འགྱུར་ལ། ཁྱིམ་པས་ནི་ཇི་སྲིད་ཀུན་སློང་ཉོན་མོངས་པ་ཅན་གྱིས་མ་སླང་བ་དེ་སྲིད་དུ་ཆང་འཐུངས་པའི་ཁ་ན་མ་ཐོ་བས་རེག་པ་མ་ཡིན་ཏེ། བཅས་པ་ནི་མེད། རང་བཞིན་གྱིས་ནི་མ་སླེབ་པའི་ཕྱིར། ཞེས་བྱ་བ་ལྟ་བུའི་ཁྱད་པར་ཞིབ་མོ་དག་ཤེས་པར་བྱ་བ་དང་། དེ་ལས་གཞན་ཀྱང་འདི་ལྟར། བསྙེན་གནས་གང་ཡིན་དགེ་བསྙེན་གྱི་གསོ་སྦྱོང་དུ་མ་ངེས་པའི་ཚུལ་ཡང་ཤེས་དགོས་ཏེ། དཔེར་ན་དགེ་བསྙེན་གྱི་སྡོམ་པ་ཅན་མ་ཡིན་པས་ཉིན་ཞག་གཅིག་པའི་བསྙེན་གནས་བླངས་པ་བཞིན་ནོ། །དེ་སྐད་དུ་ཡང་། མཛོད་ལས། ཇི་སྲིད་འཚོ་དང་ཉིན་ཞག་ཏུ། །སྡོམ་པ་ཡང་དག་བླང་བར་བྱ། །ཞེས་དང་། གཞན་ལའང་བསྙེན་གནས་ཡོད་མོད་ཀྱི། །སྐྱབས་སུ་མ་སོང་བ་ལ་མེད། །ཅེས་སོ། །

སྐྱབས་འགྲོ་ཙམ་པ་ནི་ཐམས་ཅད་ཡོད་སྨྲའི་ལུགས་འདིར་སྡོམ་པ་མི་བཞེད་དེ། སོ་སོར་ཐར་པ་ལ་ནི་རིས་བརྒྱད་ལས་མ་བཤད་ཅིང་། གཞན་ནི་གང་དུའང་མི་རུང་བའི་ཕྱིར་རོ། །འོ་ན་གསོ་སྦྱོང་མ་ཡིན་པའི་བསྙེན་གནས་ཀྱི་སྡོམ་པ་དེ་དང་ཡོངས་རྫོགས་དགེ་བསྙེན་གང་ལྷག་ཅེ་ན། སྤྱང་བྱའི་སྒོ་ནས་སྟོན་མ་རྒྱ་ཆེ་ཡང་། དུས་རིང་ཐུང་གི་སྒོ་ནས་ཕྱི་མ་ཉིད་ཁྱད་པར་དུ་འཕགས་པ་འཆད་དགོས་པ་དང་། རྟེན་གྱི་གང་ཟག་ཀྱང་འདོད་པ་དང་ཉེས་པར་སྤྱོད་པ་གཉིས་ཀ་ཇི་སྲིད་འཚོ་བའི་བར་དུ་སྤོང་ནུས་མི་ནུས་ཀྱི་སྒོ་ནས་ལེན་པས་ན་དགེ་བསྙེན་ཉིད་ཁྱད་པར་དུ་འཕགས་སོ། །ཡོངས་རྫོགས་དགེ་བསྙེན་གྱིས་བླངས་པའི་གསོ་སྦྱོང་ནི་རང་གི་ངོ་བོ་ཤེས་པར་འདོད་པའི་ལུགས་ལ་སྡོམ་པར་མི་འཆད་དེ། དགེ་བསྙེན་དུ་མ་གཏོགས་པའི་སྡོམ་པའི་རྒྱ་བ་ཁས་བླངས་པ་མེད་པའི་ཕྱིར་དང་། གལ་ཏེ་ཡོད་ན་སྔ་མ་དེའི་གཏོང་རྒྱུར་ཐལ་བའི་ཉེས་དམིགས་འབྱུང་བས་སོ། །དེ་ལྟར

ཞེས་པ་ན། བུ་སྟོན་རིན་པོ་ཆེས་མཛད་པའི་ལས་ཆོག་ཏུ། དགེ་བསྙེན་སྡོམ་ལྡན་གྱིས་མི་གསོད་པ་སོགས་རྩ་བ་བཞི་བྱས་ན་སྡོམ་པ་གཏོང་བས་སླར་ནས་ལེན། མི་མ་ཡིན་པ་གསོད་པ་སོགས་ལྟ་བྱུང་ན་སྡོམ་ལྡན་གཅིག་གི་དྲུང་དུ་བཤགས་པ་བྱེད། ཅེས་དང་། སྡོམ་པ་ལེན་པའི་ཡུལ་ཡང་དགེ་བསྙེན་ལས་བླངས་ན་སྐྱེ་བར་བཤད་པ་སོགས་ཀྱི་བཤད་པ་མཛད་པ་ནི་སྡེ་པ་གཞན་གྱི་ལུགས་དགེ་བསྙེན་གྱི་སྡོམ་པ་བརྒྱུད་བཞེས་པའི་བསྟན་བཅོས་སུ་འབྱུང་བ་དེ་ཉིད་བཀོད་པ་ཡིན་གྱི། ཐམས་ཅད་ཡོད་སྨྲའི་འདུལ་བ་དེའི་ལུགས་མ་ཡིན་ཏེ། ལུགས་འདི་ལ་རྩ་བའི་ལྟུང་བས་སྡོམ་པ་གཏོང་བར་མ་བཤད་པའི་ཕྱིར་དང་། སྡོམ་པ་ལེན་པའི་ཡུལ་དགེ་སློང་ལས་གཞན་མ་གསུངས་པའི་ཕྱིར་དང་། དགེ་བསྙེན་ལ་བཅས་པ་མེད་ཅིང་། རང་བཞིན་གྱིས་ཁ་ན་མ་ཐོ་བ་ནི་བཤགས་པ་ཙམ་གྱིས་མི་འདག་པའི་ཕྱིར། བཤགས་པ་ཙམ་གྱིས་འདག་ན་ཁྲིམ་པ་གཞན་གྱིའང་དེ་ཙམ་གྱིས་འདག་པར་མཚུངས་པའི་ཕྱིར་དང་། མི་མཚུངས་ན་དེ་དག་དགེ་བསྙེན་ལ་བཅས་ཤིང་། ཁྲིམ་བདག་གཞན་ལ་མ་བཅས་པའི་ཁྱད་པར་འབྱེད་དགོས་པའི་ཕྱིར་དང་། ཡང་ལས་ཆོག་ཏུ། ཕྲ་མ་སོགས་མི་དགེ་བ་དྲུག་པོ་དགེ་བསྙེན་ལ་ལྟོས་པའི་ཕྱོགས་མཐུན་གྱིས་ཉེས་པ་དང་། ཀུན་སློང་དུ་གྱུར་པའི་ཉོན་མོངས་པ་རྣམས་ཀྱང་དགེ་བསྙེན་ལ་ལྟོས་པའི་ཉེས་པར་བཤད་མོད། འདུལ་བ་འདི་དང་མཐུན་པ་མ་ཡིན་ཏེ། སོ་སོར་ཐར་པའི་སྡོམ་པ་ལ་ལྟོས་པའི་ཡིད་ཀྱི་ལྟུང་བ་མི་འཆད་པའི་ཕྱིར་དང་། དགེ་བསྙེན་གྱི་སྡོམ་པ་ལ་སྤྱོད་པ་བཅུ་ཚང་ན་དགེ་སློང་ལས་ལྷག་པར་ཐལ་བ་དང་། དགེ་སློང་ནི་ལུས་ངག་གི་སྤྱོད་པ་བདུན་གྱི་སྒོ་ནས་དགེ་ཚུལ་ལས་ལྷག་པར་འཆད་དགོས་རྒྱུ་ཡིན་པ་ལ། དགེ་བསྙེན་ལ་སྤྱོད་པ་བདུན་ཀ་ཚང་ན་ཧ་ཅང་ཐལ་བའི་ཕྱིར་དང་། དགེ་ཚུལ་གྱི་ཚིག་ལེའུར་བྱས་པ་སུམ་བརྒྱ་པའི་ནང་དུ་དགེ་ཚུལ་གྱི་སྤང་བྱའི་ཕྱོགས་མཐུན་མཐའ་དག་རྒྱས་པར་བསྟན་ཀྱང་། ཡིད་ཀྱི་མི་དགེ་བ་གསུམ་ལྟ་ཅི་སྨོས། ངག་གི་ཉེས་པ་གསུམ་ཡང་གསལ་བར་མ་བསྟན་ན། དགེ་བསྙེན་ལ་ལྟ་ཅི་སྨོས་པའི་ཕྱིར། འོན་ཆོག་ལེར། མཛའ་བོ་འབྱེད་དང་ཚིག་རྩུབ་སྨྲ་བ་དག །ཅེས་བཤད་པ་མ་ཡིན་ནམ་ཞེ་ན། དེ་ནི་ཛྙན་དུ་གྱུར་པའི་དེ་དག་ལ་དགོངས་པ་ཡིན་ཏེ། དེའི་དབྱེ་བ་འཆད་པའི་སྐབས་ཡིན་པའི་ཕྱིར། གཞན་དུ་ན་དགེ་ཚུལ་གྱི་སྡོམ་པའང་སྤྱོད་པ་བདུན་འཕོར་དང་བཅས་པར་འགྱུར་རོ། །དེ་ལྟར་དགེ་བསྙེན་དགེ་ཚུལ་དང་། །བར་མའི་ངོ་བོ་བསླབ་བྱ་དང་། །བཅས་པ་ཚིག་གི་ཕྲེང་བ་ཙམ། །སྟར་ལ་བཀྲུས་པ་མ་ཡིན་པར། །རྐང་གྲངས་གོ་དོན་དང་བཅས་པ། །དཔྱིས་ཕྱིན་ཉིད་དུ་བགྲིས་པ་ལས། །འཁྲུངས་པའི་རྣམ་དཀར་ཟླ་འོད་ཀྱིས། །བསྟན་པའི་ཀུ་མུད་རྒྱས་པར་ཤོག །།

གསུམ་པ་དགེ་སློང་གི་བསླབ་བྱ་ལ་གསུམ་སྟེ། སྡོམ་པ་མ་ཐོབ་པ་ཐོབ་པར་བྱེད་པའི་ཐབས། ཐོབ་པ་

མི་ཉམས་པར་བསྲུང་བའི་ཚུལ། ཉམས་པ་ཕྱིར་བཅོས་པའི་ཐབས་བསྟན་པའོ། །དང་པོ་ནི་ སྡིགས་ཚིག་གི་ཚིག་འབྲུ་མ་ཉམས་པ་ཀརྨ་ཤ་ཏཾ་དང་། བུ་སྟོན་རིན་པོ་ཆེས་མཛད་པའི་ལག་ལེན་གྱི་ཆོ་ག་སོགས་ལས་ཇི་ལྟར་འབྱུང་བ་བཞིན་ཡིན་ལ། སྡོམ་པ་འདི་གང་ལས་ཐོབ་པའི་ཡུལ་གྱི་གཙོ་བོ་ནི་དགེ་སློང་གི་དགེ་འདུན་ཉིད་ཡིན་ཏེ། ཇི་སྐད་དུ། དགེ་འདུན་ལས་བསྙེན་པར་རྫོགས་པར་བྱའོ། །ཞེས་གསུངས་པས་སོ། །མཁན་པོ་ནི། སྤྱིར་བསྟན་པའི་ནང་དུ་འཇུག་པ་དང་། འཁྲིད་ཅིང་སྐྱོང་བ་དང་། བླང་དོར་གྱི་གནས་སྟོན་པ་སོགས་ལ་གལ་ཆེ་བ་ཡིན་མོད། སྡོམ་པའི་རྒྱུར་མེད་དུ་མི་རུང་བ་ནི་མ་ཡིན་ཏེ། ཇི་སྐད་དུ། དེ་དང་ལྡན་པའི་ལྟར་མཁན་པོ་མེད་པ་ཉིད་ལ་ཡང་ངོ་། །ཞེས་པས་སོ། །མཁན་པོ་ཡོད་པའི་ཚེ་ཡང་མཁན་པོ་དེ་ཉིད་གྲངས་ཚང་གི་ཡན་ལག་ཏུ་ཡོད་ན་ཕུན་སུམ་ཚོགས་པའི་ཡན་ལག་ཏུ་འགྱུར་མོད། མེད་ན་མི་རུང་བ་ནི་མ་ཡིན་ཏེ། སྒྲུབ་བྱས་མཁན་པོར་གསོལ་བ་བཏབ་པ་དང་མཁན་པོས་ལས་བྱེད་པ་དང་དགེ་འདུན་ལ་གསོལ་བ་བཏབ་པ་སོགས་མ་ཉམས་པར་བྱས་ཤིང་། ཕྱིས་ནས་སྦྱིན་པ་སོགས་མཁན་པོའི་བྱ་བ་རྣམས་མ་ཉམས་པར་བྱས་ན་མཁན་པོའི་དོན་ཚང་ཞིང་། བསྒྲུབ་བྱ་དེ་བསྙེན་པར་རྫོགས་པའི་ལས་ཀྱི་ཁ་སྐོང་དུ་མཁན་པོ་མི་དགོས་ཁ་མེད་ཀྱི་བཤད་པ་མེད་པའི་ཕྱིར། དེ་དང་འདྲ་བར་གསང་སྟོན་ཀྱང་མེད་མི་རུང་གི་ཡན་ལག་མ་ཡིན་ཞིང་། ཡོད་པའི་ཚེ་ཡང་ལས་ཀྱི་ཁ་སྐོང་དུ་ངེས་པར་མེད་དུ་མི་རུང་བ་ནི་མ་ཡིན་ཏེ། གསང་སྟོན་གྱི་དགོས་པ་ནི་ཕྱོགས་ཏུ་བར་ཆད་དྲིས་ནས་ནང་དུ་འོང་བ་ཞུས་པ་དེ་ཉིད་ཀྱིས་འགྲུབ་པའི་ཕྱིར། མཚམས་ཀྱི་ནང་དུ་ཡོད་ན་ནི་མཁན་པོ་དང་གསང་སྟོན་དུ་མ་ཟད་དགེ་སློང་གཞན་ཀྱང་ལས་ཀྱི་གྲལ་དུ་འདུག་དགོས་སོ། །ལས་ཀྱི་སློབ་དཔོན་ནི་ཁ་སྐོང་གི་ཆོས་དང་ལྡན་ན་ཕུན་སུམ་ཚོགས་ཤིང་། ཁ་སྐོང་དུ་ངེས་པར་དགོས་མོད། ལས་ཀྱི་ཆོ་ག་བློ་ལ་ཐོན་པའི་འདུལ་བ་འཛིན་པས་ཡོངས་པ་ན། ལས་ཀྱི་ཆོ་ག་ཤེས་པ། ཁ་སྐོང་གི་ཆོས་དང་མི་ལྡན་པས་ཀྱང་ཁ་སྐོང་མ་ཡིན་པའི་ཚུལ་གྱིས་ལས་བྱེད་པ་པོ་ཉིད་དུ་རུང་བ་དང་། དེ་ལས་སྡོམ་པ་སྐྱེ་བ་ཡང་ལུང་ལས་བཤད་དོ། །

གཉིས་པ་གང་གི་ལེན་པ་སྒྲུབ་བྱའི་ཁྱད་པར་ནི། དགེ་བསྙེན་སོགས་ཚིག་སྔ་མ་རྣམས་སྔོན་དུ་སོང་ན་ལེགས་མོད། མ་སོང་ཡང་དགེ་སློང་མི་སྐྱེ་བ་ནི་མ་ཡིན་ཏེ། ཇི་སྐད་དུ། ཚིག་སྔ་མ་མེད་པ་ལ་ནི་ཉེས་བྱས་ཙམ་དུ་ཟད་དོ། །ཞེས་པས་སོ། རྒྱུད་ཚོགས་སུ་མ་ལོངས་པ་ཞིག་དགོས་པ་ནི་མཚམས་ནང་གཅིག་ཏུ་ཡིན་གྱི། མཚམས་ཐ་དད་ཀྱི་བར་ཆོད་ན་ལས་ཀྱི་ཆོ་ག་གཅིག་གིས་བསྒྲུབ་བྱ་བཅུ་གཉིས་ཀྱི་རྒྱུད་ལ་སྡོམ་པ་དུས་ཅིག་ཆར་དུ་སྐྱེ་བར་ལུང་ལས་གསུངས་སོ། །འདིར་མཁན་པོ་གཅིག་ལ་ནི་བསྒྲུབ་བྱ་ཚོགས་སུ་ལོངས་པ་དང་དེ་ལས་ལྷག་ཀྱང་སྐྱོན་ཡོད་པ་མ་ཡིན་ཏེ། ཇི་སྐད་དུ། དུ་མ་མཁན་པོ་གཅིག་པ་གསུམ་མན་ཆད་ཚིག་གཅིག་གི་

བསྙེན་པར་རྫོགས་པར་བྱུར་རུང་ངོ་ཞེས་བསྙེན་རྫོགས་དམིགས་ཀྱིས་བསལ་བའི་ཕྱིར་དང་། མཁན་པོར་གསོལ་བ་འདེབས་པ་དང་ཁས་ལེན་པ་ནི་དགེ་འདུན་གྱི་ལས་མ་ཡིན་པའི་ཕྱིར། དོན་དེ་ལྟར་ཐུགས་ལ་བཞག་ནས་འདུལ་བ་འཛིན་པ་ཆེན་པོ་རྗེ་རྗེ་གཞོན་ནུས་ཐག་རྒྱ་མ་ཞེས་གྲགས་པའི་ཕྱག་ལེན་མཛད་དོ། །དེ་ལྟར་མཛད་པ་དེའི་ཚེ་ན་བསྒྲུབ་བྱ་བརྒྱ་ཕྲག་ཙམ་ལ་མཁན་པོའི་བྱ་བ་དུས་ཅིག་ཆར་དུ་མཛད་ནས་སྲིད་ཞུས་བསྐོར་བའི་མཚམས་ཐ་དད་དུ་བསྒྲུབ་བྱ་གསུམ་མཚན་དུ་བཅད་ནས་བཞག །མཚམས་དེ་ཐམས་ཅད་དབྱུག་པའམ་ཐག་པ་ལྟ་བུས་ནོན་པར་བྱས་པའི་སྟེང་དུ་དགེ་འདུན་གྲངས་ཚང་བཞུགས་ནས་ལས་ཀྱི་ཚིག་བརྗོད་པའི་དབང་དུ་བྱས་སོ། །

བོད་ཀྱི་འདུལ་བ་འཛིན་པ་རྣམས་སྤྱིར་བཏང་དུ་ཚོགས་ཀྱིས་ཚོགས་ལ་ལས་མི་འཆགས་ཞེས་མཐའ་གཅིག་ཏུ་གསུངས་མོད། ཇི་སྐད་དུ། ཚོགས་ཀྱི་མི་བྱའོ། །ཞེས་སྤྱིར་བཀག་ཀྱང་མི་འཆགས་པ་མ་ཡིན་ཏེ། ཚད་པའི་ལས་དང་། བསྔོ་བའི་ལས་དང་། མཐུན་པ་སྦྱིན་པ་སོགས་ལ་ཚོགས་ཀྱིས་ཚོགས་ལ་བྱེད་པ་དུ་མ་བཤད་པའི་ཕྱིར། མདོར་ན་ད་ལྟར་གྱི་ཚོག་ལ་བརྟེན་ནས་དགེ་སློང་གི་སྡོམ་པ་སྐྱེ་བ་ལ་ནི་མངོན་དུ་གྱུར་པ་བཅུ་ཚང་དགོས་ཤིང་། དེ་ཙམ་གྱིས་ཚོག་པ་ཡིན་ཏེ། ལུང་མ་མོ་ལས། སངས་རྒྱས་ཆོས་དང་དགེ་འདུན་དང་། །མཁན་པོ་སློབ་དཔོན་བསྙེན་རྫོགས་འདོད། །ཡོ་བྱད་ཡོངས་སུ་དག་པ་དང་། །གསོལ་དང་ལས་ནི་མངོན་གསུམ་མོ། །ཞེས་གསུངས་པས་སོ། །དེ་དག་གིས་གོ་དོན་རྒྱས་པ་ནི་ལག་ལེན་གྱི་ཚོག་ལས་འབྱུང་བ་ལྟར་ཡིན་ལ། ནུར་ཕྱིན་པའི་གོ་དོན་འགའ་ཞིག་འདིར་བརྗོད་ན།

སྡོམ་པ་ལེན་པའི་ཀུན་སློང་ལ་གཉིས་ཏེ། རྒྱུ་དུས་དང་། དེ་དུས་སོ། །དང་པོ་ལ་གསུམ་སྟེ། ཚེ་འདིའི་འཇིག་པ་ལས་སྐྱོབ་པ་དང་། ཕྱི་མ་ལ་མངོན་པར་མཐོ་བའི་གོ་འཕང་དོན་དུ་གཉེར་བ་དང་། འཁོར་བ་སྤངས་པའི་མྱང་འདས་ཀྱི་ཆེད་དུ། སེམས་བསྐྱེད་པའོ། །དེ་ལའང་ཐེག་པ་གསུམ་གྱི་དབྱེ་བས་གསུམ་མོ། དུས་ཀྱི་ཀུན་སློང་ནི་མྱང་འདས་དོན་གཉེར་གྱི་བསམ་པས་ཀུན་ནས་མ་སློང་བའི་དགེ་སློང་སོགས་ཀྱི་སྡོམ་པ་ནི་སྲིད་པ་མ་ཡིན་ཏེ། ཆོས་དཀོན་མཆོག་ལ་སྐྱབས་སུ་མ་སོང་བར་ནི་སྡོམ་པ་དེ་དག་ལེན་པའི་ཐབས་མ་བཤད་ལ། དེར་སོང་བ་དང་ངེས་འབྱུང་གི་བསམ་པ་ནི་དོན་གཅིག་ལ་འདུ་བའི་ཕྱིར། དེ་ལྟ་མོད་ཀྱི་འཇིགས་སྐྱོབ་ཀྱི་ཚུལ་ཁྲིམས་སོགས་གསུམ་དུ་འབྱེད་པ་ནི་རྒྱུའི་ཀུན་སློང་ལས་ཕྱེ་བ་སྟེ། ཕྱི་རོལ་པའི་ཚུལ་ཁྲིམས་བཞིན་ནོ། །དེ་ལྟར་བཤད་པ་ན་དཀོན་མཆོག་ཐོག་མཐའ་གཉིས་ལ་སྐྱབས་སུ་འགྲོ་བ་ནི་ལུང་གཞན་ནས་འབྱུང་བའི་ཐ་སྙད་དང་བསྟུན་ན་རྒྱུའི་སྐྱབས་འགྲོ་དང་། ཆོས་ལ་སྐྱབས་སུ་འགྲོ་བ་ནི་འབྲས་བུའི་སྐྱབས་འགྲོ་སྟེ། དེ་ལ་དོན་གཉེར་གྱི

བློ་སྐྱེ་དགོས་པའི་ཕྱིར་དང་། ཕྱི་ནང་གི་སྐབས་འགྲོའི་ཤན་ཀྱང་འདིའི་སྐབས་ཀྱི་ཆོས་ལ་སྐྱབས་སུ་སོང་མ་སོང་གི་སྒོ་ནས་འཇོག་པས་སོ། །མཁན་པོ་ནི་མེད་མི་རུང་གི་ཡན་ལག་ནི་མ་ཡིན་ཏེ། ཇི་སྐད་དུ། མཁན་པོ་མེད་པ་ཉིད་ལ་ཡང་ངོ་། །ཞེས་གསུངས་ལ། དེའི་གོ་དོན་གྱི་གཙོ་བོ་ཡང་། མཁན་པོས་བསླབ་དགོས་པའི་བགྱི་བ་རྣམས་མཁན་པོར་གསོལ་བ་མ་བཏབ་པའི་དགེ་སློང་ཞིག་གིས་བསླབས་ཀྱང་འགྲུབ་པའོ། །གསང་སྟེ་སྟོན་པའི་སློབ་དཔོན་ཀྱང་མེད་དུ་མི་རུང་གི་ཡན་ལག་ནི་མ་ཡིན་ཏེ། དེའི་དགོས་པ་ནི་ཕྱིག་ཏུ་བར་ཆད་འདྲི་བ་ཉིད་ཡིན་ལ། བར་ཆད་མ་དྲིས་ཀྱང་སྡོམ་པ་སྐྱེ་བ་ལ་མི་གནོད་པའི་ཕྱིར། ཇི་སྐད་དུ། བར་ཆད་མ་དྲིས་བ་ལ་ཡང་ངོ་། །

ཞེས་དང་། བར་ཆད་མེད་པར་ཁས་ལེན་པ་ལ་ཡང་ངོ་། །ཞེས་འབྱུང་བས་སོ། །ལས་བྱེད་པ་ནི་མེད་མི་རུང་གི་ཡན་ལག་ཡིན་མོད། དེ་ལ་ཡང་སློབ་དཔོན་དུ་འགྱུར་མི་འགྱུར་དང་ཁ་སྐོང་དུ་དགོས་མི་དགོས་ཀྱི་དབྱེ་བ་དུ་མ་འབྱུང་ངོ་། །ལས་ཀྱི་ཆོ་ག་ནི་ཚིག་ཕྱེད་ཀྱང་མ་འཁྲུལ་བར་བློ་ལ་ཐོན་པ་ཞིག་དགོས་ཏེ། ལས་བྱེད་པ་འདི་ལ་འདུལ་བ་འཛིན་པའི་ཐ་སྙད་ཀྱིས་གསུངས་ལ། དཔེ་ཀློག་པ་ཙམ་ལ་འདུལ་བ་འཛིན་པའི་ཐ་སྙད་མི་ཐོབ་པས་སོ། །

འདུལ་བ་འཛིན་པ་ཞེས་པ་འདི་ཡང་ལས་བརྒྱ་རྩ་གཅིག་པ་ལྟ་བུ་སྟགས་ཀྱི་ཆོ་ག་དེ་ཉིད་བཟུང་ནས་ཁ་སྟོན་དུ་བྱ་ནུས་པ་ལ་བྱེད་དགོས་པ་ཡིན་ཏེ། ཇི་སྐད་དུ། ཚིག་འབྲུ་དེ་ཉིད་མ་ཡིན་པ་ལ་གྲུས་པར་མི་བྱའོ། །ཞེས་གསུངས་ལ། འདི་ཡང་སྟགས་ཚིག་ཏུ་གྲགས་པ་རྣམས་ལ་དགོངས་པ་ཡིན་གྱི། གླེང་གཞི་དང་བཅས་པ་རྣམ་འཇོག་གི་མིང་ཚིག་ཡི་གེའི་ཚོགས་རྣམས་ལ་དགོངས་པ་མ་ཡིན་ཏེ། དེ་དག་གི་ནི་དོན་ཤེས་པས་ཆོག་པ་ཡིན་གྱི་ཚིག་འབྲུ་མཐའ་གཅིག་ཏུ་མ་ངེས་པའི་ཕྱིར། དོན་དེ་ལ་དགོངས་ནས་འདུལ་བ་ཡི་གེར་འབྲི་བ་བཀག་པ་ཡིན་ནོ། །

བུ་སྟོན་རིན་པོ་ཆེའི་གསུང་གིས། འདུལ་བ་ཡི་གེར་འབྲི་བ་ཡང་མ་གནང་ན། དཔེ་ཀློག་ལྟ་ཅི་སྨོས། ཞེས་ཀྱང་གསུང་ངོ་། །བསྙེན་པར་རྫོགས་འདོད་ཀྱི་བསླབ་བྱ་ནི་གསོལ་བ་འདེབས་པའི་དུས་ཉིད་དུ་མྱུར་འདས་ལ་དོན་གཉེར་གྱི་བློ་སྐྱེད་དགོས་པ་ཡིན་ཏེ། བདག་བསྙེན་པར་རྫོགས་པར་མཛད་དུ་གསོལ་ཞེས་ཟེར་དགོས་པའི་ཕྱིར། ཡོ་བྱད་ཀྱི་མངོན་འགྱུར་ནི་ཆོས་གོས་གསུམ་དང་ལྷུང་བཟེད་ངེས་པར་ཚང་དགོས་པ་ཡིན་ལ། དེ་ཡང་དགེ་སློང་གི་དངོས་པོར་སྒྲུབ་པའི་དུས་དེ་ཉིད་ཀྱི་ཚེ་ཚང་ཙམ་གྱིས་ཆོག་པ་ནི་ཡིན་ཏེ། བརྟན་པོས་ཀྱང་དེ་ཉིད་དང་བཅས་པར་གསུངས་པའི་དོན་གནས་སྐབས་དབང་བྱར་ཡོད་པ་ལ་འཆད་དགོས་པའི་ཕྱིར། ཡོངས་སུ་དག་པ་མངོན་དུ་གྱུར་བའི་སྐབས་སུ་མུ་སྟེགས་ཅན་བསྙེན་པར་རྫོགས་པའི་བར་ཆད་དུ་གསུངས་མོད། དེའི་

སྤྱོད་པ་ལས་ལོག་ན་ལྟ་བ་ལས་མ་ལོག་ཀྱང་བསྙེན་པར་རྫོགས་སུ་རུང་བ་ཡིན་ཏེ། ཇི་སྐད་དུ། རབ་ཏུ་བྱུང་བ་འདི་ཡང་དག་པར་བླངས་པ། ལྟ་བ་དེ་དང་ལྡན་པ་ཞེས་བཤད་པའི་ཕྱིར། དེ་ལྟ་མོད་ཀྱི་དེ་འདྲ་དེ་དགེ་འདུན་གྱི་ལས་ལ་ཁ་སྐོང་དུ་མི་རུང་བར་མ་ཟད་ལས་དེར་མཇུག་ཏུ་རུང་བ་མ་ཡིན་ཏེ། དེ་ཉམས་སུ་མྱོང་ན་རྐྱ་ཐབས་སུ་གནས་པ་ཞེས་བྱ་བ་དེར་འགྱུར་བའི་ཕྱིར། དེས་ན་འདིས་ལས་ལ་མ་འདུས་ན་མི་མཐུན་པ་མི་སྐྱེད་ཅིང་། ལྟ་བ་དེ་མ་སྤངས་པར་འདུས་ན་རྐྱ་ཐབས་སུ་གནས་པའི་ཉེས་པས་རང་རྒྱུད་གསོར་མི་རུང་དུ་གསུངས་སོ། །

ཕམ་པ་འཆབ་བཅས་བྱུང་ན་སྡོམ་པ་སླར་མི་སྐྱེ་བར་ནས་ཀུན་མཐུན་ལ། འཆབ་མེད་བྱུང་ནས་ཇི་ལྟར་ཞེ་ན། ལ་ལ་ན་རེ། ཇི་སྐད་དུ། ཕམ་པར་འགྱུར་བ་བཞི་ལས་གང་ཡང་རུང་བ་ཞིག་བྱུང་བ་མ་ཡིན་ནམ་ཞེས་བཤད་པ་འདིས་དེ་ལ་དེ་མི་སྐྱེ་བར་བསྟན་པ་ཡིན། ཞེས་གསུངས་མོད་ཀྱང་། བྱེ་སྨྲའི་གྲུབ་མཐའ་ལ་དགེ་ཚུལ་ཆད་པའི་ལས་ཀྱི་བསླབ་པ་སྦྱོད་བཞིན་པ་བསྙེན་པར་རྫོགས་ནས། ཚེ་ཇི་སྲིད་འཚོའི་བར་དུ་བསླབ་པ་སྦྱོད་དགོས་པར་འདོད་དོ། །དེ་ལྟ་ན་ཡང་ཕམ་པ་འཆབ་མེད་ཅན་བསླབ་པ་མ་སྦྱོད་པར་ཁྲིམ་པར་བབས་པ་དེ་སླར་བསྙེན་པར་རྫོགས་སུ་མི་རུང་བ་ཉིད་དུ་བསྟན་པ་ཡིན་ཏེ། གཞུང་དུ་སྐྱེ་བའི་བར་ཆད་དུ་འགྱུར་བ་ལ་འཆབ་བཅས་དགོས་པའི་དམིགས་བསལ་མ་བྱུང་བའི་ལུང་ལས་དང་། རིགས་པ་ཡང་། དེ་ལ་སྡོམ་པ་སྐྱེ་ན་དེ་དུས་ཀྱི་དགེ་སློང་དེ་ཕམ་པ་འཆབ་མེད་ཅན་ཡིན་ནམ་མ་ཡིན། དང་པོ་ལྟར་ན་དེ་ལ་སྡོམ་པ་མ་ཚང་བའང་ཉམས་པ་ཞིག་སྐྱེས་པར་འགྱུར་ལ། དེ་ལྟར་སྐྱེ་བའི་བཤད་པ་མེད་པ་དང་། གཉིས་པ་ལྟར་ན་ཕམ་པ་འཆབ་མེད་ཅན་ཆད་ལས་ཉམས་སུ་ལེན་པའི་རྩོལ་བ་མི་དགོས་པར་བསླབ་པ་ལན་ཅིག་ཕུལ་ནས་བླངས་ན་འཇུག་པ་བདེ་བར་འགྱུར་རོ། །ཉེས་པ་དེ་སྟུ་མ་ལ་མི་མཚུངས་ཏེ། དགེ་ཚུལ་དང་དགེ་སློང་གི་སྡོང་བ་རྫས་ཐ་དད་དུ་སྐྱེ་བའི་ཕྱིར། གསོལ་བ་མངོན་དུ་གྱུར་པ་ནི། གསོལ་བ་འདེབས་པའི་ཚིག་ལན་གསུམ་དུ་བརྗོད་པ་ལ་བྱ་བ་ཡིན་གྱི། བརྗོད་པ་གསུམ་གྱི་ཐོག་མར་བྱུང་བའི་གསོལ་བ་ལ་འཆད་པ་ནི་མ་ཡིན་ཏེ། གཞན་དུ་ན་ལས་མངོན་དུ་གྱུར་པའི་ཚད་གསོལ་བ་དང་བཞིའི་ལས་ལ་འཆད་དགོས་པ་མ་ཡིན་པར་ཐལ་བའི་ཕྱིར་རོ། །གལ་ཏེ་འོ་ན་དགེ་ཚུལ་སོགས་ཀྱི་ཚེ་དེ་དང་དེར་བཟུང་དུ་གསོལ་ཞེས་ལན་གསུམ་བརྗོད་པའི་མཐའ་ཉིད་དུ་སྡོམ་པ་སྐྱེ་བར་བཤད་པ་དང་། སྐབས་འདིར་དགེ་འདུན་བཙུན་པ་རྣམས་ཀྱིས་བདག་བསྙེན་པར་རྫོགས་པར་མཛད་དུ་གསོལ་ཞེས་ལན་གསུམ་བརྗོད་པའི་མཐར་སྡོམ་པ་སྐྱེས་པ་ཉིད་དུ་མི་འཆད་པའི་ཁྱད་པར་ཅི་ཞེ་ན། དེ་དང་དེར་ཁས་བླངས་པ་ཡིན་མིན་གྱི་ཁྱད་པར་ལས་དང་། གང་ཟག་དང་དགེ་འདུན་ལས་སྐྱེ་བའི་ཁྱད་པར་ལས་དང་། དགེ་སློང་ནི་དགེ་འདུན་གྱིས་གསོལ་བ་དང་བཞིའི་ལས་ཉམས་སུ་མྱོང་བ་ལ་རག་ལས་ཤིང་། གསོལ་བ་

འདེབས་པའི་ཚིག་ལན་གསུམ་བརྗོད་པ་དེ་ནི་དགེ་འདུན་གྱི་ལས་དེ་སྒྲུབ་པར་གསོལ་བ་འདེབས་པའི་ཚིག་ཡིན་པས་སོ། །ལས་མངོན་གྱུར་གྱི་སྐབས་སུ་སྐྱེས་པ་བསྙེན་རྫོགས་སུ་བསྒྲུབ་པ་ལ་དགེ་སློང་ལྔ་ཡན་ཆད་དུ་ཚང་བས་ལས་ཉམས་སུ་སྒྲུབ་དགོས་སོ་ཞེས་འཆད་པ་དེ་དག་ལ་ནི་ལུང་དང་རིགས་པའི་ཤེས་བྱེད་ཡོད་པ་མ་ཡིན་ཏེ། འདི་ལྟར། ཇི་སྐད་དུ། མཐའ་འཁོབ་དག་ཏུ་མེད་ན། འདུལ་བ་འཛིན་པ་དང་ལྔ་ལ་སོགས་པའོ། །ཞེས་བཤད་པ་དེ་ནི་འདུལ་བ་འཛིན་པས་ཁ་སྐོང་མི་བྱེད་པ་ཞིག་ཀུང་སྲིད་པའི་དབང་དུ་བྱས་པའོ། །དེས་ན་དེའི་ཚེ་ལས་ཉམས་སུ་སྒྲུབ་པའི་དགེ་སློང་ནི་བཞིས་ཀྱང་ཚོག་པ་ཡིན་ཏེ། འདུལ་བ་ཚིག་ལེ་ལས། གལ་ཏེ་བཞི་ནི་ལས་བརྗོད་མཁས། །བསྙེན་རྫོགས་མ་སྨད་གྱུར་པ་སྟེ། །ལྔ་ཡིས་ཀྱང་ནི་ཕྱུག་བྱུར་འོས། །ཞེས་བཤད་པ་དང་། རིགས་པ་ཡང་། གསང་སྟོན་བསྐོ་དགོས་པས་སོ་ཞེས་ཟེར་མོད། དེ་ནི་གསང་སྟོན་བསྐོ་བ་ལ་སྤྱིར་དགེ་སློང་ལྔ་དགོས་པ་དང་། བསྙེན་རྫོགས་ལ་བཞིས་ཚོག་པའི་ཁྱད་པར་མ་ཕྱེད་པས་ནོངས་སོ། །

གསང་སྟོན་གྱི་ཚེ་ཡང་སྤྱིར་དགེ་སློང་ལྔ་དགོས་པ་ཡིན་མོད། ཁ་སྐོང་ལ་ལྔར་ལོངས་དགོས་པ་མ་ཡིན་ཏེ༑ བསྐོ་བའི་ཚེ་ཡང་མི་དགོས་ནང་དུ་འོང་བ་ཞུ་བའི་ཚེ་ཡང་མི་དགོས་པའི་ཕྱིར། འོང་བར་ཞུ་བ་པོ་ནི་ཁ་སྐོང་མ་ཡིན་ཏེ། འགྲོང་བའི་སྤྱོད་ལམ་གྱིས་ཞུ་དགོས་པའི་ཕྱིར། བུད་མེད་བསྙེན་པར་རྫོགས་པ་ལ་ཡང་མ་ཚོག་ལ་བརྟེན་པའི་ཚེ་སྤྲོས་པ་མང་པོ་དགོས་མོད། ཕ་ཚོག་ལ་བརྟེན་ནས་དགེ་སློང་མ་ཉིད་དུ་འགྲུབ་པར་གསུངས་པ་དེའི་ཚེ་ནི་དགེ་སློང་བཞི་ཉིད་ཀྱིས་ཚོག་པར་གྲུབ་བོ། །

གཉིས་པ་མི་ཉམས་པར་བསྲུང་བའི་ཐབས་ལ། རྣམ་པ་ལྔ་སྟེ། དགེ་བའི་བཤེས་གཉེན་ལ་བརྟེན་ནས་བསྲུང་བ་དང་། ནང་གི་བསམ་པ་ཕྱུན་སུམ་ཚོགས་པས་བསྲུང་བ་དང་། བདེ་བར་གནས་པའི་རྐྱེན་བསྟེན་པས་བསྲུང་བ་དང་། སྤང་བྱ་མི་མཐུན་ཕྱོགས་ངོ་ཤེས་པས་བསྲུང་བ་དང་། བསླབ་པ་ཡོངས་སུ་སྦྱོང་བའི་སྒོ་ནས་བསྲུང་བའོ། །དང་པོ་ནི་གནས་ཀྱི་བླ་མ་ལ་བརྟེན་ནས་བསྲུང་བ་ཡིན་ལ། འདི་ལ་གནས་དང་གནས་པའི་མཚན་ཉིད། དེ་དང་དེའི་ཚུལ་ཁྲིམས། གནས་ཇི་ལྟར་བཅའ་བའི་ཚུལ་ལོ། །དང་པོ་ནི། མཁན་པོ་ཡོད་ན་དེར་གྱུར་པ་ཉིད་ཀྱིས་གནས་ཀྱི་བླ་མར་ཡང་གྱུར་ཟིན་པ་ཡིན་ཏེ། གནས་སྦྱིན་པ་ཡང་མཁན་པོའི་བྱ་བ་ཉིད་ཡིན་པས། རང་གིས་གནས་སྦྱིན་པའམ་མི་ནུས་ན་གཞན་ལ་གནས་སུ་འཇུག་པ་ཡང་མཁན་པོ་ཉིད་ཀྱིས་བྱེད་དགོས་པའི་ཕྱིར། དེས་ན་མཁན་པོ་ཉིད་ལ་གནས་ཞུ་ན་གནས་སུ་གསོལ་བ་འདེབས་པའི་ཚིག་ལོགས་སུ་བྱ་མི་དགོས་སོ། །གནས་ཀྱི་བླ་མར་འོས་པ་ལ་བརྟན་མཁས་ཀྱི་ཡོན་ཏན་གཉིས་དང་ལྡན་པ་དགོས་ཏེ། དེ་གང་རུང་དང་མི་ལྡན་ན་གནས་པ་སློབ་མའི་རིགས་ཉིད་ལས་མ་འདས་པའི་ཕྱིར། ཇི་སྐད་དུ། སོ་སོར་ཐར་དང་རྣམ་

འབྱེད་དོན། །གང་ཕྱིར་ཤིན་ཏུ་མི་མཁས་ལོ། །དྲུག་ཅུ་ལོན་ཀྱང་བྱིས་པ་སྟེ། །ཚུལ་ལྡན་ཞུ་གནས་བཅའ་བའི་འོས། །ཞེས་ཚིག་ལེར་གསུངས་སོ། །དེ་ལ་བཏན་པ་ནི་བསྙེན་པར་རྫོགས་ནས་ལོ་བཅུ་བར་མ་ཆད་དུ་ལོན་པ་ལ་བྱེད་ལ། མཁས་པ་ནི་ཐ་ན་འདུལ་བ་ཤེས་པ་ཡིན་ལ། དེའི་ཚད་ཀྱང་མ་མཐའ་སོ་སོར་ཐར་པ་དང་རྣམ་འབྱེད་ཀྱི་ཚིག་ཐོན་པར་མ་នུས་ཀྱང་དོན་འཁྲུལ་མེད་དུ་ཤེས་པའོ། །འདི་ཙམ་གྱིས་འདུལ་བ་འཛིན་པར་ནི་བཞག་མི་ནུས་ཏེ། དེར་འཇོག་པ་ལ་དགེ་འདུན་དང་གང་ཟག་གི་ལས་སུ་གཏོགས་པའི་སྤྱགས་ཀྱི་ཚིག་དག་མ་འཁྲུལ་བར་ཁ་བཏོན་དུ་བྱེད་ནུས་པ་ཞིག་དགོས་པའི་ཕྱིར། དེ་ལྟར་མི་ནུས་ན་འདུལ་བའི་མདོ་ལྟ་བུ་ཁ་བཏོན་དུ་ནུས་པ་ཙམ་གྱིས་འདུལ་བའི་སྡེ་སྣོད་འཛིན་པར་འཇོག་ནུས་ཀྱང་། འདུལ་བ་འཛིན་པ་ཞེས་པའི་ཐ་སྙད་མི་འཐོབ་སྟེ། ལས་ཀྱི་ཚིག་རྣམས་མ་ཉམས་པར་འཛིན་པའི་ནུས་པ་མེད་པས་སོ། །གཉིས་པ་ནི། ཇི་སྐད་དུ། གནས་པས་གནས་ལ་མ་ཞུས་པར་བྱ་བ་མི་བྱའོ། །ཞེས་གསུང་པ་ལྟར། བཤང་གཅིའི་བྱ་བ་ཙམ་མ་གཏོགས་ཐམས་ཅད་དེ་ལ་ཞུས་ནས་བྱེད་དགོས་ཤིང་། བླ་མའི་ལས་སུ་བྱ་བ་གླེག་པ་དང་བསམ་གཏན་སོགས་འགའ་ཞིག་མ་གཏོགས། འབད་རྩོལ་གྱིས་སྒྲུབ་དགོས་པ་རྣམས་སློབ་མས་ཅི་ནུས་སུ་བསྒྲུབ་པར་བྱ་ཞིང་བླ་མས་ཀྱང་དེ་ལྟར་བྱ་དགོས་ཏེ། ཇི་སྐད་དུ། དེས་ཀྱང་དེ་ལ་དེ་བྱ་སྟེ། ཞུ་བ་ནི་མ་གཏོགས་སོ། །ཞེས་སོ། །

གསུམ་པ་ནི། བླ་མར་འོས་པའི་དགེ་སློང་ཞིག་ལ། འདི་སྐད་ཅེས། བཙུན་པ་དགོངས་སུ་གསོལ། བདག་མིང་འདི་ཞེས་བྱ་བ་བཙུན་པ་ལ་གནས་སུ་གསོལ་གྱི། བཙུན་པས་བདག་ལ་གནས་བསྐྱལ་དུ་གསོལ། བདག་བཙུན་པ་ལ་གནས་འཆའ་ཞིང་མཆིས་སོ། །ཞེས་ལན་གསུམ་བརྗོད་ནས་མཇུག་ཐབས་ལེགས་བརྗོད་དོ༔ །གནས་བཅས་པ་འཇིག་པའི་རྒྱུ་ནི་གཉིས་ཀ་ལ་ལྟོས་མེད་ཀྱི་འདུ་ཤེས་སྐྱེས་པའོ། །ལྟོས་མེད་ཅེས་པ་ཡང་གནས་སྟེར་སྣང་གི་དབང་དུ་བྱས་ཀྱི། དཔོན་སློབ་ཀྱི་སྤྱིལ་ཐག་བཅད་པ་ལ་བྱ་བ་མ་ཡིན་ནོ། །གཉིས་པ་ནང་གི་བསམ་པ་ཕུན་སུམ་ཚོགས་པས་བསྲུང་བའི་ཚུལ་ནི། བླང་དོར་ལ་སྤྲོ་བའི་བརྩོན་འགྲུས་དང་། བླང་དོར་གྱི་གནས་ལ་བཟོད་པ་ལྷུར་ལེན་པའི་བག་ཡོད་དང་། རང་རྒྱུད་ལ་ཉེས་པ་བྱུང་མ་བྱུང་གི་ཚུལ་ལ་རྟོག་པར་བྱེད་པའི་ཤེས་བཞིན་རྣམས་རྟག་ཏུ་བརྟེན་པར་བྱ་དགོས་པ་ཡིན་ཏེ། མི་ཤེས་པ་དང་། མ་གུས་པ་དང་། བག་མེད་པ་དང་། ཉོན་མོངས་པ་མང་བ་རྣམས་ནི་ཉེས་པ་འབྱུང་བའི་རྒྱུའི་གཙོ་བོ་ཡིན་ལ། དེ་དག་དང་དུ་མི་ལེན་པའི་ཚུལ་གྱིས་རྣམ་པར་སྲུང་འབྱིན་པའི་གཉེན་པོ་བསྟེན་དགོས་པའི་ཕྱིར།

གསུམ་པ་བདེ་བར་གནས་པའི་རྐྱེན་བསྟེན་པའི་ཚུལ་ནི། གསུམ་སྟེ། གོས་དང་། སྨན་དང་། གནས་མལ་ལོ། །དང་པོ་ནི། དགེ་སློང་སྦྱངས་པའི་ཡོན་ཏན་ལ་སློབ་པ་རྣམས་ལས་གཞན་པའི་གོས་ནི་གསུམ་སྟེ།

འཚོ་བའི་ཡོ་བྱད་ཀྱི་དང་། ལྷག་པའི་ཡོ་བྱད་ཀྱི་དང་། མགོ་བའི་ཡོ་བྱད་ཀྱི་གོས་སོ། །དང་པོ་ལ། བཅུ་གསུམ་སྟེ༑ སྣམ་སྦྱར་དང་། བླ་གོས་དང་། མཐང་གོས་དང་། ཤམ་ཐབས་དང་། ཤམ་ཐབས་ཀྱི་གཟན་དང་། རྔུལ་གཟན་དང་། རྔུལ་གཟན་གྱི་གཟན་དང་། གདོང་ཕྱིས་དང་། རྣག་གཟན་དང་། གཡན་པ་དགབ་པ་དང་། གདིང་བ་དང་། དབྱར་གྱི་གོས་རས་ཆེན་དང་། སྐྲ་བཟེད་རྣམས་སོ། །གཉིས་པ་ནི། བཅུ་གསུམ་པོ་དེ་འདྲ་བ་ལྷག་པོར་གྱུར་པ་རུང་ཚད་ལྡན་མང་པོ་རྣམས་སོ། །གསུམ་པ་ནི། རབ་ཏུ་བྱུང་བའི་གོས་ཀྱི་རྣམ་པར་མ་གྱུབ་པ་དཀར་པོ་དང་ཁ་ཚར་ཅན་ལ་སོགས་པ་ཁྲུ་གང་ཡན་ཆད་དུ་ལོངས་པའོ། །དེ་དག་བྱིན་གྱིས་རློབ་པའི་སྐབས་ལ། དངོས་ཀྱི་དང་། རྒྱུའི་དང་། རྐྱེན་གྱི་དབང་ལས་གྱུར་པའོ། །དང་པོ་ནི། མཁན་པོའམ་སློབ་དཔོན་ནམ་ཆོས་དང་ལྡན་པ་དགོངས་སུ་གསོལ། བདག་མིང་འདི་ཞེས་བགྱི་བའི་ཆོས་གོས་བགྱིས་ལགས་པ། རུང་བར་སྤྱད་པར་འོས་པ་འདི་ཆོས་གོས་སྣམ་སྦྱར་དུ་བྱིན་གྱིས་བརླབ་བོ། །ཞེས་ལན་གསུམ་དང་མཇུག་ཐབས་ལེགས་བརྗོད་པའོ། །གཞན་བཅུ་གཉིས་པོ་ལའང་དེ་བཞིན་དུ་སྦྱར་རོ། །རང་མིང་གིས་བྱིན་གྱིས་རློབ་པའི་དངོས་ཀྱི་བྱིན་རླབས་ཆགས་པ་འདི་ལ་ནི་རུང་ཚད་ལྡན་གོས་དེ་དང་དེར་གྲུབ་ཟིན་པ་ཞིག་དགོས་ཤིང་། རེ་རེ་བ་ལས་ལྷག་པ་ལ་བྱིན་རླབས་མི་འཆགས་ཏེ། ལགས་པ་ཞེས་པ་ནི་ཟིན་པའི་དོན་ལ་བཤད་པ་དང་། ཇི་སྐད་དུ། སྤུ་མ་མ་ཕྱུང་ན་ཕྱི་མ་མི་འཆགས་སོ། །ཞེས་འབྱུང་བ་དེ་དངོས་ཀྱི་བྱིན་རླབས་ཀྱི་དབང་དུ་བྱས་པར་གསལ་བས་སོ། །གཉིས་པ་རྒྱུའི་བྱིན་རླབས་འཆགས་པ་ལ་ནི། ཁ་སྐྱུར་བ་དང་། གོས་དེ་དང་དེ་ལྟར་ངེས་པ་མི་དགོས་ཀྱང་། རྒྱུར་རུང་བ་ཞིག་ངེས་པར་དགོས་ལ། དེའི་སྐབས་ནི་དགོངས་སུ་གསོལ་བ་སྔོན་དུ་བཏང་ནས་གོས་འདི་ཞེས་བརྗོད་ཀྱི། བགྱིས་པ་དང་། ལགས་པ་དང་། སྤྱད་པར་འོས་པ་ཞེས་ཟེར་མི་དགོས་ཤིང་། འཚལ་ན་སྣམ་ཕྲན་དགུ་པ་ལ་སོགས་བགྱི་སྟེ། ཞེས་སོགས་དང་། བར་ཆད་མ་བྱུང་ན། ཞེས་སོགས་ཚིག་ལས་གསལ་ལོ། །

གསུམ་པ་རྐྱེན་དབང་གིས་བྱིན་རླབས་འཆགས་པ་ལ་ནི་རྒྱུ་རུང་བ་མི་དགོས་ཤིང་། ངོ་བོ་ཚད་དང་ལྡན་མི་ལྡན་གང་གིས་ཀྱང་ཆོག་ཅིང་། གནས་སྐབས་སུ་བཀྲན་པོར་བྱས་པ་ཙམ་གྱིས་ཀྱང་ཆོག་པ་ཡིན་ཏེ། ཇི་སྐད་དུ༑ ཁྱིམ་དུ་རུང་བའི་རྣམ་པ་ལ་ཡང་ངོ་། །ཞེས་དང་། གནས་སུ་ཕྱིན་པར་མི་འགྱུར་ན་ཆོས་གོས་ཀྱི་ཕྱུང་སྟེ་གཞན་ལ་བྱིན་གྱིས་རློབས་པ་ནི་ཚོགའི་རྣམ་པའོ། །ཞེས་གསུངས་པས་སོ། །ཚོགའི་རྣམ་པ་དེའི་སྐབས་ཚིག་ནི་ལུང་ལས་མ་གསུངས་ཀྱང་། མན་ངག་ལས་འདི་ལྟར་འབྱུང་སྟེ། ཡུལ་དགེ་སློང་ཡོད་པའམ་མེད་ཀྱང་གོས་འདི་སྣམ་སྦྱར་དུ་བྱིན་གྱིས་རློབ་བོ། །ཞེས་ལན་གསུམ་བརྗོད་དོ། །དེ་ལྟར་རྒྱུ་དང་སྐབས་རྐྱེན་བྱིན་གྱིས་བརླབས་པའི་དགོས་པ་ནི་ཆོས་གོས་དང་མི་ལྡན་པའི་ཉེས་པ་ཁེགས་ཤིང་། དེ་དང་བྲལ་ན་ཆོས་གོས་མེད་པའི་

ཉེས་པས་སླེབ་པའོ། །སྟུགས་རྐྱེན་གྱི་བྱིན་རླབས་འདི་ནི་གོས་ལ་ཡིན་གྱི། ལྷུང་བཟེད་ལྷ་བུ་ལ་མ་ཡིན་ཏེ། མ་བཤད་པའི་ཕྱིར། གོས་ཀྱང་ཆོས་གོས་དང་གདིང་བ་ལ་ཡིན་གྱི། གཞན་ལ་མ་ཡིན་ཏེ། གཞན་ལ་མི་ལྡན་པའི་ཉེས་པ་མ་བཤད་པའི་ཕྱིར། གཉིས་པ་ལྷག་པའི་ཡོ་བྱད་བྱིན་གྱིས་རློབ་པ་ནི། དགོངས་གསོལ་སྟོན་དུ་བཏང་ནས། བདག་མིང་འདི་ཞེས་བགྱི་བའི་སྣམ་སྦྱར་ལྷག་པ། རུང་བ་མ་བགྱིས་པ། རུང་བ་བགྱི་བར་འོས་པ་འདི། མཁན་པོའམ་ཚེ་དང་ལྡན་པའི་ལགས་པར་རུང་བར་བགྱིའོ། །མཁན་པོ་ལ་ཡིད་གཏད་དེ་བཅང་བར་བགྱིའོ། །རྗེན་ཇི་ལྟ་བ་བཞིན་དུ་བགྱིའོ། །ཞེས་ལན་གསུམ་དང་ཐབས་ལེགས་བརྗོད་པའོ། །འདི་གང་ལ་གནང་བའི་གང་ཟག་ནི། སྐྱིད་དེ་བ་དང་ཐོབ་པ་ཉུང་། །ཡུལ་ངན་གནས་དང་ཞིག་སྲོ་མང་། །དྲི་མ་ཆེ་དང་ལྷ་ལས་འཕོས། །གཉེན་པོས་སོར་རྟོག་བདུན་ལ་གནང་། །ཞེས་གསུང་ངོ། །

གསུམ་པ་མཁོ་བའི་ཡོ་བྱད་ཀྱི་གོས་བྱིན་གྱིས་རློབ་པའི་སྟགས་ནི། གསོལ་བ་སྟོན་དུ་བཏང་ནས། གོས་འདི་བདག་དང་ཚངས་པར་མཚུངས་པར་སྤྱོད་པ་རྣམས་ལ་མཁོ་བའི་ཡོ་བྱད་ཀྱི་གོས་སུ་བྱིན་གྱིས་རློབ་བོ། །ཞེས་ལན་གསུམ་བརྗོད་པའོ། །ཕྱི་མ་གཉིས་པོ་གཞན་མིང་གིས་བྱིན་གྱིས་བརླབས་པའི་དགོས་པ་ནི། གོས་འཆང་སྤྱང་དང་ཡོ་བྱད་ལ་མངོན་ཞེན་འགོག་པའི་ཆེད་དུའོ། །བོད་ཀྱི་འདུལ་འཛིན་རྣམས། ཞྭ་དང་སྐ་རགས་སོགས་ལ་ཡོ་བྱད་ཕྲན་ཚེགས་ཀྱི་བྱིན་རླབས་བྱེད་ཅིང་། སྔོན་ལ་ཡང་མཁོ་བའི་ཡོ་བྱད་ཀྱི་བྱིན་རླབས་བྱེད་དོ། །ཞེས་གསུངས་མོད། སྟ་མའི་ནང་དུ་མ་འདུས་པ་མེད་ཅིང་། སྔོན་ལ་ནི་མ་བཤད་དོ། །བྱིན་རླབས་དེ་དག་འཇིག་པའི་རྒྱུ་ནི། རྐྱེན་དང་དངོས་པོ་ཉམས་པ་དང་། །གཞན་ལ་བསྔོས་དང་གཞན་གྱིས་ཕྲོགས། །བྱིན་རླབས་བརྗེས་དང་སྟགས་ཀྱིས་ཕྱུང་། །སྤྱང་ལྷུང་གཤེགས་ཚེ་སྤྱངས་པའོ། །གཉིས་ལ་རང་གིར་མངོན་ཞེན་བྱུང་། །ཕྱི་མ་ལ་ནི་ཡིད་གཏན་ཡུལ། །ཤི་བ་ལ་ནི་དེར་ཤེས་པའོ། །ཞེས་འཆད་དོ། །ཡོ་བྱད་ཕྱི་མ་གཉིས་སྟགས་ཚིག་ཁོ་ནས་བྱིན་གྱིས་རློབ་དགོས་པའི་ངེས་པ་མེད་དེ། ཇི་སྐད་དུ། དེ་ནི་བསྔོས་པ་ཉིད་ན་བྲལ་བ་ཉིད་དོ། །ཞེས་འབྱུང་བས་སོ། །གོས་ལ་བྱིན་གྱིས་རློབ་ཚུལ་དེ་ལྟར་གསུངས་མོད། གོས་ཀྱི་རིན་དུ་གྱུར་པ་ལ་ནི་རིན་པོ་ཆེ་མ་གཏོགས། རྫས་སུ་གྱུར་པ་གང་ལ་ཡང་། ཇི་སྐད་དུ། གང་ལ་ཞེན་པ་དེ་བཅང་བར་མི་བྱའོ། །ཞེས་པ་ཙམ་ལས་བྱིན་གྱིས་རློབ་པའི་ཚིག་གཞན་གསུང་པ་མེད་དོ། །དེ་ཡང་སྨན་དང་གོས་ནི་རང་དོན་དུ་ངེས་པར་བཅང་དགོས་ལ། དེ་ཡང་མང་པོར་གྱུར་ན་ཉེས་པ་སྐྱེད་པས་བྱིན་གྱིས་རློབ་པའི་ཚིག་གསུངས་ལ། ནོར་རྫས་གཞན་ནི་རང་དོན་དུ་ངེས་པར་བཅང་མི་དགོས་པས་དཀོན་མཆོག་དང་རབ་བྱུང་མ་འོངས་པ་སོགས་ཀྱི་དོན་དུ་རྣམ་པར་བརྟགས་ནས་འཆང་བ་ལ་དགོངས་པའོ། །

གཉིས་པ་སྨན་སྟེན་པའི་ཚུལ་ལ་གསུམ་སྟེ། སྨན་ཙམ་གྱི་ངོ་བོ་ངོས་བཟུང་བ་དང་། དགེ་སློང་ལ་རུང་བའི་སྨན་གྱི་དབྱེ་བ་བྱེ་བྲག་ཏུ་བཤད་པ། ཁྱད་པར་དུ་ནད་པས་སྨན་གསུམ་བྱིན་གྱིས་བརླབས་ནས་བསྟེན་པའི་ཚུལ་ལོ། །དང་པོ་ནི། དྲི་རོ་རེག་བྱ་གསུམ་པོ་གང་རུང་གི་བདག་ཉིད་དུ་གྱུར་པའི་ཁམ་ཟས་སོ། །དེ་མགུལ་དུ་མིད་པའི་ཟས་ཁོ་ན་བཟུང་བ་མ་ཡིན་ཏེ། དྲི་དང་རེག་བྱ་ཡང་སྣ་དང་ལུས་ཀྱི་དབང་པོས་ཁམ་དུ་བཅད་ནས་མིད་པ་དེ་ཡང་ལུས་སེམས་བརྟས་བྱེད་ཡིན་པས་སྨན་དང་ཟས་སུ་འཆད་པའི་སྐབས་ཡིན་པས་སོ། །གཉིས་པ་ནི། སྨན་གང་ཡིན་དགེ་སློང་ལ་རུང་བས་མ་ཁྱབ་སྟེ། སྨན་ལ་དུས་རུང་སོགས་བཞི་པོས་མ་ཁྱབ་པའི་ཕྱིར།

དེས་ན་རུང་བའི་སྨན་ནི་བཞི་སྟེ། དུས་སུ་རུང་བ་དང་། ཐུན་ཚོད་དུ་རུང་བ་དང་། ཞག་བདུན་པ་དང་། འཚོ་བའི་བར་དུ་བཅང་བའི་སྨན་ནོ། །དང་པོ་ལ། མཚན་ཉིད་ནི། དགེ་སློང་ལ་རུང་བའི་སྨན་གང་ཞིག །དུས་ཀྱི་ཁྱད་པར་གུང་ཚིགས་ལས་འདས་པར་ལོངས་སྤྱད་ན་དུས་མ་ཡིན་པར་ཟས་ཟ་བའི་ཉེས་པར་འགྱུར་བའི་རྒྱུ་ཚོགས་སོ། །མཚན་གཞི་ནི། བཟའ་བར་བྱ་བ་རྣམ་པ་ལྔ་དང་། བཅའ་བར་བྱ་བ་ལྔ་སོགས་ཡིན་ལ། བྱེད་ལས་ནི་བཀྲེས་པའི་ནད་སེལ་བ་ལ་གཙོ་བོར་གྱུར་པའོ། །ཐུན་ཚོད་དུ་རུང་བ་ནི། དགེ་སློང་ལ་རུང་བའི་བཏུང་བའི་ཁྱད་པར་གང་ཞིག །དུས་ཀྱི་ཁྱད་པར་ཉིན་མཚན་ཀུན་ཏུ་ལོངས་སྤྱད་རུང་བའོ། །མཚན་གཞི་ནི། རྒྱུ་དུས་རུང་ངམ། དུས་མ་ཡིན་པར་རུང་བའི་སྨན་གཉིས་པོ་གང་རུང་ལས་སྦྱར་བའི་བཏུང་བ་དག་ཡིན་ལ། བྱེད་ལས་ནི་སྐོམ་པའི་ནད་སེལ་བ་ལ་གཙོ་བོར་གྱུར་པའོ། །དུས་ཐམས་ཅད་པར་ལོངས་སྤྱད་དུ་རུང་བ་དེ་ལྟ་ན་ཐུན་ཚོད་དུ་རུང་བ་ཞེས་པའི་རྣམ་བཅད་མི་འཐད་དོ་ཞེ་ན། དེ་ལྟ་མོད་ཀྱི། ནད་པས་བྱིན་གྱིས་རློབ་པའི་ཚེ། ཞག་གཅིག་ཐུ་དེའི་ཐུན་ཚོད་ཀྱི་མཐའ་ཚུན་ཆད་ཁོ་ནར་བྱིན་གྱིས་རློབ་དགོས་པས་དེ་སྐད་ཅེས་བྱའོ། །ཞག་བདུན་པ་ལ། མཚན་ཉིད་ནི། དགེ་སློང་ལ་རུང་བའི་གོང་བུའི་ཟས་གང་ཞིག །དུས་ཐམས་ཅད་དུ་ལོངས་སྤྱོད་དུ་རུང་བའོ། །མཚན་གཞི་ནི། བུ་རམ་དང་ཞུན་མར་ལ་སོགས་པ་ཉིད་ཡིན་ལ། བྱེད་ལས་ནི་རླུང་གི་ནད་སེལ་བ་ལ་གཙོ་བོར་གྱུར་པའོ། །དུས་ཐམས་ཅད་པར་ལོངས་སྤྱད་དུ་རུང་བ་དེ་ལྟ་ན་ཞག་བདུན་པ་ཞེས་པའི་རྣམ་བཅད་མི་འཐད་དོ་ཞེ་ན། དེ་ལྟ་མོད་ཀྱི་ནད་པས་བྱིན་གྱིས་རློབ་པའི་ཚེ། ཞག་བདུན་གྱི་མཐའ་ལས་ལྷག་པར་བྱིན་རླབས་མི་འཆགས་པའི་དོན་གྱིས་དེ་སྐད་ཅེས་བྱའོ། །འཚོ་བཅང་ནི། དགེ་སློང་ལ་རུང་བའི་གོང་བུའི་སྨན་གང་དག །བྱིན་གྱིས་རློབ་ན་ཇི་སྲིད་འཚོའི་མཐར་རླབ་ཏུ་རུང་བའོ། །མཚན་གཞི་ནི། ཨ་རུ་ར་ལ་སོགས་པ་དག་ཡིན་ལ། བྱེད་ལས་ནི་ལྷན་འདུའི་ནད་སེལ་བ་ལ་གཙོ་བོར་གྱུར་པའོ། །

གསུམ་པ་ནི། དགེ་སློང་ནད་པས་སྨན་ཕྱི་མ་གསུམ་བྱིན་གྱིས་མ་བརླབས་པར་ཡང་ལོངས་སྤྱད་དུ་རུང་མོད། བྱིན་ལེན་སྟོབ་པ་པོ་སོགས་མི་ལྡན་པའི་ཚེ་བྱིན་གྱིས་བརླབས་ནས་ལོངས་སྤྱོད་པའི་ཚུལ་ནི། གསུམ་སྟེ། ཐུན་ཚོད་དུ་རུང་བའི་དང་། ཞག་བདུན་པའི་དང་། འཚོ་བཅང་གི་སྨན་བྱིན་གྱིས་བརླབས་ནས་ལོངས་སྤྱད་པའི་ཚུལ་ལོ། །དང་པོ་ལ། དུས་དང་། ཡུལ་དང་། དགོས་པ། འཇིག་པའི་རྒྱུ་རྣམས་སོ། །དང་པོ་ནི། བྱིན་གྱིས་རློབ་པའི་དུས་སྤྱིར་བཏང་དུ་སྔ་དྲོ་དང་། བྱིན་རླབས་གནས་པའི་དུས་ཞག་གཅིག་ཏུ་དང་། བདུན་དུ་དང་། ཇི་སྲིད་འཚོའི་བར་དུའོ། །ཡུལ་ནི་དགེ་སློང་ཆོས་བདུན་ལྡན་གྱི་མདུན་དུའོ། །དངོས་པོ་ནི། སྨན་གསུམ་པོ་གང་ཡིན་ཀྱང་། རུང་ཚད་ལྡན། རང་དབང་བ། བྱིན་ལེན་བྱས་པ། བྱིན་གྱིས་མ་བརླབས་པའོ། །རྟེན་ནི། དགེ་སློང་ངམ་དགེ་སློབ་མ་གནས་ཕྱུང་མ་ཡིན་པ། ནད་པའམ། དགེ་བསྙེས་སམ། ལམ་ཞུགས་གང་རུང་ངོ་། །དགོས་པ་ནི། གསོག་འཇོག་མི་འབྱུང་བ་དང་། ཚོགས་ཆུད་དུས་བདེ་བ་ལ་རེག་པར་གནས་པའོ། །འཇིག་པའི་རྒྱུ་ནི། བྱིན་ལེན་ཞིག་པ་དང་། སྔགས་ཀྱིས་ཕྱུང་བ་དང་། འཕེན་པ་ཟད་པའོ། །སྔགས་ཀྱི་ཚིག་ནི། ཚེ་དང་ལྡན་པ་དགོངས་སུ་གསོལ། བདག་མིང་འདི་ཞེས་བགྱི་བའི་བཀྲུང་བའམ་ཞུན་མར་རམ་ཨ་རུ་ར་འདི། བདག་དང་ཚངས་པར་སྤྱོད་པ་ཐམས་ཅད་ཀྱི་ཐུན་ཚོད་དུ་རུང་བའམ། ཞག་བདུན་པའམ། འཚོ་བའི་བར་དུ་བཅང་བར་བྱིན་གྱིས་བརླབ་བོ། །ཞེས་ལན་གསུམ་དང་ཐབས་ལེགས་བརྗོད་པའོ། །ཐུན་ཚོད་དུ་རུང་བའི་བཀྲུང་བ་ལ་རྒྱུའི་དབྱེ་བས་གསུམ་སྟེ། རྒྱུ་དུས་རུང་ལས་དང་། ཞག་བདུན་པ་ལས་དང་། འཚོ་བཅང་གི་སྨན་ལས་སྦྱར་བའོ། །དང་པོ་དེ་བྱིན་གྱིས་རློབ་པའི་རྣམ་གཞག་རྣམས་ནི་སྤྱིར་བཏང་དུ་བརྗོད་ཟིན་པ་དེ་ཉིད་ཡིན་ལ། ཕྱི་མ་གཉིས་ཀྱི་རྣམ་གཞག་ལ། བོད་སྔ་མ་རྣམས་ཞག་བདུན་པའི་འཚོ་བཅང་དུ་བྱིན་གྱིས་རློབས་པའི་བཤད་པ་མཛད་མོད། ཐུན་ཚོད་དུ་རུང་བར་བྱིན་གྱིས་རློབ་པ་ཉིད་མདོ་ལུང་གི་དགོངས་པ་ཡིན་ཏེ། སྨན་རང་གི་ངོ་བོའི་སྒོ་ནས་ཐུན་ཚོད་དུ་རུང་བའི་བཀྲུང་བ་ཉིད་ཡིན་པའི་ཕྱིར། ཇི་ལྟར་རློབ་ན། འདི་སྐད་ཅེས། བུ་རམ་ལས་སྦྱར་བའི་བཀྲུང་བ་འདི་ཐུན་ཚོད་དུ་རུང་བའི་སྨན། ཞག་བདུན་གྱི་མཐའ་ཅན་ནམ་ཇི་སྲིད་འཚོའི་མཐའ་ཅན་ཉིད་དུ་བྱིན་གྱིས་རླབ་བོ། །ཞེས་ཟེར་དགོས་པ་ཡིན་ཏེ། ཇི་སྐད་དུ། གཞན་ཉིད་ཡིན་ན་དེའི་གང་ཡིན་པའོ། །ཞེས་དང་། འགྲེལ་བར་བྱིན་གྱིས་རླབ་པའི་ཕྱིར་ནི་ཐུན་ཚོད་དུ་རུང་བ་ཉིད་ཡིན་པར་ཤེས་པར་བྱའོ། །ཞེས་སོ། །འདི་ལ་སློབ་དཔོན་ཡོན་ཏན་འོད་ཀྱི་གོང་དུ་བྱོན་པའི་འདུལ་བ་འཛིན་པ་དག་ན་རེ། བཀྲུང་བ་དེའི་རོ་དང་སྣ་བ་རང་རང་གི་དུས་མཐའི་སྔ་ལོགས་དེར་མ་གྱུར་ན་བྱིན་གྱིས་རློབ་པའི་རྒྱུ་ལ་དེ་ལྟར་ཡིན་མོད། གྱུར་ན་དེ་ལྟ་མ་ཡིན་ཏེ། གྱུར་པ་དེའི་ཚེ་ལོངས་སྤྱད་དུ་མི་རུང་བར་སོང་བའི་ཕྱིར། །ཞེས་ཟེར་རོ། །དེ་སྐད་ཅེས་འདོན་པ་དེ་ནི་བྱིན་གྱིས་རློབ་

པའི་དུས་དང་བྱིན་རླབས་གནས་པའི་མཐའ་ཤན་མ་ཕྱེད་པ་ལས་བྱུང་བ་ཡིན་པས་འདི་ལྟར། བུ་རམ་ལས་སྦྱར་བའི་བཏུང་བ་རོ་དང་སླ་བ་ཞག་བདུན་གྱི་སྟེ་རོལ་དུ་འགྱུར་ངེས་དེ་ཆོས་ཅན། དུས་ཀྱི་ཁྱད་པར་གང་དུ་ཡང་བྱིན་གྱིས་རླབ་པར་མི་នུས་པ་ཉིད་ཀྱི་ཕྱིར་ན་བྱིན་གྱིས་བརླབ་པར་བྱ་བ་མ་ཡིན་པ་ཉིད་དུ་ཐལ་ལོ། །མི་ནུས་པ་ཅི་ཞེ་ན། ཞག་བདུན་པར་བྱིན་གྱིས་རློབ་ན་ནི་དངོས་སུ་འགལ། རོ་དང་སླ་བ་གཞན་དུ་འགྱུར་བའི་སྐད་ཅིག་དེ་ཚུན་ཆད་དུ་རློབ་ན་ནི་མངོན་ཤེས་མེད་པ་རྣམས་ཀྱིས་སྐད་ཅིག་དེ་མི་རྟོགས་པའི་རྒྱུ་མཚན་གྱིས་སོ། །མདོར་ན་སྡོམ་པ་གནས་པའི་དུས་ལས་ལྷག་པ་ཉིད་དུ་བླངས་ཀྱང་མི་སྐྱེ་བར་འགྱུར་ཏེ། སྨན་གྱི་བྱིན་རླབས་གནས་པའི་དུས་ལས་ལྷག་པར་བྱིན་གྱིས་བརླབས་ཀྱང་མི་འཆགས་པའི་ཕྱིར། ཞེས་འཆད་པ་ནི། ཇི་སྐད་དུ། དེ་ནི་མ་ཡིན་ཏེ༑ དུས་ལྷག་པ་ལ་བརྟེན་མི་འཆགས་པར་འགྱུར་བའི་ཕྱིར་དང་། ཞེས་སོགས་ཀྱིས་བསྟན་ནོ། །དེས་ན་བྱིན་གྱིས་རློབ་པའི་མཐའ་དང་། །ལོངས་སྤྱད་དུ་རུང་བའི་མཐའ་ནི་དུས་གཅིག་ཉིད་ཡིན་ལ། བྱིན་རླབས་གནས་པའི་དུས་དང་ལོངས་སྤྱོད་པའི་དུས་ཀྱང་དོན་གཅིག་ལ་འདུ་བ་ཡིན་ནོ། །འཚོ་བཅང་བྱིན་གྱིས་རློབ་པ་ཡང་། མ་ཤིའི་བར་དུ་གནས་པའི་ངེས་པ་མེད་དེ། །དེ་ལྟར་བརླབས་ཤིང་ལོངས་སྤྱད་པས་ནད་ལས་གྲོལ་ངེས་པ་དེའི་ཚེ། བྱིན་རླབས་ཞིག་པའམ། བཅངས་ན་སོག་འཇོག་ཏུ་འགྱུར་བ་གང་ཡིན་ཞེས་དཔྱོད་དགོས་པའོ། །འཚོ་བཅང་གི་སྨན་འདི་ལ། བོད་སྔ་མ་ཁ་ཅིག །ནད་ཇི་སྲིད་འཚོ་བའི་དང་། ཚེ་ཇི་སྲིད་འཚོ་བའི་ཞེས་གཉིས་སུ་དབྱེ་བ་བྱེད་མོད། དེ་འདྲའི་ཐ་སྙད་ནི་མདོ་ལུང་ལས་མི་འབྱུང་བས་ནོར་བའོ། །འོན་ཀྱང་ཚེ་ཇི་སྲིད་འཚོའི་བར་དུ་བྱིན་རླབས་འཆགས་པའི་སྨན་གང་ཡིན་པ་དེ་ལ་ཇི་སྲིད་ནད་ལས་མ་གྲོལ་གྱི་བར་དུ་བྱིན་གྱིས་རློབ་པོ་ཞེས་བརྗོད་ན་བྱིན་རླབས་འཆགས་པར་མངོན་ལ། དེ་འདྲ་དེ་ནད་ལས་གྲོལ་བའི་ཚེ་ཡང་བཟའ་བའི་ཕྱིར་བཅངས་ན་སོག་འཇོག་ཏུ་འགྱུར་ཏེ། ཞག་བདུན་པའི་སོག་འཇོག་དང་རྒྱུ་མཚན་མཚུངས་པའི་ཕྱིར། དེ་གཉིས་ཀ་ལ་རང་དུས་འདས་པའི་ཚེ་བྱིན་རླབས་ཞིག་མོད། སོག་འཇོག་ཏུ་འགྱུར་བ་ནི་བྱིན་ལེན་མ་ཞིག་པའི་རྒྱུ་མཚན་གྱིས་སོ། །དང་པོའི་རྒྱུ་མཚན་ནི། དེའི་ཚེ་འཕེན་པ་ཟད་པས་ཡིན་ལ། བྱིན་ལེན་མ་ཞིག་པའི་རྒྱུ་མཚན་ནི་དེ་འཛིག་པའི་རྒྱུ་བཙུ་པོ་གང་ཡང་མ་བྱུང་བས་སོ། །

གསུམ་པ་བདེ་བར་གནས་པའི་རྐྱེན་གནས་མལ་བསྟེན་ཚུལ་ནི། གཞན་གྱིས་བྱས་ཟིན་པའི་གནས་མལ་རྙེད་པ་ལ་ལོངས་སྤྱོད་པ་ནི་ཅི་བདེར་ལོངས་སྤྱད་པས་ཆོག་པར་བཤད་ལ། གསར་དུ་འཚོས་པ་ལ་ནི་དགེ་འདུན་གྱི་དོན་དང་རང་དོན་གཉིས་ལས། དང་པོ་ལ་མཆུ་ཞེང་གི་ཚད་ལ་ནི་ཡས་མཐའ་མ་བཤད་ཅིང་། ས་གཞི་དག་པའི་ཕྱོགས་དང་དགེ་འདུན་ལ་བསྟན་པ་ཐོབ་ནས་བྱེད་དགོས་ཀྱི། གཞན་དུ་ན་ཁང་ཆེན་རྩིག་པའི་

དགེ་འདུན་ལྷག་མས་རེག་པས་དོགས་པ་བསྲུང་དགོས་སོ། །རང་དོན་དུ་ནི་སྤྱོད་ལམ་བཞི་ཤོང་གི་ཚད་ལས་ལྷག་ན་ཁང་པའི་དགེ་འདུན་ལྷག་མ་ཆར་གཏོགས་དང་བཅས་པའི་དོགས་པ་བསྲུང་དགོས་ཤིང་། དེའི་ཚད་ནི་ཇི་སྐད་དུ། ཚད་དང་ལྡན་པའི་ཁྲུ་ཕྱེད་དང་དོ་ནི་བདེ་བར་གཤེགས་པའི་མཐོ་གང་སྟེ། ནང་རོལ་ནས་དེ་བཅུ་གཉིས་དང་བདུན་གྱི་ཚད་དོ། །ཞེས་གསུངས་སོ། །ས་གཞི་དག་པར་དཀོན་མཆོག་གསུམ་གྱི་ཕྱེད་དུ་གཙུག་ལག་ཁང་རྩིག་པ་ནི་བཅས་ལྡན་དགེ་སློང་ལ་གནང་བའི་བསླབ་བྱ་ཡིན་ཞིང་། བསོད་ནམས་ཤིན་ཏུ་ཆེ་བ་ཡིན་ཏེ༏ ཇས་ལས་བྱུང་བའི་བསོད་ནམས་བདུན་གྱི་ནང་དུ་གསུངས་པ་དང་། སྲོག་ཆགས་ལ་གནོད་པ་སོགས་ཀྱི་ཉེས་དམིགས་ཡོད་པས་གཙུག་ལག་ཁང་བྱེད་པ་ནི་ཉེས་པ་དང་བཅས་པའོ་ཞེས་ཟེར་བ་ནི་མུ་སྟེགས་གཅེར་བུ་བ་དག་གི་འདོད་པ་ཕྱིན་ཅི་ལོག་ཡིན་པའི་ཕྱིར་རོ། །སྦྱངས་པའི་ཡོན་ཏན་ལ་གནས་པར་དམ་འཆའ་བའི་དགེ་སློང་ལ་ནི་གནས་མལ་ཤིང་དྲུང་ཁོ་ན་བདེ་བར་གནས་པའི་རྒྱུན་དུ་བཤད་དོ། །སྦྱངས་པའི་ཡོན་ཏན་བཅུ་གཉིས་ལ་སློབ་པ་དེ་དགེ་སློང་དག་ལ་སྒྲུབ་པའི་བསླབ་བྱའམ་འོན་ཏེ་གནང་བའི་བསླབ་བྱ་ཡིན། དང་པོ་ལྟར་ན་རྒྱུན་དགོས་ཁྱད་པར་ཅན་དང་མི་ལྡན་པའི་དགེ་སློང་དག་གིས་དེ་དག་ལ་མ་བསླབས་ན་ཉེས་པ་གང་དུ་འགྱུར། ཉེས་པ་གཅིག་ཏུ་འགྱུར་ན་ནི་དགེ་སློང་ཕལ་ཆེར་དེ་དང་བཅས་པར་འགྱུར་ལ། གཉིས་པ་ལྟར་ན། གང་ཟག་ཇི་ལྟ་བུ་ཞིག་ལ་གནང་བ་དང་། བསླབ་བྱ་དེ་དག་ལ་བསླབས་ན་དེ་ལ་མི་སློབ་པའི་དགེ་སློང་གཞན་ལས་བསོད་ནམས་ཆེས་ལྷག་པ་མ་ཡིན་པར་འགྱུར་རོ་ཞེ་ན། འདི་ནི་ངེས་པར་སྒྲུབ་པའི་བསླབ་བྱ་ཡིན་ལ། དེ་ལ་སློབ་པར་མི་ནུས་པ་དག་གི་དེ་ལ་ཉེས་པ་མེད་པ་ཞིག་བཤད་པ་དེ་ནི་གནང་བའི་བསླབ་བྱ་ཡིན་ཏེ། ཇི་སྐད་དུ༏ ལུང་ལས། ཟས་ཀྱི་ནང་ན་བསོད་སྙོམས་ནི། །རུང་བ་སྙེད་ཀྱང་སླ་བ་སྟེ། །ཞེས་སྤྱིར་བཏང་ནས། ལྷག་པར་སྙེད་ན་འབྲས་ཆེན་ནམ་ཞེས་དང་། གོས་ཀྱི་ནང་ན་ཕྱག་དར་ཁྲོད་ནི་རུང་བ། སྙེད་ཀྱང་སླ་བ་སྟེ། ཞེས་སྤྱིར་བཏང་ནས། ལྷག་པར་སྙེད་ན། རས་སམ་རས་ཡུག་ཆེན་ནམ་ཞེས་སོགས། ཚོགས་ཆུང་དུས་འགྱོར་ན་དམིགས་བསལ་དེ་དག་ལ་བརྟེན་ཀྱང་རུང་བར་བཤད་པ་དང་། དམིགས་བསལ་རྣམས་ཚོགས་ཆུང་དུས་འགྲུབ་ཀྱང་སྤྱིར་བཏང་དེ་ཉིད་ལ་བརྟེན་ན་ཚུལ་ཁྲིམས་ཀྱི་ཕུང་པོ་ཡོངས་སུ་རྫོགས་པར་གསུངས་པའི་ཕྱིར། དེས་མཚོན་ནས་ཆོས་གོས་གསུམ་ཁོ་ན་བྱིན་གྱིས་རློབ་པ་སྤྱིར་བཏང་དང་སྒྲུབ་པའི་བསླབ་བྱ་ཡིན་ལ། འགྱོར་ན་འཚོ་བའི་ཡོ་བྱད་གཞན་ཡང་བྱིན་གྱིས་རློབ་པ་ནི་དམིགས་བསལ་ལོ། །དེ་བཞིན་དུ་བསོད་སྙོམས་ཀྱི་ཟས་གཞིར་བྱས་པ་ལ་སྟན་གཅིག་པ་སྤྱིར་བཏང་དུ་སྒྲུབ་དགོས་པ་དང་། གཞི་ཇི་བཞིན་པ་དང་ཅོག་པུ་བ་ཡང་དེ་དང་འདྲ་བའོ། །དེ་ལྟར་བཤད་པ་ན་བཅས་ལྡན་དགེ་སློང་རྣམ་དག་གིས་སྦྱངས་པའི་ཡོན་ཏན་ལ་སློབ་པའི་བསླབ་པ་ཟུར་དུ་

ལེན་པ་དང་། དེའི་ཚིག་བརྗོད་པ་གསུམ་བྱས་ནས་མཇུག་ཐབས་ལེགས་ཀྱིས་བསྡུས་པར་འཆད་པ་དེ་དག་ནི་རྣམ་པར་མ་བརྟགས་པའི་རང་བཟོ་ཁོ་ནའོ། །

བཞི་པ་སྤང་བྱ་མི་མཐུན་ཕྱོགས་ངོ་ཤེས་པའི་སྒོ་ནས་བསླབ་པ་བསྲུང་ཚུལ་ལ། ཉན་ཐོས་དང་ཐུན་མོང་བའི་སོ་སོར་ཐར་པ་འདིའི་སྤང་བྱ་ནི། མི་དགེ་བ་བཅུ་ལས་ལུས་ངག་གི་བདུན་པོ་ཁོ་ན་གཙོ་བོ་ཡིན་ཏེ། དེ་དག་དང་འགལ་བ་ལ་སོ་ཐར་དང་འགལ་བའི་ལྟུང་བ་རྣམ་པར་བཞག་པ་ཡིན་ཞིང་། ཡིད་ཀྱི་ཉེས་པ་གསུམ་པོ་བཀྲུད་ནས་སྤང་བྱ་ཡིན་མོད། དེ་དང་འགལ་བའི་བཅས་པའི་ལྟུང་བ་ནི་རྣམ་པར་མ་བཞག་པའི་ཕྱིར། དེ་ལ་དེར་བཞག་པ་ཞིག་ཐེག་པ་ཆེན་པོའི་སྡེ་སྣོད་ལས་འབྱུང་བ་དེ་ནི་བྱང་ཆུབ་སེམས་དཔའི་ཐུན་མོང་མ་ཡིན་པའི་སོ་ཐར་གྱི་དབང་དུ་བྱས་སོ། །དགེ་སློང་གི་བཅས་པ་དང་འགལ་བའི་ལྟུང་བ་ནི་སྡེ་ཚན་རྣམ་པ་ལྔ་སྟེ། ཕམ་ཕམ་པ་དང་། དགེ་འདུན་ལྷག་མ་དང་། ལྟུང་བྱེད་དང་། སོ་སོར་བཤགས་པ་དང་། ཉེས་བྱས་རྣམས་སོ། །གལ་ཏེ་སྡེ་ལྔ་པོ་འདི་བཅས་པའི་ལྟུང་བ་ཡིན་ན། མ་བཅས་པ་ལ་ཉེས་པ་འདི་དག་འབྱུང་བའི་གོ་སྐབས་མེད་དམ་ཞེ་ན། གཞན་དག་ན་རེ། དེ་ལྟར་ཡིན་ཏེ། སྤྱིར་དགེ་སློང་མ་ཡིན་པ་ལ་ཕམ་པ་ལ་སོགས་པའི་ཐ་སྙད་མེད་ཅིང་། ལུང་ལས། ལས་དང་པོ་པ་ལ་ཉེས་པ་མེད། ཆོར་བས་གཟིར་བ་དང་སྨྱོ་བ་ལ་ཉེས་པ་མེད་ཅེས་ཟེར་རོ། །དེ་ནི་སྤྱིར་བཅས་པ་དང་རང་བཞིན་གྱི་ཁྱད་པར་མ་ཕྱེད་ཅིང་། བཅས་པ་རྐྱང་པ་ཅན་གྱི་རྣམ་གཞག་མ་ཤེས་པས་ནོངས་པ་ཡིན་ནོ། །འོ་ན་དེའི་ཁྱད་པར་ཇི་ལྟ་བུ་ཞེ་ན། འདོད་པ་ཁམས་པའི་རྟེན་ལ། གཙོ་བོར་ཉོན་མོངས་པས་ཀུན་ནས་བསླང་བའི་ལུས་ངག་གི་ལས་གང་བྱས་ཀྱང་། བཅས་པ་ཡོད་མེད་ཀྱི་རྟེན་གཉིས་ཀ་ལ་ཁ་ན་མ་ཐོ་བར་འགྱུར་བ་ལ་ཁྱད་པར་མེད་དེ། མི་དགེ་བ་ཉིད་ཡིན་པའི་ཕྱིར། བྱ་བ་གཅིག་ཉིད་ལ་ཕམ་པ་ལ་སོགས་པའི་ལྟུང་བའི་ཐ་སྙད་འདོག་མི་འདོག་ནི་བཅས་པ་ཡོད་མེད་ལས་ཕྱེ་བ་ཡིན་ཏེ། དཔེར་ན་ཁྱིམ་པས་མ་བྱིན་པར་བླངས་པ་དང་། དགེ་སློང་གིས་དེར་བླངས་པ་བཞིན་ནོ། །བཅས་རྐྱང་ཞེས་པ་ནི་རབ་ཏུ་བྱུང་བ་ལ་སྤྱིར་བཀག་ཅིང་། བྱ་བ་དེའི་ཀུན་སློང་དགེ་བས་ཀྱང་བྱེད་སྲིད་པ་རྣམས་ཏེ། མྱོས་འགྱུར་འཐུང་བ་དང་སྐྱེ་བ་གཙོད་པའི་ལྟུང་བྱེད་ལྟ་བུའོ། །འོ་ན་ཁྱིམ་པས་ཀུན་སློང་ཉོན་མོངས་པ་ཅན་གྱིས་སྐྱེ་བ་གཅད་པ་ལྟ་བུ་ལ་ཉེས་པ་མི་འབྱུང་བར་འགྱུར་ཏེ། དེ་བཅས་རྐྱང་ཡིན་པ་གང་ཞིག །ཁྱིམ་པ་ལ་བཅས་པ་མེད་པའི་ཕྱིར་སྙམ་ན། ཀུན་སློང་ཉོན་མོངས་པ་ཅན་དེའི་ཆ་ནས་རྟེན་གཉིས་ཀ་ལ་ཡིད་ཀྱི་ཁ་ན་མ་ཐོ་བར་འགྱུར་བ་ཡིན་མོད། བཅས་ལྟུང་དུ་འདོག་པ་ནི་ཀུན་སློང་ཉོན་མོངས་ཅན་ལ་རག་ལས་པ་མ་ཡིན་ཏེ། ཀུན་སློང་དགེ་བས་བྱས་ཀྱང་། ཆང་འཐུང་བ་དང་སྐྱེ་བ་གཙོད་པ་ལྟ་བུའི་ལུས་ངག་གི་བྱ་བ་མཐར་ཕྱིན་པའི་ཚེ་དགེ་སློང་ལ་བཅས་ལྟུང་དུ་འདོག་པ་ཡིན་པས་སོ། །དེ་

ལྷ་བུའི་བཅས་ལྟུང་དེ་འབྱུང་བའི་རྟེན་གྱི་གང་ཟག་ནི་སྡོམ་པ་གསོར་རུང་ཡན་ཆད་དང་ལྡན་པ། བསླབ་པ་བཅས་པ་དང་འགལ་བ། ཤེས་པ་རང་བཞིན་དུ་གནས་པ་དང་གསུམ་ཚང་བ་ཞིག་དགོས་སོ། །གསོར་རུང་གི་ཚད་ནི། ལྟུང་བ་གཞན་བྱུང་ཡང་ཕམ་པ་འཆབ་བཅས་ཀྱིས་མ་གོས་ན་བཅས་ལྟུང་སྐྱེ་བའི་རྟེན་དུ་འཇོག་པ་ཡིན་ཏེ༏ ཕམ་པ་འཆབ་མེད་དག་བྱེད་དུ་ཆད་པའི་ལས་ཀྱི་བསླབ་པ་བྱིན་ཆགས་སྤྱོད་བཞིན་པ་དེ་ལྟུང་བ་སྣེ་ལྔ་སྐྱེད་པའི་རྟེན་དུ་དགེ་སློང་རྣམ་དག་དང་འདྲ་བར་གསུངས་པས་སོ། །ཕམ་པ་འཆབ་མེད་ཅན་སྡོམ་པ་གསོར་རུང་དང་ལྡན་པའི་ཤེས་བྱེད་ནི་ཚེ་དེ་ལ་དགྲ་བཅོམ་པ་འཐོབ་པའི་སྐལ་བ་ཡོད་པའོ། །ཕམ་པ་འཆབ་བཅས་ཅན་ཡིན་ཀྱང་། ལྟུང་བ་སྐྱེད་པའི་རྟེན་དུ་གཏན་མི་རུང་བ་ནི་མ་ཡིན་ཏེ། ཇི་སྐད་དུ། ཉམས་པ་ལྟུང་བ་ལ་སྦྱོར་ན་ཉེས་བྱས་ཞེས་བཤད་པའི་ཕྱིར། འོ་ན་ཕམ་པ་འཆབ་བཅས་གཅིག་བྱུང་བའི་ཚེ། སྡོམ་པའི་ཕྱོགས་གཅིག་ཉམས་པ་ཡིན་ནམ་མཐའ་དག་ཉམས་པ་ཡིན་ཞེ་ན། སློབ་དཔོན་དབྱིག་གཉེན་གྱིས། ཁ་ཅེ་རྣམས་ནི་བྱུང་བ་ལ༏ ༏བུ་ལོན་ནོར་བཞིན་གཉིས་སུ་འདོད། །ཅེས་གསུངས་པ་དེའི་དོན་ནི། སྒྲིག་གཅོད་ཀྱི་ཕམ་པ་ལྷ་བུ་གཅིག་གིས་རང་གི་དངོས་ཀྱི་གཉེན་པོ་དེ་ཁོ་ན་ཉམས་པར་བྱེད་ཀྱི། གཞན་རྣམས་དེར་བྱེད་པ་མ་ཡིན་ཏེ། སྡོང་བ་བདུན་པོ་རྫས་ཐ་དད་དུ་སྐྱེ་བའི་ཕྱིར། ཞེས་པ་ཡིན་ལ། དེའི་ལྟར་ན་སྒྲིག་གཅོད་ཀྱི་ཕམ་པ་འཆབ་བཅས་ཅན་གྱི་དགེ་སློང་དེ་མ་བྱིན་ལེན་གྱི་ཕམ་པ་སྐྱེད་པའི་རྟེན་དུ་རུང་བར་འཆད་པའོ། །དོན་དེ་ལ་དགོངས་ནས། སོ་སོར་ཐར་པའི་མདོ་ལ། དགེ་སློང་གང་དགེ་སློང་རྣམས་དང་བསླབ་པ་མཚུངས་པར་གྱུར་པས་བསླབ་པ་མ་ཕུལ་བསླབ་པ་ཉམས་པར་མ་བྱས་པར་མི་ཚངས་པར་སྤྱོད་པ་འཁྲིག་པ་ལས་བྱུང་བའི་ཆོས་བསྟེན་ན་དགེ་སློང་དེ་ཡང་ཕམ་པར་གྱུར་པ་ཡིན་གྱི། གནས་པར་མི་བྱའོ། །ཞེས་སྡོམ་པ་འཐོབ་རྒྱུས་ཐོབ་ནས། འབུལ་བྱེད་ཀྱི་ཆོ་གས་མ་ཕུལ་ན། ལྟུང་བ་ཇི་ལྟ་བ་བཞིན་དུ་སྐྱེད་པའི་རྟེན་དུ་གསུངས་ལ། ཕམ་པ་མ་བྱུང་བ་ཞིག་རྟེན་དུ་དགོས་པའི་བཤད་པ་མེད་དོ། །འོ་ན་དེར་ཉམས་པར་མ་བྱས་པ་ཞེས་བཤད་པ་མ་ཡིན་ནམ་ཞེ་ན། དེ་ནི་ལྟུང་བས་ཉམས་པར་མ་བྱས་པ་ཞེས་བྱ་བའི་དོན་མ་ཡིན་གྱི། འབུལ་བྱེད་ཀྱི་ཆོ་གས་ཉམས་པར་མ་བྱས་པ་ཞེས་པའི་དོན་ནོ། །ཕུལ་བ་དང་ཉམས་པའི་ཁྱད་པར་ཅི་ཞེ་ན། ཡུལ་སྨྲ་ཤེས་དོན་གོའི་དྲུང་དུ་བསླབ་པ་རང་གི་ངོ་བོ་འབུལ་བའི་ཚིག་བརྗོད་པ་དང་། དེ་དངོས་སུ་མི་བརྗོད་པར་བསླབ་པ་དེ་ལ་མི་སློབ་པའི་རྒྱུ་བརྗོད་པའོ། །དཔེར་ན་བསླབ་པ་འབུལ་ལོ་ཞེས་པ་དང་། དཀོན་མཆོག་གསུམ་ལོ་ཞེས་པ་ལྟ་བུ་ཡིན་ལ། གཉིས་ཀ་ལ་ཡང་བསླབ་པ་གཏོང་འདོད་ཀྱི་བསམ་པ་ཀུན་སློང་དུ་དགོས་པ་ལ་ཁྱད་པར་མེད་དོ། །

དེ་ལྟར་སྤྱིར་བཤད་ནས། སོ་སོའི་ངོས་འཛིན་ལ་སྡེ་ཚན་ལྔ་ལས། དང་པོ་ཕམ་པའི་སྡེ་ནི། མདོ་ལས།

མི་ཚངས་སྤྱོད་དང་རྐུ་བ་དང་། །མི་ལ་བསད་པར་མི་བྱ་དང་། །རྫུན་དུ་སྨྲ་དང་བཅས་པ་ཡི། །ཆོས་བཞི་འདིར་ནི་གསུངས་པ་ཡིན། །ཞེས་སོ། །དེ་ཡང་སྟོན་པ་མངོན་པར་རྫོགས་པར་སངས་རྒྱས་ནས་ལོ་བཅུ་གཉིས་ཀྱི་བར་དུ་བསྟན་པ་ལ་སྐྱོན་མ་བྱུང་བས་བཅས་པ་མ་མཛད་ལ། བཅུ་གསུམ་པ་ལ་བབ་པ་ན། ཡུལ་སྤོང་བྱེད་དུ་གང་ཟག་དགེ་སློང་བཟང་སྦྱིན་གྱིས། ཉོན་མོངས་པ་འདོད་ཆགས་ཀྱི་དབང་གིས། ཉེས་པ་མི་ཚངས་པར་སྤྱོད་པ་ལ་བརྟེན་ནས། ཕམ་པ་དང་པོའི་བཅས་པ་དེ་མཛད་དོ། །བཟང་སྦྱིན་ལ་ནི་ཕམ་པ་འདི་མ་བྱུང་སྟེ། དེའི་གོང་དུ་དོན་དེ་ལ་ཕམ་པར་བཅས་པ་མ་མཛད་པའི་ཕྱིར། དེ་བཞིན་དུ་གང་ལ་བཅས་པ་དང་པོར་མཛད་པའི་དགེ་སློང་དེ་ལ་བཅས་པ་དེ་དང་འགལ་བའི་ལྟུང་བ་མ་བྱུང་ཞིང་། དོན་དེ་ལ་དགོངས་ནས་ལས་དང་པོ་པ་ལ་ལྟུང་བ་མེད་ཅེས་འཆད་དོ། །དེ་ནས་ལྟུང་བ་སོ་སོར་ངེས་འཛིན་པའི་ཚུལ་ནི། ཡན་ལག་གི་རྩི་བ་རྣམ་པར་བཞག་པའི་སྒོ་ནས་ངེས་བཟུང་བར་བྱ་སྟེ། དེ་ལྟར་བྱས་ན་ངེས་འཛིན་སླ་བ་དང་། བསྲུང་མཚམས་ཤེས་པ་དང་། ཕྱིར་བཅོས་པའི་ཚུལ་བདེ་བླག་ཏུ་རྟོགས་ནུས་པའོ། །དེ་ཡང་འདི་ལྟར། ཕམ་པ་དང་པོ་ལ། གཞི་དང་། བསམ་པ་དང་། སྦྱོར་བ་དང་། མཐར་ཐུག་གི་ཡན་ལག་བཞི་ལས། གཞི་ནི། གང་ལ་རྩོལ་བའི་ཡུལ་གྱི་ཡན་ལག་ནི། ལུས་ཕྱེད་དུ་ལོངས་པ་ཡན་ཆད་ཀྱི་རྨའི་སྒོ་གསུམ་པོ་གང་ཡང་རུང་བ་མ་ཉམས་པ། དོན་བྱེད་ནུས་པའོ། །དེ་ལ་རྩོལ་བ་རྟེན་གྱི་ཡན་ལག་ནི། རང་རྒྱུད་དུ་གཏོགས་པའི་ནོར་བུ་ནད་མེད་ལས་སུ་རུང་བའོ། །བསམ་པ་ཀུན་སློང་ནི་བདེ་བ་ཉམས་སུ་མྱོང་བར་འདོད་དོ། །སྦྱོར་བ་ནི་རེག་ཅིང་བརྩལ་བའོ། །མཐར་ཐུག་བདེ་བ་ཉམས་སུ་མྱོང་བའོ། །དེ་ལྟ་བུའི་ཡན་ལག་རྣམས་ལས་གང་ཡང་རུང་བ་རེ་རེ་ཚང་ཞིང་མཐའ་དག་མ་ཚང་ན། ཕམ་ལྟག་གི་སྐབས་འདིར་སྦོམ་པོ་ཞེས་བྱ་ཞིང་། ལྟུང་བ་གཞན་རྣམས་ཀྱི་སྐབས་སུ་ཉེས་བྱས་ཞེས་བྱའོ། །

གཉིས་པ་མ་བྱིན་ལེན་ལ། གླེང་གཞི་ནི། ཡུལ་རྒྱལ་པོའི་ཁབ་ཏུ། རྟེན་དགེ་སློང་ནོར་ཅན། ཉོན་མོངས་པ་འདོད་ཆགས། ཉེས་པ་མ་བྱིན་པར་བླངས་པའོ། །ཡན་ལག་ལ། གཞི། བསམ་པ། སྦྱོར་བ། མཐར་ཐུག་བཞི་ལས། དང་པོ་ནི། ཡུལ་མིའི་འགྲོ་བ་པ་ཡིན་པ། བདག་ཉིད་ལས་ནོར་རྫས་ཐ་དད་པ། དངོས་པོ་ཁ་ཟས་སུ་བྱས་པ་མ་ཡིན་པ། རིན་ཐང་ཚང་བའོ། །དེའི་ཁྱད་པར་ཡང་ཀརྵ་པ་ནའི་བཞི་ཆར་ལོངས་པ། དེའི་ཁྱད་པར་ཡང་། ཡུལ་གཅིག་ཏུ་དང་། དུས་གཅིག་ཏུ་དང་། སྦྱོར་བ་གཅིག་གི་ནང་དུ་རིན་ཐང་ཚང་བ། བརྐུ་བྱ་དང་། རྐུ་བྱེད་གཉིས་ཀ་ལ་རིན་ཐང་ཚང་བའོ། །བཞི་ཆའི་ཚད་དེ་གང་ཞེ་ན། མདོ་ལུང་དུ་མ་ཥ་ཀ་ལྔ་ལ་བཤད། མ་ཥ་ཀ་ཞེས་པ་ནི་སྲན་མའི་མིང་ཡིན་ལ། དེ་ལ་སེ་བ་བརྒྱད་ཡོད་པ་ཡིན་ཏེ། ཉིད་ཀྱི་རྣམ་པར་བཤད་པ་ལས། མ་ཥ་སེ་བ་བརྒྱད་ཅེས་བྱ། །མ་ཥ་བརྒྱད་ལ་ཞོ་གཅིག་འདོད། །གསེར་ཞོ་གང་ལ་རབ་བརྗོད་དེ། །གསེར་ཞོ་བརྒྱད་ལ

སྲང་གཅིག་གོ། ཞེས་བཤད་པ་དེའི་ཚེ་ན། མ་ཥ་ཀ་ལྔ་ནི་སེ་བ་བཞི་བཅུ་ཐམ་པ་ཡིན་ལ། དེ་ཡང་གསེར་གྱི་ཀརྵ་པ་ཎའི་དབང་དུ་བྱས་ན། གསེར་འགྱུ་མའི་ཞོ་གང་དང་སེ་བ་བརྒྱད་འབྱུང་། དངུལ་གྱི་ཀརྵ་པ་ཎའི་དབང་དུ་བྱས་ན། གསེར་དངུལ་གཉིས་ལྔ་འགྱུར་དུ་བྱེད་པ་དེའི་ཚེ། གསེར་སེ་བ་བརྒྱད་རིན་ཐང་གི་ཚད་དུ་བྱུང་ངོ་། །འདིར་གསེར་དངུལ་གྱི་ཀརྵ་པ་ཎ་གཉིས་གང་བཟུང་ཞེ་ན། རང་འགྲེལ་གྱི་ཚིག་དྲངས་མ་ཐག་པ་དེ་ལ་དཔགས་ན་གསེར་དུ་གསལ་ལ། གཞི་འགྲེལ་དང་གཞུང་འགྲེལ་གཉིས་ལས་ཀརྵ་པ་ཎ་ཞེས་པ་ནི། ཟོང་གི་ཁྱད་པར་དངུལ་ལས་བྱས་པ། གཟུགས་སུ་དོད་པ། བཙོང་དུ་རུང་བ། ཞེས་མཐུན་པར་གསུངས་པས་ན་དངུལ་དུ་གསལ་ལོ། །བཞི་པ་ཆ་ལའང་གཅིག་ཏུ་ངེས་པ་མེད་དེ། མ་ཥ་ཀ་གསུམ་ལ་དེར་བཤད་པ་དང་། ལྔ་ལ་བཤད་པ་དང་། བཅུ་ལ་བཤད་པ་དང་གསུམ་ཀ་ལུང་ལས་བྱུང་ངོ་། །འདི་དག་ཀྱང་རིན་ཐང་གི་ཚད་བཟུང་བ་ཡིན་གྱི། གསེར་རམ་དངུལ་ཁོ་ན། དགོས་པ་ནི་མ་ཡིན་ཏེ། གསེར་ཞོ་གང་གི་རིན་ཐང་གི་ཚད་འཛོག་པ་བཞིན་ནོ༔ །གཞུང་དང་མདོ་ལུང་གི་དངོས་བསྟན་ཇི་སྐད་བཤད་པ་དེ་ལས་མཐའ་ཆོད་པར་བཤད་རྒྱུ་མེད་མོད། དུས་འདིའི་དབང་དུ་བྱས་པའི་ལག་ལེན་གོ་བདེ་བར་བརྗོད་ན། གསེར་གྱི་ཀརྵ་པ་ཎའི་དབང་དུ་བྱེད་པ་དང་། དེའི་བཞི་ཆ་མ་ཥ་ཀ་གསུམ་ལ་བྱས་ནས། དེའི་ཚེ་གསེར་སེ་བ་ཉི་ཤུ་རྩ་བཞི་འབྱུང་བ་དེ་རིན་ཐང་གི་ཚད་དོ། །བསམ་པ་ལ་གཉིས་ལས། འདུ་ཤེས་ནི་མ་འཁྲུལ་བའོ། །ཀུན་སློང་ནི་རྫས་འདི་ནི་གཞན་གྱི་ཡིན་ཏེ། མ་གནང་ཡང་བདག་ཉིད་ཀྱི་འཚོ་བའི་ཆེད་དུ་གཏན་དུ་དབྲལ་སྙམ་པའོ། །སྦྱོར་བ་ནི། ལུས་ངག་ཏུ་གྲུབ་པའི་སྒོ་ནས་རྐུ་བར་རྩོམ་པའོ། །མཐར་ཐུག་ནི་གྲུབ་བློས་ཁྱད་པར་དུ་བྱས་པའི་གནས་སྤྱགས་སོ། །འདི་ལ་ཁ་ཅིག་གི་གསུང་ནས། མཐར་ཐུག་ལ་གནས་སྤྱགས་དགོས་ན། མཁར་ཞིང་སོགས་རྐུ་བ་མི་སྲིད་པར་ཐལ་ལོ་ཞེས་གསུངས་མོད། དེའི་དོན་གནས་ནས་གནས་སུ་སྤོང་བ་ལ་བཤད་ན་དེ་ལྟར་ཐལ་ཡང་། དེ་ལྟར་དགོས་པ་མ་ཡིན་གྱི། དབང་བའི་གནས་ནས་མི་དབང་བའི་གནས་སུ་སོང་བ་ལ་བྱེད་པར་འདོད་ལྡན་དུ་བཤད་ལ། དེའི་གོ་བ་ཡང་གྲུབ་བློ་སྐྱེས་པ་སྟེ། དེ་ཡང་རྐུན་མ་ལ་ཐོབ་བློ་དང་བདག་པོའི་བསམ་པས་གཏང་བ་གཉིས་ཚོགས་པར་གྱུར་བའོ། །བདག་པོའི་བསམ་པས་མ་བཏང་ན་ཐོབ་བློ་སྐྱེས་པ་ཙམ་གྱིས་ཚོག་པ་མ་ཡིན་ཏེ། ཇི་སྐད་དུ། ཁྱེར་བ་ཉིད་ན་བསམ་པས་མ་བཏང་བ་ནི་བདག་པོ་དང་མ་བྲལ་བ་ཉིད་ཡིན་ནོ། །ཞེས་གསུངས་ལ་དེ་དང་མ་བྲལ་ན་གནས་སྤོས་སུ་བཞག་མི་ནུས་ཏེ། བདག་པོ་སྔ་མ་དང་མ་བྲལ་བའི་ཕྱིར། གནས་སྤོས་ཀྱི་ཚད་འཛོག་པ་དེ་ཡང་དངོས་པོའི་གནས་ཚོད་ལ་རག་ལས་པ་ཡིན་ཏེ། ཇི་སྐད་དུ། སྦྱིངས་པ་ལ་ནི་གནས་ཀྱི་སྟེང་ནས་རྫས་ཀྱི་སྟེང་བྱེད་ནའོ། །ཞེས་དང་། བཏུས་ནས་ནི་ཕྱུང་པོ་ནའོ། །ཞེས་པ་ལྟ་བུ་གནས་སྤོས་ཀྱི་ས་མཚམས་འཛོག་ལུགས་མི་འདྲ་བ་མང་

དུ་གསུངས་སོ། །

གསུམ་པ་སྲོག་གཅོད་ལ། གླེང་གཞི་ནི། ཡུལ་སྙོལ་རྒྱུའི་ཚལ་དུ། གང་ཟག་དགེ་སློང་རབ་ཏུ་མང་པོ་ལ། ཉོན་མོངས་པ་ཞེ་སྡང་གིས། ལས་སུ་བྱ་བ་མིའི་འགྲོ་བ་པའི་སྲོག་ཕྲོགས་པ་ལས་བཅས་སོ། །ཁ་ཅིག་དགེ་སློང་སྲིད་བྱེད་ལ་བཅས་པ་ཡིན་ཟེར་བ་ནི་མི་འཐད་དེ། ལུང་རྣམ་འབྱེད་ཀྱི་འགྲེལ་པར། དགེ་སློང་སྲིད་ཅེས་བྱ་བ་ནི་མི་ཁྲིམ་པ་ཞིག་གི་མིང་སྟེ། ཞེས་བཤད་པ་དང་འགལ་བས་སོ། །བྱེད་རྒྱུ་ལ་བཞི་ལས། དང་པོ་གཞི་ལ། ཡུལ་ནི་མི་འགྲོ་བ་པ། རང་ལས་རྒྱུད་ཐ་དད་པའོ། །བསམ་པ་ལ་གཉིས་ལས། འདུ་ཤེས་ནི་མ་འཁྲུལ་བ། ཀུན་སློང་ནི་གསོད་པར་འདོད་པའི་བསམ་པ་རྒྱུན་མ་ཆད་པ། སྦྱོར་བ་རང་ངམ་བསྐོས་པའི་ལུས་ངག་ཏུ་གྲུབ་པ། མཐར་ཐུག་དེའི་རྐྱེན་གྱིས་སྲོག་འགགས་པའོ། །འདི་ལ་སྦྱོར་བ་དངོས་གཞིའི་བར་དུ་བསམ་པ་རིགས་མི་མཐུན་གྱིས་བར་མ་བཅད་པ་ཞིག་དགོས་ཏེ། ཇི་སྐད་དུ། འདུན་པ་ལྡོག་པའི་འོག་ཏུ་ནི་རྒྱུ་ཉིད་མ་ཡིན་ནོ། །ཞེས་སོ། །བཞི་པ་རྫུན་སྨྲ་ལ། གླེང་གཞི་ནི། ཡུལ་ཡངས་པ་ཅན་དུ། གང་ཟག་ཉ་བ་ལས་རབ་ཏུ་བྱུང་བའི་དགེ་སློང་ལྔ་བརྒྱས། ཉོན་མོངས་པ་མི་ཤེས་པས་མིའི་ཆོས་བླ་མ་ཡང་དག་པ་མ་ཡིན་པར་སྨྲས་པའོ། །བྱེད་རྒྱུའམ་རྒྱུ་ཚོགས་ལ་བཞི་ལས། གཞིའི་ཡན་ལག་ནི། ཡུལ་ཐ་སྙད་ལྔ་ལྡན་རང་ལས་རྒྱུད་ཐ་དད་པ། དངོས་པོ་ནི་མིའི་ཆོས་བླ་མ། འདུ་ཤེས་མ་འཁྲུལ་བ་དང་། ཀུན་སློང་ནི་སྨྲ་འདོད་རྒྱུན་མ་ཆད་པ། སྦྱོར་བ་ངག་མཚན་ཉིད་དྲུག་ལྡན། མཐར་ཐུག་དེའི་རྐྱེན་གྱིས་དོན་གོ་བའོ། །ཐ་སྙད་ལྔ་ནི། སྨྲ་ཤེས་པ། དོན་གོ་བ། ཤེས་པ་རང་བཞིན་དུ་གནས་པ། མ་ནིང་དང་མཚན་གཉིས་པ་མ་ཡིན་པའོ། །ངག་མཚན་ཉིད་དྲུག་ལྡན་ནི། །རང་གིས་དང་། ངག་གིས་དང་། བདག་ཉིད་དང་འབྲེལ་བ་དང་། བསམ་པའི་དོན་དང་། གསལ་པོར་མངོན་སུམ་དུ་སྨྲས་པའོ། །ཆོས་བླ་མ་ནི། འཇིག་རྟེན་པའི་བསམ་གཏན་བཞི་དང་། དེ་ལ་བརྟེན་པའི་ཡོན་ཏན་སྤྱན་དང་མངོན་པར་ཤེས་པ་དང་། རྣམ་ཐར་དང་ངེས་འབྱེད་ཆ་མཐུན་སོགས་དང་། འཇིག་རྟེན་ལས་འདས་པའི་ཡོན་ཏན་རྒྱུན་དུ་ཞུགས་པའི་འབྲས་བུ་ལ་སོགས་པ་རྣམས་སོ། །དེ་ལྟར་ཕས་ཕམ་པའི་རྒྱུ་ཚོགས་སུ་བཤད་པ་རྣམས་ལས། མཐའ་དག་མ་ཚང་ན་སྡོམ་པོའི་ལྟུང་བ་དང་། ཚང་ན་ཕམ་པའི་དངོས་གཞིའོ། །དེ་ལའང་འཆབ་མེད་དང་། འཆབ་བཅས་གཉིས་སོ། །ཁྱད་པར་ནི། མཐར་ཐུག་གྲུབ་རྗེས་སུ་འཆབ་སེམས་མ་སྐྱེས་པ་དང་སྐྱེས་པའོ། །གཉིས་པོ་གང་བྱུང་ཡང་ཚུལ་ཁྲིམས་འཆལ་བར་བྱེད་ཀྱི། སྡོམ་པ་གཏོང་བ་ནི་མ་ཡིན་ཏེ། རྩ་བའི་ལྟུང་བ་བྱུང་བ་སྡོམ་པའི་གཏོང་རྒྱུར་མདོ་ལུང་གང་ལས་ཀྱང་མ་གསུངས་པའི་ཕྱིར། དེ་ལྟ་མོད་ཀྱི་འཆབ་མེད་དེ་དག་བྱེད་དུ་ཆད་པའི་ལས་ཉམས་སུ་བླངས་ན་ཚེ་དེ་ལ་རྣམ་པར་གྲོལ་བའི་མཐུ་ཡོད་ལ། དེ་ལྟར་མ་བླངས་ན་དེའི་མཐུ་མེད་དོ། །

འཆབ་བཅས་ཅན་ནི་ཚུལ་ཁྲིམས་དག་བྱེད་དུ་ཆད་ལས་ཉམས་སུ་ལེན་པ་མེད་ཅིང་། ཚེ་དེ་ལ་རྣམ་པར་གྲོལ་བའི་མཐུ་མེད་པས་གནས་ནས་སྐྲོད་པར་གསུངས་སོ། །འདི་གནས་ཕྱུང་ནན་ཏུར་གྱི་ནང་དུ་མི་གཏོགས་ཏེ། དེ་འདྲ་དེ་ནན་ཏུར་གང་ཡང་འཆགས་པའི་རྟེན་དུ་མི་རུང་བའི་ཕྱིར། འདིས་བསླབ་པ་ཕུལ་ནས་ཁྱིམ་པ་ཉིད་དུ་གྱུར་པ་དེ། སླར་ཡང་སྡོམ་པའི་རྟེན་དུ་རུང་བ་ནི་མ་ཡིན་ཏེ། རྒྱུད་གསོར་མི་རུང་དུ་གྱུར་པའི་ཕྱིར། བར་མ་རབ་ཏུ་བྱུང་བ་ཙམ་གྱི་རྟེན་དུ་རུང་ཞིང་། དེའི་ཚེ་ན་བར་མ་ཡང་དག་པར་བླངས་པ་གསུམ་རིམ་པར་བསྲུང་དགོས་པ་ཡིན་མོད། ལྷུང་བ་སྡེ་ལྔ་པོ་གང་རུང་གི་རྒྱུ་ཚོགས་ལ་སྤྱར་ན་ལྟུང་བ་ཉེས་བྱས་སུ་འགྱུར་བ་ནི་མ་ཡིན་ཏེ། དེ་སྡོམ་པ་སྔ་མ་བཏང་ཞིང་ཕྱི་མ་མ་སྐྱེས་པའི་ཕྱིར། དེ་ལྟར་བཤད་པ་ན་སྲོག་གཅོད་ཕམ་པ་འཆབ་བཅས་ཁོན་བྱུང་བའི་སྡོམ་ལྡན་དེ་ཕམ་པ་གཞན་གསུམ་པོའི་དངོས་གཞི་སྐྱེད་པའི་རྟེན་དུ་རུང་བ་ཉིད་དུ་བྱེ་སྨྲས་འདོད་པ་གྲུབ་ལ། ཉམས་པ་ལྟུང་བ་ལ་སྦྱོར་ན་ཉེས་བྱས་སོ། །ཞེས་པ་དེ་ནི། སྲོག་གཅོད་ཆར་གཏོགས་དང་བཅས་པ་ལྟ་བུ་ལ་དགོངས་སོ། །བྱེ་སྨྲའི་འདོད་པ་འདི་ཉིད་མདོ་ལུང་གི་དོན་ལ་ཞུགས་པར་སློབ་དཔོན་སྔ་མ་རྣམས་འཆད་པ་ལྟར་ལེགས་པ་ཡིན་ཏེ། ལུང་ལས་ཕམ་པ་བཞི་ཆར་བྱུང་བའི་དགེ་སློང་གསུངས་པ་དང་། སྤོང་བ་བདུན་པོའི་གཅིག་བླངས་པས་ཐམས་ཅད་བླངས་པར་མི་འགྱུར་བའི་རིགས་པ་ལས་སོ། །

གཉིས་པ་དགེ་འདུན་ལྷག་མའི་སྡེ་ཚན་ལ། །མདོ་ལས། ཁུ་བ་འཛིན་པ་འཁྲིག་ཚིག་བསྟེན་བཀུར་སྐྱན། །

ཁང་པ་ཁང་ཆེན་དང་ནི་གཞི་མེད་པ། །བག་ཙམ་དགེ་འདུན་དབྱེན་དང་དེ་རྗེས་ཕྱོགས། །ཁྱིམ་སུན་དབྱེན་དང་བཀའ་བློ་མི་བདེ་བའོ། །ཞེས་གསུངས་པ་ལས། དང་པོ་འབྱིན་པའི་ལྷག་མ་ལ། གླེང་གཞི་ནི། ཡུལ་མཉན་ཡོད་དུ། གང་ཟག་འཆར་ཀས། ཉོན་མོངས་པ་འདོད་ཆགས་ཀྱིས། ཉེས་པ་རང་གི་ཁུ་བ་བསམ་བཞིན་དུ་ཕྱུང་བའོ། །དགག་བྱ་ནི་དངོས་སུ་རང་གི་ལུས་ལ་གནོད་པ་དང་། རྒྱུད་ནས་ཕམ་པ་དང་པོའི་རྒྱུར་འགྱུར་བའོ། །རྒྱུ་ཚོགས་ཀྱི་ཡན་ལག་ལ་བཞི་ལས། དང་པོ་གཞི་ལ། གང་དབྱུང་བ་རང་གི་ཁུ་བ་ཡིན་པ། གང་གིས་དབྱུང་བ་སེམས་ཅན་དུ་བགྲང་བ་དང་དེའི་རྣམ་པར་གནས་པ། གང་ནས་དབྱུང་བ་དང་པོ་གང་ན་ཡོད་པའི་གནས་ནས་ཐ་སྙད་དུ་བྱར་ཡོད་པའི་ཚད་དུ་ལོངས་པའོ། །

གཉིས་པ་ནི། བསམ་པ་འདུ་ཤེས་མ་འཁྲུལ་བ་དང་། ཀུན་སློང་ཁུ་བ་དབྱུང་བའི་འདུན་པ་རྒྱུན་ཆགས་སོ། །སྦྱོར་བ་ནི་རེག་ཅིང་བརྩལ་བ། མཐར་ཐུག་སྤྲུབས་སུ་འོངས་ཤིང་བདེ་བ་མྱོང་བའོ། །གཉིས་པ་འཛིན་པའི་ལྷག་མ་ལ། གླེང་གཞི་ནི། ཡུལ་མཉན་ཡོད་དུ། གང་ཟག་འཆར་ཀས། ཉོན་མོངས་པ་འདོད་ཆགས་ཀྱིས་བུད་མེད་ཀྱི་ལུས་ལ་རེག་པའོ། །དགག་བྱ་ནི་ཕམ་པ་དང་པོའི་རྒྱུར་འགྱུར་བ་སོགས་སོ། །རྒྱུ་ཚོགས་ཀྱི་ཡན་

ལག་ལ་བཞི་ལས། དང་པོ་ལ། ཡུལ་མིའི་བུད་མེད་ཤེས་པ་རང་བཞིན་དུ་གནས་པ། །མཚན་དོན་བྱེད་ནུས་པ། ལུས་རྟེན་རུང་མ་ཉམས་པ། རླུའི་སྒོ་གསུམ་ལས་གཞན་པ། ལུས་དངོས་སམ། སྒྲའམ། དེ་དང་འབྲེལ་བའི་གོས་ཡིན་པ། གང་གིས་རེག་བྱེད་ནི། རང་གི་ལུས་མ་ཉམས་པ། ཟག་བྱེད་ལས་གཞན་པ། མིག་ནས་བྱུས་མོའི་བར་གང་རུང་ཡིན་པ། གཉིས་པ་ལ། བསམ་པ་འདུ་ཤེས་མ་འཁྲུལ་བ་དང་། ཀུན་སློང་རེག་པའི་བདེ་བ་མྱོང་བར་འདོད་པ། སྦྱོར་བ་ནི་རེག་པར་རྩོམ་པ། མཐར་ཐུག་རེག་པ་ལས་བྱུང་བའི་བདེ་བ་ཉམས་སུ་མྱོང་བའོ། །

གསུམ་པ་འཁྲིག་ཚིག་སྨྲ་བ་ལ། གླེང་གཞི་ནི། འཆར་ཀས་འཁྲིག་ཚིག་སྨྲས་པའོ། །དགག་བྱ་ནི་ཕམ་པའི་རྒྱུར་འགྱུར་བའོ། །རྒྱུ་ཚོགས་ལ། གཞི་ནི། ཡུལ་མིའི་བུད་མེད། མཚན་དོན་བྱེད་ནུས་པ། རྫུ་འཕྲུལ་མ་ཐོབ་པ། གང་བརྗོད་པའི་དངོས་པོ་ནི་ཡུལ་དུས་དེར་འཁྲིག་པའི་ཚིག་ཏུ་གྲགས་པ། ཀུན་སློང་ནི་དེ་སྨྲས་པ་ལས་བྱུང་བའི་བདེ་བ་ཉམས་སུ་མྱོང་བར་འདོད་པའོ། །མཐར་ཐུག་ཡུལ་ངེས་དོན་གོ་བའོ། །

བཞི་པ་བསྙེན་བཀུར་བསྔགས་པ་ལ། གླེང་གཞི་དང་། དགག་བྱ་དང་། ཡན་ལག་གི་རྩེ་བ་གཞན་རྣམས་སྔ་མ་དང་འདྲ་བ་ལ། ཚིག་གི་དངོས་པོ་ཅི་ཞིག་སྨྲས་པ་ནི། ལུང་ལས། བདག་ལྟ་བུའི་དགེ་སློང་ཚུལ་ཁྲིམས་དང་ལྡན་པ། ཚངས་པར་སྤྱོད་པ། དགེ་བའི་ཆོས་ཅན་ལ་འཁྲིག་པས་བསྙེན་བཀུར་བྱས་ན་བསྙེན་བཀུར་རྣམས་ཀྱི་ནང་ནས་མཆོག་དང་། ཕུལ་དང་། ཁྱད་འཕགས། བཟང་། མཛེས་དགེ། མཆོད་འོས། བསྟོད་འོས། རྒྱ་ཆེ་བ་ཡིན་ནོ་ཞེས་གསུངས་ཏེ་མཚོན་པ་ཙམ་མོ། །

ལྔ་པ་སྨྱན་བྱེད་པ་ལ། གླེང་གཞི་གཉན་ཡོད་དུ། དྲུག་སྡེས། ཉོན་མོངས་པ་འདོད་ཆགས་ཀྱིས། ཉེས་པ་སྨྱན་བྱས་པའོ། །དགག་བྱ་དགེ་བའི་ཕྱོགས་ལ་གནོད་པ་དང་། གཞན་མ་དད་པའོ། །ཡན་ལག་ལ་བཞི་ལས། ཡུལ་སྦྲུད་བྱ་ནི། མཚན་དོན་བྱེད་ནུས་པ། ཐ་སྙད་བཞི་དང་ལྡན་པ། ལུས་རྟེན་དུ་རུང་བ། ད་ལྟ་མི་མཐུན་པར་གནས་པ། རང་ཉིད་ལས་རྒྱུད་ཐ་དད་པ། ཀུན་སློང་གཉིས་པོ་ཁྲད་པའི་དོན་དུ་མི་མཐུན་པ་མཐུན་པར་སྒྲུབ་པའི་ཆེད་དུ། སྦྱོར་བ་རང་ངམ་བསྐོས་པས་འཕྲིན་ལན་གསུམ་བྱེད་པ། མཐར་ཐུག་གཉིས་པོའི་རྟེན་བྱ་བརྟེན་བྱེད་ཁྲད་པའོ། །

དྲུག་པ་ཁང་པའི་ལྷག་མ་ལ། གླེང་གཞི་ནི། མཉན་ཡོད་དུ་དགེ་སློང་རབ་ཏུ་མང་པོས་འདོད་ཞེན་གྱིས་ཁང་པ་ཚད་ལྷག་བརྩིགས་པའོ། །དགག་བྱ་ནི། སྲོག་ཆགས་ལ་གནོད་པ་དང་། རང་གི་དགེ་བའི་ཕྱོགས་མི་འཕེལ་བ་དང་འཐབ་རྩོད་ཀྱི་རྒྱུར་འགྱུར་བ་སོགས་སོ། །ཡན་ལག་ལ་བཞི་ལས། གཞི་ནི། ཡོ་བྱད་དང་ས་གཞི་གཞན་ནས་བཙལ་བའམ། ཡང་ན་གང་གི་དོན་དུ་བྱེད་པའི་དགེ་སློང་དེས་བཙལ་ནས་དེས་རྗེས་སུ་གནང་བ།

གཞི་མ་དག་པ་དང་མ་གནང་བ། གང་ཟག་གཅིག་གི་ཆེད་ཡིན་པ། ཚད་ལས་ལྷག་པ། ཚད་ནི་སྤྱོད་ལམ་བཞི་ཤོང་བ། སྔར་གཞན་གྱིས་བརྩམས་པའི་འཕྲོ་མ་ཡིན་པ། ཀུན་སློང་ནི་རྫིག་པར་འདོད་པའི་བསམ་པ་རྒྱུན་མ་ཆད་པ། སྦྱོར་བ་རང་ངམ་གཞན་གྱིས་རྫིག་པར་ཞུགས་པ། མཐར་ཐུག་པ་སྐོར་བ་དང་བཀབ་ཟིན་པ། སྤྱོད་ལམ་བཞི་ནི། འགྲོ་འགྲེང་འདུག་ཉལ་བཞི་ལས། འགྲོ་ན་གོམ་པ་གསུམ་འདོར་དུ་ཡོད་པ། འགྲེང་ན་ལུས་མ་བཀུག་པར་ཡང་མགོ་མི་ཐོགས་པ། འདུག་ན་སྐྱིལ་ཀྲུངས་སུ་ཤོང་བ། ཉལ་ན་རྐང་ལག་རྐྱོང་པར་ནུས་པའོ། །ཁང་པ་འདི་རང་དོན་དུ་རང་གིས་བྱེད་ན། ས་གཞི་དང་ཡོ་བྱད་ལ་བདག་པོ་གཞན་མེད་པ་ཅིག་དགོས་ཏེ། །ཡོད་ན་མ་བྱིན་ལེན་དུ་འགྱུར་བས་སོ། །རང་དོན་དུ་གཞན་ཞིག་བྱེད་དུ་འཇུག་ནས་གཞི་དང་ཡོ་བྱད་དགེ་སློང་རང་གི་ཡིན་པ་ཅིག་དགོས་ཏེ། གཞན་དུ་ན་མ་བྱིན་ལེན་དུ་འགྱུར་བས་སོ། །བསྐོས་པ་དེ་དགེ་སློང་ཡིན་ན། དེས་གཞན་དོན་དུ་བྱས་པ་ཡིན་ཀྱང་གཉིས་ཀ་ལ་ལྟུང་མར་འགྱུར་ཏེ། ལྟུང་མ་འདི་ལ་རང་དོན་དུ་བྱས་པ་ཡན་ལག་ཏུ་མི་དགོས་པའི་ཕྱིར་དང་། རང་ཉིད་ཀྱིས་བྱས་པ་ཡང་མི་དགོས་པའི་ཕྱིར། དེ་ལ་དགོངས་ནས་བཅལ་བ་ལའོ། །ཞེས་དང་། དེས་རྗེས་སུ་གནང་བ་ལའོ། །ཞེས་གསུངས།

རྗེས་སུ་གནང་བ་ལ་གཉིས་ཏེ། གནས་དང་ཡོ་བྱད་ཀྱི་བདག་པོ་ཁྱིམ་པས། དགེ་སློང་འཆར་ཀའི་གནས་ཀྱི་དོན་དུ་ལག་གི་བླ་ཉེར་དགའ་ལ་རྗེས་སུ་གནང་བ་ལྟ་བུ་དང་། འཆར་ཀ་ཉིད་ཀྱི་གང་ནས་བཅལ་བའི་ས་གཞི་དང་ཡོ་བྱད་ཉེར་དགའ་ལ་རྗེས་སུ་གནང་ནས་རྫིག་ཏུ་བཅུག་པ་ལྟ་བུའོ། །དགེ་སློང་འཆར་ཀ་ལྟ་བུར་མ་བསྐོས་པར། དགེ་སློང་གཞན་ཞིག་གིས་འཆར་ཀ་ལྟ་བུའི་དོན་དུ་བྱས་ན། བྱེད་པ་པོ་དེ་ཉིད་ལ་ལྟུང་མ་འགྱུར་གྱི། ཅིག་ཤོས་ལ་མི་འགྱུར་ཏེ། དེས་མ་བསྐོས་པའི་ཕྱིར། མདོར་ན་ཁང་པ་དང་ཁང་ཆེན་གྱི་ལྟུང་མ་འདི་ལ་ནི་རང་དོན་དུ་བྱས་པ་མི་དགོས་སོ། །

བདུན་པ་ཁང་ཆེན་ལ། གླེང་གཞི་ནི། ཀཽ་ཤམྦི་ར་དྲུག་སྡེས། ཉོན་མོངས་པ་གཞན་གྱིས་བནྣས་པ་མ་བཟོད་ནས། ཉེས་པ་གཙུག་ལག་ཁང་བརྩིགས་པའོ། །དགག་བྱ་ནི་སྔ་མ་དང་འདྲ། རྒྱུ་ཚོགས་ལ། བཅལ་བ་དང་། ཚད་ལྷག་གཅིག་གི་ཆེད་དུ་ཞེས་པ་གསུམ་མི་སྦྱར། ཚོགས་ཀྱི་དོན་དུ་ཞེས་སྦྱར། གཞན་རྣམས་སྔ་མ་དང་འདྲའོ། །འདི་ལ་བཅལ་བ་མི་དགོས་ཞེས་པའི་དོན། བདག་པོ་གཞན་དང་བཅས་པའི་ས་ཕྱོགས་སུ་ཁང་ཆེན་བྱས་པ་ལ་འདི་སྐྱེད་ཅེས་པའི་དོན་ཏེ། གླེང་གཞིའི་དབང་གིས་ཡིན་གསུང་ངོ་། །དེས་ན་བཅལ་བ་ལ་ཡང་འདི་སྐྱེད་པར་བཞག་གོ། ཁང་པ་དང་ཁང་ཆེན་གང་བྱེད་ཀྱང་དགེ་འདུན་ལ་བསྟན་པ་གསོལ་དགོས་ཏེ། མ་གསོལ་ན་ས་གཞི་དག་པ་སོགས་ཡིན་ཀྱང་ཉེས་བྱས་སུ་འགྱུར་བས་སོ། །གཉིས་པོའི་ཁྱད་པར་ནི། ཁ་ཅིག །དགོན་

མཆོག་གསུམ་གྱི་ཆེད་དུ་བྱས་པ་དང་། དེ་ལས་གཞན་གྱི་ཆེད་དུ་བྱས་པ་ཞེས་གསུངས། །ཁ་ཅིག་ཚོགས་ཀྱི་དོན་དུ་བྱས་པ་ཁང་ཆེན། གཅིག་གི་ཆེད་དུ་བྱས་པ་ཁང་པ་ཡིན་ནོ། །གཞན་དུ་ན་ཁང་པ་བྱས་པས་ཁང་ཆེན་གྱི་ལྷག་མ་སྐྱེ་སྲིད་པར་འགྱུར་རོ། །ཞེས་གསུང་། ཚོགས་ཀྱང་ཁྲིམས་པ་བཞིར་ལོངས་ཀྱིས་ཀྱང་ཆོག་པ་ཡིན་ཏེ། འགྲེལ་ཆེན་ལས། དེ་བཞིན་གཤེགས་པའི་ཉན་ཐོས་ཀྱི་དགེ་འདུན་ཞེས་བྱ་བ་ནི་གླེང་གཞིའི་དབང་གིས་ཏེ། དཔེ་ཙམ་དུ་ཟད་དོ། །ཞེས་གསུངས།

བརྒྱད་པ་གཞི་མེད་སྐུར་འདེབས་ལ། གླེང་གཞི་ནི། ཡུལ་རྒྱལ་པོའི་ཁབ། གང་ཟག་མཛའ་བོ་དང་ས་ལ་སྐྱེས། ཉོན་མོངས་པ་ཕྲག་དོག །ཉེས་པ་གཞི་མེད་དུ་སྐུར་པ་བཏབ་པའོ། །དགག་བྱ་ནི། ཇི་སྐད་དུ། ཡང་དག་སྡོམ་དང་དཀའ་ཐུབ་ཅན། །ཉང་སྤོང་རྣམས་ལ་སྐུར་འདེབས་པ། །དེ་དག་ཕྱིའུ་ཚུགས་དག་ཏུ་ནི། །དམྱལ་བ་ཁོ་ནར་སྐྱེ་བར་འགྱུར། །ཞེས་པས་ཕྱི་མའི་ཉེས་པ་ཤིན་ཏུ་ལྕི་ལ། འདིར་ཡང་ཚིག་དེ་བདེན་པར་བཟུང་ན་ཡུལ་དེ་ལ་གནོད་པ་དང་། མི་བདེན་པར་ཤེས་པའི་ཚེ་རང་ཡང་ལྷ་དང་བཅས་པའི་འཇིག་རྟེན་གྱིས་སྨྱོང་བའོ། །རྒྱུ་ཚོགས་ལ། གཞི་ནི། ཡུལ་རྫོགས་པའི་སྡོམ་ལྡན། །ཐ་སྙད་གསུམ་དང་ལྡན་པ། གོ་བྱའི་ཡུལ་ཡང་ཐ་སྙད་ལྡེ་དང་ལྡན་ཞིང་། །རྒྱུད་ཐ་དད་པའོ། །དངོས་པོ་ཕམ་པ་དག་ལས་གང་རུང་ངོ་། །ཀུན་སློང་ནི་ཡུལ་དེ་ཉམས་པར་འདུན་པས་འདུ་ཤེས་བསྒྱུར་བའོ། །སྦྱོར་བ་ངག་མཚན་ཉིད་དང་ལྡན་པའམ། སྤྲིངས་ཡིག་སོགས་གོ་བའི་ཐབས་གང་ཡང་རུང་བའོ། །མཐར་ཐུག་ཡུལ་གྱིས་དོན་གོ་བའོ། །འདིར་གཞི་མེད་ཅེས་པ། སྐུར་པ་གདབ་བྱའི་ཡུལ་ལ་དོན་སྟེངས་ན་ཉེས་པ་དེས་མ་གོས་པ་ལ་བྱ་བ་མ་ཡིན་གྱི། སྐུར་པ་འདེབས་མཁན་དེས་མཐོང་ཐོས་དོགས་གསུམ་གང་རུང་མེད་པ་ལ་བྱའོ། །

དགུ་པ་བག་ཙམ་ལ། གླེང་གཞི་སྔ་མ་དང་འདྲ་ལ། དགག་བྱ་དང་། ཡུལ་དང་། ཀུན་སློང་དང་། མཐར་ཐུག་ཀྱང་དེ་དང་འདྲ་ཞིང་། སྦྱོར་བ་ངག་མཚན་ཉིད་དྲུག་ལྡན་ནམ། དོན་གོ་བའི་ཐབས་སྣ་ཚོགས་ཀྱི་སྒོ་ནས་བག་ཙམ་སྟེ་ཚིག་ཟུར་གྱི་ཤུགས་ཀྱིས་སྐུར་པ་འདེབས་པའོ། །དེ་ཡང་འདི་ལྟར། ཡུལ་ཆེ་གེ་མོ་ན། འཕགས་པ་དང་འཕགས་མ་འདི་ཞེས་བྱ་བ་མཐོང་ངོ་། །དུད་འགྲོ་ཤ་བ་ཕོ་མོ་ཡང་མཐོང་ངོ་། །བྱ་བ་མ་ཡིན་པ་བྱེད་པ་དག་ཀྱང་མཐོང་ངོ་། །ཞེས་ཟེར་བ་ལྟ་བུའོ། །

བཅུ་པ་དགེ་འདུན་དབྱེན་ལ། གླེང་གཞི་ནི། ཡུལ་རྒྱལ་པོའི་ཁབ་ཏུ། གང་ཟག་དགེ་སློང་ལྷ་སྦྱིན་གྱིས། ཉོན་མོངས་པ་སྙིང་པ་དང་བཀུར་བསྟི་ལ་ཆགས་པས། ཉེས་པ་དགེ་འདུན་གྱི་དབྱེན་བྱས་པའོ། །དགག་བྱ་ནི། མཚམས་མེད་ལྔའི་ནང་ནས་ཤིན་ཏུ་ལྕི་ཤོས་དེར་འགྱུར་བའོ། །དེ་ཡང་། དངོས་སུ་བསྟན་པ་ལ་གནོད། བརྒྱུད་

ནས་མནར་མེད་དུ་སྐྱེ་བའོ། །

རྒྱ་ཆོགས་ལ། འདུལ་འཛིན་སྔ་མའི་ལུགས་དང་། ཟུར་དུ་རྟོག་དཔྱོད་བཞག་པའོ། །དང་པོ་ལ་བཞི་ལས། ཡུལ་དགེ་སློང་བརྒྱད་ཡན་ཆད་ཚང་། དགེ་སློང་རང་ཉིད་འཁོར་ལོའི་དབྱེན་གྱི་སྐྱོར་བ་མཚན་ཉིད་པ་ལ་ཞུགས་པ། ཡུལ་དགེ་འདུན་གྱིས་བཞམས་ཏེ་བསྒོ་བ་ལ་སོགས་པ་ལྟོག་ཚུལ་རྣམ་པ་ལྔ་བྱས་པའི་མཐའ་ལ་མ་བཏང་བ། ཀུན་སློང་ཆོས་ལས་ཆོས་མ་ཡིན་པར་དབྱེ་འདོད་པ། སྦྱོར་བ་འབྱེད་པར་རྩོམ་པ། མཐར་ཐུག་ལས་བརྗོད་པ་གསུམ་པའི་མཐའ་ལས་འདས་པའོ། །

གཉིས་པ་ནི། སྔ་མ་དག །དབྱེན་གྱི་ལྷག་མ་དང་། དེའི་མཚམས་མེད་དོན་གཅིག་པར་འདོད་པ་ནི་མི་འཐད་དེ། མཚམས་མེད་ལ་ནི་དགེ་འདུན་བྱེ་བ་ཞིག་ངེས་པར་དགོས་ལ། ལྷག་མ་ལ་ནི་དགེ་འདུན་བྱེ་བར་མ་ནུས་ཀྱང་། ལྟོག་ཚུལ་ལྔའི་མཐའ་ལ་མ་བཏང་བ་ཉིད་ཀྱིས་ཆོག་པའི་ཕྱིར་དང་། ལྷག་མ་འདི་ནི་དགེ་སློང་མ་ལ་ཡང་འབྱུང་ལ། དེ་དབྱེན་གྱི་མཚམས་མེད་བྱེད་པ་པོར་མི་རུང་བའི་ཕྱིར། ཡང་སྔ་མ་རྣམས། ལྷག་མ་འདིར་འགྱུར་བ་ལ་འཁོར་ལོའི་དབྱེན་ལ་ཞུགས་པ་ཉིད་དགོས་ཟེར་བ་ཡང་དཔྱད་པའི་གཞི་ཡིན་ཏེ། དགེ་སློང་འཆར་ཀ་ལྔ་བུ་ལས་ཀྱི་དབྱེན་ལ་ཞུགས་པ་ན། དགེ་འདུན་གཟུ་བོས་ལྟོག་ཚུལ་རྣམ་པ་ལྔས་བཟློག་ཀྱང་། དེའི་མཐའ་ལ་མ་བཏང་ན་དབྱེན་གྱི་ལྷག་མར་འགྱུར་ངེས་པ་དང་། དེ་འདྲ་ངེས་མཚམས་ནང་གཅིག་ཏུ་ཆོས་སྨྲ་བའི་དགེ་འདུན་ལས་ལོགས་སུ་དགེ་འདུན་གྱི་ལས་བྱས་ན་དགེ་འདུན་བྱེ་བ་དང་། བྱེད་པ་པོ་དེ་ལ་དབྱེན་གྱི་མཚམས་མེད་བྱུང་ངམ་ཞེས་རྣམ་པར་བརྟགས་ན། འབྱེད་པ་པོ་དེ་ལ་ལྷག་མ་བྱུང་རྗེས་སུ་མཚམས་མེད་ཀྱང་བྱུང་བར་རིགས་པས་འཐོབ་པ་དང་། དགེ་འདུན་བྱེ་བའི་ཚད་ཀྱང་། མཚམས་ནང་གཅིག་ཏུ་དགེ་འདུན་གྱི་ལས་ཐ་དད་དུ་བྱས་པ་ལ་འཆད་དགོས་ཀྱི། དེ་ལས་གཞན་ལ་ངེས་འཛིན་རྒྱུ་མེད་པ་དང་། ལས་ཀྱི་དབྱེན་དེ་ཡང་། དགེ་སློང་ཆོས་མ་ཡིན་པ་སྨྲ་བ་དག་གིས་བྱས་པ་དགོས་ཀྱི། ཆོས་ཕྱོགས་པའི་དགེ་འདུན་གྱིས་ལས་ཐ་དད་དུ་བྱས་ཀྱང་། དེ་ཙམ་གྱིས་ལས་བྱེ་བར་མི་འགྱུར་ཞིང་། དེས་དེ་ལྟར་ཞུགས་པ་ལ་དགེ་འདུན་གྱིས་བཟློག་བསྒོ་བྱེད་པར་མ་བཤད་ཅིང་། དེ་ལས་འདས་པ་ན་ལྷག་མར་འགྱུར་བ་ཡང་མ་བཤད་དོ། །འདིར་ཡང་མཚམས་ནང་དེར་ཆོས་དང་ཆོས་མ་ཡིན་པར་སྨྲ་བའི་དགེ་འདུན་སོ་སོར་ངེས་པའི་དབང་དུ་བྱས་པ་ཡིན་ཏེ། དེར་མ་ངེས་ན་མཚམས་ནང་གཅིག་པུ་དེར་ལས་སོ་སོ་བ་མི་འཆགས་པའི་ཕྱིར། དེའི་ཤེས་བྱེད་ཀྱང་། སོ་སོར་མ་ངེས་པའི་གོང་དུ་མ་འདུས་པའི་མི་མཐུན་པ་སྐྱེད་པའི་རྒྱུ་མཚན་ལས་སོ། །འདི་ཡང་ཆོས་མ་ཡིན་པ་ལ་དེར་འདུ་ཤེས་པའི་སྒོ་ནས་ལས་ཐ་དད་དུ་བྱས་ན། དགེ་འདུན་བྱེ་བར་མ་ཟད། མཚམས་མེད་པར་ཡང་འགྱུར་ལ། ཆོས་ལ་དེར་

འདུ་ཤེས་པའི་སྒོ་ནས་ལས་ཐ་དད་དུ་བྱས་ན། དགེ་འདུན་བྱེ་འགྱུར་གྱི་དགག་བྱ་ཡོད་མོད་ཀྱང་། ལས་བྱས་ཟིན་པའི་མོད་ལ་དགེ་འདུན་བྱེ་བ་མ་ཡིན་ཞིང་། དེའི་སྦྱོར་བ་ལ་ཞུགས་པའི་དུས་སུ་ཟློག་བསྒོ་ཡང་འཆགས་པ་མ་ཡིན་ཏེ། ཆོས་ཕྱོགས་པའི་དགེ་འདུན་གྱིས་ཆོས་མ་ཡིན་པ་སྨྲ་བ་ལ་གནས་ཕྱུང་ནན་ཏུར་འཆགས་པར་བཤད་པའི་ཕྱིར། འདི་ཡང་ཐོག་མར་སྒྲ་རྟག་མི་རྟག་གི་དངོས་པོའི་དེ་བཞིན་ཉིད་ལ་ལོག་སྒྲུབ་ཀྱི་རྩོད་པ་བྱུང་། དེ་ལ་དགོས་པའི་ཞི་བྱེད་ཀྱིས་ཞི་བར་མ་ནུས་ན་མཐར་གང་མང་གི་ཞི་བྱེད་བྱ། དེའི་ཚེ་དགེ་འདུན་ཕྱོགས་གཉིས་སུ་གནས་པ་ཡིན་ལ། དེ་ལྟར་གནས་པ་ལ་ཆོས་ཕྱོགས་པར་མང་བར་གྱུར་ན། དེས་ཅིག་ཤོས་ལ་བཞམས་བསྒོ་སོགས་ཀྱི་ཟློག་ཚུལ་རྣམས་བྱ། དེས་ཀྱང་མ་བཏང་ན་དེ་དག་ལ་སྡིག་ལྟ་མི་གཏོང་བའི་ལྟུང་བྱེད་ལྟ་བུ་བྱུང་། དེའི་ཚེ་ཇི་སྐད་དུ། སྡིག་པ་ཅན་གྱི་ལྟ་བའི་རྣམ་པ་མི་གཏོང་བ་ཡང་གནས་ནས་དབྱུང་བར་བྱའོ། ། ཞེས་གསུངས། གལ་ཏེ་ཅིག་ཤོས་མང་བར་གྱུར་ན་རྩོད་པ་དེ་ཆོས་མ་ཡིན་པའི་ཕྱོགས་སུ་ཞི་བ་བྱེད་དགོས་ཏེ། གཞན་དུ་ན་དགེ་འདུན་བྱེ་འགྱུར་གྱི་དགག་བྱ་ཡོད་པས་སོ། །བྱེ་ཟིན་པའི་འོག་རོལ་དུ་ནི་གཅིག་གིས་ནི་ཅིག་ཤོས་ལ་ནན་ཏུར་མི་འཆགས་ཏེ། ཇི་སྐད་དུ། རང་གི་ཕྱོགས་དང་མཐུན་པ་ཉིད་ལ་མི་འཆགས་སོ། །ཞེས་གསུངས་པས་སོ། ལས་ཀྱི་དབྱེན་རྩོལ་བ་ལ་ཟློག་ཚུལ་ལྔ་སྟོན་དུ་མ་སོང་ན་ནི་དབྱེན་གྱི་ལྷག་མར་འགྱུར་བ་མེད་མོད། བྱེ་བའི་ཚེ་མཚམས་མེད་དུ་འགྱུར་བ་སྲིད་དེ། ཆོས་དང་ཆོས་མ་ཡིན་པ་ལ་དེ་དང་དེར་ཤེས་ནས། དེར་ཞུགས་ཤིང་བྱེ་བ་ལ་མཚམས་མེད་དུ་བཤད་པས་སོ། །

མཚམས་མེད་འདི་འཁོར་ལོའི་དབྱེན་ལ་ཡིན་གྱི། ལས་ཀྱི་དབྱེན་ལ་མ་ཡིན་ནོ་སྙམ་ན། དེ་ནི་མ་ཤེས་པ་ཡིན་ཏེ། འཁོར་ལོའི་དབྱེན་སྟོན་དུ་སོང་ནས། དགེ་འདུན་བྱེ་བའི་ཚད་ནི་གླིང་གཞིའི་ཚེ། སྟོན་དང་ལམ་གཞན་ལ་བཟོད་པ། །ཞེས་པ་དེར་ངེས་ཀྱང་། ད་ལྟའི་གནས་སྐབས་སུ། ལས་ཀྱི་དབྱེན་གྱི་མཐར་ཐུག་པ་ལ་འཆད་དགོས་པའི་ཕྱིར། དགེ་སློང་ལྟས་བྱིན་ལ་ནི་མཚམས་མེད་བྱུང་ཡང་། དབྱེན་གྱི་ལྷག་མ་འདི་མ་བྱུང་སྟེ། དེའི་ཚེ་ལྷག་མའི་བཅས་པ་མ་མཛད་པའི་ཕྱིར། དེ་བཞིན་དུ་འཁོར་ལོའི་དབྱེན་གྱི་མཚམས་མེད་ལ་ཡང་། ཆོས་མ་ཡིན་པའི་ཕྱོགས་བཟུང་ནས་དགེ་འདུན་ཕྱེ་ཞིང་། བྱེ་བ་ཉིད་ཀྱིས་ཆོག་པ་ཡིན་གྱི། ཟློག་བྱེད་ཀྱི་རྐྱེན་ལྔ་པོ་ལ་མི་ལྟོས་ཏེ། ལྟོས་ན་མཚམས་མེད་ཀྱི་ལས་ཀྱང་བསྒོ་བ་ལས་གྱུར་པའི་ལྟུང་བར་ཐལ་བ་ལས། དེ་ལྟར་ཡང་མདོ་ལུང་ལས་བཤད་པ་མེད་པའི་ཕྱིར། དགེ་སློང་ལྷས་བྱིན་ལ་ཟློག་བསྒོ་བྱས་པར་བཤད་པ་དེ་ནི་དགེ་འདུན་ལྷག་མའི་གླིང་གཞི་སྟོན་པའི་དབང་གིས་ཡིན་གྱི། མཚམས་མེད་ལ་ཡང་དེ་ལྟར་དགོས་ན་ཕྱིར་བཅོས་ཀྱི་གཞི་ཉིད་ནས་འབྱུང་བ་དང་འགལ་ལོ། །དབྱེན་གྱི་ལྷག་མར་འགྱུར་བ་ལ་ནི། ཆོས་ཕྱོགས་པ་གཞིར་བྱས་པའི་དགེ

འདུན་འདུ་བ་མཐུན་པ་དག་ཡོངས་སྤྱོད་ཀྱི་དབང་གི་ཐ་དད་དུ་ཕྱེ་ནས་ལས་སོ་སོར་བྱེད་པ་ལ་ཡང་འགྱུར་སྟེ། ཇི་སྐད་དུ། ཐ་དད་པ་ཉིད་དུ་མངོན་པར་འདོད་པས་བརྟགས་ཏེ་ལས་བྱེད་ན་ཉེས་པ་སྦོམ་པོའོ་ཞེས་བཤད་པ་དེ་ བློག་བསྒོ་སྔོན་དུ་མ་སོང་བའི་དབང་དུ་བྱས་པ་ཡིན་ལ། དེ་ལ་དེ་སྔོན་དུ་སོང་ན་ལྷག་མར་ངེས་པའི་ཕྱིར་དང་། ཆོས་ལས་ཐ་དད་དུ་འབྱེད་པ་དགོས་ན་དགེ་སློང་མ་ལ་དེའི་མཐུ་མེད་པའི་ཕྱིར་ཡང་ངོ་། །

བཅུ་གཅིག་པའི་རྗེས་སུ་ཕྱོགས་པ་ལ། གླེང་གཞི་ནི། རྒྱལ་པོའི་ཁབ་ཏུ། ཀོ་ཀ་ལི་ཀ་ལ་སོགས་པ་དགེ་སློང་བཞིས། ཉེས་པ་ལྷས་བྱིན་དགེ་འདུན་འབྱེད་པའི་གྲོགས་བྱས་པའོ། །ཡན་ལག་ལ། གཞི་ནི། གང་གིས་གྲོགས་བྱ་བའི་དགེ་སློང་དེ་ནི་དབྱེན་མཚན་ཉིད་པའི་སྦྱོར་བ་ལ་ཞུགས་པ་ཀུན་སློང་དེ་བྱེད་པར་འདོད་པ། སྦྱོར་བ་དེར་རྫོགས་པ། མཐར་ཐུག་བློག་ཚུལ་ལྔ་པའི་མཐའ་ལ་མ་བཏང་བའོ། །འདིར་དགེ་སློང་བཞིར་ཡོངས་ལ་ལས་བྱས་པས་ན་ཚོགས་ཀྱིས་ཚོགས་ལ་ལས་མི་འཆགས་པ་ཞེས་པའི་སྐྱི་སྐད་དེ་རྣམ་པ་ཐམས་ཅད་དུ་མ་ངེས་སོ༑ ༑བཅུ་གཉིས་པ་ཁྱིམ་སུན་འབྱིན་པའི་ལྷག་མ་ལ། གླེང་གཞི་ནི། ཡུལ་མཉན་ཡོད་དུ། དགེ་སློང་ནབ་སོ་དང་འགྲོ་མགྱོགས་གཉིས་ཀྱིས་ཁྱིམ་པ་རྣམས་སུན་ཕྱུང་བ་དེ་ལ་དགེ་འདུན་གྱིས་བསྐྲད་པ་ནན་ཏུར་གྱི་ལས་བྱས། དེའི་རྐྱེན་གྱིས་རང་སྐྲོད་པ་པོའི་དགེ་འདུན་ལ་འདུན་པས་འགྲོ་ཞེས་སོགས་རྫུན་གྱིས་སྐུར་པ་བཏབ་པའོ། །དགག་བྱ་ནི་གཞི་མེད་དང་འདྲ། །རྒྱུ་ཚོགས་ལ། གཞི་ནི། འདི་སྐྲོད་པའི་དགེ་འདུན་ཆོས་ལྡན་དང་། གོ་བྱའི་ཡུལ་ཐ་སྙད་ལྔ་ལྡན། ཀུན་སློང་སྐུར་པ་འདེབས་འདོད། སྦྱོར་བ་ངག་མཚན་ཉིད་དྲུག་ལྡན། མཐར་ཐུག་བློག་ཚུལ་ལྔ་པའི་མཐའ་ལ་མ་བཏང་བའོ། །དགེ་འདུན་གྱི་ལས་ཆོས་ལྡན་གཞན་ལའང་སྐུར་འདེབས་དེ་ལྟར་བྱེད་ན། བློག་ནི་དགོས་ལ། བློག་ཚུལ་ཇི་ལྟར་བྱེད་དང་། མཐའ་ལ་མ་བཏང་ན་ཅིར་འགྱུར་དཔྱད་དགོས་སོ། །

བཅུ་གསུམ་པ་བཀའ་བློ་མི་བདེ་བ་ནི། ཡུལ་ཀཽ་ཤམྦྷིར། དགེ་སློང་འདུན་པས། ཉན་མོངས་པ་རང་ལ་ལྟུང་བ་གླེང་བར་མི་འདོད་པས། ཉེས་པ་བཀའ་བློ་མི་བདེ་བར་བྱས་པའོ། །དགག་བྱ་དགེ་འདུན་སྤངས་པའོ། །རྒྱུ་ཚོགས་ལ། གཞི་ནི། གང་སྤང་བའི་དངོས་པོ་བདག་ཉིད་ཀྱི་བསླབ་པའི་གཞི་དང་། དགེ་འདུན་ནོ། གོ་བྱ་ནི་རང་ལ་གླེང་བྱེད་མཚན་ཉིད་པའོ། །བདག་ཉིད་ནི་གླེང་དྲན་བྱས་ལ་ཆགས་པ། ཀུན་སློང་ནི་སྤོང་བར་འདོད་པ། སྦྱོར་བ་ནི་ངག་མཚན་ཉིད་དྲུག་ལྡན། མཐར་ཐུག་བློག་ཚུལ་ལྔ་པའི་མཐའ་ལ་མ་བཏང་བའོ། །དེའི་འོག་ཏུ ཡང་བྱ་བ་དེ་འཕྲོ་མི་གཅོད་ན་སྡིག་ལྟ་མི་གཏོང་བའི་བློག་བྱེད་དང་། ནན་ཏུར་གྱི་ལས་བྱ་དགོས་པ་སོགས་ཅི་རིགས་པར་འགྱུར་རོ། །ལྟུང་བ་གླེང་བའི་སྐབས་མ་ཕྱེ་བར་བཀའ་བློ་མི་བདེ་བར་བྱེད་པ་ལ་ནི། བརྗོད་བཅས་དང་ཕྱུར་བཅས་ལྟ་བུ་བྱ་བ་ཡིན་གྱི། བློག་བསྒོ་མི་བྱ་སྟེ། མི་འཆགས་པའི་ཕྱིར། དེ་དག་གིས་ནི་དགེ་འདུན་

ལྟུག་མ་རྣམས་བཤད་ཟིན་ཏོ། །

སྐབས་འདིར་ཉེས་པ་སྡོམ་པོའི་རྣམ་གཞག་དང་། རྩ་བའི་མདོར་མ་ངེས་པ་གཉིས་ཞེས་གསུངས་པ་དེ་ཇི་ལྟ་བུ་ཞེ་ན། དང་པོ་ལ། ལུང་དང་འོད་ལྡན་ལས། སྡོམ་པོ་ནི་གཉིས་ཏེ། མིང་དུ་ཆགས་པའི་སྡོམ་པོ་དང་། ཡོན་ཏན་གྱི་སྒྲའི་སྡོམ་པོའོ། །དང་པོ་ནི་སྡོམ་པོ་ཞེས་པའི་སྒྲ་གང་ལ་དངོས་མིང་དུ་འཇུག་པ་དེ་ཡིན་ལ། གཉིས་པ་ནི། སྡོམ་པོ་ཞེས་པའི་སྒྲ་བཤད་དུ་ཡོད་ཀྱང་། དངོས་མིང་དུ་མི་འཇུག་པ་ཕམ་ལྷག་གི་དངོས་གཞི་ལྟ་བུའོ། །དེས་ན་སྡོམ་པོ་མཚན་ཉིད་པ་དེ་ཡིན་ན་ཕམ་ལྷག་གང་རུང་གི་སྡེ་ཚན་དུ་གཏོགས་པས་ཁྱབ། དེ་ལའང་ཕམ་ལྷག་གང་རུང་གི་ཀུན་སློང་གིས་ཀུན་ནས་བསླང་ཞིང་། མཐར་མ་ཐུག་པ་སྦྱོར་བའི་སྡོམ་པོ་དང་། དེ་འདྲ་དེ་མཐར་ཐུག་ཀྱང་ཕམ་ལྷག་གི་རྒྱུ་ཚོགས་མ་ཚང་བ་དངོས་གཞིའི་རྣམ་པའི་སྡོམ་པོ་དང་། དེ་དག་གི་སྡེ་ཚན་དུ་གཏོགས་ཀྱང་དེའི་ཀུན་སློང་གིས་མ་སླང་བ་སྦྱོར་བའི་རྣམ་པའི་སྡོམ་པོའོ། །དཔེར་བརྗོད་ནི། མིའི་འགྲོ་བ་པའི་ལག་པ་གཅོད་ན་སྡོམ་པོའོ། །ཞེས་བཤད་དོ། །བསྙེན་པར་མ་རྫོགས་པའི་ལྟུང་བ་ལ་ནི་ཉེས་པ་སྡོམ་པོའི་ཐ་སྙད་མེད་དོ། །གཉིས་པ་མ་ངེས་པ་ནི། མདོ་ལས། དབེན་པ་སྐྱབས་ཡོད་ན་འདུག་པའོ། །ཞེས་འབྱུང་ལ། འདིས་ལྟུང་བ་གཉིས་པ་བསྟན་པ་ལས། གཅིག་ནི་གནས་དེར་ཐྲ་གྲོགས་གཞན་མེད་པར་བུད་མེད་གཅིག་པུ་དང་མདོམ་གང་གི་ནང་རོལ་དུ་འདུག་པ་དང་། ཅིག་ཤོས་ནི་དེའི་ཕྱི་རོལ་དུ་འདུག་པའོ། །གཉིས་པོ་ལ་མ་ངེས་པ་ཞེས་ཟེར་བའི་རྒྱུ་མཚན་ནི། ལྟུང་བ་གླེང་བྱེད་ཀྱིས་ཕམ་ལྷག་ལྟུང་བྱེད་གསུམ་པོ་གང་བྱུང་མ་ངེས་པའམ། དངོས་པོ་ལ་མཐའ་གང་དུ་འགྱུར་མ་ངེས་པའོ། །གཉིས་པ་དེ་ནི་ལྷག་མ་དང་ལྟུང་བྱེད་གང་ཡིན་ནམ་གང་དུ་འགྱུར་མ་ངེས་པ་སྟེ་མདོམ་གང་གི་ཕྱིར་རོལ་ན་འདུག་པས་སོ། །གཉིས་པོ་འདི་མདོ་རྩ་བའི་ནང་དུ་མི་འབྱུང་བ་ནི༏ གནས་དེར་འདུག་པ་ཙམ་ནི་ལྟུང་བྱེད་འབའ་ཞིག་པའི་ནང་དུ་འདུས་ལ། དེའི་འབྲས་བུར་གྱུར་པའི་ལུས་ངག་གི་ལྟུང་བ་ནི་ཕམ་ལྷག་གང་རུང་དུ་ངེས་པས་ལོགས་སུ་མ་གསུངས་ཤིང་། དགེ་སློང་གི་ལྟུང་བའི་གྲངས་ངེས་ལ་གནོད་པ་ཡང་མ་ཡིན་ནོ། །

གསུམ་པ་ལྟུང་བྱེད་ཀྱི་སྡེ་ཚན་ལ་གཉིས་ཏེ། སྤང་བ་ལྟུང་བྱེད་དང་། ལྟུང་བྱེད་འབའ་ཞིག་པའོ། །དང་པོ་ལ་བཅུ་ཚན་གསུམ་ལས། དང་པོ་ནི། རྩ་བའི་མདོ་ལས། འཆང་བ་འབྲལ་བ་འཇོག་པ་དང་། །འབྲུར་འཇུག་པ་དང་ལེན་པ་དང་། །སློང་དང་སྟོད་གཡོགས་སྨད་གཡོགས་བཅས། །རིན་ཐང་སོ་སོར་བསྐུར་བའོ། །ཞེས་གསུངས། དང་པོ་ལ། གླེང་གཞི་ནི། མཉན་ཡོད་དུ། དགེ་སློང་རབ་ཏུ་མང་པོས། ཉིན་མོངས་པ་ཟང་ཟིང་ལ་སྲིད་པས། ཉེས་པ་གོས་མང་པོ་བཅངས་པའོ། །དགག་བྱ་ནི། ཆོག་མི་ཤེས་པ་དང་། ཀློག་པ་དང་། བསམ་

གཏན་གྱི་བར་ཆད་དུ་འགྱུར་བའོ། །རྒྱུ་ཚོགས་ལ་བཞི་ལས། དང་པོ་ལ། དངོས་པོ་ནི། གོས་སུ་གྲུབ་པ། དགེ་སློང་ལ་རུང་བ། རང་དབང་བ། ཁྲུ་གང་གི་ཚད་དུ་ལོངས་པ། ཟླ་བར་བཞག་ཏུ་རུང་བ་མ་ཡིན་པ། བྱིན་གྱིས་བརླབས་པ་དང་མ་འབྲེལ་བའམ། འབྲེལ་ཡང་རྗེས་སུ་ཞུགས་པ་དང་བཅས་པ། བདག་ཉིད་ནི་སྲ་བརྐྱང་བཏིང་བ་མ་ཡིན་པ། ཀུན་སློང་ནི་འཆང་བར་འདོད་པ། སྦྱོར་བ་ལུས་ངག་གིས་དེར་ཞུགས་པ། མཐར་ཐུག་ཞག་བཅུ་གཅིག་པའི་སྐྱ་རེངས་ཤར་བའོ། །འདི་དག་གི་གོ་དོན་ལ། གོས་ལྷག་པོ་ལྟ་ཅི་སྨོས། རང་གི་ཆོས་གོས་དབང་བ་དང་གནས་སྐབས་དབང་བྱུར་ཡོད་པ་གང་རུང་ཡང་རྙེད་ནས་ཞག་བཅུའི་ནང་ཚུན་ཆད་དུ། རང་མིང་ངམ་རྣམ་བརྟགས་གང་རུང་གི་སྒོ་ནས་བྱིན་གྱིས་རློབ་དགོས་ཏེ། གཞན་དུ་ན་བཅུ་གཅིག་པའི་ཚེ་སྤང་བར་འགྱུར་བས་སོ། །དང་པོ་རང་མིང་ནི། བྱིན་རླབས་ཅན་སྔ་མ་མེད་ན་འཚོ་བའི་ཡོ་བྱད་བཅུ་གསུམ་གང་རུང་དུ་བྱིན་གྱིས་རློབ་པའོ། །རྣམ་བརྟགས་ནི། ལྷག་པའི་འམ་མགོ་བའི་ཡོ་བྱད་དུའམ་མ་འོངས་པའི་རབ་ཏུ་བྱུང་བའི་ཆེད་དམ། དཀོན་མཆོག་གི་མཆོད་པའམ། སེམས་ཅན་ལ་སྦྱིན་པ་གཏོང་བའི་རྒྱུར་བསྔོས་པ་ལྟ་བུའོ། །འོན་སྤང་བ་འདི་སྐྱེད་པ་ལ་བྱིན་གྱིས་མ་རླབས་པའི་གོས་གང་དང་གང་ཡིན་པ་དེས། རང་སྔོབས་ཀྱིས་ཞག་བཅུ་འདས་པ་དགོས་སམ་ཞེ་ན། མི་དགོས་ཏེ། བྱིན་གྱིས་མ་རླབས་པའི་གོས་གཞན་སྔ་མ་ཞིག་གིས་ཞག་གཅིག་གམ་དགུའི་བར་ལོན་པ་ཞིག་ཡོད་ལ། དེའི་རྗེས་སུ་གོས་གཉིས་པ་ཞིག་རྙེད་ན། དེ་རྙེད་མ་ཐག་པའི་དུས་དེར་སྔ་མས་ཞག་གྲངས་གང་ལོན་དེ་ཕྱི་མས་ཀྱང་ལོན་པར་འཛིག་པས་སོ། །འདི་ལ་ཤན་ཞུགས་པའམ་འདྲེས་པ་ཞེས་བྱ་ལ། དེ་ལ་དགོངས་ནས། ཇི་སྐད་དུ། འདི་ལ་གཞན་ཡོད་ན་བྱིན་གྱིས་མ་རླབས་པ་དེའི་ཤན་ཚུན་ཆད་ནས་སོ། །ཞེས་གསུངས། བྱིན་གྱིས་བརླབས་པ་ཙམ་གྱིས་ཉེས་པ་དེ་འབྱུང་བ་ཁེགས་སམ་ཞེ་ན། སྔ་ཕྱི་གཉིས་ཀ་བྱིན་གྱིས་བརླབས་པའམ། ཤན་མ་འདྲེས་གོང་དུ་སྔ་མ་དེ་བྱིན་གྱིས་བརླབས་ན་ཉེས་པ་དེ་ཅི་རིགས་པར་ཁེགས་མོད། རྫིང་མ་དེ་བྱིན་གྱིས་བརླབས་པ་གཅིག་པུས་ཤན་མི་ཁེགས་ཏེ། བྱིན་གྱིས་མ་བརླབས་པ་སྔ་མ་དེའི་ཤན་རྗེས་སུ་འཇུག་པའི་ཕྱིར། དེ་སྐད་དུའང་། འབྲེལ་ཀྱང་རྗེས་སུ་ཞུགས་པ་དང་བཅས་པ་ལའོ། །ཞེས་གསུངས། སྔ་མ་བྱིན་གྱིས་བརླབས་པས་རྫིང་མ་ལ་ཤན་མི་འབྱུང་བ་ཡིན་མོད། རྫིང་མ་བྱིན་གྱིས་བརླབས་པའི་གོ་ཆོད་པ་ནི་མ་ཡིན་ཏེ། རྫིང་མས་རང་སྟོབས་ཀྱིས་ཞག་བཅུ་ལྟ་བུ་ལོན་པའི་ཚེ་སྤང་བ་སྐྱེ་བས་སོ། །

འདིར་ཤན་འཇུག་པ་ལ་རྣམ་གྲངས་བཞི་སྟེ། གོས་ཀྱི་དང་། ལྷུང་བཟེད་ཀྱི་དང་། སྨན་གྱི་དང་། ལྟུང་བའི་ཤན་ནོ། །དང་པོ་ལ། ཞག་བཅུ་པའི་དང་། ཟླ་བའི་ཤན་ནོ། །ཞག་བཅུ་ལས་ལྷག་པར་བཞག་ཏུ་མི་རུང་བའི་གོས་དང་། ཟླ་བར་བཞག་ཏུ་རུང་བའི་གོས་གཉིས་སྤྱིར་བཏང་དུ་ཤན་བཟེག་བྱ་རྗེག་བྱེད་དུ་མི་རུང་ལ།

དམིགས་ཀྱིས་བསལ་བ་ལ་མུ་བཞི་འཆད་པར་བྱེད་དོ། །གོས་དང་ལྷུང་བཟེད་ནི་བྱིན་གྱིས་མ་རླབས་པ་སྔ་མ་དང་དུས་མཉམ་པའི་ཤན་གོས་རྫིང་མའམ་དུས་མཉམ་པ་བྱིན་གྱིས་བརླབས་མ་བརླབས་གཉིས་ཀ་ལ་འཇུག་པ་ཡིན་ཏེ། འདི་ཉིད་ཀྱི་ཤན་ལ་བྱིན་གྱིས་མ་རླབས་པ་གཞན་ཞིག་ཡོད་པས་ཆོག་པའི་ཕྱིར། འོན་ཀྱང་རྫིང་མའི་ཤན་སྔ་མ་ལ་འཇུག་པ་ནི་མེད་དོ། །སྨན་ལ་ནི་བཏགས་བྱ་རྟགས་བྱེད་གཉིས་ཀ་བྱིན་གྱིས་བརླབས་པ་དགོས་པ་ཡིན་ཏེ། ཞག་བདུན་པར་བྱིན་གྱིས་བརླབས་པའི་སྨན་ཞིག་གིས་ཞག་གཅིག་གམ་དྲུག་ལྷ་བུ་ལོན་པའི་ཚེ། དེ་དང་རིགས་མཐུན་པའི་སྨན་ཕྱི་མ་ཞིག་རྙེད་པ་ན། དེ་ཞག་བདུན་པར་བྱིན་གྱིས་མ་རླབས་ན་ནི་ཞག་བདུན་པའི་ཤན་མི་འབྱུང་ཞིང་། ཤན་ལ་མི་ལྟོས་པར་ཐུན་ཚོད་ལས་འདས་པའི་ཚེ་སོག་འཇོག་ཏུ་འགྱུར་རོ། །དེ་ཞག་བདུན་པར་བྱིན་གྱིས་རླབས་ན་ནི། དེའི་མོད་ལ་སྔ་མའི་ཤན་འདྲེས་ནས་སྔ་མ་ཞག་གྲངས་གང་ལོན་པ་དེ་རྫིང་མས་ཀྱང་ལོན་པར་བྱས་སོ། །སྨན་གྱི་ཤན་འདི་ནི་ཞག་བདུན་པ་ཁོན་ལ་ཡོད་ཀྱི། གཞན་གཉིས་ལ་མི་སྲིད་དོ། །ལྷུང་བའི་ཤན་ཞེས་པ་ནི། ལྷུང་བ་ཕན་ཚུན་དུ་ཤན་འདྲེས་པ་ལ་ཟེར་བ་ནི་མ་ཡིན་གྱི། གལ་ཏེ་ཙེ་ན། སྤང་ལྷུང་སུམ་ཅུ་པོ་གང་རུང་ཕྱིར་བཅོས་པར་བྱས་པའི་དང་ཉིད་ནས་དགེ་སློང་གི་འཚོ་བའི་ཡོ་བྱད་གང་བདག་གིར་བྱས་ཀྱང་། ལྷུང་བ་སྔ་མ་དེ་ཕྱིར་བཅོས་བྱེད་པའི་ཚེ། ལྷུང་བ་དེའི་རྒྱུར་གྱུར་པའི་རྫས་དེ་ཁོ་ནར་མ་ཟད། ཡོ་བྱད་རྫིང་མ་དེ་རྣམས་ཀྱང་ཞག་གཅིག་གིས་སྤངས་ཐལ་སྟོན་དུ་གཏོང་དགོས་པའོ། །འཆང་འབྲལ་འཇོག་གསུམ་གྱི་ཉེས་པ་འདི་ནི། སྲ་བརྐྱང་བཏིང་ཆགས་དང་ལྡན་པ་ལ་འབྱུང་བ་མ་ཡིན་ཏེ། དེ་ལྟར་མི་འབྱུང་བ་དེ་དེའི་ཕན་ཡོན་དུ་འཆད་པས་སོ། །

གཉིས་པ་འབྲལ་བ་ལ། གླེང་གཞི་ནི། མཉན་ཡོད་དུ། དགེ་སློང་རབ་ཏུ་མང་པོས། ཉེས་པ་མ་བསྡམས་པས་སྟོད་གཡོགས་དང་སྨད་གཡོགས་ཟུང་དུ་མ་འབྲེལ་བར་ལྷོངས་རྒྱུས་པའོ། །དགག་བྱ་ནི། ལུས་མ་བཀབ་པས་གཞན་མ་དད་པ་དང་ཆོས་གོས་ཆུད་འཛའ་བ་སོགས་སོ། །རྒྱུ་ཚོགས་ལ། དང་པོ་གཞི་ནི། ཆོས་གོས་གསུམ་ལས་གང་ཡང་རུང་བ། རང་གིས་བྱིན་རླབས་ཅན་རུང་ཚད་ལྡན་ཡིན་པ་དང་། རང་ཉིད་མི་འབྲལ་བའི་གནང་བ་ཐོབ་པ་དང་སྲ་བརྐྱང་བཏིང་བ་མ་ཡིན་པ། གནས་ན་དེའི་གནས་ཉེ་འཁོར་དང་བཅས་པ་ལས་གཞན་ཡིན་པ། ཀུན་སློང་ཐ་དད་དུ་གནས་པར་འདོད་པ། སྦྱོར་བ་ལུས་ངག་གིས་དེར་ཞུགས་པ། མཐར་ཐུག་ཞག་ཕྱི་མའི་སྐྱ་རེངས་ཤར་བའོ། །དེ་དག་གི་གོ་བ་ལ། ཆོས་གོས་གསུམ་པོ་གང་རུང་རང་ལ་དངོས་སུ་གྲུབ་ཟིན་པ་མེད་ན་རྒྱུ་དང་སྣགས་རྗེན་གྱི་བྱིན་རླབས་བཤད་པ་དེ་ནི། སྦྱིར་ཆོས་གོས་དང་མི་ལྡན་པའི་ཉེས་པ་ཁེགས་པའི་ཆེད་ཡིན་ལ། ཁྱད་པར་རྒྱུའི་བྱིན་རླབས་ཀྱིས་ནི་དང་པོ་བསྟེན་རྫོགས་ཀྱི་ཚེ། ཆོས་གོས་གསུམ་མ་ཚང་ན་ཉེས་མེད་

ཕྱུན་ཆོགས་ཀྱི་སྡོམ་པ་མ་སྐྱེ་བའི་ཉེས་པ་དང་པོར་ཁེགས་ཤིང་། ཕྱིས་མི་ལྡན་པའི་ཉེས་པ་ཡང་ཁེགས་ངེས་པ་ཡིན་ཏེ། དེ་ཕྱིན་གྱིས་བརླབས་པའི་ སྔགས་ཀྱི་མཐར། ཆོས་གོས་འདི་ནི་རུང་བ་སྤྱད་པ་འོས་པའོ། །ཞེས་གསུངས། སྔགས་རྗེན་འདིས་ནི་འབྲལ་བ་ཁེགས་པ་ནི་ཡིན་ལ། ཆོས་གོས་དང་མི་ལྡན་པའི་ཉེས་པ་ཁེགས་པ་དང་མི་ཁེགས་པ་གཉིས་ཤིག་ཡོད་པ་དང་། ཁེགས་པ་དེ་ལ་མན་ངག་ལས་བྱུང་བའི་ཕྱིན་རླབས་ཙམ་གྱིས་ཆོག་གམ། རྒྱུའི་ཕྱིན་རླབས་ངེས་པར་དགོས་ཞེས་དཔྱད་དགོས་པ་དང་། གཉིས་པ་དེ་ནི། ཇི་སྐད་དུ། གནས་སུ་ཕྱིན་པར་མི་འགྱུར་ན་ཆོས་གོས་ཀྱིས་བྱུང་སྟེ་གཞན་ལ་ཕྱིན་གྱིས་རློབ་པ་ནི། ཞེས་བཤད་པ་དེ་ཡིན་ལ། དེ་ནི་རྒྱུའི་ཕྱིན་རླབས་ངེས་པར་མ་ཡིན་ཞིང་། དངོས་ཀྱི་ཕྱིན་རླབས་ཡིན་མིན་གཉིས་སྤྱིར་དེ་ལ་སྲིད་མོད། མ་ཡིན་པ་དེའི་དབང་དུ་བྱས་ནས་རས་ཁྲུ་གང་བ་གཅིག་སྣམ་སྦྱར་དུ་ཕྱིན་གྱིས་བརླབས་པ་ལྟ་བུ་དེས་འབྲལ་བ་ཁེགས་ཏེ། ཆོས་གོས་རུང་ཚད་ལྡན་གྱི་ཕྱིན་རླབས་ཕྱུང་ནས་མེད་པར་བྱས་པའི་ཕྱིར། ཆོས་གོས་དང་མི་ལྡན་པའི་ཉེས་པ་ནི་ཁེགས་པར་དཀའ་བ་ཡིན་ཏེ། དངོས་དང་རྒྱུའི་ཕྱིན་རླབས་གང་ཡང་མེད་པས་སྐབས་དེའི་དགག་བྱ་མི་ཁེགས་པའི་ཕྱིར། དེ་བས་ན་དངོས་དང་རྒྱུར་རུང་བ་གང་ཡང་མེད་ན་སྔགས་རྗེན་རྐྱང་པ་ལ་དགོས་པ་ཇི་ལྟར་ཡོད་ཅེས་ཀྱང་དཔྱད་དགོས་སོ། །

མི་འབྲལ་བའི་གནང་བ་ཞེས་པ་ལ། གཉིས་ཏེ། མཚམས་པོ་ཆེའི་ནང་དུ་ཆོས་གོས་གསུམ་པོ་གང་རུང་དང་མི་འབྲལ་བའི་གནང་བ་དང་། དགེ་སློང་རྒན་པོ་དང་ནད་པ་ལ་མཚམས་ཀྱི་ཕྱི་ནང་ཀུན་ཏུ་སྣམ་སྦྱར་དང་མི་འབྲལ་བའི་གནང་བའོ། །གལ་ཏེ་མཚམས་ནང་དུ་མི་འབྲལ་བའི་གནང་བ་བྱས་པ་ལ་དགོས་པ་ཅི་ཞིག་ཡོད། དེར་གནང་བ་དེ་མ་བྱས་ཀྱང་། མཚམས་ནང་དུ་ནི་འབྲལ་བ་མི་འབྱུང་ལ། ཕྱི་རོལ་གྱི་འབྲལ་བ་ནི་ངེས་མི་ཁེགས་པའི་ཕྱིར། དེའི་ཤེས་བྱེད་ཀྱང་། ཇི་སྐད་དུ། མཚམས་བྱས་པ་ལ་ནི་མཚམས་གནས་ཀྱི་མཐའ་ཡིན་ནོ། །ཞེས་བཤད་པས་སོ་སྙམ་པའི་དོགས་པ་འདི་འབྱུང་ངོ་། །གཞུང་དེའི་དོན་ནི། མི་འབྲལ་བའི་གནང་བ་གང་དུ་འཆགས་པའི་ས་མཚམས་བཟུང་བ་ཡིན་གྱི། དེ་ཙམ་གྱིས་འབྲལ་བ་མི་ཁེགས་པས་དེར་དགེ་འདུན་གྱི་ལས་ཀྱིས་གནང་བ་སྟེར་དགོས་པའམ། ཡང་ན་གནང་བ་དེ་ཕྱིན་ན་མཚམས་དེའི་ནང་གི་མཚམས་ཆུང་ཐ་དད་དུ་ཆོས་གོས་དང་དགེ་སློང་སོ་སོར་གནས་ཀྱང་འབྲལ་བར་མི་འགྱུར་ལ། གནང་བ་དེ་མ་བྱས་ན་ཆོས་གོས་དང་དགེ་སློང་གང་རུང་ཅིག་ཐུན་མོང་གིས་མཚམས་ཅན་དེར་གནས་དགོས་པའི་དོན་ནོ། །

གསུམ་པ་བླ་བར་འཛོག་པའི་སྤང་བ་ལ། གླེང་གཞི་ནི། མཉན་ཡོད་དུ། དགེ་སློང་མང་པོས། ཉོན་མོངས་པ་ཟང་ཟིང་ལ་སྲེད་པས་གོས་ཀྱི་ཁ་སོགས་མང་པོ་བཞག་པའོ། །དགག་བྱ་ནི། འདོད་པ་ཆེ་བ་དང་།

བསམ་གཏན་དང་། གློག་པའི་བར་ཆད་དུ་འགྱུར་བའོ། །རྒྱ་ཆོགས་ལ། གཞི་ནི། བདག་ཉིད་ཆོས་གོས་གསུམ་པོ་རུང་ཚད་ལྡན་མེད་པ་དང་། སྔ་བརྒྱང་མ་བཏིང་བ་དང་། བཞག་པར་བྱ་བའི་དངོས་པོ་ནི་གོས་སུ་གྲུབ་པ། རང་དབང་བ། རེ་བའི་ཆོས་ལྔ་དང་ལྡན་པ། ཀུན་སློང་ནི་འཆང་བར་འདོད་པ། མཐར་ཐུག་ཞག་སོ་བཞི་པའི་སྐྱ་རེངས་ཤར་བའོ། །འོན་རླབ་བར་བཞག་ཏུ་རུང་བ་དང་། བཅུ་ལས་བཞག་ཏུ་མི་རུང་བའི་ཁྱད་པར་ཅི་ཞེ་ན། ཁ་བསྐང་ལ་རེ་བ་ཡོད་མེད་ཀྱིས་ཡིན་ལ། རེ་བ་དེའང་ཆོས་གོས་གསུམ་པོ་གང་རུང་ཞིག་རུང་ཚད་ལྡན་མེད་པ་ཞིག་ལ་འཆགས་པ་ཡིན་གྱི། ཡོད་ན་མི་འཆགས་སོ། །རེ་བ་དེ་ཚང་ན་ནི་རང་ལ་དབང་བའི་ཆོས་གོས་མེད་ཀྱང་། ཁ་སོགས་ཀྱི་གོས་རླབ་བར་བཞག་ཏུ་མི་རུང་སྟེ། རེ་བ་མེད་ན་གོས་དེ་ཞག་བཅུ་པའི་རིགས་ལས་མ་འདས་པའི་ཕྱིར། རེ་བ་ཚང་ཚུལ་ནི་གསུམ་སྟེ། ཁ་བསྐང་གི་གོས་རིགས་མཐུན་རེ་བའི་ཚད་དུ་ཆོག་པ་ཅིག་རྙེད་པ་དང་། རིགས་མི་མཐུན་ཆོས་གོས་ལྷང་བ་ཅིག་དགོས་པ་རྐྱེན་ཆད་ཀྱིས་རྙེད་པ་དང་། རེས་ནས་གདུགས་པའོ། །དང་པོ་གཉིས་ཀྱི་ཚེ་ནི། སག་སོགས་དང་ཁ་བསྐང་གཉིས་ཀ་ཞག་བཅུ་པའི་གོས་སུ་སོང་ལ། རེ་བ་ཆད་པའི་ཚེ་ནི་སྔ་མ་དེ་ཉིད་དེར་སོང་བའོ། །འདི་དག་ལ་ནི་རླབ་པ་པའི་གོས་ཞག་བཅུ་པའི་གོས་སུ་རིགས་བློག་པ་ཞེས་བྱ་ལ། གཞུང་དུ་གསལ་བར་མ་གསུངས་ཀྱང་། ཅིག་ཤོས་རླབ་བ་པའི་རིགས་སུ་བློག་པ་ཡང་སྲིད་དེ། དང་པོ་ཁ་བསྐང་ལ་རེ་བ་མེད་པའི་གོས་ཤིག །ཕྱིས་རེ་བ་ཅན་དུ་འགྱུར་སྲིད་པའི་ཕྱིར། དེ་འདྲའི་གོས་གཉིས་པོ་རིགས་མི་མཐུན་ཀྱང་ཕན་ཚུན་དུ་ཤན་རྡེག་པ་ཡོད་དེ། རླབ་པ་པའི་གོས་ཀྱིས་ཞག་བདུན་ལྷ་བུ་ལོན་པ་ན་ཁ་བསྐང་ཚད་དུ་ཆོག་པ་ཞིག་རྙེད་ན་སྔ་མ་རླབ་པ་པའི་གོས་དང་། རྙིང་མ་ཞག་བཅུ་པའི་གོས་ཀྱི་རིགས་ཡིན་མོད། རྙིང་མ་རྙེད་པའི་ཉིན་མོ་དེ་ཉིད་སྔ་མའི་ཤན་འདྲེས་ནས་རྙིང་མས་ཀྱང་ཞག་བདུན་ལོན་པར་སོང་བའི་ཕྱིར། རིགས་མཐུན་ནང་དུ་ཤན་མི་རྡེག་པ་ཡང་ཡོད་དེ། རླབ་པ་པའི་གོས་ཞག་བཅུ་ལོན་པ་དེའི་ཤན་གོས་རྙིང་མ་རིགས་གཉིས་པོ་གང་ཡིན་ཀྱང་མི་འཇུག་པའི་ཕྱིར། འགྲེལ་པ་ལས། བཅུ་པ་དང་པོ་དང་། གཉིས་པ་དང་། གསུམ་པ་དག་ནི་ཤན་གྱི་ཕྱིར་ཕན་ཚུན་ལྟོས་པ་མེད་དོ། །ཞེས་གསུངས།

བཞི་པ་འབྲུར་འཛུག་ལ། གླེང་གཞི་ནི། ཡུལ་མཉན་ཡོད་དུ། གང་ཟག་འཆར་ཀས། ཉོན་མོངས་པ་འདོད་ཆགས་ཀྱིས་དགེ་སློང་མ་ཉེ་དུ་མ་ཡིན་པ་ལ་ཆོས་གོས་རྙིང་པ་འབྲུར་བཙུག་པའོ། །དགག་བྱ་ཉོན་མོངས་པའི་བསམ་པ་སྐྱེ་བའོ། །རྒྱུ་ཚོགས་ལ་བཞི་ལས། དང་པོ་ལ། ཡུལ་དགེ་སློང་མ་རྫོགས་པའི་སྡོམ་པ་དང་ལྡན་པ༑ ལྟ་བ་མཐུན་པ། ཐ་སྙད་གསུམ་དང་ལྡན་པ། ལུས་རྟེན་དུ་རུང་བ། ལུས་ཐ་མལ་དུ་གནས་པ། རྫུ་འཕྲུལ་མ་ཐོབ་པ། ཉེ་དུ་མ་ཡིན་པ་སྟེ་ཆོས་བདུན་ལྡན་དེ་ལྟ་བུ་དགེ་སློང་མས་སྐྱིད་པ་ཕལ་ཆེར་ལ་སྦྱར་རོ། །དངོས་པོ་ནི་

རུང་ཚད་ལྡན་གྱི་ཆོས་གོས་གསུམ་དང་གདིང་བ་ལས་གང་ཡང་རུང་བ། རང་གི་ཡིན་པ། བྱིན་གྱིས་བརླབས་པ། འཁྱུར་འཇུག་པར་འོས་པ། ཀུན་སློང་ནི་དེ་བྱེད་དུ་འཇུག་པར་འདོད་པ། སྦྱོར་བ་ངག་མཚན་ཉིད་དྲུག་ལྡན། མཐར་ཐུག་འཁྱུར་བའམ། འཆེད་པའམ། འཆག་པའི་བྱ་བ་ཡོངས་སུ་རྫོགས་པའོ། །སྐབས་འདིར་འདུ་ཤེས་གཙོ་བོར་གྱུར་པའི་ལྟུང་བ་སྐྱེད་ཚུལ་ལ། འདུ་ཤེས་མུ་བཞི་ཞེས་པའི་ཐ་སྙད་གསུངས་པ། དེའི་གོ་བ་ནི། དོན་དེ་ཉིད་ལ་དེ་ཉིད་དུ་འདུ་ཤེས་པ་དང་ཡིད་གཉིས་ཟ་ན་ལྟུང་བ་དངོས་གཞི། དོན་དེ་ཉིད་མ་ཡིན་པ་ལ་ཡིན་པར་འདུ་ཤེས་པ་དང་ཡིད་གཉིས་ཟ་ན་ཉེས་བྱས། ཡིན་པ་ལ་མ་ཡིན་པ་དང་། མ་ཡིན་པ་ལ་དེ་ཉིད་དུ་འདུ་ཤེས་པ་སྟེ༑ གཉིས་པོ་འདི་གཞུང་དུ་གསལ་བར་མ་གསུངས་ཀྱང་། དོན་གྱིས་འཐོབ་པས་མུ་དྲུག་ཅེས་བྱའོ། །གཉིས་པོ་འདི་ཉེས་མེད་དུ་འདོད་པ་དང་། གཅིག་ལ་ཉེས་བྱས་སུ་འཆད་པའི་ལུགས་གཉིས་འབྱུང་ངོ། །

ལྷ་བ་ལེན་པ་ལ། གླེང་གཞི། མཉན་ཡོད་དུ། ཉེར་དགས་ཉོན་མོངས་པ་འདོད་ཞེན་གྱིས། དགེ་སློང་མ་ལས་གོས་བླངས་པའོ། །དགག་བྱ་དགེ་སློང་མ་རྐྱེན་པ་ཉུང་བས། ཤ་མི་ཚ་བ་དང་འདོད་ཞེན་ཆེ་བའོ། །རྒྱུ་ཚོགས་ལ། གཞི་ནི། ཡུལ་དགེ་སློང་མ་ཆོས་བརྒྱད་ལྡན། དད་པ་ཅན་དང་། སེམས་ཡངས་པ་མ་ཡིན་པ། དངོས་པོ་གོས་དངོས་སུ་གྲུབ་པ། རུང་ཚད་ལྡན། དགེ་སློང་མ་དེ་ཉིད་ཀྱི་ཡིན་པའོ། །རང་ཉིད་ནི་དགེ་འདུན་ལ་གོས་འབུལ་བ་ལེན་པ་སོགས་གཞི་མ་ཡིན་ལ། ཀུན་སློང་ནི་རུང་མི་རུང་བརྟེ་བའི་དོན་མ་ཡིན་པར་ལེན་འདོད་པའོ། །སྦྱོར་བ་ངག་མཚན་ཉིད་དྲུག་ལྡན་གྱིས་ལེན་པར་རྩོམ་པ། མཐར་ཐུག་ལག་ཏུ་ཐོབ་པའོ། །འདི་ལ་ནི་དགེ་སློང་རང་ཉིད་གོས་སློང་བར་རིགས་པ་ཡིན་མིན་གྱི་ཁྱད་པར་མེད་དེ། སློང་བར་རིགས་ཀྱང་བསླང་སའི་ཡུལ་མ་ཡིན་པ་ལས་བསླངས་པའི་ཉེས་པའོ། །

དྲུག་པ་གོས་སློང་བ་ལ། མི་རིགས་པ་སློང་བ་དང་། རིགས་པ་ཚད་ལྷག་སློང་བ་གཉིས་ལས། དང་པོ་ལ༔ གླེང་གཞི། མཉན་ཡོད་དུ། ཉེར་དགས། ཁྱིམ་བདག་ཉེ་དུ་མ་ཡིན་པ་ལ་ཉོན་མོངས་པ་འདོད་ཞེན་གྱིས་གོས་བསླངས་པའོ། །དགག་བྱ་ཆོག་མི་ཤེས་པ་དང་། གཞན་ལ་གནོད་པ་དང་མ་དད་པ་སོགས་སོ། །རྒྱུ་ཚོགས་ལ༔ གཞི་ནི། ཡུལ་ཁྱིམ་པ་ཐ་སྙད་ལྔ་ལྡན། ཉེ་དུ་མ་ཡིན་པ། མ་བླངས་པའི་སྔ་རོལ་དུ་སྟེར་བ་པོ་མ་ཡིན་པ། དངོས་པོ་གོས་དངོས་སུ་གྲུབ་པ། རུང་ཚད་ལྡན་ཁྱིམ་པ་དེ་ཉིད་ཀྱི་ཡིན་པའོ། །དགག་བྱ་དང་ཡུལ་དང་དངོས་པོ་གསུམ་ནི་འོག་མ་གསུམ་ལ་ཡང་སྦྱར་རོ། །བདག་ཉིད་ནི་སྲ་བརྒྱང་མ་བཏིང་བ་དང་འཚོ་བའི་ཡོ་བྱད་ཚང་བའོ། །ཀུན་སློང་ནི་སློང་བར་འདོད་པ། སྦྱོར་བ་ངག་དྲུག་ལྡན། མཐར་ཐུག་ལག་ཏུ་ཐོབ་པའོ། །འདིར་གང་བསླངས་པ་ལས་ལྷག་པའི་ཆ་ལ་ཉེས་པ་མེད་དེ། མ་བསླངས་པ་ཞིག་ཐོབ་པའི་ཕྱིར།

བདུན་པ་སློང་བར་རིགས་པ་ཚད་ལས་ལྷག་པ་ནི། སྣོད་གཡོགས་སྣུད་གཡོགས་བཅས་ཞེས་པའི་མདོ་ཊེས་བསྟན་ལ། གླིང་གཞི་ནི། མཉན་ཡོད་དུ། དྲུག་སྡེས། འདོད་ཞེན་གྱིས་བསླངས་པའོ། །དགག་བྱ་ནི། ལེན་པའི་དྲོད་མི་ཤེས་པའོ། །རྒྱུ་ཚོགས་ལ། བདག་ཉིད་སློང་བར་རིགས་པ། ཀུན་སློང་དང་པོ་ནས་ལྷག་པོ་བསླངས་བའམ། མ་བསླངས་ཀྱང་ལྷག་པའི་ཆ་བྱུང་ན་ཕྱིར་སྦྱིན་པ་མི་འདོད་པའོ། །སྦྱོར་བ་དེ་ལྟར་རྫོམ་པའོ། །མཐར་ཐུག་ཐོབ་པའོ། །ཚད་ནི་རབ་ཚད་ལས་ཀྱང་ལྷག་པའོ། །ཞེས་པ་སྤྱིར་བཏང་ཡིན་ལ། ཆུང་ཚད་ཐོབ་ན་ཡང་ཁ་སྐོང་བསླང་བར་མི་བྱ་སྟེ། དེ་ཉིད་ལ་ཆོས་གོས་ཀྱི་བྱིན་རླབས་འཆགས་པའི་ཕྱིར། མདོར་རིན་ཐང་ཞེས་དང་། སོ་སོར་ཞེས་པས་བསྟན་པའི་ལྟུང་བ་གཉིས་ནི་སྤྱགས་པ་སློང་བ་དང་སོ་སོ་ནས་སྤྱགས་པ་ཞེས་པ་གཉིས་ཡིན་ལ༑ དང་པོ་ནི། ཉེར་དགས་བསླངས་པའོ། །སྦྱིན་བདག་ནི་སྤྱུངས་ཆུང་བ། ཀུན་སློང་བསྒོས་ཚོད་ལས་ལྷག་པ་ཐོབ་པའོ་ཞེས་ཁ་ཅིག་གསུང་ལ། མདོའི་དངོས་བསྟན་འབྱུལ་བའི་དུས་ལ་མི་སྟོད་པར་ལྟ་ཚོམས་སུ་བླངས་པའི་ཉེས་པའོ། །

དགུ་པ་སོ་སོ་ནས་སྤྱགས་པ་སློང་བ་ལ། གཞན་སྤྱ་མ་དང་འདྲ་བ་ལ་སྦྱིན་པར་བྱེད་པ་སྤྱུངས་ཆེ་བ་ཞེས་སྦྱར། འདི་གཉིས་ནི་དགེ་སློང་རང་ཉིད་གོས་སློང་བར་རིགས་མི་རིགས་གང་ཡིན་ཡང་རུང་སྟེ། མ་བསླངས་པའི་སྔ་རོལ་དུ་བསྒོས་པ། སྟེར་ལོང་མེད་པར་བསླངས་པ་ཡིན་ལ། སོ་སོ་ནས་བསླངས་པའི་ཚེ་གོས་གཉིས་ཐོབ་ཀྱང་། སྦྱོར་བ་གཅིག་པ་ན་ལྟུང་བ་གཅིག་ཁོ་ནའོ། །སྤྱུངས་ཆེ་བ་ཞེས་པའི་ཚིག་གི་ནུས་པས་ཁྲིམ་བདག་ཕོ་མོ་ལས་སོ་སོར་བསྒོས་པའི་གོས་དུས་སྔ་ཕྱིར་ཐོབ་ཀྱང་། ཁྲིམ་བདག་རྫས་གཅིག་པས་ལྟུང་བ་གཅིག་ཏུ་བཞག་གོ༑

བཅུ་པ་བསྐུར་བའི་སྤྱང་བ་ལ། གླིང་གཞི། མཉན་ཡོད་དུ། ཉེས་དགས། རྩུལ་དང་མི་མཐུན་པར་བྱས་པའོ། །དགག་བྱ་ནི། འདོད་པ་ཆེ་བ་དང་། གཞན་མ་དད་པའོ། །རྒྱུ་ཚོགས་ལ། གཞི་ནི། སྦྱིན་བདག་ཕོ་ཉ། ཞལ་ལྟ་བ་གསུམ་ཚར། ཁྲིམ་པ་ཐ་སྙད་ལྟ་ལྡན། དེ་དག་ནང་ཕན་ཚུན་ནོར་རྫས་ཐ་དད་པ། རེ་བ་མེད་པའི་ཚེ་སྦྲན་ན་སེམས་བསྒྱུ་བར་ཁས་མི་ལེན་པ། དངོས་པོར་རིན་བསྐུར་བ་ལས་བྱུང་བའི་གོས་རུང་ཚད་ལྡན། ཀུན་སློང་ལེན་པར་འདོད་པ། སྦྱོར་བ་བསྐུལ་བསྟོད་དྲུག་ལས་ལྷག་པར་རྫོམ་པ། མཐར་ཐུག་ལག་ཏུ་ཐོབ་པའོ། །འདི་དག་གི་གོ་དོན་ནི། སྦྱིན་བདག་གིས་གོས་ཀྱི་རིན་རུང་བ་མ་ཡིན་པ་གསེར་དངུལ་ལྟ་བུ་གཅིག་ཕོ་ཉ་བཏང་ནས་རང་ཉིད་ལ་ཕུལ་བ། དེ་ལེན་དུ་མི་རུང་ཞེས་ཕྱིར་སྤྱངས་པ། ཕོ་ཉས་དགེ་སློང་རང་གི་ཞལ་ཏ་བྱེད་པ་ཁྲིམ་པ་ཞིག་ལ་གཏད་པ། དེས་དགེ་སློང་ལ་གོས་བསྒྲུབས་ནས་འབུལ་བར་ཁས་བླངས་པ། དེ་ལྟར་ཁས་བླངས་པ

དེ་ཕོ་ཉས་དགེ་སློང་ལ་བརྗོད་པའོ། །དེའི་ཚེ་གོས་དུས་སུ་མ་བྱུང་ན་དགེ་སློང་གིས་ཞལ་ཏ་བ་དེ་ལ་བསྐུལ་བསྟོད་ལན་དྲུག་ཏུ་བྱེད་པར་གནང་ངོ་། །དེ་ལས་ལྷག་པར་བྱས་པས་གོས་ཐོབ་ན་ཉེས་པ་འདིར་འགྱུར། ཞེས་པའོ། །

བཅུ་ཚན་གཉིས་པ་ནི། སྲིད་བལ་འབའ་ཞིག་ཆ་གཉིས་དང་། །དྲུག་དང་མཐོ་གང་ལམ་དང་ནི། །འཁྲུ་བ་དང་ནི་གསེར་དངུལ་དང་། །མངོན་མཚན་ཅན་དང་ཉོ་ཚོང་ངོ་། །དང་པོ་སྲིན་བལ་འབའ་ཞིག་གི་སྟན་བྱེད་པའི་ལྟུང་བ་ལ། གླེང་གཞི། དགེ་སློང་རབ་ཏུ་མང་པོས། འདོད་ཞེན་གྱིས་དེ་བྱས་པའོ། །དགག་བྱ་བཟང་པོ་དམན་པ་ལ་སྒྱུར་བ་དང་། དེ་ཚོལ་བའི་ངལ་བས་དགེ་བའི་བར་ཆད་དུ་འགྱུར་བའོ། །ཀྲུ་ཚོགས་ལ། གཞི་ནི། དངོས་པོ་སྲིན་བལ་འབའ་ཞིག་ཡིན་པ། གསར་པ་ཚད་དང་ལྡན་པ། སྔར་གཞན་གྱིས་བཟོ་བརྩམ་མ་བྱས་པ། གནས་ནི་སྲིན་བལ་རིན་ཆེ་བའི་གནས་ཡིན་པ། ཀུན་སློང་སྟན་བྱེད་པར་འདོད་པ། སྦྱོར་བ་རང་ངམ་གཞན་གྱིས་རྩོམ་པ། མཐར་ཐུག་འཁོད་བཀྲམ་པ་ཡོངས་སུ་རྫོགས་པའོ། །

གཉིས་པ་འབའ་ཞིག་དང་ཞེས་པས་བསྟན་པ་ནི། ལུག་བལ་ནག་པོ་འབའ་ཞིག་ལ་སྟན་བྱེད་པའི་སྤང་བ་ནི་གོང་མ་ཉིད་འདྲེན་པ་བསྐྱུར་བའོ། །གསུམ་པ་ཆ་གཉིས་བསྲེ་བའི་སྤང་བ་ནི། བལ་ནག་པོ་དང་། དཀར་པོ་ཆ་གཉིས་བསྲེས་པའི་སྟན་བྱེད་པ་ནི་གནང་བ་ཡིན་ལ། དེའི་ཚེ་ནག་པོ་བྱེད་པས་ལྷག་པ་ལ་སྤང་བ་འདིར་བཅས་ཤིང་། དགག་བྱ་དང་ཀྲུ་ཚོགས་སྔ་མ་བཞིན་དུ་སྦྱར་རོ། །སྐབས་འདིར་འགྲེལ་པ་ལས། གདིང་བ་ནི་སྟན་མ་ཡིན་ཏེ། གོས་ཀྱི་ངོ་བོ་ཡིན་པའི་ཕྱིར། དེ་གཉིས་རྣམ་པ་ཐ་དད། དགོས་ཆེད་ཐ་དད། གནང་བཀག་ཐ་དད། ཚད་ཐ་དད། ཅེས་རྒྱུ་མཚན་བཞི་གསུངས་སོ། །བཞི་པ་ལོ་དྲུག་པའི་སྤང་བ་ལ། གླེང་གཞི་ནི། མཉན་ཡོད་དུ། དགེ་སློང་རབ་ཏུ་མང་པོས། ཉོན་མོངས་པ་ཆོག་མི་ཤེས་པས། ཉེས་པ་ལོ་དྲུག་གི་ནང་དུ་སྟན་གཉིས་ལ་སོགས་པ་བྱས་པའོ། །དགག་བྱ་འདོད་ཞེན་ཆེ་བ་དང་དགེ་བའི་བར་ཆད་དུ་འགྱུར་བའོ། །ཀྲུ་ཚོགས་ལ། དངོས་པོ་ནི་གླིངས་པའི་སྟན་ཡིན་པ། རྒྱང་ཚད་ལྡན། གསར་པ་སྔར་གཞན་གྱིས་བཟོ་རྩོམ་མ་བྱས་པའོ། །བདག་ཉིད་ནི། སྟན་གཞན་ཡོད་པའམ། རང་དགར་གཏོང་བ། ལོ་དྲུག་གི་ནང་ཡིན་པ། གནང་བ་མ་ཐོབ་པ། སྦྱོར་བ་རྩོམས་པ། མཐར་ཐུག་གྲུབ་ཟིན་པའོ། །གནང་བ་གསོལ་བའི་རྟེན་ནི། ཐུན་མོང་གི་ཆོས་བདུན་ལྡན། སྟན་བྱས་ནས་ལོ་དྲུག་མ་ལོན་ཞིང་། སྟན་སྔ་མས་འཚོ་བར་མ་ནུས་པ། གནང་བ་གསོལ་བ་པོ་ཡིན་པ་དེ་ལ། དགོས་པ་ལྟུང་བ་འདི་མི་འབྱུང་བའི་ཆེད་དུ། ཆོག་གསོལ་གཉིས་ཀྱི་ལས་ཀྱིས་སྦྱིན་ནོ། །ཁང་པའི་གནང་བ་སྐྱེར་གསོལ་ནི། ཁང་པའི་ལས་ཇི་ཙམ་བྱེད་ཀྱང་རེ་རེ་ནས་དགོས་ལ། སྟན་གྱི་གནང་བ་ནི་ལོ་དྲུག་གི་ནང་དུ

སྟན་གཉིས་པ་སོགས་རྫོམ་པའི་དབང་དུ་བྱས་པའོ། །

ལྔ་པ་མཐོ་གང་གི་སྤང་བ་ལ། གླེང་གཞི་ནི། དགེ་སློང་མང་པོས། དྲོད་མི་ཤེས་པ་དང་སོ་སོར་མ་རྟོག་པས། གདིང་བ་རྙིང་པ་ལས་གསར་པ་ལ་མ་གླན་པར་རྙིང་པ་བོར་བའོ། །དགག་བྱ་གསར་པ་དཀྱིལ་ཧྲོལ་བ་དང་། རྙིང་པ་ལྷོས་མེད་དུ་འདོར་བའོ། །རྒྱུ་ཚོགས་ལ། གཞིའི་ཡན་ལག་ནི། དངོས་པོ་རང་གི་ཡིན་པ། རུང་ཚད་ལྡན་གསར་པའོ། །བདག་ཉིད་ནི། གདིང་བ་རྙིང་པ་དེ་ཙམ་ཡོད་བཞིན་དུ་མ་གླན་པའོ། །ཇི་ཙམ་ཞེ་ན། བདེ་བར་གཤེགས་པའི་མཐོ་གང་གི་ཚད་དོ། །སྦྱོར་བ་ལོངས་སྤྱོད་པར་རྫོམ་པ། མཐར་ཐུག་ལོངས་སྤྱོད་པའོ། །གདིང་བ་འདི་ལ་ལོ་དྲུག་གི་ངེས་བཟུང་ནི་ཡོད་པ་མ་ཡིན་ཏེ། སྟན་མ་ཡིན་པའི་ཕྱིར། འོན་གདིང་བ་ཞེས་ཟེར་བ་ཅི་ཞེ་ན། སྟན་འོག་མ་ཐམས་ཅད་ཀྱི་སྟེང་དུ་གདིང་བས་ན་དེའོ། །ཞེས་རྣམ་འབྱེད་འགྲེལ་པར་རོ། །

དྲུག་པ་ལམ་དང་། ཞེས་པ་བལ་ཐོགས་པའི་སྤང་བ་ལ། གླེང་གཞི། མཉན་ཡོད་དུ། དྲུག་སྡེས། ཉོན་མོངས་པ་འདོད་ཞེན་དང་ངོ་ཚ་མི་ཤེས་པས་བལ་གྱི་ཁུར་ཆེན་པོ་རྒྱང་གྲགས་ཀྱི་མཐར་ཁུར་བའོ། །རྒྱུ་མཚན་གཞན་མ་དད་པ་དང་རང་གིས་ལུས་ལ་གནོད་པའོ། །རྒྱུ་ཚོགས་ལ། གཞི་ནི་དངོས་པོ་བལ་རུང་ཚད་ལྡན། ལམ་སོའམ་ཆུ་ལ་རྟེན་པ། རྒྱང་གྲགས་གཅིག་གི་ཚད་དུ་ལོངས་པ། བདག་ཉིད་ནི་ཧྥུ་འཕྲུལ་དང་སྤྲུལ་པའི་སྐབས་མ་ཡིན་པ། དུས་ཉི་མ་གཅིག་གི་དུས་ཡིན་པ། ཀུན་སློང་འགྲོ་བར་འདོད་པ། སྦྱོར་བ་འགྲོ་བར་རྩོམ་པ། མཐར་ཐུག་རྒྱང་གྲགས་ལས་འདས་པའོ། །སྐྱེར་ལམ་དུ་འགྲོ་བས་བསྐྱེད་པའི་ལྟུང་བ་ཐམས་ཅད་ལ་རྒྱང་གྲགས་ཀྱི་ཚད་དུ་ལོངས་པ་དགོས་སོ། །ལྟུང་བ་འདི་ལ་ནི་དཔག་ཚད་གསུམ་གྱི་བར་དུ་བདག་ཉིད་ཀྱིས་འཁུར་བ་ཉེས་མེད་ཡིན་ལ། དེ་ནས་རྒྱང་གྲགས་འདས་པའི་ཚེ་སྤང་བའོ། །

བདུན་པ་འཁྲུ་བ་དང་ཞེས་པས་བསྟན་པའི་བལ་རྨེལ་བའི་སྤང་བ་ལ། གླེང་གཞི། དགག་བྱ། རྒྱུ་ཚོགས་རྣམས་འཁྲུར་འཇུག་དང་འདྲ་བ་ལ། ལུག་གི་བལ། ཞེས་དང་། མཐར་ཐུག་མང་བ་བལ་གཅིག་ཙམ་རྨེལ་བ་རྫོགས་པའོ། །མདོར་འཁྲུ་བ་ཞེས་འབྱུང་བ་ནི། འཁྲུ་བ་དང་ཆགས་པ་ལ་ཡང་སྤང་བ་འདིར་འགྱུར་བའོ། །

བརྒྱད་པ་གསེར་དངུལ་ལ་རེག་པའི་སྤང་བ་ལ། གླེང་གཞི་ནི། མཉན་ཡོད་དུ། དྲུག་སྡེས། ཉོན་མོངས་པ་འདོད་ཞེན་གྱིས། ཉེས་པ་གསེར་དངུལ་བདག་གིར་བྱས་པའོ། །དགག་བྱ་མངོན་ཞེན་ཆེ་བ་དང་། དགེ་བའི་བར་ཆད་དུ་འགྱུར་བའོ། །རྒྱུ་ཚོགས་ལ། གཞི་ནི། རིན་པོ་ཆེ་བཀྲག་པ་དངོས་སམ། དེ་དང་བཟང་ངན་འདྲ་བ། ཐ་སྙད་གདགས་སུ་རུང་བ། ཚད་དང་ལྡན་པ། རང་གི་ཡིན་པ། རུང་བ་མ་བྱས་པའོ། །ཀུན་སློང་ནི་བདག་གིར་བྱེད་འདོད་པ། སྦྱོར་བ་རང་ངམ་བསྐོས་པས་རེག་པར་རྫོམ་པ། མཐར་ཐུག་བདག་གིར་བྱས་པའོ། །འདི་ལ་

རིག་པ་སྟོན་དུ་འགྲོ་དགོས་ཏེ། དེ་མེད་ན་སྤྱོར་བ་མ་ཚང་བའི་ཕྱིར་དང་། ཡིད་འབའ་ཞིག་པ་ལ་ལྟུང་བ་འདིར་མི་འཇོག་པའི་ཕྱིར། འདིར་རིན་པོ་ཆེ་ལྔ་ནི། གསེར། དངུལ། བཻ་ཌཱུརྱ། ཤེལ། མུ་ཏིག་རྣམས་ལ་འཆད་ལ། རིན་པོ་ཆེར་སྣོམས་པ་ལྔ་ནི། ཞ་ཉེ་དང་། ཟངས་དང་། ཁྲོ་དང་། ལྕགས་ལ་དང་། རོ་ཉེ་རྣམས་ལ་འཆད་དོ། །རྫུང་པ་བྱ་བའི་ཚུལ་ལ། རྫུང་པ་ནི་གསུམ་སྟེ། སྦྱིན་བདག་བདག་པོ་ཉིད་དུ་མོས་སུ་བཞུག་པ་དང་། ཞལ་ཏ་བྱེད་པ་བདག་པོ་ཉིད་དུ་ཁས་ལེན་དུ་གཞུག་པ་དང་། བྱིན་གྱིས་རླབ་པ་རྣམས་སོ། །དེའི་ཚུལ་ལ། གཞི་ནི། ཆོས་དང་ལྡན་པའི་དོན་མི་བདོག་པའི་རྐྱེན་ཡིན་པ། རིན་པོ་ཆེ་ཚད་ལྡན། རང་དབང་བ། བསམ་པ་ནི། འདི་མི་བཅང་། འདི་ལས་བྱུང་བ་བཅང་སྙམ་པའོ། །རྟེན་ནི་རབ་ཏུ་བྱུང་བ་སྡེ་ལྔའོ། །དགོས་པ་ལྟུང་བ་འདི་མི་འབྱུང་བ་དང་། རིན་པོ་ཆེའི་མངོན་ཞེན་དགག་པའོ། །དེ་འཇིག་པའི་རྒྱུ་ནི། བྱིན་རླབས་ཕྱུང་དང་གཞན་ལ་བསྔོས། །དངོས་པོ་རླག་དང་རང་གི་བའི། །བསམ་པ་རྒྱུན་ལྡན་ཡིད་གཏན་ཡུལ། །ཤི་ལ་དེར་ཤེས་རྟེན་ཉམས་པའོ། །བདག་གིར་མི་བྱེད་པའི་རིག་པ་ནི་ལྟུང་བྱེད་འབའ་ཞིག་པ་ཡིན་ལ། རྫུང་བ་གསུམ་པོ་གང་རུང་བྱས་ནས་ནི་རིག་པ་ལ་ཉེས་པ་མེད་པར་གསུངས་ལ། དགེ་ཚུལ་ལ་ནི་བདག་གིར་མ་བྱས་ན་རྫུང་བ་མེད་ཀྱང་རིག་པ་ལ་ཉེས་པ་མེད་དོ། །

དགུ་པ་མངོན་མཚན་ཅན་ལ། གླེང་གཞི་ནི། མཉན་ཡོད་དུ། དྲུག་སྡེས། ཉོན་མོངས་པ་འདོད་ཞེན་གྱིས། མངོན་མཚན་ཅན་གྱི་སྙིང་འཕེལ་བྱས་པའོ། །དགག་བྱ་འདོད་ཞེན་ཆེ་བ་དང་། འདུ་འགོད་ཀྱི་དགེ་བའི་བར་ཆད་དུ་འགྱུར་བའོ། །རྒྱུ་ཚོགས་ལ། ཡུལ་ཁྲིམ་པ་ཐ་སྙད་ལྔ་ལྡན་སོགས་དང་། དངོས་པོ་པ་ནའམ་རིན་པོ་ཆེ་རང་དབང་བ། ཐ་སྙད་གདགས་སུ་རུང་བ། ཚད་དང་ལྡན་པ། ཀུན་སློང་རྙེད་པ་འདོད་པ། སྦྱོར་བ་སྙེད་པ་རྩོམ་པ༑ མཐར་ཐུག་སྙེད། ཁྲུ་གང་དུ་ལོངས་པ་ཐོབ་པའོ། །བཅུ་པ་ཉོ་བཙོང་ལ། སྔ་མ་དང་འདྲ་བ་ལ། དངོས་པོ་རིན་པོ་ཆེ་ལས་གཞན་འབྲུ་དང་གོས་ལ་སོགས་པ་ཉོ་བཙོང་བྱས་པ་ལས་སྙེད་ཐོབ་པའམ། ཡང་ན། གཞུང་དུ། གཞན་གྱིས་སོ། །ཞེས་པའི་དོན། སྙེད་ལས་གཞན་ཉོ་བཙོང་བྱས་པ་ཞེས་པའི་དོན་ཡིན་པས་རིན་པོ་ཆེ་ལ་འདི་འབྱུང་བར་འཆད་པ་ཉིད་ལེགས་སོ། །

བཅུ་ཚན་གསུམ་པ་ནི། ལྷུང་བཟེད་གཉིས་དང་ཐག་གཉིས། །སྦྱིན་འཕྲོག་སྨན་ཟླ་ཐ་ཆུང་དང་། །དགོན་པ་བ་དང་རས་ཆེན་དང་། །བསྔོས་པ་དང་ནི་སོག་འཇོག་གོ། ཞེས་གསུངས། དང་པོ་ལྷུང་བཟེད་གཉིས་ཞེས་པ་ནི༑ འཆང་བ་དང་། འཚོལ་བ་གཉིས་སོ། །དང་པོ་ལ། གླེང་གཞི་ནི། མཉན་ཡོད་དུ། དྲུག་སྡེས། འདོད་ཞེན་གྱིས། ལྷུང་བཟེད་ལྷག་པོ་བཅངས་པའོ། །དགག་བྱ་འདོད་ཞེན་ཆེ་བ་དང་དགེ་བའི་བར་ཆད་དོ། །རྒྱུ་ཚོགས་ལ་བཞི་ལས། དང་པོ་ནི། དངོས་པོ་ལ་རང་གི་ལྷུང་བཟེད་ཚད་ལྡན་དབང་བྱར་ཡོད་པ། བྱིན་གྱིས་བརླབས་པ

དང་མ་འབྲེལ་བའམ། འབྲེལ་ཀྱང་རྗེས་སུ་ཞུགས་པ་དང་བཅས་པ། འབྲེལ་མེད་མ་ཡིན་པ། ཀུན་སློང་རང་དོན་དུ་འཆང་བར་འདོད་པ། མཐའ་བཅུ་གཅིག་པའི་སྐྱ་རེངས་ཤར་བའོ། །ལྷུང་བཟེད་འབྲེལ་མེད་ཅེས་པའི་དོན། ལྷུང་བཟེད་ལྷག་པོ་བཅལ་བའི་ཆད་ལས་ཀྱི་ཆེད་དུ་ལྷུང་བཟེད་དངོས་ཀྱི་བྱིན་བརླབས་མེད་པའི་ལྷུང་བཟེད། མཚམས་དེའི་དགེ་འདུན་གྱི་ནང་ནས་བསྒྲིགས་པ་ཕྱུར་པ་ཞིག་རྟག་ཏུ་བཅང་དགོས་པ་དེའོ། །འཆང་སྤྱང་འདི་ལ་ལྷུང་བཟེད་ལྷག་པོ་བཅངས་པ་ཞིག་དགོས་པ་ལྷ་བྱུར་རྩ་བའི་མདོ་ལས་བཤད་ཀྱང་། རང་དབང་བ་གཅིག་པུ་དེ་ཉིད་བྱིན་གྱིས་མ་རླབས་པ་ལའང་འདི་སྐྱེ་བ་ཡིན་ཏེ། གོས་འཆང་སྤང་གི་འདོན་པ་སྒྱུར་དགོས་པར་གཞུང་ཉིད་ལས་གསུངས་པའི་ཕྱིར།

གཉིས་པ་འཚོལ་བ་ལ། གླེང་གཞི་ཉེར་དགའ་ལ་བརྟེན་ནས་བཅས། དགག་བྱ་འདོད་པ་ཆེ་བ་དང་གཞན་མ་དད་པ་སོགས་སོ། །རྒྱུ་ཚོགས་ལ་གཞི་ནི། ཡུལ་ཁྱིམ་པ་ཆོས་དྲུག་ལྡན། ལྷུང་བཟེད་རུང་ཚད་ལྡན་ཁྱིམ་པ་དེ་ཉིད་ཀྱི་ཡིན་པ། བདག་ཉིད་ནི་འབྲེལ་མེད་མ་ཡིན་པའི་ལྷུང་བཟེད་རུང་ཚད་ལྡན་ཡོད་པ། ཀུན་སློང་སློང་བར་འདོད་པ། མཐར་ཐུག་ལག་ཏུ་ཐོབ་པ། འདི་ཡང་བྱིན་གྱིས་མ་རླབས་པར་བཅུ་གཅིག་པའི་སྐྱ་རེངས་ཤར་ན་ལྷུང་བ་སྤོམ་དེར་འགྱུར་རོ། །འཆང་སྤང་ལ་ཡུལ་ཁྱིམ་པ་ལས་བླང་བ་མི་དགོས་ཤིང་། ཚོལ་བ་ལ་དགོས་པ་ནི་ཡུལ་གྱི་ཁྱད་པར་རོ། །ཐ་ག་གཉིས་ཞེས་པས་བསྟན་པ་ལ། འཐག་ཏུ་འཇུག་པ་དང་། འཐག་པ་སྐྱེད་པ་གཉིས་སོ། །དང་པོ་ལ། གླེང་གཞི་ཉེར་དགའ་དང་། དགག་བྱ་འདོད་ཞེན་ཆེ་བ་དང་གཞན་མ་དད་པ། ཡན་ལག་ལ། གཞི་ནི། ཐག་པ་དང་། སྐྱིན་བདག་དང་ཕོ་ཉ་བ་གསུམ་ཀ་ཁྱིམ་པ་ཆོས་དྲུག་ལྡན། དངོས་པོ་གོས་ཀྱི་རྒྱུ་རུང་ཚད་ལྡན་རང་དབང་བ། ཀུན་སློང་རྐྱ་སེམས་དང་ཡིད་བཙུགས་ལྡན་པས་གཞན་འཐག་ཏུ་འཇུག་འདོད་པ། སྦྱོར་བ་ངག་བཞི་ལྡན། མཐར་ཐུག་གོས་གྲུབ་པའོ། །

གཉིས་པ་བསྐྱེད་པ་ལ། གླེང་གཞི་ནི། ཉེར་དགས་དེ་བསྐྱེད་པའོ། །དགག་བྱ་སྦྱིན་བདག་དང་ཐག་པ་ལ་གནོད་པའོ། །རྒྱུ་ཚོགས་ལ། གཞི་ནི། ཡུལ་སྦྱིན་བདག་དང་ཐག་པ་ཁྱིམ་པ་ཆོས་དྲུག་ལྡན། གོང་མ་དང་གཉིས་ཀ་ལ་ཕོ་ཉ་བ་དགོས་པའི་ངེས་པ་མེད་ལ། ཡོད་ན་དེ་ཡང་ཁྱིམ་པ། འདི་ལ་སྦྱིན་བདག་ཁྱིམ་པ་ངེས་པར་དགོས་ལ། གོང་མ་ལ་དགོས་པའི་ངེས་པ་མེད་དོ། །དངོས་པོ་ནི་གོས་ཀྱི་རྒྱུའི་དོག་པ་རུང་ཚད་ལྡན། ཁྱིམ་པ་དེ་ཉིད་ཀྱི་ཡིན་པ། སྐྱེད་པར་སྦྱིན་བདག་དང་ཐག་བསམ་མ་གནང་བ། ཀུན་སློང་འཐག་པ་སྐྱེ་བར་འདོད་པ། སྦྱོར་བ་རང་ངམ་ཕོ་ཉའི་ངག་དྲུག་ལྡན། མཐར་ཐུག་སྦྱིན་བདག་གིས་བསྔོས་ཚོད་ཀྱི་དོག་པ་ཟད་པའམ། ཐག་པ་ལ་གླ་རྔན་མ་བྱིན་པ་གང་རུང་གིས་གོས་ཐོབ་པའོ། །འདི་ལ་རྐྱ་སེམས་མེད་པ་ཞིག་དགོས་ཏེ། གཞན་དུ་ན་མ

བྱིན་ལེན་དུ་འགྱུར་སྲིད་པས་སོ། །

ལྔ་པ་བྱིན་འཕྲོག་ལ། གླེང་གཞི་མཉན་ཡོད་དུ། དགའ་བོས་ཉོན་མོངས་པ་མི་བཟོད་པས། དགེ་སློང་གཞན་ལ་གོས་བྱིན་ནས་སླར་འཕྲོག་པའོ། །དགག་བྱ་གཞན་ལ་གནོད་ཅིང་མ་དད་པ་དང་། མ་བྱིན་ལེན་གྱི་རྒྱུར་འགྱུར་བའོ། །རྒྱུ་ཚོགས་ལ་ཡན་ལག་དང་པོ་གཞི་ནི། ཡུལ་རྫོགས་པའི་སྡོམ་ལྡན། ལྟ་མཚན་མཐུན་པ། ཐ་སྙད་གསུམ་ལྡན། རྒྱུད་དང་ནོར་རྫས་ཐ་དད་པ། ལུས་ཐ་མལ་པར་གནས་པ་སྐྱེ་དྲུག་ལྡན། དངོས་པོ་དགེ་སློང་གི་འཚོ་བའི་ཡོ་བྱད། གོས་ཁ་ནར་མ་ཟད་ལྷུང་བཟེད་ལ་སོགས་པ་རུང་ཚད་ལྡན་ཡུལ་དེ་དབང་བ། ཀུན་སློང་རྒྱུན་སེམས་དང་ཡིད་བཙུགས་ལས་གཞན་པ། ཕན་སེམས་མ་ཡིན་པར་གཏན་དུ་དབྲལ་འདོད་པ། སྦྱོར་བ་རང་ངམ་བསྐོས་པས་ལུས་ངག་གཉིས་ཀའམ་གང་ཡང་རུང་བས་འཕྲོག་པར་རྩོམ་པ། མཐར་ཐུག་ཡུལ་གྱི་ལུས་ལས་བྲལ་བའོ། །འདི་ལ་ཇུ་སེམས་ཡོད་ན་མ་བྱིན་ལེན་དུ་འགྱུར་བས། འདི་ནི་རང་གི་ཡིན་ཏེ་གཞན་ལ་མི་སྟེར་རོ་སྙམ་པས་མངོན་སུམ་དུ་ལེན་པའོ། །དེ་སྐད་དུ་ཡང་། རང་གི་ཉིད་སེལ་བར་གྱུར་པའི་འཕྲོག་པ་ཉིད་འདིར་སྤུས་པ་ཡིན་ནོ་ཞེས་གསུངས། འདི་སེལ་བ་ཡིན་པ་ལ་སེལ་བར་ནོར་བ་མང་ངོ་། །

དྲུག་པ་དགོན་པ་བའི་འབྲལ་སྤངས་ལ། གླེང་གཞི་ནི། མཉན་ཡོད་དུ། དྲུག་སྡེས། ཉོན་མོངས་པ་རབ་ཉམས་སུ་བྱེད་པས། ཉེས་པ་ཞག་བདུན་དུ་བྲལ་བའོ། །དགག་བྱ་ནི་གནང་བའི་ས་མཚམས་ཁྲིད་དུ་གསད་པ་དང་། ལུས་མ་བཀབ་པའོ། །རྒྱུ་ཚོགས་ལ། གཞི་ནི་དངོས་པོ་རང་གི་ཆོས་གོས་གསུམ་ལས་གང་ཡང་རུང་བ་བྱིན་བརླབས་ཅན། བདག་ཉིད་ནི་མི་འབྲལ་བའི་གནང་བ་མ་ཐོབ་པ། སྲ་བརྒྱུང་མ་བཏིང་བ། བར་ཆད་དང་ལྡན་པ་མ་ཡིན་པ། དགོན་པ་པ་ཡིན་པ། གནས་ནི་ཆོས་གོས་ཡོད་ས་ལས་ཐ་དད་པ། ཀུན་སློང་ཐ་དད་དུ་འདུག་པར་འདོད་པ། མཐར་ཐུག་བདུན་པའི་སྐྱ་རེངས་ཤར་བའོ། །འདིར་འབྲལ་སྤང་བསྐྱེད་པའི་གནས་ནི། དགོན་པ་ཉིད་ཡིན་ཟེར་བ་མི་འཐད་དེ། དེ་དེའི་གནས་མ་ཡིན་པར་གཞུང་ཉིད་ན་གསལ་བའི་ཕྱིར། དཀྱུས་མ་ལས་ལོགས་སུ་རྣམ་པར་དཔྱད་ན། མི་འབྲལ་བའི་གནང་བ་ཐོབ་ཀྱང་། འདི་སྐྱེད་པ་སྲིད་དེ། འདི་ནས་བཤད་པའི་ཆོས་གོས་བཞག་སའི་གནས་དང་། རང་ཉིད་འདུག་སའི་གནས་གཉིས་ཀ་མཚམས་ཀྱི་ཕྱི་རོལ་ཡིན་པ་སྲིད་ལ། གནང་བ་དེ་ནི་མཚམས་ཀྱི་ཕྱི་རོལ་ལ་རྗེས་སུ་མི་འགྲོ་བའི་ཕྱིར། སྲ་བརྒྱུང་བཏིང་བ་ལ་ཉེས་མེད་དུ་འཆད་པ་ཡང་དཔྱད་དགོས་ཏེ། སྲ་བརྒྱུང་བཏིང་བའི་དགོན་པ་བས་སྲ་བརྒྱུང་བཏིང་ཡོད་ཀྱི་མཚམས་ལས་ཕྱི་རོལ་དུ་ཞག་དྲུག་ལྷ་ཐོག །མཚམས་ལས་འདས་པ་ན་དེའི་བྱིན་བརླབས་རང་འཇིག་བྲལ་དུ་བཤད་པའི་ཕྱིར། འགྲེལ་པ་ལས་ནི་སྐབས་དེར་འབྲལ་སྤང་བྱུང་བར་བཤད་དོ། །

བདུན་པ་དབྱར་གྱི་རས་ཆེན་གྱི་སྤྱང་བ་ལ། རས་ཆེན་བཅའ་སྟེས་པ་དང་བཞག་འཕྲེས་པ་གཉིས་ལས། དང་པོ་ནི། རང་ཉིད་དབྱར་སྟ་ཕྱི་གང་དུ་ཁས་ལེན་པ་དེའི་ཟླ་བ་གཅིག་གི་སྔ་རོལ་དུ་བཅའ་ཞིང་ཉེད་པ་ཡིན་ལ། བཞག་འཕྲེས་པ་ནི། དགག་དབྱེ་ཟིན་པའི་འོག་གི་ཟླ་བ་ཕྱེད་ལས་འདས་པར་བཅངས་པའོ། །སྟོན་ཟླ་ཐ་ཆུང་དང་། ཞེས་པ།

བརྒྱད་པ་བརྟད་པ་ལས་བྱུང་བའི་སྤྱང་བ་ལ། སྤྱང་ལྟུང་གསུམ་སྟེ། བདག་གིར་བྱེད་སྟེས་པ་དང་། བགོད་སྟེས་པ་དང་། བཞག་འཕྲེས་པའོ། །དང་པོ་ནི། མཉན་ཡོད་དུ། དྲུག་སྡེས། རྙེད་པ་ལ་གདུ་བས་དབྱར་གྱི་ནང་ལོགས་སུ་དབྱར་རྙེད་བདག་གིར་བྱས་པའོ། །དགག་བྱ་སྦྱིན་བདག་མ་དད་པ་དང་། དབྱར་བགྱིས་པར་འགྱུར་བའོ། །རྒྱུ་ཚོགས་ནི། ཁྱིམ་པ་ཆོས་དྲུག་ལྡན་གྱིས་དབྱར་རྙེད་འབུལ་བ་དེ་དགག་དབྱེའི་མཐར་དགེ་འདུན་གྱིས་བདག་གིར་བྱེད་པ་དང་། གང་ཟག་སོ་སོ་བགོ་བ་དང་། ཡང་ན་རྙེད་པ་སྦྱིད་པ་བསྒོ་དགོས་པ་ཡིན་པ་ལས། འདི་ལྟུང་བ་གསུམ་འབྱུང་བ་ནི། དབྱར་གྱི་མཐའི་ཞག་བཅུ་མ་གཏོགས་པའི་ནང་དུ་དགེ་འདུན་གྱིས་རྙེད་པར་བདག་གིར་བྱས་པ་དང་། དེར་མ་ཟད་སོ་སོ་བགོས་པ་དང་། དགག་དབྱེའི་ཕྱི་དེ་ཉིན་པར་མ་བགོས་པའི་ཉེས་པ་གསུམ་མོ། །མཐའི་ཞག་བཅུ་མ་བཏོགས་པའི་གོ་བ་ནི། སྦྱིར་བདག་གིར་བྱེད་པ་ལ་ཡིན་གྱི། བགོ་བ་ལ་ནི་མཐའི་ཞག་བཅུ་ལ་ཉེས་མེད་མ་ཡིན་ཏེ། དགག་དབྱེའི་སྔ་རོལ་དུ་བགོ་བཤའ་བྱས་པ་ཙམ་གྱིས་དེར་འགྱུར་བའི་ཕྱིར། མཐའི་ཞག་བཅུ་ལ་ཉེས་མེད་དུ་བཤད་པ་དེ་ཡང་། བརྟད་པའི་དབང་ལས་ཡིན་གྱི་སྤྱིར་མ་ཡིན་ནོ། །བརྟད་པ་ཅི་ཞེ་ན། ལུང་དུ། བརྟད་པ་ལས་བྱུང་བའི་གོས་ལྔ་པོ། ནད་པ་དང་། ནད་པའི་ཕྱིར་དང་། འཆི་བ་དང་། འཆི་བའི་ཕྱིར་དང་། འགྲོ་བར་ཆས་པ་ལ་སྦྱིན་པ་ཞེས་གསུངས་སོ། །འདི་ནི་མཐའི་ཞག་བཅུའི་ནང་དུ། སྦྱིན་བདག་ཁྱིམ་པའམ་མཚོད་གནས་དགེ་འདུན་ལ་གློ་བུར་གྱི་རྐྱེན་དེ་ལྟ་བུ་བྱུང་ན་དབྱར་རྙེད་དགེ་འདུན་ལ་སྦྱིར་ཕུལ་ནས། རྐྱེན་ལྡན་དེ་དག་ལ་སོ་སོར་སྦྱིན་པ་ལ་བྱ་བ་ཡིན་གྱི། ཐམས་ཅད་ཀྱིས་དབྱར་རྙེད་བགོ་བ་ནི་མ་ཡིན་ཏེ། དེ་ལྟ་ན་བགོ་སྟེས་པའི་སྤྱང་བར་འགྱུར་བས་སོ། །རྙེད་པ་འདི་ཡང་དབྱར་རྙེད་ཅེས་པ་དབྱར་གྱི་ནང་དུ་རྙེད་པ་བྱུང་ཚད་ལ་ཟེར་བ་ནི་མ་ཡིན་གྱི། དབྱར་གནས་པར་ཁས་བླངས་པའི་རྒྱུ་ལས་བྱུང་བའོ། །དེ་ནི་ཐོས་ཀྱི་དགག་དབྱེ་དང་ལྷན་ཅིག་ཕུལ་ནས་དགེ་འདུན་གྱིས་བདག་གིར་བྱེད་པའོ། །དབྱར་ནང་དུ་ཆོས་སྨྲ་བའི་རྙེད་པ་དང་། ནད་པའི་བསོད་ནམས་སོག་པ་དང་ཚེ་སྲིང་བའི་ཕྱིར་དུ་སྦྱིན་པའི་རྙེད་པ་ནི་འདིར་མི་གཏོགས་སོ། །ཞེས་དཔྱད་པའོ། །

དགུ་པ་བསྔོས་བསྒྱུར་ལ། གླེང་གཞི་ནི། མཉན་ཡོད་དུ། ཉེས་དགས། བརྟུབ་སེམས་ཀྱིས་གཞན་ལ་

བསྔོས་པའི་གོས་བདག་ལ་བསྒྱུར་བའོ། །དགག་བྱ་ནི། གཞན་ལ་གཞོན་པ་དང་། མ་དད་པ་སོགས་སོ། །རྒྱུ་ཚོགས་ལ། གཞི་ནི། སྦྱིན་བདག་ཐ་སྙད་ལྔ་ལྡན། རང་དང་བསྔོས་ལས་རྫས་ཐ་དད་པ། དངོས་པོ་ཟས་ལས་གཞན་པའི་རྙེད་པ་རུང་ཚད་ལྡན། དགེ་སློང་ཆོས་ལྔ་ལྡན་ལ་སྦྱིན་བདག་དེས་བསྔོས་པ། ཀུན་སློང་རྐྱ་སེམས་དང་ཡིད་བཅུགས་ལས་གཞན་པས་རང་ལ་བསྒྱུར་བར་འདོད་པ། སྦྱོར་བ་དེར་རྩོམ་པ། མཐར་ཐུག་ལག་ཏུ་ཐོབ་པའོ། །སྐབས་འདིར་མཆོད་རྟེན་ལ་བསྔོས་པའི་རྙེད་པ་དེ་ཉིད་ལ་མ་གྲུབ་ན་གཞན་ལ་བསྒྱུར་བ་ལ་ཉེས་མེད་སྒྲིར་བཏང་དང་། དམིགས་བསལ། བྱང་ཆེན་དང་། ཆོས་འཁོར་དང་། ཆོ་འཕྲུལ་དང་། ལྷ་ལས་བབས་པ་རྣམས་ཀྱིས་རྙེད་པ་གཞན་ལ་སྒྱུར་དུ་མི་རུང་བ་དང་། སོ་སོར་འབུལ་བར་མ་གྲུབ་ན་གང་རུང་གཅིག་ལ་འཕུལ་བས་ཆོག་པར་བཤད། གོས་གཞིར། བཞི་པོ་དེའི་སྟེང་དུ། སྐུ་བལྟམས་པ་དང་། མྱ་ངན་ལས་འདས་པའི་མཆོད་རྟེན་གཉིས་བསྣན་ནས། སོ་སོར་བསྟན་པའི་རྙེད་པ་ཞེས་བཤད་དོ། །

བཅུ་པ་སོག་འཇོག་ལ། གླེང་གཞི་ནི། རྒྱལ་པོའི་ཁབ་ཏུ། འཕགས་པ་པི་ལིཥྚིའི་ལྷན་ཅིག་གནས་པས། ལྔ་འདུན་གྱིས་སོག་འཇོག་བྱས་པའོ། །དགག་བྱ་ནི། གཞན་གྱིས་སྨོད་པ་དང་། ཆུད་འཛའ་བའོ། །རྒྱུ་ཚོགས་ལ༑ གཞི་ནི། སྨན་རྣམ་པ་བཞི་པོ་གང་རུང་། རང་རང་གི་ངོ་བོ་གྲུབ་པ་རུང་ཚད་ལྡན། བྱིན་ལེན་ཅན་རང་དབང་བ། ཀུན་སློང་རང་དུས་ལས་འདས་པར་འཆང་འདོད་པ། མཐར་ཐུག་དེ་ལས་འདས་པའོ། །རང་དུས་གང་ཞེ་ན། བྱིན་གྱིས་བརླབས་མ་བརླབས་གཉིས་ལས། བྱིན་གྱིས་མ་བརླབས་ན་སྨན་བཞི་པོ་གང་ཡིན་ཀྱང་སྔ་དྲོ་བྱིན་ལེན་བྱས་པ་གུང་ཚིགས་ལས་འདས་ན་དང་། ཕྱི་དྲོ་བྱིན་ལེན་བྱས་པ་འོད་དམར་གྱི་མཐའ་ལས་འདས་པ་དང་། དེར་བྱིན་ལེན་བྱས་པ་སྲོད་ཐུན་གྱི་མཐའ་ལས་འདས་པ་དང་། དེར་བྱས་པ་ཐུན་ཐ་མ་ལས་འདས་པའི་ཚེ་ནའོ། །བྱིན་གྱིས་བརླབས་ན་དུས་རུང་ལ་ནི་བྱིན་རླབས་མ་བཤད། ཐུན་ཚོད་དུ་རུང་བ་སྔ་དྲོ་བྱིན་གྱིས་བརླབས་པ་དེ་ཞག་གཅིག་པུ་དེའི་མཚན་མོའི་མཐའ་ལས་འདས་པ་དང་། ཞག་བདུན་པར་བྱིན་གྱིས་བརླབས་ན་སྐྱ་རེངས་བརྒྱད་པ་ཤར་བའི་ཚེ་ན་དང་། འཚོ་བཅང་ནད་སོས་ཀྱི་བར་དུ་བཅངས་ན། ནད་ལས་གྲོལ་བའི་ཚེ་དང་། དེའི་ཚད་ནི། ལྷ་རྗེ་ན་རེ། སྨན་དེ་ད་བསྟེན་མི་དགོས་སོ། །ཞེས་ཟེར་བ་ནའོ། །ཇི་སྲིད་འཚོའི་བར་དུ་བྱིན་གྱིས་བརླབས་པ་ལ་ནི་སོག་འཇོག་ཏུ་འགྱུར་བ་མི་སྲིད་དོ། །གལ་ཏེ། གཞུང་དུ་ཞག་བདུན་པ་ལས་མ་བཤད་པས་མི་འཐད་དོ་སྙམ་ན། ཇི་སྐད་དུ། བཟའ་བར་བྱ་བ་རུང་བ་མ་ཡིན་པ། ཉིན་མཚན་འདས་པ་ནི་འདིར་ཟོས་པ་དང་འདྲ་བར་རྣམ་པར་བཞག་གོ། ཞེས་པ་དེས། ཟོས་ན་སོག་འཇོག་ཅན་ཟོས་པའི་ལྟུང་བྱེད་དུ་འགྱུར་བ་དེ་ཡིན་ན། རང་དུས་ལས་འདས་པར་བཅངས་ཙམ་གྱི་ཚེ་སོག་འཇོག་གི་སྤང་བ་ཉིད་དུ་འགྱུར་བས

ཁྱབ་པར་བཤད་དོ་ཞེས་པ་ནི་འགྲེལ་ཆེན་གྱི་དགོངས་པའོ། །དེ་ལྟར་སུམ་ཅུ་པ་དེ་དག་ནི་རྒྱུ་གང་ལ་བརྟེན་ནས་བྱུང་བའི་རྫས་དེ་སྤངས་པ་སྔོན་དུ་བཏང་ནས་བཤགས་དགོས་པའི་ཕྱིར་སྤངས་པའི་ལྟུང་བྱེད་ཅེས་བྱའོ། །དེ་ཡང་བྱིན་འཕྲོག་དང་། ལྟུང་བཟེད་འཚོལ་བའི་ཕྱིར་བཅས་ལ་ནི་རྩ་བ་ནས་སྤངས་དགོས་པ་ཡིན་ལ། གཞན་རྣམས་ལ་ནི་ཞག་གཅིག་གི་རིན་སྤངས་པ་སྔོན་དུ་བཏང་ནས་དེའི་འོག་ཏུ་ལྟུང་བ་རང་གི་ངོ་བོ་བཤགས་དགོས་པའོ། །དེ་བས་ན་སྤང་བའི་ལྟུང་བྱེད་ཅེས་བྱའོ། །

གཉིས་པ་འབའ་ཞིག་པ་ནི། དེ་འདྲ་མི་དགོས་པར་རང་གི་ངོ་བོ་འབའ་ཞིག་ཕྱིར་བཅོས་པས་འདག་པ་ལ་ལྟུང་བྱེད་འབའ་ཞིག་པ་ཞེས་བྱ། དེ་ལ་དགུ་བཅུ་ཡོད་པ་དེའི་སྡོམ་ནི། གཉིས་ཏེ། སྤྱིའི་དང་། སོ་སོའི་འོ། །དང་པོ་ནི། མདོ་ལས། ཤེས་བཞིན་དང་ནི་ས་བོན་དང་། །མ་སྙན་པ་དང་ཡང་ཡང་དང་། །ཆུ་དང་ཁྲིམ་དང་བསམ་བཞིན་དུ། །འགྲོན་མང་རྐྱན་མ་མཆོད་རྟེན་ནོ། །

གཉིས་པ་ལ་བཅུ་ཚན་དགུ་ལས། དང་པོ་ལ་སྡོམ་པ་ནི། བརྫུན་སྨྲོན་དགེ་སློང་ཕྲ་མ་དང་། །སྐྱོ་སྟོགས་བྱེད་དང་སྟོན་པ་དང་། །འདོན་དང་གནས་ངན་ལེན་དང་ཆོས། །བཤེས་ངོར་བྱེད་དང་ཁྲད་དུ་གསོད། །ཅེས་གསུངས། དང་པོ་རྫུན་སྨྲ་ལ། གླེང་གཞི་མཉན་ཡོད་དུ། གང་ཟག་ཤཱཀྱ་ལག་བརྒྱུད་ཀྱིས། ཉོན་མོངས་པ་གཞན་ལ་མཐོ་འཚམས་པས། ཉེས་པ་ཤེས་བཞིན་རྫུན་དུ་སྨྲས་པའོ། །དགག་བྱ་གཞན་ལ་གནོད་པ་དང་མ་དད་པ། རྒྱུ་ཚོགས་ལ། གཞི་ནི། ཡུལ་ཐ་སྙད་ལྔ་ལྡན། རང་ལས་རྒྱུད་ཐ་དད་པ། དངོས་པོ་ནི་ཕམ་ལྷག་སྦོམ་པོ་ཉེས་བྱས་སུ་བཤད་པའི་རྫུན་དང་། བཤེས་ངོ། །འཕྱ་བ། ཟས་ཅུང་། སྐུར་འདེབས། ཉེས་འཛོག །ཁྲད་གསོད་དེ། ལྟུང་བྱེད་འབའ་ཞིག་པར་བཤད་པ་དྲུག་པོ་དེ་ལས་གཞན་པའི་རྫུན་ཡིན་པ། ཀུན་སློང་ཤེས་བཞིན་དུ་སྨྲ་བར་འདོད་པ། སྦྱོར་བ་ངག་དྲུག་ལྡན། མཐར་ཐུག་དོན་གོ་བའོ། །

གཉིས་པ་སྨྲོན་ནས་སྨྲ་བ་ལ། གླེང་གཞི། དྲུག་སྡེས། ཉེས་པ་ངག་མ་བསྡམས་པ། དགག་བྱ་སྡུ་མ་དང་འདྲ། རྒྱུ་ཚོགས་ལ། ཡུལ་དགེ་སློང་ཆོས་དྲུག་ལྡན། དངོས་པོ་སྨྲོན་དུ་གྲགས་པ། ཀུན་སློང་དེ་བརྗོད་པར་འདོད་པ་སྦྱོར་བ་དྲུག་ལྡན། མཐའ་དེ་གཉིས་ཀྱིས་གོ་བའོ། །གསུམ་པ་དགེ་སློང་གི་ཕྲ་མ་ལ། གླེང་གཞི། དགག་བྱ། ཡུལ་གསུམ་ནི་སྡུ་མ་དང་འདྲ་ལ། ཀུན་སློང་ཕྲ་མ་བྱེད་པར་འདོད་པ། སྦྱོར་བ་དེར་བརྩམ་པ། མཐའ་དོན་གོ་བའོ། །བཞི་པ་སྐྱོ་སྟོགས་བྱེད་པ་ལ། གླེང་གཞི་ནི། དྲུག་སྡེས། ཉོན་མོངས་པ་རྩོད་པ་ལ་དགའ་བས་ཞི་ཟིན་སླར་ཡང་བསྐྱོགས་པའོ། །དགག་བྱ། རྩོད་པ་འཕེལ་བས་ལུས་སེམས་བདེ་བར་གནས་པ་ལ་བར་དུ་གཅོད་པའོ། །ཡན་ལག་ལ། གཞི་ནི། ཡུལ་དགེ་སློང་ཆོས་དྲུག་ལྡན་གཉིས་ཡན་ཆད། དངོས་པོ་རྩོད་པ་བཞི་ལས་

གང་ཡང་རུང་བ། ཆོས་ལྡན་གྱིས་ཞི་བར་བྱས་པ། རང་དང་གོ་བྱ་གཉིས་ཀ་ཞི་བྱེད་ཀྱི་ལས་ལ་གདོགས་པ། ལྟ་བ་སླུ་བ་མ་ཡིན་པའོ། །ཀུན་སློང་སླར་དཀྲུག་པར་འདོད་པ། སྦྱོར་བ་དེར་བརྗོམ་པ། མཐར་ཐུག་དོན་གོ་བ། འདི་དག་གི་ཤུགས་ལ་དགེ་སློང་མའི་རྩོད་པ་ལ་ཉེས་བྱས་དང་། ཆོས་མ་ཡིན་པའི་ཕྱོགས་སུ་ཞི་བ་དང་། ལྟ་བ་སླུ་བ་སྡེ་རྩོད་པའི་ཕྱོགས་སོ་སོ་ནས་རྣལ་དུ་མ་ཕེབས་པར་སླུ་བ་ལ་ནི་འདིའི་དངོས་གཞི་མི་འབྱུང་ངོ་། །དེ་ལ་འདི་སྐད་ཅེས། རྩོད་པ་བཞི་ལ་བཞིར་ཤེས་ཤིང་། །ཞི་བ་དང་ནི་མ་ཞི་ལ། །འདུ་ཤེས་དང་ནི་ཡིད་གཉིས་ཀྱིས། །ལྟུང་བྱེད་སོ་གཉིས་ཉེས་བྱས་ཀྱང་། །རྩོལ་བ་ཡིད་གཉིས་དེ་བཞིན་ནོ། །ཞེས་བྱའོ། །

ལྷ་པ་སྟོན་པ་ལ། གླེང་གཞི། མཉན་ཡོད་དུ་འཆར་ཀས་ཉོན་མོངས་པ་འདོད་ཆགས་ཀྱིས། ཁྱིམ་པ་མོ་ལ་ཆོས་བསྟན་པའོ། །དགག་བྱ་མ་དད་པ་དང་། སྐྱུར་པ་འདེབས་པ་སོགས་ཁ་ཟེར་བའོ། །ཀྱུ་ཚོགས་ལ་ཡན་ལག་བཞི་ལས། དང་པོ་བཞིའི་ཡན་ལག་ལ། ཡུལ་བུད་མེད་ཐ་སྙད་བཞི་ལྡན། མཚན་དོན་བྱེད་ནུས་པ། ཁྱིམ་པ་ཡིན་པ། ཉེ་དུ་མ་ཡིན་པ། རྫུ་འཕྲུལ་དང་མི་ལྡན་པ། ཉན་འདོད་པ། དངོས་པོ་སངས་རྒྱས་སམ་ཉན་ཐོས་ཀྱིས་གསུངས་པའི་ཆོས་ཚད་ལྡན་ཡུལ་དེས་མི་ཤེས་པ། གནས་དང་དུས་གཅིག་པ། འབེལ་བའི་གཏམ་གྱིས་གཏན་ལ་འབེབས་པ་དང་ཡོན་བཤད་པ་སོགས་མ་ཡིན་པའོ། །བདག་ཉིད་ནི་རིག་པའི་སྐྱེས་པ་དང་མི་ལྡན་པ། ཀུན་སློང་སྟོན་པར་འདོད་པ། མཐར་ཐུག་ཚིག་ལྔའམ་དྲུག་ལས་ལྷག་པའོ། །ཚིག་ཅེས་པ་ནི་དོན་གྱི་ཁྱད་པར་སྟོན་བྱེད་ཡིན་ལ། དཔེར་ན་འདུས་བྱས་མི་རྟག་ཅེས་པ་ལྟ་བུའོ། །

དྲུག་པ་འདོན་པ་ལ། ཡུལ་མཉན་ཡོད་དུ། དྲུག་སྡེས་སེམས་ཉེ་བར་མ་ཞི་བས་བྱས་པའོ། །དགག་བྱ་ཆོས་ལ་མ་གུས་པ་དང་། གཙུག་ལག་ཁང་དུ་ཅ་ཅོའི་སྒྲ་འབྱུང་བས་གཞན་ལ་གནོད་པ་སོགས་སོ། །ཡན་ལག་ལ༑ གཞི་ནི། ཡུལ་མ་རྫོགས་པ་ཐ་སྙད་ལྔ་ལྡན། བསམ་པ་ཐག་པ་ནས་འདོན་པར་འདོད་པ། དངོས་པོ་ནི་སངས་རྒྱས་ཀྱི་ཆོས། བདག་ཉིད་ནི་ཡུལ་དེ་དང་མཉམ་དུའམ་འཇུག་ཏུ་འདོན་འདོད་པ། ཚད་ནི། མིང་ཚིག་ལྔ་ཅི་སྨྲོས། དབྱངས་གསལ་གྱི་ཡི་གེ་ཙམ་ལའང་དེར་འགྱུར་རོ། །

བདུན་པ་གནས་ངན་ལེན་བརྗོད་པ་ལ། དྲུག་སྡེས་གཞན་གྱི་སྐན་གྲགས་ལ་ཕྲག་དོག་པས་གནས་ངན་ལེན་བརྗོད་པའོ། །དགག་བྱ་ཡུལ་དེ་ལ་དངོས་སུ་གནོད་པ་དང་། བརྒྱུད་ནས་རང་ལ་ཡང་དེ་འདྲར་འགྱུར་བའོ། །ཀྱུ་ཚོགས་ལ། ཡུལ་དགེ་སློང་ཆོས་ལྔ་ལྡན། དངོས་པོ་ཕམ་ལྷག་གང་རུང་། ཡུལ་དེ་ལ་བྱུང་བའོ། །གོ་བྱ་མ་རྫོགས་པ་ཐ་སྙད་ལྔ་ལྡན། ཕམ་ལྷག་མི་ཤེས་པའོ། །བདག་ཉིད་ནི། གནས་ངན་ལེན་བརྗོད་པར་བསྐོས་པ་དང་། དགེ་འདུན་ལ་མ་གསོལ་བའོ། །ཀུན་སློང་ནི་དེ་བརྗོད་པར་འདོད་པ། སྦྱོར་བ་ངག་དྲུག་ལྡན། མཐར་

ཐུག་དོན་གོ་བའོ། །འདི་ནི་ཕམ་ལྷག་གང་རུང་བྱུང་བ་ལ་བྱུང་བར་འདུ་ཤེས་ནས་བརྗོད་པའི་དབང་དུ་བྱས་ལ། གཞན་དུ་ན་གཞི་མེད་སོགས་ཅི་རིགས་པར་འགྱུར་རོ། །

བརྒྱད་པ་མི་ཆོས་བླ་མ་ལ། ཡངས་པ་ཅན་དུ། ཉ་བ་ལས་རབ་ཏུ་བྱུང་བ་ལྔ་བརྒྱས་མ་བརྟགས་པར་སྨྲས་པའོ། །དགག་བྱ་ནི། རང་གི་ཡོན་ཏན་ཉམས་པར་འགྱུར་བ་སོགས་སོ། །ཡུལ་མ་རྗོགས་པ་ཐ་སྙད་ལྔ་ལྡན། བདེན་པ་མ་མཐོང་བ། དངོས་པོ་མི་ཆོས་བླ་མའི་མཚན་ཉིད་ཅན། རང་གིས་ཐོབ་པ། ཀུན་སློང་བརྗོད་པར་འདོད་པ། མཐའ་གོ་བའོ། །

དགུ་པ་བཤེས་ངོར་སྨྲ་བ་ལ། གླེང་གཞི། མཛའ་བོ་དང་ས་ལས་སྐྱེས་གཉིས་ཀྱིས། གྱད་བུ་ནོར་ལ་མི་བཟོད་པས་སྨྲས་པའོ། །དགག་བྱ་ནི་གཞི་མེད་དང་འདྲ། ཡན་ལག་ལ། གཞི་ནི། ཡུལ་ཆོས་དྲུག་ལྡན། བསྒོས་གང་ཟག་ཐ་སྙད་ལྔ་ལྡན། རང་དང་དེ་ལས་ཛ་ས་ཐ་དད། དངོས་པོ་དགེ་འདུན་ཆོས་ལྔ་ལྡན་གྱི་ཟས་མ་ཡིན་པའི་རྙེད་པ་རུང་ཚད་ལྡན། ཡང་དག་པར་བསྔོས་པ། བདག་ཉིད་ནི་མཐུན་ཞིང་རུང་བའི་ལས་དེ་ལ་གཏོགས་པ༑ གོ་བྱ་ཐ་སྙད་ལྔ་ལྡན། རྒྱུད་ཐ་དད་པ། ཀུན་སློང་སྐུར་བར་འདོད་པ། མཐར་ཐུག་དོན་གོ་བའོ། །

བཅུ་པ་ཁྲིད་དུ་གསོད་པ་ལ། གླེང་གཞི། དྲུག་སྡེས། བག་མེད་པའི་དབང་གིས་འདུལ་བར་གཏོགས་པའི་བསླབ་པ་ཁྲིད་དུ་གསོད་པའི་ཚིག་སྨྲས་པའོ། །དགག་བྱ་ནི། ཆོས་སྤོང་བའོ། །ཡན་ལག་ལ། གཞི་ནི། དངོས་པོ་འདུལ་བར་གཏོགས་པའི་བསླབ་པའི་གཞི་ཡིན་པ། གོ་བྱ་དགེ་སློང་ཆོས་དྲུག་ལྡན། གནས་དང་དུས་ནི་གསོ་སྦྱོང་གི་ཚེ་ལྟ་བུ། ཀུན་སློང་ཁྲིད་དུ་གསོད་པར་འདོད་པ། སྦྱོར་བ་དེར་རྫོགས་པ། མཐར་ཐུག་དོན་གོ་བའོ། །འོག་ནས་འབྱུང་བའི་ཁྲིད་གསོད་དང་ཀུན་སློང་གི་སྒོ་ནས་སོ་སོར་འབྱེད་དགོས་སོ། །

བཅུ་ཚན་གཉིས་པ་ལ། སྡོམ་ནི། ས་བོན་འཕྱ་བ་བསྒོ་བ་དང་། །ཁྲི་དང་གདིང་དང་སྒྲོད་པ་དང་། །ཕྱིས་གནོན་འབྱུང་བ་འདེབས་པ་དང་། །རིམ་པ་གཉིས་སུ་རྩིག་པའོ། །དང་པོ་ས་བོན་དང་སྐྱེ་བ་འཇིག་པའི་ལྟུང་བྱེད་ལ། གླེང་གཞི་ནི། དྲུག་སྡེས། བག་མེད་པས་དེ་ལྟར་བྱས་པའོ། །དགག་བྱ་གཞན་གྱིས་སྨོད་པ་དང་། རང་ཉིད་དོན་དང་བྱ་བ་མང་བ་སོགས་སོ། །རྒྱུ་ཚོགས་ལ། གཞི། བསམ་པ། སྦྱོར་བ། མཐར་ཐུག་བཞི་ལས། དངོས་པོ་ནི་ས་བོན་དང་སྐྱེ་བ་རང་གི་ཆོས་སུ་གྲུབ་པ། མ་ཉམས་པ། རུང་བ་མ་བྱས་པའོ། །བདག་ཉིད་རྗེ་འཕྲུལ་དང་སྤྲུལ་པའི་སྐབས་མ་ཡིན་པ། བར་ཆད་དང་མི་ལྡན་པ། དོན་ཁྱད་པར་ཅན་སྒྲུབ་པའི་སྐབས་མ་ཡིན་པ༑ ཀུན་སློང་ཉན་པར་འདུན་པ། སྦྱོར་བ་རང་ངམ་གཞན་གྱིས་དེར་བརྩམ་པ། མཐར་ཐུག་ཉམས་པར་བྱས་པའོ། །འདིར་ས་བོན་ནི་ལྔ་སྟེ། རྩ་བའི་དང་། སྡོང་བུའི་དང་། ཐོག་བུའི་དང་། པགས་པའི་དང་། ས་བོན་གྱི་ས

བོན་ནོ། །དང་པོ་ནི། རྩ་བ་བརྟག་པ་ལས་རྩ་བ་ཉིད་སྐྱེ་བ་བླ་སྐྱང་དང་བོང་བ་དཀར་པོ་སོགས་སོ། །

གཉིས་པ་ནི། སྡོང་བུ་བརྟག་པ་ལས་སྡོང་བུ་ཉིད་སྐྱེ་བ་ཤིང་ཀུན་ལ་སོགས་པའོ། །གསུམ་པ་ནི། ཐོག་བུ་བརྟག་པ་ལས་དེ་ཉིད་འབྱུང་བ། བུད་ཤིང་དང་། སྨྱིག་མ་ལ་སོགས་པའོ། །བཞི་པ་ནི། ཨརྫ་ཀ་དང་། ཕ་ཎི་ཛ་ཀ་སོགས་པའོ། །ལྔ་པ་ནི། ས་བོན་བརྟབ་པ་ལས་ས་བོན་ཉིད་སྐྱེ་བ་ནས་ལ་སོགས་པའོ། །ཁ་ཅིག་ལ་ཕུག་དང་ཚུང་མ་ལྷ་བུ་ནི་ས་བོན་མ་ཡིན་ཏེ། དེ་དག་བརྟབ་པས་ལ་གཞི་དང་ཚུང་གཞི་སྐྱེ་བ་ཡིན་གྱི། དེ་ཉིད་སྐྱེ་བ་མ་ཡིན་པའི་ཕྱིར། ཞེས་ཟེར་ལ། ཁ་ཅིག་ན་རེ། མཐར་རིགས་འདྲ་སྐྱེ་བས་ས་བོན་ཉིད་དོ་ཞེས་ཟེར། གཞན་དག་ནི་དེ་གཉིས་ས་བོན་ཡིན་ཀྱང་། དེ་བཅོམ་པ་ལ་ཉེས་པ་མེད་དོ། །འགྲེལ་ཆེན་ལས། དཔེར་ན་ལ་ཕུག་ལ་སོགས་པ་རྩ་བ་བརྟོན་དུ་བྱུང་བ་དག་ལྷ་བུ་སྟེ། དེ་ནི་བརྟག་པ་གཞན་གྱིས་རུང་བ་བྱ་མི་དགོས་སོ། །ཞེས་དང་། རིགས་པས་ཀྱང་གྲུབ་སྟེ། ལྕུང་མ་ལ་སོགས་པའི་ཡལ་ག་བཅད་ཟིན་པ་དེ་ལ། སོ་ཤིང་སོགས་བྱ་བའི་དོན་དུ་རུང་བ་གཞན་བྱ་མི་དགོས་པ་བཞིན་ནོ། །ཞེས་ཟེར།

དེ་མི་འཐད་པ་ལ། ལུང་དང་རིགས་པ་གཉིས་ལས། དང་པོ་ནི། རྣམ་འབྱེད་དུ། ས་བོན་གྱི་རིགས་ལྔ་པོ་གཏན་དུ་བརྟུངས་ན་ཡང་ལྟུང་བྱེད་ལྟར་འགྱུར་རོ། །ཞེས་གསུངས། གཉིས་པ་ནི། དེ་ལྟར་ན། སྡོང་བུའི་ས་བོན་ལ་རུང་བ་མི་དགོས་པར་ཐལ་བས་དཔེ་ཡང་མི་འཐད་དོ། །ལ་ཕུག་ལས་ལ་ཕུག་ཉིད་མི་སྐྱེ་བར་ལ་གཞི་ལ་ལྟོས་པ་ཙམ་གྱིས་དེ་ས་བོན་མ་ཡིན་པར་འགྱུར་ན། ལ་གཞི་དང་། ཚུང་གཞི་ཡང་ས་བོན་མ་ཡིན་པར་འགྱུར་ཏེ༑ ས་བོན་ལྔ་པོ་གང་དུ་ཡང་མི་རུང་བའི་ཕྱིར། འདིར་ཤེས་གཙོ་བོ་ཞེས་གསུངས་པས་ས་བོན་ལ་ས་བོན་ཉིད་དུ་འདུ་ཤེས་པ་དང་། སྐྱེ་བཞིན་པ་ལ་སྐྱེ་བཞིན་པ་ཉིད་དུ་ཤེས་པ་དགོས་པར་བཤད་པ་དེའི་ཚེ། ལ་ཕུག་ལྟ་བུ་སྐྱེ་བཞིན་པ་བརྟོན་ནས་རུང་བ་མ་བྱས་པར་བཅོམ་ན། སྐྱེ་བ་བཅད་པ་དང་ས་བོན་འཇིག་པ་གཉིས་ཀའི་ཉེས་པར་འགྱུར་ལ། འགྲེལ་ཆེན་གྱི་ལུང་དེ་ནི་ལ་ཕུག་གི་རྩ་བ་ཕྱུང་ཟིན་པ་སྐྱེ་བ་བཅད་པའི་ལྟུང་བར་མི་འགྱུར་བ་ལ་དགོངས་ཤིང་། ལྕུང་མ་བཅད་ཟིན་པ་ལའང་སྐྱེ་བ་བཅད་པར་མི་འགྱུར་མོད། ས་བོན་འཇིག་པའི་ཉེས་པ་ལ་བག་ཡོད་པར་བྱ་དགོས་སོ། །ས་བོན་ལ་ས་བོན་གཞན་ཉིད་དུ་འདུ་ཤེས་པ་ནི་དེ་དང་འདྲ་བའོ། །ཞེས་པའི་གཞུང་འདིས་རྩ་བའི་ས་བོན་ལ་སྡོང་བུའི་ས་བོན་ལྟ་བུར་འདུ་ཤེས་པའི་སྒོ་ནས་བཅོམ་ན་དངོས་གཞིར་བཤད་ལ༑ དེས་ན་འདི་སྐད་ཅེས། ས་བོན་ལྔ་ལ་ལྔར་ཤེས་ཤིང་། །བརྫུན་པར་འདུ་ཤེས་ཡིད་གཉིས་ཀྱིས། །ལྟུང་བྱེད་ལྔ་བཅུ་རྣམ་པོ་ལ། །དེ་བཞིན་ཉེས་བྱས་ལྔ་བཅུའོ། །ས་བོན་ཡིད་གཉིས་དེ་བཞིན་ནོ། །ཞེས་འཆད་དོ། །དེས་ན་ས་བོན་དུ་འདུ་ཤེས་པ་ཙམ་གྱིས་ཆོག་གི། འདུ་ཤེས་མུ་དྲུག་གི་རྣམ་གཞག་སྤྱི་དང་འདི་མི་འདྲའོ། །འདིར་རུང་

བ་ལ་གསུམ་བཤད་པ་ཡིན་ཏེ། མཚོན་དང་། མེ་དང་། ཆུའོ། །དང་པོ་གཉིས་ནི་ས་བོན་གྱི་ཆོས་ཅན་ལ་དང་། མེས་ནི་རྗེན་པ་ལ་དང་། ཐ་མས་ནི་སྣུན་ཕྱི་མ་གསུམ་ལའོ། །དེ་གསུམ་ལ་ནི་སྔ་དྲོ་ཡང་ཆུས་རུང་བར་བྱ་དགོས་ཏེ༑ ནམ་ཟ་བའི་དུས་དེར་རུང་ཆུ་འདེབས་དགོས་པའི་ཕྱིར། ཇི་སྐད་དུ། ཆུ་གྲང་མོས་མ་གཏོར་བར་བཟའ་བར་བྱ་བ་དང་བཏུང་བར་བྱ་བ་མི་རུང་བ་ཉིད་དུ་བཤད་པའི་ཕྱིར། ཁ་ཅིག་གི་གསུང་ནས། དེ་ལྟར་བཤད་པ་དེ་བྱིན་གྱིས་རློབ་པའི་དབང་དུ་བྱས་སོ། །ཞེས་གསུང་མོད། གང་ལྟར་ཡང་སྔ་དྲོ་རུང་ཆུ་དགོས་པར་གྲུབ་བོ། །

གཉིས་པ་འཕྱ་བའི་ལྟུང་བྱེད་ལ། རྒྱལ་ཁབ་ཏུ། མཛའ་བོ་དང་ས་ལས་སྐྱེས་གཉིས་ཀྱིས་གྲུད་བུའི་ནོར་ལ་མི་བཟོད་པར་སླུས་པའོ། །དགག་བྱ་ཡུལ་དེ་དང་དགེ་འདུན་གྱི་ལས་ལ་གནོད་པའོ། །རྒྱུ་ཚོགས་ལ། གཞི་ནི༑ ཡུལ་དགེ་སློང་ཆོས་དྲུག་ལྡན། ཞལ་ཏ་ཆོས་དང་མཐུན་པར་བྱས་པའམ་བྱེད་བཞིན་པ། དེའི་མཚན་གཞི་ནི་དགེ་འདུན་གྱིས་བསྐོས་པའི་གང་ཟག་བཅུ་གཉིས་པོའོ། །དེ་ཡང་རང་ལ་གནས་མལ་སོགས་ངན་པ་སྐོབས་པ་པོ་མ་ཡིན་པའོ། །ཀུན་སློང་འཕྱ་བར་འདོད་པ། སྦྱོར་བ་ངག་དྲུག་ལྡན། མཐར་ཐུག་དོན་གོ་བའོ། །བགྲང་བ་ལ་དངོས་གཞིའོ་ཞེས་པས་དགེ་འདུན་གྱི་གསོལ་བ་འབའ་ཞིག་པའི་ལས་ཀྱིས་རང་ཉིད་ངན་པའི་གྲངས་སུ་བགྲངས་ཟིན་པ་དེའི་ཚེ་དངོས་གཞིར་འགྱུར་བའོ། །དེ་ལ་འདི་སྐད་ཅེས། བསྐོས་དང་མ་བསྐོས་བཏང་མ་བཏང་། །འཕྱ་དང་བཞོགས་འཕྱས་གང་བྱེད་པ། །བགྲངས་ལ་ལྟུང་བྱེད་བཅུ་གཉིས་ཏེ། །མ་བགྲངས་པ་ལ་ཉེས་བྱས་ཏེ། །ཞེས་པའོ། །

གསུམ་པ་སྒོ་བ་རྣ་ལ་བཟློན་པ་ལ། གླེང་གཞི། ཀཽ་ཤཱམྦིར། འདུན་པས་ལོག་ཐབས་བྱེད་པའོ། །དགག་བྱ་ཕྱིར་བཅོས་རྒྱུན་ཆད་པ་དང་། དགེ་འདུན་གྱི་ལས་ལ་མ་གུས་པ་སོགས་སོ། །རྒྱུ་ཚོགས་ལ། ཡུལ་དགེ་སློང་ཆོས་དྲུག་ལྡན། བདག་ཉིད་ལ་ཆོས་དང་མཐུན་པར་བསྒོ་བ་པོ་ཡིན་པ། ཀུན་སློང་བསྒོ་བ་རྣ་ལ་བཟློན་པར་འདོད་པ། སྦྱོར་བ་དེར་རྩོམ་པ། མཐར་ཐུག་དོན་གོ་བའོ། །འདི་ཡང་དགེ་འདུན་གྱིས་གསོལ་བ་འབའ་ཞིག་པས་ངན་པར་བགྲངས་པ་དེའི་ཚེ་ན་དངོས་གཞི་ཡིན་ལ། མ་བགྲངས་ན་ཉེས་བྱས་སོ། །རྣ་ལ་བཟློན་པའི་དོན། གཞུང་དུ། གཞན་བརྗོད་པས་སོ། །ཞེས་པའི་གོ་དོན། ལུང་ལས། འབྲུ་མར་གྱི་ལྷུང་བཟེད་ཀྱིས་འོངས་པ་མཐོང་ངམ་ཞེས་དྲིས་པས་ན། དེ་མ་མཐོང་ངོ། འབྲུ་མར་གྱི་ལྷུང་བཟེད་ཐོགས་ཏེ། རྐང་གིས་འོང་བ་མཐོང་ངོ། །ཞེས་པ་ལྟ་བུ་ལ་འཆད་དོ། །ཞུ་བ་ལས་ནི། གང་གླེངས་པ་དེ་ཁས་མ་ལེན་པར་གཞན་ཞིག་ཁས་ལེན་པ་ལྟ་བུའོ། །འདི་འདྲ་དེ་ལ་ཉེས་བྱས་སུ་འཆད་ཅིང་། ལྟུང་བ་བྱུང་ནས་ཁས་མི་ལེན་པ་རྐྱང་པ་ལ་འདི་འབྱུང་བ་མ་ཡིན་ཏེ། ཅང་མི་སྨྲ་བ་ལ་ཉེས་བྱས་སུ་བཤད་པས་སོ། །དེས་ན་བདག་ལ་ཕམ་པས་གླེངས་པའི་ཚེ་དེ་བྱུང་བ་མ་ཡིན་གྱི།

རྩ་བའི་ལྟུང་བ་བྱུང་བའོ། །ཆང་འཐུངས་པ་མ་ཡིན་གྱི། མྱོས་འགྱུར་འཐུངས་པ་ཡིན་ནོ། །ཞེས་ཟེར་བ་ལྟ་བུ་ལ་འཆད་དགོས་སོ། །བཞི་པ་ཁྲི་དང་ཞེས་པ། གནས་མལ་གྱི་ལྟུང་བྱེད་ལ་མཉན་ཡོད་དུ། དགེ་སློང་རབ་ཏུ་མང་པོས། བག་མེད་པས། དགེ་འདུན་དང་གང་ཟག་གི་གནས་མལ་བླ་གབ་མེད་པར་བཞག་པའོ། །དགག་བྱ་གནས་མལ་ཆུད་འཛའ་བའོ། །རྒྱུ་ཚོགས་ལ། གཞི་ནི། དངོས་པོ་དགེ་འདུན་གྱི་གནས་མལ་རུང་ཚད་ལྡན། ཕན་ཡུན་གྱི་ཉེན་དང་བཅས་པ། རང་ངམ་བསྒོས་པས་བཏིང་ངམ་བསྡུ་བར་ཁས་བླངས་པ་བསྡུ་བའི་སྦྱོར་བ་མ་བྱས་པ། རང་ཉིད་བར་ཆད་དང་དོན་ཁྱད་པར་ཅན་སྒྲུབ་པའི་སྐབས་མ་ཡིན་པ། ཀུན་སློང་མལ་ཆ་མི་བསྡུ་བར་འདོད་པ། སྦྱོར་བ་གཞན་དུ་འགྲོ་བར་རྩོམ་པ། མཐར་ཐུག་ཕན་ཡུན་དུ་གྱུར་བའམ། མ་གྱུར་ཀྱང་མདོམ་བཞི་བཅུ་རྩ་དགུའི་མཐའ་ལས་འདས་པའོ། །ལྔ་པ་གཏིང་བའི་ལྟུང་བྱེད་ལ། མཉན་ཡོད་དུ། ཡུལ་ལྷོ་ཕྱོགས་ནས་འོངས་པའི་དགེ་སློང་གཉིས་ཀྱིས། ཉོན་མོངས་པ་བག་མེད་པས། ཉེས་པ་རྩྭ་ལོའི་གདན་མ་དོར་བར་བཞག་པའོ། །དགག་བྱ་གཙུག་ལག་ཁང་ཆུད་འཛའ་བ་དང་། དེར་སྲོག་ཆགས་སྐྱེ་བའི་ཉེས་དམིགས་ཡོད་པའོ། །རྒྱུ་ཚོགས་ལ། གཞིའི་ཡན་ལག་ནི་དགེ་འདུན་གྱི་གཙུག་ལག་ཁང་ཆུད་འཛའ་བའི་རྐྱེན་དང་བཅས་པ། དངོས་པོ་རྩྭ་ལོའི་གཏིང་བ་ཚད་ལྡན། རང་ངམ་བསྡུ་བར་ཁས་བླངས་པས་བསྡུ་བའི་སྦྱོང་བ་མ་བྱས་པ། བདག་ཉིད་བར་ཆད་དང་ལྡན་པ་སོགས་མ་ཡིན་པ། སྦྱོར་བ་གཞན་དུ་འགྲོ་བར་རྩོམ་པ། མཐར་ཐུག་མདོམ་བཞི་བཅུ་རྩ་དགུའི་མཐའ་ལས་འདས་པའམ། སྲོག་ཆགས་སྐྱེས་པ་ལ་སོགས་པས་ལོངས་སྤྱོད་མི་རུང་དུ་གྱུར་པའོ། །

དྲུག་པ་སྐྲོད་པ་ལ། གླེང་གཞི། མཉན་ཡོད་དུ། འཆར་ཀས། གནོད་སེམས་ཀྱི་དགེ་འདུན་གྱི་གཙུག་ལག་ཁང་ནས་དགེ་སློང་བསྐྲད་པའོ། །རྒྱུ་མཚན་གཞན་ལ་གནོད་པ་དང་། འཐབ་མོའི་རྒྱུར་འགྱུར་བའོ། །ཡན་ལག་ལ། གཞི་ནི། གནས་དགེ་འདུན་གྱི་གཙུག་ལག་ཁང་གནས་ཀྱི་མཚན་ཉིད་དུ་གྲུབ་པ། ཡུལ་དགེ་སློང་ཆོས་དྲུག་ལྡན་དེར་ཞུགས་པ། ཀུན་སློང་ཕན་འདོགས་མ་གཏོགས་པའི་སྐྲོད་འདོད་པ། མཐར་ཐུག་ཉེ་འཁོར་ལས་འདས་པའོ། །བདུན་པ་ཕྱིས་གནོན་ལ། གླེང་གཞི་དང་དགག་བྱ་སྔ་མ་བཞིན་ཡིན་ལ། གཞི་དགེ་འདུན་གྱི་གཙུག་ལག་ཁང་དུ་དགེ་སློང་ཆོས་དྲུག་ལྡན་གཞན་ཡོད་པ་ལ། ཀུན་སློང་རྐྱེན་དང་མི་ལྡན་པར་ཕྱིས་གནོན་བྱེད་འདོད་པ། སྦྱོར་བ་ལུས་ངག་གང་རུང་གིས་དེར་རྩོམ་པ། མཐར་ཐུག་ཡུལ་གྱིས་དེར་གོ་བའོ། །བརྒྱད་པ་ཁྲིའུ་རྩ་བ་བྱུང་བ་ལ། གླེང་གཞི། མཉན་ཡོད་དུ། ཉེར་དགས། ཉོན་མོངས་པ་མཐོ་འཚམས་པས་བྱས་པའོ། །དགག་བྱ་གཙུག་ལག་ཁང་དང་། བདག་པོ་དགེ་འདུན་ལ་གནོད་པའོ། །རྒྱུ་ཚོགས་ལ། གཞི་ནི། གནས་གཙུག་ལག་ཁང་གནས་ཀྱི་མཚན་ཉིད་ཅན་དུ་གྲུབ་པ། ཐོག་རྡོལ་བའི་ཉེན་དང་བཅས་པ། དངོས་པོ་ཁྲིའམ་ཁྲིའུ་ཚད་

ལྡན། རྩ་བ་ཕུར་བུ་ལྟ་བུ་ཡིན་པ། བཀན་པ་སོགས་མ་ཡིན་པ། ཀུན་སློང་ཉལ་འདུག་སོགས་བྱེད་འདོད་པ། མཐར་ཐུག་དེའི་བྱ་བ་རྫོགས་པའོ། །དགུ་པ་ཆུ་སྲོག་ཆགས་ཅན་གྱིས་འདེབས་པའི་ལྟུང་བྱེད་ལ། གླེང་གཞི་ཀོ་ཤམྦིར། འདུན་པས། སོ་སོར་མ་བརྟགས་པར་དེས་ཆག་ཆག་བཏབ་པའོ། །དགག་བྱ་གཞན་གྱི་སྲོག་ལ་གནོད་པ་དང་། མ་དད་པ་སོགས་སོ། །ཡན་ལག་ལ། གཞི་དུད་འགྲོའི་སྐྱེ་གནས་སུ་སྐྱེས་པ། ཐ་མལ་པའི་མིག་ལ་སྣང་དུ་རུང་བ། ཆུའམ་ཤིང་ལ་སོགས་པའི་གཞི་དང་བཅས་པ། རང་གིས་ཁྲུས་དང་བཏུང་བ་ལྟ་བུའི་དོན་ལས་གཞན་ཡིན་པ། སྦྱོར་བ་དེར་རྩོམ་པ། མཐར་ཐུག་དེའི་རྐྱེན་གྱིས་ཤི་བའོ། །བཅུ་པ་རིམ་པ་གསུམ་ལས་ལྷག་པར་རྩིག་པའི་ལྟུང་བྱེད་ལ། གླེང་གཞི་ཀོ་ཤམྦིར། དྲུག་སྡེ་ལ་གཞན་གྱིས་བརྙས་པར་མ་བཟོད་པས་དེ་བྱས་པའོ། །དགག་བྱ་གནས་ཚེ་ཐུང་བ་དང་། སྦྱིན་བདག་གིས་ཡོ་བྱད་ཆུད་འཛའ་བའོ། །རྒྱུ་ཚོགས་ལ། གཞི་ནི། དངོས་པོ་གཙུག་ལག་ཁང་སྦྱིད་ལམ་བཞི་ཤོང་བ། གཞན་གྱིས་བཟོ་རྩོམ་མ་བྱས་པ། བདག་ཉིད་ནི་ཆར་ཆུ་སྐྱོབ་པའི་སྦྱོར་བ་མ་བྱས་པ་དང་། ཡོན་བདག་གིས་མ་སྐུལ་བའོ། །དུས་ནི། འཇིམ་པས་སྦྱར་བ་སོགས་མ་བྱས་ན་ཉི་མ་ཐ་དད་ལ་ཡང་སྐྱེད་པས། དེ་ལྟར་བྱས་ན་ཉི་མ་གཅིག་གིས་དུས་ཡིན་པ། ཀུན་སློང་རྩིག་པར་འདོད་པ། སྦྱོར་བ་རང་ངམ་བསྐོས་པས་རྩོམ་པ། མཐར་ཐུག་རིམ་པ་བཞི་པའི་སྣ་འགྱུར་བའོ། །

བཅུ་ཚན་གསུམ་པ་ལ། སྡོམ་ནི། མ་བསྐོས་ཉི་མ་ནུབ་པ་དང་། །ཟས་དང་ཆོས་གོས་གཉིས་དག་དང་། །དོན་མཐུན་གྲུ་དང་དབེན་པ་གཉིས། །དགེ་སློང་མ་ཡིས་སྦྱོར་བཅུག་པའོ། །དང་པོ་ནི། མཉན་ཡོད་དུ། དྲུག་སྡེས། ཉོན་མོངས་པ་འདོད་ཆགས་ཀྱིས་ཉེས་པ་མ་བསྐོས་པར་དགེ་སློང་མ་ལ་སྟོན་པའོ། །རྒྱུ་མཚན། གཞན་མ་དད་པ་དང་། དགེ་སློང་མའི་ཆོས་ལ་གནོད་པའོ། །རྒྱུ་ཚོགས་ལ། གཞི་ནི། ཡུལ་དགེ་སློང་མ་ཐ་སྙད་གསུམ་ལྡན། ལྟ་བ་མཐུན་པ། ལུས་ཐ་མལ་དུ་གནས་པ། རྫུ་འཕྲུལ་ཅན་མ་ཡིན་པ། བསམ་པ་ཐག་པ་ནས་ཉན་པར་འདོད་པ། དངོས་པོ་ལུང་གི་ཆོས་ཤོ་ལོ་ཀ་གཅིག་ཡན་ཆད་དུ་ལོངས་པ། བདག་ཉིད་སྟོན་པར་མ་བསྐོས་པའམ། བསྐོས་ཀྱང་དེའི་ཡོན་ཏན་དང་མི་ལྡན་པ། ཀུན་སློང་ཆོས་སྟོན་པར་འདོད་པ། སྦྱོར་བ་ངག་དྲུག་ལྡན། མཐར་ཐུག་དོན་གོ་བའོ། །དགེ་སློང་མའི་སྟོན་པ་ཇི་ལྟ་བུ་ཞེ་ན།

འདི་ལ་དྲུག་སྟེ། གང་ཟག་གང་བསྐོ་བ། བྱེད་པ་པོ་གང་གིས་བསྐོ་བ། ཚིག་ཇི་ལྟར་བསྐོ་བ། དུས་ནམ་གྱི་ཚེ་བསྐོ་བ། གནས་གང་དུ་བསྐོ་བ། དེ་ལྟར་བསྐོས་པའི་དགོས་པའོ། །དང་པོ་ནི། རྫོགས་པའི་སྡོམ་ལྡན་ཕམ་ལྷག་དང་མི་ལྡན་པ། རྫོགས་ནས་ལོ་ཉི་ཤུ་ལོན་པ། ལྟ་བ་མཐུན་པ། ཐ་སྙད་གསུམ་དང་ལྡན་པ། མཚམས་ནང་དེ་ན་ཡོད་པ། ཚོགས་སུ་མ་ལོངས་པ། གྲོང་ཁྱེར་པའི་སྐད་སྨྲ་བ། སྡེ་སྣོད་གསུམ་ནས་མའི་སོ་ཐར་གྱི་བར་

གང་ རུང་འདོན་ནུས་པ། འགྲོ་བ་བཞི་དང་བྲལ་བའོ། །གཉིས་པ་ནི་དགེ་འདུན་ཚོས་གསུམ་ལྡན་ནོ། །གསུམ་པ་ནི། སྦྱོར་བ་འདུ་བའི་སྐབས་སྒྲུབ། སྦྱོ་བ་དྲི། དངོས་གཞི་གསོལ་གཉིས་ཀྱི་ལས་ཚང་ལ་མ་ནོར་བ། མ་འཁྲུགས་པའོ། །དུས་ནི་ཉ་ཤེའི་གསོ་སྦྱོང་གི་ཚེའོ། །གནས་ནི་མཚམས་ནང་དུའོ། །དགོས་པ་དགེ་སློང་མའི་ཆོས་ཕུན་སུམ་ཚོགས་པ་དང་། བསྟན་པ་སྤྱི་ལ་ཕན་པའོ། །འདིར་གདམས་ངག་དང་། རྗེས་བསྟན་གྱི་ཁྱད་པར་ནི༑ ཚིག་ལེར། མདོ་སྡེ་འདུལ་བ་ཆོས་མངོན་དང་། །འབྲེལ་བའི་དོན་ནི་རབ་སྟོན་པ། །གདམས་པ་ཡིན་པར་འདྲེན་པ་ཡིས། །རྫོད་པ་མེད་པར་གསུངས་པ་ཡིན། །གནས་བརྟན་གྱིས་ནི་བསྟན་པའི་ཚིག །འཕགས་པའི་ཚོགས་ཀྱིས་གང་བཞེད་པ། །སླར་ཡང་གདམས་པ་གཞན་འདི་ནི། །གཉིས་པར་ཡང་ནི་གསུངས་པ་ཡིན། །ཞེས་སོ། །

གཉིས་པ་སྟོན་པར་བསྐོས་ཀྱང་ཉི་མ་ནུབ་ཀྱི་བར་དུ་སྟོན་པ་ལ། གླེང་གཞི་ནི། མཉན་ཡོད་དུ། ཉེར་དགས། བག་ཆགས་མ་བྱུང་བའི་དབང་གིས་དེ་ལ་དེ་ལྟར་བསྟན་པའོ། །དགག་བྱ་གཞན་མ་དད་པ་དང་། དེ་དག་ལ་གཞན་གྱིས་གནོད་པར་འགྱུར་བའོ། །རྒྱུ་ཚོགས་ལ། གཞི་ནི། ཡུལ་དགེ་སློང་མ་ལ། དངོས་པོ་ལུང་གི་ཆོས་སོ། །གནས་འཛེགས་པ་དང་བཅས་པ། དུས་ཉི་མ་ནུབ་ནས་སྐྱ་རེངས་མ་ཤར་བ། མཚན་ཐོག་ཐག་ཆོས་སྟོན་པའི་དུས་མ་ཡིན་པ། ཀུན་སློང་དེ་ལ་དེར་ཞེན་ནས་སྟོན་པར་འདོད་པ། སྦྱོར་བ་ངག་དྲུག་ལྡན། མཐར་ཐུག་དོན་གོ་བའོ། །གསུམ་པ་ཟས་ཕྱིར་ཆོས་སྟོན་ཏོ་ཞེས་སྐུར་པ་འདེབས་པའི་ལྟུང་བྱེད་ལ། གླེང་གཞི་ཉེར་དགས། ཕྲག་དོག་གིས་གཞན་ལ་དེ་ལྟར་ཕྱུས་གདགས་པའོ། །དགག་བྱ་གཞི་མེད་དང་འདྲ། རྒྱུ་ཚོགས་ལ་གཞི་ནི། ཡུལ་དགེ་སློང་ཆོས་དྲུག་ལྡན་ཟང་ཟིང་ཙུང་ཟད་ཙམ་གྱི་ཕྱིར་ཆོས་སྟོན་པ་པོ་མ་ཡིན་པ། གོ་བྱ་ཐ་སྙད་གསུམ་ལྡན། ལུས་ཐ་མལ་དུ་གནས་པ། རྒྱུད་ཐ་དད་པ། ཀུན་སློང་སྐུར་པ་འདེབས་འདོད་པ། སྦྱོར་བ་ངག་དྲུག་ལྡན། མཐར་ཐུག་དོན་གོ་བའོ། །བཞི་པ་གོས་བྱེད་པ་ལ། གླེང་གཞི། མཉན་ཡོད་དུ། འཆར་ཀས། ཉོན་མོངས་པ་འདོད་ཆགས་ཀྱིས༑ དགེ་སློང་མའི་གོས་ཀྱི་བཟོ་བྱས་པའོ། །དགག་བྱ་བུད་མེད་སྤྱི་སྐྱིད་ཀྱི་ཐུན་མོང་བ་རྣམས་སོ། །རྒྱུ་ཚོགས་ལ། ཡུལ་དགེ་སློང་མ་ཆོས་བརྒྱད་ལྡན། དངོས་པོ་གོས་རུང་ཚད་ལྡན། དགེ་སློང་མ་དེ་ཉིད་དབང་བ། རིས་རང་མ་བཅོལ་བ། སྦྱར་བཟོ་རྫོམ་མ་བྱས་པ། ཀུན་སློང་ནི། ཉེ་དུ་མ་ཡིན་པ་ལ་དེར་ཤེས་ཀྱིས་བཟོ་བྱེད་འདོད་པ། སྦྱོར་བ་རྫོམ་པ། མཐར་ཐུག་རྫོགས་པའོ། །

ལྔ་པ་གོས་སྒྱིན་པ་ལ། གླེང་གཞི། མཉན་ཡོད་དུ། ཚོང་དཔོན་དགེ་སློང་གིས་ སྔོན་གྱི་ཆུང་མ་ལ་སྲེད་པས་གོས་སྒྱིན་པའོ། །དགག་བྱ་ཐུན་མོང་བ་རྣམས་སོ། །རྒྱུ་ཚོགས་ལ། ཡུལ་དགེ་སློང་མ་ཆོས་བརྒྱད་ལྡན

བདག་ཉིད་གཉིས་ཀའི་དགེ་འདུན་ལ་གོས་འབུལ་བ་མ་ཡིན་པ། དངོས་པོ་གོས་རུང་ཚད་ལྡན་རང་གི་ཡིན་པ། རུང་མ་རུང་བརྟེ་བའི་ཕྱིར་མ་ཡིན་པ། ཀུན་སློང་སྟེར་བར་འདོད་པ། སྦྱོར་བ་རྫོགས་པ། མཐར་ཐུག་དེས་གོས་ལག་ཏུ་ཐོབ་པའོ། །ཁ་ཅིག་གི་གསུང་ནས། ཁྱིམ་པའི་ཚེ་ཆུང་མ་མ་ཡིན་པ་དགོས་ཏེ། ཇི་སྐད་དུ། དགེ་སློང་གིས་རབ་ཏུ་བྱུང་བ་མོའི་ཕྱིར། །ཞེས་གསུངས་པས་སོ། །འོ་ན་ཆོང་དཔོན་དགེ་སློང་ལ་བསླབ་པ་འཆལ་མི་རིགས་པར་འགྱུར་རོ། །ཞེ་ན། ཉེས་པ་མེད་དོ། །ཨུཏྤལའི་མདོག་ཅན་ལ་བླངས་པ་ལ་ལེན་པའི་སྤང་བ་བཅས་པ་བཞིན་ནོ། །ཞེས་གསུངས། དྲུག་པ་དགེ་སློང་མ་དང་ལྷན་ཅིག་ལམ་དུ་འཇུག་པའི་ལྟུང་བྱེད་ལ། གླེང་གཞི་མཉན་ཡོད་དུ། དྲུག་སྡེས། འདོད་ཞེན་གྱིས་སོ། །དགག་བྱ་ཐུན་མོང་བ་དང་གཞན་དག་གིས་འཕྱ་བ་སོགས་སོ། །ཀྱུ་ཚོགས་ལ། གཞི་ནི། ཉེ་དུ་མ་ཡིན་པ་མ་གཏོགས་པའི་དགེ་སློང་མ་ཆོས་བདུན་ལྡན་བདག་ཉིད་ལ་ཕན་འདོགས་པར་མ་ཡིན་པ་དང་། འཐམས་པའོ། །ལམ་ས་ལ་བརྟེན་པ། རྒྱང་གྲགས་སུ་ལངས་པ། འཇིགས་པ་དང་བཅས་པ་མ་ཡིན་པ། དུས་ཉི་མ་གཅིག་གི་དུས་ཡིན་པ། ཀུན་སློང་ལམ་གཅིག་ལ་འགྲོར་འདོད་པ། སྦྱོར་བ་དེར་རྫོམ་པ། མཐར་ཐུག་རྒྱང་གྲགས་ལས་འདས་པའོ། །ཉི་མ་གཅིག་ལ་རྒྱང་གྲགས་གཉིས་སོགས་འདས་ན་དེ་ཉིད་ཀྱི་ལྟུང་བྱེད་དོ། །སྔར་མ་འཐམས་ན་འཇིགས་པའི་དབང་གིས་ཞུགས་པ་ལ་ནི་ཉེས་མེད་དུ་བཤད་ཅིང་། འཐམས་པའི་དོན་ནི། རྣམ་འབྱེད་འགྲེལ་དུ། འཐམས་པ་ཞེས་བྱ་བ་ནི་བརྡ་བྱས་པའོ། །ཡང་ན་འཐུས་པ་ཞེས་བཤད་དོ། །བདུན་པ་དགེ་སློང་མ་དང་ལྷན་ཅིག་གྲུར་འཇུག་པ་ནི། ཆུ་བོའི་གཞུང་ལ་ཞུགས་ནས་རྒྱང་གྲགས་འདས་པའི་དབང་དུ་བྱས་ལ། སྤྱི་དོན་གཞན་རྣམས་སྔ་མ་བཞིན་ནོ། །བརྒྱད་པ་དང་དགུ་པ་བུད་མེད་དང་ལྷན་ཅིག་འདུག་པ་དང་འགྲེང་བའི་ལྟུང་བྱེད་ལ། གླེང་གཞི་མཉན་ཡོད་དུ། འཆར་ཀས། འདོད་ཆགས་ཀྱིས་སོ། །དགག་བྱ་ཐུན་མོང་བའོ། །ཀྱུ་ཚོགས་ལ། ཡུལ་བུད་མེད་མཚན་དོན་བྱེད་ནུས་པ། ཐ་སྙད་ཕྱེད་དང་ལྡན། ཉེ་དུ་མ་ཡིན་པ། གྲོགས་དང་མི་ལྡན་པ། ལུས་སྟེན་རུང་། ཐ་མལ་དུ་གནས་པ། བདག་ཉིད་ལ་ཕན་འདོགས་པ་མ་ཡིན་པ། སྤྱོད་ལམ་འདུག་པ་དང་འགྲེང་བ་གང་རུང་། དགེ་སློང་བདག་ཉིད་ཀྱང་འདུག་འགྲེང་གང་རུང་ངོ་། །གནས་ས་ཕྱོགས་དབེན་པ་སྐབས་ཡོད། མདོམ་གང་གི་ནང་ཡིན་པ། ཀུན་སློང་འདུག་པར་འདོད་པ། སྦྱོར་བ་རྫོམ་པ། མཐར་ཐུག་འདུག་འགྲེང་གི་བྱ་བ་བྱས་ཙམ་མོ། །འགྲེང་བ་ལ་ཡུལ་དགེ་སློང་མར་བཤད་དོ། །

བཅུ་པ་དགེ་སློང་མས་སྦྱོར་དུ་བཅུག་པ་ཟ་བའི་ལྟུང་བྱེད་ལ། གླེང་གཞི་མཉན་ཡོད་དུ། དྲུག་སྡེས། ལྷ་འདུན་གྱིས་སོ། །དགག་བྱ་ཐུན་མོང་བ་དང་གཞན་ལ་གནོད་པའོ། །ཀྱུ་ཚོགས་ལ། ཡུལ་ཁྱིམ་པ་ཐ་སྙད་ལྡ་ལྡན།

ནོར་རྫས་ཐ་དད་པ། དངོས་པོ་དུས་སུ་རུང་བའི་བཟའ་བ་དང་བཅའ་བ་རུང་བ། མགྲོན་གཅིག་གི་ཚད་དུ་ལོངས་པ། སྦྱིན་བདག་དེ་ཉིད་ཀྱི་ཡིན་པ། རང་ཉིད་ཀྱི་ཡང་དག་པ་མ་ཡིན་པའི་ཡོན་ཏན་གྱིས་སྦྱོར་དུ་བཅུག་པ་སྦྱོར་བྱེད་དགེ་སློང་མ་ཆོས་བརྒྱད་ལྡན། བདག་ཉིད་མགྲོན་དུ་མ་བོས་པའམ། བོས་ཀྱང་ཚད་དེ་ཙམ་གྱིས་ལྷག་པ། ཀུན་སློང་ཟ་བར་འདོད་པ། སྦྱོར་བ་དེར་ཐོམ་པ། མཐར་ཐུག་མགུལ་དུ་མིད་པའོ། །

བཅུ་ཚན་བཞི་པ་ལ། སྡོམ་ནི། ཡང་ཡང་དང་ནི་འདུག་གནས་གཅིག །ཕྱེ་དང་བཅའ་དང་སྟོབས་པ་དང་། །འདུས་དང་དུས་མིན་སོག་འཇོག་དང་། །ཁ་ནས་མིད་དང་གསོད་པ་ཉིད། །ཅེས་སོ། །བཅུ་པོ་ལྡར་བསྡུས་ནས། ཚད་ལས་འདས་པར་ཟོས་པ་དང་། གནས་མ་ཡིན་པར་དང་། དུས་མ་ཡིན་པར་དང་། ཆོག་ལས་འདས་པར་དང་། ཟས་བསོད་པ་ལས་གྱུར་པའོ། །དང་པོ་ལ་བཞིར་ཕྱེ་ན། དུས་ཉི་མ་གཅིག་ལ་བླངས་པ་ཚད་ལས་འདས་པ་དང་། གནས་གཅིག་ཏུ་ཟོས་པ་ཚད་ལས་ལྷག་པ་དང་། སྦྱིན་བདག་གཅིག་ལས་བླངས་པ་ཚད་ལས་འདས་པ་དང་། དམ་བཅའ་ཚད་ལས་འདས་པའོ། །དང་པོ་ལ་གླེང་གཞི་ནི། ཡུལ་སྦྱོང་བྱེད་དུ། གང་ཟག་དྲུག་སྡེས། ལྟོ་འདུན་གྱིས་སོ། །དགག་བྱ་ལུས་ལ་གནོད་པ་དང་། སྦྱིན་བདག་སྡུ་མ་དེ་མ་དད་པའོ། །རྒྱུ་ཚོགས་ལ། གཞི་ནི། སྦྱིན་པ་པོ་སྔ་ཕྱི་གཉིས་ཀ་ཁྲིམ་པ་ཐ་སྙད་ལྔ་ལྡན། ནོར་རྫས་ཐ་དད་པ། ནར་མར་སྦྱོར་བ་པོ་མ་ཡིན་པ། བསམ་པ་ཐག་པ་ནས་འབོད་པ། ཟས་གཉིས་ཀ་བཟའ་བ་ལྔའི་ཁོངས་སུ་གཏོགས་པ། མགྲོན་གྱི་ཚད་དུ་ལོངས་པ། ཕན་ཚུན་ཁོངས་སུ་གཏོགས་པ་མ་ཡིན་པ། ཕྱི་མ་ལ་རྐྱེན་པ་མེད་པའོ། །བདག་ཉིད་ན་བ། ལས་བྱས་པ། ལམ་དུ་ཞུགས་པ། ཟླ་བརྒྱད་བཏིང་བ་བཞི་དང་། དགེ་འདུན་བོས་པ་མ་ཡིན་པ། བོས་ན་ཡང་རང་གི་ཕྱིར་མ་ཡིན་པའོ། །དུས་སུ་གའི་དུས་མ་ཡིན་པ་དང་། ཉི་མ་གཅིག་ཡིན་པའོ། །ཀུན་སློང་སོགས་འགྲེའོ། །

གཉིས་པ་འདུག་གནས་སུ་ཟ་བ་ལ། གླེང་གཞི་མཉན་ཡོད་དུ། དྲུག་སྡེས། འདོད་ཞེན་དང་འཐབ་དཀྲོལ་གྱིས་སོ། །རྒྱུ་མཚན། གཞན་མ་དད་པ་དང་། མུ་སྟེགས་ཅན་དང་། འཐབ་རྩོད་དུ་འགྱུར་བའོ། །རྒྱུ་ཚོགས་ལ། གཞི་ནི། གནས་དེའི་བདག་པོ་ཁྲིམ་པ་ཆོས་ལྔ་ལྡན། དེའི་མཆོད་གནས་མུ་སྟེགས་ཅན་ཐ་སྙད་གསུམ་ལྡན་བཞིར་ལོངས་པ། གནས་དེ་གནས་ཀྱི་མཚན་ཉིད་དུ་གྲུབ་པ། ཡ་མཚན་ཅན་སྐྱེ་པའི་འདུག་གནས་མ་ཡིན་པ། དངོས་པོ་བཟའ་བ་ལྔའི་ཁོངས་སུ་གཏོགས་པ། ཚད་དུ་ལོངས་པ། རྐྱེན་ནད་པ་མ་ཡིན་པ། གནས་དེར་སྦྱིན་བདག་གིས་མ་སྐབས་པ། ཞག་གཅིག་དུ་གནས་ཤིང་ཉི་མ་གཉིས་པའི་ཟན་ཟོས་པ། འདི་ལ་ཞག་ཏུ་གནས་ནས་ཉི་མ་གཉིས་པའི་ཟན་ཟོས་པ་ཞིག་ནི་དགོས་ལ། ཉི་མ་གཉིས་སུ་ཟོས་དགོས་པ་ནི་དཔྱད་དོ། །རྐྱེན་དགེ་འདུན་དུ་ལོངས་པ་དགོས་ཏེ། གཞན་དུན་རྩོད་པའི་དགག་བྱ་མེད་པའི་ཕྱིར། ཞེས་ཟེར་བ་དག་ཀྱང་ཡོད་

དོ༔ །དེར་གནས་ཀྱི་བདག་པོ་དེ་ཉིད་ལ་བླངས་ནས་ཟློས་པ་དགོས་ཀྱི། གཞན་ནས་བླངས་ནས་ཟློས་པ་ལ་ནི་ཉེས་བྱས་སོ། །

གསུམ་པ་ཕྱེད་དང་ཞེས་པའི་ལུང་གིས་བསྟན་པ་སྦྱིན་བདག་གཅིག་ནས་བླངས་པ་ཚད་འདས་ལ། གླེང་གཞི། མཉན་ཡོད་དུ། དྲུག་སྡེས། ལྷོ་འདུན་གྱི་དེ་ལྟར་བླངས་པའོ། །དགག་བྱ་སློང་བའི་ཚོད་མ་བཟུང་བའོ། ། རྒྱུ་ཚོགས་ལ། གཞི་ནི། ཡུལ་ཁྲིམ་པ་ཐ་སྙད་ལྔ་ལྡན། ཅི་བདེར་སྟོབས་པ་མ་ཡིན་པ། དངོས་པོ་བཟའ་བ་ལྔའི་ཁོངས་སུ་གཏོགས་པ། ཚད་ཡུལ་མ་གཏ་ཧྲའི་བྲེའུ་ཆུང་ཕྱེད་དང་ལྔ་བཅོས་པ། ཚོད་མ་མ་གཏོགས་པ་ལས་ལྷག་པ༔ ལྷག་པའི་ཚད་དྲུག་ཕུལ་ཕྱེད་དང་ལྔ་ཡན་ཆད་ཡིན་པ། གཡོས་སུ་བྱས་པ། གང་དུ་ཟློས་པའི་གནས་ནི། གང་ལས་གསོས་པ་དེ་ལས་གཞན་དུ་ཁྱེར་བ། སྦྱོར་བ་ངག་དྲུག་ལྡན། མཐར་ཐུག་མགུལ་དུ་མིད་པའོ། །བྲེའུ་ཆུང་ཕྱེད་དང་ལྔའི་ཚད་ནི། བོད་བྲེའི་དབང་དུ་བྱས་ན་དྲུག་ཕུལ་དགུ་ཡིན་ལ། དེ་བཅོས་ན་གསུམ་འཕེལ་དུ་སོང་བས་དྲུག་ཕུལ་ཉེར་བདུན། དེའི་ཚེ་ན་ཚོད་མ་ནི་རྩི་བར་མི་བྱ་སྟེ། ཚོད་མ་མ་གཏོགས་པ་ཞེས་སོ། །ལྷག་པའི་ཚད་ནི་དྲུག་ཕུལ་ཕྱེད་དང་ལྔ་ལ་བཤད་དེ། ལུང་ལས། དགེ་སློང་གིས་དྲུག་ཕུལ་ཕྱེད་དང་ལྔས་ལྷག་པ་ལ་ལྷག་པར་ཤེས་ཏེ་བླངས་ན་ཅིར་འགྱུར། ལྟུང་བའོ། །ཞེས་གསུངས། དགེ་སློང་རེ་རེས་དེ་ཙམ་བླང་དུ་རུང་བ་ནི་མ་ཡིན་ཏེ། གྲོགས་ཀྱི་སྐལ་བ་དང་ཡང་བཅས་པ་ཡིན་ནོ། །ཞེས་སོ། །ཉེས་པ་འདི་ནི་ལྷག་པའི་ཆ་དེ་ཟློས་པ་ལས་སོ། །

བཞི་པ་བཅའ་དང་ཞེས་པའི་ལུང་གིས་བསྟན་པ། སྟན་གཅིག་པའི་ཟས་ཀྱི་ལྟུང་བྱེད་ལ། གླེང་གཞི་ནི། མཉན་ཡོད་དུ། དྲུག་སྡེས། བསླབ་པ་ལ་གཡེལ་བ་དང་མ་གུས་པས་སྤངས་ནས། ཡང་ཟ་བར་བྱེད་པའོ། །རྒྱུ་ཚོགས་ལ། གཞི་ནི། དངོས་པོ་དུས་སུ་རུང་བའི་བཟའ་བའམ་བཅའ་བ་རུང་ཚད་ལྡན། ལྷག་པོར་མ་བྱས་པ། དཀོན་ཟས་མ་ཡིན་པ། བདག་ཉིད་སྤྱངས་པ་ཡོངས་སུ་རྫོགས་ཤིང་། ནད་པ་མ་ཡིན་པ། དུས་སྤྱངས་པའི་ཉིན་མཚན་དེ་ཉིད་ཡིན་པ། མུ་གེའི་དུས་མ་ཡིན་པ། ཀུན་སློང་ཟ་བར་འདོད་པ། སྦྱོར་བ་ཟོམ་པ། མཐར་ཐུག་མགུལ་དུ་མིད་པའོ། །འདིར་ལྷག་པོར་གྱི་མཚན་ཉིད་ལ། ཡུལ་དགེ་སློང་ཆོས་དྲུག་ལྡན། དངོས་པོ་དུས་སུ་རུང་བའི་བཟའ་བ་དང་བཅའ་བ་རུང་ཚད་ལྡན། བདག་ཉིད་སྤྱངས་པ་ཡོངས་རྫོགས་ཡིན་པ། བསམ་པ་ལྷག་པོར་བྱེད་འདོད་པ། ཚིག་དེའི་མདུན་དུ་ཅོག་པུར་འདུག་སྟེ། ཚེ་དང་ལྡན་པ་དགོངས་སུ་གསོལ། བདག་མིང་འདི་ཞེས་བགྱི་བ་འཚལ་མ་འཚལ་ལགས་ཤིང་། སྤྱངས་ཏེ་ཡོངས་སུ་རྫོགས་ཤིང་། མཐར་ཐུག་པར་བགྱིས་པ་ལས། བཅའ་བ་དང་བཟའ་བ་རྙེད་ཅིང་འཚལ་བར་འཚལ་ན། ལྷག་པོར་བགྱིས་ཏེ་བདག་ལ་བསྩལ་དུ་གསོལ། ཞེས་

ལན་གཅིག་བརྗོད། ཡུལ་དེས་སྤྱངས་ན་མི་ཟ། མ་སྤྱངས་ན་ཁམ་གཉིས་སམ་གསུམ་ཟོས་ནས། ཁྱོད་ཀྱིར་གྱུར་ཅིག །བཞུད་ཅིག །ཅེས་བརྗོད་དོ། །ངེས་ཚིག་ནི། ལྷག་མར་བྱས་ཤིང་བོར་བས་ན་དེ་ཞེས་བྱའོ། །

ལྷུ་པ་སྤྱངས་པ་ལ། སྨོབས་པའི་ལྟུང་བྱེད་ལ། གླེང་གཞི། མཉན་ཡོད་དུ། དགེ་སློང་རྒན་ཞུགས་ཀྱིས། ཉོན་མོངས་པ་མཐོ་འཚམས་པས། སྤྱངས་བ་ལ་བསྐྱབས་པའོ། །རྒྱུ་ཚོགས་ལ་གཞི་ནི། ཡུལ་དགེ་སློང་ཆོས་དྲུག་ལྡན། སྤྱངས་པ་ཡོངས་རྫོགས། ནད་པ་མ་ཡིན་པ། དངོས་པོ་དང་དུས་གོང་མ་དང་འདྲ་ལ། ཀུན་སློང་དེ་ལ་དེར་ཤེས་ཀྱིས་སྨོབས་པར་འདོད་པ། སྦྱོར་བ་ངག་དྲུག་ལྡན། མཐར་ཐུག་དོན་གོ་བའོ། །དྲུག་པ་གནས་མ་ཡིན་པར་འདུ་ཤིང་ཟ་བའི་ལྟུང་བྱེད་ལ། གླེང་གཞིའི་རྒྱལ་པོའི་ཁབ་ཏུ་དགེ་སློང་ལྷས་བྱིན། ཉོན་མོངས་པར་མི་མཐུན་པར་འདོད་པས། དེ་ལྟར་ཟོས་པའོ། །དགག་བྱ་དགེ་འདུན་བྱེ་བ་དང་། ཡོ་བྱད་ཐམས་ཅད་ཟ་བར་འགྱུར་བ་སོགས་སོ། །རྒྱུ་ཚོགས་ལ། གཞི་ནི། གནས་མཚམས་ནང་ཡིན་པ། གཞན་དགེ་འདུན་དུ་ལོངས་པ། ཡུལ་ནི་དགེ་སློང་ཆོས་ལྔ་ལྡན། གསུམ་ཡན་ཆད་དང་གཅིག་ཆར་ཟ་བ་པོ་ཡིན་པ། དངོས་པོའི་དུས་སུ་རུང་བའི་བཟའ་བ་དང་བཅའ་བ་རུང་ཚད་ལྡན། དུས་སྟོན་ཆེན་པོའི་ཟས་ལས་གཞན་པ། ཟས་གཅིག་པ་མ་ཡིན་པ། བདག་ཉིད་ན་བ་དང་། ལས་བྱས་པ་དང་། ལམ་དུ་ཞུགས་པ་དང་། ཟླ་བརྒྱད་བཏིང་བ་བཞིམ་ཡིན་པ། ཀུན་སློང་ཟ་བར་འདོད་པ། སྦྱོར་བ་ཟ་བར་རྩོམ་པ། མཐར་ཐུག་མགུལ་དུ་མིད་པའོ། །འདིར་གོ་དོན་ནི། འདུས་ཤིང་ཟ་བ་པོ་བཞིར་ལོངས་པ་དེ་རྣམས་ཀྱང་ཅིག་ཆར་དུ་ཟ་བ་པོ་ཡིན་པ། དེ་དག་ལ་སྤྱགས་བྱ་ན་ཡོད་པ་དང་། མཚམས་ནང་གི་དགེ་འདུན་དུ་ལོངས་པ་གཞན་ལ་བཟའ་བཅའ་ངན་པ་ཙམ་ལས་མེད་པ་ལ་དེར་འདུ་ཤེས་པའི་སྒོ་ནས་ཟོས་ན། ཟ་བ་པོ་ཟས་བཟང་པོ་ཡོད་པ་དེ་དག་ལ་ལྟུང་བ་འདིར་འགྱུར། ཞེས་པའོ། །

བདུན་པ་དུས་མ་ཡིན་པར་ཟ་བའི་ལྟུང་བྱེད་ལ། གླེང་གཞི་ནི། མཉན་ཡོད་དུ། གཞོན་ནུ་བཅུ་བདུན་སྡེ། སྦྱོར་མི་བཟོད་པས། ཉིས་པ་དུས་མ་ཡིན་པར་ཟོས་པའོ། །དགག་བྱ་ལུས་བགྲངས་ཤིང་ཀྲུགས་པས་ཉོན་མོངས་པ་གཞན་གྱི་རྒྱུར་འགྱུར་བ་དང་། ཁྱིམ་པ་དང་ཁྱད་མེད་དུ་འགྱུར་བའོ། །རྒྱུ་ཚོགས་ལ། གཞི་ནི། དུས་རང་གི་གླིང་གི་ཉི་མ་ཕྱེད་ཡོལ་ནས་སྐྱ་རེངས་མ་ཤར་བའི་བར་ཡིན་པ། མུ་གེའི་དུས་མ་ཡིན་པ། དངོས་པོའི་དུས་སུ་རུང་བ། མགུལ་དུ་མིད་པར་མངོན་པ། བདག་ཉིད་ནི་ནད་པ་དང་ཟན་ཆད་པ་མ་ཡིན་པ་དང་། མུ་གེའི་དུས་མ་ཡིན་པ། ཀུན་སློང་ཟ་བར་འདོད་པ། སྦྱོར་བ་ཟ་བར་རྩོམ་པ། མཐར་ཐུག་ཟོས་པའོ། །ཁ་ཅིག །རུང་བ་དགོས་གསུང་པ་མི་འཐད་དེ། ཞུ་བ་ལས། དགེ་སློང་གིས་འཚལ་མ་ལན་གཅིག་འཚལ་བས་ལྟུང་བ་བཞི་འབྱུང་བ་ལྟ་མཆིས་སམ། ཉེ་བར་འཁོར་ཡོད་དེ། བྱིན་ལེན་མ་བྱས་པ་དང་། རུང་བ་མ་ཡིན་པ་དང་། སོག་འཇོག

བྱས་པ་དུས་མ་ཡིན་པར་ཟ་ནའོ། །ཞེས་དང་། གཞུང་དུ། གཞི་གཅིག་ལ་དུ་མ་ཉིད་བཅས་པ་ལ་ནི་ཇི་སྙེད་པ་དེ་སྙེད་ཀྱི་ཉེས་པར་འགྱུར་རོ། །རང་གི་གླིང་ཞེས་པའི་ཤུགས་ཀྱིས། འཛམ་བུ་གླིང་པས་གླིང་གཞན་དུ་ཕྱིན་པའི་ཚེ༑ གླིང་དེའི་དུས་མ་ཡིན་པར་ཟོས་ཀྱང་ཉེས་པ་འདི་མེད་པའོ། །

བརྒྱད་པ་སོག་འཇོག་ལ། གླེང་གཞི། མཉན་ཡོད་དུ། དགེ་སློང་ནག་པོས་བག་ཆགས་མ་བྱང་བས་སོག་འཇོག་བྱས་པའོ། །དགག་བྱ་སྐྱེ་བོ་ཕལ་པོ་ཆེས་སྨོད་པ་དང་། ལུས་ཀྱི་ནད་འཕེལ་བའོ། །རྒྱུ་ཚོགས་ལ་གཞི་ནི། དངོས་པོ་སྨན་རྣམ་པ་བཞི་པོ། །དངོས་སུ་གྲུབ་པ། རུང་ཚད་ལྡན། སོག་འཇོག་བྱས་པའོ། །བདག་ཉིད་ནད་པ་སོགས་མ་ཡིན་པ། ཀུན་སློང་དེར་འདོད་པ། སྦྱོར་བ་རྫོམ་པ། མཐར་ཐུག་རང་དུས་འདས་པའོ། །སོག་འཇོག་གི་ཚད་ནི། གཞུང་དུ་སྔ་དྲོ་བའི་ཟས་ཞེས་པའི་དོན། དུས་རུང་ལ་སྦྱོར་བ་ནི་མི་འཐད་དེ། དུས་མ་ཡིན་པར་རུང་བའི་སྨན་གསུམ་པོ་སྔ་དྲོ་བྱིན་ལེན་བྱས། བྱིན་གྱིས་མ་བརླབས་པ་དེ། ཉི་མ་ཕྱེད་ཡོལ་བའི་ཚེ་སོག་འཇོག་ཏུ་མི་འགྱུར་ན་ནམ་གྱི་ཚེ་འགྱུར་ཞེས་དཔྱད་པ་ན། དེའི་རྒྱུ་མཚན་བཤད་དཀའ་བའི་ཕྱིར། ཕྱི་དྲོ་བའི་ཟས་ཞེས་པ་ཐུན་ཚོད་ཀྱི་བཀུང་བ་ཁོ་ན་ལ་འཆད་ན། སྨན་ཕྱི་མ་གཉིས་པོ་བྱིན་གྱིས་མ་བརླབས་པ་ལ་སོག་འཇོག་མི་འགྱུར་བར་ཐལ་བའི་ཕྱིར་རོ། །དེས་ན་སྔ་དྲོ་བྱིན་ལེན་བྱས་ནས་ལོངས་སྤྱོད་པའི་སྨན་ལ་སྔ་དྲོའི་ཟས་དང་། ཕྱི་དྲོ་དེ་བྱས་ནས་དེར་སྤྱོད་པའི་སྨན་ལ་ཕྱི་དྲོ་བའི་ཟས་ཞེས་བྱའོ། །ཞར་ལ། ལག་ཉ། མཚམས་བཅོས། ཞག་ལོན་གསུམ་གྱི་ངོས་འཛིན་ནི། ལག་ཉ་ཞེས་པ། ཟས་དངོས་སམ། དེ་དང་ཉེ་བའི་སྣོད་དུ་གནས་པ་རུང་ཚད་ལྡན། རང་ངམ་རང་དང་འདྲ་བ་ལ་དབང་བ། ངོ་བོ་རྫོགས་པ། ཆུད་འཛའ་བའི་རྐྱེན་མེད་པ། སྔོད་བརྟན་པ། བྱིན་ལེན་སྟོབ་པར་འོས་པ་དང་། བྱིན་ལེན་བྱས་པ་གསུམ་དང་མ་འབྲེལ་བ། འདི་ལ་ཀུན་སློང་ཟ་བའི་ཆེད་མ་ཡིན་པར་རིག་པ་ཅིག་དགོས་ཏེ། དེའི་ཆེད་དུ་ལག་ཉར་བླངས་པ་ནི་བྱིན་ལེན་མ་བྱས་པར་ཟ་བའི་སྦྱོར་བར་གཏོགས་པའི་ཕྱིར་དང་། གཞན་དུ་ན་དེ་ལ་ལག་ཉར་བླངས་པ་ཟ་བའི་ཉེས་བྱས་སུ་འགྱུར་རིགས་པས་སོ། །དེས་ན་དགེ་སློང་མི་དབང་བའི་ཟས་སོགས་བླངས་པ་ལ་ནི་ལག་ཉར་མི་འགྱུར་རོ། །ལག་ཉར་སོང་ཙམ་ལ་ནི་ཉེས་པར་འཇོག་པ་མ་ཡིན་ཏེ། དེ་ལ་ཉེས་བྱས་སོགས་ཀྱི་བཤད་པ་མེད་པའི་ཕྱིར་དང་། རང་དབང་བའི་བཟའ་བཅའ་བྱིན་ལེན་མེད་པར་ལག་གིས་བླངས་ནས་ཁྱིམ་པ་ལ་སྟེར་བ་ལྷ་བུ་ལ་ཉེས་པ་མ་བཅངས་པའི་ཕྱིར། དེ་ཡང་ཕྱིར་བྱིན་ནས་བླང་ངོ་སྙམ་པའི་བསམ་པ་ཡོད་ན་ནི། དེས་ཚུར་བཏད་པའི་ཚེ་ལག་ཉ་ཅན་དུ་འགྱུར་བར་ཡིན་ཏེ། ཇི་སྐད་དུ། ལྟོས་པ་དང་བཅས་པས་བྱིན་པ་ནི་གཏད་པ་ཉིད་མ་ཡིན་ནོ། །ཞེས་སོ། །འོན་ལག་ཉར་མི་འགྱུར་བའི་ཐབས་གང་ཞེ་ན། བྱིན་ལེན་ནོ། །དེ་ལ་གཉིས་ཏེ། ལག་ཉ་འགོགས་བྱེད་ཀྱི་དང་། བཟའ་བའི་ཆེད་

ཀྱི་བྱིན་ལེན་ནོ། །གཉིས་པོ་གཞི་མཐུན་པ་མ་ཡིན་ཏེ། ཅིག་ཤོས་དེ་བཟའ་བའི་ཕྱིར་བྱེད་པ་མ་ཡིན་དགོས་པའི་ཕྱིར། དེ་ལྟ་མོད་ཀྱི། བཟའ་ཆེད་ཀྱི་བྱིན་ལེན་དེས་ལག་ཉ་མི་ཁེགས་པ་ནི་མ་ཡིན་ནོ། །ལག་ཉ་ཅན་དེ་རུང་བའི་སྐབས་སུ་འགྱུར་བའི་སྐབས་ཡོད་དམ་ཞེ་ན། ཡོད་དེ། དགེ་སློང་གིས་ལག་ཉར་བླངས་པ་དགེ་སློང་མ་ལ་རུང་བ་དང་། ཁྱིམ་པ་ལ་ལྟོས་མེད་དུ་བྱིན་པ་ཕྱུར་འཁོར་བ་ན་ལྟ་བུའོ། །ཡང་ལག་ཉ་དང་སོག་འཇོག་ནང་འདོམ་པའི་ཚེ། ལག་ཉ་རུང་བར་བཤད་པ་ཡང་ཡིན་ཏེ། ཇི་སྐད་དུ། ལག་ཉར་བླངས་པའི་ལམ་རྒྱགས་རུང་སྟེ། ཞེས་འབྱུང་ལ། ལམ་རྒྱགས་ལ་བྱིན་ལེན་བྱས་ན་སོག་འཇོག་གི་ཉེས་དམིགས་ཡོད་པས་སོ། །མཚམས་བཅོས་ནི༑ རུང་ཁང་མ་བཅད་པའི་གཙུག་ལག་ཁང་ཉེ་འཁོར་དང་བཅས་པར། ཡན་ལག་སྔ་མ་དྲུག་དང་ལྡན་པའི་རྗེན་པ་ཞིག་བཅོས་པའོ། །འདི་ལ་ལས་མཚམས་དགོས་པ་མ་ཡིན་ཏེ། བམ་ལྔ་ལས། མཚམས་ཞེས་བྱ་བ་ནི་གསོལ་བ་ལ་སོགས་པས་བཅད་པ་དང་། རྩིག་པ་ལ་སོགས་པའི་རང་མཚམས་དང་། ཉེན་ཀོར་ལ་སོགས་པ་གང་ཡང་རུང་བ་ཐམས་ཅད་སྒྱུར་བཟུང་། ཞེས་སོ། །ཞག་ལོན་ནི། མཚམས་ནང་དེར་དེ་འདྲ་བའི་དངོས་པོས་ཞག་ལོན་པའོ། །དགེ་སློང་གིས་བཅོས་པ་ནི། དེ་འདྲ་བའི་དངོས་པོ་མཚམས་ཀྱི་ཕྱི་ནང་གང་ཡིན་ཀྱང་རུང་དགེ་སློང་གིས་བཅོས་པའོ། །དེ་བཞི་པོའི་སྐབས་ཀྱི་དངོས་པོའི་ཡན་ལག་དྲུག་ནི་འདྲ་བ་ཡིན་ཏེ། ཟས་དངོས་སམ། དེའི་སྔ་གོན་དུ་གནས་པ། རུང་ཚད་ལྡན། རང་དམ་རང་དང་འདྲ་བ་དབང་བ། ངོ་བོ་རྫོགས་པ། རྒྱུད་ཟ་བའི་རྐྱེན་མེད་པའོ། །བཞི་པོ་དེ་ཟ་བའི་ལྟུང་བ་ཉེས་བྱས་ཀྱི་རྒྱུ་མཚོགས་ལ། གཞི་ནི། དངོས་པོ་སྔན་བཞི་པོ་གང་རུང་། ཚོགས་འི་སྒོ་ནས་མི་རུང་ཡང་། ངོ་བོའི་སྒོ་ནས་རུང་ཚད་ལྡན། བདག་ཉིད་ནད་པ་སོགས་མ་ཡིན་པ། དུས་སུ་གེའང་དེ་འདྲའི་དུས་ལས་གཞན་པ། ཀུན་སློང་ཟ་བར་འདོད་པ། སྦྱོར་བ་རྩོམ་པ། མཐར་ཐུག་མིད་པའོ། །བཞི་པོ་སྐབས་འདིར་སྟོན་པ་ནི། སོག་འཇོག་དང་། ཆ་དང་ཆ་ཅན་གྱི་ལྟུང་བ་ཡིན་པས་སོ། །ཡང་གཙུག་ལག་ཁང་གི་ནང་དུ་ཞག་ལོན་པ་ཙམ་གྱིས་ཞག་ལོན་དུ་མི་འགྱུར་བ་དང་། དེའི་ནང་ཡིན་ཀྱང་དགེ་སློང་གི་ནང་དུ་མི་འགྱུར་བའི་ཚུལ་ཀྱང་བཤད་པ་ཡིན་ཏེ། འགྲེལ་ཆེན་དུ། སྦྱིན་བདག་གིས་དགེ་སློང་གི་ནང་དུ་བཅོས་པ་དང་ཞག་ལོན་པ་འབྱུལ་ན་ཉེས་པ་མེད་པ་དང་། ཐོག་མར་ཚིག་གིས་ཕུལ་ནས། ཁོ་བོ་རང་འོངས་ནས་བྲིམ་མོ་ཞེས་ཟེར་བ་དེས་ཞག་ལོན་ན། དེའི་ཞག་ལོན་གྱི་ཉེས་པ་ཡོད་པ་དང་། དགེ་སློང་གིས་ཁྱིམ་པའི་གནས་སུ་མཛོད་བཟུང་ནས་དགེ་སློང་དེར་གནས་ན་དགེ་སློང་གི་གནས་སུ་འཛོག་པ་དང་། ཁྱིམ་པས་གཙུག་ལག་ཁང་གི་ཕྱོགས་གང་དུ་མཛོད་བཟུང་ནས་དེར་དགེ་སློང་མི་འཛུག་པར་བྱས་ན། དེ་ཁྱིམ་པའི་གནས་སུ་འཛོག་པ་དང་། གཙུག་ལག་ཁང་སྟོང་པར་དགེ་སློང་ཞུགས་ན་དེའི་གནས་སུ་སོང་བ་དང་། དེ་གཞན་དུ་འཕོས་པའི་ཚེ་སྔ་མ

རུང་བའི་ས་གཞིར་འཇོག་པ་སོགས་གསུངས་སོ། །ཡང་བ་ཞག་ལོན་གྱི་འོ་མ་དང་། བ་དང་འོ་མ་ཞག་ལོན་གྱི་ཞོ་ཞག་ལོན་དུ་འཇོག་པ་དང་། དེ་གསུམ་ཞག་ལོན་གྱི་མར་ཞག་ལོན་དུ་མི་འཇོག་པ་དང་། ས་བོན་ཞག་ལོན་གྱི་མྱུ་གུ་ཞག་ལོན་དུ་མི་འཇོག་པར་གསུངས་ཤིང་། དེ་དག་གི་ཤེས་བྱེད་ནི་སྨན་གྱི་རིགས་གཞན་ཡིན་མིན་ལ་ཐུག་གོ།

དགུ་པ་བྱིན་ལེན་མ་བྱས་པར་ཟ་བ་ལ། གླེང་གཞི་མཉན་ཡོད་དུ། དྲུག་སྡེས་བསླབ་པ་ལ་གཡེང་བས་བྱིན་ལེན་མ་བྱས་པར་ཟོས་པའོ། །དགག་བྱ་དཔང་པོ་མེད་པར་ཟོས་པས། བརྐུས་ནས་ཟོས་པ་དང་། དུས་མ་ཡིན་པར་ཟོས་པ་སོགས་ཀྱི་འཆར་ཀ་འབྱུང་བའོ། །རྒྱུ་ཚོགས་ལ་གཞི་ནི། དངོས་པོ་རྒྱུ་དང་སོ་ཤིང་ལས་གཞན་པའི་བཟའ་བཅའ་དང་བཏུང་བ་རུང་ཚད་ལྡན། བྱིན་ལེན་དང་མ་འབྲེལ་བ། བདག་ཉིད་ནད་པ་དང་ཟན་ཆད་པ་མ་ཡིན་པ། གནས་སྐྲ་མི་སྐྱན་ནམ་དེ་དང་འདྲ་བ་མ་ཡིན་པ། ཀུན་སློང་ཟ་བར་འདོད་པ། སྦྱོར་བ་རྩོམ་པ། མཐར་ཐུག་མིད་པའོ། །འདི་ལ་ཁ་ཅིག་གིས་གསུང་ན། རུང་བ་མི་དགོས་ཏེ། ལག་ཉར་བླངས་ནས་ཟོས་པ་ལ་བྱིན་ལེན་མ་བྱས་པར་ཟ་བའི་ཉེས་པ་མི་འབྱུང་བར་ཐལ་བའི་ཕྱིར་རོ། །ཞེས་གསུང་མོད། དེ་ལྟར་ན་རང་གིས་ལག་ཉར་བླངས་ཏེ་ཟོས་པ་འདི་ལ། བྱིན་ལེན་མ་བྱས་པར་ཟ་བའི་ལྟུང་བྱེད་དང་། ལག་ཉ་ཅན་ཟ་བའི་ཉེས་བྱས་དང་གཉིས་འབྱུང་ཞེས་ཁས་ལེན་དགོས་པར་འགྱུར་ལ། དེ་ལྟར་ན་ཀུན་སློང་མི་འདྲ་བ་གཉིས་དགོས་པར་འགྱུར་ཏེ། ལྟུང་བ་སོ་སོའི་ཡན་ལག་གི་རྩི་བ་ལ་ཀུན་སློང་སོ་སོར་དགོས་པའི་ཕྱིར། དེ་ལྟ་ཡིན་པ་དེའི་ཚེ། འཚལ་མ་གཅིག་ལ་ཉེས་པ་བཞིར་གསུངས་པ་དེ་ཅི་ཞེ་ན། རང་ངམ་གཞན་གྱིས་ལག་ཉར་སོང་ཟིན་པ་དང་། སྣོག་པ་ལྟ་བུའི་ངོ་བོའི་སྒོ་ནས་རུང་བ་མ་ཡིན་པ་ཞིག་ལ་དེར་འདུ་ཤེས་པའི་སྒོ་ནས་ཕྱི་དྲོ་བྱིན་ལེན་མ་བྱས་པར་ཟོས་པ་ལྟ་བུ་ཡིན་ལ། སྨན་ངོ་བོ་དང་རུང་བ་ཞིག་ཚོགའི་སྒོ་ནས་ལག་ཉར་བླངས་ཏེ་ཟོས་པ་ལ་ནི། བྱིན་ལེན་མ་བྱས་པར་ཟ་བའི་ལྟུང་བྱེད་གཅིག་པུ་དེ་ཉིད་དོ། །སྨན་ངོ་བོ་དང་ཚོགའི་སྒོ་ནས་མི་རུང་བ་ལ་བྱིན་ལེན་མི་ཆགས་སམ་ཞེ་ན་མི་འཆགས་པ་མ་ཡིན་མོད། དེ་ལ་དེར་ཤེས་ནས་བྱིན་ལེན་བྱས་ཏེ་ཟོས་པ་ན། ཉེས་པ་གཅིག་ཁོ་ནར་གནས་པ་ཞིག་ལ་བྱིན་ལེན་མ་བྱས་ཏེ་ཟོས་པ་ན། ཉེས་པ་གཅིག་ཁོ་ན་ཡིན། ཅིག་ཤོས་སྐྱེས་པའི་རྒྱུ་མཚན་གྱིས་བྱིན་ལེན་བྱ་རྒྱུའི་དངོས་པོ་ལ་རུང་བ་ཞིག་དགོས་པར་འཆད་པ་ཡིན་ནོ། །དེ་ཡང་བཟའ་ཆེད་མ་ཡིན་པའི་ལག་ཉར་བླངས་ཙམ་གྱི་ཚེ་ན་བསླབ་བྱ་དང་འགལ་བའི་ཉེས་བྱས་དང་། བཟའ་ཕྱིར་དུ་ལག་ཉར་བླངས་ཙམ་གྱི་ཚེ་ལྟུང་བྱེད་ཀྱི་སྦྱོར་བའི་ཉེས་བྱས་སོ། །བྱིན་ལེན་གྱི་ཚེ། མདོན་སུམ་དུ་ཞེས་དང་། མཚམས་ཀྱི་ནང་དུ་ཞེས་དང་། འཐོབ་པའི་ཕྱོགས་ན་གནས་པ་ཞེས་དང་། ལག་པ་བཀན་པས་ཞེས་པ་རྣམས་ནི་ནོད་པ་པོའི་ཁྱད་པར་ཡིན་ལ། ལུས་སམ་དེ་དང་འབྲེལ་བར་ཞེས་དང་། གྱེན་དུ

འདེགས་ནུས་པ་ཞེས་དང་། བསྙེན་པར་མ་རྫོགས་པ་ཞེས་དང་། སྦྱིན་པར་འདོད་པས་ཞེས་དང་། ཡན་ལག་གིས་སམ་དེ་དང་འབྲེལ་བ་ཞེས་པ་རྣམས་ནི་བྱིན་ལེན་སྤོབས་པ་པོའི་ཆོས་སོ། །དེ་ལྟར་ན་ནོད་པ་པོ་སྤོབ་པ་པོའི་མདུན་དྲུང་ཐད་ན་འདུག་པར་སྟོན་པ་ཅིག་དགོས་པ་འདི་ལ། སྤོབ་པ་པོ་ནོད་མཁན་གྱི་མདུན་དྲུང་ཐད་དུ་སྡོད་དགོས་པར་འཆད་པའི་རྩོལ་བས་ངལ་བ་དག་ཡོད་དོ། །དེ་ལས་ཅི་འགྱུར་ཞེ་ན། སྤོབ་པ་པོའི་གློ་དང་རྒྱབ་ན་ནོད་པ་པོ་འདུག་ན་མི་འཆགས་པ་ཡིན་གྱི། ནོད་པ་པོའི་གློ་དང་རྒྱབ་ནས་སྤོབ་པ་པོས་སྤོབ་པ་ལ་མི་འཆགས་པ་མ་ཡིན་ཏེ། དེའི་ཚེ་ན་ཡང་མངོན་སུམ་དུ་ཞེས་པའི་དོན་ཚང་བའི་ཕྱིར་དང་། ནོད་པ་པོའི་མདུན་དྲུང་ཐད་ལས་ཉུང་ཟད་ཡོལ་བས་མི་འཐོབ་ན་ས་དམའ་བ་ནས་མཐོ་བར་བསྐྱབས་པ་ཡང་མི་འཐོབ་པར་འགྱུར་ཏེ། གཡས་གཡོན་འཁྱུགས་པ་དང་སྟེང་འོག་འཁྱུགས་པ་ནི་མཚུངས་པའི་ཕྱིར་རོ། །ཡང་ལག་པ་བཀན་པ་ཡང་། གང་རུང་གཅིག་བཀན་པས་ཀྱང་ཆོག་པ་དང་། བཀན་པ་མེད་ཀྱང་སྣོད་ཟེད་པས་ཀྱང་ཆོག་པ་ཡིན་ཏེ། ཁྲི་དང་། ཁྲིའུ་དང་། ལྷུང་བཟེད་ཀྱི་གཞི་དག་གི་བྱིན་ལེན་ནོད་དུ་མ་རུང་བ་མ་ཡིན། ཞེས་གསུངས་པས་སོ། །མཚམས་ཀྱི་ནང་ཞེས་ལ། བདག་པོ་དང་། ལས་དང་མེ་དང་། ཆུ་དང་། ནམ་མཁའ་དང་། རགས་པས་བར་དུ་ཆོད་ན་མཚམས་གཞན་ཡིན་ལ། རགས་པའི་ཚད་ཀྱང་། དཔངས་སུ་སོར་བཞི་ཙམ་དང་། རིང་ཐུང་ཁྲུ་གང་ཙམ་དགོས་ཏེ༑ གཉིས་པོའི་བར་དུ་གཅོད་ནུས་པ་ཞིག་དགོས་པའི་ཕྱིར། བྱིན་ལེན་འཇིག་པའི་རྒྱུ་ནི་བཅུར་བཞེད་པ་ཡིན་ཏེ༑ དངོས་པོ་གཞན་དུ་གྱུར་པ་དང་། སྐྱེ་བ་གཞན་དུ་གྱུར་པ་དང་། ནམ་མཁའ་ལ་འཕངས་པ་དང་། བདག་ཉིད་དགེ་སློང་མ་ཡིན་པར་གྱུར་བ་དང་། དགེ་སློང་ནང་ཡིན་ཀྱང་། འཕྲོགས་པ་དང་། བསྙེན་པར་མ་རྫོགས་པ་ལ་བསྔོས་པ་དང་། རང་དང་མ་འབྲེལ་བ་ལ་བཅས་མཚམས་མི་གཅིག་པ་གཞན་གྱིས་རེག་པ་དང་། ལྷུང་བ་བྱུང་ནས་སྤྱངས་པ་དང་། མེ་དང་ཆུ་ལྟ་བུས་དངོས་པོ་བརླག་པར་གྱུར་པའོ། །ཁ་ཅིག་ཟས་ཀྱི་ཉེ་འཁོར་བཏང་བས་འཇིག་ཅེས་གསུང་མོད། བྱིན་གྱིས་མ་རླབས་པའི་དབང་དུ་བྱས་སོ། །

བཅུ་པ་བསོད་པ་སློང་བ་ལ། གླེང་གཞི། དྲུག་སྡེས་ལྟོ་འདུན་གྱིས་བསླངས་པའོ། །དགག་བྱ་ཡུལ་དེ་ལ་གནོད་པ་དང་། རང་ལྟོ་འདུན་ཆེ་བར་མཚོན་པའོ། །རྒྱུ་ཚོགས་ལ། གཞི་ནི། ཡུལ་དུས་དེར་ཟས་བསོད་པར་གྲགས་པ་རུང་ཚད་ལྡན། བདག་པོ་དེ་ཉིད་ཀྱི་ཡིན་པ། ཡུལ་ཁྱིམ་པ་ཐ་སྙད་ལྔ་ལྡན། ཉེ་དུ་མ་ཡིན་པ། རྫས་ཐ་དད་པ། མ་བླངས་པར་སྟེར་བ་པོ་མ་ཡིན་པ། བདག་ཉིད་ནི་ནད་པ་སོགས་མ་ཡིན་པ། ཀུན་སློང་བསླངས་ནས་ཟ་བར་འདོད་པ། སྦྱོར་བ་ངག་དྲུག་ལྡན། མཐར་ཐུག་མགུལ་དུ་མིད་པའོ། །

བཅུ་ཚན་ལྔ་པ་ལ། སྡོམ་ནི། སྲོག་ཆགས་བཅས་དང་ཉལ་བར་འདུག །འགྲེང་དང་གཅེར་བུ་དམག

དང་ནི། །ཞག་གཉིས་བཤམ་དགུགས་འགྲོ་བ་དང་། །རྡེག་དང་གཟས་དང་གནས་ངན་ལེན། །ཞེས་པའོ། ། དང་པོ་སྲོག་ཆགས་ཅན་གྱི་ཆུ་ལ་སྤྱོད་པ་ལ། གླེང་གཞི། ཀཽ་ཤམྦིར། དགེ་སློང་འདུན་པ་བག་མེད་པས་དེ་བྱས་པའོ། །དགག་བྱ་སོགས་གཞན་རྣམས་འདེབས་པ་དང་འདྲ་བ་ལ། འདི་རང་དོན་དུ་ཞེས་སྨྲར་རོ། །འདིར་ཆུ་ཚགས་ཀྱི་དབྱེ་བ་ལ། སྤྱང་ཆབས་དང་། བུམ་ཚགས་ལྟེའུ་ཅན་དང་། ཆུ་ཚགས་གྲུ་གསུམ་དང་། རིལ་བ་ཞབས་ཚགས་ཅན་དང་། གསལ་ཚགས་རྣམས་སོ། །གཉིས་པ་དང་གསུམ་པ་ལ། གླེང་གཞི་མཉན་ཡོད་དུ། འཆར་ཀས། ཉོན་མོངས་པ་འདོད་ཆགས་ཀྱི་ཀུན་ཏུ་སྦྱོར་བས་དེར་འདུག་འཁྲིད་བྱས་པའོ། །དགག་བྱ་ཉོན་མོངས་པའི་བསམ་པ་སྐྱེ་བ་དང་། གཞན་ལ་གནོད་པའོ། །རྒྱུ་ཚོགས་ལ་གཞི་ནི། གནས་གཞན་ཡིན་པ། གེགས་བྱེད་གཞན་མེད་པ། མངོན་སུམ་ཡིན་པ། ཡུལ་སྐྱེས་པ་དང་བུད་མེད་ཁྲིམ་པ་ཐ་སྙད་ཕྱེད་དང་ལྡན། ལུས་སྟེན་དུ་རུང་བ། བདག་ཉིད་བར་ཆད་དང་མི་ལྡན་པ། ཀུན་སློང་གནས་པས་འདུག་པའམ་འཁྲིད་པ། སྦྱོར་བ་རྫོམ་པ། མཐར་ཐུག་ཡུལ་གྱིས་ཚོར་བའོ། །བཞི་པ་དམག་ལ་བལྟ་བ། ལྔ་པ་དམག་ནང་ན་གནས་པ། དྲུག་པ་དཔུང་གི་ཚོགས་ཉམས་སུ་མྱོང་བ་རྣམས་ལ། གླེང་གཞི་མཉན་ཡོད་དུ། དྲུག་སྡེས། སེམས་ཉེ་བར་མ་ཞི་བས་ལྟ་བ་སོགས་བྱས་པའོ། །དགག་བྱ་རང་གཞན་གྱི་ལུས་སྲོག་ལ་གནོད་པ་དང་། དགེ་བའི་བར་ཆད་དུ་འགྱུར་བའོ། ། རྒྱུ་ཚོགས་ལ། གཞི་ནི། ཡུལ་ཁྲིམ་པ་ཐ་སྙད་ལྔ་ལྡན། དམག་གི་མཚན་ཉིད་དུ་གྲུབ་པ། ལྟ་བ་དང་དགུག་པ་གཉིས་ཀྱི་སྐབས་སུ་སྦྲུད་པའི་ཕྱིར་ཆས་པ། གནས་པ་ལ་ཆས་པ་ཞེས་མི་སྨྲར། བདག་ཉིད་རྐྱེན་དགོས་དང་མི་ལྡན་ཞིང་། ལྟ་བ་དང་གནས་པའི་དོན་ཅན་མ་ཡིན་པ། ཀུན་སློང་ལྟ་བ་ལ་སོགས་པར་འདོད་པ། སྦྱོར་བ་གསུམ་པོ་དེར་རྫོམ་པ། མཐར་ཐུག་ལྟ་བའི་ཚེ་ཉེ་འཁོར་ལས་འདས་ཏེ་མཐོང་བ། གནས་པའི་ཚེ་ཞག་གཉིས་པའི་སྐྱ་རེངས་ཤར་བ། དགུག་པའི་ཚེ་གོ་མཚོན་ལ་རེག་པ་དང་། དཔུང་དགུག་པར་བྱས་པའོ། །བདུན་པ་དང་བརྒྱད་པ་རྡེབ་པ་དང་དེར་གཟས་པ་ལ། གླེང་གཞི་མཉན་ཡོད་དུ་འཆར་ཀས། ཉེ་སྡང་གིས་ཀུན་ཏུ་སྦྱོར་བས། དེ་དང་དེ་བྱས་པའོ། །དགག་བྱ་ཡུལ་དེ་ལ་གནོད་པ་དང་། ཞེ་སྡང་འཕེལ་བའི་རྒྱུར་འགྱུར་བའོ། །རྒྱུ་ཚོགས་ལ་གཞི་ནི། ཡུལ་དགེ་སློང་ཆོས་དྲུག་ལྡན། ཀུན་སློང་གསོད་སེམས་ལས་གཞན་པའི་རྟོག་པ་ཅན། སྦྱོར་བ་དེ་དང་དེར་རྫོམ་པ། མཐར་ཐུག་རེག་པ་དང་གཟས་པའོ། །བཅུ་པ་གནས་ངན་ལེན་འཆབ་པ་ལ། གླེང་གཞི་མཉན་ཡོད་དུ་ཉེར་དགས། བག་མེད་པས་སོ། །རྒྱུ་མཚན། ཕྱིར་བཅོས་དང་བསྟན་པ་ལ་གནོད་པའོ། །རྒྱུ་ཚོགས་ལ། ཡུལ་དགེ་སློང་ཆོས་དྲུག་ལྡན། དངོས་པོ་ཕམ་ལྷག་གང་རུང་ཡུལ་དེ་ལ་བྱུང་བ། གནས་མཚམས་ནང་དེ་ན་མཐོ་ལ་ཡུལ་མཚན་ཉིད་པ་ཡོད་པ། ཀུན་སློང་རྐྱེན་དགོས་ལ་མ་ལྟོས་པར་འཆབ་འདོད་པ། མཐར་ཐུག་དགེ་སློང

གཞན་གྱི་ཉེས་པ་བཅབས་ནས་མཚན་མོའི་མཐའ་འདས་པའོ། །

བཅུ་ཚན་དྲུག་པ་ལ། སྡོམ་ནི། བདེ་དང་མེ་དང་འདུན་པ་དང་། །བསྙེན་པར་མ་རྫོགས་ཆོས་སྨྲ་དང་། །དགེ་ཚུལ་ཁ་དོག་སྒྱུར་བ་དང་། །རིན་པོ་ཆེ་དང་ཚ་བའི་དུས། །ཞེས་པ་འདི་ལ། དང་པོ་ཟན་གཅོད་དུ་འཇུག་པའི་ལྟུང་བྱེད་ལ། གླེང་གཞི་མཉན་ཡོད་དུ། ཉེར་དགས་ཞེ་དང་པས་བྱས་པའོ། །དགག་བྱ་ཡུལ་དེ་ལ་གནོད་པ་དང་། སྦྱིན་བདག་དེའི་བསོད་ནམས་ཀྱི་བར་ཆད་དུ་འགྱུར་བའོ། །རྒྱུ་ཚོགས་ལ། གཞི་ནི། སྦྱིན་བདག་ཁྱིམ་པ་ཐ་སྙད་ལྔ་ལྡན། རང་དང་ཡུལ་གཉིས་ཀ་ལས་ནོར་རྫས་ཐ་དད་པ། ཡུལ་དགེ་སློང་ཆོས་དྲུག་ལྡན། དངོས་པོ་དུས་སུ་རུང་བའི་བཟའ་བ་དང་བཅའ་བ་རུང་ཚད་ལྡན། ཡུལ་དེ་ལ་བསྒོས་པ། ཀུན་སློང་ནད་ཀྱི་གཉེན་པོའི་དོན་མ་གཏོགས་པར་སྦྱིན་བདག་ཟན་གཅོད་དུ་འཇུག་པར་འདོད་པ། སྦྱོར་བ་ངག་དྲུག་ལྡན། མཐར་ཐུག་དོན་གོ་བའོ། །འདི་ལ་བདེ་དང་ཞེས་ཟེར་བའི་རྒྱུ་མཚན་ནི། གླེང་གཞིའི་དབང་གིས་ཏེ། དེའི་ཚེ་ཁོ་བོ་ཁྱོད་དང་ལྷན་ཅིག་འདུག་པ་བདེ་བ་མ་ཡིན་གྱི། ཁོ་བོ་གཅིག་པུར་འདུག་པ་བདེའོ་ཞེས་སྨྲས་ནས་ཟན་གཅོད་དུ་བཅུག་པའོ། །

གཉིས་པ་མེ་རེག་ལ། གླེང་གཞི་མཉན་ཡོད་དུ། དྲུག་སྡེས། རྩ་མོ་ལ་དགའ་བས་མེ་ལ་རེངས་པའོ། །དགག་བྱ་བྱ་བ་མང་བ་དང་། བག་མ་སྡམས་པའོ། །རྒྱུ་ཚོགས་ལ་གཞི་ནི། དངོས་པོ་མེ་ཡིན་པ། ཚད་དང་ལྡན་པ༑ མི་མར་མུ་དང་མེ་ལྕེ་ལས་གཞན་པ། བདག་ཉིད་ནི་དེར་རེག་པ་གནང་བའི་དུས་ཅན་མ་ཡིན་པ། ཀུན་སློང་རེག་པར་འདོད་པ། སྦྱོར་བ་རང་ངམ་བསྐོས་པས་དེར་རྩོམ་པ། མཐར་ཐུག་རེག་པའོ། །རེག་པའི་ཚད་ནི་མེ་དང་བཅས་པའི་བུད་ཤིང་ལ་རེག་པས་ཚོག་པའོ། །འདིར་དུས་བྱིན་གྱིས་མ་རླབས་པར་རེག་པའི་དབང་དུ་བྱས་པར་བཤད་ན། བྱིན་གྱིས་བརླབས་པས་ཉེས་པ་དེ་ཁེགས་སམ་ཞེ་ན། དེ་ནི་མ་ཡིན་ཏེ། བྱིན་རླབས་དེ་འཆགས་པ་ལ་སྦྱིར་བཀག་པ་དམིགས་བསལ་དུ་གནང་བ་ཞིག་དགོས་ལ། དེ་ལ་ནི་སྦྱིར་གནང་བ་ཙམ་གྱིས་ཉེས་པ་དེ་ཁེགས་པའི་ཕྱིར། འོན་བྱིན་རླབས་ལ་དགོས་པ་མེད་དོ་ཞེ་ན། གནང་བཀག་གིས་མཚམས་ཟིན་པ་ནི་དགོས་པའོ། །དེའི་ཚེ་དགོས་པ་ནི་མ་གནང་བའི་ཚེ་མི་འཇུག་པའོ། །དེའི་ཕྱིར་འདིའདྲ་དེ་ལ་གནང་ལ་ཚད་བཟུང་ཞེས་བྱའོ། །དེས་ན་དུས་བྱིན་གྱིས་མ་རླབས་པར་ཆོས་ལྡན་གྱི་དོན་དུ་མེ་ལ་རེག་ན་ཉེས་བྱས་སོ། །དུས་དྲན་རང་གི་ངོ་བོ་ནི་འདིའི་དུས་སུ་འདི་ལྟར་གནང་བ་ཡིན་སྙམ་དུ་ཡིད་ཀྱིས་བརྟག་པའོ། །དེ་བཞིན་དུ་ནད་པས་ཕྱི་དྲོ་ཟ་བའི་ཚེ་ནད་པ་ལ་འདི་ལྟར་གནང་བ་ཡིན་སྙམ་དུ་དྲན་དགོས་པ་ཡིན་ནོ། །མ་དྲན་ན་ཡིད་ཀྱི་བསྡམ་བྱའི་ཉེས་བྱས་སོ། །དུས་ནི་ཐོས་ཟིན་པའི་ཚེ་ནའོ། །ཞར་བྱུང་བྱིན་གྱིས་རློབ་པའི་མིང་ཅན་ནི་བཅུ་གཅིག་སྟེ། གོས་དང་། ལྷུང་བཟེད་དང་། སྨན་དང་། རིན་པོ་ཆེ་དང་། གསོ་སྦྱོང་དང་། དགག་དབྱེ་དང་། དབྱར་དང་། དུས་དང་། ལྷུང་

བ་དང་། རྙེད་པ་དང་། རྟུང་ཁང་ངོ་། །

གསུམ་པ་འདུན་པ་ཕྱིར་བསྒྱུར་བ་ལ། གླེང་གཞི། མཉན་ཡོད་དུ། དགའ་བོས་དེ་བྱས་པའོ། །དགག་བྱ་དགེ་འདུན་གྱི་ལས་བྱས་པ་ལ་གནོད་པ་དང་། ཆོས་སྤྱངས་བར་འགྱུར་བའོ། །རྒྱུ་ཚོགས་ལ་གཞི་ནི། དགེ་འདུན་གྱི་ཆེད་དུ་ལས་མཚན་ཉིད་པ་བྱས་ལ་ཆགས་པ་བདག་ཉིད་འདུན་པ་ཕུལ་ཟིན་པ། གོ་བྱ་དགེ་སློང་ཆོས་དྲུག་ལྡན། འདུན་པ་ལེན་པ་པོ་ཡིན་པ། ཀུན་སློང་འདུན་པ་ཕྱིར་བསྒྱུར་བར་འདོད་པ། སྦྱོར་བ་ངག་དྲུག་ལྡན། མཐར་ཐུག་དོན་གོ་བའོ། །ལས་མ་ཟིན་གོང་དུ་ཕྱིར་སྒྱུར་ན་ནི་ལས་དེ་མི་འཆགས་ལ། དེ་ལ་ནི་ལྟུང་བ་དེ་འབྱུང་བར་མི་འགྱུར་རོ། །

བཞི་པ་མ་རྫོགས་པ་དང་ཉུབ་གསུམ་དུ་ཉལ་བའི་ལྟུང་བྱེད་ལ། གླེང་གཞི་མཉན་ཡོད་དུ། ཉེར་དགས། ཉོན་མོངས་པ་འདོད་ཆགས་ཀྱི་ཆ་ལ་བརྟེན་པས་དེ་ལྟར་ཉལ་བའོ། །དགག་བྱ་ཆགས་པའི་བསམ་པ་སྐྱེ་བ་དང་། རྩེ་ཞིང་གཡེང་བའོ། །རྒྱུ་ཚོགས་ལ་གཞི་ནི། ཡུལ་ངོ་བོའམ་རྣམ་གྲངས་ཀྱིས་སྒོ་ནས་མ་རྫོགས་པ། ཐ་སྙད་ལྔ་ལྡན། བདག་ཉིད་ནི། ནད་པ་དང་། ནད་གཡོག་དང་། རྒ་བ་དང་། དབྱར་ཟླ་བ་གཉིས་ལ་བབ་པའི་ཚེ་སྡིག་ཅན་ཉེ་བར་གནས་པ་མ་ཡིན་པ། ཡུལ་རྟེན་གཉིས་ཀ་ཉལ་ཞིང་གཉིད་ལོག་པའི་སྤྱོད་ལམ་ཅན་ཡིན་པ། གནས་ཀྱི་མཚན་ཉིད་དུ་གྲུབ་པ། གཅིག་ཡིན་པ། ཀུན་སློང་ཉལ་བར་འདོད་པ། སྦྱོར་བ་དེར་རྩོམ་པ། མཐར་ཐུག་མཚན་མོ་གསུམ་པ་འདས་ནས་བཞི་པའི་སྐྱ་རེངས་ཤར་བ་ལ་འཆད་པ་དང་། གསུམ་པའི་སྐྱ་རེངས་ཤར་བ་ལ་འཆད་པའི་ལུགས་གཉིས་བྱུང་ངོ་། །གནས་ཁང་གཅིག་ཏུ་གྱུར་ཀྱང་བར་དུ་ཁྲུ་ཕྱེད་དང་དགུ་ཙམ་གྱིས་ཆོད་ན་གནས་གཅིག་མ་ཡིན་ཏེ། ཇི་སྐད་དུ། འདི་ལ་བྱ་གག་འཕུར་ནས་འབབ་པའི་ལམ་ནི་བར་ཆོད་པ་ཉིད་ཡིན་ནོ། །ཞེས་སོ། །

ལྔ་པ་ཆོས་སྨྲ་དང་ཞེས་པས་བསྟན་པ་སྡིག་ལྟ་མི་གཏོང་བའི་ལྟུང་བྱེད་ལ། གླེང་གཞི་མཉན་ཡོད་དུ། དགེ་སློང་བོང་རྫི་འཚེ་ལྟས་ཀྱིས། ཉོན་མོངས་པ་ལྟ་བའི་ཀུན་ཏུ་སྦྱོར་བས། ཉེས་པ་སྡིག་ལྟ་མ་གཏོང་བའོ། །དགག་བྱ་བཅོམ་ལྡན་འདས་ལ་སྐུར་པ་འདེབས་པ་དང་། དགེ་འདུན་ལ་གནོད་པའོ། །རྒྱུ་ཚོགས་ལ། གཞི་ནི། གོ་བྱ་དགེ་སློང་ཆོས་དྲུག་ལྡན། དངོས་པོ་ཆོས་ལས་ཕྱིན་ཅི་ལོག་གི་ཚིག་རྫོགས་པར་བྱེད་པ་གསོལ་བཞིའི་ལས་མཚན་ཉིད་པ། ཀུན་སློང་སྡིག་ལྟ་མི་གཏོང་བར་འདོད་པ། སྦྱོར་བ་རྩོམ་པ། མཐར་ཐུག་བརྗོད་པ་གསུམ་པའི་མཐའ་ལས་འདས་པའོ། །དེ་ལྟར་ལྟུང་བྱེད་བྱུང་བའི་འོག་ཏུ་ཡང་མི་གཏོང་ན། ཇི་སྐད་དུ། དེ་ལ་གསོལ་བས་སྨད་པ་ཉིད་བྱ་སྟེ། །ཞེས་གསུངས་པ་དེའི་དོན་ནི། གསོལ་བཞིའི་ལས་ཀྱིས་གནས་ཕྱུང་ནན་ཏུར་དང་།

རྫོལ་བའི་བུ་ལྟར་སྨྲད་པ་གཉིས་ཅིག་ཆར་དུ་བྱེད་པའོ། །ཆོས་སྨྲ་ཞེས་པའི་སྡོམ་གྱིས་བསྡུས་པའི་ལྟུང་རྐང་གཉིས་པ་སྤྱངས་པ་རྗེས་ཕྱོགས་ལ། གླེང་གཞི་ནི་མཉན་ཡོད་དུ། ཉེར་དགའ་སྡིག་པ་འདོད་པས་དེའི་རྗེས་སུ་ཕྱོགས་པའོ། །དགག་བྱ་དགེ་འདུན་གྱིས་ཆད་པས་མཆོད་པ་དང་། ཡུལ་དེ་ཡང་བྱ་བ་ངན་པ་སྲེལ་དུ་བཙུག་པ་དང་། རང་ཡང་དེ་ལ་བརྟེན་པར་འགྱུར་བ་སོགས་སོ། །རྒྱུ་ཚོགས་ལ་གཞི་ནི། ཡུལ་ལྟ་བ་མཐུན་པ་མ་གཏོགས་པའི་ལྷ་ལྷན། སྤྱངས་པ་ཕྱིར་བཅོས་མ་བྱས་པ། བདག་ཉིད་ནི་གནས་ཕྱུང་མ་ཡིན་པ། ཀུན་སློང་ནད་དང་ལྟ་བ་ངན་པ་དང་དབྲལ་འདོད་མ་ཡིན་པ། སྦྱོར་བ་རྗེས་སུ་ཕྱོགས་པར་རྩོམ་པ། མཐར་ཐུག་ལུང་འབོགས་པ་སོགས་གང་རུང་བྱས་པའོ། །འདི་ནི་གནས་ཕྱུང་ཐམས་ཅད་ལ་འདྲ་བ་ཡིན་ཏེ། འགྲེལ་ཆེན་ལས། དེ་ལྟ་བས་ན་སྤྱངས་པ་ཉིད་ཁ་ན་མ་ཐོ་བ་འདི་འབྱུང་བའི་རྒྱུ་ཡིན་གྱི། ལྟ་བ་མ་བཏང་བ་དང་། ལྟུང་བ་མ་བཤགས་པ་ནི་མ་ཡིན་ནོ། །ཞེས་དང་། དགེ་སློང་མ་ལྷོག་པ་མ་ཅན་མཚན་གྱུར་ན་སྡིག་ལྟ་མི་གཏོང་བའི་ལྟུང་བྱེད་ཅན་དུ་གསུངས་སོ། །འདིར་བསྟན་གྱི་ལྟ་བ་དེ་ལོག་ལྟ་མ་ཡིན་ན་ནི་མདོ་ལུང་གི་དངོས་བསྟན་དང་འགལ་ཏེ། ལོག་ལྟའི་མཚན་ཉིད་ཚང་བར་བཤད་པའི་ཕྱིར། ཡིན་ན་ནི་དེས་སྡོམ་པ་གཏོང་བས་ལྟུང་བྱེད་ཀྱི་རྟེན་དུ་ཇི་ལྟར་རུང་ཞེས་པ་ལ། དུལ་བ་ལྷས། ལོག་པའི་ཤེས་པ་ཡིན་གྱི་ལྟ་བ་མ་ཡིན་ཞེས་དང་། བོད་དག །ལོག་པར་ལྟ་བ་ཡིན་ཀྱང་དགུ་པ་མ་བྱུང་ན་བསླབ་པ་མི་གཏོང་བས་ཞེས་འཆད་དོ། །

བདུན་པ་དགེ་ཚུལ་བསྐྱིལ་བ་བསྟུད་པའི་ལྟུང་བྱེད་ལ། གཞི་ནི། ཡུལ་དགེ་ཚུལ་བསྐྱིལ་བ་ཡིན་པ། ཞེས་སྦྱར། གཞན་རྣམས་ནི་སྔ་མ་བཞིན་ནོ། །གལ་ཏེ་སྤྱངས་པ་གནས་ཕྱུང་ཡིན་པ་བཞིན་དུ། བསྐྱིལ་བ་འདི་ཡང་གནས་ཕྱུང་ཡིན་ནམ་ཞེ་ན། འགྲེལ་ཆེན་ལས། སྨད་པ་ཉིད་དུ་བྱ་བར་རྣམ་པར་བཞག་པ་ཡིན་གྱི། སྤྱང་བར་བྱ་བའི་ལས་ནི་མ་ཡིན་ཏེ། བསྟན་པ་ལ་ཞུགས་པ་ཡོངས་སུ་མ་རྫོགས་པ་ཉིད་ཡིན་པའི་ཕྱིར་རོ། །ཞེས་འཆད། གལ་ཏེ་བསྐྱིལ་བའི་ཚད་གང་ཞེ་ན། དགེ་ཚུལ་ཞིག་སྡིག་ལྟ་མི་གཏོང་བའི་ཚིག་དེ་ལ་ཞུགས་པ་ན། དགེ་འདུན་གྱིས་དགེ་ཚུལ་དེ་ལས་ཐོས་པའི་ཉེན་ཀོར་ལས་ནི་བཀར། མཐོང་བའི་ཉེན་ཀོར་དུ་བཞག་སྟེ། གསོལ་བ་བཞིའི་ལས་བྱ་ཞིང་། རེ་རེ་ནས་དགེ་ཚུལ་དེ་ལ་བསྒྲག་པར་བྱ། དེའི་ཚེ་ལས་བརྗོད་གསུམ་པའི་མཐའ་ལ་མ་བཏང་ན་དགེ་ཚུལ་དེ་གཟོད་བསྐྱིལ་བའི་ཚིག་བརྗོད་པ་ཡིན་ཞེས་ཟེར་བའི་ལུགས་གཅིག་དང་། ལས་བརྗོད་གསུམ་པ་ཟིན་པ་དང་བསྐྱིལ་ཟིན་པ་དུས་གཅིག་པ་ཡིན་པས་གསུམ་པ་བྱས་པའི་མཐར་དེ་ལ་བསྒྲག་མི་དགོས་སོ་ཟེར་བའི་ལུགས་གཉིས་འབྱུང་ལ། ཕྱི་མ་འདི་འགྲེལ་པ་མཁན་པོའི་ལུགས་ཏེ། དེ་ཉིད་ལས། ལས་བརྗོད་པ་གསུམ་པ་བྱས་ཟིན་པའི་འོག་ཏུ་ནི་ལས་རྫོགས་ཟིན་པའི་ཕྱིར་བསྒྲགས་ཀྱང་མི་ཕན་ཏེ།

དེའི་ཚེ་ན་དགེ་ཚུལ་བསླེལ་ཟེར་བའི་ཕྱིར་རོ། །ཞེས་གསུངས། ལུགས་དང་པོ་དེ་ལའང་གཉིས་ཏེ། ལས་བརྗོད་གསུམ་པའི་མཐའ་ལ་བསྣན་ནས་དེ་ར་མི་གཏོང་ན་ལས་ཀྱི་མཇུག་བསྡུད་བརྗོད་པར་བྱའོ། །ཞེས་པའི་ལུགས་དང་། མཇུག་བསྡུད་ཟིན་ནས་ཡང་བསླེལ་བའི་ཚིག་ལོགས་སུ་བརྗོད་པར་འདོད་པའི་ལུགས་སོ། །དང་པོ་ནི་ལུང་རྣམ་པར་འབྱེད་པ་དང་མཐུན་ལ། གཉིས་པ་ནི་རྩ་བའི་མདོ་ལས་འབྱུང་བ་ཡིན་ཏེ། ཇི་སྐད་དུ། ལས་གཉིས་ལན་གསུམ་དུ་ཡང་དག་པར་སྒོ་ཡང་དག་པར་བསྟན་པ་ན། གཞི་དེ་གཏོང་ན་ལེགས། མི་གཏོང་ན་དགེ་ཚུལ་དེ་ལ་དགེ་སློང་རྣམས་ཀྱིས། དགེ་ཚུལ་ཁྱོད་དེང་ཕྱིན་ཆད་བཅོམ་ལྡན་འདས་ལ་སྟོན་པའོ་ཞེས་མ་ཟེར་ཅིག་ཚངས་པར་མཚུངས་པར་སྤྱོད་པ་མཁས་པ་བླ་མའི་གནས་ལྟ་བུ་གང་ཡང་རུང་བའི་ཕྱི་བཞིན་དུ་ཡང་མ་འགྲོ་ཞིག་དགེ་སློང་རྣམས་དང་ནུབ་གཉིས་ཚུན་ཆད་གནས་གཅིག་ཏུ་ཉལ་དུ་དབང་བ་གང་ཡིན་པ་དེ་ཡང་ཁྱོད་ལ་མེད་དེ། མི་གཏི་མུག་ཅན་ཁྱོད་བསླེལ་གྱིས་གཞན་དུ་སོང་ཞིག་ཅེས་བསྒོ་བར་བྱའོ། །ཞེས་གསུངས་སོ། །

བརྒྱད་པ་ཁ་མ་སྐྱུར་བའི་གོས་གྱོན་པ་ལ། གླེང་གཞི་རྒྱལ་པོའི་ཁབ་ཏུ། དྲུག་སྡེ་ཉེད་པ་འདོད་པས་དེ་བྱས་སོ། །དགག་བྱ་ཁྲིམ་པ་དང་རྟགས་འདྲེ་བ་དང་། རང་ཉིད་དེར་བཅོས་ནས་བྱ་བ་མ་ཡིན་པ་ལ་འཇུག་པའོ། །རྒྱུ་ཚོགས་ལ། དངོས་པོ་རང་དབང་བའི་གོས་རུང་ཚད་ལྡན། རུང་བས་སྐྱེང་ནས་གཡོགས་པ་མ་ཡིན་པ། ཚུ་ཚགས་ལས་གཞན་པའོ། །ཀུན་སློང་ལོངས་སྤྱོད་པར་འདོད་པ། མཐར་ལོངས་སྤྱོད་པའོ། །

དགུ་པ་རིན་པོ་ཆེ་ལ་རེག་པའམ། ལོངས་འཚོས་པའི་གཞིར་གཏོགས་པ་ལ། གླེང་གཞི་ཡངས་པ་ཅན་དུ་དྲུག་སྡེ། ལོངས་པ་གཞིར་གཏོགས་བྱས་པའོ། །དགག་བྱ་ར་རྒྱལ་དང་རྒྱགས་པ་སྐྱེ་བ་དང་། གཞན་མ་དད་པའོ། །རྒྱུ་ཚོགས་ལ། དངོས་པོ་རིན་པོ་ཆེའམ་དེར་སྨོས་པ་གང་རུང་ཡིན་པ། གཞན་དབང་བ། ཆུད་འཛའ་བ་དང་སྦྱིན་བདག་བསོད་ནམས་འདོད་པས་བསྐྱབས་པ་སོགས་མ་ཡིན་པ། དོན་ཁྱད་པར་ཅན་སྒྲུབ་པ་དང་ཆོས་འཆད་པའི་སྐབས་མ་ཡིན་པ། ཀུན་སློང་རེག་པར་འདོད་པ། སྦྱོར་བ་རྩོམ་པ། མཐར་ཐུག་རེག་པའོ། །གཡུལ་དུ་སྤྱད་པའི་མཚོན་ཆ་དང་། རོལ་མོར་སྤྱད་པའི་ལག་ཆ་གཉིས་ནི། འདིར་རིན་པོ་ཆེར་སྨོས་པའི་ནང་དུ་བསྡུའོ། །

བཅུ་པ་ཚ་བའི་དུས་ཞེས་པ་ཁྲུས་བྱེད་པ་ལ། གླེང་གཞི། དྲུག་སྡེས་མཐོ་འཚམས་པས་དེ་བྱས་པའོ། །རྒྱུ་མཚན་བྱ་བ་མང་བ་དང་། དགེ་བའི་བར་ཆད་དུ་འགྱུར་བའོ། །རྒྱུ་ཚོགས་ལ། གཞི་ནི་དེ་བྱེད་པ་གནང་བའི་དུས་མ་ཡིན་པ། བདག་ཉིད་ནི། ནད་པ་ལས་བྱས་ལམ་ཞུགས་ཏེ། །རླུང་ཆར་སྲོ་གང་སྐྲ་མཁར་ལན། །སྒོག་པ་ར་རེག་ཕྱུག་བདར་བྱས། །མ་ཡིན་ལུས་དངོས་ཡིན་པའོ། །དངོས་པོ་ཆུ་ཡིན་པ། ཀུན་སློང་ཁྲུས་བྱེད་པར

འདོད་པ། སྨྱོར་བ་རྫོམ་པ། མཐར་ཐུག་ལུས་ཀྱི་ཕྱེད་ཙམ་དུ་སོན་པའོ། །བྲུས་གནང་བའི་དུས་ནི། ཇི་སྐད་དུ། སོ་ག་རྣམས་ཀྱི་ཟླ་བ་ལྷག་མ་ཕྱེད་དང་གཉིས་དང་། དབྱར་རྣམས་ཀྱི་དང་པོ་ལས་སོ། །ཞེས་དང་། གཞན་གྱི་དུས་སུ་ཞག་བཅོ་ལྔའི་མདུན་རོལ་དུ་བྲུས་བྱེད་ནའོ། །ཞེས་གསུངས་པ། ཟླ་བ་ཕྱེད་དང་གསུམ་པོའི་རིང་ལ་ཉི་མ་རེ་ལ་བྲུས་རེ་དང་། དེ་ལས་གཞན་གྱི་ཚེ་ཟླ་བ་ཕྱེད་ཕྱེད་ན་རེ་རེའོ། །གསུམ་པོའི་དུས་ནི། དབྱར་ཟླ་ར་བའི་ཚེས་གཅིག་ནས་འཛིན་པ་ཡིན་ཏེ། དབྱར་རྣམས་ཀྱི་དང་པོ་དབྱར་ཟླ་འབྲིང་པོའི་ཚེས་བཅོ་ལྔ་ནས་འཛིན་པ་འདུལ་བ་དག་གི་སྦྱི་ལུགས་ཡིན་པས་སོ། །

བཅུ་ཚན་བདུན་པ་ལ། སྟོམ་ནི། དུད་འགྲོ་འགྲོད་པ་སོར་མོ་དང་། །རྩེ་དང་ལྷན་ཅིག་དངངས་བྱེད་དང་། །སྦེད་དང་གདིང་མེད་གཞི་མེད་དང་། །སྐྱེས་པ་མེད་པར་ལམ་འགྲོ་བའོ། །དང་པོ་ལ། གླེང་གཞི་མཉན་ཡོད་དུ། འཆར་ཀས། ངན་སེམས་ཀྱིས་དུད་འགྲོ་བསད་པའོ། །ཀུན་སློང་བསོད་པར་འདོད་པ། ཡན་ལག་གཞན་ནི་འདེབས་སྦྱོད་བཞིན་ནོ། །གཉིས་པ་འགྱོད་པ་སྐྱེད་པ་ལ། གླེང་གཞི་འཆར་ཀས། ཉན་མོངས་པ་ཕྲག་དོག །ཉེས་པ་དགེ་སློང་འགྱོད་དུ་བཙུག་པའོ། །དགག་བྱ་གཞན་གྱི་དགེ་བའི་བར་ཆད་དུ་འགྱུར་བའོ། །རྒྱུ་ཚོགས་ལ་གཞི་ནི། ཡུལ་དགེ་སློང་ཆོས་དྲུག་ལྡན། དངོས་པོ་དགེ་སློང་མ་ཡིན་པའི་དོན་ཅན། སྦྱོར་བ་ངག་དྲུག་ལྡན། མཐར་ཐུག་དོན་གོ་བའོ། །གསུམ་པ་སོར་མོ་དང་། ཞེས་པ། ག་ག་ཚིལ་བྱེད་པ་ལ། གླེང་གཞི་མཉན་ཡོད་དུ། བཅུ་བདུན་སྡེས། བག་མེད་པས་དེ་བྱས་པའོ། །དགག་བྱ་ཡུལ་དེ་ལ་གནོད་པ་དང་། ཅ་ཅོའི་སྒྲ་འབྱུང་བའོ། །རྒྱུ་ཚོགས་ལ། ཡུལ་དགེ་སློང་གི་ལུས་མ་ཉམས་པ། རེག་བྱེད་བདག་ཉིད་ཀྱི་ལུས་དེ་ཡང་མ་ཉམས་པ། ཀུན་སློང་སྐྱི་གཡའ་བར་བྱ་བའི་བསམ་པས། སྦྱོར་བ་རྫོམ་པ། མཐར་ཐུག་རེག་པའོ། །བཞི་པ་ཆུ་ལ་རྩེ་བ་ལ། གླེང་གཞི་བཅུ་བདུན་སྡེས། མ་དུལ་བས་དེ་བྱས་པའོ། །དགག་བྱ་སྒྲོག་དང་དགེ་བའི་བར་ཆད་དུ་འགྱུར་བ་དང་། གཞན་མ་དད་པའོ། །རྒྱུ་ཚོགས་ལ། གཞི་ནི་ཆུ་ཡིན་པ། ལུས་ཕྱེད་ཙམ་ནུབ་པ། ཀུན་སློང་རྐྱེད་པས་དགའ་བ་ཉམས་སུ་མྱོང་འདོད་པ། སྦྱོར་བ་རང་ངམ་བསྐོས་པས་རྩེ་བར་རྩོམ་པ། མཐའ་བརྩེས་པའོ། །ལྷ་པ་བུད་མེད་དང་ལྷན་ཅིག་ཉལ་བ་ལ། གླེང་གཞི་མཉན་ཡོད་དུ། དགེ་སློང་མ་འགགས་པ། མ་བསམས་པར་ཤེས་པ་དང་མཐོང་བ་མི་འཛུག་པས་དེ་བྱས་པའོ། །དགག་བྱ་བུད་མེད་སྨྲིས་སྐྱེད་ཀྱི་སྐབས་བཞིན་ནོ། །རྒྱུ་ཚོགས་ལ་གཞི་ནི༑ གནས་ཀྱི་མཚན་ཉིད་དུ་གྲུབ་པ། གཅིག་ཏུ་གྱུར་པ། ཡུལ་བུད་མེད། མཚན་དོན་བྱེད་ནུས་པ། ཐ་སྙད་ལྔ་ལྡན། ལུས་སྟེན་དུ་རུང་བ། རྫུ་འཕྲུལ་ཐོབ་པ་སོགས་གཞི་མ་ཡིན་པ། གཞི་ནི། ཉེ་དུ་དང་། ཕན་འདོགས་པ་དང་། བདག་པོས་བསྲུང་བ་མ་ཡིན་པའོ། །སྦྱོད་ལམ་ཉལ་ཞིང་གཉིད་ལོག་པ། དུས་མཚན་མོ་ཡིན་པ། བདག

ཉིད་ཀྱང་གྲོགས་དང་མི་ལྡན་ཞིང་ཉལ་བ་དང༌། གཉིད་ལོག་པའོ། །ཀུན་སློང་ཉལ་བར་འདོད་པ། སྦྱོར་བ་རྫོགས་པ། མཐར་ཐུག་མཚན་མོའི་མཐའ་འདས་པའོ། །དྲུག་པ་དངངས་པར་བྱེད་པ་ལ། གླེང་གཞི་མཉན་ཡོད་དུ༏ འཆར་ཀ་ཕྲག་དོག་གིས་དེ་བྱས་པའོ། །རྒྱུ་མཚན་ཡུལ་དེ་ལ་གནོད་པའོ། །རྒྱུ་ཚོགས་ལ་གཞི་ནི། ཡུལ་དགེ་སློང་ཆོས་དྲུག་ལྡན། དངོས་པོ་འཇིགས་པའི་རྒྱུ་ཡིད་དུ་མི་འོང་བ། ཀུན་སློང་སྐྱོ་བ་སྐྱེད་པའི་དོན་མ་གཏོགས་པ༏ དངངས་པར་འདོད་པ། སྦྱོར་བ་རང་ངམ་བསྐོས་པའི་ངག་དྲུག་ལྡན། མཐར་ཐུག་དོན་གོ་བའོ། །བདུན་པ་སྦེད་པ་ལ། གླེང་གཞི་མཉན་ཡོད་དུ། ཉེར་དགས་མཐོ་འཚམས་པའོ། །དགག་བྱ་ཡུལ་དེ་ལ་གནོད་པ་དང༌། མ་བྱིན་ལེན་གྱི་རྒྱུར་འགྱུར་བའོ། །རྒྱུ་ཚོགས་ལ་གཞི་ནི། ཡུལ་རབ་ཏུ་བྱུང་བ་སྤྱི་ལྟར་གང་རུང༌། ལྟ་བ་མཐུན་པ། ཐ་སྙད་གསུམ་ལྡན། རྒྱུད་ཐ་དད་པའོ། །དངོས་པོ་དགེ་སྦྱོང་གི་ཡོ་བྱད་རུང་ཚད་ལྡན། དེ་ཉིད་དབང་བ། ཀུན་སློང་རྐུ་སེམས་དང་ཕན་འདོད་མ་གཏོགས་པ། སྦེད་པར་འདོད་པ། སྦྱོར་བ་རང་ངམ་བསྐོས་པས་རྫོགས་པ། མཐར་ཐུག་སྦས་པའོ། །བརྒྱད་པ་གདིང་བ་མེད་པ་ལ། གླེང་གཞི་མཉན་ཡོད་དུ། ཉེར་དགས་མ་བསམ་པའོ། །དགག་བྱ་སྔ་མ་བཞིན་ནོ། །རྒྱུ་ཚོགས་ལ་གཞི་ནི་ཡུལ་དགེ་སློང་ཆོས་དྲུག་ལྡན། དངོས་པོ་གོས་རུང་ཚད་ལྡན། རང་གིས་ཕྱིར་བླང་བ་མེད་པར་སྦྱིན་པ། ཀུན་སློང་རྐུ་སེམས་དང་ཡིད་བཙུགས་ལས་གཞན་རང་གིས་བྱིན་པའི་བསམས་པས་སྤྱོད་འདོད་པའོ། །སྦྱོར་བ་རྫོགས་པ། མཐའ་ལོངས་སྤྱད་པའོ། །དགུ་པ་གཞི་མེད་ལ། གླེང་གཞི་རྒྱལ་པོའི་ཁབ་ཏུ། མཛའ་བོ་དང་ས་ལས་སྐྱེས་ཕྲག་དོག་གིས་དགེ་འདུན་ལྷག་མས་སྐུར་བའོ། །དགག་བྱ་སོགས་ཕམ་པ་གཞི་མེད་ཀྱིས་སྐུར་བའི་སྐབས་བཞིན་ནོ། །མདོར་ན་ཕམ་པས་སྐུར་ན་ལྷག་མ། ལྷག་མས་སྐུར་ན་ལྟུང་བྱེད། དེས་སྐུར་ན་ཉེས་བྱས་སོ། །བཅུ་པ་བུད་མེད་དང་ལྷན་ཅིག་ལམ་དུ་འགྲོ་བ་ལ། གླེང་གཞི་མཉན་ཡོད་དུ། དགེ་སློང་ཞིག་གིས་སྐྱེས་པ་མེད་པར་བུད་མེད་དང་མགྲོན་ལམ་དུ་ཕྱིན་པའོ། །དགག་བྱ་གཞན་གྱིས་ཁ་ཟེར་བའོ། །རྒྱུ་ཚོགས་ལ་གཞི་ནི། ཡུལ་བུད་མེད་ཁྲིམ་པ་མོ། ལུས་སྟེན་རུང༌། ཐ་སྙད་ཕྱེད་དང་ལྔ་ལྡན། རྫུ་འཕྲུལ་ཅན། ཉེ་དུ་ཕན་འདོགས་པ་གསུམ་མ་ཡིན་པའོ། །བདག་ཉིད་གྲོགས་དང་མི་ལྡན་པ། ཀུན་སློང་འགྲོ་འདོད་པ། སྦྱོར་བ་རྫོགས་པ། མཐར་ཐུག་རྒྱང་གྲགས་ཀྱིས་མཐའ་ལས་འདས་པའོ། །

བཅུ་ཚན་བརྒྱད་པ་ལ། སྡོམ་ནི། རྐུ་དང་ཉེ་ཤུ་མ་ལོན་དང༌། །རྐོ་དང་མགྲོན་དང་བསླབས་པ་དང༌། །འཐབ་དང་མི་སྣླ་འགྲོ་བ་དང༌། །མ་གུས་ཆང་འཐུང་དུས་མིན་པའོ། །དང་པོ་རྐུན་མ་དང་ལྷན་ཅིག་འགྲོ་བ་ལ། གླེང་གཞི་སྔ་མ་དང་འདྲ། རྒྱུ་ཚོགས་ལ་གཞི་ནི། ཡུལ་ཁྲིམ་པ་སྐྱེས་པ། ཐ་སྙད་ལྔ་ལྡན། རྐུན་མའམ་ཤོ་གམ་འདྲ་བའི་ཚོར་བ། རང་ལ་ཕན་འདོགས་པ་པོ་མ་ཡིན་པ། གཞན་རྣམས་སྔ་མ་བཞིན་ནོ། །ཉེ་ཤུ་མ་ལོན་པ་

རྫོགས་པར་བྱེད་པའི་ལྟུང་བྱེད་ལ། གླེང་གཞི་མཉན་ཡོད་དུ། མཽད་གལ་གྱི་བུ་ཆེན་པོ་བག་ཆགས་མ་བྱང་བས། བསྒྲུབ་བྱ་ཉི་ཤུ་མ་ལོན་པས་བསྙེན་པར་རྫོགས་པའོ། །དགག་བྱ། སྡོམ་པ་མི་སྐྱེ་བ་དང་། མ་དད་པ་སོགས་སོ། ། རྒྱུ་ཚོགས་ལ་གཞི་ནི། ཡུལ་དངོས་པོ་དང་། རྟགས་དང་། བསམ་པ། སྡོམ་པ་སྐྱེ་བའི་རྟེན་དུ་མ་གྱུར་པ་དང་། སྡོམ་པ་སྐྱེ་བའི་བར་ཆད་གཞན་དང་མི་ལྡན་པའོ། །བདག་ཉིད་ནི་མཁན་པོ་བྱེད་པའོ། །ཀུན་སློང་བསྙེན་རྫོགས་བྱེད་འདོད་པ། སྦྱོར་བ་རྩོམ་པ། མཐར་ཐུག་བརྗོད་པ་གསུམ་རྫོགས་པའོ། །ལོ་མ་ལོན་པ་ལ་མི་སྐྱེ་བ་ཅི་ཞེ་ན། དེར་གཉེན་པོ་བསྟན་པའི་ནུས་པ་ཞན་ཆུང་བའོ། །འདི་ཡང་། གནས་ཚོད་ལ་མ་ལོན་ཀྱང་། ལོག་པར་འདུ་ཤེས་ན་སྐྱེ་བ་ཡིན་ཏེ། ཅིག་ཤོས་ལ་མི་ལོན་པར་འདུ་ཤེས་པ་ཉིད་མི་འཆགས་སོ། །ཞེས་གཞུང་ལས་སོ༔ ༔དེའི་ཚེ་སྡོམ་པ་སྐྱེས་ནས་ཁོ་བོས་མ་ལོན་པར་རྫོགས་སོ་སྙམ་པའི་བློ་སྐྱེས་ན། དེའི་ཚེ་མ་ལོན་ན་ནི་སྐྱེ་ཟིན་ཞིག་ལ། དེའི་ཚེ་ལོན་ན་ནི་མི་འཇིག་གོ། ཉི་ཤུ་པོ་དེ་ཡང་ཟླ་ཤོལ་རྩིས་ན་ཚང་དུ་རུང་བ་ཡིན་ཏེ། ཇི་སྐད་དུ། མངལ་ན་གནས་པ་དང་ཤོལ་གྱི་ཟླ་བ་དག་དང་ཡང་བཅས་ཏེའོ། །ཞེས་སོ། །གསུམ་པས་རྐྱེ་བའི་ལྟུང་བྱེད་ལ། གླེང་གཞི་མཉན་ཡོད་དུ། དྲུག་སྡེས། དགེ་སློང་གི་ཚུལ་མ་ཡིན་པས་དེ་བྱས་པའོ། །དགག་བྱ་དོན་དང་བྱ་བ་མང་བ་དང་། སྲོག་ཆགས་ལ་གནོད་པའོ། །རྒྱུ་ཚོགས་ལ། གཞི་ནི། དངོས་པོས་ཡིན་པ། སྲ་བ་དང་འབྲེལ་བ། སོར་བཞི་ཡན་ཆད་ཀྱི་ཚད་དུ་ལོངས་པ། འཐས་པར་གནས་པའོ། །བདག་ཉིད་ནི་རྫུ་འཕྲུལ་གྱི་སྐབས་དང་བར་ཆད་དང་ལྡན་པ་མ་ཡིན་པ། དོན་ཁྱད་པར་ཅན་བསྒྲུབ་པའི་སྐབས་མ་གཏོགས་པའོ། །ཀུན་སློང་རྐོ་བར་འདོད་པ། སྦྱོར་བ་རྩོམ་པ། མཐའ་སོར་བཞི་ཙམ་བརྐོས་པའོ། །བཞི་པ་མགྲོན་དུ་གཉེར་བ་ལས་རིང་དུ་འདུག་པ་ལ། གླེང་གཞི། དྲུག་སྡེས། ལྷོ་འདུན་གྱིས་མགྲོན་དུ་བོས་པའི་ཟས་ཧ་ཅང་སློང་བའོ། །དགག་བྱ་སྦྱིན་བདག་ལ་གནོད་པ་དང་། རང་མ་རབས་སུ་མཚོན་པའོ། །རྒྱུ་ཚོགས་ལ་གཞི་ནི། ཡུལ་ཁྱིམ་པ་ཆོས་ལྔ་ལྡན། དངོས་པོ་དུས་སུ་རུང་བའི་བཟའ་བའམ་བཅའ་བ་རུང་ཚད་ལྡན། སྦྱིན་བདག་དེ་ཉིད་ཀྱི་ཡིན་པ། བདག་ཉིད་ནི་མགྲོན་དུ་བོས་པ། ནད་པ་མ་ཡིན་པ། དུས་ནི་བཤམས་པ་ཡོངས་སུ་རྫོགས་པའི་འོག་ཡིན་པ། དེའི་ཚད་ནི་ཟླ་བ་བཞི་ལ་བཤད། འདི་དང་བསོད་པ་སློང་བའི་ཁྱད་པར་ནི་མགྲོན་དུ་བོས་པ་དང་མ་བོས་པའོ། །ལྔ་པ་བསླབ་པ་ལ་ཉེར་འཛོག་སྤྱོང་བ་ལ། གླེང་གཞི་དྲུག་སྡེས། བཀའ་དང་བསླབ་པ་ལ་མ་གུས་པ། དགག་བྱ་ཡུལ་དེ་ལ་གནོད་པ་དང་མ་དད་པ། རྒྱུ་ཚོགས་ལ་གཞི་ནི། ཡུལ་དགེ་སློང་ཆོས་དྲུག་ལྡན། འདུལ་བའི་བྱ་བ་མངོན་པར་ཤེས་པ་དང་བསླབ་པ་ལ་ཉེ་བར་འཛོག་པ་པོ་ཡིན་པ། དངོས་པོ་འདུལ་བར་གཏོགས་པའི་བསླབ་པ་ཡིན་པ། ཀུན་སློང་སྤྱོང་བའི་ཚིག་སྨྲ་བར་འདོད་པ། སྦྱོར་བ་ངག་དྲུག་ལྡན་གྱིས་མི་ཤེས་པ་ཉིད་སྒྲོག་པའོ། །མཐའ་དོན་གོ་བའོ། །

དྲུག་པ་ཉན་རྣ་ལས་གྱུར་པ་ལ། གླེང་གཞི་མཉན་ཡོད་དུ་ཉེར་དགའ། རྩོད་འདོད་པའི་བསམ་པས། རྩོད་ཟླའི་གྲོས་ལ་ཉན་རྣ་བྱེད་པ། དགག་བྱ་དེ་དག་ལ་གནོད་པ་དང་། འཐབ་རྩོད་ཀྱི་རྒྱུར་འགྱུར་བ། རྒྱུ་ཚོགས་ལ་གཞི་ནི། ཡུལ་དགེ་སློང་ཆོས་དྲུག་ལྡན། བདག་ཉིད་དང་རྩོད་པའི་ཕྱིར་གྱི་གྲོས་བྱེད་པ་པོ་གཉིས་ཡན་ཆད་ཡིན་པ། དངོས་པོ་རང་དང་གཞན་གྱི་རྩོད་པ་གཞི་གང་རུང་ཡིན་པ། ཀུན་སློང་ཞི་བར་འདོད་པ་མ་ཡིན་པར་ཉན་འདོད་པ། སྦྱོར་བ་རྩོམ་པ། མཐར་ཐུག་དོན་གོ་བའོ། །བདུན་པ་ལས་གྲལ་ལ་འདུལ་ནས་མ་སྨྲས་པར་འགྲོ་བ་ལ། གླེང་གཞི་མཉན་ཡོད་དུ། དགའ་བོ་ལས་དང་མི་མཐུན་པར་འདོད་པ། དགག་བྱ་ལས་དང་མི་མཐུན་པ་སྐྱེད་པ་དང་། དགེ་འདུན་ལ་གནོད་པའོ། །རྒྱུ་ཚོགས་ལ་གཞི་ནི། ལས་ཆོས་ལྡན་གསོལ་བ་མ་ཟིན་པ། བདག་ཉིད་ཐོས་པའི་ཉེ་འཁོར་ལས་འདས་ཤིང་། དགེ་སློང་འཁོད་པ་ལ་མ་སྨྲས་པ་བར་ཆད་དང་མི་ལྡན་པའོ། །ཀུན་སློང་འགྲོ་བར་འདོད་པ། སྦྱོར་བ་རྩོམ་པ། མཐའ་ཐོས་པའི་ཉེ་འཁོར་ལས་འདས་པའོ། །གསོལ་བ་ཐོས་ནས་ཕྱིན་པ་ལ་ནི་ཉེས་བྱས་སོ། །འདི་ཡང་གསོལ་བརྗོད་དང་གསོ་སྦྱོང་ལ་སོགས་པའི་ལས་ལ་ཡིན་གྱི། རབ་བྱུང་གི་ཞུ་བ་ལྟ་བུ་ནི་མ་ཡིན་ནོ། །ཟླ་གྲོགས་ལ་སླབ་པ་ཡང་། དགེ་འདུན་གྱི་ལས་དེ་འཆགས་པ་ལ་སྲིད་དགོས་པ་ལྟ་བུ་ནི་མ་ཡིན་གྱི། དགེ་འདུན་མཐུན་པ་སྒྲུབ་པའི་ཕྱིར་དུའོ། །དེ་སྐད་དུ་ཡང་། ལུས་པ་ཉིད་ན་མི་འགྱུར་རོ། །ཞེས་ཤུལ་དུ་དགེ་འདུན་ཚང་ན་ལས་དེ་འཆགས་པར་གསུངས་པའི་ཕྱིར། འདི་ལ་འདུས་པ་ཕྱིར་ལོག་འབྱུང་བ་ནི་མ་ཡིན་ཏེ། དེ་འཆགས་པ་ལ་སྤྱོད་ལམ་ལས་མ་ཉམས་པ་དགོས་པའི་ཕྱིར། མ་འདུས་པའི་མི་མཐུན་པ་ཡང་མ་ཡིན་ཏེ། ལན་གཅིག་འདུས་པའི་ཕྱིར་དང་། མི་འདུ་བའི་བསམ་པ་ཅན་གྱི་ངེས་པ་མེད་པའི་ཕྱིར། བརྒྱད་པ་མ་གུས་པའི་ལྟུང་བྱེད་ལ། གླེང་གཞི་ནི་རྒྱལ་པོའི་ཁབ་ཏུ། གླང་ཆེན་ལྷས་ཀྱི་བདག་པོའི་བུ་ནག་པ། ང་རྒྱལ་གྱིས་ཀུན་ཏུ་སྦྱོར་བས་དེར་བྱས་པའོ། །རྒྱུ་མཚན་དགེ་སྦྱོང་གི་ཚུལ་དང་མི་མཐུན་པའོ། །རྒྱུ་ཚོགས་ལ་གཞི་ནི། སངས་རྒྱས་དང་དགེ་འདུན་ནམ། དེའི་ཐ་སྙད་པ་ཡིན་པ། དངོས་སུ་ཆོས་ལྡན་གྱིས་བསྒོ་བ། བདག་ཉིད་ནི་ཤེད་སྒྲུང་མ་བྱས་པ། ཀུན་སློང་མ་གུས་པས་འགལ་བར་འདོད་པ། སྦྱོར་བ་དེར་རྩོམ་པ། མཐའ་རྫོགས་པའོ། །དགུ་པ་མྱོས་འགྱུར་འཐུང་བ་ལ། གླེང་གཞི་མཉན་ཡོད་དུ། འཕགས་པ་ལེགས་འོང་བག་ཆགས་མ་བྱུང་བས་དེ་འཐུངས་པའོ། །དགག་བྱ་ལྟུང་བ་གཞན་གྱི་རྒྱུར་འགྱུར་བ་དང་། ལུས་སྲོག་དང་ཡོ་བྱད་ཀྱི་བར་ཆད་དུ་འགྱུར་བ་དང་། འབྲུག་ལོང་གི་རྒྱུར་འགྱུར་བའོ། །རྒྱུ་ཚོགས་ལ་དངོས་པོ་ཆང་། མྱོས་པའི་ནུས་པ་དང་ལྡན་པ། ཚད་དུ་ལོངས་པ། ཀུན་སློང་འཐུང་བར་འདོད་པ། སྦྱོར་བ་རྩོམ་པ། མཐར་ཐུག་མགུལ་དུ་མིད་པའོ། །འདི་དགེ་བསྙེན་ཡན་ཆད་ཀྱིས། དགེ་བའི་བློས་བཏུངས་ཀྱང་བཅས་པ་དང་འགལ་ལ། ཁྱིམ་པས་ལུང་མ་བསྟན་དང

དགེ་བའི་བློས་འཁྲུངས་པ་ལ་ཉེས་པ་ཅིར་ཡང་མི་འགྱུར་ཞིང་། ཉོན་མོངས་པ་ཅན་གྱིས་བློས་འཁྲུངས་ན་རྣམ་སྨིན་དུ་འབོད་ལ་སོགས་པ་ཉིད་དུ་གསུངས་པ་ནི་ཀུན་སློང་གི་ནུས་པའོ། །འདི་དེ་ལྟར་མ་བཤད་ན། བཅས་རྐྱང་དུ་བཤད་པའི་གོ་བ་མི་འཆགས་སོ། །བཅུ་པ་དུས་མིན་དུ་གྲོང་རྒྱུ་བ་ལ། གླེང་གཞི། མཉན་ཡོད་དུ། འཕགས་པ་འཆར་ཀས་སོ། །དགག་བྱ་ལུས་སྲོག་གི་བར་ཆད་དང་། ཕམ་པ་དང་པོའི་རྒྱུར་འགྱུར་བ་དང་། སྐྱུར་འདེབས་འབྱུང་བ་སོགས་སོ། །རྒྱུ་ཚོགས་ལ་གཞི་ནི། གང་དུ་འགྲོ་བའི་ཡུལ་གནས་ཀྱི་མཚན་ཉིད་དུ་གྲུབ་པ། འབྱུང་འཇུག་ལ་ཁྱིམ་པ་དབང་ཆེ་བ། བདག་པོའི་ཁྱིམ་པ་ཐ་སྙད་ལྟ་ལྡན། གྲོང་པའི་ཆོས་སྤྱོད་པ། གང་ནས་འགྲོ་བའི་མཚམས་ནང་དེ་ན་ཡོད་པ། བདག་ཉིད་བར་ཆད་དང་མི་ལྡན་པ། དོན་ཁྱད་པར་ཅན་བསྒྲུབ་པའི་སྐབས་མ་ཡིན་པ། ཡུལ་ལ་མ་སླས་པ། དུས་ཕྱི་དྲོ་ཡིན་པ། ཀུན་སློང་འགྲོ་བར་འདོད་པ། སྦྱོར་བ་རྫོམ་པ། མཐའ་སྒོ་གཏན་ནམ་ཉེ་འཁོར་ལས་འདས་པའོ། །

བཅུ་ཚན་དགུ་པ་ལ། སྡོམ་ནི། ཟག་བཅས་སྐྱ་རེངད་སྤོད་དང་། །ཁབ་རལ་དང་ནི་ཁྲི་རྐང་དང་། །བརྡལ་དང་གདིང་དང་གཡན་པ་དང་། །རས་ཆེན་བདེ་གཤེགས་ཆོས་གོས་སོ། །དང་པོ་ཟས་བཅས་ཞེས་པ། གྲོང་རྒྱུ་བའི་ལྟུང་བྱེད་ལ། གླེང་གཞི་མཉན་ཡོད་དུ། ཉེར་དགས། རང་ཉམས་ཀྱིས་སྔ་དྲོ་དང་ཕྱི་དྲོ་གྲོང་བརྒྱུས་པའོ། །དགག་བྱ་ཕྱི་དྲོ་དགེ་འདུན་གྱི་ཆོས་ཀྱི་ལོངས་སྤྱོད་ལ་གནོད་པ་དང་། སྔ་དྲོ་དགེ་འདུན་གྱི་གདུགས་ཚོད་ལ་གནོད་པ་དང་། དོན་དང་བྲལ་བ་མང་བའོ། །ཕྱི་དྲོ་རྒྱུ་བ་ལ། རྒྱུ་ཚོགས་གོང་མ་རྣམས་ཁས་བླངས་ནས། དུས་ཉི་མ་གཅིག་ལ་ཁྱིམ་བཞི་པ་ལ་སོགས་པར་འགྲོ་བའོ། །འདི་ལ་ཁྱིམ་གཅིག་ནས་གཅིག་ཏུ་འགྲོ་བ་དགོས་སོ། །སྔ་དྲོ་རྒྱུ་བ་ལ་གཞི་ནི། གང་ནས་འགྲོ་བའི་གནས་སྦྱིན་བདག་ཆོས་གསུམ་ལྡན་གྱིས། ཟས་ཆོས་བཞི་ལྡན་ལ། མཆོད་གནས་ཆོས་བདུན་ལྡན་ཞབས་ནས་འདེགས་པའི་གནས་ཡིན་པའོ། །སྦྱིན་བདག་ཁྱིམ་པ་ཐ་སྙད་ལྟ་ལྡན། རང་དང་དགེ་འདུན་གཉིས་ཀ་ལས་རྫས་ཐ་དད་པའོ། །ཟས་དུས་སུ་རུང་བའི་བཟའ་བཞམ་བཅའ་བ་རུང་ཚད་ལྡན། བསམ་པ་ཐག་པས་བསྔོས་པའོ། །མཆོད་གནས་དགེ་སློང་ཆོས་ལྔ་ལྡན། བཞིར་ལོངས་ཤིང་། རང་གི་ཚིག་གིས་བོས་པའོ། །གང་དུ་འགྲོ་བའི་གནས་གོང་མ་དང་འདྲ་བ་ལ་བདག་ཉིད་ཁྱིམ་གཉིས་བརྒྱུས་ཟིན་པ་དང་། ཟིམ་པ་ཡོལ་བར་མ་བྱ་ཞིག་ཅེས་མ་བསྒོ་བའོ། །ཀུན་སློང་འགྲོ་བར་འདོད་པ། སྦྱོར་བ་རྫོམ་པ། མཐའ་གང་དུ་འགྲོ་བའི་གནས་དེའི་སྒོ་གཏན་ནམ་ཉེ་འཁོར་ལས་འདས་པའོ། །གཉིས་པ་སྐྱ་རེངས་དང་ཞེས་པའི་ཚིག་གིས་བསྟན་པ། རྒྱལ་པོའི་ཕོ་བྲང་དུ་འགྲོ་བ་ལ། གླེང་གཞི་མཉན་ཡོད་དུ། འཆར་ཀས་དུས་མ་ཤེས་པའོ། །དགག་བྱ་ལུས་སྲོག་དང་དགེ་བའི་བར་ཆད་དུ་འགྱུར་བའོ། །རྒྱུ་ཚོགས་ལ་གཞི་ནི། རྒྱལ་པོ་འམ། དེའི་

བཙུན་མོའི་གནས་ཡིན་པ། དུས་འོད་དམར་ནུབ་ནས་སྐྱ་རེངས་མ་ཤར་བའི་བར་ཡིན་པ། ཀུན་སློང་དེར་འགྲོ་བར་འདོད་པ། མཐའ་ཉེ་འཁོར་ལས་འདས་པའོ། །དེར་འཇུག་པའི་གནས་ཀྱི་དང་པོ་གང་ཞེ་ན། གཞུང་དུ། དེའི་སྒོའི་གཏན་པ་དང་། སྒོ་དེའི་ཉེ་འཁོར་གྱི་མཐའ་གཉིས་ནི་གནས་ཀྱི་དང་པོ་ཡིན་པར་གསུངས་ལ། དེའི་དོན་གཏན་པའི་རྟེན་དབུས་སུ་བཞག་ནས། གཏན་པ་དེའི་རྩེ་མོས་སྒོ་ལོགས་སམ་ཕྱུག་ལོགས་སུ་སླེབ་པའི་བར་ནི་གཏན་པ་དེའི་ཉེ་འཁོར་ཡིན་ལ། དེའི་ནང་ངོས་ཀྱི་མཐའ་གཉིས་ནི་གནས་དེའི་དང་པོའོ། །མཐའ་གཉིས་པོ་གང་ཞེ་ན། སྒོ་མ་བཅད་ན་སྒོའི་ཉེ་འཁོར་གྱི་མཐའ་གནས་ཀྱི་དང་པོ་ཡིན་ལ། སྒོ་བཅད་ན་སྒོ་གཏན་གྱི་མཐའ་འཁོར་གྱི་དང་པོ་ཡིན་ནོ། དེ་ལྟར་ན་གཏན་པའི་མཐའ་དང་། ཉེ་འཁོར་གྱི་མཐའ་ཞེས་བྱའོ། །མཚན་མོ་གཅིག་ལ་འབྱུང་འཇུག་ཏུ་མ་བྱས་ན། ཇི་སྙེད་པ་དེ་སྙེད་ཀྱི་ལྟུང་བར་འགྱུར་ཏེ། སྦྱོར་བ་ཐ་དད་པའི་ཕྱིར་རོ། །

གསུམ་པ་ད་གདོད་དང་། ཞེས་པ། བསླབ་པར་བྱ་བའི་གཞིའི་དངོས་པོ་ལ་ཁྱད་དུ་གསོད་པ་ལ། གླེང་གཞི་མཉན་ཡོད་དུ། དྲུག་སྡེས། སྐྱུ་ཐབས་ཀྱི་བསམས་པའོ། །དགག་བྱ་ཡུལ་དེ་ལ་གནོད་པ་དང་། ཡིད་ཀློང་ཀློང་པོར་བྱེད་པ་དང་། སྤུང་སྡོམ་ལ་གཡེལ་བར་འགྱུར་བའོ། །རྒྱུ་ཚོགས་ལ་གཞི་ནི། སོ་སོར་ཐར་པའི་མདོ་འདོན་པར་གཏོགས་པའི་བསླབ་པའི་གཞི་ཡིན་པ། གོ་བྱ་དགེ་སློང་ཚོས་དྲུག་ལྡན། གསོ་སྦྱོང་གི་ལས་དེ་ལ་གཏོགས་པ། བདག་ཉིད་གསོ་སྦྱོང་གི་ལས་ལན་གཉིས་ཉམས་སུ་མྱོང་ཞིང་། ཡིད་རྨོངས་པ་མ་ཡིན་པ། གནས་དུས་གསོ་སྦྱོང་གི་ཚེ་ཡིན་པ། ཀུན་སློང་བཞད་གད་ཡིན་ཀྱང་རུང་། ཁྱད་དུ་གསོད་འདོད་པ། སྦྱོར་བ་ནི། འདི་ཡང་མདོའི་ནང་དུ་གཏོགས་པར་ད་གདོད་ཤེས་སོ། །ཞེས་པའི་ཚིག་དྲུག་ལྡན་སྨྲས་པ། མཐའ་དོན་གོ་བའོ། །བཞི་པ་ཁབ་རལ་འཆོས་པ་ལ། གླེང་གཞི་མཉན་ཡོད་དུ། དགེ་སློང་རབ་ཏུ་མང་པོས་དེ་བཅོས་པའོ། །དགག་བྱ་འདོད་པ་ཆེ་བ་དང་། དོན་དང་བྱ་བ་མང་བའོ། །རྒྱུ་ཚོགས་ལ་གཞི་ནི། དངོས་པོ་ཁབ་རལ་གྱི་རྒྱུ། རིན་ཆེ་བ་བ་སོ་ལྷ་བུར་སོར་བཞི་ཡན་ཆད་དུ་ལོངས་པ། རང་གི་ཡིན་པ། སྦྱར་བཟོ་རྫོམ་བྱས་པ། ཀུན་སློང་བྱེད་པར་འདོད་པ། སྦྱོར་བ་རྫོམ་པ། མཐའ་ཟིན་པའོ། །ལྔ་པ་ཁྲི་རྐང་འཆོས་པ་ལ། གླེང་གཞི་མཉན་ཡོད་དུ། དྲུག་སྡེས། ཁྲི་རྐང་ཚད་ལས་ལྷག་པའོ། །དགག་བྱ་ཆུད་འཛའ་བ་སོགས་སོ། །རྒྱུ་ཚོགས་ལ་དངོས་པོ་ནི། དགེ་འདུན་གྱི་ཁྲི་རྐང་གི་རྒྱུ་རུང་བ། བུ་གར་བཙུག་པའི་ཕྱོགས་མ་གཏོགས་པ་ཁྲུ་གང་ལས་སོར་ཕྱེད་ཀྱིས་ལྷག་པ། ཀུན་སློང་དེར་འདོད་པ་སོགས་སོ། །དྲུག་པ་བཏལ་དང་། ཞེས་པ། དགེ་འདུན་གྱི་གནས་མལ་ཤིང་བལ་གྱིས་གོས་པར་བྱས་པ་ལ། གླེང་གཞི་མཉན་ཡོད་དུ། ཉེར་དགའ་ཞེ་ཀུ་བས་དེ་བྱས་པའོ། །དགག་བྱ་དགེ་འདུན་ལ་གནོད་པའོ། །རྒྱུ་ཚོགས་ལ་གཞི་ནི། དངོས་པོ་དགེ་འདུན་གྱི་གནས་མལ་རུང་ཚད་ལྡན། དགོས་ཆེད་ལུས་སམ་གནས

མལ་ལ་གནོད་པར་བྱེད་པའི་ཤིང་བལ་ལོ། །མཐའ་སྲུམ་ཆ་ཙམ་གོས་པའོ། །བདུན་པ་གདིང་བ་ལ། གླེང་གཞི་མཉན་ཡོད་དུ། དགེ་སློང་མང་པོས་གདིང་བ་ཚད་ལྷག་བྱས་པའོ། །དགག་བྱ་འདོད་ཞེན་ཆེ་བ་དང་། ཡོངས་སྤྱོད་དུ་མི་རུང་བས་རྒྱུད་འཛའ་བའོ། །གཞི་ལ། དངོས་པོ་གདིང་བའི་རྒྱུ་རུང་ཚད་ལྡན། རང་དབང་བ། སྣར་གཞན་གྱིས་བཟོ་རྫོགས་མ་བྱས་པ་ཀུན་སློང་སོགས་གོ་སླའོ། །འདིའི་ཚད་ནི། སྲིད་དུ་ཁྲུ་གསུམ། ཞེང་དུ་ནི་ཁྲུ་དོ། སོར་དྲུག་གོ། བརྒྱད་པ་དང་དགུ་པ་གཡན་པ་དང་རས་ཆེན་ལ། གླེང་གཞི་དགེ་སློང་མང་པོས་དེ་དང་དེ་ཚད་ལྷག་བྱས་པའོ། །དགག་བྱ་སོགས་གཞན་རྣམས་རིགས་འདྲེ། ཚད་ནི་གཡན་དགབ་ལ། སྲིད་དུ་ཁྲུ་དྲུག་དང་། ཞེང་དུ་ཁྲུ་གསུམ། དབྱར་གྱིས་རས་ཆེན་ལ་སྲིད་དུ་ཁྲུ་དགུ་དང་། ཞེང་དུ་ཁྲུ་གསུམ་དང་། སོར་བཅོ་བརྒྱད་དོ། ། བཅུ་པ་བདེ་བར་གཤེགས་པའི་ཆོས་གོས་ཀྱི་ཚད་ལས་ཐུར་པ་ལ། གླེང་གཞི་མཉན་ཡོད་དུ། གང་ཟག་ཉེར་དགས། ཉོན་མོངས་པ་བླམ་ལྟར་བཅོས་པས། ཉེས་པ་བདེ་བར་གཤེགས་པའི་ཆོས་གོས་ཀྱི་ཚད་བྱེད་དུ་བཅུག་པའོ། །དགག་བྱ་བླམ་ལྟར་འཆོས་པ་དང་། དེ་ཚོལ་བས་དགེ་བའི་བར་ཆད་དུ་འགྱུར་བའོ། །རྒྱུ་ཚོགས་ལ་གཞི་ནི༔ ཆོས་གོས་ཀྱི་རྒྱུ་རུང་བ་ཡིན་པ། བདག་ཉིད་ནི་དེའི་ལུས་ཙམ་མེད་པར་དེའི་ཚད་བྱེད་འདོད་པ། སྦྱོར་བ་རྫོགས་པ། མཐར་ཐུག་བྱས་ཟིན་པའོ། །གསུམ་པོའི་གོས་ལྷག་པོ་བྱིན་གྱིས་རློབ་པའི་སྐབས་འདིར། བྱིན་གྱིས་རློབ་པ་འཆགས་ན་ནི་འཆང་སྤང་གི་དགག་བྱ་ཁེགས་ལ། མི་འཆགས་ན་ཞག་བཅུན་དེའི་ཉེས་དམིགས་འབྱུང་ངོ༔ ༔

བཞི་པ་སོ་སོར་བཤགས་པའི་སྡེ་ཚན་ལ། སྡོམ་ནི། གྲོང་དང་ཁྱིམ་གཞན་ཉིད་དང་ནི། །བསླབ་པ་རྣམས་དང་དགོན་པ་ནི། །སངས་རྒྱས་ཕན་པར་གསུངས་པ་ཡིས། །སོ་སོར་བཤགས་པ་བྱ་བར་གསུངས། །ཞེས་པ་དང་པོ་དགེ་སློང་མ་ལས་ཟས་ལེན་པའི་སོར་བཤགས་ལ། གླེང་གཞི་མཉན་ཡོད་དུ། ཉེར་དགའ་ཉོན་མོངས་པ་མཐོ་འཚམ་པས་དགེ་སློང་མ་ལས་ཟས་བླངས་པའོ། །དགག་བྱ་ཁ་ཟེར་བ་དང་། ཡུལ་དེ་ལ་གནོད་པའོ། །རྒྱུ་ཚོགས་ལ་གཞི་ནི། དགེ་སློང་མ་ཆོས་བརྒྱད་ལྡན། གྲོང་ངམ་དེའི་ཉེ་འཁོར་རམ། ལམ་པོ་ཆེ་གསུམ་པོ་གང་རུང་ན་འདུག་པ། དངོས་པོ་དུས་སུ་རུང་བའི་བཟའ་བའམ་བཅའ་བ་རུང་ཚད་ལྡན། དགེ་སློང་མ་དེ་ཉིད་ཀྱིས་བསྐྱབས་པ། དེའི་ཁྱད་པར་ཡང་། འབྲིམ་པའི་ཆེད་དུ་མ་སྐྱབས་པར་བཟའ་བའི་ཆེད་དུ་བསྐྱབ་པ། བདག་ཉིད་ཀྱང་གནས་གསུམ་པོ་གང་རུང་ན་འདུག་པ། ཀུན་སློང་ལེན་པར་འདོད་པ། སྦྱོར་བ་དེར་རྫོགས་པ། མཐར་ཐུག་ཟོས་པའོ། །གཉིས་པ་ཐོད་རྒྱལ་དུ་འབྲིམ་པ་མ་ཟློག་པར་ཟ་བ་ལ། གླེང་གཞི་མཉན་ཡོད་དུ། དྲུག་སྡེས། ཉོན་མོངས་པ་ངོ་ཟློག་མ་ཕོད་པ། དགག་བྱ་སྦྱིན་བདག་ལ་གནོད་པ་དང་། དགེ་སློང་གཞན་གྱི་སྐལ་བ་འཆད་པ

སོགས་སོ། །རྒྱུ་ཚོགས་ལ་གཞི་ནི། ཁྲིམ་པ་ཐ་སྙད་ལྔ་ལྡན། ཉི་དུ་མ་ཡིན་པ། རང་དང་བསྒོ་བཤམ་བྱེད་པའི་དགེ་སློང་མ་གཉིས་ལས་ཇུས་ཐ་དད་པ། དངོས་པོ་དུས་སུ་རུང་བའི་བཟའ་བཞམ་བཅའ་བ་རུང་ཚད་ལྡན། དེ་ལྟར་བྱེད་པའི་དགེ་སློང་མ་ཆོས་བདུན་ལྡན། ཡུལ་རུང་བ་ན་འདུག་པ། བསྒོ་བཤམ་བྱེད་པ་ལ་ཞུགས་པ། དེ་ལྟར་བྱེད་པ་དེ་དགེ་སློང་ཅིག་གིས་མ་བཟློག་པ། ཀུན་སློང་ལེན་པར་འདོད་པ། སྦྱོར་བ་ཟོས་པ། མཐར་ཐུག་ཟོས་པའོ། །བསྒོ་བཤམ་ཞེས་པ་ནི་གྲལ་རིམ་དུ་མ་ཕེབས་པར་འབྲིམ་དུ་འཇུག་པའི་མིང་ངོ་། །

གསུམ་པ་བསླབ་པ་བྲལ་ཏེ་ཁྲིམ་དུ་འཇུག་པ་ལ། གླེང་གཞི་ཡངས་པ་ཅན་དུ། དྲུག་སྡེས། ཉོན་མོངས་པ་འགྲན་ཚོལ་བས་དེ་བྱས་པའོ། །དགག་བྱ་དགེ་འདུན་གྱི་བཀའ་བཅག་པ་དང་། སྦྱིན་བདག་ལ་གནོད་པའོ། །རྒྱུ་ཚོགས་ལ་གཞི་ནི། ཡུལ་ཁྲིམ་པ། བསླབ་པའི་སྡོམ་པ་སྦྱིན་པ་དང་འབྲེལ་བ། ཇུས་ཐ་དད་པ། དངོས་པོ་དུས་སུ་རུང་བའི་བཟའ་བཞམ་བཅའ་བ་རུང་ཚད་ལྡན། བདག་ཉིད་ནི་ཁྲིམས་དེའི་ཁོངས་སུ་གཏོགས་པ། ཀུན་སློང་དེའི་ཁྲིམ་ནས་བླངས་ཏེ་ཟ་བར་འདོད་པ། མཐར་ཐུག་ཟོས་པའོ། །སྡོམ་པ་དེ་མ་བྱིན་པའི་གོང་དུ་མགྲོན་དུ་བོས་ནས་ཟ་བཞིན་པ་ལ་ཉེས་པ་འདི་མེད་དོ། །

བཞི་པ་ནགས་མ་བརྟགས་པ་ལས་གྱུར་པ་ལ། གླེང་གཞི་ཡུལ་སེར་སྐྱར། གང་ཟག་དྲུག་སྡེས། ཉོན་མོངས་པ་དགེ་འདུན་གྱི་དོན་ཡལ་བར་དོར་བར། ཉེས་པ་ནགས་མ་ཉུལ་བར་བཟའ་བ་བླངས་ཏེ་ཟོས་པའོ། །རྒྱུ་ཚོགས་ལ་གཞི་ནི། ཡུལ་ཁྲིམ་པ་ཐ་སྙད་ལྔ་ལྡན། ཇུས་ཐ་དད་པ། དངོས་པོ་ནི་བཟའ་བཞམ་བཅའ་བ་རུང་ཚད་ལྡན། གནས་གྲོང་ངམ་གཙུག་ལག་ཁང་ནས་རྒྱང་གྲགས་ཀྱི་ཕྱི་རོལ་ཡིན་པ། འཇིགས་པ་དང་བཅས་པ་བདག་ཉིད་དགོན་པ་བ་མ་ཡིན་པ་དང་། སྲུང་བའི་བྱ་བ་མ་སྨྲུབས་པ། ཀུན་སློང་ཕྱི་རོལ་གྱི་གནས་དེར་བླངས་ནས་ཟ་བར་འདོད་པ། སྦྱོར་བ་ཟོས་པ། མཐར་ཐུག་མགུལ་དུ་མིད་པའོ། །འདི་ནགས་ཉུལ་བའི་དགེ་སློང་ལ་འབྱུང་ལ། དེ་ཉུལ་བ་ཡང་སྦྱིན་བདག་གི་འཇིགས་པ་བསྲུང་བའི་དོན་ཡིན་པར་བཤད་དོ། །འདི་དག་ལ་སོ་སོར་བཤགས་པ་ཞེས་ཟེར་བའི་རྒྱུ་མཚན་ནི། རྒྱུད་ལ་མི་འཆབ་པར་སོ་སོ་བཤགས་དགོས་པས་ན། ཞེས་གསུང་མོད། གསོ་སྦྱོང་གི་ཚེ་དྲན་ན་གནས་དེ་ཉིད་དུ་དང་པོར་བཤགས་དགོས་པས་ན་དེ་ཞེས་བྱའོ། །ལྟུང་བྱེད་འབའ་ཞིག་པ་དང་ཉེས་བྱས་ལ་དེ་ཐལ་བ་མ་ཡིན་ཏེ། ཉེས་བྱས་ནི་མཐོལ་བ་དང་མཉམ་དུ་ཡིད་ཀྱིས་བསྡམས་པས་ཀྱང་འདག་ལ། ངེས་པར་བཤགས་དགོས་པ་གཞན་དང་། ལྟུང་བྱེད་འབའ་ཞིག་པ་ནི། གནས་དེ་ཉིད་དུ་མ་བཤགས་ཀྱང་། གང་ཟག་རེ་རེ་བའི་མདུན་དུ་བཤགས་པས་འདག་པའི་ཕྱིར་རོ། །

ལྔ་པ་ཉེས་བྱས་ཀྱི་སྡེ་ཚན་ལ། སྡོམ་ནི། ཤམ་ཐབས་ལ་ནི་རྣམ་བདུན་དང་། །སྟོད་གཡོགས་ལ་ཡང

རྣམ་གསུམ་དང་། །ཤིན་ཏུ་བསྡམས་ལ་སོགས་པ་ལྔ། །མགོ་བོ་གཡོགས་ལ་སོགས་པ་ལྔ། །མཆོངས་ལ་
སོགས་པ་རྣམ་པ་ལྔ། །ལུས་ལ་སོགས་པ་རྣམ་པ་ལྔ། །འདུག་པར་བྱ་བ་དགུ་དག་དང་། །བྱིན་ལེན་བྱ་བ་བརྒྱད་
རྣམས་སོ། །བདུན་ནི། ཤམ་ཐབས་ཟླུམ་པོར་བགོ་བར་བྱ་བ་དང་། ཧ་ཅང་རྩེངས་པ་མ་ཡིན་པ་དང་། ཧ་ཅང་
འཛོལ་བ་མ་ཡིན་པ་དང་། གླ་གླང་པོ་ཆེའི་སྣ་ལྟར་བསྣར་བ་མ་ཡིན་པ་དང་། གོང་དུ་བལྟབ་པ་དང་། ཕུར་མ་
ལྟར་འདུག་པ་མ་ཡིན་པ་དང་། སྦྲུལ་མགོའི་གདེངས་ཀ་ལྟར་ཕྱིར་འབྱུང་བ་མ་ཡིན་པ་དང་བདུན་ནོ། །གསུམ་
ནི༑ བླ་གོས་དང་སྣམ་སྦྱར་ཟླུམ་པོ་དང་། མ་རྩེངས་པ་དང་། མ་འཛོལ་བའོ། །དེ་ནས་ལྔ་ནི། ལུས་ངག་ཡིད་
གསུམ་ཤིན་ཏུ་བསྡམས་ཤིང་འགྲོ་བ་དང་། སྟོད་གཡོགས་དང་སྨད་གཡོགས་ལེགས་པར་བགོས་ཤིང་འགྲོ་བ་
དང་། སྒྲ་སྒྲུངས་ཤིང་འགྲོ་བ་དང་། མིག་མི་གཡེང་བར་བྱས་ཤིང་འགྲོ་བ་དང་། གཉའ་ཤིང་གང་དུ་ལྟ་ཞིང་འགྲོ་
བ་རྣམས་སོ། །དེ་ནས་ལྔ་ནི། མགོ་གོས་ཀྱིས་མི་གཡོག་པ་དང་། ཤམ་ཐབས་མདོམས་སྣང་བ་ཙམ་དུ་མི་རྫེ་བ་
དང་། བླ་གོས་ཕྲག་པ་ལ་མི་གཟེར་བ་དང་། ལག་པ་མདུན་ནས་གཉའ་གོང་དུ་མི་སྦྲོལ། རྒྱབ་ནས་ལྟག་པར་མི་
སྤྲད་པའོ། །དེ་ནས་ལྔ་ནི། འགྲོ་བའི་ཚེ་མི་འཆོངས་པ་དང་། སྤྱིད་པ་མི་རྐྱང་བ་དང་། ཙོག་བུས་མི་འགྲོ་བ་དང་།
རྟིང་པ་བཏེག་ནས་བྲང་གིས་མི་འགྲོ་བ་དང་། གྲུ་མོ་སྦྲུང་སྦྲུང་པོར་བྱས་ཏེ་ལག་མཐིལ་དཀྱུར་བརྟེན་པའི་ཚུལ་
གྱིས་མི་འགྲོ་བའོ། །དེ་ནས་ལྔ་ནི། ལུས་མི་བསྒྱུར་བ་དང་། ལག་པ་མི་སྒྱིག་པ་དང་། མགོ་བོ་མི་སྒྱུར། གཞན་
དང་ཕྲག་པ་མི་སྤྲད། གཞན་དང་ལག་པ་སྦྲེལ་བར་འགྲོ་བ་རྣམས་སོ། །དེ་ནས་དགུ་ནི། ཁྲིམ་དུ་མ་བསྒོ་བར་
སྟན་ལ་མི་འདུག །མ་བརྟགས་པར་སྟན་ལ་མི་འདུག ལུས་ཐམས་ཅད་ལྗིད་ཀྱིས་མི་དབབ་པར་འདུག །རྐང་
པ་མི་སྟོལ་བར་འདུག །བརླ་མི་སྟོལ་བར་དང་། ལོང་བུའི་སྟེང་དུ་ལོང་བུ་མི་བཞག་པ་དང་། ཁྲིའི་འོག་ཏུ་རྐང་
པ་མི་དགུག་པར་དང་། རྐང་པ་མི་གདང་བར་དང་། མདོམས་མི་སྣང་བར་འདུག་པ་དང་། ལག་པ་འཁྲམ་པ་
ལ་མི་རྟེན་པ་དང་། སྟན་ཐབས་ཕྲག་པ་ལ་མི་བཀུར་བ་རྣམས་སོ། །ཕྱི་མ་འདི་གཉིས་རྩ་བའི་མདོ་ན་མེད་དོ། །
དེ་ནས་བརྒྱད་ནི། ཟས་ལེགས་པར་བླངས་བར་བྱ་བ་དང་། ཞུ་དང་ཁ་ཏ་ཆད་མ་ཡིན་པར་དང་། ཚོད་མ་དང་
མཉམ་པོ་མ་ཡིན་དང་། མཐར་ཆགས་སུ་དང་། ལྷུང་བཟེད་ལ་བལྟ་ཞིང་བླང་བ་དང་། བཟའ་བཅའ་མ་འོང་
བར་ལྷུང་བཟེད་མི་བཟེད་པ་དང་། ཡང་འདོད་པའི་ཕྱིར་འབྲས་ཆན་གྱི་ཚོད་མ་མི་དགབ་པ་དང་། ཚོད་མས
འབྲས་ཆན་མི་དགབ་པ་དང་། བཟའ་བྱའི་སྟེང་དུ་ལྷུང་བཟེད་བཟུང་བར་མི་བྱ་བ་རྣམས་སོ། །

སྦོམ་གཉིས་པ་ནི། ཟས་ལ་ལེགས་པར་བྱ་བ་དྲུག །ཙུག་ཙུག་ལ་སོགས་རྣམ་པ་ལྔ། །འབྲུ་ནད་ཐ་དང་
བྱེད་པ་ལྔ། །ལག་པ་ལྡག་ལ་སོགས་པ་ལྔ། །ཞེས་པ་དང་པོ་དྲུག་ནི། ཟས་ལེགས་པར་བཟའ་བར་བྱ་བ་དང་།

ཁམ་ཧ་ཅང་ཆུང་བ་མ་ཡིན་པར་དང་། ཁམ་རན་པར་དང་། ཁམ་གྱིས་མ་སླེབ་པར་ཁ་མི་གདང་བར་དང་། ཁ་ཁམ་གྱི་བཀང་སྟེ་སྨྲ་བར་མི་བྱ་བ་རྣམས་སོ། །དེ་ནས་ལྔ་ནི། སྐྱུར་བར་མཆོན་བྱེད་ཀྱི་ཙུག་ཙུག་དང་། གྲང་བར་མཆོན་བྱེད་ཀྱི་ཧུ་ཧུ་དང་། ཚ་བར་མཆོན་བྱེད་ཀྱི་ཕུ་ཕུ་མི་བྱ་བ་དང་། ལྕེ་ཕྱུང་སྟེ་ཟས་མི་ཟ་བར་རྣམས་སོ། །དེ་ནས་ལྔ་ནི། འབྲུ་ནས་ཐ་དད་དུ་མི་བྱ་བ་དང་། ཕྱུས་མི་གདགས་པ་དང་། མཁུར་བ་མི་སྦྱོང་བ་དང་། རྐན་མི་ཧོག་པ་དང་། ཁམ་འཕྲོར་མི་བཅད་པར་བཟའ་བ་རྣམས་སོ། །དེ་ནས་ལྔ་ནི། ལག་པ་མི་ལྡག་པ་དང་། ལྷུང་བཟེད་མི་བྱོག་པ་དང་། ལག་པ་མི་སྤྲུག་པ་དང་། ལྷུང་བཟེད་མི་སྐྱུམ་པ་དང་། ཟས་ལ་མཆོད་རྟེན་འདྲ་བར་བྱས་ཏེ་མི་བཟའ་བ་རྣམས་སོ། །

སྡོམ་གསུམ་པ་ནི། འཕྱ་ལ་སོགས་པ་རྣམ་པ་བཞི། །ལྷུང་བཟེད་ལ་ཡང་རྣམ་པ་བདུན། །འགྲེང་བར་བྱེད་ལ་སོགས་པ་ལྔ། །མགོ་བོ་གཡོགས་ལ་སོགས་པ་ལྔ། །དོ་ཀེར་ཅན་ལ་སོགས་པ་ལྔ། །གླང་ཆེན་ལ་སོགས་བཞོན་པ་ལྔ། །ལག་ན་མཁར་བ་ལ་སོགས་དྲུག །ན་བ་ལ་སོགས་བཞི་རྣམས་སོ། །དེ་ལ་དང་པོ་བཞི་ནི། དྲུང་ན་འདུག་པའི་དགེ་སློང་གི་ལྷུང་བཟེད་ལ་ཕྱག་གདགས་པའི་ཕྱིར་མི་ལྟ། ལག་པ་ཟས་དང་འབགས་པས་ཆུ་སྣོད་ལ་མི་བཟུང་། དྲུང་ནས་འདུག་པའི་དགེ་སློང་ལ་ཟས་དང་འབགས་པའི་ཆུས་མི་གཏོར། ཁྱིམ་པ་འདུག་པ་ལ་མ་དྲིས་པར་ཟས་དང་འབགས་པའི་ཆུ་ཁྱིམ་དུ་མི་དབོ། བདུན་ནི། ལྷུང་བཟེད་ཀྱི་ནང་དུ་ཟས་ཀྱི་ལྷག་མ་བླུགས་ཏེ་མི་དོར། འོག་གཞི་མེད་པའི་ས་ཕྱོགས་སུ་ལྷུང་བཟེད་མི་བཞག །གད་ཁ་མ་ཡིན་པ་དང་གཡང་ས་མ་ཡིན་པ་དང་རྐན་གཟར་པོ་མ་ཡིན་པར་ལྷུང་བཟེད་བཞག །འགྲེངས་ཏེ་ལྷུང་བཟེད་མི་བཀྲུ། །གད་ཁ་སོགས་གསུམ་མ་ཡིན་པར་ལྷུང་བཟེད་བཀྲུ། འབབ་ཆུ་དྲག་པོའི་རྒྱུན་ལས་བཟློག་སྟེ་ལྷུང་བཟེད་ཀྱིས་ཆུ་མི་ཅུ། ལྷུང་བཟེད་ལན་གསུམ་བཀྲུས་ཏེ་གཙུག་ལག་གི་ཚིགས་སུ་བཅད་པ་དག་གི་བརླབས་བརྗོད་བྱས་པའི་ལྷུང་བཟེད་ཀྱི་ཆུ་སྦྱིན་པར་བྱ་བ་རྣམས་སོ། །ཁྱིམ་འདི་གཞུང་དུ་བྱུང་ལ། མདོ་ནས་མ་བྱུང་ངོ་། །

དེ་ནས་ལྔ་ནི། མི་ན་བར་འདུག་པ་ལ་འགྲེངས་ཏེ་མི་ཆོས་མི་བཤད། མི་ན་བར་སྟན་མཐོན་པོ་ལ་འདུག་པ་ལ་སྟན་དམའ་བ་ལ་འདུག་སྟེ་ཆོས་མི་བཤད། མི་ན་བར་མདུན་དུ་འགྲོ་བ་ལ་ཕྱི་ནས་འགྲོ་ཞིང་ཆོས་མི་བཤད། མི་ན་བར་མགོ་གཡོགས་པ་དང་། བརྗེས་པ་དང་། གཟར་བ་དང་། གཉའ་གོང་དུ་སྣོལ་བ་དང་། ལྟག་པར་སྣོལ་བ་ལ་ཆོས་མི་བཤད། དེ་ནས་ལྔ་ནི། སྐྲ་དོ་ཀེར་ཅན་དང་། ཞྭ་གྱོན་པ་དང་མགོ་ཅོད་པན་ཅན་དང་། མགོ་ཕྲེང་བ་ཅན་དང་། མགོ་དཀྲིས་པ་ལ་ཆོས་མི་བཤད། དེ་ནས་ལྔ་ནི། མི་ན་བར་གླང་པོ་ཆེ་ཞོན་པ་དང་། རྟ་ཞོན་པ་དང་། ཁྱོགས་ན་འདུག་པ་དང་། བཞོན་པའི་སྟེང་ན་འདུག་པ་དང་། མཆིལ་ལྷམ་གྱོན་པ་ལ་མི་བཤད།

དེ་ནས་དྲུག་ནི། མི་ན་བར་ལག་ན་མཁར་བ་ཐོགས་པ་དང་། གདུགས་ཐོགས་པ་དང་། མཚོན་ཆ་ཐོགས་པ་དང་། རལ་གྲི་ཐོགས་པ་དང་། དགྲ་ཆ་ཐོགས་པ་དང་། གོ་ཆ་གྱོན་པ་ལ་ཆོས་མི་བཤད། དེ་ནས་བཞི་ནི། མི་ན་བར་འགྲེངས་ཏེ་བཤང་གཅི་མི་བྱ། མི་ན་བར་ཆུའི་ནང་དུ་བཤང་གཅི་དང་། མཆིལ་མ་དང་། སྣབས་དང་། སྐྱུགས་པ་དང་། སྐྱུགས་པ་མི་དོར། མི་ན་བར་རྩྭ་སྔོན་པོ་ཡོད་པའི་ས་ཕྱོགས་བཤང་གཅི་དང་། མཆིལ་མ་དང་། སྣབས་ལ་སོགས་པ་མི་དོར། གནོད་པ་བྱུང་བ་མ་གཏོགས་ཤིང་ལ་མི་གང་ཙམ་ལས་མཐོ་བར་མི་འཛེག་པ་ལ་བསླབ་པར་བྱ་བ་རྣམས་སོ། །དེ་ལྟར་ན་བསླབ་པར་བྱ་བ་ཉེས་བྱས་ཀྱི་སྡེ་ཚན་ལས་བརྒྱ་དང་བཅུ་གཉིས་བཤད་པ་དེ་དག་ནི། རྩ་བའི་མདོར་སྡོམ་གྱིས་བསྡུས་པ་རྣམས་ཡིན་ལ། དེ་དག་ཀྱང་ཡིད་ཀྱིས་བསྡམས་བྱའི་ཉེས་བྱས་ཁོ་ནར་ངེས་ལ། དེར་མ་འདུས་པར་ལུང་གཞི་དང་། ཕྲན་ཚེགས་སོགས་ནས་བྱུང་བའི་ཉེས་བྱས་མང་པོ་བ་རྣམས་དང་། རྣམ་འབྱེད་ཉིད་ནས་འབྱུང་བ་ལ་ཡང་། ཕམ་ལྷག་དང་། ལྷུང་བྱེད་དང་། སོར་བཤགས་ཀྱི་སྐབས་ནས་འབྱུང་བ་ཉེས་བྱས་མང་པོ་བ་དེ་དག་ཀྱང་རྒྱས་པར་ཤེས་ནས་མི་འབྱུང་བར་བྱ་བ་དང་། བྱུང་ཟིན་པ་རྣམས་བཤགས་པ་དང་བསྡམས་པ་གང་ཡང་རུང་བས་རང་རྒྱུད་ལ་མ་གོས་པར་བྱའོ། །

ལྔ་པ་བསླབ་པ་ཡོངས་སུ་སྲུང་བའི་སྒོ་ནས་སྡོམ་པ་བསྲུང་བའི་ཚུལ་ལ། གཞི་གསུམ་གྱི་རྣམ་པར་གཞག་པ་དང་། ཐམས་ཅད་འགྲུབ་པ་ལས་ཀྱི་གཞིའི་རྣམ་གཞག་མདོ་ཙམ་བཤད་པའོ། །དང་པོ་ལ་གསུམ་སྟེ། གསོ་སྦྱོང་དང་། དབྱར་དང་། དགག་དབྱེའི་གཞིའོ། །དང་པོ་ལ་གཉིས་ཏེ། གསོ་སྦྱོང་གི་དབྱེ་བ་དང་། གནས་གང་དུ་ཇི་ལྟར་བྱ་བའོ། །དང་པོ་ལ་གཉིས་ཏེ། ཞི་གནས་ཀྱི་དང་། མཐུན་པའི་གསོ་སྦྱོང་ངོ་། དེ་ལའང་ལྔ་སྟེ། བཅུ་བཞི་པ་དང་། བཅོ་ལྔ་པ་དང་། མཐུན་པ་དང་། བཀྲ་ཤིས་པ་དང་། གནོད་པ་སྤོང་བའི་གསོ་སྦྱོང་ངོ་། །འདིར་སྐབས་སུ་བབ་པ་བསླབ་པ་སྦྱོང་བྱེད་ནི་དང་པོ་གཉིས་ཡིན་ལ། ཕྱི་མ་གསུམ་གྱི་དགོས་པ་ནི་རང་རང་གི་མིང་གིས་བསྟན་པ་དེའོ། །དེ་ཡང་གཉིས་པོ་གང་ཡིན་ཀྱང་ཚེས་བཅོ་ལྔ་ཁོ་ན་ལ་བྱེད་པས་ཁྱབ་ཅིང་། བཅུ་བཞི་པ་ནི་མར་ངོའི་ཚེས་བཅོ་ལྔ་ཁོ་ན་ལ་བྱེད་པར་ངེས་ལ། བཅོ་ལྔ་པ་ནི་ཡར་ངོ་དང་མར་ངོ་གཉིས་ཀ་ལ་འབྱུང་ངོ་། །བཅུ་བཞི་པ་འབྱུང་བའི་དུས་ནི། ཇི་སྐད་དུ། རྒྱལ་དང་དབོ་དང་ས་ག་ཅན། །ཆུ་སྟོད་ཁྲུམས་དང་སྨིན་དྲུག་ཅན། །འདི་རྣམས་ཀྱི་ནི་ནག་པོའི་ཕྱོགས། །ཟླ་ཕྱེད་གསོ་སྦྱོང་བཅུ་བཞི་པ། །ཞེས་སོ། །དེ་ལྟར་བཤད་པ་དེ་ནི་དུས་ཚིགས་དྲུག་ཏུ་བྱས་ནས་དྲུག་པོ་རེ་རེ་ལ་བཅུ་བཞི་པ་རེ་རེ་འབྱུང་བས་ན་བཅུ་བཞི་པ་དྲུག་ཡིན་ལ། དྲུག་པོ་ཟླ་བ་དེ་དང་དེའི་མར་ངོ་ལ་འབྱུང་བའི་ཤེས་བྱེད། ཇི་སྐད་དུ། ཉིན་ཞག་གཅིག་གིས་མི་ཚོག་པར་བྱའོ། །དུས་ཚིགས་རྣམས་ཀྱི་ཟླ་བ་ཕྱེད་ལུས་པ་ཉིད་ལའོ། །ཞེས་དུས་ཚིགས་དྲུག་པོའི་ཟླ་བ་ཕྱེད་དང་གཉིས་ཐལ། ཕྱེད་

ཤུལ་དུ་ལུས་པའི་བར་དེར་འབྱུང་བར་བཤད་ལ། དུས་དེ་ནི་སྐར་མ་རྒྱལ་ལ་སོགས་པ་ཉ་བའི་མར་ངོའི་བཅོ་ལྔ་ཉིད་དུ་ངེས་པ་ལ་ཐུག་གོ། དེ་ཡང་། མགོ་དང་རྒྱལ་ནི་དཀྱུན་སྟོད་ཀྱི་དུས། མཆུ་དང་དབོ་ནི་དཀྱུན་སྨད་དུས། ནག་པ་དང་ས་ག་ནི་དབྱིད་ཀྱི་དུས། སྣྲོན་དང་ཆུ་སྟོད་ནི་སོ་ཀའི་དུས། གྲོ་བཞིན་དང་ཁྲུམས་ནི་དབྱར་གྱི་དུས། ཐ་སྐར་དང་སྨིན་དྲུག་ནི་སྟོན་གྱི་དུས་སོ། །དེ་ལྟར་ན་མར་ངོ་ལ་ཕྱེད་དང་གཉིས་འདས་ཇི་ལྟར་འབྱུང་ཞེ་ན། ཟླ་བ་ཐམས་ཅད་ཀྱི་མར་ངོ་སྔ་བས་ཐམས་ཅད་ཀྱི་ཚེ་ཡར་ངོའི་ཟླ་བ་ཕྱེད་པོ་དེ་ཤུལ་དུ་ལུས་པའོ། །དཔེར་ན་ཧོར་ཟླ་དགུ་པའི་ཚེས་བཅོ་ལྔས་དབྱུག་པའི་ཟླ་བ་རྫོགས་ནས། དེའི་ཚེས་བཅུ་དྲུག་ནས་སྨིན་དྲུག་ཅན་གྱི་ཚེས་གཅིག་ཡིན་ལ། དེའི་གནམ་སྟོང་གི་ཉིན་སྨིན་དྲུག་ཅན་གྱི་མར་ངོའི་བཅོ་ལྔ་ཡིན་པ་དེ་ལ་སྟོན་དུས་ཀྱི་གསོ་སྦྱོང་བཅུ་བཞི་པ་འབྱུང་། དེའི་ཕྱི་ཉིན་ཧོར་ཟླ་བཅུ་པའི་ཚེས་གཅིག་ནས་བཅོ་ལྔའི་བར་ནི་སྨིན་དྲུག་ཅན་གྱི་ཡར་ངོ་དང་། སྟོན་དུས་ཀྱི་ཟླ་ཕྱེད་ཤུལ་དུ་ལུས་པ་དེའོ། །དེ་བཞིན་དུ་སྦྱར་བས་ཧོར་ཟླ་བཅུ་གཅིག་པར་མར་ངོ་ལ་དཀྱུན་སྟོད་ཀྱི་དང་། དང་པོའི་མར་ངོ་ལ་དཀྱུན་སྨད་ཀྱི་དང་། གསུམ་པའི་མར་ངོ་ལ་དབྱིད་ཀྱི་དང་། ལྔ་པའི་མར་ངོ་ལ་སོས་ཀའི་དང་། བདུན་པའི་མར་ངོ་ལ་དབྱར་གྱི་གསོ་སྦྱོང་མི་ཐུབ་པ་དེ་བྱས་ནས། བརྒྱད་པའི་ཡར་ངོ་ནི་དབྱར་དུས་ཀྱི་ལྷག་མ་ལུས་པ་དེའོ། །དེ་ལྟ་ཡིན་པ་དེའི་ཕྱིར་ཧོར་ཟླ་དྲུག་པའི་བཅོ་ལྔས་ཆུ་སྟོད་ཀྱི་ཟླ་བ་རྫོགས་ནས། དེའི་བཅུ་དྲུག་ནི་གྲོ་བཞིན་ཅན་གྱི་ཚེས་གཅིག་ཏུ་བཞག་ནས་ཚིག་ལེར། གྲོ་བཞིན་ཅན་གྱི་ཚེས་གཅིག་ནས། །སྔ་མའི་དབྱར་དེ་གཙོ་བོ་ཡིན། །དེ་ཉིད་ཁྲུམས་ཀྱི་ཟླ་བ་ཡི། །ཚེས་གཅིག་ནས་ནི་ཕྱི་མར་གྲགས། །ཞེས་དབྱར་སྔ་ཕྱིའི་ཁས་ལེན་གྱི་དུས་གསུངས་པ་ལ་སྒྲ་ཇི་བཞིན་པ་འདི་ཡང་དེང་སང་གི་དུས་སུ་འཕྱིས་པའི་སྐྱོན་ཡོད་པས་དཀའ་བའི་གནས་སུ་གྱུར་མོད། དེ་ལས་ཀུང་བོད་ཕྱི་མ་རྣམས་ཧོར་ཟླ་བཅུ་པ་རྟེལ་པོ་སྨིན་དྲུག་གི་ཟླ་བར་བྱས་ནས། དེའི་བཅུ་དྲུག་གི་ཚེ་ལོ་མགོ་ངོས་འཛིན་པ་དང་། གྲོ་བཞིན་ཅན་གྱི་ཚེས་གཅིག་ནས། ཞེས་པ་ཧོར་ཟླ་དྲུག་པའི་ཚེས་བཅུ་དྲུག་གི་ཉིན་ལ་ངོས་འཛིན་པ་ནི། ནང་འགལ་བ་ཡིན་ཏེ། ཁྱེད་ལྟར་ན་ཧོར་ཟླ་བདུན་པ་རྟེལ་པོ་ལ་གྲོ་བཞིན་ཅན་དུ་འདོད་དགོས་པའི་ཕྱིར།

རང་གི་འདོད་པ་ནི། བཅུ་བཞི་པའི་གསོ་སྦྱོང་གི་དུས་ནི་སྒྲ་ཇི་བཞིན་པ་དེ་ལྟར་ཁས་བླངས་པས་ཆོག་པ་ཡིན་ཏེ། དེ་ལྟར་ངོས་འཛིན་པ་སླ་ཞིང་། དོན་ལ་འཁྲུལ་བ་མི་འབྱུང་བའི་ཕྱིར་ཉ་སྐར་གྱི་མིང་ཅན་གྱི་ཟླ་བ་དེ་དག་སྐར་མ་དང་ཇི་ལྟ་བ་བཞིན་དུ་འགྲིག་པའི་ཚེ་དེ་ལྟར་ཁས་བླངས་པས་ཆོག་མོད། ཐམས་ཅད་དུ་མ་ཡིན་ཏེ། དེ་ཇི་བཞིན་འགྲིག་པ་ལོ་གསུམ་ཐེངས་རེ་ལས་མི་འབྱུང་བའི་ཕྱིར། འདི་ཡང་རྒྱས་པར་འོག་ནས་འབྱུང་ངོ་། །ཆོས་བཅོ་ལྔ་ལ་བྱེད་པར་ངེས་ན་བཅུ་བཞི་པར་འགལ་ལོ་ཞེ་ན། ཉེས་པ་མེད་དེ། གསོ་སྦྱོང་ སྔ་མ་ཟིན་ནས་ཉིན་

ཞག་བཅུ་བཞི་པ་དེའི་སྟེང་དུ། ཆོས་ཀུང་བཅོ་ལྔར་སྦྱིབ་པ་དེ་འདྲ་བ་ལོ་གཅིག་ལ་དྲུག་འགྱུར་ལ། དེའི་ཚེ་ཆོས་བཅོ་ལྔར་སྦྱིབས་ཀྱང་ཉིན་ཞག་བཅུ་བཞི་པའི་སྟེང་ཉིད་དུ་ངེས་པའི་ཕྱིར། ཆོས་བཅོ་ལྔར་འདྲ་བ་ལ་ཉིན་ཞག་བཅོ་ལྔར་སྦྱིབ་མ་སྦྱིབས་ཀྱི་ཁྱད་པར་འགྱུར་བ་ཅི་ཞེ་ན། ཉིན་ཞག་ནི་ཡུད་ཙམ་སུམ་ཅུར་ངེས་པས་ཡུན་རིང་ལ། ཆོས་ཞག་ལ་ནི་ཡུད་ཙམ་ཕྱེད་དང་སུམ་ཅུ་ལས་མེད་པས་ཉིན་ཞག་ལས་ཡུན་ཐུང་བའི་རྒྱུ་མཚན་གྱིས་ཆོས་ཞག་གིས་ཟླ་བ་གཉིས་ལོངས་པ་ན། ཉིན་ཞག་གི་ཟླ་བ་གཉིས་སུ་ཞག་གཅིག་མ་ཚང་བ་ལ་ཐུག་གོ། དེ་ཡང་ཉིན་ཞག་ནི་དེ་རིང་གི་ནམ་ལངས་ནས་སང་ཉི་མ་ལྷང་ཁའི་བར་ཡིན་ལ། ཆོས་ཞག་ནི་ཟླ་བ་འཕེལ་འགྲིབ་ཀྱི་ཆ་རེ་རེ་ལ་ངོས་འཛིན་པས་ཆ་དེ་འདྲ་སུམ་ཅུར་ཚང་བ་ན་ཆོས་ཟླ་གཅིག་གོ། རིང་ཐུང་གི་ཁྱད་པར་འདི་ཡང་མངོན་སུམ་གྱིས་གྲུབ་པ་ཡིན་ཏེ། གནམ་སྟོང་གི་ཚེ་ཉི་ཟླ་གཉིས་ཁ་སྦྱར་དུ་ཡོད་པ་ལ། དེ་ནས་བགྲངས་པའི་ཉིན་ཞག་ཉེར་དགུ་མ་ལོངས་ཙམ་ན་ཡང་ཟླ་བའི་ཆ་ཤས་གང་ཡོད་ཉི་མར་ཐིམ་པའི་ཕྱིར། འདི་ཡང་ཉིན་ཞག་ཕྱེད་དང་སུམ་ཅུ་ཚང་བ་ན་ཡར་ངོའི་ཆ་ཤས་རེ་རེ་འགྱུར་བར་མངོན་སུམ་གྱིས་གྲུབ་པའོ། །དུས་དེར་ཉིན་ཞག་གིས་ཆོས་ཞག་གི་དོད་མ་ཐུབ་པ་ཞེས་ཀྱང་བྱ་སྟེ། ཆོས་ཞག་སུམ་ཅུར་ལོངས་པ་ན་ཉིན་ཞག་ཕྱེད་དང་སུམ་ཅུ་ལས་མ་བྱུང་བས་སོ། །དེའི་ཕྱིར་གསོ་སྦྱོང་འདི་ལ་མི་ཐུབ་པ་ཞེས་བྱའོ། །

གཉིས་པ་ལ། གང་དུ་བྱ་བའི་གནས་དང་། ཇི་ལྟར་བྱ་བའི་ཆོ་གའོ། །དང་པོ་ལ། གནས་ལ་བློ་མཐུན་བྱ་བ་དང་། མཚམས་བཅད་པའོ། །དང་པོ་ནི། གསོ་སྦྱོང་ལ་འདུ་བར་འོས་པའི་དགེ་སློང་ཐམས་ཅད་ཀྱིས་གང་དུ་གསོ་སྦྱོང་བྱ་བའི་གནས་ངེས་པ་ཅན་ཞིག་ལ་བློ་མཐུན་པར་བྱ་དགོས་ཏེ། གཞན་དུ་ན་གསོ་སྦྱོང་གི་ཉིན་གང་དུ་འདུ་བའི་ངེས་པ་མི་ཤེས་པ་དང་། གནས་རང་རང་གི་འདོད་པས་བཏགས་ན་ལོང་ལོང་པོར་འགྱུར་བའི་ཕྱིར། འོ་ན་དགེ་འདུན་གྱི་ལས་ཐམས་ཅད་ལ་གནས་ཀྱི་བློ་མཐུན་ལོགས་པ་རེ་དགོས་སམ་ཞེ་ན། བོད་ཀྱི་འདུལ་འཛིན་རྣམས་དགོས་པར་འདོད་མོད་ཀྱང་། གསོ་སྦྱོང་གི་གནས་ལ་བློ་མཐུན་བྱས་པའི་ས་དེར་ལས་གཞན་གང་བྱེད་ཀྱང་བློ་མཐུན་ལོགས་སུ་མི་དགོས་ཏེ། གསོ་སྦྱོང་གི་དེ་ཉིད་ཀྱིས་གོ་ཆོད་པའི་ཕྱིར། དེ་སྐད་དུ་ཡང་། ལས་གཞན་གྱི་གནས་ཀྱང་དེ་ཡིན་ནོ། །ཞེས་སོ། །

གཉིས་པ་ནི། བློ་མཐུན་གང་དུ་བྱས་པའི་གནས་དེ་ནས་རྒྱ་ཆེ་བའི་ཚད་ཕྱོགས་ཕྱོགས་སུ་དཔག་ཚད་ཕྱེད་དང་གསུམ་གྱི་མཐའ་ཚུན་ཆད་དུ་མཚམས་པོ་ཆེ་གཅོད་པ་དང་། དེར་ཆོས་གོས་དང་མི་འབྲལ་བའི་གནང་སྦྱིན་པའི་བསླབ་བྱར་བྱེད་པ་དང་། དེའི་ཚེ་མཚམས་དེ་ལས་འདས་པར་སྐྱ་རེངས་ཤར་ན། འབྲལ་སྤང་དུ་འགྱུར་བ་དང་། མཚམས་གཅོད་པའི་ཚེ་དེར་གཏོགས་ཀྱི་དགེ་སློང་རྣམས་དངོས་སུ་འདུ་དགོས་ཀྱི་འདུན་པ

ཕུལ་བས་མི་ཆོག་པ་དང་། དམིགས་བསལ་ལ། བསླབ་སྦྱིན་དང་སློས་པའི་གནང་བ་ཐོབ་པ་དངོས་སུ་འདུ་མི་དགོས་པ་དང་། ཡང་མཚམས་བུ་ཆུང་མང་པོ་སོ་སོར་གཅོད་པ་དང་། ཡང་དེ་ཐམས་ཅད་མཚམས་ཆེན་གཅིག་གིས་བསྐོར་བ་དང་། དེ་ལྟར་བསྐོར་བའི་ཚེ་མཚམས་ཆུང་སོ་སོ་དགྲོལ་མི་དགོས་པ་དང་། མཚམས་ཆེན་གྱི་ནང་དུ་མཚམས་ཆུང་སོ་སོར་གཅོད་པའི་ཚེ་སྔ་མ་དགྲོལ་དགོས་པ་དང་། སྔགས་ཚིག་གཅིག་གིས་མཚམས་གཉིས་བཅད་དུ་རུང་བ་དང་། དེ་ལྟར་དགྲོལ་དུ་རུང་བ་ཡང་གསུངས་སོ། །མཚམས་གཅོད་པའི་ལས་བྱེད་པ་ན༑ བརྗོད་པ་པོ་འདུལ་བ་འཛིན་པ་དེ་མཚམས་ནང་དེར་མ་གཏོགས་ཀྱང་སྐྱོན་མ་ཡིན་ལ། འདུས་པ་གཞན་རྣམས་ནི་རང་རང་གི་མཚམས་དེར་གཏོགས་པ་དགོས་སོ། །མཚམས་ནང་དེ་ན་ཁྱིམ་པའི་གྲོང་ལ་སོགས་པ་མང་པོ་ཡོད་ཀྱང་། དེའི་ཉེ་འཁོར་དང་བཅས་པ་དགེ་འདུན་གྱི་མཚམས་སུ་མི་གཏོགས་ཤིང་། དེར་དགེ་སློང་གནས་པ་དག་གིས་མ་འདུས་པའི་མི་མཐུན་པ་སྐྱེས་པར་ཡང་མི་འགྱུར་རོ། །མཚམས་ནང་དེ་ན་དགེ་སློང་མའི་དགེ་འདུན་གྱི་གཡར་ཁང་ཡོད་ན་ཡང་དེ་དང་འདྲ་བར་བཤད་དོ། །འོན་མཚམས་ནང་དེར་རྒྱལ་པོ་ལ་སོགས་པས་དགེ་སློང་ཞིག་ཆོས་བཅོ་ལྔའི་ཚེ་བཟུང་ན་དེ་གཏོང་བའི་ཕྱིར་འབད་དགོས་པ་དང་། འབད་ཀྱང་མ་བཏང་ན་དཀྱིལ་འཁོར་བར་བློ་མཐུན་བྱེད་དགོས་པར་བཤད་པ་སོགས་ཅི་ཞེ་ན། དེ་ནི་ལས་མི་འཆགས་པས་མ་ཡིན་གྱི༑ དེ་མ་འདུས་ན་དགེ་འདུན་དབྱེན་གྱི་ཉེས་པར་འགྱུར་གྱིས་དོགས་ནས་བཏང་པའི་ཆེད་དུ་འབད་དགོས་པར་བཤད་པའོ། །དེ་དང་འདྲ་བར་མཚམས་ནང་དེ་གློ་བུར་བའི་དགེ་སློང་ཡོད་པར་ཤེས་པའམ་འཁྲིགས་ནས་གསོ་སྦྱོང་བྱས་ན་མི་མཐུན་པར་བཤད་པ་ཡང་མ་འདུས་པའི་མི་མཐུན་པ་སྐྱེད་པ་ལ་བསམས་པ་མ་ཡིན་ཏེ། དེ་སྐྱེད་པ་ལ་མཚམས་ནང་དེར་གཏོགས་པ་དགོས་ཤིང་། གློ་བུར་བ་ནི་མཚམས་དེ་གཅོད་པ་ལ་མི་གཏོགས་པའི་ཕྱིར། མཚམས་དེ་གཅོད་པ་ལ་གཏོགས་ཤིང་ཁ་སྐོང་དུ་འོས་པ་ཞིག་མཚམས་ནང་དེའི་ལས་ལ་མ་འདུས་པར་མཚམས་དེར་མི་གཏོགས་པའི་དགེ་སློང་ཁ་སྐོང་དུ་འོས་པ་ཞིག་གིས་གྲངས་ཚང་གི་ཁ་བསྐང་ནས་ལས་དེ་བྱས་ན༑ མི་མཐུན་པར་མ་ཟད། མི་འཆགས་པ་ཡིན་ཏེ། ལས་གྲལ་དེར་མེད་དུ་མི་རུང་བའི་དགེ་སློང་གིས་ཁ་མ་བསྐང་བའི་ཕྱིར། མཚམས་དེར་གཏོགས་ཀྱི་ཁ་བསྐོང་གྲངས་ཚང་དུ་ཡོད་ན་ནི། དེ་འདྲ་བ་གཞན་མ་འདུས་ན་མི་མཐུན་པར་འགྱུར་མོད། མི་འཆགས་པ་མ་ཡིན་ཏེ། ལས་དེ་ལ་དགེ་འདུན་གྱི་ཚད་དག་ཏུ་ཞེས་སོགས་ཀྱི་ཕྱིར་རོ། །མཚམས་འཇིག་པའི་རྒྱུ་ནི་དྲུག་སྟེ། མཚན་མ་ཞིག་པ་དང་། ལས་ཀྱི་བཤིག་པ་དང་། མཚམས་གཞན་ཞུགས་པ་དང་། དགེ་སློང་མེད་པ་དང་། མཚམས་ཀྱི་ནང་ན་གནས་པའི་དགེ་སློང་དེ་དག་དགེ་སློང་མ་ཡིན་པར་གྱུར་པ་དང་། རེ་བ་མེད་པའོ། །འདིར་སྔ་རབས་པ་དག་ལས་མཚམས་བཅད་པ་ན་རྩིག་མཚམས

ཞིག་པ་ཡིན་ཏེ། མཚམས་མ་བཅད་པའི་གནས་སུ་ལས་ལ་རྒྱུགས་པ་མཚམས་ཡིན་ནོ་ཞེས་པའི་ཤུགས་ལས་གསལ་བས་སོ། དེས་ན་ཆོས་གོས་དང་མི་བྲལ་བའི་གནང་བ་སྒྲུབ་པའི་བསླབ་བྱར་བྱེད་དགོས་ཏེ། རྒྱུག་མཚམས་ཞིག་པས་འབྲལ་བའི་ས་མཚམས་གཞན་བཟུང་དུ་མེད་པའི་ཕྱིར། གལ་ཏེ་ཇི་སྐད་དུ། མཚམས་བྱས་པ་ལ་ནི་མཚམས་གནས་ཀྱི་མཐའོ། །ཞེས་པས་འབྲལ་བའི་ས་མཚམས་བཟུང་བ་མ་ཡིན་ནམ་ཞེ་ན། དེ་ལྟར་ན་ཆོས་གོས་དང་མི་འབྲལ་བའི་གནང་བ་དེ་ཅི་དགར་འཇུག་པའི་གནང་བ་ཉིད་དུ་ཡང་སྟེར་མི་དགོས་པར་འགྱུར་ཏེ༑ ལས་མཚམས་འདི་ཉིད་ཀྱིས་འབྲལ་བའི་མཚམས་བཟུང་བའི་ཕྱིར། ཞེས་ལས་མཚམས་དང་ཆོས་གོས་ཀྱི་མཚམས་མི་གཅིག་པར་བཞེད་དོ། །བྱ་འདུལ་བ་འཛིན་པ་ནི། མཚམས་ཆེན་བཅད་པའི་ཚེ་གསོ་སྦྱོང་ལ་སོགས་པའི་ལས་ལ་རྒྱུག་མཚམས་ཞིག་ཀྱང་། ཆོས་གོས་ལ་རྒྱུག་མཚམས་ཞིག་པ་མ་ཡིན་ཏེ། ཆོས་གོས་དང་ལས་ལ་འདུ་བ་མཚམས་མི་གཅིག་པའི་ཕྱིར། དེས་ན་རྒྱུག་མཚམས་ཀྱི་ཕྱི་རོལ་དུ་མི་འབྲལ་བའི་གནང་བ་བྱིན་ན་འབྲལ་བར་མི་འགྱུར་ལ། གནང་བ་དེ་ཆགས་པ་ནི་མཚམས་པོ་ཆེ་ལ་ལྟོས་པ་ཡིན་ཏེ། ཇི་སྐད་དུ། དེར་གནང་བ་བྱས་ན་ཆོས་གོས་དག་དང་འབྲལ་བར་མི་འགྱུར་རོ། །ཞེས་པས་སོ། །གནང་བ་དེ་བྱས་ནས་ནི་ལས་མཚམས་ལས་འདས་ཀྱང་འབྲལ་བར་མི་འགྱུར་རོ། །ཞེས་གསུངས་སོ། དེ་ལྟར་ན་སྣམ་སྦྱར་དང་མི་འབྲལ་བའི་གནང་བ་ཡང་ལས་མཚམས་ལ་ལྟོས་པ་དང་། དེ་དེ་ལ་མི་ལྟོས་ན་སྔ་མའང་དེ་ལ་མི་ལྟོས་པར་ཐལ་བ་མཚུངས་ཏེ། གཉིས་ཀ་མཚམས་ཀྱི་ཕྱི་ནང་ཀུན་ཏུ་མི་འབྲལ་བར་གནང་བར་ཁས་བླངས་པའི་ཕྱིར། དེས་ན་མི་མཚུངས་པའི་ཤེས་བྱེད་དཔྱད་དགོས་ལ། དེ་ལྟར་དཔྱད་པ་ན་ཆོས་ཀྱི་ལོངས་སྤྱོད་གཅིག་པ་དེ་གནས་ཀྱི་གཙོ་བོ་ཡིན་པས་རྒྱུག་མཚམས་ཐལ་ཀྱང་འབྲལ་བར་མི་འགྱུར་ལ། དེ་ལྟ་ན་ཡང་བཅས་པའི་ས་མཚམས་ཟིན་པའི་ཕྱིར་དུ་མི་འབྲལ་བའི་སྣང་བ་ཞེས་པའི་ཚིག་དེ་ངེས་པར་བྱ་དགོས་པས་དེ་བྱེད་པ་སྒྲུབ་པའི་བསླབ་པ་དང་། དེ་བྱས་ཕྱིན་ཆད་རྒྱུག་མཚམས་ཀྱི་ཕྱི་རོལ་དུ་ཡང་འབྲལ་བ་མི་འགྱུར་བ་ནི་དགོས་པའོ། །གནང་བ་དེས་བྱས་ན་ནི་རྒྱུག་མཚམས་ཀྱི་ཕྱི་རོལ་འབྲེལ་བར་འགྱུར་ཏེ། གནང་བ་མ་ཐོབ་པའི་ཕྱིར། མཚམས་ཆེ་ཆུང་གི་ནང་དུ་ནི་འབྲལ་བར་མི་འགྱུར་ཏེ། ཆོས་ཀྱི་ལོངས་སྤྱོད་གཅིག་པའི་གནས་སུ་གྱུར་བའི་ཕྱིར་རོ། །

གཉིས་པ་ཇི་ལྟར་བྱ་བའི་ཚིག་ལ། སྔོན་འགྲོ་དང་། དངོས་གཞིའོ། །ལས་ལ་མ་འདུས་གོང་དུ་དང་། འདུས་ནས་བྱ་བའོ། །དང་པོ་ནི། ཡར་ངོ་དང་མར་ངོའི་ཆོས་བཅོ་ལྔའི་ཚེ་ཐོག་མར་རང་རྒྱུད་ལ་སོ་སོར་བརྟག་པར་བྱ། ཇི་ལྟར་དུ་ན། གསོ་སྦྱོང་སྔ་མ་ཟིན་ནས་དེ་རིང་གི་བར་ལུས་ངག་གི་བཅས་པ་དང་འགལ་བ་བྱུང་ངམ་མ་བྱུང་། བྱུང་ན་ཇི་ལྟ་བུ་ཞིག་ཅེས་དྲན་པ་དང་ཤེས་བཞིན་ཉེ་བར་བཞག་སྟེའོ། །བྱུང་བར་ཤེས་ན། བཤགས

པར་འོས་པ་རྣམས་བཤགས། ཡིད་ཀྱིས་བསྡམས་པས་འདག་པ་རྣམས་བསྡམས། བྱིན་གྱིས་བརླབས་པར་འོས་པ་རྣམས་བྱིན་གྱིས་བརླབས་པའོ། །དང་པོ་ནི། སྤྱིར་ལྟུང་བ་ཐམས་ཅད་བཤགས་པར་འོས་པ་ཡིན་མོད། ཉི་མ་དེ་ཉིད་ལ་གང་ཟག་གཅིག་གི་མདུན་དུ་བཤགས་པས་འདག་པ་དང་། མང་པོའི་མདུན་དུའོ། །དང་པོ་ནི། ལྟུང་བྱེད་འབའ་ཞིག་པ་དང་། སོར་བཤགས་དང་། བཤགས་པར་བྱ་བའི་ཉེས་བྱས་རྣམས་ཡིན་ལ། གཉིས་པ་ནི་ཕམ་ལྷག་གི་སྡོམ་པོ་རྣམས་སོ། །དེ་ཡང་ཕམ་པར་གཏོགས་པའི་སྡོམ་པོ་ནི། མཚམས་ནང་དེ་ན་དགེ་སློང་དྲུག་ཡན་ཆད་དུ་ཡོད་ན་མཚམས་ནང་གི་དགེ་འདུན་རིམ་སུ་མ་བཅད་པ་ལ་བཤགས་པས་འདག །ལྷག་མའི་སྡོམ་པོ་ནི་མཚམས་དེར་དགེ་སློང་ལྔ་ཡན་ཆད་དུ་ཡོད་ན། དེ་ལ་སོགས་པ་རིམ་སུ་བཅད་པའི་མདུན་དུ་བཤགས་པས་ཀྱང་འདག །ཕམ་ལྷག་གི་དངོས་གཞིར་མ་སླེབ་པའི་ཉེས་པ་བཤགས་ཡུལ་མ་ཚང་བ་རྣམས་དང་། ལྷག་མའི་དངོས་གཞི་འཆབ་བཅས་དང་འཆབ་མེད་གང་ཡིན་ཀྱང་རུང་བ་དང་། སྤང་བ་ལྟུང་བྱེད་རྣམས་ནི་བྱིན་གྱིས་རླབ་དགོས་པ་ཡིན་ཏེ། ཉི་མ་དེ་ལ་བཤགས་པའི་རྐྱེན་མ་ཚང་བའི་ཕྱིར་དང་། ལྷག་མ་ལ་ནི་སྤོ་བ་དང་མགུ་བ་ཅི་རིགས་པར་སྤྱད་དགོས་པའི་ཕྱིར་དང་། སྤང་ལྟུང་ལ་ནི་ལྟུང་བ་དེའི་རྒྱུར་གྱུར་གྱི་རྫས་དེ་ཞག་གཅིག་སྤང་དགོས་པའི་ཕྱིར། སྡེ་ལྔའི་ལྟུང་བ་གང་དུ་གཏོགས་ཀྱང་རུང་། མཚམས་ནང་དེའི་དགེ་འདུན་ཐམས་ཅད་ལ་བྱུང་ན། བྱིན་གྱིས་རླབས་པར་བྱ་དགོས་ཏེ། མཚམས་ནང་དེ་ན་བཤགས་ཡུལ་མེད་པའི་ཕྱིར་དང་། ཇི་སྐད་དུ། བྱིན་གྱིས་བརླབས་པས་དག་པ་ཉིད་དུ་འགྱུར་རོ། །ཞེས་ལས་ལ་མི་སྒྲིབ་པ་ཙམ་ལ་དག་པའི་མིང་གིས་བཏགས་ནས་གསུངས་པས་སོ། །འདི་ནི་གསོ་སྦྱོང་གི་ལས་དངོས་གཞི་ལ་མ་འདུས་པའི་གོང་དུ་གཉེར་བརྟུངས་ནས་ངེས་པར་བྱ་དགོས་ཏེ། དགེ་འདུན་མཐའ་དག་གི་ལས་ཡིན་པའི་ཕྱིར། དེ་ཉིད་དང་འབྲེལ་ཆགས་པའི་སྤྱི་རོལ་དེར་བཤགས་བསྡམ་དང་། ཐུན་མོང་མ་ཡིན་པ་བྱིན་གྱིས་རླབ་པ་རྣམས་བྱའོ། །ལྟུང་བ་གང་བཤགས་ཀྱང་འདི་ཉིད་ཀྱི་མིང་དང་རིགས་ནས་བརྗོད་དགོས་ཀྱི། སོ་སོར་ཐར་པའི་སྡོམ་པ་དང་འགལ་བ་ཞེས་དང་། ཉེས་པ་ཅི་དང་ཅི་བྱུང་བ་ཞེས་ལྷ་བུས་ཚོག་པ་མ་ཡིན་ཏེ། ཇི་སྐད་དུ། མིང་དང་རིགས་དང་ལྡན་པར་བརྗོད་ན་ལྟུང་བ་ལས་སོ། །ཞེས་གསུངས།

གཉིས་པ་དགེ་འདུན་འདུས་པའི་སྦྱོར་བ་ལ། གནས་ལ་བློ་མཐུན་བྱ་བ། སོ་སོར་ཐར་པའི་མདོའི་བསྟོད་པ་དང་། གསོལ་བ་དང་། རྣམ་པར་བཞག་པ་འཛིན་དུ་བཞུག་པ་རྣམས་སོ། །དང་པོ་ནི། མཚམས་ཆེ་ཆུང་བཅད་པའི་སར་བྱེད་ན། མཚམས་དེའི་དབུས་དྲུང་པོ་ཐམས་ཅད་ཀྱིས་འཁོས་བཏིང་བ་ཞིག་ཏུ། ཚོ་ག་གསོལ་བ་དང་གཉིས་ཀྱིས་སོ། །བློ་མཐུན་འདི་དང་རུང་ཁང་ནི་ཉེ་འཁོར་དང་བཅས་པ་ཞིག་བྱིན་གྱིས

བསླབས་ཀྱང་། མཚམས་ཟུར་དུ་བྱེད་པ་མ་ཡིན་པས། མཚམས་ཆེན་མ་དགྲོལ་བར་མཚམས་ཆུང་བཅད་པ་ལྟ་བུའི་དཀའ་གནས་མི་འབྱུང་ཞིང་། སྤྱིར་མཚམས་ནང་དེ་ན་དགེ་སློང་ཡོད་པ་ཙམ་གྱིས་ཆོག་གི། སྡུད་བྱེད་ཀྱི་དགེ་སློང་ལོགས་པ་སོགས་དགོས་པ་མ་ཡིན་ནོ། །

གཉིས་པ་ལ། མདོའི་བསྟོད་པ་དངོས་དང་། དུས་བརྗོད་པ། བག་ཡོད་ལ་གདམས་པ། དགེ་བསྙོས་ཀྱི་ཚུལ་ཞིང་ བྲིས་ནས་དགེ་འདུན་བགྲང་བ། ནད་པ་ལྟ་བུ་མ་ལྷགས་པ་ཡོད་ན་འདུན་པ་དང་ཡོང་དག་འབུལ་ལམ་ཞེས་དྲིས་ནས་ལེན་པ། བླངས་ནས་ལེན་པ་པོས་དགེ་འདུན་གྱི་ནང་དུ་བརྗོད་པ། དེ་ནས་གནས་བརྟན་གྱིས་སོ་ཐར་གྱི་མདོ་ཉན་པར་གདམས་པ། དེ་ནས་མདོ་འདོན་པ་པོ་གནས་བརྟན་གྱིས་གསོལ་བ་འབའ་ཞིག་པའི་ལས་ཀྱི་དགེ་འདུན་ཐུགས་བསྐུན་པ། དེ་ནས་རྣམ་པར་བཞག་པ་འཛིན་དུ་བཞུག་བཅས་པའི་གོ་བ་ནི། ཁོ་བོས་མདོ་འདོན་པ་སྔོ་ཚན་ལྔ་པོའི་བར་སྐབས་སུ་ཁྱེད་ཡོངས་སུ་དག་གམ་ཞེས་དྲིས་པའི་ཚེ། ལྟུང་བ་སྔོ་ལྔའི་ནང་ནས་གང་བྱུང་བ་དེ་འདི་བྱུང་ཞེས་མཐོལ་ཤིག །མ་མཐོལ་ན་གསོ་སྦྱོང་གི་ཕན་ཡོན་མེད་ཀྱི་སྟེང་དུ་ཤེས་བཞིན་དུ་རྫུན་དུ་སྨྲ་བའི་ཉེས་པས་གོས་པར་འགྱུར་རོ་ཞེས་པ་སྟེ། སྔགས་ཀྱིས་ཚིགས་རྣམས་ནི་མདོ་དང་ལས་བརྒྱ་བཞིན་ནོ། །

གཉིས་པ་དངོས་གཞི་ནི། གནས་བརྟན་གྱིས་སོ་སོར་ཐར་པའི་མདོ་ཚིག་ཕྱེད་ཀྱང་མ་འཁྲུལ་བར་ཁ་བཏོན་དུ་ཐོན་པས་འདོན་དགོས་པ་ཡིན་གྱི། དཔེ་གློག་ལྟ་བུ་ཆོག་པ་མ་ཡིན་ཏེ། ཇི་སྐད་དུ། ལེགས་པར་ཐོན་པས་འདོན་ཏེ། ཚིག་ཕྱེད་ཀྱང་མ་འཁྲུལ་བ་ཉིད་ནའོ། །ཞེས་གསུངས་སོ། །མདོ་ཚང་མ་ཉིད་རེས་པར་འདོན་དགོས་སམ་ཞེ་ན། མདོ་འདོན་པ་ནི་རྣམ་པ་ལྔར་གསུངས་ཏེ། གླེང་གཞི་འདོན་པ་དང་། ཕམ་པ་དང་། ལྷག་མ་དང་། མ་ངེས་པ་དང་། རིལ་གྱིས་འདོན་པའོ། །དེ་གང་ཞེ་ན། ལྟུང་བྱེད་ཀྱི་སྡེ་ཚན་དུ་སླེབ་ན་ལྷག་མ་མ་ལུས་པར་འདོན་དགོས་པའོ། །དེ་ལྟ་མོད་ཀྱི། གླེང་གཞི་དང་གསོལ་བ་ནི་མེད་མི་རུང་དུ་འདོན་དགོས་ཏེ། ཇི་སྐད་དུ༑ གླེང་གཞི་འདོན་པ་དང་གསོལ་བ་ནི་ཚིག་ཏུ་བརྗོད་པ་ཉིད་ཀྱིས་བསྒྲུབ་པར་བྱ་བ་ཉིད་ཡིན་ནོ། །ལྷག་མ་ནི་ཐོས་པ་བསྒྲགས་པས་ཀྱང་ངོ་། །ཞེས་སོ། །གནས་དེར་གསོ་སྦྱོང་གི་ཚེ་དགེ་སློང་བཞིར་མ་ཚང་ན་ཇི་ལྟར་བྱ་སྙམ་ན། བྱིན་གྱིས་རླབས་པར་བྱ་བའམ། ཡང་ན་གསོ་སྦྱོང་ཡོད་པའི་གནས་སུ་འགྲོ་བར་བྱའོ། །གཞུང་ལས། ཇི་སྐད་དུ། སའོངས་པ་རྣམས་ཀྱི་དོན་དུ་དེ་གཉིས་ཡང་བྱར་རུང་ངོ་། །གལ་ཏེ། ལེགས་པར་ན་དེ་ལ་ཅི་དགར་འཇུག་པར་བྱའོ། །འདུ་བ་མཐུན་པ་དག་ལ་ཡང་ངོ་། །གཞན་གྱིས་ཚོགས་པ་གསོལ་བར་བྱའོ། །དེ་མ་ཐོབ་ན་མཚམས་གཞན་དུ་བྱའོ། །ཞེས་འབྱུང་། དེ་དག་གིས་སྐབས་སུ་མཚམས་ནང་གཅིག་ཏུ་དགེ་འདུན་འདུ་བ

མཐུན་མི་མཐུན་གཉིས་ཡོད་པའི་ཚེ། གཅིག་གིས་གསོ་སྦྱོང་ལ་ཅིག་ཤོས་ངེས་པར་འདུ་མི་དགོས་པ་དང༌། ཅིག་ཤོས་ལ་མཐུན་པ་གསོལ་དགོས་པ་དང༌། མཐུན་པ་མ་ཐོབ་ན་མཚམས་གཞན་དུ་འགྲོ་དགོས་པར་གསུངས་མོད། འདི་ལ་མ་འདུས་པའི་མི་མཐུན་པ་ནི་སྐྱིད་པ་མ་ཡིན་ཏེ། དེ་ལ་ནི་མཚམས་གཅིག་གི་ཁོངས་སུ་གཏོགས་པ་དགོས་ལ། དེར་འཛོག་པ་ལ་མཚམས་གཅོད་པའི་ཚེ་ལུས་དངོས་ཀྱི་འདུས་པ་ཞིག་དགོས་པའི་ཕྱིར། དེ་ལྟ་ན་ཡང༌། མཐུན་པ་གསོལ་དགོས་པ་ནི་ལས་དེ་མི་འཆགས་པས་མ་ཡིན་གྱི། མཐུན་པ་མ་ཐོབ་པར་མཚམས་གཅིག་གི་ནང་དུ་ལས་ཐ་དད་པར་བྱས་ཤིང་ཆགས་པ་ན། དགེ་འདུན་དབྱེན་དུ་གཏོགས་པའི་ཉེས་པ་སྦོམ་པོར་འགྱུར་བ་དང༌། དེར་མི་འགྱུར་བའི་ཕྱིར་དུ་མཚམས་གཞན་དུ་ཕྱིན་ནས་ལས་དེ་བྱེད་དགོས་པའོ། །དེ་ལས་གཞན་དུ། གཞུག་མར་གནས་པ་དང་གློ་བུར་བ་གཉིས་ཀ་མཚམས་དེར་གཏོགས་པ་ཡིན་ན། གློ་བུར་བས་ཕྱི་རོལ་དུ་ལས་བྱས་ཀྱང་མི་ཆགས་པར་འགྱུར་ཏེ། མཚམས་ནང་གཅིག་ཏུ་གཏོགས་པའི་དགེ་སློང་གིས་བློ་མཐུན་མ་བྱས་པའི་གནས་སུ་གསོ་སྦྱོང་བྱས་པའི་ཕྱིར། འོན་མཐུན་པ་གསོལ་བའི་ཚུལ་ཇི་ལྟ་བུ་ཞེ་ན། གློ་བུར་བས་གཞུག་མར་གནས་པ་ལ་འདུན་པ་དང་ཡོངས་དག་སློང་བ་ཡིན་ལ། སླངས་པས་ཐོབ་ན་མཚམས་ནང་དེ་ཉིད་དུ་ལས་ལོགས་པར་བྱས་ཀྱང་དགེ་འདུན་དབྱེན་གྱི་ཉེས་པར་མི་འགྱུར་ཏེ། ཇི་སྐད་དུ། ཚོགས་ཐ་དད་པས་འདུན་པ་ལ་སོགས་པས་མཐུན་པར་བྱ་སྟེ། ལས་བྱེད་པ་ལ་མི་རུང་བ་མེད་དོ། །ཞེས་སོ། །འོ་ན་མཚམས་དེར་གཏོགས་པ་རྣམས་གཅིག་ལ་ཅིག་ཤོས་ངེས་པར་འདུ་དགོས་སམ་ཞེ་ན། མཚམས་ཆེན་གཅིག་ཀྱང་མཚམས་ཆུང་མི་གཅིག་ན་དེ་ལྟར་མི་དགོས་པ་ནི་གོ་བར་སླ་མོད། གཉིས་ཀ་གཅིག་ན་ཡང་དེ་ལྟར་ངེས་པ་མེད་དེ། མཚམས་དེར་གཏོགས་ལས་དགེ་འདུན་དུ་ལོངས་པ་ཞིག་དགོས་པའི་དབང་གིས་མཚམས་ཀྱི་ཕྱི་རོལ་དུ་སོང་ནས་ནང་དུ་འཁོར་བ་ན། སྔ་མ་རྣམས་ཀྱི་གསོ་སྦྱོང་ལེགས་པར་ཟིན་ན་ཕྱི་མ་རྣམས་ཀྱི་གསོ་སྦྱོང་ལ་སྔ་མ་དག་ཅི་དགར་ཞུགས་པས་ཆོག་པ་ཉིད་དུ་བཤད་པའི་ཕྱིར། འདི་ལ་ཚོགས་པ་གསོལ་བ་དང༌། མ་ཐོབ་ན་མཚམས་གཞན་དུ་ཕྱིན་ནས་བྱེད་དགོས་པ་ཡང༌། མ་འདུས་པའི་མི་མཐུན་པ་སྐྱིད་པའི་ཉེས་པས་ནི་མ་ཡིན་ཏེ། མཐུན་པ་མ་ཐོབ་པར་མཚམས་ནང་དུ་ལས་བྱས་ན་འཆགས་ཤིང༌། དེའི་རྐྱེན་གྱིས་དགེ་འདུན་དབྱེན་གྱི་ཉེས་དམིགས་ཡོད་པས་སོ། །གསོ་སྦྱོང་ལེགས་པར་ཟིན་པ་འདི་ལྟ་བུ་མ་ཡིན་པའི་དགེ་འདུན་གྱི་ལས་གཞན་ལ་ནི་ཅིག་ཤོས་ཀྱི་མཐུན་པ་མ་ཐོབ་ན་མཚམས་ནང་དུ་ལས་མི་མཐུན་པས་བྱས་པར་འགྱུར་ཞིང༌། ཕྱི་རོལ་དུ་ཕྱིན་ཀྱང་མི་མཐུན་པས་བྱས་པར་འགྱུར་ཏེ། གསོ་སྦྱོང་དང་དགག་དབྱེ་ལེགས་པར་ཟིན་པ་ལྟ་བུ་ནི་མ་ཡིན་གྱི་སྟེང་དུ། འདུ་བ་མཐུན་པ་དག་གིས་ལས་དེ་ལ་མ་འདུས་པའི་ཕྱིར། ཡང་སོ་སོར་ཐར་པའི་མདོ་འདོན་པ་ལས་གཞན་གྱིས་

གསོ་སྦྱོང་གི་དགོས་པ་མི་འགྲུབ་བམ་ཞེ་ན། མ་ཡིན་ཏེ། ཇི་སྐད་དུ། དགག་དབྱེ་བྱས་ནས་འདི་མ་གྲུབ་པ་ཉིད་མ་ཡིན་ནོ། །ཞེས་པས་སོ། །འོ་ན་དགེ་ཚུལ་དག་ལ་གསོ་སྦྱོང་ཇི་ལྟར་ཡོད་ཅེ་ན། མདོ་ལུང་གི་བཀའ་ནས་གསུངས་པ་མེད་མོད། བསྟན་བཅོས་ནས་འབྱུང་བ་ཡིན་ཏེ། སློབ་དཔོན་ཤཱཀྱ་འོད་ཀྱིས། དགག་དབྱེ་གསུངས་ཕྱིར་གསོ་སྦྱོང་འདི་ན་ཡོད། །ཅེས་སོ། །རབ་བྱུང་སྙེ་ལྡིའི་དགག་དབྱེ་ནི་གསལ་བར་གསུངས་ལ། དེས་གསོ་སྦྱོང་གི་དོན་འགྲུབ་ཅེས་དང་། དེའི་རིགས་པས་དབྱར་གྱི་མཐའ་ཁོ་ནར་མ་ཟད། དུས་ཐམས་ཅད་ཀྱི་ཉ་ཤི་ལ་གསོ་སྦྱོང་བྱེད་པར་གྲུབ་ཅེས་པའོ། །དེའི་ཚེ་དགག་དབྱེ་ནི་མེད་པས་ཚིག་གང་གིས་བྱེད་ཅེ་ན། བསྟན་བཅོས་བྱེ་བྲག་ཏུ་བཤད་པ་ལས། རང་རང་གི་སློབ་དཔོན་ནམ་དགེ་སློང་གང་ཡང་རུང་བའི་མདུན་དུ་ཡོངས་དག་འབུལ་བའི་ཚིག་ལན་གསུམ་བརྗོད་པར་བཤད་དོ། །

གཉིས་པ་དབྱར་གྱི་གཞི་ལ། སྤྱིར་བ་དང་། དངོས་གཞིའོ། །དང་པོ་ལ། དུས་ནམ་གྱི་ཚེ་ཁས་ལེན་པ། ཡུན་ཇི་ཙམ་དུ་ཁས་ལེན་པ། གནས་མལ་སྟོབས་པ་དང་ཚུལ་ཤིང་བྲིམས་ནས་ཁྲིམས་སུ་བཅའ་བ་ཇི་ལྟར་བརྗོད་པའི་ཚུལ་ལོ། །དང་པོ་ནི། དབྱར་སྟ་མ་ཡིན་ན་དབྱར་ཟླ་འབྲིང་པོའི་ཚེས་བཅུ་དྲུག་དང་། དབྱར་ཕྱི་མ་དབྱར་ཟླ་ཐ་ཆུང་གི་ཚེས་བཅུ་དྲུག་ལ་ཁས་ལེན་པར་མདོ་ལུང་ཀུན་ལས་མཐུན་པར་གསུངས་ཤིང་། འབྲིང་པོའི་ངོས་འཛིན། ཚིག་ལེར། གྲོ་བཞིན་ཅན་གྱི་ཚེས་གཅིག་ནས། །ཞེས་སོགས་འབྱུང་བ་དེ་ཉིད་འདུལ་བའི་ཆོས་བསྐོར་ཕལ་ཆེ་བ་དང་མཐུན་མོད། བུ་སྟོན་རིན་པོ་ཆེའི་གསུང་གིས། དེ་ལྟར་འཆད་པ་དེ་འཇིག་རྟེན་རྒྱན་པོའི་གཏམ་རིག་བྱེད་སོགས་ནས་འབྱུང་བ་དེ། འཇིག་རྟེན་ན་གྲགས་པ་ལྟར་བསྟན་བཅོས་སུ་འང་བཀོད་པ་ཡིན་གྱི། དོན་ལ་གནས་པ་མ་ཡིན་ཏེ། ཡིན་ན་ཆར་ཆུའི་སྐང་ཡོལ་ནས་དབྱར་གནས་བྱེད་དགོས་པ་དང་། དགག་དབྱེ་དགུན་གྱི་མགོ་རྒྱང་ལ་འབྱུང་བ་སོགས་ཀྱི་ཉེས་པ་ཡོད་དོ། །དེས་ན་འདི་ལྟར་ཡིན་ཏེ། འཇིག་རྟེན་རྒྱན་པོའི་དུས་དེ་ལས་སྔོན་པ་འཇིག་རྟེན་དུ་བྱོན་པའི་དུས་དེ་ཉི་མ་ལྡོག་པ་ཟླ་བ་གཅིག་གིས་སྔ་བར་སོང་ཡོད་པ་ཡིན་ཏེ། ཛ་བོང་གི་དེར་སྨིན་དྲུག་གི་ཟླ་བ་ལ་ཉིན་མཚན་མཉམ་པ་འབྱུང་བར་བཤད་ལ། སྟོན་པའི་དུས་སུ་སྟོན་གྱི་ཉིན་མཚན་མཉམ་པའི་དུས་ནི་སྟ་མ་དེ་ལས་ཟླ་བ་གཅིག་གིས་སྔ་བར་བཤད་ལ། དེང་སང་ནི་དེ་ལས་ཀྱང་ཞག་བཅུ་གསུམ་ལྷག་ཙམ་གྱིས་སྔ་བར་སོང་ཡོད་པས་སོ། །ཞེས་པའི་སྒྲུབ་བྱེད་བཀོད་ནས། ཧོར་ཟླ་ལྡ་བ་སྟོན་གྱིས་ཉ་བའི་ཟླ་ཡར་ངོའི་སྟོན་དུ་འགྲོ་བའི་ཧྲིལ་པོ་འདི་དབྱར་ཟླ་འབྲིང་པོར་བཤད་ནས། དེའི་ཚེས་བཅུ་དྲུག་ནས་དབྱར་སྟ་མར་ཁས་ལེན་པའི་རྣམ་གཞག་མཛད་ཅིང་། དེ་ཉིད་ཁ་ཆེ་པཎ་ཆེན་གྱི་གྲུབ་མཐའ་དང་ཕྱུག་ལེན་གཉིས་ཀ་ཡིན་ནོ་ཞེས་བཞེད།

རང་གི་འདོད་པ་ལ། ལག་ལེན་གྱི་དམ་བཅའ་བཞག་པ་དང་། དེའི་སྐབས་བྱེད་བཤད་པའོ། །དང་པོ་ནི། ལུགས་སྔ་མས་བཞེད་པ་ལྟར་ཧོར་ཟླ་ལྔ་པ་སྟོན་གྱིས་ཉ་བའི་བཅོ་ལྔ་ལ་དབྱར་གྱི་སྔོར་བའི་ཆོ་ག་གྲུབ་པར་བྱས་ནས། དེའི་བཅུ་དྲུག་ཆུ་སྟོད་ཀྱི་ཚེས་གཅིག་ལ་དབྱར་སྔ་མའི་ཁས་ལེན་དང་། དེར་མ་གྲུབ་ན་ཟླ་བ་དེའི་རྗེས་མ་གྲོ་བཞིན་ཅན་གྱི་ཚེས་གཅིག་ནས་དབྱར་ཕྱི་མ་ཁས་ལེན་པར་བྱེད་དོ། །གཉིས་པ་ནི། གལ་ཏེ་འོ་ན། མདོ་ལུང་ལས་འབྱུང་བ་དང་མི་མཐུན་པའི་བར་ཁྱད་ཟླ་བ་གཅིག་གིས་སྔ་བ་དེ་ཅི་ཞེ་ན། ལན་ལ་མདོར་བསྟན་པ་དང་། དེ་ཉིད་བཤད་པའོ། །དང་པོ་ནི། ལུང་ནས་འབྱུང་བའི་དབྱར་ཟླ་འཁྲིང་པོ་དང་ལག་ལེན་གྱི་དབྱར་ཟླ་འཁྲིང་པོ་ལ༑ སྔ་ཕྱིའི་ཁྱད་པར་འཇུག་པའི་རྒྱུ་མཚན་དང་། ཞུགས་པ་ལྟར་ལག་ལེན་དུ་བྱས་པའི་དགོས་པའོ། །དང་པོ་ནི༑ ཁྲིམ་ལོ་དང་། ཆོས་ལོ་ཞེས་པའི་ཐ་སྙད་དམ། ཉི་མའི་ལོ་དང་ཟླ་བའི་ལོ་ཞེས་པའི་མིང་གིས་བཏགས་ནས། དེ་གཉིས་ལ་ཞག་གྲངས་མང་ཉུང་གི་ཁྱད་པར་ཡོད་པའི་རྒྱུ་མཚན་གྱིས། ཆོས་ལོའི་དབྱར་ཟླ་འཁྲིང་པོ་ཐལ་ཞིན་ནས་ཀྱང་། ཁྲིམ་ལོའི་དབྱར་ཟླ་འཁྲིང་པོ་མ་རྫོགས་པར་ཐ་ནའང་ཞག་བཅུ་གཅིག་ཙམ་དུ་ལུས་པའོ། །དགོས་པ་ནི། ཁས་ལེན་གྱི་དབྱར་ཟླ་འཁྲིང་པོ་འཇིག་རྟེན་གྲགས་པའི་དབྱར་འབྲིང་ལ་ཟླ་གཅིག་གིས་སྔ་བར་བྱས་པའི་ཚེ། དབྱར་ཉི་ལོག་ནས་སྟོན་གྱི་ཉི་མཚན་མཉམ་པའི་བར་ཟླ་བ་གསུམ་ཙམ་ཟད་ལྷག་དང་བཅས་པ་དེ་ཆར་འབབ་པའི་དུས་དངོས་དང་། དབྱར་གྱི་མཐིལ་ཡིན་པའི་སྐབས་དེར་དབྱར་ཚུལ་དུ་འཇུག་པའི་དུས་མ་འཆོལ་བའི་དགོས་པ་ཡོད་དོ། །

གཉིས་པ་དེ་ཉིད་རྒྱས་པར་བཤད་ན། ཁྲིམ་ལོའམ། ཉི་མའི་ལོའམ། འཇིག་རྟེན་ན་གྲགས་པའི་ལོ་ནི་དགུན་ཉི་ལོག་ནས་ལྡོག་པའི་བར་ཡིན་ལ། དེའི་ཡུན་ཚད་ནི་འཇིག་རྟེན་ཐ་མལ་པའི་མངོན་སུམ་གྱིས་གྲུབ་པའི་ཉིན་ཞག་སུམ་བརྒྱ་དང་དྲུག་ཅུ་རེ་ལྔ་ཡོད་ཅིང་། ཟླ་བ་རེ་ལ་ཉིན་ཞག་སུམ་ཅུ་དང་། ཉིན་ཞག་གཅིག་གི་ཕྱེད་ཙམ་མེད་རེ་ཡོད་པའོ། །འདི་ལ་ཁྲིམ་ལོ་དང་ཉི་མའི་ལོ་ཞེས་བྱ་སྟེ། ཉི་མས་ཁྲིམ་བཅུ་གཉིས་འཁོར་བས་ཡུན་ཚད་ལ་དབྱར་དགུན་ལ་སོགས་པའི་དུས་བཞི་རྫོགས་པ་དང་། དགུན་ཉི་ལྡོག་ཐེངས་རེ་འབྱུང་བའི་ཕྱིར། འཇིག་རྟེན་ན་གྲགས་པའི་ལོ་ཞེས་ཀྱང་བྱ་སྟེ། འཇིག་རྟེན་པས་ལོ་འདི་ཉིད་ཚད་མར་བྱས་ནས་ཞིང་འདེབས་པ་ལ་སོགས་པའི་དུས་ངེས་པ་ཅན་གྱི་ཉི་ཚོད་དང་གྲིབ་ཚོད་བྱེད་ཅིང་། རྒྱ་གར་ན་གྲགས་པ་རབ་བྱུང་དང་རྣམ་བྱུང་ལ་སོགས་པའི་མིང་གིས་འདོགས་པ་དང་། རྒྱ་ནག་པ་ལ་གྲགས་པ་འབྲུག་སྦྲུལ་ལ་སོགས་པ་ལོ་རེ་རེ་ཐོག་མཐའི་ས་མཚམས་སུ་འཛིན་པའི་ཕྱིར། ཆོས་ལོ་དང་། ཟླ་བའི་ལོ་དང་། བསྟན་བཅོས་ལ་གྲགས་པའི་ལོ་ནི། ཟླ་བའི་འཕེལ་འགྲིབ་ཀྱི་ཆ་སུམ་ཅུ་ཚང་བ་ལ་ཟླ་བ་གཅིག་ཏུ་བྱས། དེ་བཅུ་གཉིས་ལ་ལོ་གཅིག་ཏུ་བྱེད། དེ་ལ་

ནི་འཇིག་རྟེན་པའི་མངོན་སུམ་གྱིས་གྲུབ་པའི་ཉིན་ཞག་སུམ་བརྒྱ་དང་ལྔ་བཅུ་ང་བཞི་ཡོད་པ་ཡིན་ལ། ཟླ་བ་རེ་ལ་ཉིན་ཞག་ཕྱེད་དང་སུམ་ཅུ་རེ་ལས་མེད་དོ། །དེ་སྐད་དུ་ཡང་། མཛོད་ལས། ཡུད་ཙམ་ཉིན་ཞག་ཟླ་གསུམ་ནི། །གོང་ནས་གོང་དུ་སུམ་ཅུ་བསྒྱུར། །ཞག་མི་ཐུབ་དང་བཅས་པ་ཡི། །ཟླ་བ་བཅུ་གཉིས་ལ་ལོ་གཅིག །ཅེས་སོ། །ལོ་དེ་ལ་ཆོས་ལོ་དང་ཟླ་བའི་ལོ་ཞེས་བྱ་སྟེ། ཆོས་ཞག་དང་ཟླ་བའི་འཕེལ་འགྲིབ་ཀྱི་ཆ་ལས་མིང་དུ་བཏགས་པའི་ཕྱིར། དེ་དུས་ཀྱི་ཟླ་བ་ལའང་ཆོས་ཟླ་ཞེས་བྱའོ། །དེ་ལྟར་ལོ་དང་ཟླ་བའི་རྣམ་གཞག་གཉིས་ལས། འདུལ་མངོན་གྱི་གསུང་རབ་རྣམས་སུ་ཟླ་བ་གང་ལ་དབྱར་དགུན་གྱི་ཉི་མ་ལྡོག་པའི་ཟླ་བ་གཉིས་པོ་ལ་དབྱར་དགུན་གྱི་ཐ་ཆུང་དང་། སྟོན་དཔྱིད་ཀྱི་ཉིན་མཚན་མཉམ་པའི་དུས་ཀྱི་ཟླ་བ་གཉིས་པོ་ལ་སྟོན་དཔྱིད་ཀྱི་ཐ་ཆུང་གཉིས་སུ་ངེས་པར་བཤད་པ་ནི་མི་འཁྲུག་པའི་གཟེར་ལྟ་བུ་ཡིན་ལ། དེ་ལྟར་བཤད་པ་དེ་ནི་ཆོས་ལོའི་དབང་དུ་བྱས་ཤིང་། ལྡོག་མཉམ་གྱི་དུས་བཞི་པོ་དེ་ནི་ལོ་རེ་རེ་བཞིན་ཡང་དུས་ངེས་པ་ཅན་ཁོ་ན་ཡིན་ཏེ། འཇིག་རྟེན་པས་མཐོང་བ་དང་བསྟུན་ན་ཉི་མ་འཆར་ནུབ་ཀྱི་ས་དང་གྲིབ་ཚོད་ངེས་པ་ཅན་དུ་དམིགས་པའི་ཕྱིར་དང་། ལུང་ལས་ཀྱང་དགུན་ཉི་ལོག་ནས་དབྱར་ཉི་ལྡོག་ཁའི་བར་སོགས་ལ་ཉིན་ཞག་གི་གྲངས་ངེས་པ་ཅན་བཤད་པ་དེ་དུས་རྟག་ཏུ་མི་འཁྲུག་པའི་ཕྱིར། ཡང་ཉ་སྐར་གྱི་མིང་ཅན་གྱི་ཟླ་བ་དེ་དང་དེ་ལར་འབྱིང་ལ་སོགས་པའི་མིང་གིས་བཏགས་ནས་བསྒྱུར་བ་དེ་ནི་ཁྲིམ་ཟླ་དབང་བཙན་པར་བྱས་པ་ཡིན་ལ། ཉ་སྐར་ཇི་བཞིན་མ་འགྲིག་ཀྱང་ཆོས་ཟླ་རེ་ཐལ་བ་ན་ར་འབྱིང་ཐ་ཆུང་གསུམ་དང་སྐར་མའི་མིང་ཅན་གྱི་ཟླ་བ་དེ་ཐལ་བར་མི་བཏགས་མོད། དེ་ལྟར་ཐལ་ངོ་ཤེས་པ་ནི་མ་ཡིན་ཏེ། ར་འབྱིང་དང་ཉ་སྐར་གྱི་མིང་ཅན་ལ་ནི་ཉིན་ཞག་སུམ་ཅུ་སོ་ཕྱེད་དང་གཅིག་ཏུ་ཉེ་བ་ཞིག་ངེས་པར་དགོས་ལ། ཅིག་ཤོས་ལ་ནི་ཉིན་ཞག་ཕྱེད་དང་སུམ་ཅུས་ཆོག་པའི་ཕྱིར། དེ་ལྟར་བཤད་པས་གྲུབ་པའི་དོན་ནི། སྨེ་ཚན་ནི་དབྱར་ཉི་གང་ལ་ལྡོག་པའི་མར་ངོ་སྟོན་དུ་འགྲོ་བའི་ཟླ་བ་དེ་ཁྲིམ་ལོའི་དབྱར་ཟླ་འབྲིང་པོ་ཡིན་པར་ངེས་ཀྱང་། ཆོས་ལོའི་དབྱར་ཐ་ཆུང་ཡིན་ཏེ། ལུགས་གཉིས་ཀྱིས་མར་ངོ་སྟོན་དུ་འགྲོ་བའི་དབྱར་འབྲིང་ལ་སྨྲ་ཕྱིའི་ཁྱད་ཟླ་བ་གཅིག་ཞུགས་པའི་ཕྱིར། དེས་ན་བསྟན་བཅོས་ལུགས་ཀྱི་དབྱར་འབྲིང་རྫོགས་པའི་ཕྱི་དེ་ཉིན་ཁྲིམ་ལོའི་དབྱར་འབྲིང་གི་ཆོས་གཅིག་ནས་དབྱར་སྨྲ་མའི་ཁས་ལེན་གྱི་དུས་སོ། །ཡར་ངོ་སྟོན་དུ་འགྲོ་བའི་ཧོར་ཟླ་བཅུ་པ་རྟིལ་པོ་ལ་སྟོན་ཟླ་ཐ་ཆུང་དུ་ངོས་འཛིན་པ་དེ་ནི་ཛ་བོང་གི་དུས་ལས་ཀྱང་ཟླ་བ་གཅིག་གིས་ཕྱི་བར་བྱུང་སྟེ། འབྲུལ་པ་དུ་མ་སྐྱེད་པའི་གཞི་དང་ཚིག་ལེ་སོགས་འདུལ་བ་ཉི་ཚེ་བ་དག་གི་ལུགས་སོ། །གཉིས་པ་ཡུན་ཇི་ཙམ་ཞིག་ཁས་ལེན་པ་ནི། ཟླ་བ་གསུམ་དུ་ཁས་ལེན་དགོས་པ་ཡིན་ཏེ། དེ་ལྟར་ཁས་ལེན་པ་དེ་སྒྲུབ་པའི་བསླབ་བྱ་ཡིན་པའི་ཕྱིར། གངས་ཅན་པ་ཕྱི་མ་དག་ལོ་དུས་ཐམས་ཅད་དུ་ཞག་བཞི

བཅུ་ཞེ་ལྔ་རེ་ལས་ཁས་མི་ལེན་པའི་ངེས་པ་ཅན་བྱས་ནས། ཚིག་ཏུ་ཟླ་བ་གསུམ་དུ་ཁས་ལེན་པར་བྱེད་པ་ནི་མི་འཆགས་ཏེ། ཞེ་འདོད་ལ་དེར་ཁས་ལེན་པའི་བསམ་པ་མེད་པའི་ཕྱིར་དང་། གསོ་སྦྱོང་གསུམ་ཐལ་ནས་དབྱར་གནས་པར་མ་ནུས་ན་དགག་དབྱེ་བྱེད་པར་བཤད་པའི་དམིགས་བསལ་དེ་སྤྱིར་བཏང་གི་བསླབ་པའི་བསླབ་བྱར་བྱས་ན་ཧ་ཅང་ཐལ་བའི་ཕྱིར་ཤིན་ཏུ་ནོངས་པ་ཡིན་ནོ། །

གསུམ་པ་ནི། །ཆོས་བཅོ་ལྔའི་ཉིན་གནས་མལ་སྟོབས་པའི་དགེ་སློང་སྒོ་ཞིང་། དེས་ཚུལ་ཤིང་ཡང་བྲིམ་པ་ཡིན་པས་ཚུལ་ཤིང་བྲིམ་པ་ལོགས་སུ་བསྒོ་མི་དགོས་སོ། །དེ་སྟོབས་པ་ལ། གནས་མལ་དང་། གནས་ཁང་གཉིས་ལས། དང་པོ་ནི། ཁྲི་དང་ཁྲིའུ་དང་མལ་སྟན་སོགས་ཡིན་ལ། གཉིས་པ་ནི། རྐེད་པ་དང་། གོས་ཀྱི་རིན་སོགས་དང་བཅས་པའི་གནས་ཁང་ངོ་། །གཉིས་པོ་འདི་སྟོབ་རྒྱུ་ཡོད་ན་དེ་སྟོབས་པ་བསྒོ་བ་ཡིན་ལ། མེད་ན་ཚུལ་ཤིང་བྲིམ་པ་ཉིད་བསྒོ་བར་བྱའོ། །བཞི་པ་ནི། ཚུལ་ཤིང་བྲིམ་པར་བསྒོས་པའི་དགེ་སློང་དེས་ཚུལ་ཤིང་དགེ་འདུན་གྱི་འདུན་དུ་བཞག་ནས། ཁྲིམས་སུ་བཅའ་བར་བརྗོད་ནས། ཁྲིམས་དེས་གནས་པར་སྤྲོ་ན་ཚུལ་ཤིང་ བླང་ལ། མི་སྤྲོ་ན་བླང་བར་བྱ་བ་མ་ཡིན་ནོ། ཁྲིམས་སུ་བཅའ་བ་ཇི་ལྟ་བུ་ཞེ་ན། དབྱར་ནང་དུ་ལྷུང་བ་གླེང་དྲན་མི་བྱ་བ་སོགས་འཁྲུག་ལོང་གི་རྒྱུ་བཞི་དང་། དེའི་འབྲས་བུ་རྩོད་པ་བཞི་འགོག་པ་དང་། དབྱར་ནང་དུ་ཆད་པས་གཅོད་པར་འོས་པ་དག་ཀྱང་མི་གཅོད་པ་དང་། དགེ་འདུན་གྱི་གནས་མལ་ལ་གདིང་བ་མེད་པར་ལོངས་མི་སྤྱོད་པ་དང་། བྱིན་གྱིས་མ་རླབས་པར་མཚམས་ཀྱི་ཕྱི་རོལ་དུ་མི་འགྲོ་བ་སོགས་བརྗོད་པར་བྱ་བ་ཡིན་གྱི། བོད་ཀྱི་འདུལ་འཛིན་མང་པོ། མགོ་ཞིང་སྤྱད་པར་བྱ་བའི་དངོས་པོ་མྱུར་དུ་བསྐྱལ་བར་བྱ་ཞེས་པ་ནི། ཕྲན་ཚེགས་སུ་སོང་བ་ཁོ་ནར་མ་ཟད། དབྱར་གྱི་ཁྲིམས་བརྗོད་དགོས་པ་རྣམས་མ་བརྗོད་པའི་ཉེས་པ་དང་བཅས་པའོ། །

གཉིས་པ་དངོས་གཞི་ལ། དང་པོ་ཁས་བླངས་པའི་ཚུལ། བར་དུ་སྲུང་བའི་ཚུལ། ཇི་བཞིན་སྲུང་བ་མ་ནུས་ན་དམིགས་བསལ་གྱི་དགག་དབྱེ་ཇི་ལྟར་འབྱུང་བ་སོགས་སོ། །དང་པོ་ལ་གཉིས་ཏེ། ཆོས་བཅོ་ལྔའི་ཉིན་དགེ་འདུན་གྱི་ལས་ཇི་ལྟར་བྱ་བ། བཅུ་དྲུག་གི་ཉིན་གང་ཟག་སོ་སོའི་ཁས་ལེན་དངོས་ཇི་ལྟར་བྱ་བའོ། །དང་པོ་ནི་ཆོས་བཅོ་ལྔའི་ཉིན་ཚུལ་ཤིང་བླངས་པའི་དགེ་འདུན་ཐམས་ཅད་འདུས་པ་ལ། གནས་མལ་སྟོབ་པར་བསྒོས་པའི་དགེ་སློང་ལས་གཞན་ཞིག་གིས་གསོལ་བ་འབའ་ཞིག་པའི་ལས་ཀྱིས་ཐུགས་བསྟུན་པར་བྱའོ། །དགེ་ཚུལ་རྣམས་ཀྱི་ཚུལ་ཤིང་ནི་དེའི་ཉིན་རང་རང་གི་མཁན་པོ་དང་སློབ་དཔོན་གྱིས་བླང་བར་བྱ་བ་ཡིན་ལ། དེ་ལ་མ་བརྟེན་པར་དགེ་ཚུལ་འབའ་ཞིག་པར་གནས་པ་ཚོགས་སུ་ལོངས་ཀྱང་གང་ཟག་རང་དབང་ཅན་དུ་མི་རུང་ངོ་། །

གཉིས་པ་ནི། ཆོས་བཅུ་དྲུག་གི་ཉིན་ཟླ་བ་གསུམ་པོའི་རིང་ལ་རང་ཉིད་གང་དུ་མཚན་མོ་ཉལ་བའི་གནས་སྟེང་གཡོགས་དང་བཅས་པར་ཁས་ལེན། གང་ཟག་དགེ་སློང་ཕོ་ནའི་མདུན་དུ་ཁས་ལེན། གང་དུ་གནས་པར་ཁས་བླངས་པའི་གནས་དེའི་ཉེ་འཁོར་དང་བཅས་པ་ལས་ཕྱི་རོལ་དུ་ཞག་མི་འདའ་བ་ནི་སྲུང་བཏང་བ་ཡིན་ལ། དམིགས་ཀྱི་བསལ་བ་ལ། གསོ་སྦྱོང་གཅིག་པའི་གནས་ཡིན་ན་གང་དུ་ཁས་བླངས་པའི་གནས་དེ་ལས་གཞན་དུ་ཞག་འདའ་བར་ཡང་གནང་བ་ཡིན་ཏེ། ཇི་སྐད་དུ། གསོ་སྦྱོང་གཅིག་པ་ཉིད་ཀྱི་གནས་སུ་ནི་དེ་འབྱུང་བ་མེད་དོ༎ །ཞེས་པས་སོ། །ཡང་ཇི་སྐད་དུ། ཐམས་ཅད་དུ་ནོན་པ་ལ་གནས་ན་གནས་པ་ཉིད་དོ། །ཞེས་དང་། གཅིག་ཏུ་རྐང་པ་ཡ་གཅིག་ལ། །གཅིག་ཏུ་རྐང་པ་ཡ་གཅིག་ན། །གཉིས་ཀར་གནས་ཞེས་གསུངས་སོ། །

གཉིས་པ་ཇི་ལྟར་སྲུང་བའི་ཚུལ་ནི། ཇི་སྐད་དུ། བྱིན་གྱིས་མ་རླབས་པར་མཚམས་ཀྱི་ཕྱི་རོལ་དུ་སྐྱ་རེངས་འཆར་བར་མི་བྱའོ། །ཞེས་པའི་མཚམས་འདི་ནི་ལས་མཚམས་དང་རྩིག་མཚམས་ལྟ་བུ་ལ་ཟེར་བ་མིན་གྱི༎ གང་དུ་གནས་པར་ཁས་བླངས་པའི་གནས་དེའི་ཉེ་འཁོར་གྱི་མཚམས་སོ། །གནས་དེ་ལས་མཚམས་རྒྱ་ཆེ་ཆུང་གི་ཁྱད་པར་གང་ཡོད་པ་དེའི་ནང་དུ་གནས་པ་ཙམ་གྱིས་ཆོག་པ་དང་། ཆོ་གའི་སྒོ་ནས་ཁས་མ་བླངས་ཀྱང་། མཚམས་ནང་དེ་ཉིད་དུ་དབྱར་ཟླ་བ་གསུམ་གནས་ན་དབྱར་གནས་པའི་གོ་ཆོད་པ་དང་ཕན་ཡོན་འབྱུང་བར་བཤད་པ་ལ་དཔགས་ནས་གོང་དུ་བཤད་པ་ལྟར་བྱས་སོ། །དབྱར་བྱིན་གྱིས་བརླབས་ནས་ཕྱི་རོལ་དུ་འགྲོ་བའི་དུས་ཀྱི་ཁྱད་པར་ཇི་ལྟ་བུ་ཞེ་ན། གང་ཟག་སློས་ཀྱི་དོན་དུ་ཞག་བདུན་བྱིན་གྱིས་བརླབས་ནས་ཕྱི་རོལ་དུ་འགྲོ་བ་དང་། དགེ་འདུན་གྱི་དོན་དུ་ཞག་བཞི་བཅུར་འགྲོ་བའི་གནང་བ་ཐོབ་ན་དེ་ལྟར་ཐོབ་པ་དེས་བཞི་བཅུ་མན་ཆད་ཅི་རིགས་པར་བྱིན་གྱིས་བརླབས་ནས་ཕྱི་རོལ་དུ་འགྲོ་བ་གཉིས་བཤད་ལ། ཞག་བཞི་བཅུ་ལས་ལྷག་པ་ཕྱི་རོལ་དུ་གནས་པར་མ་བཤད་ཅིང་། ཞག་བདུན་བྱིན་གྱིས་རློབ་པ་ནི། ལན་གྲངས་དུ་མར་རུང་མོད། ཐམས་ཅད་སྡོམས་པ་ལ་ཞག་བཞི་བཅུ་ལས་ལྷག་པ་མི་རུང་བར་མངོན་ནོ། །དེའི་ཕྱིར་ཟླ་བ་གསུམ་དུ་ཁས་བླངས་ནས་ཞག་ལྔ་བཅུར་གནས་ན་དབྱར་གྱི་ཕན་ཡོན་མཐའ་དག་འབྱུང་བར་དོན་གྱིས་འཐོབ་བོ། །དགག་དབྱེ་འབྱུང་བའི་མཐའི་ཞག་དྲུག་ལ་བྱིན་གྱིས་བརླབས་པ་མི་འཆགས་པར་བཤད་པའི་དོན། དུས་དེར་ཞག་གཅིག་དང་གཉིས་ཙམ་གྱི་བྱིན་རླབས་མི་འཆགས་པར་འདོད་པའི་ལུགས་དང་། ཞག་བདུན་བྱིན་གྱིས་བརླབས་ནས་ཞག་གཅིག་ནས་དྲུག་གི་བར་ཅི་རིགས་པ་བསྡད་ཆོག་པ་ཅི་ཡོད་པ་དེ་མི་འཆགས་པར་འདོད་པའི་ལུགས་གཉིས་ཡོད་དོ། །ཟླ་བ་གསུམ་དུ་གནས་པར་མ་ནུས་པའི་དམིགས་བསལ་ནི། དགེ་འདུན་ཐམས་ཅད་དབྱར་གྱི་ནང་དུ་བྱ་བས་འགྲོ་དགོས་ན་དགག་དབྱེ་དུས་མིན་དུ་བྱ་བ་དང་། གང་ཟག་རེ་རེ་བས་གནས་པར་མ་ནུས་ན

ཚོགས་ཀྱི་དགག་དབྱེ་གོ་བར་བྱ་བ་དང་། དགེ་སློང་འཐབ་དཀྲོལ་ཅན་འོངས་པའི་རྐྱེན་གྱིས་གསོ་སྦྱོང་གཉིས་སམ་གསུམ་ཐོན་ནས་དགག་དབྱེ་བྱ་བ་དང་། ཡང་དེ་འདྲའི་རྐྱེན་གྱིས་དབྱར་སྟ་མ་ཉིད་མི་སྲུང་བ་དང་། ཕྱི་མ་ཉིད་ལ་ཡང་ཟླ་བ་གཉིས་ལས་ལྷག་པ་མི་སྲུང་བ་སོགས་བཤད་དོ། །དབྱར་གནས་པའི་ཕན་ཡོན་ནི་ཤིན་ཏུ་མང་བ་ཡིན་ཏེ། འཕྲུ་དང་སྲོག་ཆགས་གནོད་སྤོང་དང་། །ལུས་སྲོག་གནོད་སྤོང་རལ་འགྲུམས་འཚོས། །དོན་བྱ་ཤུང་དང་ཐོས་སོགས་འཕེལ། །དགག་དབྱེ་སྲ་བརྐྱང་འབྱུང་བའོ། །ཞེས་འཆད་ཅིང་། སྲ་བརྐྱང་ལ་ཡང་ཕན་ཡོན་བཅུ་ལ་སོགས་པ་དེ་ལས་འཕྲོས་པ་དག་ཀྱང་བཤད་ཅིང་། དབྱར་ནང་དུ་རྩོད་པ་མེད་པ་དང་། དེ་ལས་དགེ་འདུན་འབྱེ་བ་ལ་སོགས་པའི་ཉེས་དམིགས་མང་པོ་ཁེགས་པར་འགྱུར་བ་དང་། དབྱར་གྱི་རྐྱེད་པས་དགེ་འདུན་ཆོས་དང་མཐུན་པར་འཚོ་བ་ལ་སོགས་པ་འབྱུང་བ་དང་། དབྱར་མེད་ན་དགག་དབྱེ་མི་འབྱུང་ལ། དགག་དབྱེ་ལས་ནི་བསླབ་པ་ཡོངས་སུ་སྦྱོང་པའི་ཡོན་ཏན་ཆེས་ཤིན་ཏུ་མང་པོ་བ་དེ་དག་ཁོ་ནར་མ་ཟད་ལྟུང་བ་གླེང་བའི་སྐབས་རིགས་པར་ཕྱེ་བ་ཡིན་པས་ལྟུང་ཕྱིར་གྱི་རྩོད་པ་མི་འབྱུང་བ་དང་། དེ་ལས་དགེ་འདུན་གྱི་དབྱེན་དུ་མི་འགྱུར་བ་དང་། མ་མཐོང་གནས་དབྱུང་ནན་ཏུར་མི་འབྱུང་བ་ལ་སོགས་པའི་ཕན་ཡོན་ཤིན་ཏུ་མང་ངོ་། །

གསུམ་པ་དགག་དབྱེའི་གཞི་ལ། དངོས་དང་། དེ་ལས་འཕྲོས་ནས་སྲ་བརྐྱང་གཞིའི་རྣམ་པར་བཞག་པ་མདོ་ཙམ་མོ། །དང་པོ་ལ། སྦྱོར་བ་དང་། དངོས་གཞིའི་གཉིས། དང་པོ་ནི་ཞག་ལྷའམ་དྲུག་ནས་གཙུག་ལག་ཁང་བརྒྱན་པ་དང་། མཆོད་རྟེན་གསོ་བ་དང་། མཚན་ཐོག་ཐག་ཆོས་འཆད་པའི་སེང་གེའི་ཁྲི་བརྒྱན་པ་དང་། ཁྲིམ་པ་བསོད་ནམས་སྤེལ་བའི་ཕྱིར་སྤྱོད་ཡུལ་དུ་བརྗོད་པ་རྣམས་བྱ་བ་དང་། བཅུ་བཞིའི་མཚན་མོ་སྔ་སྟོད་འཛིན་པ་ལ་གསོལ་བ་བཏབ་ནས་མཚན་ཐོག་ཐག་ཆོས་མཉན་པ་སྦྱིན་པ་དང་། ཆོས་བཅོ་ལྔའི་ཉིན་དགག་དབྱེའི་ལས་དངོས་གཞིའི་མཐའ་ཚུན་ཆད་དུ་ཆོས་དང་ལྡན་པའི་གཏམ་རྣམ་པར་གཏན་ལ་འབེབས་པ་རྣམས་བྱའོ། །གཉིས་པ་དངོས་གཞི་ལ། དུས་ནམ་གྱི་ཚེ་བྱ་བ་ནི་ཆོས་བཅུ་དྲུག་གི་སྐྱ་རེངས་མ་ཤར་གོང་དུ་བྱ། ཡུལ་གང་ལ་བྱ་བ་ནི་དགེ་འདུན་ལའོ། །ཡུལ་དེ་ཡང་མཚམས་ནང་གཅིག་ན་ཡོད་པ་དང་། དབྱར་གནས་གཅིག་ཏུ་གནས་པ་ནི་མི་དགོས་ཏེ། ཇི་སྐད་དུ། བྱིན་གྱིས་རླབས་ཏེ་སོང་བས་དེར་སྡུར་དགག་དབྱེ་བྱེད་པ་ནི། དེ་དག་དང་ལྷན་ཅིག་བྱས་ན་དགག་དབྱེ་བྱས་པ་ཉིད་ཡིན་ནོ། །ཞེས་སོ། །ཡུལ་བུད་མེད་ལ་བྱས་པས་ཆོག་པ་ནི་མ་ཡིན་ཏེ། ཇི་སྐད་དུ། བུད་མེད་ལ་ནི་མ་ཡིན་ནོ། །ཞེས་སོ། །ཡུལ་དེ་ལ་ཇི་ལྟར་བྱེད་པ་ནི། དགེ་འདུན་གྱི་དགག་དབྱེ་བྱེད་པ་པོ་ཇི་ཙམ་དགོས་པ་བསྐོ་བ་དང་། དེས་རྩྭ་དར་བ་འབྲིམ་པ་དང་། འབྲིམ་ནས་དགེ་སློང་རེ་རེའི་མདུན་དུ་འདུག་པ་དང་། འདུག་པ་དེ་ལ་གྲལ་ན་འཁོད་པ་རྣམས་ཀྱིས་དགག་དབྱེ་ལན་གསུམ་དུ་གོ་བར

བྱའོ། །དེའི་འོག་ཏུ་དགེ་ཚུལ་རྣམས་དང་དགེ་སློང་མ་ལ་སོགས་པ་ཡང་དེ་ལྟར་བྱ་བའོ། །

གསུམ་པ་མཇུག་གི་བྱ་བ་ལ། དགག་དབྱེ་ལེགས་པར་བྱས་པ་དགེ་འདུན་ལ་གོ་བར་བྱ་བ་དང་། རྗེས་ཀྱི་དགག་དབྱེ་བྱ་བའོ། །དང་པོའི་དགོས་པ་ནི། ཐམས་ཅད་ཀྱིས་ཐམས་ཅད་ལ་ལྟུང་བ་གླེང་དྲན་གྱི་སྐབས་བྱ་བར་གོ་བ་ཡིན་ལ། གཉིས་པའི་དགོས་པ་ནི་དེ་ལྟར་སྐབས་ཕྱེ་བ་དེ་བསོད་ནམས་ཀྱི་ཞིང་མཆོག་ཏུ་གྱུར་པ་ཉིད་དུ་གོ་བའོ། །དེ་ལྟར་སྦྱིར་བཏང་ནས་དམིགས་བསལ་གྱི་དགག་དབྱེ་བྱ་བ་ནི། རྐྱེན་གློ་བུར་བའི་དབང་གིས་དབྱར་གནས་པར་མ་ནུས་ན་ཉེ་ལམ་དུ་གང་གྱུར་པའི་དགེ་སློང་གཅིག་ལ་དགག་དབྱེ་གོ་བར་བྱ་བ་དང་། དགག་དབྱེ་དུས་ལ་མ་བབ་པར་ཆོས་ལྡན་གྱི་བྱ་བས་གཞན་དུ་འགྲོ་དགོས་པ་བྱུང་ན་དགེ་འདུན་ལ་གསོལ་ཞིང་། དེས་ཀྱང་བྱེད་པ་པོ་ཞིག་བསྐོས་ནས་དེའི་མདུན་དུ་དགག་དབྱེ་ཚུལ་བཞིན་དུ་བྱ་བའོ། །ཡང་འཐབ་དཀྲོལ་བྱེད་པའི་རྐྱེན་གྱིས་དགག་དབྱེ་དུས་ཀྱི་འོག་རོལ་དུ་བྱེད་དགོས་པ་ཡང་སྲིད་ལ། དེའི་ཚེར་དབྱར་གནས་པ་ཐམས་ཅད་ལྷན་ཅིག་ཏུ་ཚོགས་པའམ། མ་ཚོགས་པ་སོ་སོར་བྱས་ཀྱང་འགལ་བ་མེད་དོ། །དེ་དག་ནི་དུས་ཀྱི་དམིགས་བསལ་ཡིན་ལ། དངོས་པོའི་དམིགས་བསལ་ནི། གཞི་དང་གང་ཟག་གང་རུང་རེ་རེའམ་གཉིས་ཀ་བཞག་པའི་དགག་དབྱེ་བྱར་རུང་བར་བཤད་ལ། དེའི་དོན་ནི། གཞི་ནི་ལྟུང་བའི་རྐང་གྲངས་གང་ཡང་རུང་བ། དེ་ནས་མ་གླེང་གཞན་ནས་གླེང་ཞེས་པ་ལྟ་བུ་ཡིན་ལ། གང་ཟག་ནི་གང་ལ་བརྟེན་ནས་ལྟུང་བ་བྱུང་བའི་ཡུལ་དེ་དང་དེ་ཞེས་བྱ་བ་ལས་བརྩམས་ནས་མ་གླེང་། གཞན་ལས་གླེང་ཞིག་ཅེས་ཟེར་བའམ། ཡང་ན་དགག་དབྱེ་བྱེད་པ་པོ་འདི་ཞེས་བྱ་བས་མ་གླེང་གཞན་གྱིས་གླེང་ཞེས་འཆད་པའི་ལུགས་གཉིས་ཡོད་ལ། གང་ལྟར་ཡང་། དེ་འདྲའི་དགག་དབྱེ་དེ་དགེ་འདུན་གྱི་ནོད་དུ་རུང་བ་ཡིན་ཏེ། གང་མ་བཞག་པ་དེ་ནས་གླེང་བས་ཆོག་པའི་ཕྱིར། དེའི་ཚེ་ཡང་ཐམ་པ་ནས་མ་གླེང་ཤིག་ཅེས་ཟེར་བ་ནི་མི་རུང་སྟེ། ཇི་སྐད་དུ། བཞག་པར་བྱ་བ་མཐའ་མ་གཏོགས་པ་ཉིད་ཁས་བླངས་བར་བྱའོ། །ཞེས་སོ། །འཐབ་དཀྲོལ་ཅན་འོངས་པའི་རྐྱེན་གྱིས་དགག་དབྱེ་དུས་མིན་དུ་བྱ་བ་ཅི་ཞེ་ན། ཆོས་རྣམ་པར་གཏན་ལ་འབེབས་པའི་རྩོད་པ་དང་། ལྟུང་ཕྱིར་གྱི་རྩོད་པའི་རྐྱེན་གྱིས་དགེ་འདུན་བྱེ་འགྱུར་གྱི་དོགས་བྱ་ཡོད་པའོ། །འཐབ་དཀྲོལ་ཅན་གློ་བུར་དུ་འོང་བ་ལ་དེ་ལྟར་ཡིན་མོད། དབྱར་གྱི་ནང་ན་འཐབ་དཀྲོལ་ཅན་ཡོད་པ་ལ་ཇི་ལྟར་བྱ་ཞེ་ན། དེ་ལ་ནི་ཚོགས་ཀྱི་དགག་དབྱེ་གོ་བར་བྱ་བའམ། དགག་དབྱེ་མ་བྱས་པར་གཞན་དུ་ཕྱིན་པས་ཀྱང་ཆོག་པར་མངོན་ཏེ། ཇི་སྐད་དུ། གནས་པར་ཁས་བླངས་པ་སྤྲ་མ་རྗེས་སུ་བསྲུང་བར་མི་བྱའོ། །ཕྱི་མ་ལ་ཡང་ཟླ་བ་གཉིས་ལས་ལྷག་པའིའོ། །ཞེས་པ་དང་མཐུན་ནོ། །དེ་ལྟར་ན་འཐབ་དཀྲོལ་ཅན་ལ་དགག་དབྱེ་མི་འབྱུང་བར་འགྱུར་ལ། དེ་ལྟར་ན་རྒྱུ་དབྱར་གནས་པ་དང་། བྱེད་པ་གསོ་སྦྱོང་དག

ཀྱང་མི་འབྱུང་བར་འགྱུར་རོ་སྙམ་ན། དངོས་སུ་གསལ་བར་མ་གསུངས་ཀྱང་མཚུངས་པར་མཚོན་ཏེ། འཐབ་དཀྲོལ་ཅན་ཞེས་པ་ནི་རྩོད་པ་ལ་དགའ་བ་ཡིན་ལ། དངོས་པོ་དེ་བཞིན་ཉིད་ལ་ལོག་སྒྲུབ་དང་། ལྟུང་ཕྱིར་གྱི་རྩོད་པ་འབྱུང་བའི་སྒོ་ནི་དགག་དབྱེའི་དུས་ཤས་ཆེ་བ་ཡིན་མོད། ལས་ལ་མཐུན་པ་མི་སྦྱིན་པའི་རྩོད་པ་ནི་དབྱར་དང་གསོ་སྦྱོང་ལ་སོགས་པའི་ཚེ་ཡང་འབྱུང་བའི་སྒོ་ཡོད་པའི་ཕྱིར། དེ་ལྟ་ན་ཡང་དགེ་སློང་དེ་དབྱར་གནས་པ་དང་དགག་དབྱེ་སོགས་བྱས་ན་མི་འཆགས་པའམ་འཆགས་ཀྱང་ཉམས་སུ་མྱོང་མི་རུང་བ་ནི་མ་ཡིན་ཏེ༑ དེ་ལ་ཡང་ཚུལ་ཁྲིམས་རྣམ་པར་དག་པ་དག་སྲིད་པས་ཁ་སྐོང་གི་ཆོས་དང་ལྡན་པའི་ཕྱིར། ཡང་དེ་ལ་དབྱར་གནས་པ་བྱུང་བའི་ཚེ། དེ་ལས་ལ་མཐུན་པ་མ་སྦྱིན་ན་གསོ་སྦྱོང་དུས་ལས་ཡོལ་བར་བྱེད་དགོས་སམ་ཞེ་ན༑ དེའི་ཚེ་མཚམས་ཀྱི་ཕྱི་རོལ་དུ་སོང་སྟེ་གསོ་སྦྱོང་ལ་སོགས་པའི་ལས་གང་ཡིན་བྱེད་དགོས་ལ། དེའི་ཚེ་གནས་ལ་བློ་མཐུན་བྱས་པ་ནི་མ་ཡིན་མོད། དེ་ཙམ་གྱིས་ལས་འཆགས་པ་ལ་གནོད་པ་མ་ཡིན་ནོ། །དེ་ནས་མཚམས་ནང་དུ་འོངས་ཏེ་རྩོད་པ་ཞི་བྱེད་ཀྱི་ཆོས་རྣམས་བྱའོ། །དེ་ནས་འདི་ལྟར་དཔྱད་དེ། དགེ་སློང་གཅིག་པུ་ཞིག་ལ། དབྱར་དང་། དགག་དབྱེ་དང་། སྲ་བརྐྱང་གདིངས་བ་རྣམས་འབྱུང་བ་དག་ཡོད་དམ་ཞེ་ན། དེ་ནི་ངེས་པར་འབྱུང་བ་ཡོད་དེ། རྐྱེན་ཆོག་ལ་མ་ལྟོས་པར་བདག་ཉིད་གཅིག་པུས་དམ་བཅས་ནས་དབྱར་གྱི་ཕན་ཡོན་ཇི་སྙེད་པ་འབྱུང་བ་དང་། གསོ་སྦྱོང་གི་ཚེ་གཞན་དུ་འགྲོ་བའམ་གློ་བུར་དུ་ལྷགས་པས་འགྲུབ་པ་དང་། གཅིག་པུ་དབྱར་གནས་པའི་རྙེད་པ་དགེ་འདུན་ལ་འབུལ་ལོ་ཞེས་བྱས། དེའི་ཚེ་གཞན་ནས་འོངས་པའི་དགེ་སློང་དག་གིས་ཁ་སྐང་སྟེ། གཏིང་ན་གཅིག་པུ་དེའི་སྲ་བརྐྱང་དུ་བཏིང་བའི་གོ་ཆོད་པ་དང་། དེའི་རྙེད་པ་དང་ཕན་ཡོན་དགེ་སློང་གཅིག་པུ་དེའི་ཡིན་པ་ཉིད་དུ་ལུང་ལས་བཤད་པར་སྣང་ངོ་། །དེ་དུས་ཀྱི་དགེ་སློང་གཅིག་པུ་དེ་ལ་གཙུག་ལག་ཁང་གཞན་ན་ཡོད་པའི་དགེ་སློང་གིས་རྙེད་པ་ཐུན་མོང་དང་གསོ་སྦྱོང་ཐ་དད་པའི་ལས་བྱས་པ་ན་གཞན་ནས་བྱུང་བའི་རྙེད་པ་དེས་གཅིག་པུ་དེའི་སྲ་བརྐྱང་གི་རྒྱུ་རུང་བར་མཚོན་ཏེ། དེ་ཉིད་ཀྱིས་དབྱར་གནས་པར་ཁས་བླངས་པའི་རྒྱུ་ལས་བྱུང་བའི་རྙེད་པ་ཡིན་གྱི་གནས་ཁང་དང་གློ་བུར་གྱི་རྙེད་པ་སོགས་གང་ཡང་མ་ཡིན་པའི་ཕྱིར། ཞེས་བརྟག་པར་བྱའོ། །

གཉིས་པ་དབྱར་གནས་ཀྱི་ཕན་ཡོན་ལ་འཕྲོས་པ་སྲ་བརྐྱང་གི་གཞི་ལ་གཉིས་ཏེ། སྲབ་རྐྱང་བཏིང་བའི་ཕན་ཡོན་དང་། ཕན་ཡོན་ཅན་གྱི་སྲ་བརྐྱང་གདིང་བའི་ཚུལ་ལོ། །དང་པོ་ནི། འཆང་འབྲལ་འཛོག་གསུམ་དང་། ཡང་ཟ་དང་། འདུས་ཟ་དང་། མ་སྨྲས་པར་གྲོང་དུ་འགྲོ་བ་དང་། གོས་སློང་བའི་ཉེས་པ་རྣམས་ཁེགས་ཤིང་། མཚམས་ཀྱི་ཕྱི་རོལ་དུ་སོང་ཡང་ལྷག་མ་དག་དང་རྙེད་པ་ཐུན་མོང་དུ་འགྱུར་བ་སྟེ་གཙོ་བོ་བརྒྱད་དང་ཕྲ་མ་དག

གི་ནང་དུ་ཕལ་ཆེར་འདུས་པ་གཉིས་ཏེ་བཅུའོ། །གཉིས་ནི། རུང་བ་མ་བྱས་པའི་གོས་འཆང་བ་དང་། སྣམ་སྦྱར་མེད་པར་གྲོང་དུ་འཇུག་པ་ལ་ལྟུང་བ་མི་འབྱུང་བའོ། །དེ་དག་ནི་ལུས་སེམས་བདེ་བར་གནས་པའི་ཕན་ཡོན་ཡིན་ལ། དེ་ལ་གཞན་བསྡུ་བ་དང་སྨིན་པར་བྱ་བའི་ཆོས་བཤམས་པ་ལ་ལོངས་སྤྱོད་པའི་དགོས་པ་ཡང་ཡོད་དོ༑ །དང་པོ་ནི། སྲ་བརྒྱང་བཏིང་བས་མཚམས་དང་རྙེད་པ་གཅིག་ཏུ་བྱས་པ་དང་། འབྲས་བུ་སྲ་བརྒྱང་གི་ཕན་ཡོན་མཐོང་ནས་རྒྱུ་དབྱར་གནས་ལ་འཇུག་པར་འགྱུར་བའོ། །

གཉིས་པ་ནི། དབྱར་རྙེད་ཀྱི་གོས་ཕྲུགས་གཅིག་དབྱར་གནས་དེར་གཏོགས་ཀྱི་དགེ་འདུན་ཐམས་ཅད་ཀྱི་ཆོས་གོས་སུ་བྱས་པའོ། །གཉིས་པ་ལ། གང་ཟག་གིས་གདིང་བ། དངོས་པོ་གང་གདིང་བ། གནས་གང་དུ་གདིང་བ། དུས་ནམ་གྱི་ཚེ་དང་ཡུན་ཇི་སྲིད་ཅིག་གདིང་བ། ཆོ་ག་ཇི་ལྟ་བུས་གདིང་བའོ། །དང་པོ་ནི། གང་ཟག་ཆོས་བཅུ་གཅིག་དང་ལྡན་པ་དག་གིས་ཏེ། དབྱར་གནས་པར་ཁས་བླངས་པ་དང་། དབྱར་མ་རལ་བ་དང་དབྱར་སྔ་མར་ཁས་བླངས་པ་དང་། གནས་འདི་ཉིད་དུ་ཁས་བླངས་པ་དང་། ས་གཞན་དག་ན་གནས་པ་མ་ཡིན་པ་དང་། དེ་དག་འཐོབ་པ་མ་ཡིན་པ་དང་། ལྟ་བ་དང་མཚན་མཐུན་པ་དང་། བསྙེན་པར་རྫོགས་པའི་སྡོམ་པ་དང་ལྡན་པ་རྣམས་སོ། །བསྙེན་པ་མ་རྫོགས་པ་ལ་ནི་གདིང་བ་མི་འབྱུང་སྟེ། འཆང་འབྲལ་ལ་སོགས་པའི་ཕན་ཡོན་ལ་མི་ལྟོས་པ་དང་། དགེ་སློང་དང་ཚོགས་པ་ཐ་དད་པས་དངོས་པོ་གཅིག་ཏུ་བྱས་ནས་གདིང་བ་མི་འབྱུང་ཞིང་དགེ་ཚུལ་འབའ་ཞིག་ལ་མི་འཆགས་པའི་ཕྱིར། ས་གཞན་ན་གནས་པ་ལ་མི་འབྱུང་བ་ཡང་། རང་བཞིན་དུ་གནས་པ་དང་ཚོགས་པ་ཐ་དད་པའི་རྒྱུ་མཚན་ལས་དང་། གནང་བ་བག་ཡངས་ནི་དགེ་སློང་རྣམ་དག་ལ་ཡིན་གྱི༑ མ་དག་པ་ལ་མ་ཡིན་པའི་ཕྱིར་དང་། གདིང་བ་མི་འབྱུང་བ་ནི་ས་གཞན་ན་གནས་པ་དག་གི་ཚད་ལས་ཀྱང་ཡིན་པའི་ཕྱིར། འོན་དགེ་ཚུལ་ནི་རྙེད་པ་དབང་ངོ་། །ཞེས་དང་། ས་གཞན་ན་གནས་པ་ཡང་སྲ་བརྒྱང་གི་རྙེད་པ་དབང་བར་བཤད་པ་ཅི་ཞེ་ན། སྲ་བརྒྱང་དུ་གཏིང་བའི་ཆོས་གོས་དེ་དགེ་ཚུལ་སོགས་དང་དབྱར་གྱི་རྙེད་པ་ཐུན་མོང་བ་ཡིན་པ་ལ་དགོངས་སོ་ཞེས་བྱ་བ་འདུལ་བ་གསུང་ངོ་། །ལ་ལ་དབྱར་རྙེད་དབང་བའི་དོན་ནོ་ཞེས་འཆད་པ་ནི་མ་ཡིན་ཏེ། དེ་ལ་དོགས་པ་ཙང་མི་དགོས་པའི་ཕྱིར། ཞུ་བར་དེ་དག་ལ་གདིང་བ་འབྱུང་བར་གསུངས་པ་ནི། དགེ་སློང་གི་དུས་སུ་དབྱར་ཁས་མ་བླངས་ཀྱང་། དགེ་ཚུལ་གྱི་དུས་སུ་ཁས་བླངས་པ་ཞིག་དབྱར་ནང་དེར་བསྙེན་པར་རྫོགས་པ་ལ་དགོངས་པ་དང་། རལ་བ་ལ་འབྱུང་བར་གསུངས་པ་ནི་དབྱར་ཕལ་ཆེར་གནས་ནས་རལ་བ་ལ་དགོངས་པ་དང་། ཕྱི་མར་གནས་པ་ལ་འབྱུང་བ་ནི་དགེ་འདུན་ཐམས་ཅད་ཀྱིས་ཕྱི་མར་གནས་པ་ཁས་བླངས་པ་ལ་དགོངས་པ་དང་། མཚམས་གཞན་ན་གནས་པ་ལ་འབྱུང་བར་གསུངས་པ་ནི།

གདིང་བའི་ཚེ་མཚམས་ཆེན་གཅིག་ཏུ་བྱས་ནས། ཐམས་ཅད་ཀྱི་དབྱར་རྐྱེད་དགེ་འདུན་ལ་ཕུལ་ནས་བཏིང་བ་ལ་དགོངས་པ་དང་། ས་གཞན་དུ་གནས་པ་ལ་གདིང་བ་འབྱུང་བ་བཤད་པ་ནི། དབྱར་ནང་དུ་དེར་གནས་པ་འདིང་བའི་ཚེ་འབྱུང་བ་ཐོབ་པ་ལ་དགོངས་སོ། །དངོས་པོ་གང་གདིང་བ་ནི། དབྱར་རྐྱེད་ཀྱི་རྒྱུ་ལས་བྱུང་བའི་རྐྱེད་པ་ཡིན་པ། དེ་ཡང་གོས་ཀྱི་རྐྱེད་པ་ཡིན་གྱི། ཟས་དང་མཁར་ལེན་ལ་སོགས་པའི་རྐྱེད་པ་མ་ཡིན་པ། དགེ་འདུན་དབང་བ། རུང་ཚད་ལྡན། གསུམ་ཕྱུགས་གཅིག་ཡན་ཆད་དུ་ཚང་བའོ། །གནས་ནི། གང་དུ་དབྱར་གནས་པར་ཁས་བླངས་པའི་གནས་དེའམ། འདིངས་བའི་ཚེ་དེ་དང་མཚམས་གཅིག་ཏུ་བྱས་པའི་གནས་དེར་ཡང་རུང་ངོ་། །བྱེད་པ་པོ་གང་གིས་ན། གདིངས་པ་ལ་གནས་པའི་དགེ་སློང་གིས་སོ། །དུས་ནམ་གྱི་ཚེ་ན། དབྱར་སྔ་ཕྱིའི་བྱེ་བྲག་གིས་སྟོན་ཟླ་འབྲིང་པོའམ་ཐ་ཆུང་གི་ཚེས་བཅུ་དྲུག་ལའོ། །དུས་ནི་ཟླ་བ་ལྔ་སྟེ། དཔྱིད་ཟླ་ར་བའི་ཚེས་བཅོ་ལྔ་ལ་འབྱུང་བའི་དུས་སུ་བཤད་པ་དང་ཚིག་ལེར། སྨིན་དྲུག་ནས་ནི་ཁྲ་ཡི་བར། །སྲ་བརྐྱང་གདིང་བའི་དུས་སུ་བཤད། །ཅེས་སོ། །འདི་ཡང་ཧོར་ཟླ་དགུ་པའི་ཚེས་བཅུ་དྲུག་ནས་ཡིན་ཏེ། དེ་ནས་སྨིན་དྲུག་གི་ཟླ་བའི་མགོ་འཛིན་པའི་ཕྱིར། འདི་ཡང་དབྱར་ཕྱི་མའི་དབང་དུ་བྱས་ལ། སྔ་མའི་དབང་དུ་བྱས་ན་ཧོར་ཟླ་བརྒྱད་པའི་བཅུ་དྲུག་ནས་འཛིན་པ་ཡིན་ཏེ། སྟོན་ཟླ་འབྲིང་པོ་ནི་ཧོར་ཟླ་བརྒྱད་པ་ལ་ངོས་འཛིན་དགོས་པའི་ཕྱིར།

ཆོག་ཇི་ལྟ་བུས་གདིང་བ་ལ་གསུམ་སྟེ། སྦྱོར་བ་དང་། དངོས་གཞི་མཇུག་གོ། དང་པོ་ལ། དགེ་འདུན་གྱི་དང་། བསྔོས་པའི་སྦྱོར་བའོ། །དང་པོ་ནི། གདིངས་རྒྱུའི་ཆོས་གོས་གསུམ་ཕྱུགས་དེ་དབྱར་ནང་གི་ཉི་མ་གང་ལ་གྲུབ་པ་དེ་ནས་ཞག་མ་ལོན་པར་ཚོགས་པས་དེ་དེར་གདིང་ངོ་ཞེས་མོས་པ་དང་། མཚམས་ཀྱི་ནང་དུ་གསོལ་བ་དང་གཉིས་ཀྱིས་སྲ་བརྐྱང་ལ་བློ་མཐུན་པར་བྱ་བ་དང་། སྲ་བརྐྱང་གདིངས་བར་བསྔོ་བ་དང་། གསོལ་བ་བྱས་ཏེ་དེ་ལ་གཏད་པ་དང་། གདིངས་པའི་ཉིན་མོ་སོ་སོའི་ཆོས་གོས་ཀྱི་བྱིན་རླབས་སྔགས་ཀྱི་འབྱུང་བའོ། །བསྔོས་པ་དེའི་སྦྱོར་བ་ནི། བཀྲུ་བ་དང་དྲུབ་པ་སོགས་སྔོན་དུ་བཏང་ནས་སེམས་བསྐྱེད་པ་གསུམ་བྱ་བ་དང་། ཉི་མ་སྔ་མ་ལ་ཚོགས་པ་ལ་བརྗོད་པ་དང་། གདིངས་བའི་ཉིན་འདུ་བའི་སྐབས་རྗེས་སུ་སྒྲུབ་པའོ། །དངོས་གཞི་ནི། བསྔོས་པས་སྲ་བརྐྱང་ཐོབས་ཏེ། རྐན་རིམས་སུ་འདུག་ནས་ལན་གསུམ་བརྗོད་པ་དང་། དགེ་འདུན་གྱིས་ཀྱང་ཉམས་སུ་མྱོང་ནས་རྗེས་སུ་ཡིད་རང་བར་བྱའོ། །མཇུག་ནི། བསྔོས་པས་དགེ་སློང་རེ་རེའི་མདུན་དུ་འདུག་སྟེ། བཏིང་ངོ་ཞེས་ལན་གསུམ་བརྗོད་ཅིང་། དགེ་འདུན་གྱིས་རྗེས་སུ་ཡི་རང་བར་བྱ་བའོ། །དེ་ལྟར་གདིང་བའི་ཆོག་བཤད་ནས། བརྐྱང་བའི་ཚུལ་ནི། དུས་དུས་སུ་གསེང་བ་སོགས་དང་། སྲ་བརྐྱང་གདིང་བ་ལ་

བསྒྲིམས་པ་དེས་ཞག་གིས་བར་དུ་ཆོད་པར་མི་འབྲལ་བ་དང་། ཁྱིར་ཏེ་གཞན་དུ་མི་འགྲོ་བ་དང་། བསྔུངས་མ་དགེ་སློང་གཅིག་ཙམ་ཡང་མེད་པར་མི་བཞག་པ་སོགས་སོ། །

གསུམ་པ་དབྱུང་བའི་ཚུལ་ལ་གཉིས་ཏེ། རང་འཇུག་འབྲལ་གྱི་དབྱུང་བ་དང་། བཅོས་མའི་དབྱུང་བའོ། ། དང་པོ་ལ་གཉིས་ཏེ། དགེ་འདུན་མཐའ་དག་གི་དང་། གང་ཟག་སོ་སོའིའོ། །དང་པོ་ལ་དྲུག་སྟེ། སྲ་བརྒྱུད་གིས་མཚམས་གཞན་དུ་ཕྱིན་ན་ཞག་མ་ལོན་ཡང་བྱིན་རླབས་འཇིག་པ་དང་། བྱིན་གྱིས་རློབ་པ་བྱེད་པ་མེད་པར་མཚམས་ཀྱི་ནང་དུ་སྐྱ་རེངས་ཤར་བ་དང་། འཕེན་པ་ཟད་པ་དང་། དུས་ལ་མི་ལྟོས་པ་སྐྱེས་པ་དང་། རྟེན་ཞིག་པ་དང་། བྱེད་པ་པོ་ཉམས་པའོ། །ཕྱི་རོལ་འདི་ཡང་བཏིང་བའི་ཕྱི་རོལ་དུ་ཕྱིན་ཡང་ཡོད་པའི་ཕྱི་རོལ་དུ་མ་ཕྱིན་ན་དེར་མི་འགྱུར་བ་དང་། ཡང་ཡོད་པའི་ཕྱི་རོལ་དུ་ཕྱིན་ཡང་བཏིང་མཚམས་ཀྱི་ཕྱི་རོལ་དུ་མ་ཕྱིན་ན་དེར་མི་འགྱུར་བ་ནི་གཞུང་ནས་འབྱུང་ངོ་། །སོ་སོའི་འཇུག་བྲལ་ལ་བཞི་སྟེ། སྤྱོར་བས་འགྲོ་བ་དང་། ངེས་པར་བྱེད་པ་དང་། མཚམས་ལས་འདས་པ་དང་། ཐོས་པ་ལས་བྱུང་བའོ། །དང་པོ་ནི། མཚམས་ནང་དུ་ཕྱིར་མི་འོང་བའི་སྤྱོར་བས་འགྲོ་བ་ཡིན་ལ། དེ་ལ་བཞི་སྟེ། ཆོས་གོས་བྱ་བའི་བསམ་པ་མེད་ན་འབྲེལ་བ་མེད་པའི་མ་དང་། དེ་ཡོད་ན་འབྲེལ་བཅས་ཀྱི་མར་འཇོག་ལ། དེ་ལ་གསུམ་སྟེ། བྱེད་པར་འགྱུར་བ་མཐར་ཐུག་པ་དང་། བརྩམས་པ་ཞིག་པ་དང་། བསམ་པ་རྒྱུན་ཆད་པའོ། །ངེས་པར་བྱེད་པ་ནི། མཚམས་ཀྱི་ཕྱི་རོལ་དུ་སླེབ་རྟིང་ཕྱིར་མི་འོང་བའི་སེམས་ཀྱིས་ངེས་པར་བྱེད་པ་སྟེ། དེ་ལ་ཡང་སྔ་མ་ལྟར་བཞིའོ། །མཚམས་ལས་འདའ་བ་ནི། ནང་ནས་འགྲོ་བའི་ཚེ་ཡིད་གཉིས་ཀྱིས་འདའ་བ་དང་། ཕྱིར་སླེབས་ནས་ཡིད་གཉིས་སྐྱེས་པ་སྟེ་གཉིས་ཀ་ལ་སྔ་མ་བཞིན་དུ་བཞི་བཞི་སྦྱར་བས་བརྒྱད་དོ། །ཐོས་པ་ལས་བྱུང་བ་ནི་སྲབ་རྒྱུད་དུས་ཀྱི་སྔ་རོལ་དུ་བྱུང་བའི་དབང་དུ་བྱས་པ་ཡིན་ལ། བཏིང་ནས་དེ་ལྟར་འབྱིན་པ་ཉམས་སུ་མྱོང་བས་ཐོས་པའི་ཚེ་རང་འཇུག་བྲལ་དུ་འགྱུར་ལ། འདི་ལ་ཡང་མཚམས་ཀྱི་ནང་དུ་ཐོས་པ་ལ་བཞི་དང་། ཕྱི་རོལ་དུ་ཐོས་པ་ལ་བཞི་སྟེ། སྔ་མ་བཞིན་དུ་སྦྱར་བས་མ་ལྟ་བུའི་ཚིག་ཉི་ཤུ་རྩ་བཞིའོ། །དེ་ལྟར་འཆད་པ་འདི་ཡང་མ་ཐོས་ཀྱི་བར་དུ་ཕན་ཡོན་རྗེས་སུ་འཇུག་པའི་ཚུལ་ལས་ཕྱེ་བའོ། །

བཅོས་མའི་དབྱུང་བ་ལ། གཉིས་ཏེ། དུས་སུ་དབྱུང་བ་དང་། དུས་ཀྱི་སྔ་རོལ་དུ་དབྱུང་བའོ། །དང་པོ་ནི་དཔྱིད་ཟླ་ར་བའི་ཉ་ཡིན་ལ། གཉིས་པ་ནི། ཆོམ་རྐུན་གྱི་འཇིགས་པ་དང་བཅས་པའི་ཚེ་ལྟ་བུའོ། །ཞར་ལ་དམིགས་བསལ་གྱི་དོན་འགའ་ཞིག་བཤད་ན། སྟོན་ཟླ་འབྲིང་པོ་ལ་ཤོལ་བྱུང་ན་གཉིས་པ་དེ་སྟོན་ཟླ་འབྲིང་པོ་དངོས་ཡིན་ཀྱང་དགག་དབྱེ་གང་ལ་བྱས་པའི་ཟླ་བ་དེ་དབང་བཙན་པ་དང་། དགག་དབྱེ་རྗེན་དབང་གིས་སྔ་ཕྱི་

བྱུང་ན་གསོ་སྦྱོང་གི་མཐའ་དབང་བཙན་པ་དང་། བཏིང་ཟིན་ནས་དེའི་ཉིན་མོའམ་ཕྱི་ཉིན་མཚམས་ནང་དེའི་གསོ་སྦྱོང་བྱས་ན་བཏིང་བ་ཞིག་པ་དང་། བཏིང་ནས་དགེ་འདུན་བྱེ་ན་བཏིང་བ་མི་འཇིག་ཅིང་། དབྱུང་བ་སོ་སོར་བྱེད་དགོས་པ་དང་། དབྱར་ནང་དུ་དགེ་འདུན་བྱེ་ན་དབྱར་གྱི་གོས་རྙེད་མ་བགོས་པར་ཡོད་པ་དེ་ཟླ་བརྒྱད་དུ་འདིངས་བ་ཆོས་སྨྲ་བའི་ཕྱོགས་པས་བྱེད་དགོས་པ་བསྒྲུབ་པའི་བསླབ་བྱ་ཡིན་པ་དང་། དེའི་ཚེ་ཆོས་སྨྲ་བ་དགེ་འདུན་དུ་མ་ལོངས་པའམ་རྒྱན་གཞན་གྱིས་གཅིག་ཕྱོགས་པས་བཏིང་ན། ཆོས་སྨྲ་བ་ལ་ཟླ་བརྒྱད་གི་རྙེད་པ་མི་འབྱུང་མོད། གནས་ཀྱི་རྙེད་པ་དབང་བ་དང་། ཆོས་སྨྲ་བས་བཏིང་ན་གཅིག་ཕྱོགས་པ་ལ་ཟླ་བརྒྱད་གི་རྙེད་པ་མི་འབྱུང་བར་མ་ཟད། གནས་ཀྱི་རྙེད་པ་ཡང་མི་དབང་སྟེ། རང་བཞིན་དུ་གནས་པའི་གནས་སུ་སྤྱངས་པའི་ཕྱིར། དེ་ལྟ་ན་ཡང་དབྱར་གྱི་རྙེད་པ་ནི་གཉིས་ཀ་དབང་སྟེ། གཉིས་ཀས་དབྱར་གནས་པར་ཁས་བླངས་པའི་ཕྱིར། ཞེས་པ་དང་། དེ་ལྟར་འཆད་པ་དེ་ནི། དགེ་འདུན་བྱེ་ཡང་མཚམས་སོ་སོར་མ་བྱེ་བའི་དབང་དུ་བྱས་པ་ཡིན་ཏེ། མཚམས་བྱེ་ན་གང་དུ་གནས་པའི་གནས་ཁང་གི་རྙེད་ད་པ་དེ་རང་ཉིད་དབང་བའི་ཕྱིར། དེ་ལྟར་བཤད་པ་ན་ཆོས་མ་ཡིན་པའི་ཕྱོགས་པས་བཏིང་ཡང་། མ་བཏིང་གོང་གི་གནས་ཀྱི་རྙེད་པ་ཆོས་ཕྱོགས་པ་ལ་འབུལ་དགོས་པ་དང་། མཚམས་ཐ་དད་དུ་མ་བྱས་ན་བཏིང་རྗེས་ཀྱི་གནས་རྙེད་ཀྱང་ཆོས་ཕྱོགས་པ་ལ་འབུལ་དགོས་པར་གྲུབ་བོ། །ཡང་རང་འཇུག་འགྲེལ་གྱི་རྒྱ་གོང་དུ་སྟར་བཤད་པ་དེ་དག་ཏུམ་འདུས་པ་ཟླ་བརྒྱད་གི་རྙེད་པ་དང་ཕན་ཡོན་ལ་རེ་བ་མེད་ན། དེའི་ཚེ་ཉིད་ན་དེར་སོང་བ་དང་། འགྲེལ་ཆེན་དུ། ཐོག་མར་ཟླ་བརྒྱད་ལ་བརྟེན་པའི་འཕྲལ་སྤྱང་བྱུང་ནས་དེ་ནས་རང་འཇུག་ཁྲལ་དུ་སོང་བ་ཡིན་ཏེ། འཕྲལ་སྤྱང་བྱུང་བའི་ཆོས་གོས་ལ་ཟླ་བརྒྱད་གི་བྱིན་རླབས་མི་འཆགས་པའི་ཕྱིར། ཞེས་གསུངས་པ་ནི་མི་ལེགས་པར་སེམས་ཏེ། ཇི་སྲིད་ཟླ་བརྒྱད་བཏིང་བ་མ་ཞིག་པ་དེ་སྲིད་དུ་ནི་འཕྲལ་སྤྱང་ཁེགས་ལ། ཞིག་ནས་ནི་རང་ལ་ཆོས་གོས་བྱིན་རླབས་ཅན་མེད་པའི་ཕྱིར། ཡང་མཚམས་སོ་སོར་དབྱར་གནས་བྱས་དེངས་བའི་ཚེ་མཚམས་གཅིག་ཏུ་བསྒྲུབས་ན། དབྱར་གྱི་གནས་སོ་སོ་བ་གང་དུ་བཏིང་ཡང་གནས་གཅིག་ཏུ་འཇིག་པ་དང་། བཏིང་ནས་མཚམས་ཐ་དད་པར་བྱས་ན་ཟླ་བརྒྱད་གང་དུ་བཞག་ཀྱང་མཚམས་འདས་སུ་མི་འགྱུར་བ་དང་། བཏིང་ནས་དགེ་འདུན་བྱེ་ཡང་གདིང་བ་སོ་སོར་མ་བྱེ་བ་དང་། དབྱུང་བ་སོ་སོ་བྱེད་དགོས་པ་དང་། མཚམས་བྱེ་བས་བཏིང་བ་མ་བྱེ་ཞིང་། དབྱུང་བ་སོ་སོར་བྱེད་དགོས་པ་རྣམས་གསུངས་སོ། །སྟོན་ཟླ་འབྲིང་པོའི་ཚེས་བཅུ་དྲུག་ལ་ཟླ་བརྒྱད་འདིངས་ན། ཟླ་བ་དེའི་ངོས་འཛིན་གོ་བདེ་བ་གང་ཞེ་ན། ཧོར་ཟླ་བརྒྱད་པའི་བཅུ་དྲུག་ནས་ཧོར་ཟླ་དགུ་པའི་བཅོ་ལྔའི་བར་སྟོན་ཟླ་འབྲིང་པོ་ཡིན་པར་མདོ་སྡེ་ཉི་མའི་སྙིང་པོ་ལས་གསུངས། དེ་ཉིད་འཇིག་རྟེན་གྱི་གྲགས་པ་ཡིན་པར་ཡང་ལུང་

དེ་ཉིད་ལས་བཤད། དེའི་རིགས་པས་ཧོར་ཟླ་བདུན་པའི་བཅུ་དྲུག་ནས་བརྒྱད་པའི་བཅོ་ལྔའི་བར་ནི་བསྟན་བཅོས་ལུགས་ཀྱི་སྟོན་ཟླ་འབྲིང་པོ་ཡིན་པར་གྲུབ་སྟེ། ལུགས་གཉིས་པོ་ར་འབྲིང་སོགས་ཀྱི་ངོས་འཛིན་ཚུལ་ལ་ཟླ་བ་སྔ་རྟིང་གི་ཁྱད་ཞུགས་པའི་ཕྱིར། དེ་ལྟར་འཇུག་པ་དང་། ལོ་རེ་རེ་ལ་ཉིན་ཞག་བཅུ་གཅིག་རེའི་མང་ཉུང་གིས་ཀྱང་ཞུགས་པ་ལ་ཐུགས་ངེས་ན་སྟོན་ཟླ་འབྲིང་པོའི་ཚེས་བཅུ་དྲུག་ནི་ཧོར་ཟླ་བརྒྱད་པའི་ཚེས་བཅུ་དྲུག་ལ་བྱ་བ་ཡིན་ཏེ། དེ་ནས་ཧོར་ཟླ་དགུ་པའི་བཅོ་ལྔའི་བར་དེ་ཉིད་འཇིག་རྟེན་ལུགས་ཀྱི་སྟོན་ཟླ་འབྲིང་པོར་ངེས་པའི་ཕྱིར། དེ་ཉིད་བསྟན་བཅོས་ལུགས་ཀྱི་སྟོན་ཟླ་ཐ་ཆུང་ཡིན་ཏེ། སྟོན་གྱི་ཉིན་མཚན་མཉམ་པ་དེ་ཟླ་བ་དེའི་ནང་ཁོ་ནར་ངེས་པའི་ཕྱིར། དེའི་རིགས་པས་ཇི་སྐད་དུ་གནས་པར་ཁས་བླངས་པར་བྱའོ། །ཚེས་བཅུ་དྲུག་ལའོ། །དབྱར་ཟླ་འབྲིང་པོའི་ཉའི་ཕྱི་དེ་ཉིན་པར་གྱི་དེའོ། །ཞེས་པ་དེ་ཧོར་ཟླ་ལྔ་པའི་ཚེས་བཅུ་དྲུག་ལ་ངོས་འཛིན་པ་ཡིན་ཏེ། དེ་ནས་ཧོར་ཟླ་དྲུག་པའི་བཅོ་ལྔའི་བར་དེ་འཇིག་རྟེན་ལུགས་ཀྱི་དབྱར་ཟླ་འབྲིང་པོ་ཡིན་པའི་ཕྱིར། དེ་ཉིད་བསྟན་བཅོས་ལུགས་ཀྱི་དབྱར་ཟླ་ཐ་ཆུང་དང་། འཇིག་རྟེན་ལུགས་ཀྱི་འབྲིང་པོ་ཡིན་ཏེ། ཟླ་བ་དེའི་ནང་དུ་དབྱར་གྱི་ཉི་མ་ངེས་པར་ལྡོག་པའི་ཕྱིར། དེ་ལྟར་ན་འཇིག་རྟེན་ལུགས་ཀྱི་འབྲིང་པོ་བཞི་ལ་ལྡོག་དུས་གཉིས་དང་མཉམ་པའི་དུས་གཉིས་ཏེ་བཞི་འབྱུང་བར་ངེས། བསྟན་བཅོས་ལུགས་ཀྱི་ཐ་ཆུང་བཞི་ལ་དུས་བཞི་དེ་འབྱུང་བར་ངེས་སོ། །ཡང་གྲུབ་དོན་གཉིས་པ་ནི། བསྟན་བཅོས་ལུགས་ཀྱི་སྟོན་ཟླ་ཐ་ཆུང་འཇིག་རྟེན་ལུགས་ཀྱི་ཐ་ཆུང་ལས་ཟླ་བ་གཅིག་གིས་སྔ་བར་གྲུབ་པ་ན། འདུལ་བའི་ལུགས་ཀྱི་ལོ་མགོའི་ངོས་འཛིན་ཧོར་ཟླ་བརྒྱད་པའི་ཚེས་བཅུ་དྲུག་ནས་ཡིན་པར་གྲུབ་སྟེ། སྟོན་ཟླ་ཐ་ཆུང་གི་ཚེས་བཅུ་དྲུག་ནས་ལོ་མགོ་འཛིན་པ་ནི་འདུལ་བ་དག་གི་སྤྱི་ལུགས་ཡིན་པའི་ཕྱིར་ཞེ་ན་མ་ཡིན་ཏེ། འདུལ་བའི་ཆོས་སྐོར་གྱི་མདོ་ལུང་ཐམས་ཅད་ནས་སྟོན་ཟླ་ཐ་ཆུང་ནས་ལོ་མགོ་འཛིན་པའི་རྣམ་གཞག་བཤད་པ་དེ་ཐམས་ཅད་འཇིག་རྟེན་གྱི་ལུགས་བཞིར་བཞག་ནས་བཤད་པའི་ཕྱིར། དེས་ན་ཧོར་ཟླ་དགུ་པའི་ཚེས་བཅུ་དྲུག་ནས་ལོའི་མགོ་ངོས་འཛིན་པ་ཡིན་ཏེ། དེ་ཉིད་འཇིག་རྟེན་ལུགས་ཀྱི་སྟོན་ཟླ་ཐ་ཆུང་དུ་འཆད་དགོས་པའི་ཕྱིར། མངོན་པའི་ལུགས་ལ་ནི་སྔ་མ་དེ་ལྟར་དུ་གྲུབ་པར་ཐལ་བ་འདོད་ནུས་པ་ཡང་བོད་སྔ་རབས་པ་དག་གི་ལུགས་ལ་ཡིན་ཏེ། ཇི་སྐད་དུ། དགུན་རྣམས་ཀྱི་ནི་བཞི་པ་ལ། །ཐུང་དུ་འགྱུར་ཞེས་བཤད་པ་དེ་དགུན་ཉི་ལྡོག་པར་འདོད་པའི་དུས་ལ་འཆད་པ་དག་ཡོད་པའི་ཕྱིར། གཞུང་དེར་ཡང་རང་གི་འདོད་པ་ནི། ཉི་མ་ཕྱེད་དང་འཆར་དུས་གཅིག །ཅེས་པས་སྟོན་དཔྱིད་ཀྱི་ཉིན་མཚན་མཉམ་པའི་དུས་ངོས་བཟུང་ཞིང་། དེ་ནས་བགྲངས་པའི་དབྱར་གྱི་ཟླ་བ་གཉིས་པ་ནི་འཇིག་རྟེན་ལུགས་ཀྱི་དབྱར་ཟླ་འབྲིང་པོ་དང་བསྟན་བཅོས་ལུགས་ཀྱི་ཐ་ཆུང་ཡིན་ལ། དེ་དུས་སུ་དབྱར་གྱི་ཉི་མ་ལྡོག་པ་དང་།

བསྟན་བཅོས་ལུགས་ཀྱི་སྟོན་ཟླ་ཐ་ཆུང་ལ་སྟོན་གྱི་ཉིན་མཚན་མཉམ་པ་དེ་ནས་བགྲངས་པའི་ཟླ་བ་བཞི་པ་ནི་འཇིག་རྟེན་ལུགས་ཀྱི་དགུན་ཟླ་འབྲིང་པོ་དང་བསྟན་བཅོས་ལུགས་ཀྱི་ཐ་ཆུང་ཡིན་ལ། དེ་དུས་སུ་དགུན་ཉི་ལྡོག་པའོ། །དབྱར་གྱི་ཟླ་བ་གཉིས་པ་དབྱར་ཟླ་ཐ་ཆུང་ལ་བྱེད་པ་མི་འཐད་དེ། དབྱར་གྱི་ཟླ་བ་དང་པོ་དབྱར་ཟླ་ར་བ་ལ་བྱེད་དགོས་པའི་ཕྱིར་ཞེ་ན། དེའི་ངེས་པ་མེད་དེ། དབྱར་ཟླ་ར་བ་ནི་དུས་ཚིགས་ལྔ་དང་དྲུག་གི་རྣམ་གཞག་དང་གསུམ་གྱི་རྣམ་གཞག་བྱེད་པ་དེའི་ཚེ་དཔྱིད་ཀྱི་ཟླ་བ་བཞི་པར་འདོད་དགོས་པའི་ཕྱིར་དང་། བསྟན་བཅོས་ལུགས་ཀྱི་དུས་ཚིགས་ཀྱི་རྣམ་གཞག་ནི་གསུམ་པོ་དེ་གང་རུང་གི་ཆ་ནས་འཇོག་པའི་ཕྱིར། ཡང་དབྱར་ཟླ་འབྲིང་པོའི་ཐོག་མར་གྱུར་པའི་ཚེས་གཅིག་ནས་དབྱར་སྟ་མའི་ཁས་ལེན་བྱེད་པ་དེ་ལྟར་ན། གཞུང་དུ་ཆོས་བཅུ་དྲུག་ལའོ། །ཞེས་པ་དང་འགལ་ཏེ། གཞུང་དུ་དབྱར་ཟླ་འབྲིང་པོའི་ཉའི་ཕྱི་དེ་ཉིན་པར་གྱིའོ། །ཞེས་འབྱུང་བས་སོ་ཞེ་ན། ཉེས་པ་མེད་དེ། བསྟན་བཅོས་ལུགས་ཀྱི་དབྱར་ཟླ་འབྲིང་པོ་རྫོགས་པའི་ཕྱི་ཉིད་དེ་ཉིན་ནས་འཇིག་རྟེན་ལུགས་ཀྱི་དབྱར་ཟླ་འབྲིང་པོའི་ཚེས་གཅིག་ཏུ་འཇོག་པའི་ཕྱིར་དང་། ཆོས་བཅུ་དྲུག་ནི་འཇིག་རྟེན་གྱི་ཐ་སྙད་སོར་བཞག་པ་ཡིན་ཏེ། བསྟན་བཅོས་ལས་ནི་རྣམ་པ་ཐམས་ཅད་དུ་མར་ངོ་སྔོན་དུ་འགྲོ་བས་ཆོས་བཅུ་དྲུག་གི་ཐ་སྙད་མེད་པའི་ཕྱིར། འོན་གཞུང་ལས་འབྱུང་བ་དེ་དག་འགྲུལ་པ་ཅན་དུ་འགྱུར་ཏེ། རེས་འགའ་འཇིག་རྟེན་གྱི་དབྱར་འབྲིང་དབང་བཙན། རེས་འགའ་བསྟན་བཅོས་ལུགས་ཀྱི་དབྱར་འབྲིང་དབང་བཙན་པར་བྱས་ནས་བཤད་པའི་ཕྱིར་ཞེ་ན། འདིའི་ལན་ལ་ལོ་ཙཱ་བ་གྲགས་རྒྱལ་ནི། རྒྱ་དཔེ་ལ་ཉ་སྐར་གྱི་མིང་ཅན་དུ་ཡོད་པ་དེ། བོད་དཔེ་ལ་རབ་འབྱིང་གི་ཐ་སྙད་དུ་བསྒྱུར་བས་འཁྲུལ་གཞི་དང་བཅས་ཞེས་ཀྱང་གསུངས་མོད། རང་ལུགས་ལ་ནི། མར་ངོ་སྔོན་འགྲོར་བྱས་པའི་ཉི་མ་གང་ལ་ལྡོག་པའི་ཟླ་བ་དེ་བསྟན་བཅོས་ལུགས་ཀྱི་དབྱར་ཟླ་ཐ་ཆུང་དང་། འཇིག་རྟེན་ལུགས་ཀྱི་དབྱར་ཟླ་འབྲིང་པོར་ངེས་པས་འཁྲུལ་བ་མེད་དོ། །དེ་ལྟར་འཆད་པ་དེ་ཉིད་འཁྲུལ་བའི་གཞིའོ་ཞེ་ན། ཐ་སྙད་ཀྱི་གཙུག་ལག་མ་ཤེས་ན་དེ་ལྟར་འགྱུར་མོད། ཤེས་པ་ལ་མ་ཡིན་ཏེ། དབྱར་དགུན་གྱི་དུས་འབྱུང་བ་ནི་ཉི་མའི་འགྲོས་ལས་ཡིན་ལ། ཟླ་བའི་ཞག་གྲངས་ནི་དེའི་འཕེལ་འགྲིབ་ཀྱི་ཆ་ལས་ཡིན་པའི་ཕྱིར་ན་ལུགས་གཉིས་ཀྱི་དབྱར་འབྲིང་ལ་སྔ་ཕྱིའི་ཁྱད་ཞུགས་པ་ཡིན་ནོ། །དེ་ལྟར་ཤེས་པ་ན་ཚིག་ལེར། གྲོ་བཞིན་ཅན་གྱི་ཆོས་གཅིག་ནས། །སྔ་མའི་དབྱར་དེ་གཙོ་བོ་ཡིན། །ཞེས་བསྟན་བཅོས་ལུགས་ཀྱི་དབྱར་ཟླ་ཐ་ཆུང་ལ་དེའི་ལུགས་ཀྱི་དབྱར་ཟླ་འབྲིང་པོར་བཤད་བྱུང་བ་དེ། ལོ་དེ་ལ་གྲོ་བཞིན་ཅན་གྱི་མིང་ཅན་གཉིས་བྱུང་བའི་དབང་དུ་བྱས་པ་ཡིན་ཏེ། གཞན་དུ་ན་བསྟན་བཅོས་ལུགས་ཀྱི་སྟོན་ཟླ་ར་བ་ལ་དབྱར་སྔ་མའི་ཁས་ལེན་བྱེད་དགོས་པར་ཐལ་བས་སོ། །དོན་ལ་གནས་ཚོད་ནི། དགུན་ཉི་ལྡོག་པའི་ཉི་མོ་ནས་དགུན་གྱི་མགོ

འཛིན་པ་ཡིན་ཏེ། དུས་དེ་ནས་ཤིན་ཏུ་གྲང་བའི་མགོ་ཟླུག་པའི་ཕྱིར། དབྱར་ཉི་ལོག་པའི་ཉིན་ནས་དབྱར་གྱི་མགོ་འཛིན་པ་ཡིན་ཏེ། དེ་ཉིད་ཚར་འབབ་པའི་ཐོག་མ་ཡིན་པའི་ཕྱིར། དཔྱིད་ཀྱི་ཉིན་མཚན་མཉམ་པའི་ཉིན་མོ་ནས་དཔྱིད་ཀྱི་ཐོག་མ་འཛིན་པ་ཡིན་ཏེ། དེ་ནས་ཚ་བའི་དུས་ཀྱི་མགོ་ཟླུག་པའི་ཕྱིར། སྟོན་གྱི་ཉིན་མཚན་མཉམ་པའི་ཐོག་མ་ནས་སྟོན་གྱི་མགོ་འཛིན་པ་ཡིན་ཏེ། འབྲས་བུ་སྨིན་དཀའ་བ་རྣམས་ཀྱང་སྨིན་པའི་དུས་ཀྱི་མགོ་ཟླུག་པའི་ཕྱིར། དེ་ལྟར་བསླབ་པ་ཡོངས་སུ་སྐྱོང་བའི་ཚུལ་ཞར་བྱུང་དང་བཅས་པ་བསྟན་ཟིན་ནས།

གསུམ་པ་ཐམས་ཅད་འགྲུབ་པར་བྱེད་པ་ལས་ཀྱི་གཞི་ལ་གཉིས་ཏེ། དགེ་འདུན་གྱི་ལས་དང་། གང་ཟག་གི་ལས་ཞར་བྱུང་དང་བཅས་པའོ། །དང་པོ་ལ་གཉིས་ཏེ། སྔོན་འགྲོ་འདུ་བའི་སྐབས་སྦྱབ་པ་དང་། ལས་དངོས་སོ། །དང་པོ་ལ་བཞི་སྟེ། ལས་འཆགས་པའི་རྒྱུ་ཚོགས་གཞི་དང་བསམ་པའི་མཚན་ཉིད། ལས་བརྗོད་པ་ངོ་བོ་ཉིད་ཀྱི་མཚན་ཉིད། ལས་ཉམས་སུ་མྱོང་བའི་མཚན་ཉིད། ལས་འཆགས་པའི་དུས་ངེས་བཟུང་བའོ། །དང་པོ་ལ་གཉིས་ཏེ། གཞི་དང་བསམ་པའོ། །དང་པོ་ལ་གསུམ་སྟེ། བློ་མཐུན་པར་བྱེད་པ་དགེ་འདུན་གྱི་མཚན་ཉིད། རྗོད་པར་བྱེད་པ་ལས་མཁན་གྱི་མཚན་ཉིད། བསྒྲུབ་པར་བྱ་བ་ཡུལ་གྱི་མཚན་ཉིད་དོ། །དང་པོ་ནི་གསུམ་སྟེ༑ གྲངས་ཚང་བ་དང་། ཁ་སྐོང་བར་འོས་པ་དང་། མི་མཐུན་པ་མེད་པའོ། །དང་པོ་ནི། གྲངས་ཚང་བཅུ་གཅིག་གི་ཐ་སྙད་མཛད་པ་ཡིན་ཏེ། དགེ་སློང་མའི་དབྱུང་བ་ལ་བཞི་བཅུ་ཚང་བ་དང་། བུད་མེད་ཡུལ་དབུས་སུ་བསྙེན་པར་རྫོགས་པ་ལ་ཉི་ཤུ་རྩ་གཉིས་ཚང་བ་དང་། དགེ་སློང་གི་དབྱུང་བ་ལ་ཉི་ཤུ་ཚང་བ་དང་། སྟོན་རོལ་གྱི་སྡོམ་པ་དང་འཁོར་དང་འཁོར་མང་པོ་ཉེ་བར་འཛོག་པའི་གནང་བ་སྦྱིན་པ་ལ་བཅུ་གཉིས་ཚང་བ་དང་། བུད་མེད་མཐའ་འཁོབ་ཏུ་བསྙེན་པར་རྫོགས་པ་ལ་བཅུ་གཅིག་ཚང་བ་དང་། སྐྱེས་པ་ཡུལ་དབུས་སུ་བསྙེན་པར་རྫོགས་པ་ལ་བཅུ་ཚང་བ་དང་། དགེ་སློང་མའི་དགག་དབྱེ་ལ་ཕ་ལྷ་མ་བཞི་དང་དགུ་ཚང་བ་དང་། མའི་མགུ་བ་ལ་ཕ་མ་བཞི་བཞི་སྟེ་བརྒྱད་ཚང་བ་དང་། སྟོན་རོལ་གྱི་སྡོམ་པ་སོགས་ལ། མཐའ་འཁོབ་ཏུ་དྲུག་ཚང་བ་དང་། མཐའ་འཁོབ་ཏུ་སྐྱེས་པ་བསྙེན་པར་རྫོགས་པ་དང་དགག་དབྱེ་ལ་ལྔ་ཚང་བ་དང་། ལས་གཞན་ཐམས་ཅད་ལ་བཞིའི་གྲངས་ཚང་གིས་འགྲུབ་པའོ། །གཉིས་པ་ཁ་བསྐོང་བར་འོས་པ་ནི། ཆོས་བཅུ་བཞི་ཚང་བ་སྟེ། མཚམས་ཀྱི་ཕྱི་རོལ་དུ་འདུག་པ་མ་ཡིན་པ་དང་། མི་འདུག་པར་འགྲོང་བར་མ་ཡིན་པ་དང་། གང་ལ་བྱ་བ་དེ་ཉིད་མ་ཡིན་པ་དང་། འདུན་པ་དང་ཡོངས་སུ་དག་པའི་ཚིག་ལས་མ་ཡིན་པ་དང་། བསྙེན་པར་མ་རྫོགས་པ་མ་ཡིན་པ་དང་། ཉམས་པ་མ་ཡིན་པ་དང་། མཚམས་མེད་བྱས་པ་མ་ཡིན་པ་དང་། སྡིག་པའི་ལྟ་བ་ཅན་མ་ཡིན་པ་དང་། ས་གཞན་ན་གནས་པ་མ་ཡིན་པ་དང་། ཐ་དད་དུ་གནས་པ་ཡིན་པ་དང་། འཕྲུལ་བ་དང་བཅས་པ་མ་ཡིན་པ་དང་།

དཀོན་མཆོག་གཞན་མ་ཡིན་པ་དང་། མཚན་མི་མཐུན་པ་མ་ཡིན་པའོ། །དེ་ལྟར་བཅུ་བཞིར་བཤད་ཀྱང་། གཉིས་ལ་བཞག་ལེན་དགོས་ཏེ། དགེ་འདུན་བྱེ་བ་ན་ཆོས་མ་ཡིན་པའི་ཕྱོགས་སུ་སོང་བས་ཀྱང་ལས་བརྒྱ་རྩ་འཆགས་པར་བཤད་ལ། དེའི་ཚེ་ན་སྡིག་ལྟ་ཅན་མ་ཡིན་པ་འདོར་དགོས་ཏེ། དེ་དག་ནི་སྡིག་ལྟ་ཅན་ཁོ་ནར་ངེས་པའི་ཕྱིར། དེ་ལྟར་ན་དགེ་སློང་ཚུལ་ཁྲིམས་རྣམ་དག་དང་མུ་སྟེགས་ཀྱི་ལྟ་བ་ཅན་གྱི་གཞི་མཐུན་ན་ཡོད་པར་རུང་ངོ་། །ཁ་ཅིག་གི་གསུངས་ནས། ཆོས་ཕྱོགས་པས་ལས་བྱེད་པའི་ཚེ། སྡིག་ལྟ་ཅན་མ་ཡིན་པ་དང་ཐ་དད་དུ་གནས་པ་མ་ཡིན་པ་ནི་དོན་གཅིག་པའོ། །ཞེས་གསུངས་མོད། དེའི་ངེས་པ་མེད་དེ། དགེ་སློང་སྡིག་ལྟ་ཅན་ཡིན་ཀྱང་ཐ་དད་དུ་གནས་པའི་ངེས་པ་མེད་དེ། ཐ་དད་དུ་གནས་པའི་དགེ་སློང་ཡིན་ཀྱང་སྡིག་ལྟ་ཅན་དུ་མ་ངེས་པའི་ཕྱིར། དང་པོ་ནི། ལས་མ་བྱེད་པའི་གོང་གི་སྡིག་ལྟ་ཅན་དང་དགེ་སློང་ལྷས་སྦྱིན་ལྟ་བུའོ། །གཉིས་པ་ནི། ལས་བྱེད་པ་ནི་ཆོས་མ་ཡིན་པའི་ཕྱོགས་སུ་གཏོགས་ཀྱང་། སྡིག་ལྟ་མ་སྐྱེད་པ་འགའ་ཞིག་སྲིད་པའོ། །དེ་ནས་འདིར་དཔྱད་དགོས་ཏེ། ཆོས་མ་ཡིན་པའི་ཕྱོགས་པས་ལས་བྱེད་པའི་ཚེ་ཁ་སྐོང་དུ་འོས་པ་ལ། གནས་ནས་ཕྱུང་བ་མ་ཡིན་པ་དགོས་སམ་མི་དགོས། དགོས་ན་ཀཽ་ཤམྦི་ར་ལས་བྱེ་བའི་རྒྱུན་ཡངས་པ་ཅན་པས་གནས་ཕྱུང་བྱས་པ་ལ་ཐུག་པར་བཤད་པ་དང་འགལ། མི་དགོས་ན་དེའི་ལས་ལ་ཡང་ཁ་སྐོང་གི་ཆོས་བཅུ་གསུམ་ཚང་བ་མི་དགོས་པར་འགྱུར་ལ། གཞན་ཡང་མཚམས་མེད་ཅན་མ་ཡིན་པ་དགོས་ན། དགེ་སློང་ལྷས་སྦྱིན་གྱིས་ཆོས་མ་ཡིན་པ་སྨྲ་བའི་ཕྱོགས་ཀྱི་ལས་མ་བྱས་པར་འགྱུར་ལ། དེ་ལྟ་ན་དེའི་ཚེ་ཚུལ་ཤིང་ཁྲིམ་པ་ལ་སོགས་པའི་ལས་དེ་སུ་ཞིག་གིས་བྱས་པ་ཡིན་ཞེས་དཔྱོད་ན། ཀཽ་ཤམྦི་བའི་དགེ་སློང་གནས་ཕྱུང་དེ་དག་ལས་བྱེད་པ་པོ་ཡིན་གྱི༑ བྱེ་བའི་དུས་ཀྱི་ཁ་སྐོང་དུ་ཡོད་པ་མ་ཡིན་ཞེས་པའམ། ཡང་ན་ཆོས་ཕྱོགས་པས་གནས་ཕྱུང་བྱས་པ་དེ་ཅིག་ཤོས་ལ་གནས་ཕྱུང་དུ་མི་འགྱུར་ཏེ། ཇི་སྐད་དུ། རང་གི་ཕྱོགས་དང་མཐུན་པ་མ་ཡིན་པ་ལ་མི་འཆགས་སོ། །ཞེས་འབྱུང་ངོ་། །དེ་ལའང་འདི་སྐད་ཅེས་རྒོལ་བར་འགྱུར་ཏེ། འོན་ཆོས་ཀྱི་ཕྱོགས་པས་སྡིག་ལྟ་ཅན་ལ་གནས་དབྱུང་མི་འཆགས་པར་འགྱུར་ལ། དེ་ལྟ་ན་སྡིག་ལྟ་མི་གཏོང་བའི་གནས་དབྱུང་ཞེས་པ་དེ་ཇི་ལྟར་བྱ། མ་བྱེ་གོང་གི་དབང་དུ་བྱས་སོ་ཞེ་ན། མ་བྱེ་གོང་དུ་བྱས་པའི་གནས་དབྱུང་གིས་དེའི་གོ་ཆོད་ན་སྔ་མ་ལའང་མཚུངས་པས་གནས་དབྱུང་ཅན་ཁ་སྐོང་དུ་རུང་བར་འགྱུར་རོ། །དེའི་ཕྱིར་གནས་དབྱུང་བྱས་པ་དེ་དག་བྱེ་བ་ན་ཆོས་མ་ཡིན་པའི་ཕྱོགས་ཀྱི་ལས་ཀྱི་ཁ་སྐོང་དུ་བྱས་པ་མ་ཡིན་ཏེ། ཡིན་ན་བྱེ་བ་འདུམས་པའི་ཚེ་མཐུན་པ་སྦྱིན་པ་དང་མཐུན་པའི་གསོ་སྦྱོང་ལས་ལོགས་སུ་བཟོད་གསོལ་གྱི་ལས་འཆད་དགོས་པ་ལས་དེ་ལྟར་བཤད་པ་མེད་དོ་སྙམ་དུ་དོགས་ན། ཇི་སྐད་དུ། བཟོད་པ་བྱས་པ་དེ་དག་ལ། །ཞེས་པས་གནས་ཕྱུང་གི་བཟོད་གསོལ་བསྟན་

པར་འཆད་དགོས་སོ། །དེས་དེ་ལྟར་བསྟན་པ་མ་ཡིན་ཏེ། གཞུང་དེས་ནི་སྤྱིར་མཐུན་པ་སྦྱིན་པའི་སྔོན་དུ་བཟོད་པ་གསོལ་དགོས་པར་བསྟན་ལ། ཆོས་མ་ཡིན་པའི་ཕྱོགས་པ་སྔར་གནས་ནས་ཕྱུང་བ་མ་ཡིན་པ་དག་ཀྱང་སྲིད་པའི་ཕྱིར། དཔེར་ན་གང་མང་གི་ཞི་བྱེད་བྱས་པ་ན་ཆོས་མ་ཡིན་པའི་ཕྱོགས་སུ་རྩོད་པ་ཞི་བའི་སྐབས་བཞིན་ནོ། །ཞེས་དོགས་པ་དག་ཀྱང་སྲིད་པས་དཔྱད་པར་བྱའོ། །གོང་གི་དོགས་པ་གཉིས་པའི་ལན་ནི། ལྷས་སྦྱིན་དཔོན་གཡོག་གིས་དགེ་འདུན་ཕྱེ་བ་ཡིན་གྱི། ཆོས་མིན་པའི་ཕྱོགས་སུ་ལས་བྱས་པ་ནི་མ་ཡིན་ཏེ། ཇི་སྐད་དུ། དེ་ཡི་ཁ་ན་མ་ཐོ་བརྫུན། །དེ་དང་འབྱེད་པོ་ཡང་དག་ལྡན། །ཞེས་སོ། །ཡང་ཆོས་མིན་ཕྱོགས་པའི་ལས་ཀྱི་ཁ་སྐོང་ལ་བསླབ་པ་འཁྲུལ་བཅས་སུ་མ་སོང་བ་དགོས་སམ་མི་དགོས། མི་དགོས་ན་ཕྱོགས་གཉིས་ཀྱི་ཁ་སྐོང་ལ་གྲངས་ངེས་ཀྱི་བཞག་ལེན་དེ་ལྟར་དུ་བྱེད་པ་ཉམས་ལ། དགོས་ན་ཆོས་མ་ཡིན་པ་སྨྲ་བ་དེ་སྡིག་ལྟ་མི་གཏོང་བའི་ལྟུང་བ་ཅན་མ་ཡིན་པར་འགྱུར་རོ་ཞེ་ན། དེ་ལྟུང་བར་ཁས་ལེན་དགོས་པ་དེའི་ཚེ་ཡང་བྱིན་གྱིས་བརླབས་པས་དག་པ་ཉིད་དུ་འགྱུར་བར་ཁས་ལེན་དགོས་སོ། །འོན་ཆོས་མིན་སྨྲ་བ་མ་ཡིན་པར་འགྱུར་ཏེ། དེ་ལྟར་སྨྲ་བ་དེ་ལྟུང་བར་ཁས་ལེན་དགོས་པའི་ཕྱིར་ཞེ་ན། དེ་ལྟར་ཁས་ལེན་པ་དེ་ཡང་ཆོས་མ་ཡིན་པ་དེ་ལས་མྱུར་དུ་ལྡོག་པའི་ཐབས་སོ། །

གསུམ་པ་མི་མཐུན་པ་མེད་པ་ལ། ལོག་ཕྱོགས་ནི་གཉིས་ཏེ། མ་འདུས་པའི་དང་། འདུས་པ་ཕྱིར་ལོག་གོ །དང་པོ་ནི། གཞུང་ལས་བཤད་པའི་ཁྱད་པར་ནི། མཚམས་དེའི་ཁོངས་སུ་གཏོགས་པ། ཁ་སྐོང་བར་འོས་པ། ལུས་དངོས་སམ་འདུན་པས་དེ་ལས་མ་འདུས་པའོ། །དེའི་སྟེང་དུ་སྨྲོན་པའི་གནང་བ་མ་ཐོབ་པ། དེར་གནས་པ་དག་གི་མ་ངེས་པར་ཤེས་པའམ། འཕྲིགས་པ། ཡུལ་དེ་ལ་མི་མཐུན་པའི་ལས་བྱེད་པ་མ་ཡིན་པ། གསོལ་བ་ཙམ་ཡང་མ་བྱས་པའོ། །ཞེས་སྔ་མ་རྣམས་འཆད་དོ། །གཉིས་པ་ཕྱིར་ལོག་གི་མི་མཐུན་པ་ནི་ཁྱད་པར་བདུན་དང་ལྡན་པ་སྟེ། མཚམས་དེའི་ཁོངས་སུ་གཏོགས་པ། ཡུལ་དེ་ལ་མི་མཐུན་པའི་ལས་བྱེད་པ་མ་ཡིན་པ། སྤྱོད་ལམ་ལས་མ་ཉམས་པ། ཤེས་པ་རང་བཞིན་དུ་གནས་པ། ངག་ཡང་དག་པར་བསྒྲམས་པ། འདུལ་བ་མངོན་པར་ཤེས་པ། ནང་ཞེ་འཁོན་དང་བཅས་པ་མ་ཡིན་པའོ། །མི་མཐུན་པ་གཉིས་པོ་འདི་དང་ལྡན་པ་ལ་ལས་མི་འཆགས་པའི་ཁྱབ་པ་ཡོད་དམ་ཞེས་དཔྱད་ན། ལས་དེ་ལ་དགོས་པའི་གྲངས་ཚང་གི་ནང་ནས་མི་མཐུན་པ་གཉིས་པ་འདི་བྱུང་ན་ནི་མི་འཆགས་པའི་ངེས་པ་ཡོད་ལ། གཞན་དུ་ན་ལས་མི་མཐུན་པས་བྱས་པའི་ཉེས་བྱས་དང་། གཞན་དེ་དག་དགེ་འདུན་གྱི་ཚོད་དུ་ལོངས་ན་དགེ་འདུན་དབྱེན་གྱི་དགག་བྱ་ཡོད་མོད། ལས་དེ་མི་འཆགས་པ་མ་ཡིན་ཏེ། ཇི་སྐད་དུ། མི་འཆགས་པ་མི་བྱའོ། །ཞེས་དང་། མི་མཐུན་པ་དག་མི་བྱའོ། །ཞེས་

རྣམ་དབྱེ་སོ་སོར་བཤད་པའི་ཕྱིར་དང་། ཐ་དད་པ་ཉིད་དུ་མངོན་པར་འདོད་པས་བརྟགས་ཏེ་ལས་བྱས་ན་ཉེས་པ་སྦོམ་པོར་གསུངས་ཀྱི། ལས་དེ་མི་འཆགས་པར་མ་གསུངས་པའི་ཕྱིར། དང་པོ་མཚམས་དེ་གཅོད་པ་ལ་མི་ཐེ་ན། མཚམས་ནང་དེ་ན་ཡོད་པ་ཙམ་གྱིས་དེའི་ཁོངས་སུ་གཏོགས་པར་བཞག་នུས་པ་མ་ཡིན་ཏེ། དེ་དག་མཚམས་གཞན་ནས་འོངས་པ་ཡིན་ན་གཞན་དེར་གཏོགས་པའི་ཕྱིར། དེས་ན་དེ་དག་འདུས་པས་མ་འདུས་པའི་མི་མཐུན་པ་མི་སྐྱེ་སྟེ། འདུ་བ་མི་མཐུན་པའི་ཕྱིར། ལས་བྱེད་པའི་དགེ་འདུན་གྱིས་དེ་དག་ཡོད་པར་འཕྲིགས་ན་នི་ལས་དེ་མི་མཐུན་པར་བྱས་པར་འགྱུར་རོ། །མཚམས་དེ་གཅོད་པའི་དུས་སུ་ཐེ་ན་ལས་བྱེད་པས་མ་འཕྲིགས་ཀྱང་ལས་དེ་མི་མཐུན་པ་བྱས་པར་འགྱུར་ཏེ། མ་འདུས་པའི་མི་མཐུན་པའི་མཚན་ཉིད་ཚང་བའི་ཕྱིར། ཁོངས་སུ་གཏོགས་པའི་དོན་དེ་ན་ཡོད་པ་ཙམ་གྱིས་ཆོག་ན། ཕྱིར་ལོག་འཆགས་པ་ལ། ཡང་ཞེས་བྱ་བའི་སྒྲ་དོན་མེད་པར་འགྱུར་ཏེ། དེ་ལ་སྤྱོད་ལམ་ལས་མ་ཉམས་པར་དགོས་པར་ནི་གཞུང་གིས་དངོས་སུ་བསྟན་ལ། ལས་གྲལ་དེའི་སྤྱོད་ལམ་ལས་མ་ཉམས་པར་ཡོད་ན་མཚམས་ནང་དེ་ན་ཡོད་དགོས་པའི་ཕྱིར། དེས་ན་མཚམས་དེར་མི་གཏོགས་པའི་དགེ་སློང་གིས་ལས་དེའི་ཁ་སྐོང་དུ་བྱས་ནས་ཕྱིར་ལོག་བྱས་ཀྱང་དགེ་འདུན་མ་ཚང་བས་ལས་དེ་མི་འཆགས་པ་ཡིན་གྱི། མི་མཐུན་པས་མི་འཆགས་པ་ནི་མ་ཡིན་ཏེ། དེས་ཕྱིར་ལོག་མི་འཆགས་པའི་ཕྱིར། དེ་ལས་གཞན་ལ་នི་གྲངས་མ་ཚང་བ་དང་དེའི་ཚབ་ཏུ་གཞན་བཙུག་ཀྱང་མི་མཐུན་པའི་ཉེས་པ་གཉིས་ཀ་འབྱུང་ངོ་། །ཇི་སྐད་དུ། འདུ་བ་མི་སྟེར་ན་གྲགས་པ་ཙམ་གྱིས་སོ། །ཞེས་པ་དེར་ཡང་མ་འདུས་པས་མི་མཐུན་པ་སྐྱེ་མོད། མི་འཆགས་པ་མ་ཡིན་ནོ། །མི་མཐུན་པ་གཉིས་པ་ནི། ཡང་ཞེས་པའི་སྒྲས་ཁ་སྐོང་དུ་འོས་པ་བསྟན་ནོ་ཞེས་པ། ཉིད་ཀྱིས་རྣམ་པར་བཤད་པའི་ལུགས་ཡིན་ནོ། །ཞེས་གསུངས་མོད། རིགས་པ་མ་ཡིན་ཏེ། གང་ལ་བྱ་བའི་ཡུལ་གྱིས་ཕྱིར་ཕྱོག་འཆགས་པའི་ཕྱིར་དང་། ལས་བྱེད་པ་པོ་ཁ་སྐོང་དུ་མི་རུང་བ་དག་གིས་ཕྱིར་ཕྱོག་བྱས་ན་ཡང་འཆགས་པའི་ཕྱིར། མི་མཐུན་པ་ཐམས་ཅད་གཉིས་པོ་འདིར་འདུས་པ་མ་ཡིན་ཏེ། དགེ་སློང་གི་དགེ་འདུན་ལ་མཐུན་པ་གསོལ་དགོས་ཀྱི་ལས་དུ་མ་ཞིག་ལ་དེ་མ་ཐོབ་ན་མི་མཐུན་པར་འགྱུར་བ་དག་ཡོད་པའི་ཕྱིར། ལས་གྲལ་དེ་ན་ཐོག་མར་འདུག་བཞིན་པ་ལས་ལངས་ཏེ་འདུག་ས་བཏང་བའི་འོག་ཏུ་ལས་འདི་ལ་མི་གཏོགས་སོ་ཞེས་སོང་བ་នི་འདུས་པ་ཕྱིར་ལོག་མ་ཡིན་ཏེ། སྤྱོད་ལམ་ལས་ཉམས་པའི་ཕྱིར། ཡང་མི་མཐུན་པ་དང་པོ་སྐྱེད་པ་ལ་མཚམས་ནང་དེ་ན་ཡོད་བཞིན་པ་མི་དགོས་ཏེ། མཚམས་དེར་གཏོགས་ཀྱི་ཁ་སྐོང་དུ་འོས་པ་དག་མཚམས་ཀྱི་ཕྱིར་སོང་ཤུལ་དུ་གསོ་སྦྱོང་སོགས་ཀྱི་ལས་བྱས་ན་མི་མཐུན་པ་དང་པོ་སྐྱེད་པའི་མཚན་ཉིད་ཚང་བས་སོ། །དེ་ལ་ཇི་ལྟར་བྱ་ཞེ་ན། ཇི་སྐད་དུ། ཕྱིས་འོངས་པ་རྣམས་ཀྱི་དོན་དུ

ཡང་བྱར་རུང་ངོ་། །ཇི་སྐད་དུ། གལ་ཏེ་ལེགས་པར་ན་དེ་ལ་ཅི་དགར་འཇུག་པར་བྱའོ། །འདུ་བ་མཐུན་པར་དག་ལ་ཡང་ངོ་། །ཞེས་འབྱུང་བ་དེ་ཉིད་དོ། །དེ་ལྟར་བཤད་པ་ན་མི་མཐུན་པར་གྱུར་ཀྱང་ལས་ཆགས་པར་ནི་གྲུབ་བོ། །ཡང་གཉིས་ཀའི་དགེ་འདུན་གྲངས་ཚང་དུ་དགོས་པའི་ལས་དག་ལ་མཚན་མི་མཐུན་པ་ཕན་ཚུན་དུ་ཁ་སྐོང་གི་ཡན་ལག་ཡིན་ནམ་མ་ཡིན། ཡིན་ན་དངོས་སུ་འགལ། མིན་ན་ཅི་ཞེས་དཔྱོད་ན། དེ་དག་གི་ཚོ་ལས་ཀྱི་དངོས་གཞི་ནི་དགེ་སློང་གི་དགེ་འདུན་ཉིད་ཀྱིས་འགྲུབ་ལ། དགེ་སློང་མའི་དགེ་འདུན་སོགས་པ་ནི་ཚུལ་དང་མཐུན་པ་ཙམ་དུ་ཟད་དོ། །ཞེས་པ་བསྙེན་རྫོགས་ཀྱི་སྐབས་སུ་ཞུ་བ་དང་འགྲེལ་པར་བཤད་པ་དེ་ཉིད་དོ། །ཞེས་པའམ། ཡང་ན་སྐབས་དེ་དག་ཏུ་གཉིས་ཀའི་དགེ་འདུན་ཚང་དགོས་པ་ཡིན་གྱི་ཕན་ཚུན་ཁ་སྐོང་དུ་དགོས་པ་མ་ཡིན་ཞེས་བཤད་པས་ཀྱང་ཆོག་གོ། དེ་ལྟར་ཤེས་པ་ན། ཇི་སྐད་དུ། ལས་བྱེད་པ་མང་པོས་མི་ནུས་ན་དེས་དགེ་སློང་གིས་བྱས་པའི་ཚིག་ངེས་པར་བརྟགས་ན་རུང་ངོ་། །ཞེས་པ་དེར་ཡང་ལས་བརྗོད་པ་པོ་དགེ་སློང་དེ་ཁ་སྐོང་མ་ཡིན་པར་གྲུབ་བོ། །གཉིས་པ་རྗོད་པར་བྱེད་པ་ལས་མཁན་གྱི་མཚན་ཉིད་ནི། ཁ་སྐོང་བར་བྱེད་ཅིང་། ཁ་སྐོང་གི་མཚན་ཉིད་དང་ལྡན་པ། ལས་ཀྱི་ཆོ་ག་ལ་མཁས་པ་ཞིག་དགོས་པར་དངོས་སུ་བཤད་པ་དེ་ནི་སྦྱིར་བཏང་དང་ཉེས་མེད་ཀྱི་དབང་དུ་བྱས་ལ། དམིགས་བསལ་དང་འདུལ་བ་འཛིན་པས་ཡོངས་པའི་ཚེ། ཁ་སྐོང་གི་ཆོས་དང་མི་ལྡན་ཡང་། ཆོ་ག་ལ་མཁས་ཤིང་། སྡུགས་ཚིག་ཁ་བཏོན་དུ་ཐོན་ན་ལས་བྱེད་པ་པོར་རུང་ཞེས་འཆད་དོ། །

གསུམ་པ་བསླབ་པར་བྱ་བ་དོན་གྱི་མཚན་ཉིད་ལ་གཉིས་ཏེ། སེམས་ཅན་མ་ཡིན་པ་ལ་བྱ་བ་དང་། སེམས་ཅན་ལ་བྱ་བའོ། །དང་པོ་ནི་བཅུ་སྟེ། མཚམས་པོ་ཆེ་བཅད་པ་དང་། མཚམས་བུ་ཆུང་བཅད་ཅིང་དཀྱིལ་འཁོར་པར་བློ་མཐུན་བྱ་བ་དང་། དེ་དག་དགྲོལ་བ་དང་། མཚམས་ལ་མི་འབྲལ་བའི་གནང་བ་སྦྱིན་པ་དང་། གསོ་སྦྱོང་གི་གནས་དང་རུང་ཁང་ལ་བློ་མཐུན་བྱ་བ་དང་། འདི་གཉིས་དགྲོལ་བའི་ཆོ་ག་མདོ་ལུང་དུ་མ་གསུངས་ཀྱང་འགྲེལ་པར་བཤད་པ་དང་། ས་བརྐྱང་ལ་བློ་མཐུན་བྱ་བ་དང་། ས་བརྐྱང་དབྱུང་བ་དང་། གསོ་སྦྱོང་གཅིག་པའི་གནས་ཀྱི་སྡོམ་པ་སྦྱིན་པ་རྣམས་སོ། །ཁ་ཅིག་འདི་མཚམས་ཆེན་གཅོད་པའི་ནང་དུ་འདུས་ཞེས་ཟེར་ཡང་། མཚམས་མ་གཅོད་པའི་གཙུག་ལག་ཁང་ཐ་དད་ལ་རུང་བར་བལྟའོ། །དེའི་ཕྱིར་ཆོས་གོས་དང་མི་བྲལ་བའི་གནང་བ་དགེ་སློང་ལ་སྟེར་བ་ལྟར་སྣང་ཡང་མ་འབྲུལ་བར་བྱའོ། །གཉིས་པ་གཞི་སེམས་ཅན་ལ་བྱ་བ་ལ་གཉིས་ཏེ། ཁྱིམ་པ་ལ་བྱ་བ་དང་། རབ་ཏུ་བྱུང་བའི་རྟེན་ལ་བྱ་བའོ། །དང་པོ་ནི་ལྔ་སྟེ། ལྷུང་བཟེད་ཁ་སྦུབ་སྲང་གཉིས་དང་། །ཁྱིམ་གྱི་བསླབ་པའི་སྡོམ་པ་སྦྱིན་པ་ཞིག་གཉིས་དང་། མུ་སྟེགས་ཅན་ལ་གནས་པ་སྦྱིན་

པའོ། །ཁ་གཅིག་འདི་མུ་སྟེགས་ཀྱི་རབ་ཏུ་བྱུང་བའི་རྟེན་ལ་བྱ་བ་ཡིན་ཞེས་འཆད་དེ་བརྟག་གོ།

གཉིས་པ་ལ་གཉིས་ཏེ། བསྙེན་པར་རྫོགས་པའི་དང་། མ་རྫོགས་པའི་རྟེན་ལ་བྱ་བའོ། །དང་པོ་ལ་བཞི་སྟེ༑ སྦྱིན་པའི་ལས་དང་། བསྒོ་བའི་ལས་དང་། ཆད་པས་བཅད་པའི་ལས་དང་། ཆད་པ་དང་རྗེས་སུ་མཐུན་པའི་ལས་སོ། །དེ་ནི་གཉིས་ཏེ། ཞློག་བསྒོ་དང་། གྲངས་སུ་བཞུག་པའོ། །དང་པོ་སྦྱིན་པའི་ལས་ནི་སུམ་ཅུ་རྩ་དྲུག་ཏུ་འཆད་དེ། ཁང་པ་དང་ཁང་ཆེན་གྱི་གནང་བ་གཉིས་དང་། སྣམ་སྦྱར་དང་མི་འབྲལ་བའི་དང་། སྟན་གྱི་དང་། རྙེད་པ་གཅིག་ཏུ་བྱ་བའི་དང་། སྨྱོས་པའི་གནང་བ་དང་། དབྱར་མཚམས་ཀྱི་ཕྱི་རོལ་དུ་ཞག་བཞི་བཅུ་འགྲོ་བའི་གནང་བ་དང་། ངོ་བོ་ཉིད་ཚོལ་བ་དང་། བསླབ་པ་སྦྱིན་པ་དང་། སྤོ་བ་དང་། གཞི་སྤོ་དང་། ཡང་སྤོ་དང་། མགུ་བ་དང་། གཞི་མགུ་དང་། ཡང་མགུ་ལ་སོགས་པ་བཅོ་ལྔ་དང་། དབྱུང་བ་སྦྱིན་པ་དང་། ནན་ཏུར་བྱས་པ་ལ་བཟོད་པ་སྦྱིན་པ་དང་། དེ་ལ་མཐུན་པ་སྦྱིན་པ་དང་། དེ་ལ་མཐུན་པའི་གསོ་སྦྱོང་སྦྱིན་པ་དང་། བཀྲ་ཤིས་དང་གནོད་པ་བྱུང་བའི་དོན་དུ་གསོ་སྦྱོང་སྦྱིན་པ་དང་། དྲན་པས་འདུལ་བ་དང་མ་སྨྱོས་པས་འདུལ་བ་སྦྱིན་པ་དང་། མཁར་བའི་གནང་བ་དང་། དྲ་བའི་གནང་བ་དང་། ཆོས་གོས་ངན་པ་ལ་ཆོས་གོས་སྦྱིན་པ་རྣམས་སོ། །དེ་དག་གང་ལ་སྦྱིན་པའི་ཡུལ་ནི། རང་རང་སྦྱིན་དགོས་པའི་མཚན་ཉིད་ཚང་བ་དང་། ཚོགས་སུ་མ་ཚང་བ་དང་། གསོལ་བ་ལན་གསུམ་འདེབས་པའོ། །མཚན་ཉིད་ནི། དཔེར་ན་ཁང་པའི་གཞི་རུང་བ་དང་། རྩོད་པ་མེད་པ་དང་། བརྩམ་དུ་རུང་བ་དང་། ས་གཞི་དང་ཡོ་བྱད་མ་བཙལ་བ་དང་། ཚད་ལས་མ་ལྷག་པ་བསྟན་པ་གསོལ་བ་ལྟ་བུའོ། །

གཉིས་པ་བསྒོ་བའི་ལས་ནི་སུམ་ཅུ་སོ་ལྔར་འཆད་དེ། གསང་སྟེ་སྟོན་པ་བསྒོ་བ་དང་ལྷུང་བཟེད་འབྲེལ་མེད་འབྲིམ་པ་དང་། གནས་ངེས་ལེན་བརྗོད་པ་དང་། དགེ་སློང་མའི་སྟོན་པ་དང་། ནགས་ཉུལ་བ་དང་། སྤོང་བ་པའི་ཞལ་ཏ་བ་དང་། དགག་དབྱེ་བྱེད་པ་བསྒོ་བ་དང་། ཟླ་བཀྲུང་གདིངས་བ་དང་། དེ་བཞིན་དུ་ཟླ་བཀྲུང་རྐྱོང་བ་དང་། གོས་འགྱེད་པ་དང་སྦྱིད་པ་བསྒོ་བ་དང་། སྣོད་སྤྱད་འབྲུབ་པ་དང་། དབྱར་གྱི་རས་ཆེན་འགྱེད་པ་དང་སྦྱིད་པ་དང་། གནས་ཁང་དང་ཟས་ལ་བསྒོ་བ་དང་། ཐུག་པ་དང་བག་ཆོས་འབྲིམ་པ་བསྒོ་བ་དང་། ཤིང་ཐོག་འབྲིམ་པ་དང་། བག་ཕུར་འབྲིམ་པ་དང་། སྣེར་སྤྱད་འབྲིམ་པ་དང་། དགེ་བསྐོས་དང་མངག་བཞུག་པ་བསྒོ་བ་དང་། ལྷུང་བ་གླེང་བ་དང་ཆུའི་ཞལ་ཏ་བ་དང་། མཛེས་ཆོས་པ་དང་། བང་རིམ་གྱི་ཞལ་ཏ་བ་དང་། གནས་མལ་འབོག་པ་དང་། སྙིའུ་ཆུང་སྲུང་བ་བསྒོ་བ་དང་། གཟུ་བོ་དང་། གསལ་བ་དང་། གསལ་བའི་གསལ་བ་དང་། རྩོད་པ་སྨྲེད་པ་དང་། གང་མང་གི་ཞི་བྱེད་བྱ་བའི་ཕྱིར་ཚུལ་ཤིང་འབྲིམ་པ་བསྒོ་བ་རྣམས་སོ། །

དེ་དག་གང་ལ་བྱ་བའི་ཡུལ་ནི། བསྒོ་བར་བྱ་བའི་མཚན་ཉིད་དང་ལྡན་པ། ཚོགས་སུ་མ་ཚང་བ། སྤྲོ་བ་དྲིས་ཤིང་སྤྲོ་བའོ། །མཚན་ཉིད་ནི། དཔེར་ན། གསང་སྟོན་པ་ཁ་སྐོང་གི་ཆོས་རྣམས་དང་ལྡན་པ། ལྐོག་ཏུ་བར་ཆད་དྲི་བ་ལ་མཁས་པ། བསྒོས་པའི་བྱ་བ་ཐམས་ཅད་ལ་འགྲོ་བ་བཞིའི་སྒོ་ནས་འགྲོ་བ་མ་ཡིན་པ་དགོས་པ་ལྟ་བུའོ། །

གསུམ་པ་ཆད་པས་བཅད་པའི་ལས་ནི་བཅུ་བཞི་སྟེ། བསྡིགས་སྨད་བསྐྲད་དང་ཕྱིར་འགྱེད་བཞི་དང་། གནས་ཕྱུང་བདུན་དང་། གསོ་སྦྱོང་དང་དགག་དབྱེ་བཞག་པ་གཉིས་དང་གསོལ་བ་ཙམ་ཡང་བཞག་པའོ། །དེ་དག་གང་ལ་བྱ་བའི་ཡུལ་ནི། རང་རང་བྱ་དགོས་པའི་མཚན་ཉིད་དང་ལྡན་པ། ཚོགས་སུ་མ་ཚང་བ། གླེང་དྲན་དང་བཞམས་བསྒོ་བྱས་ལ་ཆགས་པའོ། །མཚན་ཉིད་ནི། དཔེར་ན། སྨད་པར་བྱ་བའི་མཚན་ཉིད་དགུ་དང་ལྡན་པ་སྟེ། ཇི་སྐད་དུ། དགེ་འདུན་ལྷག་མའི་ལྟུང་བ་ཕྱིར་མི་འཆོས་པར་རྒྱུན་དུ་བྱེད་པ་སོགས་ཕྱིར་བཅོས་ཀྱི་གཞི་ནས་འབྱུང་བའོ། །ཆད་པ་རྗེས་སུ་མཐུན་པའི་ལས་བསྒོ་བ་ལས་གྱུར་པ་བཅུ་དང་། གྲངས་སུ་བཞུག་པ་བཞིའི་ལས་རྣམས་སོ། །དེ་དག་ལ་ཡང་རང་རང་གི་མཚན་ཉིད་དང་། ཚོགས་སུ་མ་ཚང་བ་དང་། བཞམས་བསྒོ་དང་གླེང་དྲན་བྱས་ལ་ཆགས་པའོ། །གཉིས་པ་བསྙེན་པར་མ་རྫོགས་པའི་རྟེན་ལ་བྱ་བ་ལ། སྦྱིན་པའི་ལས་དང་། བསྒོ་བའི་ལས་དང་། ཆད་པས་བཅད་པའི་ལས་དང་། བསྐྱིལ་བའི་ལས་དང་། ཟློག་པ་དང་། གྲངས་སུ་བཞུག་པའི་ལས་རྣམས་ཅི་རིགས་པར་གཞུང་འགྲེལ་ཉིད་ལ་བརྟག་པར་བྱའོ། །ཡུལ་ཚོགས་སུ་མ་ལོངས་པ་དགོས་པའི་ཤེས་བྱེད་ལ་འདི་སྐད་ཅེས་གསུང་སྟེ། སྦྱིན་པའི་ལས་ལ་ནི་ཚོགས་སུ་ཚང་བ་ལ་སྦྱིན་ན་མ་ཚང་བ་ལ་སྦྱིན་པ་ལྟ་བུའི་དགག་བྱ་མི་སྐྱེ་བ་དང་། བསྒོ་བའི་ལས་ལ། ཚོགས་སུ་ཚང་བ་མ་བསྒོས་ན་མ་ཚང་བ་ལ་བསྒོས་པ་ལྟ་བུའི་ཆེད་གཉེར་མི་འབྱུང་བ་དང་། ཆད་པས་བཅད་པའི་ལས་ལ། ཚོགས་སུ་ཚང་ན་ཆད་པས་མི་ཆོད་པའི་དགག་བྱ་ཡོད་པས་སོ། །ཞེས་གསུངས་ལ། དེ་ཡང་འདིར་བརྟགས་པ་ནི། འདུལ་འཛིན་ཕྱི་མ་དག །ཚོགས་ཀྱི་ཚོགས་ལ་ལས་མི་འཆགས་ཞེས་ཟེར། དེ་ལ་ནི་སྒྲུབ་བྱེད་མེད་ཅིང་། གནོད་བྱེད་དུ་མ་དང་བཅས་སོ། །དང་པོ་ནི༑ ཇི་སྐད་དུ། ཚོགས་ཀྱི་མི་བྱའོ། །ཞེས་འབྱུང་བ་དེ་ནི། སྔ་མ་རྣམས་གསུང་བ་ལྟར་ཉེས་དམིགས་ཀྱི་དགས་པ་དེ་དག་ཡོད་པས་དགག་པའི་བསླབ་བྱ་ཡིན་གྱི། དེ་ལ་དམིགས་བསལ་མེད་པ་མ་ཡིན་ཞིང་། ཡང་ན་ནི་གནང་བའི་རྗེས་སུ་དགག་པ་བཅས་པ་གང་རུང་ལས་མ་འདས་པའི་ཕྱིར་རོ། །གནོད་བྱེད་ནི། དེ་ལྟར་མི་འཆགས་ན་དེ་རྗེས་ཕྱོགས་ཀྱི་དགེ་སློང་བཞིར་ལོངས་པ་ལ་ཟློག་བསྒོ་བྱེད་པར་བཤད་པ་དང་། བྱེ་བ་བསྡུམ་པའི་ཚེ་མཐུན་པ་སྦྱིན་པར་གསུངས་བ་དང་། གསལ་བ་བསྒོ་བའི་ཚེ་དགེ་འདུན་གྱི་ཚད་ལས་མི་ཉུང་བ་བསྒོ་བར་གསུངས་པ་དང་། དགེ་སློང་མའི་དགེ་འདུན་ལ་གསོ་སྦྱོང་གི་ཚེ་མཐུན་པ་སྦྱིན་པ་དང་། གློ་བུར་དུ་འོངས་

པའི་དགེ་འདུན་གྱིས་གཞུག་མར་གནས་པའི་དགེ་འདུན་ལ་ཚོགས་པ་གསོལ་ཞིང་སྦྱིན་པ་དང་། ཡངས་པ་ཅན་པའི་དགེ་འདུན་གྱིས་ཀོ་ཤམྦི་བའི་དགེ་འདུན་ལ་གནས་ཕྱུང་བྱས་པའི་རྐྱེན་གྱིས་ལས་བྱ་བར་གསུངས་པ་དང་། ལྷུང་བ་ཐུན་མོང་བ་བྱིན་གྱིས་རློབ་པའི་ཚེ་ཡང་ཡུལ་དགེ་འདུན་དུ་ཚང་བ་ལ་བྱེད་པ་ཡིན་ནམ་ཞེས་བརྟག་དགོས་པས་སོ། །འོན་བསྙེན་རྫོགས་ལྟ་བུ་བསྒྲུབ་བྱ་མང་པོ་ལྡན་ཅིག་ཏུ་ཚོགས་པའི་ཚེ། ཐམས་ཅད་དུས་ཅིག་ཅར་དུ་རྫོགས་སུ་རུང་བར་འགྱུར་ཏེ། ཚོགས་ཀྱི་ཚོགས་ལ་ལས་འཆགས་པའི་ཕྱིར་ཞེ་ན། ལེན་ལ། མགོ་མཚུངས་དང་། རྣལ་མའོ། །དགེ་སློང་གི་ཕྱི་དྲོའི་ཁ་ཟས་བཟར་རུང་བ་དང་། མེ་ལ་རེག་ཏུ་རུང་བ་སོགས་སུ་འགྱུར་ཏེ། དེ་ལྟར་སྤྱད་པས་ཚོག་པའི་སྐབས་མང་པོ་ཡོད་པའི་ཕྱིར། གཉིས་པ་ནི། སྦྱིར་བཏང་གི་ཆོག་དེ་སྒྲུབ་པར་ནུས་པ་བཞིན་དུ་དམིགས་བསལ་ལ་བརྟེན་པ་ནི་བཀག་པའི་ཕྱིར་ཏེ། ཇི་སྐད་དུ། ཆོ་ག་བཙན་པོ་དག་ཡོད་ན་བག་ཡངས་སུ་བྱ་བ་ལ་བརྟེན་པར་མི་བྱའོ། །ཞེས་བཤད་པས་སོ། །དེ་ལྟ་ནའང་ཐལ་བ་སྟེ་མ་སོན་འདུག་གོ་ཞེ་ན། དོན་དེ་ལ་ཡང་མང་པོ་གསོལ་བཞི་ཚིག་གཅིག་གིས་ཅིག་ཅར་དུ་བསྙེན་པར་རྫོགས་ནུས་ཤིང་། དམིགས་བསལ་ལ་རྟེན་མི་དགོས་པ་ཉིད་ཀྱིས་འགྲུབ་སྟེ། སྒྲུབ་བྱེད་དགེ་འདུན་གྲངས་ཚང་གཅིག་གིས། བསྒྲུབ་བྱ་དུ་མ་མཚམས་ཐ་དད་དུ་བཞག་ནས་བསྒྲུབ་པས་འགྲུབ་པའི་ཕྱིར། དཔེར་ན་ལུང་ཞུ་བ་ལས་ཇི་ལྟར་འབྱུང་བ་དེ་ཉིད་བོད་ཀྱི་འདུལ་འཛིན་ཆེན་པོ་རྡོ་རྗེ་གཞོན་ནུས་ཕྱག་ལེན་དུ་མཛད་པ་བཞིན་ནོ། །

གཉིས་པ་བསམ་པའི་མཚན་ཉིད་ལ། འདུ་ཤེས་དང་ཀུན་སློང་གཉིས་ལས། དང་པོ་ནི། གང་གིས་བྱེད་པ་དགེ་འདུན་གྱི་འདུ་ཤེས་གཙོ་བོར་གྱུར་པ་དང་། གང་ལ་སྦྱིན་པར་བྱ་བའི་ཡུལ་གྱི་འདུ་ཤེས་གཙོ་བོར་གྱུར་པ་དག་ཡོད་པ་ལས། དང་པོ་ནི། ལས་འཆགས་པ་ལ་དགེ་འདུན་གྱི་འདུ་ཤེས་གཙོ་ཆེ་བ་ཡིན་ཏེ། དོན་ལ་རྣམ་པར་གནས་པ་དང་མཐུན་ཀྱང་། བྱེད་པ་པོས་གཞན་དུ་འདུ་ཤེས་ན་མི་འཆགས་པའི་ཕྱིར། དཔེར་ན་གྲངས་ཚང་བ་ལ་མ་ཚང་བར་དང་། ལྟུང་བས་རྣམ་པར་དག་པ་ལ་མ་དག་པར་འདུ་ཤེས་པའི་ཚེ་ལྟ་བུའོ། །འོན་དོན་ཤེས་མཐུན་པར་འཛོག་པ་ལ། དོན་ལའང་དེ་ཉིད་དུ་གནས་པ་དགོས་སམ་ཞེ་ན། དགོས་པའང་ཡོད་མོད། ཐམས་ཅད་ལ་མ་ཡིན་ཏེ། ཇི་སྐད་དུ། ལྟུང་བ་བྱུང་བ་ལ་ནི་འདུ་ཤེས་ཇི་ལྟ་བ་བཞིན་དུ་བསྒྲུབ་པར་བྱའོ། །གཅིག་ལ་དེ་ལྟར་བསྐྱིལ་བ་དང་མི་སྐྱིལ་བ་དང་། ཕྱིར་བཅོས་པ་དང་། རྣམ་པ་དུ་མ་ནི་རིག་པ་ཁོ་ནའོ། །ཞེས་འབྱུང་ལ། དེའི་དོན་ནི། ཁ་སྐོང་དུ་འོས་པའི་དགེ་སློང་གཅིག་ལ། ཡུལ་ཁ་ཅིག་ཏུ་ནི་རྣམ་པར་དག་པ་ཉིད་དུ་དགེ་འདུན་གྱིས་ཤེས། ཁ་ཅིག་ཏུ་ནི་ཉམས་པར་ཤེས། ཁ་ཅིག་ཏུ་ནི་ལྟུག་མ་དང་བཅས་པ་དང་། ཁ་ཅིག་ཏུ་བཤགས་བྱའི་ཉེས་བྱས་ཙམ་དང་ཤེས་པ་དེའི་ཚེ་ན། ཡུལ་དང་པོ་དེར་ཁ་སྐོང་དུ་བཞག་པས་ལས་འཆགས་པ

དང་། གཉིས་པ་དེར་བསྒྲད་དགོས་པ་དང་། གཉིས་པ་དེར་མགུ་བ་སྤྱད་ནས་དབྱུང་བ་སྦྱིན་པས་རྣམ་དག་ཏུ་འགྱུར་བ་དང་། གསུམ་པ་དེར་གང་ཟག་གཅིག་གིས་མདུན་དུ་བཤགས་པས་འདག་པ་ལྟ་བུའོ། །དེ་ལྟར་ན་འདུལ་བར་གཏོགས་པའི་ལས་ཀྱི་རྣམ་པར་བཞག་པ་ལ་འཇིག་རྟེན་གྱི་ཐ་སྙད་ཚད་མ་ཡིན་གྱི། མངོན་པར་ཞེས་པ་ཁོ་ན་ཚད་མར་འཛིན་མི་དགོས་པ་ནི་ལུང་གི་དགོངས་པའོ། །

གཉིས་པ་ཀུན་སློང་ནི། ཆེད་དུ་བྱ་བའི་ཁྱད་པར་དང་ལྡན་པ་སྟེ། སངས་རྒྱས་ཀྱི་བསྟན་པ་ལ་ཕན་པ་དང་། གང་ཟག་གི་རྒྱུད་ལ་ཕན་པ་དང་། བསམ་པ་ཐག་པ་ནས་བྱེད་པར་འདོད་པའོ། །གསུམ་པ་ལས་བརྗོད་པ་ངོ་བོ་ཉིད་ཀྱི་མཚན་ཉིད་ནི། གསུམ་སྟེ། ལས་ཚང་བ་དང་། མ་ནོར་བ་དང་། མ་འཁྲུགས་པའོ། །ཚང་བ་ནི་གསོལ་བ་འབའ་ཞིག་གིས་ཆོག་པ་དང་། གསོལ་བ་དང་བརྗོད་པ་གཅིག་གི་ཆོག་པ་དང་། གསོལ་བ་དང་བརྗོད་པ་གསུམ་དགོས་པ་རྣམས་ལ་དེ་དང་དེ་དག་ཚད་མར་བརྗོད་དགོས་པའོ། །དེ་ཡང་འདི་ལྟར། ཆད་པ་དང་། བསྒོ་བ་དང་། རྩོད་པ་ཞི་བར་བྱ་བ་དང་། སགོང་མར་སྤྱོ་བ་དང་། དགེ་འདུན་ལ་འཁོ་བ་རྣམ་པར་བཞག་པ་དང་། དབྱུང་བ་དག་ལ་ནི་གསོལ་བ་བརྗོད་པ་གསུམ་དང་བཅས་པའོ། །བསྒོ་བ་དང་། རབ་ཏུ་བྱུང་བ་ལ་འཁོ་བ་རྣམ་པར་བཞག་པ་ལ་ནི་བརྗོད་པ་གཅིག་དང་བཅས་པའོ། །རྗེས་སུ་གནང་བ་དང་། དགེ་འདུན་གྱིས་བྱིན་གྱིས་རླབ་པ་དང་། སྦྱིན་པ་དང་། རང་གི་དོན་ལ་སྒྲུར་བ་དང་། བགྲང་བ་དང་། ཁྲིམ་པའི་དོན་དུ་རྣམ་པར་བཞག་པ་བྱ་བ་དང་། དབྱུང་བ་དག་ལ་ནི་འབའ་ཞིག་གོ་ཞེས་པ་ནི་དུལ་བ་ལྷའི་ལུགས་སུ་འགྲེལ་པས་བཤད་ལ། སློབ་དཔོན་ཉིད་ཀྱི་གཞུང་ལས་ནི། གསང་དང་ནང་དུ་དྲི་ཕྱིར་དང་། །གསོ་སྦྱོང་དེ་ལ་ལྷུང་བཅས་དང་། །དེ་ལ་དགེ་འདུན་ཡིད་གཉིས་དང་། །རྩོད་དང་ངེས་ཉིད་མ་ཡིན་དང་། །དེ་ཡི་དོན་དུ་ལྔ་པོ་དག །ཐམས་ཅད་དགག་དབྱེར་གཏོགས་པ་ཡིན། །དབྱར་གནས་ཁས་བླངས་ཉིད་དང་ནི། །ཤི་བའི་རྫས་དང་ནོར་འདྲ་དང་། །ཆོས་གོས་སྲ་བརྒྱང་བཏིང་བ་དང་། །ཆོས་གོས་སྦྱིན་པར་བྱ་བ་དང་། །གནས་ངན་ལེན་ནི་བརྗོད་པ་དང་། །གྲངས་སུ་གཞུག་པ་བཞི་དག་དང་། ཁྱིམ་གྱི་སྡོམ་དང་དེ་གཞིག་དང་། །ལྷུང་བཟེད་ཁ་སྦྱུབ་བྱ་བ་དང་། །དེ་ཉིད་བཟློག་པར་བྱ་བ་དག །གསོལ་བ་འབའ་ཞིག་ལས་ཡིན་ནོ། །གནས་དང་མཚམས་ནི་གཉིས་པོ་དང་། །མི་འབྲལ་སྨྲོས་དང་དགག་དབྱེ་དང་། །གནས་མལ་སྟོབ་པར་བྱེད་པ་དང་། །རུང་བའི་ས་གཞི་བསྒོ་བ་དང་། །སྲ་བརྒྱང་དང་ནི་དེ་གདིང་དང་། །སྤྱོང་དང་ལག་གི་བླ་དང་ནི། །གནས་ཁང་བསྒོ་ལ་སོགས་པ་དང་། །གཟུ་དང་གསལ་དང་སྦྱེད་པ་དང་། །ཚུལ་ཤིང་འབྲིམ་པར་བྱེད་པ་དང་། །ཁང་པ་ཁང་ཆེན་བསྟན་པ་དང་། །གླིང་དང་འབྲལ་བར་མི་འགྱུར་དང་། །སྟན་དང་ལྷུང་བཟེད་འབྲིམ་པ་དང་། །མ་དད་གོ་བར་བྱ་བ་དང་། སྟོན་པ་དང་ནི་

ནགས་ཚུལ་དང་། །བརྙས་མི་བྱ་དང་མང་ཕྱིར་དང་། །མཁར་བ་དྲ་བའི་ཕྱིར་དང་ནི། །རྙེད་པ་གཅིག་ཏུ་བྱ་ཕྱིར་དང་། །བསླབ་པ་སྦྱིན་དང་ཉེར་གནས་དང་། །བུ་དང་ཉེ་དུའི་ཕྱིར་འགྲོ་བ། །གསོལ་དང་གཉིས་ཀྱི་ལས་ཡིན་ནོ༑ །བསྙེན་པར་རྫོགས་པར་བྱ་བ་དང་། །སྨུ་སྟེགས་གནས་དང་མཚམས་དཀྲོལ་དང་། །མཐུན་སྦྱིན་གསོ་སྦྱོང་བདུན་པོ་དང་། །བརྒྱད་དང་དྲན་དང་མ་སྨྱོས་དང་། །དེ་ཉིད་ཚོལ་དུ་བཞུག་པ་དང་། །བསྒོ་བར་བྱ་བ་རྣམས་དང་ནི། །ཉམས་པ་སྦྱིན་པར་བྱ་བ་དག །གསོལ་དང་གཞི་ཡི་ལས་ཡིན་ནོ། །ཞེས་གསོལ་བ་འབའ་ཞིག་པ་ཉི་ཤུ་རྩ་བཞི། གསོལ་བ་དང་གཉིས་ཀྱི་ལས་བཞི་བཅུ་རྩ་བདུན། གསོལ་བ་དང་བཞིའི་ལས་སུམ་ཅུ་ཐམ་པར་གསུངས་སོ། །མ་ནོར་བ་ནི། ལས་གང་ལ་གང་བཤད་པ་དེ་ཉིད་བྱ་ཡི་གཞན་མི་བྱའོ། །མ་འཁྲུག་པ་ནི་གསུམ་སྟེ༑ ལས་བྱེད་པ་ན། སྦྱོད་ལམ་མ་འཁྲུགས་པ་དང་། ཚིག་མ་འཁྲུགས་པ་དང་། གོ་རིམ་མ་འཁྲུགས་པའོ། ། ལས་ཉམས་སུ་མྱོང་བའི་མཚན་ཉིད་ནི། གང་ལ་གང་དགོས་པའི་གྲངས་ཚང་ཁ་སྐོང་བར་འོས་པའི་དགེ་འདུན་གྱིས་ཚིག་དེ་ཐོས་ཤིང་དོན་གོ་བའོ། །

ལྔ་པ་ལས་འཆགས་པའི་དུས་ནི། འོག་མ་མེད་པའི་ཚིག་ཐལ་ཆེར་བྱས་ན་བྱས་པ་ཉིད་དོ། །ཞེས་འཆད་ལ༑ དེའི་དོན་ཀྱང་། གསོལ་བ་འབའ་ཞིག་པ་ལ་དགེ་འདུན་གྱིས་གནང་བར་མཛོད་ཅིག་ཅེས་དང་། བརྗོད་པ་གཅིག་གམ་དུ་ཡོད་ཀྱང་ཐ་མ་དེའི་ནང་ན་དེའི་སྐད་དུ་ཞེས་པའི་ཚིག་བྱུང་བ་དེའི་ཚེ་ན་ལས་འཆགས་ཞེས་བྱ་བའི་དོན་ནོ། །གཉིས་པ་ཞར་བྱུང་ནི་བཞི་སྟེ། དགག་དབྱེ་གོ་བར་བྱ་བ་དང་། ལྷག་པོར་ལ་སོགས་པ་གང་ཟག་གི་ལས་དང་། དགེ་སློང་མའི་དགེ་འདུན་གྱིས་འདུན་པ་དང་གསོ་སྦྱོང་འབུལ་བ་དང་། ལས་ཐོགས་སུ་མི་རུང་བར་དམིགས་བསལ་དང་བཅས་པའོ། །དེ་དག་ནི་གཞུང་དུ་གསལ་མོད། དཀའ་བ་རྣམས་རིམ་གྱིས་འཆད་པར་འགྱུར་རོ། །སོ་སོ་ཐར་པ་འདོན་པ་ནི། རང་ལྟོག་ནས་ལས་དངོས་མ་ཡིན་ཀྱང་། གསོལ་བ་སྔོན་དུ་འགྲོ་བས་སམ་དགེ་འདུན་དང་འབྲེལ་བ་ཙམ་གྱི་ཆ་ནས་དེར་བཏགས་པའོ། །དགག་དབྱེའི་ལས་ཞེས་པའང་དེ་དང་འདྲ་བར་བརྗོད་པ་གསུམ་དགོས་པ་ཙམ་ལ་ལས་སུ་བཏགས་པ་ཡིན་གྱི། ལས་དངོས་མ་ཡིན་ཏེ། ཡུལ་རྟེན་གཉིས་ཀ་ལངས་ཀྱང་ལས་འཁྲུགས་པར་མི་འགྱུར་བ་དང་། བྱེད་པ་པོ་ཚོགས་ལོངས་ཀྱི་བྱས་ཀྱང་ཚོགས་ཀྱི་ཚོགས་ལ་བྱས་པར་མི་འགྱུར་ཏེ། ཚེ་དང་ལྡན་པ་དགོངས་སུ་གསོལ། ཞེས་ཟེར་བས་སོ། །ཞེས་འགྲེལ་པ་མཁན་པོ་འདོད་དོ། །དེས་ན་ལས་དངོས་ནི་གསོལ་བ་དང་བརྗོད་པ་ཉིད་དོ། །ལས་དེ་འཆགས་པ་ལ་བཤད་མ་ཐག་པའི་རྒྱུ་ཚོགས་དེ་དག་གྲངས་ཚང་དགོས་ཏེ། དེ་དག་དེའི་མེད་ན་མི་འབྱུང་བའི་རྒྱུ་ཡིན་པའི་ཕྱིར། དེ་ཡང་ཉེས་མེད་ཕུན་སུམ་ཚོགས་པའི་དབང་དུ་བྱས་ཀྱི། ཆགས་ལ་ཉེས་བྱས་ཀྱི་དབང་དུ་བྱས་པ་ནི། ཇི་སྐད་དུ། ཆོས་

མ་ཡིན་པས་མི་བྱའོ། །མི་མཐུན་པས་མི་བྱའོ། །ཚོགས་ཀྱིས་མི་བྱའོ། །ཞེས་དང་། དེ་ལས་གཞན་པ་དེ་དག་གིས་ཐོས་པ་དང་བཅས་པར་མི་བྱའོ། །ཞེས་པས་འཆད་ལ། དེ་ཡང་དང་པོ་ནི་སྔོན་འགྲོ་མ་ཚང་བ་སྟེ། དཔེར་ན་བསྙོ་བའི་ལས་ལ་སྒྲོ་བ་མ་དྲིས་པ་དང་། སྦྱིན་པའི་ལས་ལ་གསོལ་བ་མི་འདེབས་པ་དང་། ཆད་པས་བཅད་པའི་ལས་ལ་བཞམས་བསྙོ་སྔོན་དུ་མི་གཏོང་བའོ། །མི་མཐུན་པ་ནི། མ་འདུས་པ་དང་། ཕྱིར་ལོག་དང་། དེ་དག་ཏུ་མ་ངེས་པ་དང་གསུམ་སྟེ་གོང་དུ་བཤད་ཟིན་པའོ། །བསླབ་པ་འབུལ་བཅས་སུ་གྱུར་བ་ཡང་། ལས་དེ་ལ་དགོས་པའི་དགེ་འདུན་ཐམས་ཅད་ལྟུང་བཅས་དེར་འདུ་ཤེས་ཀྱང་འཆགས་པ་ཡོད་དེ། དཔེར་ན་དགེ་སློང་གི་སྡོམ་པ་གནས་པ་དང་། རྟེན་མཛེས་པའི་བར་ཆད་ཅན་བསྙེན་པར་རྫོགས་པའི་ཚེ་ལྟ་བུའོ། །དེའི་ཚེ་འཆགས་པ་ནི་ཡིན་ཏེ། དུས་དེར་བྱེད་པ་པོ་དགེ་འདུན་ཐམས་ཅད་བློ་མཐུན་པའི་ཕྱིར། དེ་ལྟར་མཐུན་བྱིན་རླབས་ཀྱིས་འདག་གོ་སྙམ་ན་མ་ཡིན་ཏེ། སྦྱོར་བའི་དུས་སུ་བར་ཆད་ཅན་དགེ་སློང་དུ་སྒྲུབ་པའི་བསམ་པ་ཡོད་ཀྱང་། ལུས་ངག་ཏུ་མ་གྲུབ་པས་ལྟུང་བར་མ་སོང་ལ། དེར་གྲུབ་པའི་དུས་ནི་དངོས་གཞི་དང་རྒྱུན་གཅིག་པའི་སྦྱོར་བ་ཡིན་པས་བཅོས་ཐབས་མེད་པའི་ཕྱིར། འོན་ལས་བྱེད་པ་ཐམས་ཅད་ཀྱི་སྔོན་དུ་རང་རྒྱུད་ཀྱི་ལྟུང་བ་གང་ཡོད་བཤགས་པ་དང་། བྱིན་གྱིས་རློབ་པ་སྔོན་དུ་འགྲོ་དགོས་སམ་ཞེ་ན། ཁ་སྐོང་དུ་རུང་བ་ལ་ངེས་པར་དགོས་ཤིང་། གསོ་སྦྱོང་ལ་ཡང་ངེས་པར་དགོས་པ་ཉིད་དུ་བཤད་ལ། དེས་དགག་དབྱེའང་མཚོན་པར་ནུས་སོ། །དེ་ལས་གཞན་ལས་ཉམས་སུ་མྱོང་བ་ཙམ་ལ་ནི་ངེས་པ་མེད་དེ། ཇི་སྐད་དུ། བསྙོ་བ་ལས་བྱུང་བ་ཕྱིར་བཅོས་པ་མ་བྱས་པར་ཉམས་སུ་མྱོང་བར་མི་བྱའོ། །གསོ་སྦྱོང་དང་དགག་དབྱེ་ནི་མ་གཏོགས་སོ། །ཞེས་པའི་ཤུགས་བསྟན་ལས་གསལ་བའོ། །དེའི་དོན་ཀྱང་། གསོ་སྦྱོང་གི་ཚེ་ཕྱིར་མ་བཅོས་པ་དེ་འཐོལ་བར་འགྱུར་བ་དང་། དགག་དབྱེའི་ཚེ་གླེང་བའི་སྐབས་ཕྱེ་བས་སོ། །ཡང་ན་འདི་ལྟར་འཆད་དེ། མདོ་རྩ་མའི་ཤུགས་བསྟན་ལ་འཁྲིས་ནས་གསོ་དགག་གཉིས་ཀྱིས་ཚེ་ན་ལྟུང་བ་གང་བྱུང་ཡང་བྱིན་གྱིས་རློབ་པ་ཚུན་ཆད་ཀྱིས་ཕྱིར་བཅོས་ནས་ཉམས་སུ་མྱོང་དགོས་ལ། གཞན་གྱི་ཚེ་ངེས་པ་མེད་པའི་དོན་ནོ། །གལ་ཏེ་ཁ་སྐོང་དུ་མི་རུང་ན་ཐོས་སུ་ཡང་མི་རུང་སྟེ། ཇི་སྐད་དུ༔ དེ་ལས་གཞན་པ་དེ་དག་གིས་ནི་ཐོས་པ་དང་བཅས་པར་མི་བྱའོ། །ཞེས་བཤད་པས་སོ་སྙམ་ན། དེ་ནི་སྦྱོར་བཏང་བ་ཡིན་མོད། དམིགས་ཀྱིས་བསལ་བ་ལ་སྤྱངས་ལོགས་ལྔ་མ་གཏོགས་པས་ཐོས་སུ་རུང་བར་བཤད་པ་ཡིན་ཏེ། ཇི་སྐད་དུ། མ་སྤྱངས་པ་དང་། མ་ལོག་པ་མ་གཏོགས་སོ། །ཞེས་དེའི་ལྟག་མ་རྣམས་ཀྱིས་ཐོས་སུ་རུང་བར་བཤད་པའི་ཕྱིར། ལྔ་པོ་གང་ཞེ་ན། སྤྱངས་པ་ནི་གནས་ཕྱུང་དང་། ས་གཞན་ན་གནས་པ་གཉིས། ལོག་པ་ནི༔ མ་རྫོགས་པ་དང་། ཉམས་པ་དང་། མཚམས་མེད་བྱུང་བའོ། །དེའི་ལྟག་མས་གཞན་ན་གནས་པ་ཉེར་ལྔ

དང་། སྡིག་ལྷ་ཅན་ཡིན་ཀྱང་ཐ་དད་དུ་གནས་པར་མ་སོང་ན་དགེ་འདུན་གྱི་ལས་ཐོས་སུ་རུང་བར་བཤད་པས་སོ༔ །དེའི་ཡང་དམིགས་བསལ་ནི། གནས་ནས་ཕྱུང་བ་ནི་རང་གི་ལས་ལ་ཡང་ངོ་། །ཞེས་དང་། ནང་དུ་དྲི་བའི་ཕྱིར་གསོལ་བ་ལ་སོགས་པ་བསྙེན་པར་རྫོགས་པར་བྱ་བ་ཡང་ངོ་། །ཞེས་གསུངས།

འོ་ན་ཡུལ་བསྙེན་པར་རྫོགས་པ་ལ་བྱ་བའི་ལས་ཐམས་ཅད་ཡུལ་དེའི་མངོན་སུམ་དུ་བྱ་བར་ངེས་སམ། ཡང་བསྙེན་པར་མ་རྫོགས་པ་ལ་བྱ་བའི་ལས་ཐམས་ཅད་དེའི་མངོན་སུམ་དུ་མི་བྱ་བས་ཁྱབ་བམ་ཞེ་ན། མ་རྫོགས་པ་ལ་བྱ་བའི་ལས་ལ་ཡུལ་དེ་མངོན་སུམ་དུ་གྱུར་པར་བྱ་བ་དང་མ་གྱུར་པར་བྱ་བ་གཉིས་ཡོད་ལ། དང་པོ་ལ་འང་ཐོས་སུ་རུང་བ་དང་མི་རུང་བ་གཉིས་ལས། དང་པོ་ནི། རང་བསྙེན་པར་རྫོགས་པའི་ལས་ལྷ་བུ་ཡིན་ལ། གཉིས་པ་ནི་དགེ་ཚུལ་བསྒྲིལ་བའི་ལས་ལྟ་བུའོ། །དེ་ལ་དགོངས་ནས་ལྷ་བའི་ཉེ་འཁོར་དུ་བཞག་པས་ནི་མངོན་སུམ་དུ་སྒྲུབ་པོ། །གོ་བར་བྱ་བས་ནི་རྗེས་སུ་བསྒྲག་པའོ། །ཞེས་སོ། །དང་པོའི་ལན་ནི། དེ་ར་མ་ངེས་ཏེ། ཇི་སྐད་དུ། སྨོས་པའི་གནང་བ་དང་། ཕྱག་མི་བྱ་བ་དང་། མི་སྨྲ་བ་དང་། ལོངས་མི་སྤྱོད་པ་དང་། གཙུག་ལག་ཁང་གི་སྡོམ་པ་དག་ནི་མངོན་སུམ་དུ་མ་གྱུར་པར་རོ། །ཞེས་གསུངས། དེའིདོན་འཛིན་ནི་དགེ་སློང་བྱེ་མ་སྨྲེས་ལྷ་བུ་ཤེས་པ་རང་བཞིན་དུ་མི་གནས་པ་ལ་སྨོས་པའི་གནང་བ་སྦྱིན་པ་དང་། དགེ་སློང་གནས་དབྱུང་ལ་དགེ་སློང་མས་ཕྱག་མི་བྱ་བ་སོགས་གསུམ་དང་དེའི་གཙུག་ལག་ཁང་དུ་མི་འགྲོ་བའི་སྡོམ་པ་རྣམས་སོ། །འོ་ན་གནས་ཕྱུང་བདུན་པོའི་ལས་ནི་མངོན་དུ་མ་གྱུར་པའི་ལས་སུ་མ་བཤད་ལ། དེ་ལ་དགེ་སློང་མ་རྣམས་ཀྱིས་མི་སྨྲ་བ་ལ་སོགས་པའི་ལྟག་མ་གསུམ་པོ་ལ་ནི་ལས་ལོགས་སུ་བཤད་པ་མེད་པས་ཇི་ལྟར་ན་མངོན་དུ་མ་གྱུར་པའི་ལས་སུ་འཆད་ཅེ་ན། ཕྱི་མ་གསུམ་པོ་དེ་དག་ལ་ལས་ལོགས་པ་དངོས་སུ་བཤད་པ་མེད་པར་ཀུན་མཐུན་ལ༔ དེ་ལ་ཁ་ཅིག་ན་རེ། དངོས་སུ་མ་བཤད་ཀྱང་རུང་མཐུན་སྦྱར་ནས་བྱེད་དགོསཤིང་། དེ་ཡང་གསོལ་གཉིས་ཀྱི་ལས་ཀྱིས་བྱེད་དགོས་ཏེ། གཞན་དུ་ན་མངོན་དུ་མ་གྱུར་པའི་ལས་བཅུ་མི་ཚང་བའི་ཕྱིར། ཞེས་ཟེར་ལ། ཁ་ཅིག་ནི་ལས་མ་ཡིན་ཀྱང་ནང་འཁྲིམས་འཆའ་དགོས་པ་ཡིན་ཏེ། འགྲེལ་པ་ལས། བཅའ་བ་བསྟན་པས་ཞེས་གསུངས་པའི་ཕྱིར། ཞེས་ཟེར། བྱ་འདུལ་བ་འཛིན་པ་ནི། གཉིས་ཀ་ལྟར་ཡང་མི་འཐད་དེ་གནས་ཕྱུང་བྱ་བས་ཕྱག་མི་བྱ་བ་སོགས་སུ་འགྱུར་རམ་མི་འགྱུར། འགྱུར་ན་ལས་ལོགས་སུ་བྱེད་པ་དོན་མེད། མི་འགྱུར་ན་གནས་ཕྱུང་བྱས་པ་དོན་མེད་དུ་འགྱུར་བས་སོ། །དེས་ན་འདི་དག་ནི་ལས་ཀྱི་འབྲས་བུ་ལ་ལས་ཀྱི་མིང་གིས་བཏགས་པ་ཡིན་ལ། མངོན་དུ་མ་གྱུར་པའི་ལས་དངོས་ནི་བདུན་ལས་མེད་དོ། །ཞེས་གསུངས། འོ་ན་བདུན་ནམ་བཅུ་པོ་གང་ཞེ་ན། འདིར་བཤད་པ་གཉིས་སམ་ལྔ་པོའི་སྐྱེད་དུ། ལྟུང་བཟེད་ཁ་སྦུབ་སྦྲང་གཉིས། ཁྲིམ་གྱི་བསླབ་པའི་

སྡོམ་པ་སྦྱིན་པ་ཞིག་གཉིས། དགེ་ཚུལ་བསླིལ་བ་རྣམས་སོ། །དེ་དག་འདིར་མི་འཆད་པ་ཅི་ཞེ་ན། དེ་དག་ནི་ཡུལ་མ་རྫོགས་པ་ཁོ་ན་ལ་བྱ་བ་ཡིན་པས་མངོན་དུ་གྱུར་པའི་དོགས་པ་མེད་པའི་ཕྱིར། ཞེས་པ་ནི་ཀུན་གྱི་ལན་ཡིན་མོད། མ་རྫོགས་པ་ལ་བྱ་བ་ཡིན་ཀྱང་མངོན་དུ་གྱུར་པའི་དོགས་པ་ནི་ཡོད་དེ། དཔེར་ན་བསྙེན་པར་རྫོགས་པའི་ལས་བཞིན་ནོ། །དེས་ན་ཡུལ་དགེ་སློང་ལ་བྱ་བ་གང་ཡིན་མངོན་དུ་གྱུར་པ་ཉིད་དུ་བྱ་བར་ངེས་སམ་སྙམ་པའི་དོགས་པ་དགག་པའི་ཕྱིར་ཡིན་པས་གཞན་ལྔ་པོ་འདིར་འཆད་པ་སྐབས་སུ་མ་བབ་པ་ཉིད་རྒྱུ་མཚན་ནོ། །སྤྱིར་ཡང་མངོན་དུ་མ་གྱུར་པའི་ལས་བཅུར་ངེས་པ་མ་ཡིན་ཏེ། ཇི་སྐད་དུ། རབ་ཏུ་བྱུང་ཞིང་བསྙེན་པར་མ་རྫོགས་པ་ལ་ཡང་དེ་དག་བྱ་བ་ཉིད་དོ། །ཞེས་དགེ་ཚུལ་དང་དགེ་སློབ་མ་ལ་ཡང་བསྡིགས་སྨད་སྐྲད་དང་ཕྱིར་འགྱེད་བཞིའི་ནན་ཏུར་བྱ་བར་གསུངས་པའི་ཕྱིར་དང་། དགེ་སློང་མའི་སྡོམ་པ་སྦྱིན་པའི་ལས་དེ་ལ་ཡང་རྣམ་པར་བརྟག་དགོས་པའི་ཕྱིར། འདི་ལ་རྒྱ་འདུལ་འཛིན་ན་རེ། དགེ་སློབ་མའི་སྡོམ་པ་ནི་ངེས་ཐོབ་པར་མངོན་སུམ་སྦྱིན་པ་ཡིན་ཏེ། གནང་བའི་ལས་སུ་འདྲ་བའི་ཕྱིར་དང་། མངོན་དུ་གྱུར་པའི་ལས་བཅུ་ལས་མ་གསུངས་པའི་ཕྱིར། ཞེས་སོ། །བྱ་ན་རེ་མངོན་སུམ་དུ་བྱ་བར་གསུངས་པས་ཐོས་སུ་རུང་བར་མི་འགྲུབ་སྟེ། དགེ་སློང་མའི་རྣམ་པར་འབྱེད་པ་ལས་ཐོས་པའི་ཉེ་འཁོར་ལས་བཀར་ཏེ། བལྟར་སྣང་བའི་སར་བཞག་ནས་ཞེས་གསུངས་པའི་ཕྱིར་དང་། གཞན་ཡང་ཐོས་སུ་རུང་བར་གང་ནས་ཀྱང་མ་བཤད་པའི་ཕྱིར་རོ། །དེ་བས་ན་གནང་བའི་ལས་སུ་མ་གྲུབ་བོ་ཞེས་པ་ནི་རྨ་རྩེའི་ལུགས་ཡིན་ལ། བྱ་རང་གི་ལུགས་ནི། ཀརྨ་ཤ་ཏམ་ལས། དེ་མངོན་སུམ་དུ་བཞག་སྟེ་ལས་བྱའོ། །ཞེས་བསྟན་པ་ནི་གོ་བར་བྱེད་པ་སྟེ། སྒྲིག་པ་པོའི་མངོན་སུམ་ཡིན་གྱི། དགེ་འདུན་གྱི་ནི་ཐོས་པ་དང་བལྟ་བ་གཉིས་ཀའི་མངོན་སུམ་མ་ཡིན་པར་ཊཱི་ཀ་ལས་བཤད་པ་ཉིད་ལེགས་སོ། །ཞེས་གསུངས། ཡང་ཇི་སྐད་དུ། དབྱེན་ལ་ཡང་འོས་པ་མ་ཡིན་པས་ཚུལ་ཤིང་དག་བྲིམ་པ་མི་འཆགས་སོ། །ཞེས་པས་འབྱེད་པ་པོ་ཁ་སྐོང་གི་ཆོས་དང་ལྡན་པ་དང་། ཡང་དབྱེན་རྗེས་སུ་སྒྲུབ་པའི་གསོལ་བ་དང་འདྲའོ། །ཞེས་པས་དབྱེ་བྱ་གཉིས་ཀ་ཁ་སྐོང་གི་ཆོས་དང་ལྡན་པ་དང་། འདི་ལ་མཚན་མི་མཐུན་པ་ཉིད་ནི་ཡན་ལག་མ་ཡིན་ནོ། །ཞེས་འབྱེད་པ་པོ་དང་དབྱེ་བྱ་ཕན་ཚུན་མཚན་མི་མཐུན་ན་དབྱེན་མི་འཆགས་པར་བཤད་པ་རྣམས་དང་། སྐྱོན་པས་སྟོན་པ་ཡང་ངོ་། །ཞེས་པ་རྣམས་ནི་གོང་དུ་ཁ་སྐོང་དུ་འོས་པའི་ཆོས་སུ་དགོས་པར་བསྟན་པ་རྣམས་ལས་དམིགས་ཀྱིས་བསལ་བ་ཡིན་ཏེ། ཐ་དད་དུ་གནས་པར་མ་སོང་གོང་གི་སྡིག་ལྟ་ཅན་ཁ་སྐོང་དུ་འོས་པར་བསྟན་པ་དང་། དེ་འདྲ་ཚོགས་སུ་ལོངས་པ་དེ་དབྱེ་བྱའི་དགེ་འདུན་ཡ་གཅིག་ཏུ་བསྟན་པ་དང་། ཤེས་པ་རང་བཞིན་དུ་མི་གནས་པ་ལས་ཀྱི་བྱེད་པ་པོར་རུང་བ་ཉིད་དུ་བསྟན་པས་སོ། །དེ་ཁོ་ན་ར་མ་ཟད། དབྱེན་རྩོམ་

པ་ལ་འཇུག་པའི་ཚེ་དབྱེན་གྱི་སྡོམ་པོ་སྐྱེས་པས་བསླབ་པ་འབྲུལ་བཅས་སུའང་ཇི་ལྟར་མ་སོང་ཞེས་དཔྱད་དགོས་སོ། །ཁ་ཅིག་ན་རེ། གཞི་གཞན་ལ་བརྟེན་པའི་ཉེས་པས་འབྲུལ་བཅས་སུ་མ་སོང་ན། གཞི་དེ་ལ་བརྟེན་པའི་ཉེས་པས་འབྲུལ་བཅས་སུ་མི་འགྱུར་ཏེ། གཞན་དུ་ན་འཆགས་ལ་ཉེས་བྱས་ཀྱི་ལས་རྣམས་རྒྱུན་ཆད་པར་འགྱུར་རོ། །ཞེས་གསུངས་མོད། དེ་ཉིད་འབྲུལ་བཅས་ཀྱི་དམིགས་བསལ་དུ་སོང་ངོ་། །གལ་ཏེ་འོན་ཕྱོགས་གཉིས་ཀའི་ཁ་སྐོང་དུ་མི་འོས་པའི་ཚོགས་རྐྱང་པས་དགེ་འདུན་གྱི་ལས་མི་འཆགས་པར་བཤད་པ་དེ་དེ་ཁོ་ན་ལྟར་ངེས་སམ་ཞེ་ན། དེས་ཀྱང་གསོ་སྦྱོང་དང་དགག་དབྱེ་ནི་འཆགས་པ་ཡིན་ཏེ། ཇི་སྐད་དུ། ཁ་སྐོང་བར་འོས་པ་མ་ཡིན་པ་དག་གི་ཚོགས་ཀྱི་གསོལ་བ་དང་བརྗོད་པ་དག་ནི་མ་ཡིན་ནོ་ཞེས་གསོལ་བ་དང་བརྗོད་པ་མི་འཆགས་པར་བཤད་ཀྱང་། གསོ་དགག་མི་འཆགས་པར་མ་བཤད་པའི་ཕྱིར། དཔེར་ན་དགེ་ཚུལ་བཞིན་ནོ། །དེས་མཚོན་ནས་གོང་དུ་སྨྲངས་ལོག་ལྟས་ཐོས་སུ་མི་རུང་བར་བཤད་པ་ཡང་གསོ་དགག་ལས་གཞན་པའོ། །ཡང་ཇི་སྐད་དུ། རང་གིས་བོས་པའི་དགེ་འདུན་གྱིས་ཉམས་སུ་མྱོང་བ་མ་གྲུབ་པ་ཉིད་མ་ཡིན་ནོ། །ཞེས་པའི་ཤུགས་ལ་དེས་དེ་གྲུབ་ན་ལས་འཆགས་པར་བཤད་ལ། དེའི་ཚེ་ལས་གང་གི་གྲངས་ཚང་དུ་མ་གཏོགས་པའི་དགེ་སློང་གིས་མ་འདུས་པ་དང་ཕྱིར་ལྡོག་བྱས་པའི་ཚེ་མི་མཐུན་པ་སྐྱེད་མོད། ལས་མ་འཆགས་པ་མ་ཡིན་པའི་ཤེས་བྱེད་དུ་འབྲེལ་ལོ། །ལས་ཉམས་སུ་མྱོང་བའི་ཚད་ཀྱང་ཚིག་ཐོས་པ་ལ་བྱེད་ཀྱི། དོན་གོ་བ་ནི་མི་དགོས་ཏེ། གཞུང་དམ་པར། མཐའ་འཁོབ་པར་མཐའ་འཁོབ་པའི་སྐད་ཀྱིས་ལས་བྱས་པ་དེ་དག་གིས་མ་གོ་ན། ལས་བྱས་པ་ཡིན་ལ་འདས་པ་དང་བཅས་པའོ། །ཞེས་གསུངས། འོན་ཚང་མར་ཐོས་དགོས་སམ་ཞེ་ན། གསོལ་བ་ཐོས་ན་དེ་གྲུབ་པ་ཉིད་ཡིན་ནོ། །ཞེས་སོ། །འདི་དང་གོང་དུ་དགེ་འདུན་གྱི་ཚད་དག་ཏུ་མ་ལོངས་པ་རྣམས་མ་ལུས་པ་ཉིད་ན་ཛོགས་པའོ། །ཞེས་པ་མི་འགལ་བའི་ཚུལ་ནི། འདིར་བཤད་པ་ནི། ལས་གྲལ་དེ་ཉིད་ན་འདུག་བཞིན་པའི་དབང་དུ་བྱས་པ་ཡིན་ཏེ། གདམ་གྱི་གཞི་ལས། གསོལ་བ་བྱས་པ་དེ་ཉིད་ཀྱིས་ལོག་ནས་ལས་ཀྱི་མཇུག་ཏུ་ཕྱིན་པ་དང་ལངས་པ་དེ་ལྟ་བུ་ནི་སད་བཞིན་ཉེས་པ་འབྱུང་ལ། གཉིད་ལོག་བཞིན་ཚངས་པའོ། །ཞེས་གསུངས་སོ། །འོན་ཀྱང་འདི་ནི་དམིགས་ཀྱིས་བསལ་བ་སྟེ། སྤྱིར་བཏང་དོན་གོ་བ་ཉིད་དོ། །དེ་ལྟར་སྡོམ་པ་མ་ཐོབ་པ་ཐོབ་པའི་ཐབས་དང་། ཐོབ་པ་མི་ཉམས་པར་སྲུང་བའི་ཐབས་ཡན་ལག་དང་བཅས་པ་བརྗོད་ཟིན་ནས།

གསུམ་པ་ཉམས་ན་ཕྱིར་བཅོས་པའི་ཚུལ་ལ་གཉིས་ཏེ། ལྟུང་བ་ཕྱིར་བཅོས་པ་དང་། དེ་ལ་འཕྲོས་ནས་རྩོད་པ་ཕྱིར་བཅོས་པའོ། །དང་པོ་ལ། མི་སྒྲོ་བ་ནན་ཏུར་གྱི་ཕྱིར་བཅོས་དང་། སྒྲོ་བ་བཤགས་པའི་ཕྱིར་བཅོས

སོ༔ །དང་པོ་ལ། གཞི་གང་ལ་ནན་ཏུར་བྱ་བ་དང་། ནན་ཏུར་བྱས་པ་ལ་བཟོད་པ་བླངས་པ་དང་། ནན་ཏུར་སོ་སོའི་ངོ་བོ་ནས་བཟུང་བའོ། །དང་པོ་ལ། དོན་བརྒྱད་ཀྱི་སྒོ་ནས་འཆད་དེ། གཞི་གང་ལ་བྱ་བ་དང་། དགེ་འདུན་གང་དག་གིས་བྱ་བ་དང་། བསམ་པ་ཇི་ལྟ་བུས་བྱ་བ་དང་། དུས་ནམ་གྱི་ཚེ་དང་། དགོས་པ་གང་གི་ཕྱིར་དང་། ཚིག་ཇི་ལྟ་བུས་དང་། སའི་ཁྱད་པར་དང་། སླྲ་བཤད་པའོ། །དང་པོ་གཞི་ནི་ཆོས་བཅུ་གཅིག་དང་ལྡན་པ་ལ་བྱ་སྟེ༔ རབ་བྱུང་གི་སྡོམ་པ་གསོལ་བ་ལ་ཞུགས་པ་ཡན་ཆད་དང་ལྡན་པ། སྤྲར་གནས་ནས་ཕྱུང་བ་མ་ཡིན་པ། ཆོས་གཞན་པའི་ཕྱོགས་སུ་མ་སོང་བ། ཤེས་པ་རང་བཞིན་དུ་གནས་པ། སྡེ་སྣོད་འཛིན་པ་དང་འཁོར་མང་བ་སོགས་བྱེ་བའི་དགག་བྱ་ཡོད་པ་མ་ཡིན་པ། ཚོགས་སུ་མ་ཚང་བ། གཟུགས་གཞན་དུ་མ་སྒྱུར་བ། བཞམས་བསྒོ་བྱས་པ་ལ་ཆགས་པ། ནད་པ་མ་ཡིན་པ། ནད་དང་བཅས་པ་མ་ཡིན་པ། ནན་ཏུར་སོ་སོའི་རྒྱུ་མ་ཞི་བའོ། །གཉིས་པ་དགེ་འདུན་ནི། གྲངས་ཚང་བ་དང་། མཚན་ཉིད་ཚང་བ་དང་། མི་མཐུན་པ་མེད་པ། གཞི་པོ་ཡིན་པའོ། །གཞི་པོ་ཞེས་པ་ནི་ཕྱོགས་སུ་ལྟུང་བའོ། །བསམ་པ་ནི། དེ་ལ་དེར་ཤེས་པ་དང་། ཆེད་དུ་བྱ་བའི་ཁྱད་པར་གསུམ་དང་ལྡན་པའོ། །གསུམ་ནི། བསྟན་པ་སྤྱི་དང་། གང་ཟག་སོ་སོའི་རྒྱུད་ལ་ཕན་པ་དང་། བསམ་པ་ཐག་པ་ནས་བྱེད་འདོད་པའོ། །དུས་ནི། དབྱར་གྱི་ནང་མ་ཡིན་པ་དང་། དགེ་འདུན་བྱེ་འགྱུར་གྱི་དགག་བྱ་ཡོད་པའི་དུས་མ་ཡིན་པའོ། །དགོས་པ་ནི་ནན་ཏུར་གྱི་རྒྱུ་ལས་ལྡོག་པ་དང་བསྟན་པ་ལ་ཕན་པའོ། །ཚིག་ནི། སྦྱོར་བ་གླེང་བྲན་དང་བཞམས་བསྒོ་བྱས་པ། དངོས་གཞི་གསོལ་བ་དང་གཞིའི་ལས་ཀྱིས་བྱེད་པ། མཇུག་གང་ལ་གང་བྱས་པ་དེ་གོ་བའོ། །སའི་ཁྱད་པར་ནི། ས་གཞན་ན་གནས་པ་དང་ནན་ཏུར་གཉིས་ཀ་ཡིན་པ། དང་པོ་གཞི་དང་གནས་ཕྱུང་རྣམས་སོ། །ནན་ཏུར་ཡིན་ལ་ཅིག་ཤོས་མ་ཡིན་པ་ནི་གསོ་དགག་བཞག་པ་གཉིས་སོ། །སླྲ་བཤད་པ་ནི། མི་འདོད་བཞིན་དུ་ཐུལ་འོག་ཏུ་བཞུག་ཅིང་བཤུང་བར་བྱེད་པས་ན་དེ་ཞེས་བྱའོ། །འདིར་ནན་ཏུར་གང་ལ་བྱ་བའི་ཡུལ་དེ་དགེ་འདུན་གྱི་ནང་དུ་ངེས་པར་འདུ་དགོས་སམ་ཞེ་ན། མ་ཡིན་ཏེ། མི་མཐུན་པ་དང་པོ་སྐྱེད་པ་ལ་ཡང་གང་ལ་ལས་དེ་བྱ་བའི་ཡུལ་ལས་གཞན་པ་ཞིག་དགོས་ཤིང་། དེའི་ནང་ནས་ཀྱང་ཆད་པའི་ལས་ཆོས་ལྡན་ལ་དེ་དུས་ཀྱི་མི་མཐུན་པ་གཉིས་ཀ་མི་སྐྱེད་པའི་ཕྱིར་དང་། ཇི་སྐད་དུ། འདུ་བ་མི་སྟེར་ན་གྲགས་པ་ཙམ་གྱིས་སོ། །ཞེས་འདུ་མི་དགོས་པར་བཤད་པའི་ཕྱིར་རོ། །

གཉིས་པ་བཟོད་པ་བླང་བའི་ཚུལ་ནི། དོན་དྲུག་གིས་འཆད་དེ། ཡུལ་གང་ལ་དང་། དགེ་འདུན་གང་གིས་དང་། མཚམས་གང་དུ་དང་། བསམ་པ་ཇི་ལྟ་བུས་དང་། ཚིག་དང་དགོས་པའོ། །དང་པོ་ཡུལ་ནི། གསུམ་སྟེ༔ བསྙེན་པར་རྫོགས་པ་ལས་བླང་བ་དང་། མ་རྫོགས་པར་རབ་ཏུ་བྱུང་བ་ལས་དང་། ཁྱིམ་པ་ལས་བླང་བའོ། །

དང་པོ་ནི་ཆོས་ཉི་ཤུ་རྩ་ལྔ་དང་ལྡན་པ་སྟེ། གཤེ་བར་མི་བྱེད་པ་དང་ཞེས་སོགས་ཉི་ཤུ་རྩ་གཅིག་པོའི་སྟེང་དུ། རང་བཞིན་དུ་གནས་པ་དང་། ཚོགས་སུམ་ལོངས་པ་དང་། གཟུགས་གཞན་དུ་མ་སྒྱུར་བ་དང་། སྟར་གསོལ་མ་ཟིན་པའོ། །དགེ་ཚུལ་ལ་ཡང་ཉི་ཤུ་རྩ་ལྔ་པོ་དེ་ཉིད་དེ། རང་གི་བསླབ་པ་ལ་སློབ་པ་གཅིག་དགོས་པས་སོ། ། ཁྱིམ་པ་ལ་ཡང་དེ་དག་ཅི་རིགས་པར་ཚང་བའོ། །གཉིས་པ་དགེ་འདུན་ནི། ཆོས་གོས་གསུམ་པོའི་སྟེང་དུ་ནན་ཏུར་བྱེད་མཁན་ཡིན་པའོ། །མཚམས་ནི་དེ་ཉིད་དུ་གཏོགས་པའོ། །བསམ་པ་ནི། །འདུ་ཤེས་མ་འཁྲུལ་བ་དང་། ཀུན་སློང་ནི་དགེ་འདུན་གྱི་ཆེད་དང་། བསམ་པ་ཐག་པ་ནས་གསོལ་བར་འདོད་པའོ། །ཆོ་ག་ནི། སྦྱོར་བ་གསོལ་བ་གདབ་པ་དང་། དངོས་གཞི་གསོལ་བ་དང་གཞིའི་ལས་ཀྱིས་དེ་ལེན་པ་དང་། དགོས་པ་རང་བཞིན་དུ་གནས་པ་ཐོབ་པའོ། །

གསུམ་པ་སོ་སོའི་མཚན་ཉིད་ལ། སྤྱིར་བསྟན་པ་དང་། སོ་སོར་ཕྱེ་བའོ། །དང་པོ་ནི། སྟོན་མ་རྣམས་འདི་སྐད་ཅེས་གསུངས་ཏེ། སྲུང་ཐབས་ཡན་ལག་ལྔའི་སྒོ་ནས་བསླབ་པ་བསྲུང་བར་བསྟན་ཀྱང་། གཉེན་པོ་དམན་པ་འགའ་ཞིག་བཅས་པའི་ས་མཚམས་ལ་འཛིགས་པ་མེད་པར་འགལ་བར་བྱེད་པ་རྣམས་ཀྱི་དབང་དུ་བྱས་ནས་ཕམ་པ་འཆབ་བཅས་བྱུང་བ་ལ་སྐྲད་པ་དང་། ལྟུང་བ་གཞན་གྱི་དབང་དུ་བྱས་ནས་ནན་ཏུར་བྱ་བར་གསུངས་ལ། དེ་ནི་བྱ་བ་མ་ཡིན་པ་ལ་མི་འཇུག་པ་དང་། ཞུགས་ཟིན་པ་བཟློག་པའི་ཕྱིར་དུའོ། །དེ་ཡང་འདི་ལྟར། གླེང་བྱ་དང་གླེང་བྱེད་མཚན་ཉིད་དང་ལྡན་པ་ཡོད་པའི་ཚེ་གླེང་བ་ནི་གཉིས་སུ་གནས་ཏེ། བྱ་བ་ངན་པ་འཕྲོག་གཅོད་དུ་གཞུག་པ་དང་། ལྟུང་བ་ཕྱིར་བཅོས་སུ་གཞུག་པའི་ཕྱིར་གླེང་བའོ། །

དེ་ལྟར་གླེངས་པའི་ཚེ་ན་གླེང་བྱ་ལ་གཉིས་སུ་འགྱུར་ཏེ། རྣལ་དུ་ཞེབས་པ་དང་མ་ཞེབས་པའོ། །དང་པོ་ནི༑ ཁས་ལེན་ན་ཕྱིར་འཆོས་སུ་གཞུག་པ་དང་། བརྗེད་པའི་སྒོ་ནས་ཁྲིད་དུ་གསོད་པ་ལ་ངོ་བོ་ཉིད་ཚོལ་བ་སྦྱིན་ནོ༑ །རྣལ་དུ་མ་ཞེབས་པ་ལ་ནི། བྱ་བ་ངན་པ་འཕྲོག་གཅོད་དུ་གཞུག་པའི་བྱ་བ་ནི། སྐབས་མི་འབྱེད་པ་དང་། ཕྱེ་ནས་གཉེན་པོར་མི་བྱེད་པ་དང་། བཀའ་གློ་མི་བདེ་བར་བྱེད་པ་དང་། མ་མཐོང་ཞེས་ཟེར་བ་དང་། སྡིག་ལྟ་འཛིན་པ་སོགས་ལ་ནི་དང་པོ་གཞི་གང་ཡིན་པ་དེ་ཉིད་ཀྱི་དབང་དུ་བྱས་ནས་ནན་ཏུར་བྱ་བ་ཡིན་ཏེ། དེ་ལྟར་ཡང་གཞུང་ཉིད་ལས་སྐབས་མི་འབྱེད་ན་ཡང་མི་རིགས་པའི་ཕྱིར་རོ། །ཞེས་དེ་ཉིད་བྱ་བར་བསྟན་པ་དང་། ཁྱིམ་སུན་འབྱིན་པ་སྐབས་མི་འབྱེད་པ་ལ་བསྐྲད་པ་ཉིད་བྱ་བར་གསུངས་ཤིང་། དེའི་རིགས་པ་ཡང་གཞན་ལ་ཡང་མཚུངས་པའི་ཕྱིར་རོ། །དེ་ལྟར་བྱས་པའི་དགོས་པ་ནི། བྱ་བ་ངན་པ་འཕྲོ་གཅོད་དུ་བཞུག་པའི་དོན་དུ་གླེངས་པ་ན་སྐབས་མི་འབྱེད་པ་ལ་བཟློད་བཅས་དང་། གཉེན་པོར་མི་བྱེད་པ་ལ་ཕྱུར་བཅས་དང་། མ་མཐོང་ངོ་

ཞེས་ཟེར་བ་ལ་གནས་དབྱུང་སོགས་ལྟུང་བ་ཕྱིར་བཅོས་སུ་བཞུག་པའི་ནན་ཏུར་དེ་དག་བྱེད་པ་ཡིན་ན་ནི། བསྡིགས་པ་ལ་སོགས་པ་དེ་དག་རྒྱུན་ཆད་པར་འགྱུར་ཏེ། དེའི་གཞི་གཞན་དུ་འགྱུར་བའི་ཕྱིར་རོ། །གཞན་ཡང་དགོས་པ་མི་འགྲུབ་པའི་སྐྱོན་ཡོད་དེ། ནན་ཏུར་གཞན་བྱས་པས་འཐབ་དཀྲོལ་ལ་སོགས་པའི་བྱ་བ་ལས་ལྡོག་པ་དང་འཕྲོ་གཅོད་པར་མི་ནུས་པའི་ཕྱིར། དེ་ལྟར་བྱས་ན་གཞི་ནོར་བ་དང་། རྩ་བ་སྐྱོར་བ་དང་། དགག་བྱ་མི་ཁེགས་པ་དང་། དགོས་པ་མི་འགྲུབ་པའི་སྐྱོན་ཡོད་དེ། ཡང་ལྟུང་བ་ཕྱིར་འཆོས་སུ་བཞུག་པའི་ཕྱིར་གླེངས་བའམ་ནན་ཏུར་བྱས་ནས་སྐབས་མི་འབྱེད་པ་ལ་བརྗོད་བཅས་དང་། གཉེན་པོ་མ་ཡིན་པ་ལ་ཕྱུར་བཅས་དང་། མ་མཐོང་བ་དང་། ཕྱིར་མི་འཆོས་པ་དང་། སྡིག་ལྟ་འཛིན་པ་ལ་གནས་ནས་དབྱུང་བ་དང་། དགེ་འདུན་དང་བསླབ་པའི་གཞི་མཐའ་དག་སྤྱོང་བའི་སྒོ་ནས་བཀའ་བློ་མི་བདེ་བར་བྱེད་ན། ལྡོག་པའི་ཕྱིར་བསྒོ་བ་དང་། བསྒོ་བ་རྣ་ལ་གཟོན་པ་ལ་ངན་པའི་གྲངས་སུ་གཞུག་པར་བྱའོ། །བྱ་བ་ངན་པ་འཕྲོ་གཅོད་པ་དང་། ལྟུང་བ་ཕྱིར་འཆོས་སུ་བཞུག་པའི་ནན་ཏུར་གང་ཡིན་ཀྱང་། སྔོན་དུ་བྱ་བ་ནི་བཞམས་ཏེ་བསྒོ་བའོ། །དེའི་འོག་ཏུ་ནན་ཏུར་སོ་སོའི་གཞི་གང་དང་གང་ལ་ནན་ཏུར་གང་དང་གང་བྱ་བར་གསུངས་པ་དེ་ཉིད་ཀྱིས་བྱའོ། །

དེ་དག་གིས་མ་ཐུལ་ན་ཉེ་བར་ཞི་བར་བྱ་བའི་དོན་དུ་དངོས་བསྟན་གྱི་གནས་ནས་དབྱུང་བ་བདུན་པོར་མ་ཟད། གཞན་བསྡིགས་སྨད་སོགས་ཐམས་ཅད་ཀྱི་མཐའ་ལ་ཡང་གནས་དབྱུང་འཇུག་སྟེ། འཐབ་དཀྲོལ་ལ་འབད་པས་མ་ལོག་ན་གནས་ནས་དབྱུང་བར་བྱའོ། །ཞེས་གསུངས་པ་དེ་ཉིད་གཞན་རྣམས་ལ་ཡང་མཚན་ཉིད་མཚུངས་པའི་ཕྱིར་རོ། །དེ་ལ་ཁ་ཅིག་ན་རེ། ཕྱིར་མི་འཆོས་གནས་དབྱུང་བྱའོ་ཞེས་ཟེར། ཁོ་བོ་ཅག་ནི་མ་མཐོང་གནས་དབྱུང་བྱ་བར་འདོད་དེ། དོན་གྱིས་མ་མཐོང་བ་ཡིན་པའི་ཕྱིར་རོ། །ནན་ཏུར་བྱས་པ་དེ་དག་གིས་དབྱེ་བའི་སེམས་ཀྱིས་ལས་ཕྱེ་བ་ན་བྱེ་བ་བསྐྱུམ་པའི་ཚིགའོ། །འཁོར་ལོ་བྱེ་ན་དེ་བསྐྱུམ་པའི་ཚིགའོ། །ཞེས་གསུང་མོད། དེ་ལྟ་མི་སྲིད་དོ། །རྩོད་པ་སྐྱེད་ན་རྩོད་པའི་གཞི་ནས་བསྟན་པ་བཞིན་ཏེ། དེ་ཡང་ནན་ཏུར་གྱི་གཞི་ཡིན་མིན་ལ་བརྟེན་ནས་རྩོད་ན་མངོན་སུམ་གང་མང་གིས་ཞི་བར་བྱའོ། །ནན་ཏུར་བྱ་བར་རིགས་མི་རིགས་ཀྱི་སྒོ་ནས་རྩོད་ན་མི་གདམས་པའི་ཕྱིར་གྱི་རྩོད་པ་ཞི་བྱེད་ཀྱིས་སོ། །ལྟུང་བ་བྱུང་མ་བྱུང་ལ་རྩོད་ན་ལྟུང་ཕྱིར་གྱི་རྩོད་པ་ཞི་བྱེད་ཀྱིས་སོ། །གནས་ནས་ཕྱུང་བ་བཟོད་པ་མི་གསོལ་བར་གནས་པ་ལ་ནི་ཆོ་ག་གང་ཡང་མི་འཇུག་སྟེ། ལོངས་མི་སྤྱོད་པའི་སར་གོང་ནས་དེར་གནས་པའི་ཕྱིར། དེ་དག་ཐམས་ཅད་ཀྱི་རྒྱུ་བཏང་ནས་བཟོད་པ་གསོལ་བ་ལ་ནི། གོང་དུ་བཤད་པའི་ཚོགས་བཟོད་པ་བླང་ངོ་། །དེ་དག་ནི་བྱ་འདུལ་བ་འཛིན་པའི་བཤད་པ་སྟེ། གཏིང་ཟབ་ཅིང་ངོ་མཚར་ཆེའོ། །འདི་ལ་གཞན་དག་ན་རེ། ནན་ཏུར་གྱི་ལས་འདི་དག་ལ་གཞི་བཙན་པ་དང་མི་

བརྟན་པ་གཉིས། བརྟན་པ་ལ་གཞི་དུ་ཡོད་པ་ནི། བསྡིགས་སྨད་བསྐྲད་དང་ཕྱིར་འགྱེད་བཞི་འཐབ་དཀྲོལ་ལ་འབད་པས་མ་ལོག་པ་གནས་ནས་དབྱུང་བ་དང་། འཐབ་དཀྲོལ་གྱི་རྒྱུ་ཉེ་བར་སྒྲུབ་པ་འབད་པས་མ་ལོག་ན་གནས་ནས་དབྱུང་བ། དགེ་སློང་མ་དང་འདྲེ་ཞིང་གནས་པ་གནས་ནས་དབྱུང་བ་དང་དེ་ལྟར་བདུན། སྡིག་ལྟ་འཛིན་པ་ལ་འབད་པས་མ་ལོག་ན་གནས་ནས་དབྱུང་བ་འགྱེད་ཕྱིར་གྱི་རྩོད་པ་ལ་མངོན་སུམ་བརྒྱུད་དང་གང་མང་གིས་མ་ཞི་ན་གནས་དབྱུང་བྱེད་པ་དང་གཉིས་ཏེ་དེ་ལྟར་དགུའོ། །གཞི་བརྟན་པ་མ་ཡིན་པར་གང་ལ་བྱ་བའི་གཞི་དུ་ཡོད་པ་ནི། མ་མཐོང་བ་དང་ཕྱིར་མི་འཆོས་གནས་དབྱུང་གཉིས། སྡིག་ལྟ་འཛིན་པ་ལ་བློག་བསྒོ་བྱས་མ་བྱས་གཉིས་ལས། དང་པོ་གཞི་བརྟན་པའི་ནང་དུ་སོང་། གཉིས་པ་དེ་དང་ལྟ་འགྱེད་ཕྱིར་གྱི་རྩོད་པ་ལ་ཞི་བྱེད་སྟོན་དུ་སོང་མ་སོང་གཉིས་ལས། དང་པོ་གཞི་བཙན་པར་སོང་། གཉིས་པ་དེ་དང་དྲུག་གོ། །

དེ་དག་གི་གཞུང་ནི། ལྟུང་བ་གྲགས་པ་ཕྱིར་མ་བཅོས་པ་གདམས་པས་ཕྱིར་བཅོས་སུ་མི་རུང་བ་དག་མ་མཐོང་ངོ་ཞེས་ཟེར་ཞིང་། ཕྱིར་བཅོས་པ་སྒྲུབ་པར་མི་འདོད་ན་གནས་ནས་དབྱུང་བར་བྱའོ། །ཞེས་གསུངས་སོ། །དེ་ལྟར་བྱས་ན་དགོས་པ་འགྲུབ་ཅིང་དགག་བྱ་མི་ཁེགས་པའི་སྐྱོན་ཀྱང་མེད་དོ། །ཞེས་འཆད། དེ་ལྟར་ལུགས་སྔ་ཕྱི་གཉིས་ཕྱོགས་སུ་མི་མཐུན་པ་ཆེར་མེད་མོད། ལུགས་སྔ་མའི་ཚུལ་ལ་ཅུང་ཟད་དཔྱད་ན། བྱ་བ་ངན་པ་འགྲོ་གཙོད་དུ་བཞུག་པའི་ཚེ་གཞི་བརྟན་པ་ཁོ་ན་ཡིན། ལྟུང་བ་ཕྱིར་འཆོས་སུ་བཞུག་པའི་ཚེ་གཞི་མི་བརྟན་པར་འཆད་ན་སྐབས་མི་བྱེད་པ་ལ་སོགས་པ་དེའི་ཚེ། བརྗོད་བཅས་སོགས་དང་། གསོ་སྦྱོང་བཞག་པ་སོགས་བྱས་པ་དེ་ཉིད་ཀྱིས་དེའི་དུས་ཀྱི་ཆད་ལས་ཐམས་ཅད་ཀྱི་གོ་ཆོད་པ་ཡིན་ཞིང་དེ་ལྟར་བཅད་པའི་བྱེད་པས་སྐབས་འབྱེད་པ་དང་། གཞི་དེ་ཁས་ལེན་པ་དང་། སྡིག་ལྟ་མི་གཏོང་བ་དང་། བཀའ་བློ་མི་བདེ་བར་བྱེད་ན། དེ་ལྟར་བྱེད་པ་དེ་ལ་གཞི་དེ་གཏོང་བའི་ཕྱིར་དུ་བཞམས་བསྒོ་དང་གླེང་དྲན་སོགས་བྱེད་དམ་མི་བྱེད། མི་བྱེད་ན་མདོ་ལུང་དང་དངོས་སུ་འགལ། བྱེད་ན་དེ་ལྟར་བྱས་པས་གཞི་དེ་གཏོང་ན་ལེགས། མི་གཏོང་ན་འཐབ་དཀྲོལ་བྱེད་པ་སོགས་ལ་སྡིགས་སྨད་སོགས་ཀྱི་ནན་ཏུར་བྱེད་དམ་མི་བྱེད། མི་བྱེད་ན་མདོ་ལུང་དང་དངོས་སུ་འགལ། བྱེད་པ་ལས་འོས་མེད་པ་དེ་ལྟར་གྲུབ་པ་ན་ནན་ཏུར་ལ་རྟ་བའི་དབྱེ་བ་གཉིས་སུ་བསྡུད་པ་དང་། གཉིས་པོ་འགལ་བ་ཅན་དུ་འཆད་པ་མི་འཐད་ཅིང་། བསྡིགས་པ་སོགས་རྒྱུན་ཆད་དུ་ཐལ་བ་དང་། དགོས་པ་མེད་པར་ཐལ་བ་དང་། དགག་བྱ་མི་ཁེགས་པར་ཐལ་བ་རྣམས་མི་འཇུག་པར་གྲུབ་བོ། །དེ་ར་མ་ཟད། གཞན་ལ་འཕངས་པའི་ཉེས་པ་སོན་འདུག་སྟེ། ལྟུང་བ་ཕྱིར་བཅོས་སུ་བཞུག་པའི་ཚེ། བརྗོད་བཅས་དང་ཕུར་བཅས་ཀྱི་བྱེད་པས་རྩ་བའི་གཞི་དེ་ཕྱིར་བཅོས་བྱུང་ན་དེ་ཉིད་ཀྱིས་ཆོག་གམ། ནན་ཏུར་གཞན་བྱེད་དགོས། གཉིས་པ་

ལྟར་ན་ཧ་ཅང་ཐལ་ཞིང་། གཞུང་དང་འགལ། དང་པོ་ལྟར་ན། སྡིགས་པ་ལ་སོགས་པ་དེ་དག་རྒྱུན་ཆད་པར་འགྱུར་རོ། །དེའི་གཞི་གཞན་དུ་གྱུར་པའི་ཕྱིར་རོ། །གཞན་ཀྱང་དགོས་པ་མི་འགྲུབ་པའི་སྐྱོན་ཡོད་དེ། ནན་ཏུར་གཞན་བྱས་པས་འཐབ་དཀྲོལ་ལ་སོགས་པའི་བྱ་བ་དེ་ལས་ལྡོག་པ་དང་འཕྲོ་གཅོད་པར་མི་ནུས་པའི་ཕྱིར། ཞེས་པའམ། ཡང་ན་དེ་ཕྱིར་འཚོས་པར་མི་ནུས་པའི་ཕྱིར། དེས་ན་གཞི་ནོར། རྩ་བ་སྐྱོར་ཞེས་སོགས་བརྗོད་ན་མི་མཚུངས་སམ། ཡང་ལུགས་གཉིས་པ་གཞི་བཙན་མི་བཙན་གྱི་རྣམ་དབྱེ་འཆད་པ་དེ་ལྟར་དཔྱད་དགོས་ཏེ། གཞི་མི་བཙན་པའི་གོ་བ་ཞིག་གཞན་དུ་གྱུར་ནས་རྩའི་གཞི་དེ་ལ་ནན་ཏུར་བྱེད་མི་དགོས་པ་ལ་བྱ་བ་ཡིན་ནམ། གཞི་གཅིག་པུ་དེ་ལ་སྐབས་མ་ཕྱེ་བ་ལ་སོགས་པའི་སྐྱོན་གྱིས་ནན་ཏུར་རིགས་མི་འདྲ་གཉིས་པོ་ལ་བྱེད་པ་ཡིན། གཉིས་པ་ལྟར་ན་གཞི་བཙན་པ་ཁོ་ནར་སོང་། དང་པོ་ལྟར་ན། གཞི་བཙན་པ་རྣམས་ཀྱང་མི་བཙན་པར་འགྱུར་ཏེ༑ གཞི་དེ་དང་ལྡན་པ་ལ་ཟློག་སྒོ་དང་གླིང་དྲུན་བྱས་པའི་མཐའ་ལ་བཏང་ན་གཞི་དེ་ལ་ལྟོས་པའི་ནན་ཏུར་བྱེད་མི་དགོས་པའི་ཕྱིར། གཞི་བཙན་མི་བཙན་གྱི་ཐ་སྙད་འདི་ཡང་ནོར་བ་ཡིན་ཏེ། སྡིག་པ་ནན་ཏུར་གྱི་གཞི་དེ་མ་མཐོང་གནས་དབྱུང་ནན་ཏུར་གྱི་རྒྱུར་སོང་བ་ལྟ་བུ་མི་སྲིད་པའི་ཕྱིར་ཏེ། མ་མཐོང་གནས་དབྱུང་ནན་ཏུར་གྱི་ལས་དེའི་ཉེས་པ་དེའི་གཞི་དང་བཅས་བཞིན་དུ་དེ་མ་མཐོང་ངོ་ཞེས་ཟེར་བའི་ཚད་ལས་ཡིན་གྱི། འཐབ་དཀྲོལ་བྱེད་པའི་ཉེས་པ་དེའི་ཚད་པ་མ་ཡིན་པའི་ཕྱིར་དང་། ནན་ཏུར་བཅུ་བཞི་པོ་གང་རུང་གི་གཞི་མ་ཡིན་པའི་ལྟུང་བ་གང་ཡང་རུང་བ་གླིངས་བ་ན་སྐབས་མི་འབྱེད་པ་དང་། མ་མཐོང་ཞེས་ཟེར་བ་སོགས་ལ་ཡང་གསོ་དགག་གཞག་པ་དང་མ་མཐོང་གནས་དབྱུང་ནན་ཏུར་བྱ་བ་རིགས་ལ། དེ་ཡང་ནན་ཏུར་གྱི་གཞི་གཞན་དུ་གྱུར་བའི་དབང་གིས་མ་ཡིན་པའི་ཕྱིར། ཡང་ལུགས་དང་པོས་བྱ་བ་ངན་པ་འཕྲོ་གཅོད་དུ་བཞུག་པའི་ཚེ། རྩ་བའི་གཞི་གང་ཡིན་གྱི་ནན་ཏུར་དེ་ཉིད་བྱེད་པར་འཆད་པ་ཡང་དེ་ར་མ་ངེས་ཏེ། འཐབ་དཀྲོལ་བྱེད་པ་ལ་བསྡིགས་པ་ནན་ཏུར་གྱིས་མ་ལོག་ན་གནས་ཕྱུང་བྱེད་པར་བཤད་པའི་ཕྱིར། འདི་ཉེས་པ་ཕྱིར་བཅོས་སུ་བཞག་པའི་ནན་ཏུར་ཡིན་ནོ་ཞེ་ན། གཉིས་པ་མི་འགལ་མེད། གནས་ཕྱུང་འདི་གཙོ་བོར་བྱ་བ་ངན་པ་འཕྲོ་གཅོད་པ་ཉིད་ཡིན་ཏེ། འཐབ་དཀྲོལ་ཉིད་ཀྱི་ཉེས་པས་གནས་ནས་ཕྱུང་བའི་ཕྱིར་དང་། གནས་ཕྱུང་དེའི་བཟོད་གསོལ་འཚམས་པ་ལ་དེའི་རྒྱུ་འཐབ་དཀྲོལ་ལས་ལྡོག་དགོས་པའི་ཕྱིར་དང་། གནས་ཕྱུང་དེས་བཟོད་པ་གསོལ་ཟིན་པའི་འོག་ཏུ་རྩ་བའི་ལྟུང་བ་དེ་གཤེགས་དགོས་པའི་ཕྱིར། དེས་ན་བསྡིགས་སྨད་བསྒྲད་དང་ཕྱིར་འབྱེད་བཞི་ཀའི་མཐའ་ལ་གནས་ཕྱུང་འཇུག་ཀྱང་། གཞི་མི་བཙན་པའི་དབང་གིས་མ་ཡིན་ནོ། །དེ་ནས་རང་གི་འདོད་པ་འདི་ལྟར་འཆད་དེ༑ བོད་སྔ་མ་རྣམས་གཞི་བཙན་མི་བཙན་དང་། བྱ་ངན་འཕྲོ་གཅོད་པ་དང་། ལྟུང་བ་ཕྱིར་བཅོས་པའི་ནན་ཏུར

གྱི་དབྱེ་བ་གཉིས་སུ་འཆད་པ་དེ་ནི། ཇི་སྐད་དུ། དེའི་ཕྱིར་འདུལ་བ་མི་སྦྱིན་པ་དང་སྐབས་མི་འབྱེད་པ་དག་ལ་ཡང་ངོ། །དེ་མ་མཐོང་ངོ་ཞེས་ཟེར་ན་ཡང་ངོ། །ཞེས་པ་འདིས། མངོན་སུམ་དང་ཁས་ལེན་པའི་ཡན་ལག་མ་ཚང་བ་ཡང་། རྩ་བའི་གཞི་དེ་ཉིད་ཀྱི་ནན་ཏུར་བྱེད་དགོས་པར་བཤད་པ་དང་། ཡང་དེའི་རིག་མ་ཐག་ཏུ་མ་མཐོང་ངོ་ཞེས་ཟེར་ཞིང་། ཕྱིར་འཆོས་པ་རྗེས་སུ་སྒྲུབ་པར་མི་འདོད་པ་གནས་ནས་དབྱུང་བར་བྱའོ། །ཞེས་པས་རྩ་བའི་གཞི་དེ་ལ་གཞི་དེ་ཉིད་ཀྱི་དབང་དུ་བྱས་པའི་ནན་ཏུར་བཏང་སྙོམས་སུ་བཞག་ནས་ནན་ཏུར་གཞན་བྱེད་པར་གསུངས་པ་དེ་དག་གི་དགོངས་པ་བཙལ་བ་ལས་རྣམ་པར་བརྟགས་པ་ཡིན་མོད། དེའི་ཚེ་བྱ་འདུལ་གྱིས་མ་མཐོང་ངོ། །ཟེར་བ་གཅིག་ཉིད་ལ་གནས་ཕྱུང་བྱེད་མི་བྱེད་གཉིས་འཆད་པའི་རྒྱུ་མཚན། བྱ་བ་ངན་པ་འཕྲོ་གཅོད་དུ་བཞུག་པ་དང་། ལྟུང་བ་ཕྱིར་བཅོས་སུ་བཞུག་པའི་དགེ་འདུན་གྱི་ཀུན་སློང་ལས་ཕྱེ་བར་བཞེད་པ་དང་། གཞན་དག་གཞི་བཙན་མི་བཙན་གྱི་དབང་དུ་བྱས་པར་འདོད་ལ། ཕྱི་མའི་གོ་བ་ཡང་སྔ་མ་ལ་ཐུག་དགོས་པ་ཡིན་ཏེ། རྒྱུ་མཚན་གཞན་མེད་པའི་ཕྱིར་རོ། །དེའི་ཤེས་བྱེད་ཡང་དག་པ་མ་ཡིན་ཏེ། བྱ་བ་ངན་པ་འཕྲོ་གཅོད་པ་ནི་འཐབ་དཀྲོལ་ལྟ་བུའི་བྱ་བ་ངན་པ་འཕྲོ་གཅོད་པ་ལ། བསྡིགས་པ་ལྟ་བུའི་ཆད་ལས་ཆུང་དེ་ལས་གནས་ཕྱུང་ལྟ་བུའི་ཆད་ལས་ལྕི་བ་དེ་སྟོབས་ཤིན་ཏུ་ཆེ་བའི་ཕྱིར། དབྱེ་བ་དེ་འདྲ་དེ་ནན་ཏུར་ཡིན་ལ། ས་གཞན་ན་གནས་པ་མ་ཡིན་པ་དང་། གཉིས་ཀ་ཡིན་པའི་ནན་ཏུར་གཉིས་ཀྱི་བྱེད་པ་ལ་བརྟགས་ན། སྔ་མ་ཕྱིར་བཅོས་ལ་བསྐུལ་བ་དང་། ཕྱི་མ་བྱ་བ་ངན་པ་འཕྲོ་གཅོད་པའི་དབང་དུ་བྱེད་པར་འབྱེད་དུ་རུང་མོད། དེ་ཙམ་གྱིས་གཞི་བཙན་མི་བཙན་གྱི་ཤེས་བྱེད་དུ་མི་འགྲུབ་བོ། །དེས་ན་རང་གི་འདོད་པ་ནི། བསྡིགས་པ་སོགས་བཞི་དང་། གནས་ཕྱུང་ནན་ཏུར་གཞན་བཞི་པོའི་གཞི་མ་ཞི་བར་དགེ་འདུན་གྱིས་ཤེས་ནས་གླེངས་པ་ན་དང་པོར་ཁས་བླངས། ཕྱིར་བཅོས་ལ་བསྐུལ་བ་ན་མ་མཐོང་ཟེར་བ་དང་། གཞི་དེ་ཁས་བླངས་ཀྱང་བར་དུ་གཅོད་པར་མི་འགྱུར་ཞེས་སྡིག་ལྟ་ཅན་གྱི་ཚིག་ཏུ་སྨྲ་བ་དང་། སྐབས་མི་འབྱེད་པ་དང་། སྐབས་མི་མཉེན་པར་མི་འབྱེད་པ་རྣམས་ལ་གནས་སྐབས་སུ་དེ་སྐད་ཅེས་ཟེར་བ་དེ་རྩ་བ་ལས་ཉེས་པ་ཆེར་སོང་བས་དེའི་ཆ་ནས་གནས་དབྱུང་ནན་ཏུར་འཕེབ་པ་དང་། རྩ་བའི་གཞི་གང་ཡིན་གྱི་ནན་ཏུར་དེ་ཡང་འཐོབ་པ་ལ་དགོངས་པ་ཡིན་ཏེ། གོང་དུ་རྒྱས་པར་བཤད་ཟིན་པ་ལྟར་ནན་ཏུར་དེ་དག་གི་གཞིའམ་རྒྱུ་སོ་སོར་ངེས་པའི་ཕྱིར། དཔེར་ན་མ་མཐོང་གནས་དབྱུང་གི་གཞི་དགེ་འདུན་ལྷག་མའི་ལྟུང་བ་རིགས་འདྲ་བ་ཞིག་སྟེང་དུ་བྱུང་བ་དེ་ཕྱིར་མི་འཆོས་པར་རྒྱུན་དུ་བྱེད་པ་བཞིན་དང་། ནན་ཏུར་དང་པོ་བཞི་སོ་སོའི་མཐར་གནས་འབྱུང་འཐོབ་ཀྱང་། དང་པོར་གཞི་དང་ནན་ཏུར་བྱེད་པའི་རྒྱུ་མཚན་སོ་སོར་ངེས་པ་བཞིན་ནོ། །

དེ་ལྟར་སྤྱིར་རྣམ་གཞག་བསྟན་ནས། གསུམ་པ་སོ་སོའི་མཚན་ཉིད་ལ། བཅུ་གསུམ་སྟེ། བསྡིགས་པ་དང་། སྨད་པ་དང་། བསྙད་པ་དང་། ཕྱིར་དགྱེད་པ་དང་། མ་མཐོང་གནས་དབྱུང་དང་། ཕྱིར་མི་འཆོས་གནས་དབྱུང་དང་། སྡིག་ལྟ་ཅན་གནས་དབྱུང་དང་། འཐབ་དཀྲོལ་ལ་དབང་བས་མ་ལོག་པ་གནས་དབྱུང་དང་། འཐབ་དཀྲོལ་གྱི་རྒྱུ་ཉེ་བར་བསྒྲུབ་པ་དང་། དགེ་སློང་མ་དང་འདྲེ་ཞིང་གནས་པ་དང་། ཆོས་རྣམ་པར་གདན་ལ་དབབ་པས་ཞི་བར་མ་གྱུར་པ་གནས་དབྱུང་དང་། གསོ་སྦྱོང་བཞག་པ་དང་། དགག་དབྱེ་བཞག་པའོ། །འདིར་དགེ་ཚུལ་བསྐྱིལ་བ་ནི་གནས་དབྱུང་མ་ཡིན་ཏེ། ཞུགས་ལམ་རྫོགས་པའི་རྟེན་ལ་གནས་དབྱུང་མི་འཆགས་པའི་ཕྱིར། ཚུལ་ཁྲིམས་འཆལ་བ་གནས་ཁང་ནས་བསྙད་པ་དེ་གནས་དབྱུང་གི་ལས་མ་ཡིན་ཏེ། ནན་ཏུར་འཆགས་པ་ལ་སྡོམ་པ་གསོར་རུང་ཡན་ཆད་དང་ལྡན་པ་ཞིག་དགོས་པའི་ཕྱིར། བཅུ་གསུམ་པོ་དེ་དག་རེ་རེ་ཡང་དོན་བརྒྱད་བརྒྱད་ཀྱི་སྒོ་ནས་བཤད་པར་བྱ་སྟེ། གཞི་གང་ལ་དང་། དགེ་འདུན་གང་གིས་དང་། བསམ་པ་ཇི་ལྟ་བུས་དང་། དུས་ནམ་གྱི་ཚེ་དང་། དགོས་པ་གང་གིས་ཕྱིར་དང་། ཆོ་ག་གང་གིས་དང་། སའི་ཁྱད་པར་དང་། བསྙད་པ་ལ་སོགས་པའི་སྒྲ་འཇུག་པའི་རྒྱུ་མཚན་ཏེ། གོང་དུ་སྤྱིར་བཤད་པ་བཞིན་སོ་སོར་རང་རང་གི་གཞི་ཇི་ལྟ་བ་བཞིན་དུ་སྦྱར་རོ། །འོན་སོ་སོའི་གཞི་ནི་གང་། སྒྲ་འཇུག་པའི་རྒྱུ་ནི་ཅི་ཞེ་ན། དང་པོ་ལ། དོན་ཡོད་མེད་དང་དགོས་པ་ཆེ་ཆུང་གང་ཡིན་ཡང་འཐབ་མོ་ལྷུར་ལེན་པ་ནི་བསྡིགས་པའི་གཞིའོ། །དགེ་འདུན་ལྷག་མའི་དངོས་གཞི་ཕྱིར་མི་འཆོས་པར་རིགས་འདྲ་བཞི་བརྒྱད་དུ་བྱེད་པ་ནི་སྨད་པའིའོ། །ལྷག་པའི་ཚུལ་ཁྲིམས་དང་འགལ་བའི་སྒོ་ནས་ཁྱིམ་སུན་འབྱིན་པ་ནི་བསྙད་པའིའོ། །རབ་ཏུ་བྱུང་བ་དང་ཁྱིམ་པ་ལ་འཕོན་དུ་འཛིན་ཞིང་། བཟོད་པ་མི་ལེན་པ་ལ་ཕྱིར་འགྱེད་པའིའོ། །ཆོས་དང་མཐུན་པར་ལྟུང་བ་གླེངས་པ་ན་གླེང་བྱེད་བདེན་པར་ཁས་བླངས་བཞིན་དུ་བརྫེད་དུ་བཅུག་ནས་ཁྱད་དུ་གསོད་པའམ་ཁས་མི་ལེན་པ་ནི་མ་མཐོང་གནས་དབྱུང་གི་གཞིའོ། །དམ་བཅའ་མ་ཡིན་པའི་ལྟུང་བ་ཁས་བླངས་ནས་ཕྱིར་མི་འཆོས་པ་ནི་ཕྱིར་མི་འཆོས་གནས་དབྱུང་གི་གཞིའོ། །སངས་རྒྱས་ཀྱིས་སའི་བར་དུ་གཅོད་པའི་ཆོས་སུ་གསུངས་པ་དེ་དག་རྟེན་ཀྱང་བར་དུ་གཅོད་པར་མི་འགྱུར་ཏེ། ཞེས་ཟེར་བ་ལ་བློག་ཚུལ་ལྔས་བློག་ཀྱང་མི་གཏོང་བ་ནི་སྡིག་ལྟ་མི་གཏོང་བའི་གནས་དབྱུང་གི་གཞིའོ། །སྔར་བསྡིགས་པ་སོགས་ཀྱིས་རྒྱུ་ལས་མ་ལོག་པ་ནི་འབད་པས་མ་ལོག་པ་གནས་ནས་དབྱུང་བའི་གཞིའོ། །དངོས་སུ་འཐབ་མོ་མི་བྱེད་ཀྱང་དེའི་རྒྱུ་འཛིན་པ་ནི་རྒྱུ་མི་གཏོང་བའི་གནས་དབྱུང་ངོ་། །དགེ་སློང་མ་སོགས་དང་བཞོགས་སྟེགས་སོགས་ཀྱིས་འདྲེ་ཞིང་གནས་པ་ནི་དེའི་གནས་དབྱུང་གི་གཞིའོ། །འགྱེད་ཕྱིར་གྱི་རྩོད་པ་མངོན་སུམ་དང་གང་མང་གི་ཞི་བའམ། མི་གདམས་པའི་ཕྱིར་གྱི་རྩོད་པ་མངོན་སུམ་གྱིས་མ་ཞི་བ་ནི་

རྣམ་པར་གཏན་ལ་དབབ་པས་མ་ཞི་བའི་གནས་ཕྱུང་གི་གཞིའོ། །ཡང་གླེང་བའི་སྐབས་མི་འབྱེད་པ་དང་། སྐབས་ཕྱེ་ནས་གང་ཟག་དང་བསླབ་པའི་གཞི་ཡན་གར་བ་ལ་གླེང་བ། འགོག་པ་ལ་བརྗོད་བཅས་དང་ཕྱུར་བཅས་བྱ་བ་དང་། བརྗོད་བཅས་ཀྱིས་མ་དུལ་ན་མི་གདམས་པ་དང་། དེས་མ་དུལ་ན་གསོ་སྦྱོང་བཞག་པ་དང་། དེས་མ་དུལ་ན་དགག་དབྱེ་བཞག་པ་དང་། དེས་མ་དུལ་ན་ཕྱུར་བཅས་བྱའོ། །གཞན་དག །འདི་དག་གང་ལ་བྱ་བའི་གཞི་ནི་གཞི་མིང་བཙན་པ་དགུ་པོ་དག་ལའོ། །ཞེས་གསུངས་མོད། དེ་ལྟ་ན་གཞི་བཙན་པའི་ལྟུང་བ་གླེང་པའི་སྐབས་མ་ཕྱེ་བ་ལ་སྟིགས་པ་སོགས་ཉིད་བྱས་པས་ས་གཞན་དུ་གནས་པར་སོང་བ་དེ་དགེ་འདུན་དང་གསོ་དགག་ལྷག་ཏུ་བྱ་བ་ཡིན་ནམ་གཞག་པར་བྱ་བ་ཡིན། དང་པོ་ལྟར་ན། སྐབས་མི་དབྱེ་བ་ལ་དགག་དབྱེ་ཇི་ལྟར་རུང་སྟེ། དེ་ཉིད་སྐབས་དབྱེ་བ་ཡིན་པའི་ཕྱིར་དང་། གསོ་སྦྱོང་ཡང་ཇི་ལྟར་རུང་སྟེ། དེ་མ་ཕྱེ་ན་སོ་སོར་ཐར་པའི་མདོ་འདོན་པ་དང་། གསོལ་བ་དང་རྣམ་པར་བཞག་པ་འཛིན་དུ་བཞུག་པ་ཐོས་ཀྱང་། ཡོངས་སུ་དག་པ་ཉིད་དུ་ཁས་མ་བླངས་པས་དེ་ཉམས་སུ་མྱོང་བའི་གོ་མི་ཆོད་པའི་ཕྱིར་རོ། །དེས་ན་གཞི་ཇི་ལྟར་བཙན་ཀྱང་སྐབས་མི་འབྱེད་ན་གསོ་དགག་བཞག་པ་ལས་འོས་མེད་དོ། །དེ་བཞག་པས་དུལ་བའི་ཚད་ནི། དགག་དབྱེས་དུལ་ན་ཁས་བླངས་པ་དང་། གསོ་སྦྱོང་བཞག་པས་དུལ་ན་ཕྱིར་འཚོས་པ་ཡིན་ལ། དེའི་ཚེ་ཁས་བླངས་ནས་རྒྱུན་མ་ཆད་ན་གཞི་བཙན་དུ་འཆད་པའི་ནན་ཏུར་གྱི་ལས་དེ་དག་འཇུག་ལ། བྱིན་གྱིས་རླབས་ནས་གསོ་སྦྱོང་བྱས་ཀྱང་། ཕྱིར་བཅོས་དངོས་མ་བྱས་ན་རྩ་བའི་གཞི་དེ་ལས་གྱུར་པའི་ནན་ཏུར་གྱི་ལས་དེ་འཇུག་པས་སོ། །ཡང་བཞམས་བསྒོ་སྟོན་དུ་མ་སོང་བའི་འཐབ་དཀྲོལ་སོགས་གཞི་མི་བཙན་པར་ཁས་ལེན་པ་དང་། དེ་འདྲ་དེ་གླེང་བའི་སྐབས་མི་འབྱེད་པ་ལ་གསོ་སྦྱོང་བཞག་པ་སོགས་མི་འཆགས་པར་འདོད་པ་དང་འགལ་ཞིང་། དེ་འདྲ་དེ་གཞི་བཙན་པར་ཁས་ལེན་ན་ནི་དེ་ལ་སྟིགས་སྨད་སོགས་ལྟ་ཞོག །སྤྱིར་ནན་ཏུར་མི་བྱེད་པར་འདོད་པ་དང་འགལ་ལོ། །སྔྲ་བཤད་པ་ནི། གནས་ནས་འབྱིན་ནོ་ཞེས་བསྟིགས་པའི་ཕྱིར་དང་། གཞན་ལ་གནས་ཆོས་ཤིག་ཅེས་སྨྲས་པའི་ཕྱིར་དང་། སྲུན་ཕྱུང་བའི་གནས་ནས་བསྐྲད་པའི་ཕྱིར་དང་། རང་བཞིན་དུ་གནས་པ་དག་གིས་མཛའ་གཙུགས་ཕྱིར་འགྲེད་པའི་ཕྱིར་དང་། མ་མཐོང་ཞེས་ཟེར་བ་ལ་སོགས་པའི་རྒྱ་མཚན་གཞུང་ལས་གསལ་བ་དེ་དག་གིས་སྤྲངས་པའི་ཕྱིར་དང་། གསོ་སྦྱོང་དང་དགག་དབྱེ་བཞག་པའི་ཕྱིར་དེ་ཞེས་བྱའོ། །འདི་ར་བྱ་འདུལ་འཛིན་ནི། གསོ་དགག་བཞག་པ་གཉིས་དང་མ་མཐོང་དང་ཕྱིར་མི་འཆོས་ཏེ་བཞི་ནི་ལྟུང་བ་གཞན་གྱི་སྐབས་ལས་ཀྱང་འབྱུང་བས་གཞི་མི་བཙན་པ་ཡིན་ལ་གཞན་རྣམས་ནི་བཙན་པའོ། །ཞེས་གསུངས་མོད། གོང་དུ་དཔྱད་ཟིན་པ་དེའོ། །ལྷག་མ་མ་ཡིན་པའི་ལྟུང་བ་ལ་ནི་སྨད་པ་མི་བྱེད་དེ། ཕམ་པ་ནི་ནན་ཏུར་བྱ་བའི་ཡུལ་མ

ཡིན་པ་དང་། གཞན་ནི་དེ་ཙམ་དུ་སྨད་པར་བྱ་བ་མ་ཡིན་པའི་ཕྱིར་གཞན་ལ་གནས་ཚོས་ཤིག་ཅེས་སྨྲས་པ་ཙམ་གྱིས་སྨད་པར་འགྱུར་བ་ཅི་ཞེ་ན། རྫོགས་ནས་ལོ་བཅུ་ལོན་ཞིང་། ལྷ་ཕྱུགས་དང་ལྡན་ཡང་གང་གི་དམན་པ་ཚིག་ཀྱྀ་མི་ཐུབ་པ་ཡིན་པས་གནས་ལ་རྟེན་དགོས་སོ་ཞེས་བསྟན་པས་སྨད་པའོ། ཁྲིམ་པ་ཡིད་མུག་པ་སྤྱང་བའི་དོན་དུ་སྲུན་ཕྱུང་བའི་གནས་སུ་སྡོད་དུ་མི་བཞུག་པས་ན་བསྒྲད་པའོ། །མཛའ་བ་དང་གཙུགས་པར་མི་བྱེད་པས་ན་ཕྱིར་འགྱེད་པ་ཞེས་པ་ཡང་སྐྱི་སྐྲ་བྱེ་བྲག་ལ་སྦྱར་བའོ། །ཡང་ནན་ཏུར་གྱི་གཞི་ལ། གྲགས་པ་དང་མངོན་སུམ་ཞེས་བཤད་པ་གཉིས་པོའི་ཁྱད་པར་ནི། དགེ་འདུན་གྱི་དབུས་སུ་ནན་ཏུར་གྱི་རྒྱུ་ཁས་བླངས་པ་མངོན་སུམ་ཡིན་ལ། ཡུལ་གྱིས་དེ་ལྟར་ཁས་མི་ལེན་ཡང་གླེང་བྱེད་དགེ་འདུན་གྱིས་མཐོང་ཐོས་དོགས་གསུམ་གྱི་གཞི་ཡོད་པ་མི་གྲགས་པའོ། །ལུང་ལས་རྒྱུ་ལྟས་བསྡིགས་པའི་ལས་བྱས་ནས་དེ་ནི་ཆོས་ཀྱི་ལས་དང་འདུལ་བའི་ལས་ཡིན་ཏེ། དགེ་འདུན་འགལ་ཚབ་ཅན་དུ་མི་འགྱུར་རོ། །ལྔ་གང་ཞེ་ན། གླེང་བར་བྱས་བ་དང་། དྲན་པར་བྱས་བ་དང་། གཞི་དང་བཅས་པ་དང་། ཁས་བླངས་པ་དང་། མངོན་སུམ་དུ་གྱུར་པར་བྱེད་པའོ་ཞེས་ནན་ཏུར་བདུན་ཆར་ལ་གསུངས་སོ། །དེ་བྱ་བ་ལ་ལྔ་ག་ཚང་དགོས་སམ་སྙམ་པ་ལ་དམིགས་ཀྱིས་བསལ་བ་ནི། འདུ་བ་མི་སྡེར་ན་གྲགས་པ་ཙམ་གྱིས་སོ། །ཞེས་ཡན་ལག་བཞི་མ་ཚང་ཡང་གཞི་དང་བཅས་ན་ནན་ཏུར་བདུན་པོ་དག་བྱ་བར་གསུངས་སོ། །ཡང་ཇི་སྐད་དུ། མ་མཐོང་བ་ལ་ནི། ཞེས་དང་། སྐབས་མི་འབྱེད་ན་ཡང་ཞེས་པའི་གཞུང་ཚན་གཉིས་གོང་དུ་དོན་གྱིས་བཤད་ཟིན་པ་ལྟར། གཞི་བཙན་པ་ལ་སྦྱོར་བ་དང་། མི་བཙན་པ་ལ་སྦྱོར་བའི་ལུགས་གཉིས་ཡོད་ཅིང་། གང་ལྟར་ཡང་། ཕྱིར་རོ་ཞེས་པ་གཉིས་ནི་སློབ་དཔོན་རང་གི་རིགས་པའོ། །ཡང་སྐབས་མི་འབྱེད་པ་ལ་གསོ་དགག་བཞག་པའི་ནན་ཏུར་གཉིས་བྱེད་པར་བཤད་པའི་སྐབས་སུ། དཀའ་བའི་གནས་འགའ་ཞིག་ཡོད་པ་དེ་འདི་ལྟར་བཤད་པ་ཉིད་ཀྱིས་གྲོལ་བར་འགྱུར་ཏེ། ལྟུང་བ་གླེངས་པའི་ཚེ་སྐབས་མི་འབྱེད་ན་དགེ་འདུན་གྱིས་གསོ་སྦྱོང་བཞག་ཅེས་པ། ཡུལ་དེར་གསོ་སྦྱོང་བྱེད་དུ་མི་འཇུག་པ་ཙམ་ལ་ཟེར་བ་མ་ཡིན་ཏེ། གཞི་མེད་པར་ནི་དགེ་འདུན་གྱིས་ཀྱང་མི་གླེང་ལ། དེའི་ཚེ་སྐབས་མི་འབྱེད་ན་དེ་ཉིད་ཀྱིས་གསོ་དགག་གཉིས་ཀ་མི་བྱེད་པར་སོང་བའི་ཕྱིར། དེས་ན་ཡུལ་དེ་འདྲ་དེ་ལ་གསོ་དགག་བཞག་པ་ཞེས་བྱ་བའི་གསོལ་བཞིའི་ལས་ཤིག་དགེ་འདུན་གྱིས་བྱེད་པ་དེ་ལ་གསོ་དགག་བཞག་པའི་ནན་ཏུར་ཞེས་བྱའོ། །འོ་ན་མི་འབྱེད་པ་དེ་ལ་ཐོག་མ་ཉིད་ནས་དེ་ལྟར་བྱེད་དམ་ཞེ་ན། མ་ཡིན་ཏེ། ཐོག་མར་བརྗོད་བཅས་ནན་ཏུར་ཞེས་པ་ལས་དངོས་མ་ཡིན་ཡང་། དགེ་འདུན་ལ་མ་ཞུས་པར་གནས་གཞན་དུ་འགྲོ་བའི་རང་དབང་མེད་པ་དེ་བྱ། དེས་མ་དུལ་ན་དགེ་འདུན་གྱིས་མི་གདམས་པ་དང་གཏམ་མི་འདྲེ་བར་བྱ་བ་སོགས་གསུངས། ཡུལ་རྟེན་གཉིས

ཀས་གསོ་དགག་ལྷན་དུ་མི་བྱ་བ་སོགས་ནི་དེ་དུས་ནས་བྱུང་ཟིན་པའོ། །དེས་མ་དུལ་ན་གསོ་སྦྱོང་བཞག་པའི་ལས་དང་། དེས་ཀྱང་ན་དགག་དབྱེ་བཞག་པའི་ལས་བྱའོ། །དེ་ལྟར་ན་དབྱར་ནང་དུ་ནན་ཏུར་གྱི་ལས་བྱེད་དགོས་པ་སྨྲུབ་པའི་བསླབ་བྱར་སོང་བ་ཅིག་སྲིད་པར་འགྱུར་རོ། །ཞེ་ན་དབྱར་ནང་དུ་ནི་ལྟུང་བ་གླེང་བ་ཡང་མི་བྱ་ན། ནན་ཏུར་ལྟ་ཅི་སྨོས། དབྱར་ཁས་མ་བླངས་གོང་དེར་གསོ་སྦྱོང་བཞག་པའི་ནན་ཏུར་བྱས་ཟིན་པ་དགབཟོད་པ་མ་གསོལ་གོང་དུ་དབྱར་ཁས་ལེན་པ་དག་ནི་ངེས་པར་ཡོད་དེ། སྔོ་མགུ་སྤྱོད་པས་ཀྱང་ཁས་ལེན་ན་དང་། བསྡིགས་སྨད་སོགས་ལ་གནས་པས་ཀྱང་དེར་ཁས་ལེན་ན་འདིས་ལྟ་ཅི་སྨོས་པའི་ཕྱིར་དང་། དེ་འདྲ་དེ་དབྱར་དེར་འདུལ་བར་ཡང་འགྱུར་བའི་ཕྱིར། དེ་མ་དུལ་ན་གསོ་དགག་གཉིས་ཀ་བཞག་ཅིང་། དེས་ཀྱང་མ་དུལ་ན་ཕྱུར་བཅས་ནན་ཏུར་གྱི་མིང་ཅན་དེས་བྱ་ལ། དེའི་གོ་བ་ཡང་། གང་ཟག་འདི་ལ་ཉེས་པ་འདི་བྱུང་ཡོད་པས་སུ་འདོད་པས་གླེངས་ཤིག་ཅེས་ལྟུང་བ་བཀལ་ཞིང་། ཉེས་པ་བསྟན་ཏེ་གཏོང་བའོ། །གཉིས་པ་དེ་དུས་ནམ་གྱི་ཚེ་བྱ་ན། ཇི་སྐད་དུ། དགག་དབྱེའི་དུས་མ་ཡིན་པར་དེ་བཞག་པར་མི་བྱའོ། །གསོ་སྦྱོང་གི་དུས་མ་ཡིན་པར་ཡང་དེ་བཞག་པར་མི་བྱ་བ་ཉིད་དུ་བཤད་ལ། བཤད་པ་དེའི་ཚེ་གསོ་སྦྱོང་གི་དུས་རེ་རེ་ཞིང་སྐབས་མི་འབྱེད་པ་ལ་དེ་ལྟར་བྱེད་དགོས་པ་མ་ཡིན་ཏེ། བཟོད་པ་མི་གསོལ་ན་ལས་གཅིག་པོ་དེ་ཉིད་ཀྱིས་གསོ་སྦྱོང་ལན་གྲངས་དུ་མར་འཇོག་ནུས་པའི་ཕྱིར། དགག་དབྱེ་འཇོག་པ་ཞེས་པའི་མིང་ཅན་ལ་གཉིས་ཏེ། ཡུལ་དེ་ཉིད་ཀྱིས་དགག་དབྱེ་མི་བྱེད་པར་འཇོག་པ་དང་། ཡུལ་དེ་འདྲ་དེ་ལ་དགེ་འདུན་གྱི་ཆད་པ་གཅོད་པའི་ལས་སོ། །དེའི་ཆད་པ་ནི། དགེ་འདུན་དང་ལྷན་ཅིག་ཏུ་ལས་ཉམས་སུ་མྱོང་བར་བྱར་མེད་པ་ཡིན་ལ། སྡོམ་དེ་ལ་ནི་བཟོད་པ་གསོལ་མི་དགོས་པར་ལྟུང་བ་ཕྱིར་བཅོས་པ་ཉིད་ཀྱིས་དགེ་འདུན་གྱི་ལས་དེ་ལ་འཇུག་ཏུ་རུང་བའོ། །ཡུལ་རང་གིས་བཞག་པ་ལ་འཇོག་ལུགས་གཉིས་ཏེ། རིལ་གྱིས་བཞག་པ་དང་། གཞིའམ་གང་ཟག་གང་རུང་རེ་རེ་བཞག་པའོ། །དགག་དབྱེ་བཞག་པ་འཆགས་མི་འཆགས་དང་། དེ་དགེ་འདུན་གྱིས་ནོད་མི་ནོད་ཀྱི་རྣམ་དབྱེ་གསུངས་པ་དེ་ཡང་བཤད་མ་ཐག་པ་འདི་ཉིད་ཀྱི་དབང་དུ་བྱས་པ་ཡིན་གྱི། ནན་ཏུར་གྱི་དབང་དུ་བྱས་པ་མ་ཡིན་ལ། དེ་འཆགས་པའི་གོ་བ་ནི། ལྟུང་བ་གླེང་བའི་སྐབས་མ་ཕྱེ་བ་ཉིད་དགེ་འདུན་དང་མཐུན་པར་འཆགས་པ་ཡིན་ལ། དེ་འདྲ་དེས་དེའི་སྐབས་མ་ཕྱེ་ཡང་ནན་ཏུར་བྱ་བའི་རྟེན་གྱི་འོས་མ་ཡིན་ཞིང་། དེས་གསོ་སྦྱོང་ལ་འཇུག་པའི་ཚེ་གླེང་དགོས་ན་སྐབས་འབྱེད་དུ་འཇུག་པའོ། །འོན་འཇོག་པ་ཅི་ཞེ་ན། འཐབ་དཀྲོལ་དང་དགེ་འདུན་བྱེ་འགྱུར་གྱི་དགག་བྱ་ཡོད་པ་དང་། ནད་པ་དལ་བ་དང་། གནས་མལ་ཕན་ཕུན་དུ་འགྱུར་བ་དང་། ལུས་སྲོག་དང་ཚངས་སྤྱོད་ཀྱི་བར་ཆད་སོགས་འབྱུང་བའི་ཚེ་ནའོ། །ནད་པས་དགག་དབྱེ་འཇོག་པ་དེ་མི་

འཆགས་པར་བཤད་པ་ཙི་ཞེ་ན། འདི་ལ་གཉིས་ཏེ། དགག་དབྱེ་བྱེད་པ་པོ་ནད་པས་འཇོག་པ་དང་། གང་ལ་བྱ་བའི་ཡུལ་ནད་པས་འཇོག་པའོ། །དང་པོ་ནི། ཁྱོད་ལ་དགེ་འདུན་གྱིས་དགག་དབྱེ་མི་བྱེད་ཅེས་འཇོག་པའོ། །

གཉིས་པ་ནི། ཁོ་བོ་ལ་དགེ་འདུན་གྱིས་དགག་དབྱེ་མ་བྱ་ཤིག །ཅེས་འཇོག་པའོ། །དེ་འདྲ་དེ་མི་འཆགས་པའི་རྒྱུ་མཚན་ནི། ཇི་སྲིད་ན་བའི་བར་དུ་ནི་དགག་དབྱེ་མ་བཞག་ཀྱང་གླེང་བྱ་གླེང་བྱེད་དུ་མི་རུང་ལ། ནད་ལས་གྲོལ་བའི་ཚེ་ནི་དགག་བྱ་གཞན་མེད་ན་དགག་དབྱེ་ངེས་པར་བྱེད་དགོས་པའི་ཕྱིར་རོ། །དགག་བྱ་དང་དགོས་པའི་དབང་གིས་དགག་དབྱེ་འཇོག་པ་འདི་ཡང་། དགེ་འདུན་གྱིས་དགག་དབྱེའི་དུས་དེ་ཉིད་ཀྱི་ཚེ་ཡིན་གྱི། སྔ་རོལ་དུ་མ་ཡིན་ཏེ། དབྱར་ནང་དུ་རྩོད་པར་འགྱུར་བའི་ཕྱིར། ཕྱིས་ཀྱང་མ་ཡིན་ཏེ། དགག་དབྱེ་བརྗོད་པ་རྫོགས་ནས་དེ་མི་འཆགས་པའི་ཕྱིར། དེས་ན་དགག་དབྱེ་བྱེད་པ་པོར་བསྐོས་པ་དེས་དགེ་སློང་རེ་རེའི་མདུན་དུ་འདུག་པ་ན་བྱེད་པ་པོས་ཕར་འཇོག་པའམ་བྱ་བའི་ཡུལ་གྱིས་ཚུར་འཇོག་པ་གང་རུང་ངོ་། །དང་པོ་ནི། དེ་ན་བའི་རྐྱེན་གྱིས་དུ་མའམ་རེ་རེ་བའི་དགག་དབྱེ་གོ་བར་མ་བྱས་པའོ། །གཉིས་པ་ཡང་དེའི་རྐྱེན་གྱིས་དེ་ལྟར་མ་བྱས་པའོ། །དགག་དབྱེ་བྱེད་པ་ན་ནད་པས་ལས་ཀྱི་གནས་སུ་འདུ་བར་མི་ནུས་ན་འདུན་པ་དང་ཡོངས་དག་འབུལ་བ་ཉིད་བཤད་ཀྱི། ཕོ་ཉ་མངགས་ནས་དགག་དབྱེ་འཇོག་པར་བྱས་ཀྱང་དགེ་འདུན་གྱིས་མི་གནོད་ཅིང་མི་འཆགས་པའོ། །སླ་མ་ཁ་ཅིག་གི་གསུང་ནས། ཁོ་ལྟུང་བ་གླེང་བའི་སྐབས་མི་འབྱེད་པ་ལ་དགེ་འདུན་གྱིས་དགག་དབྱེ་གཞག་ན་ཁོའི་འདོད་ཐོག་ཏུ་སོང་བས་ཆད་ལས་སུ་འགྱུར་བ་དཀའ་ཡང་། ཚེ་དང་ལྡན་པ་ཁྱོད་ཀྱིས་དགག་དབྱེ་མ་བྱས་པས་མཚམས་ཀྱི་ཕྱི་རོལ་དུ་མ་འགྲོ་ཤིག །དེ་མ་བྱས་པས་དབྱར་གྱི་རྙེད་པ་བགོ་བར་ཡང་མི་དབང་ངོ་། །ཞེས་འདོམས་པར་འཆད་པ་དག་ཀྱང་ཡོད་དོ། །

གཉིས་པ་སྦྱི་བ་མཐོལ་བཤགས་ལ་སོགས་པའི་ཕྱིར་བཅོས་ལ། མཐོལ་བ་དང་བཤགས་པ་སོགས་ཀྱི་རྣམ་པར་བཞག་པ་གཉིས་ལས། དང་པོ་ནི། ཇི་སྐད་དུ། ལྟུང་བ་བཅའ་བར་མི་བྱའོ། །ཞེས་སོགས་ཀྱིས་འཆད་ལ༑ འདི་ལ་ལྔ་སྟེ། ཡུལ་གང་ལ་མཐོལ་བ་དང་། གང་ཟག་གང་གིས་དང་། བསམ་པ་དང་། ཚིག་དང་། དགོས་པའོ། །དང་པོ་ལ། གསུམ་སྟེ། བསྙོ་གྱུར་འཐོལ་བའི་ཡུལ་དང་། སོར་བཤགས་འཐོལ་བའི་དང་། དེ་ལས་གཞན་པའི་འོ། །དང་པོ་ནི། མཚམས་དེ་ར་རྟོགས་ཀྱི་ཡུལ་ཆོས་དགུ་དང་ལྡན་པ་ཐམས་ཅད་ལའོ། །གཉིས་པ་ནི། དགུ་དང་ལྡན་པའི་གནས་ཁང་དེར་གཏོགས་རྣམས་ལའོ། །གསུམ་པ་ནི། ཆོས་དགུ་ལྡན་གཅིག་གིས་ཀྱང་ཆོག་པའོ། །དགུ་ནི། རྟོགས་པའི་སྡོམ་པ་རྣམ་དག་དང་ལྡན་པ། ལྟ་བ་མཐུན་པ། མཚན་མཐུན་པ། ཐ་སྙད་གསུམ་དང་ལྡན་པ། མཚམས་ཀྱིས་ནང་ནས་གནས་པ། གཟུགས་གཞན་དུ་མ་སྒྱུར་བ། རང་བཞིན་དུ

གནས་པ། ཆོས་གཞན་གྱི་ཕྱོགས་སུ་མ་སོང་བ། རང་ལས་རྒྱུད་ཐ་དད་པའོ། །གཉིས་པ་གང་གིས་མཐོལ་བ་ནི་ཆོས་དྲུག་ལྡན་ཏེ། རྫོགས་པའི་སྡོམ་པ་གསོར་རུང་ཡན་ཆད་དང་ལྡན་པ། ལྟུང་བ་དྲན་ནུས་པ། གནས་ནས་མ་ཕྱུང་བ། བསམ་པ་རང་བཞིན་དུ་གནས་པ། སྔར་ཉེས་པ་དེ་མཐོལ་མ་ཟིན་པ། གཟུགས་གཞན་དུ་མ་སྒྱུར་བའོ། །བསམ་པ་ནི་གཉིས་ཏེ། འདུ་ཤེས་མ་འཁྲུལ་བ་དང་། ཀུན་སློང་ལ་ངེས་འབྱུང་གི་དང་། ཞེ་ཐག་པ་ནས་མཐོལ་བ་དང་། སྡོམ་པ་ལ་འགྱོད་ཅིང་། ཕྱི་མ་སྡོམ་པའི་བསམ་པས་སོ། །

ཚིག་ལ་གཉིས་ཏེ། སྤྱིར་བཏང་བ་དང་། དམིགས་ཀྱིས་བསལ་བའོ། །དང་པོ་ནི། ལྟ་བ་མི་མཐུན་པ་དང་། གནས་ནས་ཕྱུང་བ་ལ་ནི་མཐོལ་བར་མི་འགྱུར་ཏེ། དེ་དག་ཆོས་འདི་པར་མ་འདུས་པའི་ཕྱིར་དང་། དེ་དག་ལ་ལྟུང་བ་བཤགས་པས་བཤགས་པའི་གོ་མི་ཆོད་པའི་ཕྱིར། ཆོས་འདི་པ་ལ་དེ་བྱས་ན་བྱས་པ་ཉིད་དོ་ཞེས་པ་དེ་ནི། འཆབ་ཉེས་མཐོལ་བའི་དབང་དུ་བྱས་པ་ནི་མ་ཡིན་ཏེ། དེ་ལ་གོ་བར་བྱེད་ན་ཕྱིས་འཆབ་ཉེས་མི་འབྱུང་ཞེས་སྟོན་པའི་ཕྱིར། འཆབ་ཉེས་བྱུང་ཟིན་མཐོལ་བའི་ཡུལ་ནི། རྫོགས་པའི་སྡོམ་པ་དང་ལྡན་པ་སོགས་ཆོས་དགུ་པོའི་སྟེང་དུ་ལྟུང་བ་ནང་མི་མཐུན་པ་སྟེ། དེ་དག་ལས་གང་ཡང་རུང་བ་མ་ཚང་ན་མཐོལ་བར་མི་འགྱུར་རོ། །འདི་ལ་རྒྱ་ན་རེ། བཅབས་པའི་ཉེས་པ་བྱུང་ཟིན་མཐོལ་བས་འདག་པ་མ་ཡིན་ཏེ། བམ་ལྔ་ལས། མཐོལ་བ་མིང་ལ་ཡོད་པ་སྟེ་མིང་མི་འཕེལ་བར་བྱེད་པ་ཡིན་ལ། བཤགས་པ་རིགས་ལ་ཡོད་པ་སྟེ་ལྟུང་བའི་ཐོབ་པ་ཐག་གཅོད་པའོ། །ཞེས་གསུངས་ཤིང་། འགྲེལ་པ་ལས་ཀྱང་། ལྟུང་བ་གཞན་ལ་ཡང་སྔར་བཅབས་པའི་ཉེས་པ་ཕྱིར་བཅོས་པར་བྱ་ཞིང་ཕྱིས་ལྟུང་བ་ཕྱིར་བཅོས་པར་བྱའོ། །ཞེས་འབྱུང་བའི་ཕྱིར། ཞེས་ཟེར། བྱ་ན་རེ། དེ་ནི་མ་ཡིན་ཏེ། མཐོལ་བ་མིང་ལ་ཡོད་པ་དང་། བཤགས་པ་རིགས་ལ་ཡོད་པའི་གོ་དོན་ནི། ཡུལ་མཚན་ཉིད་དང་ལྡན་པ་ལ་ཚིག་མཚན་ཉིད་དང་ལྡན་པས་མཐོལ་བའི་ཚིག་བྱས་པ་དེ་ཉིད་ཀྱིས་འཕེལ་བ་རྒྱུན་གཅོད་པ་ལ་ནི་མིང་ཞེས་བྱ། ཡང་དངོས་ཀྱི་ཉེས་པ་དེའི་རིགས་ཀྱི་ཉེས་པ་ཐམས་ཅད་ཀྱི་དག་བྱེད་དུ་འདུག་པ་ལ་ནི་རིགས་ལ་ཡོད་པ་ཞེས་ཟེར་བའི་ཕྱིར། གཞན་དུ་མཐོལ་བའི་ཚིག་མཚན་ཉིད་དང་ལྡན་པས་འཆབ་ཉེས་མི་འདག་ན། སྦོ་བ་སྦྱུད་པས་ལྷག་མའི་འཆབ་ཉེས་མི་འདག་པར་འགྱུར་ཏེ། འཆབ་ཉེས་དག་བྱེད་དེ་ཡང་ལྷག་མ་དངོས་ཀྱི་དག་བྱེད་དང་དུས་གཅིག་ཏུ་འབྱུང་དགོས་པར་མཚུངས་པའི་ཕྱིར། གཞན་ཡང་ལྟུང་བ་གཅིག་ཉིད་ཡུན་རིང་པོར་བཅབས་པ་ན། འཆབ་པའི་ཉེས་པ་ཕྲུགས་ཐ་དད་པ་དུ་མ་བྱུང་བས། དེ་དག་ཐམས་ཅད་ཀྱི་ཕྱིར་བཅོས་ཀྱང་ཐ་དད་དུ་དགོས་ན་ཧ་ཅང་ཐལ་བར་འགྱུར་བས་སོ། ཞེས་གསུངས་ངོ་། །བསྙོ་བ་ལས་གྱུར་པ་ནི། མཚམས་ནང་དེ་ན་ཡོད་པའི་དགེ་འདུན་ཐམས་ཅད་ཀྱིས་བསྙོག་ཀྱང་མ་ཉན་པ་ཡིན་པས་ཐམས་ཅད་ལ་

མཐོལ་དགོས་པར་བཅས་ཤིང་། སོ་སོར་བཤགས་པ་ནི་ཟས་ལ་འདུ་བ་ལས་གྱུར་པ་ཡིན་པས་གནས་ཁང་དེར་ཚོགས་པ་ལ་མཐོལ་དགོས་པར་བཅས་སོ། །དེའི་ཕྱིར་བསྒོ་གྱུར་དང་སོར་བཤགས་གཉིས་ལ་ནི། འཆབ་ཉེས་དག་བྱེད་ཀྱི་མཐོལ་བ་དང་། རང་གི་ངོ་བོ་འདག་བྱེད་ཀྱི་བཤགས་པ་སོ་སོར་དགོས་པས། ཇི་སྐད་དུ། ལྟུང་བྱེད་འབའ་ཞིག་ཏུ་གྱུར་པ་དང་། སོ་སོར་བཤགས་པར་བྱ་བ་དང་། ཞེས་སོགས་བཤད་པ་དེར་སྦྱོར་འཆབ་མེད་དང་། བྱེ་བྲག་བསྒོ་གྱུར་དང་སོར་བཤགས་འཆབ་བཅས་མ་ཡིན་པའི་དབང་དུ་བྱས་པར་འཆད་དགོས་སོ། །

གཉིས་པ་བཤགས་པའི་ཕྱིར་བཅོས་ལ། གཉིས་ཏེ། ལྟུང་བ་གཞན་བཤགས་པས་ཕྱིར་བཅོས་པ་དང་། ལྷག་མའི་དངོས་གཞི་དབྱུང་བས་ཕྱིར་བཅོས་པའོ། །དང་པོ་ལ་ལྔ་སྟེ། ཡུལ་གང་ལ་བཤགས་པ་དང་། གང་ཟག་གང་གིས་དང་། བསམ་པ་ཇི་ལྟ་བུས་དང་། ཆོ་ག་དང་། དགོས་པའོ། །ཡུལ་ལ་ཡང་བཞི་སྟེ། ཕམ་པའི་སྡོམ་པོ་ལྕི་བའི་བཤགས་ཡུལ་དང་། ཡང་བའི་དང་། ལྷག་མའི་སྡོམ་པོ་ལྕི་བའི་དང་། དེ་ལས་གཞན་པ་མཐའ་དག་གི་བཤགས་ཡུལ་ལོ། །དང་པོ་ནི། ཆོས་བཅུ་དང་ལྡན་པའི་དགེ་སློང་དྲུག་ཡན་ཆད། མཚམས་ཀྱི་ཕྱི་ནང་གང་དུ་ཡང་སོ་སོར་མ་བཅད་པ་དག་གོ། གཉིས་པ་ནི། བཞི་ཡན་ཆད་དོ། །གསུམ་པ་ནི་མཚམས་ཀྱི་ནང་དུ་སོ་སོར་མ་བཅད་པ་ལྔ་ཡན་ཆད་ཡིན་ལ། ཕྱི་རོལ་དུ་ནི་བཅད་ཀྱང་རུང་བའོ། །ཡུལ་བཞི་པ་ནི། ཆོས་བཅུ་དང་ལྡན་པ་གཅིག་གི་མདུན་དུ་ཡང་རུང་བའོ། །ཆོས་བཅུ་ནི། མཐོལ་ཡུལ་དགུའི་སྟེང་དུ་ལྟུང་བའི་རིགས་མི་མཐུན་པ་དང་བཅས་པའོ། །གང་ཟག་ནི་ཁྱད་པར་བདུན་ལྡན་ཏེ། མཐོལ་བའི་སྐབས་དང་ཕལ་ཆེར་འདྲ་བ་ལ། འཆབ་པའི་ཉེས་པ་དང་མི་ལྡན་པའོ། །བསམ་པ་ནི་མྱ་ངན་ལས་འདས་པའི་དང་། འགྱོད་སེམས་ཀྱི་དང་། བསམ་པ་ཐག་པ་ནས་བཤགས་པར་འདོད་པའོ། །

ཆོ་ག་ནི་གཉིས་ཏེ། མཐོལ་བ་སྔོན་དུ་སོང་བ་དང་། མཐོལ་བཤགས་དུས་གཅིག་པའོ། །དང་པོ་ནི། ལྟུང་བྱེད་འབའ་ཞིག་པ་ཚུན་ཆད་ཡིན་ཡང་། བསྒོ་གྱུར་དང་སོ་སོར་བཤགས་པ་དག་ཡིན་ལ། གཉིས་པ་ནི་དེ་ཚུན་ཆད་ཀྱི་དེ་ལས་གཞན་པ་རྣམས་སོ། །དགོས་པ་ནི། ལྟུང་བ་དག་པ་དང་རྣམ་སྨིན་འབྲིན་པ་ཐག་སྲིང་བའོ། །སྐབས་འདིར་རྒྱ་དང་བྱའི་རྒལ་ལན་འདི་ལྟར་འབྱུང་སྟེ། རྒྱ་ན་རེ། ལྟུང་བ་སྡེ་ལྔ་ནི་བཅས་པ་ཡིན་ཏེ། ཁྱིམ་པ་ལ་མི་འབྱུང་བའི་ཕྱིར། དེ་ལ་ཡང་ཁ་ཅིག་ནི་བཅས་པ་ཁོ་ན་ཡིན་ཏེ། ས་རྐོ་བ་སོགས་ལྟ་བུའོ། །ཁ་ཅིག་ནི་རང་བཞིན་གྱི་སྟེང་དུ་བཅས་པ་བསྣན་པ་ཡིན་ཏེ། སྲོག་གཅོད་ཀྱི་ཕམ་པ་ལྟ་བུའོ། །བཅས་པ་ནི་ཆད་པའི་ལས་ཡིན་ཏེ། དེ་ཡང་ཚེ་འདིའིའོ། །དེས་ན་བཤགས་པ་བྱས་པས་ནི་ལྟུང་བ་རྩ་བ་ནས་དག་སྟེ་ལུས་པ་མེད་དོ། །གལ་ཏེ་འགྱོད་སེམས་ཀྱི་བསམ་པ་མེད་དུ་ཟིན་ཀྱང་། ཚེ་འདིའི་ཆད་ལས་དེ་ཉིད་ཚེ་འདིར་དག་པ་ཡིན་ནོ། །མ་འོངས་

པའི་རྣམ་པར་སྨིན་པ་ནི་རང་བཞིན་གྱི་ཁ་ན་མ་ཐོ་བ་རྣམས་ལས་བྱུང་ལ། བཅས་པའི་ཁ་ན་མ་ཐོ་བ་རྣམས་ལ། ཁྲིད་གསོད་དང་། མ་གུས་པ་དང་། ཞེ་སྡང་གིས་ས་རྐོ་བ་ལྟ་བུ། དེ་ཉིད་ལ་ཡང་ལྟུང་བ་གཉིས་སུ་འགྱུར་ཏེ། ས་བརྐོ་བ་དང་ཞེ་སྡང་གི་ཉེས་པའོ། །ཞེ་སྡང་གི་ཉེས་པ་དེ་ནི་སྔ་མ་བཞིན་དུ་བཤགས་པས་འདག་ལ། རྣམ་སྨིན་ནི་སྔ་མ་ལ་འགྱོད་པ་དང་ཕྱིན་ཆད་སྡོམ་པའི་བསམ་པས་བཤགས་ན་བསྲབས་པ་དང་འདག་པ་སྲིད་དོ་ཞེས་གསུངས། བྱ་ན་རེ། འདི་ལྟར་དཔྱད་པར་བྱ་སྟེ། ལྟུང་བ་ནི་ཚེ་འདིའི་ཆད་པ་ཁོ་ན་ཡིན་ལ། དེ་ཡང་ཕྱིར་བཅོས་ཁོ་ན་ཡིན་པ་མི་འཐད་དེ་རང་དང་གཞན་གྱིས་ལྟུང་བར་མ་ཤེས་པའི་ཚེ་ཕྱིར་བཅོས་མེད་པས་ལྟུང་བ་མ་ཡིན་པར་འགྱུར་རོ། །གཞན་ཡང་འགྱོད་སྡོམ་གྱི་བསམ་པ་མེད་ན་བཤགས་པས་ཅིར་ཡང་མི་འགྱུར་བར་བསྟན་པ་དང་འགལ་ལོ། །བཅས་པའི་ཁ་ན་མ་ཐོ་བ་ལས་རྣམ་སྨིན་མི་འབྱུང་བའང་མི་འཐད་དེ། སྡིག་པ་དང་འདྲེས་པར་མི་སྲིད་པར་ཐལ་བས་སོ། །བཤགས་པ་བྱས་པས་རྣམ་སྨིན་འདག་མི་འདག་ནི། བྱེ་བྲག་ཏུ་སྨྲ་བའི་འདོད་པས་ནི༑ ལྟུང་བ་ནི་སྨོམ་སྤྱང་ཡིན་པས་བཤགས་པ་བྱས་པས་མ་འོངས་པར་སྐྱེ་བའི་རྒྱུན་གཅོད་ཀྱི། རྣམ་སྨིན་དག་པར་མི་འགྱུར་ཏེ། ལས་རྣམས་བསྐལ་པ་བརྒྱར་ཡང་ནི། །ཆུད་མི་ཟ་བར་རབ་ཏུ་གནས། །ཞེས་འབྱུང་བའི་ཕྱིར། ཞེས་འདོད། སྔ་རབས་པ་ནི། འགྱོད་སྡོམ་དྲག་པོ་དང་གཉེན་པོ་སྟོབས་ལྡན་བྱུང་ན་རྣམ་པར་སྨིན་པ་ཡང་དག་པར་འགྱུར་བ་ཡོད་དེ། མདོ་ལས། གང་གིས་སྡིག་པའི་ལས་བྱས་པ། །དགེ་བ་ཡིས་ནི་ཟད་པར་འགྱུར། །ཞེས་གསུངས་པས་སོ། །དེས་ན་ལྟུང་བ་བཤགས་པས་འདག་པ་དང་མི་འདག་པའི་བྱེ་བྲག་ནི་དེ་མ་ཡིན་ནོ། །ཞེས་འཆད་དོ། བཤགས་པའི་སྐབས་འདིར། ཇི་སྐད་དུ། དེ་གཅིག་པུ་ལྟ་བ་ཐ་མི་དད་པ་ལའོ། །ཞེས་གསུངས། དེའི་དོན་ལ་ཁ་ཅིག་ན་རེ། བསྙེན་པར་མ་རྫོགས་པ་གཅིག་ལ་ཡང་བཤགས་པས་འདག་པ་ཡིན་ནོ། །ཞེས་ཟེར། དེ་ནི་མ་ཡིན་ཏེ། འགྲེལ་བ་ལས། སྔར་བསྟན་པའི་བྱེ་བྲག་དང་ལྡན་པ་དེ་གཅིག་པུ། ཞེས་གསུངས་པས། གོང་གིས་བསྙེན་པར་རྫོགས་པ་དང་བཅས་པ་སོགས་བསྟུ་བའི་ཕྱིར།

དེ་ལྟར་འབའ་ཞིག་པ་ཐུན་ཆད་ཀྱི་ཕྱིར་འཆོས་ཚུལ་བཤད་ནས། སྤང་ལྟུང་དང་ལྷག་མ་སོགས་ཀྱི་ཕྱིར་ཆོས་ཚུལ་བཤད་པ་ལ། དང་པོ་ནི། ཇི་སྐད་དུ། སྤངས་པ་ལ་ནི་སྤངས་པ་དང་བྲལ་བ་སྟོན་དུ་བཏང་ནས་སོ། །ཞེས་པས་འཆད་ལ། ལྷག་མའི་ཕྱིར་འཆོས་ཚུལ་ནི། དགེ་འདུན་ལྷག་མ་ལ་ནི། ཞེས་སོགས་ཀྱིས་འཆད་ལ། དེ་ཡང་འཆབ་བཅས་ཡིན་ན་སྤོ་བ་དང་། འཆབ་མེད་ཡིན་ན་དབྱུང་བས་དག་པར་བྱེད་ཅིང་། དེའི་སྔོན་དུ་མགུ་བ་སྤྱིན་ནས་སྤྱད་པ་འགྲོ་དགོས་སོ། །དང་པོ་སྤོ་བ་ལ་གཉིས་ཏེ། སྤྱིན་པ་དང་སྤྱད་པའོ། །དང་པོ་ལ་བདུན་ཏེ། ཡུལ་གང་གིས་སྤྱིན་པ། རྟེན་གང་ལ་དང་། བསམ་པ་ཇི་ལྟ་བུས་དང་། དུས་ཇི་སྲིད་དུ་དང་། ཚིག་གང་གིས

དང་། དགོས་པ་ཅིའི་ཕྱིར་དུ་དང་། སྦྲ་བཤད་པའོ། །དང་པོ་ནི། དགེ་འདུན་ཁྱད་པར་གསུམ་ལྡན་ཏེ། གྲངས་ཚང་བ་དང་། མཚན་ཉིད་ཚང་བ་དང་། མི་མཐུན་པ་མེད་པའོ། །གཉིས་པ་ནི་ཆོས་བརྒྱད་དང་ལྡན་པ་སྟེ་རྫོགས་པའི་སྡོམ་པ་གསོར་རུང་ཡན་ཆད་དང་ལྡན་པ། ལྟུང་བ་ལེགས་པར་དྲན་ནུས་པ་དང་། གནས་ནས་མ་ཕྱུང་བ་དང་། བསམ་པ་རང་བཞིན་དུ་གནས་པ་དང་། ཚོགས་སུ་མ་ལོངས་པ་དང་། འཆབ་པའི་ཉེས་པ་དང་ལྡན་པ་དང་། གཟུགས་གཞན་དུ་མ་སྒྱུར་བ་དང་། གང་ཟག་དམན་པ་ཡིན་པ་ཅིག་ཀྱང་དགོས་ཏེ། གང་ཟག་ཁྱད་པར་ཅན་གྱིས་ནི་སྤོ་མགུ་སྤྱོད་མི་དགོས་ཏེ། ཇི་སྐད་དུ། ངོ་ཚ་དང་ལྡན་པ་དང་། མདོ་སྡེ་དང་། འདུལ་བ་དང་། མ་མོ་འཛིན་པ་དང་། ཤེས་པས་ནི་གཅིག་གི་མདུན་དུ་བཤགས་པས་དགེ་འདུན་ལྷག་མ་ལས་འདག་གོ། ཞེས་གསུངས་སོ། །བསམ་པ་ནི་སྔ་མ་དག་དང་འདྲ་བའོ། །དུས་ནི་ཇི་སྲིད་བཅབ་པ་དེ་སྲིད་དུའོ། །ཆོ་ག་ནི་སྦྱོར་བ་གསོལ་བ་གདབ་པ་སྔོན་དུ་བཏང་ནས། དངོས་ནི་གསོལ་བ་དང་གཞིའི་ལས་ཀྱིས། སྤོ་བའམ། གཞི་ནས་སྤོ་བའམ། ཡང་གཞི་ནས་སླང་པའི་སྤོ་བ་གསུམ་པོ་གང་རུང་སྟེར་བའོ། །དེ་ལྟར་གསུམ་དུ་དབྱེ་བའི་རྒྱུ་མཚན་ནི། སྤོ་བ་སྤྱོད་བཞིན་པ་ན་ལྷག་མ་རིགས་འདྲ་གཉིས་པ་བྱུང་བའི་ཚེ་དང་། གཞི་སྤོ་སྤྱོད་བཞིན་པ་ན་རིགས་འདྲ་གསུམ་པ་བྱུང་ན་ཡང་སྤོ་ནོད་དགོས་པ་སྟེ། མགུ་བའང་དེ་དང་འདྲའོ། །དགོས་པ་ནི་སྤོ་བ་སྤྱོད་པའི་དོན་དུ་ཡིན་ལ་དེའི་ཡང་དགོས་པ་ནི་འཆབ་ཉེས་འདག་པའོ། །སྦྲ་བཤད་པ་ནི་དམན་པའི་སར་སྤོ་བའོ། །

གཉིས་པ་མགུ་བ་ལ། སྦྱིན་པ་དང་སྤྱོད་པའོ། །དང་པོ་ནི་བདུན་ཏེ། ཡུལ་གང་གིས་དང་། རྟེན་གང་ལ་དང་། བསམ་པ་ཇི་ལྟ་བུས་སོགས་སྔ་མ་དང་འདྲ་བ་ལ། འདིར་རྟེན་ནི་འཆབ་ཉེས་དང་མི་ལྡན་པའོ། །དུས་ནི་དགེ་སློང་མས་ཟླ་བ་ཕྱེད་དང་། དགེ་སློང་གི་ཞག་དྲུག་ནོད་པའོ། །ཆོ་ག་ནི་གསོལ་གདབ་སྔོན་དུ་བཏང་ནས། དངོས་གཞིའི་མགུ་བ་གསུམ་པོ་གང་རུང་སྦྱིན་པའོ། །སྔ་མ་རྣམས་མགུ་བ་སྦྱིན་པ་བཅུ་གཉིས་སུ་འཆད་དེ། སྤོ་སྤྱོད་གསུམ་ལ་རེ་རེ་ཞིང་མགུ་བ་གསུམ་གསུམ་སྦྱིན་པ་དང་། སྤོ་བ་མ་སྤྱོད་པ་ལ་གསུམ་སྦྱིན་པའོ། །དགོས་པ་ནི་དབྱུང་བ་འཆགས་པའི་དོན་དུའོ། །སྤོ་མགུ་གཉིས་པོ་སྤྱོད་པའི་ཚུལ་ནི། གཞུང་ན་གསལ་བའི་དམན་སྤྱོད་ལྔ་དང་དུ་ལེན་པ་དང་། ཁྱད་པར་ཅན་གྱི་སྤྱོད་པ་ལྔ་སྤོང་བའོ། །དེ་ལྟར་སྤོ་མགུ་སྔོན་དུ་སོང་ནས། དབྱུང་བ་ལ། སྤྱོད་པ་ཞེས་བྱ་བ་ནི་མེད་ལ། སྦྱིན་པའི་ཚུལ་ནི་བདུན་ཏེ། ཡུལ་གང་གིས་དང་། རྟེན་གང་ལ་སོགས་སོ། །དང་པོ་ནི། སྐྱེས་པ་དང་བུད་མེད་ཀྱི་ཕྱེ་བྲག་གིས་གྲངས་ཉི་ཤུའམ་བཞི་བཅུ་ཚང་བ་དང་། མཚན་ཉིད་ཚང་ཞིང་། མི་མཐུན་པ་མེད་པའོ། །གང་ཟག་ནི་མགུ་བ་སྤྱོད་པ་སྔོན་དུ་སོང་བའོ། །བསམ་པ་ནི་སྔ་མ་དང་འདྲའོ། །ཆོ་ག་ནི། གསོལ་བ་བཏབ་པ་སྔོན་དུ་བཏང་ནས། གསོལ་བ་དང་གཞིའི་ལས་བརྗོད་པ་དང་བཅས་པའོ། །སྔ་མ་

རྣམས་དབྱུང་བ་སྦྱིན་པ་བཅུ་གཉིས་སུ་འཆད་དེ། སྔ་མའི་རིགས་པས་ཤེས་སོ། །མཛུག་གཟེངས་བསྟོད་ཅིང་ཡིད་རང་བར་བྱེད་པའོ། །དེ་ལྟར་ལྷག་མ་ཕྱིར་བཅོས་པའི་ཚུལ་བཤད་ཟིན་ནས། ཕམ་པའི་ཕྱིར་བཅོས་ཚུལ་ལ༑ སྦྱོར་བ་སྡོམ་པོའི་བཅོས་ཚུལ་ནི་གོང་དུ་བཤད་ཟིན་པ་ཡིན་ཏེ། མཚམས་ནང་དེའི་དགེ་སློང་དྲུག་ཡན་ཆད་ལ་བཤགས་པ་ཙམ་གྱིས་འདག་པ་རེ་བཤད་ཟིན་པས་སོ། །དངོས་གཞི་ལ་འཆབ་བཅས་དང་འཆབ་མེད་གཉིས་ལས། དང་པོ་ནི། ཚུལ་ཁྲིམས་འཆལ་བ་གཙུག་ལག་ཁང་ནས་བསྐྲད་པར་གསུངས་པ་ཡིན་ཏེ། ཚུལ་ཁྲིམས་འཆལ་བ་བསྐྲད་པར་བྱའོ། །ཞེས་པས་སོ། །འདི་དང་གནས་ཕྱུང་གིས་གནས་ནས་ཕྱུང་ཚུལ་གྱི་ཁྱད་པར་ནི། གནས་ཕྱུང་ལ་ནི་གྲོགས་ཡོད་དམ་མེད་ཀྱང་གཙུག་ལག་ཁང་ལོགས་ཤིག་ཏུ་འཛོག་པ་ཡིན་ལ། འདི་ནི་དགེ་འདུན་གྱི་གཙུག་ལག་ཁང་དུ་མི་བཞག་པའོ། །འོན་ཁྲིམ་པ་དང་ཁྱད་མེད་དུ་དོར་བར་བྱའམ་ཞེ་ན། སྡེ་སྣོད་འཛིན་པ་ཡིན་ན་ལྟ་ཅི་སྨོས། མ་ཡིན་ནའང་རབ་ཏུ་བྱུང་བ་ཉིད་ལ་གནས་པ་དེ་ཡལ་བར་དོར་བ་མི་བྱ་སྟེ། དེས་དེ་ཡལ་བར་མི་དོར་རོ། །ཞེས་བཤད་པས་སོ། །འདི་བསྐྲད་པ་ལ་ཡང་དགེ་འདུན་ཐམས་ཅད་མཐུན་དགོས་པ་ཡིན་ཏེ། གནྜི་བརྡུངས་ནས་སྐྲོད་དགོས་པའི་ཕྱིར་དང་། གཞན་དུ་ན་བྱེ་འགྱུར་གྱི་དགག་བྱ་ཡོད་པའི་ཕྱིར། དེ་ལ་བསམ་ནས། འདི་ལ་དགེ་འདུན་དབང་ངོ་། །ཞེས་བཤད། དེ་འདྲ་སྡེ་སྣོད་འཛིན་པ་ཡིན་ན་དགེ་འདུན་གྱི་གནས་ལོངས་ལྷན་ཅིག་ཏུ་མི་སྤྱོད་ཀྱང་། གནས་ཁང་དང་། ཟས་དང་། ཆོས་ཉན་པ་སྦྱིན་པ་སོགས་ཀྱི་སྒོ་ནས་རྗེས་སུ་བཟུང་བར་བྱའོ། །གནས་ཕྱུང་སྡེ་སྣོད་འཛིན་པ་ལ་ནི། བཟོད་པ་གསོལ་བའི་དུས་དེ་རི་མ་བླངས་ན། དེ་ནས་བཟུང་སྟེ་གནས་དང་ཆོས་ཀྱི་རྐྱེད་པའི་རིན་ཐང་རྩིས་ནས་ཚང་ན་དགེ་འདུན་ལ་ཕམ་པར་གསུངས་པས་ན་སྡེ་སྣོད་འཛིན་པ་ལ་གཅེས་སྤྲས་སུ་བྱའོ། །

གཉིས་པ་འཆབ་མེད་ཀྱི་ཕྱིར་བཅོས་ནི། ཆད་པའི་ལས་ཀྱིས་བསླབ་པ་སྦྱིན་ནས་སྤྱོད་པ་ཞེས་བྱ་བ་དེ་ཡིན་ལ། འདི་ལ་གཉིས་ཏེ། སྦྱིན་པ་དང་སྤྱད་པའོ། །དང་པོ་ལ་དྲུག་སྟེ། ཡུལ་གང་གིས་དང་། རྟེན་གང་ལ་དང་། བསམ་པ་ཇི་ལྟ་བུས་དང་། དུས་ཇི་སྲིད་དུ་དང་། ཚིག་གང་གིས་སྦྱིན་པ་དང་། དགོས་པའོ། །དང་པོ་ནི་སྒོ་མགུ་སོགས་དང་འདྲའོ། །རྟེན་ནི་ཆོས་བརྒྱད་ལྡན་ཏེ། རྫོགས་པའི་སྡོམ་པ་གསོར་རུང་དང་ལྡན་པ། ལྟུང་བ་ལ་ལེགས་པར་དྲན་ནུས་པ། གནས་ནས་མ་ཕྱུང་བ། བསམ་པ་རང་བཞིན་དུ་གནས་པ། ཚོགས་སུ་མ་ལོངས་པ། སྔར་བསླབ་པ་བྱིན་ཆགས་མ་ཡིན་པ། གཟུགས་གཞན་དུ་མ་སྒྱུར་བ། འཆབ་སེམས་སྐད་ཅིག་ཀྱང་མ་སྐྱེས་པའོ། །ཕམ་ལྷག་གི་འཆབ་པ་ལ། སྐད་ཅིག་དང་ཉིན་ཞག་གི་ཁྱད་པར་དེ་ཅི་ཞེ་ན། ལྷག་མའི་འཆབ་པ་དག་བྱེད་དུ་སྤོ་བ་སྤྱད་དགོས་ལ། ཕམ་པའི་འཆབ་པ་ལ་ནི་དག་བྱེད་མ་བཅས་པའི་རྒྱུ་མཚན་གྱིས་སོ། །འདིར་

འཆབ་སེམས་ནི་ལྟུང་བར་མི་འཇོག་སྟེ། ལུས་ངག་གི་ལས་མ་ཡིན་པའི་ཕྱིར། དེ་བས་ན་འཆབ་ཉེས་ནི་སེམས་དེས་ཀུན་ནས་བསླང་བའི་ལུས་ངག་གི་ལས་སོ། །ལས་དེ་ལའང་གང་གིས་ཉེས་པར་བྱེད་པའི་རིག་བྱེད་དང་། གང་ཉེས་པར་བྱས་པའི་ངོ་བོ། རིག་བྱེད་མ་ཡིན་པའོ། །བསམ་པ་ནི། འདུ་ཤེས་མ་འཁྲུལ་བ་དང་། ཞེ་ཐག་པ་ནས་བསླབ་པ་དེ་ནོད་པར་འདོད་པའོ། །དུས་ནི་ཇི་སྲིད་འཚོའི་བའི་བར་དུའོ། །ཁ་ཅིག་དགྲ་བཅོམ་མ་ཐོབ་ཀྱི་བར་དུ་ཞེས་ཟེར་བ་ནི། དེ་འདྲ་དེ་རང་བཞིན་དུ་གནས་པར་སོང་བའི་དུས་ཡིན་གྱི། བསླབ་པ་ནོད་པའི་དུས་སུ་མ་བཤད་པས་མི་འཐད་དོ། །ཆོ་ག་ལ་གཉིས་ཏེ། སྦྱོར་བ་གསོལ་བ་གདབ་པ་སྔོན་དུ་བཏང་བ་དང་། དངོས་གཞི་གསོལ་བ་དང་། བཞིའི་ལས་ཀྱིས་སྒྲིན་པའོ། །དགོས་པ་ནི་བསླབ་པ་སྐྱུད་པ་འཆགས་པའི་དོན་དུའོ། །སྐྱུད་པ་དེའི་ཡང་དགོས་པ་ནི། ཕམ་པའི་ཚད་ལས་ཉམས་སུ་བླངས་པས་ཕམ་པ་ཙམ་འདག་པར་འགྱུར་བའོ། །དེའི་ཡང་དགོས་པ་ནི་ཚེ་དེ་ཉིད་ལ་དགྲ་བཅོམ་པ་འཐོབ་རུང་དུ་བྱས་པའོ། །དེ་ལྟར་སྐྱུད་པས་དགེ་སྦྱོང་ཚུལ་གྱི་འབྲས་བུ་མངོན་དུ་མ་བྱས་ཀྱང་། ཕམ་པ་དང་བཅས་བཞིན་དུ་དུས་བྱེད་པ་ཞེས་མི་བྱ་སྟེ། དེའི་རྣམ་སྨིན་རྒྱུང་བསྲིངས་པས་མངོན་མཐོའི་སྐལ་བ་ཡོད་པའི་ཕྱིར་དང་། ལྟུང་བའི་ངོ་བོ་ནི་ཚེ་འཕོས་པས་གཏོང་བའི་ཕྱིར། འོ་ན་ཕམ་པ་ལས་དེའི་འཆབ་ཉེས་ལྷི་བར་འགྱུར་ཏེ། དེ་ལ་དག་བྱེད་མ་བཤད་པའི་ཕྱིར་ཞེ་ན། ལྟུང་བ་རང་གིས་ལྡོག་པ་ནས་ལྷི་བ་མ་ཡིན་ཡང་། ཀུན་སློང་གཉིས་ལས་རྣམ་སྨིན་འབྱིན་པ་ལ་ཕྱི་མ་དབང་བཙན་པ་ཡིན་ཏེ། དེས་ཕམ་པ་ཙམ་གྱི་ཀུན་སློང་དུ་གྱུར་པའི་ཉོན་མོངས་པ་རྒྱུན་ལྡན་དུ་བྱེད་ལ། ཉོན་མོངས་དེ་དང་མཚུངས་པར་ལྡན་པའི་འཆབ་སེམས་ཀྱིས་རྣམ་པར་སྨིན་པ་ལ་མངོན་དུ་ཕྱོགས་པས་ན་བསླབ་པ་སྐྱུད་པ་ཙམ་གྱིས་རྣམ་སྨིན་ཐག་བསྲིང་བར་མི་ནུས་པའི་ཕྱིར་ཞེས་དགོངས་སོ། །ལྷག་མའི་འཆབ་ཉེས་ལ་ཡང་དེ་དང་འདྲ་སྟེ། རང་གི་ངོ་བོ་མགུ་བས་འདག་ཀྱང་། འཆབ་ཉེས་དག་བྱེད་དུ་སྤོ་བ་དགོས་པས་བཅབས་པའི་ཞག་གྲངས་དང་མཉམ་པའི་ཚད་ལས་འབུར་དགོས་པའི་ཕྱིར། གཉིས་པ་དེ་སྤྱོད་པའི་ཚུལ་ནི། དམན་པའི་སྤྱོད་པ་ལྔ་དང་དུ་ལེན་པ་དང་། ཁྱད་པར་ཅན་གྱི་སྤྱོད་པ་ལྔ་སྤོང་བའོ། །

བཅུ་པོ་འདི་ནི་ས་གཞན་ན་གནས་པ་དག་གིས་སྤྱོད་པའི་བྱ་བ་སྤྱིར་བཏང་ཡིན་ལ། སོ་སོར་ཕྱེ་ན་སྤོ་མགུ་སྤྱོད་པ་དྲུག་དང་། བསླབ་པ་བྱིན་པ་དང་། ངོ་བོ་ཉིད་ཚོལ་བ་དང་། མཐུན་པ་སྦྱིན་པ་སྟེ་བརྒྱད་པོ་འདིས་ནི་དགག་སྒྲུབ་ཀྱི་བསླབ་བྱ་བཅུ་ཀ་ལ་སྤྱོད་པས། ས་གཞན་ན་གནས་པ་ཆེན་པོ་ཞེས་པའི་མིང་གིས་འདོགས་ལ༑ བརྒྱད་པོ་དེའི་ནང་ནས་སྤོ་མགུ་སྤྱོད་པ་དྲུག་ནི་ཕོངས་པའི་ཚེ་སོ་སོར་ཐར་པའི་མདོ་འདོན་པ་པོར་རུང་ལ། དེའི་རིགས་པས་ཁ་སྐོང་དུ་རུང་བ་གཞན་མེད་ན་ལས་གཞན་བྱེད་པ་པོར་ཡང་རུང་བ་ཉིད་དུ་ལྟ་སྟེ། གསོལ་

བའི་ལས་བྱེད་པ་པོར་རུང་ལ། གཞན་གཉིས་མི་རུང་བའི་རྣམ་དབྱེ་འཆད་དཀའ་བའི་ཕྱིར། དེ་བཞིན་དུ་སྡོ་ལྡན་དང་མགུ་ལྡན་དྲུག་ནི་དེར་རུང་བ་ལྟ་ཅི་སྨོས་ཏེ། ཇི་སྐད་དུ། ལྷག་མ་དང་བཅས་པ་ཕྱིར་འཆོས་པ་ལ་ཞུགས་པ་ནི་འདོན་པར་བྱེད་པ་ཉིད་ཡིན་ནོ། །ཞེས་པས་སོ། །ཡང་སྤྱོད་པ་དང་ལྡན་པ་དྲུག་དང་། བསྡིགས་པ་སོགས་གཞིའི་ནན་ཏུར་ལ་གནས་པ་དང་། གནས་ཕྱུང་བདུན་ཏེ། བཅུ་བདུན་པོ་དེས་ནི་ཁྱད་པར་ཅན་གྱི་སྤྱོད་པ་ལྔ་འདོར་མོད། དམན་སྤྱོད་ལྔ་དང་དུ་བླང་བར་བྱ་བ་མ་ཡིན་ཏེ། སྤྱོད་ལྡན་དྲུག་ནི་དེ་དང་དུ་ལེན་པའི་དུས་ལས་འདས་པའི་ཕྱིར་དང་། དབྱུང་བ་མ་ཐོབ་པས་དེ་འདོར་བའི་དུས་སུ་མ་སླེབས་པའི་ཕྱིར་དང་། བསྡིགས་པ་སོགས་གཞི་ནི་རང་གི་བསླབ་གྲལ་ནས་སྤོ་དགོས་པ་མ་ཡིན་པའི་ཕྱིར་དང་། གནས་ནས་ཕྱུང་བ་ནི། རང་བཞིན་དུ་གནས་པ་དང་། གནས་ཡོངས་ལྷན་ཅིག་པར་མི་དབང་བས་དམན་སྤྱོད་ལྔ་དང་དུ་ལེན་པའི་གོ་སྐབས་ཡོད་པ་མ་ཡིན་པའི་ཕྱིར། བཅུ་གཅིག་པོ་འདི་ནི་ཡོངས་པའི་ཚེ་ཡང་འདོན་པར་མི་དབང་སྟེ། གདོན་པ་ནི་མི་བྱ་བ་ཉིད་དོ། །ཞེས་སོ། །བོད་རྣམས་གནས་ཕྱུང་ལས་གཞན་ན་གནས་པ་ཆུང་ངུའི་མིང་གིས་འདོགས་པ་ནི་འཐད་པར་མི་སེམས་ཏེ། ས་གཞན་ན་གནས་པ་གཞིར་བྱས་པ་ལ་ཆད་ལས་ཤིན་ཏུ་ལྕི་བ་ལ་གནས་པའི་ཕྱིར། དེ་ལ་འདི་སྙམ་དུ། གནས་ཕྱུང་གི་ལས་བྱས་པའི་དེ་མ་ཐག་ཏུ་བཟོད་པ་གསོལ་ན་རང་བཞིན་དུ་གནས་པ་ཐོབ་པས་སོ་སྙམ་ན། གསོལ་བའི་ཚེ་དེ་ཐོབ་ཀྱང་། མ་གསོལ་བའི་ཚེ་ས་གཞན་ན་གནས་པ་ཤིན་ཏུ་ཆེ་བ་ཡིན་ཏེ། ས་གཞན་ན་གནས་པ་གཞན་དག་གིས་ཀྱང་སྤྱངས་པའི་ཕྱིར། གནས་ཕྱུང་ཞེས་པ། སྤྱིར་དགེ་འདུན་གྱི་གཙུག་ལག་ཁང་ནས་སྒྲོད་པ་ནི་མ་ཡིན་ཏེ། དེ་དག་གི་གཙུག་ལག་ཁང་ཐ་མར་འོས། ཞེས་པ་དང་། ལག་པའི་ཐ་སྙད་ཀྱི་གནས་མལ་ངན་པ་རྗེས་སུ་སྦྱིན། ཞེས་པ་གནས་ཕྱུང་གི་དབང་དུ་བྱས་པ་ཡང་ཡིན་པའི་ཕྱིར་རོ། །ཡང་འདིར་དཔྱད་དགོས་པ་གཞན་ནི་འདི་ལྟར་སྒྲོག་གཅོད་ཀྱི་ཕམ་པར་མ་སླེབས་པའི་དེའི་སྤྱོར་ལྟུང་སྦོམ་པོ་དང་། བརྫུན་སྨྲའི་ཕམ་པར་མ་གྱུར་པའི་བརྫུན་གྱི་ལྟུང་བ་དག་ལ་ཕྱིར་གསོ་ནུས་པ་དང་། གསོས་པ་ལས་རང་བཞིན་དུ་གནས་པ་ཉིད་དུ་འགྱུར་དུ་རུང་བས་ཁྱབ་པར་འགྱུར་ཏེ། ཕམ་པ་འཆབ་བཅས་མ་གཏོགས་པ་ལ་དག་བྱེད་བཤད་པའི་ཕྱིར་སྙམ་ན། དེར་མ་ངེས་ཏེ། དེ་བཞིན་གཤེགས་པ་ལ་ངན་སེམས་ཀྱིས་ཁྲག་ཕྱུང་བའི་ལུས་ངག་གི་ཉེས་པ་ནི། འདིར་སྲོག་གཅོད་ཕམ་པའི་སྦྱོར་ལྟུང་ཡིན་ཏེ། དེའི་ཡན་ལག་གི་རྩ་བཞག་མཐའ་དག་ཚང་བའི་ཕྱིར། དེ་ལ་དག་བྱེད་ནི་འཆད་པ་མ་ཡིན་ཏེ། མཚམས་མེད་ཀྱི་ལས་ཡིན་པའི་ཕྱིར། དཔེར་ན་དགྲ་བཅོམ་བསད་པའི་ཕམ་པ་འཆབ་མེད་དག་བྱེད་དུ། ཆད་པའི་ལས་ཀྱི་བསླབ་པ་བྱིན་སྤྱོད་མི་འཆད་པ་བཞིན་ནོ། །

མཚམས་མེད་དུ་སོང་བའི་ལུས་ངག་གི་ལྟུང་བ། བཅས་པའི་ཆ་ནས་དགེ་འདུན་ལྷག་མ་དང་སྦོམ་པོ་

གང་རུང་དུ་གཏོགས་པ་དག་ལ་ཡང་དག་བྱེད་མི་འཆད་པ་ནི་མི་འདུག་པའི་རྒྱུ་མཚན་གྱིས་སོ། །དེའི་ཤེས་བྱེད་ཀྱང་རྣམ་སྨིན་ཐག་སྲིང་བར་མི་ནུས་པས་སོ། །དེའི་གོ་བ་ཡང་བར་མཚམས་མེད་པར་མནར་མེད་དུ་སྐྱེ་ངེས་ཀྱི་ལས་ཡིན་པས་སོ། །འོ་ན་ཉམས་པ་དང་མཚམས་མེད་ཅན་གྱི་དགེ་སློང་གཉིས་སོ་སོར་ཐར་པའི་སྡོམ་པའི་རྒྱ་བ་དང་དངོས་སུ་འགལ་བའི་རིག་བྱེད་མ་ཡིན་ལ་རྒྱུད་ལ་ཡོད་མཉམ་དུ་མཚུངས་པར་འགྱུར་ཏེ། གཉིས་ཀ་སྡོམ་པ་གསོར་མི་རུང་དུ་མཚུངས་པའི་ཕྱིར། དེ་ལྟ་ན་ཉམས་པ་དང་མཚམས་མེད་ཅན་ལ་རྣམ་གཞག་ཐ་དད་དུ་བཤད་པ་དང་འགལ་ལོ། །ཞེ་ན། དེའི་ལན་ནི། ཉམས་པ་དང་མཚམས་མེད་ཅན་གཉིས་ཀ་དགེ་འདུན་གྱི་གཙུག་ལག་ཁང་ནས་བསྐྲད་དགོས་པ་དང་། སྔོ་སྐྱོད་འཛིན་པ་ཡིན་ན་ཡལ་བར་མི་འདོར་བ་ཉིད་དུ་མཚུངས་ཀྱང་སོ་ཐར་སྡོམ་པའི་དངོས་ཀྱི་འགལ་ཟླ་ཅན་དུ་ནི་མཚུངས་པ་མ་ཡིན་ཏེ། ཕམ་པ་མ་ཡིན་པའི་རྫུན་སྨྲ་དང་། དངོས་གཞིར་མ་གྱུར་པའི་སྲོག་གཅོད་ཀྱི་སྦྱོར་བ་ནི་སྡོམ་པའི་རྒྱ་བ་དང་དངོས་སུ་མི་འགལ་བའི་ཕྱིར། དེ་ལྟ་ན་ཡང་ཕམ་པ་འཆབ་བཅས་ལས་ལྕི་བ་ཡིན་ཏེ། མཚམས་མེད་ཀྱི་ལས་ཡིན་པའི་ཕྱིར། དེའི་ཤེས་བྱེད་ཀྱང་ཀུན་སློང་གི་སྒོ་ནས་སོ། །དེ་ཡང་དཔེར་ན། མི་ཕལ་པའི་སྲོག་གཅོད་པའི་ཀུན་སློང་དང་། སངས་རྒྱས་བཀྲོང་བར་འདོད་པའི་ཀུན་སློང་གི་ཁྱད་པར་བཞིན་དང་། རང་ནི་དགྲ་བཅོམ་པར་ཁས་ལེན་པའི་ཀུན་སློང་དང་། དགེ་སློང་གི་དགེ་འདུན་ཆོས་ལས་ཐ་དད་དུ་འབྱེད་པའི་ཀུན་སློང་ལ་ལྕི་ཡང་གི་ཁྱད་པར་ཕྱེ་བ་བཞིན་ནོ། །

འོ་ན་དགེ་འདུན་དབྱེན་གྱི་ལྷག་མ་ལ་དག་བྱེད་མེད་པས་ཁྱབ་པར་འགྱུར་རོ། །ཞེ་ན། མ་ཡིན་ཏེ། དབྱེ་འདོད་ཀྱི་བསམ་པས་བསླང་ཡང་། དགེ་འདུན་མ་བྱེ་ན་མཚམས་མེད་དུ་མི་འགྱུར་ཞིང་། དེའི་སྐབས་སུ་ལྷག་མར་འགྱུར་བ་དག་ཡོད་པས་སོ། །མཚམས་མེད་ཅན་འགའ་ཞིག་ལ་ཕམ་པ་དང་ལྷག་མ་གང་རུང་གིས་མ་གོས་པའི་དགེ་སློང་ཡིན་པ་ཅིག་སྲིད་པར་འགྱུར་ཏེ། དགེ་འདུན་ཆོས་ལས་ཐ་དད་དུ་ཕྱེ་ཞིང་བྱེ་བས་མཚམས་མེད་དུ་སོང་ཞིང་། ཐློག་སྔོ་སྔོན་དུ་མ་སོང་བས་དགེ་འདུན་ལྷག་མར་ཡང་མ་གྱུར་པའི་དགེ་སློང་དག་སྲིད་པའི་ཕྱིར། འདོད་ན་མཚམས་མེད་ཅན་གྱི་དགེ་སློང་བསླབ་པ་རང་བཞིན་དུ་གནས་པ་ཅིག་སྲིད་པར་འགྱུར་ཏེ། དེ་འདྲའི་དགེ་སློང་ཡང་ཡིན། ལྟུང་བ་སྡེ་ལྔ་པོ་གང་རུང་གི་དངོས་གཞིས་མ་གོས་པ་ཡང་ཡིན་པ་ཅིག་སྲིད་པའི་ཕྱིར་ཏེ། ལྟུང་བྱེད་འབའ་ཞིག་ཏུ་གྱུར་པ་ཕན་ཆད་ནི་བཤགས་པ་ཙམ་གྱིས་འདག་པའི་ཕྱིར། ཞེས་དཔྱད་ན། མཚམས་མེད་ཅན་དང་དགེ་སློང་རྣམ་དག་གི་གཞི་མཐུན་མི་སྲིད་དོ་ཞེས་ནི་ཁས་ལེན་པར་དཀའ་བ་ཡིན་ཏེ། ཇི་སྐད་དུ། དགེ་སློང་ལྟ་སྤྱད་ཚུལ་ལྡན་པས། །འབྱེད་དོ་ཞེས་དང་། དབྱེན་ལ་ཡང་འོས་པ་མ་ཡིན་པས་ཚུལ་ཤིང་དག་འབྲིམ་པ་མི་འཆགས་པར་བཤད་པའི་ཕྱིར་སྙམ་ན། དགེ་སློང་ཉམས་པ་ནི་གཉིས་ཏེ། ལྟ་བ་ཉམས་པ་དང་།

ཚུལ་ཁྲིམས་ཉམས་པའོ། །མཚམས་མེད་ལ་ཡང་གཉིས་ཏེ། ཚུལ་ཁྲིམས་ཉམས་པར་བྱེད་པའི་དང་། ལྟ་བ་ཉམས་པར་བྱེད་པའིའོ། །དང་པོ་ནི་བཤད་པ་གསུམ་དང་། གཉིས་པ་ནི་དེ་བཞིན་གཤེགས་པ་ལ་བགྲོང་སེམས་ཀྱིས་ཁྲག་ཕྱུང་བ་དང་། དགེ་འདུན་དབྱེན་གྱི་མཚམས་མེད་དོ། །

དེས་ན་མཚམས་མེད་ཅན་ལ་སྡོམ་པ་གསོ་བའི་ཆོག་མེད་དེ། སྡོམ་པ་གསོ་བ་ནི་ཚེ་དེ་ལ་རྣམ་པར་གྲོལ་བའི་ཕྱིར་ཡིན་ན་འདིས་རྣམ་པར་གྲོལ་བ་ཐོབ་པ་རིང་དུ་སྤངས་བའི་ཕྱིར། དགེ་སློང་ལྷས་སྦྱིན་ལྟ་བུ་དགེ་སློང་འབྱེད་པའི་ཚེ་ཚུལ་ཁྲིམས་དང་ལྡན་པ་ཡིན་མོད། བྱེ་ཟིན་པ་དེའི་འོག་ཏུ་ཚུལ་ཁྲིམས་དང་མི་ལྡན་པར་འཆད་དཀའ་ཡང་། ཁ་སྐོང་དུ་འོས་པ་མ་ཡིན་ཏེ། མཚམས་མེད་ཅན་དུ་སོང་བའི་ཕྱིར། འབྱེད་པའི་ཚེ་དེར་འོས་ན་སྡིག་ལྟ་ཅན་ཁ་སྐོང་དུ་འོས་པར་འགྱུར་རོ་ཞེ་ན། ཉེས་པ་མེད་དེ། ཆོས་མ་ཡིན་པ་ལ་མངོན་པར་ཞེན་ནས་ལས་བྱེད་པ་དེའི་ཚེ་དེ་ཡང་རུང་བ་ཉིད་དུ་འཆད་པའི་ཕྱིར་རོ། །

དེ་ལྟར་ནན་ཏུར་དང་བཤགས་པ་གཉིས་ཀྱི་སྒོ་ནས་རང་ཉིད་ཀྱི་ལྟུང་བ་ཕྱིར་བཅོས་པའི་ཚུལ་བཤད་ཟིན་ལ། དེ་ལྟར་བཤད་པ་དེ་ནི། ཕྱིར་བཅོས་དངོས་ཀྱི་གཞི་དང་། དུས་དང་དུས་མ་ཡིན་པ་བསྟུས་པ་འབྱུང་བའི་གཞི་དང་། ས་གཞན་ན་གནས་པ་སྤྱོད་པའི་གཞི་རྣམས་ཀྱི་ངག་དོན་མཐའ་བཅོད་དང་བཅས་པ་གོ་བདེ་བར་བཤད་པའོ། །དེ་ནས་ཡོངས་སུ་སྦྱང་བའི་གཞི་ལས་འབྱུང་བ་གང་ཟག་གཞན་གྱི་ལྟུང་བ་ཕྱིར་བཅོས་སུ་འཇུག་པའི་ཚུལ་ལ་དགུ་སྟེ། ཡུལ་གང་ལ་གླེང་བ་དང་། གང་ཟག་གིས་གླེང་བ་དང་། བསམ་པ་ཇི་ལྟ་བུས་གླེང་བ་དང་། དངོས་པོ་གང་གིས་གླེང་བ་དང་། དུས་ནམ་གྱི་ཚེ་གླེང་བ་དང་། གནས་གང་དུ་དང་། ཚིག་གང་གིས་དང་། དགོས་པ་གང་གི་ཕྱིར་དང་། གླེངས་ནས་ཇི་ལྟར་སྒྲུབ་པའོ། །དང་པོ་ཡུལ་ལ་བདུན་ཏེ། རབ་ཏུ་བྱུང་བའི་སྡོམ་པ་གསོར་རུང་ཡན་ཆད་དང་ལྡན་པ་དང་། གནས་ནས་མ་ཕྱུང་བ་དང་། ཆོས་མ་ཡིན་པའི་ཕྱོགས་སུ་མ་སོང་བ་དང་། སྡེ་སྣོད་འཛིན་པ་སོགས་དགེ་འདུན་བྱེ་འགྱུར་གྱི་དགག་བྱ་ཡོད་པ་མ་ཡིན་པ་དང་། ནད་པ་མ་ཡིན་པ་དང་། ནང་ཞེ་འཁོན་དང་བཅས་པ་མ་ཡིན་པའོ། །གང་ཟག་གང་གིས་གླེང་བ་ནི་བཅུ་གཅིག་སྟེ། ལུས་དང་ངག་བསྡམས་པ་དང་། སྡེ་སྣོད་འཛིན་པ་དང་། དགེ་འདུན་གྱི་ནང་དུ་བསམ་བཞིན་དུ་ཆོས་དང་འདུལ་བ་ལོག་པར་མི་སྟོན་པ་དང་། བསྙེན་པར་རྫོགས་པའི་སྡོམ་པ་དང་ལྡན་པ་དང་། ས་གཞན་ན་གནས་པ་མ་ཡིན་པ་དང་། ཆོས་གཞན་པ་མ་ཡིན་པ་དང་། ཤེས་པ་རང་བཞིན་དུ་གནས་པ་དང་། སྐྱེས་པའི་མཚན་དང་ལྡན་པ་དང་། ནད་པ་མ་ཡིན་པ་དང་། བྱུས་པ་དང་། བྱེད་པའི་རང་གི་ངོ་བོ་རྫོགས་པའི་བསམ་པ་ནི། བསྟན་པ་དང་སེམས་ཅན་ལ་ཕན་སེམས་དང་། དྲན་པ་དང་ཤེས་བཞིན་ཉེ་བར་བཞག་པས་གླེང་བར་འདོད་པའོ། །དངོས་པོ་གང་

གླིང་བ་ནི། མཐོང་ཐོས་དོགས་གསུམ་གྱི་གཞི་ཡོད་པ་དང་། ཚུལ་ཁྲིམས་དང་། ལྟ་བ་དང་། འཚོ་བ་དང་། ཆོ་ག་ཉམས་པ་གང་རུང་ངོ་། །དུས་ནི། དབྱར་གྱི་ནང་མ་ཡིན་པ་དང་། བྲེལ་བ་ལ་སོགས་པའི་དུས་མ་ཡིན་པའོ། །གནས་ནི། མཐའ་ཡིན་པ་དང་། མཁར་པོ་ལ་སོགས་པའི་མདོན་སུམ་མ་ཡིན་པའོ། །ཆོ་ག་ལ་གཉིས་ཏེ། གླིང་བྱེད་ཀྱི་དང་། གླིང་བྱའིའོ། །དང་པོ་ལ་གསུམ་སྟེ། རྣམ་པར་བརྟག་པ་དང་། སྐབས་འབྱེད་དུ་འཇུག་པ་དང་། ཕྱེ་ནས་གླིང་བའོ། །

གླིང་བྱའི་ཆོ་ག་ལ་གསུམ་སྟེ། རྣམ་པར་བརྟག་པ་དང་། མཚན་ཉིད་དང་ལྡན་ན་དགའ་བ་སྐྱེད་ཅིང་སྐབས་དབྱེ་བ་དང་མི་ལྡན་ན་མི་དབྱེ་བའོ། །དགོས་པ་ནི་གསུམ་སྟེ། བསྟན་པ་ལ་ཕན་པ་དང་། རང་གཞན་གྱི་ལྟུང་བ་དག་པ་དང་། ཁས་བླངས་པས་རྩོད་པ་མི་འབྱུང་བའོ། །གླིངས་ནས་ཇི་ལྟར་སྒྲུབ་པ་ལ་གཉིས་ཏེ། རྣལ་དུ་ཕེབས་པ་དང་། མ་ཕེབས་པའོ། །དང་པོ་ལ་གཉིས་ཏེ། ཁས་ལེན་ན་ཕྱིར་འཆོས་སུ་བཞུག་པ་དང་། བརྗེད་ནས་ཁྲད་དུ་གསོད་ན་ངོ་བོ་ཉིད་ཚོལ་བ་སྦྱིན་པའོ། །རྣལ་དུ་མ་ཕེབས་པ་ལ་གཉིས་ཏེ། གཙོ་བོར་བྱ་བ་ངན་པ་འཕྲོ་གཅོད་དུ་བཞུག་པ་དང་། གཙོ་བོར་ལྟུང་བ་ཕྱིར་བཅོས་སུ་བཞུག་པའོ། །དང་པོ་ནི། ལྟུང་བ་གླིངས་པའི་ཚེ་གླིང་བྱ་ཚོས་ལྟ་དང་ལྡན་ན་ལྟ་ཅི་སློས། མི་འབྱེད་ན་དང་ཁས་མི་ལེན་ན་ཡང་རྩ་བའི་གཞི་གང་ཡིན་གྱི་ནན་ཏུར་དེ་བྱེད་པའོ། །

གཉིས་པ་ནི་སྐབས་མི་འབྱེད་ན། བརྗོད་བཅས་དང་། མི་གདམས་པ་དང་། གསོ་དགག་བཞག་པ་བྱ་ཞིང་། དེས་མ་འདུལ་ན་མ་མཐོང་གནས་དབྱུང་ནན་ཏུར་བྱའོ། །སྐབས་འབྱེད་ཀྱང་མི་གཉེན་ན་ཕུར་བཅས་དང་། མི་གདམས་པ་དང་། གསོ་དགག་བཞག་པའི་མཐའ་ལ་མ་བཏང་ན་མ་མཐོང་གནས་དབྱུང་བྱའོ། །སྐབས་ཕྱེ་ནས་གླིངས་པ་ན། བཀའ་གློ་མི་བདེ་བར་བྱེད་ན་ལོག་ཚུལ་ལྟ་སྟོན་དུ་བཏང་སྟེ། དེའི་ཡང་མཐའ་ལ་གནས་ཕྱུང་འཇུག་པ་དང་། ཁས་བླངས་ནས་བར་དུ་གཅོད་པར་མི་འགྱུར་རོ་ཞེས་སྡིག་ལྟ་འཛིན་པ་ལ། ཆློག་སློ་སྟོན་དུ་བཏང་ནས་དེའི་ཡང་མཐའ་ལ་གནས་ཕྱུང་འཇུག་གོ། ཁས་བླངས་ནས་ཁྲད་དུ་གསོད་ན་མ་མཐོང་གནས་དབྱུང་བྱའོ། །འདི་དང་སྐབས་མི་འབྱེད་པའི་ཁྱད་པར་ནི། འདི་ནི་གླིངས་ཤིང་དྲན་པ་ན་དངག་ཏུ་ཁས་མི་ལེན་པར་ཤེས་བཞིན་ཁྲད་དུ་གསོད་པའོ། །དེ་དང་ངོ་བོ་ཉིད་ཚོལ་བ་སྦྱིན་དགོས་པའི་ཁྱད་པར་ནི། གླིངས་པ་ན་སྐབས་དེར་ལྟུང་བ་བྱས་པར་དྲན་ཤིང་། གང་བྱས་བརྗེད་དུ་བཙུག་ནས་མི་དྲན་པའོ། །དེ་ཐམས་ཅད་ཀྱི་མཐའ་ལ་གནས་ཕྱུང་འཇུག་ཅིང་། དེའི་མཐའ་ལ་དགེ་འདུན་བྱེ་འགྱུར་གྱི་དགག་བྱ་ཡོད་དོ། །དེ་ལྟར་རང་གི་ལྟུང་བ་ཕྱིར་བཅོས་པ་དང་། གཞན་གྱི་ཉེས་པ་ཡོངས་སུ་སྤྱོང་བའི་ཚུལ་གཉིས་ཀྱི་སྒོ་ནས་ལྟུང་བ་ཕྱིར་བཅོས་པའི་ཚུལ་

བཤད་ཟིན་པའོ། །

དེ་ནས་རྩོད་པ་ཕྱིར་བཅོས་པ་ལ་གཉིས་ཏེ། རྩོད་པའི་འབྲས་བུ་ངོས་བཟུང་བ་དང་། རྒྱུ་རྩོད་པ་ཞི་བྱེད་ཀྱི་ཆོས་རྣམས་བསྟན་པའོ། །དང་པོ་ལ། རྩོད་པའི་རྒྱུ་མཐུན་ནི་དགེ་འདུན་བྱེ་བ་ཡིན་ལ། བྱ་བ་དེའི་མིང་ལ་ནི་དགེ་འདུན་གྱི་དབྱེན་ཞེས་བྱའོ། །འདི་ལ་རང་གི་བློས་དཔྱད་པ་དང་། སྔོན་གྱི་ལུགས་ཐད་སོར་བཞག་པའོ། །དང་པོ་ནི། ཇི་སྐད་དུ། དགེ་འདུན་དབྱེན་ནི་མི་འཕྲོད་པའི། །རང་བཞིན་ལྡན་པ་མ་ཡིན་ཆོས། །དེ་ལུང་མ་བསྟན་ཉོན་མོངས་ཅན། །དེ་དང་དགེ་འདུན་ཡང་དག་ལྡན། །དེ་ཡི་ཁ་ན་མ་ཐོ་བརྟུན། །དེ་ནི་འབྱེད་པོར་ཡང་དག་ལྡན། །ཞེས་པའོ། །མཚན་ཉིད་དེ་དང་ལྡན་པའི་དབྱེན་ནི། གཉིས་ཏེ། འཁོར་ལོའི་དབྱེན་དང་། ལས་ཀྱི་དབྱེན་ནོ། །དེའི་ཁ་ན་མ་ཐོ་བ་ལ་ཡང་གཉིས་ཏེ། འཁོར་ལོའི་དབྱེན་གྱི་དང་། ལས་དབྱེན་གྱི་ཁ་ན་མ་ཐོ་བའོ། །འབྱེད་པ་པོའང་གཉིས་ཏེ། དབྱེན་དང་པོའི་དང་། གཉིས་པའི་འབྱེད་པའོ། །དབྱེན་གཉིས་པོའི་མིང་འདོགས་ཀྱི་ཁྱད་པར་ནི། ལྟ་བས་དབྱེན་དུ་འགྱུར་བ་དང་། སྤྱོད་པས་དབྱེན་དུ་འགྱུར་བའོ། །གཉིས་པོ་འགའ་བ་མ་ཡིན་ཏེ༑ ལས་ཀྱི་དབྱེན་འཆགས་པ་ལ་ལྟ་བའི་དབྱེན་སྔོན་དུ་འགྲོ་དགོས་པའི་ཕྱིར། དབྱེན་ནི་དཀོན་མཆོག་གསུམ་ལས་ཐ་དད་དུ་ཕྱེ་བ་ཡིན་ལ། དེ་ལ་གཉིས་ཏེ། གསུམ་ཀ་ལས་ཐ་དད་དུ་ཕྱེ་བ་དང་། གང་རུང་ལས་ཐ་དད་དུ་ཕྱེ་བའོ། །དང་པོ་ནི། ལས་སྦྱིན་གྱིས་བྱས་པ་དེའོ། །དེ་སྐད་དུ་ཡང་། སྟོན་དང་ལམ་གཞན་ལ་བཟོད་པ། །བྱེ་བའོ། །ཞེས་སྟོན་པ་དང་ལམ་ཕྱེ་བ་ན་དེའི་རྗེས་དགེ་འདུན་བྱེ་བ་ལས་འོས་མེད་པའི་ཕྱིར། དབྱེན་དེ་འབྱུང་བའི་དུས་ནི། ཇི་སྐད་དུ། དང་པོ་མཐའ་སྐྱོན་ཟུང་གཅིག་གི། སྟ་རོལ་ཐུབ་པ་ནོངས་པ་དང་། མཚམས་མ་བཅད་པ་དག་ཏུ་ཡང་། །འཁོར་ལོའི་དབྱེན་ནི་མི་འབྱུང་ངོ་། །ཞེས་བཤད་པ་དེའོ། །

གཉིས་པ་ལ་གཉིས་ཏེ། །ཆོས་ལས་ཐ་དད་དུ་ཕྱེ་བ་དང་། དེ་མ་ཕྱེ་བར་དགེ་འདུན་ཉིད་ཐ་དད་དུ་ཕྱེ་བའོ། །དང་པོ་ལ་གཉིས་ཏེ། ལྟ་བ་རྐྱང་པས་བྱེ་བ་དང་། ལྟ་སྤྱོད་གཉིས་ཀས་བྱེ་བའོ། །དང་པོ་ནི། ཇི་སྐད་དུ། དགེ་འདུན་གྱི་དབྱེན་ནི་ཆོས་ལས་ཐ་དད་པའི་དངོས་པོར་གསོལ་བས་སམ། དོན་དེས་ཚུལ་ཤིང་ལེན་དུ་འཛུག་པས་སོ། །ཞེས་པའོ། །དེར་ནི་ཆོས་དང་དགེ་འདུན་གཉིས་བྱེ་བ་ཡིན་ཏེ། ལྟ་བ་བྱེ་བ་ན་དེའི་རྗེས་དགེ་འདུན་བྱེ་བ་ལས་འོས་མེད་པའི་ཕྱིར། གཉིས་ཀ་བྱེ་བ་ནི། ཇི་སྐད་དུ། ཆོས་མ་ཡིན་པར་སྨྲ་བ་དག་གིས་དབྱེ་བའི་སེམས་ཀྱིས་མཚམས་ཀྱི་ནང་དུ་ལས་ཐ་དད་པར་བྱས་ན་དེ་བྱེ་བ་ཡིན་ནོ། །ཞེས་འབྱུང་བ་དེའོ། །འདིར་ཡང་དཀོན་མཆོག་གཉིས་བྱེ་བ་ཡིན་ཏེ། ལྟ་སྤྱོད་གཉིས་བྱེ་བ་ན་དེའི་རྗེས་དགེ་འདུན་དུ་ལོངས་པ་དག་བྱེ་བ་ལས་འོས་མེད་པའི་ཕྱིར་རོ། །འདིར་ཡང་ལྟ་བ་བྱེ་བ་ནི། དངོས་ཡིན་ཏེ། ཆོས་མ་ཡིན་པ་སྨྲ་བའི་ཕྱོགས་སུ་བྱེ་བའི་ཕྱིར། སྤྱོད་

པ་རང་གི་ངོ་བོ་ནི། གཅིག་འདུལ་བ་ཡིན་པར་སོང་ཡང་། ཐལ་ཆེར་འདུལ་བ་ནས་འབྱུང་བ་ལྟར་ཁས་བླངས་པས་སོ་སོའི་ལས་བརྒྱ་རྩ་འཆགས་པའི་ཕྱིར་རོ། །འདིར་སྟོན་པ་བྱེ་བ་ནི་མ་ཡིན་ཏེ། ཕྱོགས་གཉིས་ཀ་ཡང་སྟོན་པ་ཤཱཀྱའི་སྲས་ཉིད་ཀྱི་རྗེས་སུ་འཇུག་ཅིང་། སྤྱོད་པ་དེའི་འདུལ་བ་བཞིན་དུ་སློབ་པར་ཁས་ལེན་པའི་ཕྱིར། གཉིས་པ་དགེ་འདུན་ཁོན་བྱེ་བ་ནི། མཚམས་ནང་གཅིག་ཏུ་ཆོས་ཕྱོགས་པ་གཞིར་བྱས་ཀྱི་དགེ་འདུན་སོ་སོའི་མཐུན་པ་མ་བསྒྲུབས་པར་གསོ་སྦྱོང་ལ་སོགས་པའི་ལས་སོ་སོར་བྱས་པའོ། །འདི་ལ་དགེ་འདུན་དབྱེན་གྱི་ཉེས་པ་སྦོམ་པོ་འབྱུང་བར་བཤད་ཀྱང་། དངོས་གཞིའི་རྣམ་པའི་སྦོམ་པོ་ཡིན་གྱི། སྦྱོར་སྦོམ་གྱི་སྐབས་མེད་ཅིང་། འདིའི་རིགས་ལ་ལྷག་མ་དང་མཚམས་མེད་ཀྱང་དུ་མ་སྲིད་ལ་ལས་བྱེད་པའི་ཁོངས་སུ་གཏོགས་ཀྱང་དེ་མཚན་ཉིད་པར་མི་རུང་ངོ་། །

འཁོར་ལོའི་དབྱེན་བྱེད་པོ་ལའང་གཉིས་ཏེ། ལྷས་སྦྱིན་ལྷ་བུ་དཀོན་མཆོག་གསུམ་ཀའི་དབྱེན་བྱེད་པ་དང་། དབྱེན་བྱེད་ལྷག་མའི་འབྱེད་པ་པོ་ལྷ་བུ་དཀོན་མཆོག་ཕྱི་མ་གཉིས་ཀྱི་དབྱེན་བྱེད་པའོ། །ལས་དབྱེན་བྱེད་པོ་ལའང་གཉིས་ཏེ། དགེ་སློང་སྡིག་ལྷ་ཅན་བཞིར་ལོངས་གཅིག་གིས་དབྱར་ནང་དུ་ལས་ཐ་དད་དུ་བྱས་པ་ལྷ་བུ་དབྱེ་བྱ་དང་དབྱེ་བྱེད་ཐ་མི་དད་པ་དང་། ཡང་དབྱེ་བྱ་དང་གཅིག་གམ་སྡིག་ལྷ་ཅན་བཞིར་ལོངས་ཀྱིས་ཆོས་མ་ཡིན་པ་སྨྲ་བའི་དགེ་སློང་བཞིར་ལོངས་ཆོས་ལས་ཐ་དད་དུ་ཕྱེ་ནས་ལས་བྱེད་པའོ། །ཆོས་ཕྱོགས་པས་སྔ་མ་དེ་ལྟར་བྱེད་པ་ཡོད་མོད་ཀྱང་། ལས་ཀྱི་དབྱེན་དུ་མི་འགྱུར་ཏེ། དཔེར་ན། མཉམ་དུ་ལས་བྱས་ན་མི་འཆགས་ཤིང་། ཅིག་ཤོས་ལ་མཐུན་པ་གསོལ་ཡང་མི་འཆགས་པས་སྔ་མ་དེ་ལྟར་བྱ་བ་ཉིད་རིགས་པའི་ཕྱིར། དེ་ལྟར་བཤད་པས་གྲུབ་པའི་དོན་ནི། ལྷ་བ་འཁོར་ལོའི་དབྱེན་དང་པོ་ནི། མཚམས་མེད་ལས་གྱུར་པ་ཡིན་ཀྱང་། ལྷག་མ་ལས་གྱུར་པ་ནི་མ་ཡིན་ཏེ། དེའི་ཚེ་ལྷག་མའི་བཅས་པ་མ་མཛད་པའི་ཕྱིར་དང་། སྟོན་པ་བཞུགས་དུས་སུ་འཁོར་ལོའི་དབྱེན་གཅིག་པུ་དེ་ལས་གཉིས་པ་མ་བྱུང་བའི་ཕྱིར། འཁོར་ལོའི་དབྱེན་གཉིས་པ་དེ་ནི་ལྷག་མ་དང་མཚམས་མེད་གཉིས་ཀ་ལས་གྱུར་པ་ཡིན་ཏེ། ཟློག་བསྒྲིའི་མཐའ་ལ་མ་བཏང་ཞིང་། དགེ་འདུན་བྱེ་བར་མ་གྱུར་པའི་ཚེ་དང་། བྱེ་བར་གྱུར་པའི་ཚེ་ན་རིམ་པ་བཞིན་དུ་ལྷག་མ་དང་མཚམས་མེད་དུ་འཇོག་པའི་ཕྱིར། འདི་ལ་ཆོས་མ་ཡིན་པའི་དགེ་སློང་བཞིར་ལོངས་ཡན་ཆད་ཀྱིས་དེའི་ཚུལ་ཤིང་བླངས་པའམ། ལྷ་བ་དེ་ལ་མངོན་པར་ཞེན་པ་ཙམ་གྱིས་ཆོག་པ་ཡིན་གྱི། གསོ་སྦྱོང་ལ་སོགས་པའི་ལས་ཐ་དད་དུ་བྱས་པ་མི་དགོས་ཏེ། དེ་ལྟར་འཆད་པའི་ལུང་མེད་པ་དང་། དབྱེན་དེ་དང་ལྡན་པའི་དགེ་འདུན་ཅིག་ཤོས་པ་ལ་ཤཱཀྱའི་སྲས་ཀྱི་འདུལ་བ་ཁས་མི་ལེན་ཞིང་། སྟོན་པ་གཞན་གྱི་རྗེས་སུ་འཇུག་པའི་འདུལ་བ་ཡང་མེད་པའི་ཕྱིར། གཉིས་པ་ལས་ཀྱི་དབྱེན་ལ་

ཡང་། ལྷག་མ་དང་མཚམས་མེད་ལས་གྱུར་པ་གཉིས་ཀ་ཡོད་དེ། ལས་ཀྱི་དབྱེན་བྱེད་པ་པོ་གོང་དུ་བཤད་པ་དེ་དབྱེན་དེ་ལ་ཞུགས་པ་ན་བཟློག་ཚུལ་ལྔའི་མཐའ་ལ་མ་བཏང་ཞིང་། ལས་བྱེ་བར་མ་གྱུར་པ་དང་། གྱུར་པའི་ཚེ་ན༑ ལྷག་མ་དང་མཚམས་མེད་དུ་འཇོག་པས་སོ། །ལས་བྱེད་པ་པོ་འདི་གནས་ནས་ཕྱུང་ཟིན་པ་ནི་མ་ཡིན་ཏེ། གནས་ཕྱུང་ལ་བཟློག་བསྒོ་མི་འཆགས་པའི་ཕྱིར། དབྱེ་བྱ་ལ་ནི་གནས་ཕྱུང་ཡོད་པ་མི་འགལ་ཏེ། མཚམས་ནང་གཅིག་ཏུ་གནས་ཕྱུང་ཚོགས་ཡོད་དག་གིས་ལས་བྱས་པ་སྲིད་པའི་ཕྱིར། ལས་བྱེ་བ་ལ་མཚམས་མེད་མི་སྲིད་པ་མ་ཡིན་ཏེ། ཆོས་མ་ཡིན་པ་ལ་ལས་མ་ཡིན་པ་དང་། ཡིན་པ་ལ་ཡིན་པར་འདུ་ཤེས་ནས་ཆོས་མིན་སྨྲ་བའི་མཚམས་ཀྱི་ནང་དུ་ལས་ཐ་དད་པར་བྱས་པ་དེ་ལས་བྱེ་བའི་ཚད་ཡིན་ཞིང་། དེ་མཚམས་མེད་ཀྱི་ལས་ཀྱི་ཀུན་སློང་གིས་ཀུན་ནས་བསླང་བའི་ཕྱིར་ཏེ། ཇི་སྐད་དུ། ཆོས་དང་ཆོས་མ་ཡིན་པ་གཉིས་ཀ་དེ་བཞིན་དུ་ཤེས་ན་མཚམས་མེད་པའོ། །ཞེས་སོ། །མཚམས་མེད་འདི་ཡང་འབྱེད་པ་པོ་ལ་ཡིན་གྱི། བྱ་བ་ལ་ནི་མ་ཡིན་ཏེ། མཚམས་མེད་ཅན་ཕྱོགས་གཉིས་ཀའི་ལས་ཀྱི་ཁ་སྐོང་དུ་མི་རུང་བའི་ཕྱིར། དེས་ན། ཇི་སྐད་དུ། ཆོས་མ་ཡིན་པར་སྨྲ་བ་དག་གིས། ཞེས་པས། འབྱེད་པ་པོ་དང་། དབྱེ་བའི་སེམས་ཀྱིས་ཞེས་པས་ཀུན་སློང་དང་། མཚམས་ཀྱི་ནང་དུ་ཞེས་པས་གནས་དང་། ལས་ཐ་དད་པར་ཞེས་པས་གང་བྱ་བའི་ངོ་བོ་བྱ་བ་དེ་བསྟན་པ་ཡིན་ནོ། །ལས་བྱ་བའི་སྐབས་སུ་ལྷག་མ་དང་མཚམས་མེད་གང་ཡང་འབྱུང་མི་སྲིད་ན། དེའི་སྐབས་སུ་ཉེས་པ་ཅི་ཡང་མེད་པར་འགྱུར་ཏེ། དེའི་ཚེ་ཆོས་ཕྱོགས་པ་ལ་ནི་དབྱེན་གྱི་ཉེས་པ་འབྱུང་དོན་མེད། གཅིག་ཕྱོགས་པ་ལ་ཡང་ལྷག་མ་དང་མཚམས་མེད་ནི་མི་འབྱུང་། འབྱེད་པ་པོ་ནི་ཁྲིད་ཀྱིས་ཁས་མ་བླངས་པའི་ཕྱིར། གལ་ཏེ་གཅིག་ཕྱོགས་པ་ལ་དབྱེན་གྱི་སྡོམ་པོ་འབྱུང་ངོ་ཞེ་ན། མ་ཡིན་ཏེ། དབྱེན་གྱི་ཉེས་པ་ནི་རྫུན་ཡིན་ལ། དེ་ནི་ཇི་སྐད་དུ། དེ་དང་འབྱེད་པོར་ཡང་དག་ལྡན། ཞེས་འབྱེད་པོ་ལ་འབྱུང་བར་བཤད་ཀྱི། དབྱེ་བྱ་ལ་མ་བཤད་པའི་ཕྱིར། གཞན་ཡང་དབྱེན་གྱི་སྡོམ་པོ་ཙམ་ནི། ལས་བྱེ་བ་ལ་ཐུག་པར་མ་གྱུར་ཀྱང་། ཕྱོགས་གཉིས་པོ་གང་རུང་གཞིར་བྱས་པའི་དགེ་འདུན་དུ་ལོངས་པ་སོ་སོར་མཐུན་པ་ཐོབ་པ་མེད་པར་ལས་ཐ་དད་དུ་བྱས་ན་ཡང་དབྱེན་གྱི་སྡོམ་པོ་དང་། གཞན་གྱི་འཁོར་ཁ་འདྲེན་པ་ཙམ་ལ་ཡང་དབྱེན་གྱི་སྡོམ་པོར་བཤད་ན། བྱེ་བ་ལ་དབྱེན་གྱི་ཉེས་པ་ཤིན་ཏུ་ཆེ་བ་ཞིག་ངེས་པར་ཡོད་པ་ལ་ལས་འོས་མེད་དོ། །དེ་སུ་ཞིག་ལ་ཡོད་ན་འབྱེད་པ་པོ་ལའོ། །དེ་ལ་གཉིས་ཏེ༑ གཙོ་བོར་གྱུར་པ་ལྟ་བ་སྤྱོད་ཅིང་ཚུལ་ཁྲིམས་དང་ལྡན་པ་གཅིག་དང་། དེའི་རྗེས་སུ་ཕྱོགས་པ་ཚུལ་ཁྲིམས་དང་ལྡན་པ་བཞིར་ལོངས་པའོ། །དེ་དག་ལ་དབྱེན་དང་དེ་རྗེས་ཕྱོགས་ཀྱི་ལྡོག་ཚུལ་ལྔ་དང་། མཐའ་ལ་མ་བཏང་ན་ལྷག་མ་སོ་སོར་འགྱུར་བ་དང་། མཐར་བྱེ་ན་མཚམས་མེད་དུ་འགྱུར་བའོ། །གལ་ཏེ་འདིར་སྨྲོན་པ་ལ་

འགྲན་འཛུགས་པ་མེད་པའི་ཕྱིར་མཚམས་མེད་ཀྱི་ཉེས་པར་མི་འགྱུར་རོ་ཞེ་ན། འདི་ནི་ཉེས་པ་ཤིན་ཏུ་ལྕི་བ་ཡིན་ཏེ། མཚམས་མེད་ལས་ཀྱང་ལྕི་བའི་ཆོས་སྤོང་གི་ཉེས་པ་གཞིར་བྱས་ཀྱི་སྟེང་དུ་ལུས་ངག་གི་ལས་ཀྱིས་དགེ་འདུན་དུ་ལོངས་པ་ཆོས་མ་ཡིན་པའི་ཕྱོགས་སུ་བསྣུན་པའི་ཕྱིར་དང་། བསྣུན་པ་དེ་དག་ཀྱང་ཆོས་མ་ཡིན་པ་ལ་མངོན་པར་ཞེན་པའི་ཕྱིར། ཆོས་མ་ཡིན་པའི་ཕྱོགས་སུ་སོང་བའི་དགེ་འདུན་ལ་ནི་མཚམས་མེད་དེ་བྱུང་བར་ཁས་མི་ལེན་ཏེ། དེ་བྱེད་པ་པོ་མ་ཡིན་པའི་ཕྱིར་དང་། མཚམས་མེད་ཅན་ནི་ཕྱོགས་གཉིས་ཀའི་ལས་ཀྱི་ཁ་སྐོང་དུ་མི་རུང་བའི་ཕྱིར། འོན་ཇི་སྐད་དུ། དེ་ནི་བརྒྱད་དག་ཡན་ཆད་ཀྱི། །ཞེས་ལས་ཀྱི་དབྱེན་འབྱེད་པ་པོ་ལ་མི་ལྟོས་པར་བཤད་པ་མ་ཡིན་ནམ་ཞེ་ན། ལས་ཀྱི་དབྱེན་དེ་ལ་ལྟོས་དགོས་པར་ནི་ཁས་མ་བླངས་ཏེ། ཆོས་དང་ཆོས་མིན་གྱི་ཕྱོགས་རེ་རེ་བ་དག་ལ་ཡང་ལས་ཀྱི་དབྱེན་འཆད་པའི་ཕྱིར་དང་། ཐོག་མར་ཆོས་ཕྱོགས་པས་མཚམས་ནང་དུ་གཅིག་ཕྱོགས་དགེ་འདུན་དུ་ལོངས་པ་ལས་ཐ་དད་དུ་གསོ་སྦྱོང་སོགས་བྱས་ན་ལས་ཀྱི་དབྱེན་དུ་འགྱུར་བའི་ཕྱིར། དེས་ན་ལས་ཀྱི་དབྱེན་ལས་བྱུང་བའི་ལྷག་མ་དང་མཚམས་མེད་ཡོད་པར་ཁས་བླངས་ཀྱི། དེ་ལ་དེས་ཁྱབ་པར་ཁས་མ་བླངས་སོ། །འཁོར་ལོའི་དབྱེན་ལ་ཡང་དེ་དང་འདྲ་སྟེ། དགེ་འདུན་མ་ཕྱེ་ན་མཚམས་མེད་དུ་མི་འགྱུར་ཞིང་། ཐོག་བསྒོ་སྔོན་དུ་མ་སོང་ན། ལྷག་མར་ཡང་མི་འགྱུར་བས་སོ། །འདིར་ཞར་ལས་བྱུང་བ་འདི་ལྟར་དཔྱད་དེ། མཚམས་ནང་གཅིག་ཏུ་ས་གཞན་ན་གནས་པའི་དགེ་སློང་དགེ་འདུན་དུ་ལོངས་པ་དང་། རང་བཞིན་དུ་གནས་པ་གཉིས་ཀ་དེར་ཡོད་པའི་ཚེ། གནས་ཕྱུང་མ་གཏོགས་པའི་ས་གཞན་ན་གནས་པ་དག་གིས་དགེ་འདུན་གྱི་ལས་མཐའ་དག་ཉམས་སུ་མྱོང་བར་རུང་མོད། མ་འདུས་པའི་མི་མཐུན་པ་ནི་མི་སྐྱེད་དེ། ཁ་སྐོང་དུ་མི་འོས་པའི་ཕྱིར། དེས་ན་ས་གཞན་པ་དག་ལུས་སམ་འདུན་པས་མ་འདུས་ཀྱང་། རང་བཞིན་དུ་གནས་པས་ལས་ལོགས་སུ་བྱས་ན་འཆགས་སོ། །དེ་དག་གིས་ཀྱང་དེ་ལྟར་འཆགས་སམ་ཞེ་ན། མ་ཡིན་ཏེ། རང་བཞིན་དུ་གནས་པ་དག་མ་འདུས་ན་མི་མཐུན་པ་སྐྱེད་པའི་ཕྱིར་དང་། ས་གཞན་ན་གནས་པ་དག་ལ་ནི་ཁ་སྐོང་དུ་རུང་བ་མེད་པས་དེ་དག་རྐྱང་བའི་ཚོགས་ཀྱི་ལས་མི་འཆགས་པའི་ཕྱིར། དམིགས་བསལ་ནི་དེ་དག་ཀྱང་ཆོས་མ་ཡིན་པའི་ཕྱོགས་སུ་སོང་ན་ལས་འཆགས་ཏེ། དེའི་ཚེ་དགེ་འདུན་ཕྱེ་བ་ཡིན་ལ། ལས་མ་ཆགས་ན་བྱེ་བར་བཞག་མི་ནུས་པས་སོ། །འོ་ན་ས་གཞན་ན་གནས་པ་དག་གཅིག་ཕྱོགས་ཀྱི་ཁ་སྐོང་དུ་རུང་བར་འགྱུར་ལ། དེ་ལྟ་ན་ཉམས་པ་དང་མཚམས་མེད་ཅན་ཀྱང་དེར་འགྱུར་རོ་ཞེ་ན། མི་མཚུངས་ཏེ། ཉམས་པ་དང་། མཚམས་མེད་ཅན་དང་། མ་རྫོགས་པ་དང་། མཚན་མི་མཐུན་པ་ལྟ་བུའི་ངོས་འཛིན་ནི། ཕྱོགས་གཉིས་ཀ་ལ་མཐུན་པར་གྲུབ་པ་གཅིག་ལས་ངོས་འཛིན་རྒྱུ་མེད་ལ། གནས་ཕྱུང་སོགས་ས་གཞན་ན་གནས་པ་དང་།

ཐ་དད་དུ་གནས་པ་ནི་ཕྱོགས་སོ་སོ་ལ་ལྟོས་ནས་བཞག་དགོས་པས་མཐུན་པར་མི་འགྱུར་བའི་ཕྱིར་རོ། །འོ་ན་ཆོས་མིན་ཕྱོགས་པའི་དགེ་འདུན་ལ་ཡིད་ཀྱི་ཉེས་པ་ནི་ཤིན་ཏུ་ལྕི་བ་ཡིན་ཏེ། ཆོས་སྤྱངས་བའི་ཕྱིར། འབྱེད་པ་པོ་ལས་གཞན་ལ་ལུས་ངག་གི་ལྟུང་བ་ནི་འདི་འོ། །ཞེས་ངོས་བཟུང་བར་དཀའ་སྟེ། ངོས་འཛིན་ན་རྟེན་གྱི་ཉེས་པར་བཞག་དགོས་ཤིང་། དེ་ཡང་ལས་བྱེད་པ་པོ་ལས་གཞན་དགེ་འདུན་ལ་བཤད་དཀའ་བའི་ཕྱིར་ཏེ། ཇི་སྐད་དུ། དགེ་འདུན་འདུས་པ་ལ་ཤེས་བཞིན་དུ་ཆོས་མ་ཡིན་པ་ཆོས་སུ་དང་། ཆོས་ཆོས་མ་ཡིན་པར་སྟོན་ན་ཉེས་པ་སྦོམ་པོའི་ཞེས་བཤད་པས་སོ། །འོན་ཆོས་མ་ཡིན་པའི་ཕྱོགས་ཀྱི་ལས་བྱེད་པ་པོ་གང་ཡིན་པ་དེ་དབྱེན་གྱི་འབྱེད་པ་པོ་ཉིད་དུ་ཁས་ལེན་པར་བྱེད་དམ་ཞེ་ན། དེ་ནི་ངེས་པར་དེ་ཉིད་དུ་ཁས་བླང་བར་བྱའོ། །

གཉིས་པ་སྔ་རབས་པ་དག་དང་མཐུན་པར་བཤད་པ་ནི། དགེ་འདུན་གྱི་དབྱེན་ལ་གཉིས་ཏེ། ཤེས་བྱ་ཕྱིན་ཅི་ལོག་ཏུ་སྟོན་པ་འཁོར་ལོའི་དབྱེན་དང་སྤྱོད་པ་ཕྱིན་ཅི་ལོག་ཏུ་སྟོན་པ་ལས་ཀྱི་དབྱེན་གཉིས་ལས། དང་པོ་ལ་བཅུ་གཅིག་སྟེ། དབྱེན་འཆགས་པའི་གཞི་དང་། བསམ་པ་དང་། སྦྱོར་བ་དང་། མཐར་ཐུག་དང་། དབྱེན་འབྱུང་བའི་དུས་དང་། གནས་པའི་ཚད་དང་། དབྱེན་གྱི་ཉེས་དམིགས་དང་ལྡན་པ་དང་། ཁ་ན་མ་ཐོ་བ་གང་དུ་གཏོགས་པ་དང་། དེ་ཕྱིར་བཅོས་པའི་ཐབས་དང་། འཁོར་ལོ་བྱེ་བའི་སྒྲ་བཤད་པའོ། །དང་པོ་ནི་དབྱེན་འཆགས་པའི་གཞི་ལྔ་སྟེ། གང་ལས་དབྱེ་བར་བྱ་བ་ཆོས་ལས་ཐ་དད་པར་དང་། གང་དག་དབྱེ་བ་སོ་སོ་སྐྱེ་བོའི་དགེ་འདུན་ཁ་སྐོང་བར་འོས་པ་དང་། གྲངས་བརྒྱད་དུ་ཚང་བ་དང་། མི་མཐུན་པ་མེད་པའོ། །ནམ་གྱི་ཚེ་དབྱེ་བ་ནི་གསུམ་སྟེ། སྟོན་པ་བཞུགས་ཤིང་མྱ་ངན་ལས་འདའ་ཀ་མ་ཡིན་པ་དང་། བསྟན་པ་ལ་ཆུ་བུར་བྱུང་བའི་དུས་མ་ཡིན་པ་དང་། མཆོག་ཟུང་གཅིག་བསྒོས་པའི་དུས་སོ། །གང་དུ་དབྱེ་ན། འཛམ་བུའི་གླིང་ཡིན་པ་དང་། མཚམས་ནང་གཅིག་ཏུ་དང་། སྟོན་པའི་མངོན་སུམ་མ་ཡིན་པའོ། །བྱེད་པ་པོ་ནི་ལྔ་སྤྱོད་ཚུལ་ལྡན་ནོ། །བསམ་པ་འདུ་ཤེས་མ་འཁྲུལ་བ་དང་། ཀུན་སློང་བསམ་པ་ཐག་པ་ནས་ཆོས་ལས་ཐ་དད་པར་གསོལ་བའམ། ཚུལ་ཤིང་གིས་འབྱེད་པར་འདོད་པའི་བསམ་པ་རྒྱུན་མ་ཆད་པའོ། །སྦྱོར་བ་གསོལ་བའམ་ཚུལ་ཤིང་གིས་འབྱེད་པར་བརྩོན་པའོ། །མཐར་ཐུག་སྟོན་པའམ་ལམ་གཞན་ལ་བཟོད་པར་གྱུར་པའོ། །དེ་འབྱུང་བའི་དུས་ནི་འཚོ་བ་ཉམས་པའི་དུས་ནའོ། །དབྱེན་གནས་པའི་དུས་ནི་ཉིན་ཞག་ཕྲུགས་གཅིག་གོ། དབྱེན་གྱི་ཉེས་དམིགས་ནི་སྟོན་པ་གཅིག་གི་ཞིང་ཁམས་སུ་རྒྱུད་ལ་ལམ་ལྔ་སྐྱེར་མི་སྟེར་བའོ། །ལྡན་པ་ནི་དགེ་འདུན་ཐུགས་བཅེ་མི་འཕྲོད་པའི་རང་བཞིན་ལྡན་པ་མ་ཡིན་པའི་འདུ་བྱེད་ལུང་མ་བསྟན་དེ་དང་དགེ་འདུན་ལྡན་ལ། དེའི་ཁ་ན་མ་ཐོ་བ་བརྗོད་དུ་གྱུར་པ་དེ་དང་འབྱེད་པ་པོ་ལྡན་ནོ། །ཕྱིར་བཅོས་པའི་ཐབས་ནི་མཆོག་ཟུང་གཅིག་གིས་བསྡུམས་མཛད་པའི་

ཚུལ་ལུང་ནས་འབྱུང་བ་བཞིན་ནོ། །སྨྲ་བཤད་པ་ནི་ཆོས་ཀྱི་འཁོར་ལོ་ལས་ཐ་དད་དུ་ཕྱེ་བའོ། །འཁོར་ལོ་ནི་མཐོང་བའི་ལམ་སྟེ། ཇི་སྐད་དུ། ཆོས་ཀྱི་འཁོར་ལོ་མཐོང་བའི་ལམ། །ཞེས་སོ། །ལས་ཀྱི་དབྱེན་ནི། ལུང་དུ་ཀཽ་ཤམྦི་བས་ཡངས་པ་ཅན་པ་ལ་གནས་ཕྱུང་བྱས་པ་དང་། ལས་བརྒྱ་དང་འགྲེལ་པར་ཡངས་པ་ཅན་པས་ཅིག་ཤོས་ལ་གནས་ཕྱུང་བྱས་པར་བཤད་ཅིང་། གནས་ཕྱུང་གི་ཚོགས་ཀྱིས་ལས་ལོགས་སུ་བྱས་པས་ལས་བྱེ་བར་བཤད་དོ། །དེ་ལ་འདི་ལྟར་བརྟག་ནུས་ཏེ། ཚོགས་ལོངས་ལ་གནས་ཕྱུང་བྱས་ན་དགེ་འདུན་བྱེ་འགྱུར་གྱི་དགག་བྱ་ཡོད་པས་དེ་ལྟར་མི་བྱེད་པ་ནི་སྐྱིར་བཏང་ཡིན་མོད། དགག་བྱ་དེ་ཡོད་བཞིན་དུ་གནས་ཕྱུང་བྱས་པས་ལས་འཆགས་ལ་ལྟུང་བ་སྦོམ་པོར་གྱུར་བའོ། །ཞེས་པའམ། ཡང་ན་དགེ་སློང་གནས་ཕྱུང་ལྟ་སྤྱོད་ཚུལ་ལྡན་ཞིག་གིས་གནས་ནས་མ་ཕྱུང་བ་དག་ཀྱང་ཆོས་མ་ཡིན་པའི་ཕྱོགས་སུ་འཐེན་ནས་ཕྱེ་བའོ། །དེ་འདྲ་མ་བཤད་དོ་སྙམ་དུ་བཟུང་བར་མི་བྱ་སྟེ། འཁོར་དང་བསོད་ནམས་མང་བ་དང་། སྡེ་སྣོད་འཛིན་པ་ལ་ནན་ཏུར་དེ་བྱས་ན་དབྱེན་གྱི་ཉེས་དམིགས་དེ་འབྱུང་བར་བཤད་པའི་ཕྱིར་རོ། །གལ་ཏེ་འོན་གནས་ཕྱུང་དེ་ཆོས་མ་ཡིན་པའི་ཕྱོགས་སུ་སོང་བ་ན་ཆེས་ཤིན་ཏུ་བཟང་དུ་འགྲོ་བ་ཡིན་པར་འགྱུར་ཏེ། གནས་ཕྱུང་གི་དུས་སུ་དགེ་འདུན་དང་ཆོས་དང་ཟང་ཟིང་གི་ལོངས་སྤྱོད་མཉམ་དུ་མི་རུང་བ་ལས། འདིར་ནི་ཚུལ་ཁྲིམས་དག་པའི་དགེ་འདུན་དང་ལྷན་ཅིག་ཏུ་ལས་བརྒྱ་རྩ་གཅིག་པོ་ཉམས་སུ་མྱོང་བར་རུང་བའི་ཕྱིར་སྙམ་ན། དེ་ལྟར་རུང་བ་དེ་གནས་ཕྱུང་ཐམས་ཅད་ཀྱིས་མ་ཡིན་ཏེ། ལྟ་བ་ཉམས་པས་གནས་ནས་ཕྱུང་བ་དག་གིས་དེ་ལྟར་རུང་ཡང་། ཚུལ་ཁྲིམས་ཉམས་པ་ལ་གནས་ཕྱུང་གི་ལས་བྱས་པ་དག་གིས་དེ་ལྟར་མ་ཡིན་པའི་ཕྱིར། དཔེར་ན་ཕྱིར་མི་འཆོས་གནས་དབྱུང་ནན་ཏུར་བྱས་པ་དག་ནི། དབྱེན་བྱེད་པ་པོ་དང་། བྱེ་བའི་དགེ་འདུན་དག་ལས་བྱེད་པའི་ཁ་སྐོང་དུ་རུང་བ་མ་ཡིན་པའི་ཕྱིར། འོན་ཚུལ་ཁྲིམས་ཉམས་པས་གནས་ཕྱུང་བྱས་པ་དག་ལ་བྱེ་འགྱུར་གྱི་དགག་བྱ་མེད་ན་ཁྲིམ་པ་ཉིད་དུ་འགྱུར་བའི་དགག་བྱ་ཡོད་པས་དེ་འགོག་དགོས་པ་མ་ཡིན་ནམ་ཞེ་ན། དགག་བྱ་དེ་བསྙེན་པར་མ་རྫོགས་པ་ལ་ཡོད་པས་གནས་ཕྱུང་གི་ལས་མ་གསུངས་ལ། ལྟ་བ་ཉམས་ན་བྱེ་འགྱུར་གྱི་དགག་བྱ་མེད་ཅིང་། ཚུལ་ཁྲིམས་ཙུང་ཟད་ཉམས་ཀྱང་བསྟན་པ་ལ་ཞུགས་ཤིང་རྫོགས་པ་ལ་ཁྲིམ་པར་འགྲོ་བའི་དགག་བྱ་ཤས་ཆུང་ཞིང་། ཁྲིམ་པར་སོང་ན་དེ་ཉིད་ཀྱིས་ཞི་བས། དེ་ཞི་བྱེད་ཀྱི་ཆོས་ནི་གསལ་བར་མ་གསུངས་སོ།། །།

གཉིས་པ་ནི་རྩོད་པ་ཞི་བྱེད་ཀྱི་ཆོས་རྣམས་བསྟན་པ་ལ། མདོ་ནི། ཇི་སྐད་དུ། མངོན་སུམ་དྲན་པ་མ་མྱོས་དང་། །དེ་བཞིན་གང་མང་ངོ་བོ་ཉིད། །རྩྭ་རྣམས་བཀྲམ་པ་ལྟ་བུ་དང་། །ཁས་བླངས་པར་ཡང་བྱ་བའོ། །

ཞེས་གསུངས། འདི་ལ་གསུམ་སྟེ། དེས་གང་ཞི་བར་བྱ་བའི་རྩོད་པ་ངོས་བཟུང་། རྩོད་པ་གང་ལ་ཞི་བྱེད་གང་འཇུག་པ། དེས་དེ་ཞི་བར་བྱས་པའི་ཕན་ཡོན་ནོ། །དང་པོ་ལ། རྩོད་པ་ནི་འཁྲུག་ལོང་སྟེ་ཚིག་གི་ཕྱིར་དུ་སེམས་གཞོལ་བའོ། །ཞེས་སྔ་མ་རྣམས་འཆད་ལ། རྩོད་པའི་ངོ་བོ་ནི་ལུས་ངག་གི་ལས་དང་། འཁྲུག་པ་ནི་དེའི་ཀུན་སློང་དུ་བཤད་ནའང་འབྲེལ་ཆགས་སོ། །དེ་ལ་དབྱེ་ན་རྒྱུ་བཞིའི་དབྱེ་བས་བཞིའོ། །བཞི་པོ་གང་ཞེ་ན། འགྱེད་ཕྱིར་གྱི་དང་། མི་གདམས་པའི་ཕྱིར་གྱི་དང་། ལྟུང་ཕྱིར་གྱི་དང་། བྱ་ཕྱིར་གྱི་རྩོད་པ་རྣམས་སོ། །སོ་སོར་ཕྱེ་ན་བཅུ་གཅིག་སྟེ། གཉིས་པ་དེ་ལ་རྒྱུ་བཅས་དང་རྒྱུ་མེད་གཉིས། རྒྱུ་མེད་ལ་བཞིར་ཕྱེ་བས་ལྔ། ལྟུང་ཕྱིར་ལ་ཉེས་པ་རང་གི་ངོ་བོ་དེ་ཤེས་མི་ཤེས་གཉིས། དང་པོ་ལ། ཕྱིར་འགྲོས་མ་འགྲོས་གཉིས། དང་པོ་ལ་ཉེ་ཚེ་བ་དང་མཐའ་དག་པ་གཉིས་སུ་ཕྱེ་བས་དགུ། ཐོག་མཐའ་གཉིས་དང་བཅུ་གཅིག་གོ། དང་པོ་འགྱེད་ཕྱིར་ལ་སོགས་པ་བཞི་ལ་ཐུན་མོང་གི་རྒྱུ་དང་སོ་སོའི་རྒྱུ་གཉིས་ལས། དང་པོ་ནི། ལུང་ལས། ཇི་སྐད་དུ། འགྱེད་པའི་རྩ་བ་དྲུག་སྟེ༑ ཁྲོ་ཞིང་འཁོན་དུ་འཛིན་པ། འཆབ་ཅིང་འཚིག་པ། ཕྲག་དོག་བྱེད་ཅིང་སེར་སྣ་ཅན། གཡོ་བྱེད་ཅིང་སྒྱུ་ཅན། ངོ་ཚ་མེད་ཅིང་ཁྲེལ་མེད་པ། རང་ལྟ་མཆོག་ཏུ་འཛིན་ཞིང་འཆལ་པ་འཛིན་པ། སླུས་པ་ལ་ཧྲན་འཐེན་བྱེད་པ་ཞེས་གསུངས། གཉིས་པ་ནི། རྩོད་པ་དང་པོའི་ཐུན་མོང་མ་ཡིན་པའི་རྒྱུ་ནི་དངོས་པོའི་དེ་བཞིན་ཉིད་ལ་ལོག་པར་སྒྲུབ་པ་ཞེས་བྱ་བ་དེ་ཡིན་ལ། དེའི་དོན་ཡང་། དེ་ལ་མཐའ་གཉིས་སུ་འཛིན་པ་སྟེ། དངོས་པོའམ་བཞི་བཅུ་གཉིས་ལ་མི་མཐུན་པ་གཉིས་གཉིས་འདྲེན་པའོ། །བཅུ་གཉིས་པོ་གང་ཞེ་ན། ཆོས་དང་། འདུལ་བ་དང་། ལྟུང་བ་དང་། ལྟུང་མེད་དང་། ལྕི་བ་དང་། ཡང་བ་དང་། སྡོམ་པ་གསོ་བའི་ལྷག་མ་ཡོད་པ་དང་། མེད་པ་དང་། བཤགས་བྱ་དང་། བསྡམ་བྱ་དང་། ཉེས་པར་བཤད་པ་དང་། ལེགས་པར་བཤད་པ་རྣམས་སོ། །དེ་དག་རེ་རེ་ལ་ཀློལ་བ་དང་། ཕྱིར་ཀློལ་བས་ཡིན་མིན་གྱི་མཐའ་སོ་སོ་བཟུང་ནས་རྩོད་པའོ། །མི་གདམས་པའི་ཕྱིར་གྱི་རྩོད་པའི་རྒྱུ་ནི། སྤོང་བ་དང་ཞེས་པ་གསོ་སྦྱོང་བཞག་པ་སོགས་ནས་གནས་ཕྱུང་ལ་ཐུག་པའི་བར་རོ། །དེ་ནི་ཉེས་པ་དེ་ཡིན་མིན་དང་ཡོད་མེད་ལ་རྩོད་པ་མ་ཡིན་གྱི། ཉེས་པ་དེ་ལ་ཆད་པ་དེ་རིགས་མི་རིགས་རྩོད་པའོ། །དཔེར་ན་ས་རྐྱའི་ལྟུང་བ་མ་བྱུང་བཞིན་དུ་གླེང་བའི་སྐབས་མི་ཕྱེ་བ་ན་གསོ་སྦྱོང་བཞག་པའི་ནན་ཏུར་རིགས་མི་རིགས་ལ་རྩོད་པ་ལྟ་བུའོ། །

གསུམ་པ་ལྟུང་ཕྱིར་གྱི་རྩོད་པའི་རྒྱུ་ནི། ལྟུང་བ་གང་ཡང་རུང་བ་དང་བཅས་པ་ཉིད་དེ། དེ་ནི་ལྟུང་བ་བྱུང་མ་བྱུང་དང་བྱུང་བ་དེ་ཡིན་མིན་ལ་རྩོད་པའོ། །ལྟུང་བ་མ་བྱུང་བཞིན་དུ་གླེངས་པ་ལས་བྱུང་བའི་རྩོད་པ་ནི་མི་གདམས་པའི་ཕྱིར་གྱི་རྩོད་པའི་ནང་དུ་བསྡུས་སོ། །བྱ་ཕྱིར་གྱི་རྩོད་པའི་རྒྱུ་ནི་ལས་ལ་མཐུན་པ་མི་སྦྱིན་པ་ཞེས

བྱ་བ་སྟེ། འདི་ནི་སྤྱིར་བཏང་དུ་ལས་བྱེ་མ་ཟིན་ཞིང་། གནས་ཕྱུང་ཡང་བྱས་མ་ཟིན་གོང་དུ་མཐུན་པ་མི་སྦྱིན་པའོ། །དེ་ལ་ཡང་ཁ་སྐོང་དུ་འོས་པ་ལ་མི་སྦྱིན་པ་དང་། མི་འོས་པ་ལ་མི་སྦྱིན་པ་གཉིས་ལས། དང་པོས་ནི་ལས་མི་འཆགས་ལ། གཉིས་པས་ནི་ལས་བྱེ་བར་འགྱུར་བའོ། །དེ་ལྟར་ཐུན་མོང་དང་སོ་སོའི་རྒྱུར་བཤད་པ་དག་ལས། ཐུན་མོང་མ་ཡིན་པའི་རྒྱུ་དེ་དག་གིས་ཀུན་ནས་བླངས་པ་ཞིག་ངེས་པར་དགོས་ཏེ། རབ་ཏུ་བྱུང་བའི་སྤྱོད་པ་ཡིན་པའི་ཕྱིར་རོ། །ཆོས་དང་འདུལ་བའི་དབང་དུ་བྱས་པ་མ་ཡིན་པར་ཆོར་བ་བདེ་སྡུག་གི་དབང་དུ་བྱས་པའི་སྤྱོད་པ་ནི་ཁྱིམ་པའི་སྤྱོད་པ་ཡིན་པས་སྤྱོད་པ་དེ་དང་དེའི་ཞི་བྱེད་འདིར་འཆད་པ་སྐབས་སུ་བབ་པའི་ཕྱིར། གཉིས་པ་ཞི་བྱེད་གང་འཇུག་པ་ནི། འགྱེད་ཕྱིར་གྱི་སྤྱོད་པ་ལ་ནི་རྒྱུད་གཅིག་ཏུ་བྱས་པས་ཞི་བར་བཤད་ལ༑ དེར་བྱེད་པ་ནི་མངོན་སུམ་བརྒྱད་དང་གང་མང་གི་ཞི་བྱེད་དོ། །བརྒྱད་ནི། རྐོལ་ཕྱི་རྐོལ་གྱི་མངོན་སུམ་དང་། གཟུ་བོའི་དང་། དགེ་འདུན་བཞི་པོའི་དང་། གསལ་བའི་དང་། གསལ་བའི་གསལ་བའི་དང་། གནས་བརྟན་དང་བཅས་སོ་སོར་ཐར་པ་དང་བཅས་པའི་དགེ་འདུན་གྱི་དང་། སྡེ་སྣོད་འཛིན་པའི་དང་། གནས་བརྟན་མཐུ་ལྡན་གྱི་མངོན་སུམ་མོ། །གང་མང་གི་ཞི་བྱེད་ནི། ཚུལ་ཤིང་ལེན་པ་གང་མང་གི་ཕྱོགས་སུ་སྤྱོད་པ་ཞི་བ་ལ་སེར་སྣ་མེད་པ་སྟེ། མངོན་སུམ་བརྒྱད་ཀྱིས་ཞི་བར་མ་ནུས་པ་སྟོན་དུ་སོང་བ་ལས་སོ། །འདི་ཚུལ་ཁྲིམས་གཏན་ལ་འབེབས་པ་ལ་མི་སྲིད་ཅེས་གསུངས་པ་ཡང་སྤྱོད་པ་ཕྱི་མ་གཉིས་ཀྱི་ཞི་བྱེད་ལ་མི་འཇུག་པའི་དོན་ཡིན་གྱི། འགྱེད་ཕྱིར་གྱི་སྤྱོད་པའི་ནང་ན་ཆོས་གཏན་ལ་འབེབས་པ་དང་ཚུལ་ཁྲིམས་གཏན་ལ་འབེབས་པ་གཉིས་ཡོད་པ་དེ་ལ་དགོངས་པ་ནི་མ་ཡིན་ཏེ། དེ་ལ་ནི་དེ་ཤིན་ཏུ་ཡང་འཇུག་པའི་ཕྱིར་རོ། །

དེའི་ཚེ་ཆོས་མ་ཡིན་པས་ཞི་བ་ལ་སྐྱོ་སྡོམ་གས་མི་བྱ་བར་བཤད་པ་དེའི་ཚེ་ཆོས་མ་ཡིན་པའི་ཕྱོགས་སུ་སོང་ལ། དེ་ལྟ་ན་ཚུལ་ཤིང་འཁྲིམ་པ་པོ་ལ་དབྱེན་གྱི་ཉེས་པ་དང་། ལེན་པ་པོ་ལ་ཆོས་སྤོང་གི་ཉེས་པར་འགྱུར་བ་མ་ཡིན་ནམ་ཞེ་ན། ཚུལ་ཁྲིམས་ཀྱི་དབང་དུ་བྱས་པའི་ཚེ་ཚུལ་ཤིང་དེ་ལྟར་བྲིམས་ན་ལས་ཀྱི་དབྱེན་དང་། ཆོས་གཏན་ལ་འབེབས་པའི་ཚེ་དེ་ལྟར་བྲིམས་ན་འཁོར་ལོའི་དབྱེན་དང་ཆོས་སྤོང་གི་དགག་བྱ་ཡོད་མེད་ནི་ཀུན་སློང་གིས་འབྱེད་དགོས་པ་དང་། དེ་ལྟར་འགྱུར་གྱིས་དོགས་ནས་ཆོས་མ་ཡིན་པའི་ཚུལ་ཤིང་ལྷག་ན་བྲིམ་པར་མི་བྱ་བ་སོགས་གཡོ་སྒྱུའི་རྣམ་པ་མང་པོ་དག་གསུངས་པ་དང་། སྐྱོ་སྡོམ་གས་མི་བྱེད་པའི་དོན་ཡང་། འབྲས་བུ་སྤྱོད་པ་ཞི་བ་ཙམ་ཡིན་གྱི། རྒྱུ་གཞན་གྱི་གྲུབ་མཐའ་དེའི་རྗེས་སུ་འཇུག་དགོས་པ་མ་ཡིན་པའོ། །མཉམ་ན་ཉན་ཐོས་ཆེན་པོའི་ཕྱིར་ཆོས་ཀྱི་ཚུལ་ཤིང་གཅིག་ལེན་ཞེས་པ་འདི་ལ་གཅིག་ཕྱོགས་པས་ཀྱང་རྩི་དགོས་པ་ཡིན་ཏེ༑ དེ་ཡང་སྟོན་པ་འདི་ཉིད་ཀྱི་འདུལ་བ་ལས་མི་འདའ་བའི་ཕྱིར། སྒྲ་རྟག་མི་རྟག་ལྟ་བུ་ལ་བརྩད་ནས་རྟག

པར་ཁས་ལེན་པ་དེ་ཆོས་མ་ཡིན་པའི་ཕྱོགས་སུ་མཐུན་པ་མེད་པས་མི་རྟག་པའི་ཕྱོགས་ཀྱིས་ཉན་ཐོས་ཆེན་པོའི་ཚུལ་ཤིང་ལེན་པར་མ་ངེས་སོ་ཞེ་ན། དེར་ངེས་ཏེ། ཚུལ་ཤིང་ཁྲིམ་པ་ནི་དགེ་འདུན་གཟུ་བོས་བསྒོས་པའི་ཕྱིར། སྔ་མའི་རིགས་པས་ཆོས་མ་ཡིན་པའི་ཚུལ་ཤིང་གཅིག་གིས་མང་ན་ཆོས་ཕྱོགས་པས་ཉན་ཐོས་ཆེན་པོའི་ཚུལ་ཤིང་གཅིག་པོ་དེ་བླངས་པས་ཆོས་མ་ཡིན་པའི་ཕྱོགས་སུ་ཞི་བར་མི་འགྱུར་བའི་དོན་དུའོ། །གཉིས་པ་མི་གདམས་པའི་ཕྱིར་གྱི་རྩོད་པ་ཞི་བྱེད་ནི། ཇི་སྐད་དུ། རྒྱུ་གཉིས་པ་ལས་བྱུང་བ་ནི་འདི་དང་དག་པ་སྦྱིན་པས་སོ། །ཞེས་འབྱུང་ལ། དོན་ནི། རྩོད་པ་འདི་ལ་རྒྱུ་བཅས་དང་རྒྱུ་མེད་གཉིས་ལས། དང་པོ་ནི། རྒྱུད་དེ་ལ་ཉེས་པ་དེ་བྱུང་བར་ཁས་བླངས་ནས། ཉེས་པ་དེ་ལ་ནན་ཏུར་དེ་བྱེད་རིགས་མི་རིགས་རྩོད་པ་ཡིན་ལ། དེ་ལ་ནི་མངོན་སུམ་བརྒྱུད་དང་གང་མང་གི་ཞི་བྱེད་འཇུག་པས་ན་འདི་དང་ཞེས་སྨོས་སོ། །དག་པ་སྦྱིན་པ་ཞེས་པ་ནི་གླེང་བྱ་ལ་དག་པ་སྟེར་བ་སྟེ། དེ་ལ་ནན་ཏུར་དེ་བྱེད་པའི་གཞི་མེད་པའོ། །དཔེར་ན་གླེང་བྱ་ལ་སྨད་པ་ནན་ཏུར་གྱི་གཞི་དེའི་དོགས་པ་དང་བཅས་པས་གླེངས་པ་ན་སྐབས་མི་འབྱེད་པ་དེ་ལ་གསོ་སྦྱོང་བཞག་པ་སོགས་བྱས་པ་ལས་རྩོད་པ་གྱུར་པ་ན་དེའི་གཞི་དེ་གཏན་ནས་མེད་པ་དང་། བསྐྲད་པ་ནན་ཏུར་ལྟ་བུའི་གཞི་གཞན་བསླབས་པ་དང་། སྔ་མའི་གཞི་དོགས་པ་ཙམ་ཡོད་ཀྱང་། ཡིད་ཀྱིས་བསྡམས་པས་འདག་པ་དང་། གླེང་བྱེད་ཀྱི་མཐོང་བའི་གཞི་ཡོད་ཀྱང་། གླེང་བྱ་སྨྲོ་བའི་སྐབས་སུ་བྱས་པ་རྣམས་སོ། །དེ་ལ་དག་པ་ཇི་ལྟར་སྦྱིན་ཞེ་ན། དྲན་པས་འདུལ་བ་དང་། མ་སྨྱོས་པས་འདུལ་བ་གང་ཡང་རུང་བ་སྦྱིན་ནོ། །གཉིས་པོ་ནི་གསོལ་བ་དང་གཞིའི་ལས་ཀྱི་སྦྱིན་པ་ཡིན་ལ༑ དེ་གཉིས་ལ་དག་པ་སྦྱིན་པ་ཞེས་བྱ་སྟེ། མི་གདམས་པ་སོགས་སྤྱང་བར་འོས་པའི་རྒྱུ་མེད་པ་ཉིད་དུ་ཐག་བཅད་ནས་གླེང་བྱ་དེ་ཚད་པའི་རྒྱུད་རྣམ་པར་དག་པ་ཉིད་དུ་བཞག་པའི་ཕྱིར་རོ། །

གསུམ་པ་ལྟུང་ཕྱིར་གྱི་རྩོད་པ་ཞི་བྱེད་ལ་གཉིས་ཏེ། ཉེས་པ་རང་གི་ངོ་བོ་ཤེས་པ་དང་མི་ཤེས་པའོ། །དང་པོ་ལ་གསུམ་སྟེ། གླེང་བྱ་གླེངས་བྱེད་གཉིས་ལས་གཞན་དུ་མ་འཁྲོས་པ་དང་། འཁྲོས་པའོ། །དང་པོ་ནི། གླེང་བྱ་ཉིད་ཀྱིས་ཁས་བླངས་པས་ཞི་བར་འགྱུར་རོ། །གཉིས་པ་ལ། ཉེ་ཚེ་བ་ལ་འཁྲོས་པ་དང་། མཐའ་དག་ལ་འཁྲོས་པའོ། །དེ་གཉིས་ཀྱི་ཞི་བྱེད་ནི། ཇི་སྐད་དུ། གཉིས་པ་ལས་ནི་མངོན་སུམ་གྱིས་འདུལ་བས་སོ། །གསུམ་པ་ལས་ནི་རྩྭ་བཀྲམ་པ་ལྟ་བུས་སོ། །ཞེས་གསུངས། འདི་གཉིས་ཀྱི་ཁྱད་པར་ནི་སྔ་མ་ལ་ལྟུང་བ་དེས་མ་གོས་པའི་གཟུ་བོ་ཡོད་ལ། གཉིས་པ་ལ་གཟུ་བོ་གཞན་མེད་པས་རང་རང་ནས་བློ་རྩེ་མཐུན་པར་བྱེད་དགོས་པའོ། །དང་པོ་གཉིས་ལ་ཁས་བླངས་དང་མངོན་སུམ་གྱི་ཁྱད་པར་འབྱུང་བ་ནི། གླེང་བྱ་མང་པོ་པ་དེ་དག་གིས་ཁས་བླངས་ན་དེ་ཞི་ཡང་། མ་བླངས་ན་གཟུ་བོ་ལ་སོགས་པའི་མངོན་སུམ་དགོས་པས་སོ། །འདིར་ཡང་ས་བརྗོ་བ

ལྷ་བྱིན་ལྷུང་བ་དེར་གཏོགས་པའི་ཆ་ནས་ཉེས་པ་རང་གི་ངོ་བོ་ཤེས་པ་ཡིན་ཀྱང་། སྦྱོར་བ་དང་། དངོས་གཞི་དང་། དགེ་འདུན་གྱི་དོན་ཡིན་པ་སོགས་ཀྱི་ཆ་ནས་མི་མཐུན་པར་རྟོད་པ་ཡིན་ལ། འདིར་བྱུང་མ་བྱུང་རྟོད་པ་ནི་མ་ཡིན་ཏེ། འདི་ནི་ཉེས་པ་རང་གི་ངོ་བོ་ངོ་ཤེས་མི་ཤེས་གཉིས་སུ་བསྟུས་ནས་བཤད་ལ། དེ་ནི་འདི་གཉིས་སུ་མི་འདུ་བའི་ཕྱིར། རྫུ་བཀྲམ་པ་ལྷ་བྱིན་ཞི་བྱེད་ལ། གོ་དོན་ནི། གླིང་བྱེད་མ་གཏོགས་དགེ་འདུན་མཐའ་དག་ལྷུང་བ་གཅིག་གམ་མང་པོ་དག་དང་འབྲེལ་བར་གྱུར་པ་དེའི་ཚེ། རྫུ་བཀྲམ་པ་ན་ཐམས་ཅད་རྩེ་མོ་སྦྲུད་ནས་འདུག་པ་བཞིན་དུ་ཐམས་ཅད་བློ་རྩེ་གཅིག་པར་བྱེད་པའོ། །ཇི་ལྟར་ན། ཐམས་ཅད་ཚོགས་པའི་མདུན་དུ་རང་རང་ལ་ལྟུང་བ་གང་བྱུང་བ་དེ་ཁས་ལེན་པའོ། །དེ་ལྟར་བླངས་པ་དེ་ཕྱིར་བཅོས་པའི་ཚེ་གཅིག་གིས་མང་པོའི་ལྟུང་བ་ཕྱིར་བཅོས་པས་ཆོག་པ་ཡིན་ཏེ། ཐམས་ཅད་བློ་རྩེ་གཅིག་ཏུ་གྱུར་པའི་ཕྱིར། གཅིག་པུ་དེས་དགེ་འདུན་མང་པོ་ལ་བྱུང་བའི་ས་ཀྲོ་ལྷ་བུ་གཅིག་པོ་དེ་ར་མ་ཟད། ཀྱོས་འགྱུར་དང་མེ་རེག་ལ་སོགས་པ་མང་པོ་དག་གཅིག་ཆར་དུ་བཤགས་པས་ཆོག་པ་ཡིན་ཏེ། བློ་རྩེ་གཅིག་ཏུ་གྱུར་པའི་ཕྱིར། དེའི་ཚེ་ཇི་ལྟར་བྱ་ཞེ་ན། གླིང་བྱེད་གཅིག་པུ་དེའི་མདུན་དུ་གླིང་བྱ་མང་པོ་དག་གི་ནང་ནས་གང་རུང་གཅིག་གིས་འདི་སྐད་ཅེས། ཁོ་བོ་འཆར་ཀ་ལ་ས་ཀྲོའི་ལྟུང་བ་བྱུང་བ་འདི་དང་། ཁོ་བོ་འདུན་པ་ལ་མེ་རེག་གི་ལྟུང་བ་བྱུང་བ་འདི་དང་། ཚོགས་པ་ཐམས་ཅད་ལ་སྐྱེ་བ་གཙོད་པའི་ལྟུང་བྱེད་བྱུང་བ་འདི། ཚེ་དང་ལྡན་པའི་མདུན་དུ་བཤགས་སོ། །ཞེས་པ་ལྷ་བུའོ། །དེ་སྐད་དུ་ཡང་། དུམ་དག་ཅིག་ཆར་དུ་ཡང་ངོ་། །གང་ཡིན་པ་ཞེས་སྨོས་པ་དང་། ཤེས་པ་གནང་བར་བྱས་ནས་སོ༔ །ཕྱོགས་གཞན་མཐུན་པར་གྱུར་ནའོ། །ལྟན་ཅིག་པའི་དངོས་པོས་གླིང་པ་ཉིད་དུ་རུང་ངོ་ཞེས་བཤད་དོ། ། འདི་ནི་གཙོ་བོར་མཐོལ་བའི་དབང་དུ་བྱས་པ་ཡིན་ཏེ། མང་པོ་དག་གི་དོན་དུ་དགེ་འདུན་མ་ཡིན་པ་ལ་བཤགས་པར་བྱ་བ་དག་ནི་གཅིག་གི་ཕྱིར་བཅོས་པར་བྱའོ་ཞེས་བཤད་ལ། འདི་ཡང་རིག་པ་དང་འཁྲིག་ཚིག་སླེབ་ལྷ་བུ་དགེ་འདུན་ལྷག་མའི་དབང་དུ་བྱས་པར་གླིང་གཞི་ལས་གསལ་བ་དང་། ལྷག་མ་ནི་དགེ་འདུན་མ་ཡིན་པ་ལ་བཤགས་པས་མི་འདག་པའི་ཕྱིར། རྫུ་བཀྲམ་ཞེས་པ་འདི་ནི་སྐབས་འདིའི་རྟོད་པ་ཞི་བྱེད་ཁོ་ནར་མ་ཟད། ལྟུང་བ་ཕྱིར་བཅོས་ཚུལ་གོང་དུ་བཤད་པ་དག་དང་མི་འདྲ་བ་ཁྱད་པར་ཅན་ཞིག་བསྟན་པ་ཡིན་ཏེ། བློ་རྩེ་གཅིག་པའི་དགེ་སློང་མང་པོའི་ལྟུང་བ་མཐུན་མི་མཐུན་ཐམས་ཅད་དགེ་སློང་གཅིག་གིས་འཐོལ་བས་འཆབ་ཉེས་ཁེགས་པ་དང་། བཤགས་པ་ཙམ་གྱིས་འདག་པ་རྣམས་གཅིག་པུ་དེས་བཤགས་པས་ཀྱང་ཆོག་པར་བཤད་པའི་ཕྱིར་རོ། །འདིར་སྐབས་སུ་བབ་པ་ནི། མཚམས་ནང་དེ་ན་ཡོད་པའི་དགེ་འདུན་ཐམས་ཅད་ལྟུང་བ་རིགས་མཐུན་པ་གཅིག་གམ་མི་མཐུན་པ་མང་པོ་དང་བཅས་པའི་གྲོལ་བར་གྱུར་ནས། ཕྱིར་གྲོལ་ནི་གླིང་བྱེད

གཅིག་པོ་ལས་མེད་པ་དེའི་ཚེ་དཔང་པོ་ནི་མེད་པས་མངོན་སུམ་གྱི་ཞི་བྱེད་མི་འཇུག་གཅིག་གིས་ཁས་བླངས་ཀྱང་གཞན་གྱིས་ཁས་མ་བླངས་ན་ཁས་བླངས་ཀྱི་ཞི་བྱེད་མི་འཇུག །གླེང་བྱ་ཐམས་ཅད་ཀྱིས་ཁས་བླངས་པ་དེ་ལ་ནི་རྩྭ་བཀྲམ་པ་ལྟ་བུ་ཞེས་མིང་གིས་བཏགས་སོ། །

དཔེ་དེས་བསྟན་པའི་དོན་འདིར་ཡང་སྦྱིར་གལ་ཆེ་བའི་ཚུལ་དང་། ཁྱད་པར་རྩོད་པ་ཞི་བྱེད་དུ་བསྟན་པའི་རྒྱུ་མཚན་ནོ། །དང་པོ་ནི། སྤྱིར་དགེ་འདུན་བློ་རྩེ་མཐུན་པ་དང་། ཁྱད་པར་དགེ་འདུན་ཉི་ཚེ་བ་དང་མཐའ་དག་ལ་ཁྱབ་པའི་ལྟུང་བ་ཐུན་མོང་མ་ཡིན་པ་དང་ཐུན་མོང་བ་གང་བྱུང་ཡང་སྦ་བ་དང་འཆབ་པ་མེད་པར་ཕན་ཚུན་དུ་མཐོལ་བ་དང་བཤགས་པ་དང་བྱིན་གྱིས་རླབས་པ་རྣམས་སྐབས་དང་སྦྱར་ནས་བྱེད་པ་ཡིན་ལ། བློ་རྩེ་གཅིག་པའི་དགེ་འདུན་དེ་ཐམས་ཅད་ཀྱི་ལྟུང་བ་མཐོལ་བ་དང་བཤགས་པ་ཙམ་གྱིས་འདག་པ་རྣམས་ནི་དགེ་སློང་གཅིག་གིས་ལྟུང་བ་འབྱུང་བའི་གང་ཟག་སོ་སོའི་མིང་དང་། ལྟུང་བ་ཐ་དད་པ་རྣམས་ཀྱི་མིང་རིགས་ཚིག་ཏུ་བརྗོད་ཅིང་། བཤགས་ཡུལ་གྱི་ཤེས་པ་ལ་སྣང་བར་བྱས་ནས་མཐོལ་ཤིང་བཤགས་པས་ཆོག་པ་ནི་དགེ་འདུན་ཐམས་ཅད་བློ་རྩེ་གཅིག་ཏུ་འཕྲོད་པའི་ནུས་པའོ། གཉིས་པ་ནི། མཚམས་དེར་གཏོགས་ཀྱི་དགེ་འདུན་ཐམས་ཅད་རྩོད་གཞིར་གྱུར་པའི་ལྟུང་བ་དེ་དང་བཅས་པའི་ཚེ། ཞི་བྱེད་ཀྱི་ཆོས་ནི་རྩྭ་བཀྲམ་པ་ལྟ་བུ་ཞེས་པ་འདི་ལས་གཞན་ཡོད་པ་མ་ཡིན་ཏེ། གླེང་བྱ་ཚོགས་སུ་ལོངས་ཤིང་ཉེས་པ་རང་གི་ངོ་བོ་ངོ་ཤེས། གླེང་བྱེད་ཉིད་ཀྱང་རྩོད་གཞིའི་ཉེས་པ་དེ་དང་བཅས་པའམ། མ་བཅས་ཀྱང་ཚོགས་སུ་མ་ལོངས་པས་ཞི་བྱེད་ཀྱི་ཚོ་ག་དགེ་འདུན་གྱིས་བྱེད་པ་དག་འཇུག་པའི་གོ་སྐབས་མེད་པའི་ཕྱིར། གཉིས་པ་ལྟུང་ཕྱིར་ཉེས་པ་རང་གི་ངོ་བོ་ངོ་མི་ཤེས་པའི་ཞི་བྱེད་ནི། ངོ་བོ་ཉིད་ཚོལ་བ་དང་མཐུན་པ་སྦྱིན་པའི་མིང་ཅན་དེ་ཡིན་ལ། འདི་གང་ལ་སྦྱར་བའི་ཡུལ་ནི། རིག་པའི་ལྷག་མ་ལྟ་བུས་ཡུལ་དེ་ལ་གླེང་བའི་གཞི་ཡོད་པ་ན་གླེངས་པར་གྱུར་པའི་ཚེ་དེ་ལྟུང་བ་ཡིན་པར་དུ་སྡོད་ཤེས་སོ། །ཞེས་པའམ། ཉེས་པ་ཤིན་ཏུ་ཆ་ཕྲ་བའོ་ཞེས་པ་ལྟ་བུའི་སྒོ་ནས་ཁྱད་དུ་གསོད་པར་བྱེད་ཅིང་། ཁས་ལེན་པར་ཡང་བྱེད། ཕྱིར་བཅོས་ལ་བསྐུལ་བ་ན། ཀུན་སློང་དང་རྒྱུ་ཚོགས་ཐ་དད་ལ་བརྟགས་ནས་སྦྱོར་བ་དང་དངོས་གཞི་དང་ལྟུང་མེད་སོགས་གང་ཡིན་གྱི་ངེས་པ་མེད་པའི་ཐེ་ཚོམ་གྱི་རྟོག་པ་བསླངས་ནས་ཁྱད་དུ་གསོད་པར་བྱེད་པ་དེ་ལའོ། །དེ་སྐད་དུ་ཡང་། ངེས་པ་དང་བྲལ་བ་ནི་ཁྱད་དུ་གསོད་པ་ཡིན་ནོ། །དགེ་འདུན་ལ་ཁས་བླངས་ནས་ཁྱད་དུ་གསོད་ན་ངེས་པར་འཛིན་དུ་གཞུག་པའི་ཕྱིར་ངེས་པར་སྦྱོར་བ་སྦྱིན་ནོ། །ཞེས་སོ། །འདི་ནི་གླེང་བྱེད་བདེན་ལ། གླེང་བྱ་མི་བདེན་པའི་རྩོད་པར་ཡིན་ཏེ། དང་པོ་ཉེས་པ་དེ་ཁས་བླངས་ནས་ཕྱིས་ཁྱད་དུ་གསད་པའི་ཕྱིར། མ་མཐོང་གནས་དབྱུང་འཆགས་པའི་གཞི་ཡང་དེ་དང་འདྲ་སྟེ། དང་པོ་ཁས

བླངས་ནས་ཕྱིས་མ་མཐོང་ཞེས་ཁྱད་དུ་གསོད་པ་ལ་ནན་ཏུར་དེ་འཇུག་པ་ཡིན་གྱི། དང་པོ་ཉིད་ནས་མ་མཐོང་ཞེར་བ་ནི་སྐབས་མི་འབྱེད་པའི་ནང་དུ་འདུས་པས་སོ། །ཡང་གླེང་བྱ་བདེན་ལ། གླེང་བྱེད་མི་བདེན་པའི་རྩོད་པ་ནི་མི་གདམས་པའི་ཕྱིར་གྱི་རྩོད་པ་གཞི་མེད་དུ་བཤད་པ་གླེང་བྱ་ལ་དག་པ་སྦྱིན་དགོས་པ་དེ་དག་གོ། གཉིས་ཀ་མི་བདེན་པ་ནི། ཆོས་མ་ཡིན་པའི་ཕྱོགས་སུ་རྩོད་པ་ཞི་བ་ལ་ཆོས་ཕྱོགས་པས་སྐྱོ་སྒོགས་བྱས་པ་ལྟ་བུའོ། །གཉིས་ཀ་བདེན་པ་ནི་གནས་ཕྱུང་སྟེ་སྨོད་འཛིན་པས་དགེ་འདུན་གྱི་ལས་ལ་མཐུན་པ་མི་གསོལ་བ་ལྟ་བུའོ། །ངོ་བོ་ཉིད་ཆོལ་བ་སྦྱིན་ས་ཡུལ་གྱི་དགེ་སློང་དེས། རྩོད་གཞིའི་ལྟུང་བ་དེའི་ངོ་བོ་བསམ་པ་ཐག་པ་ནས་མི་ཤེས་པ་ཡིན་ནམ། ཤེས་ཀྱང་མི་ཤེས་པར་རྫུ་བ་ཡིན་ཞེས་དཔྱད་ན། དང་པོ་མ་ཡིན་ཏེ། བྱ་བ་མ་ཡིན་པ་འདི་དང་འདི་ནི་བྱས། དེ་ལས་ཉེས་པ་ཅིར་འགྱུར་མི་ཤེས་སོ་ཞེས་ཟེར་བ་དེ་ལ་ནི་ཐབས་གཞན་དགོས་ཀྱི། ཆོལ་བ་དེ་སྦྱིན་ནས་ས་གཞན་པར་ཡུན་རིང་དུ་གནས་ཀྱང་མི་ཕན་པའི་ཕྱིར། གཉིས་པ་ལྟར་ཡང་མི་འཐད་དེ། མ་མཐོང་གནས་དབྱུང་གང་ལ་བྱ་བའི་གཞིར་གྱུར་པའི་ཕྱིར་རོ། །དེས་ན་འདི་ལྟར་རྒྱུ་ཚོགས་དང་པོར་ཁས་བླངས་ནས་དེ་ལས་བྱུང་བའི་ཉེས་པ་རང་གི་ངོ་བོ་བསམ་པ་ཐག་པས་མི་ཤེས་ཤིང་། གླེང་བྱེད་ཀྱིས་འདི་ནི་སྦྱོར་བའོ། །དུས་འདི་ན་དངོས་གཞིའོ་ཞེས་ལེགས་པར་བསྟན་ཀྱང་ཁྱད་དུ་གསོད་པ་དེ་ལ་ཆོལ་བ་འདི་མ་བྱིན་ན་རྩོད་པར་འགྱུར་ལ། དེ་སྦྱིན་པ་རྩོད་པ་ཞི་ནས་ས་གཞན་དུ་གནས་པའི་བར་ལ་ཐོས་བསམ་གྱི་སྒོ་ནས་དེའི་ངོ་བོ་ཉིད་ཁོང་དུ་ཆུད་པར་འགྱུར་བའོ། །བཞི་པ་ཕྱིར་གྱི་རྩོད་པའི་ཞི་བྱེད་ལ། སྐབས་སུ་བབ་པ་དང་། དེ་ལས་འཕྲོས་པའོ། ། དང་པོ་ནི། ཇི་སྐད་དུ། ཐ་མ་ནི་སྦྱིན་དུ་བཞུག་པས་སོ། །ཞེས་དང་། ཞི་བ་ཐམས་ཅད་ནི་བྱ་བའི་ཕྱིར་རྩོད་པ་ལ་འཇུག་གོ། ཞེས་གསུངས། འདིར་དངོས་སུ་བསྟན་པ་ནི། གནས་ཕྱུང་མ་བྱས་གོང་དུ་མཐུན་པ་མི་སྦྱིན་པ་ལ་དགོངས་པ་ཡིན་ཏེ། གནས་ནས་ཕྱུང་བ་ལ་དགེ་འདུན་གྱི་བྱ་བ་མི་འཇུག་པའི་ཕྱིར་དང་། གནས་ནས་ཕྱུང་བ་དང་། ཐ་དད་དུ་གནས་པར་སོང་བ་དང་། སྒྲོག་དང་བསྐྱེན་པར་རྫོགས་པ་ལས་ཉམས་པ་ནི་རྩོད་པ་རང་གི་ངང་གིས་ཞི་བའི་ཆེད་དུ་བཤད་པས་སོ། །འོན་བྱ་ཕྱིར་གྱི་རྩོད་པ་དེ་གང་། དེ་ལ་ཞི་བྱེད་ཐམས་ཅད་འཇུག་པའི་ཚུལ་ཇི་ལྟ་བུ་ཞེ་ན། རྩོད་པ་ནི་ལས་ལ་མཐུན་པ་མི་སྦྱིན་པ་ཡིན་ལ། དེ་ལ་གཉིས་ཏེ། དགེ་འདུན་དང་རྩོད་པར་གྱུར་ནས་དགེ་འདུན་གྱི་ལས་ལ་མཐུན་པ་མི་སྦྱིན་པ་དང་། རྩོད་པ་མེད་པར་ཡང་ཇི་ཞིག་ལྟར་མཐུན་པ་མི་སྦྱིན་པའོ། །འདིར་བསྟན་པ་ནི་དང་པོ་དེ་ཡིན་ལ། འདི་ལ་ནི་དགེ་འདུན་གྱི་འགྱུར་གྱི་དགག་བྱ་ཡོད་པས་མཐུན་པར་བྱེད་དགོས་པ་ཡིན་གྱི། མ་འདུས་པའི་མི་མཐུན་པ་སྐྱེད་པ་ནི་མ་ཡིན་ཏེ། རྩོད་པར་གྱུར་པ་ནི་ནང་ཞེ་འཁོན་དང་བཅས་པ་ཡིན་པས་དེས་ཕྱིར་ལྡོག་ལྟ་ཞོག །མ་འདུས་པ་མི་མཐུན་པའང་སྐྱེད་དཀའ་བའི་ཕྱིར།

དེས་ན་དགེ་འདུན་གྱི་མཚན་ཉིད་མི་མཐུན་པ་གཉིས་དང་བྲལ་བ་ཞེས་པའི་སྐབས་ཀྱི་མི་མཐུན་པ་དེ་ནི་འདིར་བསྟན་པའི་བྱ་ཕྱིར་གྱི་རྩོད་པ་དེར་བསྡུ་ནུས་པ་མ་ཡིན་ཏེ། ལས་ལ་མཐུན་པ་མི་སྦྱིན་པའི་རྩོད་པ་ཅན་དེ་ནི་ཁ་སྐོང་དུ་མི་འོས་པའི་ཕྱིར། དེ་ལ་ཞི་བྱེད་བདུན་པོ་ཇི་ལྟར་འཇུག་པ་ནི། འགྱེད་ཕྱིར་གྱི་རྩོད་པ་རྒྱུར་བྱས་ནས་ལས་ལ་མཐུན་པ་མི་སྟེར་ན། འགྱེད་ཕྱིར་གྱི་རྩོད་པ་དེ་མངོན་སུམ་བརྒྱུད་དང་གང་མང་གིས་ཞི་བར་བྱས་ནས་མཐུན་པ་སྦྱིན། མི་གདམས་པའི་ཕྱིར་གྱི་རྩོད་པ་རྒྱུར་བྱས་ནས་མཐུན་པ་མི་སྦྱིན་ན་མངོན་སུམ་དང་གང་མང་ངམ་དག་པ་སྦྱིན་པས་རྩོད་པ་དེ་ཞི་བར་བྱས་ནས་མཐུན་པ་སྦྱིན་དུ་བཞུགདེ་བཞིན་དུ་ལྟུང་ཕྱིར་གྱི་རྩོད་པ་རྒྱུར་བྱས་ནས་མཐུན་པ་མི་སྦྱིན་ན། ཁས་བླངས་དང་། རྩྭ་བཀྲམ་དང་། ངོ་བོ་ཉིད་འཚོལ་བ་གང་རུང་གིས་རྩོད་པ་དེ་ཞི་བར་བྱས་ནས་མཐུན་པ་སྦྱིན་དུ་བཞུག །སྦྱིན་དུ་བཞུག་པའི་ཚུལ་ལ་གཉིས་ཏེ། དགེ་འདུན་དུ་ཡོངས་པས་གཞན་དགེ་འདུན་དུ་ཡོངས་པ་ལ་མཐུན་པ་སྦྱིན་པ་དང་། དགེ་འདུན་གྱིས་གང་ཟག་རེ་རེ་བ་ལ་སྦྱིན་པའོ། །འདི་གཉིས་ཀ་ལ་མཐུན་པ་གསོལ་དགོས་ཏེ། བྱ་ཕྱིར་གྱི་རྩོད་པ་ཅན་ཇི་སྲིད་མཐུན་པ་མ་ཐོབ་པ་དེ་སྲིད་དུ་ལས་དེ་ལ་འཇུག་པར་མི་དབང་བའི་ཕྱིར། དགེ་འདུན་གྱིས་གང་ཟག་ལ་མཐུན་པ་སློང་བ་དང་། དེས་དགེ་འདུན་ལ་མཐུན་པ་སྦྱིན་པ་ནི་མ་ཡིན་ཏེ། དེ་ལྟར་སློང་སྦྱིན་ཕྱིན་ཅི་ལོག་ཏུ་སོང་བའི་ཕྱིར་དང་། དགེ་འདུན་གྱིས་ནི་འཐབ་དཀྲོལ་ཅན་ཐུལ་འོག་ཏུ་བཞུག་པ་ཡིན་གྱི། དེ་ལ་གསོལ་བ་འདེབས་པ་མ་ཡིན་པའི་ཕྱིར། གཉིས་པ་དངོས་བསྟན་མ་ཡིན་པ་འཕྲོས་སུ་བཤད་པ་ནི། གནས་ཕྱུང་དང་ཆོས་གཞན་པ་ལ་རྩོད་པ་ཞི་བྱེད་མི་འཇུག་པ་ངེས་སམ་ཞེ་ན། གནས་ཕྱུང་དང་ཆོས་གཞན་པ་གཉིས་དང་ནི་ཆོས་ཀྱི་ལོངས་སྤྱོད་སོ་སོར་ངེས་པས་རྩོད་པའི་གཞི་མེད་ཅིང་། ཟང་ཟིང་གི་ལོངས་སྤྱོད་ནི་རབ་ཏུ་བྱུང་བ་རྣམས་ཀྱི་རྩོད་གཞི་མ་ཡིན་པས་དེ་དག་དང་རྩོད་པ་མེད་པ་ལ་བསམས་ནས་དེ་ཞི་བྱེད་ཀྱི་ཆོག་ཆོག་གིས་ཟིན་པར་མ་བཤད་པ་ལྟ་བུར་སྣང་ཡང་། ཞི་བྱེད་མེད་པ་མ་ཡིན་ཏེ། གནས་ཕྱུང་ལ་བཟོད་པ་གསོལ་བར་བཤད་པ་དང་། དགེ་འདུན་བྱེ་བ་བསྡུམ་པར་བཤད་ཅིང་། དེའི་ཚུལ་ཡང་ཐོག་མར་ཆོས་མ་ཡིན་པའི་ཕྱོགས་པ་གནས་ཕྱུང་སྔོན་དུ་སོང་བ་དེ་དག་གིས། ཐོག་མར་ཆོས་ཕྱོགས་པ་ལ་བཟོད་པ་གསོལ་བ་དང་། གསོལ་བཞིའི་ལས་ཀྱི་བཟོད་པ་དེ་སྦྱིན་པ་དང་། བཟོད་པ་ཐོབ་པ་དེས་མཐུན་པ་གསོལ་བ་དང་། གསོལ་བཞིའི་ལས་ཀྱི་མཐུན་པ་སྦྱིན་པ་དང་། དེ་ཐོག་ནས་མཐུན་པའི་གསོ་སྦྱོང་གསོལ་བ་དང་། དེ་ནས་མཐུན་པའི་གསོ་སྦྱོང་སྦྱིན་པ་རྣམས་གསུངས་སོ། །དེ་ལྟར་བཤད་པ་ནི་ཞི་བྱེད་ལ་གཉིས་ཏེ། ཞི་བྱེད་བརྒྱུད་ཀྱིས་ཞི་བར་བྱེད་པ་དང་། མཐུན་པའི་གསོ་སྦྱོང་ཡན་ལག་དང་བཅས་པ་ཞི་བར་བྱེད་པའོ། །མཐུན་པའི་གསོ་སྦྱོང་གསོལ་བ་དང་། སྦྱིན་པའི་སྤྱགས་ཚིག་ནི། ཇི་སྐད་དུ། དགེ་འདུན་

བཙུན་པ་རྣམས་གསན་དུ་གསོལ། བདག་ཀཽ་ཤམྦི་བའི་དགེ་སློང་ལ་དགེ་འདུན་གྱི་གནས་ནས་དབྱུང་བའི་འཕྲིན་ལས་མཛད་ལགས་པས་དགེ་འདུན་གྱི་གན་ཏུ་མཆིས་ཏེ་བཟོད་པ་གསོལ་ནས་དགེ་འདུན་གྱིས་བདག་ལ་བཟོད་པའི་འཕྲིན་ལས་མཛད་ལགས་ཏེ། བདག་བཟོད་པའི་འཕྲིན་ལས་མཛད་ལགས་པ། འཁོར་དང་བཅས་པས་དགེ་འདུན་གྱིས་གན་ཏུ་མཆིས་ནས་མཐུན་པ་གསོལ་ཏེ། དགེ་འདུན་གྱིས་མཐུན་པ་བསྩལ་ལགས་པས། བདག་འཁོར་དང་བཅས་པ་མཐུན་པ་གསོ་སྦྱོང་གསོལ་ན་ཐུགས་བརྩེ་བ་ཅན་དགེ་འདུན་བཙུན་པ་རྣམས་ཀྱིས་ཐུགས་བརྩེ་བའི་སླད་དུ། བདག་ཀཽ་ཤམྦི་བའི་དགེ་སློང་འཁོར་དང་བཅས་པ་ལ་མཐུན་པའི་སྩལ་བ་ལ་མཐུན་པའི་གསོ་སྦྱོང་སྩལ་དུ་གསོལ། ཞེས་ལན་གསུམ་བཟླས་པའོ། །སྦྱིན་པ་ནི་དགེ་འདུན་ནས་གསོལ། ཀཽ་ཤམྦི་བའི་དགེ་སློང་དགེ་འདུན་ལས་བཟོད་པ་དང་མཐུན་པར་འཐོབ་པ་འདི་དགེ་འདུན་ལ་མཐུན་པའི་གསོ་སྦྱོང་གསོལ་ན་དགེ་འདུན་གྱིས་དུས་ལ་བབ་ཅིང་བཟོད་ན་གནང་བར་མཛོད་ཅིག་དང་། དགེ་འདུན་གྱིས་འདི་ལ་མཐུན་པའི་གསོ་སྦྱོང་བསྩལ་ཏོ། །འདི་ནི་གསོལ་བའོ། །བརྗོད་པ་ནི། དགེ་འདུན་ནས་གསོལ། ཀཽ་ཤམྦི་བའི་དགེ་སློང་ཞེས་པ་ནས་མཐུན་པའི་གསོ་སྦྱོང་གསོལ་ཏེ། དེའི་སླད་དུ་དགེ་འདུན་གྱི་ཀཽ་ཤམྦི་བའི་དགེ་སློང་འཁོར་དང་བཅས་པ་མཐུན་པའི་གསོ་སྦྱོང་སྩོལ་ན། ཚེ་དང་ལྡན་པ་གང་དག་དེ་ལ་དེ་སྩོལ་བར་བཟོད་པ་དེ་དག་ནི་ཅང་མ་གསུངས་ཤིག །མི་བཟོད་པ་དེ་དག་ནི་གསུངས་ཤིག །ཅེས་ལན་གསུམ་བཟླས། མཇུག་བསྡུད་ནི༔ དགེ་འདུན་གྱིས་བཟོད་ཅིང་གནང་ནས་ཀཽ་ཤམྦི་བའི་དགེ་སློང་འཁོར་དང་བཅས་པ་ལ་མཐུན་པའི་གསོ་སྦྱོང་སྩལ་ལགས་ཏེ། འདི་ལྟར་ཅང་མི་གསུངས་བས་དེ་དེ་བཞིན་དུ་འཛིན་ཏོ། །ཞེས་པའོ། །

གསུམ་པ་རྩོད་པ་ཞི་བའི་ཕན་ཡོན་ནི། རྩོད་པ་ཞི་བས་རང་རང་གི་ལུས་སེམས་བདེ་བར་གནས་པ་དང་། ཀློག་པ་དང་ཁ་ཏོན་གྱི་འཁོར་ལོ་ཡོངས་སུ་འཛིན་པ་ལ་གེགས་མེད་པ་དང་། དགེ་འདུན་མཐུན་པས་འཇིག་རྟེན་གྱི་ཁམས་སུ་བདེ་ལེགས་འབྱུང་བ་དང་། དེ་ལས་དམ་པའི་ཆོས་དར་ཞིང་རྒྱས་པ་དང་ཡུན་རིང་དུ་གནས་པའོ། །དེ་སྐད་དུ་ཡང་། དགེ་འདུན་མཐུན་པ་བདེ་བ་སྟེ། །མཐུན་པ་རྣམས་ཀྱི་དཀའ་ཐུབ་བདེ། །འཕགས་པ་རྣམས་ནི་མཐོང་བ་བདེ། །དམ་པ་དག་དང་འགྲོགས་པ་བདེ། །ཞེས་གསུངས་སོ། །ཞེས་ཐེག་པ་གསུམ་གྱི་འདུལ་བ་རྣམ་པར་ངེས་པ་ལས། ཉན་ཐོས་ཀྱི་འདུལ་བ་གཞུང་ཇི་ལྟ་བ་བཞིན་དུ་མཐའ་དཔྱད་ནས་བཤད་པའི་ལེའུ་སྟེ་དང་པོ་ཡོངས་སུ་གྲུབ་པའོ།། །།

འདིར་སྨྲས་པ། ལེགས་གསུངས་ཉི་ཟླ་འཆར་བའི་དཔུང་པ་ལ། །ཆོས་འདུལ་སྣམ་སྦྱར་བགོས་པའི་ལྷབ་ལྷུབ་ཅན། །རྟག་ཏུ་ཚངས་པར་སྤྱོད་པའི་མདའ་མདངས་ཀྱིས། །ཐུབ་བསྟན་བསྲུང་མཛད་ཉིད་ལ་ཕྱག

བགྱིའོ། །མང་ཐོས་ལང་ཚོ་དར་བའི་སྙིག་འཆང་མ། །གནང་བཀག་ཨུཏྤལ་མིག་གིས་ལྟ་བྱེད་མཁན། །མདོ་ལུང་མུན་པ་གསལ་བའི་སྣང་བྱེད་འདི། །སྲིད་གསུམ་ཉིན་མོར་མཛད་ལ་མཆོད་པར་འབུལ། །གསུང་རབ་མང་པོའི་རིག་བྱེད་གློག་ཤེས་ཤིང་། །འཁོར་ཚོགས་འདུས་པའི་ཁྲི་ལ་ཧྲག་འཁོད་ཀྱང་། །ལེགས་གསུང་འདུལ་བས་གཙང་སྦྲས་མ་བརྒྱན་ན། །སློ་མཁས་བྲམ་ཟེ་མཁས་བཙུན་གྱིས་མི་བཀུར། །ལུང་རིགས་སྐྱ་བ་འཛིན་པའི་ཁ་ལོ་བས། །ཆོས་འདུལ་རྒྱ་མཚོའི་ཕ་མཐའ་ཡང་ཡང་དཔྱད། །ལུང་དོན་མ་ཚང་མེད་པར་མཐའ་ཆོད་པའི། །ཡིད་བཞིན་ནོར་འདིས་མང་པོའི་འདོད་དགུ་བསྐང་། །རྣམ་འབྱེད་གཞུང་དོན་སྟོན་རབས་མཛངས་པ་ཡིས། །ལུང་དོན་ཇི་བཞིན་རིགས་པར་མཐའ་དཔྱད་ནས། །མ་ཚང་མེད་པའི་ཡན་ལག་རྩེ་བ་ཡིས། །ངག་དོན་བདེ་བར་བླངས་པ་ཇི་བཞིན་བཀོད། །བཅུ་བདུན་གཞི་དང་དེ་ལས་འཕྲོས་པའི་ཚོགས། །དངོས་བསྟན་ཙམ་ཞིག་སྟོན་གྱིས་བྱེད་པོས་བཤད། །གང་འདིར་ལུང་རིགས་མང་པོའི་རྟོག་དཔྱོད་མཁན། །རྗེས་བློས་རྩོམ་པར་འཆད་དང་འདི་མི་མཉམ། །འདུལ་མདོན་རྒྱ་མཚོའི་མཛོད་འཛིན་ཆོས་ཀྱི་རྗེ། །ཡོངས་འཛིན་མང་པོའི་བཤད་པས་དབང་བསྐུར་ནས། །རྗེས་བཅས་དམིགས་བསལ་མང་པོའི་གསང་ཚིག་ལ། །ཇི་བཞིན་ངེས་པའི་རྟོག་དཔྱོད་འདི་ན་དགེ། སྒྲིར་བཏང་བཅས་པའི་མཚམས་ལས་མི་འགོང་ཞིང་། །དམིགས་བསལ་འཇུག་པ་བདེ་བའི་ལམ་སྲང་དུ། །

དུས་དྲན་ཤིང་རྟ་འདྲེན་པའི་ཁ་ལོ་བ། །ཆོས་འདུལ་ཡངས་པའི་ལམ་དུ་བདེ་བར་རྒྱུ། །བདག་ཀྱང་དེང་ནས་ཚེ་རབས་ཐམས་ཅད་དུ། །ངེས་པར་འབྱུང་བློས་རབ་ཏུ་བྱུང་བ་དང་། །དམ་ཆོས་འདུལ་བའི་གྲུ་ཆེན་དེ་བཟུང་ནས། །འགྲོ་མང་སྲིད་པའི་མཚོ་ལས་སྒྲོལ་བར་ཤོག །ཅེས་པ་འདི་ཡང་དཔལ་སྐྱོར་མོ་ལུང་གི་འདུལ་བ་འཛིན་པ་ཆེན་པོ་བསོད་ནམས་ཚུལ་ཁྲིམས་ཞབས་ཀྱི་བཀའ་དྲིན་ཉེ་བར་ཐོབ་པ་དཔལ་ཤཱཀྱ་མཆོག་ལྡན་དྲི་མེད་ལེགས་པའི་བློས། གཡས་རུ་གཙང་གི་སའི་ཐིག་ལེ་ཐུབ་བསྟན་གསེར་མདོག་ཅན་ཞེས་བྱ་བའི་ཆོས་ཀྱི་གྲྭ་ཡངས་པོའི་དབུས། ཤྲཱི་མཉན་དུ་ཡོད་པའི་གཙུག་ལག་ཁང་དུ་ཉེ་བར་སྦྱར་བའི་ཡི་གེ་པ་ནི་བློ་བཟང་ཆོས་ཀྱི་རྒྱལ་མཚན་ནོ།། །།

སྭསྟི། ཐུབ་དབང་སྟོན་པ་དེ་ཡི་ཞལ་གྱི་སྒོ། །རྟག་ཏུ་ཆོས་འདུལ་གསུང་བའི་འཛུམ་དཀར་གྱིས། །འདུས་པའི་མཚོ་ཆེན་དང་གི་གང་གྱུར་པ། །ཤིས་མཛད་དཀོན་མཆོག་རྣམ་གསུམ་མཆོད་པར་ཤོག །ཐུན་མོང་ཐེག་དང་ཐེག་པ་ཆེན་པོར་ནི། །ཚུལ་བཞིན་འཇུག་པའི་རྣམ་ཐར་སྒོ་གསུམ་པོ། །སྟུགས་དང་ཕ་རོལ་ཕྱིན་དང་ཉན་ཐོས་ཀྱི། །འདུལ་བ་རྣམ་པར་ངེས་ཡིན་དེ་འདིར་བཤད། །དེང་འདིར་རབ་བྱུང་སྐྱར་མའི་ཚོགས་མང་པོ། །འབད་མེད་དང་གིས་འཆར་བ་མ་འགགས་ཀྱང་། །མདོ་ལུང་ཉན་བཤད་ནུབ་པའི་སྟོ་སངས་མ། །མུན་པའི་མལ་དུ

མནལ་བ་དེ་ར་མ་སངས། །སྨོངས་ཆེན་ལོང་པའི་དགྲར་གྱུར་རྣམ་དཔྱོད་ཀྱི། །ལག་རིང་རྐྱོང་བྱེད་མཁན་དེས་འདུལ་བ་ཡི། །ཡིད་བཞིན་མཚོནས་ལེགས་བཤད་འོད་དཀར་ཅན། །སྐལ་བཟང་དྭག་པོའི་རྒྱན་དུ་འདིར་སྦྲིན་པ༔ ༔བདེ་འབྱུང་གཙུག་རྒྱན་གནས་ལས་མ་འཕོས་ཀྱང་། །འཛམ་གླིང་ཡངས་པའི་མཁའ་ལ་འཆར་དེ་བཞིན། །ལེགས་བཤད་ཟླ་བ་ལམ་ལས་མ་འཕོས་པར། །ཉམས་ལེན་ཡངས་པའི་རྒྱ་མཚོར་འཆར་བྱེད་ཤོག །མང་དུ་གསན་པའི་བློ་གྲོས་ཀྱི། །དཔུང་པ་སྤོབས་ལྡན་ངལ་མེད་པས། །ལན་བརྒྱར་བླངས་པའི་ཉི་མ་ནི། །དཀའ་གནས་སྨུན་ཆེན་ཀུན་སངས་པ། །པར་དུ་འགྲོ་བའི་ཡི་གེ་ནི། །འདྲི་བྱེད་མཁན་པོ་དྲག་པོ་སྐྱབས། །རྐོ་བྱེད་མཁན་པོ་ཆོས་དཔལ་ལྡན། །མཆེད་དང་སློབ་མ་དེ་དང་དེས། །ས་ཕོ་རྟ་ལོའི་ས་ག་ཡིས། །ཉ་བའི་ཟླ་བ་སངས་རྒྱས་ཀྱི། །དུས་ཆེན་རྣམ་གསུམ་འཛོམ་པ་ལ། །རྫོགས་པར་གྲུབ་པའི་རྣམ་དཀར་གྱིས། །ཡོན་བདག་རིག་གནས་མཁན་པོར་བཅས། །གནས་སྐབས་བར་ཆད་ཀུན་ཞི་ནས། །རྫོགས་སངས་རྒྱས་ཀྱི་གོ་འཕང་ལ། །
གེགས་མེད་བྱེད་པ་ཉིད་གྱུར་ཅིག ། །།

༄༅། །ཐེག་པ་གསུམ་གྱི་འདུལ་བ་རྣམ་པར་བཞག་པ་ལས། བྱང་ཆུབ་སེམས་དཔའི་འདུལ་བ་རྣམ་པར་ངེས་པ་བཞུགས་སོ། །

པཎ་ཆེན་ཤཱཀྱ་མཆོག་ལྡན།

ན་མོ་ལོ་ཀེ་ཤྭ་ར་ཡ། དེ་ལྟར་ཉན་ཐོས་དང་ཐུན་མོང་གི་འདུལ་བ་རྣམ་པར་ངེས་པ་བཤད་ཟིན་ནས། ད་ནི་བྱང་ཆུབ་སེམས་དཔའི་འདུལ་བ་རྣམ་པར་ངེས་པ་བཤད་པར་བྱ་བ་ལ་གསུམ་སྟེ། རྗེ་བཙུན་མ་ཕམ་པའི་ཞབས་ལས་འཕགས་པ་ཐོགས་མེད་ཀྱིས་ཇི་ལྟར་བླངས་པའི་རིམ་པ་དེ་ཉིད་མདོར་བསྡུས་ཏེ་བཤད་པ་དང་། རྗེ་བཙུན་འཇམ་པའི་དབྱངས་ཀྱི་ཞབས་ལས་རྒྱལ་སྲས་ཞི་བ་ལྷས་བླངས་པའི་རིམ་པ་དེ་ཉིད་བརྗོད་པ་དང་། གཉིས་པོའི་མི་འདྲ་བའི་ཁྱད་པར་མདོར་བསྡུས་ནས་བསྟན་པའོ། །དང་པོ་ལ་གསུམ་སྟེ། སྡོམ་པ་ཇི་ལྟར་ནོད་པའི་ཚུལ། མི་ཉམས་པར་བསྲུང་བའི་ཚུལ། ཉམས་ན་ཕྱིར་བཅོས་པའི་ཐབས་སོ། །དང་པོ་ལ་གསུམ་སྟེ། གང་ལས་ནོད་པ་དགེ་བའི་བཤེས་གཉེན་གྱི་ཁྱད་ཆོས། གང་གིས་ནོད་པ་སློབ་མའི་ཁྱད་པར། ཇི་ལྟར་ནོད་པ་ཆོ་གའི་རིམ་པའོ། །དང་པོ་ལ་གཉིས་ཏེ། མཐུན་རྐྱེན་ཚང་དགོས་པ་དང་། འགལ་རྐྱེན་བྲལ་དགོས་པའོ། །དང་པོ་ནི༑ བྱང་ཆུབ་སེམས་དཔའི་སྡོམ་པ་ལ་གནས་པ། དེའི་སྡེ་སྣོད་ལ་མཁས་པ། སྡོམ་པ་སྟེར་བ་དང་བསླབ་བྱ་ལ་སློབ་ཏུ་འཇུག་པའི་ནུས་པ་དང་ལྡན་པའོ། །གཉིས་པ་ནི། དགེ་བའི་བཤེས་གཉེན་ཁྱད་པར་དེ་གསུམ་དང་ལྡན་པ་ཡང་ཕར་ཕྱིན་དྲུག་གི་མི་མཐུན་པའི་ཕྱོགས་ཤས་ཆེན་སྡོམ་པ་བླང་བའི་ཡུལ་མ་ཡིན་ནོ། །དེ་གང་ཞེ་ན། སྦྱིན་པའི་མི་མཐུན་ཕྱོགས་སེར་སྣ་དང་ཚིག་མི་ཤེས་པ་སོགས་དང་། ཚུལ་ཁྲིམས་ཀྱི་ནི་བསླབ་པ་ལས་ལྷོད་པར་བྱེད་པ་སོགས་དང་། བཟོད་པས་ནི། ཁྲོ་སྙིང་པ་དང་འཁོན་དུ་འཛིན་པ་སོགས་དང་། བརྩོན་འགྲུས་ཀྱི་ནི་ལེ་ལོ་ཆེ་བ་སོགས་དང་། བསམ་གཏན་གྱི་ནི་སེམས་རྣམ་པར་གཡེངས་པ་སོགས་དང་། ཤེས་རབ་ཀྱི་ནི་བྱང་ཆུབ་སེམས་དཔའི་སྡེ་སྣོད་བཟུང་ཡང་དེ་ལ་བསྐུར་པ་འདེབས་པ་སོགས་ཏེ། དེ་དག་དང་མ་བྲལ་ན་སྡོམ་པ་ལེན་པའི་བླ་མར་མི་རུང་ངོ་། །

གཉིས་པ་སློབ་མའི་ཁྱད་པར་ལ་གཉིས་ཏེ། མཐུན་རྐྱེན་ཚང་དགོས་པའི་དང་། འགལ་རྐྱེན་དང་བྲལ་དགོས་པའི་ཁྱད་པར་རོ། །དང་པོ་ནི། སེམས་ཅན་ཐམས་ཅད་ཀྱི་དོན་དུ་སངས་རྒྱས་ཐོབ་པར་བྱའོ་སྙམ་པའི

སྨོན་སེམས་དང་ལྡན་པ། དགེ་བའི་རྩ་བ་འདི་ལ་བརྟེན་ནས་དེའི་དོན་དུ་དེ་ལྟར་གྱུར་ཅིག་པའི་སྨོན་ལམ་ཡང་ཡང་བཏབ་པ་དང་ལྡན་པ། བྱང་ཆུབ་སེམས་དཔའི་སྡེ་སྣོད་ནས་འབྱུང་བའི་རླབས་པོ་ཆེའི་སྤྱོད་པ་རྣམས་བསླབས་ཤིང་ཤེས་ནས་དེ་ལ་སྤྲོ་བར་གྱུར་པ་དང་བཅས་པ་རྣམས་ནི་ངེས་པར་དགོས་ལ། སོ་སོར་ཐར་པ་རིགས་བདུན་གང་རུང་གི་སྡོམ་པ་དང་ལྡན་པ། ཞེས་གསུངས་པའི་ལུགས་ཀྱང་ཡོད་དོ། །གཉིས་པ་ནི། བཤད་མ་ཐག་པའི་ཕྱིན་དྲུག་གི་མི་མཐུན་པའི་ཕྱོགས་ཤས་ཆུང་ཤིང་། མི་དགེ་བ་བཅུ་ལ་བག་མེད་པར་ལོངས་སྤྱོད་པ་དང་བྲལ་བའོ། །

གསུམ་པ་ལ་གསུམ་སྟེ། སྦྱོར་བ་དང་། དངོས་གཞི། རྗེས་སོ། །དང་པོ་ནི། དེ་ལྟ་བུའི་ཁྱད་པར་ཅན་གྱི་དགེ་བའི་བཤེས་གཉེན་གྱི་རྐང་པ་གཉིས་ཀྱི་དྲུང་དུ། ཁྱད་ཆོས་དེ་དག་དང་ལྡན་པའི་བསླབ་བྱ་དེས། ཐོག་མར་ཕྱག་བྱ་ཞིང་ཡོན་ཕུལ་ནས་འདི་སྐད་ཅེས་གསོལ་བ་གདབ་པར་བྱ་སྟེ། རིགས་ཀྱི་བུ་ཁྱོད་ལས་བདག་མིང་འདི་ཞེས་བགྱི་བ། བྱང་ཆུབ་སེམས་དཔའི་ཚུལ་ཁྲིམས་ཀྱི་སྡོམ་པ་ཡང་དག་པར་བླང་བ་ནོད་པར་འཚལ་གྱི། དེ་ལ་གནོད་པ་མ་མཆིས་ན་བདག་ལ་ཐུགས་བརྩེ་བའི་སླད་དུ་ཉུང་ཟད་ཅིག་གསན་ཞིང་བསྩལ་བའི་རིགས་སོ། །ཞེས་ལན་གསུམ་བརྗོད་དོ། །དེ་ནས་དགེ་བའི་བཤེས་གཉེན་དེས་བསླབ་བྱ་དེ་ལ། བྱང་སེམས་ཀྱི་སྡོམ་པ་བླངས་པའི་ཕན་ཡོན་རྗེ་བཙུན་མ་ཕམ་པས་ཚོང་དཔོན་གྱི་བུ་ནོར་བཟང་ལ་ཇི་སྐད་བཤད་པའི་ཚུལ་ཕལ་པོ་ཆེའི་མདོ་ལས་འབྱུང་བ་ལྟ་བུ་རྒྱས་པར་བརྗོད་ནས་སྡོམ་པ་ལ་སྤྲོ་བ་བསྐྱེད་པར་བྱའོ། །དེ་ཡང་འདི་ལྟར་རིགས་ཀྱི་བུ་ཁྱོད་ཉོན་ཅིག །སེམས་ཅན་མ་བསྒྲལ་བ་རྣམས་བསྒྲལ་བ་དང་། མ་གྲོལ་བ་རྣམས་དགྲོལ་བ་དང་། དབུགས་མ་ཕྱུང་བ་རྣམས་དབུགས་དབྱུང་བ་དང་། ཡོངས་སུ་མྱ་ངན་ལས་མ་འདས་པ་རྣམས་ཡོངས་སུ་མྱ་ངན་ལས་འདའ་བ་དང་། སངས་རྒྱས་ཀྱི་གདུང་མི་གཅོད་པར་འདོད་དམ། དེ་ལ་ཁྱོད་ཀྱི་སེམས་བསྐྱེད་པ་བརྟན་པ་དང་། ཡི་དམ་ཡང་བརྟན་པར་བྱའོ། །ཞེས་བརྗོད་པ་ན། བསླབ་བྱ་དེས་ཀྱང་དེ་ལྟར་འདོད་ཅིང་སྤྲོའོ་ཞེས་ལན་བཏབ་ནས། དེའི་འོག་ཏུ་རྒྱལ་བ་སྲས་བཅས་ཀྱི་སྐུ་གཟུགས་ཀྱི་རྟེན་བཤམ་པ་དང་། འབྱོར་པའི་ཚོགས་ཅི་ཡོད་ཀྱི་སྒོ་ནས་མཆོད་པའི་ཚོགས་རྣམས་ཀྱང་སྦྱར། ཕྱོགས་བཅུའི་རྒྱལ་བ་སྲས་དང་བཅས་པ་མདུན་གྱི་ནམ་མཁར་སྤྲིན་གྱི་ཕུང་པོ་བསྟིབས་པ་བཞིན་དུ་བཞུགས་པར་བསམས་ལ། ཕྱག་དང་མཆོད་པ་ནུས་པ་དང་སྦྱར་ཏེ་རྒྱས་པར་བྱའོ། །དེ་ནས་བླ་གོས་ཕྲག་པ་གཅིག་ཏུ་གཟར། པུས་མོའི་ལྷ་ང་ས་ལ་བཙུགས་པའམ་ཙོག་ཙོག་པུར་འདུག་ཀྱང་རུང་སྟེ། དགེ་བའི་བཤེས་གཉེན་དེ་ལ་འདི་སྐད་ཅེས་བརྗོད་པར་བྱ་སྟེ། རིགས་ཀྱི་བུ་ཁྱོད་ཀྱིས་ད་ནི་བདག་ལ་བྱང་ཆུབ་སེམས་དཔའི་ཚུལ་ཁྲིམས་ཀྱི་སྡོམ་པ་ཡང་དག་པར་བླང་བ་སྩལ་དུ་གསོལ། ཞེས་ལན་

གསུམ་བརྗོད་ནས། ཡིད་ལ་འདི་ལྟར་བསམ་པ་ནི། དཔེ་བདག་གིས་རིང་པོ་མི་ཐོགས་པར་བསོད་ནམས་ཀྱི་གཏེར་ཆེན་པོ་བླ་ན་མེད་པ་ཟད་མི་ཤེས་པ་རྙེད་པར་འགྱུར་རོ་ཞེས་ཡིད་ལ་བྱེད་ཅིང་ཅང་མི་སྨྲ་བར་འདུག་གོ། དེ་ནས་དགེ་བའི་བཤེས་གཉེན་པ་དེ། སྟན་ལ་འདུག་གམ་འགྲེང་ཡང་རུང་སེམས་མ་ཡེངས་པར་འདི་སྐད་ཅེས་བརྗོད་པ་ནི། རིགས་ཀྱི་བུ་མིང་འདི་ཞེས་བགྱི་བ་ཁྱོད་བྱང་ཆུབ་སེམས་དཔའ་ཡིན་ནམ། བྱང་ཆུབ་ཏུ་སྨོན་ལམ་བཏབ་བམ། བྱང་ཆུབ་སེམས་དཔའི་སྡེ་སྣོད་ཀྱི་མ་མོ་ཐོས་སམ། ཐོས་པ་དེ་ལ་སེམས་རབ་ཏུ་དང་བར་བྱེད་ཅིང་བསྐུར་པ་འདེབས་པར་མི་བྱེད་དམ། སྡོམ་པ་འདི་གཞན་དག་གིས་འཛིན་དུ་བཅུག་པའམ། ཕ་རོལ་པོ་ལ་འགྲན་པའི་ཕྱིར་དུ་མ་ཡིན་ནམ། ཞེས་དྲི་བར་བྱ་ཞིང་། དེའི་ཚེ་བསླབ་བྱ་དེས་ཀྱང་དོན་དང་མཐུན་པའི་བསམ་པས་མ་ལགས་སོ་ཞེས་བརྗོད་པར་བྱའོ། །

གཉིས་པ་དངོས་གཞི་ལ་འཇུག་པ་ནི། སྔོར་བའི་ཚིག་དེ་ལྟར་བྱས་ཟིན་པའི་འོག་ཏུ་སློབ་དཔོན་གྱིས་འདི་སྐད་ཅེས་བརྗོད་པར་བྱ་སྟེ། རིགས་ཀྱི་བུ་མིང་འདི་ཞེས་བྱ་བ་ཁྱོད། འདས་པའི་བྱང་ཆུབ་སེམས་དཔའ་ཐམས་ཅད་ཀྱིས་བསླབ་པའི་གཞིར་གྱུར་པ་གང་ཡིན་པ་རྣམས་དང་། ཚུལ་ཁྲིམས་སུ་གྱུར་པ་གང་ཡིན་པ་རྣམས་དང་། མ་འོངས་པའི་བྱང་ཆུབ་སེམས་དཔའ་རྣམས་ཀྱིས་བསླབ་པའི་གཞིར་གྱུར་པ་གང་ཡིན་པ་རྣམས་དང་། གང་དག་ཕྱོགས་བཅུའི་ཞིང་ན་ད་ལྟར་བཞུགས་པའི་བྱང་ཆུབ་སེམས་དཔའ་ཐམས་ཅད་ཀྱིས་བསླབ་པའི་གཞིར་གྱུར་པ་གང་ཡིན་པ་རྣམས་དང་། ཚུལ་ཁྲིམས་གང་ཡིན་པ་དང་། བསླབ་པའི་གཞི་དང་ཚུལ་ཁྲིམས་དེ་དང་དེ་དག་ལ་འདས་པའི་བྱང་ཆུབ་སེམས་དཔའ་རྣམས་ཀྱིས་བསླབ་པར་གྱུར་པ་དང་། མ་འོངས་པའི་བྱང་ཆུབ་སེམས་དཔའ་རྣམས་ཀྱིས་སློབ་པར་འགྱུར་བ་དང་། ད་ལྟར་བཞུགས་པའི་བྱང་ཆུབ་སེམས་དཔའ་ཐམས་ཅད་ཀྱིས་སློབ་བཞིན་པའི་བསླབ་པའི་གཞི་ཐམས་ཅད་ཚུལ་ཁྲིམས་ཐམས་ཅད་ནི་འདི་ལྟ་སྟེ། སྡོམ་པའི་ཚུལ་ཁྲིམས་དང་། དགེ་བའི་ཆོས་བསྡུད་པའི་ཚུལ་ཁྲིམས་དང་། སེམས་ཅན་གྱི་དོན་བྱེད་པའི་ཚུལ་ཁྲིམས་ང་ལས་ནོད་དམ། ཞེས་ལན་གཅིག་བརྗོད་པ་ན། བསླབ་བྱ་དེས་ཀྱང་ནོད་ལགས་སོ་ཞེས་དཔོན་སློབ་གཉིས་ཀས་ལན་གསུམ་གྱི་བར་དུ་བརྗོད་དོ། །སྐབས་དེར་སློབ་དཔོན་གྱིས་ཐབས་ཡིན་ནོ་དང་། སློབ་མས་ལེགས་སོ་ཞེས་ཀྱང་བརྗོད་པར་བྱ་སྟེ། སྡོམ་པ་ཐོབ་པའི་དུས་ངོ་ཤེས་པའི་ཆེད་དུའོ། །

གསུམ་པ་མཇུག་གི་ཚིག་ལ་གསུམ་སྟེ། མཁྱེན་པར་གསོལ་བ། དེའི་དགོངས་པ། ཡོན་ཕུལ་ནས་སྤྲོ་བ་བསྐྱེད་པའོ། །དང་པོ་ནི། སློབ་མ་དེ་སྟན་ལས་མ་ལངས་པར་དགེ་བའི་བཤེས་གཉེན་དེས་ཕྱོགས་བཅུའི་སངས་རྒྱས་དང་བྱང་ཆུབ་སེམས་དཔའ་ཐམས་ཅད་ཀྱི་ཞབས་ལ་གཏུགས་པའི་ཕྱག་བྱས་ཞིང་མེ་ཏོག་ཕུལ་

ནས། འདི་སྐད་ཅེས་བརྗོད་པ་ནི། བདག་བྱང་ཆུབ་སེམས་དཔའ་མིང་འདི་ཞེས་བགྱི་བ་ལས་བྱང་ཆུབ་སེམས་དཔའ་བསླབ་བྱ་མིང་འདི་ཞེས་བགྱི་བས། བྱང་ཆུབ་སེམས་དཔའི་ཚུལ་ཁྲིམས་ཀྱི་སྡོམ་པ་ཡང་དག་པར་བླངས་པ་ལན་གསུམ་གྱི་བར་དུ་མནོས་ལགས་ཏེ། བསླབ་བྱ་བྱང་ཆུབ་སེམས་དཔའི་མིང་འདི་ཞེས་བགྱི་བའི་ཚུལ་ཁྲིམས་ཀྱི་སྡོམ་པ་ཡང་དག་པར་བླངས་པ་འདི་ལ། བདག་དཔང་དུ་གྱུར་པར་ཕྱོགས་བཅུའི་འཇིག་རྟེན་གྱི་ཁམས་མཐའ་ཡས་མུ་མེད་པ་དག་ན་འཕགས་པའི་མཆོག་ཕྱོགས་ཀ་ཏུ་གྱུར་ཀྱང་། ཐམས་ཅད་དུ་སེམས་ཅན་ཐམས་ཅད་ཕྱོགས་ཀ་ཏུ་མ་གྱུར་པའི་ཐུགས་མངའ་བ་རྣམས་ལ་མཁྱེན་པར་གསོལ་ལོ་ཞེས་ལན་གསུམ་དུའོ། །

གཉིས་པ་ནི། དེ་ལྟར་གསོལ་བས་བསླབ་པ་ལས་མི་འདའ་བ་དང་། དེ་དག་གིས་དགོངས་ནས་རྗེས་སུ་འཛིན་པར་འགྱུར་བ་སྟེ། ཇི་སྐད་དུ། དེ་ཚེ་དེ་ལ་དགེ་བའི་ཕྱིར། །སངས་རྒྱས་སྲས་དང་བཅས་རྣམས་ཀྱིས། །དགེ་བའི་ཐུགས་ཀྱིས་རྟག་པར་ཡང་། །བུ་སྡུག་འདྲ་བར་དགོངས་པར་འགྱུར། །ཞེས་གསུངས་སོ། །གསུམ་པ་ནི༑ དེ་ནས་སློབ་མས་གཏང་རག་གི་ཡོན་དང་། ཕྱོགས་བཅུའི་རྒྱལ་བ་སྲས་བཅས་ལ་མཆོད་པ་བྱས་ནས། དཔོན་སློབ་གཉིས་ཀ་ཡང་སྟན་ལས་ལངས་ཏེ། ཕྱོགས་བཅུར་ཕྱག་བྱས་ཏེ་མེ་ཏོག་འཐོར་བར་བྱའོ། །དེ་ནས་སྤྲོ་བ་བསྐྱེད་པ་ནི། འདི་སྐད་ཅེས། བྱང་ཆུབ་སེམས་དཔའི་ཚུལ་ཁྲིམས་ཀྱི་སྡོམ་པ་ཡང་དག་པར་བླངས་པ་འདི་ནི༑ ཚུལ་ཁྲིམས་ཀྱི་སྡོམ་པ་ཐམས་ཅད་ལས་ཁྱད་པར་དུ་འཕགས་པ་ཡིན་ཏེ། གཞན་དག་གིས་ནི་འདིའི་བརྒྱའི་ཆར་ཡང་ཉེ་བར་མི་འགྲོ། སྟོང་གི་ཆར་ཡང་ཞེས་སོགས་རྒྱས་པར་སྤྲོས་ནས་བརྗོད་པར་བྱའོ། །གཉིས་པ་ནི། དེ་ལྟར་སྡོམ་པ་བཟུང་ནས་བསླབ་པར་བྱ་བ་ལ། གཉིས་ཏེ། མཐུན་ཕྱོགས་ལ་སློབ་པ་དང་། མི་མཐུན་པའི་ཕྱོགས་སྤོང་བའོ། །དང་པོ་ནི། ཇི་སྐད་དུ། གཞན་རྣམས་དང་ནི་བདག་ལའང་རུང་། །སྡུག་བསྔལ་ཡིན་ཀྱང་གང་ཕན་དང་། །ཕན་དང་བདེ་བ་རྣམས་བྱ་སྟེ། །བདེ་ཡང་མི་ཕན་མི་བྱའོ། །ཞེས་བདག་གཞན་གང་ཡིན་ཀྱང་ཚེ་འདིར་བདེ་བ་ཙམ་ཁྱད་པར་དུ་གསོད་དགོས་པ་བྱུང་ནའང་། ཕྱི་མར་ཕན་པ་ཉིད་བསྒྲུབ་དགོས་པའོ། །

གཉིས་པ་ལ། གསུམ་སྟེ། རྩ་བའི་ལྟུང་བ་གང་ཡིན་པ་དང་། ཡན་ལག་གི་ཉེས་བྱས་གང་དག་ཅིག་ཡིན་པ་དང་། ཐམས་ཅད་ཀྱང་ཀུན་སློང་ལ་རག་ལས་པར་བསྟན་པའོ། །དང་པོ་ལ་གསུམ་སྟེ། ཕམ་པའི་མིང་གིས་འདོགས་པའི་རྒྱུ་མཚན། དབྱེ་བ་སོ་སོའི་ངོས་འཛིན། སླར་ཡང་བླང་དུ་ཡོད་པས་ཕམ་པ་དང་མི་མཚུངས་པར་བསྟན་པའོ། །དང་པོ་ནི། ཇི་སྐད་དུ། ཉོན་མོངས་དྲག་ལས་བྱུང་བ་ཡི། །སྡོམ་པ་ཞིག་པར་གང་གྱུར་པ། །དེ་ཡི་ཉེས་པ་བཞི་པོ་ནི། །ཕམ་པར་འདྲ་བར་དགོངས་པ་ཡིན། །ཞེས་སོ། །འདིའི་ཤུགས་ལ་ཀུན་ནས་དཀྲིས་པ་ཆུང་ངུ་དང་འབྲིང་གིས་ནི་སྡོམ་པ་མི་གཏོང་ལ། ཆེན་པོའི་ཚད་གང་ཞེ་ན། ཆོས་བཞི་པོ་འདི་དག་གང་ཡང་རུང་བ

སྤྱོད་ཅིང་། དེ་ལ་ངོ་ཚ་ཤེས་པ་དང་ཁྲེལ་ཡོད་པ་ཆུང་ངུ་ཙམ་ཡང་མི་སྐྱེད་པར་ཡོན་ཏན་དུ་བལྟའོ། །གཉིས་པ་ནི། ཇི་སྐད་དུ། རྙེད་དང་བཀུར་སྟིར་ཆགས་པ་ཡིས། །བདག་སྟོད་གཞན་ལ་སྨོད་པ་དང་། །སྡུག་བསྔལ་མགོན་མེད་འགྱུར་པ་ལ། །སེར་སྣས་ཆོས་ནོར་མི་སྟེར་དང་། །གཞན་གྱིས་བཤགས་ཀྱང་མི་ཉན་པར། །ཁྲོས་ནས་གཞན་ལ་འཚོག་པ་དང་། །ཐེག་པ་ཆེན་པོ་སྤོང་བྱེད་ཅིང་། །དམ་ཆོས་འདྲར་སྣང་སྟོན་པའོ། །ཞེས་པ་སྟེ། འདི་དག་ནི་གོ་རིམ་བཞིན་དུ་ཆགས་པ་དང་སྡང་བ་དང་རྨོངས་པ་གསུམ་གྱིས་ཀུན་ནས་བསླང་བའོ། །

གསུམ་པ་ནི། གལ་ཏེ་ཕམ་པ་དང་འདྲ་བ་དེ་ལྟ་ན་ཆོ་དེ་ལ་སླར་ཡང་སྡོམ་པ་དེ་ལེན་པའི་སྐལ་བ་མེད་དམ་ཞེ་ན། དེ་ལ་གཉིས་ཏེ། གླང་དུ་ཡོད་པ་དང་། དེའི་ཆོ་ག་ཇི་ལྟར་ཡིན་པའོ། །དང་པོ་ནི། སྡོམ་པ་སླར་ཡང་བླང་བར་བྱ། །ཞེས་པ། གཏོང་བའི་རྒྱུ་གཉིས་པོ་གང་རུང་གིས་བཏང་ན་ཞེས་པའི་ཐ་ཚིག་སྟེ། གཉིས་པ་ནི། རྒྱ་བ་སྨོན་པའི་བྱང་སེམས་བཏང་བ་དང་། རྒྱ་བའི་ལྟུང་བ་ཆེན་པོས་བཏང་བའོ། །འདིར་རྒྱུ་དང་པོ་ནི་ལྟུང་བར་མི་འཇོག་སྟེ། སྨོན་པའི་སྡོམ་པ་འདིར་མི་བཞེད་པའི་ཕྱིར་རོ། །སྨོན་པའང་གཏོང་ཚུལ་གཉིས་ཏེ། འཁོར་བར་སྲིད་ཅིང་མྱང་འདས་ལ་བློ་ལོག་པས་བཏང་བ་དང་། མྱང་འདས་ལ་དགའ་བས་བཏང་བའོ། །དང་པོ་ནི། སྡིག་པ་ཤིན་ཏུ་ལྕི་བས་བསོད་ནམས་ཆ་མཐུན་གྱི་དགེ་བ་མཐའ་དག་ཏུ་མ་ཟད། ཐར་པ་ཆ་མཐུན་གྱི་དགེ་བའི་རྩ་བ་དག་ཀྱང་འཇོམས་པར་བྱེད་ལ། ཕྱི་མ་དེས་ནི་ཐར་པ་ཆ་མཐུན་ལས་མི་ཉམས་པས་ཆོ་དེ་ལ་ཐར་པ་ཐོབ་པའི་གོ་སྐབས་སྲིད་པར་འཆད་དོ། །གཉིས་པ་ལ་གཉིས་ཏེ། གཏོང་རྒྱུས་བཏང་བ་ཇི་ལྟར་ལེན་པ་དང་། ཟག་པ་ཆུང་འབྲིང་གིས་ཀུན་ནས་བསླང་བ་རྩ་ལྟུང་མ་ཡིན་པར་བཤད་ནས་བཤགས་པ་ཙམ་གྱིས་ཆོག་པར་བསྟན་པའོ། །དང་པོ་ལ། སྤྱིར་བ་ནི། སྨོན་སེམས་བཏང་ན་དེ་ཉིད་སླར་ཡང་བླངས་ནས་སྡོམ་པ་ལེན་པ་ལ་འཇུག་ཅིང་། རྩ་བའི་ལྟུང་བས་བཏང་ན་ཉེས་པ་དེ་ཕྱིར་བཅོས་ནས་སྡོམ་པ་ལེན་དགོས་ཏེ། རྩ་བའི་ལྟུང་བ་དང་བཅས་བཞིན་དུ་སྡོམ་པ་སྐྱེ་ན་གཏོང་རྒྱུ་མ་ཡིན་པར་ཐལ་བའི་ཕྱིར་རོ། །ཇི་ལྟར་བཤགས་ཤེ་ན། འདིར་ཀུན་དགྲིས་ཆེན་པོའི་བཤགས་ཚུལ་དངོས་སུ་མ་བཤད་ཀྱང་། འགྲོད་སྡོམ་གྱི་བསམ་པ་ཉེ་བར་བཞག་ནས་དེའི་འགལ་ཟླར་གྱུར་པའི་གཉེན་པོ་ཀུན་ཏུ་སྤྱོད་པ་ལ་སློབ་པའོ། །གཞུང་གི་དངོས་བསྟན་དུ་ཀུན་དགྲིས་ཆེན་པོའི་བཤགས་ཚུལ་མ་བཤད་པས་ན་བཤགས་པ་ཙམ་གྱིས་མི་འདག་པར་ཁས་ལེན་དགོས་པ་མ་ཡིན་ནམ་ཞེ་ན། བཤགས་པ་ཙམ་གྱིས་སྡོམ་པ་སོར་མི་ཆུད་པར་ཁས་ལེན་པ་ཡིན་གྱི་ཆེན་པོས་ཀུན་ནས་བསླང་བའི་ལྟུང་བ་བཤགས་པས་མི་འདག་ན་སླར་བླངས་པས་སྐྱེ་བར་འགལ་ལོ། །གཉིས་པ་ལ། སྤྱིར་བཏང་དང་། དམིགས་ཀྱིས་བསལ་བའོ། །དང་པོ་ནི། སྔར་བཤད་པའི་ཆོ་ག་དེ་ཉིད་ཀྱིས་ལེན་པར་བཤད་པ་ཡིན་ལ། དེའི་ཆེ་སྨོན་

སེམས་ཐོབ་ཟིན་པ་དང་། ལྟུང་བ་བཤགས་ཟིན་པ་ཞིག་དགོས་ཏེ། བྱང་ཆུབ་སེམས་དཔར་གྱུར་ཟིན་པ་དང་། ཕར་ཕྱིན་དྲུག་གི་མི་མཐུན་ཕྱོགས་དང་བྲལ་བ་ཞིག་དགོས་པར་བཤད་པའི་ཕྱིར་རོ། །གཉིས་པ་ནི། སླར་བླང་པའི་དགེ་བའི་བཤེས་གཉེན་མེད་ན། བདག་ཉིད་ཀྱིས་སྐུ་གཟུགས་ཀྱི་སྤྱན་སྔར་བླང་བའི་ཆོ་ག་ནི། བྱང་ས་ལས། ཇི་སྐད་དུ། བདག་མིང་འདི་ཞེས་བགྱི་བ། ཕྱོགས་བཅུའི་དེ་བཞིན་བཤེགས་པ་ཐམས་ཅད་དང་ས་ཆེན་པོ་ལ་བཞུགས་པའི་བྱང་ཆུབ་སེམས་དཔའ་ཐམས་ཅད་ལ་གསོལ་བ་འདེབས་ཏེ། དེ་དག་གི་སྤྱན་སྔར་བྱང་ཆུབ་སེམས་དཔའི་བསླབ་པའི་གཞི་ཐམས་ཅད་དང་། བྱང་ཆུབ་སེམས་དཔའི་ཚུལ་ཁྲིམས་ཐམས་ཅད་དེ། འདི་ལྟར། སྡོམ་པའི་ཚུལ་ཁྲིམས་དང་། དགེ་བ་ཆོས་བསྡུད་པའི་ཚུལ་ཁྲིམས་དང་། སེམས་ཅན་གྱི་དོན་བྱ་བའི་ཚུལ་ཁྲིམས་གང་ལ། འདས་པའི་བྱང་ཆུབ་སེམས་དཔའ་རྣམས་ཀྱིས་བསླབ་པ་དང་། མ་འོངས་པའི་བྱང་ཆུབ་སེམས་དཔའ་ཐམས་ཅད་སློབ་པར་འགྱུར་བ་དང་། ད་ལྟར་བཞུགས་པའི་བྱང་ཆུབ་སེམས་དཔའ་ཐམས་ཅད་ད་ལྟར་སློབ་བཞིན་པ་རྣམས་བདག་གིས་ཡང་དག་པ་བླང་ངོ་། །ཞེས་ལན་གསུམ་བརྗོད་ནས་མཇུག་ཆོག་སྔ་མ་བཞིན་དུ་བྱས་པས་སོར་ཆུད་པར་གསུངས་སོ། །དེའི་རིགས་པས་སྡོམ་པ་གསར་དུ་ལེན་པ་ལ་ཡང་དགེ་བའི་བཤེས་གཉེན་མེད་ན་དེ་ལྟར་བྱའོ། །ཞེས་ཞི་མཚོའི་ཞབས་ཀྱིས་བཤད་དོ། །གཉིས་པ་ནི། ཟག་པ་འཕྲིང་ནི་གསུམ་ལ་བཤགས། །གཅིག་གི་མདུན་དུ་ལྷག་མ་རྣམས། །ཞེས་པ་བྱང་ཆུབ་སེམས་དཔའི་སྡོམ་པ་ལ་ལྟོས་པའི་ཉེས་པ་ནི་ཉན་ཐོས་ལྟར་ལྟུང་བ་སྡེ་ལྔ་ལ་སོགས་པར་འཇོག་པ་མ་ཡིན་གྱི། ཕམ་པ་ལྟ་བུའི་ལྟུང་བ་དང་ཉེས་བྱས་གཉིས་སུ་འདུས་པ་ཡིན་ནོ། །དེའི་ཚེ་ན་ཟག་པ་ཆུང་འབྲིང་གིས་ཀུན་ནས་བསླང་བའི་བདག་བསྟོད་སོགས་བཞི་པོ་གང་རུང་བྱུང་ན། ཐུན་ཚོད་ལས་འདས་ཀྱང་སྡོམ་པ་སླར་ལེན་དགོས་པ་མ་ཡིན་ཏེ། ཉེས་པ་དེ་ཉིད་བཤགས་པ་ཙམ་གྱིས་སྡོམ་པ་སོར་ཆུད་པའི་ཕྱིར། ཞེས་པའོ། །དེའི་ཆོ་ག་ནི། ཉན་ཐོས་ཀྱི་ཐེག་པའམ་བྱང་ཆུབ་སེམས་དཔའ་གང་ཡིན་ཀྱང་རུང་། བརྡ་ཕྲད་ཅིང་དོན་གོ་བར་ནུས་པ་གསུམ་མམ་གཅིག་གི་དྲུང་དུ། འདི་སྐད་ཅེས། ཚེ་དང་ལྡན་པ་དགོངས་སུ་གསོལ། བདག་མིང་འདི་ཞེས་བགྱི་བ་ལ། བྱང་ཆུབ་སེམས་དཔའི་འདུལ་བ་དང་འགལ་བའི་ཉེས་བྱས་ཀྱི་ཉོངས་པ་འདི་བྱུང་སྟེ། དེ་དང་དེ་དག་ཚེ་དང་ལྡན་པ་ལ་བདག་འཆགས་ཤིང་འཐོལ་ཏེ། མི་འཆབ་བོ། །བཤགས་ཤིང་མཐོལ་བས་བདག་བདེ་བར་གནས་པར་འགྱུར་ཞིང་། མ་བཤགས་མ་མཐོལ་ན་དེ་ལྟར་མི་འགྱུར་རོ། །ཞེས་ལན་གསུམ་བརྗོད་པ་དང་། ཡུལ་གྱིས་མཐོང་སྡོམ་ལན་གསུམ་འདྲི་བ་དང་། རྟེན་གྱི་ཆོས་བཞིན་འདུལ་བ་བཞིན་ལེགས་པར་སྤྱི་བོས་ནོད་པར་བགྱིའོ། །ཞེས་ལན་གསུམ་བརྗོད་པར་བཤད་པ་ཡིན་ནོ། །

གཉིས་པ་ཉེས་བྱས་ཀྱི་སྡེ་ཚན་བཤད་པ་ལ། གཉིས་ཏེ། བཤགས་པ་བྱེད་ཚུལ་བཤད་པས་མདོར་བསྟན་པ་དང་། སོ་སོའི་རྐང་གྲངས་ངོས་བཟུང་བའོ། །དང་པོ་ནི། ཉོན་མོངས་མི་མོངས་བདག་སེམས་བཞིན། །ཞེས་པ། གལ་ཏེ་འོག་ནས་འཆད་པའི་ཉེས་བྱས་རྣམས་སླར་བཤགས་པའི་ཚུལ་ཇི་ལྟ་བུ་སྙམ་པ་ལ། དེ་དག་ནི་ཕལ་ཆེར་ལུས་ངག་གི་ཉེས་པ་ཡིན་ལ། དེ་དག་ལ་ཀུན་སློང་ཉོན་མོངས་པ་ཅན་གྱིས་བསླང་བ་དང་། ཉོན་མོངས་པ་ཅན་མ་ཡིན་པས་བསླང་བའོ། །ཕྱི་མ་ལ་ཡང་། ཉེས་པར་འགྱུར་བ་དང་མི་འགྱུར་བ་གཉིས་གཉིས་སུ་ཡོད་པ་ལ། ཉེས་པར་གྱུར་པ་རྣམས་ཀྱི་བཤགས་ཚུལ་ནི། རྣམ་གྲངས་གཉིས་ལས། དང་པོ་ནི། སྔར་བཤད་མ་ཐག་པའི་ཚིག་དེ་ཉིད་ཀྱིས་བཤགས་པས་ཀྱང་འདག །ཅེས་སྨྲུང་བ་དང་། བདག་སེམས་ཞེས་པ་དང་། རང་གི་སེམས་ངོ་ཚ་དང་ཁྲེལ་ཡོད་ཤས་ཆེན་པོས་བསྡམས་པ་ཙམ་གྱིས་ཀྱང་འདག་ཅེས་པའི་དོན་དུ་འགྲེལ་པས་འཆད་དོ། །དེ་ར་མ་ཟད་ཟག་པ་ཆུང་འབྲིང་གིས་ཀུན་ནས་བསླང་བའི་ཉེས་པ་འཆགས་ཚུལ་གཉིས་པ་ཞིག་ཀྱང་འདིས་མཚོན་ནུས་པར་འཆད་དོ། །

གཉིས་པ་ནི། དཀོན་མཆོག་གསུམ་ལ་གསུམ་མི་མཆོད། །ཅེས་པ་དེ། ཉེས་བྱས་བཞི་བཅུ་ལས་ལྷག་པ་འདི་དག་རེ་རེ་ལ་ཡང་ཉོན་མོངས་པ་ཅན་ཡིན་མིན་དང་། དམིགས་བསལ་ཉེས་མེད་རེ་དང་གསུམ་གསུམ་དུ་ཕྱེ་ནས་འཆད་དོ། །དེ་ཡང་དཔེར་མཚོན་ན། མ་གུས་པ་དང་ལེ་ལོས་དཀོན་མཆོག་གསུམ་མི་མཆོད་ན་ནི་ཉོན་མོངས་པ་ཅན་གྱི་ཉེས་པ་དང་། བརྗེད་པས་མི་མཆོད་ན་ནི་ཉོན་མོངས་པ་ཅན་མ་ཡིན་པའི་ཉེས་པར་འགྱུར་ལ། སྨྱོ་བ་དང་ཚོར་བས་གཟིར་བ་ལྟ་བུས་མི་མཆོད་པ་ནི་ཉེས་པ་མེད་དོ། །ཕྱི་མ་རྣམས་ལ་ཡང་དེ་བཞིན་དུ་སྦྱར་ནས་འཆད་པ་ནི། ཇི་སྐད་དུ། འདོད་པའི་སེམས་ཀྱི་རྗེས་སུ་འཇུག །རྒན་པ་རྣམས་ལ་གུས་མི་བྱེད། །དྲིས་པ་ལ་ནི་ལན་མི་འདེབས། །མགྲོན་པོས་བདག་གིར་མི་བྱེད་ཅིང་། །གསེར་ལ་སོགས་པ་ལེན་མི་བྱེད། །ཆོས་འདོད་པ་ལ་སྦྱིན་མི་བྱེད། །ཚུལ་ཁྲིམས་འཆལ་བ་ཡལ་བར་འདོར། །ཕ་རོལ་དད་ཕྱིར་སློབ་མི་བྱེད། །སེམས་ཅན་དོན་ལ་བྱ་བ་ཆུང་། །ཞེས་པ་ནི་བཅུ་ཚན་གཅིག་གོ། སྙིང་བརྩེར་བྱས་ན་མི་དགེ་མེད། །ཅེས་པ་ནི། ཉེས་པར་མངོན་པ་ཐམས་ཅད་ལ་དམིགས་ཀྱི་བསལ་བ་སྟེ། རྒྱུའི་ཀུན་སློང་སྙིང་རྗེས་བྱས་པ་ལ་ནི་ཉན་ཐོས་སོགས་ལ་གྲགས་པའི་མི་དགེ་བ་སྤྱད་ཀྱང་བྱང་ཆུབ་སེམས་དཔའ་ལ་ཉེས་པར་མི་འགྱུར་ཞིང་བསོད་ནམས་ཆེན་པོར་འགྱུར་བའོ། །དེ་ནས་ཡང་བཅུ་ཚན་གཅིག་ནི། འཚོ་བ་ལོག་པ་དང་དུ་ལེན། །འཕྱར་ནས་རབ་ཏུ་ཀྱོད་ལ་སོགས། །འཁོར་བ་གཅིག་པུ་བགྲོད་པར་སེམས། །གྲགས་པ་མ་ཡིན་མི་སྤོང་བ། །ཉོན་མོངས་བཅས་དང་འཆོས་མི་བྱེད། །གཤེ་ལ་ལན་དུ་གཤེ་ལ་སོགས། །ཁྲོས་པ་རྣམས་ནི་ཡལ་བར་འདོད། །ཕ་རོལ་ཤད་ཀྱིས

འཆགས་པ་སྤོང་། །བྲིས་པའི་སེམས་ཀྱིས་རྗེས་སུ་འཇུག །སྙིང་བཀུར་འདོད་ཕྱིར་འཁོར་རྣམས་བསྡུད། །ཅེས་པའོ། །ཡང་བཅུ་ཚན་གསུམ་པ་ནི། ཆགས་པས་གྲེ་མོའི་གཏམ་ལ་བརྟེན། །ཏིང་ངེ་འཛིན་གྱི་དོན་མི་ཚོལ། །བསམ་གཏན་སྒྲིབ་པ་སྤོང་མི་བྱེད། །བསམ་གཏན་རོ་ལ་ཡོན་ཏན་བལྟ། །ཉན་ཐོས་ཐེག་པ་སྤོང་བར་བྱེད། །རང་ཚུལ་ཡོད་བཞིན་དེ་ལ་བརྩོན། །བརྩོན་མིན་ཕྱི་རོལ་བསྟན་བཅོས་བརྩོན། །བརྩོན་པར་བྱས་ཀྱང་དེ་ལ་དགའ། །ཐེག་པ་ཆེན་པོ་སྤོང་བར་བྱེད། །བདག་ལ་བསྟོད་ཅིང་གཞན་ལ་སྨོད། །ཅེས་པའོ། །

བཅུ་ཚན་བཞི་པ་ནི། །ཆོས་ཀྱི་དོན་དུ་འགྲོ་མི་བྱེད། །དེ་ལ་སྨོད་དང་ཡི་གེ་བརྟེན། །དགོས་པའི་གྲོགས་སུ་འགྲོ་མི་བྱེད། །ནད་པའི་རིམ་གྲོ་བྱ་བ་སྤོང་། །སྡུག་བསྔལ་སེལ་བར་མི་བྱེད་པ། །བག་མེད་རྣམས་ལ་རིགས་མི་སྟོན། །བྱས་ལ་ལན་དུ་ཕན་མི་འདོགས། །གཞན་གྱི་མྱ་ངན་བསལ་མི་བྱེད། །ནོར་འདོད་པ་ལ་སྦྱིན་མི་བྱེད། །འཁོར་རྣམས་ཀྱི་ནི་དོན་མི་བྱེད། །ཅེས་པའོ། །གཞན་གྱི་བློ་དང་མཐུན་མི་འཇུག །རྐྱེན་དུ་འབབ་པར་ཚར་མི་གཅོད། །རྫུ་འཕྲུལ་བསྡིགས་ལ་སོགས་མི་བྱེད། །ཅེས་པ་རྣམས་སོ། །དེ་ལྟར་ན་འདིར་བསྟན་པའི་ཉེས་པ་མཐའ་དག་ནི་ཕམ་པ་ལྟ་བུའི་ལྟུང་བ་དང་ཉེས་བྱས་གཉིས་སུ་འདུས་ལ། དེ་ཐམས་ཅད་ལ་ཡང་ཀུན་སློང་དག་གི་དབང་དུ་བྱས་ན། ཉོན་མོངས་ཅན་གྱིས་ཀུན་ནས་བསླང་བ་དང་། དེ་མ་ཡིན་པའི་སེམས་ཀྱིས་བསླང་བ་གཉིས་སུ་ངེས། དང་པོ་ལ། གཏི་མུག་ཀུན་སློང་དུ་ཡོད་པར་འདྲ་ཡང་ཆགས་པས་ཀུན་ནས་བསླང་བ་དང་ཞེ་སྡང་གིས་ཀུན་ནས་བསླང་བ་གཉིས་སུ་འདུ། དང་པོ་ལ། རང་གི་དོན་དུ་ཆགས་པ་དང་གཞན་གྱི་དོན་ལ་ཆགས་པ་གཉིས་སུ་ཡོད་ཀྱང་། ཕྱི་མ་ལ་ནི་བྱང་སེམས་ཀྱི་ཉེས་པའི་ཀུན་སློང་དུ་མི་འགྱུར་བར་བཤད་དོ། །སྔ་མ་དེ་དག་ལ་ཆུང་དུ་དང་འབྲིང་དང་ཆེན་པོའི་དབྱེ་བས་གསུམ་གསུམ་དུ་བཤད་པ་ཡིན་མོད། ཉེས་བྱས་ཞེ་གསུམ་པོ་རྣམས་ལ་ནི་ཉོན་མོངས་ཅན་པོས་ཀུན་ནས་བསླང་ཡང་ཉེས་བྱས་ལས་ལྷག་པ་ཉིད་དུ་མི་འགྱུར་བ་ནི་གཞུང་གི་དགོངས་བསྟན་ནོ། །དེ་ལ་རང་གི་བློས་བརྟགས་པ་ནི། དེ་ཡང་ལུས་ངག་ཏུ་ཐོན་པའི་ཆ་ནས་དང་། འཇུག་པ་སེམས་བསྐྱེད་ཀྱི་བསླབ་བྱར་གང་བསྟན་པ་དེའི་ལྡོག་པ་ནས་ཡིན་གྱི། ཉེས་བྱས་དེ་དག་ཀུན་ནས་སློང་བྱེད་ཀྱི་ཡིད་ཀྱི་ཉེས་པའི་ཆ་ནས་སྨོན་སེམས་ཀྱི་འགལ་ཟླར་སོང་བ་དང་། དེའི་དོན་གྱིས་སྨོན་པའི་གཏོང་རྒྱུར་སོང་བ་ནི་ཤིན་ཏུ་མང་སྟེ། དཔེར་ན་ཀུན་དགྲིས་དྲག་པོས་ཐེག་པ་ཆེན་པོའི་ཆོས་སྤངས་པའི་ཡིད་ཀྱི་ཉེས་པ་བཞིན་ནོ། །དེ་དུས་ཀྱི་ངག་གི་རིག་བྱེད་དེ་ནི་ཉེས་སྤྱོད་སྡོམ་པའི་ཚུལ་ཁྲིམས་ལ་ལྟོས་པའི་ཉེས་པར་འཛོག་པ་ཡིན་ནོ། །གཉིས་པ་ཉོན་མོངས་པ་ཅན་མ་ཡིན་པས་ཀུན་ནས་བསླང་བ་ལ་ཡང་གཉིས་ཏེ། ལུང་མ་བསྟན་གྱིས་དང་། སྙིང་རྗེས་བསླང་བའོ། །དང་པོ་བསྙམ་བྱའི་ཉེས་བྱས་དང་། ཕྱི་མ་ནི་ལྟུང་མེད་དུ་བཤད་ཟིན་པ་དེ་ཉིད་དོ། །གསུམ

པ་ཉེས་མེད་བསྟན་པས་མཛུག་བསྡུ་བ་ནི། སྙིང་རྗེ་ལྡན་ཞིང་བྱམས་ཕྱིར་དང་། །སེམས་དགེ་བ་ལ་ཉེས་པ་མེད། །ཅེས་པ་སྟེ། མདོ་སྡེ་ལས། བྱང་ཆུབ་སེམས་དཔའི་ཉེས་པ་ནི་ཕལ་ཆེར་ཞེ་སྡང་ལས་འབྱུང་གི། འདོད་ཆགས་ལས་འབྱུང་བ་ནི་མ་ཡིན་པར་ཤེས་པར་བྱའོ། །ཞེས་གསུངས་པ་ལ། དོན་ནི་གོང་དུ་བཤད་ཟིན་པ་ཉིད་དོ། །

གསུམ་པ་ཉམས་ན་ཕྱིར་འཆོས་པའི་ཚུལ་ལ། གཉིས་ཏེ། སྡོམ་པ་བཏང་བ་ཕྱིར་འཆོས་པ་དང་། ཉམས་པ་སོར་ཆུད་པའོ། །དང་པོ་ལ། རྒྱ་བ་སྨོན་སེམས་ཉམས་པས་བཏང་བ་དང་། རྩ་བའི་ལྟུང་བ་བྱུང་བས་བཏང་བའོ། །དང་པོ་ལ་ནི་ཐོག་མར་སྨོན་སེམས་བླང་དགོས་ཤིང་། དེའི་སྔོན་དུ་ཐར་པ་ལས་བློ་ལོག་ནས་སྨོན་སེམས་བཏང་བའི་སྡིག་པ་བཤགས་དགོས་ཏེ། དེ་བཏང་བའི་ཉེས་པ་དེ་ནི་མཚམས་མེད་ལས་ཀྱང་ལྕི་བར་བཤད་པའི་ཕྱིར་དང་། དེས་ཐར་པ་ཆ་མཐུན་དང་། བསོད་ནམས་ཆ་མཐུན་གྱི་ཚོགས་མ་ལུས་པ་འཇོམས་པས་དེའི་ངན་འགྲོ་མུ་མཐའ་མེད་པར་བཤད་པའི་ཕྱིར། སྡིག་པ་དེ་དགེ་བའི་བཤེས་གཉེན་ནམ་རྟེན་གྱི་སྤྱན་སྔར་འགྱོད་སྡོམ་གྱི་སེམས་དྲག་པོ་ཡིད་ལ་ཉེ་བར་བཞག་ནས། དག་ཏུ། བདག་འདི་ཞེས་བགྱི་བས་བྱང་ཆུབ་ཏུ་སྨོན་པའི་སེམས་བཏང་བའི་ཉེས་པ་དེ་མཐོལ་ལོ་འཆགས་སོ་ཞེས་སོགས་སྔ་མ་བཞིན་དུ་བརྗོད་པ་ལན་གྲངས་ཚད་མེད་པར་བྱ་ཞིང་། དེའི་འོག་ཏུ་སེམས་ཅན་མང་པོ་ལ་བྱམས་པ་དང་སྙིང་རྗེ་སྒྲིན་པ་རྣམ་བཞི་སོགས་ཀྱི་སྒོ་ནས་བསོད་ནམས་ཀྱི་ཚོགས་རྒྱ་ཆེན་པོ་སོར་ཆུད་པར་བྱས་ལ། དེ་ནས་བདག་གིས་སེམས་ཅན་མ་ལུས་པའི་དོན་དུ་རྫོགས་པའི་བྱང་ཆུབ་ཐོབ་པར་བྱའོ་སྙམ་པའི་འདུན་པ་རྩེ་གཅིག་པར་བྱས་པས་ནི་སྨོན་པའི་སེམས་སོར་ཆུད་དོ། །སེམས་བསྐྱེད་འདི་དགེ་བའི་བཤེས་གཉེན་གྱི་མདུན་དུ་ཁས་བླངས་ཀྱང་བར་མ་དགེ་བ་ཡིན་གྱི། སྡོམ་པར་ནི་མི་བཞེད་དེ། ལུགས་འདིར་སྨོན་པའི་སྡོམ་པ་དང་དེ་ལ་ལྟོས་པའི་རྩ་ལྟུང་མ་བཤད་པའི་ཕྱིར་རོ། །ཡང་ཕམ་པ་ལྟ་བུའི་ལྟུང་བས་བཏང་བ་སླར་ལེན་པའི་ཚེ་ཡང་ལུས་ངག་གི་ཉེས་པ་དེ་དང་དེའི་ཀུན་སློང་ཉོན་མོངས་དང་བཅས་པ་ལ་འགྱོད་སྡོམ་གྱི་སེམས་ཉེ་བར་བཞག་པའི་བཤགས་པ་སྔོན་དུ་འགྲོ་དགོས་ཏེ། ཕྱིན་དྲུག་གི་མི་མཐུན་ཕྱོགས་དང་བཅས་བཞིན་པ་ལ་འཇུག་སྡོམ་མི་སྐྱེ་བ་དང་། བླངས་ཀྱང་མི་སྐྱེ་བར་གོང་དུ་བཤད་ཟིན་པའི་ཕྱིར་དང་། ཟག་པ་འབྲིང་གི་ཉེས་པ་བཤགས་དགོས་པར་བཤད་ན་ཆེན་པོ་ལྟ་ཅི་སྨོས་པའི་ཕྱིར། དེ་ནས་དེའི་འོག་ཏུ་སྡོམ་པ་ལེན་པའི་ཆོ་ག་ནི་སྔ་མ་བཞིན་ནོ། །དེ་ལྟར་བྱང་ས་ལས་འབྱུང་བའི་སེམས་བསྐྱེད་ཀྱི་རྣམ་པར་བཞག་པ་འདི་ལ་ནི་བོད་སྔ་མ་རྣམས་སེམས་ཙམ་ལུགས་ཀྱི་སེམས་བསྐྱེད་ཅེས་གསུང་ཞིང་། དེའི་གོ་བ་ཡང་སྨོན་པ་སེམས་བསྐྱེད་ལ་སྡོམ་པ་མི་འཆད་པ་ནི་མཐར་ཐུག་ཐེག་པ་གསུམ་དུ་འདོད་པ་དག་གི་ལུགས་ཏེ། སྨོན་པ་བཏང་ནས་ཉན་རང་དུ་སེམས་བསྐྱེད་པ་ལ་རྩ་བའི་ལྟུང་བ་མི་འབྱུང་བར་བཞེད་པའི་ཕྱིར་རོ། །

གཉིས་པ་ལ། གསུམ་སྟེ། དང་པོར་ལེན་པའི་ཚུལ། བར་དུ་བསྲུང་བའི་ཚུལ། ཐ་མ་ཕྱིར་འཆོས་པའི་ཚུལ་ལོ། །དང་པོ་ལ་གསུམ་སྟེ། གང་གིས་སྟེར་བ་དགེ་བའི་བཤེས་གཉེན་གྱི་མཚན་ཉིད། གང་ལ་སྟེར་བ་སློབ་མའི་མཚན་ཉིད། ཇི་ལྟར་ནོད་པ་ཆོ་གའི་རྣམ་གཞག་གོ། དང་པོ་ནི། རྟག་པར་དགེ་བའི་བཤེས་གཉེན་ནི། །ཐེག་ཆེན་དོན་ལ་མཁས་པ་དང་། །སྲོག་གི་ཕྱིར་ཡང་མི་བཏང་བ། །བྱང་ཆུབ་སེམས་དཔའི་བརྟུལ་ཞུགས་མཆོག །ཅེས་བཤད་པ་དེའོ། །གཉིས་པ་ནི། སེམས་ཅན་ཐམས་ཅད་བདེ་བར་འདོད་པའི་བྱམས་པ་དང་སྡུག་བསྔལ་དང་བྲལ་འདོད་ཀྱི་སྙིང་རྗེ་ཡོད་ན་འགྲོ་བ་རིགས་དྲུག་ཆར་གྱི་རྟེན་ལ་སྐྱེ་བས་སྔ་མ་ལས་རྟེན་གྱི་གང་ཟག་རྒྱ་ཤིན་ཏུ་ཆེ་བའོ། །

གསུམ་པ་ལ། སྦྱོར་བ་དང་། དངོས་གཞི་རྗེས་སོ། །དང་པོ་ལ། ཡན་ལག་རྣམ་པ་བདུན་ལས། དང་པོར་ཕྱག་འཚལ་བ་ནི། དུས་གསུམ་གཤེགས་པའི་སངས་རྒྱས་ཀུན། །ཆོས་དང་ཚོགས་ཀྱི་མཆོག་བཅས་ལ། །ཞིང་རྡུལ་ཀུན་གྱི་གྲངས་སྙེད་ཀྱི། །ལུས་བཏུད་ནས་ནི་བདག་ཕྱག་འཚལ། །གང་ལ་སེམས་ཀྱི་དམ་པ་རིན་ཆེན་དེ། །སྐྱེས་པ་དེ་ཡི་སྐུ་ལ་ཕྱག་འཚལ་ཞིང་། །གང་ལ་གནོད་པ་བྱས་ཀྱང་བདེ་ཞིང་འབྲེལ་བ། །བདེ་བའི་འབྱུང་གནས་དེ་ལ་སྐྱབས་སུ་མཆི། །ཞེས་སོགས་རྒྱས་བསྡུས་ཅི་རིགས་པར་བྱའོ། །གཉིས་པ་མཆོད་པའི་ཡན་ལག་ནི། རིན་ཆེན་སེམས་དེ་བཟུང་བར་བྱ་བའི་ཕྱིར། །དེ་བཞིན་གཤེགས་པ་རྣམས་དང་དམ་པའི་ཆོས། །དཀོན་མཆོག་དྲི་མ་མེད་དང་སངས་རྒྱས་སྲས། །ཡོན་ཏན་རྒྱ་མཚོ་རྣམས་ལ་ལེགས་པར་མཆོད། །ཅེས་སོགས་རྒྱས་བསྡུས་ཅི་རིགས་པར་བྱའོ། །

གསུམ་པ་སྡིག་པ་བཤགས་པའི་ཡན་ལག་འདི་ནི། རྒྱལ་པོ་སྡིག་ཅན་དང་ཤན་པ་སོགས་རྟེན་དམན་པ་ལ་སྐྱེ་ཞིང་སྟེར་བར་ཡང་བཤད་ལ། དེའི་ཚེ་སྡིག་བཤགས་རྒྱས་པར་སྟོན་དུ་འགྲོ་བ་གལ་ཆེ་བ་ཡིན་ཏེ། དེ་མ་བཤགས་པར་ནི་མཐའ་དག་བསླལ་འདོད་ཀྱི་བློ་མི་འབྱུང་བས་སློན་པའི་སྨོན་པ་ཙམ་ཡང་མི་སྐྱེ་བའི་ཕྱིར་རོ། །དེས་ན་འདི་ལྟར། བྱང་ཆུབ་སྙིང་པོར་མཆིས་ཀྱི་བར། །སངས་རྒྱས་རྣམས་ལ་སྐྱབས་སུ་མཆི། །ཆོས་དང་བྱང་ཆུབ་སེམས་དཔའ་ཡི། །ཚོགས་ལའང་དེ་བཞིན་སྐྱབས་སུ་མཆི། །ཕྱོགས་རྣམས་ཀུན་ན་བཞུགས་པ་ཡི། །རྫོགས་སངས་རྒྱས་དང་བྱང་ཆུབ་སེམས། །ཐུགས་རྗེ་ཆེན་པོ་མངའ་རྣམས་ལ། །ཐལ་མོ་སྦྱར་ཏེ་གསོལ་བ་ནི། །ཐོག་མ་མེད་ལྡན་འཁོར་བ་ནས། །ཚེ་རབས་འདི་འམ་གཞན་དག་ཏུ། །བདག་གིས་མ་འཚལ་བགྱིས་པའམ། །བགྱིད་དུ་སྩལ་བ་ཉིད་དང་ནི། །གཏི་མུག་འཁྲུལ་པས་བདག་ནོར་ཏེ། །རྗེས་སུ་ཡི་རང་གང་བགྱིས་པ། །ནོངས་པ་དེ་ནི་མཐོང་བགྱིས་ནས། །བསམ་པ་དག་པས་མགོན་ལ་བཤགས། །ཞེས་པ་ནས། འདི་ནི་བཟང་པོ་མ་

ལགས་པས། །སླན་ཆད་བདག་ནི་ཡོངས་མི་བགྱིད། །ཅེས་པའི་བར་གྱི་དོན་རྒྱས་པར་བཤད་ནས་བློ་སྦྱང་བར་བྱའོ། །

བཞི་པ་རྗེས་སུ་ཡི་རང་བའི་ཡན་ལག་ནི། སེམས་ཅན་ཀུན་གྱི་ངན་སོང་གི། སྡུག་བསྔལ་ངལ་གསོའི་དགེ་བ་དང་། །སྡུག་བསྔལ་ཅན་དག་བདེར་གནས་ལ། །དགའ་བས་རྗེས་སུ་ཡི་རང་ངོ་། །ཞེས་པ་ནས། སེམས་ཅན་ཐམས་ཅད་བདེ་མཛད་པའི། །ཐུགས་བསྐྱེད་དགེ་བ་རྒྱ་མཚོ་དང་། །སེམས་ཅན་ཕན་པར་མཛད་པ་ལ། །དགའ་བས་རྗེས་སུ་ཡི་རང་ངོ་། །ཞེས་བསམ་པ་དག་པ་ནས་བརྗོད་དོ། །དེས་ནི་ཕྲེ་ཐྲག་ཏུ་ཕྲག་དོག་གི་སྒྲིབ་པ་འདག་པར་འགྱུར་རོ། །ཡན་ལག་ལྔ་པ་ནི། ཕྱོགས་རྣམས་ཀུན་གྱི་སངས་རྒྱས་ལ། །ཐལ་མོ་སྦྱར་ཏེ་གསོལ་བ་ནི༑ ༑སེམས་ཅན་སྡུག་བསྔལ་མུན་འཐོམས་ལ། །ཆོས་ཀྱི་སྒྲོན་མེ་སྦར་དུ་གསོལ། །ཞེས་བརྗོད་པས་ནི་ཆོས་སྤོང་གི་ཉེས་པ་འདག་པར་བྱེད་དོ། །

ཡན་ལག་དྲུག་པ་ནི། རྒྱལ་བ་མྱ་ངན་འདའ་བཞེད་ལ། །ཐལ་མོ་སྦྱར་ཏེ་གསོལ་བ་ནི། །འགྲོ་འདི་ལོངས་པར་མི་འགོད་ཅིང་། །བསྐལ་པ་གྲངས་མེད་བཞུགས་སུ་གསོལ། །ཞེས་བརྗོད་པ་ནི་སངས་རྒྱས་ལ་མ་དད་པའི་ཉེས་པ་སེལ་བར་བྱེད་དོ། །ཡན་ལག་བདུན་པ་ནི། དེ་ལྟར་འདི་དག་ཀུན་བྱས་ཏེ། །དགེ་བ་འདི་དག་བསགས་པ་གང་། །དེས་ནི་སེམས་ཅན་ཐམས་ཅད་ཀྱི། །སྡུག་བསྔལ་ཐམས་ཅད་སེལ་བར་ཤོག །ཅེས་པ་ནས། ཐམས་ཅད་མྱ་ངན་འདས་པར་དུ། །བདག་ནི་ཉེར་མཚོའི་གཞིར་ཡང་ཤོག །ཅེས་པ་ནི་བསྔོ་བའི་ཡན་ལག་ཏེ། འདི་དང་ཕྱག་མཆོད་གསུམ་གྱིས་ནི་བསོད་ནམས་ཀྱི་ཚོགས་རྒྱ་ཆེན་པོ་མངོན་པར་འདུ་བྱེད་དོ། །བཟང་སྤྱོད་དུ་བསྔོ་བའི་ཡན་ལག་སྨོན་སེམས་ལ་བཤད་ཀྱང་། འདིར་ནི་འཇུག་པའི་ཕྱོགས་ཀྱི་སྨོན་ལམ་བཏབ་པའོ། །དེའི་ཤེས་བྱེད་ཀྱང་སྨོན་པ་ནི་སྡོམ་པའི་ངོ་བོ་ཉིད་དུ་འགྱུར་བ་ལ་དགོངས་པའོ། །

གཉིས་པ་དངོས་གཞི་ནི། ཇི་སྐད་བཤད་པའི་མཚན་ཉིད་ཅན་གྱི་དགེ་བའི་བཤེས་གཉེན་ནམ་རྟེན་གསུམ་གྱི་སྤྱན་སྔར་ཡན་ལག་བདུན་པོའི་དོན་དྲན་བཞིན་པའི་ངང་ནས། རང་གི་འཁོར་ཚོགས་དང་མཐུན་པར་ཡིད་ལ་འབུལ་ངེས་ཀྱི་མཆོད་པ་བཤམས་ནས་ཚིག་འདི་སྐད་དུ། ཇི་ལྟར་སྔོན་གྱི་བདེར་གཤེགས་ཀྱིས། །བྱང་ཆུབ་ཐུགས་ནི་བསྐྱེད་པ་དང་། །བྱང་ཆུབ་སེམས་དཔའི་བསླབ་པ་ལ། །དེ་དག་རིམ་བཞིན་གནས་པ་ལྟར། །དེ་བཞིན་འགྲོ་ལ་ཕན་དོན་དུ། །བྱང་ཆུབ་སེམས་ནི་བསྐྱེད་བགྱི་ཞིང་། །དེ་བཞིན་དུ་ནི་བསླབ་པ་ལ། །རིམ་པ་བཞིན་དུ་བསླབ་པར་བགྱི། །ཞེས་ལན་གསུམ་བརྗོད་པ་ན་ཐམ་ལ་སྡོམ་པ་སྐྱེས་པ་ཡིན་ལ། དེ་ཡང་དབང་པོ་རབ་ཏུ་གྱུར་པ་ལ། སྨོན་འཇུག་གཉིས་ཀའི་སྡོམ་པ་ཅིག་ཆར་དུ་སྐྱེས་ཤིང་། བློ་ཇི་ལྟར་དམའ་ཡང་སྨོན་པ་

སེམས་བསྐྱེད་ཀྱི་སྡོམ་པ་སྐྱེས་པར་འཆད་དགོས་པ་ཡིན་ནོ། །

གསུམ་པ་མཇུག་གི་བྱ་བ་ལ། གཉིས་ཏེ། རང་དགའ་བ་སྒོམ་པ་དང་། གཞན་དགའ་བ་སྒོམ་དུ་འཇུག་པའོ། །དང་པོ་ནི། དེང་དུ་བདག་ཚེ་འབྲས་བུ་ཡོད། །མི་ཡི་སྲིད་པ་ལེགས་པར་ཐོབ། །དེ་རིང་སངས་རྒྱས་རིགས་སུ་སྐྱེ། །སངས་རྒྱས་སྲས་སུ་དེང་བདག་གྱུར། །ཞེས་བརྗོད་དོ། །གཉིས་པ་ནི། བདག་གིས་དེ་རིང་སྐྱོབ་པ་ཐམས་ཅད་ཀྱི། །སྤྱན་སྔར་འགྲོ་བ་བདེ་གཤེགས་ཉིད་དང་ནི། །བར་དུ་བདེ་ལ་མགྲོན་དུ་བོས་ཟིན་གྱིས། །ལྷ་དང་ལྷ་མིན་ལ་སོགས་དགའ་བར་གྱིས། །ཞེས་པའོ། །གཉིས་པ་བར་དུ་བསྲུང་བའི་ཚུལ་ལ། གཉིས་ཏེ། མཐུན་རྐྱེན་བསྟེན་པ་དང་། འགལ་རྐྱེན་སྤང་བའོ། །དང་པོ་ནི། སློན་པ་བྱང་ཆུབ་ཏུ་སེམས་བསྐྱེད་ནས་དེ་མི་ཉམས་པར་བསྲུང་བ་དང་། དགེ་བའི་བཤེས་གཉེན་བསྟེན་པ་དང་། བྱང་ཆུབ་སེམས་དཔའི་སྡེ་སྣོད་ཀློག་པ་དང་། ཟག་པ་དང་བཅས་པའི་གནས་ལས་སེམས་བསྲུང་ཞིང་། རྒྱུན་དུ་བག་ཡོད་བསྟེན་པ་ལ་འབྲུས་པར་བྱ་དགོས་ཏེ། ཇི་སྐད་དུ། བསླབ་པ་བསྲུང་བར་འདོད་པ་ཡིས། །རབ་ཏུ་བསྒྲིམས་ནས་སེམས་བསྲུང་སྟེ། །སེམས་འདི་བསྲུང་བར་མ་བྱས་ན། །བསླབ་པ་བསྲུང་བར་ཡོངས་མི་ནུས། །ཞེས་གསུངས་སོ། །གཉིས་པ་ལ། གཉིས་ཏེ༑ ཙ་ལྟུང་གི་རྣང་གྲངས་ངོས་བཟུང་བ་དང་། ཡན་ལག་གི་ཉེས་པ་སྤོང་ཚུལ་མདོར་བསྡུས་པའོ། །དང་པོ་ནི། བསླབ་བཏུས་ལས། ཇི་སྐད་དུ། ཙ་བའི་ལྟུང་བ་འདི་དག་བདེ་བླག་ཏུ་བཟུང་བ་དང་། འགའ་ཞིག་གི་ལུགས་གནས་པར་བྱ་བའི་ཕྱིར་ཚིག་ལེའུར་བྱས་པ་དག་བརྗོད་པར་བྱའོ། །དཀོན་མཆོག་གསུམ་གྱི་དཀོར་འཕྲོག་པ། །ཕས་ཕམ་པ་ཡི་ལྟུང་བར་འདོད། །དམ་པའི་ཆོས་ནི་སྤོང་བྱེད་པ། །གཉིས་པར་ཐུབ་པས་གསུངས་པ་ཡིན། །ཚུལ་ཁྲིམས་འཆལ་པའི་དགེ་སློང་ལའང་། །ངུར་སྨྲིག་འཕྲོག་དང་རྡེག་པ་དང་། །བཙོན་རར་འཇུག་པར་བྱེད་པ་དང་། །རབ་ཏུ་བྱུང་ལས་འབེབས་པ་དང་། །མཚམས་མེད་ལྔ་པོ་བྱེད་པ་དང་། །ལོག་པར་ལྟ་བ་འཛིན་པ་དང་། །གྲོང་ལ་སོགས་པ་འཇིག་པ་དང་། །ཙ་བའི་ལྟུང་བར་རྒྱལ་བས་གསུངས། །བློ་སྦྱངས་མ་བྱས་སེམས་ཅན་ལ། །སྟོང་པ་ཉིད་ནི་བརྗོད་པ་དང་། །སངས་རྒྱས་ཉིད་ལ་ཞུགས་པ་དང་། །རྫོགས་པའི་བྱང་ཆུབ་ཟློག་པ་དང་། །སོ་སོར་ཐར་པ་ཡོངས་སྤངས་ཏེ། །ཐེག་པ་ཆེ་ལ་སྦྱོར་བ་དང་། །སློབ་མའི་ཐེག་པས་ཆགས་ལ་སོགས། །སྤོང་བར་འགྱུར་བ་མིན་ཞེས་འཛིན། །ཕ་རོལ་དག་ཀྱང་འཛིན་འཇུག་དང་། །རང་གི་ཡོན་ཏན་བརྗོད་པ་དང་། །རྙེད་པ་དང་ནི་བཀུར་སྟི་དང་། །ཚིགས་བཅད་རྒྱུ་ཡིས་གཞན་སྨོད་དང་། །བདག་ནི་ཟབ་མོ་བཟོད་པའོ་ཞེས། །ལོག་པ་ཉིད་ནི་སྨྲ་བ་དང་། །དགེ་སྦྱོང་ཆད་པས་གཅོད་འཇུག་དང་། །དཀོན་མཆོག་གསུམ་གྱི་སྦྱིན་བྱེད་དང་། །སྦྱིན་པ་ལེན་པར་བྱེད་པ་དང་། །ཞི་གནས་འདོར་བར་བྱེད་པ་དང་། །ཡང་དག་འཇོག་གི་ལོངས་སྤྱོད་ནི། །ཁ་བཏོན་

བྱེད་ལ་སྨྲིན་པ་རྣམས། །དེ་དག་རྩ་བའི་ལྟུང་བ་སྟེ། །སེམས་ཅན་དམྱལ་བ་ཆེན་པོའི་རྒྱུ། །མྱི་ལམ་འཕགས་པ་ནམ་སྙིང་པོའི། །མདུན་དུ་འདུག་སྟེ་བཤགས་པར་བྱ། །བྱང་ཆུབ་སེམས་ནི་ཡོངས་འདོར་དང་། །ཆགས་དང་སེར་སྣ་མི་བཟད་པས། །སློང་ལ་སྦྱིན་པར་མི་བྱེད་དང་། །ཁྲོམས་ཏེ་དགའ་བར་བྱེད་པ་ན། །སེམས་ཅན་ལ་ནི་མི་བཟོད་པར། །ཁྲོས་པས་སེམས་ཅན་རྡེག་པ་དང་། །ཉོན་མོངས་པ་དང་གཞན་མཐུན་པས། །ཆོས་ལྟར་བཅོས་པ་བརྗོད་པའོ། །ཞེས་གསུངས་སོ། །

འདིའི་དོན་ལ་གསུམ་སྟེ། རྩ་ལྟུང་གི་རྐང་གྲངས། ལུང་གང་ལས་འབྱུང་བ། ལྟུང་བ་དེ་སྡོམ་པའི་གཏོང་རྒྱུ་ཡིན་མིན་གྱི་དཔྱད་པའོ། །དང་པོ་ནི། བོད་སྔ་མ་རྣམས་བྱང་ཆུབ་སེམས་དཔའི་རྒྱལ་པོ་ལ་འབྱུང་བའི་ལྟུང་བ་ལྔ། བློན་པོ་ལ་འབྱུང་བ་དྲུག་ལས་དང་པོ་པ་ལ་འབྱུང་བ་བརྒྱད་དེ་བཅུ་དགུ་ཡིན་ནོ། །ཞེས་སོགས་རྣམ་གྲངས་དུ་མས་འཆད་མོད། རྐང་གྲངས་བཅུ་བཞིར་འདུས་པ་ཡིན་ཏེ། རྒྱལ་བློན་གཉིས་ཀ་ལ་ཐུན་མོང་བ་བཞི་དང་། ཐུན་མོང་མ་ཡིན་པ་རེ་རེ་སྟེ་དྲུག །ལས་དང་པོ་པའི་བརྒྱད་རྣམས་སོ། །རྟེན་གྱི་གང་ཟག་འདི་དག་ཀྱང་གཙོ་ཆེ་བའི་དབང་དུ་བྱས་པ་ཡིན་གྱི། སོ་སོར་ངེས་པ་ནི་མ་ཡིན་ཏེ། བྱང་སེམས་ཀྱི་སྡོམ་པ་སྤྱི་ལ་ལྟོས་པའི་སྤང་བྱ་ཡིན་པས་སོ། །རྐང་གྲངས་ཀྱི་དབྱེ་བསྡུ་ཡང་ཀུན་སློང་གཅིག་པ་རྣམས་གཅིག་ཏུ་བསྡུས་པའོ། །

གཉིས་པ་ནི། བཅུ་བཞི་པོའི་ནང་ནས་བཅུ་གསུམ་ནི་ཐོགས་མེད་ཀྱི་བཞེད་པ་དང་མ་འདྲེས་པ་ཡིན་ལ། རང་གི་ཡོན་ཏན་བརྗོད་པ་དང་། །ཞེས་སོགས་རྐང་པ་གསུམ་ནི་བྱང་ས་དང་ཐུན་མོང་གི་བཤད་པའོ། །དེ་དག་ཀྱང་ནམ་མཁའི་སྙིང་པོའི་མདོ་ལས་བྱང་སེམས་སོ་སྐྱེའི་རྩ་བའི་ལྟུང་བར་གསུངས། བྱང་ཆུབ་སེམས་ནི་ཞེས་སོགས་ཀྱིས་བསྟན་པའི་ལྟུང་བ་བཞི་ནི་མདོ་གཞན་དང་བསྟན་བཅོས་མཛད་པའི་སློབ་དཔོན་གཞན་གྱི་ལུགས་ཡིན་ལ། དེ་ཡང་འདི་ལྟར། བྱང་ཆུབ་ཀྱི་སེམས་གཏོང་བ་རྩ་བའི་ལྟུང་བ་ཡིན་པར་ནི་ཐབས་ལ་མཁས་པའི་མདོ་ལས་གསུངས་པ་ཡིན་པར་བཤད་ལ། ལྷག་མ་གསུམ་ནི་ཐོགས་མེད་ཞབས་ཀྱི་ལུགས་སུ་བྱང་ཆུབ་སེམས་དཔའི་ས་ལས་འབྱུང་བ་དེ་ཉིད་དོ། །གལ་ཏེ་འོ་ན། ཆགས་དང་སེར་སྣ་ཞེས་སོགས་ཀྱིས་བསྟན་པའི་ལྟུང་བ་གསུམ་པོ་དེ་རྩ་བའི་ལྟུང་བར་འཆད་དམ་ཞེ་ན། དེར་ཁས་ལེན་པ་མ་ཡིན་ཏེ། གོང་དུ་དྲངས་པའི་མདོར་བསྟན་གྱི་ལུང་ལས་གསལ་བས་སོ། །དེའི་ཕྱིར་ཐོགས་མེད་ཞབས་ཀྱིས་རྩ་ལྟུང་དུ་བཤད་པ་རྣམས་ལུགས་འདིའི་ཡང་རྩ་བའི་ལྟུང་བར་བཞེད་ལ། འདི་ནས་བཤད་པ་དག་ནི་དེར་མ་འདུས་ཏེ། བྱང་ཆུབ་ཀྱི་སེམས་འདོར་བ་རྣམས་འདིར་ནི་སྨོན་སེམས་ཀྱི་སྡོམ་པའི་ལྟུང་བར་བཤད་པས་སོ། །

གསུམ་པ་ནི། ལུགས་འདིར་རྩ་བའི་ལྟུང་བ་ལ་ཀུན་སློང་དྲག་ཞན་གྱིས་འབྱེད་པ་ནི་མ་བཤད་མོད་ཀྱང་།

ཉོན་མོངས་ཅན་གྱིས་ངེས་པར་སློང་དགོས་པ་ནི་ཡིན་ཏེ། བྱ་བ་མ་ཡིན་པ་བྱེད་པའི་ཆ་ནས་ལྟུང་བར་འཇོག་དགོས་པས་སོ། །ཉོན་མོངས་པ་དེ་ཡང་དུག་གསུམ་ལས་ནང་སེམས་ཅན་ལ་ཆགས་པ་ཙམ་ནི་རྩ་ལྟུང་ཀུན་ནས་སློང་བྱེད་དུ་མི་འཇོག་སྟེ། དེས་ནི་སེམས་ཅན་སྤྱད་པར་བྱེད་ཀྱི་དེ་དང་འགལ་བར་མི་བྱེད་པས་སོ། །ཕྱི་རོལ་ཡོ་བྱད་ལ་ཆགས་པས་ནི་བརྒྱུད་ནས་ལྟུང་བ་སློང་ནུས་པར་མ་ཟད་དངོས་སུ་ཡང་སློང་ནུས་པར་བཤད་པ་དེ་ཉིད་ཡིན་ལ། མདོར་ན་སྨོན་སེམས་གཏོང་བྱེད་དུ་མ་གཏོགས་པའི་ཉོན་མོངས་པ་དྲག་ཞན་གང་གིས་ཀུན་ནས་བསླང་བ་ཡིན་ཀྱང་རྩ་བའི་ལྟུང་བར་བཤད་པ་དེ་དག་གིས་ནི་ཐུན་ཆོད་ལས་འདས་ན་འཇུག་པའི་སྡོམ་པ་གཏོང་བ་ཡིན་ཏེ། ནམ་མཁའི་སྙིང་པོའི་མདོ་ཉིད་ལས། སྔོན་བསྐྱེད་པའི་དགེ་བའི་རྩ་བ་ཐལ་བ་བཞིན་དུ་གློག་སྟེ༔ ཞེས་བཤད་པ་དང་། ཐོགས་མེད་ཞབས་ཀྱིས་ཀྱང་རྩ་ལྟུང་གང་ཡིན་ཐམས་ཅད་ཀྱང་མཐུག་སྡོམ་གཏོང་བྱེད་དུ་བཤད་པ་དང་ཆ་འདྲ་བས་སོ། །དེ་ལྟ་ནའང་སྨོན་པའི་སྡོམ་པ་ནི་མི་གཏོང་སྟེ། སེམས་རྫོགས་པའི་བྱང་ཆུབ་ལས་ཕྱིར་མ་ལོག་གི་བར་དེ་སྲིད་དུ་དེ་གཏོང་བར་མི་ནུས་པས་སོ། །བྱང་ཆུབ་ཀྱི་སེམས་འདོར་བ་ཞེས་བྱ་བའི་ལྟུང་བ་དེས་ནི་ཐུན་ཆོད་འདས་ན་སྡོམ་པ་རིལ་གྱིས་གཏོང་སྟེ། སྨོན་པ་བཏང་བ་ན་འཇུག་པའི་གནས་མེད་པས་སོ། །རྩ་ལྟུང་གཞན་དག་གིས་སྨོན་པ་མི་གཏོང་ན་མདོ་དང་གཞུང་ལས་དགེ་བའི་རྩ་བ་འཆད་པར་བཤད་པ་དེ་ཅི་ཞེ་ན། དེ་ནི་སྤྱིར་དགེ་བ་སྤྱོར་བྱུང་དང་བྱེ་བྲག་ཏུ་སྔོན་བྱང་སེམས་ཀྱི་བསླབ་བྱ་ལ་བསླབ་པའི་དགེ་རྩ་ལ་འཆད་དགོས་པ་ཡིན་ཏེ། སྔོན་བསྐྱེད་པའི་དགེ་བའི་རྩ་བ་ཞེས་བཤད་པའི་ཕྱིར་དང་། དགེ་བ་སྐྱེས་ཐོབ་ནི་ལོག་ལྟ་མ་ཡིན་པས་འཇོམས་མི་ནུས་པའི་ཕྱིར་རོ། །གཉིས་པ་ནི། ཇི་སྐད་དུ། ནམ་མཁའི་སྙིང་པོའི་མདོ་དེ་ནི། །ཐོག་མ་ཉིད་དུ་བལྟ་བར་བྱ། །གང་ཕྱིར་རྟག་ཏུ་སྤྱད་པ་ནི། །དེ་ལས་ཀྱི་ཆེར་རབ་སྟོན་པས། །བསླབ་པ་ཀུན་ལས་བཏུས་པ་ཡང་། །ངེས་པར་ཡང་དང་ཡང་དུ་བལྟ། །ཞེས་པ་ནས། ལུས་དང་སེམས་ཀྱི་གནས་སྐབས་ལ། །ཡང་དང་ཡང་དུ་བརྟག་བྱ་བ། །དེ་ཉིད་ཁོ་ན་མདོར་ན་ནི། །ཤེས་བཞིན་བསྲུང་བའི་མཚན་ཉིད་དོ། །ཞེས་གསུངས་པ་ལྟར་ཉམས་སུ་བླང་ངོ་། །

གསུམ་པ་ཉམས་པ་ཕྱིར་འཆོས་པའི་ཚུལ་ལ། གཉིས་ཏེ། ཉམས་བྱེད་ཀྱི་ཉེས་པ་བཤགས་པའི་ཚུལ་དང་། བཏང་བ་སླར་ཡང་ལེན་པའི་ཚུལ་ལོ། །དང་པོ་ནི། བསླབ་བཏུས་ལས། ཇི་སྐད་དུ། འདི་དག་གིས་ངེས་པར་འབྱུང་བ་ཡང་མདོ་འདི་ལས་གསུངས་པ་ནི། གལ་ཏེ་བྱང་ཆུབ་སེམས་དཔའ་དེ་དག་བྱང་ཆུབ་སེམས་དཔའ་ཆེན་པོ་ནམ་མཁའི་སྙིང་པོའི་མིང་ཐོས་ནས་ལྟུང་བ་མ་བཤགས་ན་ངན་སོང་དུ་ལྟུང་བས་འཇིགས་པའི་ཕྱིར་ནམ་མཁའི་སྙིང་པོ་མཐོང་བར་འདོད་ཅིང་རྩ་བའི་ལྟུང་བ་འཆགས་པར་འདོད་པ་དེས། ནམ་མཁའི་སྙིང་

པོ་ལ་ཕྱག་འཚལ་ཞིང་དེའི་མིང་བརྗོད་ན་བསྐལ་པ་ཇི་ལྟ་བ་བཞིན་དུ་དེ་རང་གི་གཟུགས་ཀྱིས་གནས་པར་འགྱུར་ཏེ། བྱང་ཆུབ་སེམས་དཔའ་ལས་དང་པོ་པ་དེའི་མདུན་དུ་བྲམ་ཟེའི་གཟུགས་སམ་བུ་མོའི་གཟུགས་ཀྱིས་ལྷུང་བ་དེ་འཆགས་སུ་འཇུག་གོ། ཐེག་པ་ཆེན་པོ་ལ་སྤྱོད་པ་ཡང་ཉེ་བར་སྟོན་ཏོ། །ཕྱིར་མི་ལྡོག་པའི་སའི་བར་ལ་ཡང་རབ་ཏུ་འཇོག་གོ། དེ་ལྟར་ན་ནམ་མཁའི་སྙིང་པོ་ནི་ཐབས་དང་ཡེ་ཤེས་དང་སྙིང་རྗེ་ཆེན་པོ་བསམ་གྱིས་མི་ཁྱབ་པ་དང་ལྡན་ནོ། །ཞེས་སོ། །དེ་ལྟ་བུའི་གཟུགས་ཀྱིས་མ་མཐོང་ན་ཇི་ལྟར་བྱ་བ་ནི། མདོ་དེ་ཉིད་ལས། ཇི་སྐད་དུ། གསོལ་བ་འདེབས་པ་གང་ཡིན་པ་དེ་དག་ལ་མངོན་སུམ་དུ་སྟོན་པར་མི་བྱེད་ན་བྱང་ཆུབ་སེམས་དཔའ་ལས་དང་པོ་པ་ཉེས་པ་དང་བཅས་པ་དེ་ཐོ་རངས་ལངས་ལ་ཤར་ཕྱོགས་སུ་བལྟས་ཏེ། མཆོད་པ་བཤམས་ནས་ལྷའི་བུ་སྐྱ་རེངས་ལ་གསོལ་བ་གདབ་པར་བྱ་སྟེ། ཚིག་འདི་སྐད་དུ། སྐྱ་རེངས་སྐྱ་རེངས་སྙིང་རྗེ་ཆེན་པོ་སྐལ་པ་ཆེན་པོ་ཁྱོད་འཛམ་བུའི་གླིང་དུ་ཤར་མ་ཐག་ཏུ་སྙིང་རྗེས་བདག་ལ་ཁེབས་པར་མཛད་དུ་གསོལ། ནམ་མཁའི་སྙིང་པོ་སྙིང་རྗེ་ཆེན་པོ་དང་ལྡན་པ་ལ་བདག་གི་ཚིག་གིས་མྱུར་དུ་བསྐུལ་ཏེ་ཐབས་གང་གིས་བདག་ལྟུང་བ་འཆགས་པར་འགྱུར་བ་དང་། ཐབས་དང་ཤེས་རབ་ཐོབ་པར་འགྱུར་བའི་ཐབས་དེ་བདག་གི་རྨི་ལམ་དུ་བསྟན་དུ་གསོལ། ཞེས་བརྗོད་ནས་དེའི་ཚེ་མལ་དུ་གཉིད་ལོག་པར་བྱ་སྟེ། འཛམ་བུའི་གླིང་འདིར་སྐྱ་རེངས་ཤར་མ་ཐག་བྱང་ཆུབ་སེམས་དཔའ་ལས་དང་པོ་པ་དེའི་རྨི་ལམ་དུ་བྱང་ཆུབ་སེམས་དཔའ་ནམ་མཁའི་སྙིང་པོ་དང་ཕྲད་པར་འགྱུར་ཏེ། དེ་གཟུགས་ཀྱིས་མདུན་དུ་འདུག་སྟེ་ཇ་བའི་ལྟུང་བ་དེ་དག་འཆགས་སུ་གཞུག་གོ། ཞེས་གསུངས།

འདི་ནི་སྐྱ་རེངས་ལ་ནམ་མཁའི་སྙིང་པོའི་དྲུང་དུ་འཕྲིན་པའི་ཚུལ་དུ་བསྐུལ་བ་ཡིན་ལ། ཉེས་པ་འདག་པའི་ཐབས་མངོན་སུམ་མམ་རྨི་ལམ་དུ་སྟོན་རྒྱུ་ནི་ཟབ་པ་ཤེས་རབ་དང་ཐབས་རྒྱ་ཆེ་བའོ། །དང་པོ་ནི། སྟོང་པ་ཉིད་སྟོན་པའོ། །གཉིས་པ་ནི། འགྱོད་སྡོམ་ཡིད་ལ་བཞག་ནས་ངག་ཏུ་མཐོལ་བཤགས་ཀྱི་ཚིག་བརྗོད་པའོ། །དེ་དག་ནི་ཇི་སྐད་དུ། རྨི་ལམ་འཕགས་པ་ནམ་སྙིང་པོའི། །ཞེས་སོགས་ཀྱི་དོན་ཡིན་ལ། ཉེས་པ་བཤགས་ཚུལ་འདི་ནི་གཞན་ལས་ཟབ་ཅིང་སྟོབས་ཆེ་བ་ཡིན་ཏེ། གཙོ་བོར་སྟོང་པ་ཉིད་ཀྱི་དབང་དུ་བྱས་པའོ། །ཆོས་བཞི་བསྟན་པའི་མདོ་ལས་འདི་ལྟར་གསུངས་ཏེ། བྱམས་པ་བྱང་ཆུབ་སེམས་དཔའ་ཆེན་པོ་ཆོས་བཞི་དང་ལྡན་ན་སྡིག་པ་བྱས་ཤིང་བསགས་པ་ཟིལ་གྱིས་གནོན་པར་འགྱུར་རོ། །བཞི་གང་ཞེ་ན། འདི་ལྟ་སྟེ། རྣམ་པར་སུན་འབྱིན་པ་ཀུན་ཏུ་སྤྱོད་པ་དང་། གཉེན་པོ་ཀུན་ཏུ་སྤྱོད་པ་དང་། ཉེས་པ་ལས་ལྡོག་པའི་སྟོབས་དང་། རྟེན་གྱི་སྟོབས་སོ། །དེ་ལ་རྣམ་པར་སུན་འབྱིན་པ་ཀུན་ཏུ་སྤྱོད་པ་ནི། མི་དགེ་བའི་ལས་སྤྱད་པ་དེ་ལ་འགྱོད་པ་མང

བ་ཡིན་ནོ། །གཉེན་པོ་ཀུན་ཏུ་སྤྱོད་པ་ནི། མི་དགེ་བའི་ལས་བྱས་ནས་ཀྱང་དགེ་བའི་ལས་ལ་ཤིན་ཏུ་བརྩོན་པའོ། །ཉེས་པ་ལས་ལྡོག་པའི་སྟོབས་ནི། སྡོམ་པ་ཡང་དག་པར་བླངས་ནས་མི་བྱེད་པའི་སྡོམ་པ་ཐོབ་པའོ། །རྟེན་གྱི་སྟོབས་ནི་སངས་རྒྱས་དང་ཆོས་དང་དགེ་འདུན་ལ་སྐྱབས་སུ་འགྲོ་བ་དང་བྱང་ཆུབ་ཀྱི་སེམས་མི་གཏོང་བ་སྟེ། རྟེན་དེ་སྟོབས་དང་ལྡན་པ་ལ་ནི་སྡིག་པས་ཟིལ་གྱིས་ནོན་པར་མི་འགྱུར་རོ། །ཞེས་གསུངས། སྟོབས་བཞི་པོ་དེའི་ནང་དུ་ནི་ཉེས་པ་བཤགས་པ་དང་སྡོམ་པ་སོར་ཆུད་པ་གཉིས་ཀ་འདུས་པ་ཡིན་ཏེ། སྔ་མ་གཉིས་ཀྱི་ཉེས་པ་དག་བྱེད་དང་། ཕྱི་མ་གཉིས་ཀྱིས་སྡོམ་པ་བླངས་ནས་བསྲུང་ཐབས་བསྟན་པས་སོ། །

གཉིས་པ་བཏང་བ་ལེན་པའི་ཚུལ་ལ། གཉིས་ཏེ། རྩ་ལྟུང་བཅུ་བཞི་དང་བྱང་སའི་གསུམ་གྱིས་འདུག་སྡོམ་བཏང་བ་སླར་ལེན་པའི་ཚུལ་དང་། བྱང་ཆུབ་སེམས་འདོར་གྱིས། སྨོན་སེམས་བཏང་བ་སླར་ཡང་ལེན་པའི་ཚུལ་ལོ། །དང་པོ་ལ། ཉེས་པ་བཤགས་པ་དང་། སྡོམ་པ་ལེན་པའོ། །དང་པོ་ནི། འགྱོད་སྡོམ་གྱི་ཡིད་སྔོན་དུ་བཏང་ནས་ཕུང་པོ་གསུམ་པའི་མདོ་འདོན་པ་དང་། གསུམ་ལ་སྐྱབས་སུ་འགྲོ་བ་དང་། སྨོན་པའི་སེམས་ཡང་དང་ཡང་དུ་གོམས་པར་བྱེད་པ་སྟེ། ཇི་སྐད་དུ། ཉིན་དང་མཚན་མོ་ལན་གསུམ་དུ། །ཕུང་པོ་གསུམ་པ་འདོན་བྱ་ཞིང་། །རྒྱལ་དང་བྱང་ཆུབ་སེམས་བརྟེན་པས། །ལྟུང་བའི་ལྷག་མ་དེ་ཞི་བྱ། །ཞེས་གསུངས་པ་ལྟར་རོ། །

གཉིས་པ་ནི། རྩ་ལྟུང་གི་ཐུན་མོང་འདས་ན། དེ་ལྟར་གཤེགས་པས་མཆོན་པའི་ཡན་ལག་བདུན་པ་སྔོན་དུ་བཏང་ནས་བཤེས་གཉེན་ནམ་རྟེན་གྱི་དྲུང་དུ། ཇི་ལྟར་སྔོན་གྱི་བདེར་གཤེགས་ཀྱིས། །བྱང་ཆུབ་སེམས་དཔའི་བསླབ་པ་ལ། །རིམ་པ་བཞིན་དུ་གནས་པ་ལྟར། དེ་བཞིན་དུ་ནི་བསླབ་པ་ལ། །རིམ་པ་བཞིན་དུ་བསླབ་པར་བགྱི། །ཞེས་ལན་གསུམ་བརྗོད་པས་སྡོམ་པ་སླར་སྐྱེས་པ་ཡིན་ནོ། །

གཉིས་པ་ཡང་། ཉེས་པ་བཤགས་ཚུལ་དང་། སྡོམ་པ་ལེན་པའི་ཚུལ་ལོ། །དང་པོ་ལ། ཉེས་པ་འདི་ནི་ཤིན་ཏུ་ལྗི་བ་ཡིན་ཏེ། ཇི་སྐད་དུ། འདི་ནི་བྱང་ཆུབ་སེམས་དཔའ་ལ། །ལྟུང་བའི་ནང་ནས་ལྗི་བ་སྟེ། །འདི་ལྟར་དེ་ནི་བྱུང་གྱུར་ན། །དེ་ཡི་ངན་འགྲོ་མུ་མཐའ་མེད། །ཅེས་སོ། །དག་བྱེད་ཀྱི་ཐབས་ལ་ཉེས་པ་རང་གི་ངོ་བོ་དག་བྱེད་དང་རྣམ་སྨིན་དག་བྱེད་གཉིས་ལས། དང་པོ་ནི། སྨོན་པ་བྱང་ཆུབ་ཀྱི་སེམས་ཡང་དང་ཡང་དུ་གོམས་པ་ཉིད་ཡིན་ལ། གཉིས་པ་ནི། བདག་མེད་མངོན་སུམ་དུ་རྟོགས་པའོ། །གཉིས་པ་སླར་ལེན་པའི་ཚུལ་ནི། སེམས་གཏོང་གིས་ཐུན་མོང་འདས་པ་ལ། འགྱོད་སྡོམ་ཉེ་བར་བཞག་ནས་བཤགས་པས་མཆོན་པའི་ཡན་ལག་བདུན་པོ་སྔོན་དུ་བཏང་ནས་ཚིག་འདི་སྐད་དུ། ཇི་ལྟར་སྔོན་གྱི་བདེར་གཤེགས་ཀྱིས། །བྱང་ཆུབ་ཐུགས་ནི་བསྐྱེད་པ་ལྟར། །དེ་བཞིན་དུ་ནི་བསླབ་པ་ལ། །རིམ་པ་བཞིན་དུ་བསླབ་པར་བགྱི། །ཞེས་ལན་གསུམ་བརྗོད་པ་དང་།

འཇུག་ནི་སྔ་མ་བཞིན་ནོ། །འདིས་སྨོན་སེམས་སོར་ཆུད་ཅིང་སྤྱིར་ཉེས་པ་མང་པོ་འདག་པར་ནི། ཇི་སྐད་དུ། དེས་ནི་དུས་མཐའི་མེ་བཞིན་སྡིག་ཆེན་རྣམས། །སྐད་ཅིག་གཅིག་གིས་ངེས་པར་སྲེག་པར་བྱེད། །ཅེས་གསུངས་པ་ཡིན་མོད་ཀྱང་། སྔར་སེམས་བསྐྱེད་བཏང་བའི་རྣམ་སྨིན་ངན་སོང་དུ་སྐྱེ་ངེས་ཀྱི་ལས་བསགས་པ་ཐམས་ཅད་ནི་དེས་སྦྱོང་ནུས་པ་མ་ཡིན་ཏེ། གཞན་དུ་ན་སྨོན་སེམས་ཀྱི་སྡོམ་པ་དང་བཅས་བཞིན་དུ་ངན་སོང་དུ་སྐྱེ་བའི་ལས་སོག་པ་མེད་པར་ཐལ་བ་དང་། དེ་ཡང་མེད་ན་ནི་རྒྱལ་པོ་ནས་ཞན་པའི་བར་སྡོམ་མིན་ཅན་དག་གིས་སྨོན་སེམས་བསྲུང་ནུས་པར་བཤད་པ་དང་འགལ་བ་དང་། ལུང་ལས་ཀྱང་། དེ་ལྟར་ལྟུང་བ་སྟོབས་ལྡན་དང་། །བྱང་ཆུབ་སེམས་སྟོབས་ལྡན་པ་དག །འཁོར་བར་རེས་ཀྱིས་འདྲེ་བྱེད་ན། །ས་ཐོབ་པ་ལ་ཡུན་རིང་ཐོགས། །ཞེས་འབྱུང་བ་དེའི་གོ་བ་ཡང་། སྨོན་སེམས་ལན་དུ་མར་བཏང་ནས་དུ་མར་བླངས་ཀྱང་སྐྱེ་བ་ནི་ཡིན་མོད། སེམས་བསྐྱེད་བཏང་བའི་རྣམ་སྨིན་ངན་སོང་དུ་སྐྱེ་ངེས་དེ་སེམས་བསྐྱེད་པ་ཙམ་གྱིས་འགྲིབ་མི་ནུས་པ་ལ་དགོངས་པའོ། །དེས་ན་སྨོན་སེམས་ཐུན་གཅིག་གིས་ཀྱང་མཚམས་མེད་པ་ལྔ་ལྟ་བུའི་སྡིག་པ་འབྱང་བར་ནུས་ཀྱང་། སྨོན་སེམས་བཏང་བའི་རྣམ་སྨིན་འགྲིབ་མི་ནུས་པ་ནི། ཇི་སྐད་དུ། དེ་ནི་བྱང་ཆུབ་སེམས་དཔའ་ལ། །ལྟུང་བའི་ནང་ནས་ལྕི་བ་སྟེ། །ཞེས་སོགས་འཐད་པ་དང་བཅས་པའི་ལུང་ལས་ཤེས་ཤིང་། དེ་ལྟར་ཤེས་པ་ན་སེམས་མ་སྐྱེད་པའི་གང་ཟག་གིས་བྱས་པའི་སྡིག་པ་མཐའ་དག་ལས་ལྕི་བ་ཞིག་བྱང་སེམས་ལས་དང་པོ་པ་ལ་འབྱུང་བར་བཤད་དེ། དེ་ཡི་ངན་འགྲོ་མུ་མཐའ་མེད། །ཅེས་དང་། རིགས་པ་ཡང་། བླ་ན་མེད་པའི་དགེ་བ་ལ་འགྲོ་བ་ཐམས་ཅད་མགྲོན་དུ་བོས་པ་བསླུས་པའི་སྡིག་པ་ལས་ལྕི་བའི་ཉེས་པ་ནི་མི་སྲིད་ལ། དེ་ནི་བྱང་ཆུབ་སེམས་དཔའ་ལས་གཞན་ལ་མི་འབྱུང་བའི་ཕྱིར། དཔེར་ན། ཁྲིམ་པ་ལས་ལྕི་བའི་སྡིག་པ་རབ་བྱུང་ལ་འབྱུང་སྲིད་པ་ཡང་དགེ་འདུན་དབྱེན་དང་ཆོས་སྤོང་གི་ལས་བཞིན་ནོ། །དེ་བས་ན་སེམས་བསྐྱེད་ནས་ཀྱང་རྣམ་སྨིན་དེ་ཟད་པར་བྱེད་པའི་ཐབས་སུ་ནི་གཙོ་ཆེར་སྟོང་པ་ཉིད་རྟོགས་པའི་ཤེས་རབ་ཐོས་བསམ་སྒོམ་གསུམ་གང་རུང་གིས་བསྡུས་པ་དག་རང་རྒྱུད་ལ་སྐྱེད་པ་དང་། ཕུང་པོ་གསུམ་པའི་མདོ་དང་དེ་བཞིན་གཤེགས་པའི་ཡི་གེ་བརྒྱ་དང་ནམ་སྙིང་གི་མདོ་ལས་འབྱུང་བའི་སྡུག་བསྔལ་ཞི་བར་བྱེད་པའི་གཟུངས་སྔགས་དང་། བློ་གྲོས་རྒྱ་མཚོས་ཞུས་པའི་མདོ་ལས་འབྱུང་བའི་བདུད་ཚར་གཅོད་ཅིང་ཉོན་མོངས་སེལ་བའི་གཟུངས་སྔགས་སུ་བཤད་པ་དེ་དག་གི་བཟླས་བརྗོད་ལ་འབད་པར་བྱའོ། །དེ་ལྟར་བཤད་པ་ན་སྨོན་སེམས་མ་བཏང་ན་འཇུག་སེམས་ཀྱི་གཏོང་རྒྱུར་བཤད་པ་དེ་དག་ཉེས་པ་ནི་ཡན་ལག་བདུན་པ་སྔོན་དུ་འགྲོ་བ་ཅན་གྱི་སྨོན་པའི་སེམས་བསྐྱེད་པ་ཙམ་གྱིས་འདག་པར་གྲུབ་བོ། །

གསུམ་པ་ལ། རང་གིས་བཏགས་པའི་འཐད་པ་དང་། ལྟ་བའི་ཁྱད་པར་ལས་སོ་སོར་འབྱེད་པའི་དགོངས་དོན་བསམ་པ། སྔགས་ལུགས་ཀྱི་སེམས་བསྐྱེད་ལེན་ཚུལ་ལུགས་གཉིས་པོ་གང་དང་མཐུན་དཔྱད་པའོ། །དང་པོ་ནི། ལུགས་གཉིས་པོའི་རྒྱ་བའི་ལྟུང་བ་ལ་མང་ཉུང་གི་ཁྱད་པར་དང་། ལེན་པའི་རྟེན་གྱི་གང་ཟག་རྒྱ་ཆེ་ཆུང་གི་ཁྱད་པར་སོགས་མང་པོ་པ་དེ་དག་གི་རྒྱ་བ་ནི་སྡོམ་པའི་ངོ་བོ་ལ་རྒྱ་ཆེ་ཆུང་གི་ཁྱད་པར་བཞེད་པས་རབ་ཏུ་ཕྱེ་བ་ཡིན་ལ། ཁྱད་པར་དེ་ཡང་གང་ཞེ་ན། ལུགས་སྔ་མ་ནི་སྨོན་པའི་སྡོམ་པ་གཞུང་དུ་མ་བཤད་ཅིང་། དེའི་དོན་གྱི་ས་དེ་ལ་ལྟོས་པའི་ལྟུང་བ་དང་ཁྱད་པར་གྱི་བསླབ་བྱ་ལ་སློབ་ཚུལ་རྒྱས་པར་མ་གསུངས་སོ། །སྨོན་སེམས་བཏང་བ་སྡོམ་པའི་གཏོང་རྒྱུར་བཤད་ཀྱང་ལྟུང་བ་མ་བཤད་པ་ཡང་དོན་དེ་ལ་ཐུག་ཅིང་། རྒྱ་བའི་ལྟུང་བ་དང་བྱང་ཆུབ་སེམས་གཏོང་གང་གིས་སྡོམ་པ་གཏོང་ཡང་ཐུན་ཚོད་འདས་པ་ལ་ལྟོས་པའི་བཤད་པ་བསླབ་བཏུས་ལས་འབྱུང་བ་ལྟར་ལུགས་སྔ་མ་ལ་མེད་དོ། །དེའི་ཕྱིར་སྡོམ་ལྡན་གྱི་བྱང་སེམས་ལས་དང་པོ་པ་ལ་རང་ཉིད་ཞི་བདེ་དོན་གཉེར་གྱི་བསམ་པ་མཚན་ཉིད་ཡོངས་སུ་རྫོགས་པ་ལན་ཅིག་སྐྱེས་པ་ན་ཐུན་ཚོད་མ་འདས་ཀྱང་སྡོམ་པ་བཏང་ཟིན་པ་ཉིད་ཀྱི་ཕྱིར་སྡོམ་པ་དང་མི་ལྡན་པ་ལ་སེམས་གཏོང་གི་ལྟུང་བ་རྒྱུད་ལ་ལྡན་པའི་བྱང་ཆུབ་སེམས་དཔའ་ཞེས་མི་བྱའོ། །ལུགས་ཕྱི་མ་ལ་ནི་དམན་པའི་བྱང་ཆུབ་ཏུ་སེམས་བསྐྱེད་ནས་ཀྱང་ཐུན་ཚོད་མ་འདས་ན་བྱང་ཆུབ་སེམས་དཔའི་སྡོམ་ལྡན་དུ་བཞག་པ་དེའི་ཚེ་བྱང་ཆུབ་ཀྱི་སེམས་བཏང་བའི་ཉེས་པ་དེ་སྡིག་པ་ཤིན་ཏུ་ལྕི་བར་འཆད་དགོས་པ་ཡིན་ནོ། །བྱང་ཆུབ་སེམས་དཔར་ཁས་བླངས་ནས་མཐའ་ཡས་པའི་སེམས་ཅན་ཡལ་བར་དོར་བའི་ཕྱིར་དང་། རྟེན་དེ་ལ་སྡོམ་པའི་གཏོང་རྒྱུ་མ་བྱུང་བས་སྡོམ་ལྡན་དུ་ཡང་འཆད་པའི་ཕྱིར། དེས་ན་ལུགས་སྔ་མས་བྱང་སེམས་ཀྱི་སྡོམ་ལྡན་ལས་དང་པོ་པ་དམན་པར་སེམས་བསྐྱེད་པ་དེས་ངན་འགྲོ་མུ་མཐའ་མེད་པ་ལ་སོགས་པའི་སྡིག་ལྟུང་བསགས་པར་མི་བཞེད་དེ། དེ་འདྲ་དེས་འཁོར་བ་སྤངས་པའི་མྱང་འདས་མྱུར་བ་ཉིད་ཀྱིས་མངོན་དུ་བྱེད་པར་བཞེད་པའི་ཕྱིར་རོ། །སྨོན་སེམས་བཏང་བ་ཙམ་གྱིས་སྡིག་པ་སྟོབས་པོ་ཆེ་སོག་མི་སོག་ཅི་རིགས་སུ་བཤད་པ་དེ་ནི་མདོ་ཐ་དད་ཀྱི་དགོངས་པ་ཡིན་པར་ཞི་བའི་ལྷས་བཞེད་དེ། ཇི་སྐད་དུ། མི་གང་བྱང་ཆུབ་སེམས་བཏང་ཡང་། །དེ་ལས་ཐར་བར་མཛད་པ་ནི། །ལས་ཚུལ་བསམ་གྱིས་མི་ཁྱབ་སྟེ། །ཐམས་ཅད་མཁྱེན་པ་པོ་ནས་མཁྱེན། །ཞེས་གསུངས་སོ། །འོན་ལུགས་སྔ་མས། ཇི་སྐད་དུ། བསྐལ་པ་དུ་མར་དགེ་བའི་ལས་ལམ་བཅུ། །སྤྱད་ཀྱང་དགྲ་བཅོམ་རང་རྒྱལ་ཉིད་ལ་འདོད་བསྐྱེད་ན། །སེམས་བསྐྱེད་དེ་ནི་ཕམ་ཕམ་པས་ཀྱང་ཤིན་ཏུ་ལྷི། །ཞེས་བཤད་པ་དེ་ཁས་མི་ལེན་ནམ་ཞེ་ན། དེ་ནི་སྨོན་པའི་སྡོམ་པ་ཡང་དག་པར་བླངས་པའི་དབང་དུ་བྱས་པར་བཞེད་ཅེས་འཆད་དགོས་པ་ཡིན་ལ། བྱང་ས་ལས་ནི་སྡོམ་

པ་དེ་ལེན་པའི་ཚོ་ག་མ་གསུངས་སོ། །ལུགས་ཕྱི་མ་ལ་ནི་རྩ་བའི་ལྟུང་བ་ཙམ་དུ་འགྱུར་བ་ནི་ཐུན་ཚོད་ལ་མི་ལྟོས་ཏེ། ལྟུང་བ་བསྐྱེད་པ་དེ་ལ་རྟེན་སྡོམ་ལྡན་དགོས་པའི་ཕྱིར། སྡོམ་པ་གཏོང་བ་ལ་ནི་ལྟུང་བ་དེ་ཐུན་ཚོད་ལས་འདས་པ་དགོས་ཏེ། བསླབ་བཏུས་སུ་མདོ་དྲངས་པ་ལས། ཉེ་བ་འཁོར་ཐེག་པ་ཆེན་པོ་ལ་ཡང་དག་པར་ཞུགས་པའི་བྱང་ཆུབ་སེམས་དཔའ་ལ་གལ་ཏེ་སྔ་དྲོའི་དུས་སུ་ལྟུང་བ་བྱུང་ཡང་ཕྱེ་བའི་དུས་ནས་ཐམས་ཅད་མཁྱེན་པའི་སེམས་དང་མི་འབྲལ་བར་གནས་ན་བྱང་ཆུབ་སེམས་དཔའ་དེའི་ཚུལ་ཁྲིམས་ཀྱི་ཕུང་པོ་མཐའ་མེད་དོ། །དེ་བཞིན་དུ་ཕྱེའི་དུས་བྱུང་བ་ཕྱི་འཕྲེད་ཀྱི་དུས་སུ་དང་དེར་བྱུང་བ་སྲོད་ཀྱི་དུས་སུ་དང་དེར་བྱུང་བ་ནམ་ཕྱེད་ཀྱི་དུས་སུ་དང་དེར་བྱུང་བ་ཐོ་རངས་ཀྱི་དུས་སུ་ཐམས་ཅད་མཁྱེན་པའི་སེམས་དང་མ་བྲལ་ན་བྱང་ཆུབ་སེམས་དཔའ་དེའི་ཚུལ་ཁྲིམས་ཀྱི་ཕུང་པོ་མཐའ་མེད་དོ། །ཞེས་གསུངས། འདི་དངོས་བསྟན་སྨོན་སེམས་ཀྱི་ལྟུང་བ་ལ་བཤད་ཀྱང་འཇུག་སྡོམ་དང་འགལ་བའི་ལྟུང་བས་འཇུག་སྡོམ་གཏོང་བ་ཐུན་ཚོད་ལ་རག་ལས་པ་ཡང་མཚོན་པར་ནུས་སོ། །དེ་ལྟར་ན་ལུགས་ཕྱི་མར་འཇུག་སྡོམ་བཏང་ཡང་སྨོན་པའི་སྡོམ་པ་དང་ལྡན་པ་སྲིད་ལ༑ ལུགས་སྔ་མར་ནི་དེ་བཏང་ནས་སྨོན་སེམས་དང་ལྡན་པ་སྲིད་ཀྱང་སྨོན་པའི་སྡོམ་པ་ཅན་གྱི་བཤད་པ་མེད་དོ༑ ༑

གཉིས་པ་ནི། ཡང་ཇི་སྐད་དུ། ཐེག་པ་ཆེན་པོའི་སེམས་བསྐྱེད་ལ། །དབུ་མ་སེམས་ཙམ་ལུགས་གཉིས་ཡོད། །དེ་གཉིས་ལྟ་བ་ཐ་དད་པས། །ཆོ་ག་ཡང་ནི་ཐ་དད་ཡིན། །ཞེས་ལྟ་བའི་ཁྱད་པར་ལས་ཆོ་ག་མི་འདྲ་བར་བཤད་པ་དེའི་དོན་ཅི་ཞེ་ན། གཟུང་བ་ཆོས་ཀྱི་བདག་མེད་པའི་ལྟ་བ་ཙམ་ལས་མེད་པའི་སྨོན་པའི་སྡོམ་པ་སྐྱོང་འཇུག་ལས་བཤད་པའི་ཚོགས་བླངས་ན་སྐྱེ་བར་ཡིན་མོད། སྡོམ་པ་དེ་བསྲུང་བ་ནི་དཀའ་སྟེ། རང་རྒྱལ་གྱི་ལྟ་བ་ལས་མ་འདས་པས་རང་དོན་ཡིད་བྱེད་ཀྱི་བསམ་པ་འགོག་མི་ནུས་པའི་ཕྱིར། དེ་ལྟར་དཀའ་ཡང་སེམས་ཙམ་གྱི་ལྟ་བ་ཅན་སྨོན་སེམས་ཡུན་རིང་དུ་སྦྱངས་ནས་འཇུག་པའི་སྡོམ་པ་ལེན་དགོས་ཏེ། ཐོག་མ་ཉིད་ནས་སྨོན་འཇུག་གཉིས་ཀའི་སྡོམ་པ་བླངས་ན་མི་སྐྱེ་བ་མ་ཡིན་མོད་ཀྱང་དེ་གཉིས་ཀའི་གཏོང་རྒྱུ་རང་དོན་ཡིད་བྱེད་ཀྱི་བསམ་པ་བསྲུང་དཀའ་བའི་ཕྱིར། འཛིན་པ་ཆོས་ཀྱི་བདག་མེད་པའི་ལྟ་བ་ཅན་ལ་ནི་ཐོག་མ་ཉིད་ནས་སྨོན་པའི་སྡོམ་པ་བསྲུང་སླ་བ་ཡིན་ཏེ། ཐེག་ཆེན་གྱི་ལྟ་བ་རྟོགས་ནས་རང་དོན་ཡིད་བྱེད་ཀྱི་བསམ་པ་སྐྱེ་དཀའ་བའི་ཕྱིར། ཇི་སྐད་དུ། ཆོས་ཀུན་སྟོང་ཉིད་རྟོགས་པ་ན། །འགྲོ་ལ་སྙིང་རྗེ་རྒྱུན་མི་འཆད། །ཅེས་པ་ལྟར་རོ། །རྣམ་པ་གཅིག་ཏུ་ན་མཐར་ཐུག་ཐེག་པ་གསུམ་དུ་འདོད་པའི་གཞུང་ལྟར་ན་བྱང་སེམས་ལས་དང་པོ་པས་དམན་པར་སེམས་བསྐྱེད་པ་ཙམ་གྱིས་རྫོགས་བྱང་ལས་ལོག་པ་ཡིན་མོད། དེ་ཡི་ངན་འགྲོ་མུ་མཐའ་མེད། །ཅེས་པ་ལྟ་བུའི

སྒོ་ནས་འཁོར་བ་མཐའ་མེད་དུ་བྱས་པར་མི་འདོད་དེ། མཐར་ཐུག་གི་སྒྲུང་འདས་སུ་སེམས་བསྐྱེད་པའི་ཕྱིར། དམན་པ་ལ་སྒྲུང་འདས་གོ་ཆོད་པོ་མེད་པའི་གཞུང་ལྟར་ན་དེ་འདྲ་དེས་འཁོར་བ་མཐའ་མེད་དུ་བྱས་པ་ཡིན་ཏེ། ཐར་པ་གོ་ཆོད་པོ་ལ་རྒྱབ་ཀྱིས་ཕྱོགས་པའི་ཕྱིར། དོན་དེ་ལ་དགོངས་ནས་སེམས་ཙམ་ལུགས་ཀྱི་ཚིག་ལ་སྨོན་པའི་སྡོམ་པ་མ་བཤད་ཅིང་། དབུ་མ་པའི་ལུགས་ལ་སྨོན་པའི་སྡོམ་པ་ངེས་པར་བཞེད་པ་ཡིན་ནོ། །ཞེས་བྱ་བའི་དོན་ཡིན་གྱི། བྱང་ས་ནས་གསུངས་པའི་སྡོམ་པ་དེ་སེམས་ཙམ་པ་ཁོ་ནས་ནོད་དགོས་པ་དང་། བྱང་སའི་མཐར་ཐུག་གི་ལྟ་བ་སེམས་ཙམ་དུ་གནས་པར་འཆད་པ་ནི་མ་ཡིན་ཏེ། དེ་ལྟར་བཤད་ན་མདོ་སྔགས་ཀྱི་གཞུང་ཆེན་པོ་རྣམས་དང་འགལ་བར་འགྱུར་བའི་ཕྱིར་རོ། །

གསུམ་པ་ནི། ཡང་འདི་སྐབས་སུ་སྔགས་ནས་གསུངས་པའི་སེམས་བསྐྱེད་ཀྱི་ཚིག་དེ་དག་གཉིས་པོ་གང་དང་མཐུན་ཞེ་ན། སྤྱིར་སྔགས་ནས་སེམས་བསྐྱེད་དང་དེའི་སྡོམ་པ་གཉིས་སུ་འབྱེད། །དང་པོ་ལ་ཡང་བྱང་ཆུབ་ཀྱི་སེམས་དང་དེ་སྐྱེད་པ་ཞེས་བྱ་བ་གཉིས་སུ་འབྱེད། །དང་པོ་ལ་ཀུན་རྫོབ་བྱང་ཆུབ་ཀྱི་སེམས་དང་དོན་དམ་བྱང་ཆུབ་ཀྱི་སེམས་གཉིས་སུ་འཆད། དང་པོ་ལ་ཡང་སྔགས་ཀྱི་ཐུན་མོང་མ་ཡིན་པའི་བཤད་པ་ཀུན་རྫོབ་ཀུན་ལྟ་བུ་དང་། ཕར་ཕྱིན་དང་ཐུན་མོང་གི་བཤད་པ་གཞན་དོན་དུ་རྫོགས་བྱང་དོན་གཉེར་གྱི་བློ་གཉིས་འཆད། དོན་དམ་བྱང་སེམས་ལ་ཡང་སྔགས་ཀྱི་ཐུན་མོང་མ་ཡིན་པའི་བཤད་པ་སེམས་ཀྱི་རྡོ་རྗེ་ལ་དང་། ཐུན་མོང་བ་སྟོང་ཉིད་མངོན་སུམ་དུ་རྟོགས་པའི་ཡེ་ཤེས་ལ་འཆད་པ་གཉིས་སུ་འབྱེད། དེ་སྐྱེད་པ་ལ་ཡང་ཀུན་རྫོབ་བྱང་ཆུབ་ཀྱི་སེམས་བསྐྱེད་པ་དང་དོན་དམ་བྱང་ཆུབ་ཀྱི་སེམས་བསྐྱེད་པའོ། །དང་པོ་ལ་སྔགས་ནས་ཀུན་ལྟ་བུ་ཟག་མེད་ཀྱི་བདེ་བའི་རྟེན་དུ་འཛིན་པ་དང་། ཕར་ཕྱིན་ནས་སྨོན་པ་བྱང་ཆུབ་ཏུ་སེམས་བསྐྱེད་པ་གཉིས་སུ་འབྱེད། གཉིས་པ་ལ་ཡང་། སྔགས་ནས་སེམས་ཀྱི་རྡོ་རྗེ་གཞིའི་དུས་ནས་གསལ་བར་བཞུགས་ཀྱང་གསར་དུ་ངོ་འཕྲོད་པའི་ཚུལ་གྱིས་འཛིན་པ་དང་། ཕར་ཕྱིན་པས་ས་དང་པོ་ནས་དོན་དམ་སེམས་བསྐྱེད་ཀྱི་མཐའི་ས་མཚམས་ངོས་འཛིན་པ་གཉིས་སུ་ཡོད་དོ། །

གཉིས་པ་སེམས་བསྐྱེད་ཀྱི་སྡོམ་པ་ངོས་འཛིན་ཚུལ་ལ། སྤྱིར་གཞུང་ལུགས་ཕལ་ཆེ་བའི་ནང་ནས་བྱང་ཆུབ་མཆོག་གི་སེམས་བསྐྱེད་དང་དེའི་སྡོམ་པ་གཉིས་སུ་ཕྱེ་ནས། དང་པོ་ནི་བཤད་མ་ཐག་པ་དེ་དག་ཏུ་འདུས་ལ༑ སྡོམ་པ་ནི་སེམས་བསྐྱེད་དེ་དང་དེ་དག་ཉམས་པར་བྱེད་པའི་འགལ་རྐྱེན་མི་མཐུན་པའི་ཕྱོགས་སྤོང་ཞིང་། གོང་དུ་འཕེལ་བའི་མཐུན་རྐྱེན་བསླབ་བྱ་ལ་སློབ་པར་ཁས་བླངས་པའི་སེམས་པ་ས་བོན་དང་བཅས་པའོ། །དེ་ལའང་ཀུན་རྫོབ་ཏུ་སེམས་བསྐྱེད་ནས་དེའི་བསླབ་བྱ་ལ་སློབ་པ་དང་དོན་དམ་པའི་སེམས་བསྐྱེད་ནས་དེའི་

བསླབ་བྱ་ལ་སློབ་པའོ། །སེམས་བསྐྱེད་ལ་ཀུན་རྫོབ་དང་དོན་དམ་གཉིས་སུ་འབྱེད་ཀྱང་སྡོམ་པ་ནི་མཐའ་དག་འཇུག་པ་སེམས་བསྐྱེད་དུ་འདུས་ལ། འཇུག་པ་ལ་སྟེགས་ཀྱི་ཐུན་མོང་མ་ཡིན་པ་དང་ཕ་རོལ་ཏུ་ཕྱིན་པ་དང་ཐུན་མོང་བ་གཉིས་སོ། །དང་པོ་ནི། བྱང་ཆུབ་སེམས་དཔའི་བསླབ་བྱ་མཐའ་དག་ལྷག་པའི་ལྷ་དང་ཡེ་ཤེས་ཀྱི་རྣམ་པས་བྱིན་གྱིས་རླབས་ན་ལོངས་སྤྱོད་པ་ཡིན་ལ། གཉིས་པ་ནི། ཐུན་མོང་གི་མདོ་སྡེ་ལས་འབྱུང་བ་རྣམས་སོ༔ །དེ་ལྟར་བཤད་པ་ན་སྟགས་སུ་ནི་སྨོན་པའི་སྡོམ་པ་བཞེད་ཀྱང་ཐོག་མར་སེམས་བསྐྱེད་ནས་སྡོམ་པ་དེའི་འོག་ཏུ་འཛིན་པར་མངོན་ཏེ། ཇི་སྐད་དུ། བྱང་ཆུབ་སེམས་ནི་བླ་མེད་མཆོག །དམ་པ་བདག་གིས་བསྐྱེད་བགྱིས་ནས། །སེམས་ཅན་ཀུན་གྱི་དོན་གྱི་ཕྱིར། །བདག་གིས་སྡོམ་པ་མ་ལུས་བཟུང་། །ཞེས་བྱུང་ས་ནས་འབྱུང་བ་དང་ཕལ་ཆེར་མཐུན་པར་གསུངས་པ་མང་ངོ་། །སློབ་དཔོན་ཞི་བ་ལྷ་ནི་སྨོན་འཇུག་གཉིས་ཀ་ལ་སྡོམ་པ་བཞེད་ཅིང་། དེ་ཡང་ལྡན་ཅིག་ཏུ་ལེན་པར་བཞེད་མོད། སྡོམ་པས་མ་ཟིན་པའི་འཇུག་པ་མི་བཞེད་ཀྱང་སྨོན་པ་ནི་བཞེད་དེ། ཇི་སྐད་དུ། བྱང་ཆུབ་སྨོན་པའི་སེམས་ལ་ནི། །འཁོར་ཚེ་འབྲས་བུ་ཆེ་འབྱུང་ཡང་། །ཇི་ལྟར་འཇུག་པའི་སེམས་བཞིན་དུ། །བསོད་ནམས་རྒྱུན་ཆགས་འབྱུང་བ་མིན། །དེང་ནས་བཟུང་སྟེ་སེམས་ཅན་ཁམས། །མཐའ་ཡས་རབ་ཏུ་བསྒྲལ་བའི་ཕྱིར། །ཞེས་གསུངས་སོ། །གལ་ཏེ་སྡོམ་པ་འདི་བྱང་ཆུབ་ཀྱི་བར་དུ་ལེན་པར་མི་རིགས་ཏེ། ཚེ་རབས་གཞན་དུ་ཡང་དག་པར་བླངས་པ་མི་དྲན་པས་ན་ཉེས་པས་ཉམས་པར་བྱེད་སླ་བའི་ཕྱིར་ཞེས་པ་ལ། བསླབ་བཏུས་སུ། བྱང་ཆུབ་སེམས་དཔའ་མི་འཁྲུགས་པའི་སྨོན་ལམ་རྗེས་སུ་གནང་བས་ན་ཚེ་རབས་ཐམས་ཅད་དུ་བྱང་ཆུབ་ཀྱི་སེམས་མི་བརྗེད་པའི་སྨོན་ལམ་གདབ་པར་བྱའོ། །དེ་བཞིན་དུ་བསླབ་བྱ་རྒྱ་ཆེས་པས་ཤེས་པ་དང་བསྲུང་བར་དཀའ་ཡང་། ལས་དང་པོ་པས་ལྟུང་བ་མི་འབྱུང་བའི་གནད་ཤེས་པར་བྱས་ནས་བསླབ་པ་ཙམ་གྱིས་ཆོག་པ་ཡིན་ཏེ། བསླབ་བཏུས་ལས། ཇི་སྐད་དུ། བདག་ལྟ་བུ་བློ་ཞན་པས་བྱང་ཆུབ་སེམས་དཔའི་སྡོམ་པ་ཤེས་པར་དཀའ་བས་དེ་ལ་ཇི་ལྟར་བྱ་བའི་རིགས་ཤེ་ན། གང་གིས་ལྟུང་བར་མི་འགྱུར་བའི། །གནད་ཀྱི་གནད་རྣམས་འདིར་རིག་བྱ། །གནད་ཀྱི་གནད་དེ་གང་ཞེ་ན། །བདག་གིས་ལུས་དང་ལོངས་སྤྱོད་དང་། །དགེ་བ་དུས་གསུམ་སྐྱེས་པ་རྣམས། །སེམས་ཅན་ཀུན་ལ་བཏང་བ་དང་། །དེ་བསྲུང་དག་པ་སྤེལ་བའོ། །ཞེས་གསུངས་ཤིང་། དེ་ཉིད་རྒྱས་པར་འཆད་པ་ན་ལུས་དང་ལོངས་སྤྱོད་དང་དགེ་བ་གསུམ་པོ་རེ་རེ་ཡང་བསྲུང་བའི་ཚུལ་དང་དག་པར་བྱ་བའི་ཚུལ་དང་སྤེལ་བར་བྱ་བའི་ཚུལ་རྒྱས་པར་གསུངས་པ་ཡིན་ནོ། །

དེ་ལྟར་དེ་བརྩམས་པ་ལས་ནི། །བྱུང་བའི་དགེ་བ་རིན་ཆེན་གྱི། །དབུ་སེམས་ཁྱད་པར་ལྟ་བ་ཡིས། །འབྱེད་ཀྱི་ཚོགས་མ་ཡིན་ཕྱིར། །ཚིག་གང་གིས་བླངས་ཀྱང་རུང་། །སྡོམ་པ་དང་ནི་བསླབ་བྱ་ལ། །ཁྱད་པར

འགའ་ཡང་ཡོད་མ་ཡིན། །འཇིགས་མེད་འབྱུང་གནས་སྦས་པ་ཡི། །ལུང་ལས་འབྱུང་ལྟར་འཐད་ཅེས་གསུང་། །ཐོགས་མེད་གཞུང་དུ་སྨོན་པའི་སེམས། །བཏང་ལ་ལྟུང་བར་མ་བཤད་ཅིང་། །གཞན་ལས་བྱང་སེམས་སྡོམ་ལྡན་གྱི། །ལྟུང་བ་རྣམས་ཀྱི་གཙོ་བོར་བཤད། །དེ་ཕྱིར་ཚོག་གཉིས་པོ་ཡི། །སྡོམ་ལ་ཁྱད་པར་ཡོད་པ་གྲུབ། །འཇུག་པའི་སྡོམ་པས་མ་སྤྲེལ་ན། །རང་སངས་རྒྱས་ཀྱི་ལྟ་བ་ཙམ། །རྟོགས་པའི་བྱང་ཆུབ་སེམས་དཔའ་ནི། །ཐེག་ཆེན་རིགས་སུ་ངེས་མི་ནུས། །སྟོང་ཉིད་རྟོགས་པའི་ལྟ་བ་ཅན། །བྱང་ཆུབ་སྨོན་པའི་སེམས་ལྡན་པ། །འཇུག་པའི་སྡོམ་པས་མ་ཟིན་ཀྱང་། །ཐེག་པ་ཆེན་པོར་རིགས་ངེས་སོ། །དེ་ལྟར་ཤེས་ན་སེམས་བསྐྱེད་ཀྱི། །ལུགས་གཉིས་ལྟ་བས་འབྱེད་པ་ལ། །འཐད་པ་གྲུབ་མོད་ཐོགས་མེད་གཞུང་། །སེམས་ཙམ་ཉིད་དུ་ཁས་མི་འཆེ། །དེ་ལྟར་སེམས་བསྐྱེད་ལུགས་གཉིས་པོ། །མ་འདྲེས་སོ་སོར་འབྱེད་པའི་ཚུལ། །ཤེས་ནས་ཉམས་སུ་ལེན་པ་ལ། །སྤྲོ་བ་གོང་ནས་གོང་འཕེལ་ཤོག །དེ་སྐད་འདི་ནི་ཆེན་པོ་འགའི། །གསུང་གིས་བསྐུལ་ནས་ལེགས་པའི་བློས། །ཉེ་བར་སྦྱར་བའི་ཡི་གེ་པ། །བློ་བཟང་ཆོས་ཀྱི་རྒྱལ་མཚན་ནོ།། །།མངྒ་ལཾ། །

༄༅། །ཐེག་པ་གསུམ་གྱི་འདུལ་བ་རྣམ་པར་བཞག་པ་ལས། རིག་པ་འཛིན་པའི་འདུལ་བ་རྣམ་པར་ངེས་པ་བཞུགས་སོ། །

པཎ་ཆེན་ཤཱཀྱ་མཆོག་ལྡན།

ན་མོ་བཛྲ་ཧྲི་ཏྲ་ཡ། དེ་ལྟར་བྱང་ཆུབ་སེམས་དཔའི་འདུལ་བ་རྣམ་པར་ངེས་པ་བཤད་ནས། རིག་པ་འཛིན་པའི་འདུལ་བ་ལ་འཇུག་པ་བཤད་པ་ནི་དོན་རྣམ་པ་གསུམ་སྟེ། ལས་དང་པོ་པས་སྡོམ་པ་ཇི་ལྟར་བླང་བ། བླངས་ནས་ཇི་ལྟར་བསྲུང་བ། གལ་ཏེ་ཉམས་ན་ཕྱིར་བཅོས་པའི་ཐབས་སོ། །དང་པོ་ལ་སྡོམ་པའི་ངོ་བོ་ངོས་བཟུང་། དེ་འཐོབ་བྱེད་དབང་གི་ཆོ་ག་ལ་ལྟོས་པར་བསྟན། སྡོམ་པའི་དབྱེ་བ་མི་འཐད་པའི་ལོག་རྟོག་དགག་པའོ། །དང་པོ་ལ། རིག་འཛིན་སྡོམ་པའི་མཚན་ཉིད་ནི། རང་འཐོབ་བྱེད་ཀྱི་རྒྱུད་དབང་གི་ཆོ་ག་ལས་བྱུང་བའི་ཡེ་ཤེས་སམ། ཡེ་ཤེས་དེའི་དམ་ཚིག་གིས་བསྡུས་པའི་སེམས་པ་ས་བོན་དང་བཅས་པའོ། །དབྱེ་བའི་སྒོ་ནི་དུ་མར་འགྱུར་ཏེ། རྒྱུད་སྡེའི་སྒོ་ནས་དབྱེ་བ། དབང་གི་སྒོ་ནས་དབྱེ་བ། གྲངས་ངེས་ཀྱི་སྒོ་ནས་དབྱེ་བ། རྟེན་གྱི་གང་ཟག་གི་སྒོ་ནས་དབྱེ་བའོ། །དང་པོ་ནི། རྒྱུད་སྡེ་བཞིའི་བྱེ་བྲག་གིས་བཞིར་འགྱུར་བ་ལས། དང་པོ་བྱ་རྒྱུད་ཀྱི་དབང་དུ་བྱས་པའི་རིག་འཛིན་གྱི་སྡོམ་པ་ནི། རང་ཐོབ་བྱེད་བྱ་བའི་རྒྱུད་ཀྱི་དབང་གི་ཆོ་ག་ལས་བྱུང་ཞིང་། གཏོད་པས་ཆོམ་པའི་ཆགས་པ་ལམ་དུ་བྱེད་པའི་བདེ་བ་ཆེན་པོའི་ཡེ་ཤེས་སམ་དེའི་དམ་ཚིག་གིས་བསྡུས་པའི་སེམས་པའོ། །སྤྱོད་པའི་རྒྱུད་ཀྱི་དབང་དུ་བྱས་པའི་སྡོམ་པ་སོགས་གསུམ་གྱི་མཚན་ཉིད་ནི། རང་འཐོབ་བྱེད་རྒྱུད་སྡེ་སོ་སོའི་དབང་གི་ཆོ་ག་ལས་བྱུང་ཞིང་། བལྟས་པས་ཆོམ་པའི་ཆགས་པ་ལམ་བྱེད་ཀྱི། ཞེས་དང་། ལག་བཅངས་ཀྱིས་ཆོམ་པའི་ཆགས་པ་ལམ་བྱེད་ཀྱི་ཞེས་དང་། གཉིས་གཉིས་འཁྱུད་ཀྱི་ཆགས་པ་ལམ་བྱེད་ཀྱིས་བདེ་བ་ཆེན་པོའི་ཡེ་ཤེས་སམ། ཞེས་སོགས་སྦྱར་བ་བཞིན་ནོ། །དེ་རེ་རེ་ལ་ཡང་ཀུན་རྫོབ་དམ་ཚིག་སྡོམ་པ་དང་། དོན་དམ་བདེ་ཆེན་གྱི་སྡོམ་པ་གཉིས་གཉིས་སུ་འབྱེད་པ་ལས། དང་པོ་རྣམས་འདི་རྣམ་ཤེས་ཀྱི་དབང་དུ་བྱས་པ་ཡིན་ལ། གཉིས་པ་རྣམས་ནི་ཡེ་ཤེས་ཀྱི་དབང་དུ་བྱས་པའི་སྡོམ་པའོ། །བདེ་བ་ཆེན་པོ་ཞེས་པ་ཡང་ཐ་མལ་པའི་ཆགས་པའི་བདེ་བ་ལ་ལྟོས་ནས་ཆེན་པོར་བཞག་པ་ཡིན་ཏེ། བྱིས་པའི་བདེ་བ་དང་རྣམ་ཤེས་ཀྱི་བདེ་བ་ལ་ལྟོས་ནས་ཆེན་པོར་གྱུར་པའི་ཕྱིར་དང་། རྒྱུད་སྡེ་འོག་མ་དང་འབྲེལ་བའི་བདེ་བ་གསུམ་ནི་དབང་གོང་མའི་བདེ་

བ་ལ་ལྟོས་ནས་ཆུང་ངུར་ཡང་བཞག་དགོས་ཏེ། བདེ་བ་དེ་མངོན་དུ་བྱེད་པའི་ཐབས་ལ་བཟང་ངན་གྱི་ཁྱད་པར་ཡོད་པའི་ཕྱིར་དང་། བདེ་བ་གསུམ་པོ་འདི་ནི་དགའ་བ་དང་པོ་གསུམ་དང་སྦྱོར་དགོས་པར་བཞེད་པའི་ཕྱིར།

གཉིས་པ་དབང་གི་དབྱེ་བ་ལ། བུམ་དབང་དང་འབྲེལ་བ་ཕྱི་ཡུལ་གྱི་སྤང་བྱ་སྤོང་བའི་སྡོམ་པ། གསང་དབང་དང་འབྲེལ་བ་ནང་ལུས་ལ་བྱང་ཆུབ་ཀྱི་སེམས་མི་ཉམས་པར་འཛིན་པའི་སྡོམ་པ། དབང་གསུམ་པ་དང་འབྲེལ་བ་གསང་བ་ཆོས་འབྱུང་གི་དབུས་སུ་བདེ་སྟོང་ཟུང་དུ་འཇུག་པའི་སྡོམ་པ། དབང་བཞི་པ་དང་འབྲེལ་བ་དོན་དམ་བྱང་ཆུབ་ཀྱི་སེམས་ལ་སྦྱོར་བའི་མཚན་མ་འགོག་པའི་སྡོམ་པ་རྣམས་སོ། །འདི་དག་རེ་རེ་ལ་ཡང་ཀུན་རྫོབ་པ་དམ་ཚིག་གི་སྡོམ་པ་དང་། དོན་དམ་པ་བདེ་བའི་སྡོམ་པ་གཉིས་གཉིས་སུ་འབྱེད་ལ། བདེ་བ་ལ་ཡང་དགའ་བ་བཞིའི་རིམ་པས་སོ་སོར་ཕྱེ་བ་ཡིན་ཏེ། ཇི་སྐད་དུ། དབང་ནི་བཞི་ཡི་གྲངས་ཀྱིས་ནི། །དགའ་བ་ལ་སོགས་རིམ་ཤེས་བྱ། །ཞེས་སོ། །དབང་བཞིའི་དགའ་བ་བཞི་དང་རྒྱུད་སྡེ་བཞིའི་དགའ་བ་བཞི་ལ་ཁྱད་པར་ཅི་ཞེ་ན། རྒྱུད་སྡེ་འོག་མ་གསུམ་དང་འབྲེལ་བའི་དགའ་བ་བཞི་པོ་དེའི་དྲི་མ་ཡང་དབང་དང་པོ་གསུམ་གྱིས་འདག་པར་བྱེད་པ་ཡིན་ཏེ། ཇི་སྐད་དུ། རྒོད་པ་དག་པ་སློབ་དཔོན་ཉིད། །ལྟ་བ་གསང་བ་དེ་བཞིན་དུ། །ལག་བཅངས་ལ་ནི་ཤེས་རབ་ཉིད། །ཅེས་སོ། །

གསུམ་པ་གྲངས་ངེས་ཀྱི་སྒོ་ནས་ཕྱེ་བ་ནི། དྲང་དོན་ཀུན་རྫོབ་པའི་སྡོམ་པ་དང་། ངེས་དོན་དོན་དམ་པའི་སྡོམ་པ་གཉིས་ལས། དང་པོ་ནི། སྤང་བྱ་སྤོང་བ་དང་བསླབ་བྱ་ལ་སློབ་པར་ཁས་ལེན་པའི་སེམས་པ་རྣམ་ཤེས་ཀྱི་ངོ་བོར་གྱུར་པ་རྣམས་ཏེ། དེ་ལའང་ཉེས་སྤྱོད་སྡོམ་པ་དང་། དགེ་བའི་ཆོས་བསྡུད་པ་དང་། སེམས་ཅན་གྱི་དོན་བྱེད་པ་ལ་སོགས་པའི་དབྱེ་བས་དུ་མར་འགྱུར་རོ། །གཉིས་པ་ནི། དབང་གོང་མ་དག་གི་ཐབས་ཀྱིས་མངོན་དུ་བྱས་པའི་བདེ་སྟོང་ཟུང་འཇུག་གི་ཡེ་ཤེས་ཏེ། ཇི་སྐད་དུ། སངས་རྒྱས་ཀུན་གྱི་སྡོམ་པ་ནི། །ཨེ་ཝཾ་རྣམ་པར་ཡང་དག་གནས། །ཨེ་ཝཾ་རྣམ་པ་བདེ་ཆེན་པོ། །དབང་ལས་ཡང་དག་ཤེས་པར་བྱ། །ཞེས་སོ། །བཞི་པ་ནི། རྒྱ་ཆེ་བ་བསྐྱེད་རིམ་གྱི་སྡོམ་པ་དང་། ཟབ་པ་རྫོགས་རིམ་གྱི་སྡོམ་པའོ། །དང་པོའི་སྐབས་སུ་ནི་དམ་ཚིག་གི་ཚོགས་རྣམས་བསྲུང་བ་གཙོ་ཆེ་ཞིང་། བདེ་སྟོང་གི་ཡེ་ཤེས་བསྒོམ་པ་གཙོ་ཆུང་བའི་ཕྱིར་ན་རྟེན་གྱི་གང་ཟག་གཙོ་བོར་ལས་དང་པོ་དང་འཇིག་རྟེན་པའི་དབང་དུ་བྱས་པའོ། །གཉིས་པ་དེའི་སྐབས་སུ་ནི་བདེ་སྟོང་ཟུང་དུ་འཇུག་པའི་ཡེ་ཤེས་ལ་གཙོ་བོར་སྤྱོད་ཅིང་། དྲང་དོན་གྱི་དམ་ཚིག་བསྲུང་དགོས་པ་ཤས་ཆུང་བ་ཉིད་ཀྱི་ཕྱིར་ན་རྟེན་གྱི་གང་ཟག་སྤྱོད་པ་བྱེད་པའི་དུས་ལ་བབ་པ་དང་འཇིག་རྟེན་ལས་འདས་པའི་དབང་དུ་བྱས་པའོ། །གཉིས་པ་ནི། དམ་ཚིག་དང་སྡོམ་པའི་དབྱེ་བ་སོ་སོར་ཕྱེ་བ་དེ་ལྟ་ན་ཐོག་མར་སྐྱེ་བ་དང་ཕྱིས་རྫོགས་པར་འཐོབ་པའི་

དུས་ནི་གང་དང་གང་ཞེ་ན། དམ་ཚིག་གི་ཚོགས་བསྲུང་བ་དང་དྲང་དོན་གྱི་དབང་དུ་བྱས་པའི་སྡོམ་པ་ནི་ཐོག་མར་སློབ་མ་སྣ་གོན་དུ་གནས་པའི་ཚེ་སྔགས་ཀྱི་ཚུལ་ལ་འཇུག་པར་ཁས་བླངས་པ་དེ་ནས་སྐྱེ་བའི་མགོ་ཟུག་པ་ཡིན་ཏེ། གསང་སྔགས་ཀྱི་ཚུལ་ལ་སྤྲོ་བ་སྐྱེས་ནས་འཇུག་པར་ཁས་བླངས་པའི་ཕྱིར་རོ། །དོན་དམ་པའི་དབང་དུ་བྱས་པའི་སྡོམ་པ་ནི་ཐམས་ཅད་རྣལ་འབྱོར་དུ་སེམས་བསྐྱེད་པ་ཞེས་བྱ་བའི་མིང་ཅན་ཟླ་བ་དང་རྡོ་རྗེ་ཟུང་དུ་འཇུག་པ་སྙིང་ཁར་བསྒོམ་པ་དེ་ནས་སྐྱེ་བའི་མགོ་བཟུང་སྟེ། མཐར་ངེས་དོན་དོན་དམ་པའི་དབང་བཞི་པ་ཡོངས་སུ་རྫོགས་པའི་དུས་དེར་མ་ལུས་པར་འཐོབ་པ་ཡིན་ཏེ། ཇི་སྐད་དུ། ཡེ་ཤེས་འདི་ནི་ཆེས་ཕྲ་ཞིང་། །རྡོ་རྗེ་ཞེས་སློབ་དཔོན་གྱིས་བཀའ་སྩོལ་བའི་ཕྱིར། སྡོམ་པ་དེ་གཉིས་ཀའི་ཆ་ཤས་ནས་ནི་ཐོབ་པའི་གནས་སྐབས་དུ་མར་ལྟ་སྟེ། རྒྱུད་སྡེ་རེ་རེ་དང་འབྲེལ་བའི་སྣ་གོན་དང་སྡོམ་བཟུང་དང་འཇུག་པ་དང་དབང་བསྐུར་སོ་སོའི་སྐབས་སུ་སྡོམ་པ་དེ་གཉིས་ཀའི་ཆ་ཤས་རེ་རེ་བ་དག་ངེས་པར་འཐོབ་པའི་ཕྱིར། དཔེར་ན་གུར་ནས་འབྱུང་བའི་ཡན་ལག་བདུན་པ་ལན་གསུམ་དུ་ཁས་ལེན་པ་དང་། དུས་ཀྱི་འཁོར་ལོ་ནས་བརྟུལ་ཞུགས་ཉེར་ལྔ་ལན་གསུམ་དུ་བཟུང་བ་དང་། རིགས་ལྔའི་སྡོམ་བཟུང་ལན་གསུམ་གྱིས་ཁས་བླངས་པའི་ཚེ་བཞིན་ནོ། །སྡོམ་པ་གཉིས་པོའི་འཛིན་ལུགས་དང་སྐྱེ་ལུགས་མི་འདྲ་བར་འབྱུང་བའི་ཤེས་བྱེད་ཀྱང་། སྔ་མ་ནི་དམ་བཅའ་ཁས་བླངས་པས་འཐོབ་པ་ཡིན་ལ། ཕྱི་མ་ནི་ཡེ་ཤེས་ཉམས་སུ་མྱོང་བའི་སྟོབས་ཀྱིས་འཐོབ་པ་ཡིན་པ་ལས་སོ། །དེ་ལྟ་མོད་ཀྱི་རྒྱུད་སྡེ་གཅིག་གི་དབང་དུ་བྱས་པའི་ངེས་དོན་གྱི་སྡོམ་པ་ཡོངས་སུ་མ་རྫོགས་པ་དེ་སྲིད་དུ། དེའི་དབང་དུ་བྱས་པའི་དམ་ཚིག་གི་སྡོམ་པ་ཡང་ཡོངས་སུ་རྫོགས་པར་སྐྱེས་པ་ནི་སྲིད་པ་མ་ཡིན་ཏེ། དམ་ཚིག་གི་སྡོམ་པ་ནི་རང་རང་ལ་ལྟོས་པའི་ངེས་དོན་གྱི་སྡོམ་པ་དེ་མ་སྐྱེས་པ་སྐྱེད་པར་བྱེད་པ་དང་། སྐྱེས་ཟིན་མི་ཉམས་པར་བསྲུང་བའི་ཐབས་སུ་གྱུར་པས་སོ། །དཔེར་ན་ངེས་དོན་དོན་དམ་པའི་དབང་བཞི་པ་སྐྱེས་མ་ཟིན་པ་དེ་སྲིད་དུ་དེའི་དམ་ཚིག་ཇི་སྐད་དུ། ངེས་པར་རྡོ་རྗེའི་རིགས་ལ་སྲོག་གཅོད་བྱ་སྟེ། ཞེས་སོགས་ལ་ངེས་དོན་གྱི་སྒོ་ནས་བཤད་པ་བྱས་པའི་དམ་ཚིག་དེ་མ་ཐོབ་ཅིང་དེ་མ་བསྲུང་བ་ལས་ལྟུང་བར་མི་འགྱུར་བ་བཞིན་ནོ། །དྲང་དོན་གྱི་དམ་ཚིག་བསྲུངས་པས་ངེས་དོན་གྱི་སྡོམ་པ་མི་ཉམས་པ་ལ་ཕན་པའི་ཤེས་བྱེད་ནི། དཀྱིལ་འཁོར་དུ་འཇུག་པའི་སྔ་རོལ་གྱི་དམ་ལ་བཞག་པ་དང་། གསང་བར་གདམས་པ་དེ་ཐམས་ཅད་ནི་ངེས་དོན་གྱི་སྡོམ་པ་དེ་བསྲུང་བ་ཁོ་ནའི་དོན་ཅན་ཡིན་ཏེ། མ་གསང་ན་དམ་ཚིག་ཉམས་པར་བཤད་པའི་གསང་རྒྱུ་དེ་དང་། གལ་ཏེ་ཚུལ་འདི་སྨྲས་ན་ནི༑ ༑དེ་མ་ཐག་ཏུ་དྲལ་ཏེ་གཤེགས། །ཞེས་གཤེགས་རྒྱུར་བཤད་པ་དེ་ངེས་དོན་གྱི་སྡོམ་པ་ཉིད་ལ་ངོས་འཛིན་དགོས་པའི་ཕྱིར། གལ་ཏེ་འོ་ན་རྒྱུད་སྡེ་བཞི་ཀ་དང་འབྲེལ་བའི་སྡོམ་པ་མཐའ་དག་རང་རང་གི་སྐབས་ནས

འབྱུང་བའི་དབང་ཡོངས་སུ་རྫོགས་པར་ཐོབ་པ་ལ་རགས་ལས་པ་དེ་ལྟ་ན། རྒྱུད་སྡེ་སོ་སོའི་དབང་བསྐུར་གྱི་རིམ་པ་གང་ཞེ་ན། ཡེ་ཤེས་ཐིག་ལེའི་རྒྱུད་ལས། ཇི་སྐད་དུ། ཆུ་དང་ཅོད་པན་གྱི་ནི་དབང་། །བྱ་བའི་རྒྱུད་ལ་རབ་ཏུ་གྲགས། །རྡོ་རྗེ་དྲིལ་བུ་མིང་གི་དབང་། །སྤྱོད་པའི་རྒྱུད་ལ་བཤད་པ་ཡིན། །ཕྱིར་མི་ལྡོག་པ་སློབ་དཔོན་དབང་། །རྣལ་འབྱོར་རྒྱུད་ལ་རབ་ཏུ་གསལ། །བུམ་པ་གསང་བ་ཤེས་རབ་དང་། །བཞི་པ་བླ་ན་མེད་པའོ། །ཞེས་ཀུན་ལ་གྲགས་པ་ལྟར་རང་རང་གི་དབང་གི་ཆོ་ག་ཚད་ལྡན་དག་ཏུ་གསལ་བས། འདིར་རྒྱས་པར་སྤྲོ་དགོས་པ་མ་ཡིན་ནོ། །

གསུམ་པ་ལོག་རྟོག་བསལ་བ་ལ་གསུམ་སྟེ། སྡོམ་པ་ལ་དྲང་ངེས་གཉིས་སུ་འབྱེད་པ་མི་འཐད་པའི་དང་། བཞིར་འབྱེད་པ་མི་འཐད་པའི་དང་། རྒྱུད་སྡེ་འོག་མ་རྣམས་ལ་སྤྱིར་སྔགས་ཀྱི་སྡོམ་པ་དང་ཁྱད་པར་ངེས་དོན་གྱི་སྡོམ་པའི་ཁུངས་མེད་དོ། །ཟེར་བའི་ལོག་རྟོག་བསལ་བའོ། །དང་པོ་ནི། བོད་ཕྱི་མ་དག་ན་རེ། རིགས་ལྔ་སྤྱི་དང་བྱེ་བྲག་གི་སྡོམ་བཟུང་ལས་མ་གཏོགས་པའི་སྔགས་ཀྱི་སྡོམ་པ་འཛིན་པའི་ཆོ་ག་མ་བཤད་པས་ན་སྡོམ་པ་ཡང་དེ་ལས་གཞན་འཆད་རྒྱུ་མེད་ལ། རྩ་བའི་ལྟུང་བ་ཡང་བཅུ་བཞི་ལས་གཞན་མ་བཤད་པས་ན་རྫོགས་རིམ་གྱི་སྡོམ་པ་མི་འཐད་དེ། བཅུ་བཞི་ནི་བུམ་དབང་གི་བསྲུང་བའི་དམ་ཚིག་ཏུ་བཤད་པས་སོ། །ཞེས་འཆད་དོ། །དེ་མི་འཐད་པ་ལ་གསུམ་སྟེ། རིགས་ལྔའི་སྡོམ་བཟུང་གིས་ངེས་དོན་གྱི་སྡོམ་པ་མ་བཟུང་བ་མི་འཐད། རྩ་ལྟུང་བཅུ་བཞིའི་ནང་ན་ངེས་དོན་གྱི་སྡོམ་པ་ལ་ལྟོས་པའི་རྩ་ལྟུང་མེད་པ་མི་འཐད། ངེས་དོན་གྱི་སྡོམ་པའི་ལུང་ཁུངས་མེད་པ་མི་འཐད་པའོ། །དང་པོ་ནི། སྤྱིར་ཡང་གསང་སྔགས་ཀྱི་ཀུན་ཏུ་སྤྱོད་པ་མཐའ་དག་ཆོས་ཀྱི་དབྱིངས་ཀྱི་ཡེ་ཤེས་ལས་སྐྱབ་དགོས་ན་ཡེ་ཤེས་དེའི་ངོ་བོར་སྐྱེས་པའི་སྡོམ་པ་ཅི་ཡི་ཕྱིར་མི་འཐད། ཕ་རོལ་ཏུ་ཕྱིན་པའི་ཐེག་པ་དག་ཀྱང་འཇིག་རྟེན་ལས་འདས་པའི་ཡེ་ཤེས་སྐྱེས་པའི་ཚེ་སྦྱིན་པ་དང་ཚུལ་ཁྲིམས་ལ་སོགས་པའི་རྣམ་བྱང་གི་ཡོན་ཏན་མཐའ་དག་ཆོས་དབྱིངས་ཀྱི་ངོ་བོར་ཁས་ལེན་ན་རིག་པ་འཛིན་པའི་སྐབས་འདིར་ཅིའི་ཕྱིར་མི་འཐད། ཁྱད་པར་དུ་རྡོ་རྗེ་སློབ་དཔོན་དང་། དཀྱིལ་འཁོར་དང་དབང་རྫས་དང་སློབ་མ་ཐམས་ཅད་ལ་བདེན་པ་གཉིས་གཉིས་སུ་དབྱེ་དགོས་བཞིན་དུ་སྡོམ་པ་ལ་ཅིའི་ཕྱིར་གཉིས་གཉིས་སུ་མི་འབྱེད། དཔེར་ན་རྣམ་ཤེས་ལ་སྣང་བའི་དཀྱིལ་འཁོར་དང་དབང་རྫས་དང་སློབ་དཔོན་སོགས་ཀུན་རྫོབ་ཀྱི་དང་། དེ་དག་སྟོང་པ་ཉིད་དུ་སྦྱངས་ནས་ཡེ་ཤེས་ཀྱི་ངོ་བོ་གསལ་བཏབ་ཅིང་ཡོན་ཏན་མཐའ་དག་གནས་གྱུར་གྱི་ཚུལ་གྱིས་བསྒྲུབས་པའི་དཀྱིལ་འཁོར་སོགས་དོན་དམ་པའི་དེ་དང་དེར་འཆད་དགོས་པ་བཞིན་ནོ། །དེ་དག་ཀྱང་ཀུན་རྫོབ་ཏུ་འདོད་ན་ནི་མ་རིག་པས་རྣམ་པར་བསླད་པའི་དཀྱིལ་འཁོར་སོགས་སུ་ཁས་ལེན་དགོས་པར་འགྱུར་རོ། །རིགས་

ལྟའི་སྒོམ་བཟུང་གི་ཚེགས་ངེས་དོན་གྱི་སྒོམ་པ་མ་བཟུང་བ་མི་འཐད་དེ། རྣལ་འབྱོར་གྱི་རྒྱུད་ལས་ཀྱང་། རྡོ་རྗེ་དྲིལ་བུ་ཕྱག་རྒྱ་ཡང་། །ཡང་དག་ཉིད་དུ་བཟུང་བར་བགྱི། །ཞེས་པའི་དོན་ལ། ཇི་སྐད་དུ། བྱང་ཆུབ་སེམས་གང་དེ་རྡོ་རྗེ། །ཤེས་རབ་དྲིལ་བུ་ཞེས་བཤད་དོ། །ཞེས་དང་། དེ་དག་འཛིན་པའི་དབང་ཐོབ་ནས་འཛིན་རྒྱུའི་གཙོ་བོ་དེ་ངོས་འཛིན་པ་ན། ཐོག་མཐའ་མེད་པའི་སེམས་དཔའ་ནི། །ཞེས་དང་། སྲིད་པ་ངོ་བོ་ཉིད་ཀྱིས་དག །ཅེས་སོགས་བཤད་ན་རྣལ་འབྱོར་བླ་མའི་སྐབས་སུ་ལྟ་ཅི་སྨོས་པའི་ཕྱིར་དང་། ཕྱག་རྒྱ་ལ་ཡང་ལས་དང་། ཡེ་ཤེས་དང་ཕྱག་རྒྱ་ཆེན་མོ་གསུམ་དུ་འབྱེད་པ་དེའི་ཚེ་ཕྱི་མ་ནི་སྟོང་པ་ཉིད་ཀྱི་ཡེ་ཤེས་ལ་འཆད་དགོས་པའི་ཕྱིར་དང་། གུར་གྱི་ཡན་ལག་བདུན་པའི་ནང་ན་ཡང་དོན་དམ་བྱང་ཆུབ་ཏུ་སེམས་བསྐྱེད་པ་དེ་ཡན་ལག་གཅིག་ཏུ་འཆད་དགོས་པའི་ཕྱིར། གཉིས་པ་ནི། རྩ་ལྟུང་གི་ནང་ན་ངེས་དོན་ལ་ལྟོས་པའི་ལྟུང་བ་མ་བཤད་པ་མི་འཐད་དེ༑ སྤྱིར་ནི་ལས་དང་པོ་པས་བཅུ་བཞི་པོ་ཐམས་ཅད་བསྲུང་བ་དེ་བདེ་སྟོང་གི་ཡེ་ཤེས་བསྲུང་བའི་ཐབས་ཡིན་པའི་ཕྱིར་དང་། ལས་དང་པོ་པ་སྒོམ་ལྡན་ལ་བཅུ་བཞི་པོ་གང་རུང་བྱུང་ན་བདེ་ཆེན་གྱི་ཡེ་ཤེས་ཉམས་པར་ཁས་ལེན་དགོས་པའི་ཕྱིར། དཔེར་ན། ཇི་སྐད་དུ། གལ་ཏེ་ཚུལ་འདི་སླུས་ན་ནི། །ཞེས་སླ་རྒྱུ་དེ་ངེས་དོན་གྱི་རྡོ་རྗེ་སེམས་དཔའ་ལ་ངོས་བཟུང་བ་ཡིན་ལ། ཡོངས་སུ་མ་སྨིན་སེམས་ཅན་ལ། །གསང་བ་སྒྲོག་པ་བདུན་པ་ཡིན། །ཞེས་ཀྱང་བཤད་པ་བཞིན་ནོ། །བྱེ་བྲག་ཏུ་ནི། རང་བཞིན་དག་པའི་ཆོས་རྣམས་ལ། །སོམ་ཉི་ཟ་བ་དགུ་པ་ཡིན། །ཞེས་དང་། མིང་སོགས་བྲལ་བའི་ཆོས་རྣམས་ལ། །དེར་རྟོག་པ་ནི་བཅུ་གཅིག་པ། །ཞེས་བཤད་པ་དེ་དག་ནི་ངེས་དོན་གྱི་སྒོམ་པ་ཉིད་ལ་ལྟོས་ནས་ལྟུང་བར་འཇོག་དགོས་པ་ཡིན་ཏེ། ལས་དང་པོ་པའི་སྒོམ་པ་དང་འཛིན་སྟངས་དངོས་སུ་འགལ་བའི་རྩ་ལྟུང་ཡིན་པས་སོ། །གལ་ཏེ་འཕགས་པ་མ་ཡིན་པ་ལ་ནི་ཡེ་ཤེས་དེ་མེད་ལ། དེ་ལ་ནི་དེའི་འགལ་ཟླར་གྱུར་པའི་རྩ་ལྟུང་མི་འབྱུང་བའི་ཕྱིར་ན་རྣམ་པར་གཞག་པ་དེ་དག་མི་འཐད་དོ་ཞེ་ན། སྐྱོན་མེད་དེ། མཚོན་བྱ་དོན་གྱི་ཡེ་ཤེས་སོ་སོ་སྐྱེ་བོ་ལ་མེད་ཀྱང་སྒོམ་པ་ནི་མཚོན་བྱེད་དཔེའི་ཡེ་ཤེས་ལམ་དུ་བྱེད་པའི་དབང་དུ་བྱས་ནས་འཆད་དགོས་པའི་ཕྱིར་དང་། ཡེ་ཤེས་དེ་ལ་ནི་མཚན་འཛིན་གྱི་རྟོག་པས་བར་དུ་གཅོད་ནུས་པའི་ཕྱིར། འོན་ཡེ་ཤེས་དེས་སྟོང་པ་ཉིད་དངོས་སུ་རྟོགས་སམ་དོན་སྤྱིའི་ཚུལ་གྱིས་རྟོགས། དང་པོ་ལྟར་ན་འདས་ལམ་དུ་འགྱུར་ལ། གཉིས་པ་ལྟར་ན་རྟོག་པར་འགྱུར་ཏེ། དོན་སྤྱིའི་ཡུལ་ཅན་གྱི་བློ་ཡིན་པས་སོ། །དེ་ལྟ་ན་ངེས་པའི་དོན་དུ་མི་འགྱུར་རོ་ཞེ་ན། ཕ་རོལ་ཏུ་ཕྱིན་པས་དེ་ལྟར་བརྟག་ནུས་ཀྱང་འདིར་མ་ཡིན་ཏེ། དགའ་བ་བཞི་པའི་མཐར་སྐྱེས་པའི་ཡེ་ཤེས་དེ་རྟོག་པ་དང་བྲལ་ཞིང་མ་འཁྲུལ་བའི་རིག་པ་ཉིད་དུ་ཁས་ལེན་དགོས་པས་སོ། །འོན་འཕགས་རྒྱུད་ལ་སྒོམ་པ་དེ་མི་སྲིད་པར་ཁས་ལེན་ནམ་ཞེ་ན། བསྲུང་བྱ་ཐམས་ཅད་ལས

ངེས་པར་གྲོལ་ཡང་སྡོམ་པ་བཞིན་དུ་ཁས་ལེན་ཏེ། འཁོར་ལོ་སྡོམ་པ་བཞིན་ནོ། །

གསུམ་པ་ནི། ངེས་དོན་གྱི་སྡོམ་པ་ལ་ལུང་གི་ཁུངས་མེད་དོ་ཞེས་ཟེར་བ་དེ་དག་ནི་གཞུང་ལུགས་གང་དང་གང་གི་ཡང་བསྟན་བྱའི་གཙོ་བོ་ངེས་དོན་ཉིད་ལ་བྱེད་དགོས་པ་མ་ཤེས་པ་དང་། ཁྱད་པར་དུ་དགྱེས་པ་རྡོ་རྗེའི་རྒྱུད་གསུམ་གྱི་དོན་རིགས་པར་མ་བརྟགས་པ་ལས་བྱུང་བ་ཡིན་ཏེ། ཇི་སྐད་དུ། རྡོ་རྗེ་སྙིང་པོས་གསོལ་པ། སྡོམ་པ་ཞེས་བྱ་གང་གིས་དང་། །དམ་ཚིག་གང་གིས་གནས་པར་བགྱི། །ཞེས་དྲིས་པའི་ལན་དུ། སངས་རྒྱས་ཀུན་གྱི་སྡོམ་པ་ནི། །ཨེ་ཝཾ་རྣམ་པར་ཡང་དག་གནས། །ཞེས་དང་། ཁྱོད་ཀྱིས་སྲོག་ཆགས་བསད་པར་བྱ། །ཞེས་སོགས་ངེས་དོན་གྱི་དབང་དུ་བྱས་པའི་དམ་ཚིག་བསྲུང་དགོས་པར་བཤད་པའི་ཕྱིར་དང་། གུར་ལས། དེ་ཕྱིར་དཀྱིལ་འཁོར་འཁོར་ལོ་ཞེས། །ཐབས་ནི་བདེ་བའི་སྡོམ་པ་སྟེ། །ཞེས་དང་། འཁོར་ལོ་སྡོམ་པའི་ངོས་འཛིན་བདེ་བ་མཆོག་ལ་བཤད་དགོས་པའི་ཕྱིར། དེ་ལས་གཞན་དུ་སྡོམ་པ་ལ་སྡོང་སེམས་ཀྱིས་ཁྱབ་པ་དང་། དམ་ཚིག་གིས་ཁྱབ་པར་ཁས་ལེན་པ་ལ་ནི་འཇིག་རྟེན་ལས་འདས་པའི་ལམ་དུ་སྡོམ་པ་མེད་པར་འགྱུར་བ་དང་། དགེ་བ་ཆོས་སྡུད་སེམས་ཅན་དོན་བྱེད་ཀྱི་ཚུལ་ཁྲིམས་ངོས་བཟུང་རྒྱུ་མེད་པར་འགྱུར་རོ། །དེ་ལྟར་བཤད་པ་ན་བདེ་སྟོང་ཟུང་འཇུག་གི་ཡེ་ཤེས་འདི་ནི་སྔགས་ལུགས་ཀྱི་དོན་དམ་བདེན་པ་དངོས་དང་། ངེས་དོན་མཐར་ཐུག་པ་ཉིད་དུ་ཁས་ལེན་ཞིང་། འདི་ཉིད་བསྐྱེད་རྫོགས་ཀྱི་ལྷ་དང་ཡེ་ཤེས་མཐའ་དག་བསྒྲུབས་པའི་གཞིར་གྱུར་པ་ཡིན་ཞིང་། འདི་ལས་མ་གཏོགས་པའི་ཀུན་རྫོབ་ཀྱི་ཆོས་གང་ཡང་ཡོད་པར་ཁས་མི་ལེན་ཞིང་། ཆོས་ཀྱི་དབྱིངས་ཀྱི་ཡེ་ཤེས་ཞེས་བྱ་བའི་མིང་ཅན་ཡང་དེ་ཉིད་དོ། །འདི་འདྲ་དེ་གཞི་གདོད་མ་ནས་སེམས་ཅན་ཐམས་ཅད་ལ་ཁྱབ་པར་ཡོད་ཀྱང་། སྔགས་ལུགས་ཀྱི་ཐབས་མཁས་ལ་བརྟེན་ནས་མངོན་དུ་མ་གྱུར་པ་དེའི་ཚེ་ནི་རང་བཞིན་ལྷན་ཅིག་སྐྱེས་པའི་ཡེ་ཤེས་ཞེས་བྱ་ཞིང་། དེ་ལ་བརྟེན་ནས་དེ་མངོན་དུ་གྱུར་པའི་ཚེ་ནི་བདེ་བ་ཆེན་པོ་དང་སྔགས་ཀྱི་སྡོམ་པ་ཞེས་བྱ་སྟེ། སྤྱིར་མཚན་རྟོག་མཐའ་དག་དང་། ཁྱད་པར་ཡིད་མི་བདེ་བ་ལས་སྡོམ་པར་ནུས་པའི་ཕྱིར། མངོན་དུ་གྱུར་པའི་གནས་སྐབས་ལ་ཡང་དུ་མར་ལྡ་སྟེ། རྒྱུད་སྡེ་གསུམ་དང་དབང་གསུམ་གྱི་དགའ་བ་དང་པོ་གསུམ་ལྷ་བུ་མཚན་རྟོག་དང་འདྲེས་མར་སྐྱེ་བ་དང་། ངེས་དོན་གྱི་དབང་བཞི་པ་དང་དགའ་བ་བཞི་པའི་གནས་སྐབས་ལྟ་བུ་རྟོག་པ་དང་བྲལ་བར་སྐྱེས་པའོ། །ཕྱི་མ་འདི་ལའང་མཚོན་བྱེད་དཔེ་དང་མཚོན་བྱ་དོན་གཉིས་དང་། དོན་ལའང་སློབ་པ་དང་མི་སློབ་པའི་དབྱེ་བས་གཉིས་སུ་འབྱེད་ཅིང་། ངེས་དོན་དོན་དམ་པའི་རིག་པ་འཛིན་པ་དང་རྫོགས་པའི་སངས་རྒྱས་ཀྱང་དེ་ཉིད་དོ། །དེས་མཚོན་ནས་དོན་དམ་པའི་སེམས་ཅན་ཀྱང་རང་བཞིན་ལྷན་ཅིག་སྐྱེས་པའི་ཡེ་ཤེས་ཉིད་ལ་འདོད་དགོས་ཏེ། སོ་སོའི་སྐྱེ་བོའི་དུས་ན་རྫོགས་པའི་

སངས་རྒྱས་ཀྱི་སྒྲུབ་གཞིར་གྱུར་པ་ནི་དེ་ལས་གཞན་མེད་པའི་ཕྱིར། དཔེར་ན་སྟོང་པའི་དང་ལས་ས་བོན་ནམ་ཕྱུག་མཚན་དང་། མདོན་བྱང་ལས་སྒྲུབ་དགོས་པ་བཞིན་ནོ། །འོན་ཏེ་སྐད་དུ། རང་བཞིན་ལྡན་ཅིག་སྐྱེས་ཞེས་བརྗོད། །རྣམ་པ་ཐམས་ཅད་སྡོམ་པ་གཅིག །ཅེས་བཤད་པས་དབང་གི་ཆོག་ལ་མ་ལྟོས་པའི་ངེས་དོན་གྱི་སྡོམ་པ་ཁས་ལེན་དགོས་པ་མ་ཡིན་ནམ་ཞེ་ན། དེ་ནི་རྒྱུ་ལ་འབྲས་བུའི་མིང་གིས་བཏགས་པ་སྟེ། རང་བཞིན་རྣམ་དག་ལ་སངས་རྒྱས་ཞེས་བཤད་པ་བཞིན་ནོ། །

གཉིས་པ་ནི། གཞན་དག་ན་རེ། ཕྱི་ནང་གསང་བ་དེ་ཁོ་ན་ཉིད་ཅེས་བྱ་བའི་སྡོམ་པ་བཞིར་བྱེད་པ་མི་འཐད་དེ། དེ་འདྲའི་མིང་ཅན་གྱི་སྡོམ་པ་དང་རྣ་ལྟུང་གི་བཤད་པ་གང་ཡང་མེད་པའི་ཕྱིར་ཞེས་ཟེར་རོ། །དེ་མི་འཐད་པ་ལ་ལུང་དང་རིགས་པ་གཉིས་ལས། དང་པོ་ནི། དུས་ཀྱི་འཁོར་ལོར་དབང་བདུན་བསྐུར་བའི་ཚེ་སློབ་མ་དེ་སྔགས་ཀྱི་དགེ་བསྙེན་དང་། དབང་གོང་མ་བཞི་བསྐུར་བ་ལས་སྔགས་ཀྱི་དགེ་ཚུལ་དང་དགེ་སློང་དང་གནས་བརྟན་དང་སྐྱེ་དགུའི་བདག་པོ་ཉིད་དུ་འགྱུར་བར་བཤད་པ་ལས་དོན་དེ་གྲུབ་པ་དང་། གོང་མའི་སྡོམ་པ་ལ་ལྟོས་པའི་རྩ་ལྟུང་གི་བཤད་པ་ཡང་གསང་དབང་གི་སྡོམ་པ་ལ་ལྟོས་ནས་ཀུན་རྫོབ་བྱང་ཆུབ་ཀྱི་སེམས་གཏོང་བ་རྩ་བའི་ལྟུང་བར་བཤད་པ་དང་། དམ་ཚིག་ལས་ནི་ཇི་བཞིན་རྟེན། །མི་བསྟེན་པ་ནི། ཞེས་སོགས་འཁོར་གྱི་དུས་སུ་དམ་ཚིག་གི་རྫས་ཇི་ལྟར་རྟེན་བཞིན་མི་བསྟེན་པ་རྩ་ལྟུང་དུ་བཤད་པ་དང་། དབང་གསུམ་པའི་སྡོམ་པ་ལ་ལྟོས་ནས་ཀྱང་། ཤེས་རབ་རང་བཞིན་བུད་མེད་ལ། །སྨོད་པར་བྱེད་པ་བཅུ་བཞི་པ། །ཞེས་དང་། དབང་བཞི་པའི་སྡོམ་པ་ལ་ལྟོས་ནས། མིང་སོགས་བྲལ་བའི་ཆོས་རྣམས་ལ། །ཞེས་སོགས་རྒྱ་ཆེར་བཤད་པའི་ཕྱིར། རིགས་པ་ནི། དབང་གོང་མ་ལ་ལྟོས་པའི་སྡོམ་པ་ཁས་མི་ལེན་ན་བུམ་དབང་ལ་ལྟོས་པའི་སྡོམ་པ་ཅིའི་ཕྱིར་ཁས་ལེན། རིགས་ལྔའི་སྡོམ་པ་བཟུང་བ་དེ་ཉིད་དེའི་སྡོམ་པའོ་ཞེ་ན། དེ་ནི་བུམ་དབང་ཁོ་ནའི་སྡོམ་བཟུང་དུ་མི་འགྲུབ་སྟེ། སྡོམ་པ་དེ་མ་བཟུང་བར་དབང་གོང་མ་བསྐུར་དུ་མི་རུང་བའི་ཕྱིར་དང་། དབང་གོང་མ་མ་རྫོགས་པར་རིགས་ལྔའི་སྡོམ་པ་ཡང་མི་རྫོགས་པའི་ཕྱིར། གལ་ཏེ་རྫོགས་ན་དབང་གོང་མ་བསྐུར་བ་ལ་མ་ལྟོས་པར་ངེས་དོན་གྱི་རྒྱལ་བ་རིགས་ལྔ་སྒྲུབ་ནུས་པར་འགྱུར་རོ། །ཡང་རྣམ་པ་གཅིག་ཏུ་ན་རིགས་ལྔའི་སྡོམ་བཟུང་བྱས་ཟིན་པའི་འོག་ཏུ་རྡོ་རྗེའི་སློབ་དཔོན་གྱིས་དབང་གིས་གསོལ་བ་གདབ་ན། སངས་རྒྱས་ཀུན་གྱི་དམ་ཚིག་དང་། །སྡོམ་པའང་བླ་ན་མེད་པ་སྩོལ། །ཞེས། བླ་ན་མེད་པའི་སྒྲས་ཅི་ཞིག་བསྟན་པ་བསམ་དགོས་སོ། །

གསུམ་པ་ནི། རྒྱུད་སྡེ་འོག་མ་གཉིས་སུ་ཕྱིར་སྔགས་ཀྱི་སྡོམ་པ་ཡང་བཤད་པར་དཀའ་ན། ངེས་དོན་གྱི་སྡོམ་པ་ལྟ་ཅི་སྨོས་ཞེས་ཟེར་རོ། །དེ་ནི་རིགས་པ་མ་ཡིན་ཏེ། དེ་དག་ཏུའང་ངེས་དོན་གྱི་སྡོམ་པ་འཛིན་དགོས་པར་ནི་

རྒྱུད་སྡེ་གོང་མ་ལས་བཤད་པའི་ཕྱིར། སཾ་བུ་ཊ་ལས། ཇི་སྐད་དུ། རྒོད་དང་བལྟས་དང་ལག་བཅངས་དང་། །གཉིས་གཉིས་ཁྱུད་དང་རྣམ་པ་བཞིས། །སྲིན་བུའི་ཚུལ་གྱིས་རྒྱུད་བཞིར་གནས། །ཞེས་གསུངས་ལ། དེའི་དོན་ནི་དཔེར་ན། རྒོད་པའི་ཆགས་པ་ལམ་དུ་བྱེད་ཅེས་པའི་དོན། ཆགས་པ་དེའི་སྙིང་གི་གཟུང་འཛིན་གཉིས་དང་བྲལ་བའི་ཡེ་ཤེས་ལ་ཆགས་པ་ཆེན་པོ་ཞེས་བྱ་ཞིང་། དེ་ཉིད་ལམ་དུ་བྱེད་པའི་དབང་དང་སྒོམ་པས་ཁྱད་པར་དུ་བྱས་པའི་རྒྱུད་ལ་བྱ་རྒྱུད་དུ་འདོག་ཅེས་པའོ། །སྲིན་བུའི་ཚུལ་གྱིས་ཞེས་པ་ནི། ཤིང་གི་སྲིན་བུ་ཤིང་ལ་གནས་ནས་གནས་སའི་ཤིང་དེ་ཉིད་ཟོས་ཏེ་མེད་པར་བྱེད་པ་བཞིན་དུ་ཆགས་པ་རིགས་བཞིའི་ངོ་བོར་གྱུར་པའི་ཡེ་ཤེས་དེ་དང་དེས་ཀྱང་རང་གི་གནས་ས་ཆགས་པ་རིགས་བཞི་པོ་དེ་དང་དེ་ལ་གནས་བཅས་ནས་དེ་ཉིད་ཟོས་ཏེ་མེད་པར་བྱེད་པ་ཞེས་བྱ་བའི་དོན་ནོ། །དེ་ཁོ་ན་ར་མ་ཟད་རྣལ་འབྱོར་གྱི་རྒྱུད་དུ་ནི། དཀྱིལ་འཁོར་དང་ལྷ་དང་བདག་གི་དེ་ཁོ་ན་ཉིད་རྒྱས་པར་གསུངས་པ་དང་། རྣམ་སྣང་མངོན་བྱང་ལས་དུས་གསུམ་དུ་སྒྲིབ་པ་མེད་པའི་ཡེ་ཤེས་ཀྱི་སྡོམ་པ་འཛིན་ཚུལ་བཤད་པ་དང་། བདག་འབུལ་བའི་ཚིག་བརྗོད་པ་ལ་སྡོམ་པ་འཛིན་པའི་ཆོ་གར་བཤད་ཅིང་། དེའི་དོན་གང་ཟག་གི་དབང་དུ་བྱས་པའི་གཟུང་འཛིན་གཉིས་མེད་ཀྱི་ཡེ་ཤེས་འཛིན་པ་ལ་འཆད་དགོས་པའི་ཕྱིར་དང་། བྱ་བའི་རྒྱུད་དུ་བདག་ཉིད་ལྷར་མི་སྐྱེད་ཀྱང་བདག་གི་དེ་ཁོ་ན་ཉིད་ནི་གཉིས་སུ་མེད་པའི་ཡེ་ཤེས་ཉིད་ལ་ངོས་འཛིན་དགོས་པ་དང་། མདུན་དུ་ལྷ་སྒྲུབ་པའི་ཚེ་ཡང་རང་ཉིད་སྟོང་པ་ཉིད་ཀྱི་ཡེ་ཤེས་ལས་མི་གཡོ་བ་དང་། མཚན་འཛིན་གྱི་རྟོག་པ་འགོག་དགོས་པར་བཤད་པ་ལས་ཞེས་སོ། །

གཉིས་པ་མི་ཉམས་པར་བསྲུང་བའི་ཚུལ་ལ་གཉིས་ཏེ། སྤང་བྱ་ལྟུང་བའི་རྣམ་གྲངས་བསྟན་པ་དང་། དེས་རང་རྒྱུད་ལ་མ་གོས་པར་བྱ་བའི་ཚུལ་ལོ། །དང་པོ་ལ་བཞི་སྟེ། བྱ་བའི་རྒྱུད་ལས་གསུངས་པའི་ལྟུང་བའི་ཀྲང་གྲངས་དང་། སྤྱོད་རྒྱུད་ལས་དང་། རྣལ་འབྱོར་རྒྱུད་ལས་དང་། བླ་ན་མེད་པའི་རྒྱུད་ལས་གསུངས་པའི་ཀྲང་གྲངས་སོ། །དང་པོ་ལ་གཉིས་ཏེ། འཇམ་དཔལ་རྩ་རྒྱུད་ལས་གསུངས་པ་དང་། གསང་བ་སྤྱི་རྒྱུད་ལས་གསུངས་པའོ། །དང་པོ་ནི། ཇི་སྐད་དུ། ཀྱེ་རྒྱལ་བའི་སྲས་དག་འདིར་ཆད་པར་ལྟ་བ་དང་། དཀོན་མཆོག་གསུམ་སྤོང་བ་དང་། བྱང་ཆུབ་ཀྱི་སེམས་སྤོང་བ་དང་། དབང་བསྐུར་བ་སྤོང་བ་དང་། བླ་མ་ལ་འཁུ་བ་ཞེས་བྱ་བ་ལྔ་པོ་འདི་ནི་རྩ་བའི་ལྟུང་བ་ཡིན་པར་བསྟན་ཏེ། ཆོས་དེ་དག་ལས་གང་ཡང་རུང་བ་ཞིག་སྤྱོད་ན། དེ་སླར་སྦྱང་བ་མ་བྱས་ན་ནི་ཐུགས་པའི་ཐ་སྐད་མེད་ཅིང་། དངོས་གྲུབ་ཀྱི་ས་བོན་ཉམས་པ་དང་། ཚིག་པ་དང་རུལ་བར་བརྗོད་དོ། །ཞེས་གསུངས། གཉིས་པ་ནི། ཇི་སྐད་དུ། དེ་ནས་བླ་མས་སློབ་མ་རྣམས། མ་ཡེངས་ལེགས་པར་བཀོད་ནས་སུ། །ཤེས་རབ་ཕ་རོལ་ཕྱིན་བཀླགས་ནས། །དམ་ཚིག་འདི་དག་བསྒོ་བར་བྱ། །དེ་རིང་ཕན

ཆད་ཁྲིད་རྣམས་ཀྱིས། སངས་རྒྱས་ཆོས་དང་དགེ་འདུན་དང་། །བྱང་ཆུབ་སེམས་དཔའ་རྣམས་དང་ནི། །རིགས་སྔགས་གསང་སྔགས་ཚོགས་རྣམས་ལ། །དད་པ་རབ་ཏུ་བརྟན་པར་བྱ། །རྟག་པར་ཐེག་པ་ཆེན་པོ་ལ། ཁྱད་པར་དུ་ནི་མོས་པར་བྱ། །དམ་ཚིག་ཅན་དང་མཛའ་བོ་དང་། །བླ་མ་ལ་ཡང་གུས་པར་བྱ། །ལྷ་རྣམས་ཀུན་ལ་སྨང་མི་བྱ། །དུས་མཚམས་དག་ཏུ་མཆོད་པར་བྱ། །སྟོན་པ་གཞན་གྱི་གཞུང་མི་མཆོད། །རྟག་ཏུ་གློ་བུར་འགྲོན་མཆོད་བྱ། །སྲོག་ཆགས་ཀུན་ལ་བྱམས་པའི་སེམས། །རབ་ཏུ་བརྟན་པ་ཉེ་བར་བཞག །ཐེག་ཆེན་ལ་ནི་དགའ་རྣམས་ཀྱིས། །བསོད་ནམས་དག་ལ་ནན་ཏན་བསྐྱེད། །བཟླས་བརྗོད་བྱེད་ལ་འབད་པ་ཡིས། །གསང་སྔགས་སྤྱོད་ལ་བརྩོན་པར་བྱ། །གསང་སྔགས་རྒྱུད་ལས་བསྟན་པ་ཡི། །དམ་ཚིག་རྣམས་ཀྱང་བསྲུང་བར་བྱ། །དམ་ཚིག་མེད་པ་རྣམས་ལ་ནི། །སྔགས་དང་ཕྱག་རྒྱ་མི་སྦྱིན་ནོ། །གསང་སྔགས་རྒྱུད་ནི་ལེགས་བསྲུང་ཞིང་། །དེ་ཡང་བདག་གིས་རྟོགས་པར་བྱ། །ཞེས་འབྱུང་ངོ་། །དེ་ཡང་དྲི་མེད་འོད་ལས། རྒྱུད་སྡེ་བཞི་ཀ་ཡང་རྩ་བའི་ལྟུང་བ་བཅུ་བཞི་པ་ཅན་དུ་མཚུངས་པར་བཤད་པ་ལྟར་ན། གོང་དུ་ཇི་སྐད་བཤད་པ་དེ་དག་བཅུ་བཞིར་བསྡུ་བའི་ཚུལ་ནི་འདི་ལྟར། དཀོན་མཆོག་ལ་དད་པ། སྔགས་ལ་དད་པ། ཐེག་པ་ཆེན་པོ་ལ་མོས་པ། བླ་མ་སོགས་ཞིང་ཁྱད་པར་ཅན་ལ་མོས་པ་སྟེ་བཞི་དང་། ལྷ་རྣམས་ལ་མི་སྨང་བ། དུས་མཚམས་སུ་མཆོད་པ། གཞུང་གཞན་མི་མཆོད་པ། གློ་བུར་བ་མཆོད་པ་སྟེ་བཞི་དང་། བྱམས་པ་མི་བཏང་བ། བསོད་ནམས་ལ་འབད་པ། གསང་སྔགས་ལ་བརྩོན་པ། དམ་ཚིག་གཞན་བསྲུང་བ་སྟེ་བཞི་དང་། སྔགས་རྒྱ་མི་སྦྱིན་པ། རྒྱུད་གསང་ཞིང་རྟོགས་པར་བྱ་བ་རྣམས་སོ། །གཉིས་པ་སྤྱོད་པའི་རྒྱུད་ལས་འབྱུང་བ་ལ། རྣམ་སྣང་མངོན་བྱང་ལས་འབྱུང་བ་རྣམས་སྡོམ་བཞིན་ཐང་གྲངས་བཅུ་བཞི་ཉིད་དུ་བསྡུ་བར་བྱ་སྟེ། མི་དགེ་བ་བཅུ་དང་། དམ་པའི་ཆོས་སྤོང་བ་དང་། བྱང་ཆུབ་ཀྱི་སེམས་གཏོང་བ་དང་། སེར་སྣ་བྱེད་པ་དང་། །སེམས་ཅན་ལ་གནོད་པ་བྱེད་པའོ། །དེ་སྐད་དུ་ཡང་རྣམ་སྣང་མངོན་བྱང་ལས། བཅུ་པོ་འདི་དག་ནི་བྱང་ཆུབ་སེམས་དཔའ་གསང་སྔགས་ཀྱི་སྒོར་སྤྱོད་པའི་བསླབ་པ་ཐམས་ཅད་ཀྱི་རྩ་བ་ཡིན་པས་གཞི་ཞེས་བྱ་ལ། དེ་ལ་གང་ཞེ་ན། ལུས་ཀྱི་གསུམ་དང་། ངག་གི་བཞི་དང་། ཡིད་ཀྱི་གསུམ་ནི་མི་དགེ་བའི་རྩ་བ་ཐམས་ཅད་ཀྱི་ཕྱི་མོའོ། །ཞེས་དང་། ལྟུང་བའི་རྩ་བ་བཞི་ནི་སྲོག་གི་ཕྱིར་ཡང་ཉམས་པར་མི་བྱའོ། །བཞི་གང་ཞེ་ན། འདི་ལྟ་སྟེ། དམ་པའི་ཆོས་སྤོང་བ་དང་བྱང་ཆུབ་ཀྱི་སེམས་གཏོང་བ་དང་། སེར་སྣ་བྱེད་པ་དང་། སེམས་ཅན་ལ་གནོད་པ་བྱེད་པའོ། །ཞེས་གསུངས། སྐབས་འདིར་གཞན་དག་ན་རེ། བྱ་སྤྱོད་གཉིས་སུ་སེམས་བསྐྱེད་ཀྱི་སྡོམ་པ་ལས་གཞན་པའི་སྔགས་ཀྱི་སྡོམ་པ་འཛིན་པའི་ཆོ་ག་དང་། བཟུང་བ་ལས་ཐོབ་པའི་བཤད་པ་གང་ཡང་མེད་དོ། །ཞེས་གསུང་པ་ནི་མི་འཐད་དེ། བྱ་བའི་རྒྱུད་དུ་སྔགས་ཀྱི་སྡོམ་པ

མེད་ན་དབང་བསྐུར་བ་སྒྲོང་བ་རྩ་བའི་ལྟུང་བར་འཆད་མི་རིགས་པ་དང་། རྣམ་སྣང་མངོན་བྱང་ལས། དུས་གསུམ་དུ་སྒྲིབ་པ་མེད་པའི་ཡེ་ཤེས་ཀྱི་སྡོམ་པ་དང་། དེའི་དམ་ཚིག་བསྲུང་བའི་ཚུལ་རྒྱས་པར་གསུངས་པ་རྣམས་མི་འཐད་པར་འགྱུར་རོ། །ཁ་ཅིག་ན་རེ། མངོན་བྱང་ལས་བཤད་པ་འདི་ཡང་སེམས་བསྐྱེད་ཀྱི་སྡོམ་པའོ། །ཞེས་ཟེར་མོད། ཀུན་རྫོབ་སེམས་བསྐྱེད་ཀྱི་སྡོམ་པ་ནི་འདི་མི་རིགས་ལ། དོན་དམ་སེམས་བསྐྱེད་ཀྱི་སྡོམ་པ་བཤད་པ་ཉིད་ཀྱིས་སྔགས་ཀྱི་སྡོམ་པར་གྲུབ་པ་ཡིན་ཏེ། ཀླུ་སྒྲུབ་ཞབས་ཀྱིས་བྱང་ཆུབ་སེམས་འགྲེལ་ལས་བཤད་པ་བཞིན་ནོ། །

གསུམ་པ་རྣལ་འབྱོར་རྒྱུད་ལས་འབྱུང་བ་ལ་གཉིས་ཏེ། བཤད་པའི་རྒྱུད་ལས་འབྱུང་བ་དང་། རྩ་བའི་རྒྱུད་ལས་བཤད་པའོ། །དང་པོ་ནི། རྐང་གྲངས་བཅུ་བཞི་པ་ཚན་པ་གཉིས་སུ་བཤད་པ་ཡིན་ཏེ། རྡོ་རྗེ་རྩེ་མོ་ཞེས་བྱ་བའི་བཤད་རྒྱུད་དུ། བཟུང་རྒྱུའི་སྡོམ་པ་བསྒྲགས་པའི་ཚེ་ན། སངས་རྒྱས་ཆོས་དང་དགེ་འདུན་ཏེ། །དཀོན་མཆོག་གསུམ་ལ་སྐྱབས་སུ་སོང་། །འདི་ནི་སངས་རྒྱས་རིགས་དག་པའི། །དམ་ཚིག་བརྟན་པོར་གྱུར་པའོ། །ཞེས་པ་ནས་མཆོད་པའི་ལས་ཀྱང་ཅི་ནུས་བགྱིད། །ཅེས་པའི་བར། རིགས་ལྔ་སོ་སོའི་དམ་ཚིག་བཅུ་བཞི་དངོས་སུ་བཤད་ནས། དེ་དང་འགལ་བའི་ལྟུང་བ་བཅུ་བཞིར་འགྱུར་བའི་ཚུལ་སློབ་དཔོན་ཀུན་སྙིང་གིས་བཤད་པ་དང་། ཡང་རྒྱུད་དེ་ཉིད་ལས། དེ་ལས་གཞན་པ་བཅུ་བཞི་ནི། །ཕས་ཕམ་པར་ནི་རབ་ཏུ་བཤད། །སྤྱང་ཞིང་དོར་བར་མི་བྱ་སྟེ། །རྩ་བའི་ལྟུང་བ་ཞེས་བཤད་དོ། །ཞེས་བཤད་ལ། དེ་དུས་ཀྱི་བཅུ་བཞིའི་ངོས་འཛིན་ནི། རྒྱུད་དེ་ཉིད་དུ། ཁྱོད་ཀྱིས་སྲོག་ཆགས་བསད་མི་བྱ། །ཞེས་པ་ནས། འདི་དག་དམ་ཚིག་ཡིན་པར་བཤད། །ཁྱོད་ཀྱིས་རྟག་ཏུ་བསྲུང་བར་བྱ། །ཞེས་པའི་བར་ལ་ངོས་འཛིན་པ་དང་། ཡང་རྒྱུད་དེ་ཉིད་ལས། དེ་ལ་དམ་ཚིག་གང་ཞེ་ན། །སངས་རྒྱས་ཆོས་དང་དགེ་འདུན་ཏེ། །གཙོ་བོ་དེ་དག་ལྟར་བླང་བྱ། །འཚོ་བའི་སྲོག་གི་ཕྱིར་ཡང་ནི། །བྱང་སེམས་ངེས་པར་དོར་མི་བྱ། །ལྷ་རྣམས་ལ་ནི་སྨད་མི་བྱ། །ཕྱག་དང་ཕྱག་རྒྱ་ནམ་ཡང་མིན། །རྡོ་རྗེ་སློབ་དཔོན་བརྙས་མི་བྱ། །བླ་མ་སངས་རྒྱས་ཀུན་དང་མཉམ། །བཞོན་པ་མཆོན་ཆ་ཕྱག་མཚན་དང་། །དམན་མ་ལུས་ཀྱི་གྲིབ་མ་རྣམས། །རྒྱ་ནོམ་དུ་ནི་བརྫི་མི་བྱ། །ནམ་ཡང་བཟའ་བར་མི་བྱའོ། །བདག་གིས་སྔོན་ནི་ཇི་ལྟར་མཐོང་། །སེམས་ཅན་གཞན་ལ་བརྗོད་མི་བྱ། །སྔགས་དང་ཕྱག་རྒྱ་བསླབ་པ་ནི། །ནམ་ཡང་དོར་བར་མི་བྱའོ། །སེམས་ཅན་བསད་པར་མི་བྱ་ཞིང་། །ཐེག་པ་གཞན་ལ་དགའ་མི་བྱ། །ཕ་རོལ་ཕྱིན་དྲུག་སྤྱོད་པ་ནི། །ནམ་ཡང་དོར་བར་མི་བྱའོ། །བྱ་བ་མ་ཡིན་རྟག་ཏུ་སྤང་། ཁྱེད་ཀྱི་དམ་ཚིག་སྡོམ་པ་ཡིན། །ཞེས་པའི་བར་གྱི་བཅུ་བཞི་པོ་དེ་ལ་ངོས་འཛིན་པའི་ལུགས་དང་། ནམ་མཁའི་སྙིང་པོའི་མདོ་ལས་གསུངས

པའི་བྱང་ཆུབ་སེམས་དཔའི་རྒྱ་ལྟུང་བཅུ་བཞི་ལ་ངོས་འཛིན་པའི་ལུགས་དག་སྟོན་གྱི་མཁས་པ་རྣམས་ལ་བྱུང་ངོ་༑ ༑

གཉིས་པ་རྒྱ་རྒྱུད་ལས་འབྱུང་བ་ནི། རིགས་ཀུན་གྱི་བདག་པོ་རྡོ་རྗེ་སེམས་དཔའི་དང་། རིགས་ལྔ་སོ་སོའི་དམ་ཚིག་གོ། དང་པོ་ནི། དེ་ཉིད་བསྡུས་པ་ལས། སྐུ་དང་གསུང་དང་ཐུགས་གསང་བ། །མཁས་པ་ཡིས་ནི་བསྲུང་བར་བྱ། །བསྲུངས་ན་བསོད་ནམས་ཆེན་པོ་ནི། །ཐམས་ཅད་ཀུན་ཏུ་སྐྱེ་བར་འགྱུར། །གང་དག་དུ་མ་རྒྱ་ཆེན་པོ། ཁ་དོག་དང་ནི་དབྱིབས་དང་གདན། །ཕྱག་བསྐྱོད་ལ་སོགས་གཟུང་འདི་ནི། །སྐུ་ཡི་གསང་བར་རིག་པར་བྱ། །རྡོ་རྗེ་ཚིག་གི་སྦྱོར་བ་ཡིས། །སླབ་ཆོས་ཀྱི་ཕྱག་རྒྱ་ཆེ། །འདི་ནི་གསལ་བར་གསུངས་གསང་བ། །རྡོ་རྗེ་ཚིག་ནི་སྒྲ་མེད་པའོ། །རང་གི་སེམས་ནི་རབ་རྟོགས་པས། །ཟླ་བ་ལ་ནི་རྡོ་རྗེ་སྒོམ། །རྣམ་གསུམ་གཅིག་ཏུ་སྒོམ་པ་ནི། །ཐུགས་ཀྱི་གསང་བ་འདི་ཞེས་བྱ། །གསང་བ་གསུམ་གྱི་ཚིག་ཡིས། །ཕྱག་རྒྱ་ཐམས་ཅད་ཤིན་ཏུ་བསྡུས། །དེ་བས་རྣམ་པ་ཐམས་ཅད་དུ། །གསང་བ་རྣམ་གསུམ་རྣམ་པར་སྦ། །སྐུ་དང་གསུང་དང་ཐུགས་གསང་བ༑ ༑མཁས་པས་དམ་ཚིག་བསྲུང་བར་བྱ། །ཞེས་གསུངས་སོ། །གཉིས་པ་ནི། རྒྱ་བའི་རྒྱུད་དེ་ཉིད་ལས། གང་དག་འདོད་ཆགས་སྙོམས་འཇུག་པ། །དེ་ནི་འདོད་ཆགས་ཉིད་ཀྱི་སྦྱང་། །འདི་ནི་སངས་རྒྱས་ཕྱག་རྒྱ་ཆེ། །ཡེ་ཤེས་དམ་ཚིག་ཡིན་པར་བཤད། །འདོད་ལ་སྐྱོ་བར་མི་བྱ་བ། །དམ་ཚིག་ཤིན་ཏུ་རྩུལ་ཆེན་ཏེ། །དེ་བཞིན་གཤེགས་པའི་རིགས་དག་ལ། །རྒྱལ་བ་རྣམས་ཀྱང་འདའ་མི་མཛད། །ཅེས་དང་། སེམས་ཅན་དོན་ཕྱིར་མི་ཁྲོ་བའང་། ཁྲོ་བ་ཆེན་པོ་རབ་སྟོན་པ། །འདི་ནི་རྡོ་རྗེ་རིགས་ཆེན་གྱི། །དམ་ཚིག་འདའ་བར་དཀའ་བའོ། །ཞེས་དང་། རང་བཞིན་དག་པར་ཤེས་ནས་ནི། །དགོས་པ་དེ་དང་དེ་དག་བྱེད། །འདི་ནི་པདྨའི་རིགས་ཅན་གྱི། །དམ་ཚིག་འདའ་བར་དཀའ་བའོ། །ཞེས་དང་། ཉུང་ངམ་ཡང་ན་མང་ཡང་རུང་། །ཇི་ལྟར་འདོད་པ་བཞིན་དུ་ནི། ། སྦྱིན་པ་ཉིན་གཅིག་བཞིན་དུ་ཡང་། །བྱ་བ་འདི་ནི་དམ་ཚིག་གོ། ཞེས་གསུངས་སོ། །

བཞི་པ་བླ་མེད་ཀྱི་རྒྱུད་ལས་འབྱུང་བ་ལ་གཉིས་ཏེ། ལྟུང་བའི་ཀྲང་གྲངས་དང་། དེ་རྣམ་པར་བཤད་པའོ། །དང་པོ་ལ་རྩ་བའི་ལྟུང་བ་དག་གི་ཀྲང་གྲངས་དང་། ཡན་ལག་གི་ཀྲང་གྲངས་སོ། །དང་པོ་ནི། རྒྱུད་སྡེ་སོ་སོ་ནས་རྩ་བའི་ལྟུང་བར་གསུངས་པ་རྣམས་གཞུང་དུ་བསྡེབས་པ་ནི། ཇི་སྐད་དུ། གང་ཕྱིར་རྡོ་རྗེ་འཛིན་པ་ཡིས། ། དངོས་གྲུབ་སློབ་དཔོན་རྗེས་འབྲང་གསུང་། །དེ་བས་དེ་ལ་བརྙས་པ་ནི། །རྩ་བའི་ལྟུང་བ་དང་པོར་བཤད། ། བདེ་གཤེགས་བཀའ་ལས་འདས་པ་ནི། །ལྟུང་བ་གཉིས་པ་ཡིན་པར་བཤད། །རྡོ་རྗེ་སྤུན་ལ་ཁྲོས་ན་ནི། །ཉེས་པ་བརྗོད་པ་གསུམ་པ་ཡིན། །སེམས་ཅན་རྣམས་ལ་བྱམས་པ་སྤོང་། །བཞི་པ་ཡིན་པར་རྒྱལ་བས་གསུངས། །

ཆོས་ཀྱི་རྒྱ་བ་བྱང་ཆུབ་སེམས། །དེ་སྟོང་བ་ནི་ལྔ་པ་ཡིན། །རང་དང་གཞན་གྱི་གྲུབ་པའི་མཐའ། །ཆོས་ལ་སྨོད་པ་དྲུག་པ་ཡིན། །ཡོངས་སུ་མ་སྨིན་སེམས་ཅན་ལ། །གསང་བ་སྒྲོག་པ་བདུན་པ་ཡིན། །ཕུང་པོ་སངས་རྒྱས་ལྔ་བདག་ཉིད། །དེ་ལ་བརྙས་བྱེད་བརྒྱད་པ་ཡིན། །རང་བཞིན་དག་པའི་ཆོས་རྣམས་ལ། །སོམ་ཉི་ཟ་བ་དགུ་པ་ཡིན། །གདུག་ལ་རྟག་ཏུ་བྱམས་ལྡན་པར། །བྱེད་པ་དེ་ནི་བཅུ་པར་འདོད། །མིང་སོགས་བྲལ་བའི་ཆོས་རྣམས་ལ༑ ༑དེར་རྟོག་པ་ནི་བཅུ་གཅིག་པ། །སེམས་ཅན་དད་དང་ལྡན་པ་ཡི། །སེམས་སུན་འབྱིན་པ་བཅུ་གཉིས་པ། །དམ་ཚིག་ལས་ནི་ཇི་བཞིན་བརྟེན། །མི་བསྟེན་པ་ནི་བཅུ་གསུམ་པ། །ཤེས་རབ་རང་བཞིན་བུད་མེད་ལ། །སྨོད་པར་བྱེད་པ་བཅུ་བཞི་པ། །ཞེས་འབྱུང་ངོ༌། །

གཉིས་པ་ཡན་ལག་གི་ལྟུང་བའི་ཁྱད་གྲངས་ལ། རྒྱུད་སྡེ་དག་ཏུ་གྲངས་སོ་སོར་བཅད་ནས་བཤད་པ་ནི་རྙེད་པར་དཀའ་ལ། བསྟན་བཅོས་མཛད་པ་དག་གི་གཞུང་ལས་འབྱུང་བ་ནི། བཞི་ཚན་དང་བརྒྱད་ཚན་དང་ཉི་ཤུ་རྩ་བརྒྱད་དུ་བཤད་པ་གསུམ་ལས། དང་པོ་ནི། ཀླིང་པོའི་ཞབས་ཀྱིས་མཛད་པ་ལས། ཇི་སྐད་དུ། ཡན་ལག་དམ་ཚིག་བསྟན་པ་ནི། །རྣལ་འབྱོར་པ་ནི་ཕྱགས་པ་ཡིས། ཕྱགས་ལ་ནན་གྱིས་ལེན་པ་ན། །ནན་གྱིས་ལེན་པ་བཞི་རུ་བཤད། །གཞན་གྱི་བུད་མེད་ལེན་པ་དང་། །རང་གི་རྣལ་འབྱོར་མ་ཉིད་ལ། །ཆགས་པའི་དབང་གིས་འཇུག་པ་དང་། །བྱིན་གྱིས་རླབས་པར་མི་བྱེད་པར། །ཐ་མལ་སྤྱོད་པས་འཇུག་པ་དང་། །རྟགས་དང་མི་ལྡན་འཇུག་པར་ནི། །རྣལ་འབྱོར་ཆགས་པའི་ལམ་པ་ཡིས། །དང་པོ་ཆགས་པ་གདུལ་བ་དང་། །ཟབ་མོའི་དོན་ལ་འཇུག་བྱའི་ཕྱིར། །ཤིན་ཏུ་ཆགས་པ་ཆེ་གྱུར་ལ། །བདེ་གཤེགས་རྒྱལ་བས་བསྟན་པ་ཡིན། །རྣལ་འབྱོར་གྲོལ་བའི་ལམ་པ་ལ། །གོང་མ་དེ་བཞིན་མ་བསྟན་ཏེ། །ལས་དང་རྣལ་འབྱོར་དུས་སུ་ནི། །ཡིད་ཀྱིས་ལྷ་མོ་གཟུགས་མཛེས་མ། ཚོགས་ཀྱི་འཁོར་ལོའམ་སྤྱོད་དུས་སུ། །མོས་པས་དེ་བསམ་དམ་ཚིག་ཡིན། །ཞེས་འབྱུང་ངོ༌། །གཉིས་པ་བརྒྱད་ཚན་ལ་ཡང་། གཞུང་གི་དབྱེ་བ་གཉིས་ལས་དང་པོ། སྦོམ་པོ་བརྒྱད་པ་ཞེས་བྱ་བའི་གཞུང་ལས། ཇི་སྐད་དུ། ཤེས་རབ་སྟོབས་ཀྱིས་ལེན་པ་དང་། །དེ་ཡི་བདུད་རྩི་སྟོབས་གྱིས་ལེན། །སྣོད་མིན་ལ་ནི་གསང་བསྟན་དང་། །ཚོགས་ཀྱི་ནང་དུ་རྩོད་པ་དང་། །དད་ལྡན་ལ་གཞན་ཆོས་སྟོན་དང་། །ཉན་ཐོས་ནང་དུ་ཞག་བདུན་གནས། །རྫུན་གྱི་རྣལ་འབྱོར་ང་རྒྱལ་བྱེད། །དད་མེད་མི་ལ་ཆོས་སྟོན་པ། །འདི་རྣམས་སྦོམ་པོའི་ལྟུང་བར་བཤད། །ཅེས་འབྱུང་ངོ༌། །

བརྒྱད་ཚན་གཉིས་པ་ཡན་ལག་གི་ཉེས་པ་བརྒྱད་པ་ཞེས་བྱ་བའི་གཞུང་ལས་ནི། ཇི་སྐད་དུ། ཡན་ལག་དམ་ཚིག་ཅེས་བྱ་བ། །དམ་ཚིག་དང་ནི་མི་ལྡན་པའི། །རིག་མ་བསྟེན་པར་དགའ་བ་དང་། །ཚོགས་ཀྱི་འཁོར

ལོ་རྗོད་པ་དང་། །སེམས་ཅན་དད་དང་ལྡན་པ་ལ། །དམ་ཆོས་གཞན་དུ་སྟོན་པ་དང་། །ཉན་ཐོས་དག་ཏུ་རློམ་བྱེད་པའི། །ནང་དུ་ཞག་བདུན་གནས་པ་དང་། །སྦྱོར་བ་ལེགས་པར་མ་བྱས་པའི། །སྐལ་མིན་གསང་བ་བསྟན་པ་དང་། །གང་ཞིག་ཕྱག་རྒྱ་མི་མཁས་ལ། །ལུས་ཀྱི་ཕྱག་རྒྱ་བསྟན་པ་དང་། །བསྙེན་སོགས་དག་པར་མ་བྱས་པར། །དཀྱིལ་འཁོར་ལས་ལ་འཇུག་པ་དང་། །སྡོམ་པ་གཉིས་ཀྱི་བཅས་པ་ལ། །དགོས་པ་མེད་པར་འདའ་བ་དང་། །ཞེས་འབྱུང་ལ། རྣམ་གྲངས་གསུམ་པོ་དེ་དག་ནི་འཕགས་ཡུལ་གྱི་གཞུང་རྣམ་དག་ཏུ་མཁས་པ་རྣམས་ཀྱིས་འཆད་དོ། །གསུམ་པ་ཉི་ཤུ་རྩ་བརྒྱད་པའི་སྡེ་ཚན་ནི། རྩ་ལྟུང་འགྲེལ་ཆེན་དུ་གྲགས་པ་ལས་འབྱུང་སྟེ། དེ་ཡང་འདི་ལྟར་ཡན་ལག་གི་ལྟུང་བ་བཅོ་ལྔ་པ་དང་། བདུན་པ་དང་། དྲུག་པ་ཞེས་བྱ་བའི་སྡེ་ཚན་གསུམ་ལས། དང་པོ་ནི། ཇི་སྐད་དུ། རང་ལྷ་བླང་དོར་ལྟུང་བ་མིག །དེ་ཉིད་དུས་འདས་རི་བོང་ཅན། །ལྷ་གཞན་དགའ་བ་ཡོན་ཏན་ནོ། །རིག་བྱེད་དངོས་ལ་ཞེན་པ་ཡིན། །མ་རྫོགས་རྫོགས་བྱེད་མདའ་ཡིན་ནོ། །འཇིག་རྟེན་ཆོས་ཕྱིར་དབང་པོ་དེར། ཁྱད་དུ་གསོད་པ་ཡང་ནི་རི། །གོང་མིན་ཚུལ་སྟོན་བཀྲ་ཤིས་སོ། །ཕྲིན་ལས་མ་གཏོགས་གཟའ་ཞེས་གྲགས། །དོན་མེད་གནས་པ་ཕྱོགས་ཡིན་ནོ། །བརྩེ་བ་གཏོང་བ་དྲག་པོ་སྟེ། །དམན་པའི་སྤྱོད་པ་ཉི་མའོ། །ཟང་ཟིང་རྟོག་པ་ཡན་ལག་གོ། ཡོངས་སུ་མི་འཛིན་ས་ཞེས་བྱ། །རང་སྤྱོད་འདོར་བར་ཆོས་ཞེས་གྲགས། །ཞེས་འབྱུང་ངོ་། །གཉིས་པ་བདུན་ཚན་ནི། ཇི་སྐད་དུ། དམ་པ་ཉེར་བསྙེན་ཅིག་ཤོས་མིན། །སྣོད་དང་ལྡན་པ་རྣམ་པར་བརྟག །འདོད་ཕྱིར་གཞན་ལ་གནོད་པ་སྤང་། །དཀོན་མཆོག་ལ་སོགས་ནོར་ལ་མིན། །གཞན་དོན་སྐད་ཅིག་ཡལ་མི་འདོར། །བྱང་ཆུབ་མིན་པར་དགེ་མི་འཇུག །རྣམ་ཤེས་འཕོ་བ་དེ་ཉིད་ཤེས། །གཞན་དུ་ཡན་ལག་ཉེས་པའོ། །ཞེས་འབྱུང་ངོ་། །དྲུག་ཚན་ནི་ཇི་སྐད་དུ། གཞན་ཡང་སྔགས་ཀྱི་ཐེག་པར་བལྟ་བར་བྱ་བ་དང་། སྤྱོད་པ་ངེས་པར་གནས་པ་ལ་ཐེ་ཚོམ་བསྐྱེད་པ་དང་། ཐེག་པ་གསུམ་གྱི་གདུལ་བྱའི་རིམ་པ་དང་སྦྲུར་ནས་མི་འདུལ་བར་གཅིག་ཏུ་སྦྱོར་བ་དང་། དེ་ཁོ་ན་ཉིད་བཅུ་ལ་མི་གནས་པར་དཀྱིལ་འཁོར་གྱི་ལས་དང་སློབ་མ་སྨིན་པར་བྱེད་པ་དང་། བདུད་བརྟག་པའི་ཐབས་ལ་མཁས་པར་མི་བྱེད་པ་དང་། རྩ་བ་དང་ཡན་ལག་གི་སྡོམ་པ་ཞིག་གམ་མ་ཞིག་བསམ་པར་བྱ་བ་དུས་ལས་འདས་པ་དང་། མདོར་ན་ཕྲ་མོའི་ཉེས་བྱས་ཀྱང་ཁྱད་དུ་བསད་དེ་དུས་འདས་ན་གཞི་དེ་ལས་འཕེལ་བ་ཡང་དུག་ཆུང་དུས་རྨ་མཆེད་པ་བཞིན་ཏེ། དེ་བས་ན་དེ་དག་ཀྱང་ཡན་ལག་གི་ཉེས་པའོ་ཞེས་འབྱུང་ངོ་། །དེ་ལྟར་ཚན་པ་གསུམ་པོ་དེའི་སྟེང་དུ། གོང་དུ་བགྲངས་པའི་སྦོམ་པོ་བརྒྱད་དང་རྩ་བ་བཅུ་བཞི་སྟེ་ལྔ་བཅུ། དེའི་སྟེང་དུ་ཉེས་མེད་དང་ཤན་འདྲ་བ་ཞེས་པའི་མིང་ཅན་གཉིས་བསྣན་པ་དེ་ལ་ནི༑ སློང་པོ་རྒྱན་ལས། ཇི་སྐད་དུ། དངོས་གྲུབ་ཐམས་ཅད་འབྱུང་བའི་གནས། །ལྔ་བཅུ་རྩ་གཉིས་སྦྱོར་བ

དག །སྐྱབ་པ་པོ་ཡིས་བཟུང་བར་བྱ། །ཞེས་བཤད་པས་གཞུང་རྩོད་པ་མེད་པ་དག་གི་ཐ་སྙད་དུ་གསལ་ལོ། །ཇི་སྐད་བཤད་པ་དེ་དག་ནི་དྲང་དོན་ཀུན་རྫོབ་པའི་སྡོམ་པ་དག་དང་ཐུན་མོང་བའི་འགལ་ཟླར་གྱུར་བའི་ཉེས་པ་དག་ཡིན་ལ། ངེས་དོན་དོན་དམ་པའི་སྡོམ་པ་དག་གི་ཐུན་མོང་མ་ཡིན་པའི་དམ་ཚིག་ནི་དགོས་པ་རྡོ་རྗེ་ལས། ཇི་སྐད་དུ། དམ་ཚིག་དང་སྡོམ་པ་ཇི་ལྟར་གནས་པར་བགྱི་བ་ལགས། བཀའ་སྩལ་པ། ཁྱོད་ཀྱིས་སྲོག་ཆགས་བསད་པར་བྱ། །རྫུན་གྱི་ཚིག་ཀྱང་སྨྲ་བར་བྱ། ཁྱོད་ཀྱིས་མ་བྱིན་པར་ཡང་བླང་། །ཕ་རོལ་བུད་མེད་བསྟེན་པར་བྱ༔ ༔ཞེས་དང་། དུས་ཀྱི་འཁོར་ལོར། ངེས་པར་རྡོ་རྗེའི་རིགས་ལ་སྲོག་གཅོད་བྱ་སྟེ། ཞེས་པ་ནས། ཆང་དང་སྒྲོན་མ་སངས་རྒྱས་རྣམས་དང་བཟང་པོའི་ཡུལ་རྣམས་མཐའ་དག་འཁོར་ལོ་ལ་བསྟེན་པར་བྱ། ཞེས་པའི་བར་རྣམས་དྲང་ངེས་ཀྱི་སྒོ་ནས་འཆད་དགོས་པ་དང་། རྡོ་རྗེ་གུར་ལས། ཕྱག་རྒྱ་བཅིང་པ་རྣམ་པར་སྤང་། །མཆོད་རྟེན་ལས་ནི་མི་བྱ་ཞིང་། །རྡོ་རྗེ་གསུམ་མཆོག་ཕྱག་མི་འཚལ། །དཀྱིལ་འཁོར་ལ་སོགས་ལུས་ཀྱི་ལས། །རྨི་ལམ་དུ་ཡང་མི་བྱའོ། །ཞེས་པ་ལྟ་བུ་རྒྱུད་སྡེ་ལས་མང་དུ་གསུངས་པ་དག་ངེས་པར་བཟུང་དགོས་ཏེ། རིག་པ་འཛིན་པ་ཞེས་པ་ནི་རྣམ་པར་མི་རྟོག་པའི་ཡེ་ཤེས་མི་ཉམས་པར་འཛིན་པ་ཡིན་ལ། དེའི་སྡོམ་པ་ནི་སྔགས་ཀྱི་སྡོམ་པ་སྟེ། མཚན་རྟོག་ལས་ཡིད་སྐྱོབ་བྱེད་ལ་འཆད་དགོས་པའི་ཕྱིར་རོ། །

གཉིས་པ་དེ་རྣམ་པར་བཤད་པ་ལ་གསུམ་སྟེ། རྩ་བ་བཅུ་བཞི་བཤད་པ་དང་། །ཐུན་མོང་དུ་གྲགས་པའི་ཡན་ལག་བརྒྱད་བཤད་པ་དང་། འགྲེལ་ཆེན་གྱི་ལུགས་བྱེ་བྲག་ཏུ་བཤད་པའོ། །དང་པོ་ནི། གངས་ཅན་ན་རྩ་ལྟུང་གི་བཤད་པའི་སློལ་འཛམ་དཔལ་གྲགས་པའི་འགྲེལ་ཆེན་དུ་གྲགས་པ་དང་། དེ་དང་མི་མཐུན་པར་འཆད་པ་རྣམ་བཤད་འཕྲུལ་སྟོང་ཞེས་བྱ་བའི་ལུགས་གཉིས་ལས། འཕྲུལ་སྟོང་གི་རྣམ་པར་བཞག་པ་ནི་རྒྱལ་ལན་དང་བཅས་ཏེ་རྒྱས་པར་གཞན་དུ་བསྟན་ཟིན་ནོ། །

དཔལ་རང་བྱུང་རྡོ་རྗེས་མཛད་པའི་དམ་ཚིག་རྒྱ་མཚོ་ཞེས་བྱ་བའི་བསྟན་བཅོས་ནི་འགྲེལ་ཆེན་དང་མཐུན་པར་འཆད་པ། དེ་ཉིད་ཀྱི་ནང་ནས་མདོར་བསྡུས་ཏེ་བཤད་པར་བྱ་བ་ལ། སྤྱིའི་དོན་དང་། སོ་སོའི་དོན་ནོ༔ ༔དང་པོ་ནི། རྡོ་རྗེ་ཐེག་པའི་དམ་ཚིག་མཐའ་དག་གི་གཞིར་གྱུར་པས་ན་རྩ་བ་ཞེས་བྱ་ལ། དེ་ཆད་ཅིང་ཉམས་ན་སྔགས་ཀྱི་དངོས་གྲུབ་ལས་ལྟུང་བའི་ཕྱིར་ལྟུང་བ་ཞེས་བྱའོ། །དབྱེ་ན་བཅུ་བཞིར་ངེས་པ་ལས། དེ་རེ་རེ་ལ་ཡང་ལྔ་ཡང་གི་རིམ་པས་ཕྱེ་ན། ཕམ་པ་ལྟ་བུ་དང་། ལྟུང་བ་ཉིད་དང་། སྦོམ་པོ་དང་ཉེས་བྱས་དང་། ཉེས་མེད་གནང་བ་སྟེ་ལྔའོ། །དེ་དག་གི་ངོས་འཛིན་ནི། གཅིག་ལ་དཔེར་མཚོན་ན། གསུམ་གཅིག་ལྡན་གྱི་རྡོ་རྗེ་སློབ་དཔོན་ལ་སྨྲོར་བ་བདུན་དང་ལྡན་པས་འཚོ་བ་ཕྲལ་ན་ལྟུང་བ་དང་། དུས་ལས་འདས་ཤིང་མ་བཤགས་ན

ཕམ་པ་དང་། འཆོ་བ་མ་བྲལ་བའི་སྦྱོར་བ་དང་པོ་གསུམ་དང་ལྡན་ན་སྦོམ་པོ་དང་། སྦྱོར་བ་གཞན་དྲུག་མ་ཚང་བའི་ལུས་ངག་གི་སྦྱོར་བ་བག་མེད་པར་གྱུར་པ་ཙམ་ལ་ཉེས་བྱས་དང་། དགོས་པ་ཁྱད་པར་ཅན་གྱི་དོན་དུ་ན་ཉེས་མེད་གནང་བ་ཞེས་བྱའོ། །སྦྱོར་བ་བདུན་ནི། ཉོན་མོངས་པ་གང་ཡང་རུང་བས་ཀུན་ནས་བསླང་བ་དང་། དེ་ལ་དེར་ཤེས་པ་དང་། ལུས་ངག་གི་སྦྱོར་བ་མ་ཉམས་པ་དང་། འཚོ་བ་ཕྲལ་བ་དང་། ཤེས་ཤིང་འགྱོད་པ་མེད་པ་དང་། དེ་ལ་ཡི་རང་བ་དང་། བདག་ཉིད་མ་འཁྲུལ་བའོ། །སྦྱོར་བ་བདུན་པོའི་དངོས་གཞི་ཚང་ཡང་བཤགས་སྡོམ་ཚད་ལས་མ་འདས་ན་རྒྱ་བའི་ལྟུང་བར་གྱུར་ཀྱང་ཕམ་པ་མ་ཡིན་པས་ན། རྒྱ་བའི་ལྟུང་བ་ཉིད་ཅེས་བྱའོ། །བདུན་པོའི་དངོས་གཞིར་མ་སླེབ་ན་ནི་རྒྱ་བའི་ལྟུང་བ་དངོས་མ་ཡིན་ཏེ། སྦོམ་པོ་དང་ཉེས་བྱས་ནི་ཡན་ལག་གི་ལྟུང་བ་དག་ལ་འདང་བཞག་པའི་ཕྱིར་རོ། །བཤགས་སྡོམ་འདས་པའི་ཚད་ཀྱང་། གསུམ་ལྡན་གྱི་བླ་མ་ལ་ལོ་གཅིག་འདས་པ་དང་། གཉིས་ལྡན་ལ་གཉིས་དང་། གཅིག་ལྡན་ལ་ལོ་གསུམ་འདས་ན་བཤགས་དུས་འདས་པས་ཕམ་པ་དངོས་སུ་འཛོག་ལ། ཕམ་པར་འདྲ་ཡང་ཡུལ་དང་། བསམ་པ་དང་། སྦྱོར་བ་དང་། དུས་དང་། གྲངས་མང་ཉུང་གི་བྱེ་བྲག་ལས་ལྗི་ཡང་དུ་མར་འགྱུར་རོ། དོན་འདི་ལ། འཁྲུལ་སྤོང་མཛད་པ་སོགས་གཞན་དག །ཕམ་པ་དང་སྦོམ་པོ་སོགས་ཀྱི་དབྱེ་བ་དང་། ལྟུང་བའི་དངོས་གཞི་བྱུང་ནས་ཀྱང་ཕམ་པར་འགྱུར་བ་དུས་ལ་ལྟོས་པ་སོགས་ལ་ལུང་རྣམ་དག་གི་ཁུངས་མེད་དེ་ཞེས་གསུང་མོད། སློབ་དཔོན་འཇམ་དཔལ་གྲགས་པའི་གཞུང་རྩོད་མེད་སྙིང་པོའི་རྒྱན་ལས། ཇི་སྐད་དུ། གསུམ་གཉིས་གཅིག་གི་ལུས་ངག་ཡིད། །སྦྱོར་བའི་ཉེས་པ་རབ་རྫོགས་བྱེད། །གཅིག་གཉིས་གསུམ་གྱི་ལོར་གནས་ལ། །དུས་ཀྱི་ཆེ་སོགས་རྣམ་པར་བཞག །ཅེས་དང་། སྲོག་དང་ལུས་དང་ལོངས་སྤྱོད་དང་། །ལྟུང་དང་སྦོམ་ལྗི་ཉེས་བྱས་རིམ། །སྲོག་སོགས་ཉེས་པའི་ཁྱད་པར་ཤེས། །ཞེས་དང་། ཆུང་དུའི་ཉེས་པ་ཡུན་རིང་པོ། །ཀུན་ལ་ཆེ་དང་འདྲ་བ་ཡིན། །དེ་ལྟར་ཉེས་པའི་རྣམ་པ་ཀུན། །འཕེལ་དང་ལྟུང་སོགས་རབ་རྫོགས་པས། །ལོ་གཅིག་དང་ནི་ཐུན་མཚམས་ལས། །འགྱུར་བར་རྣལ་འབྱོར་པས་ཤེས་བྱ། །ཞེས་གསུངས་པས་ན་རྣམ་པར་བརྟག་དགོས་སོ། །

གཉིས་པ་སོ་སོའི་དོན་ལ་བཅུ་བཞི་ལས། དང་པོ་ནི། འདིར་སློབ་དཔོན་ནི། དབང་བསྒྱུར་རྒྱུད་བཤད། མན་ངག་ནོད་པར་བྱས་པ་ནི་གསུམ་ལྡན་ནོ། །དེ་བཞིན་དུ་གང་རང་གཉིས་ཐོབ་པ་དང་། གང་རུང་གཅིག་གནོས་པ་སྟེ་གསུམ་མོ། །དེ་ལ་བརྙས་པར་བྱས་ན་རྒྱ་བའི་ལྟུང་བ་དང་པོ་ཞེས་བྱའོ། །དེའི་དབྱེ་བ་ནི། ཡུལ་དང་། བསམ་པ་དང་། སྦྱོར་བ་དང་། དུས་དང་། ཉེས་པ་དང་། ལན་གྲངས་ཀྱི་དབྱེ་བས་དུ་མར་འགྱུར་ལ། ཡུལ་ནི་གཅིག་ལྡན་སོགས་གསུམ་མོ། །བསམ་པ་ནི་ཆགས་སྡང་རྨོངས་པ་གསུམ་མོ། །སྦྱོར་བ་ནི་ལུས་ངག་ཡིད་

གསུམ་མོ། །དུས་ནི་བཤགས་ཚད་ལས་འདས་པ་དང་། ཐོས་བསམ་སྒོམ་གསུམ་ལ་གནས་པའི་དུས་ལྔ་བུའོ། །ཉེས་པ་ནི་ལྟུང་བ་སོགས་ལྔ་འམ། སྒྲོག་དང་ལུས་དང་ལོངས་སྤྱོད་ལས་གྱུར་པའོ། །ལན་གྲངས་ནི་ལན་གཅིག་ནས་མང་པོའི་བར་དུ་གྱུར་བའོ། །

གཉིས་པ་ནི། བདེ་བར་གཤེགས་པའི་བཀའ་ལས་འདས་པ་ནི་བླ་མ་དང་སངས་རྒྱས་ཀྱི་བཀའ་ལས་འདས་ན་རྩ་བའི་ལྟུང་བ་སྟེ། འདི་ཡང་དམ་པའི་ཆོས་སྤྱོང་གི་ཉེས་པ་ལ་འཆད་པ་དང་། མི་དགེ་བ་བཅུ་སྤྱོད་པ་ལ་འཆད་པ་དང་གསུང་རབ་ཀྱི་དྲང་ངེས་མི་ཕྱེད་པར་སྒྲ་ཇི་བཞིན་པ་ལ་ཞེན་པ་ལ་འཆད་པ་དང་། སྡོམ་པ་འོག་མའི་བཅས་པ་ཁྱད་དུ་གསོད་པ་རྣམས་ལ་འཆད་པའི་ལུགས་དག་གཞུང་སོ་སོ་ནས་བྱུང་ངོ་། །

གསུམ་པ་ནི། རྡོ་རྗེ་སྤུན་ལ་ཁྲོ་བ་ཞེས་པ་ལ། རྡོ་རྗེའི་སྤུན་ནི་སངས་རྒྱས་ཡེ་ཤེས་ཞབས་ཀྱིས། ཇི་སྐད་དུ༑ བསྟན་དང་རྡོ་རྗེ་ཐེག་པ་ལ། །ཞུགས་པ་ཐམས་ཅད་སྤུན་དུ་བརྗོད། །ཀུན་ཀྱང་ཡེ་ཤེས་ལྡན་པས་ན། །རྡོ་རྗེ་སེམས་དཔའི་རྡོ་རྗེའི་སྤུན། །དཀྱིལ་འཁོར་གཅིག་དང་སློབ་དཔོན་གཅིག །དབང་བཞི་དག་གི་བྱེ་བྲག་གིས། །ཉེས་དང་ཁྱད་པར་བྱེ་བྲག་གོ། ཞེས་པ་ལྟར་ཡིན་ལ། ཁྲོས་པ་ནི། སེམས་ཁོང་ནས་འཁྲུགས་པ་ཡོངས་སུ་རྫོགས་པ་སྟེ། འདི་ནི་སེམས་ཀྱི་ཉེས་པ་ཉིད་དུ་བཤད་པ་མང་བས་ན། ཇི་སྐད་དུ། ཁྲོས་ནས་ནི། ཉེས་པར་བརྗོད་པ་ཞེས་འབྱུང་བ་དེ་ནི་གཞུང་ཇི་ལྟ་བ་མ་ཡིན་ནོ། །

བཞི་པ་ནི། སེམས་ཅན་ལ་བྱམས་པ་ཞེས་བྱ་བ་ནི། བདེ་བ་དང་ཕྲད་པར་འདོད་པའི་སེམས་བྱུང་ཞིག་ཡིན་ལ། དེ་སྤོང་བ་ནི། ཐམས་ཅད་ལ་དུས་གཅིག་ཏུ་སྤོང་དགོས་པ་མ་ཡིན་ཏེ། ཤན་པ་ལྟ་བུས་ཀྱང་རང་གི་བུ་དང་ཆུང་མ་སོགས་ལ་དེ་མི་སྤོང་བའི་ཕྱིར། དེས་ན་སེམས་ཅན་ཉི་ཚེ་བ་ལ་བདེ་བ་དང་བྲལ་འདོད་ཀྱི་བློ་སྐྱེས་པའོ། །དེ་ཡང་འདི་དང་གོང་འོག་ནས་འབྱུང་བའི་སེམས་ཁོ་ནའི་ཉེས་པ་རྣམས་ལ་ནི་ཐུན་ཚོད་ལས་འདས་པ་དགོས་ཏེ། བྱང་ཆུབ་སེམས་དཔའི་སྡེ་སྣོད་བྱང་ཆུབ་ཀྱི་སེམས་བཏང་བའི་རྩ་ལྟུང་འབྱུང་བ་ལ་དུས་ཀྱི་དྲུག་ཆ་ཐལ་དགོས་པར་བཤད་པ་དང་རྒྱུ་མཚན་མཚུངས་པའི་ཕྱིར་རོ། །ལུས་ངག་གི་སྦྱོར་བས་རྫོགས་པ་རྣམས་ནི་དུས་འདས་ལ་ལྟོས་མི་དགོས་ཏེ། ཐེག་པ་ཐུན་མོང་གི་འདུལ་བ་ནས་འབྱུང་བའི་ལྟུང་བ་རྣམས་ཀྱི་དངོས་གཞི་འགྲུབ་ཚུལ་དང་རིགས་པ་མཚུངས་པས་སོ། །

ལྔ་པ་ནི། ཆོས་ཀྱི་རྩ་བ་བྱང་ཆུབ་སེམས། །ཞེས་པ། ཀུན་ད་ལྟ་བུའི་བྱང་ཆུབ་ཀྱི་སེམས་ལ་འཆད་པ་དང་། སྨོན་པ་བྱང་ཆུབ་ཀྱི་སེམས་ལ་འཆད་པའི་ལུགས་གཉིས་བྱུང་ཡང་འགལ་བ་མེད་དེ། །རྫོགས་རིམ་གྱི་སྡོམ་པ་ལ་ལྟོས་ནས་ནི་སྔ་མ་ལྟར་ཡིན་ལ། སྔགས་ཀྱི་སྡོམ་པ་ཙམ་ལ་ནི་ཕྱི་མ་ལྟར་ཡང་འཐད་པའི་ཕྱིར། འོན

འདི་བྱང་སེམས་ཀྱི་སྡོམ་པའི་རྩ་ལྟུང་དུ་བཤད་པ་དང་ཁྱད་པར་ཅི་ཞེ་ན། སྨོན་སེམས་འདི་སྔ་མ་ལས་ངོ་བོ་བཟང་ཞིང་། འགལ་ན་ཉེས་པ་ལྕི་བ་ཡིན་ཏེ། ཚེ་འདི་ཉིད་ལ་ཟུང་འཇུག་གི་སྐུ་དོན་དུ་གཉེར་བའི་སྨོན་ལམ་བཏབ་ནས་དེའི་སྡོམ་པ་དབང་ལས་ཐོབ་པའི་ཕྱིར་རོ། །

དྲུག་པ་ནི། གྲུབ་པའི་མཐའ་ལ་སྨོད་ཅེས་པ། ཐེག་པ་ཆེ་ཆུང་ངམ་ཡང་ན་ཕྱི་ནང་གི་གྲུབ་མཐའ་ལ་ཕྲག་དོག་དང་སྡང་སེམས་ཀྱིས་ཀུན་ནས་བསླང་ནས་ཚིག་ངན་པར་བརྗོད་པ་སྟེ། རྣམ་སྣང་མངོན་བྱང་ལས། གྲུབ་པའི་མཐའ་ཡི་བློ་སྐྱེད་ཕྱིར། །ཕྱི་རོལ་པ་ཡང་ལམ་ཚོལ་ཞུགས། །དེ་ཕྱིར་དེ་ལ་སྨད་མི་བྱ། །ལམ་ཞུགས་ཉན་ཐོས་སྨོས་ཅི་དགོས། །ཞེས་སོ། །

བདུན་པ་ནི། ཡོངས་སུ་མ་སྨིན་སེམས་ཅན་ཞེས་པ། སྤྱིར་ཐེག་པ་གོང་མ་གོང་མར་རྒྱུད་ཡོངས་སུ་མ་སྨིན་པ་ལ་དེ་དང་དེའི་གསང་ཚིག་སྒྲོགས་པ་ཡང་ཉེས་པར་བཤད་པ་མང་མོད། འདིར་ནི་རྒྱུ་དུས་སུ་དབང་སོ་སོས་ཡོངས་སུ་མ་སྨིན་པ་ལ་དབང་སོ་སོ་དང་འབྲེལ་བའི་གསང་བ་རྣམས་བསྒྲགས་པ་དང་བསྟན་ན། ཕ་རོལ་པོས་དོན་གོ་བ་དེའི་ཚེ་ལྟུང་བ་དངོས་གཞིའོ། །དེ་ལྟ་མོད་ཀྱི། དབང་བསྐུར་བ་དང་སྡོམ་པ་འཛིན་པའི་སྣོད་དུ་མ་གྱུར་བ་དག་ལ་དཀྱིལ་འཁོར་དུ་འཇུག་པ་ཙམ་ནི་གནང་བ་ཡིན་ནོ། །

བརྒྱད་པ་ནི། ཕུགས་པ་རང་གི་ཕུང་པོ་ལྔ་གདོད་མ་ནས་རང་བཞིན་གྱི་སངས་རྒྱས་སུ་གནས་པ་ལ་བླ་མ་དམ་པས་དབང་བསྐུར་བའི་དུས་སུ་སངས་རྒྱས་ལྔར་རབ་ཏུ་གནས་པ་བགྱིས་པ་ལ། སེམས་ཀྱིས་བརྙས་པ་ཐུན་ཚོད་ལས་འདས་པའམ། དེས་ཀུན་ནས་བསླང་བའི་ལུས་ངག་གི་བྱ་བ་ཡོངས་སུ་རྫོགས་པའི་ཚེ་ནའོ། །རང་བཞིན་གྱི་སངས་རྒྱས་ཇི་ལྟར་ཡིན་པ་དང་། སངས་རྒྱས་ལྔར་རབ་ཏུ་གནས་པ་ཇི་ལྟར་བགྱིས་ཞེ་ན། ཕུང་པོ་ལྔའི་རང་བཞིན་རྣམ་དག་གི་ཆ་གདོད་མ་ནས་སངས་རྒྱས་ལྔའི་ངོ་བོར་གནས་པ་ཡིན་ཏེ། ཇི་སྐད་དུ། ཆོས་རྣམས་རང་བཞིན་རྟོག་མེད་དག །སངས་རྒྱས་ཡེ་ཤེས་བལྟ་བར་བྱོས། །ཞེས་སོ། །རབ་ཏུ་གནས་པ་ནི། སློབ་དཔོན་དང་སློབ་མ་གཉིས་ཀས། མ་དག་པའི་ཕུང་པོ་ལྔ་སྟོང་པ་ཉིད་དུ་སྦྱངས་ནས། སྟོང་པ་དེའི་ངང་ཚུལ་ལས་མ་གཡོས་བཞིན་དུ། སློབ་མའི་གཟུང་འཛིན་གཉིས་སུ་མེད་པའི་ཡེ་ཤེས་སངས་རྒྱས་ལྔར་བསྐྱེད་ནས། ཡན་ལག་བཞི་ཡོངས་སུ་རྫོགས་པར་བསྒྲུབས་པ་དེ་འཁོར་བ་ཇི་སྲིད་ཀྱི་བར་དུ་རབ་ཏུ་གནས་པར་བྱས་པ་ཡིན་ནོ། །

དགུ་པ་ནི། རང་བཞིན་དག་པའི་ཆོས་ཤེས་པ། །ཆོས་ཐམས་ཅད་རང་བཞིན་གྱིས་རྣམ་པར་དག་ན་རྟེན་འབྲེལ་སྣ་ཚོགས་སུ་སྣང་བ་འདི་མི་འཐད་དོ་སྙམ་དུ་ལོག་པར་རྟོག་པ་སྟེ། ཕྱོག་གྱུར་གྱི་དོན་ལ་ཕྱིན་ཅི་ལོག་ཏུ་འཛིན་པའམ་རྟོག་པ་ནི་ཐེ་ཚོམ་ལས་མ་འདས་པས་སོ། །འདི་ནི་ཀུན་རྫོབ་ལ་ལོག་པར་རྟོག་པ་སྟེ། དོན་དམ་ལ་ལོག

པར་རྟོག་པ་ནི་བཅུ་གཅིག་པར་བཤད་དོ། །ཡང་ན། འདི་ནི་ཆོས་ཐམས་ཅད་རང་གི་ངོ་བོས་སམ། གཞན་གྱི་ངོ་བོས་སྟོང་པར་བཤད་པའི་ཚུལ་ལ་ལོག་པར་རྟོག་པ་ཡིན་ལ། བཅུ་གཅིག་པ་ནི། རང་སྟོང་མེད་དགག་གི་ཆའམ། གཞན་སྟོང་ཡེ་ཤེས་ཀྱི་ཆ་གང་རུང་ལ་མཚན་མར་ཞེན་པ་ཉིད་སྒྲིབ་པའི་གཉེན་པོར་ཞེས་གྲུབ་པའི་མཐའ་འཛོག་པའོ། །

བཅུ་པ་ནི། གདུག་པ་ཅན་ཞེས་པ། མངོན་པར་མཐོ་བ་དང་ངེས་པར་ལེགས་པའི་ཆོས་ལས་ཕྱིར་ཕྱོགས་པའི་གང་ཟག་དག་ཡིན་ལ། དེ་ལ་དེའི་བསམ་སྦྱོར་དང་རྗེས་སུ་མཐུན་པའི་བྱམས་པ་ཐུན་ཚོད་ལས་འདས་ན་དངོས་གཞིའོ། །གལ་ཏེ་བྱམས་པ་སྦྱོང་བ་རྒྱ་ལྟར་དུ་བཤད་པ་དང་འདི་མི་འགལ་བ་ཅི་ཞེ་ན། གཞན་ལ་བྱམས་པ་དེ་བཞིན་གཤེགས་པའི་རིགས་ཀྱི་དམ་ཚིག་ཡིན་པ་དང་། གདུག་པ་ཅན་སྒྲོལ་བ་རྡོ་རྗེའི་རིགས་ཀྱི་དམ་ཚིག་ཡིན་པས་སོ་སོར་བསྟན་པ་ཡིན་མོད། འགལ་བ་མ་ཡིན་ཏེ། འདི་ཡང་རྒྱུའི་ཀུན་སློང་སྙིང་རྗེ་ལས་ཡིན་པའི་ཕྱིར། འོན་འདི་ལ་དུས་ཀྱི་ཀུན་སློང་ཞེ་སྡང་དགོས་ཏེ། སྒྲོག་གཅོད་ཀྱི་ལས་ལམ་མཐར་ཕྱིན་པ་ཞེ་སྡང་ལ་རག་ལས་པའི་ཕྱིར་སྙམ་ན། ཉེས་པ་མེད་དེ། ཇི་སྲིད་སྟོང་ཉིད་རྟོགས་པའི་ཡེ་ཤེས་དང་མི་ལྡན་པ་དེ་སྲིད་དུ་ནི་རྡོ་རྗེའི་རིགས་ཀྱི་དམ་ཚིག་ཏུ་བཤད་པའི་བསྒྲལ་བ་ཞེས་བྱ་བ་འདི་མི་ནུས་ཤིང་། མི་རུང་ལ་ཡེ་ཤེས་དེ་སྐྱེས་ནས་ནི་ཞེ་སྡང་གི་ཉེས་པར་མི་འགྱུར་བའི་ཕྱིར། སྔགས་ཀྱི་ནུས་པས་བསད་པའི་དུག་བཞིན་ནོ། །མུ་སྟེགས་སོགས་ཀྱི་ངན་གཡོའི་བསྟན་བཅོས་ནས་འབྱུང་བའི་བསྒྲལ་བ་ནི་རྡོ་རྗེའི་རིགས་ཀྱི་དམ་ཚིག་ཏུ་མི་འཆད་དོ། །

བཅུ་གཅིག་པའི་ངོ་བོ་ནི་བཤད་མ་ཐག་པ་དེ་ཉིད་དེ། དེའི་ཤེས་བྱེད་ཀྱང་། སྟོང་པ་ཉིད་ནི་རྗོད་བྱེད་ཀྱི་སྒྲ་དང་རྟོག་པའི་ཡུལ་ལས་འདས་ཤིང་། ཡོད་མེད་ལ་སོགས་པ་སྤྲོས་པའི་མཚན་མ་གང་དུ་ཡང་མ་གྲུབ་པས་སོ༔ །རྣལ་འབྱོར་སྤྱོད་པ་པའི་ལུགས་ཀྱི་སྟོང་པ་ཉིད་ཀྱིས་ཀྱང་འདིའི་སྐབས་ཀྱི་གོ་ཆོད་ན་ནི་སྤྲོས་པའི་བཟུང་བྱར་མ་གྲུབ་པ་འགལ་ཏེ། ལུགས་དེ་ལ་ཆོས་དབྱིངས་བདེན་པར་གྲུབ་པའི་ཕྱིར་རོ། །མི་ཆོད་ན་ནི་སྔགས་ཀྱི་ལུགས་འདིར་སྟོང་པ་ཉིད་ཀྱི་ངོས་འཛིན་ཆོས་དབྱིངས་ཡེ་ཤེས་ལ་བྱེད་པར་འགལ་ལོ་ཞེ་ན། དེས་དེའི་གོ་ཤིན་ཏུ་ཡང་ཆོད་ཅིང་། དེ་དོན་དམ་པའི་བདེན་པ་ཡིན་ཀྱང་། དེ་མཚན་མར་འཛིན་པ་སྤང་བྱར་མི་འགལ་ཏེ། སངས་རྒྱས་ལ་མཚན་མར་འཛིན་པ་སྤང་བྱར་བཤད་པ་བཞིན་ནོ། །

བཅུ་གཉིས་པ་ནི། དད་པ་དང་ལྡན་པ་ནི། དཀོན་མཆོག་གསུམ་གྱི་ཡོན་ཏན་ལ་མངོན་པར་དགའ་བ་སྟེ༔ གཞན་རྒྱུད་ཀྱི་སེམས་དེ་དང་ལྡན་པའི་གང་ཟག་གཞན་གྱི་སེམས་ཡོན་ཏན་སྣ་མ་དང་མི་ལྡན་པར་བྱེད་དོ། །

བཅུ་གསུམ་པ་ནི། དམ་ཚིག་ཅེས་པ་ནི་བཟའ་བ་དང་། མི་འབྲལ་བ་དང་། བསྟེན་པ་དང་། ལོངས་སྤྱོད་

པའི་དམ་ཚིག་ཏུ་བཤད་པ་རྣམས་བསྟེན་པའི་སྐབས་སུ་བབ་པ་དང༌། མཐུ་ཡོད་བཞིན་དུ་མི་བསྟེན་པ་ནི་ཐུན་ཚོད་ལས་འདས་པའི་ཆེ་ན་དངོས་གཞིའོ། །འདི་དང་བཅུ་བཞི་པ་སོགས་སུ་གསང་སྔགས་ཀྱི་ཀུན་སྤྱོད་ལ་ཁྱད་དུ་བསད་པའི་བློས་ཀུན་ནས་བསླང་བ་དགོས་ཞེས་གསུང་ངོ༌། །ཤ་ལྔ་དང་བདུད་རྩི་ལྔ་ལ་ཁྱད་གསོད་ཀྱི་བསམ་པས་མི་སྟེན་པ་འདི་ནི་དབང་གཉིས་པ་ལ་ལྟོས་པའི་རྩ་བའི་ལྟུང་བ་སྟེ། བུམ་དབང་གི་བཟའ་བའི་དམ་ཚིག་ཏུ་བཤད་ཀྱང༌། བུམ་དབང་ལས་ཐོབ་པའི་སྡོམ་པ་དེ་གཏོང་བར་ནུས་པ་མ་ཡིན་ཏེ། ཤ་ལྔ་དང་བདུད་རྩི་ལྔ་བསྟེན་པའི་སྡོམ་པ་ནི་བུམ་དབང་ལས་ཐོབ་པ་མ་ཡིན་པའི་ཕྱིར།

བཅུ་བཞི་པ་ནི། དྲང་དོན་གྱི་དབང་དུ་བྱས་ན། བུད་མེད་ལ་རིགས་ཀྱི་སྒོ་ནས་སྨོད་པ་དང༌། ངེས་དོན་གྱི་དབང་དུ་བྱས་ན་སྟོང་པ་ཉིད་ཀྱི་ཡེ་ཤེས་ལ་སྨོད་པ་སྟེ། ཤེས་རབ་རང་བཞིན་ཞེས་བཤད་པའི་ཕྱིར་རོ། །དེ་ལྟར་བཅུ་བཞི་པོ་དེའི་ནང་ན་ཕ་རོལ་ཏུ་ཕྱིན་པའི་ཐེག་པ་ནས་ཉེས་པར་བཤད་པ་ཡང་མང་མོད་ཀྱང༌། ཉེས་པ་ཆེ་ཆུང་གི་ཁྱད་པར་དང༌། སྡོམ་པའི་རྩ་བ་དང་འགལ་མི་འགལ་སོགས་ཀྱི་སྒོ་ནས་འབྱེད་དགོས་པ་ཡིན་ཏེ། བཤད་པ་དེ་དག་ནི་སོ་ཐར་དང་བྱང་སེམས་ཀྱི་སྡོམ་པའི་རྩ་བའི་ལྟུང་བར་མི་འཆད་པ་དང༌། རྣམ་སྨིན་ཀྱང༌། མནར་མེད་ཀྱི་དམྱལ་བ་ལས་ལྷི་བར་མི་འཆད་པའི་ཕྱིར་རོ། །འགྲེལ་ཆེན་གྱི་དགོངས་པ་ལ། རྩ་ལྟུང་དང་པོ་ཁོ་ན་ལས་གཞན་ལ་ཕམ་པ་མི་འཆད་པར་འདོད་པ་དང༌། རྩ་ལྟུང་དངོས་གཞི་དང་ཕམ་པ་དོན་གཅིག་པར་འཆད་པ་དག་དང༌། རྩ་ལྟུང་དངོས་གཞིས་སྡོམ་པ་མི་གཏོང་ཞིང༌། ཕམ་པས་གཏོང་བར་འདོད་པ་དང༌། འཆོ་བ་དང་ཐུལ་བ་ཞེས་པའི་དོན། སྲོག་དང་བྲལ་བ་ལ་འདོད་པ་སོགས་མི་མཐུན་པ་དུ་མ་སྣང་ཡང༌། ཕམ་པ་དང་རྩ་ལྟུང་དངོས་གཞི་སོ་སོར་འབྱེད་པ་ཉིད་དགོངས་པ་ཡིན་ཏེ། དངོས་གཞི་ཙམ་ལ་ནི་བཤགས་བསྡམས་ཀྱིས་འདག་པ་དང༌། སྡོམ་པ་སླར་བླང་དུ་ཡོད་པ་དང༌། དེའི་རྒྱུ་མཚན་གྱིས་རྣམ་སྨིན་རྡོ་རྗེའི་དམྱལ་བ་མྱོང་བའི་ངེས་པ་མེད་པར་བཤད་ལ། དངོས་གཞིའི་ལྟུང་བ་དེ་བཤགས་ཚད་དུས་ལས་འདས་པ་ན་ཕམ་པ་ལྷ་བུའི་ཉེས་པར་བཤད་ཅིང༌། དེའི་དོན་ཀྱང་འདུལ་བ་ནས་ཕམ་པ་འཆབ་བཅས་བྱུང་བ་ལ་ཆད་ལས་ཉམས་སུ་ལེན་པ་དང༌། སྡོམ་པ་སླར་བླང་དུ་མེད་པ་དང་འདྲ་བར། འདིར་ཡང་བཤགས་ཚད་དུས་ལས་འདས་ན་བཤགས་ཀྱང་མི་འདག་པ་དང༌། དེའི་རྒྱུ་མཚན་གྱིས་རྣམ་སྨིན་རྡོ་རྗེའི་དམྱལ་བ་མྱོང་ངེས་པ་དང༌། ཚེ་དེ་ལ་སྡོམ་པ་སླར་བླང་དུ་མེད་པ་དགོངས་པའོ། །ལྟུང་མ་བཅུ་གསུམ་པོ་ལའང་ཕམ་པའི་རྣམ་གཞག་བཞེད་པ་ཉིད་ལེགས་པ་ཡིན་ཏེ། བཅུ་གསུམ་པོའི་བཤགས་ཚད་དུས་ངེས་པ་ཅན་ལས་འདས་ན་བཤགས་པས་མི་འདག་པ་ལས་འོས་མེད་ཅིང༌། དེའི་ཚེ་ན་སྡོམ་པ་སླར་བླང་དུ་མེད་པར་རིགས་པས་སོ། །གལ་ཏེ་དུས་ལས་འདས་ཀྱང་འདག་སྟེ། ཚེ་རབས

འཁོར་བ་ཐོག་མེད་ཀྱི་མཚམས་མེད་ལྔ་བཤགས་དགོས་པར་བཤད་པ་བཞིན་ནོ། །ཞེ་ན། དེ་ལྟ་ན་ཕམ་པ་འཆབ་བཅས་ཀྱང་བཤགས་པས་འདག་པར་ཐལ་བ་དང་། དེ་ལ་དགེ་སློང་གི་སྡོམ་པ་ཚེ་དེ་ཉིད་ལ་སླར་ཡང་བླང་དུ་ཡོད་པར་ཐལ་བ་དང་། དུས་འདས་ནས་ཀྱང་བཤགས་སུ་ཡོད་ན། བཤགས་ཚད་དུས་འདས་ཀྱི་རྣམ་གཞག་ཀྱང་མི་འཐད་པར་འགྱུར་རོ། །དེའི་ཚེ་ལྷག་མ་རྣམས་ཀྱི་དུས་འདས་ཀྱི་ཚད་གང་ཞེ་ན། རྡོ་རྗེའི་སློབ་དཔོན་གཅིག་ལྡན་འཚོ་བ་དང་བྲལ་བའི་བཤགས་ཚད་ལོ་གསུམ་ཚུན་ཆད་དུ་བཤད་པའི་རིགས་པས་བཀའ་འདས་སོགས་ལྷག་མ་རྣམས་ལ་ཡང་དེ་བཞིན་ནོ། །འཚོ་བ་ཞེས་པ་ཡང་སྲོག་ཁོ་ནའི་ལ་འཆད་པའི་ངེས་པ་མེད་དེ། ཇི་སྐད་དུ། སྲོག་དང་ལུས་དང་ལོངས་སྤྱོད་རྣམས། །ཞེས་གསུམ་དུ་ཕྱེ་ནས་བཤད་པའི་ཕྱིར་རོ། །

གཉིས་པ་ཡན་ལག་གི་ལྟུང་བ་བརྒྱད་བཤད་པ་ལ། རྩ་ཚིག་གོང་དུ་དྲངས་པ་དེ་དག་ལས་ཉུང་ཟད་མི་མཐུན་པ་འགྲེལ་ཆེན་དུ་འབྱུང་བ་ནི། ཇི་སྐད་དུ། དེ་ནས་ཕྱོགས་མཐུན་ཡན་ལག་ནི། །དམ་མེད་རིག་མ་བསྟེན་མི་བྱ། །ཚོགས་ཀྱི་འཁོར་ལོར་རྩོད་པ་སྤང་། །མ་གསུངས་པ་ཡི་རིག་མ་ལ། །དམ་ཚིག་བདུད་རྩི་བླང་མི་བྱ། །གསང་ཆོས་དུས་ལྡན་བསྟེན་པར་བྱ། །ཆོས་འདི་གྲི་མོའི་གཏམ་མི་བྱ། །ཉན་ཐོས་ནང་དུ་ཞག་བདུན་མིན། །རྣལ་འབྱོར་ཡེ་ཤེས་མི་ལྡན་པར། །རྡོ་རྗེ་འཛིན་པར་ཁས་མི་བླང་། །དུས་མིན་གསང་ཆོས་བསྟན་པ་མིན། །འདིར་འགལ་ཡན་ལག་ལྟུང་བར་བརྗོད། །ཅེས་འབྱུང་ལ། གོང་དུ་དྲངས་པའི་བརྒྱད་ཚན་གཉིས་པོ་དང་དོན་འཛིན་མི་མཐུན་པ་ཆེར་མེད་པས། ཕན་ཚུན་བསྒྲིགས་པ་ལས་ཚིག་གི་དོན་ནི་ཕལ་ཆེར་ཤེས་ནུས་པས་རྣམ་པར་མ་སྤྲོས་སོ། །ཡན་ལག་ཅེས་པའི་དོན་ནི་རྩ་བར་གྱུར་པ་མ་ཡིན་པས་ན་འདིའི་ཉེས་པས་སྡོམ་པ་མི་གཏོང་ཡང་དངོས་གྲུབ་ཀྱི་གེགས་སུ་འགྱུར་བའོ། །འདི་ཡང་བཤགས་ཚད་མ་འདས་ཀྱི་བར་དུ་ནི་ཉེས་བྱས་ཀྱི་མིང་ཅན་དུ་འཇོག་ལ། འདས་པའི་ཚེ་ན་སྦོམ་པོའི་མིང་ཐོབ་པས་སྦོམ་པོ་བརྒྱད་ཅེས་པའི་མིང་གིས་ཀྱང་བསྟན་ཏོ། །འདིའི་བཤགས་པ་དུས་ལས་འདས་ཀྱང་། ཕམ་པ་དང་འདྲ་བར་རྒྱུད་གསོར་མི་རུང་དུ་བྱེད་པ་ནི་མ་ཡིན་ཏེ། དེ་ཙམ་གྱིས་སྡོམ་པ་མ་བཏང་བའི་ཕྱིར། དེ་ལྟར་ན་ཡང་བཤགས་པའི་ཚད་ཇི་ཙམ་ཞིག་གིས་འདས་པ་དེ་ཙམ་གྱི་དུས་དང་མཉམ་པར་བཤགས་པའི་ཐབས་ལ་འབད་དགོས་པ་སྟེ། དུས་ཀྱི་འཁོར་ལོ་ལྟར་ན། དགེ་འདུན་ལྷག་མའི་ལྟུང་བ་དང་འདྲ་བར་ཆད་ལས་ལ་གནས་དགོས་པར་དགོངས་སོ། །རྩ་བ་དང་ཡན་ལག་གི་ཉེས་པའི་དངོས་གཞི་ཙམ་དུ་འདྲ་ཡང་། ལྕི་ཡང་གི་རིམ་པ་ནི་ཀུན་སློང་གི་ཉོན་མོངས་ལ་ཆེ་ཆུང་གི་དབང་གིས་མང་པོར་འགྱུར་བ་ཡིན་ཏེ། ཐེག་པ་ཆེན་པོའི་འདི་ལ་ནི་ཡིད་གཙོ་བོར་གྱུར་པའི་ཕྱིར་རོ། །ཉན་ཐོས་ཀྱི་འདུལ་བར་ནི་ཀུན་སློང་གི་རིམ་པ་ཇི་ལྟར་ཡོད་ཀྱང་། བཅས་པ་རྣམ་པར་འཇོག་པའི་ཚེ་ལུས་ངག་གི་སྦྱོར་བ་རྫོགས་པ་ཉིད

གཙོ་ཆེ་བས་ན། བཅས་ལྟུང་གི་ལྟི་ཡང་ཀུན་སློང་གི་བསམ་པས་འབྱེད་པ་མ་ཡིན་ནོ། །

གསུམ་པ་ལ་གསུམ་སྟེ། བཅོ་ལྔ་པའི་སྟེ་ཚན་དང་། བདུན་པའི་སྟེ་ཚན་དང་། དྲུག་པའི་སྟེ་ཚན་ནོ། །དང་པོ་ནི། གོང་དུ་དྲངས་པའི་རྩ་ཚིག་དེ། དམ་ཚིག་རྒྱ་མཚོ་ཞེས་བྱ་བའི་བསྟན་བཅོས་སུ་ཚིག་ཉུང་དུས་བཤད་པ་འདི་ལྟ་སྟེ། མཆོད་དང་བསྙེན་བསྒྲུབ་དུས་ལས་འདས། །རང་གི་ལྷ་ལའང་བླང་དོར་བྱ། །ལྷ་གཞན་འཇིག་རྟེན་པ་ལ་དགའ། །དངོས་པོ་ཐེར་ཟུག་ཞེན་ཞིང་བསྒོམ། །དབང་མ་རྫོགས་པར་གཞན་ལ་བསྒྲུར། །གསང་སྔགས་རྙེད་བཀུར་དོན་དུ་བསྙེན། །འོག་མའི་བསླབ་པ་ཁྱད་དུ་གསོད། །ཉིད་ཕྱིར་རང་རྩུལ་གོང་མར་སྟོན། །ནུས་མིན་ཕྲིན་ལས་བརྩོན་པ་དང་། །དོན་མེད་སྒོམས་ལས་ཀྱིས་གནས་བྱེད། །དམན་པའི་སྤྱོད་པ་བྱེད་ལ་དགའ། །འཇིག་རྟེན་གཡེང་བས་དུས་འདས་དང་། །ཉམས་པ་ཡལ་བར་འདོར་བྱེད་ཅིང་། །རང་རྩུལ་སྤྱོད་པ་འདོར་བྱེད་པ། །འདི་རྣམས་ལྟུང་བར་གསུངས་པ་ཡིན། །ཞེས་པ་འདི་ཙམ་གྱིས་གོང་དུ་དྲངས་པའི་རྩ་ཚིག་གོ་བར་ནུས་པས་རྣམ་པར་མ་སྤྲོས་སོ། །

གཉིས་པ་བདུན་ཚན་ནི། དང་པོ་ལྔ་ནི་རྩ་ཚིག་ཇི་ལྟ་བ་བཞིན་ཡིན་ལ། བྱང་ཆུབ་མིན་པར་དགེ་མི་འཇུག །དགེ་བ་ཇི་སྙེད་པ་རྫོགས་པའི་བྱང་ཆུབ་ཏུ་བསྔོ་བས་ཟིན་པར་བྱེད་པའོ། །རྣམ་ཤེས་འཕོ་བའི་དེ་ཉིད་ཤེས། །ཞེས་པ་ནི། འཆི་བའི་དུས་ཤེས་པ་དང་། དུས་ལ་མ་བབ་པར་མི་འཕོ་བ་དང་། འོད་གསལ་ལས་ལྡང་བའི་དུས་ཤེས་པའོ། །ཞེས་གསུངས།

གསུམ་པ་དྲུག་ཚན་ནི། གོང་དུ་དྲངས་པའི་སྐྲ་ཇི་བཞིན་པ་དེ་ཉིད་དོ། །བཞི་པ་ངེས་དོན་གྱི་སྡོམ་པའི་དམ་ཚིག་ཕྱོགས་ཙམ་བསྟན་པ་དེའི་དོན་བཤད་པ་ལ། ཐོག་མར་སྲོག་གཅོད་པ་ཞེས་སོགས་ལ། ཕྱི་ནང་གི་དབྱེ་བས་གཉིས་གཉིས་སུ་ཕྱེ་ནས་བཤད་པར་བྱ་བ་ལས། མཚམས་མེད་ལྔ་དང་། བླ་མ་དང་བསྟན་པ་ལ་གནོད་པ་བྱས་ཏེ་དམྱལ་བར་འགྲོ་ངེས་ཀྱི་ལས་བྱེད་པ་ལ་ཐུགས་པ་མངོན་ཤེས་དང་ལྡན་པ། སྟོང་པ་ཉིད་ཀྱི་དོན་རྟོགས་པ་དང་། འཇིག་རྟེན་ཆོས་བརྒྱད་ཀྱི་མཚན་འཛིན་ལས་གྲོལ་བས་མངོན་སྤྱོད་ཀྱི་ལས་བྱེད་པ་དང་། དེ་བཞིན་དུ་ལྟ་བ་ངན་པ་ལས་དབྱུང་བའི་ཕྱིར་རྫུན་གྱི་ཚིག་སྨྲ་བ་དང་། ཆགས་པས་ཡི་དྭགས་དང་དུད་འགྲོར་འགྲོ་བ་ཟློག་པའི་ཕྱིར་ནོར་དང་བུད་མེད་འཕྲོག་པ་དང་། རིགས་ཀྱི་ང་རྒྱལ་སྤང་བའི་ཕྱིར་ཤ་ལྔ་དང་བདུད་རྩི་ལྔ་བསྟེན་པའོ། །ནང་ངེས་པའི་དོན་དུ་ནི། སྲོག་ཅེས་པ་ལས་ཀྱི་རླུང་དང་རྣམ་པ་རྟོག་པ་གཅོད་པ་དང་། རྫུན་གྱི་ཚིག་ནི་གཞོམ་དུ་མེད་པའི་སྒྲས་སེམས་ཅན་ལ་ཆོས་སྟོན་པ་དང་། གཞན་གྱིས་མ་བྱིན་པའི་བདེ་བ་ཆེན་པོ་ལེན་པ་དང་། ཕ་རོལ་བུད་མེད་འཕྲོག་པ་ནི་ཕྱག་རྒྱ་ཆེན་མོ་དབང་དུ་བྱེད་པ་དང་། ཆང་དང་སྒྲོན་མ་ནི་ལྔན་

ཅིག་སྐྱེས་པའི་དགའ་བ་དང་། ཡུལ་རྣམས་ཞེས་པ། གཟུང་འཛིན་གཉིས་སུ་མེད་པའི་ཡེ་ཤེས་མངོན་དུ་བྱེད་པ་ཞེས་བྱ་བའི་དོན་ནོ། །འོན་འདི་དག་རིགས་ལྔ་པོ་གང་གི་དམ་ཚིག་གང་ཞིག་ཡིན་ཞེ་ན། ཇི་སྐད་དུ། རྡོ་རྗེའི་རིགས་ལ་སྲོག་གཅོད་དེ། །ཞིང་བཅུ་རྫུང་དང་རྫོག་པར་གསུངས། །རིན་ཆེན་རིགས་ལ་མ་བྱིན་ལེན། །ནོར་དང་བུད་མེད་ཐེག་པ་ཆེ། །པད་མའི་རིགས་ལ་ཕྱུག་རྒྱ་བཞི། །བུད་མེད་ཉིད་ཡིན་དེ་བསྟེན་པའོ། །ལས་ཀྱི་རིགས་ལ་རྫུན་དུ་སྨྲ། །སྟོང་པ་ཉིད་ཀྱི་ཆོས་སྟོན་པའོ། །འཁོར་ལོའི་རིགས་ལ་ཆང་དང་ནི། །ཡུལ་གྱི་བདུད་རྩི་བསྟེན་པའོ། །ཞེས་གསུངས་པ་བཞིན་ནོ། །

དེ་ལྟར་སྲུང་བྱའི་གྲངས་རྣམ་པར་གཞག་པ་བཤད་ནས། གཉིས་པ་དེ་དག་གིས་མ་གོས་པར་སྲུབ་པ་ལ་གཉིས་ཏེ། ཉེས་པའི་གནས་སྤོང་བ་དང་། གཉེན་པོའི་སྟོབས་སྐྱེད་པའོ། །དང་པོ་ནི། རྩོད་མེད་ཀྱི་གཞུང་སྙིང་པོ་རྒྱན་ལས་ཇི་སྐད་དུ། ཉིན་མཚན་ཀུན་ཏུ་རབ་བསྒྲིམས་ནས། །གལ་ཏེ་ལྟུང་སོགས་བྱུང་གྱུར་ན། །ཡི་གེ་བརྒྱས་ནི་བྱིན་གྱིས་བརླབ། །ཇི་སྲིད་དུས་ལས་མ་འདས་པར། །དག་པའི་གནས་ལ་ཉེར་གནས་བྱ། །འགྱོད་བཅས་ཉེས་པ་འཕེལ་མེད་འགྱུར། །ཞེས་དང་། སྔགས་པ་རྟག་ཏུ་བག་མེད་པར། །ཉེས་པ་བཏང་སྙོམས་མི་བཞག་ཅིང་། །བག་ཡོད་པ་ནི་ཀུན་ཏུ་སྲུབ། །བླ་མ་དང་ནི་འགྲོགས་པ་དང་། །ཚངས་པ་མཚུངས་པར་སྤྱོད་རྣམས་དང་། །ཀུན་ཏུ་བལྟ་བས་དམ་ཚིག་བསྲུང་། །སློབ་དཔོན་ལ་སོགས་དམ་ཚིག་ལ། །འཚོ་བ་འཕྲོག་ལ་སོགས་པ་ཡི། །ཡན་ལག་གཙོ་བོ་བྱུང་གྱུར་ན། །ལྷག་པར་ཉེས་པ་འཕེལ་འགྱུར་བས། །དངོས་དེ་བྱིན་གྱིས་བརླབས་ནས་ནི། །འབད་པས་མྱུར་དུ་སྦྱང་བར་བྱ། །སྦྲིམ་སོགས་ཕྲ་བ་ཕྲ་བའི་མཐར། །ཉེས་པ་རྟག་ཏུ་བསམ་པར་བྱ། །ཞེས་གསུངས་སོ། །

གཉིས་པ་གཉེན་པོའི་སྟོབས་བསྐྱེད་པ་ནི། དེ་ཉིད་ལས། ཇི་སྐད་དུ། གཉེན་པོའི་སྟོབས་ནི་དོར་མི་བྱ། །རྣམ་པ་ཀུན་ཏུ་རབ་བསྟམས་ཏེ། །རྣལ་འབྱོར་ལ་ནི་བརྩོན་པར་བྱ། །སེམས་ཅན་ཀུན་ལ་ཕན་བསམ་ཞིང་། །རང་གི་དམ་ཚིག་བཟུང་བ་དང་། །མཆོད་པའི་ལས་ལ་མངོན་བརྩོན་བྱ། །ཞེས་སོགས་རྒྱས་པར་གསུངས་མོད། མདོར་བསྡུ་ན། ཐུན་བཞིའི་རྣམ་འབྱོར་དང་། ཐུན་མཚམས་ཀྱི་ཆོས་སྤྱོད་ལ་འབད་པར་བྱའོ། །གཉེན་པོ་དེ་བསྟེན་པའི་ཐབས་སུ་ནི་དམ་ཚིག་བསྲུང་པའི་ཕན་ཡོན་བསམ་དགོས་པ་ཡིན་ཏེ། ཇི་སྐད་དུ། གསང་བའི་མཛོད་ལས། དབང་བསྐུར་ཡང་དག་སྨིན་ལྡན་ན། །སྐྱེ་དང་སྐྱེ་བར་དབང་བསྐུར་འགྱུར། །དེ་ཡིས་སྐྱེ་བ་བདུན་ན་ནི། །མ་བསྒོམ་པར་ཡང་དངོས་གྲུབ་འཐོབ། །ཅེས་དང་། དམ་ཚིག་ལྔ་པ་ལས། གལ་ཏེ་ལྟུང་བ་མེད་གྱུར་ན། །སྐྱེ་བ་བཅུ་དྲུག་དག་ལས་འགྲུབ། །ཅེས་དང་། འདུས་པའི་རྒྱུད་དུ། དཔལ་གསང་བ་འདུས་པ་ལ་དགའ་བས།

དམ་ཚིག་ལ་གནས་ཤིང་བསྒྲུབས་ན་ཚེ་འདི་ཉིད་ལ་མངོན་པར་འཚང་རྒྱའོ། །ཞེས་གསུངས་སོ། །གནས་སྐབས་ཀྱི་ཕན་ཡོན་ཡང་། དམ་ཚིག་བསྡུས་པ་ལས། ཇི་སྐད་དུ། དམ་ཚིག་མ་ཉམས་པའི་ཕན་ཡོན་ནི། ཚེ་རིང་བ་དང་། ལོངས་སྤྱོད་ཆེ་བ་དང་། ཨེ་བསམ་འགྲུབ་པ་དང་། མཐུ་དང་བྱིན་རླབས་ཆེ་བ་དང་། བཀྲ་ཤིས་པར་འགྱུར་རོ། །ཞེས་གསུངས་སོ། །

གསུམ་པ་ཉམས་ན་ཕྱིར་འཆོས་པའི་ཚུལ་ལ་གཉིས་ཏེ། ཉེས་པ་བཤགས་པ་དང་། སྡོམ་པ་སླར་ལེན་པའོ། །དང་པོ་ལ། བཤགས་བྱའི་ཉེས་བྱས་ནི་གཉིས་ཏེ། ཕམ་པར་གྱུར་ཟིན་པ་དང་། དེར་མ་གྱུར་པའི་ལྟུང་བའོ། །དང་པོ་ལ་ནི། བཤགས་པའི་ཚུལ་རྒྱས་པར་བཤད་པ་རྣམས་ཀྱིས་ཉེས་པ་བསྲབས་པར་འགྱུར་མོད། ཚེ་དེ་ལ་སྡོམ་པ་སླར་གསོ་བའི་སྐལ་བ་མེད་པ་དང་། རྣམ་སྨིན་རྡོ་རྗེའི་དམྱལ་བ་མྱོང་ངེས་སུ་འཆད་དགོས་པ་ཉིད་འགྲེལ་ཆེན་གྱི་དགོངས་པ་ཡིན་ཏེ། ཉན་ཐོས་ཀྱི་ཕམ་པ་འཆབ་བཅས་དང་ཆ་མཐུན་པའི་རྩ་ལྟུང་གི་དབྱེ་བ་བཤད་པའི་དགོངས་པ་དང་། དགོས་པ་ལ་བརྟགས་པས་སོ། །གཉིས་པ་དེར་མ་གྱུར་པའི་ལྟུང་བ་ལ་ལྔི་ཡང་གི་རིམ་པ་མང་པོ་དག་ལས། ཡང་བ་རྣམས་ལྷ་ཅི་སྐོས། ཤིན་ཏུ་ལྕི་བ་རྩ་བའི་ལྟུང་བ་དངོས་གཞི་ཡང་བཤགས་པས་འདག་པར་བཤད་པ་ཡིན་ཏེ། དུས་ཀྱི་འཁོར་ལོ་ལས། ཇི་སྐད་དུ། རྩ་བའི་ལྟུང་བ་བྱུང་བ་གང་ཞིག་དག་པའི་སླད་དུ་སླར་ཡང་དཀྱིལ་འཁོར་འདིར་ནི་འཇུག་བྱ་སྟེ། ཞེས་དང་། གསེར་རྗེའི་གསེད་ཀྱི་རྒྱུད་ལས། གལ་ཏེ་བག་མེད་གྱུར་པ་ཡིས། །བླ་མའི་དམ་ཚིག་ལས་ཉམས་ན། །དེས་ནི་དཀྱིལ་འཁོར་བྲིས་བྱས་ལ། །བདེ་གཤེགས་རྣམས་ལ་ཉེས་པ་བཤགས། །ཞེས་དཀྱིལ་འཁོར་དུ་འཇུག་པའི་ཚོ་ག་ཙམ་ཞིག་སྟོན་འགྲོ་དང་། དངོས་གཞི་འཁོར་དང་བཅས་པ་ཆ་ཚང་བ་ལས་ཉེས་པ་བཤགས་པར་གསུངས་པ་དང་ཡང་བཟླས་བརྗོད་དང་སྦྱིན་སྲེག་ལ་བརྟེན་ནས། ཉེས་པ་འདག་པའི་ཚུལ་ཡང་བཤད་པ་ཡིན་ཏེ། གསང་བ་སྤྱི་རྒྱུད་ལས། ཇི་སྐད་བཤད་པའི་དམ་ཚིག་རྣམས། །གལ་ཏེ་ཉམས་པར་གང་གྱུར་པ། །དེ་ནི་རང་གི་སྙིང་པོའི་སྔགས། །ཁྲིག་འབུམ་དུ་ནི་བཟླས་བརྗོད་བྱ། །ཡང་ན་མེས་སྐྱོངས་བྱེད་པའི་གཟུངས། །སྟོང་དུ་བཟླས་བརྗོད་བྱས་ཀྱང་རུང་། །ཡང་ན་ཞི་བའི་སྦྱིན་སྲེག་བྱ། །ཡང་ན་དཀྱིལ་འཁོར་དུ་ཡང་འཇུག །ཅེས་སོ། །

ཡང་བླ་མ་མཉེས་པར་བྱ་བའི་ཚུལ་བཞིན་དུ་བསྒྲུབས་པས་ཀྱང་རྩ་ལྟུང་འདག་བྱེད་ཀྱི་ཐབས་མཆོག་ཏུ་གསུངས་པ་ཡིན་ཏེ། བཅུ་བཞི་པའི་གཞུང་ལས། མཉམ་པར་བཞག་པས་བླ་མ་ལ། །ཅི་འགྲོར་པ་ཡིས་མཆོད་བྱས་ལ། །ཞེས་དང་། སྙིང་པོ་རྒྱན་ལས་རྩ་ལྟུང་དག་བྱེད་ཀྱི་ཚོ་ག་ཉི་ཤུ་རྩ་ལྔ་གསུངས་པའི་བཅུ་བདུན་པ་འཆད་པ་ན། ཇི་སྐད་དུ། རྡོ་རྗེ་ཡེ་ཤེས་འཐོབ་བྱེད་ཅིང་། །སྐྱེ་བ་ཀུན་གྱིས་བཀུར་འགྱུར་བ། །དེ་ལྟའི་ཡོན་ཏན་འཐོབ

བྱེད་པའི། །བླ་མ་ལ་ནི་བཀུར་བསྟི་དང་། །རྙེད་པ་དང་ནི་རིམ་གྲོ་དང་། །གུས་པ་ཆེན་པོ་རབ་བསྟེན་ན། །སྡིག་ཀུན་རྣམ་འདག་ཉིད་དུ་འགྱུར། །ཞེས་དང་། གཞུང་ལས། གང་ཕྱིར་རྡོ་རྗེ་འཛིན་པ་ཡི། །དངོས་གྲུབ་སློབ་དཔོན་རྗེས་འབྲང་གསུངས། །ཞེས་སོ། །དུས་ཀྱིས་འཁོར་ལོའི་དགོངས་པ་ལས་ནི། བྱིས་པ་འཇུག་པའི་དབང་བདུན་ཙམ་ལ་གནས་པའི་སྔགས་པ་ལ་རྒྱ་བའི་ལྟུང་བ་བྱུང་ན་ཉེས་པ་དེའི་དག་བྱེད་དུ་འགྱོད་སྡོམ་དང་། དཀྱིལ་འཁོར་གྱི་ལྷ་གྲངས་ཇི་སྙེད་པ་རིག་པ་སྟོང་ཕྲག་སུམ་ཅུ་རྩ་དྲུག་བཟླས་པ་སྔོན་དུ་བཏང་ནས། རྡུལ་ཚོན་གྱི་དཀྱིལ་འཁོར་བཞེངས་ནས་བདག་ཉིད་འཇུག་པ་དང་། བུམ་པ་དང་གསང་བའི་དབང་ལ་གནས་པའི་སྔགས་པ་ལ་རྒྱ་བའི་ལྟུང་བ་བྱུང་ན། འཇུག་པ་ཡན་ཆད་ཇི་སྐད་བཤད་པ་དེ་དག་གི་སྟེང་དུ་ཆད་ལས་ཉམས་སུ་ལེན་དགོས་པ་ཡིན་ཏེ། ཇི་སྐད་དུ། རྗེས་སུ་གནང་བ་ཐོབ་ནས་ཚོགས་ཀྱི་འདུས་པར་ཐུ་བོའི་མིང་ནི་ཆུང་བ་ཉིད་དུ་འགྱུར། ཞེས་སོ། །ཆད་པ་དེ་དུས་ནམ་གྱི་ཚེ་འབྱུང་ན། རྗེས་སུ་གནང་བ་ཞེས་པ་དབང་བསྐུར་བ་ཐོབ་པའི་རྗེས་སུའོ། །དེ་ཡང་ཉན་ཐོས་ཀྱི་དགེ་སློང་ཕམ་པ་ཅན་ཇི་སྲིད་ཆད་པའི་ལས་མནོས་ནས་མི་སྤྱོད་པ་དེ་སྲིད་དུ། །དགེ་སློང་གི་ཚོགས་པ་མི་དབང་ཞིང་། དེ་ལྟར་སྤྱོད་པའི་ཚེ་དགེ་སློང་ཀུན་གྱི་གྲལ་མཐར་བཞག་ནས་ཆད་ལས་ལ་གནས་དགོས་པ་དེ་བཞིན་དུ། འདིར་ཡང་བུམ་གསང་གི་སྡོམ་པ་ཅན་ལ་རྒྱ་ལྟུང་བྱུང་ན། ཇི་སྲིད་འཇུག་པ་དང་དབང་གིས་རྗེས་གནང་མ་ཐོབ་པ་དེ་སྲིད་དུ་ཚོགས་ཀྱི་གྲལ་མི་དབང་ལ། དེ་ཐོབ་ནས་རིག་པ་འཛིན་པ་ཐ་ཆུང་ཉིད་དུ་ཁས་ལེན་དགོས་པའོ། །ཡུན་ཇི་ཙམ་གྱི་བར་དུ་ཞེ་ན། ཇི་སྐད་དུ། བརྟུལ་ཞུགས་ངེས་པའི་དབང་གིས་ཤེས་པ། བསོད་ནམས་ཀྱི་ཚོགས་བསགས་པ་དང་ཚུལ་ཁྲིམས་རྣམ་པར་དག་པའི་དབང་གིས་ཉེས་པ་ལས་གྲོལ་བར་གྱུར་པ་དེ་སྲིད་དུའོ། །བསོད་ནམས་ཀྱི་ཚོགས་ནི་བྱིས་པ་འཇུག་པའི་དབང་བདུན་ལས་ཡིན་ཏེ། དེའི་ཡན་ལག་ཏུ་བསོད་ནམས་ཀྱི་ཚོགས་མང་པོ་མངོན་པར་འདུ་བྱེད་དགོས་པའི་ཕྱིར། ཚུལ་ཁྲིམས་ལ་ནི་དབང་གོང་མ་ལ་ཡིན་ཏེ། མཆོག་ཏུ་མི་འགྱུར་བའི་ཚུལ་ཁྲིམས་ཐོབ་པ་མི་ཉམས་པར་བསྲུང་དགོས་པའི་ཕྱིར་རོ། །འདིས་ནི་ས་ཐོབ་པ་དེའི་ཚེ་སྔོན་གྱི་གྲལ་མཚམས་སུ་འདུག་པར་དབང་བ་ཡིན་ཏེ། ཉན་ཐོས་ཀྱི་འདུལ་བར་ཆད་པའི་ལས་ཀྱི་བསླབ་པ་བྱིན་པ་དང་མཚུངས་པར་འཆད་པས་སོ། །སྐབས་འདིའི་ཉེས་པ་དག་བྱེད་དུ་ས་ཐོབ་དགོས་པ་ནི་མ་ཡིན་ཏེ། ཆད་ལས་ཉིད་ཀྱིས་འདག་པར་བཤད་པའི་ཕྱིར། དབང་གོང་མ་ཤེས་རབ་ཡེ་ཤེས་ཀྱི་དབང་གཉིས་པོ་ལ་གནས་པའི་སྔགས་པ་ལ་རྒྱ་བའི་ལྟུང་བ་བྱུང་ན། བཤད་མ་ཐག་པའི་ཆད་ལས་དེ་ཙམ་གྱིས་ཆོག་པ་མ་ཡིན་ཞིང་། ཆད་པ་དེ་ལེན་པར་ཡང་མ་གནང་སྟེ། ཇི་སྐད་དུ། གོང་མ་ལ་ནི་དག་པ་མེད། །ཅེས་བཤད་པས་སོ། །འོན་དེའི་ཚེ་ཇི་ལྟར་བྱ་ན། བཤད་མ་ཐག་པ་ལྟར་བསོད་ནམས་དང་ཚུལ་ཁྲིམས

ཀྱི་ཚོགས་མངོན་པར་འདུ་བྱེད་པའི་དབང་བདུན་དང་། གོང་མ་བཞི་པོ་ཇི་སྐྲིད་པ་ཡང་དག་པར་བླངས་ནས་རྒ་ལྟུང་གི་ཉེས་པ་དེ་སྤྱོང་བར་བྱེད་དོ། །ཇི་ལྟར་ཞེ་ན། རང་གི་སེམས་རྣམ་པར་དག་པའི་སླད་དུ་རྣལ་འབྱོར་ཡན་ལག་དྲུག་པ་གོམས་ཤིང་མཐར་ཕྱིན་པར་བྱས་པའི་སྟོབས་ཀྱིས་སོ། །དེ་ལྟར་ལྟུང་བ་དག་ཟིན་པའི་འོག་ཏུ་སླར་སྡོམ་པ་བླང་བའི་དོན་དུ་དབང་བཞི་རྫོགས་པར་ལེན་དགོས་པ་ཡིན་ཏེ། རྩ་ལྟུང་གི་ཉེས་པ་མ་དག་པར་མི་སྐྱེ་བའི་ཕྱིར་དང་། དེ་མ་དག་པར་ཡང་སྡོམ་པ་སྐྱེ་ན་དེས་སྡོམ་པ་མི་གཏོང་བར་ཐལ་བའི་ཕྱིར་རོ། །དེ་ལྟར་ན་སྡོམ་པ་སླར་གསོ་བའི་ཚེ། ཉེས་པ་དག་བྱེད་ཀྱི་དབང་དང་། སྡོམ་པ་འཐོབ་བྱེད་ཀྱི་དབང་སོ་སོ་ཐ་དད་དུ་དགོས་པར་མངོན་ཏེ། སྔགས་ཀྱི་ཚུལ་ལ་དགེ་སློང་དུ་འགྱུར་བ་ནི་དབང་གོང་མ་ལ་ལྟོས་པའི་ཕྱིར་དང་། ཉེས་པ་དག་བྱེད་དུ་ཡང་དབང་གོང་མ་ལེན་དགོས་པར་ནི་བཤད་མ་ཐག་པའི་ཕྱིར། དབང་བདུན་པོ་ནི་སླར་གསོ་བ་དང་ལས་དང་པོ་པ་གང་ལ་ཡིན་ཡང་། གཙོ་བོར་དྲི་མ་སྦྱོང་བྱེད་ཡིན་གྱི། སྡོམ་པ་འཐོབ་བྱེད་དངོས་མ་ཡིན་ཏེ། ཇི་སྐད་དུ། སྡིག་པའི་དྲི་མ་འཕྲོག་པའི་དབང་བསྐུར་བདུན་པོ་འདི་དག་དཀྱིལ་འཁོར་དུ་ནི་རབ་སྦྱིན་བྱ། །ཞེས་སོ༑ །དེ་ལྟ་ན་ཡང་འདི་ལས་སྡོམ་པ་གཏན་མི་འཐོབ་པ་ནི་མ་ཡིན་ཏེ། སྔགས་ཀྱི་དགེ་བསྙེན་དུ་བཤད་པའི་ཕྱིར་དང་། རྩ་ལྟུང་འབྱུང་བའི་རྟེན་དུ་བཤད་པས་སོ། །དོན་དེ་དག་ཀྱང་ཇི་སྐད་དུ། རྩ་བའི་ལྟུང་བ་རྣམ་པར་དག་པར་འགྱུར་ཏེ་ཡོན་ཏན་ལྡན་པ་དབང་བདུན་ལ་གནས་པ་དག་གིའོ། །བུམ་པ་གསང་བ་ལ་ནི་གལ་ཏེ་བརྟུལ་ཞུགས་ངེས་པའི་དབང་གིས་གོང་མ་ལ་ནི་དག་པ་མེད། །རྩ་བའི་ལྟུང་བ་བྱུང་བ་གང་ཞིག་དག་པའི་སླད་དུ་སླར་ཡང་དཀྱིལ་འཁོར་འདིར་ནི་འཇུག་བྱ་སྟེ། །རྗེས་སུ་གནང་བ་ཐོབ་ནས། ཞེས་སོགས་གསུངས་སོ། །དེར་ཡོན་ཏན་ལྡན་པ་ཞེས་པ་འགྲོད་སྡོམ་ལ་བཤད་པས། སྔགས་ཀྱི་དགེ་བསྙེན་གྱི་ནི་དབང་ལ་མ་ལྟོས་པར་འགྲོད་བཤགས་ཙམ་གྱིས་རྩ་ལྟུང་འདག་ཅིང་། འདུལ་བར་དགེ་བསྙེན་ལ་ཆད་ལས་མ་བཤད་པ་དང་སྒོ་བསྟུན་ནས་འདིར་ཡང་ཆད་ལས་མ་བཤད་ཅིང་། དབང་བདུན་པོ་བླངས་པ་ཉིད་ཀྱིས་སྡོམ་པ་སོར་ཆུད་པར་འགྱུར་རོ། །

དེ་ལྟར་ཉེས་པ་བཤགས་པའི་ཚུལ་བཤད་ནས། སྡོམ་པ་སླར་ལེན་པའི་ཚུལ་ལ། ཐུན་མོང་མ་ཡིན་པ་དུས་ཀྱི་འཁོར་ལོའི་ཚུལ་ལས་འབྱུང་བ་ནི་བཤད་མ་ཐག་པ་དེ་ཉིད་ཡིན་ལ། རིག་པ་འཛིན་པ་སྤྱི་འགྲོའི་དབང་དུ་བྱས་ཏེ་བཤད་ན། རྩ་ལྟུང་གི་ཉེས་པ་ཇི་ལྟར་ལྟོ་ཡང་། འདག་བྱེད་ཀྱི་ཆོ་ག་ནི་རྫུལ་ཚོན་གྱི་དཀྱིལ་འཁོར་བཞེངས་ཏེ། བདག་ཉིད་འཇུག་པ་ཡན་ཆད་ཀྱི་ཆོག་པ་ཡིན་ལ། འདིའི་སྐོར་དུ། དཀྱིལ་འཁོར་བདག་པོའི་བཟླས་པ་འབུམ། །ཞེས་པ་ལྟ་བུ། སྔོན་འགྲོ་རྣམས་ལེགས་པར་ཚང་དགོས་པ་ཡིན་ཏེ། སྙིང་པོའི་རྒྱན་དུ། ཉེས

པ་དག་བྱེད་ཀྱི་ཆོ་ག་འཆད་པ་ན། དཔའ་བོས་དོན་ཡོད་རྡོ་རྗེ་ཅན། །བསྙེན་སོགས་རིམ་པ་སྔོན་འགྲོ་བས། །དཀྱིལ་འཁོར་བཞེངས་ཏེ་བདག་འཇུག་གོ། ཞེས་གསུངས་པ་ཡིན་ནོ། །དེའི་ཕྱིར་སྔ་གོན་གྱི་སྐབས་སུ་རིགས་ལྔའི་སྡོམ་བཟུང་ལན་དུ་མ་བྱས་ཀྱང་། ལྟུང་བ་བཤགས་པའི་ཡན་ལག་ཏུ་འགྱུར་གྱི། སྡོམ་པ་ལེན་པའི་ཆོ་ག་དངོས་མ་ཡིན་ནོ། །དེ་ནས་སླར་ལེན་པའི་ཆོ་ག་དངོས་ལ་འཇུག་པ་ན། རྒྱུད་སྡེ་བཞི་པོ་རང་རང་གི་གཞུང་ནས་བཤད་པའི་སྡོམ་བཟུང་གི་ཚིག་གང་ཡིན་པ་དེ་ལན་གསུམ་བརྗོད་པས་སྡོམ་པ་བཟུང་བར་བྱ་སྟེ། དེ་ཡིས་སྡོམ་པ་སྐྱེ་བའི་མགོ་རྩོམ་པས་སོ། །སྡོམ་པ་ཡོངས་སུ་རྫོགས་པ་ལ་ནི་རང་རང་གི་ལུགས་ལས་འབྱུང་བའི་དབང་ཡོངས་སུ་རྫོགས་པར་ལེན་དགོས་ཏེ། ཇི་སྐད་དུ། སངས་རྒྱས་ཀུན་གྱི་སྡོམ་པ་ནི། །དབང་ལས་ཡང་དག་ཤེས་པར་བྱ། །ཞེས་གསུངས་པས་སོ། །གལ་ཏེ་དང་པོ་སྡོམ་པ་ལེན་པ་སློབ་དཔོན་གཞན་ལ་ངེས་པར་ལྟོས་པ་ཡིན་མོད། སླར་གསོ་བ་སློབ་དཔོན་གཞན་ལ་ལྟོས་དགོས་པ་ཡིན་ནམ། བདག་འཇུག་ཙམ་གྱིས་ཆོག་པ་ཡིན་ཞེ་ན། གཞུང་སོ་སོ་ནས་བདག་འཇུག་གིས་ཀྱང་ཆོག་པ་ལྟ་བུའི་བཤད་པ་མང་ཞིང་། སྔ་མ་རྣམས་དེ་ལྟར་བཞེད་མོད། འདིར་བརྟགས་པ་ནི་ལུགས་གཉིས་ལས། བོད་ཕྱི་མ་རིགས་ལྔའི་སྡོམ་བཟུང་གི་ཚིག་ལན་གསུམ་པའི་མཐར་སྡུགས་སྡོམ་རྫོགས་པར་སྐྱེས་པར་བཞེད་པ་ལྟར་ན་ནི། སློབ་དཔོན་གཞན་ལ་མ་རག་པར་དབང་བླངས་པ་ཙམ་གྱིས་ཆོག་པར་མ་ཟད། དེ་ལེན་དགོས་པའི་ངེས་པ་ཡང་མི་སྣང་སྟེ། སྡོམ་བཟུང་གི་ཚིག་ཙམ་ལས་སྡོམ་པ་རྫོགས་པས་སོ། །བོད་སྔ་མ་དབང་ལས་སྡོམ་པ་ཐོབ་དགོས་པར་བཞེད་པ་ལྟར་ན་ནི། རྩ་ལྟུང་དག་བྱེད་དུ་བསྙེན་པ་ནས་དཀྱིལ་འཁོར་བཞེངས་པ་དང་དེར་བདག་ཉིད་འཇུག་པའི་བར་རྣམས་སློབ་དཔོན་གཞན་ལ་མ་ལྟོས་པར་བདག་ཉིད་ཀྱི་བྱ་དགོས་ཏེ། རང་གི་ཉེས་པ་འདག་པའི་ཐབས་ཡིན་པས་སོ། །དབང་ནི་སློབ་དཔོན་གཞན་ལས་ལེན་དགོས་ཏེ། སྡོམ་པ་སྔར་མེད་གསར་དུ་ལེན་དགོས་པའི་ཕྱིར། ཡི་དམ་གྱི་ལྷ་ལ་དངོས་སུ་གནང་བ་ཐོབ་པ་ཡིན་ན་ནི། མིའི་སློབ་དཔོན་གཞན་ལ་མ་ལྟོས་པར་རང་གིས་ཀྱང་ནུང་བར་བལྟའོ། །དཀྱིལ་འཁོར་ཡང་དང་པོར་སྒྲིན་བྱེད་རྡུལ་ཚོན་ལ་ངེས་པར་ལྟོས་དགོས་པའི་ལུགས་ལྟར་ན། ཕྱིས་གསོ་བའི་ཚེ་ཡང་དེ་ལྟར་དགོས་པ་ཡིན་ཏེ། སྡོམ་པ་སྔར་མེད་གསར་པ་འཐོབ་བྱེད་དུ་མཚུངས་པའི་ཕྱིར། དུས་ཀྱི་འཁོར་ལོ་ལྟར་ན፧ གོང་མའི་སྡོམ་པ་འཐོབ་བྱེད་སློབ་དཔོན་གྱིས་དཀྱིལ་འཁོར་བཞེངས་པ་ལ་ལྟོས་པ་མ་ཡིན་ཏེ། མཆོག་གི་དབང་བཞི་ནི། རྡུལ་ཚོན་ལ་མི་ལྟོས་པའི་ཕྱིར་དང་། རིག་འཛིན་དངོས་ཀྱི་སྡོམ་པ་འཐོབ་བྱེད་ནི་བཞི་པོ་དེར་ངེས་པའི་ཕྱིར། སྒྲི་འགྲོའི་ལུགས་ལྟར་ན་ཡང་། སླར་གསོ་བ་པོ་རང་ཉིད་ཀྱིས་བསྙེན་སོགས་དག་པར་བྱས་ནས་བཞེངས་པའི་དཀྱིལ་འཁོར་དུ་བདག་ཉིད་ཞུགས་པ་དེར་སློབ་དཔོན་གྱིས་ཀྱང་ཞུགས་ཤིང་དབང་བླངས་

ནས། སློབ་མ་ལ་སྡོམ་པ་སླར་གསོ་བའི་དབང་བསྐུར་བ་མི་འགལ་ཞིང་། སློབ་དཔོན་ངེས་བཞེངས་པའི་དཀྱིལ་འཁོར་དུ་སློབ་མ་དེ་དབང་བསྐུར་ནས་སྡོམ་པ་གསོ་བ་ཡང་ངེས་པར་རིགས་པས་ན། བདག་འཇུག་ཅེས་པའི་ཚིག་ཙམ་ལ་བརྟེན་ནས་རང་གི་དབང་ལེན་པ་ཁོ་ན་ལ་གོ་བར་མི་བྱ་སྟེ། བདག་འཇུག་ནི་དཀྱིལ་འཁོར་དུ་རང་ཉིད་འཇུག་པའི་མིང་ཡིན་ཞིང་། སྔགས་ཀྱི་སྡོམ་པ་མི་འཛིན་པས་ཀྱང་སྡིག་པ་དག་བྱེད་དུ་དཀྱིལ་འཁོར་དུ་འཇུག་པ་དང་། དབང་བསྐུར་མི་ནོད་པས་ཀྱང་དེར་འཇུག་ཏུ་རུང་བར་རྡོ་རྗེ་རྩེ་མོ་ལས་གསུངས་པའི་ཕྱིར་རོ། །དཀྱིལ་འཁོར་དུ་རང་གིས་ཞུགས་པ་ལ་དབང་གཞན་གྱིས་བསྐུར་བ་མི་འཐད་ན། རང་ཉིད་ཞུགས་པ་ལ་དབང་གི་ལྷའི་ཚོགས་ལས་དབང་ལེན་པ་ཡང་མི་འཐད་པར་འགྱུར་རོ། །ཡང་རྩ་བའི་ལྟུང་བ་དངོས་གཞི་བྱུང་བར་མ་གྱུར་ཡང་། ཉེས་བྱས་དང་སྦོམ་པོ་སོགས་བཤགས་ཚད་མ་འདས་ཀྱང་། མ་བཤགས་ན་དངོས་གྲུབ་ལ་ཐག་རིང་ཞིང་། རྣམ་སྨིན་གྱི་རྒྱུར་འགྱུར་བས་ན། བཤགས་པའི་ཆོ་ག་རྣམས་དགོས་ཀྱང་། ལེན་པའི་ཆོ་ག་མེད་མི་རུང་དུ་དགོས་པ་མ་ཡིན་ཏེ། སྡོམ་པ་མ་བཏང་བར་ཡོད་པའི་ཕྱིར་རོ། །དེ་དག་ཀྱང་བཤགས་ཚད་ལས་འདས་ན་སྡོམ་པ་མི་གཏོང་ཡང་། དགོས་པ་སྒྲུབ་མི་ནུས་པས་དངོས་གྲུབ་ལས་ཐག་རིང་བར་འགྱུར་རོ། །དུས་ལས་འདས་པ་དེ་ཡང་བཤགས་ན་ནི། འདས་པའི་དབང་གིས་དངོས་གྲུབ་ལས་རིང་ཡང་། བཤགས་པའི་དབང་གིས་ན་རྣམ་སྨིན་མི་འབྱིན་པ་ཡིན་ཏེ། ཚུལ་བཞིན་དུ་བཤགས་པའི་དགོས་པ་ནི་རྣམ་སྨིན་རྒྱུད་བསྲིངས་པ་དེ་ཉིད་ཡིན་པའི་ཕྱིར་རོ། །འོན་ཉེས་བྱས་སོགས་བཤགས་དུས་འདས་ཏེ། མ་བཤགས་པའི་སྐབས་པ་ཚེའི་དུས་བྱས་ན་ཕྱི་མར་རྣམ་སྨིན་མི་སྨྱོང་བར་ངེས་པའམ། ཡང་ན་སྡོམ་པ་དང་ལྡན་བཞིན་དུ་རྣམ་སྨིན་སྨྱོང་བའམ། ཚེ་འཕོས་པ་སྔགས་སྡོམ་གཏོང་བའི་རྒྱུར་འདོད་པ་གང་ཡིན་ཞེས་བརྟག་གྲང་ན། མཐའ་གཅོད་པར་དཀའ་བ་ཡིན་མོད། འོན་ཀྱང་ཉེས་པ་ཕྲ་མ་དེས་རྐྱེན་བྱས་ནས་གཏོང་རྒྱུ་གཞན་བྱུང་སྟེ། རྣམ་སྨིན་སྨྱོང་བའམ། ཡང་ན་རྐྱེན་བཟང་པོ་སྟོབས་ལྡན་གཞན་གྱིས་མཚམས་སྦྱར་ནས་རྣམ་སྨིན་མི་སྨྱོང་བ་ཡང་སྲིད་དེ། རྩ་ལྟུང་མ་ཡིན་པའི་ལྟུང་བ་རྣམས་ནི་རྣམ་སྨིན་རྡོ་རྗེའི་དམྱལ་བ་འབྱིན་བྱེད་ཡིན་ཡང་། འབྱིན་ངེས་མ་ཡིན་པའི་ཕྱིར་རོ། །ཡང་གལ་ཏེ་རྩ་བའི་ལྟུང་བ་འདི་དག་གི་ཀུན་སློང་ཉོན་མོངས་པ་ཅན་ཁོ་ནར་ངེས་སམ། མ་ངེས་ན་ནི་རྡོ་རྗེའི་དམྱལ་བ་སྨྱོང་བྱེད་དུ་འགལ་ཏེ། དགེ་བ་དང་ལུང་དུ་མ་བསྟན་པའི་ལས་ནི་ངན་སོང་གི་རྣམ་སྨིན་འབྱིན་བྱེད་དུ་འགལ་བའི་ཕྱིར། ངེས་ན་ནི། ཐེག་པ་དམན་པའི་ཡིད་བྱེད་ཀྱིས་སྨོན་སེམས་བཏང་བ་དང་། སྟོང་པ་ཉིད་ལ་མཚན་མར་འཛིན་པ་སོགས་དགེ་བ་དང་ལུང་དུ་མ་བསྟན་པའི་སེམས་དག་ཀྱང་རྩ་བའི་ལྟུང་བར་བཤད་པ་མ་ཡིན་ནམ་ཞེ་ན། ཐུན་མོང་གི་མངོན་པ་ལ་གྲགས་པའི་ཉོན་མོངས་པ་ཅན་གྱིས་ཀུན་ནས་མ་བསླང་བ་དག་ཀྱང་སྲིད་

མོད། ཐུན་མོང་མ་ཡིན་པའི་འདུལ་བ་ལས་སྟོང་པ་ཉིད་ལ་འཇིགས་པས་སྤྲང་ས་ན་ཆོས་སྤྱོད་གི་ལས་དང་། སྟོང་པ་ཉིད་ལ་མཆོད་པར་ཞེན་ན་གསོར་མི་རུང་བའི་ལྟུག་དང་། དམན་པའི་མྱང་འདས་དོན་གཉེར་གྱི་བློས་བྱང་ཆུབ་ཀྱི་སེམས་བཏང་ན་བྱང་སེམས་ལས་དང་པོ་པ་དེའི་ངན་འགྲོ་མུ་མཐའ་མེད་པ་ལ་སོགས་པར་ཡང་གསུངས་སོ། །དེ་ཁོ་ནར་མ་ཟད་ཐེག་པ་ཐུན་མོང་གི་གཞུང་ན་དམྱལ་བ་འཕེན་བྱེད་ལ་ཞེ་སྡང་གིས་ངེས་པར་ཀུན་ནས་བསླང་བའི་ལས་དགོས་ལ། འདིར་རྡོ་རྗེའི་དམྱལ་བར་འཕེན་བྱེད་ཀྱི་རྒྱ་ལྟུང་ལ། ཀུན་བྱང་ཆུབ་ཀྱི་སེམས་གཏོང་བ་ལྟ་བུ་ཞེ་སྡང་གིས་ཀུན་ནས་མ་བསླང་བའི་ལས་ཀྱང་བཤད་པས་ན། ཐུན་མོང་དང་ཐུན་མོང་མ་ཡིན་པའི་སྐབས་སོ་སོར་འབྱེད་དགོས་སམ་ཞེས་བརྟག་པར་བྱའོ། །དེ་ནི་འོ་ན་ལེགས་པར་གསུངས་པའི་ཆོས་འདུལ་བ་ལ་བསླེན་པར་རྫོགས་པའི་དགེ་སློང་ཞིག་གིས་བྱང་ཆུབ་ཀྱི་མཆོག་ཏུ་སེམས་བསྐྱེད་པའི་སྡོམ་པ་ཡང་དག་པར་བླངས་ནས། རྡོ་རྗེ་ཐེག་པའི་དབང་བཞི་བསྐུར་བ་ལས་བྱུང་བའི་སྡོམ་པ་དང་ལྡན་པའི་རིག་པ་འཛིན་པ་དེའི་རྒྱུད་ལ་སྡོམ་པ་གསུམ་པོ་ལྡན་པའི་ཚུལ་ཇི་ལྟ་བུ་ཞེ་ན། དེ་ལྟར་བླངས་པའི་དུས་ཀྱི་སྡོམ་པ་གསུམ་ནི་ཕྱི་མ་ཕྱི་མ་རྣམས་རྒྱ་ཆེ་ཞིང་། སྔ་མ་སྔ་མ་རྣམས་ཀྱི་སྤང་བྱ་སྤོང་ཚུལ་དང་ཡོན་ཏན་མཆོན་དུ་བྱེད་ཚུལ་གོང་མ་དེ་དང་དེར་འདུ་བས་ན་སྔ་མ་རྣམས་ཡར་ལྡན་གྱི་ཚུལ་གྱིས་ཡོད་དོ། །རྒྱ་ཆེ་བ་ཇི་ལྟར་ཡིན། རྒྱ་ཆེ་ཆུང་མཉམ་པ་རྣམས་ལ་བཟང་ངན་གྱི་དབྱེ་བ་དང་། ངོ་བོ་གཅིག་དང་ཐ་དད་ཀྱི་ཚུལ་ཇི་ལྟ་བུ་ཞེ་ན། འདི་ལྟར་དགེ་སློང་གི་སྡོམ་པ་ནི་ལུས་ངག་གི་སྤང་བྱ་འཁོར་བཅས་སྤོང་བའི་ཚུལ་ཁྲིམས་ཆེ་ཐེ་སྲིད་འཚོ་བ་ཞིག་གོ། སེམས་བསྐྱེད་ཀྱི་སྡོམ་པ་ནི། སྤང་བྱའི་ཁྱད་པར་སྔ་མའི་སྟེང་དུ་ཡིད་ཀྱི་མི་དགེ་བ་གསུམ་འཁོར་དང་བཅས་པ་གཙོ་བོར་སྤོང་ཞིང་། བླང་བྱའི་ཁྱད་པར་དགེ་བའི་ཆོས་བསྡུད་པ་དང་། བྱེད་ལས་ཀྱི་ཁྱད་པར་སེམས་ཅན་དོན་བྱེད་པའི་ཚུལ་ཁྲིམས་དུས་ཀྱི་ཁྱད་པར་བྱང་ཆུབ་ཆེན་པོ་མ་ཐོབ་ཀྱི་བར་དུ་བླངས་པ་ཞིག་གོ། རིག་པ་འཛིན་པའི་སྡོམ་པ་ནི། སྤང་བྱ་དང་བླང་བྱའི་ཁྱད་པར་སྔ་མ་རྣམས་ཀྱི་སྟེང་དུ། ཐ་མལ་དང་ལྷར་ཞེན་གྱི་རྣམ་པར་རྟོག་པ་ཡང་སྤོང་ཞིང་། ཐབས་ཀྱི་ཁྱད་པར་རིམ་པ་གཉིས་ལ་གནས་ཏེ། བདེ་ཆེན་གྱི་ཡེ་ཤེས་མི་ཉམས་པར་འཛིན་པའི་ཚུལ་ཁྲིམས་དུས་ཀྱི་ཁྱད་པར། ནམ་མཁའ་མ་ཞིག་གི་བར་དུ་གནས་པ་ཞིག་གོ། དེ་ལྟར་ཡིན་པ་དེའི་ཚེ་ན། བླ་མེད་ཀྱི་རིག་པ་འཛིན་པ་དེའི་རྒྱུད་ཀྱི་དགེ་སློང་གི་སྡོམ་པ་དེ་དང་། སེམས་བསྐྱེད་ཀྱི་སྡོམ་པའི་ནང་ཚན་ཉེས་སྤྱོད་སྡོམ་པའི་ཚུལ་ཁྲིམས་ཞེས་བྱ་བ་དེའི་ཡང་ཕྱོགས་གཅིག་ཏུ་གྱུར་པའི་ལུས་ངག་གི་སྤང་བྱ་བདུན་སྤོང་གི་ཚུལ་ཁྲིམས་དེ་དང་། རིག་པ་འཛིན་པའི་ཡང་དེ་ལྟ་བུར་གྱུར་པའི་སྤང་བྱ་བདུན་སྤོང་གི་ཚུལ་ཁྲིམས་གསུམ་པོ་དེ་ངོ་བོ་གཅིག་པ་ཡིན་ཏེ། སྤོང་བ་དེ་གསུམ་ཀ་ལུས་ངག་གི་སྤང་བྱ་བདུན་སྤོང་བའི་སེམས་བྱུང་སེམས་པར་རིགས་གཅིག

པའི་ཕྱིར། དཔེར་ན་གང་ཟག་གཅིག་གི་ཤེས་རྒྱུད་ལ། རྒྱུའི་ཀུན་སློང་ཞེ་སྡང་གིས་བསླང་བའི་སྲོག་གཅོད་སྦྱོར་བའི་སེམས་པ་རྫས་གཞན་གཉིས་གཅིག་ཆར་དུ་མི་འབྱུང་བ་བཞིན་ནོ། །དེ་ལྟར་ངོ་བོ་གཅིག་པ་མི་འཐད་དེ། ཀུན་སློང་གསུམ་པོ་འགལ་བའི་ཕྱིར། ཞེ་ན། རྒྱུ་དུས་ཀྱི་ཀུན་སློང་མི་མཐུན་ཡང་། དེ་དུས་ཀྱི་ཀུན་སློང་གོང་ནས་གོང་དུ་གནས་གྱུར་པ་ཡིན་ཏེ། རིག་པ་འཛིན་པས་ནི་ཚུལ་ཁྲིམས་གསུམ་ཀ་ཡང་རྡོ་རྗེ་ཐེག་པའི་སེམས་བསྐྱེད་དང་མཚུངས་ལྡན་དུ་བྱས་ཏེ་བསྲུང་བའི་ཕྱིར། དེ་སྐད་དུ་ཡང་རྒྱུད་ལས། གསེར་འགྱུར་ནུས་པའི་རང་བཞིན་གྱིས། །ལྕགས་དང་ཟངས་སུ་གྱུར་པ་དང་། །དངུལ་ཡང་གསེར་དུ་འགྱུར་བ་བཞིན། །སོ་སོར་ཐར་དང་བྱང་ཆུབ་སེམས། །རིག་པ་འཛིན་པ་དེ་བཞིན་ནོ། །ཞེས་སོ། །འདི་ནི་རིག་པ་འཛིན་པའི་རྒྱུད་ཀྱི་སྡོམ་པ་གསུམ་པོ་རིག་པ་འཛིན་པའི་སེམས་བསྐྱེད་ཀྱིས་དེ་དུས་ཀྱི་ཀུན་སློང་བྱས་པར་མཚུངས་པའི་ཚུལ་ཁྲིམས་སུ་སྟོན་པ་ཡིན་གྱི། དེའི་རྒྱུད་ཀྱི་དགེ་སློང་དང་སེམས་བསྐྱེད་ཀྱི་སྡོམ་པ་སྔགས་ཀྱི་སྡོམ་པ་ཡིན་ཞེས་སྟོན་པ་ནི་མ་ཡིན་ཏེ། གོང་དུ་བཤད་པ་དེ་ལྟར་བླངས་པའི་སྡོམ་པ་གསུམ་པོ་དེ་ནི་གང་ལས་ལེན་པའི་ཡུལ་མི་མཐུན། ཇི་ལྟར་ལེན་པའི་ཆོ་ག་མི་འདྲ། ཇི་སྲིད་བླངས་པའི་སྲུང་བྱ་དང་སྡོམ་པ་ལ་ཁྱབ་ཆེ་ཆུང་གི་ཁྱད་ཞུགས། ཇི་སྲིད་དུ་བླངས་པའི་དུས་ལ་རིང་ཐུང་གི་ཁྱད་པར་ཤིན་ཏུ་ཆེ་བའི་ཕྱིར་རོ། །དེ་ལྟར་སྡོམ་པ་གོང་མ་ལ་གནས་པས་རྟེན་དེ་ལ་ཇི་ཙམ་མནོས་པའི་སྡོམ་པ་འོག་མ་རྣམས་མིག་འབྲས་བཞིན་དུ་བསྲུང་དགོས་ཏེ། ཐེག་པ་གོང་མ་གོང་མར་སེམས་བསྐྱེད་པ་ན་སྡོམ་པ་གསུམ་པོའི་དུས་ཀྱི་ཀུན་སློང་གནས་ཡོངས་སུ་གྱུར་པའི་ཚུལ་གྱིས། འོག་མའི་རྒྱུའི་ཀུན་སློང་གི་སྐྱོན་ཟིལ་གྱིས་མནན་ནས་སྤོང་བ་དང་བསྡུད་པའི་ཡོན་ཏན་མཐའ་དག་ཡར་ལྡན་གྱི་ཚུལ་དུ་ལྡན་པའི་ཕྱིར་རོ། །དེ་ལྟར་དེ་བརྩམས་པ་ལས་ནི། །བྱུང་བའི་དགེ་བས་ཟག་མེད་ཀྱི། །བདེ་ཆེན་མཚན་མར་འཛིན་པ་ཡི། །སྤྲིན་ཚོགས་ཀུན་ལས་གྲོལ་གྱུར་ཅིག །ཅེས་ཐེག་པ་གསུམ་གྱི་འདུལ་བ་རྣམས་པར་བཤད་པ་ལས། སྔགས་ཀྱི་འདུལ་བ་རྣམ་པར་ངེས་པ་སྟེ་ལེའུ་གསུམ་པའོ།། །།

འདིར་སྨྲས་པ། ཉན་ཐོས་ཉེ་དབང་ཚོགས་ཀྱིས་ཕྱག་བྱས་པའི། །ཐུབ་དབང་བརྒྱ་བྱིན་འདེགས་པའི་ས་བསྲུངས་བུ། །བཙས་མཚམས་མང་པོའི་འདུལ་སྐྱོང་མཁན་དེ་ཡིས། །རབ་དུལ་སྟོབས་ཀྱིས་ཕྱུག་པ་བསྟན་པའི་གཞི། །ཚུལ་ཁྲིམས་རྩ་ལག་རྒྱས་པ་འདི་མེད་ན། །ཕན་བདེའི་ལོ་འདབ་ནམ་ཡང་མ་སྙིངས་ཤིང་། །ངེས་དོན་བདུད་རྩི་འབྱུང་བའི་འབབ་རོགས་མཆོག །ཐུབ་བསྟན་སུམ་རྩེན་དཔག་བསམ་སུ་ཡིས་འཛིན། །སྡུག་བསྔལ་རླབས་ཕྲེང་མང་པོས་ཉེར་འཁྲུད་པའི། །རྒྱ་མཚོར་ལྟུང་བའི་མཐའ་ཡས་འགྲོ་བ་ཀུན། །སྒྲོལ་མཁས་བཟང་པོ་སྤྱོད་པའི་གྲུ་བཟུང་ནས། །བྱང་ཆུབ་སྤྱོད་པའི་འདུལ་བ་འདི་ན་དགེ། སྙིང་སྟོབས་སྲན་ཚུགས་གྱུར་

པའི་དཔའ་བོ་ཡིས། །བྱང་ཆུབ་སྤྱོད་པའི་ཕྲག་རིང་མ་རྒྱུད་ན། །སྡུག་བསྔལ་མི་མཆེར་ལྷུང་བའི་བུ་སྡུག་ཀུན། ། བཟང་པོས་སྤྱོད་པའི་གནས་སུ་སུ་ཡིས་འདྲེན། །ལྷན་ཅིག་སྐྱེས་དགའི་ཡེ་ཤེས་འོད་འཕྲོ་བ། །རིམ་གཉིས་ཤིང་རྟ་འདྲེན་པའི་ཁ་ལོ་པས། །ཆོས་དབྱིངས་ནམ་མཁའི་ངོས་སུ་དྲངས་པ་ན། །འགྱུར་མེད་བདེ་བའི་ལམ་དུ་གསལ་བར་རྒྱུ། །གཡོ་མེད་ཕྱག་རྒྱ་ཆེན་པོའི་རྣམ་རོལ་གྱིས། །འཕོ་མེད་ཟླ་གཞོན་གང་བའི་རྫོགས་སངས་རྒྱས། །འགྱུར་མེད་བདེ་འབྱུང་གཙུག་ཏུ་ཤར་བ་ན། །མཐའ་མེད་ས་གསུམ་འཁོར་ལོ་འཛིན་པའི་དཔལ། །ཐེག་གསུམ་འདུལ་བ་རྣམ་པར་ངེས་པའི་གཏམ། །དགག་སྒྲུབ་ཚིག་ཕྲེང་མང་པོས་མ་དགྲུགས་པར། །ངེས་དོན་ཚུལ་བཞིན་བཤད་པའི་དགེ་བ་དེས། །བསྟན་པའི་སྙིང་པོ་དར་ཞིང་རྒྱས་པར་ཤོག །

ཅེས་ཐེག་པ་གསུམ་གྱི་འདུལ་བ་རྣམ་པར་ངེས་པ་དཔག་བསམ་འདོད་འཛོ་ཞེས་བྱ་བ་འདི་ནི། འཛམ་གླིང་གི་རྒྱན་གཅིག་སྤྲུལ་པའི་སྐུ་ཀརྨ་པག་ཤིའི་དབོན་རྒྱུད་དུ་འཁྲུངས་པ། དཔལ་མཚུར་ཕུའི་གུ་ཤྲཱི་དོན་གྲུབ་ཆོས་ཀྱི་རྒྱ་མཚོའི་གསུང་གིས་ནན་ཏན་དུ་བསྐུལ་བའི་ཞལ་ངོར་བགྱིས་ནས། དཔལ་ཤཱཀྱ་མཆོག་ལྡན་དྲི་མེད་ལེགས་པའི་བློས། ཐུབ་བསྟན་གསེར་མདོག་ཅན་ཞེས་བྱ་བའི་ཆོས་ཀྱི་གྲྭ་ཉིད་དུ་ཉེ་བར་སྦྱར་བའི་ཡི་གེ་པ་ནི་བློ་བཟང་ཆོས་ཀྱི་རྒྱལ་མཚན་ནོ། །། །མངྒ་ལཾ། དགེའོ། །། །

༄༅། །སྡོམ་པ་གསུམ་གྱི་རྣམ་པར་བཞག་པ་བཀྲལ་ལན་གྱི་སྒོ་ནས་གདན་ལ་ཕབ་པ་བཞུགས་སོ། །

པཎ་ཆེན་ཤཱཀྱ་མཆོག་ལྡན།

བསྟན་པའི་སྙིང་པོ་སྡོམ་པ་གསུམ། །བསྟན་པ་ཇི་བཞིན་ལེགས་གསུངས་ནས། །བསྟན་ལ་བྱ་བ་མཛད་གྱུར་པ། །བསྟན་པའི་བདག་པོ་དེ་རྒྱལ་གྱུར། །དཔྱིད་དུས་ཉམ་ངའི་ཐང་ཆེན་དུ། །ཡུན་རིང་འཁྱམས་པའི་གཞོན་ནུ་དག །སྨིག་རྒྱུའི་ཆུ་གཏེར་ལ་ཆགས་པས། །རང་ཉིད་ངལ་བ་བྱེད་དེ་བཞིན། །མི་མཁས་རྣམས་ཀྱི་ཆེར་བཙོས་པའི། །མཁས་པའི་རྗེས་འཇུག་གཞོན་ནུ་དག །ཉེས་པར་བཤད་པས་ཐང་ཆད་ནས། །བདུད་རྩིའི་ཆུ་གཏེར་ག་ལ་འཐུང་། །མཁས་པ་འཇིག་རྟེན་བྱོན་པའི་ཚེ། །འཆད་རྩོད་རྩོམ་པའི་ཚུལ་མེད་ན། །གང་ཞིག་གང་གི་མཁས་པར་འཇོག །དེ་ཕྱིར་ཕྲག་དོག་མེད་པར་ཉོན། །

དེ་ལ་འདིར་ཕྱི་རབས་པ་དག །གཞན་ལ་གནོད་པ་གཞི་དང་བཅས་པ་སྤོང་བའི་སེམས་པ་དབང་ལྡན་རྒྱུན་ཆགས་པ་དེ། སོ་ཐར་སྡོམ་པའི་མཚན་ཉིད། གཞན་ལ་ཕན་པ་གཞི་དང་བཅས་པ་བསྒྲུབ་པའི་སེམས་པ་དབང་ལྡན་རྒྱུན་ཆགས་དེ། བྱང་སེམས་ཀྱི་སྡོམ་པའི་མཚན་ཉིད། ལྷ་དང་ཡེ་ཤེས་ཀྱི་རྣམ་པར་བྱིན་གྱིས་བརླབས་ནས་ཉམས་སུ་ལེན་པའི་ཚུལ་ཁྲིམས་དེ། སྔགས་ཀྱི་སྡོམ་པའི་མཚན་ཉིད། དེ་ཡང་སོ་སོར་ཐར་པའི་སྡོམ་པ་ནི་ཤི་འཕོས་པས་མི་གཏོང་ཞིང་། སྡོམ་པ་གསུམ་རིམ་མནོས་པའི་དགེ་སློང་གི་རྒྱུད་ཀྱི་དགེ་སློང་གི་སྡོམ་པ་དེ་ཡང་དེའི་རྒྱུད་ཀྱི་བྱང་སེམས་དང་སྔགས་ཀྱི་སྡོམ་པ་ཡིན་ཏེ། དེ་དེར་གནས་གྱུར་པའི་ཕྱིར། དེ་ལྟར་འཆད་པ་དེ་ནི་རྗེ་བཙུན་ས་སྐྱ་པ་ཆེན་པོ་གྲགས་པའི་ཞབས་ཀྱི་བཞེད་པའི་དགོངས་པ་ཡིན་ནོ་ཞེས་ཟེར་བ་དག་ཡོད་པར་ཐོས་སོ། །དེ་ནི་ཆེན་པོ་ལ་དམོད་པར་བྱེད་པ་ཡིན་ཏེ། མདོ་རྒྱུད་དང་འགལ་བའི་དོན་ཞིག་ངོས་བཟུང་ནས། དེ་ཉིད་དེའི་དགོངས་པར་འཆད་པའི་ཕྱིར་རོ། །

དེ་ཡང་འདི་ལྟར་མཚན་ཉིད་མི་འཐད་པ་དང་། གཞི་མཐུན་སྲིད་པ་མི་འཐད་པའོ། །དང་པོ་ལ་སོ་ཐར་གྱི་དང་། བྱང་སེམས་ཀྱི་དང་། གསང་སྔགས་ཀྱི་སྡོམ་པའི་མཚན་ཉིད་མི་འཐད་པའོ། །དང་པོ་ནི། འོ་ན་སོ་ཐར་གྱི་སྡོམ་པའི་མཚན་ཉིད་དེ། འདུལ་བའི་ལུགས་སམ། མངོན་པའི་ལུགས་སམ། མདོ་སྡེའི་ལུགས་སམ། གསང་སྔགས་ཀྱི་ལུགས་གང་ཡིན་བརྟག །དང་པོ་ལྟར་ན་གཞན་ལ་གནོད་པ་སྤོང་བའི་ཡིད་ཀྱི་སྡོམ་པས་མ་ངེས།

རབ་བྱུང་བར་མསམ་ངེས་པ་དང༌། མི་མ་ཡིན་པའི་འགྲོ་བ་པ་དང༌། བྱང་གི་སྒྲ་མི་སྙན་པའི་རྒྱུད་ཀྱི་གཞན་ལ་གནོད་པ་གཞི་བཅས་སྤོང་བའི་སེམས་བྱུང་སེམས་པ་རྣམས་ཀྱིས་མ་ངེས་སོ། །དེ་ཡང་དང་པོ་འདོད་མི་ནུས་ཏེ། སོ་ཐར་སྡོམ་པ་དང་ཡིད་ཀྱི་སྡོམ་པའི་གཞི་མཐུན་མི་སྲིད་པའི་ཕྱིར། ཆོས་ཅན་མ་གྲུབ་བོ་སྙམ་ན། སོ་ཐར་གྱི་མདོ་ལས། ཡིད་ཀྱི་སྡོམ་པ་ལེགས་པ་སྟེ། །ཞེས་གསུངས་པ་དང་འགལ། དེ་ཉིད་དེ་ཡི་སྡོམ་པ་ཡིན་ནོ་སྙམ་ན། འོད་ལྡན་ལས་སོ་སོར་ཐར་པའི་སྡོམ་ལ་ཡིད་ཀྱི་སྡོམ་པ་མེད་དོ། །ཞེས་གསུངས་པ་དང་འགལ། གཉིས་པ་འདོད་ན། དེ་ཆོས་ཅན་སྡོམ་པ་མ་ཡིན་པར་ཐལ། བར་མ་ཡིན་པའི་ཕྱིར། རྟ་བར་མ་གྲུབ་བོ་སྙམ་ན། སོ་སོར་ཐར་པ་ལས། རབ་ཏུ་བྱུང་བ་གཞན་ལ་གནོད་པ་དང༌། །གཞན་ལ་འཚེ་བ་དགེ་སྦྱོང་མ་ཡིན་ནོ། །ཞེས་གསུངས་པ་དང་འགལ། གསུམ་པ་ལ་འདོད་ན། མདོ་རྩ་བ་ལས། མི་མ་ཡིན་པའི་འགྲོ་བ་པ་དང༌། བྱང་གི་སྒྲ་མི་སྙན་པ་སྡོམ་པའི་ཞིང་མ་ཡིན་ནོ། །ཞེས་གསུངས་པ་དང་འགལ་རྟ་བའི་རྟགས་གྲུབ་སྟེ། དེ་འདྲ་ཡོད་པའི་ཕྱིར། དེ་ཡོད་དེ། རྟེན་དེ་ལ་འཕགས་པ་ཡོད་པའི་ཕྱིར། གཞན་ཡང་ཚེ་འདིའི་རྟེན་ལ་སྲོག་གཅོད་ཕམ་འདྲའི་སྦྱོར་བ་བྱས། ཚེ་ཕྱི་མའི་རྟེན་ལ་དེ་མཐར་ཐུག་གྲུབ་པའི་ཚུལ་ཁྲིམས་དེ་ཆོས་ཅན། ཁྱོད་ཀྱི་ཚེ་ཕྱི་མའི་རྟེན་ལ་སྲོག་གཅོད་ཀྱི་རྩ་ལྟུང་འབྱུང་བར་ཐལ། ཆོས་ཅན་དེ་གང་ཞིག   །ཁྱོད་ཀྱི་སོ་ཐར་གྱི་སྡོམ་པ་དེ་ཤི་འཕོས་ནས་ཀྱང་རྗེས་སུ་འབྲང་བའི་ཕྱིར། གཞན་ཡང་དགེ་སློབ་མའི་སྡོམ་པ་དང༌། ཚངས་སྤྱོད་ཉེར་གནས་ཀྱི་སྡོམ་པ་ཆོས་ཅན། མཚན་ཉིད་དེར་ཐལ། མཚོན་བྱ་དེའི་ཕྱིར། འདོད་ན། སྲོག་གཅོད་དང་མ་བྱིན་ལེན་སྤོང་བའི་སྡོམ་པར་ཐལ། དེའི་ཕྱིར། འདོད་ན། དེ་ཆོས་ཅན། དགེ་བསྙེན་དགེ་ཚུལ་དགེ་སློང་གི་སྡོམ་པ་གསུམ་པོ་གང་རུང་དུ་ཐལ་ལོ། ། འདོད་མི་ནུས་ཏེ་དེ་དང་དེ་ཡིན་པའི་ཕྱིར། གཉིས་པ་ལྟར་ན། བསམ་གཏན་སྡོམ་པའི་ངོ་བོར་གྱུར་པའི་ལུས་ངག་གི་སྤོང་བ་བདུན་དང༌། ཟག་མེད་སྡོམ་པའི་ངོ་བོར་གྱུར་པའི་སྤོང་བ་བདུན་ལ་ཁྱབ་ཆེས་ཤིང༌། སོ་ཐར་སྡོམ་པའི་ངོ་བོར་གྱུར་པའི་སེམས་པ་མངོན་གྱུར་རྣམས་ལ་ཁྱབ་ཆུང་ངོ་། །དེ་ཡང་འདི་ལྟར། དང་པོ་ཆོས་ཅན། སོ་ཐར་གྱི་སྡོམ་པ་མ་ཡིན་ཏེ། འདོད་པར་མ་གཏོགས་པའི་ཕྱིར་དང༌། གཟུགས་ཀྱི་སས་བསྡུས་པའི་ཕྱིར། གཉིས་པ་དེ་ཆོས་ཅན། སོ་ཐར་གྱི་སྡོམ་པ་མ་ཡིན་ཏེ། ཟག་བཅས་མ་ཡིན་པའི་ཕྱིར་དང༌། ཟག་མེད་ཡིན་པའི་ཕྱིར་དང༌། ཡང་དག་པར་བླང་བ་ལས་བྱུང་བ་མ་ཡིན་པའི་ཕྱིར་དང༌། ཆོས་ཉིད་ཀྱིས་ཐོབ་པའི་ཕྱིར། རྟགས་རྣམ་གྲངས་སོ། །དེ་གཉིས་ཀ་ཆོས་ཅན། རྟ་བའི་རྟགས་གྲུབ་སྟེ། སྡོམ་པ་གང་ཞིག་ལུས་ངག་གི་མི་དགེ་བ་བདུན་སྤོང་བའི་སེམས་བྱུང་སེམས་པ་ཡིན་པའི་ཕྱིར།

གཉིས་པ་ནི། དེའི་ངོ་བོར་གྱུར་པའི་སེམས་པ་མངོན་གྱུར་བ་དེ་ཆོས་ཅན། ལུས་ངག་གི་མི་དགེ་བ

བདུན་སྤྱོད་པའི་སེམས་པ་མངོན་གྱུར་བ་དང་ལྡན་ཅིག་མི་གནས་འགལ་མ་ཡིན་པར་ཐལ། ཁྱོད་དེ་འདྲའི་སེམས་པ་དབང་ལྡན་དེ་ཡིན་པའི་ཕྱིར། མངོན་པ་གོང་མ་ལྟར་ན་ནི་དེ་ཆོས་ཅན། ཀུན་གཞིའི་ངོ་བོར་གྱུར་པའི་སེམས་པ་དེ་ཡིན་པར་ཐལ། སེམས་པ་དབང་ལྡན་ཡིན་པའི་ཕྱིར། འདོད་ན་ལུང་མ་བསྟན་དུ་ཐལ་ལོ། །གསུམ་པ་ལྟར་ན། སྡོམ་པས་མ་ཟིན་པའི་སྨོན་སེམས་ཀྱི་ངོ་བོར་གྱུར་པའི་སེམས་བྱུང་སེམས་པ་དང་། སྨོན་སེམས་ཀྱི་སྡོམ་པའི་ངོ་བོར་གྱུར་པའི་སྨོན་པ་སེམས་བསྐྱེད་དང་འཇུག་སྡོམ་གྱི་ངོ་བོར་གྱུར་པའི་ཉེས་སྤྱོད་སྡོམ་པའི་ཚུལ་ཁྲིམས་རྣམས་ཀྱིས་མ་ངེས་སོ། །དེ་ཡང་དང་པོ་ཆོས་ཅན། སོ་ཐར་གྱི་སྡོམ་པ་མ་ཡིན་ཏེ། སྡོམ་པས་མ་ཟིན་པའི་སེམས་བསྐྱེད་ཡིན་པའི་ཕྱིར། ཡང་ན་དེ་ཆོས་ཅན། སེམས་བསྐྱེད་ཀྱི་སྡོམ་པ་ཡིན་པར་ཐལ། སྡོམ་པ་གང་ཞིག་སེམས་བསྐྱེད་ཡིན་པའི་ཕྱིར། འདོད་ན། སྨོན་སེམས་ཀྱི་སྡོམ་པར་ཐལ་ལོ། །ཡང་གཉིས་པ་དེ་ཆོས་ཅན། ཉེས་སྤྱོད་སྡོམ་པའི་ཚུལ་ཁྲིམས་སུ་ཐལ། སོ་ཐར་གྱི་སྡོམ་པ་ཡིན་པའི་ཕྱིར། འདོད་ན། འཇུག་པ་སེམས་བསྐྱེད་ཀྱི་སྡོམ་པར་ཐལ། འདོད་པ་གང་ཞིག་སེམས་བསྐྱེད་ཀྱི་སྡོམ་པ་ཡིན་པའི་ཕྱིར། གསུམ་པ་ལ་འདོད་ན། དེ་ཆོས་ཅན། རང་རྒྱུད་ལྡན་གྱི་གང་ཟག་དེ་ཡིན་ན་སོ་ཐར་གྱི་སྡོམ་ལྡན་ཡིན་དགོས་པར་ཐལ། ཁྱོད་སོ་ཐར་གྱི་སྡོམ་པ་ཡིན་པའི་ཕྱིར། འདོད་ན། སེམས་ཙམ་ལུགས་ཀྱི་ཆོ་ག་ཁ་ནས་ཐོབ་པའི་སེམས་བསྐྱེད་ཀྱི་སྡོམ་པ་ཐམས་ཅད་ཆོས་ཅན། དེར་ཐལ་དེའི་ཕྱིར། ཡང་དེ་ཆོས་ཅན། སོ་ཐར་སྡོམ་པའི་རྟེན་དུ་མི་རུང་བའི་གང་ཟག་གི་རྒྱུད་ལ་ཁྱོད་མི་སྐྱེ་བར་ཐལ། ཁྱོད་སོ་ཐར་གྱི་སྡོམ་པ་ཡིན་པའི་ཕྱིར། འདོད་ན། དེ་ཆོས་ཅན། སེམས་ཙམ་ལུགས་ཀྱི་སེམས་བསྐྱེད་ཀྱི་སྡོམ་པར་ཐལ། འདོད་པ་གང་ཞིག །སེམས་བསྐྱེད་ཀྱི་སྡོམ་པ་ཡིན་པའི་ཕྱིར། གཞན་ཡང་དབུ་མ་ལུགས་ཀྱི་འཇུག་སྡོམ་གཉིས་ལ་སྐྱེ་བའི་རྟེན་གྱི་སྒོ་ནས་རྒྱ་ཆེ་ཆུང་གི་ཁྱད་པར་མེད་པར་ཐལ། ཁྱོད་དང་དེ་གཉིས་ཀ་སོ་ཐར་གྱི་སྡོམ་པའི་སྣོད་མ་ཡིན་པའི་གང་ཟག་གི་རྒྱུད་ལ་མི་སྐྱེ་བར་མཚུངས་པའི་ཕྱིར། གལ་ཏེ་སྡོམ་པ་དེ་གཉིས་ཀྱི་རྟེན་དུ་སོ་ཐར་གྱི་སྡོམ་པ་དགོས་མི་དགོས་བཤད་པ་དེ་སོ་ཐར་རིས་བདུན་གང་རུང་ལ་དགོངས་པ་ཡིན་སྙམ་ན། འོ་ན་མི་མ་ཡིན་པའི་འགྲོ་བ་པའི་རྒྱུད་ལ་སེམས་ཙམ་ལུགས་ཀྱི་སེམས་བསྐྱེད་སྡོམ་པ་མི་སྐྱེ་བར་ཐལ། དམ་བཅའ་དེའི་ཕྱིར། རྗེ་བཙུན་གྱིས་མཛད་པའི་སྡོམ་གསུམ་ཉི་ཤུ་པའི་ཊཱི་ཀ་དང་འགལ་ལོ༎ ༎

བཞི་པ་སྔགས་ཀྱི་ལུགས་ལ་འཆད་དེ་ལྟར་ཁས་ལེན་ན། སྔར་བཤད་པའི་ཉེས་པ་གསུམ་འཇུག་སྟེ། ཕྱིར་མ་ངེས་པ་དང་། རྣལ་འབྱོར་རྒྱུད་ལ་མ་ངེས་པ་དང་། རྣལ་འབྱོར་བླ་མེད་ལ་མ་ངེས་པའོ། །དང་པོ་ནི། རྣམ་སྣང་མངོན་བྱང་ལས་གསུངས་པའི་མི་དགེ་བ་བཅུ་སྤོང་བའི་སྡོམ་པ་དེ་ཆོས་ཅན། སོ་ཐར་གྱི་སྡོམ་པར་ཐལ།

མཚན་ཉིད་དེའི་ཕྱིར། འདོད་མི་ནུས་ཏེ། གསང་སྔགས་ཀྱི་དབང་བསྐུར་ལ་ངེས་པར་ལྟོས་པའི་སྡོམ་པ་ཡིན་པའི་ཕྱིར། གཉིས་པ་ནི། རྣམ་སྣང་མ་གཏོགས་པའི་དེ་བཞིན་གཤེགས་པ་གཞན་བཞི་པོ་སོ་སོའི་སྡོམ་པ་རྣམ་ཆོས་ཅན། སོ་ཐར་གྱི་སྡོམ་པར་ཐལ། མཚན་ཉིད་དེའི་ཕྱིར། འདོད་ན། རྣམ་སྣང་གི་སྡོམ་པར་ཐལ། རྒྱུད་སྡེ་གོང་མ་གཉིས་པོ་གང་རུང་དུ་ཞུགས་པའི་གང་ཟག་གི་རྒྱུད་ཀྱི་སྡོམ་པ་གང་ཞིག །སོ་ཐར་གྱི་སྡོམ་པ་ཡིན་པའི་ཕྱིར། འདོད་ན། རིགས་ལྔ་སོ་སོའི་སྡོམ་པ་རྣམས་གཅིག་ཏུ་འདུས་པར་འགྱུར་རོ། །

གསུམ་པ་ནི། བརྟག་པ་གཉིས་པའི་ཕྱི་མར་གསུངས་པའི་སྔགས་ཀྱི་སྡོམ་པ་ཆོས་ཅན། སོ་ཐར་གྱི་སྡོམ་པར་ཐལ། མཚན་ཉིད་དེའི་ཕྱིར། འདོད་ན། རགས་པ་བརྡ་ལས་བྱུང་བའི་སྡོམ་པར་ཐལ། འདོད་པའི་ཕྱིར། འདོད་མི་ནུས་ཏེ། རྫོགས་རིམ་གྱི་ཡེ་ཤེས་ཀྱི་ངོ་བོར་གནས་པའི་སྡོམ་པ་ཡིན་པའི་ཕྱིར། གཞན་ཡང་ཁྱོད་ཀྱིས་སྲོག་ཆགས་བསད་པར་བྱ། །མ་བྱིན་པར་ཡང་བླང་བར་བྱ། །རྫུན་གྱི་ཚིག་ཀྱང་སྨྲ་བར་བྱ། །ཕ་རོལ་བུད་མེད་བརྟེན་པར་བྱ། །ཞེས་པའི་རྒྱུད་ལ་དྲང་དོན་གྱི་བཤད་པ་བྱས་པའི་དུས་ཀྱི་དམ་ཚིག་དང་སྡོམ་པ་ཆོས་ཅན། མཚན་ཉིད་དེར་ཐལ། སོ་ཐར་གྱི་སྡོམ་པ་ཡིན་པའི་ཕྱིར། དེར་ཐལ། གསང་སྔགས་བླ་མེད་ཀྱི་སོ་ཐར་སྡོམ་ཡིན་པའི་ཕྱིར། ཤེས་བྱ་འདིར་ཆོས་ཅན། དེ་དེར་ཐལ། ཁྱོད་ཀྱིས་སྲོག་ཆགས་བསད་མི་བྱ། །མ་བྱིན་པར་ཡང་བླང་མི་བྱ། །ཞེས་པའི་གཞུང་ལ་སྦྲ་ཇི་བཞིན་པའི་དུས་ཀྱི་སྡོམ་པ་དེ་ཐེག་པ་ཐུན་མོང་སོ་ཐར་སྡོམ་པ་ཡིན་པའི་ཕྱིར་རོ། །

གཉིས་པ་བྱང་སེམས་ཀྱི་སྡོམ་པའི་མཚན་ཉིད་བརྟག་པ་ལ་གཉིས་ཏེ། མཚན་ཉིད་དེ་མདོ་སྡེའི་ལུགས་ལ་མི་འཐད་པ་དང་། སྔགས་ཀྱི་ལུགས་ལ་མི་འཐད་པའོ། །དང་པོ་ལ། ཉན་རང་འཕགས་པའི་རྒྱུད་ཀྱི་གཞན་ཕན་གཞི་བཅས་སྒྲུབ་པའི་སེམས་པས་མ་ངེས་པ་དང་། སངས་རྒྱས་འཕགས་པའི་རྒྱུད་ཀྱི་དེས་མ་ངེས་པ་དང་། ཕྱི་རོལ་པའི་རྒྱུད་ཀྱི་དེས་མ་ངེས་པ་དང་གསུམ་འཇུག་གོ། དེ་གསུམ་ཡོད་པ་ཡིན་ཏེ། བྱམས་སོགས་ཚད་མེད་བཞི་རྒྱུད་ལ་ལྡན་པའི་གང་ཟག་དེ་གསུམ་གྲུབ་པའི་ཕྱིར། སངས་རྒྱས་འཕགས་པའི་རྒྱུད་ལ་བྱང་སེམས་ཀྱི་སྡོམ་པ་ཡོད་པ་ཐེག་པ་ཆེན་པོའི་མདོ་སྡེའི་ལུགས་མ་ཡིན་ཏེ། ཁས་བླངས་པའི་དུས་ལས་འདས་པའི་ཕྱིར་དང་། དེར་འཆལ་ཚུལ་གྱི་གཉེན་པོ་མི་དགོས་པའི་ཕྱིར། དེར་མ་ཟད། སྡོམ་པས་མ་ཟིན་པའི་སྨོན་འཇུག་གི་སེམས་པ་གཉིས་ཀྱིས་ཀྱང་མ་ངེས་སོ། །གཞན་ཡང་དེ་ལྟར་འདོད་པ་དེས་ནི་ཉེས་སྤྱོད་སྡོམ་པའི་ཚུལ་ཁྲིམས་དང་། དགེ་བ་ཆོས་སྡུད་ཀྱི་ཚུལ་ཁྲིམས་གཉིས་ཀྱང་། སེམས་ཅན་དོན་བྱེད་ཀྱི་ཚུལ་ཁྲིམས་གཅིག་པུར་ཁས་བླངས་པས་མཚན་ཉིད་ཀྱི་ཚུང་བ་ཡིན་ནོ། །

གཉིས་པ་ལ། སྤྱིར་མི་འཐད་པ་དང་། རྒྱུད་སྡེ་གོང་མ་ལ་མི་འཐད་པའོ། །དང་པོ་ནི། སྔགས་སྡོམ་གྱིས་ཟིན་པའི་དགེ་སློང་གི་སྡོམ་པ་དང་། དོན་དམ་སེམས་བསྐྱེད་ཀྱི་ངོ་བོར་གྱུར་པའི་གཞན་ལ་ཕན་པ་གཞི་བཅས་སྒྲུབ་པའི་སེམས་བྱུང་སེམས་པ་ཆོས་ཅན། དེར་ཐལ། མཚན་ཉིད་དེའི་ཕྱིར། རྟགས་གྲུབ་སྟེ། དེ་གཉིས་དང་མཚུངས་པར་ལྡན་པའི་ཐེག་ཆེན་གྱི་ཀུན་རྫོབ་སེམས་བསྐྱེད་གྲུབ་པའི་ཕྱིར། འདོད་ནུས་པ་མ་ཡིན་ཏེ། དོན་དམ་སེམས་བསྐྱེད་ཡིན་པའི་ཕྱིར་དང་། ཤི་འཕོས་པ་དེ་ཁྲིད་ཀྱི་གཏོང་རྒྱུ་ཡིན་པའི་ཕྱིར། གཉིས་པ་ནི། མི་བསྒྱོད་པ་དང་འོད་དཔག་མེད་ཀྱི་སྡོམ་པ་བླང་པའི་སྟོབས་ཀྱིས་ཐོབ་པའི་སྡོམ་པ་དེ་གཉིས་ཆོས་ཅན། སེམས་བསྐྱེད་ཀྱི་སྡོམ་པར་ཐལ། མཚན་ཉིད་དེའི་ཕྱིར། དེ་ཆོས་ཅན། རང་རྒྱུད་ལྡན་གྱི་གང་ཟག་དེས་རྣམ་སྣང་གི་སྡོམ་པ་ལེན་པའི་ཚོགས་ཐོབ་པའི་སྡོམ་པར་ཐལ། རྒྱུད་སྡེ་གོང་མའི་ཐུན་མོང་མ་ཡིན་པའི་ཕྱིར། ཁྱབ་པ་ཚད་མས་གྲུབ་བོ། །སྡོམ་པ་གཉིས་ཀྱི་མཚན་ཉིད་ཀྱི་བཀྲལ་ལན་བསྟན་ཟིན་ཏོ། །

གསུམ་པ་སྔགས་སྡོམ་གྱི་མཚན་ཉིད་བརྟག་པ་ལ། དངོས་དང་། ཞར་ལ་སྔགས་སྡོམ་གྱི་ཐོབ་མཚམས་དཔྱད་པའོ། །དང་པོ་ནི། སྔགས་སྡོམ་གྱི་མཚན་ཉིད་དེ། རྒྱུད་སྡེ་འོག་མ་གཉིས་ཀྱི་ལུགས་ལ་ཡང་ཁས་ལེན་པ་ཡིན་ནམ། རྒྱུད་སྡེ་གོང་མ་གཉིས་ཀྱི་ཐུན་མོང་གི་ཆོས་སུ་ཁས་ལེན་པ་ཡིན་ནམ། རྣལ་འབྱོར་བླ་མེད་ཀྱི་ཐུན་མོང་མ་ཡིན་པའི་ཁྱད་ཆོས་སུ་ཁས་ལེན་པ་ཡིན། དང་པོ་ལྟར་ན། བྱ་རྒྱུད་རང་རྐང་ལ་རང་ཉིད་སངས་རྒྱས་སུ་སྐྱེད་པ་ཡོད་པར་ཐལ། དེའི་རང་རྐང་ལ་སྔགས་ཀྱི་སྡོམ་པ་ཡོད་པ་གང་ཞིག །དེ་ཡིན་ན་ལྷའི་རྣམ་པར་བྱིན་གྱིས་བརླབས་པས་ཁྱབ་པའི་ཕྱིར། ཡང་རྒྱུད་སྡེ་འོག་མ་གཉིས་ཀྱི་རང་རྐང་ལ་དབང་གི་ཚོགས་བདེ་ཆེན་གྱི་ཡེ་ཤེས་འདྲེན་ནུས་པ་ཡོད་པར་ཐལ། དེ་ལ་སྔགས་སྡོམ་ཡོད་པ་གང་ཞིག །དེ་ཡིན་ན་ལྷ་དང་ཡེ་ཤེས་ཀྱི་བྱིན་གྱིས་བརླབས་པས་ཁྱབ་པའི་ཕྱིར། འདོད་ན། ལུགས་དེའི་རང་རྐང་ལ་རྡོ་རྗེ་སློབ་དཔོན་གྱི་དབང་བསྐུར་མཚན་ཉིད་པ་ཡོད་པར་ཐལ་ལོ། །གཞན་རྒྱུད་སྡེ་འོག་མ་གཉིས་ཀྱི་རང་རྐང་འདུ་བྱེད་ཀྱི་ཕུང་པོ་དོན་ཡོད་གྲུབ་པར་བྱིན་གྱིས་རློབས་པ་ཡོད་པར་ཐལ། ལུགས་དེ་ལ་རང་རྒྱུད་ཀྱི་སྡོམ་པ་ཧེ་སྐྱེད་ལྷ་དོན་ཡོད་གྲུབ་པ་དང་། བྱ་གྲུབ་ཡེ་ཤེས་སུ་བྱིན་གྱིས་རློབས་པ་ཡོད་པའི་ཕྱིར། དེར་ཐལ། དེ་ལ་སྔགས་སྡོམ་ཡོད་པའི་ཕྱིར། ཁྱབ་པ་ཁས་བླངས་སོ། །རྩ་བར་འདོད་ན། ལུགས་དེ་ལ། རིགས་ལྔའི་དོན་དང་ཐ་སྙད་གཉིས་ཀ་གྲུབ་པར་ཐལ་ལོ། །ཞེས་བྱ་བའི་ཐལ་བ་གསུམ་འཇུག་གོ། གཉིས་པ་ལྟར་ན། རྣལ་འབྱོར་རྒྱུད་ཀྱི་སྔགས་སྡོམ་དང་ལྡན་པའི་གང་ཟག་ཡིན་ན། དུས་རྟག་ཏུ་ལྷའི་ང་རྒྱལ་དང་ལྡན་པས་ཁྱབ་པར་ཐལ། དེའི་རྒྱུད་ཀྱི་སྔགས་སྡོམ་ཡིན་ན་ལྷ་དང་ཡེ་ཤེས་ཀྱི་རྣམ་པར་བྱིན་གྱིས་བརླབས་པས་ཁྱབ་པའི་ཕྱིར། ཡང་དེ་ཡིན་ན། ཧེ་སྲིད་སྡོམ་པ་དང་ལྡན་པ་དེ་སྲིད་

དུ་ལྷག་པའི་ལྷའི་ཡེ་ཤེས་ཀྱི་ངོ་བོར་གྱུར་པའི་སེམས་བྱུང་སེམས་པ་དང་ལྡན་པས་ཁྱབ་པར་ཐལ། དེའི་རྒྱུད་ཀྱི་སྔགས་སྡོམ་ཡིན་ན་དེ་དང་དེར་བྱིན་གྱིས་བརླབས་པས་ཁྱབ་པའི་ཕྱིར། དེ་གཉིས་ཀ་ལ་འདོད་མི་ནུས་ཏེ། ཇི་སྐད་དུ། དེས་ན་རང་ཉིད་ཐ་མལ་འགྱུར། །ཞེས་གསུངས་པ་དང་འགལ་བའི་ཕྱིར་རོ། །གསུམ་པ་ལྟར་ན། གསང་སྔགས་བླ་མེད་ཀྱི་དམ་ཚིག་ཇི་སྙེད་ཡོད་པ་ཆོས་ཅན། གསང་སྔགས་ཀྱི་སྡོམ་པར་ཐལ། མཚན་ཉིད་དེའི་ཕྱིར། དེར་ཐལ། གསང་སྔགས་བླ་མེད་ཀྱིས་དམ་ཚིག་ཡིན་པའི་ཕྱིར། འདོད་ན། སྔགས་བླ་མེད་ཀྱི་དམ་ཚིག་ཡིན་ན་སྡོམ་པ་ཡིན་པས་ཁྱབ་པར་ཐལ་ལོ། །འདོད་ན། སྔོན་འགྲོ་དམ་ལ་བཞག་པ་བཞིའི་སྐབས་ནས་ཐོབ་པའི་དམ་ཚིག་རྣམས་ཆོས་ཅན། དེར་ཐལ། དེའི་ཕྱིར། འདོད་མི་ནུས་ཏེ། རང་རྒྱུད་དབང་བསྐུར་ལ་མི་ལྟོས་པའི་ཕྱིར། གཞན་ཡང་བཟའ་བའི་དམ་ཚིག་དང་། མི་འབྲལ་བའི་དམ་ཚིག་སོགས་ཆོས་ཅན། དེར་ཐལ། དེའི་ཕྱིར། འདོད་ན། བུམ་དབང་ལ་ལྟོས་པའི་དམ་ཚིག་ཏུ་ཐལ། གསང་སྔགས་བླ་མེད་ཀྱི་སྡོམ་པ་ཡིན་པའི་ཕྱིར། དེའི་ཁྱབ་པ་ཁྱོད་ཀྱིས་ཁས་བླངས་པ་ཡིན་ཏེ། བུམ་དབང་མཐའ་བརྟེན་དང་བཅས་པ་རྫོགས་པར་ཐོབ་པ་དང་སྔགས་སྡོམ་རྫོགས་པར་ཐོབ་པ་དུས་མཉམ་པ་ཁྱོད་ཀྱི་ལུགས་ཡིན་པའི་ཕྱིར།

གཉིས་པ་ལ། ཕྱ་རབས་པ་མང་པོ་ན་རེ། རིགས་ལྔའི་སྡོམ་བཟུང་ལན་གསུམ་བྱས་པའི་མཐར་སྔགས་སྡོམ་རྫོགས་པར་སྐྱེས་པ་ཡིན་ནོ་ཞེས་ཟེར་རོ། །འོ་ན་སློན་བྱེད་དབང་གི་ཆོ་ག་དང་མ་འབྲེལ་བར་སྡོམ་བཟུང་ལན་གསུམ་བྱས་པ་ཙམ་གྱིས་སྔགས་སྡོམ་རྫོགས་པ་ཅིག་སྐྱེས་པ་སྲིད་པར་ཐལ། དམ་བཅའ་དེའི་ཕྱིར། འདོད་ན༏ དེ་འདྲའི་སྡོམ་ལྡན་དེ་ཆོས་ཅན། གསང་སྔགས་སྡོམ་ལྡན་མ་ཡིན་ཏེ། གསང་སྔགས་ཀྱི་ཆོས་སྒོར་མ་ཞུགས་པའི་ཕྱིར། སློན་བྱེད་ཀྱི་དབང་གི་སྔ་གོན་གྱི་ཆོས་ཙམ་ཡང་མ་ཐོབ་པའི་ཕྱིར། ཡང་ལ་ལ་ན་རེ། སློབ་མ་སྔ་གོན་ནི༏ དཀྱིལ་འཁོར་དུ་འཇུག་པའི་དུས་དེར་རིགས་ལྔའི་སྡོམ་བཟུང་ལན་གསུམ་བྱས་པའི་མཐར་སྔགས་སྡོམ་རྫོགས་པར་ཐོབ་པ་ཡིན་ཏེ། དཔེར་ན་བརྗོད་པ་གསུམ་པ་ལ། དགེ་ཚུལ་དང་དགེ་སློང་གི་སྡོམ་སྐྱེས་པ་བཞིན་ནོ་ཞེས་ཟེར། དེ་ལྟའང་། བླ་མེད་ཀྱི་དབང་བསྐུར་ཐོབ་མ་མྱོང་བ་ཡང་ཡིན། བླ་མེད་ཀྱི་སྡོམ་ལྡན་ཡང་ཡིན་པའི་གཞི་མཐུན་ཞིག་ཡོད་པར་ཐལ། དམ་བཅའ་དེའི་ཕྱིར། འདོད་ན། དེ་འདྲ་དེ་ཆོས་ཅན། ཁྱོད་ཀྱི་རྩ་ལྟུང་བཅུ་བཞི་བསྲུངས་དགོས་པར་ཐལ། གསང་སྔགས་བླ་མེད་ཀྱི་སྡོམ་པ་དང་ལྡན་པའི་ལས་དང་པོ་པ་ཡིན་པའི་ཕྱིར། འདོད་མི་ནུས་ཏེ། ཁྱོད་ཀྱི་དེ་བསྲུང་བའི་རྒྱུ་ཚོགས་གྲངས་མ་ཚང་བའི་ཕྱིར། དེ་མ་ཚང་སྟེ། ཁྱོད་ལ་རྡོ་རྗེ་སློབ་དཔོན་མེད་པའི་ཕྱིར་དང་། རྡོ་རྗེ་སྤུན་མེད་པའི་ཕྱིར་དང་། དམ་ཚིག་གིས་རྫས་ཇི་ལྟར་རྟེན་བཞིན་དེར་བརྟེན་མི་རུང་བའི་ཕྱིར། རྟགས་གསུམ་ཀ་གྲུབ་སྟེ། ཁྱོད་ཀྱི་གསང་སྔགས་བླ་མེད་ཀྱི་དབང་མ་ཐོབ་པའི་ཕྱིར།

གཞན་ཡང་དེ་ཆོས་ཅན། ཁྱོད་ལ་རྒྱ་བའི་ལྟུང་བ་བྱུང་བའི་ཚེ། བདག་ཉིད་ཀྱིས་དཀྱིལ་འཁོར་དུ་ཞུགས་ཤིང་དབང་བླངས་པས་སྔགས་སྡོམ་སོར་ཆུད་ཅིག་སྲིད་པར་ཐལ། སྔགས་ཀྱི་སྡོམ་ལྡན་གྱི་ལས་དང་པོ་པ་ཡིན་པའི་ཕྱིར། རྟགས་ཁས་བླངས། ཁྱབ་པ་ཚད་མའོ། །

འདི་ལ་རི་བོ་དགེ་ལྡན་པ་ན་རེ། སྔགས་སྡོམ་དང་མི་ལྡན་པ་ལ་རིག་པའི་དབང་ལྔ་བསྐུར་དུ་མི་རུང་ཞིང་། ཁྱད་པར་རྡོ་རྗེ་སློབ་དཔོན་གྱི་དབང་མི་བསྐུར་བ་ཡིན་ནོ། །ཞེས་ཟེར་ཞིང་། སྡོམ་པ་གསར་དུ་ཐོབ་པ་ཡང་དབང་བསྐུར་དང་སྦྲེལ་བ་ལ་ངེས་པར་ལྟོས་དགོས་པ་ཡིན་ཏེ། དེ་དང་མ་འབྲེལ་ན་སྔགས་སྡོམ་མི་ཐོབ་པའི་ཕྱིར་ཞེས་ཟེར་རོ། །འདི་ནི་ཁས་བླངས་ནང་འགལ་བས་དགག་པར་བྱ་སྟེ། འོ་ན་སྤྱོད་པའི་རྒྱུད་ཀྱི་དབང་བསྐུར་ལ་རིགས་ལྔའི་སྡོམ་བཟུང་སྟོན་འགྲོ་དགོས་པར་ཐལ། དེ་ལ་རིག་པའི་དབང་བསྐུར་བ་ཐོབ་པའི་ཕྱིར། ཁྱབ་རྟགས་གྲུབ་མཐའ་ལ་ཁས་བླངས། འདོད་ན། སྤྱོད་རྒྱུད་ཀྱི་བསྟུས་པའི་སྔགས་སྡོམ་ཡོད་པར་ཐལ། འདོད་པའི་ཕྱིར། འཁོར་གསུམ་ཁས་བླངས་སོ། །གཞན་ཡང་རྣལ་འབྱོར་བླ་མེད་ཀྱི་སྡོམ་པ་མ་བཟུང་ཞིང་། རྣལ་འབྱོར་རྒྱུད་ནས་གསུང་པའི་རིགས་ལྔའི་སྡོམ་བཟུང་ལན་གསུམ་བྱས་པའི་སྔགས་ཀྱི་སྡོམ་པ་ལེན་པར་བྱེད་པའི་རྡོ་རྗེ་སློབ་མ་དེ་ཆོས་ཅན། རྡོ་རྗེ་སློབ་དཔོན་གྱི་དབང་བསྐུར་བའི་རྟེན་དུ་མི་རུང་བར་ཐལ། རྡོ་རྗེ་སློབ་དཔོན་གྱི་སྡོམ་པ་དང་མི་ལྡན་པའི་ཕྱིར། ཁྱབ་པ་ཁས་བླངས། དེར་ཐལ། བུམ་དབང་གི་སྡོམ་པ་དང་མི་ལྡན་པའི་ཕྱིར། ཁྱབ་པ་ཡོད་དེ། རྡོ་རྗེ་སློབ་དཔོན་གྱི་དབང་མཚན་ཉིད་པ་ཡིན་ན། བུམ་དབང་གི་དངོས་གཞི་ཡིན་པས་ཁྱབ་པའི་ཕྱིར། རྟགས་གྲུབ་སྟེ། བླ་མེད་དུ་མ་ཞུགས་པ་ལ་བུམ་དབང་མཚན་ཉིད་པ་ཇི་ལྟར་ཡོད། ཡང་དེ་ཆོས་ཅན། བླ་མེད་ཀྱི་རྡོ་རྗེ་སློབ་དཔོན་གྱི་དབང་བསྐུར་བའི་རྟེན་དུ་གྱུར་པའི་སྡོམ་པ་དེ་དང་ལྡན་པར་ཐལ། རྣལ་འབྱོར་རྒྱུད་ཀྱི་སྔགས་སྡོམ་ཡོངས་རྫོགས་དང་ལྡན་པ་གང་ཞིག །རྒྱུད་སྡེ་གོང་མ་གཉིས་ཀྱི་སྔགས་སྡོམ་ལ་ཁྱད་པར་ཅུང་ཟད་ཙམ་ཡང་མ་དམིགས་པའི་ཕྱིར། རྟགས་ཕྱི་མས་ཁས་བླང་སྟེ། རྒྱུད་སྡེ་གོང་མ་གཉིས་ཀའི་སྡོམ་པ་འཛིན་པའི་ཚེ། བཤད་རྒྱུད་རྡོ་རྗེ་རྩེ་མོ་ནས་གསུང་པའི་རིགས་ལྔའི་སྡོམ་བཟུང་ལན་གསུམ་འཛིན་པ་ལས་མ་གཏོགས་པའི་ཁྱད་པར་ཅུང་ཟད་ཀྱང་མེད་པར་ཁྱེད་ཀྱིས་ཁས་བླང་པའི་ཕྱིར། རྩ་བར་འདོད་ན། དེ་ཆོས་ཅན། བླ་མེད་ཀྱི་སྡོམ་པ་ཐོབ་པར་ཐལ། འདོད་པའི་ཕྱིར། འདོད་མི་ནུས་ཏེ། བླ་མེད་ཀྱི་ཆོས་སྒོར་མ་ཞུགས་པའི་ཕྱིར། གཞན་ཡང་། སྔགས་ཀྱི་སྡོམ་པ་ཆོས་ཅན། རང་རྒྱུ་དབང་བསྐུར་གྱི་འབྲས་བུར་ཐལ། དབང་བསྐུར་ལ་ངེས་པར་ལྟོས་པའི་སྡོམ་པའི་ཕྱིར། རྟགས་བསལ་དངོས་འགལ། ཁྱབ་པ་ཡོད་དེ། རིགས་པ་མཁྱེན་པས་ལྟོས་ཕྱིར་འབྲས་བུ་ཉིད་དུ་བརྗོད། །ཅེས་གསུངས་པའི་ཕྱིར། ཡང་རང་ལུགས་ཀྱི་ཕྱོགས་འཛིན་པ་དག་ན

རེ༑ བུམ་དབང་གི་མཐའ་བརྟེན་རྫོགས་པ་དང་། སྔགས་སྡོམ་རྫོགས་པ་དུས་མཉམ་ཞེས་ཟེར།

འདི་ལ་ཉེས་པ་གསུམ་སྟེ། གསང་སྔགས་བླ་མེད་ཀྱི་སྡོམ་པ་ཡིན་ན། བུམ་དབང་གི་སྡོམ་པ་ཡིན་པས་ཁྱབ་པར་ཐལ་བ་དང་། ཡང་དེ་ཡིན་ན་བསྐྱེད་རིམ་གྱི་སྡོམ་པ་ཡིན་པས་ཁྱབ་པར་ཐལ་བ་དང་། བུམ་དབང་རྫོགས་པར་ཐོབ་ན། རྡོ་རྗེ་སློབ་དཔོན་གྱི་དབང་རྫོགས་པར་ཐོབ་པས་ཁྱབ་པར་ཐལ་བའོ། །དང་པོ་ལ། འདོད་ན༑ བླ་མ་བཅུལ་ལ་དབང་བཞི་བླངས། །དེ་ཡིས་སྡོམ་པ་གསུམ་ལྡན་འགྱུར། །ཞེས་གསུངས་པ་དང་འགལ། གཉིས་པ་ལ་འདོད་ན། བརྟག་པ་ཕྱི་མའི་གསུམ་པར། ཞུས་ལན་གྱི་སྙོ་ནས་རྒྱས་པར་གདན་ལ་ཕབ་པའི་སྡོམ་པ་དེ་སྔགས་སྡོམ་མཚན་ཉིད་པ་མ་ཡིན་པར་འགྱུར། གསུམ་པ་ལ་འདོད་ན། རྡོ་རྗེ་སྙིང་འགྲེལ་ལས། དབང་གོང་མ་གསུམ་མ་ཐོབ་པར་རྡོ་རྗེ་སློབ་དཔོན་དུ་མི་འགྱུར་བར་བཤད་པ་དང་འགལ། དེ་ཙམ་གྱི་སྙོ་ནས་མཚན་ཉིད་ལ་དཔྱད་པ་བསྟན་ཟིན་ཏོ། །གཉིས་པ་གཞི་མཐུན་ལ་དཔྱད་པ་ནི། སྒྲུབ་བྱེད་མ་ངེས་པ་དང་། བསྒྲུབ་བྱ་ལ་གནོད་བྱེད་བརྗོད་པའོ། །དང་པོ་ནི། ལྷགས་ལ་གསེར་འགྱུར་གྱི་རྩི་བྱུས་པའི་དུས་དེར་ལྕགས་དང་གསེར་གྱི་གཞི་མཐུན་ཡོད་པར་ཐལ། དུས་དེར་དེ་དེར་གནས་འགྱུར་པའི་ཕྱིར། སངས་རྒྱས་ཀྱི་སར་ཀུན་གཞི་རྣམ་ཤེས་དང་། མེ་ལོང་ཡེ་ཤེས་ཀྱི་གཞི་མཐུན་ཡོད་པར་ཐལ་བ་དང་། དེར་ཉོན་ཡིད་དང་མཉམ་ཉིད་ཡེ་ཤེས་ཀྱི་གཞི་མཐུན་ཡོད་པར་ཐལ། དེ་དེར་གནས་གྱུར་པའི་ཕྱིར། ཡང་ཇི་སྐད་དུ། རིགས་ཅན་གསུམ་གྱི་སྡོམ་པ་ཡང་། །དཀྱིལ་འཁོར་ཆེན་པོ་འདིར་ཞུགས་ན། །རྡོ་རྗེ་འཛིན་པ་ཞེས་བྱའོ། །ཞེས་པའི་ལུང་གིས་སྡོམ་པ་གསུམ་གྱི་གཞི་མཐུན་ཡོད་པར་བསྟན་པ་ཡིན་ནོ་ཞེ་ན། འོ་ན་དེའི་དུས་ཀྱི་རིགས་ཅན་གསུམ་པོ་དེ་གང་ལ་བྱེད། ཉན་ཐོས་དང་རང་སངས་རྒྱས་དང་བྱང་ཆུབ་སེམས་དཔའོ་སྙམ་ན། དེ་ནི་ལེགས་པར་སྨྲས་པ་འདི་ལྟར། ཉན་ཐོས་ཀྱི་སྡོམ་པ་དང་སྔགས་སྡོམ་གྱི་གཞི་མཐུན་ཡོད་པར་ཐལ་བ་དང་། རང་སངས་རྒྱས་ཀྱི་སྡོམ་པ་དང་། དེའི་གཞི་མཐུན་ཡོད་པར་ཐལ་བ་དང་། རིགས་ཅན་གསུམ་ཀའི་སྡོམ་པ་ཡིན་པའི་གཞི་མཐུན་པ་གཅིག་ཡོད་པར་ཐལ། སྔར་གྱི་ལུང་དེས་དེ་དང་དེ་ཡོད་པར་བསྟན་པའི་ཕྱིར། རྟགས་ཁས་བླངས། གལ་ཏེ་དེ་ཉན་ཐོས་ཀྱི་སྡོམ་པ་དང་སྔགས་ཀྱི་སྡོམ་པར་གནས་གྱུར་ཞེས་འཆད་པ་ཡིན་གྱི། དེ་དེར་གནས་གྱུར་དུས་ཀྱི་ཉན་ཐོས་ཀྱི་སྡོམ་པ་སྔགས་སྡོམ་དུ་འཆད་པ་མ་ཡིན་ནོ་སྙམ་ན། རང་གིས་རང་ལ་ཅོ་འདྲི་བ་མ་ཡིན་ནམ།

གཉིས་པ་གནོད་བྱེད་ནི། སྡོམ་གསུམ་རིམ་པར་མནོས་པའི་རྡོ་རྗེ་འཛིན་པའི་རྒྱུད་ཀྱི་དགེ་སློང་གི་སྡོམ་པ་དེ་སྡོམ་པ་གསུམ་ཀའི་གཞི་མཐུན་དུ་ཐལ་བ་དང་། ཡང་དེའི་རྒྱུད་ཀྱི་དབུ་མ་ལུགས་ཀྱི་སེམས་བསྐྱེད་སྡོམ་པ་གསུམ་ཀའི་གཞི་མཐུན་དུ་ཐལ། དམ་བཅའ་དེ་གང་ཞིག །ཆོས་ཅན་དེ་དག་ཡོད་པའི་ཕྱིར། དང་པོ་ལ་འདོད་

ན༑ དེ་ཆོས་ཅན། རང་ཐོབ་བྱེད་ཀྱི་རྒྱུ་གསང་སྔགས་ཀྱི་དབང་བསྐུར་ལ་ལྟོས་པར་ཐལ། སྔགས་སྡོམ་ཡིན་པའི་ཕྱིར། ཁྱབ་པ་མེད་ན། གསང་སྔགས་ཀྱི་དབང་བསྐུར་ལ་མ་ལྟོས་པའི་སྔགས་སྡོམ་ཡོད་པར་ཐལ། ཁྱབ་པ་མེད་པའི་ཕྱིར། རྩ་བར་འདོད་ན། རང་རྒྱུད་ལྡན་གྱི་གང་ཟག་དེ་དབང་བསྐུར་མ་ཞུས་གོང་དུ་ཁྱོད་ཐོབ་པ་མ་ཡིན་པར་ཐལ། ཁྱོད་རང་རྒྱུ་དབང་ལ་ལྟོས་པའི་ཕྱིར། དེ་འདོད་ན། དེ་འདྲའི་གང་ཟག་དེ་སྡོམ་གསུམ་རིམ་པར་མནོས་པ་མ་ཡིན་པར་ཐལ། དེའི་རྒྱུད་ཀྱི་སྔགས་སྡོམ་དང་དགེ་སློང་གི་སྡོམ་པ་གཉིས་ཐོབ་པའི་དུས་མཚུངས་པའི་ཕྱིར། དེར་ཐལ། དེ་གཉིས་ཀར་རང་རྒྱུད་ལྡན་གྱི་གང་ཟག་དེས་དབང་བསྐུར་ཐོབ་པའི་དུས་དེ་ཉིད་དུ་ཐོབ་པའི་ཕྱིར། གཞན་ཡང་། ཁྲིམ་པའི་རྡོ་རྗེ་སློབ་དཔོན་ལས་སྔགས་སྡོམ་བླང་བའི་དགེ་སློང་གི་རྒྱུད་ཀྱི་དགེ་སློང་གི་སྡོམ་པ་དེ་ཆོས་ཅན། ཡུལ་ཁྲིམ་པ་ལས་བླངས་པའི་སྡོམ་པར་ཐལ། ཁྲིམ་པའི་རྡོ་རྗེ་སློབ་དཔོན་ལས་བླངས་པའི་སྔགས་སྡོམ་ཡིན་པའི་ཕྱིར། འདོད་ན་དེ་ཆོས་ཅན། དེ་མ་ཡིན་པར་ཐལ། དགེ་སློང་གི་སྡོམ་པ་ཡིན་པའི་ཕྱིར། ཡང་སྔགས་སྡོམ་བླངས་ནས་ལོ་གསུམ་སོང་རྗེས་སུ་བསྙེན་པར་རྫོགས་པའི་རྒྱུད་ཀྱི་དགེ་སློང་གི་སྡོམ་པ་ཆོས་ཅན། རང་རྒྱུད་ལྡན་གྱི་གང་ཟག་དེ་སྔགས་སྡོམ་ཐོབ་པའི་དུས་དེ་ཉིད་དུ་ཐོབ་པར་ཐལ། ཁྱོད་དེའི་རྒྱུད་ཀྱི་སྔགས་སྡོམ་ཡིན་པའི་ཕྱིར། འདོད་ན་དེ་ཆོས་ཅན། རང་རྒྱུད་ལྡན་གྱི་གང་ཟག་དེས་བསྙེན་རྫོགས་མ་བྱས་པའི་ལོ་གསུམ་གྱི་གོང་དུ་ཐོབ་པའི་སྡོམ་པ་ཡིན་པར་ཐལ། འདོད་པ་གང་ཞིག །ཁྱོད་དེ་ཡིན་ན་ཁྱོད་དེ་ཡིན་དགོས་པའི་ཕྱིར། གཞན་ཡང་དེ་ལྟར་མནོས་པའི་དེའི་རྒྱུད་ཀྱི་དགེ་སློང་གི་སྡོམ་པ་ཆོས་ཅན། གསང་སྔགས་རྩ་བའི་ལྟུང་བ་བྱུང་ན་ཁྱོད་གཏོང་བར་ཐལ་བ་དང་། ཡན་ལག་གི་ལྟུང་བས་ཁྱོད་ཀྱི་བསླབ་པ་འཁྲུལ་བཅས་སུ་ཐལ་བ་དང་། རང་རྒྱུད་ལྡན་གྱི་གང་ཟག་ཤི་འཕོས་པ་དེ་ཁྱོད་ཀྱི་གཏོང་རྒྱུ་མ་ཡིན་པར་ཐལ། ཁྱོད་གསང་སྔགས་ཀྱི་སྡོམ་པ་ཡིན་པའི་ཕྱིར། ཐལ་བ་སྔ་མ་ལ་ཁྱབ་པ་མེད་ན། ཁྱོད་ལ་ནང་འགལ་བ་འདི་ལྟར། རང་རྒྱུད་ལ་གསང་སྔགས་ཀྱི་རྩ་ལྟུང་བྱུང་བས་མི་གཏོང་རྒྱུའི་སྔགས་སྡོམ་དེ་གང་ཡིན། དེ་རྒྱུད་ཀྱི་དགེ་སློང་གི་སྡོམ་པ་དེའོ་ཟེར་བ་ལས་འོས་མེད་པས། གསང་སྔགས་བླ་མེད་ཀྱི་རྩ་ལྟུང་བཞི་པ་དང་ལྔ་པ་བྱུང་བའི་དགེ་སློང་ཆོས་ཅན། ཁྱོད་ཀྱི་རྒྱུད་ལ་བྱམས་པ་དང་བྱང་ཆུབ་ཀྱི་སེམས་ཡོད་པར་ཐལ། ཁྱོད་གསང་སྔགས་བླ་མེད་ཀྱི་སྡོམ་ལྡན་ཡིན་པའི་ཕྱིར། རྟགས་ཁས་བླངས། འདོད་ན། ཁྱོད་ལ་རྩ་ལྟུང་བཞི་པ་དང་ལྔ་པ་མ་བྱུང་བར་ཐལ་ལོ༑ ༑གཞན་ཡང་དེ་ཆོས་ཅན། ཁྱོད་ཀྱི་གསང་སྔགས་ཀྱི་སྡོམ་པ་སྔར་མེད་གསར་དུ་ལེན་དགོས་པ་མ་ཡིན་པར་ཐལ། ཁྱོད་གསང་སྔགས་ཀྱི་སྡོམ་ལྡན་ཡིན་པའི་ཕྱིར། ཡང་རྡོ་རྗེ་སྤུན་ལ་ཁྲོས་པའི་རྩ་ལྟུང་བྱུང་བའི་དགེ་སློང་དེ་ཆོས་ཅན། ཁྱོད་ཡོངས་སུ་མ་སྨིན་སེམས་ཅན་ལ། །ཞེས་པའི་སྐབས་ནས་བསྟན་པའི་མ་སྨིན་པ་དེ་མ་ཡིན་

པར་ཐལ། གསང་སྔགས་བླ་མེད་ཀྱི་སྡོམ་ལྡན་ཡིན་པའི་ཕྱིར། འདོད་ན། དེ་ཡིན་ན་བླ་མེད་ཀྱི་རྩ་ལྟུང་བྱུང་ལ་སོར་མ་ཆུད་པའི་གང་ཟག་ཡིན་པའི་ཕྱིར། རྩ་བའི་ཐལ་འགྱུར་གཉིས་པ་ལ་ཁྱབ་པ་མེད་ན། ཡན་ལག་གི་ཉེས་པ་སྦོམ་པོ་བརྒྱད་ཀྱི་འབྲུལ་བཅས་སུ་མི་འགྱུར་བའི་བླ་མེད་ཀྱི་སྡོམ་པ་དེ་གང་ཡིན། དེའི་རྒྱུད་ཀྱི་དགེ་སློང་གི་སྡོམ་པ་དེའོ་སྙམ་ན། འོན་དེའི་རྒྱུད་ཀྱི་དེ་ཆོས་ཅན། དམ་ཚིག་དང་མི་ལྡན་པའི་རིག་མ་བརྟེན་པར་དགའ་བའི་ཡན་ལག་གི་ཉེས་པས་ཁྱོད་ཀྱི་བསླབ་པ་འབྲུལ་བཅས་སུ་འགྲོ་བར་ཐལ། ཁྱོད་དགེ་སློང་གི་སྡོམ་པ་ཡིན་པའི་ཕྱིར། ཁྱབ་པ་ཚད་མ། བསལ་བ་ཁས་བླངས། རྩ་བའི་གསུམ་པ་ལ་ཁྱབ་པ་མེད་ན། གསང་སྔགས་ཀྱི་སྡོམ་པ་ཡང་ཡིན། དུས་ཀྱི་ཁྱད་པར་ཇི་སྲིད་འཚོའི་བར་དུ་བླངས་པ་ཡང་ཡིན་པའི་གཞི་མཐུན་ཞིག་གྲུབ་པར་ཐལ། རྩ་བ་ལ་ཁྱབ་པ་མེད་པའི་ཕྱིར། འདོད་ན། དེ་འདྲའི་གཞི་མཐུན་དེ་ཆོས་ཅན། ཁྱོད་དུས་ཇི་སྲིད་འཚོའི་བར་དུ་བླངས་པའི་ཚོ་ག་སངས་རྒྱས་ཀྱིས་མ་གསུངས་པར་ཐལ། ཁྱོད་སྔགས་སྡོམ་ཡིན་པའི་ཕྱིར་རོ། །གཞན་ཡང་ཁྱིམ་པའི་རྡོར་འཛིན་གྱི་རྒྱུད་ཀྱི་བསྙེན་གནས་ཀྱི་སྡོམ་པ་ཆོས་ཅན། གསང་སྔགས་ཀྱི་སྡོམ་པ་མ་ཡིན་ཏེ། ཉིན་ཞག་གི་མཐའ་ཅན་གྱི་སྡོམ་པ་ཡིན་པའི་ཕྱིར་རོ། །དེའི་རྒྱུད་ཀྱི་དགེ་བསྙེན་ཡང་ཆོས་ཅན། གསང་སྔགས་ཀྱི་སྡོམ་པ་མ་ཡིན་ཏེ། ཇི་སྲིད་འཚོ་བའི་སྡོམ་པ་ཡིན་པའི་ཕྱིར། གཞན་ཡང་། གསང་སྔགས་ཀྱི་དབང་ལས་བྱུང་བའི་ཐབས་ཁྱད་པར་ཅན་གྱིས་ཟིན་པའི་སྡོམ་པ་ཡིན་ན། སྔགས་སྡོམ་ཡིན་དགོས་པར་ཐལ། དེའི་རྒྱུད་ཀྱི་དགེ་སློང་གི་སྡོམ་པ་དེ་སྔགས་སྡོམ་ཡིན་པའི་ཕྱིར། འདོད་ན། སྔགས་སྡོམ་དང་ལྡན་པའི་སོ་སོ་སྐྱེ་བོའི་རྒྱུད་ཀྱི་བསམ་གཏན་གྱི་སྡོམ་པ་ཆོས་ཅན། དེར་ཐལ་དེའི་ཕྱིར། འདོད་ན། དེ་ཆོས་ཅན། ས་འཕོས་པ་དང་ཤི་བའི་ཚོགས་པས་གཏོང་བར་ཐལ། བསམ་གཏན་གྱི་སྡོམ་པ་ཡིན་པའི་ཕྱིར། ཁྱབ་པ་ཚད་མས་འདོད་ན། སྔགས་སྡོམ་དུ་ཐལ་ལོ། །

རྩ་བའི་གཉིས་པ་ལ་འདོད་ན། སྡོམ་གསུམ་རིམ་པར་མནོས་པའི་རྡོར་འཛིན་གྱི་རྒྱུད་ཀྱི་སྔགས་སྡོམ་ཆོས་ཅན། རང་རྒྱུད་ལྡན་གྱི་གང་ཟག་དེས་སྔགས་སྡོམ་མ་ཐོབ་པའི་སྡོམ་པར་ཐལ། ཁྱོད་སྡོམ་གསུམ་རིམ་པར་མནོས་པའི་དགེ་སློང་གི་རྒྱུད་ཀྱི་སོ་ཐར་གྱི་སྡོམ་པ་གང་ཞིག །ཁྱོད་སོ་ཐར་རིས་བདུན་གང་རུང་མ་ཡིན་པའི་ཕྱིར། གཞན་ཡང་དགེ་སློང་ཀྱང་བའི་སྡོམ་པ་དང་ལྡན། སོ་ཐར་རིས་བདུན་གཞན་དང་མི་ལྡན་པའི་དགེ་སློང་གི་རྒྱུད་ཀྱི་སྔགས་སྡོམ་ཆོས་ཅན། ཁྱོད་དགེ་སློང་གི་སྡོམ་པར་ཐལ། ཁྱོད་སོ་ཐར་གྱི་སྡོམ་པ་གང་ཞིག །ཁྱོད་དེ་ཡིན་ན་དེ་ཡིན་དགོས་པའི་ཕྱིར། ཁོ་ན་རེ། རྟགས་མ་གྲུབ་སྟེ། དེའི་རྒྱུད་ལ་རིས་བདུན་གང་རུང་མ་ཡིན་པའི་སོ་ཐར་ཙམ་པོ་ཞིག་ཡོད་པ་དེས་མ་ངེས་སོ་ཞེ་ན། འོན་དེ་དེས་དུས་ནམ་གྱི་ཚེ་ཐོབ་པ་ཡིན། གལ་ཏེ་དེས་བྱུང

སེམས་ཀྱི་སྡོམ་པ་བླངས་པའི་ཚོ་འོ་ཞེ་ན། འོ་ན་ཤེས་བྱ་ཆོས་ཅན། དགེ་སློང་གི་སྡོམ་པ་རྣམ་པར་དག་པ་དང་ལྡན་བཞིན་པའི་དགེ་སློང་ལ་སོ་ཐར་གྱི་སྡོམ་པ་སྔར་མེད་གསར་སྐྱེ་སྲིད་པར་ཐལ། དམ་བཅའ་དེའི་ཕྱིར། འདོད་ན། དགེ་སློང་གི་སྡོམ་པ་ལས་མཆོག་ཏུ་གྱུར་པའི་སོ་ཐར་གྱི་སྡོམ་པ་ཡོད་པར་ཐལ་ལོ། །འདོད་ན། དེ་འདྲའི་བཤད་པ་གང་ན་ཡོད་པ་ཁྱོད་ཀྱིས་སྟོན་ཅིག །བྱང་ཆུབ་སེམས་དཔའི་ཉེས་སྤྱོད་སྡོམ་པའི་ཚུལ་ཁྲིམས་སོ་སྙམ་ན། དེ་ནི་འཇུག་པ་སེམས་བསྐྱེད་ཀྱི་སྡོམ་པ་ཞེས་པའི་སྒྲ་གང་ལ་དངོས་མིང་དུ་འཇུག་པའི་གཞིར་གྱུར་པའི་བྱང་སེམས་ཀྱི་སྡོམ་པ་དེ་ཉིད་ཡིན་གྱི། སོ་ཐར་གྱི་སྡོམ་པ་དངོས་མ་ཡིན་ནོ། །གཞན་དུ་ན། སོ་ཐར་གྱི་སྡོམ་པ་དང་། བྱང་སེམས་ཀྱི་སྡོམ་པའི་འཚམས་སོ་སོར་ཁྱེད་ཀྱིས་སྟོན་ཅིག །གཞན་ཡང་དེ་གསུམ་རིམ་པར་མནོས་པའི་དེའི་རྒྱུད་ཀྱི་སྔགས་སྡོམ་ཆོས་ཅན། ཆོས་ཉིད་ཐོབ་པའི་སོ་ཐར་སྡོམ་པ་དང་། ཡང་དག་པར་བླངས་པ་ལས་བྱུང་བའི་སོ་ཐར་སྡོམ་པ་གང་རུང་དུ་ཐལ། སོ་ཐར་གྱི་སྡོམ་པ་ཡིན་པའི་ཕྱིར། དང་པོ་ལ། འདོད་མི་ནུས་ཏེ། ཆོས་ཉིད་ཀྱིས་ཐོབ་པའི་སྡོམ་པ་མ་ཡིན་པའི་ཕྱིར་ཏེ། དབང་བསྐུར་གྱི་ཆོ་གས་ཐོབ་པའི་སྡོམ་པ་ཡིན་པའི་ཕྱིར།

གཉིས་པ་ལ་འདོད་ན། དེ་ཆོས་ཅན། སོ་ཐར་སྡོམ་པའི་ཆོ་གས་ཐོབ་པར་ཐལ། འདོད་པའི་ཕྱིར། དབང་བསྐུར་དངོས་གཞིའི་ཆོག་ལ་ངེས་པར་ལྟོས་པ་མ་ཡིན་པར་ཐལ། འདོད་པའི་ཕྱིར། ཁྱབ་པ་མེད་ན། སོ་ཐར་གྱི་སྡོམ་པ་ཡང་ཡིན། དབང་བསྐུར་དངོས་གཞིའི་ཆོག་ལ་མ་ལྟོས་པ་ཡང་ཡིན་པའི་གཞི་མཐུན་ཁྱོད་ཀྱིས་ཁས་བླངས་པས། སྡོམ་བཟུང་གི་དུས་སུ་སྡོམ་པ་སྔ་མ་གཉིས་ཐོབ་པར་འདོད་པ་དང་འགལ། ཡང་དེ་འདྲའི་སྔགས་སྡོམ་ཆོས་ཅན། སེམས་བསྐྱེད་སྡོམ་པ་འབོགས་པའི་ཆོག་ལ་ཐོབ་པར་ཐལ། སེམས་བསྐྱེད་ཀྱི་སྡོམ་པ་ཡིན་པའི་ཕྱིར། འདོད་ན་དེ་ཆོས་ཅན། དབང་བསྐུར་དངོས་གཞིའི་ཆོག་ལ་ངེས་པར་མི་ལྟོས་པར་ཐལ། འདོད་པའི་ཕྱིར། ཁྱབ་པ་མེད་ན། དབང་བསྐུར་དངོས་གཞི་མ་རྫོགས་ཀྱི་བར་དུ་རྫོགས་པར་མི་ཐོབ་པའི་སེམས་བསྐྱེད་ཀྱི་སྡོམ་པ་ཅིག་ཁྱེད་ཀྱིས་ཁས་བླངས་པས། ཁས་བླངས་འགལ་བ་དང་། མཚན་གཞི་སྟོན་རྒྱུ་མེད་པའི་ཉེས་པ་གཉིས་སོ། །

གཞན་ཡང་དེ་ཆོས་ཅན། སོ་ཐར་ལ་ལྟོས་པའི་རྟ་ལྟུང་ཡིན་ན། ཁྱོད་ལ་ལྟོས་པའི་རྟ་ལྟུང་གི་རིས་སུ་གནས་པས་ཁྱབ་པར་ཐལ། འདོད་ན། སྡིག་པ་ཅན་བསྒྲལ་བའི་མངོན་སྤྱོད་ཀྱི་ལས་ཀྱི་དངོས་གཞི་དེ་ཆོས་ཅན། དེར་ཐལ། དེའི་ཕྱིར། འདོད་མི་ནུས་ཏེ། གསང་སྔགས་ཀྱི་ཉམས་སུ་བླང་བྱའི་དམ་ཚིག་ཡིན་པའི་ཕྱིར། རྟ་བའི་རྟགས་གྲུབ་སྟེ། སྲོག་གཅོད་ཀྱི་ལས་ལམ་དངོས་གཞི་གང་ཞིག །འདུལ་བ་ལས་གསུངས་པའི་སྲོག་

གཅོད་པའི་རྒྱ་ལྟུང་གི་ཡན་ལག་གི་རྒྱ་བ་ཐམས་ཅད་ཁྱོད་ལ་ཚང་སྲིད་པའི་ཕྱིར། ཁ་ཅིག་ན་རེ། འདུལ་བའི་ལུགས་ཀྱི་རྒྱ་ལྟུང་ཐོག་པའི་གསང་སྔགས་བླ་མེད་ཀྱི་རྒྱ་སྡོམ་ལྡན་ཡིན་ན། བདེ་གཤེགས་བཀའ་འདས་ཀྱི་རྒྱ་ལྟུང་བྱུང་བས་ཁྱབ། ཅེས་ཟེར་བ་དག་སྣང་ངོ་། །

འོ་ན་བླ་མེད་ཀྱི་སྡོམ་པ་དང་ལྡན་པའི་བཅས་ལྡན་དགེ་སློང་གིས་མང་པོ་བསྐྱང་པའི་ཕྱིར་དུ་མི་གཅིག་བསད་པའི་ལས་ལམ་དངོས་གཞི་ཆོས་ཅན། བདེ་གཤེགས་བཀའ་འདས་ཀྱི་རྒྱ་ལྟུང་དུ་ཐལ། བླ་མེད་ཀྱི་སྡོམ་པ་ཐོབ་པའི་དགེ་སློང་གི་རྒྱུད་ཀྱི་འདུལ་བའི་རྒྱ་ལྟུང་ཡིན་པའི་ཕྱིར། འདོད་མི་ནུས་ཏེ། བྱང་སེམས་སྡོམ་ལྡན་གྱི་ཉམས་སུ་བླང་བྱ་ཡིན་པའི་ཕྱིར། རྒྱ་བར་མ་གྲུབ་ན། འདུལ་བའི་ལུགས་ཀྱི་སྲོག་གཅོད་ཕམ་པར་འཇོག་པ་ལ་ཡན་ལག་རྩེ་ནས་དུ་ཞིག་དགོས་ཁྱོད་ཀྱིས་སྨྲོས་ཤིག །རྒྱ་བའི་ཐལ་བ་གསུམ་པ་ལ་འདོད་ན། སྡོམ་གསུམ་ལྡན་པའི་དགེ་སློང་གི་རྒྱུད་ཀྱི་དབུ་མ་ལུགས་ཀྱི་སེམས་བསྐྱེད་ཀྱི་སྡོམ་པ་ཆོས་ཅན། སོ་ཐར་སྡོམ་པའི་སྡོད་དུ་མི་རུང་བའི་རྒྱུད་ལ་ཁྱོད་མི་སྐྱེ་བའི་རིགས་ཅན་དུ་ཐལ། སོ་ཐར་གྱི་སྡོམ་པ་ཡིན་པའི་ཕྱིར། འདོད་ན། དེའི་སྡོད་མ་ཡིན་པའི་འགྲོ་བ་པ་ལ་སྐྱེ་བའི་རིགས་ཅན་གྱི་སྡོམ་པར་ཐལ། དབུ་མ་ལུགས་ཀྱི་སེམས་བསྐྱེད་ཀྱི་སྡོམ་པ་ཡིན་པའི་ཕྱིར། ཡང་དེ་ཆོས་ཅན། ཉེས་སྤྱོད་སྡོམ་པའི་ཚུལ་ཁྲིམས་སུ་ཐལ། སོར་སྡོམ་དང་བྱང་སྡོམ་སྡོམ་པའི་གཞི་མཐུན་ཡིན་པའི་ཕྱིར། འདོད་ན། འཇུག་སྡོམ་དུ་ཐལ། འདོད་པའི་ཕྱིར། འདོད་མི་ནུས་ཏེ། སྨོན་འཇུག་གི་སྡོམ་པ་གཉིས་ཚོགས་པའི་ཚོགས་དོན་ཡིན་པའི་ཕྱིར། ཡང་དེའི་རྒྱུད་ཀྱི་དེ་ཆོས་ཅན། གཙོ་བོར་ལུས་ངག་གི་སྤང་བྱ་སྤོང་བའི་ཚུལ་ཁྲིམས་སུ་ཐལ། སོ་ཐར་སྡོམ་པ་དངོས་ཡིན་པའི་ཕྱིར། འདོད་མི་ནུས་ཏེ། གཙོ་བོར་ཡིད་ཀྱི་སྤང་བྱ་སྤོང་བའི་ཚུལ་ཁྲིམས་ཡིན་པའི་ཕྱིར་ཏེ། སེམས་བསྐྱེད་ཀྱི་སྡོམ་པ་ཡིན་པའི་ཕྱིར། ཡང་དེ་ཆོས་ཅན། རང་རྒྱུ་གསང་སྔགས་ཀྱི་དབང་བསྐུར་ལ་ལྟོས་པར་ཐལ། སྔགས་སྡོམ་ཡིན་པའི་ཕྱིར། འོ་ན་རྒྱུ་དུས་ཀྱི་དབང་དང་སེམས་བསྐྱེད་ཀྱི་ཆོ་ག་དུས་གཅིག་བྱེད་དགོས་པར་ཐལ། འདོད་པའི་ཕྱིར། དེའི་རྒྱུད་ཀྱི་སྨོན་སེམས་ཀྱི་སྡོམ་པ་ཆོས་ཅན། རང་རྒྱུད་ལྡན་གྱི་གང་ཟག་དེས་སངས་རྒྱས་ཐོབ་ནས་ཀྱང་ཁྱོད་མི་གཏོང་བ་སྲིད་པའི་རིགས་ཅན་ཡིན་པར་ཐལ། ཁྱོད་དེའི་རྒྱུད་ཀྱི་སྔགས་སྡོམ་ཡིན་པའི་ཕྱིར། འདོད་ན། སངས་རྒྱས་པར་སྨོན་སེམས་འབྱུང་བར་ཁས་ལེན་པ་སུའི་ལུགས་ཡིན། ཡང་སྡོམ་པ་གསུམ་ལྡན་གྱི་ལས་དང་པོ་པའི་རྒྱུད་ཀྱི་སེམས་ཙམ་ལུགས་ཀྱི་སེམས་བསྐྱེད་ཀྱི་སྡོམ་པ་ཆོས་ཅན། བླ་མེད་ཀྱི་རྒྱ་ལྟུང་བཅུ་གཅིག་པས་ཁྱོད་གཏོང་བར་ཐལ། ཁྱོད་ལས་དང་པོ་པའི་རྒྱུད་ཀྱི་བླ་མེད་ཀྱི་སྔགས་སྡོམ་ཡིན་པའི་ཕྱིར། འདོད་ན། ཤེས་བྱ་ཆོས་ཅན། རྒྱ་ལྟུང་བཅུ་གཅིག་པའི་འགལ་ཟླར་གྱུར་པའི་ལྟ་བ་དེ་སེམས་ཙམ་པ་དང་ཐུན་མོང་གི་ལྟ་བར་ཐལ། འདོད་པའི་

ཕྱིར་རོ། །རིགས་དེ་ཐམས་ཅད་ཀྱི་དོན་བསྡུས་ན། ཁ་ཆེ་པཎ་ཆེན་གྱི་དྲུང་དུ་སོ་ཐར་གྱི་སྡོམ་པ་བླངས། ཁྲོ་ཕུ་ལོ་ཙྪ་བའི་དྲུང་དུ་བྱང་སེམས་ཀྱི་སྡོམ་པ་བླངས། ས་སྐྱ་པཎ་ཆེན་དྲུང་དུ་གསང་སྔགས་ཀྱི་སྡོམ་པ་བླངས་པའི་སྡོམ་པ་གསུམ་ལྡན་གྱི་སྐྱེས་བུ་དེའི་རྒྱུད་ཀྱི་སྔགས་སྡོམ་ཆོས་ཅན། སྡོམ་པ་བླངས་པའི་ཡུལ་ཁ་ཆེ་པཎ་ཆེན་ལས་གསར་དུ་ཐོབ་པའི་སྡོམ་པར་ཐལ། གང་ཟག་དེའི་རྒྱུད་ཀྱི་སོར་སྡོམ་ཙམ་པོ་དེ་ཡིན་པའི་ཕྱིར། ཁྱབ་པ་མེད་ན་ནི༑ སོར་སྡོམ་ཙམ་པོ་དེ་ཉིས་བརྩེགས་གསུམ་བརྩེགས་སྔར་མེད་གསར་དུ་སྐྱེ་བར་ཁྱོད་ཀྱིས་ཁས་བླངས་པས་མི་ཤེས་པའི་རྟགས་བསྟན་པ་ཡིན་ནོ། །ཡང་དེ་ཆོས་ཅན། ཁྲོ་ལོའི་དྲུང་དུ། སྔར་མ་ཐོབ་གསར་དུ་ཐོབ་པའི་སྡོམ་པར་ཐལ། ཁྱོད་དེའི་རྒྱུད་ཀྱི་བྱང་སེམས་ཀྱི་སྡོམ་པ་གང་ཞིག །ཁྱོད་ས་ལོའི་དྲུང་དུ་སྔར་མེད་གསར་དུ་ཐོབ་པའི་སྡོམ་པ་དེ་མ་ཡིན་པའི་ཕྱིར། ཡང་དེའི་རྒྱུད་ཀྱི་སོ་ཐར་གྱི་སྡོམ་པ་དང་། བྱང་སེམས་ཀྱི་སྡོམ་པ་གཉིས་ཆོས་ཅན། པཎ་ས་སྐྱ་པའི་དྲུང་དུ་ཐོབ་པའི་སྡོམ་པར་ཐལ། གང་ཟག་དེའི་རྒྱུད་ཀྱི་སྔགས་སྡོམ་ཡིན་པའི་ཕྱིར། ཆོས་ཅན་ལ་ཞིབ་བྱ་དགོས་ན་དང་དུ་སྦྱོར་ཞིག །དེ་ལྟར་གནོད་བྱེད་བརྗོད་ནས། བསྒྲུབ་བྱ་འགྲུབ་པར་བསྟན་པ་ལ་འདི་ལྟ་སྟེ། རྗེ་བཙུན་གྱི་དགོངས་པ་ལེན་པར་རློམ་པ་དག་ན་རེ། སྡོམ་གསུམ་རིམ་པར་མནོས་པའི་རྒྱུད་ཀྱི་དགེ་སློང་གི་སྡོམ་པ་ཆོས་ཅན། ཁྱོད་བྱང་སེམས་དང་གསང་སྔགས་ཀྱི་སྡོམ་པ་ཡིན་ཏེ། ཁྱོད་དེར་གནས་གྱུར་པའི་ཕྱིར། དཔེར་ན་ལྕགས་ལ་གསེར་འགྱུར་གྱི་རྩི་བསྐུས་པ་བཞིན་ནོ། །ཞེས་ཟེར་རོ། །

འོ་ན་འདུལ་བའི་ལུགས་ཀྱི་བསླབ་ཚིགས་གསུམ་རིམ་པར་མནོས་པའི་དགེ་སློང་གི་རྒྱུད་ཀྱི་དགེ་ཚུལ་ཆོས་ཅན། དགེ་སློང་གི་སྡོམ་པར་ཐལ། དེར་གནས་གྱུར་པའི་ཕྱིར། རྒྱུད་སྡེ་བཞིའི་སྡོམ་པ་རིམ་པར་མནོས་པའི་གསང་སྔགས་པའི་རྒྱུད་ཀྱི་བྱ་རྒྱུད་ཀྱི་སྡོམ་པ་ཆོས་ཅན། གསང་སྔགས་བླ་མེད་ཀྱི་སྡོམ་པར་ཐལ། དེར་གནས་གྱུར་པའི་ཕྱིར། འདོད་ན། བླ་མེད་ཀྱི་དབང་ལས་ཐོབ་པར་ཐལ་ལོ། །ཡང་དབུ་སེམས་ཀྱི་སྡོམ་པ་གཉིས་རིམ་པར་མནོས་པའི་བྱང་ཆུབ་སེམས་དཔའི་རྒྱུད་ཀྱི་དབུ་མ་ལུགས་ཀྱི་སེམས་བསྐྱེད་ཀྱི་སྡོམ་པ་ཆོས་ཅན། སེམས་ཙམ་ལུགས་ཀྱི་སེམས་བསྐྱེད་ཀྱི་སྡོམ་པར་ཐལ། དེར་གནས་གྱུར་པའི་ཕྱིར། འདོད་མི་ནུས་ཏེ། ཁྱོད་དང་དེ་གཉིས་དང་པོར་བླངས་པའི་ཡུལ་མི་འདྲ། གང་གིས་ལེན་པའི་རྟེན་མི་འདྲ། ཇི་ལྟར་བླང་བའི་ཆོ་ག་མི་འདྲ། གང་བསྲུང་བའི་ཆོ་ག་མི་འདྲ། ཉམས་ན་ཕྱིར་བཅོས་མི་འདྲ་བའི་ཕྱིར། ཐལ་འགྱུར་འདི་གསུམ་ཀའི་རྩ་བའི་རྟགས་གྲུབ་ན། གང་ཟག་དེ་དག་གི་རྒྱུད་ཀྱི་སྡོམ་པ་དེ་རྣམས་ངོ་བོ་ཐ་དད་དུ་གནས་པར་ཐལ། དེ་དག་ལ་དེ་ཡོད། སྔ་མ་རྣམས་ཕྱི་མ་གནས་མ་གྱུར་པའི་ཕྱིར། འདོད་ན། སྡོམ་པ་སྔ་ཕྱི་གནས་མ་གྱུར་པའི་ངོ་བོ་གཅིག་པ་ཞེས་བྱ་བ་འདི་རྗེ་བཙུན་གྱི་དགོངས་པ་ཇི་ལྟར་ཡིན། ཡང་ལ་ལ་ན་རེ་སྡོམ་གསུམ་གནས་གྱུར་ངོ་བོ་

གཅིག་པར་རྗེ་བཙུན་གྱི་སྡོམ་པ་སྤྱི་མ་རྣམས་ཕྱི་མར་ཁས་ལེན་དགོས་པ་མིན་ནོ་ཞེས་ཟེར། འོ་ན་བདེ་དགྱེས་གསང་གསུམ་གྱི་དབང་བསྐུར་རིམ་པར་མནོས་པའི་སྔགས་པ་དམ་ཚིག་ཅན་དེའི་རྒྱུད་ཀྱི་དགྱེས་རྡོར་གྱི་སྡོམ་པ་དེ་བདེ་གསང་གི་སྡོམ་པར་ཐལ། དེའི་རྒྱུད་ཀྱི་དེ་གསུམ་ངོ་བོ་གཅིག་པའི་ཕྱིར། འདོད་ན་དེ་ཆོས་ཅན། བདེ་མཆོག་གི་དབང་ལས་ཐོབ་པར་ཐལ་བ་དང་། བདེ་མཆོག་གི་ཐུན་མོང་མ་ཡིན་པའི་དམ་ཚིག་ཀྱང་ཁྱོད་ཀྱི་དམ་ཚིག་ཏུ་ཐལ། ཁྱོད་བདེ་མཆོག་གི་སྡོམ་པ་ཡིན་པའི་ཕྱིར། གཞན་ཡང་། དེ་ཆོས་ཅན་རྣལ་འབྱོར་རྒྱུད་ཀྱི་སྡོམ་པར་ཐལ། གསང་འདུས་ཀྱི་སྡོམ་པ་ཡིན་པའི་ཕྱིར། གཞན་ཡང་དེ་ལྷ་བུའི་གསང་སྔགས་པ་དེ་གསང་འདུས་ཀྱི་དཀྱིལ་འཁོར་གཅིག་པོར་བདག་ཉིད་ཞུགས་ཤིང་བླངས་ནས། སློབ་མ་ལ་གསང་འདུས་ཀྱི་དབང་བསྐུར་བས་སློབ་མ་དེས་བདེ་དགྱེས་གསང་གསུམ་གྱི་སྡོམ་པ་ཅིག་ཅར་དུ་ཐོབ་པར་ཐལ། རྡོ་རྗེ་སློབ་དཔོན་དེའི་རྒྱུད་ཀྱི་གསང་འདུས་ཀྱི་སྡོམ་པ་དེ་སྡོམ་པ་གསུམ་ཀ་ཡིན་པའི་ཕྱིར། ཡང་ལ་ལ་ན་རེ། སྡོམ་པ་གསུམ་ལྡན་གྱི་རྒྱུད་ཀྱི་སྡོམ་པ་གསུམ་ལ་གཞི་མཐུན་མི་སྲིད་ན། སྡོམ་གསུམ་ངོ་བོ་ཐ་དད་དུ་ཁས་བླངས་པར་སོང་བ་ཡིན་ཞེས་ཟེར་རོ༑ ༑བདེན་གཉིས་ངོ་བོ་ཐ་དད་དུ་ཐལ་བ་དང་། འཁོར་འདས་ངོ་བོ་ཐ་དད་དུ་ཐལ་བ་དང་། དབྱིངས་རིག་ངོ་བོ་ཐ་དད་དུ་ཐལ་བ་དང་། ཆོས་ཅན་དང་ཆོས་ཉིད་ཀྱི་ངོ་བོ་ཐ་དད་དུ་ཐལ་བ་དང་། སངས་རྒྱས་ཀྱི་སྐུ་གསུམ་པོ་ངོ་བོ་ཐ་དད་དུ་ཐལ་བ་དང་། སྐྱེས་བུ་དང་སྐྱེས་བུའི་ལུས་ཀྱི་ཡན་ལག་ལྔ་པོ་ཐ་དད་དུ་ཐལ་བ་དང་། བུམ་པ་དང་བུམ་པའི་རྡུལ་རྫས་བརྒྱད་པོ་ངོ་བོ་ཐ་དད་དུ་ཐལ་བ་དང་། བསྟན་བཅོས་གཅིག་གི་ལུས་ཡོངས་རྫོགས་དང་། དེའི་ཆ་ཤས་སུ་གྱུར་པའི་ཚིག་ལེའུར་བྱས་པ་གཅིག་ངོ་བོ་ཐ་དད་དུ་ཐལ་བ་སོགས་ཀྱི་ཉེས་པ་ཁྱེད་ལ་འཇུག་གོ། ཡང་ལ་ལ་ན་རེ། སྡོམ་པ་གསུམ་ལྡན་གྱི་རྒྱུད་ཀྱི་སྡོམ་པ་གསུམ་པོ་རྫས་ཐ་དད་དུ་བཞེད་པ་ནི་རྗེ་བཙུན་གྱི་དགོངས་པ་ཡིན་ནོ་ཞེས་ཟེར་བ་དེ་དག་ནི་དེའི་དགོངས་པ་མ་ཡིན་པར་རྟོགས་སླ་སྟེ། དེ་ཉིད་ཀྱི་གསུང་རབ་དང་ཤིན་ཏུ་འགལ་བའི་ཕྱིར་དང་། རྣལ་འབྱོར་སྤྱོད་པའི་གཞུང་རྒྱ་མཚོ་ལྟ་བུ་དང་འགལ་བའི་ཕྱིར་དང་། རྗེ་བཙུན་དེ་དག་གི་གཞུང་ལུགས་དེ་དག་ཆེས་ཤིན་ཏུ་ཚད་མར་གྱུར་པའི་ཕྱིར་རོ། །

འདིར་སྨྲས་པ། ལ་ལས་ལོ་བརྒྱ་བསམ་པ་གང་། །ལ་ལའི་མགྲིན་པར་གླིང་བ་དང་། །ལ་ལའི་དགོངས་པ་མིན་ཞེས་ནས། །ལ་ལས་དཔྱད་པ་འདི་བྱས་སོ། །ལ་ལའི་ཕྲག་དོག་མེ་ཆེན་པོ། །ལ་ལར་རྟག་ཏུ་འབར་དོགས་ནས། །ལ་ལའི་ལུང་རིགས་འདི་སྨྲས་ཀྱང་། །ལ་ལས་ནན་གྱིས་བསྐྱལ་ཕྱིར་བྲིས། །མི་རིགས་གཞན་གྱིས་བརྟགས་པའི་མཐའ། །མི་འཁྲོག་མཁྱེན་རབ་དང་ལྡན་པ། །མི་ཕམ་ཆོས་རྗེའི་དགོངས་པ་ཞེས། །མི་ཤེས་བཞིན་དུ་སླ་བ་མཚར། །མི་བསྲུན་བསྙེན་བཀུར་ཕྲག་དོག་ཅན། །མི་མཁས་བཞིན་དུ་རྩོལ་བཙོས་ནས། །མི་

རྣམས་འཆད་རྩོད་རྩོམ་པ་ལ། །མི་མཐུན་བརྒྱ་ཕྲག་གླེང་བ་ཡོད། །ཁ་དྲས་མི་གཙང་ཟློས་པའི་མཚུ། །ཁ་མང་གཞན་གྱིས་སླུས་པ་ན། །ཁ་ཅིག་རྫེ་བཙུན་དགོངས་པ་ཞེས། །ཁ་འཆལ་རྒྱུན་མི་འཆད་པ་ཡོད། །ཡོད་མེད་ལུང་དང་རིགས་པའི་ཚུལ། །ཚུལ་བཞིན་ཤེས་པའི་མཁས་རྣམས་ལ། །ལ་མོར་དྲིས་དང་གསལ་བར་ཤེས། །ཤེས་རབ་ལྡན་པ་རྣམས་ཀྱིས་སོ། །ཡང་སླུས་པ། མང་ཐོས་གཉིས་འཐུང་རིགས་པའི་མཆེ་བ་ཅན། །རྒྱ་ཆེན་ཐོས་པའི་རྣ་བ་འཕྱང་བཞིན་དུ། །ལུང་དང་རིགས་པའི་ཚང་གིས་རབ་མྱོས་ནས། །ངེས་དོན་ཆུ་གཏེར་དབུས་སུ་གཉིད་ལོག་ཆེ། །བསྐལ་བྱེད་ངག་གིས་བར་མེད་བསླང་བ་ཅན། །ལུང་གི་སྣ་ཞགས་མཁའ་ལ་རབ་སྒྲོད་ཅིང་། །རིགས་པའི་མཆེ་བ་གནམ་དུ་བསྒྲེང་བྱས་ནས། །བསྒྲུབ་དང་སུན་འབྱིན་རལ་གྲིའི་འཁྲུལ་འཁོར་གྱིས། །སྨྲ་ངན་སྤྱིན་མའི་བུ་རྣམས་རང་གནས་བསྐྲད། །གཟུ་བོའི་སྡེགས་ལ་མི་འདུག་ཅིང་། །མགྲིན་པ་ཁ་དོག་གསུམ་ཕྲེང་ཅན། །གཞན་ལ་སྨོད་པའི་ལྕེ་བདེ་བ། །ནེ་ཙོ་དེ་ལ་འདྲིས་ཅི་བྱ། །ཐོས་པའི་གདུགས་མཛེས་གཡོ་ལྡན་ཞིང་། །གཟུ་བོར་གནས་པའི་གཙུག་ཕུད་ཅན། །ཕྲག་དོག་དུག་གི་བཅུད་ལེན་པའི། །རྨ་བྱའི་ཁྲི་ལ་འདི་འབོད་ཅིག །

ཅེས་བྱ་བ་འདི་ནི་བློ་གསལ་བའི་གཞོན་ནུ་དག་གིས་ནན་གྱིས་བསྐུལ་བའི་ངོར་ཉེ་བར་སྦྱར་བ་ཡིན་ནོ།། །།

སརྦ་མངྒ་ལཾ། །

༄༅། །སྡོམ་པ་གསུམ་གྱི་རབ་ཏུ་དབྱེ་བའི་བསྟན་བཅོས་ཀྱི་འབེལ་གཏམ་རྣམ་པར་ངེས་པ་ལེགས་བཤད་གསེར་གྱི་ཐུར་མ་ཞེས་བྱ་བ་བཞུགས་སོ། །

པཎ་ཆེན་ཤཱཀྱ་མཆོག་ལྡན།

ན་མོ་མཉྫུ་ཤྲི་ཡེ། སྡོམ་པ་གསུམ་གྱི་རབ་ཏུ་དབྱེ་བའི་བསྟན་བཅོས་ལས་བརྩམས་པའི་དོགས་གཅོད་ཀྱི་དྲི་བ་བརྒྱ་དང་བརྒྱད་པའི་ལན་གྱི་ཕྲེང་བ། ངོ་མཚར་ལེགས་བཤད་གསེར་གྱི་ཐུར་མ་ཞེས་བྱ་བའི་བསྟན་བཅོས། བླ་མ་དང་འཇམ་པའི་དབྱངས་ལ་ཕྱག་འཚལ་ལོ། །ཇི་བཞིན་གཟིགས་པའི་ཡེ་ཤེས་ཉི་མ་ནི། །ཇི་སྙེད་ཤེས་བྱའི་མཁའ་ལ་རོལ་རྩེད་མཁན། །ཡིད་ཅན་རྨོངས་པའི་ལམ་ལས་སྲུང་བརྩོན་པ། །ཡིད་འཕྲོག་འཇམ་པའི་དཔལ་ལ་ཕྱག་འཚལ་ལོ། །འཇམ་དབྱངས་མཁྱེན་པའི་ངོ་མཚར་ལྷད་མོ་ནི། །ཉིད་ཐུགས་གསལ་བའི་མེ་ལོང་ལ་འཕོས་པས། །དམ་པའི་ཆོས་དང་ཆོས་མིན་དབྱེ་མཛད་པའི། །ཕྲིན་ལས་དབང་པོ་ཁྱོད་ལ་མགོས་ཕྱག་འཚལ། །གང་དེའི་བསྟན་བཅོས་ཆོས་མིན་ཕམ་མཛད་ལས། །དེས་བརྩམས་ཤེས་འདོད་རྟོག་དཔྱོད་སྒོ་བརྒྱ་པོ། །དབྱེ་བྱེད་དྲིས་ལན་གསེར་གྱི་ཐུར་མ་ཡིས། །བློ་མིག་གསལ་བར་བྱེད་པ་འདི་ལོངཤིག །

དེ་ཡང་། ཇི་སྐད་དུ། ཉན་ཐོས་སྡོམ་པ་རྣམ་རིག་མིན། །ལུས་ངག་ལས་ནི་སྐྱེ་བར་འདོད། །སྡོམ་པ་གཟུགས་ཅན་ཡིན་པའི་ཕྱིར། །ཤི་བའི་ཚེ་ན་སྡོམ་པ་གཏོང་། །ཞེས་པ་ལས་བརྩམས་པའི་དྲི་བ་ནི། གསུམ་སྟེ། ཉན་ཐོས་ལུགས་ལ་སོ་ཐར་གྱི། །སྡོམ་པར་རིག་བྱེད་མིན་པའི་གཟུགས། །ཁོ་ནར་བཤད་པ་གང་ན་ཡོད། །ཅེས་དང་། ཉན་ཐོས་སོ་ཐར་མཁན་སློབ་ཀྱི། །ལུས་ངག་ལས་ནི་སྐྱེ་ཞེས་པ། །གཞུང་གི་དགོངས་པ་ཡིན་ན་ནི། །སྡོམ་པའི་འཐོབ་རྒྱུ་བཅུ་མེད་དམ། །ཞེས་དང་། གཟུགས་ཅན་ཡིན་པའི་རྒྱུ་མཚན་གྱིས། །ཤི་བས་གཏོང་ན་བསམ་གཏན་དང་། །ཟག་མེད་གཉིས་ལའང་མི་ཐལ་ལམ། །ཞེས་པའོ། །འདི་ལ་གསུམ་ལས། དང་པོ་ལ། འདྲི་བའི་བསམ་པ་བསྟན་པ་དང་། དེའི་དངོས་ལན་ནོ། །དང་པོ་ལ། འདྲི་དགོས་པའི་རྒྱུ་མཚན་དང་། མ་དྲིས་ན་སྐྱོན་ཡོད་པའོ། །དང་པོ་ནི། ཉན་ཐོས་ཞེས་པའི་ཚིག་སྦྲོམས་པས། མདོ་སྡེ་པའི་ལུགས་ལ་ཡང་དེ་ལྟར་ཡོད་དམ་སྙམ་པའི་འབྲུལ་གཞི་ཡོད་པ་དང་། བྱེ་བྲག་ཏུ་སྨྲ་བ་ཉིད་ཀྱི་ལུགས་གཞིར་གཞག་པ་ལའང་། གཞུང་

འདིའི་རྣམ་བཤད་མཛད་པ་པོ་ལྷ་བཙུན་བསམ་ཡས་པས། སོ་ཐར་སྡོམ་པའི་ངོ་བོ་ལ་རིག་བྱེད་ཀྱི་གཟུགས་དང་། རིག་བྱེད་མ་ཡིན་པའི་གཟུགས་གཉིས་ཀ་ཡོད་པར་འཆད་པ་དང་། རྣམ་བཤད་མཛད་པ་སྤྱོས་ཁང་པ། སོ་ཐར་སྡོམ་པ་སྐད་ཅིག་དང་པོ་རྣམ་པར་རིག་བྱེད་ཀྱི་གཟུགས་ཅན་དུ་སྐྱེ་ཞིང་། སྐད་ཅིག་གཉིས་པ་ཕན་ཆད་རིག་བྱེད་མ་ཡིན་པའི་གཟུགས་སུ་སྐྱེ་ཞེས་འཆད་པར་སྣང་བས། དུས་འདིར་ཡང་དེ་ལྟར་ཁས་ལེན་པ་དག་ཡོད་སྲིད་པས། དེ་ལྟར་ཁས་ལེན་དུ་བཅུག་ནས། དེ་ལ་གནོད་བྱེད་སྟོན་པ་དང་། དེ་ནས། རིག་བྱེད་མ་ཡིན་པའི་གཟུགས་ཁོ་ནར་འཆད་དགོས་པའི་ཤེས་བྱེད་ཀྱི་ལུང་རིགས་རྟོགས་དགོས་པའི་རྒྱུ་མཚན་གྱིས་སོ། །

མ་དྲིས་ན་སྐྱོན་ཡོད་པ་ནི། རྣམ་རིག་མིན། ཞེས་པའི་དོན་འཆད་པ་ན། ལ་ལ་དག་ཤེས་པ་མ་ཡིན་པ་ལ་འཆད་པ་དང་། གཞན་དག་རིག་བྱེད་མ་ཡིན་པའི་གཟུགས་གཙོ་ཆེ་བ་ཙམ་ལ་འཆད་པ་དང་། ཉན་ཐོས་སྡོམ་པ༑ ཞེས་པའི་དོན་ཡང་། ཁ་ཅིག་ཉན་ཐོས་ཀྱི་གྲུབ་མཐའ་ལ་མི་འཆད་པར། ཉན་ཐོས་ཀྱི་ལུགས་ཀྱི་ཆོ་གས་བླངས་པའི་སོ་ཐར་གྱི་སྡོམ་པ་གང་ཡིན་ཐམས་ཅད། གནས་སྐབས་ལ་གཟུགས་ཅན་དུ་གནས་པར་འདོད་པ་དང་། ཡང་ལ་ལ་དག །བྱེ་བྲག་ཏུ་སྨྲ་བའི་ལུགས་ཀྱིས། སྡོམ་པ་ལ་གཟུགས་ཅན་གྱིས་ཁྱབ་པར་འདོད་དོ། །ཅེས་འཆད་པ་དག་སྣང་བས་སོ། །དེ་ལྟར་ཁས་བླངས་ན་སྐྱོན་དང་བཅས་ཤིང་། མཁས་པའི་བསྟན་བཅོས་ཆུད་གསོན་པའིཤེས་བྱེད་ནི། བྱེ་བྲག་ཏུ་སྨྲ་བའི་ལུགས་ལ། སྡོམ་པ་ཙམ་ལ་གཟུགས་ཅན་གྱིས་ཁྱབ་ན། ཇི་སྐད་དུ། ཤེས་བཞིན་དང་ནི་དྲན་དག་གཉིས། །ཡིད་དང་དབང་པོའི་སྡོམ་པ་ཡིན། །ཞེས་བཤད་པ་དེ་ཁས་མིན་ལེན་པར་ཐལ་བ་དང་། མི་དགེ་བ་བཅུ་ལས་ཡིད་ཀྱི་གསུམ་པོ་སྤོང་བའི་སྡོམ་པ་མི་འདོད་པར་ཐལ་བ་དང་། བསམ་གཏན་དང་ཟག་མེད་ཀྱི་སྡོམ་པའི་ངོ་བོར་གྱུར་པའི་སྤོང་བ་ལ། སྤོང་བ་བདུན་པོ་གང་རུང་གིས་ཁྱབ་པར་ཐལ་བ་དང་། དེ་ལྟ་ན་དེ་དག་ཀུང་སོ་སོར་ཐར་པའི་སྡོམ་པ་དང་འདྲ་བར། སྤོང་བདུན་འཁོར་བཅས་ཀྱི་སྡོམ་པ་ཉིད་དུ་ཐལ་བར་འགྱུར་རོ། །བྱེ་བྲག་ཏུ་སོ་ཐར་གྱི་སྡོམ་པ་ཐོག་མར་རྣམ་པར་རིག་བྱེད་ཀྱི་གཟུགས་སུ་སྐྱེ་ཞེས་པ་ལ་ནི༑ ཤེས་བྱེད་ཀྱི་ལུང་རྣམ་པར་དག་པ་ལྟ་ཅི་སྨོས། འབྲུལ་གཞི་སྐྱེད་བྱེད་ཀྱི་ལུང་ཙམ་ཡང་མེད་པས། བྱེ་སྨྲའི་གཞུང་ལུགས་མ་མཐྱེན་པས་བརྟགས་པར་ཟད་ལ། སོ་ཐར་གྱི་སྡོམ་པའི་ངོ་བོར་གྱུར་པའི་རིག་བྱེད་དང་། རིག་བྱེད་མ་ཡིན་པའི་གཟུགས་གཉིས་ཀ་ཡོད་དོ་ཅེས་ཟེར་བ་ལ་ནི། ལུང་གི་འབྲུལ་གཞི་ཡོད་ཀྱང་། བྱེ་སྨྲའི་དགོངས་པ་དབྱིག་གཉེན་ཞབས་ཀྱིས་བཤད་པ་དེ་མ་ཡིན་པ་དང་། བསྟན་བཅོས་མཛད་པ་འདིའི་དགོངས་པ་ཡང་མ་ཡིན་ནོ། །ཇི་ལྟར་ཞེ་ན། ཇི་སྐད་དུ། ལུས་རྣམ་རིག་བྱེད་དབྱིབས་སུ་འདོད། །ཅེས་དང་། ངག་རྣམ་རིག་བྱེད་ནི་ངག་སྒྲ། །ཞེས་གཉིས་པོ་གོ་རིམ་བཞིན་དུ། གཟུགས་དང་སྒྲའི་སྐྱེ་མཆེད་དུ་བཤད་ལ། སྤྱིར་སྡོམ་པ

ཡིན་ན་དེ་དང་དེར་འགལ་བའི་རྒྱུ་མཚན་གྱིས་དང་། དེའི་ངོ་བོར་གྱུར་པའི་དེ་ཡོད་ན། ལེན་པ་པོའི་ལུས་ངག་གི་རྣམ་པར་རིག་བྱེད་དེར་ཁས་ལེན་དགོས་པ་ལས། དེ་ཡང་ཧ་ཅང་ཐལ་བའི་ཕྱིར་དང་། དགེ་ཚུལ་གྱི་སྡོམ་པ་དང་པོར་སྐྱེས་དུས་ཀྱི་ངག་གི་རིག་བྱེད་དགེ་ཚུལ་གྱི་སྡོམ་པར་ཁས་བླངས་ན། སྡོམ་པ་ལེན་པའི་ཚིག་དང་སྡོམ་པའི་གཞི་མཐུན་ཁས་བླངས་པར་སོང་བའི་ཕྱིར་དང་། དེ་དེར་ཁས་མི་ལེན་ན་ནི། དེའི་ངོ་བོར་གྱུར་པའི་ངག་གི་རྣམ་པར་རིག་བྱེད་ཀྱི་གཟུགས་མི་རྙེད་པའི་ཕྱིར། འོན་ཇི་སྐད་དུ། དེ་སྤོང་ཚུལ་ཁྲིམས་རྣམ་གཉིས་སོ། །ཞེས་བཤད་པ་མ་ཡིན་ནམ་ཞེ་ན། བཤད་མོད། ཚུལ་ཁྲིམས་ལ་སྡོམ་པས་ཁྱབ་པ་མ་ཡིན་ཏེ། སྡོམ་པ་ཡིན་ན་ལས་ལམ་དངོས་གཞི་དང་། དེས་དྲངས་པའི་མཇུག་གང་རུང་གི་ངོ་བོར་སྐྱེས་པས་ཁྱབ་ལ། ཚུལ་ཁྲིམས་ནི་ལས་ལམ་གྱི་སྦྱོར་བ་དང་མཇུག་དངོས་གཞི་མ་ཚང་བ་དག་ལ་ཡང་བཤད་པའི་ཕྱིར། དཔེར་ན་འཆལ་ཚུལ་ལ་སྡོམ་མིན་གྱིས་མ་ཁྱབ་པ་བཞིན་ནོ། །དེ་ལྟ་ཡིན་པ་དེའི་ཕྱིར། བར་མ་དགེ་བ་དང་མི་དགེ་བ་ལ་ནི། ཚུལ་ཁྲིམས་དང་འཆལ་བའི་ཚུལ་ཁྲིམས་ཀྱི་མཚན་ཉིད་ཚང་ཡང་། སྡོམ་པ་དང་སྡོམ་མིན་དུ་གཞག་ནུས་པ་མ་ཡིན་ཏེ། དཔེར་ན༑ མུ་སྟེགས་བྱེད་ཀྱི་ལྷ་སྦྱིན་ཅན་ལ་འདོད་པ་ན་སྤྱོད་པའི་ཚུལ་ཁྲིམས་ཡོད་ཀྱང་། དེའི་སྡོམ་པ་ཡོད་པ་མ་ཡིན་པ་བཞིན་ནོ། །དེ་ལྟར་གཉིས་སུ་འབྱེད་པ། བསྟན་བཅོས་མཛད་པ་འདིའི་དགོངས་པ་ཡང་མ་ཡིན་ཏེ། ཇི་སྐད་དུ༑ ཉན་ཐོས་སྡོམ་པ་རྣམ་རིག་མིན། །ཞེས་མཐའ་གཅིག་ཏུ་བཤད་པའི་ཕྱིར་རོ། །

གཉིས་པ་དངོས་ལན་ནི། བྱེ་སྨྲའི་ལུགས་ཀྱི་སོ་སོར་ཐར་པའི་སྡོམ་པ་ལ་རིག་བྱེད་མ་ཡིན་པའི་གཟུགས་ཀྱིས་ཁྱབ་པ་ཡིན་ཏེ། ཇི་སྐད་དུ། རྣམ་རིག་མིན་རྣམ་གསུམ་ཞེས་བྱ། །སྡོམ་དང་སྡོམ་པ་མིན་དང་གཞན། །སྡོམ་པ་དང་སྡོམ་པ་མ་ཡིན་པ་དང་། དེ་ལས་གཞན་པ་སྡོམ་པ་ཡང་མ་ཡིན། སྡོམ་པ་མ་ཡིན་པ་ཡང་མ་ཡིན་པ་སྟེ། འཆལ་པའི་ཚུལ་ཁྲིམས་ཀྱི་རྒྱུན་སྡོམ་ཞིང་འགོག་པས་ན་སྡོམ་པའོ། །

དེ་ལ། སྡོམ་པ་སོ་སོར་ཐར་ཅེས་བྱ། །དེ་བཞིན་ཟག་མེད་བསམ་གཏན་སྐྱེས། །སྡོམ་པ་རྣམ་པ་གསུམ་སྟེ༑ སོ་སོར་ཐར་པའི་སྡོམ་པ་ནི་འདི་པ་རྣམས་ཀྱི་འདོད་པ་ན་སྤྱོད་པའི་ཚུལ་ཁྲིམས་སོ། །བསམ་གཏན་གྱི་སྡོམ་པ་ནི་གཟུགས་ན་སྤྱོད་པའི་ཚུལ་ཁྲིམས་སོ། །ཟག་པ་མེད་པའི་སྡོམ་པ་ནི་ཟག་པ་མེད་པའི་ཚུལ་ཁྲིམས་སོ། །ཞེས་གསུངས་སོ། །འོན་ཇི་སྐད་དུ། དགེ་བ་བདུན་རྣམ་གཉིས། ཞེས་ལུས་ངག་གི་དགེ་བ་བདུན་པོའི་ལས་ལམ་དངོས་གཞིའི་ངོ་བོར་གྱུར་པའི་རིག་བྱེད་བཤད་པ་མ་ཡིན་ནམ། ཞེ་ན། གཞུང་དེས་ནི། བདུན་པོའི་ལས་ལམ་དངོས་གཞིའི་དུས་སུ་རིག་བྱེད་ཡོད་པར་སྟོན་པ་ཡིན་གྱི། དེ་དུས་ཀྱི་རིག་བྱེད་དེ་ཉིད། ལས་ལམ་དངོས་གཞིར་འཆད་པ་མ་ཡིན་ཏེ། དེ་ཉིད་ཀྱི་འགྲེལ་པ་ལས། ཡང་དག་པར་བླངས་པའི་ཚུལ་ཁྲིམས་ནི་རྣམ་པར་རིག

བྱེད་ལ་རག་ལས་པའི་ཕྱིར། ལས་ཀྱི་ལམ་གཟུགས་ཅན་བདུན་ནི་གདོན་མི་ཟ་བར་རྣམ་པར་རིག་བྱེད་དང་རིག་བྱེད་མ་ཡིན་པ་གཉིས་ཀ་ཡིན་ནོ། །ཞེས་གསུངས་པས་སོ། །

འོན་དེ་དུས་ཀྱི་རིག་བྱེད་དེ་སྦྱོར་བ་དང་མཇུག་ཁོ་ནར་ངེས་པའི་ཤེས་བྱེད་ཅི་ཞེ་ན། འགྲེལ་པ་དེའི་འགྲོ་ཉིད་ལས། ཇི་སྐད་དུ། ལས་ལམ་གྱི་ཉེར་བསྡོགས་རྣམས་ནི་གདོན་མི་ཟ་བར། རིག་བྱེད་ཀྱི་རང་བཞིན་ཡིན་ནོ༑ ༑ཞེས་དང་། ཡང་ཇི་ཙམ་གྱིས་ན། སྦྱོར་བ་དང་། དངོས་དང་། མཇུག་འདི་དག་རྣམ་པར་གཞག་ཅེ་ན། འདི་ལྟར། ཇི་སྲིད་སྲོག་གཅོད་པར་བྱེད་པ་དེ་སྲིད་དུ་ནི་སྦྱོར་བ་ཡིན་ནོ། །དེའི་སྐད་ཅིག་གི་རྣམ་པར་རིག་བྱེད་མ་ཡིན་པ་གང་ཡིན་པ་དེ་ནི་ལས་ཀྱི་ལམ་དངོས་ཡིན་ནོ། །ཞེས་གསུངས་པ་དང་། ཇི་སྐད་དུ། དགེ་བ་སྦྱོར་དང་མཇུག་བཅས་རྣམས། ཞེས་པའི་འགྲེལ་པར། དེ་ལ་མི་དགེ་བའི་ལས་ལམ་གྱི་སྦྱོར་བ་སྤྱོང་བ་ནི་དགེ་བའི་ལས་ལམ་གྱི་སྦྱོར་བ་ཡིན་ནོ། །དངོས་གཞི་སྤྱོང་བ་ནི་དངོས་གཞི་ཡིན་ནོ། །མཇུག་སྤྱོང་བ་ནི་མཇུག་ཡིན་ཏེ། འདི་ལྟར་དགེ་ཚུལ་བསྙེན་པར་རྫོགས་པར་བྱེད་པའི་ཚེ། གནས་སྣ་ཚོགས་སུ་འཇུག་པར་བྱེད། དགེ་འདུན་ལ་ཕྱག་འཚལ་བར་བྱེད། མཁན་པོར་གསོལ་བ་འདེབས་པར་བྱེད། ལས་ལན་གཅིག་བརྗོད་པ་དང་། ལན་གཉིས་བརྗོད་པའི་བར་འདི་ནི་སྦྱོར་བ་ཡིན་ནོ། །ལས་གསུམ་པ་བརྗོད་པའི་ཚེ། རྣམ་པར་རིག་བྱེད་དེའི་སྐད་ཅིག་གི་རྣམ་པར་རིག་བྱེད་མ་ཡིན་པ་འདི་ནི་ལས་ཀྱི་ལམ་དངོས་ཡིན་ནོ། །ཞེས་གསུངས་པས་སོ། །

གལ་ཏེ་འོན། ཇི་སྐད་དུ། དང་པོའི་རྣམ་རིག་རྣམ་རིག་མིན། །ཞེས་པའི་འགྲེལ་པར། སྡོམ་པ་ཡང་དག་པར་བླངས་པའི་རྣམ་པར་རིག་བྱེད་དང་། རིག་བྱེད་མ་ཡིན་པ་དང་པོ་དག་ནི་སོ་སོར་ཐར་པ་ཞེས་བྱ་སྟེ། དེས་སྡིག་པ་ལས་སོ་སོ་ཐར་པའི་ཕྱིར་ཏེ། སྤྱངས་པའི་ཕྱིར་ཞེས་བྱ་བའི་ཐ་ཚིག་གོ། སོ་སོར་ཐར་པའི་སྡོམ་པ་ཞེས་ཀྱང་བྱ་སྟེ། ལུས་དང་ངག་སྡོམ་པའི་ཕྱིར་རོ། །ལས་ཀྱི་ལམ་ཞེས་ཀྱང་བྱ་ལ། སྐད་ཅིག་མ་གཉིས་པ་ལ་སོགས་པ་ནི་སོ་སོར་ཐར་པའི་སྡོམ་པ་ཁོ་ན་ཡིན་གྱི། སོ་སོར་ཐར་པ་ནི་མ་ཡིན་པས་མཇུག་ཡིན་གྱི། ལས་ཀྱི་ལམ་དངོས་ནི་མ་ཡིན་ནོ། །ཞེས་གསུངས་པ་མ་ཡིན་ནམ་ཞེ་ན། དེ་ལྟར་གསུངས་མོད། དེ་དུས་ཀྱི་རིག་བྱེད་དང་པོ་ནི་སྦྱོར་བའི་སྐབས་ཡིན་ལ། རིག་བྱེད་མ་ཡིན་པ་དང་པོ་ནི་སྦྱོར་བའི་དུས་སུ་འབྱུང་བའི་ངེས་པ་མེད་ཅིང་། དངོས་གཞིའི་དུས་སུ་ནི་ངེས་པར་སྐྱེ་བས་ཁྱབ་པ་དེ་ཉིད་ཀྱི་ཕྱིར། རིག་བྱེད་མ་ཡིན་པའི་གཟུགས་སྐད་ཅིག་དང་པོ་ནི། སོ་སོར་ཐར་པ་དང་། དེའི་སྡོམ་པ་གཉིས་ཀ་དང་། དེའི་སྐད་ཅིག་གཉིས་པ་ཕན་ཆད་ནི་སོ་ཐར་གྱི་སྡོམ་པ་ཁོ་ན་དང་། རིག་བྱེད་ཀྱི་གཟུགས་དང་པོ་ནི་སོ་སོར་ཐར་པ་ཁོ་ན་དང་། དེའི་སྐད་ཅིག་གཉིས་པ་སོགས་ནི་གཉིས་ཀ་མ་ཡིན་པའོ། །དེ་སྐད་དུ་ཡང་། ཉེར་བསྡོགས་རྣམས་ནི་རྣམ་རིག་བྱེད། །རྣམ་རིག་བྱེད་མིན་

འགྱུར་བའམ། །མ་ཡིན་བཟློག་པ་མཇུག་ཡིན་ནོ། །ཞེས་སོ། །དེ་ལས་གཞན་དུ། ཡང་དག་པར་བླངས་པའི་ཚུལ་ཁྲིམས་ཀྱི་རིག་བྱེད་དང་པོ་ལ་སྡོམ་པས་ཁྱབ་ན། སྦྱོར་བའི་དུས་སུ་སྡོམ་པ་སྐྱེས་པར་ཧ་ཅང་ཐལ་ལོ། །སྡོམ་པ་ཞེས་ཀྱང་བྱ་སྟེ། ཞེས་པར་རིག་བྱེད་ཀྱང་བསྟུད་ན། སྐད་ཅིག་གཉིས་པ་ཞེས་སོགས་སུའང་དེ་བསྟུད་པར་མཚུངས་སོ། །འཆལ་ཚུལ་གྱི་རྒྱུན་སྡོམ་པར་གསུངས་པ་ཉིད་ཀྱིས། རིག་བྱེད་ཀྱི་གཟུགས་སུ་འགལ་བར་གྲུབ་པ་ཡིན་ཏེ། ཇི་སྐད་དུ། རྣམ་གསུམ་དྲི་མེད། ཅེས་པའི་འགྲེལ་པར། རྣམ་པར་རིག་བྱེད་མ་ཡིན་པ་མེད་ན་སོ་སོར་ཐར་པའི་སྡོམ་པ་ཡང་མེད་པར་འགྱུར་ཏེ། ཞེས་དང་། སྤོང་བ་ནི་འཆལ་པའི་ཚུལ་ཁྲིམས་ཀྱི་གེགས་བྱེད་པའི་རྒྱུ་ལོན་དུ་ཡང་གསུངས་ན། རིག་བྱེད་མ་ཡིན་པའི་གཟུགས་མེད་པ་ནི་རྒྱུ་ལོན་ཡིན་པར་འོས་པ་ཡང་མ་ཡིན་པས། རྣམ་པར་རིག་བྱེད་མ་ཡིན་པ་ནི་ཡོད་པ་ཁོ་ནའོ། །ཞེས་གསུངས་པས་སོ། །

དེ་ལྟར་སྡོམ་པ་དང་། སྡོམ་མིན་གྱི་ལས་ལམ་དངོས་གཞིར་གྱུར་པའི་རིག་བྱེད་ཀྱི་གཟུགས་མི་སྲིད་པའི་ལུང་གི་སྒྲུབ་བྱེད་བཤད་ཟིན་ནས། མཛོད་འགྲེལ་ལས་འབྱུང་བའི་རིགས་པ་ནི་འདི་ལྟར། དགེ་སློང་གི་སྡོམ་པ་སྐྱེ་བཞིན་པའི་དུས་ཀྱི་ལུས་ངག་གི་རིག་བྱེད། དགེ་སློང་གི་སྡོམ་པར་ཁས་ལེན་ནམ། དེ་སྐྱེས་ཟིན་པའི་དུས་ཀྱི་དེ་དེར་ཁས་ལེན་པ་གཉིས་ལས་གཞན་ནི་མེད་པས། གཉིས་པོ་གང་ཡིན། དང་པོ་ནི་མ་ཡིན་ཏེ། སྡོམ་པ་སྐྱེས་མ་ཟིན་པའི་དུས་ཀྱི་རིག་བྱེད་དེར་ཁས་ལེན་ན། དུས་དེར་དེ་སྐྱེས་ཟིན་པར་ཐལ་བས་སོ། །

གཉིས་པ་ལྟར་ཡང་མི་རིགས་ཏེ། སྐྱེས་ཟིན་པའི་དུས་ཀྱི་རིག་བྱེད་ནི། ལས་ལམ་གྱི་མཇུག་ཉིད་དུ་སོང་བས། དངོས་གཞིར་མི་རིགས་ལ། དེ་ལྟ་ཡིན་པ་དེའི་ཚེ། སྡོམ་པའི་ངོ་བོར་གྱུར་པའི་རིག་བྱེད་མ་ཡིན་པ་སྐྱེས་ཟིན་པའི་འོག་ཏུ། དེའི་ངོ་བོར་གྱུར་པའི་རིག་བྱེད་སྐྱེ་དགོས་པར་ཐལ་བའི་ཕྱིར་རོ། །ཡང་གསད་བྱ་གསོད་བཞིན་པའི་དུས་ཀྱི་རིག་བྱེད་དེ། ལས་ལམ་དངོས་ཡིན་ནམ། ཤི་ཟིན་པའི་དུས་ཀྱི་དེ་དེར་ཁས་ལེན། དང་པོ་ལྟར་ན། ཇི་སྐད་དུ། སྲ་དང་མཉམ་དུ་ཤི་བ་ལ། །དངོས་མེད་ལུས་གཞན་སྐྱེས་ཕྱིར་རོ། །ཞེས་བྱ་བའི་དོན་དང་འགལ་ལོ། །

གཉིས་པ་ལྟར་ཡང་མི་རིགས་ཏེ། སྲོག་གཅད་ཟིན་པའི་དུས་སུ་སྲོག་གཅོད་ཀྱི་སྦྱོར་བ་མེད་པའི་ཕྱིར་དང་། རོ་ལ་སྟུན་པའི་ལུས་ངག་གི་རིག་བྱེད་ནི། སྲོག་གཅོད་ཀྱི་རིག་བྱེད་དུ་མི་རིགས་པའི་ཕྱིར་དང་། དེ་དུས་ཀྱི་རིག་བྱེད་དེ་ལས་ལམ་གྱི་མཇུག་ཡིན་པ་ལ། སྦྱོར་བའི་མིང་གིས་བཏགས་སོ་ཞེས་འཆད་པ་དེ། བྱེ་བྲག་ཏུ་སྨྲ་བའི་འདོད་པ་ཡིན་པར་འགྲེལ་པ་ཉིད་ན་གསལ་བའི་ཕྱིར། དེ་སྐད་དུ་ཡང་མཛོད་འགྲེལ་ལས། ཇི་རེ་ཞིག་སྲོག་ཆགས་དེ་འཆི་བའི་སྲིད་པ་ལ་གནས་པ་དེའི་ཚེ། རྣམ་པར་རིག་བྱེད་དང་རིག་བྱེད་མ་ཡིན་པ་གང་དག

ཡིན་པ་དེ་དག་ལས་ཀྱི་ལམ་ཡིན་ནམ། འོན་ཏེ་ཤི་བའི་སྲིད་པ་ལ་གནས་པ་དེའི་ཚེ། ཡིན་པ་ཞེས་བྱ་བ་འདི་བརྗོད་པར་བྱའོ། །དེ་ལས་ཅིར་འགྱུར། རེ་ཞིག་གལ་ཏེ། འཆི་བའི་སྲིད་པ་ལ་གནས་པ་ཡིན་ན་ནི། ལྷན་ཅིག་ཤི་བ་ཡང་སྲོག་གཅོད་པའི་ཁ་ན་མ་ཐོ་བ་དང་ལྡན་པར་འགྱུར་ཏེ། གྲུབ་པའི་མཐའ་ལས་ནི་དེ་སྐད་མི་འགྱུར་རོ། ། འོན་ཏེ་ཤི་བ་ཡིན་ན་ནི། བསྣུན་པ་གང་གིས་སྲོག་གཅོད་པར་བྱེད་པ་དེའི་ཚེ། རྣམ་པར་རིག་བྱེད་དང་། དེའི་སྐད་ཅིག་གི་རྣམ་པར་རིག་བྱེད་མ་ཡིན་པ་གང་ཡིན་པ་དེ་ལས་ཀྱི་ལམ་དངོས་ཡིན་ནོ། །ཞེས་གང་སྨྲས་པ་དེ་བརྗོད་པར་མི་བྱའོ། །ཞེས་གསུངས་པས་སོ། །མདོར་ན། ལས་ལམ་དངོས་གཞིའི་སྐྱེད་བྱེད་ཀྱི་རིག་བྱེད་ནི་སྦྱོར་བ་ཡིན་པས། དངོས་གཞིར་མི་རུང་། དངོས་གཞི་དང་དུས་གཅིག་པའི་རིག་བྱེད་ནི། ལས་ལམ་གྱི་མཇུག་ཏུ་གྱུར་པའི་རིག་བྱེད་དུ་འཇོག་དགོས་པ་ཡིན་ཏེ། ཤི་ཟིན་པའི་རོ་ལ་བསྣུན་པ་ལས་ལམ་དངོས་གཞིར་མི་རུང་བ་བཞིན་ནོ། །ཞེས་བྱ་བ་ནི་གྲུབ་པའི་དོན་ནོ།། །།

དྲི་བ་གཉིས་པ་ལ། དྲི་བའི་བསམ་པ་དང་། དེའི་དངོས་ལན་ནོ། །དང་པོ་ལ་འདྲི་དགོས་པའི་རྒྱུ་མཚན་དང་། བརྒལ་ལན་གྱིས་གཏན་ལ་མ་ཕབ་ན་བསྟན་བཅོས་ཆུད་གསོན་པའི་ཉེས་དམིགས་ཡོད་པའོ། །དང་པོ་ནི༑ བསྟན་བཅོས་འདིའི་རྣམ་བཤད་མཛད་པ་པོ་གྲགས་པ་དང་ལྡན་པ་དག་གིས། ཇི་སྐད་དུ། ཉན་ཐོས་སྡོམ་པ་རྣམ་རིག་མིན། །ལུས་ངག་ལས་ནི་སྐྱེ་བར་འདོད། །ཅེས་པའི་གཞུང་དེའི་འབྲུ་གཉེར་ཚུལ་ཇི་ལྟ་བ་བཞིན་དུ་མ་བརྟགས་པས་སོ། །དེ་ཡང་ལྷ་བཙུན་པ་བསམ་ཡས་པས་ནི། ཉན་ཐོས་པའི་ལུགས་ལ་སོ་ཐར་གྱི་སྡོམ་པ་རིག་བྱེད་ཀྱི་ངོ་བོར་སྐྱེ་བའི་དོན་ཡིན་གྱི། རིག་བྱེད་ལས་སྐྱེས་པར་སྟོན་པ་ནི་མ་ཡིན་ནོ། །ཞེས་འཆད་པ་དང་། སྤྱོས་ཁང་པ། ལུས་ངག་གི་རྣམ་པར་རིག་བྱེད་ལས་སྡོམ་པའང་རིག་བྱེད་ཀྱི་གཟུགས་སུ་སྐྱེ་ཞེས་འཆད་པ་དང་། སྣ་གདོང་པ་ཉེར་ལེན་ལུས་ངག་ལས་སྐྱེ་ཞེས་འཆད་པ་དང་། ལ་ལ་དག །མཁན་སློབ་སོགས་ཀྱི་ལུས་ངག་གི་རིག་བྱེད་ལས་སྐྱེ་ཞེས་འཆད་པར་བྱེད་དོ། །

གཉིས་པ་ནི། ལུགས་དང་པོ་མི་འཐད་དེ། དེ་ལྟར་བཤད་ན། ཇི་སྐད་དུ། རྣམ་རིག་མིན། ལུས་ངག་ལས་ནི་སྐྱེ་བར་འདོད། །ཅེས་པའི་དོན་རིག་བྱེད་མ་ཡིན་པ་རིག་བྱེད་ཀྱི་ངོ་བོར་བཤད་པར་སོང་བས། ཡི་གེའི་དོན་དང་འགལ་བའི་ཕྱིར་དང་། སྐྱེ་བར་འདོད་ཅེས་བཤད་བཞིན་དུ། སྐྱེ་བར་མི་འདོད་དོ་ཅེས་བཤད་ན་ཧ་ཅང་ཐལ་བའི་ཕྱིར། ལུགས་གཉིས་པ་ཡང་མི་འཐད་དེ། རྣམ་པར་རིག་བྱེད་མ་ཡིན་པ་རིག་བྱེད་ལས་སྐྱེ་བར་འདོད་དོ་ཅེས་པའི་འབྲུ་གཉེར་བ་ན། རིག་བྱེད་ལས་རིག་བྱེད་སྐྱེ་ཞེས་པ་ཙམ་ཞིག་ལས། གཞན་གང་ཡང་མི་འཆད་པ་ནི་ཅིར་ཡང་མི་རུང་བའི་ཕྱིར། ལུགས་གསུམ་པ་ཡང་མི་འཐད་དེ། རིག་བྱེད་མ་ཡིན་པའི་གཟུགས

རང་གི་ཉེར་ལེན་འབྱུང་བ་ལས་སྐྱེ་བར་འདོད་པ་ཡིན་གྱི། དེའི་ཉེར་ལེན་རིག་བྱེད་དུ་འཆད་པ་ནི་བྱེ་བྲག་ཏུ་སྨྲ་བའི་ལུགས་མ་ཡིན་པའི་ཕྱིར་དང་། སྤྱིར་ཡང་འབྱུང་གྱུར་གྱི་ཉེར་ལེན་ནི་འབྱུང་བ་ཁོ་ན་ལ་འཆད་པ་ཆོས་མངོན་པ་བ་དག་གི་སྤྱི་ལུགས་ཡིན་པའི་ཕྱིར་དང་། སྨྲ་ལ་རྒྱུན་མི་འདོད་པས་སྔ་མས་ཕྱི་མའི་ཉེར་ལེན་ཡང་མི་བྱེད་ན། ངག་གི་རིག་བྱེད་སྔ་མས་སྡོམ་པའི་ངོ་བོར་གྱུར་པའི་ལུས་ངག་གི་རིག་བྱེད་དང་། རིག་བྱེད་མ་ཡིན་པ་གཉིས་ཀྱི་ཉེར་ལེན་བྱེད་པ་ནི་ཤིན་ཏུ་མི་རུང་བའི་ཕྱིར་རོ། །ལུགས་བཞི་པ་ཡང་རིགས་པ་མ་ཡིན་ཏེ། སོ་ཐར་གྱི་སྡོམ་པ་གཞན་གྱི་རིག་བྱེད་ལས་སྐྱེས་པ་ཞིག་ཁས་ལེན་མོད། དེའི་རང་ལྡོག་ནས་དེ་ལས་སྐྱེ་བར་ཁས་ལེན་པ་མ་ཡིན་པའི་ཕྱིར། དེ་སྐད་དུ་ཡང་། གཞན་གྱི་རྣམ་རིག་བྱེད་སོགས་ཀྱིས། །ཞེས་པའི་འགྲེལ་པར། དེ་དག་གི་སོ་སོར་ཐར་པའི་སྡོམ་པ་ནི་གདོན་མི་ཟ་བར་རྣམ་པར་རིག་བྱེད་ལ་རག་ལས་པ་མ་ཡིན་ནོ། །ཞེས་གསུངས་སོ༑ ༑ལུང་འདིའི་དོན་ཡང་གཞན་གྱི་རྣམ་པར་རིག་བྱེད་ལ་རག་མ་ལས་པ་ཞིག་འཆད་པ་ཡིན་གྱི། སོ་ཐར་གྱི་སྡོམ་པ་སྤྱིར་རིག་བྱེད་ལ་རག་མ་ལས་པ་ཞིག་ཡོད་པར་འཆད་པ་ནི་མ་ཡིན་ཏེ། ཇི་སྐད་དུ། ཇུན་ཆོག་འདུ་ཤེས་གཞན་སྨྲར་བའི། །ཞེས་པའི་འགྲེལ་པར། འདོད་པ་ན་སྤྱོད་པའི་རིག་བྱེད་མ་ཡིན་པ་རྣམ་པར་རིག་བྱེད་མེད་པ་ཅན་ཡང་མེད་པས་ཇི་ལྟར་ན་དེ་གཉིས་ཀྱིས་ལས་ཀྱི་ལམ་དུ་འགྱུབ་སྟེ། འདི་ལ་འབད་པར་བྱའོ། །ཞེས་གསུངས་སོ། །

གཉིས་པ་དངོས་ལན་ནི། བྱེ་སྨྲའི་ལུགས་ཀྱིས་སོ་ཐར་གྱི་སྡོམ་པ་རང་གི་ངོ་བོ་རིག་བྱེད་མ་ཡིན་པའི་གཟུགས་དང་། ཉེ་བར་ལེན་པའི་རྒྱུ་འབྱུང་བ་བཞི་དང་། ལྷན་ཅིག་བྱེད་པའི་རྐྱེན་ལུས་ངག་གི་རིག་བྱེད་ལས་སྐྱེས་པའི་སྡོང་བ་བདུན་པོ་གང་རུང་དུ་འདོད་དོ། །དེས་ན་སྤྱིར་རིག་བྱེད་ལ་རག་མ་ལས་པའི་སོ་སོར་ཐར་པའི་སྡོམ་པ་མེད་ཀྱང་། གཞན་གྱི་རིག་བྱེད་ལ་རག་མ་ལས་པ་ཡོད་པ་ལ་དགོངས་ནས། མཛོད་དུ་སོགས་ཀྱི་སྒྲ་སྨོས་པ་ཡིན་ནོ། །དེའི་ཕྱིར་སོ་ཐར་སྡོམ་པའི་ངོ་བོ་བྱེ་སྨྲའི་ལུགས་ལྟར་ཁས་བླངས་ནས། ཤི་འཕོས་ནས་ཀྱང་རྗེས་སུ་འབྲང་བར་འདོད་པ་ནི་ནང་འགལ་བ་ཡིན་ཏེ། ལུས་ངག་གི་རྗེས་སུ་འབྲང་བའི་གཟུགས་ཅན་ཡིན་ན། རང་གི་རྟེན་ཤི་འཕོས་པའི་འོག་ཏུ་མི་འགྲོ་བས་ཁྱབ་པར་ལུང་རིགས་ཀྱིས་གྲུབ་པའི་ཕྱིར། ཞེས་འཆད་པ་ནི། ལུས་ངག་ལས་ནི་སྐྱེ་བར་འདོད། །སྡོམ་པ་གཟུགས་ཅན་ཡིན་པའི་ཕྱིར། །ཤི་བའི་ཚེ་ན་སྡོམ་པ་གཏོང་། །ཞེས་པའོ།། ༎

དྲི་བ་གསུམ་པ་ལ། དྲི་བའི་བསམ་པ་བསྒྲུང་པ་དང་། དངོས་ལན་གདབ་པའོ། །དང་པོ་ལ་འདྲི་དགོས་པའི་རྒྱུ་མཚན་དང་། མ་དྲིས་ན་གཞུང་ཚུད་འཛའ་བའི་ཉེས་པའོ། །དང་པོ་ནི། བསམ་ཡས་པས། སྡོམ་

པ་དེ་གཟུགས་ཅན་ཡིན་པའི་ཕྱིར་ན། ཤི་བའི་ཚེ་ན་སྡོམ་པ་གཏོང་སྟེ། ལེན་པར་བྱེད་པའི་ལུས་ཀྱི་རྒྱུན་འགགས་པའི་ཕྱིར་དང་། སྐལ་བ་མི་འདྲ་བའི་ལུས་གཞན་སྐྱེས་ཤིང་། དེས་ལེན་པའི་སྦྱོར་བ་མ་བྱས་པའི་ཕྱིར་དང་། མ་བྱས་ཀྱང་སྐྱེ་ན། ཐམས་ཅད་ལ་སྐྱེ་བར་འགྱུར་རོ། །ཞེས་འཆད། སྟོབས་ཁང་པ། ལུས་ལ་གནས་པའི་དབང་པོ་གཟུགས་ཅན་རྣམས་འགག་པ་དང་མཉམ་དུ། སྡོམ་པའི་གཟུགས་འགགས་ནས་དགེ་བ་དང་མི་དགེ་བའི་སེམས་ཀྱང་ནུབ་པར་གྱུར་ཏེ། ལུང་དུ་མ་བསྟན་པའི་རྣམ་པར་ཤེས་པ་དེ་བོར་ནས་སྐྱེ་བ་ཕྱི་མ་ལེན་པར་བྱེད། ཅེས་འཆད། སྣ་གདོང་པ། རྩ་བར་ཤི་འཕོས། ཞེས་པ། འགྲེལ་པར་རྟེན་བོར། ཞེས་དང་། འདིར་གཟུགས་ཅན་ཞེས་བྱ་བའི་ལུང་རིགས་རྣམས་གནད་གཅིག་པར་མངོན་ནོ། །ཞེས་འཆད་ལ། འཆད་ཚུལ་དེ་དག་གིས་ནི་ཐལ་ཞིང་བརྟག་པ་མི་བཟོད་པས། དེ་ལས་གཞན་པའི་འཆད་ཚུལ་ཞིག་དགོས་པའི་རྒྱུ་མཚན་གྱིས་དྲིས་པ་ཡིན་ནོ། །

གཉིས་པ་ནི། དེ་དང་དེ་ལྟར་དུ་ཁས་བླངས་ནས་བཤད་ན། གཞུང་ཚུད་འཛའ་བའི་ཚུལ་འདི་ལྟར། ལུགས་དང་པོ་མི་འཐད་དེ། ཤེས་བྱེད་དེ་དག་བྱང་ཆུབ་སེམས་དཔའི་སྡོམ་པ་ལ་འང་མཚུངས་པའི་ཕྱིར། གཉིས་པ་ཡང་མི་འཐད་དེ། དབང་པོ་གཟུགས་ཅན་དང་སྡོམ་གཟུགས་མཉམ་དུ་འགགས་ཟིན་ནས། དེའི་འོག་ཏུ་འཆི་སེམས་ལུང་མ་བསྟན་གྱིས་ལུས་འདོར་བར་འདོད་ན། འཆི་འཕོས་པ་དེ་སྡོམ་པའི་གཏོང་རྒྱུ་མ་ཡིན་པར་ཐལ་བའི་ཕྱིར་དང་། སྤྱིར་ཡང་། འཆི་སེམས་ལུང་མ་བསྟན་ཁོ་ནར་ཁས་ལེན་པ་ནི། ཀུན་གཞི་ཁས་བླངས་པའི་གཞུང་ལུགས་ལ་ཡོད་པ་ཡིན་གྱི། ཉན་ཐོས་སྡེ་པའི་ལུགས་ལ་མེད་པའི་ཕྱིར། གསུམ་པ་ཡང་མི་འཐད་དེ། རྟེན་བོར་བ་ནི། ཤི་འཕོས་པས་སོར་སྡོམ་གཏོང་བའི་ཤེས་བྱེད་ཡིན་གྱི། ཤི་འཕོས་པ་དང་། རྟེན་བོར་བ་གཉིས་རིགས་པ་རྣམ་གྲངས་པ་མ་ཡིན་པའི་ཕྱིར་དང་། འཆི་བ་སྡོམ་པའི་གཏོང་རྒྱུ་ལ་འཆད་ཀྱི། གཏོང་བའི་ཤེས་བྱེད་དུ་མི་འཆད་པའི་ཕྱིར། རྟེན་བོར་བ་ནི། རང་རྒྱུད་ཀྱི་སྒྲུབ་བྱེད་ཡང་དག་ཏུ་རིགས་ལ། གཟུགས་ཅན་ཡིན་པ་ནི། བསྟན་བཅོས་འདིར་གཞན་གྲགས་སུ་འཆད་ཀྱི། རང་རྒྱུད་དུ་མི་རུང་བའི་ཕྱིར། ལུགས་དེ་གསུམ་ཀ་ལ་ཐུན་མོང་དུ་སུན་འབྱིན་བརྗོད་པ་ནི། གཟུགས་ཅན་ཡིན་པའི་རྒྱུ་མཚན་གྱིས། སོ་ཐར་གྱི་སྡོམ་པ་ཤི་འཕོས་པས་གཏོང་ངོ་། །ཞེས་འཆད་པ་འདི་བྱེ་བྲག་ཏུ་སྨྲ་བའི་ལུགས་གཞིར་བྱས་ནས་འཆད་པ་ཡིན་ནམ། བསྟན་བཅོས་འདིའི་རང་ལུགས་སུ་བྱས་ནས་འཆད་པ་ཡིན། ཕྱི་མ་མི་རིགས་ཏེ། བསྒྲུབ་བྱ་ལ་དཔག་འདོད་དང་། ཤེས་འདོད་ཡོད་ཀྱང་། སྒྲུབ་བྱེད་ཚད་མས་མི་འགྲུབ་པའི་ཕྱིར། དང་པོ་ལྟར་ན་ཡང་མི་རིགས་ཏེ། གཞུང་དེ་བྱེ་སྨྲའི་ལུགས་གཞིར་བཞག་པ་ཡིན་ན། བསྒྲུབ་བྱ་ལ་ཤེས་འདོད་དང་དཔག་འདོད་གཉིས་ཀ་མེད་པས། བསྒྲུབ་བྱ་མི་

སྲིད་པ་དང་། སྒྲུབ་བྱེད་གཏན་ཚིགས་ཀྱི་ཁྱབ་པ་འཁྲུལ་པའི་ཕྱིར། ཇི་ལྟར་ཞེ་ན། དང་པོ་ནི། གཞུང་འདིའི་ཕྱོགས་སྔ་མ་ནི། རྗེ་འཇིག་རྟེན་མགོན་པོར་གྲགས་པའི་འབྲི་ཁུང་པས། སོ་ཐར་གྱི་སྡོམ་པ་ཤི་འཕོས་པས་མི་གཏོང་བ་དེ། ཁོང་རང་གི་ལུགས་སུ་བཞེད་པ་ཡིན་གྱི། དེ་ལྟར་འཆད་པ་དེ། བྱེ་བྲག་ཏུ་སྨྲ་བའི་ལུགས་སུ་འཆད་པ་ནི་མ་ཡིན་པས། བྱེ་སྨྲའི་ལུགས་ལ་སྐབས་འདིར་སོ་ཐར་གྱི་སྡོམ་པ་ཤི་བས་གཏོང་བར་སྒྲུབ་དགོས་པ་མེད་དོ། །དེས་ན་སྐབས་འདིར་དྲི་བ་འདི་ལྟ་བུ་ཞིག་ཀྱང་འཇུག་སྟེ། སོ་ཐར་སྡོམ་པ་ཤི་འཕོས་པས། །གཏོང་བའི་སྒྲུབ་བྱེད་འཆད་པ་ན། །བྱེ་བྲག་སྨྲ་བའི་རིགས་པ་ལ། །ཡིད་རྟོན་བྱེད་པོ་དེ་སུ་ཞིག །ཅེས་ཀྱང་དྲིའོ། །

གཉིས་པ་ནི། འོ་ན་བསམ་གཏན་དང་ཟག་མེད་ཀྱི་སྡོམ་པ་གཉིས་ཀྱང་ཆོས་ཅན། རྟེན་གྱི་གང་ཟག་ཤི་འཕོས་པས་གཏོང་བར་ཐལ། གཟུགས་ཅན་དུ་གྱུར་པའི་སྡོམ་པ་ཡིན་པའི་ཕྱིར། ཁྱབ་པ་ཁས་བླངས། རྟགས་ལུང་གིས་གྲུབ། ཐལ་ཆོས་ལ་བསལ་བ་འཇུག་པའི་ཚུལ་ནི། ཇི་སྐད་དུ། ཐ་མ་གཉིས་ནི་སེམས་རྗེས་འབྲང་། །ཞེས་དང་། སེམས་ལས་བྱུང་དང་སྡོམ་གཉིས་དང་། །ཞེས་གཉིས་པོ་དེ་སེམས་དང་ལྡན་ཅིག་འབྱུང་བའི་རྒྱུ་འབྲས་སུ་བཤད་པ་དང་། བསམ་གཏན་གཏོགས་པའི་དགེ་བ་ནི། །ས་འཕོས་ཉམས་པ་དག་གིས་གཏོང་། །ཞེས་དང་། འཕགས་པ། འབྲས་བུ་ཐོབ་སྦྱངས་ཉམས་པ་ལས། ཞེས་གཉིས་པོའི་གཏོང་ཚུལ་དེ་དག་ལས་གཞན་མ་བཤད་པའི་ཕྱིར། གལ་ཏེ་འོ་ན། མཛོད་འགྲེལ་ལས། བསམ་གཏན་དུ་གཏོགས་པའི་དགེ་བ་ཐམས་ཅད་ནི་རྒྱུ་གཉིས་ཀྱིས་གཏོང་སྟེ་གོང་དམ། འོག་ཏུ་སྐྱེ་བ་སྟེ། ས་འཕོས་པ་ལས་སམ། སྙོམས་པར་འཇུག་པ་ལས་ཡོངས་སུ་ཉམས་པ་ལས་སོ། །རིས་མཐུན་བཏང་བས་ཀྱང་ཙུང་ཟད་བཏང་བར་འགྱུར་རོ། །ཞེས་བཤད་པ་མ་ཡིན་ནམ་ཞེ་ན། བཤད་མོད། དེ་ལས་ཅིར་འགྱུར། གོང་འོག་ཏུ་སྐྱེ་བ་ཞེས་བཤད་པས་སོ། །ཞེ་ན། ལུང་དེ་ཉིད་ཀྱིས་འཆི་འཕོ་བ་བསམ་གཏན་སྡོམ་པའི་གཏོང་རྒྱུ་མ་ཡིན་པར་གྲུབ་སྟེ། རང་སར་སྐྱེ་བའི་ཚེ་མི་གཏོང་བར་དོན་གྱིས་འཕངས་པའི་ཕྱིར། ཙུང་ཟད་གཏོང་། ཞེས་བཤད་པས་ཀྱང་དེ་དེའི་གཏོང་རྒྱུ་མ་ཡིན་པར་གྲུབ་སྟེ༏ རིས་མཐུན་བཏང་བ་རྐྱང་པས་བསམ་གཏན་གྱི་སྡོམ་པ་མཐའ་དག་མི་གཏོང་བར་འཕངས་པའི་ཕྱིར། འོ་ན་དེ་དག་གི་དོན་ཅི་ཞེ་ན། བསམ་གཏན་གྱི་དགེ་བ་དག་པ་བ་གཏོང་བའི་རྒྱུ་གསུམ་པོ་དེ་ལ་གཞི་མཐུན་མི་སྲིད་པའི་ཚུལ་འདི་ལྟར། ས་འཕོས་པས་གཏོང་བ་ལ་གཉིས་ལས། དང་པོ་འོག་ནས་གོང་དུ་སྐྱེ་བའི་ཚེ་ནི། འོག་སའི་རྟེན་ལ་གོང་མའི་དངོས་གཞི་མངོན་དུ་བྱེད་དགོས་པས། དེའི་ཚེ་ས་འཕོས་པའོ། །

གཉིས་པ་ནི། གོང་ནས་འོག་ཏུ་འཆི་འཕོ་བའི་ཚེ། གོང་མའི་རྟེན་ལ་འོག་སའི་ཉོན་མོངས་ཀྱི་ཐོབ་པ་སྔར་སྐྱེ་བྱུང་བ་ནས་འཕོས་པ་ཡིན་ཏེ། དུས་དེར་འོག་མའི་དགེ་བ་དག་པ་བ་སྐྱེས་ཐོབ་ཀྱི་ལྡན་པ་གསར་དུ་རྙེད

པའི་ཕྱིར། དེའི་ཚེ་གོང་མའི་དངོས་གཞི་བཏང་བས་ཉམས་པ་ནི་མ་ཡིན་ཏེ། འོག་མའི་ཉོན་མོངས་པའི་ཐོབ་པ་ཙམ་གྱིས་གོང་མའི་དངོས་གཞི་ཉམས་མི་នུས་པའི་ཕྱིར། འོ་ན་དེ་ལས་ནམ་གྱི་ཚེ་ཉམས་ཞེ་ན། འོག་མའི་ཉོན་མོངས་མངོན་དུ་གྱུར་ནས། འོག་མར་ཉིང་མཚམས་སྦྱར་བ་དེའི་ཚེའོ། །དེ་འདྲ་དེ་ཉམས་པས་བཏང་བ་ནི་མ་ཡིན་ཏེ། ས་འཕོས་ཟིན་པའི་འོག་ཏུ་ཉམས་པས་སོ། །ས་འཕོ་ཚུལ་དེ་གཉིས་ཀ་ཡང་འཆི་འཕོ་བ་ལ་རག་ལས་པ་ནི་མ་ཡིན་ཏེ། འཆི་འཕོ་བ་ལ་མངོན་དུ་ཕྱོགས་པའི་དུས་ཉིད་ནས་ས་འཕོས་ཟིན་པའི་ཕྱིར་རོ། །གཏོང་རྒྱུ་གཉིས་པ་ཡོངས་སུ་ཉམས་པས་གཏོང་བ་ནི། ས་གོང་མ་ནས་འོག་མར་སྐྱེ་བའི་དུས་ལྟ་བུ་ལ་བྱ་བ་ནི་མ་ཡིན་གྱི། འོ་ན་ཅི་ཞེ་ན། འདོད་པའི་རྟེན་ལ་བསམ་གཏན་དང་པོའི་ཪོ་མྱངས་པས་གོང་མ་གསུམ་ལས་ཉམས་པ་ལྟ་བུའོ། །འདི་ཡང་ས་འཕོས་ཟིན་པའི་འོག་ཏུ་ཉམས་པ་ཡིན་ཏེ། དང་པོའི་རོ་མྱང་པ་དེའི་དངོས་གཞི་མངོན་དུ་གྱུར་པ་ལ་རག་ལས་པའི་ཕྱིར། འོ་ན་དུས་དེར་ཉམས་པས་གཏོང་བའི་དོན་མ་ཚང་སྟེ་བཏང་ཟིན་པའི་འོག་ཏུ་ཉམས་པས་སོ༔ །ཞེ་ན། སྐྱོན་མེད་དེ། ས་འཕོས་པ་ནི་གོང་མའི་དངོས་གཞི་ནས་འོག་མའི་དངོས་གཞིར་འཕོས་པ་ཡིན་ལ། ཉམས་པས་བཏང་བ་ནི། འོག་མའི་ཉོན་མོངས་པ་ཆེན་པོའི་ཆེན་པོས། གོང་མའི་ཉེར་བསྡོགས་ཀྱི་ རྫས་ཉམས་པར་བྱས་པ་ཡིན་པས་སོ། །གཏོང་རྒྱུ་གསུམ་པ་ཤི་འཕོས་པས་གཏོང་བ་ནི། འདོད་པའི་རྟེན་ལ་བསམ་གཏན་དང་པོའི་ཉེར་བསྡོགས་ཙམ་བརྒྱུད་ལ་སྐྱེས་པ་དེ། འདོད་པའི་ཉོན་མོངས་ཆུང་འབྲིང་གིས་འདོད་པར་ཉིང་མཚམས་སྦྱར་བའི་ཚེ་ལྟ་བུ་དང་། འདོད་པའི་རྟེན་ལ་བསམ་གཏན་གཉིས་པ་སོགས་ཀྱི་ཉེར་བསྡོགས་ཙམ་མངོན་དུ་གྱུར་པ་འཆི་འཕོ་བའི་ཚེ་ནའོ། །དེ་འདྲ་དེ་ཡང་ས་འཕོས་པ་དང་ཉམས་པས་གཏོང་བ་ནི་མ་ཡིན་ཏེ། རང་རང་གི་དངོས་གཞི་མ་ཐོབ་པ་ལས་ས་འཕོ་རྒྱུ་མེད་པའི་ཕྱིར་དང་། འོག་མའི་ཉོན་མོངས་པ་ཙམ་གྱིས་གོང་མའི་ཉེར་བསྡོགས་ཉམས་མི་ནུས་པས་སོ། །

མདོར་ན་ས་འཕོས་པས་གཏོང་བ་ནི་དངོས་གཞིའི་སྙོམས་འཇུག་ཁོ་ནར་ངེས་ལ། ཉམས་པ་དང་ཤི་འཕོས་པས་གཏོང་བ་ནི་ཉེར་བསྡོགས་ཁོ་ནའོ། །ཞར་ལ་འཐོབ་ཚུལ་ཀྱང་གསུམ་སྟེ། འདོད་ཆགས་དང་བྲལ་བས་དང་། སྦྱོར་བས་དང་། སྐྱེ་བས་ཐོབ་པའོ། །ཐོག་མཐའ་གཉིས་ནི་དངོས་གཞིའི་དབང་དུ་བྱས་ལ། སྦྱོར་བས་ཐོབ་པ་ནི། ཉེར་བསྡོགས་དང་དངོས་གཞི་གཉིས་ག་ལ་ཁྱིད་དོ། །འོ་ན་ཇི་སྐད་དུ། བསམ་གཏན་སྐྱེས་དང་ལྡན་པ་ནི། །རྟག་ཏུ་འདས་དང་། ཞེས་གོང་མའི་རྟེན་ལ་འོག་མའི་སྙོམས་འཇུག་ལྡན་པར་ཁས་ལེན་དགོས་པ་མ་ཡིན་ནམ། ཇི་སྐད་དུ། དེ་དང་མི་ལྡན་འདོད་ཆགས་བྲལ། །སྐྱེ་བ་ལས་ནི་དག་པ་ཐོབ། །ཅེས་གོང་ནས་འོག་ཏུ་སྐྱེས་པའི་ཚེ། འོག་མའི་སྙོམས་འཇུག་སྐྱེས་ཐོབ་ཏུ་འཇོག་པ་ཅི་ཞེ་ན། གོང་མར་ལྡན་པ་ནི་སྦྱོར་བྱུང་གི་ཡིན་

ལ༑ ཁམས་སུ་སླར་ལོག་པའི་ཚེ་རྙེད་པ་ནི་སྐྱེས་ཐོབ་ཀྱི་ཡིན་པས་འགལ་བ་མེད་དོ། །ཡང་བསམ་གཏན་དང་པོའི་ཉེར་བསྡོགས་ཅན་ཤི་འཕོས་པ་དེའི་ཚེ། བསམ་གཏན་གྱི་སྡོམ་པ་རིལ་གྱིས་གཏོང་བ་མ་ཡིན་ནམ། འགྲེལ་པར། ཅུང་ཟད་གཏོང་ཞེས་བཤད་པ་ཅི་ཞེ་ན། འདོད་པའི་ཉོན་མོངས་ཆེན་པོའི་ཆེན་པོ་མ་སྐྱེས་ན། འཆི་འཕོས་པ་ཙམ་གྱིས་ནི་ལུས་ངག་གི་སྡོང་བ་རྒྱུད་པ་ལས་ལྷག་པ་མི་གཏོང་བ་ལ་དགོངས་པའམ། ཡང་ན། བསམ་གཏན་གཉིས་པ་ལ་སོགས་པའི་ཉེར་བསྡོགས་ཅན། རང་རང་གི་འོག་སར་སྐྱེ་བ་བླངས་པ་ལ་དགོངས་པས་ཉེས་པ་མེད་དོ། །འོན་འདི་དག་རྒྱས་པར་མ་བསམམས་ན། འཆི་འཕོ་བ་བསམ་གཏན་སྡོམ་པའི་གཏོང་རྒྱུར་རྟོག་ སྲིད་པ་དག་སྣང་བས། རྒྱ་ཆེར་བཤད་པ་ཡིན་ནོ། །གལ་ཏེ་སོ་སོ་སྐྱེ་བོས་བསམ་གཏན་གྱི་སྡོམ་པ་ཤི་འཕོ་བས་མི་གཏོང་བ་དེ་ལྟ་ན། ཇི་སྐད་དུ། འཕགས་མིན་འཆི་བས་སོ། །ཞེས་བཤད་པ་མ་ཡིན་ནམ་ཞེ་ན། དེ་ནི་བསམ་གཏན་གྱི་གཏོང་ཚུལ་མ་ཡིན་གྱི། ངེས་འབྱེད་ཆ་མཐུན་གྱི་གཏོང་ཚུལ་ཡིན་པའི་ཕྱིར་ཉེས་པ་མེད་དོ། །དེ་ལས་གཞན་དུ་ན། འོག་ས་ནས་གོང་སར་སྐྱེ་པའི་ཚེ། བསམ་གཏན་གྱི་སྡོམ་པ་སྐྱེས་ཐོབ་སྲིད་པས་ཁྱབ་པར་འགྱུར་རོ༑ །དེ་ལྟར་བཤད་པ་ན། འཆི་འཕོ་བ་བསམ་གཏན་གྱི་ཉེར་བསྡོགས་དང་དངོས་གཞི་མ་འོངས་པའི་གཏོང་རྒྱུ་ཡིན་པ་ཅིག་སྲིད་ཀྱང་། དངོས་གཞི་ད་ལྟ་བའི་གཏོང་རྒྱུ་ཡིན་པ་ཅིག་མི་སྲིད་དོ། །ཞེས་བྱ་བ་འདི་ངེས་པ་ཡིན་ནོ༑ །ཟག་མེད་ཀྱི་སྡོམ་པ་ལ་ནི། ཆཤས་ཅུང་ཟད་ཙམ་ཞིག་གི་གཏོང་རྒྱུ་ཡང་འཆི་འཕོ་བ་ལ་བཤད་པའི་གོ་སྐབས་ཡོད་པ་མ་ཡིན་ཏེ། འཕགས་པ་འདོད་གཟུགས་ནས་ཤི་འཕོས་ནས། གཟུགས་མེད་ཁམས་སུ་སྐྱེ་བའི་ཚེ་ཡང་། ཟག་མེད་ཀྱི་སྡོམ་པ་མི་གཏོང་བར་བཤད་ན། གཞན་ལ་ལྟ་ཅི་སྨོས་པའི་ཕྱིར་རོ། །དེ་སྐད་དུ་ཡང་། འདོད་དང་གཟུགས་སྐྱེས་ལྷ་རྣམས་ལ། །བསམ་གཏན་སྐྱེས་ཡོད་ཟག་མེད་ནི། །བསམ་གཏན་ཁྱད་པར་འདུ་ཤེས་མེད། །སེམས་ཅན་མ་གཏོགས་གཟུགས་མེད་ན། །ཞེས་གསུངས། གལ་ཏེ་གཟུགས་མེད་དུ་ཟག་མེད་ཀྱི་སྡོམ་པ་གསར་དུ་སྐྱེས་པ་ཡིན་ནོ། །ཞེས་ཟེར་ན། རྒྱུ་འབྱུང་བ་མེད་པར། འབྲས་བུ་འབྱུང་འགྱུར་གྱི་གཟུགས་གསར་དུ་སྐྱེ་བ་ངོ་མཚར་བའི་གནས་སོ། །

གཉིས་པ་དངོས་ལན་བཏབ་པ་ལ། ཕྱོགས་སྔ་མ་བརྗོད་པ་དང་། དེ་སུན་འབྱིན་པའོ། །དང་པོ་ནི། འབྲི་ཁུང་པ། འདུལ་བའི་སྡེ་སྣོད་ཀྱི་དགོངས་པ་ཐེག་ཆེན་དུ་གནས་པ་དང་། སྤྱང་བྱ་ཡིད་ཀྱི་གསུམ་སྤྱོང་བ་གཙོ་ཆེ་བ་དང་། ལྟུང་བ་མཐའ་དག་ལ་འདུ་ཤེས་དང་དངོས་པོ་གཉིས་ལས། འདུ་ཤེས་གཙོ་ཆེ་བ་དང་། སོ་ཐར་སྡོམ་པའི་ངོ་བོ་གཟུགས་ཅན་ཡིན་པ་དང་། ཤི་འཕོས་པས་མི་གཏོང་བ་རྣམས་སུ་བཞེད་པ་ནི་ཕྱོགས་སྔ་མའོ། །དེ་སུན་དབྱུང་བ་ནི། ཐེག་པ་ཆེན་པོའི་ལུགས་གཞིར་བྱས་པ་ལ། སོ་ཐར་གྱི་སྡོམ་པ་ཆོས་ཅན། ཤི་འཕོས་པས

གཏོང་བར་ཐལ། གཟུགས་ཅན་དུ་གྱུར་པའི་སྡོམ་པ་ཡིན་པའི་ཕྱིར། ཞེས་འཕེན་པའོ། །དེ་སྐད་དུ་ཡང་། དགོངས་གཅིག་ལས། རྡོ་རྗེའི་གསུང་། སོ་སོར་ཐར་པ་ཟེར་མི་ཟེར་གྱི་ཁྱད་པར་གྱིས། ཐེག་པ་ཆེ་ཆུང་དུ་བཞག་ས་མེད་པས། བོད་ཁམས་སྤྱིའི་རྗེས་སུ་མི་འབྲང་། ལྷག་པར་ཐེག་པ་ཆེན་པོར་བཞུགས་པ་འདི་ཤིན་ཏུ་གསལ། ཞེས་དང་། ཡང་རྡོ་རྗེའི་གསུང་། གཙོ་བོར་ཡིད་ཀྱི་གསུམ་པོ་སྤྱོང་། ཞེས་བྱ་བ་འདི་བཞུགས། ཞེས་དང་། རྡོ་རྗེའི་གསུང་། ལྟུང་བ་མཐའ་དག་འདུ་ཤེས་གཙོ་བྱ་བ་འདི་བཞུགས། ཞེས་དང་། ཡང་རྡོ་རྗེའི་གསུང་། སྡོམ་པའི་ངོ་བོ་རྣམ་པར་རིག་བྱེད་མ་ཡིན་པའི་གཟུགས་བྱ་བ་འདི་བཞུགས། ཞེས་དང་། བོད་ཁམས་ཀྱི་འདུལ་བ་འཛིན་པ་རྣམས་ཀྱིས། བྱེ་བྲག་ཏུ་སྨྲ་བའི་ལུགས་དེ་ལ་ངན་པ་ཐ་ཆད་དུ་བྱེད་པ་ཡིན་པ་ལ། འདིར་ཞལ་མངའ་ནས། སྡོམ་པའི་ངོ་བོ་རྣམ་པར་རིག་བྱེད་མ་ཡིན་པའི་གཟུགས་ཡིན་པས། བྱེ་བྲག་ཏུ་སྨྲ་བའི་ལུགས་འདི་ལེགས་ཤེས་དང་། སོ་ཐར་གྱི་སྡོམ་པ་ཤི་བས་མི་གཏོང་བའི་ཤེས་བྱེད་དུ། ལུང་དང་། རིགས་པ་གཉིས་ལས། ལུང་ནི། ཁྲི་རྐང་གི་གླེང་གཞི་ལས། དགེ་སློང་ཞིག་ཤི་འཕོས་ནས་ལྷར་སྐྱེས་པ་ན། དགེ་སློང་གི་འདུ་ཤེས་དང་མ་བྲལ་བར་བཤད་པའོ། །རིགས་པ་ནི། གལ་ཏེ་ཤི་འཕོས་པས་སྡོམ་པ་གཏོང་ན། སྔར་མ་ཤི་བར་ལ་སྡོམ་པ་བསྲུངས་པས་ཅི་ཞིག་བྱེད་དེ། དགོས་དུས་སུ་མ་ཕན་པའི་ཕྱིར། དཔེར་ན། མི་གཅིག་ལམ་གྱི་སྐྱེལ་མར་ཡོད་པ་ལ། འཇིགས་སར་ཕྱིན་ནས་བསྐྱུར་བ་དང་མཚུངས་སོ། །ཞེས་བཤད་པ་ཡིན་ནོ། །དེ་དག་ལ་འདི་སྐད་ཅེས། སོ་སོར་ཐར་པའི་སྡོམ་པ་ནི། །ཡིད་ཀྱི་སྤང་བྱ་གསུམ་སྤོང་བའི། །ཆ་ནས་བཤད་པ་འདུལ་བ་ཡི། །སྡེ་སྣོད་དག་ནས་འབྱུང་བ་མེད། །ལུས་ངག་རྗེས་འབྲང་གཟུགས་ཅན་སྡོམ། །འཆི་བས་གཏོང་བ་བྱེ་སྨྲའི་ལུགས། །ཤི་བས་མི་གཏོང་གཟུགས་ཅན་གྱི། །སྡོམ་པ་ཐེག་ཆེན་ལུགས་ལ་མེད། །ཅེས་ངག་དོན་བསྡུས་པ་ཡིན་ནོ།། །།

དྲི་བ་བཞི་པ་ནི། ཐེག་ཆེན་ལུགས་ལ་སྤྱོང་བའི་སེམས། །ཇི་སྲིད་མ་ཉམས་དེ་སྲིད་དུ། །དེ་ཡི་སྡོམ་པ་དེ་ཡོད་ན། །ཐེག་ཆེན་ལུགས་ཀྱི་སླེན་གནས་ཀྱང་། །ནང་པར་ཕན་ཆད་བསྲུང་དགོས་སམ། །དེས་ན་ཇི་སྲིད་སེམས་མ་ཉམས། །ཞེས་དང་སེམས་བསྐྱེད་ཀྱིས་ཟིན་པའི། །དགེ་སློང་ལ་སོགས་སྡོམ་པ་རྣམས། །ཞེས་སོགས་མི་འགལ་ཚུལ་དེ་ཅི། །སོ་ཐར་སྡོམ་པ་ཤི་ནས་ཀྱང་། །ཡོད་ཅེས་སྨྲ་བའི་འབྲི་ཁུང་པས། །ཐེག་པ་ཆེན་པོའི་སོ་ཐར་གྱི། དབང་དུ་བྱས་པར་མ་བཤད་དམ། །ཞེས་པའོ། །འདི་ལ་གཉིས་ཏེ། དྲི་བའི་བསམ་པ་བསླང་བ་དང་། དེའི་དངོས་ལན་གདབ་པའོ། །དང་པོ་ལ། འདྲི་དགོས་པའི་རྒྱུ་མཚན་དང་། མ་དྲིས་ན་གཞུང་ཚུད་འཛའ་བའི་ཉེས་དམིགས་སོ། །དང་པོ་ནི། རྣམ་བཤད་མཛད་པ་ཕལ་ཆེ་བས། ཉེར་ལེན་སེམས་ལས་སྐྱེས་པའི་རྒྱུ་མཚན་གྱིས། ཇི་སྲིད་སྤྱོང་སེམས་མ་ཉམས་པ་དེ་སྲིད་དུ་དེའི་སྡོམ་པ་དེ་ཡོད་དོ། །ཅེས་པའི་དོན་དུ་བཤད་ལ། སྤྱོས

ཁང་པ་དང་། སྣ་གདོང་པ། སེམས་བསྐྱེད་ཀྱི་སྡོམ་པ་ཉེར་ལེན་སེམས་ལ་སྐྱེ་བའི་རྒྱུ་མཚན་གྱིས། ཇི་སྲིད་སྨོན་སེམས་ཡོད་པ་དེ་སྲིད་དུ། དེའི་སྡོམ་པ་ཡོད་ཅེས་བྱ་བ་ལ་སོགས་པའི་དོན་དུ་འཆད་པའི་རྒྱུ་མཚན་གྱིས་སོ། །

གཉིས་པ་ལ་གཉིས་ཏེ། དངོས་སུ་མ་བཀོད་པའི་དོགས་པ་བསམ་པ་དང་། དངོས་སུ་བཀོད་པའི་དོགས་པ་དེའི་དོན་བཤད་པའོ། །དང་པོ་ནི། བསྒྲུབ་བྱ་དེ་དང་དེ་སྒྲུབ་པའི། །ཤེས་བྱེད་གཏན་ཚིགས་དེ་དག་ནི༑ ༑གཞན་ལ་ཤེས་འདོད་མེད་ཕྱིར་དང་། །གྲུབ་ཟིན་ཕྱིར་ན་བསྒྲུབ་བྱ་མིན། །རང་ལུགས་སོ་ཐར་སྡོམ་པ་ཡང་། །སེམས་ལས་སྐྱེས་ཕྱིར་གཟུགས་ཅན་མིན། །དེས་ན་སྤོང་སེམས་མ་ཉམས་པ། །དེ་ཡི་བར་དུ་དེ་ཡོད་འགྱུར། །དེ་ལྟ་ན་ནི་ཕྱོགས་སྔ་མའི། །རྗེས་སུ་འབྲང་བ་མ་ཡིན་ནམ། །ཞེས་བྱ་བའི་ཀླན་ཀ་འདི་དག་འཇུག་པའི་ཉེས་དམིགས་ཡོད་དོ། །

གཉིས་པ་ནི། བསྟན་བཅོས་འདི་ལ་འབེལ་གཏམ་དུ་བྱེད་པ་ཕྱི་མ་དག །སྡོམ་པ་གསུམ་ལྡན་གྱི་རྒྱུད་ཀྱི་གསུམ་པོ་གནས་གྱུར་ཏེ། ངོ་བོ་གཅིག་པའི་དོན་དེ་དང་དེ་ཡིན་པ་ལ་བྱེད་པ་ཡིན་ནོ། །ཞེས་འཆད་པ་དག་སྣང་ལ༑ དེ་ལྟ་ན། སྐབས་འདིའི་གཞུང་དེ་དག་དང་འགལ་བར་འགྱུར་རོ། །ཇི་ལྟར་ན། འོན་དགེ་བསྙེན་གྱི་བསྙེན་གནས་བླངས་པའི་ཚེ་ན། དེ་དེར་སོང་བ་ཡིན་པས། དགེ་བསྙེན་བསྙེན་གནས་ཀྱི་རྗེས་སུ་འགྲོ་ལྡོག་བྱེད་པར་ཐལ་བ་དང་། བསྙེན་གནས་ལ་གནས་པས་སེམས་བསྐྱེད་ཀྱི་སྡོམ་པ་བླངས་པའི་ཚེ་དེ་དེར་སོང་བ་དང་། དགེ་སློང་གིས་དེ་བླངས་པའི་ཚེ་ཡང་དེ་དེར་སོང་བས། དེ་དང་དེ་དག་ཆོས་ཅན། ཇི་སྲིད་བྱང་སེམས་སྡོམ་པའི་སྤོང་སེམས་མ་ཉམས་པ་དེ་སྲིད་དུ་གནས་པར་ཐལ། བྱང་སེམས་ཀྱི་སྡོམ་པ་ཡིན་པའི་ཕྱིར། ཞེས་པའི་ཀླན་ཀ་འདི་འཇུག་པ་དང་། ཐལ་བ་ཕྱི་མ་ལ་འདོད་ལན་བཏབ་ན། འོན་སེམས་བསྐྱེད་ཀྱིས་ཟིན་པའི། །ཞེས་སོགས་དང་འགལ་བར་འགྱུར་རོ། །སླམ་དུ་བསམ་པ་ཡིན་ནོ། །ཡང་དྲི་ཚིག་ཏུ། སོ་ཐར་སྡོམ་པ་ཤི་ནས་ཀྱང་། །ཞེས་སོགས་ཆང་པ་བཞིའི་དོན་ནི། གཞུང་དུ། དགེ་སློང་ལ་སོགས་སྡོམ་པ་རྣམས། །བསླབ་པ་ཕུལ་དང་ཤི་འཕོས་དང་། །རྩ་བ་ཆད་པ་ལ་སོགས་པ། །གཏོང་རྒྱུ་ཀུན་གྱིས་མི་གཏོང་འགྱུར། །དེ་ལྟ་ཡིན་ན་དགེ་སློང་གིས། །སྡོམ་པ་ཕུལ་ཡང་སྲུང་དགོས་འགྱུར། །ཞེས་པ་འདི་ཕྱོགས་སྔ་སྨྲ་བ་ལ་ཧ་ཅང་ཐལ་བ་ཇི་ལྟར་འཇུག་སྟེ། ཕྱོགས་སྔ་མས་ནི་བསླབ་པ་ཕུལ་བ་དང་། རྩ་བ་ཆད་པས་ནི་སེམས་བསྐྱེད་ཀྱིས་ཟིན་པའི་སོ་ཐར་ཡིན་ཀྱང་གཏོང་ལ། ཤི་འཕོས་པས་ནི་ཐེག་ཆེན་གྱི་སོ་སོར་ཐར་པའི་སྡོམ་པ་མི་གཏོང་བར་འཆད་པའི་ཕྱིར་རོ། །དེ་སྐད་དུ་ཡང་། དགོངས་གཅིག་ལས། དེ་ལྟར་ན་གཏོང་བྱེད་ཀྱི་རྒྱུ་དགུ་པོ་དེའི་བཞིས་གཏོང་ངེས་པ་ཡིན། ཤི་འཕོས་པ་དང་། ཆོས་ནུས་པ་དང་། མཚན་འདས་ཀྱིས་ཕྱེད་གཏོང་། ཕྱེད་མི་གཏོང་། བསླབ་པ་ཕུལ་བ་དང་། རྩ་ལྟུང་བྱུང་བས

བཞི་ཆ་རེ་གཏོང་། ལར་གཙོ་བོར་ཡིད་ཀྱི་གསུམ་སྤྱོང་བ་འདི་ཤི་འཕོས་པས་སྡོམ་པ་མི་གཏོང་བའི་ལུགས་ཡིན་པས། བདག་ཅག་རྣམས་ཀྱིས་ཚུལ་ཁྲིམས་འདི་ལ་ཤིན་ཏུ་ནན་ཏན་ཆེ་བར་བྱ། ཞེས་དང་། ཡང་དེ་ཉིད་ལས། ཤི་འཕོས་པ་ཀུན་ཀྱང་སྡོམ་པ་མི་གཏོང་ན། བུ་ཆུང་གི་དགེ་སློང་ཞིག་འབྱུང་དམ་ཟེར་བ་ལས། དེ་ཡང་འབྱུང་བ་དང་། མི་འབྱུང་བ་གཉིས་ཀ་ཡོད་པ་ལ་རྒྱུད་པ་འདི་ནི། ནཱ་རོ་པཎ་ཆེན་གྱི་ལུགས་ལྟར་བཞེད་དེ། ཆོས་དྲུག་ལྟར་ཉམས་སུ་བླངས་པས་མངལ་སྒོ་ཁེགས། མངལ་སྒོ་འགགས་པ་ལ་ཆགས་གྲོལ་གཉིས་སུ་གསུངས་པ་ལ། གོང་མ་རྣམ་གོམས་སུ་སོང་བས་མི་ཁེགས། རྒྱུད་པ་འདི། གྲོལ་ལམ་དང་ཚུལ་ཁྲིམས་འབྲེལ་པ་ཅན་འདི་ལ་གཅེས་སྤྲས་སུ་བྱེད་པས། མངལ་སྒོ་ཁེགས་པ་སྟ་མ་ལྟར་རོ། །ཞེས་འབྱུང་ངོ་། །

གཉིས་པ་དངོས་ལན་བཏབ་པ་ལ་གཉིས་ཏེ། ཕྱོགས་སྔ་མ་བརྗོད་པ་དང་། དེ་སུན་དབྱུང་བའོ། །དང་པོ་ནི། འདུལ་བ་ཐུན་མོང་སྡེ་སྣོད་དང་། །ཡིད་ཀྱི་ཉེས་པ་གསུམ་སྤྱོང་ཕྱིར། །ཤི་བས་སོ་ཐར་མི་གཏོང་ཟེར། །

གཉིས་པ་ནི། སྡོམ་པ་གཉིས་ཀ་སེམས་ཡིན་ཀྱང་། །སོ་ཐར་བྱང་ཆུབ་བར་དག་ཏུ། །ལེན་པའི་ཆོ་ག་མེད་པ་དང་། །ཅིག་ཤོས་ཡོད་ཕྱིར་འདི་མི་མཚུངས། །སྡོམ་པའི་འབྲས་བུ་ཤི་འཕོས་ནས། །འབྱུང་ཕྱིར་བླངས་པ་དོན་མེད་མིན། །ཞེས་བྱ་བ་འདིས་ནི། ཇི་སྐད་དུ། ཉན་ཐོས་རྣམས་ཀྱི་སྐབས་འགྲོ་ནས། །ཞེས་པ་ནས། སྡེ་སྣོད་རྣམ་དབྱེ་མེད་པར་ཟད། །ཅེས་པ་ཡན་གྱི་སྐབས་དོན་ཐམས་ཅད་གོ་སླ་བར་བསྡུས་པ་ཡིན་ནོ། ། །

དྲི་བ་ལྔ་པ་ནི། བྱེ་སྨྲའི་བསྙེན་གནས་དགེ་སློང་ལས། །ལེན་པའི་དམིགས་བསལ་གང་ན་ཡོད། །འདུལ་བའི་ལུགས་ཀྱི་བསྙེན་གནས་ཀྱི། །ཆོ་ག་གསལ་པོ་གང་ན་བཞུགས། །ཞེས་པའོ། །འདི་ལ་དྲི་བའི་བསམ་པ་དང་། དེའི་དངོས་ལན་ནོ། །དང་པོ་ལ། འདྲི་དགོས་པའི་རྒྱུ་མཚན་དང་། མ་དྲིས་ན་སྐྱོན་ཡོད་པའོ། །དང་པོ་ནི། མཛོད་དུ། གཞན་ལས་ནོད་པར་བྱ། ཞེས་པ་ཙམ་མ་གཏོགས། དགེ་སློང་ལས་ལེན་པའི་བཤད་པ་གསལ་པོ་ཡེ་མ་བྱུང་བ་དང་། གལ་ཏེ་འདུལ་བ་ནས་གསུངས་སོ་སྙམ་ན། འདུལ་བའི་བཀའ་དང་བསྟན་བཅོས་མཐའ་དག་ཏུ། འདིའི་བསྙེན་གནས་ཀྱི་ཆོ་ག་འདི་ལྟ་བུ་ཞེས་བྱ་བའི་བཤད་པ་གསལ་པོ་ཡེ་མེད་པའི་རྒྱུ་མཚན་གྱིས་དང་། སྤྱོས་ཁང་པའི་རྣམ་བཤད་ལས། བསྙེན་པར་མ་རྫོགས་པ་དག་ནི། བསྙེན་པར་རྫོགས་པའི་དགེ་འདུན་གྱིས་ཡོངས་སུ་བཟུང་བ་ཙམ་ཡིན་པའི་ཕྱིར་རོ། །ཞེས་གསུངས་པས། བསྟན་པར་བཞེད་པ་ནི་མདོ་དེའི་དོན་ཡེ་ནས་མ་ཡིན་པའི་རྒྱུ་མཚན་གྱིས་དྲིས་པ་ཡིན་ནོ། །

མ་དྲིས་ན་སྐྱོན་ཡོད་པ་ནི། བསྟན་བཅོས་འདིའི་རྣམ་བཤད་མཛད་པ་པོ་རྣམས་ཀྱིས་གཞུང་འདིར་བསྙེན་གནས་ཀྱི་རྣམ་གཞག་སྟོན་བྱེད་ཀྱི་གཞུང་འདི་དག་དགོས་པ་ཅིའི་ཕྱིར་དུ་བཀོད་པ་དང་ཕྱོགས་སྔ་མ་ཇི

ལྷ་བུ་ཞིག་འགོག་པ་ཡིན་གསལ་བར་མི་འཆད་པར། བསྙེན་གནས་བྱེ་བྲག་ཏུ་བཤད་པ་ཞེས་བྱ་བའི་མིང་གིས་བཏགས་ནས། བྱེ་སྨྲ་དང་། མདོ་སྡེ་པ་དང་། གསང་སྔགས་ལུགས་ཀྱི་བསྙེན་གནས་གསུམ་ཀ་སོ་ཐར་རིས་བརྒྱད་ཀྱི་ཀླས་ཕྱེ་བའི་བསྙེན་གནས་གོ་ཆོད་པ་ཡིན་པ་ལྷ་བུར་རློམ་གྱིན་འདུག་པ་དང་། བུ་སྟོན་རིན་པོ་ཆེས། འབོགས་པ་པོ་དགེ་སློང་ཡིན་ན་རབ། མེད་ཁ་མེད་དུ་དགོས་པ་མ་ཡིན་ཏེ། འདུལ་བ་ལུང་དུ། ཁྱིམ་བདག་མགོན་མེད་ཟས་སྦྱིན་གྱིས་བསྙེན་གནས་ཡོག་པའི་རྣམ་ཐར་གསུངས་པའི་ཕྱིར། ཞེས་པ་ལ། བསྟན་བཅོས་འདིའི་རྗེས་འབྲང་རྣམས་ཀྱིས་ལན་འདེབས་རྒྱུ་མི་སྣང་བ་དང་། ཁ་ཅིག་སྒྲོས་ཁང་པའི་རྣམ་བཤད་དུ་དྲངས་པའི། མདོ་རྩ་བའི་ལུང་དེས། དེ་ལྟར་བསྟན་པ་གདོན་མི་ཟ་བའོ། །བསྙམ་དུ་སེམས་པ་དག་ཡོད་པས་སོ། །འོ་ན་དེ་ལྟར་ཁས་བླངས་པ་ལ་ཉེས་པ་ཡོད་པ་ཇི་ལྟར་ཞེ་ན། གསང་སྔགས་ལུགས་ཀྱི་གསོ་སྦྱོང་ལེན་པའི་ཆོགས་བླངས་པའི་བསྙེན་གནས་དེས། རིས་བརྒྱད་ཀྱི་ཀླས་ཕྱེ་བའི་བསྙེན་གནས་ཀྱི་སྡོམ་པའི་གོ་ཆོད་པ་མ་ཡིན་ཏེ། དེར་འགྱུར་བ་ལ་ཆོ་ག་ཉན་ཐོས་ཀྱི་ལུགས་བཞིན་དུ་བྱེད་དགོས་པར་བཤད་པའི་ཕྱིར་དང་། གཞན་གྱི་རྣམ་རིག་ལས་ངེས་པར་ཐོབ་དགོས་པའི་ཕྱིར། མདོ་སྡེ་པའི་ལུགས་སུ་བཤད་པ་དེས་ཀྱང་དེའི་གོ་ཆོད་པ་མ་ཡིན་ཏེ། ཐེག་པ་ཐུན་མོང་གི་འདུལ་བ་ན། དགེ་བསྙེན་ལས་སྡོམ་པ་ལེན་པའི་བཤད་པ་མེད་པའི་ཕྱིར་དང་། མི་མ་ཡིན་པའི་འགྲོ་བ་པ་ལ་སོ་ཐར་གྱི་སྡོམ་པ་མི་སྐྱེ་བར་བཤད་པའི་ཕྱིར་རོ། །མདོ་རྩ་བའི་ལུང་དྲངས་མ་ཐག་པ་དེ་ནི། དོན་དེ་ལ་སྒྲུབ་བྱེད་མ་ཡིན་པ་ཁོ་ནར་མ་ཟད། གནོད་བྱེད་དུ་སོང་བ་ཡིན་ཏེ། ཇི་སྐད་དུ། རབ་ཏུ་བྱུང་ཞིང་བསྙེན་པར་མ་རྫོགས་པ་དག་ནི། ཞེས་བཤད་པའི་ཕྱིར་རོ། །

གཉིས་པ་དངོས་ལན་བཏབ་པ་ལ་གཉིས་ཏེ། ཕྱོགས་སྔ་མ་གང་ཞིག་འགོག་པ་དང་། དགེ་སློང་ཁོ་ན་ལས་ལེན་དགོས་པའི་ཤེས་བྱེད་དོ། །དང་པོ་ནི། དགོངས་གཅིག་ལས། བསྙེན་གནས་མཚན་མོ་འདས་པས་མི་གཏོང་བ་ཡང་ཡོད་དེ། ཇོ་བོ་རྗེའི་ཕྱག་བཞེས་ལས་ཇི་ལྟར་འབྱུང་བ་བཞིན་ནོ། །ཞེས་ཟེར་བ་དེ་འགོག་པ་ཡིན་ལ༑ དེའི་ཤེས་བྱེད་ཀྱང་འདི་ལྟར། གཞི་ཐམས་ཅད་ཡོད་པར་སྨྲ་བའི་འདུལ་བ་འདིའི་ལུགས་ལ། བསྙེན་གནས་ཀྱི་སྡོམ་པ་ནི་ཡུལ་དགེ་སློང་ལས། ཆོ་ག་སྐྱབས་འགྲོ་རྩོམ་བྱེད་དུ་བྱས་ཏེ། དུས་ཉིན་ཞག་གཅིག་གི་བར་དུ་ལེན་པའི་ཆོ་ག་ལས་གཞན་མང་པོ་དུས་གཅིག་ཏུ་བླངས་པས་སྐྱེ་བ་སོགས་མ་བཤད་པའི་ཕྱིར་དང་། ཇོ་བོ་རྗེའི་ཕྱག་བཞེས་བཞིན་དུ་བྱེད་ན་ཡང་། དང་པོ་དུས་གཅིག་ཏུ་བླངས་པ་དེ་ནི་བར་མ་ཙམ་ཡིན་གྱི་སྡོམ་པ་མ་ཡིན། དེའི་ཚེ་ཡང་། སྡོམ་པ་ནི་ནང་རེ་བཞིན་ལེན་དགོས་པའི་ཕྱིར་དང་། དོན་ཡོད་ཞགས་པའི་རྟོག་པ་ལས། གསོ་སྦྱོང་དུ་བཤད་པ་དེ་ནི། རིས་བརྒྱད་ཀྱི་ཀླས་ཕྱེ་བའི་བསྙེན་གནས་ཀྱི་སྡོམ་པར་མ་ངེས་པའི་ཕྱིར། ཞེས

པའོ། །བསྙེན་གནས་སྡོམ་པ་ཞག་གཅིག་ལས། །ལྷག་པའི་ཆོ་ག་ཡོད་སྲྀ་ཡི། །འདུལ་བར་གསུངས་པ་མེད་པའི་ཕྱིར། །མཚན་མོ་འདས་པའི་མཐའ་ལ་གཏོང་། །ཞེས་པ་འདི་བསྙེན་གནས་ཀྱི་རྣམ་གཞག་སྟོན་པའི་གཞུང་ཀུན་གྱི་དགག་དོན་བསྡུས་པ་ཡིན་ནོ། །

གཉིས་པ་ནི། དེ་དགེ་སློང་ཁོན་ལས་ལེན་པའིཤེས་བྱེད་མདོན་པ་ནས་འབྱུང་བ་དང་། འདུལ་བ་ནས་གསུངས་པའོ། །དང་པོ་ནི། ཇི་སྐད་དུ། སོ་སོར་ཐར་ཞེས་པ། གཞན་གྱི་རྣམ་རིག་བྱེད་སོགས་ཀྱིས། །ཞེས་གསུངས་ལ། དེར་སོགས་པ་ཞེས་བྱ་བའི་སྒྲས། སྡོམ་པའི་ཐོབ་རྒྱུ་བཅུ་སྟོན་པར། དེ་ཉིད་ཀྱི་རང་འགྲེལ་དུ་བཤད་ལ། ཐོབ་རྒྱུ་བཅུའི་ནང་ན། གཞན་གྱི་རིག་བྱེད་ལས་ཐོས་དགོས་ཕྱིན་ཆད། དགེ་སློང་མ་ཡིན་པ་ལས་འཐོབ་པ་ནི་གཅིག་ཀྱང་བཤད་པ་མེད་པའི་ཕྱིར་དང་། སོ་ཐར་རིས་བརྒྱད་ཀའི་ཐོབ་རྒྱུ་ལ་བཅུ་ལས་ལྷག་པ་མ་བཤད་པའི་ཕྱིར།

གཉིས་པ་ནི། འདུལ་བ་ལས་སྤྱིར་སྡོམ་པ་འབོགས་པའི་ཆོ་ག་ཇི་བསྙེད་པ་ཐམས་ཅད་དགེ་སློང་ཁོ་ནས་བྱེད་པར་བཤད་ཀྱི། བསྙེན་པར་མ་རྫོགས་པས་བྱེད་པར་བཤད་པ་གཅིག་ཀྱང་མེད་པའི་ཕྱིར་དང་། འདུལ་བའི་མདོ་ལུང་གང་གནས་ཀྱང་། བསྙེན་གནས་ཀྱི་སྡོམ་པ་གང་ལས་བླང་བའི་ཚུལ་དང་ཆོ་ག་གསལ་པོར་གསུངས་པ་མེད་ཀྱང་། སོ་ཐར་རིས་བརྒྱད་ཀྱི་མ་མཐའི་ས་མཚམས་ཡོངས་རྫོགས་ཀྱི་དགེ་སྙེན་ཡིན་ལ། དེ་ཡང་དགེ་སློང་ཁོན་ལས་ལེན་པར་བཤད་པ་ན། དེའི་གོང་མ་བསྙེན་གནས་ཀྱི་སྡོམ་པ་ཡང་དེ་ཁོན་ལས་ལེན་པར་དོན་གྱིས་གྲུབ་པའི་ཕྱིར། གང་ཞིག་དགེ་བསྙེན་གྱི་སྡོམ་པ་འབོགས་པ་པོར་མི་རུང་བ་དེ། བསྙེན་གནས་ཀྱི་སྡོམ་པ་འབོགས་པ་པོར་མི་རུང་བས་ཁྱབ་སྟེ། བསྙེན་གནས་ནི། རྗེན་གྱི་གང་ཟག་དགེ་བསྙེན་ཁོན་ལ་ངེས་པར་བྱ་བའི་གསོ་སྦྱོང་ཡིན་པས་སོ། །དེ་ཡང་དགེ་བསྙེན་ཡིན་པ་ལ་དེའི་སྡོམ་ལྡན་ཡིན་པས་མ་ཁྱབ་སྟེ། སྐྱབ་བྱེད་ཀྱི་གཏན་ཚིགས་ནི། སྐྱབས་གསུམ་འཛིན་པའི་དགེ་བསྙེན་ཡོད་པ་དང་། ཤེས་བྱེད་ཀྱི་དཔེ་ནི་རབ་བྱུང་ལ་དེའི་སྡོམ་ལྡན་གྱིས་མ་ཁྱབ་པ་བཞིན་ནོ། ཁྱིམ་བདག་མགོན་མེད་ཟས་སྦྱིན་གྱིས་བསྙེན་གནས་ཐོག་པའི་རྣམ་ཐར་གསུངས་པ་ཙམ་གྱིས་དེར་མི་འགྲུབ་སྟེ། བསྙེན་གནས་ལ་བསྙེན་གནས་ཙམ་དང་། བསྙེན་གནས་ཀྱི་སྡོམ་པ་གཉིས་ཡོད་པར་བཤད་པའི་ཕྱིར། དེ་སྐད་དུ་ཡང་། མཛོད་འགྲེལ་ལས། དེ་ལས་གཞན་དུ་གནོས་པས་ནི་ལེགས་པར་སྤྱད་པ་ཙམ་དུ་འགྱུར་གྱི། བསྙེན་གནས་ཀྱི་སྡོམ་པ་ནི་མ་ཡིན་ནོ། །དེ་ལྟར་བྱས་ན། ཤན་པ་དང་བྱི་བོ་བྱེད་པ་དག་གི་མཚན་མོ་དང་ཉིན་མོའི་བསྙེན་གནས་དག་ཀྱང་འབྲས་བུ་ཡོད་པར་རུང་ངོ་། །ཞེས་གསུངས་པ་དེར། ཉིན་ཞག་ཕྱེད་པའི་བསྙེན་གནས་བཤད་ཀྱང་། དེ་སྡོམ་པར་མི་འགྱུར་བ་བཞིན་ནོ། །དེ་ལས་གཞན་དུ

ན༑ བསྙེན་པར་མ་རྫོགས་པས་དགེ་བསྙེན་གྱི་སྡོམ་པ་ཡང་འབོགས་སུ་རུང་བར་འགྱུར་ལ། དེ་འདྲ་དེ་ཐམས་ཅད་ཡོད་པར་སྨྲ་བའི་འདུལ་བ་ལས་མི་འབྱུང་བས། བྱེ་བྲག་ཏུ་སྨྲ་བའི་ལུགས་སུ་མི་རུང་ངོ་། །དེ་བཞིན་དུ་ཁྱིམ་པའི་གསོ་སྦྱོང་དང་། བསྙེན་གནས་ཀྱི་སྡོམ་པ་ལ་མུ་བཞི་སྟེ། བསྙེན་གནས་ཀྱི་སྡོམ་པ་ཡིན་ལ། གསོ་སྦྱོང་མ་ཡིན་པ་ནི། དགེ་བསྙེན་གྱི་སྡོམ་པ་དང་མི་ལྡན་པས་བླངས་པའི་བསྙེན་གནས་ཀྱི་སྡོམ་པ་ལྟ་བུའོ། །གསོ་སྦྱོང་ཡིན་ལ། བསྙེན་གནས་ཀྱི་སྡོམ་པ་མ་ཡིན་པ་ནི། ཡོངས་རྫོགས་དགེ་བསྙེན་གྱིས་ཉིན་ཞག་གཅིག་པའི་གསོ་སྦྱོང་གཞན་ལ་མ་ལྟོས་པར་རང་གིས་བླངས་པ་ལྟ་བུའོ། །

གཉིས་ཀ་ཡིན་པ་ནི། ཡོངས་རྫོགས་དགེ་བསྙེན་སྡོམ་ལྡན་གྱིས་ཉིན་ཞག་གཅིག་པའི་གསོ་སྦྱོང་བླངས་པ་ལྟ་བུའོ། །

གཉིས་ཀ་མ་ཡིན་པ་ནི། ཉིན་ཞག་ཕྱེད་པའི་བསྙེན་གནས་དང་། དགེ་བསྙེན་གྱིས་གཞན་ལ་ཕོག་པའི་བསྙེན་གནས་ཀྱི་ཚུལ་ཁྲིམས་ལྟ་བུ་དང་། ཉིན་ཞག་གཅིག་ཏུ་སྲོག་གཅོད་རྐྱང་པ་སྤོང་བའི་བསྙེན་གནས་ལྟ་བུའོ། །དེ་ལྟ་མོད་ཀྱི། སྐབས་འདིར་ནི་ཐེག་པ་ཆེ་ཆུང་གི་སོ་ཐར་རིས་བརྒྱད་ཀྱི་རྣམ་གཞག་འཆད་པ་སྐབས་སུ་བབ་པ་ཡིན་ལ། དེའི་བསྙེན་གནས་ལ་ནི། ཉིན་ཞག་གཅིག་ཏུ་ཚང་བར་བླངས་པའི་ཡན་ལག་བརྒྱད་ཡོངས་སུ་རྫོགས་པའི་བསྙེན་གནས་དགོས་ཤིང་། དེའི་དགེ་བསྙེན་དུ་འཛོག་པ་ལ་ཡང་། ཡོངས་རྫོགས་ཀྱི་དགེ་བསྙེན་ཡིན་པ་ཞིག་དགོས་ཏེ། ཇི་སྐད་དུ། བསྙེན་གནས་ཡན་ལག་ཚང་བར་ནི། །ནང་པར་གཞན་ལས་ནོད་པར་བྱ། །ཞེས་དང་། མཛོད་ཀྱི་འགྲེལ་པར། རྣམ་པ་བརྒྱད་མ་གཏོགས་པ། །ཞེས་གསུངས་ཤིང་། དེའི་འགྲེལ་བཤད་དུ། སོ་སོར་ཐར་པའི་སྡོམ་པ་རྣམ་པ་བརྒྱད་མ་གཏོགས་པ། གཞན་ནི་ཉི་ཚེ་བ་དང་མ་ཚང་བ་ཡང་ཡོད་དོ། །ཅེས་གསུངས་སོ། །དེ་བས་ན། བསྙེན་གནས་ཀྱི་སྡོམ་པ་འབོགས་པའི་ཆོ་ག་ནི། ཡུལ་དགེ་སློང་ལས། དུས་ཉིན་ཞག་གཅིག་གི་བར་དུ། ཆོ་ག་སྐྱབས་འགྲོ་སྔོམ་བྱེད་དུ་བྱས་ནས། བདག་བསྙེན་གནས་པར་བཟུང་དུ་གསོལ། ཞེས་པའི་ཁས་ལེན་ལན་གསུམ་དུ་བྱས་ནས། མཐུག་ཏུ་བསླབ་བྱ་རྣམས་ཚང་བར་ལན་གཅིག་བརྗོད་པའི་ཚུལ་གྱིས་འབོགས་པ་ཡིན་ཏེ། ཇི་སྐད་དུ། གཞན་ལའང་བསྙེན་གནས་ཡོད་མོད་ཀྱི། །སྐྱབས་སུ་མ་སོང་བ་ལ་མེད། །ཅེས་པས་སྐྱབས་འགྲོ་སྔོམ་བྱེད་དུ་དགོས་པར་བསྟན་པའི་ཕྱིར། བསྙེན་གནས་པར་བཟུང་དུ་གསོལ། ཞེས་ལན་གསུམ་བརྗོད་པ་ཙམ་གྱིས། ཡན་ལག་བརྒྱད་པ་ཚང་བར་སྐྱེ་བ་ཡིན་ཏེ། དགེ་བསྙེན་དུ་བཟུང་དུ་གསོལ། ཞེས་ལན་གསུམ་བརྗོད་པས། དགེ་བསྙེན་གྱི་སྡོམ་པ་ཡོངས་སུ་རྫོགས་པར་སྐྱེ་བ་དང་རིགས་པ་མཚུངས་པའི་ཕྱིར། བསླབ་པའི་གནས་བརྒྱད་པོ་ནི། མཐུག་ཏུ་ལན་གཅིག་བརྗོད་པས་ཆོག་པ་ཡིན་ཏེ། ཇི་སྐད་དུ། སྡོམ་པ

བསྙེན་པ་དགེ་སློང་བཞིན། །ཞེས་བསླབ་པ་བརྗོད་པ་སྡོམ་པ་སྐྱེ་བའི་ཡན་ལག་མ་ཡིན་པར། མཇུག་ཆོག་ཏུ་བཤད་པའི་ཕྱིར་རོ། །དོན་དེ་དག་ཀུང་ཇི་སྐད་དུ། དམའ་བར་འདུག་སྨྲས་བཟླས་པ་ཡིས། །མི་རྒྱུན་ནམ་ནི་ལངས་བར་དུ། །བསྙེན་གནས་ཡན་ལག་ཚང་བར་ནི། །ནང་པར་གཞན་ལས་ནོད་པར་བྱ། །ཚུལ་ཁྲིམས་ཡན་ལག་བག་ཡོད་པའི། །ཡན་ལག་བརྟུལ་ཞུགས་ཡན་ལག་སྟེ། །གཞི་གཅིག་དེ་བཞིན་གསུམ་རིམ་བཞིན། །ཞེས་གསུངས་སོ། །འདིར་བསླབ་པ་བརྗོད་པ་ལན་གསུམ་དུ་བྱས་པའི་ཚུལ་གྱིས་བསྙེན་གནས་ཀྱི་སྡོམ་པ་ལེན་པ་ཞིག གནས་འཇོག་གི་མདོ་དང་། གནས་བརྟན་བྱང་ཆུབ་བཟང་པོས་བཤད་པ་དེ་ནི། སྤྱིར་གཞི་ཐམས་ཅད་ཡོད་པར་སྨྲ་བའི་འདུལ་བའི་ལུགས་དང་། བྱེ་བྲག་ཏུ་ཁ་ཆེ་བྱེ་སྨྲའི་ལུགས་མ་ཡིན་ཏེ། ཡིན་ན་དགེ་བསྙེན་དང་དགེ་ཚུལ་དང་དགེ་སློང་གསུམ་གྱི་ཆེ་ཡང་། བསླབ་པ་ལན་གསུམ་གསུམ་བརྗོད་དགོས་པར་ཐལ་བའི་ཕྱིར་དང་། མཛོད་ཀྱི་རང་འགྲེལ་དང་ཡང་འགལ་བའི་ཕྱིར་རོ། །དེ་ལ་འདི་སྐད་ཅེས། བསྙེན་གནས་སྡོམ་པའི་སྡུགས་ཆོག་ནི། །འདུལ་བའི་ལུང་དུ་མི་གསལ་ཡང་། །རྩང་མཐུན་སྦྱོར་ཚུལ་མཛོད་འགྲེལ་དུ། །གསལ་བར་གསུངས་པ་དེ་ཡིན་ནོ། །བསྙེན་གནས་གཞན་གྱི་རྣམ་རིག་ལས། །སྐྱེ་དགོས་དགེ་སློང་མ་གཏོགས་པ། །གཞན་གྱི་རྣམ་རིག་སྡོམ་པའི་རྒྱུར། །འདུལ་བའི་ལུང་ལས་གསུངས་པ་མེད། །ཅེས་བྱའོ།། །།

དྲི་བ་དྲུག་པ་ནི། དུད་འགྲོ་སོ་སོར་ཐར་པ་ཡི། །སྡོམ་པའི་རྟེན་དུ་ཁས་ལེན་པའི། །ཉན་ཐོས་སྡེ་པ་ཡོད་དམ་ཅི། །ཞེས་པ་འདི་ལ། འདྲི་བའི་བསམ་པ་དང་། དངོས་ལེན་གདབ་པའོ། །དང་པོ་ལ། འདྲི་དགོས་པའི་རྒྱུ་མཚན་ནི། མདོ་སྡེ་པ་རྣམས་དུད་འགྲོ་སོགས། །ཞེས་པའི་གཞུང་འདི། བསྙེན་གནས་ཀྱི་སྡོམ་པའི་དབང་དུ་བྱས་པར་ནི། གཞུང་འདིའི་རྣམ་བཤད་མཛད་པ་པོ་ཀུན་མཐུན་པར་སྣང་བའི་རྒྱུ་མཚན་གྱིས་སོ། །

མ་དྲིས་ན་སྐྱོན་ཡོད་པ་ནི། དེ་ལྟར་ཁས་ལེན་པ་དེ་གྲུབ་མཐའ་སྨྲ་བ་བཞིའི་ཡ་གྱལ་དུ་གྱུར་པའི་མདོ་སྡེ་པ་ནི་མ་ཡིན་ཏེ། དེས་ནི་སོ་ཐར་སྡོམ་པའི་རྣམ་གཞག་འདུལ་བ་དང་མི་འགལ་བར་ཁས་ལེན་ལ། འདུལ་བ་ལས་ནི། མི་མ་ཡིན་པའི་འགྲོ་བ་པ་དང་། བྱང་གི་སྒྲ་མི་སྙན་པ་སོ་ཐར་གྱི་སྡོམ་པ་སྐྱེ་བའི་བར་ཆད་ཅན་དུ་བཤད་པའི་ཕྱིར།

དངོས་ལན་ནི། མདོ་སྡེ་པ་ཞེས་པ། ཐེག་པ་ཆེ་ཆུང་གི་མདོ་སྡེའི་སྒྲ་ཇི་བཞིན་པར་ཁས་ལེན་པ་དག་ལ་ཟེར་བ་ཡིན་ཏེ། སྐྱེས་པ་རབས་ཀྱི་སྡེ་ལས། རི་བོང་དང་སྲམ་ལ་སོགས་པ་གསོ་སྦྱོང་ལ་གནས་པར་བཤད་པ་དང་། མདོ་སྡེ་མཛངས་བླུན་ན། ཀླུ་ཞིག་གིས་བསྙེན་གནས་ཀྱི་ཡི་གེ་ཙམ་ལ་རྟེན་ནས། གསོ་སྦྱོང་བླངས་པར་བཤད་པ་དང་། ཁྲིམ་བདག་མགོན་མེད་ཟས་སྦྱིན་གྱིས་ཀྱང་། མདོ་སྡེའི་ལུང་ལ་རྟེན་ནས། གཞན་ལ་བསྙེན

གནས་སྟེར་བར་མཛད་པ་ཡིན་ནོ། །དེ་དག་ནི་བར་མ་དགེ་བ་ཙམ་ཡིན་གྱི། སྡོམ་པར་བཞེད་པའི་ཚད་ལྡན་སུ་ཡང་མེད་དོ། །དེ་ལྟར་ན། འདུལ་བར་བསྙེན་གནས་དགེ་སློང་ལས། །ལེན་ཞིང་མི་ཡི་རྟེན་དུ་བཤད། །མདོ་སྡེ་ལས་ནི་དུད་འགྲོ་སོགས། །འགྲོ་བ་གཞན་ལའང་སྐྱེ་བར་བཤད། །ཅེས་སྨོན་ན་འགྲུལ་པ་མེད་དོ།། །།

 དྲི་བ་བདུན་པ་ནི། མདོ་སྡེ་པ་ཡི་ལུགས་བཞིན་དུ། །ཇི་ལྟར་འདོད་ཚེ་ལེན་ཞེས་པ། །དུས་གཅིག་སྐབས་སུ་ལེན་ནམ་ཅི། །ཟས་ཟོས་ནས་ཀྱང་ལེན་ཞེས་པ། །འདི་ཡི་དོན་དུ་ཁས་ལེན་ན། །དེ་འདྲ་བྱེ་བྲག་སྨྲ་བ་ཡི། །ནང་པར་གཞན་ལས་ནོད་ཅེས་པའི། །དམིགས་བསལ་ཡིན་གྱི་མདོ་སྡེ་པའི། །གཞུང་ལུགས་ཡིན་པར་གསལ་བ་མེད། །བསྙེན་གནས་དུས་གཅིག་ལེན་པ་དེ། །མདོ་སྡེའི་གཞུང་ལུགས་གང་ན་ཡོད། །ཅེས་པའོ། །

འདི་ལ་འདྲི་བའི་བསམ་པ་དང་། དངོས་ལན་གདབ་པའོ། །དང་པོ་ལ། རྒྱལ་ཞིང་བརྟགས་ནས་འདྲི་བའི་རྒྱུ་མཚན་དང་། དེ་ལྟར་མ་བརྟགས་ན་གཞུང་ཆུད་འཛའ་བའི་ཉེས་པ་ཡོད་པའོ། །དང་པོ་ནི། གཞུང་འདིའི་རྣམ་བཤད་མཛད་པ་པོ། བསམ་ཡས་པ། སྤོས་ཁང་པ། སྣ་གདོང་པ་གསུམ་ཆར་གྱིས། མཛོད་འགྲེལ་དུ། གང་གིས་ཆོས་བརྒྱད་ལ་རྟག་ཏུ་བསྙེན་གནས་ལ་གནས་པར་བྱའོ། །ཞེས་སྨོན་ཡང་དག་པར་བླངས་པ་བྱས་པ་དེས་ནི༑ ཟན་ཟོས་ནས་ཀྱང་ནོད་པར་བྱའོ། །ཞེས་གསུངས་པའི་དོན། དང་པོར་སློབ་དཔོན་ལས་ཟླ་བ་ཕྱུང་ངོ་ཅོག་གི་དུས་བཟང་གསུམ་ལ། ཇི་སྲིད་འཚོའི་བར་དུ། གསོ་སྦྱོང་ལ་གནས་པར་བཟུང་དུ་གསོལ། ཞེས་ཚིགས་བླངས་ཏེ། ཕྱིས་དུས་བཟང་སོ་སོ་ལ་མ་བླངས་ཀྱང་བསྲུངས་པས་ཆོག་པ་ཡིན་ཏེ། སྔོན་གྱི་འཕེན་པའི་དབང་གིས་ངེས་པར་བསྐྱེད་པའི་ཕྱིར། འདི་ནི་དགེ་བསྙེན་གྱི་སྡོམ་པ་བརྒྱད་པ་ལས་བཤད་པ་ཡིན་ཞིང་ད་ལྟ་བོད་དུ་ཕྱག་ལེན་ལ་བྱེད་པ་འདི་ཉིད་རིགས་པ་ཡིན་ནོ། ཞེས་འཆད་པར་སྣང་ལ། དེ་ལྟར་འཆད་པ་དེ་བསྟན་བཅོས་འདིའི་དོན་དུ་བཟུང་ན། མཁས་པའི་བསྟན་བཅོས་ཆུད་ཟོས་པའི་རྒྱུ་མཚན་གྱིས་སོ། །

གཉིས་པ་ནི། དེའི་ཉེས་བྱེད་ཇི་ལྟར་ཡིན་ཞེ་ན། སྤྱིར་དེ་ལྟར་འཆད་པ་མདོ་སྡེ་པའི་ལུགས་སུ་མི་རིགས་པ་དང་། མཛོད་འགྲེལ་གྱི་དོན་མ་ཡིན་པ་དང་། བསྟན་བཅོས་འདི་ཉིད་དང་འགལ་བའོ། །དང་པོ་ནི། བསྙེན་གནས་ཀྱི་སྡོམ་པ་དེ་ལྟར་ལེན་པའི་སྟགས་ཚིག་སྔ་སྟོད་གསུམ་པོ་གང་ནས་འབྱུང་བའི་ཁུངས་སྨོན་རྒྱུ་མེད་པས་ལུང་མེད་པ་དང་། རིགས་པ་དང་འགལ་བ་ཡང་འདི་ལྟར། བསྒྲུབ་བྱ་ཞིག་གིས། ཆོས་གཅིག་གི་ཉིན་དུས་བཟང་པོ་གསུམ་གྱི་བསྙེན་གནས་སྐབས་གཅིག་ཏུ་ལེན་པའི་ཚིགས་བླངས་པ་དེའི་ཚེ། སྡོམ་པ་དེ་སྐྱེས་སམ་མ་སྐྱེས། སྐྱེས་ན་ཆོས་གཅིག་ལ་སོགས་པ་རྣམས་ལའང་བསྲུང་དགོས་པར་ཐལ་བ་དང་། མ་བསྲུང་བ་ན་ཉམས་པར་ཐལ་བ་དང་། དེའི་རྒྱུ་མཚན་གྱིས་བསྙེན་གནས་འབུལ་དགོས་པ་དང་། གཞན་ལ་བཅོལ་དགོས་པར་ཐལ

བ་སོགས། མི་འདོད་པ་མཐའ་དག་འཇུག་པར་འགྱུར་རོ། །

གཉིས་པ་ལྟར་ན། ཚོགས་བླངས་པའི་དུས་སུ་མི་སྐྱེ་བར། མ་བླངས་པའི་དུས་སུ་སྐྱེ་ན། ཆོ་ག་དགོས་པ་མེད་པའམ། ཡང་ན་ཆོས་ཉིད་ཀྱིས་ཐོབ་པའི་སྡོམ་པར་འགྱུར་རོ། །ཆོ་ག་དེ་ལྟར་བྱས་པས། འཕེན་པའི་དབང་གིས་སྐྱེ་བར་འདོད་པ་ལ་ནི། དགེ་བསྙེན་དང་དགེ་ཚུལ་དང་དགེ་སློང་གསུམ་ལ་ཡང་ཧ་ཅང་ཐལ་བར་འགྱུར་རོ༎ ༎

གཉིས་པ་ནི། བསྙེན་གནས་ཀྱི་སྡོམ་པ་དེ་ལྟར་དུས་གཅིག་ཏུ་བླངས་པ་དེས། དུས་སོ་སོ་ལ་ལེན་མི་དགོས་པར། འཕེན་པའི་དབང་གིས་སྐྱེས་ནས་བསྲུངས་པས་ཆོག་གོ། ཞེས་བསམ་ཡས་པའི་རྣམ་བཤད་ལས་འདོད་པ་དེ་ནི། མཛོད་འགྲེལ་གྱི་ལུང་དྲངས་མ་ཐག་པ་དེའི་དོན་མ་ཡིན་ཏེ། ཇི་སྐད་དུ། ཟན་ཟོས་ནས་ཀྱང་ནོད་པར་བྱའོ། །ཞེས་སྟོན་དམ་བཅའ་དེ་ལྟར་བྱས་པ་དེས་ཀྱང་། ཉིན་རེ་བཞིན་ནོད་དགོས་པར་བཤད་པས། ཁྱེད་ཀྱི་འདོད་པ་དེ་ལ་སྒྲུབ་བྱེད་མ་ཡིན་པ་ཁོ་ནར་མ་ཟད། གནོད་བྱེད་དུ་འཇུག་པས་སོ། །དེས་ན་མཛོད་འགྲེལ་གྱི་དོན་ནི། ནང་པར་གཞན་ལས་ནོད་པར་བྱ། །ཞེས་པའི་འགྲེལ་པར། ནང་པར་ནི། རེ་ཞིག་ཉི་མ་མ་ཤར་བའི་ཚེ་སྟེ། ཞེས་གསུངས་པ་ནི་སྤྱིར་བཏང་བ་ཡིན་ལ། དེར་ངེས་སམ་སྙམ་པ་ལ། ཇི་སྲིད་འཚོའི་བར་དུ། ཆོས་བརྒྱད་བྱུང་ངོ་ཅོག་ལ། བསྙེན་གནས་ཀྱི་སྡོམ་པ་བསྲུང་ངོ་སྙམ་པའི་སྤྱོང་སེམས་སྔོན་དུ་བཏང་བ་དེས་ནི། ཉི་མ་ཤར་བའི་འོག་རོལ་དུ་བླངས་པས་ཀྱང་སྐྱེ་ཞེས་པའི་དོན་ཏེ། འདི་ཡང་བྱེ་བྲག་ཏུ་སྨྲ་བ་རང་གི་ལུགས་སོ། །འོན་སྟོན་གྱི་དམ་བཅའ་དེ་སྡོམ་པ་མ་ཡིན་ན་ཅི་ཞིག་ཡིན་ཞེ་ན། བར་མ་དགེ་བ་སྟེ། ཇི་སྐད་དུ། ལྷག་མའི་རྣམ་རིག་མིན་ཞིང་དང་། །ལེན་དང་གུས་པར་བྱེད་པས་འཐོབ། །ཅེས་གསུངས་པས་སོ། །བར་མ་འདི་ནི། ཚེ་ཇི་སྲིད་འཚོ་བ་ཡིན་པའི་ཕྱིར། བསྙེན་གནས་ཀྱི་སྡོམ་པ་ལྟ་ཞོག །བསྙེན་གནས་ཙམ་གྱི་དོན་ཡང་མེད་དོ། །

གསུམ་པ་ནི། བསྙེན་གནས་ཀྱི་སྡོམ་པ་སྟོན་གྱི་འཕེན་པའི་དབང་གིས་སྐྱེ་བ་དེ་འདྲ། བསྟན་བཅོས་མཁན་པོ་འདིའི་བཞེད་པ་མ་ཡིན་ཏེ། བསྟན་བཅོས་མཛད་པ་འདིས་ནི། ཇི་སྐད་དུ། སོ་སོར་ཐར་པ་འདུལ་བ་བཞིན། །ཞེས་གསུངས་ལ། འདུལ་བ་ལས་ནི་སོ་ཐར་སྡོམ་པའི་ཐོབ་རྒྱུ་དེ་འདྲ་དེ། དངོས་ཤུགས་གང་ལས་ཀྱང་འབྱུང་ས་མེད་པའི་ཕྱིར་དང་། འདུན་པའི་དབང་གིས་སྐྱེ་བར་འདོད་པ་ལ་ནི། ཇི་ལྟར་འདོད་ཚེ་ལེན། ཞེས་པས་གནོད་པའི་ཕྱིར།

དངོས་ལན་བཏབ་པ་ལ་གཉིས་ཏེ། ཕྱོགས་སྔ་མས་མདོ་སྡེ་པའི་འདོད་པར་བརྟགས་པ་དེ་སོར་གཞག་ནས་བཤད་པ་དང་། མདོ་སྡེ་པའི་ལུགས་ཡིན་ངོ་ཤེས་པ་གཞག་ནས་བཤད་པའོ། །དང་པོ་ནི། གོང་དུ་དྲངས་

ཟིན་པ་ལྟར། དགོངས་གཅིག་ལས། ཟླ་བ་བྱུང་ངོ་ཅོག་གི་དུས་བཟང་རྣམས་སུ་དམ་བཅས་ནས། དུས་གཅིག་ལེན་པ་འདི་ཡང་བརྟགས་ན། མངོན་འགྱུར་བཅས་པ་དེ་གཏོང་། ས་བོན་བག་ཆགས་དེ་མི་གཏོང་། ཞེས་བཤད་པ་དེ་འགོག་པའི་དབང་དུ་བྱས་ནས། མདོ་སྡེ་པ་ཡི་ལུགས་ལ་ཡང་། །ཇི་ལྟར་འདོད་ཆེ་ལེན་དགོས་པས། །

ཞེས་སོགས་སྨྲས་སོ། །འདི་མདོ་སྡེ་པའི་ལུགས་སུ་འཆད་པ་ཡང་། མདོ་སྡེ་པའི། གྲུབ་མཐའ་ལ་གྲགས་པ་མ་ཡིན་གྱི། མདོ་སྡེ་དག་ལས། དུས་བཟང་པོ་མཐའ་དག་ལ་བསྙེན་གནས་བཟུང་ནས། བསྲུངས་པའི་རྒྱུ་མཐུན་དང་། ཐལ་བའི་འབྲས་བུ་འབྱུང་བར་གསུངས་པ་ལ་བསམས་པ་ཡིན་ཏེ། བྱམས་པ་ལུང་བསྟན་པའི་མདོ་ལས། བརྒྱ་བྱིན་གྱིས། ཟླ་བ་ཡར་གྱི་ཚེས་བརྒྱད་དང་། །ཚོ་འཕྲུལ་གྱི་ནི་ཟླ་བ་ལ། །བསྙེན་གནས་ཡན་ལག་བརྒྱད་བསྲུངས་ན། །དེ་ནི་ང་དང་འདྲ་བར་འགྱུར། །ཞེས་སྨྲས་པ་ལ། བཅོམ་ལྡན་འདས་ཀྱིས། ཀཽ་ཤི་ཀ་ཁྱོད་དེ་སྐད་མ་ཟེར་ཅིག །ཟླ་བ་ཡར་གྱི་ཚེས་བརྒྱད་དང་། །ཚོ་འཕྲུལ་གྱི་ནི་ཟླ་བ་ལ། །བསྙེན་གནས་ཡན་ལག་བརྒྱད་བསྲུངས་ན། །དེ་ནི་ང་དང་འདྲ་བར་འགྱུར། །ཞེས་གསུངས་པས་སོ། །དེ་ལྟར་ན་དུས་གཅིག་ཏུ་དམ་བཅའ་བ་འདི་མདོ་སྡེ་པའི་ལུགས་སོ། །ཞེས་སྟོན་གྱི་བོད་རྒན་པོ་དག་ལ་གྲགས་པའོ། །

གཉིས་པ་ལ། མདོ་སྡེ་པའི་ལུགས་ངོས་བཟུང་བ་དང་། དེ་ཉིད་གཞུང་དང་སྦྱར་ནས་ཕྱོགས་སྔ་མ་སུན་འབྱིན་པའོ། །དང་པོ་ནི། བྱེ་བྲག་ཏུ་སྨྲ་བ་རྣམས་ནི། བསྙེན་གནས་ཉིན་ཞག་གཅིག་ལས་ལྷག་པ་ལེན་པར་མི་འདོད་ཀྱང་། མདོ་སྡེ་པས་ནི། དེ་ལས་ལྷག་པའི་ཉིན་ཞག་དུ་མར་བླངས་ན་སྐྱེ་བར་འདོད་པ་ཡིན་ཏེ། མཛོད་འགྲེལ་དུ། མདོ་སྡེ་པའི་འདོད་པ་འཆད་པ་ན། ཡང་ཉིན་ཞག་གི་འོག་ཞག་ལྷ་འམ། ཞག་བཅུ་ཡང་རུང་སྟེ། བསྙེན་གནས་ཀྱི་སྡོམ་པ་ཡང་དག་པར་བླངས་པའི་བསྙེན་གནས་ཀྱི་སྡོམ་པ་མང་པོ་སྐྱེ་བ་ལ་སུ་ཞིག་གེགས་བྱེད། ཅེས་དང་། དེ་ནི་འདི་དཔྱད་པར་བྱ་སྟེ། རེ་ཞིག་བཅོམ་ལྡན་འདས་ཀྱིས། ཉིན་ཞག་གི་འོག་ཏུ་སྡོམ་པ་མི་སྐྱེ་བར་གཟིགས་ནས། ཉིན་ཞག་པའི་བསྙེན་གནས་བསྟན་ཏམ། གལ་ཏེ་དབང་པོ་གདུལ་དཀའ་བ་རྣམས། ཉིན་ཞག་པའི་སྡོམ་པ་ཡང་དག་པར་བླངས་པ་ལ་སྦྱར་བའི་ཆེད་ཅིག་ཡིན། དེ་དེ་ལྟར་བརྟག་ག་ལ་ནུས། ཕྱིན་ཆད་སྡོམ་པ་སྐྱེ་བ་ཡང་རིགས་པ་དང་འགལ་བ་མེད་པའི་ཕྱིར་རོ། །ཞེས་གསུངས་པས་སོ། །

གཉིས་པ་ནི། བསྙེན་གནས་ཞག་གཅིག་ལས་ལྷག་པར་བླངས་ཀྱང་། བསྲུངས་ཟིན་པའི་ནང་པར་འབུལ་དགོས་པ་མ་ཡིན་ཏེ། དེ་ཕན་ཆད་བསྲུང་བའི་བསམ་པ་མེད་པས་གཏོང་བའི་ཕྱིར་རོ། །ཞེས་སྟོན་པ་ནི། མདོ་སྡེ་པ་ཡི་ལུགས་བཞིན་དུ། །ཇི་ལྟར་འདོད་ཆེ་ལེན་ན་ཡང་། །ནང་པར་ཕན་ཆད་བསྲུང་བ་ཡི། །བསམ་པ་མེད་ཕྱིར་སྡོམ་པ་གཏོང་། །དེ་ཡི་ཕྱིར་ན་འབུལ་མི་དགོས། །ཞེས་པའོ། ། །

དྲི་བ་བརྒྱད་པ་ནི། གསང་སྔགས་ལུགས་ཀྱི་བསྙེན་གནས་ལ། །ཡི་དམ་སྒོམ་པ་མཆོག་ཡིན་ན། །ལྷ་དེ་བདག་མདུན་གང་ཡིན་བརྟག །བདག་བསྐྱེད་ཡིན་ན་བྱ་རྒྱུད་ཀྱི། །རང་རྐང་བདག་སྐྱེད་མེད་པ་ཅི། །མདུན་སྐྱེད་ཡིན་ན་རྣམ་རྒྱལ་སོགས། །མ་སྐྱེད་གོང་དུ་གསོ་སྦྱོང་གི། སྡོམ་པ་ལེན་པར་མཛད་དེ་ཅི། །རྣམ་རྒྱལ་དོན་ཞགས་ལ་སོགས་པའི། །ཆོག་བྱེད་པའི་དགེ་ཚུལ་དང་། །དགེ་སློང་དག་གི་གསོ་སྦྱོང་ནི། །རང་གིས་བླངས་པའི་དགོས་པ་ཅི། །དགེ་སྙེན་བཟང་པོས་བསྙེན་གནས་ནི། །ཡན་ལག་ཚང་བར་གནོས་པའི་ཚེ། །གནང་བཅོས་པ་ཡི་ཚིག་དེ་ཡིས། །སྔར་གྱི་སྡོམ་པ་མི་འཇིག་གམ། །ཞེས་པའོ། །འདི་ལ་གཉིས་ཏེ། སྐབས་སུ་བབ་པའི་དྲི་བ་དངོས་དང་། འཕྲོས་པའི་དྲི་བ་གཉིས་སོ། །དང་པོ་ལ། འདྲི་དགོས་པའི་རྒྱུ་མཚན་ནི། རྣམ་བཤད་མཛད་པ་བསམ་ཡས་པས། །འོན་ཀྱང་། གསང་སྔགས་ཀྱི་ལུགས་དོན་ཡོད་ཞགས་པ་ལས་འབྱུང་བའི་བསྙེན་གནས་བྱེད་འདོད་ན། ཡི་དམ་ལྷ་སྒོམ་པ་དང་། གསང་སྔགས་བཟླས་ན་ཉན་ཐོས་ཀྱི་ལུགས་ལས་བསོད་ནམས་ཆེ་བར་འགྱུར་རོ། །ཞེས་བཤད། སྤྱོས་ཁང་པས། གསང་སྔགས་ཀྱི་ལུགས་བྱེད་ན། སློབ་དཔོན་ནམ་དཀོན་མཆོག་གི་རྟེན་གྱི་སྤྱན་སྔར། གསོ་སྦྱོང་གི་སྡོམ་པ་བླངས་ནས། མདུན་དུ་ལྷ་བསྒོམས་ཏེ་སྔགས་བཟླ་བ་ཡིན་ནོ། །གང་གི་ལུགས་ཡིན་ཀྱང་། ཡི་དམ་ལྷ་ཡི་སྒོམ་བཟླས་བྱས་པས་བསོད་ནམས་ཆེན་པོ་ཐོབ་པར་འགྱུར་རོ། །ཞེས་བཤད།

གཉིས་པ་མ་དྲིས་པར་གཞག་ན་སྐྱོན་ཡོད་པ་ནི། ལུགས་དང་པོ་ལ། ལྷ་དེ་བདག་མདུན་གང་ཡིན་བརྟག །ཅེས་སོགས་ཀྱི་སྐྱོན་དེ་འཇུག་ལ། ལུགས་གཉིས་པ་ལ་ནི་སྐབས་ཀྱི་འཕྲོས་དང་འབྲེལ་གང་ཡང་འགྲིག་པ་མ་ཡིན་ཏེ། བསྙེན་གནས་ཀྱི་སྡོམ་པ་སྐྱེ་བ་དང་། བསྲུང་བའི་ཡན་ལག་ཏུ་ལྷ་སྒོམ་དགོས་པའི་བཤད་པ་གང་ཡང་མི་འཆད་པར། བསྙེན་གནས་ལ་གནས་པའི་གང་ཟག་གིས། ཡི་དམ་གྱི་ལྷ་བསྒོམས་ན་བསོད་ནམས་ཆེ་བར་འཆད་པ་ནི། སྐབས་ཀྱི་བསྒྲུབ་བྱ་དང་སྒྲུབ་བྱེད་གང་དུ་ཡང་མི་རུང་བའི་ཕྱིར་རོ། །

གཉིས་པ་དངོས་ལན་གདབ་པ་ནི། གོང་དུ་བསྙེན་གནས་སོ་སོར་ཐར་པའི་ལུགས། །གཙོ་ཆེར་ཉན་ཐོས་གཞུང་ལུགས་ཡིན། །ཡི་དམ་ལྷ་ཡི་སྒོམ་བཟླས་ནི། །ཉན་ཐོས་གཞུང་ལས་བཤད་པ་མེད། །ཅེས་པ་ལ་འཕྲོས་ནས། འོན་རང་ཉིད་ལྷག་པའི་ལྷར་སྒོམ་བཞིན་པའི་ངང་ནས། བསྙེན་གནས་ལེན་པ་དང་བསྲུང་དུ་མི་འདོད་དམ་ཞེ་ན། མ་ཡིན་ཏེ། ཁྱིམ་པའི་རྡོ་རྗེ་འཛིན་པ་གསང་སྔགས་ཀྱི་ལུགས་ལ་གནས་ནས། གསོ་སྦྱོང་ལེན་པར་བྱེད་ན། བདག་ཉིད་ལྷར་བསྐྱེད་པ་དང་མ་བྲལ་བའི་ངང་ཉིད་ནས། གསོ་སྦྱོང་ལེན་པ་དང་བསྲུངས་ན༔ དེ་ལྟ་བུའི་གསོ་སྦྱོང་དེ་རང་ཉིད་ལྷར་མ་བསྐྱེད་པའི་གསོ་སྦྱོང་ལས་བསོད་ནམས་ཤིན་ཏུ་ཆེ་བར་འཐོབ་པའི་

ཕྱིར། དཔེར་ན་ཉན་ཐོས་རྒྱུད་ཀྱི་སོ་ཐར་ལས། གསང་སྔགས་པའི་རྒྱུད་ཀྱི་སོ་ཐར་དེ། སོ་ཐར་རང་གི་ལྡོག་ཆ་ནས་ཀྱང་ཁྱད་པར་དུ་འཕགས་པ་བཞིན་ནོ། །

གཉིས་པ་འཕྲོས་པའི་དྲི་བ་ལ་དྲི་བ་གཉིས་ལས། དང་པོ་ལ་འདྲི་དགོས་པའི་རྒྱུ་མཚན་ནི། གངས་ཅན་དུ་སྟོན་བྱོན་པའི་ཆོས་སྨྲིད་རབ་གསལ་མཛད་པ་པོ་དག་དང་། བྱ་སྤྱོད་ཀྱི་ཕྱག་ལེན་མཛད་པ་མང་པོ་དག །དགེ་སློང་དང་དགེ་ཚུལ་གྱིས་ཀྱང་། གསོ་སྦྱོང་རང་རང་གིས་ལེན་པར་མཛད་པ་དང་། ཀུ་མུ་རའི་རྣམ་བཤད་དང་། སྣ་གདོང་པའི་རྣམ་བཤད་ལས། དེས་དེ་ལེན་པའི་ཤེས་བྱེད་དུ། དོན་ཡོད་ཞགས་པའི་ཆོ་ག་ཞིབ་མོ་ལས། དགེ་བསྙེན་ནམ་དགེ་ཚུལ་ལམ། དགེ་སློང་གིས། དཀོན་མཆོག་གི་རྟེན་གྱི་དྲུང་དུ། སྨྱུང་བར་གནས་པ་བྱེད་པར་བཤད་དོ། །ཅེས་གསུང་གིན་འདུག་པའི་རྒྱུ་མཚན་གྱིས་སོ། །དེ་དག་ནི་རིགས་པ་མ་ཡིན་ཏེ། སོ་སོར་ཐར་པའི་སྡོམ་པ་མཆོག་ལ་གནས་བཞིན་དུ། དམན་པ་བླངས་པ་ལ་དགོས་པ་མེད་པའི་ཕྱིར་དང་། དེ་ལྟར་བླངས་ན་སྡོམ་པ་མཆོག་དེའི་གཏོང་རྒྱུར་འགྱུར་བའི་ཉེས་དམིགས་ཡོད་པའི་ཕྱིར་དང་། ཐེག་ཆེན་སེམས་བསྐྱེད་ཀྱིས་ཟིན་པས་དགོས་པ་ཡོད་དོ། །སྙམ་དུ་དོགས་ན་སེམས་བསྐྱེད་ཉིད་བླངས་པས་ཆོག་པ་ཡིན་གྱི། བསྙེན་གནས་དང་ངེས་པར་སྦྲེལ་དགོས་ན། ཉིན་ཞག་གཅིག་པའི་སེམས་བསྐྱེད་དུ་ཐལ་བའི་ཕྱིར་དང་། བསྙེན་གནས་དང་། སྨྱུང་གནས་དོན་གཅིག་ཏུ་འཁྲུལ་པ་ལྟ་བུར་སྣང་བའི་ཕྱིར་རོ། །རང་གི་ལན་ནི། རབ་བྱུང་གི་སྡོམ་པ་ལ་གནས་པས། བསྙེན་གནས་ཡན་ལག་བརྒྱད་པའི་ཚུལ་ཁྲིམས་འཛིན་པའི་བཤད་པ་ནི་ཡོད་པ་མ་ཡིན་ཏེ། དྲི་མེད་ཀྱི་ཆོག་དང་། དེ་བཞིན་གཤེགས་པ་བདུན་གྱི་ཆོག་འི་གཞུང་གཉིས་ཀ་ལས། ཁྲིམ་པ་ཡིན་ན། བསྙེན་གནས་ཀྱི་ཁྲིམས་བཟུང་ཞེས་ངེས་བཟུང་གི་ཚིག་བཤད་པའི་ཕྱིར་རོ། །འཕྲོས་པའི་དྲི་བ་གཉིས་པ་ནི། འོན་དེས་དེ་ལྟར་ནོད་པ་མེད་མོད། གོ་མི་མ་གཏོགས་པའི་དགེ་བསྙེན་ཐམས་ཅད་ཀྱིས། བསྙེན་གནས་ཡན་ལག་བརྒྱད་པ། ཚང་བར་ནོད་དུ་རུང་ངམ་སྙམ་པའི་དོགས་པ་ཡོད་པའི་རྒྱུ་མཚན་གྱིས། ཇི་སྐད་དུ། དགེ་བསྙེན་བཟང་པོས། ཞེས་སོགས་དྲིས་པ་ཡིན་ནོ། །

མ་དྲིས་ན་སྐྱོན་འཇུག་པ་ནི། ཡོངས་རྫོགས་དང་། ཚངས་པར་སྤྱོད་པའི་དགེ་བསྙེན་གྱི་སྡོམ་པ་ལ་གནས་པས། གནས་འཇོག་གི་མདོ་དང་། དགེ་བསྙེན་གྱི་སྡོམ་བརྒྱད་དང་། དོན་ཡོད་ཞགས་པའི་ཆོག་ལས་ཇི་ལྟར་གསུངས་པ་བཞིན་དུ། བསྙེན་གནས་ཡན་ལག་བརྒྱད་པ་ཚང་མར་ནོད་དུ་རུང་བ་མ་ཡིན་ཏེ། ཟླ་བ་བཞི་ཇི་སྲིད་འཚོའི་བར་དུ་བསྲུང་བའི་སྡོམ་པ་ལ་གནས་བཞིན་དུ། ཟླ་བ་བཞི་ཉིན་ཞག་གཅིག་ཏུ་བསྲུང་བར་ཁས་བླངས་པ་ལ་དགོས་པ་མེད་པར་མ་ཟད། དེ་ལྟར་ལེན་པ་དེ་སྡོམ་པ་སྔ་མའི་གཏོང་རྒྱུར་སོང་བའི་ཉེས་དམིགས

ཡོད་པའི་ཕྱིར། ཇི་སྐད་དུ། མདོ་རྩ་བར། དགེ་སློང་གིས་དགེ་ཚུལ་དང་། དགེ་བསྙེན་དུ་ཁས་བླངས་ན། བསླབ་པ་འབུལ་ཚིག་ཏུ་བཤད་པ་དང་། གཞུང་འདི་ཉིད་ལས། གནད་བཅོས་པ་ཡི་ཚིག་དེ་ཡིས། །སྔར་གྱི་དངོས་གྲུབ་ཐམས་ཅད་ཡལ། །ཞེས་གསུངས་པ་བཞིན་ནོ། །

གཉིས་པ་དགོས་ལན་ནི། འོན་ཇི་ལྟར་ཞེ་ན། དེ་འདྲའི་དགེ་བསྙེན་དེས་ནི་བསྙེན་གནས་པར་ཁས་བླངས་ནས་ཡན་ལག་ལྷག་མ་རྣམས་བསྲུངས་པ་ཙམ་གྱིས་གསོ་སྦྱོང་ལ་གནས་པར་འགྱུར་རོ།། །།

དྲི་བ་དགུ་པ་ནི། དགེ་བ་གང་ཡིན་ཐམས་ཅད་ཀྱིས། །རྣམ་སྨིན་བདེ་བ་བསྐྱེད་ན་ནི། །ཟག་མེད་དགེ་བའི་རྣམ་སྨིན་ཅི། །ཞེས་པ་ལ་གཉིས་ལས། དང་པོ་ལ། འདྲི་དགོས་པའི་རྒྱུ་མཚན་ནི། སྤྱོས་ཁང་པའི་རྣམ་བཤད་ལས་འཕྲོས་པའི་ཏྣི་ཀ་དག་ཏུ། དགེ་བ་ཞེས་པ་ལ་ཞིབ་ཆ་མེད་པར་འདོན་པའི་རྒྱུ་མཚན་གྱིས་སོ། །

མ་དྲིས་པའི་ཉེས་པ་ནི། རྣམ་སྨིན་གྱི་རྒྱུར་འགྱུར་བ་ལ་མི་དགེ་བ་དང་། དགེ་བ་ཟག་བཅས་གང་རུང་ཞིག་ངེས་པར་དགོས་པར་བཤད་པ་དང་འགལ་བའི་དོགས་པ་བསྲུང་དགོས་པའི་རྒྱུ་མཚན་གྱིས་སོ། །

གཉིས་པ། དགོས་ལན་གདབ་པ་ནི། དགེ་བ་ཞེས་པ། ཟག་བཅས་ཀྱི་དབང་དུ་བྱས་པ་ཡིན་ལ། དེ་ལའང་བསོད་ནམས་ཆ་མཐུན་དང་། ཐར་པ་ཆ་མཐུན་གཉིས་ལས། དང་པོས་ནི་བྲལ་འབྲས་མ་གཏོགས་པའི་འབྲས་བུ་བཞི་འབྱིན་པ་ལས། རྣམ་སྨིན་ནི་འཁོར་བའི་བདེ་བ་སྟེ། མཐོ་རིས་ཀྱིའོ། །གཉིས་པས་ནི་བྲལ་འབྲས་དང་བཞི་འབྱིན་པ་ལས། བྲལ་བ་ནི་ཐར་པའི་བདེ་བའོ། །འདིར་ཐར་པའི་བདེ་བ་ནི་དོན་དམ་པའི་དགེ་བར་འཆད་དགོས་ལ། རྣམ་སྨིན་གྱི་བདེ་བ་ནི་དོན་དམ་པའི་མི་དགེ་བར་འཆད་དགོས་པ་ཡིན་ཏེ། ལས་དང་ཉོན་མོངས་པའི་རྣམ་སྨིན་དུ་གྱུར་པའི་འཁོར་བ་ཇི་སྙེད་པ་དེར་འཆད་དགོས་པ་ཡིན་པས་སོ། །། །

དྲི་བ་བཅུ་པ་ནི། བཏང་སྙོམས་གཉིས་ཀ་མ་ཡིན་ན། །བསམ་གཏན་བཞི་པ་ཡན་ཆད་ཀྱི། །ཟག་བཅས་དགེ་བའི་རྣམ་སྨིན་ཅི། །བཏང་སྙོམས་ཞེས་པ་ལུང་མ་བསྟན། །ཡིན་ན་ཀུན་གཞིའི་ས་བོན་ལས། །རྣམ་སྨིན་འབྱུང་བ་དེ་ཅི་ཞིག །ཅེས་པའོ། །འདི་ལ་སྐབས་སུ་བབས་པའི་དྲི་བ་དང་། དེ་ལས་འཕྲོས་པའི་དྲི་བའོ། །དང་པོ་ལ་དྲི་བའི་བསམ་པ་དང་། དགོས་ལན་གདབ་པའོ། །དང་པོ་ལ་འདྲི་དགོས་པའི་རྒྱུ་མཚན་ནི། བཏང་སྙོམས་ཞེས་བྱ་བའི་ཐ་སྙད་ནི། འབྲས་བུ་བདེ་སྡུག་གི་ཟླས་ཕྱེ་བ་ལ་ཡོད་པ་ཡིན་ལ། རྒྱུ་དགེ་མི་དགེའི་ཟླས་ཕྱེ་བ་ལ་ནི༑ ལུང་དུ་མ་བསྟན་པ་ཞེས་བྱ་བའི་ཐ་སྙད་ཡོད་པ་ཡིན་གྱི། བཏང་སྙོམས་ཞེས་བྱ་བའི་ཐ་སྙད་གསུང་རབ་ལས་མི་འབྱུང་བར་མ་ཟད། བརྡ་སྦྱོར་ནའང་མཛེས་པ་མ་ཡིན་ཏེ། བཏང་སྙོམས་ལ་དགེ་བ་དང་མི་དགེ་བ་གཉིས་ཀ་སྲིད་པའི་ཕྱིར། སྙམ་དུ་དོགས་པས་སོ། །

མ་དྲིས་པའི་ཉེས་པ་ཡང་། གཞུང་སྒྲ་ཇི་བཞིན་པ་ཉིད་དུ་ཁས་བླངས་ན། རྒྱ་བཏང་སྡོམས་ཀྱིས་རྣམ་པར་སྨིན་པའང་བདེ་སྡུག་མ་ཡིན་པ་ཞིག་བསྐྱེད་དོ། །ཞེས་བྱ་བའི་དོན་ཞིག་ཏུ་གསལ་བ་ལས། བཏང་སྙོམས་ལ་རྣམ་སྨིན་མེད་པའི་འབྲུ་གཉེར་བ་ནི། བསམ་ཡས་པ་དང་། སྤྱོས་ཁང་པའི་རྣམ་བཤད་སོགས་མང་པོ་ཞིག་ལ་སྣང་ལ། དེ་ལྟར་ཁས་བླངས་ན་ཉེས་པ་སྔ་མ་དེ་ཉིད་དུ་འགྱུར་བའོ། །

གཉིས་པ་དངོས་ལན་གདབ་པ་ནི། གཞུང་རྐང་པ་དྲུག་པོ་འདིས། མཛོད་དུ། རྣམ་པར་རྟོག་པ་མེད་པ་ཡི༔ །དགེ་བའི་ལས་ཀྱི་རྣམ་སྨིན་ནི། །སེམས་ཀྱི་ཚོར་བ་ཁོ་ནར་འདོད། །མི་དགེ་བའི་ནི་ལུས་ཀྱི་ཡིན། །ཞེས་པ་དེའི་དོན་འཆད་པར་སྣང་ལ། དེའི་ཚེ་ན་གཞུང་འདི་ལྟར་འདོན་པར་བྱ་སྟེ། མི་དགེའི་ལས་ཀྱི་རྣམ་སྨིན་ནི། །ལུས་ཀྱི་ཚོར་བ་སྡུག་བསྔལ་ཏེ། །དགེ་བའི་ལས་ལ་རྟོག་བཅས་དང་། །རྟོག་པ་མེད་པ་གཉིས་ཡོད་ལ། །རྟོག་བཅས་དགེ་བའི་རྣམ་སྨིན་ནི། །ལུས་ཀྱི་ཚོར་བ་བདེ་བར་ངེས། །རྟོག་མེད་དགེ་ལ་བདེ་བ་དང་། །བཅས་དང་བཏང་སྙོམས་ཁོ་ན་བ། །གཉིས་ཀའི་རྣམ་སྨིན་སེམས་ཚོར་ཡིན། །བདེ་དང་བཅས་པའི་རྣམ་སྨིན་ནི། །སེམས་ཀྱི་ཚོར་བ་བདེ་བ་སྟེ། །བཏང་སྙོམས་ཁོ་ན་དང་བཅས་པའི། །རྣམ་སྨིན་སེམས་ཚོར་བཏང་སྙོམས་སོ། །ཞེས་བྱ་བ་འདིས་རྐང་པ་དྲུག་པོའི་འབྲུ་གཉེར་བར་འགྱུར་རོ། །དོན་དེ་ཡང་། ཇི་སྐད་དུ། བསམ་གཏན་གསུམ་པའི་བར་དགེ་བ། །བདེ་བ་མྱོང་འགྱུར་དེ་ཡན་ཆད། །སྡུག་མིན་བདེ་མིན་མྱོང་འགྱུར་བ། །ཞེས་གསུངས་སོ། །

གཉིས་པ་ལ་འདྲི་དགོས་པའི་རྒྱུ་མཚན་ནི། རྣམ་བཤད་མཛད་པོ་ཀུན་གྱིས། བཏང་སྙོམས་ཞེས་པ་ལུང་མ་བསྟན་ལ་འབྲུ་མནན་ནས། གཞུང་གོང་མའི་ཚིག་དང་མཐུན་པར། རྣམ་སྨིན་སྐྱེད་བྱེད་མ་ཡིན་པར་འཆད་ཀྱིན་འདུག་པའི་རྒྱུ་མཚན་གྱིས་སོ། །

མ་དྲིས་ན་སྐྱོན་འཇུག་ཚུལ་ནི། རྣམ་སྨིན་གྱི་རྒྱུ་དང་རྣམ་སྨིན་སྐྱེད་བྱེད་གཉིས་ལ་བརྡ་ཆད་འཇོག་མཚམས་ཀྱི་དབང་གིས། ཁྱད་པར་ཤིན་ཏུ་ཆེན་པོ་ཡོད་པ་དེ་མ་ཕྱེ་ན། ཉེས་པ་འབྱུང་བའི་ཚུལ་འདི་ལྟར། ཉོན་མོངས་པ་ལུང་མ་བསྟན་མཐའ་དག་རྣམ་སྨིན་སྐྱེད་བྱེད་དུ་མི་རུང་བར་འགྱུར་ལ། འདོད་ནུས་པ་མ་ཡིན་ཏེ། དེ་དགེ་བའི་ལས་ཀྱི་ཀུན་སློང་དུ་སོང་བའི་སྒོ་ནས་རྣམ་སྨིན་སྐྱེད་པའི་ཕྱིར། ཡང་། ཀུན་གཞི་ཁས་ལེན་པ་ལྟར་ན། ཀུན་གཞིའི་སྟེང་གི་དགེ་བའི་ས་བོན་དེ་ཡང་། རྣམ་སྨིན་གྱི་རྒྱུ་ཉིད་དུ་ཐལ་བར་འགྱུར་ཏེ། རྣམ་སྨིན་སྐྱེད་བྱེད་ཡིན་པའི་ཕྱིར་རོ། །དེ་ཡང་ལུགས་འདིར་རྒྱུ་ལ་གཉིས་ཏེ། འཕེན་བྱེད་ཀྱི་དང་། སྐྱེད་བྱེད་ཀྱི་རྒྱུའོ། །དང་པོ་ནི། བག་ཆགས་འཇོག་བྱེད་ཀྱི་ལས་རྣམས་སོ། །

གཉིས་པ་ནི། ངེས་བཞག་པའི་བག་ཆགས་སོ། །དེ་ལས་ཀྱང་ཁྱད་པར་དུ། མི་དགེ་བ་དང་། དགེ་བ

ཟག་བཅས་ནི། རྣམ་སྨིན་འཕེན་པར་བྱེད་པའི་རྒྱུའོ། །དེའི་བག་ཆགས་ནི་དེ་སྐྱེད་པའི་རྒྱུའོ། །ཞེས་བྱ་བ་ནི་ཐེག་བསྡུས་ཀྱི་དགོངས་པའོ། །དངོས་ལན་ནི། བདང་སྐྱོམས་ཞེས་པ། སྤྱིར་ཚོར་བ་བདང་སྐྱོམས་དང་། བྱེ་བྲག་བསམ་གཏན་བཞི་པ་ཡན་ཆད་ཀྱི་བདང་སྐྱོམས་ལ་ཟེར་བ་ཡིན་ཏེ། བདང་སྐྱོམས་བདེ་སྡུག་གཉིས་མིན་པས། །རྣམ་སྨིན་གཉིས་མིན་བདང་སྐྱོམས་སོ། །ཞེས་བྱ་བའི་དོན་ནོ།། །།

དྲི་བ་བཅུ་གཅིག་པ་ནི། ལས་དཀར་ཞེས་པ་དགེ་བ་ལ། །འཆད་ན་རྣམ་སྨིན་གནག་པ་ཅི། །ལས་གནག་ཅེས་པ་སྡིག་པ་ལ། །ཟེར་ན་རྣམ་སྨིན་དཀར་བ་ཅི། །རྒྱུ་ཡི་ཀུན་སློང་སྡིག་ཡིན་ན། །དུས་ཀྱི་ཀུན་སློང་དགེ་ཡིན་ཀྱང་། །ལས་དེ་དཀར་པོར་མི་འགྱུར་ཞེས། །མདོན་པ་འོག་མར་མ་བཤད་དམ། །དུས་ཀྱི་ཀུན་སློང་མི་དགེ་བ། །དག་དང་མཚུངས་པའི་དགེ་བ་ནི། །མོ་གཤམ་བུ་དང་འདྲའོ་ཞེས། །མདོན་པ་གོང་མར་མི་འབྱུང་ངམ། །རྒྱུ་ཡི་ཀུན་སློང་འཕེན་བྱེད་ཀྱི། །གཙོ་བོ་ཡིན་ཕྱིར་འཕེན་བྱེད་རྒྱུ། །དུས་ཀྱི་ཀུན་སློང་འགྲུབ་བྱེད་ཀྱི། །གཙོ་བོ་ཡིན་ཕྱིར་འགྲུབ་བྱེད་རྒྱུར། །གོང་འོག་མཐུན་པར་གསུངས་མིན་ནམ། །ཞེས་པའོ། །

འདི་ལ་གཉིས་ཏེ། དྲི་བའི་བསམ་པ་དང་། དངོས་ལན་གདབ་པའོ། །དང་པོ་ལ། སྐབས་སུ་བབ་པའི་དྲི་བ་དང་། དེ་ལས་འཕྲོས་པའི་དྲི་བའོ། །དང་པོ་ལ། དྲི་བའི་ཡུལ་ནི། དཀར་ནག་འདྲེས་མའི་ལས་གཞིར་བཞག་ནས་འདྲི་བ་ཡིན་ལ། གཞུང་དུ་ལས་དེའི་གོ་དོན་འཆད་པ་ན། ལས་དཀར་པོས་རྣམ་སྨིན་ནག་པོ་འབྱིན་པ་དང་། ལས་ནག་པོས་རྣམ་སྨིན་དཀར་པོ་འབྱིན་པ་ཞིག་བཤད་ལ། དེ་ལྟ་བུའི་སྒྲ་ཇི་བཞིན་པ་འདི་མི་རིགས་ཤིང་། མདོན་པ་ལས་ཀྱང་མ་བཤད་པའི་རྒྱུ་མཚན་གྱིས་དྲིས་པ་ཡིན་ནོ། །

མ་དྲིས་ན་སྐྱོན་འབྱུང་བའི་ཚུལ་ནི། གཞུང་གི་སྒྲ་ཇི་བཞིན་པ་ལ་འབྲུ་གཉེར་བ་ཡང་། ཚིག་རིས་དེ་ཉིད་ལས་ལྷག་པ་རྣམ་བཤད་མཛད་པ་པོ་སུས་ཀྱང་མཛད་པར་མི་སྣང་ལ། དེ་ལྟ་ན། དཀར་པོ་དང་ནག་པོའི་ལས་ཀྱི་གཞི་མཐུན་སྲིད་པར་འགྱུར་ཏེ། བདེ་བའི་རྣམ་སྨིན་གྱི་རྒྱུར་གྱུར་པའི་མི་དགེ་བ་དང་། སྡུག་བསྔལ་ཞིག་གི་རྣམ་སྨིན་གྱི་རྒྱུར་གྱུར་པའི་དགེ་བའི་ལས་ཁས་བླངས་པས་སོ། །

གཉིས་པ་དེ་ལས་འཕྲོས་པའི་དྲི་བ་ནི། དེ་ལ་འདི་སྙམ་དུ། རྒྱུའི་ཀུན་སློང་མི་དགེ་བས་བྱས་ཤིང་། དུས་ཀྱི་ཀུན་སློང་དགེ་བས་བྱས་པ་ལྟ་བུ་ལ། དཀར་ནག་འདྲེས་པའི་གོ་དོན་དུ་འཇོག་ཅིང་། དེས་རྣམ་པར་སྨིན་པ་ཡང་གཉིས་ཀ་འབྱིན་པ་ཡིན་ནོ། །ཞེས་ཟེར་ན། དཀར་ནག་འདྲེས་མའི་ལས་ཞེས་ཟེར་བའི་ཐ་སྙད་ནི། མདོན་པ་འོག་མ་ན་ཡོད་ཅིང་། གོང་མ་ན་མེད་ལ། དེའི་ཕྱིར་དེ་སྐད་ཅེས་ཟེར་བ་དེ། མདོན་པ་འོག་མ་ཁོ་ནའི་དབང་དུ་བྱས་ནས་འདོད་དམ། ཡང་ན། མདོན་པ་གོང་མའི་ལུགས་སུ་བྱས་ནས་ཁས་ལེན། དང་པོ་ལྟར་ན། འདི་ལ་

གཉིས་ཏེ། ལས་དཀར་པོས་རྣམ་སྨིན་ནག་པོ་འབྱིན་པ་མངོན་པ་འོག་མའི་ལུགས་མ་ཡིན་པར་བསྟན་པ་དང་། རྒྱུ་དུས་ཀྱི་ཀུན་སློང་གི་དབང་གིས་དཀར་ནག་གི་ཁྱད་པར་འབྱེད་ནུས་པ་མངོན་པ་འོག་མའི་ལུགས་མ་ཡིན་པར་བསྟན་པའོ། །དང་པོ་ནི། ཇི་སྐད་དུ། མཛོད་ལས། གནག་དང་དཀར་དང་གཉིས་ཀའི་ལས། །ཞེས་པའི་འགྲེལ་པར། འདོད་པར་གཏོགས་པའི་དགེ་བ་ནི་མི་དགེ་བ་དང་འདྲེས་པའི་ཕྱིར་དཀར་ནག་ཡིན་ལ། རྣམ་པར་སྨིན་པ་འདྲེས་པའི་ཕྱིར། རྣམ་པར་སྨིན་པ་ཡང་དཀར་ནག་ཡིན་ནོ། །འདི་ནི་རྒྱུད་ཀྱི་སྒོ་ནས་རྣམ་པར་བཞག་གི། ངོ་བོ་ཉིད་ཀྱི་སྒོ་ནས་ནི་མ་ཡིན་ཏེ། ལས་སམ་རྣམ་པར་སྨིན་པ་གཅིག་ལ་དཀར་པོ་ཡང་ཡིན། ནག་པོ་ཡང་ཡིན་པ་དེ་ལྟ་བུ་ནི་མེད་དེ། ཕན་ཚུན་འགལ་བའི་ཕྱིར་རོ། །ཞེས་གསུངས་སོ། །ཡང་མི་དགེ་བས་རྣམ་སྨིན་དཀར་པོ་འབྱིན་སྲིད་པ་དཀར་ནག་འདྲེས་མའི་གོ་དོན་དུ་འཇོག་པ་ཡང་མཛོད་ཀྱི་དགོངས་པ་མ་ཡིན་ཏེ། འགྲེལ་པ་སྤྱི་མ་དེའི་འགྲོ་ཉིད་ནས། དེ་ལྟར་ན། མི་དགེ་བ་ཡང་དགེ་བ་དང་འདྲེས་པའི་ཕྱིར། དཀར་ནག་ཏུ་འགྱུར་བ་མ་ཡིན་ནམ་ཞེ་ན། འདོད་པའི་ཁམས་ན་མི་དགེ་བ་གདོན་མི་ཟ་བར་དགེ་བ་དང་འདྲེ་བ་ནི་མ་ཡིན་ཏེ། དེ་སྟོབས་དང་ལྡན་པའི་ཕྱིར་རོ། །དགེ་བ་ནི་སྟོབས་ཆུང་བའི་ཕྱིར་འདྲེ་བར་འགྱུར་རོ། །ཞེས་གསུངས་པས་སོ། །དེའི་གོ་དོན་ཡང་། འདོད་པའི་སས་བསྡུས་ཀྱི་ལས་དགེ་བ་རྒྱུད་ལ་ལྡན་བཞིན་པའི་ངང་ནས། དེའི་རྒྱུད་ཀྱི་མི་དགེ་བས་རྣམ་སྨིན་ནག་པོ་འབྱིན་ལ། མི་དགེ་བ་རྒྱུད་ལ་ལྡན་བཞིན་པའི་དགེ་བས། རྣམ་སྨིན་དཀར་པོ་འབྱིན་མི་ནུས། ཞེས་བྱ་བའི་དོན་ཏོ། དེ་ཡང་ཞིབ་མོར་ན། འདོད་པའི་སས་བསྡུས་ཀྱི་ཡང་དག་པའི་ལྟ་བ་རྒྱུད་ལ་ལྡན་བཞིན་པའི་ངང་ནས། ལོག་ལྟས་རྣམ་སྨིན་ནག་པོ་འབྱིན་ལ། ལོག་ལྟ་ལྡན་བཞིན་པའི་ངང་ནས། ས་དེས་བསྡུས་ཀྱི་ཡང་དག་པའི་ལྟ་བས་འབྲས་བུ་འབྱིན་མི་ནུས་པ་ཡིན་ཏེ། དེས་དེའི་རྩ་བ་གཅོད་ལ། ཅིག་ཤོས་ཀྱིས་ལོག་ལྟའི་རྩ་བ་མི་གཅོད་པའི་ཕྱིར། ཞེས་པའོ། །

གཉིས་པ་ནི། མངོན་པ་འོག་མའི་ལུགས་འདིར། དུས་ཀྱི་ཀུན་སློང་མི་དགེ་བ་དང་། རྒྱུའི་ཀུན་སློང་དགེ་བས་བྱས་པའི་ལས་ཤིག་ཁས་བླངས་ནས། དེས་རྣམ་སྨིན་དཀར་པོ་འབྱིན་པ་དེ་ལས་གནག་ལ། རྣམ་སྨིན་དཀར་བའི་དཔེ་དང་། དུས་ཀྱི་ཀུན་སློང་དགེ་ལ། རྒྱུའི་ཀུན་སློང་མི་དགེ་བས་བྱས་པའི་ལས་ཞིག་ཁས་བླངས་ནས། དེས་རྣམ་སྨིན་ནག་པོ་འབྱིན་པ་དེ། ལས་དཀར་རྣམ་སྨིན་གནག་པའི་དཔེར་འཛོག་པ་ནི། རིགས་པ་མ་ཡིན་ཏེ། ལུགས་འདིར། ལུས་ངག་གི་ལས་དགེ་མི་དགེར་འཇོག་པ་ནི། རྒྱུའི་ཀུན་སློང་གང་ཡིན་གྱི་རྗེས་སུ་འགྲོ་ལྡོག་བྱེད་པ་ཡིན་གྱི། དུས་ཀྱི་ཀུན་སློང་ལ་མ་རག་པའི་ཕྱིར། དེའི་ཤེས་བྱེད་ཀྱང་རྒྱུའི་ཀུན་སློང་ནི། ལས་ལམ་གྱི་དངོས་གཞིར་གྱུར་པའི་རིག་བྱེད་མ་ཡིན་པ་ཁོ་ན་ཀུན་ནས་སློང་བྱེད་ཡིན་ལ། དུས་ཀྱི་ཀུན་སློང་ནི།

རྣམ་པར་རིག་བྱེད་ཀྱི་ངོ་བོར་གྱུར་པའི་རྗེས་ཀྱི་བྱ་བ་ཀུན་ནས་སློང་བྱེད་དུ་ཁས་ལེན་པ་ཡིན་ནོ། །དེ་སྐད་དུ་ཡང་། ཀུན་སློང་རྣམ་གཉིས་རྒྱུ་དང་ནི། །དེ་ཡི་དུས་ཀྱིས་སློང་ཞེས་བྱ། །གཉིས་ལས་དང་པོ་རབ་འཇུག་བྱེད། །གཉིས་པ་རྗེས་སུ་འཇུག་བྱེད་ཡིན། །ཞེས་གསུངས་སོ། །འོ་ན་འདོད་པ་ན་བསྒྲིབས་པའི་རིག་བྱེད་ཡོད་པར་འགྱུར་ཏེ། རྒྱུའི་ཀུན་སློང་འཇིག་མཐར་གྱིས་ཀུན་ནས་བསླང་བའི་ལུས་ངག་གི་ལས་ཡོད་པའི་ཕྱིར། ཞེ་ན། སྐྱོན་མེད་དེ། འདིའི་རྒྱུ་དུས་གཉིས་ཀྱི་བར་དུ་སྤང་བྱ་རིགས་མི་མཐུན་གཞན་གྱིས་བར་ཆོད་པའི་ཕྱིར། ཞེས་ལན་འདེབས་པར་བྱེད་དོ། །གལ་ཏེ་ཀུན་སློང་གི་དབང་གིས་འདྲེས་མའི་ལས་སུ་འཇོག་གོ་ཞེས་བྱ་བ་དེ། མངོན་པ་གོང་མའི་ལུགས་སུ་འཆད་པ་ཡིན་ནོ། །ཞེ་ན། དེ་ནི་རིགས་པ་མ་ཡིན་ཏེ། གོང་མའི་ལུགས་འདིར་ནི། རྒྱུའི་ཀུན་སློང་གང་ཡིན་ཀྱང་རུང་། དགེ་མི་དགེར་འཇོག་པ་ནི་དུས་ཀྱི་ཀུན་སློང་ཁོ་ནའི་བྱེད་པས་སོ། །དེའི་ཕྱིར། ལུགས་འདིར་ལས་དཀར་པོས་རྣམ་སྨིན་ནག་པོ་དང་། ལས་ནག་པོས་རྣམ་སྨིན་དཀར་པོ་འབྱིན་པ་མི་སྲིད་དོ། །ཡང་གལ་ཏེ་འདི་སྙམ་དུ། རྒྱུའི་ཀུན་སློང་མི་དགེ་བ་དང་། དུས་ཀྱི་ཀུན་སློང་དགེ་བས་བྱས་པའི་ལས་དེ་དཀར་པོ་ཁོ་ན་ཡིན་ལ། དེས་རྣམ་སྨིན་ནག་པོ་འབྱིན་པ་ཡིན་ཏེ། ལས་དེའི་རྒྱུའི་ཀུན་སློང་མི་དགེ་བ་ཁོ་ན་ཡིན་པས་སོ་སྙམ་ན། དེ་འདྲ་དེའི་ཚེ་ན། ལས་དཀར་པོ་དེ་རྣམ་སྨིན་ནག་པོ་དེའི་ཁྱད་པར་འགྲུབ་བྱེད་ཡིན་གྱི། ངོ་བོ་འཕེན་བྱེད་ནི་མ་ཡིན་ཏེ། དེའི་རྣམ་སྨིན་གྱི་རྒྱུ་མ་ཡིན་པའི་ཕྱིར་དང་། རྣམ་སྨིན་ནག་པོ་དེ་ཡང་། ལས་དེ་ལ་ལྟོས་པའི་རྒྱུ་མཐུན་གྱི་འབྲས་བུ་ཡིན་གྱི། རྣམ་སྨིན་གྱི་འབྲས་བུར་མི་རུང་བའི་ཕྱིར་རོ། །རྒྱུ་དུས་ཀྱི་ཀུན་སློང་གཉིས་པོས་ཀུན་ནས་བསླང་བའི་ལས་གཉིས་པོ་འཕེན་འགྲུབ་ཀྱི་རྒྱུའི་གཙོ་བོར་བཤད་པ་འདི་ཡང་། འདོད་པའི་སེམས་བསྐྱུས་ཁོ་ནའི་དབང་དུ་བྱས་པ་ཡིན་ཏེ། དཀར་ནག་འདྲེས་མའི་ལས་ལ་དོགས་པ་གཅོད་པའི་སྐབས་ཡིན་པས་སོ། །དེའི་ནང་ནས་ཀྱང་སྒོམ་སྤང་གི་དབང་དུ་བྱས་པ་ཡིན་ཏེ། རྒྱུ་མཚན་དེ་ཉིད་ཀྱི་ཕྱིར། དེ་སྐད་དུ་ཡང་། གཞན་ནི་མཐོང་བས་སྤང་བྱ་གནག །འདོད་པ་ལས་སྐྱེས་གཞན་དཀར་ནག །ཅེས་བཤད་པ་དང་ཕྱོགས་མཐུན་ནོ། །མདོར་ན། གཞུང་འདིའི་རྣམ་བཤད་མཛད་པ་པོ་མཐའ་དག་གིས། གཞུང་གི་འབྲུ་ཇི་བཞིན་དུ་མ་གཉེར་བས། མཁས་པའི་བསྟན་བཅོས་ཆུད་གསན་པར་གྱུར་པས་ནོངས་པ་ཡིན་ནོ། །ཡང་འཕེལ་བའི་གཏམ་གླེང་བ་ལ་ལ་དག །རྣམ་སྨིན་དཀར་བའི་དུས་ཀྱི་ལས་དེ་ནག་པོར་མིང་བཏགས་ཀྱང་། དཀར་པོ་མཚན་ཉིད་པ་ཡིན་ནོ། །ཞེས་དང་། ཅིག་ཤོས་ཀྱང་དེ་དང་འདྲའོ། །ཞེས་ཟེར་བ་ནི་ཅིར་ཡང་མི་རུང་སྟེ། དེ་ལྟ་ན༑ ལས་དཀར་ནག་གིས། རྣམ་སྨིན་དཀར་ནག་འབྱིན་པ་གཉིས་སུ་འདུས་པར་སོང་བས། བཞིའི་དབྱེ་བ་དོན་མེད་པར་ཐལ་བའི་ཕྱིར་རོ། །

གཉིས་པ་དངོས་ལན་གདབ་པ་ལ་གཉིས་ཏེ། མདོན་པ་གོང་མ་དང་མཐུན་པར་ལན་བཏབ་པ་དང་། མངོན་པ་འོག་མའི་དོགས་གཅོད་ཟུར་དུ་དྲིས་ནས་ལན་བཏབ་པའོ། །དང་པོ་ནི། འདིར་དཀར་ནག་ཏུ་གྱུར་པའི་ལས་བཤད་པ་དེ། མངོན་པ་འོག་མ་དང་མཐུན་པ་མ་ཡིན་ཏེ། དེར་རྣམ་སྨིན་འཕྲེན་བྱེད་ཀྱི་ལས་ལ་གསུམ་ལས་ལྷག་པ་མ་བཤད་ཅིང་། འདིར་བཞི་བཤད་པའི་ཕྱིར་དང་། དེར་ནི་ལས་གནག་ལ། རྣམ་སྨིན་དཀར་བ་ཕྱོགས་སྔ་མར་བྱས་ནས་བཀག་པའི་ཕྱིར། འོན་ཅི་ཞེ་ན། མངོན་པ་གོང་མར། དཀར་ནག་ཏུ་གྱུར་ལ། རྣམ་པར་སྨིན་པ་དཀར་ནག་ཏུ་གྱུར་པ་ཞེས་བྱ་བ་དེ། བསྟན་བཅོས་འདིར་བཤད་པ་ཡིན་ལ། དེ་ཡང་། ལས་གཅིག་གིས་རྣམ་སྨིན་དཀར་ནག་གཉིས་འཕྲེན་པའི་དོན་མ་ཡིན་གྱི། ལས་ལམ་གཅིག་གི་སྦྱོར་དངོས་གཉིས་ཀྱི་ནང་ན། རྣམ་སྨིན་དཀར་པོ་འཕྲེན་པ་དང་། ནག་པོ་འཕྲེན་པ་གཉིས་ཀ་ཡོད་དོ། །ཅེས་བྱ་བའི་དོན་ནོ། །དེ་ལྟར་མཐའ་དཔྱད་ནས། འབྲུ་གཉེར་བ་ནི། ལས་གང་ཞིག །རྒྱུ་དུས་ཀྱི་ཀུན་སློང་གནག་ལ། དེ་དུས་ཀྱི་ཀུན་སློང་དཀར་པོར་གྱུར་པ་དེ་ནི། རང་གི་ངོ་བོ་དཀར་པོ་ཡིན་ཀྱང་། རང་གི་རྒྱུའི་ཀུན་སློང་དེ་རྣམ་སྨིན་ནག་པོ་འཕྲེན་བྱེད་ཡིན་པའི་དབང་གིས། རྣམ་སྨིན་ནག་པོ་དེ་སྐྱེད་བྱེད་དུ་འཇོག་པ་ཡིན་ཏེ། དཔེར་ན། རྒྱུའི་ཀུན་སློང་ཞེ་སྡང་གི་ཀུན་ནས་བསླང་སྟེ། བསད་པའི་ཕྱིར་དུ་ནོར་མང་པོ་སྦྱིན་པར་གཏོང་བ་དེའི་ཚེ་ན། ལས་ལམ་ཚར་གཅིག་ཡིན་ཀྱང་། རྒྱུའི་ཀུན་སློང་ཞེ་སྡང་དེ་ནི། རྣམ་སྨིན་ནག་པོ་འཕེན་བྱེད་དང་། དུས་ཀྱི་ཀུན་སློང་མ་ཆགས་པའི་དགེ་རྩ་དེ་རྣམ་སྨིན་ནག་པོ་དེའི་འགྲུབ་བྱེད་ཀྱི་རྒྱུར་འགྱུར་བ་ལྟ་བུའོ། །ཞེས་ཅིག་ཤོས་ལ་ཡང་དེ་བཞིན་དུ་སྦྱར་རོ། །དེ་དག་ལ་འདི་སྐད་ཅེས། ལས་ལ་རྣམ་བཞི་དཀར་ནག་འདྲེས། །དེ་ཟད་བྱེད་པའོ་ལས་ནག་པ། །རྣམ་སྨིན་དཀར་པོའི་འགྲུབ་བྱེད་དང་། །དཀར་པོའང་རྣམ་སྨིན་ནག་པོ་ཡི། །འགྲུབ་བྱེད་དབྱེ་བས་གཉིས་སུ་བཤད། །འདི་དང་འོག་ཏུ་འདྲེན་མའི་ལས། །བཤད་པའི་མི་ཟློས་ཁྱད་པར་ནི། །མངོན་པ་གོང་འོག་ལུགས་ཡིན་ཏེ། །ལས་དེ་གཟུགས་ཅན་ཡིན་མིན་ནོ། །

གཉིས་པ་ནི། འདོད་པའི་རྟེན་ལ་དཀར་ནག་གི། ལས་གཉིས་འདྲེས་པར་འཇོག་པ་བཞིན། །རྣམ་པར་སྨིན་པའང་འདྲེས་སམ་ཅི། །དེ་ལྟ་ན་ནི་ངན་སོང་དང་། །མཐོ་རིས་རྣམ་སྨིན་རྒྱུད་གཅིག་ལ། །སྲིད་པར་ཁས་ལེན་མི་དགོས་སམ། །ཞེས་པའོ། །འདི་ལ་འདྲི་བའི་བསམ་པ་དང་། དངོས་ཀྱི་ལན་ནོ། །དང་པོ་ནི། མཛོད་འགྲེལ་དུ། འདོད་པར་གཏོགས་པའི་དགེ་བ་ནི། མི་དགེ་བ་དང་འདྲེས་པའི་ཕྱིར་དཀར་ནག་ཡིན་ལ། རྣམ་པར་སྨིན་པ་འདྲེས་པའི་ཕྱིར། རྣམ་པར་སྨིན་པ་ཡང་དཀར་ནག་ཡིན་ནོ། །འདི་ཡང་རྒྱུད་ཀྱི་སྒོ་ནས་རྣམ་པར་བཞག་གི། ཞེས་རྒྱུ་དགེ་མི་དགེ་གཉིས་རང་གི་ངོ་བོ་འདྲེས་པ་མི་སྲིད་ཀྱང་། དུས་གཅིག་ལ་ཅིག་ཆར་དུ་འབྱུང་བ་མི་

འགལ་བའི་རྒྱུ་མཚན་གྱིས་འདྲེས་པར་བཤད་ལ། དེ་ལྟ་ན། རྣམ་སྨིན་འདྲེས་པའི་དོན་ཡང་། རྒྱུད་གཅིག་ལ་ཅིག་ཆར་དུ་འབྱུང་བ་ལ་འཆད་དགོས་པར་མཚུངས་ལ། དེ་ལྟ་ན། མཐོ་རིས་དང་ངན་སོང་རྒྱུད་གཅིག་ལ་འབྱུང་བ་ཉིད་དུ་ཐལ་བར་འགྱུར་ཏེ། ལས་དེ་གཉིས་ཀྱི་རྣམ་སྨིན་གྱི་འབྲས་བུ་ནི། བདེ་འགྲོ་དང་ངན་འགྲོའི་ཕུང་པོ་ལས་གཞན་མེད་པའི་ཕྱིར་སྙམ་པའོ། །

དངོས་ལན་ནི། རྣམ་སྨིན་ནི། རྒྱུའི་འདྲེས་ཚུལ་དང་འདྲ་བར། རྒྱུད་གཅིག་ལ་ཅིག་ཆར་དུ་ཡོད་པར་ཁས་བླངས་ན་ཉེས་པ་དེ་འདུག་ཀྱང་། དེ་ལྟར་ཁས་ལེན་པ་མ་ཡིན་ཏེ། རྣམ་པར་འདྲེས་པ་ཞེས་བྱ་བ་ནི། འདྲེན་མ་ཞེས་བྱ་བའི་དོན་ཡིན་ལ། དེའི་དོན་ཡང་སྦྱིལ་མ་ལ་འཆད་པའི་ཕྱིར། དཔེར་ན། སོ་ཐར་སྡོམ་ལྡན་ཞིག་གི་རྒྱུད་ལ་ཞེ་སྡང་དྲག་པོ་སྐྱེས་པ་དེའི་ཚེ་ན། ཞེ་སྡང་དེ་དང་། ཞེ་སྡང་མེད་པའི་དགེ་བས་ཀུན་ནས་བསླང་བའི་སྡོམ་པ་གཟུགས་ཅན་དུ་གྱུར་པ་གཉིས་ཅིག་ཅར་དུ་བྱུང་བ་དེའི་ཚེ་ནི། གཅིག་གིས་ཅིག་ཤོས་ཀྱི་རྣམ་སྨིན་འབྱིན་པའི་ནུས་པ་འཇོམས་མི་ནུས་པ་དེ་ལ་ནི། གཉིས་པོ་རྒྱུད་ཀྱི་སྒོ་ནས་འདྲེས་པ་ཞེས་བྱ་ལ། གཉིས་པོ་དེའི་རྣམ་སྨིན་ནི་ཐོག་མར་མཐོ་རིས་སུ་སྨིན་ནས། དེའི་འོག་ཏུ་ངན་སོང་དུ་སྨིན་པ་ལྟ་བུའོ། །འདི་ལ་ནི་འདྲེན་མ་ཞེས་བྱའོ། །འོན་འདོད་པའི་རྟེན་ལ་མི་དགེ་བ་ཡང་འདྲེན་མའི་ལས་སུ་འཇོག་སྲིད་པར་འགྱུར་ཏེ། རྒྱུ་མཚན་མཚུངས་པའི་ཕྱིར། འདོད་ན་མ་བཤད་པ་དང་འགལ་ལོ། །ཞེ་ན། སྲིད་མོད། དེ་ལ་དེ་མ་བཤད་པའི་ཁྱད་པར་ནི༑ འདོད་པའི་སས་བསྡུས་ཀྱི་དགེ་བ་ཡིན་ན། རང་གི་འགལ་ཟླ་དེའི་རྣམ་སྨིན་མེད་པར་བྱེད་མི་ནུས་པས་ཁྱབ་ལ། མི་དགེ་བ་འགའ་ཞིག་གིས་ནི། རང་གི་འགལ་ཟླ་དེའི་རྣམ་སྨིན་མེད་པར་བྱེད་ནུས་པ་སྲིད་པ་ཡིན་ཏེ། དཔེར་ན། རྒྱུ་འབྲས་ལ་སྐུར་འདེབས་ཀྱི་ལོག་ལྟ་བཞིན་ནོ། །འདོད་པའི་སས་བསྡུས་ཀྱི་དགེ་བ་ལས་མི་དགེ་བ་སྟོབས་ཆེ་བར་འཇོག་པའི་ཤེས་བྱེད་ཀྱང་། འདོད་པའི་སས་བསྡུས་ཀྱི་དགེ་བའི་རྣམ་སྨིན་གྱི་མཆོག་ཏུ་གྱུར་པ་ནི། གཞན་འཕྲུལ་དབང་བྱེད་ཀྱི་ཕུང་པོ་ཡིན་ལ། དེ་ནི་ཇི་ལྟར་ཚེ་རིང་ཡང་། རང་ལོ་ཁྲི་དང་དྲུག་སྟོང་གི་བར་དུ་འགྱུར་བའི་བདེ་བ་ལ་ལོངས་སྤྱོད་པར་བྱེད་པ་ཡིན་ལ། མི་དགེ་བའི་རྣམ་སྨིན་ལྟ་ཤོས་ནི། མནར་མེད་དུ་བར་གྱི་བསྐལ་པ་གཅིག་གི་རིང་ལ་སྡུག་བསྔལ་གྱི་སྡུག་བསྔལ་ལ་ལོངས་སྤྱོད་དགོས་པའོ། །དེའི་ཕྱིར་ངག་དོན་ཞིབ་མོར་བསྡུས་ན། འདོད་པའི་དགེ་བ་ཡིན་ན་མི་དགེ་བ་དང་འདྲེར་རུང་བས་ཁྱབ་སྟེ། དེ་ཡིན་ན། དེའི་འགལ་ཟླ་སུན་འབྱིན་པར་མི་ནུས་པས་ཁྱབ་པའི་ཕྱིར། ཅིག་ཤོས་ལ་དེས་མ་ཁྱབ་སྟེ། རང་གི་འགལ་ཟླ་སུན་འབྱིན་པར་ནུས་པའི་མི་དགེ་བ་འགའ་ཞིག་སྲིད་པའི་ཕྱིར། ཞེས་བྱ་བ་འདིས་ནི། འདོད་པའི་དགེ་མི་དགེ་གཉིས་ལ་དཀར་ནག་འདྲེས་མའི་ལས་སུ་འཇོག་མི་འཇོག་གི་ཁྱད་པར་གྲུབ་པ་ཡིན་ནོ། །དེ་ལ་འདི་སྐད་ཅེས།

འདོད་པའི་དགེ་བ་མི་དགེ་དང་། །ལྷན་ཅིག་མི་གནས་འགལ་ལ་མི་སྲིད། །མི་དགེ་དེ་དང་ལྷན་ཅིག་ཏུ། །མི་གནས་སྲིད་ཕྱིར་འདྲེས་པ་མིན། །ཞེས་བྱའོ།། །།

དྲི་བ་བཅུ་གཉིས་པ་ནི། ཆོས་དབྱིངས་དགེ་བ་མ་ཡིན་ན། །མངོན་རྟོགས་རྒྱན་དང་རྒྱུད་བླ་དང་། །ཐེག་པ་ཆེན་པོ་བསྡུས་པ་དང་། །དབུས་རྣམ་འབྱེད་པར་གསུངས་དེ་ཅི། །ཆོས་དབྱིངས་དམ་པའི་ཆོས་དང་ནི། །དམ་པ་ཞེས་པ་དགེ་བ་ལ། །ཚད་ལྡན་གཞུང་ལས་མ་གསུངས་སམ། །ཆོས་དབྱིངས་ངོ་བོ་བདག་མེད་མ། །བདེ་ཆེན་སྒྱུ་མའི་སྐུ་དེ་ཡང་། །དགེ་བ་མིན་པར་བཞེད་ལགས་སམ། །དེ་ལྟ་ན་ནི་བསྟོད་པ་ལས། །དགེ་མ་ཞེས་ཀྱང་མ་གསུངས་སམ། །ཞེས་པའོ། །

འདི་ལ་གཉིས་ཏེ། དྲི་བའི་བསམ་པ་དང་། དངོས་ལན་གདབ་པའོ། །དང་པོ་ལ། འདྲི་དགོས་པའི་རྒྱུ་མཚན་དང་། མ་དྲིས་ན་སྐྱོན་ཡོད་པའོ། །དང་པོ་ནི། གཞུང་གི་དངོས་བསྟན་ལ། གང་ཆོས་དབྱིངས་ཡིན་པ་ལ་དགེ་བ་མ་ཡིན་པས་ཁྱབ་པར་བཤད་ཅིང་། རྣམ་བཤད་མཛད་པ་སྔ་ཕྱི་ཀུན་གྱིས་ཀྱང་། ཞིབ་ཆ་འདོན་རྒྱུ་ཅི་ཡང་མེད་པར། སླ་ཧི་བཞིན་པ་དེ་ཉིད་ཁས་བླངས་ནས་བཤད་པའི་རྒྱུ་མཚན་གྱིས་སོ། །

གཉིས་པ་ནི། དེ་ལྟར་ཁས་བླངས་ན། ལུང་དང་འགལ་བ་དང་། རིགས་པ་དང་འགལ་བའོ། །དང་པོ་ནི། མངོན་པར་རྟོགས་པའི་རྒྱན་ལས། དམིགས་པ་ཆོས་རྣམས་ཐམས་ཅད་དེ། །དེ་ཡང་དགེ་ལ་སོགས་པ་ཡིན། །ཞེས་ཆོས་ཐམས་ཅད་དེ་གསུམ་དུ་བསྡུས་ནས། འཇིག་རྟེན་པ་ཡི་རྟོགས་པ་དང་། །ཞེས་སོགས་ལྷག་མ་རྣམས་གསུམ་པོའི་ནང་དུ་བསྡུ་དགོས་པར་ནི། འགྲེལ་པ་ལས། དེ་ཡི་འོག་ཏུ་དེ་དག་ཉིད། །ཅེས་སོགས་ཀྱིས་གསལ་བར་བསྟན་ལ། དེའི་ཚེ་ན། རྒྱ་ལ་མི་ལྟོས་པའི་དེ་བཞིན་ཉིད་ཅེས་བྱ་བ་དེ། མི་དགེ་བ་དང་ལུང་མ་བསྟན་དུ་ནི་བཤད་མི་ནུས་པས། དགེ་བར་འཆད་དགོས་པ་ལས་འོས་མེད་ཅིང་། སྔོན་གྱི་འཆད་པ་པོ་རྣམས་ཀྱི་རྟོགས་པའི་གོ་རིམ་འཆད་པ་ན། དེ་ལྟར་བཤད་པ་ཡང་ཡིན་ནོ། །ཐེག་པ་ཆེན་པོ་རྒྱུད་བླ་མའི་བསྟན་བཅོས་སུ་ནི། དེ་བཞིན་ཉིད་ལ་བདེ་བར་གཤེགས་པའི་སྙིང་པོ་ཞེས་བྱ་བའི་མིང་གིས་བསྟན་ལ། དེ་ཡང་དགེ་བར་བཤད་དགོས་པ་ཡིན་ཏེ། མདོ་ལས། དེ་བཞིན་གཤེགས་པའི་སྙིང་པོ་དགེ། ཅེས་དང་། བསྟན་བཅོས་སུའང་། དགེ་དང་རྣམ་པར་དག་པའི་ཕྱིར། །ཞེས་གསུངས་པ་དང་། རྒྱུད་བླ་མ་ལྟར་ན། སྙིང་པོ་དེ་ནི་གཙང་བདེ་རྟག་བདག་དང་། རྟག་བརྟན་ཞི་བ་གཡུང་དྲུང་དུ་ཁས་ལེན་དགོས་པ་ཡིན་ལ། དེ་དང་། བསྟན་བཅོས་འདིར་ནི། དེས་ན་སངས་རྒྱས་བསྟན་པ་ལ། །གྲུབ་པར་བྱེད་ན་ཆོས་ཀྱི་དབྱིངས། །ཡོད་མེད་གཉིས་ཀར་མ་འཛིན་ཅིག །ཅེས་ཡོད་པ་ཙམ་དུའང་ཁས་ལེན་དུ་མི་རུང་བ་གཉིས་བཤད་པ་མི་མཐུན་པ་དང་། ཐེག་བསྡུས་ལས། ཅིའི་ཕྱིར་

ཡོངས་སུ་གྲུབ་པ་ཞེས་བྱ་ཞེ་ན། གཞན་དུ་མི་འགྱུར་བའི་ཕྱིར་ཡོངས་གྲུབ་པོ། །རྣམ་པར་དག་པའི་དམིགས་པ་ཡིན་པ་དང་། དགེ་བའི་ཆོས་ཐམས་ཅད་ཀྱི་མཆོག་ཡིན་པའི་ཕྱིར། མཆོག་གི་དོན་གྱིས་ཡོངས་སུ་གྲུབ་པ་ཞེས་བྱའོ། །ཞེས་གསུངས་པ་དང་། དབུས་དང་མཐའ་རྣམ་པར་འབྱེད་པ་ལས། དགེ་གཉིས་ཐོབ་པར་བྱ་བའི་ཕྱིར། །ཞེས་འདུས་མ་བྱས་ཀྱི་དགེ་བ་ཐོབ་བྱར་བཤད་པ་དང་། དཔྱིག་གཉེན་ཞབས་ཀྱི་སྐུ་གསུམ་ལ་བསྟོད་པ་ལས། རྣམ་དག་ཆོས་ཀྱི་དབྱིངས། །སྒྲུབ་པའི་འཕགས་ལམ་བརྒྱད། །སྟོན་པའི་དམ་ཆོས་ལ། །གུས་པས་ཕྱག་འཚལ་ལོ༔ །ཞེས་དང་། ཐེག་པ་ཐུན་མོང་གི་གཞུང་མཐའ་དག་ཏུ། སྐྱབས་འགྲོ་ལས་འདས་པ་ཆོས་དཀོན་མཆོག་ཏུ་བཤད་པ་དང་། རྒྱུད་བླའི་བསྟན་བཅོས་སོགས་ཐེག་ཆེན་ཐུན་མོང་མ་ཡིན་པའི་གཞུང་རྣམས་སུ། དོན་དམ་པའི་དཀོན་མཆོག་གསུམ་ཀ་ཡང་ཆོས་དབྱིངས་ཀྱི་ཆ་ནས་བཤད་ལ། ཆོས་དཀོན་མཆོག་ལ་ནི་དགེ་བས་ཁྱབ་པ་ཡིན་ཏེ། མདོ་ལས། དམ་པའི་ཆོས་ནི་ཐོག་མར་དགེ་བ། ཐ་མར་དགེ་བ། བར་དུ་དགེ་བ། ཞེས་གསུངས་པ་དང་། མཛོད་དུ། དམ་པ་དམ་མིན་འཇུག་མི་འཇུག །ཅེས་པའི་འགྲེལ་པར། དམ་པ་དགེ་བ་ཁོ་ན་ལ་འཇུག་ཅིང་། དམ་པ་མ་ཡིན་པ་མི་དགེ་བ་ལ་མི་འཇུག་པས་ན། སྐྱེས་བུ་དམ་པ་ཞེས་བྱའོ། །ཞེས་གསུངས་པ་དང་། རང་བཞིན་ཤེར་ཕྱིན་ཞེས་བྱ་བའི་མིང་ཅན། ཆོས་ཀྱི་དབྱིངས་སུ་གྱུར་པ་དེ་ཡང་དགེ་བར་མི་འཆད་ན། ཤེར་ཕྱིན་གྱི་མཚན་བརྒྱ་རྩ་བརྒྱད་པ་དང་། བསྟོད་པ་གཉིས་ཀ་ལས། འདས་དང་མ་བྱོན་ད་ལྟར་གྱི། །རྒྱལ་བ་གང་ལགས་དེ་ཀུན་གྱི། །ཡུམ་ནི་དགེ་མ་ཁྱོད་ལགས་ཏེ། །ཁྱོད་ནི་ལྷ་མོ་རྒྱལ་བའི་སྲས། །རང་བཞིན་མེད་པའི་རང་བཞིན་ཅན། །སངས་རྒྱས་ཡུམ་གྱུར་དེ་ཡི་མཚན། །དགེ་བ་བདག་གིས་བརྗོད་པར་བགྱི། །ཞེས་གསུངས་སོ། ། གལ་ཏེ་དེ་ཐམས་ཅད་ཀྱང་། སྡིག་པ་མེད་ཙམ་ལ་དགོངས་པ་ཡིན་ཏེ། ཇི་སྐད་དུ། འོན་ཀྱང་སྡུག་བསྔལ་མེད་ཙམ་ལ། །བདེ་བ་ཡིན་ཞེས་ཀུན་ལ་གྲགས། །དེ་བཞིན་ཆོས་ཀྱི་དབྱིངས་ལ་ཡང་། །སྡིག་པ་མེད་པ་ཙམ་ཞིག་ལས། །ལྷག་པའི་དགེ་བ་མེད་མོད་ཀྱི། །དགེ་བ་ཡིན་ཞེས་བཏགས་པར་ཟད། །ཅེས་བཤད་ཟིན་པ་མ་ཡིན་ནམ་ཞེ་ན། །དེ་ལྟར་བཤད་པ་དེ་ནི། འདིར་རང་སྟོང་གི་ཚུལ་ཁས་བླངས་ནས། ཆོས་མངོན་པ་ལས་དེ་བཞིན་ཉིད་དགེ་བར་གསུངས་པའི་དགོངས་པ་བཤད་པ་ཡིན་གྱི། ཆོས་མངོན་པ་རང་ལུགས་ལ། དེ་བཞིན་ཉིད་དགེ་བ་བཏགས་པ་བར་འཆད་པའི་རྒྱུ་མཚན་སྟོན་པ་མ་ཡིན་ཏེ། དེ་ལས་གཞན་དུ་ན། ཆོས་མངོན་པ་དེ་ཉིད་དུ། མ་སྒྲིབས་ལ་ལུང་དུ་མ་བསྟན་པ་དག་ཀྱང་དོན་དམ་པའི་དགེ་བ་ཉིད་དུ་འདོགས་རིགས་པར་འགྱུར་ཏེ། རྒྱུ་མཚན་དེ་ཚང་བའི་ཕྱིར་རོ། །དེ་ལ་འདོད་མི་ནུས་པའི་ཤེས་བྱེད་ནི། སོ་སོར་བརྟགས་འགོག་དང་། བརྟགས་མིན་གྱི་འགོག་པ་གཉིས་ལ། དོན་དམ་པའི་དགེ་བ་དང་། དོན་དམ་པའི་ལུང་མ་བསྟན་དུ་བཤད་པའི་ཁྱད་པར་གྱིས

སོ༔ །དེ་བས་ན། སྡིག་པ་མེད་ཙམ་གྱི་དགེ་བའི་ཁྱད་པར་ནི། མ་སྒྲིབས་ལུང་མ་བསྟན་གྱི་ཕྱོགས་ལ་འགྲོར་པ་ཡིན་ཏེ། མཛོད་འགྲེལ་དུ། བསྟན་བཅོས་ཡེ་ཤེས་ལ་འཇུག་པའི་ལུང་དྲངས་པ་ལས། ཆོས་དཀར་པོ་རྣམས་གང་ཞེ་ན། དགེ་བའི་ཆོས་རྣམས་དང་། མ་སྒྲིབས་ལ་ལུང་དུ་མ་བསྟན་པ་རྣམས་ཡིན་ནོ། །ཞེས་གསུངས་སོ། །དེས་ན་དགེ་བའི་མིང་གིས་འདོགས་པའི་ཆོས་གསུམ་ནི་བརྟགས་མིན་གྱི་འགོག་པ་ལ་ཚང་བ་ཡིན་གྱི། བརྟགས་འགོག་ལ་ཚང་བའི་ཚུལ་འཆད་ཐབས་མེད་དོ། །གལ་ཏེ་འོ་ན། ཆོས་མངོན་པའི་རང་ལུགས་ལ། དོན་དམ་པའི་དགེ་བས་དགེ་བའི་གོ་ཆོད་ན། དོན་དམ་པའི་མི་དགེ་བས་ཀྱང་མི་དགེ་བའི་གོ་ཆོད་པར་འགྱུར། དེ་ཡང་དེ་ལྟ་ན། ཟག་བཅས་ཀྱི་དགེ་བ་རྣམས་རྣམ་སྨིན་སྡུག་བསྔལ་སྐྱེད་བྱེད་དུ་ཐལ་བར་འགྱུར་རོ། །ཞེ་ན། མཚུངས་པ་མ་ཡིན་ཏེ། དཔེར་ན། རྗེས་སུ་འབྲེལ་བའི་ལུང་མ་བསྟན་གྱིས་ལུང་མ་བསྟན་གྱི་གོ་ཆོད་ཀྱང་། རྗེས་སུ་འབྲེལ་བའི་དགེ་མི་དགེས་དེའི་གོ་མི་ཆོད་པར། ཁྱེད་རང་ཅག་ཐམས་ཅད་ཀྱིས་མཐུན་པར་འདོད་པ་བཞིན་ནོ། །ཞེས་པ་ཚིག་གི་ཤེས་བྱེད་དང་དོན་གྱི་ཤེས་བྱེད་ཀྱང་། མངོན་པ་འོག་མ་ལྟར་ན། བྲལ་བའི་འབྲས་བུས་དགེ་བའི་གོ་ཆོད་ལ། རྣམ་སྨིན་གྱི་འབྲས་བུས་མི་དགེ་བའི་གོ་མི་ཆོད་པ་དང་། མངོན་པ་གོང་མ་ལྟར་ན། དོན་དམ་པའི་བདེ་བས་བདེ་བའི་གོ་ཆོད་ཀྱང་། དོན་དམ་པའི་སྡུག་བསྔལ་གྱིས་སྡུག་བསྔལ་གྱི་གོ་མི་ཆོད་པ་བཞིན་ནོ། །

གཉིས་པ་རིགས་པ་དང་འགལ་བ་ནི། ཆོས་དབྱིངས་ངོ་བོ་བདག་མེད་མ། །ཞེས་པ་ནི་མཚོན་བྱེད་ཀྱི་དཔེ་ཙམ་ཡིན་ལ། དེས་མཚོན་པའི་དོན་ནི། སྔགས་ཀྱི་ཐེག་པ་ལྟར་ན། ཆོས་ཀྱི་དབྱིངས་ཀྱི་ཡེ་ཤེས་གང་ཡིན་པ་དེ། ཆོས་དབྱིངས་སུ་མི་འདོད་པའམ། དགེ་བར་མི་འདོད་པ་གང་རུང་དུ་ཐལ་བར་འགྱུར་ལ། དེ་ལྟ་ན་ཡང་ཧ་ཅང་ཐལ་བར་འགྱུར་བ་དང་། ཡེ་ཤེས་ཀྱི་ཚོགས་སོག་པའི་ཚེ་ན། ཤུ་ནྱ་ཏཱའི་སྔགས་ཀྱིས། གཟུང་འཛིན་གྱིས་བསྡུས་པའི་ཆོས་ཐམས་ཅད་སྟོང་པ་ཉིད་དུ་སྦྱངས་ནས། ཤཱུ་ནྱ་ཏའི་སྔགས་ཀྱིས་སྟོང་པ་ཉིད་ཀྱི་ཡེ་ཤེས་ཀྱི་ངོ་རྗེ་རང་རྒྱལ་བསྐྱེད་ནས། སྟོང་པ་ཉིད་ཀྱི་ཡེ་ཤེས་དེས་བསྒྲུབས་པའི་རྟེན་དང་བརྟེན་པར་བཅས་པའི་ཡོན་ཏན་གྱི་ཚོགས་ཐམས་ཅད་དགེ་བ་མ་ཡིན་པ་ཉིད་དུ་ཐལ་བར་འགྱུར་ཏེ། ཆོས་ཀྱི་དབྱིངས་ཀྱི་ངོ་བོ་ཉིད་ཡིན་པའི་ཕྱིར་རོ། །ཕ་རོལ་ཏུ་ཕྱིན་པའི་ཐེག་པ་བ་ལྟར་ན། གཟུགས་ནས་རྣམ་མཁྱེན་གྱི་བར་གྱི་ཆོས་ཐམས་ཅད་ལ། ཀུན་བཏགས་པ་དང་། རྣམ་པར་བརྟགས་པ་དང་། ཆོས་ཉིད་ཅེས་བྱ་བ་གསུམ་དུ་ཕྱེ་ནས་འཆད་པ་དེ་ནི། ཤེར་ཕྱིན་གྱི་མདོའི་བྱམས་ཞུས་ཀྱི་ལེའུ་དང་། རྗེ་བཙུན་བྱམས་པའི་གཞུང་རྗེས་འབྲང་དང་བཅས་པ་དག་གི་བཤད་པའི་སྒྲོལ་ཆེན་པོ་ལས་བྱུང་བ་ཡིན་ནོ། །ཡིན་མོད། དེ་ལས་ཅིར་འགྱུར་ཞེ་ན། འོ་ན་ཆོས་ཉིད་ཀྱི་སྟོབས་སོགས

ཡོན་ཏན་རྣམས་ཀྱིས་དེ་དང་དེའི་གོ་མི་ཆོད་པར་འགྱུར་ཏེ། ཆོས་ཉིད་ཀྱི་དགེ་བས་དེའི་གོ་མི་ཆོད་པའི་ཕྱིར་རོ། །འདོད་ན་ཀུན་བཏགས་པ་དང་། རྣམ་པར་བརྟགས་པའི་སྟོབས་སོགས་ཀྱིས་དེའི་གོ་ཆོད་པར་འགྱུར་ལ། དེ་ལ་འདོད་མི་ནུས་པའི་ཤེས་བྱེད་ཀྱང་། ཀུན་བཏགས་པ་ཞེས་བྱ་བ་ནི་ཚད་མས་མ་གྲུབ་པའི་དོན་ཞིག་ལ་འཆད་ལ། རྣམ་པར་བརྟགས་པ་ཞེས་པ་ནི་ཡང་དག་པ་མ་ཡིན་པའི་ཀུན་ཏུ་རྟོག་པ་ལ་འཆད་པའི་ཕྱིར་དང་། ཀུན་རྫོབ་ཀྱི་བདེན་པ་རྣམ་པར་འཇོག་པའི་ཚེ། རྣམ་པར་བརྟགས་པའི་དབང་དུ་བྱས་པའི་ཆོས་རྣམས་དབང་བཙན་པར་བྱས་ནས་འཇོག་པ་ཡིན་ལ། རྣམ་བྱང་གི་ཆོས་རྣམས་འཇོག་པའི་ཚེ། ཆོས་ཉིད་ཀྱི་དབང་དུ་བྱས་པའི་ཆོས་རྣམས་དབང་བཙན་པར་བྱས་ནས་བཞག་དགོས་པའི་ཕྱིར་རོ། །

གཉིས་པ་དངོས་ལན་གདབ་པ་ལ། སྤྱིར་བཤད་པ་དང་། གཞུང་དང་སྦྱར་བའོ། །དང་པོ་ལ་ཆོས་དབྱིངས་ཀྱི་ངོས་འཛིན་ཚུལ་ལ་གཞན་སྟོང་དུ་སྨྲ་བ་དང་། རང་སྟོང་དུ་སྨྲ་བའི་ཤིང་རྟའི་སྲོལ་གཉིས་ཀྱི་དབྱེ་བས་མི་འདྲ་བ་གཉིས་བཤད་པ་ཡིན་ཏེ། གཟུང་འཛིན་གཉིས་མེད་ཀྱི་ཡེ་ཤེས་ཞེས་བྱ་བ་གཞི་ལམ་འབྲས་བུའི་གནས་སྐབས་ཐམས་ཅད་དུ་ཁྱབ་བྱེད་དུ་འཇུག་པ་དེ་ལ་དེའི་ངོས་འཛིན་དུ་བྱེད་པ་གཞན་སྟོང་སྨྲ་བའི་ལུགས་དང་། སྤྲོས་པའི་ཚོགས་མཐའ་དག་བཀག་ཙམ་གྱི་མེད་པར་དགག་པ་ལ་རྗེས་ཐོབ་ཏུ་ཐ་སྙད་འདོགས་པའི་ཚེ་ན༑ ཆོས་དབྱིངས་ཞེས་བྱ་བའི་མིང་འདོགས་པའོ། །དེ་ཡང་ལུགས་དང་པོས་ནི། ཆོས་དབྱིངས་ཀྱི་ངོ་བོ་ཤེས་པ་དང་དངོས་པོར་ཁས་ལེན་ཞིང་། ཡང་རང་གི་ངོ་བོ་གཞན་དུ་འགྱུར་བ་མེད་པས་རྟག་པ་དང་། རིགས་འདྲའི་རྒྱུན་ཆད་མེད་གསར་དུ་བྱུང་བ་མ་ཡིན་པ་དང་། ལས་དང་ཉོན་མོངས་པས་འདུས་མ་བྱས་པས་ན། འདུས་མ་བྱས་སུ་ཁས་ལེན་ཀྱང་། དགེ་བར་ཁས་ལེན་པ་ཡིན་ཏེ། གོང་དུ་བཤད་པའི་ལུང་དང་རིགས་པ་དེ་དག་ནི། གཞན་སྟོང་གི་འཆད་ཚུལ་ལས་བརྒྱམས་པའི་ཆོས་དབྱིངས་ངོས་འཛིན་པའི་ཚུལ་དེ་ཉིད་གཞིར་བཞག་ནས་དགེ་བར་བཤད་པ་ཡིན་པས་སོ། །དེ་ལྟར་ན་འང་བསྔོ་རྒྱུའི་དགེ་བར་ནི་བཞེད་པ་མ་ཡིན་ཏེ། རང་གི་ངོ་བོ་གཞན་དུ་འགྱུར་བ་མེད་པར་བཞེད་པའི་ཕྱིར། ལུགས་གཉིས་པ་ལྟར་ན། དེ་ལྟ་བུའི་ཆོས་དབྱིངས་དེ་བསྔོ་རྒྱུ་ཡིན་པ་ལྟ་ཞོག །དགེ་བ་ཙམ་དུ་ཡང་མི་རུང་སྟེ། དགེ་མི་དགེ་ལ་སོགས་པའི་སྤྲོས་པའི་མཐའ་གང་རུང་གཅིག་ཡིན་ན། ཆོས་ཀྱི་དབྱིངས་སུ་འགལ་བའི་ཕྱིར་རོ། །དེ་ལྟར་ལུགས་གཉིས་ཀྱི་ནང་ནས། བསྟན་བཅོས་འདིར་རང་ལུགས་ཀྱི་ཆོས་དབྱིངས་ངོས་འཛིན་པའི་ཚུལ་ནི་ལུགས་ཕྱི་མ་དང་མཐུན་ལ། གཞན་སྟོང་གི་ཚུལ་གྱི་ལུང་འགའ་ཞིག་དྲངས་པ་དེ་ནི། ཆོས་དབྱིངས་དགེ་བ་མ་ཡིན་པའི་ཤེས་བྱེད་དུ་དྲངས་པ་མ་ཡིན་གྱི། ཆོས་དབྱིངས་བསྔོ་བས་གཞན་དུ་མི་འགྱུར་བའི་ལུང་དུ་དྲངས་པ་ཡིན་ནོ། །དགེ་བ་ལ་བསྔོ་རྒྱུའི་དགེ་བས་ཁྱབ་པ་ཡང་མ་

ཡིན་ཏེ། སངས་རྒྱས་ཀྱི་སའི་ཡོན་ཏན་བཞིན་ནོ། །

གཉིས་པ་ལ་ཕྱོགས་སྔ་མ་དང་། དེ་སྲུན་འབྱིན་པའི་ཚུལ་ལོ། །དང་པོ་ནི། དགོངས་གཅིག་གི་བཞེད་པ་ལས། དེ་བཞིན་གཤེགས་པའི་སྙིང་པོ་ཞེས་བྱ་བ་ནི། ཁམས་རང་བཞིན་གྱིས་རྣམ་པར་དག་པ་དེ་ཡིན་ལ། དེ་དང་ཕྱག་རྒྱ་ཆེན་པོ་དོན་གཅིག་ཅིང་། དེ་ཡང་། མཚན་དང་དཔེ་བྱད་དང་སྟོབས་ལ་སོགས་པའི་ཡོན་ཏན་ཐམས་ཅད་ཀྱིས་བརྒྱན་པ། སེམས་ཅན་ཐམས་ཅད་ལ་ཁྱབ་པར་བཞུགས་པ་ཞིག་ཡིན་ཞིང་། ཐར་པ་ཆ་མཐུན་གྱི་དགེ་བའི་རྩ་བ་ཡང་ཡིན་ལ། དེ་ཉིད་ལ་ཡོད་པའི་དགེ་བ་ཞེས་བྱ་ཞིང་། དེ་ཉིད་བྱང་ཆུབ་ཏུ་བསྔོ་དགོས་པ་ཡིན་ཏེ། དེའི་ཤེས་བྱེད་ཀྱི་ལུང་དང་། རིགས་པ་གཉིས་ལས། དང་པོ་ནི། རྡོ་རྗེ་རྒྱལ་མཚན་གྱི་བསྔོ་བ་བཅུ་པ་ལས། འགྲོ་ཀུན་དགེ་བ་ཇི་སྙེད་ཡོད་པ་དང་། །ཞེས་སོགས་གསུངས་པ་དང་། གཞན་ཡང་ཇི་སྐད་དུ། དཔེར་ན་ཤེལ་དང་མེ་ཤེལ་དག །དག་པ་ཡི་ནི་མཚན་ཉིད་ཅན། །ཉི་མའི་ཟེར་གྱིས་ཕོག་པ་ན། །དེ་དག་རང་གི་འོད་ཟེར་འབྱིན། །དེ་བཞིན་ཀུན་གཞིའི་རྣམ་ཤེས་ཀྱང་། །བདེ་གཤེགས་སྙིང་པོ་ཁམས་དགེ་བ། །ཟག་མེད་ཡོན་ཏན་ལྡན་པ་དེ། །བསྔོས་ན་འབྲས་བུ་སྨིན་པར་འགྱུར། །ཞེས་དང་། ཐབས་མཁས་པའི་དྲིས་ལན་གསེར་ཞུན་མ་ལས། རྒྱ་མཚོ་ལྟ་བུའི་ཁམས་དགེ་བ། །བྱ་བསགས་གཏེར་མའི་རླབས་ཆེན་གྱིས། །སྤྱོད་པ་ལྟ་བུའི་དགེ་བ་འདི། །བླ་ན་མེད་པའི་བྱང་ཆུབ་བསྔོ། །ཞེས་གསུངས་སོ། །རིགས་པ་ནི། སེམས་ཅན་རྣམས་ཀྱིས་དེ་ལྟར་མ་རྟོགས་པས་འཁྲུལ་པའི་དྲི་མ་སྦྱོང་བ་ལ་ལྟོས་ཏེ། གནས་གྱུར་གྱི་རྒྱུ་འབྲས་ཡིན་པ་ལ་འགལ་བ་མེད་དོ། །ཞེས་དང་། ཡང་དགོངས་གཅིག་ལས། ཕྱག་རྒྱ་ཆེན་པོ་ནི་གཞི་ལམ་འབྲས་བུ་ཐམས་ཅད་དུ། སྐྱོན་བསལ་རྒྱུ་མེད། ཡོན་ཏན་བཞག་རྒྱུ་མེད་པར། ཡོན་ཏན་ཐམས་ཅད་ཀྱི་བདག་ཉིད་དུ་གནས་ཏེ། རྒྱུད་བླ་མ་ལས། འདི་ལ་བསལ་བྱ་ཅི་ཡང་མེད། །ཅེས་སོགས་གསུངས་སོ། །ཞེས་བྱ་བ་ནི་ཕྱོགས་སྔ་མའོ། །

གཉིས་པ་ལ་དོན་ཚན་གསུམ་སྟེ། རྒྱུ་ལ་འབྲས་བུ་གནས་པ་འགོག་པ་ནི། །འོན་ཀྱང་མདོ་སྡེ་འགའ་ཞིག་དང་། །ཞེས་སོགས་ཀྱིས་འཆད་དོ། །དེ་བཞིན་གཤེགས་པའི་སྙིང་པོ་འགྱུར་མེད་ཡིན་པའི་རྒྱུ་མཚན་གྱིས། བསྔོ་རྒྱུར་མི་འཐད་པ་ནི། བདེ་གཤེགས་སྙིང་པོ་ཞེས་བྱ་བ། །ཆོས་དབྱིངས་འགྱུར་མེད་ཉིད་ལ་གསུངས། །ཞེས་པས་འཆད་དོ། །ཕྱག་རྒྱ་ཆེན་པོ་དང་། དེ་བཞིན་གཤེགས་པའི་སྙིང་པོ་དོན་གཅིག་ན། ཕྱོགས་སྔ་མས་དེ་གཉིས་ཀ་རང་སྟོང་གི་འཆད་ཚུལ་གྱི་སྟོང་པ་ཉིད་དེར་འཆད་ཀྱིན་འདུག་པས། དེ་ནི་དགེ་བ་ཙམ་དུ་ཡང་མི་རུང་ངོ་། །ཞེས་འཆད་པ་ནི། དབུ་མའི་གཞུང་ལུགས་ཀྱི་ལུང་དྲངས་པ་རྣམས་སོ། །དེ་ལ་འདི་སྐམ་དུ། སྙེ་བདུན་མཛད་པའི་གཞུང་ལུགས་ལས་ནི། ཆོས་དབྱིངས་ཀྱི་འཛོག་ཚུལ་གཞན་སྟོང་གི་ལུགས་དང་། དེ་ཡང་བདེན

གྲུབ་ཏུ་ཁས་བླངས་པས། མི་རྟག་པ་ཉིད་དུ་ཐལ་བ་མ་ཡིན་ནམ་ཞེ་ན། དེར་ཐལ་བ་ནི་འདོད་པ་ཡིན་ལ། དེ་ལྟ་ནའང་། རྟག་པར་འཆད་པ་དང་འགལ་བ་མ་ཡིན་ཏེ། གཞན་སྟོང་གི་ཚུལ་གྱི་གཞུང་ལུགས་ལས། རྒྱུན་གྱི་རྟག་པས་རྟག་པར་འཇོག་པ་དང་། སྐད་ཅིག་གིས་མི་རྟག་པས་མི་རྟག་པར་འཆད་པ་གཉིས་ལ་འགལ་བ་ཡོད་པ་མ་ཡིན་པའི་ཕྱིར། དཔེར་ན། རྒྱུད་བླ་མར་སྐུ་གསུམ་རྟག་པར་བཤད་པ་བཞིན་ནོ། །འདུས་བྱས་དང་འདུས་མ་བྱས་ཀྱི་འཇོག་མཚམས་ལ་ཡང་གཉིས་གཉིས་ཏེ། རྒྱས་པར་གཞན་དུ་བལྟའོ། །དེ་ལྟ་ནའང་། ཆོས་དབྱིངས་ཡོད་པ་མ་ཡིན་ཏེ། །ཞེས་སོགས་གསུངས་པ་ནི། ཆོས་དབྱིངས་དང་ཕྱག་རྒྱ་ཆེན་པོ་དོན་གཅིག་ཏུ་བཤད་ནས་ཡོད་པའི་དགེ་བར་འཆད་པ་དེ་འགོག་པའི་དབང་དུ་བྱས་པ་ཡིན་པས། རང་སྟོང་གི་ཚུལ་ལོ། །དེ་ལྟར་འཆད་མ་ཤེས་ན། དྲི་བ་འདི་ལྟ་བུ་ཞིག་ཀྱང་འཇུག་སྟེ། འོན་ཆོས་དབྱིངས་ཡེ་ཤེས་ཀྱང་། །ཡོད་པ་མིན་ནམ་རྟག་པར་འདོད། །གང་དུ་འདོད་ཀྱང་ཡེ་ཤེས་ཉམས། །ཡོད་ན་མི་རྟག་པར་ཐལ་ལོ། །ལ་ལ་ཆོས་དབྱིངས་ཡེ་ཤེས་ནི། །མཚན་ཉིད་ཐེག་པར་མ་བཤད་ཟེར། །འཕགས་པ་སངས་རྒྱས་ས་དང་ནི། །རྗེ་བཙུན་ཆེན་པོའི་གཞུང་དང་འགལ། །ཆོས་དབྱིངས་ཡེ་ཤེས་དོན་དམ་པའི། །བདེན་པར་འདོད་པ་དེ་སྲིད་དུ། །ཡོད་པ་ཉིད་དང་མི་རྟག་པར། །ཁས་བླངས་པ་ལ་འགལ་བ་མེད། །ཆོས་དབྱིངས་ཡོད་པ་མིན་ཞེས་པ། །ཐ་མར་སྤྲོས་པ་ཀུན་བཟློག་པའི། །དབང་དུ་བྱས་ནས་བཤད་པ་ཡིན། །ཞེས་པས་དོགས་པ་དེ་ལྡོག་འགྱུར། །ཞེས་པའོ། ༎ །

དྲི་བ་བཅུ་གསུམ་པ་ནི། ཡོད་པ་ཉིད་ལ་མི་རྟག་པས། །ཁྱབ་པར་ཆོས་ཀྱི་གྲགས་པས་གསུངས། །ཡོད་པ་ཙམ་ལ་དེས་ཁྱབ་པར། །རིགས་པའི་གཞུང་ལུགས་གང་གིས་སྟོན། །ཞེས་པའོ། །འདི་ལ་གཉིས་ལས། དང་པོ་ལ། འདྲི་དགོས་པའི་རྒྱུ་མཚན་ནི། ཡོད་ཙམ་དང་ཡོད་པ་ཉིད་ལ་ཁྱད་པར་དབྱེ་དགོས་ཤིང་། མ་ཕྱེ་ན་སྐྱོན་ཡོད་པ་ལས། བསྟན་བཅོས་འདིའི་རྣམ་བཤད་མཛད་པ་ཇི་སྙེད་པ་དག་གིས་ནི། དེའི་ཁྱད་པར་དབྱེ་ནས་འཆད་པ་མ་མཐོང་བའི་རྒྱུ་མཚན་གྱིས་སོ། །

གཉིས་པ་མ་དྲིས་ན་སྐྱོན་ཡོད་པ་ནི་གཉིས་ཏེ། གཉིས་པོའི་ཁྱད་པར་མ་ཕྱེད་པའི་སྐྱོན་དང་། རྣམ་འགྲེལ་མཛད་པ་རང་ལུགས་ཀྱི་ཆོས་དབྱིངས་ངོས་མི་ཟིན་པའི་ཉེས་པའོ། །དང་པོ་ནི། སྤྱིར་དེ་གཉིས་ལ་ཁྱད་པར་ཤིན་ཏུ་ཆེ་བ་ཡིན་ཏེ། ཉིད་ཅེས་བྱ་བའི་སྒྲ་ནི་ངེས་བཟུང་གི་དོན་ལ་འཇུག་པ་དང་། དངོས་པོའི་རྐྱེན་དུ་སྒྱུར་བ་གཉིས་ཡོད་པ་ལས། དེ་གང་གི་དབང་དུ་བྱས་པ་ནི་སྐབས་སྟོབས་ཀྱི་དབང་གིས་ཤེས་དགོས་ལ། དེ་ཡང་དངོས་པོའི་རྐྱེན་དུ་བྱས་པ་དེའི་ཚེ། དངོས་པོར་གྲུབ་པ་ཁོ་ན་ལ་ངོས་འཛིན་པ་ནི། བདེན་གྲུབ་ཀྱི་དངོས་པོ་ཁས་ལེན་པའི་གཞུང་ལུགས་དག་གི་སྤྱི་ལུགས་ཡིན་པའི་ཕྱིར། དཔེར་ན། དེ་བཞིན་ཉིད་དང་། ངོ་བོ་ཉིད་དང་།

ཆོས་ཉིད་དང་། སྟོང་པ་ཉིད་དང་། རང་གི་མཚན་ཉིད་ལ་སོགས་པ་བཞིན་ནོ། །འོན་སྤྱིའི་མཚན་ཉིད་ཀྱང་དེ་ལྟར་འདོད་དམ་ཞེ་ན། སྤྱིའི་མཚན་ཉིད་ལ་གཉིས་ཏེ། དངོས་པོའི་དབང་དུ་བྱས་པ་དང་། ལྡོག་པ་གཞན་སེལ་གྱི་དབང་དུ་བྱས་པའོ། །དང་པོ་ནི། འདུས་བྱས་སྤྱིའི་མཚན་ཉིད་དུ་མི་རྟག་པ་བཞག་པ་ལྟ་བུ་ཡིན་ལ། དེ་ལ་ནི་ངེས་ཁྱབ་པ་ཡིན་ནོ། །

གཉིས་པ་ནི། ཤེས་བྱ་དང་གཞལ་བྱ་ལ་སོགས་པ་ལྟ་བུ། རྟོག་པའི་ངོར་ཡོད་པ་ལྟ་བུར་སྣང་བ་རྣམས་ཏེ༑ དེ་དག་ནི་སེལ་ངོར་དངོས་པོ་ཡིན་ཀྱང་སྤྱིར་མ་ཡིན་པས། དངོས་པོའི་རྗེན་མཚན་ཉིད་པར་མི་རུང་ངོ། །དེའི་ཕྱིར་ཡོད་པ་ཞེས་བྱ་བའི་སྒྲ་འཇུག་པ་ནི་གཉིས་ཏེ། ཡོད་པ་ཙམ་ཞེས་བྱ་བ་དང་། ཡོད་པ་ཉིད་ཅེས་བྱ་བའོ། །དང་པོ་ནི་སེལ་ངོར་ཡོད་པ་དང་། གཉིས་པ་ནི་སྣང་ངོར་ཡོད་པའོ། །དེ་ལས་གཞན་དུ། ཡོད་པ་ཙམ་ལ་མི་རྟག་པས་ཁྱབ་པ་དེ་ལྟ་ན། གཙོ་བོའི་སྒྲ་དོན་ཆོས་ཅན། མི་རྟག་པར་ཐལ། ཡོད་པ་ཙམ་ཡིན་པའི་ཕྱིར། ཞེས་འཕངས་ན། རྣམ་འགྲེལ་མཛད་པས་བཟློག་ཏུ་མེད་པའི་ཐལ་བར་འགྱུར་ཏེ། འཁོར་གསུམ་ཚང་བའི་ཐལ་འགྱུར་དུ་སོང་བའི་ཕྱིར། རྟགས་ རྗེ་ལྟར་ཁས་བླངས་པ་ནི། ཇི་སྐད་དུ། དེ་འདྲ་བ་ཡང་བཀག་པ་མེད། །ཅེས་གསུངས་པ་དང་། མེད་པ་མ་ཡིན་སྒྲ་སྦྱོར་ཕྱིར། །ཞེས་གསུངས་པས་སོ། །འདི་ཡང་སེལ་ངོར་མེད་པ་མ་ཡིན་ཞེས་པའི་དོན་ཏེ། སྣང་ངོར་ཡོད་ན་མི་རྟག་དགོས་པས་སོ། །འོན་རྣམ་འགྲེལ་མཛད་པས། གཙོ་བོའི་སྒྲ་དོན་ཡོད་ཙམ་དུ་ཁས་ལེན་པའི་ཤེས་བྱེད་གང་ཡིན། ཡོད་ཙམ་དང་ཡོད་པ་ལ་ཁྱད་པར་མེད་ན་ནི། ཚད་མ་རིགས་པའི་གཏེར་ལས། དངོས་མེད་ཡོད་པ་མ་ཡིན་པར་བཤད་པ་དང་འགལ། ཁྱད་པར་ཡོད་ན་ནི། ཡོད་པ་ལ་མི་རྟག་པས་ཁྱབ་པར་སོང་བས། ཉིད་ཅེས་དངོས་པོའི་རྗེན་དུ་བྱས་པ་ལ་དགོས་པ་ཅི་ཡང་ཡོད་པ་མ་ཡིན་ནོ། །ཞེ་ན་བརྟག་པ་ཕྱི་མ་ལྟར་ཁས་ལེན་པས། དེ་ལ་ངེས་ཁྱབ་པ་ཡིན་ལ། དེ་ལྟ་ན་ཡང་ཉིད་ཅེས་བྱ་བ་ནི་ཡོད་ཙམ་ལས་ལོགས་སུ་དགར་བའི་ཕྱིར་དུའོ། །དང་པོའི་ཤེས་བྱེད་ནི། གྲངས་ཅན་གྱིས་གཙོ་བོའི་སྒྲ་དོན་ཡོད་པའི་སྒྲུབ་བྱེད་བཀོད་པ་ན། སངས་རྒྱས་པས་ཡོད་ཙམ་བསྒྲུབ་བྱར་བྱེད་ན། གྲུབ་ཟིན་པའི་སྐྱོན་ཡོད། ཡོད་ཉིད་བསྒྲུབ་བྱར་བྱེད་ན། སྒྲུབ་བྱེད་གང་གིས་ཀྱང་སྒྲུབ་མི་ནུས་པའི་སྐྱོན་ཡོད་དོ། །ཞེས་བརྟགས་པ་ལས་དང་། སངས་རྒྱས་པས་ཀྱང་། གྲངས་ཅན་གྱི་ངོར་གཙོ་བོ་ཡོད་པ་མ་ཡིན་པར་བསྒྲུབས་པ་དེའི་ཚེ། དངོས་པོའི་ཉེར་ལེན་དུ་མེད་པ་ཞེ་འདོད་ཀྱི་བསྒྲུབ་བྱའི་ཆོས་སུ་སོང་ངོ་། །ཞེས་བཤད་པ་ལས་ཤེས་སོ། །གལ་ཏེ་རྣམ་པར་ངེས་པ་ལས། ཡོད་པ་ཙམ་ལ་བརྟེན་ན་ཡང་སྒྲུབ་པར་བྱེད་པའི་ནུས་པ་ཡོད་པའི་ཕྱིར་རོ། །བསྒྲུབ་པར་བྱ་བ་ཉིད་ནི་མ་ཡིན་ཏེ། འབྲས་བུ་མེད་པའི་ཕྱིར་རོ། །ཞེས་དང་། དངོས་པོ་ཙམ་ནི་སྒྲུབ་པ་ན། །ཞེས། ཡོད་ཙམ་དང་།

དངོས་པོ་ཙམ་གཏན་ཚིགས་སུ་འགོད་པར་བཤད་པ་མ་ཡིན་ནམ། ཞེ་ན། མ་ཡིན་ཏེ། ཙམ་ཞེས་པ། དེ་དང་དེའི་རང་ལྡོག་རྟགས་སུ་འགོད་པའི་དོན་ཡིན་པས་སོ། །དེ་བཞིན་དུ་དངོས་པོ་ཙམ་དང་། དངོས་པོ་ཉིད་ལ་ཁྱད་པར་དབྱེ་དགོས་པ་ཡིན་ཏེ། དངོས་པོ་དང་བུམ་པ་སོགས་ཙམ་པོ་ནི་རང་གི་གསལ་བ་མཐའ་དག་ལ་ཁྱབ་བྱེད་དུ་འཇུག་པའི་གཞན་སེལ་ཞིག་ལ་འཆད་དགོས་པའི་ཕྱིར། དེ་སྐད་དུ་ཡང་། རྣམ་པར་ངེས་པ་ལས། དངོས་པའི་ཁྱད་པར་ཙམ་ཞིག་ནི། །སྤྱི་ཡི་ཆོས་ཅན་ལ་སྒྲུབ་ན། །དོན་འགའ་ཞིག་ཀྱང་འགྲུབ་མི་འགྱུར། །དེ་འདྲ་བ་ནི་བཀག་པ་མེད། །ཅེས་དང་། ཆོས་འགའ་ཞིག་ཡོད་དོ་ཅེས་དངོས་པོ་ཙམ་གྱི་ཁྱད་པར་སྒྲུབ་པའི་རང་བཞིན་གྱི་ཁྱད་པར་མ་བསྟན་པ་འགའ་ཞིག་ཡོད་པ་ཙམ་ལ་འགལ་བ་མེད་པའི་ཕྱིར། འདིར་ཡོད་པའི་སྒྲུབ་བྱེད་འགོག་པ་ནི་མ་ཡིན་གྱི། འོན་ཀྱང་དེ་ལྟར་ཡོད་དོ་ཞེས་ཁྱད་པར་འགའ་ལ་ཡང་མ་རིག་པ་སླུས་པས་རང་གི་དོན་ཅི་ཞིག་ཀྲུས་པར་འགྱུར། ཞེས་གསུངས་སོ། །ཇི་སྐད་དུ། འཇིག་པ་ཡོད་ཙམ་འབྲེལ་པ་ཅན། །ཞེས་དང་། རང་བཞིན་ཡོད་ཙམ་དང་། འབྲེལ་པ་ཅན་གྱི་ངོ་བོ་ཡང་། །ཞེས་པས། ཡོད་ཙམ་ལ་མི་རྟག་པས་ཁྱབ་པར་བསྟན་ཏོ་སྙམ་ན་ནི། འབྲེལ་ཡུལ་དང་འབྲེལ་པོ་གོ་ལྡོག་པའི་བཤད་པ་སྟོན་མ་བྱོན་པ་ཁ་ཅིག་དུས་འདིར་བྱུང་བའོ། །

གཉིས་པ་ནི། ཡོད་པ་ལ་མི་རྟག་པས་ཁྱབ་པའི་རྒྱུ་མཚན་གྱིས། ཆོས་དབྱིངས་ཡོད་པ་མ་ཡིན་པ་དེ་རྣམ་འགྲེལ་མཛད་པའི་རང་ལུགས་སོ། །སྙམ་དུ་དོགས་པ་དག་སྣང་ངོ་། །དེ་ལྟར་ཁས་བླངས་ན་སྤྱིར་བྱམས་པའི་ཆོས་ཕྱི་མ་བཞི་རྗེས་འབྲང་དང་བཅས་པ་དང་། བྱེ་བྲག་ཏུ་རྣམ་འགྲེལ་མཛད་པ་རང་ལུགས་ཀྱི་ཆོས་ཀྱི་དབྱིངས་ངོས་མ་ཟིན་པར་འགྱུར་ཏེ། གཞུང་དེ་དང་དེ་དག་ཏུ་ནི། ཆོས་དབྱིངས་ཀྱི་ངོ་བོ་གཟུང་འཛིན་གཉིས་མེད་ཀྱི་ཡེ་ཤེས་ལ་འཆད་པ་ཤ་སྟག་ཏུ་སྣང་བའི་ཕྱིར་རོ། །དེའི་ཕྱིར་མི་རྟག་པར་ཡང་ཁས་ལེན་དགོས་པ་ཡིན་ཏེ༑ དངོས་པོ་ཡིན་པས་སྐད་ཅིག་གིས་འཇིག་པར་ཁས་ལེན་དགོས་པའི་ཕྱིར། དེ་ལྟ་ན་ཡང་། སྐབས་གཞན་དུ་རྟག་པར་བཤད་པ་དང་མི་འགལ་ཏེ། རྒྱུན་གྱི་རྟག་པ་ལ་བསམས་ནས་དེ་ལྟར་འཆད་པའི་ཕྱིར། དེ་སྐད་དུ་ཡང་། དེ་ཉིད་ཟད་པ་མེད་པའི་ཕྱིར། །རྟག་པ་ཞེས་ཀྱང་བརྗོད་པ་ཡིན། །ཞེས་འབྱུང་བ་ལྟར་རོ། །འོ་ན་ཆོས་དབྱིངས་དངོས་པོར་ཁས་བླངས་པ་དེའི་ཚེ་འདུས་བྱས་སུ་ཐལ་བར་འགྱུར་ལ། དེ་ལྟ་ན། གཞུང་འདིས་གང་བཀག་པ་ཐམས་ཅད་ཁས་ལེན་དགོས་པར་འགྱུར་བ་མ་ཡིན་ནམ་ཞེ་ན། སྤྱིར་གསུང་རབ་དུ་འདུས་བྱས་དང་འདུས་མ་བྱས་ཀྱི་འཇོག་མཚམས་གསུམ་གསུངས་པ་ལས། སྐྱེ་འཇིག་གནས་པ་གསུམ་དང་བཅས་པས་དེར་གཞག་པ་དེའི་ཚེ་ན། འདུས་བྱས་སུ་ཐལ་བ་འདོད་པ་ཡིན་ལ། ལས་དང་ཉོན་མོངས་པའམ། མ་རིག་བག་ཆགས་ཀྱིས་སོགས་ཀྱིས་འདུས་བྱས་པ་ཡིན་མིན་དང་། རང་གི་ངོ་བོ་རྒྱུ་རྐྱེན་གྱིས་གསར་དུ་བཅོས་པ་ཡིན་མིན་གྱི་སྒོ་ནས

དེ་དང་དེར་གཞག་པ་དེའི་ཚེ་ན། འདུས་མ་བྱས་པར་གཞག་དགོས་པ་ཡིན་ཏེ། མངོན་པ་ཀུན་ལས་བཏུས་ལས། ལས་དང་ཉོན་མོངས་པས་མངོན་པར་འདུས་མ་བྱས་པ་ཉིད་ཀྱི་ཕྱིར། འདུས་བྱས་མ་ཡིན་ནོ། །ཞེས་དང་། དངོས་པོ་ཉིད་ཀྱི་ཕྱིར། འདུས་མ་བྱས་ཀྱང་མ་ཡིན་ནོ། །ཞེས་སོགས་རྒྱས་པར་གསུངས་པ་དང་། མདོ་ལས། འདུས་བྱས་ཐམས་ཅད་སླུ་བའི་ཆོས་ཅན་དུ་གསུངས་པ་ཡང་། འཇོག་ཚུལ་ཕྱི་མ་ལ་དགོངས་པ་ཡིན་ཏེ། གཞན་དུ་ན། དོན་དམ་པ་ཆོས་ཀྱི་སྐུ་ཡང་སླུ་བའི་ཆོས་ཅན་དུ་ཐལ་བས་སོ། །ཆོས་དབྱིངས་ཀྱི་ངོས་འཛིན་ཚུལ་དེ་འདྲ་དེ་ནི་དངོས་པོར་སྨྲ་བ་ཁོ་ནའི་ལུགས་སོ། །སྙམ་དུ་བསམ་པར་མི་བྱ་སྟེ། ཐེག་པ་ཀུན་གྱི་རྩེ་མོ་ལས་ཀྱང་། རྣམ་ཀུན་མཆོག་ལྡན་གྱི་སྟོང་པ་ཉིད་དང་། བྱང་ཆུབ་ཀྱི་སེམས་ཀྱི་རྡོ་རྗེ་དང་། མཆོག་གི་དང་པོའི་སྐྱེས་བུ་དང་། རང་བཞིན་དགྱེས་པ་རྡོ་རྗེ་དང་། དོན་དམ་པའི་འཇམ་དཔལ་ཡེ་ཤེས་སེམས་དཔའ་དང་། ཤིན་ཏུ་སྤྲོས་པ་མེད་པའི་དེ་ཁོ་ན་ཉིད་ལ་སོགས་པའི་ངོས་འཛིན་ཡང་། རྗེ་བཙུན་བྱམས་པའི་གཞུང་ལུགས་ལས་གསུངས་པ་དེ་དག་དང་མཐུན་པར། ཡེ་ཤེས་ཀྱི་ཚནས་བཤད་ཀྱི། མེད་པར་དགག་པའི་ཚནས་མ་བཤད་པའི་ཕྱིར་རོ། །

གཉིས་པ་དངོས་ལན་བཏབ་པ་ལ། དྲི་བ་དངོས་ཀྱི་ལན་དང་། འཕྲོས་པའི་ལན་ནོ། །དང་པོ་ནི། གཞུང་འདི་ལྟར། ཆོས་དབྱིངས་ཡོད་པའང་མ་ཡིན་ཏེ། །ཡོད་ལ་མི་རྟག་གིས་ཁྱབ་པར། །ཆོས་ཀྱི་གྲགས་པས་ལེགས་པར་གསུངས། །ཞེས་འདོན་ནོ། །གཞུང་གི་ཚིག་ཟུར་མ་བཅོས་ན། གོ་བ་མི་སྐྱེད་པ་གཞན་ཡང་སྣང་སྟེ། ཆོས་ཀྱི་དབྱིངས་ནི་མང་ཉུང་གི། སྤྲོས་དང་བྲལ་བ་ཡིན་ཕྱིར་རོ། །ཞེས་བཏོན་ན་གོ་བ་སྐྱེད་པ་ཡིན་པ་ལ། ཆོས་ཀྱི་དབྱིངས་ལ་མང་ཉུང་མེད། །དེ་ནི་སྤྲོས་བྲལ་ཡིན་ཕྱིར་རོ། །ཞེས་བཤད་པས་ཁྱབ་པ་མ་ངེས་པ་ལྟར་སྣང་བ་དང་། མང་ཉུང་གི་ཞེས་སྦྱར་ན། སྒྲུབ་བྱེད་བསྒྲུབ་བྱ་དང་མཚུངས་པ་དང་། ཡང་། རིགས་པས་ཀྱང་ནི་འདི་འགྲུབ་སྟེ། །ཡོད་ན་དོན་བྱེད་ནུས་ཕྱིར་རོ། །ཞེས་བཤད་ན་བདེ་བ་ལ། ཡོད་ཙམ་དོན་བྱེད། ཅེས་གསུངས་པ་དང་། མངོན་པའི་གཞུང་ལུགས་དག་ལས་ནི། ངོ་བོ་ཉིད་ཀྱི་དགེ་བ་ཞེས། ཞེས་སོགས་སྦྱར་ནས་བཤད་ན་ལེགས་རྒྱུ་ཡིན་པ་ལ༑ དེར་ཉན་ཐོས་རྣམས། ཞེས་པའི་ཚིག་གཅིག་བྱུང་བས་འབྲུལ་གཞི་སྐྱེད་པ་ལྟ་བུའོ། །དེའི་ཤེས་བྱེད་ཀྱང་། ཉན་ཐོས་ཀྱི་མངོན་པ་ན་དེ་འདྲ་བའི་བཤད་པ་མེད་པ་དང་། དེར་དེ་བཞིན་ཉིད་ཀྱི་ཚིག་གི་བཤད་པ་དང་། དོན་གྱི་ངོས་འཛིན་ཡང་ཇི་བཞིན་མི་རྙེད་པས་སོ། །

གཉིས་པ་ནི། ཆོས་དབྱིངས་ཡོད་པ་མ་ཡིན་ན། །ཆོས་དབྱིངས་ཡེ་ཤེས་ཇི་ལྟར་ཡོད། །ཅེས་དྲིས་ནས། ཆོས་དབྱིངས་ཡེ་ཤེས་ཁས་ལེན་པ། །གནས་སྐབས་གཞན་སྟོང་སྨྲ་བའི་ལུགས། །འདིར་ནི་ཆོས་དབྱིངས་མཐར་ཐུག་པ། །རང་སྟོང་ལུགས་བཞིན་བཤད་པ་ཡིན། །ཞེས་བརྗོད་པར་བྱའོ།། །།

དྲི་བ་བཅུ་བཞི་པ་ནི། ཀླུ་སྒྲུབ་ཀྱི་ནི་དབུ་མ་ལས། །དངོས་མེད་ལ་ཡང་འདུས་བྱས་ཀྱིས། །ཁྱབ་པར་གསུངས་པ་མ་ཡིན་ནམ། །དེ་ལྟ་ན་ནི་ཆོས་ཀྱི་དབྱིངས། །འདུས་བྱས་ཡིན་པར་མི་ཐལ་ལམ། །ཞེས་པའོ། ། འདི་ལ་གཉིས་ལས། དང་པོ་ལ་འདྲི་དགོས་པའི་རྒྱུ་མཚན་ནི། འདིར་སྐབས་སུ་བབ་པ་ནི། རང་བཞིན་གྱི་མྱང་འདས་དངོས་པོ་ཡིན་པ་འགོག་པའི་ལུང་གཅིག་བྱུང་ན་འགྱོར་པ་ཡིན་པ་ལ། དབུ་མའི་ལུང་དེ་ནི། དངོས་པོར་སྨྲ་བས་འཁོར་བ་སྤྱངས་པའི་མྱ་ངན་ལས་འདས་པ་དེ་བདེན་དངོས་སུ་ཁས་བླངས་པ་ལ་འགོག་པའི་གཞུང་ཡིན་པའི་རྒྱུ་མཚན་གྱིས་དང་། ཕྱི་རབས་ཀྱི་རྟོག་གེ་པ་དགག་དངོས་པོ་མ་ཡིན་ན་དངོས་མེད་ཡིན་དགོས་པ་འདི། གྲུབ་མཐའ་སྨྲ་བ་བཞི་ཀའི་ཐུན་མོང་གི་རིགས་ལམ་དུ་འཆད་ཀྱིན་འདུག་པའི་རྒྱུ་མཚན་གྱིས་སོ། །

མ་དྲིས་ན་སྐྱོན་ཡོད་པ་ནི། མྱ་ངན་ལས་འདས་པ་ཆོས་ཅན། འདུས་བྱས་སུ་ཐལ། དངོས་མེད་ཡིན་པའི་ཕྱིར། ཁྱབ་པ་ནི་དབུ་མའི་ལུང་གིས་གྲུབ་པ་ཡིན་ཏེ། དངོས་དང་དངོས་མེད་འདུས་བྱས་ཡིན། །ཞེས་དང་། དེའི་འགྲེལ་པར། ཚིག་གསལ་ལས། དངོས་པོ་ནི་རང་གི་རྒྱུ་དང་རྐྱེན་གྱི་ཚོགས་པ་ལས་བྱུང་བའི་ཕྱིར། འདུས་བྱས་ཡིན་ལ། དངོས་པོ་མེད་པ་ཡང་དངོས་པོ་ལ་བརྟེན་ནས་འབྱུང་བའི་ཕྱིར་དང་། སྐྱེ་བའི་རྐྱེན་གྱིས་རྒ་ཤི་ཞེས་འབྱུང་བའི་ཕྱིར། ཞེས་གསུངས་པས་སོ་སྙམ་དུ་དོགས་པར་འགྱུར་བ་དང་། གཞན་གྱིས་མྱང་འདས་ཡོད་པར་ཁས་བླངས་པ་ལ། དངོས་པོར་ཐལ་བ་འཕེན་པ་ནི། མི་འདོད་པ་ཐལ་བར་འཕེན་པ་ཡིན་དུ་ཆུག་ཀྱང་། དངོས་པོ་ཡིན་པ་རྟགས་སུ་བཀོད་ནས། འདུས་བྱས་སུ་ཐལ་བ་འཕེན་པ་ནི་རིགས་པ་མ་ཡིན་ཏེ། བསྟན་བཅོས་འདིར། ཕྱོགས་སྔ་མ་ལ་དེ་འདྲའི་ཁས་བླངས་མེད་པའི་ཕྱིར། ཞེས་པའི་ཉེས་པ་འདི་སྤྱོང་བར་ནུས་པའི་བཤད་པ་བསྟན་བཅོས་འདིའི་རྣམ་བཤད་མཛད་པ་པོ་རྣམས་ཀྱིས་མ་མཛད་པས། མཁས་པའི་གཞུང་ལུགས་ཆུད་གསན་པར་བྱས་སམ་སྙམ་དུ་དོགས་སོ། །

གཉིས་པ་དངོས་ལན་གདབ་པ་ནི། ཆོས་དབྱིངས་གཏན་ལ་འབེབས་པའི་ཚེ། ཀླུ་སྒྲུབ་ཀྱི་གཞུང་ལུགས་ཚད་མར་བྱེད་དགོས་པས། ཇི་སྐད་དུ། སྤྱངས་པ་མེད་པ་ཐོབ་མེད་པ། །ཆད་པ་མེད་པ་རྟག་མེད་པ། །འགག་པ་མེད་པ་སྐྱེ་མེད་པ། །དེ་ནི་མྱ་ངན་འདས་པར་བརྗོད། །ཅེས་རང་བཞིན་གྱི་མྱང་འདས་དང་། ཆོས་དབྱིངས་དོན་གཅིག་ལ་འདུ་བ་ཡིན་ལ། དེའི་ཚེ་ཆོས་ཀྱི་དབྱིངས་དང་། མྱ་ངན་ལས་འདས་པ་ཆོས་ཅན། དངོས་པོ་དང་དངོས་མེད་གཉིས་ལས་གང་ཡང་རུང་བ་ཞིག་ཏུ་ཐལ། ཡོད་པའི་ཕྱིར། རྟགས་ཁས་བླངས། ཁྱབ་པ་གཞན་ལ་གྲགས་པའི་ཚད་མས་འགྲུབ། འདོད་ན་འདུས་བྱས་སུ་ཐལ། དངོས་པོ་དང་དངོས་མེད་གང་རུང་ཡིན་པའི་ཕྱིར། རྟགས་དང་ཐལ་ཆོས་ཁས་བླངས། ཁྱབ་པ་གཞན་གྲགས་ཀྱིས་འགྲུབ་སྟེ། འདུས་བྱས་མ་ཡིན་པའི་དངོས་པོ་ནི་

འཇིག་རྟེན་ན་མ་གྲགས་པའི་ཕྱིར་དང་། ཇི་སྐད་དུ། དངོས་པོ་གཞན་དུ་གྱུར་པ་ནི། །དངོས་མེད་ཡིན་པར་སྐྱེ་བོ་སྨྲ༔ །ཞེས་འབྱུང་བ་ལྟར། འཇིག་རྟེན་ན་དངོས་མེད་ཀྱི་འཇོག་མཚམས་དེ་ལྟར་གྲགས་པའི་ཕྱིར་དང་། ཐ་སྙད་ཀྱི་བདེན་པ་རྣམ་པར་འཇོག་པ་ལ་ནི། འཇིག་རྟེན་གྱི་གྲགས་པ་ཉིད་ཚད་མ་ཡིན་གྱི། གྲུབ་མཐས་མི་འཇོག་པའི་ཕྱིར། ཞེས་བྱ་བའི་དོན་དང་། དབུ་མའི་གཞུང་འདིར་དངོས་པོར་སྨྲ་བའི་མྱང་འདས་ལ་སྐྱོན་བརྗོད་པ་ཡིན་ཀྱང་འདིར་ཤེས་བྱེད་དུ་མི་འགྲོ་བ་མ་ཡིན་ཏེ། གཞན་ལུགས་ཀྱི་མྱང་འདས་དངོས་པོ་དང་དངོས་མེད་གཉིས་ག་ཡིན་པ་བཀག་ནས། རང་ལུགས་ཀྱི་མྱང་འདས་སྤྲོས་པའི་མཐའ་བྲལ་དུ་གྲུབ་པ་ན། ཆོས་ཀྱི་དབྱིངས་ཡོད་མེད་ལ་སོགས་པའི་མཐའ་ཐམས་ཅད་དང་བྲལ་བར་གྲུབ་པས་སོ། །དེ་དག་ལ་འདི་སྐད་ཅེས། ཆོས་དབྱིངས་ཡོད་ན་དངོས་པོ་དང་། །དངོས་མེད་གཉིས་ལས་འདའ་བ་མེད། །དེ་དག་ལ་ནི་འདུས་བྱས་ཀྱིས། །ཁྱབ་པ་དབུ་མའི་གཞུང་ན་གསལ། །ཞེས་བརྗོད་ན་དོན་གྱི་ཁོག་ཕྲོལ་བར་འགྱུར་རོ།། །།

དྲི་བ་བཅོ་ལྔ་པ་ནི། རིན་ཆེན་ཕྲེང་བར་གསུངས་པ་ཡི། །ཟབ་མོ་བཀྲོལ་བ་ཅི་ལ་ཟེར། །ཞེས་པ་འདི་ལ་འདྲི་བའི་རྒྱུ་མཚན་ནི། གཞུང་འགའ་ཞིག་དང་། རྩོད་བཅས་ཀྱི་འགྲེལ་པ་མི་ཕམ་བཤེས་གཉེན་གྱིས་བྱས་པ་ཞེས་བྱ་བ་དེ་ལས་བཀྲོལ་བའི་དོན་དུ་བཤད་སྣང་བའི་རྒྱུ་མཚན་གྱིས་སོ། །མ་དྲིས་པའི་ཉེས་པ་ནི། བཀྲོལ་བ་ཞེས་པ་ལ་སྐབས་ཀྱི་དོན་བཟང་པོ་མེད་པས་གཞུང་མ་དག་ལ། མ་དག་པ་དེ་ཉིད་མཁས་པའི་བསྟན་བཅོས་སུ་དྲངས་ན་གཞུང་རྒྱུད་འཛའ་བའི་རྒྱུ་མཚན་གྱིས་སོ། །

དངོས་ལན་ནི། ཟབ་མོ་བཀོལ་བའི་དོན་དང་ལྡན། །ཞེས་པ་སྟེ། འདི་ལ་བཀོལ་བའི་དོན་དང་། བཀོལ་དགོས་པའི་རྒྱུ་མཚན་ནོ། །དོན་ནི། མུ་སྟེགས་གཞན་དང་རང་ཉིད་ཀྱིའང་། །གནས་མིན་སྐྲག་པས་མ་མྱངས་པ༔ །ཞེས་པ་སྟེ། དེ་དག་ལ་མ་བསྟན་ཞིང་མ་རྟོགས་པའོ། །རྒྱུ་མཚན་ནི། གཞུང་དེ་ཉིད་ཀྱི་འཕྲོས་གོང་མ་ནས། གནས་མེད་ཆོས་འདིས་སྐྲག་པའི་ཚེ། །སྐྱེ་བོ་གནས་ལ་མངོན་དགའ་ཞིང་། །ཡོད་དང་མེད་ལས་མ་འདས་པ། །མི་མཁས་པ་ནི་ཕུང་བར་འགྱུར། །ཞེས་གསུངས་སོ།། །།

དྲི་བ་བཅུ་དྲུག་པ་ནི། སྟོང་ཉིད་སྙིང་རྗེའི་སྙིང་པོ་ཅན། །བདེ་གཤེགས་སྙིང་པོ་མ་ཡིན་ན། །རྒྱས་འགྱུར་རིགས་ལ་བདེ་གཤེགས་ཀྱི། །སྙིང་པོར་གསུངས་པ་དེ་ཅི་ཞིག །ཞེས་པ་དང་། འོག་ནས། བདེ་གཤེགས་སྙིང་པོ་གང་ཡིན་པ། །དེ་ཀུན་འདུས་མ་བྱས་ཡིན་ན། །ཐེག་པ་ཆེན་པོ་རྒྱུད་བླ་མར། །སྙིང་པོ་དགུ་གསུངས་པ་དེ་ཅི། །ཞེས་པའི་དྲི་བ་གཉིས་པོ་གཞུང་སོ་སོ་ལས་བརྩམས་པའི་དྲི་བ་ཡིན་ཀྱང་། དོགས་པའི་གནས་མཐུན་པས་ལྷན་ཅིག་ཏུ་བཤད་པར་བྱའོ། །

འདི་ལ་གཉིས་ལས། དང་པོ་ལ་འདྲི་དགོས་པའི་རྒྱུ་མཚན་ནི། གཞུང་འདིའི་དངོས་བསྟན་ལ། བདེ་བར་གཤེགས་པའི་སྙིང་པོ་ལ་འདུས་མ་བྱས་ཀྱིས་ཁྱབ་པ་དང་། སྟོང་ཉིད་དང་སྙིང་རྗེ་ཟུང་དུ་འཇུག་པའི་མཁྱེན་པ་དེ། ཁམས་བདེ་བར་གཤེགས་པའི་སྙིང་པོ་དངོས་མ་ཡིན་པར་བཤད་ལ། གངས་ཅན་གྱི་གློག་པ་པོ་ཕྱི་མ་དག་ཞལ་འཆམ་པར་རྒྱུད་བླ་མའི་བསྟན་བཅོས་སུ། སེམས་ཅན་ཐམས་ཅད་སངས་རྒྱས་ཀྱི་སྙིང་པོ་དངོས་དེ་དང་ལྡན་པ་བསྒྲུབ་བྱར་བྱས་ནས། དེའི་སྒྲུབ་བྱེད་དུ་དོན་རྣམ་པ་གསུམ་རྟགས་སུ་བཀོད་པར་བཞེད་པ་དེའི་ཚེ་ན། གཏན་ཚིགས་དེ་འབྲས་བུའི་རྟགས་སུ་འོང་ས་མེད་པས། རང་བཞིན་གྱི་རྟགས་སུ་འདོད་དགོས་ལ། དེའི་ཚེ་སངས་རྒྱས་ཀྱི་སྙིང་པོ་ཡིན་ངོ་ཤེས་པ་གསུམ་ཡོད་པ་རྟགས་སུ་འགོད་དགོས་པའི་རྒྱུ་མཚན་གྱིས་དང་དཔེ་རྣམ་པ་དགུའི་སྒོ་ནས་སེམས་ཅན་ཐམས་ཅད་སངས་རྒྱས་ཀྱི་སྙིང་པོ་དངོས་དང་ལྡན་པར་སྒྲུབ་པ་དེའི་ཚེ་ན༑ དོན་རྣམ་པ་དགུ་ཡོད་ལ། དགུ་པོ་དེ་སྙིང་པོ་དངོས་སུ་མི་འཆད་ན་ནི་འབྲེལ་མི་འདུག་ཅིང་། འཆད་ན་དེའི་ནང་ན་རྒྱས་འགྱུར་གྱི་རིགས་དང་། དེས་གཞན་དོན་གྱི་སྐུ་གཉིས་སྐྱེད་པའི་ནུས་པ་དང་། སངས་རྒྱས་ཀྱི་སའི་ཟབ་པ་དང་རྒྱ་ཆེ་བའི་ཡེ་ཤེས་ཆོས་སྐུ་ལྟ་བུ་འདུས་བྱས་མང་པོ་ཡོད་པའི་རྒྱུ་མཚན་གྱིས་སོ། །མ་དྲིས་ན་སྐྱོན་ཡོད་པ་ནི། འདི་ན་གཞུང་ལུགས་འདིའི་འཆད་པ་པོ་དང་། རྣམ་བཤད་མཛད་པ་མཐའ་དག་སེམས་ཅན་ཐམས་ཅད་སངས་རྒྱས་ཀྱི་སྙིང་པོ་ཅན་ཡིན་པ་དེ་བསྟན་བཅོས་འདིའི་དགོངས་པ་དང་། སེམས་ཅན་ཐམས་ཅད་ཀྱི་རྒྱུད་ལ་མཚན་དཔེ་གསལ་རྫོགས་ཀྱིས་སྤྲས་པའི་སངས་རྒྱས་ཀྱི་སྐུ་ཡོད་པ་དེ། སྒྲ་ཇི་བཞིན་པ་མ་ཡིན་པའི་དགོངས་པ་ཅན་དུ་འགྲེལ་པ་དེ་བསྟན་བཅོས་འདིའི་དགོངས་པ་ཡིན་ནོ། །ཞེས་འཆད་པར་སྣང་ལ། དེ་ལྟར་བཤད་ན། རྒྱུད་བླ་མ་རྩ་འགྲེལ་དང་འགལ་བ་དང་། བསྟན་བཅོས་རྩོམ་པ་པོ་ཉིད་ཀྱི་གཞུང་དང་རང་ཚིག་སྔ་ཕྱི་འགལ་བ་དང་། རྗེ་བཙུན་ཆེན་པོའི་གཞུང་དང་འགལ་བ་རྣམས་འཇུག་པའི་རྒྱུ་མཚན་གྱིས། ལུང་དང་འགལ་བ་དང་། སྙིང་པོ་ངོས་མ་ཟིན་པ་དང་། སྙིང་པོའི་དགོངས་གཞི་ལ་སྙིང་པོ་དངོས་སུ་བཤད་པའི་ཉེས་པ་དང་སྙིང་པོ་ལ་རྒྱུ་འབྲས་རང་བཞིན་གསུམ་དུ་འབྱེད་པ་དེ་ཇོ་ནང་ལོ་ཆེན་པོའི་ལུགས་ཡིན་གྱི། བསྟན་བཅོས་མཛད་པ་པོ་འདིའི་ལུགས་ཡིན་ནོ། །ཞེས་འཆད་པའི་དཔྱོད་ལྡན་སུ་ཡང་མེད་པས། རིགས་པ་དང་འགལ་བ་རྣམས་འཇུག་གོ། དང་པོ་ནི། རྒྱུད་བླ་མའི་བསྟན་བཅོས་སུ། དགོངས་གཞི་དགོས་པ་དངོས་ལ་གནོད་བྱེད་གསུམ་གྱི་སྒོ་ནས། སྙིང་པོ་དྲང་དོན་དུ་བཀྲལ་བ་ཡིན་ཏེ། དགོངས་གཞི་ནི་དོན་རྣམ་པ་གསུམ་དང་། དགོས་པ་ནི་སྐྱོན་ལྔ་སྤང་བའི་ཕྱིར་དང་། དངོས་ལ་གནོད་བྱེད་ནི་སངས་རྒྱས་ཀྱི་སྙིང་པོར་འཛོག་བྱེད་ཀྱི་གཙོ་བོ་ནི་ཡོན་ཏན་དབྱེར་མེད་པ་ཞེས་བྱ་བ་དེ་ཡིན་ལ། དེ་ནི་ཡང་དག་པར་རྫོགས་པའི་སངས་རྒྱས་ལས་གཞན་ལ་མེད་པར་

བཤད་པས་སོ། །དེའི་ཤེས་བྱེད་ཀྱང་། སངས་རྒྱས་ཀྱི་སྙིང་པོ་དེ་རྣམ་གཞག་རྣམ་པ་བཅུའི་སྒོ་ནས་འཆད་པ་ལས། བཅུ་པོ་ཡོན་ཏན་དབྱེར་མེད་པའི་དོན་དེ་ཉིད་འཆད་པ་ན། དེས་ན་སངས་རྒྱས་མ་ཐོབ་པར། །མྱ་ངན་འདས་པ་མི་འཐོབ་སྟེ། །འོད་དང་འོད་ཟེར་སྤངས་ནས་ནི། །ཉི་མ་ལྟ་བར་མི་ནུས་བཞིན། །ཞེས་གསུངས་པ་སོ། །

གཉིས་པ་ནི། བསྟན་བཅོས་མཛད་པ་འདིས་ནི། གཞུང་འདི་ཁོ་ནར་མ་ཟད། ཕྱོགས་བཅུའི་སངས་རྒྱས་ལ་ཞུ་བའི་ཕྲིན་ཡིག་དང་། མཁས་པ་འཇུག་པའི་སྒོ་དང་། ཐུབ་པའི་དགོངས་པ་གསལ་བ་ཞེས་བྱ་བའི་བསྟན་བཅོས་རྣམས་སུ། སེམས་ཅན་ཐམས་ཅད་སངས་རྒྱས་ཀྱི་སྙིང་པོ་ཅན་ཡིན་པ་དེ་སྒྲ་ཇི་བཞིན་པ་མ་ཡིན་པའི་དགོངས་པ་ཅན་དུ་བཀྲལ་ལོ། །དེ་ལ་ཁ་ཅིག་ན་རེ། རྗེ་བཙུན་ཆེན་པོས་རྣམ་བཤད་དག་ལྡན་དུ། སེམས་ཅན་ཐམས་ཅད་ཀྱི་ཡེ་ཤེས་ལ་ཆེ་ཆུང་གི་ཁྱད་པར་མེད་པའི་ཤེས་བྱེད་དུ། མདོར་ན་སེམས་ཅན་ཆོས་ཉིད་གཅིག་སྟེ། སེམས་རྟོགས་ན་སངས་རྒྱས་ཡིན་པའི་ཕྱིར་རོ། །འཕགས་པ་འདའ་ཀ་ཡེ་ཤེས་ལས། སེམས་རྟོགས་ན་སངས་རྒྱས་ཡིན་པས། སངས་རྒྱས་གཞན་དུ་མི་བཙལ་བའི་འདུ་ཤེས་སྒོམ་པར་བྱའོ། །ཞེས་པའི་ལུང་ཤེས་བྱེད་དུ་དྲངས་པས་ན། བསྟན་བཅོས་འདིར་ཡང་སེམས་ཅན་ཐམས་ཅད་སངས་རྒྱས་ཀྱི་སྙིང་པོ་ཅན་ཡིན་པ་སྒྲ་ཇི་བཞིན་པར་ཁས་ལེན་དགོས་སོ། །ཞེས་ཟེར་རོ། །དེ་ནི་མ་ཡིན་ཏེ། ཕྱོགས་བཅུའི་སངས་རྒྱས་ཀྱི་ཞུ་འཕྲིན་ལས། ཁྱེད་ཀྱི་བདེ་གཤེགས་སྙིང་པོའི་སྒྲ། །ཁ་ཅིག་ངེས་པའི་དོན་དུ་འཆད། །བདག་གིས་དྲང་བའི་དོན་དུ་ནི། །ལུང་དང་རིགས་པས་བསྒྲུབས་ཏེ་བཤད། །ཅེས་དང་། མཁས་པ་འཇུག་པའི་སྒོ་ལས། ཕ་དང་མ་ནི་བསད་བྱ་སོགས། །ལས་དང་ཉོན་མོངས་སོགས་ལ་དགོངས། །དེ་བཞིན་གཤེགས་པའི་སྙིང་པོ་སོགས། །བདག་འཛིན་ཅན་རྣམས་དྲང་ཕྱིར་ཡིན། །ཞེས་གསུངས་པ་དང་། ཐུབ་པའི་དགོངས་གསལ་ལས། འོ་ན་སེམས་རྟོགས་ན་སངས་རྒྱས་ཡིན་པས། སངས་རྒྱས་གཞན་དུ་མི་བཙལ་བའི་འདུ་ཤེས་སྒོམ་པར་བྱའོ། །ཞེས་བྱ་བ་ལ་སོགས་པ་གསུངས་པ་མ་ཡིན་ནམ། སངས་རྒྱ་བ་ལ་ཡོན་ཏན་ཅི་ཞིག་དགོས་ཟེར་ན། དེ་སྐད་གསུངས་པ་ནི་མུ་སྟེགས་གྲངས་ཅན་པ་ལ་སོགས་པ་རྗེས་སུ་བཟུང་བའི་ཕྱིར་དགོངས་པ་ཅན་ཡིན་ཏེ། གྲངས་ཅན་གྱི་གཞུང་ལས། ལྷ་མིག་རྣམ་དག་བསྒྲུབས་ནས་ནི། །སེམས་ཀྱི་བདག་ཉིད་རྟོགས་པར་བྱ། །སྐྱེས་བུའི་བདག་ནི་ཤུས་རྟོགས་པ། །ཆ་ལུགས་གང་གིས་གནས་ཀྱང་གྲོལ། །ཞེས་བྱ་བ་རྗེས་སུ་བཟུང་བའི་ཕྱིར་དུ། དགོངས་གཞི་ཆོས་ཀྱི་སྐུའི་སངས་རྒྱས་ལ་དགོངས། དགོངས་པ་ནི་གྲངས་ཅན་ལ་སོགས་པ་དེ་དག །སྙིང་གི་དཀྱིལ་ན་ཤེས་རིག་གི་སྐྱེས་བུ་ཐམས་ཅད་མཁྱེན་པར་རང་ཆས་སུ་འདོད་པ་དག་དྲང་བར་བྱ་བའི་ཕྱིར་ཡིན། དངོས་ལ་གནོད་བྱེད་ཀྱི་ཚད་མའང་། གལ་ཏེ་རྒྱུ་ལ་འབྲས་གནས་ན། །ཟན་ཟ་མི་གཙང་ཟ་བར་འགྱུར། །ཞེས་བྱ་བ་ནས། ཤེས་དེ་འཇིག

རྟེན་ལ་ཡང་ནི། །ཡོད་ན་ཅི་སྟེ་མཐོང་མི་འགྱུར། །ཞེས་བྱ་བ་ལ་སོགས་པའི་རིགས་པ་དང་། གཞན་ཡང་གྲངས་ཅན་འགོག་པའི་རིགས་པ་རྣམ་འགྲེལ་ལ་སོགས་པ་ནས་བཤད་པ་ཐམས་ཅད་ཀྱིས་གནོད་པའི་ཕྱིར་དང་། གཞན་ཡང་སེམས་རྟོགས་ན་སངས་རྒྱས་ཡིན་ཟེར་བ་དེ་དང་། དཔེར་ན། རས་ལ་མེ་སྦྱར། མདས་དགྲ་སོད། ས་བོན་ལས་ལོ་ཏོག་འབྱུང་ཞེས་ཟེར་བ་རྣམས་མཚུངས་པ་ཡིན་ཏེ། སྣུམ་དང་གོང་བུ་སོགས་མེད་ན་གཞོབ་ཏུ་འགྲོ། གཞུ་མེད་ན་དོན་བྱེད་མི་ནུས། ཞིང་དང་ཆུ་ལུད་མེད་ན་སྐྱེ་མ་མི་འབྱུང་། དེ་བཞིན་དུ་བསོད་ནམས་དང་ཡེ་ཤེས་ཀྱི་ཚོགས་མ་རྫོགས་ན་སངས་མི་རྒྱ་བའི་ཕྱིར་ཞེས་གསུངས་སོ། །གལ་ཏེ་རང་བཞིན་གྱི་སངས་རྒྱས་ཀྱིས་སངས་རྒྱས་ཀྱི་གོ་ཆོད་དོ་སྙམ་ན། དེ་ནི་རྗེ་བཙུན་གྱི་གསུང་དང་འགལ་བ་ཡིན་ཏེ། རྟ་བའི་རྒྱུད་དུ། ལུས་ལ་ཡེ་ཤེས་ཆེན་པོ་གནས། །ཞེས་གསུངས་པའི་རྣམ་བཤད་དག་ལྡན་དུ། ཡེ་ཤེས་ཆེན་པོའི་ངོས་འཛིན་དང་། དེ་ལུས་ལ་གནས་པའི་གོ་དོན་གཉིས་བཤད་ནས། དང་པོ་ནི། ཡེ་ཤེས་ནི་སོ་སོ་སྐྱེ་བོ་དང་ཐུན་མོང་བ་དང་། ཆེན་པོ་ནི་འཇིག་རྟེན་ལས་འདས་པའི་ཡེ་ཤེས་དང་ཡེ་ཤེས་ཀྱང་ཡིན་ཆེན་པོ་ཡང་ཡིན་པས་ན་ཡེ་ཤེས་ཆེན་པོ་སྟེ། སངས་རྒྱས་ཀྱི་ཡེ་ཤེས་སོ། །ཞེས་ངོས་བཟུང་ནས། དེ་ལུས་ལ་གནས་པའི་གོ་དོན་འཆད་པ་ན། རང་གི་ལུས་ཉོན་མོངས་པ་དང་བཅས་པ་འདི་ཉིད་ཆོས་ཅན་དང་ཆོས་ཉིད་ཀྱི་ཚུལ་གྱིས། འཁོར་བ་དང་མྱ་ངན་ལས་འདས་པ་ཐམས་ཅད་ཀྱི་རྒྱུ་ཡིན་ཏེ། རྒྱུད་བླ་མ་ལས། རྫོགས་སངས་སྐུ་ནི་འཕྲོ་ཕྱིར་དང་། །ཞེས་སོགས་གསུངས་པས་སོ། །ཞེས་བཤད་ལ། དེའི་དོན་ཡང་སེམས་ཅན་ཐམས་ཅད་ཀྱི་ལུས་ལས་སངས་རྒྱས་འབྱུང་བ་ལ། ལུས་ལ་དེ་གནས་པའི་དོན་དུ་བཤད་ཀྱི། ལུས་ལ་དེ་ཡོད་པའི་དོན་དུ་མ་བཤད་པའི་ཕྱིར་དང་། རང་བཞིན་གྱི་སངས་རྒྱས་ཀྱིས་སངས་རྒྱས་ཀྱི་གོ་ཆོད་ན། རང་བཞིན་གྱི་དགྱེས་པ་རྡོ་རྗེས་ཀྱང་དགྱེས་པ་རྡོ་རྗེའི་གོ་ཆོད་པར་འགྱུར་ལ། དེ་ལྟར་ན་དག་ལྡན་ལས། ཀྱཻ་རྡོ་རྗེ་དེ་གཉིས་མེད། །ཡེ་ཤེས་དེ་ནི་དེ་བཞིན་གཤེགས། །བསྒྲུབ་བྱ་དེ་དོན་སྦྱོར་བ་ཡིས། །གཞུང་དང་ལམ་ནི་དེ་སྒྲ་ཡིན། །ཞེས་སྦྱར་བར་བྱའོ། །ཞེས་གསུངས་པ་ལས་ནི་དགྱེས་པ་རྡོ་རྗེ་ལ་རང་བཞིན་ལོགས་སུ་མ་ཕྱེ་བར་གཞུང་ལམ་འབྲས་བུ་གསུམ་དུ་ཕྱེ་ནས། འབྲས་བུ་ཁོ་ན་མཚན་ཉིད་པར་བཤད་ཅིང་། གཞུང་ལམ་གཉིས་པོ་བཏགས་པ་བར་བཤད་པའི་ཕྱིར། དེ་ཡང་བསྒྲུབ་བྱ་ཞེས་པ་ཡིན་གྱིས། སངས་རྒྱས་ཀྱི་སའི་གཟུང་འཛིན་གཉིས་མེད་ཀྱི་ཡེ་ཤེས་དེ་ཀྱཻ་རྡོ་རྗེ་དངོས་སུ་བསྟན། དེ་དོན་ཞེས་པས་དེ་འདྲ་དེ་བརྗོད་བྱའི་དོན་དུ་སྟོན་པ་དང་། སྦྱོར་བ་ཡིས། ཞེས་པས་དགྱེས་པ་རྡོ་རྗེ་དངོས་དེའི་ཆེད་དུ་ལམ་ལ་སྦྱོར་བ་ཡིན་པའི་ཕྱིར། ཞེས་རྟགས་སུ་བཀོད་ནས་གཞུང་ལམ་གྱི་དགྱེས་པ་རྡོ་རྗེ་གཉིས་པོ་ཀྱཻ་རྡོ་རྗེ་བཏགས་པ་བ་ཉིད་དུ་བཤད་པའོ། །

འོན་དེ་གཉིས་མེད་ཡེ་ཤེས། ཞེས་པས་རང་བཞིན་གྱིས་དབྱེས་པ་རྡོ་རྗེ་དེ་མཚན་ཉིད་པར་བཤད་པ་མ་ཡིན་ནམ་ཞེ་ན། དེ་ལ་ནི་དེ་བཞིན་གཤེགས་ཞེས་བྱ་བའི་ཁྱད་པར་སྨྲོན་དགོས་པ་ཡིན་ཏེ། ཇི་སྐད་དུ། སངས་རྒྱས་བཅོམ་ལྡན་འདས་ཀྱི་གཉིས་སུ་མེད་པའི་ཡེ་ཤེས་སྒྱུ་མ་ལྟ་བུ་ནི་དངོས་ཡིན་ལ། ཞེས་བཤད་པ་ལྟར་རོ། །གལ་ཏེ་འོན་དག་ལྡན་ནས། རྒྱུ་ཆོས་ཅན་དང་ཆོས་ཉིད་ཀུན་གྱི་རྡོ་རྗེ་ཡིན། ལམ་སྟོང་པ་ཉིད་དང་སྙིང་རྗེ་ཡང་གྱི་རྡོ་རྗེ་ཡིན། ཞེས་བཤད་པ་མ་ཡིན་ནམ་ཞེ་ན། བཤད་མོད། དེའི་འོག་ཏུ་དེ་དང་དེ་དག་བཏགས་པ་བར་བཤད་པ་དེ་ཉིད་ཀྱིས་གནོད་དོ། །རྗེ་ཨུ་ནརྟ་ན་དྲའི་གསུང་ལས། ཀྱེ་རྡོ་རྗེར། སེམས་ཅན་རྣམས་ནི་སངས་རྒྱས་ཉིད། །ཅེས་པས་རྒྱུའི་རྒྱུད་བསྟན་པ་ཡིན་ལ། དེ་ཡང་རང་གི་སེམས་རང་བཞིན་གྱིས་རྣམ་པར་དག་པ་དེ་ཉིད་ལ་རང་བཞིན་རྣམ་དག་གི་ཆ་ནས་སངས་རྒྱས་སུ་བཏགས་ནས་གསུངས་པ་ཡིན་གྱི། སྟོབས་སོགས་སངས་རྒྱས་ཀྱི་ཡོན་ཏན་ཡོད་ནས་སངས་རྒྱས་སུ་གཞག་པ་མ་ཡིན། ཞེས་བཤད་པ་འདིས་རྗེ་བཙུན་ཆེན་པོའི་དགོངས་པ་བཀྲལ་བ་ཡིན་ནམ་བཀག་པ་ཡིན་ཞེས་རྟོགས་པར་བྱོས་ཤིག་གཉིས་པ་རིགས་པ་དང་འགལ་བའི་ཚུལ་ལ་གསུམ་ལས། དང་པོ་སངས་རྒྱས་ཀྱི་སྙིང་པོ་ངོས་མ་ཟིན་པའི་ཉེས་པ་ནི། བོད་ཕྱི་མ་ལ་ལ། སེམས་ཅན་ཐམས་ཅད་སངས་རྒྱས་ཀྱི་སྙིང་པོ་ཅན་ཡིན་པའི་ཤེས་བྱེད་དུ་སེམས་རང་བཞིན་གྱིས་རྣམ་པར་དག་པ་ཡོད་པས་ཞེས་དང་། སེམས་གསལ་སྟོང་ཟུང་འཇུག་ཡོད་པས་ཞེས་དང་། དྲི་མ་དང་བཅས་པའི་སེམས་བདེན་སྟོང་ཡོད་པས། ཞེས་འཆད་པ་དེ་དག་གིས་ནི་སྙིང་པོ་ངོས་མ་ཟིན་པ་ཡིན་ཏེ། སངས་རྒྱས་ཀྱི་སྙིང་པོ་ནི་སྟོབས་སོགས་ཡོན་ཏན་དང་དབྱེར་མེད་པའི་ཆ་ནས་ངོས་འཛིན་རྒྱུ་ཡིན་པ་ལ། ཁྱེད་ཀྱིས་ནི་རང་བཞིན་རྣམ་དག་རྐྱང་པའི་ཆ་ནས་ངོས་བཟུང་བའི་ཕྱིར། དེ་སྐད་དུ་ཡང་། རྒྱུད་བླའི་འགྲེལ་པར། དེ་ལ་སྟོང་པ་ཉིད་ཀྱི་ཚུལ་དུ་བརྗོད་པ་དེ་བཞིན་གཤེགས་པའི་སྙིང་པོ་གང་ཞེ་ན། འདི་ལ་བསལ་བྱ་ཅི་ཡང་མེད། །ཅེས་སོགས་དང་། དེ་ཉིད་ཀྱི་འགྲེལ་པར་མདོ་དྲངས་པ་ལས། དེ་བཞིན་གཤེགས་པའི་སྙིང་པོ་ནི། རྣམ་པར་དབྱེ་བ་མེད་པ། འབྲལ་མི་ཤེས་པ༑ བསམ་གྱིས་མི་ཁྱབ་པའི་སངས་རྒྱས་ཀྱི་ཆོས་གང་གཱའི་ཀླུང་གི་བྱེ་མ་སྙེད་ལས་འདས་པས་ནི་མི་སྟོང་ངོ་། །ཞེས་གསུངས་སོ། །དེ་ལྟར་ན་གང་ཞིག་གང་ན་མེད་པ་དེ་ནི་དེས་སྟོང་ངོ་ཞེས་ཡང་དག་པར་རྗེས་སུ་མཐོང་ལ་གང་ཞིག་ལྷག་མར་གྱུར་པ་དེ་ནི་དེ་ལ་རྟག་པར་ཡོད་དོ། །ཅེས་ཡང་དག་པ་ཇི་ལྟ་བ་བཞིན་དུ་ཤེས་སོ། །ཚིགས་སུ་བཅད་པ་འདི་གཉིས་ཀྱིས་ནི་སྒྲོ་འདོགས་པ་དང་། སྐུར་པ་འདེབས་པའི་མཐའ་དང་བྲལ་བའི་ཕྱིར། ཕྱིན་ཅི་མ་ལོག་པ་སྟོང་པ་ཉིད་ཀྱི་མཚན་ཉིད་བསྟན་ཏོ། །ཞེས་གསུངས་སོ། །གལ་ཏེ་སེམས་རང་བཞིན་གྱི་རྣམ་པར་དག་པ་དེ་ལ་ཡོན་ཏན་རྣམས་འབྱུང་དུ་རུང་བ་ལ་བསམ་ནས། དེ་ལྟར་བཤད་པ་ཡིན་ནོ། །ཞེ་ན། དེ་སྐད་དུ་སྒྲ

བར་རིགས་ཀྱི། སངས་རྒྱས་ཀྱི་སྙིང་པོ་དངོས་ཡིན་ནོ། །ཞེས་བརྗོད་པར་མི་བྱ་སྟེ། ཡོན་ཏན་དབྱེར་མེད་པའི་དོན་མ་ཚང་བའི་ཕྱིར། ཁྱབ་སྟེ། རྣམ་དབྱེར་མེད་པའི་མཚན་ཉིད་ཅན། །ཞེས་གསུངས་པས་སོ། །

གཉིས་པ་སྙིང་པོ་དངོས་དང་། དེའི་དགོངས་གཞི་མ་ཕྱེ་བའི་ཉེས་པ་ནི། བོད་ཕྱི་མ་ཕལ་ཆེར་གྱིས་དེའི་ཞན་མ་ཕྱེད་པ་ཡིན་ཏེ། སེམས་ཅན་ཐམས་ཅད་སངས་རྒྱས་ཀྱི་སྙིང་པོ་ཅན་ནོ། །ཞེས་མདོ་ལས་གསུངས་པའི་སྒྲ་ཇི་བཞིན་པ་དེའི་སྙིང་པོ་ནི། སྟོབས་སོགས་ཡོན་ཏན་རྣམས་དང་དབྱེར་མེད་པའི་སྟོང་པ་ཉིད་ཀྱི་ཡེ་ཤེས་དེ་ལ་འཆད་པ་ཡིན་ཞིང་། སེམས་ཅན་ཐམས་ཅད་ལ་དེ་ཡོད་པར་གསུངས་པའི་དགོངས་གཞི་ནི། དྲི་མ་དང་བཅས་པའི་དེ་བཞིན་ཉིད་ཅེས་བྱ་བ། གཞི་དུས་ཀྱི་ཡེ་ཤེས་དེ་ཡོད་པ་ལ་དགོངས་སོ། །ཞེས་འཆད་རྒྱུ་ཡིན་པ་ལ༑ དེར་མི་འཆད་པར། དགོངས་གཞི་དེ་ཉིད་སྙིང་པོ་དངོས་སུ་འཆད་པ་ཤ་སྟག་ཏུ་སྣང་བའི་ཕྱིར། དེ་དེའི་དགོངས་གཞིར་འཆད་པའི་རྒྱུ་མཚན་ཡང་། དེའི་རྒྱུ་ཡོད་པ་ལ་དེ་ཡིན་པར་བཏགས་པ་ཡིན་ཏེ། ཇི་སྐད་དུ། རིག་ཡོད་ཕྱིར་ན་ལུས་ཅན་ཀུན། །རྟག་ཏུ་སངས་རྒྱས་སྙིང་པོ་ཅན། །ཞེས་གསུངས་པས་སོ། །

གསུམ་པ་ནི། སྙིང་པོའི་དགོངས་གཞི་ཡང་སྟོང་པ་ཉིད་ཀྱི་ཡེ་ཤེས་ལ་འཆད་པ། རྒྱུད་བླ་ཊཱི་འགྲེལ་ན་གསལ་ཡང་། ཇོ་ནང་པ་ཆེན་པོས་ནི་དེ་ལ་མི་འཆད་པར། ཆོས་ཉིད་མེད་དགག་གི་ཆ་ལ། རང་བཞིན་བདེ་བར་གཤེགས་པའི་སྙིང་པོ་ཞེས་བྱ་བའི་མིང་བཏགས་ནས། དེ་སྙིང་པོ་མཚན་ཉིད་པ་དང་། སེམས་ཅན་གྱི་རྒྱུད་ལ་ཡོད་པ་མཚན་ཉིད་པར་འཆད་ལ། བོད་ཕྱི་རབས་ཀྱི་མཁས་པ་ཕལ་མོ་ཆེ་འདིའི་རྗེས་སུ་འཇུག་མོད། རྒྱུད་བླ་ཊཱི་འགྲེལ་གྱི་དགོངས་པར་སོང་བ་མ་ཡིན་ཏེ། རྒྱུད་བླ་ཊཱི་འགྲེལ་དུ་ནི། སྙིང་པོ་དངོས་དང་། དེའི་དགོངས་གཞི་གང་ཡིན་ཀྱང་། མ་ཡིན་དགག་གི་ཆ་ནས་བཤད་པ་ཤ་སྟག་ཏུ་སྣང་གི་མེད་དགག་གི་ཆ་ནས་བཤད་པ་གཅིག་ཀྱང་མེད་པའི་ཕྱིར་དང་། དེ་ལ་བཤད་ན། ཡོན་ཏན་དབྱེར་མེད་པའི་དོན་མི་ཚང་བའི་ཕྱིར། བསྟན་བཅོས་མཛད་པ་འདིའི་དགོངས་པ་ཡང་། དངོས་དང་དགོངས་གཞི་གང་ཡིན་ཀྱང་། མེད་དགག་གི་ཆ་ལ་འཆད་པ་མ་ཡིན་ཏེ། ཇི་སྐད་དུ། གལ་ཏེ་ཐེམས་པོའི་ཆོས་ཀྱི་དབྱིངས། །བདེ་གཤེགས་སྙིང་པོ་མ་ཡིན་ཡང་། །སེམས་ཅན་རྣམས་ཀྱི་ཆོས་ཀྱི་དབྱིངས། །བདེ་གཤེགས་སྙིང་པོ་ཡིན་སྙམ་ན། །མ་ཡིན་ཆོས་ཀྱི་དབྱིངས་ལ་ནི། །དབྱེ་བ་མེད་པར་རྒྱལ་བས་གསུངས། །ཞེས་མེད་དགག་གི་ཆ་ལ་འཆད་པ་བཀག་པའི་ཕྱིར་རོ། །མདོར་ན་ས་ལོ་ནི། སངས་རྒྱས་དང་དེའི་སྙིང་པོ་སོ་སོར་མི་འབྱེད་པར། སངས་རྒྱས་ཉིད་སེམས་ཅན་གྱི་སྙིང་པོ་ཡིན་ནོ། །ཞེས་པ་མདོའི་སྒྲ་ཇི་བཞིན་པའི་དོན་དུ་འཆད་ལ། ཇོ་ལོ་ནི། སངས་རྒྱས་དང་དེའི་སྙིང་པོ་སོ་སོར་ཕྱེ་ནས། སེམས་ཅན་ལ་སངས་རྒྱས་ཡོད་པར་མི་འཆད་ཀྱི། དེའི་སྙིང་པོ་ཡོད་པར་འཆད་ཅིང་། ཡོད་རྒྱུའི་སྙིང་པོ་དེ་ཡང་།

སངས་རྒྱས་དང་སེམས་ཅན་གཉིས་ཀའི་སྙིང་པོ་མཚན་ཉིད་པར་ཞལ་གྱིས་བཞེས་པ་ཡིན་ནོ། །ཡང་གངས་ཅན་གྱི་ཆེན་པོ་གཞན་དག་ནི། སེམས་ཅན་ཀུན་ལ་ངེས་དོན་གྱི་སྟོབས་སོགས་ཡོན་ཏན་མཐའ་དག་ཚང་བའི་ཆོས་ཉིད་ཀྱི་སངས་རྒྱས་ཤིག་སེམས་ཅན་ཀུན་ལ་ཁྱབ་པར་བཞུགས་པ་ཡིན་པ་ལས། དེ་ཡང་རྒྱུའི་དུས་སུ་མི་གསལ་བར་བཞུགས་པ་ལ། འབྲས་བུའི་དུས་སུ་གསལ་བར་འགྱུར་བ་ཡིན་ནོ། །ཞེས་བཞེད་པ་ཡིན་གྱི། རྒྱུའི་དུས་སུ་མཚན་དཔེ་གསལ་རྫོགས་ཀྱིས་བརྒྱན་པའི་སངས་རྒྱས་བཞུགས་སོ། །ཞེས་བྱ་བར་མི་བཞེད་དོ། ། མདོར་ན་གངས་ཅན་གྱི་ལྗོངས་སུ་སངས་རྒྱས་ཀྱི་སྙིང་པོའི་རྣམ་གཞག་འཆད་པ་པོ་ཚད་ལྡན་ནི་གསུམ་པོ་དེ་ཙམ་དུ་ཟད་ལ། དེ་གསུམ་པོ་གང་རུང་གཅིག་གི་གཞུང་སྲང་རྒྱུ་མེད་པར་འཆད་པ་དག་ལ་ནི། རྣམ་དཔྱོད་དང་ལྡན་པ་དག་ཡི་རང་བར་མི་འགྱུར་རོ། །

གཉིས་པ་དངོས་ལན་གདབ་པ་ནི། དྲི་བ་དང་པོའི་ལན་གདབ་པ་དང་། གཉིས་པའི་ལན་གདབ་པའོ། །དང་པོ་ནི། རྒྱས་འགྱུར་གྱི་རིགས་སངས་རྒྱས་ཀྱི་སྙིང་པོར་གསུངས་པ་མ་ཡིན་ནམ་ཞེས་པ་དེ། གྲུབ་མཐོང་གྱི་འཆད་ཚུལ་ལ་དཔགས་ནས་ཅི་གསུངས་བརྟགས་པ་ཡིན་གྱི། ཞེ་འདོད་ལ་མ་ཡིན་ནོ། །འོན་ཅི་ཞེ་ན། རིགས་གཉིས་དང་དེས་སྐུ་གསུམ་བསྐྱེད་པའི་ནུས་པ་སྟེ། ལྟ་ག་ཡང་སྙིང་པོའི་དགོངས་གཞིར་སྟོན་པ་ཡིན་ཏེ། དོན་རྣམ་པ་གསུམ་ལ་དགོངས་ནས་སེམས་ཅན་ཐམས་ཅད་སངས་རྒྱས་ཀྱི་སྙིང་པོ་ཅན་དུ་བཤད་པའི་ཕྱིར། དེ་སྐད་དུ་ཡང་། རྒྱུད་བླའི་འགྲེལ་པར། སེམས་ཅན་ཐམས་ཅད་ནི་དེ་བཞིན་གཤེགས་པའི་སྙིང་པོ་ཅན་ནོ། །ཞེས་གསུངས་པ་དེ་དོན་གང་གིས་ཤེ་ན། རྫོགས་སངས་སྐུ་ནི་འཕྲོ་ཕྱིར་དང་། །ཞེས་སོགས་གསུངས་པར་བཤད་དོ། །

དྲི་བ་གཉིས་པའི་ལན་ནི། ཇི་སྐད་དུ། མདོ་ལས་བདེ་གཤེགས་སྙིང་པོ་ནི། །འདུས་མ་བྱས་སུ་གསུངས་ཕྱིར་རོ། །ཞེས་པ། ལས་ཉོན་སོགས་ཀྱིས་འདུས་མ་བྱས་པ་ལ་འཆད་དགོས་པ་ཡིན་གྱི། སྐྱེ་འཇིག་དང་བྲལ་བ་ལ་འཆད་པ་མ་ཡིན་ཏེ། སྙིང་པོ་དངོས་དང་། དེའི་དགོངས་གཞི་གང་ཡིན་ཀྱང་དེར་རུང་བ་མ་ཡིན་པའི་ཕྱིར་ཏེ། སྙིང་པོ་དངོས་ནི་སངས་རྒྱས་ཀྱི་སའི་ཆོས་ཀྱི་སྐུ་ལ་འཆད་དགོས་ལ། དེ་ཡང་དེར་མི་རུང་། དགོངས་གཞི་ནི་སྟོང་པ་ཉིད་ཀྱི་ཡེ་ཤེས་ལ་འཆད་དགོས་པ་ཡིན་ལ། དེ་ཡང་དེར་མི་རུང་བའི་ཕྱིར། དེ་དེར་འཆད་རྒྱུ་ཡིན་པའི་སྒྲུབ་བྱེད་ལ་ལུང་དང་། རིགས་པ་གཉིས་ལས། ལུང་ནི། རྒྱུད་བླའི་འགྲེལ་པར་མདོ་དྲངས་པ་ལས། དེ་བཞིན་གཤེགས་པའི་སྙིང་པོའི་ཡེ་ཤེས་ཉིད་ནི། དེ་བཞིན་གཤེགས་པ་རྣམས་ཀྱི་སྟོང་པ་ཉིད་ཀྱི་ཡེ་ཤེས་ཡིན་ལ། ཞེས་གསུངས་པ་དང་། རིགས་པ་ནི། གཞི་དུས་ཀྱི་ཡེ་ཤེས་དེ་ཉིད་དྲི་མ་སྦྱངས་པ་ན། སྟོབས་སོགས་ཡོན་ཏན་གྱི་ངོ་བོར་སྐྱེ་བ་ཡིན་ལ། ཆགས་སོགས་དྲི་མའི་ངོ་བོར་འགྱུར་བ་ནི་དུས་ནམ་ཡང་མི་སྲིད་པའི་རྒྱུ་མཚན་གྱིས་སོ། །

སྟོང་ཉིད་མེད་དགག་གི་ཆ་ལ་ཡང་དེ་ལྟར་འདོད་ན་ནི། རྣམ་ཤེས་མིན་པས་རྣམ་ཤེས་ཀྱི་ཉེར་ལེན་བྱེད་པར་ཁ་ཅང་ཐལ་ལོ། །དེ་ལྟར་བཤད་པ་དེ་ལས་འཆད་ཚུལ་གཞན་དུ་ན། གནས་ཚུལ་གྱི་སྐུ་གསུམ་པོ་དེ་སྙིང་པོ་དངོས་མ་ཡིན་པར་འགྱུར་ཏེ། སྐྱེ་འཇིག་དང་བཅས་པའི་ཕྱིར་རོ། །འདོད་མི་ནུས་པ་ནི། ཇི་སྐད་དུ། རྫོགས་སངས་སྐུ་ནི་འཕྲོ་ཕྱིར་དང་། །ཞེས་པའི་གཞུང་གི་བསྟན་བྱའི་གཙོ་བོ་དེ་སྙིང་པོ་དངོས་སུ་མི་འདོད་པ་ནི་སུ་ཡང་མེད་ལ། སྐུ་དེའི་དབྱེ་བ་འཆད་པ་ན། ཇི་སྐད་དུ། ཆོས་སྐུ་རྣམ་གཉིས་ཤེས་བྱ་སྟེ། །ཆོས་དབྱིངས་ཤིན་ཏུ་དྲི་མེད་དང་། །དེ་ཡི་རྒྱུ་མཐུན་ཟབ་པ་དང་། །སྣ་ཚོགས་ཚུལ་ནི་སྟོན་པའོ། །ཞེས་ཡེ་ཤེས་ཆོས་སྐུ་དང་། གནས་ཚུལ་གྱི་གསུང་རབ་ཡན་ལག་བཅུ་གཉིས་ལ་བཤད་པའི་ཕྱིར་རོ། །དེ་ནས་གཞུང་གི་ངག་དོན་འདི་ལྟར། རྣམ་པར་ཤེས་པའི་ཚོགས་བརྒྱད་པོ་ཆོས་ཅན། བདེ་བར་གཤེགས་པའི་སྙིང་པོར་མི་འཐད་དེ། རྒྱུ་ལས་དང་ཉོན་མོངས་པ་དང་། གཟུང་འཛིན་གཉིས་སུ་སྣང་བའི་མ་རིག་པའི་བག་ཆགས་ཀྱིས་འདུས་བྱས་པའི་ཕྱིར། ཁྱབ་པ་ཡོད་དེ། མདོ་ལས། སྙིང་པོ་ནི་དེ་དང་དེས་འདུས་མ་བྱས་པར་གསུངས་པའི་ཕྱིར་ཏེ། སྙིང་པོ་དངོས་ནི་གཙང་བ་དམ་པའི་ཕ་རོལ་ཏུ་ཕྱིན་པ་ཡིན་ལ། དེའི་དགོངས་གཞི་ཡང་རང་བཞིན་གྱིས་རྣམ་པར་དག་པ་ཡིན་པའི་ཕྱིར་རོ། །འདི་ཡང་དགོངས་གཅིག་གི་ནང་ན། ཀུན་གཞིའི་རྣམ་པར་ཤེས་པ་ཉིད་བདེ་བར་གཤེགས་པའི་སྙིང་པོ་དང་། ཡོན་ཏན་ཐམས་ཅད་ལྷུན་གྲུབ་དང་། ས་བཅུ་པ་བས་ཀྱང་ཀུན་གཞི་རྫོགས་པ་དེ་མི་མཐོང་བ་སོགས་ཀྱི་རྣམ་གཞག་ཅིག་མཛད་སྣང་བ་དེ་འགོག་པའོ། །སླར་ཡང་སྐབས་འདིར་དྲི་བ་འདི་དག་འཇུག་སྟེ། ཁམས་དེ་དངོས་པོ་མ་ཡིན་ན༑ ༑རིགས་ཁམས་སྦྲང་རྩི་དང་འདྲ་བ། །ཟག་མེད་ཤེས་པར་བཤད་དེ་ཅི། ཁམས་དེ་དངོས་མེད་ཀྱང་མིན་ན། །དྲི་མར་བཅས་པའི་སེམས་ཀྱི་དབྱིངས། །དངོས་པོར་འདོད་དམ་སངས་རྒྱས་ཀྱི། ཁམས་ཀྱང་མིན་པར་འདོད་གྱུར་ཏམ། །རིག་པ་གང་ཡིན་རྣམ་ཤེས་ཀྱི། །ཚོགས་བརྒྱད་ཉིད་དུ་སྟུད་བྱེད་ན། །ཡེ་ཤེས་ལ་རྟོན་རྣམ་ཤེས་ལ། །ཡིད་རྟོན་མིན་པ་དེ་ཅི་ཞིག །ཀུན་གཞིའི་གསལ་ཆ་ཀུན་གཞི་ཉིད། །ཡིན་ན་ཟག་མེད་སེམས་སུ་འགལ། །མིན་ན་མ་སྒྲིབས་ལུང་མ་བསྟན། །ཡིན་པའི་ཤེས་བྱེད་གང་ནས་བཙལ། །ཟག་མེད་སེམས་རྒྱུད་ཚོགས་བརྒྱད་དུ། །སྟུད་པར་བྱེད་ན་རང་བཞིན་གྱི། །གནས་རིགས་མིན་པར་ཐལ་བར་འགྱུར། །དེ་ལྟ་ན་ནི་བྱང་ས་ལས། །གསུངས་པའི་རང་བཞིན་གནས་རིགས་གང་། །རང་ལུགས་ལ་ཡང་སེམས་ཅན་ཁམས། །སྤྲོས་བྲལ་ཡིན་པ་འགོག་བྱེད་དམ། །ཡང་ན་ཆོས་ཀྱི་དབྱིངས་སུ་འདོད། །གཉིས་པ་ལྟར་ན་ཆོས་དབྱིངས་དེ། །ཤེས་པར་འདོད་དམ་རྟག་པར་འདོད། །ཤེས་པ་ཡིན་ན་དངོས་པོར་འགྱུར། །རྟག་པར་འདོད་ན་ཤེས་མིན་པས། །ཤེས་པའི་ཉེར་ལེན་བྱེད་པའམ། །རྟག་པ་སེམས་ཅན་ཁམས་ཉིད་དུ། །འདོད་པ་སངས་རྒྱས་པ་ལ་མེད། །ཅེས་པའི་དྲི་བ་འདི་དག་ལ། །

ཆོས་དབྱིངས་ཤེས་པར་མི་འདོད་པ། །བྱམས་པའི་གཞུང་གི་དགོངས་པ་ཞེས། །འཆད་པོ་རྣམས་ཀྱིས་ལན་ལྡོན་དཀའ། །ངེས་ན་དྲི་བ་འདི་དག་གིས། །བསྟན་བཅོས་འདི་ནི་བཀག་གོ་ཞེས། །བ་ལང་ཁྱུ་ཡི་ཚོགས་དག་ཏུ། །ཁྱུ་མཆོག་ལྟ་བུར་རློམ་པ་མཆོག །ཆོས་དབྱིངས་ཡེ་ཤེས་མ་ཡིན་པའི། །སེམས་ཅན་ཁམས་ཀྱི་དབང་བྱས་ནས། །བརྟག་པ་འདི་དག་གིས་བརྟགས་པས། །གཞན་གྱི་འདོད་པ་སུན་ཕྱུང་ཞིང་། །ཚེར་མ་འདི་དག་འཇུག་པ་མེད། །སྤྲོས་བྲལ་ཞེས་པ་སྤྲོས་པའི་ཚོགས། །བཀག་པའི་མ་ཡིན་དགག་པ་ལ། །འཆད་པ་བྱམས་པའི་གཞུང་ཡིན་པས། །སྤྲོས་བྲལ་རྟག་པའམ་རྣམ་ཤེས་ཤེས། །བརྟགས་པའི་ཚེར་མ་འབྱིན་པར་སླ། །ཞེས་སྨྲ་བ་ཡིན་ནོ།། །།

དྲི་བ་བཅུ་བདུན་པ་ནི། །ཆོས་དབྱིངས་རྫོགས་པའི་བྱང་ཆུབ་རྒྱུར། །འགྱུར་བ་མེད་ན་ཆོས་ཀྱི་དབྱིངས། །རྒྱུ་ཡིས་རིགས་སུ་འཇོག་ཅེས་དང་། །འཕགས་པའི་ཆོས་ཀྱི་རྒྱུ་ཡི་ཕྱིར། །ཆོས་དབྱིངས་རིགས་སུ་འཇོག་གོ་ཞེས། །ཚད་ལྡན་གཞུང་ལས་གསུངས་དེ་ཅི། །ཞེས་པ་འདི་ལ་གཉིས་ལས། དང་པོ་ལ་འདྲི་དགོས་པའི་རྒྱུ་མཚན་ནི། འདིར་ཆོས་དབྱིངས་འགྱུར་མེད་དུ་བཤད་པ་དེ་རྟག་པ་ལ་འཆད་པ་དང་། དེའི་དོན་ཡང་། སྐད་ཅིག་གིས་སྐྱེ་འཇིག་མི་བྱེད་པ་ལ་འཆད་པ་མང་བར་འདུག་པའི་རྒྱུ་མཚན་གྱིས་དང་། བྱམས་པའི་ཆོས་རྗེས་འབྲང་དང་བཅས་པ་ན། ཆོས་དབྱིངས་འཕགས་པའི་ཆོས་རྣམས་ཀྱི་རྒྱུར་བཤད་པ་དེ། རྒྱུ་མཚན་ཉིད་པ་མ་ཡིན་པར་འཆད་པ་མང་བ་དང་། དེ་དེའི་རྒྱུ་མཚན་ཉིད་པ་ཡིན་ན། དེ་བསྔོ་རྒྱུའི་དགེ་བར་ཡང་ཁས་བླངས་པས་ཆོག་གམ་སྙམ་དུ་སེམས་པ་དག་མང་བའི་རྒྱུ་མཚན་གྱིས་སོ། །

གཉིས་པ་མ་དྲིས་ན་སྐྱོན་ཡོད་པ་ནི། བསྟན་བཅོས་འདིའི་མཐར་ཐུག་གི་ལྟ་བའི་འཇོག་མཚམས་དང་། ཆོས་དབྱིངས་ཀྱི་ངོས་འཛིན་རང་སྟོང་གི་ཚུལ་དུ་བཞེད་ཅིང་། དེ་ཉིད་ཕྱོགས་སྔ་མས་ཕྱག་རྒྱ་ཆེན་པོ་རང་སྟོང་གི་ཚུལ་དུ་བཤད་པའི་འཕྲོས་དང་ཡང་མཐུན་མོད། བྱམས་ཆོས་ཀྱི་ལུགས་ཀྱི་ཆོས་དབྱིངས་ངོས་འཛིན་ཚུལ། དེང་སང་གྲགས་ཆོད་ལྟར་བཤད་ན་ངོས་མི་ཟིན་ཞིང་། དེ་མ་ཤེས་ན་བྱམས་པའི་གཞུང་རྗེས་འབྲང་དང་བཅས་པ་དང་། བསྟན་བཅོས་འདིའི་འཆད་ཚུལ་གཉིས་ཀ་ཆུད་ཟོས་པར་འགྱུར་རོ། །

གཉིས་པ་དངོས་ལན་གདབ་པ་ལ་གསུམ་སྟེ། བྱམས་ཆོས་ཀྱི་ཆོས་དབྱིངས་ངོས་བཟུང་། དེ་འཕགས་པའི་ཆོས་རྣམས་སྐྱེས་བྱེད་ཡིན་པའི་ཚུལ། དེ་ལྟ་ན་ཡང་བསྔོ་རྒྱུའི་དགེ་བར་མི་རིགས་པའོ། །དང་པོ་ནི། དབུས་མཐར་ཆོས་ཀྱི་དབྱིངས་དངོས་པོར་བཤད་པ་ཡིན་ཏེ། སྟོང་པ་ཉིད་དང་ཆོས་དབྱིངས་སོགས་ཀྱི་མཚན་ཉིད་འཆད་པ་ན། གཉིས་དངོས་མེད་པའི་དངོས་མེད་པའི། །དངོས་པོ། །ཞེས་དང་། དབྱིག་གཉེན་ཞབས་ཀྱིས། འདི་ལྟར་དེ་བཞིན་ཉིད་ཀྱང་དེ། །དེ་ཉིད་རྣམ་པར་རིག་པ་ཙམ། །ཞེས་དང་། སློབ་དཔོན་སེང་གེ་བཟང་པོས།

ཚད་ལྡན་གྱི་ལུང་དྲངས་པ་ལས། གང་ཕྱིར་དབེན་པ་དབེན་གྱུར་ལས། །ཐ་མི་དད་པ་ཉིད་དུ་འདོད། །ཅེས་དང་། དེ་བཞིན་ཉིད་མཚན་ཉིད། བྱང་ཆུབ། ཅེས་པའི་འགྲེལ་པར། དེ་བཞིན་ཉིད་ཀྱི་ངོས་འཛིན་གཉིས་མེད་ཀྱི་ཡེ་ཤེས་ལ་བཤད་པ་སོགས་ཤིན་ཏུ་མང་ངོ་། །

གཉིས་པ་ནི། སྤྱིར་ཀུན་ནས་ཉོན་མོངས་དང་རྣམ་བྱང་གི་ཆོས་རྣམས་ལ་རྒྱུ་རྣམ་པ་གཉིས་གཉིས་ཏེ། འཕེན་བྱེད་ཀྱི་རྒྱུ་དང་། སྐྱེད་བྱེད་ཀྱི་རྒྱུའོ། །གཉིས་པོའི་ཁྱད་པར་ནི། རང་རང་གི་བག་ཆགས་འཇོག་བྱེད་དང་། དེས་གཞག་པའི་བག་ཆགས་སོ། །དང་པོ་བདག་པོའི་རྐྱེན་དང་། གཉིས་པ་རྒྱུའི་རྐྱེན་ནོ། །བག་ཆགས་ལ་གཉིས་ཏེ། ཟག་བཅས་ཀྱི་དང་། ཟག་མེད་ཀྱིའོ། །དང་པོ་ནི་ཀུན་གཞིའི་རྣམ་ཤེས་ཀྱི་ས་བོན་གྱི་ཆ་ཞེས་ཀུན་ལ་གྲགས་པ་དེ་ཉིད་དོ། །

གཉིས་པ་ནི། ཀུན་གཞིའི་རྣམ་ཤེས་ཀྱི་སྟེང་ན་དེ་དང་གོ་ས་ཐ་མི་དད་ཀྱི་ཚུལ་གྱིས་ཡོད་ཀྱང་། ཀུན་གཞིའི་རྣམ་ཤེས་སུ་ནི་མི་འཇོག་སྟེ། དེའི་གཉེན་པོ་ཡིན་པ་དང་། ཟག་པ་མེད་པའི་ཤེས་པ་ཡིན་པ་དང་། སངས་རྒྱས་ཀྱི་སར་ཡང་རྗེས་སུ་འགྲོ་བའི་ཕྱིར། དཔེར་ན་ས་དང་། དེའི་ཁོང་ན་ཡོད་པའི་གསེར་བཞིན་ནོ། །དེ་ལ་ནི་མིང་གི་རྣམ་གྲངས། རང་བཞིན་དུ་གནས་པའི་རིགས་དང་། ཟག་པ་མེད་པའི་ས་བོན་དང་། སྒྲིབ་པ་སྦྱངས་རུང་དང་། ཐོས་པའི་བག་ཆགས་དང་སྐྱེ་མཆེད་དྲུག་གི་ཁྱད་པར་དང་། སྒྲུབ་པའི་རྟེན་དུ་གྱུར་པའི་རིགས་ལ་སོགས་པའི་མིང་གི་ཐ་སྙད་བཏགས་སོ། །དེ་འདྲ་དེའི་མཚན་གཞི་ནི། ཇི་སྐད་དུ། དེ་ཕྱིར་གཉིས་སྟོང་གང་ཡིན་པ༑ །དེ་ནི་དེ་ཡི་འང་དེ་ཉིད་ཡིན། །ཞེས་པའི་གཞུང་གིས་བསྟན་པའི་གཉིས་མེད་ཀྱི་ཡེ་ཤེས་དེ་ཉིད་དོ། །དེ་འདྲ་དེ་ཆོས་ཅན། ཆོས་ཀྱི་དབྱིངས་ཞེས་བྱ་སྟེ། འཕགས་པའི་ཆོས་ཐམས་ཅད་ཀྱི་རྒྱུ་ཡིན་པའི་ཕྱིར་རོ། །དེ་ཡང་ཆོས་ནི་འཕགས་པའི་ཆོས་དང་། དབྱིངས་ནི་རྒྱུའི་དོན་དུ་བཤད་པར་བྱ་བ་ཡིན་གྱི། རང་སྟོང་གི་ཚུལ་ལ་གྲགས་པའི་འཆད་ཚུལ་ལྟར། ཆོས་ཞེས་བྱ་བ་ཤེས་བྱ་ཐམས་ཅད་དང་། དེ་བདེན་པས་སྟོང་པ་ལ་དབྱིངས་སུ་འཆད་པ་ལྟ་བུ་ནི་འདིར་མ་ཡིན་ནོ། །གོང་གི་རྟགས་གྲུབ་སྟེ། འཕགས་པ་སོ་སོའི་རང་རྒྱུད་ཀྱི་ཆོས་དབྱིངས་ལ་དམིགས་ཏེ། རང་རང་གི་རྟོགས་ཚུལ་དང་འཚམ་པའི་རྟོགས་བྱེད་ཀྱི་བློས་དམིགས་ཏེ་གོམས་པར་བྱས་པ་ན། འཕགས་པར་རང་རང་གི་ཡོན་ཏན་དེ་དང་དེ་དག་ཆོས་དབྱིངས་ལས་སྐྱེ་བའི་ཕྱིར། དཔེར་ན། ཞིང་ལ་གནས་པའི་ས་བོན་དེ། ཆུ་ལུད་སོགས་ཀྱིས་གསོས་བཏབ་པ་ན། དེ་ལས་མྱུ་གུ་སྐྱེད་པ་བཞིན་ནོ། །དེ་སྐད་དུ་ཡང་། དེ་ནི་རྟེན་དང་བརྟེན་པ་དང་། །ཡོད་མེད་གཉིས་དང་ཡོན་ཏན་ནི། །སྒྲོལ་བའི་དོན་དུ་ཤེས་པར་བྱ། །ཞེས་གསུངས་ཤིང་། སྒྲོལ་བའི་དོན་ཡང་། སྐྱེད་པ་ལ་ཉེ་སྣང་སོགས་ལས་བཤད་དོ། །

གསུམ་པ་ནི། དེ་ལྟ་ན་ཡང་དེ་འདྲ་དེ་བསྔོ་རྒྱུའི་དགེ་བ་ནི་མ་ཡིན་ཏེ། སེམས་ཅན་གྱི་ཆོས་དབྱིངས་དེ་མ་བསྔོས་ཀྱང་། ཐོག་མ་མེད་པ་ནས་སངས་རྒྱས་ཀྱི་རིགས་སུ་གནས་པའི་ཕྱིར་དང་། ངོ་བོ་གཞན་དུ་འགྱུར་བ་མེད་པའི་ཕྱིར། དཔེར་ན་སྤྲིན་དང་བཅས་པའི་ནམ་མཁའ་དེ་དྭངས་པའི་ཚེ་ན། ནམ་མཁའ་དེ་བསྒྱུར་བ་མ་ཡིན་པ་བཞིན་ནོ། །ཆོས་དབྱིངས་བསྔོ་རྒྱུ་མ་ཡིན་ཀྱང་། །སྤྱིར་བསྔོ་བས་ཆོས་དབྱིངས་ལ་ཕན་འདོགས་པའི་དོན་མེད་པ་མ་ཡིན་ཏེ། འདུས་བྱས་ཀྱི་དགེ་རྩ་བྱང་ཆུབ་ཏུ་བསྔོས་པས། ཆོས་དབྱིངས་ཞིང་ས་གཤིན་པ་དང་འདྲ་བ་དེའི་སྟེང་གི་ཟག་མེད་ཀྱི་ས་བོན་གསོས་བཏབ་པས། བྱང་ཆུབ་གསུམ་པོ་གང་རུང་གི་མྱུ་གུ་འབྱུངས་པའི་ཕྱིར་རོ།། །།

དྲི་བ་བཅོ་བརྒྱད་པ་ནི། ཆོས་དབྱིངས་ལུང་མ་བསྟན་ཡིན་ན། །ཆོས་ཀྱི་དབྱིངས་ལས་མ་གཏོགས་པའི། །ཆོས་གཞན་མེད་ཕྱིར་དགེ་བ་དང་། །སྡིག་པའང་ལུང་མ་བསྟན་དུ་འགྱུར། །སྐམ་པའི་དོགས་པ་མི་འབྱུང་ངམ། །ཆོས་དབྱིངས་གསུམ་ཀར་མི་རུང་ན། །དེ་མཚུངས་དོགས་པའང་ཅིས་མི་འབྱུང་། །ཆོས་དབྱིངས་ཡོད་པར་མི་བཞེད་ན། །ཆོས་ཀྱི་དབྱིངས་ལས་མ་གཏོགས་པའི། །དངོས་པོ་མེད་ཕྱིར་དངོས་ཀུན་ཀྱང་། །ཡོད་པར་མི་བཞེད་མིན་དེ་ཅི། །ཅེས་པའོ། །

འདི་ལ་གཉིས་ལས། དང་པོ་དྲི་བའི་བསམ་པ་བཤད་པ་ལ། འདྲི་དགོས་པའི་རྒྱུ་མཚན་དང་། མ་དྲིས་པའི་ཉེས་དམིགས་སོ། །དང་པོ་ནི། ཇི་སྲིད་ཡོད་པ་ཞེས་བྱ་བའི་ཆོས་ཞིག་ཁས་ལེན་པ་དེ་སྲིད་དུ། ཆོས་ཐམས་ཅད་དགེ་མི་དགེ་ལུང་མ་བསྟན་གསུམ་པོ་གང་རུང་དུ་ཁ་ཆེན་བཅད་དགོས་པའི་རྒྱུ་མཚན་གྱིས་དང་། གཞུང་གི་སྐབས་ཟིན་ལ། ཡོད་ན་ཆོས་དབྱིངས་ཡིན་དགོས་པ་དང་། སྡིག་པ་དང་ལུང་མ་བསྟན་གཉིས་ཀྱང་ཆོས་དབྱིངས་སུ་བཤད་པ་ལྟ་བུར་སྣང་བའི་རྒྱུ་མཚན་གྱིས་དང་། རྣམ་བཤད་མཛད་པ་པོ་རྣམས་ཀྱིས་ཀྱང་། ཟུར་ཐོན་པའི་བཤད་པ་མི་སྣང་བས་སོ། །

གཉིས་པ་ནི། འོ་ན་ཆོས་ཀྱི་དབྱིངས་ཆོས་ཅན། གསུམ་པོ་གང་རུང་དུ་ཐལ། ཡོད་པའི་ཕྱིར། རྟགས་དང་ཁྱབ་པ་ཚད་མས་གྲུབ། ཐལ་ཆོས་ལ་ཁས་བླངས་ཀྱི་བསལ་བ་འཇུག་ཚུལ། འདི་ལྟར། འདོད་ན་གསུམ་པོ་གང་ཡིན། ལུང་མ་བསྟན་ལས་འོས་མེད་པས། དགེ་བ་དང་སྡིག་པའང་ཆོས་ཅན། ལུང་མ་བསྟན་དུ་ཐལ། ཆོས་ཀྱི་དབྱིངས་ཡིན་པའི་ཕྱིར། ཞེས་བརྗོད་ན་འཁོར་གསུམ་ཚང་བར་འགྱུར་ཏེ། རྟགས་དངོས་སུ་ཁས་བླངས་ཤིང་། ཁྱབ་པ་གང་དུ་ཁས་བླངས་པའི་སྒྲིག་མཚམས་ཀྱང་ཁས་བླངས་སོ། །ཐལ་ཆོས་ལ་ཚད་མའི་བསལ་བ་ཞུགས་པར་མ་ཟད། ཁས་བླངས་འགལ་བ་ཡང་། འདི་ལྟར། དེ་ལྟ་ཡིན་ན་སེམས་ཅན་རྣམས། །བདེ་འགྲོར་འགྲོ་བ་

མི་སྲིད་ཅིང་། །ངན་འགྲོར་འགྲོ་བའང་མི་སྲིད་འགྱུར། །ཞེས་སྨྲ་ར་རོ། །ཡང་དགེ་བ་ཆོས་ཅན། ཆོས་ཀྱི་དབྱིངས་སུ་ཐལ། ཡོད་པའི་ཕྱིར། འདོད་ན། ཆོས་ཉིད་དང་དགེ་བའི་གཞི་མཐུན་ཁས་བླངས་སོ། །གལ་ཏེ་ཆོས་ཀྱི་དབྱིངས་སྒྲིར་ཡོད་པར་ཁས་མི་ལེན་པས། དེ་གསུམ་གང་རུང་དུ་ཁས་མི་ལེན་ནོ་ཞེ་ན། འོ་ན་དགེ་སོགས་གསུམ་པོ་རེ་རེ་ནས་ཆོས་ཅན། རེ་རེ་ནས་རང་རང་མ་ཡིན་པར་ཐལ། ཆོས་ཀྱི་དབྱིངས་ཡིན་པའི་ཕྱིར། རྟགས་ཆོས་ལ་ཁས་བླངས་ཀྱི་བསལ་བ་དངོས་སུ་བཞུགས། ཕྱི་མ་ལ་ཁྱབ་པ་མ་ངེས་ན་དངོས་འགལ་དུ་སོང་བ་ཡིན་ཏེ། ཆོས་དབྱིངས་ཡིན་ན་དགེ་བ་ཡིན་པར་འགལ་བ་ནི། གཞུང་གི་སྐབས་ཟིན་དུ་མ་ཟད། ཞེ་འདོད་ལ་སྣང་བའི་ཕྱིར། ཕྱི་མ་གཉིས་ལ་ཁྱབ་པ་མ་ངེས་ན། ཆོས་དབྱིངས་ལ་མི་དགེ་བའམ། ལུང་མ་བསྟན་གྱི་གཞི་མཐུན་ཁས་བླངས་པར་སོང་བས། དམ་བཅའ་ སྔ་མ་ཉམས་སོ། །ཡང་ཆོས་ཀྱི་དབྱིངས་ཡོད་པ་མ་ཡིན་ན། མེད་པར་བཞེད་དམ། སྤྲོས་བྲལ་དུ་བཞེད། དང་པོ་ལྟར་ན། དངོས་སུ་འགལ་བར་མ་ཟད། ཡོད་པ་ཞེས་བྱ་བའི་ཆོས་ཞིག་མི་སྲིད་པར་འགྱུར་ཏེ། ཆོས་ཀྱི་དབྱིངས་མེད་པ་གང་ཞིགདེ་ལས་མ་གཏོགས་པའི་ཆོས་གཞན་མེད་པའི་ཕྱིར་རོ། །གཉིས་པ་ལྟར་ན། འགྲོ་ཀུན་དགེ་བ་ཧེ་སྙེད་ཡོད། །ཅེས་པའི་གཞུང་གིས་བསྟན་པའི་ཡོད་དགེ་དེ་ཡང་ཡོད་མེད་ཀྱི་མཐའ་དང་བྲལ་བར་འགྱུར་ཏེ། ཆོས་དབྱིངས་དེ་མཐའ་བྲལ་གང་ཞིགཆོས་དབྱིངས་ལས་མ་གཏོགས་པའི་ཆོས་གཞན་མེད་པའི་ཕྱིར་རོ། །ཞེས་པའི་ཉེས་པ་འདི་དག་འཇུག་པར་མཐོང་ནས། ཆོས་ཀྱི་དབྱིངས་ལས་མ་གཏོགས་པའི། །ཆོས་གཞན་མེད་པ། ཞེས་བྱ་བ་འདི་རྒྱལ་བའི་བཀའ་དང་། ཚད་ལྡན་གྱི་བསྟན་བཅོས་མང་པོར་བཞུགས་ཀྱང་། བསྟན་བཅོས་འདི་འཆད་པ་པོ་རྣམས་ཁོ་ནར་མ་ཟད། ཡུམ་གྱི་མདོ་དང་། མདོ་སྡེའི་རྒྱན་དང་། དབུས་དང་མཐའ་རྣམ་པར་འབྱེད་པ་འཆད་པ་པོ་རྣམས་ཀྱིས་ཀྱང་། དོན་དེ་ལ་གདེངས་མ་ཐོབ་པས་མུན་པའི་གླིང་དུ་འཁྱམས་པར་གྱུར་ཏོ། །དེ་ལ་འདི་སྐད་ཅེས། རྟ་ཐུལ་གྱིས་ནི་ཚངས་པ་ལ། །འབྱུང་ཆེན་གང་དུའང་འགག་ཅེས་དྲིས། །མེས་པོར་རློམ་པའི་སྨྲེམས་པ་ཡིས། །བདེན་གནམ་རླུང་ལ་བསྐུར་ཞེས་གྲག །དེ་བཞིན་མེས་པོར་རློམ་པ་འགའ། །འདི་ན་དད་པའི་རྗེས་འབྲང་དག །ཡིད་ཆེས་བྱ་ཕྱིར་དཔྱོད་ལྡན་ཚིག །བསྙོངས་པར་བྱེད་པ་ཡོད་མིན་ནམ། །

གཉིས་པ་དངོས་ལན་བཏབ་པ་ལ་གཉིས་ཏེ། ཆོས་ཀྱི་དབྱིངས་ལས་མ་གཏོགས་པའི་ཆོས་གཞན་མེད་པའི་ཚུལ་རྒྱས་པར་བཤད། སྐབས་སུ་བབ་པའི་གཞུང་དོན་བཤད་པའོ། །དང་པོ་ལ་གཉིས་ཏེ། ཡུམ་གྱི་མདོ་ལས་དེ་ལྟར་གསུངས་པའི་དགོངས་པ་བཤད། བྱམས་ཆོས་ཕྱི་མ་ལས་དེ་ལྟར་གསུངས་པའི་དགོངས་པ་བཤད་པའོ། །དང་པོ་ལ། ཆོས་རྣམས་ཀྱི་ངོ་བོ་ནི་གཉིས་ཏེ། སྣང་ཚུལ་གྱི་དང་། གནས་ཚུལ་གྱི་ངོ་བོའོ། །གཉིས་པོའི

ཁྱད་པར་ནི། ཡང་དག་མིན་རྟོག་ལ་སྣང་ཚུལ་དང་། མི་རྟོག་ཡེ་ཤེས་ཀྱིས་གཟིགས་ཚུལ་གྱི་དབང་དུ་བྱས་སོ། ། དང་པོ་ནི། སོ་སོ་སྐྱེ་བོ་དང་། འཕགས་པ་སློབ་པའི་རྗེས་ཐོབ་ཏུ། མ་རིག་པའི་བག་ཆགས་ཀྱི་དབང་གིས་གཟུང་འཛིན་གཉིས་སུ་སྣང་བ་དང་། ཕྱི་མ་ནི། འཕགས་པའི་མཉམ་གཞག་ཏུ་གཉིས་མེད་ཀྱི་ཡེ་ཤེས་མངོན་དུ་གྱུར་པའི་སྟོབས་ཀྱིས་ཅིར་ཡང་མི་སྣང་ངོ་། །དེའི་དུས་ཀྱི་ཡུལ་ཅན་གཉིས་པོ་དེ་ལ་ནི་གོ་རིམ་བཞིན་དུ། རྣམ་ཤེས་དང་ཡེ་ཤེས་ཞེས་བྱ་ཞིང་། ཡུལ་གཉིས་པོ་དེ་ལ་ནི། ཆོས་ཅན་དང་ཆོས་ཉིད་ཅེས་ཀྱང་བྱ། ཀུན་རྫོབ་དང་དོན་དམ་པ་ཞེས་ཀྱང་བྱ། ཇི་སྙེད་པ་དང་ཇི་ལྟ་བ་ཞེས་ཀྱང་བྱའོ། །དེ་ལྟར་གཉིས་ཀྱི་ནང་ནས། ཤེས་བྱ་ཇི་སྙེད་པ་རྣམས་ཀྱི་གནས་ཚུལ་ནི་ཆོས་དབྱིངས་སུ་གནས་པ་ཡིན་གྱི། ཆོས་ཅན་དུ་གནས་པ་ནི་མ་ཡིན་ཏེ། དེར་གནས་ན། སངས་རྒྱས་ཀྱི་ཡེ་ཤེས་ཀྱིས་ཀྱང་སོ་སོ་སྐྱེ་བོ་དང་། སློབ་པའི་རྗེས་ཐོབ་ལ་ཇི་ལྟར་སྣང་བ་དེ་ལྟར་དུ་གཟིགས་དགོས་པ་ལས། དེ་མ་གཟིགས་པའི་ཕྱིར། དེ་སྐད་དུ་ཡང་། མཁྱེན་ནས་ཆོས་རྣམས་མ་གཟིགས་ཕྱིར། ། ཞེས་དང་། འཇུག་འགྲེལ་དུ། དངོས་པོ་བྱས་པ་ཅན་ལ་མ་རེག་པར། །རང་བཞིན་འབའ་ཞིག་ཐུགས་སུ་ཆུད་པའི་ཕྱིར། །སངས་རྒྱས་སོ། །ཞེས་གསུངས། དེའི་ཕྱིར་ཆོས་ཅན་ཇི་སྙེད་པ་རྣམས་ནི། ཇི་ལྟར་སྣང་བ་དེ་ལྟར་དུ་ཡོད་པ་མ་ཡིན་ཏེ། སྣང་ཚུལ་དང་གནས་ཚུལ་མི་མཐུན་པའི་ཕྱིར། དཔེར་ན་རབ་རིབ་ཅན་ལ་སྐྲ་ཤད་དུ་སྣང་བ་བཞིན་ནོ། །དེས་ན་ཤེས་བྱ་ཐམས་ཅད་ཀྱི་གནས་ཚུལ་ནི་ཆོས་ཀྱི་དབྱིངས་སུ་གནས་པ་དེའི་ཕྱིར། ཆོས་ཀྱི་དབྱིངས་ལས་མ་གཏོགས་པའི་ཆོས་གཞན་མེད་དོ། །གལ་ཏེ་ཁོ་མེད་ན། ཁོའི་གནས་ཚུལ་ཡོད་པར་འགལ་ལོ། ། ཞེ་ན། མ་ཡིན་ཏེ། གནས་ཚུལ་མེད་པ་ལ་གནས་ཚུལ་དུ་སྒྲོ་བཏགས་པའི་ཕྱིར་རོ། །ཇི་སྐད་དུ། གནས་མེད་གནས་ཡིན་འདི་ནི་རྒྱལ་བས་གནས་པར་གསུངས། ཞེས་པ་ལྟར་རོ། །དེ་ལྟ་ནའང་། ཇི་སྙེད་པ་རྣམས་ཆོས་དབྱིངས་སུ་ཁས་ལེན་པ་ནི་མ་ཡིན་ཏེ། དོན་དམ་པའི་བདེན་པར་ཐལ་བས་སོ། །མཐར་ནི་ཆོས་ཀྱི་དབྱིངས་ཉིད་ཀྱང་དེ་མ་ཡིན་ཏེ། ཡིན་ན་དོན་དམ་པའི་བདེན་པར་ཐལ་བས། སྤྲོས་པའི་མཐའ་མ་ལུས་པ་དང་མ་བྲལ་བ་ཉིད་དུ་ཐལ་བར་འགྱུར་བས་སོ། །དེས་ན་ཆོས་ཀྱི་དབྱིངས་ལས་མ་གཏོགས་པའི་ཆོས་གཞན་མེད་དོ། །ཅེས་བྱ་བའི་དོན་ནི། གང་གཞི་གྲུབ་པ་ཐམས་ཅད་ཆོས་ཀྱི་དབྱིངས་ཡིན་ནོ། །ཞེས་བྱ་བའི་དོན་ནི་མ་ཡིན་ཏེ། གྲུབ་པ་ཞེས་བྱ་བའི་ཆོས་ཞིག་ཁས་བླངས་ན། དེ་ཆོས་ཀྱི་དབྱིངས་སུ་མི་རུང་བའི་ཕྱིར་དང་། སྤྱིར་ཡང་སྤྲོས་པའི་མཐའ་གང་རུང་གཅིག་ཏུ་ཁས་བླངས་ན། ཆོས་ཀྱི་དབྱིངས་སུ་འགལ་བའི་ཕྱིར་རོ། །དེ་ལྟར་བཤད་པ་འདི་ཡང་། ལྟ་བས་སྤྲོས་པ་གཅོད་པའི་དབང་དུ་བྱས་པ་ཡིན་གྱི། སྒོམ་པས་ཉམས་སུ་ལེན་པའི་ཚེ་ནི། སོ་སོར་རང་གིས་རིག་པའི་ཡེ་ཤེས་ཀྱི་ཉམས་སུ་མྱོང་བྱ་ཙམ་ཞིག་ཁས་བླངས་ནས་གོམས་པར་བྱེད་ལ། དེ་ལ་ནི་རྣལ་འབྱོར་པའི་

ཀུན་རྫོབ་ཅེས་བྱའོ། །སྤྱོད་པས་བསོད་ནམས་ཀྱི་ཚོགས་ལ་སློབ་པ་དེའི་ཚེ་ན། འཇིག་རྟེན་ན་ཇི་ལྟར་གྲགས་པ་བཞིན་ཐད་སོར་འཇོག་པ་ཡིན་ལ། དེ་ལ་ནི་འཇིག་རྟེན་ཀུན་རྫོབ་ཀྱི་བདེན་པ་ཐབས་སུ་གྱུར་པ་ཞེས་བྱའོ། །

གཉིས་པ་ནི། མདོ་སྡེའི་རྒྱན་དང་། དབུས་མཐའ་ལས། ཇི་སྐད་དུ། ཆོས་ཀྱི་དབྱིངས་ལས་མ་གཏོགས་པ༑ ༑གང་ཕྱིར་ཆོས་མེད་དེ་ཡི་ཕྱིར། །ཞེས་དང་། ཆོས་ཀྱི་དབྱིངས་ལས་མ་གཏོགས་པ། །འདི་ལྟར་ཆོས་ཡོད་མ་ཡིན་ཏེ། །ཞེས་གསུངས་པའི་དོན། ཀུན་བྱང་དང་འཁོར་འདས་ཀྱིས་བསྡུས་པའི་ཆོས་ཐམས་ཅད་ཆོས་དབྱིངས་སུ་ཁས་ལེན་པ་མ་ཡིན་ཏེ། དེ་ལྟར་ཁས་ལེན་པ་ནི་དཀའ་བ་དང་། མི་ནུས་པ་དང་། འབྲས་བུ་མེད་པ་ཉིད་ཀྱི་ཕྱིར་རོ། །དེའི་ཚུལ་ཡང་། དེ་ལྟ་ན་ཀུན་བཏགས་དང་གཞན་དབང་གཉིས་ཀ་ཡོངས་གྲུབ་ཏུ་ཐལ་བ་དང་། རྣམ་དག་གི་དམིགས་པ་དང་། དོན་དམ་པའི་བདེན་པ་ཉིད་དུ་ཐལ་བར་འགྱུར་ཏེ། ཆོས་ཀྱི་དབྱིངས་ཀྱི་ངོ་བོ་ཉིད་ཡིན་པའི་ཕྱིར་རོ། །འོན་ཅི་ཞེ་ན། བྱམས་ཆོས་བར་པ་གསུམ་གྱི་ལྟ་བའི་འཇོག་མཚམས་མཐར་ཐུག་ཏུ་སླེབ་པ་ན། ཆོས་ཀྱི་དབྱིངས་ལས་མ་གཏོགས་པའི་ཆོས་གཞན་ཡོད་པ་མ་ཡིན་ཏེ། ཆོས་ཀྱི་དབྱིངས་ཁོ་ན་ཡོད་ལ། དེ་ལས་གཞན་མེད་པའི་ཕྱིར་རོ། །དེའི་ཤེས་བྱེད་ཀྱང་ལུགས་འདིར། ཡོད་ན་ཆོས་ཀྱི་དབྱིངས་ཀྱི་ངོ་བོ་ཉིད་ཡིན་དགོས་ཏེ། ཡོད་ན་ཡོངས་གྲུབ་ཡིན་དགོས་པའི་ཕྱིར། དེ་དག་གི་ཤེས་བྱེད་ཀྱང་། གཟུང་འཛིན་གཉིས་ནི་མེད་ལ། གཉིས་མེད་ཀྱི་ཡེ་ཤེས་འབའ་ཞིག་ཡོད་པའི་རྒྱུ་མཚན་ལ་ཐུག་ཅིང་། དེ་དག་གིས་ཤེས་བྱེད་ཀྱང་། མདོ་སྡེའི་རྒྱན་ལས། བློ་དང་ལྡན་པས་གཉིས་པོ་མེད་རིག་ནས། །དེ་མི་ལྡན་པའི་ཆོས་ཀྱི་དབྱིངས་ལ་གནས། །ཞེས་དང་། དབུས་མཐའ་ལས། དམིགས་པ་ལ་ནི་བརྟེན་ནས་སུ། །མི་དམིགས་པ་ནི་རབ་ཏུ་སྐྱེ། །མི་དམིགས་པ་ལ་བརྟེན་ནས་སུ། །མི་དམིགས་པ་ནི་རབ་ཏུ་སྐྱེ། །དེ་ལྟ་བས་ན་དམིགས་པ་དང་། །མི་དམིགས་མཉམ་པར་ཤེས་པར་བྱ། །ཞེས་གསུངས་སོ། །དེ་ལྟ་མོད་ཀྱི། ལུགས་འདིར་སྟིག་པ་དང་ལུང་མ་བསྟན་ཆོས་དབྱིངས་ཡིན་པ་ལྟ་ཞོག་ཡོད་པར་ཡང་ཁས་མི་ལེན་ཏེ། གཟུང་འཛིན་གང་རུང་གིས་བསྡུས་པའི་ཕྱིར་རོ། །

འོན་ཐ་སྙད་ཀྱི་བདེན་པ་ཁས་མི་ལེན་ནམ་ཞེ་ན། དེ་ཡང་། འཇིག་རྟེན་དང་ཉན་ཐོས་པ་ལ་གྲགས་པའི་དོན་རྣམས་ནི། རྣལ་འབྱོར་སྤྱོད་པ་བ་རང་གི་གྲུབ་མཐའ་ལ་གྲགས་པའི་ཚད་མས་གྲུབ་པར་ནི་ཁས་མི་ལེན་གྱི། བག་ཆགས་བརྟན་པ་དང་མི་བརྟན་པ་ལས་བྱུང་བའི་ཤེས་པ་ལ་ཇི་ལྟར་སྣང་བའི་གཟུང་རྣམ་དེ་ཉིད་ལ། ཡང་དག་པའི་ཀུན་རྫོབ་དང་། ལོག་པའི་ཀུན་རྫོབ་ཀྱི་ཐ་སྙད་འདོགས་པར་བྱེད་ཅིང་། སྣང་བ་དེ་ཡང་། གནས་ལུགས་ལ་སེམས་སུ་གནས་པ་ཡིན་ཞིང་། དེ་ཡང་རང་རིག་པའི་མངོན་སུམ་གྱིས་གྲུབ་པ་ཡིན་ནོ། །ཞེས་བྱ་བ་འདི་ནི་ཐ་སྙད་ཀྱི་བདེན་པའི་འཇོག་ལུགས་ཡིན་ལ། དེ་ལྟར་སྣང་མཁན་གྱི་སེམས་ཀྱི་རྣམ་པ་དེ་ཉིད་ཀྱང་མི་

བདེན་པ་དང་ཡོད་པ་མ་ཡིན་པར་སྒྲུབ་པ་ནི། དོན་དམ་བདེན་པའི་འཛོག་མཚམས་སོ། །དོན་དེ་ལ་རང་སྟོང་དུ་སྨྲ་བ་དག་གིས་བརྟག་པ་ནི། ཐ་སྙད་ཀྱི་བདེན་པ་སྣང་བ་ལྟར་དོན་ལ་ཡོགས་ན་མ་གྲུབ་པ་དང་། སྣང་བ་དེ་ཉིད་སེམས་སུ་ཁས་བླངས་པ་དེའི་ཚེ། ཐ་སྙད་བདེན་པའི་འཛོག་མཚམས་རིགས་པས་དཔྱད་ནས་བཞག་པར་སོང་བས། ཐ་སྙད་ཀྱི་བདེན་པ་ལས་ཉམས་སོ། །ཞེས་འཆད་པ་ཡིན་ཏེ། དབུ་མ་ལ་འཇུག་པར། གང་ཕྱིར་དངོས་པོ་འདི་དག་རྣམ་དཔྱད་ན། །དེ་ཉིད་བདག་ཅན་དངོས་ལས་ཚུ་རོལ་དུ། །གནས་རྙེད་མ་ཡིན་དེ་ཕྱིར་འཇིག་རྟེན་གྱི༔ །ཐ་སྙད་བདེན་ལ་རྣམ་པར་དཔྱད་མི་བྱ། །ཞེས་གསུངས་སོ། །

གཉིས་པ་གཞུང་གི་དོན་ལ། ཅི་ནས་ཆོས་དབྱིངས་དགེ་བ་ཉིད། །ཅེས་སོགས་ཀྱི་གཞུང་འདིས་ནི། རྣལ་འབྱོར་སྤྱོད་པ་བ་དག་གིས། ཡོད་ན་ཆོས་དབྱིངས་ཡིན་པས་ཁྱབ་པ་དང་། ཆོས་དབྱིངས་ཁོ་ན་དོན་དམ་པའི་དགེ་བར་བཤད་ནས། རྣམ་སྨིན་འཕེན་བྱེད་ཀྱི་དགེ་བ་རྣམས་ནི་ཀུན་རྫོབ་པའི་དགེ་བ་དང་། གཟུང་འཛིན་ཀུན་བརྟགས་གཉིས་པོ་གང་རུང་གི་ནང་དུ་འདུས་པས། ཡོད་པ་མ་ཡིན་པར་ཁས་ལེན་པ་ཕྱོགས་སྔ་མར་བྱས་ནས། དེ་འགོག་བྱེད་ཀྱི་རིགས་པ་ནི། དབུ་མ་ཐལ་རང་དུ་སྨྲ་བའི་ལུགས་གཞིར་གཞག་ནས་འགོག་པར་མཛད་དོ༔ །དེ་ཡང་འདི་ལྟར་ཆོས་ཀྱི་དབྱིངས་ལས་མ་གཏོགས་པའི་ཆོས་གཞན་མེད་ཅིང་། ཆོས་དབྱིངས་ཁོ་ན་བདེན་པ་ཞེས་བྱ་བའི་ལུགས་འདི་ནི་བདེན་པ་གཉིས་ཀ་ལས་ཉམས་པ་ཡིན་ཏེ། ཆོས་ཅན་དང་ཆོས་དབྱིངས་གཉིས་ཀ་ཐ་སྙད་དུ་ཡོད་མཉམ་དང་། དོན་དམ་དུ་མེད་མཉམ་དུ་གཞག་དགོས་པའི་ཕྱིར། དེ་ལ་རྣལ་འབྱོར་སྤྱོད་པ་བས། རྟགས་གཉིས་ཀ་མ་གྲུབ་བོ། །ཞེས་ཟེར་བ་ལས་ལོས་མེད་པས། འདི་ལ་གཉིས་ཏེ། ཐ་སྙད་དུ་ཡོད་མཉམ་མ་ཡིན་པ་སུན་འབྱིན་པ་དང་། དོན་དམ་དུ་མེད་མཉམ་མ་ཡིན་པ་སུན་འབྱིན་པའོ། །དང་པོ་ནི། ཐ་སྙད་དུ་སྡིག་པ་དང་། ལུང་མ་བསྟན་ཡང་མེད་པར་ཐལ། ཐ་སྙད་དུ་ཆོས་ཀྱི་དབྱིངས་ལས་མ་གཏོགས་པའི་ཆོས་གཞན་མེད་པའི་ཕྱིར། འདོད་པ་དེ་ལྟ་ཡིན་ན། །སེམས་ཅན་ཀུན་ངན་འགྲོར་འགྲོ་བ་མི་སྲིད་དོ། །

གཉིས་པ་ནི། དོན་དམ་པར་ཆོས་ཀྱི་དབྱིངས་ཡོད་པ་དང་། དེ་ཡང་དགེ་བ་ཉིད་ཡིན་ན། ཧ་ཅང་ཐལ་བར་འགྱུར་ཏེ། སྡིག་པ་དང་ལུང་མ་བསྟན་གྱི་དོན་དམ་པའི་ངོ་བོ་ཆོས་ཅན། དགེ་བར་ཐལ། ཆོས་ཀྱི་དབྱིངས་ཀྱི་ངོ་བོ་ཡིན་པའི་ཕྱིར། རྟགས་ཀྱང་ཁས་བླངས་པ་ཡིན་ཏེ། ཆོས་ཅན་གཞན་དབང་གི་དོན་དམ་པའི་ངོ་བོ་ནི། ཆོས་ཉིད་དུ་རྣལ་འབྱོར་སྤྱོད་པ་བས་ཁས་བླངས་པའི་ཕྱིར། །འཇུག་པར་དེའི་འདོད་པ་འཆད་པ་ན། དེ་ཕྱིར་གཞན་གྱི་དབང་གི་ངོ་བོ་གང་། །དངོས་པོ་བཏགས་པར་ཡོད་པའི་རྒྱུར་འགྱུར་ཞིང་། །ཡོད་དང་སྤྲོས་ཀུན་ཡུལ་མིན་རང་བཞིན་ཡོད་ཅེས་འབྱུང་བ་ལྟར་རོ། །ཅུ་བར་འདོད་ན། དེ་གཉིས་ཀྱི་ངོ་བོ་དགེ་བར་འགྱུར་ཏེ། དེ་

གཉིས་ཀྱི་དོན་དམ་པའི་ངོ་བོ་ནི་དགེ་བ་ཡིན། ཀུན་རྫོབ་ཀྱི་ངོ་བོ་ནི་ཐ་སྙད་དུ་ཡང་ཡོད་པ་མ་ཡིན་པར། རྒྱལ་འབྱོར་སྤྱོད་པ་པ་དག་གིས་ཁས་བླངས་པའི་ཕྱིར་རོ། །འདོད་ན་ངན་འགྲོ་མི་སྲིད་པར་འགྱུར་རོ། །འོན་ངོ་བོ་ཉིད་མེད་པར་སྨྲ་བའི་ཕྱོགས་ལ་ཡང་། སུན་འབྱིན་དང་པོ་དེ་འཇུག་པ་ཡིན་ཏེ། ཆོས་ཀྱི་དབྱིངས་ལས་མ་གཏོགས་པའི་ཆོས་གཞན་མེད་པའི་ཕྱིར་སྙམ་ན། ཉེས་པ་དེ་མེད་དེ། ཐ་སྙད་དུ་གཏན་ཚིག་མི་གྲུབ་པ་དང་། དོན་དམ་དུ་འདོད་པའི་ལན་གྱིས་བཟློག་ནུས་པས་སོ། །དེ་དག་ལ་འདི་སྐད་ཅེས། ཅི་ནས་ཆོས་དབྱིངས་དགེ་བ་ཉིད། །ཡིན་ན་ཏ་ཅང་ཐལ་འགྱུར་ཏེ། །སྡིག་དང་ལུང་མ་བསྟན་གྱི་ཡང་། །ངོ་བོ་དགེ་བར་འགྱུར་བ་དང་། །ཆོས་ཀྱི་དབྱིངས་ལས་མ་གཏོགས་པའི། །ཆོས་གཞན་མེད་ཕྱིར་སྡིག་པ་དང་། །ལུང་མ་བསྟན་ཡང་མེད་པར་འགྱུར། །དེ་ལྟ་ཡིན་ན་སེམས་ཅན་འགའ། །ངན་འགྲོར་འགྲོ་བ་མི་སྲིད་དོ། །ཞེས་བརྗོད་པ་ཉིད་ཀྱིས་དོན་གྱི་ཁོག་ཕྲོལ་བར་འགྱུར་རོ།། །།

དྲི་བ་བཅུ་དགུ་པ་ནི། ཡོད་པ་སྒྲུབ་པར་གསུངས་པ་ཡིས། །ཆོས་དབྱིངས་དགེ་ལ་ཇི་ལྟར་གནོད། །ཅེས་པའོ། །འདི་ལ་གཉིས་ལས། དང་པོ་ལ་འདྲི་དགོས་པའི་རྒྱུ་མཚན་ནི། གཞུང་ཀུན་ན། སྒྲུབ་པ་ཞེས་བྲིས་པ་ཤ་སྟག་ཏུ་སྣང་ཞིང་། དེ་ལུང་རིགས་གཉིས་དང་མི་མཐུན་པའི་རྒྱུ་མཚན་གྱིས་སོ། །མ་དྲིས་ན་སྐྱོན་ཡོད་པ་ནི། རྡོ་རྗེ་རྒྱལ་མཚན་གྱི་མདོ་ཉིད་ན་ཡོད་པའི་དགེ་བ་སྒྲུབ་པར་གསུངས་པ་མི་སྣང་བས། ལུང་དང་མི་མཐུན་པ་དང་། རིགས་པ་ཡང་། ཡོད་པ་དང་། ཞེས་པའི་ལུང་གིས་བསྟན་པའི་དགེ་བ་དེ་ཆོས་ཅན། ཆོས་དབྱིངས་མ་ཡིན་ཏེ། སྒྲུབ་པ་ཡིན་པའི་ཕྱིར། ཞེས་ཟེར་བ་ལས་འོས་མེད་ལ། དེ་ལ་ནི་མདོ་སྡེའི་རྒྱན་དང་། དབུས་མཐའ་ནས་གསུངས་པའི་ཆོས་དབྱིངས་ཀྱིས་མ་ངེས་སོ། །འོ་ན། ཁྱོད་ཀྱང་དེ་ཆོས་དབྱིངས་གོ་ཆོད་པར་འདོད་དམ་ཞེ་ན། ཤིང་རྟའི་སྲོལ་གཉིས་པོ་མ་འདྲེས་པ་གཞིར་གཞག་ནས་ཁས་ལེན་པར་བྱེད་དོ། །

གཉིས་པ་དངོས་ལན་གདབ་པ་ལ། ཕྱོགས་ཆོས་སྒྲུབ་པ་དང་། གཏན་ཚིགས་དགོད་པའོ། །དང་པོ་ནི། རྡོ་རྗེ་རྒྱལ་མཚན་གྱི་བསྔོ་བའི་ལེའུ་ལས། ཕྱོགས་བཅུའི་འཇིག་རྟེན་ཁམས་ན་གང་ཡོད་པའི། །དགེ་བ་དེ་དག་ཡང་དག་བསྒྲུབས་པས་ན། །འགྲོ་བ་ཀུན་ལ་ཕན་དང་བདེ་སེམས་ཀྱིས། །ཡེ་ཤེས་མཁས་པ་དེ་དག་ཡོངས་སུ་བསྔོ། །ཞེས་པའོ། །

གཉིས་པ་ནི། མདོ་དེས་བསྟན་པའི་ཡོད་པའི་དགེ་བ་ཆོས་ཅན། ཆོས་ཀྱི་དབྱིངས་མ་ཡིན་ཏེ། མདོ་དེ་ཉིད་ལས་གསར་དུ་བསྒྲུབས་པར་གསུངས་པའི་ཕྱིར།། །།

དྲི་བ་ཉི་ཤུ་པ་ནི། མི་འགྱུར་བསྔོ་བ་དོན་མེད་ན། །ཚོང་དཔོན་མཛའ་བོའི་བུ་མོ་ཡིས། །སྨོན་ལམ་བཏབ་

པ་དེ་ཙི་ཞིག །ཅེས་པའོ། །འདི་ལ་འདྲི་བའི་རྒྱུ་མཚན་ནི། རྣམ་བཤད་མཛོད་པ་པོ་ཀུན་གྱིས། བསྔོ་བ་དང་སྨོན་ལམ་གྱི་ཁྱད་པར་ཇི་བཞིན་མ་བཤད་པའི་རྒྱུ་མཚན་གྱིས་སོ། །མ་དྲིས་པའི་སྐྱོན་ནི། བསྔོ་བས་སྒྱུར་དུ་མི་རུང་བ་རྣམས་མི་བསྔོ་བ་ཡིན་ན། བཏབ་ཀྱང་མི་འགྲུབ་པའི་སྨོན་ལམ་ཡང་འདེབས་སུ་མི་རུང་ངམ་སྙམ་པའི་དོགས་པ་ཡོད་པའོ། །དངོས་ལན་ནི། གཉིས་པོའི་ཁྱད་པར། བསྔོ་བ་ལ་ནི། བསྔོ་རྒྱུའི་རྫས་ངེས་པར་ཡོད་པ་ཞིག་དགོས་ལ། བསྔོ་རྒྱུ་ཡོད་དམ་མེད་ཀྱང་རུང་། འདོད་བྱའི་དངོས་པོ་ཞིག་དོན་དུ་གཉེར་བ་ནི་སྨོན་ལམ་སྟེ། ཇི་སྐད་དུ། བརྟན་པ་རྣམས་ཀྱི་སྨོན་ལམ་ནི། །སེམས་པ་འདུན་དང་བཅས་པ་སྟེ། །ཞེས་འབྱུང་བ་ལྟར་རོ། །འདི་ལ་ཡང་། བསྔོ་བ་ཡིན་ལ། སྨོན་ལམ་མ་ཡིན་པ་ནི་མི་སྲིད་ཅིང་། སྨོན་ལམ་ཡིན་ལ། བསྔོ་བ་མ་ཡིན་པ་ནི་ཤིན་ཏུ་མང་བའི་ཚུལ་ཤེས་དགོས་སོ། །དེའི་ནང་ནས་བསྔོ་རྒྱུ་ནི་བྱས་པའི་དགེ་བ་ཡིན་ལ། དེ་ལ་ཡང་དུས་གསུམ་དུ་བསགས་པའི་དབྱེ་བས་གསུམ་དུ་འགྱུར་བར། མདོ་ཉིད་ལས་གསུངས་ཤིང་། དེ་ལའང་རང་གིས་བསགས་པ་དང་། གཞན་གྱིས་བསགས་པའི་དབྱེ་བས་གཉིས་ལས། རང་གིས་བསགས་པ་ནི་དེ་ཉིད་བསྔོ་བར་བྱེད་ཅིང་། གཞན་གྱིས་བསགས་པ་ལ་ནི། རྗེས་སུ་ཡི་རང་བའི་སྒོ་ནས་ཡི་རང་གི་དགེ་བ་དེ་ཉིད་བསྔོ་བར་བྱེད་པ་ཡིན་གྱི། གཞན་གྱིས་བྱས་པ་དེ་ཉིད་བསྔོ་བ་མ་ཡིན་ཏེ། ཡིན་ན། དང་པོའི་སངས་རྒྱས་གཅིག་ཉིད་ཀྱི། །བསྔོ་བ་དེང་སང་ཅེས་མི་འགྲུབ་ཅེས་པ་དེར་ཐལ་བས་སོ། །གང་དུ་བསྔོ་བ་ཡང་། མངོན་མཐོ་དང་ངེས་ལེགས་ཀྱི་དབྱེ་བས་གཉིས་ལས། དང་པོ་ཁོ་ནར་བསྔོས་ན། དགེ་བ་དེ་བསོད་ནམས་ཆ་མཐུན་གྱི་དགེ་བ་ཁོ་ནར་འགྱུར་ཞིང་། བྲལ་བའི་འབྲས་བུ་མཚན་ཉིད་པ་འཐོབ་བྱེད་ཀྱི་རྒྱུར་མི་འགྱུར་ལ། གཉིས་པ་དེར་བསྔོས་ན། བསོད་ནམས་ཆ་མཐུན་དང་ཐར་པ་ཆ་མཐུན་གྱི་དགེ་བ་གཉིས་ཀར་དུ་འགྱུར་ཞིང་། དགེ་བ་དེ་ཡང་ཟག་པ་དང་བཅས་པ་ཡིན་ན་ནི། རྣམ་སྨིན་དང་། རྒྱུ་མཐུན་དང་། བདག་པོ་དང་། སྐྱེས་བུའི་བྱེད་པ་དང་། བྲལ་བའི་འབྲས་བུ་སྟེ། འབྲས་བུ་རྣམ་པ་ལྔ་ཀ་འབྱིན་པར་བྱེད་དོ། །ཆོས་ཉིད་ནི་བསྔོ་བས་སྒྱུར་དུ་རུང་བ་མ་ཡིན་ཏེ། བསྔོ་བའི་སྟོབས་ཀྱིས་འབྲས་བུ་དེ་དག་གང་གི་ཡང་རྒྱུ་སྒྱུར་དུ་རུང་བ་མ་ཡིན་པའི་ཕྱིར། གལ་ཏེ་ཆོས་ཉིད་དྲི་མས་རྣམ་པར་དག་པ་ན་བྲལ་བའི་འབྲས་བུར་རུང་བ་མ་ཡིན་ནམ་ཞེ་ན། ཡིན་མོད། དེའི་འཐོབ་བྱེད་ཀྱི་རྒྱུ་ནི་ལམ་གྱི་བདེན་པ་ཁོ་ན་ཡིན་གྱི། ཆོས་ཉིད་མ་ཡིན་ནོ། །གལ་ཏེ་ཆོས་དབྱིངས་རིག་པར་ཁས་ལེན་དགོས་པ་དེའི་ཚེ། རིགས་འདྲའི་རྒྱུན་ཕྱི་མ་འབྱུང་བའི་ཕྱིར། ཆོས་ཉིད་སྐལ་མཉམ་གྱི་རྒྱུར་གཞག་དགོས་པ་མ་ཡིན་ནམ་ཞེ་ན། ཡིན་མོད། དེ་ཡང་བསྔོ་བ་ལ་ལྟོས་པ་མ་ཡིན་ཏེ། དེ་ལས་དེ་འབྱུང་བ་བསྔོ་བའི་རྗེས་སུ་འགྲོ་ལྡོག་མི་བྱེད་པའི་ཕྱིར་རོ། །དེ་བས་ན། ཆོས་ཉིད་ནི་བསྔོ་རྒྱུར་རུང་ན། ཐེག་པ་གསུམ་པོ་གང་རུང་གི་མྱང་འདས་ལས

འདས་པའི་རྒྱུར་ཁས་ལེན་དགོས་པ་ལས། དེ་ཡང་མ་ཡིན་ཏེ། དེ་དེ་ལ་ལྟོས་པའི་རྒྱུ་དྲུག་པོ་གང་རུང་མ་ཡིན་ཞིང་། མྱ་ངན་ལས་འདས་པ་ཡང་དེ་ལ་ལྟོས་པའི་འབྲས་བུ་ལྔ་པོ་གང་དུ་ཡང་མི་རུང་བའི་ཕྱིར། འོ་ན་མྱང་འདས་ཀྱི་རང་གི་ངོ་བོ་རིག་པར་ཁས་ལེན་པ་མ་ཡིན་ནམ་ཞེ་ན། དེ་ལྟར་ཁས་ལེན་པའི་སྐབས་ཤིག་ཡོད་མོད། དེའི་ཚེ་རང་བཞིན་རྣམ་དག་གི་ཆ་ནས་རྒྱུ་མཐུན་གྱི་འབྲས་བུར་འཇོག་ཀྱང་། གློ་བུར་རྣམ་དག་གི་ཆ་ནས་དེར་མི་འཇོག་པའི་ཕྱིར། ཉེས་པ་མེད་དོ། །དེ་ལྟར་ཡིན་པ་དེའི་ཕྱིར། བསྟན་བཅོས་མཛད་པ་འདིས་ཀྱང་། གནས་སྐབས་སུ་རྣལ་འབྱོར་སྤྱོད་པའི་གྲུབ་མཐའ་ཞལ་གྱིས་བཞེས་པ་ཡིན་ཏེ། ཇི་སྐད་དུ། དེ་ལ་འཇིག་རྟེན་མཐུན་འཇུག་ལ། །དགོངས་ནས་ཕྱི་རོལ་དོན་དུ་གསུངས། །ཐ་སྙད་སྤྱོད་པའི་རིགས་པ་ལ། །དགོངས་ནས་ཆོས་རྣམས་སེམས་སུ་གསུངས། །ཞེས་གསུངས་པས་སོ། །དེས་ན་གནས་སྐབས་སུ་ཆོས་དབྱིངས་ཀྱི་ངོ་བོ་རིག་པར་ཁས་ལེན་པ་དེའི་ཚེ། རང་གི་འབྲས་བུ་སྐྱེད་བྱེད་དུ་ཁས་ལེན་ཀྱང་། བསྔོ་རྒྱུར་ནི་ཁས་མི་ལེན་ཏེ། བསྔོས་པའི་དགོས་པ་ནི། མི་ཟད་པ་དང་། ཆུད་མི་ཟ་བའི་ཕྱིར་ཡིན་ལ། དབྱིངས་རིག་གི་ངོ་བོ་ནི་མ་བསྔོས་ཀྱང་། ཟད་པ་དང་ཆུད་ཟ་བ་མི་སྲིད་པའི་ཕྱིར་རོ། །དེ་ལྟར་ན་ཆོས་དབྱིངས་བསྔོ་རྒྱུར་བྱེད་པ་མ་ཡིན་ཀྱང་། གང་ཞིག་གང་དུ་སྨོན་པའི་སྨོན་ལམ་གྱི་རྒྱུར་ནི་འགྱུར་བ་ཡིན་ཏེ། བདག་གིས་བྱང་ཆུབ་ཐོབ་པར་གྱུར་ཅིག །ཅེས་སྨོན་པ་དེའི་ཚེ་ན། སྨོན་ལམ་འདེབས་པ་པོ་རང་གི་དོན་དམ་པའི་ངོ་བོ་ནི། ཇི་སྐད་དུ། དེ་བཞིན་ཉིད་དབྱེའི་འཇུག་པ་ལས། མ་དག་མ་དག་དག་པ་དང་། །ཤིན་ཏུ་རྣམ་དག་གོ་རིམ་བཞིན། །སེམས་ཅན་བྱང་ཆུབ་སེམས་དཔའ་དང་། །དེ་བཞིན་གཤེགས་པ་ཞེས་བརྗོད་དོ། །ཞེས་གསུང་པ་ལྟར། གང་ཞིག་དང་གང་དུ་སྨོན་པ་གཉིས་ཀ་ཡང་དེ་བཞིན་ཉིད་ཀྱི་ངོ་བོར་འདོད་དགོས་པའི་ཕྱིར། དེ་བཞིན་དུ་རང་ཉིད་ལྷག་པའི་ལྷར་གོམས་པ་ལས། ཞེན་པས་ཞུགས་ན། འབྲེལ་པས་མི་སླུ་བ་ཞིག་བྱུང་བ་དེའི་ཚེ་ན། ཆོས་ཉིད་སངས་རྒྱས་སུ་སྨོན་ནས་དེར་གྲུབ་པ་ཉིད་ཀྱི་ཕྱིར་ན། དེ་ལྟ་བུའི་སྨོན་ལམ་དེ་མི་འགྲུབ་པའི་སྨོན་ལམ་ཡང་མ་ཡིན་ནོ། །དེ་བས་ན། རྣམ་བཤད་མཛད་པ་སྔ་མ་རྣམས་ཀྱིས། ཆོས་ཉིད་བསྔོ་རྒྱུར་བྱས་ནས་བསྔོ་བ་དེ། མདོ་ལས་བསྔོ་བ་ལ་གཉིས་སུ་ཕྱེ་བའི་གནས་མིན་གྱི་བསྔོ་བ་ཡིན་ཏེ། བསྔོས་ཀྱང་གཞན་དུ་མི་འགྱུར་བའི་བསྔོ་བ་ཡིན་པའི་ཕྱིར། སྙམ་དུ་སེམས་པ་དེ་ནི་རིགས་པ་མ་ཡིན་ཏེ། མི་འགྱུར་བའི་བསྔོ་བ་ནི་དོན་མེད་པས། མདོ་ལས་བསྔོ་པའི་དབྱེ་བར་གསུངས་པ་མེད་པའི་ཕྱིར། འོ་ན་ཅི་ཞེ་ན། སྨོན་ལམ་ལ། བཏབ་ན་འགྲུབ་པའི་སྨོན་ལམ་དང་། མི་འགྲུབ་ཀྱང་འདེབས་དགོས་པའི་སྨོན་ལམ་སྟེ་གཉིས་སོ། །མི་འགྲུབ་ན་དགོས་པ་ཅི་ཞེ་ན། བྱང་ཆུབ་སེམས་དཔའི་བློ་སྦྱོང་བའི་རིམ་པ་ལ་དགོས་པ་སྟེ། ཛ་བོ་ལྟ་བུའི་སེམས་བསྐྱེད་བཞིན་ནོ།། །།

དྲི་བ་ཉེར་གཅིག་པ་ནི། ཆོས་ཉིད་བསྔོ་རྒྱུར་བྱེད་པ་ནི། །བློ་སྦྱོང་དུ་ཡང་མི་རུང་ན། །གནས་མིན་བསྔོ་བ་གསུངས་དེ་ཅི། །ཞེས་པའོ། །འདི་ལ་གཉིས་ལས། དང་པོ་ལ། འདྲི་བའི་རྒྱུ་མཚན་ནི། གོང་དུ་ཆོས་ཉིད་བསྔོ་བས་མི་འགྱུར་བ་དང་། མི་འགྱུར་བའི་བསྔོ་བ་དོན་མེད་དུ་བཤད་པ་དང་། མདོ་ལས་གསུངས་པའི་བསྔོ་བའི་དབྱེ་བ་འཆད་པ་ན། གནས་མིན་གྱི་བསྔོ་བའི་མཚན་གཞི། ཆོས་རྣམས་ཀྱི་ཆོས་ཉིད་བསྔོ་རྒྱུར་བྱས་ནས་བསྔོ་བ་ལྟ་བུར་བཤད་སྣང་བའི་རྒྱུ་མཚན་གྱིས་སོ། །མ་དྲིས་པའི་ཉེས་པ་ནི། བསྔོ་བ་ལ་གཉིས་སུ་དབྱེ་བ་མི་འཐད་པར་འགྱུར་ཏེ། གནས་མིན་གྱི་བསྔོ་བ་ནི། བསྔོ་བས་གཞན་དུ་བསྒྱུར་མི་ནུས་པ་ཞིག་བསྔོ་བ་ཡིན་པར་ཁས་བླངས་ལ། མི་འགྱུར་བསྔོ་བ་དོན་མེད་ཡིན། །ཞེས་ཀྱང་ཁས་བླངས་པའི་ཕྱིར། སྙམ་དུ་དོགས་པའོ། །

གཉིས་པ་དངོས་ལན་ནི། ཕལ་ཆེར་གོང་དུ་བཤད་ཟིན་པ་དེ་ཉིད་ཀྱིས་གྲུབ་ལ། གཞུང་འདིར་གཉིས་སུ་ཕྱེ་བ་དེ་ནི། སྨོན་ལམ་ལ་དགོངས་པ་ཡིན་ཏེ། མདོ་ཉིད་ལས་སྨོན་ལམ་ལ་བཤད་པའི་ཕྱིར་དང་། བཤད་མ་ཐག་པའི་རིགས་པས་དེར་འགྲུབ་པའི་ཕྱིར། དེ་ཡང་འཇམ་དཔལ་གྱི་ཞིང་གི་བཀོད་པའི་མདོ་ལས། གང་གིས་སྨོན་ལམ་ཅི་བཏབ་པ། །ཞེས་སོགས་གསུངས་པ་དང་། དྲི་མེད་བྱིན་གྱིས་ཞུས་པའི་མདོར། བུ་མོས་སྨྲས་པ། རིགས་ཀྱི་བུ་ཆོས་རྣམས་ཀྱི་ཆོས་ཉིད་ནི་སྨོན་ལམ་གྱི་དབང་གིས་བསྒྱུར་མི་ནུས་ལགས་སོ། །གལ་ཏེ་ནུས་པར་གྱུར་ན་སེམས་ཅན་ཐམས་ཅད་ཡོངས་སུ་མྱ་ངན་ལས་འདའོ། །ཞེས། དེ་བཞིན་གཤེགས་པ་རེ་རེའི་དགོངས་པ་དེ་སྨོན་ལམ་གྱི་དབང་གིས་ཇི་ལྟར་མི་འགྲུབ། རྣམ་གྲངས་འདིས་ན། ཆོས་རྣམས་ཀྱི་ཆོས་ཉིད་ནི་སྨོན་ལམ་གྱི་དབང་གིས་བསྒྱུར་མི་ནུས་པར་རིག་པར་བྱའོ། །ཞེས་གསུངས་སོ། །རིགས་པ་ཡང་སེམས་ཅན་ཐམས་ཅད་ཀྱི་སེམས་ཀྱི་ཆོས་ཉིད་མྱ་ངན་ལས་འདའ་བར་གྱུར་ཅིག །ཅེས་པ་འདི་སྤྱིར་སྨོན་ལམ་རྣམ་པར་དག་པ་ཡིན་པ་ལ་དོགས་པ་མེད་ཅིང་། བསྔོ་བ་ནི་མ་ཡིན་ཏེ། སེམས་ཅན་ཐམས་ཅད་ཀྱི་སེམས་ཀྱི་ཆོས་ཉིད་བསྔོ་རྒྱུར་མི་རུང་བའི་ཕྱིར། དེས་ན་སྨོན་ལམ་གཉིས་སུ་ཕྱེ་བ་དེའི་ནང་ནས། བསྔོ་བ་ནི་གནས་ཀྱི་སྨོན་ལམ་ཁོ་ན་ཡིན་ཏེ། སངས་རྒྱས་ཀྱི་གསུངས་པའི་བསྔོ་བ་ཡིན་ན། བསྔོ་རྒྱུའི་རྫས་དེ་གང་དུ་བསྔོས་ས་དེར་འགྱུར་དུ་རུང་བས་ཁྱབ་པའི་ཕྱིར། དེ་ནས། གཞུང་འདི་ལྟར་འདོན་པར་བྱ་སྟེ། སྨོན་ལམ་དེ་ཡང་མདོར་བསྟན་ན། །གནས་དང་གནས་མ་ཡིན་པ་གཉིས། །གནས་ཀྱི་སྨོན་ལམ་འགྲུབ་པར་གསུངས། །གནས་མིན་སྨོན་ཡང་འགྲུབ་མི་འགྱུར། །འདི་དག་གཉིས་ཀ་མདོ་ལས་གསུངས། །འཇམ་དཔལ་སངས་རྒྱས་ཞིང་ལས་ནི། །ཆོས་རྣམས་ཐམས་ཅད་རྐྱེན་བཞིན་ཏེ། །འདུན་པའི་རྩ་ལ་རབ་ཏུ་གནས། །གང་གིས་སྨོན་ལམ་ཅི་བཏབ་པ། །དེ་ཡི་འབྲས་བུ་འཐོབ་པར་འགྱུར། །ཞེས་གསུངས་པ་ནི་གནས་ལ་དགོངས། དྲི་མེད་བྱིན་གྱིས་ཞུས་པའི་མདོར། ཆོས་རྣམས་ཆོས་ཉིད་

སྨོན་ལམ་གྱིས། །མི་འགྱུར་གལ་ཏེ་འགྱུར་ན་ནི། །དང་པོའི་སངས་རྒྱས་གཅིག་ཉིད་ཀྱི། །སྨོན་ལམ་དེ་ང་སང་ཅིས་མི་འགྲུབ། །ཅེས་གསུངས་འདི་ནི་གནས་མིན་གྱི། །སྨོན་ལམ་ཉིད་ལ་དགོངས་པ་ཡིན། །དེས་ན་བསྔོ་རྒྱུའི་དགེ་བ་ནི། །རང་གིས་བྱས་པའི་དགེ་ཡིན་ཕྱིར། །གནས་ཀྱི་སྨོན་ལམ་དག་ཏུ་འདོད། །ཅེས་སྨྲ་ན་དོན་གྱི་ཁོག་ཁྲོལ་བར་འགྱུར་རོ། །བོད་ཀྱི་སློབ་དཔོན་གཞན་དག །དེ་བཞིན་ཉིད་བསྔོ་རྒྱུ་ཡིན་པའི་ཤེས་བྱེད་དུ། དེ་བཞིན་ཉིད་ཀྱི་དང་ཚུལ་ཅི་འདྲ་དང་། །ཞེས་སོགས་རྡོ་རྗེ་རྒྱལ་མཚན་གྱི་བསྔོ་བ་ལས་གསུངས་སོ། །ཞེས་ཟེར་བ་ལ་ནི། རྣམ་བཤད་མཛད་པ་གཞན་གྱིས་ལན་བཏབ་ཟིན་པས་འདིར་མ་སྤྲོས་ལ། འདིར་དྲི་བ་གཞན་ཞིག་ཀྱང་འཇུག་པ་ནི། འདི་ལྟར། མ་བྱས་དགེ་བ་བསྔོ་མིན་ན། །བྱེད་འགྱུར་བྱེད་བཞིན་བསྔོ་དེ་ཅི། །བྱེད་འགྱུར་ལ་ཡང་ཡི་རངས་ནས། །ཡི་རངས་དགེ་བ་བསྔོ་སླམ་བྱེད། །ཅེས་བྱའོ།། །།

དྲི་བ་ཉེར་གཉིས་པ་ནི། མ་བྱས་པ་ལ་དགེ་མེད་ན། །ཐེག་པ་ཆེན་པོ་བསྡུས་པ་ལས། །མ་བྱས་ཆོས་ཉིད་ཀྱིས་ཐོབ་པ། །ཀུན་གཞིའི་སྟེང་གི་ཟག་མེད་ཀྱི། །ས་བོན་དགེ་བ་བཤད་དེ་ཅི། །དེ་འདྲ་མེད་ན་ཀུན་གཞི་ཡི། །གཉེན་པོར་བཤད་པ་དེ་གང་ཡིན། །ཞེས་པའོ། །

འདི་ལ་གཉིས་ལས། དང་པོ་ལ་འདྲི་བའི་རྒྱུ་མཚན་ནི། ཇི་སྐད་དུ། མ་བྱས་པ་ལ་དགེ་སྡིག་མེད། །ཅེས་དང་། དེ་བཞིན་གཤེགས་པའི་སྙིང་པོ་འདུས་མ་བྱས་སུ་བཤད་པའི་རྒྱུ་མཚན་གྱིས་སོ། །

མ་དྲིས་པའི་སྐྱོན་ནི། རྣམ་བཤད་མཛད་པ་ཀུན་གྱིས། འདུས་མ་བྱས་ཀྱི་དོན་སྐད་ཅིག་གིས་མི་འཇིག་པའི་རྟག་པ་ལ་བཞེད་པར་མཐུན་གྱིན་འདུག་པ་དང་། ཀུན་གཞིའི་སྟེང་གི་མྱོང་བ་གསལ་རིག་གི་ཆ་དེ། ཀུན་གཞིའི་རྣམ་ཤེས་ཉིད་དུ་གདོན་མི་ཟ་བར་ཁས་ལེན་པར་བྱེད་དོ། །དེ་ནི་རིགས་པ་མ་ཡིན་ཏེ། འདི་ལྟར། ཀུན་གཞིའི་སྟེང་གི་ཟག་མེད་ཀྱི་ས་བོན་དེ་བཞིན་གཤེགས་པའི་སྙིང་པོ་ཉིད་དུ་འཆད་ཀྱིན་འདུག་པའི་ཕྱིར། འདུས་མ་བྱས་པར་འགྱུར་ལ། དེ་ཡང་དེ་ལྟ་ན། དགེ་བ་མ་ཡིན་པར་འགྱུར་རོ། །དེ་ལྟ་ན་ལུང་མ་སྟན་དུ་འགྱུར་ལ། དེ་ལྟ་ན། མ་སྒྲིབས་ལུང་མ་བསྟན་ལས་འོས་མེད་ཅིང་། དེའི་ཤེས་བྱེད་ཀྱང་། ཀུན་གཞིའི་རྣམ་པར་ཤེས་པ་ཉིད་ཡིན་པས་སོ། །སྙམ་པ་ལ་ཐུག་པ་ཡིན་ལ། དེ་ནི་རིགས་པ་མ་ཡིན་ཏེ། ཀུན་གཞིའི་རྣམ་པར་ཤེས་པའི་གཉེན་པོ་ཡིན་པའི་ཕྱིར་དང་། ཀུན་གཞིའི་རྣམ་པར་ཤེས་པ་གནས་གྱུར་པའི་དུས་སུ་ཡོད་པའི་ཕྱིར་དང་། རྣམ་པར་གྲོལ་བའི་སྐུ་དང་། ཆོས་ཀྱི་སྐུའི་ངོ་བོར་འགྱུར་བའི་ཕྱིར་དང་། རྒྱུ་ལས་ཉོན་དང་། འབྲས་བུ་སྡུག་བསྔལ་གྱི་གཉེན་པོར་བཤད་པའི་ཕྱིར་དང་། ཟག་བཅས་ཀྱི་ས་བོན་མ་ཡིན་པའི་ཕྱིར་དང་། ཇི་སྐད་དུ། ལུས་ཅན་ལ་ཡོད་ཟག་པ་མེད་པའི་ཤེས་པ་སྦྲང་མའི་རྩི་དང་འདྲ། །ཞེས་ཟག་མེད་ཀྱི་ཡེ་ཤེས་སུ་འཆད་དགོས་པས་སོ། །དེ་སྐད་

ཏུ་ཡང་། ཐེག་བསྡུས་ལས། ཐོས་པའི་བག་ཆགས་ཀྱི་ས་བོན་དེའི་གནས་ཅི་ཞིག་ཡིན་པར་ལྟ་ཞེ་ན། སངས་རྒྱས་རྣམས་ཀྱི་བྱང་ཆུབ་ལ་བརྟེན་ནས་ཐོས་པའི་བག་ཆགས་སུ་གྱུར་པ་གང་ཡིན་པ་གནས་གང་ལ་ཡང་འཇུག་པ་དེ། ལྷན་ཅིག་འདུག་པའི་ཚུལ་གྱིས་རྣམ་པར་སྨིན་པའི་རྣམ་པར་ཤེས་པ་ལ་འཇུག་སྟེ། འོ་མ་དང་ཆུ་བཞིན་ནོ། །དེ་ནི་ཀུན་གཞིའི་རྣམ་པར་ཤེས་པ་མ་ཡིན་ཏེ། དེའི་གཉེན་པོའི་ས་བོན་ཉིད་ཡིན་པའི་ཕྱིར་རོ། །ཞེས་དང་། དེ་ནི་འཇིག་རྟེན་ལས་འདས་པའི་སེམས་མ་བྱུང་དུ་ཟིན་ཀྱང་། ཉོན་མོངས་པའི་ཀུན་ནས་དཀྲིས་པའི་གཉེན་པོ་དང་། ངན་སོང་དུ་འགྲོ་བའི་གཉེན་པོ་དང་། ཉེས་པར་བྱས་པ་ཐམས་ཅད་དེངས་པར་བྱེད་པའི་གཉེན་པོ་ཡིན་ནོ། །ཞེས་དང་། དེ་ནི་ཀུན་གཞིའི་རྣམ་པར་ཤེས་པ་མ་ཡིན་གྱི། ཆོས་ཀྱི་སྐུ་དང་རྣམ་པར་གྲོལ་བའི་ལུས་སུ་བསྡུས་པ་ཡིན་ཏེ། ཞེས་དང་། ཡང་། ཇི་ལྟར་ཀུན་གཞིའི་རྣམ་པར་ཤེས་པ་དང་། ཀུན་གཞིའི་རྣམ་པར་ཤེས་པ་མ་ཡིན་པ་ཆུ་དང་འོ་མ་བཞིན་དུ། ལྷན་ཅིག་གནས་པ་རྣམ་པ་ཐམས་ཅད་དུ་འགྲིབ་པར་ཇི་ལྟར་འགྱུར་ཞེ་ན། ངང་པས་ཆུ་ལས་འོ་མ་འཐུངས་པ་ལྟ་བུ་དང་། འཇིག་རྟེན་པའི་འདོད་ཆགས་དང་བྲལ་བ་ན། མཉམ་པར་གཞག་པ་མ་ཡིན་པའི་སའི་བག་ཆགས་འགྲིབས་ཏེ། མཉམ་པར་གཞག་པའི་སའི་བག་ཆགས་འཕེལ་ནས་གནས་གྱུར་པ་བཞིན་ནོ། །ཞེས་གསུངས་སོ། །མདོར་ན་ཀུན་གཞིའི་རྣམ་སྨིན་གྱི་ཆ་གང་ཡིན་པ་དེ་ལུང་མ་བསྟན་དུ་རིགས་པ་ཡིན་གྱི།ཟག་མེད་ཀྱི་ས་བོན་ལྟ་ཞོག་དེའི་སྟེང་གི་ཟག་བཅས་ཀྱི་ས་བོན་གང་ཡིན་ཐམས་ཅད་ཀྱང་ལུང་མ་བསྟན་དུ་ངེས་པ་མ་ཡིན་ཏེ། དགེ་བ་ཟག་བཅས་ཀྱི་ས་བོན་དང་། མི་དགེ་བའི་ས་བོན་བཞིན་ནོ། །ཁམས་གོང་མ་ན་མི་དགེ་བ་ཡོད་པར་ཐལ་བ་མ་ཡིན་ནམ་ཞེ་ན། ཁམས་གོང་མར་དེའི་ས་བོན་དང་ལྡན་པས་ལྡན་པར་ནི་མངོན་པ་གོང་མར་གསུངས་སོ། །བསྟན་བཅོས་མཛད་པ་འདིས་ནི། དགེ་དང་མི་དགེའི་ས་བོན་གཉིས་ཀྱང་། དེ་དང་དེའི་མཚན་ཉིད་པར་བཞེད་པ་ཡིན་ཏེ། ཇི་སྐད་དུ། དགེ་བ་ལེགས་པར་སྤྱད་པ་སྟེ། །རྣམ་སྨིན་བདེ་བ་བསྐྱེད་པ་ཡིན། །སྡིག་པ་ཉེས་པར་སྤྱད་པ་སྟེ། །འབྲས་བུ་སྡུག་བསྔལ་སྐྱེད་པར་བྱེད། །ཅེས་པའི་མཚན་ཉིད་དེ་ཚང་དུ་རུང་བའི་ཕྱིར། དེ་ལས་གཞན་དུ་ན། སྡོམ་པ་དང་སྡོམ་མིན་གྱི་ས་བོན་ཀྱང་དགེ་མི་དགེར་བཞེད་པ་མ་ཡིན་པར་འགྱུར་ལ། དེ་ལྟར། སྡོམ་པ་དགེ་བ་དང་། སྡོམ་མིན་མི་དགེ་བ་མ་ཡིན་པར་འགྱུར་ཏེ། དེ་གཉིས་ཀྱི་ངོས་འཛིན་ནི་ས་བོན་ལ་འཛོག་པ་ལས་གཞན་མེད་པའི་ཕྱིར། དེས་ན་རྗེས་སུ་འབྲེལ་པས་དགེ་བ་དང་མི་དགེ་བ་གཉིས་ཀྱང་། དེ་དང་དེ་མཚན་ཉིད་པར་བཞག་དགོས་ཏེ། གཙོ་བོར་རྣམ་སྨིན་གྱི་ངོ་བོ་སྐྱེད་བྱེད་ཀྱི་རྒྱུ་ཡིན་པའི་ཕྱིར། བསྔོ་རྒྱུའི་དགེ་བ་ཡང་། དངོས་སུ་ན་ས་བོན་བསྔོ་བ་ཡིན་ཏེ། ཞིབ་མོར་ཕྱེ་ན། །བསྔོ་བའི་དུས་སུ་སྔར་བྱས་པའི་དགེ་བ་མངོན་གྱུར་པ་དེ་འགགས་ཟིན་པའི་ཕྱིར་རོ། །མདོར་ན་ཀུན་གཞི

ནི་རང་གི་ངོ་བོ་ལུང་མ་བསྟན་ཡིན་ཀྱང་། དེའི་སྟེང་ན་ས་བོན་གྱི་ཆ་གང་ཡོད་ལུང་མ་བསྟན་ཁོ་ནར་ངེས་པ་མ་ཡིན་ཏེ། དེ་ནི་ཤེས་བྱ་ཐམས་ཅད་ཀྱི་གནས་ཡིན་པའི་ཕྱིར་རོ། །གཉིས་པ་དངོས་ལན་གདབ་པ་ནི། ཀུན་གཞིའི་སྟེང་གི་ཟག་མེད་ཀྱི་ས་བོན་ལ་གཉིས་ཏེ། ཆོས་ཉིད་ཀྱིས་ཐོབ་པ་དང་། གསར་དུ་ཡང་དག་པར་བླངས་པའོ། །དང་པོ་རང་བཞིན་དུ་གནས་པའི་རིགས་དང་། གཉིས་པ་ནི་རྒྱས་འགྱུར་གྱི་རིགས་སུ་འཇོག་ལ། དང་པོ་ནི། རང་བཞིན་དུ་གནས་པའི་རིགས་ཡིན་པའི་ཕྱིར། འདུས་མ་བྱས་པར་འཇོག་ཀྱང་། སྐད་ཅིག་གིས་མི་འཇིག་པར་ནི་མི་འདོད་དོ། །འཇིག་ཀྱང་རྟག་པར་བཤད་པ་དང་མི་འགལ་ཏེ། རིགས་འདྲའི་རྒྱུན་གྱི་ཐོག་མ་དང་། ཐ་མའི་མཐའ་མ་དམིགས་པའི་ཕྱིར། དེ་ལྟ་ནའང་། དགེ་བ་ཡིན་ཏེ། གསོས་འདེབས་བྱེད་ཀྱི་རྐྱེན་དང་ཕྲད་པ་ན། རང་གི་ངོ་བོ་སྟོབས་ལ་སོགས་པའི་དགེ་བ་ཉིད་དུ་འགྱུར་བའི་ཕྱིར། དྲི་མ་ཇི་ཙམ་སྦྱངས་ཀྱང་ལུང་མ་བསྟན་གྱི་ངོ་བོ་ནི་དགེ་བར་འགྱུར་བ་མི་སྲིད་དེ། དཔེར་ན་ར་གན་གྱི་དྲི་མ་སྦྱངས་པས་གསེར་དུ་མི་འགྱུར་བ་བཞིན་ནོ། །དེ་ལྟ་ན་ཡང་། གཞུང་དུ། མ་བྱས་པ་ལ་དགེ་བ་མེད། །ཅེས་གསུངས་པ་ནི་བསྔོ་རྒྱུའི་དགེ་བ་ལ་དགོངས་པ་ཡིན་ཏེ། དེའི་འགྲེལ་སྤྱི་མ་ཉིད་ལས། དེས་ན་བསྔོ་རྒྱུའི་དགེ་བ་དང་། །གཤགས་པར་བྱ་བའི་སྡིག་པ་ཡང་། །བྱས་པའི་དགེ་སྡིག་ཡིན་མོད་ཀྱི། །མ་བྱས་པ་ལ་དགེ་སྡིག་མེད། །ཅེས་གསུངས་པ་ལས་ཤེས་སོ།། །།

དྲི་བ་ཉེར་གསུམ་པ་ནི། སེམས་ཅན་མ་གཏོགས་བེམ་པོའི་ཡང་། །སྙིང་པོ་ཆོས་དབྱིངས་ཡིན་ན་ནི། །སེམས་ཅན་ཁོ་ན་སངས་རྒྱས་ཀྱི། །སྙིང་པོ་ཅན་དུ་འཆད་པ་ཅི། །སེམས་ཅན་མ་གཏོགས་བེམ་པོ་ཡི། །ཆོས་དབྱིངས་སྙིང་པོ་མ་ཡིན་ན། །རྒྱུད་དང་སེམས་འགྲེལ་སྐོར་གསུམ་ལས། །བརྟན་གཡོ་ཀུན་ལ་སངས་རྒྱས་ཀྱི། །སྙིང་པོ་ཡོད་པར་གསུངས་དེ་ཅི། །ཞེས་པ་འདི་ལ་གཉིས་ལས། དང་པོ་ལ་དྲི་བའི་རྒྱུ་མཚན་ནི། གཞུང་དུ། གལ་ཏེ་བེམ་པོའི་ཆོས་ཀྱི་དབྱིངས། །ཞེས་སོགས་ཀྱི་དོན་འཆད་པ་ན། རྣམ་བཤད་མཛད་པ་བསམ་ཡས་པ། རྫོག་ལོ་ཆེན་པོའི་བཞེད་པ་ལྟར་ཁས་བླངས་ནས། ཆོས་ཉིད་མེད་དགག་གི་ཆ་ཁོ་ན་སྙིང་པོར་འཆད་པ་དང་། སྤྲོས་ཁང་པ། བེམ་པོའི་ཆོས་ཉིད་དང་། སེམས་ཅན་གྱི་ཆོས་ཉིད་ལ་དགེ་བ་ཡིན་མིན་གྱི་ཁྱད་པར་མེད་པའི་དོན་དུ་འཆད་པ་དང་། ཁ་ཅིག །སྤྲོས་བྲལ་མེད་དགག་གི་ཆ་སྙིང་པོ་ཡིན་པ་གཞུང་འདིས་བཀག་ནས། སེམས་གསལ་སྟོང་ཟུང་འཇུག་ཁོ་ན་སྙིང་པོར་འཆད་པ་དག་སྣང་བའི་རྒྱུ་མཚན་གྱིས་སོ། །མ་དྲིས་ན་སྐྱོན་ཡོད་པ་ནི། ལུགས་དང་པོ་ཁས་བླངས་ན་སེམས་ཅན་དུ་མ་ཟད། ཤེས་བྱ་ཐམས་ཅད་དེ་བཞིན་གཤེགས་པའི་སྙིང་པོ་ཅན་དུ་ཐལ་བར་འགྱུར་ལ། དེ་ལྟ་ན་དེ་ཐམས་ཅད་སངས་རྒྱས་པའམ། རྒྱ་རུང་ཞིག་ཏུ་ཐལ་བར་འགྱུར་ལ། དེའི་ཁྱབ་པ་དང་། ཆོས་ཀྱང་ཁས་བླངས་སོ། །ལུགས་གཉིས་པ་དེ་སྐྱ་མ་ལས་ཅུང་ཟད་ལེགས་པར་སྣང་ཡང་། ཞིབ་

ཏུ་འབྱེད་དགོས་པ་ཡིན་ཏེ། བྱམས་ཆོས་རྗེས་འབྲང་དང་བཅས་པ་ལྟར་ན། སེམས་ཅན་གྱི་ཆོས་ཉིད་དགེ་བར་འཆད་དགོས་པའི་ཕྱིར་དང་། བསྡོ་རྒྱུའི་དགེ་བ་ཡིན་མིན་གྱི་དོན་དུ་འཆད་ན་ཡང་། གཞུང་གི་འཕྲོས་དང་འགྲིག་ཀྱང་། གོང་དུ། ཆོས་ཉིད་ཡིན་ན་འགྲོ་ཀུན་གྱི། །དགེ་བ་ཞེས་བྱ་སྨོས་ཅི་དགོས། །ཁམས་པོ་དང་ནི་དངོས་མེད་དང་། །འཕགས་པའི་ཆོས་ཉིད་ཅེས་མི་བསྔོ། །ཞེས་རྒྱས་པར་བཤད་ཟིན་པས་བཟློས་པར་འགྱུར་རོ། །

ལུགས་གསུམ་པ་དེ་སེམས་ཅན་ཐམས་ཅད་སངས་རྒྱས་ཀྱི་སྙིང་པོ་ཅན་དུ་འདོག་པ་དེ། བསྟན་བཅོས་འདིའི་དགོངས་པ་ཡིན་ན་དེ་ལྟར་རིགས་ཀྱང་། དེ་ཉིད་ལ་དོགས་པའི་གནས་འགོད་པ་ནི། འོན་སེམས་ཅན་མ་ཡིན་པ་ཕྱི་སྣོད་ཀྱི་འཇིག་རྟེན་སོགས་ལ་སྙིང་པོས་མ་ཁྱབ་པར་འགྱུར་ཏེ། ཁམས་པོའི་ཆོས་ཉིད་སངས་རྒྱས་ཀྱི་སྙིང་པོ་ཡིན་པ་བཀག་ནས། སེམས་ཅན་ཁོ་ནའི་ཆོས་དབྱིངས་སྙིང་པོར་འཆད་པ་དེ་གཞུང་གི་དོན་དུ་ཁས་བླངས་སོ། །དེ་ཡང་དེ་ལྟ་ན་ནི། རྩ་བའི་རྒྱུད་བརྟག་པ་གཉིས་པ་ལས། བརྟན་དང་གཡོ་བའི་དངོས་པོ་གང་། །རྩ་ལྟུག་འབྲིལ་ཤིང་ལ་སོགས་པ། །བདག་གི་དངོས་པོའི་རང་བཞིན་ལས། །དམ་པའི་དེ་ཉིད་དེས་སྒོམ་བྱ། །ཞེས་དང་། ང་ལས་འགྲོ་བ་ཐམས་ཅད་འབྱུང་། །ང་ལས་གནས་གསུམ་པོ་ཡང་བྱུང་། །ང་ཡིས་འགྲོ་ཀུན་ཁྱབ་པ་སྟེ། །འགྲོ་བའི་རང་བཞིན་གཞན་མ་མཐོང་། །ཞེས་དང་། འཆད་པ་པོ་ང་ཆོས་ཀྱང་ང་། །རང་གི་ཚོགས་ལྡན་ཉན་པ་ང་། །འཇིག་རྟེན་འཇིག་རྟེན་འདས་པ་ང་། །འཇིག་རྟེན་སྟོན་པ་བསྒྲུབ་བྱ་ང་། །ལྷན་ཅིག་སྐྱེས་དགའི་རང་བཞིན་ང་། །ཞེས་དང་། འཇམ་དཔལ་གྱི་མཚན་ཡང་དག་པར་བརྗོད་པ་ལས། དངོས་པོ་ཀུན་གྱི་རང་བཞིན་མཆོག །དངོས་པོ་ཀུན་གྱི་རང་བཞིན་འཛིན། །ཞེས་གསུངས་པ་དང་། བྱང་ཆུབ་སེམས་དཔའི་འགྲེལ་པ་སྐོར་གསུམ་ལས་ཀྱང་། དེ་འདྲ་བཤ་སྟག་གསུངས་པས། ཤེས་བྱ་ཐམས་ཅད་ལ་རང་བཞིན་ཆོས་སྐུས་ཁྱབ་པར་གསུངས་པ་དང་འགལ་ལོ། །སྙམ་པའི་དོགས་པ་འདི་འབྱུང་བར་འགྱུར་རོ། །

གཉིས་པ་དངོས་ལན་གདབ་པ་ལ་གཉིས་ཏེ། དངོས་དང་། དེ་ལས་འཕྲོས་པའི་དོན་ནོ། །དང་པོ་ནི། གཞུང་དེ་དག་གིས། ཆོས་དབྱིངས་ཀྱི་འཆད་ཚུལ་གཉིས་པོ་གང་ཡིན་ཀྱང་རུང་སྟེ། དེ་དག་དེ་བཞིན་གཤེགས་པའི་སྙིང་པོར་བསྟན་པ་ཡིན་ན། ཤེས་བྱ་ཐམས་ཅད་དེ་བཞིན་གཤེགས་པའི་སྙིང་པོ་ཅན་དུ་ཐལ་བ་ཟློག་ཏུ་མེད་ཀྱང་། དེ་ལྟར་བསྟན་པ་ནི་མ་ཡིན་ནོ། །འོན་ཅི་ཞིག་བསྟན་ཞེ་ན། དེ་བཞིན་གཤེགས་པའི་སྙིང་པོ་ཞེས་བྱ་བའི་མིང་གང་ལ་འཇུག་པའི་གཞི་ནི། རྒྱུད་བླ་མའི་བསྟན་བཅོས་སུ་གསུམ་གསུངས་པ་ལས། གཞུང་འདིར། ཆོས་དབྱིངས་དང་རིགས་སྙིང་པོ་དངོས་ཡིན་པ་བཀག་ནས། ཆོས་སྐུ་ཉག་གཅིག་དེ་བཞིན་གཤེགས་པའི་སྙིང་པོར་འཆད་དོ། །དེ་ཡང་གོང་དུ། ཁ་ཅིག་བདེ་གཤེགས་སྙིང་པོའི་སྒྲ། །ཆོས་ཀྱི་དབྱིངས་ལ་མི་ཟེར་བར། །ཞེས

པར། ཆོས་དབྱིངས་སུ་མ་འདུས་པའི་རིགས་དེ། དེ་བཞིན་གཤེགས་པའི་སྙིང་པོ་ཡིན་པ་འགོག་ལ། དེའི་ཤེས་བྱེད་ཀྱང་། གསར་དུ་འདུས་བྱས་པའི་ཕྱིར། ཞེས་པའོ། །འོ་ན་སེམས་ཅན་གྱི་ཆོས་དབྱིངས་སྙིང་པོར་འདོད་དམ་ཞེ་ན། མ་ཡིན་ཏེ། ཆོས་དབྱིངས་ལ་དབྱེ་བ་མེད་པས། ཤེས་བྱ་ཐམས་ཅད་སྙིང་པོ་ཅན་དུ་ཐལ་བའི་ཕྱིར། ཞེས་འཆད་པ་ནི། གལ་ཏེ་བེམ་པོའི། ཞེས་པ་ནས། འདི་འགྱུབ་བོ། །ཞེས་པའི་བར་རོ། །འོ་ན་དེ་དག་དེ་མ་ཡིན་ན། སེམས་ཅན་ཐམས་ཅད་དེའི་སྙིང་པོ་ཅན་དུ་གསུངས་པ་ཅི་ཞེ་ན། སེམས་ཅན་གྱི་སེམས་སྦྲོས་པའི་མཐའ་ཐམས་ཅད་དང་བྲལ་བ་ལ་དགོངས་པ་ཡིན་ཏེ། དེ་སྦྲོས་པའི་མཐའ་དང་བྲལ་བའི་རྒྱུ་མཚན་གྱིས། དེ་ལས་སངས་རྒྱས་དང་འཁོར་བ་གཉིས་ཀ་འབྱུང་ལ། དེའི་རྒྱུ་མཚན་གྱིས། སེམས་ཅན་གྱི་སེམས་ཀྱི་ཆོས་དབྱིངས་དེ་སེམས་ཅན་གྱི་ཁམས་དངོས་དང་། དེ་བཞིན་གཤེགས་པའི་སྙིང་པོའི་དགོངས་གཞིར་འཆད་པའི་ཕྱིར། ཞེས་སྟོན་པ་ནི། དེས་ན་དེ་བཞིན་གཤེགས་པ་ཡི། །ཞེས་སོགས་སོ། །དེ་ལ་ལུང་གི་སྒྲུབ་བྱེད་གཉིས་ལས། ཆོས་དབྱིངས་མེད་དགག་གི་ཆ། སྙིང་པོའི་དགོངས་གཞིར་འཆད་པའི་རྒྱུ་མཚན་ནི། འཕགས་པ་ཞེས་སོགས་སོ། །ཆོས་དབྱིངས་གསལ་རིག་གི་ཆ། དེའི་དགོངས་གཞིར་འཆད་པའི་རྒྱུ་མཚན་ལ། ལུང་དངོས་དང་། དེའི་རིགས་པ་གཉིས་ལས། དང་པོ་ནི། ཐེག་པ་ཆེན་པོ་ཞེས་སོགས་སོ། །

གཉིས་པ་ནི། ཉེ་བར་ལེན་པའི། ཞེས་སོགས་ཏེ། སེམས་རང་བཞིན་གྱིས་འོད་གསལ་བ་དེ། སངས་རྒྱས་ཀྱི་སྙིང་པོའི་དགོངས་གཞིར་འཇོག་པའི་རྒྱུ་མཚན་ནི། དེ་མཐར་མི་གནས་པའི་མྱང་འདས་སུ་སྐྱེག་པའམ། འགྲོ་བའི་རྒྱུ་མཚན་གྱིས་ཡིན་ལ། དེ་དེར་སྐྱེག་པའི་ཤེས་བྱེད་ཀྱང་། མྱང་འདས་ནི་སེམས་ཀྱི་རང་བཞིན་དུ་འདུག་ལ། སྡུག་བསྔལ་ནི་དེར་མི་འདུག་པའི་ཕྱིར། ཞེས་པའོ། །དེའི་ཤེས་བྱེད། ཆོས་འཕགས་ཀྱི་ལེའུར་གསལ་བ་ཡིན་ཏེ། བྱང་ཆུབ་སེམས་དཔའ་རྟག་ཏུ་ངུའི་ཤེས་པ་ལ་སྣང་བའི་དེ་བཞིན་གཤེགས་པའི་སྐུ་དེ། སྣང་མཁན་རང་གི་ཤེས་པའི་ངོ་བོར་བཤད་འདུག་པས་སོ། །ཞེས་འཆད་པ་ནི། འདི་དོན་རྒྱས་པར། ཞེས་སོགས་སོ། །

འདིར་དྲི་བ་འདི་འདུག་སྟེ། ཐེག་པ་ཆེན་པོ་རྒྱུད་བླ་མར། །སྡུག་ལ་སྐྱོ་སོགས་སྙིང་པོ་ཡི། །བྱེད་ལས་ཡིན་པར་བཤད་མོད་ཀྱི། །སྒྲུབ་བྱེད་ཡིན་པར་གང་ལས་ཤེས། །སྙིང་པོ་དངོས་ཀྱི་སྒྲུབ་བྱེད་དུ། །བཤད་ན་ཁྱབ་པ་འགལ་བར་འགྱུར། །རིགས་ཡོད་པ་ནི་རྒྱུད་བླ་མར། །བསྒྲུབ་བྱར་མཛད་པའི་སྐབས་ཡོད་མིན། །སྙིང་པོའི་སྒྲུབ་བྱེད་དོན་གསུམ་དང་། །དཔེ་དགུ་ལས་གཞན་བཤད་པ་མེད། །ཅེས་པའི་དོགས་པ་བྱུང་གྱུར་ན། །དེ་ཡི་ལན་ལྡོན་ཤེས་པ་ཙུང་། ཁམས་དེ་སངས་རྒྱས་སྙིང་པོ་ཡི། །དགོངས་གཞི་འཆད་པའི་སྒྲུབ་བྱེད་དུ། །མྱ་ངན་འདས་པ་དོན་གཉེར་བ། ཁམས་ཀྱི་བྱེད་ལས་ཡིན་པར་བཤད། །མེ་ཡི་རང་བཞིན་ཚ་བ་ལྟར། ཁམས་ཀྱི་རང་

བཞིན་མི་གནས་པའི། །མྱ་ངན་འདས་པ་ཡིན་པས་ན། །ཁམས་དེ་སྙིང་པོའི་དགོངས་གཞིར་བཤད། །ཅེས་པའོ། །

གཉིས་པ་ལ། སྙིང་པོའི་དགོངས་གཞི་མེད་དགག་ལ་བཤད་པའི་ངོགས་སྤོང་དང་། དེའི་དགོངས་གཞི་མ་ཡིན་པར། དགག་པའི་ཆ་ལ་བཤད་པའི་ངོགས་སྤོང་ངོ་། །དང་པོ་ནི། ཤེས་བྱ་མཐའ་དག་ལ་སྙིང་པོའི་དགོངས་གཞིས་ཁྱབ་ཀྱང་། དེ་ཐམས་ཅད་སྙིང་པོ་ཅན་དུ་མི་འཆད་ལ། །སེམས་ཅན་ཁོ་ན་སྙིང་པོ་ཅན་དུ་སྟོན་པའི་ཤེས་བྱེད་ནི། ཤེས་བྱ་ཐམས་ཅད་དེར་བསྟན་པ་ལ་དགོས་པ་མེད་པ་དང་། སེམས་ཅན་གྱི་སེམས་ཀྱི་ཆོས་ཉིད་དྲི་མས་དག་པ་ན་དེ་བཞིན་གཤེགས་པར་འགྱུར་ལ། བེམ་པོ་སོགས་གཞན་ལ་དེ་ལྟར་འགྱུར་བ་མེད་པ་ལ་བསམས་པ་ཡིན་ཏེ། མདོ་སྡེ་རྒྱན་ལས། དེ་བཞིན་ཉིད་ནི་ཐམས་ཅད་ལ། །ཁྱད་པར་མེད་ཀྱང་དག་གྱུར་པ། །དེ་བཞིན་གཤེགས་ཉིད་དེ་ཡི་ཕྱིར། །འགྲོ་ཀུན་དེ་ཡི་སྙིང་པོ་ཅན། །ཞེས་གསུངས་སོ། །

གཉིས་པ་ནི། འོ་ན་དྲི་མ་དང་བཅས་པའི་སེམས་རང་བཞིན་གྱིས་འོད་གསལ་བ་ཁོ་ན་སངས་རྒྱས་ཀྱི་སྙིང་པོའི་དགོངས་གཞིར་འཆད་པ། རྒྱུད་བླ་མའི་བསྟན་བཅོས་ཀྱི་ལུགས་ཡིན་པ་དེ་ལྟ་ན། གོང་དུ་དྲངས་མ་ཐག་པའི་ལུང་གིས། ཤེས་བྱ་ཐམས་ཅད་ལ་རང་བཞིན་ཆོས་སྐུས་ཁྱབ་པར་བཤད་པ་དང་འགལ་ལོ། །ཞེ་ན། གཟུང་འཛིན་རྫས་གཞན་དུ་ཁས་ལེན་པ་ལྟར་ན། ངོགས་པའི་གནས་དེ་སྤོང་བར་མི་ནུས་ཀྱང་། འདིར་ནི་ཐེག་པ་ཆེན་པོའི་གཞུང་ལུགས་གནས་སྐབས་སུ། རྣལ་འབྱོར་སྤྱོད་པའི་གཞུང་ལུགས་དང་མཐུན་པར་འཆད་པ་དག་ལ་ནི། ཤེས་བྱ་ཐམས་ཅད་ལ་རང་བཞིན་ཆོས་སྐུས་ཁྱབ་པ་དང་། བེམ་པོའི་ཆོས་ཉིད་སངས་རྒྱས་ཀྱི་སྙིང་པོར་མི་འཆད་པ་གཉིས་ལ་འགལ་བ་ཅི་ཡང་ཡོད་པ་མ་ཡིན་ཏེ། དོན་དུ་སྣང་བ་ཇི་སྙེད་པ་ནི་སྣང་མཁན་རང་གི་ཤེས་པའི་ངོ་བོ་ཡིན་ལ། ངོ་བོ་དེ་ལའང་ཀུན་རྫོབ་དྲི་མའི་ཆ་དང་། དོན་དམ་ཡེ་ཤེས་ཀྱི་ཆ་གཉིས་ལས། དང་པོ་ནི༑ འཁོར་བའི་ཆོས་ཡིན་ལ།

གཉིས་པ་ནི། རང་བཞིན་གྱི་མྱ་ངན་ལས་འདས་པའི་ཆོས་ཀྱི་སྐུའི་ངོ་བོར་གནས་པ་ཡིན་ཞིང་། གཉིས་སྣང་གི་ཆ་ཇི་སྙེད་པ་ཡང་ཡེ་ཤེས་དེ་ཉིད་ལས། ནམ་མཁའ་ལ་སྤྲིན་དང་། ཆུ་ལས་རྦ་རླབས་ཀྱི་ཚུལ་དུ་འབྱུང་བར་ཁས་ལེན་པའི་ཕྱིར་རོ། །འོན་སྣང་མཁན་དེ་ཉིད་སངས་རྒྱས་པའི་ཚེ་དེ་ལ། སྣང་བ་ཇི་སྙེད་པ་སངས་རྒྱས་པར་ཁས་ལེན་ནམ་ཞེ་ན། དེ་ལྟར་ཁས་ལེན་པ་ཡིན་ཏེ། ཇི་སྐད་དུ། འབྲས་བུ་དག་པ་གཟུགས་ལ་སོགས། །ཞེས་པའི་ལུང་གིས་གྲུབ་པ་དང་། །སངས་རྒྱས་ཀྱི་ཆོས་ཀྱི་སྐུའི་ཡེ་ཤེས་ལ་ནི། འཁོར་བའི་ཆོས་གང་ཡང་རང་སྣང་གི་ཚུལ་གྱིས་སྣང་བ་མེད་པའི་ཕྱིར། དེ་ལྟ་ནའང་། སེམས་ཅན་གཅིག་གི་སེམས་ཀྱི་ཆོས་ཉིད་དྲི་མས་རྣམ་པར་དག་པ་ན། སེམས་ཅན་ཐམས་ཅད་ཀྱི་སེམས་ཀྱི་ཆོས་ཉིད་དྲི་མས་རྣམ་པར་དག་པ་ཉིད་དུ་ཐལ་བའི་ཉེས་པ་ནི

ཡོད་པ་མ་ཡིན་ཏེ། སེམས་ཅན་སོ་སོའི་རྒྱུད་གཞན་དུ་གྲུབ་པའི་ཕྱིར། དེ་བས་ན། དོན་དུ་སྣང་བའི་རྣམ་པ་འདི་སྣང་མཁན་རང་གི་སེམས་ཡིན་ཞིང་། དེ་ལས་རྫས་གཞན་དུ་གྱུར་པའི་དོན་མ་གྲུབ་པར་འཆད་པ་དང་འདི་མཚུངས་པ་མ་ཡིན་ཏེ། གཞན་སེམས་ཤེས་པའི་མངོན་ཤེས་ལ། གཞན་སེམས་ཀྱི་གཟུང་རྣམ་སྣང་མཁན་རང་གི་སེམས་ཀྱིས་བསྐྱུས་པ་ཞིག་ཤར་བ་དེའི་ཚེ་ན་ཡང་། གཞན་སེམས་ཀྱི་ངོ་བོ་སྣང་མཁན་གྱི་ཤེས་པ་ལས་རྫས་གཞན་ཞིག་ཡོད་པར། ཉི་ཤུ་པའི་རབ་བྱེད་དང་། རྒྱུད་གཞན་གྲུབ་པ་ལས་གསུངས་པའི་ཕྱིར་རོ།། །།

དྲི་བ་ཉེར་བཞི་པ་ནི། གོས་ཧྲུལ་ནང་ན་རིན་ཆེན་གྱི། །དཔེས་བསྟན་དགོངས་པ་ཅན་ཡིན་ན། །སེམས་ཅན་རྣམས་ལ་རང་བཞིན་གྱི། །གནས་རིགས་མེད་པར་མི་འགྱུར་རམ། །ཞེས་པའོ། །

འདི་ལ་གསུམ་སྟེ། དྲི་བའི་བསམ་པ་བཤད། དངོས་ལན་གདབ། འཕྲོས་དོན་བསམ་པའོ། །དང་པོ་ནི། བསྟན་བཅོས་འདིའི་རྣམ་བཤད་མཛད་པ་གསུམ་གྱིས། སངས་རྒྱས་ཀྱི་སྙིང་པོའི་རྣམ་གཞག །གངས་ཅན་གྱི་མཁས་པ་ལ་གྲགས་པ་གསུམ་པོ་དེའི་ནང་ནས། རྗོག་ལོ་ཆེན་པོའི་བཞེད་པ་དེ་ཉིད། སྤྱིར་གཞུང་ལུགས་ཀྱི་བབས་དང་མཐུན་ཞིང་། ཁྱད་པར་ས་སྐྱ་པཎྜི་ཏའི་དགོངས་པ་ཡིན་པར་འཆད་ཀྱིན་འདུག་པའི་རྒྱུ་མཚན་གྱིས་དང་། ཐེག་པ་ཆེན་པོ་རྒྱུད་བླ་མར། ཞེས་སོགས་ཀྱི་གཞུང་དོན། རྒྱུད་བླའི་བསྟན་བཅོས་ཀྱི་དངོས་བསྟན་ལ། སེམས་ཅན་ཐམས་ཅད་མཚན་དཔེ་དང་སྟོབས་སོགས་ཀྱིས་བརྒྱན་པའི་སངས་རྒྱས་ཀྱི་སྙིང་པོ་ཅན་དུ་བཤད་ཡོད་དོ། །སྙམ་དུ་འཁྲུལ་གྱིན་འདུག་པའི་རྒྱུ་མཚན་གྱིས་སོ། །

མ་དྲིས་པའི་སྐྱོན་དང་པོ་ནི། རྗོག་ལོ་ཆེན་པོའི་བཞེད་པ་དེ་རྒྱུད་བླ་མའི་བསྟན་བཅོས་ཀྱི་དགོངས་པ་སོང་ན། ཇི་སྐད་དུ། རྟག་ཏུ་སངས་རྒྱས་སྙིང་པོ་ཅན། །ཞེས་པའི་གཞུང་དེས་བསྟན་པའི་ཞེ་འདོད་ཀྱི་བསྒྲུབ་བྱ་དེ་གང་ཡིན། སེམས་ཅན་ཐམས་ཅད་སངས་རྒྱས་ཀྱི་སྙིང་པོ་དངོས་དང་ལྡན་པ་དེའོ་སྙམ་ན། འོ་ན་དེ་ཐམས་ཅད་རང་བཞིན་རྣམ་དག་གི་ཆོས་ཉིད་དང་ལྡན་པ་དེ། དེ་སྐབས་ཀྱི་ཞེ་འདོད་ཀྱི་བསྒྲུབ་བྱར་འགྱུར་ཏེ། གཞུང་དེའི་ཞེ་འདོད་ཀྱི་བསྒྲུབ་བྱ་ལུས་ཅན་ཀུན་སྙིང་པོ་ཅན་ཡིན་པ་དེར་ཁས་བླངས་པ་གང་ཞིག །རང་བཞིན་རྣམ་དག་གི་ཆོས་ཉིད་དེ་སངས་རྒྱས་ཀྱི་སྙིང་པོ་དངོས་སུ་འཆད་པ་ཁྱེད་ཀྱི་འདོད་པ་ཡིན་པའི་ཕྱིར་རོ། །དེ་འདོད་ན། བསྒྲུབ་བྱ་དེ་བསྒྲུབ་བྱེད་ཀྱི་གཏན་ཚིགས་གསུམ་པོ་དེ། གྲུབ་ཟིན་སྒྲུབ་པའམ། མ་གྲུབ་པ་ཉིད་སྒྲུབ་བྱེད་དུ་བཀོད་པ་གང་རུང་ལས་མ་འདས་ཏེ། སེམས་ཅན་ཐམས་ཅད་རང་བཞིན་རྣམ་དག་གི་ཆོས་ཉིད་དང་ལྡན་པར་སྒྲུབ་པ་ལ། ཆོས་སྐུ་འཕྲོ་བ་སོགས་གསུམ་རྟགས་སུ་བཀོད་པ་ཡིན་ལ། གསུམ་ཀའི་དོན་ཡང་། །རང་བཞིན་རྣམ་དག་གི་ཆོས་ཉིད་ཅན་ཡིན་པའ་ཕྱིར། ཞེས་པ་ལས་མ་འདས་པས་སོ། །སྤྱིར་ཡང་། སེམས་ཅན་གྱི་རྒྱུད་ལ་

དྲི་བཅས་དེ་བཞིན་ཉིད་ཡོད་པ་ནི་སྒྲུབ་བྱེད་དུ་བཤད་པ་ཤ་སྟག་ཡོད་པ་ཡིན་གྱི། དེ་བསྒྲུབ་བྱར་བྱས་ནས་སྒྲུབ་དགོས་པ་ནི་རྒྱུད་བླ་རྩ་འགྲེལ་ན་མེད་དོ། །ཐེ་བྲག་ཏུ་བསྟན་བཅོས་མཛད་པ་འདིའི་དགོངས་པ་ཡང་། སེམས་ཅན་གྱི་ཆོས་ཉིད་སྙིང་པོ་དངོས་སུ་བཤད་ནས། སེམས་ཅན་ཐམས་ཅད་དེ་དང་ལྡན་པ་ནི་བསྒྲུབ་བྱའི་ཆོས་སུ་བྱས་ནས། དེ་ལ་སྒྲུབ་བྱེད་གསུམ་འགོད་པ་རྒྱུད་བླའི་བསྟན་བཅོས་ཀྱི་དགོངས་པར་མཛད་པ་མ་ཡིན་ཏེ། ཇི་སྐད་དུ། དེས་ན་དེ་བཞིན་གཤེགས་པ་ཡི། །སྙིང་པོ་སྤྲོས་བྲལ་ཡིན་པའི་ཕྱིར། །སེམས་ཅན་རྣམས་ལས་སངས་རྒྱས་དང་། །འཁོར་བ་གཉིས་ཀ་འབྱུང་བ་འཐད། །ཅེས། སེམས་ཅན་རྣམས་སངས་རྒྱས་འབྱུང་རུང་དུ་སྒྲུབ་པ་ལ༑ སེམས་ཀྱི་ཆོས་ཉིད་སྤྲོས་བྲལ་ཡིན་པ་གཏན་ཚིགས་སུ་བཀོད་པའི་ཕྱིར་དང་། སེམས་ཅན་ཐམས་ཅད་སངས་རྒྱས་ཀྱི་སྙིང་པོ་ཅན་དུ་གསུངས་པའི་དགོས་པ་ནི། སྐྱོན་ལྔ་སྤང་བའི་ཆེད་ཡིན་པར་གསུངས་ལ། དྲི་བཅས་དེ་བཞིན་ཉིད་ཀྱི་སྙིང་པོ་ཅན་དུ་གསུངས་པས། དགོས་པ་ལྔ་པོ་དེ་མི་འགྲུབ་པའི་ཕྱིར། གལ་ཏེ་དགོས་པ་ལྔ་པོ་དེ། སེམས་ཅན་ལ་ཡོན་ཏན་ཀུན་རྫོགས་ཀྱི་སངས་རྒྱས་བཞུགས་པར་བཤད་པའི་དགོས་པའོ། །སྙམ་ན༑ དེ་སྐད་དུ་སྨྲ་བར་རིགས་པ་དེའི་ཕྱིར། སྙིང་པོ་གསུངས་པའི་དགོས་པ་གང་ལ་ཡོད་པ་དེ་ཉིད་སྙིང་པོར་ཁས་ལེན་པར་བྱོས་ལ། དགོས་པ་དེ་དང་མི་ལྡན་པ་སྙིང་པོར་ཁས་ལེན་པར་མི་རིགས་སོ། །གལ་ཏེ་སྙིང་པོ་དངོས་ལ། འབྲས་བུ་དང་། རང་བཞིན་དང་། རྒྱུ་བདེ་བར་གཤེགས་པའི་སྙིང་པོ་ཞེས་བྱ་བའི་དབྱེ་བས་གསུམ་དུ་འབྱེད་དོ། ཅེ་ན། འོ་ན། རང་བཞིན་སྙིང་པོ་དངོས་སུ་འདོད་པ་དེའི་ཚེ། རྒྱུ་ཡང་སྙིང་པོ་དངོས་སུ་ཐལ་བར་འགྱུར་ཏེ། གཉིས་ཀ་ཡང་སྙིང་པོའི་སྒྲུབ་བྱེད་དུ་བཤད་པ་ལ་ཁྱད་པར་མེད་ཅིང་། འབྲས་བུའི་གཏན་ཚིགས་སུ་ནི་མི་རུང་བའི་ཕྱིར། འདོད་མི་ནུས་པའི་ཤེས་བྱེད་ནི། སྙིང་པོ་ཅན་ཡིན་པའི་གཏན་ཚིགས་སུ་བཀོད་པའི་རིགས་དེ་ལ། རང་བཞིན་དུ་གནས་པའི་རིགས་དང་། རྒྱས་འགྱུར་གྱི་རིགས་གཉིས་སུ་ཕྱེ་བ་ཡིན་པ་ལས། ཕྱི་མ་ནི་སྙིང་པོར་མི་རིགས་ཤིང་། འདོད་མཁན་ཡང་མི་སྣང་བས་སོ། །

མ་དྲིས་པའི་སྐྱོན་གཉིས་པ་ནི། ཐེག་པ་ཆེན་པོ་རྒྱུད་བླ་མའི་བསྟན་བཅོས་སུ། སེམས་ཅན་ཐམས་ཅད་ལ་ཡོན་ཏན་ཀུན་རྫོགས་ཀྱི་སངས་རྒྱས་ཀྱི་སྙིང་པོ་རེ་རེ་ཡོད་པར་བཤད་པ་དེ། སྒྲ་ཇི་བཞིན་པ་མ་ཡིན་པའི་དྲང་དོན་དུ་བསྟན་བཅོས་འདིས་འགྲེལ་པ་ཡིན། ཞེས་འཆད་པ་ནི་ཤིན་ཏུ་མི་རིགས་ཏེ། རྒྱུད་བླ་མའི་བསྟན་བཅོས་ཀྱི་རང་རྐང་ལ། སྟོབས་སོགས་ཡོན་ཏན་ཀུན་རྫོགས་ཀྱི་སྙིང་པོ་སེམས་ཅན་ལ་མེད་པར་བཤད་པ་ཤ་སྟག་ཏུ་སྣང་བ་ཡིན་གྱི། ཡོད་པར་བཤད་པ་གཅིག་ཀྱང་མི་སྣང་བའི་ཕྱིར་དང་། བཀའ་ཐ་མའི་མདོ་མང་པོ་ནས་དེ་ལྟར་བསྟན་པ་དེ། རྒྱུད་བླ་མའི་བསྟན་བཅོས་ཀྱིས་དགོངས་པ་ཅན་དུ་བཀྲལ་ཟིན་པའི་ཕྱིར་དང་། དེ་ལྟར

བཀྲལ་ཟིན་པ་དེ། སླར་ཡང་བསྟན་བཅོས་འདིས་དགོངས་པ་ཅན་དུ་འགྲེལ་ན། དགག་པ་གཉིས་ཀྱིས་རྣལ་མ་གོ་བར་འགྱུར་བའི་ཕྱིར་དང་། ཕྱིར་ཡང་། ཐེག་ཆེན་ཐུན་མོང་མ་ཡིན་པའི་བསྟན་བཅོས་ཞིག །ཐུན་མོང་མ་ཡིན་པའི་བསྟན་བཅོས་གཞན་གྱིས་དགོངས་པ་ཅན་དུ་འགྲེལ་བ་མི་སྲིད་པའི་ཕྱིར་དང་། བསྟན་བཅོས་གཅིག་གིས་དྲང་ངེས་ཕྱེ་ཟིན་པ་དེ། བསྟན་བཅོས་གཞན་ཞིག་གིས་སླར་ཡང་དགོངས་པ་ཅན་དུ་འགྲེལ་དགོས་ན། ཧ་ཅང་ཐལ་བའི་ཕྱིར་རོ། །

མ་དྲིས་པའི་སྐྱོན་གསུམ་པ་ནི། ཁྱད་པར། གོས་ཧྲུལ་གྱི་ནང་ན་རྒྱལ་བའི་སྐུ་བཞུགས་པ་དཔེར་བྱས་ནས། སེམས་ཅན་ལ་སངས་རྒྱས་ཀྱི་ཁམས་ཡོད་པར་གསུངས་པ་དེ་སྒྲ་ཇི་བཞིན་པ་མ་ཡིན་པར་འགྲེལ་ན། སེམས་ཅན་ལ་རང་བཞིན་དུ་གནས་པའི་རིགས་ཡོད་པར་གསུངས་པ་དེ། དགོངས་གཞི་དགོས་པ་དངོས་ལ་གནོད་བྱེད་གསུམ་གྱི་སྒོ་ནས་འཆད་རིགས་པར་འགྱུར་ཏེ། རྒྱུད་བླ་མའི་བསྟན་བཅོས་སུ། དཔེ་དགུས་མཚོན་པའི་དོན་དགུ་ངོས་འཛིན་པ་ན། བདུན་པ་གོས་ཧྲུལ་གྱི་ནང་ན་དེ་བཞིན་གཤེགས་པའི་སྐུ་བཞུགས་པའི་དཔེས་བསྟན་པ་དེ་ནི། རང་བཞིན་དུ་གནས་པའི་རིགས་ཀྱིས། ངོ་བོ་ཉིད་སྐུ་སྐྱེད་པའི་ནུས་པ་ལ་བཤད་པའི་ཕྱིར་ཏེ། ཇི་སྐད་དུ། འདི་ཡི་རང་བཞིན་ཆོས་སྐུ་དང་། །དེ་བཞིན་ཉིད་དང་རིགས་ཀྱང་སྟེ། །དེ་ནི་དཔེ་གསུམ་གཅིག་དང་ནི༔ ༔ལྔ་རྣམས་ཀྱིས་ནི་ཤེས་པར་བྱ། །ཞེས་དང་། རིགས་དེ་རྣམ་གཉིས་ཤེས་བྱ་སྟེ། །ཐོག་མེད་རང་བཞིན་གནས་པ་དང་། །ཡང་དག་བླངས་པ་མཆོག་ཉིད་དོ། །ཅེས་དང་། དང་པོས་སྐུ་ནི་དང་པོ་སྟེ། །གཉིས་པ་ཡིས་ནི་ཕྱི་མ་གཉིས། །ཞེས་གསུངས་སོ། །ཡང་འདི་སྐམ་དུ། རྒྱུད་བླའི་བསྟན་བཅོས་སུ་སེམས་ཅན་ལ་སངས་རྒྱས་ཀྱི་སྙིང་པོ་གཙང་བདེ་རྟག་བདག་གི་ངོ་བོར་གྱུར་པ་དང་། རྟག་བརྟན་ཞི་བ་གཡུང་དྲུང་གི་ངོ་བོར་གྱུར་པའི་སྙིང་པོ་ཡོད་པར་གསུངས་པ་དེ་དགོངས་པ་ཅན་ཡིན་ནོ། །ཞེས་བྱ་བའི་དོན་དུ་འཆད་ན། དེ་ཡང་རིགས་པ་མ་ཡིན་ཏེ། བསྟན་བཅོས་དེར། སེམས་ཅན་ལ་ནི་དྲི་བཅས་དེ་བཞིན་ཉིད་ཡོད་པར་བཤད་ཀྱི། དྲི་མེད་དེ་བཞིན་ཉིད་ཡོད་པར་མ་བཤད་ལ། རྟག་བརྟན་ལ་སོགས་པའི་ཆོས་བརྒྱད་པོ་དེ་དག་ནི། དྲི་མེད་དེ་བཞིན་ཉིད་ཀྱི་ཁྱད་པར་དུ་བཤད་པ་ཡིན་གྱི། དྲི་བཅས་ལ་དེ་ལྟ་བུའི་ཁྱད་པར་གྱི་ཆོས་བཤད་པ་མེད་པའི་ཕྱིར་རོ། །འོན་ཀྱང་། རྒྱུད་བླར་དྲི་བཅས་དེ་བཞིན་ཉིད་རང་གི་ངོ་བོས་མི་སྟོང་པར་བཤད་ཅིང་། མདོ་སྡེའི་རྒྱན་དུ་བདག་དམ་པར་བཤད་ལ། དེ་ལྟ་ནའང་། དེ་ལྟར་གསུངས་པ་དེ་སྒྲ་ཇི་བཞིན་པ་ཉིད་དུ་ཁས་བླངས་ན། མུ་སྟེགས་ཀྱི་བདག་དང་མཚུངས་པའི་ཉེས་པ་དང་། བདེན་པའི་དངོས་པོར་ཐལ་བའི་ཉེས་པ་དང་། ངེས་པའི་དོན་གྱི་མདོ་སྡེ་དང་འགལ་བའི་ཉེས་པ་སོགས་འཇུག་པ་མ་ཡིན་ཏེ། བཀའ་འཁོར་ལོ་དང་པོ་དང་བར་པ་མ་སྐོར་བ་དང་། དེའི་སྣོད་དུ་མ་གྱུར

པའི་གདུལ་བྱ་ལ་དེ་འདྲ་དེ་བདག་ཏུ་བསྟན་ན། ཉེས་པ་དེ་དག་འཇུག་ཀྱང་། དེའི་སྔོད་དུ་གྱུར་ཟིན་པའི་གདུལ་བྱ་ལ་དེ་ལྟར་བསྟན་པ་ལ། ཉེས་པ་དེ་དག་འཇུག་པའི་གོ་སྐབས་ཡོད་པ་མ་ཡིན་པའི་ཕྱིར། ཇི་སྐད་དུ། བདག་དང་བདག་མེད་སྨྲས་པ་དག །ཉེ་བར་ཞི་བ་དམ་པའི་བདག །ཅེས་དང་། བདག་མེད་མཆོག་གི་བདག་ཐོབ་པས། །སངས་རྒྱས་དག་པའི་བདག་ཏུ་འགྱུར། །ཞེས། མུ་སྟེགས་ཀྱིས་བཏགས་པའི་བདག་དེས་སྟོང་པའི་དེ་བཞིན་ཉིད་ལ་བདག་ཏུ་བཤད་པའི་ཕྱིར་དང་། ཇི་སྐད་དུ། བདག་ཏུ་རྟོག་པ་གྱུར་ན་མི་རུང་ཞེས། །དེ་ནི་བྱིས་པ་རྣམས་ལ་ངས་མ་སྟན། །ཞེས། བཀའ་འཁོར་ལོ་དང་པོ་དང་བར་པ་མ་སྐོར་བའི་གོང་དུ། སྙིང་པོ་མི་སྟོན་པར་བཤད་པའི་ཕྱིར་རོ། །འོ་ན་བཀའ་ཐ་མའི་མདོ་ལས་དེ་ལྟར་གསུངས་པ་དེ་སྒྲ་ཇི་བཞིན་པར་ཁས་བླངས་ན་ཡང་། ཉེས་པ་དེ་དག་འཇུག་པར་འགྱུར་ཏེ། རྒྱུ་མཚན་དེ་དག་མཚུངས་པས་སོ། །ཞེ་ན། མི་མཚུངས་ཏེ། བྱམས་པའི་བསྟན་བཅོས་སུ་ནི། འཁོར་ལོ་ཕྱི་མ་གཉིས་ཀའི་དོན་ཚང་བར་བཤད་ནས། དེ་ནས་བསྟན་པའི་ངེས་དོན་མཐར་ཐུག་དེ་རྟག་བརྟན་སོགས་དང་། དེའི་དོན་ཡང་། ཇི་སྐད་དུ། དེ་ནི་རང་བཞིན་དག་ཕྱིར་དང་། །བག་ཆགས་སྤང་ཕྱིར་གཙང་བ་ཡིན། །ཞེས་སོགས་གཙང་བདེ་རྟག་བདག་གི་དོན་མུ་སྟེགས་ཀྱིས་བརྟགས་པ་དང་མི་མཐུན་པ་ཁོ་ན་བཤད་ལ། སྒྲ་ཇི་བཞིན་པ་མ་ཡིན་པར་འགྲེལ་དགོས་པའི་མདོ་དེ་དང་དེར་ནི། འཁོར་ལོ་བར་པ་དང་མཐུན་པ་ཉིད་དུ་མི་འཆད་པར། མུ་སྟེགས་དྲང་བའི་ཕྱིར་དུ། མུ་སྟེགས་དེ་དང་མཐུན་པ་ཁོ་ནར་འཆད་པའི་ཕྱིར་རོ། །དེས་ན་འཁོར་ལོ་ཐ་མར་སྙིང་པོ་བསྟན་པས་ནི། འཁོར་ལོ་དང་པོ་དང་བར་པ་ཐོས་པའི་ཆོས་འདི་པ་དག་བདག་ཏུ་དོགས་པ་སྐྱེད་པའི་གཞི་མེད་ཅིང་། ཆོས་འདི་ལས་ཕྱི་རོལ་ཏུ་གྱུར་པ་དག །བདག་བསྟན་པར་འབྲུལ་ནས་རིམ་གྱིས་དྲང་བའི་དགོས་པ་ཡོད་དོ། །

དེས་ན། ཇི་སྐད་དུ། དེ་ནི་བྱིས་པ་རྣམས་ལ་ངས་མ་བསྟན། །ཞེས་བཤད་པ་དེ་ནི། ཆོས་འདི་ལས་ཕྱི་རོལ་དུ་མ་གྱུར་པ་ཡིན་ཀྱང་། བཀའ་འཁོར་ལོ་དང་པོ་མ་ཐོས་པ་དག་གི་དབང་དུ་བྱས་པའོ། །

གཉིས་པ་དངོས་ལན་གདབ་པ་ནི། གོང་དུ་རིགས་དང་ཆོས་དབྱིངས་གཉིས་ཀ་སྙིང་པོ་དངོས་ཡིན་པ་དེ་ཚིག་གིས་ཟིན་པར་བཀག་ནས། ཤུགས་ལ་ཆོས་སྐུ་ཁོ་ན་སྙིང་པོར་བསྟན་པ་ལ། འོ་ན་སྙིང་པོས་སེམས་ཅན་ཐམས་ཅད་ལ་ཁྱབ་པ་གསུངས་པའི་མདོའི་དོན། ཆོས་ཀྱི་སྐུས་སེམས་ཅན་ཐམས་ཅད་ལ་ཁྱབ་པའི་དོན་དུ་སོང་བས། དེ་སྒྲ་ཇི་བཞིན་པ་ཉིད་དུ་ཁས་ལེན་པར་བྱེད་དམ་ཞེ་ན། དེའི་ལན་ནི། འོན་ཀྱང་མདོ་སྡེ་འགའ་ཞིག་ཏུ། །གོས་རུལ་ནང་ན་རིན་ཆེན་ལྟར། །སེམས་ཅན་རྣམས་ལ་སངས་རྒྱས་ཀྱི། །སྙིང་པོ་ཡོད་པར་གསུངས་པ་ནི། །ཐེག་པ་ཆེན་པོ་རྒྱུད་བླ་མར། །དགོངས་པ་ཅན་དུ་བཤད་ཅེས་བྱ། །དེ་ཡི་དགོངས་གཞི་སྟོང་ཉིད་ཡིན། །དགོས

པ་སྒྲོན་ལྷ་སྤྱངས་ཕྱིར་གསུངས། །དངོས་ལ་གནོད་བྱེད་ཚད་མ་ནི། །ཞེས་སོགས་སྨྲས་སོ། །ཡང་ན། རྒྱུད་བླ་མ་ཞེས་པ་ཐ་མའི་མདོ་ལ་འཆད་དགོས་ཏེ། ཇི་སྐད་དུ། སླར་ཡང་བླ་མའི་རྒྱུད་འདིར་ནི། །ཞེས་གསུངས་པ་བཞིན་ནོ༎ །ཡང་ན། གོས་རུལ་ཞེས་སོགས་རྐང་པ་གསུམ་ཐོག་མར་བརྗོད་ནས། འོན་ཀྱང་མདོ་སྡེ་འགའ་ཞིག་དང་། །ཐེག་པ་ཆེན་པོ། །ཞེས་སྨྲས་ན་གོ་བ་སྙེད་སླ་བར་འགྱུར་ཏེ། མྱ་ངན་ལས་འདས་པའི་མདོ་སྡེ་དང་། རྒྱུད་བླ་མའི་བསྟན་བཅོས་གཉིས་ཀ་ལས། སེམས་ཅན་ལ་སྙིང་པོས་ཁྱབ་པ་དྲང་དོན་དུ་བཤད་པའི་ཕྱིར། གཞུང་དེའི་ངག་དོན་བསྡུས་ན། སེམས་ཅན་ཐམས་ཅད་ལ་ཆོས་སྐུ་རྟག་བརྟན་ཞི་བ་གཡུང་དྲུང་གི་རང་བཞིན་ཅན་གྱིས་ཁྱབ་པར་གསུངས་པའི་དགོངས་གཞི་ནི། རང་བཞིན་ཆོས་སྐུ་ལ་དགོངས་པ་ཡིན་ནོ། །དེ་ཡང་། ཆོས་སྐུའི་མིང་ཅན་ལ་གཉིས་ཏེ། རང་བཞིན་ཆོས་སྐུ་དང་། འབྲས་བུ་ཆོས་སྐུའོ། །དང་པོ་ནི་ཆོས་སྐུ་གོ་ཆོད་པོ་མ་ཡིན་ཏེ། ཆོས་ཀྱི་སྐུའི་དོན་ནི། ཇི་སྐད་དུ། ཆོས་རྣམས་ཀུན་གྱི་ལུས་ཡིན་ཕྱིར། །ཞེས་འབྱུང་བ་ལྟར། སྟོབས་ལ་སོགས་པའི་ཆོས་རྣམས་ཀྱི་ལུས་སུ་གྱུར་པ་ལ་བྱ་ལ། རང་བཞིན་ཆོས་སྐུ་ནི་ཡོན་ཏན་དེ་དག་དབྱེར་མེད་པའི་ཚུལ་གྱིས་འབྱུང་དུ་རུང་བ་ལ་དེའི་མིང་གིས་བཏགས་པའི་ཕྱིར། འོན་དེ་ལ་སེམས་ཅན་གྱི་སྙིང་པོ་མི་ཟེར་བའི་རྒྱུ་མཚན་ཅི་ཡིན་ཞེ་ན༎ དེ་ལ་སེམས་ཅན་གྱི་ཁམས་ཞེས་བྱ་ཡང་། སྙིང་པོ་ཞེས་ནི་མི་བྱ་སྟེ། དེ་ལས་སེམས་ཅན་རྣམས་འབྱུང་ཡང་། ཆོས་དབྱིངས་དེ་འཁོར་བའི་ཆོས་ཀྱི་ངོ་བོར་སྐྱེ་མི་སྲིད་པའི་ཕྱིར། རྒྱུད་ལས་ཀྱང་། སེམས་ཅན་རྣམས་ནི་སངས་རྒྱས་ཉིད། །འོན་ཀྱང་གློ་བུར་དྲི་མས་བསྒྲིབས། །དེ་བསལ་ན་ནི་སངས་རྒྱས་ཉིད། །ཅེས། སྤྱི་མ་སངས་རྒྱས་གོ་ཆོད་པོ་མ་ཡིན་པར་གསུངས་སོ། །དགོས་པ་ནི། སེམས་ཅན་ཐམས་ཅད་ཆོས་ཀྱི་སྐུ་རྟག་བརྟན་དེ་ལྟ་བུའི་སྙིང་པོ་ཅན་ཡིན་ན། འཁོར་ལོ་བར་པ་དང་འགལ་ལོ་སྙམ་ན། སྒྲ་ཇི་བཞིན་པར་བཟུང་ན་འགལ་མོད། སྒྲ་ཇི་བཞིན་པ་མ་ཡིན་པར་གསུངས་པའི་དགོས་པ་ནི། སྒྲོན་ལྔ་སྤྱང་པའི་ཕྱིར་དུའོ། །དངོས་ལ་གནོད་བྱེད་ནི། རང་བཞིན་ཆོས་ཀྱི་སྐུའི་ཡེ་ཤེས་ཞེས་བྱ་བ། ཆོས་ཀྱི་སྐུ་གོ་ཆོད་པོ་ཞིག་སེམས་ཅན་ཐམས་ཅད་ལ་ཡོད་ན། མུ་སྟེགས་ཀྱིས་བརྟགས་པའི་བདག་དང་མཚུངས་པ་ཡིན་ཏེ། གྲངས་ཅན་གྱིས། སེམས་ཅན་ཐམས་ཅད་ཀྱི་སྙིང་གི་དཀྱིལ་ན། བདག་ཤེས་རིག་གི་སྐྱེས་བུ་ཐམས་ཅད་མཁྱེན་པ་རང་ཆས་སུ་གནས་སོ། །ཞེས་འདོད་པ་དང་མཚུངས་པའི་ཕྱིར། དེར་མ་ཟད། བདེན་དངོས་ཁས་བླངས་པའི་ཉེས་པར་ཡང་འགྱུར་ཏེ། སྙིང་པོ་དེ་ཆོས་ཀྱི་སྐུའི་ཡེ་ཤེས་དང་། རྟག་བརྟན་ཞི་བ་གཡུང་དྲུང་གི་གཞི་མཐུན་དུ་ཁས་བླངས་པའི་ཕྱིར། ངེས་དོན་གྱི་མདོ་སྡེ་དང་ཡང་འགལ་ཏེ། འཁོར་ལོ་བར་པར་ནི། ཆོས་ཐམས་ཅད་རང་གི་ངོ་བོས་སྟོང་པར་བཤད་ལ། ཆོས་ཀྱི་སྐུ་དེ་ནི། ཇི་སྐད་དུ། བླ་མེད་ཆོས་ཀྱིས་སྟོང་མ་ཡིན། །ཅེས་གསུངས་པ་ལྟར། རང་གི་ངོ་བོས་མི་སྟོང་པར་འཆད་པའི་ཕྱིར

ཞེས་པའོ། །

དེ་ལ་འདི་སྐད་ཅེས། སྙིང་པོ་གཙང་བདེ་རྟག་བདག་དང་། རྟག་བརྟན་ཞི་བ་གཡུང་དྲུང་དང་། །སྟོབས་སོགས་ཡོན་ཏན་དབྱེར་མེད་པས། །ཀུན་ལ་ཁྱབ་པ་དྲང་དོན་དུ། །རྒྱུད་བླའི་གཞུང་གིས་གསལ་བར་བསྟན། །དབྱེར་མེད་གཙང་སོགས་སངས་རྒྱས་ཀྱི། །ཤིན་ཏུ་རྣམ་དག་ལས་གཞན་དུ། །མེད་ཅེས་གསུངས་པ་ཡིན་ཕྱིར་རོ། །བསྟན་བཅོས་འདི་དང་རྒྱུད་བླ་མར། །སྙིང་པོས་ཀུན་ལ་ཁྱབ་པ་ལ། །དངོས་ལ་གནོད་བྱེད་སྟོན་པའི་ཚུལ། །མི་འདྲའི་ཁྱད་པར་གཉིས་གསུངས་པ། །ཆོས་ཀུན་ངོ་བོས་སྟོང་པ་དང་། །སྟོབས་སོགས་ཡོན་ཏན་དབྱེར་མེད་པ། །མ་ཚང་ཞེས་དེ་རང་སྟོང་དང་། །གཞན་སྟོང་འཆད་པའི་ལུགས་ཡིན་ནོ། །

གསུམ་པ་འཕྲོས་པའི་དོན་ལ། རྒྱུད་བླ་མར་ལུས་ཅན་ཀུན་སྙིང་པོ་ཅན་དུ་གསུངས་པའི་དོན་བཤད། དེ་ཉིད་དག་ལྗོན་སྐོར་གསུམ་དང་འགལ་ན་ཧ་ཅང་ཐལ་བའོ། །དང་པོ་ནི། དེ་བཞིན་གཤེགས་པའི་སྙིང་པོའི་མདོ་ལས། སེམས་ཅན་ཐམས་ཅད་སངས་རྒྱས་ཀྱི་སྙིང་པོ་ཅན་དུ་གསུངས་པ་དེ། གང་ལ་དགོངས་ནས་གསུངས་པ་ཡིན་ཞེ་ན། ལུས་ཅན་ཀུན་ཆོས་ཅན། རྟག་ཏུ་སངས་རྒྱས་ཀྱི་སྙིང་པོ་ཅན་ཞེས་གསུངས་པའི་རྒྱུ་མཚན་ཡོད་དེ། རྟག་ཏུ་རྫོགས་པའི་སངས་རྒྱས་ཀྱི་ཆོས་ཀྱི་སྐུ་འཕྲོ་བའི་ཕྱིར། འཕྲོ་བའི་དོན་གང་ཞེ་ན། དེ་བཞིན་ཉིད་དབྱེར་མེད་ཕྱིར་དང་། །ཞེས་པ་སྟེ། ཆོས་ཀྱི་སྐུ་ནི་དག་པ་གཉིས་ཀྱི་ཚོགས་དོན་ཡིན་ལ། དེའི་ཕྱོགས་གཅིག་རང་བཞིན་རྣམ་དག་གི་ཆ་ནི་སེམས་ཅན་གྱི་དེ་བཞིན་ཉིད་དང་དབྱེ་བ་མེད་པའི་ཕྱིར། ཞེས་པའོ། །འོན་དེ་བཞིན་ཉིད་ངེས་ནི་ཤེས་བྱ་ཐམས་ཅད་ལ་ཁྱབ་པའི་ཕྱིར། ལུས་ཅན་ཁོ་ན་སྙིང་པོ་ཅན་དུ་འཇོག་པའི་རྒྱུ་མཚན་ཅི་ཞེ་ན། དེ་ལྟ་ན་ཡང་། ལུས་ཅན་ཁོ་ན་སྙིང་པོ་ཅན་དུ་འཇོག་པའི་རྒྱུ་མཚན་ཡོད་དེ། ལུས་ཅན་ཁོ་ན་ལ་སངས་རྒྱས་ཀྱི་རིགས་ཡོད། གཞན་ལ་མེད་པའི་ཕྱིར། ཞེས་འཆད་པ་ནི། རིགས་ཡོད་ཕྱིར་ན་ཞེས་པའོ། །དོན་དེ་ཡང་ཇི་སྐད་དུ། དེ་བཞིན་ཉིད་ནི་ཐམས་ཅད་ལ། ཁྱད་པར་མེད་ཀྱང་། ཞེས་སོགས་གསུངས་པ་དེ་ཉིད་དོ། །དེ་ལ་འདི་སྐད་ཅེས། རང་བཞིན་རྣམ་དག་དབྱེར་མེད་ཕྱིར། །ཆོས་སྐུའི་ཕྱོགས་གཅིག་ཀུན་ལ་འཕྲོ། །འོན་ཀྱང་ལུས་ཅན་ཁོ་ན་ལ། །རིགས་ཡོད་ཕྱིར་ན་སྙིང་པོ་ཅན། །ཞེས་བྱའོ། །

གཉིས་པ་ནི། ལ་ལ་དག་ན་རེ། བསྟན་བཅོས་འདིའི་དགོངས་པ་སེམས་ཅན་ཐམས་ཅད་སངས་རྒྱས་ཀྱི་སྙིང་པོ་ཅན་མ་ཡིན་པར་བཤད་ན། དག་ལྗོན་སྐོར་གསུམ་དང་འགལ་བར་འགྱུར་རོ། །ཞེས་ཟེར། དེ་སྐད་ཅེས་ཟེར་བ་དེ་དག་ལ། ལུང་དང་རིགས་པ་མང་པོའི་བྱེད་པ་འཇུག་པའི་ཡུལ་ཡོད་པ་མ་ཡིན་པས། རེ་ཞིག་འདི་སྐད་ཅེས། འོན། རྗེ་བཙུན་དམ་པ་ཨ་ནནྡ་བྷ་དྲའི་ཞལ་སྔ་ནས་ཀྱང་། ལུང་དེ་དག་དང་འགལ་བ་མཛད་པར

འགྱུར་ཏེ། དེས་ཀྱང་སྙིང་པོའི་རྣམ་གཞག་བཀའ་འཁོར་ལོ་བར་པའི་དགོངས་པ་གོང་དུ་རྒྱས་པར་བཤད་པ་དེ་ཉིད་བཞེད་པའི་ཕྱིར། ཇི་ལྟར་ཞེ་ན། དེས་དཀྱེས་པ་རྡོ་རྗེའི་བསྟོད་པ་ཉི་ཤུ་པའི་རྣམ་བཤད་མཛད་པ་ལས། ཆོས་ཀྱི་སྐུ་འམ། རང་བཞིན་ལྷན་ཅིག་སྐྱེས་པའི་ཡེ་ཤེས་ཞེས་བྱ་བ་དེ། དངོས་པོ་ཐམས་ཅད་ཀྱི་བདག་ཉིད་དམ། རྒྱུའམ། ཁྱབ་བྱེད་དུ་ཡང་དག་པར་གནས་པ་ཡིན་ཏེ། རྒྱུད་ལས། ལུས་ལ་ཡེ་ཤེས་ཆེན་པོ་གནས། །རྟོག་པ་ཐམས་ཅད་ཡང་དག་སྤངས། །དངོས་པོ་ཀུན་ལ་ཁྱབ་པ་པོ། །ལུས་གནས་ལུས་ལས་མ་སྐྱེས་པའོ། །ཞེས་པ་ལྟར་རོ། །དེ་བཞིན་ཉིད་དམ། ཆོས་ཀྱི་སྐུའི་དོན་ཡང་། སྣང་གྲགས་ཀྱི་དངོས་པོ་ཐམས་ཅད་རང་བཞིན་གཅིག་དང་དུ་མའི་ངོ་བོ་ཉིད་དང་བྲལ་བ། རྣམ་པར་དཔྱད་པའི་སྟོང་པ་ཉིད་མེད་དགག་ཙམ་ཡིན་ལ། དེ་དང་སངས་རྒྱས་ཀྱི་ཆོས་སྐུ་གཉིས་སྟོབས་སོགས་བྲལ་འབྲས་ཀྱི་ཡོན་ཏན་ཡོད་མེད་ཙམ་མ་ཡིན་པ། གཞན་ཁྱད་པར་མེད་པ་ཡིན་ཏེ། དབུ་མ་བདེན་གཉིས་ལས། འདི་ལྟར་སྣང་བའི་དངོས་པོ་ནི། །རིགས་པས་བརྟགས་ན་འགའ་མི་རྙེད། །མ་རྙེད་པ་དེ་དོན་དམ་སྟེ། །ཅེས་སོ། །དེས་ན་འདིའི་གནད་མ་གོ་བར། །སེམས་ཅན་རྣམས་ནི་སངས་རྒྱས་ཉིད་དེ་ཆེན་པོའི་སངས་རྒྱས་འཇིག་རྟེན་ཁམས་འདིར་གཞན་ཡོད་མིན། །ཞེས་སོགས་ཀྱི་ལུང་ལ་བརྟེན་ནས། ལས་ཉོན་གྱི་འཆིང་བ་ཀུན་ལྡན་གྱི་སོ་སྐྱེ་དང་། ཚོགས་གཉིས་མཐར་ཕྱིན་གྱི་སངས་རྒྱས་གཉིས། བློ་བུར་གྱི་དྲི་མས་དག་མ་དག་མ་གཏོགས། ཁྱད་པར་ཅུང་ཟད་ཀྱང་མེད་ཅིང་། སྟོབས་སོགས་བྲལ་འབྲས་ཀྱི་ཡོན་ཏན་རྣམས་ཀྱང་ཡོད་པར་སྨྲ་བ་ནི། ཐུབ་པའི་དབང་པོའི་བསྟན་པ་ལ་ཕྱིན་ཅི་ལོག་ཏུ་གྱུར་པ་སྟེ། རྒྱུད་བླར། རིགས་ཡོད་ཕྱིར་ན་ལུས་ཅན་ཀུན། །རྟག་ཏུ་སངས་རྒྱས་སྙིང་པོ་ཅན། །ཞེས་རིགས་ཡོད་པར་བཤད་ཀྱི། སངས་རྒྱས་དངོས་ཡོད་པར་མ་བཤད་ལ། སྟོབས་སོགས་བྲལ་འབྲས་ཀྱི་ཡོན་ཏན་ཡོད་པ་དང་། གློ་བུར་གྱི་དྲི་མས་མ་དག་པའང་འགལ་ཏེ། རྒྱུད་བླར། སྟོབས་ཉིད་མ་རིག་སྒྲིབ་ལ་རྡོ་རྗེ་བཞིན། །ཞེས་དང་། དུས་ཀྱི་འཁོར་ལོའི་འགྲེལ་ཆེན་དུའང་། གང་གི་ཚེ་བདུད་ཡོད་པ་དེའི་ཚེ་སངས་རྒྱས་ཉིད་མ་ཡིན་ཏེ། སེམས་སྒྲིབ་པ་དང་བཅས་པའི་ཕྱིར་རོ། །གང་གི་ཚེ་སངས་རྒྱས་ཉིད་ཡིན་པ་དེའི་ཚེ་བདུད་མེད་དེ། སེམས་སྒྲིབ་པ་དང་བྲལ་བའི་ཕྱིར་རོ། །ཅེས་དང་། བདུད་ཅེས་བྱ་བ་ནི། སེམས་ཅན་རྣམས་ཀྱི་སེམས་ཀྱི་བག་ཆགས་ཀྱི་དྲི་མའོ། །སངས་རྒྱས་ཉིད་ཅེས་བྱ་བའི་དོན་ནི། འཁོར་བའི་བག་ཆགས་དང་བྲལ་བའི་སེམས་སོ། །ཤེས་རབ་དེའི་ཕྱིར་བདུད་ནི་དྲི་མ་དང་བཅས་པའི་སེམས་ཡིན་ལ། སངས་རྒྱས་ནི་དྲི་མ་མེད་པའི་སེམས་ཡིན་ནོ། །ཞེས་སོགས་དང་འགལ་བའི་ཕྱིར་རོ། །འོ་ན། སེམས་ཅན་རྣམས་ནི་སངས་རྒྱས་ཉིད་དེ་ཆེན་པོའི་སངས་རྒྱས། ཞེས་སོགས་ཀྱི་དོན་གང་ཡིན་ཞེ་ན། མདོ་སྡེའི་རྒྱན་དུ། དེ་བཞིན་ཉིད་ནི་ཐམས་ཅད་ལ། །ཁྱད་པར་མེད་ཀྱང་དག་གྱུར་པ། །

ཞེས་པ་ལྟར། ཁམས་རང་བཞིན་དུ་གནས་པའི་རིགས་ལ་ཁྱད་པར་མེད་པར་སྟོན་པའི་ལུང་ཡིན་གྱི། སོ་སོ་སྐྱེ་བོ་ལ་ཡོན་ཏན་དང་བཅས་པའི་སངས་རྒྱས་ཡོད་པར་འཆད་པ་ནི་མ་ཡིན་ཏེ། དུས་འཁོར་འགྲེལ་ཆེན་ཉིད་དུ། རྡོ་རྗེ་སེམས་དཔའ་སྟོབས་བཅུ་པར་གྱུར་པ་སྒྲིབ་པ་དང་བཅས་པ། ཞེས་རབ་ཡོངས་སུ་དག་པ་ནི་འགའ་ཡང་མེད་དོ། །

འོན་ཀྱང་ཐམས་ཅད་མཁྱེན་པའི་ལམ་ཉམས་པ་དེ་ནི་ལོག་པའི་ང་རྒྱལ་གྱིས་མནན་པར་གྱུར་པ་ན། བདག་ཀྱང་རྡོ་རྗེ་སེམས་དཔའ་སྟོབས་བཅུ་པའོ་ཞེས་དེ་ལྟར་རློམ་པར་བྱེད་དོ། །འདི་ནི་སྟོབས་བཅུ་པ་མ་ཡིན་ཏེ། སྟོབས་བཅུ་པའི་འགལ་ཟླའི་ཉི་ཚེ་བ་སྨྲོངས་པ་ཆེན་པོའོ། །འདིར་རྣལ་འབྱོར་པ་འདིའི་སངས་རྒྱས་ཉིད་ནི་སྟོན་མེད་པ་ཤིན་ཏུ་རྨད་བྱུང་ཆེན་པོ་སྟེ། སྒྲིབ་པ་ཐམས་ཅད་དང་ལྡན་པའི་ཕྱིར་རོ། །ཞེས་དང་། རྣལ་འབྱོར་པ་ཡང་དག་པར་རྫོགས་པའི་སངས་རྒྱས་སུ་མི་འགྱུར་ཏེ། གང་གི་ཕྱིར་ཆོས་ཀྱི་འཁོར་ལོ་བསྐོར་བ་མེད་པའི་ཕྱིར་དང་། དེ་བཞིན་གཤེགས་པས་ལུང་བསྟན་པ་མེད་པའི་ཕྱིར། ཞེས་སོགས་དུ་མ་གསུངས་པ་རྣམས་དང་འགལ་བའི་སྐྱོན་འབྱུང་བའི་ཕྱིར་རོ། །ཞེས་གསུངས་པ་ཡིན་ནོ། །གང་དག་རྗེ་བཙུན་འདིའི་ཆོས་ལ་དད་པས་རྗེས་སུ་འབྲང་བ་དེ་དག་གིས་ནི། ཇེ་རེ་ཞིག་ཁོ་ནར་གསུང་འདི་ལ་བལྟ་བ་དང་། ཅུང་ཟད་རྟོག་པར་བྱས་ནས། དེའི་འོག་ཏུ་ཡང་གཞན་དག་གཞུང་ལུགས་རྒྱ་མཚོའི་ཕ་རོལ་དུ་སོན་ནས། རིགས་པ་དང་གྲོལ་བར་སླ་བའི་སྦྱོབས་པ་ཅན་དག་ལ་འཐེང་སླད་དུ་བྱ་བ་དག་སྟོན་པར་བྱོས་ལ། སླབ་པོ་རང་གིས་རང་ཉིད་ལ་བཤུང་བར་གྱུར་ཀྱང་། ཕ་རོལ་ཁྱད་དུ་བསོད་པའི་ཚིག་གི་མདའ་བོ་ཆེས། ལྷ་དགའ་བར་བྱེད་པའི་ཚོགས་ཤིན་ཏུ་ཆེ་བ་དག་ཡིད་མགུ་བར་གྱིས་ཤིག །

དྲི་བ་ཉེར་ལྔ་པ་ནི། བསྔོ་བའི་ཆོ་ན་རྒྱུ་སྦྱིང་བ། །རང་ལུགས་མིན་ན་འདུལ་བ་ལས། །ལག་རྒྱུ་ཟེད་པར་གསུངས་དེ་ཅི། །ཅེས་པ་འདི་ལ་འདྲི་བའི་རྒྱུ་མཚན་ནི། རྣམ་བཤད་མཛད་པ། བསམ་ཡས་པ་དང་། སྤོས་ཁང་པ་གཉིས་ཀས། བསྔོ་བའི་ཆོ་ན་ཡོན་གནས་དང་སྦྱིན་བདག་གཉིས། ཕན་ཚུན་དུ་གཅིག་གི་ལག་པར་ཅིག་ཤོས་ཀྱིས་རིལ་བ་སྤྱི་ལུགས་ནས། རྒྱུ་སྦྱིང་བའི་ལག་ལེན་བྱེད་ལ། དེ་ལྟར་བྱེད་པ་དེ་ནི་ཐམས་ཅད་སྒྲོལ་གྱི་སྐྱེས་རབས་ལས་འབྱུང་བ་དེས་འཕྲུལ་གཞི་བྱས་པ་ཡིན་ནོ། །ཞེས་གསུངས་པ་དེའོ། །མ་དྲིས་པའི་སྐྱོན་ནི། རིག་བྱེད་པའི་ལུགས་ལ་ཡང་ཕན་ཚུན་དུ་རྒྱུ་སྦྱིང་བ་མ་ཡིན་གྱི། ཡོན་འབུལ་བའི་ཚེ་ཡོན་གནས་རྐྱང་པའི་ལག་ཏུ་སྦྱིན་བདག་གིས་རྒྱུ་སྦྱིང་བར་བཤད་པ་དེ་མ་གོ་བར་སྣང་བ་དང་། བོད་ཀྱི་འདུལ་འཛིན་སྔ་མ་ཁ་ཅིག་གི་ལག་ལེན་ལ། སྟན་ལ་འདུག་ཅིང་། ཟན་མ་ཟོས་པའི་གོང་རོལ་དུ་སྔ་ཆབ་ཁྲིམ་པ་ཞེས་བྱ་བའི་ལག་ལེན་ཞིག་བྱེད

ལ༔ དེ་ཡང་ཡོན་གནས་ལ་ཡིན་གྱི། སྦྱིན་བདག་ལ་མ་ཡིན་པ་དེ་མ་ཤེས་པར་སྣང་བ་དང་། དེ་ལྟར་བྱེད་པའིའཁྲུལ་གཞི་ཡང་འདུལ་བ་ནས་འབྱུང་བ་ཡིན་གྱི། སྔོན་གྱི་སྐྱེས་རབས་ལ་བརྟེན་པ་མ་ཡིན་པ་དང་། དེ་ལྟ་བུའིལག་ལེན་བྱེད་པའི་རྒྱུ་མཚན་ཡང་། བསམ་པ་ཐག་པ་ནས་སྟེར་བ་མཆོན་བྱེད་དུ་བྱེད་པ་ཡིན་པར་འཇིག་རྟེནན་གྲགས་སོ། །ཞེས་འདུལ་བ་ལས་གསུངས་པ་དེ་དག་མ་གོ་བར། རང་བཟོའི་བཤད་པ་མང་དུ་བྱས་པའི་ཉེསདམིགས་ཡོད་དོ། །འདུལ་བ་ལས་ཇི་སྐད་དུ་གསུངས་ཤེ་ན། མདོ་རྩ་བར། ཟན་གྱི་ཕྱིར་སོན་པ་ཉིད་ན། ལགཆུ་དྲངས་པའི་ཚེ་གལ་ཏེ་དུས་ཡོད་ནའོ། །ཞེས་དང་། བཙུན་པ་བདག་གི་ཁྱིམ་དུ་ཞུགས་ཤིག །སྟན་ལ་འདུགཤིག །ལག་ཆུ་ཟེད་ཅིག །བསོད་སྙོམས་ལོང་ཤིག །རྗེས་སུ་ཡི་རང་བར་གྱིས་ཤིག་ཅེས་བསོད་སྙོམས་ལེན་པའིདུས་སུ། ལག་ཆུ་ཟེད་པའི་བཤད་པ་ཞིག་བྱུང་བ་དང་། གོས་སློང་བའི་ལྟུང་བྱེད་ཀྱི་གླེང་གཞིར་ཁྱིམ་བདགཞིག་གིས། རས་ཡུག་ཆེན་པོ་ལ་འོས་པ་ཟུང་ཅིག་གྱོན་ནས་རྒྱལ་བྱེད་ཚལ་བལྟར་ཕྱིན་པ་ན། ཉེར་དགསབསམས་པ། འདིའི་རས་ཟུང་འདི་མ་ཕྲལ་ན། ཉེར་དགའི་མིང་མི་འཛིན་ནོ་སྙམ་ནས། ཁྱིམ་བདག་ཚུར་ཤོག །ཆོས་བསྟན་པར་བྱའོ། །ཉེར་དགས་ཆོས་བསྟན་པ་དེས་ཐོས་ནས། དེ་དེ་ལ་དད་པར་གྱུར་ཏེ། འཕགས་པ།ཡོན་ན་བཟའ་ཕྱུགས་ཅིག་འབུལ་ལོ། །བཞིན་བཟང་ཨ་རོ་ག །བཅོམ་ལྡན་འདས་ཀྱིས། སང་དག་འཆི་ཡངསུས་ཤེས་ཀྱི། །དེ་རིང་ཉིད་དུ་བརྟུན་ཏེ་བྱ། །འཆི་བདག་སྡེ་ཆེན་དེ་དང་ནི། །ཁྱེད་ཅག་བཤེས་པ་མ་ཡིན་ནོ། །ཞེས་གསུངས་པས། །གྱོན་པ་འདི་ཉིད་ཕྱུལ་ཅིག །འཕགས་པ། བདག་སྒྲིན་མོར་མཆི་འམ། ཁྱིམ་བདག །ཁྱོད་ལ་ངོ་ཚ་དང་ཁྲེལ་ཡོད་ཀྱི་གོས་མ་ཉམས་པ་དེས་ཆོག་མོད། རས་གོས་ཀྱིས་ཅི་ཞིག་བྱ། ཞེས་ཟེར་ནས།དེའི་བླ་གོས་དང་སྨད་གཡོགས་དང་གཉིས་ཀ་ཚན་པོ་ཆེའི་ལག་པས་བླངས་ནས། བཞིན་སྒྱུར་བར་བྱེད་དོ། །དེནས་ཁྱིམ་བདག་དེ་ངོར་ཐུང་རྐྱང་པས་ཁྱིམ་དུ་ཞུགས་པ་མགོན་མེད་ཟས་སྦྱིན་གྱིས་མཐོང་ནས། རྒྱལ་བྱེད་ཚལདུ་སོང་བ་དང་། ཉེར་དགས་སྨྲས་པ། ཁྱིམ་བདག་ཨ་རོ་ག །དེས་སྨྲས་པ། ཨ་རོ་མ་ག་ཡང་རུང་། ཉེ་དགསསྨྲས་པ། ཁྱོད་ནི་སྔར་ཁོ་བོ་ལ་དུ་བ་འཐུལ་ན། ད་ནི་མེ་འབར་རོ། ཁོ་བོ་མེ་འབར་དུ་ཇི་ལྟར་མི་རུང་། རབ་ཏུབྱུང་བ་གཞན་དག་ནི་འདོད་པ་སྤོང་བར་བྱེད་ན། ཉེར་དགའ་ནི་འདོད་པ་སྤེལ་བར་བྱེད་དོ། ཁོ་བོས་ཅི་ཞིགབྱས། རྒྱལ་བྱེད་ཚལ་བལྟར་འོངས་པའི་ཁྱིམ་བདག་གི་གོས་ཕྲོགས་པར་མ་བྱས་སམ། དེས་སྨྲས་པ། འཇིགརྟེན་ན་ལྷ་ནི་སྦྱིན་པར་བྱེད་ལ། ཉེར་དགས་ནི་ཟློག་པར་བྱེད་དོ། །མགོན་མེད་ཟས་སྦྱིན་གྱིས་སྨྲས་པ། ཅི་དེསཁྱོད་ལ་རིལ་བའི་སྙིང་ག་ར་ཕོགས་ཏེ་ཕུལ་ལམ། ཉེར་དགས་སྨྲས་པ། འོན་བསླབ་པ་འཆར་ཙུག་ཅིག །ཞེསསྨྲས་པར་བཤད་དོ། །

གཉིས་པ་དངོས་ལན་གདབ་པ་ནི། བསྔོ་བའི་ཚེ་ན་ཞེས་པ། ཡོན་འབུལ་བའི་དུས་ལ་ཟེར་ལ། དེའི་ཚེ་ན་སྦྱིན་པ་པོས་ཡོན་གནས་ལ་ཆུ་སྦྲེངས་ཏེ། ལག་པ་འཁྲུར་གཞུག་པ་ནི། རིག་བྱེད་ཀྱི་གཞུང་ལུགས་ནས་འབྱུང་བ་དེ་ཉིད། རྒྱ་གར་དུ་འཇིག་རྟེན་པ་རྣམས་ཀྱི་ཐ་སྙད་དུ་བྱས་པ་ཡིན་གྱི། སངས་རྒྱས་ཀྱི་ཆོས་ལས་གསུངས་པ་མ་ཡིན་ནོ། །དེའི་ཕྱིར་ཡོན་གནས་དང་སྦྱིན་པ་པོ་གཉིས་ཀ་སངས་རྒྱས་པར་ནང་མཐུན་པ་དེའི་ཚེ་ན༑ དགེ་འདུན་རྣམས་ཐུག་རིས་ལ་འཁོད་མ་ཐག་ཏུ། བསམ་པ་ཐག་པས་སྟེར་བ་མཆོན་བྱེད་དུ། སྣ་ཆབ་བྲིམ་པ་ཞེས་བྱ་བའི་ལག་ལེན་བྱེད་པ་མི་འཐད་དེ། དེ་ལྟར་བྱེད་པ་སངས་རྒྱས་ཀྱི་གསུང་རབ་ལས་མི་འབྱུང་བའི་ཕྱིར། ཞེས་པའོ། །འདིར་བསྔོ་བ་ནི་སྦྱིན་པ་པོ་ཉིད་ཀྱིས་བྱེད་དགོས་པ་ཡིན་ཏེ། དེས་མ་བྱས་ན། ཡོན་གནས་རྐྱང་པ་ཙམ་གྱིས་བསྔོས་པས་དེའི་དགོས་པ་མི་འགྲུབ་པའི་ཕྱིར། དཔེར་ན། ཡོན་གནས་ཀྱིས་བྱང་ཆུབ་ཏུ་སེམས་བསྐྱེད་པས། སྦྱིན་པ་པོའི་སེམས་བསྐྱེད་ཀྱི་གོ་མི་ཆོད་པ་བཞིན་ནོ། །བསྔོ་བ་དེའི་མཐུན་འགྱུར་ནི་ཡོན་གནས་ཀྱིས་བྱ་དགོས་པ་ཡིན་ཏེ། དཀོན་མཆོག་གསུམ་གྱི་བདེན་པའི་སྟོབས་ཀྱིས། བསྔོ་བ་དེ་མྱུར་དུ་འགྲུབ་སླ་བའི་ཕྱིར། ཡོན་བཤད་པ་ནི་ཡོན་གནས་ཀྱིས་བྱ་དགོས་པ་ཡིན་ཏེ། དེ་མ་བཤད་ན། སྦྱིན་པ་པོ་མི་མཁས་པས་འབྲས་བུ་ཕྱིན་ཅི་ལོག་གི་དོན་དུ་བསྔོ་བའམ། བསོད་ནམས་ཆ་མཐུན་ཙམ་གྱི་རྒྱུར་བསྔོ་བའམ། དམན་པའི་མྱང་འདས་ཀྱི་རྒྱུ་ཙམ་དུ་བསྔོ་བའམ། ཚེ་འདིའི་བདེ་སྐྱིད་ཙམ་གྱི་དོན་དུ་བསྔོ་སྲིད་པས། ཡོན་བཤད་པའི་སྒོ་ནས་བསྔོ་བའི་ཚུལ་ལ་མཁས་པར་བྱ་དགོས་པའི་ཕྱིར། སྦྱིན་པ་པོས་བསྔོ་བའི་ཚིག་རྣམས་འདོན་པར་མི་ནུས་ན། ཡོན་གནས་སམ། དེ་ལས་གཞན་གང་ཡང་རུང་བ་ཞིག་གིས། རྗེས་བཟློས་བྱེད་དུ་བཅུག་པའི་སྒོ་ནས་བསྔོ་དགོས་པ་ཡིན་ཏེ། དཔེར་ན། སྡོམ་པ་གསུམ་འབོགས་པའི་ཚོ་ག་བཞིན་ནོ།། །།

དྲི་བ་ཉེར་དྲུག་པ་ནི། ཆགས་སྡང་རྨོངས་གསུམ་གྱིས་བསྐྱེད་པའི། །ལས་ཀུན་མི་དགེ་བ་ཡིན་ན། །ཟག་བཅས་དགེ་བ་གཏི་མུག་གི། ཀུན་སློང་དག་ལས་འབྱུང་དེ་ཅི། །དགེ་རྩ་གསུམ་གྱིས་ཀུན་བསླང་བའི། །ལས་ཀུན་དགེ་བ་ཡིན་ན་ནི། །རྒྱུ་ནི་ཀུན་སློང་དགེ་བ་ཡིས། །བསླང་ཡང་དུས་ཀྱི་ཀུན་སློང་ནི། །ཉོན་མོངས་ཅན་དང་མཚུངས་ལྡན་པའི། །མི་དགེ་བ་དེ་ཅི་ཞིག་ཡིན། །དེ་འདྲ་མེད་ན་དེད་དཔོན་གྱིས། །ཚོང་པ་གཡོན་ཅན་བསད་དེ་ཅི། །ཅེས་པའོ། །འདི་ལ་གཉིས་ལས། དང་པོ་ལ། འདྲི་དགོས་པའི་རྒྱུ་མཚན་ནི། བསྟན་བཅོས་འདིའི་རྣམ་བཤད་མཛད་པ་པོ་ཀུན་གྱིས། ཞིབ་ཆ་གང་ཡང་མེད་པར། ཀུན་སློང་དུག་གསུམ་གང་རུང་གིས་ཀུན་ནས་བསླང་བའི་ལས་ཐམས་ཅད་མི་དགེ་བ་དང་། ཀུན་སློང་དགེ་རྩ་གསུམ་པོ་གང་རུང་གིས་ཀུན་ནས་བསླང་བའི། ལས་ཐམས་ཅད་དགེ་བའི་ལས་སུ་འཆད་པར་སྣང་བའི་རྒྱུ་མཚན་གྱིས་སོ། །མ་དྲིས་པའི་སྐྱོན་ནི། ཀུན་སློང་

དུག་གསུམ་གང་རུང་གིས་ཀུན་ནས་བསླང་བའི་བསོད་ནམས་ཀྱི་ལས་དང་། མི་གཡོ་བའི་ལས་མེད་པར་འགྱུར་ལ། དེ་ལྟ་ན། ཟག་པ་དང་བཅས་པའི་དགེ་བའི་ལས་ཀྱིས། རྣམ་སྨིན་བདེ་འགྲོ་འཕེན་པ་མེད་པར་འགྱུར་བ་དང་། མ་རིག་པའི་རྐྱེན་གྱིས་འདུ་བྱེད་འབྱུང་བར་གསུངས་པ་དེ། ངན་འགྲོ་ཁོ་ནའི་རྟེན་འབྲེལ་གྱི་དབང་དུ་བྱས་པར་འགྱུར་བ་དང་། སྲིད་ལེན་གང་རུང་གིས་ཀུན་ནས་བསླང་བའི་ལས་དགེ་བ་མི་སྲིད་པར་ཁས་ལེན་དགོས་པ་དེའི་ཚེ། འགྲུབ་བྱེད་ཀྱི་ལས་དགེ་བ་མི་སྲིད་པ་ཉིད་དུ་འགྱུར་བ་དང་། ཐེག་པ་ཆེན་པོའི་ཆོས་མངོན་པ་ལས། ལས་དཀར་ནག་ཏུ་གྱུར་པས། རྣམ་པར་སྨིན་པ་དཀར་ནག་ཏུ་འགྱུར་བ། ཞེས་བྱ་བ་ཞིག་གསུངས་པ་དེ་ཡང་མི་འཐད་པར་འགྱུར་ཏེ། ལས་དེའི་ཀུན་སློང་དཀར་པོ་ཞིག་ཡོད་ན། ལས་དེ་དཀར་པོ་ཡིན་པས་ཁྱབ་པ་དང་། ལས་དེའི་ཀུན་སློང་ནག་པོ་ཡོད་ན། ལས་དེ་ནག་པོ་ཡིན་པས་ཁྱབ་པའི་ཕྱིར། ཞེས་བྱ་བའི་རྩོལ་བ་འདི་འདུག་གོ། །

གཉིས་པ་དངོས་ལན་གདབ་པ་ནི། དབུ་མ་རིན་པོ་ཆེའི་ཕྲེང་བ་ལས། འདོད་ཆགས་ཞེ་སྡང་གཏི་མུག་གསུམ། །དེས་བསྐྱེད་ལས་ནི་མི་དགེ་བ། །ཞེས་གསུངས་པ་དེ་ནི། རྟེན་གྱི་གང་ཟག་འདོད་ཁམས་པ་དང་། ཀུན་སློང་གི་ཁྱད་པར་གཉིས་ཀྱི་ནང་ནས། དུས་ཀྱི་ཀུན་སློང་ལ་དགོངས་པ་ཡིན་ཏེ། རྟེན་དེ་ལ་དུས་ཀྱི་ཀུན་སློང་དེ་གསུམ་གང་རུང་གིས་ཀུན་ནས་བསླང་བའི་ལས་ཡིན་ན། མི་དགེ་བ་ཡིན་པས་ཁྱབ་པའི་ཕྱིར། དེ་ལྟ་མ་ཡིན་པར་རྒྱུའི་ཀུན་སློང་ཙམ་གྱིས་གོ་ཆོད་པ་དང་། རྟེན་གྱི་ཁྱད་པར་མ་བཟུང་ན། ཁམས་གོང་མའི་རྟེན་ལ་མི་དགེ་བ་མངོན་གྱུར་དུ་ལྡན་པས་ལྡན་པ་ཡོད་པར་འགྱུར་ཏེ། མ་རིག་པ་དང་འདོད་ཆགས་དུས་ཀྱི་ཀུན་སློང་དུ་ཡོད་པའི་ལས་གང་ཡིན་མི་དགེ་བར་འཇོག་པའི་ཕྱིར། ཡང་རྒྱུའི་ཀུན་སློང་ཆགས་སྡང་རྨོངས་གསུམ་གང་རུང་གིས་བྱས་ཀྱང་། དུས་ཀྱི་ཀུན་སློང་དགེ་བའི་རྩ་བ་གསུམ་དང་མཚུངས་ལྡན་དུ་བྱུང་བའི་དགེ་བ་མི་སྲིད་པར་འགྱུར་ཏེ། རྒྱུའི་ཀུན་སློང་ཁོ་ན་དབང་བཙན་པའི་ཕྱིར། འདོད་ན་གསོད་པའི་ཕྱིར་སྦྱིན་པ་གཏོང་བ་སོགས་མི་སྲིད་པར་འགྱུར་རོ། །ཡང་རིན་ཆེན་ཕྲེང་བ་ལས། མ་ཆགས་ཞེ་སྡང་གཏི་མུག་མེད། །དེས་བསྐྱེད་ལས་ཀྱང་དགེ་བའོ། །ཞེས་གསུངས་པ་ཡང་། དུས་ཀྱི་ཀུན་སློང་ལ་དགོངས་པ་ཡིན་ཏེ། དེ་ལ་དེས་ཁྱབ་པའི་ཕྱིར་དང་། རྒྱུའི་ཀུན་སློང་ཙམ་གྱིས་ཆོག་ན་སྙིང་རྗེས་ཀུན་ནས་བསླང་བའི་སྲོག་གཅོད་ཀྱི་ལས་མི་སྲིད་པར་ཐལ་བའི་ཕྱིར། ཀུན་སློང་གཉིས་པོའི་ཁྱད་པར་ནི། ལས་དེ་ཐོག་མར་ཀུན་ནས་སློང་བྱེད་དང་། དེའི་འོག་ཏུ་ལས་དེ་དང་ལྷན་ཅིག་ཏུ་མཚུངས་པར་ལྡན་པའོ། །འདི་ནི་ཐེག་པ་ཆེན་པོ་པ་དག་གི་ལུགས་ཡིན་ལ། བྱེ་སྨྲ་ལྟར་ན། ཇི་སྐད་དུ། ཀུན་སློང་རྣམ་གཉིས་རྒྱུ་དང་ནི། །དེ་ཡི་དུས་ཀྱི་སློང་ཞེས་བྱ། །གཉིས་ལས་དང་པོ་རབ་འཇུག་བྱེད། །གཉིས་པ་

རྫེས་སུ་འཇུག་བྱེད་ཡིན། །ཞེས་དང༌། རབ་ཏུ་འཇུག་བྱེད་དགེ་སོགས་ལས། །རྗེས་འཇུག་བྱེད་ཀྱང་རྣམ་གསུམ་འགྱུར། །ཞེས་གསུངས་ལ། ལུགས་འདི་ལ་ནི་རྒྱུའི་ཀུན་སློང་གཙོ་ཆེ་བར་བཤད་དོ། །དེའི་དོན་ཡང༌། ལུས་ངག་གི་དགེ་བ་དང་མི་དགེ་བ་བདུན་པོ་ལ་རྣམ་པར་རིག་བྱེད་མ་ཡིན་པའི་གཟུགས་ཡོད་པའི་དབང་དུ་བྱས་པ་ཡིན་ལ། རྣམ་པར་རིག་བྱེད་དང་སེམས་པའི་ལས་ལ་ནི་དུས་ཀྱི་ཀུན་སློང་ཉིད་གཙོ་ཆེ་བར་གཞག་པས་ཏེ། ཇི་སྐད་དུ། འདོད་པ་ན་ཡང་བསྒྲིབས་པ་མེད། །གང་ཕྱིར་ཀུན་སློང་མེད། །ཅེས་གསུངས་པ་ལྟར་རོ།། །།

དྲི་བ་ཉེར་བདུན་པ་ནི། མི་མཁས་པ་ཡི་བྱམས་སྙིང་རྗེས། །ངན་སོང་རྒྱུ་རུ་བཞེད་གྱུར་ན། །འཕེན་བྱེད་རྒྱུའམ་རྫོགས་བྱེད་ཀྱི། །རྒྱུ་ཞེས་བརྟགས་ན་ཇི་ལྟར་འགྱུར། །ཞེས་པའོ། །འདི་ལ་གཉིས་ལས། དང་པོ་ལ་འདྲི་བའི་རྒྱུ་མཚན་ནི། རྣམ་བཤད་མཛད་པ་བསམ་ཡས་པ་སོགས་ཕལ་ཆེ་བས། ཐབས་ལ་མི་མཁས་པའི་བྱམས་པ་དང༌། སྙིང་རྗེའི་མཚན་གཞི་ནི། མདོ་སྡེ་མཛངས་བླུན་དུ། དགེ་སློང་ཞིག་གིས། དགེ་འདུན་གྱི་རྫས་རང་གི་ཉེ་དུ་ལ་བྱིན་པས། དགེ་སློང་དེ་ཤིང་ལྡོན་པ་ལྟ་བུའི་དམྱལ་བར་སྐྱེས་ཤིང༌། ཉེ་དུ་རྣམས་ལྡོན་པ་དེ་ལ་ཟ་བའི་སྲིན་བུར་སྐྱེས་སོ། །ཞེས་གསུངས་པ་ལྟ་བུ་དང་སྡོད་མ་ཡིན་པ་ལ་སྟོང་པ་ཉིད་ཀྱི་ཆོས་བཤད་པས། དེ་དེས་སྐྲག་ཅིང་དངངས་ཏེ། ཐེག་པ་ཆེན་པོའི་ཆོས་སྤངས་ནས་དམྱལ་བར་སྐྱེ་བ་ཉིད་དུ་གསུངས་པ་ལྟ་བུའོ། །ཞེས་འཆད་པར་བྱེད་པའི་རྒྱུ་མཚན་གྱིས་སོ། །མ་དྲིས་པའི་སྐྱོན་ནི། ངན་སོང་འགྲུབ་བྱེད་ཀྱི་རྐྱེན་ནི། ཐབས་ལ་མཁས་པའི་བྱམས་པས་ཀྱང་བྱེད་སྲིད་ལ། འཕེན་བྱེད་ཀྱི་རྒྱུ་ནི། བྱམས་པ་དང་སྙིང་རྗེ་མཚན་ཉིད་པས་བྱེད་པ་མི་སྲིད་དེ། བྱམས་པ་དང་སྙིང་རྗེ་མཚན་ཉིད་པ་ཡིན་ན། སེམས་ཅན་ཐམས་ཅད་བདེ་བ་དང་ཕྲད་འདོད་དང༌། སྡུག་བསྔལ་དང་བྲལ་འདོད་ཀྱི་རྣམ་པ་ཅན་ཡིན་དགོས་ལ། དེ་ཡིན་ན་མི་དགེ་བར་འགལ་ཞིང༌། ངན་སོང་འཕེན་བྱེད་ཀྱི་རྒྱུ་ཡིན་ན། མི་དགེ་བ་ཡིན་དགོས་པའི་ཕྱིར་སྙམ་པའི་དོགས་པ་དང༌། རྣམ་བཤད་མཛད་པས། དཔེར་སྨོས་པ་དེ་དག་ནི། བྱམས་པ་དང་སྙིང་རྗེའི་དབང་གིས་ངན་སོང་དུ་སྐྱེས་པ་མ་ཡིན་གྱི། དགེ་འདུན་གྱི་རྫས་ཀྱུད་གསན་པ་དང༌། ཐེག་པ་ཆེན་པོའི་ཆོས་སྤངས་པའི་དབང་གིས་ངན་སོང་དུ་སྐྱེས་པ་ཡིན་པར་གསལ་བའི་ཕྱིར། དེ་དག་དེའི་དཔེར་མི་རུང་བ་ཉིད་དུ་ཐལ་བའི་ཉེས་པ་ཡོད་དོ། །

གཉིས་པ་དངོས་ལན་གདབ་པ་ནི། དགོངས་གཅིག་ལས། བྱམས་པ་དང་སྙིང་རྗེ་ནི་དགེ་བའི་མཚན་ཉིད་འཛིན་པས། མི་དགེ་བར་འགྱུར་མི་སྲིད་པའི་ཕྱིར། གཞིས་ཀྱི་དགེ་བ་ཡིན་ནོ། །ཞེས་གསུངས། དེ་མི་འཐད་དེ། ཇི་སྐད་དུ། གདུག་ལ་རྟག་ཏུ་བྱམས་ལྡན་པར། །བྱེད་པ་དེ་ནི་བཙུ་བར་འདོད། །ཅེས་དང༌། ཡོངས་སུ་སྨིན་སེམས་ཅན་ལ། །གསང་བ་སྒྲོག་པ་བདུན་པ་ཡིན། །ཞེས་གདུག་པ་ཅན་ལ་བྱམས་པ་དང༌། སྡོད་

མིན་ལ་བརྩེ་བའི་དབང་གིས། གསང་བ་སྟོན་པ་ནི་རྩ་བའི་ལྟུང་བར་བཤད་པས། ངན་སོང་གི་རྒྱུར་འཆད་སླ་བའི་ཕྱིར། འདི་ཡང་ཐེག་ཆེན་ཐུན་མོང་མ་ཡིན་པའི་ལུགས་ཀྱིས་ཞིབ་མོར་བརྟགས་ན། བྱམས་པ་དང་སྙིང་རྗེ་མཚན་ཉིད་པར་གཞག་དཀའ་བ་ཡིན་ཏེ། མི་མཁས་པ་ཡི་བྱམས་སྙིང་རྗེ། །ཞེས་པའི་མཚན་ཉིད་ཅན་དུ་སྣང་བའི་ཕྱིར་དང་། བཤད་མ་ཐག་པ་དེའི་ལོག་ཕྱོགས་ལ་བྱམས་པ་དང་སྙིང་རྗེ་མཚན་ཉིད་པ་འབྱུང་བའི་ཕྱིར་དང་། བཤད་མ་ཐག་པའི་བྱམས་སྙིང་རྗེ་དེ་ནི། ཆགས་སྡང་རྨོངས་གསུམ་གང་རུང་དང་མཚུངས་པར་ལྡན་པ་ཡིན་ལ། བྱམས་བརྩེ་མཚན་ཉིད་པ་ནི། རྣམ་འཚེ་དང་གནོད་སེམས་ཀྱི་འགལ་བ་མི་མཐུན་ཕྱོགས་སུ་བཤད་པའི་ཕྱིར། དེས་ན་བྱམས་བརྩེ་གཉིས་བཞིས་ཀྱི་དགེ་བ་མ་ཡིན་ཏེ། དེས་རྒྱུའི་ཀུན་སློང་བྱས་པ་ལས་བྱུང་བའི་ལུས་ངག་ཡིད་གསུམ་གྱི་ལས་མི་དགེ་བ་སྲིད་པའི་ཕྱིར། ཞེས་པའི་དོན་དུ་བཤད་ན་ལེགས་སོ།། །།

དྲི་བ་ཉེར་བརྒྱད་པ་ནི། དགེ་བསྙེན་དགེ་ཚུལ་སྡོམ་བརྩོན་ལའང་། །ཞེས་པར་ལྟུང་བ་ཐམས་ཅད་ལ། །སྡིག་པས་ཁྱབ་པར་གསུངས་པ་དང་། །རྗེ་བཙུན་ཆེན་པོས་བཅས་ལྟུང་དག །ལུང་མ་བསྟན་དུ་བཤད་པ་ཅི། །ཅེས་པའོ། །འདི་ལ་གཉིས་ལས། དང་པོ་ལ། འདྲི་བའི་རྒྱུ་མཚན་ནི། འདིའི་ཐད་དུ་རྣམ་བཤད་མཛད་པ་པོ་ཀུན་གྱིས། སྡིག་པ་དང་ལྟུང་བའི་ཁྱད་པར་ཞིབ་ཏུ་མ་ཕྱེ་བར་བཤད་པ་ཤ་སྟག་སྣང་ཞིང་། དེ་ཡང་། ལྟུང་བ་གང་ཡིན་ལ་སྡིག་པས་ཁྱབ་པ་ལྟ་བུར་བཤད་སྣང་བའི་རྒྱུ་མཚན་གྱིས་སོ། །

མ་དྲིས་པའི་ཉེས་པ་ནི། བསྟན་བཅོས་མཛད་པ་པོ་འདི་ཉིད་ཀྱིས། སེམས་བསྐྱེད་ཆེན་མོའི་ནང་དུ། བཅས་ལྟུང་དང་། དགེ་བའི་གཞི་མཐུན་བཤད་པ་དང་། རྗེ་བཙུན་ཆེན་པོས་ནི། འཁྲུལ་སྤོང་ལས། ལུས་ངག་གི་ལས་ཐམས་ཅད་ལུང་མ་བསྟན་ནོ། །ཞེས་བཅས་རྐྱང་གི་ལྟུང་བ་མཐའ་དག་ལ། ལུང་མ་བསྟན་གྱིས་ཁྱབ་པ་ལྟ་བུའི་བཤད་པ་ཡང་མཛད་མོད། དོན་ལ་གནས་པ་ནི། བཅས་རྐྱང་གི་ལྟུང་བ་ལ་སྡིག་པས་མ་ཁྱབ་སྟེ། སྡིག་པ་ལ་ནི་ཀུན་སློང་ཉོན་མོངས་པ་ཅན་ངེས་པར་དགོས་ལ། བཅས་རྐྱང་གི་ལྟུང་བ་ལ་དེ་མི་དགོས་པར། སེམས་ལུང་མ་བསྟན་གྱིས་ཀུན་སློང་བྱེད་པ་ཡང་སྲིད་པའི་ཕྱིར། དེ་སྐད་དུ་ཡང་། མཛོད་འགྲེལ་ལས། ཇི་ལྟར་ན་སྨྱོས་པར་འགྱུར་བ་འཐུངས་པ་བཅས་པའི་ཁ་ན་མ་ཐོ་བར་ཤེས་ཤེ་ན། རང་བཞིན་གྱི་ཁ་ན་མ་ཐོ་བའི་མཚན་ཉིད་མེད་པའི་ཕྱིར་ཏེ། རང་བཞིན་གྱི་ཁ་ན་མ་ཐོ་བ་ནི་སེམས་ཉོན་མོངས་པ་ཅན་ཁོ་ནས་སྤྱོད་པ་ཡིན་ན། ཆང་ནི་ཇི་སྲིད་སྨྱོས་པར་མི་འགྱུར་བར། གཉེན་པོའི་བློ་ཁོ་ནས་བཏུང་བར་ནུས་སོ། །ཞེས་དང་། གང་སྨྱོས་པར་མི་འགྱུར་བར། ཚོད་རིག་ནས་འཐུང་བ་དེ་ནི་ཉོན་མོངས་པ་ཅན་མ་ཡིན་ནོ། །ཞེས་གསུངས་པ་དང་། བཅས་རྐྱང་གི་ལྟུང་བ་རྣམས་ཀྱི་ཡན་ལག་གི་རྩི་བ་རྣམ་པར་གཞག་པ་ལ་བལྟས་པས་ཀྱང་ཤེས་པར་འགྱུར་རོ། །

གཉིས་པ་དངོས་ལན་གདབ་པ་ནི། འདིར་བཅས་རང་དང་སྡིག་ལྟུང་ལ་ཁྱད་པར་མ་ཕྱེ་བ་ལྟ་བུར་བཤད་པ་དེ་ནི། ཕྱོགས་སྔ་མའི་འདོད་པ་གཞིར་བཞག་པ་ཡིན་ཏེ། ཇི་སྐད་དུ། དགོངས་གཅིག་ལས། རྡོ་རྗེའི་གསུང་། སྤྱིར་བཀག་པ་ཐམས་ཅད་ཡེ་བཀག །གནང་བ་ཐམས་ཅད་ཡེ་གནང་ཡིན། །བྱ་བ་འདི་བཞུགས། ཞེས་དང་། ཞལ་སྔ་ནས། བཅས་པ་དང་རང་བཞིན་གྱི་ཁ་ན་མ་ཐོ་བ་གཅིག་པའི་ཕྱིར་དང་། བཅས་པ་ཐམས་ཅད་འགྲོ་བ་སྤྱི་ལ་བཅས་པའི་གནད་ཀྱིས། སྡིག་ལྟུང་ཡང་ཐ་དད་མེད་ཅིང་གཅིག་པ་ཡིན་ཏེ། སྡིག་པས་ཀྱང་ངན་སོང་དུ་འགྲོ། ལྟུང་བས་ཀྱང་ངན་སོང་དུ་འགྲོ་བས་ཁྱད་པར་མེད་དེ། ལུང་རྣམ་འབྱེད་ལས། ལྟུང་བ་ལྟུང་བ་ཞེས་བྱ་བ་ནི། སེམས་ཅན་དམྱལ་བ་དང་། དུད་འགྲོའི་སྐྱེ་གནས། གཤིན་རྗེའི་འཇིག་རྟེན་དུ་ལྟུང་བར་བྱེད་པས་ན་ལྟུང་བའོ། །ཞེས་གསུངས་སོ། །ཞེས་འབྱུང་བ་ཡིན་ནོ།། །།

དྲི་བ་ཉེར་དགུ་པ་ནི། ཉན་ཐོས་གྱིས་པ་བཅོ་བརྒྱད་ལ། །འདུལ་བ་བཅོ་བརྒྱད་ཡོད་ཅེས་པའི། །ལུངས་ཁུངས་གསལ་པོ་གང་ན་ཡོད། །ཅེས་པའོ། །འདི་ལ་གཉིས་ལས། དང་པོ་ལ། འདྲི་བའི་རྒྱུ་མཚན་ནི། གཞུང་དུ༔ འདུལ་བའི་དབྱེ་བའང་བཅོ་བརྒྱད་ཡོད། །ཅེས་པའི་ཐད་དུ། རྣམ་བཤད་མཛད་པ་བསམ་ཡས་པས། །འདིར་འདུལ་བ་འཛིན་པ་ཆེན་པོ་འགའ་ཞིག །སྡེ་པ་ཐ་དད་པར་ཀླག་པའི་འཁོར་ལོ་ལས། གནས་བརྟན་པའི་སྡེ་པ་གསུམ་དང་། ཀུན་གྱིས་བཀུར་བའི་སྡེ་པ་གསུམ་ལྟ་བ་མཐུན་པར་བཤད་པས། གྱིས་པ་བཅོ་བརྒྱད་ལ་འདུལ་བའི་དབྱེ་བ་བཅོ་བརྒྱད་མི་རིགས་སོ། །ཞེས་གསུངས་ཡང་། འདི་དག་གི་དབྱེ་བ་སྟོན་པའི་གཞུང་ན་མི་འདྲ་བར་སྣང་བས། འདི་ཁོ་ན་བདེན་ལ། གཞན་ནི་མི་རིགས་སོ་ཞེས་དཔྱད་དཀའ་བས། ཆོས་རྗེའི་གསུང་རབ་ལ་ནོར་བའི་གོ་སྐབས་ག་ལ་ཡོད་ཅེས་པ་ཙམ་ཞིག་འབྱུང་ལ། རྣམ་བཤད་བྱེད་པ་གཞན་ལ་ནི་རྟོག་དཔྱོད་མཛད་པ་འགའ་ཡང་མི་སྣང་ངོ། །

མ་དྲིས་པའི་ཉེས་པ་ནི། འདུལ་བ་མི་འདྲ་བཅོ་བརྒྱད་ཡོད། །ཅེས་པའི་གསུང་འདི་ཙམ་ལ་དད་པས་རྗེས་སུ་འབྲངས་ནས། སྡེ་པ་བཅོ་བརྒྱད་པོ་ལ་རྩ་བའི་ལུང་སོ་སོར་ཐར་པ་གཉིས་དང་། བཤད་པའི་ལུང་སྡེ་བཞི་དང་། དེའི་དགོངས་པ་འགྲེལ་བའི་བསྟན་བཅོས་ཀྱང་མི་འདྲ་བ་བཅོ་བརྒྱད་ཡོད་པར། ཀུན་གྱིས་མཐུན་སྣང་དུ་གྲུབ་པ་ཞིག་གོ་སྐམ་པ་མ་གཏོགས། བསྟན་བཅོས་མཛད་པ་འདི་ཉིད་ཀྱི་ཐུན་མོང་མ་ཡིན་པའི་བཤད་པའོ། །སྐམ་པའི་ཐེ་ཚོམ་ཙམ་ཡང་མི་སྣང་ཞིང་། གཞན་དག་གིས་དཔྱོད་པ་བཏང་བ་ན། རྒྱུད་འཕྲུག་པར་བྱེད་པ་དག་སྣང་བའོ། །

གཉིས་པ་དངོས་ལན་གདབ་པ་ལ་གཉིས་ཏེ། སྡེ་པ་བཅོ་བརྒྱད་ལ་འདུལ་བ་བཅོ་བརྒྱད་དུ་ཡོད་པའི་

ལུང་དང་། རིགས་པའི་སྒྲུབ་བྱེད་དོ། །དང་པོ་ནི། མཁྱེན་རབ་ཀྱི་དབང་ཕྱུག་བུ་སྟོན་རིན་པོ་ཆེའི་གསུང་ལས། སྡེ་པ་བཅོ་བརྒྱད་པོ་དེ་རྣམས་ལ། འདུལ་བ་དང་མདོ་སྡེའི་ལུང་ཡང་ཐ་དད་དུ་ཡོད་པར་མངོན་ཏེ། འཕགས་པ་ཐོགས་མེད་ཀྱིས། ཐེག་བསྡུས་སུ། ཀུན་གཞི་སྒྲུབ་བྱེད་ཀྱི་ལུང་། སྡེ་པ་ཐ་དད་ནས་མི་འདྲ་བ་དྲངས་པའི་ཕྱིར་དང་ཤར་གྱི་རི་བོའི་སྡེ་པའི་ལུང་དང་། ནུབ་ཀྱི་རི་བོའི་སྡེ་པའི་ལུང་ནས། སྡེ་སྣོད་བདུན་དུ་བཤད་ཅེས། ཟླ་གྲགས་དང་། ལང་ཀར་གཤེགས་པའི་འགྲེལ་པ་ནས་བཤད་པའི་ཕྱིར་དང་། འཕགས་པ་དགེ་འདུན་ཕལ་ཆེན་སྡེ་པའི། འཇིག་རྟེན་ལས་འདས་པར་སྨྲ་བའི་སྡེ་པའི་དགེ་སློང་མའི་རྣམ་འབྱེད་ཀྱི་ལུང་བདག་གིས་མཐོང་བ་ན་ཡང་། གཞི་ཐམས་ཅད་ཡོད་སྨྲའི་ལུང་དང་མི་འདྲ་བར། བྱད་མེད་རབ་བྱུང་བསྙེན་རྫོགས་ཀྱི་ཆོ་ག །ཐམས་ཅད་ཡོད་སྨྲའི་རྣམ་འབྱེད་ན་ཡོད་པའི་སྡོམ་གྱིས་མ་བསྡུས་པ་དུ་མ་ཞིག་སྣང་བའི་ཕྱིར་རོ། །ཞེས་གསུང་ངོ་། །

གཉིས་པ་རིགས་པའི་སྒྲུབ་བྱེད་ནི། སྡེ་པ་བཅོ་བརྒྱད་དུ་ཕྱེས་པ་ནི་ཆོས་ལུགས་མི་འདྲ་བའི་དབང་གིས་ཡིན་གྱི། ལོངས་སྤྱོད་ཀྱི་དབང་གིས་མ་ཡིན་ལ། ཆོས་ཀྱང་བཀའི་དབང་གིས་ཡིན་གྱི། བསྟན་བཅོས་ཀྱི་དབང་གིས་ནི་མ་ཡིན་ཏེ། དེ་ལྟར་དུ་སུས་ཀྱང་བཤད་པ་མི་སྣང་བའི་ཕྱིར། བཀའ་ཡང་འདུལ་བ་ཉིད་གཙོ་ཆེ་བ་ཡིན་ཏེ། དགེ་སློང་གི་དགེ་འདུན་གྱི་སྡེ་ཚན་ཐ་དད་པ་དང་། ཐ་དད་པ་མ་ཡིན་པའི་རྣམ་པར་དབྱེ་བ་ནི། འདུལ་བ་ལས་འབྱུང་བའི་ལས་ཀྱི་རྣམ་པར་གཞག་པ་ལ་རག་ལས་པའི་ཕྱིར་དང་། མདོ་སྡེ་དང་མངོན་པའི་དོན་ལ་མི་མཐུན་པ་དུ་མ་བྱུང་ཡང་། འདུལ་བའི་ལས་མཚམས་ཀྱིས་སོ་སོར་མ་ཕྱེ་ན། དགེ་འདུན་གྱི་སྡེ་ཚན་ཐ་དད་དུ་གཞག་པར་མི་ནུས་པའི་ཕྱིར། སྡེ་པ་ཐ་དད་པར་གློག་པའི་འཁོར་ལོ་ཞེས་བྱ་བའི་བསྟན་བཅོས་ལས། ཡུལ་དོན་སློབ་དཔོན་བྱེ་བྲག་གིས། །ཐ་དད་རྣམ་པ་བཅོ་བརྒྱད་གསུངས། །ཞེས་དང་། དགེ་སློང་གི་ལོ་དྲི་བ་ལས་ཀྱང་། ཤཱཀྱ་སེང་གེའི་བསྟན་པ་ནི། དེ་ལྟར་བྱེ་བྲག་བཅོ་བརྒྱད་དུ། །གྱུར་ཀྱང་འགྲོ་བའི་བླ་མ་དེའི། །སྟོན་གྱི་ཕྲིན་ལས་ངེས་པ་ཡིན། །ཞེས། བསྟན་པ་བཅོ་བརྒྱད་དུ་ཕྱེས་པར་བཤད་པ་དང་། རྒྱལ་པོ་ཀྲི་ཀིའི་རྨི་ལམ་བསྟན་པའི་མདོ་ལས་ཀྱང་། རྒྱལ་པོ་ཆེན་པོ་ཁྱོད་ཀྱི་རྨི་ལམ་དུ། མི་བཅོ་བརྒྱད་ཀྱིས་རས་ཡུག་བཅོ་བརྒྱད་འདྲེན་པ་མཐོང་བ་དེ་ནི། ཤཱཀྱ་ཐུབ་པའི་བསྟན་པ་རྣམ་པ་བཅོ་བརྒྱད་དུ་ཕྱེས་པར་གྱུར་ཀྱང་། རྣམ་པར་གྲོལ་བའི་རས་ནི་ཕྱེས་པར་མི་འགྱུར་རོ། །ཞེས། བསྟན་པ་བཅོ་བརྒྱད་དུ་ཕྱེས་པར་བཤད་ལ། འདུལ་བ་མི་འདྲ་བ་བཅོ་བརྒྱད་དུ་ཕྱེས་པ་མ་ཡིན་ན། བསྟན་པ་མི་འདྲ་བ་བཅོ་བརྒྱད་དུ་ཕྱེས་པའི་མཚན་གཞི་བཟུང་བར་དཀའ་བའི་ཕྱིར་དང་། འོད་ལྡན་ལས། དགྲ་བཅོམ་པ་རྣམས་ཀྱིས། ཐ་མལ་པ་དང་། ཟུར་བཅག་དང་། བར་མར་འདོན་པའི་ཚིག་ལ་མངོན་པར་ཞེན་པ་འདུལ་བའི་དབང་གི་ཕྱིར། རིམ་གྱིས་གཞུང་གཞན་དང་གཞན་དུ་སྒྱུར་ཏེ། རྒྱ་ཆེན་པོའི་སྐད་དུ

སྒྱུར་བའི་མདོ་སྡེ་ལ་སོགས་པ་ལྟ་བུའོ། །དེ་ལྟར་བསྟན་པ་རྣམ་པ་བཅོ་བརྒྱད་ཀྱི་བར་དུ་གྱུར་པ་ཡིན་ནོ། །ཞེས་གསུངས་ལ། དེའི་དོན་ལ་བརྟགས་པ་ན། འདུལ་བ་དང་མདོ་སྡེའི་གཞུང་གཞན་དང་གཞན་དུ་སྒྱུར་བའི་དབང་གིས། བསྟན་པ་མི་འདྲ་བ་བཅོ་བརྒྱད་དུ་གྱེས་པར་བཤད་པའི་ཕྱིར་དང་། གྱེས་པ་བཅུ་བདུན་པོ་ཐམས་ཅད། འདུལ་བ་ལ་གནང་། མདོ་སྡེ་ལ་འཇུག་ཆོས་ཉིད་དང་མི་འགལ་བའི་རྟགས་ཀྱིས། སངས་རྒྱས་ཀྱི་བཀའ་ཡིན་པར་བསྒྲུབས་པ་དང་། རྒྱལ་པོ་ཀྲི་ཀྲིའི་རྨི་ལམ་ལུང་བསྟན་པའི་མདོ་བཏོན་ནས། བཅུ་བདུན་པོ་སངས་རྒྱས་ཀྱི་བཀར་བསྒྲུབས་སོ། །ཞེས་པ་ནི། འོད་ལྡན་ལ་སོགས་པའི་དགོངས་པས་འགྲུབ་ལ། དེའི་ཚེ་ན། བཀར་སྒྲུབ་རྒྱུ་བཅུ་བདུན་མེད་ན་ནི་སྒྲུབ་མི་དགོས་ཤིང་། ཡོད་ན་འདུལ་བ་མི་འདྲ་བ་བཅོ་བརྒྱད་ཡོད་པ་ལས་འོས་མེད་པའི་ཕྱིར་རོ། །ནར་ལ། སྡེ་པ་བཅོ་བརྒྱད་དུ་གྱེས་པ་དེ། བདུད་སྡིག་ཏོ་ཅན་དགེ་སློང་གི་ཆ་བྱད་འཛིན་པ་ཞིག་གིས། དགེ་འདུན་གྱིས་དབྱེན་བྱས་ནས། ལོ་དྲུག་ཅུ་རྩ་གསུམ་གྱི་བར་དུ་དགེ་འདུན་འཁྲུག་ལོང་དུ་གྱུར་པའི་བཤད་པ་ཞིག །སློབ་དཔོན་ཛྙ་བྱས་མཛད་དོ། །ཅེས་ཀུན་གྱིས་འཆད་ལ། དེ་ལྟར་ཡིན་པ་དེའི་ཚེ་ན། འཁྲུག་ལོང་དེ་ནི་ཆོས་རྣམ་པར་གཏན་ལ་འབེབས་པའི་རྩོད་པ་ཉིད་དུ་རིགས་ཏེ། དམ་པའི་ཆོས་ལས་བྱུང་བའི་རྩོད་པ་ཞིག་ཡིན་ལ། ཚུལ་ཁྲིམས་གཏན་ལ་འབེབས་པའི་རྩོད་པར་ནི་མ་བཤད་པའི་ཕྱིར། དེ་ལྟ་ཡིན་པ་དེའི་ཚེ། འདུལ་བ་ནས་གསུངས་པའི་ཞི་བྱེད་ཀྱིས་ཞི་བར་མ་བྱས་ན་ནི། བཀའ་བསྡུ་གསུམ་པའི་ཚེ། གྱེས་པ་བཅོ་བརྒྱད་པོ་མཐུན་པའི་དོན་མི་གནས་ལ། ཞི་བར་བྱས་ན་ནི། ཆོས་ཕྱོགས་སུ་ཞི་བ་ལས་འོས་མེད་པས། སྡེ་པ་གཅིག་ཆོས་ཕྱོགས་པ་ཁོ་ན་དང་། གཞན་བཅུ་བདུན་པོ་ཆོས་མ་ཡིན་པ་སྨྲ་བ་དག་ཏུ་ཐལ་བར་འགྱུར་རོ། །ཞེས་རྒོལ་ན་ལན་གདབ་པར་དཀའ་བ་ཡིན་མོད། འོན་ཀྱང་དེའི་ལན་ནི། བཅོ་བརྒྱད་པོ་ཐམས་ཅད་ཆོས་སྨྲ་བར་བསྒྲུབས་པས། རྩོད་པ་ཞི་བར་བྱས་པ་ཡིན་ནོ། །ཞེས་ལན་འདེབས་པ་ལས་འོས་གཞན་མེད་ལ། དེའི་ཚེ་ན། འཁྲུལ་བ་ལ་མི་འཁྲུལ་བའི་ཚད་མ་ཡོད་པར་འགྱུར་ཏེ། ཇི་སྐད་དུ། ཁ་ཅིག་མིར་ཆགས་བསད་པ་ལ། །ཕམ་པ་ལ་ལ་ཕམ་པ་མེད། །ཅེས་གསུངས་པ་ལྟར། ལྟུང་བ་ཡིན་མིན་འགལ་བ་ལྟག་སྤྲོད་དུ་མ་སྣང་བའི་ཕྱིར། ཞེས་རྒོལ་བ་དང་། འདུལ་བ་ནས་གསུངས་པའི་རྩོད་པ་ཞི་བྱེད་ཀྱི་ནང་དུ་མ་འདུས་པའི་རྩོད་པ་ཞི་བྱེད་ཀྱི་ཆོས་གཞན་ཞིག་གིས། གྱེས་པ་བཅོ་བརྒྱད་ཀྱི་རྩོད་པ་ཞི་བར་བྱས་པ་ཉིད་དུ་ཐལ་བར་འགྱུར་ལ། དེ་ཡང་དེ་ལྟ་ན་ནི། འདུལ་བར་མ་བཤད་པའི་རྩོད་པ་ཞི་བྱེད་ཀྱིས། དགེ་འདུན་བྱེ་བ་འདུམས་ནུས་པར་མི་འགྱུར་རོ། །ཞེས་རྒོལ་ན་ལན་གདབ་པར་དཀའ་བ་དང་། ཡང་བཅོ་བརྒྱད་པོ་གྱེས་པ་དེ། དགེ་འདུན་གྱི་དབྱེན་དུ་གྱུར་ནས་གྱེས་པར་བཤད་པ་དེ། ལས་ཀྱི་དབྱེན་དང་། འཁོར་ལོའི་དབྱེན་གཉིས་ལས་གང་ཡིན། དེ་གཉིས་སུ་མ་གཏོགས་པའི་དབྱེན་ནི

འདུལ་བ་ལས་གསུངས་པ་མེད་དོ། །གཉིས་པོ་གང་ལྟར་ནའང་། སྡེ་པ་གཅིག་མ་གཏོགས་གཞན་ལྷག་མ་ཐམས་ཅད་ཆོས་མ་ཡིན་པར་སྨྲ་བ་ཉིད་དུ་ཐལ་བར་འགྱུར་རོ། །ཞེས་ཀྲོལ་ན། ལན་འདེབས་དཀའ་བ་ཡིན་ནོ། ། དེ་དག་ལ་འདི་སྐད་ཅེས། ཕ་རོལ་ཕྱིན་དང་གསང་སྔགས་ཀྱི། །ལྟུང་བ་འགལ་བ་ལྷག་སྤྱོད་ལ། །ཡེ་བཀག་མི་རུང་དགག་བྱ་དང་། །དགོས་པ་གང་གཙོ་བརྟག་དགོས་མོད། །སོ་སོར་ཐར་པ་གཞིར་བཞག་གི། རྩ་ལྟུང་འགལ་བ་ལྷག་སྤྱོད་ལ། །གཉིས་ཀ་སངས་རྒྱས་བཀར་སྨྲ་བའི། །མི་འཁྲུལ་ཚད་མ་དེ་གང་ཡིན། །ཞེས་བྱ་བ་འདི་ནི། །སྡེ་པ་བཅོ་བརྒྱད་ཀྱི་འདུལ་མདོ་འཆད་པ་པོ་ཀུན་ལ་འདྲི་བར་བྱ་ཡིས། ལན་ལེགས་པར་ཐོབ་ཅིག །

དྲི་བ་སུམ་ཅུ་པ་ནི། འདུལ་བ་ཡི་གེར་བྲིས་པ་ནི། །བཀའ་བསྡུ་གསུམ་པ་ཡིན་ཞེས་གྲགས། །དུས་དེར་འདུལ་བ་བཅོ་བརྒྱད་པོ། །ཐམས་ཅད་ཡི་གེར་བྲིས་སམ་ཅི། །ཅེས་པའོ། །འདི་ལ་གཉིས་ལས། དང་པོ་ལ་འདྲི་བའི་རྒྱུ་མཚན་ནི། སྡེ་པ་བཅོ་བརྒྱད་ཀྱི་འདུལ་བ་མི་འདྲ་བ་བཅོ་བརྒྱད་ཀྱི་གླེགས་བམ་གྱི་ཡི་གེ་སོ་སོར་བཞུགས་པ་ལྟ་བུར་འཆད་པའི་ཚུལ་ལས་བརྩམས་ཏེའོ། །

མ་དྲིས་པའི་སྐྱོན་ནི། འོ་ན་འདུལ་བ་བཅོ་བརྒྱད་པོ་དེ་བཀའ་བསྡུ་གསུམ་པ་མ་བྱས་པའི་གོང་ནས། གླེགས་བམ་སོ་སོར་གནས་པ་ཡིན་ནམ། བསྡུ་བ་གསུམ་པའི་ཚེ་ཡིན། དང་པོ་མི་འཐད་དེ། སངས་རྒྱས་ཀྱི་གསུང་རབ་གླེགས་བམ་དུ་འབྲི་བ་དེ་བཀའ་བསྡུ་བ་པོའི་ལས་སུ་བཤད་པའི་ཕྱིར། གཉིས་པ་མི་འཐད་དེ། བཀའ་བསྡུ་གསུམ་པ་མཛད་པ་པོ་དེས་འདུལ་བ་མི་འདྲ་བ་བཅོ་བརྒྱད་པོ་དེ། ལེགས་སྦྱར་ལ་སོགས་པའི་སྐད་རིགས་མི་འདྲ་བ་ཐ་དད་དུ་འབྲི་དགོས་ན། སྤྲུལ་པ་བསྟན་ནས་འབྲི་བའི་བཤད་པ་ཡོད་ན་མ་གཏོགས། རང་རྒྱུད་དུ་བྲི་བར་མི་ནུས་པའི་ཕྱིར་རོ། །དེ་སྐད་དུ་ཡང་། འགྲེལ་ཆེན་དྲི་མེད་འོད་ལས། འཕགས་པའི་ཡུལ་འདིར། བཅོམ་ལྡན་འདས་ཡོངས་སུ་མྱ་ངན་ལས་འདས་པར་གྱུར་པ་ན། སྡུད་པར་བྱེད་པ་པོ་རྣམས་ཀྱིས། ཐེག་པ་གསུམ་གླེགས་བམ་དུ་བྲིས་ཏེ། དེ་བཞིན་གཤེགས་པའི་ངེས་པས་སྡེ་སྣོད་གསུམ་མ་ག་དྷའི་སྐད་ཀྱིས་བྲིས་སོ༑ ༑མདོ་སྡེ་ནི་སིནྡྷུའི་སྐད་ཀྱིས་སོ། །ཕ་རོལ་ཏུ་ཕྱིན་པའི་ཚུལ་ནི་ལེགས་པར་སྦྱར་བའི་སྐད་ཀྱིས་སོ། །སྔགས་ཀྱི་ཚུལ་ལ། རྒྱུད་དང་རྒྱུད་གཞན་དག་ན་ལེགས་པར་སྦྱར་བའི་སྐད་དང་། ཐ་མལ་པའི་སྐད་དང་། ཟུར་ཆག་གི་སྐད་དང་། ཀླ་ཀློའི་སྐད་ཀྱིས་ཏེ། དེ་ལྟ་བུ་ལ་སོགས་པ་ཐམས་ཅད་མཁྱེན་པས་བསྟན་པའི་ཆོས་རྣམས་སྡུད་པར་བྱེད་པ་པོ་རྣམས་ཀྱིས་བྲིས་སོ། །ཞེས་གསུངས་པ་ལྟར་རོ། །

གཉིས་པ་དངོས་ལན་གདབ་པ་ནི། བསྡུ་བ་གསུམ་པ་མ་མཛད་པའི་གོང་དུ། འདུལ་བ་མི་འདྲ་བ་བཅོ་བརྒྱད་པོ་ཡུལ་གྱི་སྐད་རིགས་མི་འདྲ་བའི་དབང་གིས་སོ་སོ་ཐ་དད་པར་གྱུར་ཀྱང་། གླེགས་བམ་དུ་བཀོད་ཟིན

པ་ནི་མ་ཡིན་ཏེ། སློབ་དཔོན་དགྲ་བཅོམ་པ་སོ་སོའི་ཕྱོགས་ལ་མ་བརྟེན་པར་གནས་པ་ཡིན་ལ། ཇི་སྲིད་མི་རྟེན་པའི་གཟུངས་ཐོབ་པའི་དགེ་སློང་དག་ཡོད་པ་དེ་སྲིད་དུ། འདུལ་བ་ཡི་གེར་འབྲི་བ་མ་གནང་བའི་ཕྱིར། དེ་སྐད་དུ་ཡང་། མདོ་རྩ་བ་ལས། དྲན་པ་དང་འཛིན་པར་མི་ནུས་པས་འདུལ་བའོ། །དེ་ནི་བྲི་བར་མི་བྱ་བ་ཉིད་ཡིན་ནོ། །

འདི་ལ་སོ་སོར་ཐར་པ་ནི་དེ་དང་འདྲའོ། །ཞེས་དང་། འགྲེལ་ཆེན་དྲི་མེད་འོད་ལས། སྔོན་གྱི་དུས་ན་རིག་བྱེད་དང་། གླུ་དང་། གྲུབ་པའི་མཐའ་དང་། སྔོན་རབས་ཀྱི་ཆོས་རྣམས་གླེགས་བམ་ལ་བྲིས་པར་མ་གྱུར་པ་ན། སྡོམ་བརྩོན་རྣམས་ཀྱི་ཁ་ལ་གནས་སོ། །ཞེས་གསུངས་པ་ལྟར་རོ། །བསྡུ་བ་གསུམ་པའི་ཚེ་ན། བཅོ་བརྒྱད་པོ་ཐམས་ཅད་བཀར་བསྒྲུབས་ནས། གཞི་ཐམས་ཅད་ཡོད་པར་སྨྲ་བའི་འདུལ་བ་ཁོ་ན་ལེགས་སྦྱར་གྱི་སྐད་དུ་བྲིས་ནས་གླེགས་བམ་དུ་བཀོད་པ་ཡིན་ཏེ། ཐམས་ཅད་ཡོད་སྨྲའི་འདུལ་བ་ཁོ་ན་སྡེ་པ་གཞན་གྱི་འདུལ་བ་ཐམས་ཅད་ཀྱི་ཕྱི་མོ་ཡིན་པའི་ཕྱིར། དེ་སྐད་དུ་ཡང་། འོད་ལྡན་ལས། ཐམས་ཅད་ཡོད་པར་སྨྲ་བ་དེ་དག་ནི་གཞི་དང་འདྲ་བ་ཡིན་ཏེ། ལེགས་པར་སྦྱར་བའི་སྐད་དུ་ཐ་སྙད་སྦྱོར་བའི་ཕྱིར་རོ། །འདི་ལྟར། ཡ་རབས་དག་ནི་ལེགས་པར་སྦྱར་བའི་སྐད་དུ་ཐ་སྙད་བརྗོད་པ་ཡིན་ཞེས་ཟེར་བས། སྒྲའི་མཚན་ཉིད་ལ་བརྩོན་པར་བྱེད་པ་འདི་ཡང་ཡ་རབས་སུ་ཤེས་པར་བྱ་བའི་ཕྱིར་རོ། །ཡ་རབས་ནི་འཇིག་རྟེན་ན་གཞི་དང་འདྲ་བ་ཡིན་ཏེ། དེ་ལས་འཇིག་རྟེན་གྱི་ཆོས་ལུགས་འབྱུང་བའི་ཕྱིར་རོ། །དེ་ལྟ་བས་ན། ཐམས་ཅད་ཡོད་པར་སྨྲ་བ་ནི་གཞི་ཞེས་བྱའོ། །སྡེ་པ་གཞན་དག་ནི་མ་ཡིན་ཏེ། ཐ་མལ་པ་དང་། ཟུར་ཆག་དང་། འབྲིང་དུ་འདོན་པའི་ཚིག་གི་ཐ་སྙད་བརྗོད་པའི་ཕྱིར། འདི་སྐད་དུ། སྔོན་ནི་ཐམས་ཅད་ཡོད་པར་སྨྲ་བ་འདི་གཅིག་པུ་ཡོད་པ་ལས། བཅོམ་ལྡན་འདས་ཡོངས་སུ་མྱ་ངན་ལས་འདས་པ་དང་། དེ་ལ་བརྟེན་ནས་སྡེ་པ་གཞན་དག་བྱུང་བ་དེ་དག་གི་གཞིར་གྱུར་པའི་ཕྱིར། གཞི་ཐམས་ཅད་ཡོད་པར་སྨྲ་བ་ཞེས་བྱའོ། །ཞེས་གསུངས་སོ། །དེ་བས་ན། བསྡུ་བ་གསུམ་པ་བྱུང་ཕྱིན་ཆད་སྡེ་པ་སོ་སོ་ན་ཡོད་ཀྱང་། འདུལ་བ་གཅིག་ཏུ་བསྡུས་པ་ཡིན་ནམ་སྙམ་སྟེ། གོང་དུ་བཀོད་པའི་རྟོག་དཔྱོད་ཞིབ་མོ་དེ་དག་ལ་བརྟགས་ནས་དཔྱད་པར་བྱའོ།། །།

དྲི་བ་སོ་གཅིག་པ་ནི། བྱིན་ལེན་མ་བྱས་ཟ་བ་ཡི། །ལྟུང་བ་དགེ་སློང་བསླབ་སྦྱིན་ལའང་། །འབྱུང་ཞིང་དེས་ཀྱང་དགེ་སློང་ལ། །བྱིན་ལེན་རུང་བར་བཤད་དེ་ཅི། །ཅེས་པའོ། །འདི་ལ་གཉིས་ལས། དང་པོ་ལ། འདྲི་བའི་རྒྱུ་མཚན་ནི། ཇི་སྐད་དུ། བྱིན་ལེན་མ་བྱས་ཟ་བ་ཡི། །ལྟུང་བ་མི་སྐྱ་ལ་འབྱུང་ན། །ཞེས་སོགས་ཀྱི་དོན་ལ། རྣམ་བཤད་མཛད་པ་ཀུན་གྱིས་ཞིབ་ཆ་གང་ཡང་མེད་པར་གཞུང་གི་སྒྲ་ཇི་བཞིན་པ་དེ་ཉིད་སོར་བཞག་པས། བསྟན་བཅོས་ཀྱི་སྐྱེ་མཆེད་གཙང་བར་མ་ཐོན་པའི་རྒྱུ་མཚན་གྱིས་སོ། །

མ་དྲིས་པའི་ཉེས་པ་ནི། བྱིན་ལེན་མ་བྱས་པར་ཟ་བའི་ཉེས་པ་འབྱུང་བའི་རྟེན་ཡིན་པ་ཙམ་གྱིས་དགེ་སློང་དུ་འགྱུར་ན། དགེ་སློབ་མ་ཡང་དགེ་སློང་དུ་ཐལ་བར་འགྱུར་རོ་སྙམ་པའི་དོགས་པ་དང་། དགེ་སློང་གིས་དགེ་སློང་ལ་བྱིན་ལེན་རུང་བ་མེད་ན། དགེ་སློང་བསླབ་སྦྱིན་དེ་དགེ་སློང་མ་ཡིན་པའམ་དེས་དགེ་སློང་རྣམ་དག་ལ་བྱིན་ལེན་སྐབས་ན་མི་འཐོབ་པ་གང་རུང་དུ་འགྱུར་རོ། །དེ་ལ་འདོད་མི་ནུས་པའི་ཤེས་བྱེད་དུ། མདོ་རྩ་བ་ལས། ཇི་སྐད་དུ། བསླབ་པ་བྱིན་པ་ནི་འདྲ་བ་ཉིད་དོ། །སྔིན་པར་མ་རྫོགས་པ་དང་ལྡན་པ་ཉིད་ཀྱང་ངོ་། །ཞེས་གསུངས་སོ། །

གཉིས་པ་དངོས་ལན་གདབ་པ་ལ། ཕྱོགས་སྔ་མ་ནི། དགོངས་གཅིག་ལས། སྡིག་པ་དང་ལྟུང་བ་ནི། ཟན་དང་བཤོས་ཀྱི་སྒྲི་བཟློག་དང་མཚུངས། ཡ་རབས་ལ་འདྲེན་ན་བཤོས་ཟེར། ཐལ་པ་ལ་འདྲེན་ན་ཟན་ཟེར་བ་བཞིན་དུ། བཅས་པའི་རྟེན་ཅན་གྱིས་མི་དགེ་བ་བྱས་ན་ལྟུང་བར་མིང་འདོགས། དེ་མ་ཡིན་པས་མི་དགེ་བ་བྱས་ན་སྡིག་པར་མིང་འདོགས་ཏེ། མིང་གི་རྣམ་གྲངས་ཡིན། དེ་ལྟར་ན། ཁྱིམ་པ་དང་རབ་ཏུ་བྱུང་བ་གང་གིས་མི་དགེ་བ་བྱས་ཀྱང་དོན་ལ་ཁྱད་པར་མེད་དོ། །ཅེས་བཤད། དེ་སུན་འབྱིན་པ་ནི། ཁྱིམ་པ་རྣམས་ཆོས་ཅན། དགེ་སློང་རྣམ་དག་ཏུ་ཐལ། དགེ་སློང་རྣམ་དག་ལ་བཅས་པ་གང་ཡོད་ཀྱི་ལྟུང་བ་སྐྱེ་བའི་རྟེན་དུ་རུང་བའི་ཕྱིར། ཞེས་དང་། དེ་ཆོས་ཅན། དགེ་སློང་རྣམ་དག་ལ་བྱིན་ལེན་སྟོབས་པ་པོའི་གང་ཟག་ཏུ་མི་རུང་བར་ཐལ། གཏན་ཚིགས་སྔ་མ་དེ་ཉིད་ཀྱི་ཕྱིར། ཞེས་པའོ།། །།

དྲི་བ་སོ་གཉིས་པ་ནི། སྡུག་བསྔལ་ཀུན་གྱི་བྱེད་པ་པོ། །རྫོགས་པའི་སངས་རྒྱས་མ་ཡིན་ཡང་། །བདེ་བའི་བྱེད་པོ་རྫོགས་སངས་རྒྱས། །ཡིན་པར་བཤད་ན་སྐྱོན་ཅི་ཡོད། །ཅེས་པའོ། །

འདི་ལ་གཉིས་ལས། དང་པོ་ལ། འདྲི་བའི་རྒྱུ་མཚན་ནི། གཞུང་དུ། ངེས་ན་བདེ་དང་སྡུག་བསྔལ་གྱི། །བྱེད་པོ་སངས་རྒྱས་མ་ཡིན་ཡང་། །ཞེས་པ་ལ། རྣམ་བཤད་མཛད་པ་པོ་ཀུན་གྱིས། དཔྱིས་ཕྱིན་པའི་བཤད་པ་མི་སྣང་བའི་རྒྱུ་མཚན་གྱིས་སོ། །མ་དྲིས་པའི་སྐྱོན་ནི། སྐབས་འདིའི་ཕྱོགས་སྔ་མའི་བསམ་པ་ནི། རང་བཞིན་གྱི་ཁ་ན་མ་ཐོ་བ་ནི་སངས་རྒྱས་ཀྱི་བཅས་པ་ལ་མི་ལྟོས་པར། རྟེན་གྱི་གང་ཟག་སུས་བྱས་ཀྱང་ཁ་ན་མ་ཐོ་བར་འགྱུར་བ་བཞིན་དུ། བཅས་པའི་ཁ་ན་མ་ཐོ་བ་རྣམས་ཀྱང་། སངས་རྒྱས་ཀྱིས་བཅས་པའི་སྒོ་ནས་བཟུང་སྤྲད་པ་ཙམ་མ་གཏོགས། རྟེན་གྱི་གང་ཟག་ཁྱིམ་པ་སོགས་སུས་སྤྱད་ཀྱང་ཉེས་པར་འགྱུར་བ་ཡིན་ཏེ། དེ་ལྟ་མ་ཡིན་ན། སངས་རྒྱས་རྒྱུ་དགེ་སྡིག་གི་བྱེད་པོ་དང་། འབྲས་བུ་བདེ་སྡུག་གི་བྱེད་པ་པོ་ཉིད་དུ་ཐལ་བའི་ཕྱིར་ཏེ། སངས་རྒྱས་ཀྱིས་བཅས་པ་མ་མཛད་གོང་དུ། བྱ་བ་དེ་དང་དེ་སྡིག་པའི་ལས་སུ་མི་འགྱུར་ལ། དེ་མཛད་ནས་དེར

འགྱུར་བའི་ཕྱིར། ཞེས་བྱ་བ་འདི་ལ་རྒྱལ་ཞིང་བརྟག་པ་བྱ་དགོས་རྒྱུ་ཡིན་པ་ལ། གཤིས་ལ་དགེ་སྡིག་ཡོད་མེད་ཙམ་ཞིག་དཔྱད་གཞིར་བཞག་པས། ཕྱོགས་སྔ་མའི་བསམ་པ་མ་ལོངས་པ་དང་། ཇི་སྐད་དུ། བདེ་སྡུག་ཀུན་གྱི་བྱེད་པ་པོ། །སངས་རྒྱས་ཡིན་པར་འགྱུར་ཞེ་ན། །ཞེས་པའི་དོན། མུ་སྟེགས་དབང་ཕྱུག་པ་དག །ལས་བྱེད་པ་པོ་དེ་ཉིད་ཀྱིས། ལས་དེའི་རྣམ་སྨིན་གྱི་འབྲས་བུ་མྱོང་བ་མ་ཡིན་གྱི། དབང་ཕྱུག་གི་འདོད་པའི་དབང་གིས་བདེ་སྡུག་མྱོང་བར་འདོད་པ་དང་མཚུངས་སོ་སྙམ་དུ་བཟུང་ནས། ངོ་བོ་ཉིད་རྒྱུར་སྨྲ་བའི་མཚུངས་པ་བརྗོད་པ་ནི་ཇི་ལྟ་བ་བཞིན་དུ་མཚུངས་པ་མ་ཡིན་ཏེ། ཕྱོགས་སྔ་མས། གཤིས་ལ་དགེ་སྡིག་ཡོད། །ཅེས་པའི་དོན། བྱེད་པ་པོས་མ་བྱས་པའི་དགེ་སྡིག་ཡོད་པར་འཆད་པའི་དོན་མ་ཡིན་གྱི། དགེ་སློང་ལ་སྡིག་ལྟུང་གང་བྱུང་ཐམས་ཅད་ཁྲིམས་པ་ལ་ཡང་འབྱུང་དུ་རུང་ངོ་། །ཞེས་པའི་དོན་དུ་འཆད་པར་སྣང་བའི་ཕྱིར་དང་། འདུལ་བ་ལས། ལས་དང་པོ་པ་ལ་ལྟུང་བ་མེད་ཅེས་གསུངས་མོད། དེ་ལྟ་ནའང་། བཅས་མ་བཅས་ལས་སྡིག་པར་འགྱུར་མི་འགྱུར་གྱི་ཁྱད་པར་ཡོད་ན། དགེ་སྡིག་གཉིས་ཀ་སངས་རྒྱས་ཀྱི་དགོངས་པའི་དབང་གིས་བཞག་པར་འགྱུར་རོ། །ཞེས་པའི་ཉེས་པ་འདི་སྣང་དཀའ་བའི་ཕྱིར་དང་། དེའི་ལེན་བྱེད་ཀྱང་། ཁྲིམ་པས་ཕྱི་དྲོའི་ཁ་ཟས་ཟོས་པའི་ལས་དེ་མི་དགེ་བ་མ་ཡིན་ཞིང་། དེའི་རྣམ་སྨིན་ངན་སོང་མི་འབྱིན་ལ། དགེ་སློང་གིས་རྗེན་དགོས་ལ་མ་ལྟོས་པར། ཕྱི་དྲོའི་ཁ་ཟས་ཟོས་པས་རྣམ་སྨིན་ངན་སོང་འབྱིན་པའི་ཁྱད་པར་དེ། སངས་རྒྱས་ཀྱི་བཅས་པའི་དབང་གིས་བཞག་པ་དེ་ལྟ་ན། དབང་ཕྱུག་པ་དག །དབང་ཕྱུག་འགྲོ་བའི་བདེ་སྡུག་བྱེད་པ་པོར་འདོད་པ་དང་མཚུངས་སོ། །ཞེས་ཟེར་བ་འདི་ལ། ལན་ཇི་བཞིན་མ་བཏབ་པར་སྣང་བའི་ཕྱིར་རོ། །

གཉིས་པ་དངོས་ལན་གདབ་པ་ལ་གཉིས་ཏེ། ལན་དངོས་དང་། འཕྲོས་པའི་དོན་ནོ། །དང་པོ་ནི། རྣམ་སྨིན་དང་རྒྱུ་མཐུན་གྱི་འབྲས་བུ་སྐྱེད་བྱེད་ཀྱི་ཁ་ན་མ་ཐོ་བ་ལ་གཉིས་ཏེ། རང་བཞིན་གྱི་དང་། བཅས་པའིའོ། །དང་པོ་ནི། རྟེན་གྱི་གང་ཟག་ཁྲིམ་པ་དང་རབ་ཏུ་བྱུང་བ་སུས་སྤྱད་ཀྱང་འབྲས་བུ་སྡུག་བསྔལ་སྐྱེད་པར་བྱེད་དོ། །

གཉིས་པ་དེ་ལ་གཉིས་ཏེ། རང་བཞིན་དང་འབྲེལ་བའི་བཅས་ལྟུང་དང་། བཅས་པ་ཀྲུང་བ་ཅན་གྱི་ལྟུང་བའོ། །གཉིས་པོའི་ཁྱད་པར་ནི། ཀུན་སློང་ཉོན་མོངས་པ་ཅན་ཁོ་ནས་ངེས་པ་བྱེད་དགོས་པ་དང་། མ་སྒྲིབས་ལ་ལུང་དུ་མ་བསྟན་པས་ཀྱང་བྱེད་སྲིད་པའོ། །རང་བཞིན་དང་འབྲེལ་བའི་བཅས་ལྟུང་གི་བྱ་བ་དེ། ཁྲིམ་པ་ལྟ་བུ་བཅས་པའི་རྟེན་ཅན་མ་ཡིན་པས་སྤྱད་པ་ན་ལྟུང་བར་མི་འགྱུར་ཡང་། ཉེས་པ་དེའི་འབྲས་བུ་སྡུག་བསྔལ་གང་དང་གང་བཤད་པ་དེ། རྟེན་དེའི་རྒྱུད་ལ་ཡང་འབྱུང་དུ་རུང་བ་ཡིན་ཏེ། དེའི་རྒྱུ་ཚོགས་གྲངས་ཚང་བའི་ཕྱིར་ཏེ༑ སྡུག་བསྔལ་གྱི་རྒྱུ་ནི་ཉོན་མོངས་པ་དང་། དེས་ཀུན་ནས་བསླང་བའི་ལས་གཉིས་ལས་གཞན་མེད་ལ། དེ་

ནི་དེ་ལ་ཡང་ཚང་བའི་ཕྱིར་དང༌། ཟག་བཅས་ཀྱི་ལས་དགེ་བས་རྣམ་སྨིན་སྡུག་བསྔལ་འབྱིན་པ་ཡང༌། ཀུན་སློང་ཉོན་མོངས་པ་ཁོ་ནའི་དབང་གིས་ཡིན་ན། བཅས་ལྟུང་མི་དགེ་བས་དེ་འབྱིན་པ། ཀུན་སློང་ཉོན་མོངས་པ་ཁོ་ནའི་དབང་གིས་ཡིན་པ་ལྟ་ཅི་སྨོས་པའི་ཕྱིར། དཔེར་ན་ཁྱིམ་པས་ཞེ་སྡང་གི་དབང་གིས་མི་བསད་པ་ན། སྲོག་གཅོད་ཀྱི་ཕམ་པ་མི་འབྱུང་ཡང༌། སྤྱིར་སྲོག་གཅོད་ཕམ་པའི་རྣམ་སྨིན་དང༌། རྒྱུ་མཐུན་དང༌། བདག་པོའི་འབྲས་བུར་གང་བཤད་པ་དེ་ཉིད། རྒྱུད་དེ་ལ་ཡང་འབྱུང་བ་བཞིན་ནོ། །

གཉིས་པ་རང་བཞིན་དང་མ་འབྲེལ་བའི་བཅས་རྐྱང་གི་ལྟུང་བ་ལ་ཡང་གཉིས་ཏེ། ཀུན་སློང་ཉོན་མོངས་པ་ཅན་གྱིས་བྱས་པ་ཞེ་སྡང་གིས་ཀུན་ནས་བསླང་ནས་ས་བརྐོས་པ་ལྟ་བུ་དང༌། ཀུན་སློང་མ་སྒྲིབས་ལུང་མ་བསྟན་གྱིས་བྱས་པའམ། དགེ་བས་བྱས་པ་དཀོན་མཆོག་མཆོད་པའི་དོན་དུ་ས་བརྐོས་པ་དང༌། མེ་ཏོག་བཅད་པ་ལྟ་བུ་གཉིས་ལས། དང་པོ་ནི་རྣམ་སྨིན་སྡུག་བསྔལ་འབྱིན་བྱེད་དུ་ངེས་ཏེ། འདོད་པའི་ཉོན་མོངས་པས་ཀུན་ནས་བསླང་བའི་ལུས་ངག་གང་རུང་གི་ལས་སུ་དམིགས་པའི་ཕྱིར། དེའི་ཕྱིར། དེ་འདྲ་དེ་བཅས་པའི་རྗེན་ཅན་མ་ཡིན་པས་བྱས་པ་ན་ལྟུང་བ་མི་འབྱུང་ཡང༌། སྤྱིར་ལྟུང་བ་དེས་རྣམ་སྨིན་སྡུག་བསྔལ་གང་འབྱིན་པ་དེ། རྗེན་དེ་ལ་ཡང་འབྱིན་པ་ཡིན་ཏེ། དེ་འབྱིན་པའི་རྒྱུ་ཚོགས་གྲངས་ཚང་བའི་ཕྱིར། ཀུན་སློང་དགེ་བའམ། མ་སྒྲིབས་པ་ཁོ་ནས་ཀུན་ནས་བསླང་བའི་བཅས་རྐྱང་གི་དཔེར་བརྗོད་བཤད་མ་ཐག་པ་དེ་ལྟ་བུ། བཅས་པའི་རྗེན་ཅན་མ་ཡིན་པས་སྤྱད་པ་ལ་ནི་ལྟུང་བར་མ་ཟད། ཉེས་པར་འགྱུར་བ་ཅི་ཡང་ཡོད་པ་མ་ཡིན་ཏེ། ཉོན་མོངས་པས་ཀུན་ནས་བསླང་བ་མ་ཡིན་པའི་ཕྱིར་དང༌། བཅས་པ་མེད་པའི་ཕྱིར། དེ་འདྲ་དེ་དགེ་སློང་གིས་སྤྱད་པ་ན། བཅས་པ་དང་འགལ་བའི་རྒྱུ་མཚན་གྱིས་ལྟུང་བར་འགྱུར་ཡང༌། རྣམ་སྨིན་དང་རྒྱུ་མཐུན་གྱི་འབྲས་བུ་སྡུག་བསྔལ་སྐྱེད་བྱེད་མ་ཡིན་ཏེ། དེའི་རྒྱུ་ཚོགས་གྲངས་མ་ཚང་བའི་ཕྱིར། དེའི་ཤེས་བྱེད་ཀྱང་སྡུག་བསྔལ་གྱི་རྒྱུ་ནི་ཉོན་མོངས་པ་དང༌། དེས་ཀུན་ནས་བསླང་བའི་ལས་གཉིས་ལས་གཞན་མེད་དོ། །འོ་ན་བཅས་རྐྱང་དང༌། དེའི་འགལ་ཟླར་གྱུར་པའི་ལྟུང་བ་གཉིས་ཀ་འབྲས་བུ་བདེ་སྡུག་གང་རུང་གི་བྱེད་པ་པོ་མ་ཡིན་ན། བཅས་རྐྱང་དེ་དག་བསྲུངས་པས་ཕན་ཡོན་དང༌། བཅས་པ་མཛད་པ་ལ་དགོས་པ་ཅི་ཞིག་ཡོད་ཅེ་ན། སྤྱི་ཁྱབ་ནས་ལུས་ངག་གི་བཅས་པ་རྐྱང་པ་དེ་དང་དེ་དག་བསྲུངས་པས། དེ་དང་དེའི་ཀུན་སློང་དུ་དགོས་པའི་ཉོན་མོངས་པ་དེ་དང་དེ་དག་དང་དུ་མི་ལེན་པའི་ཚུལ་གྱིས་འགོག་པར་འགྱུར་བ་ཡིན་ཏེ། འབྲས་བུ་ལ་ཉེས་དམིགས་སུ་མཐོང་བ་ནི། དེའི་རྒྱུ་སྤོང་བའི་ཐབས་དམ་པ་ཡིན་པའི་ཕྱིར། དཔེར་ན། སྡུག་བསྔལ་གྱི་ཉེས་དམིགས་མཐོང་བ་ཙམ་གྱིས། ཀུན་འབྱུང་རང་ལུགས་ཀྱིས་འགགས་པའི་བརྟགས་མིན་གྱི་འགོག་པ་འཐོབ་པ་བཞིན་ནོ། །

འོན་བཅས་རྐྱང་འགའ་ཞིག་བསྒྲུངས་བ་ལ་དགོས་པ་མེད་པར་འགྱུར་ཏེ། དེའི་ཀུན་སློང་དུ་ཉོན་མོངས་པ་དགོས་པའི་ངེས་པ་མེད་པའི་ཕྱིར། ཞེ་ན། ཉེས་པ་མེད་དེ། དེའི་ཀུན་སློང་གི་སྤྱི་བཀག་པས། བྱེ་བྲག་ཉོན་མོངས་པ་ཅན་ཁེགས་པར་འགྱུར་བའི་ཕྱིར་དང་། བཅས་ལྟུང་རང་གི་ངོ་བོ་ལུང་མ་བསྟན་ཞིག་ཀྱང་། ཕྱིར་མ་བཅོས་ན་རྣམ་སྨིན་སྡུག་བསྔལ་སྐྱེད་བྱེད་དུ་འགྱུར་སྲིད་པ་ཡིན་ཏེ། ཇི་སྐད་དུ། བསླབ་པ་ཐམས་ཅད་འདས་གྱུར་ན། །རྟེན་དུ་ཐལ་བར་འགྱུར་བའི་ཕྱིར། །ཞེས་དང་། གསོ་སྦྱོང་གི་ཚེ་ཅང་མི་སྨྲ་བས་འདའ་བར་བྱེད་ན། རྫུན་དུ་སྨྲ་བའི་ལྟུང་བྱེད་དང་། ཉེས་བྱས་གང་རུང་དུ་འགྱུར་བའི་ཕྱིར་རོ། །འོན་ལྟུང་བ་དེའི་ཀུན་སློང་དགེ་བས་བྱས་པའི་ཚེ་ན་ཡང་། ལྟུང་བ་དེ་བསྲུང་བའི་དགོས་པ་དེའི་ཀུན་སློང་དེ་བསྲུང་བའི་ཕྱིར་དུ་ཡིན་ནམ་ཞེ་ན། མ་ཡིན་ཏེ། དེའི་ཚེ་ན། རྐྱེན་དགོས་ཁྱད་པར་ཅན་ཡོད་ན། དུས་ཐྱིན་གྱིས་བརྐྱབས་ཏེ་རྗེས་སུ་གནང་བ་མཛད་པའི་ཕྱིར། ཀུན་སློང་དགེ་བས་ཀུན་ནས་བསླང་བའི་བཅས་རྐྱང་གི་ལྟུང་བ་ནི། བཅས་མཚམས་ལས་མི་འདའ་བའི་ཕྱིར་བསྲུང་བ་ཡིན་གྱི། ཀུན་སློང་གི་ཉེས་པ་འགོག་པའི་ཕྱིར་དུ་སྲུང་དགོས་པ་ནི་མ་ཡིན་ཏེ། དཔེར་ན། རབ་བྱུང་གི་སྡོམ་ལྡན་ལ་ཕྱི་དྲོའི་ཁ་ཟས་བཀག་པས། དེའི་ཀུན་སློང་ཉོན་མོངས་པ་ཅན་སྤྱིར་ཁེགས་པ་ཡིན་ཀྱང་། ནད་པ་ལྟ་བུ་ཀུན་སློང་དགེ་བའི་བློས་ཀུན་ནས་བསླང་སྟེ་ཟར་རུང་བ་ལ་ནི། དུས་ཐྱིན་གྱིས་བརྐྱབས་ནས་ཟ་བར་གནང་བ་བཞིན་ནོ། །དེའི་ཚེ་ན་ཀུན་སློང་ཉོན་མོངས་པ་ཅན་གྱིས་མ་བྱས་པས། ཁ་ན་མ་ཐོ་བར་མི་འགྱུར་ཞིང་། དུས་ཐྱིན་གྱིས་བརྐྱབས་པས་ལྟུང་བ་ཁེགས་པའི་ཕྱིར། དེས་ན་ཉོན་མོངས་པ་ཅན་གྱིས་ཀུན་ནས་བསླང་བའི་བཅས་རྐྱང་རྣམས་ལ་དུས་དྲན་གྱི་སྒོ་ནས་གནང་བ་མེད་དོ། །དོན་འདི་ལ་ངེས་པ་མ་རྙེད་ན། ནད་པ་བཅས་པ་མཐའ་དག་གིས་སྐྱུང་བར་གསུངས་པའི་དོན་ལ་གོ་བ་རྙེད་པར་མི་འགྱུར་རོ། །དེ་དག་ལ་འདི་སྐད་ཅེས། དང་པོ་ལྟུང་བ་མེད་པ་ལ། །ཐུབ་པས་ལྟུང་བ་འཆའ་ན་ནི། །སྡུག་བསྔལ་ཀུན་གྱི་བྱེད་པ་པོ། །སངས་རྒྱས་ཡིན་པར་འགྱུར་ཞེ་ན། །འདི་ཡི་ལན་ལ་མགོ་བསྒྲེ་བ། །ཁྱེད་ཀྱང་མུ་སྟེགས་འགའ་ཞིག་ལྟར། །ངོ་བོ་ཉིད་རྒྱུར་སྨྲ་བར་འགྱུར། །ཁྲིམ་པ་རང་གིས་མ་བྱས་ཀྱང་། །དགེ་སློང་གི་ནི་བྱ་བ་རྣམས། །མ་བྱས་སྡིག་པར་འགྱུར་ཕྱིར་རོ། །གཉིས་པ་དངོས་པོའི་ལན་ལ་ནི། །བཅས་ལྟུང་ལས་བྱུང་སྡུག་བསྔལ་དང་། །དེ་བསྲུངས་པ་ལས་བྱུང་བ་ཡི། །བདེ་བའི་བྱེད་པོ་རྫོགས་སངས་རྒྱས། །མིན་ཀྱང་བསླབ་པ་འཆའ་བ་ཡི། །བྱེད་པོ་སངས་རྒྱས་ཡིན་པར་གསུངས། །བཅས་པ་དགེ་དང་བཅས་འགལ་ཙམ། །སྡིག་པ་མིན་ཡང་ཚུལ་ཁྲིམས་ལ། །གུས་པའི་རྒྱུ་རུ་གསུངས་པར་ཟད། །ལུས་དང་ངག་གིས་བཅས་པ་རྣམས། །བསྲུངས་པས་དེ་ཡི་ཀུན་སློང་གི། ཉོན་མོངས་གསུམ་པོ་འགག་པར་འགྱུར། །དེ་ནས་སྡུག་བསྔལ་འགགས་པ་ཡི། །བྱང་ཆུབ་ཐོབ་པའི་སྐལ་ལྡན་འགྱུར། །

རྫོགས་སངས་རྒྱས་རྣམས་མ་བྱོན་ཀྱང་། །སྡིག་པའི་ལས་རྣམས་བྱེད་པོ་དང་། །དེ་ཡི་འབྲས་བུ་སྨྱོང་བ་པོ། །རྒྱུ་མཚོ་ཇི་བཞིན་དང་གིས་གང་། །རྫོགས་སངས་རྒྱས་ཀྱིས་དམ་པའི་ཆོས། །སྟོན་པ་མེད་ན་དགེ་བའི་ལས། །བྱེད་པོས་དབེན་ཕྱིར་དེ་འབྲས་མེད། །དེ་ཕྱིར་ཕན་དང་བདེ་བ་ཡི། །ལམ་སྟོན་བྱེད་པོ་རྫོགས་སངས་རྒྱས། །ཡིན་ཕྱིར་བདེ་བའི་བྱེད་པ་པོ། །རྫོགས་སངས་རྒྱས་ཡིན་སྡིག་པའི་མིན། །དེ་ལྟ་ན་ཡང་སེམས་ཅན་ལ། །སངས་རྒྱས་ལེགས་མཛད་སྨིན་མིན་ཕྱིར། །དབང་ཕྱུག་བདེ་བའི་བྱེད་པ་པོར། །འདོད་དང་མཚུངས་པ་མ་ཡིན་នོ། །ཞེས་བཏོན་ན། ཡེ་བཀག་དང་ཡེ་གནང་འགོག་པའི་སྐབས་ཀྱི་གཞུང་གི་དོན་མ་ལུས་པ་དཔྱིས་ཕྱིན་པ་ཉིད་དུ་འཆད་ཤེས་པར་འགྱུར་རོ། །

གཉིས་པ་འཕྲོས་དོན་ལ། གལ་ཏེ་འོ་ན། སྤྱིར་འདུ་བྱེད་ཀྱི་སྡུག་བསྔལ་དང་། བྱེ་བྲག་ཏུ་ངན་སོང་གི་སྡུག་བསྔལ་གྱི་རྒྱུ་ཉོན་མོངས་པ་དང་། དེས་ཀུན་ནས་བསླང་བའི་ལས་ཁོ་ནར་ངེས་པ་དང་། རྒྱུ་གཉིས་པོ་དེ་བཅས་པ་ཡོད་མེད་ཀྱི་རྟེན་གྱི་གང་ཟག་སུས་བྱེད་ཀྱང་། དེའི་འབྲས་བུ་སྡུག་བསྔལ་འབྱུང་དུ་རུང་བ་དེ་ལྟ་ན། རྩོལ་བ་གཉིས་འཇུག་པ་ལས། དང་པོ་ནི། བྱང་ཆུབ་སེམས་དཔའ་ལས་དང་པོ་པ་ཞིག་གིས། ཀུན་སློང་ཉོན་མོངས་པ་ཅན་མ་ཡིན་པའི་སེམས་ཀྱིས། སྨོན་པ་སེམས་བསྐྱེད་བཏང་བ་ཅིག་སྲིད་པ་དེའི་ཚེ་ན། དེས་ངན་སོང་དུ་སྐྱེ་བའི་རྒྱུ་ཉོན་མོངས་པ་ཅན་གྱི་ལས་བསགས་པར་འགྱུར་ཏེ། དེས་རྣམ་སྨིན་གྱི་འབྲས་བུ་ངན་སོང་གི་སྡུག་བསྔལ་མྱོང་བར་བཤད་པའི་ཕྱིར། དེ་ལྟར་བཤད་པ་ཡིན་ཏེ། སྤྱོད་འཇུག་ལས། བླ་ན་མེད་པའི་བདེ་བ་ལ། །བསམ་པ་ཐག་པས་མགྲོན་གཉེར་ནས། །འགྲོ་བ་ཐམས་ཅད་བསླུས་གྱུར་ན། །བདེ་འགྲོར་ཅི་ག་འགྲོ་འགྱུར་རམ། །ཞེས་གསུངས་སོ། །རྒྱ་བར་འདོད་མི་ནུས་པའི་ཤེས་བྱེད་ནི། སྨོན་སེམས་གཏོང་བྱེད་ཀྱི་ཀུན་སློང་དུ་ཉོན་མོངས་པ་ཅན་དགོས་པ་མ་ཡིན་ཏེ། ཉན་ཐོས་དགྲ་བཅོམ་རྟེན་ལ་སྨོན་པ་བྱང་ཆུབ་ཀྱི་མཆོག་ཏུ་སེམས་བསྐྱེད་ནས་དེ་གཏོང་བ་སྲིད་པའི་ཕྱིར། རྩོལ་བ་གཉིས་པ་ནི། འདུལ་བ་ནས་གསུངས་པའི་ཕམ་པ་བཞི་པོ་གང་རུང་། ཡན་ལག་གི་རྩེ་བ་ཡོངས་སུ་རྫོགས་པར་ཚང་བ་ཞིག་བྱང་ཆུབ་སེམས་དཔས་གཞན་དོན་དུ་སྤྱད་ན། རྣམ་སྨིན་ངན་སོང་གི་ཕུང་པོ་འབྱུང་དུ་རུང་བར་འགྱུར་ཏེ། དེའི་རྒྱུ་ཚོགས་གྲངས་ཚང་བའི་ཕྱིར་སྙམ་ན། དེ་ལ་གཉིས་ཏེ། རྩོལ་བ་དང་པོའི་ལན་དང་། གཉིས་པའི་ལན་ནོ། །དང་པོ་ལ། བྱང་ཆུབ་ཀྱི་སེམས་གཏོང་བའི་ཀུན་སློང་ནི་གཉིས་ཏེ། ཉོན་མོངས་པ་ཅན་གྱི་དང་། དེ་མ་ཡིན་པའི་སེམས་ཀྱིས་གཏོང་བའོ། །དང་པོ་ནི། སེམས་ཅན་ཐམས་ཅད་ལ་བྱམས་པ་དང་སྙིང་རྗེ་སྐྱེས་པའི་འོག་ཏུ། དེ་གཉིས་པོའི་འགལ་ཟླ་མངོན་དུ་གྱུར་པའི་སྒོ་ནས་གཏོང་བ་ལྟ་བུ་ཡིན་ལ། དེ་ཡང་ཇི་སྐད་དུ། སྤྱོད་འཇུག་ལས། གལ་ཏེ་དེ་ལྟར་དམ་བཅས་ནས། །ལས་

ཀྱིས་སྐྱབ་པར་མ་ནུས་ན། །སེམས་ཅན་དེ་དག་ཀུན་བསླུས་པས། །བདག་གི་འགྲོ་བ་ཅི་འདྲར་འགྱུར། །དངོས་པོ་ཕལ་པ་ཅུང་ཟད་ལའང་། །ཡིད་ཀྱིས་སྦྱིན་པར་གང་བསམས་ནས། །མི་གང་སྦྱིན་པར་མི་བྱེད་པ། །དེ་ཡང་ཡི་དྭགས་འགྱུར་གསུངས་ན། །བླ་ན་མེད་པའི་བདེ་བ་ལ། །ཞེས་སོགས་དང་། དེ་ནི་བྱང་ཆུབ་སེམས་དཔའ་ལ། །ལྟུང་བའི་ནང་ནས་ལྕི་བ་སྟེ། །འདི་ལྟར་དེ་ནི་བྱུང་གྱུར་ན། །སེམས་ཅན་ཀུན་གྱི་དོན་ལ་དམན། །གང་གཞན་འགའ་ཞིག་འདི་ཡི་ནི། །བསོད་ནམས་བར་ཆད་གེགས་བྱེད་པ། །སེམས་ཅན་དོན་ལ་དམན་གྱུར་པས། །དེ་ཡི་ངན་འགྲོ་མུ་མཐའ་མེད། །ཅེས་གསུངས་སོ། །

གཉིས་པ་ནི། ཉན་ཐོས་ཀྱི་ཆོས་མཆོག་ཡན་ཆོད་ལ་གནས་པས། ལན་གཅིག་ཐེག་པ་ཆེན་པོའི་ཐར་པ་ཆ་མཐུན་ཙམ་རྒྱུད་ལ་བསྐྱེད་ནས། སླར་ཡང་དམན་པའི་ལམ་དུ་ལོག་པ་ལ་ནི། སྦྱིར་འཁོར་བའི་སྡུག་བསྔལ་འཕེན་འགྲུབ་ཀྱི་རྒྱུ་ཚོགས་དང་། བྱེ་བྲག་ངན་སོང་གི་རྒྱུ་ཚོགས་གྲངས་ཚང་བ་མ་ཡིན་ཏེ། ཇི་སྐད་དུ། མི་གང་བྱང་ཆུབ་སེམས་བཏང་ཡང་། །དེ་དག་ཐར་པར་མཛད་པ་ནི། །ལས་ཚུལ་བསམ་གྱིས་མི་ཁྱབ་སྟེ། །ཐམས་ཅད་མཁྱེན་པ་ཁོ་ནས་མཁྱེན། །ཞེས་གསུངས་སོ། །གཞུང་འདིའི་དོན། སློན་སེམས་བཏང་བའི་འོག་ཏུ་ལན་གཅིག་ངན་སོང་དུ་སྐྱེས་ནས། དེ་ནས་ཐར་པ་ལ་སྦྱོར་བ་ནི་དགོངས་པ་མ་ཡིན་ཏེ། དེ་ཙམ་ལ་བསམ་གྱིས་མི་ཁྱབ་སྟེ། ཞེས་སོགས་སུ་འཆད་དགོས་པ་ལ་མ་ཐུག་པའི་ཕྱིར་ཏེ། ཇི་སྐད་དུ། དེ་ལྟར་ལྟུང་བ་སྟོབས་ལྡན་དང་། །བྱང་ཆུབ་སེམས་སྟོབས་ལྡན་པ་དག །འཁོར་བར་རེས་ཀྱིས་འགྲེ་བྱེད་ན། །ས་ཐོབ་པ་ལ་ཡུན་རིངས་ཐོགས། །ཞེས་གསལ་བར་གསུངས་པ་དེ་ཉིད་ཀྱིས་ཆོག་པས། ཐམས་ཅད་མཁྱེན་པ་ཁོ་ནས་མཁྱེན། །ཞེས་གསུངས་དགོས་པ་ལ་ཐུག་པའི་ཕྱིར་རོ། །ཀློལ་བ་གཉིས་པའི་ལན་ནི། བྱང་ཆུབ་སེམས་དཔས། གཞན་དོན་དུ་དགེ་སློང་གི་སྡོམ་པ་ལ་ལྟོས་པའི་ཕམ་པ་བཞི་སྤྱད་པ་གཅིག་སྲིད་པ་དེ་ཡང་། བཟོད་པ་མ་ཐོབ་གོང་དུ་ཡིན་ན་ངན་སོང་འཕེན་འགྲུབ་ཀྱི་རྒྱུར་འགྱུར་བ་ཡིན་ཏེ། དེའི་རྒྱུར་འགྱུར་བ་ལ་ཡན་ལག་གི་རྩི་བ་རྣམ་པར་བཞག་པ་ཇི་ཙམ་དགོས་པ་དེ་དག་ཚང་བའི་ཕྱིར་དང་། སྟོང་ཉིད་རྟོགས་པའི་ཤེས་རབ་ཀྱི་ནུས་པའི་ཁྱད་པར། སྐྱེ་མེད་ཀྱི་ཆོས་ལ་བཟོད་པ་ཐོབ་པ་ཞེས་བྱ་བ་དེ་མེད་ན། སྙིང་རྗེ་དང་སློན་སེམས་ཙམ་གྱིས་ལས་དེའི་ནུས་པ་ལ་གེགས་བྱ་བར་མི་ནུས་པའི་ཕྱིར། སྦྱོར་བྲལ་མངོན་སུམ་དུ་རྟོགས་པའི་ཐེག་ཆེན་གྱི་མཐོང་ལམ་ཐོབ་ནས་ནི་གཞན་དོན་དུ་ཕམ་པ་བཞི་སྤྱོད་པ་མི་སྲིད་དེ། དེ་ནས་རང་བཞིན་གྱི་ཁ་ན་མ་ཐོ་བས་གོས་པ་མི་སྲིད་པའི་ཕྱིར་རོ། །

འདིར་སྨྲས་པ། མཁས་པའི་གཞུང་ལུགས་གཏིང་ཟབ་ཅིང་། །ཞལ་གསལ་བ་ཡིས་སྐྱབ་པ་དང་། །རྟོགས་དཀའི་སྲུན་འབྱིན་ལྟར་མཛད་པ། །དཔྱོད་ལྡན་བསྟན་བཅོས་རྩོམ་པའི་ལུགས། །ཚིག་གསལ་བ་ཡིས་ཡིད་

འཁྲུལ་ནས། །ཐོས་པའི་གྲུ་དང་གྲལ་རྣམས་ཀྱང་། །ཆོས་འདིའི་དྲུང་དུ་སྦྲིན་བཞིན་བསྐྱེབས། །བརྡ་དོན་འཇལ་བ་འགའ་ཡོད་དམ། །ལུང་མང་གྲུ་ཆེན་མ་བཟུང་ཞིང་། །རིགས་པའི་ཆུ་བརྒྱ་མ་རྒལ་བར། །ཆོས་འདིའི་ཡིད་བཞིན་མཚོ་ཆེན་ནས། །ངེས་དོན་རིན་ཆེན་ལེན་དེ་སུ། །སྨིག་རྒྱུའི་ཐང་ལས་ཆུ་ཆེན་དང་། །ཡོངས་པའི་ཁྲིམ་ལས་དགོས་འདོད་ལྟར། །མཁས་པ་མིན་ལས་ལེགས་བཤད་ཀྱང་། །ཆོལ་བས་ངལ་བར་མ་གྱུར་ཏམ། །སྡོམ་གསུམ་བསྟན་བཅོས་འཛམ་གླིང་གི། རྒྱན་དྲུག་གཞུང་དང་མི་འགལ་ཞིང་། །སྡེ་སྣོད་རྣམ་གསུམ་དགོངས་པ་བཞིན། །ཤེས་འདོད་ཡོད་དམ་འདི་ལྟོས་ཤིག །དེ་ལྟར་ན་དངོས་བསྟན་གྱི་དྲིས་ལན་སོ་གཉིས། འཕྲོས་པའི་དྲིས་ལན་བརྒྱད་དེ་བཞི་བཅུ་ཐམ་པའོ། །ཞེས་སྡོམ་པ་གསུམ་གྱི་རབ་ཏུ་དབྱེ་བ་ཞེས་བྱ་བའི་བསྟན་བཅོས་ཀྱི་སོ་སོར་ཐར་པའི་སྐབས་ལས་བརྩམས་པའི་འབེལ་གཏམ་རྣམ་པར་ངེས་པ། ལེགས་བཤད་གསེར་གྱི་ཐུར་མ་ཞེས་བྱ་བའི་བསྟན་བཅོས་ཀྱི་རིམ་པར་ཕྱེ་བ་དང་པོའོ།། ༎

སེམས་ཅན་ཀུན་ལ་ཕན་པ་དང་། །བདེ་བ་འབབ་ཞིག་ངེས་དགོངས་ནས། །འཁོར་བའི་གནས་སུ་རྟག་བཞུགས་པ། །སྤྱན་རས་གཟིགས་ལ་ཕྱག་འཚལ་ལོ། །དེ་ལྟར་མཆོད་པར་བརྗོད་ནས། ལེའུ་གཉིས་པའི་སྐབས་སུ། དྲི་བ་དང་པོ་ནི། ཐེག་པ་ཆེན་པོའི་སེམས་སྐྱེད་ལ། །དབུ་མ་སེམས་ཙམ་ལུགས་གཉིས་སུ། །ངེས་ཤིང་ལེན་པའི་ཆོ་ག་དང་། །ལྡང་བ་ཕྱིར་བཅོས་ལ་སོགས་པ། །སོ་སོར་ངེས་ན་རྒྱུད་སྡེ་ལས། །གསུངས་པའི་སེམས་བསྐྱེད་ཆོ་ག་དེ། །གཉིས་པོ་གང་གི་ལུགས་དང་མཐུན། །ཞེས་པའོ། །འདི་ལ་གཉིས་ཏེ། དྲི་བའི་བསམ་པ་བསླང་བ་དང་། དངོས་ལན་གདབ་པའོ། །དང་པོ་ལ་གཉིས་ཏེ། འདྲི་བའི་རྒྱུ་མཚན་དང་། མ་དྲིས་ན་སྐྱོན་ཡོད་པའོ། །དང་པོ་ནི། སྤྱིར་རྗེ་བཙུན་ས་སྐྱ་པའི་གསུང་གིས། ལུགས་གཉིས་ཀྱི་སེམས་བསྐྱེད་སོ་སོར་ཕྱེ་ནས་ལེན་པའི་ཆོ་ག་དང་། ལྡང་བ་དང་ཕྱིར་བཅོས་སོགས་མི་འདྲ་བར་ཡོད་པའི་ཚུལ་རྒྱས་པར་གསུངས་ཀྱང་། ལུགས་གཉིས་ལ་བརྟེན་པའི་སེམས་བསྐྱེད་ཀྱི་སྡོམ་པའི་ངོ་བོ་ལ་མི་འདྲ་བའི་ཁྱད་པར་གང་ཡོད་གསལ་བར་མ་གསུངས་ཤིང་། དེ་མ་གསུངས་པའི་རྒྱུ་མཚན་གྱིས། གསང་སྔགས་ཀྱི་རྒྱུད་སྡེ་སོ་སོ་ནས་སེམས་བསྐྱེད་ཀྱི་སྡོམ་པ་ལེན་པའི་ཆོ་ག་གསུངས་པ་རྣམས་དང་། དཀྱིལ་ཆོག་གི་རྒྱ་གཞུང་སོ་སོ་ནས་སེམས་བསྐྱེད་ཀྱི་སྡོམ་པ་ལེན་པའི་ཆོ་ག་གསུངས་པ་རྣམས། ལུགས་གཉིས་པོ་གང་རུང་གི་དབང་དུ་བྱས་པ་ཡིན་ནམ། ཕུང་པོ་གསུམ་པར་འདོད་པ་ཡིན། དང་པོ་ལྟར་ན། སྔགས་ལུགས་ཀྱི་ཆོགས་བླངས་པའི་སེམས་བསྐྱེད་ཀྱི་སྡོམ་ལྡན་དེས། རྩ་བའི་ལྟུང་བ་ལུགས་གཉིས་པོ་གང་དང་མཐུན་པར་བསྲུང་དང་། ཉམས་ན་ཕྱིར་བཅོས་ཀྱི་ཚུལ་གང་དང་མཐུན་པར་བྱེད། གཉིས་པ་ལྟར་ན། འོན་སྔགས་ལུགས་ཀྱི་སེམས་བསྐྱེད་ཀྱི་སྡོམ་པ་དེའི་འགལ་རླུང་གྱུར་པའི་རྩ་བའི་

ལྟུང་བ་དང་། བསླབ་པར་བྱ་བའི་ཉེས་བྱས་དང་། ཉམས་ན་ཕྱིར་བཅོས་པའི་ཚུལ་སོགས། ལུགས་གཉིས་དང་མི་མཐུན་པ་ཇི་ལྟར་ཡོད་ཀྱི་ཚུལ་རྣམས་མ་དཔྱད་པ་ལྟ་བུར་སྣང་བའི་རྒྱུ་མཚན་གྱིས་དང་། ལུགས་གཉིས་པོའི་སེམས་བསྐྱེད་ཀྱི་སྡོམ་པ་གཉིས་ཀྱི་ངོས་འཛིན་གསལ་པོ་གཅིག་མ་བྱུང་ན། རྗེ་བཙུན་ས་སྐྱ་པའི་ལུགས་དེ་ལ། བོད་ཕྱི་རབས་པ་གཞན་དག་གིས་ཉེས་པ་བརྗོད་པ་དེ་དག་སྒྲུང་བར་དཀའ་ཞིང་། ལུགས་འདི་ལ་དད་པས་རྗེས་སུ་འབྲང་བ་དག་ཀྱང་། གཞན་གྱིས་བརྟགས་པའི་ཀླན་ཀ་དེ་དག་སྤོང་བའི་རྩོལ་བ་ལྷག་ལ་ཡོད། ཀླན་ཀ་དེ་དག་ལ་རྣ་བ་དགབ་པའི་སྒོ་ནས། ཐོས་པའི་སྤྱོད་ཡུལ་དུ་མ་གྱུར་པ་ཁོ་ན་སྐྱབས་གནས་སུ་འཛིན་པ་དག་སྣང་བའི་རྒྱུ་མཚན་གྱིས་སོ། །

གཉིས་པ་མ་དྲིས་པའི་སྐྱོན་ནི། ཇི་སྐད་དུ། དེ་གཉིས་ལྟ་བ་ཐ་དད་པས། །ཆོག་ཡང་ཐ་དད་ཡིན། །ཞེས་གསུངས་པས། གཉིས་པོའི་ཁྱད་པར་ལྟ་བས་འབྱེད་པར་ཐལ་ལོ་སྙམ་པ་དང་། དེ་ཡང་དེ་ལྟ་ན། སེམས་བསྐྱེད་གཉིས་པོ་སོ་སོའི་ཡན་ལག་ཏུ་དབུ་སེམས་ཀྱི་ལྟ་བ་རྫོགས་དགོས་པར་ཐལ་ལོ་སྙམ་པ་དང་། ཡང་། བྱང་ས་ནས་གསུངས་པའི་སེམས་བསྐྱེད་ཀྱི་སྡོམ་པ་དང་ལྡན་པའི་ལས་དང་པོ་པ་དེ་ཆོས་ཅན། ཀུན་དགྲིས་ཆེན་པོ་ཚང་བའི་སྒོ་ནས་དཀོན་མཆོག་གསུམ་གྱི་དཀོར་བརྐུས་པའི་ཁ་ན་མ་ཐོ་བ་དེ། རང་རྒྱུད་ཀྱི་སེམས་བསྐྱེད་ཀྱི་སྡོམ་པ་དེ་ལ་ལྟོས་པའི་རྩ་ལྟུང་དུ་ཐལ། ཁྱེད་སེམས་བསྐྱེད་སྡོམ་ལྡན་གྱི་ལས་དང་པོ་པ་ཡིན་པའི་ཕྱིར། ཞེས་སོགས་སྡོམ་པ་གཉིས་པོ་གཅིག་གི་རྩ་ལྟུང་གང་ཡིན་པ་དེ། ཅིག་ཤོས་ལ་ལྟོས་པའི་རྩ་ལྟུང་དུ་ཡང་ཐལ་ལོ་སྙམ་པ་དང་། ཡང་། ཚད་ལྡན་གྱི་དཀྱིལ་ཆོག་མང་པོར། རྡོ་རྗེ་གུར་ལས་འབྱུང་བའི། དཀོན་མཆོག་གསུམ་ལ་བདག་སྐྱབས་མཆི། །ཞེས་པ་ནས། སངས་རྒྱས་བྱང་ཆུབ་ཡིད་ཀྱིས་བཟུང་། །ཞེས་པའི་བར་རྐང་པ་བཞི་པོ་འདི་ལན་གསུམ་བརྗོད་པ་དེ་སེམས་བསྐྱེད་ཀྱི་སྡོམ་པ་འབོགས་པའི་ཆོ་གར་གསུངས་ན། དེ་འདྲ་དེ་ལུགས་གཉིས་པོ་གང་དང་མཐུན། དབུ་མའི་ལུགས་དང་མཐུན་ན། འདི་ལ་དེའི་ཆོ་གའི་ཡན་ལག་ཏུ་བཤད་པའི་ཡན་ལག་བདུན་པ་སྔོན་དུ་འགྲོ་བ་སོགས་སྦྱོར་བའི་ཁྱད་པར་དང་། སྨོན་འཇུག་གི་སྡོམ་པ་གཉིས་སྐབས་གཅིག་ཏུ་ལེན་པ་དངོས་གཞིའི་ཁྱད་པར་མ་ཚང་བ་དང་། སངས་རྒྱས་བྱང་ཆུབ་ཡིད་ཀྱིས་བཟུང་། །ཞེས་པ་རྫོགས་བྱང་དོན་གཉེར་གྱི་བློ་ལ་འཆད་པ་ལས་འོས་གཞན་མི་སྣང་བས། དེར་འཇུག་པའི་སྡོམ་པ་མ་ཚང་ངོ་སྙམ་པའི་དོགས་པ་སྐྱེ་ཞིང་། ལུགས་གཉིས་པ་དང་མཐུན་པར་ཁས་ལེན་ན། ལུགས་དེའི་ཆོ་གའི་ཡན་ལག་ཏུ་དགོས་པའི་སོ་སོར་ཐར་པའི་སྡོམ་པ་དང་ལྡན་པ་དང་། བྱང་ཆུབ་ཏུ་སེམས་བསྐྱེད་པ་དང་། བྱང་ཆུབ་སེམས་དཔའི་སྡེ་སྣོད་སློབ་པ་སྔོན་དུ་འགྲོ་བ་ལ་སོགས་པའི་ཁྱད་པར་རྣམས་འདི་ལ་མ་ཚང་ངོ་སྙམ་པའི་དོགས་པའོ། །ཡང་།

རྣམ་སྣང་མངོན་བྱང་དང་དམ་ཚིག་གསུམ་བཀོད་ལས། བྱང་ཆུབ་སེམས་དཔའི་སྡོམ་པ་ནོད་པའི་ཚུལ་ཞིག་གསུངས་པ་དེ་ནི། ལུགས་གཉིས་ཀ་དང་མི་མཐུན་ཏེ། དེ་ཉིད་ལས། ཇི་སྐད་དུ། སངས་རྒྱས་དང་བྱང་ཆུབ་སེམས་དཔའ་ཐམས་ཅད་བདག་ལ་དགོངས་སུ་གསོལ། བདག་མིང་འདི་ཞེས་བགྱི་བ། དུས་འདི་ནས་བཟུང་སྟེ༑ ནམ་བྱང་ཆུབ་སྙིང་པོ་ལ་མཆིས་ཀྱི་བར་དུ། སངས་རྒྱས་དང་བྱང་ཆུབ་སེམས་དཔའ་ཐམས་ཅད་ལ། བདག་ཉིད་དུས་ཐམས་ཅད་དུ་ཡོང་ཡེ་དབུལ་གྱི། དེ་ཐམས་ཅད་ཀྱིས་བདག་ལ་ཐུགས་བརྩེ་བའི་སླད་དུ། བདག་བཞེས་སུ་གསོལ། ཞེས་ལན་གསུམ་བརྗོད་པར་གསུངས་ལ། དེ་འདྲ་དེ་ལ་ནི་དབུ་སེམས་ཀྱི་ཆོ་ག་གཉིས་ཀྱི་ཁྱད་པར་གང་ཡང་མ་ཚང་ངོ་། །ཞེས་པའི་དོགས་པ་འདི་དག་སྐྱེས་ཏེ། ཐེ་ཚོམ་གྱི་ལམ་དུ་འཇུག་པར་འགྱུར་རོ། །

གཉིས་པ་དངོས་ལན་གདབ་པ་ལ། རེ་ཞིག་རྣམ་པར་དཕྱོད་པ་དང་པོའི་ལན་ནི། སེམས་བསྐྱེད་གཉིས་པོའི་ཁྱད་པར་ལྟ་བས་འབྱེད་ཅེས་བྱ་བའི་དོན་ནི་མ་ཡིན་གྱི། འོན་ཅི་ཞེ་ན། དབུ་སེམས་གཉིས་ལ་ལྟ་བ་གོང་འོག་གི་ཁྱད་པར་ཡོད་པས། གྲུབ་མཐའ་མི་མཐུན་པ་སོ་སོ་བ་གཉིས་ཡིན་ལ། དེའི་རྒྱུ་མཚན་གྱིས་ལྟ་བ་དང་ཟུང་དུ་སྦྲེལ་རྒྱུའི་སྤྱོད་པ་སེམས་བསྐྱེད་ཀྱི་སྡོམ་པའི་ཉམས་ལེན་ལ་ཡང་མི་འདྲ་བའི་ཁྱད་པར་ཤིན་ཏུ་ཆེ་བ་ཡིན་ཏེ༑ དང་པོར་ལེན་པའི་ཆོ་ག་མི་འདྲ་ཞིང་། དེས་ཐོབ་པའི་སྡོམ་པའི་ངོ་བོ་ལ་རྒྱ་ཆེ་ཆུང་གི་ཁྱད་པར་ཡོད་ལ། དེའི་སྟོབས་ཀྱིས་བཅས་པ་ལ་རྒྱ་ཆེ་ཆུང་གི་ཁྱད་པར་བྱུང་ཞིང་། དེ་ལས་ཕྱ་བའི་ལྟུང་བ་ལ་ལྕི་ཡང་དང་། གྲངས་མང་ཉུང་གི་ཁྱད་པར་བྱུང་བ་ཡིན་ནོ། །དེ་དག་ལས་ལེན་པའི་ཆོ་ག་མི་འདྲ་བའི་ཁྱད་པར་ནི། གོང་མའི་གསུང་རབ་དག་ཏུ་གསལ་བར་གྲགས་ཟིན་པ་དེ་ཡིན་ལ། དེར་མ་བཤད་པ་ངོ་བོའི་ཁྱད་པར་ནི། དབུ་མའི་ལུགས་ཀྱི་ཆོགས་བླངས་ན། སྤྱིར་བཏང་དུ་སྨོན་འཇུག་གཉིས་པོ་ཆབས་གཅིག་ཏུ་བསྡོམས་པའི་སྡོམ་པའི་ངོ་བོར་སྐྱེ་ལ། ལེན་པ་པོ་ཇི་ལྟར་དམན་ཡང་། སྨོན་པའི་སེམས་བསྐྱེད་པ་ཙམ་ཞིག་ངེས་པར་སྐྱེ་བ་ལ་དགོངས་ནས། རྟེན་གྱི་གང་ཟག་རྒྱ་ཆེ་བ་ཉིད་དུ་རྣམ་པར་བཞག་གོ། ལུགས་འདི་ལ་སྨོན་འཇུག་གི་སེམས་བསྐྱེད་གཉིས་ཕྱོགས་གཅིག་ཏུ་ལེན་པར་བྱེད་ཅིང་། དེ་དང་དུས་མཚུངས་པར་དེ་གཉིས་ཀའི་སྡོམ་པ་ལེན་པར་བྱེད་པ་ཡིན་ཏེ། ཇི་སྐད་དུ། སྤྱོད་འཇུག་ལས། དེ་བཞིན་འགྲོ་ལ་ཕན་དོན་དུ། །བྱང་ཆུབ་སེམས་ནི་བསྐྱེད་བགྱི་ཞིང་། །ཞེས་པའི་སེམས་བསྐྱེད་ལེན་པ་དང་། །དེ་བཞིན་འགྲོ་ལ་ཕན་དོན་དུ། །བྱང་ཆུབ་སེམས་དཔའི་བསླབ་པ་ལ། །རིམ་པ་བཞིན་དུ་བསླབ་པར་བགྱི། །ཞེས་པས་དེ་གཉིས་ཀའི་སྡོམ་པ་ལེན་པའི་ཆོ་ག་བསྟན་པར་གསལ་བ་དང་། བསླབ་བཏུས་ལས། སློབ་དཔོན་དགོངས་སུ་གསོལ། བདག་མིང་འདི་ཞེས་བགྱི་བ། ཇི་ལྟར་འཕགས་པ་

འཇམ་དཔལ་གྱི་སྨོན་གྱི་ཧོགས་པ་བརྗོད་པ་ལས། སྔོད་པ་ལྟན་པར་སེམས་བསྐྱེད་པ་དེ་བཞིན་དུ། སེམས་བསྐྱེད་པར་བྱའོ། །ཞེས་པའི་ཚིག་གིས་སྡོམ་པ་ལེན་པར་གསུངས་ལ། འཇམ་དཔལ་གྱིས་སེམས་བསྐྱེད་པའི་ཚུལ་ཡང་། འཇམ་དཔལ་གྱི་ཞིང་བཀོད་ལས། དེས་སྨོན་གྱི་དུས་སུ་སྨོན་འཇུག་གཉིས་ཀ་ཆབས་གཅིག་ཏུ་བླངས་པར་བཤད་དོ། །ཕྱིར་ནི། དབུ་མའི་ལུགས་ཀྱི་སེམས་བསྐྱེད་ལ་སྨོན་འཇུག་གཉིས་ཀ་ཆབས་གཅིག་ཏུ་ལེན་དགོས་པར་ངེས་པ་མ་ཡིན་ཏེ། ཇི་ཙམ་བསྲུང་ནུས་པ་དེ་ཙམ་ཞིག་བླངས་ནས། དེ་ལ་བསླབས་པས་ཆོག་པར། བསླབ་བཏུས་ལས་གསུངས་པའི་ཕྱིར་ཏེ། ཇི་སྐད་དུ། དེ་ལ་ཡང་། བསླབ་པ་གཅིག་བསྲུབ་པ་ན་བསླབ་པ་གཞན་བསྲུང་མ་ནུས་ཀྱང་ལྟུང་བར་མི་འགྱུར་ཏེ། དེ་སྐད་དུ། བློས་གྲོས་མི་ཟད་པའི་མདོ་ལས། སྦྱིན་པའི་དུས་ན་ཚུལ་ཁྲིམས་ལ་བཏུལ་བ། བཏང་སྙོམས་ལ་སོགས་པ་རྒྱ་ཆེར་གསུངས་པ་ཡིན་ནོ། །ཞེས་དང་། དེ་བས་ན་བྱང་ཆུབ་སེམས་དཔའ་རྣམས་དེ་བཞིན་གཤེགས་པའི་སྤྱན་སྔར། བསླབ་པ་འདིའི་ནང་ནས་བསླབ་པ་གང་ཡང་རུང་བ་སྒྲུབ་པར་འདོད་པས་ཡང་དག་པར་ལེན་པར་བྱེད་དོ། །ཞེས་དང་། སྡོམ་པ་བདག་ཉིད་ཀྱི་སྟོབས་དང་ཡང་སྦྱར་ཏེ་བླངས་ནས་སྡོམ་པ་བཟུང་བར་བྱའོ། །ཞེས་གསུངས་པ་ཡིན་ནོ། །འོན་ལུགས་འདིར་སེམས་བསྐྱེད་དང་། དེའི་སྡོམ་པའི་ཁྱད་པར་གང་ཞེ་ན། རྫོགས་པའི་བྱང་ཆུབ་དང་། དེའི་རྒྱུ་གཞན་དོན་དུ་འཇུག་པ་གཉིས་དོན་དུ་གཉེར་བ་ནི་སྨོན་འཇུག་གི་སེམས་སོ། །སྨོན་འཇུག་དེ་གཉིས་ཀྱི་བསླབ་པ་བཟུང་ནས། དེ་ལ་སློབ་པའི་སེམས་པ་ས་བོན་དང་བཅས་པ་ནི་སྡོམ་པ་གཉིས་པོའི་ངོ་བོའོ། །

གཉིས་པ་སེམས་ཙམ་པའི་ལུགས་ནི། བྱང་ས་ལས། སེམས་བསྐྱེད་དང་དེའི་སྡོམ་པ་གཉིས་སུ་ཕྱེ་ནས། དང་པོ་ནི་བྱང་ཆུབ་དོན་གཉེར་གྱི་སེམས་བསྐྱེད་དོ། །གཉིས་པ་ནི་འཇུག་པའི་སྡོམ་པ་ཁོ་ན་སྟེ། དེ་ལ་ཉེས་སྤྱོད་སྡོམ་པ་དང་། དགེ་བ་ཆོས་སྡུད་དང་། སེམས་ཅན་དོན་བྱེད་ཀྱི་དབྱེ་བས་ལྡོག་ཆ་གསུམ་དུ་འགྱུར་རོ། །རྣམ་པར་དབྱེད་པ་གཉིས་པའི་ལན་ནི། དབུ་མའི་ལུགས་ཀྱི་སེམས་བསྐྱེད་ཀྱི་སྡོམ་པའི་ལྟུང་བ་གང་ཡིན་ཅིག་ཤོས་ཀྱི་ལྟུང་བར་ཡང་ཐལ་བ་མ་ཡིན་ཏེ། དབུ་མའི་ལུགས་ལ་ནི། སྨོན་པ་སེམས་བསྐྱེད་ཀྱི་སྡོམ་པ་ཡང་བླངས་པས། སྡོམ་པ་དང་བཅས་པ་གཉིས་ཀ་རྒྱ་ཆེ་ལ། ཅིག་ཤོས་ནི་འཇུག་སྡོམ་ཁོ་ནར་ངེས་པས་རྒྱ་ཆུང་བའི་ཕྱིར་དང་། དབུ་མའི་ལུགས་ཀྱི་འཇུག་སྡོམ་ལའང་། སྲོག་གཅོད་ཙམ་སྤོང་བ་དང་། སྦྱིན་པ་ཙམ་སྒྲུབ་པ་དང་། སེམས་ཅན་ཉི་ཚེ་བའི་དོན་བྱེད་པ་ལྟ་བུ། ཉི་ཚེ་བའི་ཚུལ་ཁྲིམས་ཀྱང་གོང་དུ་ལུང་དྲངས་ཟིན་པ་ལྟར་བཤད་ལ། སེམས་ཙམ་ལུགས་ལ་དེ་ལྟ་བུའི་བཤད་པ་མེད་དེ། བྱང་ས་ནས་གསུངས་པའི་ལྟུང་བ་གང་ཡིན་ཅིག་ཤོས་ལ་ལྟོས་པའི་ལྟུང་བར་མ་ངེས་པའི་ཕྱིར། དེ་ལྟ་ན་ཡང་། དབུ་མའི་ལུགས་ཀྱི་སེམས་བསྐྱེད་ཀྱི་སྡོམ་པ་ཡོངས་སུ་རྫོགས་པར་

མ་ནོས་ཤིང་ཐོབ་པ་དེས་ནི། བྱང་ས་ནས་འབྱུང་བའི་ལྟུང་བ་ཐམས་ཅད་ངེས་པར་བསྲུང་དགོས་པ་ཡིན་ཏེ། དབུ་མའི་ལུགས་ཀྱི་ཆོ་གས་བླངས་པའི་སེམས་བསྐྱེད་ཀྱི་སྡོམ་པ་ཡོངས་རྫོགས་དེའི་ནང་དུ། ཅིག་ཤོས་ཀྱི་སྡོམ་པ་དེ་འདུས་པའི་ཕྱིར།

འོ་ན་བྱང་ས་ནས་འབྱུང་བའི་ཕམ་པ་ལྟ་བུའི་ཆོས་བཞི་པོ་དེས། དབུ་མའི་ལུགས་ཀྱི་སེམས་བསྐྱེད་ཀྱི་སྡོམ་པ་གཏོང་བ་ཡིན་ནམ་ཞེ་ན། སྡོམ་པ་དེ་ལ་སྨོན་འཇུག་གི་ལྡོག་པའི་ཆར་ཕྱེ་བ་གཉིས་ལས། འཇུག་པའི་ཆ་ནི་གཏོང་བ་ཡིན་ཏེ། བྱང་ས་ལས། དེས་དེ་གཏོང་བར་བཤད་ཅིང་། དོན་དེ་ཉིད་བསླབ་བཏུས་སུའང་ཞལ་གྱིས་བཞེས་པར་འོག་ནས་འཆད་པའི་ཕྱིར་རོ། །དེ་ལྟ་ན་ཡང་། ཕམ་པ་ལྟ་བུའི་ཆོས་བཞི་པོ་དེས། ལུགས་དེའི་སེམས་བསྐྱེད་ཀྱི་སྡོམ་པ་རྫོགས་པར་གཏོང་བ་ནི་མ་ཡིན་ཏེ། དེ་དག་སྨོན་པའི་སྡོམ་པ་ལ་ལྟོས་པའི་རྩ་ལྟུང་ནི་མ་ཡིན་པའི་ཕྱིར་རོ། །ཡང་དེ་བཞིན་དུ། བསླབ་བཏུས་ནས་རྩ་བའི་ལྟུང་བར་བཤད་པ་བཅུ་བཞི་པོ་དེ་དག་ཀྱང་། བྱང་ས་ནས་གསུངས་པའི་ཆོ་གས་བླངས་པའི་སེམས་བསྐྱེད་ཀྱི་སྡོམ་པ་དེ་ལ་ལྟོས་པའི་རྩ་བའི་ལྟུང་བར་འཇོག་པ་ཡང་མ་ཡིན་ཏེ། བྱང་སའི་ལུགས་འདི་ལ་རྩ་བའི་ལྟུང་བ་བཅུ་དགུ་པོ་དེ་དག་ལས་བཞི་མ་གཏོགས། གཞན་གྱི་བཤད་པ་མེད་པའི་ཕྱིར་དང་། རྩ་ལྟུང་བཞི་ཁོ་ནའི་གྲངས་ངེས་མཛད་པའི་ཕྱིར། བཅུ་དགུ་པོ་གང་རུང་ཡིན་ན། དེ་ལ་ལྟོས་པའི་རྩ་ལྟུང་མ་ཡིན་པས་ཁྱབ་པ་ཡང་མ་ཡིན་ཏེ། ཕམ་པ་ལྟ་བུའི་ཆོས་བཞི་པོ་དེ་བཅུ་དགུ་པོའི་ནང་དུ་འདུ་བའི་ཕྱིར་རོ། །བྱང་ས་ནས་གསུངས་པའི་ཕམ་པ་དང་པོ་ནི། བསླབ་བཏུས་ལས་ཀྱང་། རྙེད་པ་དང་ནི་བཀུར་སྟི་དང་། །ཚིགས་བཅད་རྒྱུ་ཡིས་གཞན་སྨོད་དང་། །རང་གི་ཡོན་ཏན་བརྗོད་པ་དང་། ། ཞེས་པས་བསྡུས་ལ། ཕམ་པ་གཉིས་པ་ནི། ཆགས་དང་སེར་སྣ་མི་ཟད་པས། །སློང་ལ་སྦྱིན་པར་མི་བྱེད་དང་། ། ཞེས་པས་བསྡུས་ཤིང་། ཕམ་པ་ལྟ་བུའི་ཆོས་གསུམ་པ་ནི། ཁྲིམས་ཏེ་དགའ་བར་བྱེད་པ་ན། །སེམས་ཅན་ལ་ནི་མི་བཟོད་པར། །ཁྲོས་པས་སེམས་ཅན་རྡེག་པ་དང་། །ཞེས་པས་བསྡུས་ལ། ཕམ་པ་བཞི་པ་ཡང་། ཉོན་མོངས་པ་དང་གཞན་མཐུན་པས། །ཆོས་ལྟར་བཅོས་པ་བརྗོད་པའོ། །ཞེས་པས་བསྡུས་པར་གསལ་བའི་ཕྱིར་རོ། ། བྱང་སའི་ཆོ་གས་བླངས་པའི་སྡོམ་ལྡན་གྱིས། བསླབ་བཏུས་ནས། གསུངས་པའི་རྩ་བའི་ལྟུང་བ་ཐུན་མོང་མ་ཡིན་པ་དེ་དག་ཀུན་དཀྲིས་ཆེན་པོ་ཚང་བའི་སྒོ་ནས་སྤྱད་ན། རྩ་བའི་ལྟུང་བར་མ་བཤད་ཀྱང་། སྡོམ་པའི་གཏོང་རྒྱུར་ནི་འགྱུར་བ་ཡིན་ཏེ། རྗེ་བཙུན་ཆེན་པོས་སྡོམ་པ་ཉི་ཤུ་པའི་རྣམ་བཤད་ལས། དེ་མ་ཡིན་པའི་སྡོམ་པ་གཏོང་བའི་རྒྱུ་གཞན་ཡོད་དམ་སྙམ་ན། ནམ་མཁའི་སྙིང་པོའི་མདོ་ལས་རྩ་བའི་ལྟུང་བ་ཉི་ཤུ་གསུངས་སོ། །དེ་བཞི་པོར་འདུའམ་སྙམ་ན། འགའ་ཞིག་གིས་བཞིར་བསྡུས་པར་སྣང་ཡང་མི་འདུ་སྟེ། མདོ་ཐ་དད་པའི་དགོངས

པ་ཡིན་ནོ། །ཞེས་གསུངས་པའི་ཕྱིར་དང་། དཔེར་ན། བྱང་ཆུབ་ཀྱི་སེམས་གཏོང་བ་རྩ་ལྟུང་མ་ཡིན་ཀྱང་སྡོམ་པའི་གཏོང་རྒྱུར་འཆད་པ་བཞིན་ནོ། །ཡང་། གཞན་དག་གིས་འཕངས་པའི་ཧ་ཅང་ཐལ་བའི་ཀླན་ཀ་དེ་ལ་ཁྱབ་པ་མ་ངེས་པའི་དོན་ཡང་། འདི་ལྟར། བྱང་ས་ནས་གསུངས་པའི་སེམས་བསྐྱེད་ཀྱི་སྡོམ་ལྡན་ལས་དང་པོ་པ་དེ་ལ༑ སྨོན་སེམས་བཏང་བ་རྩ་ལྟུང་དུ་ཐལ་བས་མ་ངེས་པ་དང་། བསླབ་བཏུས་ནས་གསུངས་པའི་སྨོན་པ་རྐྱང་པའི་སྡོམ་ལྡན་དང་། འདུས་པའི་དབང་དུ་བྱས་པའི་སྣ་གཅིག་གཅོད་པའི་སྡོམ་ལྡན་གྱིས་མ་ངེས་པས། ཉེས་པ་དེ་སྤང་བར་སླ་བ་ཡིན་ལ། བསྟན་བཅོས་འདིའི་ལུགས་ལྟར་ན། མིར་ཆགས་པ་བསད་པ་ལ་ཕམ་པ་མི་འབྱུང་བའི་འདོད་པའི་ཉན་ཐོས་སྡེ་པ་དེ་བའི་ལུགས་ཀྱི་དགེ་སློང་དེ་ཆོས་ཅན། མིར་ཆགས་བསད་པའི་ཕམ་པ་དེ་ཁྱོད་ལ་ལྟོས་པའི་རྩ་ལྟུང་ཡིན་པར་ཐལ། ཁྱོད་བཅས་ལྡན་དགེ་སློང་ཡིན་པའི་ཕྱིར། ཞེས་པ་ལྟ་བུའི་ཐལ་བས་ཀྱང་བཟློག་པར་ནུས་སོ། །རྣམ་པར་དཔྱོད་པ་གསུམ་པའི་དངོས་ལན་ནི། སྤྱིར་སྟུགས་ནས་གསུངས་པའི་སེམས་བསྐྱེད་ཀྱི་སྡོམ་པ་འཛིན་པའི་ཆོག་དེ་དང་དེ་ལ། དབུ་སེམས་ཀྱི་ལུགས་གཉིས་ཀྱི་ཆོ་གའི་ཡན་ལག་ཅི་རིགས་པ་མ་ཚང་ཡང་། དངོས་གཞིའི་སྡོམ་པ་དེ་སྨོན་འཇུག་གི་སྡོམ་པ་གཉིས་ཚོགས་ཀྱི་ཚུལ་དུ་བླངས་པ་ཞིག་ཡིན་པར་འདུག་ན། དེ་འདྲ་དེ་དབུ་མའི་ལུགས་ཀྱི་སེམས་བསྐྱེད་ཀྱི་སྡོམ་པར་བཞག་ནས། དེའི་ལུགས་ཀྱི་སྤང་བྱ་དང་བསླབ་བྱ་ལ་ངེས་པར་སློབ་བོ། །ཡང་དེ་འདྲ་དེ་སེམས་བསྐྱེད་སྔོན་དུ་བཏང་ནས། འཇུག་པའི་སྡོམ་པ་རྐྱང་པ་ཞིག་བླངས་པར་འདུག་ན། དེ་འདྲ་དེ་སེམས་ཙམ་ལུགས་ཀྱི་སྡོམ་པར་བཞག་ནས། དེའི་གཞུང་ལུགས་ནས་འབྱུང་བའི་སྤང་བྱ་དང་བསླབ་བྱ་ལ་ངེས་པར་སློབ་བོ། །ཁྱེ་བྲག་དབང་བསྐུར་གྱི་སྔོན་དུ། དཀོན་མཆོག་གསུམ་ལ། ཞེས་སོགས་ཀྱི་རྐང་པ་བཞིས་སེམས་བསྐྱེད་ཀྱི་སྡོམ་པ་ལེན་པར་ཚད་ལྡན་གྱི་རྒྱུ་གཞུང་དྲུག་ཙམ་ལས་བཤད་པ་ལྟར་ན། སངས་རྒྱས་བྱང་ཆུབ་ཡིད་ཀྱིས་བཟུང་། །ཞེས་པས་སྨོན་འཇུག་གི་སེམས་བསྐྱེད་གཉིས་ཀ་བཟུང་བར་འཆད་དགོས་ལ། རྐང་པ་གཅིག་བུ་དེས་སྨོན་འཇུག་གཉིས་ཀའི་སྡོམ་པ་བཟུང་བར་འཆད་པ་ནི་ཅུང་ཞིག་དཀའ་བ་ཡིན་ཏེ། གཞན་དོན་གྱི་སྤྱོད་པ་ལ་སློབ་པའི་ཚིག་དོན་གཉིས་ཀ་དངོས་སུ་མི་སྣང་བའི་ཕྱིར། དེས་ན་འཇུག་སྡོམ་ནི། རང་གཞན་དོན་ནི་རབ་སྒྲུབ་ཕྱིར། །ཞེས་སོགས་ལྷག་མ་རྣམས་ཀྱིས་འཛིན་པར་བཤད་ན་ལེགས་པ་ལྟར། སློབ་དཔོན་རིན་པོ་ཆེ་བསོད་ནམས་རྩེ་མོས། དབང་གི་ཆུ་བོ་ལས། ཤོ་ལོ་ཀ་ཡོངས་སུ་གྲགས་པ་གསུམ་པོ་དེ། ལན་གསུམ་གྱི་སྔོ་ནས་སྨོན་འཇུག་གི་སྡོམ་པ་འཛིན་པར་བཤད་དོ། །ཚིགས་བཅད་གསུམ་པོ་འདི་གོ་རིམ་བཞིན་དུ། སྐྱབས་འགྲོ་དང་། སྡིག་བཤགས་དང་། ཡི་རངས་གསུམ་གྱིས་མཚོན་པའི་ཡན་ལག་བདུན་པ་སྔོན་དུ་བཏང་ནས། ཐོག་མར་སྨོན་སེམས་དང་། དེ་ནས་འཇུག་པ་སེམས

བསྐྱེད་དང་། དེ་ནས་གཉིས་ཀའི་སྡོམ་པ་འཛིན་པ་དང་། རྐང་པ་ཐ་མས་དེ་ཐམས་ཅད་ཀྱི་དོན་བསྡུས་ནས་བསྟན་པས་ན། དབུ་མའི་ལུགས་ཀྱི་ཆོག་ས་བླངས་པར་ངེས་སོ་ཞེས་བྱ་བ་འདི་གྲུབ་བོ། །རྣམ་པར་དབྱེད་པ་བཞི་པའི་ལན་ནི། རྣམ་སྣང་མངོན་བྱང་དང་། དམ་ཚིག་གསུམ་བཀོད་ལས་སེམས་བསྐྱེད་ཀྱི་སྡོམ་པ་འཛིན་པའི་ཆོག་གསུངས་པ་དེ་ནི། དོན་དམ་པའི་བྱང་ཆུབ་ཀྱི་སེམས་བསྐྱེད་པའི་ཆོག་གསུངས་པ་ཡིན་ལ། འདིར་ཐེག་པ་ཆེན་པོའི་སེམས་བསྐྱེད་ཀྱི་ཆོ་ག་ལ་དབུ་སེམས་ཀྱི་ལུགས་གཉིས་སུ་ངེས་པ་ལྟ་བུར་བཤད་པ་དེ་ནི། ཀུན་རྫོབ་སེམས་བསྐྱེད་པོ་ནའི་དབང་དུ་བྱས་པ་ཡིན་པས། ནོ་ཅང་ཐལ་བ་མེད་དོ། །དེ་ལྟ་ནའང་། སྔགས་ཀྱི་བཀའ་དང་བསྟན་བཅོས་དུ་མར། དོན་དམ་པའི་བྱང་ཆུབ་ཀྱི་སེམས་བསྐྱེད་པ་དང་ལྷན་ཅིག་ཏུ་འཇུག་པ་སེམས་བསྐྱེད་ཀྱི་སྡོམ་པ་འཛིན་པ་ཞིག་སྐབས་དུ་མར་བཤད་སྣང་བ་དེ་ནི། ལུགས་གཉིས་པོ་གང་གི་ཁོངས་སུ་ཡང་གཏོགས་པ་མ་ཡིན་ཏེ། སྔགས་ཀྱི་ཐུན་མོང་མ་ཡིན་པའི་ལུགས་ཡིན་པའི་ཕྱིར། དེ་ལྟར་བཤད་པ་དེ་ཁོ་ནར་མ་ཟད། སྔགས་ཀྱི་ཐེག་པར་ནི། སློན་འཇུག་གི་སྡོམ་པ་གང་རུང་མ་ཡིན་པའི་དོན་དམ་པའི་བྱང་ཆུབ་ཀྱི་སེམས་ཀྱི་སྡོམ་པ་གསུམ་པ་ཞིག་དང་། དེ་ལ་ལྟོས་པའི་དམ་ཚིག་གི་ངོ་བོ་དང་། དེ་དང་འགལ་བའི་རྒྱ་བའི་ལྟུང་བ་ཡང་རྣམ་པར་གཞག་པ་ཡིན་ཏེ། རྣམ་སྣང་མངོན་བྱང་ལས། དེ་ལ་རེ་ཞིག །སློབ་དཔོན་དམ་ཚིག་གསུམ་རྣམ་པར་དབྱེ་བ་ལ་མཁས་ཤིང་། བདག་ཀྱང་དམ་ཚིག་གསུམ་ལ་གནས་པ་ཡིན་ནོ། །གསུམ་གང་ཞེ་ན། སེམས་ཀྱི་རྣམ་པར་རྟོག་པ་ཐམས་ཅད་མེད་པ་ཡོངས་སུ་ཤེས་པ་གང་ཡིན་པ་དེ་ནི་རྫོགས་པའི་སངས་རྒྱས་མཐོང་བའོ། །འདི་ལ་ཆོས་ཀྱི་དབྱིངས་རྟོགས་པའི་རང་རིག་པའི་རྣམ་པ་གང་ཡིན་པ་དེ་ནི་དེ་བཞིན་གཤེགས་པའི་མཚན་ཉིད་ཡིན་ནོ། །གང་ལུས་དང་ངག་དང་ཡིད་འཇུག་པ་དེ་ནི་སྤྲུལ་པའི་མཚན་ཉིད་ཡིན་ནོ། །གསང་བའི་བདག་པོ། དེ་ནི་དམ་ཚིག་གསུམ་ཡིན་ཏེ། ཉན་ཐོས་དང་རང་སངས་རྒྱས་ཐམས་ཅད་ཀྱིས་ཀྱང་མ་རྟོགས་ན༑ མུ་སྟེགས་ཅན་གཞན་དག་གིས་ལྟ་ཅི་སྨོས། ཞེས་དང་། གསང་བའི་བདག་པོ། དམ་ཚིག་འདི་ལ་འཇུག་པར་འདོད་པའི་བྱང་ཆུབ་སེམས་དཔས་ཆོས་ལྔ་རིང་དུ་སྤང་བར་བྱའོ། །ལྔ་གང་ཞེ་ན། སེར་སྣ་དང་། སེམས་ཅན་ལ་གནོད་པ་དང་། ཐེ་ཚོམ་དང་། ལེ་ལོ་དང་། གསང་སྔགས་ལ་སོགས་པ་ལ་མ་གུས་པ་སྟེ། ཞེས་གསུངས་སོ༑ །གོང་དུ་དྲངས་པའི་ཆོག་ས་ཐོབ་པའི་སྡོམ་པ་དེ་སྡོམ་པ་མཚན་ཉིད་པར་མི་བཞེད་པ་ཡང་མ་ཡིན་ཏེ། དེ་གཉིས་ལས། ཇི་སྐད་དུ། གསང་བའི་བདག་པོ། འདི་ནི་དམ་ཚིག་ཆེན་པོ་འདི་ལ་འཇུག་པ་ཞེས་བྱ་བའི་སྡོམ་པ་ཡིན་ཏེ། སྡོམ་པ་འདི་ལ་གནས་པའི་བྱང་ཆུབ་སེམས་དཔའ་གསང་སྔགས་ཀྱི་སྒོར་སྤྱོད་པ་རྣམས་ནི། ཚུལ་ཁྲིམས་ཤིན་ཏུ་བསྡམས་ཤིང་། དེ་བཞིན་གཤེགས་པའི་ཚུལ་ཁྲིམས་བླ་ན་མེད་པ་ལ་གནས་པ་ཡིན་ནོ། །ཞེས

གསུངས་སོ། །དོན་དེ་ཉིད་བསྟན་བཅོས་མཛད་པ་པོ་འདི་ཉིད་ཀྱི་དགོངས་པ་ཡིན་ཏེ། ཐུབ་པའི་དགོངས་པ་གསལ་བ་ལས། གསང་སྔགས་ཀྱི་ཆོ་ག་དང་། ཕ་རོལ་ཏུ་ཕྱིན་པའི་སེམས་བསྐྱེད་བསྲེས་པས་མི་འདྲེ། ཕ་རོལ་ཏུ་ཕྱིན་པའི་སྨོན་འཇུག་ལ་ཆོ་ག་མདོ་བསྟན་བཅོས་ཀུན་ནས་བཤད། དོན་དམ་སེམས་བསྐྱེད་ལ་ཆོ་ག་མདོ་བསྟན་བཅོས་ཀུན་ནས་བཤད་པ་མེད། ཅེས་དང་། གསང་སྔགས་ལས། དོན་དམ་སེམས་བསྐྱེད་ཁ་དོག་དང་དབྱིབས་སུ་སྒོམ་པར་བཤད་པའང་ཡོད། ཅེས་སོགས་རྒྱས་པར་གསུངས་སོ། །འདིའི་སྦྱོར་པ་ལྷག་མ་ནི། འོག་ཏུ་དོན་དམ་སེམས་བསྐྱེད་ཀྱི་ཆོ་ག་ལ་དཔྱད་པའི་སྐབས་སུ་བཤད་པར་བྱའོ། །དེ་དག་ལ་འདི་སྐད་ཅེས། དབུ་སེམས་གཉིས་ལ་ལྟ་བ་ཡི། །ཁྱད་པར་ཡོད་པ་ཇི་བཞིན་དུ། །བྱང་ཆུབ་སེམས་དཔའི་སྡོམ་པ་ཡང་། སྨོན་འཇུག་གཉིས་ཀས་བསྡུས་པ་དང་། །འཇུག་སྡོམ་རྒྱུད་པའི་ཁྱད་པར་གྱིས། །རྟེན་དང་ལེན་པའི་ཆོ་ག་དང་། །ལྟུང་བ་དང་ནི་བསླབ་བྱ་དང་། །ཕྱིར་བཅོས་སོགས་ཀྱི་ཁྱད་པར་ཡང་། །རྒྱ་ཆེ་བ་དང་ཆུང་བ་ཉིད། །གསང་སྔགས་གཞུང་དུ་ཀུན་རྫོབ་དང་། །དོན་དམ་སེམས་བསྐྱེད་གཉིས་ཀ་ལ། །ལེན་པའི་ཆོ་ག་རྒྱས་པར་གསུངས། །ཀུན་རྫོབ་བྱང་ཆུབ་སེམས་བསྐྱེད་དང་། །དེ་ཡི་སྡོམ་པ་རིམ་བཞིན་དུ། །ལེན་པའི་ཆོ་ག་ཞིག་སྣང་ན། །སེམས་ཙམ་ལུགས་དང་མཐུན་ཞེས་བྱ། །སྨོན་པའི་སྡོམ་པ་ཙམ་ཞིག་གམ། །ཡང་ན་སྨོན་འཇུག་གཉིས་ཀ་ཡི། །སྡོམ་པ་ལྷན་ཅིག་ལེན་བྱེད་པ། །དབུ་མའི་ལུགས་དང་མཐུན་ཞེས་བྱ། །དོན་དམ་བྱང་ཆུབ་སེམས་བསྐྱེད་ནས། །དེ་ཡི་སྡོམ་པའང་ལེན་བྱེད་པ། །སྔགས་ཀྱི་ཐུན་མོང་མིན་པའི་ལུགས། །ཡིན་པར་གླུ་སྒྲུབ་ཞབས་ཀྱིས་བཤད།། །།

དྲི་བ་གཉིས་པ་ནི། ལྟ་བས་ཆོ་གའི་ཁྱད་འབྱེད་ན། །དབུ་མའི་ལྟ་བ་དང་ལྡན་པ། །དེ་ལ་བྱང་སའི་ཆོ་ག་ཡི༑ ༑སེམས་བསྐྱེད་སྡོམ་པ་མི་སྐྱེའམ། །ཞེས་པའོ། །འདི་ལ་གཉིས་ལས། དང་པོ་ལ། འདྲི་བའི་རྒྱུ་མཚན་ནི། གཞུང་གི་དངོས་བསྟན་ལ་དེ་གཉིས་ཀྱི་ཆོ་ག་དེ་ཐ་དད་དུ་འབྱེད་པའི་རྒྱུ་མཚན། ལྟ་བ་ཐ་དད་ལ་རག་ལས་པ་ལྟ་བུར་བཤད་ཅིང་། རྣམ་བཤད་མཛད་པ་པོ་རྣམས་ཀྱིས་ཀྱང་། བཤད་པ་ཟུར་དོད་པར་མ་མཛད་པའི་རྒྱུ་མཚན་གྱིས་སོ། །

མ་དྲིས་པའི་སྐྱོན་ནི། གཉིས་པོའི་ཁྱད་པར་ལྟ་བས་འབྱེད་པ་དེ་ལྟ་ན། ཆོ་ག་དེ་དང་དེས་སེམས་བསྐྱེད་འབོགས་པའི་ཚེ། ལེན་པ་པོ་ལ་ལྟ་བ་ལོགས་པ་དགོས་པ་ཡིན་ནམ། འབོགས་པ་པོ་ལ་དགོས་པ་ཡིན་ནམ། དེ་གཉིས་གང་ཡང་མ་ཡིན་པར། སྡོམ་པའི་རྒྱུད་པ་དབུ་སེམས་ཀྱི་སློབ་དཔོན་སོ་སོ་བ་ལ་བརྒྱུད་པའི་རྒྱུ་མཚན་གྱིས་ཡིན། དང་པོ་ལྟར་ན། དབུ་མའི་ལྟ་བ་དང་ལྡན་པ་ལ་བྱང་ས་ནས་བཤད་པའི་འཇུག་སྡོམ་མི་སྐྱེ་བར་འགྱུར་ཞིང་། སེམས་ཙམ་གྱི་ལྟ་བ་ཅན་ལ་སྤྱོད་འཇུག་ནས་གསུངས་པའི་སེམས་བསྐྱེད་ཀྱི་སྡོམ་པ་དེ་མི་སྐྱེ་བར

ཏ་ཙང་ཐལ་ལོ། །

གཉིས་པ་ལྟར་ན། རྗེ་བཙུན་བྱམས་པ་དང་། འཕགས་པ་ཐོགས་མེད་དང་། ཇོ་བོ་ཨ་ཏི་ཤ་རྣམས། སེམས་ཙམ་ལུགས་ཀྱི་སེམས་བསྐྱེད་ཀྱི་སྡོམ་པ་འབོགས་པ་པོར་མི་རུང་བར་འགྱུར་ཞིང་། ཇོ་བོའི་བླ་མ་ཧྰསྨྲ་ར་ཀྲི་ཏ་ལྟ་བུ་དབུ་མ་ལུགས་ཀྱི་སྡོམ་པ་འབོགས་པ་པོ་ཉིད་དུ་མི་རུང་བར་འགྱུར་བ་དང་། ལྟ་བ་དེ་གཉིས་གང་དང་ཡང་མི་ལྡན་པའི་དགེ་བའི་བཤེས་གཉེན་དག་གིས། ལུགས་གཉིས་ཀྱི་སེམས་བསྐྱེད་ཀྱི་སྡོམ་པ་འབོགས་པ་པོ་ཉིད་དུ་མི་རུང་བར་འགྱུར་རོ། །

གསུམ་པ་ལྟར་ན་ཡང་། སེམས་ཙམ་ལུགས་ཀྱི་སྡོམ་པའི་བརྒྱུད་པ་ལ། དབུ་མའི་ལུགས་ཀྱི་ལྟ་བ་རྒྱུད་ལ་འཁྲུངས་པའི་སློབ་དཔོན་མང་དུ་སྣང་བ་དང་འགལ་བར་འགྱུར་རོ་སྙམ་པའི་དོགས་པ་འདི་དག་འབྱུང་བར་འགྱུར་རོ། །

གཉིས་པ་དངོས་ལན་གདབ་པ་ནི། བརྟག་པ་གསུམ་པོ་དེ་དག་གང་དུ་ཡང་ཁས་མི་ལེན་གྱི། འོ་ན་ཅི་ཞེ་ན༑ བསྟན་བཅོས་མཛད་པ་པོ་འདིས་ནི། རྣམ་རྫུན་གྱི་ལྟ་བ་ཡང་སེམས་ཙམ་པའི་ལྟ་བར་བཞེད་པས། བྱང་ཆུབ་སེམས་དཔའི་ས་ཞེས་བྱ་བའི་བསྟན་བཅོས་འདིས་ནི། སེམས་ཙམ་རྣམ་རྫུན་གྱི་ལྟ་བ་གང་ཡིན་པ་དེ་ཉིད། མཐར་ཐུག་གི་ལྟ་བར་སྟོན་པའི་ཕྱིར་ན། སེམས་ཙམ་གྱི་བསྟན་བཅོས་ཡིན་ལ། དེ་ནས་བཤད་པའི་སེམས་བསྐྱེད་ཀྱི་ཆོ་ག་དེ་ལ་ནི་སེམས་ཙམ་གྱི་ལུགས་ཞེས་བྱ་སྟེ། ཆོ་ག་དེའི་བཤད་པའི་སྲོལ་ཐོག་མར་འབྱེད་པ་ནི་སེམས་ཙམ་གྱི་བསྟན་བཅོས་ཁོ་ན་ཡིན་པའི་ཕྱིར། དེ་བཞིན་དུ། ཛེ་ཏཱ་རིའི་ཡི་དམ་བླང་བའི་ཆོ་ག་ལས་འབྱུང་བའི་སེམས་བསྐྱེད་ཀྱི་ལུགས་འདི་ལ་ནི་དབུ་མའི་ལུགས་ཞེས་བྱ་སྟེ། འདིའི་བཤད་པའི་སྲོལ་ཐོག་མར་འབྱེད་པའི་བསྟན་བཅོས་ནི། བྱང་ཆུབ་སེམས་དཔའི་སྤྱོད་པ་ལ་འཇུག་པ་ལས་གསུངས་པ་དེ་ཉིད་ཡིན་པའི་ཕྱིར་རོ། །ཀླུ་སྒྲུབ་ཞབས་ཀྱིས་མཛད་པའི་སེམས་བསྐྱེད་ཀྱི་ཆོ་ག་ནི་དབུ་མའི་ལུགས་སུ་འཆད་པ་དོན་གྱིས་ཐོབ་པ་ལྟ་བུར་སྣང་ཡང་། བསྟན་བཅོས་མཛད་པ་འདིས་ལུགས་གཉིས་ཀྱི་རྣམ་པར་བཞག་པ་སོ་སོར་ཕྱེ་བ་དེའི་ཁོངས་སུ་མི་གཏོགས་ཏེ། དེ་ལ་འདིར་མི་འདྲ་བའི་ཁྱད་པར་ཇི་སྐད་བཤད་པ་དེ་དག་མ་ཚང་བ་དང་། སྔགས་ལུགས་ཀྱི་དོན་དམ་པ་བྱང་ཆུབ་ཀྱི་མཆོག་ཏུ་སེམས་བསྐྱེད་པ་དང་། འཇུག་སྡོམ་འབྲེལ་ཆགས་སུ་ལེན་པ་ཞིག་བཤད་སྣང་བས་སོ།། །།

དྲི་བ་གསུམ་པ་ནི། བསླབ་བཏུས་ལས་གསུངས་རྩ་བ་ཡི། །ལྟུང་བར་བྱུང་ས་ལས་བཤད་པའི། །རྩ་བའི་ལྟུང་བ་འདུས་སོ་ཞེས། །བསླབ་བཏུས་ཉིད་ལས་གསུངས་དེ་ཅི། །ཅེས་པའོ། །འདི་ལ་གཉིས་ལས། དང་

པོ་ལ། འདྲི་བའི་རྒྱུ་མཚན་ནི། ཇི་སྐད་དུ། ལྟུང་བ་དང་ནི་ཕྱིར་བཅོས་དང་། །བསླབ་པར་བྱ་བའང་སོ་སོར་ཡོད། ། ཅེས་པའི་སྒྲ་ཇི་བཞིན་པ་འདི་ལ་འཁྲུལ་ནས། དབུ་མའི་ལུགས་ཀྱི་ཆོག་ས་བླངས་པའི་སེམས་བསྐྱེད་ཀྱི་སྡོམ་པ་དང་ལྡན་པ་དེས། བྱང་ས་ནས་གསུངས་པའི་རྩ་བའི་ལྟུང་བ་རྣམས་བསྲུང་མི་དགོས་སམ་སྙམ་པ་དང་། བྱང་ས་ནས་གསུངས་པའི་སྡོམ་ལྡན་དེ་ལ། བསླབ་བཏུས་ནས་གསུངས་པའི་རྩ་བའི་ལྟུང་བར་བཤད་པ་བཅུ་དགུ་པོ་ཐམས་ཅད་སྡོམ་པ་གཏོང་བའི་རྒྱུར་མི་འགྱུར་རམ་སྙམ་པའི་དོགས་པ་དེ་ནི། གཞུང་འདིའི་རྣམ་བཤད་མཛད་པ་ཕལ་ཆེ་བ་ལ་སྣང་ཞིང་། རྣམ་བཤད་མཛད་པ་ཀུ་མ་ར་ལ་སོགས་པ་ལ་ལ་དག་གིས། ལུགས་གཉིས་ཀྱི་རྩ་བའི་ལྟུང་བ་རྣམས་ཕན་ཚུན་དུ་གཉིས་ཀས་གཉིས་ཀ་བསྡུས་པའི་བཤད་པ་རང་ལུགས་ཡིན་པ་ལྟ་བུར་བཞག་འདུག་པའི་རྒྱུ་མཚན་གྱིས་སོ། །

གཉིས་པ་མ་དྲིས་ན་གཞུང་ཆུད་འཛའ་བའི་ཉེས་དམིགས་ནི། ལུགས་དེ་གཉིས་ཀྱི་ལྟུང་བ་ལ་གཞི་མཐུན་མི་སྲིད་ན་བསླབ་བཏུས་དང་དངོས་སུ་འགལ་བ་དང་། བསླབ་བཏུས་ནས་གསུངས་པའི་རྩ་ལྟུང་ཐམས་ཅད་བྱང་སའི་ལྟུང་བར་བསྡུས་ན་བྱང་ས་ཉིད་དང་དངོས་སུ་འགལ་བ་དང་། རྩ་བའི་ལྟུང་བ་ཕན་ཚུན་ཁྱབ་མཉམ་དུ་འཆད་པ་དེ་ལྟ་ན། ལུགས་གཉིས་པོ་ཕན་ཚུན་དུ་བསྲེས་ནས་འབྱེད་པ་འཇིགས་མེད་འབྱུང་གནས་ལ་སོགས་པའི་བཞེད་པ་དེར་སོང་བ་དང་། སེམས་ཙམ་ལུགས་ཀྱི་ཆོ་གའི་དངོས་གཞི་ལ། དབུ་མ་ལུགས་ཀྱི་སྦྱོར་བའི་ཆོ་ག་རྣམས་སྦྱར་ནས་ལག་ལེན་བྱེད་པ་བོད་གཞན་གྱི་འདོད་པ་དེར་སོང་བས་བསྟན་བཅོས་འདིས་གང་བཞག་པའི་ཕྱོགས་སྔ་མ་དེ་ཁས་བླངས་པ་ཡིན་ནོ། །

གཉིས་པ་དངོས་ལན་གདབ་པ་ལ་གཉིས་ཏེ། ལན་དངོས་དང་། འཕྲོས་པའི་དོན་ནོ། །དང་པོ་ནི། དབུ་མ་ལུགས་ཀྱི་སེམས་བསྐྱེད་ཀྱི་སྡོམ་པ་དང་། རྩ་བའི་ལྟུང་བ་དང་། བསླབ་བྱ་སོགས་ཀྱི་ནང་དུ་ཅིག་ཤོས་ཀྱི་དེ་དང་དེ་དག་འདུས་པ་ཡིན་ཏེ། རྒྱ་ཆེ་བས་རྒྱ་ཆུང་བ་བསྡུས་པའི་རིགས་པ་ལས་དང་། དྲིས་ལན་གོང་མའི་སྐབས་སུ། བྱང་སར་བཤད་པའི་ཕམ་པ་ལྟ་བུའི་ཆོས་བཞི་པོ། བསླབ་བཏུས་ཀྱི་རྩ་ལྟུང་སྟོན་པའི་གཞུང་སོ་སོ་དང་སྦྱོར་བའི་ཚུལ་བཤད་ཟིན་པ་དེ་ཉིད། བསླབ་བཏུས་ཀྱི་དགོངས་པ་ཡིན་པར་དེ་ཉིད་ཀྱི་ལུང་གིས་གྲུབ་པས་སོ། །ཇི་ལྟར་ཞེ་ན། དེ་ཉིད་ལས། ཇི་སྐད་དུ། རྩ་བའི་ལྟུང་བ་འདི་དག་བདེ་བླག་ཏུ་བཟུང་བ་དང་། འགའ་ཞིག་གི་ལུགས་གནས་པར་བྱ་བའི་ཕྱིར་བསྡུ་བའི་ཚིག་ལེའུར་བྱས་པ་དག་བརྗོད་པར་བྱའོ། །ཞེས་གསུངས་ལ། དེར་འགའ་ཞིག་གི་ལུགས་ཞེས་པ། འཕགས་པ་ཐོགས་མེད་ཀྱི་ལུགས་ལ་བྱ་བར། སྔོན་གྱི་བསླབ་བཏུས་འཆད་པ་པོ་ཀུན་གྱིས་འཆད་ཀྱིན་སྣང་བ་ལྟར་རིགས་པའི་ཕྱིར་རོ། །དེ་ལྟར་བཤད་པ་འདི་ཡང་། དབུ་མའི་

ལུགས་ཀྱི་སེམས་བསྐྱེད་ཀྱི་སྡོམ་པ་ཡོངས་སུ་རྫོགས་པའི་དབང་དུ་བྱས་པ་ཡིན་གྱི། ཐམས་ཅད་ལ་མ་ཡིན་ཏེ། ལུགས་དེ་ལ་སྨོན་པའི་སྡོམ་པ་རྐྱང་པ་བླངས་ནས་བསྲུང་བ་དང་། འཇུག་པའི་སྡོམ་པ་བླངས་ནས་ཀྱང་། ཉེས་སྤྱོད་ཀྱི་སྣ་གཅིག་སྡོམ་པ་སོགས་ཡོད་པར་མདོ་སྡེ་ལས་རྒྱས་པར་གསུངས་པ་རྣམས་བསླབ་བཏུས་སུ་དྲངས་པའི་ཕྱིར་རོ། །

གཉིས་པ་ནི། དེ་ལྟར་ན་རྒྱ་ཆེ་བ་རྒྱ་མཚོ་ལྟ་བུས། རྒྱ་ཆུང་བ་ལྟེང་ཀའི་ཆུ་ལྟ་བུ་བསྡུས་པའི་རྒྱུ་མཚན་གྱིས། ལུགས་གཉིས་ཀྱི་ལྟུང་བ་ལ་གཞི་མཐུན་སྲིད་ཀྱང་། རྒྱ་ཆུང་བའི་ནང་དུ་རྒྱ་ཆེ་བ་རྣམས་མ་བསྡུས་པའི་རྒྱུ་མཚན་གྱིས། ལུགས་གཉིས་པོ་སོ་སོ་ཐ་དད་པ་ཁོ་ནར་ངེས་སོ། །ཞེས་བྱ་བ་ནི་བསྟན་བཅོས་མཛད་པ་པོ་འདིའི་བཞེད་པ་ཡིན་པ་ལ། སྡོམ་ཁང་པའི་རྣམ་བཤད་ལས། ཐུབ་པ་དགོངས་རྒྱན་དུ། འདིར་གསུངས་པའི་རྩ་ལྟུང་རྣམས། བྱང་སར་གསུངས་པའི་རྩ་ལྟུང་བཞིར་བསྡུས་པའི་ཚུལ་གསལ་པོར་བཤད་པ་ལྟར། སྔོན་གྱི་སློབ་དཔོན་མང་པོ་ཡང་བཞེད་དོ། །ཅེས་ལུགས་དེ་སྐྱོན་མེད་ཡིན་པ་ལྟ་བུར་བཤད་པ་དང་། ཀུ་མུ་རའི་རྣམ་བཤད་ལས། ཨ་བྷ་ཡ་ཀ་རས་བྱང་སར་གསུངས་པའི་རྩ་ལྟུང་བཞི་པོ་ཉིད་ཀྱིས། ནམ་སྙིང་དང་ཐབས་ལ་མཁས་པའི་མདོ་ནས་གསུངས་པའི་རྩ་ལྟུང་རྣམས་བསྡུས་པར་བཞེད་དེ། དགོངས་རྒྱན་དུ། གང་ཟག་འབྲིང་དང་ཆུང་ངུའི་བྱེ་བྲག་གིས། ལྔ་དང་། བརྒྱད་དང་། བཞིའོ། །ཞེས་ལྟུང་བའི་རབ་ཏུ་དབྱེ་བ་རྒྱས་པར་བསྟན་ལ། གང་ཟག་གཅིག་ལ་ཡང་གཞན་ལྟུང་བ་དེ་རྣམས་ཀྱང་ངོ་། །ཞེས་རྒྱལ་རིགས་ལ་ལྔ་གསུངས་པ་གང་ཟག་འབྲིང་དང་། ལས་དང་པོ་པ་ལ་བརྒྱད་གསུངས་པ་གང་ཟག་ཆུང་ངུ་དང་། བྱང་སར་བཞི་གསུངས་པ་གང་ཟག་ཆེན་པོའི་དབང་དུ་བྱས་ལ། འོན་ཀྱང་གང་ཟག་དེ་དག་རེ་རེ་ལ་ཡང་ལྟུང་བ་གཞན་རྣམས་ཀྱང་འཇོག་པར་བཞེད་དོ། །དེ་ལྟ་ན། གང་ཟག་གསུམ་པོ་རེ་རེ་ལ་ལྟུང་བ་བཅུ་བདུན་བཅུ་བདུན་དུ་འགྱུར་ཏེ། བྱང་སའི་དང་པོ་ནམ་སྙིང་གི་མདོར་གསུངས་པས། དེ་དང་བཅས་པའི་བཅུ་བཞི། བྱང་སའི་ལྷག་མ་གསུམ་གྱི་བར་པ་གཉིས་དང་། ཐ་མའི་དམ་ཆོས་ལྟར་སྣང་སྟོན་པ་སྟེ། རྩ་བའི་ལྟུང་བ་བཅུ་བདུན་ཡོད་པའི་ཕྱིར། འོན། བྱང་སར་གསུངས་པའི་བཞི་པོ་ཉིད་ཀྱིས་གཞན་རྣམས་བསྡུས་པས། བཞིར་མ་བསྡུས་པའི་རྩ་ལྟུང་གཞན་ཡོད་པར་མི་འགྱུར་རོ། །བསྡུས་ཚུལ་ལ། སྟོད་བྱེད་ནི་བདག་ལ་བསྟོད་པ་སོགས་བརྒྱད་དོ། །བསྡུ་བྱ་ནི་ཐེག་པ་ཆེན་པོ་སྤོང་བ་དང་། རྙེད་བཀུར་གྱི་ཕྱིར་དུ་བདག་ལ་བསྟོད་ཅིང་། གཞན་ལ་སྨོད་པ་ནི་སྟོད་བྱེད་དང་གཅིག་པས། དེ་དག་མ་གཏོགས་པའི་ནམ་སྙིང་གི་མདོ་ནས་འབྱུང་བ་རྣམས་དང་། ཐབས་ལ་མཁས་པའི་མདོ་ནས་གསུངས་པའི་བྱང་ཆུབ་ཀྱི་སེམས་འདོར་བ་སྟེ། རྩ་ལྟུང་བཅུ་བཞིའོ། །ཇི་ལྟར་བསྡུས་པའི་ཚུལ་ནི། སོ་སོར་ཐར་པ་སྤོང་བ་དང་། ཉན་ཐོས

ཀྱི་ཐེག་པས་འདོད་ཆགས་ལ་སོགས་པ་མི་སྤོང་བར་འཛིན་པ་དང་། ཟབ་མོའི་དོན་ལ་བཟོད་པ་ཐོབ་ཅེས་རྫུན་དུ་སྨྲ་བ་དང་གསུམ་ནི། བདག་བསྟོད་གཞན་སྨོད་དུ་འདུས་ཏེ། ཐེག་ཆེན་བྱང་སེམས་རང་གི་ཡིན་པས། དེ་ལ་བསྟོད་ཅིང་། ཐེག་དམན་ལ་སྨད་པ་དང་། རྫུན་དུ་སྨྲ་བས་ནི། གང་ཟག་རང་ལ་བསྟོད་ཅིང་། གཞན་ལ་སྨད་པས་སོ། །དཀོན་མཆོག་གསུམ་གྱི་དཀོར་དང་། ཆོས་གོས་འཕྲོག་པ་དང་། དགེ་སློང་ཆད་པས་གཅོད་དུ་འཇུག་པ་སོགས་གསུམ་དང་། ཡང་དག་འཇོག་གི་ལོངས་སྤྱོད་ཁ་བཏོན་པ་ལ་སྟེར་བ་རྣམས་ནི། སེར་སྣས་ནོར་མི་སྟེར་བར་འདུ། དགེ་འདུན་གྱི་དབྱེན་བྱེད་པ་དང་། ཞི་གནས་འདོར་དུ་འཇུག་པ་ནི། སེར་སྣས་ཆོས་མི་སྟེར་བར་འདུ། ཚུལ་ཁྲིམས་འཆལ་བ་ལ་རྗེག་པ་སོགས་དང་། མཚམས་མེད་གཞན་བཞི་དང་། གྲོང་འཇོམས་པ་རྣམས་ནི་སེམས་ཅན་ལ་རྗེག་པས་བསྡུས་སོ། །ཉན་རང་གི་ཆོས་སྤང་བ་དང་། བློ་མ་སྦྱངས་པ་ལ་སྟོང་པ་ཉིད་བརྗོད་པ་དང་། བྱང་ཆུབ་ཀྱི་སེམས་སྤོང་བ་ནི། ཐེག་པ་ཆེན་པོ་སྤོང་བས་བསྡུས་སོ། །ལོག་པར་ལྟ་བ་བཟུང་ནས། མི་དགེ་བ་བཅུ་ལ་རང་གཞན་འགོད་པ་དང་། རྫོགས་པའི་བྱང་ཆུབ་ལ་ཞུགས་པ་བཟློག་ནས་ཐེག་དམན་ལ་སྦྱོར་བ་ནི། དམ་ཆོས་ལྟར་སྣང་སྟོན་པའི་ནང་དུ་འདུས་པར་གསུངས་སོ། །ལུང་དེའི་དོན་བྱང་སར་གསུངས་པ་བཞི་པོས། ནམ་སྙིང་གི་མདོར་གསུངས་པ་རྣམས་ཡིན་པའི་ཚུལ་གྱིས་བསྡུས་པ་ནི་མ་ཡིན་གྱི། ལྟུང་བ་རིས་མཐུན་པའི་ཚུལ་གྱིས་བསྡུས་པར་བཞེད་པ་ཡིན་ནོ། །ཞེས་གསུངས་པར་སྣང་ངོ། །

འདི་མི་འཐད་པ་ལ་གཉིས་ཏེ། སྤྱིར་འཇིགས་མེད་འབྱུང་གནས་ཀྱི་ལུགས་དེ་མི་འཐད། བྱེ་བྲག་ཏུ་འཆད་ལུགས་དེ་འདྲ་དེ་བསྟན་བཅོས་འདིའི་ལུགས་མ་ཡིན་པའོ། །དང་པོ་ནི། བཞི་པོས་དབུ་མ་ལུགས་ཀྱི་རྩ་ལྟུང་ཐམས་ཅད་བསྡུས་པ་མི་འཐད་པ་དང་། བྱེ་བྲག་ཏུ་ནམ་སྙིང་གི་མདོ་ནས་གསུངས་པ་རྣམས་བསྡུས་པ་མི་འཐད་པ་ཡིན་ནོ། །དང་པོའི་ཤེས་བྱེད་ཀྱང་། དེ་ལྟར་ཡིན་པ་འོ་ན། སྨོན་སེམས་བཏང་བ་དེ་བྱང་སའི་ལུགས་ཀྱི་རྩ་ལྟུང་དུ་ཐལ་བར་འགྱུར་ལ། དེ་ལ་འདོད་མི་ནུས་པ་ནི། བྱང་ས་ལས། སྨོན་སེམས་བཏང་བ་དེ་སྡོམ་པའི་གཏོང་རྒྱུ་ཡིན་ཀྱང་། རྩ་བའི་ལྟུང་བ་མ་ཡིན་པར་བཤད་པའི་ཕྱིར། སྨོན་སེམས་བཏང་བ་འཇུག་སྡོམ་གྱི་རྩ་ལྟུང་ཡིན་ན། སྨོན་པའི་སེམས་དེ་འཇུག་སྡོམ་ལེན་པའི་དུས་སུ་བླངས་པར་ཡང་ཧ་ཅང་ཐལ་བར་འགྱུར་རོ། །

གཉིས་པའི་ཤེས་བྱེད་ཀྱང་། བཞི་པོས་ནམ་སྙིང་གི་མདོ་ནས་གསུངས་པ་མཐའ་དག་བསྡུས་ན་བསླབ་བཏུས་ཉིད་དང་འགལ་བ་ཡིན་ཏེ། དེ་ཉིད་ལས། ནམ་སྙིང་གི་མདོ་ལས་གསུངས་པ་བཅུ་བཞི་དང་། ཐབས་ལ་མཁས་པའི་མདོ་ནས་གསུངས་པ་བྱང་ཆུབ་ཀྱི་སེམས་གཏོང་བ་ཞེས་བྱ་བའི་རྩ་བའི་ལྟུང་བ་གཅིག་སྟེ། བཅོ་ལྔ་པོ་སྔར་བཤད་ཟིན་པའི་འོག་ཏུ་བྱང་སའི་ལུགས་ཀྱི་རྩ་བའི་ལྟུང་བ་གསུམ་པོ་དེ་བཤད་ལ། དེ་ཡང་འགའ་ཞིག

གི་ལུགས་གནས་པའི་ཕྱིར་དུ། ཚིགས་སུ་བཅད་པ་ཞེས་བྱ་བ་དེའི་དོན་དུ་སྣང་བས་སོ། །མདོ་ར་ན་བསླབ་བཏུས་ནས་འབྱུང་བའི་རྩ་བའི་ལྟུང་བ་ནི་གཉིས་སུ་འདུ་སྟེ། མདོ་ནས་འབྱུང་བ་དང་། འགའ་ཞིག་གི་ལུགས་ལ་གནས་པའོ། །དང་པོ་ལ། ནམ་སྙིང་གི་མདོ་ནས་འབྱུང་བ་བཅུ་བཞི་དང་། ཐབས་ལ་མཁས་པའི་མདོ་ནས་འབྱུང་བ་གཅིག་གོ། གཉིས་པ་ལ་བཞི་ཡོད་ཀྱང་གཅིག་ནམ་མཁའི་སྙིང་པོའི་མདོའི་ནང་ནས་འབྱུང་བ་དེ་ཉིད་དུ་འདུས་པས། ལྷག་མ་གསུམ་བཤད་པ་ཡིན་ནོ། །

གཉིས་པ་ནི། འཇིགས་མེད་ཀྱི་ལུགས་དེ་འདིར་བཏང་སྙོམས་སུ་བཞག་ཏུ་མི་རུང་སྟེ། ལུགས་དེ་ནི་གཞུང་འདིར། དེ་གཉིས་ལྟ་བ་ཐ་དད་པས། །ཚིག་ཡང་ནི་ཐ་དད་ཡིན། །ཞེས་པའི་དགག་བྱའི་གཙོ་བོ་ཡིན་པའི་ཕྱིར་དང་། གངས་ཅན་པ་ཕྱི་མ་དག་གིས། འཇིགས་མེད་ཀྱི་གཞུང་དེ་ཚད་ལྡན་གྱི་ཁུངས་སུ་བྱས་ནས། རྗེ་བཙུན་ས་སྐྱ་པའི་ལུགས་འདི་ལ་བསྙིངས་པར་བྱེད་པའི་ཚིག་མང་དུ་སྨྲས་པའི་ཕྱིར་རོ། །ཞར་ལ་འདི་ཡང་ཤེས་དགོས་ཏེ། ཇི་སྐད་དུ། ཇི་ལྟར་ནས་ཀྱི་ས་བོན་ནི། །གྲང་དྲོ་གང་དུའང་སྨིན་པ་ལྟར། །དེ་བཞིན་དབུ་མའི་སེམས་བསྐྱེད་ཀྱང་། །སྡིག་པ་ཡོད་མེད་ཀུན་ལ་སྐྱེ། །ཞེས་སྡོམ་མིན་ཅན་ལའང་སེམས་བསྐྱེད་ཀྱི་སྡོམ་པ་སྐྱེ་བར་བཤད་པ་དེ་ནི། སྨོན་པ་རྐྱང་པའི་སྡོམ་པ་ལ་དགོངས་པ་ཡིན་ཏེ། ཇི་སྐད་དུ། རྒྱལ་པོ་ལ་གདམས་པའི་མདོ་ལས། རྒྱལ་པོ་ཆེན་པོ་འདི་ལྟར། ཁྱོད་ནི་བྱ་བ་མང་། བྱེད་པ་མང་བས། ཉིན་མཚན་དུ། སྦྱིན་པ་ནས་ཤེས་རབ་ཀྱི་བར་ལ་བསླབ་པར་མི་ནུས་ཏེ། དེ་བས་ན་རྒྱལ་པོ་ཆེན་པོ་ཁྱོད་ཡང་དག་པར་རྫོགས་པའི་བྱང་ཆུབ་ལ་དད་པ་དང་། དོན་དུ་གཉེར་བ་དང་། སྨོན་པ་རྟག་པར་རྒྱུན་དུ་དྲན་པར་གྱིས་ལ་ཡིད་ལ་སྒོམས་ཤིག །གཞན་གྱི་དགེ་བ་ལ་རྗེས་སུ་ཡི་རང་བར་གྱིས་ཤིག་རྗེས་སུ་ཡི་རང་ནས་ཀྱང་སངས་རྒྱས་དང་། བྱང་ཆུབ་སེམས་དཔའ་དང་། ཉན་ཐོས་དང་། རང་རྒྱལ་བ་ཐམས་ཅད་ལ་ཕུལ་ཅིག །ཕུལ་ནས་སེམས་ཅན་ཐམས་ཅད་དང་ཐུན་མོང་དུ་གྱིས་ཤིག །དེ་ནས་སེམས་ཅན་ཐམས་ཅད་སངས་རྒྱས་ཀྱི་ཆོས་ཡོངས་སུ་རྫོགས་པར་འགྱུར་བ། ཉིན་གཅིག་བཞིན་དུ་བླ་ན་མེད་པའི་བྱང་ཆུབ་ཏུ་བསྔོས་ཤིག །རྒྱལ་པོ་ཆེན་པོ། ཁྱོད་དེ་ལྟར་བྱེད་ན། རྒྱལ་སྲིད་ཀྱང་བྱེད་ལ༑ རྒྱལ་པོའི་བྱ་བ་ཡང་ཉམས་པར་མི་འགྱུར་ཞིང་། བྱང་ཆུབ་ཀྱི་ཚོགས་ཀྱང་ཡོངས་སུ་རྫོགས་པར་འགྱུར་རོ། །

ཞེས་གསུངས་པ་ཡིན་ནོ། །བྱང་ས་ནས་གསུངས་པའི་ཕམ་པ་ལྟ་བུའི་ཆོས་བཞི་པོས། སྨོན་པ་རྐྱང་པའི་སྡོམ་པ་འདི་གཏོང་བ་ཡང་མ་ཡིན་ཏེ། ཇི་སྐད་དུ། བྱམས་པའི་རྣམ་པར་ཐར་པ་ལས། རིགས་ཀྱི་བུ་འདི་ལྟ་སྟེ། དཔེར་ན། རྡོ་རྗེ་རིན་པོ་ཆེ་ནི་ཆག་ཀྱང་གསེར་གྱི་རྒྱན་ཐམས་ཅད་ཟིལ་གྱིས་གནོན་ཞིང་། རྡོ་རྗེ་རིན་པོ་ཆེའི་མིང་ཡང་མི་འདོར་ལ། དབུལ་བ་ཡང་རྣམ་པར་བཟློག་གོ། དེ་བཞིན་དུ་ཐམས་ཅད་མཁྱེན་པར་སེམས་བསྐྱེད

པའི་རྡོ་རྗེ་རིན་པོ་ཆེ་ནན་ཏན་དང་བྲལ་ཡང་། ཉན་ཐོས་དང་རང་སངས་རྒྱས་ཀྱི་ཡོན་ཏན་ཐམས་ཅད་ཟིལ་གྱིས་གནོན་ཞིང་། བྱང་ཆུབ་སེམས་དཔའི་མིང་ཡང་མི་འདོར་ལ། འཁོར་བའི་དབུལ་བ་ཐམས་ཅད་ཀྱང་རྣམ་པར་བཟློག་གོ། ཅེས་གསུངས་སོ། །འོན་འདི་ཙམ་ཞིག་སེམས་ཙམ་ལུགས་ཀྱི་སྡོམ་པའི་རྟེན་དུ་ཡང་དགོས་པ་མ་ཡིན་ནམ་ཞེ་ན། དེ་དགོས་མོད། དེ་འདྲ་དེ་སེམས་ཙམ་ལུགས་ཀྱི་ཚོགས་ཐོབ་པའི་སྡོམ་པ་མ་ཡིན་པའི་ཕྱིར་ན། སེམས་ཙམ་ལུགས་ཀྱི་སེམས་བསྐྱེད་ཀྱི་སྡོམ་པ་དེ་སྡོམ་མིན་ཅན་ལ་སྐྱེ་བར་ཐལ་བའི་ཉེས་པ་མེད་དོ། །ཡང་ཇི་སྐད་དུ། དཔེར་ན་འབྲས་ཀྱི་ས་བོན་ནི། །གྲང་བའི་ཡུལ་དུ་མི་སྐྱེ་བ། །དེ་བཞིན་སེམས་ཙམ་པ་ཡི་ཡང་། །སེམས་བསྐྱེད་སྡིག་ཅན་ལ་མི་སྐྱེ། །ཞེས་བཤད་པ་དེ་ནི་འཇུག་པའི་སྡོམ་པ་ཁོ་ན་ལ་དགོངས་པ་ཡིན་ཏེ། ཇི་སྐད་དུ། ལམ་སྒྲོན་ལས། སོ་སོ་ཐར་པ་རིས་བདུན་གྱི། །རྟག་ཏུ་སྡོམ་གཞན་ལྡན་པ་ལ། །བྱང་ཆུབ་སེམས་དཔའི་སྡོམ་པ་ཡི། །སྐལ་བ་ཡོད་ཀྱི་གཞན་དུ་མིན། །ཞེས་པ་དང་། བྱང་ས་ཉིད་ལས། སྡོམ་པ་འདི་ལེན་པའི་སྔོན་རོལ་དུ་བར་ཆད་འདྲི་བ་ན། རིགས་ཀྱི་བུའམ། ཆོས་ཀྱི་སྲིང་མོ་འདི་ཞེས་བྱ་བ་ཁྱོད། བྱང་ཆུབ་སེམས་དཔའ་ཡིན་ནམ། བྱང་ཆུབ་ཏུ་སྨོན་ལམ་བཏབ་བམ། ཞེས་སློསཤིག་དེས་ཀྱང་ལགས་སོ་ཞེས་ཁས་ལོངས་ཤིགཅེས་གསུངས་པ་ཡིན་ནོ།། །།

དྲི་བ་བཞི་པ་ནི། དབུ་མ་ལུགས་ཀྱི་སེམས་བསྐྱེད་ཀྱི། །རྟེན་དུ་སོ་ཐར་མི་དགོས་ན། །ཡན་ལག་བདུན་པ་སྔོན་འགྲོ་བར། །གསུངས་པའི་དགོངས་པ་གང་ཞིག་ཡིན། །ཞེས་པའོ། །འདི་ལ་གཉིས་ལས། དང་པོ་ལ། འདྲི་བའི་རྒྱུ་མཚན་ནི། ལུགས་གཉིས་ཀྱི་ཚོ་གའི་ཁྱད་པར། སོ་སོར་ཐར་པ་རྟེན་དུ་དགོས་མི་དགོས་ཀྱིས་འབྱེད་པ་ལ་རྩོད་པ་མི་འདུག་ཀྱང་། རྟེན་སོ་སོར་ཐར་པ་དེ་སོ་སོར་ཐར་པ་རིགས་བདུན་གང་རུང་ལ་བྱེད་ན་ནི། རྗེ་བཙུན་ཆེན་པོའི་གསུང་རབ་དང་མི་མཐུན་པ་དང་། ཐེག་ཆེན་གྱི་སོ་སོར་ཐར་པ་ལ་བྱེད་ན་ནི། དབུ་མ་ལུགས་ཀྱི་སྦྱོར་ཆོག་ལ་ཡན་ལག་བདུན་པ་སྔོན་དུ་འགྲོ་དགོས་པར་བཤད་ལ། བདུན་པོའི་ནང་གི་བསྔོ་བ་དེ་ནི་རྫོགས་བྱང་དུ་བསྔོ་བ་ཡིན་ཞིང་། དེ་ཡང་སྨོན་པ་སེམས་བསྐྱེད་དང་དོན་གཅིག་པས། སྨོན་སེམས་ཀྱི་དུས་སུ་ནི་ཐེག་ཆེན་གྱི་སོ་སོར་ཐར་པའི་སྡོམ་པ་སྐྱེ་ཞིང་འཐོབ་པ་ནི། རྗེ་བཙུན་གྲགས་པའི་ཞབས་ཀྱིས་བཞེད་པ་ལ་སྣང་བའི་རྒྱུ་མཚན་གྱིས་སོ། །

གཉིས་པ་མ་དྲིས་པའི་སྐྱོན་ནི། དབུ་མའི་ལུགས་ཀྱི་འཇུག་སྡོམ་གནས་པའི་རྟེན་དུ། ཉེས་སྤྱོད་སྡོམ་པའི་ཚུལ་ཁྲིམས་ངེས་པར་དགོས་པ་མ་ཡིན་ནོ་སྙམ་པ་འདི། དུས་ཕྱིས་བསྟན་བཅོས་འདི་ལ་འབེལ་གཏམ་བྱེད་པ་པོ་དག་ལ་ངེས་པར་སྐྱེ་བ་ཡིན་ཏེ། སྡོམ་པ་གསུམ་གྱིས་ཟླས་ཕྱེ་བའི་སོ་ཐར་ནི། ཉེས་སྤྱོད་སྡོམ་པའི་

ཚུལ་ཁྲིམས་ཀྱི་མིང་ཅན་དུ་གྱུར་པའི་བྱང་ཆུབ་སེམས་དཔའི་སོ་ཐར་ལ་འཆད་པ་དག་སྣང་བ་དང༌། གཞུང་ཉིད་དུ༑ དབུ་མ་ལུགས་ཀྱི་སེམས་བསྐྱེད་ཀྱི་སྡོམ་པའི་རྟེན་དུ་སོ་ཐར་མི་དགོས་པར་ཡང་བཤད་པས་སོ། །དེ་ཡང་དེ་ལྟར་འདོད་ན་ནི། ཤིན་ཏུ་མི་རིགས་ཏེ། འཇུག་པ་སེམས་བསྐྱེད་ཀྱི་སྡོམ་པའི་དངོས་གཞི་ནི། ཉེས་སྤྱོད་སྡོམ་པའི་ཚུལ་ཁྲིམས་ལ་གཞག་དགོས་པའི་ཕྱིར་དང༌། ཉེས་སྤྱོད་སྡོམ་པའི་ཚུལ་ཁྲིམས་ནི། སྡོམ་པ་གསུམ་གྱི་ཟླས་ཕྱེ་བའི་བྱང་སེམས་ཀྱི་སྡོམ་པ་ལ་འཆད་དགོས་པའི་ཕྱིར།

གཉིས་པ་དངོས་ལན་གདབ་པ་ནི། དབུ་མ་ལུགས་ཀྱི་སེམས་བསྐྱེད་ཀྱི་སྡོམ་པ་ནི་གཉིས་ཏེ། སྨོན་པ་རྒྱུད་པའི་སྡོམ་པ་དང༌། གཉིས་ཀ་བསྡོམས་པའི་སྡོམ་པའོ། །དང་པོའི་རྟེན་དུ་ནི་སོ་ཐར་རིས་བདུན་ལྟ་ཞོག་ཉེས་སྤྱོད་སྡོམ་པའི་ཚུལ་ཁྲིམས་ཙམ་ཡང་དགོས་པ་མ་ཡིན་ཏེ། གོང་དུ་རྒྱལ་པོ་ལ་གདམས་པའི་མདོའི་ལུང་དྲངས་པ་ལས། རྒྱལ་པོ་དང་ཤན་པ་ལྷ་བུ་སྡོམ་མིན་ཅན་ལ་ཡང༌། སྨོན་པའི་སྡོམ་པ་སྐྱེ་བར་བཤད་པ་ལས་ཤེས་སོ། ། གཉིས་པ་དེའི་རྟེན་དུ་སོ་ཐར་རིས་བདུན་པོ་གང་རུང་ངེས་པར་དགོས་པ་མ་ཡིན་ཡང༌། ཉེས་སྤྱོད་སྡོམ་པའི་ཚུལ་ཁྲིམས་ནི་ངེས་པར་དགོས་ཏེ། དེ་མེད་ན་འཇུག་སྡོམ་གནས་པའི་གོ་སྐབས་མེད་པའི་ཕྱིར། དཔེར་ན་མཁར་གཞོང་ལ་མ་བརྟེན་པར། རྒྱ་ཤུག་མི་གནས་པ་བཞིན་ནོ། །རྟེན་དེ་ཡང་སྡོམ་པའི་སྔོན་དུ་ལེན་དགོས་པ་ཡིན་ནམ་ཞེ་ན། མ་ཡིན་ཏེ། འཇུག་པའི་སྡོམ་པ་ལེན་པའི་ཆོ་ག་དེ་ཉིད་ཀྱིས་དེ་ཐོབ་པ་ཡིན་པའི་ཕྱིར་རོ། ། སེམས་ཙམ་གྱི་ལུགས་ལ་ནི། འཇུག་སྡོམ་གྱི་རྟེན་སོ་སོར་ཐར་པ་དེ་ཉན་ཐོས་ཀྱི་འདུལ་བའི་ལུགས་སམ། བྱང་སེམས་ཀྱི་འདུལ་བའི་ལུགས་གང་ལ་བྱ་ཡང་འདྲ་སྟེ། འཇུག་སྡོམ་གྱི་སྔོན་དུ་ལེན་པ་ཡིན་ལ། དེ་ཡང་ཇོ་བཙུན་ཆེན་པོའི་གསུང་ལྟར་ན་ནི། འཇུག་སྡོམ་གྱི་སྔོན་དུ་སྨོན་སེམས་ལེན་པའི་དུས་དེ་ཉིད་དུ་སྨོན་སེམས་ཀྱི་ཆོགས་འཐོབ་པར་བཤད་ལ། བསྟན་བཅོས་འདི་ལས་ནི། ཐོག་མར་སོ་སོར་ཐར་པ་ལོང༌། །ཞེས་གསུངས་པས། སྨོན་སེམས་དང་འཇུག་སྡོམ་གྱི་བར་དུ་སོ་ཐར་རིགས་བདུན་གང་རུང་ལེན་པའམ། ཡང་ན། སྨོན་སེམས་ཀྱི་སྔ་རོལ་དུ་བདུན་པོ་གང་རུང་ལེན་པ་ལས་མ་འདས་སོ། །འདི་ཡང་འདོད་པའི་རྟེན་ཁོ་ནའི་དབང་དུ་བྱས་པ་ཡིན་ཏེ། འཕགས་པ་ཐོགས་མེད་ཀྱི་སེམས་བསྐྱེད་ཀྱི་ཆོ་ག་གསུངས་པ་དེ་ཉིད། སྤྱིར་འདོད་ཁམས་པ་དང༌། བྱེ་བྲག་འཛམ་བུ་གླིང་པའི་དབང་དུ་བྱས་པའི་ཆོ་ག་ཡིན་པས་སོ། །རྗེ་བཙུན་གྱིས། སྨོན་སེམས་ཀྱི་དུས་སུ་བྱང་སེམས་ཀྱི་སོ་ཐར་ཐོབ་པར་བཤད་པ་ཡང༌། སྨོན་པ་དང་ལྡན་ཅིག་ཏུ་ཉེས་སྤྱོད་སྡོམ་པའི་ཚུལ་ཁྲིམས་བླངས་པ་ལ་དགོངས་པ་ཡིན་ཏེ། རྗེ་བཙུན་ཉིད་ཀྱིས་མཛད་པའི་ཆོ་ག་ལས་དེ་ལྟར་གསལ་བའི་ཕྱིར།། །།

དྲི་བ་ལྔ་པ་ནི། རྗེ་བཙུན་ཆེན་པོས་རྒྱུན་བཤགས་ཀྱི། །དུས་སུ་ཉེས་སྤྱོད་སྡོམ་པ་ཡི། །ཚུལ་ཁྲིམས་སྐྱེ

ཞིང་དེ་ཉིད་ཀྱང་། །སོ་སོར་ཐར་པ་བཤད་དེ་ཙི། །ཞེས་པའོ། །འདི་ལ་གཉིས་ལས། དང་པོ་དྲི་བའི་བསམ་པ་བསླང་བ་ལ་གཉིས་ལས། དང་པོའི་དྲི་བའི་རྒྱུ་མཚན་ནི། དྲིས་ལན་གོང་མའི་སྐབས་སུ་དངོས་ལན་འདེབས་པ་ན༑ སེམས་བསྐྱེད་ཀྱི་སྡོམ་པ་ལུགས་གཉིས་པོའི་རྟེན་དུ། སོ་ཐར་གྱི་སྡོམ་པ་དགོས་མི་དགོས་བཤད་པའི་སོ་ཐར་དེ། རིས་བདུན་གང་རུང་ལ་བྱེད་པ་ཡིན་པས། དབུ་མའི་ལུགས་ཀྱི་རྟེན་དུ་རིས་བདུན་གང་རུང་ངེས་པར་དགོས་པ་མ་ཡིན་ནོ། །ཞེས་ཟེར་བ་ལས་འོས་མི་འདུག་པས། འོ་ན། རྗེ་བཙུན་ཆེན་པོས་སྡོམ་པ་ཉི་ཤུ་པའི་རྣམ་བཤད་དུ། སེམས་ཙམ་ལུགས་ཀྱི་བྱང་སེམས་སྡོམ་པའི་རྟེན་དུ་གྱུར་པའི་སོ་ཐར་ངོས་འཛིན་པ་ན། འདི་སྐད་ཅེས་གསུངས་ཏེ། བྱང་སེམས་ཀྱི་སོ་ཐར་བླང་བའི་ཆོ་ག་གཞན་ཞིག་ཡོད་དམ། སོ་ཐར་གྱི་སྡོམ་པ་བླང་བའི་ཆོ་ག་ཉིད་ཡིན་ཞེ་ན། སྔར་སོ་སོར་ཐར་པ་ཐོབ་ན། ཕྱིས་བྱང་སེམས་ཀྱི་སྡོམ་པ་ཐོབ་པའི་དུས་སུ། སྔར་གྱི་དེ་བྱང་ཆུབ་སེམས་དཔའི་སྡོམ་པར་གནས་གྱུར་ལ། སྔར་མ་ཐོབ་ན། བྱང་སེམས་ཀྱི་སྨོན་པ་སེམས་བསྐྱེད་ཀྱི་དུས་ཉིད་དུ་བྱང་སེམས་ཀྱི་སོ་ཐར་ཐོབ་པ་ཡིན་ནོ། །ཞེས་གསུངས་སོ། །མ་དྲིས་པའི་ཉེས་པ་ནི། སེམས་ཙམ་ལུགས་ཀྱི་སེམས་བསྐྱེད་ཀྱི་སྡོམ་པའི་རྟེན་དུ། སོ་ཐར་རིས་བདུན་གང་རུང་ངེས་པར་དགོས་ན། རྗེ་བཙུན་ཆེན་པོས། དེའི་རྟེན་གྱི་སོ་ཐར་དེ་སྨོན་སེམས་ཀྱི་ཆོ་གས་ཐོབ་པར་བཤད་པ་དང་འགལ་ལོ་སྙམ་པའི་དོགས་པ་འདི་སྐྱེ་བར་འགྱུར་རོ། །གཉིས་པ་དངོས་ལན་གདབ་པ་ནི། རྗེ་བཙུན་གྱིས་དེ་ལྟར་གསུངས་པ་དེ་ནི། བྱང་སེམས་ཀྱི་འཇུག་པའི་སྡོམ་པ་སྐྱེ་བ་དང་གནས་པའི་རྟེན་ལ་དགོངས་པ་ཡིན་གྱི། སྨོན་སེམས་སྐྱེ་བ་དང་གནས་པའི་རྟེན་དུ་དགོངས་པ་མ་ཡིན་ལ། བསྟན་བཅོས་མཛད་པ་འདིས་ནི། སོ་ཐར་རིས་བདུན་པོ་སེམས་ཙམ་ལུགས་ཀྱི་སེམས་བསྐྱེད་ཀྱི་སྡོམ་པ་སྐྱེ་བའི་རྟེན་དུ་འཆད་ཀྱི། གནས་པའི་རྟེན་དུ་མི་འཆད་པས། དགོངས་པ་འགལ་བ་མ་ཡིན་ནོ།། །།

དྲི་བ་དྲུག་པ་ནི། སོ་སོར་ཐར་པ་རིས་བདུན་པོ། །སེམས་ཙམ་ལུགས་ཀྱི་སེམས་བསྐྱེད་ཀྱི། །རྟེན་དུ་དགོས་ན་རྗེ་བཙུན་གྱིས། །དེ་དག་དེ་ཡི་རྟེན་མིན་པར། །གསུངས་པའི་དགོངས་པ་གང་དུ་བཙལ། །ཞེས་པའོ། ། འདི་ལ་གཉིས་ལས། དང་པོ་ལ་འདྲི་བའི་རྒྱུ་མཚན་ནི། རྗེ་བཙུན་གྱིས། སྡོམ་པ་ཉི་ཤུ་པའི་རྣམ་བཤད་དུ་བཤད་པ་དང་། བསྟན་བཅོས་མཛད་པ་པོ་འདིས། སེམས་བསྐྱེད་པའི་ཆོ་གར་བཤད་པ་གཉིས་འགལ་བ་ལྟ་བུར་བཤད་པའི་རྒྱུ་མཚན་གྱིས་སོ། །མ་དྲིས་པའི་ཉེས་པ་ནི། སེམས་ཙམ་ལུགས་ཀྱི་སྡོམ་པའི་རྟེན་དུ་སོ་ཐར་རིས་བདུན་གང་རུང་ངེས་པར་དགོས་པ་དེའི་ཚེ། རྗེ་བཙུན་གྱིས། སྡོམ་པ་ཉི་ཤུ་པའི་རྣམ་བཤད་ལ། སྡོམ་པ་ཡང་དག་པར་བླང་བ་འདི་ལ། སོ་སོར་ཐར་པ་རིས་བདུན་པོ་གང་རུང་རྟེན་དུ་དགོས་སམ་མི་དགོས་ཞེ་ན། འདི་ལ

ཁ་ཅིག་འཐོབ་པའི་རྟེན་དུ་དགོས་ཀྱི། གནས་པའི་རྟེན་དུ་མི་དགོས་ཟེར། ཁ་ཅིག་ནི། སྐྱེ་བ་དང་གནས་པ་གཉིས་ཀའི་རྟེན་དུ་མི་དགོས་ཟེར། གཉིས་ཀ་ལྟར་ཡང་རིགས་པ་མ་ཡིན་ཏེ། འཐོབ་པ་དང་གནས་པ་གཉིས་ཀའི་རྟེན་མ་ཡིན་ནོ། །དེ་ལ་དང་པོ་འཐོབ་པའི་རྟེན་མ་ཡིན་ཏེ། སོ་སོར་ཐར་པ་ནི། གླིང་གསུམ་གྱི་སྐྱེས་པ་དང་། བུད་མེད་མ་ཡིན་པ་ལ་མི་སྐྱེ་ལ། བྱང་ཆུབ་ཀྱི་སེམས་ནི་འགྲོ་བ་ཐམས་ཅད་ལ་ཡང་སྐྱེ་སྟེ། མདོ་ལས། ལྷའི་བུ་ལ་སོགས་པ་སོ་སོར་ཐར་པའི་སྡོད་མ་ཡིན་པའང་། གང་དག་བྱང་ཆུབ་ཏུ་སེམས་མ་བསྐྱེད་པ་དེ་དག་ནི་བསྐྱེད་པར་བྱའོ། །ཞེས་གསུངས་པ་དང་། བདུད་སྡིག་ཏོ་ཅན་བཅོམ་ལྡན་འདས་ཀྱི་དྲུང་དུ་བྱང་ཆུབ་ཀྱི་སེམས་བསྐྱེད་པ་ན། བཅོམ་ལྡན་འདས་ཀྱིས་ཡོངས་སུ་དག་པའི་འཇིག་རྟེན་གྱི་ཁམས་སུ། ཆོས་གནང་བ་ཐོབ་ཅེས་བྱ་བར་འཚང་རྒྱ་བར་ལུང་བསྟན་ཏོ། །ཞེས་ནམ་མཁའ་མཛོད་ཀྱི་མདོ་ལས་གསུངས་པའི་ཕྱིར་དང་། སོ་ཐར་མ་བླངས་པས་སེམས་ཅན་གྱི་དོན་དུ་བྱང་ཆུབ་འདོད་པའི། བསམ་པ་སྐྱེས་པ་ལ། བྱང་ཆུབ་ཀྱི་སེམས་ཀྱི་མཚན་ཉིད་ཡོད་པའི་ཕྱིར་རོ། །བྱང་ཆུབ་སེམས་དཔའི་སྡོམ་པ་གནས་པའི་རྟེན་དུའང་མི་རུང་སྟེ། སོ་ཐར་ཤི་འཕོས་པས་གཏོང་། འདི་མི་གཏོང་ལ། བྱང་ཆུབ་སེམས་དཔའ་རབ་ཏུ་བྱུང་བས་ཀྱང་། ཡིད་ཀྱི་གསུམ་མ་གཏོགས་པའི་ལུས་ངག་གི་བདུན་གཞན་དོན་དུ་སྤྱད་ཀྱང་། ལྟུང་བའི་གཟུགས་བརྙན་དུ་གསུངས་ལ། སྲོག་གཅོད་ལ་སོགས་པ་ལྟུང་བའི་དངོས་གཞི་ཡན་ལག་ཚང་བར་སྤྱད་ཀྱང་། བྱང་ཆུབ་སེམས་དཔའི་སྡོམ་པ་མི་འཆོར་བའི་ཕྱིར་དང་། བསླབ་པ་ཀུན་ལས་བཏུས་ལས་ཀྱང་། སོ་ཐར་གྱི་སྡོམ་པ་སྡོན་དུ་སོང་བའི་རབ་ཏུ་བྱུང་བའི་ཕྱོགས་ལ་དགོངས་ཏེ། ཅི་སྟེ་སེམས་ཅན་གྱི་དོན་དུ་འགྱུར་བར་མཐོང་ན་བསླབ་པ་འབུལ་ལོ། །ཞེས་སོ་ཐར་གྱི་སྡོམ་པ་འབུལ་ཡང་། བྱང་ཆུབ་སེམས་དཔའི་སྡོམ་པ་ཡིན་པར་གསུངས་པ་དང་། ཉེ་བར་འཁོར་གྱིས་ཞུས་པ་ལས་ཀྱང་། ཉན་ཐོས་ཀྱི་སྡོམ་པ་དང་། བྱང་ཆུབ་སེམས་དཔའི་སྡོམ་པའི་བསམ་པ་ཡང་གཞན། སྦྱོར་བ་ཡང་གཞན་ཡིན་ནོ། །ཞེས་གསུངས་པའི་ཕྱིར་རོ། །ཞེས་པ་ནས། འདིར་བྱང་སེམས་ཀྱི་སོ་ཐར་ནི། སྡོམ་པ་འཐོབ་པ་དང་གནས་པ་གཉིས་ཀའི་རྟེན་དུ་རུང་གི་སྔ་མ་ནི་དེ་ལྟར་མ་ཡིན་པས། རྡོ་རྗེ་རྩེ་མོ་ལས། སྡོམ་པ་གསུམ་ལ་གནས་པ་ནི། །དང་པོའི་ཁྲུས་སུ་བཤད་པ་ཡིན། །ཞེས་གང་ཟག་གཅིག་གི་རྒྱུད་ལ་སྡོམ་པ་གསུམ་ལྡན་པར་གསུངས་པ་ནི། བྱང་སེམས་ཀྱི་སོ་སོར་ཐར་པའོ། །ཞེས་གསུངས་པ་རྣམས་དང་འགལ་ལོ་སྙམ་པའི་དོགས་པ་འདི། རྟོག་དཔྱོད་དང་ལྡན་པ་དག་ལ་སྐྱེ་བར་འགྱུར་རོ། །

གཉིས་པ་དངོས་ལན་གདབ་པ་ལ་གཉིས་ལས། དང་པོ་ལ་དངོས་ནི། ལུགས་གཉིས་ཀྱི་སེམས་བསྐྱེད་ཀྱི་སྡོམ་པ་ལ། རྟེན་དུ་སོ་སོར་ཐར་པ་དགོས་མི་དགོས་ཀྱི་སྒོ་ནས་འབྱེད་པ་ནི། རྗེ་བཙུན་གྲགས་པའི་གསུང

རབ་ན་མི་གསལ་ཞིང་། ཆོས་རྗེའི་གསུང་རབ་མཐའ་དག་ན་གསལ་བར་བཞུགས་པ་ཡིན་པ་ལས། ཆོས་ཀྱི་རྗེས། རྗེ་བཙུན་གྱི་དགོངས་པ་མི་མཐུན་པར་འཆད་པའི་གོ་སྐབས་མེད་པ་དེའི་ཚེ། འདི་ལྟར་བཤད་དགོས་ཏེ། རྗེ་བཙུན་གྱིས་ནི། སེམས་བསྐྱེད་དང་འཇུག་སྡོམ་སྐྱེ་བ་དང་གནས་པ་གཉིས་ཀའི་རྟེན་གྱི་དབང་དུ་བྱས་ནས། རིས་བདུན་པོ་དེ་དེའི་རྟེན་དུ་ངེས་པར་དགོས་སོ་ཞེས་ཟེར་བ་འགོག་པ་ཡིན་ལ། ཆོས་ཀྱི་རྗེས་ནི། སེམས་ཅམ་ལུགས་ཀྱི་འཇུག་སྡོམ་སྔར་མེད་སྐྱེ་བའི་རྟེན་དུ། རིས་བདུན་པོ་གང་རུང་དགོས་ཞེས་འཆད་པ་ཡིན་གྱི། གནས་པའི་རྟེན་དུ་ངེས་པར་དགོས་ཞེས་གསུངས་པ་མ་ཡིན་པ་དང་། རྗེ་བཙུན་གྱིས། རིས་བདུན་པོ་སེམས་བསྐྱེད་སྐྱེ་བའི་རྟེན་དུ་ངེས་པར་དགོས་པ་མ་ཡིན་ཞེས་གསུངས་པ་དེ་ཡང་། སྤྱིར་སེམས་བསྐྱེད་ཙམ་ལ་དགོངས་པ་ཡིན་གྱི༑ འཇུག་སྡོམ་ལ་དགོངས་ནས་བཤད་པ་མ་ཡིན་ཏེ། སྨོན་སེམས་ཀྱི་རྟེན་དུ་སོ་ཐར་མི་དགོས་ཤིང་། འཇུག་སེམས་ཀྱི་རྟེན་དུ་སོ་ཐར་དགོས་པ་ནི། རྗེ་བཙུན་ཉིད་ཀྱི་གཞུང་ན་གསལ་བའི་ཕྱིར་རོ། །དེ་ལྟར་བཤད་པ་འོན༑ རྗེ་བཙུན་གྱིས་ནི། འཇུག་སྡོམ་སྐྱེ་བ་དང་གནས་པའི་རྟེན་དུ་ངེས་པར་དགོས་པའི་སོ་ཐར་དེ། རིས་བདུན་པོ་གང་རུང་དུ་མི་གཏོགས་པའི་གཞན་ལ་གནོད་པ་གཞི་བཅས་སྤོང་བའི་ཚུལ་ཁྲིམས་ཞིག་ལ་བཞེད་ལ། ཆོས་ཀྱི་རྗེས་ནི། རིས་བདུན་གང་རུང་དུ་ངེས་པར་བཞེད་པ་དེ་ཉིད་ལས་གང་བཟུང་། གཉིས་ཀ་ལྟར་ཡང་མི་འགལ་ན་ནི། འགལ་བ་ལ་མི་འབྲུལ་བར་འགྱུར་ཏེ། རྗེ་བཙུན་གྱི་གསུང་ལྟར་ན་ནི། སྨོན་སེམས་གང་ལ་སྐྱེ་བ་དེ་ལ་ཐེག་ཆེན་གྱི་སོ་ཐར་སྐྱེ་ཞིང་། དེ་ཉིད་འཇུག་སྡོམ་གྱི་རྟེན་དུ་རུང་བའི་ཕྱིར་དང་། ལུགས་ཕྱི་མ་ལྟར་ན། མི་མ་ཡིན་པའི་འགྲོ་བ་པ་དང་། བྱང་གི་སྒྲ་མི་སྙན་པ་ནི། སེམས་ཅམ་ལུགས་ཀྱི་འཇུག་སྡོམ་གྱི་རྟེན་དུ་མི་རུང་བར་འཆད་དགོས་པའི་ཕྱིར། ཞེ་ན། སོ་ཐར་ཙམ་དང་། དེའི་སྡོམ་པ་ངོ་བོ་ཁྱབ་མི་མཉམ་ཀྱང་། རྟེན་ལ་རྒྱ་ཆེ་ཆུང་གི་ཁྱད་པར་ཆེར་མེད་པའི་ཚུལ་འདི་ལྟར། རྗེ་བཙུན་གྱིས་དེའི་རྟེན་དུ་བཤད་པའི་བྱང་སེམས་ཀྱི་སོ་ཐར་དེ་ཡང་། མི་མ་ཡིན་པའི་འགྲོ་བ་པ་དང་། བྱང་གི་སྒྲ་མི་སྙན་པ་ལ་ཡོད་པ་མ་ཡིན་ཏེ། དེ་འདྲ་དེའི་ངོས་འཛིན་ཡང་། རང་བཞིན་གྱི་ཁ་ན་མ་ཐོ་བ་ཞེས་བྱ་བའི་མིང་ཅན། མི་དགེ་བ་བཅུ་སྤོང་བའི་སེམས་པ་ས་བོན་དང་བཅས་པ་སྨོན་སེམས་ཀྱིས་ཟིན་པ་ཞིག་ལ་ཟེར་བ་ཡིན་ལ། དེ་ལ་ཡང་། སྤྱིར་སྡོམ་པས་བསྡུས་པ་དང་། བར་མས་བསྡུས་པ་གཉིས་ཡོད་ཅིང་། དང་པོ་ལ། སོ་ཐར་གྱི་དང་། ཉེས་སྤྱོད་སྡོམ་པ་དང་། བསམ་གཏན་དང་། ཟག་མེད་ཀྱི་བསྡུས་པ་བཞི་ལས། ཕྱི་མ་གཉིས་ལ་ནི་སོ་སོར་ཐར་པ་ཞེས་ཟེར་བའི་གོ་སྐབས་མེད་ཅིང་། ཉེས་སྤྱོད་སྡོམ་པའི་ཚུལ་ཁྲིམས་སོ་ཐར་དུ་འཛོག་པ་ཡང་འདོད་པའི་རྟེན་ཁོ་ནའི་དབང་དུ་བྱས་ལ། བར་མས་བསྡུས་པ་དེ་ཡང་སོ་སོར་ཐར་པ་མ་ཡིན་ཏེ། ཇི་སྲིད་སོ་ཐར་གྱི་སྡོམ་པ་ལེན་པའི་སྦྱོར་བའི་རིག་བྱེད་སྐད་ཅིག་དང་པོ་མ་སྐྱེས་པ

དེ་སྲིད་དུ། སོ་སོར་ཐར་པ་ཙམ་དུ་ཡང་མི་འཇོག་པར་ཆོས་མངོན་པ་ལས་བཤད་པའི་ཕྱིར་རོ། །དེས་ན་རྗེ་བཙུན་ཆེན་པོས། བྱང་སེམས་ཀྱི་སོ་ཐར་འཇུག་སྡོམ་གནས་པའི་རྟེན་དུ་བཤད་པ་དང་། སྨོན་སེམས་བླངས་པའི་དུས་སུ། བྱང་སེམས་ཀྱི་སོ་ཐར་ཐོབ་པར་བཤད་པ་དེ་ཡང་། སོ་ཐར་སྡོམ་པའི་རྟེན་དུ་རུང་བའི་འགྲོ་བ་པོ་ནའི་དབང་དུ་བྱས་པ་ཡིན་ཏེ། ལྷའི་རྟེན་ལ་སོ་ཐར་སྐྱེ་བ་དང་། གནས་པ་གཉིས་ཀ་མེད་པའི་ཕྱིར་རོ། །གལ་ཏེ་སོ་ཐར་ཙམ་དང་དེའི་སྡོམ་པ་གཉིས་ཀྱི་རྟེན་ལ་རྒྱ་ཆེ་ཆུང་གི་ཁྱད་པར་མེད་པ་དེ་ལྟ་ན། འཇུག་སྡོམ་གནས་པའི་རྟེན་དུ་རུང་མི་རུང་གི་ཁྱད་པར་བཤད་པ་ཅི་ཞེ་ན། ཇི་སྲིད་འཚོ་དང་བྱང་ཆུབ་བར་དུ་བླངས་པའི་ཁྱད་པར་ལས་སོ། །འོ་ན་བྱང་ཆུབ་བར་དུ་བླངས་པས་སྐྱེ་བའི་སོ་སོར་ཐར་པ་ཞིག་ཁས་ལེན་ནམ་ཞེ་ན། དེ་ལྟར་ཁས་མི་ལེན་མོད། ཉེས་སྤྱོད་སྡོམ་པའི་ཚུལ་ཁྲིམས་སོ་ཐར་སྡོམ་པའི་རྟེན་རུང་གི་རྒྱུད་ལ་ཇི་སྲིད་ཡོད་པ་དེ་སྲིད་དུ་སོ་སོར་ཐར་པའི་མིང་གིས་འདོགས་ལ། རྟེན་འཕོས་པའི་ཚེ་ནི་ཉེས་སྤྱོད་སྡོམ་པ་ཞེས་བྱ་བའི་མིང་ཅན་ཁོ་ནའོ། །

གཉིས་པ་དེ་ལས་འཕྲོས་པའི་དོན་བཤད་པ་ནི། དེ་ངས་འཕེལ་བའི་གཏམ་གླེང་བ་འགའ་ཞིག་གི་བསམ་པ་ལ། རིས་བདུན་གང་རུང་དུ་མ་གཏོགས་པའི་བྱང་ཆུབ་སེམས་དཔའི་སོ་སོར་ཐར་པ་ནི། མི་མ་ཡིན་པ་དང་། བྱང་གི་སྒྲ་མི་སྙན་པའི་རྟེན་ལ་ཡང་ཡོད་དོ་སྙམ་དུ་སེམས་པ་དེ་ནི་མ་ཤེས་པ་ཡིན་ཏེ། དམྱལ་བ་པ་དང་། བྱང་གི་སྒྲ་མི་སྙན་པ་ལ་མི་དགེ་བ་བཅུ་སྤོང་བའི་སེམས་པ་མངོན་གྱུར་པ་མེད་པའི་ཕྱིར་དང་། འདོད་པའི་ལྷ་དང་། དུད་འགྲོ་དང་། ཡི་དྭགས་ལ་དེ་སྤོང་བའི་སེམས་པ་བར་མས་བསྡུས་པ་ཡོད་ཀྱང་སྡོམ་པས་བསྡུས་པ་མེད་པས། སོ་སོར་ཐར་པར་མི་འཇོག་པའི་ཕྱིར་དང་། གཟུགས་ཀྱི་ཁམས་ན་མི་དགེ་བ་བཅུ་སྤོང་བའི་སེམས་པ་ས་བོན་དང་བཅས་པ་ཡོད་ཀྱང་། བསམ་གཏན་གྱིས་བསྡུས་པས། སོ་སོར་ཐར་པ་མི་རུང་བའི་ཕྱིར་དང་། སྤྱིར་ཡང་སོ་སོར་ཐར་པ་ནི་ཟག་བཅས་དང་། འདོད་པའི་སས་བསྡུས་སུ་འཇོག་པ་ནི། ཆོས་མངོན་པ་བ་དག་གི་སྤྱི་ལུགས་ཡིན་པའི་ཕྱིར། འོ་ན་རྟེན་དེ་དང་དེ་དག་ལ་ཉེས་སྤྱོད་སྡོམ་པའི་ཚུལ་ཁྲིམས་ཀྱང་མེད་པར་ཁས་ལེན་ནམ་ཞེ་ན། མ་ཡིན་ཏེ། ཉེས་སྤྱོད་སྡོམ་པའི་ཚུལ་ཁྲིམས་ཀྱི་ངོ་བོར་གྱུར་པའི་བསམ་གཏན་དང་ཟག་མེད་ཀྱི་སྡོམ་པ་ཡང་ཡོད། བར་མ་དགེ་བ་ཡང་ཡོད་པའི་ཕྱིར། འོ་ན་སོ་ཐར་ཙམ་དང་། རིས་བདུན་གང་རུང་གིས་བསྡུས་པ་ལ་ཁྱད་པར་ཅི་ཞིག་ཡོད་ཅེ་ན། བཤད་པ། རིས་བདུན་གྱི་བཅས་པའི་ཚུལ་ཁྲིམས་ཀྱིས་ཁྱད་པར་དུ་བྱས་པ་ཡིན་ལ། སོ་ཐར་ཙམ་ནི་རང་བཞིན་གྱི་ཁ་ན་མ་ཐོ་བ་ལས་ལོག་པས་ཁྱད་པར་དུ་བྱས་པའོ། །དེ་ལའང་སྡོམ་པས་བསྡུས་མ་བསྡུས་གཉིས་ལས། དང་པོ་ནི། རིས་བརྒྱད་གང་རུང་གིས་བསྡུས་པ་སོ་ཐར་སྡོམ་པའི་ངོ་བོར་གྱུར་པ་དང་། ཉེས་སྤྱོད་སྡོམ་པའི་ཚུལ་ཁྲིམས་ཀྱིས་བསྡུས་པ་བྱང་ཆུབ་སེམས་དཔའི་སྡོམ་པའི་ངོ་བོར

གྱུར་པ་དང་གཉིས་སོ། །

འོ་ན་གཉིས་པོ་དེའི་ཁྱད་པར་ཅི་ཞེ་ན། ལུས་ངག་གི་སྤང་བྱ་བདུན་པོ་ཉིད་གཙོ་བོར་སྤོང་བ་དང་། ཡིད་ཀྱི་མི་དགེ་བ་གསུམ་གཙོ་བོར་སྤོང་བའི་ཆ་ནས་བཤད་པ་ཡིན་ཏེ། ཐེག་པ་ཐུན་མོང་གི་སོ་ཐར་དང་། བྱང་ཆུབ་སེམས་དཔའི་ཐུན་མོང་མ་ཡིན་པའི་སོ་ཐར་གྱི་ཁྱད་པར་ནི་དེ་ཉིད་དུ་ངེས་པའི་ཕྱིར། དེ་ལྟར་ན། བྱང་ཆུབ་སེམས་དཔའི་སོ་ཐར་ཡིན་ན་སྡོམ་པ་ཡིན་དགོས་ཏེ། དེ་ཡིན་ན་ཉེས་སྤྱོད་སྡོམ་པའི་ཚུལ་ཁྲིམས་དང་། སེམས་བསྐྱེད་ཀྱི་སྡོམ་པ་ཡིན་དགོས་པས་སོ། །དེ་ལྟར་ནའང་། སོ་སོར་ཐར་པའི་སྡོམ་པ་ཡིན་དགོས་པ་ནི་མ་ཡིན་ཏེ། སོ་སོར་ཐར་པའི་སྡོམ་པ་ལ་ཡིད་ཀྱི་མི་དགེ་བ་གསུམ་སྤོང་བའི་སྡོམ་པ་མེད་པའི་ཕྱིར་རོ། །སྡོམ་པ་དེ་གཉིས་གང་རུང་གིས་མ་བསྡུས་པའི་མི་དགེ་བ་བཅུ་སྤོང་བའི་ཚུལ་ཁྲིམས་ནི། འདོད་པ་ན་སྤྱོད་པའི་ཚུལ་ཁྲིམས་ཡིན་པའི་ཆ་ནས་སོ་སོར་ཐར་པའི་མིང་གིས་བཏགས་པ་སྲིད་ཀྱང་། དངོས་མ་ཡིན་ཏེ། སྡོམ་པས་མ་བསྡུས་པའི་ཕྱིར། ཕྱི་རོལ་པའི་ཚུལ་ཁྲིམས་བཞིན་ནོ། །

མདོར་ན། ཁམས་གོང་མ་ལ་སོགས་པ་སོ་ཐར་སྡོམ་པའི་རྟེན་མ་ཡིན་པ་རྣམས་ལ། སེམས་ཙམ་ལུགས་ཀྱི་སེམས་བསྐྱེད་ཀྱི་སྡོམ་པ་འདི་སྐྱེ་བའི་རྟེན་མེད་དེ། དེའི་རྟེན་ལ་བྱང་ཆུབ་སེམས་དཔའ་ཁྲིམ་པའམ། རབ་ཏུ་བྱུང་བའི་ཕྱོགས་གཉིས་པོ་གང་རུང་གིས་ཁྱབ་པར། བྱང་ས་ཉིད་ལས་བཤད་པའི་ཕྱིར་ཏེ། དེ་ཉིད་ལས། དེ་ལ་བྱང་ཆུབ་སེམས་དཔའ་ཁྲིམ་པའམ། རབ་ཏུ་བྱུང་བ། བྱང་ཆུབ་སེམས་དཔའི་བསླབ་པ་ཚུལ་ཁྲིམས་ཀྱི་ཕུང་པོ་རྣམ་པ་གསུམ་པོ་འདི་དག་ལ་སློབ་པར་འདོད་ཅིང་། བླ་ན་མེད་པར་ཡང་དག་པར་རྫོགས་པའི་བྱང་ཆུབ་ཏུ་སྨོན་ལམ་བཏབ་པས། ཞེས། སྡོམ་པ་ལེན་པའི་རྟེན་གྱི་གང་ཟག་ངོས་བཟུང་བའི་ཕྱིར་རོ། །ཞེས་ཁས་ལེན་དགོས་པའམ། ཡང་ན། འཇུག་སྡོམ་གྱི་རྟེན་དུ་སོ་སོར་ཐར་པ་ངེས་པར་དགོས་པ་ཉིད་དུ་བཤད་པ་དེ་ནི། མིའི་རྟེན་ལ་སྡོམ་པ་དེ་ལེན་པ་ཁོ་ནའི་དབང་དུ་བྱས་པ་ཡིན་ཏེ། དབུ་སེམས་ཀྱི་སློབ་དཔོན་སོ་སོས་མཛད་པའི་ཆོ་གས་ཟུར་ལས་དེ་ལྟར་གསལ་བའི་ཕྱིར། ལྷ་ལྷ་བུ་འགྲོ་བ་གཞན་གྱི་རྟེན་ལ་ནི་སྨོན་པའི་སེམས་དང་། ཉེས་སྤྱོད་སྡོམ་པའི་ཚུལ་ཁྲིམས་ཀྱི་རྟེན་དུ་རུང་བ་ཙམ་གྱིས་འཇུག་སྡོམ་གྱི་རྟེན་དུ་རུང་བར་ལྟའོ། །ཞེས་ཁས་བླངས་ན་ཡང་ལུགས་གཉིས་ཀ་དང་མི་འགལ་བར་སེམས་སོ། །

འོ་ན་འདོད་པའི་རྟེན་གཞིར་བྱས་པ་ལའང་། ཉེས་སྤྱོད་སྡོམ་པའི་ཚུལ་ཁྲིམས་གང་ཡིན་ཐམས་ཅད་སོ་ཐར་དུ་འཇོག་ན་ནི། མི་མ་ཡིན་པ་དང་སྒྲ་མི་སྙན་པ་ལའང་སོ་ཐར་གྱི་རྟེན་དུ་རུང་བར་འགྱུར་རོ་སྙམ་ན། སྐྱོན་མེད་དེ། དེ་དག་ལ་མི་དགེ་བ་བཅུ་སྤོང་གི་སེམས་པ་བྱང་ཆུབ་ཀྱི་བར་དུ་བླངས་པས་སྐྱེ་སྲིད་ཀྱང་། བར་མ་ཙམ

ལས་མ་འདས་པས། ཉེས་སྤྱོད་སྡོམ་པའི་ཚུལ་ཁྲིམས་སུ་མི་རུང་བའི་ཕྱིར་རོ། །ཡང་སྐབས་འདིར། དྲི་བ་འདི་ལྟ་བུ་ཞིག་འཇུག་སྟེ། རྗེ་བཙུན་གྱིས་ནི་བྱང་ས་ཡི། །འཇུག་སྡོམ་ལེན་པའི་སྐྱ་རོལ་དུ། །སྨོན་སེམས་ལེན་པའི་ཆོ་ག་བཤད། །གཞུང་འདིའི་ཕྱོགས་སྐྱར་མི་འགྱུར་རམ། །ཞེས་པ་འདིའི་དོན་ནི། སྡོམ་པ་ཉི་ཤུ་པར། བླ་མ་སྡོམ་ལ་གནས་ཤིང་མཁས། །ནུས་དང་ལྡན་ལས་བླང་བར་བྱ། །ཞེས་པའི་རྣམ་བཤད་དུ། བླ་མ་དེ་ལས་བླང་རྒྱུའི་སེམས་བསྐྱེད་ལ་སྨོན་འཇུག་གཉིས་སུ་ཕྱེ་ནས། སྨོན་པ་ལེན་པ་ལ་སྦྱོར་དངོས་རྗེས་གསུམ་ལས། སྦྱོར་བ་ལ་གསོལ་བ་གདབ་པ། ཚོགས་བསག་པ། སྐྱབས་འགྲོ་ཁྱད་པར་ཅན་བྱ་བ། གསུམ་དུ་མཛད་ཅིང་། དངོས་གཞི་ལེན་པའི་ཆོ་ག་ནི། ཇོ་བོའི་གཞུང་ལས་འབྱུང་བ་དེ་ཉིད་དྲངས་ནས། ཇི་སྐད་དུ། ཕྱོགས་བཅུ་ན་བཞུགས་པའི་སངས་རྒྱས་དང་བྱང་ཆུབ་སེམས་དཔའ་ཐམས་ཅད་བདག་ལ་དགོངས་སུ་གསོལ། བདག་མིང་འདི་ཞེས་བགྱི་བས། སྐྱེ་བ་འདི་དང་། གཞན་དག་ཏུ། སྦྱིན་པ་ལས་བྱུང་བ་དང་། ཚུལ་ཁྲིམས་ལས་བྱུང་བ་དང་། བསྒོམས་པ་ལས་བྱུང་བའི་དགེ་བའི་རྩ་བ་བགྱིས་པ་དང་། བགྱིད་དུ་བཙལ་བ་དང་། བགྱིད་པ་ལ་རྗེས་སུ་ཡི་རང་བ་དེས། ཇི་ལྟར་སྔོན་གྱི་དེ་བཞིན་གཤེགས་པ་དགྲ་བཅོམ་པ་ཡང་དག་པར་རྫོགས་པའི་སངས་རྒྱས་བཅོམ་ལྡན་འདས་རྣམས་དང་། ས་ཆེན་པོ་ལ་བཞུགས་པའི་བྱང་ཆུབ་སེམས་དཔའ་ཆེན་པོ་རྣམས་ཀྱིས། དང་པོ་བླ་ན་མེད་པ་ཡང་དག་པར་རྫོགས་པའི་བྱང་ཆུབ་ཆེན་པོར་ཐུགས་བསྐྱེད་པ་དེ་བཞིན་དུ། བདག་མིང་འདི་ཞེས་བགྱི་བས་ཀྱང་། དུས་འདི་ནས་བཟུང་སྟེ། ཇི་སྲིད་བྱང་ཆུབ་སྙིང་པོ་ལ་མཆིས་ཀྱི་བར་དུ། སེམས་ཅན་མ་བསྒྲལ་བ་རྣམས་བསྒྲལ་བ་དང་། མ་གྲོལ་བ་རྣམས་དགྲོལ་བ་དང་། དབུགས་མ་དབྱུང་བ་རྣམས་དབུགས་དབྱུང་བར་བྱ་བ་དང་། ཡོངས་སུ་མྱ་ངན་ལས་མ་འདས་པ་རྣམས་ཡོངས་སུ་མྱ་ངན་ལས་འདའ་བའི་སླད་དུ། བླ་ན་མེད་པ་ཡང་དག་པར་རྫོགས་པའི་བྱང་ཆུབ་ཆེན་པོར་སེམས་བསྐྱེད་པར་བགྱིའོ། །ཞེས་ལན་གསུམ་དུ་དམ་བཅའ་བར་བྱའོ། །རྗེས་ཀྱི་བྱ་བ་ནི། གཏོང་བའི་རྒྱུ་དོར་བ་དང་། མི་ཉམས་པའི་རྒྱུ་ལ་བསླབ་པའོ། །ཞེས་སོགས་བཤད་ཟིན་པའི་འོག་ཏུ། འཇུག་སྡོམ་གྱི་སྦྱོར་དངོས་རྗེས་གསུམ་བྱང་ས་ལས་ཇི་ལྟར་འབྱུང་བ་དེ་ཉིད་བཤད་དོ། །འདི་ནི་བསྟན་བཅོས་མཛད་པ་འདིའི་ཕྱོགས་སྔ་མར་འགྱུར་བ་མ་ཡིན་ནམ། ཇི་ལྟར་ཞེ་ན། བྱང་ས་ནས་སྨོན་སེམས་ལེན་པའི་ཆོ་ག་དང་། དེའི་བསླབ་པ་བརྗོད་པ་སོགས་མ་བཤད་བཞིན་དུ་སྦྱར་བས་སོ། །དེ་སྐད་དུ་ཡང་། བློ་བོ་ལོ་ཙྪ་བའི་དྲིས་ལན་ལས། བྱང་ཆུབ་སེམས་དཔའི་སྡོམ་པ་ལ་དབུ་མ་སེམས་ཙམ་གྱི་དབྱེ་བ་མི་ཤེས་པར། སེམས་ཙམ་པའི་ལུགས་ལ་དབུ་མའི་སྡིག་བཤགས་སོགས་བསྟན་ནས་ཆོ་ག་ཐམས་ཅད་དཀྲུགས་ནས་བྱེད། ཅེས་དང་། ཕྱག་ལོའི་དྲིས་ལན་ལས། སེམས་ཙམ་པའི་ཆོ་ག་ལ་སྡིག་བཤགས་སོགས

དང་། ཡུལ་ཡང་སྐྱེ་བོ་ཀུན་ལ་བྱེད་ན། བྱང་ས་དང་མི་མཐུན་པས་མ་དག་པར་མཆི། ཞེས་གསུངས་ལ། དེ་ཉིད་གཞུང་ལུགས་ཀྱི་དགོངས་པ་ཡིན་ཏེ། བྱང་ས་ཉིད་དུ་ཡང་། སྨོན་སེམས་ལ་ལེན་པའི་ཆོ་ག་མ་གསུངས་ལ། སྡོམ་པ་ཉི་ཤུ་པར་ཡང་མ་བཤད་ཅིང་། དེའི་འགྲེལ་པ་བྱང་ཆུབ་སེམས་དཔའ་ཞི་བ་འཚོས་མཛད་པར་ཡང་དེའི་ཆོ་ག་མ་བཤད། གནས་བརྟན་བྱང་ཆུབ་བཟང་པོས་མཛད་པའི་གཞུང་ལས་ཀྱང་། འཇུག་སྡོམ་ཁོ་ནའི་ཆོ་ག་ལས་གཞན་མ་བཤད་པས་སོ་སྐམ་པའི་དོགས་པ་འདི་དཔྱོད་ལྡན་ལ་སྐྱེ་བར་འགྱུར་རོ། །དེའི་དངོས་ལན་ནི། གཞུང་ལས་སྨོན་སེམས་ལེན་པའི་ཆོ་ག་མ་གསུངས་མོད། གང་ཟག་ལས་དང་པོ་པ་འགའ་ཞིག་བྱང་སའི་ལུགས་ཀྱི་སེམས་བསྐྱེད་འདི་དོན་དུ་གཉེར་བ་བྱུང་ན། དེ་སྨོན་སེམས་དང་སོ་ཐར་གྱི་སྡོམ་པ་ཐོག་མར་འཛིན་དུ་འཇུག་དགོས་པ་ཡིན་ཏེ། ཇི་སྐད་དུ། གལ་ཏེ་སེམས་ཙམ་པ་ཡི་ཡང་། །སེམས་སྐྱེད་སྡོམ་པ་དེ་འདོད་ན། ། ཐོག་མར་སོ་སོར་ཐར་པ་ལོང་། །བྱང་ཆུབ་སེམས་དཔའི་སྡེ་སྣོད་སློབས། །ཞེས་སོགས་འབྱུང་བ་ལྟར་རོ། །འོ་ན་ཇོ་བཙུན་གྱིས། སྨོན་སེམས་ཀྱི་འོག་ཏུ་སོ་ཐར་གྱི་ཆོ་ག་མ་བཤད་པ་ཅི་ཞེ་ན། དེའི་ལན་ནི་ཇོ་བཙུན་ཉིད་ཀྱིས་བཤད་ཟིན་པ་ཡིན་ཏེ། ཇི་སྐད་དུ། སྔར་མ་ཐོབ་ན་ནི་སྨོན་པ་སེམས་བསྐྱེད་ཀྱི་དུས་ཉིད་དུ་བྱང་སེམས་ཀྱི་སོ་ཐར་ཐོབ་པ་ཡིན་ནོ། །ཞེས་གསུངས་སོ། །སྨོན་སེམས་ཀྱི་དུས་སུ་སོ་ཐར་ཐོབ་པའི་གོ་བ་ཡང་། ཡན་ལག་བདུན་པ་སྔོན་དུ་སོང་ན་ནི། སྡིག་བཤགས་ཀྱི་དུས་སུ་ཕྱིན་ཆད་ལ་སྡོམ་སེམས་དགོས་པས་དེ་སྐྱེ་བར་རྟོགས་སླ་བ་ཡིན་ལ། མ་སོང་ན་ནི་སྨོན་སེམས་དང་ལྷན་ཅིག་ཏུ་བླངས་པའི་དབང་དུ་བྱས་པའོ། །འདི་ཡང་སོ་ཐར་གྱི་རྟེན་དུ་རུང་བའི་གང་ཟག་གི་སྨོན་སེམས་བསྐྱེད་པའི་དབང་དུ་བྱས་པ་ཡིན་ཏེ། གཞན་དུ་ན། གཟུགས་ཁམས་ཀྱི་རྟེན་ལ་སོ་ཐར་སྐྱེ་བར་ཐལ་བས་སོ། །འཇུག་སྡོམ་གྱི་ཐོག་མར་སྨོན་སེམས་ཀྱི་ཆོ་ག་མཛད་པ་འདི་ཡང་། ཇོ་བཙུན་གྱི་རང་བཟོ་མ་ཡིན་ཏེ། ཇོ་བོ་ཨ་ཏི་ཤས་མཛད་པའི་སེམས་བསྐྱེད་པ་དང་། སྡོམ་པའི་ཆོ་ག་ཞེས་བྱ་བའི་བསྟན་བཅོས་ལས། ཐོག་མར་དཀོན་མཆོག་ལ་མཆོད་པ་དང་། སྐྱབས་འགྲོ་ཁྱད་པར་ཅན་སྔོན་དུ་བཏང་ནས་སྨོན་སེམས་ལེན་པའི་ཆོ་ག་མཛད་ཅིང་། དེའི་འོག་ཏུ་བར་ཆད་དྲིས་ནས། འཇུག་སྡོམ་ལེན་པའི་ཆོ་ག་བྱང་ས་ནས་ཇི་ལྟར་གསུངས་པ་བཞིན་མཛད་པས་སོ། །དེ་དག་ལ་འདི་སྐད་ཅེས། སེམས་ཙམ་ལུགས་ཀྱི་རང་རྐང་ལ། ། སྨོན་སེམས་ཆོ་ག་བཤད་པ་མེད། །དབུ་མའི་ལུགས་ལ་ཀླུ་སྒྲུབ་ཞབས། །བྱང་ཆུབ་སེམས་བསྐྱེད་སྔར་བླངས་ནས། །དེ་ཡི་འོག་ཏུ་སྡོམ་པ་ལེན། །ཇོ་ཏ་རི་བ་སྨོན་འཇུག་གི། །སེམས་བསྐྱེད་གཉིས་པོ་སྔར་བླངས་ནས། །དེ་ཡི་འོག་ཏུ་སྡོམ་པ་གཉིས། །ལྷན་ཅིག་ལེན་པ་སྤྱོད་འཇུག་གི། དགོངས་པ་ཉིད་དུ་ངེས་པར་འཆད། །སྤྱོད་འཇུག་དངོས་བསྟན་སེམས་བསྐྱེད་དང་། །སྡོམ་པ་ལྷན་ཅིག་ལེན་པར་བཤད། །དབུ་མ་ལུགས་ཀྱི་སྨོན་སེམས

དང་། །སེམས་ཙམ་ལུགས་ཀྱི་འཇུག་སྡོམ་གཉིས། །ལེན་པའི་ཆོ་ག་རིམ་བཞིན་དུ། །སྦྱོར་མཛད་ཨ་ཏི་ཤ་ཡི་ལུགས། །གང་དེའི་སྦྱོར་བའི་ཆོ་ག་ལ། ། སྡིག་པ་བཤགས་པའང་སྦྱར་བྱས་ནས། །དབུ་སེམས་བསྲེས་པས་འཕྲུལ་ལོ་ཞེས། །འཆད་པ་བསྟན་བཅོས་མཛད་འདིའི་ལུགས། །སྡོམ་པ་ཉི་ཤུའི་རྣམ་བཤད་དུ། །རིས་བདུན་རྟེན་དུ་མི་དགོས་ཞེས། །བཤད་པ་སློན་སེམས་དབང་དུ་མཛད། །འཇུག་སྡོམ་རྟེན་དུ་སོ་ཐར་ཙམ། །རུང་དང་རིས་བདུན་དགོས་ཞེས་པ། །སྐྱེ་བའི་རྟེན་གྱི་དབང་བྱས་ན། །གཉིས་པོ་རུང་ཁྱབ་མཉམ་པ་ལ། །གནས་པའི་རྟེན་དུ་སྔ་མ་བཙན། །སོ་ཐར་གཉིས་པོའི་ཁྱད་པར་ནི། །ཡིད་ཀྱི་སྤང་བྱ་གསུམ་སྤོང་དང་། །ལུས་ངག་སྤང་བྱ་བདུན་སྤོང་བ། །བྱང་ཆུབ་སྙིང་པོའི་བར་དང་ནི། །ཇི་སྲིད་འཚོ་བའི་ཁྱད་དེ་ཉིད། །གཉིས་ཀ་ཉེས་སྤྱོད་སྡོམ་པ་ཡི༑ ༑ཚུལ་ཁྲིམས་ཉིད་དུ་ཁྱད་པར་མེད། །གཅིག་ནི་སོ་ཐར་སྡོམ་པ་དང་། །ཅིག་ཤོས་བྱང་སེམས་སྡོམ་པའོ། ། ཞེས་བྱ་བ་འདི་ཡིན་ནོ།། །།

དྲི་བ་བདུན་པ་ནི། དོན་དམ་སེམས་བསྐྱེད་བྱ་བ་ཡི། །ཆོ་ག་རྒྱལ་བས་མ་གསུངས་ན། །བྱང་ཆུབ་སེམས་འགྲེལ་ཞེས་བྱ་བའི། །བསྟན་བཅོས་དག་ལས་གསུངས་དེ་ཅི། །ཞེས་པ་འདི་ལ་གཉིས་ལས། དང་པོ་འདྲི་བའི་རྒྱུ་མཚན་ནི། ཇི་སྐད་དུ། འདི་ལ་སྦྱོར་དངོས་རྗེས་གསུམ་གྱི། །ཆོ་ག་རྒྱལ་བས་གསུངས་པ་མེད། ། ཅེས། སྤྱིར་རྒྱལ་བའི་གསུང་རབ་དང་། ཚད་ལྡན་གྱི་དགོངས་འགྲེལ་དག་ལས། དོན་དམ་སེམས་བསྐྱེད་ལེན་པའི་ཆོ་ག་གསུངས་པ་མེད་པ་ལྟ་བུར་བཤད་སྣང་བ་དང་རྣམ་བཤད་མཛད་པ་པོ་དག་གིས་ཀྱང་མཐུན་པར་སྨྲ་ཇི་བཞིན་པ་དེ་ཉིད་སོར་གཞག་ཅིང་། རྗེས་ཞེས་པ་ལ་ནུས་པ་མ་བཏོན་པར་སྣང་བ་དང་། ཁྱད་པར་བྱང་ཆུབ་སེམས་འགྲེལ་གྱི་ལུང་སློས་པ་ནི། སེམས་འགྲེལ་ནས་བཤད་པའི་ཆོ་ག་དེ། ཀུན་རྫོབ་སེམས་བསྐྱེད་ཀྱི་ཆོ་ག་ཡིན་ནོ་ཞེས་གསུང་པ་སྔོན་གྱི་དུས་སུ་མང་པོ་བྱུང་སྣང་བ་བཞིན་དུ། དུས་འདིར་ཡང་དེ་ལྟར་ཁས་ལེན་པ་ཡོད་དམ་སྙམ་པའི་རྒྱུ་མཚན་གྱིས་སོ། །

གཉིས་པ་མ་དྲིས་ན་བསྟན་བཅོས་ཆུད་འཛའ་བའི་སྐྱོན་ལ་གསུམ་སྟེ། སྤྱིར་བཀའ་དང་བསྟན་བཅོས་དག་ལས་དེའི་ཆོ་ག་ཇི་ལྟར་གསུངས་པའི་ཚུལ་དང་། བྱེ་བྲག་ཏུ་བྱང་ཆུབ་སེམས་འགྲེལ་གྱི་ལུང་དོན་བསམ་པ། བོད་གཞན་གྱིས་བརྟགས་པའི་རྟོག་དཔྱོད་བསམ་པའོ། །དང་པོ་ལ་བཞི་སྟེ། རྣམ་སྣང་མངོན་བྱང་ལས་གསུངས་པ་དང་། སྤྱང་གོང་ཕྱག་རྒྱ་པ་ལས་གསུངས་པ་དང་། ཀླུ་སྒྲུབ་ཞབས་ཀྱིས་རིམ་པ་ལྔ་པ་ལས་བཤད་པ་དང་། དེས་མཛད་པའི་སེམས་བསྐྱེད་ཀྱི་ཆོ་ག་ལས་གསུངས་པའོ། །དང་པོ་ལ་གཉིས་ཏེ། ལུས་པ་དང་། ལན་ནོ༑ ༑དང་པོ་ནི། དེ་ཉིད་ལས། བཅོམ་ལྡན་འདས། དུས་གསུམ་དུ་སྒྲིབ་པ་མ་མཆིས་པའི་ཡེ་ཤེས་ཀྱི་སྡོམ་པ

གང་ལ་བྱང་ཆུབ་སེམས་དཔའ་རྣམས་གནས་ན། སངས་རྒྱས་དང་བྱང་ཆུབ་སེམས་དཔའ་རྣམས་མཉེས་པར་འགྱུར་བ་བཤད་དུ་གསོལ། ཞེས་པའོ། །ལན་ལ་གསུམ་སྟེ། སྦྱོར་བའི་ཚུལ་གྱིས་ཀུན་རྫོབ་ཀྱི་དངོས་པོ་གཏོང་བར་སེམས་བསྐྱེད་པའི་སྡོམ་པ་བླང་བ། དངོས་གཞིའི་ཚུལ་གྱིས་དོན་དམ་པའི་དེ་ཁོ་ན་ཉིད་ལ་མཉམ་པར་འཇོག་པའི་སྡོམ་པ་བླང་བ། རྗེས་ཀྱི་སྒོ་ནས་དེ་གཉིས་ཀའི་དམ་ཚིག་རྣམས་འཛིན་པར་བསྟན་པའོ། །དང་པོ་ནི། །ཇི་སྐད་དུ། བཀའ་བསྩལ་པ། རིགས་ཀྱི་བུ། ལུས་དང་། ངག་དང་། ཡིད་ལྷན་ཅིག་ཏུ་འདུག་ཅིང་། ཆོས་ཐམས་ཅད་ལ་རྩོལ་བ་མེད་ཅིང་། བྱ་བ་མེད་པའི་སྡོམ་པ་གང་ཡིན་པ་དེ་ཉོན་ཅིག །དེ་གང་ཞེ་ན། སངས་རྒྱས་དང་བྱང་ཆུབ་སེམས་དཔའ་རྣམས་ལ་བདག་ཉིད་ཡོངས་སུ་གཏོང་བ་གང་ཡིན་པ་དེའོ། །དེ་ཅིའི་ཕྱིར་ཞེ་ན། གང་གིས་བདག་གི་ལུས་ཡོངས་སུ་བཏང་བ་དེས་ནི་དངོས་པོ་གསུམ་ཡོངས་སུ་བཏང་བ་ཡིན་ཏེ། དངོས་པོ་གསུམ་ཡོངས་སུ་བཏང་བ་གང་ཞེ་ན། འདི་ལྟ་སྟེ། ལུས་དང་། ངག་དང་། ཡིད་དོ། །རིགས་ཀྱི་བུ་དེ་ལྟ་བས་ན། ལུས་དང་། ངག་དང་། ཡིད་གསུམ་གྱི་སྡོམ་པ་བསྡམ་པར་བྱའོ། །དེ་ཅིའི་ཕྱིར་ཞེ་ན། བྱང་ཆུབ་སེམས་དཔའ་རྣམས་ནི་ལུས་དང་ངག་དང་ཡིད་གསུམ་ཡོངས་སུ་མ་བཏང་བར་བསླབ་པ་འཛིན་པར་མི་བྱེད་དོ། །ཞེས་གསུངས་པ་འདིས་ནི། ལུས་ངག་ཡིད་གསུམ་གཏོང་དགོས་པའི་རྒྱུ་མཚན་བཤད་ནས། དེས་བཏང་བའི་སྡོམ་པ་ནོད་པའི་ཚིག་དངོས་ནི། ཇི་སྐད་དུ། སངས་རྒྱས་དང་བྱང་ཆུབ་སེམས་དཔའ་ཐམས་ཅད་བདག་ལ་དགོངས་སུ་གསོལ། བདག་མིང་འདི་ཞེས་བགྱི་བ། དུས་འདི་ནས་བཟུང་སྟེ། ནམ་བྱང་ཆུབ་སྙིང་པོ་ལ་མཆིས་ཀྱི་བར་དུ། སངས་རྒྱས་དང་བྱང་ཆུབ་སེམས་དཔའ་ཐམས་ཅད་ལ་བདག་ཉིད་དུས་ཐམས་ཅད་དུ་ཡོང་ཡེ་འབུལ་གྱི། སངས་རྒྱས་དང་བྱང་ཆུབ་སེམས་དཔའ་ཐམས་ཅད་ཀྱིས་བདག་ལ་ཐུགས་བརྩེ་བའི་སླད་དུ་བདག་བཞེས་སུ་གསོལ། ཞེས་ལན་གསུམ་བརྗོད་དགོས་པར་གསུངས་སོ། །འདི་སྡོམ་པ་མཚན་ཉིད་པ་མ་ཡིན་ནོ་སྙམ་དུ་བསམ་པར་མི་བྱ་སྟེ། དེ་ཉིད་ལས། ཇི་སྐད་དུ། དེ་ལ་སྡོམ་པ་གང་ཞེ་ན། བསྡམས་པ་ནི་སྡོམ་པ་སྟེ། ལུས་དང་། ངག་དང་། ཡིད་རྣམས་བསྡུས་ཤིང་། ཡོངས་སུ་བསྡུས་པ་ཕྱི་དང་ནང་གི་སྡུག་བསྔལ་སེལ་བར་འགྱུར་བ་དེ་ནི་སྡོམ་པ་ཡིན་ནོ། །ཞེས་གསུངས་སོ། །

གཉིས་པ་ནི། ཇི་སྐད་དུ། དེ་བཞིན་གཤེགས་པ་དྲན་བྱས་ནས། །བྱང་ཆུབ་སེམས་ཀྱང་འཛིན་དུ་བཞུག །དེས་ན་རྒྱལ་བའི་རིགས་དགེ་ལ། །ཐམས་ཅད་རབ་ཏུ་སྐྱེས་པར་འགྱུར། །ཞེས་གསུངས་ཤིང་། དེ་འཛིན་དུ་བཞུག་པའི་ཚུལ་ནི། སངས་རྒྱས་དང་བྱང་ཆུབ་སེམས་དཔའ་ཐམས་ཅད་བདག་ལ་དགོངས་སུ་གསོལ། བདག་མིང་འདི་ཞེས་བགྱི་བ། དུས་འདི་ནས་ཞུགས་ནས། ནམ་བྱང་ཆུབ་སྙིང་པོ་ལ་འདུག་གི་བར་དུ།

དངོས་པོ་ཐམས་ཅད་དང་བྲལ་བ། ཕུང་པོ་དང་། ཁམས་དང་། སྐྱེ་མཆེད་དང་། གཟུང་བ་དང་། འཛིན་པ་རྣམ་པར་སྤངས་པ། ཆོས་བདག་མེད་པར་མཉམ་པ་ཉིད་ཀྱིས་རང་གི་སེམས་ཐོག་མ་ནས་མ་སྐྱེས་པ། སྟོང་པ་ཉིད་ཀྱི་རང་བཞིན། ཇི་ལྟར་སངས་རྒྱས་བཅོམ་ལྡན་འདས་རྣམས་དང་། བྱང་ཆུབ་སེམས་དཔའ་དེ་རྣམས་ཀྱིས་བྱང་ཆུབ་ཏུ་སེམས་བསྐྱེད་པ་དེ་ལྟར། བདག་གིས་ཀྱང་བྱང་ཆུབ་ཏུ་སེམས་བསྐྱེད་དོ། །ཞེས་ལན་གསུམ་བརྗོད་པར་གསུངས་སོ། །

གསུམ་པ་ལ་སྤྱིའི་བསླབ་བྱ་དང་། ཐེ་བྲག་སློབ་དཔོན་དུ་འོས་པའི་བསླབ་བྱ་གཉིས་ལས། དང་པོ་ནི། ཇི་སྐད་དུ། དེ་ནས་སློབ་མ་དེ་བསླང་ལ། །ཕྱག་པ་སྙིང་རྗེར་གྱུར་པ་ཡིས། །ཡིད་ཀྱི་ནང་དུ་བཙུག་ནས་ནི། །དེ་ལ་དམ་ཚིག་བསྟན་པར་བྱ། །དེ་རིང་ཕན་ཆད་ཁྱོད་ཀྱིས་ནི། །དམ་པའི་ཆོས་དང་བྱང་ཆུབ་སེམས། །སྲོག་གི་ཕྱིར་ཡང་དཔྱིན་ཆད། །ཡོངས་སུ་བཏང་བར་མི་བྱའོ། །ཁྱོད་ཀྱིས་སེར་སྣ་དང་ནི་གང་། །སེམས་ཅན་གནོད་པ་མི་བྱའོ། །དམ་ཚིག་འདི་དག་སངས་རྒྱས་ཀྱིས། །བརྟུལ་ཞུགས་བཟང་པོ་ཁྱེད་ལ་བཤད། །ཇི་ལྟར་བདག་གི་སྲོག་བསྲུང་བ། །དེ་ལྟར་ཁྱེད་ཀྱིས་འདི་དག་བསྲུང་། །ཞེས་གསུངས་པ་དེས་ནི་སྡོམ་པ་དང་པོའི་དམ་ཚིག་བསྟན་ནོ། །

གཉིས་པ་ནི། ཇི་སྐད་དུ། ཇི་ལྟར་མིག་མཁན་རྒྱལ་པོ་ཡིས། །ཞེས་སོགས་དང་། ཆོས་རྣམས་གཟུགས་བརྙན་ལྟ་བུ་སྟེ། །ཞེས་སོགས་ཆོས་འཆད་པའི་རྗེས་སུ་གནང་བ་གསུངས་པ་རྣམས་ཀྱིས་ནི། དངོས་གཞིའི་སྡོམ་པ་བཤད་མ་ཐག་པ་དེའི་དམ་ཚིག་རྣམས་བསྟན་པ་ཡིན་ནོ། །གཉིས་པ་ནི། སྤྱང་གོང་ཕྲུག་རྒྱ་པ་ཞེས་བྱ་བའི་མདོ་ལས་ཀྱང་། དོན་དམ་པའི་སེམས་བསྐྱེད་ཀྱི་སྡོམ་པ་ནོད་པའི་ཆོ་ག་གསལ་བར་གསུངས་པ་ཡིན་ཏེ། ཇི་སྐད་དུ། དུས་འདི་ནས་ནམ་བྱང་ཆུབ་ཀྱི་སྙིང་པོ་ལ་མཆིས་ཀྱི་བར་དུ། དཀོན་མཆོག་གསུམ་ལ་སྐྱབས་སུ་མཆི་སྟེ། བདག་ཉིད་ལུས་འབུལ་གྱི། ཐུགས་རྗེ་ཆེན་པོ་དང་ལྡན་པ་རྣམས་ཀྱིས་སོ་སོ་ནས་རྟག་ཏུ་བཞེས་ཤིག ཇི་ལྟར་ན་དུས་གསུམ་གྱི་སངས་རྒྱས་དང་བྱང་ཆུབ་སེམས་དཔའ་དངོས་པོ་ཐམས་ཅད་དང་བྲལ་བ། ཕུང་པོ་དང་། ཁམས་དང་། སྐྱེ་མཆེད་ཀྱིས་མ་ཟིན་པ། ཆོས་ཐམས་ཅད་བདག་མེད་པ་དང་མཉམ་པ། ཐོག་མ་མེད་པ་ནས་མ་སྐྱེས་པ། སྟོང་པ་ཉིད་ཀྱི་རང་བཞིན་ཅན་གྱི་བྱང་ཆུབ་ཀྱི་མཆོག་ཏུ་ཐུགས་བསྐྱེད་པ་ལྟར། བདག་མིང་འདི་ཞེས་བགྱི་བས་ཀྱང་། དུས་འདི་ནས་ནམ་བྱང་ཆུབ་སྙིང་པོ་ལ་མཆིས་ཀྱི་བར་དུ། བྱང་ཆུབ་ཏུ་སེམས་བསྐྱེད་པར་བགྱིའོ། །ཞེས་པའི་ཆོ་ག་འདིའི་སྒོ་ནས་དོན་དམ་པའི་བྱང་ཆུབ་ཀྱི་མཆོག་ཏུ་སེམས་བསྐྱེད་པར་གསུངས་པས་སོ། །གསུམ་པ་ནི། ཀླུ་སྒྲུབ་ཞབས་ཀྱིས། རིམ་པ་ལྔ་པ་ཞེས་བྱ་བའི་བསྟན་བཅོས་ལས། ཇི་སྐད་དུ། སློབ་

མ་བཟང་པོ་སྐལ་ལྡན་མན་ངག་ཐོབ། །ཐལ་སྦྱར་ལག་པ་མེ་ཏོག་འཛིན་པ་ཡིས། །བྱང་ཆུབ་སེམས་ནི་དོན་དམ་ཞེས་བྱ་བ། །བླ་མ་ལ་ནི་སླར་ཡང་བླང་བར་བྱ། །དངོས་པོ་ཐམས་ཅད་དང་བྲལ་བ། །ཕུང་པོ་ཁམས་དང་སྐྱེ་མཆེད་དང་། །གཟུང་དང་འཛིན་པ་རྣམ་སྤངས་པ། །ཆོས་བདག་མེད་པས་མཉམ་ཉིད་པས། །རང་སེམས་གདོད་ནས་མ་སྐྱེས་པས། །སྟོང་པ་ཉིད་ཀྱི་རང་བཞིན་ནོ། །ཞེས་བྱ་བའོ། །དེ་ནས་རང་དང་རྗེས་མཐུན་ཡོན། །བླ་མ་ལ་ནི་དབུལ་བྱ་སྟེ། །རིན་ཆེན་ཁྱིམ་དང་གླང་པོ་རྟ། །ཡུལ་དང་མཛལ་སྟན་དང་ནི། །བྲན་དང་བྲན་མོ་ཆུང་མ་སྟུག །གང་ཞིག་བདག་ཀྱང་འབུལ་བྱེད་ན། །ཞེས་གསལ་བར་གསུངས་པས། འདི་ལ་ནི་རྗེས་ཀྱི་ཆོ་ག་ཡང་བཤད་དོ། །

བཞི་པ་ནི། དེ་ལ་འདི་སྙམ་དུ། དེ་ལྟར་དོན་དམ་སེམས་བསྐྱེད་ཆོགས་ལེན་པར་བཤད་པ་དེ་དག་ནི་གསང་སྔགས་ཀྱི་ལུགས་ཡིན་གྱི། ཕ་རོལ་ཏུ་ཕྱིན་པའི་ཐེག་པ་ནས་དོན་དམ་སེམས་བསྐྱེད་ལེན་པའི་ཆོ་ག་བཤད་པ་མེད་དོ་ཞེས་བྱ་བ་འདི། ཐུབ་པའི་དགོངས་པ་གསལ་བ་ཞེས་བྱ་བའི་བསྟན་བཅོས་ཀྱི་དགོངས་པ་ཡིན་ནོ་སྙམ་ན། དེ་ཡང་ངེས་པ་མེད་དེ། སྤང་གོང་གི་ལུང་དྲངས་མ་ཐག་པ་དང་། ཀླུ་སྒྲུབ་ཞབས་ཀྱིས་མཛད་པའི་སེམས་བསྐྱེད་ཀྱི་ཆོ་ག་ཕར་ཕྱིན་ཐེག་པའི་ལུགས་ཡིན་པར་ཀུན་ལ་ཡོངས་སུ་གྲགས་པ་དེ་ཉིད་ལས། ཇི་སྐད་དུ། ཇི་ལྟར་སྔོན་གྱི་སངས་རྒྱས་བཅོམ་ལྡན་འདས་དང་། བྱང་ཆུབ་སེམས་དཔའ་དེ་དག་གིས། དངོས་པོ་ཐམས་ཅད་དང་བྲལ་བ། ཕུང་པོ་དང་། ཁམས་དང་། སྐྱེ་མཆེད་དང་། གཟུང་བ་དང་། འཛིན་པ་རྣམ་པར་སྤངས་བ། ཆོས་བདག་མེད་དུ་མཉམ་པ་ཉིད་ཀྱིས། རང་གི་སེམས་གཟོད་མ་ནས་མ་སྐྱེས་པ། སྟོང་པ་ཉིད་ཀྱི་ངོ་བོ་ཉིད་ཀྱི་བྱང་ཆུབ་ཀྱི་སེམས་བསྐྱེད་པ་དེ་བཞིན་དུ། བདག་མིང་འདི་ཞེས་བགྱི་བས་ཀྱང་། དུས་འདི་ནས་བཟུང་ནས། བྱང་ཆུབ་སྙིང་པོ་ལ་མཆིས་ཀྱི་བར་དུ། བྱང་ཆུབ་ཏུ་སེམས་བསྐྱེད་དོ། །ཞེས་གསལ་བར་གསུངས་ཤིང་། དེའི་དེ་མ་ཐག་ཏུ། སེམས་ཅན་མ་སྒྲོལ་བ་རྣམས་སྒྲོལ་བར་བགྱིའོ། །ཞེས་སོགས་སྡོམ་པ་འཛིན་པའི་ཆོ་ག་གསལ་བར་གསུངས་སོ། །ཁ་ཅིག་འདི་སྨོན་སེམས་ལེན་པའི་ཆོ་ག་ཡིན་ནོ། །ཞེས་ཟེར་བ་ནི་ཧ་ཅང་ཐལ་ཆེས་པ་ཡིན་ཏེ། སྡོམ་བཟུང་གི་ཆོ་ག་དེས་བསྟན་པའི་དོན་ལ་སྨོན་པ་སེམས་བསྐྱེད་ཀྱི་མཚན་ཉིད་གང་ཡང་མ་ཚང་བའི་ཕྱིར་རོ། །དེར་མ་ཟད། སྔགས་ལུགས་ཀྱི་དོན་དམ་སེམས་བསྐྱེད་ཆོག་འི་སྒོ་ནས་སྐྱེ་བ་ཡོད་ན་བརྡ་ལས་བྱུང་བའི་སེམས་བསྐྱེད་དུ་ཐལ་བའི་རིགས་པ་དང་། རྒྱལ་བས་གསུངས་པ་མེད་ཅེས་བྱ་བའི་ལུང་དང་འགལ་བ་སོན་གནས་པ་མ་ཡིན་ནམ།

གཉིས་པ་བྱང་ཆུབ་སེམས་འགྲེལ་གྱི་ལུང་དོན་བསམ་པ་ལ། ལུང་དགོད་པ་དང་། ལུང་གི་དོན་བཤད་

པའོ། །དང་པོ་ནི། དེ་ཉིད་ལས། ཇི་སྐད་དུ། སངས་རྒྱས་བཅོམ་ལྡན་འདས་རྣམས་དང་། བྱང་ཆུབ་སེམས་དཔའ་སེམས་དཔའ་ཆེན་པོ་དེ་རྣམས་ཀྱིས། ཇི་ལྟར་བྱང་ཆུབ་ཆེན་པོར་ཐུགས་བསྐྱེད་པ་དེ་བཞིན་དུ། བདག་གིས་ཀྱང་སེམས་ཅན་མ་བསྒྲལ་བ་རྣམས་བསྒྲལ་བ་དང་། མ་གྲོལ་བ་རྣམས་དགྲོལ་བ་དང་། དབུགས་མ་ཕྱུང་བ་རྣམས་དབུགས་དབྱུང་བ་དང་། ཡོངས་སུ་མྱ་ངན་ལས་མ་འདས་པ་རྣམས་ཡོངས་སུ་མྱ་ངན་ལས་འདའ་བའི་ཕྱིར། དུས་འདི་ནས་བཟུང་སྟེ། བྱང་ཆུབ་སྙིང་པོ་ལ་མཆིས་ཀྱི་བར་དུ་བྱང་ཆུབ་ཆེན་པོར་སེམས་བསྐྱེད་པར་བགྱིའོ། །བྱང་ཆུབ་སེམས་དཔའ་གསང་སྔགས་ཀྱི་སྒོར་སྤྱོད་པ་སྤྱོད་པ་རྣམས་ཀྱིས། དེ་ལྟར་ཀུན་རྫོབ་ཀྱི་རྣམ་པས་བྱང་ཆུབ་ཀྱི་སེམས་སྨོན་པའི་རང་བཞིན་ཅན་བསྐྱེད་ནས། དོན་དམ་པའི་བྱང་ཆུབ་ཀྱི་སེམས་བསྒོམས་པའི་སྟོབས་ཀྱིས་བསྐྱེད་པར་བྱ་བ་ཡིན་ཏེ། དེའི་ཕྱིར་དེའི་རང་བཞིན་བཤད་པར་བྱའོ། །བྱང་ཆུབ་སེམས་ཀྱི་བདག་ཉིད་དངོས། །དཔལ་ལྡན་རྡོ་རྗེ་བསྣམས་བཀྲུད་ནས། །བྱང་ཆུབ་སེམས་ཀྱི་སྒོམ་པ་ནི། །སྲིད་པ་འཇིག་དེ་བདག་གིས་བཤད། །སངས་རྒྱས་རྣམས་ཀྱིས་བྱང་ཆུབ་སེམས། །བདག་དང་ཕུང་སོགས་རྣམ་རིག་གི། རྟོག་པ་རྣམས་ཀྱིས་མ་སྒྲིབས་ཤིང་། །རྟག་ཏུ་སྟོང་ཉིད་མཚན་ཉིད་བཞེད། །སྙིང་རྗེས་བརླན་པའི་སེམས་ཀྱིས་ནི། །འབད་པས་སྒོམ་པར་བྱ་བ་ཡིན། །ཞེས་གསུངས་སོ། །

གཉིས་པ་ལ་གཉིས་ཏེ། དངོས་དང་། གཞན་གྱིས་བརྟགས་པའི་མཐའ་བསལ་བའོ། །དང་པོ་ནི། དེ་བཞིན་དུ། བསྐྱེད་པར་བགྱིའོ། །ཞེས་སྨྲོས་བས། བྱང་ཆུབ་ཏུ་སེམས་བསྐྱེད་པའི་དམ་བཅའ་གཞག་པའོ།

།བདག་གིས་ཀྱང་ནས་འདའ་བའི་ཕྱིར། །ཞེས་པའི་བར་གྱིས་ནི་དེའི་སྡོམ་པ་བཟུང་བ་ཡིན་ནོ། །འོན་སེམས་དེ་བསྐྱེད་པའི་དུས་དེར་སེམས་དེ་སྐྱེས་པ་ཡིན་ནམ་ཞེ་ན། མ་ཡིན་ཏེ། ཀུན་རྫོབ་ཀྱི་རྣམ་པས་ཏེ། མོས་པ་ཡིད་ཀྱི་ཚུལ་གྱིས་སྨོན་པའི་རང་བཞིན་ཅན་ཏེ། སྨོན་ལམ་གྱི་རྣམ་པས་བསྐྱེད་ནས། བྱང་ཆུབ་ཀྱི་སེམས་དོན་དམ་པ་དེ་བསྒོམས་པའི་སྟོབས་ཀྱིས་སྐྱེ་བར་བྱ་བ་ཡིན་པའི་ཕྱིར། ཞེས་འཆད་པ་ནི། བྱང་ཆུབ་སེམས་དཔའ་ཞེས་སོགས་སོ། །འདིར་ཀུན་རྫོབ་ཅེས་པ། བྱང་ཆུབ་ཀྱི་སེམས་དེའི་གཟུགས་བརྙན་དང་། དོན་དམ་པ་ཞེས་པ༑ འདིར་བསྟན་གྱི་བྱང་ཆུབ་ཀྱི་སེམས་དངོས་དེ་ལ་བྱ་བ་ཡིན་ནོ། །དེ་ལྟར་དམ་བཅའི་སྒོ་ནས་བསྐྱེད་པར་བྱ་རྒྱུའི་བྱང་ཆུབ་ཀྱི་སེམས་དེ་གང་ཡིན་ཞེ་ན། འབྲས་བུའི་དུས་སུ་དཔལ་ལྡན་རྡོ་རྗེ་འཛིན་པ་དངོས་དང་། རྒྱུའི་དུས་སུ་གཟུང་འཛིན་གཉིས་སུ་མེད་པའི་ཡེ་ཤེས་དང་། ལམ་གྱི་དུས་སུ་སྙིང་རྗེ་ཆེན་པོ་དང་། དེས་མཚོན་པ་ཀུན་རྫོབ་བྱང་ཆུབ་ཀྱི་སེམས་དང་ཟུང་དུ་འཇུག་པའི་ཡེ་ཤེས་སོ། །ཞེས་འཆད་པ་ནི། བྱང་ཆུབ་སེམས་ཀྱི་བདག་ཉིད་དངོས། །ཞེས་སོགས་སོ། །དེ་ལྟར་ན་བྱང་ཆུབ་ཀྱི་སེམས་རྡོ་རྗེ་དེ་དམ་བཅའི་སྒོ་ནས་བཟུང་ཞིང་།

བསྒོམས་པའི་སྟོབས་ཀྱིས་མངོན་དུ་བྱེད་པ་ནི། བྱང་ཆུབ་སེམས་དཔའ་གསང་སྔགས་ཀྱི་སྒོར་སྤྱོད་པ་རྣམས་ཀྱི་ཚུལ་ལོ། །ཞེས་འཆད་པ་ནི། གསང་སྔགས་ཀྱི་སྒོར་སྤྱོད་པ་ཞེས་སོ། །དེ་ལྟར་ན་འདིར་བཤད་པའི་དོན་དམ་བྱང་ཆུབ་ཀྱི་སེམས་དང་། ཕ་རོལ་ཏུ་ཕྱིན་པའི་ཐེག་པ་པ་དག་ལ་གྲགས་པའི་དོན་དམ་སེམས་བསྐྱེད་ཅེས་བྱ་བ་དེ་དོན་གཅིག་པ་མ་ཡིན་ཏེ། འདིར་ནི་དཔལ་གསང་བ་འདུས་པ་ལས་འབྱུང་བའི་བྱང་ཆུབ་ཀྱི་སེམས་རྡོ་རྗེ་ཞེས་བྱ་བ་དེ་ཉིད་རྩ་བར་བྱས་ནས། དེ་ཇི་ལྟར་བསྐྱེད་པ་དང་། དེ་བསྐྱེད་པའི་ཐབས་སུ་སེམས་ཅན་དོན་བྱེད་ཀྱི་ཚུལ་ཁྲིམས་ལེན་པའི་ཆོ་ག་དང་། བྱང་ཆུབ་ཀྱི་སེམས་དེའི་ངོས་འཛིན་དང་། དེ་ངོས་ཟིན་པའི་ཡན་ལག་ཏུ་བདག་གཉིས་འགོག་བྱེད་ཀྱི་རིགས་པ་རྒྱས་པར་གསུངས་པ་ཡིན་ལ། ཕར་ཕྱིན་གྱི་ཐེག་པར་ནི། དོན་དམ་སེམས་བསྐྱེད་ཀྱི་ངོས་འཛིན་ཐེག་ཆེན་འཕགས་པའི་རྒྱུད་ཀྱི་སྟོང་ཉིད་མངོན་སུམ་དུ་རྟོགས་པའི་ཡེ་ཤེས་ལ་བྱ་བར། ཐེག་པ་ཆེན་པོ་མདོ་སྡེའི་རྒྱན་དང་། དབུ་མ་ལ་འཇུག་པ་སོགས་ལས་བཤད་པའི་ཕྱིར་རོ། །

གཉིས་པ་ནི། སེམས་འགྲེལ་གྱི་རྣམ་བཤད་མཛད་པ་གཞན་དག་ན་རེ། གཞུང་འདིར་ཀུན་རྫོབ་ཀྱི་རྣམ་པས། ཞེས་གསུངས་པས། སྤྱིར་ཀུན་རྫོབ་སེམས་བསྐྱེད་ལེན་པའི་ཆོ་ག་དང་། བྱེ་བྲག་ཏུ། སློན་པའི་རང་བཞིན་ཅན་ཞེས་པས། སློན་སེམས་ཀྱི་ཆོ་ག་བསྟན་ནས། དེའི་འོག་ཏུ་དོན་དམ་བྱང་སེམས་བསྒོམས་པའི་སྟོབས་ཀྱིས་སྐྱེའོ། །ཞེས་སྟོན་པ་ནི། དོན་དམ་པའི་བྱང་ཆུབ་ཀྱི་སེམས་བསྒོམས་པའི་སྟོབས་ཀྱིས་བསྐྱེད་པར་བྱ་བ་ཡིན་ཏེ། ཞེས་གསུངས་སོ། །ཞེས་འཆད་པར་བྱེད་དོ། །དེ་ནི་རིགས་པ་མ་ཡིན་ཏེ། བསྟན་བཅོས་འདི་ལ་བྱང་ཆུབ་སེམས་འགྲེལ་ཞེས་མཚན་བཏགས་པ་ཡིན་པ་ལས། དེས་འགྲེལ་རྒྱུའི་བྱང་ཆུབ་ཀྱི་སེམས་དེ་གང་ཡིན་ལ་ཁྱོད་ཀྱིས་དཔྱད་པ་མ་ཞུགས་པའི་ཕྱིར་དང་། འདིའི་དངོས་བསྟན་གྱི་ཚིགས་འི་ཚིག་ལ་སྤྱིར་ཀུན་རྫོབ་སེམས་བསྐྱེད་དང་། བྱེ་བྲག་ཏུ་སློན་པ་སེམས་བསྐྱེད་ལེན་པའི་ཚིག་མི་སྣང་བའི་ཕྱིར་དང་། སེམས་ཅན་དོན་བྱེད་ཀྱི་ཚུལ་ཁྲིམས་ཀྱི་ཆོ་ག་ཞིག་སྣང་ཡང་། དེ་ཙམ་གྱིས་ཀུན་རྫོབ་སེམས་བསྐྱེད་ཀྱི་ཆོ་གར་འགྲུབ་ན། ཐེག་ཆེན་ལུགས་ཀྱི་སོ་ཐར་གྱི་སྡོམ་པ་ལེན་པའི་ཆོ་ག་ཡང་དེར་ཐལ་བའི་ཕྱིར་རོ། །

གསུམ་པ་ནི། བུ་སྟོན་རིན་པོ་ཆེའི་གསུང་གིས། དོན་དམ་སེམས་བསྐྱེད་ཆོ་གའི་སྒོ་ནས་སྐྱེ་བ་མི་སྲིད་ན། དབང་བཞི་པའི་རྟོགས་པ་དེ་དབང་བཞི་པའི་ཆོ་ག་ལས་སྐྱེ་བ་མ་ཡིན་པར་འགྱུར་རོ། །ཞེས་གསུངས་པར་གྲགས་སོ། །མདོར་ན་དོན་དམ་སེམས་བསྐྱེད་ཀྱི་ཆོ་ག་བཀའ་དང་བསྟན་བཅོས་ལས་གསུངས་པ་མེད་དོ། །ཞེས་པའི་སྨྲ་ཇི་བཞིན་པ་འདི་ཉིད་ལ་མངོན་པར་ཞེན་ནས། རྒྱལ་ཞིང་བརྟགས་པ་བཟོད་པའི་གྲུབ་པའི་མཐའ་གཏིང་ཚུགས་པའི་བཤད་པ། གཞུང་འདིའི་རྣམ་བཤད་མཛད་པ་པོ་སྟོན་བྱེན་པ་དེ་དག་གིས་ལེགས་པར

བཤད་པ་མ་མཐོང་བས། དད་པའི་རྗེས་འབྲང་དུ་ཁས་འཆེ་བ་དག་གིས། བསྟན་བཅོས་ཆུང་གསན་པར་གྱུར་པ་མ་ཡིན་ནམ་སྙམ་དུ་བསམས་ནས། རྒྱལ་ཞིང་བརྟག་པའི་དྲི་བ་དེ་དག་བཀོད་པ་ཡིན་ནོ། །དེ་སྐད་དུ་ཡང་། གང་ཞིག་རྩད་ཅིང་མ་དྲིས་པ། །དེའི་བར་དུ་གཏིང་མི་དཔོགས། །རྫ་ལ་དབྱུག་གུས་མ་སྣུན་པ། །དེ་སྲིད་གཞན་དང་ཁྱད་ཅི་ཡོད། །ཅེས་འབྱུང་བ་ལྟར་རོ། །

གཉིས་པ་དངོས་ལན་གདབ་པ་ལ་གཉིས་ཏེ། ཐུབ་པའི་དགོངས་གསལ་ལས་ཇི་ལྟར་འབྱུང་བའི་ཚུལ་དང་། དེ་ལ་དཔགས་ནས་རང་ལུགས་གོ་བདེ་བར་བཤད་པའོ། །དང་པོ་ནི། དེ་ཉིད་ལས། ཇི་སྐད་དུ། སྤྱིར་སོ་སོར་ཐར་པའི་སྡོམ་པ། བྱང་ཆུབ་སེམས་དཔའི་སེམས་བསྐྱེད། གསང་སྔགས་ཀྱི་དབང་བསྐུར་རྣམས་ཆོ་ག་ལས་སྐྱེ། བསམ་གཏན་གྱི་སྡོམ་པ། ཟག་པ་མེད་པའི་སྡོམ་པ། དོན་དམ་པའི་སེམས་བསྐྱེད་རྣམས་ཆོ་ག་ལས་མི་སྐྱེ་བར་གསུངས། འོན་རྣམ་སྣང་མངོན་བྱང་ལས། ཡན་ལག་བདུན་པའི་སྐབས་སུ་དོན་དམ་པའི་སེམས་བསྐྱེད་ཀྱི་ཚིག་ལན་གསུམ་གསུངས་པ་དང་འགལ་ལོ། །སྙམ་ན། འདིའི་ལན་ལ། མགོ་སྙྲིའི་ལན་དང་། རྣལ་མའི་ལན་གཉིས་སོ། །དང་པོ་ནི། ཁྱེད་ཀྱང་ཕྱག་རྒྱ་ཆེན་པོ་སྒོམ་མེད་དུ་འདོད་ན། དེ་ཉིད་བསྟུས་པར། ཕྱག་རྒྱ་ཆེན་པོ་སྒོམ་པར་བཤད་པ་དང་འགལ་ལོ། །དེ་ཉིད་བསྡུས་པ་རྣལ་འབྱོར་གྱི་རྒྱུད་ཡིན། དེར་ལྷའི་སྐུ་སྒོམ་པ་ལ་ཕྱག་རྒྱ་ཆེན་པོར་བརྟགས་པ་ཡིན་གྱི། རྣལ་འབྱོར་ཆེན་པོའི་ལུགས་ཀྱི་ཕྱག་རྒྱ་ཆེན་པོ་དངོས་མ་ཡིན་སྙམ་ན། འོན་རྣམ་སྣང་མངོན་བྱང་ཡང་སྤྱོད་པའི་རྒྱུད་ཡིན་ལ། ཡེ་ཤེས་ཀྱི་ཚོགས་སོག་པའི་སྔགས་ལ་དོན་དམ་སེམས་བསྐྱེད་ཀྱི་མིང་བཏགས་པ་ཡིན་གྱི། ཕ་རོལ་ཏུ་ཕྱིན་པའི་ལུགས་ཀྱི་དོན་དམ་སེམས་བསྐྱེད་ཀྱི་ཚོག་བཤད་པ་མ་ཡིན་ནོ། །རྣམ་སྣང་མངོན་བྱང་གསང་སྔགས་ཡིན་ཀྱང་། དེ་ཉིད་ཀྱི་ལུགས་ཕ་རོལ་ཕྱིན་པ་བ་ལ་བྱས་ན་ཅི་འགལ་སྙམ་ན། དེ་ཉིད་བསྟུས་པ་ཡོ་ག་ཡིན་ཀྱང་། ལུགས་དེ་རྣལ་འབྱོར་ཆེན་པོ་ལ་ཅི་འགལ། ཡོ་ག་དང་རྣལ་འབྱོར་ཆེན་པོ་རྒྱུད་སྡེ་ཐ་དད་པས་ཚོག་དཀྲུགས་པ་མི་འཐད་དོ་ཞེ་ན། རྣམ་སྣང་མངོན་བྱང་དང་ཕ་རོལ་ཏུ་ཕྱིན་པའི་ལུགས་དཀྲུགས་པའང་ག་ལ་འཐད། གལ་ཏེ་ཐེག་པ་མི་འདྲ་བའི་ཚོག་འཁྲུགས་ཀྱང་། མོས་པའི་སྒོ་ནས་དོན་དམ་སེམས་བསྐྱེད་ཀྱི་ཚོག་བྱས་ཀྱང་ཅི་འགལ་སྙམ་ན། འོན་རྒྱུད་སྡེ་ཐ་དད་ཀྱི་ལག་ལེན་འཁྲུགས་ཀྱང་། ཡོ་གའི་ལུགས་ཀྱི་ཕྱག་རྒྱ་ཆེན་པོ་རྣལ་འབྱོར་བླ་མེད་དུ་བསྒོམས་ཀྱང་ཅི་འགལ། ཕྱག་རྒྱ་ཆེན་པོ་སྒོམ་དུ་ཞོར་བ་སྐྱོན་ཅན་ཡིན་ནོ། །ཞེ་ན། དོན་དམ་སེམས་བསྐྱེད་ཚོག་རར་ཞོར་བའང་སྐྱོན་ཅན་ཡིན་ནོ། །ཚོག་རར་ཞོར་བ་ཅི་སྐྱོན་སྙམ་ན། འོན་སྒོམ་དུ་ཞོར་བའང་ཅི་སྐྱོན། སྒོམ་རྟོག་པ་ཡིན་ལ། ཕྱག་རྒྱ་ཆེན་པོ་མི་རྟོག་པ་ཡིན་པས་འགལ་ལོ་ཞེ་ན། འོན་ཚོག་ཀུན་རྫོབ་ཡིན་ལ། དོན་དམ་སེམས་བསྐྱེད་དོན་དམ་ཡིན་པས་འགལ་བར་

མཚུངས་སོ། །དེས་ན་གྲུབ་མཐའ་དང་རྒྱུད་སྡེའི་རིམ་པ་མི་ཤེས་པའི་བླུན་པོ་དག་གིས། མིང་མཐུན་པ་ཙམ་ལ་འཁྲུལ་གཞིར་གྱུར་ནས། དོན་གྱི་གནད་མ་ཤེས་པར་ཟད་དོ། །

གཉིས་པ་དངོས་པོའི་ལན་ནི། སྤྱིར་ཆོས་ཐམས་ཅད་ལ་གྲུབ་མཐའི་རྣམ་གཞག་དང་། ཐེག་པའི་རིམ་པ་གལ་ཆེ། མཚན་ཉིད་པ་དང་། བཏགས་པ་པའི་བྱེ་བྲག་ཤེས་དགོས། དེའང་གྲུབ་མཐའ་ལ། ཉན་ཐོས་ཀྱི་དོན་དམ་ཐེག་ཆེན་གྱི་ཀུན་རྫོབ་ཏུ་འགྲོ་བ་ཡང་ཡོད། གསང་སྔགས་ལས་ཀྱང་། དོན་དམ་སེམས་བསྐྱེད་ཁ་དོག་དང་དབྱིབས་སུ་བསྒོམས་པར་བཤད་པ་ཡང་ཡོད། ཤུ་ཉ་ཏ་དང་དངོས་པོ་ཐམས་ཅད་དང་བྲལ་བ་ལ་སོགས་པའི་ཚིག་གིས། སྟོང་པ་སྒོམ་པ་ལ་དོན་དམ་སེམས་བསྐྱེད་དུ་མིང་བཏགས་པ་ཡང་ཡོད། ཟླ་བ་ལ་ཀུན་རྫོབ། རྡོ་རྗེ་ལ་དོན་དམ་དུ་མིང་བཏགས་པ་སོགས་དཔག་མེད་ཡོད་པས། དེ་དག་གི་རྒྱུ་མཚན་ལེགས་པར་ཤེས་དགོས། གསང་སྔགས་ཀྱི་ཆོ་ག་དང་། ཕ་རོལ་དུ་ཕྱིན་པའི་སེམས་བསྐྱེད་བསྲེས་པས་མི་འདྲ། ཕ་རོལ་དུ་ཕྱིན་པའི་སློན་འཇུག་ལ། ཆོ་ག་མདོ་བསྟན་བཅོས་ཀུན་ནས་བཤད། དོན་དམ་སེམས་བསྐྱེད་ལ་ཆོ་ག་མདོ་དང་བསྟན་བཅོས་ཀུན་ནས་བཤད་པ་མེད། ཁྱད་པར་དུ་དབུ་མའི་ལུགས། སློབ་དཔོན་ཀླུ་སྒྲུབ་དང་། སློབ་དཔོན་ཞི་བ་ལྷའི་སྤྱོད་འཇུག་སོགས་ལས་མ་གསུངས། སེམས་ཙམ་པའི་སློབ་དཔོན་ཐོགས་མེད་དང་། སྡོམ་པ་ཉི་ཤུ་པ་དང་། ཇོ་བོ་རྗེའི་སེམས་བསྐྱེད་ཀྱི་གཞུང་ལས་ཀྱང་། དོན་དམ་སེམས་བསྐྱེད་ལ་ཆོ་ག་མ་གསུངས་སོ། །ཞེས་འབྱུང་ངོ་། །གསུང་འདིའི་ངག་དོན་བསྡུས་ན། གསང་སྔགས་ལས་དོན་དམ་སེམས་བསྐྱེད་ཀྱི་ཆོ་ག་བཤད། ཕར་ཕྱིན་ཐེག་པ་ལས་མ་བཤད་ཅིང་། སྔགས་སུ་ཆོ་ག་བཤད་པའི་དོན་དམ་སེམས་བསྐྱེད་དེ། དོན་དམ་སེམས་བསྐྱེད་མཚན་ཉིད་པ་མ་ཡིན། ཞེས་བྱ་བའི་དོན་ནོ། །

གཉིས་པ་རང་ལན་གོ་བདེ་བར་བརྗོད་པ་ལ་གཉིས་ཏེ། མདོ་སྔགས་ཀྱི་དོན་དམ་བྱང་སེམས་ཀྱི་ཁྱད་པར་ཕྱེ་བ་དང་། ལུགས་གཉིས་ཀ་ལ་དོན་དམ་སེམས་བསྐྱེད་བསྐྱེད་པའི་ཆོ་ག་ཡོད་དུ་ཆུག་ཀྱང་། དེའི་སྟོབས་ཀྱི་སྐྱེས་པ་མ་ཡིན་པར་བསྟན་པའོ། །དང་པོ་ནི། བཀའ་གདམས་ཀྱི་བསྟན་རིམ་འགའ་ཞིག་དང་། རྗེ་ཕག་མོ་གྲུ་པའི་དོན་དམ་སེམས་བསྐྱེད་ཀྱི་ཆོ་ག་ཞེས་བྱ་བའི་ཡི་གེ་ལས། གོང་དུ་དྲངས་པའི་སྣང་གོང་ཕྱག་རྒྱ་པའི་ཆོ་གའི་ཚིག་དེ་ལ་བརྟེན་པའི་སྔགས་ཚིག་ལན་གསུམ་བརྗོད་པ་དང་། མཇུག་ཏུ་གཟེངས་བསྟོད་པ་དང་། སྤྲོ་བསྐྱེད་པའི་ཚིག་སྦྱར་བའི་ཆོ་ག་མཛད་ནས། ལུགས་དེ་ཕར་ཕྱིན་ཐེག་པའི་དབང་དུ་བྱས་པར་བཞེད་དོ། །དོན་དེ་འགོག་པ་ནི་གཞུང་འདིར། དོན་དམ་སེམས་བསྐྱེད་ཅེས་བྱ་བ། །བསྒོམས་པའི་སྟོབས་ཀྱིས་སྐྱེ་མོད་ཀྱི། །ཞེས་བྱ་བ་ལ་སོགས་པ་གསུངས་སོ། །དེ་ལ་སྤྱིར་ཕར་ཕྱིན་ཐེག་པར་ཀུན་རྫོབ་སེམས་བསྐྱེད་ཅེས་བྱ་བ། སངས་

རྒྱས་ཀྱི་གཞན་དོན་གྱི་སྐུ་དམིགས་ཡུལ་དུ་བྱས་ནས། བསོད་ནམས་ཀྱི་ཚོགས་ཉམས་སུ་ལེན་པ་དང་། དོན་དམ་པའི་སེམས་བསྐྱེད་ཅེས་བྱ་བ། སངས་རྒྱས་ཀྱི་དོན་དམ་པའི་སྐུ་ལ་དམིགས་ནས། ཡེ་ཤེས་ཀྱི་ཚོགས་ཉམས་སུ་ལེན་པའོ། །དེ་ལྟ་བུའི་རྣམ་པར་གཞག་པ་དེ་སྔགས་ཀྱི་ཐེག་པར་ཡང་མི་བཞེད་པ་ནི་མ་ཡིན་མོད། ཐུན་མོང་མ་ཡིན་པའི་བྱང་ཆུབ་ཀྱི་སེམས་གཉིས་ནི། ཇི་སྐད་དུ། རྩ་བའི་རྒྱུད་ལས། ཀུན་རྫོབ་དོན་དམ་གཟུགས་ཅན་གྱི། །བྱང་ཆུབ་སེམས་ནི་རབ་ཏུ་སྐྱེད། །ཀུན་རྫོབ་ཀུནྡ་ལྟ་བུ་ཉིད། །དོན་དམ་བདེ་བའི་གཟུགས་ཅན་ནོ། །ཞེས་གསུངས་པ་ལྟར། དོན་དམ་པ་བྱང་ཆུབ་ཀྱི་སེམས་ཞེས་ཀྱང་བྱ། རང་བཞིན་ལྷན་ཅིག་སྐྱེས་པའི་ཡེ་ཤེས་ཞེས་ཀྱང་བྱ། མཆོག་ཏུ་མི་འགྱུར་བའི་བདེ་བ་དང་། དམིགས་པ་མེད་པའི་སྙིང་རྗེ་ཞེས་ཀྱང་བྱ་བ་དེ། ཐོག་མར་རང་གི་རྒྱུད་ལ་ཇི་ལྟར་གནས་པའི་ཚུལ་ངོས་བཟུང་སྟེ། སེམས་དེ་གསལ་བཏབ་པའི་སྒོ་ནས་དམ་བཅའ་ཙམ་གྱིས་བསྐྱེད་པའི་ཚིག་ནི། གོང་དུ་རྒྱས་པར་ཇི་སྐད་དྲངས་པ་དེ་དག་གོ། །འོན་བྱང་ཆུབ་སེམས་དེ་དུས་ནམ་གྱི་ཚེ་མངོན་དུ་འགྱུར་པ་ཡིན་ཞེ་ན། རིམ་པ་གཉིས་ཀྱི་ཏིང་ངེ་འཛིན་བསྒོམས་པའི་སྟོབས་ཀྱིས། རང་བྱུང་གི་ཡེ་ཤེས་ནམ་མངོན་དུ་བྱས་པ་དེའི་ཚེ་ནའོ། །དེ་ཡང་མཚོན་བྱེད་དཔེའི་ཡེ་ཤེས་ཀྱི་ཚེ་ན་རྗེས་མཐུན་པ་དང་། མཚོན་བྱ་དོན་གྱི་ཡེ་ཤེས་ཀྱི་ཚེ་ན་དེ་མཚན་ཉིད་པ་མངོན་དུ་གྱུར་པ་ཡིན་ནོ། །འོན་ཕར་ཕྱིན་ཐེག་པའི་དོན་དམ་སེམས་བསྐྱེད་དངོས་དེ་དང་། འདིའི་ཁྱད་པར་ཅི་ཞེ་ན། གཉིས་ཀ་ཡང་ཐེག་ཆེན་མཐོང་ལམ་གྱི་དུས་སུ་མངོན་དུ་འགྱུར་བར་མཚུངས་ཀྱང་། ཁྱད་པར་ཤིན་ཏུ་ཆེ་བ་ཡིན་ཏེ། འདི་ནི་ཡུལ་ཅན་དམིགས་པ་མེད་པའི་སྙིང་རྗེ་དང་། མཆོག་ཏུ་མི་འགྱུར་བའི་བདེ་བ་ཆེན་པོས། ཡུལ་སྤྲོས་པའི་མཐའ་བྲལ་རྟོགས་པ་ཡིན་པས། ཕྱག་རྒྱ་ཆེན་པོའི་ཡེ་ཤེས་དངོས་ཡིན་ལ། ཅིག་ཤོས་ལ་དེ་མེད་པའི་ཕྱིར་རོ། །འོན་བྱང་ཆུབ་ཀྱི་སེམས་དེ་བཟུང་བའི་ཚིག་ལན་གསུམ་བརྗོད་པའི་མཐའ་དེ་ཉིད་དུ་མི་སྐྱེ་བར། ཇི་ལྟར་བཟུང་བའི་དོན་དེ་ཉིད་ལ་བློ་གཞག་ནས། ཡུན་རིང་དུ་བསྒོམས་པའི་སྟོབས་ཀྱིས་སྐྱེ་བ་ཡིན་ན། བརྗོད་པ་ལན་གསུམ་ལ་དགོས་པ་མེད་དོ། །ཞེ་ན། མི་འགལ་ཏེ། དཔེར་ན་རིགས་ལྡའི་སྡོམ་པ་དེ་བཟུང་བའི་ཚིག་ལན་གསུམ་པའི་མཐའ་དེ་ཉིད་དུ་མི་སྐྱེ་བར། བསྒོམས་པའི་སྟོབས་ཀྱིས་བུམ་དབང་རྫོགས་པའི་མཐར་སྐྱེ་དགོས་པ་བཞིན་ནོ། །དེའི་ཕྱིར། དོན་དམ་བྱང་ཆུབ་ཀྱི་སེམས་དེ་དགོས་པ་གང་གི་ཕྱིར་དུ་བསྐྱེད་པའི་སེམས་ཅན་དོན་བྱེད་ཀྱི་ཚུལ་ཁྲིམས་དེ་ཡང་། སེམས་བསྐྱེད་དེ་དང་ལྷན་ཅིག་ཏུ་འཛིན་པ་དང་མི་འཛིན་པའི་ལུགས་གཉིས་ལས། ཕྱི་མ་ནི་གོང་དུ་དྲངས་པའི་ལུང་ཕལ་ཆེ་བ་རྣམས་ཀྱིས་སྟོན་ལ། ལུགས་དང་པོ་ནི་བྱང་ཆུབ་སེམས་འགྲེལ་ནས་འབྱུང་བའི་ཚིག་དེས་སྟོན་པ་ཡིན་ལ། འདི་ནི་སྔགས་ཀྱི་ཐུན་མོང་མ་ཡིན་པའི་ལུགས་ཏེ། ཕ་རོལ་དུ་ཕྱིན་པའི་ཐེག་པ་ནས། བྱང་ཆུབ་ཀྱི་

སེམས་ཀྱི་རྡོ་རྗེ་དེ་གསལ་བཏབ་པ་དང་ལྷན་ཅིག་ཏུ། སེམས་ཅན་དོན་བྱེད་ཀྱི་ཚུལ་ཁྲིམས་དེ་འཛིན་པའི་བཤད་པ་མེད་པའི་ཕྱིར་རོ། །དོན་དེ་ཉིད་ནི་རྡོ་རྗེ་རྩེ་མོ་ལས་ཀྱང་འབྱུང་བ་ཡིན་ཏེ། ཇི་སྐད་དུ། བྱང་ཆུབ་སེམས་ནི་བླ་མེད་མཆོག །དམ་པ་བདག་གིས་བསྐྱེད་བགྱིས་ནས། །སེམས་ཅན་ཀུན་གྱི་དོན་གྱི་ཕྱིར། །བདག་གི་སྡོམ་པ་མ་ལུས་བཟུང་། །ཞེས་པས་དོན་དེ་བསྟན་པའི་ཕྱིར་ཏེ། སྔོན་འཇུག་དང་དེའི་སྡོམ་པ་གཉིས་ནི། གོང་དུ་རྣམ་སྣང་གི་དམ་ཚིག་ཏུ་བཟུང་ཟིན་པའི་ཕྱིར། འོན་ཅི། དོན་དམ་པའི་བྱང་ཆུབ་ཀྱི་སེམས་འདིའི་དབང་དུ་བྱས་པའི་སྡོམ་པ་ནི་དེ་ཁོ་ནར་ཟད་དམ། གཞན་ཡང་ཡོད་ཅེ་ན། གཞན་ནི་ངེས་པར་ཡོད་དེ། དེ་ལ་དོན་དམ་པ་བྱང་ཆུབ་ཀྱི་སེམས་ཀྱི་རྡོ་རྗེ་དེ་གསལ་བཏབ་ནས་གཟུང་བའི་སྡོམ་པ་དང་། བཟུང་བ་དེའི་རྒྱུན་གོམས་པར་བྱས་པས། མངོན་དུ་གྱུར་པའི་གནས་སྐབས་ཀྱི་སྡོམ་པའོ། །དང་པོ་ལ་གཉིས་ཏེ། དོན་དམ་བྱང་སེམས་ཀྱི་དམ་ཚིག་ལ་འཇུག་པའི་སྡོམ་པ་དང་། དམ་ཚིག་དེ་ལ་གནས་པའི་སྡོམ་པའོ། །དེ་གཉིས་ལེན་པའི་ཆོ་ག་ནི་རྣམ་སྣང་མངོན་བྱང་གི་ལུང་གོང་དུ་དྲངས་པའི་དོན་མཚན་གཉིས་པ་དེས་གོ་རིམ་བཞིན་དུ་བསྟན་པ་ཡིན་ལ། དམ་ཚིག་དེའི་ངོ་བོ་ནི་སེམས་རང་བཞིན་གྱི་ཆོས་སྐུར་མཐོང་བ་དེ་ཉིད་ཡིན་པར་ནི། མངོན་བྱང་གི་ལུང་། ཇི་སྐད་དུ། དམ་ཚིག་གསུམ་གང་ཞེ་ན། ཞེས་སོགས་གོང་དུ་དྲངས་ཟིན་པ་དེ་ཉིད་ཀྱིས་སྟོན་ཞིང་། དེ་དང་འགལ་བའི་ལྟུང་བ་ཡང་། ཇི་སྐད་དུ། ལྟུ་གང་ཞེ་ན། ཞེས་སོགས་དྲངས་ཟིན་པ་དེ་ཉིད་དོ། །

གཉིས་པ་དོན་དམ་པའི་བྱང་ཆུབ་ཀྱི་སེམས་དེ་ཉིད་མངོན་དུ་གྱུར་པའི་གནས་སྐབས་ཀྱི་སྡོམ་པ་དེའི་ངོ་བོ་དང་། ཐོབ་པའི་དུས་ཀྱང་ཇི་སྐད་དུ། རྩ་བའི་རྒྱུད་ལས། སངས་རྒྱས་ཀུན་གྱི་སྡོམ་པ་ནི། །ཨེ་ཝཾ་རྣམ་པར་ཡང་དག་གནས། །ཨེ་ཝཾ་རྣམ་པ་བདེ་ཆེན་པོ། །དབང་ལས་ཡང་དག་ཤེས་པར་བྱ། །ཞེས་གསུངས་ཤིང་། དེའི་འོག་ཏུ་དེ་ལ་ལྟོས་པའི་དམ་ཚིག་རྣམས་ཀྱང་གསུངས་སོ། །འོན་འདིར། གང་ཞིག་གང་གིས་སྡོམ་ཞེ་ན། སྤང་བྱ་བཟུང་འཛིན་གྱི་རྣམ་པར་རྟོག་པ་རྣམས། སྡོམ་བྱེད་གཉིས་མེད་ཀྱི་ཡེ་ཤེས་མངོན་དུ་གྱུར་པའི་སྟོབས་ཀྱིས་སྡོམ་ལ། འདི་ལ་བླ་མ་གོང་མས། རྫོགས་རིམ་གྱི་སྡོམ་པ་ཞེས་བྱ་བའི་ཐ་སྙད་བཏགས་པ་དེ་ཡིན་ནོ། །

གཉིས་པ་ནི། མདོར་ན་མདོ་སྔགས་ཀྱི་དོན་དམ་པའི་བྱང་ཆུབ་ཀྱི་སེམས་གཉིས་པོ་དོན་གཅིག་གམ་མི་གཅིག་ཀྱང་རུང་། དེ་ལེན་པར་བྱེད་པའི་ཆོ་ག་སེམས་ཅན་དོན་བྱེད་ཀྱི་ཚུལ་ཁྲིམས་དང་འབྲེལ་ཡང་རུང་མ་འབྲེལ་ཡང་རུང་སྟེ། བརྗོད་པ་ཁས་བླངས་ཀྱི་དམ་བཅའ་ལན་གསུམ་བྱས་པའི་མཐའ་དེ་ཉིད་དུ། བརྗོད་པ་དེའི་སྟོབས་ལས་བྱང་ཆུབ་ཀྱི་སེམས་འདི་སྐྱེ་བ་ནི་སྲིད་པ་མ་ཡིན་ཏེ། ཡིན་ན་བརྫ་ལས་བྱུང་བའི་སེམས་བསྐྱེད་དུ་ཐལ་བའི་ཕྱིར་རོ། །དེའི་རྒྱུ་མཚན་གྱིས། འདི་ལ་སྦྱོར་དངོས་ཀྱི་ཆོ་ག་གསུངས་ཀྱང་། རྗེས་ཀྱི་ཆོ་ག་བཤད་པ

མེད་དོ། །རིམ་པ་ལྟ་བར་བཤད་པ་དེ་ནི། དབང་གསུམ་པའི་དུས་སུ་དཔེའི་ཡེ་ཤེས་སྐྱེས་པའི་མཐའ་རྟེན་དུ་ཡོན་འབུལ་བའི་ཚིག་ཡིན་གྱི། དོན་གྱི་ཡེ་ཤེས་མངོན་དུ་བྱས་པའི་རྗེས་ཀྱི་ཚིག་ནི་མ་ཡིན་པས། དེར་དེ་བཤད་པ་ལས་བྱུང་བའི་ཉེས་པ་དེ་ཡོད་པ་མ་ཡིན་ནོ། །དོན་དེ་ལ་དགོངས་ནས། གཞུང་འདི་ཉིད་དུ། འདི་ལ་སྦྱོར་དངོས་རྗེས་གསུམ་གྱི། །ཚིག་རྒྱལ་བས་གསུངས་པ་མེད། །ཅེས་པར་རྗེས་ཞེས་བྱ་བའི་ཚིག་ལ་ནུས་པ་འདོན་རྒྱུ་ཡིན་པ་དང་། ཐུབ་པའི་དགོངས་པ་གསལ་བ་ལས་ཀྱང་། བླུན་པོ་དག་གིས་ཀྱང་ཆོས་ནས་བཤད་པའི་སྡེ་སྣོད་ཀྱི་རྣམ་གཞག་དང་དབང་བསྐུར་ལ་སོགས་པའི་ཆོ་ག་ཟབ་མོ་མ་མཐོང་བར། མ་བཤད་པའི་སློན་འཇུག་གི་སེམས་བསྐྱེད་ལ་གསང་སྔགས་ཀྱི་ལྟ་སྒོམ་པ་དང་། དོན་དམ་སེམས་བསྐྱེད་ལ་རྗེས་བརྗོད་ཀྱི་ཆོ་ག་བྱེད་པ་སོགས། སངས་རྒྱས་ཀྱིས་མ་གསུངས་པ་བྱེད་པ་དེ་དག་བསྟན་པ་ལ་གནོད་པ་ཡིན་ཏེ། མུན་པ་མུན་ནག་ཏུ་མིག་མི་གསལ་བ་ཞུགས་པ་དང་འདྲའོ། །ཞེས་བྱམས་པས་མདོ་སྡེ་རྒྱན་ལས་གསུངས་སོ། །ཞེས་བཤད་པ་ཡིན་ནོ། །དེས་ན་དེ་འདྲ་དེ་ལ་རྗེས་ཚིག་སྦྱར་ན། བསྒྲུབ་བྱ་དེ་འཕགས་པ་ཉིད་དུ་ཁས་བླངས་པར་སོང་བས། གནས་འདི་ལ་བག་ཡོད་པར་བྱའོ། །དེ་དག་ལ་འདི་སྐད་ཅེས། དོན་དམ་བྱང་སེམས་ཞེས་བྱ་བ། །མདོ་དང་སྔགས་ཀྱི་ཁྱད་པར་ལས། །སྟོང་ཉིད་མངོན་སུམ་རྟོགས་བློ་དང་། །སེམས་ཀྱི་རྡོ་རྗེ་དག་ལ་བཞེད། །དེ་བསྐྱེད་པ་ཡི་སྔགས་ཚིག་ཙམ། །དེ་ཐོབ་བྱེད་པའི་ཐབས་མིན་ཀྱང་། །ངེས་པར་འབྱེད་པའི་ཆ་བཞི་དང་། །དབང་དང་རིམ་གཉིས་གོམས་པས་འཐོབ། །ཅེས་སྨྲ་བ་ཡིན་ནོ།། །།

དྲི་བ་བརྒྱད་པ་ནི། སརྦ་ཡོ་ག་ཙིཏྟ་སོགས། །སློབ་མས་བཟླས་ཏེ་ཀུན་རྫོབ་དང་། །དོན་དམ་སེམས་བསྐྱེད་འཛིན་བཅུག་ནས། །སུ་རེ་ཏེ་ས་མ་ཞེས་སོགས་ཀྱིས། །སྐྱེས་ཟིན་བརྟན་པར་བྱེད་དེ་ཅི། །འདི་ལ་གཉིས་ལས། དང་པོ་ལ། འདྲི་བའི་རྒྱུ་མཚན་ནི། དཀྱིལ་ཆོག་ཕྱི་མ་མང་པོའི་ནང་ན། སྔགས་དང་པོ་དེ་བརྗོད་པས་བྱང་ཆུབ་ཏུ་སེམས་བསྐྱེད་པ་གཟུང་ལ། སྔགས་ཕྱི་མ་དང་། རྡོ་རྗེ་སྙིང་ཁར་གཞག་པས། བྱང་ཆུབ་ཀྱི་སེམས་དེ་བརྟན་པར་བྱེད་པ་ཡིན་ནོ། །ཞེས་གསུང་པ་དག་སྣང་ལ། དེ་ལྟ་ན་དོན་དམ་སེམས་བསྐྱེད་ལ་རྗེས་ཀྱི་ཆོག་བཤད་པར་འགྱུར་བའི་རྒྱུ་མཚན་གྱིས་སོ། །

མ་དྲིས་པའི་ཉེས་པ་ནི། བརྟག་པ་འདི་ཉེ་བར་མ་བཀོད་ན། ཐམས་ཅད་རྣལ་འབྱོར་དུ་སེམས་བསྐྱེད་པར་བགྱིའོ། །ཞེས་པའི་སྔགས་འདི་དོན་དམ་པ་བྱང་ཆུབ་ཀྱི་སེམས་བསྐྱེད་པའི་སྔགས་སུ་མི་གོ་བར་སྣང་བ་དང་། སྔགས་འདི་སློབ་དཔོན་རྐྱང་པས་བརྗོད་ལ། སློབ་མས་ནི། སྙིང་ཁར་བྱང་ཆུབ་ཀྱི་སེམས་གཉིས་ཀྱི་ངོ་བོ་ཟླ་བ་དང་རྡོ་རྗེ་སྒོམ་པ་ཙམ་ཡིན་གྱི། སྔགས་དེའི་རྗེས་ཟློས་བྱ་མི་དགོས་པར་འཆད་པ་དང་། ཐམས་ཅད་ཅེས

པའི་ཚིག་གིས་ཀུན་རྫོབ་དང་དོན་དམ་པའི་སེམས་གཉིས་ཀ་འཛིན་པར་འཁྲུལ་བ་དང༌། སུ་ར་ཏེ་ཞེས་སོགས་སེམས་བསྐྱེད་པའི་སྔགས་དང༌། སྐྱེད་ཟིན་བརྟན་པའི་སྔགས་སུ་འཁྲུལ་པ་གཉིས་ཀ་འདུག་པ་དང༌། འདིར་དོན་དམ་པ་བྱང་ཆུབ་ཀྱི་སེམས་འཛིན་པར་བཤད་པ་དེ་དང༌། རྣམ་སྣང་མངོན་བྱང་དུ། དོན་དམ་པ་བྱང་ཆུབ་ཀྱི་སེམས་ཀྱི་དམ་ཚིག་གནས་པའི་སྡོམ་པ་འཛིན་པར་བཤད་པ་གཉིས་པོ་དོན་གཅིག་ཏུ་མི་གོ་བའི་ཉེས་པ་ཡོད་དོ༑ ༑འོན་དེ་དང་དེའི་ཤེས་བྱེད་ཅི་ཞེ་ན། གོ་རིམ་བཞིན་དུ་བཤད་པ་ནི། དཔལ་མཆོག་ལས། སྨོན་པ་བྱང་ཆུབ་ཀྱི་མཆོག་ཏུ་སེམས་བསྐྱེད་ཟིན་པའི་རྗེས་སུ། སངས་རྒྱས་ཀྱི་རང་བཞིན་རྟོགས་པའི་བྱང་ཆུབ་ཀྱི་རང་བཞིན་གྱི་སེམས་བསྐྱེད་པ་ནི། དང་པོ་ཁོ་ནར་དེ་བཞིན་གཤེགས་པ་ཐམས་ཅད་ཀྱི་མཆོག་ཏུ་གསང་བ་དམ་པའི་སྔགས་ལན་ཅིག་བརྗོད་པའི་བསྐྱེད་དུ་བཅུག་སྟེ། ཞེས་གསུངས་པ་དང༌། དཀྱིལ་ཆོག་རྡོ་རྗེ་ཕྲེང་བ་ལས། སྔགས་འདིའི་རྗེས་བཟློས་སློབ་མས་བྱེད་དགོས་པ་ཉིད་དུ་བཤད་པ་དང༌། འདི་ལ་ནི་དེ་བཞིན་གཤེགས་པ་ཐམས་ཅད་ཀྱི་མཆོག་ཏུ་གསང་ཆེན་དམ་པ་ཞེས་བཤད་པ་དང༌། རྣམ་སྣང་མངོན་བྱང་དུ། དེ་བཞིན་གཤེགས་པ་ཐམས་ཅད་ཀྱི་དམ་ཚིག་ཆེན་པོ་ཞེས་བཤད་པ་གཉིས་དོན་གཅིག་ལ་འདུ་བའི་ཕྱིར་དང༌། སརྦ་ཞེས་སོགས་ཀྱི་སྔགས་འདི་ནི། ཐམས་ཅད་རྣལ་འབྱོར་ཞེས་བྱ་བའི་མིང་ཅན། ཡེ་ཤེས་ཀྱི་རྡོ་རྗེ་དེ་ཉིད་སྐྱེད་པའི་སྔགས་ཡིན་གྱི༑ ཀུན་རྫོབ་བྱང་ཆུབ་ཀྱི་སེམས་ནི་སྔར་སྔ་གོན་གྱི་སྐབས་ལ་སོགས་པར་བསྐྱེད་ཟིན་པ་དེ་ཉིད་ཀྱི་ཚིག་པའི་ཕྱིར་དང༌། འདིར་བླ་བའི་སྙིང་དུ་རྡོ་རྗེ་སྒོམ་པར་བཤད་པ་དེ་ཡང༌། ཟླ་བས་ནི་སྔར་བསྐྱེད་ཟིན་པའི་ཀུན་རྫོབ་སེམས་བསྐྱེད་དེ་ཉིད་མཚོན་པ་ཡིན་གྱི། འདིར་བསྐྱེད་བྱའི་སེམས་དེ་མཚོན་པ་མ་ཡིན་པའི་ཕྱིར་དང༌། རྗེ་བཙུན་རྩེ་མོས། དབང་གི་རྒྱུ་བོ་ལས། ཇི་སྐད་དུ། དེ་ནས་སློབ་མའི་སྙིང་ཁར་དངོས་སུ་རྡོ་རྗེ་གཞག་སྟེ། རྡོ་རྗེ་དཀར་པོ་རྩེ་ལྔ་པ་འོད་འཕྲོ་བ་ཅིག ༑སློབ་དཔོན་དང་སློབ་མ་གཉིས་ཀས་བསྒོམས་ལ། ས་ཏྭ་ཡོ་ག་ཙི་ཏྟ་ཨུཏྤཱ་ད་ཡ་མི། ཞེས་བརྗོད་པས་བྱང་ཆུབ་ཀྱི་སེམས་བསྐྱེད་ལ། ཞེས་གསུངས་པས། ཟླ་བ་སྒོམ་པ་མེད་མི་རུང་དུ་མ་བཤད་དོ། ༑སུ་ར་ཏེ་ཞེས་སོགས་ནི། སེམས་བསྐྱེད་པའི་སྔགས་སུ་ཚད་ལྡན་སུས་ཀྱང་མི་འཆད་ཅིང༌། སྐྱེས་ཟིན་བརྟན་པའི་སྔགས་སུ་ཡང་བཤད་ན་རིགས་པ་མ་ཡིན་གྱི། འོན་ཅི་ཞེ་ན། ཇི་ལྟར་སྐྱེ་བ་དེ་ཉིད་བརྟན་པར་བཟུང་ནས་གསང་བར་གདམས་པའི་སྔགས་སུ་རིགས་པ་ཡིན་ནོ། ༑

གཉིས་པ་དངོས་ལན་གདབ་པ་ནི། སློབ་མའི་སྙིང་ཁར་རྡོ་རྗེ་བསྒོམས་ནས། སྔགས་ཀྱི་རྗེས་བཟློས་བྱེད་དུ་འཇུག་པ་འདི་ནི། དོན་དམ་དམ་པའི་བྱང་ཆུབ་ཀྱི་སེམས་བསྐྱེད་པའི་ཆོ་ག་ཡིན་ཏེ། སྔགས་ལུགས་ཀྱི་བྱང་ཆུབ་ཀྱི་སེམས་རྡོ་རྗེ་ཞེས་བྱ་བ་དེ་གསལ་བཏབ་ནས་འཛིན་པའི་ཆོ་ག་ཡིན་པའི་ཕྱིར། འདིར་བཟུང་བའི

དམ་ཚིག་གི་ངོ་བོ་ནི། གཟུང་འཛིན་གཉིས་སུ་མེད་པའི་ཡེ་ཤེས་དེ་ཉིད། རྡོ་རྗེ་སེམས་དཔའི་ངོ་བོར་གསལ་བཏབ་ནས་སེམས་འཛིན་པར་བྱེད་པའོ། །ཕན་ཡོན་གྱི་སྒོ་ནས་དམ་ལ་གཞག་པའི་སྐབས་སུ། ཡེ་ཤེས་ཀྱི་རྡོ་རྗེ་ཞེས་གསུངས་པ་ཡང་འདི་ཉིད་ལ་བསམ་པ་ཡིན་ཏེ། ཇི་སྐད་དུ། དཔལ་མཆོག་ལས། ཐོག་མཐའ་མེད་པའི་སེམས་དཔའ་ནི། །ཞེས་པ་ནས། དཔལ་མཆོག་གི་དང་པོའི་སྐྱེས་བུའོ། །ཞེས་པའི་བར་དུ་གསུངས་པས་སོ། ། ཚིག་འདི་ཙམ་གྱིས་བྱང་ཆུབ་ཀྱི་སེམས་དེ་སྐྱེས་པར་ནི་མི་འཛོག་སྟེ། དེ་མངོན་དུ་འགྱུར་བའི་ངེས་པ་མེད་པའི་ཕྱིར་ཏེ། དེ་མངོན་དུ་འགྱུར་བ་ནི། བྱང་ཆུབ་ཀྱི་སེམས་ཇི་ལྟ་བ་དེ་ཉིད་ཀྱི་རིགས་རྒྱུན་གོམས་པར་བྱས་པ་ལ་ལྟོས་པའི་ཕྱིར། དུས་ནམ་གྱི་ཚེ་མངོན་དུ་འགྱུར་ཞེ་ན། གང་གི་ཚེ་ཐེག་པ་ཆེན་པོའི་མཐོང་བའི་ལམ་མངོན་དུ་བྱས་པ་དེའི་ཚེ་ནའོ། །དེ་བས་ན། ཐམས་ཅད་རྣལ་འབྱོར་དུ་སེམས་བསྐྱེད་པའི་སྔགས་ཚིག་འདི་ལ་རྗེས་ཀྱི་ཆོ་ག་ནི་ཚད་ལྡན་སུས་ཀྱང་མ་བཤད་པ་བཞིན་དུ་མ་སྦྱོར་ཏེ། གཞན་དུ་ན། བརྡ་ལས་བྱུང་བའི་སེམས་བསྐྱེད་དུ་ཐལ་བའི་རིགས་པ་དང་། འདི་ལ་སྦྱོར་དངོས་རྗེས་གསུམ་གྱི། །ཆོ་ག་རྒྱལ་བས་གསུངས་པ་མེད། །ཅེས་བྱ་བའི་ལུང་དང་འགལ་བས་སོ། །དེ་ལྟ་ནའང་། འདིར་དོན་དམ་སེམས་བསྐྱེད་སྐྱེས་པ་མེད་ཀྱང་། སེམས་དེ་བཟུང་བའི་དམ་ཚིག་གི་འགལ་ཟླ་རྣམས་ནི་ངེས་པར་བསྲུང་དགོས་ཏེ། རྒྱུད་སྡེ་འོག་མ་གཉིས་སུ་གསུངས་པའི་རྩ་ལྟུང་རྣམས་ཀྱང་འདི་ལ་ལྟོས་པའི་རྩ་ལྟུང་དུ་འཆད་དགོས་པའི་ཕྱིར་དང་། ཇི་སྐད་དུ། དེང་ཕྱིན་དེ་བཞིན་གཤེགས་པ་ཐམས་ཅད་དང་། ཞེས་སོགས་གསུངས་པའི་ཕྱིར་རོ། །ནར་ལ་སེམས་དེ་བསྐྱེད་པའི་དགོས་པ་ཅི་ཞེ་ན། དཀྱིལ་འཁོར་གྱི་ནང་དུ་ཞུགས་ནས་ཡེ་ཤེས་སེམས་དཔའ་ཕེབས་སླ་བ་དང་། ཕེབས་ཟིན་པ་ན་འབྲས་དུས་ཀྱི་རྡོ་རྗེ་སེམས་པ་དེ་ཉིད། གཞི་དུས་ཀྱི་རྡོ་རྗེ་སེམས་དཔའ་དང་དབྱེར་མེད་དུ་ངོ་འཕྲོད་ནས། མི་འབྲལ་བར་དུས་རྟག་ཏུ་བཞུགས་པའི་དགོས་པ་ཡོད་དོ།། །།

དྲི་བ་དགུ་པ་ནི། བདག་གཞན་རྗེ་བ་མཐའ་གཅིག་ཏུ། །ནོར་ཆེན་ཆོས་ཤེས་ཕྱོགས་སྣ་མས། །ཇི་ལྟར་ཁས་བླངས་ས་བརྒྱད་པར། །རྗེ་བ་སྒོམ་པར་འཆད་མིན་ནམ། །ཕྱོགས་སྣར་སྡུག་བསྔལ་དང་ལེན་གྱི། །བཟོད་པ་ཐོབ་དང་མ་ཐོབ་པའི། །ཞིབ་ཆ་ཕྱེ་བ་མ་གླུགས་ན། །ལུང་རིགས་ཆུད་འཛར་མི་འགྱུར་རམ། །ཞེས་པ་འདི་ལ་གཉིས་ལས། འདྲི་བའི་རྒྱུ་མཚན་ནི། འདིའི་ཐད་ཀྱི་རྣམ་བཤད་མཛད་པ་ཀུན་གྱིས། ཕྱོགས་སྣ་མ་ལ་ཞིབ་ཆ་ཇི་ལྟར་ཡོད་ཀྱི། ཟུར་མ་ཕྱིན་པར། གཞུང་སྦྱོར་བདེ་བའི་སྐྲ་ཇི་བཞིན་པ་དེ་ཉིད་ཐད་སོར་བཞག་པའི་རྒྱུ་མཚན་གྱིས་སོ། །

མ་དྲིས་པའི་ཉེས་པ་ནི། རྗེ་འབྲི་ཁུང་པའི་གསུང་གིས། ས་བརྒྱད་པ་ཐོབ་ནས་བདག་གཞན་རྗེ་བ་སྒོམ

པ་ཡིན་གྱི། དེ་མ་ཐོབ་པ་དེ་སྲིད་དུ། གཞན་གྱི་སྡུག་བསྔལ་བླངས་ཀྱང་མི་བཟོད་པས། རྫོགས་བྱང་གི་ལམ་སྒྲུབ་པའི་བར་ཆད་དུ་འགྱུར་པ་ཡིན་ཏེ། དཔེར་ན། ཤཱ་རིའི་བུས་དུས་མིན་དུ་མིག་སྦྱིན་པར་བཏང་བའི་རྐྱེན་གྱིས་ཉན་ཐོས་ཀྱི་སར་ལྷུང་བ་བཞིན་དེས་ན་སོ་སོ་སྐྱེ་བོ་དང་མ་དག་པའི་སར། བདེ་སྡུག་གང་བྱུང་ཀྱང་ལམ་དུ་འཁྱེར་བ་ཡིན། ཞེས་གསུངས་པར་འདུག་པ་དེ། དག་པར་མ་གྲུགས་ན། ཕྱོགས་སྔ་མས་ལན་འདི་ལྟར་དུ་ཐེབས་པར་འགྱུར་ཏེ། ཇི་སྐད་དུ། བདག་གཞན་བརྗེ་བའི་བྱང་ཆུབ་སེམས། །དགེ་བ་ཡིན་ནམ་སྡིག་ཡིན་བརྟག །ཅེས་སོགས་ལ། དགེ་བ་ཡིན་ཀྱང་དུས་མིན་དུ། །ཉམས་སུ་བླངས་ན་ཐབས་མི་མཁས། །དུས་མ་ཡིན་པར་ཡང་དག་མཐའ། །མངོན་དུ་བྱས་པ་ཇི་བཞིན་ནོ། །ཞེས་དང་། ཇི་སྐད་དུ། བྱང་ཆུབ་སེམས་དཔའི་བློ་སྦྱོང་བའི། །སློན་ལམ་འགའ་ཞིག་མཐའ་མི་བཙན། །གལ་ཏེ་བཙན་ན་མཛའ་བོའི་བུ། །རྒྱུན་དུ་གླུད་ནད་ཆེན་པོར་འགྱུར། །ཞེས་པ་ལ། མཛའ་བོའི་བུ་ཡིས་སྡུག་བསྔལ་འདིས། །གཞན་གྱིས་སྡུག་བསྔལ་དག་གྱུར་ཅེས། །ལམ་དུ་བཏང་བ་ཉིད་ཡིན་གྱི། །གཞན་གྱི་སྡུག་བསྔལ་བླངས་པ་མེད། །ཅེས་དང་། ཇི་སྐད་དུ། དུས་གསུམ་སངས་རྒྱས་སྲས་བཅས་ཀྱང་། །བདག་གཞན་བརྗེ་བ་བསྒོམས་པའི་ཕྱིར། །རྒྱུན་དུ་སྡུག་བསྔལ་ཐོབ་པར་འགྱུར། །

ཞེས་པ་ལ། མི་སྐྱེའི་ཆོས་ལ་བཟོད་ཐོབ་ནས། །སྡུག་བསྔལ་དག་གིས་གདུང་བ་མེད། །དེ་མ་ཐོབ་པར་སྡུག་བསྔལ་ན། །རྫོགས་བྱང་སྒྲུབ་པའི་གེགས་སུ་འགྱུར། །ཞེས་པ་དང་། ཇི་སྐད་དུ། བརྗེས་པའི་སེམས་ཅན་དེ་དག་ཀུན། །སྡུག་བསྔལ་འབྱུང་བ་མི་སྲིད་འགྱུར། །ཞེས་པ་ལ། བདག་གཞན་བརྗེ་བ་ནོར་ཆོས་སུ། །ཁས་བླངས་པ་ལ་རིགས་པ་འདི། །འདུག་ན་བདག་གཞན་བརྗེ་བའི་སེམས། །བྱང་ཆུབ་ལམ་དུ་ཁས་བླངས་སམ། །གླུ་སྒྲུབ་ཞབས་དང་སྤྱོད་འཇུག་གི། ལུང་གིས་མི་གནོད་བཟོད་ཐོབ་ནས། །བརྗེ་བ་སྒོམ་པ་ཉིད་ལ་དགོངས། །ཞེས་བྱ་བའི་ལན་དེ་དང་དེ་དག་ཐེབས་པས། རང་ལུགས་ཀྱི་ལུང་རིགས་དེ་དག་ཆུད་ཟ་བ་ཉིད་དུ་བྱེད་པར་འགྱུར་རོ། །

གཉིས་པ་དངོས་ལན་གདབ་པ་ནི། ཕྱོགས་སྔ་མ་ན་རེ། རྗེ་ཕག་མོ་གྲུ་པའི་གསུང་གིས། ཁོ་བོ་སྟོན་དང་པ་ནི་ཆེ། ཤེས་རབ་ནི་ཆུང་བས། རྟག་པར་གཞན་གྱི་སྡུག་བསྔལ་རྣམས་བདག་ལ་སྨིན་པ་གྱུར་ཅིག །ཅེས་སྨོན་ལམ་བཏབ་པས། ད་ལྟ་རྟག་པར་ཞབས་སྟུང་པ་དེ་དེས་ལན་པ་ཡིན། ཞེས་གསུངས་པས། གཞན་གྱི་སྡུག་བསྔལ་འཁུར་མི་བཟོད་པ་སོ་སོ་སྐྱེ་བོ་དང་། མ་དག་པའི་ས་བདུན་ཚུན་ཆད་དུ་རང་གཞན་རྗེས་ནས་དག་པར་འགྱུར་བའི་སྐབས་ཡོད་དོ། །ཅེས་གསུང་ངོ་། །དེ་དགག་པ་ལ། རིགས་པ་དང་། ལུང་གཉིས་ལས། དང་པོ་ལ། སོ་སོ་སྐྱེ་བོས་བརྗེ་བ་སྒོམ་པའི་སེམས་མི་དགེ་བར་ཐལ་བ་དང་། གནས་མ་ཡིན་པའི་སྨོན་ལམ་མི་སྲིད་པར་

ཐལ་བ་དང་། ས་བརྒྱད་པ་ཡན་ཆད་དུ་གཞན་གྱི་སྡུག་བསྔལ་ཐམས་ཅད་ལེན་པར་ནུས་ན། གཞན་ལ་སྡུག་བསྔལ་འབྱུང་མི་སྲིད་པར་ཐལ་བ་དང་། བདག་གི་བདེ་བ་གཞན་ལ་འཕོ་ནུས་ན། གཞན་འབད་མེད་དུ་གྲོལ་བར་ཐལ་བ་དང་། རང་གྲོལ་བ་མི་སྲིད་པར་ཐལ་བ་རྣམས་འཇུག་གོ། རྒྱུན་དུ་སྡུག་བསྔལ་ཐོབ་པར་འགྱུར། ། ཞེས་པའི་དོན་ཡང་། སྡུག་བསྔལ་གྱིས་གདུང་བར་ཐལ་བའི་དོན་མ་ཡིན་གྱི། གཞན་གྱི་སྡུག་བསྔལ་རང་རྒྱུད་ལ་ཐོབ་པར་ཐལ་བའི་དོན་ཡིན་ལ། དེ་འདོད་ན། བརྗེས་པའི་སེམས་ཅན་དེ་དག་ཀུན། །ཞེས་སོགས་འཕེན་ནོ༑ ༑

གཉིས་པ་ནི། རིན་ཆེན་ཕྲེང་བ་དང་། སྤྱོད་འཇུག་གི་དོན་ཡང་། བྱང་སེམས་སོ་སྐྱེའི་དབང་དུ་བྱས་པ་ཡིན་ཏེ། རིན་ཆེན་ཕྲེང་བར། གཞན་གྱིས་སྡིག་པ་བདག་ལ་སྨིན་པར་སྨོན་ལམ་བཏབ་པ། ཐེག་ཆེན་འཕགས་པ་ནི་སྡིག་པའི་རྣམ་པར་སྨིན་པ་སྨིན་པའི་རྟེན་དུ་མི་རུང་བའི་ཕྱིར་དང་། སྤྱོད་འཇུག་གི་ལུང་གི་དོན་ཡང་། བདག་གཞན་བརྗེ་བ་མ་བྱས་ན། ལས་ཉོན་གྱི་དབང་གིས་འཁོར་བར་སྐྱེ་རུང་ཞིག་གི་རྟེན་གྱི་དབང་དུ་མཛད་པར་གསལ་བའི་ཕྱིར་རོ༎ ༎

དྲི་བ་བཅུ་པ་ནི། ཉན་ཐོས་རྣམས་ཀྱིས་རྫོགས་བྱང་དུ། །བསྔོ་བ་བྱེད་ན་འཕགས་པ་ཡིས། །ཉན་ཐོས་ཐེག་པ་དེ་ལས་ནི། །སྤྱོད་པ་ཡོངས་བསྔོ་མ་བཤད་ཅེས། །བྱ་བའི་དགོངས་པ་གང་དུ་བཙལ། །ཞེས་པའོ། །འདི་ལ་གཉིས་ལས། དང་པོ་ལ་འདྲི་དགོས་པའི་རྒྱུ་མཚན་ནི། གཞུང་གི་དངོས་བསྟན་ལ། སྟོང་པ་ཉིད་ཀྱི་ལྟ་བ་དང་། དགེ་བའི་རྩ་བ་རྫོགས་པའི་བྱང་ཆུབ་ཏུ་བསྔོ་བ་ནི་ཉན་ཐོས་ལ་འང་ཡོད་མོད། དེ་ལྟ་ན་འང་། བདག་གཞན་བརྗེ་བའི་ལམ་མེད་པས། ཉན་ཐོས་ཀྱི་ལམ་གྱིས་འཚང་རྒྱ་བར་མི་ནུས་སོ། །ཞེས་བྱ་བའི་དོན་དུ་འཆད་པ་པོ་མང་བའི་རྒྱུ་མཚན་གྱིས་སོ། །གཉིས་པ་མ་དྲིས་པའི་སྐྱོན་ནི། ཉན་ཐོས་ཀྱི་སྡེ་སྣོད་ལས་དགེ་རྩ་རྫོགས་བྱང་དུ་བསྔོ་བར་བཤད་པ་དེ། ཉན་ཐོས་ཀྱི་ཐེག་པའི་དབང་དུ་བྱས་པར་བཞེད་དམ། བྱང་ཆུབ་སེམས་དཔའི་ཐེག་པའི་དབང་དུ་བྱས་པར་བཞེད། དང་པོ་ལྟར་ན། རིན་པོ་ཆེའི་ཕྲེང་བ་ལས། ཉན་ཐོས་ཐེག་པ་དེ་ལས་ནི། །བྱང་ཆུབ་སེམས་དཔའི་སྨོན་ལམ་དང་། །སྤྱོད་པ་ཡོངས་བསྔོ་མ་བཤད་དེ། །བྱང་ཆུབ་སེམས་དཔར་ག་ལ་འགྱུར། །ཞེས་བྱ་བའི་ལུང་དང་མ་མཐུན་པ་དང་། ཉན་ཐོས་ཀྱི་ཐེག་པ་པར་ངེས་པ་རྣམས་ནི། རང་གིས་བསགས་པའི་དགེ་རྩ་རྫོགས་པའི་བྱང་ཆུབ་ཏུ་བསྔོ་བ་དོན་མེད་དོ། །ཅེས་བྱ་བའི་རིགས་པས་གནོད་པ་མ་ཡིན་ནམ།

གཉིས་པ་ལྟར་ན། ཉན་ཐོས་ཀྱི་ལམ་དུ་བྱང་ཆུབ་སེམས་དཔའི་སེམས་སྐྱེད་ཀྱི་བསླབ་བྱར་གྱུར་པའི་བདག་གཞན་བརྗེ་བ་མ་བསྟན་ཞེས་པར་སོང་བས། ཉན་ཐོས་ཀྱི་སྡེ་སྣོད་དུ། བྱང་ཆུབ་སེམས་དཔས་བདག་

ལས་གཞན་གཅེས་པར་བཟུང་བའི་སྐྱེས་པ་རབས་ཀྱི་སྡེ་ཚན་མང་དུ་གསུངས་པ་རྣམས་དང་འགལ་ཏེ། དཔེར་ན༑ འདུལ་བའི་ལུང་དུ་བྱང་ཆུབ་སེམས་དཔའི་སྐྱེས་རབས་མང་དུ་གསུངས་པ་བཞིན་ནོ། །

གཉིས་པ་དངོས་ལན་གདབ་པ་ལ། རིན་ཆེན་ཕྲེང་བའི་ལུང་དོན་བཤད་པ་དང་། དེ་དང་སོ་ཐར་གྱི་མདོའི་བསྔོ་བ་མི་འགལ་བའི་ཚུལ་ལོ། །དང་པོ་ནི། ལུང་དེའི་དོན་ཉན་ཐོས་ཀྱི་ཐེག་པ་པ་ཉིད་ཀྱི་དབང་དུ་བྱས་པ་ཡིན་ཏེ། བྱང་ཆུབ་སེམས་དཔར་ག་ལ་འགྱུར། །ཞེས་པའི་ལུང་དང་འབྲེལ་པས་སོ། །དེ་ཡང་། ཡོངས་བསྔོ་ཞེས་པ་སྨོན་སེམས་དང་། སྤྱོད་པ་ཞེས་པས་འཇུག་སྡོམ་དང་། སྨོན་ལམ་ཞེས་པ་གཟུགས་སྐུ་གཉིས་ལས་གཞན་དོན་འབད་མེད་ལྷུན་གྲུབ་ཏུ་འབྱུང་བའི་སྨོན་ལམ་འདེབས་པ་རྣམས། གནས་སྐབས་ཉན་ཐོས་ཀྱི་ཐེག་པར་རིགས་ངེས་པ་རྣམས་ལ་མེད་པའི་ཕྱིར། བྱང་ཆུབ་སེམས་དཔར་མི་འཇོག་ཅེས་བྱ་བའི་དོན་ནོ། །

གཉིས་པ་ནི། སོ་ཐར་གྱི་མདོ་ལས། སོ་སོར་ཐར་པ་བཏོན་པ་ཡི། །དགེ་བ་གྲུབ་པ་གང་ཡོད་པ། །དེས་ནི་འགྲོ་བ་མ་ལུས་པ། །ཐུབ་དབང་གོ་འཕང་ཐོབ་པར་ཤོག །ཅེས་གསུངས་པ་དེ་ནི། རིན་ཆེན་ཕྲེང་བར་བཤད་མ་ཐག་པའི་བསྔོ་བ་དེ་དང་དོན་གཅིག་པ་མ་ཡིན་ཏེ། དེ་ནི་ཡན་ལག་བདུན་པའི་ཟླས་ཕྱེ་བའི་བསྔོ་བའི་མིང་ཅན། སྨོན་པ་བྱང་ཆུབ་ཀྱི་མཆོག་ཏུ་སེམས་བསྐྱེད་པ་དེ་ཡིན་ལ། འདི་ནི་འགྲོ་བ་གཞན་ཐམས་ཅད་ཀྱིས་ཐུབ་དབང་གི་གོ་འཕང་ཐོབ་པར་སྨོན་ལམ་འདེབས་པ་ཡིན་པས་སོ། །ཡང་ན། ཉན་ཐོས་ཀྱི་སྡེ་སྣོད་དུ་བྱང་ཆུབ་སེམས་དཔའི་ལམ་གྱི་རྣམ་གཞག་སྟོན་པ་ན། སྟོང་པ་ཉིད་ཀྱི་ལྟ་བ་དང་། སྨོན་པ་སེམས་བསྐྱེད་ཙམ་བསྟན་ཀྱང་། འཇུག་པ་སེམས་བསྐྱེད་ཀྱི་བསླབ་བྱ་རྫོགས་པར་བསྟན་པ་མེད་པའི་རྒྱུ་མཚན་གྱིས། ཉན་ཐོས་ཀྱི་སྡེ་སྣོད་དུ་རྫོགས་པའི་བྱང་ཆུབ་ཀྱི་ལམ་ཆ་ཚང་བ་མ་བསྟན་པར་འཆད་དགོས་པ་ཡིན་ཏེ། ཉན་ཐོས་ཀྱི་སྡེ་སྣོད་དུ་ཆོས་ཀྱི་བདག་མེད་བསྟན་ན། ཐེག་པ་ཆེན་པོ་བསྟན་པ་དོན་མེད་དུ་ཐལ་བའི་ཚོད་ལན་དུ། སློབ་དཔོན་ཟླ་བ་གྲགས་པས། རིན་ཆེན་འཕྲེང་བའི་ལུང་སྒྲ་མ་དེ་དྲངས་པས་སོ། །གཞུང་འདིའི་ཕྱོགས་སྔ་མཁན་པོ་ལྟར་ན། ཉན་ཐོས་ཀྱི་སྡེ་སྣོད་དུ་སངས་རྒྱས་ཀྱི་ལམ་ཆ་ཚང་བ་ཞིག་བསྟན་པར་ཐལ། དེར་སྟོང་ཉིད་ཀྱི་ལྟ་བ་དང་སྨོན་སེམས་ནི་བསྟན། འཇུག་སྡོམ་གྱི་བསླབ་བྱའི་གཙོ་བོ་བདག་གཞན་བརྗེ་བ་ནི། རྗེ་སྲིད་ས་བརྒྱད་པ་མངོན་དུ་མ་བྱས་པ་དེ་སྲིད་དུ་སྒོམ་དུ་མི་རུང་བའི་ཕྱིར། འདོད་ན་ཐེག་པ་ཆེན་པོ་བཀར་སྒྲུབ་པའི་གསུང་གི་ཚོགས་དང་འགལ་ལོ། །ཞེས་བྱ་བའི་དོན་ཏོ།། །།

དྲི་བ་བཅུ་གཅིག་པ་ནི། ཐམས་ཅད་སྒྲོལ་གྱི་སྐྱེས་རབས་ལས། །བདག་གིས་བྲམ་ཟེ་འདོད་པ་ལ། །ཞེས་སོགས་བསྔོ་བ་བཤད་པ་དེ། །ཉན་ཐོས་བསྔོ་བ་ཡིན་བཞེད་དམ། །ཞེས་པ་འདི་ལ་གཉིས་ལས། དང་པོ་ལ་

འདྲི་བའི་རྒྱུ་མཚན་ནི། ཇི་སྐད་དུ། དེ་སོགས་བསྒོ་བའང་མང་དུ་གསུངས། །འོན་ཀྱང་ཐབས་ལ་མཁས་པ་ཡི། །ཁྱད་པར་འགའ་ཞིག་མ་གསུངས་པས། །རྫོགས་པའི་སངས་རྒྱས་སྒྲུབ་མི་ནུས། །ཞེས་པའི་དགོངས་བསྟན། ཉན་ཐོས་ལ་སྟོང་ཉིད་ཀྱི་ལྟ་བ་དང་། དགེ་རྩ་རྫོགས་བྱང་དུ་བསྔོ་བ་ཡོད་པའིཤེས་བྱེད་དུ། ཐམས་ཅད་སྒྲོལ་གྱི་སྐྱེས་རབས་ཀྱི་ལུང་དེ་དྲངས་ནས། འོན་ཀྱང་བདག་གཞན་བརྗེ་བའི་ལམ་མེད་པའི་རྒྱུ་མཚན་གྱིས། རྫོགས་པའི་བྱང་ཆུབ་སྒྲུབ་མི་ནུས་སོ་ཞེས་བྱ་བའི་དོན་དུ་བཤད་པ་ལྟ་བུར་སྣང་བའི་རྒྱུ་མཚན་གྱིས་སོ། །

གཉིས་པ་མ་དྲིས་ན་གཞུང་ཆུད་འཛའ་བའི་སྐྱོན་ནི། དེ་ལྟ་ན་ཇི་སྐད་དུ། བདག་གིས་བྲམ་ཟེ་འདོད་པ་ལ། །དགའ་བསཤིང་རྟ་འདི་བཏང་བས། །དངོས་པོ་ཐམས་ཅད་བཏང་ནས་ནི། །རྫོགས་པའི་བྱང་ཆུབ་ཐོབ་པར་ཤོག །ཅེས་པའི་སྨོན་ལམ་འདི་ཉན་ཐོས་ཀྱི་ཐེག་པ་པས་བཏབ་པའི་སྨོན་ལམ་དུ་འགྱུར་རོ། །དེ་འདོད་ན་བྱང་ཆུབ་སེམས་དཔའི་སྐྱེས་རབས་སུ་བཤད་པ་དང་འགལ་ལོ། །སྙམ་པའི་དོགས་པ་འདི་འབྱུང་ངོ། །

གཉིས་པ་དངོས་ལན་ནི། སྔ་མ་བཞིན་དུ་ལྟ་བར་བྱ་སྟེ། འདི་བྱང་ཆུབ་སེམས་དཔས་བཏབ་པའི་སྨོན་ལམ་ཡིན་ཀྱང་། དེ་གང་དུ་འབྱུང་བ་ནི་ཉན་ཐོས་ཀྱི་སྡེ་སྣོད་ཡིན་ལ། དེའི་ཚེ་ན་འདི་ལྟར། ཉན་ཐོས་ཀྱི་སྡེ་སྣོད་ལས་ཀྱང་བྱང་ཆུབ་སེམས་དཔའི་ཐབས་ཀྱི་ཆ་ཚང་བར་བསྟན་པ་ཉིད་དུ་ཐལ་བར་འགྱུར་ཏེ། དེར་སྨོན་པ་སེམས་བསྐྱེད་ནི་དྲངས་མ་ཐག་པའི་ལུང་གིས་བསྟན་ལ། འཇུག་སྡོམ་གྱི་བསླབ་བྱའི་གཙོ་བོ་བདག་གཞན་བརྗེ་བ་ནི། ཇི་སྲིད་ས་བརྒྱད་པ་མངོན་དུ་མ་བྱས་པ་དེ་སྲིད་དུ་བྱང་ཆུབ་སེམས་དཔའི་ལམ་དུ་མི་འགྱུར་བའི་ཕྱིར་རོ། །དེ་འདོད་ན། བྱང་ཆུབ་སེམས་དཔའི་སྤྱོད་པའི་ཕྱོགས་རླབས་པོ་ཆེ་མ་ལུས་པ་བདེ་བླག་ཏུ་རྟོགས་པའི་ཆེད་དུ། ཐེག་པ་ཆེན་པོ་བསྟན་པ་དོན་མེད་པར་འགྱུར་རོ། །ཡང་སྐབས་འདིར། དྲིས་ལན་འདི་ལྟ་བུ་ཞིག་ཀྱང་འཇུག་སྟེ། ཉན་ཐོས་སྟོང་པ་ཉིད་སྒོམ་ན། །ཆོས་ཉིད་མངོན་སུམ་རྟོགས་པར་འགྱུར། །འདོད་ན་ཐུབ་པའི་དགོངས་གསལ་དང་། །འགལ་བར་འགྱུར་བ་མ་ཡིན་ནམ། །ཆོས་ཉིད་སྟོང་ཉིད་དེ་བཞིན་ཉིད། །ཉི་ཚེ་བ་ཙམ་དེ་ཡིས་རྟོགས། །གཉིས་མེད་ཡེ་ཤེས་རང་སྟོང་དུ། །དེས་ནི་རྟོགས་པ་ཆོས་འདིའི་ལུགས། །དེས་དེ་དད་པས་རྟོགས་ནས་ནི། །བྱང་སེམས་རྣམས་ལ་སྟོན་པ་ཡོད། །འོན་ཀྱང་ཤེས་བྱའི་སྒྲིབ་པ་ཡི། །གཉེན་པོར་དེས་དེ་སྒོམ་པ་མེད། །འཛིན་པ་ཆོས་ཀྱི་བདག་བཀག་པ། །ཁོ་ན་སྟོང་ཉིད་ངོས་འཛིན་དུ། །འཆད་པ་ཟླ་བ་གྲགས་པའི་གཞུང་། །གཞན་རྣམས་བདག་མེད་ཙམ་ལ་འཆད། །ཞེས་བྱ་བ་འདི་ཡང་ངེས་པར་སྨྲ་བ་ཡིན་ནོ། །མང་ཐོས་གླང་ཆེན་རིགས་པའི་མཆེ་བ་ཅན། །རྟོག་དཔྱོད་སྣ་ཞགས་ལག་པ་རིང་རྐྱོང་བ། །འགའ་ཞིག་ཡོད་དམ་རྒྱལ་ལན་གཏིང་ཟབ་པའི། །ལེགས་བཤད་ཁྲུས་ཀྱི་འཛུག་ངོགས་འདིར་ཞུགས་ཤིག ཡིད་བཞིན་རིན་ཆེན་ཉ་པའི་

ལག་དག་ཏུ། །འཁྲུམས་པ་ཇི་བཞིན་མཁས་པའི་གཞུང་ལུགས་མཆོག གསུང་རབ་དོན་ལ་བྱིས་པའི་བློ་ལྡན་གྱིས། །བཀྲམ་པོར་བཅོས་པའི་ལག་པས་ཆུད་གསོན་པ། །མ་བཟོད་རྟོག་དཔྱོད་ཊལ་ལན་བརྒྱ་ཕྲག་གི། སྒྲོང་ཚུལ་རིམ་གསུམ་ལྡན་པས་དེ་སྤྲངས་ནས། །རྣམ་དཔྱོད་རྒྱལ་མཚན་རྩེ་མོར་འདི་བཀོད་ཀྱི། །ཆོས་འདོད་མང་པོའི་རེ་བ་དེ་སྐོངས་ཤིག ཅེས་སྡོམ་པ་གསུམ་གྱི་རབ་ཏུ་དབྱེ་བ་ཞེས་བྱ་བའི་བསྟན་བཅོས་ཀྱི་བྱང་སེམས་ཀྱི་སྡོམ་པའི་སྐབས་ལས་བརྩམས་པའི་འབེལ་གཏམ་རྣམ་པར་ངེས་པ། ལེགས་བཤད་གསེར་གྱི་ཐུར་མ་ཞེས་བྱ་བའི་བསྟན་བཅོས་ཀྱི་རིམ་པར་ཕྱེ་བ་གཉིས་པའོ།། །།

སྭ་སྟི། གངས་ཅན་ལྗོངས་སུ་ཆོས་ལས་གཞན། །སྨྲ་རྣམས་ཕམ་མཛད་བསྟན་བཅོས་ཀྱི། །འགྲེལ་མཛད་སྔ་མས་མ་དཔྱད་པའི། །དཀའ་བའི་གནས་རྣམས་འདིར་དཔྱད་པ། །རང་རང་འཁོར་དུ་ཚངས་པ་བཞིན། །ཀློམ་བྱེད་རྣམ་བཤད་གཞན་མང་པོ། །རྒྱ་སྐར་ཚོགས་འགའ་ཉིན་བྱེད་ཀྱི། །དྲུང་དུ་ལྷགས་པ་བཞིན་མིན་ནམ། །གང་འདིའི་གླེགས་བམ་མང་པོར་ནི། །ཅིག་ཆར་འཕོ་བའི་སྒྱུ་འཕྲུལ་གྱི། །བདག་རྐྱེན་འབྱོར་ཚོགས་སུ་སྐྱོང་པ། །བཀྲ་ཤིས་སྐྱེ་རྒུའི་མགོན་གྱིས་ཏེ། །དེ་ཡི་རྣམ་དཀར་གནས་སྐབས་སུ། །སྲིད་ཞིའི་དགྲ་ལས་རྣམ་རྒྱལ་ནས། །མཐར་ཐུག་ཆོས་ཀྱི་རྒྱལ་པོ་ཡི། །གོ་འཕང་མཐོན་པོ་དེར་སྤྱོན་ཤིག། །།མངྒ་ལཾ།

༄༅། །ལེའུ་གསུམ་པ་རིག་འཛིན་སྡོམ་པའི་སྐབས་ཀྱི་འཐེལ་གདམ་རྣམ་པར་ངེས་པ་བཞུགས་སོ། །

ན་མོ་གུ་རུ་ཝེ། རྣམ་སྣང་ལོངས་སྤྱོད་རྫོགས་པའི་ཐུགས་མཆོ་ལས། །གང་འཕོས་ཀུན་ཏུ་བཟང་པོ་ཕྱོགས་བཅུ་ཡི། །རྒྱལ་བས་རྡོ་རྗེ་འཛིན་པར་དབང་བསྐུར་བ། །དཔལ་ལྡན་སླེམས་མའི་བདག་པོར་ཕྱག་བགྱིའོ། །ཞེས་མཆོད་པར་བརྗོད་ནས།

ལེའུ་གསུམ་པའི་སྐབས་ཀྱི་དྲི་བ་དང་པོ་ནི། དབང་བཞི་བླངས་པས་སྡོམ་པ་གསུམ། །ཐོབ་པར་འགྱུར་ན་དབང་གོང་ལས། །ཐོབ་པའི་གསང་སྔགས་སྡོམ་པ་དང་། །དབང་ལས་ཐོབ་པའི་སོ་ཐར་དང་། །སེམས་བསྐྱེད་སྡོམ་པ་བཞེད་ལགས་སམ། །ཞེས་པའོ། །འདི་ལ་གཉིས་ཏེ། འདྲི་བའི་བསམ་པ་བསྣང་བ་དང་། དངོས་ཀྱི་ལན་གདབ་པའོ། །དང་པོ་ལ་གཉིས་ཏེ། འདྲི་བའི་རྒྱུ་མཚན་དང་། མ་དྲིས་ན་བསྟན་བཅོས་ཆུད་འཛའ་བའི་ཉེས་པ་ཇི་ལྟར་ཡོད་པའོ། །དང་པོ་ནི། འདིའི་ཐད་ཀྱི་རྣམ་བཤད་མཛད་པ་པོ་ཀུན་གྱིས། ཞིབ་མོའི་རྣམ་པར་བཞག་པ་མ་མཛད་པར། དབང་བཞི་པོ་ཡོངས་སུ་རྫོགས་པར་བླངས་པ་དེ། སྤྱིར་སྡོམ་པ་གསུམ་དང་། ཁྱད་པར་སྔགས་སྡོམ་གྱི་ཐོབ་རྒྱུར་བཤད་པ་དང་། བྱེ་བྲག་ཏུ། དགེ་བསྙེན་གྱི་སྡོམ་པ་ཙམ་ཡང་སྟོན་དུ་མ་སོང་བར། དབང་བཞི་བླངས་པ་ཙམ་གྱིས་སྡོམ་པ་གསུམ་ལྡན་དུ་འགྱུར་བ་ལྟ་བུ་གཅིག་བཤད་སྣང་བའི་རྒྱུ་མཚན་གྱིས་སོ། །

གཉིས་པ་ནི། དེ་ལྟར་བཤད་པ་དེའི་ཚེ། འོ་ན། སོ་ཐར་གྱི་སྡོམ་པ་དང་སེམས་བསྐྱེད་ཀྱི་སྡོམ་པ་གཉིས། སྤྱིར་དབང་ཆོག་དང་། བྱེ་བྲག་ཏུ་བླ་མེད་ཀྱི་དབང་བསྐུར་ལ་ལྟོས་པར་འགྱུར་བ་དང་། རྒྱུད་སྡེ་འོག་མ་གསུམ་གྱི་སྔགས་སྡོམ་ཡང་། དབང་བཞི་ལེན་པའི་ཆོ་ག་ལ་ལྟོས་པར་འགྱུར་བ་དང་། བླ་མེད་ཀྱི་སྔགས་སྡོམ་ཡང་དབང་གོང་མ་ལ་ལྟོས་པར་འགྱུར་ལ། དེ་ལྟ་ན། བུམ་དབང་གི་མཐའ་རྗེན་དུ་བླ་མེད་ཀྱི་དམ་ཚིག་དང་། སྡོམ་པ་མ་ལུས་པར་ཐོབ་པ་ཡིན་ནོ་ཞེས་དབང་གི་ཆུ་བོ་ལས་འཆད་པ་དང་འགལ་ལོ་སྙམ་པའི་དོགས་པ་འདི་དག་འབྱུང་ངོ་། །དངོས་ལན་གདབ་པ་ལ་གཉིས་ཏེ། གཞན་གྱིས་བརྟགས་པའི་མཐའ་བསལ་བ་དང་། རང་གི་ལན་གདབ་པའོ། །དང་པོ་ནི། ཕྱིས་འཐེལ་བའི་གདམ་གླེང་བ་དག་ན་རེ། འདིར་དབང་བསྐུར་བས་སྡོམ་པ་གསུམ

ལྡན་དུ་འགྱུར་ཞེས་པའི་དུས་ཀྱི་སོ་ཐར་སྡོམ་པ་ནི། བྱང་ཆུབ་སེམས་དཔའི་སོ་སོར་ཐར་པའི་སྡོམ་པ་ཡིན་ལ། དེའི་ངོ་བོ་ནི་གཞན་ལ་གནོད་པ་གཞི་དང་བཅས་པ་སྤོང་བའི་སེམས་པ་ས་བོན་དང་བཅས་པའོ། །འདི་ཡང་དུས་ཀྱི་ཁྱད་པར་ནི། བྱང་ཆུབ་ཀྱི་བར་དུ་བླངས་པ་ཡིན་ཞིང་། ཐོབ་པའི་དུས་ནི། སློབ་མ་སྔ་གོན་གྱི་དུས་སུ། ཡན་ལག་བདུན་པའི་ཚིགས་སུ་བཅད་པའམ། རིགས་ལྔའི་སྡོམ་པ་བཟུང་བའི་ཚིག་ལས་སོ། །གསུམ་གྱི་ཟླས་ཕྱེ་བའི་བྱང་སེམས་ཀྱི་སྡོམ་པ་ནི་སེམས་བསྐྱེད་ཀྱི་སྡོམ་པ་སྟེ། དེ་ཡང་ཐོབ་པའི་དུས་དང་ལེན་པའི་མཐའ་ནི་སྔ་མ་བཞིན་ནོ། །གསུམ་གྱི་ཟླས་ཕྱེ་བའི་སྔགས་ཀྱི་སྡོམ་པ་ལ་ནི་ཁས་བླངས་ཙམ་གྱིས་ཐོབ་པ་དང་། དབང་ལས་ཐོབ་པ་གཉིས་ལས། དང་པོ་ནི། རིགས་ལྔའི་སྡོམ་བཟུང་ལན་གསུམ་བྱས་པའི་མཐར་སྐྱེ་བ་ཡིན་ལ།

གཉིས་པ་ནི། བུམ་དབང་རྫོགས་པའི་མཐར། གཙོ་བོས་ཇི་ལྟར་བཀའ་བསྒོ་ལ་པ། །ཞེས་ལན་གསུམ་བརྗོད་པས་རྫོགས་པར་སྐྱེ་བ་ཡིན་ཏེ། ཇི་སྐད་དུ། དབང་གི་ཆུ་བོ་ལས། དེ་ལྟར་དེ་དག་གིས་ནི་རྣལ་འབྱོར་དམ་ཚིག་དང་སྡོམ་པ་མཐའ་དག་བསྡུས་པ་ཡིན་ཏེ། ཞེས་བཤད་པས་སོ། །དེའི་ཕྱིར་དེ་ལས་གོང་ན་སྔགས་ཀྱི་སྡོམ་པ་བཟུང་རྒྱུ་དང་ཐོབ་རྒྱུ་གང་ཡང་ཡོད་པ་མ་ཡིན་ནོ་ཞེས་འཆད་པར་བྱེད་དོ། །

འདི་མི་འཐད་པ་ལ་གསུམ་སྟེ། བསྟན་བཅོས་འདི་ནས་བཤད་པའི་སོ་ཐར་སྡོམ་པ་ངེས་མ་ཟིན་པའི་ཉེས་པ་དང་། དེའི་རྒྱུ་མཚན་གྱིས་སེམས་བསྐྱེད་ཀྱི་སྡོམ་པ་ངེས་མ་ཟིན་པའི་ཉེས་པ་དང་། སྔགས་ཀྱི་སྡོམ་པ་རྒྱུ་ཆུང་བའི་ཉེས་པའོ། །དང་པོ་ནི། དེ་ལྟར་འདོད་པ་དེའི་ཚེ། བསྟན་བཅོས་འདིས་གང་འགོག་པའི་ཕྱོགས་སྔ་མ་དེ་ཉིད་ཁས་བླངས་པ་ཡིན་ཏེ། ཇི་སྐད་དུ། སོ་སོར་ཐར་པའི་སྡོམ་པ་ནི། །བྱང་ཆུབ་བར་དུ་བླངས་གྱུར་ན། །འདི་ཡི་ཚེ་ངེས་པར་འཇིག དེ་ཡང་གནད་རྣམས་བཅོས་པར་དོགས། །ཞེས་གསུངས་པས་སོ། །གལ་ཏེ་དེ་སྐད་དུ་གསུངས་པ་དེ། ཉན་ཐོས་དང་ཐུན་མོང་བའི་སོ་ཐར་གྱི་སྡོམ་པ་ལ་དགོངས་པ་ཡིན་ནོ་ཞེ་ན། གཞུང་འདིར་སྡོམ་པ་གསུམ་གྱི་ཡ་གྱལ་དུ་གྱུར་པའི་སོ་ཐར་གྱི་སྡོམ་པ་ནི་དེ་ཉིད་ལ་འཆད་དགོས་པ་ཡིན་ཏེ། ཇི་སྐད་དུ། དེས་ན་དེ་ལྟའི་ཚོ་ག་ནི། །བསམ་པ་སེམས་བསྐྱེད་ཀྱིས་བཟུང་བའི། །ཚོ་ག་ཉན་ཐོས་ལུགས་བཞིན་གྱིས། །སོ་སོར་ཐར་པ་རིས་བརྒྱད་པོ། །ཐེག་ཆེན་སོ་སོར་ཐར་པར་འགྱུར། །ཞེས་གསུངས་པས་སོ། །

གཉིས་པ་ནི། ཁྱེད་ཅག་གི་འཆད་ཚུལ་དེ་ལྟ་ན། སེམས་བསྐྱེད་ཀྱི་སྡོམ་པའི་དངོས་གཞི་ངེས་མ་ཟིན་པ་ཡིན་ཏེ། སྡོམ་པ་དེའི་གཙོ་བོ་ནི་འཇུག་སྡོམ་ཡིན་ལ། དེའི་ནང་གི་ཡང་དངོས་གཞིར་གྱུར་པ་ནི། ཉེས་སྤྱོད་སྡོམ་པའི་ཚུལ་ཁྲིམས་ཞེས་ཀྱང་བྱ། བྱང་ཆུབ་སེམས་དཔའི་སོ་སོར་ཐར་པ་ཞེས་ཀྱང་བྱ་བའི་མིང་ཅན། མི་དགེ་བ་བཅུའི་ནང་ནས་གཙོ་བོར་ཡིད་ཀྱི་གསུམ་སྤོང་བའི་སེམས་པ་ས་བོན་དང་བཅས་པ་ཡིན་པ་ལ། ཁྱེད་ཀྱིས་ནི།

དེ་འདྲ་དེ་སྡོམ་པ་གསུམ་གྱི་ཡ་གྱལ་དུ་གྱུར་པའི་སོ་ཐར་སྡོམ་པའི་ནང་དུ་བསྐྱལ་བས་སོ། །དེས་ན་དེའི་ལྷག་མར་གྱུར་པ་ནི། སྨོན་པ་སེམས་བསྐྱེད་ཀྱི་སྡོམ་པ་ལས་གཞན་མ་ལུས་སོ། །དེ་ཙམ་གྱིས་མ་ཚོག་པ་ཅི་ཡོད་ཅེ་ན༑ དེ་ལྟ་ན། སེམས་ཙམ་ལུགས་ཀྱི་ཆོགས་བླངས་པའི་སེམས་བསྐྱེད་ལ་སྡོམ་པ་ལོག་པར་མེད་པར་འགྱུར་ཏེ། དེ་ལ་སྨོན་པ་སེམས་བསྐྱེད་ཀྱི་སྡོམ་པ་ནི་མ་བཤད། ཉེས་སྤྱོད་སྡོམ་པའི་ཚུལ་ཁྲིམས་ནི་སོ་ཐར་གྱི་སྡོམ་པའི་ནང་དུ་བསྡུས་པས་སོ། །གལ་ཏེ་དགེ་བ་ཆོས་སྡུད་དང་། སེམས་ཅན་དོན་བྱེད་ཀྱི་ཚུལ་ཁྲིམས་ཡོད་དོ་ཞེ་ན། དེ་དག་ནི་སེམས་བསྐྱེད་ཀྱི་སྡོམ་པ་ཡོངས་སུ་རྫོགས་པ་མ་ཡིན་ཏེ། རྗེ་བཙུན་ཆེན་པོས་ཀྱང་། དེ་དག་ལ་ལྟོས་པའི་རྩ་བའི་ལྟུང་བ་རྣམ་པར་མ་བཞག་པའི་ཕྱིར་རོ། །

གསུམ་པ་ནི། སྤྱིར་སྔགས་སྡོམ་གྱི་ངོས་འཛིན་ཤིན་ཏུ་ཆེ་བ་ཡིན་ཏེ། ཁྱེད་ཀྱིས་བཤད་པ་དེར། རྒྱུད་སྡེ་འོག་མ་གཉིས་ཀྱི་དབང་ལས་ཐོབ་པའི་སྡོམ་པ་མ་འདུས་པ་དང་། དབང་གོང་མ་གསུམ་ལས་ཐོབ་པའི་སྡོམ་པ་མ་བཤད་པའི་ཕྱིར། འདི་ལ་ཟུར་ན་གནས་པའི་གྲོལ་བ་ཁ་ཅིག་ན་རེ། རྒྱུད་སྡེ་འོག་མ་གཉིས་ལ། སེམས་བསྐྱེད་ཀྱི་སྡོམ་པ་ལས་མ་གཏོགས་པའི་སྔགས་སྡོམ་ཐོབ་རྒྱུ་ཡོད་པ་མ་ཡིན་ཏེ། དེ་ལེན་པའི་ཆོ་ག་བཤད་པ་མེད་པའི་ཕྱིར། ཞེས་ཟེར་རོ། །འདི་ནི་གཏན་ཚིགས་མ་གྲུབ་པ་ཡིན་ཏེ། དབང་བསྐུར་བའི་ཆོ་ག་གང་ཡིན་པ་དེ་ཉིད་དེའི་སྡོམ་པ་ལེན་པའི་ཆོ་ག་ཡིན་པའི་ཕྱིར། གལ་ཏེ་དབང་བསྐུར་གྱི་སྔོན་དུ་འཇུག་སྡོམ་ལས་གཞན་པའི་སྡོམ་བཟུང་གི་ཆོ་ག་གཞན་མེད་པ་ལ་བསམ་པ་ཡིན་ནོ་ཞེ་ན། དེ་ལྟ་ན། རྟགས་མ་གྲུབ་པ་དང་། ཁྱབ་པ་མ་ངེས་པ་ཡིན་ཏེ། འོན་རྒྱུད་སྡེ་གོང་མ་གཉིས་ལ་ཡང་རིགས་ལྔའི་སྡོམ་པ་ལས་མ་གཏོགས་པའི་རྩ་ལྟུང་བཅུ་བཞི་བསྲུང་བའི་སྡོམ་པ་གཞན་བཟུང་རྒྱུ་མེད་པར་འགྱུར་ཏེ། ཁྱེད་རང་ལྟར་ན། དེ་ལས་གཞན་པའི་སྡོམ་བཟུང་གི་ཆོ་ག་མེད་པའི་ཕྱིར་རོ། །དེ་ལ་འདོད་ནུས་པ་མ་ཡིན་ཏེ། བླ་མེད་ཀྱི་སྔགས་སྡོམ་དང་ལྡན་པ་དེས་རིགས་ལྔའི་དམ་ཚིག་ཏུ་ཇི་སྐད་བཤད་པ་དེ་ལས་བཟློག་པའི་མཚན་ཉིད་ཅན་གྱི་ལྟུང་བ་བཅུ་བཞི་པོ་དེ་ལས་གཞན་རྩ་ལྟུང་བཅུ་བཞི་པ་ལ་སོགས་པ་སྲུང་མི་དགོས་པར་ཐལ་བའི་ཕྱིར། ཡང་། དཀྲུས་ན་གནས་པའི་གྲོལ་བ་རང་གི་ཕྱོགས་འཛིན་པ་དེ་དག་གིས། བླ་མེད་ཀྱི་སྔགས་སྡོམ་ཇི་སྙེད་པ་རིགས་ལྔའི་སྡོམ་བཟུང་གིས་ཐོབ་པ་དང་། བུམ་དབང་གིས་ཐོབ་པ་གཉིས་སུ་ངེས་པར་འཆད་པ་དེ་ཡང་ཤིན་ཏུ་ཆེ་བ་ཡིན་ཏེ། ཁྱེད་ལྟར་ན། བླ་མ་བཅོལ་ལ་བུམ་དབང་བླང་། །དེ་ཡིས་སྡོམ་པ་གསུམ་ལྡན་འགྱུར། །ཞེས་བརྗོད་པས་ཆོག་པའི་ཕྱིར། དེས་ན་དབང་གོང་མ་གསུམ་ལས་ཐོབ་པའི་སྡོམ་པ་ཡང་ངེས་པར་ཁས་ལེན་དགོས་པ་ཡིན་ཏེ། བླ་མ་གོང་མའི་གསུང་གིས། བླ་མེད་ཀྱི་སྡོམ་པ་ལ་ལུས་ངག་ཡིད་གསུམ་དང་འབྲེལ་བའི་སྡོམ་པ་གསུམ་དང་། གང་ཟག་དང་འབྲེལ་

བའི་སྡོམ་པ་གསུམ་དང་། དབང་དང་འབྲེལ་བའི་སྡོམ་པ་བཞིར་བཤད་ནས། དང་པོ་ནི། སློབ་མ་སྔ་གོན་གྱི་དུས་སུ། སློབ་མའི་ལུས་ངག་ཡིད་གསུམ་རྡོ་རྗེ་གསུམ་དུ་བྱིན་གྱིས་བརླབས་ནས། མི་དགེ་བ་བཅུ་སྤོང་བའི་སྡོམ་པ་སྟེ། དེ་ཡང་ལུས་ངག་ཡིད་གསུམ་གྱི་སྒྲིབ་གསུམ་སྟེ། སམྦུ་ཊར། བུད་མེད་དང་ནི་སྐྱེས་པའི་ལུས། །ལས་ནི་དུ་མས་བསྐྱེད་པ་སྟོན། །མི་ཤེས་པས་ཀྱང་མི་བྱ་སྟེ། །སྐུ་ཡི་རྡོ་རྗེའི་དམ་ཚིག་གོ །སེམས་ཅན་སྣ་ཚོགས་འདུལ་བ་དང་། །ཀུན་རྟོག་དྲྭ་བའི་ངན་རྟོག་གིས། །སེམས་ལ་སྨད་པར་མི་བྱ་སྟེ། །ཐུགས་ཀྱི་རྡོ་རྗེའི་དམ་ཚིག་གོ། །ཕྲ་མ་ངག་དང་མ་རངས་པས། །རྣ་བ་མི་བདེ་བར་བྱེད་པའི། །ཚིག་རྩུབ་ལ་སོགས་སྨྲ་མི་བྱ། །གསུང་གི་རྡོ་རྗེའི་དམ་ཚིག་གོ །ཞེས་གསུངས་སོ། །

གཉིས་པ་གང་ཟག་གིས་དབྱེ་ན། ལས་དང་པོ་པ་དང་། སེམས་ལ་བརྟན་པ་ཐོབ་པ་དང་། བརྟན་པ་ཆེར་ཐོབ་པའི་གང་ཟག་གི་སྡོམ་པ་གསུམ་མོ། །དབང་གིས་དབྱེ་ན། དབང་བཞི་དང་འབྲེལ་བའི་སྡོམ་པ་རྣམ་པ་བཞིའོ། །དེ་ཡང་བུམ་དབང་གི་དམ་ཚིག་ནི། མི་དགེ་བ་བཅུ་སྤོང་། ཐེག་པ་དམན་པ་ལ་འདོད་པ་མི་བྱེད། ཆང་དང་སེམས་ཅན་གྱི་དོན་ལ་རྒྱབ་ཕྱོགས་པ་སྤོང་། ལྷ་སོགས་ཀྱི་མཚན་མ་མི་སྒོམ་པ་སྤོང་། རྩ་བ་དང་ཡན་ལག་གི་ལྟུང་བ་སྤོང་། རིགས་ལྔའི་སྡོམ་པ་མི་ཉམས་པར་སྲུང་བའོ། །གསང་དབང་གི་དམ་ཚིག་ནི། བདུད་རྩི་ལྔ་བསྟེན། རྡོ་རྗེ་དྲིལ་བུ་དང་ཕྱག་རྒྱའི་དེ་ཁོ་ན་ཉིད་གསུམ་སྒོམ་པའོ། །ཤེས་རབ་ཡེ་ཤེས་ཀྱི་དམ་ཚིག་ནི། བྱང་ཆུབ་ཀྱི་སེམས་མི་སྤོང་། ཉིན་མཚན་སོ་སོ་ལ་དངོས་སམ་ཡེ་ཤེས་ཀྱི་ཕྱག་རྒྱ་བརྟེན་པའོ། །དབང་བཞི་པའི་དམ་ཚིག་ནི། དགོངས་ཏེ་གསུངས་པའི་དམ་ཚིག་བཞི་སྤྱོད། དུག་ལྔ་སྤོང་། དེ་ཁོ་ན་ཉིད་སྒོམ་པའོ། །ཞེས་བཞེད་པ་ཡིན་ལ། དེའི་ཚེ་ན་དབང་གོང་མ་གསུམ་ལས་ཐོབ་པའི་སྡོམ་པའི་ངོ་བོ་གང་ཡིན་པ་དང་། དེ་ཐབས་གང་ལས། དུས་ནམ་གྱི་ཚེ་སྐྱེ་བ་དང་། དེ་མི་ཉམས་པར་སྲུང་བའི་ཚུལ་རྣམས་ནི། བརྟག་པ་ཕྱི་མའི་གཉིས་པ་ལས་གསུངས་ཤིང་། རྒྱུད་སྡེ་གཞན་ལས་ཀྱང་གསུངས་པ་མང་སྟེ། འོག་ཏུ་འཆད་པར་འགྱུར་རོ། །དབང་གི་རྒྱུ་བོ་ལས། དེ་ལྟར་དེ་དག་གིས། དམ་ཚིག་དང་སྡོམ་པ་མཐའ་དག་བསྡུས་སོ། །ཞེས་གསུངས་པ་ཡང་དབང་བཞི་ག་དང་འབྲེལ་བའི་དམ་ཚིག་ལ་དགོངས་པ་ཡིན་ཏེ། དེའི་འགྲོས་གོང་མ་དེར། རྡོ་རྗེ་གུར་ལས་འབྱུང་བའི་དམ་ཚིག་རྒྱས་པར་བརྗོད་པ་དེའི་ནང་ན། དབང་བཞི་ག་དང་འབྲེལ་བའི་དམ་ཚིག་བཤད་མ་ཐག་པ་དེ་དག་ཐལ་ཆེར་ཚང་བའི་ཕྱིར། གལ་ཏེ་དབང་གོང་མ་དང་འབྲེལ་བའི་སྡོམ་པའི་མིང་ཅན་འདི་དག སྔགས་ཀྱི་སྡོམ་པ་མཚན་ཉིད་པ་མ་ཡིན་ནོ་སྙམ་དུ་དོགས་པར་མི་བྱ་སྟེ། སྔགས་སྡོམ་གྱི་ངོ་བོ་ནི། སྤང་བྱ་འཕོ་བའི་བག་ཆགས་དང་། མཚན་རྟོག་ལས་ཡིད་སྐྱོབ་པར་བྱེད་པའི་སེམས་པ་ས་བོན་དང་བཅས་པ་ཞིག་ཡིན་ལ། དེ་ནི་འདི་ལ་

ལྷག་པར་ཆང་བའི་ཕྱིར་རོ། །དེ་སྐད་དུ་ཡང་། དབང་ནི་བཞི་ཡི་གྲངས་ཀྱིས་ནི། །དགའ་བ་ལ་སོགས་རིམ་ཤེས་བྱ༑ ༑ཞེས་བུམ་པའི་དབང་ཡང་མཚན་རྟོག་ལས་ཡིད་སྒྱུབ་པར་བྱེད་པའི་བདེ་ཆེན་གྱི་ཡེ་ཤེས་དེ་འདྲེན་བྱེད་ཀྱི་ཐབས་སུ་གསུངས་པའི་ཕྱིར།

གཉིས་པ་རང་གི་ལན་ནི། དེ་ཡིས་སྡོམ་པ་གསུམ་ལྡན་འགྱུར། །ཞེས་པ། དབང་བཞི་རྫོགས་པ་དེ་སྡོམ་པ་གསུམ་ཀ་ཡོངས་སུ་རྫོགས་པའི་ཐོབ་རྒྱུར་བསྟན་པ་ཡིན་ལ། དེ་ཙམ་གྱིས་སྡོམ་པ་དང་པོ་གཉིས་ཀྱི་ཐོབ་རྒྱུར་འགྲོ་བ་མ་ཡིན་ཏེ། སྡོམ་པ་དང་པོ་གཉིས་ཀྱི་ཐོབ་རྒྱུ་ལེའུ་དང་པོ་གཉིས་སུ་བསྟན་ཟིན་པ་དེ་གཞིར་གཞག་ནས། དེའི་སྟེང་དུ་དབང་བཞི་བླངས་པ་ན། སྔགས་ཀྱི་སྡོམ་པ་ཡོངས་སུ་རྫོགས་པར་ཐོབ་པས་སྡོམ་པ་གསུམ་ལྡན་དུ་འགྱུར། ཞེས་བྱ་བའི་དོན་ཡིན་པའི་ཕྱིར་རོ། །འོན་བསྟན་བཅོས་འདིའི་བསྟན་བྱའི་གཙོ་བོར་གྱུར་པའི་སྡོམ་པ་གསུམ་པོ་གང་ཞེ་ན། སོ་ཐར་གྱི་སྡོམ་པ་ཉན་ཐོས་ཀྱི་འདུལ་བ་དང་མཐུན་པར་བླངས་པ། བྱང་སེམས་ཀྱི་སྡོམ་པ་དབུ་སེམས་ཀྱི་ལུགས་གཉིས་པོ་གང་རུང་དང་མཐུན་པར་ཐོབ་པ། སྔགས་ཀྱི་སྡོམ་པ་གསང་སྔགས་བླ་མེད་ཀྱི་ཆོགས་བླངས་པའོ། །དེ་ཡང་སྡོམ་པ་གསུམ་ལྡན་དུ་འཇོག་པ་ལ། རང་རང་སོ་སོའི་སྡོམ་པ་ཡོངས་སུ་རྫོགས་པར་ཐོབ་དགོས་པ་ནི་མ་ཡིན་ཏེ། དགེ་བསྙེན་གྱི་སྡོམ་པ་ཙམ་དང་། སྨོན་སེམས་ཀྱི་སྡོམ་པ་ཀྱང་པ་དང་། བླ་མེད་ཀྱི་བུམ་དབང་ཙམ་ཞིག་བསྐུར་བས་སྡོམ་པ་གསུམ་ལྡན་དུ་འཇོག་ནུས་པའི་ཕྱིར་རོ། །རྣལ་འབྱོར་རྒྱུད་ཀྱི་བུམ་དབང་ཙམ་བསྐུར་བ་ལ་སྔགས་སྡོམ་འཛིན་དགོས་པར་མི་བཞེད་པ་ནི་མ་ཡིན་ཏེ། རྡོ་རྗེ་རྩེ་མོ་ལས། སྡོམ་པ་གསུམ་ལ་ལེགས་བཀོད་ནས། །དེ་ལ་དཀྱིལ་འཁོར་བསྟན་པར་བྱ། །ཞེས་བྱ་བའི་གཞུང་འདི་རྗེ་བཙུན་གོང་མ་དེ་དག་གིས་ལུང་ཁུངས་སུ་ཡང་ཡང་མཛད་པའི་ཕྱིར་རོ།། །།

དྲི་བ་གཉིས་པ་ནི། རྡོ་རྗེ་ཕག་མོ་འགའ་ཞིག་གི །དབང་བཞི་ཚད་ལྡན་གཞུང་ལས་བཤད། །དེ་དག་སྨིན་བྱེད་དབང་སྐུར་དུ། །རུང་ངམ་མི་རུང་གང་ཡིན་དྲི། །ཞེས་པའོ། །འདི་ལ་གཉིས་ལས། དང་པོ་ལ། འདྲི་བའི་རྒྱུ་མཚན་ནི། གཞུང་གི་དངོས་བསྟན་ལ། རྡོ་རྗེ་ཕག་མོ་ལ་དབང་བསྐུར་མཚན་ཉིད་པ་སྤྱིར་ཡོད་པ་དང་། བྱིན་རླབས་དབང་བསྐུར་ཡིན་པ་གཉིས་ཀ་བཀག་འདུག་པའི་རྒྱུ་མཚན་གྱིས་སོ། །

གཉིས་པ་མ་དྲིས་པའི་སྐྱོན་ནི། འོན། རྡོ་རྗེ་ཕག་མོ་ལ་སྡོམ་པ་འབོགས་པའི་ཆོག་དང་། དབང་བསྐུར་དང་། དཀྱིལ་འཁོར་སོགས་རང་བཟོ་མ་ཡིན་པ་ཡོད་དམ་མེད། མེད་ན་ཕག་མོ་ལྷ་བཅུ་གསུམ་མའི་དཀྱིལ་འཁོར་གྱི་ཆོག ཤཱནྟི་པའི་རིགས་ལྡན་ཁྲབ་འཇུག་སྦྲས་པས་མཛད་པ་དང་། ཕག་མོ་ལྷ་སུམ་ཅུ་སོ་བདུན་མའི་སྒྲུབ་ཐབས། སློབ་དཔོན་དགེ་བའི་འབྱུང་གནས་སྦས་པས་མཛད་པ་དང་། རྡོ་རྗེ་རྣལ་འབྱོར་མའི་དབང་གི་ཆོ་

ག །ཤཱ་ཀྱ་རི་དབང་ཕྱུག་གིས་མཛད་པ་དང་། ཕག་མོ་མངོན་བྱུང་གི་དཀྱིལ་འཁོར་གྱི་ཆོ་ག ཤྲཱི་ཨུ་མ་པ་ཏིས་མཛད་པ་དང་། དེ་ཉིད་ཀྱི་སྒྲུབ་ཐབས། ཨུ་མ་པ་ཏིས་མཛད་པ་ཡོད་པར་མངོན་སུམ་གྱིས་གྲུབ་པ་དང་འགལ། གལ་ཏེ་ཡོད་ན། དེ་དག་སློབ་མ་མ་སྨིན་པ་སྨིན་པར་བྱེད་པའི་དབང་རུང་ངམ་མི་རུང་། རུང་ན། ཇི་སྐད་དུ། རྡོ་རྗེ་ཕག་མོ་ཉིད་ལས་ཀྱང་། །དབང་བསྐུར་ཐོབ་ཅིང་དམ་ཚིག་ལྡན། །དེ་ལ་རྡོ་རྗེ་ཕག་མོ་སྦྱིན། །ཞེས་པའི་ལུང་ཁུངས་སུ་དྲངས་ནས་འཆད་པ་དང་འགལ། སྨིན་བྱེད་ཀྱི་དབང་དུ་མི་རུང་ན། རྡོ་རྗེ་ཕག་མོ་ལ་དབང་བསྐུར་མཚན་ཉིད་པ་ཡོད་ཀྱང་། སྨིན་བྱེད་དུ་མི་རུང་ཞེས་གསུང་པས་ཆོག་པ་ལ། དེ་ལ་དབང་མཚན་ཉིད་པ་ཡོད་པ་འབད་ནས་འགོག་པར་མཛད་པ་འདི་ཅི་ཞིག་ཡིན། ཞེས་རྒོལ་བ་དག་བྱུང་ན་ལན་གང་ཡིན།

གཉིས་པ་དངོས་ལན་གདབ་པ་ནི །སྤྱིར་རྡོ་རྗེ་རྣལ་འབྱོར་མའི་ལྷ་གྲངས་མང་ཉུང་གི་དཀྱིལ་འཁོར་དང་། དེའི་ཆོ་ག་སྤྱིར་ཡོད་མེད་དང་། ཡོད་ཀྱང་དེའི་ཆོ་ག་དེང་སང་ལག་ལེན་དུ་བྱེད་པ་ཡོད་མེད་ཀྱི་དཔྱད་པ་བོར་ནས། བསྟན་བཅོས་འདི་རྩོམ་པའི་ཕྱོགས་སྔ་མར་འཛོག་པ་ནི། རྗེ་དྭགས་པོ་ལྷ་རྗེའི་བཀའ་རྒྱུད་འཛིན་པ་རྣམས། མར་པ་ལོ་ཙྪ་ནས་མ་རྒྱུད་པའི་རྡོ་རྗེ་ཕག་མོ་ལྷ་ལྔའི་བྱིན་རླབས་ཙམ་ཞིག སྔོན་སྔགས་ལ་འཇུག་མ་མྱོང་བའི་གང་ཟག་གིས། གསང་སྔགས་ཟབ་མོ་ཉམས་སུ་ལེན་པའི་ཆོས་ཀྱི་སྒོར་མཛད་པ་འདི་འགོག་པ་ཡིན་ལ། དེ་འགོག་པའི་ཚུལ་ཡང་། ཆོས་སྒོ་ཞེས་བྱ་བའི་ཐ་སྙད་ཚད་ལྡན་གྱི་གཞུང་ལུགས་ན་མེད་ཀྱང་། ཁྱེད་ཀྱིས་འདོད་པ་དེ་ཡིན་ན། སློབ་མ་མ་སྨིན་པ་སྨིན་པར་བྱེད་པའི་དབང་ཡིན་དགོས་ལ། ཁྱེད་འདོད་པའི་བྱིན་རླབས་དེ་ནི་དེར་མི་རུང་སྟེ། དེ་ལ་སྨྲུང་གཞི་སྦྱོང་བྱེད་ཀྱི་ཡན་ལག་མ་ཚང་བས། སྨིན་བྱེད་ཀྱི་དབང་གི་མཚན་ཉིད་ཐམས་ཅད་མ་ཚང་བའི་ཕྱིར་དང་། དེ་ཙམ་གྱིས་སྡོམ་པ་གསུམ་ལྡན་དུ་བྱ་བར་མི་རུང་བའི་ཕྱིར་དང་། སྔར་དབང་བསྐུར་མཚན་ཉིད་དང་ལྡན་པ་མ་ཐོབ་པ་ལ་བྱིན་རླབས་དེ་བྱ་བར་མི་རུང་བའི་ཕྱིར་ཞེས་པ་ཡིན་ལ། དེ་ལ་ཁ་ཅིག་གིས་སྡོམ་པ་འབོགས་པའི་ཆོ་ག་སྦྱར་ནས། བྱིན་རླབས་ཀྱི་ཆོ་ག་དེ་ཙམ་ཞིག་ཐོབ་པ་ལ་སྡོམ་པ་གསུམ་ལྡན་དུ་འཛོག་པ་དང་། ཡང་ཁ་ཅིག་གིས། དབང་མེད་པར་སྡོམ་པ་བཟུང་བ་ཙམ་གྱིས་སྡོམ་ལྡན་དུ་མི་འགྱུར་བར་བརྟགས་ནས། ཕག་མགོ་ལ་སོགས་པ་བརྡ་བཞིའི་དབང་བྱས་ནས། གསང་སྔགས་ཀྱི་ཆོས་སྒོ་ཕྱེ་བར་ཁས་ལེན་ནོ། །དེ་ནི་རང་བཟོ་ཁོ་ན་ཡིན་ཏེ། བརྡ་བཞིའི་དབང་ལ་སྨིན་བྱེད་ཀྱི་ཁུངས་མེད་པས། དེ་ལ་སྡོམ་བཟུང་གི་ཆོ་ག་སྦྱར་ཡང་། རང་བཟོ་ལས་མ་འདས་པའི་ཕྱིར། ཞེས་བྱ་བའི་དོན་དུ་བཟུང་བར་བྱའོ།། །།

དྲི་བ་གསུམ་པ་ནི། རྡོ་རྗེ་ཕག་མོའི་བྱིན་རླབས་ལ། །སྡོམ་པ་འབོགས་པའི་ཆོ་ག་དང་། །དཀྱིལ་འཁོར་དང་ནི་དབང་བསྐུར་བ། །རང་ལུགས་ལ་ཡང་མི་བཞེད་དམ། །ཞེས་པའོ། །འདི་ལ་འདྲི་བའི་རྒྱུ་མཚན་ནི། ཇི་

སྐད་དུ། ལ་ལ་རྡོ་རྗེ་ཕག་མོ་ལ། །ཞེས་པ་ནས། རྡོ་རྗེ་ཕག་མོའི་བྱིན་རླབས་ལ། །སྡོམ་པ་ཕོག་ཀྱང་འཆགས་མི་འགྱུར། །ཞེས་པའི་སྦྲ་རྗེ་བཞིན་པ་དེ་ལ་བལྟས་པ་ན། རྡོ་རྗེ་ཕག་མོའི་བྱིན་རླབས་ལ། སྡོམ་པ་བཟུང་བའི་ཆོ་ག་དང་། དབང་གི་ཆོ་ག་སྔྲིར་མེད་པ་དང་། དེ་འདྲ་བྱས་ཀྱང་སྡོམ་པ་མི་འཆགས་པར་གསུངས་འདུག་པའི་རྒྱུ་མཚན་གྱིས་སོ། །མ་དྲིས་པའི་ཉེས་པ་ནི། འོན་རང་ལུགས་ཀྱི་ནཱ་རོ་མཁའ་སྤྱོད་ཀྱི་བྱིན་རླབས་ལ། རིགས་ལྔའི་སྡོམ་པ་འཛིན་པའི་ཆོ་ག་དང་། དབང་བཞིའི་ཆོ་ག་བཤད་པ་དེ་འདོར་དགོས་པར་འགྱུར་རོ། །ཞེས་རྒོལ་བ་དག་འབྱུང་བར་དོགས་སོ། །

གཉིས་པ་དངོས་ལན་གདབ་པ་ནི། རང་ལུགས་ཀྱི་རྡོ་རྗེ་རྣལ་འབྱོར་མའི་བྱིན་རླབས་ལ་སྡོམ་བཟུང་གི་ཆོ་ག་སྦྱར་བ་དེ། སྡོམ་པ་མ་ཐོབ་པ་འཐོབ་པར་བྱེད་པའི་ཐབས་མ་ཡིན་ཏེ། འཁོར་ལོ་བདེ་མཆོག་གི་དམ་ཚིག་དང་སྡོམ་པ་ཐོབ་ལ་མ་ཉམས་པ་ཞིག་ལ་བྱིན་རླབས་འདི་བྱ་བ་ཡིན་གྱི། གཞན་ལ་མ་ཡིན་པའི་ཕྱིར། དེ་ལྟ་ནའང་། སྡོམ་བཟུང་གི་ཆོ་ག་བྱས་པ་ལ་དགོས་པ་མེད་པ་མ་ཡིན་ཏེ། སྔར་གྱི་སྡོམ་པ་བཟུང་ཟིན་གསལ་བཏབ་པ་ལ་བརྟེན་ནས། དབང་བཞིའི་མིང་ཅན་གྱི་བྱིན་རླབས་དེ་འཆགས་པའི་དགོས་པ་ཡོད་པའི་ཕྱིར། ཞེས་པའོ།། །།

དྲི་བ་བཞི་པ་ནི། བྱིན་རླབས་ཆོས་སྒོར་མི་བཞེད་ན། །རྫོགས་རིམ་འགའ་ཞིག་ཉན་པའི་སྔར། །བྱིན་བརླབས་ངེས་པར་མཛད་དེ་ཅི། །ཞེས་པའོ། །འདི་ལ་གཉིས་ལས། དང་པོ་འདྲི་བའི་རྒྱུ་མཚན་ནི། ཇི་སྐད་དུ། གཞན་ཡང་ཕག་མོའི་བྱིན་བརླབས་ལ། །གསང་སྔགས་ཆོས་སྒོར་བྱེད་པ་ནི། །རྒྱུད་སྡེ་གང་ནའང་བཤད་པ་མེད། །ཅེས་པའི་སྦྲ་རྗེ་བཞིན་པ་ལ་བལྟས་ན། ཕག་མོའི་བྱིན་རླབས་དེ་གསང་སྔགས་ཀྱི་ཆོས་སྒོ་ཡིན་པར་འགལ་བར་བཤད་སྣང་བའི་རྒྱུ་མཚན་གྱིས་སོ། །

གཉིས་པ་མ་དྲིས་པའི་སྐྱོན་ནི། ཆོས་སྒོ་ཞེས་བྱ་བའི་ཐ་སྙད་དང་དོན་གཉིས་ལས། ཐ་སྙད་ནི་རྒྱུད་དང་རྒྱ་གཞུང་གང་ནས་ཀྱང་མི་འབྱུང་བས། དེ་དེར་འཆད་པ་མེད་མོད། དེའི་དོན་ནི་ངེས་པར་ཁས་ལེན་དགོས་ལ། དེ་ལ་དབང་དང་བྱིན་རླབས་གཉིས་ལས། དབང་བསྐུར་ཆོས་ཀྱི་སྒོ་ཡིན་པར་ཁས་ལེན་པ་དེ་བཞིན་དུ། བྱིན་རླབས་ཀྱང་ཁས་ལེན་དགོས་པ་ཡིན་ཏེ།རྒྱུ་མཚན་གང་ཡོད་པ་དེ་མཚུངས་པའི་ཕྱིར་རོ། །དཔེར་ན་གསང་བ་འདུས་པའི་རིམ་ལྔ་སྟོན་པ་ལ། གསང་བ་འདུས་པའི་དབང་གིས་ཆོས་སྒོ་ཕྱེ་དགོས་པ་དང་། བདེ་མཆོག་གི་རིམ་ལྔ་དང་། རིམ་བཞིའི་གདམས་ངག་ཉམས་སུ་ལེན་པ་ལ། འཁོར་ལོ་སྡོམ་པའི་དབང་གིས་ཆོས་སྒོ་ཕྱེ་དགོས་པ་དེ་བཞིན་དུ། རྩ་དབུ་མའི་རྫོགས་རིམ་དང་། ཤིན་ཏུ་སྤྲོས་མེད་དང་། བསམ་གྱིས་མི་ཁྱབ་པ་དང་། ཕྱག་རྒྱ་ཆེན་པོ་ཡི་གེ་མེད་པ་དང་། བདེ་མཆོག་དཀར་པོའི་ཁྲིད་ལ་སོགས་པ་གདམས་པ་མང་པོ་ལ། རང་རང་གི་

ལུགས་ཀྱི་བྱིན་བརླབས་རེ་རེ་ངེས་པར་སྔོན་དུ་འགྲོ་དགོས་ཀྱིན་འདུག་པའི་ཕྱིར། བྱིན་བརླབས་དེ་ལ་ཡང་དབང་མཚན་ཉིད་པ་ཞིག་སྔོན་དུ་འགྲོ་དགོས་པའི་རྒྱུ་མཚན་གྱིས་ཆོས་སྒོར་མི་འཇོག་ན། དབང་གོང་མ་གསུམ་དང་དུས་འཁོར་དུ། འཇིག་རྟེན་པ་དང་དེ་ལས་འདས་པའི་དབང་གཉིས་སུ་ཕྱེ་བའི་དུས་ཀྱི་འཇིག་རྟེན་ལས་འདས་པའི་དབང་བཞི་པོ་རྣམས་དང་། བདེ་མཆོག་དྲིལ་བུ་པའི་ལུས་དཀྱིལ་གྱི་དབང་བསྐུར་བ་རྣམས། དེ་དང་དེའི་རྫོགས་རིམ་ཉན་པའི་ཆོས་སྒོ་མ་ཡིན་པ་དང་། ཀྱཻ་རྡོ་རྗེའི་ལུས་ཀྱི་དཀྱིལ་འཁོར་དུ་དབང་བསྐུར་བ་དེ་ཡང་། དེ་ལ་ལྟོས་པའི་རིམ་གཉིས་ཀྱི་ཆོས་ཀྱི་སྒོ་མ་ཡིན་པར་འགྱུར་ཏེ། དེ་དག་གི་སྔོན་རོལ་དུ། ཕྱིའི་དཀྱིལ་འཁོར་དུ་དབང་བསྐུར་བ་རེ་རེ་འགྲོ་དགོས་པར་བཞེད་པའི་ཕྱིར། ཞེས་བྱ་བའི་དོགས་པ་འདི་དག་འབྱུང་ངོ་། །

གཉིས་པ་དངོས་ལན་གདབ་པ་ནི། སྤྱིར་རྫོགས་རིམ་ཟབ་མོ་རྣམས་ལ། རང་རང་ལ་ལྟོས་པའི་ཆོས་ཀྱི་སྒོ་དབྱེ་ཐབས་མི་འདྲ་བ་རེ་རེ་ཡོད་པས། ཆོས་སྒོ་དབྱེ་བ་ཞེས་བྱ་བའི་སྒྲ་བཤད་ནི། དབང་དང་བྱིན་རླབས་གཉིས་ཀ་ལ་ངེས་པར་ཚང་བའོ། །དེ་ཡང་ཐོག་མའི་ཆོས་སྒོ་ནི་དབང་བསྐུར་བ་ཁོན་ཡིན་ཏེ། དེ་མ་ཐོབ་པར་བྱ་རྒྱུད་ཀྱི་ཁྱད་པར་རེ་རེ་བ་མ་གཏོགས། གསང་སྔགས་ཟབ་མོའི་ཆོས་སྟོན་པ་དང་། ཉན་པ་ལ་འཇུག་ཏུ་མི་རུང་བའི་ཕྱིར་རོ། །དེ་བས་ན། འདིར་བཤད་པའི་རྩོད་གཞི་ནི། ཕྱོགས་སྔ་མའི་འདོད་པ་གཞིར་བཞག་ནས། ཆོས་ཀྱི་སྒོ་ཐོག་མར་དབྱེ་བ་ཞེས་བྱ་བ་དེ་ཡིན་ལ། དེ་ཡང་ཕྱོགས་ཕྱི་མ་པ་དག་ལ་གྲགས་པའི་མ་སྨིན་པ་སྨིན་པར་བྱེད་པའི་དབང་དང་དོན་གཅིག་པ་ཡིན་པ་དེའི་ཕྱིར། ཕག་མོའི་བྱིན་རླབས་ནི་དེར་མི་རུང་སྟེ། སྨིན་བྱེད་ཀྱི་དབང་གིས་ཆོས་སྒོ་ཕྱེ་མ་ཟིན་པ་ལ་དེ་བྱ་བར་མི་རུང་བའི་ཕྱིར། ཁྱད་པར་ན་རོའི་ཆོས་དྲུག་ལྷ་བུའི་ཆོས་སྒོ་དབྱེ་བྱེད་དུ་མི་རུང་སྟེ། གདམས་པ་དེ་ནི། རྣལ་འབྱོར་བླ་ན་མེད་པའི་རྒྱུད་སྡེ་དུ་མ་ནས་བཏུས་པའི་གདམས་པ་ཁྱད་པར་ཅན་ཡིན་ལ། དེ་ལ་ནི་རྣལ་འབྱོར་ཕ་མའི་རྒྱུད་སྡེ་གཉིས་ཀ་ལ་བརྟེན་པའི་དབང་བསྐུར་བ་མཚན་ཉིད་དང་ལྡན་པ་ངེས་པར་སྔོན་དུ་འགྲོ་དགོས་པའི་ཕྱིར། ཞེས་པའོ། །སྐབས་འདིའི་རྩོད་གཞི་དེ་ཡང་། ཕག་མོའི་བྱིན་རླབས་གང་ཡང་རུང་བ་ལ་ཟེར་བ་མ་ཡིན་གྱི། ཕག་མོ་གྲུའི་ཆོས་སྒོ་པས་ལག་ཏུ་ལེན་པའི་རིམ་པ་དེ་རྩོད་གཞིར་གཞག་ནས། གཞུང་གི་ཚིགས་འདི་དག་གསུངས་པ་ཡིན་ནོ།། །།

དྲི་བ་ལྔ་པ་ནི། རང་བྱུང་ནས་ནི་ཚུར་ལོག་བར། །སྔོན་ཆོག་ཡིན་པར་གང་དུ་བཤད། །ཅེས་པའོ། །འདི་ལ་གཉིས་ལས། དང་པོ་ལ་འདྲི་བའི་རྒྱུ་མཚན་ནི། ཇི་སྐད་དུ། འབྲུལ་བ་ཡིན་པ་མཉམ་པོ་ལ། །འདི་དག་སྔོན་གྱི་ཆོ་གར་བཤད། །ཅེས་པ་འདིའི་རྣམ་བཤད་མཛད་པ་མང་པོས། དེ་དག་དེར་འདུལ་བའི་ལུང་དུ་བཤད་ཅེས་ཟེར་བར་སྣང་བའི་རྒྱུ་མཚན་གྱིས་སོ། །མ་དྲིས་པའི་ཉེས་པ་ནི། འདུལ་བའི་ལུང་ལས་ཚུར་ལོག་སོགས་

གསུངས་པ་དེ་རྣམས་ད་ལྟར་གྱི་ཆོ་གའི་ཟླས་ཕྱེ་བའི། སྔོན་ཆོག་ཏུ་བཤད་པ་ནི་མ་ཡིན་ཏེ། མདོ་དང་ལུང་གཉིས་ཀ་ལས། སྔོན་ཆོག་དང་ད་ལྟར་གྱི་ཆོ་གའི་དབྱེ་བ་ནི། གསོལ་བཞིའི་ཆོ་གས་བསྙེན་པར་རྫོགས་པའི་ཚུལ་ཁོ་ན་ལ་བཤད་ཀྱི། གཞན་ལ་མ་བཤད་པའི་ཕྱིར་དང་། བོད་ཀྱི་འདུལ་བ་འཛིན་པ་དག རང་བྱུང་དང་ཡེ་ཤེས་ཁོང་དུ་ཆུད་པ་སོགས་བཅུ་སྔོན་ཆོག་གི་དབྱེ་བར་འཆད་པ་ཡོད་ཀྱང་། དེ་དག་ལུང་དང་མི་མཐུན་པའི་ཕྱིར། ལུང་ལས་ནི། བཅུ་པོ་དེ་དག་སྤྱིར་བསྙེན་རྫོགས་ཀྱི་དབྱེ་བར་བཤད་པ་ཡིན་གྱི། སྔོན་ཆོག་གི་དབྱེ་བར་མ་བཤད་པའི་ཕྱིར། ལུང་མ་མོ་དང་མཛོད་འགྲེལ་དུ་གསུངས་པའི་བཅུ་པོ་དེ་དག སྔོན་ཆོག་གི་དབྱེ་བ་ཡིན་པ་རིགས་པས་ཀྱང་མི་འཐད་དེ། སྔོན་ཆོག་ཡིན་ངོ་ཤེས་པའི་གསོལ་བཞིའི་ཆོ་ག་དེ་དེར་མ་བགྲངས་པའི་ཕྱིར་དང་། དེར་བགྲངས་པའི་ལྔ་ཚོགས་དང་བཅུ་ཚོགས་ནི། ད་ལྟར་གྱི་ཆོ་གའི་དབྱེ་བ་ལས་འབྱུང་བའི་ཕྱིར།

གཉིས་པ་དངོས་ལན་གདབ་པ་ནི། འདི་རྣམས་སྔོན་གྱི་ཆོ་གར་བཤད། །ཅེས་པ། བོད་ཀྱི་འདུལ་བ་འཛིན་པ་རྣམས་ཀྱི་འདོད་པ་ལྟར་མ་ཡིན་གྱི། འོན་ཅི་ཞེ་ན། སྤྱིར་སྡོམ་པའི་སྣོད་དུ་གྱུར་པའི་གང་ཟག་ལ་གཉིས་ཏེ། སྔོན་གྱི་གང་ཟག་དང་། ད་ལྟར་གྱི་གང་ཟག་གོ །དང་པོ་ནི། རྒྱུད་ཡོངས་སུ་སྨིན་པ་སྲིད་པ་ཐ་མ་པར་གྱུར་པའི་གང་ཟག་ལ་བྱ་ལ། གང་ཟག་དང་པོ་དེ་དག་ལ་ནི། སྡོམ་པའི་འཐོབ་རྒྱུ་བཤད་པ་དེ་དག་ལས་གང་ཡང་རུང་བ་ཞིག་གིས་ཀྱང་སྡོམ་པ་འཐོབ་པར་ནུས་ལ། གཉིས་པ་ལ་ནི། ད་ལྟར་གྱི་ཆོ་ག་ཁོ་ནས་བསྙེན་པར་རྫོགས་དགོས་པར་འདུལ་བ་ལས་གསུངས་སོ། །དེ་བས་ན་སྔོན་གྱི་གང་ཟག་ཁོ་ན་ལ་བྱ་བའི་ཆོ་ག་ལ་བསམས་ནས། ཇི་སྐད་དུ། འདི་རྣམས་སྔོན་གྱི་ཆོ་གར་བཤད། །ཅེས་གསུངས་པ་ཡིན་ཏེ། བསྟན་བཅོས་འདི་ཉིད་ལས། འདི་འདྲ་སྔོན་གྱི་ཆོ་ག་སྟེ། །ད་ལྟའི་སྐྱེ་བོས་བྱར་མི་རུང་། །ཞེས་དང་། སྤྲུལ་པ་ཡི་ནི་དཀྱིལ་འཁོར་དུ༔ །དབང་བསྐུར་མཛད་ཅེས་གསུངས་པ་ནི། །སྔོན་གྱི་ཆོ་ག་འཕགས་པའི་ཡིན། །ཞེས་གསུངས་པ་ལྟར། སྔོན་ཆོག་གི་སྒྲ་ཡངས་པར་མཛད་པའོ།། །།

དྲི་བ་དྲུག་པ་ནི། གསང་བ་སྤྱི་རྒྱུད་དག་ལས་ནི། །དཀྱིལ་འཁོར་དག་ཏུ་དབང་བསྐུར་བའི། །སློབ་མ་གཉིས་དང་བཞི་ལ་སོགས། །ཟུང་དུ་བཤད་པ་འགའ་ཞིག་ཡོད། །ཅེས་པའོ། །འདི་ལ་གཉིས་ལས། དང་པོ་ལ་འདྲི་བའི་རྒྱུ་མཚན་ནི། ཇི་སྐད་དུ། སྔགས་ཀྱི་དབང་བསྐུར་བྱེད་པ་ནི། །གྲངས་ངེས་མེད་པར་དབང་བསྐུར་བྱེད། །འདི་ནི་རྡོ་རྗེ་འཆང་གིས་བཀག ཅེས་པའི་ལུང་འདི་ཁུངས་སུ་འདྲེན་པ་ཀུན་གྱིས། ཉི་ཤུ་རྩ་ལྔ་མན་ཆད་ཟུང་དུ་མ་གྱུར་པ་ཁོ་ན་ལ་དབང་བསྐུར་བ་ཡིན་གྱི། ཟུང་དུ་གྱུར་པ་ལ་དབང་བསྐུར་དུ་མི་རུང་བ་ཡིན་ནོ་ཞེས་གསུང་བར་སྣང་བའི་རྒྱུ་མཚན་གྱིས་སོ། །གཉིས་པ་མ་དྲིས་པའི་སྐྱོན་ནི། དེ་ལྟར་ཡིན་པ་དེའི་ཚེ་འོན། གསང་

བ་སྐྱི་རྒྱུད་ལས། བླ་མས་སློབ་མ་གཅིག་པུ་ནི། །དཀྱིལ་འཁོར་དག་ཏུ་དབང་བསྐུར་བྱ། །མཁས་པས་ཅིག་ཆར་སློབ་མ་གཉིས། །དབང་བསྐུར་བ་ནི་ཡོངས་མི་བྱ། །གཉིས་སམ་གསུམ་མམ་བཞི་ཡང་རུང་། །བླ་མས་དབང་བསྐུར་བྱ་བ་ནི། །ཡོ་བྱད་གསར་པ་གཞན་རྣམས་ཀྱིས། །ཐམས་ཅད་སོ་སོ་སོ་སོར་བྱ། །ཞེས་གསུངས་ལ། དེའི་ཚེ་ན་སློབ་མ་གཉིས་དང་བཞི་ལ་ཡང་། དབང་དུས་གཅིག་ཏུ་བསྐུར་བར་བཤད་པ་མ་ཡིན་ནམ་སྙམ་པའི་དོགས་པ་འདི་འབྱུང་ངོ་། །ཡང་འདིར་དྲིབ་འདི་ལྟ་བུ་ཞིག་ཀྱང་འདུག་སྟེ། སྦྱོད་པའི་རྒྱུད་ཀྱི་དབང་བསྐུར་ལ། །སློབ་མ་གྲངས་ངེས་མེད་གྱུར་ན། །གཅིག་ནས་བརྒྱ་ཡི་བར་དག་གི །གྲངས་ངེས་མཛད་པ་ཇི་ལྟར་ཡིན། །གསང་བ་སྤྱི་རྒྱུད་ལུང་གིས་ནི། །རྗེས་བཟུང་ཚོགས་སློབ་མ་རྣམས། །རྗེས་འཛིན་དུས་ཀྱི་སློབ་མ་ཡི། །གྲངས་ངེས་བསྟན་པ་མ་ཡིན་ནམ། །ཞེས་པ་འདི་ལའང་འདྲི་བའི་རྒྱུ་མཚན་གཉིས་ལས། དང་པོ་ནི། དེ་ལྟར་འཆད་པ་འོ་ན། རྣམ་སྣང་མངོན་བྱང་ལས། སློབ་མ་དད་ཅིང་རིགས་བཙུན་པ། །དེ་བཞིན་དཀོན་མཆོག་གསུམ་ལ་དད། །ཟབ་མོ་ཡི་ནི་བློ་དང་ལྡན། །སྦྱོ་བ་ཆེ་ཞིང་ཚུལ་ཁྲིམས་ལྡན། །བཟོད་དང་ལྡན་ཞིང་སེར་སྣ་མེད། །དཔའ་ལ་ཡིད་རབ་བརྟན་པ་ནི། །བཅུའམ་བརྒྱད་དམ་བདུན་ནམ་ལྔ། །གཅིག་གཉིས་བཞི་ལས་ལྷག་ཀྱང་རུང་། །དཔྱད་མི་དགོས་པར་བཟུང་བར་བྱ། །ཞེས་བཅུ་ཚུན་ཆད་ལ་ཟུང་དུ་མ་གྱུར་པའི་ངེས་པ་མ་མཛད་མོད། བཅུ་ལས་ལྷག་པ་མ་བཤད་པ་དེ་ཇི་ལྟར་ཡིན་སྙམ་དུ་དོགས་པ་དང་། བཅུ་ཚུན་ཆད་མཚོན་བྱེད་ཙམ་ཡིན་གྱི། དེ་ལས་གྲངས་མང་བ་ཡང་རྒྱུད་དེའི་དགོངས་པ་ལ་ཡོད་དོ་སྙམ་ན། དེ་ཡང་ཡིན་པའི་ངེས་པ་མི་སྣང་སྟེ། ལུང་དྲངས་མ་ཐག་པ་དེ་དང་འབྲེལ་ཆགས་སུ། འདི་སྐད་ཅེས། གསང་བའི་བདག་པོ། གང་དག་གིས་སྔོན་ཐེག་པ་ཆེན་པོ་གསང་སྔགས་སྤྱོད་པའི་ཚུལ་སྒོ་མཐའ་ཡས་པ་སྒྲུབ་པ་ལ་གོམས་པར་བྱས་པ་དེ་དག་ནི་རྡོ་རྗེ་སེམས་དཔའ་ཡིན་ཏེ། དེ་རྣམས་ཉིད་ཀྱི་དོན་གྱི་ཕྱིར་གྲངས་ཀྱི་ཚད་འདི་བྱས་སོ། །ཞེས་གསུངས་པས་སོ། །

འདྲི་བའི་རྒྱུ་མཚན་གཉིས་པ་ནི། དབང་བསྐུར་གྱི་ཕྱག་ལེན་མཛད་པའི་བླ་མ་རྣམས། སློབ་མ་རྗེས་འཛིན་གྱི་དུས་ཀྱི་སློབ་མ་ལ་གྲངས་ངེས་མི་མཛད་པར། སློབ་མ་སྟ་གོན་དུ་གནས་པ་ཕན་ཆད་དུ་གྲངས་ངེས་མཛད་པ་གསང་བ་སྤྱི་རྒྱུད་ཀྱི་ལུང་དེའི་དགོངས་པར་འཆད་མོད། ལུང་དེས་ནི་སློབ་མ་རྗེས་འཛིན་གྱི་གྲངས་ངེས་བསྟན་པར་སྣང་སྟེ། ཇི་སྐད་དུ། ཟུང་དུ་མ་གྱུར་སློབ་མ་བཟུང་། །ཞེས་པ་དང་། ཡོངས་སུ་བཟུང་བར་མི་ཤེས་སོ། །ཞེས་རྗེས་འཛིན་གྱི་ཚིག་གསལ་པོར་བྱུང་བ་དང་། དབང་བསྐུར་གྱི་དབང་དུ་བྱས་ནས། གོང་དུ་དྲངས་པའི་ལུང་དེ་དག་གསུངས་པའི་ཕྱིར། དོན་དེ་ཉིད་བླ་མ་གོང་མའི་བཞེད་པ་ཡིན་ཏེ། ཇི་སྐད་དུ། དབང་གི་ཆུ་བོ་ལས། མཚན་ཉིད་དང་ལྡན་པའི་སློབ་མ་གཅིག་ནས་ཉི་ཤུ་རྩ་ལྔའི་བར་གྲངས་ཁ་ཡར་བ་བཟུང་བར་བྱའི།

ཁ་འཆམ་པ་དང་དེ་ལས་ལྷག་པ་དཀྱིལ་འཁོར་གཅིག་ཏུ་མི་བཟུང་སྟེ། དེ་སྐད་དུ་ཡང་། སྡོམ་རྒྱུད་ལས། མཁས་པས་སློབ་མ་གཅིག་གམ་གསུམ། །ལྔའམ་ཡང་ན་བདུན་དག་གི །ཉི་ཤུ་རྩ་ནི་ལྔ་ཡི་བར། །ཟུང་དུ་མ་གྱུར་སློབ་མ་བཟུང་། །དེ་བས་ལྷག་པའི་སློབ་མ་ནི། །ཡོངས་སུ་བཟུང་བ་མི་ཤེས་སོ། །ཞེས་གསུངས་པས་སོ། །ཞེས་སློབ་མ་རྗེས་འཛིན་གྱི་ཆོག་འི་སྐབས་སུ་བཤད་པའི་ཕྱིར་རོ། །སླམ་དུ་དོགས་པའི་ཀློལ་བ་དག་འབྱུང་བར་འགྱུར་རོ། །

གཉིས་པ་དངོས་ལན་གདབ་པ་ལ་གསུམ་ལས། དྲི་བ་དང་པོའི་ལན་ནི། གསང་བ་སྤྱི་རྒྱུད་ཀྱི་དགོངས་པ་ནི། སློབ་མ་རྗེས་འཛིན་དང་སྒྲུབ་གོན་གྱི་དུས་སུ། ཉེར་ལྔ་མན་ཆད་ཀྱི་གྲངས་ཁ་ཡར་བ་ཇི་ཙམ་ཡོད་པ་དེ་ཐབས་གཅིག་ཏུ་ཚོགས་པ་ལ། རྗེས་འཛིན་དང་སྒྲུབ་གོན་གྱི་ཆོ་ག་ཡོངས་སུ་རྫོགས་པར་བྱས་ནས། དབང་བསྐུར་དངོས་གཞིའི་ཆོ་ག་ནི་སློབ་མ་རེ་རེ་ནས་བྱ་བར་གསུངས་པ་ཡིན་ཏེ། སྤྱི་རྒྱུད་ཉིད་ལས། བློ་དང་ལྡན་པས་ཆོ་ག་འདིས། །སློབ་མ་རྣམས་ནི་ལེགས་པར་བཟུང་། །སློབ་མ་རེ་རེ་ནས་བཀུག་སྟེ། །གསང་གཏོར་སྔ་མ་བཞིན་བྱས་ལ། །ཞེས་དང་། སློབ་མ་གཅིག་ནས་བཀུག་ནས་ནི། །ཆོ་ག་བཞིན་དུ་ཡོན་ཕུལ་ཏེ། །ཆོ་ག་ཤེས་པས་གསང་གཏོར་བྱ། །ཞེས་དང་། མཁས་པས་ཅིག་ཅར་སློབ་མ་གཉིས། །དབང་བསྐུར་བར་ནི་ཡོང་མི་བྱ། །ཞེས་གསུངས་སོ། །དེ་ཡང་དབང་བསྐུར་དངོས་གཞིའི་དུས་སུ། སློབ་མ་གཉིས་སམ་བཞི་དུས་གཅིག་ཏུ་གྲལ་ལ་འདུག་ཏུ་མི་རུང་བ་ནི་མ་ཡིན་མོད། དབང་རྫས་གཅིག་ཉིད་ཀྱིས། སློབ་མ་གཉིས་ལ་སོགས་པ། དུས་ཅིག་ཅར་དུ་དབང་བསྐུར་དུ་རུང་བ་ནི་མ་ཡིན་ནོ། །ཞེས་ཤེས་པར་བྱ་བའི་ཕྱིར་དུ། དེ་ཉིད་ལས། གཉིས་སམ། ཞེས་པ་ནས། ཐམས་ཅད་སོ་སོ་སོ་སོར་བྱ། །ཞེས་པའི་བར་གསུངས་སོ། །དོན་དེ་ལ་རྗེས་སུ་དཔག་ན། དབང་དེ་ལ་དགོས་པའི་དབང་གི་ཡོ་བྱད་ཆ་གཅིག་ལས་མེད་ན། སློབ་མ་རྣམས་རིམ་གྱིས་བསྐུར་བ་དང་། སློབ་མའི་གྲངས་དང་མཉམ་པའི་དབང་རྫས་ཡོད་ན། ཅིག་ཆར་དུ་དབང་བསྐུར་བས་ཆོག་པ་ལྷ་བུར་མངོན་ནོ། །སྒྲུབ་གོན་གྱི་ཚེ་ནི། ཐམས་ཅད་ཅིག་ཆར་དུ་ཚོགས་དགོས་པ་ཡིན་ཏེ། དེ་ལས་འགའ་ཞིག་མ་ཚང་ན་དེའི་སྐྱིན་པོ་བཞུག་པ་དང་། དེ་ཡང་མ་འགྲོར་ན་གང་མ་ཚང་བ་དེའི་གཟུགས་བརྙན་བྱེད་དུ་བཙུག་ནས། སྒྲུབ་གོན་གྱི་ཆོས་རྣམས་བྱེད་དགོས་པར་གསུངས་པའི་ཕྱིར། དེ་སྐད་དུ་ཡང་། སྤྱི་རྒྱུད་ཉིད་ལས། སློབ་མ་ཡོངས་སུ་བཟུང་བ་གང་། །སྒྲུབ་གོན་གནས་ཚེ་མེད་ན་ནི། །དེ་ཡི་གཟུགས་བརྙན་བྱས་ནས་སུ། །ཇི་སྐད་བཤད་པའི་ལས་རྣམས་བྱ། །སློབ་མ་ཡོངས་སུ་བཟུང་བ་གང་། །གལ་ཏེ་རྐྱེན་འགའ་ཞིག་གིས་ནི། །དེར་ནི་འོངས་པར་མ་གྱུར་ན། །གཞན་དག་དེ་ཡི་སྐྱིན་པར་བཞུག ཅེས་གསུངས་སོ། །འདི་ཡང་རྗེས་བཟུང་གི་སློབ་མ་དབང་བསྐུར་དངོས་གཞིའི་དུས་སུ་གཏན་སླེབ་མི་སྲིད་པ་ཞིག་གི་དབང་དུ་བྱས་པ་ནི་མ་ཡིན་པ་འདྲ་སྟེ། ཡིན་ན་དེ་འདྲ་དེའི་གཟུགས་བརྙན་ནམ།

སྨིན་པ་ལ་སྔ་གོན་བྱས་པ་ལ་དགོས་པ་མེད་པའི་ཕྱིར། གལ་ཏེ་གྲངས་ཚང་བ་གཅིག་ལུའི་ཕྱིར་དུ་ཡིན་ན་ནི། རྗེས་བཟུང་གི་དུས་ཀྱི་གྲངས་ལས། གཉིས་དང་། བཞི་དང་། དྲུག་དང་། བརྒྱད་ལ་སོགས་པ་མ་ཚང་ན་སྨིན་པ་གཞུག་མི་དགོས་པར་འགྱུར་རོ། །འོན་སྨིན་པ་ལ་སྔ་གོན་བྱས་པའི་དགོས་པ་ཅི་ཞེ་ན། སྔ་གོན་གྱི་དུས་སུ་སྨིན་པ་བཅུག་ནས། དངོས་གཞིའི་དུས་སུ་རང་ཉིད་ཀྱིས་དབང་བླངས་ཚོག་པའི་རྒྱུ་མཚན་གྱིས་ཡིན་ཏེ། དེ་ལས་གཞན་དུ། སྨིན་པ་དེ་ཉིད་ལ་དབང་བསྐུར་བ་ཡིན་ན་ནི། གཟུགས་བརྙན་བྱས་པ་དེ་ལ་ཡང་དབང་བསྐུར་བར་ཐལ་བའི་ཕྱིར་དང་། རྗེས་སུ་མ་བཟུང་བ་ཞིག་ལ་སྔ་གོན་བྱས་ནས་དབང་བསྐུར་བར་ཐལ་བའི་ཕྱིར་རོ། །འདི་ཡང་བྱ་བའི་རྒྱུད་དུ་སྔ་གོན་གྱི་ཆོས་ཉུང་ངུ་ཞིག་གིས་ཆོག་པའི་དབང་དུ་བྱས་པ་ཡིན་ནམ་སྙམ་སྟེ་དཔྱད་པར་བྱའོ། །རྣམ་པར་དབྱེད་པ་གཉིས་པའི་ལན་ནི། འདི་སྐད་ཅེས། སྤྱོད་པའི་རྒྱུད་ཀྱི་དབང་བསྐུར་ལ། །སློབ་མ་ཁ་འཆམ་ཁ་ཡར་གྱི། །ངེས་པ་མེད་མོད་གྲངས་མེད་མིན། །བཅུ་ལས་ལྷག་པ་བཀག་ཕྱིར་རོ། །དེ་ལྟ་ན་ཡང་རྗེས་བཟུང་གི །སློབ་མའི་གྲངས་ལ་ངེས་པ་མེད། །སློབ་དཔོན་སྙིང་རྗེ་ཆེན་པོ་ཡིས། །ཚད་མེད་བཟུང་ཞེས་གསུངས་ཕྱིར་རོ། །ཞེས་ལན་གདབ་པར་བྱ་བ་ཡིན་ཏེ། རྣམ་སྣང་མངོན་བྱང་ལས། གྲངས་ཀྱི་ཚད་འདི་བྱས་སོ། །ཞེས་པའི་དེ་མ་ཐག་ཏུ། འོན་ཀྱང་སློབ་དཔོན་སྙིང་རྗེ་ཆེན་པོ་ལྡན་པས། སེམས་ཅན་གྱི་ཁམས་མ་ལུས་པ་བསྒྲལ་བར་ཡི་དམ་བཅའ་བ་ཁོ་ནར་བྱ་སྟེ། དེས་བྱང་ཆུབ་ཀྱི་སེམས་ཀྱི་རྒྱུར་འགྱུར་བར་བྱ་བའི་ཕྱིར། སེམས་ཅན་ཚད་མེད་པ་རྣམས་ཡོངས་སུ་བཟུང་བར་བྱའོ། །ཞེས་གསུངས་པའི་ཕྱིར་རོ། །དེ་ལྟར་ན་གཞུང་འདི་ལྟར་བཏོན་ན་བདེ་བ་ཡིན་ཏེ། སྤྱོད་པའི་རྒྱུད་ཀྱི་དབང་བསྐུར་ལ། །སློབ་མ་རྗེས་བཟུང་གྲངས་ངེས་མེད། །ལྷག་མ་དམིགས་བསལ་མཛད་པ་ཡི། །ཞེས་སོགས་སྦྱར་རོ། །སྤྱི་རྒྱུད་དང་། མངོན་བྱང་ལས། རྗེས་འཛིན་གྱི་སློབ་མ་ལ་གྲངས་ངེས་ཡོད་མེད་ཀྱི་ཁྱད་པར་ནི། བརྟགས་ནས་རྗེས་སུ་འཛིན་པ་དང་། རྗེས་སུ་བཟུང་ནས་བརྟག་པའི་ཁྱད་པར་ཡིན་པར་སྣང་ངོ་། །དཀྱིལ་འཁོར་དུ་འཇུག་པ་ཙམ་ལ་ནི་བརྟག་མི་དགོས་པར་གྲངས་མེད་རྗེས་སུ་བཟུང་བས་ཆོག་པ་ཡིན་ཏེ། དེ་ཉིད་བསྡུས་པ་ལས། དཀྱིལ་འཁོར་ཆེན་པོ་འདིར་འཇུག་པ་ལ་སྣོད་དུ་གྱུར་པ་དང་མ་གྱུར་པ་བརྟག་མི་འཚལ་ལོ། །ཞེས་གསུངས་པས་སོ། །

རྣམ་པར་དབྱེད་པ་གསུམ་པའི་ལན་ནི། གསང་བ་སྤྱི་རྒྱུད་དུ། སློབ་མ་རྗེས་འཛིན་གྱི་སློབ་མའི་གྲངས་ལ་ཉི་ཤུ་རྩ་ལྔ་མན་ཆད་ཀྱི་གྲངས་ངེས་མཛད་པ་དེ། དབང་གི་ཆུ་བོའི་དགོངས་པ་ཡིན་པར་གདོན་མི་ཟ་ཡང་། བླ་མ་རྣམས་ཕྱག་ལེན་དུ་མཛད་པ་དེ་ནི། རྣམ་སྣང་མངོན་བྱང་ནས་གསུངས་པ་ལྟར། བྱང་ཆུབ་ཀྱི་སེམས་ཀྱི་རྒྱུར་འགྱུར་བའི་དགོས་པ་ཁྱད་པར་ཅན་ལ་དགོངས་ནས་གྲངས་ངེས་མ་མཛད་པའམ། ཡང་ན་རྟུལ་ཆོན་གྱི་

དཀྱིལ་འཁོར་གཅིག་ཏུ་སྒྲུབ་ཅིང་མཆོད་པ་དང་། བདག་ཉིད་འཇུག་ཅིང་དབང་བླང་བའི་ཆོ་ག་ཚར་གཅིག་ལས་མི་མཛད་པའི་དབང་དུ་བྱས་ནས། རྗེས་བཟུང་གི་གྲངས་ཉེར་ལྔ་ལས་ལྷག་པ་མ་བཤད་དོ། །ཞེས་ཀྱང་བསམ་པར་བྱའོ། །མདོར་ན་བྱ་སྤྱོད་གཉིས་ཀར་དུ། སློབ་མ་དབང་བསྐུར་གྱི་དུས་ཀྱི་སློབ་མ་ལ་གྲངས་ངེས་ཡོད་པར་གྲུབ་ཅིང་། དེའི་རིགས་པས་རྣལ་འབྱོར་གོང་མ་གཉིས་ཀྱི་དབང་བསྐུར་གྱི་སློབ་མ་ལ་གྲངས་ངེས་ཡོད་པ་ཉིད་དུ་ཡང་གྲུབ་པར། ནཱ་རོ་ཀཱ་པ་ལ་སོགས་པའི་ཚད་ལྡན་མང་པོས་བཤད་པར་སྣང་ཞིང་། དཀྱིལ་ཆོག་རྡོ་རྗེ་ཕྲེང་བ་ལས། སྐལ་བ་དང་ལྡན་ན་སྟོང་གི་བར་དུ་ཡང་བཟུང་བར་བྱའོ། །ཞེས་གསུངས་པ་ཡང་། ལེགས་པར་བརྟགས་ན། རྗེས་བཟུང་གི་དུས་ཀྱི་གྲངས་བཤད་པ་མིན་ལ། དེ་ཙམ་གྱིས་དབང་བསྐུར་བའི་དུས་ཀྱི་གྲངས་སུ་མི་འགྲུབ་པའི་ཕྱིར་ན། ཇི་སྐད་དུ། བླུན་པོ་སྙིང་ཕོད་ཅན་གྱིས་ཀྱང་། །འདུལ་བའི་ཆོ་ག་རྒྱལ་མ་ནུས། །གསང་སྔགས་ཆོ་ག་ཐམས་ཅད་ལ། །བླུན་པོ་རྣམས་ཀྱིས་རང་བཟོར་སྤྱོད། །དཔེར་ན་རབ་བྱུང་གང་ཟག་ནི། །གསུམ་ལས་མང་བ་འཇུག་མི་ནུས། །སྔགས་ཀྱི་དབང་བསྐུར་བྱེད་པ་ནི། །གྲངས་ངེས་མེད་པར་དབང་བསྐུར་བྱེད། །འདི་ནི་རྡོ་རྗེ་འཆང་གིས་བཀག ཅེས་བྱ་བ་དེ་ལེགས་པར་གྲུབ་པ་ཡིན་ནོ། །འཆད་ཚུལ་དེ་ལས་གཞན་དུ་བཤད་ན། །སློབ་མ་ལ་གྲངས་ངེས་མེད་པར་དབང་བསྐུར་བྱེད་པ་དག་གིས་འདི་སྐད་ཅེས་རྒོལ་བར་འགྱུར་ཏེ། བྱ་བའི་རྒྱུད་ཀྱི་རིགས་པ་ཡིས། །རྒྱུད་སྡེ་གོང་མའི་དབང་བསྐུར་གྱི། སློབ་མའི་གྲངས་ངེས་འགྲུབ་འགྱུར་ན། །སྤྱོད་པའི་རྒྱུད་ཀྱི་རིགས་པ་ཡིས། །གྲངས་ངེས་མེད་པ་ཅིས་མི་འགྲུབ། །སྤྱི་རྒྱུད་ཡིན་པས་མི་མཚུངས་ན། །ཀུན་གྱི་སྤྱི་རྒྱུད་ཡིན་པར་དཀའ། །ཞེས་རྒོལ་བར་འགྱུར་རོ། །འོན་ཏ་ངང་པ་ཕྱི་མ་གཉིས་ཀྱིས་བསྟན་པའི་ཉེས་པ་དེ་ཁྱེད་ཀྱིས་ཀྱང་སྤོང་བར་མི་ནུས་སོ་ཞེ་ན། ཀུན་གྱི་སྤྱི་རྒྱུད་མ་ཡིན་ཀྱང་། །དེ་ཡི་སློབ་མའི་གྲངས་ངེས་ནི། །ཚད་ལྡན་མང་པོས་གཞན་ལའང་སྦྱར། །རྗེས་བཟུང་མ་གཏོགས་དབང་བསྐུར་གྱི། །སློབ་མ་གྲངས་ངེས་མེད་དོ་ཞེས། །སྟོན་བྱེད་ཡོད་ན་དང་དུ་ལེན། །དྲང་སྲོང་བྱེ་བ་ཕྲག་ལ་སོགས། །སྟོན་གྱི་ཆོ་གའི་དབང་དུ་མཛད། །ཅེས་སྨྲ་བ་ཡིན་ནོ། །ཡང་སྐབས་འདིར། རབ་བྱུང་གསུམ་ལས་མི་འཇུག་པ། །དགེ་བསྙེན་རབ་བྱུང་དགེ་ཚུལ་རྣམས། །ཚོགས་ལ་མི་འཆགས་པ་ཡིས་མིན། །ཞུ་བར་བྱེད་པའི་ལས་ལ་དགོངས། །ཞེས་ཀྱང་སྨྲར་རོ།། །།

དྲི་བ་བདུན་པ་ནི། ལྷ་ཡང་ཉེ་མཤར་བ་ན། །ངེས་པར་མཆོད་ནས་གཤེགས་དགོས་ན། །སྟ་གོན་དངོས་གཞིའི་བར་དུ་ཡང་། །མཆོད་ནས་གཤེགས་གསོལ་བྱེད་དགོས་སམ། །སློབ་མའི་དབང་དང་སློབ་དཔོན་གྱི། །དབང་གི་བར་དུ་ཞག་གིས་ནི། །ཆོད་པ་དག་ལའང་དེ་དགོས་སམ། །ཞེས་པའོ། །འདི་ལ་གཉིས་ལས། དང་པོ་ལ་འདྲི་

བའི་རྒྱུ་མཚན་ནི། ལྷ་ཡང་ཉི་མ་ནུབ་པ་ན། །ཞེས་སོགས་ཀྱི་རྣམ་བཤད་མཛད་པ་པོ་ཕལ་ཆེ་བ་དག ཉི་མ་ནུབ་པ་ན་འདུ་བ་དང་། ཉི་མ་མཤར་བར་གཤེགས་དགོས་པའི་ལྷའི་མཚན་གཞི་ནི། དཀྱིལ་འཁོར་ལ་བཞུགས་སུ་གསོལ་བའི་ཡེ་ཤེས་ཀྱི་ལྷ་ལ་མཛད་སྣང་བའི་རྒྱུ་མཚན་གྱིས་སོ། །མ་དྲིས་པའི་ཉེས་པ་ནི། འོན་སྔ་གོན་གྱི་ལྷ་ནམ་མཁའ་ལ་བཏེག་ནས། དཀྱིལ་འཁོར་བྲི་བའི་དུས་སུ་ཡང་སྔ་གོན་གྱི་ལྷ་གཤེགས་དགོས་པར་ཐལ་བ་དང་། གལ་ཏེ་བྲིས་ཟིན་པའི་དཀྱིལ་འཁོར་ལ་བཞུགས་པའི་ལྷ་ལ་བྱེད་པ་ཡིན་ན། རྡུལ་ཚོན་གྱི་དཀྱིལ་འཁོར་གང་ཡིན་ཐམས་ཅད་ཞག་གཅིག་ལས་ལྷག་པ་བཞུགས་སུ་མི་རུང་བར་ཐལ་བར་འགྱུར་བ་དང་། ཉིན་མོ་དབང་བསྐུར་དུ་མི་རུང་བར་འགྱུར་རོ་སྙམ་པའི་དོགས་པ་དེ་སྐྱེ་བར་འགྱུར་རོ། །

གཉིས་པ་དངོས་ལན་གདབ་པ་ནི། འདིར་ལྷ་ཞེས་པ་གང་དུ་དབང་བསྐུར་བའི་དཀྱིལ་འཁོར་དུ་སྤྱན་དྲངས་པའི་ཡེ་ཤེས་ཀྱི་ལྷ་དང་། གང་གིས་དབང་བསྐུར་བྱེད་ནམ་མཁའི་དཀྱིལ་འཁོར་གྱི་ལྷ་ལྷ་བུ་ལ་བྱེད་པ་མ་ཡིན་ཏེ། ཡིན་ན་རས་བྲིས་ཀྱི་དཀྱིལ་འཁོར་དང་། བླུགས་སྐུ་སོགས་ལ་རབ་ཏུ་གནས་པའི་ལྷ་ཡང་ཉི་མ་ཤར་བ་ན་གཤེགས་དགོས་པར་ཐལ་བའི་ཕྱིར་དང་། སྐྱབ་ཅིང་མཆོད་པ་ཚར་གཅིག་ལ་ཉི་མ་མང་པོ་ཐོགས་པ། དཔལ་མཆོག་དང་། རྩེ་མོ་རིགས་བསྡུས་ལྷ་བུ་དང་། སློབ་མ་རྣམས་རྡོ་རྗེ་སློབ་དཔོན་དུ་དབང་བསྐུར་བ་མན་ཆད་ཀྱི་དབང་ཚར་གཅིག་ལ། ཞག་མང་པོ་ཐོགས་པ་དེ་དང་དེ་དག་ལ་ཧ་ཅང་ཐལ་བ་འགྱུར་བའི་ཕྱིར་རོ། །འོན་ཅི་ཞེ་ན༏ རྡོ་རྗེ་སློབ་དཔོན་གྱིས་དཀྱིལ་འཁོར་གྱི་ཁང་པའི་གནས་དེར། དཀྱིལ་འཁོར་གྱི་ཆོ་གའི་ཡན་ལག་ཏུ་ངེས་པར་སྤྱན་འདྲེན་དགོས་པ་མ་ཡིན་ཞིང་། བྱིན་རླབས་ཀྱི་སྟོབས་ཀྱིས། ངེས་པར་མཚན་མོའི་དུས་ཁོ་ན་འདུ་བའི་དཔའ་བོ་དང་རྣལ་འབྱོར་མའི་ལྷ་ཚོགས། རྗེས་ཀྱི་ཆོ་གའི་དུས་ཀྱི་གཏོར་མ་ལ་སོགས་པས་མཆོད་པའི་འོས་སུ་གྱུར་པ་རྣམས་དང་། རྒྱལ་ཆེན་རིས་བཞི་དང་། སུམ་ཅུ་རྩ་གསུམ་པའི་ལྷ་ལ་སོགས་པ་འཛམ་བུའི་གླིང་དུ་མཚན་མོ་ཁོ་ན་འོང་ཞིང་། ཆོས་ཉན་པ་སྦྱིན་པ་དག་བྱུང་ན། མཚན་ཐོག་ཐག་ཏུ་འཁོད་པ་རྣམས་ལ་བྱ་བ་ཡིན་ཏེ༏ གསང་བ་སྤྱི་རྒྱུད་ལས། ལྷ་ཡང་ཉི་མ་ནུབ་པ་ན། །ཕན་པར་བྱེད་པའི་དཀྱིལ་འཁོར་དུ། །ངེས་པར་བྱིན་གྱིས་བརླབས་ཀྱིས་འདུ། །ཅེས་དང་། གཞན་ཡང་གང་དག་གསང་སྔགས་ལྷ། །ལྷ་དང་འཇིག་རྟེན་སྐྱོང་བ་དང་། །འབྱུང་པོ་བྱང་ཆུབ་བསྟན་གནས་དང་། །སེམས་ཅན་བསྟན་ལ་མངོན་དགའ་བ། །ཞེས་པ་ནས། དཀྱིལ་འཁོར་དང་བཅས་ཐམས་ཅད་ནི། །ཉེ་བར་བྱོན་པར་མཛད་པའི་རིགས། །ཞེས་གསུངས་པ་དང་། ཆོས་བསྡུགས་ཀྱི་མདོ་ལས། ལྷ་དང་ལྷ་མིན་མིའམ་ཅི་ཡི་དབང་པོ་དང་། །བརྒྱ་བྱིན་ལ་སོགས་ཆོས་ཀྱི་མཆོག་ལ་བྱ་བ་བྱས་པ་རྣམས། །སངས་རྒྱས་གསུང་རབ་རབ་ཏུ་ཞི་ཞིང་བདེ་བའི་རྒྱུར་གྱུར་པ། །འདི་དག་བཤད་ཀྱི་དམ་

པའི་ཆོས་ཉན་ཕྱིར་ནི་འདིར་གཤེགས་ཤིག ཅེས་གསུངས་པ་དང་། འདུལ་བ་ལས། ཆོས་བརྒྱད་དང་། བཅུ་བཞི་དང་། བཅོ་ལྔའི་ནུབ་མོ་མཚན་ཐོག་ཐག་ཏུ་ཆོས་ཉན་པ་སྤྱིན་པར་གསུངས་པ་ཡིན་པའི་ཕྱིར། དེ་ལྟ་ཡིན་པ་དེའི་ཕྱིར། སློབ་མ་དབང་བསྐུར་གྱི་ཆོ་ག་དག་ཉི་མ་ནུབ་པའི་འོག་ཏུ་མགོ་རྩུགས་པར་བྱས་ནས། ཉི་མ་མ་ཤར་གོང་དུ་མཇུག་རྫོགས་པར་ཟིན་པ་བྱས་ན། མཚན་མོ་ཁོན་འདུ་བའི་དཔའ་བོ་དང་རྣལ་འབྱོར་མའི་ཚོགས་རྣམས་མཉེས་པར་འགྱུར་ཞིང་། གསང་སྤྱོད་ལྟ་བ་ལ་དབང་བའི་ལྷ་རྣམས་ཆོས་ཀྱིས་ཚིམ་པ་དང་། ཕན་ཐོགས་པའི་དགོས་པ་ཁྱད་པར་ཅན་ཡོད་དོ། །དེས་ན་ཆོ་ག་དེ་ཉི་མ་མཤར་གོང་དུ་ངེས་པར་ཟིན་དགོས་ཏེ། ཉི་མ་ཤར་བ་ན་ལྷ་དེ་དག་རང་གཤེགས་ཀྱིས་འགྲེས་པ་ཆོས་ཉིད་ཡིན་པས། ཆོ་གའི་མཇུག་མ་རྫོགས་ན་ཆོས་ཟབ་མོའི་བར་ཆད་ཅན་དུ་སོང་ཞིང་། བསམ་པ་མ་རྫོགས་པས་མི་ཤིས་པར་འགྱུར་བའི་ཕྱིར་རོ། །དེ་བཞིན་དུ་འདུལ་བ་ལས་དེ་ལྟར་གསུངས་པའི་དོན་ཡང་། མཚན་ཐོག་ཐག་ཏུ་ཆོས་ཀྱི་གཏམ་བྱས་ན་ལྷ་རྣམས་དགའ་ཞིང་། ཇི་སྲིད་ཆོས་ཀྱི་གཏམ་ཡོད་པ་དེར་གནས་ནས་དགེ་ལེགས་སྤྱིན་པར་འགྱུར་ཞིང་། ཆོས་ཀྱི་གཏམ་དང་བྲལ་བ་ན་གཞན་དུ་འཕོ་བར་བྱེད་པ་ཡིན་នོ། །འདི་ནི་གསང་སྔགས་ཟབ་མོའི་ཆོས་ཀྱི་དབང་དུ་བྱས་པ་ཡིན་པའི་ངེས་པ་མེད་དོ།། །།

དྲི་བ་བརྒྱད་པ་ནི། དཀྱིལ་འཁོར་གཞན་དུ་མ་ཞུགས་པར། །སློབ་དཔོན་རྡོ་རྗེ་དྲིལ་བུ་པའི། །དབང་གི་ཆོགས་གསང་སྔགས་ཀྱི། །སྡོམ་པ་འཐོབ་བམ་མི་འཐོབ་འདྲི། །ཞེས་པའོ། །འདི་ལ་གཉིས་ལས། དང་པོ་ལ་འདྲི་བའི་རྒྱུ་མཚན་ནི། ཇི་སྐད་དུ། རྡོ་རྗེ་ཕག་མོ་ཉིད་ལས་ཀྱང་། །ཞེས་སོགས་ཀྱི་གཞུང་ལ་རྣམ་བཤད་མཛད་པ་པོ་རྣམས་ཀྱི་འཕྲོས་ལ་བརྟགས་པ་ན། ཕྱིའི་དཀྱིལ་འཁོར་དུ་དབང་བསྐུར་བ་མ་ཐོབ་པ་ལ་བྱིན་རླབས་འདི་བྱར་མི་རུང་བ་རྟགས་སུ་བཀོད་ནས། ཕག་མོའི་བྱིན་རླབས་ཙམ་གྱིས་སྡོམ་པ་གསུམ་ལྡན་བྱར་མི་རུང་བར་བཤད་སྣང་བའི་རྒྱུ་མཚན་གྱིས་སོ། །མ་དྲིས་པའི་ཉེས་པ་ནི། འོན་སློབ་དཔོན་རྡོ་རྗེ་དྲིལ་བུ་པས་མཛད་པའི་དབང་གི་བྱ་བའི་གཞུང་ནས་བཤད་པའི་དཀྱིལ་འཁོར་གྱི་ཆོ་ག་ལ་བརྟེན་ནས་དབང་བསྐུར་བས་ཀྱང་། སྡོམ་པ་གསུམ་ལྡན་དུ་བྱར་མི་རུང་བར་འགྱུར་ཏེ། འཁོར་ལོ་སྡོམ་པའི་ཕྱིའི་དཀྱིལ་འཁོར་ཞིག་ཏུ་དབང་མ་བསྐུར་བར། ལུས་ཀྱི་དཀྱིལ་འཁོར་དུ་དབང་བསྐུར་བ་འདི་བྱར་མི་རུང་བ་ནི། བླ་མ་དག་གི་ཕྱག་ལེན་ལ་སྣང་བའི་ཕྱིར། འདོད་នུས་པ་མ་ཡིན་ཏེ། འདི་ལ་སྡོམ་བཟུང་གི་ཆོགས་སྡོམ་པ་རྫོགས་པར་ལེན་པ་དང་། དབང་བཞི་མཚན་ཉིད་ཚང་བ་ཡོངས་སུ་རྫོགས་པར་བསྐུར་བ་ཡོད་པའི་ཕྱིར་དང་། ཇི་སྐད་དུ། སྨིན་པར་བྱེད་པའི་དབང་བསྐུར་ཡང་། །ཞེས་པ་ནས། དེ་ཡིས་སྡོམ་པ་གསུམ་ལྡན་འགྱུར། །བྱ་བའི་བར་གྱི་སྔགས་སྡོམ་གྱི་ཐོབ་རྒྱུར་བཤད་པ་ཐམས་ཅད་ཚང་བའི་ཕྱིར། གལ་ཏེ་དེ་འདྲ་དེ་ལས་སྔགས་ཀྱི་སྡོམ་པ་སྔར་མེད་གསར་དུ་སྐྱེ་བ

ཞིག །གང་ཟག་དབང་པོ་རབ་ཏུ་གྱུར་པ་ལ་ཡོད་དོ། །ཞེན། ཇི་སྐད་དུ། དེང་སང་གང་ཟག་རབ་འབྲིང་ཀུན། །རྟུལ་ཆོན་གྱི་ནི་དཀྱིལ་འཁོར་དུ། །དབང་བསྐུར་བྱ་བར་གསུངས་མོད་ཀྱི། །གཞན་གྱི་སྨིན་བྱེད་རྒྱུད་ལས་བཀག ཅེས་བཤད་པ་དང་འགལ་ལོ་སྙམ་པའི་དོགས་པ་འདི་འབྱུང་ངོ་། །

གཉིས་པ་དངོས་ལན་གདབ་པ་ནི། སློབ་དཔོན་རྡོ་རྗེ་དྲིལ་བུ་པའི་ལུགས་ཀྱི་ལུས་དཀྱིལ་གྱི་དབང་གི་ཆོ་ག་དེ། གང་ལ་བྱུར་རུང་བའི་སྣོད་ཀྱི་གདུལ་བྱ་དེ་ལ་ལྟོས་ནས། སྨིན་བྱེད་ཀྱི་དབང་དང་། སྡོམ་པ་གསུམ་ལྡན་དུ་བྱ་བའི་ཆོ་གར་འཆད་དགོས་པ་ཡིན་ཏེ། དེ་དེར་རུང་བ་སློབ་དཔོན་དེ་ཉིད་ཀྱིས་བཤད་ཅིང་། རྗེ་བཙུན་བསོད་ནམས་རྩེ་མོའི་ཞབས་ཀྱིས་ཀྱང་དེ་ལྟར་དུ་བཀྲལ་བའི་ཕྱིར། ཇི་ལྟར་ཞེ་ན། ཇི་སྐད་དུ། རྩ་བའི་གཞུང་དེ་ཉིད་ལས། དབང་བསྐུར་དཀྱིལ་འཁོར་སྔོན་འགྲོ་བས། །རྡོ་རྗེ་འཆང་གིས་བཤད་པ་སྟེ། །འོན་ཀྱང་དཀྱིལ་འཁོར་དེའི་རང་བཞིན། །ཅི་ཡིན་ད་ནི་འདི་ལྟར་བཤད། །རི་མོར་གནས་པའི་ལས་དང་ནི། །ཐིག་ལས་ཚོན་བཀྱེའི་རིམ་པ་བསྟན། །འགྲོ་བ་འདི་ཉིད་རང་བཞིན་གྱིས། །གྲུབ་པའི་དཀྱིལ་འཁོར་གཉིས་མེད་པའོ། །བཅོས་མ་གཉིས་ཀྱི་ངོ་བོ་གང་། །དེ་ནི་གདུལ་བྱའི་དབང་ལས་འདོད། །མཁས་པའི་བསྒྲུབ་བྱ་དེ་མིན་ཏེ། །ཡང་དག་དོན་མཐོང་གྲོལ་ཕྱིར་རོ། །ཞེས་གསུངས་ལ། །དེའི་དོན་ནི། སློབ་དཔོན་འདིའི་ལུགས་ཀྱིས། སྨིན་བྱེད་ཀྱི་དབང་དང་། གྲོལ་བྱེད་ཀྱི་ལམ་གཉིས་ལས། དང་པོ་ནི། ལུས་ཀྱི་དཀྱིལ་འཁོར་དུ་དབང་བསྐུར་བ་འདི་ཡིན་ལ། གཉིས་པ་ནི། དབང་དེས་སྨིན་པར་བྱས་པའི་སློབ་མ་ལ། གྲོལ་བར་བྱ་བའི་ལམ་རིམ་པ་ལྔ་བསྟན་པར་བྱ་བ་ཡིན་ཏེ། གཞུང་དེ་ཉིད་ལས། དབང་བསྐུར་བཞི་པོ་བསྟན་རྣམས་ཀྱིས། །གལ་ཏེ་བརྟུལ་ཞུགས་ཅན་དབང་བསྐུར། །བསམ་མེད་ཆོས་ནི་ཐོབ་ཕྱིར་ཏེ། །ཞེས་གསུངས་པས་སོ། །འོ་ན་དབང་དེ་དཀྱིལ་འཁོར་གང་དུ་བསྐུར་བ་ཡིན་སྙམ་པ་ལ། དཀྱིལ་འཁོར་ལ་རྣམ་པ་གསུམ་དུ་ཕྱེ་ནས། དབང་ཆོག་འདིའི་སྣོད་དུ་གྱུར་པའི་སློབ་མ་དེ་ནི། བཅོས་མ་གཉིས་ཀྱི་དཀྱིལ་འཁོར་དུ་དབང་བསྐུར་བར་བྱ་བ་མ་ཡིན་ཏེ། སློབ་མ་དེ་ནི་མཁས་པའི་རང་བཞིན་ཅན་ཡིན་པས། རང་བཞིན་གྱིས་གྲུབ་པའི་དཀྱིལ་འཁོར་མཐོང་ནས། དེར་དབང་བསྐུར་བ་ཙམ་གྱིས་གྲོལ་བའི་ཕྱིར། ཞེས་འཆད་པ་ནི། བཅོས་མ་གཉིས་ཀྱི་ངོ་བོ་གང་། །ཞེས་སོགས་སོ། །གལ་ཏེ་དབང་འདིའི་སྔོན་རོལ་དུ་བཅོས་མ་གཉིས་པོ་གང་རུང་དུ་དབང་བསྐུར་དགོས་པ་ཡིན་ན། དེ་སྐད་ཅེས་གསུང་པའི་སྐབས་མེད་དོ། །དེ་ལྟ་ནའང་། དེང་སང་གི་རྡོ་རྗེ་སློབ་དཔོན་རྣམས་ཀྱིས་ནི། སློབ་མ་མཁས་པའི་རང་བཞིན་ཅན་ཡིན་མིན་དང་། རང་བཞིན་གྱིས་གྲུབ་པའི་དཀྱིལ་འཁོར་བསྟན་པ་ལ། ཡིད་ཆེས་པའི་ཤེས་རབ་དང་ལྡན་མི་ལྡན་བརྟག་པར་དཀའ་བའི་རྒྱུ་མཚན་གྱིས། འཁོར་ལོ་སྡོམ་པའི་དབང་དོན་དུ་གཉེར་བ་ལ། ཐོག

མ་ནས་ཚིག་འདིས་དབང་མི་བསྐུར་བར། བཅོས་མ་གཉིས་པོ་གང་རུང་དུ་དབང་བསྐུར་ཏེ། རིམ་གྱིས་བགྲི་བར་བྱས་ན་འཕར་འབྱུང་ཆུང་བ་ལ་དགོངས་ནས། བླ་མ་དག་གིས་ཕྱག་ལེན་དེ་ལྟར་དུ་མཛད་པར་སྣང་ངོ། །གྲུབ་ཆེན་དྲིལ་བུ་པའི་ཞབས་ཀྱི་གཞུང་དེ་ཉིད་ཀྱི་དགོངས་པ་ནི། ཀྱཻ་རྡོ་རྗེ་མན་ངག་ལུགས་ཀྱི་འཆད་སྲོལ་ལྟར་ཕྱིའི་དཀྱིལ་འཁོར་དུ་དབང་བསྐུར་བ་སྔོན་དུ་མ་སོང་བར། ལུས་ཀྱི་དཀྱིལ་འཁོར་དུ་དབང་བསྐུར་བ་མི་རུང་ངོ། །ཞེས་འཆད་པ་ནི་གཏན་མ་ཡིན་ནོ།། །།

དྲི་བ་དགུ་པ་ནི། རྟུལ་ཚོན་མིན་པར་སྨིན་བྱེད་ཀྱི། །དབང་བསྐུར་དེང་སང་མི་རུང་ན། །འཁོར་ལོ་སྡོམ་པའི་རས་བྲིས་ཀྱི། །དཀྱིལ་འཁོར་དག་ཏུ་དབང་བསྐུར་ནས། །ཕག་མོའི་བྱིན་རླབས་མཛད་འདི་ཅི། །ཞེས་པའོ། །འདི་ལ་གཉིས་ལས། དང་པོ་ལ་འདྲི་བའི་རྒྱུ་མཚན་ནི། གཞུང་དུ། གཞན་གྱི་སྨིན་བྱེད་རྒྱུད་ལས་བཀག ཞེས་དང་། དེའི་རྣམ་བཤད་མཛད་པ། ཀུ་མུ་རས་ནི། རྟུལ་ཚོན་ལས་གཞན་གྱི་སྨིན་བྱེད་མངོན་བརྗོད་བླ་མ་ལས་བཀག་ཅེས་གསུངས་པ་དང་། ཡང་གཞན་དག་གིས་ནི། རས་བྲིས་ཀྱང་རྟུལ་ཚོན་གྱི་ནང་དུ་བསྡུས་ནས་འཆད་པ་དང་། ཡང་གཞན་དག་ནི། རྟུལ་ཚོན་དང་རས་བྲིས་གང་རུང་ལས་གཞན་པའི་སྨིན་བྱེད་རྒྱུད་ལས་བཀག ཅེས་གསུངས་པར་སྣང་བའི་རྒྱུ་མཚན་གྱིས་སོ། །མ་དྲིས་ན་སྐྱོན་ཡོད་པ་ནི། སྤྱིར་རས་བྲིས་ཀྱི་དཀྱིལ་འཁོར་དུ་དབང་བསྐུར་བ་སྨིན་བྱེད་དུ་མི་རུང་བ་དང་། ཁྱད་པར་མངོན་བརྗོད་ལས་བཀག་པ་ཡིན་ན། ཇི་སྐད་དུ། བཅོས་མ་གཉིས་ཀྱི་ངོ་བོ་གང་། །དེ་ནི་གདུལ་བྱའི་དབང་ལས་འདོད། །ཅེས་རས་བྲིས་སུ་དབང་བསྐུར་བ། གདུལ་བྱ་དབང་པོ་རྟུལ་པོའི་སྨིན་བྱེད་དུ་གསུངས་པ་དང་། དོན་དེ་ཡང་ཧེ་རུ་ཀ་མངོན་པར་འབྱུང་བའི་རྒྱུད་ལས། བསྟན་པ་ཡིན་ནོ། །ཞེས་སློབ་དཔོན་སྤྲ་མ་རྣམས་འཆད་པ་དང་འགལ་ལོ་སྙམ་པ་དང་། དེར་མ་ཟད། ཀྱཻ་རྡོ་རྗེའི་དབང་གི་ཆུ་བོ་ལས། ཇི་སྐད་དུ། སྤྱིར་དཀྱིལ་འཁོར་བྲིས་སྐུ་ལ་རྟེན་པའི་ལུགས་དང་། རྟུལ་ཚོན་གྱི་བྲི་བའི་ལུགས་གཉིས་ལས། བྲིས་སྐུ་ལ་བརྟེན་པའི་ལུགས་ནི། དེའི་ཉིན་མོ་ཇི་ལྟར་བདེ་བར་གནས་ཏེ། ལྷའི་དཀྱིལ་འཁོར་སྒོམ་པ་ལ་སོགས་པས་དུས་འདའ་བར་བྱའོ། །རས་བྲིས་ཀྱི་དཀྱིལ་འཁོར་ལ་བརྟེན་པའི་ལུགས་འདི་ནི། བདེ་མཆོག་ཨ་ཧྀ་དྷ་ན་ལས་གསུངས་པ་ལ་བརྟེན་ཏེ། སློབ་དཔོན་རྡོ་རྗེ་དྲིལ་བུ་པ་དང་། སློབ་དཔོན་དགའ་རབ་རྡོ་རྗེ་ལ་སོགས་པས་གསུངས་ལ། དེང་སང་རྒྱ་གར་གྱི་ཡུལ་ན་ཡང་། ཚིག་ཕལ་ཆེར་འདི་ལ་བྱེད་དོ། །བླ་མ་གོང་མ་རྣམས་ཀྱང་སྐབས་སུ་ཕྱག་ལེན་འདི་ལ་མཛད་པས། ལུགས་འདི་ཧ་ཅང་ལེགས་པ་ཡིན་ནོ། །ཞེས་གསུངས་པ་དང་། ཡང་རས་བྲིས་ལ་ཡང་། །ཁ་ཅིག་གིས། ཆུ་ཚོན་གྱི་དཀྱིལ་འཁོར་ཞེས་པའི་མིང་གིས་བཏགས་ནས། དེ་དང་རྟུལ་ཚོན་གྱི་དཀྱིལ་འཁོར་གང་རུང་མ་ཡིན་པར། སྨིན་བྱེད་ཀྱི་

དབང་བསྐུར་བ་མི་རུང་ངོ་། །ཞེས་འཆད་པ་དག་སྣང་བ་དེ་ལྟ་ན། བློ་སློང་གྱི་དཀྱིལ་འཁོར་གཞལ་མེད་ཁང་དུ་གྲུབ་ཟིན་པ་དག་ཏུ་ཡང་། སྨིན་བྱེད་ཀྱི་དབང་བསྐུར་མི་རུང་བར་འགྱུར་ལ། དེ་ཡང་འདོད་ན། འཇམ་དབྱངས་གྲགས་པས། དྲང་སྲོང་བྱེ་བ་ཕྲག་ཕྱེད་དང་བཞི་ལ། དུས་ཀྱི་འཁོར་ལོའི་གཞལ་མེད་ཁང་པར་སྨིན་བྱེད་ཀྱི་དབང་བསྐུར་བར་གསུངས་ཤིང་། རིགས་ལྡན་གྱི་རྒྱལ་པོ་ཕྱི་མ་རྣམས་ཀྱིས་ཀྱང་། དེ་ཉིད་དུ་དབང་བསྐུར་བར་འཆད་དགོས་པ་དང་འགལ་བའི་ཕྱིར་རོ། །གལ་ཏེ་དེ་དག་ནི་བཤད་པའི་རྣམ་གྲངས་ཙམ་ཡིན་གྱི། དེང་སང་ལག་ལེན་དུ་བྱ་བ་མ་ཡིན་ནོ་སྙམ་ན། ཇི་སྐད་དུ། དབང་བསྐུར་ཐོབ་ཅིང་དམ་ཚིག་ལྡན། །དེ་ལ་བྱིན་རླབས་བྱ་ཞེས་གསུངས། །ཞེས་པའི་དོན། དེང་སང་ཡང་བླ་མ་དམ་པ་རྣམས་ཀྱིས་ཕྱག་ལེན་དུ་མཛད་པ་ན། དབང་བསྐུར་བ་ཐོབ་མ་མྱོང་བའི་སློབ་མ་ཞིག་ལ། འཁོར་ལོ་བདེ་མཆོག་ལཱུ་ཧི་པའི་རས་བྲིས་ཀྱི་དཀྱིལ་འཁོར་དུ་དབང་བསྐུར་ནས། ནཱ་རོ་མཁའ་སྤྱོད་ཀྱི་བྱིན་བརླབས་མཛད་པ་འདི་ཡང་མ་དག་པར་འགྱུར་རོ། །ཞེས་པའི་དོགས་པ་དག་འབྱུང་ངོ་། །

གཉིས་པ་དངོས་ལན་གདབ་པ་ནི། ཇི་སྐད་དུ། གཞན་གྱི་སྨིན་བྱེད་རྒྱུད་ལས་བཀག ཅེས་པ། འཆད་ཚུལ་གཉིས་ཀྱིས་བཤད་པར་བྱ་བ་ལས། དང་པོ་ནི། གཞན་ཞེས་པ་རྡུལ་ཚོན་ལས་གཞན་ལ་བྱ་བ་མ་ཡིན་ཏེ། ཕག་མོའི་བྱིན་རླབས་དང་། སྤྲུལ་པའི་དཀྱིལ་འཁོར་དང་། ཏིང་ངེ་འཛིན་དང་། གཏོར་མའི་དབང་བསྐུར་སོགས་ལ་འཆད་པར་སྐབས་སྟོབས་ཀྱིས་ཤེས་པའི་ཕྱིར། དེ་སྐད་དུ་ཡང་། ཕྱོགས་བཅུའི་སངས་རྒྱས་ལ་འཕྲིན་དུ་ཞུ་བ་ལས། ཁ་ཅིག་ཕག་མོའི་བྱིན་རླབས་དང་། །ཏིང་ངེ་འཛིན་གྱི་དབང་བསྐུར་དང་། །གཏོར་མའི་དབང་བསྐུར་ལ་སོགས་པ། །བརྫུན་མས་སྤྲུར་བའི་ཚིག་ལ། ། བླུན་པོ་འདྲུག་པ་སྨོས་ཅི་དགོས། །སྡིག་སྡོད་འཛིན་པར་རློམ་པ་ཡི། །སྙིང་མེད་རྣམས་ཀྱང་འདི་ལ་དད། །གལ་ཏེ་འདི་འདྲ་ཆོས་ཡིན་ན། །དེ་ལས་ཆོས་མིན་གང་ཞིག་ལགས། །ཞེས་གསུངས་སོ། །ཡང་ཁ་ཅིག རྡུལ་ཚོན་ལས་གཞན་གྱི་སྨིན་བྱེད་རྒྱུད་ལས་བཀག་པའི་ཤེས་བྱེད་དུ༑ དམ་པ་དང་པོའི་སངས་རྒྱས་ལས། །དབང་བསྐུར་བདུན་པོ་འདི་དག་ནི། །དཀྱིལ་འཁོར་བཞེངས་ལ་སྦྱིན་པར་བྱ། །ཞེས་པའི་འགྲེལ་པར། ནཱ་རོ་པས། དབང་བསྐུར་བ་བདུན་པོ་འདི་རྣམས་རྡུལ་ཚོན་གྱི་དཀྱིལ་འཁོར་རྣམ་པར་སྤྱངས་ནས། གཞན་རས་བྲིས་ལ་སོགས་པའི་དཀྱིལ་འཁོར་དུ་སྦྱིན་པར་བྱ་བ་མ་ཡིན་ནོ། །ཞེས་གསུངས་པས་སོ། །ཞེས་འཆད་པ་དག་ཡོད་ཀྱང་། དཔྱིས་ཕྱིན་པ་ནི་མ་ཡིན་ཏེ། དུས་ཀྱི་འཁོར་ལོའི་ཆོས་སྐད་ལ༑ འཇིག་རྟེན་པའི་དངོས་གྲུབ་ཀྱི་སླད་དུ། རྡུལ་ཚོན་གྱི་དཀྱིལ་འཁོར་དུ་དབང་བསྐུར་བ་དང་། འཇིག་རྟེན་ལས་འདས་པའི་དངོས་གྲུབ་ཀྱི་དོན་དུ་མཆོག་གི་དཀྱིལ་འཁོར་གསུམ་དུ་དབང་བསྐུར་བ་ཞེས་བྱ་བའི་ཐ་སྙད་

གཉིས་མཛད་ནས། ཕྱི་མ་གཙོ་བོ་ཡིན་ཞིང་། འདི་ལ་རྟུལ་ཞུགས་ཀྱི་དཀྱིལ་འཁོར་འབྲི་བ་མེད་པར་བཤད་པས་སོ༑ ༑དེ་སྐད་དུ་ཡང་། འགྲེལ་ཆེན་ལས། དོན་དམ་པའི་བདེན་པས་རྟུལ་ཞུགས་ཀྱི་དཀྱིལ་འཁོར་འབྲི་བ་མེད་དེ། བཅོམ་ལྡན་འདས་ཀྱིས་བཀག་པའི་ཕྱིར་རོ། །དེ་བཞིན་དུ། དང་པོའི་སངས་རྒྱས་ལས། བཅོམ་ལྡན་འདས་ཀྱིས་གསུངས་པ། རྡོ་རྗེའི་ཐིག་རྣམས་གདབ་པ་དང་། །རྟུལ་ཞུགས་དག་ཀྱང་གདབ་པ་ནི། །མི་བྱ་སྔགས་ཀྱི་དེ་ཉིད་ཀྱིས། །བྱེད་ན་བྱང་ཆུབ་ཐོབ་པར་དཀའ། །ཞེས་དང་། འདིར་ཡེ་ཤེས་སྒྲུབ་པའི་སྐད་དུ། མཆོག་གི་དཀྱིལ་འཁོར་གསུམ་བཅོམ་ལྡན་འདས་ཀྱིས་གསུངས་པ་འདི་ལྟ་སྟེ། ལུས་ཀྱི་དབང་པོ་རྣ་ག་སེམས། །སྐུ་གསུང་ཐུགས་ཀྱི་རྡོ་རྗེ་ཡི། །དཀྱིལ་འཁོར་རྣམ་པ་གསུམ་དུ་འགྱུར། །གཞན་པ་ཆོན་ལྡ་ལྡན་པས་མིན། །ཞེས་གསུངས་པ་ཡིན་ལ། དེའི་ཚེ་ན། ལུགས་དེ་ལ་འཇིག་རྟེན་ལས་འདས་པའི་སྔོན་རོལ་དུ། བྱིས་པ་འཇུག་པའི་དབང་བདུན་སྔོན་དུ་འགྲོ་དགོས་པ་དང་མི་དགོས་པ་ནི་རྩོད་པའི་གཞིར་སྣང་མོད། དེ་ལྟ་ནའང་། འཇིག་རྟེན་ལས་འདས་པའི་དབང་དུ་བཤད་པ་དེ་དང་དེ་དག་སློབ་མ་སྨིན་བྱེད་ཀྱི་དབང་དུ་ནི་ངེས་པར་འདོད་དགོས་ཏེ། ལུགས་དེའི་དབང་གི་གཙོ་བོ་ཡིན་པའི་ཕྱིར། འཆད་ཚུལ་གཉིས་པ་ནི། གཞན་གྱི་སྨིན་བྱེད་རྒྱུད་ལས་བཀག ཅེས་པའི་དོན་འདི་ལྟར་བཤད་པར་བྱ་སྟེ། དེང་སང་གང་ཟག་རབ་འབྲིང་ཀུན། །རྟུལ་ཞུགས་ཀྱི་ནི་དཀྱིལ་འཁོར་དུ། །དབང་བསྐུར་བྱ་བར་གསུངས་མོད་ཀྱི། །སྤྲུལ་པའི་དཀྱིལ་འཁོར་ལ་སོགས་པ། །གཞན་གྱི་སྨིན་བྱེད་རྒྱུད་ལས་བཀག ཅེས་བརྟེན་ན་སྔ་མའི་འཕྲོས་དང་འགྲིག་པར་འགྱུར་རོ། །མདོར་ན། ལུས་དཀྱིལ་དང་། རས་བྲིས་དང་། གཞལ་མེད་ཁང་པར་དབང་བསྐུར་བ་དང་། ཚོམ་བུའི་དཀྱིལ་འཁོར་དུ་དབང་བསྐུར་བ་རྣམས་ནི་དམིགས་བསལ་གྱི་བཤད་པ་ཡིན་གྱི། སྤྱིར་བཏང་དུ་སློབ་མ་སྨིན་བྱེད་ཀྱི་དབང་ནི་རྟུལ་ཞུགས་ཀྱི་དཀྱིལ་འཁོར་ཉིད་དུ་བསྐུར་དགོས་པ་ཡིན་ཏེ། རྒྱུད་སྡེ་ཀུན་ལས་དེ་ལྟར་གསུངས་པའི་ཕྱིར་དང་། ཇི་སྐད་དུ། འདུལ་བ་ལས། ཆོག་བཙན་པོ་དག་ཡོད་ན། བག་ཡངས་སུ་བྱ་བ་ལ་བརྟེན་པར་མི་བྱའོ། །ཞེས་བཤད་པ་དང་ཆ་མཐུན་པར། སྤྱིར་བཏང་སྒྲུབ་པའི་ནུས་པ་ཡོད་བཞིན་དུ། དམིགས་བསལ་ལ་བརྟེན་པར་མི་རིགས་པའི་ཕྱིར་དང་། སོ་སོ་སྐྱེ་བོའི་རྡོ་རྗེ་སློབ་དཔོན་སློབ་མའི་སེམས་རྒྱུད་མི་རྟོགས་པ་རྣམས་ཀྱིས། སྐལ་དམན་རིམ་གྱིས་འཇུག་པའི་ཚུལ་ལ་བརྟེན་དགོས་པའི་ཕྱིར་རོ༎ ༎

ཉི་བ་བཅུ་པ་ནི། སྨིན་བྱེད་མིན་པའི་དབང་བསྐུར་ལས། །སྡོམ་གསུམ་ཐོབ་པ་ཡོད་དམ་མེད། །མེད་ན་དེ་ལས་གང་ཞིག་ཐོབ། །ཡོད་ན་དེ་ཡང་སྨིན་བྱེད་དུ། །ཐལ་བར་འགྱུར་བ་མ་ཡིན་ནམ། །དེས་ན་སྨིན་བྱེད་མ་ཡིན་པའི། །དབང་བསྐུར་བཞེད་དམ་མི་བཞེད་འདྲི། །ཞེས་པའོ། །འདི་ལ་གཉིས་ལས། དང་པོ་ལ་འདྲི་བའི་

རྒྱུ་མཚན་ནི། རྟེན་དེ་ལ་སྔགས་ཀྱི་སྡོམ་པ་སྔར་མེད་གསར་དུ་འཐོབ་བྱེད་ཀྱི་དབང་ཞིག་ཡིན་ན། སྨིན་བྱེད་ཀྱི་དབང་ཡིན་པས་ཁྱབ་པ་ལྟ་བུ་ཞིག་ནི། ཇི་སྐད་དུ། སྨིན་པར་བྱེད་པའི་དབང་བསྐུར་ཡང་། །ཞེས་པ་ནས། གསུམ་ལྡན་འགྱུར། ཞེས་པའི་བར་གྱིས་བསྟན་པ་ལྟ་བུར་འཆད་པའི་རྒྱུ་མཚན་གྱིས་སོ། །མ་དྲིས་པའི་ཉེས་པ་ནི༑ འོན་བླ་མེད་ཀྱི་སྔགས་སྡོམ་ཐོབ་ལ་མ་ཉམས་པའི་སྔགས་པས། རྒྱུད་སྡེ་འོག་མའི་དབང་བསྐུར་གསར་དུ་ཐོབ་པའི་ཚེ་ན་དང་། དེ་བཞིན་དུ་འོག་མའི་སྔགས་སྡོམ་ལ་གནས་པས། གོང་མའི་དབང་ཐོབ་པ་དང་། ཕ་རྒྱུད་ཀྱི་སྔགས་སྡོམ་ལ་གནས་པས། མ་རྒྱུད་ཀྱི་དབང་གསར་དུ་བླངས་པའི་ཚེ་ན། སྔགས་སྡོམ་གསར་པ་ཞིག་ཐོབ་རྒྱུ་ཡོད་དམ་མེད། མེད་ན་ནི། དེ་འདྲ་དེས་སློབ་མ་ལ་ཕྱིས་ཐོབ་པའི་རྒྱུད་སྡེ་དེ་དང་དེ་དག་གི་དབང་བསྐུར་ཀྱང་། སློབ་མས་དེ་དང་དེའི་སྡོམ་པ་མི་ཐོབ་པ་ཉིད་དུ་ཐལ་བར་འགྱུར་ཏེ། སློབ་དཔོན་རང་ལ་དེ་དང་དེའི་སྡོམ་པ་མེད་པའི་ཕྱིར་རོ། །ཐོབ་པ་ཡོད་ན། དཀྱིས་པ་རྡོ་རྗེའི་སྡོམ་པ་ཡོངས་སུ་རྫོགས་པ་ཐོབ་ལ་མ་ཉམས་པའི་སྔགས་པས། གསང་བ་འདུས་པའི་རྟུལ་ཚོན་གྱི་དཀྱིལ་འཁོར་དུ་དབང་བསྐུར་ཡོངས་སུ་རྫོགས་པར་ཐོབ་པའི་དུས་ཀྱི་དབང་དེ་ཆོས་ཅན། སློབ་མ་སྨིན་བྱེད་ཀྱི་དབང་དུ་ཐལ། རང་འབྲས་སྔགས་ཀྱི་སྡོམ་པ་སྔར་མེད་གསར་དུ་འཐོབ་བྱེད་ཀྱི་དབང་ཡིན་པའི་ཕྱིར། སྙམ་པ་ལ་སོགས་པའི་དོགས་པ་མང་པོ་དག་འབྱུང་བར་འགྱུར་རོ། །

གཉིས་པ་དངོས་ལན་གདབ་པ་ནི། སྤྱིར་དབང་ལ་གཉིས་ཏེ། རྣལ་འབྱོར་པ་རང་ཉིད་ལ་དགོས་པའི་དབང་དང་། གཞན་རྗེས་སུ་འཛིན་པའི་དབང་གཉིས། དང་པོ་ལ། མ་སྨིན་པ་སྨིན་པར་བྱེད་པའི་དབང་དང་། སྨིན་ཟིན་གོང་དུ་འཕེལ་བར་བྱེད་པའི་དབང་དང་། སྨིན་ཟིན་ཉམས་པ་ཕྱིར་འཚོས་པར་བྱེད་པའི་དབང་རྣམས་སོ༑ ༑དང་པོ་ལ་གསུམ་སྟེ། སྤྱིར་གསང་སྔགས་ཀྱིས་མ་སྨིན་པ་སྨིན་པར་བྱེད་པ་དང་། བྱེ་བྲག་ཏུ་རྒྱུད་སྡེ་དེ་དང་དེའི་ཚོགས་མ་སྨིན་པ་སྨིན་པར་བྱེད་པའི་དབང་དང་། རྒྱུད་སྡེ་གཅིག་ཀྱང་ནང་ཚན་སོ་སོའི་ཚོགས་མ་སྨིན་པ་སྨིན་པར་བྱེད་པའི་དབང་རྣམས་སོ། །དང་པོ་ནི། ཚེ་འདིར་སྔགས་ལ་འཇུག་མ་མྱོང་བའི་གང་ཟག་གིས་ཐོག་མར་བླངས་པའི་དབང་ལྟ་བུའོ།།གཉིས་པ་ནི། རྒྱུད་སྡེ་འོག་མ་འོག་མའི་དབང་གིས་སྨིན་ནས། གོང་མ་གོང་མའི་དབང་ལེན་པ་ལྟ་བུའོ། །གསུམ་པ་ནི། ཕ་རྒྱུད་ཀྱི་དབང་གིས་སྨིན་ནས་མ་རྒྱུད་ཀྱི་དབང་ལེན་པ་ལྟ་བུའོ། །ཡང་གཉིས་པ་ནི། རྒྱུ་དུས་སུ་དབང་གང་ཐོབ་པ་དེ་ཉིད། ལམ་དུས་སུ་སློབ་དཔོན་གཞན་ལས་སམ། བདག་འཇུག་གི་ཚུལ་དུ་ལེན་པ་ལྟ་བུའོ། །གསུམ་པ་ནི། རྫ་བའི་ལྟུང་བ་བྱུང་ནས་སླར་གསོ་བའི་དོན་དུ། སློབ་དཔོན་ལས་སམ་བདག་ཉིད་ཀྱིས་དཀྱིལ་འཁོར་དུ་ཞུགས་ནས་དབང་ལེན་པ་ལྟ་བུའོ། །ཡང་གཉིས་པ་ནི། གོང་མའི་སྡོམ་པ་ལ་གནས་ནས། འོག་མའི་དབང་ལེན་པ་ལྟ་བུ་དང་། ཟབ་མི་ཟབ་ཀྱི་ཁྱད་པར་མེད་པའི་དབང་དུ་མ་ལེན་

པར་བྱེད་པ་ལྟ་བུའོ། །དེ་ལྟ་བས་ན། སྨིན་བྱེད་ཀྱི་དབང་ཞེས་པ་ཙམ་དང་། མ་སྨིན་པ་སྨིན་པར་བྱེད་པའི་དབང་ཞེས་པའི་ཐ་སྙད་འདི་ནི། སྐྱེ་མིང་བྱེ་བྲག་ལ་སྦྱར་བ་ཡིན་ཏེ། ཚེ་དེ་ལ་གསང་སྔགས་བླ་མེད་ཀྱི་སྒོར་འཇུག་མ་མྱོང་བའི་གང་ཟག་ཞིག དགྱེས་པ་རྡོ་རྗེ་ལྟ་བུའི་རྫུལ་ཚོན་གྱི་དཀྱིལ་འཁོར་དུ་དབང་བསྐུར་བའི་ཚོག་ལ༑ སྨིན་བྱེད་ཀྱི་དབང་ཞེས་འདོད་རྒྱལ་ཐོག་མར་བཏགས་སྦྱར་བའི་ཕྱིར། དེས་ན་སྨིན་བྱེད་ཀྱི་དབང་ཞེས་པའི་སྒྲ་བཤད་དུ་ཡོད་པ་ནི་དབང་བསྐུར་ཕལ་ཆེ་བ་དག་ཡིན་ཀྱང་། འཇུག་པ་ནི་བཤད་མ་ཐག་པ་གཅིག་པུ་དེ་ཙམ་མོ། །ཞེས་བྱ་བ་ཡིན་ནོ།། །།

དྲི་བ་བཅུ་གཅིག་པ་ནི། རྒྱུད་སྡེ་འོག་མ་གསུམ་པོ་ལ། །དབང་བཞི་རིམ་གཉིས་མི་རུང་ན། །རྒྱུད་སྡེ་གོང་མའི་རྒྱ་བཀབ་ནས། །རུང་བར་འཆད་པ་འདི་ཅི་ཞིག ཅེས་པའོ། །འདི་ལ་འདྲི་བའི་རྒྱུ་མཚན་ནི། །ཇི་སྐད་དུ༑ བྱ་སྤྱོད་རྣལ་འབྱོར་རྒྱུད་གསུམ་ཀར། །དབང་བཞི་དང་ནི་རིམ་གཉིས་མེད། །གལ་ཏེ་ཡོད་ན་དེ་དག་ཀྱང་། །རྣལ་འབྱོར་ཆེན་པོ་ཉིད་དུ་འགྱུར། །ཞེས་གསུངས་པའི་རྒྱུ་མཚན་གྱིས་སོ། །གཉིས་པ་ནི། འོན་ཤེས་པ་སོན་འདུག་སྟེ༑ ཇི་སྐད་དུ། བདག་སྐྱེད་སྒྲུབ་ཐབས་ཡོད་པ་ནི། །རྣལ་འབྱོར་རྒྱུད་ཀྱི་རྗེས་འབྲངས་ནས། །དེ་ཡི་ལུགས་བཞིན་མཛད་པ་ཡིན། །ཞེས་གསུངས་པའི་དོན། རྒྱུད་སྡེ་འོག་མ་གསུམ་ཀ་རྣལ་འབྱོར་བླ་མེད་ཀྱི་རྒྱུད་ལྟར་བཀྲལ་བ་ཞེས་བྱ་བའི་ཐ་སྙད་ཅིག བླ་མ་གོང་མ་དག་བཞེད་ཀྱིན་འདུག་པའི་ཕྱིར་སྙམ་པའོ། །དེའི་དངོས་ལན་ནི༑ རྒྱུད་སྡེ་འོག་མ་གསུམ་གྱི་རང་རྐང་ལ་དབང་བཞི་དང་རིམ་གཉིས་མེད་པའི་དོན་ནོ། །ཞེས་ཟེར་བ་ལས་འོས་མེད་དོ།། །།

དྲི་བ་བཅུ་གཉིས་པ་ནི། བཤད་མ་ཐག་པའི་ལས་ལ་འཕྲོས་ནས། འདི་སྐད་ཅེས། རྡོ་རྗེ་ཐེག་པའི་ལམ་ཞུགས་ནས། །སྨིན་གྲོལ་གཉིས་ལ་འབད་དགོས་ཤིང་། །སྨིན་གྲོལ་རིམ་གཉིས་ལ་བཞེད་ན། །རྒྱུད་སྡེ་འོག་མའི་རང་རྐང་ལས། །སངས་རྒྱས་སྒྲུབ་པ་ཇི་ལྟར་བྱ། །དེ་ལའང་རིམ་གཉིས་བཞེད་དམ་ཅི། །འདི་ལ་འདྲི་བའི་རྒྱུ་མཚན་ནི་ལན་གོང་མ་དེ་ཉིད་དོ། །ཉིས་པ་ནི། རྒྱུད་སྡེ་འོག་མ་གཉིས་ཀྱི་རང་རྐང་ལ་སྨིན་གྲོལ་གཉིས་བཞེད་པར་ཐལ། དེའི་རང་རྐང་ལ་རྡོ་རྗེ་ཐེག་པ་རང་ལུགས་ཀྱི་སངས་རྒྱས་སྒྲུབ་པའི་ཐབས་ཤིག་ཡོད་པའི་ཕྱིར། དེའི་ཁྱབ་པ་ནི། རྡོ་རྗེ་ཐེག་པའི་ལམ་ཞུགས་ཏེ། །ཞེས་སོགས་ཀྱི་འཕྲོས་ལས་ཤེས་སོ་སྙམ་དུ་དོགས་པར་འགྱུར་རོ། །དེའི་དངོས་ལན་ནི། གསུམ་པོ་རང་རྐང་ལ་དབང་དང་རིམ་གཉིས་མེད་ཀྱང་། དེའི་སངས་རྒྱས་སྒྲུབ་པའི་ཐབས་ནི། རང་རང་གི་གཞུང་ལས་འབྱུང་བ་བཞིན་དུ། རྗེ་འབངས་ལྟ་བུ་དང་། གྲོགས་པོ་ལྟ་བུའི་ཚུལ་གྱིས་དངོས་གྲུབ་ལེན་པ་སོགས། རང་རང་གི་གཞུང་བཞིན་དུ་བྱས་པས་འགྲུབ་པོ། །ཞེས་ཟེར་བ་ལས

འོས་མེད་དོ། །དེ་ལ་འཁྲོས་ནས།། །།

དྲི་བ་བཅུ་གསུམ་པ་ནི། རང་རང་གཞུང་བཞིན་བྱས་ཆོག་ན། །དབང་དང་རིམ་གཉིས་མི་ལྡན་པས། །རྡོ་རྗེ་ཐེག་པའི་བསྟན་པ་མིན། །ཞེས་སོགས་གསུངས་པ་ཅི་ལ་དགོངས། །ཞེས་པའོ། །འདི་ལ་འདྲི་བའི་རྒྱུ་མཚན་ནི་ལན་གོང་མ་ཉིད་དུའོ། །མ་དྲིས་པའི་ཉེས་པ་ནི། དེ་ལྟར་ཡིན་པ་འོན། ལུང་དེ་ཉིད་དང་། གཞན་ཡང་རྗེ་སྐད་དུ། གལ་ཏེ་གསང་སྔགས་སྒོམ་འདོད་ན། །ཆོར་བ་མེད་པའི་དབང་བཞི་ལོང་། །འཁྲུལ་པ་མེད་པའི་རིམ་གཉིས་བསྒོམས། །ཞེས་པ་དང་། རྒྱུད་སྡེ་རྣམས་ཀྱི་གསང་ཚིག་མཆོག འདི་ཉིད་ཡིན་པར་ཤེས་པར་བྱ། །ཞེས་གསུངས་པ་དང་འགལ་ལོ་སྙམ་པའི་དོགས་པ་འདི་འབྱུང་ངོ་། །འདིའི་ལན་ལ། བསྟན་བཅོས་འདིའི་རྣམ་བཤད་མཛད་པ་ལ་ལ་དག རྒྱུད་སྡེ་འོག་མ་གསུམ་གྱི་རང་རྐང་ལ་དབང་བཞི་མེད་ཀྱང་རིམ་པ་གཉིས་ཡོད་དོ། །ཞེས་གསུངས་པ་དེ་དག་ནི། ཚད་ལྡན་གྱི་གཞུང་ལུགས་དང་འགལ་བས། ཁས་བླང་བར་བྱ་བ་མ་ཡིན་ནོ། །དངོས་ལན་གདབ་པ་ནི། དབང་དང་རིམ་གཉིས་མི་ལྡན་པས། །རྡོ་རྗེ་ཐེག་པའི་བསྟན་པ་མིན། །ཞེས་པ་ནི། སྤྱི་ཁྱབ་འཛིན་པ་མ་ཡིན་གྱི། འོན་ཅི་ཞེ་ན། དབང་མ་ཐོབ་པར་བཟྲ་བཞི་ཙམ་ལ་བརྟེན་ནས། ཐབས་ལམ་སྒོམ་པར་འདོད་པའི་ཆོས་པའི་གཟུགས་བརྙན་གྱི་ཚོགས་ཤིན་ཏུ་མང་བ་དེ་དག་ལ་གསུངས་པ་ཡིན་ལ། དེའི་ཁྱབ་པ་ནི་ཚད་མས་གྲུབ་པར་མ་ཟད། ཁས་ལེན་པ་ཡིན་ཏེ། རྒྱུད་སྡེ་འོག་མ་གསུམ་གྱི་གསང་སྔགས་པར་ནི་ཁོང་རང་གིས་ཀྱང་མི་འདོད་པའི་ཕྱིར་རོ། །སྔགས་ལ་ཞུགས་ནས་སངས་རྒྱས་སྒྲུབ་པར་འདོད་ན། དབང་བཞི་དང་རིམ་གཉིས་སྒོམ་དགོས་སོ་ཞེས་ཡང་ཡང་གསུངས་པ་དེ། རྒྱུད་སྡེ་འོག་མའི་རང་རྐང་ལ་དེ་དག་ཡོད་པར་སྟོན་པ་ནི་མ་ཡིན་གྱི། སྔགས་ལ་བརྟེན་ནས་སངས་རྒྱས་སྒྲུབ་པར་འདོད་ན། གསང་སྔགས་བླ་མེད་ཀྱི་ལུགས་བཞིན་བྱེད་པ་ནི་མཆོག་ཏུ་གྱུར་པ་ཡིན་ཏེ། སྔགས་ལུགས་ཀྱི་སངས་རྒྱས་སྒྲུབ་པའི་ཐབས་བླ་ན་མེད་པ་ནི་དེ་ལས་འབྱུང་བའི་ཕྱིར། ཞེས་བྱ་བའི་དོན་ཏོ།། །།

དྲི་བ་བཅུ་གསུམ་པ་ནི། དབང་བསྐུར་སེམས་བསྐྱེད་མ་ཐོབ་ཀྱང་། །དོན་ཡོད་ཞགས་སོགས་སྒྲུབ་རུང་ན༑ །དོ་གོར་པ་ཡི་དྲིས་ལན་ལས། །རྣམ་རྒྱལ་དོན་ཡོད་ཞགས་སོགས་ལ། །སེམས་བསྐྱེད་ཐོབ་ནས་སྒྲོང་དགོས་པར། །གསུངས་པའི་དགོངས་པ་གང་ཡིན་བཅོལ། །ཞེས་པའོ། །འདི་ལ་འདྲི་བའི་རྒྱུ་མཚན་ནི། གཞུང་འདིར་འབྱུང་བ་དང་། དྲིས་ལན་དེར་འབྱུང་བ་གཉིས་ཅུང་ཟད་མ་མཐུན་པའི་རྒྱུ་མཚན་གྱིས་སོ། །མ་དྲིས་པའི་ཉེས་པ་ནི། བསྟན་བཅོས་འདི་འཆད་པར་ཁས་འཆེ་བ་དག །བཀའ་དང་བསྟན་བཅོས་ཚད་ལྡན་ལ་མི་རྟོག་པར། རྗེ་བཙུན་འདི་ཉིད་ཀྱིས་མཛད་པའི་དྲིས་ལན་དང་། གཞུང་ཕྲན་དག་གཙོ་ཆེ་བར་ཁས་བླངས་ནས། དག

མ་དག་གི་རྟོག་དཔྱོད་ཙམ་ཡང་མི་གཏོང་བར། དྲིས་ལན་ན་ཡོད་པ་ཡིན་ཞེས་ངོ་སོར་བྱེད་པ་དག་སྣང་ལ། དེ་ཡང་ཚད་ལྡན་གྱི་གཞུང་དང་མཐུན་ན་ཅི་དགར་བླངས་པས་ཆོག་ཀྱང་། ཡི་གེ་མ་དག་པ་དང་། གཞན་གྱིས་བཅུག་པའི་མཚམས་སྦྱོར་སོགས་ལ་མ་བརྟགས་པའི་ཉེས་པ་ཅི་རིགས་སུ་འབྱུང་ངོ་། །འདི་ནི་མཚོན་པ་ཙམ་སྟེ། གཞན་ཡང་རྒྱ་ཆེར་ཤེས་དགོས་སོ། །དངོས་ལན་ནི། གཞུང་འདི་ཉིད་ནས་འབྱུང་བ་དག་པ་ཡིན་ཏེ། སྤྱིར་བྱ་བའི་རྒྱུད་ལ་རིགས་གསུམ་ལས། པདྨའི་རིགས་ཀྱི་ཉམས་ལེན་འགའ་ཞིག་ནི། སེམས་བསྐྱེད་མ་ཐོབ་པ་ལ་ཡང་བྱར་རུང་བ་དང་། རྡོ་རྗེའི་རིགས་ཀྱི་ཕྲིན་ལས་འགའ་ཞིག་ནི། དབང་བསྐུར་མ་ཐོབ་ཀྱང་། འཇུག་པ་སེམས་བསྐྱེད་ཐོབ་པར་བྱར་རུང་བ་དང་། དེ་བཞིན་གཤེགས་པའི་རིགས་ཀྱི་སྔགས་དང་སྒྲུབ་པ་རྣམས་ནི། དབང་བསྐུར་མ་ཐོབ་པ་ལ་བྱར་མི་རུང་བར། རང་རང་གི་གཞུང་ལས་གསལ་བས་སོ། །ཡང་ན། དྲིས་ལན་གྱི་དགོངས་པ་སྨོན་སེམས་དང་། འདིར་སེམས་བསྐྱེད་མ་ཐོབ་ཀྱང་ཞེས་པ། འཇུག་སེམས་ལ་འཆད་དགོས་པ་ཡིན་ཏེ། སྨོན་སེམས་ནི་ཐེག་པ་ཆེན་པོའི་ཆོས་སྤྱིའི་ཉམས་ལེན་གྱི་སྔོན་འགྲོ་ཡིན་པའི་ཕྱིར་དང་། གཞུང་འདིར། འཇུག་པ་སེམས་བསྐྱེད་ཐོབ་ནས་ནི། །ཞེས་པའི་འཕྲོས་ལས་ཤེས་པའི་ཕྱིར་རོ།། །།

དྲི་བ་བཅུ་བཞི་པ་ནི། བྱ་སྤྱོད་རྣལ་འབྱོར་རྒྱུད་གསུམ་གྱི། །སྡོམ་ཆེན་གང་དེ་ཕ་རོལ་དུ། །ཕྱིན་པའི་སྡོམ་ཆེན་དུ་བཞེད་དམ། །ཞེས་པའོ། །འདི་ལ་འདྲི་བའི་རྒྱུ་མཚན་ནི། རིམ་པ་གཉིས་པོ་མི་སྒོམ་པའི། །སྡོམ་ཆེན་བཟང་ཡང་ཕ་རོལ་དུ། །ཕྱིན་པའི་སྡོམ་ཆེན་ལས་མ་འདས། །ཞེས་དང་། བྱ་སྤྱོད་རྣལ་འབྱོར་རྒྱུད་གསུམ་ཀར། །དབང་བཞི་དང་ནི་རིམ་གཉིས་མེད། །ཅེས་གསུངས་པ་གཉིས་འགལ་བ་ལྟ་བུར་སྣང་བའི་རྒྱུ་མཚན་གྱིས་སོ། །མ་དྲིས་པའི་ཉེས་པ་ནི། ཇི་སྐད་དུ། དེས་ན་རྒྱུད་སྡེ་བཞི་པོ་ཡི། །དབང་དང་ལམ་གྱི་དབྱེ་བ་ལ། །མི་འདྲའི་དབྱེ་བ་རྣམ་བཞི་ཡོད། །རང་རང་ཆོག་བཞིན་བྱས་ན། །དེ་ནས་གསུངས་པའི་དངོས་གྲུབ་འབྱུང་། །ཞེས་བཤད་པས། རྒྱུད་སྡེ་འོག་མ་གསུམ་གྱི་ལམ་རང་རང་གི་གཞུང་ནས་བཤད་པ་བཞིན་ཉམས་སུ་ལེན་པའི་སྡོམ་ཆེན་པ་དེ་ཆོས་ཅན། ཕ་རོལ་ཏུ་ཕྱིན་པའི་སྡོམ་ཆེན་ལས་མ་འདས་པར་ཐལ། རིམ་པ་གཉིས་པོ་མི་སྒོམ་པའི་སྡོམ་ཆེན་ཡིན་པའི་ཕྱིར། ཞེས་དོགས་པར་འགྱུར་རོ། །དངོས་ལན་གདབ་པ་ནི། རིམ་པ་གཉིས་པོ་མི་སྒོམ་པའི། །སྡོམ་ཆེན་བཟང་ཡང་། ཞེས་སོགས་ནི་སྤྱི་ཁྱབ་འཛིན་པ་མ་ཡིན་གྱི། ཕྱོགས་སྔ་མ་ཁས་ལེན་གྱི་སྡོམ་ཆེན་པར་ཁས་འཆེ་བ་དག་གཞིར་གཞག་ནས། སྡོམ་ཁྱབ་བཟུང་བ་ཡིན་ཏེ། དེ་འདྲའི་སྡོམ་ཆེན་པ་དེ་ལ་རིགས་གཉིས་སྣང་བ་ལས། གཅིག་ནི། སྔགས་ལམ་དུ་གདན་མ་ཞུགས་པར་ཕྱག་རྒྱ་ཆེན་པོ་སྒོམ་ཟེར་བ་དང་། ཅིག་ཤོས་ནི། དབང་མ་ཐོབ་པར་བྱིན་རླབས་ཙམ་ལ་བརྟེན་ནས། ན་རོའི་ཆོས་དྲུག་ཉམས་སུ་ལེན་པར་བྱེད་པ་དག་སྟེ། སྡོམ་ཆེན་གྱི་རིགས་གཉིས

པོ་དེ་ནི། ཙ་རི་དང་ཧི་སེ་ལ་སོགས་པའི་གནས་ཆེན་རྣམས་སྐོར་བ་ན། རྩ་མདུད་གྲོལ་ནས་རྟོགས་པ་ཁྱད་པར་ཅན་རྒྱུད་ལ་སྐྱེ་བ་ཡིན་ནོ། །ཞེས་ཟེར། དེ་འདྲའི་སྒོམ་ཆེན་དེ་དག་ཆོས་ཅན། ཕ་རོལ་ཏུ་ཕྱིན་པའི་སྒོམ་ཆེན་དུ་ཐལ། ཆོས་འདི་པ་དག་གི་སྒོམ་ཆེན་གང་ཞིག གསང་སྔགས་ལུགས་ཀྱི་སྒོམ་ཆེན་མ་ཡིན་པའི་ཕྱིར། རྟགས་ཕྱི་མ་ཁས་བླངས་ཏེ། ཕྱག་རྒྱ་ཆེན་པོ་དང་། ཐབས་ལམ་སྒོམ་པར་ཁས་བླངས་པས། རྒྱུད་སྡེ་འོག་མའི་སྒོམ་ཆེན་དུ་ནི་མི་རུང་། དབང་མ་ཐོབ་ཅིང་། ཐོབ་ཀྱང་རིམ་པ་གཉིས་མི་སྒོམ་པས། བླ་མེད་ཀྱི་སྒོམ་ཆེན་དུ་མི་རུང་བའི་ཕྱིར། འདོད་ན། ཡུལ་ཆེན་བསྐོར་བའི་ནང་དུ་རྩ་མདུད་གྲོལ་བའི་བཤད་པ། ཕར་ཕྱིན་ཐེག་པ་ནས་བཤད་པ་མེད་པས་བསལ་ལོ། །ཞེས་བྱ་བའི་དོན་ཏོ།། །།

དྲི་བ་བཅུ་བཞི་པ་ནི། ཕར་ཕྱིན་ཐེག་པས་འཚང་རྒྱ་བ། །སྔགས་ཀྱི་ཐེག་པའི་ཉེ་ལམ་ལ། །ལྟོས་པར་བཞེད་ན་འདི་ཉིད་ལས། །གལ་ཏེ་འདི་བཞིན་སྒྲུབ་འདོད་ན། །གཏུམ་མོ་ལ་སོགས་ཐབས་ལམ་བྲལ། །ཕྱག་རྒྱ་ཆེན་པོའི་ཐ་སྙད་མེད། །ཅེས་སོགས་གསུངས་པ་ཅི་ལ་དགོངས། །མི་ལྟོས་ན་ནི་བདག་མེད་མའི། །བསྟོད་པའི་འགྲེལ་པར་གསུངས་དེ་ཅི། །ཞེས་པའོ། །འདི་ལ་འདྲི་བའི་བསམ་པ་དང་། དངོས་ལན་གདབ་པའོ། །དང་པོ་ལ་གཉིས་ལས། འདྲི་བའི་རྒྱུ་མཚན་ནི། ཇི་སྐད་དུ། རྫོགས་པའི་སངས་རྒྱས་ལམ་པོ་ཆེ། །ཕྱོད་པ་ཀུན་ལས་གྲོལ་བའི་ཆོས། །མཁས་པ་རྣམས་ཀྱིས་གུས་པས་བསྟེན། །གལ་ཏེ་འདི་བཞིན་སྒྲུབ་འདོད་ན། །ཇོ་ཇེ་ཐེག་མོའི་བྱིན་རླབས་མེད། །ལྷན་སྐྱེས་ལ་སོགས་འདིར་མི་སྒོམ། །གཏུམ་མོ་ལ་སོགས་ཐབས་ལམ་བྲལ། །ཕྱག་རྒྱ་ཆེན་པོའི་ཐ་སྙད་མེད། །ཅེས་པ་ནས། རྫོགས་པའི་སངས་རྒྱས་ཐོབ་པར་གསུངས། །ཞེས་པའི་བར་གྱི་དངོས་བསྟན་ལ། །ཕར་ཕྱིན་ཐེག་པ་རྐྱང་པས་རྫོགས་པའི་སངས་རྒྱས་ཐོབ་པར་བཤད་པ་ལྟ་བུ་ཅིག་འདུག་པའི་རྒྱུ་མཚན་གྱིས་སོ། །མ་དྲིས་པའི་ཉེས་པ་ནི། འོན་སྔགས་ཀྱི་ཉེ་ལམ་ལ་མ་ལྟོས་པར། ཕར་ཕྱིན་ཐེག་པ་རྐྱང་པས་སངས་རྒྱས་འཐོབ་བམ་མི་འཐོབ། མི་འཐོབ་ན་བསྟན་བཅོས་འདིའི་དངོས་བསྟན་དང་འགལ། འཐོབ་ན་རྗེ་བཙུན་འདི་ཉིད་ཀྱིས་མཛད་པའི་བདག་མེད་མའི་བསྟོད་འགྲེལ་དུ། རྒྱུ་ལ་ཁྱད་པར་ཡོད་ན་འབྲས་བུ་ལ་ཁྱད་པར་འབྱུང་བར་རིགས་ཏེ། གོ་ཏ་པ་དང་ངས་ལུ་བཞིན་ནོ། །ཞེས་དང་། འོ་མས་བཙུས་པའི་ཀུ་རུ་ར་དང་། ཆུས་བཙུས་པའི་ཀུ་རུ་ར་དཔེར་གཞག་ནས། ཐེག་པ་ཆེན་པོའི་ཚུལ་གཉིས་ཀྱི་སངས་རྒྱས་གཉིས་ལ་བཟང་ངན་གྱི་ཁྱད་པར་ཡོད་པར་བཤད་པ་དང་འགལ་ལོ། །སྙམ་དུ་དོགས་པ་འདི་འབྱུང་བར་འགྱུར་རོ། །དངོས་ལན་གདབ་པ་ལ་གཉིས་ཏེ། རང་གི་ལན་དང་། ཡོངས་སུ་གྲགས་པ་གཞན་གྱི་ལན་ནོ། །དང་པོ་ནི། བསྟན་བཅོས་འདིར་དངོས་བསྟན་ལ་བཤད་པ་དེ་ནི། ཕར་ཕྱིན་ཐེག་པའི་རང་ལུགས་ལ་གནས་པའི་དབང་དུ་མཛད་ནས་བཤད་པ

ཡིན་ཏེ། ལུགས་དེ་ར་ནི། ས་བཅུ་པའི་རྒྱུན་གྱི་ཐ་མའི་ཡེ་ཤེས་ཀྱིས་གཞོམ་པར་མི་ནུས་པའི་སྤང་བྱ་མི་སྲིད་པའི་ཕྱིར་རོ། །བདག་མེད་མའི་བསྟོད་འགྲེལ་དུ་གསུངས་པ་དེ་ནི། ཚུལ་ཆེན་གྱི་ལུགས་ལ་གནས་ནས་གསུངས་པ་ཡིན་ཏེ། ལུགས་དེ་ལ་ནི། ས་བཅུ་རྒྱུན་གྱི་ཐ་མའི་ཡེ་ཤེས་ཀྱིས་གཞོམ་པར་མི་ནུས་པའི་སྤང་བྱ་ཞིག་སྲིད་པའི་ཕྱིར། དེ་གང་ཞེ་ན། འཕོ་བའི་བག་ཆགས་སོ། །དེ་སྤོང་བྱེད་ཀྱི་གཉེན་པོ་ཅི་ཞེ་ན། བདེ་བ་ཆེན་པོའི་ཡེ་ཤེས་སོ། །དེ་འཐོབ་བྱེད་ཀྱི་རྒྱུ་ནི་སྔགས་ཀྱི་ཉེ་རྒྱུ་ཞེས་ཡོངས་སུ་གྲགས་པ་དེ་ཉིད་དོ། །དེ་ལས་དེ་འབྱུང་བའི་ཚུལ་ནི། བུམ་དབང་གི་བསྒོམ་བྱ་བསྐྱེད་པའི་རིམ་པ་ལེགས་པར་སྦྱངས་པའི་རྟེན་ལ། གསང་དབང་གི་སྒོམ་བྱ་རང་བྱིན་གྱིས་རློབས་པའི་རིམ་པ་བྱང་ཆུབ་པར་བྱས་ནས། དབང་གསུམ་པའི་ཉམས་སུ་བླང་བྱ་ལས་ཀྱི་དང་། ཡེ་ཤེས་ཀྱི་ཕྱག་རྒྱ་དང་། ཕྱག་རྒྱ་ཆེན་པོ་སྟེ། རྣམ་པ་གསུམ་ལ་རིམ་གྱིས་གོམས་པར་བྱས་པས། མཚོན་བྱེད་ཀྱི་དཔེ་དང་། མཚོན་བྱ་དོན་གྱི་རིམ་པས་བདེ་ཆེན་གྱི་ཡེ་ཤེས་འདྲེན་པར་བྱེད་དོ། །ཡེ་ཤེས་དེས་ཕར་ཕྱིན་ཐེག་པ་ལ་གྲགས་པའི་ས་བཅུ་རྒྱུན་མཐའི་མཇུག་ཐོགས་སུ། སྔགས་ཀྱི་ཐེག་པའི་གཞུང་ནས་བཤད་པའི་ཐུན་མོང་མ་ཡིན་པའི་སྤང་བྱ་འཕོ་བའི་བག་ཆགས་ཞེས་བྱ་བ་དེ་ཡང་དག་པར་བཅོམ་ནས། ཡན་ལག་བདུན་ལྡན་གྱི་ལོངས་སྤྱོད་རྫོགས་པའི་སྐུ་མངོན་དུ་བྱས་པའི་ས་དེ་ལ་ནི། བཅུ་གསུམ་རྡོ་རྗེ་འཛིན་པའི་ས་ཞེས་བརྗོད་དོ། །གཉིས་པ་ནི། གཞན་དག་ན་རེ། ཕར་ཕྱིན་ཐེག་པ་ནས་བཤད་པའི་སངས་རྒྱས་ཀྱི་ས་ནི། བཅུ་གཅིག་ཀུན་ཏུ་འོད་ཀྱི་ས་ཡིན་ལ༑ དེ་ནི་ཕར་ཕྱིན་ཐེག་པ་རང་རྐང་གི་ལམ་གྱིས་ཐོབ་པར་ནུས་པས་སྔགས་ཀྱི་ཉེ་ལམ་ལ་མི་ལྟོས་ལ། དེ་ནི་སངས་རྒྱས་སུ་བཏགས་ཀྱང་། མཚན་ཉིད་པ་མ་ཡིན་ཏེ། བསམ་གྱིས་མི་ཁྱབ་པའི་གནས་མ་ཐོབ་པའི་ཕྱིར། དེས་ན་སངས་རྒྱས་མཚན་ཉིད་པ་ནི་ས་བཅུ་གསུམ་པ་ལ་གནས་པ་དེའོ། །དེ་ནི་སྔགས་ཀྱི་ཉེ་ལམ་ལ་ངེས་པར་ལྟོས་པ་ཡིན་ཏེ། ཇི་སྐད་དུ། སམྦུ་ཊ་ལས། གང་དག་བསམ་གྱིས་མི་ཁྱབ་པའི་གནས་མ་ཐོབ་པ་དེ་ནི་དེ་བཞིན་གཤེགས་པ་སྟེ། མཚན་གཞི་མཚོན་པར་བྱེད་པ་ནི་རྡོ་རྗེ་སེམས་དཔའ་ཡང་དག་པའོ། །ཞེས་གསུངས་པས་སོ། །ཞེས་འཆད་པར་བྱེད་དོ།། །།

དྲི་བ་བཅོ་ལྔ་པ་ནི། བཅུ་གཅིག་ཀུན་ཏུ་འོད་ཀྱི་ས། །དེ་ལ་མི་ལྟོས་བཅུ་གསུམ་པ། །སྔགས་ལ་ལྟོས་པར་བཞེད་ཅེ་ན། །ཀུན་ཏུ་འོད་ས་བཅུ་གཅིག་པ། །ཡིན་པར་སྔགས་གཞུང་གང་ལས་གསུངས། །ཞེས་པའོ། །འདི་ལ་འདྲི་བའི་རྒྱུ་མཚན་ནི། གོང་དེ་མ་ཐག་པའི་དྲི་བ་དེའི་ལན་གཞན་ལ་གྲགས་པ་དེ་ཉིད་དོ། །མ་དྲིས་པའི་ཉེས་པ་ནི། དེང་སང་འདི་ན་སྔགས་ཀྱི་ཐེག་པའི་ཞལ་འཛིན་པར་བྱེད་པ་དག་གི་བསམ་པ་ལ། ཕར་ཕྱིན་པས་སངས་རྒྱས་ཀྱི་སར་གཞག་པའི་བཅུ་གཅིག་ཀུན་ཏུ་འོད་དེ། སྔགས་ཀྱི་ཐེག་པས་ལམ་བགྲོད་པའི་ཚེ་སློབ་ལམ་

དུ་བྱས་ནས། དེའི་སྟེང་དུ་ཡང་སློབ་པའི་ལམ་གྱི་དབང་དུ་བྱས་པའི་ས་ཕྱེད་དང་གཉིས་བསྟན་ནས། ཕྱེད་ལྷག་མ་དེ་སངས་རྒྱས་ཀྱི་སར་འཇོག་པ་དེ། རྒྱུད་དང་རྒྱ་གཞུང་གི་དགོངས་པ་ཡིན་ནོ་སྙམ་དུ་སེམས་པར་བྱེད་དོ། །དེ་ནི་རིགས་པ་མ་ཡིན་ཏེ། སྒྲུབ་བྱེད་མེད་པ་དང་། གནོད་བྱེད་ཡོད་པའི་ཕྱིར་རོ། །དང་པོ་ནི། བོད་ཀྱི་གསང་སྔགས་འཆད་པ་དག ཇི་སྐད་དུ། བཅུ་གཅིག་ཀུན་ཏུ་འོད་ཀྱི་ས། །བཅུ་གཉིས་མ་ཆགས་པདྨའི་ས། །བཅུ་གསུམ་རྡོ་རྗེ་འཛིན་པའི་ས། །ཞེས་ཟེར་བ་དེ་ནི་འདིར་ཁུངས་སུ་མི་རུང་ཞིང་། གཞན་ཁུངས་ཐུབ་ཀྱི་ལུང་ཡོད་ན་སྟོན་པར་རིགས་པའི་ཕྱིར་རོ། །བདེ་མཆོག་ལས་ས་བཅུ་གཅིག་པའི་མིང་ལ་དཔེ་མེད་པ་ཞེས་གསུངས་ཤིང་། བདག་མེད་མའི་བསྟོད་འགྲེལ་དུ་ཡང་དེ་ཉིད་བཤད་ལ། གཞན་རྒྱུད་སྡེ་དག་ཏུ་ས་བཅུ་གཉིས་དང་། བཅུ་དྲུག་དང་། ཉི་ཤུ་རྩ་ལྷག་པ་ལ་སོགས་པའི་བཤད་པ་བྱུང་བའི་ཚེ། ཀུན་ཏུ་འོད་ཀྱི་སའི་མིང་ཞིག་བྱུང་ཡང་། དེ་འདྲ་དེ་མཚན་ཉིད་ཐེག་པའི་ལུགས་ཀྱི་ས་བཅུ་གཅིག་པ་དེར་བྱས་ནས། བཅུ་གསུམ་པ་ལ་རྡོ་རྗེ་འཛིན་པའི་སར་བཤད་པ་གཅིག་དགོས་རྒྱུ་ཡིན་པ་ལ་དེ་འདྲ་མ་བྱུང་བའི་ཕྱིར།

གཉིས་པ་ནི། ཕར་ཕྱིན་ཐེག་པ་ནས་ཀུན་ཏུ་འོད་ཀྱི་ས་ལ་གནས་པའི་སངས་རྒྱས་དེས། སྔང་བྱ་མ་ལུས་པར་སྤངས་ཤིང་། ཐོབ་བྱ་མ་ལུས་པ་ཐོབ་པས་ཁྱད་པར་དུ་བྱས་པ་ཞིག་བཤད་པ་དེ། སྒྲ་ཇི་བཞིན་པ་མ་ཡིན་པའི་དགོངས་པ་ཅན་དུ་འཆད་དགོས་ལ། དེ་ལྟ་ན། དགོངས་གཞི། དགོས་པ། དངོས་ལ་གནོད་བྱེད་གསུམ་གྱི་སྒོ་ནས་འཆད་དགོས་པ་ལས། དེ་ཡང་རིགས་པ་མ་ཡིན་ཏེ། དངོས་ལ་གནོད་བྱེད་ཀྱི་ཚད་མ་ནི་སུས་ཀྱང་བཤད་པ་མེད་པའི་ཕྱིར་རོ། །ཡོད་ན་ཕ་རོལ་ཏུ་ཕྱིན་པའི་ཐེག་པ་པས་ས་བཅུ་གཅིག་པ་ལ་གནས་པར་འདོད་པའི་སངས་རྒྱས་དེའི་མཚན་གཞི་གང་ཡིན། སྟོན་པ་ཐུབ་པའི་དབང་པོའོ། །ཞེ་ན། སྔགས་ཀྱི་ཞལ་འཛིན་པ་དག་གིས། དེ་རྫོགས་པའི་སངས་རྒྱས་མ་ཡིན་པར་སྒྲུབས་ཤིག གལ་ཏེ་ཕར་ཕྱིན་པས། ཤཱཀྱའི་དབང་པོ་ས་བཅུ་གཅིག་པ་ལ་གནས་པར་འདོད་ཀྱང་། དེ་དེ་ལ་གནས་པ་མ་ཡིན་ཏེ། བཅུ་གསུམ་པ་ལ་གནས་པའི་ཕྱིར་ཞེ་ན༑ སྤྱིར་དེ་སྐད་དུ་སྨྲ་བར་རིགས་པ་ཡིན་པས། ཁོ་བོ་ཅག་གི་འདོད་པ་གྲུབ་ཅིང་། ཁྱོད་ལ་ནང་འགལ་བ་འདི་ལྟར། ཕ་རོལ་ཏུ་ཕྱིན་པ་པས་ས་བཅུ་གཅིག་པར་འདོད་པའི་ས་དེ་ཆོས་ཅན། ཚུལ་ཆེན་པའི་རང་ལུགས་ཀྱི་ས་བཅུ་གཅིག་པ་མ་ཡིན་པར་ཐལ། དེའི་ལུགས་ཀྱི་ས་བཅུ་གསུམ་པ་ཡིན་པའི་ཕྱིར། ཞེས་འཕངས་ན་ལན་གྱིས་ཟློག་པར་མི་ནུས་སོ། །དེས་ན་འདི་ལྟར་འཆད་དགོས་པ་ཡིན་ཏེ། ཚུལ་གཉིས་ཀྱི་ཐོབ་བྱའི་འབྲས་བུ་མཐར་ཐུག་ལ་ནི་བཟང་ངན་གྱི་ཁྱད་པར་ཡོད་པ་མ་ཡིན་ཏེ། སྟོན་པ་ཐུབ་པའི་དབང་པོས་སྤངས་རྟོགས་ཀྱི་ཁྱད་པར་གང་ཞིག་བརྙེས་པ་དེ་ཉིད། གཉིས་ཀས་ཀྱང་ཐོབ་བྱའི་འབྲས་བུ་མཐར་ཐུག་ཏུ་འདོད་ལ། དེ་ལས་མཐོ་བའམ

དམའ་བར་འདོད་པ་མེད་པའི་ཕྱིར། དེ་སྐད་དུ་ཡང་། ཚུལ་གསུམ་གྱི་སྒྲོན་མ་ལས། དོན་གཅིག་ན་ཡང་། ཞེས་དང་། དཔལ་ཁ་སྦྱོར་ལས། བསྐལ་པ་བྱེ་བ་གྲངས་མེད་པས། །ཇི་སྲིད་སངས་རྒྱས་གང་ཐོབ་པ། །གང་གི་དམ་པའི་བདེ་བས་ཁྱོད། །སྐྱེ་བ་འདི་ར་ནི་འགྲུབ་པར་འགྱུར། །ཡང་ན་རྡོ་རྗེ་འཛིན་པ་ཉིད། །ཅེས་གསུངས་སོ། །དེ་ལྟ་ནའང་། རྡོ་རྗེ་འཛིན་པའི་ས་དེ་འགྲུབ་བྱེད་ཀྱི་ལམ་ཆ་ཚང་བ་ནི་ཕར་ཕྱིན་པ་ལ་ཡོད་པ་མ་ཡིན་ཏེ། ཁ་སྦྱོར་ལྟར་ན། བསམ་གྱིས་མི་ཁྱབ་པའི་གནས་མ་ཐོབ་པའི་ཕྱིར་དང་། དུས་ཀྱི་འཁོར་ལོ་ལྟར་ན། རྡོ་རྗེ་རྣལ་འབྱོར་མ་ཐོབ་པའི་ཕྱིར། མདོར་ན་སམྦུ་ཊའི་དགོངས་པས། ཚུལ་གཉིས་ཀའི་མཐར་ཐུག་གི་ཐོབ་བྱ་གཅིག་ཡིན་ཀྱང་། ལྡོག་པའི་སྒོ་ནས་མིང་འདོགས་ལུགས་མི་འདྲ་བ་ནི། གཅིག་ལ་ནི་སངས་རྒྱས་དང་། ཅིག་ཤོས་ལ་ནི་རྡོ་རྗེ་འཛིན་པ་ཞེས་བྱའོ། །གཉིས་པོའི་ཁྱད་པར་ནི། ཤེས་སྒྲིབ་སྤྱངས་པ་དང་། འཕོ་བའི་བག་ཆགས་སྤྱངས་པའི་ལྡོག་པའི་ཁྱད་པར་ལས་སོ། །འོན་ཕྱི་མ་མ་སྤྱངས་པར། སྔ་མ་སྤྱངས་པ་ཡོད་དམ་ཞེ་ན། སྤོང་བའི་ནུས་པ་ཡོད་མོད། སྤྱངས་པ་ནི་མི་སྲིད་དེ། དེ་སྤྱངས་པའི་ཆོས་ཉིད་ལ་དུས་རྟག་ཏུ་མཉམ་པར་འཇོག་ནུས་ཀྱང་། ཡན་ལག་བདུན་ལྡན་གྱི་ལོངས་སྤྱོད་རྫོགས་པའི་སྐུར་བཞེངས་མི་ནུས་པའི་ཕྱིར། དཔེར་ན། ཕར་ཕྱིན་པ་རང་ལུགས་ལ་མི་སྐྱེ་བའི་ཆོས་ལ་བཟོད་པ་ཐོབ་ནས། ཞག་བདུན་གྱིས་ཆོས་ཀྱི་སྐུ་མངོན་དུ་བྱེད་པར་ནུས་ཀྱང་། དེ་ཙམ་གྱིས་གཟུགས་ཀྱི་སྐུ་མངོན་དུ་བྱེད་མི་ནུས་པའི་རྒྱུ་མཚན་གྱིས། ཇི་སྲིད་བསོད་ནམས་ཀྱི་ཚོགས་ཡོངས་སུ་མ་རྫོགས་པ་དེ་སྲིད་དུ་ཤེས་སྒྲིབ་ཀྱི་བག་ཆགས་ཟད་པར་མི་སྤོང་བ་བཞིན་ནོ།། །།

དྲི་བ་བཅུ་དྲུག་པ་ནི། ས་བཅུའི་ཐ་མར་བདུད་འདུལ་བའི། །བཤད་པ་གཞུང་ལུགས་གང་ན་ཡོད། །ཅེས་པ་འདི་ལ། འདྲི་བའི་རྒྱུ་མཚན་ནི། འདིའི་ཐད་ཀྱི་རྣམ་བཤད་མཛད་པ་པོ་ཀུན་གྱིས། བྱང་ཆུབ་ཀྱི་ཤིང་དྲུང་དུ་སྡོད་ལ་ལྷའི་བུའི་བདུད་བཏུལ་བའི་བཤད་པ་མཛད་པ་ཤ་སྟག་ཏུ་སྣང་ཞིང་། ལ་ལས་ནི། དེའི་སྟེང་དུ་ཕོ་རངས་ཡེ་ཤེས་ཀྱི་རྡོ་རྗེས་ཉོན་མོངས་པའི་བདུད་བཅོམ་ཞེས་ཀྱང་འཆད་པར་སྣང་བའི་རྒྱུ་མཚན་གྱིས་སོ། །མ་དྲིས་པའི་ཉེས་པ་ནི། དེ་ལྟར་འཆད་པ་དེ་ནི་ས་བཅུའི་རྣམ་གཞག་དང་། སྐུ་གསུམ་གྱི་རྣམ་གཞག་མི་འཆད་པ། ཉན་ཐོས་སྡེ་པ་དག་གི་ལུགས་ཡིན་གྱི། ཐེག་པ་ཆེན་པོ་པ་དག་གི་ལུགས་མ་ཡིན་ཏེ། ལུགས་དེ་ར་ནི། བསྐལ་པ་གྲངས་མེད་པའི་གོང་དུ་སངས་རྒྱས་ཟིན་པ་ཞིག བྱང་ཆུབ་ཀྱི་ཤིང་དྲུང་དུ་འཚང་རྒྱ་བའི་ཚུལ་སྟོན་པར་འཆད་པའི་ཕྱིར་དང་། ས་བཅུའི་ཐ་མར་འདུལ་རྒྱུའི་བདུད་དེ། རྣམ་བཤད་བྱེད་པ་ཀུན་གྱིས་བདུད་བཞི་ལ་བཤད་འདུག་ཀྱང་། རྣམ་པ་ཀུན་ཏུ་མི་རིགས་པའི་ཕྱིར་རོ། །

གཉིས་པ་དངོས་ལན་གདབ་པ་ནི། གནས་ངན་ལེན་གྱི་བག་ཆགས་ལ་བདུད་ཀྱི་མིང་གིས་བཏགས་པ་

ཡིན་ཏེ། སྤྱན་རས་གཟིགས་ཀྱིས། འགྲེལ་ཆེན་དྲི་མེད་འོད་དུ། བདུད་ཅེས་བྱ་བ་ནི་སེམས་ཅན་རྣམས་ཀྱི་འཁོར་བའི་སེམས་ཀྱི་བག་ཆགས་ཀྱི་དྲི་མའོ། །སངས་རྒྱས་ཉིད་ཅེས་བྱ་བ་ནི་འཁོར་བའི་བག་ཆགས་དང་བྲལ་བའི་སེམས་སོ། །ཞེས་པ་ནས། དེའི་ཕྱིར་བདུད་ནི་དྲི་མ་དང་བཅས་པའི་སེམས་ཡིན་ལ། སངས་རྒྱས་ཉིད་ནི་དྲི་མ་མེད་པའི་སེམས་ཡིན་ནོ། །འདིར་ཕྱི་རོལ་ཏུ་སངས་རྒྱས་ཀྱིས་བདུད་བཅོམ་པ་གང་ཡིན་པ་དེ་ནི་རྨི་ལམ་བཞིན་དུ། སེམས་ཅན་རྣམས་ཀྱི་རང་གི་སེམས་ཀྱི་སྣང་བ་ཡིན་ནོ། །ཞེས་གསུངས་པའི་ཕྱིར་རོ༎ ༎

དྲི་བ་བཅུ་བདུན་པ་ནི། མུ་སྟེགས་བྱེད་ལ་སྡོམ་པ་ལས། །བྱུང་བའི་དགེ་བ་ཡོད་མིན་ན། །མངོན་པའི་གཞུང་དུ་མུ་སྟེགས་ལ། །བསམ་གཏན་སྡོམ་པ་བཤད་དེ་ཅི། །ཞེས་པའོ། །འདི་ལ་འདྲི་བའི་རྒྱུ་མཚན་ནི། བསྟན་བཅོས་འདིའི་རྣམ་བཤད་མཛད་པ་ཀུ་མུ་རས། མུ་སྟེགས་བྱེད་ལ་སྐྱབས་འགྲོ་མེད་པའི་ཕྱིར། སྡོམ་པ་མེད་དོ་ཞེས་བཤད། བསམ་ཡས་པ་དང་། སྤོས་ཁང་པས། མུ་སྟེགས་བྱེད་ལ་ངེས་འབྱུང་གི་སྡོམ་པ་མེད་པས། དེ་ལས་བྱུང་བའི་དགེ་བ་མེད་དོ་ཅེས་བཤད། སྣ་གདོང་པས། གསང་སྔགས་ཀྱི་སྡོམ་པ་མེད་པ་དེ་ཡིས་དགེ་བ་སྐྱིད་ཀྱང་བར་མ་ཡིན་གྱི། གསང་སྔགས་ཀྱི་སྡོམ་པ་ལས་བྱུང་བའི་དགེ་བ་མ་ཡིན། ཞེས་འཆད་དོ། །མ་དྲིས་པའི་ཉེས་པ་ནི། དང་པོ་མི་རིགས་ཏེ། སྐྱབས་འགྲོ་མེད་ཀྱང་བསམ་གཏན་གྱི་སྡོམ་པ་སྲིད་པའི་ཕྱིར། གཉིས་པ་ཡང་མི་རིགས་ཏེ། མུ་སྟེགས་ཅན་དང་སོ་ཐར་སྡོམ་ལྡན་གྱི་གཞི་མཐུན་མེད་ན། འདུལ་བ་ལས། མུ་སྟེགས་ཅན་ཞུགས་པ་ཞེས་བྱ་བ་དེའི་མཚན་གཞི་རྙེད་པར་མི་འགྱུར་བའི་ཕྱིར་དང་། ཟླ་བ་བཞིའི་བར་དུ་མགུ་བ་བརྟག་པའི་མུ་སྟེགས་ཅན་དགེ་བསྙེན་གྱི་སྡོམ་ལྡན་ཞིག་ཀྱང་བཤད་པའི་ཕྱིར་དང་། སྤྱིར་ཡང་། མུ་སྟེགས་ཀྱི་ལྟ་བ་ཅན་སོ་ཐར་གྱི་སྡོམ་པ་སྐྱེ་བའི་བར་ཆད་མ་ཡིན་པའི་ཕྱིར། ལུགས་གསུམ་པ་ཡང་ཧ་ཅང་སྦྲོམས་པ་ཡིན་ཏེ། གསང་སྔགས་ཀྱི་སྡོམ་པ་མེད་ཀྱང་། སྡོམ་པ་གཞན་གཉིས་ཡོད་པར་མི་འགལ་བའི་ཕྱིར་རོ་སྙམ་པའི་དོགས་པ་འདི་དག་འབྱུང་ངོ་། །རྒྱལ་ཞིང་བརྟག་པ་འདི་འདྲ་འདི་ཡང་ཧ་ཅང་ཐལ་བས། གཞུང་འཆད་པའི་ཐབས་མེད་དོ་སྙམ་དུ་དོགས་པར་མི་བྱ་སྟེ། འཆད་པ་པོ་རྣམས་ཀྱིས། གཞུང་ཞལ་གསལ་བ་རྒྱུ་མཚན་དུ་བྱས་ནས། འོལ་སྤྱི་ཙམ་དུ་བཤད་པའི་བླུན་པོ་ལ་གོ་བ་མགྱོགས་པར་སྐྱིད་སྐྱིད་འདྲ་ཡང་། མཁས་པའི་བསྟན་བཅོས་ཆུད་གསོན་པ་མང་བར་སྣང་བས། སྡེ་སྣོད་དང་མཐུན་པ་ཉིད་དུ་ཞིབ་མོར་བཤད་ཞེས་དགོངས་སོ། །ཞེས་ཤེས་པར་བྱ་བའི་ཕྱིར་དུའོ། །དངོས་ལན་གདབ་པ་ནི། ཇི་སྐད་དུ། ཕྱོགས་སྔ་མ་ལས། སྡིག་པ་སྤོང་ཞིང་དགེ་བྱེད་ན། །མུ་སྟེགས་ཡིན་ཡང་ཅི་ཞིག་སྐྱོན། །ཞེས་པའི་ལན་འདེབས་པ་ནི། ཆོས་ཀྱི་ཕྱག་རྒྱ་བཞི་ལས་གང་ཡང་རུང་བ་ཞིག་ཁས་མི་ལེན་པ་དེ་ལ་ནི་ཕྱི་རོལ་མུ་སྟེགས་བྱེད་ཅེས་བྱ་ལ། དེས་བྱས་པའི་དགེ་བ་དང་། ནང་པ་སངས་རྒྱས

པས་བྱས་པའི་དགེ་བ་གཉིས་ལ་ཁྱད་པར་མེད་པ་མ་ཡིན་ཏེ། དེས་དགེ་བ་ཅི་བྱས་ཀྱང་། བསོད་ནམས་ཆ་མཐུན་གྱི་དགེ་བ་ལས་ལྷག་པར་འགྲོ་བ་མི་སྲིད་ལ། ཅིག་ཤོས་ཀྱི་དགེ་བ་ནི་ཐར་པ་ཆ་མཐུན་གྱི་དགེ་བར་འགྱུར་བའི་ཕྱིར། ཞེས་བྱ་བ་ནི་ངག་དོན་ཡིན་ལ། ཚིག་དོན་ནི། ཆོས་ཀྱི་ཕྱག་རྒྱ་བཞི་པོ་གང་རུང་ཁས་མི་ལེན་པའི་མུ་སྟེགས་བྱེད་ལ་སྐྱབས་འགྲོའི་སྡོམ་པ་མེད་ལ། དེའི་ཕྱིར་དེ་ལས་བྱུང་བའི་ཐར་པ་ཆ་མཐུན་གྱི་དགེ་བ་སྲིད་པ་མ་ཡིན་ནོ། །སྤྱིར་སྡོམ་ལྡན་གྱི་རྒྱུད་ལ་བར་མ་དགེ་བ་མི་འབྱུང་བ་ནི་མ་ཡིན་ཏེ། དགེ་བསྙེན་གྱི་རྒྱུད་ལ་བར་མ་རབ་བྱུང་སྐྱེ་བ་ཡིན་ནོ། །མུ་སྟེགས་ཅན་ཞུགས་པ་དང་། མགུ་བ་བརྟག་དགོས་སུ་བཤད་པ་དེ་ནི། ལྟ་བ་མུ་སྟེགས་ཅན་ཡིན་ཀྱང་། སྤྱོད་པ་ཆོས་ལ་སྐྱབས་སུ་སོང་བས། སོ་སོར་ཐར་པའི་སྡོམ་པ་ཅན་ཡིན་ལ། དེ་བས་ན༔ དེ་འདྲ་དེས་ཆོས་ཀྱི་ཕྱག་རྒྱ་བཞི་ལས་མྱ་ངན་ལས་འདས་པ་ཞི་བ་ཡིན་པ་དེ་ཁས་བླངས་པའི་ཕྱིར་ན་ཉེས་པ་མེད་དོ།། །།

དྲི་བ་བཅོ་བརྒྱད་པ་ནི། སྡོམ་པ་མེད་ལ་དགེ་བའི་རྒྱུན། །མེད་ན་སེམས་བསྐྱེད་ཆོ་ག་ལས། །དེ་ལ་དེ་ཡོང་གསུངས་དེ་ཅི། །ཞེས་པའོ། །འདི་ལ་འདྲི་བའི་རྒྱུ་མཚན་ནི། ཇི་སྐད་དུ། རབ་བྱུང་མིན་ལ་མཁན་པོ་མེད། །དབང་མ་བསྐུར་ལ་བླ་མ་མེད། །སྡོམ་པ་མེད་ལ་དགེ་རྒྱུན་མེད། །ཅེས་གསུང་པ་དེའོ། །མ་དྲིས་པའི་ཉེས་པ་ནི། རབ་བྱུང་སྔོན་དུ་མ་སོང་བའི་བསྙེན་རྫོགས་ལ་མཁན་པོ་མེད་པར་འགྱུར་རོ་སྙམ་པ་དང་། དབང་མ་བསྐུར་ན་རྒྱུད་དང་མན་ངག་བསྟན་ཀྱང་བླ་མར་མི་འགྱུར་རམ་སྙམ་པ་དང་། བསྟན་བཅོས་མཛད་པ་ཉིད་ཀྱི་སེམས་བསྐྱེད་པའི་ཆོ་ག་ལས། ཇི་སྐད་དུ། སྡོམ་པས་མ་ཟིན་ཀྱང་བསོད་ནམས་རྒྱུན་ཆགས་འབྱུང་བ་ལ་འགལ་བ་མེད་དེ། སངས་རྒྱས་ལ་དམིགས་ནས་མེ་ཏོག་ཙམ་ཕུལ་བ་ལ་བསོད་ནམས་རྒྱུན་ཆགས་འབྱུང་བར་བཤད་པའི་ཕྱིར། ཞེས་གསུངས་པས་སོ། །སྙམ་དུ་དོགས་པའོ། །དངོས་ལན་ནི། རབ་བྱུང་དང་བསྙེན་རྫོགས་མ་ཡིན་པ་ལ། ཞེས་དང་། སྤྱིར་དབང་བསྐུར་ཐོབ་མ་མྱོང་བ་ལ་བླ་མ་མེད་ཅེས་དང་། སྐྱབས་འགྲོའི་སྡོམ་པ་ལ་ཐར་པ་ཆ་མཐུན་གྱི་དགེ་བ་རྒྱུན་ཆགས་མེད་ཅེས་པའོ། །འདིར་སྐྱབས་འགྲོ་སྐྱེས་པའི་ཚད་ནི། ཆོས་དཀོན་མཆོག་ལ་སྐྱབས་སུ་སོང་བ་ནས་བྱེད་པ་ཡིན་ཏེ། སྐྱབས་དངོས་ཡིན་པའི་ཕྱིར། སྐྱབས་སུ་སོང་བའི་ཚད་ནི། ཆོས་དེ་ལ་དོན་གཉེར་གྱི་བློ་སྐྱེས་པ་སྟེ། མདོ་སྡེའི་རྒྱན་ལས། འདི་ནི་དེ་དངོས་འདོད་པའི་ཁས་ལེན། ཞེས་པ་སྐྱབས་སུ་སོང་བའི་ཚད་སྟོན་བྱེད་ཡིན་པའི་ཕྱིར། ཆོས་དཀོན་མཆོག་དེའི་ངོ་བོ་ནི། ཐེག་པ་གསུམ་པོ་གང་རུང་གི་མྱ་ངན་ལས་འདས་པ་ལ་བྱ་སྟེ། ཇི་སྐད་དུ། འདོད་ཆགས་དང་བྲལ་བ་རྣམས་ཀྱི་མཆོག ཅེས་གསུངས་པའི་ཕྱིར། དེ་ལྟར་ཆོས་ལ་སྐྱབས་སུ་སོང་ནས། དགེ་བ་གང་བྱེད་དེའི་དོན་དུ་བསྔོ་བར་བྱེད་ན་ཐར་པ་ཆ་མཐུན་གྱི་དགེ་བར

འགྱུར་ཞིང་། དེ་ཡང་རྒྱུན་ཆགས་སུ་འབྱུང་བ་ཡིན་ཏེ། བྱང་ཆུབ་ཀྱི་རྒྱུར་བསྔོས་པའི་དགེ་བ་ཡིན་པས། ཁོང་ཁྲོ་དང་ལོག་ལྟ་སོགས་ཀྱིས་རྒྱུན་བཅད་པར་མི་ནུས་པའི་ཕྱིར་རོ། །དོན་དེ་ལ་དགོངས་ནས། སྐྱབས་འགྲོའི་སྡོམ་པ་ཙམ་གྱིས་ཀྱང་མ་ཟིན་པ་ལ་ཐར་པ་ཆ་མཐུན་གྱི་དགེ་རྩ་རྒྱུན་ཆགས་པ་མི་འབྱུང་བར་གསུངས་པ་ཡིན་ནོ། །འོན་སངས་རྒྱས་ལ་དམིགས་ཏེ་མེ་ཏོག་ཕུལ་བ་ལྟ་བུའི་དགེ་བ་དེ་ཐར་པ་ཆ་མཐུན་གྱི་དགེ་བར་མི་འཆད་པ་ཅི་ཞེ་ན། དེ་ལ་འདང་གཉིས་ཏེ། རྒྱུའི་སྐབས་ལ་དམིགས་པ་ཡིན་ན་ནི། བསོད་ནམས་ཆ་མཐུན་གྱི་དགེ་བ་ཙམ་ལས་མི་ཐོབ་པ་སྲིད་ལ། འབྲས་བུའི་སྐབས་ལ་དམིགས་པ་ཡིན་ན་ནི། ཐར་པ་ཆ་མཐུན་གྱི་དགེ་བ་ཁོ་ནར་གཞག་སྟེ། སྒྲུབ་བྱེད་གོང་དུ་བསྟན་ཟིན་པ་དེ་ཉིད་ཀྱི་ཕྱིར་རོ། །དེ་བས་ན། དགེ་སྦྱོར་གང་བྱེད་ཀྱི་ཐོག་མར། བྱང་ཆུབ་གསུམ་པོ་གང་རུང་ཐོབ་པར་བྱ། དེའི་ཆེད་དུའོ། །སྙམ་པའི་བསམ་པས་ཟིན་ན། ངེས་པར་སྡོམ་པས་ཟིན་པ་དང་། ཐར་པའི་ཆ་དང་མཐུན་པའི་དགེ་བ་རྒྱུན་ཆགས་པ་ཉིད་དུ་གྲུབ་པ་དེའི་ཕྱིར། དགེ་བ་དེས་ནི་བདག་པོ་དང་། རྒྱུ་མཐུན་དང་། རྣམ་སྨིན་དང་། བྲལ་བའི་འབྲས་བུ་བཞི་ཀ་འདྲེན་པར་བྱེད་དོ། །འདིར་སྨྲས་པ། ཆོས་ཀྱི་གནད་རྣམས་ངེས་བརྟགས་པའི། །ཆོས་འདི་ཙམ་གྱིས་མང་པོའི་དོན། །ཆོས་བཞིན་ཤེས་འགྱུར་མ་བརྟགས་པའི། །ཆོས་མང་ལུང་གིས་ཅི་ཞིག་བྱ།། །།

དྲི་བ་བཅུ་དགུ་པ་ནི། རྒྱུད་སྡེ་འོག་མའི་དབང་བསྐུར་ལས། །སྔགས་ཀྱི་སྡོམ་པ་འཐོབ་བམ་ཅི། །འཐོབ་ན་དབང་བཞི་སྔགས་སྡོམ་གྱི། །འཐོབ་རྒྱུར་གསུངས་པ་ཇི་ལྟར་ཡིན། །རྫོགས་རིམ་སྡོམ་པ་ཞེས་བྱ་བ། །བསྒོམས་པའི་སྟོབས་ཀྱིས་འཐོབ་མོད་ཀྱི། །དབང་ཚིག་ལས་འཐོབ་གསུངས་པ་མེད། །རྒྱུད་སྡེ་འོག་མའི་སྔགས་སྡོམ་ནི། །མེད་པར་བཞེད་ན་འདི་ཉིད་ལས། །དབང་བསྐུར་སྡོམ་པས་མ་སྤྲེལ་ན། །བཟང་ཡང་ཕ་རོལ་ཕྱིན་པ་ཡིན། །ཞེས་གསུངས་པ་དེ་གང་ལ་དགོངས། །ཞེས་བྱ་བའོ། །འདི་ལ་གཉིས་ཏེ། དྲི་བའི་བསམ་པ་སློང་བ་དང་། དངོས་ལན་གདབ་པའོ། །དང་པོ་ལ་གཉིས་ཏེ། འདྲི་བའི་རྒྱུ་མཚན་དང་། མ་དྲིས་པའི་ཉེས་པའོ། །དང་པོ་ནི། རྗེ་བཙུན་གོང་མ་དེ་དག་གིས། རྒྱུད་སྡེ་འོག་མ་གསུམ་གྱི་དབང་ལས་སྡོམ་པ་གང་ཐོབ་པ་དང་། དེ་ལ་ལྟོས་པའི་རྩ་བའི་ལྟུང་བ་གང་ཡིན་པ་དང་། དེར་སེམས་བསྐྱེད་ཀྱི་སྡོམ་པ་མ་གཏོགས་པའི་སྡོམ་པ་གང་འཛིན་རྒྱུ་ཡིན་སོགས་ཀྱི་རྣམ་གཞག་གསལ་པོ་མ་གསུངས་པ་ཁོ་ནར་མ་ཟད། བསྟན་བཅོས་འདིར་སྔགས་ཇི་ལྟར་འཛིན་པའི་ཚུལ་དང་། ཐོབ་པའི་ས་མཚམས་རྣམས་ནི། གསང་སྔགས་བླ་མེད་ཀྱི་གཞུང་ལས་ཇི་ལྟར་བཤད་པ་དེ་ཙམ་ཞིག་ལས་ལྷག་པ་མ་བཤད་པའི་རྒྱུད་མཚན་གྱིས་སོ། །

གཉིས་པ་ནི། འོན་རྒྱུད་སྡེ་འོག་མ་གསུམ་གྱི་དབང་ལས་ཐོབ་པའི་སྔགས་སྡོམ་བཞེད་དམ་མི་བཞེད།

མི་བཞེད་ན་ཕ་རོལ་ཏུ་ཕྱིན་པའི་ཐེག་པ་ལས་ལྷག་པའི་ཐབས་ཀྱི་ཁྱད་པར་མ་བསྟན་པར་འགྱུར་ཏེ། དེ་ར་མ་བཤད་པའི་སྡོམ་པ་འཛིན་རྒྱུ་དང་འཐོབ་རྒྱུ་གཉིས་ཀ་མ་དམིགས་པའི་ཕྱིར། བཞེད་ན་སྡོམ་པ་གསུམ་ལྡན་དུ་འགྱུར་པ་དབང་བཞི་ཀ་བླངས་པ་ལ་རག་ལས་པར་བཤད་པ་དང་འགལ་ལོ། །གལ་ཏེ་དེ་ལྟར་བཤད་པ་དེ་སྔགས་སྡོམ་ཡོངས་སུ་རྫོགས་པའི་དབང་དུ་བྱས་པ་ཡིན་ལ། དེ་རྫོགས་པ་ལ་བསྐྱེད་རིམ་དང་རྫོགས་རིམ་གྱི་སྡོམ་པ་གཉིས་ཀ་ཚང་དགོས་ཤིང་། དེ་ཚང་བ་ལ་དབང་བཞི་ཚང་དགོས་པའི་ཕྱིར་སྙམ་ན། འོ་ན་རྫོགས་རིམ་གྱི་སྡོམ་པ་དེ་བརྡ་ལས་བྱུང་བའི་སྡོམ་པར་འགྱུར་ཏེ། དབང་གི་ཆོ་ག་ལས་ཐོབ་པའི་སྡོམ་པ་ཡིན་པའི་ཕྱིར། འདོད་ན། ཕྲ་བ་ཆོས་ཉིད་ཀྱི་སྟོབས་ཀྱིས་ཐོབ་པར་མི་འགྱུར་ལ། དེ་ཡང་འདོད་ན། རྫོགས་རིམ་བསྒོམས་པའི་སྟོབས་ཀྱིས་ཐོབ་པ་མ་ཡིན་པར་འགྱུར་ལ། དེ་ཡང་དེ་ལྟ་ན། སྟོང་པ་ཉིད་དང་རང་བྱིན་གྱིས་རླབ་པ་བསྒོམས་པའི་སྟོབས་ཀྱིས་ཐོབ་པ་མ་ཡིན་པར་འགྱུར་རོ། །སྙམ་པའི་དོགས་པ་འདི་དག་སྐྱེ་བར་འགྱུར་རོ། །

གཉིས་པ་དངོས་ལན་གདབ་པ་ལ་གཉིས་ཏེ། དོན་གྱི་ཁོག་འབུབས་བྱེད་རྒྱས་པར་བཤད་པ་དང་། དངོས་ལན་བསྡུས་ཏེ་བསྟན་པའོ། །དང་པོ་ལ་སྔགས་སྡོམ་གྱི་ངོ་བོ་ངོས་བཟུང་བ། དེ་རྒྱུད་སྡེ་སོ་སོའི་ཆོག་ལས་ཇི་ལྟར་ཐོབ་པ། རྒྱུད་སྡེ་སོ་སོ་ནས་འབྱུང་བའི་རྩ་ལྟུང་གི་གྲངས་བསྟན་པའོ། །དང་པོ་ནི། སྡོམ་བྱེད་བདེ་བ་ཆེན་པོའི་ཡེ་ཤེས་ཀྱིས། བསྡམ་བྱ་འཕོ་བའི་བག་ཆགས་དང་། མཚན་འཛིན་གྱི་རྟོག་པ་སྡོམ་པར་བྱེད་པའི་ལྷན་ཅིག་སྐྱེས་པའི་ཡེ་ཤེས་འཛིན་པར་ཁས་བླངས་པའི་སེམས་པ་ས་བོན་དང་བཅས་པ་གང་ཞིག །རང་རྒྱུ་དབང་བསྐུར་ལས་མངོན་དུ་གྱུར་པའོ། །དབྱེ་ན་གཉིས་ཏེ། རྒྱུད་སྡེ་འོག་མ་གསུམ་གྱི་དབང་ལས་ཐོབ་པ་དང་། གོང་མའི་དབང་ལས་ཐོབ་པའོ། །དང་པོ་ལ་གཉིས་ཏེ། སྡོམ་པ་ཇི་ལྟར་འཛིན་པའི་ཚུལ་དང་། བཟུང་བ་དེ་ཉིད་ཐོབ་པའི་དུས་སོ། །དང་པོ་ལ་གསུམ་སྟེ། བྱ་བའི་རྒྱུད་ནས་འབྱུང་བ་དང་། སྤྱོད་པའི་རྒྱུད་ནས་འབྱུང་བ་དང་། རྣལ་འབྱོར་གྱི་རྒྱུད་ནས་འབྱུང་བའོ། །དང་པོ་ལ་གཉིས་ཏེ། སྡོམ་བཟུང་གི་སྔགས་ཚིག་བཤད་པ་དང་། དེས་སྡོམ་པ་གང་བཟུང་བའོ། །དང་པོ་ལ་གཉིས་ཏེ། དམ་ཚིག་གསུམ་བཀོད་ལས་འབྱུང་བ་དང་། འཇམ་དཔལ་རྩ་རྒྱུད་ལས་འབྱུང་བའོ། །དང་པོ་ནི། དེ་ཉིད་ལས། ཇི་སྐད་དུ། དེ་ལ་དམ་ཚིག་དང་སྡོམ་པ་བླང་བ་ནི། བྱང་ཆུབ་ཏུ་སེམས་བསྐྱེད་པས། སངས་རྒྱས་དང་བྱང་ཆུབ་སེམས་དཔའ་རྣམས་ལ་ཕྱག་བྱས་ལ། གཙང་སྦྲ་བྱས་ནས་ལག་གཡས་སུ་མེ་ཏོག་ཐོགས་ཏེ། གདོང་གཡོགས་པས་འཇུག་པར་བྱའོ། །མེ་ཏོག་དང་བཅས་པའི་ཐལ་མོ་སྦྱར་ནས། གཅིག གཉིས། གསུམ། བཞི། ལྔ་ཡང་གཟུང་བར་བྱ་ཞིང་། སྡོམ་པ་འདི་ལྟར་གཟུང་བར་བྱའོ། །སངས་རྒྱས་དང་བྱང་ཆུབ་སེམས་དཔའ་ཐམས་ཅད་བདག་ལ་དགོངས་སུ་གསོལ། བདག་ཆེ་གེ་མོ་ཞེས་བགྱི་བ།

སངས་རྒྱས་དང་བྱང་ཆུབ་སེམས་དཔའ་ཐམས་ཅད་ལ་བདག་འབུལ་གྱི། ཐམས་ཅད་ཀྱིས་དུས་ཐམས་ཅད་དུ། བདག་རབ་ཏུ་གཟུང་དུ་གསོལ། སངས་རྒྱས་དང་བྱང་ཆུབ་སེམས་དཔའ་རྣམས་ཀྱིས། བདག་བྱིན་གྱིས་རླབས་ཏུ་གསོལ། ཐུགས་རྗེ་ཆེན་པོ་དང་ལྡན་པ། སེམས་ཅན་གྱི་ཁམས་ཐམས་ཅད་ཡོངས་སུ་སྐྱོབ་པར་མཛད་པ་རྣམས་ཀྱིས། བདག་ལ་ཡོངས་སུ་སྐྱབས་ཏུ་གསོལ། ལས་ཐམས་ཅད་གྲུབ་པར་བྱ་བའི་ཕྱིར། དམ་ཚིག་ཆེན་པོ་བདག་ལ་སྩལ་དུ་གསོལ། ཞེས་དེ་ལྟར་ལན་གསུམ་གྱི་བར་དུ་བརྗོད་པར་བྱའོ། །དེ་ནས་འདི་ལན་གཅིག་བརྗོད་པར་བྱ་སྟེ། ནམ་མཁའ་མཐའ་ཡས་དང་མཉམ་རྒྱལ་དབང་པོ། །མ་ལུས་སྲས་བཅས་ཀུན་གྱི་དམ་ཚིག་གསོལ། །འཆི་མེད་བསད་མེད་སེམས་ཅན་སྐྱབ་པ་མེད། །ཤིན་ཏུ་བརྟན་པས་འདི་ལྟར་བྱ་བ་ཉིད། །དེ་ནས་མེ་ཏོག་འཕྲུར་བར་བྱའོ། །མེ་ཏོག་གང་ལ་བབས་པ་དེ་ནི་རིགས་ཀྱི་ལྷ་ཡིན་ནོ། །ཞེས་གསུངས་སོ། །

གཉིས་པ་ནི། འཇམ་དཔལ་གྱི་རྩ་བའི་རྟོགས་པ་ལས། དེ་ནས་དཀྱིལ་འཁོར་གྱི་སློབ་དཔོན་གྱིས། སློབ་མ་རྗེས་སུ་བཟུང་བར་བྱ་བ་ལ། སློབ་མ་དབང་པོ་ཚང་ཞིང་སྡོམ་པ་ལ་གནས་པ། སེམས་བསྐྱེད་པ། གཙང་སྦྲ་ལ་གནས་པ། གཅིག་ནས་བརྒྱད་ཀྱི་བར་དཀྱིལ་འཁོར་གྱི་ཕྱི་རོལ་དེ་ཉིད་དུ་ཏ་ཙང་མི་རིང་བར་གཞག་པར་བྱའོ། །ཞེས་དང་། དཀྱིལ་འཁོར་གྱི་སློབ་དཔོན་གྱིས། སློབ་མ་ཉིད་དུ་ཁས་བླངས་ནས། བྱང་ཆུབ་ཏུ་སེམས་བསྐྱེད་པ། གསོ་སྦྱོང་བྱས་པ། སངས་རྒྱས་དང་བྱང་ཆུབ་སེམས་དཔའ་ཐམས་ཅད་ལ་བདག་ཉིད་ཀྱི་ལུས་ཕུལ་བ། གཅིག་ལ་སོགས་པ་ནས་ལྔའི་བར་དབང་བསྐུར་བར་བྱའོ། །ལྷག་མ་ནི་སྤང་བར་བྱའོ། །ཞེས་གསུངས་སོ། །དེ་ལྟར་སྡོམ་པ་འཛིན་པའི་ཚིག་དེ་ཉིད་ཀྱིས་ཅི་ཞིག་བསྟན་ཞེ་ན། སེམས་བསྐྱེད་པའི་སྡོམ་པ་དང་། བདག་འབུལ་བའི་སྡོམ་པ་ཞེས་བྱ་བའི་རིམ་པ་གཉིས་བསྟན་ནོ། །བདག་འབུལ་བའི་སྡོམ་པ་ཞེས་བྱ་བ་དེ་སེམས་བསྐྱེད་པའི་སྡོམ་པར་འདུས་སོ་སྙམ་ན། དེ་ཡང་མ་ཡིན་ཏེ། སྡོམ་པ་ཕྱི་མ་འདི་ལ་ནི་རྣམ་སྣང་མངོན་བྱང་རྩ་འགྲེལ་དུ། དུས་གསུམ་དུ་སྒྲིབ་པ་མེད་པའི་ཡེ་ཤེས་ཀྱི་སྡོམ་པ་ཞེས་པའི་མིང་གིས་བསྟན་པའི་ཕྱིར་རོ། །འདི་ཡང་ཐམས་ཅད་རྣལ་འབྱོར་དུ་སེམས་བསྐྱེད་པར་བགྱིའོ། །ཞེས་པའི་སྡོམ་པ་དེ་དང་དོན་གཅིག་པར་སྣང་སྟེ། འཆད་པར་འགྱུར་རོ། །

གཉིས་པ་ནི། རྣམ་སྣང་མངོན་བྱང་ལས། སངས་རྒྱས་དང་བྱང་ཆུབ་སེམས་དཔའ་ཐམས་ཅད་བདག་ལ་དགོངས་སུ་གསོལ། བདག་མིང་འདི་ཞེས་བགྱི་བ། དུས་འདི་ནས་ཟུགས་ནས། ནམ་བྱང་ཆུབ་སྙིང་པོ་ལ་འདུག་གི་བར་དུ། དངོས་པོ་ཐམས་ཅད་དང་བྲལ་བ། ཕུང་པོ་དང་། ཁམས་དང་། སྐྱེ་མཆེད་དང་། གཟུང་བ་དང་། འཛིན་པ་རྣམ་པར་སྤངས་པ། ཆོས་བདག་མེད་པར་མཉམ་པ་ཉིད་ཀྱིས། རང་གི་སེམས་ཐོག་མ་ནས་མ

སྐྱེས་པ་སྟོང་པ་ཉིད་ཀྱི་རང་བཞིན། ཇི་ལྟར་སངས་རྒྱས་བཅོམ་ལྡན་འདས་རྣམས་དང་། བྱང་ཆུབ་སེམས་དཔའ་དེ་རྣམས་ཀྱིས། བྱང་ཆུབ་ཏུ་སེམས་བསྐྱེད་པ་དེ་ལྟར། བདག་གིས་ཀྱང་བྱང་ཆུབ་ཏུ་སེམས་བསྐྱེད་དོ། །ཞེས་གསུངས་ཤིང་། དེའི་གོང་དུ། བདག་འབུལ་བའི་སྡོམ་པ་ལེན་པའི་ཚིག་སྔར་དྲངས་ཟིན་པ་དེ་ཉིད་གསུངས་པ་ཡིན་ལ། དེ་གཉིས་འབྲེལ་ཆགས་སུ་བྱུང་བའི་དོན་ཡང་། བདག་འབུལ་བའི་དོན་ནི་ལུས་ངག་ཡིད་གསུམ་གཏོང་བ་ཡིན་ལ། དེ་བཏང་ནས་ཅི་ཞིག་བྱ་སྙམ་པ་ལ། གང་ཟག་དང་ཆོས་ཀྱི་དབང་དུ་བྱས་པའི་གཟུང་འཛིན་གྱི་རྣམ་པར་རྟོག་པ་ཐམས་ཅད་སྤངས་ནས། སེམས་ཀྱི་རྡོ་རྗེ་ཞེས་བྱ་བའི་མིང་ཅན། གཉིས་མེད་ཀྱི་ཡེ་ཤེས་དེ་ཉིད་ངོ་ཤེས་པར་བྱས་ནས། དེ་འཛིན་པའི་སྡོམ་པའི་ཚིག་ནི་དྲངས་མ་ཐག་པ་དེ་ཉིད་དོ། །འདི་ལ་ནི་དུས་གསུམ་དུ་སྒྲིབ་པ་མེད་པའི་ཡེ་ཤེས་ཀྱི་སྡོམ་པ་ཞེས་བྱ་བའི་མིང་གིས་བཏགས་པ་ཡིན་ཏེ། མདོན་བྱང་གི་རྒྱུད་དུ། བཅོམ་ལྡན་འདས་དུས་གསུམ་དུ་སྒྲིབ་པ་མ་མཆིས་པའི་ཡེ་ཤེས་ཀྱི་སྡོམ་པ་གང་ལ་བྱང་ཆུབ་སེམས་དཔའ་རྣམས་གནས་ན། སངས་རྒྱས་དང་བྱང་ཆུབ་སེམས་དཔའ་རྣམས་མཉེས་པར་འགྱུར་བ་བཤད་དུ་གསོལ། ཞེས་དང་། དེའི་འགྲེལ་པར། སངས་རྒྱས་གསང་བས། དུས་གསུམ་དུ་སྒྲིབ་པ་མེད་པའི་ཡེ་ཤེས་ནི་ཐམས་ཅད་མཁྱེན་པའི་ཡེ་ཤེས་ཏེ། ཐམས་ཅད་མཁྱེན་པའི་ཡེ་ཤེས་དེ་ནི། ཉོན་མོངས་པ་དང་། ཤེས་བྱའི་སྒྲིབ་པ་སྤངས་པའི་མཚན་ཉིད་པས། འདས་པ་དང་། ད་ལྟར་དང་། མ་འོངས་པའི་དུས་ཐམས་ཅད་དུ། ཡང་དག་པ་ཉིད་ཀྱི་དངོས་པོ་ལ་མི་སྒྲིབ་ཅིང་། ཐོགས་པ་མེད་པར་མཐོང་བས་ན། དུས་གསུམ་དུ་སྒྲིབ་པ་མེད་པའི་ཡེ་ཤེས་ཞེས་བྱ་སྟེ༑ ཡེ་ཤེས་དེ་ཐོབ་པར་བྱ་བའི་ཕྱིར། མི་དགེ་བ་བཅུ་སྤོང་བའི་སྡོམ་པ་ནི། དུས་གསུམ་དུ་སྒྲིབ་པ་མེད་པའི་ཡེ་ཤེས་ཀྱི་སྡོམ་པ་ཞེས་བྱའོ། །ཞེས་གསུངས་པ་ཡིན་ནོ། །དེ་ལྟར་ན། བྱ་སྤྱོད་གཉིས་སུ་ཕ་རོལ་ཏུ་ཕྱིན་པའི་ཐེག་པ་དང་ཐུན་མོང་མ་ཡིན་པའི་སྡོམ་པ་འཛིན་རྒྱུ་ནི། དུས་གསུམ་སྒྲིབ་མེད་ཀྱི་ཡེ་ཤེས་ཀྱི་སྡོམ་པ་ཞེས་བྱ་བ་དེ་ཡིན་ལ། དེ་ཇི་ལྟར་འཛིན་པའི་ཚུལ་ལ། བྱ་བའི་རྒྱུད་དུ་ནི། དམ་ཚིག་དེ་ལ་འཇུག་པའི་ཚུལ་གྱིས་སྡོམ་པ་བཟུང་བ་ཡིན་ལ། སྤྱོད་པའི་རྒྱུད་དུ་ནི། དམ་ཚིག་དེ་ལ་གནས་པའི་ཚུལ་གྱིས་སྡོམ་པ་བཟུང་བ་ཡིན་ཏེ། བྱ་བའི་རྒྱུད་དུ་ནི། ཀུན་བཏགས་པའི་དངོས་པོ་གསུམ་བཏང་བ་ཙམ་ཡིན་གྱི། ཆོས་ཉིད་ཀྱི་དངོས་པོ་གསུམ་ལ་མཉམ་པར་འཇོག་པའི་སྡོམ་པ་མ་བཟུང་། སྤྱོད་པའི་རྒྱུད་དུ་ནི། སྔར་གོང་དུ་ལུང་དྲངས་ཟིན་པ་ལྟར་འཇུག་པའི་སྡོམ་པ་དང་། གནས་པའི་སྡོམ་པ་གཉིས་ཀ་སྦྱོར་བ་དང་དངོས་གཞིའི་ཚུལ་གྱིས་གོ་རིམ་བཞིན་དུ་ལེན་པར་མཛད་པའི་ཕྱིར། འདིར་འཛིན་རྒྱུའི་ཡེ་ཤེས་དེའི་མིང་གི་རྣམ་གྲངས་ནི་དོན་དམ་པའི་བྱང་ཆུབ་ཀྱི་སེམས་ཀྱི་རྡོ་རྗེ་དང་། བདེ་བ་ཆེན་པོའི་ཡེ་ཤེས་དང་། དུས་གསུམ་དུ་སྒྲིབ་པ་མེད་པའི་ཡེ་ཤེས་ཞེས་བྱ་བ་དེ་ཡིན་ལ། དེ་

མངོན་དུ་བྱེད་པའི་ཐབས་ལ་རྒྱུད་སྡེ་བཞི་པོ་ཟབ་མི་ཟབ་ཀྱི་ཁྱད་པར་ཡོད་ཀྱང་། དེ་མངོན་དུ་བྱེད་པའི་ཐབས་ཙམ་ཡིན་པ་དང་། གང་མངོན་དུ་བྱ་རྒྱུའི་ཡེ་ཤེས་དེ་ལ་ནི་ཁྱད་པར་ཡོད་པ་མ་ཡིན་ཏེ། ཇི་སྐད་དུ། ཐ་ཚིག་སྡུ་ཡིན་ཅི་ལ་དགའ། །ཞེས་དྲིས་པའི་ལན་དུ། སྐལ་བཟང་བདེ་བ་ཆེན་པོ་ལའོ། །ཞེས་ཟེར་བའི་དུས་ཀྱི་བདེ་བ་ཆེན་པོའི་ཡེ་ཤེས་དེ་ཡང་འདི་ཉིད་ལ་འཆད་དགོས་པའི་ཕྱིར་དང་། ཐམས་ཅད་རྣལ་འབྱོར་དུ་སེམས་བསྐྱེད་པའི་དོན་ཡང་འདི་ཉིད་ལ་འཆད་དགོས་པའི་ཕྱིར་དང་། དྲིས་ལན་འདི་ནི་བྱ་སྤྱོད་ཀྱི་དཀྱིལ་ཆོག་ཚད་ལྡན་དག་ནའང་བཤད་པ་མང་བའི་ཕྱིར། དེ་ལྟར་ན་གངས་ཅན་པ་ཕྱི་མ་དག བྱ་སྤྱོད་གཉིས་སུ་ཀུན་རྫོབ་སེམས་བསྐྱེད་ཀྱི་སྡོམ་པ་ལས་མ་གཏོགས་པའི་སྔགས་ཀྱི་སྡོམ་པ་འཛིན་རྒྱུ་དང་ཐོབ་རྒྱུ་གང་ཡང་མེད་དོ། །ཞེས་གསུངས་པ་དེ་ཡང་མ་བརྟགས་པ་ཉིད་དུ་རིག་པར་བྱ་སྟེ། དེ་ལྟ་ན་དེ་ལ་ལྟོས་པའི་རྟ་བའི་ལྟུང་བ་ཡང་བྱང་སེམས་ཀྱི་སྡེ་སྣོད་དུ་བཤད་པ་དེ་ལས་གཞན་མི་འཆད་པར་རིགས་པ་ལས། དེ་ལས་གཞན་དུ་མ་ཞིག་བྱ་སྤྱོད་ཀྱི་རྒྱུད་དུ་གསལ་བར་གསུངས་པའི་ཕྱིར་རོ། །

གསུམ་པ་རྣལ་འབྱོར་རྒྱུད་ཀྱི་སྡོམ་པ་བཟུང་བའི་ཆོག་བཤད་པ་ལ། རྡོ་རྗེ་རྩེ་མོའི་རྒྱུད་ལས་འདི་ལྟར་གསུངས་ཏེ། ཐོག་མར་དྲིས་ལན་གྱི་སྒོ་ནས་སྡོམ་པ་འཛིན་ལུགས་གཏན་ལ་ཕབ། དེ་ནས་འཛིན་རྒྱུའི་སྡོམ་པ་སྦྲག དེའི་འོག་ཏུ་བསྒྲགས་པ་དེ་ཉིད་ཇི་ལྟར་འཛིན་པའི་ཚུལ་ལོ། །དང་པོ་ནི། ཇི་སྐད་དུ། རིག་པའི་རྒྱུད་ནི་རབ་སྒྲུབ་ཕྱིར། །སྡོམ་པ་ཇི་ལྟར་བླང་བར་བགྱི། །ཇི་ལྟར་དམ་ཚིག་བསྲུང་བར་བགྱི། །དམ་ཚིག་ཉམས་པ་ཇི་ལྟ་བུ། །སེམས་ཅན་ཀུན་གྱི་དོན་གྱི་ཕྱིར། །རྫོགས་པའི་བྱང་ཆུབ་སེམས་བསྐྱེད་ནས། །ཐེག་པ་གཞན་ལ་འདོད་མི་བྱ། །དེ་ནས་རྣལ་འབྱོར་ཡང་དག་རྩམ། །དཀྱིལ་འཁོར་གང་ན་གནས་ཀྱང་རུང་། །སློབ་དཔོན་གྱི་ནི་མདུན་སོང་སྟེ། །ཞབས་དག་ལ་ནི་བཏུད་ནས་བརྗོད། །དགའ་ཆེན་ཁྱོད་བདག་སྟོན་པ་ལ། །སློབ་དཔོན་ཁྱོད་ནི་དགོངས་སུ་གསོལ། །བྱང་ཆུབ་ཆེན་པོའི་ཚུལ་བསྟན་པ། །མགོན་པོ་ཆེན་པོ་བདག་འཚལ་ལོ། །དམ་ཚིག་དེ་ཉིད་བསྩལ་དུ་གསོལ། །སྡོམ་པ་རྣམས་ཀྱང་བདག་ལ་སྩོལ། །གཙོ་བོ་བདག་ལ་སྡོམ་པ་སྩོལ། །སློབ་དཔོན་གྱིས་ནི་ཉེ་བར་བརྟག རྣམ་པ་ཀུན་ཏུ་དྲི་བར་བྱ། །དམ་ཚིག་བརྗོད་བྱ་གང་ཞིག་ནི། །སྣོད་དུ་རུང་བ་དེ་གཞུག་བྱ༔ །བུ་དང་སློབ་མ་ཡིན་མ་ཡིན། །སྣོད་དང་ལྡན་ལ་སྦྱིན་པར་བྱ། །གལ་ཏེ་སྣོད་དང་ལྡན་པར་ཤེས། །སྲོག་དང་བདོག་པ་ཀུན་སྦྱིན་བྱ། །མངོན་དུ་དཀྱིལ་འཁོར་རབ་གཞུག་ཅིང་། །ཆོག་བཞིན་དུ་བཅུག་ནས་ཀྱང་། །དེ་ནས་མེ་ཏོག་བཅས་ཐལ་མོ། །ལུས་བཏུད་དགའ་བ་ཆེ་རྣམས་ཀྱིས། །བཤགས་པ་དང་ནི་གསོལ་བ་གདབ། །རྗེས་སུ་ཡི་རང་ཀུན་ཏུ་བྱ། །མཆོད་པ་དང་བཅས་ཡོངས་སུ་བསྔོ། །ཕྱོགས་རྣམས་ཀུན་ཏུ་ཕྱག་བྱ་ཞིང་། །སྡོམ་པ་ཆེན་

པོ་བླང་བར་བྱ། །སློབ་དཔོན་དབང་དུ་གནས་པ་ལ། །སངས་རྒྱས་རོལ་མོ་ལས་བྱུང་བ། །མི་ལྡོག་འཁོར་ལོའི་འགྱུར་བར་ལྡན། །ཐར་པ་ཆེན་པོའི་གྲོང་ཁྱེར་མཆོག གསང་བ་ཆེན་པོར་འཇུག་པར་བྱ། །གསང་བའི་རིགས་མཐོ་ཐམས་ཅད་དུ། །སློབ་དཔོན་ཆེན་པོས་བདག་འཇུག་མཛོད། །མི་ལྡོག་པ་ཡི་དབང་བསྐུར་བ། །སྐལ་པ་ཆེན་པོ་བདག་ལ་སྩོལ། །མཚན་རྣམས་ཀུན་གྱི་རྒྱུས་བཏབ་ཅིང་། །དཔེ་བྱད་རྣམས་དང་ཡང་དག་ལྡན། །སངས་རྒྱས་སྐུ་ནི་ཡིད་འོང་བ། །སློབ་དཔོན་ཆེན་པོས་བདག་ལ་སྩོལ། །དབང་བསྐུར་བ་ནི་ རྨད་བྱུང་ཆེ། །སེམས་ཅན་ཀུན་གྱི་དོན་གྱི་ཕྱིར། །བདག་ནི་རྟག་ཏུ་སློབ་དཔོན་གྱུར། །སློབ་དཔོན་ཆེན་པོ་བདག་ལ་སྩོལ། །གསང་བའི་རིགས་ལས་བྱུང་བ་ཡི། །རྡོ་རྗེ་རིགས་བཅས་འཁོར་ལོ་སྟེ། །ཏྲ་བབས་བཅས་པར་ཡང་དག་ལྡན། །སློབ་དཔོན་གྱུར་པར་ཤེས་པར་བྱ། །བདག་ཉིད་ཉེ་བར་ཞི་བ་ཉིད། །བྱང་ཆུབ་སེམས་ནི་ཡོངས་སུ་བཟུང་། །གསང་བ་ཡི་ནི་འཁོར་ལོ་རུ། །སྡོམ་པ་དང་བཅས་འཇུག་པར་བགྱི། །དེ་ནས་སློབ་དཔོན་གྱིས་འདི་སྐད་ཅེས་བརྗོད་པར་བྱ་སྟེ༔ གསང་བ་ཆེན་པོ་རིགས་དག་པ། །གསང་བ་ཡོངས་སུ་འཛིན་པར་ནི། །བདག་ཉིད་ཆེན་པོ་ཁྱོད་འདོད་དམ། །དེས་ཀྱང་འཚལ་ཞེས་བརྗོད་པར་བྱ། །

གཉིས་པ་ནི། དེ་ནས་སློབ་དཔོན་གྱིས་འདི་སྐད་ཅེས་བརྗོད་པར་བྱ་སྟེ། སངས་རྒྱས་ཆོས་དང་དགེ་འདུན་ཏེ། །དཀོན་མཆོག་གསུམ་ལ་སྐྱབས་སུ་སོང་། །འདི་ནི་སངས་རྒྱས་རིགས་དག་པའི། །དམ་ཚིག་བརྟན་པར་གྱུར་པའོ། །རྡོ་རྗེ་དྲིལ་བུ་ཕྱག་རྒྱ་ཡང་། །བློ་ཆེན་གྱིས་ནི་བཟུང་བར་གྱིས། །བྱང་ཆུབ་སེམས་གང་དེ་རྡོ་རྗེ། །ཤེས་རབ་དྲིལ་བུ་ཞེས་བཤད་དོ། །སློབ་དཔོན་དག་ཀྱང་བཟུང་བར་བྱ། །བླ་མ་སངས་རྒྱས་ཀུན་དང་མཉམ། །འདི་ནི་རྡོ་རྗེའི་རིགས་དག་པའི། །སྡོམ་པ་དམ་ཚིག་ཡིན་པར་གསུངས། །རིན་ཆེན་རིགས་མཆོག་ཆེན་པོ་ལ། །ཉིན་དང་མཚན་མོ་ལན་གསུམ་དུ། །ཟང་ཟིང་མི་འཇིགས་ཆོས་དང་བྱམས། །སྦྱིན་པ་རྣམ་བཞི་རྟག་ཏུ་སྦྱིན། །ཕྱི་ནང་གསང་བ་ཐེག་པ་གསུམ། །དམ་ཚིག་ཁྱོད་ཀྱིས་བཟུང་བར་བྱ། །འདི་ནི་པདྨའི་རིགས་དག་པའི། །དམ་ཚིག་སྡོམ་པ་ཡིན་པར་གསུངས། །ལས་ཀྱི་རིགས་མཆོག་ཆེན་པོ་ལ། །སྡོམ་པ་ཐམས་ཅད་ལྡན་པར་ནི། །ཡང་དག་ཉིད་དུ་བཟུང་བར་བགྱི། །མཆོད་པའི་ལས་ཀྱང་ཅི་ནུས་བགྱི། །དེ་ལས་གཞན་པ་བཅུ་བཞི་ནི། །ཕམ་པར་ནི་རབ་ཏུ་བཤད། །སྤང་ཞིང་དོར་བར་མི་བྱ་སྟེ། །རྩ་བའི་ལྟུང་བ་ཞེས་བཤད་དོ། །ཉིན་དང་མཚན་མོ་ལན་གསུམ་དུ། །ཉིན་རེ་ཞིང་ནི་བཟླ་བར་བྱེད། །གང་ཚེ་ཉམས་གྱུར་རྣལ་འབྱོར་པ། །ཁ་ན་མ་ཐོ་སྦོམ་པོར་འགྱུར། །ཁྱོད་ཀྱིས་སྲོག་ཆགས་བསད་མི་བྱ། །མ་བྱིན་པར་ཡང་མི་བླང་ངོ་། །འདོད་པས་ལོག་པར་གཡེམ་པ་དང་། །རྫུན་དུ་སྨྲ་བར་མི་བྱའོ། །ཕུང་ཁྲོལ་ཀུན་གྱི་རྩ་བ་ཡི། །ཆང་ནི་རྣམ་པར་སྤང་བར་བྱ། །སེམས་ཅན་འདུལ་ཕྱིར་མ

གཏོགས་པ། །བྱ་བ་མ་ཡིན་ཐམས་ཅད་སྤང་། །དམ་པ་ཉེ་བར་བསྙེན་བྱ་ཞིང་། །རྣལ་འབྱོར་པ་རྣམས་བསྙེན་བཀུར་བྱ། །ལུས་ཀྱི་ལས་ནི་རྣམ་གསུམ་དང་། །ངག་གི་རྣམ་པ་བཞི་དག་དང་། །ཡིད་ཀྱི་རྣམ་པ་བཞི་དག་ནི། །ཅི་ནུས་པར་ནི་རྗེས་སུ་སྐྱོངས། །ཐེག་པ་དམན་པ་འདོད་མི་བྱ། །སེམས་ཅན་དོན་ལ་རྒྱབ་ཕྱོགས་མིན། །འཁོར་བ་དག་ཀྱང་སྤང་མི་བྱ། །རྟག་ཏུ་མྱ་ངན་འདས་མི་ཆགས། །ལྷ་དང་ལྷ་མིན་གསང་བ་པ། ཁྱོད་ཀྱིས་བརྙས་པར་མི་བྱའོ། །ཕྱག་རྒྱ་བཞོན་པ་མཚོན་ཆ་དང་། །མཚན་མ་འགོམ་པར་མི་བྱའོ། །འདི་དག་དམ་ཚིག་ཡིན་པར་བཤད། ཁྱོད་ཀྱིས་རྟག་ཏུ་བསྲུང་བར་བྱ། །རྗེས་མཐུན་སྡོམ་པ་རྒྱ་ཆེར་ནི། །གསང་བའི་རྒྱུད་ལས་རབ་ཏུ་བཤད། །དེ་དག་ཀྱང་ནི་བརྗོད་པར་བྱ། །

གསུམ་པ་ནི། འདིར་ནི་སློབ་དཔོན་བདག་ལ་གསོན། །གཙོ་བོས་ཇི་ལྟར་བཀའ་བསྩལ་པ། །དེ་བཞིན་དུ་ནི་བགྱིད་པར་འཚལ། །ཇི་ལྟར་དུས་གསུམ་མགོན་པོ་རྣམས། །ཞེས་པ་ནས། སེམས་ཅན་མྱ་ངན་འདས་ལ་འགོད། །ཅེས་པའི་བར་རྣམས་གསུངས་པ་དང་། ཡང་དེ་ཉིད་ལས། ཁྱིམ་པའི་སྡོམ་པ་ལ་གནས་ནས། །དེ་ཚེ་རིག་པའི་རྒྱལ་པོ་སྒྲུབ། །གལ་ཏེ་དེ་ནི་རབ་བྱུང་གྱུར། །སྡོམ་པ་གསུམ་ལ་ཡང་དག་གནས། །སོ་སོར་ཐར་དང་བྱང་ཆུབ་སེམས། །རིག་པ་འཛིན་པ་མཆོག་ཡིན་ནོ། །ཞེས་དང་། གང་ཞིག་སྡོམ་པ་མི་ལེན་ཞིང་། །ཤིན་ཏུ་གདུལ་དཀའ་དད་མེད་ལ། །གཞུག་པ་ཙམ་ནི་སྦྱིན་པར་བྱ། །དེ་ལ་ལས་ནི་མི་བྱའོ། །དཀོན་མཆོག་གསུམ་ལ་དད་དང་ལྡན། །སྔགས་ལ་འཇིགས་ཤིང་ཤིན་ཏུ་བསྡམས། །དད་དང་དང་བ་ཕུན་སུམ་ཚོགས། །དེ་ལ་དམ་ཚིག་སྦྱིན་པར་བྱ། །དེ་ལ་དམ་ཚིག་གང་ཞེ་ན། །སངས་རྒྱས་ཆོས་དང་དགེ་འདུན་ཏེ། །གཙོ་བོ་དེ་དག་ལྟར་བླང་བྱ། །འཚོ་བའི་སྲོག་གི་ཕྱིར་ཡང་ནི། །བྱང་སེམས་ངེས་པར་དོར་མི་བྱ། །ལྷ་རྣམས་ལ་ནི་སྨད་མི་བྱ། །སྔགས་དང་ཕྱག་རྒྱ་ནམ་ཡང་མིན། །རྡོ་རྗེ་སློབ་དཔོན་བརྙས་མི་བྱ། །བླ་མ་སངས་རྒྱས་ཀུན་དང་མཉམ། །བཞོན་པ་མཚོན་ཆ་ཕྱག་མཚན་དང་། །དམན་མ་ལུས་ཀྱི་གྲིབ་མ་རྣམས། །གྱ་ཚོམ་དུ་ནི་ཞེ་མི་བྱ། །ནམ་ཡང་བཟའ་བར་མི་བྱའོ། །བདག་གིས་སྟོན་ནི་ཇི་ལྟར་མཐོང་། །སེམས་ཅན་གཞན་ལ་བརྗོད་མི་བྱ། །སྔགས་དང་ཕྱག་རྒྱ་བསླབས་པ་ནི། །ནམ་ཡང་དོར་བར་མི་བྱའོ། །སེམས་ཅན་བསད་པར་མི་བྱ་ཞིང་། །ཐེག་པ་གཞན་ལ་དགའ་མི་བྱ། །སེམས་ཅན་དོན་དང་འཁོར་བ་ལས། །ནམ་ཡང་སྐྱོ་བར་མི་བྱའོ། །ཕ་རོལ་ཕྱིན་དྲུག་སྤྱོད་པ་ནི། །ནམ་ཡང་དོར་བར་མི་བྱའོ། །བྱ་བ་མ་ཡིན་རྟག་ཏུ་སྤང་། །ཁྱོད་ཀྱི་དམ་ཚིག་སྡོམ་པ་ཡིན། །ཞེས་གསུངས་སོ། །

གཉིས་པ་བཟུང་བ་དེ་ཉིད་ཇི་ལྟར་ཐོབ་པའི་དུས་ལ་གཉིས་ཏེ། ཐོབ་པའི་དུས་དང་། དེས་ཐོབ་པའི་སྡོམ་པ་གསུམ་གྱི་ཁྱད་པར་བཤད་པའོ། །དང་པོ་ལ་རང་གི་ལུགས་དང་། གཞན་གྱིས་བརྟགས་པའི་མཐའ

བསལ་བའོ། །དང་པོ་ནི། རྒྱུད་སྡེ་འོག་མ་གསུམ་པོ་རང་རང་སོ་སོ་ལ་ལྟོས་པའི་སྡོམ་པ་དེ་དང་དེ་དག་ཡོངས་སུ་རྫོགས་པ་ན། རང་རང་ལ་ལྟོས་པའི་སློབ་དཔོན་དུ་དབང་བསྐུར་བ་རྫོགས་པའི་མཐའ་རྟེན་དུ། སློབ་དཔོན་ལ་དགོས་པའི་དམ་ཚིག་རྣམས་རྒྱས་པར་བསྒྲགས་ནས། བསྡུས་ཏེ་བཟུང་བ་ལན་གསུམ་བྱས་པའི་མཐར་ཐོབ་པ་ཡིན་ཏེ།དེའི་ཚེ་དེ་འདྲ་དེ་རང་རང་ལ་ལྟོས་པའི་རྒྱ་བའི་ལྡུང་བ་དེ་དང་དེ་བསྐྱེད་པའི་རྟེན་དུ་རུང་བ་ཡིན་གྱི། སྔ་རོལ་དུ་མ་ཡིན་པའི་ཕྱིར།

གཉིས་པ་ནི། གཞན་དག་ན་རེ། སྡོམ་པ་འཐོབ་པ་ནི་དབང་བསྐུར་ལ་ལྟོས་པ་མ་ཡིན་ཏེ། རང་རང་ལ་ལྟོས་པའི་སྡོམ་བཟུང་གི་ཚིག་ལན་གསུམ་བྱས་པའི་མཐའ་དེ་ཉིད་དུ་སྐྱེ་བ་མ་ཡིན་ན། སྡོམ་བཟུང་གི་ཚིག་ལན་གསུམ་བརྗོད་པ་ལ་དགོས་པ་མེད་པའི་ཕྱིར། ཞེས་གསུང་ངོ་། །དེ་ནི་རིགས་པ་མ་ཡིན་ཏེ། སྡོམ་པ་བཟུང་ནས་དབང་མ་ཐོབ་པའི་གང་ཟག་དེ། རང་རང་གི་རྒྱ་ལྡུང་བསྐྱེད་པའི་རྟེན་དུ་མི་རུང་བའི་ཕྱིར་དང་། ཐ་ན་བྱ་རྒྱུད་ཀྱི་རྒྱ་ལྡུང་ལ་ཡང་། འཇམ་དཔལ་རྩ་བའི་རྒྱུད་ནས་རྩ་བའི་ལྡུང་བ་ལྔ་བཤད་པ་ལས། གཉིས་ནི་དབང་བསྐུར་བ་སྦྱིང་བ་དང་། བླ་མ་ལ་ལྷུབ་ཞེས་དང་ལྔ་བཤད་ལ། དེ་དག་ནི་དབང་མ་བསྐུར་བ་ལ་མི་འབྱུང་བའི་ཕྱིར་དང་། རྣལ་འབྱོར་རྒྱུད་དུ། རྡོ་རྗེ་དྲིལ་བུ་ཕྱག་རྒྱ་ཡང་། །ཞེས་ལན་གསུམ་བརྗོད་པ་ཙམ་གྱིས་དེ་དང་དེའི་སྡོམ་པ་ཐོབ་པ་ཡིན་ན། སླར་ཡང་རྡོ་རྗེ་སློབ་དཔོན་གྱི་དབང་གི་དུས་སུ་དམ་ཚིག་གསུམ་འཛིན་དགོས་པར་བཤད་པ་དང་འགལ་བའི་ཕྱིར་དང་། སློབ་དཔོན་གྱི་དབང་གི་གསོལ་གདབ་ཏུ། སངས་རྒྱས་ཀུན་གྱི་དམ་ཚིག་དང་། །སྡོམ་པའང་བླ་ན་མེད་པ་སྩོལ། །ཞེས་ཚད་ལྡན་མང་པོས་བཤད་པ་དང་འགལ་བའི་ཕྱིར་དང་། སྡོམ་བཟུང་གི་མཐར་སྡོམ་པ་རྫོགས་པར་ཐོབ་པ་ཡིན་ན། དཀྱིལ་འཁོར་དུ་འཇུག་པའི་སྐབས་སུ་དམ་ལ་གཞག་པ་རྣམས་དོན་མེད་པར་ཐལ་བའི་ཕྱིར་དང་། གལ་ཏེ་དགེ་ཚུལ་གྱི་སྡོམ་པ་ཐོབ་ནས་བསླབ་པ་བརྗོད་པ་དང་འདྲའོ་སྙམ་ན། མི་འདྲ་སྟེ། དེར་ནི་བསླབ་བྱ་ཤེས་པའི་ཕྱིར་དུ་བརྗོད་དུ་བཅུག་པ་ཙམ་ཡིན་ལ། འདིར་ནི་མནའ་བསྒགས་པའི་སྒོ་ནས་འཛིན་དུ་བཅུག་པ་ཡིན་པའི་ཕྱིར། གཞན་ཡང་ཁྱེད་ལྟར་ན། རྣལ་འབྱོར་གོང་མ་གཉིས་ཀྱི་སྡོམ་པ་ལ་ཁྱད་པར་མེད་པར་འགྱུར་ཏེ། སྡོམ་བཟུང་གི་ཚིག་ཁྱད་པར་མེད་པ་གཅིག་གིས་སྡོམ་པ་དེ་གཉིས་ཀ་ཐོབ་པར་མཚུངས་པའི་ཕྱིར། འདོད་ན་སྡོམ་པ་དེ་ལ་ལྟོས་པའི་བསྲུང་བ་དང་། བསྟན་པ་དང་། བཟའ་བ་དང་། མི་འབྲལ་བའི་དམ་ཚིག་རྣམས་ཀྱང་ཁྱད་པར་མེད་པ་ཉིད་དུ་ཐལ་བར་འགྱུར་རོ། །དེས་ན་དབང་བསྐུར་མ་ཐོབ་པ་ལ་སྔགས་པའི་དོན་དང་ཐ་སྙད་གཉིས་ཀ་མེད་ཅིང་། དེ་མེད་པ་ལ་སྔགས་ཀྱི་སྡོམ་པ་ཡོད་པར་མི་འགྱུར་ཏེ། གཞུང་འདི་ཉིད་ལས། དབང་བསྐུར་དག་དང་མ་འབྲེལ་བ། །དེ་ལ་སྔགས་ཀྱི་སྡོམ་པ་མེད། །ཅེས

དང་། རིག་འཛིན་སྔགས་ཀྱི་སྡོམ་པ་ཡང་། །དབང་བསྐུར་མེད་པར་འཐོབ་མི་ནུས། །ཞེས་གསུངས་པ་ཉིད་རིགས་པའི་ཕྱིར་རོ། །དེ་ལྟར་ན་སྡོམ་པ་སྐྱེས་པའི་ཐོག་མ་ནི། སློབ་མའི་ལུས་ངག་ཡིད་གསུམ་རྡོ་རྗེ་གསུམ་དུ་བྱིན་གྱིས་བརླབས་པའི་དུས་དེ་ནས་མགོ་བཟུང་བ་ཡིན་ལ། སྐྱེས་ཟིན་པའི་མཐའ་ནི་རྒྱུད་སྡེ་རང་རང་གི་དབང་གི་མཐའ་རྟེན་རྫོགས་ཟིན་པའི་དུས་དེ་ཁོ་ནའོ། །ཞེས་བྱ་བ་འདི་ཡིན་ནོ། །

གཉིས་པ་དེས་བཟུང་བའི་སྡོམ་པའི་ཁྱད་པར་ནི། དེ་ལ་སྤྱིར་སྔགས་ཀྱི་སྡོམ་པ་ཞེས་བྱ་བའི་དོན་ནི། རིག་པ་འཛིན་པའི་སྡོམ་པ་ཞེས་པ་ཡིན་ལ། དེར་འཛིན་རྒྱུའི་རིག་པ་ནི་གཟུང་འཛིན་གཉིས་མེད་ཀྱི་ཡེ་ཤེས་སོ། །འདི་ཡང་སྔར་མེད་གསར་དུ་བསྐྱེད་དགོས་པ་ནི་མ་ཡིན་གྱི། གཞི་གདོད་མ་ནས་གྲུབ་ཟིན་དེ་ཉིད་གསལ་བཏབ་པའི་སྒོ་ནས་འཛིན་པ་ཡིན་ལ། དེ་འཛིན་པར་བྱེད་པའི་ཐབས་ནི་ཕ་རོལ་ཏུ་ཕྱིན་པའི་ཐེག་པ་བ་དག་ལ་ཡང་ཡོད་མོད་ཀྱི། ཐབས་དེ་ལ་སྡོམ་པར་འཛོག་པ་ནི་སྔགས་ཀྱི་ཐེག་པའི་ཁྱད་ཆོས་ཏེ། ཇི་སྐད་དུ། གུར་ལས། དེ་ཕྱིར་དཀྱིལ་འཁོར་འཁོར་ལོ་ཞེས། །ཐབས་ནི་བདེ་བའི་སྡོམ་པ་སྟེ། །ཞེས་གསུངས་པ་ལྟར་རོ། །དེ་ལྟར་ན་ཐུན་མོང་གི་སྤང་བྱ་གཟུང་འཛིན་གྱི་རྣམ་པར་རྟོག་པ་ཕྲ་རགས་བཞི་དང་། སྔགས་ཀྱི་ཐེག་པའི་ཐུན་མོང་མ་ཡིན་པའི་སྤང་བྱ་འཕོ་བའི་བག་ཆགས་ཕྲ་རགས་མི་འདྲ་བ་བཞིའི་གཉེན་པོར། ཆོ་ག་མི་འདྲ་བ་བཞིའི་དབྱེ་བས་གཟུང་འཛིན་གཉིས་སུ་མེད་པའི་རིག་པ་དེ་འཛིན་པར་དམ་བཅས་ནས། དེའི་ཐབས་ལ་སློབ་པར་ཁས་ལེན་པའི་སེམས་པ་ས་བོན་དང་བཅས་པ་ནི། རྒྱུད་སྡེ་བཞི་པོ་སོ་སོ་ནས་གསུངས་པའི་རིག་པ་འཛིན་པའི་སྡོམ་པ་སོ་སོའི་ཁྱད་པར་དུ་བྱ་བ་དག་ཡིན་ནོ། འོན་འདོད་ཆགས་རིམ་བཞི་དང་སྤང་བྱ་རྣམ་པར་རྟོག་པའི་ཁྱད་ཇི་ལྟ་བུ་ཞེ་ན། ཇི་སྐད་དུ། དཔལ་སམྦུ་ཊ་ལས། རྒོད་དང་བལྟ་དང་ལག་བཅངས་དང་། །གཉིས་གཉིས་འཁྲུད་དང་རྣམ་པ་བཞི། །སྲིན་བུའི་ཚུལ་གྱིས་རྒྱུད་བཞིར་གནས། །ཞེས་གསུངས་པའི་རྒྱུ་མཚན་གྱིས། རྒོད་པ་དང་། བལྟ་བ་དང་། ལག་བཅངས་དང་། དབང་པོ་གཉིས་སྦྱོར་གྱི་འདོད་ཆགས་རྣམས་ལམ་དུ་བྱས་པའི་སྒོ་ནས། ཆགས་པ་དེ་དང་དེ་དག་པར་བྱེད་པའི་ཡེ་ཤེས་རང་རྒྱུད་ལ་འཛིན་པར་བྱེད་པའོ། །དེ་སྤོང་སླ་བ་ལ་རགས་པ་དང་། དཀའ་བ་ལ་ཕྲ་བའི་ཐ་སྙད་བྱས་པ་ནི་གྲུབ་པའི་མཐའ་སྨྲ་བ་དག་གི་སྤྱིའི་སྐད་དོ། །གཉིས་པ་ནི། སྤྱིར་རྟོག་པ་ལ་གང་ཟག་ཏུ་འཛིན་པ་དང་། ཆོས་སུ་འཛིན་པ་གཉིས་སུ་ངེས། ཕྱི་མ་ལ་གཟུང་བའི་ཆོས་ལ་རྟོག་པ་དང་། འཛིན་པའི་ཆོས་ལ་རྟོག་པ་གཉིས་སུ་ངེས། དང་པོ་ལའང་། དོན་དུ་སྣང་བ་དེ་ཉིད་ལ་དོན་དུ་འཛིན་པའི་རྣམ་པར་རྟོག་པ་དང་། སྣང་བ་དེ་ལས་རྫས་གཞན་པའི་དོན་གཞན་ཡོད་པར་འཛིན་པའི་རྣམ་པར་རྟོག་པའོ། །རྟོག་པ་སོ་སོ་བ་དེ་དང་དེའི་གཉེན་པོར་སྟོང་པ་ཉིད་ཀྱི་ཡེ་ཤེས་འཛིན་པ་ནི་རིག་པ་འཛིན་པ་ཡིན་ལ། དེ་འཛིན་པའི་

ཚུལ་མི་འདྲ་བ་བཞིའི་དབྱེ་བས་རྒྱུད་སྡེ་བཞིའི་སྡོམ་བཟུང་གི་ཆོ་ག་མི་འདྲ་བ་བཞི་དང་། དེས་བཟུང་བའི་སྡོམ་པ་མི་འདྲ་བ་བཞི་རྣམ་པར་བཞག་གོ །དེ་ལྟ་ཡིན་པ་དེའི་ཕྱིར། སྡོམ་བཟུང་གི་དུས་སུ་གང་ཟག་དང་ཆོས་ཀྱི་དབང་དུ་བྱས་པའི་གཟུང་འཛིན་གཉིས་པོ་གང་རུང་གིས་སྟོང་པའི་སྟོང་པ་ཉིད་འཛིན་པར་དམ་བཅས་པའི་རྒྱུ་མཚན་གྱིས། རྒྱ་བའི་ལྟུང་བ་འཆད་པ་ན་ཡང་། རང་བཞིན་དག་པའི་ཆོས་ལ་ཐེ་ཚོམ་ཟ་བ་དང་། མིང་སོགས་བྲལ་བའི་ཆོས་ལ་དེར་རྟོག་པ་རྩ་བའི་ལྟུང་བར་བཤད་པ་དང་། རྣལ་འབྱོར་རྒྱུད་དུ་སྡོམ་པ་འཛིན་པ་ན། བྱང་ཆུབ་སེམས་གང་དེ་རྡོ་རྗེ། །ཞེས་བཤད་པ་དང་། འཇམ་དཔལ་རྩ་བའི་རྒྱུད་དང་། རྣམ་སྣང་མངོན་བྱང་དུ། ཚུལ་ཁྲིམས་ལ་འདུས་བྱས་ཀྱི་ཚུལ་ཁྲིམས་དང་། འདུས་མ་བྱས་ཀྱི་ཚུལ་ཁྲིམས་གཉིས་སུ་ཕྱེ་ནས། ཕྱི་མའི་བསླབ་བྱ་འཆད་པ་ན། བྱང་ཆུབ་སེམས་དཔའ་ཆོས་གཅིག་ལ་གནས་པས་གསང་སྔགས་མངོན་པར་འགྲུབ་སྟེ། གཅིག་པོ་གང་ཞེ་ན། འདི་ལྟ་སྟེ། ཆོས་ཐམས་ཅད་སྒྲིབ་པ་མེད་པའི་རྣམ་པར་རྗེས་སུ་མཐོང་བའོ། །ཞེས་གསུངས་པ་དང་། བྱ་བའི་རྒྱུད་ཀྱི་དམ་ཚིག་སྒྲག་པའི་ཐོག་མར། ཤེར་ཕྱིན་གྱི་མདོ་སྡེ་བཀླག་པར་གསུངས་པ་ཡང་དོན་དེ་ལ་དགོངས་པ་ཡིན་ནོ། །

གཉིས་པ་རྣལ་འབྱོར་བླ་མེད་ཀྱི་སྡོམ་པ་བཟུང་བའི་ཆོ་ག་ལ་གཉིས་ཏེ། བུམ་དབང་གི་དང་། དབང་གོང་མ་ལས་བྱུང་བའི་སྡོམ་པ་བཟུང་བའི་ཆོ་གའོ། །སྡོམ་པ་གཉིས་པོའི་ཁྱད་པར་ནི། བདེ་ཆེན་གྱི་ཡེ་ཤེས་མངོན་དུ་མ་གྱུར་པ་འཛིན་པའི་སྡོམ་པ་དང་། མངོན་དུ་གྱུར་ཟིན་པའི་དབྱེ་བས་རབ་ཏུ་ཕྱེ་བ་ཡིན་ལ། ཆོ་ག་དེ་གཉིས་པོའི་ཁྱད་པར་ཡང་ཡེ་ཤེས་དེ་བརྒྱུད་ནས་འདྲེན་པ་དང་། དངོས་སུ་འདྲེན་པའི་ཁྱད་པར་ཡིན་ནོ། །དང་པོ་ལ་གཉིས་ཏེ། རྣལ་འབྱོར་རྒྱུད་དང་ཐུན་མོང་གི་སྡོམ་པ་དབང་གི་སྔོན་འགྲོའི་སྐབས་སུ་འཛིན་པ་དང་། ཐུན་མོང་མ་ཡིན་པའི་བུམ་དབང་གི་སྡོམ་པ་མཐའ་རྟེན་གྱི་སྐབས་སུ་ལེན་པའོ། །དང་པོ་ནི། ཀུན་ལ་གྲགས་ཟིན་པས་གོ་བར་སླ་བ་དེ་ཉིད་ཡིན་ལ། གཉིས་པ་ནི། དབང་གི་ཀུ་བོ་ལས། ཇི་སྐད་དུ། རྡོ་རྗེ་གུར་ལས་བཤད་པ་འདི་དག་བརྗོད་པ། སློབ་དཔོན་སྨད་པར་མི་བྱ་ཞིང་། །བདེ་གཤེགས་བཀའ་ལས་འདའ་མི་བྱ། །ཞེས་པ་ནས་བཟུང་སྟེ། བྱེ་མའི་ལས་ལ་མཆོད་རྟེན་ཡང་། །མཁས་པས་ཆོ་ག་བཞིན་དུ་བྱ། །ཞེས་བཤད་དེ། དེ་དག་གི་དོན་ཡང་ཞིབ་ཏུ་བཤད་པར་བྱའོ། །དེ་ལྟར་དེ་དག་གིས་ནི་རྣལ་འབྱོར་པའི་དམ་ཚིག་དང་སྡོམ་པ་མཐའ་དག་བསྡུས་པ་ཡིན་ཏེ། དེ་དག་དེ་ལྟར་བསྒྲགས་སོ། །དེ་ནས་སློབ་མས་དེ་དག་བཟུང་བར་བྱའོ་སྙམ་པའི་བསམ་པས། གཙོ་བོས་ཇི་ལྟར་བཀའ་བསྩལ་པ། །དེ་དག་ཐམས་ཅད་བདག་གིས་བགྱིད། །ཅེས་པ་ལན་གསུམ་བརྗོད་པས་དམ་ཚིག་མ་ལུས་པ་བཟུང་བར་འགྱུར་རོ། །ཞེས་གསུངས་པ་ལས་ཤེས་པར་བྱའོ། །

གཉིས་པ་ནི། ཐུམ་དབང་དང་གསང་དབང་གི་སྒོམ་བྱ་ལ་བརྟེན་པ་ཐོབ་པའི་སློབ་མ་ལ་བསྐུར་བར་བྱ་བའི་དབང་གསུམ་པའི་ཆོག་གང་དང་གང་ཡིན་པ་དེ་ནི། རྫོགས་རིམ་གྱི་སྡོམ་པ་དེ་ཐོབ་པར་བྱེད་པའི་ཆོག་ཡིན་ལ། དེ་ལས་སྐྱེས་པའི་ཡེ་ཤེས་ཕ་རོལ་ཏུ་ཕྱིན་པའི་ཐེག་པ་ལྟ་ཞོག་ བསྐྱེད་རིམ་པ་མན་ཆད་ཀྱིས་མ་རྟོགས་པའི་བདེ་བ་ཆེན་པོའི་ཡེ་ཤེས་མངོན་དུ་གྱུར་པ་དེ་ལ་སྡོམ་པ་ཞེས་བྱ་བའི་མིང་གིས་འདོགས་པ་ནི་རྒྱུད་གཞུང་གི་དངོས་བསྟན་ཡིན་ལ། ཐ་སྙད་སྦྱར་བདེ་བའི་དབང་དུ་བྱས་ན། བདེ་ཆེན་གྱི་ཡེ་ཤེས་མ་སྐྱེས་པ་བསྐྱེད་པའི་ཕྱིར་དུའམ། སྐྱེས་ཟིན་གྱི་ཡེ་ཤེས་དེས་བྱིན་གྱིས་བརླབས་ནས།གསང་སྔགས་ཀྱི་ཀུན་སྤྱོད་མཐའ་དག་ཉམས་སུ་ལེན་པར་བྱེད་པའི་སེམས་པ་ས་བོན་དང་བཅས་པ་ནི་རྫོགས་རིམ་གྱི་སྡོམ་པའོ། །དེ་སྐད་དུ་ཡང་། གཞན་གྱིས་བརྗོད་མིན་ལྷན་ཅིག་སྐྱེས། །གང་དུ་ཡང་ནི་མི་རྙེད་དེ། །བླ་མའི་དུས་ཐབས་བསྟེན་པ་དང་། །བདག་གི་བསོད་ནམས་ལས་ཤེས་བྱ། །ཞེས་དང་། ཨཱརྱ་དེ་བས། །སྐལ་པ་བྱེ་བ་རྣམས་སུ་ཡང་། །ཐོས་པའི་ཕ་རོལ་སོན་གྱུར་ཀྱང་། །བདག་བྱིན་རླབས་ལས་ཕྱིར་ཕྱོགས་པ། །དེ་ཡིས་དེ་ཉིད་མཐོང་མི་འགྱུར། །ཞེས་གསུངས་སོ། །དེ་ལྟ་བུའི་ཡེ་ཤེས་དེ་བླ་མའི་དུས་ཐབས་བསྟེན་ནས་ཇི་ལྟར་བསྐྱེད་པའི་རིམ་པ་འཆད་པ་ནི། རྒྱུད་ལས། སྡོམ་པ་དང་ནི་དབང་དང་ཡང་། །དེ་བཞིན་དགོངས་པའི་སྐད་ཉིད་དང་། །དགའ་དང་སྐད་ཅིག་དབྱེ་བ་དང་། །ཞེས་པ་ནས། ཨེ་ཡི་ཆ་བྱད་བཟང་པོ་གང་། །དབུས་སུ་ཝཾ་གིས་རྣམ་པར་བརྒྱན། །བདེ་བ་ཐམས་ཅད་ཀྱི་ནི་གནས། །སངས་རྒྱས་རིན་ཆེན་ཟ་མ་ཏོག སྐད་ཅིག་དབྱེ་བས་ཕྱེ་བ་ཉིད། །དགའ་བ་དེ་ལས་སྐྱེ་བར་འགྱུར། །ཞེས་སོགས་རྒྱས་པར་གསུངས་སོ། །

དེ་ཡང་དབང་གསུམ་པ་ལས་དངོས་སུ་སྐྱེས་པའི་ཡེ་ཤེས་ནི། མཚོན་བྱེད་དཔེའི་ཡེ་ཤེས་ཡིན་ལ། །དེའི་རྒྱུན་གོམས་པར་བྱས་པ་ལས་མཚོན་བྱ་དོན་གྱི་ཡེ་ཤེས་སུ་འགྱུར་པ་ཡིན་པ་དེའི་ཚེ། གོམས་བྱེད་ཀྱི་རྣལ་འབྱོར་ནི་དབང་བཞི་པ་ལས་སྐྱེས་པའི་ཡེ་ཤེས་ལ་བྱ་དགོས་པ་ཡིན་ཏེ། དབང་གསུམ་པར་སྐྱེས་པའི་ཡུལ་ཅན་བདེ་བ་ཆེན་པོ་དེ། དབང་བཞི་པ་བསྐུར་བྱེད་ཀྱི་ཚིག་དང་ཕྲད་པ་ན། ངེས་ཡུལ་སྤྲོས་པའི་མཐའ་ཐམས་ཅད་དང་བྲལ་བར་མཐོང་བ་ཡིན་ཞིང་། དེའི་རིགས་རྒྱུན་གོམས་པར་བྱས་པས། མཚོན་བྱ་དོན་གྱི་ཡེ་ཤེས་མངོན་དུ་འགྱུར་པ་ཡིན་ལ། དེ་ལ་ནི་ཕྱག་རྒྱ་ཆེན་པོ་མཆོག་གི་དངོས་གྲུབ་ཅེས་ཀྱང་བྱའོ། ། ཡེ་ཤེས་དེ་གཉིས་ཀ་ལ་ཡང་། སྡོམ་པ་ཞེས་བྱ་བའི་ཐ་སྙད་ནི་དངོས་མིང་དུ་འཇུག་པར་རྒྱུད་འགྲེལ་ནས་ཤིན་ཏུ་གསལ་ལོ། །དབང་གསུམ་པའི་དུས་སུ་ཐོག་མར་སྐྱེས་པ་དེ་དང་། དེའི་རྒྱུན་གོམས་པར་བྱས་པའི་ཡེ་ཤེས་གཉིས་ཀ་ཡང་། དོན་གྱི་ཡེ་ཤེས་དངོས་ཡིན་པར་ནི་བླ་མ་རྫོག་པ་རྣམས་བཞེད་པར་གྲགས་ལ། དེ་དེ་ཡིན་པའི་ཤེས་བྱེད་ཀྱང་། ཇི་སྐད་དུ། སློབ་མ

སྙིང་རྗེ་ཅན་མཐོང་ནས། །རྡོ་རྗེ་ཅན་གྱིས་འདི་སྐད་སྨྲ། །འདི་ཉིད་ཡེ་ཤེས་ཆེན་པོ་ཉིད། །ཐམས་ཅད་ལུས་ལ་རྣམ་པར་གནས། །གཉིས་དང་གཉིས་སུ་མེད་པའི་ཚུལ། །དངོས་དང་དངོས་མེད་བདག་ཉིད་གཙོ། །བརྟན་དང་གཡོ་བ་ཁྱབ་ནས་གནས། །སྒྱུ་མའི་གཟུགས་ཅན་ཉིད་དུ་འདོད། །དཀྱིལ་འཁོར་འཁོར་ལོའི་ཐབས་ཀྱིས་ནི༑ ༑ངེས་པར་འགྲོ་བར་འགྱུར། །ཞེས་གསུངས་པ་ལ་བརྟེན་པ་ཡིན་ནོ། །ཞེས་འཆད་ལ། དེ་མི་འཐད་པ་ལ་ལུང་རིགས་གཉིས་ལས། ལུང་ནི། རྒྱུད་ལས། གང་ཕྱིར་འབྱུང་བ་ཆེ་བདེ་བ། །དེ་ཡི་བདེ་བ་བདེ་ཆེན་མིན། །ཞེས་དང་། ཡེ་ཤེས་གྲུབ་པ་ལས། དབང་པོ་གཉིས་སྦྱོར་བདེ་བ་ནི། །དེ་ཉིད་ཡིན་ཞེས་སྨྲེས་ངན་སྨྲ། །དེ་ནི་བདེ་བ་ཆེ་ཡིན་ཞེས། །རྒྱལ་བ་མཆོག་གིས་མ་གསུངས་སོ། །ཞེས་དང་། དེ་དེར་འདོད་པ་མུ་སྟེགས་ཀྱི་གསང་བའི་ལུགས་ཡིན་པར། མཻ་ཏྲི་པས་བཤད་པ་དང་། རིགས་པ་ནི། དེའི་དུས་སུ་ཆོས་ཀྱི་བདག་མེད་མངོན་སུམ་དུ་མ་མཐོང་བ་དང་། དེའི་སྐད་ཅིག་གཉིས་པར་མཐོང་སྤང་ལས་མ་གྲོལ་བའི་ཕྱིར། ཞེས་པ་རྣམས་སོ། །དེ་ལྟ་ནའང་། དེའི་དུས་སུ་གཟུང་འཛིན་གཉིས་མེད་ཀྱི་ཡེ་ཤེས་ཞིག་སྐྱེས་པ་དེ། སངས་རྒྱས་ཀྱི་ཡེ་ཤེས་དང་འདྲ་བའི་དོན་གྱིས་ན་དེའི་ཡེ་ཤེས་ཞེས་བྱ་སྟེ། ཇི་སྐད་དུ། རྒྱུད་ཉིད་ལས། ཀུན་མཁྱེན་ཡེ་ཤེས་དེ་ལྟ་བུ། །ཞེས་གསུངས་སོ༑ ༑དེའི་ཕྱིར་དབང་དུས་སུ་མངོན་དུ་གྱུར་པའི་གཟུང་འཛིན་གཉིས་མེད་ཀྱི་ཡེ་ཤེས་འདི་ཡང་། སངས་རྒྱས་ཀྱི་ཡེ་ཤེས་དངོས་སུ་མི་འཆད་པ་རྗེ་བཙུན་ས་སྐྱ་པ་རྣམས་ཀྱི་བཞེད་པ་ཡིན་པ་དེ་ལྟ་ན། གཞི་དུས་ཀྱི་ཡེ་ཤེས་དེར་འཆད་པ་ལྟ་སྨོས་ཀྱང་ཅི་དགོས། དེ་ལྟ་ནའང་། མཚོན་བྱ་དོན་གྱི་ཡེ་ཤེས་ལ་སངས་རྒྱས་ཀྱི་ཡེ་ཤེས་དངོས་སུ་འཆད་པ་རྒྱུད་འགྲེལ་གྱི་བབས་ལ་སྣང་བ་དེ་ནི། བློ་བུར་རྣམ་དག་གི་ཆོས་སྐུའི་ཆ་ཤས་གཅིག་ཐོབ་པ་ལ་དགོངས་སོ། །

གསུམ་པ་རྒྱུད་སྡེ་སོ་སོ་ནས་འབྱུང་བའི་རྩ་ལྟུང་གི་གྲངས་བསྟན་པ་ནི། དང་པོ་བྱ་བའི་རྒྱུད་ལ། གསང་བ་སྤྱི་རྒྱུད་ལས། དེ་ནས་བླ་མས་སློབ་མ་རྣམས། །མ་ཡེང་ལེགས་པར་བཀོད་ནས་སུ། །ཤེས་རབ་ཕ་རོལ་ཕྱིན་བཀླགས་ནས། །དམ་ཚིག་འདི་དག་བསྒོ་བར་བྱ། །དེ་རིང་ཕྱིན་ཆད་ཁྱེད་རྣམས་ཀྱིས། །སངས་རྒྱས་ཆོས་དང་དགེ་འདུན་དང་། །བྱང་ཆུབ་སེམས་དཔའ་རྣམས་དང་ནི། །གསང་སྔགས་རིག་སྔགས་ཚོགས་རྣམས་ལ། །དད་པ་རབ་ཏུ་བརྟན་པར་བྱ། །ཐེག་པར་ཐེག་པ་ཆེན་པོ་ལ། །ཁྱད་པར་དུ་ནི་མོས་པར་བྱ། །དམ་ཚིག་ཅན་དང་མཛའ་བོ་དང་། །བླ་མ་ལ་ཡང་གུས་པར་བྱ། །ལྷ་རྣམས་ཀུན་ལ་སྡང་མི་བྱ། །དུས་མཚམས་དག་ཏུ་མཆོད་པ་བྱ། །སྟོན་པ་གཞན་གྱི་གཞུང་མི་མཆོད། །རྟག་ཏུ་གློ་བུར་མགྲོན་མཆོད་བྱ། །སྲོག་ཆགས་ཀུན་ལ་བྱམས་པའི་སེམས། །རབ་ཏུ་བརྟན་པ་ཉེ་བར་བཞག ཐེག་ཆེན་ལ་ནི་དགའ་རྣམས་ཀྱིས། །བསོད་ནམས་དག་ལ་ནན་ཏན་བསྐྱེད། །བཟླས

བརྗོད་བྱེད་ལ་འབད་པ་ཡིས། །གསང་སྔགས་སྤྱོད་ལ་བརྩོན་པར་བྱ། །གསང་སྔགས་རྒྱུད་ལས་བསྟན་པ་ཡི། །དམ་ཚིག་རྣམས་ཀྱང་བསྲུང་བར་བྱ། །དམ་ཚིག་མེད་པ་རྣམས་ལ་ནི། །སྔགས་དང་ཕྱག་རྒྱ་མི་སྦྱིན་ནོ། །གསང་སྔགས་རྒྱུད་ནི་ལེགས་བསྲུང་ཞིང་། །དེ་ཡང་བདག་གིས་རྟོགས་པར་བྱ། །ཞེས་གསུངས་སོ། །འདི་དག་ལ་རྗེ་བླ་མའི་གསུང་གིས། དང་པོ་གསུམ་སྤྱིའི་དམ་ཚིག་དང་།ཕྱི་མ་བཅུ་གསུམ་དབང་གི་དམ་ཚིག་ཡིན་ནོ། །ཞེས་གསུངས་ལ། དུས་འཁོར་རྒྱུད་འགྲེལ་ལས། རྒྱུད་སྡེ་བཞི་ཀ་ཡང་རྩ་ལྟུང་བཅུ་བཞི་པ་ཅན་དུ་འདྲ་བར་གསུངས་པའི་དགོངས་པ་ལ་བརྟགས་ན། ཇི་སྐད་གསུངས་པ་དེ་དག་བཅུ་བཞིར་བསྡུད་དེ། འདི་ལྟར། དཀོན་མཆོག་ལ་དད་པ་དང་གཅིག སྔགས་ལ་དད་པ་དང་གཉིས། ཐེག་ཆེན་ནམ་ཕྱག་རྒྱ་ཆེན་པོ་ལ་མོས་པ་དང་གསུམ། བླ་མ་དང་མཆེད་གྲོགས་ལ་གུས་པ་དང་བཞི། ལྷ་རྣམས་ལ་མི་སྨད་པ་དང་། དུས་མཚམས་སུ་མཆོད་པ་དང་། གཞུང་གཞན་མི་མཆོད་པ་དང་། གློ་བུར་བ་མཆོད་པ་དང་། བྱམས་པ་མི་བཏང་བ་དང་། བསོད་ནམས་ལ་འབད་པ་དང་། གསང་སྔགས་ལ་བརྩོན་པ་དང་། དམ་ཚིག་གཞན་བསྲུང་བ་དང་། སྔགས་རྒྱ་མི་སྦྱིན་པ་དང་། རྒྱུད་གསང་ཞིང་རྟོགས་པར་བྱ་བ་རྣམས་སོ། །དེ་དག་གི་ལྡོག་ཕྱོགས་རྩ་བའི་ལྟུང་བ་ཉིད་དུ་འགྱུར་བར་ཡང་། རྒྱུད་དེ་ཉིད་ལས། ཇི་སྐད་བཤད་པའི་དམ་ཚིག་རྣམས། །གལ་ཏེ་ཉམས་པར་གང་གྱུར་བ། །དེ་ནི་རང་རིགས་སྙིང་པོའི་སྔགས། །ཆིག་འབུམ་དུ་ནི་བཟླས་བརྗོད་བྱ། །ཡང་ན་མེས་སྦྱོངས་བྱེད་པའི་གཟུངས། །སྟོང་དུ་བཟླས་བརྗོད་བྱས་ཀྱང་རུང་། །ཡང་ན་ཞི་བའི་སྦྱིན་བསྲེག་བྱ། །ཡང་ན་དཀྱིལ་འཁོར་དུ་ཡང་འཇུག །ཅེས་གསུངས་པས་སོ། །འཇམ་དཔལ་རྩ་བའི་རྒྱུད་ལས་ནི། ཇི་སྐད་དུ། ཀྱེ་རྒྱལ་བའི་སྲས། ངས་འདིར་ཆད་པར་ལྟ་བ་དང་། དཀོན་མཆོག་གསུམ་སྤོང་བ་དང་། བྱང་ཆུབ་ཀྱི་སེམས་སྤོང་བ་དང་། དབང་བསྐུར་བ་སྤོང་བ་དང་། བླ་མ་ལ་འཕྱ་བ་ཞེས་བྱ་བ། ལྔ་པོ་འདི་ནི་རྩ་བའི་ལྟུང་བ་ཡིན་པར་བསྟན་ཏེ། ཞེས་གསུངས་སོ། །དེའི་ནང་ནས་དབང་བསྐུར་སྤོང་བའི་ངོས་འཛིན་ནི། དབང་བསྐུར་བའི་བླ་མ་སྤོང་བ་ལ་བཤད་དོ། །

གཉིས་པ་སྤྱོད་པའི་རྒྱུད་ཀྱི་རྩ་བའི་ལྟུང་བ་ནི་བཅུ་བཞི་སྟེ། མི་དགེ་བ་བཅུ་དང་། རྩ་བ་བཞིའོ། །བཞི་ནི; དམ་པའི་ཆོས་སྤོང་བ་དང་། བྱང་ཆུབ་ཀྱི་སེམས་གཏོང་བ་དང་། སེར་སྣ་བྱེད་པ་དང་། སེམས་ཅན་ལ་གནོད་པ་བྱེད་པའོ། །དེ་སྐད་དུ་ཡང་། མངོན་བྱང་ལས། བཅུ་པོ་འདི་དག་བྱང་ཆུབ་སེམས་དཔའ་གསང་སྔགས་ཀྱི་སྒོར་སྤྱོད་པའི་བསླབ་པ་ཐམས་ཅད་ཀྱི་རྩ་བ་ཡིན་པས་གཞི་ཞེས་བྱའོ། །ཞེས་དང་། ལྟུང་བའི་རྩ་བ་བཞི་ནི་སྲོག་གི་ཕྱིར་ཡང་ཡོངས་སུ་ཉམས་པར་མི་བྱའོ། །ཞེས་གསུངས་སོ། །འོན་མི་དགེ་བ་བཅུ་སྤོང་བ་ནི། ཕྱི་རོལ་པ་དང་། ཉན་རང་སོགས་ལ་ཡང་ཡོད་པ་མ་ཡིན་ནམ། གསང་སྔགས་ཀྱི་དམ་ཚིག་ཏུ་འཇོག་པ་ཅི་ཞེ་ན།

འདིའི་ལན་ནི། འདིར་བྱང་ཆུབ་སེམས་དཔའ་གསང་སྔགས་ཀྱི་སྒོར་སྤྱོད་པ་རྣམས་ཀྱིས། འདུས་མ་བྱས་པའི་ཚུལ་ཁྲིམས་ཀྱི་ཕུང་པོ་བཟུང་ནས། དེ་ལས་མི་འདའ་བའི་དམ་ཚིག་ཏུ་བཅུ་པོ་དེ་བཟུང་བ་ཡིན་པའི་ཕྱིར་ན། ཁྱད་པར་ཡོད་དོ། །ཅེས་འཆད་དགོས་པ་ཡིན་ཏེ། རྣམ་སྣང་མངོན་བྱང་ལས། གང་དག་འདས་དང་མ་བྱོན་དང་། །གང་ཡང་ད་ལྟའི་མགོན་པོ་རྣམས། །ཐབས་དང་ཤེས་རབ་ལྡན་པ་ལ། །བསླབས་ནས་བླ་མེད་བྱང་ཆུབ་ནི༔ །འདུས་མ་བྱས་པ་དེས་འཐོབ་བོ། །ཐབས་དང་མི་ལྡན་ཡེ་ཤེས་དང་། །བསླབ་པ་དག་ཀྱང་བཤད་པ་ནི། །དཔའ་བོ་ཆེན་པོས་ཉན་ཐོས་རྣམས། །དེ་ལ་བཟུང་བའི་ཕྱིར་བཤད་དོ། །ཞེས་གསུངས་སོ། །འདིའི་དོན་ནི། གསང་སྔགས་ཀྱི་ཐབས་དང་མི་ལྡན་པའི་སྟོང་པ་ཉིད་ཀྱི་ཡེ་ཤེས་དང་། གསང་སྔགས་ཀྱི་ཡེ་ཤེས་དང་མི་ལྡན་པའི་བསླབ་པ་ཞེས་སྦྱོར་རྒྱུ་ཡིན་པར་སྣང་ངོ་། །དེ་ལྟར་ཤེས་པ་ན། བོད་ཕྱི་མ་གང་དག །རྒྱུད་སྡེ་འོག་མ་གཉིས་ལ། འཇུག་སྡོམ་གྱི་རྩ་ལྟུང་ལས་མ་གཏོགས་པའི་རྩ་བའི་ལྟུང་བ་བཤད་པ་མེད་དོ། །ཞེས་ཟེར་བ། དེ་ཧི་ལྟར་འགོག་པའི་ཚུལ་ཡང་བདེ་བླག་ཏུ་ཤེས་པར་འགྱུར་རོ། །གསུམ་པ་རྣལ་འབྱོར་རྒྱུད་ཀྱི་རྩ་བའི་ལྟུང་བ་རྣམ་པར་གཞག་པ་ལ། འཐད་པའི་ཆ་བཞག་པ་དང་། བླ་མ་རྣམས་ཀྱི་བཞེད་པའི་རྣམ་གྲངས་སོ། །དང་པོ་ནི། རིགས་ལྔའི་སྡོམ་པ་བཟུང་བའི་སྐབས་སུ། རིགས་དང་པོ་ལ་དཀོན་མཆོག་གསུམ། གཉིས་པ་ལ་རྡོ་རྗེ་དྲིལ་བུ་སློབ་དཔོན་གསུམ། གསུམ་པ་ལ་སྦྱིན་པ་རྣམ་པ་བཞི། བཞི་པ་ལ་ཕྱི་ནང་གསང་བའི་ཆོས་རྣམ་པ་གསུམ། ཐ་མ་ལ་མཆོད་པའི་ལས་གཅིག་པུ་སྟེ། བཅུ་བཞི་པོ་དེའི་ལོག་ཕྱོགས་བཅུ་བཞི་པོ་དེ་ཉིད་རྩ་བའི་ལྟུང་བར་འཆད་པ་ཉིད། སློབ་དཔོན་ཀུན་དགའ་སྙིང་པོའི་བཞེད་པ་ཡིན་ཏེ། ཇི་སྐད་དུ། དེ་ཉིད་སྣང་ཆེན་ལས། དེ་བཞིན་གཤེགས་པ་ཐམས་ཅད་ཀྱི་ཚུལ་ཁྲིམས་ནི། ཇི་ལྟར་དུས་གསུམ་མགོན་པོ་རྣམས། །བྱང་ཆུབ་ཏུ་ནི་ངེས་མཛད་པ༔ །ཞེས་བྱ་བ་ལ་སོགས་པར། ཕས་ཕམ་པ་བཅུ་བཞི་ལས་བཟློག་པའི་མཚན་ཉིད་ཅན་ནོ། །ཞེས་དང་། དཔལ་མཆོག་འགྲེལ་ཆེན་ལས་ཀྱང་། བསམས་པ་ཙམ་གྱིས་འདི་དག་ཐམས་ཅད་གྲུབ་པ་ཡིན་ཏེ། ཕྱག་རྒྱ་ལ་སོགས་པ་འདི་དག་གིས་ཅི་ཞིག་བྱ། ཞེས་བྱ་བས། འདི་ཡོངས་སུ་སྤངས་ན་ཕམ་པར་འགྱུར་རོ། །ཞེས་གསུངས་པའི་ཕྱིར་རོ། །

གཉིས་པ་ནི། བླ་མ་གོང་མ་རྣམས་ཀྱི་ཞལ་ནས། རྩེ་མོ་ནས་གསུངས་པའི་སྡོམ་པ་སྔགས་གཟུང་གི་དོན་ལ་གཉིས་ཏེ། རིགས་ལྔ་སོ་སོའི་དམ་ཚིག་དང་། སྤྱིའི་དམ་ཚིག་གོ། །དང་པོ་ནི། སངས་རྒྱས་ཆོས་དང་། ཞེས་པ་ནས་ཅི་ནུས་བགྱི། ཞེས་པའི་བར་གྱིས་བསྟན་ཏོ། །གཉིས་པ་ལ། རྩ་བའི་དམ་ཚིག་དང་། ཡན་ལག་གི་དམ་ཚིག་གོ། །དང་པོ་ནི།དེ་ལས་གཞན་པ། ཞེས་པ་ནས། སྡོམ་པོར་འགྱུར། ཞེས་པའི་བར་གྱིས་བསྟན་ཏོ། །དེའི་

དོན་ནི། སོ་སོའི་དམ་ཚིག་འདི་ལས་གཞན་བཅུ་བཞི་པོ་དེ་དག་ནི། ཕས་ཕམ་པར་རྒྱུད་སྡེ་རྣམས་ལས་བཤད་པའི་ཕྱིར། རྩ་བའི་ལྟུང་བ་ཞེས་བྱའོ། །བཅུ་བཞི་པོ་གང་ལ་བྱ་ན། རྗེ་བཙུན་རྩེ་མོའི་གསུང་གིས། ནམ་མཁའི་སྙིང་པོའི་མདོ་སྡེ་ལས་གསུངས་པའི་བྱང་སེམས་སྡོམ་པ་ལ་ལྟོས་པའི་ཕམ་པ་བཅུ་བཞི་ལ་འཆད། བོད་སྔ་མ་གཞན་དག་ནི། སྒྲོག་ཆགས་བསད་མི་བྱ་ནས། ཚངས་སྤྱོད་པའི་བར་ལྔའི་ལོག་ཕྱོགས་དང་། དམ་པ་བསྟེན་པ་དང་། རྣལ་འབྱོར་པ་ལ་བསྙེན་བཀུར་བྱ་བའི་ལོག་ཕྱོགས་གཉིས་དང་། དགེ་བ་བཅུའི་ལོག་ཕྱོགས་ལ་གཅིག་ཏུ་བགྲངས་པ་དང་། ཐེག་པ་དམན་པ་ལ་འདོད་མི་བྱ་ལ་སོགས་ལས་ཟློག་པ་བཞི། ལྷ་སོགས་ལ་བརྙས་པ་དང་། མཚན་མ་འགོམ་པ་སྟེ་བཅུ་བཞིའོ། །ཞེས་གསུང་ངོ་། །ཡང་ཁ་ཅིག་ན་རེ། དེ་ལས་གཞན་པ་བཅུ་བཞི་ཞེས་པ་ནི། སྒྲུབ་ཕྱོགས་ཀྱི་དམ་ཚིག་བཅུ་བཞི་ལས་གཞན་པ། དགག་ཕྱོགས་ཀྱི་དམ་ཚིག་བཅུ་བཞིའོ། །དེའི་ངོས་འཛིན་ནི། རྩེ་མོ་ལས། དེ་ལ་དམ་ཚིག་གང་ཞེ་ན། །སངས་རྒྱས་ཆོས་དང་དགེ་འདུན་ཏེ། །གཙོ་བོ་དེ་དག་ལྷུར་བླང་བྱ། །ཞེས་པ་ནས། བྱ་བ་མ་ཡིན་རྟག་ཏུ་སྤང་། །ཁྱོད་ཀྱི་དམ་ཚིག་སྡོམ་པ་ཡིན། །ཞེས་པའི་བར་གྱིས་སྟོན། ཞེས་འཆད་ལ། ལུང་ཚད་མ་ནི་གོང་དུ་དྲངས་ཟིན་པ་ལས་བཏགས་ན། གྲངས་འགྲིག་པར་སྣང་ཡང་། ཅུང་ཟད་བཟློས་པའི་ཚུལ་ནི་བརྟགས་པས་ཤེས་པར་སླའོ། །གངས་ཅན་པ་ཕྱི་མ་དག་ན་རེ། དེ་ལས་གཞན་པ་བཅུ་བཞི་ཞེས་པ། རིགས་ལྔ་སོ་སོའི་དམ་ཚིག་ལས་བཟློག་པའི་མཚན་ཉིད་ཅན་ལ་འདོད་པ་མི་འཐད་དེ། དེ་ཉིད་སྣང་ཆེན་གྱི་ལུང་དེས་ནི། རིགས་ལྔའི་དམ་ཚིག་དེ་ཕས་ཕམ་བཅུ་བཞི་ལས་བཟློག་པར་བསྟན་པ་ཡིན་ལ། དེ་ཙམ་གྱིས་ནི། དེའི་ལོག་ཕྱོགས་ཕམ་པར་སྟོན་མི་ནུས་པའི་ཕྱིར། ནུས་སུ་ཆུག་ནའང་། སེམས་བསྐྱེད་ཀྱི་ལོག་ཕྱོགས་ཕམ་པར་སྟོན་དགོས་པ་ལས། དེ་ཡང་ཁྱོད་ཀྱིས་མ་བགྲངས་པའི་ཕྱིར། དཔལ་མཆོག་འགྲེལ་ཆེན་དུ། རྡོ་རྗེ་དྲིལ་བུ་ཕྱག་རྒྱ་རྣམས། །ནམ་ཡང་ཡོངས་སུ་སྤང་མི་བྱ། །ཞེས་གསུངས་ལ། ལུང་དེས་ནི། ཁྱད་ཕྱག་རྒྱ་རྡོ་རྗེའི་རིགས་ཀྱི་དམ་ཚིག་ཏུ་མི་བགྲང་བ་ལ་གནོད་པའི་ཕྱིར། དེས་ན་བཅུ་བཞི་པོ་འདི་ནི། བླ་མེད་ནས་གསུངས་པའི་བཅུ་བཞི་ལ་བྱ་དགོས་ཏེ། རྒྱུད་སྡེ་གོང་མ་གཉིས་སྡོམ་བཟུང་གི་ཆོ་ག་འདྲ་བས། རྩ་ལྟུང་མཐུན་པའི་ཕྱིར་རོ། །རྣལ་འབྱོར་གྱི་རྒྱུད་དུ་རྩ་ལྟུང་བཅུ་བཞི་ནི་བཤད་ལ། བླ་མེད་ཀྱི་བཅུ་བཞི་མ་ཡིན་པ་གཞན་ཡོད་ན༑ རྒྱ་གཞུང་ཁུངས་མ་རྣམས་སུ་བགྲང་བར་རིགས་པ་ལས། སུས་ཀྱང་མ་བགྲངས་པ་དང་། རྡོར་དབྱིངས་དོན་བསྡུས་ཀྱི་འགྲེལ་པ་དང་། ཛྙཱ་ན་རྡ་རའི་སློབ་དཔོན་ཀུ་མ་རཱ་ཛྙ་བས་མཛད་པའི་དན་སོང་སྦྱོང་རྒྱུད་ཀྱི་འགྲེལ་པར། བླ་མེད་ལ་བརྟེན་པ་རྣལ་འབྱོར་རྒྱུད་ཀྱི་རྩ་ལྟུང་བཅུ་བཞི་པར་བཤད་པའི་ཕྱིར། ཞེས་འཆད་པར་བྱེད་དོ། །དེ་ནི་རིགས་པ་མ་ཡིན་ཏེ། སྒྲུབ་བྱེད་མེད་པ་དང་། གནོད་བྱེད་ཡོད་པའི་ཕྱིར་རོ། །དང་པོ་ནི། དེ་

ལྟ་ན། རྣལ་འབྱོར་གྱི་རྒྱུད་དུ་བླ་མེད་ཀྱི་རྒྱུད་ནས་བཤད་པའི་རྩ་ལྟུང་བཅུ་བཞིའི་གྲངས་ཙམ་ཞིག་འབྱུང་བར་རིགས་པ་ལས། དེའི་བཤད་པ་མེད་ཅིང་། དེ་ལྟར་དུ་ཁྱེད་རང་གིས་ཀྱང་འདོད་པ་དང་། རྒྱུད་སྡེ་གོང་མ་གཉིས་ལ་རྩ་ལྟུང་གཞི་མཐུན་པ་ཡོད་པ་ཙམ་གྱིས། ཐམས་ཅད་དེར་མི་འགྲུབ་པ་དང་། བཅུ་བཞིའི་གྲངས་འདྲེན་ཚུལ་མ་བཤད་ཅིང་། བཅུ་བཞི་ཞེས་པའི་མིང་གཅིག་བྱུང་བ་ཙམ་གྱིས་དེ་དེར་འགྲུབ་ན། སྤྱོད་རྒྱུད་ཀྱི་རྩ་ལྟུང་བཅུ་བཞི་པོ་དེ། འདིའི་བཅུ་བཞིའི་དོན་འཛིན་དུ་ཧ་ཅང་ཐལ་བ་དང་། ཡང་ཁྱེད་རང་ལྟར་ན། ཕམ་པ་བཅུ་བཞི་ལས་བཟློག་པ་རིགས་ལྡའི་དམ་ཚིག་ཏུ་འདོད་ན། ཕམ་པ་བཅུ་བཞི་པོ་གང་ལ་བྱེད། བླ་མེད་ཀྱི་རྩ་ལྟུང་བཅུ་བཞིའོ། །ཞེས་ཟེར་བ་ལས་འོས་མེད་པས། དེ་ལྟ་ན། རིགས་ལྔའི་སྡོམ་བཟུང་གི་ཚིག་འདི་དག་གིས། བླ་མེད་ཀྱི་རྩ་ལྟུང་བཅུ་བཞི་བསྲུང་བའི་དམ་ཚིག་བཟུང་བ་ཉིད་དུ་ཧ་ཅང་ཐལ་བར་འགྱུར་ཞིང་། དེ་ཡང་དེ་ལྟ་ན། རིགས་ལྔའི་དམ་ཚིག་ཏུ་རྩ་ལྟུང་བཅུ་བཞི་བཟུང་ཟིན་ན། སླར་ཡང་། དེ་ལས་གཞན་པ་བཅུ་བཞི་ནི། །ཞེས་བཟུང་མ་དགོས་པ་དང་། རིགས་ལྔའི་དམ་ཚིག་གིས་ཟིན་པ་དེ་རྣམས་རྩ་ལྟུང་བཅུ་བཞིའི་འགལ་བ་མི་མཐུན་ཕྱོགས་སུ་མི་འདུག་པ་དང་། སྡོམ་པ་སྔགས་བཟུང་གང་གི་སྐབས་སུ་ཡང་མ་བཤད་པས། ལུང་མེད་པ་དང་། ཁྱེད་རང་གིས་ཀྱང་དེ་དེར་མ་བཟུང་ཀྱང་། བསྲུང་དགོས་པའི་ཤེས་བྱེད་ཀྱི་དཔེར་སོ་ཐར་གྱི་སྡོམ་པ་བཀོད་པས། ཁས་ལེན་འགལ་བ་དང་། སེམས་བསྐྱེད་ཀྱི་ཟློག་ཕྱོགས་ཕམ་པར་མ་བཤད་པ། ཁྱེད་རང་གི་ཕྱོགས་ལ་ཁས་བླངས་དངོས་སུ་འགལ་བ་དང་། སྔ་རབས་པའི་ཕྱོགས་ལ་སེམས་བསྐྱེད་བཏང་བ། བྱང་སེམས་སྡོམ་པའི་རྩ་ལྟུང་དུ་བཤད་ཟིན་པས་འདིར་མི་དགོས་པའི་ཕྱིར། སྐྱོན་བྱེད་མེད་དོ། །

གཉིས་པ་གནོད་བྱེད་ནི། རིགས་པ་དང་འགལ་བ་དང་། ཁས་བླངས་ནང་འགལ་བའོ། །དང་པོ་ནི། རྣལ་འབྱོར་རྒྱུད་ཀྱི་སྡོམ་པ་དང་ལྡན་པ་དེ་ལ། བླ་མེད་ཀྱི་སྡོམ་པ་དང་ལྡན་པས་ཁྱབ་པར་འགྱུར་ཞིང་། ཅིག་ཤོས་ལ་ཡང་དེ་དང་ལྡན་པས་ཁྱབ་པར་འགྱུར་ཏེ། གཉིས་པོའི་སྡོམ་པ་སྔགས་བཟུང་གི་ཚིག་ལ་ནི། ཁྱད་པར་ཅུང་ཟད་ཀྱང་མེད་ཅིང་། སྡོམ་བཟུང་གི་ཚིག་ལས་གཞན་པའི་སྔགས་སྡོམ་འཐོབ་བྱེད་ཀྱི་རྒྱུ་ནི་གཉིས་ཀ་ལ་མི་དམིགས་པར་ཁྱེད་རང་གིས་ཁས་བླངས་པའི་ཕྱིར། གཉིས་པ་ནི། རྣལ་འབྱོར་རྒྱུད་ཀྱི་སྡོམ་ལྡན་དེས། བླ་མེད་ཀྱི་སྡོམ་པ་བསྲུང་དགོས་པ་མ་ཡིན་པར་ཐལ། དེར་རིགས་ལྔའི་དམ་ཚིག་ཙམ་བཟུང་བ་ཡིན་གྱི། བླ་མེད་ཀྱི་དབང་དུ་བྱས་པའི་སྡོམ་པ་མ་བཟུང་བའི་ཕྱིར། ཁྱབ་པ་ཁས་ཀྱང་བླངས་པའི་དཔེ་ནི། བྱ་སྤྱོད་དུ་སེམས་བསྐྱེད་ཀྱི་སྡོམ་པ་ལས་གཞན་ཁས་མ་བླངས་པའི་རྒྱུ་མཚན་གྱིས། སྔགས་ཀྱི་སྡོམ་པ་བསྲུང་རྒྱུ་མེད་པ་བཞིན་ནོ། །

བཞི་པ་བླ་མེད་ལ་ལྟོས་པའི་རྩ་ལྟུང་ནི། བླ་མེད་ཀྱི་སྡོམ་པ་ལ་གོང་འོག་གཉིས་ཡོད་ཀྱང་། རྩ་བའི་ལྟུང་

བ་ནི་བཅུ་བཞི་པོ་ཁོ་ནར་ངེས་ཏེ། སྡོམ་པ་ལ་དབང་གི་དབྱེ་བས་གཉིས་བཤད་ཀྱང་། རྩ་བའི་ལྟུང་བ་ལ་མི་འདྲ་བའི་དབྱེ་བ་མ་བཤད་པའི་ཕྱིར་དང་། དུས་ཀྱི་འཁོར་ལོར་རྫོགས་རིམ་གྱི་སྡོམ་པ་ཐོབ་ནས་རྩ་ལྟུང་བཅུ་བཞི་པོ་གང་རུང་འབྱུང་ན། ཆད་ལས་ཀྱིས་འདག་པའི་ཐབས་མེད་པར་གསུངས་པའི་རྒྱུ་མཚན་གྱིས། སྔ་མ་ལས་ལོགས་པ་མི་འཆད་པའི་རིགས་པ་གྲུབ་པ་ལས་སོ། །བླ་མེད་ཀྱི་བཅུ་བཞིའི་གྲངས་དང་། དངོས་འཛིན་སོགས་ནི་ཀུན་ལ་གྲགས་པས། རེ་ཤིག་རྟོགས་པར་སླ་བའི་དབང་དུ་བྱས་སོ། །དེ་ལྟ་ནའང་། དབང་གོང་མ་ལས་ཐོབ་པའི་སྡོམ་པ་དེས། མི་མཐུན་ཕྱོགས་གང་ཞིག་སྡོམ་པ་དང་། མཐུན་པའི་ཕྱོགས་གང་ཞིག་སྒྲུབ་པ་ནི། ཇི་སྐད་དུ། རྡོ་རྗེ་སྙིང་པོས་གསོལ་པ། སྡོམ་པ་ཞེས་བྱ་གང་གིས་དང་། །དམ་ཚིག་གང་གིས་གནས་པར་བགྱི། །བཅོམ་ལྡན་འདས་ཀྱིས་བཀའ་བསྩལ་པ། ཁྱོད་ཀྱིས་སྲོག་ཆགས་བསད་པ་དང་། །རྫུན་གྱི་ཚིག་ཀྱང་སྨྲ་བ་དང་། །ཁྱོད་ཀྱིས་མ་བྱིན་པར་ཡང་ལོང་། །ཕ་རོལ་བུད་མེད་བསྟེན་པར་གྱིས། །སེམས་གཅིག་སྲོག་ཆགས་གསོད་པ་ཉིད། །གང་ཕྱིར་སེམས་ནི་སྲོག་ཏུ་བརྗོད། །འཇིག་རྟེན་སྒྲོལ་བ་ཞེས་བྱ་བ། །རྫུན་གྱི་ཚིག་ཏུ་རབ་ཏུ་བསྒྲགས། །བཙུན་མོའི་ཁུ་བ་མ་བྱིན་པར། །གཞན་གྱི་བུད་མེད་རང་མཚུངས་མཛེས། །ཞེས་གསུངས་སོ། །

གཉིས་པ། དངོས་ལན་བསྡུས་ཏེ་བཏབ་པ་ནི། རྒྱུད་སྡེ་བཞི་ལ་རང་རང་གི །ཚོགས་ཐོབ་པའི་དམ་ཚིག་དང་། །སྡོམ་པ་མི་འདྲའི་དབྱེ་བ་དང་། །རྩ་བའི་ལྟུང་བའང་སོ་སོར་བཤད། །འོག་མ་འོག་མའི་སྡོམ་པ་དང་། །དམ་ཚིག་དང་ནི་ལྟུང་བ་རྣམས། །གོང་མ་གོང་མའི་སྡོམ་པ་དང་། །ལྟུང་བའི་ནང་ཚན་དག་ཏུ་འདུས། །རྒྱུད་སྡེ་འོག་མའི་སྡོམ་ལྡན་ཡང་། །ཚེ་འདི་ཉིད་ལ་གྲོལ་བཞེད་ན། །རྣལ་འབྱོར་བླ་ན་མེད་པ་ཡི། །དབང་བཞི་བླངས་ནས་དེ་སྒོམ་བྱ། །རྫོགས་རིམ་སྡོམ་པ་ཞེས་བྱ་བ། །དཔེ་དང་དོན་གྱི་ཡེ་ཤེས་གཉིས། །དཔེ་ཡི་ཡེ་ཤེས་དབང་ཚོག་ལས། །དངོས་སུ་སྐྱེ་བ་གཞུང་ན་གསལ། །ཡེ་ཤེས་དེ་ཉིད་ནམ་མཁའ་ལྟར། །སྟོང་པ་ཉིད་དུ་ཤེས་བྱས་ནས། །དེ་གོམས་པ་ལས་དོན་གྱི་ནི། །ཡེ་ཤེས་ཕྱག་རྒྱ་ཆེན་པོ་མཐོང་། །ཡེ་ཤེས་དེ་གཉིས་མ་ཐོབ་ན། །ཐོབ་བྱའི་ཕྱིར་དང་བརྟན་ཕྱིར་དུ། །དཀྱིལ་འཁོར་འཁོར་ལོའི་ཐབས་བསྟན་པ། །གོང་མའི་དབང་གི་སྡོམ་པ་ཞེས། །བཏགས་ན་ཐ་སྙད་བདེ་བར་འགྱུར། །གུར་ལས་དཀྱིལ་འཁོར་འཁོར་ལོ་ཞེས། །ཐབས་ནི་བདེ་བའི་སྡོམ་པ་སྟེ། །ཞེས་གསུངས་པ་དང་འགྲིག་ཕྱིར་རོ། །ཞེས་སྨྲ་བ་ཡིན་នོ། །བཤད་བྱ་མིན་པའི་དོན་འགའ་ཞིག བཤད་པ་ཧ་ཅང་ཐལ་ཆེས་མོད། །བཤད་ཉན་བྱེད་ལ་ཕན་ཕྱིར་དང་། །བཤད་ཟིན་ཉམས་སུ་བླང་ཕྱིར་ཡིན། །བསྟན་བཅོས་ཡིད་བཞིན་མཚོ་ཆེན་འདི། །བསྟན་བྱའི་གཙོ་བོ་གཏིང་ཟབ་པས། །བསྟན་པའི་རྒྱ་མཚོར་མཆོན་ནུས་ཀྱི། །བསྟན་ཚིག་ལྷུ་ཕྲེང་མཚར་བས་མིན།། །།

དྲི་བ་ཉི་ཤུ་པ་ནི། ཕྱག་རྒྱ་བཞི་པ་ཞེས་བྱ་བའི། །བསྟན་བཅོས་བོད་ན་བཞུགས་པ་འདི། །ཀླུ་སྒྲུབ་ཀྱིས་ནི་མ་མཛད་པར། །ལོ་ཆེན་མགོས་ཀྱིས་བཤད་དེ་ཅི། །ཞེས་པ་འདི་ལ་གཉིས་ལས། དང་པོ་ལ་འདྲི་བའི་རྒྱུ་མཚན་ནི། ཕྱག་རྒྱ་ཆེན་པོ་ སྟོགས་བླ་མེད་ཀྱི་ཁྱད་ཆོས་ཡིན་པའི་ཤེས་བྱེད་དུ། འཕགས་པ་ཀླུ་སྒྲུབ་ཉིད་ཀྱིས་ཀྱང་། །ཕྱག་རྒྱ་བཞི་པར་འདི་སྐད་གསུངས། །ཞེས་གསུངས་པ་དང་། ལོ་ཙྪ་བ་ཆེན་པོ་མགོས་དང་། ཕོ་བྲང་ཞི་བ་འོད་ཀྱིས་མཛད་པའི་སྔགས་ལོག་སུན་འབྱིན་ལ་རྗེས་སུ་ཡི་རང་བར་མཛད་པའི་རྒྱུ་མཚན་གྱིས་སོ། །མ་དྲིས་པའི་ཉེས་པ་ནི། ཀླུ་སྒྲུབ་ཀྱིས་མཛད་པར་གྲགས་པའི་བསྟན་བཅོས་ཕྱག་རྒྱ་བཞི་པ་དེ་ཀླུ་སྒྲུབ་ཀྱིས་མ་མཛད་དོ་ཞེས། ཨ་བྷྱ་ཀ་རས་མན་ངག་སྙེ་མར་བཤད་པ་དང་། ཕོ་བྲང་ཞི་བ་འོད་ཀྱི་སྔགས་ལོག་སུན་འབྱིན་ན༑ ནཱ་གཱ་རྫུ་ནས་མཛད་པར་གྲགས་པའི་ཕྱག་རྒྱ་བཞི་པ་དང་། ལྟ་པ་དང་། དེའི་མན་ངག་དང་། རྣལ་འབྱོར་མའི་བྱིན་རླབས་དང་། ཕག་མོའི་བྱིན་རླབས་ལ་སོགས་པའི་སྒྲུབ་ཐབས་འགའ་ཞིག་དང་། ཐིག་ཆེན་ཉི་ཤུ་པ་དང་། སུམ་ཅུ་པ་དང་། སྒྱུ་མ་ངེས་བསྟན་དང་། མི་ལམ་ངེས་བསྟན་ལ་སོགས་པ་རྣམས་ནི། ལྟ་བ་གཞན་དང་མཐུན་པ་ཙུག་ཟེར། སྤྱོད་པ་དང་མན་ངག་གི་རྫོགས་རིམ་མུ་སྟེགས་དང་མཐུན་པས་ཅི་ཡང་མ་བཅུག ཅེས་གསུངས་པ་བྲིས་སྣང་བ་དང་། མགོས་ཀྱི་འབུམ་ཡིག་ཆེ་བའི་ནང་ན། དེ་བཞིན་དུ་སྣང་བ་འདི་དག་དང་འགལ་བ་མ་ཡིན་ནམ་སྙམ་པའི་དོགས་པ་སྐྱེ་བར་འགྱུར་རོ། །

དངོས་ལན་གདབ་པ་ནི། སྤྱིར་ནི་དོགས་པའི་གནས་དེ་དག་ལ་བསམ་པ་ཡིན་ནམ། ཤེས་བྱེད་ཀྱི་ལུང་རིགས་གཞན་ཡོད་པ་ཡིན་ཀྱང་རུང་སྟེ། བསྟན་འགྱུར་གྱི་དཀར་ཆག་མཛད་པའི་སློབ་དཔོན་འགའ་ཞིག་གིས་ཀྱང་དོར་བར་སྣང་བས། མཐའ་གཅིག་ཏུ་བཤད་དཀའ་བ་ཡིན་མོད། བསྟན་བཅོས་འདིའི་ལུགས་གཞིར་གཞག་པ་ལ། དེས་དེ་མཛད་པར་ཁས་ལེན་དགོས་པ་དེའི་ཚེ། ཨ་བྷྱའི་ལུགས་ནི་བསྟན་བཅོས་མཛད་པ་འདིས་ཕྱོགས་སྔ་མར་གཞག་པ་ཤིན་ཏུ་མང་བས། ཚད་མར་མི་རུང་ལ། སྔགས་ལོག་སུན་འབྱིན་མཛད་པ་པོ་དེ་དག་ཀྱང་། རྣམ་གྲངས་བཀོད་པ་ཙམ་ཡིན་གྱི། དེ་ནས་གང་བཤད་ལུང་དུ་བྱ་བར་མ་ངེས་ཏེ། དེ་དག་ན་ནི། ཕྱག་རྒྱ་ཆེན་པོ་ཐིག་ལེའི་རྒྱུད་དང་། ཡེ་ཤེས་ཐིག་ལེའི་རྒྱུད་དང་། ཆར་བ་རྣམ་གསུམ་ཀྱང་། ཨ་ཙ་ར་དམར་པོས་བྱས་པར་བཤད་པའི་ཕྱིར་དང་། སྒྲོན་གསལ་གྱི་འགྲེལ་ཆེན་ཀྲྀ་ཥྞ་བྱ་གཱིརྟིས་མཛད་པ་དང་། རིམ་ལྔའི་འགྲེལ་པ་ཀླུ་བྱང་གིས་མཛད་པ། རིན་པོ་ཆེའི་ཕྲེང་བ་ཞེས་པ་ཡང་མ་དག་པར་བཤད་པ་དང་། བོད་ཀྱི་ཚད་ལྡན་མང་པོས་ནི་དེ་རྣམས་དག་པར་འཆད་ཅིང་། ཐིག་ཆེན་ཉི་ཤུ་པ་དང་། སྒྱུ་མ་ངེས་བསྟན་ལ་སོགས་པ་དེ་དག་ནི། རྩོད་པ་དང་བྲལ་བའི་ཆེན་པོ་དག་གིས་ཀྱང་། ཚད་མར་མཛད་པ་ཤིན་ཏུ་མང་བའི་ཕྱིར། ཡང་དེ་དེས

མཛད་པ་མིན་ཀྱང་བླ་སྟེ། དེ་དེས་མཛད་པར་ཕྱོགས་སྔ་མ་དག་གིས་ཁས་བླངས་པ་དང་། དེ་ནས་བསྟན་པའི་དོན་དེ་ལུང་རིགས་རྣམ་དག་གིས་གྲུབ་པའི་ཕྱིར་ན། འདིར་སྒྲུབ་བྱེད་ལྟར་སྣང་དུ་འགྱུར་བའི་ཉེས་པ་མེད་དོ། །དེ་ཡང་། སྐབས་འདིར་ཕྱག་རྒྱ་ཆེན་པོ་ལ་འཁྲུལ་པ་འགོག་པའི་ལུང་རིགས་མང་དུ་གསུངས་པ་འདི་དག་གི་གོ་དོན་ནི། བོད་དུ་ཕྱག་རྒྱ་བར་གྲགས་པ་རྣམས་ཀྱིས། དབུ་མའི་ལྟ་བ་ལ་ཕྱག་རྒྱ་ཆེན་པོར་མཛད་པ་ཡིན་ལ། དེ་ལ་ཡང་། འགའ་ཞིག་གིས་ནི། སྣང་བ་སེམས་སུ་རྟོགས་པ་ལ་ཕྱག་རྒྱ་ཆེན་པོར་མཛད། འགའ་ཞིག་གིས་ནི། གཟུང་འཛིན་གཉིས་མེད་ཀྱི་ཡེ་ཤེས་རང་རིག་རང་གསལ་བར་རྟོགས་པ་ལ་ཕྱག་རྒྱ་ཆེན་པོའི་ལྟ་བར་མཛད། ཡང་འགའ་ཞིག་གིས་ནི། ཆོས་ཐམས་ཅད་རང་གི་ངོ་བོས་སྟོང་པར་རྟོགས་པ་ལ་ཕྱག་རྒྱ་ཆེན་པོའི་ལྟ་བར་མཛད། དེ་ཡང་ཕར་ཕྱིན་གྱི་ཐེག་པ་ན། ཕྱག་རྒྱ་ཆེན་པོའི་ཐ་སྙད་མེད་པ་མ་ཡིན་ཏེ། ཕར་ཕྱིན་ཐེག་པ་ནས་ཕྱག་རྒྱ་ཆེན་པོའི་ཐ་སྙད་འབྱུང་བར་མི་ཏྲི་པས་བཤད་པ་དང་། རིན་ཆེན་ཕྱག་རྒྱ་ཞེས་བྱ་བའི་ཏིང་ངེ་འཛིན་གསུངས་པ་དང་། ངེས་པ་དང་མ་ངེས་པའི་ཕྱག་རྒྱ་ལ་འཇུག་པ་ཞེས་བྱ་བའི་ཐ་སྙད་གསུངས་པས་སོ། །ཞེས་གསུངས་པ་ཡིན་ཏེ། རྒྱས་པར་དེ་དག་གི་གསུང་རབ་རྣམས་ལ་བལྟས་པས་ཤེས་པ་དང་། ཁྱད་པར་དགོངས་གཅིག་གི་ནང་ན༑ ཕྱག་རྒྱ་ཆེན་པོ་བྱ་བ་དེ། །རང་གི་རིག་པ་འདི་ཉིད་ཡིན། །དེ་ལ་མ་ཡེངས་སྐྱོང་བ་དེ། །གཉུག་མ་ཆོས་སྐུ་སྒོམ་པ་ཡིན། །ཕྱག་རྒྱ་ཆེན་པོའི་བོགས་འདོན་དེ། །བླ་མ་དམ་པའི་མོས་གུས་ཡིན། །ཞེས་དང་། ཡང་། ཕྱག་རྒྱ་ཆེན་པོ་དང་། སོ་སོར་ཐར་པའི་ཚུལ་ཁྲིམས་དོན་གཅིག་ཅེས་པ་དང་། ཡང་། སྣང་བ་ཐམས་ཅད་སེམས་སུ་རྟོགས་ན་ཕྱག་རྒྱ་ཆེན་པོ་ཡིན་ཞེས་པ་དང་། ཡང་། ངའི་ཕྱག་རྒྱ་ཆེན་པོ་དང་རྒྱུད་བླ་མའི་ལྟ་བ་དོན་གཅིག ཞེས་པ་དང་། ཡང་། ཕྱག་རྒྱ་ཆེན་པོའི་ལྟ་བ་འདི་ལ། ཆེན་པོ་གསུམ་གྱིས་མ་རེག་པ་བྱ་བ་ཡིན་ཏེ། དེ་ཡང་མཚན་ཉིད་ཐེག་པའི་ཡང་རྩེར་འགྱུར་པ། དབུ་མ་ཆེན་པོས་མ་རེག གསང་སྔགས་ལ་གསར་རྙིང་གཉིས་ལས། རྙིང་མའི་མཐར་ཐུག་ནི། ཨ་ཏི་ཡོ་ག་ཞེས་བྱ་བ་རྫོགས་པ་ཆེན་པོ་ཡིན་ལ། དེས་ཀྱང་འདི་ལ་མ་རེག །གསར་མའི་མཐར་ཐུག་ནི། མཚན་མེད་ཀྱི་རྫོགས་རིམ་ཕྱག་རྒྱ་ཆེན་པོ་ཡིན་ལ། དེས་ཀྱང་འདི་ལ་མ་རེག་སྟེ། ཆེན་པོ་གསུམ་ནི། བློས་གཞལ། ཚིག་གིས་བརྗོད་པ་ཡིན་ལ། ངེད་ཀྱི་སེམས་ཉིད་རྟོགས་པ་འདི་ནི་བློའི་ཡུལ་ལས་འདས་པའི་ཕྱིར། ཞེས་གསུངས་སོ། །དོན་དེ་དག་མི་འཐད་པའི་དབང་དུ་མཛད་ནས། དེང་སང་གི་ཕྱག་རྒྱ་ཆེན་པོ་དང་། རྒྱ་ནག་ལུགས་ཀྱི་རྫོགས་ཆེན་གཉིས་དོན་གཅིག་ཏུ་མཛད་ནས་འགོག་པར་མཛད་པའི་གཞུང་རྣམས་གསུངས་པ་ཡིན་ནོ། །འདི་ལ་དཀར་པོ་གཅིག་ཐུབ་ཅེས་བྱ་བའི་མིང་གིས་འདོགས་པ་ཡང་། རྗེ་དྭགས་པོ་ལྷ་རྗེ་བཞེད་པ་ཡིན་པར་སྣང་སྟེ། དགོངས་གཅིག་ཏུ། རྗེ་སྒམ་པོ་པས། སྨན་ལ་དཔེར་མཛད་ནས། ངའི་སེམས་ཉིད

རྟོགས་པ་འདི་སྨན་དཀར་པོ་གཅིག་ཐུབ་དང་འདྲ། དེ་ལ་མཁས་པ་ཆེན་པོ་གཅིག་གིས་ཚོལ་བ་ན། ཁྱོད་ཀྱི་དཀར་པོ་གཅིག་ཐུབ་དེ་ལ་བསྔོ་བ་དང་སེམས་བསྐྱེད་དགོས་སམ་མི་དགོས་ཟེར་བ་ལ། གཅིག་ཐུབ་ཀྱི་ངོས་ནས་མི་དགོས་བྱས་ཀྱང་ཆོག འཁོར་བ་ལས་ཐར་པ་རྐྱང་པའི་ངོས་ནས་གཅིག་ཐུབ་ཡིན་ཟེར་བ་བྱས་ཀྱང་ཆོག །ཅེས་གསུངས་སོ། །འོན་ཀྱང་བཀའ་བརྒྱུད་འདི་པ། རྒྱ་ནག་མཁན་པོ་དང་ལྟ་བ་ལ་བཟང་ངན་མི་སྣང་ཡང་། སྤྱོད་པ་ལ་ཁྱད་པར་ཡོད་པའི་ཚུལ་ནི། ལུགས་འདི་པས་ནི། ལས་རྒྱུ་འབྲས་དང་ཚུལ་ཁྲིམས་གསུམ་གྱི་བསླབ་བྱ་ལ་ཤིན་ཏུ་ནན་ཏན་དུ་མཛད་པས། དེ་དག་གི་གསུང་རབ་ལ་བལྟས་པས་ཤིན་ཏུ་གསལ་བའི་ཕྱིར་ན། སྐུར་པ་གདབ་པར་མི་བྱ་སྟེ། གཞུང་འདིར་ཡང་། ལ་ལ་གཅིག་ཐུབ་སྒོམ་པ་ཡི། །རྗེས་ལ་བསྔོ་བ་བྱ་དགོས་ཟེར། །ཞེས་སོགས་རྣམས་ཀྱང་། རྗེ་དྭགས་པོའི་རྒྱུད་འཛིན་རྣམས་ལ་གསུངས་པ་ཡིན་པས་སོ། །དེས་ན་འདིར་དགག་བྱའི་གཙོ་བོ་ནི། ཕྱག་རྒྱ་ཆེན་པོ་ངོས་མ་ཟིན་པ་དང་། དེ་ལ་དཀར་པོ་གཅིག་ཐུབ་ཀྱི་མིང་འདོགས་པ་གཉིས་འགོག་པར་མཛད་པ་ཡིན་གྱི། རྒྱ་ནག་མཁན་པོའི་ཆོས་ལུགས་གང་ཡིན་དེ་ང་སང་གི་ཕྱག་རྒྱ་བས་བྱེད་པར་སྟོན་པ་ནི་མ་ཡིན་ནོ། །སྤྱིར་ཕྱག་རྒྱ་ཆེན་པོ་ཞེས་པའི་མིང་ཙམ་ནི། བྱ་སྤྱོད་ཀྱི་རྒྱུད་ནའང་། ཇི་སྐད་དུ། ཕྱག་རྒྱ་ཆེ་ལ་གུས་པ་དང་། །ཞེས་སོགས་མང་པོ་སྣང་ལ། རྣལ་འབྱོར་གྱི་རྒྱུད་ནས་ཀྱང་ཕྱག་རྒྱ་བཞི་ག་བཤད་ཅིང་། བླ་མེད་ཀྱི་རྒྱུད་ནའང་། ལས་ཀྱི་དང་། ཡེ་ཤེས་ཀྱི་ཕྱག་རྒྱ་དང་། ཕྱག་རྒྱ་ཆེན་མོ་ཞེས་བྱ་བ་གསུམ་གྱི་ཐྙས་ཕྱེ་བ་དང་། ལས་དང་། ཡེ་ཤེས་དང་། ཆོས་ཀྱི་ཕྱག་རྒྱ་གསུམ་གྱི་ཐྙས་ཕྱེ་བའི་བཞི་པ་དང་། དེ་དག་གང་གི་ཡང་ཐྙས་མ་ཕྱེ་བར། ཟུང་འཇུག་གི་སྐུ་ལ་ཕྱག་རྒྱ་ཆེན་པོར་བཤད་པ་དང་། དབང་བཞི་པའི་ཡེ་ཤེས་ལ་ཕྱག་རྒྱ་ཆེན་པོར་བཤད་པ་སོགས་དུ་མ་ཡོད་ཀྱང་། ཕྱོགས་སྔ་མའི་འདོད་པ་ལྟར། ཕར་ཕྱིན་ཐེག་པ་ནས་འབྱུང་བའི་དབུ་སེམས་ཀྱི་ལྟ་བ་གང་རུང་ལ་ཕྱག་རྒྱ་ཆེན་པོར་འདོད་པ་འདི་ནི་རིགས་པ་མ་ཡིན་ཏེ། དེ་འདྲ་སྤྱིར་གསུང་རབ་ནས་བཤད་པ་མེད་པའི་ཕྱིར་དང་། ཁྱད་པར་དུ། ཁྱེད་ནཱ་རོ་དང་། མཻ་ཏྲིའི་རྗེས་འབྲང་དུ་ཁས་འཆེ་བ་ཡིན་ལ༑ ཁོང་གཉིས་དེ་ལྟར་དུ་མི་བཞེད་པའི་ཕྱིར། ཞེས་བྱ་བའི་དོན་ནོ།། །།

དྲི་བ་ཉེར་གཅིག་པ་ནི། ལུས་རྒྱ་གཤིག་པའི་ཤི་མ་ཐག ཡོན་ཏན་འབྱུང་བ་འགོག་མཛད་ན། །འཆི་བ་འོད་གསལ་ཆོས་སྐུ་ལས། །བར་དོར་ལོངས་སྐུ་འབྱུང་དེ་ཅི། །ཞེས་པའོ། །འདི་ལ་འདྲི་བའི་རྒྱུ་མཚན་ནི། །ལ་ལ་ཞི་གནས་ཙུང་ཟད་དང་། །སྣང་སྟོང་རྟོགས་པ་ཕྲ་མོ་ལ། །མཐོང་ལམ་ཡིན་ཞེས་ངོ་སྤྲོད་བྱེད། །ཁྱུང་གི་སྒོང་རྒྱ་ཇི་བཞིན་དུ། །ལུས་ཀྱི་རྒྱ་ཡིས་བཅིངས་པས་ན། །ལུས་རྒྱ་ཞིག་པའི་ཤི་མ་ཐག ཡོན་ཏན་ཕྱི་ནས་འབྱུང་ཞེས་ཟེར། །ཞེས་པ་དེ་འགོག་པ་ན། ཤི་མ་དེ་རིང་ཤར་བ་ཡི། །འོད་ཟེར་ནང་པར་འབྱུང་བ་མཚར། །ཞེས་ཐེག་ཆེན

མཐོང་ལམ་ཚེ་འདི་ར་ཐོབ་པ་ལ། ལུས་བརྒྱར་སྤྲུལ་ནུས་པ་ལ་སོགས་པའི་ཡོན་ཏན་བརྒྱ་ཕྲག་བཅུ་གཉིས་པོ་ཤི་བའི་འོག་རོལ་ཏུ་འབྱུང་ངོ་། །ཞེས་ཟེར་བ་ལ། ཉི་མ་དང་དེའི་འོད་ཟེར་གྱི་དཔེ་ལ་བརྟེན་ནས་དགག་པ་མཛད་པར་སྣང་བའི་རྒྱུ་མཚན་གྱིས་སོ། །

གཉིས་པ་མ་དྲིས་ན་སྐྱོན་འབྱུང་བའི་ཚུལ་ནི། འོ་ན་ཚེ་འདིར་འོད་གསལ་གྱི་མིང་ཅན། སྟོང་པ་ཉིད་མངོན་སུམ་དུ་རྟོགས་ཀྱང་། དེའི་རྗེས་སུ་སློབ་པའི་ཟུང་འཇུག་གི་སྐུ་མངོན་དུ་མ་བྱས་པ་གཅིག་མི་སྲིད་པར་ཐལ་བ་དང་། ཚེ་འདིར་སངས་རྒྱས་ཀྱི་ཆོས་སྐུ་མངོན་དུ་བྱས་ནས། ཕྱི་མར་ལོངས་སྐུ་མངོན་དུ་བྱེད་པ་གཅིག་མི་སྲིད་པར་འགྱུར་ཏེ། སྟོང་ཉིད་མངོན་སུམ་དུ་རྟོགས་ནས། དེའི་ཡོན་ཏན་མངོན་དུ་བྱེད་པ་ལ་ལུས་ཀྱི་རྒྱུས་བཅིངས་མ་བཅིངས་ལ་ཁྱད་པར་མེད་པའི་ཕྱིར། དེ་ལ་འདོད་མི་នུས་པའི་ཤེས་བྱེད་ནི། གསང་བ་འདུས་པ་ལས། ལམ་རིམ་པ་ལྔ་ཉམས་སུ་བླངས་པ་ན། བརྩོན་འགྲུས་ཅན་ཚེ་འདི་ཉིད་ལ་འཚང་རྒྱ་བ་དང་། ལེ་ལོ་ཅན་བར་དོར་འཚང་རྒྱ་བའི་ཚུལ་གཉིས་གསུངས་པ་ཡིན་ལ། དེའི་ནང་ནས་གཉིས་པ་དེ་འཆད་པ་ན། སྤྱོད་པ་བསྡུས་པའི་སྒྲོན་མ་ལས། ཇི་སྐད་དུ། རྡོ་རྗེ་སློབ་མས་གསོལ་པ། གལ་ཏེ་སྒྲུབ་པ་པོ་བདེན་པ་མཐོང་ཡང་། སྔོན་གྱི་བག་ཆགས་ལ་གོམས་པའི་སྟོབས་ཀྱིས་ཞིང་ལས་དང་། ཚོང་དང་། བསྙེན་བཀུར་ལ་སོགས་པས་གཡེངས་ནས། སྤྱོད་པ་སྤྱད་པ་རྣམ་པ་གསུམ་སྤྱོད་པར་མི་བྱེད་པ་དང་། སྒྲུབ་པ་པོ་གཞན་དག་འཁོར་བ་མ་ཚང་བས། རྒྱུད་ལས་ཇི་སྐད་གསུངས་པའི་ཆོ་ག་རྫོགས་པར་བྱེད་མི་ནུས་པའི་ཕྱིར། མི་སྤྱོད་པ་དེ་དག་ནི་འཆི་བའི་དུས་བྱས་ན་ཡང་སྲིད་པ་གཞན་དུ་འགྲོ་བར་འགྱུར་རམ། ཡང་ན་རྡོ་རྗེ་འཆང་བ་ཉིད་ཐོབ་པར་འགྱུར། རྡོ་རྗེ་སློབ་དཔོན་གྱིས་སྨྲས་པ། འདི་ལ་བསལ་བྱ་གང་ཡང་མེད། །གཞག་པར་བྱ་བ་ཅི་ཡང་མེད། །ཡང་དག་ཉིད་ལ་ཡང་དག་ལྟ། །ཡང་དག་མཐོང་ན་རྣམ་པར་གྲོལ། །ཞེས་བྱ་བ་ནི། རྫོགས་པའི་རིམ་པ་ལ་གནས་པའི་དབང་དུ་བྱས་པའི་ཚིག་སྟེ། འདི་ལྟ་སྟེ་ཡང་དག་པ་མཐོང་བའོ། །ཞེས་བྱ་བ་ནི་ཡང་དག་པ་མཐོང་བས། རྟག་པ་དང་། ཆད་པ་དང་། འཕོ་བ་ལ་སོགས་པའི་ལྟ་བ་ངན་པ་འགགས་པར་འགྱུར་རོ། །འོན་ཀྱང་ཐ་སྙད་ལ་བརྟེན་ནས། འཕོ་བ་རྣམ་པར་དག་པ་ངེས་པར་སྤྱད་པར་བྱ་སྟེ། འདི་ན་ཕུང་པོ་ལ་སོགས་པ་ནི་འཇིག་རྟེན་ཕ་རོལ་ཏུ་འཕོ་བར་མི་བྱེད་དེ། རྟག་པའི་སྐྱོན་དུ་ཐལ་བར་འགྱུར་བའི་ཕྱིར་རོ། །འཇིག་རྟེན་ཕ་རོལ་འཆི་བ་ལས་གཞན་པ་ཉིད་ལས་ཀྱང་འབྱུང་བ་མ་ཡིན་ཏེ། རྒྱུ་མེད་པའི་ངེས་པའི་ཐལ་བར་འགྱུར་བའི་ཕྱིར་རོ། །འདི་ལྟ་སྟེ། མར་མེ་ལས་མར་མེ་དང་། རྒྱ་ལས་རྒྱ་དང་། སྒྲ་ལས་བྲག་ཅ་དག་ནི། དེ་ཉིད་དམ་དེ་ལས་གཞན་པ་ཞེས་བརྗོད་པར་མི་ནུས་སོ། །དེ་བས་ན་གསེར་འོད་དམ་པའི་མདོ་ལས། སངས་རྒྱས་མྱ་ངན་མི་འདའ་ཞིང་། །ཆོས་ཀྱང་ནུབ་པར་

མི་འགྱུར་ཏེ། །སེམས་ཅན་རྣམས་ནི་འདུལ་བའི་ཕྱིར། །མྱ་ངན་འདས་པར་བསྟན་པ་ཡིན། །ཞེས་གསུངས་པ་དང་། ལང་ཀར་གཤེགས་པའི་མདོ་ལས་ཀྱང་། འདི་ལ་གང་ཡང་རྐྱེན་རྣམས་ཀྱིས། །སྐྱེ་བ་མེད་ཅིང་འགག་པ་མེད། །བཏགས་པའི་རྐྱེན་རྣམས་ཁོ་ན་ནི། །སྐྱེ་ཞིང་འགག་པར་འགྱུར་བ་ཡིན། །ཞེས་གསུངས་པས་སོ། །རིགས་པ་འདིས་ནི། བཅོམ་ལྡན་འདས་ཤཱཀྱ་ཐུབ་པས་མཛད་པ་ཐམས་ཅད་མཛད་ནས། མྱ་ངན་འདས་པ་ཉེ་བར་སྟོན་པར་མཛད་པ་ཡིན་ནོ། །དེ་བཞིན་དུ། རྫོགས་པའི་རིམ་པར་རྟོགས་པ་གྱུར་པས་ཀྱང་ཐམས་ཅད་བྱས་ནས། འཇིག་རྟེན་དུ་མྱ་ངན་ལས་འདའ་བར་འགྱུར་བ་འདི་ལ་སོམ་ཉི་མི་བྱའོ། །དེ་བས་ན་དེ་ཁོ་ན་ཉིད་ཤེས་པ་ནི་རྐྱེན་མ་ཚང་བས། ཇི་སྐད་དུ། བཤད་པའི་སྤྱོད་པ་མ་སྤྱད་དུ་ཟིན་ཀྱང་། ལྟ་བ་ཐམས་ཅད་རྣམ་པར་སྤངས་ནས་འཆི་བར་འགྱུར་བ་ན་དོན་དམ་པའི་བདེན་པ་ཡིན་ལ། སྐྱེ་བ་ནི་ཀུན་རྫོབ་ཀྱི་བདེན་པའོ། །ཞེས་ཡང་དག་པར་མངོན་པར་རྟོགས་ནས། བརྒྱ་ལམ་ན། འོད་གསལ་བར་ཞུགས་ནས། ཐ་མལ་པའི་ཕུང་པོ་བོར་ནས། བདག་ལ་བྱིན་གྱིས་བརླབས་པའི་རིམ་གྱིས་ལྡང་བར་བྱའོ། །ཞེས་བརྟན་པའི་སེམས་བསྐྱེད་དེ། དེ་ཡིད་ལ་བྱེད་པས་གནས་པར་བྱེད་ན། དེ་སྐྱེ་བ་གཞན་དུ་ཡིད་ལ་བྱེད་པ་དེ་འདོར་བར་མི་འགྱུར་ཏེ། དེ་བས་ན་ཐམས་ཅད་མཁྱེན་པར་འགྱུར་རོ། །དེ་བས་ན། བསམ་པ་གང་དང་གང་གིས་ནི། །མི་རྣམས་ཡིད་ནི་ཡང་དག་སྦྱོར། །དེས་ན་དེ་ཡི་རང་བཞིན་འགྱུར། །སྣ་ཚོགས་ནོར་བུ་ཇི་བཞིན་ནོ། །ཞེས་གསུངས་སོ། །ཞེས་འབྱུང་བ་ཡིན་ནོ། །

ལུང་འདིའི་དོན་ལ་གཉིས་ཏེ། རང་གི་ལུགས་དང་། གཞན་གྱིས་བརྟགས་པའི་མཐའ་བསལ་བའོ། །དང་པོ་ནི། དེར་བདེན་པ་མཐོང་བ་ཞེས་པ། དཔེའི་འོད་གསལ་གྱི་དབང་དུ་བྱས་ནས་བཤད་པ་དང་། དོན་གྱི་འོད་གསལ་གྱི་དབང་དུ་བྱས་ནས་བཤད་པ་གཉིས་ལས། དང་པོའི་དབང་དུ་བྱས་ན། འཆི་ཁར་དོན་གྱི་འོད་གསལ་མངོན་དུ་བྱས་ནས། བར་དོར་སློབ་པའི་ཟུང་འཇུག་མངོན་དུ་བྱེད་ཅེས་པའི་དོན་དུ་སྣང་ལ། གཉིས་པའི་དབང་དུ་བྱས་ན། འཆི་ཁར་ཡང་དག་པའི་མཐའ་མངོན་དུ་བྱས་ནས། བར་དོར་མི་སློབ་པའི་ཟུང་འཇུག་མངོན་དུ་བྱེད། ཅེས་པའི་དོན་དུ་འཆད་དགོས་ལ། དེ་གཉིས་གང་ལྟར་ཡང་། འོད་གསལ་དང་ཟུང་འཇུག་གི་བར་དུ། སྐྱེ་བ་སྔ་ཕྱིས་ཆོད་པའི་ཚུལ་དུ་འཆད་དགོས་པ་བྱུང་ལ། དེ་ལྟ་ན། རྟེན་དང་བརྟེན་པ་ཡ་བྲལ་དུ་སོང་བས། ཉི་མ་དང་ཉི་མའི་འོད་ཟེར་ཡ་བྲལ་བ་བཞིན་དུ་ཐལ་བར་སོང་བ་མ་ཡིན་ནམ། དེའི་ཤེས་བྱེད་ཀྱང་། དོན་གྱི་འོད་གསལ་ནི་འཕགས་པའི་ཡེ་ཤེས་ཡིན་ལ། དེ་ལ་སློབ་པ་དང་མི་སློབ་པའི་ཡེ་ཤེས་ཀྱི་དབྱེ་བས་གཉིས་ལས། དང་པོ་ནི་རྟེན་སྒྱུ་ལུས་དང་ཟུང་དུ་འཇུག་པའི་སློབ་པའི་ཟུང་འཇུག་ཡིན་ལ།

གཉིས་པ་དེ་རྟེན་ཡན་ལག་བདུན་ལྡན་གྱི་ལོངས་སྐུ་དང་ཟུང་དུ་འཇུག་པ་དེ་ལ་ནི། མི་སློབ་པའི་ཟུང་

འཇུག་ཅེས་འཆད་པ་ཡིན་པས། སངས་རྒྱས་ཀྱི་ཆོས་སྐུ་དང་། ལོངས་སྐུ་ཡ་བྲལ་དུ་སོང་བ་མི་སྲིད་པའི་ཕྱིར་རོ། །སྐབས་པའི་དོགས་པ་འདི་སྤང་དགོས་སོ། །གཉིས་པ་ནི། གངས་ཅན་པ་གཞན་དག འཆི་ཁར་འོད་གསལ་མངོན་དུ་བྱུས་པའི་དོན། ཆོས་ཉིད་མངོན་སུམ་དུ་བྱུས་པ་མ་ཡིན་ནོ། །ཞེས་གསུངས་པ་ནི་རིགས་པ་མ་ཡིན་ཏེ། འཆི་ཁར་མངོན་དུ་བྱེད་པའི་འོད་གསལ་ལ་དཔེ་དང་དོན་གྱི་ཡེ་ཤེས་གཉིས་ལས་གཞན་ནི་མ་བཤད། གཉིས་པའི་དབང་དུ་བྱས་ན་ནི། ཆོས་ཉིད་མངོན་སུམ་དུ་མཐོང་བ་ལས་མ་འདས་ལ། དང་པོའི་དབང་དུ་བྱས་ན༏ སྦྱོང་བསྒོམས་དང་འགལ་བ་ཡིན་ཏེ། ལུང་གོང་དུ་དྲངས་ཟིན་པ་ལ་བརྟགས་པ་ན། འཆི་ཁར་འོད་གསལ་མངོན་དུ་བྱེད་པ་པོ་དེ་སྔོན་ནས་བདེན་པ་མཐོང་ཟིན་པ་ཞིག་ལ་བཤད་ལ། སྔོན་ནས་དཔེའི་ཡེ་ཤེས་ཙམ་ཡང་མ་སྐྱེས་ན་བདེན་པ་མཐོང་བའི་དོན་མེད་པའི་ཕྱིར་རོ། །

གཉིས་པ་དངོས་ལན་གདབ་པ་ནི། བསྟན་བཅོས་མཛད་པ་འདིའི་བཞེད་པས། སྦྱོང་བསྒོམས་སུ། བདེན་པ་མཐོང་ཡང་། ཞེས་གསུངས་པ་དེ་དཔེའི་ཡེ་ཤེས་ལ་མཛད་པར་སྣང་ལ། དེའི་ཚེ་ན། འཆི་བ་འོད་གསལ་དུ་བསྲེས་པ་དེ། དོན་གྱི་འོད་གསལ་མངོན་དུ་བྱས་པར་འཆད་དགོས་སོ། །དེ་ལྟ་ན་ཡང་། འཆི་བ་འོད་གསལ་ཞེས་པ་དེ་ཚེ་འདིའི་རྗེན་ལ་ཡོད་པ་མ་ཡིན་ཏེ། འོད་གསལ་དེ་མངོན་དུ་གྱུར་པ་དང་། ཚེ་འདིའི་འཆི་སྲིད་འགགས་ཟིན་པ་དུས་མཉམ་པའི་ཕྱིར། དེའི་ཤེས་བྱེད་ཀྱང་། སེམས་ཅན་ཐམས་ཅད་ལ་འཆི་བ་འོད་གསལ་ཞེས་བྱ་བ། དུས་ཀྱི་ཐུང་བའི་མཐར་ཐུག་པ་སྐད་ཅིག་མ་གཅིག་འབྱུང་བ་དེ་ཡང་། ཇི་སྲིད་འཆི་སྲིད་མ་འགགས་པ་དེ་སྲིད་དུ་འབྱུང་བ་མ་ཡིན་ཏེ། ཇི་སྲིད་ཚེ་འདིའི་རྣམ་སྨིན་གྱིས་བསྐྱེས་པའི་ཀུན་གཞིའི་རྣམ་པར་ཤེས་པ་འོད་གསལ་དུ་མ་ཐིམ་པ་དེ་སྲིད་དུ་ནི། འཆི་བ་འོད་གསལ་ལ་མངོན་དུ་མི་འགྱུར་ལ། དེ་དེར་ཐིམ་པའི་ཚེ་ན་ནི། ཤི་བར་ཐ་སྙད་འདོགས་པའི་ཕྱིར་རོ། །དེ་ཡང་མན་ངག་དང་བྲལ་བ་རྣམས་ལ་ནི། འོད་གསལ་དུས་མཐའི་སྐད་ཅིག་མ་ལས་ལྷག་པ་མི་འབྱུང་བས། ཚེ་འདིའི་འཆི་སྲིད་འགགས་པ་དང་། ཕྱི་མའི་སྲིད་པ་གྲུབ་པ་གཉིས། སྲང་མདའི་མཐོ་དམན་གྱི་ཚུལ་དུ་འབྱུང་ལ། མན་ངག་ཡོད་པ་རྣམས་ལ་ནི། དཔེའི་འོད་གསལ་མངོན་དུ་གྱུར་པ་ཞིག་ཡིན་ན། དེ་གཞི་དུས་ཀྱི་འོད་གསལ་དང་ཕྲད་པས་དོན་གྱི་འོད་གསལ་དུ་འགྱུར་ལ། དེ་ལས་ལངས་ནས་སློབ་པའི་ཟུང་འཇུག་མངོན་དུ་བྱེད་ཅིང་། འཚང་རྒྱ་བའམ། རིག་པ་འཛིན་པ་ལ་སོགས་པའི་གནས་སུ་འགྲོ་བར་བྱེད་དོ། །དོན་གྱི་འོད་གསལ་རྒྱུད་ལ་སྐྱེས་པའི་མན་ངག་པ་ཞིག་ཡིན་ན་ནི། དེ་གཞི་དུས་ཀྱི་འོད་གསལ་དང་བསྲེས་པས། ཡང་དག་པའི་མཐའ་མངོན་དུ་བྱས་ཏེ། མི་སློབ་པའི་ཟུང་འཇུག་མངོན་དུ་གྱུར་པའི་སྒོ་ནས་འཚང་རྒྱ་བ་ཡིན་ནོ། །འོད་གསལ་གཉིས་པོ་གང་ཡང་མངོན་དུ་མ་གྱུར་པར། སེམས་རྣམ་

པར་དབེན་པའམ། སྒྱུ་ལུས་ཀྱི་མན་ངག་ལེགས་པར་སྦྱངས་པའི་རྣལ་འབྱོར་པ་ཞིག་ཡིན་ན་ནི། དེ་གཞི་དུས་ཀྱི་འོད་གསལ་དང་ཕྲད་པ་ན། དཔེའི་ཡེ་ཤེས་མངོན་དུ་བྱེད་ཅིང་། ཟུང་འཇུག་གི་སྐུ་ཐོབ་པར་མ་ནུས་པས་གང་འདོད་པའི་གནས་སུ་སྐྱེ་བ་ལེན་པར་འགྱུར་རོ། །དེ་གསུམ་གང་ཡང་སྔོན་གྱི་འཕེན་པའི་དབང་གིས་དེ་ལྟར་ནུས་པ་ཡིན་ཏེ། སྤྱོད་བསྡུས་ཀྱི་ལུང་དྲངས་མ་ཐག་པ་ལས་གསལ་བའི་ཕྱིར། ཚུལ་དེ་ལ་ནི། སྔོན་གྱི་མན་ངག་པ་རྣམས་ཀྱིས། འོད་གསལ་མ་བུ་འཕྲོད་པ་ཞེས་བྱ་བའི་བརྡ་སྦྱར་བ་ཡིན་ལ། དེ་འདྲ་དེ་སྐྱེ་བ་ཕྱི་མར་གཏོགས་པ་མ་ཡིན་ཏེ། ཕྱི་མའི་སྲིད་པ་གང་ཡང་མངོན་དུ་མ་གྱུར་པའི་ཕྱིར། དེ་ལྟ་ནའང་། འདི་ལ་བར་དོར་འཚང་རྒྱ་བ་ཞེས་པའི་མིང་གིས་བཏགས་པ་ཡིན་ཏེ། འདིའི་འཆི་སྲིད་འགགས་ཤིང་། ཕྱི་མའི་སྐྱེ་སྲིད་མ་གྲུབ་པའི་བར་དེར་འཚང་རྒྱ་བའི་ཕྱིར་རོ། །ཡང་བར་དོར་སློབ་པའི་ཟུང་འཇུག་མངོན་དུ་བྱས་པ་ཞིག་ཡིན་ན་ནི། སྤྱོད་པ་གསུམ་པོ་གང་རུང་ལ་བསླབས་ནས་འཚང་རྒྱ་བའམ། གང་དུ་ལུས་ལེན་པར་འདོད་པ་དེ་ཉིད་དུ་འཕེན་པ་སྔོན་དུ་བཏང་ནས། དེ་ཉིད་དུ་སྐྱེ་བ་ལེན་པ་ཡིན་ལ། དེའི་ཚེ་བར་དོ་རང་མཚན་པ་མེད་པར་ཟུང་འཇུག་གི་སྐུ་དེ་ཉིད་བར་དོའི་ཚུལ་གྱིས་འཇུག་པ་ཡིན། ཞེས་སྔ་རབས་པ་རྣམས་གསུངས་སོ། །འོ་ན་ཟུང་འཇུག་གི་སྐུ་གཉིས་ཀ་ཡང་། རླུང་སེམས་དྭངས་མ་ལས་གྲུབ་པའི་སྐབས་བཤད་ན། དེ་འདྲའི་རླུང་དྭངས་མ་དེ་ཚེ་འདིའི་འབྱུང་བ་ལས་གྲུབ་པ་ཡིན་ནམ། ཞེ་ན། མ་ཡིན་ཏེ། རྡུལ་ཕྲ་རབ་ཀྱི་ཆོས་ཉིད་ལས་འདས་པའི་ཕྱིར་རོ། །འོ་ན་ཅི་ཞེ་ན། སེམས་རང་བཞིན་གྱིས་འོད་གསལ་བ་དེ་ཉིད། གཡོ་བའི་ཆ་ནས་རླུང་དྭངས་མ་ཞེས་བྱ་ལ། དེ་ཡང་སློབ་པའི་ཟུང་འཇུག་གི་དུས་སུ། སྒྲུབ་པ་པོའི་ལུས་རགས་པ་དེའི་ཁོང་ན་གནས་ཤིང་། དེའི་རྒྱུས་བཅིངས་པ་མི་འགལ་ལ༑ དེའི་ཚེ་ན་ལུས་ཀྱི་རྒྱུས་ཇི་ཙམ་བཅིངས་ཀྱང་། ལུས་བརྒྱར་སྤྲུལ་པ་ལ་སོགས་པའི་ཡོན་ཏན་མཐའ་དག་སྟོན་པར་ནུས་སོ། །མི་སློབ་པའི་ཟུང་འཇུག་མངོན་དུ་བྱས་པ་དེའི་ཚེ་ནི། སྒྲུབ་པ་པོའི་ལུས་གསེར་འགྱུར་གྱི་རྩིས་སྦྱངས་པ་ལྟར། ཟུང་འཇུག་གི་སྐུར་སོང་བའམ། སྤྲུལ་གྱི་ཤུན་པ་རྗེས་པ་ལྟ་བུར་འདོད་པའི་ལུགས་གཉིས་ལས། གང་ཡིན་ཀྱང་རུང་སྟེ། བྱང་ཆུབ་ཀྱི་སེམས་ཀྱི་རྡོ་རྗེ་དེ་ཉིད། སྐུ་གསུམ་དབྱེར་མི་ཕྱེད་པའི་བདག་ཉིད་ཅན་དུ་སོང་བ་ཡིན་གྱི། འཇའ་ཚོན་ལྟ་བུའི་སྣང་བ་གཅིག་འཆར་བར་བཤད་པ་དེ། སངས་རྒྱས་ཀྱི་སས་བསྡུས་པ་ནི་མ་ཡིན་ཏེ། གདུལ་བྱ་གཞན་སྣང་གིས་བསྡུས་པའི་ཕྱིར་རོ། །ཞེས་རྣམ་པར་སྤྲོས་པ་དེ་ཙམ་གྱིས་ཆོག་གོ། །དེ་དག་ལ་འདི་སྐད་ཅེས། འཆི་བ་འོད་གསལ་ཞེས་བྱ་བ། །ཚེ་འདིའི་སྲིད་པས་བསྡུས་པ་མིན། །དེ་ཕྱིར་ཆོས་སྐུ་ལོངས་སྐུ་གཉིས། །ལུས་རྟེན་གཅིག་ལ་མཉམ་དུ་འགྲུབ། །འོད་གསལ་ཞེས་བྱ་སྒྱུ་ལུས་ཀྱི། །བག་ཆགས་སྦྱོང་བའི་གཉེན་པོ་སྟེ། །ཕྱོགས་རེ་བ་དང་མཐའ་དག་གི །དབྱེ་བས་ཟུང་འཇུག་གཉིས་མངོན་བྱེད། །སྒྱུ་ལུས་ཞེས

པ་ཡིད་ལུས་ཏེ། །ཀླུང་སེམས་དྭངས་མའི་བདག་ཉིད་དོ། །དེ་ཡང་སོ་སོ་སྐྱེ་བོ་ཡི། །ཡིད་ལུས་ཡིན་ཕྱིར་ཀུན་རྫོབ་བདེན། །ཇི་སྲིད་འདི་མངོན་མ་བྱས་པ། །དེ་སྲིད་རྫོགས་རིམ་ལྷ་ཡི་སྐུ། །མི་འབྱུང་དེ་ཕྱིར་དབེན་གསུམ་དང་། །བསྐྱེད་པའི་རིམ་པས་འདི་བསྒྲུབ་བྱ། །འོད་གསལ་བ་ཡིས་འདི་སྦྱངས་ནས། །མི་སློབ་ཡེ་ཤེས་མངོན་གྱུར་ཆེ། །ཆོས་ཀྱི་སྐུ་དང་སྒྱུ་མའི་སྐུ། །ཟུང་འཇུག་དོན་དམ་བདེན་པར་གཞག ཅེས་སྨྲ་རོ།། །།

དྲི་བ་ཉེར་གཉིས་པ་ནི། ཕ་རོལ་ཕྱིན་དང་གསང་སྔགས་ཀྱི། །སངས་རྒྱས་རྒྱུན་ཅན་རྒྱུན་མེད་དུ། །ཐལ་བ་འདོད་པ་མ་ཡིན་ནམ། །ཞེས་པའོ། །འདི་ལ་གཉིས་ལས། དང་པོ་ལ་འདྲི་བའི་རྒྱུ་མཚན་ནི། བསྟན་བཅོས་འདིའི་ཕྱོགས་སྔ་མས། ཕར་ཕྱིན་ཐེག་པས་ཐོབ་པའི་མཐོང་ལམ་པ་དེ། ཡོན་ཏན་བརྒྱ་ཕྲག་བཅུ་གཉིས་སོགས་སྟོན་ནུས་པའི་རྒྱུ་མཚན་གྱིས་རྒྱུན་ཅན་དང་། སྔགས་ཀྱི་ཐེག་པས་ཐོབ་པའི་མཐོང་ལམ་པ་དེས། དེ་མི་ནུས་པའི་རྒྱུ་མཚན་གྱིས་རྒྱུན་མེད་དུ་ཁས་བླངས་པ་ལ། འོ་ན་ཚུལ་གཉིས་ཀྱིས་ཐོབ་པའི་སངས་རྒྱས་གཉིས་ཀྱང་། རྒྱུན་ཅན་དང་། རྒྱུན་མེད་དུ་ཐལ། ཞེས་འཕངས་འདུག་པའི་རྒྱུ་མཚན་གྱིས་སོ། །

གཉིས་པ་མ་དྲིས་པའི་སྐྱོན་ནི་གཉིས་ཏེ། འདིའི་ཕྱོགས་སྔ་མས་འདོད་ལན་ཐེབས་པ་དང་། ཕྱོགས་གཞན་གྱིས་ཀྱང་འདོད་ལན་ཐེབས་པའི་ཚུལ་བསམ་པའོ། །དང་པོ་ནི། འདིའི་ཕྱོགས་སྔ་སླ་བ་དག རྒྱལ་པོ་ཨིནྡྲ་བྷཱུ་ཏི་ལྟ་བུ། རྟེན་དེ་ལ་ཟུང་འཇུག་གི་སྐུ་བརྙེས་པ་ཡིན་ཀྱང་། མཛད་པ་བཅུ་གཉིས་ཀྱི་ཚུལ་མ་བསྟན་པས་རྒྱུན་མེད་དང་། སྟོན་པ་ཐུབ་པའི་དབང་པོ་ཡང་། རྒྱལ་པོ་ཟས་གཙང་གི་སྲས་སུ་གྱུར་པའི་རྟེན་དེ་ཉིད་ལ་སངས་རྒྱས་པ་ཡིན་པ་ལྟ་བུའི་བཤད་པ་ཞིག་སྤྱོད་བསྡུས་སུ་གསུངས་ཤིང་། སློབ་དཔོན་ཤཱཀྱ་བཤེས་གཉེན་གྱིས་ཀྱང་། རྟེན་དེ་ལ་སངས་རྒྱས་པའི་བཤད་པ་མཛད་པ་ལྟར། སྟོན་པ་དེ་ནི་ཐེག་པ་ཆེན་པོའི་ཚུལ་གཉིས་ག་ལ་མཐུན་སྣང་དུ་གྲུབ་པའི་སངས་རྒྱས་སུ་འཆད་པ་དེས་ནི། མཛད་པ་བཅུ་གཉིས་ཀྱི་ཚུལ་བསྟན་པས་རྒྱུན་བཅས་སོ། །སྙམ་དུ་དོགས་པར་འགྱུར་བ་དང་། སྔོན་གྱི་གསང་འདུས་པ་ཕལ་ཆེ་བ་དག མགོན་པོ་ཀླུ་སྒྲུབ་ཀྱིས། ལུས་རྟེན་དེ་ཉིད་ལ་ཟུང་འཇུག་གི་སྐུ་མངོན་དུ་བྱས་པར་འཆད་ཀྱང་། ལུས་དེ་ཉིད་ཀྱིས་སངས་རྒྱས་ཀྱི་སྤྲུལ་སྐུའི་མཛད་པ་མ་བྱས་པར་འཆད་པའི་ཕྱིར་ན་རྒྱུན་མེད་དོ། །གཉིས་པ་ནི། དེ་ལྟར་ཐལ་བ་འཕངས་པའི་ཤུགས་ལ། ཚུལ་གཉིས་ཀྱི་སངས་རྒྱས་གཉིས་པོ་ལ་རྒྱུན་ཡོད་མེད་ཀྱི་ཁྱད་པར་མེད་པ་ཉིད་དུ་བཞེད་པར་སོང་བས། བདག་མེད་བསྟོད་འགྲེལ་དུ། བསྟན་བཅོས་མཛད་པ་འདི་ཉིད་ཀྱིས། ཚུལ་གཉིས་ཀྱི་སངས་རྒྱས་ལ། འོ་མས་བཙུས་པའི་ཀུ་རུ་ར་དང་། ཆུས་བཙུས་པའི་ཀུ་རུ་ར་ལྟ་བུའི་ཁྱད་པར་ཡོད་དོ། །ཞེས་གསུངས་པ་དང་འགལ་ལོ་སྙམ་དུ་དོགས་པ་དང་། སྔགས་ཀྱི་ཐེག་པས་འཛམ་བུ་གླིང་གི་མིའི་ལུས་རྟེན་ལ་སངས་རྒྱས་པ་དེའི་

ཚེ་ན། ཐུགས་ཆོས་ཀྱི་སྐུར་སངས་རྒྱས་ཀྱང་། གསུང་ལོངས་སྤྱོད་རྫོགས་པའི་སྐུ་དང་། ལུས་མཆོག་གི་སྤྲུལ་པའི་སྐུར་སངས་རྒྱས་སམ་མ་རྒྱས། རྒྱས་ན་ནི་ངེས་པ་ལྔ་ལྡན་དུ་ཐལ་བ་དང་། ལུས་དེས་མཛད་པ་བཅུ་གཉིས་ཀྱི་ཚུལ་སྟོན་པར་ཐལ་ལོ། །གཉིས་པ་ལྟར་ན་སྔགས་ཀྱི་སངས་རྒྱས་རྒྱུན་མེད་དུ་ཐལ་བ་འདོད་པ་ཡིན་ནོ། །སྐབས་པའི་དོགས་པ་འདི་དག་འབྱུང་ངོ་། །

གཉིས་པ་དངོས་ལན་གདབ་པ་ནི། མིའི་ལུས་རྟེན་ལ་སྔགས་ཀྱི་ཐེག་པས་སངས་རྒྱས་པའི་སངས་རྒྱས་དེ་ལ། སྐུ་གསུམ་ཀ་དུས་གཅིག་ཏུ་མ་ཚང་བའི་རྒྱུ་མཚན་གྱིས། རྒྱུན་མེད་དུ་ཐལ་བའི་སྐྱོན་ཡོད་པ་མ་ཡིན་ཏེ། དེའི་ཚེ་གནས་དེར་གདུལ་བྱ་གཞན་སྣང་ལ་ལྟོས་པའི་གཟུགས་སྐུ་གཉིས་ཀྱི་སྣང་བ་མ་ཤར་ཀྱང་། གནས་ཚུལ་གྱི་སྐུ་གསུམ་པོ་ནི། གྲུབ་པ་དང་བདེ་བ་ཐ་མི་དད་པའི་ཚུལ་གྱིས་གྲུབ་ནས་ཡོད་པའི་ཕྱིར་དང་། སངས་རྒྱས་ཐམས་ཅད་ཀྱི་ཆོས་ཀྱི་སྐུ་གཅིག་ཏུ་འདྲེས་ཤིང་། ཕྲིན་ལས་ཐམས་ཅད་ཀྱང་གཅིག་ཏུ་འཇོག་པ་ཡང་ལུང་ཆོས་ཀྱི་སྙིང་པོར་བཤད་པ་ཡིན་པས། གདུལ་བྱ་གཞན་སྣང་ལ་གཟུགས་སྐུ་གཉིས་ཀྱི་སྣང་བ་ཤར་བ་ཐམས་ཅད་ཀྱང་། སངས་རྒྱས་མ་ཐག་པ་དེའི་ཡང་གཟུགས་ཀྱི་སྐུར་འཆད་དགོས་པའི་ཕྱིར་དང་། གནས་ཚུལ་གྱི་ལོངས་སྤྲུལ་གཉིས་ངོས་འཛིན་ནི་མེ་ལོང་ལྟ་བུའི་ཡེ་ཤེས་དང་། བྱ་བ་གྲུབ་པའི་ཡེ་ཤེས་ལ་འཆད་པ་ཡིན་ཏེ། ཇི་སྲིད་ཡེ་ཤེས་དེ་གཉིས་མངོན་དུ་མ་གྱུར་པ་དེ་སྲིད་དུ་ནི། ཆོས་ཀྱི་སྐུར་སངས་རྒྱ་བ་ཡང་མི་འབྱུང་བའི་ཕྱིར་རོ།། །།

དྲི་བ་ཉེར་གསུམ་པ་ནི། དགེ་སློང་སྡོམ་པ་མ་ཐོབ་པར། །མཁན་སློབ་བྱས་པས་ཆོག་པ་ཞིག འདུལ་བའི་མདོ་དང་ལུང་དག་ཏུ། །གསལ་བར་གསུངས་པ་མ་ཡིན་ནམ། །ཞེས་པའོ། །འདི་ལ་གཉིས་ལས། དང་པོ་ལ་འདྲི་བའི་རྒྱུ་མཚན་ནི། གཞུང་དུ། དགེ་སློང་སྡོམ་པ་མ་ཐོབ་པར། །མཁན་སློབ་ལ་སོགས་བྱེད་པ་ནི། །གསང་སྔགས་མེད་པར་སྒྲུབ་གདུག་གི །མགོ་ལས་རིན་ཆེན་ལེན་པ་ལྟར། །རང་གཞན་རླག་པའི་རྒྱུ་རུ་བས། །ཞེས་པའི་རྣམ་བཤད་མཛད་པ་པོ་རྣམས་ཀྱིས། སྒྲ་ཇི་བཞིན་པ་དེ་ཉིད་སོར་འཇོག་པ་ལས་གཞན་ཟུར་ཐོན་པའི་བཤད་པ་ཅི་ཡང་མི་སྣང་བའི་རྒྱུ་མཚན་གྱིས་སོ། །མ་དྲིས་པའི་ཉེས་པ་ནི། བསྙེན་པར་མ་རྫོགས་པས་མཁན་པོ་མི་རུང་བ་དེ་ལྟ་ན། མདོ་རྩ་བ་ལས། དེ་བསྙེན་པར་མ་རྫོགས་པ་ཉིད་ཡིན་ན་ཡང་ངོ་། །ཞེས་གསུངས་ལ། དེ་འདྲ་དེ་ཡང་མཁན་པོའི་དབང་དུ་བྱས་པ་ཡིན་ཞིང་། ཡང་སྒྲ་ནི། གོང་དུ་སྡོམ་པ་སྐྱེ་བར་བཤད་པ་དང་འགྲེལ་རྒྱུ་ཡིན་པའི་ཕྱིར་ན། བསྙེན་པར་མ་རྫོགས་པས་མཁན་པོ་མི་རུང་བ་མ་ཡིན་ནོ། །ཞེས་པ་དང་། ལུང་ཞུ་བ་ལས། མཚམས་མེད་ལྔ་བྱས་པ་དང་། མུ་སྟེགས་ཅན་དང་། མུ་སྟེགས་ཅན་ཞུགས་པ་དང་། དགེ་ཚུལ་གྱིས་བསྙེན་པར་རྫོགས་པར་བྱེད་པའི་གསོལ་བཞིའི་ལས་བྱས་ན། བསྒྲུབ་བྱ་དེ་བསྙེན་པར་རྫོགས་པར་འགྱུར་ཞིང་། དགེ

འདུན་ནི་འདས་པ་དང་བཅས་པར་རོ། །ཞེས་གསུངས་པའི་ཕྱིར་ན། དེ་འདྲ་དེ་དག་གིས་ཀྱང་ལས་ཀྱི་སློབ་དཔོན་མི་རུང་བ་མ་ཡིན་ནོ། །སྨམ་པའི་དོགས་པ་དག་སྐྱེ་བར་འགྱུར་རོ། །

གཉིས་པ་དངོས་ལན་གདབ་པ་ནི། བཏག་པ་དང་པོ་དེ་གནོད་བྱེད་དུ་འཇུག་པ་མ་ཡིན་ཏེ། མདོ་རྩ་བ་ལས་གསུངས་པ་དེ་ནི། དེའི་འགྲེལ་དེ་ཉིད་ལས། ཇི་སྐད་དུ། དེ་དགེ་སློང་ཉིད་མ་ཡིན་པར་ཤེས་ན་ནི་མི་སྐྱེའོ། །ཞེས་གསུངས་པས། དགེ་སློང་མ་ཡིན་པ་ལ་དགེ་སློང་དུ་འདུ་ཤེས་ཏེ་མཁན་པོ་མཛད་པའི་དབང་དུ་བྱས་པ་ཡིན་ལ། འདིར་ནི་བསྙེན་པར་མ་རྫོགས་པ་ལ་མ་རྫོགས་པ་ཉིད་དུ་འདུ་ཤེས་ཏེ་མཁན་པོ་མི་རུང་བའི་དབང་དུ་མཛད་པ་ཡིན་པས་སོ། །རྣམ་པར་དབྱེད་པ་གཉིས་པས་ཀྱང་མི་གནོད་དེ། བསྟན་བཅོས་འདིར་བཤད་པ་དེ་ནི། བསྙེན་པར་མ་རྫོགས་པ་ལས་ཀྱི་ཁ་སྐོང་དུ་མི་རུང་བའི་དོན་ཡིན་ཞིང་། གང་ཞིག་ཁ་སྐོང་དུ་མི་རུང་བ་དེ་ནི་ལས་བྱེད་པ་པོར་འགྱུར་བ་ཞིག་སྲིད་ཀྱང་། ལས་ཀྱི་སློབ་དཔོན་དུ་ནི་ནམ་ཡང་མི་རུང་བའི་ཕྱིར། དོན་དེ་ལ་དགོངས་ནས། འདུལ་བའི་མདོར། དེ་དག་ནི་བྱེད་པ་པོ་ཉིད་མ་ཡིན་ནོ། །ཞེས་དང་། འདུལ་བའི་རྣམ་བཤད་མཛད་པ་དག་གིས་ཀྱང་། ལས་ཀྱི་སློབ་དཔོན་དུ་རུང་བ་ལ་ཁ་སྐོང་གི་ཆོས་དང་ལྡན་པ་ཡན་ལག་ཏུ་དགོས་པར་བཤད་དོ༑ ༑ལུང་ལས་གསུངས་པ་དེ་ནི། ལས་བྱེད་པ་པོའི་དགེ་སློང་གིས་ཤེན་ཏུ་ཡོངས་པར་གྱུར་པའི་ཚེ། སྔགས་ཀྱི་ཚིག་བློ་ལ་བཟུང་ནས་དགེ་འདུན་ལ་བརྗོད་པར་ནུས་པའི་བསྙེན་པར་མ་རྫོགས་པ་དེ་དང་དེ་དག་གིས་ཀྱང་། ཁ་སྐོང་དུ་མ་གྱུར་པའི་ཚུལ་གྱིས་མཚམས་གཞན་ན་འདུག་པའམ། འགྲེང་བའི་སྤྱོད་ལམ་ལྟ་བུས། བསྒྲུབ་བྱ་བསྙེན་པར་རྫོགས་དུས་ཀྱི་ཁ་སྐོང་གྲངས་ཚང་བ་ལ་སྔགས་ཀྱི་ཚིག་དེ་བརྗོད་པ་ལས། བསྒྲུབ་བྱ་དང་ཁ་སྐོང་གི་དགེ་སློང་གི་དགེ་འདུན་རྣམས་ཀྱིས་ལས་དེ་ཉམས་སུ་མྱོང་བར་གྱུར་པའི་ཚེ། བསྒྲུབ་བྱའི་རྒྱུད་ལ་བསྙེན་རྫོགས་ཀྱི་སྡོམ་པ་སྐྱེ་བ་ལ་དགོངས་པ་ཡིན་ཏེ། ཞུ་བ་མང་ཤོས་ལས་དེ་ལྟར་གསུངས་པའི་ཕྱིར་དང་། མདོ་ལས་ཀྱང་། བསྙེན་པར་རྫོགས་པ་ལ་ནི་བཅུ་ལ་སོགས་པའོ། །མཐའ་ཁོབ་དག་ཏུ་མེད་ན། འདུལ་བ་འཛིན་པ་དང་ལྔ་ལ་སོགས་པའོ། །ཞེས་འདུལ་བ་འཛིན་པ་ཟུར་དུ་འདྲེན་པའི་རྒྱུ་མཚན་ཡང་། འདུལ་བ་འཛིན་པས་ཁ་སྐོང་བྱེད་པའི་ངེས་པ་མེད་པ་ལ་དགོངས་པའོ། །འོན་ཀྱང་ཆེར་འགྲེལ་དུ་ལས་བྱེད་པ་པོ་ཁ་སྐོང་གི་གཙོ་བོར་བཤད་པ་མ་ཡིན་ནམ་ཞེ་ན། དེ་ལྟར་བཤད་པ་དེ་ནི། ལས་བྱེད་པ་པོས་ཁ་སྐོང་ཡང་མཛད་པའི་དབང་དུ་བྱས་པ་ཡིན་ཏེ༑ དེའི་ཚེ་ན་དེ་འདྲ་དེ་ལས་ཀྱི་སློབ་དཔོན་དུ་འགྱུར་བས་སོ། །སྤྱིར་ནི་ལས་བྱེད་པ་པོ་ཁ་སྐོང་དུ་དགོས་པའི་ཁྱབ་པ་མེད་དེ། རབ་བྱུང་གི་ཞུ་བ་བྱེད་པ་དང་། གསང་སྟེ་སྟོན་པའི་ནང་དུ་འོང་བ་ཞུ་བ་བཞིན་ནོ། །དེ་བཞིན་དུ་གསང་སྟེ་སྟོན་པའི་སློབ་དཔོན་དུ་འགྱུར་བ་ལ་ནི། ཁ་སྐོང་དུ་འོས་པ་ཞིག་དགོས་ཏེ། དེ་འགྱུར་བ་ལ་དགེ

འདུན་གྱིས་དེར་བསྒོར་དགོས་པའི་ཕྱིར། གསང་སྟོན་ཙམ་དུ་འགྱུར་བ་ལ་ནི་དེ་མི་དགོས་ཏེ། ལྐོག་ཏུ་བར་ཆད་འདྲི་བ་དང་། དགེ་འདུན་གྱི་ནང་དུ་འོང་བ་ཞུ་བའི་སྐབས་ཚིག་གསལ་བར་བརྗོད་ཤེས་པ་ཙམ་གྱིས། གསང་སྟེ་སྟོན་པའི་གོ་ཆོད་པའི་ཕྱིར།། །།

དྲི་བ་ཉེར་བཞི་པ་ནི། ཁ་འབར་མ་ཡི་གཏོར་མ་ལ། །དེ་བཞིན་གཤེགས་པ་བཞི་ཡི་མཚན། །སྔོན་ལ་བརྗོད་པ་མི་འཐད་ན། །རྗེ་བཙུན་གྲགས་པས་མཛད་དེ་ཙི། །ན་མཿསརྦ་ཏ་ཐཱ་སོགས། །དེ་བཞིན་གཤེགས་པ་ཐམས་ཅད་ལ། །ཕྱག་འཚལ་བ་ཡི་སྐབས་མིན་ནམ། །ཞེས་པའོ། །འདི་ལ་གཉིས་ལས། དང་པོ་ལ་འདྲི་བའི་རྒྱུ་མཚན་ནི། རྣམ་བཤད་མཛད་པ་དག་ལ་གཞུང་གི་སྒྲ་ཇི་བཞིན་པ་དེ་ཉིད་ལས་གཞན་མི་སྣང་བའི་རྒྱུ་མཚན་གྱིས་སོ། །མ་དྲིས་པའི་ཉེས་པ་ནི། རྗེ་བཙུན་གྱིས་མཛད་པའི་གཏོར་མ་བརྒྱ་རྩའི་དཔེ་པར་དུ་བྲུབ་པ་ཞིག་གི་ནང་ན། ལྷ་མན་ཆད་ཐམས་ཅད་ལ་ཐོག་མར་དེ་བཞིན་གཤེགས་པ་བཞིའི་མཚན་བརྗོད་ནས། དེའི་འོག་ཏུ་སྐབས་བརྗོད་པར་གསུངས་འདུག་པ་དང་འགལ་ལོ་སྙམ་པ་དང་། ཡང་སྐབས་ཀྱི་འོག་ཏུ་སངས་རྒྱས་བཞིའི་མཚན་བརྗོད་རྒྱུ་ཡིན་པ་དེ་ལྟ་ན། རྗེ་བཙུན་གྱིས་མཛད་པའི་གཏོར་ཆེན་གྱི་ཡི་གེ་ན། གཡས་མཆོག་སྦྱིན་ཆོས་འབྱུང་གི་ཕྱག་རྒྱ་དང་ལྡན་པས་སྐབས་ལན་བདུན་བཟླས། གཡས་ཀྱི་ཕྱག་རྒྱ་ཁ་སྦྱབ་ཏེ། མཆོད་པ་ལྔ་ལ་རེག་པ་ཙམ་རེ་བྱའོ། །ཏ་ཐཱ་ག་ཏ་བཞིའི་མིང་ནས་བརྗོད་པ་མེད། ཅེས་གསུངས་པ་དང་འགལ་ལོ། །གལ་ཏེ་སྔ་མ་དེ་ཡི་གེ་མ་དག་པ་ཡིན་ནོ་སྙམ་ན། དེ་ལྟར་ཡིན་དུ་ཆུག སྐབས་ཀྱི་ཐོག་མར་དེ་བཞིན་གཤེགས་པ་བཞིའི་མཚན་ནས་བརྗོད་ན་ཉེས་པ་ཅི་ཡོད། འགའ་ཞིག་ན་རེ། སངས་རྒྱས་ལ་སྐྱབས་སུ་སོང་བ་འགའ་ཞིག་གིས་གཏོར་མ་མི་ཐོབ་པ་ཡིན་ནོ། །ཞེས་ཟེར། འོན་གཏོར་སྐབས་ཀྱི་ཐོག་མར། དེ་བཞིན་གཤེགས་པ་ཐམས་ཅད་ལ་ཕྱག་འཚལ་བའི་ཚིག་བྱུང་བ་དང་འགལ་ལོ། །

གཉིས་པ་དངོས་ལན་གདབ་པ་ལ། དང་པོར་གཏོར་མ་བྱིན་གྱིས་རློབ་པའི་ཚེ། ཐོག་མར་དེ་བཞིན་གཤེགས་པ་ཐམས་ཅད་དང་། འཕགས་པ་འཇིག་རྟེན་དབང་ཕྱུག་ལ་ཕྱག་འཚལ་བ་ནི། དེའི་བདེན་པའི་སྟོབས་ཀྱིས་གང་འདོད་པ་དེ་དང་དེར་བྱིན་གྱིས་རློབ་པ་ཡིན་ལ། བྱིན་གྱིས་བརླབས་ཟིན་པའི་འོག་ཏུ། དེ་བཞིན་གཤེགས་པ་བཞིའི་མཚན་བརྗོད་པ་ནི། ཆོས་ཀྱི་སྦྱིན་པ་དང་། མི་འཇིགས་པའི་སྦྱིན་པ་བྱིན་པའོ། །གཏོར་མ་སྦྱིན་པ་ནི་ཟང་ཟིང་གི་སྦྱིན་པའོ། །འོན་བཅུ་ཚན་ལྔ་པ་སོགས་གཞན་ལ་སངས་རྒྱས་བཞིའི་མཚན་སྔོན་ལ་བརྗོད་ཅིང་།བཅུ་ཚན་དགུ་པ་ཁོ་ན་ལ་རྗེས་སུ་བརྗོད་པའི་རྒྱུ་མཚན་ཅི་ཞེ་ན། དེ་ནི་སངས་རྒྱས་ཀྱིས་བཅས་པའི་དབང་གིས་ཡིན་ཏེ། ཡི་དྭགས་ཁ་ལ་མེ་འབར་མ་ལ་སྐྱབས་མཛད་པའི་གཟུངས་ལས།ལག་པ་གཡས་པ་སྣོད

ཀྱི་སྙིང་དུ་གཞག་ལ། གཟུངས་འདི་ལན་བདུན་བཟླས་ནས། དེ་བཞིན་གཤེགས་པ་བཞིའི་མཚན་ནས་བརྗོད་པར་བྱའོ། །ཞེས་གསུངས་པས་སོ།། །།

དྲི་བ་ཉེར་ལྔ་པ་ནི། སྨན་པའི་རྒྱལ་པོའི་མདོ་གང་སྟེ། །མདོ་རྒྱུད་གཉིས་ཀྱི་ཟླས་ཕྱེ་བའི། །མདོ་རུ་བཞེད་དམ་རྒྱུད་ཡིན་གྲང་། །དང་པོ་ལྟར་ན་དེ་ལས་ནི། །སྔགས་ཀྱི་ཚིག་འབྱུང་དེ་ཅི། །གཉིས་པ་ལྟར་ན་སྐབས་ཀྱི་ནི། །རྩོད་པའི་ལན་དུ་ཇི་ལྟར་འགྱུར། །ཞེས་པ་འདི་ལ་གཉིས་ལས། དང་པོ་ལ་འདྲི་བའི་རྒྱུ་མཚན་ནི༑ གཞུང་གི་འཕྲོས་ལ་བརྟགས་པ་ན། ཕྱོགས་སྔ་མས་རིགས་ལྔ་སེར་འཇམ་འཐད་པའི་ཤེས་བྱེད་དུ། ལྷགས་པ་གསེར་མདོག་ལྷགས་པ་སྒྲུབ་པ་དང་། །ཞེས་མདོ་ལས་གསུངས་པས་སོ། །ཞེས་པའི་དོགས་པ་བསུ་ནས། འོ་ན་སྨན་བླའི་སྐུ་མདོག་ཀྱང་སེར་པོ་ཉིད་དུ་བྱེད་རིགས་པར་འགྱུར་ལ། དེ་ལྟ་ན་མདོ་ཉིད་ལས་སྔོན་པོར་བཤད་པ་དང་འགལ་ལོ། །ཞེས་འཆད་དགོས་པ་ལྟ་བུར་སྣང་བའི་རྒྱུ་མཚན་གྱིས་སོ། །

གཉིས་པ་མ་དྲིས་པའི་ཉེས་པ་ནི། འོ་ན་རིགས་ལྔ་སེར་འཇམ་མདོ་ལུགས་ཡིན་པའི་ཤེས་བྱེད་ལ་སྦྱར་འབྱིན་དེ་ལྟར་འཕེན་པ་དེའི་ཚེ་ན། སྨན་བླའི་མདོ་དེ་མདོ་སྔགས་གཉིས་པོ་འགལ་བར་བྱས་པའི་དུས་ཀྱི་མདོ་ཡིན་ནམ་སྔགས་ཡིན། དང་པོ་ལྟར་ན། ཞི་བ་འཚོས་སྔགས་སུ་བཀྲལ་བ་དང་འགལ། དེས་དེ་སྔགས་སུ་མ་བཀྲལ་ན། ཇི་སྐད་དུ། མདོ་དང་རྒྱུད་ཀྱི་ཁྱད་པར་ནི། །ཚིག་གི་བྱ་བ་ཡོད་མེད་ཡིན། །ཞེས་འཆད་པ་དང་འགལ། གཉིས་པ་ལྟར་ན། མདོ་ལུགས་ཀྱི་སངས་རྒྱས་གསེར་མདོག་ཅན་ཁོ་ནར་འབྲི་དགོས་པའི་ཤེས་བྱེད་ལ༑ སྔགས་ལུགས་ཀྱི་སངས་རྒྱས་སྦྱར་འབྱིན་དུ་བརྗོད་པ་ཇི་ལྟར་འབྲེལ། དེ་དེར་འབྲེལ་བའི་རྒྱུ་མཚན་ཞིག་ཡོད་པ་འོ་ན། དུས་ཀྱི་འཁོར་ལོ་དང་། དགྱེས་པ་རྡོ་རྗེ་དང་། འཁོར་ལོ་སྡོམ་པ་ལ་སོགས་པ་རྣམས་ཀྱིས་མ་ངེས་པ་འཕེན་པར་རིགས་པ་ལས། སྨན་པའི་རྒྱལ་པོའི་སྐུ་མདོག་ཁོ་ནས་མ་ངེས་པ་འཕེན་པ་ཅི་སྐམ་པའི་དོགས་པ་འདི་སྐྱེ་བར་འགྱུར་རོ། །

དངོས་ལན་བཏབ་པ་ནི། སྨན་བླའི་མདོ་ནི་རང་རྐང་གི་བཞུགས་ཚུལ་མདོ་ཁོ་ནར་ངེས་པས། རིགས་ལྔའི་སྐུ་མདོག་སེར་འཇམ་དུ་བྱེད་པའི་ཤེས་བྱེད་དེ་ལ། སྨན་བླའི་སྐུ་མདོག་བཻཌཱུརྻའི་འོད་ཅན་དུ་བཤད་པས་མ་ངེས་པ་འཕངས་པ་ཡིན་ནོ། །རང་རྐང་གི་བཞུགས་ཚུལ་མདོ་ཡིན་ཀྱང་། བོ་དྷི་ས་ཏྭས་མཛད་པའི་བསྟན་བཅོས་དེ་བཞིན་གཤེགས་པ་བདུན་གྱི་ཆོ་ག་མདོ་སྡེ་ལས་བསྡུས་པ་ཞེས་བྱ་བ་དེས་ནི། མདོ་དེ་སྔགས་སུ་བཀྲལ་བ་ཡིན་ཏེ། དེར་བཀྲལ་བའི་ཁྱད་པར་གྱི་ཆོས་མཐའ་དག་ཚང་བའི་ཕྱིར་རོ།། །།

དྲི་བ་ཉེར་དྲུག་པ་ནི། ལྟུང་བཤགས་སྔགས་ལུགས་མི་བཞེད་ན། །བསྟན་བཅོས་མཛད་པ་འདི་ཉིད་

ཀྱིས། །སངས་རྒྱས་སུམ་ཅུ་རྩ་ལྔ་པོ། །རིགས་ལྔར་བསྡུས་པ་ཇི་ལྟར་ཡིན། །ཞེས་པ་འདི་ལ་གཉིས་ལས། དང་པོ་ལ་འདྲི་བའི་རྒྱུ་མཚན་ནི། རྣམ་བཤད་མཛད་པ་དག་གིས་ཀྱང་གཞུང་གི་སྦྲ་ཇི་བཞིན་པ་དེ་ཉིད་སོར་གཞག་ནས། ལྟུང་བཤགས་ཀྱི་སངས་རྒྱས་ལ་སྔགས་ལུགས་སུ་བཀྲལ་བ་མི་སྲིད་པ་ལྟ་བུའི་བཤད་པ་མཛད་ཅིང་། དེའི་ཤེས་བྱེད་དུ། རབ་ཏུ་བྱུང་བའི་ཆ་ལུགས་ཅན་གྱི་ཕྱག་མཚན་དུ་མཆོན་ཆ་ཐོགས་པའི་རྣམ་པ་ཅན་གྱི་སྒྲུབ་ཐབས་བྱེད་པ་མི་འཐད་པའི་ཕྱིར། ཞེས་འཆད་པར་སྣང་བའི་རྒྱུ་མཚན་གྱིས་སོ། །མ་དྲིས་པའི་ཉེས་པ་ནི། དེ་ལྟ་ཡིན་པ་འོན། བསྟན་བཅོས་མཛད་པ་འདི་ཉིད་ཀྱིས། །སངས་རྒྱས་སུམ་ཅུ་སོ་ལྔ་པོའི་སྐུ་མདོག་ཕྱག་མཚན་གྱི་རྣམ་གཞག་མཛད་པའི་བསྟན་བཅོས་ལས། སུམ་ཅུ་སོ་ལྔ་པོ་བདུན་ཚན་ལྔར་བསྡུས་ནས། གོ་རིམ་བཞིན་དུ༑ རྒྱལ་བ་རིགས་ལྔའི་སྐུ་མདོག་དང་ཕྱག་རྒྱ་ཇི་ལྟ་བ་བཞིན་དུ། བྲིས་སྐུ་དང་། བླུགས་མའི་གཞེངས་ཐབས་རྒྱས་པར་གསུངས་པ་དང་འགལ་ལོ་སྙམ་པའི་དོགས་པ་འདི་སྐྱེ་བར་འགྱུར་རོ། །

གཉིས་པ་དངོས་ལན་གདབ་པ་ནི། བྱང་ཆུབ་ཀྱི་ལྟུང་བ་བཤགས་པ་ཞེས་བྱ་བའི་མདོ་དེ། རང་ཀྱང་ནས་སྔགས་ལུགས་མ་ཡིན་ཀྱང་། དེ་ནས་འབྱུང་བའི་ལྷ་ཚོགས་ལ་སྔགས་ལུགས་ཀྱི་སྒྲུབ་ཐབས་འབྱུང་བ་མི་འགལ་ཏེ། བྱ་རྒྱུད་ནས་གསུངས་པའི་ལྷ་ལ་བླ་མེད་ཀྱི་སྒྲུབ་ཐབས་ཡོད་པ་མི་འགལ་བ་བཞིན་དང་། ཡུམ་རྒྱས་འབྲིང་བསྡུས་གསུམ་ནས་འབྱུང་བའི་ཤེར་ཕྱིན་ལ། རྒྱུད་སྡེ་བཞི་ག་དང་རྗེས་སུ་མཐུན་པའི་སྒྲུབ་ཐབས་སྣང་བ་བཞིན་ནོ། །ལྟུང་བཤགས་སྔགས་ལུགས་ཀྱི་སྒྲུབ་ཐབས་བཞིན་མཛད་པ་དེའི་ཚེ་ཡང་། རིགས་ལྔའི་སྐུ་མདོག་དང་ཕྱག་རྒྱ་རྗེས་མཐུན་པ་ཉིད་དུ་བྲིས་ན། ཕྱི་ནང་གི་རྟེན་འབྲེལ་འགྲིག་པ་ཡིན་གྱི། གཡུལ་ལས་ཤིན་ཏུ་རྣམ་པར་རྒྱལ་བ་ཞེས་པ་ལྟ་བུའི་མིང་ལ་དཔགས་ནས། རལ་གྲི་དང་ཞུབ་ལ་སོགས་པ་ལྟ་བུའི་ཕྱག་མཚན་བྱེད་པ་ནི་མི་རིགས་ཏེ། བསྟོད་པ་ལས། ཁྱོད་ཀྱིས་རལ་གྲི་ཞུབ་མེད་པར། །བྱམས་པའི་མཚོན་གང་ལགས་པས་རྒྱལ། །ཞེས་གསུངས་པ་དེ་ཕར་ཕྱིན་ཐེག་པ་དང་མཐུན་པའི་མཆོག་གི་སྤྲུལ་པའི་དབང་དུ་མཛད་ནས་བསྟོད་པས་སོ། །ཞེས་པ་ནི་བསྟན་བཅོས་མཛད་པ་འདིའི་དགོངས་པའོ།། །།

དྲི་བ་ཉེར་བདུན་པ་ནི། ཤེར་སྙིང་སྔགས་སུ་བཀྲལ་བའི་ལུགས། །ཀླུ་སྒྲུབ་ཉིད་ཀྱིས་མ་མཛད་དམ། །ཤེས་རབ་ཕ་རོལ་ཕྱིན་མ་ཉིད། །སྔགས་ཀྱི་ལྷ་རུ་གསུངས་མིན་ནམ། །ཤེར་སྙིང་སྔགས་ལུགས་མི་བཞེད་ན། །ཤེར་ཕྱིན་སྔགས་ལུགས་བཞེད་པ་ཅི། །ཞེས་པའོ། །འདི་ལ་གཉིས་ལས། དང་པོ་ལ་འདྲི་བའི་རྒྱུ་མཚན་ནི། གཞུང་དུ༑ ལྟུང་བཤགས་དང་ནི་ཤེར་སྙིང་སོགས། །སྔགས་ལུགས་ཡིན་ཞེས་འཆད་པ་ཐོས། །ཞེས་པའི་རྣམ་བཤད་མཛད་པ་པོ་དག་གིས་ནི། གཞུང་གི་སྦྲ་ཇི་བཞིན་པ་དེ་ཉིད་ཀྱང་སོར་མི་འཛོག་པར། དེ་དང་དེའི་ལྷ་ལ་སྔགས

ལུགས་སུ་བཀྲལ་བ་མི་སྲིད་པ་ལྟ་བུའི་བཤད་པ་མཛད་སྣང་བའི་རྒྱུ་མཚན་གྱིས་སོ། །མ་དྲིས་པའི་ཉེས་པ་ལ། ལུང་དང་འགལ་བ་དང་། རིགས་པ་དང་འགལ་བའོ། །དང་པོ་ནི། ཤེར་སྙིང་སྔགས་ལུགས་སུ་བཀྲལ་བ་མི་སྲིད་ན། ཤེར་སྙིང་ལ་འཕགས་པ་ཀླུ་སྒྲུབ་ཀྱིས་ཐུབ་པ་གཙོ་འཁོར་ལྔའི་སྒྲུབ་ཐབས་མཛད་པ་དང་། སློབ་དཔོན་དྷ་རི་ཀ་པས། ཡུམ་ཆེན་མོ་གཙོ་འཁོར་ལྔའི་སྒྲུབ་ཐབས་བླ་མེད་དང་མཐུན་པར་མཛད་པ་རྣམས་དང་འགལ་ལོ། །གཉིས་པ་ནི། དེ་ལྟ་ན། ཡུམ་ཤེས་རབ་ཀྱི་ཕ་རོལ་ཏུ་ཕྱིན་མ་ཉིད་སྔགས་ཀྱི་ལྷ་རུ་གསུངས་པ་མེད་པར་ཐལ་བ་དང་། ཤེར་སྙིང་སྔགས་ལུགས་སུ་བཀྲལ་བ་མི་སྲིད་པ་དེ་ལྟ་ན། དཔལ་མཆོག་ཤེར་ཕྱིན་གྱི་དུམ་བུ་དང་། ཤེར་ཕྱིན་ཚུལ་བརྒྱ་ལྔ་བཅུ་པ་དང་། སྒོ་ཉེར་ལྔ་པ་རྣམས་ཀྱང་སྔགས་ལུགས་སུ་བཀྲལ་བ་མེད་པར་འགྱུར་རོ་སྙམ་པའི་དོགས་པ་འདི་འབྱུང་བར་འགྱུར་རོ། །

གཉིས་པ་དངོས་ལན་གདབ་པ་ནི། བསྟན་བཅོས་འདིར། ལྟུང་བཤགས་དང་ཤེར་སྙིང་སྔགས་ལུགས་སུ་འགྲེལ་བྱེད་ཚད་ལྡན་ཡོད་པ་འགོག་པ་མ་ཡིན་གྱི། མདོ་དེ་དང་དེའི་དངོས་བསྟན་དེ་ཉིད་སྔགས་ལུགས་ཡིན་ནོ། །ཞེས་ཟེར་བ་འགོག་པ་ཡིན་ཏེ། ཕྱོགས་སྔ་སྨྲ་བ་དག་གིས། ཀླུ་སྒྲུབ་དང་དྷ་རི་ཀ་པ་སོགས་ཀྱི་སྒྲུབ་ཐབས་བཞིན་ཁས་བླངས་ནས། དེ་དག་སྔགས་ལུགས་ཡིན་ཞེས་ཟེར་བ་མ་ཡིན་གྱི། མདོ་དེ་དང་དེའི་དངོས་བསྟན་དེ་ཉིད་སྔགས་ལུགས་སུ་ཁས་བླངས་པའི་ཕྱིར་རོ། །དེའི་འཕྲུལ་གཞི་ཡང་། ལྟུང་བཤགས་ལ་དེ་བཞིན་གཤེགས་པ་སུམ་ཅུ་རྩ་ལྔ་པོ་མདུན་དུ་སྤྱན་དྲངས་ནས་ཕྱག་འཚལ་བར་བཤད་པ་དང་། ཤེར་སྙིང་ལ་གཟུངས་སྔགས་བཟླ་བར་བཤད་པའི་རྒྱུ་མཚན་གྱིས་སོ། །སྙམ་དུ་བསམས་པ་ཡིན་ནོ། །དེ་དག་ལ་ཁྱབ་པ་མ་ངེས་པའི་ཤེས་བྱེད་ནི། བཟང་པོ་སྤྱོད་པའི་སྨོན་ལམ་ལྟ་བུས་མ་ངེས་པ་དང་། འདུལ་བའི་ལུང་དུ། ཡངས་པ་ཅན་གྱི་གྲོང་ཁྱེར་དུ་འཇུག་པའི་དང་། རིམས་ནད་ཞི་བར་བྱེད་པའི་སྔགས་དང་། བསླབ་པ་ཀུན་ལས་བཏུས་སུ། བདུད་ཚར་གཅོད་པའི་དང་། བྱང་ཆུབ་ཀྱི་སེམས་བརྟན་པར་བྱེད་པའི་དང་། དེ་བཞིན་གཤེགས་པའི་ཡི་གེ་བརྒྱ་པ་ལ་སོགས་པ་མང་དུ་གསུངས་པ་རྣམས་ཀྱིས་མ་ངེས་སོ། །དེ་བཞིན་དུ་སྨན་བླའི་མདོ་དང་། ཚེ་དཔག་ཏུ་མེད་པའི་མདོ་སྔགས་ལུགས་ཡིན་པ་དང་། རྟེན་འབྲེལ་སྙིང་པོའི་ཤློ་ཀ་གཅིག་པོ་སྔགས་ལུགས་ཡིན་པ་དང་། གྲུབ་ཆེན་བརྒྱད་ཅུའི་རྟོགས་བརྗོད་དང་། གནས་བརྟན་བཅུ་དྲུག་གི་རྟོགས་བརྗོད་ལྟ་བུ་སྔགས་ལུགས་ཡིན་པ་འགོག་ཀྱང་། དེ་དང་དེ་དག་ཡི་དམ་གྱི་ལྷ་ལ་གནང་བ་ཐོབ་པའི་སློབ་དཔོན་སོ་སོས་སྔགས་སུ་བཀྲལ་བ་ཡོད་ན༑ འགོག་པར་མི་མཛད་པ་ཡང་དོན་གྱིས་འཐོབ་སྟེ། དཔེར་ན་རབ་འབྱོར་ལ་སོགས་པའི་ཉན་ཐོས་བཅུ་དྲུག་དང་། རང་རྒྱལ་བ་བཅུ་གཉིས་དང་། སྐལ་བཟང་གི་སེམས་དཔའ་སྟོང་ལ་སོགས་པ། ཕ་རོལ་ཏུ་ཕྱིན་པའི་ཐེག་

པ་ནས་འབྱུང་བའི་རིགས་ཅན་གསུམ་གྱི་གང་ཟག་སོ་སོ་བ་དེ་རྣམས། རང་རྐང་ནས་གསང་སྔགས་ཀྱི་ལྷ་མ་ཡིན་ཀྱང་། རྒྱུད་དང་སྒྲུབ་ཐབས་ཀྱི་གཞུང་སོ་སོ་ནས་དེ་དག་དེར་འགྲེལ་པ་མི་འགལ་བ་བཞིན་ནོ།། །།

དྲི་བ་ཉེར་བརྒྱད་པ་ནི། གསང་བ་འདུས་པའི་ལྷ་ཚོགས་ལ། །མདོ་ལུགས་ཆོ་ག་མི་སྲིད་ན། །སྤྱན་རས་གཟིགས་དང་འཇམ་དབྱངས་དང་། །ཕྱག་ན་རྡོ་རྗེ་ལ་སོགས་ལ། །མདོ་ལས་བྱུང་བའི་ཆོ་ག་ཞེས། །བྱ་བ་མཁན་ཆེན་ཞི་བ་འཚོས། །མཛད་པའི་དགོངས་པ་ཅི་ཡིན་དྲང་། །ཞེས་པའོ། །འདི་ལ་གཉིས་ལས། དང་པོ་ལ་འདྲི་བའི་རྒྱུ་མཚན་ནི། གཞུང་དུ། དེང་སང་གསང་བ་འདུས་པའི་ལྷ། །བསྒོམས་ནས་མདོ་ལུགས་ཡིན་ཞེས་ཟེར། །ཞེས་སོགས་ཀྱི་སྐབས་ཇི་བཞིན་པ་ལ་ནི། སྤྱིར་གསང་སྔགས་ཀྱི་ལྷ་དང་། བྱེ་བྲག་གསང་བ་འདུས་པའི་ལྷ་ལ་མདོ་ལུགས་ཀྱི་ཆོ་ག་མི་སྲིད་པ་ལྟ་བུར་བཤད་ཅིང་། རྣམ་བཤད་མཛད་པ་དག་གིས་ཀྱང་། ཟུར་ལྡོག་པོ་ཐོན་པ་མི་སྣང་བའི་རྒྱུ་མཚན་གྱིས་སོ། །མ་དྲིས་པའི་ཉེས་པ་ནི། དེ་ལྟ་ཡིན་པ་འོ་ན། རིགས་ལྔ་དང་། ཁྲོ་བོ་བཅུ་དང་། བྱང་ཆུབ་སེམས་དཔའ་བརྒྱད་དང་། གནོད་སྦྱིན་གྱི་སྡེ་དཔོན་ཆེན་པོ་བཅུ་གཉིས་སོགས་ལ། མདོ་ལུགས་ཀྱི་ཆོ་གས་ལྷ་དེ་དང་དེ་དག་སྒོམ་པའི་རིམ་པ་མ་སྟན་པར་འགྱུར་ལ། དེ་ལྟ་ན་གསེར་འོད་དམ་པའི་མདོ་ལས་རིགས་ལྔའི་རྣམ་གཞག་འབྱུང་བ་དང་། སྣང་བརྒྱའི་མདོ་ཆོག་ལས་ལྷ་དེ་དང་དེ་དག་མདུན་དུ་སྤྱན་དྲངས་ནས་སྒོམ་པའི་རིམ་པ་བཤད་པ་དང་འགལ་ལོ་སྙམ་པའི་དོགས་པ་འདི་འབྱུང་ངོ་། །ཡང་ཇི་སྐད་དུ། སེང་གེའི་ཕྲུ་གུ་གླང་ཆེན་ལས། །བྱུང་ན་སྟོན་མེད་སྲོག་ཆགས་ཡིན། །ཞེས་གསུངས་པ་དེའི་རིགས་པ་ལྟར་ན། བླ་མེད་ཀྱི་ལྷ་ལ་རྣལ་འབྱོར་རྒྱུད་ཀྱི་ཆོ་ག་བྱུང་ན་ཡང་དེར་ཐལ་བ་དང་། དབུ་མ་རྒྱ་བའིཤེས་རབ་ལྟ་བུ་རང་སྟོང་སྟོན་པའི་གཞུང་རྣམས། རྣལ་འབྱོར་སྤྱོད་པའི་གཞུང་དང་མཐུན་པར་བཀྲལ་ན་ཡང་། སྟོན་མེད་པའི་སྲོག་ཆགས་དང་འདྲ་བ་ཉིད་དུ་ཐལ་བར་འགྱུར་རོ། །འདོད་ན་གྲུབ་ཆེན་ཀུན་དགའ་སྙིང་པོས་གསང་བ་འདུས་པ་རྣལ་འབྱོར་རྒྱུད་དུ་བཀྲལ་བ་དང་། འཇིགས་མེད་དཔལ་ལྡན་ཆོས་སྐྱོང་ཞབས་ཀྱིས། མགོན་པོ་ཀླུ་སྒྲུབ་ཀྱི་དགོངས་པ་གཞན་སྟོང་གི་ཚུལ་དུ་བཀྲལ་བའིཤིང་རྟའི་སྲོལ་དེ་བསྟན་པ་འདིའི་དབང་དུ་བྱས་པའིཤིང་རྟའི་སྲོལ་རྣམ་པར་དག་པ་མ་ཡིན་པར་འགྱུར་རོ། །

གཉིས་པ་དངོས་ལན་གདབ་པ་ནི། གཞུང་འདིའི་ཕྱོགས་སྔ་མར་ཁས་ལེན་པའི་བཤེས་གཉེན་བཀའ་གདམས་པ་དག་གིས་ནི། གསང་བ་འདུས་པའི་ལྷ་སྤྱན་རས་གཟིགས་དང་འཇམ་དབྱངས་ལྟ་བུ་ཞིག་ལ། སྔགས་ལུགས་ཀྱི་སྒྲུབ་ཐབས་མ་ཡིན་པ་མདོ་ལུགས་ཀྱི་སྒྲུབ་ཐབས་ཡིན་པར་རློམ་པ་ཞིག་སྨྲ་ནས། སྒོམ་པའི་ཆོ་ག་བྱེད་པར་ཁས་བླངས་པ་ལྟ་བུའི་བཤད་པ་གཅིག་བསྟན་བཅོས་འདིའི་རྣམ་བཤད་མཛད་པ་པོ་རྣམས

ཀྱིས་བྱེད་པར་སྣང་ཡང་དེ་ནི་མ་ཡིན་ནོ། །འོ་ན་ཅི་ཞེ་ན། རིགས་ལྔ་སེར་འཛམ་གྱི་ཁྲིས་སྐུ་རྣམ་པ་ལྔའི་སྣང་ཚར་ལ། གསང་བ་འདུས་པ་འཛམ་པའི་རྡོ་རྗེའི་ལྷ་ཚོགས་རྣམས། ཡེ་ཤེས་ཞབས་ལུགས་ཀྱི་སྒྲུབ་ཐབས་ནས་འབྱུང་བའི་སྐུ་མདོག་དང་ཕྱག་མཚན་ཇི་ལྟ་བ་བཞིན་དུ་བཀོད་ནས། དེ་ལ་མདོ་ལུགས་ཀྱི་ཕྱག་མཚོད་བྱེད་པ་ནི༑ གསང་འདུས་མདོ་ལུགས་མ་ཛོ་བོའི་མན་ངག་ལས་བྱུང་བ་ཡིན་ནོ། །ཞེས་ཟེར་བ་དེ་འགོག་པའི་དབང་དུ་མཛད་ནས་གཞུང་འདི་གསུངས་པ་ཡིན་ལ། དེའི་དོན་ནི། སྡོ་དཀར་དམར་བའི་ཞལ་གསུམ་ཕྱག་དྲུག་གི་རྣམ་པ་ཅན་གྱི་ལྷ་དེ་དང་དེ་དག་མདོ་ནས་གསུངས་པ་ཡིན་པར་འགྱུར་ལ། དེ་ལྟ་ན་སེང་གེའི་ཕྲུ་གུ་གླང་ཆེན་ལས་འབྱུང་བ་དང་འདྲའོ། །ཞེས་བྱའོ། །དྲི་བྱའི་བསམ་པ་འདི་ལྟ་བུ། །དྲི་ལན་མཁན་གྱིས་མ་བརྟགས་པར། །དྲི་བ་འདི་དག་གཡས་ཀྱུང་ཞེས། །དྲི་ཡུལ་མཚུངས་པར་རློམ་པ་འགས། །ངེས་ངེས་རྣམ་དཔྱོད་གྲུང་པོ་ཡིས། །རིག་རིག་སྨྲིན་པོས་མ་ལྟས་པར། །ཡམ་ཡམ་བཤད་པས་ཁྲེས་བློ་ལ། །མཛེས་མཛེས་འདྲ་བ་འགའ་མེད་དམ།། །།

དྲི་བ་ཉེར་དགུ་པ་ནི། རྡོ་རྗེ་སློབ་མའི་དབང་ཙམ་ཞིག ཐོབ་པས་རབ་གནས་མི་རུང་ན། །ལྷ་སྒོམ་པ་ནས་བརྟན་བཞུགས་བར། །རབ་གནས་དངོས་གཞིར་བཤད་པ་དང་། །འགལ་བའི་དོགས་པ་མི་འབྱུང་ངམ། །ཞེས་པའོ། །འདི་ལ་གཉིས་ལས། དང་པོ་ལ་འདྲི་བའི་རྒྱུ་མཚན་ནི། རྣམ་བཤད་མཛད་པ་ཀུན་གྱིས། ལྷ་སྒོམ་པ་དང་སྤགས་བཟླ་དང་། །ཞེས་པ་ནས། བཀྲ་ཤིས་རྒྱས་པར་བྱེད་པ་ཡི། །ཞེས་པའི་བར་གཞུང་གི་སྒྲ་ཇི་བཞིན་པ་དེ་ཉིད་ལས་ལྷག་པའི་བཤད་པ་གང་ཡང་མི་སྣང་བའི་རྒྱུ་མཚན་གྱིས་སོ། །མ་དྲིས་པའི་ཉེས་པ་ནི། འོ་ན་དེ་ཙམ་གྱིས་རབ་ཏུ་གནས་པ་ཡོངས་སུ་རྫོགས་པ་ཡིན་ན། འོ་ན་རྡོ་རྗེ་སློབ་མའི་དབང་ཙམ་ཞིག་ཐོབ་པས་ཀྱང་དེ་དག་རུང་བར་འགྱུར་ཏེ། དེས་ཀྱང་དེ་དག་བྱེད་པ་ལ་དབང་བར་ནི། གཞུང་འདི་ཉིད་དུ། རྡོ་རྗེ་སློབ་མའི་དབང་བསྐུར་ཙམ། །ཞེས་པ་ནས། གསང་སྔགས་འགའ་ཞིག་ཉན་པ་ལ། །དབང་བ་ཡིན་གྱི། ཞེས་པའི་བར་གྱིས་གསལ་བར་བསྟན་པའི་ཕྱིར་རོ། །སྣམ་དུ་དོགས་པར་འགྱུར་རོ། །

གཉིས་པ་དངོས་ལན་གདབ་པ་ནི། སྒྲ་ཇི་བཞིན་པ་ལ་དེ་ལྟ་བུའི་དོགས་པ་འབྱུང་ཡང་། ཞེན་དོན་ལ་ཉེས་པ་མེད་དེ། དངོས་བསྟན་དེ་དག་གི་སྟེང་དུ་རབ་ཏུ་གནས་བྱའི་རྟེན་གསུམ་ལ་དབང་བསྐུར་བ་ནི་དངོས་གཞི་ཡིན་པ། འོས་མེད་ཀྱི་རིགས་པས་འཐོབ་པའི་ཕྱིར། དེ་སྐད་དུ་ཡང་། རབ་གནས་དངོས་གཞིའི་སྡོམ་ཚིག་ཏུ༑ ལོ་ཆེན་གྱིས། དབང་བསྐུར་མཆོད་བསྟོད་སྨྲོན་དབྱེ་བྱ། །གསོལ་བཏབ་མངའ་དབུལ་རྒྱས་པར་བྱ། །ཞེས་གསུངས་པས་སོ།། །།

དྲི་བ་སུམ་ཅུ་པ་ནི། རྡོ་རྗེ་སློབ་དཔོན་མ་ཡིན་པས། །དབང་བསྐུར་རབ་གནས་མི་རུང་ན། །བྱ་སྤྱོད་

གཉིས་ཀྱི་དབང་བསྐུར་ཙམ། །ཐོབ་པས་དེ་དག་ཇི་ལྟར་རུང་། །རྒྱུད་སྡེ་དེ་དག་རང་ཉང་ལ། །རྡོ་རྗེ་སློབ་དཔོན་དབང་བཞེད་དམ། །བཞེད་ན་རྒྱུད་གཞུང་གང་ལས་འབྱུང་། །ཞེས་པའོ། །འདི་ལ་གཉིས་ལས། དང་པོ་ལ་འདྲི་བའི་རྒྱུ་མཚན་ནི། གཞུང་གི་དངོས་བསྟན་ལ་སློབ་མའི་དབང་ཙམ་ཐོབ་ཀྱང་། སློབ་དཔོན་གྱི་དབང་མ་ཐོབ་པས་མི་རུང་ཞེས་པའི་དུས་ཀྱི་སློབ་དཔོན་དང་སློབ་མའི་དབང་གཉིས་ཀ་ཡང་། རྣལ་འབྱོར་གོང་མའི་དབང་དུ་བྱས་པར་གསལ་བ་དང་། དེ་ཡང་ཇི་ལྟར་ཞེ་ན། གཉིས་ཀ་ལ་རྡོ་རྗེ་ཞེས་བྱ་བའི་མིང་གིས་བསྟན་པ་དང་། རྒྱུད་སྡེ་འོག་མར་སློབ་དཔོན་དུ་བྱེད་པའི་དབང་གི་ཐ་སྙད་བྱུང་ཡང་། རྡོ་རྗེ་སློབ་དཔོན་གྱི་དབང་ཞེས་བྱ་བའི་ཐ་སྙད་མི་འབྱུང་བ་དང་། ཐ་སྙད་དེ་ཡང་རྡོ་རྗེ་སེམས་དཔར་དབང་བསྐུར་བ་ལ་བྱེད་དགོས་པ་དང་། གཞུང་དུ། རྡོ་རྗེ་སློབ་དཔོན་དབང་ཐོབ་ནས། །འཁོར་ལོ་ལྷ་ཡི་དེ་ཉིད་སོགས། །རྣམ་དག་དཀྱིལ་འཁོར་སྒོམ་པ་དང་། །ཞེས་རྣལ་འབྱོར་གོང་མའི་དབང་དུ་བྱས་པར་གསལ་བ་དང་། གཞུང་དུ། རྡོ་རྗེ་སློབ་མའི་དབང་བསྐུར་ཙམ། །ཞེས་པའི་རྣམ་བཤད་མཛད་པའི་ཀུ་མཱ་རས། སློབ་མའི་དབང་ཞེས་པ། རིག་པའི་དབང་ལྔ་ལ་འབྲུ་གནོན་པར་འདུག་པ་ལ་སོགས་པའི་རྒྱུ་མཚན་གྱིས་དྲིས་པ་ཡིན་ནོ། །

གཉིས་པ་མ་དྲིས་པའི་ཉེས་པ་ནི། དེ་ལྟ་ཡིན་པ་དེའི་ཚེ་བྱ་སྤྱོད་གཉིས་ཀྱི་དབང་མཐའ་རྟེན་དང་བཅས་པ་ཡོངས་སུ་རྫོགས་པར་ཐོབ་ཅིང་། རྣལ་འབྱོར་གོང་མ་གཉིས་ཀྱི་དབང་མ་ཐོབ་པའི་རིག་པ་འཛིན་པ་དེས། རྒྱུད་འཆད་པ་དང་། དབང་བསྐུར་བ་དང་། རབ་གནས་སོགས་སློབ་དཔོན་གྱི་ཕྲིན་ལས་དེ་དག་བྱར་མི་རུང་བ་ཉིད་དུ་འགྱུར་ཏེ། དེས་ནི་རྡོ་རྗེ་སློབ་དཔོན་གྱི་དབང་ལྔ་ཤོག་ རིག་པའི་དབང་ལྔ་ཡོངས་སུ་རྫོགས་པར་མ་ཐོབ་པས། རྡོ་རྗེ་སློབ་མའི་དབང་ཙམ་ཡང་མ་ཚང་བའི་ཕྱིར། ཇི་བར་འདོད་ན། རྣལ་འབྱོར་གོང་མ་གཉིས་ཀྱི་དབང་ཐོབ་པའི་སློབ་དཔོན་མེད་ན། བྱ་སྤྱོད་ཀྱི་བསྟན་པ་རྒྱུན་ཆད་པར་འགྱུར་རོ་སྙམ་པའི་དོགས་པ་འདི་འབྱུང་ངོ་། །

གཉིས་པ་དངོས་ལན་གདབ་པ་ནི། གཞུང་འདིར་རྡོ་རྗེ་སློབ་མ་དང་སློབ་དཔོན་གྱི་དབང་ཐོབ་མ་ཐོབ་ལས་རབ་གནས་རུང་མི་རུང་གི་རྣམ་དབྱེ་སོ་སོར་ཕྱེ་བ་དེ་ནི། རྒྱུད་སྡེ་གཞི་ཀ་ལ་ཁྱབ་བྱེད་དུ་འགྲོ་བ་ཡིན་ཏེ། མ་ཡིན་ན་ལུང་དང་འགལ་བ་དུམ་འབྱུང་བས་ཧ་ཅང་ཐལ་བའི་ཕྱིར་རོ། །དེས་ན་བྱ་སྤྱོད་ཀྱི་དབང་ལ་རྡོ་རྗེ་སློབ་མའི་དབང་དང་སློབ་དཔོན་གྱི་དབང་གཉིས་སུ་འབྱེད་པའི་ཐ་སྙད་ཀྱི་ཚོམས་གསལ་པོ་མི་སྣང་ཡང་། རང་རང་གི་སློབ་དཔོན་དུ་བྱེད་པའི་དབང་བསྐུར་བ་ཞེས་བྱ་བའི་ཐ་སྙད་ཅིག་ཡོད་ལ། དེར་དབང་བསྐུར་ཟིན་ནས། སློབ་དཔོན་དུ་གནང་བ་ཐོབ་པ་དེ་རྡོ་རྗེའི་སློབ་དཔོན་ཡིན་པ་ལས་འོས་མེད་པའི་ཕྱིར་ན། དབང་བསྐུར་དེ་ལ་ཡང་སྔ་ཡངས་པའི་དབང་དུ་བྱས་ན། རྡོ་རྗེ་སློབ་དཔོན་གྱི་དབང་ཞེས་བྱ་བའི་ཐ་སྙད་འདྲུག་ཏུ་རུང་ངོ་། །སློབ་

དཔོན་གྱི་དབང་གི་ཐ་སྙད་ཇི་ལྟར་ཡོད་པ་ཡང་། གསང་བ་སྤྱི་རྒྱུད་ལས། ལྷ་ཡི་རིགས་རྣམས་མཐོང་བ་ལ། །དབང་བསྐུར་པ་ནི་རྣམ་པ་བཞི། །བླ་མ་མཉམ་པར་གཞག་པ་ཡིས། །དེ་དག་ཤེས་ནས་ཅི་རིགས་བྱ། །སློབ་དཔོན་གོ་འཕང་ཐོབ་བྱའི་ཕྱིར། །དང་པོ་ཡོངས་སུ་བསྒྲགས་པ་ཡིན། །རིག་སྔགས་རྣམས་ནི་བསྒྲུབ་བྱའི་ཕྱིར། །གཉིས་པ་ལེགས་པར་བཤད་པ་ཡིན། །བགེགས་རྣམས་རབ་ཏུ་གཞོམ་པའི་ཕྱིར། །གསུམ་པ་རབ་ཏུ་བསྒྲགས་པ་ཡིན། །བཞི་པ་འབྱོར་པ་ཐོབ་བྱའི་ཕྱིར། །ཚོགས་རྒྱས་པ་དེ་བཤད་དོ། །ཞེས་གསུང་། དེ་ཡང་དབང་བསྐུར་དང་པོའི་དོན་འཛིན་ནི། ཆུ་དང་། ཅོད་པན་གྱི་དང་། གཉིས་པའི་དོན་འཛིན་ནི། བཟླས་པའི་ལུང་སྦྱིན་པ་དང་། གསུམ་པའི་དོན་འཛིན། ཁྲུས་བྱ་བ། བསྲུང་བ་གསུམ་ལ་འཆད་དགོས་པ་དང་། བཞི་པའི་དོན་འཛིན། བཀྲ་ཤིས་རྫས་བརྒྱད་སོགས་ཀྱི་སྒོ་ནས་ཤིས་པ་བརྗོད་པ་ལ་འཆད་དགོས་པ་ཡིན་ནོ། །ཞེས་རྗེ་བླ་མ་གསུངས་སོ། །དེ་ལྟ་ན་ཡང་། བྱ་སྤྱོད་ཀྱི་དཀྱིལ་འཁོར་དུ་དབང་དེ་དག་རྫོགས་པར་ཐོབ་པའི་རིག་པ་འཛིན་པ་འདི་ལ། རིགས་གཉིས་ཏེ། སློབ་མའི་རིགས་དང་། སློབ་དཔོན་གྱི་རིགས་སུ་གྱུར་པའོ། །དང་པོ་ནི། དབང་དེ་བསྐུར་བའི་སྣོད་དུ་རུང་བ་ལྟར་ཐོབ་པ་ཕལ་ཆེ་བ་རྣམས་སོ། །

གཉིས་པ་ནི། དེ་དག་གི་ནང་ནས་སློབ་དཔོན་དུ་འོས་པ་གཅིག་གམ་གཉིས་ལ་སོགས་པ་ཉུང་ཤས་ཞིག་དབང་སྟེགས་ཁྱད་པར་ཅན་ལ་གཞག །སྤྱི་བོར་གདུགས་ཕུབ། མཆོད་ཅིང་བསྟེན་བཀུར་བ་དང་། བཀྲ་ཤིས་པའི་རྫས་མང་པོས་ཤིས་པ་བརྗོད་ནས། འདི་སྐད་ཅེས། ད་ནི་དཀྱིལ་འཁོར་སློབ་དཔོན་གྱུར། །སྔགས་དང་རྒྱུད་རྣམས་འཛིན་པར་འགྱུར། །ཞེས་སོགས་བརྗོད་པར་གསུངས་སོ། །དེ་དང་འདྲ་བར། ཕྱག་ན་རྡོ་རྗེ་དབང་བསྐུར་བ་ལས་ཀྱང་། ལག་པ་གཡས་སུ་རྡོ་རྗེ་དང་། གཡོན་དུ་འཁོར་ལོ་གཞག་ནས་སུ། །སློབ་མ་དེ་ལ་འདི་སྐད་དུ། །རྡོ་རྗེ་སློབ་དཔོན་ཁྱོད་གྱུར་ཏེ། །ཞེས་པ་ནས། ཇི་ལྟར་འཁོར་ལོ་སྒྱུར་བའི་རྒྱལ། །བདག་པོ་བྱ་ཕྱིར་དབང་བསྐུར་བ། །དེ་བཞིན་ཆོས་རྒྱལ་དབང་བསྐུར་ཕྱིར། །རྡོ་རྗེ་བློ་ལྡན་དབང་བསྐུར་བརྗོད། །ཅེས་གསུངས་སོ༑ །དེ་ལྟར་བཤད་པ་ན། དབང་བསྐུར་བཞིའི་ཐོག་མར་སྨོས་པའི་སློབ་དཔོན་གྱི་དབང་ཞེས་པ་དེ། རྡོ་རྗེ་སློབ་དཔོན་གྱི་ཕྲིན་ལས་སྒྲུབ་པ་ལ་ཅི་དགར་དབང་བ་ཉིད་དུ་བྱེད་པའི་བྱེད་ཆོས་སུ་གྱུར་པའི་སློབ་དཔོན་གྱི་དབང་ནི་མ་ཡིན་ཏེ། དེ་ལས་གཞན་པའི་སློབ་མའི་དབང་མེད་པའི་ཕྱིར་དང་། རྡོ་རྗེ་སློབ་དཔོན་དུ་བྱེད་པའི་བྱེད་ཆོས་ཀྱི་གཙོ་བོ་ནི། བཤད་མ་ཐག་པའི་མཚན་ཉིད་ཅན་གྱི་དབང་སྟེགས་ལ་འདོག་པ་ལ་སོགས་པའི་རྣམ་གྲངས་དེ་དག་ལ་འདོག་དགོས་པའི་ཕྱིར། དེ་ལས་གཞན་དུ་ན། བྱ་སྤྱོད་ཀྱི་དབང་གི་སྟོན་འགྲོར་རིགས་ལྔའི་སྡོམ་པ་འཛིན་རིགས་པར་འགྱུར་ཏེ། རྡོ་རྗེ་སློབ་དཔོན་དུ་དབང་བསྐུར་བ་མཚན་ཉིད་པ་ལ་སྡོམ་པ་དེ་འཛིན་པ

སྟོན་དུ་འགྲོ་དགོས་པར་ཚད་ལྡན་གྱི་ལུང་ལས་འབྱུང་བའི་ཕྱིར། འོ་ན་རྒྱུད་སྡེ་འོག་མ་དེ་དང་དེར་དབང་བསྐུར་བ་མ་ཐོབ་པར། བླ་མེད་ཀྱི་དཀྱིལ་འཁོར་དུ་རིག་པའི་དབང་ལྔ་ཙམ་ཐོབ་པའི་རིག་པ་འཛིན་པ་འདིས། རབ་ཏུ་གནས་པ་བྱར་རུང་ངམ་མི་རུང་ཞེས་བརྟགས་ན། གཞུང་གི་དངོས་བསྟན་ལ་ནི་མི་རུང་བ་ལྟ་བུར་སྣང་ལ། སྤྱིར་འགངས་ཀྱི་བབས་ལ་ལྟོས་ན། དེ་འདྲ་དེས་བྱ་སྤྱོད་ཀྱི་སྒོ་ནས་རབ་གནས་བྱར་རུང་ངོ་ཞེས་རྣམ་པར་བཤད་དགོས་ཏེ། བླ་མེད་ཀྱི་དཀྱིལ་ཚོག་དག་ན། དེ་འདྲ་དེ་བྱ་སྤྱོད་ཀྱི་སློབ་དཔོན་དུ་འོས་པར་བཤད་པའི་ལུང་ལས་དང་། དེ་འདྲ་དེས་བྱ་སྤྱོད་ནས་བཤད་པའི་སློབ་དཔོན་དུ་བྱེད་པའི་དབང་བསྐུར་ཚང་བར་ཐོབ་ཟིན་པའི་རིགས་པ་ལས་སོ། །གལ་ཏེ་བྱ་སྤྱོད་ཀྱི་དབང་རང་གིས་མ་ཐོབ་པར། གཞན་ལ་དེའི་དབང་བསྐུར་བ་མི་རིགས་སོ་སྙམ་ན། རང་ལུགས་ལ་མི་རིགས་པར་འཆད་དགོས་པ་ལྟ་བུར་སྣང་ཡང་། ངེས་པ་མེད་པའི་ཚུལ་འདི་ལྟར། སྤྱི་རྒྱུད་ལས། དེ་བཞིན་གཤེགས་པའི་དཀྱིལ་འཁོར་དུ། །གང་ཞིག་མངོན་པར་དབང་བསྐུར་བ། །དེ་ནི་རིགས་རྣམས་གསུམ་ཆར་གྱི། །དཀྱིལ་འཁོར་ལ་སོགས་སློབ་དཔོན་འགྱུར། །འཕགས་པ་སྤྱན་རས་གཟིགས་དབང་གི། །དཀྱིལ་འཁོར་དུ་ནི་དབང་བསྐུར་བ། །དེ་ནི་རིགས་གཉིས་དཀྱིལ་འཁོར་གྱི། །སློབ་དཔོན་དུ་ནི་དབང་བསྐུར་འགྱུར། །ཕྱག་ན་རྡོ་རྗེ་གཟི་བྱིན་གྱི། །དཀྱིལ་འཁོར་དུ་ནི་དབང་བསྐུར་བ། །དེ་ནི་རྡོ་རྗེ་རིགས་གཅིག་གི །དཀྱིལ་འཁོར་གྱི་ནི་སློབ་དཔོན་འགྱུར། །མ་མོ་གནོད་སྦྱིན་དྲག་པོ་ཡི། །དཀྱིལ་འཁོར་གང་དག་ཅི་བཤད་པ། །ཐམས་ཅད་དེ་དག་ཀུན་གྱིས་ཀྱང་། །དོགས་པ་མེད་པར་བྲི་བར་བྱ། །ཞེས་གསུངས་པས་སོ། །སློབ་དཔོན་གྱི་དབང་གི་མིང་ཅན་ནི་གཉིས་ཏེ། བྱ་སྤྱོད་ལས་བཤད་པ་སློབ་དཔོན་དུ་བྱེད་པའི་རྗེས་གནང་དང་། རྒྱུད་སྡེ་གོང་མ་ལས་འབྱུང་བ་རྡོ་རྗེ་སློབ་དཔོན་གྱི་དབང་ངོ་། །དེ་ལའང་གཉིས་ཏེ། རྣལ་འབྱོར་རྒྱུད་ལས་འབྱུང་བ་དང་། བླ་མེད་ལས་འབྱུང་བའོ། །དེ་ལའང་གཉིས་ཏེ། བུམ་དབང་ཙམ་ལ་དེར་གཞག་པ་དང་། དབང་བཞི་ཀ་ཡོངས་སུ་རྫོགས་པ་ལ་དེར་བཞག་པའོ། །ཕྱི་མ་འདི་གཙོ་ཆེ་བ་ཡིན་ཏེ། རྡོ་རྗེ་སྙིང་འགྲེལ་ལས། བུམ་པའི་དབང་ཙམ་གྱིས་ནི་སློབ་དཔོན་མ་ཡིན་ཏེ། སློབ་དཔོན་གྱི་ངེས་ཚིག་དང་མི་ལྡན་པའི་ཕྱིར་རོ། །ཞེས་དང་། དུས་ཀྱི་འཁོར་ལོ་ལས་ཀྱང་དབང་བཞི་ཀ་རྫོགས་པའི་འོག་ཏུ་རྡོ་རྗེ་སློབ་དཔོན་བདག་པོའི་དབང་བསྐུར་བར་གསུངས་པས་སོ། །དངོས་བཏགས་ཞིབ་མོ་དེ་ལྟར་ཡིན་ཀྱང་། རྗེས་གནང་ལ་དབང་གི་མིང་བཏགས་པ་ཤིན་ཏུ་མང་བས་མི་འགལ་ལོ།། །།

དྲི་བ་སོ་གཅིག་པ་ནི། བྱ་བའི་རྒྱུད་དུ་རིགས་ལྔ་ཡི། །དོན་མ་གྲུབ་ན་རིགས་གསུམ་དང་། །ནོར་བུ་དང་ནི་རྒྱས་པའི་རིགས། །རྣམ་ལྔ་གསུངས་པ་གང་གི་དོན། །ཞེས་པའོ། །འདི་ལ་གཉིས་ལས། དང་པོ་ལ་འདྲི་བའི་

རྒྱུ་མཚན་ནི། ཇི་སྐད་དུ། བྱ་སྤྱོད་གཉིས་ཀྱི་རྒྱུད་ལས་ཀྱང་། །སངས་རྒྱས་རིགས་ལྔར་བསྡུས་པ་མེད། །ཅེས་དང་། སྤྱོད་པའི་རྒྱུད་དུ་རིགས་ལྔ་ཡི། །དོན་གྲུབ་ན་ཡང་ཐ་སྙད་མེད། །ཅེས་པའི་གཞུང་ཚན་པ་གཉིས་ཀྱི་སྐབས་ཟིན་ལ་བརྟགས་པ་ན། སངས་རྒྱས་ཐམས་ཅད་རིགས་ལྔར་བསྡུས་པ་ནི་བྱ་སྤྱོད་གཉིས་ཀ་ན་མེད་མཉམ་དུ་འདྲ་ཡང་། བྱ་རྒྱུད་ན་ནི་རིགས་ལྔའི་དོན་དང་ཐ་སྙད་གཉིས་ཀ་མེད་པར་མཚུངས་ལ། སྤྱོད་པའི་རྒྱུད་དུ་རིགས་ལྔའི་ཐ་སྙད་མེད་ཀྱང་དོན་ཙམ་ཞིག་གསུངས་སོ། །ཞེས་བཤད་པ་ལྟ་བུར་སྣང་ལ། སྤྱོད་རྒྱུད་དུ་རིགས་ལྔའི་དོན་གྲུབ་པའི་ཤེས་བྱེད་ལ་རྣམ་བཤད་མཛད་པ་བསམ་ཡས་པ་དང་། ཀུ་མུ་ར་གཉིས་ཀས། སྤྱོད་རྒྱུད་ཀྱི་མཚན་གཞི་རྣ་སོང་སྤྱོད་རྒྱུད་ལ་བཤད་ནས། ཀུན་རིག་རྣམ་སྣང་གི་དོན་དང་། སྦྱོང་བའི་རྒྱལ་པོ་མི་སྐྱོད་པའི་དོན་དང་། རྒྱལ་མཆོག་རིན་ཆེན་ནི་རིན་ཆེན་འབྱུང་ལྡན་གྱི་དོན་དང་། ཤཱཀྱ་རི་དབང་འོད་དཔག་མེད་ཀྱི་དོན་དང་། མེ་ཏོག་ཆེར་རྒྱས་ནི་དོན་ཡོད་གྲུབ་པའི་དོན་ཡིན་ཞིང་། དེ་ལྟ་ནའང་དེའི་ཐ་སྙད་བཏགས་པ་མེད་ལ། སྐུ་མདོག་དང་ཕྱག་རྒྱ་ཡང་རྣལ་འབྱོར་གྱི་རྒྱུད་ནས་བཤད་པ་དང་མི་མཐུན་ཏེ། རྣམ་སྣང་དང་སྦྱོང་རྒྱལ་གཉིས་ཀ་སྐུ་མདོག་དཀར་པོ་ཏིང་ངེ་འཛིན་གྱི་ཕྱག་རྒྱ་ཅན་དང་། རྒྱལ་མཆོག་རིན་ཆེན་སྔོན་པོ་མཆོག་སྦྱིན་གྱི་ཕྱག་རྒྱ་ཅན་དང་། ཤཱཀྱ་རི་དབང་སེར་པོ་ཆོས་འཆད་ཀྱི་ཕྱག་རྒྱ་ཅན་དུ་བཤད་པས་སོ། །ཞེས་གསུངས་པར་སྣང་བ་དང་། སྣ་གདོང་པ་ནི་ཕྱོགས་སྔ་མས་སྤྱོད་རྒྱུད་དུ་འདོད་པའི་རྣ་སོང་སྤྱོད་རྒྱུད་ལས། ཞེས་སྦྱར་ནས་སྔ་མ་ལྟར་འཆད་དོ། །

གཉིས་པ་མ་དྲིས་པའི་ཉེས་པ་ནི། འོན་བྱ་བའི་རྒྱུད་དུ་ཡང་རིགས་ལྔའི་དོན་གྲུབ་པར་འགྱུར་ཏེ། དེར་དེ་བཞིན་གཤེགས་པའི་རིགས་དང་། པདྨའི་རིགས་དང་། རྡོ་རྗེའི་རིགས་དང་།ནོར་བུའི་རིགས་དང་། རྒྱས་པའི་རིགས་ཏེ། འཇིག་རྟེན་ལས་འདས་པའི་རིགས་ལྔ་དང་། འཇིག་རྟེན་པའི་རིགས་དང་དྲུག་བཤད་པ་ལས། དང་པོ་ལྔ་པོ་དེ་རྒྱལ་བ་རིགས་ལྔ་དང་དོན་གཅིག་པའི་ཕྱིར་ཏེ། རྒྱུད་སྡེ་གོང་མའི་ནང་ན་ཡང་། རིགས་གསུམ་པོ་ནི་དེ་དང་དེའི་རིགས་སུ་འཆད་པ་ལ་རྩོད་པ་མེད་ལ། ནོར་བུ་ནི་རིན་པོ་ཆེའི་བྱེ་བྲག་ཡིན་པ་དང་། རྒྱས་པའི་རིགས་ནི་ལས་ཀྱི་རིགས་ལས་འོས་མེད་དེ། ནོར་ཕྱུག་པ་དང་། རིགས་རྒྱུད་འཕེལ་བ་ལ་སོགས་པ། ལས་རབ་འབྱམས་སྒྲུབ་བྱེད་ཀྱི་ལྷའི་རིས་སུ་གསུངས་པའི་ཕྱིར་སྙམ་པའི་དོགས་པ་འདི་སྐྱེ་བར་འགྱུར་བ་དང་། དེ་ཙམ་གྱིས་རིགས་ལྔའི་དོན་གྲུབ་པར་འཇོག་མི་ནུས་ན། སྤྱོད་པའི་རྒྱུད་དུ་རིགས་ལྔའི་དོན་གྲུབ་པར་འཇོག་པ་ཡང་དཀའ་བ་ཡིན་ཏེ། སངས་རྒྱས་ཐམས་ཅད་རིགས་ལྔར་བསྡུས་པ་ནི་དེ་ན་ཡང་མི་སྣང་བའི་ཕྱིར་དང་། དེ་ལ་དེ་མེད་པར་ཁྱེད་རང་གིས་ཀྱང་ཁས་བླངས་པའི་ཕྱིར། སྙམ་པའི་དོགས་པ་འདི་དག་སྐྱེ་བར་འགྱུར་རོ། །

གཉིས་པ་དངོས་ལན་གདབ་པ་ལ་གཉིས་ཏེ། རང་གི་ལན་གདབ་པ་དང་། གཞན་གྱི་ལན་མི་འཐད་པའོ། །དང་པོ་ལ་གཉིས་ཏེ། དངོས་དང་། དེས་དྲི་བ་སོ་གཉིས་པའི་ལན་ཡང་ཐེབས་པར་བསྟན་པའོ། །དང་པོ་ནི༔ བྱ་བའི་རྒྱུད་ཀྱི་ལྷ་ཇི་སྐད་བཤད་པ་དེ་དང་དེ་དག་གིས། དེ་བཞིན་གཤེགས་པ་རིགས་ལྔའི་དོན་ལེགས་པར་གྲུབ་ཅིང་། ཐ་སྙད་ཀྱང་ཆང་བ་ཡིན་མོད། དེ་ཙམ་གྱིས་བྱ་བའི་རྒྱུད་དུ་སངས་རྒྱས་རིགས་ལྔར་བསྟུས་པ་ཉིད་དུ་ཐལ་བའི་ཉེས་པ་མི་འབྱུང་སྟེ། དེར་འཇོག་པ་ལ་ནི་དཀྱིལ་འཁོར་གཅིག་གི་ནང་དུ་བཀོད་པའི་ལྷ་ཚོགས་ལ་རྒྱལ་བ་རིགས་ལྔ་ཚང་བར་བྱས་ནས། སྣང་གཞི་ཕུང་པོ་ལྔ་འམ། ཡང་ན་དུས་འཁོར་ལས་འབྱུང་བ་ལྟར། འབྱུང་བ་ལྔ་སྦྱོང་བྱེད་དུ་སྦྱར་ནས། སྐུ་མདོག་དང་ཕྱག་རྒྱ་མི་འདྲ་བར་སྦྱར་བ་ཞིག་དགོས་པ་ཡིན་པ་ལས། བྱ་བའི་རྒྱུད་ཀྱི་རྒྱུད་སྡེ་སྤྱི་དྲུག་པོ་གང་ན་ཡང་དེ་འདྲ་མ་དམིགས་པའི་ཕྱིར། རྣལ་འབྱོར་གོང་མའི་དཀྱིལ་འཁོར་དུ་རིགས་ཆེ་བ་ལྔ་ཚང་དགོས་པ་དེ་ཡང་གཙོ་བོའི་དབང་དུ་བྱས་པ་ཡིན་གྱི། རྒྱུད་སྡེ་གོང་མ་གཉིས་ཀྱི་དཀྱིལ་འཁོར་ལ་བཀོད་པའི་ལྷ་གང་ཡིན་རིགས་ཆེ་བ་ལྔར་བསྡུས་པ་དང་། སྐུ་མདོག་དང་ཕྱག་རྒྱ་སོགས་མི་འདྲ་བ་ཁོ་ནར་འབྱུང་བའི་ཁྱབ་པ་མེད་དེ། དེ་དང་དེའི་ཡན་ལག་ཏུ་གྱུར་པ་འགའ་ཞིག་ལ་དེ་ལྟ་བུ་མི་འབྱུང་བ་སྲིད་པའི་ཕྱིར་དང་། རིགས་གཅིག་ཉིད་ལ་ཡང་རིགས་ལྔར་ཕྱེ་བའི་ཚེ་ན་དེ་ལྟ་བུ་མི་འབྱུང་བ་སྲིད་པའི་ཕྱིར་རོ། །འོ་ན་བྱ་བའི་རྒྱུད་དུ་རིགས་ལྔའི་དོན་གྲུབ་པའི་གོ་བ་ཅི་ཞེ་ན། དེའི་དོན་ནི། བྱ་རྒྱུད་ཀྱི་དཀྱིལ་འཁོར་གཅིག་ནས་བཤད་པའི་ལྷ་ཐམས་ཅད་ལྔ་འམ་དྲུག་ཏུ་བསྡུས་པ་མ་ཡིན་གྱི། བྱ་བའི་རྒྱུད་ཀྱི་དབང་དུ་བྱས་པའི་རྒྱུད་ཐམས་ཅད་རྒྱུད་སྡེ་སྤྱི་དྲུག་ཏུ་བསྡུས་པའི་དབང་དུ་བྱས་པ་ཡིན་ཏེ། བྱ་བའི་རྒྱུད་ཐམས་ཅད་དེ་བཞིན་གཤེགས་པའི་རིགས་རྒྱུད་དང་། པདྨའི་རིགས་ཀྱི་རྒྱུད་ལ་སོགས་པ་དྲུག་ཏུ་བསྡུས་ནས། དེ་དག་རེ་རེ་ལའང་ཅི་རིགས་པར། རིགས་ཀྱི་གཙོ་བོ་དང་། རིགས་ཀྱི་བདག་པོ་དང་། རིགས་ཀྱི་ཡུམ་དང་། གཙུག་ཏོར་དང་། རིགས་ཀྱི་ཁྲོ་བོ་ཁྲོ་མོ་དང་། རིགས་ཀྱི་ཕོ་ཉ་ཕོ་མོའི་དབང་དུ་བྱས་པའི་རྒྱུད་ཀྱི་བྱེ་བྲག་སོ་སོར་ཕྱེ་ནས་འཆད་པའི་དབང་དུ་མཛད་པའི་ཕྱིར་དང་། བྱ་རྒྱུད་ཀྱི་དཀྱིལ་འཁོར་གཅིག་གི་ལྷ་གྲངས་ལ་རིགས་གསུམ་ཀའམ་ལྔ་ཚང་བར་བཤད་པ་མེད་པའི་ཕྱིར་རོ། །རྒྱུད་སྡེ་སྤྱི་དྲུག་པོ་དེ་ཡང་རིགས་གསུམ་གྱི་རྒྱུད་དུ་འདུས་པ་དང་། གསུམ་པོ་ཡང་གསང་སྔགས་དང་རིག་སྔགས་ཀྱི་རྒྱུད་གཉིས་སུ་འདུས་ཤིང་། གཉིས་པོའི་ཁྱད་པར་ཐབས་དང་། ལྷ་ཕོ་གཙོ་བོར་གྱུར་པ་ནི་གསང་སྔགས་ཀྱི་དང་། ཤེས་རབ་དང་། ལྷ་མོ་གཙོ་བོར་གྱུར་པ་ནི་རིག་སྔགས་ཀྱི་རྒྱུད་ཡིན་ནོ། །ཞེས་བླ་མ་གོང་མ་དག་གསུངས་སོ། །གཉིས་པ་ནི།། །།

དྲི་བ་སོ་གཉིས་པ། སྤྱོད་པའི་རྒྱུད་དུ་རིགས་ལྔ་ཡི། །དོན་གྲུབ་ན་ནི་པདྨའི་རིགས། །རྒྱུད་གཞུང་གང་

གིས་སྟོན་པ་འདྲི། འདི་ལ་གཉིས་ལས། དང་པོ་ལ་འདྲི་བའི་རྒྱུ་མཚན་ནི། སྤྱོད་པའི་རྒྱུད་ཀྱི་དཀྱིལ་འཁོར་གཅིག་ལ་བཀོད་པའི་ལྷ་ཐམས་ཅད་རིགས་ལྔར་བསྡུས་པ་མེད་པར་ནི། ཇི་སྐད་དུ། བྱ་སྤྱོད་གཉིས་ཀྱི་རྒྱུད་ལས་ཀྱང་། །སངས་རྒྱས་རིགས་ལྔར་བསྡུས་པ་མེད། །ཅེས་བཤད་པ་དེ་ཉིད་ཀྱིས་གྲུབ་ཟིན་པས། དེའི་ཕྱིར་རིགས་ལྔ་སྟོན་བྱེད་ཀྱི་རྒྱུད་སོ་སོ་བ་དག་ཡོད་པ་ལ་འཆད་དགོས་པ་ལྟ་བུར་སྣང་བའི་རྒྱུ་མཚན་གྱིས་སོ། །གཉིས་པ་ནི་༑ འོ་ན་དེ་བཞིན་གཤེགས་པའི་རིགས་སྟོན་བྱེད་ཀྱི་རྒྱུད་ནི་རྣམ་སྣང་མངོན་བྱང་དང་། རྡོ་རྗེའི་རིགས་སྟོན་བྱེད་ནི་ཕྱག་རྡོར་དབང་བསྐུར་ལྟ་བུ་ཡིན་ཞིང་། པདྨའི་རིགས་སྟོན་བྱེད་ཀྱི་རྒྱུད་ནི་མེད་དོ། །ཅེས་རྗེ་གོང་མ་དག་དང་། དེའི་ཡང་གོང་མ་དག་གསུངས་པ་དང་འགལ་ལོ་སྙམ་པའི་དོགས་པ་འདི་སྐྱེའོ། །

གཉིས་པ་དངོས་ལན་གདབ་པ་ནི། སྤྱོད་པའི་རྒྱུད་དུ་རིགས་ལྔའི་དོན་གྲུབ་ཅེས་པ་དེའི་དོན་ནི། དཀྱིལ་འཁོར་གཅིག་གི་ལྷ་གྲངས་ལ་རིགས་ལྔ་ཚང་མར་བཀོད་པ་ཞིག་ཡོད་པ་ལ་དགོངས་པ་ཡིན་ལ། ཇི་སྐད་དུ། སྤྱོད་པའི་རྒྱུད་དུ། སངས་རྒྱས་རིགས་ལྔར་བསྡུས་པ་མེད། །ཅེས་གསུངས་པ་དེ་ནི། རིགས་ལྔའི་ཐ་སྙད་དང་། སྐུ་མདོག་དང་། ཕྱག་རྒྱ་རྣམས་རྣལ་འབྱོར་གོང་མ་གཉིས་བཞིན་དུ་མ་བཤད་པ་ལ་དགོངས་པ་ཡིན་ཏེ། ཇི་སྐད་དུ༑ ཕྱག་རྒྱ་སྐུ་མདོག་རྣམས་དག་ཀྱང་། །རྣལ་འབྱོར་རྒྱུད་བཞིན་དེ་རམ་གསུངས། །ཞེས་བཤད་པས་སོ། །འོ་ན་སྤྱོད་པའི་རྒྱུད་དུ་རིགས་ལྔའི་དོན་གྲུབ་པ་དེ་ལྟ་བུ་གང་ན་ཡོད་ཅེ་ན། ཕྱག་རྡོར་དབང་བསྐུར་ལས་བཤད་པའི་སྙིང་པོའི་དཀྱིལ་འཁོར་ལ། རྣམ་སྣང་། རིན་ཆེན་ཏོག མི་ཏོག་ཀུན་རྒྱས། འོད་དཔག་མེད། མི་འཁྲུགས་པ་སྟེ། རྒྱལ་བ་རིགས་ལྔ་བཤད་པ་ལྟ་བུའོ། །གཉིས་པ་ནི། ངན་སོང་སྦྱོང་རྒྱུད་སྤྱོད་པའི་རྒྱུད་དུ་འཆད་པ། བསྟན་བཅོས་མཛད་པའི་དགོངས་པར་འདོད་པ་ནི་རིགས་པ་མ་ཡིན་ཏེ། སྤྱིར་ངན་སོང་སྦྱོང་རྒྱུད་སྤྱོད་རྒྱུད་དུ་འཆད་པའི་ཚད་ལྡན་སུ་ཡང་མི་འདུག་པ་ཙམ་དུ་མ་ཟད། རྗེ་བཙུན་ཆེན་པོས་རྣལ་འབྱོར་གྱི་རྒྱུད་དུ་བཞེད་པའི་ཕྱིར་དང་། དེར་བཤད་པའི་རིགས་ལྔའི་སྐུ་མདོག་ཀྱང་དཀར་པོ་ཤ་སྟག་ཏུ་འཆད་པ་རྒྱུད་ཀྱི་དངོས་བསྟན་དང་མཐུན་ནོ་ཞེས་འཆད་པའི་ཚད་ལྡན་དག་ཀྱང་སྣང་བའི་ཕྱིར་རོ། །འདི་ཕྱོགས་སྔ་མས་སྤྱོད་རྒྱུད་དུ་ཁས་བླངས་གསུངས་པ་ཡང་མི་འཐད་དེ། དེ་དེར་ཁས་ལེན་པ་ཕྱོགས་སྔའི་འདོད་པ་ཡིན་པ་ལ་ཤེས་བྱེད་གསལ་པོ་མི་འདུག་པའི་ཕྱིར་དང་། འདིའི་ཕྱོགས་སྔ་ནི། ཇི་སྐད་དུ། སྤྱོད་པའི་རྒྱུད་ཀྱི་ཀུན་རྫོབ་དང་། །རྣལ་འབྱོར་རྒྱུད་ཀྱི་ཀུན་རྫོབ་ནི། །རིགས་ལྔའི་རྒྱལ་བར་སྣང་བ་ཡིན། །ཞེས་པ་དེ་ཡིན་ལ། དེ་ལ་ནི་སྦྱོང་རྒྱུད་སྤྱོད་རྒྱུད་དུ་འདོད་པའི་རྒྱུ་མཚན་ཅི་ཡང་མ་ཚང་བའི་ཕྱིར། ཕྱོགས་སྔ་མ་འདི་དག་ནི་ལོ་ཙྪ་བ་ཆེན་པོ་ཀ་བ་དཔལ་བརྩེགས་ཀྱིས་མཛད་པའི་ལྟ་བའི་རིམ་པ་ལས་འབྱུང་བ་ཡིན་ཏེ། ཇི་སྐད་དུ། ཀྲི་ཡ་དོན་དམ་ཆོས་ཉིད་ལྷ། །ཀུན་རྫོབ་རང་

རིག་ཡོན་ཏན་ལྷ། །རིགས་གསུམ་དཀྱིལ་འཁོར་སྣང་བ་ལ། །སྐྱེ་བོ་འཁྲུལ་པ་མེད་པར་འདོད། །གཉིས་ཀའི་རྒྱུད་ཀྱི་འདོད་པ་ནི། །ལྷ་སྤྱོད་གོང་འོག་རྗེས་སུ་མཐུན། །ཡོ་ག་དོན་དམ་རྣམ་དག་པའི། །ཆོས་ཀྱི་དབྱིངས་ཀྱི་ཡེ་ཤེས་སུ། །རྟོགས་པའི་བྱིན་རླབས་ལྷར་སྣང་བ། །དེ་ཕྱིར་སྐྱེ་བོ་ལྷར་མཐོང་འཁྲུལ། །མ་ཧཱ་ཡོ་ག་དོན་དམ་དུ། །རང་རིག་གཉིས་མེད་དེ་བཞིན་ཉིད། །རྟོགས་པའི་ཆོ་འཕྲུལ་དྲུག་སོགས་པའི། །ལྷར་སྣང་བ་ལས་འཁོར་བ་མེད། །ཨ་ནུ་ཡོ་ག་དོན་དམ་དུ། །བདེ་ཆེན་རྟོགས་པའི་རིགས་བཙལ་བས། །ཀུན་རྫོབ་ལྷ་ཡི་དཀྱིལ་འཁོར་སྣང་། །དེ་ཕྱིར་སྐྱེ་བོས་བཏགས་པས་འཁྲུལ། །ཨ་ཏི་ཡོ་ག་བདེན་གཉིས་བྲལ། །ཐམས་ཅད་རང་བྱུང་རང་སྣང་བའི། །ཡེ་ཤེས་མཐའ་གསུམ་བྲལ་བ་ལ། །བཏགས་པ་གཉིས་པོ་གདོད་ནས་མེད། །དེ་ཕྱིར་གསེར་ལ་གསེར་མཐོང་ལྟར། །ཇི་བཞིན་མ་ནོར་བདེན་མཐོང་ཡིན། །ཞེས་གསུངས་སོ། །ཕྱོགས་སྔ་མ་འདི་དག་ལ་ཞིབ་ཏུ་བརྟགས་ནས། ལྷ་སྒོམ་མ་ཕྱེད་པའི་སྐྱོན་ཇི་ལྟར་འབྱུང་ཡང་དཔྱད་པར་བྱའོ།། །།

དྲི་བ་སོ་གསུམ་པ་ནི། ཛཱི་ཏཱ་རི་ཡི་ཚེ་དཔག་མེད། །ལྷ་དགུ་རྒྱུད་སྡེ་གང་གི་ལུགས། །རིགས་ལྔ་སེར་འཇམ་མི་འཐད་ན། །དམར་འཇམ་འཐད་པ་དཀའ་བའི་གནས། །ཞེས་པའོ། །འདི་ལ་གཉིས་ལས། དང་པོ་ལ་འདྲི་བའི་རྒྱུ་མཚན་ནི། བྱ་སྤྱོད་གཉིས་སུ་རིགས་ལྔའི་ཐ་སྙད་མི་འབྱུང་བར་བཤད་པའི་རྒྱུ་མཚན་གྱིས་སོ། །གཉིས་པ་ནི། དེ་ལྟ་ཡིན་པ་འོ་ན། སློབ་དཔོན་ཛཱི་ཏཱ་རིའི་ལུགས་ཀྱི་ཚེ་དཔག་མེད་ཀྱི་ལྷ་དགུ་འདི་བྱ་སྤྱོད་རྒྱུད་ལྟར་བཀྲལ་བ་ཡིན་ནམ། རྣལ་འབྱོར་རྒྱུད་ལྟར་བཀྲལ་བ་ཡིན། དང་པོ་ལྟར་ན། དེ་གཉིས་སུ་རིགས་ལྔའི་ཐ་སྙད་མི་འབྱུང་བར་འཆད་པ་དང་འགལ། གཉིས་པ་ལྟར་ན། རྣལ་འབྱོར་རྒྱུད་ལས་གསུངས་པའི་རིགས་ལྔ་སྐུ་མདོག་དང་ཕྱག་རྒྱ་མི་མཐུན་པ་ཁོ་ན་འཆད་པ་དང་འགལ་ལོ་སྙམ་པ་དང་། དེ་བཞིན་དུ་སྤྱོད་རྒྱུད་ཀྱི་འཆི་བདག་འཇོམས་པའི་དཀྱིལ་འཁོར་དུ་རིགས་ལྔ་པོ་དཀར་འཇམ་དུ་བཤད་ནས། འཁོར་རྣམས་ཕྱག་རྒྱ་མཐུན་པ་ཁོ་ནར་བཤད་པ་དང་། བརྟག་གཉིས་སུ། བདག་མེད་མ་ལྷ་མོ་བཅོ་ལྔ་པོ་ཐམས་ཅད་སྐུ་མདོག་ནག་འཇམ་དུ་བཤད་ཅིང་། དེ་དག་ཀུང་རྡོ་རྗེའི་རིགས་དང་། རིན་ཆེན་རིགས་ལ་སོགས་པར་དབྱེ་དགོས་པས་སོ། །སྙམ་པའི་དོགས་པ་འདི་དག་འབྱུང་བར་འགྱུར་རོ། །

གཉིས་པ་དྲིས་ལན་གདབ་པ་ནི། རིགས་ལྔའི་མིང་ཅན་ལ། རང་གི་ངོ་བོ་ནས་བཟང་ངན་མེད་ཀྱང་། གདུལ་བྱའི་རིམ་པ་དང་བསྟུན་ནས་མདོ་དང་རྒྱུད་སྡེ་རྣམས་སུ་རིགས་ལྔའི་མིང་ཅན་ལ་འཆད་ཚུལ་གཉིས་འབྱུང་བ་ཡིན་ཏེ། གཅིག་ནི་བསོད་ནམས་སོག་པའི་ཡན་ལག་ཏུ་གདུལ་བྱ་རང་ལས་རྫས་གཞན་པའི་ཚུལ་གྱིས་རྒྱུའི་སྐྱབས་སུ་གཞག་པ་དང་། ཅིག་ཤོས་ནི་སྣང་གཞི་སྦྱོང་བྱེད་དུ་སྦྱར་ནས། གདུལ་བྱ་རང་རྒྱུད་ལ་འབྱུང་

རྡུང་གི་ཚུལ་གྱིས་འབྲས་བུའི་སྐབས་སུ་གཞག་པ་གཉིས་སོ། །ཕྱི་མ་དེ་ནི་རྣལ་འབྱོར་གོང་མ་གཉིས་ཀྱི་ཁྱད་ཆོས་ཡིན་ཏེ། སྦྱང་གཞི་ཕུང་པོ་ལྔ། སྦྱང་བྱ་ཉོན་མོངས་པ་ལྔ། སྦྱོང་བྱེད་རིག་པའི་དབང་ལྔ་བསྒྱུར་ནས། ཡེ་ཤེས་ལྔ་རྗེས་མཐུན་པས་འབྲས་བུ་ལམ་དུ་བྱས་པ་ལ་བརྟེན་ནས། སྦྱངས་འབྲས་དེ་བཞིན་གཤེགས་པ་རིགས་ལྔ་འབྱུང་བ་དེ་ནི་བྱ་བའི་རྒྱུད་ལ་མེད་ཅིང་། སྤྱོད་པའི་རྒྱུད་དུ་ནི་དོན་རྗེས་མཐུན་པ་ཡོད་ཀྱང་ཐ་སྙད་མེད་པའི་ཕྱིར། དོན་ཡོད་པའི་ཤེས་བྱེད་ཀྱི་རྩ་བ་ཡང་རིག་པའི་དབང་ལྔ་རྗེས་མཐུན་པ་ཡོད་པ་ལ་ཐུག་གོ། །རྒྱུད་སྡེ་གོང་མ་གཉིས་སུ་རིགས་ཆེན་ལྔ་ལ་སེར་འཛམ་ལ་སོགས་པ་སྐུ་མདོག་དང་ཕྱག་རྒྱ་མཐུན་པ་མི་སྲིད་ཀྱང་། དེ་རེ་རེ་ལ་ཡང་ལྔ་ལྔར་ཕྱེ་བའི་རིགས་ཚུང་རྣམས་དང་། རིགས་སོ་སོ་བ་ཡིན་ཀྱང་འདེབས་བྱེད་མ་ཡིན་པ་རྣམས་ལ་ནི་སྐུ་མདོག་དང་ཕྱག་རྒྱ་ཆ་བ་གཅིག་ཏུ་མཐུན་པ་སྲིད་པས་ཧ་ཅང་ཐལ་བ་མེད་དོ། །འཇོག་ཚུལ་དང་པོ་ནི། བྱ་བའི་རྒྱུད་དུ་མ་ཟད། མདོ་སྡེ་དག་ན་ཡང་ཡོད་པ་ཡིན་ཏེ། གསེར་འོད་དམ་པའི་མདོ་སྡེ་ལས། བྱ་རྒོད་ཕུང་པོ་ཆོས་ཀྱི་དབྱིངས། །ཟབ་མོ་སངས་རྒྱས་སྤྱོད་ཡུལ་བ། །ཞེས་པས་དབུས་ཀྱི་རྣམ་སྣང་བསྟན་པ་ཡིན་ལ། མི་འཁྲུགས་པས་ནི་ཤར་ཕྱོགས་སུ། །རིན་ཆེན་ཏོག་གིས་ལྷོ་ཕྱོགས་སུ། །འོད་དཔག་མེད་ཀྱིས་ནུབ་ཕྱོགས་སུ། །ཛ་སྒྲ་ཡིས་ནི་བྱང་ཕྱོགས་སུ། །ཞེས་གསུངས་པ་དང་། མདོ་སྡེ་མང་པོ་ནས་མི་འཁྲུགས་པའི་ཞིང་ཁམས་ཤར་ཕྱོགས་ན་ཡོད་པ་དང་། འོད་དཔག་མེད་ཀྱི་ཞིང་ཁམས་ནུབ་ཕྱོགས་ན་ཡོད་པ་སོགས་རྒྱ་ཆེར་གསུངས་ལ། བྱ་བའི་རྒྱུད་དུ་ཡང་གོང་དུ་དྲངས་ཟིན་པ་ལྟར་རིགས་ལྔའི་དོན་གསལ་བར་གསུངས་པ་ཡིན་ནོ། །དེ་ལྟར་ན་ཧཱི་ཏཱ་རིའི་ཚེ་དཔག་མེད་ལྷ་དགུ་ནི། ཚེ་དཔག་ཏུ་མེད་པའི་མདོ་བྱ་རྒྱུད་རང་རྐང་གི་ཚུལ་དུ་བཀྲལ་བ་ཡིན་ལ། དེའི་ཚེ་ན་རིགས་ལྔའི་མིང་གསལ་བར་གསུངས་ཀྱང་། སྦྱང་གཞི་ཕུང་པོ་ལྔ་སྦྱོང་བར་ནུས་པའི་རིགས་ལྔ་མཚན་ཉིད་པ་མ་ཡིན་ཏེ། དགུ་པོ་ཐམས་ཅད་ཀྱང་རིགས་ཆེན་ལྔའི་ཡ་གྱལ་དུ་གྱུར་པའི་པདྨའི་རིགས་ལས་ཕྱེ་བ་མ་ཡིན་གྱི། བྱ་རྒྱུད་རིགས་གསུམ་གྱི་ཡ་གྱལ་དུ་གྱུར་པའི་འོད་དཔག་ཏུ་མེད་པ་གཅིག་པུ་ལས་ཕྱེ་བ་ཡིན་པས། པདྨའི་རིགས་གཅིག་པུར་འདུས་པ་དང་། གཅིག་པུ་དེ་ཡང་། རང་རང་མཐུན་པའི་རིག་པའི་དབང་མཚན་ཉིད་པ་བསྒྱུར་བའི་སྒོ་ནས་སྦྱང་གཞི་འདུ་ཤེས་ཀྱི་ཕུང་པོ་དང་། སྦྱང་བྱ་འདོད་ཆགས་སྦྱོང་བྱེད་དུ་བསྟན་པ་མེད་པའི་ཕྱིར་རོ། །ཧཱི་ཏཱ་རིའི་གཞུང་དེར་མདུན་བསྐྱེད་ཀྱི་སྒྲུབ་པ་དང་། དབང་བསྐུར་བའི་ཚུལ་བྱ་རྒྱུད་རང་རྐང་བཞག་ཀྱང་། བདག་ཉིད་སངས་རྒྱས་སུ་བསྐྱེད་པ་བཤད་པ་ནི་ཧཱི་ཏཱ་རིའི་གཞུང་གི་རང་ལུགས་ལ་ཡོད་པ་ཡིན་ནམ། གོང་མའི་རྒྱ་བཀབ་པ་ཡིན་ཞེས་ཞིབ་ཏུ་བརྟག་པར་བྱའོ། །འདིར་གཞན་དག བྱ་སྤྱོད་དུ་རིགས་ལྔའི་ཐ་སྙད་གསལ་པོ་ཡོད་པ་བཞིན། དབང་བསྐུར་གྱི་ཚེ་རིགས་ལྔའི་སྡོམ་བཟུང་ཡང་བྱེད་དགོས་སོ། །ཞེས་ཟེར་བ་ནི་མི་

འཐད་དེ། རྩེ་མོ་ལས། གང་ཞིག་སྡོམ་པ་མི་འཛིན་ཞིང་། །ཤིན་ཏུ་གདུལ་དཀའ་དད་མེད་ལ། །འཇུག་པ་ཙམ་ཞིག་སྦྱིན་བྱ་ཡི། །རྣམ་པ་ཐམས་ཅད་ཉིད་མི་བྱ། །ཞེས་རིགས་ལྔའི་སྡོམ་པ་མི་འཛིན་པ་ལ་རྡོ་རྗེ་སློབ་དཔོན་གྱི་དབང་བསྐུར་དུ་མི་རུང་བར་བཤད་ནས། འོ་ན་དེ་ལ་རིག་པའི་དབང་ཡང་བསྐུར་དུ་མི་རུང་ངམ་སྙམ་པ་ལ། སློབ་དཔོན་ཀུན་དགའ་སྙིང་པོས། མེ་ཏོག་གི་ཕྲེང་བའི་དབང་བསྐུར་བ་ནས། མིང་གི་དབང་བསྐུར་བའི་བར་འདི་ཐམས་ཅད་སྡོམ་པ་བཟུང་བ་དང་མ་བཟུང་བ་སྤྱིའི་དབང་བསྐུར་བ་ཡིན་ནོ། །ཞེས་གསུངས་ལ། བྱ་སྤྱོད་དུ་ནི་མིང་གི་དབང་མན་ཆད་ལས་ལྷག་པ་མ་བཤད་པའི་ཕྱིར་རོ།། །།

དྲི་བ་སོ་བཞི་པ་ནི། རྣལ་འབྱོར་རྒྱུད་ཀྱི་ཀུན་རྫོབ་ཀུན། །ལྷ་རུ་གསུངས་པ་མེད་གྱུར་ན། །རྣལ་འབྱོར་རྒྱུད་དང་སེམས་ཙམ་པའི། །གྲུབ་མཐའ་བསྟུན་པ་ཇི་ལྟར་ཡིན། །ཞེས་བྱ་བ་འདི་ལ་འདྲི་བའི་རྒྱུ་མཚན་ནི། ཇི་སྐད་དུ། དེས་ན་རྣལ་འབྱོར་རྒྱུད་མན་ཆད། །སྣང་བ་ལྷ་རུ་གསུངས་པ་མེད། །འོན་ཀྱང་ཀུན་རྫོབ་ཐམས་ཅད་ནི༑ །ཇི་ལྟར་སྣང་བ་བཞིན་དུ་བས། །ཞེས་འཇིག་རྟེན་ཀུན་རྫོབ་ཀྱི་རྣམ་གཞག་འཇིག་རྟེན་གྱི་གྲགས་པ་དང་མཐུན་པར་བཤད་འདུག་པའི་རྒྱུ་མཚན་གྱིས་སོ། །གཉིས་པ་མ་དྲིས་པའི་ཉེས་པ་ནི། འོ་ན་འདི་སྐད་ཅེས། རྣལ་འབྱོར་བླ་མའི་རྒྱུད་དུ་ཡང་། །ཀུན་རྫོབ་ལྷ་རུ་གསུངས་པ་མེད། །འོན་ཀྱང་ཀུན་རྫོབ་ཐམས་ཅད་ནི། །ཇི་ལྟར་སྣང་བ་བཞིན་དུ་བས། །སྣང་བ་ཐམས་ཅད་ལྷར་སྒོམ་པ། །ཐབས་ལ་མཁས་པའི་ཁྱད་པར་ཡིན། །ཞེས་བརྗོད་ན་མཚུངས་པར་འགྱུར་བ་དང་། སློབ་དཔོན་རིན་པོ་ཆེའི་རྒྱུད་སྡེ་སྤྱིའི་རྣམ་པར་བཞག་པ་ལས། སེམས་ཙམ་པ་ལ་རྣམ་བདེན་རྫུན་གཉིས་སུ་ཕྱེ་ནས། རྣམ་བདེན་པ་དང་རང་རྒྱུད་ཀྱི་ལྟ་བ་མཐུན་པར་བཤད་ནས། དེ་དང་སྒོ་བསྟུན་ལ་རྣལ་འབྱོར་རྒྱུད་དང་། རྣམ་རྫུན་པའི་ལྟ་བ་དང་སྒོ་བསྟུན་པ་རྣལ་འབྱོར་བླ་མེད་ཀྱི་རྒྱུད་འཇོག་པར་བཤད་པ་ཡིན་ནོ། །བཤད་མོད། དེ་ལས་ཅིར་འགྱུར་ཞེ་ན། དེའི་ཚེ་རྣམ་བདེན་པ་དང་རང་རྒྱུད་ཀྱི་གྲུབ་མཐའ་ལ་ནི་སྣང་བ་སེམས་སུ་ཁས་ལེན་པ་ཡིན་ཏེ། ཇི་སྐད་དུ། འདི་ནི་སེམས་ཙམ་ཁོ་ན་ཡིན་གྱི་ཕྱི་རོལ་གྱི་དོན་ནི་མེད་དོ་ཞེས་བྱ་བར་ཡིད་ལ་བྱེད་ཅིང་། ཞེས་དང་། གཟུང་དོན་རྟོག་པ་སྤོང་ཕྱིར་དང་། །ཞེས་གསུངས་པ་ལྟར་རོ༑ །དེ་ལྟ་ཡིན་པ་དེའི་ཚེ། རྣལ་འབྱོར་རྒྱུད་དུ་རང་སྣང་བ་ལྷ་རུ་ཁས་ལེན་དགོས་ཏེ། སྣང་བ་སེམས་སུ་ཁས་ལེན་དགོས་ཤིང་། སེམས་ཉིད་ལྷར་ཁས་ལེན་པའི་ཕྱིར། དེར་ཁས་མི་ལེན་ན། རང་ཉིད་སངས་རྒྱས་སུ་བསྐྱེད་ནས། དེ་ལ་འབྲས་དུས་ཀྱི་ཡེ་ཤེས་པ་སྤྱན་དྲངས་ནས་དབྱེར་མེད་དུ་རྒྱས་འདེབས་པ་དང་འགལ་ལོ་སྙམ་པའི་དོགས་པ་འདི་འབྱུང་ངོ་། །

གཉིས་པ་དངོས་ལན་གདབ་པ་ནི། རྣལ་འབྱོར་གོང་མ་གཉིས་ཀྱི་རྣལ་འབྱོར་པའི་བློ་ངོར་སྣང་བ་

ཐམས་ཅད་ལྷ་ཡིན་མིན་དང་། ཀུན་རྫོབ་ཇི་ལྟར་སྣང་བ་བཞིན་དུ་འཇོག་མི་འཇོག་གི་ཁྱད་པར་ཡོད་པ་ཡིན་ཏེ། རྣལ་འབྱོར་པ་དང་པོའི་བསམ་དོན་མ་དག་པའི་སྣང་བ་འདི་སྦྱངས་ནས། སྣོད་བཅུད་གཉིས་ཀ་ཡེ་ཤེས་ཀྱི་ངོ་བོར་བྱིན་གྱིས་བརླབས་པ་དེའི་ཚེ་ན། གང་ཤར་ལྷའི་ངོ་བོར་ཁས་ལེན་དགོས་ཀྱང་། དེ་དེར་མ་སྦྱངས་པ་དང་། སྦྱངས་ཀྱང་ཕྱག་རྒྱ་བསྒྲོལ་བ་དེའི་ཚེ་ན་རང་ཉིད་དམ་ཚིག་རྐྱང་པ་དང་། གཟུང་འཛིན་གཉིས་ཀྱི་སྣང་བ་གང་ཤར་བ་ཐམས་ཅད་ཀུན་རྫོབ་ཀྱི་སྣང་བར་ཁས་ལེན་དགོས་པའི་ཕྱིར་དང་། རྣལ་འབྱོར་ཆེན་པོའི་རྣལ་འབྱོར་པ་དེའི་བསམ་དོན་ནི། ཇི་ལྟར་སྣང་བ་འདི་ཐམས་ཅད་དུས་རྟག་ཏུ་ཡེ་ཤེས་ཀྱི་ངོ་བོར་བྱིན་གྱིས་བརླབས་པ་དེ་ཉིད་ལ་ལོངས་སྤྱོད་པ་ཡིན་གྱི། ཡེ་ཤེས་པ་གཤེགས་ནས་ཐ་མལ་དུ་འགྱུར་བའི་གོ་སྐབས་ཙུང་ཟད་ཀྱང་ཡོད་པ་མ་ཡིན་པའི་ཕྱིར། དེའི་ཤེས་བྱེད་ཀྱང་། སྣང་གྲགས་ཀྱི་ཆོས་ཇི་སྙེད་པ་ཡེ་གདོད་མ་ནས་ཡོད་མ་མྱོང་བས། སྤྲོས་པའི་མཐའ་ཐམས་ཅད་དང་བྲལ་བ་འདི་ཉིད་ལ་མི་འདྲ་བའི་དབྱེ་བ་ཅི་ཡང་ཡོད་པ་མ་ཡིན་པས། རང་བཞིན་ཆོས་ཀྱི་སྐུ་དང་། མཆོག་གི་དང་པོའི་སྐྱེས་བུ་དང་། ཐུགས་རྡོ་རྗེ་ཞེས་བྱའོ། །དེ་ལ་ངོ་བོའི་སྒོ་ནས་དབྱེ་བ་མེད་ཀྱང་། མ་དག་པའི་ཆོས་ཅན་སོ་སོ་དང་འབྲེལ་བ་ན། གཟུགས་ཀྱི་ཆོས་ཉིད་ལ་རྣམ་པར་སྣང་མཛད་དང་། ཚོར་བའི་ཆོས་ཉིད་ལ་རིན་ཆེན་འབྱུང་ལྡན་ལ་སོགས་པའི་མིང་གིས་འདོགས་ཤིང་། ཆོས་ཉིད་དེ་ལུས་ངག་ཡིད་གསུམ་དང་འབྲེལ་བའི་ཚེ་སྐུ་གསུང་ཐུགས་ཀྱི་རྡོ་རྗེ་གསུམ་དུ་འཇོག་པ་ནས། རིགས་བརྒྱའི་བར་དུ་རྣམ་པར་ཕྱེའོ། །དེ་ལྟ་བུའི་རང་བཞིན་རྣམ་དག་གི་ལྷ་དེ་ལ། གློ་བུར་རྣམ་དག་གི་ཡེ་ཤེས་ཀྱི་འཁོར་ལོ་བསྲེས་ནས། ནམ་མཁའ་མ་ཞིག་གི་བར་དུ་དབྱེར་མེད་དུ་འགྲོ་བ་ཡིན་གྱི། ཐ་མལ་གྱི་སྣང་བར་འགྱུར་མི་སྲིད་པ་ནི་རྣལ་འབྱོར་ཆེན་པོའི་ཁྱད་ཆོས་སོ། །དེའི་ཚེ་ན་ཤེས་བྱ་ཐམས་ཅད་ཆོས་ཀྱི་དབྱིངས་སུ་རོ་གཅིག་པ་དེ་ལ་དེ་བཞིན་ཉིད་ཀྱི་དག་པ་ཞེས་བྱ། ཆོས་ཅན་སོ་སོ་དང་འབྲེལ་བའི་ཚེ། ལྷ་སོ་སོ་བའི་མིང་གིས་འདོགས་པ་དེ་ལ་ལྷ་སོ་སོ་བའི་དག་པ་ཞེས་བྱ། དེ་ལྟར་རྣལ་འབྱོར་པའི་ཡེ་ཤེས་ཀྱིས་ཉམས་སུ་མྱོང་བ་དེ་ལ་རང་རིག་པའི་དག་པ་ཞེས་བྱ། ངག་དོན་བསྡུས་ན། རྣལ་འབྱོར་པ་དང་པོའི་བློ་ངོར་ན་ཕྱི་རོལ་དོན་དུ་སྣང་བ་འདི། ཕྱི་རོལ་དོན་གྱི་སྣང་བ་ཉིད་དུ་ཁས་ལེན་པའི་སྐབས་ཤིག་སྲིད་ལ། རྣལ་འབྱོར་པ་གཉིས་པའི་བློ་ངོར་ན་དེ་དེར་གནས་པ་ཡེ་མི་སྲིད་པ་ཞེས་བྱ་བ་འདི་ནི། རྣལ་འབྱོར་གོང་མ་གཉིས་ཀྱིས་ཀུན་རྫོབ་ཀྱི་སྣང་བ་ལྟར་འཇོག་མི་འཇོག་གི་ཁྱད་པར་དུ་གཞག་པ་ཡིན་ནོ། །རྣལ་འབྱོར་བླ་མར་སྣང་བ་ལྷ་ཡིན་ཞེས་བྱ་བ་འདི་ཡང་སྒོམ་པའི་བློ་ངོར་ན་ཡིན་གྱི། གྲུབ་མཐའ་འཇོག་པའི་དུས་ཀྱི་ལྟ་བ་ནི་མ་ཡིན་ཏེ། ཇི་སྐད་དུ། རིགས་གསུམ་ལ་སོགས་སངས་རྒྱས་སུ། །སྒོམ་པ་ཡིན་གྱི་ལྟ་བ་མིན། །ཞེས་དང་། ལྷ་སྒོམ་རྣམ་དབྱེ་མ་ཕྱེད་ཅིང་། །ཐབས་དང་ཤེས་རབ་མ་ཤེས་པས། །འདི་འདྲའི་དབྱེ་བ་

འགྲུབ་པ་ཡིན། །ཞེས་གསུངས་སོ། །དེ་ལྟར་ཤེས་པ་ན། རང་ཉིད་འཁོར་ལོ་བདེ་མཆོག་ཡིན་ནས་སྒོམ་པ་ཞེས་བྱ་བ་དེ་ཡང་། སྒོམ་པར་བྱེད་པའི་བློ་ངོ་དབང་བཙན་པར་བྱས་པ་ཡིན་ཏེ། ཞེན་པས་ཞུགས་པ་ན་འབྲེལ་པས་མི་བསླུ་བ་འབྱུང་བའི་ཕྱིར། དཔེར་ན། ཐུམ་འཛིན་རྟོག་པའི་གཟུང་རྣམ་ལ་ཐུམ་པ་རང་མཚན་དུ་ཞེན་ནས་ཞུགས་པ་ལ་བརྟེན་ནས། མཐར་ཐུམ་པ་རང་མཚན་འཇུག་ཡུལ་དུ་བྱེད་པ་གཅིག་སྲིད་པ་བཞིན་ནོ། །རང་ཉིད་འཁོར་ལོ་སྡོམ་པར་ཁས་ལེན་པ་དེ་གྲུབ་མཐའ་འཛོག་པའི་ཚེ་མ་ཡིན་ཏེ། ལུང་དང་རིགས་པས་མི་འགྲུབ་པའི་ཕྱིར་དང་། དེ་ལྟར་ཁས་ལེན་པའི་དགེ་སློང་དེ་རང་ཉིད་བླུན་པོ་མངོན་པའི་ང་རྒྱལ་ཅན་ཡིན་ན་མ་གཏོགས། མིའི་ཆོས་བླ་མ་རྫུན་དུ་སྨྲ་བའི་ཕམ་པར་འགྱུར་བ་ཉིད་དུ། འདུལ་བའི་ལུང་ལས་གསུངས་པའི་ཕྱིར་རོ།། །།

དྲི་བ་སོ་ལྔ་པ་ནི། དམ་པ་རིགས་བརྒྱར་ཕྱེ་བའི་ཚེ། །ཀུན་རྫོབ་ལྷ་རུ་ཁས་བླངས་ན། །རྡོ་རྗེ་རྩེ་མོའི་རྒྱུད་ལས་ནི། །རིགས་ལྔ་རེ་རེ་རིགས་ཆུང་ལྔ། །དེ་རེ་རེ་ལའང་སྙིང་པོ་དང་། །ཕྱག་རྒྱ་ལ་སོགས་བཞིར་ཕྱེ་བས། །རིགས་བརྒྱ་ཡིན་ཞེས་གསུངས་པ་ཅི། །ཞེས་བྱའོ། །འདི་ལ་གཉིས་ལས། འདྲི་བའི་རྒྱུ་མཚན་ནི། ཇི་སྐད་དུ། རྣལ་འབྱོར་ཆེན་པོའི་རྒྱུད་སྡེ་ལས། །ཀུན་རྫོབ་ཇི་ལྟར་སྣང་བ་འདི། །ཐབས་ལ་མཁས་པའི་ཁྱད་པར་གྱིས། །སྣང་གཞི་སྦྱོང་བྱེད་ངོ་སྤྲོད་པ། །དེ་ཚེ་དམ་པ་རིགས་བརྒྱ་ལ། །སོགས་པའི་དབྱེ་བ་རྒྱ་བས་གསུངས། །ཞེས་པའི་གཞུང་གི་འཕྲོས་ལ་བརྟགས་པ་ན། དམ་པ་རིགས་བརྒྱར་འབྱེད་པ་དེ་སྣང་གཞི་སྦྱོང་བྱེད་ངོ་སྤྲོད་པའི་དབང་དུ་བྱས་པ་དང་། དེ་ལྟར་སྤྲོད་པའི་ཚེ་ན། ཀུན་རྫོབ་ཀྱི་སྣང་བ་ལྷར་ཁས་ལེན་དགོས་པ་ལྷ་བུའི་བཤད་པ་ཅིག་སྣང་བའི་རྒྱུ་མཚན་གྱིས་སོ། །མ་དྲིས་པའི་ཉེས་པ་ནི། འོན་རྣལ་འབྱོར་གྱི་རྒྱུད་དུ་ཡང་། ཀུན་རྫོབ་ཀྱི་སྣང་བ་ལྷ་རུ་ཁས་ལེན་དགོས་པར་འགྱུར་ཏེ། དེར་དམ་པ་རིགས་བརྒྱར་ཕྱེ་བའི་ཕྱིར། ཇི་ལྟར་ཞེ་ན། རྡོ་རྗེ་རྩེ་མོའི་རྒྱུད་ལས། རིགས་ནི་རྣམ་པ་དྲུ་ཡིན་བརྗོད། །རིགས་ནི་རྣམ་པ་བརྒྱར་གསུངས་ཏེ། །མདོ་རུ་བསྡུ་ན་རྣམ་པ་ལྔ། །སངས་རྒྱས་རྡོ་རྗེ་རིན་ཆེན་དང་། །ལས་དང་ཆོས་དང་རྣམ་པ་ལྔ། །ཞེས་གསུངས་སོ། །སྐབས་པའི་དོགས་པ་སྤྱིའོ། །

གཉིས་པ་དངོས་ལན་གདབ་པ་ལ། དངོས་དང་། འཕྲོས་པའི་དོན་ནོ། །དང་པོ་ནི། གཞུང་གི་དངོས་བསྟན་དེ་ལྟར་ཡིན་ཀྱང་། རྣམ་པར་དཔྱོད་པ་དེ་གནོད་བྱེད་དུ་འཇུག་པ་མ་ཡིན་ཏེ། ཡོ་ག་རྣལ་འབྱོར་གྱི་རྒྱུད་དུ་སྣང་གཞི་སྦྱོང་བྱེད་ངོ་སྤྲོད་ནས། དམ་པ་རིགས་བརྒྱར་ཕྱེ་བ་དེའི་ཚེ་ནི། སུ་རྒྱ་ཕས་ཕྱུགས་ལ་སོགས་པས་སྟོང་པར་སྦྱངས་ནས། དག་པའི་སྣང་བ་ཁོ་ན་གོམས་པར་བྱེད་པ་དེའི་ཚེ་ཡིན་ལ། ཕྱག་རྒྱ་བཀྲོལ་ནས་ཐ་མལ་གྱི་སྣང་བ་ཤར་བའི་ཚེ་ན། སྣང་བ་དེ་རིགས་བརྒྱར་སྒོམ་པ་མ་ཡིན་པའི་ཕྱིར། དགོངས་བསྡུས་ན། ཇི་སྐད་དུ། དེ་ཚེ་དམ་པ་རིགས་བརྒྱ་ལ། །ཞེས་པའི་གཞུང་འདི་སྤྱི་ཁྱབ་འཛིན་པ་མ་ཡིན་གྱི། རྣལ་འབྱོར་ཆེན་པོའི་རྒྱུད་ལས

ནི༑ ༑ཞེས་པ་དང་སྦྲེལ་བས་སྙོམས་ཁྱབ་བཟུང་བ་ཡིན་ནོ། །གཉིས་པ་དེ་ལ་འགྲོས་ནས་དམ་པ་རིགས་བརྒྱའི་ངོས་འཛིན་ནི། ཀྱེ་རྡོ་རྗེ་ལས། ཐུགས་ཀྱི་བདག་པོ་རིགས་གཅིག་ཉིད། །ཅེས་དང་། རྒྱས་པར་རབ་ཏུ་ཕྱེ་བ་ལས། །རིགས་ནི་རྣམ་པ་དྲུག་ཏུ་བརྗོད། །རྣམ་གསུམ་རྣམ་པ་ལྔ་ཉིད་ཀྱང་། །ཞེས་དང་། རིགས་ཀྱི་ཚོགས་ལ་རིགས་ནི་དུ་མ་རྣམས། །དེ་རྣམས་རིགས་ལ་རིགས་ནི་རྣམ་པ་བརྒྱ། །དེ་རྣམས་ལ་ཡང་འབུམ་ཕྲག་རིགས་ཆེན་རྣམས། །ཕྱེ་བའི་རིགས་ལ་གྲངས་ནི་མེད་པ་འགྱུར། །ཞེས་དང་། ཟླ་གསང་ཐིག་ལེ་ལས། རིགས་ནི་རྣམ་པ་བརྒྱུར་བསྟན་ཏེ། །མདོར་ན་བསྡུ་ན་རྣམ་པ་ལྔ། །ལུས་དང་ངག་དང་ཡིད་སྦྱོར་བས། །གསུམ་དུ་ཡང་ནི་འགྱུར་བ་ཡིན། །ཞེས་གསུངས་པ་དང་། དུས་འཁོར་ལས། རིགས་གསུམ་དང་ནི་རིགས་ལྔ་ཉིད། །རང་བཞིན་གཅིག་དང་བརྒྱ་ཡི་རིགས། །ཞེས་གསུངས་པ་ནི་རྒྱ་བའི་གཞུང་ངོ་། །སོ་སོའི་ངོས་འཛིན་ནི། སྤྱོད་བསྡུས་ལས། དེ་བཞིན་གཤེགས་པ་རིགས་ལྔ། ཡུམ་བཞི། ས་ཡི་སྙིང་པོ། ཕྱག་ན་རྡོ་རྗེ། ནམ་མཁའི་སྙིང་པོ། འཇིག་རྟེན་དབང་ཕྱུག སྒྲིབ་པ་རྣམ་སེལ་ཏེ། བྱང་ཆུབ་སེམས་དཔའ་ལྔ། གཟུགས་རྡོ་རྗེ་མ་ནས་རེག་བྱ་རྡོ་རྗེ་མའི་བར་ཏེ་ལྷ་མོ་ལྔ་སྟེ། དེ་ལྟར་བཅུ་དགུ་པོ་རེ་རེ་ལ་ལྔ་ལྔར་ཕྱེ་བས་དགུ་བཅུ་རྩ་ལྔ། དེ་ཐམས་ཅད་ཐུན་མོང་དུ་བྱིན་གྱིས་རློབ་བྱེད་ཡེ་ཤེས་ལྔ་སྟེ། བརྒྱ་ཐམ་པའོ། །

དེ་དག་ལ་ལྔ་ལྔར་དབྱེ་བའི་ཚུལ་ནི། སྐྱང་གཞི་གཟུགས་ལ། དབྱིབས་ཀྱི་དང་། རྣམ་པའི་དང་། ཁ་དོག་གི་དང་། སྣང་བའི་དང་། རང་རིག་པ་ཙམ་གྱི་གཟུགས་ཏེ་ལྔ་དང་། ཚོར་བ་ལ། འདུས་པ་དང་། མཁྲིས་པ་ལས་བྱུང་བའི་ཚོར་བ་དང་། བད་ཀན་དང་། རླུང་ལས་བྱུང་བའི་ཚོར་བ་དང་། བདེ་སྡུག་བཏང་སྙོམས་གསུམ་གྱི་ཚོར་བ་སྟེ་ལྔའོ། །འདུ་ཤེས་ལ། ཕྲང་གཉིས་པའི་དང་། ཕྲང་བཞི་པའི་དང་། ཕྲང་མེད་པའི་དང་། ཕྲང་མངས་ཀྱི་དང་། མི་གཡོ་ཞིང་མི་འགྱུར་བའི་འདུ་ཤེས་དང་ལྔའོ། །འདུ་བྱེད་ལ༑ ལུས་ངག་ཡིད་གསུམ་གྱི་དང་། ཁམས་གསུམ་གྱི་གཅིག་དང་། ཐར་པའི་འདུ་བྱེད་དེ་ལྔའོ། །རྣམ་པར་ཤེས་པ་ལ། མིག་ནས་ལུས་ཀྱི་རྣམ་པར་ཤེས་པའི་བར་ལྔའོ། །སའི་ཁམས་ལ། སྐྲ་དང་རུས་པ་ལ་སོགས་པའི་ཚོགས་དང་། སྤྱི་དང་སེན་མོའི་ཚོགས་དང་། སོ་དང་ལྤགས་པ་ལ་སོགས་པའི་ཚོགས་དང་། རྒྱུས་པ་དང་། རྩིབ་མ་ལ་སོགས་པའི་ཚོགས་དང་། དྲི་མ་དང་། རྒྱུ་མ་ལ་སོགས་པའི་ཚོགས་དང་ལྔའམ། ཡང་ན་གླིང་བཞི་དང་རི་རབ་སྟེ་ལྔའོ། །སྐྱང་གཞི་ཆུ་ལ། བད་ཀན་སོགས་དང་། གཅིན་དང་། རྡུལ་དང་། ཁྲག་དང་། ཁ་ཆུ་དང་ལྔའོ། །སྐྱང་གཞི་མེ་ལ། སྙིང་ཁ་དང་། མགོ་བོ་དང་། ལྟེ་བ་དང་། ཡན་ལག་ཀུན་དང་། ལྟོ་བའི་དྲོད་དེ་རྣམ་པ་ལྔའོ། །རླུང་ལ༑ སྲོག་འཛིན་དང་། ཁྱབ་བྱེད་དང་། ཐུར་སེལ་དང་། གྱེན་རྒྱུ་དང་། མཉམ་གནས་རྣམས་སོ། །ས་སྙིང་གི་སྐྱང་གཞི་མིག་ལ། མིག་དབང

དང་། མིག་འབྲས་དཀར་པོ་དང་། ཟུར་མིག་དང་། མི་གཡོ་བ་དང་། གཟུགས་གསུམ་འཛིན་པ་དང་ལྔའོ། །རྣ་བ་ལ། རྣ་བའི་དབང་པོ་དང་། སྒྲ་གསུམ་འཛིན་པ་དང་། རྣ་བའི་བུག་དང་། རྣ་བའི་རྒྱ་བ་དང་། རྣ་བའི་རང་བཞིན་རྣམས་སོ། །སྤྱང་གཞི་སྣ་ལ། སྣའི་དབང་པོ་དང་། ནང་གི་དབུས་དང་། དྲི་གསུམ་འཛིན་པ་དང་། བུག་པ་དང་། སྣའི་རང་བཞིན་རྣམས་སོ། །ལྕེ་ལ་ལྕེ་དབང་དང་། རྒྱ་བ་དང་། རྩེ་མོ་དང་། རོ་གསུམ་འཛིན་པ་དང་། ལྕེའི་རང་བཞིན་རྣམས་སོ། །ལུས་ལ་ལུས་དབང་དང་། རུས་པ་དང་། ཤ་དང་། པགས་པ་དང་། རེག་བྱ་གསུམ་འཛིན་པ་རྣམས་སོ། །གཟུགས་རྡོ་རྗེ་མའི་སྦྱང་གཞི་གཟུགས་ལ། གཟུགས་ཀྱི་ཡུལ་དང་། འཁྱིལ་ཞིང་རོལ་པའི་གཟུགས་དང་། ཆགས་པའི་གཟུགས་དང་། ཡིད་དུ་འོང་མི་འོང་བར་མའི་གཟུགས་དང་། བྱ་བ་སྒྲུབ་པའི་གཟུགས་རྣམས་སོ། །སྒྲ་ལ། རྣ་བའི་ནང་གི་དང་། ཆུ་ཀླུང་སོགས་ཀྱི་དང་། ལྕེ་ཁན་གྱི་སྒྲ་དང་། ནགས་ཚལ་དང་རྫ་རྔ་ལ་སོགས་པའི་སྒྲ་རྣམས་དང་། ཡི་གེ་ཧཱུྃ་གི་ཞི་དྲག་གི་སྒྲ་རྣམས་སོ། །དྲི་ལ་དྲི་སྤྱི་དང་། ཡན་ལག་གི་དྲི་དང་། དྲི་གསུམ་གྱི་བྱེ་བྲག་གི་དྲི་དང་། རོའི་དྲི་དང་། དྲི་མི་ཟད་པ་རྣམས་སོ། །རོ་ལ་མངར་བ་དང་། སྐ་བ་དང་། ལན་ཚྭ་དང་། ཚ་སྐྱུར་དང་། ཁ་བ་རྣམས་སོ། །རེག་བྱ་ལ། སྟན་གཅིག་ལ་གནས་པའི་དང་། འཁྱུད་པའི་དང་། འོ་བྱེད་པའི་དང་། རྫབ་པའི་དང་། དབང་པོ་གཉིས་སྦྱོར་བའི་རེག་བྱ་རྣམས་སོ། །

དུས་ཀྱི་འཁོར་ལོ་ལས་ནི། ཕུང་ཁམས་སོ་དྲུག་ཐོད་པ་དུམ་བུ་བཅུ་གཉིས། སོ་སུམ་ཅུ་རྩ་གཉིས། སེན་མོ་ཉི་ཤུ་སྟེ། སྦྱང་གཞི་བརྒྱ་ཐམ་པའི་དབྱེ་བས་རིགས་བརྒྱའོ། །ཞེས་བཞེད། སྦྱང་གཞི་བརྒྱའི་དབྱེ་བས་དམ་པ་རིགས་བརྒྱར་འགྱུར་བ་ཇི་ལྟར་ཞེ་ན། རྩ་བའི་དབྱེ་བ་ཕུང་པོ་ལྔ་པོ་རེ་རེ་ཞིང་། ཀུན་བཏགས་པ་དང་། རྣམ་པར་བརྟགས་པ་དང་། ཆོས་ཉིད་ཀྱི་དབྱེ་བས་གསུམ་གསུམ་མོ། །སྦྱང་གཞི་དངོས་ནི་རྣམ་པར་བརྟགས་པའི་གཟུགས་ཏེ། མཚན་གཞི་ནི་གཟུགས་ཕུང་དུ་སྣང་བའི་རྣམ་རིག་གོ། །སྦྱང་བྱ་ནི་ཀུན་བཏགས་པའི་གཟུགས་ཏེ། གཟུང་འཛིན་གཉིས་སོ། །སྦྱོང་བྱེད་ལ་གཞི་ལམ་འབྲས་བུའི་དབྱེ་བས་གསུམ་ལས། གསུམ་ཀ་ཡང་ཆོས་ཉིད་ཀྱི་གཟུགས་ཀྱི་གནས་སྐབས་ལ་བཏགས་པ་ཡིན་ལ། དེ་ཡང་ཆོས་ཅན་སོ་སོ་དང་འབྲེལ་བའི་གཞི་དུས་ཀྱི་ཆོས་ཀྱི་དབྱིངས་རང་བཞིན་གྱིས་རྣམ་པར་དག་པ་དེ་ལ་ནི། གཞི་དུས་ཀྱི་དམ་པ་རིགས་བརྒྱ་ཞེས་བྱ་ལ། གནས་གྱུར་མཐར་ཐུག་པའི་ཚེ་ན་ནི་འབྲས་དུས་ཀྱི་དམ་པ་རིགས་བརྒྱ་ཞེས་བྱ། དེའི་ཚེ་ན་ཀུན་རྫོབ་ཀྱི་ཆོས་ཅན་སོ་སོ་བ་རྣམས་དག་ཟིན་པས། ཆོས་ཅན་གྱི་སྒོ་ནས་དམ་པ་རིགས་བརྒྱར་འབྱེད་པ་མེད་ལ། སྐུ་གསུམ་དང་ལྔ་དང་ཆོས་ཀྱི་སྐུ་གཅིག་པུར་བསྡུ་བའི་བྱེ་བྲག་གིས། རིགས་གསུམ་དང་ལྔ་དང་གཅིག་ཉིད་དོ། །གནས་སྐབས་གསུམ་པོ་དེ་ལ་ནི། གོ་རིམ་བཞིན་དུ་རྒྱུ་དང་། ཐབས་དང་། འབྲས་བུའི་རྒྱུད་ཅེས་བྱའོ། །དོན་འདི་དག

ཀྱང་། ཇི་སྐད་དུ། དགྱེས་པ་རྡོ་རྗེ་ལས། ངེས་པར་དངོས་པོ་ཐམས་ཅད་ཀྱི། །དག་པ་དེ་བཞིན་ཉིད་དུ་བརྗོད། །ཕྱི་ནས་རེ་རེའི་དབྱེ་བ་ཡིས། །ལྷ་རྣམས་ཀྱི་ནི་བརྗོད་པར་བྱ། །ཕུང་པོ་ལྔ་དང་དབང་པོ་དྲུག །སྐྱེ་མཆེད་དྲུག་དང་འབྱུང་ཆེན་ལྔ། །རང་བཞིན་གྱིས་ནི་རྣམ་པར་དག །ཉོན་མོངས་ཤེས་བྱའི་སྒྲིབ་སྦྱང་བྱ། །ཞེས་པས་ནི། སྦྱང་གཞི་དང་། སྦྱང་བྱ་དང་། སྦྱོང་ནུས་པའི་རྒྱུ་མཚན་རྣམས་བསྟན་པ་ཡིན་ལ། སྦྱོང་བྱེད་ནི། ཇི་སྐད་དུ། རང་རིག་བདག་ཉིད་དག་པ་ཉིད། །དག་པ་གཞན་གྱིས་རྣམ་གྲོལ་མིན། །ཞེས་གསུངས་པ་དང་། དེ་ཉིད་ཀྱི་འགྲེལ་ནས། ཀྱེ་བཅོམ་ལྡན་འདས། རྣམ་པར་མ་དག་པ་གང་ལགས། བཀའ་བསྩལ་པ། གཟུགས་ལ་སོགས་པའོ། །དེ་ཅིའི་སླད་དུ་ཞེ་ན། གཟུང་བ་དང་འཛིན་པའི་དངོས་པོའི་ཕྱིར་རོ། །ཞེས་གསུངས་སོ། །འདི་དག་གི་དོན་ལ་བརྟགས་པ་ན། མ་དག་པའི་ཕུང་པོ་ལྔ་པོ་ཉིད་ལྷག་པའི་ལྷར་སྒོམ་པ་མ་ཡིན་ཏེ། དེ་དག་ནི་མ་རིག་པའི་དབང་གིས་བྱུང་བས། ཀུན་རྫོབ་ཀྱི་བདེན་པ་ཡིན་ལ། ལྷ་ནི་ཆོས་ཀྱི་དབྱིངས་ཀྱི་ཡེ་ཤེས་ལས་གྲུབ་པས། གནས་ཚུལ་ལ་དོན་དམ་པའི་བདེན་པར་བཞག་དགོས་པའི་ཕྱིར། དེས་ན་གཟུང་བ་ཀུན་བཏགས་ནི་སེམས་ཙམ་པས་ཀྱང་ཐ་སྙད་དུ་མི་འདོད་ལ། འཛིན་པ་ཀུན་བཏགས་ནི་རྣམ་རྫུན་པས་ཀྱང་ཐ་སྙད་དུ་ཡོད་པར་མི་འདོད་ན། ངོ་བོ་ཉིད་མེད་པར་སྨྲ་བས་ལྟ་ཅི་སྨོས། དེ་ལྟ་ཡིན་པ་དེའི་ཕྱིར། ཀུན་རྫོབ་ཀྱི་སྣང་བ་མ་དག་པ་འདི་ཡི་སྣང་ཆ་དེ་ནི་ཡོད་པར་མི་འདོད་ལ། དེའི་ངོ་བོ་ནི་ལྷག་པའི་ལྷ་ཉིད་དུ་གནས་པ་ཡིན་ནོ། །ཞེས་བྱ་བ་ནི། རྣལ་འབྱོར་བླ་མེད་ཀྱི་ཐེག་པ་པ་དག་གི་གནས་སྐབས་ཀྱི་གྲུབ་པའི་མཐའོ། །མཐར་ནི་ཆོས་ཉིད་ཀྱི་ངོ་བོ་ལྷག་པའི་ལྷ་ཉིད་དུ་གནས་པར་ཁས་བླངས་ན། ཀྱཻ་རྡོར་ལྟར་ཞེན་གྱི་རྟོག་པ་ལས་མ་འདས་པའི་ཕྱིར་རང་གི་ངོ་བོས་སྟོང་ངོ་། །གྲུབ་པའི་མཐའ་འདི་ཉིད་ཀྱང་གོ་རིམ་བཞིན་དུ། མཉམ་གཞག་ཏུ་རིམ་པ་གཉིས་སྒྲུབ་པའི་གནས་སྐབས་ལ་ལྟོས་པའི་རྗེས་ཐོབ་ཀྱི་གྲུབ་པའི་མཐའ་སྟེ། རིམ་པ་དང་པོའི་རྗེས་ཐོབ་ཏུ་མ་དག་པའི་སྣང་བ་སྦྱངས་ནས། ལྷག་པའི་ལྷའི་ང་རྒྱལ་ལ་གནས་ནས་བླང་དོར་གྱི་གནས་ལ་འཇུག་པ་དང་། རིམ་པ་གཉིས་པའི་ཡེ་ཤེས་དངོས་ཀྱི་རྗེས་ཐོབ་ཏུ་སྤྲོས་པའི་མཚན་མ་ཐམས་ཅད་འགོག་པའི་ཕྱིར་རོ། །དེ་དག་ལ་འདི་སྐད་ཅེས། ཐུམས་པའི་གཞུང་དང་ཐོགས་མེད་མཆེད་ཀྱི་གཞུང་། །ཇི་བཞིན་མ་བསླབས་བླ་མེད་ཐེག་པ་ཡི། །བསྐྱེད་པའི་རིམ་པས་མ་དག་སྣང་བ་ཀུན། །རིམ་པར་སྦྱོང་བའི་ངེས་དོན་སུ་ཡིས་ཤེས། །ཀླུ་སྒྲུབ་གཞུང་ལུགས་ཐལ་རང་གྲོལ་གཉིས་ཀྱིས། །རིགས་པར་བཀྲལ་དེ་ཇི་བཞིན་མ་བཀླགས་ན། །རྫོགས་རིམ་ཡེ་ཤེས་མཚན་མའི་སྤྲོས་པ་ལས། །རྣམ་གྲོལ་ཆོས་སྐུའི་རང་བཞིན་སུ་ཡིས་ཤེས། །ཐ་སྙད་བདེན་པ་འཛིག་རྟེན་གྲགས་པ་བཞིན། །ཁས་ལེན་བྱེད་པོས་གང་ཤར་སྣང་བ་ཀུན། །དམ་པ་རིགས་བརྒྱའི་ངོ་བོར་མཐོང་ཞེས་པ། །འགལ་ལ་མི་འཁྲུལ་ཚད་མ་ཡོད་དམ་ཅི། །ཀུན་རྫོབ་སྣང་

བ་རང་སར་མེད་པ་དང་། །གང་ཤར་ལྷ་སྐུའི་ངོ་བོར་མཐོང་བ་དང་། །ལྷག་པའི་ལྷ་ཚོགས་གཉིས་མེད་ཡེ་ཤེས་ཀྱིས། །དེས་བསྐྲུན་འདི་དག་དོན་གཅིག་ཁོངས་སུ་འདུ། །གང་འདི་མི་ཤེས་རིམ་གཉིས་རྣལ་འབྱོར་པ། །མཚན་འཛིན་ཆོས་སུ་སླ་བའི་ཞགས་པ་ཡིས། །རང་དང་དད་པའི་རྗེས་འབྲང་བགྲང་ཡས་པ། །ལན་བརྒྱར་འཆིང་བའི་བྱེད་པོ་འགའ་མེད་དམ། །རྒྱུ་རྒྱུད་སྨྲང་གཞིར་བཤད་པ་མ་ལུས་ཤིང་། །གཞི་མི་སྤྱོང་བའི་འཐད་པ་མ་བཀླུགས་པར། །སྦྱང་གཞི་སྦྱང་བྱའི་དབྱེ་བ་མེད་དོ་ཞེས། །གོང་མའི་དགོངས་པ་སྙིང་རྣམས་རན་པར་སློས།། །།

དྲི་བ་སོ་དྲུག་པ་ནི། རྒྱུད་སྡེ་བཞི་ཡི་སྒྲུབ་པ་ཡང་། །འབྲུལ་པར་བྱས་པས་ཐག་རིང་ན། །བྱ་རྒྱུད་རྣལ་འབྱོར་རྒྱུད་བཞིན་དང་། །བླ་མེད་རྒྱུད་བཞིན་བསྒྲུབས་ན་ཡང་། །དངོས་གྲུབ་རིང་བར་འགྱུར་ལགས་སམ། །དེ་ལྟ་ན་ནི་ཀླུ་སྒྲུབ་དང་། །འཕགས་མ་དཔལ་མོས་མཛད་དེ་ཅི། །ཐེག་པ་མཆོག་གི་རྣལ་འབྱོར་པས། །བྱ་རྒྱུད་ཆོག་ཇི་ལྟར་བྱ། །ཞེས་པའོ། །འདི་ལ་གཉིས་ལས། དང་པོ་ལ་འདྲི་བའི་རྒྱུ་མཚན་ནི། ཇི་སྐད་དུ། རྒྱུད་སྡེ་བཞི་ཡི་སྒྲུབ་པ་ཡང་། །འབྲུལ་པར་བྱས་ན་དངོས་གྲུབ་རིང་། །ཞེས་སྐྱ་མཆོད་ནས་གསོལ་བ་འདེབས། །བདག་བསྐྱེད་སྒྲུབ་ཐབས་ཡོད་པ་ནི། །རྣལ་འབྱོར་རྒྱུད་ཀྱི་རྗེས་འབྲངས་ནས། །དེ་ཡི་ལུགས་བཞིན་མཛད་པ་ཡིན། །ཞེས་པའི་སྒྲ་ཇི་བཞིན་པ་འདི་ལ། སྔ་ཕྱི་འགལ་བ་ལྟ་བུར་མངོན་པའི་རྒྱུ་མཚན་གྱིས་སོ། །

གཉིས་པ་མ་དྲིས་པའི་ཉེས་པ་ནི། འོན་བྱ་རྒྱུད་རྣལ་འབྱོར་གྱི་རྒྱུད་ལྟར་དུ་བསྒྲུབས་ན་ཡང་དངོས་གྲུབ་རིང་བར་ཐལ་བ་དང་། བླ་མེད་ཀྱི་རྒྱུད་བཞིན་དུ་བསྒྲུབས་ན་ཡང་དེར་ཐལ་བ་དང་། རྣལ་འབྱོར་བླ་མེད་ཀྱི་སྒྲུབ་པ་པོས་བྱ་སྤྱོད་སོགས་ཀྱི་ཆོ་ག་བྱེད་མི་ཤེས་པར་ཐལ་བ་དང་། ཤེས་ཀྱང་དངོས་གྲུབ་ཐག་རིང་བར་འགྱུར་ཏེ༑ དེའི་ཚེ་ན་བདག་ཉིད་སངས་རྒྱས་སུ་བསྐྱེད་པ་དང་། དེ་ལ་ཡེ་ཤེས་ཀྱི་འཁོར་ལོ་གཞུག་པ་དང་གཉིས་ཀ་ཡོད་པའི་ཕྱིར། དེ་གསུམ་ཀ་ལ་འདོད་ནུས་པ་མ་ཡིན་ཏེ། རྣལ་འབྱོར་རྒྱུད་ནས་གསུངས་པའི་ཆོ་ག་བྱ་སྤྱོད་གཉིས་ལ་སྦྱོར་དུ་རུང་བར། སློབ་དཔོན་ཀུན་དགའ་སྙིང་པོས་གསུངས་པའི་ཕྱིར་ཏེ། དེ་ཉིད་སྣང་ཆེན་ལས། བྱ་བ་དང་། སྤྱོད་པ་དང་། གཉིས་ཀའི་རྒྱུད་ལ་སོགས་པའི་ཆོ་ག་ལ་མངོན་པར་ཞེན་པ་ཐམས་ཅད་ཀྱིས་ཀྱང་། ཆོ་ག་དེས་འདི་ལས་བཤད་པའི་ཕྱག་རྒྱ་ཆེན་པོ་ལ་སོགས་པ་བསྒྲུབ་པར་བྱའོ། །ཞེས་གསུངས་པའི་ལུང་དང་འགལ་བ་དང་། བྱ་རྒྱུད་ཀྱི་སྒྲུབ་པ་པོས་རྒྱུད་སྡེ་གོང་མ་ལ་མ་བརྟེན་པར། མཆོག་གི་དངོས་གྲུབ་སྒྲུབ་པར་མི་ནུས་པའི་རིགས་པ་དང་ཡང་འགལ་ལོ། །བྱ་རྒྱུད་རྣལ་འབྱོར་གྱི་རྒྱུད་ལྟར་བཀྲལ་བའི་མཚན་གཞི་ནི། རྣམ་སྣང་སྒྱུ་དྲྭའི་ལེའུ་བདུན་པའི་འགྲེལ་པ་སློབ་དཔོན་ཀུན་སྙིང་གིས་མཛད་པ་ན་ཡོད་དོ། །ཞེས་རྗེ་བླ་མས་གསུངས་སོ། །དེར་མ་ཟད་བྱ་རྒྱུད་སྤྱོད་རྒྱུད་ལྟར་བཀྲལ་བ་ཡང་། སློབ་དཔོན་སངས་རྒྱས་གསང་བས་བསམ་

གཏན་ཕྱི་མའི་འགྲེལ་པར་མཛད་དོ། །ཞེས་གསུང་པ་དག་སྣང་བ་དང་། བྱ་རྒྱུད་བླ་མེད་ལྟར་བཀྲལ་བ་ཡང་། འཕགས་པ་ཀླུ་སྒྲུབ་ཀྱིས་སྤྱན་རས་གཟིགས་ཕྱག་སྟོང་སྤྱན་སྟོང་གི་སྒྲུབ་ཐབས་མཛད་པ་དང་། དགེ་སློང་མ་དཔལ་མོས་སྤྱན་རས་གཟིགས་ཞལ་བཅུ་གཅིག་པའི་སྒྲུབ་ཐབས་མཛད་པ་དང་། སློབ་དཔོན་ཙནྡྲ་གོ་མིས་གདུགས་དཀར་དང་། ཤཱཀྱ་པ་དང་། ཛཻ་ཏཱ་རིས་གྲྭ་ལྔ་དང་། ཛོ་བོ་རྗེས་གཙུག་ཏོར་དྲི་མེད་ཀྱི་སྒྲུབ་ཐབས་མཛད་པ་དང་། སྒྲུབ་ཐབས་རྒྱ་མཚོ་དང་། ཕྱེད་དང་ཉིས་བརྒྱ་པ་དང་། བརྒྱ་རྩ་རྣམས་སུ་བྱ་རྒྱུད་བླ་མེད་ལྟར་བཤད་པའི་ཕྱིར། དེ་ཡང་ཀླུ་སྒྲུབ་ཀྱིས་ནི། ཐོག་མར་སྤྱན་རས་གཟིགས་འཁོར་བཅས་ཆོག་གསུམ་གྱིས་བསྐྱེད། དེ་ལ་ཡེ་ཤེས་པ་སྤྱན་དྲངས། དབང་བསྐུར་ཞིང་། རིགས་བདག་གིས་རྒྱས་གདབ་པ་རྣམས་བཤད་ལ། དེའི་འོག་ཏུ་རྫོགས་རིམ་སྒོམ་པར་ཡང་བཤད་པས་སོ། །སྐབས་པའི་དོགས་པ་འདི་དག་འབྱུང་བར་འགྱུར་རོ། །

གཉིས་པ་དངོས་ལན་གདབ་པ་ལ་གཉིས་ཏེ། དངོས་དང་། དེ་ལས་འཕྲོས་པའི་དོན་ནོ། །དང་པོ་ནི། རྒྱུད་སྡེ་བཞིར་འཇོག་པ་ནི་དེ་དང་དེ་ནས་བཤད་པའི་བསྒྲུབ་བྱ་ལྷ་ལ་བཟང་ངན་གྱི་ཁྱད་པར་ཡོད་པའི་རྒྱུ་མཚན་གྱིས་སོ་སོར་འབྱེད་པ་མ་ཡིན་ཏེ། ཡིན་ན། དེ་ཐམས་ཅད་རྫོགས་པའི་སངས་རྒྱས་མ་ཡིན་པར་ཐལ་བས་སོ། །དེའི་ཕྱིར། །སྒྲུབ་བྱེད་ཐབས་དང་ཆོག་འི་སྒོ་ནས་འབྱེད་པ་ཡིན་ལ། དེ་ཡང་གདུལ་བྱ་དབང་པོ་རྣོ་རྟུལ་གྱི་རིམ་པ་དང་འཚམ་པར་བཞག་པ་ཡིན་ཏེ། ཇི་སྐད་དུ། གུར་ལས། དམན་པ་རྣམས་ལ་བྱ་བའི་རྒྱུད། །བྱ་མིན་རྣལ་འབྱོར་དེ་ལྷག་ལ། །སེམས་ཅན་མཆོག་ལ་རྣལ་འབྱོར་ཏེ། །རྣལ་འབྱོར་བླ་མེད་དེ་ལྷག་ལའོ། །ཞེས་གསུངས་པས་སོ། །དེ་ལྟ་ཡིན་པ་དེའི་ཕྱིར། སྔགས་ཀྱི་གདུལ་བྱ་བྱ་བའི་རྒྱུད་ཀྱི་ཚོག་ཁོ་ནས་མཆོག་གི་དངོས་གྲུབ་བསྒྲུབ་དགོས་པ་དེས་ནི། རྒྱུད་སྡེ་གོང་མ་གསུམ་པོ་གང་རུང་གི་སྒྲུབ་པའི་ཐབས་ཀྱིས་བསྒྲུབ་བྱ་དེ་བསྒྲུབས་ཀྱང་། མཆོག་གི་དངོས་གྲུབ་ལ་ཐག་རིང་བ་ཡིན་ཏེ། དེས་དེ་སྒྲུབ་པའི་སྣོད་དུ་མ་གྱུར་པའི་ཕྱིར། དཔེར་ན། སྐམ་གྱི་ལམ་ལ་ངེས་པར་འགྲོ་དགོས་པའི་མགྲོན་པོ་དེ། ཆུ་བོ་མགྱོགས་པའི་ལམ་གྱིས་ཕྱིན་ཀྱང་། བགྲོད་བྱའི་ཡུལ་དུ་བདེ་བར་མི་ཕྱིན་པ་བཞིན་ནོ། །དེ་ལྟ་བས་ན། རྣམ་པར་དབྱོད་པ་དང་པོས་མི་གནོད་དོ། །འོན་བྱ་རྒྱུད་བླ་མེད་ལྟར་བཀྲལ་བས་ཅི་ཞིག་བྱ་ཞེ་ན། དེའི་དོན་ནི། བྱ་རྒྱུད་ཀྱི་སྒྲུབ་ཐབས་དང་། བླ་མེད་རྒྱུད་ཀྱི་དབང་དུ་བྱས་པའི་སྒྲུབ་ཐབས་ཀྱི་གཞི་མཐུན་ཁས་བླངས་པ་ནི་མ་ཡིན་གྱི། འོན་ཅི་ཞེ་ན། བྱ་རྒྱུད་ནས་འབྱུང་བའི་ལྷ། སྤྱན་རས་གཟིགས་ཕྱག་སྟོང་སྤྱན་སྟོང་པ་ལྟ་བུ་གཅིག་ལ། བླ་མེད་ཀྱི་དབང་དུ་བྱས་པའི་ལམ་རིམ་པ་གཉིས་སྦྱར་བ་ཡིན་ནོ། །འདི་བྱ་རྒྱུད་ཀྱི་ཆེད་དུ་བྱ་བའི་གདུལ་བྱས་ཉམས་སུ་ལེན་པའི་དབང་དུ་བྱས་པ་མ་ཡིན་ཏེ། བླ་མེད་རྒྱུད་ཀྱི་གདུལ་བྱས་བྱ་རྒྱུད་ནས་བཤད་པའི་ལྷག་པའི་ལྷ་སྒྲུབ་པའི་ཐབས་ཀྱི་དབང་དུ་མཛད་

པའི་ཕྱིར་རོ། །དེ་ལྟར་བཤད་པ་ན། བྱ་རྒྱུད་བླ་མེད་ལྟར་བཀྲལ་བ་ཞེས་སོགས་ཀྱི་ཐ་སྙད་འདི་ཙུང་ཞིག་མ་བདེ་བས། བྱ་རྒྱུད་ནས་གསུངས་པའི་ལྷ། བླ་མེད་ནས་འབྱུང་བའི་སྒྲུབ་ཐབས་ལྟར་སྒྲུབ་པ་ཞེས་སོགས་ཀྱི་ཐ་སྙད་སྦྱར་ན་ལེགས་པ་ཡིན་ཏེ། རྒྱུད་སྡེ་བཞི་པོ་སོ་སོའི་མཆོག་གི་དངོས་གྲུབ་སྒྲུབ་པའི་སྒྲུབ་ཐབས་ལ་གཞི་མཐུན་མི་སྲིད་པའི་ཕྱིར་རོ། །དེ་ལྟར་ན་རྣམ་པར་དཔྱོད་པ་གཉིས་པས་ཀྱང་མི་གནོད་དོ། །རྣམ་པར་དཔྱོད་པ་གསུམ་པས་མི་གནོད་པའི་ཚུལ་ནི། ཐེག་པ་མཆོག་གི་རྣལ་འབྱོར་པས་མཆོག་གི་དངོས་གྲུབ་སྒྲུབ་པའི་ཕྱིར་དུ་ནི༏ བྱ་རྒྱུད་ཀྱི་སྒྲུབ་པ་ཉམས་སུ་ལེན་པའི་དོན་མེད་དེ། སྒྲུབ་བྱེད་ཀྱི་ཐབས་མཆོག་ཏུ་གྱུར་པ་ཡོད་བཞིན་དུ། དམན་པ་ལ་བརྟེན་པ་ལ་དགོས་པ་མེད་པའི་ཕྱིར། བྱ་རྒྱུད་པ་དག་ཀྱང་མཐར་ནི་བླ་མེད་ལ་བརྟེན་ནས་མཆོག་གི་དངོས་གྲུབ་སྒྲུབ་དགོས་པའི་ཕྱིར་རོ། །

གཉིས་པ་ལ། བྱ་བའི་རྒྱུད་ཀྱི་སྒྲུབ་པ་ལ་བདག་བསྐྱེད་མེད་པའི་ཤེས་བྱེད་དང་། ཡོད་པའི་སྒྲུབ་བྱེད་མ་ངེས་པའོ། །དང་པོ་ནི། དེར་མདུན་དུ་ལྷ་བསྒོམ་པ་ཡོད་ཀྱང་། རང་ཉིད་ལྷར་བསྐྱེད་པ་མེད་དེ། ཡེ་ཤེས་རྡོ་རྗེ་ཀུན་ལས་བཏུས་པའི་རྒྱུད་ལས། ཇི་སྐད་དུ། འཇིགས་པར་དམིགས་ཤིང་ཤིན་ཏུ་གཙང་སྦྲ་བྱེད་པ་དང་། ཡེ་ཤེས་སེམས་དཔའི་བདེ་བ་དམ་པ་མེད་པ་དང་། བདག་ཉིད་ལྷའི་སྙེམས་པ་མེད་པ་དང་། རྨད་དུ་བྱུང་བའི་སྤྱོད་ཡུལ་མ་ཡིན་པ་དང་། སྨན་གྱི་རྒྱུའི་རྟོག་པས་རབ་ཏུ་གཅོད་པས་སྒྲུབ་པར་བྱེད་པ་ནི་བྱ་བའི་རྒྱུད་ལ་བཞུགས་སོ༏ ༏ཞེས་གསུངས་པའི་ཕྱིར་དང་། བྱ་རྒྱུད་ཀྱི་རྒྱུད་སྡེ་སྒོ་དྲུག་པོ་གང་ནའང་བདག་བསྐྱེད་ཀྱི་བཤད་པ་མེད་པའི་ཕྱིར། གཉིས་པ་ནི། གངས་ཅན་པ་ཕྱི་མ་དག་ན་རེ། བྱ་རྒྱུད་རང་ངོས་ནས་བདག་བསྐྱེད་ཡོད་པར། སློབ་དཔོན་སངས་རྒྱས་གསང་བས་བསམ་གཏན་ཕྱི་མའི་འགྲེལ་པར་བཤད་པ་ཡིན་ཏེ། རྩ་བར། སྒྲ་དང་སེམས་དང་གཞི་ལ་གཞོལ། །ཞེས་པའི་འགྲེལ་པར། སྒྲ་ནི་སྔགས་ཀྱི་ཡི་གེའོ། །སེམས་ནི་སྔགས་ཀྱི་ཟླ་བའི་དཀྱིལ་འཁོར་གྱི་རྣམ་པར་གྱུར་པའོ། །གཞི་ནི་དེ་བཞིན་གཤེགས་པའི་སྐུའི་རང་བཞིན་ནོ། །གཞི་གཉིས་པ་ནི་རང་གི་ལྷའི་གཟུགས་སོ། །ཞེས་གསུངས་ལ། རང་གི་ལྷ་ཞེས་པ་བདག་བསྐྱེད་ལ་འཆད་དགོས་པ་ཡིན་ཏེ། རྣམ་སྣང་མངོན་བྱང་ལས། ཡི་གེ་བྱང་ཆུབ་སེམས་ཡིན་ཏེ། །གཉིས་པ་ལ་ནི་སྒྲ་ཞེས་བྱ། །གཞི་ནི་རང་གི་ལྷ་བཞག་པ། །རང་གི་ལུས་ལ་བྱ་བ་ཡིན། །གཉིས་པའི་གཞི་ཞེས་བྱ་བ་ནི། །རྫོགས་པའི་སངས་རྒྱས་རྐང་གཉིས་མཆོག ཅེས་བཤད་པ་དང་དོན་གཅིག་པའི་ཕྱིར། ཞེས་ཟེར་རོ། །དེ་ནི་མི་འཐད་དེ། སྒྲུབ་བྱེད་མ་ངེས་པ་དང་། གནོད་བྱེད་ཡོད་པའི་ཕྱིར་རོ། །དང་པོ་ནི། ཁྱབ་པ་མ་ངེས་ཏེ། སློབ་དཔོན་སངས་རྒྱས་གསང་བ་ནི། བྱ་སྤྱོད་གཅིག་ཏུ་བསྲེས་ནས་རྒྱུད་སྡེ་གཅིག་ཏུ་མཛད་པའི་ཕྱིར་ཏེ། སློབ་དཔོན་དེས་བསམ་གཏན་གྱི་བྱ་བ་ལ་བདག་བསྐྱེད་ཡོད་

པའི་ཤེས་བྱེད་དུ་སྦྱོད་རྒྱུད་ཀྱི་ལུང་དྲངས་པའི་ཕྱིར། བསམ་གཏན་ཕྱི་མ་ནས་བཤད་པའི་གཞི་གཉིས་པོ་དང་། མངོན་བྱང་གི་གཞི་གཉིས་པོ་དོན་གཅིག་པར་འཆད་དགོས་པ་མ་ཡིན་ཏེ། རྒྱུད་སྡེ་གོང་འོག་གི་རིམ་པ་མི་འདྲ་བས་འབྱེད་དགོས་པའི་ཕྱིར་དང་། རང་གི་ལྷའི་གཟུགས་ཞེས་པ། རང་གི་ལྷག་པའི་ལྷའི་གཟུགས་བྲིས་སྐུ་ལྟ་བུ་དང་། གཞི་གཉིས་པ་དེ་ལ་སྤྱན་དྲངས་པའི་ཡེ་ཤེས་པ་ལ་བཤད་དགོས་པའི་ཕྱིར།

གནོད་བྱེད་ནི། ལུང་དང་འགལ་བ་དང་། རིགས་པ་དང་འགལ་བ་གཉིས་སོ། །དང་པོ་ནི། བྱ་རྒྱུད་ཀྱི་མཆོག་གི་ལྷའི་སྒྲུབ་ཐབས་ཐམས་ཅད་ལ་བདག་བསྐྱེད་ཡོད་པས་ཁྱབ་པར་འགྱུར་ཏེ། དེའི་སྔགས་ཀྱི་བཟླས་བརྗོད་བྱེད་པའི་ཚེ། བསམ་གཏན་ཕྱི་མ་ནས་བཤད་པ་དེ་ངེས་པར་དགོས་པའི་ཕྱིར། འདོད་ན། ཁྱེད་རང་གིས་ཚད་མར་ཁས་བླངས་པའི་སློབ་དཔོན་བྱང་ཆུབ་མཆོག་གི་བྱ་བ་སྤྱིའི་སྒྲུབ་ཐབས་ལས། ཇི་སྐད་དུ། བྱ་བའི་རྒྱུད་ལས་ལྷ་སྒྲུབ་པའི་རྣལ་འབྱོར་གྱི་རིམ་པ་མ་བསྟན་ཏོ། །སྔམ་དུ་བསམ་པར་མི་བྱ་སྟེ། བཅོམ་ལྡན་འདས་ཀྱིས་ཕལ་ཆེར་མ་བསྟན་ཀྱང་། ཕྱག་ན་རྡོ་རྗེ་དབང་བསྐུར་བ་དང་། དེ་ཁོ་ན་ཉིད་བཅུ་པ་ལ་འཇུག་པ་དག་ལས་གཙོ་བོར་བསྟན་ཏོ། །ཞེས་གསུངས་པ་དང་འགལ་ལོ། །ལུང་འདིས་རང་ལ་མི་གནོད་པ་ནི། འདི་ཡང་བྱ་སྤྱོད་བསྲེས་པའི་ལུགས་ཡིན་པ་དང་། ལྷ་སྒྲུབ་པའི་རྣལ་འབྱོར་ཞེས་པ་ཡང་། བདག་བསྐྱེད་ཁོ་ན་ལ་འཇུག་པའི་ངེས་པ་མེད་པ་ལས་སོ། །རིགས་པ་དང་འགལ་བ་ནི། བྱ་སྤྱོད་གཉིས་ཀྱི་ལྷག་པའི་ལྷའི་སྒྲུབ་ཐབས་ལ་ཁྱད་མེད་པར་འགྱུར་ཏེ། བདག་ཉིད་ལྷར་བསྐྱེད་པ་དང་། དེ་ལ་ཡེ་ཤེས་པ་གཞུག་པ་ནི་གཉིས་ཀ་ལ་སྣང་བའི་ཕྱིར་དང་། ཁྱད་པར་གཞན་ནི་ཚད་ལྡན་གཞན་དང་། ཁྱེད་རང་གིས་ཀྱང་མ་ཕྱེ་བའི་ཕྱིར། རྣམ་པར་སྦྲིས་པ་དེ་ཙམ་མོ།། །།

དྲི་བ་སོ་བདུན་པ་ནི། ཕྱི་རོལ་ཡུལ་ཆེན་སོ་བདུན་ཞེས། །བྱ་བ་རྒྱུད་གཞུང་གང་ནས་བཤད། །འཛམ་གླིང་ཙམ་པོ་ཡུལ་ཆེན་དུ། །ཁས་ལེན་ནུས་ན་རང་ལ་ཡང་། །མི་འདོད་པ་དག་མི་འབྱུང་ངམ། །ཞེས་པ་འདི་ལ་གཉིས་ལས། དང་པོ་ལ། འདྲི་བའི་རྒྱུ་མཚན་དང་། མ་དྲིས་པའི་ཉེས་པའོ། །དང་པོ་ནི། རྒྱུད་སྡེ་དག་དང་ཚད་ལྡན་གྱི་གཞུང་དུ་ཡུལ་སོ་བདུན་གྱི་བཤད་པ་གསལ་པོ་མ་བྱུང་ལ། བསྟན་བཅོས་འདིར། ཇི་སྐད་དུ། ཡུལ་ཆེན་སུམ་ཅུ་སོ་བདུན་དུ། །རིག་པའི་བརྟུལ་ཞུགས་སྤྱོད་ཕྱིར་རྒྱུ། །ཞེས་ཕྱི་རོལ་ན་ཡུལ་ཆེན་སོ་བདུན་ཡོད་པ་དང་། དེར་བརྟུལ་ཞུགས་ཀྱི་དོན་དུ་རྒྱུ་དགོས་པར་བཤད་ལ། བསྟན་བཅོས་འདིའི་རྣམ་བཤད་མཛད་པ་པོ་དག་གིས་ནི། སོ་བདུན་པོ་འདི་ཡིན་གྱི་བཤད་པ་གསལ་པོ་མི་སྣང་བའི་རྒྱུ་མཚན་གྱིས་ཡིན་ལ། དེ་ཡང་འདི་ལྟར། རྣམ་བཤད་མཛད་པ་ལྷ་བཙུན་པས་ནི། དགྱེས་རྡོར་གྱི་རྩ་བས་ཟིན་པའི་སུམ་ཅུ་རྩ་གཉིས་ཀྱི་སྟེང་དུ་གླིང་བཞི་དང་།

བཞི་པོ་གཅིག་ཏུ་བསྡོམས་པ་སྟེ་ལྔ་བསྣན་པས་སུམ་ཅུ་སོ་བདུན་ནོ་ཞེས། རྗེ་བཙུན་ཆེན་པོས་ཨིནྡྲ་བྷཱུ་ཏིའི་ལམ་སྐོར་དུ་བཤད་དེ། ཕྱི་རོལ་ན་རེ་རེ་ནས་སོ་སོར་བགྲང་དུ་མེད་ཀྱང་། ནང་གི་དག་པ་དང་སྦྱར་བས་སོ་བདུན་དུ་བཞེད་པར་མངོན་ནོ། །ཞེས་གསུངས་སོ། །སྤྱིར་ཁང་པ། གནས་ཆེན་པོ་སུམ་ཅུ་རྩ་བདུན་ནི། རྒྱུད་དུ་གསལ་བར་གསུངས་པའི་སུམ་ཅུ་རྩ་གཉིས་ཀྱི་སྟེང་དུ། ལུས་ལ་སྦྱས་པའི་རྩ་རྣམས་ཕྱི་རོལ་དུ་གླིང་བཞི་ལྷུན་པོ་དང་བཅས་པ་སུམ་ཅུ་རྩ་བདུན་ནོ། །ཞེས་བླ་མ་གོང་མའི་གསུང་ངོ་། །ཞེས་འཆད་དོ། །སྔ་གོང་པ། བདེ་མཆོག་ལས་གསུངས་པའི་ཡུལ་ཉི་ཤུ་རྩ་བཞི་དང་། དེའི་སྟེང་དུ་སྙིང་ཁར་པདྨ་འདབ་བརྒྱད་རིམ་པ་གཉིས་ཡོད་པའི་ནང་མའི་ཕྱོགས་བཞི། དབུས་དང་བཅས་པ་ལྔ་དང་། ཕྱི་མའི་ཕྱོགས་མཚམས་བརྒྱད་དང་བཅས་པས་ཡུལ་སུམ་ཅུ་སོ་བདུན་ཞེས་བྱའོ། །ནང་ན་ཡུལ་སོ་བདུན་ཡོད་པ་ལྟར། ཕྱི་ན་ཡང་ཙ་རི་ཏྲ་སོགས་སུམ་ཅུ་སོ་བདུན་ཡོད་པར་ཤེས་པར་བྱའོ། །ཕྱོགས་བཅུའི་སངས་རྒྱས་ལ་ཞུ་འཕྲིན་ལས། ཨུ་རྒྱན་ཛཱ་ལནྡྷ་ར་དང་། །ཞེས་པ་ནས། ལྷོ་དང་ནུབ་ན་གནས་པའི་ལྗོངས། །སྟོན་ནི་ཁྱོད་ཀྱི་བསྟན་པའི་གཞི། །ཞེས་གསུངས་པ་དང་ཆ་འདྲའོ། །ཞེས་འཆད། ཀུ་མུ་ད་རའི་རྣམ་བཤད་ལས། ཀྱཻ་རྡོ་རྗེའི་རྒྱུད་ལས། གནས་ནི་ཛཱ་ལནྡྷ་ར་རར་བཤད། །ཅེས་སོགས་བཤད་པ་རྣམས། ཡུལ་སུམ་ཅུ་སོ་བདུན་བྱང་ཆུབ་ཀྱི་ཕྱོགས་ཀྱི་ཆོས་སུམ་ཅུ་སོ་བདུན། རྩ་སུམ་ཅུ་སོ་བདུན་རྣམས་ནི་ཕྱིའི་གནས་འཛམ་བུའི་གླིང་ན་གནས། ནང་རང་གི་སྤྱི་བོ་ནས་རྐང་མཐིལ་གྱི་བར་ལ་གནས་ཏེ། ཞེས་འཆད་པར་བྱེད་དོ། །

གཉིས་པ་མ་དྲིས་པའི་ཉེས་པ་ནི། ལུགས་དང་པོ་མི་འཐད་དེ། ཕྱི་རོལ་ན་ཡུལ་སོ་བདུན་མེད་ན། བསྟན་བཅོས་འདི་ཉིད་ཀྱི་རྩ་བ་དང་འགལ་བ་དང་། གླིང་བཞི་ཡུལ་ཆེན་དུ་འཛོག་པ་རྗེ་བཙུན་གྱི་ལུགས་ཡིན་པར། ཁྱེད་རང་གིས་བཤད་པའི་ལུང་དང་འགལ་བས་སོ། །ལུགས་གཉིས་པ་ཡང་མི་རིགས་ཏེ། ཕྱི་རོལ་གྱི་ཡུལ་སོ་བདུན་པོ་རེ་རེ་ནས་བགྲང་རྒྱུ་མ་བྱུང་བ་དང་། ལུས་ལ་སྦྱས་པའི་རྩ་ཞེས་པ། ཡི་གེའི་དོན་ལ་མ་ཞུགས་པ་ཡིན་ཏེ། སྦྱས་པའི་དོན་ནི། རྒྱུད་དུ་གསལ་བར་མ་བསྟན་པ་ལ་འཆད་དགོས་པ་ཡིན་གྱི། ལུས་ལ་སྦྱས་པའི་དོན་ལ་འཆད་པ་ཚད་ལྡན་གྱི་ལུགས་མ་ཡིན་པའི་ཕྱིར། ལུགས་གསུམ་པ་མི་སྲིད་དེ། ནང་ན་སྙིང་ཁའི་རྩ་འདབ་བཅུ་གཉིས་གནས་པ་དང་མཐུན་པའི་ཕྱི་རོལ་ན་གནས་ཆེན་བཅུ་གཉིས་ཡོད་དུ་ཆུག་ཀྱང་། དེའི་ཤེས་བྱེད་དུ། ཞུ་འཕྲིན་གྱི་ལུང་དྲངས་པ་དེ་ནི་མ་འབྲེལ་པ་ཡིན་ཏེ། ལུང་དེ་ནི་སྟོན་བསྟན་པ་གང་དུ་བྱུང་བའི་ཡུལ་ངོས་འཛིན་པ་ཡིན་གྱི། དཔའ་བོ་དང་རྣལ་འབྱོར་མ་འདུ་བའི་གནས་ཆེན་ངོས་འཛིན་པ་མ་ཡིན་པའི་ཕྱིར་དང་། ལུང་དེར་ནི། ཧོར་དང་། ཧོར་ཆེན་པོ་དང་། རྒྱ་ནག་དང་། རྒྱ་ནག་ཆེན་པོ་རྣམས་ཀྱང་བགྲངས་པའི་ཕྱིར་རོ། །ལུགས

བཞི་པ་དེ་ཡང་ལེགས་པ་མ་ཡིན་ཏེ། ཀྱེ་རྡོ་རྗེའི་རྒྱུད་ན་ཡུལ་ཆེན་སུམ་ཅུ་སོ་བདུན་ཚང་བར་བགྲངས་པ་མེད་པའི་ཕྱིར་དང་། དེའི་སྟེང་དུ་སྟོན་རྒྱུ་གང་ཡིན་གསལ་བར་མ་བཤད་པས། སོ་བདུན་ངེས་མ་ཟིན་པའི་ཕྱིར། ལུགས་བཞི་པོ་དེ་དག་གང་གི་ལྟར་ན་ཡང་། གླིང་བཞི་པོ་གནས་ཆེན་དུ་ཁས་ལེན་ན། བསྟན་བཅོས་འདིའི་རང་ལུགས་དང་མི་མཐུན་ཏེ། འདི་ར་ནི། རིམ་གཉིས་ལ་བརྟན་པ་མ་ཐོབ་ཀྱི་བར་དུ་རང་གི་ཁྱིམ་དུ་སྒོམ་པ་དང་། དེ་ནས་བརྟུལ་ཞུགས་ཀྱི་སྤྱོད་པ་ལ་འཇུག་པ་སྐབས་སུ་བབ་པའི་ཚེ། ཡུལ་ཆེན་རྣམས་སུ་རྒྱུ་བར་གསུངས་ལ། དང་པོར་གང་དུ་སྒོམ་པའི་གནས་དེ་ཉིད་ཡུལ་ཆེན་ཡིན་ན། ཡུལ་གཞན་དུ་འགྲོ་བ་དོན་མེད་པའི་ཕྱིར་དང་། དོན་ཡོད་ནའང་། གང་དུ་ཕྱིན་ཀྱང་ཡུལ་ཆེན་ལས་མ་འདས་པར་ཁས་ལེན་དགོས་པས། ཨོ་ཊྚི་ན་ལ་སོགས་པའི་ངེས་བཟུང་མི་དགོས་པར་ཐལ་བའི་ཕྱིར་དང་། འཛམ་གླིང་ཙམ་པོ་ཡུལ་ཆེན་ཡིན་ན། འཛམ་བུ་གླིང་གི་ཕྱོགས་ཐམས་ཅད་དེར་ཁས་ལེན་ནམ། གནས་ཀྱི་ཁྱད་པར་རེ་རེ་བ་ཞིག་དེར་ཁས་ལེན། དང་པོ་ལྟར་ན། རྒྱུད་གཞུང་ཐམས་ཅད་དང་མི་མཐུན།

གཉིས་པ་ལྟར་ན། ཨོ་ཊྚི་ན་ལ་སོགས་པའི་གནས་ཆེན་གྱི་ཁྱད་པར་སུམ་ཅུ་རྩ་གཉིས་པོ་དེ་དག་ཉིད་དམ། དེར་མ་འདུས་པ་གཞན་ཞིག་ཡོད་པ་ཡིན། དང་པོ་ལྟར་ན། སོ་བདུན་གྱི་གྲངས་བགྲང་བ་ལ་མི་ཕན། གཉིས་པ་ལྟར་ན། གནས་དེ་ཉིད་ངེས་བཟུང་ནས་གྲངས་སུ་བགྲང་བར་རིགས་ཀྱི། ཙམ་ལྷོག་ནས་འདྲེན་པར་མི་རིགས་སོ། །ཡང་དུས་ཀྱི་འཁོར་ལོའི་རྒྱུད་འགྲེལ་ལས། གླིང་བཞི་ཀ་གནས་སུ་བཤད་པ་ཡོད་ཀྱང་། དེས་ནི་འདི་ལ་ཕན་པ་མ་ཡིན་ཏེ། དེར་ནི་རྟེན་དཀྱིལ་འཁོར་བཞི་ཀ་ལ་ཕྱོགས་བཞི་དང་མཚམས་བཞི་བཞིར་ཕྱེ་ནས། གནས་ལ་སོགས་པའི་དབྱེ་བ་བཞི་བཅུ་ཞེ་བརྒྱད་འཆད་པའི་སྐབས་ཡིན་པའི་ཕྱིར་དང་། དེར་ནི་འབུམ་ཕྲག་བཞི་པའི་འཇིག་རྟེན་གྱི་ཁམས། ནང་གི་ལུས་འདོམ་གང་གྲུ་བཞི་དང་ཕྱི་ནང་སྦྱོར་བའི་དབང་དུ་བྱས་པ་ཡིན་གྱི༑ སྤྱོད་པ་ལ་རྒྱུ་བའི་ཡུལ་གྱི་དབང་དུ་བྱས་པ་མ་ཡིན་པའི་ཕྱིར། ཞེས་བྱ་བའི་ཀླན་ཀ་འདི་དག་འབྱུང་བར་འགྱུར་རོ། །

གཉིས་པ་དངོས་ལན་གདབ་པ་ལ་གཉིས་ཏེ། ཡུལ་སོ་བདུན་གྱི་ཁང་གྲངས་བཟུང་བ་དང་། དེའི་ཤེས་བྱེད་རྒྱས་པར་བཤད་པའོ། །དང་པོ་ལ་གསུམ་སྟེ། དགྱེས་རྡོར་ལས་ཇི་ལྟར་གསུངས་པ་དང་། བདེ་མཆོག་ལས་ཇི་ལྟར་གསུངས་པ་དང་། དུས་ཀྱི་འཁོར་ལོ་ལས་ཇི་ལྟར་གསུངས་པའོ། །དང་པོ་ལ་གསུམ་སྟེ། རིགས་ཀྱི་དབྱེ་བ་བཅུ་གཉིས་བཤད་པ་དང་། གསལ་བའི་དབྱེ་བ་སུམ་ཅུ་རྩ་གཉིས་བཤད་པ་དང་། དེར་ཁ་བསྐང་ནས་སོ་བདུན་དུ་འགྲོ་བའི་ཚུལ་ལོ། །དང་པོ་ནི། ཇི་སྐད་དུ། ཀྱེ་བཅོམ་ལྡན་འདས། འདུ་བའི་གནས་དུ་ལགས།

བཅོམ་ལྡན་འདས་ཀྱིས་བཀའ་སྩལ་པ། གནས་དང་ཉེ་བའི་གནས་དང་ནི། །ཞིང་དང་ཉེ་བའི་ཞིང་ཉིད་དང་། །ཚནྡོ་ཉེ་བའི་ཚནྡོ་དང་། །དེ་བཞིན་འདུ་བ་ཉེ་འདུ་བ། །འཐུང་སྤྱོད་ཉེ་བའི་འཐུང་སྤྱོད་དང་། །དུར་ཁྲོད་ཉེ་བའི་དུར་ཁྲོད་ཉིད། །འདི་རྣམས་ས་ནི་བཅུ་གཉིས་ཏེ། །ས་བཅུའི་དབང་ཕྱུག་མགོན་པོ་ཉིད། །འདིས་ནི་གཞན་གྱིས་བརྗོད་མི་བྱ། །ཞེས་གསུངས་སོ། །འདིས་ཅི་ཞིག་བསྟན་ཞེ་ན། ཕ་རོལ་ཏུ་ཕྱིན་པའི་ཐེག་པར། རབ་ཏུ་དགའ་བ་ལ་སོགས་པའི་མིང་ཅན་གྱི་ས་བཅུ་བཤད་པ་དེ་ཉིད་ལ། འདིར་གནས་ལ་སོགས་པའི་མིང་གིས་བཏགས་ནས་བསྟན་པ་ཡིན་ཏེ། སམྦུ་ཊར། ཕ་རོལ་ཕྱིན་བཅུའི་ས་རྣམས་ལ། །རྣལ་འབྱོར་མ་ཡི་གླུ་གླེའི་སྐད། །ཕུ་ལ་སོགས་པ་ཅི་གསུངས་པ། །ཕྱི་དང་ནང་དུ་ཡང་དག་བསམ། །ཞེས་གསུངས་པས་སོ། །ས་གང་དང་གང་སྦྱོར་བ་ཡང་། དེ་ཉིད་ལས། གནས་ནི་རབ་ཏུ་དགའ་བའི་ས། །དེ་བཞིན་ཉེ་གནས་དྲི་མ་མེད། །ཞིང་ནི་འོད་བྱེད་ཤེས་པར་བྱ། །ཉེ་བའི་ཞིང་ནི་འོད་འཕྲོ་ཅན། །ཚནྡོ་མངོན་དུ་གྱུར་པ་སྟེ། །ཉེ་བའི་ཚནྡོ་སྦྱང་དཀའ་བ། །འདུ་བ་རིང་དུ་སོང་བ་སྟེ། །ཉེ་བའི་འདུ་བ་མི་གཡོ་བ། །དུར་ཁྲོད་ལེགས་པའི་བློ་གྲོས་ཏེ། །ཉེ་བའི་དུར་ཁྲོད་ཆོས་ཀྱི་སྤྲིན། །ཞེས་གསུངས་ལ། དེར་འཐུང་སྤྱོད་གཉིས་གང་དང་སྦྱར་གྱི་གསལ་ཁ་མ་བྱུང་ཞིང་། དེའི་འགྲེལ་པ་མན་ངག་གི་སྙེ་མར། མོས་སྤྱོད་དང་། ཀུན་ཏུ་འོད་ཀྱི་ས་གཉིས་དང་སྦྱོར་བ་ཡིན་ཞེས་འཆད་ཀྱང་། དཔེ་མེད་པའི་ས་དང་། ཡེ་ཤེས་ཆེན་པོའི་ས་གཉིས་དང་སྦྱོར་དགོས་པ། རྒྱུད་རྒྱས་པའི་ལུང་ཀུ་མུ་ཏིར་དྲངས་པ་ལས་གསལ་བ་ཡིན་ནོ། །ཞེས་བླ་མ་གོང་མ་རྣམས་གསུང་ངོ་། །དེ་ལྟར་ཡུལ་དེ་དག་དང་། ས་དེ་དག་སྦྱོར་བའི་གོ་དོན་ཡང་། ཆོས་རྗེ་པཎྜི་ཏའི་གསུང་གིས། བདག་མེད་བསྟོད་འགྲེལ་ལས། ཇི་སྐད་དུ། ཕྱི་རོལ་ན་གནས་དང་། ཉེ་བའི་གནས་ལ་སོགས་པ་ཉི་ཤུ་རྩ་བཞི་ཡོད་ལ། ངོ་བོ་སངས་རྒྱས་ཡིན་ཀྱང་། རྣམ་པ་ས་དང་པོ་ལ་སོགས་པ་ཐོབ་པའི་ཚུལ་བཟུང་བའི་དཔའ་བོ་དང་རྣལ་འབྱོར་མ་གནས་སོ། །དེ་བཞིན་དུ་ཡུལ་ཉི་ཤུ་རྩ་བཞི་རང་གི་ལུས་ལ་ཡང་གནས་ལ། དཔའ་བོ་དང་རྣལ་འབྱོར་མ་དང་རྗེས་སུ་མཐུན་པའི་རླུང་དང་། བྱང་ཆུབ་ཀྱི་སེམས་གནས་པ་དེ་རྣམས་དབུ་མར་ཐིམ་པས། ས་རྣམས་ཀྱི་རྟོགས་པ་སྐྱེ་ཞིང་། ཕྱི་རོལ་གྱི་དཔའ་བོ་དང་རྣལ་འབྱོར་མ་རྣམས་བདག་གི་གྲོགས་སུ་འགྱུར་བ་ཡིན་ཞེས་གསུང་ངོ་། །

གཉིས་པ་གསལ་བའི་དབྱེ་བ་བཤད་པ་ནི། ཇི་སྐད་དུ། ཀྱེ་བཅོམ་ལྡན་འདས། གནས་ལ་སོགས་པ་གང་ལགས། བཅོམ་ལྡན་འདས་ཀྱིས་བཀའ་བསྩལ་པ། །གནས་ནི་ཛཱ་ལནྡྷ་རར་བཤད། །དེ་བཞིན་དུ་ནི་ཨོ་ཌྜི་ན༔ ༔གནས་ནི་ཀོལླ་གི་རི་ཉིད། །དེ་བཞིན་དུ་ཡང་ཀཱམ་རུ་ཉིད། །ཉེ་གནས་མཱ་ལ་ཝ་ཞེས་བརྗོད། །སིནྡྷུ་ནཱ་ག་ར་ཉིད་དོ། །ཞིང་ནི་མུམྨུ་ནིར་བཤད་དེ། །ཞིང་ནི་བྱེད་པའི་བྲང་ཉིད་དོ། །དེ་ཝཱི་ཀོ་ཊ་དེ་བཞིན་ཞིང་། །ཞིང་ནི་

ལྟུགས་པའི་བྲང་ཉིད་དོ། །ཉེ་ཞིང་ཀུ་ལུ་ཏ་ཞེས་བརྗོད། །དེ་བཞིན་ཨརྦུ་ཏ་ཉིད་དོ། །བ་ཡི་མཆོག་སྦྱིན་ཁ་བའི་རི༑ །ཉེ་བའི་ཞིང་ནི་མདོར་བསྡུས་པའོ། །ཚནྡོ་ཧ་རི་ཀེ་ལ་དང་། །ལན་ཚྭ་རྒྱ་མཚོའི་ནང་སྐྱེས་དང་། །ལམྦ་ཀ་དང་ཀཱཉྩི་ཉིད། །དེ་བཞིན་སོ་རཥྚ་ཉིད་དོ། །ཉེ་བའི་ཚནྡོ་ཀ་ལིང་ཀ །གསེར་དང་ལྡན་པའི་གླིང་དང་ནི། །ཀོང་ཀ་ན་ཡང་ཉེ་ཚནྡོ། །མདོར་བསྡུས་པ་ནི་བརྗོད་པར་བྱ། །འཐུང་སྤྱོད་གྲོང་ཁྱེར་གྱི་དང་ཡང་། །འཐུང་སྤྱོད་གྲོང་གི་མཐར་གནས་པ། །ཙ་རི་ཏ་དང་ཀོ་ས་ལ། །བིནྡྷ་གཞོན་ནུའི་གྲོང་ཁྱེར་རོ། །ཧི་རྗེ་སྙིང་པོ་སྙིང་རྗེ་ཆེ། །ཉེ་བའི་འཐུང་སྤྱོད་དེ་ཉེ་བའོ། །དུར་ཁྲོད་རབ་སོན་དགེ་འདུན་དང་། །དུར་ཁྲོད་རྒྱ་མཚོའི་འགྲམ་ཉིད་དོ། །སྐྱེད་ཚལ་རྣ་བའི་རྫིང་བུ་འགྲམ། །ཉེ་བའི་དུར་ཁྲོད་བརྗོད་པར་བྱ། །ཞེས་གསུངས་སོ། །

གསུམ་པ་ནི། དེ་ལྟར་དངོས་སུ་བསྟན་པ་སུམ་ཅུ་རྩ་གཉིས་ཀྱི་སྟེང་དུ་ལྔ་བསྣན་ནས། ཡུལ་སུམ་ཅུ་རྩ་བདུན་དུ་བྱ་དགོས་པ་ཡིན་པ་ལ། འགའ་ཞིག་ན་རེ། གླིང་བཞི་དང་རི་རབ་སྣོན་པ་ཡིན་ནོ། །ཞེས་ཟེར་བ་ནི་མི་རིགས་ཏེ། བདེ་དགྱེས་གཉིས་ཀ་ནས་མ་བཤད་པས་ལུང་མེད་པ་དང་། དུས་འཁོར་དང་། རི་ཀྲི་ཨ་ར་ལིའི་རྒྱུད་ནས་གླིང་བཞི་གནས་སུ་བཤད་ཀྱང་། རི་རབ་གནས་སུ་བཤད་པ་མེད་པ་དང་། གླིང་བཞི་གནས་སུ་བཤད་ཀྱང་། སུམ་ཅུ་རྩ་གཉིས་ཀྱི་ཁ་སྐོང་དུ་བྱས་ནས་སུམ་ཅུ་སོ་བདུན་དུ་འཆད་པ་རྒྱུད་དེ་དག་གི་དོན་མ་ཡིན་པ་ནི་རང་རང་གི་ནང་ན་གསལ་བའི་ཕྱིར། འོན་ཀྱང་རྗེ་བཙུན་གྱིས། ཨིནྡྲ་བྷཱུ་ཏིའི་ལམ་སྐོར་དུ། གླིང་བཞི་པོ་སོ་བདུན་གྱི་ཁ་སྐོང་དུ་འཆད་པ་དེ་ལ་ཡང་ཕྱི་ནང་གང་གི་དབང་དུ་བྱས་པ་དང་། གྲངས་ངེས་ལ་རྒྱུད་ཀྱི་ཁུངས་བཙལ་དགོས་ཤིང་། འདིར་བཤད་པའི་སོ་བདུན་གྱི་དབྱེ་བར་ནི་ནམ་ཡང་མི་རུང་སྟེ། འཛམ་བུ་གླིང་གི་རྣལ་འབྱོར་པས་ནང་གི་ས་ལམ་བགྲོད་པའི་ཕྱིར་དུ། བྱང་སྒྲ་མི་སྙན་ལ་སོགས་པའི་གླིང་གསུམ་དུ་རྒྱུ་དགོས་ན་ཧ་ཅང་ཐལ་བའི་ཕྱིར། ཡང་ཁ་ཅིག་ན་རེ། སྙིང་ཁ་ཆོས་ཀྱི་འཁོར་ལོའི་ནང་སྐོར་གྱི་རྩ་འདབ་མ་བཞི་ནི། འཐུང་སྤྱོད་དང་ཉེ་བའི་འཐུང་སྤྱོད་དུ་ཤུགས་ལ་བསྟན་པ་དང་། སྙིང་ཁའི་དབུས་ཀྱི་གནས་དང་ལྔ་སྟེ། ཡུལ་ཆེན་སོ་བདུན་ལེགས་པར་བཤད་པ་ཡིན་ནོ་ཞེས་གསུང་། དེ་ཡང་རིགས་པ་མ་ཡིན་ཏེ། ཕྱིའི་ཡུལ་ཆེན་ལྔ་ངོས་འཛིན་རྒྱུ་ལ། ནང་གི་སྨྲས་པའི་རྩ་ལྔ་ངོས་བཟུང་བ་ཙམ་གྱིས་ཞེ་འདོད་མི་རྫོགས་པའི་ཕྱིར་དང་། སྨྲས་པའི་རྩ་ལྔ་དང་རྗེས་སུ་མཐུན་པའི་ཕྱི་རོལ་གྱི་ཡུལ་ལྔ་ལ་བསམ་པ་ཡིན་ན་ནི་དེ་ཉིད་ངོས་འཛིན་དགོས་པའི་ཕྱིར། གླིང་བཞི་པོ་གནས་ལ་སོགས་པ་གང་རུང་གི་དབྱེ་བར་འཆད་པ་བདེ་དགྱེས་གཉིས་ན་མེད་ལ། དེ་མེད་པ་ན། གླིང་བཞི་པོ་ཡུལ་སོ་བདུན་གྱི་ཁ་སྐོང་དུ་མི་རུང་བས་ཁྱབ་སྟེ། ཡུལ་སོ་བདུན་ནི་ས་བཅུ་གསུམ་དང་དོན་གཅིག་ཏུ་སྦྱོར་དགོས་རྒྱུ་ཡིན་ལ། དེའི་ཚེ་སློབ་པའི་ས་བཅུ་གཉིས་པོ་གང་རུང་ཡིན་ན། གནས་ལ་སོགས་པའི་མིང་ཅན་བཅུ

གཉིས་པོ་གང་རུང་ཡིན་པས་ཁྱབ་པའི་ཕྱིར།

དེས་ན་རང་གི་ལུགས་ནི། དགེ་གཞི་འདུ་བ་དང་ཉེ་བའི་འདུ་བ་གཉིས་ལ། དགེ་བའི་ཡ་གྱལ་གཉིས་གཉིས་ཡོད་པས་བཞི་དང་། མི་སློབ་པའི་ཕྱི་རོལ་གྱི་གནས་རྡོ་རྗེའི་གདན་ནམ། འོག་མིན་གྱི་གནས་དང་སོ་བདུན་ནོ། །དེ་ལྟར་འདྲེན་རྒྱུ་ཡིན་པའི་ཤེས་བྱེད་ཀྱང་། གོང་དུ་རིགས་ཀྱི་དགེ་བ་འཆད་པ་ན། འདུ་བ་དང་ཉེ་འདུ་ལ་སོགས་པའི་བཅུ་གཉིས་པོ་ཚང་མར་བཤད་ནས། འོག་ཏུ་དགེ་བའི་ཡ་གྱལ་འཆད་པ་ན། སུམ་ཅུ་རྩ་གཉིས་པོ་ཐམས་ཅད་འདུ་བ་གཉིས་པོའི་ལྷག་མ་བཅུ་པོ་ཁོ་ནའི་དགེ་བར་བཤད་ཀྱི། གཉིས་པོའི་དགེ་བ་དངོས་སུ་མ་བཤད་པའི་ཕྱིར། གཉིས་པོའི་དགེ་བ་མ་བཤད་ན། གོང་དུ་ཁ་སྐོར་གྱི་ལུང་དྲངས་མ་ཐག་པ་ལྟར་སློབ་པའི་ས་བཅུ་གཉིས་མི་ཚང་བའི་ཕྱིར་རོ། །འོན་འདུ་བ་གཉིས་པོའི་དགེ་བའི་ཡ་གྱལ་བཞི་པོ་གང་ཞེ་ན། ཕྱག་ཆེན་ཐིག་ལེ་ལས། འདུ་བ་ལ་ཀཱུལླ་རཱུ་པ་ཏ་ཀ་དང་། གསེར་གླིང་གཉིས་དང་། ཉེ་བའི་འདུ་བ་ལ་གོ་དྣ་ན་དང་། འཕགས་བྱེད་གཉིས་ཏེ། བཞིར་བཤད། བདེ་མཆོག་ལས། འདུ་བ་ལ་པྲེ་ཏ་པུ་རི་དང་། གྲི་ཧ་དེ་བ་སྟེ་གཉིས། ཉེ་བའི་འདུ་བ་ལ་སཽ་རཥྚ་དང་། སུ་ཝརྞ་དྭི་པ་དང་བཞིར་བཤད་དོ། །ཁ་སྐོང་བཞི་པོ་དེའི་ནང་ན། སུམ་ཅུ་རྩ་གཉིས་ཀྱི་ནང་ཚན་དུ་བཤད་ཟིན་པའི་མིང་ཅན་འགའ་ཞིག་ཡོད་མོད་ཀྱང་། བཟློས་པ་ནི་མ་ཡིན་ཏེ། དགེ་བའི་ཡ་གྱལ་དེ་དག་དགེ་གཞི་སོ་སོ་བ་ཡིན་པས་མིང་འདྲ་ཡང་། དོན་ས་མི་འདྲ་བ་ཐ་དད་དང་སྦྱོར་དགོས་པའི་ཕྱིར། དེ་ལྟར་བརྟག་གཉིས་དངོས་བསྟན་གྱི་ཡུལ་སུམ་ཅུ་རྩ་གཉིས་ཀྱི་སྟེང་དུ། འདུ་བ་གཉིས་པོའི་དགེ་བ་བཞི་དང་། གང་དུ་སངས་རྒྱ་བའི་གནས་དང་ལྔ་བསྣན་ནས། ཕྱི་རོལ་གྱི་ཡུལ་སོ་བདུན་དུ་བཤད་པ་ལས་ཡང་ན། དགྱེས་རྡོར་དངོས་བསྟན་གྱི་སུམ་ཅུ་རྩ་གཉིས་པོ་དེའི་སྟེང་དུ་དེ་རམ་བཤད་ཅིང་། བདེ་མཆོག་ལས་བཤད་པ་ལྔ་བསྣན་ནས་སོ་བདུན་ནོ། །ལྔ་པོ་གང་ཞེ་ན། རསྨི་ཤྭ་ར་དང་། ཨོ་ཊྲ་དང་། ཊི་ཤ་ཀུ་ནེ་དང་། པྲེ་ཏི་པུ་རི་དང་། གྲི་ཧ་དེ་བ་སྟེ་ལྔའོ། །དེ་ལྟར་བཤད་ན་སློབ་པའི་གནས་རྐྱང་པ་ལ་སོ་བདུན་ནོ། །

གཉིས་པ་བདེ་མཆོག་ནས་གསུངས་ཚུལ་ལ། རྩ་བའི་དགེ་གཞི་གནས་ལ་སོགས་པ་བཅུ་གཉིས་པོ་ལ། དགེ་བའི་ཡ་གྱལ་ཉི་ཤུ་བཞིར་ཕྱེ་ནས་འཆད་པ་ནི། ཀུན་གྱི་མཐུན་སྣང་དུ་གྲུབ་ལ། དེ་ལ་ཁ་སྐོང་ཇི་ལྟར་སྦྱར་ནས། སུམ་ཅུ་རྩ་བདུན་དུ་དགེ་བའི་ཚུལ་བཤད་པའི་རྣམ་གྲངས་མི་འདྲ་བ་གསུམ་གྱི་སྒོ་ནས་བཤད་པར་བྱ་བ་ལས། དང་པོ་ལ། ཐོག་མར་དགེ་བའི་ཡ་གྱལ་ཉི་ཤུ་རྩ་བཞི་ནི། པུལླི་ར་མ་ལ་ཡ་ཞེས་པ་རྒྱས་པའི་རི་དང་། ཛཱ་ལནྡྷ་ར་ཞེས་པ། ཛཱ་དང་ཛཱནྡྷའི་འདོད་ཚུལ་གྱི་དགེ་བས་དྲ་བ་འཛིན་པ་དང་འབར་བ་འཛིན་པ། ཨོ་ཊྲ་ནི་ཞེས་པ་ཨུ་རྒྱན་དང་། ཨརྦུ་ཏ་ཞེས་པ་མཆོད་འོས་དང་། ཨོཾ་ད་ཤ་རི་ཞེས་པ་བའི་མཆོག་སྦྱིན་དང་། རསྨུ་ཤྭ་ར་ཞེས་པ

དཀའ་ཐྱེད་དབང་ཕྱུག་དང་། དེ་ཝི་ཀོ་ཊ་ཞེས་པ་ལྷ་མོའི་མཁར་དང་། མ་ལ་ཝ་ཞེས་པ་ཕྲེང་བ་ཅན་དང་། ཀཱ་མ་རཱུ་པ་ཞེས་པ་འདོད་པའི་གཟུགས་དང་། ཨོ་ཊྲེ་ཞེས་པ་རོལ་པ་ཅན་དང་། ཏྲི་ཤ་ཀུ་ནེ་ཞེས་པ་དགེ་མཚན་གསུམ་པ་དང་། ཀོ་ས་ལ་ཞེས་པ་མཛོད་ལྡན་ནམ། དགེ་བ་ཅན་དང་། ཀ་ལིང་ཀ་ཞེས་པ་སྨྲ་བའི་རྟགས་དང་། ལམྤ་ཀ་ཞེས་པ་འཕྱང་བ་ཅན་ནམ། མགོར་ཐོགས་དང་། ཀཉྩི་ཀ་ཞེས་པ་སྐྱུར་བག་ཅན་དང་། ཧི་མ་ལ་ཡ་ཞེས་པ་གངས་ཅན་དང་། པྲེ་ཏ་པུ་རི་ཞེས་ཡི་དྭགས་ཀྱི་གྲོང་ཁྱེར་དང་། གྲི་ཧ་དེ་བ་ཞེས་པ་ཁྱིམ་གྱི་ལྷ་དང་། སཽ་རཥྚ་ཞེས་པ་ཡུལ་འཁོར་བཟང་པོའམ། གྲོང་ཆེན་པོ་དང་། སུ་ཝརྞ་དྭཱི་པ་ཞེས་པ་གསེར་དང་། ནཱ་ག་ར་ཞེས་པ་གྲོང་ཁྱེར་དང་། ཡང་ན་པ་ཊ་ལི་པུ་ཏྲ་དང་ནཱ་ག་ར་དོན་གཅིག་ཏུ་འཆད་པའི་ལུགས་ལྟར་ན། གྲོང་ཁྱེར་སྐྱ་བོའི་བུ་ཞེས་པའི་དོན་ནོ། །ཞེས་འཆད་པ་དག་ཡོད་དོ། །སིནྡྷུ་ར་ཞེས་པ་ནི་ལེགས་སྦྱར་སོར་གཞག་པའོ། །མ་རུ་ཞེས་པ་ནི་མྱ་ངམ་གྱི་ཐང་ངམ། ཆུ་མེད་པའི་ཡུལ་ལོ། །ཀུ་ལུ་ཏ་ཞེས་པ་ནི་རིགས་དང་ལྡན་པའོ། །དེ་ལྟར་དབྱེ་བ་ཉེར་བཞི་པོའི་སྐབས་སུ། དབྱེ་གཞི་བཅུ་གཉིས་བསྟན་པས་སོ་དྲུག གང་དུ་སངས་རྒྱ་བའི་གནས་དང་སོ་བདུན་ནོ། །

རྣམ་གྲངས་གཉིས་པ་ནི། བདེ་མཆོག་ནས་བཤད་པའི་ཡུལ་ཉེར་བཞི་པོའི་སྐབས་སུ་དེར་མ་བཤད་ཅིང་། ཀྱེ་རྡོར་ནས་བཤད་པ་བཅུ་གསུམ་ཁ་བསྣན་པར་བྱའོ། །དེ་གང་ཞེ་ན། ཞིང་གི་ནང་ཚན། མུམྨུ་ནི་ར་ཞེས་བྱ་བ་དང་། བྱེད་པའི་གྲོང་ཞེས་བྱ་བ་དང་། ལྷུགས་པའི་གྲོང་ཞེས་དང་། ཚན་དོ་ཧའི་ནང་ཚན། ཧ་རི་ཀེ་ལ་དང་། རྒྱ་མཚོའི་ནང་སྐྱེས་ཞེས་བྱ་བ་གཉིས་དང་། ཉེ་བའི་ཚན་དོ་ཧའི་ནང་ཚན། ཀོངྐ་ན་ཞེས་བྱ་བ་དང་། འཐུང་སྤྱོད་ཀྱི་ནང་ཚན། གྲོང་གི་མཐར་གནས་དང་། ཙ་རི་ཏ་དང་། པི་ཏྲ་དང་། གཞོན་ནུའི་གྲོང་ཁྱེར་ཏེ་བཞི་དང་། དུར་ཁྲོད་ཀྱི་ནང་ཚན། རབ་སོན་དང་། རྒྱ་མཚོའི་འགྲམ་དང་། སྐྱེད་ཚལ་རྫ་བའི་རྫིང་བུའི་འགྲམ། །ཞེས་པ་རྣམས་སོ། །དེ་ལྟར་ན་སློབ་པའི་ས་རྐྱང་པ་ལ་ཕྱི་རོལ་གྱི་ཡུལ་སོ་བདུན་ནོ། །

རྣམ་གྲངས་གསུམ་པ་ནི། ཡུལ་ཉེར་བཞི་པོའི་སྐབས་སུ། བདེ་ཆེན་གྱི་འཁོར་ལོའི་ལྷ་ལྔ་དང་། སྒོ་མཚམས་མ་བརྒྱད་དེ། བཅུ་གསུམ་པོའི་དབང་དུ་བྱས་པའི་ཕྱི་རོལ་གྱི་ཡུལ་བཅུ་གསུམ་མོ། །བཅུ་གསུམ་པོའི་ནང་ནས། འཁོར་གྱི་ལྷ་མོའི་གནས་ནི། སློབ་པའི་སའི་དབང་དུ་བྱས་པ་ཡིན་ལ། དེ་ཡང་། འཐུང་སྤྱོད་དང་། ཉེ་བའི་འཐུང་སྤྱོད་གཉིས་ཀྱི་དབྱེ་བར་འཆད་དགོས་པ་ཡིན་ཏེ། གོང་དུ་བཤད་པའི་ཡུལ་ཉི་ཤུ་རྩ་བཞི་པོའི་ནང་ན་འཐུང་སྤྱོད་གཉིས་ཀྱི་དབྱེ་བ་བསྟན་པ་མེད་པའི་ཕྱིར་དང་། དེ་མ་བསྟན་ན་བཅུ་གཉིས་མི་ཚང་བའི་ཕྱིར། དེ་ཡང་ཕར་ཕྱིན་ཐེག་པར་སྨྲས་པའི་ས་གཉིས་དང་། རྒྱུད་དུ་སྨྲས་པའི་རྩ་ལྔ་དང་སྦྱོར་དགོས་པར་བཞེད་དོ། །འོ་ན་འཁོར་གྱི་ལྷ་མོ་བཅུ་གཉིས་པོ་དེའི་དབང་དུ་བྱས་པའི་ཕྱི་རོལ་གྱི་ཡུལ་བཅུ་གཉིས་ཡོད་པར་གང་ལས

བཤད། ཅེ་ན། སྔོ་མཚམས་མ་བརྒྱད་ཀྱི་གནས་ནི་དུར་ཁྲོད་ཆེན་པོ་བརྒྱད་དང་། བདེ་ཆེན་གྱི་འཁོར་ལོའི་འཁོར་གྱི་ལྷ་མོ་བཞིའི་གནས་ནི། དབང་ཕྱུག་གི་ཆུང་མ་བཞི་གང་ན་འཁོད་པའི་གནས་ཏེ། རི་རབ་ཀྱི་བྱང་ཤར་དང་། དབུས་དང་། གཞན་འཕྲུལ་དབང་བྱེད་དང་། རྡོ་རྗེའི་གདན་ནོ། །ཞེས་རྡོ་རྗེ་མཁའ་འགྲོའི་འགྲེལ་པ་ལ་སོགས་པར་གསུངས་སོ། །འོ་ན་སྔོ་མཚམས་མ་བརྒྱད་དང་ཡུམ་བཞི་དཔའ་བོ་དང་ལྷན་ཅིག་ཏུ་མི་འདུག་པ་ཅི་ཞེ་ན། བརྒྱད་ཀྱིས་ནི་ཡབ་རྣམས་གདོང་བརྙན་དང་བྱད་གཟུགས་ཀྱི་ཚུལ་དུ་སྤྲས་ལ། སྙིང་པོའི་རྣལ་འབྱོར་མ་ལྔ་ལ་ནི་ཐུན་མོང་དུ་ཡབ་བཅོམ་ལྡན་འདས་གཅིག་པོ་ཉིད་དོ། །ཞེས་སྟོན་གྱི་སློབ་དཔོན་རྣམས་འཆད་དོ། །རྡོ་རྗེ་མཁའ་འགྲོ་ལས། ཇི་སྐད་དུ། དེ་ནས་ཡང་དག་བཤད་བྱ་བ། །རྒྱུད་དུ་སྦྲས་པ་ངེས་པར་བྱ། །ཡང་དག་བསྡུས་པའི་ཚིག་ནི། །བཤད་ཀྱིས་སྒྲུབ་པ་པོ་རྣམས་ཉོན། །བདེ་མཆོག་བླ་མའི་གནས་ལ་སོགས། །མཁའ་འགྲོ་མས་ནི་ཐམས་ཅད་ཁྱབ། །ཡེ་ཤེས་ལྡན་པའི་རང་སྐྱེ་གནས། །ཡུལ་དང་ཡུལ་དུ་མངོན་པར་སྐྱེ། །དེ་ནི་མཁའ་འགྲོ་མ་ཞེས་བྱ། །རྡོ་རྗེའི་དཀྱིལ་འཁོར་གཙོ་མོ་ཡིན། །རྣལ་འབྱོར་མ་དྲུག་སྒྲུབ་པོ་ལ། །བཙ་ཡི་སྐད་ཀྱིས་བཤད་པ་ཡིན། །ཀུ་ལུཏྟ་དང་མ་རུ་ཡི། །ཡུལ་དུ་གནས་པ་མ་མོ་སྟེ། །ཞེས་པ་ནས། ཡུལ་འདི་རྣམས་ཀྱི་བུ་མོ་གང་། །དཔའ་བོ་གཉིས་མེད་ཁྱབ་པ་སྟེ། །ཀུན་ཀྱང་འདོད་པའི་གཟུགས་ཅན་མ། །ཞེས་པའི་བར་གྱིས་ནི་དཔའ་བོ་དང་ཟུང་དུ་འདུག་པའི་རྣལ་འབྱོར་མ་རྣམས་ཀྱི་གནས་བསྟན་པ་ཡིན་ལ། དེའི་དེ་མ་ཐག་ཏུ་ཕྱིའི་རྣལ་འབྱོར་མ་རྣམས་ཀྱི་གནས་དྲིས་ལན་གྱི་སྒོ་ནས་གཏན་ལ་འབེབས་པ་ནི། དེ་ཉིད་ལས། ཇི་སྐད་དུ། དེ་ནས་བཅོམ་ལྡན་འདས་ལ་ལྷ་མོས། མཆོད་ཅིང་ཕྱག་བྱས་ཏེ། སླར་ཡང་འདི་སྐད་ཅེས་གསོལ་ཏོ། །མཁའ་འགྲོ་མ་ཡི་ཁྱད་པར་དང་། །ཞིང་སྐྱོང་འཇིག་པ་ཆེན་པོ་ཡི། །མིང་དང་ཞིང་གི་མིང་དང་ནི། །གནས་རྣམས་ཀྱི་ནི་ཁྱད་པར་དང་། །གང་དུ་སྒྲུབ་པ་པོས་ཐོས་ནས། །ཐེ་ཚོམ་མེད་པར་འགྲུབ་འགྱུར་བ། །དེ་དག་ཐམས་ཅད་མདོར་བསྡུས་ཏེ། །གཙོ་བོས་བདག་ལ་བཤད་དུ་གསོལ། །ཞེས་པའི་ལན་རྒྱས་པར་གསུངས་པ་རྣམས་ཀྱིས། སྔོ་མཚམས་མ་བརྒྱད་དང་བདེ་ཆེན་གྱི་ལྷ་མོ་བཞིའི་གནས་ཀྱང་རྟོགས་པར་ནུས་ཏེ། རྒྱས་པར་དེ་ཉིད་ལ་བལྟ་བར་བྱའོ། །མཁའ་འགྲོ་རྒྱ་མཚོ་ལས་ཀྱང་། ཇི་སྐད་དུ། དངོས་པོ་མེད་པ་མིན་ལྷ་མོ། །གཉིས་མེད་གོ་འཕང་ལ་བརྟེན་མ། །སུམ་ཅུ་བདུན་བདག་ཉིད་དབུས་སུ། །སྐྱིད་འགྱུར་རང་གི་སྔགས་ལས་སྐྱེས། །ཞེས་གསུངས་པ་དང་། གཞན་ཡང་ལྷེ་བ་སྤྲུལ་པའི་འཁོར་ལོ་ན་གནས་པའི་ལྷ་མོ་དྲུག་ཅུ་རྩ་བཞི་པོ་ལ། ཕྱི་རོལ་གྱི་གནས་ཀྱང་དྲུག་ཅུ་རྩ་བཞི་ཡོད་པར་གསུངས་ཏེ། ཇི་སྐད་དུ། ཡུལ་དབུས་མ་དང་ཀ་ལིང་ཀ་མ་དང་། ཞེས་པ་ནས། དུར་ཁྲོད་མ་དང་ཉེ་བའི་དུར་ཁྲོད་མ། །རྒྱ་མཚོ་ཆེན་པོའི་འགྲམ་མཁས་མ། །ཀླུ་གློ་མ་དང་ཐམས་ཅད་ཡུལ་མ་སྟེ། །དེ་

ལྟར་རིམ་པས་དྲུག་ཅུ་བཞི་ལྔ་མོ། །ཞེས་གསུངས་ས་ལ། དེ་ལྟར་བཤད་པ་དེས་ཀྱང་། བདེ་ཆེན་གྱི་ལྷ་མོ་བཞི་དང་སྒོ་མཚམས་བརྒྱད་ཀྱི་ཕྱི་རོལ་གྱི་ཡུལ་སོ་སོ་བ་དག་རྣམ་པར་བཞག་ནུས་པ་ཡིན་ནོ། །དེ་ལྟ་ན་ཡང་། ཕྱི་རོལ་གྱི་ཡུལ་སོ་བདུན་དུ་གྲངས་ངེས་པར་བཤད་པ་ནི་ནང་གི་ངེས་པའི་དབང་གིས་སོ། །

གསུམ་པ་དུས་ཀྱི་འཁོར་ལོ་ལས་གསུངས་པའི་ཚུལ་ལ་གཉིས་ཏེ། གནས་ལ་སོགས་པའི་དབྱེ་གཞི་བཅུ་གཉིས་པོ་འབུམ་ཕྲག་བཞི་པའི་འཇིག་རྟེན་གྱི་ཁམས་ལ་བཞག་པ་དང་། དབྱེ་བའི་ཡ་གྱལ་སོ་བདུན་པོ་ཡུལ་གང་ན་ཡོད་ཀྱི་ངེས་པ་མེད་པ་གཉིས་སོ། །དང་པོ་ནི། རྒྱུད་ལས། དཔལ་ལྡན་ལྡན་པོའི་ཕྱོགས་རྣམས་ཀུན་ཏུ་ས་ཡི་དཀྱིལ་འཁོར་ལ་སོན་གནས་རྣམས་ཀུན་དང་ཉེ་བའི་གནས། །ཞེས་པའི་འགྲེལ་ཆེན་དྲི་མེད་འོད་དུ༑ གནས་ནི་ཕྱོགས་བཞིར་རླུང་དང་མེ་དང་ཆུ་དང་སའི་རང་བཞིན་གྱིས་གནས་པ། ཤར་གྱི་ལུས་འཕགས་དང་། འཛམ་བུའི་གླིང་ཆུང་ངུ་དང་། བྱང་གི་སྒྲ་མི་སྙན་དང་། ནུབ་ཀྱི་བ་ལང་སྤྱོད་དོ། །ཉེ་བའི་གནས་ནི། རང་བཞིན་དེ་ཉིད་ཀྱིས་ཕྱོགས་མཚམས་རྣམས་སུ་སྟེ། མེ་དང་། བདེན་བྲལ་དང་། དབང་ལྡན་དང་། རླུང་གི་ཕྱོགས་སུའོ། །དེ་བཞིན་དུ། ཞིང་དང་ཉེ་བའི་ཞིང་ནི་རྒྱ་མཚོའི་ཕྱེད་ལའོ། །འདུན་པ་དང་། ཉེ་བའི་འདུན་པ་ནི་རྒྱ་མཚོའི་ཕྱེད་གཞན་ལའོ། །འདུས་པ་ཅན་དང་ཉེ་བའི་འདུས་པ་ཅན་ནི་མེའི་དཀྱིལ་འཁོར་གྱི་ཕྱེད་ལའོ། །ཁང་པ་དང་ཉེ་བའི་ཁང་པ་ནི་མེའི་ཕྱེད་གཞན་ལའོ། །དུར་ཁྲོད་དང་ཉེ་བའི་དུར་ཁྲོད་ནི་རླུང་གི་དཀྱིལ་འཁོར་གྱི་ཕྱེད་ལའོ། །དུར་ཁྲོད་ཆེན་པོ་བརྒྱད་ནི་རླུང་གི་དཀྱིལ་འཁོར་གྱི་མཐའ་ལ་དང་། དེ་ལྟར་གནས་ལ་སོགས་པ་རྣམས་ས་བཅུ་གཉིས་སུ་རིག་པར་བྱ་སྟེ། ལུས་ལ་ཡང་ས་བཅུ་གཉིས་ནི། ལག་པ་དང་རྐང་པ་དག་གི་ཚིགས་བཅུ་གཉིས་སོ། །ཞེས་གསུངས་ལ། དེའི་ལྟར་ན། བཅུ་གཉིས་པོ་འཛམ་གླིང་ཁོ་ནའི་གནས་སུ་མ་བཤད་པས། སྤྱོད་པ་སྤྱོད་པའི་ཕྱིར་རྒྱུ་བའི་ཡུལ་དུ་མ་གསུངས་ལ། ཕྱི་ནང་མཐུན་པར་སྦྱར་བའི་ཕྱིར་དུ་དེ་ལྟར་གསུངས་པ་ཡིན་ནོ༑ ༑

གཉིས་པ་ནི། དཔལ་ལྡན་རྒྱུད་ལས། སུམ་ཅུ་རྩ་བདུན་རབ་ཏུ་དབྱེ་བས་སྲིད་པ་གསུམ་གྱི་གནས་སུ་བྱང་ཆུབ་ཕྱོགས་ཀྱི་ཆོས་རྣམས་ཏེ། །དེ་རྣམས་མཐའ་དག་རྣལ་འབྱོར་མ་རྣམས་ས་ཡི་སྟེང་གི་གནས་སུ་རྣལ་འབྱོར་པ་ཡིས་རིགས་པར་བྱ། །དེ་ལྟར་གནས་ལ་སོགས་པ་ཐམས་ཅད་མི་ཡི་བདག་པོ་ཕྱི་དང་ལུས་ལ་ཡང་ནི་དེ་བཞིན་འགྱུར། །ཞེས་གསུངས་ལ། དེ་ཡང་རྣལ་འབྱོར་མ་སུམ་ཅུ་རྩ་དྲུག་གི་དབྱེ་བས་ཕྱི་དང་ནང་གི་གནས་སུམ་ཅུ་རྩ་དྲུག་ཏུ་གསུངས་ལ། དེ་ཡང་ནང་གི་གནས་སོ་དྲུག་ནི། ནང་གི་ཁམས་དང་། སྐྱེ་མཆེད་དང་། རྒྱུ་མ་ལ་སོགས་པའི་དབྱེ་བས་སོ་སོར་སྦྱར་ནས་བཤད་ལ། ཕྱིའི་གནས་ལ་དྲང་བའི་དོན་གྱི་དབང་དུ་བྱས་པ་དང་།

ངེས་དོན་གྱི་དབང་དུ་བྱས་པ་གཉིས་ལས། དང་པོ་ནི། རྒྱུད་སྡེ་གཞན་དང་གཞན་ལས། ཨོ་ཊྲི་ཡ་ན་དང་། ཛཱ་ལནྡྷ་ར་ལ་སོགས་པ་གནས་སོ་སོར་བཤད་པ་དེ་དག་ཡིན་ལ། གཉིས་པ་ནི། བོད་ཡུལ་ལྷ་བུའི་ཡུལ་ཁམས་རེ་རེ་བ་དང་། གཞན་ཡོད་ལྷ་བུའི་གྲོང་ཁྱེར་རེ་རེ་ནའང་རྣལ་འབྱོར་མའི་རིགས་སོ་དྲུག་གི་དབྱེ་བས་ཡུལ་སོ་དྲུག་དང་། དེ་ཐམས་ཅད་ལ་ཁྱབ་པར་བྱེད་པ་རྡོ་རྗེ་སེམས་དཔའི་གནས་དང་སོ་བདུན་པོ་ཐམས་ཅད་ཚང་བར་ཡོད་དོ། །ཞེས་འཆད་དགོས་པ་ཡིན་ཏེ། འགྲེལ་ཆེན་དྲི་མ་མེད་པའི་འོད་ལས། ཇི་སྐད་དུ། དེ་ནི་གནས་ཞེས་པ་ལ་སོགས་པས་ཉེ་བའི་གནས་ལ་སོགས་པའི་གནས་རྣམས་གསུངས་ཏེ། འདིར་ཐུན་མོང་གི་བྱིས་པ་རྣམས་ཡུལ་དུ་འཁྲུམ་པའི་དོན་དུ། ཛཱ་ལནྡྷ་ར་ལ་སོགས་པ་རྣམས་གནས་ལ་སོགས་པར་གསུངས་སོ། །དེ་ཉིད་ནི་ཐམས་ཅད་དུ་ཁྱད་པར་བྱེད་པ་མི་འགྱུར་ཏེ། རྣལ་འབྱོར་མ་རྣམས་ཀྱི་རིགས་སུམ་ཅུ་རྩ་དྲུག་ནི་གྲོང་ཁྱེར་གཅིག་ཏུའང་གནས་སོ༔ །གང་གིས་ན་འདིར་མཆོག་གི་དང་པོའི་སངས་རྒྱས་ཐམས་ཅད་ལ་ཁྱབ་པར་བྱེད་པ་ཉིད་ཡིན་པའི་ཕྱིར་ན། བོད་ལ་སོགས་པ་དང་། རྒྱ་ནག་ལ་སོགས་པའི་ཡུལ་རྣམས་ན་ཡང་གནས་ལ་སོགས་པ་རྣམས་ཡོད་དོ། །དེ་ཉིད་ནི་བསྡུས་པའི་རྒྱུད་གཞན་དུ་མ་བསྟན་ནོ། །ཡུལ་ཐམས་ཅད་དང་། གྲོང་ཐམས་ཅད་དུ་གནས་ལ་སོགས་པ་གསུངས་པ་ནི། གནས་ནི་སྦྲོལ་མ་ལ་སོགས་པ་རྣམས་ཀྱི་ཁྱིམ་སྟེ། རྣམ་པ་བཞིའོ། །དེ་བཞིན་དུ་སྦྲ་རྡོ་རྗེ་མ་ལ་སོགས་པ་རྣམས་ཀྱི་ཁྱིམ་ནི་རྣམ་པ་དྲུག་གོ །ཙཎྜི་ཀ་ལ་སོགས་པ་རྣམས་ཀྱི་ཁྱིམ་ནི་ཚན་དོ་ཧ་རྣམ་པ་བརྒྱད་དོ༔ །སྨྱུགས་བྱེད་མ་ལ་སོགས་པའི་ཁྱིམ་ནི་འདུས་པ་རྣམ་པ་བཅུའོ། །ཁྱི་གདོང་མ་ལ་སོགས་པའི་ཁྱིམ་ནི་དུར་ཁྲོད་རྣམ་པ་བརྒྱད་དོ། །ཞེས་གསུངས་པས་སོ། །དེ་དག་འདི་སྐད་ཅེས། དགྱེས་པ་རྡོ་རྗེར་ཡུལ་རྣམས་ཀྱི། །དབྱེ་བ་འཆད་པའི་མདོར་བསྟན་དུ། །འདུ་བ་གཉིས་པོ་བཤད་གྱུར་ཀྱང་། །རྒྱས་བཤད་སྐབས་སུ་མ་བྱུང་བས། །འདུ་བ་གཉིས་པོའི་དབྱེ་བ་བཞི། །བསྟན་ནས་སྦྱོབ་པའི་གནས་སོ་དྲུག མི་སྦྱོབ་གནས་དང་སོ་བདུན་ནོ། །ཡང་ན་བདེ་དགྱེས་ཕན་ཚུན་དུ། །ཁ་བསྐང་ནས་ནི་སོ་བདུན་བྱ། །དགྱེས་པ་རྡོ་རྗེར་སོ་གཉིས་དང་། །འཁོར་ལོ་སྡོམ་པར་ཉེར་བཞི་བཤད། །ཉེར་བཞིའི་ནང་ན་དགྱེས་རྡོར་དུ། །མ་བཤད་རྣམ་པ་ལྔ་ཡོད་དེ། །སོ་གཉིས་ནང་ན་བདེ་མཆོག་ཏུ། །མ་བཤད་རྣམ་པ་བཅུ་གསུམ་མོ། །ཕན་ཚུན་མཐུན་པ་བཅུ་དགུ་ལ། །ནཱ་ག་ར་ཡི་མིང་གཅིག་གིས། །གྲོང་ཁྱེར་རྣམ་པ་གཉིས་བསྟན་པར། །བཤད་པའི་ཡུལ་ཆེན་སོ་བདུན་གྲུབ། །ཡང་ན་ཡུལ་ཆེན་ཉེར་བཞི་ལ། །གནས་སོགས་དབྱེ་གཞི་བཅུ་གཉིས་པོ། །བསྟན་པས་སྦྱོབ་པའི་ས་སོ་དྲུག མི་སྦྱོབ་གནས་དང་སོ་བདུན་ནོ། །དེའི་ཤེས་བྱེད་གཞུང་འདི་ལས། །གནས་དང་ཉེ་བའི་གནས་ལ་སོགས། །ཡུལ་ཆེན་སུམ་ཅུ་སོ་བདུན་ཞེས། །གསལ་བར་གསུངས་པ་ཡིན་ཕྱིར་རོ། །དུས་ཀྱི་འཁོར་ལོར་གནས་ལ་སོགས། །བཅུ་གཉིས་

འབུམ་ཕྲག་བཞི་པ་དང་། །ཁྲུ་བཞི་ལྷན་པ་ཕྱི་ནང་གི །ལུས་ལ་ཚང་བར་ངེས་བཤད་ནས། །ཛཱ་ལན་དྷ་ར་སོགས་དབྱེ་བ། །ཡུལ་ཁམས་སོ་སོར་གནས་སོ་ཞེས། །རྒྱུ་སྡེ་གཞན་དུ་གང་གསུངས་པ། །བྲིས་པ་རྣམས་ནི་དྲང་བའི་དོན། །ཡུལ་ཁམས་གཅིག་ན་རྣལ་འབྱོར་མའི། །རིགས་ཀྱི་དབྱེ་བ་སུམ་ཅུ་དྲུག ཐམས་ཅད་ཚང་བའི་གནས་དེ་ན། །ཡུལ་ཆེན་སུམ་ཅུ་སོ་དྲུག་ཚང་། ཁྱབ་བདག་དུས་ཀྱི་འཁོར་ལོ་ཉིད། །གང་ན་འཁོད་པའི་གནས་དེ་དང་། །སུམ་ཅུ་སོ་བདུན་ཡིན་ནོ་ཞེས། །གསལ་བར་གསུངས་པའང་བཟུང་བར་བྱ། །ཡང་ན་བདེ་མཆོག་འཁོར་ལོ་ལས། །རྣལ་འབྱོར་མ་ནི་སོ་བདུན་གྱི། །གྲངས་ངེས་བཤད་ཅིང་དེའི་གནས་ཀྱང་། །ཕྱི་དང་ནང་ན་སོ་བདུན་ནོ། །

གཉིས་པ་དེ་དག་གི་ཤེས་བྱེད་བསྟན་པ་ནི། དེ་ལྟར་ཕྱི་ནང་གི་ཡུལ་སོ་བདུན་དུ་འཇོག་པ་ཡང་། སྤྱིར་གཞི་སྦྱོང་བྱེད་སྦྱངས་འབྲས་གསུམ་ལ་སོ་བདུན་རེར་འཇོག་པའི་རྒྱུ་མཚན་གྱིས་སོ། །ཞེས་བླ་མ་གོང་མ་རྣམས་གསུངས་ངོ་། །དེ་ཡང་ཇི་ལྟར་ཞེ་ན། གཞི་འཁོར་བའི་གནས་སྐབས་ན་ཡོད་པའི་སྦྱང་བྱ་ནི། ཕུང་པོ་ལྔ། འབྱུང་བ་ལྔ། ཕྱིའི་ཡུལ་དྲུག་ནང་གི་སྐྱེ་མཆེད་དྲུག དཔུང་པ་གཉིས། ལག་ངར་གཉིས། ཁ། གཤང་བ། པུས་མོ་གཉིས་སྤྱི་བོ། རྐང་མཐིལ་གཉིས་ཏེ་བཅུ། ཉོན་མོངས་པ་ལྔ་དང་སོ་བདུན་ནོ། །སྦྱོང་བྱེད་ལམ་ལའང་། ཕར་ཕྱིན་དང་ཐུན་མོང་མ་ཡིན་པ་སྔགས་ཀྱི་ལམ་གཉིས་ལས། དང་པོ་ནི། བྱང་ཆུབ་ཀྱི་ཕྱོགས་དང་མཐུན་པའི་ཆོས་སུམ་ཅུ་སོ་བདུན་ནོ། །གཉིས་པ་ལ་བསྐྱེད་རིམ་གྱི་དང་། རྫོགས་རིམ་གྱི་དབང་དུ་བྱས་པ་གཉིས་ལས། དང་པོ་ལ། རྟེན་གཞལ་ཡས་ཁང་གི་དང་། བརྟེན་པ་ལྷའི་དབང་དུ་བྱས་པ་གཉིས་ལས། དང་པོ་ནི། ཐམས་ཅད་གསང་བ་ལས། དྲན་པ་ཉེར་བཞག་བཞི་པོ་ནི། །ཁ་ཁྱེར་ཞེས་ནི་བརྗོད་པ་ཡིན། །ཞེས་སོགས་གསུངས་པ་ལྟར། གཞལ་ཡས་ཁང་གི་ཆོས་རྣམས་དང་བྱང་ཕྱོགས་སོ་བདུན་དང་སྦྱར་བའོ། །གཉིས་པ་ནི། རིགས་ལྔ། ཡུམ་ལྔ། གཏི་མུག་རྡོ་རྗེ་མ་སོགས་དང་། གཟུགས་རྡོ་རྗེ་མ་སོགས་དྲུག་ཚན་གཉིས། ཁྲོ་བོ་བཅུ། མངོན་བྱང་ལྔ་སྟེ་སོ་བདུན་ནོ༑ ༑

གཉིས་པ་རྫོགས་རིམ་གྱི་དབང་དུ་བྱས་པ་ལ། རྟེན་དཀྱིལ་འཁོར་བཞིའི་དབང་དུ་བྱས་པ་དང་། བརྟེན་པ་ཡེ་ཤེས་ཀྱི་དབང་དུ་བྱས་པ་གཉིས་ལས། དང་པོ་ནི། མི་ཕྱེད་མ་སོགས་དངོས་བསྟན་གྱི་རྩ་སོ་གཉིས་ཀྱི་སྟེང་དུ་སྦས་པའི་རྩ་ལྔ་བསྣན་པས་སོ་བདུན། པུ་ཛཱ་ལ་སོགས་པའི་ཡི་གེ་ཉི་ཤུ་རྩ་བཞིའི་སྟེང་དུ་ཧཱུྃ་རིང་པོ་བརྒྱད། སྦྲཱུྃ། ཨོཾ༔ ཧྲཱིཾ། ཁཾ། ཧཱུྃ་བསྣན་པས་ཡི་གེ་སོ་བདུན། དེ་དག་གི་ནང་ན་གནས་པའི་ཁམས་བདུད་རྩི་སོ་བདུན། དེ་དག་ལ་དབང་སྒྱུར་བའི་རླུང་ནི། སྙིང་པོ་ཡེ་ཤེས་རླུང་གི་དཀྱིལ་འཁོར་སོ་བདུན་ནོ། །གཉིས་པ་ནི། རྟེན་དེ་དག་ལ

བརྟེན་ནས་སྐྱེས་པའི་མཚོན་བྱེད་དཔེའི་ཡེ་ཤེས་སོ་བདུན་དང་། མཚོན་བྱ་དོན་གྱི་ཡེ་ཤེས་སོ་བདུན་ནོ། །གསུམ་པ་སྦྱངས་པའི་འབྲས་བུ་ནི། སངས་རྒྱས་ཀྱི་སར་སྐུ་གསུང་ཐུགས་ཡོན་ཏན་ཕྲིན་ལས་ལྔ། ཚད་མེད་བཞི། རྣམ་པར་གྲོལ་བའི་ཡེ་ཤེས་ཏེ་ལྔ། མངོན་པར་ཤེས་པ་དྲུག ཟག་པ་མེད་པའི་ཡུལ་དྲུག སྟོབས་བཅུ། ཡེ་ཤེས་ལྔ་སྟེ་སོ་བདུན་ནོ། །ཞེས་རྗེ་བླ་མ་དམ་པས་མཛད་པའི་རྣམ་བཤད་ཉི་མའི་འོད་ཟེར་ལས་འབྱུང་ངོ༎ ༎

དྲི་བ་སོ་བརྒྱད་པ་ནི། མ་ཕམ་མ་དྲོས་མིན་གྱུར་ན། །གང་གཱ་འང་དེ་ཉིད་མིན་པར་འགྱུར། །ཞེས་པའི་ལན་ཡང་ལྡོན་དགོས་སོ། །ཞེས་པའོ། །འདི་ལ་གཉིས་ལས། དང་པོ་ལ་འདྲི་བའི་རྒྱུ་མཚན་ནི། གཞུང་འདིར། གངས་ཅན་དེ་ནི་ཏི་སེ་མིན། །མ་དྲོས་རྒྱ་མཚོ་མ་ཕམ་མིན། །ཞེས་བཤད་པ་ལ། སྔོན་གྱི་རྒོལ་བ་ཁ་ཅིག་ན་རེ། གང་གཱ་འདི་ནས་འབབ་པའི་ཕྱིར། །མ་དྲོས་ཚོལ་བའི་ངལ་བས་ཅི། །འདུས་བྱས་རྟག་པ་མེད་པའི་ཕྱིར། །སྔོན་བཞིན་དུ་ལྟ་གནས་པ་མེད། །ཅེས་པའི་རྒོལ་བ་བྱུང་བ་ལ། གཞུང་འདིའི་རྣམ་བཤད་མཛད་པ་ཕལ་ཆེར་གྱིས་ལན་མ་བཏབ་ཅིང་། ལྷ་བཙུན་བསམ་ཡས་པས། དེ་དེ་ནས་འབབ་པར་ཚད་མ་གང་གིས་གྲུབ། བོད་ཀྱི་བློན་པོ་ནོར་གྱི་ཕྱིར་ཕྱི་བཞིན་དུ་འཁྲམ་པ་ཞིག་གམ། ཨ་ཙ་ར་བླུན་པོ་དེ་ལྟ་བུ་ཞིག་ལས་གཞན་འོས་ཅི་ཡོད། དེ་དག་གི་ཚིག་ཙམ་ལ་བརྟེན་ནས་པཎྜི་ཏ་ཆེན་པོའི་གསུང་ལ་དགག་པ་བྱེད་པ་ནི་བཞད་གད་དོ། །ཞེས་གསུང་ལ། དེ་ཙམ་གྱིས་ནི་རྒོལ་བ་དེ་ལ་ལན་མི་ཐེབས་པའི་རྒྱུ་མཚན་གྱིས་སོ། །

གཉིས་པ་མ་དྲིས་པའི་ཞེས་པ་ནི། གཞུང་འདིར། དེས་ན་རི་བོ་གངས་ཅན་དུ། །རྫུ་འཕྲུལ་མེད་པར་འགྲོ་མི་ནུས། །ཞེས་དང་། དེར་ནི་རྫུ་འཕྲུལ་མི་ལྡན་པས། །བགྲོད་པར་བྱ་བ་མིན་ཞེས་བཤད། །ཅེས་པ་ལ། སློབ་དཔོན་ཆེན་པོ་རལ་གྱི་ལ་སོགས་པ་རྣམས་ན་རེ། ཇི་སྐད་དུ། འདི་ནས་བྱང་དུ་རི་ནག་པོ། །དགུ་འདས་གངས་རི་འོ། །ཞེས་པ་དེ་ནི་ཏི་སེ་ཉིད་ལ་འཆད་དགོས་པ་དང་། མཚོ་མ་དྲོས་པ་ཡང་མ་ཕམ་ཉིད་ལ་འཆད་དགོས་པ་ཡིན་ཏེ། གཞན་ཡོད་དང་ཏི་སེ་ནི་ལྷོ་བྱང་ཐད་མཉམ་དུ་དེར་ཕྱིན་པའི་མིའི་ཚད་མས་གྲུབ་པ་དང་། གང་གཱ་ཡང་མ་ཕམ་པ་ལས་འབབ་པར་དེར་ཕྱིན་པའི་མིའི་ཚད་མས་གྲུབ་པའི་ཕྱིར། རྫུ་འཕྲུལ་དང་མི་ལྡན་པའི་མིས། གངས་ཅན་དུ་བགྲོད་དཀའ་བར། མཛོད་འགྲེལ་དུ་གསུངས་པ་ཡང་བགྲོད་དཀའ་བར་སྟོན་གྱི། བགྲོད་མི་ནུས་པར་སྟོན་པ་ནི་མ་ཡིན་ཏེ། འཛམ་བུའི་གླིང་ན་མེད་པར་ཐལ་བའི་ཕྱིར་རོ། །གླིང་ཕྲན་པས་ཀྱང་དེར་བགྲོད་ན། འཛམ་བུ་གླིང་པ་ཉིད་ཀྱིས་དེར་བགྲོད་མི་ནུས་པའི་རྒྱུ་མཚན་ཅི་ཡིན། འདི་ལྟར། གནོད་སྦྱིན་གཏུམ་པོ་དང་། གཅོང་རོང་ཟབ་མོ་དང་། ཆུ་ཆེན་པོ་ལ་སོགས་པས་ཆོད་པ་ཡིན་དུ་དྲང་ན། དེ་འདྲ་བས་བགྲོད་པར་མི་ནུས་པའི་ཡུལ་ནི་འཛམ་བུའི་གླིང་གི་རྒྱ་མཚོའི་མཐར་ཐུག་པ་ན་ཡེ་མེད་དོ། །གང་ཡང་ཕལ་པོ་ཆེ་དང་།

གདགས་པ་སོགས་ནས་བཤད་པའི་མཚན་ཉིད་དང་མི་ལྡན་ནོ་ཞེས་ཟེར་བ་ཡང་། བྱ་རྒོད་ཕུང་པོའི་རི་དང་། བསིལ་བ་ཚལ་དང་། ཡངས་པ་ཅན་དང་། གཉན་ཡོད་ལ་སོགས་པའི་གྲོང་ཁྱེར་ཆེན་པོ་རྣམས་ལ་མཚུངས་པ་ཡིན་ཏེ། དེ་དག་ཀུང་སྔོན་མདོ་ནས་བཤད་པ་བཞིན་ད་ལྟ་མེད་པའི་ཕྱིར། གཅིག་ནི་སྒྲ་བཏགས་པ་སྣན་ངག་མཁན་གྱི་ལུགས་དང་། གཅིག་ནི་དངོས་པོའི་རང་བཞིན་བརྗོད་པའོ། །ཞེས་ཟེར་བ་དེ་ཡང་མི་འཐད་དེ། དེ་འདྲའི་རྒྱུ་མཚན་ཅི་ཡང་མེད་པའི་ཕྱིར། ཞེས་ཟེར་རོ། །དངོས་ལན་གདབ་པ་ལ་གཉིས་ཏེ། སྤྱན་འདྲེན་སོ་སོའི་ལན་དང་། ཆུ་བོ་གང་གཱའི་རྣམ་གཞག་གཏན་ལ་ཕབ་པའོ། །དང་པོ་ལ་ལྔ་ལས། སྤྱན་འདྲེན་དང་པོའི་ལན་ལ། སྒྲུབ་བྱེད་འཁྲུལ་པ་དང་། གནོད་བྱེད་ཡོད་པའོ། །དང་པོ་ནི། གཉན་ཡོད་ཀྱི་བྱང་ཐད་ཀྱི་གངས་རི་ཡིན་པ་ཙམ་གྱིས་གདགས་པ་ནས་བཤད་པའི་གངས་ཅན་དུ་འགྲུབ་ན་ཧ་ཅང་ཐལ་བའི་ཕྱིར་དང་། གཉན་ཡོད་ནས་ཏི་སེའི་བར་དུ་རི་ནག་པོ་དགུ་བྱང་ནས་བྱང་དུ་ཡོད་པ་མ་ཡིན་པར་དེར་ཕྱིན་པའི་མི་དག་གི་ཚད་མས་གྲུབ་པའི་ཕྱིར་དང་། སྔོན་དེ་སྔོང་བར་འདོད་ནས། མཛོད་ཀྱི་རྣམ་བཤད་མཛད་པ་ཁ་ཅིག རི་ནག་པོ་གླུ་མཁན་གསུམ་བཤིབས་ནས་གླུ་ལེན་པ་འདྲ་བ་གསུམ་གསུམ་དགུ་ཞེས་ཟེར་དགོས་པ་བྱུང་བའི་ཕྱིར། གཉིས་པ་ལ། ལུང་དང་མི་མཐུན་པ་དང་། རིགས་པས་གནོད་པའོ། །དང་པོ་ནི། གཉན་ཡོད་འདི་ནས་ཞེས་པ་ཡི་གེའི་དོན་མ་ཡིན་ཏེ། རང་འགྲེལ་དང་མི་མཐུན་པའི་ཕྱིར། འོན་ཅི་ཞེ་ན། འདི་ན་བྱང་དུ་རི་ནག་པོ། །དགུ་འདས་ཞེས་སོགས་འཆད་པ་རང་འགྲེལ་གྱི་དགོངས་པ་ཡིན་ལ། དེའི་དོན་ནི་འཛམ་བུའི་གླིང་འདི་ན་བྱང་ཕྱོགས་ན་དེ་ལྟར་དུ་ཡོད་ཅེས་པའི་དོན་ནོ། །

གཉིས་པ་ནི། ཁྱོད་ཀྱི་འདོད་པ་དེ་མངོན་སུམ་གྱི་རིགས་པ་དང་འགལ་བ་ཡིན་ཏེ། རི་བོ་སྤོས་ངད་ཅན་དང་། གངས་མཚོའི་སྡོད་ལུགས་ལུང་ལས་བཤད་པ་དང་གོ་ལོག་པའི་ཕྱིར་དང་། གདགས་པ་ལས། གངྒཱ་གླང་པོའི་ཁ་ནས་ཤར་དུ་འབབ་པར་བཤད་པ་ལས། ཁྱེད་འདོད་པའི་གངྒཱ་ནི་མཚོ་མ་ཕམ་ལས་ནུབ་ཏུ་འབབ་པར་མངོན་སུམ་གྱིས་གྲུབ་པའི་ཕྱིར། སྤྱན་འདྲེན་གཉིས་པའི་ལན་ལ། ཐལ་འགྱུར་དང་། རང་རྒྱུད་དོ། །དང་པོ་ནི། ཆུ་བོ་ཆེན་པོ་བཞིའི་བླུགས་ཕྱེ་བའི་གངྒཱ་མ་ཕམ་ལས་འབབ་པར་མངོན་སུམ་གྱིས་གྲུབ་ན། སིནྡྷུ་དང་། སི་ཏ་དང་། པཀྴུ་རྣམས་ཀྱང་དེ་ལས་འབབ་པར་མངོན་སུམ་གྱིས་གྲུབ་པར་འགྱུར་རོ། །ཁྱབ་པ་མ་ངེས་ན། ཁྱེད་ཀྱི་རྟ་བའི་ཁྱབ་པ་དེའི་ཤེས་བྱེད་གང་ཡིན། གངྒཱ་གང་ལས་འབབ་པའི་མཚོ་དེ་མ་དྲོས་པར་ལུང་ལས་བཤད་དོ་ཞེ་ན།འོན་གངྒཱ་གང་ནས་འབབ་པའི་མཚོ་དེ་ནས་སིནྡྷུ་སོགས་ཀྱང་འབབ་པར་ལུང་ལས་བཤད་དོ། །གཉིས་པ་ནི། མཚོ་མ་ཕམ་ནས་འབབ་པའི་གངྒཱའི་མིང་ཅན་དེ་ཆོས་ཅན། ཆུ་བོ་བཞིའི་བླུགས་ཕྱེ་བའི་གངྒཱ་དངོས་མ་ཡིན་ཏེ། ཁྱོད་

དང་འབབ་སའི་ཆུ་མཚོ་གཅིག་ནས་འབབ་པའི་ཆུ་བོ་གཞན་གསུམ་མ་དམིགས་པའི་ཕྱིར། དུས་ཀྱི་དབང་གིས་གཞན་དུ་གྱུར་ནས། ཆུ་བོ་གཞན་གསུམ་པོ་མ་ཕམ་ལས་མི་འབབ་ན། གངྒཱ་ཡང་དུས་འདིར་དེ་ལས་མི་འབབ་པར་ཐལ་བ་དང་། སྔོན་གྱི་དུས་སུ་ཆུ་བོ་གཞན་གསུམ་འབབ་ཏུ་རུང་བའི་ཤུལ་ཙམ་ཡང་མི་སྣང་བས་གནོད་དོ། །

སུན་འབྱིན་གསུམ་པའི་ལན་ལ། རིགས་པས་མ་ངེས་པ་དང་། ལུང་གིས་གནོད་པའོ། །དང་པོ་ནི། འོ་ན་བྱང་ཤཱ་མ་ལའི་གནས་ཀྱང་འཛམ་བུའི་གླིང་ན་མེད་པར་འགྱུར་ཏེ། འཕགས་ཡུལ་གྱི་མི་རྫུ་འཕྲུལ་དང་མི་ལྡན་པས་དེར་བགྲོད་མི་ནུས་པས་སོ། །གཉིས་པ་ནི། ལུང་སྔན་གྱི་གཞི་ལས། དེ་ལས་རྒྱ་མཚོ་དུག་ཅན་དག་ཏུ་འགྲོ་བ་ཡི། །ཆུ་བོ་བཞི་པོ་འདི་དག་ཕྱོགས་བཞིར་འབབ། །གངྒཱ་དང་ནི་སིནྡྷུ་པཀྵུ་དང་། །སཱི་ཏ་དེ་ལས་རྫུ་འཕྲུལ་སྟོབས་ཐོབ་པ། །མ་གཏོགས་མི་རྣམས་ཀྱིས་ནི་མི་བགྲོད་པ། །དེར་ནི་ཐུབ་པ་དགེ་འདུན་བཅས་པར་བཞུགས། །ཞེས་གསུངས་སོ། །སུན་འབྱིན་བཞི་པའི་ལན་ནི། ཕལ་ཆེར་གཞུང་ལས་འབྱུང་བ་དེ་ཡིན་ལ། གོ་བདེ་བའི་ལན་ནི། བྱ་རྒོད་ཕུང་པོའི་རིའི་རྣམ་གཞག་དགོན་བརྩེགས་ནས་གསུངས་པ་དེ་ནི། ཆོས་གསུང་བའི་དུས་དེར་སངས་རྒྱས་ཀྱིས་བྱིན་གྱིས་བརླབས་པའི་དབང་དུ་བྱས་ལ། ཅིག་ཤོས་ནི་ཆོས་མངོན་པར་དངོས་པོའི་ཀུན་རྫོབ་ཀྱི་གནས་ལུགས་འཆད་པའི་དབང་དུ་བྱས་སོ། །སུན་འབྱིན་ལྔ་པའི་ལན་ནི། འོ་ན་ཁྱེད་ལྟར་ན། དེ་གཉིས་ཀ་དངོས་པོའི་གནས་ལུགས་འཆད་པའམ། གཉིས་ཀ་སྔན་དངགས་མཁན་གྱི་དབང་དུ་བྱས་པ་ཡིན། དང་པོ་ལྟར་ན། ཆོས་མངོན་པར་མཚོ་མ་དྲོས་པ་དང་ཆུ་བོ་ཆེན་པོ་བཞིའི་རྣམ་གཞག་དངོས་པོའི་གནས་ལུགས་དང་མི་མཐུན་པར་བཤད་པ་ཉིད་དུ་ཐལ་བར་འགྱུར་ཏེ། དེང་སང་གི་དུས་སུ་ཚད་མས་གྲུབ་པ་དང་ཆ་ཙམ་ཡང་མི་མཐུན་པའི་ཕྱིར། དཔེར་ན་མངོན་པ་ལས། མཚོ་གངས་ཅན་གྱི་བྱང་ན་ཡོད་པར་བཤད་པ་ལ། དེང་སང་ལྷོ་ན་སྣང་བ་དང་། རི་བོ་སྤོས་ངད་ཅན་མཚོའི་བྱང་ན་ཡོད་པར་བཤད་པ་ལ། ལྷོ་ན་སྣང་བ་དང་། གངྒཱ་གླང་པོའི་ཁ་ནས་ཤར་དུ་འབབ་པར་བཤད་པ་ལ། དེང་སང་མཚོ་མ་ཡིན་པ་གཞན་ཞིག་ནས་བབས་ནས་མཚོའི་གཞུང་བཤགས་ཏེ་ནུབ་ཏུ་འབབ་པར་མངོན་སུམ་གྱིས་གྲུབ་པ་དེ་དག་མཚན་ཉིད་པར་ཕྱིན་ཀྱིས་ཁས་བླངས་པའི་ཕྱིར། གཉིས་པ་ལྟར་ན། ཆོས་མངོན་པ་ལས་འཇིག་རྟེན་ཁམས་ཀྱི་ཚད་རྣམ་པར་བཞག་པ། ཐ་སྙད་བདེན་པའི་ངོ་ན་མེད་བཞིན་དུ། སྔན་དངགས་མཁན་གྱིས་སྒྲོ་བཏགས་པར་འཆད་ན་དེ་ལས་མི་རིགས་པ་ཅི་ཞིག་ཡོད། བྱ་རྒོད་ཕུང་པོའི་རི། མཐོ་བ་དང་། ཟླུམ་པ་དང་། མེ་ཏོག་དང་། རི་དྭགས་སྣ་ཚོགས་དང་། མཚེའུ་དང་རྫིང་བུ་མང་པོས་གང་བར་བཤད་པ་དེ། དུས་དེར་བྱིན་གྱིས་བརླབས་པའམ། སྐྱིགས་མའི་དུས་སུ་མེད་པར་སོང་བའམ། སྔན་དངགས་ཀྱི་ལུགས་སུ་བྱས་པ་གང་དུ་ཁས་བླངས་ཀྱང་འགལ་བ་མེད་དེ། དཔེར་ན་ཡུམ་གྱི་

གླིང་གཞིར། མི་མཇེད་ཀྱི་འཇིག་རྟེན་ཁམས་འདི་འཇིག་རྟེན་གྱི་ཁམས་པདྨོ་ཅན་བཞིན་དུ་གྱུར་པར་བཤད་པ་བཞིན་ནོ། །

གཉིས་པ་ནི། འཕགས་པའི་ཡུལ་དུ་ཆུ་བོ་གངྒཱ་ཞེས་འཇིག་རྟེན་པ་དང་བསྟན་བཅོས་པ་ཀུན་ལ་ཐུན་མོང་དུ་གྲགས་པ་དེ། མཚོ་མ་དྲོས་པ་ནས་འབབ་པའི་གངྒཱ་དེར་ཁས་བླངས་ན་ནི། མཚོ་མ་ཕམ་མ་དྲོས་པའི་རྒྱུ་མཚོ་མ་ཡིན་པའི་ཤེས་བྱེད་འགོད་པར་མི་ནུས་ལ། དེ་དེར་ཁས་མ་བླངས་ན་ཡང་ལུང་དང་འགལ་བ་དང་། རིགས་པ་དང་འགལ་བ་སྤྱང་དཀའ་བ་གཉིས་ཤིག་འབྱུང་སྟེ། ཡུམ་ལས། ཇི་སྐད་དུ། འཛམ་བུའི་གླིང་འདིར་ཆུ་ཀླུང་ཇི་སྙེད་ཅིག་འབབ་ཅིང་། །མེ་ཏོག་འབྲས་ལྡན་སྨན་དང་ནགས་ཚལ་སྐྱེད་བྱེད་པ། །མ་དྲོས་གནས་པའི་ཀླུ་དབང་ཀླུ་བདག་བརྟེན་གནས་ཏེ། །དེ་ནི་ཀླུ་ཡི་བདག་པོ་དེ་ཡི་མཐུ་དཔལ་ཡིན། །ཞེས་འཛམ་བུའི་གླིང་གི་ཆུ་ཆེན་ཐམས་ཅད་ཀྱི་རྩ་བ་མ་དྲོས་པ་ནས་འབབ་པ་ལྟ་བུར་གསུངས་ལ། དེ་ཡང་དེ་ལྟ་ན། ཆུ་བོ་དེ་དག་གང་ནས་འབབ་པའི་རྩ་བ་བཙད་པས། མཚོ་མ་དྲོས་པ་བདེ་བླག་ཏུ་རྙེད་སླ་བ་དང་། རིགས་པ་ཡང་། མཚོ་མ་དྲོས་པ་ནས་ལྷོ་ཕྱོགས་སུ་འབབ་པའི་ཆུ་བོ་ཞིག་ཡོད་ན། རྒྱ་གར་ཤར་ནུབ་ཀྱི་མི་རྣམས་ཀྱི་ཚད་མ་ལ་སྣང་དགོས་ཏེ། དེའི་ཁོངས་སུ་མི་འདུ་བའི་འཛམ་གླིང་ལྷོ་ཕྱོགས་ཀྱི་ཡུལ་མེད་པའི་ཕྱིར། །དེ་ལྟར་དོགས་པའི་མཐའ་ཤེས་པར་བྱས་ནས། ཆུ་བོ་གངྒཱའི་མིང་ཅན་ནི་གཉིས་ཏེ། ཕྱི་རོལ་པ་སོགས་འཇིག་རྟེན་པ་དག་དང་ཐུན་མོང་དུ་གྲགས་པ་དང་། སངས་རྒྱས་ཀྱི་ཆོས་ལས་ཐུན་མོང་མ་ཡིན་པར་བཤད་པའོ། །དང་པོ་ནི། རྩ་བ་མ་ཕམ་ནས་འབབ་པ་འདི་ཉིད་ཡིན་ཏེ། ཐོག་མར་མ་ཕམ་ནས་ནུབ་ཏུ་བབས། རྒྱ་གར་ནུབ་ཕྱོགས་སུ་སླེབ་པ་ན། ཤར་དུ་ཁ་བལྟས་ཏེ་འབབ་པ་རྡོ་རྗེའི་གདན་གྱི་བྱང་ཕྱོགས་ནས་བསྐོར་ཏེ། མཐར་ལྷོ་ཕྱོགས་ཀྱི་རྒྱ་མཚོར་འབབ་པ་དེ་ཡིན་ལ། འདི་ལ་ནི། མངོན་བརྗོད་དང་། སྨན་སྤྱོད་དང་། འདུལ་བ་སོགས་ལས་ཆུ་བོ་གངྒཱ་ཞེས་རྒྱ་ཆེར་བཤད་ཅིང་། ལྷོ་བལ་གྱི་སྐྱེ་བོ་ཀུན་ལ་གངྒཱ་ཞེས་གྲགས་ལ། མདོ་སྡེ་དག་ལས་ཀྱང་གངྒཱའི་ཀླུང་གི་བྱེ་མ་སྙེད་ཅེས་བཤད་དོ། །དེ་དང་འདྲ་བར། སིནྡྷུའི་ཡུལ་དུ་འབབ་པའི་ཆུ་བོ་སིནྡྷུ་དང་། བྱང་ཕྱོགས་ན་ཆུ་བོ་ཤཱ་ཏི་ཞེས་བྱ་བ་བཤད་མོད། དེ་དག་ནི་མཚོ་མ་དྲོས་པ་ཞེས་བྱ་བ། མངོན་པ་ནས་འབྱུང་བའི་ཡོན་ཏན་དང་ལྡན་པ་དེ་ནས་འབབ་པའི་བཤད་པ་མི་བཞེད་དོ། །དེ་ཡང་མུ་སྟེགས་ཀྱི་གཞུང་ལས། གངྒཱའི་སྒོ་དང་ཀུ་ཤ་འཁྲིལ། །བིལ་བ་ཅན་དང་སྔོན་པོའི་རི། །ཀཱ་ལི་ཀ་ནིའི་འཇུག་ངོགས་སུ། །ཁྲུས་བྱས་ཡང་འབྱུང་སྲིད་མ་ཡིན། །ཞེས་འཆད་ལ། དེའི་རྒྱས་བཤད་ཀྱང་། ཁྱབ་འཇུག་གིས་མི་འུ་ཐུང་དུ་སྤྲུལ་ནས། ལྷ་མིན་གྱི་རྒྱལ་པོ་སྟོབས་ལྡན་གྱི་བུ་དྲུག་ཁྲི་བསད། དེ་རྣམས་དམྱལ་བར་སོང་བ། དེ་དག་གི་ཚ་བོ་ཧླང་གེར་ཏ་ཞེས་བྱ་བས་མ་བཟོད་ནས། ལྷ་ཚངས་པ་ལ་གསོལ་བ་བཏབ་པས། ལྷ

ཡུལ་ན་ཆུ་བོ་གངྒཱ་ལྷ་མོའི་གཟུགས་སུ་གནས་པ་དེ། ཆུ་བོའི་གཟུགས་སུ་བྱས་ནས་བྱིན་པ་ན། བར་སྣབས་སུ་དབང་ཕྱུག་ཆེན་པོའི་རལ་པར་ཐེར་བས་ལོ་སྟོང་གི་བར་དུ་འཁྱིལ། དུས་དེར་དེ་ཉིད་ལ་གསོལ་བ་བཏབ་པས། རལ་པ་བཅིར་བའི་ཐིགས་པ་ཅིག་གངས་ཏི་སེའི་འགྲམ་དུ་འཁྱིལ། དེ་རྒྱ་མཚོར་བབས་ནས་ས་འོག་ཏུ་སོང་བས། ལྷ་མིན་གྱི་བུ་དྲུག་ཁྲིའི་རུས་པ་བཀྲུས་པས། དམྱལ་བ་ནས་ཚེ་འཕོས་ཏེ་མཐོ་རིས་སུ་སྐྱེས་པར་འཆད་ལ། དེ་ལྟར་ཆུ་བོ་འདི་ནམ་མཁའ་ནས་བབ་པའི་རྒྱུ་མཚན་གྱིས་གངྒཱ་དང་། ལྷ་ཡུལ་དང་། ས་སྟེངས་དང་། ས་འོག་གསུམ་དུ་བབ་པའི་རྒྱུ་མཚན་གྱིས་རྒྱུན་གསུམ་པ་དང་། ལམ་གསུམ་ཅན་དང་། སྐལ་ལྡན་ཤིང་རྟ་དང་། ཛྷ་ནུའི་བུ་མོ་ལ་སོགས་པའི་མིང་གིས་འདོགས་སོ། །དེ་ཡང་མ་ཕམ་ནི་གངྒཱ་འཁྱིལ་བ་ལས་བྱུང་བའི་མཚོར་ཁས་ལེན་པ་ཡིན་གྱི། ཆུ་བོ་ཆེན་པོ་བཞི་གང་ནས་འབབ་པའི་རྩ་བར་གྱུར་པའི་མཚོ་མ་དྲོས་པར་ཁས་ལེན་པ་མ་ཡིན་ནོ། །དེ་ལྟར་ན། མུ་སྟེགས་བྱེད་ཀྱིས་སྡིག་པ་དག་བྱེད་ཀྱི་ཆུ་དང་། གངས་ཏི་སེ་ལྷ་དབང་ཕྱུག་ཆེན་པོའི་བཞུགས་གནས་སུ་ཁས་ལེན་ཞིང་། འཕགས་ཡུལ་གྱི་འཇིག་རྟེན་པ་དག་ལ་དེ་ལྟར་གྲགས་ཀྱང་། དངོས་པོ་ལ་དེ་ལྟར་མི་གནས་ཏེ། སངས་རྒྱས་ཀྱི་གསུང་དང་མི་མཐུན་པའི་ཕྱིར་རོ། །

གཉིས་པ་ནི། ཆོས་མངོན་པ་སོགས་ལས་གསུངས་པའི་མཚན་ཉིད་ཅན་གྱི་མཚོ་མ་དྲོས་པ་དེ་ལས་འབབ་པའི་ཆུ་བོ་བཞི་དང་བཅས་པ། འཛམ་བུའི་གླིང་འདི་ཉིད་ན་བྱང་གི་ཕྱོགས་ན་ཡོད་ཀྱང་། རྒྱ་བོད་དང་ཧོར་ལ་སོགས་པའི་མི་རིགས་རྫུ་འཕྲུལ་དང་མི་ལྡན་པ་རྣམས་ཀྱི་མངོན་སུམ་གྱི་ཡུལ་ལས་འདས་པ་ཞིག་སྟེ། དཔེར་ན་བྱང་ཤཱཀྱ་ལའི་བཀོད་པ་བཞིན་ནོ། །དེ་སྐད་དུ་ཡང་། མཛོད་འགྲེལ་ལས། འཛམ་བུའི་གླིང་འདིའི་བྱང་ཕྱོགས་འཛམ་བུའི་གླིང་འདི་ཉིད་ན། རི་ནག་པོ་དགུ་འདས་པའི་ཕ་རོལ་ན་གངས་རི་ཡོད་དོ། །གངས་རི་དེའི་ཕ་རོལ། རི་སྤོས་ཀྱི་ངད་ལྡན་པའི་ཚུ་རོལ་ན། མཚོ་མ་དྲོས་པ་ཞེས་བྱ་བ་གང་ལས། ཆུ་བོ་ཆེན་པོ་བཞི་པོ། གངྒཱ་དང་། སིནྡྷུ་དང་། སི་ཏཱ་དང་། པཀྴུ་འབབ་པ་ཡོད་དོ། །དེའི་ཞེང་དུ་ཡང་དཔག་ཚད་ལྔ་བཅུ་ཡོད་ལ། མཐུར་ཡང་དཔག་ཚད་ལྔ་བཅུ་ཡོད་དེ། ཡན་ལག་བརྒྱད་དང་ལྡན་པའི་ཆུས་གང་ངོ་། །དེར་ནི་རྫུ་འཕྲུལ་དང་མི་ལྡན་པའི་མིས་བགྲོད་པར་དཀའོ། །དེ་ཉིད་ཀྱི་དྲུང་ན། གང་ལ་འབྲས་བུ་མངར་པོ་དག་ཡོད་པའི་ཤིང་འཛམ་བུ་ཞེས་བྱ་བ་མངོན་པར་གྲུབ་སྟེ། དེའི་དབང་གིས་འདི་འཛམ་བུའི་གླིང་ཞེས་བྱ་བར་གྲགས་སོ། །ཞེས་འབྱུང་ངོ་། །མངོན་པ་ནས་གསུངས་པའི་གངས་ཅན་འདི། ཡུལ་སོ་བདུན་གྱི་ནང་ཚན་དུ་འཆད་པ་རྒྱུད་སྡེའི་དགོངས་པར། རྗེ་བཙུན་གྲགས་པའི་ཞབས་ཀྱིས་ནི་བཀྲལ་བར་མི་གསལ་ལ། ཕྱག་རྒྱ་བ་རྣམས་ཀྱིས་ཏི་སེ་གནས་ཆེན་དུ་འཆད་པ་དེ་ཡང་། ལྷ་དབང་ཕྱུག་ཆེན་པོ་དང་། དགྲ་བཅོམ་ལྔ་བརྒྱའི་བཞུགས་གནས་སུ་བསམས་ནས་དེ་ལྟར་ཁས

ལེན་པ་ཡིན་ཏེ། རྗེ་བཙུན་མི་ལའི་མགུར་ལས། གངས་དཀར་ཏི་སེ་སྐད་པ་དེ། །དགྲ་བཅོམ་ལྔ་བརྒྱ་བཞུགས་པའི་གནས། །རི་བོ་གངས་ཅན་བྱ་བ་ཡིན། །མ་ཕམ་གཡུ་མཚོ་སྐད་པ་དེ། །མ་དྲོས་མཚོ་མོ་བྱ་བ་ཡིན། །བྲག་དམར་སྤོ་མཐོ་སྐད་པ་དེ། །རི་ནག་འཐིབས་བྱེད་བྱ་བ་ཡིན། །ཞེས་གསུངས་པ་འདི་ལ་བརྟེན་པ་ཡིན་མོད། འདི་ནི་སྟོན་དངགས་ཀྱི་ལུགས་སུ་མཛད་པ་ཡིན་ཏེ། བྲག་དམར་སྤོ་མཐོ་དེ་རི་བོ་འཐིབས་བྱེད་དངོས་མ་ཡིན་པ་བཞིན་ནོ།། །།

དྲི་བ་སོ་དགུ་པ་ནི། མངོན་པ་ནས་གསུངས་གངས་ཅན་དེ། །ཏི་སེ་ཡིན་པར་ཕྱོགས་སྔ་མས། །ཁས་བླངས་ཤམྦྷ་ལ་ཡི་ནི། །གངས་ཅན་ཏི་སེར་མ་སླུས་པས། །རྩོད་ལན་འབྲེལ་པ་གང་ཡིན་བརྟག རང་གི་ལུགས་ལ་མངོན་པ་ནས། །གསུངས་པའི་གངས་ཅན་རྒྱུད་སྡེ་ལས། །བཤད་པའི་གངས་ཅན་དེར་བཞེད་དམ། །གཞན་ཡང་བདེ་མཆོག་གི་རྫོང་ལས། །འབྱུང་བའི་གངས་ཅན་གངས་ཡིན་པ། །ཤམྦྷ་ལ་ཡི་གངས་ཅན་དུ། །ངེས་པར་ཞལ་གྱིས་བཞེས་ནུས་སམ། །ཞེས་པའོ། །འདི་ལ་གཉིས་ལས། དང་པོ་ལ་འདྲི་བའི་རྒྱུ་མཚན་ནི། གཞུང་འདིར། ཇི་སྐད་དུ། དེ་ཡི་གཏན་ཚིགས་འདི་ལྟར་ཡིན། །དཔལ་ལྡན་དུས་ཀྱི་འཁོར་ལོ་ལས། །ཞེས་སོགས་ཀྱི་དོན་འཆད་པ་ན། གཞུང་འདིའི་རྣམ་བཤད་བྱེད་པ་ཕལ་ཆེ་བས། གངས་ཏི་སེ་ཡུལ་ཆེན་གྱི་ནང་ཚན་དུ་གྱུར་པའི་རི་བོ་གངས་ཅན་མ་ཡིན་པའི་ཤེས་བྱེད་དུ། དུས་འཁོར་དང་མི་མཐུན་པ་དང་། མངོན་པ་དང་འགལ་བ་དང་། ཕལ་པོ་ཆེའི་མདོ་སྡེ་དང་མི་མཐུན་པ་རྣམས་གཏན་ཚིགས་སུ་འགོད་པར་སྣང་བའི་རྒྱུ་མཚན་གྱིས་སོ། །

གཉིས་པ་མ་དྲིས་པའི་ཉེས་པ་ནི། གཞུང་དུ། དཔལ་ལྡན་དུས་ཀྱི་འཁོར་ལོ་དང་། །མངོན་པའི་གཞུང་དུ་གསུངས་པ་ཡི། །ཞེས་སོགས་ཀྱི་སྒྲ་ཇི་བཞིན་པ་ལ་བལྟས་ན། ལུང་དེ་གཉིས་ཀ་ནས་རི་བོ་གངས་ཅན་དོན་མཐུན་པ་གཅིག་ཉིད་ཀྱི་མཚན་ཉིད་རྒྱས་པར་བཤད་པ་ལྟ་བུར་སྣང་ཡང་། དེ་ལྟར་ཁས་ལེན་དུ་མི་རུང་བ་དང་། དུས་འཁོར་ནས་གསུངས་པའི་གངས་ཅན་གྱི་བཤད་པ་དང་མ་མཐུན་པ་ཙམ་གྱིས། ཡུལ་ཆེན་སོ་བདུན་གྱི་ནང་ཚན་དུ་གྱུར་པའི་གངས་ཅན་མ་ཡིན་པར་ཁས་ལེན་ནུས་ན། བདེ་ཀྱི་གཉིས་ནས་མཐུན་པར་ཡུལ་ཆེན་དུ་གསུངས་པའི་ཧི་མ་ལ་ཡ་ཞེས་བྱ་བ་དེས་མ་ངེས་པ་དང་། གཞན་ཡང་མཚོ་མ་དྲོས་པ་དང་འབྲེལ་ཆགས་སུ་གནས་པའི་རི་བོ་གངས་ཅན་དེ། ཡུལ་སོ་བདུན་གྱི་ནང་ཚན་དུ་གྱུར་པའི་གངས་ཅན་དུ་ཁས་ལེན་ནམ་མི་ལེན། དང་པོ་ལྟར་ན། རྗེ་བཙུན་གྱི་རྣམ་བཤད་དག་ལྡན་དུ། ཡུལ་སོ་བདུན་གྱི་ནང་ཚན་དུ་གྱུར་པའི་གངས་ཅན་དེ། བལ་བོད་ཀྱི་མཚམས་ན་ཡོད་པར་བཤད་པ་དང་འགལ། གཉིས་པ་ལྟར་ན། གཞུང་འདི་ཉིད་ཀྱི་གོང་འོག་གི་འཕྲོས་དང་མ་མཐུན་ནོ་སྙམ་པའི་དོགས་པ་འདི་སྐྱེ་བར་འགྱུར་ལ། སློབ་དཔོན་རལ་གྲིས། བསྟན་བཅོས

མཛད་པ་འདི་ལ། མངོན་པ་དང་དུས་འཁོར་གཉིས་ཀྱི་གངས་ཅན་གྱི་ཞབ་མ་ཕྱེད། ཅེས་ཟེར་བར་སྣང་སྟེ། དེ་ཡང་དོགས་པ་སྔ་མ་དེ་ཉིད་དང་དོན་གཅིག་གོ། །

གཉིས་པ་དངོས་ལན་གདབ་པ་ནི། ཕྱོགས་སྔ་མས་གངས་ཏི་སེ་རིག་འཛིན་གྱི་རྟོགས་པ་སྤྲེལ་བའི་གནས་ཆེན་དུ་ཁས་བླངས་པ་ལ། དེ་དེ་མ་ཡིན་པའི་ཤེས་བྱེད་དུ། མངོན་པ་ནས་གསུངས་པའི་གངས་ཅན་ཡང་མ་ཡིན། དུས་འཁོར་ནས་གསུངས་པའི་གངས་ཅན་ཡང་མ་ཡིན། རྨ་བྱ་ཆེན་མོའི་མདོ་སོགས་ནས་གསུངས་པའི་གངས་ཅན་ཡང་མ་ཡིན་པའི་ཕྱིར། ཞེས་འཆད་པའོ། །དེས་ན་བསྟན་བཅོས་མཛད་པ་འདིའི་བཞེད་པ་ལ་ནི༑ ཡུལ་སོ་བདུན་གྱི་ནང་ཚན་དུ་གྱུར་པའི་གངས་ཅན་ནི། མངོན་པ་དང་དུས་འཁོར་ནས་གསུངས་པ་གང་རུང་ལ་འཆད་དགོས་པ་ཡིན་ཏེ། དེ་ལས་གཞན་དུ་ན། གཞུང་གི་འཕྲོས་སྒྲིག་མི་ཤེས་པ་དང་། དེ་གང་རུང་ལས་མ་གཏོགས་པའི་གངས་ཅན་ཞིག་ཁས་ལེན་ན། དེ་ཡང་དེ་མ་ཡིན་པར་ཧ་ཅང་ཐལ་བའི་ཤེས་བྱེད་དུ། དཔལ་ལྡན་དུས་ཀྱི་འཁོར་ལོ་དང་། །མངོན་པའི་གཞུང་ལས་གསུངས་པ་ཡི། །ཞེས་སོགས་ཏི་སེ་གངས་ཅན་མ་ཡིན་པའི་ལུང་རིགས་རྣམས་ཇི་ལྟ་བ་བཞིན་དུ་མཚུངས་པའི་ཕྱིར་དང་། མཁས་པ་འཇུག་པའི་སྒོ་ལས་ཀྱང་། ཧི་མ་ལ་ཡའི་སྒྲ་ལྷ་མོ་ཨུ་མའི་ཕ་དབང་ཕྱུག་ཆེན་པོ་འདུག་པའི་གནས། མཚོ་མ་དྲོས་དང་ཉེ་བའི་རི་བོ་གངས་ཅན་ཞེས་བྱ་བ་ཡིན་མོད་ཀྱི། ལོ་ཙྪ་བ་མི་ཤེས་པ་དག་གིས་ཏི་སེར་བསྒྱུར་བ་འགའ་རེ་མཐོང་། ཞེས་གསུངས་པའི་ཕྱིར་རོ༑ །རྗེ་བཙུན་གྱིས་ནི་ལྗོན་ཤིང་དུ། ཧི་མ་ལ་ཡ་ནི་བལ་པོར་གཏོགས་པའི་བོད་དེ། ལྟག་པའོ། །ཞེས་གསུངས་པ་དེའི་དགོངས་པ་ཡང་འདི་དང་མཐུན་ནམ་ཞིབ་བརྟག་པར་བྱའོ། །བདེ་ཀྱི་ནས་འབྱུང་བའི་གངས་ཅན་དང་། ཤམྦྷ་ལའི་གངས་ཅན་དོན་གཅིག་ཏུ་འཆད་ནུས་པ་མ་ཡིན་ཏེ། ཤམྦྷ་ལའི་ཡུལ་ཙམ་གྱི་ལུང་ཁུངས་ཀྱང་། རྒྱུད་སྡེ་གཞན་ནས་ཚོལ་བ་ཤིན་ཏུ་དཀའ་བར་སྣང་ན། དེ་ནས་བཤད་པའི་གངས་ཅན་བདེ་ཀྱི་གཉིས་བཤད་པར་མཐུན་སྣང་དུ་གྲུབ་པ་ལྟ་ཅི་སྨོས་པའི་ཕྱིར་རོ།། །།

དྲི་བ་བཞི་བཅུ་པ་ནི། དེ་ནས་ཀླ་ཀློའི་རྫུ་འཕྲུལ་གྱིས། །ཤམྦྷ་ལ་རུ་དམག་འདྲེན་པའི། །བཤད་པ་གསལ་པོ་གང་ན་བཞུགས། །ཞེས་པའོ། །འདི་ལ་གཉིས་ལས། དང་པོ་ལ། འདྲི་བའི་རྒྱུ་མཚན་ནི། གཞུང་ལས། །སྙིགས་མའི་དུས་སུ་འཕགས་པའི་ཡུལ། །ཀླ་ཀློའི་ཆོས་ཀྱིས་གང་བར་འགྱུར། །དེ་ནས་ཀླ་ཀློའི་རྫུ་འཕྲུལ་གྱིས། །ཞེས་སོགས་ཀྱི་སྒྲ་ཇི་བཞིན་པ་དང་། དེའི་རྣམ་བཤད་མཛད་པ་པོ་ཀུན་གྱིས། ཀླ་ཀློའི་རྫུ་འཕྲུལ་གྱིས་ཤམྦྷ་ལར་དམག་འདྲེན་པའི་བཤད་པ་མཛད་འདུག་པའི་རྒྱུ་མཚན་གྱིས་སོ། །གཉིས་པ་མ་དྲིས་པའི་ཉེས་པ་ནི། དུས་ཀྱི་འཁོར་ལོའི་རྒྱུད་དང་འགྲེལ་པ་དག་ན། ཤམྦྷ་ལ་ནས་རིགས་ལྡན་གྱི་རྒྱལ་པོ་དྲག་པོ་འཁོར་ལོ་

ཅན་གྱིས། ཀླ་ཀློ་གང་ན་འཁོད་པའི་ཡུལ་དེར་དམག་འདྲེན་པར་བཤད་ཀྱི། ཀླ་ཀློའི་རྒྱལ་པོས་ཤམྦྷ་ལར་དམག་འདྲེན་པའི་བཤད་པ་གསལ་པོ་གཅིག་ཀྱང་མི་སྣང་ངོ་། །ཞེས་རྒོལ་བ་དག་འབྱུང་བར་འགྱུར་རོ། །དེའི་ཤེས་བྱེད་ཀྱང་། དཔལ་ལྡན་རྒྱུད་ལས། ཀླ་ཀློ་རྣམས་ནི་གཞོམ་པའི་སླད་དུ་མི་ཡི་བདག་པོ་དབང་པོ་བཅུ་གཉིས་དག་དང་ལྡན་པར་འགྲོ། །དུམ་བུ་དུམ་བུ་དག་ཏུ་ཀླ་ཀློའི་ཆོས་ནི་བཅོམ་ནས་འཁོར་ལོ་ཅན་ཡང་བདེ་བའི་གནས་སུ་འགྲོ། །ཞེས་གསུངས་པ་དང་། རིགས་ལྡན་རིགས་ཀྱི་ནང་ནས་ལག་པས་བསྒྱུར་བའི་དུས་ཀྱི་བུ་དང་ཚ་བོ་དག་ནི་འདས་གྱུར་པ། །དེ་ཡི་དུས་སུ་ངེས་པར་མ་ཁའི་ཡུལ་དུ་ཀླ་ཀློའི་ཆོས་ནི་རབ་ཏུ་འཇུག་པ་དག་ཏུ་འགྱུར། །ཀླ་ཀློའི་དབང་པོ་གདུག་པ་ཧི་སླེད་པ་དང་ཧི་སླེད་ལྷ་མཆོག་གིས་བཀུར་དྲག་པོའི་རིགས་ལྡན་ཡང་། །དེ་ཡི་དུས་སུ་གཉིས་པོ་དག་ཀྱང་ས་ཡི་སྙིང་གི་གནས་སུ་འཁྲུག་པ་དྲག་པོ་འབྱུང་བར་འགྱུར། །གཡུལ་དུ་ཀླ་ཀློ་དག་ལ་མཐའ་དག་ས་ཡི་སྙིང་དུ་སྟོན་བྱེད་འཁོར་ལོ་སྒྱུར་བ་རང་གི་དཔུང་། །ཡན་ལག་བཞི་ལྡན་གྱི་ལཤ་ཡི་རི་བོ་ལྷ་ཡིས་བཀོད་པའི་གྲོང་ནས་དུས་མཐར་འབྱུང་བར་འགྱུར། །དྲག་པོ་གདོང་དྲུག་ཚོགས་ཀྱི་དབང་པོ་འཕྲོག་བྱེད་རྣམས་ཀྱང་རིགས་ལྡན་ལ་ནི་གྲོགས་དག་སྦྱིན་འགྱུར་ཏེ། །ཧོ་ནུ་མནྟ་པོའི་དབང་པོ་གསེར་གྱི་ཤིང་རྟ་མི་བདག་དཔའ་བོ་ཕྲག་ན་མཆོན་ལྡན་རྣམས་ཀྱང་ངོ་། །ཞེས་རྩོད་དུས་ཀྱི་མཐར་རིགས་ལྡན་དྲག་པོ་དཔུང་གི་ཚོགས་བཅས་རྒྱ་བོ་ཤཱི་ཏའི་ལྷོ་ཕྱོགས་སུ་ཆུར་འོངས་ནས། ཀླ་ཀློའི་ཚོགས་དང་སའི་སྙིང་དུ་འཁྲུག་པ་བྱས་ནས། ཀླ་ཀློ་གཡུལ་དུ་བཅོམ་སྟེ། རིགས་ལྡན་དྲག་པོ་གླིང་བཞིར་རིམ་པ་བཞིན་དུ་རྒྱུ་བས་དུས་བཞི་ཕྱི་མའི་མགོ་རྩོམ་པས་སོ། །སྐབས་དུ་དོགས་པ་སྐྱེ་བར་འགྱུར་རོ། །

གཉིས་པ་དངོས་ལན་གདབ་པ་ནི། ཀླ་ཀློའི་ཛྫ་འཕྲུལ་གྱིས། ཤམྦྷ་ལ་རུ་དམག་འདྲེན་པར་འགྱུར་ཞེས་པ༑ བརྟག་པ་མཐར་བཟུང་བའི་ཚུལ་ཡིན་གྱི། དངོས་སུ་འདྲེན་སྲིད་པ་ནི་མ་ཡིན་ནོ། །ཇི་ལྟར་ཞེ་ན། རིགས་ལྡན་གྲགས་པའི་ཆོས་སྟོན་པའི་དུས་ལ་བབ་པ་དེའི་ཚེ། ཚངས་པའི་དྲང་སྲོང་བྱེ་བ་ཕྲག་ཕྱེད་དང་བཞི་པོ་དུས་ཀྱི་འཁོར་ལོའི་གཞལ་མེད་ཁང་པར་དབང་བསྐུར་ནས། རྡོ་རྗེའི་རིགས་གཅིག་ཏུ་བྱ་དགོས་ཏེ། གལ་ཏེ་མ་བྱས་ན༑ འཛམ་དབྱངས་གྲགས་པས་ཆོས་བསྟན་ཟིན་ནས་ལོ་བརྒྱད་བརྒྱ་འདས་པའི་འོག་ཏུ། འཕགས་པའི་ཡུལ་དུ་ཀླ་ཀློའི་ཆོས་འཇུག་ལ། དེའི་ཚེ་དྲང་སྲོང་བྱེ་བ་ཕྲག་ཕྱེད་དང་བཞི་པོའི་བུ་རྒྱུད་རྣམས་ཀྱང་ཀླ་ཀློའི་ཆོས་ཀྱི་སྣོད་དུ་གྱུར་ནས། འཕགས་ཡུལ་གྱི་ཀླ་ཀློའི་དབང་པོའི་ཛྫ་འཕྲུལ་གྱིས། ཤམྦྷ་ལའི་གནས་སུ་ཡང་ཀླ་ཀློའི་ཆོས་འཇུག་པར་འགྱུར་རོ། །དེ་བས་ན་དེ་མི་འཇུག་པར་བྱ་བའི་ཕྱིར་དུ། དྲང་སྲོང་བྱེ་བ་ཕྲག་ཕྱེད་དང་བཞི་པོ་རྡོ་རྗེའི་རིགས་སུ་བྱེད་པའམ། དེར་མི་བྱེད་ན་ཡུལ་ཁམས་གཞན་དུ་ཕྱུང་དགོས་སོ། །ཞེས་བྱ་བའི་དོན་དུ་འཆད་

དགོས་པ་ཡིན་ཏེ། འགྲེལ་ཆེན་དྲི་མ་མེད་པའི་འོད་ལས། ཇི་སྐད་དུ། རྒྱལ་པོ་གྲགས་པས་གསུངས་པ། འདིར་བདག་གིས་བཅོམ་ལྡན་འདས་དུས་ཀྱི་འཁོར་ལོའི་དཀྱིལ་འཁོར་གྱི་ཁང་པ་འདིར་ཁྱེད་རྣམས་བཞུགས་པར་བྱ་ཞིང་། འཇིག་རྟེན་དང་འཇིག་རྟེན་ལས་འདས་པའི་དབང་སྦྱིན་པར་བྱའོ། །ཙི་སྟེ་ཁྱེད་རྣམས་བདག་གི་བཀའ་མི་བྱེད་པ་དེ་ལྟ་ན། བདག་གི་གྲོང་བྱེ་བ་ཕྲག་དགུ་བཅུ་རྩ་དྲུག་པོར་ལ། གང་དང་གང་དུ་མོས་པ་དེ་དང་དེར་ཁྱེད་རྣམས་སོང་ཤིག རྣམ་པ་གཞན་དུ་ན་ལོ་བརྒྱད་བརྒྱ་འདས་པའི་རྗེས་ལ། ཁྱེད་ཀྱི་རིགས་ཀྱི་བུ་དང་ཚ་བོ་ལ་སོགས་པས་ཀླ་ཀློའི་ཆོས་དར་བར་བྱས་ནས། ཤམྦྷ་ལ་ལ་སོགས་པའི་ཡུལ་ཆེན་པོ་དགུ་བཅུ་རྩ་དྲུག་ཏུ་ཀླ་ཀློའི་ཆོས་སྟོན་པར་བྱེད་པར་འགྱུར་རོ། །ཞེས་གསུངས་པས་སོ། །དེ་ལྟར་ན། འཇམ་དབྱངས་གྲགས་པས་དྲང་སྲོང་བྱེ་བ་ཕྲག་ཕྱེད་དང་བཞི་པོ་རྡོ་རྗེའི་རིགས་གཅིག་ཏུ་བྱས་པའི་སྟོབས་ཀྱིས། ཤམྦྷ་ལའི་གནས་སུ་ནི་ཀླ་ཀློའི་ཆོས་འཇུག་པའི་མཐུ་མེད་ལ། ནམ་ཞིག་འཕགས་པའི་ཡུལ་ལ་སོགས་པ་ས་དུམ་བུ་བཅུ་གཉིས་སུ་ཀླ་ཀློའི་ཆོས་ཞུགས་པ་ན། འཇམ་དབྱངས་གྲགས་པའི་སྐྱེ་བ་རིགས་ལྡན་དྲག་པོ་རིམ་གྱིས་བྱོན་ནས་ཀླ་ཀློའི་ཆོས་ཀུན་བཅོམ་སྟེ། སངས་རྒྱས་ཀྱི་ཆོས་ལ་འགོད་པར་གསུངས་སོ། །དེ་ལྟར་ན་ཡང་། དུས་དེར་རབ་ཏུ་བྱུང་བ་དང་། དམ་པའི་ཆོས་འདུལ་བའི་བསྟན་པ་འབྱུང་བར་ནི་མ་བཤད་དོ། །དེ་ལྟ་ཡིན་པ་དེའི་ཕྱིར། ལུགས་འདི་ལ་སྐྱོན་བརྗོད་པ་དགག་ན་རེ། དུམ་བུ་བཅུ་གཉིས་པ་ལ་ཀླ་ཀློ་ཡི། །ཆོས་འཇུག་འཁོར་ལོ་ཅན་གྱིས་དེ་འཇོམས་ལོ། །སྲྀ་མི་སྣན་ན་མི་དགེ་བཅུ་མེད་ཅིང་། །སངས་རྒྱས་བསྟན་པའི་སྟོད་དུ་མི་རུང་ཞེས། །འདུལ་བ་མདོན་པའི་སྡེ་སྣོད་རྣམས་ལས་གསུངས། །དེ་དང་དེ་ཡི་འགལ་བ་ཇི་ལྟར་སྤོང་། །ཞེས་པའི་སུན་འབྱིན་དག་ཀྱང་ལེགས་པར་སྤྱངས་པ་གྲུབ་པ་ཡིན་ནོ།། །།

དྲི་བ་ཞེ་གཅིག་པ་ནི། རིགས་ལྡན་དྲག་པོ་ཞེས་བྱ་བ། །ཕྱག་ན་རྡོ་རྗེའི་སྤྲུལ་པ་དངོས། །ཡིན་པའི་བཤད་པ་གང་ན་ཡོད། །ཅེས་པའོ། །འདི་ལ་གཉིས་ལས། དང་པོ་ལ་འདྲི་བའི་རྒྱུ་མཚན་ནི། གཞུང་དུ། དེ་ཚེ་ཕྱག་ན་རྡོ་རྗེ་ཡི། །སྤྲུལ་པ་དྲག་པོ་ཞེས་བྱ་བའི། །རྒྱལ་པོས་ཀླ་ཀློ་ཀུན་བཅོམ་ནས། །ཞེས་པ་ལ། རྣམ་བཤད་མཛད་པ་པོ་ཕལ་ཆེ་བས་རྣམ་པར་དཔྱད་པ་ཅི་ཡང་མི་སྣང་ལ། སྤྱོས་ཁང་པས། དེ་ཆེ་འཇམ་དཔལ་གྲགས་པ་ཡི༑ །སྤྲུལ་པ་ཞེས་བཤད་ལ། དེ་ཉིད་ཀུ་མུ་རའི་རྣམ་བཤད་དུའང་བྲིས་སོ། །གཉིས་པ་མ་དྲིས་པའི་ཉེས་པ་ནི། ངེས་དོན་དུ་སངས་རྒྱས་ཐམས་ཅད་ཀྱི་ཆོས་ཀྱི་སྐུ་གཅིག་ཡིན་པའི་ཕྱིར་གཅིག་གི་སྤྲུལ་པའི་སྐུ་གང་ཡིན་པ་དེ་ཉིད། གཞན་གྱི་ཡང་སྤྲུལ་པའི་སྐུར་འགྱུར་མོད། དྲང་བའི་དོན་དུ་སྟོན་གྱི་རྒྱུད་སོ་སོའི་དབང་གིས་སངས་རྒྱས་ཀྱི་གཟུགས་སྐུ་སོ་སོར་འཇོག་པ་དང་། སྟོན་གྱི་སྨོན་ལམ་གྱི་དབང་གིས། ཕྲིན་ལས་སོ་སོར་ངེས་པར་འཇོག་པ་

དེའི་ཚེ་ན། གང་གི་སྤྲུལ་པ་གང་ཡིན་མ་འདྲེས་པར་འཆད་དགོས་ཏེ། དུས་ཀྱི་འཁོར་ལོར། བྱང་ཆུབ་སེམས་དཔའ་བཅུ་གསུམ་དང་། ཁྲོ་བོ་བཅུའི་སྤྲུལ་པ་རྣམས་མ་འདྲེས་པ་ཁོ་ནར་བཤད་པའི་ཕྱིར། དེ་སྐད་དུ་ཡང་། འགྲེལ་ཆེན་དུ་རྩ་བའི་རྒྱུད་དྲངས་པ་ལས། ཇི་སྐད་དུ། འདས་པའི་རྒྱལ་པོ་ཉི་མའི་འོད། །དེ་ནི་བགེགས་དགྲའི་སྤྲུལ་པ་སྟེ། །ཕྱག་ན་རྡོ་རྗེ་ཟླ་བཟང་ཁྱོད། །ས་སྙིང་གཤིན་རྗེ་མཐར་བྱེད་དང་། །སྒྲིབ་པ་ཐམས་ཅད་རྣམ་སེལ་དང་། །རྨུགས་བྱེད་ཁེངས་བྱེད་རིམ་པ་སྟེ། །ནམ་མཁའི་སྙིང་པོ་འཇམ་དབྱངས་དང་། །འཇིག་རྟེན་མགོན་པོ་གོ་རིམ་བཞིན། །གཤིན་རྗེ་གཤེད་སོགས་ཁྲོ་བོ་བཅུ། །དེ་བར་བྱང་ཆུབ་སེམས་དཔའ་གཞན། །བཅུ་གསུམ་དེ་རྣམས་རིམ་པ་ཡིས། །རིགས་ལྡན་རིགས་ལ་འབྱུང་བར་འགྱུར། །གྲགས་པ་རིགས་ལྡན་རིགས་ཀྱང་སྟེ༑ ༑དེ་ནས་རིགས་ལྡན་པདྨ་དཀར། །བཟང་པོ་རིགས་ལྡན་གསུམ་པ་སྟེ། །དེ་བཞིན་བཞི་པ་རྣམ་རྒྱལ་ལོ། །བཤེས་གཉེན་བཟང་པོ་རིན་ཆེན་ཕྱག བདུན་པ་ཁྱབ་འཇུག་སྟོབས་པའོ། །ཉི་མ་གྲགས་དང་ཤིན་ཏུ་བཟང་། །རྒྱ་མཚོ་རྣམ་རྒྱལ་རྒྱལ་དཀའ་དང་། །རིགས་ལྡན་ཉི་མ་བཅུ་གཉིས་པ། །སྣ་ཚོགས་གཟུགས་དང་ཟླ་བའི་འོད། །མཐའ་ཡས་དང་ནི་ས་སྐྱོང་དང་། །དཔལ་སྐྱོང་སེང་གེ་རྣམ་པར་གནོན། །སྟོབས་པོ་ཆེ་དང་མ་འགགས་པ། །མི་ཡི་སེང་གེ་དབང་ཕྱུག་ཆེ། །མཐའ་ཡས་རྣམ་རྒྱལ་རིགས་ལྡན་དང་། །གྲགས་པ་རིགས་ལྡན་དེ་ནས་སླར། །དེ་སྲས་འཁོར་ལོ་ཆེན་པོ་ཅན། །རིགས་ལྡན་དྲག་པོ་འབྱུང་འགྱུར་ཏེ། །སླ་མཁས་ཧ་མཆོག་ཏིང་འཛིན་གྱིས། །ཀླ་ཀློའི་ཆོས་ནི་མཐར་བྱེད་པའོ། །ཉི་མའི་ཤིང་རྟ་ལ་སོགས་ཀྱི། །སྟོན་པ་སླ་མཁས་འབྱུང་འགྱུར་གང་། །ཟླ་བཟང་ཁྱོད་ནི་རྩ་བའི་རྒྱུད། །དེ་ནི་སྟོད་པར་བྱེད་པ་སྟེ། །ཀྱུས་འགྲེལ་བྱེད་པ་པོ་ཡང་ཁྱོད། །འདིར་ནི་སེམས་ཅན་ཡོངས་སྨིན་བྱེད། །འཇམ་པའི་རྡོ་རྗེའི་བསྡུས་རྒྱུད་ལ། །ཀྱུས་འགྲེལ་བྱེད་པ་པད་འཛིན་རང་། །ཞེས་རིགས་ལྡན་གྲགས་པ་སླར་རིགས་ལྡན་ཉེར་བཞི་པ་མཐའ་ཡས་རྣམ་རྒྱལ་གྱི་སྲས་སུ་འཁྲུངས་པ་ནི་དྲག་པོ་འཁོར་ལོ་ཅན་དུ་བཤད་པ་ཡིན་ནོ། །འཇམ་དབྱངས་དང་ཕྱག་རྡོར་གནས་ཚུལ་ལ་མི་འགལ་བ་ཙམ་གྱིས། རིགས་ལྡན་དྲག་པོ་ཕྱག་རྡོར་གྱི་སྤྲུལ་པར་འཆད་ནུས་ན། རྒྱལ་པོ་ཟླ་བ་བཟང་པོ་འཇམ་དབྱངས་ཀྱི་སྤྲུལ་པར་ཡང་འཆད་ནུས་པས། དེ་སྐབས་ཀྱི་རྣམ་གཞག་ཐམས་ཅད་འཚོལ་པར་འགྱུར་རོ། །ཡང་། དྲག་པོ་འཇམ་དབྱངས་གྲགས་པའི་སྤྲུལ་པར་འཆད་པ་ཡང་། སྤྲུལ་པ་དང་སྐྱེ་བའི་ཤན་མ་ཕྱེད་པས་ནོངས་པ་ཡིན་ཏེ། རྒྱུད་འགྲེལ་ལས་དེ་དེའི་སྐྱེ་བར་བཤད་ལ། སྤྲུལ་པར་འཇོག་པ་ལ་ནི། སྤྲུལ་པ་པོས་མྱ་ངན་ལས་འདའ་བའི་ཚུལ་མ་བསྟན་པ་ཞིག་ངེས་པར་དགོས་པའི་ཕྱིར་རོ། །ཞེས་པའི་རྐྱོལ་བ་འདི་དག་འབྱུང་བར་འགྱུར་རོ། །

གཉིས་པ་དངོས་ལན་གདབ་པ་ལ་གཉིས་ཏེ། ཕྱི་དྲང་དོན་གྱི་དབང་དུ་བྱས་པ་དང་། ནང་ངེས་དོན་གྱི་

དབང་དུ་བྱས་པའོ། །དང་པོ་ནི། གསང་བའི་བདག་པོ་ཕྱག་ན་རྡོ་རྗེ་དང་། རྗེ་བཙུན་འཇམ་པའི་དབྱངས་གཉིས། གཞི་སྟོན་འཁོར་བའི་གནས་སྐབས་དང་། ལམ་བྱང་ཆུབ་སེམས་དཔའི་གནས་སྐབས་གཉིས་ཀར་དུ། རིགས་དང་ཤེས་རྒྱུད་རྫས་ཐ་དད་པའི་དབང་དུ་བྱས་ནས། འཆད་པ་དེའི་ཚེ་ན། རིགས་ལྡན་དྲག་པོ་འཇམ་དབྱངས་ཀྱི་སྤྲུལ་པར་འཆད་དགོས་པ་ཡིན་ཏེ། རྒྱལ་པོ་འཇམ་དཔལ་གྲགས་པ་དེའི་སྤྲུལ་པར་རྩོད་པ་མེད་ཅིང་། དྲག་པོ་ནི་དེའི་སྐྱེ་བར་རྩོད་མེད་དུ་ལུང་གིས་གྲུབ་པའི་ཕྱིར་རོ། །དེས་ན་གཞུང་འདི་ལྟར། དེ་ཚེ་འཇམ་དཔལ་རྡོ་རྗེ་ཡི། །སྤྲུལ་པ་དྲག་པོ་ཞེས་བྱ་བའི། །རྒྱལ་པོས་ཀླ་ཀློ་ཀུན་བཅོམ་ནས། །ཞེས་སྦྱོར་རོ། །གཞུང་གི་ཚིག་རང་འདོད་ཀྱི་རྟོག་པས་གཞན་དུ་བསྒྱུར་བ་ན། ཆོས་ལ་དབང་ཟ་བའི་ཉེས་པར་འགྱུར་རོ་སྙམ་དུ་བསམ་པར་མི་བྱ་སྟེ། དུས་ཀྱི་དབང་གིས་གཞུང་མ་དག་པ་རྒྱ་འབྱམས་པ་འགའ་ཞིག་སྣང་བ་ནི། འདི་ལྟར། ཤེས་རབ་ཕ་རོལ་ཕྱིན་པ་ཡི། །མདོ་དང་བསྟན་བཅོས་དག་ལས་ནི། །ཆོས་ཀྱི་དབྱིངས་ནི་དུས་གསུམ་དང་། །ཞེས་སོགས་སྒྱུར་རྒྱུ་ཡིན་པ་དང་། འཕགས་པ་དཀོན་མཆོག་འབྱུང་པ་ལས། །སེང་གེ་གང་ལའང་མི་འཇིགས་མོད། །ཞེས་གསུངས་དགོས་རྒྱུ་ཡིན་པ་དང་། ཐེག་པ་ཆེན་པོ་རྒྱུད་བླ་མར། མ་རིག་ལྦོངས་པའི་མུ་སྟེགས་ལའང་། །ཞེས་སྒྱུར་དགོས་རྒྱུ་ཡིན་པ་ལ་གཞན་དུ་སྣང་བ་བཞིན་ནོ། །དེའི་ཤེས་བྱེད་ཀྱང་། ཡུམ་གྱི་མདོ་ན་ཆོས་ཀྱི་དབྱིངས་དུས་གསུམ་དང་ཁམས་གསུམ་ལས་གྲོལ་བའི་བཤད་པ་ཡོད་ཀྱང་། དགེ་སྡིག་ལས་གྲོལ་བའི་བཤད་པ་མི་སྣང་བ་དང་། དཀོན་མཆོག་བརྩེགས་པ་ན། སེང་གེ་མེ་ལ་འཇིགས་པ་སོགས་ཀྱི་དཔེ་དོན་དེ་མི་སྣང་བ་དང་། བྱམས་ཆོས་ཀྱི་རྒྱུད་བླ་ན། མ་རིག་ལྦོངས་པའི་མུ་སྟེགས་ཞེས་སོགས་ཀྱི་གཞུང་དེ་ཡོད་ན། ཇི་སྐད་དུ། གང་ལས་རྒྱུ་མཚན་གང་ཕྱིར་ནི། །ཞེས་སོགས་རྗེ་བཙུན་ཉིད་ཀྱི་གཞུང་དང་འགལ་བར་སྣང་བས་སོ། །

གཉིས་པ་ནི། ནང་ལུས་ལ་སྦྱོར་བའི་དབང་དུ་བྱས་པ་དེའི་ཚེ། རིགས་ལྡན་དྲག་པོ་ཕྱག་ན་རྡོ་རྗེའི་སྤྲུལ་པར་གཞག་པས་ཆོག་པ་ཡིན་ཏེ། ཇི་སྐད་དུ། དཔལ་ལྡན་རྒྱུད་ལས། འཁོར་ལོ་ཅན་ནི་རང་གི་ལུས་ལ་རྡོ་རྗེ་ཅན་ཏེ་ལྷ་མཆོག་བདག་རྣམས་ཡན་ལག་བཅུ་གཉིས་འགོག རིགས་ལྡན་དག་ནི་ཡང་དག་ཡེ་ཤེས་གླང་པོ་རྟ་དང་ཤིང་རྟ་མངག་གཞུག་འཕགས་པའི་ཚད་མེད་རྣམས། །དྲག་པོ་རང་རྒྱལ་མིང་ཅན་དུ་འགྱུར་ཏ་ནུ་མན་ནི་ཉན་ཐོས་དག་སྟེ་གདུག་པ་ཀླ་ཀློའི་དབང་། །སྲོག་ཆགས་རྣམས་ཀྱི་སྡིག་པ་དག་སྟེ་གང་ཞིག་བྱེད་པའི་བློ་གྲོས་སྡུག་བསྔལ་སྦྱིན་བྱེད་མི་དགེའི་ལམ། །རྟ་ལ་གནས་པ་མ་རིག་པ་སྟེ་ལྷ་མིན་དཔུང་རྣམས་མཐའ་དག་བདུད་ཀྱི་ཕྱོགས་ནི་རྣམ་པ་བཞི། །དེ་ཡི་གཡུལ་ལ་བསྲུང་པ་སྲིད་པའི་འཇིགས་པ་འཇོམས་པ་དག་སྟེ་དཔལ་ལྡན་རྒྱལ་བ་ཐར་པའི་ལམ། །ཞེས་པ་ནས། དེ་ལྟར་ཀླ་ཀློའི་དབང་པོའི་འབྲུག་པར་འགྱུར་ཏེ་ངེས་པར་ལུས་ཅན་རྣམས

ཀྱི་ལུས་ཀྱི་དབུས་སུའོ། །སྒྱུ་མའི་གཟུགས་ཀྱང་ཕྱི་རོལ་ཏུ་ནི་ངེས་པར་མ་ཁའི་ཡུལ་དུ་ཀླུ་གློ་འབྲུག་སྟེ་འབྲུག་པ་མེད། །ཞེས་གསུངས་པ་དང་། དེ་ཉིད་ཀྱི་འགྲེལ་ཆེན་དུ། ཕྱི་རོལ་ཏུ་ལེའུ་དང་པོ་ལས་གསུངས་པའི་འཁོར་ལོ་ཅན་གང་ཡིན་པ་དེ་ནི་ལུས་ལ་རྡོ་རྗེ་ཅན་ཏེ་ཐུགས་རྡོ་རྗེའོ། །ཞེས་པའི་དོན་ཏོ། །ལྷ་མཆོག་བདག་པོ་དབང་ཕྱུག་ལ་སོགས་པ་བཅུ་གཉིས་གང་ཡིན་པ་དེ་རྣམས་ནི་ཡན་ལག་བཅུ་གཉིས་འགོག་པ་རྣམས་སོ། །ཞེས་སོགས་རྒྱ་ཆེར་གསུངས་སོ། །འདིར་ཐུགས་རྡོ་རྗེ་ཞེས་བྱ་བ། ངེས་དོན་གྱི་ཕྱག་ན་རྡོ་རྗེ་ལ་འཆད་དགོས་པ་ཡིན་ཏེ། ཇི་སྐད་དུ། དཔལ་མཆོག་ལས། ཐོག་མཐའ་མེད་པའི་སེམས་དཔའ་ནི། །ཞེས་པ་ནས། རྡོ་རྗེ་སྙེམས་ཚུལ་བདག་པོའི་བདག མཆོག་གི་དང་པོའི་སྐྱེས་བུའོ། །ཞེས་འབྱུང་བ་ལྟར་རོ།། །།

དྲི་བ་ཞེ་གཉིས་པ་ནི། ཇི་ལྟར་མདུད་པའི་བྱེ་བྲག་གིས། །ཞེས་སོགས་དགྲ་བཅོམ་རང་རྒྱལ་གྱིས། །སྟོང་ཉིད་རྟོགས་པའི་སྒྲུབ་བྱེད་དུ། །དྲངས་ན་མདོ་སྡེ་རྒྱན་གྱི་ལུང་། །སེམས་ཙམ་གཞུང་དུ་ཇི་ལྟར་འགྱུར། །ཞེས་པ་འདི་ལ་གཉིས་ལས། དང་པོ་ལ་འདྲི་བའི་རྒྱུ་མཚན་ནི། དཀར་པོ་གཅིག་ཐུབ་ཀྱི་དོན་དང་ཐ་སྙད་འགོག་པའི་སྐབས་སུ། སྟོང་ཉིད་ལྟ་བས་མུ་རྣན་འདའ། །ཐབས་ལ་མཁས་ན་རྫོགས་སངས་རྒྱ། །ཞེས་དང་། སྟོང་ཉིད་རྐྱང་པ་བསྒོམས་ན་ནི། །སྟོང་པ་ཉིད་ཀྱང་རྟོགས་མི་ནུས། །གལ་ཏེ་སྟོང་ཉིད་རྟོགས་ན་ཡང་། །ཉན་ཐོས་ཀྱི་ནི་འགོག་པར་ལྟུང་། །ཞེས་ཐེག་པ་གསུམ་ཀ་ལ་སྟོང་ཉིད་རྟོགས་པ་ཡོད་པར་བཤད་ནས། དེའི་ཤེས་བྱེད་དུ་མདོ་སྡེ་རྒྱན་གྱི་ལུང་དེ་དྲངས་པར་གསལ་བས་སོ། །

གཉིས་པ་མ་དྲིས་ན་སྐྱོན་ཡོད་པ་ནི། དེ་ལྟ་ན་མདོ་སྡེ་རྒྱན་གྱི་རང་ལུགས་ལ་ཉན་རང་ལ་ཆོས་ཀྱི་བདག་མེད་རྟོགས་པ་ཡོད་པར་འགྱུར་ཏེ། ཐེག་པ་གསུམ་ཀ་ལ་སྟོང་པ་ཉིད་མངོན་སུམ་དུ་རྟོགས་པ་ཡོད་པའི་ཕྱིར། འདོད་ན་ངོ་བོ་ཉིད་མེད་པར་སྨྲ་བའི་གཞུང་དུ་འགྱུར་ཏེ། ཆོས་ཀྱི་བདག་མེད་པའི་གོ་དོན་ནི། ཆོས་ཐམས་ཅད་རང་གི་ངོ་བོས་སྟོང་པ་ལ་འཆད་དགོས་པའི་ཕྱིར་སྙམ་དུ་དོགས་པར་འགྱུར་རོ། །དངོས་ལན་གདབ་པ་ལ་གཉིས་ཏེ། དངོས་དང་། ཞར་ལ་དཀར་པོ་གཅིག་ཐུབ་འགོག་པའི་གཞུང་དོན་བཤད་པའོ། །དང་པོ་ནི། སྟོང་པ་ཉིད་དང་། ཆོས་ཀྱི་དབྱིངས་རྟོགས་ན། འཛིན་པ་ཆོས་ཀྱི་བདག་མེད་རྟོགས་དགོས་སོ་ཞེས་གངས་ཅན་པ་ཕྱི་མ་དག་གིས། གྲུབ་མཐའ་གོང་འོག་གི་གནས་སྐབས་ཐམས་ཅད་དུ་ཁས་ལེན་པ་ནི། སློབ་དཔོན་ཟླ་བ་གྲགས་པའི་གཞུང་ལུགས་ཞེ་ཕྱུགས་སུ་གཞག་ནས་སྨྲས་པ་དེ་ཉིད། ཀུན་ལ་རླུང་ལྟར་གྲགས་མོད་ཀྱང་། བྱམས་ཆོས་དང་དབུ་མ་རང་རྒྱུད་དུ་སྨྲ་བ་དག་གི་ལུགས་མ་ཡིན་ཏེ། དབུས་དང་མཐའ་རྣམ་པར་འབྱེད་པ་ལས། དབྱེ་གཞི་དེ་བཞིན་ཉིད་དང་། ཡང་དག་པའི་མཐའ་དང་། སྟོང་པ་ཉིད་དང་། ཆོས་ཀྱི་དབྱིངས་རྣམས་ལ། དབྱེ་ངོ་གང་

ཟག་གི་དབང་དུ་བྱས་པའི་གཟུང་འཛིན་གཉིས་ཀྱིས་སྟོང་པའི་སྟོང་པ་ཉིད་དང་། ཆོས་ཀྱི་དབང་དུ་བྱས་པའི་གཟུང་འཛིན་གཉིས་ཀྱིས་སྟོང་པའི་སྟོང་པ་ཉིད་གཉིས་སུ་ཕྱེ་ནས། དང་པོ་ནི། ཉན་ཐོས་འཕགས་པས་ཀྱང་རྟོགས་ལ།

གཉིས་པ་ལ་ཉི་ཚེ་བ་དང་། ཁྱབ་པའི་སྟོང་ཉིད་གཉིས་སུ་ཕྱེ་ནས། དང་པོ་རང་སངས་རྒྱས་ཀྱིས་ཀྱང་རྟོགས་པ་དང་། གཉིས་པ་ལ་དེ་ཁོ་ན་ཉིད་མཆོག་ཅེས་པའི་ཐ་སྙད་བཏགས་ནས། དེ་མངོན་སུམ་དུ་རྟོགས་པ་ནི་ཐེག་པ་ཆེན་པོའི་འཕགས་པ་ཁོ་ནའི་ཁྱད་ཆོས་སུ་འཆད་ལ། དེ་ཉིད་བྱམས་ཆོས་བར་པ་གསུམ་རྗེས་འབྲང་དང་བཅས་པའི་ལུགས་ཡིན་པར་གདོན་མི་ཟ་བའི་ཕྱིར་དང་། འཕགས་སེང་གཉིས་ཀྱིས་ཀྱང་། ཆོས་ཀྱི་དབྱིངས་རྒྱུའི་སྒོ་ནས་རིགས་སུ་འཇོག་ཚུལ། དབུས་མཐའ་དང་མངོན་པ་ཀུན་ལས་བཏུས་དང་མཐུན་པར་བཤད་པས་སོ། །དེ་ལྟ་ན་ཡང་། གཞུང་འདིར་རིགས་ཅན་གསུམ་ཀས་སྟོང་ཉིད་རྟོགས་པ་ལ་ཁྱད་པར་མེད་ཅིང་། འབྲས་བུ་བཟང་ངན་གྱི་ཁྱད་པར་ཐབས་ཀྱིས་བྱས་པ་ལྟ་བུར་གསུངས་པ་ནི་ཅུང་ཟད་བཤད་དཀའ་བ་ཡིན་ཏེ། རིགས་ཅན་གསུམ་གྱི་བྱང་ཆུབ་འགྲུབ་པ་ནི་ཐབས་ཀྱི་ཁྱད་པར་ཁོ་ནར་མ་ཟད། ཤེས་རབ་ཀྱིས་སྒྲིབ་པ་སྤོང་ཚུལ་ལས་ཀྱང་ངེས་པར་གཞག་དགོས་པའི་ཕྱིར། དེ་ལྟར་ཡིན་མོད། དེ་ལས་ཅིར་འགྱུར་ཞེ་ན། འོན་གཞུང་དུ། ཐགས་ཀྱི་རྒྱུ་རྣམས་ཕལ་ཆེར་མཐུན། །སྤུན་གྱི་དབྱེ་བས་བཟང་ངན་འབྱུང་། །དེ་བཞིན་སྟོང་ཉིད་ཕལ་ཆེར་མཐུན། །འབྲས་བུའི་བཟང་ངན་ཐབས་ཀྱིས་བྱེད། །ཅེས་བཤད་པ་དང་འགལ་བ་མ་ཡིན་ནམ་སྙམ་པའི་དོགས་པ་འདི་སྐྱེའོ། །ཉེས་པ་དེས་གནོད་པ་མ་ཡིན་ཏེ། དཀར་པོ་གཅིག་ཐུབ་ཀྱི་དོན་ནི། ཐབས་དང་བྲལ་བའི་སྟོང་ཉིད་ཀྱི་ལྟ་བ་ལ་ཟེར་བ་ཡིན་ལ། ཐབས་དང་བྲལ་ན་ཐེག་པ་ཆེ་ཆུང་གི་དབྱེ་བ་མི་འབྱུང་། དབྱེ་བ་དེ་མེད་པར། སྟོང་པ་ཉིད་རྐྱང་པ་བསྒོམས་ན་ཆད་པའི་མྱང་འདས་སུ་འགྲོ་བ་ལས་གཞན་མེད་དོ། །ཅེས་པའི་དོན་དུ་འཆད་དགོས་པའི་ཕྱིར་དང་། བྱང་ཆུབ་ཀྱི་མཆོག་ཏུ་སེམས་བསྐྱེད་པ་མེད་ན། སྟོང་ཉིད་སྒོམ་ཡང་སྟོང་པ་ཉིད་མཆོག་སྒོམ་པ་ནི་མི་འབྱུང་སྟེ། དེ་བསྒོམ་པའི་འབྲས་བུ་དོན་དུ་མི་གཉེར་བའི་ཕྱིར།

གཉིས་པ་ནི། སྐབས་འདིའི་ཕྱོགས་སྔ་མ་ན་རེ། ཕྱག་རྒྱ་ཆེན་པོའི་མིང་ཅན། སྤྲོས་པའི་མཐའ་ཐམས་ཅད་དང་བྲལ་བའི་དེ་བཞིན་ཉིད། མྱོང་བ་གསལ་རིག་གི་ངོ་བོར་སྐྱེས་པ་དེ་ཇི་ལྟ་བ་བཞིན་དུ་རྟོགས་ན། དེ་ཉིད་རྐྱང་པ་བསྒོམས་པས་འབྲས་བུ་སྐུ་གསུམ་མངོན་དུ་བྱེད་នུས་པ་ཡིན་ནོ། །ཞེས་ཟེར། དེ་ནི་རིགས་པ་མ་ཡིན་ཏེ། རྫོགས་སྨིན་སྦྱངས་གསུམ་མ་བྱས་པར། སྤྲོས་པ་མཐའ་དག་བཀག་པའི་དེ་བཞིན་ཉིད་གོམས་པར་བྱས་ན། ཤེས་བྱའི་སྒྲིབ་པ་མ་ལུས་པར་ཟད་པའི་ཆོས་ཀྱི་སྐུ་མངོན་དུ་བྱེད་པར་ནུས་ཀྱང་། སྐུ་གསུམ་ཀ་ཚང་

བའི་སངས་རྒྱས་ཀྱི་སྐུ་མངོན་དུ་བྱེད་མི་ནུས་པར། ཐེག་པ་ཆེན་པོའི་ལུང་ལས་འབྱུང་བའི་ཕྱིར། ཞེས་བྱ་བའི་དོན་ནོ།། །།

དྲི་བ་ཞེ་གསུམ་པ་ནི། ཡི་དམ་སྒོམ་པ་དཀྱིལ་བསྐྱེད་ཀྱིས། །སྦྱང་གཞི་སྦྱོང་བྱེད་མི་འཕྲོད་ན། །ཤིན་ཏུ་ཟབ་པ་བཅོས་མིན་གྱི། །བསྐྱེད་པའི་རིམ་པ་དེ་ཅི་ཞིག ཅེས་པ་འདི་ལ་གཉིས་ལས། དང་པོ་ལ། འདྲི་བའི་རྒྱུ་མཚན་ནི། གཞུང་དུ། བརྒྱ་ལ་བསྐྱེད་རིམ་སྒོམ་ན་ཡང་། །སྦྱང་གཞི་སྦྱོང་བྱེད་ལེགས་འཕྲོད་པའི། །ཆོ་གའི་ཡན་ལག་ཀུན་པོར་ནས། །རང་བཟོའི་དཀྱིལ་བསྐྱེད་སྒོམ་པར་ཟད། །ཅེས་པའི་སྒྲ་ཇི་བཞིན་པ་ལ། རྣམ་བཤད་མཛད་པ་ཀུན་གྱིས། ཏིང་ངེ་འཛིན་གསུམ་དང་། སྙིན་སྒྲུབ་ཡན་ལག་བཞི་དང་། མངོན་པར་བྱང་ཆུབ་པ་ལྔ་ལ་སོགས་པའི་རིམ་པས་བསྐྱེད་པ་མེད་པར། རང་ཉིད་ལྷག་པའི་ལྷར་དཀྱིལ་བསྐྱེད་བྱས་པ་ཙམ་གྱིས། སྦྱང་གཞི་སྦྱོང་བར་མི་ནུས་པའི་བཤད་པ་མཛད་འདུག་པའི་རྒྱུ་མཚན་གྱིས་སོ། །མ་དྲིས་པའི་ཉེས་པ་ནི། དེ་ལྟ་ཡིན་པ་དེའི་ཚེ། རྫས་སྐྱེས་ཀྱི་དབང་དུ་བྱས་པའི་བསྐྱེད་རིམ་སྒོམ་པ་མི་སྲིད་པར་འགྱུར་བ་དང་། རང་བཞིན་གྱིས་གྲུབ་པའི་རྟེན་དང་བརྟེན་པར་བཅས་པའི་དཀྱིལ་འཁོར་རིམ་གྱིས་བསྐྱེད་མི་དགོས་པར། ཅིག་ཆར་དུ་གསལ་བཏབ་ནས་གོམས་པར་བྱེད་པའི་བསྐྱེད་རིམ་མཚན་ཉིད་པ་མི་སྲིད་པའམ། སྲིད་ཀྱང་དེས་སྦྱང་གཞིའི་སྐྱེ་འཆི་བར་དོ་གསུམ་གྱི་དྲི་མ་སྦྱོང་མི་ནུས་པར་འགྱུར་རོ། །དེ་འདོད་ན་རྡོ་རྗེ་དྲིལ་བུ་པས། སེམས་ཅན་རྫུས་ཏེ་སྐྱེ་བ་བཞིན། །ས་བོན་མེད་པར་རྣམ་པར་སྒོམ། །ཞེས་དང་། བཅོས་མ་གཉིས་ཀྱི་ངོ་བོ་གང་། །དེ་ནི་གདུལ་བྱའི་དབང་ལས་འདོད། །མཁས་པའི་བསྒྲུབ་བྱ་དེ་མིན་ཏེ། །ཡང་དག་དོན་མཐོང་གྲོལ་ཕྱིར་རོ། །ཞེས་དང་། འགྲོ་བ་འདི་དག་རང་བཞིན་གྱིས། །གྲུབ་པའི་དཀྱིལ་འཁོར་གཉིས་མེད་པའོ། །ཞེས་བཤད་པ་དང་། འགལ་ལོ་སྙམ་པའི་དོགས་པ་འདི་སྐྱེའོ། །

གཉིས་པ་དངོས་ལན་གདབ་པ་ནི། གཞུང་གི་དོན། བསྐྱེད་པའི་རིམ་པ་མཚན་ཉིད་པ་ཡིན་ན། དཀྱིལ་བསྐྱེད་མ་ཡིན་པས་ཁྱབ་པར་སྟོན་པ་ནི་མ་ཡིན་གྱི། འོན་ཅི་ཞེ་ན། མངོན་པར་བྱང་ཆུབ་པ་ལྔ་ལྟ་ཞིག ས་བོན་ཙམ་ལས་བསྐྱེད་པ་ཡང་མེད་པའི་ལྷ་ཡོ་རེང་པོ་གཅིག་ཙམ་སྒོམ་པ་བསྐྱེད་རིམ་དུ་འདོད་པ་འགོག་པ་ཡིན་ཏེ། དེས་ནི་སྐྱེ་གནས་བཞི་པོ་གང་ཡང་སྦྱོར་བར་མི་ནུས་པའི་ཕྱིར། ཞེས་པའི་དོན་ཏེ། ཇི་སྐད་དུ། སྦྱང་གཞི་སྦྱོང་བྱེད་ལེགས་འཕྲོད་པའི། །ཆོ་གའི་ཡན་ལག་ཀུན་པོར། ཞེས་དང་། རང་བཟོའི་དཀྱིལ་བསྐྱེད། ཅེས་པ་ལ་ནུས་པ་འདོན་དགོས་པས་སོ། །དེ་ལ་སྤྱིར། མངོན་བྱང་ལྔའི་བསྐྱེད་ཆོག་གིས་དྲིད་བཤེར་ལས་སྐྱེས་པ་དང་། ཞུ་བ་གླུས་བསྐུལ་པ་ཡོད་མེད་གཉིས་ཀྱིས། མངལ་སྐྱེས་དང་སྒོང་སྐྱེས་སྦྱོང་ལ། སྐད་ཅིག་གིས་བསྐྱེད་པས

རྫུས་ཏེ་སྐྱེས་པ་སྦྱོང་། ཞེས་བླ་མ་གོང་མ་རྣམས་གསུངས་པ་དེ་ཉིད་ཡིན་ལ། སློབ་དཔོན་རྡོ་རྗེ་དྲིལ་བུ་པའི་ལུགས་ཀྱི་རྟེན་དང་བརྟེན་པར་བཅས་པའི་ལུས་ཀྱི་དཀྱིལ་འཁོར་སྒོམ་པར་བྱེད་པའི་བསྐྱེད་རིམ་དེ་ནི། རྫུས་སྐྱེས་ཁོ་ནའི་སྦྱོང་བྱེད་མ་ཡིན་ཏེ། དེ་ནི་གང་ཟག་དབང་པོ་རྣོན་པོ་ཞིག་གིས། སྐྱེ་གནས་བཞི་ག་སྦྱོང་བྱེད་ཀྱི་ལམ་དུ་གསུངས་པའི་ཕྱིར་རོ། །དེ་ཡང་དབང་པོ་བརྟུལ་འབྲིང་གི་དབང་དུ་བྱས་ཏེ། སུ་བྷ་ཥ་ལ་སོགས་པའི་སྟགས་དོན་བསམས་ནས། མ་དག་པའི་ཕུང་ཁམས་སྐྱེ་མཆེད་སྦྱངས་པ་ལས། ཡེ་ཤེས་ཀྱིས་བསྒྲུབས་པའི་བསྐྱེད་རིམ་སྒོམ་པ་དང་། དེ་མ་སྦྱངས་པར། མ་དག་པའི་ལུས་ཉིད་གཞལ་ཡས་ཁང་དང་། རྩ་དང་ཁམས་རྣམས་དཔའ་བོ་དང་རྣལ་འབྱོར་མ་རྣམས་སུ་གསལ་བཏབ་ནས་སྒོམ་པར་བྱེད་པའི་ཚེ་ན། སྦྱོང་བྱེད་ལྷ་དང་དཀྱིལ་འཁོར་གཉིས་ཀ་ཡང་དག་མ་དག་གི་དབྱེ་བ་ཡོད་པ་མ་ཡིན་ཏེ། གཉིས་ཀ་ཡང་ཡེ་ཤེས་ཀྱི་ངོ་བོར་ཁས་ལེན་དགོས་པའི་ཕྱིར་ཏེ། གཞན་དུ་ན། མ་དག་པའི་ལུས་ཀྱིས་དེ་ཉིད་སྦྱོང་ནུས་པར་ཐལ་བ་དང་། དཔའ་བོ་དང་རྣལ་འབྱོར་མ་རྣམས་རྟུལ་ཕྲ་རབ་ཀྱི་ཆོས་ཉིད་ལས་མ་འདས་པར་ཐལ་བས་སོ། །དེ་ཡང་དཔེར་ན། སྤྱི་བོ་སྣ་ཚོགས་རྡོ་རྗེ། ཞེས་འཆད་པ་དེའི་ཚེ་ན། ཐ་མལ་པའི་ལུས་ཀྱི་སྤྱི་བོ་ནི། གསུམ་སྟེ། ཀུན་བཏགས་པ་དང་། རྣམ་པར་བརྟགས་པ་དང་། ཆོས་ཉིད་ཀྱིའོ། །དེ་ལས་དང་པོ་གཉིས་ནི་སྣ་ཚོགས་རྡོ་རྗེར་མི་རུང་སྟེ། ཡེ་གདོད་མ་ནས་གྲུབ་པ་མ་ཡིན་པའི་ཕྱིར་དང་། གཟུང་འཛིན་གཉིས་ཀྱིས་བསྡུས་པས། གནས་གྱུར་མཐར་ཐུག་པའི་ཚེ་ན་འདོར་དགོས་པའི་ཕྱིར་དང་། སངས་རྒྱས་ཀྱི་ཡེ་ཤེས་ལ་མི་སྣང་བས་ཡོད་པ་ཡང་མ་ཡིན་པའི་ཕྱིར། དེས་ན་ཆོས་ཉིད་ཀྱི་སྤྱི་བོ་ཞེས་པ་ནི། མ་དག་པའི་ལུས་ཀྱི་སྤྱི་བོའི་དབང་དུ་བྱས་པའི་གཟུང་འཛིན་གཉིས་མེད་ཀྱི་ཡེ་ཤེས་སོ། །དེ་བཞིན་དུ་གཞན་ལ་ཡང་སྦྱར་ཏེ་ཤེས་པར་བྱས་ནས། ལུས་ཀྱི་དཀྱིལ་འཁོར་གོམས་པ་མཐར་ཕྱིན་པ་ན། ཡེ་གདོད་མ་ནས་ཡེ་ཤེས་ཀྱི་ངོ་བོར་གྲུབ་པའི་བདེ་མཆོག་འཁོར་ལོའི་རྟེན་དང་བརྟེན་པར་བཅས་པའི་དཀྱིལ་འཁོར་མངོན་དུ་འགྱུར་བ་ཡིན་ནོ། །དེའི་ཕྱིར་འདི་ལ་སྦྱང་གཞི་དང་སྦྱོང་བྱེད་ཀྱི་གོ་དོན་འཕྲོད་ཀྱང་། དངོས་བསྟན་ལ་སོ་སོར་ངོ་སྤྲོད་དགོས་པ་མེད་དོ། །ཕྱོགས་བཅུའི་སངས་རྒྱས་ཀྱི་ཞུ་འཕྲིན་ལས་ཀྱང་། བསྐྱེད་རིམ་སྒོམ་པ་ཕལ་ཆེར་ཡང་། །སྦྱང་གཞི་སྦྱོང་བྱེད་ལེགས་འཕྲོད་པའི། །ཚ་གའི་རྣམ་གཞག་མི་ཤེས་པར། །རང་བཟོའི་དགྲོངས་བསྐྱེད་སྒོམ་པ་མཐོང་། །བསྐྱེད་རིམ་གསལ་བ་རབ་ཀྱི་མཐར། །སོང་བའི་གང་ཟག་ཡང་རབ་ཀྱིས། །རྫོགས་རིམ་གཙོ་བོར་སྦྱོང་བའི་ཚེ། །དགྲོངས་བསྐྱེད་གསུངས་ཀྱི་ད་ལྟ་མིན། །དཔེར་ན་ཁ་ཟས་དགྲོངས་བསྐྱེད་ལ། །སྔོན་དུ་འཚོག་ཆས་མི་དགོས་སམ། །བསྐྱེད་པའི་རིམ་པས་མ་སྦྱངས་པའི། །ལྷ་སྒོམ་དགྲོངས་བསྐྱེད་དེ་དང་འདྲ། །ཞེས་གསུངས་སོ།། །།

དྲི་བ་ཞེ་བཞི་པ་ནི། རིམ་པ་ལྔ་པར་འོད་གསལ་དང་། །ཟུང་འཇུག་ཅེས་པ་ཆོས་སྐུ་དང་། །སྒྱུ་མའི་སྐུ་ལ་བཤད་པས་ན། །འོད་གསལ་འབྲས་བུའི་མཐར་ཐུག་ཏུ། །ཁས་བླངས་པ་ལ་འགལ་ཅི་ཡོད། །ཞེས་པའོ། །འདི་ལ་གཉིས་ལས། དང་པོ་ལ། འདྲི་བའི་རྒྱུ་མཚན་ནི། གཞུང་དུ། ཁ་ཅིག་འབྲས་བུའི་མཐར་ཐུག་ནི། །འོད་གསལ་ཡིན་ཞེས་སྨྲ་བ་ཐོས། །འདི་ནི་འཕགས་པའི་དགོངས་པ་མིན། །ཞེས་པའི་སྒྲ་ཇི་བཞིན་པ་དང་། དེའི་རྣམ་བཤད་མཛད་པ་པོ་རྣམས་ཀྱིས་ཀྱང་ཟུར་ཐོན་པའི་བཤད་པ་མི་སྣང་བའི་རྒྱུ་མཚན་གྱིས་སོ། །གཉིས་པ་མ་དྲིས་པའི་ཉེས་པ་ལ། ལུང་དང་རིགས་པ་གཉིས་ལས། དང་པོ་ནི། སྤྱོད་བསྡུས་སུ་འོད་གསལ་གྱི་མིང་གི་རྣམ་གྲངས་འཆད་པ་ན། ཆོས་ཀྱི་སྐུ་དང་། ཡང་དག་པའི་མཐའ་དང་། ཆོས་ཀྱི་དབྱིངས་དང་། ཤེས་རབ་ཀྱི་ཕ་རོལ་ཏུ་ཕྱིན་པ་དང་། སངས་རྒྱས་ཐམས་ཅད་ཀྱི་ཡུམ་དང་། ཐམས་ཅད་མཁྱེན་པ་དང་། ལམ་གྱི་རྣམ་པ་མཁྱེན་པ་དང་། རྣམ་པ་ཐམས་ཅད་མཁྱེན་པ་ཉིད་དང་། ཞེས་སོགས་གསུངས་པ་དང་། ཟླ་བའི་ཞབས་ཀྱིས་སྒྲོན་གསལ་ལས་ཀྱང་། འོད་གསལ་བ་ནི་རབ་སྟོན་དང་། །ཟུང་དུ་འཇུག་པ་རབ་རྫོགས་བྱེད། །མཐར་ཐུག་རྣམ་པ་གཉིས་སུ་བཤད། །མཐའ་ནི་མུར་ཐུག་པ་ཡི་ཚིག ཅེས་གསུངས་པ་དང་། རིམ་ལྔ་ལས། ཡང་དག་མཐའ་ལས་ལངས་ནས་ནི། །གཉིས་མེད་ཡེ་ཤེས་ཐོབ་པར་འགྱུར། །ཟུང་འཇུག་ཏིང་འཛིན་ལ་གནས་ནས། །སླར་ཞིང་གང་ལའང་མི་སློབ་བོ། །འདི་ནི་རྫོགས་པའི་རྣལ་འབྱོར་པས། །རྡོ་རྗེ་འཛིན་པ་ཆེན་པོའང་དེ། །རྣམ་པ་ཀུན་གྱི་མཆོག་ལྡན་པའི། །ཐམས་ཅད་མཁྱེན་པར་དེ་ནས་འགྱུར། །ཞེས་ཡང་དག་པའི་མཐའ་མངོན་དུ་བྱས་པའི་རྗེས་སུ། ཟུང་འཇུག་ལོངས་སྤྱོད་རྫོགས་པའི་སྐུར་ལྡང་བ་ཉིད་དུ་བཤད་པས། ཡང་དག་པའི་མཐའ་མངོན་དུ་བྱས་པ་ནི། མཐར་ཐུག་གི་ཆོས་སྐུ་མངོན་དུ་བྱས་པ་ལས་གཞན་ལ་མི་འབྱུང་བའི་ཕྱིར་དང་། ཕ་རོལ་ཏུ་ཕྱིན་པའི་ཐེག་པ་ལས་ཀྱང་། མཐར་ཐུག་གི་ཆོས་ཀྱི་སྐུ་ཡིད་བཞིན་གྱི་ནོར་བུ་རིན་པོ་ཆེ་ལྟར། སེམས་ཅན་ཐམས་ཅད་ལ་ཉེ་རིང་མེད་པར་གནས་ཀྱང་། གདུལ་བྱ་བློའི་མེ་ལོང་ཐོབ་མ་ཐོབ་ཀྱི་ཁྱད་ལས། གཟུགས་སྐུ་གཉིས་ཀྱི་སྣང་བ་འཆར་བར་བཤད་པ་བཞིན་ནོ། །རིགས་པ་ནི། འདིར་མཐར་ཐུག་ཏུ་འཆད་པའི་ཟུང་འཇུག་ལ་ཡང་། སློབ་པ་དང་། མི་སློབ་པའི་དབྱེ་བས་གཉིས་སུ་འཆད་པ་ནི། ཇི་སྐད་དུ། རིམ་ལྔ་ལས། སློབ་བཞིན་པ་ཡི་རྣལ་འབྱོར་ཆེ། །ཟུང་དུ་འཇུག་པ་སྒོམ་གྱུར་པ། །ཞེས་དང་། ཟུང་འཇུག་ཏིང་འཛིན་ལ་གནས་ནས། །སླར་ཡང་གང་ལའང་མི་སློབ་བོ། །ཞེས་གསུངས་ལ། དེའི་ཚེ་ན། སློབ་པའི་ཟུང་འཇུག་ནི་མཐར་ཐུག་ཏུ་མི་རུང་བས། མི་སློབ་པའི་ཟུང་འཇུག་ཁོ་ན་མཐར་ཐུག་ཏུ་འཆད་དགོས་ལ། ཟུང་འཇུག་གཉིས་པོ་དེའི་དངོས་ཀྱི་རྒྱུར་གྱུར་པའི་འོད་གསལ་ལ་ཡང་། སློབ་མི་སློབ་གཉིས་སུ་འབྱེད་དགོས་པ་ཡིན་ཏེ། མི་སློབ་པའི་འོད་གསལ་ཆོས་ཀྱི་སྐུ་མངོན་དུ་མ་བྱས་པར། མི་སློབ་

པའི་ཟུང་འཇུག་ལོངས་སྤྱོད་རྫོགས་པའི་སྐུར་བཞེངས་མི་ནུས་པའི་ཕྱིར་དང་། སྤྱོད་བསྡུས་ལས་ཀྱང་། བཅོམ་ལྡན་འདས་ཤཱཀྱ་ཐུབ་པས། བྱང་ཆུབ་ཀྱི་ཤིང་དྲུང་ལ་བཞུགས་ནས། མཚན་ཕྱེད་ཀྱི་དུས་སུ་འོད་གསལ་མངོན་དུ་མཛད་པར་བཤད་པ་འདིས་ཀྱང་། འོད་གསལ་ཞེས་བྱ་བ་སངས་རྒྱས་ཀྱི་ཡེ་ཤེས་ལ་འཆད་པར་གྲུབ་བོ། །སྐབས་དུ་དོགས་པར་འགྱུར་རོ། །

གཉིས་པ་དངོས་ལན་གདབ་པ་ནི། དེ་ཡང་། གསང་སྔགས་རྡོ་རྗེ་ཐེག་པའི་ཐོབ་བྱའི་འབྲས་བུ་མཐར་ཐུག་པ་དང་། གང་ལ་དམིགས་ནས། རིམ་པ་གཉིས་གོམས་པར་བྱེད་པའི་དམིགས་ཡུལ་མཐར་ཐུག་པ་ནི། ཟུང་འཇུག་རྡོ་རྗེ་འཆང་ཆེན་པོ་ཞེས་པ་དེ་ཉིད་ལ་འཆད་དགོས་པ་ཡིན་ཏེ། དཔལ་ཁ་སྦྱོར་ལས། མཚན་གཞི་མཚོན་པར་བྱེད་པ་ནི་རྡོ་རྗེ་སེམས་དཔའ་ཡང་དག་པའོ། །ཞེས་གསུངས་པ་དང་། སྔགས་དང་ཕ་རོལ་ཏུ་ཕྱིན་པའི་སེམས་བསྐྱེད་ཀྱི་ཁྱད་པར་ཡང་། ཟུང་འཇུག་གི་སྐུ་ལ་དམིགས་པ་དང་། ཆོས་ཀྱི་སྐུ་ཙམ་ལ་དམིགས་པའི་ཁྱད་པར་ལས་དབྱེ་དགོས་པའི་ཕྱིར། དེ་ལྟ་བུའི་ཟུང་འཇུག་དེ་ལའང་། རྗེས་མཐུན་པ་སློབ་པའི་དང་། མཚན་ཉིད་པ་མི་སློབ་པའི་ཟུང་འཇུག་གོ། །གཉིས་པོའི་ས་མཚམས་ནི། དང་པོ་ནི། གསང་བ་འདུས་པའི་རྫོགས་རིམ་བསྒོམས་པའི་སྟོབས་ཀྱིས་ཐོབ་པའི་ས་དང་པོའི་རྗེས་ཐོབ་ནས་དང་། གཉིས་པ་ནི་བཅུ་གསུམ་རྡོ་རྗེ་འཛིན་པའི་སའོ། །ཟུང་འཇུག་དེ་གཉིས་ཀའི་ཡང་ཉེ་བར་ལེན་པའི་རྒྱུ་ནི། ཀུན་རྫོབ་བདེན་པའི་མིང་ཅན་སྒྱུ་ལུས་ཞེས་བྱ་བ་དེ་ཡིན་ལ། ལྷན་ཅིག་བྱེད་པའི་རྐྱེན་ནི། དོན་དམ་བདེན་པའི་མིང་ཅན་འོད་གསལ་ཞེས་བྱ་བ་དེའོ། །དེ་ཡང་སྒྱུ་ལུས་ཞེས་པ། ལུས་སྣང་ལ་རང་བཞིན་མེད་པ་སྒྱུ་མ་ལྟ་བུར་གྱུར་པ་ཙམ་གྱི་གོ་དོན་ལ་མི་བཟུང་སྟེ། གསང་བའི་དབང་བསྐུར་ནས། རང་བྱིན་གྱིས་རླབ་པའི་རིམ་པ་གོམས་པར་བྱས་པའི་ནུས་པ་མཐར་ཐུག་པ་ལས། གཉིས་མེད་ཀྱི་ཡེ་ཤེས་དང་། རླུང་འོད་ཟེར་ལྔ་པ་ལྷན་ཅིག་ཏུ་གནས་པ་ཙམ་ལས་གྲུབ་པའི་འཇའ་ཚོན་ལྟ་བུར་གྱུར་པའི་ལུས་ཞིག་ལ་འཆད་དགོས་པར། སྤྱོད་བསྡུས་སོགས་ལས་གསུངས་པའི་ཕྱིར། འོད་གསལ་ཞེས་པ་ཡང་། སྤྱིར་སྟོང་པ་ཉིད་ཀྱི་ཡེ་ཤེས་ལ་འཆད་དགོས་ཀྱང་། ཕར་ཕྱིན་གྱི་ཐེག་པ་ནས་འབྱུང་བ་དང་དོན་གཅིག་པ་མ་ཡིན་ཏེ། དབང་གསུམ་པ་ལས་ཐོབ་པའི་བདེ་ཆེན་གྱི་ཡེ་ཤེས་ལ་འཆད་དགོས་པར། རིམ་ལྔ་དང་། སྤྱོད་བསྡུས་གཉིས་ཀ་ལས་གསལ་བའི་ཕྱིར། དེ་ལྟ་བུའི་རྒྱུ་བདེན་པ་གཉིས་ཀྱིས། འབྲས་བུ་ཟུང་འཇུག་གི་སྐུ་མངོན་དུ་བྱེད་པའི་ཚུལ་ལ། ལོ་ཙཱ་བ་ཆེན་པོ་མགོས་ཀྱིས། གསུམ་དུ་མཛད་པ་ཡིན་ཏེ། བརྩོན་འགྲུས་ཅན་ཚེ་འདི་ལ་འཚང་རྒྱ་བ་དང་། ལེ་ལོ་ཅན་བར་དོར་འཚང་རྒྱ་བ་དང་། བར་ཆད་ཅན་སྐྱེ་བ་བརྒྱུད་དེ་འཚང་རྒྱ་བའོ། །དང་པོ་ནི། སྒྱུ་ལུས་གོམས་པར་བྱེད་པའི་སྐབས་སུ། སྤྱོད་པ་གསུམ་པོ་གང་རུང་ལ་གོམས་པར་བྱས་ཟིན་པའི་

སྟོབས་ཀྱིས། འོད་གསལ་ལ་ཡོ་དང་ཟླ་བ་ལ་སོགས་པར་མཉམ་པར་གཞག་པའི་ངང་ཉིད་ནས་ཟུང་འཇུག་གི་སྐུ་མངོན་དུ་བྱའོ། །སྐབས་འདིའི་འཕེན་པ་བཏང་ནས། རྡོ་རྗེ་འཆང་གི་སྐུ་མངོན་དུ་བྱེད་ནུས་པའོ། །དེ་ལྟར་ནུས་པའི་རྒྱུ་མཚན་ཡང་། སྔོན་སྦྱོང་པ་ལ་སྦྱང་པ་སྔོན་དུ་སོང་བ་དང་། དོན་དམ་པའི་བདེན་པ་ཡུན་རིང་དུ་གོམས་པའི་སྟོབས་ཀྱིས་སོ། །

གཉིས་པ་ནི། རྣལ་འབྱོར་པ་གང་ཞིག རྣལ་འབྱོར་པ་མ་ཚང་བའི་དབང་གིས། སྦྱོད་པ་མ་སྦྱད་ཅིང་། བདེན་པ་མཐོང་ཡང་ལས་ཀྱི་མཐའ་ལ་ཆགས་པའི་དབང་གིས། ཚེ་འདི་ཉིད་ལ་ཟུང་འཇུག་གི་སྐུ་མངོན་དུ་བྱེད་མ་ནུས་པས། འཕེན་པ་འདི་ལྟར་བཏང་སྟེ། འཆི་བའི་དུས་ཀྱི་འོད་གསལ་མངོན་དུ་གྱུར་པ་དེའི་ཚེ། ལམ་གྱི་འོད་གསལ་མངོན་དུ་བྱས་ནས། བར་དོའི་སྲིད་པར་འཆར་རྒྱུ་དེ་ཉིད་ལོངས་སྤྱོད་རྫོགས་པའི་སྐུར་མངོན་དུ་བྱེད་པའོ། །དེ་ཡང་དང་པོ་ནི་རྒྱལ་པོ་ཨིནྡྲ་བྷཱུ་ཏི་ལྟ་བུ་དང་། གཉིས་པ་ནི་སློབ་དཔོན་ཀླུ་སྒྲུབ་ལྟ་བུའོ། །གསུམ་པ་ནི། འཆི་བའི་དུས་དེར་ཡང་འོད་གསལ་མཐར་མ་ཕྱིན་ན། རིག་པ་འཛིན་པ་དང་མཁའ་ལ་སྤྱོད་པ་ལ་སོགས་པའི་གནས་སུ། སྐྱེ་བ་བརྒྱུད་ནས་ཟུང་འཇུག་གི་སྐུ་མངོན་དུ་བྱེད་པའོ། །དེ་ལྟར་བཤད་པས་གྲུབ་པའི་དོན་ནི། ཟུང་འཇུག་གི་ཉེ་བར་ལེན་པའི་རྒྱུ་སྒྱུ་ལུས་ཀྱི་རྟེན་དེ་ལ། འོད་གསལ་གྱི་ཡེ་ཤེས་དེས་སྒྲིབ་པའི་བག་ཆགས་མ་ལུས་པར་སྤྲངས་པ་ཞིག་བྱུང་ན། དེའི་ཚེ་དེ་སྤྲངས་པའི་སྐད་ཅིག་མ་དང་པོ་དེ་དང་། རྣམ་མཁྱེན་སྐད་ཅིག་དང་པོ་མངོན་དུ་བྱས་པ་དང་། ཟུང་འཇུག་རྡོ་རྗེ་འཆང་གི་སྐུ་མངོན་དུ་གྱུར་པ་དུས་མཉམ་དུ་འབྱུང་བ་ཡིན་ནོ། །དེའི་ཚེ་འོད་གསལ་དང་སྒྱུ་ལུས་གཉིས་སོ་སོ་བ་མ་ཡིན་པར། གཅིག་ཏུ་དབྱེར་མེད་པར་འདྲེས་པ་དེ་ལ་ཟུང་དུ་འཇུག་པ་ཞེས་བྱ་ཞིང་། དེ་ཡང་འདིར་ནི་མི་སློབ་པའི་ཟུང་འཇུག་སྟེ། བཅུ་གསུམ་རྡོ་རྗེ་འཛིན་པའི་སའོ། །དེ་ལྟར་ན་སྐུ་གསུམ་དབྱེར་མི་ཕྱེད་པའི་ཆོས་སྐུ་མངོན་དུ་བྱས་པ་དེ་ཉིད་ལ་ཟུང་འཇུག་གི་སྐུ་ཞེས་འདོག་པ་ཡིན་གྱི། མཐར་ཐུག་གི་ཆོས་སྐུ་ལས་གཞན་སྣང་གི་གཟུགས་སྐུའི་སྣང་བ་སྟོན་པ་ནི། འོད་གསལ་ལས་ཟུང་འཇུག་གི་སྐུར་ལྡང་བའི་དོན་དུ་འཆད་པ་མ་ཡིན་ནོ། །དེ་ལྟར་བཤད་པ་དེ་ལས་ཡང་ན། སྒྱུ་ལུས་ཀྱི་རྟེན་དེ་ལ། འོད་གསལ་གྱིས་མཐོང་བས་སྤང་བར་བྱ་བའི་སྒྲིབ་པ་ཙམ་སྤངས་ཀྱང་། དེ་ལ་ཡུན་རིང་དུ་མཉམ་པར་མ་བཞག་པས། སྤང་བྱ་ལྷག་མ་རྣམས་ལུས་ཀྱང་། མཉམ་གཞག་དེ་ལས་ལངས་ཏེ། རྗེས་ཐོབ་ཏུ་འོད་གསལ་བའི་ཡེ་ཤེས་དེ་དང་། ལྷའི་སྐུ་རླུང་སེམས་ཙམ་ལས་གྲུབ་པའི་འཇའ་ཚོན་ལྟ་བུ་དེ་དབྱེར་མེད་དུ་འདྲེས་པ་དེ་ལ་ནི་སློབ་པའི་ཟུང་འཇུག་ཅེས་བྱའོ། །འདི་ནི་སློབ་པ་ཡིན་པའི་ཕྱིར། མཐར་ཐུག་གི་འབྲས་བུ་མ་ཡིན་ཀྱང་། རིམ་པ་ལྔ་པའི་མཐར་ཐུག་པར་གྱུར་པ་ཡིན་པ་ལ་བསམས་ནས། མཐར་ཐུག་ཏུ་བཤད་པ་ཡིན་ཏེ། དེ་ཕན་ཆད་དུ་མ་རྟེན་

པའི་རིམ་པ་དྲུག་པ་གཞན་ཆོལ་མི་དགོས་པའི་ཕྱིར། འོ་ན་འདིས་སྤང་བྱ་ལྷག་མ་རྣམས་ཇི་ལྟར་སྤོང་ཞེ་ན། སླར་ཡང་འོད་གསལ་བའི་རིམ་པ་ལ་ཞུགས་ནས་སྤང་བ་ཡིན་ཏེ། ལྷག་མོས་འོད་གསལ་དུ་འཇུག་པ་ཞེས་བྱ་བའི་ཐ་སྙད་དེ་དང་མཐུན་ནོ། །དེ་ལྟར་ན། འོད་གསལ་གྱི་མིང་གི་རྣམ་གྲངས་ཆོས་ཀྱི་སྐུར་བཤད་པ་ནི། འོད་གསལ་ལ། ཡུལ་སྟོང་ཉིད་དང་། ཡུལ་ཅན་ཡེ་ཤེས་ཀྱི་དབྱེ་བས་གཉིས་ལས། དང་པོ་ནི་རང་བཞིན་ཆོས་སྐུ་དང་། གཉིས་པ་ནི་གློ་བུར་རྣམ་དག་གི་ཆོས་སྐུའོ། །ཤེས་ཕྱིན་དང་མཁྱེན་པ་གསུམ་ལ་ཡང་དེ་བཞིན་དུ་སྦྱར་བར་བྱ་སྟེ། དེ་ལས་གཞན་དུ། ཆོས་ཀྱི་སྐུར་བཤད་པ་ཙམ་གྱིས་འབྲས་བུ་མཐར་ཐུག་ཏུ་འགྱུར་ན། སྒྱུ་ལུས་ཞེས་བྱ་བ་ཀུན་རྫོབ་བདེན་པའི་མིང་ཅན་དེ་ཡང་མཐར་ཐུག་ཏུ་འགྱུར་ཏེ། ཇི་སྐད་དུ། སྒྱུ་མའི་རིམ་པ་ལས། ཀུན་རྫོབ་བདེན་པ་སྒྱུ་མ་ཉིད། །ལོངས་སྤྱོད་རྫོགས་པའི་སྐུ་ཡང་དེ། །དེ་ཉིད་དྲི་ཟའི་སེམས་ཅན་འགྱུར། །རྡོ་རྗེའི་སྐུ་ཡང་དེ་ཉིད་ཡིན། །རྡོ་རྗེ་སེམས་དཔའ་བརྟན་པ་ནི། །ཀུན་རྫོབ་བདེན་པར་གསུངས་པ་ཡིན། །ཞེས་དང་། མགོས་ལོ་ཙཱ་བའི་གསུང་ལས། སྒྱུ་མ་ལྟ་བུའི་མིང་གི་རྣམ་གྲངས་ནི། རྡོ་རྗེ་སེམས་དཔའ་ཞེས་བྱ། ཀུན་རྫོབ་ཀྱི་བདེན་པ་ཞེས་བྱ། ལོངས་སྤྱོད་རྫོགས་པའི་སྐུ་ཞེས་བྱ། སྒྱུ་མ་ཞེས་ཀྱང་བྱའོ། །ཞེས་གསུངས་སོ། །ཡང་ཤཱཀྱ་ཐུབ་པས། བྱང་ཆུབ་ཀྱི་ཤིང་དྲུང་དུ་འོད་གསལ་མངོན་དུ་བྱས་པར་བཤད་པ་དེ་ཡང་། དུས་དེར་སངས་རྒྱས་ཟིན་པའི་དབང་དུ་བྱས་ནས་བཤད་པ་མ་ཡིན་ཏེ། དེ་ནི་སྟོན་བྱུང་སྟོན་པའི་རྣམ་ཐར། ཉན་ཐོས་སྡེ་པ་དང་མཐུན་པར་བཤད་ནས། རྗེས་འཇུག་ལམ་ལ་སློབ་པའི་ཚུལ་འཆད་པ་ཡིན་པར་ནི། རིམ་པ་ལྔ་པར། རྒྱ་ཆེར་རོལ་པའི་ལུང་དྲངས་ནས་བཤད་པ་ལྟར་ཡིན་པས་སོ། །ཟུང་འཇུག་གི་སྐུ་འདིའི་མིང་གི་རྣམ་གྲངས་ནི། རིག་པ་ཆེན་པོའི་སྐྱེ་བུའི་གཟུགས་དང་། བདེན་པ་གཉིས་ཀྱི་ཚུལ་ལ་གནས་པ་དང་། དཔའ་བར་འགྲོ་བའི་ཏིང་ངེ་འཛིན་དང་། རྡོ་རྗེ་ལྟ་བུའི་ཏིང་ངེ་འཛིན་དང་། བར་ཆད་མེད་པའི་ལམ་དང་། ཟུང་དུ་འཇུག་པ་ཞེས་བྱ་བ་ལ་སོགས་པ་བཤད་ལ། འདིའི་ས་མཚམས་ས་བཅུ་པར་འཆད་པ་དག་བྱུང་སྟེ། དེ་སུན་འབྱིན་པ་ནི་གཞན་དུ་བལྟའོ། །ལུང་རིགས་ཆ་ཙམ་མ་སྦྱངས་པ། །རྣམས་ཀྱི་ཁ་ན་ཆོས་འདིའི་གཏམ། །བག་རྫོང་བྱེད་དེ་སྤང་དོན་དུ། །འབེལ་པའི་གཏམ་བརྒྱ་རིགས་པར་བཀོད། །འདི་ཡིས་མང་པོའི་རྟོགས་པ་ནི། །རབ་འཕེལ་ལ་ལའི་སྨྲ་བ་གཅོད། །ཡིད་མི་བདེ་བའི་ཟས་ཅན་འགའ། །ཕྲག་དོག་ཞུགས་ཀྱིས་རང་བློ་ཡི། །བུད་ཤིང་ལན་བརྒྱར་བསྲེག་བྱེད་མོད། །ལེགས་བཤད་ཁྲུས་ཀྱིས་བསིལ་གྱུར་ཅིག ཅེས་སྡོམ་པ་གསུམ་གྱི་རབ་ཏུ་དབྱེ་བ་ཞེས་བྱ་བའི་བསྟན་བཅོས་ཀྱི་རིག་འཛིན་སྡོམ་པའི་སྐབས་ལས་བརྩམས་པའི་འབེལ་གཏམ་རྣམ་པར་ངེས་པ། ལེགས་བཤད་གསེར་གྱི་ཐུར་མ་ཞེས་བྱ་བའི་བསྟན་བཅོས་ཀྱི་རིམ་པར་ཕྱེ་བ་གསུམ་པའོ།། །།

དྲི་བ་ཞེ་ལྔ་པ་ནི། བྱང་ཆུབ་བར་དུ་བླངས་པ་ཡིས། །སོ་སོར་ཐར་པ་འཇིག་འགྱུར་ན། །ཇི་སྲིད་བྱང་ཆུབ་སྙིང་པོའི་བར། །ཚུལ་ཁྲིམས་ཀྱི་ནི་བསླབ་པ་དང་། །ཞེས་སོགས་ཟེར་བ་ཇི་ལྟར་ཡིན། །ཞེས་པ་འདི་ལ་གཉིས་ལས། དང་པོ་ལ། འདྲི་བའི་རྒྱུ་མཚན་ནི། བསྟན་བཅོས་འདི་ལ་འབེལ་གཏམ་དུ་བྱེད་པ་ཕྱི་མ་དག གཞུང་འདིའི་བསྟན་བྱའི་གཙོ་བོར་གྱུར་པའི་སྡོམ་པ་གསུམ་གྱི་ནླས་ཕྱེ་བའི་སོ་ཐར་གྱི་སྡོམ་པ་དེའི་ངོས་འཛིན། བྱང་ཆུབ་སེམས་དཔའི་སྡེ་སྣོད་ལས་གསུངས་པའི་བྱང་སེམས་ཀྱི་སོ་ཐར་ཞེས་བྱ་བ་དེ་ལ་ངོས་བཟུང་ནས། སྡོམ་གསུམ་ཡར་ལྡན་དུ་རྒྱུད་ལ་ཡོད་པའི་གང་ཟག་གི་རྒྱུད་ཀྱི་སྡོམ་པ་གསུམ་ལ་གཞི་མཐུན་ཡོད་པར་ཁས་ལེན་གྱིན་སྣང་བའི་རྒྱུ་མཚན་གྱིས་སོ། །མ་དྲིས་པའི་ཉེས་པ་ནི། འོ་ན་བྱང་སེམས་ཀྱི་ཉེས་སྤྱོད་སྡོམ་པའི་ཚུལ་ཁྲིམས་དེ། བྱང་ཆུབ་བར་དུ་ལེན་པ་མི་རིགས་པར་འགྱུར་ཏེ། གསུམ་གྱི་ནླས་ཕྱེ་བའི་སོ་ཐར་གྱི་སྡོམ་པ་དེ་དེའི་བར་དུ་བླངས་ན། སོ་ཐར་གྱི་གནད་བཅོས་པར་འགྱུར་པ་གང་ཞིག གསུམ་གྱི་ནླས་ཕྱེ་བའི་སོ་ཐར་ནི། བྱང་ཆུབ་སེམས་དཔའི་སོ་ཐར་ལ་འཆད་པར་སྣང་བས་སོ། །སྨྲ་པའི་དོགས་པ་སྐྱེའོ། །

གཉིས་པ་དངོས་ལན་གདབ་པ་ནི། ཉེས་པ་དེ་འཇུག་པ་མ་ཡིན་ཏེ། འདིར་བསྟན་གསུམ་གྱི་ནླས་ཕྱེ་བའི་སོ་ཐར་སྡོམ་པ་ནི། ཐེག་པ་ཐུན་མོང་གི་འདུལ་བ་ནས་འབྱུང་བའི་སོ་སོར་ཐར་བའི་སྡོམ་པ་དེ་ཉིད་ལ་འཆད་པར་ནི། ཇི་སྐད་དུ། སོ་སོར་ཐར་པའི་སྡོམ་པ་ནི། །བྱང་ཆུབ་བར་དུ་བླངས་གྱུར་ན། །ཞེས་པ་འདི་དང་། དེས་ན་སོ་སོར་ཐར་པ་ཡི། །སྡོམ་པ་ཤི་ཡང་ཡོད་དོ་ཅེས། །སྨྲ་བའི་སྐྱེས་བུ་དེ་ལ་ནི། །སྡེ་སྣོད་རྣམ་དབྱེ་མེད་པར་ཟད། །ཅེས་དང་། བསམ་པ་སེམས་བསྐྱེད་ཀྱིས་ཟིན་ནས། །ཆོ་ག་ཉན་ཐོས་ལུགས་བཞིན་གྱིས། །ཞེས་གསུངས་པ་ལས་གསལ་བའི་ཕྱིར། དེ་ལས་གཞན་དུ་ན། སྐབས་འདིར། སོ་སོ་ཐར་པའི་སྡོམ་པ་ནི། །ཞེས་དང་། བྱང་ཆུབ་སེམས་དཔའི་བསླབ་བྱའི་མཆོག ཅེས་དང་། གསང་སྔགས་ཀྱི་ནི་དབང་བསྐུར་བ། །ཞེས་པའི་གཞུང་ཚན་པ་གསུམ་པོ་དེ། བསྟན་བཅོས་འདིའི་བསྟན་བྱའི་གཙོ་བོར་འགྱུར་པའི་སྡོམ་པ་གསུམ་གྱི་གནད་ལ་འཁྲུལ་པ་འགོག་བྱེད་མ་ཡིན་པར་འགྱུར་རོ།། །།

དྲི་བ་ཞེ་དྲུག་པ་ནི། ཕག་མོའི་བྱིན་རླབས་མར་པ་ལ། །མེད་པའི་རྒྱུ་མཚན་གསལ་པོ་ཅི། །མར་པ་རིམ་ལྔ་གདན་རྫོགས་ཀྱི། །ཕོག་མར་ཕག་མོའི་བྱིན་རླབས་ནི། །ངེས་པར་བྱེད་ཅེས་ཟེར་བ་ཐོས། །ཞེས་པའོ། །འདི་ལ་གཉིས་ལས། དང་པོ་ལ་འདྲི་བའི་རྒྱུ་མཚན་ནི། གཞུང་འདིའི་འཆད་པ་པོ་ཁ་ཅིག་ནི། མར་པ་ལ་དེའི་བྱིན་རླབས་མེད་དོ། །ཞེས་སྒྲ་ཇི་བཞིན་པར་འཆད། བསམ་ཡས་པའི་རྣམ་བཤད་སོགས་ཕལ་ཆེ་བ་ལས། དེས་ཆོས་སློ་འབྱེད་པ་དེའི་ལུགས་མ་ཡིན། ཞེས་འཆད་པར་སྣང་བའི་རྒྱུ་མཚན་གྱིས་སོ། །གཉིས་པ་མ་དྲིས་པའི་

ཞེས་པ་ནི། ལུགས་དང་པོ་ལྟར་ན། ཚད་ལྡན་དག་གིས། མར་པ་ལོ་ཙྪ་ཕག་མོའི་བརྒྱུད་པའི་རིམ་པ་ལ་སྦྱར་བ་ཡོད་བཞིན་དུ། དེ་ལ་དེའི་བྱིན་རླབས་ཀྱི་བརྒྱུད་པ་མེད་པར་འཆད་ན། ཧ་ཅང་དབང་གིས་ཕྱུག་པར་འགྱུར་ཞིང་། བྱིན་བརླབས་ཀྱི་རྒྱུད་པ་གཞན་དག་ལ་ཡང་སྐྱུར་བ་གདབ་དགོས་པར་འགྱུར་རོ། །ལུགས་གཉིས་པ་དེ་ལྟར་ན། རྗེས་མར་པ་ལོ་ཙྪ་ནི། རིམ་ལྔ་གདན་རྫོགས་ཀྱི་ཁྲིད་ཀྱི་སྟོན་རོལ་དུ། རྡོ་རྗེ་རྣལ་འབྱོར་མའི་སིནྡྷཱ་རའི་དཀྱིལ་འཁོར་གཞེངས་ནས། དབང་གོང་མ་གསུམ་བསྐུར་བ་དང་། དེའི་ཡང་སྟོན་དུ། གསང་བ་འདུས་པའི་རྡུལ་ཚོན་གྱི་དཀྱིལ་འཁོར་དུ་བུམ་པའི་དབང་བསྐུར་བ་ཡིན་ནོ། །ཞེས་བརྒྱུད་པ་དེ་དག་ལ་གྲགས་པ་དང་། རྗེ་བླ་མའི་གསུང་ལས་ཀྱང་། སྐྱེས་མཆོག་མར་པ་ལོ་ཙྪས། ཇོ་བོ་ནཱ་རོ་ཏ་པ་ལ། འཕགས་པའི་དངོས་ཀྱི་སློབ་མ་གྲུབ་ཆེན་མ་ཏྲི་པ་ནས། བླ་མ་ཏི་ལོ་པ་ལ་བརྒྱུད་པའི་དབང་བཀའ། རྒྱུད་རྒྱང་གི་མན་ངག་གི་བཤད་པ། རིམ་ལྔ་གདན་རྫོགས་ཀྱི་ཁྲིད་བཀའ་རྣམས་གསན། དབང་གོང་མ་གསུམ་པོ་ལ་ཡང་། སིནྡྷཱ་རའི་དཀྱིལ་འཁོར་རེ་རེ༏ དེའི་འོག་ཏུ་ཐོད་པ་ཆང་གིས་བཀང་བ། དེའི་འོག་ཏུ་རྡུལ་ཚོན་གྱི་ཆོས་འབྱུང་གྲུ་གསུམ་རེ་རེ། དབང་གོང་མ་གསུམ་པ་ལའང་། ཡེ་ཤེས་དབབ་པ། དཀྱིལ་འཁོར་དུ་མི་རྟོག་དོར་བ་སོགས་བྱེད་པ་ཡོད་དོ། །ཞེས་གསུང་པ་དེ་དག་གི་དོན་ཅི་སྙམ་དུ་དོགས་པར་འགྱུར་རོ། །

གཉིས་པ་དངོས་ལན་གདབ་པ་ནི། རྗེ་མར་པ་ལོ་ཙྪས་ཕག་མོའི་བྱིན་བརླབས་མེད་པ་དང་། བྱིན་བརླབས་དེ་རྫོགས་རིམ་འགའ་ཞིག་གི་ཆོས་སྒོ་འབྱེད་པ། དེའི་ལུགས་ལ་མེད་དོ་ཞེས་པ་ནི། གཞུང་འདིའི་དགོངས་པ་མ་ཡིན་གྱི། འོ་ན་ཅི་ཞེ་ན། ཕག་མོ་གྲུའི་ཆོས་སྒོ་བས། རྡོ་རྗེ་ཕག་མོའི་བྱིན་རླབས་ཀྱི་འཇུག་ཏུ། ཕག་མགོ་ལ་སོགས་པའི་བརྡ་བཞིས་མཚོན་པའི་དོན་ངོ་སྤྲོད་པ་ལ། སློབ་མ་མ་སྨིན་པ་སྨིན་པར་བྱེད་པའི་དབང་གི་གོ་དོན་དུ་བྱས་ཏེ། ཆོས་སྒོ་འབྱེད་པ་ཞེས་བྱ་བའི་ཐ་སྙད་ཉེ་བར་སྦྱར་ནས། དེ་ཙམ་གྱིས་སྨིན་བྱེད་ཀྱི་དབང་གི་གོ་ཆོད་པར་བྱས་པའི་འོག་ཏུ། ནཱ་རོའི་ཆོས་དྲུག་ལ་སོགས་པའི་གདམས་པ་ཟབ་མོ་སྒོམ་པ་ནི། མར་པ་ལྷོ་བྲག་པའི་ལུགས་མ་ཡིན་ཏེ། ལུགས་དེ་ལ་སྣང་རུང་མ་དམིགས་པའི་ཕྱིར། ཞེས་བྱ་བའི་དོན་ཏེ། ཇི་སྐད་དུ༏ མར་པའི་བརྒྱུད་པ་འཛིན་བཞིན་དུ། །ཕག་མོས་ཆོས་སྒོ་འབྱེད་པ་ནི། །ཞེས་གསལ་བར་གསུངས་པས་སོ།། །།

དྲི་བ་ཞེ་བདུན་པ་ནི། རྗེ་བཙུན་མི་ལ་མན་ཆད་ལ། །ཆོས་དྲུག་ཡོད་དམ་མེད་པ་ནི། །གཞུང་གི་དགོངས་པ་གང་ཡིན་འདྲི། །ཡོད་ན་ནཱ་རོའི་བརྒྱུད་པ་ནི། །འདེད་ལ་འགལ་བ་ཅི་ཞིག་ཡོད། །མེད་ན་ཆོས་དྲུག་ལུགས་གསུམ་པོ། །གསན་ཚུལ་ཇི་ལྟར་ཡིན་པ་འདྲི། །བདེ་མཆོག་སྙན་བརྒྱུད་ཅེས་བྱ་བ། །རྫོང་མའི་ཆོས་སྐུ་མཁས་རྣམས་བཞེད། །ཅེས་པ་འདི་ལ་གཉིས་ལས། དང་པོ་ལ་འདྲི་བའི་རྒྱུ་མཚན་ནི། །མི་ལ་ཡན་ཆད་དེ་ལས་མེད། །ཅེས

པའི་སྒྲ་ཇི་བཞིན་པ་ལ། མི་ལ་མན་ཆད་ལ་ཆོས་དྲུག་གི་གདམས་པ་མེད་པར་འཆད་པ་ལྟ་བུར་སྣང་བ་དང་། ཕྱིས་ཀྱི་འབེལ་གཏམ་བྱེད་པ་དག་ཀྱང་དེ་ལྟར་དུ་འཆད་པ་དང་། ཁྱད་པར་སྤྱོས་ཁང་པའི་རྣམ་བཤད་ལས། མི་ལ་རས་པ་ལ་སློབ་མ་མང་དུ་བྱུང་ཡང་། རས་ཆུང་རྡོ་རྗེ་གྲགས་ཐོག་མར་ཞབས་ཏོག་སྒྲུབས་པ་དང་། བསྙེན་ཡུན་རིངས་བས་ཆོས་དྲུག་གནང་ནས་བཀའ་རྒྱུས་བཏབ་བོ། །དེ་ལས་གཞན་པའི་སློབ་མ་རྣམས་ལ། ཆོས་དྲུག་ཚང་བར་གནང་བ་མེད་པས། དུས་ཕྱིས་མི་ལ་རས་པའི་སློབ་མ་རྣམས་ལ། གདམས་ངག་ཁ་འཐོར་དུ་ཡོད་པ་རྣམས་ཕྱོགས་གཅིག་ཏུ་བསྡུས་ནས། བསྲེ་འཕོ་དང་། ཕྱག་རྒྱ་ཆེན་པོ་དང་། ཕག་མོའི་བྱིན་རླབས་སོགས་སྣ་ཚོགས་བསྡུས་པ་ལ། ཆོས་དྲུག་གི་ཐ་སྙད་བཏགས་པ་ཡིན་ནོ། །ཞེས་འཆད་པ་དང་། སྒྲ་གདོང་པ། ནཱ་རོའི་ཆོས་དྲུག་ལ། རྒྱུད་དང་འབྲེལ་བ་དང་། བྱིན་རླབས་དང་འབྲེལ་པ་གཉིས་ལས། དང་པོ་ནི། དྭགས་པོ་ལྷ་རྗེ་དང་། མེས་སྟོན་ཚོན་པོ་སོགས་ལ་བརྒྱུད་པ་ཡིན་ལ། དབང་བྱིན་བརླབས་དང་འབྲེལ་བ་ནི། མི་ལ་ཡན་ཆད་དེ་ལས་མེད་དོ། །ཅེས་འཆད་པའི་རྒྱུ་མཚན་གྱིས་སོ། །མ་དྲིས་པའི་སྐྱོན་ནི། ལུགས་དང་པོ་མི་འཐད་དེ། ཕྱག་རྒྱ་ཆེན་པོ་དང་། ཕག་མོའི་བྱིན་རླབས་བསྲེས་པ་ལ། ཆོས་དྲུག་གི་ཐ་སྙད་འདོགས་མཁན་སུ་ཡང་མི་སྣང་བའི་ཕྱིར་དང་། ཆོས་དྲུག་རས་ཆུང་བ་ལས་བརྒྱུད་པ་ཡོད་ན། དེ་ལས་མེད། ཅེས་པའི་གོ་དོན་དེ་མན་ཆད་ལ་མེད་པར་འཆད་པ་ཡང་འགལ་བའི་ཕྱིར་དང་། ནཱ་རོ་ཆོས་དྲུག་ལུགས་གསུམ་གྱི་གསན་ཚུལ་འཆད་པ་ན། མེས་སྟོན་ཚོན་པོ་དང་། དྭགས་པོའི་སློབ་མ་རྒྱང་བཞེར་པ་ལས་བརྒྱུད་པ་གསན་ཞེས་ཟེར་བ་ཡང་འགལ་བའི་ཕྱིར། ལུགས་གཉིས་པ་མི་འཐད་དེ། ཆོས་དྲུག་ལ་དབང་བྱིན་རླབས་དང་འབྲེལ་མ་འབྲེལ་གཉིས་སུ་འཆད་པ་སུ་ཡང་མི་སྣང་ཞིང་། དབང་བྱིན་རླབས་དང་མ་འབྲེལ་ན། ཆོས་དྲུག་གོ་ཆོད་པོར་འགལ་བའི་ཕྱིར་དང་། བྱིན་རླབས་དང་འབྲེལ་བའི་ཆོས་དྲུག་མི་ལ་མན་ཆད་ལ་མེད་པ་དང་། བྱིན་རླབས་དང་འབྲེལ་བའི་ཆོས་དྲུག་ རས་ཆུང་པའི་དངོས་སློབ་བུར་སྒོམ་ནག་པོ་ལས་ཐོས་པ་དེ། ཤངས་པ་རྨོག་ཅོག་པ་ནས་བརྒྱུད་པ་ཡིན་ནོ། །ཞེས་གསུངས་པའི་ཚིག་ལ་ཡང་སྙིང་པོ་མི་སྣང་བའི་ཕྱིར། ནཱ་རོའི་ཆོས་དྲུག་ལ་རྒྱུད་དང་འབྲེལ་བ་དང་། བྱིན་རླབས་དང་འབྲེལ་བ་གཉིས་ཀྱི་གྲངས་ངེས་མཛད་ནས། དེ་གཉིས་ཀ་མི་ལ་མན་ཆད་ལ་ཡོད་པར་འཆད་པ་དང་། མི་ལ་ཡན་ཆད་དེ་ལས་མེད་ཀྱི་འབྲུ་གནོན་དེ་ལྟར་མཛད་པའི་ཕྱིར་དང་། རས་ཆུང་པ་ལ་དབང་བྱིན་རླབས་དང་འབྲེལ་བའི་ཆོས་དྲུག་ཡོད་པར་འཆད་པ་དང་། རྡོ་རྗེ་ཕག་མོའི་བྱིན་རླབས་ནི། །མར་པ་ལྷོ་བྲག་པ་ལ་མེད། །ཅེས་པའི་དོན། བྱིན་རླབས་ཀྱིས་ཆོས་སྒོ་འབྱེད་པ་ལུགས་དེ་ལ་མེད་ཅེས་འཆད་པ་ཡང་འགལ་བ་ལྟ་བུར་སྣང་བའི་ཕྱིར། ཡང་ལ་ལ་ན་རེ། མི་ལས་རས་ཆུང་པ་ལ་གནང་བའི་ནཱ་རོའི་ཆོས་དྲུག་ནི། བདེ་མཆོག་སྙན་བརྒྱུད་ཅེས

ཡོངས་སུ་གྲགས་པའི་ནང་ན་ཡོད་པ་དེ་ཡིན་ལ། དེ་ལས་གཞན་པའི་ཆོས་དྲུག་ནི་མི་ལ་མན་ཆད་ལ་མེད་དོ། །ཅེས་ཟེར་བ་དེ་ཡང་མི་རིགས་ཏེ། བདེ་མཆོག་སྙན་བརྒྱུད་ནི། མར་པ་དོ་པས་རྒྱ་གར་སྐད་ཐོགས་ཀྱི་ཆོས་བརྒྱ་རྩ་བརྒྱད་བརྩམས་པའི་ནང་ན། བདེ་མཆོག་སྐོར་གྱི་དབང་ཁྲིད་ཟླབས་དང་འབྲེལ་བའི་ཆོས་མང་པོ་དང་། ནཱ་རོའི་ཆོས་དྲུག་གི་ནང་ཚན་འགའ་ཞིག་གདམ་ངག་ཏུ་སྦྱར་ནས་རང་དགར་བརྩམས་པ་ཡིན་གྱི། མར་པ་དང་མི་ལ་ལས་བརྒྱུད་པའི་ཆོས་མ་ཡིན་ནོ། །ཞེས་ཕྱག་ལོ་ཙཱ་བ་ལ་སོགས་པ་སྔོན་གྱི་དམ་པའི་ཆོས་ཀྱི་དག་ཐེར་མཛད་པའི་མཁས་པ་མང་པོས་བཤད་པ་ལྟར་དཔྱད་དགོས་པ་དང་། བསྟན་བཅོས་མཛད་པ་འདི་ཉིད་ཀྱིས་ནཱ་རོའི་ཆོས་དྲུག་ལུགས་གསུམ་གསན་པ་དེ། བདེ་མཆོག་སྙན་བརྒྱུད་ཀྱི་ལུགས་སུ་གསན་པའམ། ཡང་ན་བརྒྱུད་པ་ཆད་པའི་ཆོས་དྲུག་ལུགས་གསུམ་གསན་པར་འགྱུར་རོ། །སྙམ་པའི་དོགས་པ་འདི་སྐྱེའོ། །

གཉིས་པ་དངོས་ལན་གདབ་པ་ནི། མི་ལ་ཡན་ཆད་དེ་ལས་མེད། །ཅེས་པའི་གཞུང་གི་དོན། མི་ལ་ཡན་ཆད་དུ་ཆོས་དྲུག་མེད་ཅེས་བྱ་བའི་དོན་ནི་མ་ཡིན་གྱི། འོན་ཅི་ཞེ་ན། མི་ལ་ཡན་ཆད་དུ་ནི། ནཱ་རོ་པའི་བརྒྱུད་འཛིན་དག་ལ་ནཱ་རོའི་ཆོས་དྲུག་དེ་ལས་གཞན། ལམ་འབྲས་དང་། ཕྱག་ཆེན་གྱི་མིང་ཅན་དཀར་པོ་གཅིག་ཐུབ་སོགས་ལ་གོམས་པར་བྱེད་པ་མེད་ལ། རྗེ་དྭགས་པོ་ལྷ་རྗེས། ཆོས་དྲུག་ཁོ་ན་རང་རྒྱུད་ལ་ནན་ཏན་དུ་གོམས་པར་བྱེད་པ་བོར་ནས། ཕྱག་རྒྱ་ཆེན་པོའི་མིང་འདོགས་ཅན་གྱི་དཀར་པོ་གཅིག་ཐུབ་ལ་སྒོམ་དུ་བྱུས་པ་དང་། ཕག་མོ་གྲུ་པས་ལམ་འབྲས་གོམས་པས་གྲུབ་པ་བརྙེས་པ་ལྟ་བུ། ནཱ་རོ་ཏ་བ་ལས་གཞན་གྱི་གདམ་ངག་སྒོམ་བཞིན་དུ། བརྒྱུད་པ་གཞན་དེ་དག་གསང་ནས། རྗེ་ནཱ་རོ་པ་ཁོ་ནའི་རྒྱུད་འཛིན་དུ་འདོད་པ་ནི་རང་གཞན་གྱི་ལུགས་གཉིས་དང་འགལ། ཞེས་བསྟན་བཅོས་མཛད་པ་འདིས་ནི། ཆོས་དྲུག་ཐོས་ཀྱང་དེ་ལ་ནན་ཏན་གྱིས་གོམས་པར་མི་མཛད་པས། ནཱ་རོའི་རྒྱུད་འཛིན་དུ་ཞལ་གྱིས་མི་བཞེས་པ་ལ་འགལ་བ་མེད་ཅེས་བྱ་བའི་དོན་ཏོ།། །།

དྲི་བ་ཞེ་བརྒྱད་པ་ནི། ཕྱག་རྒྱ་ཆེན་པོ་སྒོམ་བཞིན་དུ། །ནཱ་རོའི་བརྒྱུད་པ་འདེད་པ་ལ། །འགལ་བ་ཅི་ཞིག་ཡོད་པ་དྲི། །ཞེས་པ་འདི་ལ་འདྲི་བའི་རྒྱུ་མཚན་ནི། ཇི་སྐད་དུ། ཕྱག་རྒྱ་ཆེན་པོ་ལ་སོགས་པ། །ཞེས་པའི་གཞུང་དེའི་སྒྲ་ཇི་བཞིན་པ་དེ་ཉིད་དང་། རྣམ་བཤད་མཛད་པ་སྤྱོས་ཁང་བ། མཻ་ཏྲི་པའི་ཕྱག་རྒྱ་ཆེན་པོ་ཞེས་བྱ་བ་དང་། སྣ་གདོང་བ། ཕྱག་རྒྱ་ཆེན་པོ་ལྷ་ལྷན་ཞེས་སྦྱོར་བར་སྣང་བའི་རྒྱུ་མཚན་གྱིས་སོ། །མ་དྲིས་པའི་ཉེས་པ་ནི། ཕྱག་ཆེན་བསྒོམས་ནས་ནཱ་རོའི་བརྒྱུད་པ་འདེད་པ་ལ་འགལ་བ་ཅི་ཡང་ཡོད་པ་མ་ཡིན་ཏེ། ཕྱག་རྒྱ་བར་གྲགས་པ་དག་ནི། ཕྱག་རྒྱ་ཆེན་པོ་ནཱ་རོ་པ་དང་། མཻ་ཏྲི་པ་ལས་བརྒྱུད་པ་དེ་སྒོམ་པར་ཁས་ལེན་ཞིང་། བརྒྱུད་པ

ཡང་སོ་སོ་ནས་བརྒྱུད་པར་ཁས་ལེན་གྱི། མི་ཏྲི་པ་ནས་མ་བརྒྱུད་པར་ཁས་མི་ལེན་པའི་ཕྱིར་དང་། ལྷ་ལྡན་ནི། ནཱ་རོ་པ་ལས་གཞན་འདི་ལྟ་བུ་ཞིག་གི་གདམ་ངག་གོ་ཞེས་སྟོན་པར་མི་ནུས་པའི་ཕྱིར། །

གཉིས་པ་དགོས་ལན་གདབ་པ་ནི། གཞུང་དེའི་དོན་ནི། ནཱ་རོ་པའམ་མཻ་ཏྲི་པའི་ཕྱག་རྒྱ་ཆེན་པོ་སྒོམ་བཞིན་དུ་ཞེས་པའམ། ཡང་ན། ཕྱག་རྒྱ་ཆེན་པོ་ཡིན་ངོ་ཤེས་པ་དེ་སྒོམ་བཞིན་དུ། ཞེས་བྱ་བའི་དོན་ནི་མ་ཡིན་གྱི། འོ་ན་ཅི་ཞེ་ན། རྒྱ་ནག་ལུགས་ཀྱི་རྫོགས་ཆེན་ལ་ཕྱག་རྒྱ་ཆེན་པོར་མིང་བཏགས་པ་དེ་སྒོམ་བཞིན་དུ། ནཱ་རོའི་བརྒྱུད་པ་འདེད་ན་ལུགས་གཉིས་དང་འགལ་ཞེས་པའི་དོན་ཏེ། ཇི་སྐད་དུ། གཞུང་འདི་ཉིད་ལས། ད་ལྟའི་ཕྱག་རྒྱ་ཆེན་པོ་ནི། །ཕལ་ཆེར་རྒྱ་ནག་ཆོས་ལུགས་ཡིན། །ནཱ་རོ་དང་ནི་མཻ་ཏྲི་པའི། །ཕྱག་རྒྱ་ཆེན་པོ་གང་ཡིན་པ། །དེ་ནི་ལས་དང་ཆོས་དང་ནི། །དམ་ཚིག་དང་ནི་ཕྱག་རྒྱ་ཆེ། །གསང་སྔགས་རྒྱུད་ལས་ཇི་སྐད་དུ། །གསུངས་པ་དེ་ཉིད་ཁོང་བཞེད་དོ། །ཞེས་བཤད་པས་སོ།། །།

དྲི་བ་ཞེ་དགུ་པ་ནི། བཅོམ་ལྡན་གྱིས་ནི་བཤད་པ་ལ། །བཞི་བཅོམ་དྲུག་ལྡན་མི་དགོས་ན། །གང་རུང་རེ་རེས་ཆོག་གམ་ཅི། །དེ་ལྟ་ན་ནི་དགྲ་བཅོམ་དང་། །ལེགས་ལྡན་སོགས་ལའང་མི་ཐལ་ལམ། །ཞེས་པ་འདི་ལ་འདྲི་བའི་རྒྱུ་མཚན་ནི། བཅོམ་ལྡན་འདས་ཀྱིས་བཤད་པ་ལ། །ཞེས་པའི་སྒྲ་ཇི་བཞིན་པ་དེ་ཉིད་དང་། རྣམ་བཤད་མཛད་པ་བསམ་ཡས་པས། བྷ་ག་ཝཱན་ཞེས་པ་བཅོམ་པ་དང་། ལྡན་པ་གཉིས་ཀའི་སྐད་དོད་ཡིན་ཞེས་གསུངས་པར་སྣང་བའི་རྒྱུ་མཚན་གྱིས་སོ། །མ་དྲིས་པའི་ཉེས་པ་ལ་ལུང་རིགས་གཉིས་ལས། དང་པོ་ནི། རྡོ་རྗེ་རྩེ་མོ་ལས། ཉོན་མོངས་ལས་དང་དེ་བཞིན་སྐྱེ། །ཉོན་མོངས་ཤེས་བྱའི་སྒྲིབ་དེ་རྣམས། །གང་ཡང་མི་མཐུན་ཕྱོགས་ཆོས་བཅོམ། །དེ་འདྲའི་བཅོམ་ལྡན་འདས་སུ་བཤད། །ཅེས་དང་། སམྦུ་ཊ་ལས། དབང་ཕྱུག་དང་ནི་གཟུགས་བཟང་དང་། །དཔལ་དང་གྲགས་དང་ཡེ་ཤེས་དང་། །བརྩོན་འགྲུས་ཕུན་སུམ་ཚོགས་པ་སྟེ། །དྲུག་པོ་རྣམས་ལ་སྐལ་ཞེས་བྱ། །ཞེས་བཞི་བཅོམ་དྲུག་ལྡན་དུ་བཤད་པ་མ་ཡིན་ནམ་སྙམ་པ་དང་། གཉིས་པ་ནི། སྒྲ་འཆད་ཚུལ་གཉིས་ཀ་མི་དགོས་པར་གང་རུང་གཅིག་གིས་ཆོག་པ་ཡིན་ན། དམན་པའི་དགྲ་བཅོམ་ཡང་བདུད་བཞི་བཅོམ་པ་དང་ལྡན་པ་ཉིད་ཀྱི་ཕྱིར། བཅོམ་ལྡན་དུ་ཐལ་བ་དང་། ལྷ་དབང་ཕྱུག་ཆེན་པོ་ཡང་སྐལ་ལྡན་ནམ། ལེགས་ལྡན་དུ་བཤད་པའི་ཕྱིར། བཅོམ་ལྡན་དུ་ཐལ་བར་འགྱུར་རོ། །སྙམ་པའི་དོགས་པ་འདི་སྐྱེ་བ་ཡིན་ནོ། །

གཉིས་པ་དགོས་ལན་གདབ་པ་ནི། བཅོམ་པ་དང་། ལྡན་པ་གཉིས་ལ། བདུད་བཞི་བཅོམ་པ་དང་། སྐལ་པ་དྲུག་དང་ལྡན་པ་ཞེས་སོ་སོར་སྦྱར་ནས་སྒྲ་བཤད་ན་འཐུལ་པ་ཡིན་ནོ། །འོ་ན་ཇི་ལྟར་ཞེ་ན། བྷ་ག་ཞེས

པའི་སྐད་དོད་གཅིག་པོ་དེ་ཉིད། བཅོམ་པ་དང་སྐལ་པ་གཉིས་ཀ་ལ་འཇུག་པ་ཡིན་ལ། ལྡན་ཞེས་པ་ནི་ལྡན་པ་ལ་འཇུག་པས། བཅོམ་པ་དང་སྐལ་བ་གཉིས་ཀ་དང་ལྡན་པས་ན་བཅོམ་ལྡན་ནོ། །དེའི་ཕྱིར་རྫོགས་པའི་སངས་རྒྱས་ལས་གཞན་ལ་མི་འཇུག་གོ །དེ་ལྟ་ནའང་། སྔོན་གྱི་ལོ་ཙཱ་བ་ཆེན་པོ་དག་གིས། སྒྲ་བཤད་དེ་གཉིས་པོ་གང་རུང་ལ་འཇུག་པར་བསམས་ནས། འདས་ཞེས་པའི་སྐད་དོད་མེད་ཀྱང་བསྣན་པར་སྣང་ངོ།། །།

དྲི་བ་ལྔ་བཅུ་པ་ནི། ཕྱག་རྒྱ་ཆེན་པོའི་སྒྲ་དོན་ལ། །ལག་པའི་སྒྲ་དོན་འཕྲུལ་གྱུར་ན། །བརྟག་པ་གཉིས་པར་བརྗོད་དང་ནི། །བརྗ་ཡི་ལན་ལ་ཕྱག་རྒྱ་ཞེས། །གསུངས་པའི་དགོངས་པ་གང་ཡིན་བཙལ། །རྡོ་རྗེ་འབྱུང་བར་ལྷ་རྣམས་ཀྱི། །ལག་པའི་རྣམ་འགྱུར་མི་འདྲ་བ། །ཕྱག་རྒྱ་ཆེན་པོར་བཤད་དེ་ཅི། །ཞེས་པའོ། །འདི་ལ་གཉིས་ལས། དང་པོ་ལ། འདྲི་བའི་རྒྱུ་མཚན་ནི། གཞུང་གི་སྒྲ་ཇི་བཞིན་པ་དེ་ལ། གང་ལ་ལག་པའི་རྒྱའི་སྒྲ་བཤད་ཡོད་པ་དེ་ལ། གང་གིས་འདེབས་བྱེད་དུ་གྱུར་པའི་ཕྱག་རྒྱའི་སྒྲ་བཤད་མ་ཚང་བ་ལྟ་བུར་སྣང་བའི་རྒྱུ་མཚན་གྱིས་སོ། །མ་དྲིས་པའི་ཉེས་པ་ནི། དེ་ལྟ་ཡིན་པ་འོ་ན། བརྟག་པ་གཉིས་པར། ཕྱག་རྒྱ་ཕྱག་རྒྱའི་ལན་གྱིས་ནི། །དམ་ཚིག་གིས་ནི་རྣམ་པར་དབྱེ། །ཞེས་དང་། ཕྱག་རྒྱ་དེ་ཉིད་འཆད་པ་ན། །གང་ཞིག་སོར་མོ་གཅིག་སྟོན་ན། །གཉིས་ཀྱིས་ལེགས་པར་འོངས་པར་ཡིན། །གཡོན་པའི་མཐེ་བོ་བཙངས་པ་ལ། །སྙིང་གི་ཕྱག་རྒྱར་རྣམ་པར་ཤེས། །གང་ཞིག་སྤྱིན་ལག་སྟེར་བ་ལ། །དེ་ལ་མཐེའུ་ཆུང་རྣམ་པར་སྦྱིན། །གང་ཞིག་སྤྱིན་ལག་སྟོན་པ་ལ། །དེ་ཡི་མགྲིན་པ་རབ་ཏུ་བསྟན། །གང་ཞིག་གོས་ནི་སྟོན་པ་ལ། །དེ་ཡི་རྩེ་གསུམ་རབ་ཏུ་བསྟན། །གང་ཞིག་ནུ་མ་སྟོན་པ་ལ། །དེ་ཡི་མཚམས་ནི་རབ་ཏུ་བསྟན། །ཞེས་ལག་པའི་བརྗ་ལ་ཕྱག་རྒྱར་བཤད་པ་དེ་ཡང་མི་འཐད་པར་འགྱུར་ཏེ། དེ་ལ་ལག་པའི་སྒྲ་དོན་བཤད་དུ་ཡོད་པ་ཉིད་ཀྱི་ཕྱིར། གཞན་ཡང་དེ་ཉིད་བསྡུས་པའི་རྒྱུད་དང་། རྡོ་རྗེ་འབྱུང་བའི་བསྟན་བཅོས་རྣམས་སུ། གང་གིས་འདེབས་བྱེད་ཕྱག་རྒྱ་བཞིའི་ཟླས་ཕྱེ་བའི་ཕྱག་རྒྱ་ཆེན་པོ་དེ། ལྷ་སོ་སོའི་ཕྱག་སྟབས་མི་འདྲ་བ་ཁོ་ན་ལ་བཤད་པ་དེས་ནི་ལག་པའི་སྒྲ་དོན་བཤད་ན། ཕྱག་རྒྱ་ཆེན་པོའི་སྒྲ་དོན་དུ་མི་རུང་ཞེས་པ་དེ་དང་། ཇི་སྐད་དུ། དེད་ཀྱི་ཕྱག་རྒྱ་ཆེན་པོ་ནི། །དབང་ལས་སྐྱེས་པའི་ཡེ་ཤེས་ཡིན། །ཞེས་པ་དེ་ལ་གནོད་པར་འགྱུར་རོ། །སྙམ་པའི་དོགས་པ་འདི་སྐྱེ་བར་འགྱུར་རོ། །

གཉིས་པ་དངོས་ལན་གདབ་པ་ནི། འདིར་གཞུང་གི་དོན་ནི། ཕྱག་རྒྱ་ཆེན་པོའི་སྐད་དོད། མ་ཧཱ་མུ་དྲཱ ཞེས་པའི་སྒྲ་ཇི་བཞིན་པ་ནི་རྒྱ་ཆེན་པོ་ཞེས་པ་ཡིན་པས། ཕྱག་གི་སྐད་དོད་མེད་ཀྱང་། གཞན་དང་འཕྲུལ་གྱིས་དོགས་ནས། ཕྱག་ཅེས་པ་ལོ་ཙཱ་བས་བསྣན་པ་ཡིན་ནོ། །ཞེས་པ་ཀུན་གྱིས་ཤེས་པ་དེ་ཉིད་དངོས་ལན་ཡིན་མོད། དེ་ལྟ་ནའང་། དོགས་པ་འདི་འཇུག་སྟེ། དེར་ལོ་ཙཱ་བས་བསྣན་པའི་ཕྱག་ཅེས་པ་དེ། ལག་པ་ལ་འཇུག་པ་

ཡིན་ནམ་མིན། མིན་ན་གཞན་གང་ཞིག་ཡིན། དང་པོ་ལྟར་ན། ཕྱག་རྒྱ་ཆེན་པོ་ཞེས་པའི་མིང་དེ། དོན་གང་ལ་དངོས་མིང་དུ་འཇུག་བའི་དོན་དེ་ལ་མིང་དེའི་སྒྲ་བཤད་བྱེད་པ་ན། ལག་པའི་སྒྲ་དོན་བཤད་དུ་ཡོད་པར་འགྱུར་ཏེ༑ ཕྱག་རྒྱ་ཞེས་པའི་ཕྱག་དེ་ལག་པ་ལ་བསམམས་ནས་ལོ་ཙཱ་བས་བརྡ་སྦྱར་བའི་ཕྱིར། ཞེས་རྒོལ་བ་བྱུང་ན་ལན་གང་འདེབ། བོད་སྐད་ལ་སྒྲ་བཤད་བྱེད་པ་མེད་དོ་ཞེ་ན། སྒྲ་བཤད་བྱེད་པ་ཐམས་ཅད་ལེགས་སྦྱར་གྱི་སྐད་ལས་འདྲེན་དགོས་ན། ཧ་ཅང་ཐལ་བར་འགྱུར་ཏེ། ལེགས་སྦྱར་ཤེས་པའི་ལོ་ཙཱ་བ་དག་གིས། ལྷ་རྫས་ཀྱི་མེ་ཏོག་དང་། འདབ་ཆགས་བྱ་ཞེས་པ་ལྟ་བུ་སྐད་དོད་ལ་མེད་བཞིན་དུ་བསྟན་པ་དག་ལ་ཡང་སྒྲ་བཤད་དུ་ཡོད་པའི་ཕྱིར་དང་། ལེགས་སྦྱར་མི་ཤེས་པའི་རྒན་པོས་ཀྱང་། སྒྲ་བཤད་དུ་ཡོད་པ་རྒྱུ་མཚན་དུ་བྱས་ནས་མིང་བཏགས་པ་མང་བའི་ཕྱིར། ཞེས་པའི་དོགས་པ་འདི་ཡང་སྤྱང་དགོས་སོ། །དོགས་པ་གཉིས་པའི་ལན་ནི། རྣལ་འབྱོར་རྒྱུད་ཀྱི་ཕྱག་རྒྱ་བཞི་དང་། བླ་མེད་ཀྱི་ཕྱག་རྒྱ་བཞིའི་ཁྱད་པར་ཡིན་ཞེས་ཟེར་བ་ལས་འོས་མེད་མོད། དེ་ལྟ་ནའང་། བླ་མེད་རྒྱུད་ཀྱི་ཕྱག་རྒྱ་བཞིའི་ཁུངས་གསལ་པོ་རྙོད་མེད་བཙལ་ནས་ངེས་པར་བྱེད་དགོས་སོ། །དེ་ལྟར་ན། དྲི་བ་བཅུ་གཅིག་པ་སོགས་གསུམ་བསྟན་བྱའི་དོན་གཅིག་པས་གཅིག་ཏུ་བསྒྲངས་ནས་དྲིས་ལན་བརྒྱ་ཐམ་པའོ།། །།

ཁ་སྐོང་བའི་དྲི་བ་བརྒྱད་ལས། དང་པོ་ནི། ཏི་ལོ་ཏེ་ལོར་མི་རུང་ན། །ཨི་ཡི་ཡི་གེ་ཨེ་ཞེས་པར། །ཀཱ་ལཱ་པ་ལས་བཤད་དེ་ཅི། །ནཱ་རོ་ཞེས་པ་བྲམ་ཟེ་ཡི། །བྱེ་བྲག་ཡིན་མོད་ཏ་ཞེས་པ། །ཞེསའི་ཚིག་ཏུ་སྦྱར་མིན་ནམ། །ཞེས་པ་འདི་ལ་གཉིས་ལས། དང་པོ་དྲི་བའི་བསམ་པ་ནི། ཏི་ལོ་ཞེས་པ་ཏིལ་བརྡུང་ལ་འཇུག་པ་བཞིན་དུ། ཏེ་ལ་ཞེས་པ་ཡང་དེ་ཉིད་ལ་འཇུག་པ་ཡིན་ཏེ། དེའི་ཤེས་བྱེད་ལ་ལུང་དང་རིགས་པ་གཉིས་ལས། དང་པོ་ནི། ཀཱ་ལཱ་པ་ལས་ཨེ་ཨེ་ཏ་ཨུ་ཨོ་ཏ། རྫས་ལའོ། །སམྦུ་དྡྷི་ལའོ། །དེ་ལའོ། །ཞེས་རྣམ་དབྱེ་དང་པོའི་མང་ཚིག་དང་། བོད་པ་དང་། རྣམ་དབྱེ་བཞི་པའི་གཅིག་ཚིག་རྣམས་ཕྱི་མར་ཡོད་པ་ལ། ཨི་ཨེར་འགྱུར་པ་དང་། ཨུ་ཨོར་འགྱུར་བ་ཉིད་དུ་བཤད་པའི་ཕྱིར་དང་། ཀུན་བཤད་ལས། ཇི་སྐད་དུ། བི་ཀ་ར་ཎ་དག་གི་ཡོན་ཏན་ནོ། །ཞེས་བྱེད་པ་པོའི་དོན་ལ། ཨི་དང་། ཨུ་དང་། ཀྲྀ་རྣམས། ཨེ་དང་། ཨོ་དང་། ཀཱ་ར་རྣམས་སུ་འགྱུར་བར་བཤད་པ་དང་། མཚམས་སྦྱོར་གཉིས་པ་ལས། ཨིའི་ཡི་གེ་འདྲ་བའི་ཡི་གེ་མ་ཡིན་པ་ལ་ཡ་སྟེ། ཞ་རོལ་དབྱི་བའང་མ་ཡིན་ནོ། །ཞེས་བཤད་ལ། ཡ་བཏགས་ནི་རིང་ཆ་མེད་པའི་འགྲེང་བུའི་གདངས་ཅན་ཉིད་དུ་གློག་དགོས་པར་འཆད་པའི་ཕྱིར་དང་། འགྲེལ་ཆེན་དྲི་མེད་འོད་དུ། བྱེད་པ་བཅུ་གཅིག་ལས། ཏིལ་བརྡུང་གི་མིང་འཆད་པ་ན། ཏཻ་ཏི་ལམ་ཞེས་གསལ་བར་བཤད་པའི་ཕྱིར། རིགས་པ་ཡང་། ཏཻ་ལོ་ག་ཞེས་དང་། ཏཻ་ལོ་ཀ་ཞེས་པ་དོན་གཅིག་པ་དང་། ལོ་ཀེ་

དང་། ལོ་ཀི་དོན་གཅིག་ལ་འཇུག་པ་དང་། གོ་ཨུ་དང་། གོའི་དོན་གཅིག་ལ་འཇུག་པ་དང་། ཨུཙྪན་དང་། ཨོ་ཊྚིན་དོན་གཅིག་ལ་འཇུག་པ་བཞིན་ནོ། །ཞེས་པའོ། །

གཉིས་པ་དངོས་ལན་གདབ་པ་ནི། ཏི་ལ། ཞེས་པ་བསྒྱུར་ན་ཐིག་ལེའམ། མ་སྒྱུར་བར་ཟུར་བཅུག་ན་ཏིལ་ཞེས་པ་ཡིན་ལ། ཨོ་ཏ་ཞེས་པ་བརྗོད་བ་ལ་འཇུག་པས། མཚམས་སྦྱར་ན་ཏེ་ལོ་པ་ཞེས་པ། རྒྱ་སྐད་སོར་གཞག་གི་བརྡ་དག་པ་ཡིན་པ་ལ། དེའི་དོན་སྤྱི་མཐུན་པས། ཏི་ཞེས་བརྟེན་ན་མ་དག་པར་བསམས་ནས། ཏི་ཞེས་པ་ཁོ་ནའི་མིང་གིས་འབོད་པ་ནི། མ་ཤེས་པ་ཡིན་ནོ། །ཞེས་པའི་དོན་ནོ། །དེ་ལྟ་ན་ཡང་། ཏེ་ལོ་ཞེས་པ་ཏིལ་བརྗོད་ལ་མི་གོ་བ་མ་ཡིན་ཏེ། དཔེར་ན། དི་ཝུ་དང་དེ་བ་བཞིན་དང་། བེ་ཏ་དང་བེ་ཏ་བཞིན། ཞེས་པ་དང་། ལྦུ་ཨི་བ་དང་། ལོ་ཧི་བ་བཞིན་ནོ། །ཡང་། རྒྱ་གར་སྐད་དུ་ནཱ་རོའི་སྒྲ། །བྲམ་ཟེའི་རིགས་ཀྱི་བྱེ་བྲག་ཡིན། །ཞེས་སྦྱར་ན་ལེགས་པ་ཡིན་ཏེ། ནཱ་རོ་ཏ་ཞེས་པ་ནི། ནཱ་རོ་པ་ཞེས་བྱ་བའི་དོན་ཡིན་པའི་ཕྱིར། ཡང་རྒྱ་སྐད་ཨིནྡྲ་བྷཱུ་ཏི་ཞེས་པ། བོད་སྐད་བརྒྱ་བྱིན་བྱང་ཆུབ་ལ་འཇུག་པ་ཅིག་མཁས་པ་འཇུག་པའི་སྒོར་བཤད་པ་ཡང་ཡོད་དེ། དེ་ཉིད་ལས། ཇི་སྐད་དུ། སློབ་དཔོན་རིན་ཆེན་འབྱུང་གནས་ཞི་བས། བྷཱུ་ཏ་ཨཀྵ་ཞེས་པ་ཡང་དག་པའི་དོན་ཡིན། དེ་སངས་རྒྱས་ཀྱི་སྒྲར་སྒྲུབ་པ་ལ། བྷཱུ་ཏའི་གནས་སུ་བུད་གཞག ཨཀྵའི་གནས་སུ་ཧྣ་གཞག་ནས་སངས་རྒྱས་སུ་སྒྲུབ་པ་དང་། ཞེས་ཀྱང་གསུངས་མོད། འདིར་ནི་སྐད་དོད་སྒྲ་ཇི་བཞིན་པའི་དབང་དུ་བྱས་པས་མི་འགལ་ལོ༑ ༑ཡང་བྷཱུ་ཏི་དང་ཧྣཱ་ཏི་གཉིས་ཀྱི་ཁྱད་པར་བཤད་པ་དེ་ཡང་། ཧྣཱ་ཏི་བོད་སྐད་ཡིན་པར་བསམས་པ་དེ་ལ་དགག་པ་མཛད་པ་ཡིན་གྱི། གཉིས་ཀ་རྒྱ་སྐད་ཡིན་པ་སོར་གཞག་གི་དབང་དུ་བྱས་ན། ཁྱད་པར་དབྱེ་དཀའ་བ་ཡིན་ཏེ། བུད་ཏྲི་དང་། བོ་ཏྲི་བཞིན་ནོ། །

དྲི་བ་གཉིས་པ་ནི། ཀོཾ་ཤི་ཀའི་མདོ་ཞེས་པ། །ཇུན་མ་དེ་ཡི་མཚན་གཞི་དྲི། །མུ་སྟེགས་བྱེད་ཀྱི་རྒྱུད་ཡིན་པས། །ལུང་དུ་བྱ་བར་མི་རུང་ན། །དབྱངས་འཆར་རྒྱུད་དང་སྨན་སྤྱད་དང་། །ཀ་ལཱ་པ་དང་དཎྜི་ཡི། །ཚིག་རྒྱན་གཞུང་དང་འཆི་མེད་ཀྱི། །བང་མཛོད་ལ་སོགས་མཁས་རྣམས་ལ། །གྲགས་པའི་ལུང་དག་འདོར་དགོས་སམ། །ཞེས་པ་འདི་ལ། འདྲི་བའི་བསམ་པ་ནི། ཀོཾ་ཤི་ཀའི་མདོ་ལ་སོགས་པ་མིང་མཐུན་པ་དག་མ་དག་གི་རིམ་པ་གཉིས་གཉིས་ཡོད་པར་སྣང་ལ། དེ་དག་གི་མཚན་གཞི་སོ་སོར་འཛིན་དགོས་ཏེ། གཞན་དུ་ན། དག་མ་དག་གཉིས་ཀྱི་དབྱེ་བ་མི་ཕྱེད་པའི་ཕྱིར། དཔེར་ན། གཉིས་སུ་མེད་པ་རྣམ་པར་རྒྱལ་བའི་རྒྱུད་དང་། ཕྱག་རྒྱ་ཆེན་པོ་ཐིག་ལེའི་རྒྱུད་དང་། ཡེ་ཤེས་ཐིག་ལེའི་རྒྱུད་དང་། ཆར་ཡང་རྣམ་གསུམ་དང་། ཕྱག་རྒྱ་བཞི་པ་ལ་སོགས་པ་རྣམས་བཞིན་ནོ༑ ༑ཡང་ཇི་སྐད་དུ། མུ་སྟེགས་བྱེད་ཀྱི་རྒྱུད་ཀྱང་ཡོད། །དེ་ལ་ལུང་དུ་བྱར་མི་རུང་། །ཞེས་པའི་སྒྲ་ཇི་བཞིན་པ

ལྟར་ན། གསུང་བ་པོ་སངས་རྒྱས་ཁོ་ན་ལ་རག་མ་ལས་པ། རིག་བྱེད་ཀྱི་བསྟན་བཅོས་ནས་འབྱུང་བ་དག་ལའང་། སངས་རྒྱས་པ་དག་གིས་ལུང་དུ་བྱར་རུང་བ་མེད་པར་འགྱུར་ལ། དེ་ལྟར་ན། དབྱངས་འཆར་གྱི་རྒྱུད་ཅེས་བྱ་བ། ལྷ་དབང་ཕྱུག་ཆེན་པོས་གསུངས་པ་དེ་དང་། གསོ་བ་རིག་པའི་བསྟན་བཅོས་ཡན་ལག་བརྒྱད་ལྟ་བུ༔ ཚངས་པས་ཚེའི་རིག་བྱེད་དྲན་ནས་བཤད་པ་རྣམས་དང་། སྒྲའི་མདོ་ཀ་ལཱ་པ་ལྟ་བུ། གཞོན་ནུ་སྨིན་དྲུག་གིས་དབང་ཕྱུག་གོ་ཆ་ལ་བཤད་པ་དང་། ཚིག་རྒྱན་གྱི་བསྟན་བཅོས་མེ་ལོང་ཞེས་བྱ་བ། མུ་སྟེགས་ཀྱི་པཎྜི་ཏ་དབྱུག་པ་ཅན་གྱིས་སྦྱར་བ་དང་། མངོན་བརྗོད་ཀྱི་བསྟན་བཅོས་འཆི་མེད་མཛོད་ཅེས་བྱ་བ། རིག་བྱེད་ནས་འབྱུང་བའི་གཏམ་རྒྱུད་དབང་བཙན་པར་བྱས་ནས་སྦྱར་བ་དེ་དག་ཀྱང་འདོར་དགོས་པར་འགྱུར་ལ། དེ་ལྟར་ན༔ རིག་པའི་གནས་དང་པོ་བཞི་ཕྱི་ནང་གི་རིག་པའི་གནས་ཐུན་མོང་བ་མ་ཡིན་པར་འགྱུར་ལ། དེ་དག་སངས་རྒྱས་པས་གང་ལ་མཁས་པར་བྱ་བའི་ཡུལ་མ་ཡིན་ན། མདོ་སྡེའི་རྒྱན་ལས། རིག་པའི་གནས་ལྔ་དག་ལ་མཁས་པར་མ་བྱས་ན། །འཕགས་མཆོག་གིས་ཀྱང་ཐམས་ཅད་མཁྱེན་ཉིད་མི་འགྱུར་ཏེ། །ཞེས་སོགས་དང་འགལ་ལོ། །སྙམ་པའི་དོགས་འདི་སྐྱེའོ། །

གཉིས་པ་དངོས་ལན་གདབ་པ་ནི། གཻ་ཤི་ཀའི་མདོ་ཞེས་པ། སྲས་ཡུམ་བཅུ་བདུན་གྱི་ཡ་གྱལ་དུ་གྱུར་པ་དེ་ནི་རྣམ་པར་དག་པ་ཁོ་ན་ཡིན་པས། མ་དག་པ་གཞན་ཞིག་སྣང་བ་དེ་ངོས་འཛིན་དགོས་པ་དང་། གཉིས་མེད་རྣམ་རྒྱལ་གྱི་དབྱེ་བ་མཁས་པ་དག་ལ་གྲགས་ཟིན་པ་དང་། ཕྱག་ཆེན་ཐིག་ལེ་སོགས། ཡང་དག་པ་མ་ཡིན་པའི་བཤད་པ། ཕོ་བྲང་ཞི་བ་འོད་དང་། ལྷོ་བྲག་པའི་སྔགས་ལོག་སུན་འབྱིན་སོགས་མང་པོ་ཞིག་ན་བཤད་སྣང་བས། དེ་དག་ལའང་དག་མ་དག་གཉིས་གཉིས་ཡོད་དམ་ཞེས་བརྟག་པར་བྱའོ། །མུ་སྟེགས་ཀྱི་ལུང་ལ་དོར་བྱས་ཁྱབ་པར་བཤད་པ་དེ་ནི། ངེས་དོན་སྟོན་པ་དང་། ཐར་བའི་ལམ་སྟོན་པའི་དབང་དུ་བྱས་པ་ཡིན་ཏེ། གཞུང་འདི་ཉིད་ལས། དེས་ན་སངས་རྒྱས་བསྟན་པ་མཆོག ངེས་དོན་ཚད་མ་ཡིན་པར་བཟུང་། །ཞེས་དང་། རྒྱུད་བླ་མ་ལས། གང་ཞིག་རྒྱལ་བའི་བསྟན་པ་འབའ་ཞིག་གི །དབང་བྱས་རྣམ་གཡེང་མེད་ཡིད་ཅན་གྱིས་བཤད། །ཐར་པ་ཐོབ་པའི་ལམ་དང་རྗེས་མཐུན་པ། །དེ་ཡང་དྲང་སྲོང་བཀའ་བཞིན་སྤྱི་བོས་བླང་། །ཞེས་གསུངས་སོ།། །།

དྲི་བ་གསུམ་པ་ནི། མ་རིག་ཅེས་སོགས་རྒྱུད་བླ་ཡི། །ལུང་དེ་གང་ན་ཡོད་པ་དྲི། །བཤད་དང་གང་ཞིག་ཅེས་པའི་བར། །ཡོད་ན་རྗེ་བཙུན་ཉིད་ཀྱིས་ནི། །དེ་ལྟར་ཡིད་ཆེས་མན་ཆད་ཀྱི། །ཚིགས་བཅད་གྲངས་ངེས་མཛད་དེ་ཅི། །ཞེས་པ་འདི་ལ་གཉིས་ལས། འདྲི་བའི་བསམ་པ་ནི། གཞུང་དུ། དེ་ཡི་འཐད་པ་རྒྱུད་བླ

མར། །མགོན་པོ་བྱམས་པས་འདི་སྐད་གསུངས། །མ་རིག་ལྡོངས་པའི་མུ་སྟེགས་ལའང་། །སྦྲིན་བུའི་ཡི་གེ་འདྲ་བ་ཡི། །ཙུང་ཟད་བདེན་པ་ཡོད་མོད་ཀྱི། །འོན་ཀྱང་ཡིད་བརྟན་མི་བྱ་གསུང་། །ཞེས་པའི་ལུང་འདི་རྒྱུད་བླ་མའི་བསྟན་བཅོས་ན་མི་སྣང་ངོ་། །ཞེས་ཟེར་བ་ལ། མཐོང་རྒྱ་ཆེ་བར་ཁས་ལེན་པ་དག་ན་རེ། གང་ཞིག་དོན་ལྡན་ཞེས་པའི་ཤློ་ཀ་འདི་དང་། གང་ཞིག་རྒྱལ་བའི་བསྟན་པ་ཞེས་སོགས་ཀྱི་བར་འདི་ན་ཡོད་པར། ལོ་ཙྪ་བ་ཆེན་པོ་དང་། སློབ་དཔོན་ཕྱྭ་བའི་རྣམ་བཤད་ལས་འབྱུང་བ་ཡིན་ཏེ། ཇི་སྐད་དུ། མ་རིག་ལྡོངས་རྣམས་ཀྱིས་ཀྱང་སྲིན་བུའི་ཡིག་འདྲ་མུ་སྟེགས་བསྟན་བཅོས་སུའང་། དོན་ལྡན་ཆོས་ལྡན་ས་གསུམ་ཉོན་མོངས་ཟད་བྱེད་བརྗོད་གྱུར་གང་ཡིན་དང་། །འཇིག་རྟེན་སོ་སོའི་ལེགས་བཤད་གང་དེའང་བློ་ལྡན་དྲང་སྲོང་བཞིན་འཛིན་ན། །གསུང་གང་ཟག་མེད་བློ་མངའ་རྣམས་ཀྱི་ཞལ་ནས་འབྱུང་བ་སྨོས་ཅི་དགོས། །ཞེས་འབྱུང་བ་འདི་ལ། ལོ་ཆེན་དཔོན་སློབ་ཀྱིས་རྣམ་བཤད་ཀྱང་མཛད་པ་ཡིན་ནོ། །ཞེས་ཟེར་རོ། །དེ་ལྟ་ཡིན་པ་འོ་ན། རྗེ་བཙུན་ཉིད་ཀྱི་གཞུང་དང་འགལ་བར་འགྱུར་རོ། །ཇི་ལྟར་ཞེ་ན། ཇི་སྐད་དུ། གང་ལས་རྒྱུ་མཚན་གང་ཕྱིར་ནི། །ཇི་ལྟ་བུར་ནི་གང་བཤད་དང་། །རྒྱུ་མཐུན་པ་ནི་གང་ཡིན་དེ། །ཚིགས་སུ་བཅད་པ་བཞིས་བསྟན་ཏོ། །གཉིས་ཀྱི་བདག་ཉིད་དག་པ་ཡི། །ཐབས་དང་གཅིག་གིས་ཉམས་པའི་རྒྱུ། །དེ་ནས་ཚིགས་སུ་བཅད་པ་ནི། །གཉིས་ཀྱིས་འབྲས་བུ་བསྟན་པ་ཡིན། །འཁོར་གྱི་དཀྱིལ་འཁོར་བཟོད་པ་དང་། །བྱང་ཆུབ་ཐོབ་པའི་ཆོས་བརྗོད་པའི། །མདོར་ན་འབྲས་བུ་རྣམ་གཉིས་ནི། །ཐ་མ་ཡིས་ནི་བསྟན་པ་ཡིན། །ཞེས། དེ་ལྟར་ཡིད་ཆེས་ལུང་དང་རིགས་པ་ལས། །ཞེས་སོགས་མན་ཆད། བཤད་པ་མཐར་ཕྱིན་པའི་གཞུང་གི་ཚིགས་རྣམས་ལ། ཚིགས་སུ་བཅད་པ་བཅུའི་གྲངས་ངེས་བཤད་པ་དང་འགལ་ལོ། །སླམ་པའི་དོགས་པ་འདི་སྐྱེའོ། །

གཉིས་པ་དངོས་ལན་གདབ་པ་ནི། གཞུང་འདིར། མགོན་པོ་བྱམས་པས་འདི་སྐད་གསུངས། །ཞེས་པ་སྒྲ་ཇི་བཞིན་པའི་དབང་དུ་བྱས་ན། རྒྱུད་བླར། བཟློག་པ་གཞན། ཞེས་པ་ལ་སྦྱིག་པ་ཡིན་ལ། མ་རིག་ལྡོངས་པའི་མུ་སྟེགས་ལའང་། །ཞེས་སོགས་ནི། གཞུང་དེའི་བཤད་བྱའི་མདོ་ཉིད་ལ་འཆད་པ་ཡིན་ཏེ། གང་ཞིག་དོན་ལྡན་སོགས་ཀྱི་ཤློ་ཀ་འདི་ནི། ལྷག་པའི་བསམ་པ་བསྐུལ་བའི་མདོ་ན་ལྷུག་པར་ཡོད་པ་དེ། ཚིགས་བཅད་དུ་སྡེབས་པ་ཙམ་ཡིན་པའི་ཕྱིར། དེ་སྐད་དུ་ཡང་། བྱམས་པ། གཞན་ཡང་རྒྱུ་བཞིས་ན། སྤོབས་པ་ཐམས་ཅད་ནི་སངས་རྒྱས་ཀྱིས་གསུངས་པར་རིག་པར་བྱའོ། །བཞི་གང་ཞེ་ན། སྤོབས་པ་དོན་དང་ལྡན་པ་དང་། །ཆོས་དང་ལྡན་པ་དང་། ཉོན་མོངས་པ་ཟད་པར་བྱེད་པ་དང་། མྱ་ངན་ལས་འདས་པའི་ཡོན་ཏན་སྟོན་པ་ཡིན་གྱི། དོན་དང་མི་ལྡན་པ་ལ་སོགས་པ་ནི་མ་ཡིན་ནོ། །བྱམས་པ། བཞི་པོ་འདི་དག་ནི་སངས་རྒྱས་རྣམས་ཀྱིས་སྤྲངས་པ

ཡིན་ཏེ། བཞི་གང་ཞེ་ན། སྦྱོབས་པ་དོན་མེད་པ་དང་། ཆོས་དང་མི་ལྡན་པ་དང་། ཉོན་མོངས་པ་འཕེལ་བར་བྱེད་པ་དང་། མྱ་ངན་ལས་འདས་པའི་ཕན་ཡོན་མི་སྟོན་པ་སྟེ། བཞི་པོ་དེ་དག་ནི་སངས་རྒྱས་རྣམས་ཀྱིས་སྤྱངས་ཤིང་། མ་གནང་བ་ཡིན་ནོ། །ཞེས་གསུངས་པ་དང་། མདོ་སྡེ་མྱ་ངན་ལས་འདས་པ་ཆེན་པོ་ལས། མུ་སྟེགས་རྣམས་ཀྱིས་བདག་བསྟན་པ་ནི། སྲིན་བུས་བརྐོས་པའི་ཡི་གེ་དང་འདྲ་སྟེ། དེའི་ཕྱིར་ངས་སེམས་ཅན་ཐམས་ཅད་ལ་བདག་མེད་དོ། །ཞེས་བསྟན་པ་སྟོན་པར་མཛད་དེ། བདག་མེད་པ་ནི་སངས་རྒྱས་ཀྱི་ཚིག་ཡིན་ནོ། །ཞེས་གསུངས་པ་དེ་ཤེས་བྱེད་དུ་འདྲེན་པར་བཞེད་ནས། མ་རིག་ཅེས་སོགས་ཀྱི་ལུང་འདི་དྲངས་པ་ཡིན་ནོ།། །།

དྲི་བ་བཞི་པ་ནི། བཀའ་བསྡུ་གསུམ་གྱི་ཐ་སྙད་ནི། །གཞུང་ལུགས་གང་ནས་འབྱུང་བ་འདྲི།། །།

དྲི་བ་ལྔ་པ་ནི། ལྷ་ཆེན་ཆོས་ལོག་སྲུན་འབྱིན་པ། །བསྡུ་བ་གསུམ་པར་གང་ནས་བཤད། །ཉི་མའི་དངོས་གྲུབ་ཅེས་པ་ཡི། །གཏམ་རྒྱུད་འདི་ཡང་གང་ནས་འབྱུང་། །ཞེས་པ་འདི་ལ་གཉིས་ལས། དང་པོ་འདྲི་བའི་བསམ་པ་ནི། སྤྱིར་ཉན་ཐོས་ཀྱི་བཀའ་བསྡུ་བ་གཉིས་ཀྱི་ཐ་སྙད་ནི། ལུང་ཕྲན་ཚེགས་ནས་གསུངས་པས། འཆད་པ་པོ་ཀུན་གྱིས་མཐུན་པར་འཆད་ལ། བསྡུ་བ་གསུམ་པའི་ཐ་སྙད་འདི་ཀུན་ལ་གྲགས་ཀྱང་། ལུང་ཁུངས་ཤེས་དཀའ་བ་དང་། གཞུང་འདིར། བསྡུ་བ་གསུམ་པ་བྱས་ཞེས་ཐོས། །ཞེས་བཤད་པ་དེའི་ལུང་ཁུངས་འདྲི་བ་ཡིན་པ་དང་། བསྡུ་བ་གསུམ་པའི་ངོས་འཛིན་ཡང་། །སྟོ་པ་བཅོ་བརྒྱད་པོ་སངས་རྒྱས་ཀྱི་བཀར་སྒྲུབ་པ་ལ་འཆད་པ་དེ། ཕལ་ཆེ་བ་དག་གི་ལུགས་ཡིན་ཡང་། འདིར་དགེ་སློང་ལྷ་ཆེན་པོའི་ཆོས་ལོག་སྲུན་ཕྱུང་བ་དེ། བསྡུ་བ་གསུམ་པར་ཁུངས་གང་ལས་འབྱུང་ཞེས་པ་དང་། སྤྱིར་ཉི་མའི་སྒྲུབ་ཐབས་དང་། དེ་གྲུབ་པ་ན་ཉི་མའི་ཟེར་གྱིས་བསྲེག་རྫས་གང་འདོད་བསྲེག་པར་ནུས་པའི་བཤད་པ་ཅིག་བྱེད་པར་འདུག་པ་འདིའི་དོན་དང་གཏམ་བརྒྱུད་གཉིས་ཀ་ལ་ཡིད་ཆེས་པ་དཀའ་བར་སྣང་བས། དེའི་ཁུངས་དྲིས་པའོ། །གཉིས་པ་ལ་གཉིས་ལས།

དྲི་བ་དང་པོའི་དངོས་ལན་གདབ་པ་ནི། བསྡུ་བ་གཉིས་ནི་ལུང་ལས་འབྱུང་ལ། གསུམ་པ་ནི་བསྟན་བཅོས་ལས་འབྱུང་བ་ཡིན་ཏེ། འདུལ་བ་འོད་ལྡན་ལས། གྲེས་པ་བཅོ་བརྒྱད་པོ་བཀར་བསྒྲུབས་པ་དེ་བསྡུ་བ་གཉིས་པའི་འོག་ཏུ་བྱུང་བར་བཤད་པ་དང་། རྟོག་གེ་འབར་བ་ལས། སྟོན་པ་མྱ་ངན་ལས་འདས་ནས་ལོ་བརྒྱ་ཕྲག་གཉིས་འདས་པ་ན། གནས་བརྟན་གནས་མའི་བུས་བསྟན་པ་ཡང་དག་པར་བསྡུས་སོ། །ཞེས་གསུང་ལ༑ དེ་བསྡུ་བ་གསུམ་པར་འཆད་དགོས་པ་ཡིན་ཏེ། བསྡུ་བ་གཉིས་པ་ནི། སྟོན་པ་མྱ་ངན་ལས་འདས་ནས། ལོ་བརྒྱ་དང་བཅུ་ན་བྱུང་བར་བཤད་པའི་ཕྱིར། གསུམ་པ་འདི་ལ་ངོས་འཛིན་མི་མཐུན་པར་སྣ་བ་དུ་མ་བྱུང་ཡང་།

དགོས་པ་ཉན་ཐོས་ཀྱི་སྡེ་པ་རྣམས་ཐ་དད་དུ་གྱེས་པ་མཐུན་པར་སྒྲུབ་པའི་ཕྱིར་དུ་མཛད་པ་ཡིན་པར་ནི། སྟོན་གྱི་འཆད་པ་པོ་མཐའ་དག་མཐུན་པར་ཡིན་ནོ། །

དྲི་བ་གཉིས་པའི་དངོས་ལན་ནི། བསྟན་བཅོས་མཛད་པ་འདིས་ནི། དགེ་སློང་ལྷ་ཆེན་པོའི་ཆོས་ལོག་སུན་ཕྱུང་བ་ལ། བསྡུ་བ་གསུམ་པར་འཆད་པའི་ཤེས་བྱེད་ནི། དགེ་སློང་ལྷ་ཆེན་པོའི་ཆོས་ཀྱིས། སྡེ་པ་བཅོ་བརྒྱད་ཀྱི་ནང་ཚན་འགའ་ཞིག་ལ་སླད་ནས་ཡོད་པ་དེ་སུན་ཕྱུང་བ་ན། གྱེས་པ་བཅོ་བརྒྱད་པོ་བཀའ་ཉིད་དུ་མཐུན་པར་གྲུབ་པ་ལ་དགོངས་པ་ཡིན་ཏེ། ཇི་སྐད་དུ། འོན་ཀྱང་དེ་ཡི་ལག་ལེན་གྱིས། །སྡེ་པ་བཅོ་བརྒྱད་རྣམས་ལ་ཡང་། །ཙུང་ཟད་སླད་པ་ཡོད་ཅེས་ཟེར། །མཁས་པའི་གཙུག་རྒྱན་དབྱིག་གཉེན་གྱིས། །ཡང་དག་བསྡུས་པའི་གཞི་ཉམས་ཕྱིར། །མཐའ་དག་མིན་པར་རྟོགས་པ་ཡིན། །ཞེས་གསུངས་པ་ཡང་དེ་ལ་དགོངས། །ཞེས་བཤད་པས་སོ། །ལྷ་ཆེན་གྱི་ཆོས་དེ་སུན་འབྱིན་པ་པོ་ནི། ཕལ་ཆེ་བ་དག་གིས། བཀའ་བསྡུ་གསུམ་པའི་བྱེད་པ་པོར་འཆད་པ་དེ་དག་ཡིན་པར་བཤད་ན་ལེགས་སོ། །དེ་ཡང་། ལྷ་ཆེན་པོ་ཡོད་པའི་དུས་སམ། ཤི་བའི་དེ་མ་ཐག་ཏུ་སུན་ཕྱུང་བར་འཆད་པ་ནི་མ་ཡིན་ཏེ། དགེ་སློང་དེ་ནི་བཀའ་བསྡུ་བ་གཉིས་པ་བྱས་པའི་དེ་མ་ཐག་ཏུ་བྱུང་བར་བཤད་པའི་ཕྱིར། དེ་ཡང་། འདི་སྐད་ཐོས་ཏེ། མ་ཐུ་ར་ཞེས་བྱ་བའི་གྲོང་ཁྱེར་དུ། ཚོང་དཔོན་ཞིག་གི་བུ་མ་ཏྲ་དེ་བ་ཞེས་བྱ་བའི་མིང་ཅན། མཚམས་མེད་པ་གསུམ་བྱས་པ་ཞིག་འགྱོད་པ་སྐྱེས་ནས། སྡིག་པ་དེ་བཤགས་པའི་སྐབས་ཡོད་དམ་མེད་སྙམ་པ་ལ། དགེ་སློང་ཞིག་ན་རེ། གང་གིས་སྡིག་ཆེན་བྱས་པ་ཡང་། །དགེ་བ་བྱས་པས་བྱང་བར་འགྱུར། །དེ་ནི་འཇིག་རྟེན་སྣང་བ་སྟེ། །ཉི་མ་སྤྲིན་དང་བྲལ་བ་བཞིན། །ཞེས་ཟེར་བ་ཐོས་ནས། རབ་ཏུ་བྱུང་སྟེ། སྡེ་སྣོད་གསུམ་ལ་མཁས་པར་བྱས་སོ། །དེས་དགྲ་བཅོམ་པ་མང་པོའི་དབུས་སུ་མདོ་འདོན་པའི་རིས་ལ་བབ་པ་ན། མདོའི་མཇུག་ཏུ། ལྷ་རྣམས་མ་རིག་པ་ཡིས་བསླུས། །ལམ་ནི་སྒྲ་ཡི་རྒྱུན་ལས་བྱུང་། །ཐེ་ཚོམ་ཅན་རྣམས་གཞན་གྱིས་འཇུག འདི་ནི་སངས་རྒྱས་བསྟན་པ་ཡིན། །ཞེས་བཏོན་པས། དགྲ་བཅོམ་པ་རྣམས་ཀྱིས་སངས་རྒྱས་ཀྱི་བཀའ་མ་ཡིན་པར་བཙད་པ་ན། དགེ་སློང་གཞོན་པ་ཕལ་ཆེར་གྱིས་ཁོའི་ཕྱོགས་བཟུང་བས། དགེ་འདུན་གྱི་སྡེ་འཕྲུགས་པ་ལ་བརྟེན་ནས། གྱེས་པ་བཅོ་བརྒྱད་ཀྱི་བར་དུ་སོང་བ་ཡིན་ནོ། །ཞེས་ལུང་གི་འགྲེལ་བྱེད་དག་འཆད་དོ། །ཡང་དག་བསྡུས་པའི་གཞི་ཉམས་ཕྱིར། །ཞེས་པའི་དོན་ནི། ཇི་སྐད་དུ། རྣམ་བཤད་རིགས་པ་ལས། བློ་མ་ཀུན་དགའ་འོད་སེལ་དང་། །སྤྱག་བསྔལ་ཕུང་སྟོན་སྟོན་པ་དང་། །འཆར་ཀ་སྟོང་ཉིད་ཚུ་ལས་སྐྱེས། །གང་པོ་ས་མཚོ་ཚུ་ཤིང་དང་། །མུ་དན་འདས་དང་ཡུལ་འཁོར་སྐྱོང་། །འགྲོ་བའི་མདོ་དང་དེ་བཞིན་གཞན། །ཡང་དག་བསྡུས་པའི་གཞི་ཉམས་ཕྱིར། །མཐའ་དག་མིན་པར་རྟོགས་པ་ཡིན། །ཞེས་

གསུངས་ལ། དེའི་དོན་ཡང་། གཞུང་འདི་ནི་ཐེག་པ་ཆེན་པོ་བཀའ་སྒྲུབ་ཀྱི་སྐབས་ན་ཡོད་པ་ཡིན་ལ། དེ་ཡང་། ཐེག་པ་ཆེན་པོའི་ནང་ན་ངེས་དོན་ཅུང་ཟད་ཀྱང་མེད་པའི་རྒྱུ་མཚན་གྱིས། བཀའ་མ་ཡིན་ནོ་ཞེ་ན། དེ་སྐད་སྨྲ་བ་པོ་ཁྱོད་ཀྱིས་ནི། ཉན་ཐོས་ཀྱི་སྡེ་སྣོད་མཐའ་དག་ཀྱང་མ་མཐོང་ན། ཐེག་པ་ཆེན་པོ་ལྟ་ཅི་སྨོས། དེའི་ཤེས་བྱེད་ཀྱང་། དེང་སང་ཉན་ཐོས་ཀྱི་སྡེ་སྣོད་ཀྱང་། ཡང་དག་པར་བསྡུས་པའི་གཞི་ཉམས་པས་ཚང་བར་གནས་པ་མ་ཡིན་ཏེ། དཔེར་ན། བླ་མའི་མདོ་དང་། ཀུན་དགའི་མདོ་ཞེས་བྱ་བ་ལ་སོགས་པ་གོང་དུ་སྨོས་པའི་མིང་ཅན་དེ་དང་དེར། མདོའི་ཚིག་འདི་དང་འདི་ཞེས་བྱ་བ་ཞིག་ཡོད་པར། གཞུང་གཞན་དང་གཞན་གྱིས་གྲུབ་པ་ཡིན་ཀྱང་། དེང་སང་མདོ་དེ་དང་དེ་དག་ན་ཚིག་དེ་དག་མི་སྣང་བའི་ཕྱིར། ཞེས་པའི་དོན་དུ་བཤད་དོ། །འདི་ལྟ་ཆེན་གྱི་ཆོས་ཀྱིས། སྡེ་པ་བཅོ་བརྒྱད་ལ་བསླད་པའི་ཤེས་བྱེད་དུ་འགྲོ་བ་ཅུང་དཀའ་བར་སྣང་ཡང་། ལུང་ཚིག་མ་ཚང་བ་དེ་དག་ལྟ་ཆེན་པོས་ཕྱིས་ནས། དེ་དང་འགལ་བ་ཅན་འགའ་ཞིག་བཅུག་པ་ཡིན་ཞེས་འཆད་དགོས་པ་འདྲའོ། །རྣམ་པར་དབྱེད་པ་གསུམ་པའི་ལན་ནི་ཤིན་དཀའ་བ་ཡིན་ཏེ། ལྟ་བཙུན་བསམ་ཡས་པའི་རྣམ་བཤད་ལས། གཏམ་འདི་ཡང་བོད་ཀྱི་སློབ་དཔོན་རྣམས་ལ་གྲགས་པ་ཙམ་མ་གཏོགས། རྒྱ་གར་བའི་གཞུང་ལས་བཤད་པ་མ་མཐོང་ཞིང་། དེ་ཡང་། འཕགས་པ་ཀླུ་སྒྲུབ་མ་བྱོན་པའི་གོང་དུ་བྱུང་དགོས་ཀྱི། གཞན་དུ་ན་མི་འགྲིག་པ་མང་པོ་འོང་ངོ་། །ཞེས་བཤད་པ་ལྟར་རོ།། །།

དྲི་བ་དྲུག་པ་ནི། དར་མས་བསྟན་པ་བསྣུབས་པ་དང་། །མངའ་བདག་ཡེ་ཤེས་འོད་ཀྱི་བར། །ཆོས་ལོག་དུ་མ་འཕེལ་དེ་གང་། །རིན་ཆེན་བཟང་པོའི་བསྟན་བཅོས་ན། །སྔྲོར་སྒྲོལ་བཀག་པ་ཙམ་ཞིག་ནི། །མ་གཏོགས་ཆོས་ལོག་ཐམས་ཅད་པ། །སུན་འབྱིན་མཛད་པའི་གཞུང་མི་སྣང་། །ཕོ་བྲང་ཞི་བ་འོད་དང་ནི། །མགོས་ཀྱི་སྔགས་ལོག་སུན་འབྱིན་ན། །རང་ལ་གནོད་པ་འགའ་ཡང་སྣང་། །ཞེས་པ་འདི་ལ་གཉིས་ལས། དང་པོ་དྲི་བའི་བསམ་པ་ནི། གཞུང་ལས། ཕྱི་ནས་གངས་རིའི་ཁྲོད་འདི་རུ། །སངས་རྒྱས་བསྟན་པ་ལེགས་པར་བསྒྱུར། །དེ་ནས་བསྟན་པ་དར་བའི་ཚེ། །རྒྱལ་པོ་དར་མས་བསྟན་པ་བསྣུབས། །དེ་རྗེས་ཆོས་ལོག་དུ་མ་འཕེལ། །དེ་ཚེ་བླ་མ་ཡེ་ཤེས་འོད། །ཞེས་སོགས་ཀྱི་སྒྲ་ཇི་བཞིན་པ་ལ། རྒྱལ་པོ་དར་མ་ཡན་ཆད་དུ་ཆོས་ལོག་མང་པོ་མ་བྱུང་བ་ལྟ་བུར་བཤད་པ་དང་། སྔོན་གྱི་འཆད་པ་པོ་གཞན་ནི། རྒྱལ་པོ་ཁྲི་སྲོང་ལྡེའུ་བཙན་ནས་དར་མ་ཡན་ཆད་དུ་རྒྱུད་རྫུས་མ་མང་པོ་བྱུང་བར་བཤད་པས། ཇི་ལྟར་ཡིན་སྙམ་པ་དང་། གཞུང་དུ། ཆོས་ལོག་ཐམས་ཅད་ནུབ་པར་མཛད། །ཅེས་འབྱུང་ལ། ལོ་ཙཱ་བ་ཆེན་པོའི་བསྟན་བཅོས་ན་ནི། བླ་ན་མེད་པའི་རྒྱུད་དུ། སྦྱོར་སྒྲོལ་གྱི་རྣམ་གཞག་གསུངས་པ་སྒྲ་ཇི་བཞིན་པར་བཀག་ནས། དྲང་ངེས་ཀྱི་རྣམ་གཞག་མཛད་པ་ཙམ་ཞིག་གཙོ་བོར་སྣང་གི། རྫོམ་

པ་པོ་འདི་དང་འདིས། གཞུང་ལོག་པ་འདི་དང་འདི་སྨྲ་བའི་རྐང་གྲངས་ངོས་མ་བཟུང་བས་ན། ཆོས་ལོག་ཐམས་ཅད་ནུབ་པར་མཛད་ལུགས་ཇི་ལྟར་ཡིན་སྙམ་པ་དང་། ཞི་བ་འོད་དང་། མགོས་ཀྱི་འབྲུམ་ཡིག་ན་ནི། སྔགས་གསར་མའི་ཆོས་ལ། ཕྱག་རྒྱ་ཆེན་པོ་ཐིག་ལེ་དང་། ཡེ་ཤེས་ཐིག་ལེ་དང་། ཆར་པ་རྣམ་གསུམ་དང་། ཕྱག་རྒྱ་བཞི་པ་དང་། ཐེག་ཆེན་ཉི་ཤུ་པ་དང་སུམ་ཅུ་པ་དང་། སྒྱུ་མ་ངེས་བསྟན་དང་། རྨི་ལམ་ངེས་བསྟན་ལ་སོགས་པ་རྣམས་ཀྱང་དྲི་མ་ཅན་དུ་བཤད་པས། རང་ལུགས་ལ་ཡང་དེ་ལྟར་ཁས་ལེན་པར་བྱེད་དམ་སྙམ་དུ་དོགས་པ་དང་། ཁྱད་པར་མགོས་ཀྱི་འབྲུམ་ཡིག་ན། ཆོས་དྲི་མ་ཅན་ཡིན་པའི་ཤེས་བྱེད་དུ། རྒྱ་གར་གྱི་པཎྜི་ཏ་བདུན་བཅུ་རྩ་གཉིས་ལ་དྲིས་པས། རྒྱ་གར་ན་མེད་ཅེས་ཟེར་བ་གཏན་ཚིགས་སུ་བཀོད་ལ། མགོས་ཀྱི་བརྒྱུད་འཛིན་དུ་གྱུར་པའི་རྟོག་ལྡོ་བྲག་པས། བླ་ཆེན་འབྲོག་མིའི་ཟབ་ཆོས་འགའ་ཞིག མགོས་དང་དུས་མཚུངས་པའི་པཎྜི་ཏ་བདུན་ཅུ་རྩ་གཉིས་ལ་དྲིས་པས། རྒྱ་གར་ན་མེད་དོ་ཞེས་ཟེར་རོ། །ཞེས་པའི་ཕྱོགས་ཆོས་བསྒྲུབ་སྣང་བས། རྗེ་མགོས་ཀྱང་། བླ་ཆེན་དང་། ཀཱ་ཡ་སྟ་རའི་སློབ་མར་མཚུངས་ཀྱང་། རང་ལ་མ་བྱུང་བའི་ཆོས་དེར་བྱུང་བ་ལ་ཟུར་ཟ་བར་ནི་ཅང་མི་མཛད་དམ། སྙམ་དུ་དོགས་པའོ། །

གཉིས་པ་དངོས་ལན་གདབ་པ་ནི། དར་མས་བསྟན་པ་ནུབ་པའི་འོག་ཏུ། ཆོས་ལོག་འཕེལ་ཞེས་པའི་དོན། རྒྱུད་དྲི་མ་ཅན་དུ་བྱེད་པ་དེ་ཐམས་ཅད། དུས་དེ་ཁོ་ནར་བྱུང་བ་ཉིད་དུ་འཆད་པ་ནི་མ་ཡིན་ཏེ། དེའི་གོང་དང་འོག་ཏུ་བྱུང་བ་ཅི་རིགས་པ་ཡོད་པའི་ཕྱིར། དཔེར་ན། རྨ་ཨ་ཙཱར྅་རིན་ཆེན་མཆོག་དང་ཨཱ་ཙཱརྱ་མཉན་ཆེན་དཔལ་དབྱངས་ལ་སོགས་པས་མཛད་པ་ནི། དེའི་གོང་དུ་བྱུང་བ་ཡིན་ལ། སྣུབས་སངས་རྒྱས་ཡེ་ཤེས་རིན་པོ་ཆེ་ནི༑ རྗེ་དཔལ་འཁོར་བཙན་པོ་དང་དུས་མཚུངས་པར་བྱུང་བས། དར་མའི་རྗེས་ལའང་བྱུང་བ་བཞིན་ནོ། །འདིར་ཆོས་ལོག་འཕེལ་ཞེས་པ། རྒྱུད་དྲི་མ་ཅན་དུ་བྱེད་པ་དེ་དག་དུས་དེར་གསར་དུ་བརྩམས་ནས་དར་བ་ཙམ་ལ་དགོངས་པ་ནི་མ་ཡིན་ཏེ། རྨ་རིན་ཆེན་མཆོག་དང་། དར་ཆེན་དཔལ་གྱི་གྲགས་པ་ལ་སོགས་པས་མཛད་པ་འགའ་ཞིག་ནི། རྒྱུད་དངོས་མ་ཡིན་ཀྱང་། རྒྱུད་དང་མཐུན་པར་སྨྲ་བའི་བསྟན་བཅོས་སྐྱོན་མེད་དག་ཡོད་པའི་ཕྱིར། དཔེར་ན། བཅོམ་ལྡན་རལ་གྲིས། གསང་སྙིང་རྣམ་དག་ཏུ་བསྒྲུབས་པ་བཞིན་ནོ། །འོན་ཅི་ཞེ་ན། དར་མས་བསྟན་པ་བསྣུབས་པའི་འོག་ཏུ་འདུལ་བའི་བསྟན་པ་མེད་པས། སོ་སོར་ཐར་པའི་ཚུལ་ཁྲིམས་བསྟན་པའི་རྩ་བར་བྱེད་དགོས་པའི་གོ་བ་མེད་ཅིང་། རྒྱུད་རྣམ་དག་གམ། དྲི་མ་ཅན་གང་ཡིན་ཀྱང་སྟེ། དེའི་དངོས་བསྟན་ལ་སྒྲ་ཇི་བཞིན་པ་ཉིད་དུ་བཟུང་ནས། མི་དགེ་བ་བཅུ་ལ་ཅི་དགར་ལོངས་སྤྱད་ནས་དེ་ཉིད་ཆོས་སུ་སྨྲ་བ་དག་བྱུང་བས། དེ་སུན་དབྱུང་བའི་ཕྱིར་དུ། ལོ་ཙཱ་བ་ཆེན་པོས་བསྟན་བཅོས་མཛད་པའི་ནང་ན། རྒྱུད་དེ་དང་དེའི་

མིང་སྨྲོས་ནས་ཡང་དག་པ་མ་ཡིན་ཞེས་གསུངས་པ་ནི་མེད་ལ། རྒྱུད་ཀྱི་དངོས་བསྟན་སྦྲ་ཇི་བཞིན་པར་བཟུང་ནས་ཉམས་སུ་ལེན་པ་དེ་ཉིད། རྒྱུད་སྡེ་གོང་མ་གཉིས་ཀྱི་ལུང་དང་། ཐེག་པ་ཆེན་པོའི་མདོ་སྡེ་འགའ་ཞིག་གི་ལུང་དང་། དགོངས་འགྲེལ་གྱི་བསྟན་བཅོས་ཚད་ལྡན་དུ་མའི་ལུང་དྲངས་ནས། སུན་འབྱིན་པར་བྱེད་པའི་བསྟན་བཅོས་ཁྱད་པར་ཅན་དེ་མཛད་པ་ཡིན་ནོ། །ཞེས་བྱ་བའི་དོན་ཏོ། །

རྣམ་པར་དཔྱོད་པ་གཉིས་པའི་ལན་ནི། རྒྱུད་དང་སྡེ་སྣོད་ཀྱི་གཞུང་ལོ་པཎ་གྱིས་བསྒྱུར་བར་ཁས་ལེན་པ་དེ་དག འཕགས་ཡུལ་གྱི་པཎྜི་ཏ་མང་པོ་དེ་དག་ལ་མ་གྲགས་ན་དྲི་མ་ཅན་དུ་འགྱུར་བ་ཡིན་ཀྱི། སྔོན་བརྒྱུད་ཀྱི་གདམས་ངག་ཟབ་མོ་རྣམས་ནི་གཏན་ཚིགས་དེ་ཙམ་གྱིས་དེར་མི་འགྱུར་ཅིང་། ལོ་ཆེན་གྱིས་ཀྱང་རྒྱུད་དང་བསྟན་བཅོས་ཀྱི་དབང་དུ་མཛད་ནས་གཏན་ཚིགས་དེ་ལྟར་བཀོད་པ་ཡིན་གྱི། མན་ངག་གི་དབང་དུ་མཛད་པ་ནི་མ་ཡིན་ནོ། །མི་འགྱུར་བའི་ཤེས་བྱེད་ཀྱི་དཔེ་ནི། ནཱ་རོ་དང་། ནཱི་གུའི་ཆོས་དྲུག་བཞིན། དེས་ན་ལོ་ཆེན་མགོས་ཀྱིས་ནི་འགྲོག་མིའི་ཟབ་ཆོས་ལ་ཟུར་ཟ་བ་ག་ལ་ཡོད་རྟོག་གིས་ནི་རང་དགར་བྱས་པའོ། །ཆོས་དྲི་མ་ཅན་རྣམས་ཀྱི་མིང་གི་རྣམ་གྲངས་ནི། ཕོ་བྲང་ཞི་བ་འོད་དང་། མགོས་ལོ་ཙྪ་བའི་འབུམ་ཡིག་ཆེ་ཆུང་དང་། ཙ་མི་ལོ་ཙྪ་བའི་སྒྲིང་ཡིག་ཆེན་མོ་དང་། རྟོག་ལྡོ་བྲག་པའི་གསང་སྔགས་ཀྱི་བྱུང་ཚུལ་རྣམ་པར་བཤད་པའི་གཏམ་ཆེན་མོ་ཞེས་བྱ་བ་དང་། ཕྲག་ལོ་ཙྪ་བའི་སྒྲིང་ཡིག་རྣམས་ལས་གསལ་བར་བཤད་པ་ཡིན་མོད། དེ་དག་ནས་གང་བཤད་ཐམས་ཅད་ལོག་པའི་ཆོས་སུ་འཆད་དགོས་པའི་ངེས་པ་མེད་དོ། །ཞར་ལ་དབུ་རུ་བྱུང་ཕྱོགས་ཀྱི་རྒྱུད་དུ་བྱུང་བའི་དཔལ་འཛིན་ཞེས་པའི་མཚན་ཅན། རྣམ་དཔྱོད་ཅན་ཞིག་གིས་སྤྲུར་བའི་བསྟན་བཅོས་ན་འདི་ལྟར་སྣང་སྟེ། མྱ་བན་རིན་ཆེན་མཆོག་ཅེས་བྱས། །གསང་བ་སྙིང་པོའི་རྒྱུད་བརྩམས་པས། །རྒྱལ་པོས་གསན་ནས་བཙལ་བའི་ཚེ། །ལོ་གྲངས་བཅུ་གཉིས་གབ་ཅེས་གྲག དེ་རྗེས་རྒྱལ་པོ་ཁྲི་དར་མས། །སངས་རྒྱས་བསྟན་པ་བསྣུབས་ནས་ཤི །རྒྱལ་ཁྲིམས་ཆོས་ཁྲིམས་གཉིས་ཀ་བཤིག ལོ་པཎ་ཐམས་ཅད་ས་མཐར་བྲོས། །དཔང་པོ་མེད་ཅིང་འཇིགས་མེད་པས། །བོད་ཀྱི་སྔགས་པ་ངན་པ་རྣམས། །ལས་སུ་རྫུན་རྒྱུད་འབའ་ཞིག་རྩོམ། །སྦྱོར་སྒྲོལ་ལོག་སྤྱོད་མི་ལྟར་མཆེད། །མངའ་བདག་དཔལ་འཁོར་བཙན་གྱི་དུས། །བསྣུབས་པ་བན་སངས་རྒྱས་ཡེ་ཤེས་བྱུང་། །ཁ་ཐུན་ལ་སོགས་གཤེན་རྗེ་གཤེད། །རྟ་མགྲིན་པདྨ་དབང་ཆེན་དང་། །མ་མོ་སྲིད་པ་རྒྱུད་ལུང་དང་། །ཀཱི་ལ་ཡ་ཡི་བཅུ་གཉིས་པ། །དེ་སོགས་སླབ་ལུགས་རྒྱུད་བརྒྱད་དང་། །ཁ་སྐོང་གི་ནི་རྒྱུད་དྲུག་དང་། །དེ་བཞིན་རྒྱུད་ཀྱི་རྒྱལ་པོ་དྲུག སླབ་པའི་མན་ངག་མཐའ་ཡས་བྱས། །ཁྱད་པར་ཏྲ་ཤང་གྲུབ་མཐའ་དང་། །མན་ངག་ལྟ་བའི་ཕྲེང་བ་བསྲེས། །རྫོགས་པ་ཆེན་པོའི་ཆོས་སྐོར་ནི། །སྨད་བྱུང་ལ་སོགས་བཅུ་གསུམ་བྱས། །དེ་རྗེས་དཔལ་གྱི་

གྲགས་པ་ཡིས། །ཀུན་འདུས་རིག་པའི་མདོ་དང་ནི། །དགོངས་འདུས་ཡེ་ཤེས་རྔམ་པ་གློག །དུར་ཁྲོད་ཁུ་བྱུག་རོལ་པ་དང་། །སེམས་ལུང་ཆེན་མོ་ལྔ་རུ་བྱས། །ཞང་སྟོད་སྒྲ་བའི་སེང་གེ་ཡིས། །ཀུན་བྱེད་རྒྱལ་པོ་ལ་སོགས་པ༑ ༑སེམས་སྡེ་མ་བུ་བཅོ་བརྒྱད་བྱས། །ལྕེ་བཙུན་སེང་གེ་དབང་ཕྱུག་གིས། །བི་མ་ལ་ཡི་སྙིང་ཏིག་དང་། །དེ་ཡི་རྒྱུད་ཆེན་བཅུ་བདུན་བྱས། །རྒྱལ་པོ་གཡུ་སྒྲ་སྙིང་པོ་ཡི། །ཐུགས་དམ་མན་ངག་ལྷ་ཁྲིད་ཡང་། །ཕྱི་ནས་དེ་ཡི་རྒྱུད་འཛིན་གྱིས། །རྫོགས་པ་ཆེན་པོའི་ཆོས་སུ་བསྒྱུར། །སྒྲས་ཡུལ་ཀ་ཐོག་པ་ལ་སྦྱར། །མངའ་བདག་ཉང་བན་རལ་པ་ཅན། །གུ་རུ་ཆོས་དབང་ཆོས་བློ་དང་། །ཆོས་རྒྱལ་རིན་ཆེན་གླིང་པ་དང་། །སྤྲུལ་སྐུ་ཨུ་རྒྱན་གླིང་པ་དང་། །ཚེ་བརྟན་རྒྱལ་མཚན་ལ་སོགས་པ། །རྟེན་གྱི་གཏེར་བཏོན་མང་པོ་བྱུང་། །བཀའ་བརྒྱད་བདེ་གཤེགས་འདུས་པ་དང་། །རྟ་མགྲིན་བདེ་གཤེགས་འདུས་པ་དང་། །ཚེ་བདག་ཨུ་རྨོ་ལ་སོགས་པའི། །ཆོས་གཏེར་རྟེན་མ་བསམ་མི་ཁྱབ། །པདྨ་ལས་འབྲེལ་རྩལ་གྱིས་ཀྱང་། །མཁའ་འགྲོའི་སྙིང་ཏིག་ཆོས་སྐོར་བྱས། །གཏེར་བཏོན་རྡོ་རྗེ་གླིང་པས་ནི། །རྡོ་རྗེ་སེམས་དཔའི་སྙིང་ཏིག་བྱས། །ཞེས་དང་། གསང་སྔགས་གསར་མའི་ཁྲོད་ན་ཡང་། །གསང་འདུས་གཉིས་མེད་རྣམ་རྒྱལ་ཆེ། །རྡོ་རྗེ་འཇིགས་བྱེད་སམ་ལུགས་དང་། །བདེ་མཆོག་ར་ལི་སུམ་ཅུ་གཉིས། །དུས་འཁོར་ལྕེ་སྦྱོང་གླུ་གར་དང་། །ཀྱེ་རྡོར་སྐུ་གསུང་ཐུགས་གསང་མཛོད། །ཕྱག་ན་རྡོ་རྗེ་མི་གཡོ་བ། །རྡོ་རྗེ་ཕག་མོ་སེང་གདོང་མ། །ཕྱག་རྒྱ་ཆེན་པོའི་རྒྱུད་འགའ་དང་། །མགོན་པོ་དང་ནི་ལྷ་མོའི་རྒྱུད། །བརྒྱད་དང་ལྔ་བཅུ་ལྷག་ལ་སོགས། །རང་བཟོའི་རྟེན་རྒྱུད་དུ་མ་སྣང་། །རྡོ་རྗེ་སྙིང་པོ་སྣང་འགྲེལ་དང་། །ལྷོ་པ་ཐམས་ཅད་མཁྱེན་པ་ཡིས། །ནཱ་རོ་འགྲེལ་ཆེན་ཞེས་པའང་བྱས། །ཞེས་དང་། དེ་དག་འགོག་པ་ན། ཁྱེད་ཀྱི་ཐོག་མའི་མཚན་ཙམ་ལས། །སྐད་དོད་ནོར་བས་རང་མཚན་བསྟན། །ཕལ་ཆེར་སྔགས་བསྟུའི་སྐབས་ནས་ནོར། །སྔགས་དང་སྒྲ་བཤད་ཕལ་ཆེར་ནོར། །དང་པོར་འབུས་པས་འབུད་ཧླ་ཡ། །བར་དུ་དར་བས་དར་མ་ཡ། །ཐ་མར་སངས་བས་སང་ཧླ་ཡ། །འདི་འདྲའི་སྒྲ་བཤད་རྒྱུད་དུ་བྲིས། །ཙ་ཚ་ཛ་དང་ཞ་ཟ་འ། །འདི་དྲུག་རྒྱ་གར་སྐད་དུ་བསྲེས། །གསལ་བྱེད་བརྩེགས་པ་རེ་རེ་ལ། །དབྱངས་ཡིག་གཉིས་གསུམ་བཞི་ཡིས་བརྒྱན། །ཐད་ཐུད་ཁམ་ཤག་རོ་མུགས་ཆུམས། །ཐོད་ཕྲེང་རྩལ་དང་གྲོ་བོ་ལོད། །ཨེ་མུགས་ཡ་རྟབས་མུགས་ཤག་དུན། །བཾ་རིལ་དུན་ཐིབས་ཏིག་ཏིག་ཁྲམ། །ཏེར་ཤོག་ནི་ར་ཤོག་རྒྱུག་ཁྲེང་ཁྲེང་། །མནལ་མ་མནལ་ཏེ་གསོད་ལ་རྔམ། །བཛྲ་ཞང་ཞུང་མ་ལ་སོགས། །སྔགས་ལ་འཆལ་གཏམ་བརྒྱ་སྟོང་བསྲེས། །ཨ་ཏི་ལ་ནི་བརྟེན་ནས་ཀྱང་། །ཡ་ཏི་ཙི་ཏི་ཟེར་བ་དང་། །ཤ་སྟེ་རཾ་ལ་བརྟེན་ནས་ཀྱང་། །ཉ་སྟེ་རཾ་དང་ཆུ་རི་རཾ། །དེ་བ་ཡ་ཤ་རཱ་ལས། །དེ་མ་མག་མོ་རག་མོ་དང་། །མ་མོའི་སྐད་དོད་མ་མ་དང་། །བདུད་ཀྱི་སྐད་དོད་རུ་ཏྲ་དང་། །མ་ཧཱ་སཧྨ་རྫོགས་ཆེན་དང་། །སཧྨ་མ་ཧཱ་ཟེར་ལ་སོགས། །རྒྱ་བོད་སྦྱེབ་

སྒྱུར་མ་ཕྱེད་པའི། །ཐ་སྙད་གོ་རིམ་ནོར་བ་མང་། །ཞེས་དང་། ཤད་ཀྱི་དོན་དུ་ཚེག་དྲག་འདི། །རྒྱ་བོད་གཉིས་ཀའི་ལུགས་དང་འགལ། །གྲིང་པོ་གྲིང་མོ་ཞེས་བྱ་བ། །མོན་ཡུལ་ལ་ལར་བཙུན་པའི་མིང་། །ལྷ་ལ་གྲིང་ཆེན་ཞེས་བྱ་བ། །ལོ་པཎ་མཁས་ལ་འདི་མ་གྲགས། །ཨ་ཧྲི་སེམས་པ་ཉིད་སང་སད། །གཡའ་སྤྱངས་སྐྱེས་ཅིག་གནམ་ཐེའུ་དཀར། །ཨ་ཕྱི་ཆེན་མོ་ཤམ་ཤམ་མོ། །དཀྱིལ་འཁོར་ལྷ་ཡི་མིང་འདི་འདྲ། །ཆོས་མིན་བོན་ཡང་འདྲ་ལ་མིན། །དམུ་བཙན་ཐེའུ་བྲང་འགོང་པོ་གཉན། །འཕགས་པའི་ཡུལ་ན་གྲགས་པ་མེད། །སྲྀ་གཙན་ལ་ནི་ཁྲབ་འཛུག་སོགས། །མིང་གི་མངོན་བརྗོད་བརྒྱ་སྟོང་ནོར། །འདི་དག་ཚིག་གི་ནོར་བ་སྟེ། །གཞན་ཡང་མཐའ་ལས་འདས་པ་ནོར། །རྒྱལ་བ་གསུམ་ནི་དགོངས་པའི་བརྒྱུད། །རིག་འཛིན་གསུམ་ནི་བརྡ་ཡི་བརྒྱུད། །གང་ཟག་གསུམ་ནས་སྙན་དུ་བརྒྱུད། །བསྟན་པའི་བབས་ཚུལ་དེ་ལྟར་སྨྲ། །ལོ་རྒྱུས་ཁུངས་མ་དག་ཏུ་ནི། །རྒྱལ་བ་ཉིད་ཀྱིས་གསུངས་པ་དེ། །བསྡུད་པ་པོ་ཡིས་ཉན་ཞིང་བསྡུས། །གླེགས་བམ་ལ་ཡང་བཀོད་པར་བཤད། །ཁྱེད་ཀྱི་ཐེག་པ་རིམ་དགུ་ལ། །རྒྱུད་རྒྱལ་གསང་འདུས་འཁོར་ལོ་སྡོམ། །ཀྱེ་ཡི་རྡོ་རྗེ་ཐེག་པ་དམན། །རྫོགས་པ་ཆེན་པོ་མཐོ་འོ་ལོ། །མན་ངག་ལྟ་བའི་ཕྲེང་བ་ལས། །ཐེག་པ་རིམ་དགུ་གསུངས་པ་ནི། །དཔལ་ལྡན་འདུས་པ་ལ་བརྟེན་ཞིང་། །དེ་ལས་མཐོ་བའང་བཤད་པ་མེད། །མ་ཧཱ་ཨ་ནུ་ཨ་ཏི་གསུམ། །འདུས་པའི་བསྐྱེད་རྫོགས་ཉམས་ལེན་གྱི། །རིམ་པ་ཙམ་གྱིས་སོ་སོར་ཕྱེ། །རྒྱུད་སྡེ་སོ་སོར་དབྱེ་བ་མིན། །ཞེས་དང་། ལྟ་བ་ཁྱད་པར་འཕགས་པའི་ཕྱིར། །རྫོགས་པ་ཆེན་པོ་མཆོག་གོ་ལོ། །ཐུགས་ཀྱི་ཁྱད་ཆོས་ལྟ་བ་མིན། །དབུ་མ་ལས་ལྷག་ག་ལ་ཡོད། །སྐྱེ་འདིར་སངས་རྒྱས་འགྲུབ་བྱེད་པ། །ཕྱག་རྒྱ་ཆེན་པོ་ཞེས་བྱ་བ། །ཐབས་ཀྱིས་ཁྱད་པར་འཕགས་སོ་ཞེས། །ཟབ་མོའི་རྒྱུད་འགྲེལ་ཀུན་ལས་འབྱུང་། །གཞན་ཡང་ལོངས་སྐུ་སྤྲུལ་སྐུས་བསྟན། །རྫོགས་ཆེན་ཆོས་སྐུས་གསུངས་སོ་ལོ། །ཞེས་དང་། བྲི་མ་ལ་ཡི་སྙིང་ཏིག་ལས། །སེམས་ནི་གློ་བའི་ནང་ན་གནས། །རིག་པ་སྙིང་དང་ཀླད་པའི་ནང་། །ཡུངས་འབྲུ་ཙམ་གྱི་ལྷ་སྐུ་ལོ། །འདི་འདྲ་མུ་སྟེགས་ཆོས་ལུགས་ཡིན། །ཀུན་བྱེད་རྒྱལ་པོའི་ཉམས་ལེན་དུ། །རྡོ་རྗེ་ལུས་ཀྱི་བྱེད་བཅིངས་དང་། །ལུས་གནད་ལྟ་སྟངས་ཐམས་ཅད་བཀག ཡང་དག་འཛོག་ལ་སྒྲོན་དུ་ལྟ། །སྤྱོད་ལམ་ཕལ་པས་ཡིད་འགྱུ་ཞིང་། །མ་དག་ལས་སྣང་འདི་ཐམས་ཅད། །ཆོས་དབྱིངས་ཉིད་དུ་ཤེས་བྱས་ན། །སྐྱོན་ཀུན་ཡོན་ཏན་ཉིད་འགྱུར་ཕྱིར། །འདི་འདྲའི་མན་ངག་ཐོས་མ་ཐག སངས་རྒྱས་ཉིད་དུ་འགྱུར་རོ་ལོ། །བར་དོ་གསང་སྐོར་ཉམས་ལེན་དུ། །རྒྱ་མཚོ་ཨར་ལ་གཏད་པ་ཞེས། །མིག་གཉིས་བཅེར་ནས་མུན་པར་བལྟ། །དབང་པོ་བསླད་པའི་མཐོང་སྣང་བསྒྲུང་། །བྲི་མ་ལ་ཡི་སྙིང་ཏིག་ལས། །ཉི་ཟླ་མར་མེའི་འོད་ཟེར་ལ། །ཟེ་འབྲུར་བལྟ་བའི་ཐྱི་མ་ཡིས། །འཇའ་ཚོན་བསྒྲུང་བ་མཆོག་ཏུ་འདོད། །ཉི་མ་བལྟ་བའི་

སྒོམ་པ་འདི། །མུ་སྟེགས་ཉི་མ་པ་ཡི་ལུགས། །རང་གི་རིག་པ་གཏདང་བ་ལས། །བེམ་པོ་འགུལ་བར་ནུས་པའི་ཚེ༔ །རང་གི་རིག་པ་གཏདང་བ་ཡི། །མི་རབས་སུམ་སྟོང་སངས་རྒྱ་ལོ། །སྣང་གྲགས་ཆོས་རྣམས་ཆོས་ཉིད་དུ། །ཤེས་ནས་ཕ་མ་གསད་གྱུར་ཀྱང་། །སྡིག་པའི་ལས་ནི་མི་སྒྲིབ་དེ། །ཐར་ལམ་ཉག་གཅིག་དེ་ཡིན་ལོ། །མཚམས་མེད་ལྔ་པོ་སྤྱོད་བཞིན་དུ། །སྔགས་པ་སངས་རྒྱས་འགྲུབ་འགྱུར་ཏེ། །སྦྲུལ་སྒོང་ཁྱུང་དུ་མི་འགྱུར་བཞིན། །འགྱུར་ཡང་གསེར་འགྱུར་སྨན་བཞིན་ལོ། །དེ་ཡི་ཤེས་བྱེད་འདི་སྐད་དུ། །ཆོས་དབྱིངས་རྟོགས་པའི་གང་ཟག་ལ། །དགེ་སྡིག་བླང་དོར་མ་མཆིས་པས། །སྤྱོད་པ་དེ་ལ་དགོངས་སོ་ལོ། །བླང་དོར་མེད་པ་སྤྱོད་པ་མིན། །དེ་ནི་ལྟ་བའི་རྣམ་གཞག་ཡིན། །སྤྱོད་པ་ཆོས་དབྱིངས་རྟོགས་ནས་ཀྱང་། །སྒོམ་སྐྱང་ཐམས་ཅད་ད་སྟོད་སྤོང་། །ཞེས་དང་། །གསང་སྔགས་རྡོ་རྗེ་ཐེག་པའི་རྒྱུད་སྡེ་རྣམས། །འཇམ་དཔལ་སྐུ་དང་པདྨ་གསུང་གི་རྒྱུད། །ཡང་དག་ཐུགས་དང་ཆེ་མཆོག་ཡོན་ཏན་དང་། །ཕུར་པ་ཕྲིན་ལས་མ་མོ་རྦོད་གཏོང་རྒྱུད། །འཇིག་རྟེན་མཆོད་བསྟོད་དམོད་པ་དྲག་སྔགས་ཏེ། །སྒྲུབ་པ་བཀའ་བརྒྱད་ཅེས་བྱར་དབྱེ་བ་དང་། །བདེ་གཤེགས་འདུས་པ་ཞེས་བྱར་བསྡུ་བའོ། །འདི་འདྲ་གར་ཡང་བཤད་པ་མེད། །རྒྱལ་བས་གསུངས་པའི་རྒྱུད་རྣམས་ལས། །བརྗོད་བྱ་ལྟ་ཡི་རིགས་དབྱེ་བ། །བྱ་བའི་རྒྱུད་ལ་རིགས་གསུམ་སྟེ། །རྡོ་རྗེ་པདྨ་དེ་བཞིན་གཤེགས། །སྤྱོད་དང་རྣལ་འབྱོར་རྒྱུད་སྡེ་ལས། །ལས་དང་རིན་ཆེན་བསྣན་པས་ལྔ། །རྣལ་འབྱོར་ཆེན་པོའི་རྒྱུད་རྣམས་སུ། །ཁྲབ་བྱེད་རྡོ་རྗེ་འཆང་དང་དྲུག ཅེས་དང་། ཁྱེད་ཀྱི་ཐུབ་པའི་དབྱེ་བ་ལ། །འགྲོ་དྲུག་ཐུབ་པ་དྲུག་ཡིན་ལོ། །འོན་ཐུབ་པ་གཞན་ལྔ་ཡིས། །མཛད་པ་བཅུ་གཉིས་ཇི་ལྟར་བསྟན། །ཆོས་ཀྱི་འཁོར་ལོ་གང་དུ་བསྐོར། །བསྟན་པ་གང་ཡིན་དེ་འཛིན་སུ། །གལ་ཏེ་དེ་དག་མེད་ན་ནི། །ཐུབ་པ་ཡིན་པའི་སྒྲུབ་བྱེད་གང་། །སློབ་དཔོན་པདྨ་སངས་རྒྱས་ལས། །ཡོན་ཏན་གསུམ་གྱིས་ལྷག་གོ་ལོ། །རྫོགས་སངས་རྒྱས་ལས་ལྷག་པ་ཡི། །གང་ཟག་ནམ་མཁའི་ཁོངས་ན་མེད། །སངས་རྒྱས་ཐམས་ཅད་བཀའ་བགྲོས་ནས། །ཧུ་ཏ་ནག་པོ་འདུལ་བ་ལ། །བཅོམ་ལྡན་ཤཱཀྱ་ཐུབ་པ་མངགས། །བདུད་ཀྱིས་བསྐྱིངས་པའི་ཚིག་ཙམ་གྱིས། །ཐུབ་དབང་ཞུམ་ཞིང་སྐྱེངས་པར་གྱུར། །མཐུ་མེད་རང་གནས་ལོག་གོ་ལོ། །ཁྱེད་ཀྱི་སྟོན་པ་ཀུན་ཏུ་བཟང་། །རྡོ་རྗེ་འཆང་ལས་ལྷག་གོ་ལོ། །བླ་མེད་རྒྱུད་ལས་གང་གསུངས་པའི། །ཀུན་ཏུ་བཟང་པོ་རྒྱལ་བ་ནི། །རྡོ་རྗེ་འཆང་ཆེན་ཉིད་ཡིན་ཞེས། །ཟླ་བ་གྲགས་པ་དེ་སྐད་གསུང་། །རྣལ་འབྱོར་རྒྱུད་དུ་བསྟན་པ་ཡི། །ཀུན་བཟང་རྣམ་པར་སྣང་མཛད་དེ། །དེ་ཕྱིར་ཁྱེད་ཀྱི་ཁུངས་མ་ཡིན། །དེ་དག་དོན་གྱི་ནོར་བའོ། །རྡོ་རྗེ་ཐེག་པའི་ཁྲིད་ཆོས་ནི། །དབང་དང་རིམ་པ་གཉིས་སུ་འདུས། །སྨིན་པར་བྱེད་པ་དབང་ཡིན་ཏེ། །གྲོལ་བར་བྱེད་པ་བསྐྱེད་རྫོགས་གཉིས། །དེང་སང་གསང་སྔགས་རྙིང་མ་བ། །སོ་སོར་ཐར་པའི་སྡོམ་མེད་པར། །དབང

བསྐུར་ལེན་ཞིང་སྟགས་པར་འདོད། །སོ་ཐར་ལུས་ན་ལྡུང་ཞེས་ཟེར། །ཁྱེད་ཀྱི་དབང་བསྐུར་ཆོག་ལ། །འཇིག་རྟེན་པ་ཡི་དབང་རྣམས་ཀྱང་། །རང་བཟོའི་དཀྱིལ་འཁོར་སྣ་ཚོགས་དང་། །དྲན་རྒྱུའི་ཆོག་སྣ་ཚོགས་སྣང་། །བོད་ཀྱི་ཡུལ་འདྲེའི་དབང་བསྐུར་ལ། །རྒྱ་གར་ཆོག་གཞུང་མར་འདོད། །གཏོར་མའི་དབང་བསྐུར་ཞེས་བྱ་དང་། །དེ་ལས་དབང་བཞི་རྫོགས་པར་འདོད། །འཇིག་རྟེན་འདས་པའི་དབང་རྣམས་ལ། །སྦྱིན་བཅས་ལ་སོགས་མིང་ཡང་གཞན། །རྟུལ་ཚོན་ཐུམ་པ་བསྟོལ་མ་སོགས། །རྒྱུ་མཚན་མེད་པའི་དཀྱིལ་འཁོར་འབྲི། །མདའ་དར་མེ་ལོང་རྨ་བྱ་ཤེལ། །ལྷ་སྐུ་ཐུམ་སོགས་དབང་རྫས་བཤམ། །བསྲུང་སྐྱུད་མེ་ཏོག་མིག་འཕྱེད་དང་། །མཐོང་བ་རྣམ་བཞི་སྟོན་པར་བྱེད། །མཆོག་དབང་བཞི་པ་བསྐུར་བ་ལ། །གདོན་གྱིས་ཟིན་འདྲའི་ངོ་དོད་བྱེད། །བདེ་ཆེན་སྤྱིའུ་ བླུགས་དབང་བསྐུར་དང་། །རྒྱས་གདབ་ཚངས་པའི་དབང་བསྐུར་དང་། །ཆོས་གོས་ལྷུང་བཟེད་འཁར་གསིལ་དབང་། །ཁྲུངས་མེད་བབ་བཅོལ་སྣ་ཚོགས་བྱེད། །དེ་བཞིན་གཤེགས་གསུངས་རྒྱུད་སྡེ་བཞིར། །བོད་ཀྱི་ཡུལ་འདྲེའི་དབང་བསྐུར་མེད། །གཏོར་མའི་དབང་བསྐུར་བཤད་པ་མེད། །འཇིག་རྟེན་འདས་པའི་དབང་བཞིར་ངེས། །གསུམ་ལ་རྟུལ་ཚོན་དཀྱིལ་འཁོར་མེད། །ཕྱི་རོལ་དབང་རྫས་གང་ཡང་མེད། །སྲུང་སྐྱུད་མེ་ཏོག་ལ་སོགས་མེད། །ལྷུང་བཟེད་འཁར་གསིལ་ཆོས་གོས་སོགས། །སོ་ཐར་ནང་གི་དབང་རྫས་མེད། །ཅེས་དང་། ཁྱེད་ཀྱི་བསྐྱེད་པའི་རིམ་པ་ལ། །དག་བྱ་དག་བྱེད་མ་ཤེས་པས། །ཆོ་གའི་གོ་རིམ་མ་ཤེས་ཕྱིར། །སངས་རྒྱས་དགྲེས་པའི་སྐྱབ་ཐབས་མེད། །མངོན་པར་བྱང་ཆུབ་རྣམ་ལྔ་དང་། །རྒྱུ་ཡི་རྡོ་རྗེ་འཛིན་པ་དང་། །བྱང་ཆུབ་སེམས་སུ་ཞུ་བ་དང་། །འབྲས་བུའི་སྐུ་རུ་བཞེངས་པ་དང་། །ལྟུམས་སུ་བསྐྱེད་དང་སྦྱོབ་པ་དང་། །སྐྱེ་མཆེད་བྱིན་གྱིས་རློབ་པ་མེད། །ཕྲ་དང་ཐིག་ལེའི་རྣལ་འབྱོར་ལ། །རིལ་པོར་འཛིན་པའི་རིམ་པ་སོགས། །མོས་པ་ལམ་དུ་བྱེད་པ་ཡི། །རྫོགས་པའི་རིམ་པ་དག་ཀྱང་མེད། །དཀྱིལ་འཁོར་དང་ནི་ལྷ་རྣམས་ཀྱི། །དག་པ་སྒོམ་པའང་ཕལ་ཆེར་མེད། །ཕྱི་རོལ་པ་ཡང་བསྐྱེད་རིམ་བྱེད། །དག་པ་སྒོམ་པ་སངས་རྒྱས་ཆོས། །སྦྲིབ་ཀུན་བྱང་ཞིང་ཡོན་ཏན་ཀུན། །རྫོགས་པ་རྟེན་འབྲེལ་དག་པས་འགྲིག ཁྱེད་ཀྱི་སྒྲུབ་ཐབས་ཕལ་ཆེ་བ། །རང་བཟོའི་ལྷ་དང་སྟགས་སུ་སྣང་། །མངོན་པར་རྟོགས་པ་དབྱངས་སུ་གྱེར། །རྟ་མགྲིན་པདྨ་དབང་ཆེན་གྱིས། །ཡེ་ཤེས་མཁའ་འགྲོ་བརྒྱད་པོ་ཡི། །ཁོག་པ་དམར་པོ་དྲལ་ནས་ཀྱང་། །སྙལ་ཚིགས་འཛོམས་ཤིང་བརྫིས་པ་བྱས། །རྒྱུད་ཆེན་དངོས་གྲུབ་བརྟན་གཟིགས་ཀྱི། །ལེའུ་སུམ་ཅུ་རྩ་གཉིས་པར། །དཔལ་ལྡན་ལྷ་མོ་ནག་མོ་ཡིས། །བཅོམ་ལྡན་རྡོ་རྗེ་སེམས་དཔའ་མནན། །ཁྲམ་ཁ་སྟོང་གི་དབང་མོ་ཆེས། །སངས་རྒྱས་རྣམ་པར་སྣང་མཛད་བརྫིས། །རི་རབ་གླིང་བཞི་དབང་མོ་ཆེས། །རྒྱལ་བ་རིན་ཆེན་འབྱུང་ལྡན་བསྒྱེལ། །རྒྱ་མཚོ་གླིང་གི་དབང་མོ་ཆེས། །སྣང་བ་མཐའ་ཡས

གདན་དུ་བྱས། །ས་གཞི་འདེགས་པའི་དབང་མོ་ཆེས། །དོན་གྲུབ་ཞེན་པ་བསྒོམས་ཤིག་ལོ། །གུ་རུའི་སྒྲུབ་ཐབས་གསང་འདུས་ལས། །སྔེན་དུས་བླ་མ་སྤྱི་བོར་བསྒོམས། །དེ་ལ་སྐྱོན་ཡོད་མ་ཡིན་ཡང་། །སྒྲུབ་དུས་བླ་མར་རང་བསྒོམས་ནས། །རང་གི་གདན་དུ་བཙོམ་ལྡན་འདས། །ཁྲོ་བོའི་དབང་ཕྱུག་རྟ་མགྲིན་བསྒོམས། །རྫོགས་པ་ཆེན་པོའི་རང་བཞིན་གྱིས། །རྡོ་རྗེ་ཕག་མོའི་ཞབས་འོག་ཏུ། །ཐེག་བརྒྱད་ཟིལ་གྱིས་མནན་པའི་ཕྱིར། །ཤཱཀྱ་ཐུབ་གདན་ཁྲིར་བསྒོམས་ཤིག་ཟེར། །ཀྱེ་མ་བླུན་པོ་སྙིང་ཁམས་ཅན། །ཐུབ་པའི་བསྟན་པ་འདི་ལྟར་དགྲུགས། །ཞེས་སོགས་དང་། ཁྱེད་ཀྱི་དཀྱིལ་འཁོར་ལྷ་རྣམས་ལ། །ཉང་སྟོད་ཁུ་ལེན་ཐོག་གི། །འགོང་པོ་ཁུ་ལེ་ལག་དགུ་དང་། །ཡམ་ཤུད་ཡུལ་གྱི་བཙན་འགོང་དམར། །འུ་ཡུག་རྡོ་རྗེ་ལེགས་པ་དང་། །ནགས་ཤོད་ཀུ་ལ་གསང་བ་དང་། །གླུགས་འདའི་བ་གླང་དྲེའུའི་སྣ་མ། །ཚ་བ་སྒང་གི་གཡུ་སྒྲོན་མ། །རྒྱང་གི་ཇོ་མོ་ཁ་རག་མ། །མོན་གྱི་དུན་ཏིང་ནག་མོ་སོགས། །བོད་ཀྱི་ཡུལ་འདྲེ་སྣ་ཚོགས་སྣང་། །ཁྱེད་ཀྱི་དཀྱིལ་འཁོར་མཆོད་པ་ལ། །སྨན་དང་རཀྟ་གཏོར་མ་ཞེས། །དང་པོ་བདུད་རྩིའི་ནང་མཆོད་འབུལ། །དེ་རྗེས་ཁྲག་གི་ཡོན་ཆབ་དང་། །དེ་ནས་གཏོར་མ་དེ་རྗེས་ལ། །ཕྱི་མཆོད་རྣམས་དང་བསྟོད་པ་བྱེད། །ཁྱུང་མའི་རྒྱུད་གཞུང་ཐམས་ཅད་ལས། །ཐོག་མར་ཆུ་བཞི་ཉེར་སྤྱོད་ལྔ། །རོལ་མོ་བ་དན་རྒྱལ་མཚན་གདུགས། །རྒྱལ་སྲིད་བདུན་དང་གྲུབ་པ་བརྒྱད། །འདོད་ལྔ་མཆོད་པའི་མཎྜལ་སོགས། །ཕྱི་ཡི་མཆོད་པ་ཀུན་རྫོགས་ནས། །བསྟོད་པའི་རྗེས་ལ་ནང་མཆོད་དང་། །ཀུན་གྱི་མཐའ་ལ་གཏོར་མ་མཛད། །ཅེས་སོགས་རྒྱས་པར་བཤད་དོ། །དེ་ལྟར་དེ་ཙམ་དུ་བཤད་པས་ཅི་ཞིག་བྱ་སྙམ་ན། རྒྱལ་པོ་དར་མས་བསྟན་པ་བསྣུབས་པའི་འོག་ཏུ། ཆོས་ལོག་འཕེལ་བའི་རྣམ་གྲངས་འདི་དང་འདི་ཡིན་ནོ་ཞེས། ཁུངས་དག་ཅིང་ཚིག་ཉུང་བར་བསྡུས་ནས་བཤད་པ་འདི་གསལ་བར་མཐོང་ནས་བྲིས་པ་ཡིན་ནོ།། །།

དྲི་བ་བདུན་པ་ནི། དཔའ་བོ་ཁྱོད་ཀྱི་བསྟན་པ་ནི། །ཞེས་སོགས་འདི་ནི་སུ་ལ་བསྟོད། །རང་རེའི་སྟོན་པ་ཐུགས་རྗེ་ཅན། །ཉིད་ཀྱི་བསྟོད་པ་ཡིན་ལགས་སམ། །ཞེས་པ། མ་ཁོལ་གྱིས་མཛད་པའི་སངས་རྒྱས་སུམ་ཅུ་སོ་ལྔའི་བསྟོད་པ་དང་། སྟོན་པ་ཉིད་ཀྱི་བསྟོད་པ་བརྒྱ་ལྔ་བཅུ་པ་དང་གཉིས་ཀའི་ནང་ན་སྣང་བ་ལས། ལུང་དུ་དྲངས་པ་འདི་གང་ཡིན་ཞེས་པའོ། །དངོས་ལན་གདབ་པ་ནི། ལུང་ཁུངས་རྙེད་མ་ནས་དྲངས་པ་ཡིན་སྙམ་པ་ཀུན་ལ་སྣང་ཡང་། སྔ་མ་ནས་དྲངས་པར་བྱས་ན་འགྱུར་བ་ཡིན་ཏེ། དཔའ་བོའི་སྡེའི་མཚན་དང་སྦྱེལ་བའི་བསྟོད་པར་སྣང་བས་སོ།། །།

དྲི་བ་བརྒྱད་པ་ནི། རིག་འཛིན་སྡོམ་པའི་སྐབས་ཞེས་པའི། །ལེའུའི་མཚན་ཡང་མི་འབྱུང་ཅི། །ཞེས་པའི་བསམ་པ་ནི། བསྟན་བཅོས་འདིའི་རྫོགས་མཚམས་དེ་ཉིད་དུ་དོན་གྱིས་ཐོབ་པ་ཡིན་ནམ་སྙམ་དུ་སེམས་པ་

དག་མང་བའི་རྒྱུ་མཚན་གྱིས་སོ། །མ་དྲིས་པའི་ཉེས་པ་ནི། །ཁ་ཅིག་ཐེག་པ་རང་ས་ན། །ཞེས་པ་མན་ཆད་ནི། རིག་འཛིན་སྡོམ་པ་ཁོ་ནའི་དབང་དུ་བྱས་པའི་རྒྱུ་མཚན་ཅི་ཡང་མི་སྣང་སྟེ། སྤྱིར་ཆོས་ལོག་སྨྲུང་ཚུལ་བཤད་ནས་སུན་འབྱིན་པའི་དབང་དུ་བྱས་པའི་ཕྱིར་དང་། དེ་མན་ཆོད་ནི། གོང་དུ་བཤད་པའི་ལེའུ་ཐམས་ཅད་ཀྱི་དོན་བསྡུས་ནས་འཆད་པར་སྣང་གི །ལྷམ་པའི་དོགས་པ་འདི་སྐྱེས་སོ། །དངོས་ལན་ནི། ཇི་སྐད་དུ། ཅི་སྟེ་འཕགས་པའི་སར་བྱེད་ན། །མདོ་རྒྱུད་ཀུན་དང་འགལ་བར་འགྱུར། །ཞེས་པ་དང་། ཁ་ཅིག་ཐེག་པ་རང་ས་ན། །ཞེས་པའི་བར་དེར། རིག་པ་འཛིན་པའི་སྡོམ་པའི་སྐབས་ཏེ་ལེའུ་གསུམ་པའོ། །ཞེས་པ་ཞིག་དོན་གྱིས་ཐོབ་པར་སྣང་ངོ་། །དེ་ནི་རང་དགར་འཆད་པའོ་སྙམ་ན། དེ་ལྟ་བུའི་ལེའུའི་མཚན་ཞིག་བསྟན་བཅོས་འདིར་འབྱུང་རྒྱུ་ཡིན་ན་ནི། དོན་ཐོབ་མཐའ་དག་དང་འགལ་ལ། སྦྱོར་རྒྱུ་ཡིན་ན་ནི། ཇོགས་མཚམས་སུ་སྦྱར་ཡང་། རང་དགར་བྱས་པའི་ཉེས་པ་ཉིད་དུ་མཚུངས་པར་འགྱུར་ཏེ། བསྟན་བཅོས་མཛད་པ་པོས་དངོས་སུ་མ་སྦྱར་བའི་ཕྱིར། ཞེས་བྱ་བའི་གཏན་ཚིགས་དེ་ནི་འདི་ལ་ཡང་ཡོད་པའི་ཕྱིར་རོ། །དེ་བས་ན་བསྟན་བཅོས་འདིའི་ལུས་ནི་གཉིས་ཏེ། སྡོམ་པ་གསུམ་གྱི་ལེའུ་སོ་སོར་བཤད་པ་དང་། ཆོས་ལོག་སུན་འབྱིན་སྤྲ་མ་རྣམས་མཛད་ཟིན་པའི་འོག་ཏུ། ཆོས་ཀྱི་གནད་འཁྲུལ་པ་དག་ཇི་ལྟར་བྱུང་བའི་ཚུལ་བཤད་ནས། དེ་ཇི་ལྟར་སུན་འབྱིན་པའི་ཐབས་ཀྱི་ལུང་རིགས་རྣམས་གོ་བདེ་བར་བཤད་པའོ། །ཞེས་བྱ་བ་འདི་ལེགས་པར་གྲུབ་པའོ།། །།

སླས་པ། གཞན་དང་མི་མཉམ་རྣམ་དཔྱོད་ཀྱི། །སྟོབས་བརྒྱས་ཕྱུག་པའི་གྲུབ་ཟུང་གིས། །ངེས་དྲངས་ལུང་བརྒྱའི་ཤིང་རྟ་ལ། །རབ་ཞོན་འབེལ་བའི་གཏམ་མང་པོས། །རྟེ་བཙུན་དགྱེས་པའི་ཞལ་གྱི་མདངས། །འཆར་ཀའི་གོས་དམར་གྱིས་བརླབས་པའི། །དགེ་མཚན་གང་འདིས་ཐུབ་བསྟན་གྱི། །ཉི་མ་ལན་བརྒྱར་འཆར་བྱེད་ཤོག །དཔྱོད་མེད་རྣམ་དཔྱོད་བསྐྱེད་པ་དང་། །དཔྱོད་ཆེན་སོམ་ཉི་སེལ་བྱེད་པ། །གང་འདི་རང་དོན་གཏན་ཚིགས་ཏེ། །ཕལ་ཆེར་ལུང་གི་རྗེས་སུ་འབྲང་། །གཞལ་བྱའི་གནས་གཉིས་དངོས་སྟོབས་ཀྱི། །རིགས་པས་མ་སྦྱངས་དེ་སྲིད་དུ། །ལུང་གི་བྱེད་པ་འཇུག་མིན་པ། །དེ་ཕྱིར་ཐོག་མར་རིགས་གཞུང་སྦྱོངས། །དེ་འདྲ་དེ་ལ་འབེལ་གཏམ་འདིས། །གཞན་དོན་རྗེས་སུ་དཔག་བྱས་ནས། །བསམ་བྱའི་དོན་ལ་ཚད་མ་ཡིས། །དྲངས་པའི་ངེས་པ་བསྐྱེད་པར་འགྱུར། །གང་གིས་རྣམ་བརྟགས་དྲི་བ་འདིའི། །བསམ་པ་ཇི་བཞིན་མི་ཤེས་ན། །སླར་ཡང་འདྲི་པོར་དྲི་ཡོས་ཞེས། །སྨྲར་ལུང་བསྟན་ནས་དེང་འདིར་སྨྲར། །གང་འདིའི་རྗེས་འཇུག་དད་པ་ཡི། །རྗེས་འབྲང་ལུང་བརྒྱ་བལྟ་བ་དང་། །རང་བློས་དཔྱོད་པའི་མཐུ་བྲལ་བ། །དེ་ཀུན་རྣམ་དཔྱོད་རྒྱས་ཕྱིར་བསྔོ། །དེང་འདིར་དགོས་དོན་བསྡུས་དོན་དང་། །བརྒྱལ་ལན་སྦྱར་ནས་འཆད་བྱེད་པ། །གང་དེ་གསུང་རབ་མཐའ་དག

ལ༔ །བལྟ་བའི་མིག་ཅན་ཡིན་སྙམ་བྱེད། །དེ་ནས་མཁས་པའི་གཞུང་ལུགས་མཆོག དད་པའི་རྒྱལ་མཚན་རྩེར་མཆོད་ནས། །དཔྱོད་ཅན་རི་བའི་སྟོད་མང་པོ། །འགེངས་བྱེད་འདོད་རྒྱུའི་ཆར་ཆེན་ཕེབས། །ཨེ་མ་དྲི་བའི་བསམ་པ་ནི། །ཡོག་པའི་བློ་ཡིས་གཞན་ཞིག་ཏུ། །དྲངས་ནས་དེ་སྲུན་འབྱིན་པ་ཡི། །ངལ་བས་འདི་ལན་ཐེ་ལྟར་ལྡོན། །དྲི་བས་ཆོས་འདི་སྲུན་ཕྱུང་ཞེས། །དྲིལ་ཆེན་ཕྱོགས་མཐར་སྒྲོག་བྱེད་པ། །གང་དེའི་བློ་མཆོའི་གཏིང་ཟབ་ན། །འདོད་པའི་རིན་ཆེན་གཞན་མེད་དམ། །གང་ཡང་ཆོས་འདིར་བསམས་ངེས་ན། །དྲི་བའི་བསམ་པ་འདི་ཡོང་ལ། །འདིར་འབྱུང་མིན་པའི་ལན་གཞན་ཞིག འདེབས་བྱེད་ཡོད་ན་རྗེས་ཡི་རང་། །ལེགས་བཤད་ཁྲུས་ཀྱི་དག་བྱེད་མཁན་དེ་ཡིས། །ཐུབ་བསྟན་ཡིད་བཞིན་རིན་ཆེན་མ་ཉམས་པ། །ཀུན་དགའི་རྒྱལ་མཚན་རྩེ་མོར་ལེན་མཛད་པའི། །དཔལ་ལྡན་ཕྲིན་ལས་བཟང་པོར་འདི་འབུལ་གྱི། །རིག་གནས་མདོ་སྔགས་ཆུ་གཏེར་བཅུད་ཆེན་པོ། །རྣམ་དཔྱོད་ཀླུབ་ཐེབས་གཅིག་གིས་ཞལ་གྱི་སྒོར། །གང་དྲངས་བསྟན་འཛིན་ཡོངས་འདུའི་དཔག་བསམ་ལ། །ཉེར་སིམ་བྱེད་པོའི་ཕྱག་གིས་འདི་ཡོང་ཤིག །

ཅེས་སྡོམ་པ་གསུམ་གྱི་རབ་ཏུ་དབྱེ་བ་ཞེས་བྱ་བའི་བསྟན་བཅོས་ལས་བརྩམས་པའི་འབེལ་གཏམ་རྣམ་པར་ངེས་པ་ལེགས་བཤད་གསེར་གྱི་ཐུར་མ་ཞེས་བྱ་བ་འདི་ནི། མ་བྱོན་པའི་སངས་རྒྱས་གསུམ་པ་ཤཱཀྱ་ཤྲཱི་བྷ་དྲའི་ཆོས་ཀྱི་སེང་གེའི་ཁྲི་ལ། མང་དུ་གསན་པའི་ཞབས་ཟུང་ངེས་པར་བསྙེ་ཞིང་། རྣམ་དཔྱོད་ཀྱི་མགྲིན་པ་མངོན་པར་མཐོ་བ། ཉི་མ་རྒྱལ་མཚན་དཔལ་བཟང་པོའི་ཞལ་མངའ་ནས་དང་། རྒྱལ་སྲས་སེམས་དཔའ་ཆེན་པོ་བསོད་ནམས་གྲགས་པའི་རྒྱལ་ཚབ། རཏྣ་ཤྲཱ་ཀཱ་རའི་གསུང་གིས་ཉེ་བར་བསྐུལ་བ་ལ་བརྟེན་ནས། ཁྱབ་བདག་རྡོ་རྗེ་སེམས་དཔའི་ངོ་བོར་བཞུགས་པས་མཚན་བརྗོད་པར་དཀའ་བ། དོན་གྱི་སླད་དུ་མཚན་ནས་སྨོས་ཏེ༔ རྗེ་བཙུན་དམ་པ་ཤྲཱ་ནནྡ་བྷ་དྲའི་ཞབས་ཀྱི་རྡུལ་ཕྲེང་རྟོག་པ་མེད་པའི་སྤྱི་བོས་ཉེ་བར་བླངས་ནས། སྡོམ་པ་གསུམ་གྱི་བཀའ་དྲིན་གྱིས་སྐལ་བ་བཟང་པོར་བགྱིས་པ། དཔལ་ཤཱཀྱ་མཆོག་ལྡན་དྲི་མེད་ལེགས་པའི་བློས། འཕར་བ་ཞེས་པ་ལྷུགས་མོ་གླང་གི་ལོ། ཆུ་སྟོད་ཀྱི་ཉ་ཡོངས་སུ་གང་བའི་ཉིན། གཡས་རུ་གཙང་གི་སའི་ཐིག་ལེ་ཐུབ་བསྟན་གསེར་མདོག་ཅན་ཞེས་བྱ་བའི་དབེན་གནས་སུ་ཡོངས་སུ་རྫོགས་པར་གྲུབ་པའི་ཡི་གེ་པ་ནི་ཆོས་ཀྱི་རྒྱལ་མཚན་ནོ། །དཔལ་ཕྱོགས་ཐམས་ཅད་ལས་རྣམ་པར་རྒྱལ་བའི་རྒྱལ་མཚན་སྲིད་རྩེའི་བར་དུ་བསྒྲེང་བ་ལ་མཁས་པར་གྱུར་ཅིག ༎

སྭསྟི་སིདྡྷཾ། བདེ་ཆེན་ཉིན་མོར་བྱེད་པའི་མདངས་གསལ་བ། །ཆོས་དབྱིངས་ནམ་མཁའི་དབུས་སུ་རོལ་རྩེད་མཁན། །སྤྲོས་པའི་སྤྲིན་ཚོགས་རྣམ་དྲལ་ཟུང་འཇུག་སྐུ། །རིགས་བརྒྱའི་མགོན་དུ་ཤར་ལ་ཕྱག་འཚལ་ལོ། །ངེས་

དོན་འཇུག་པ་རྣམ་བཅུའི་གར་རྩེ་ཡང་། །དྲང་དོན་ནོར་ལྷའི་བུ་དང་བད་དཀར་མིག རིག་བྱེད་དྲན་པོས་མ་ཐོབ་ར་བརྒྱ་པས། །འགྲོ་ཀུན་བདུད་རྩིར་མཛད་ལ་ཕྱག་བགྱིའོ། །དངོས་ཀུན་རང་བཞིན་བརྗོད་པ་ཀུན་གྱི་རྒྱུ། །རྨོངས་རྣམས་སེལ་བྱེད་བརྗོད་བྲལ་ཡེ་ཤེས་བློ། །གཟུང་འཛིན་འཁྲུལ་པའི་དྲི་མ་དྭངས་ཕྱུང་བ། །གཞི་ལམ་འབྲས་བུའི་འཛམ་དབྱངས་ཨེ་མ་མཚར། །གང་ཕྱོད་ཟབ་གསལ་ཡིད་འཕྲོག་གཞོན་ནུའི་སྐུ། །ལ་ལར་དཀྱིལ་འཁོར་འཁོར་ལོ་སྤྲུར་བའི་གཟུགས། །གཞན་དུ་ཚངས་དབང་གྲུབ་པའི་ཚུལ་བཟུང་ནས། །རིག་གནས་རྣམ་བརྒྱ་སྟོན་ལ་འགྲུས་མི་ལྷོད། །སྐབས་དེར་ཀུན་དགའི་འཛུམ་ཕྲེང་འཆར་ཀའི་མདངས། །ཤར་ཕྱོགས་ས་སྐྱོང་རི་བོའི་ཅོད་པན་གྱི། །རྒྱལ་མཚན་རྩེ་མོར་མཆོད་འོས་བསྟན་པའི་དཔལ། །ཕྲིན་ལས་བཟང་པོའི་ཉི་མ་འདི་ན་ཤར། །ཀུན་ཁྱབ་གྲགས་པའི་གསུང་གི་བ་དན་ནི། །འཕགས་ཡུལ་དམ་ཆོས་དགའ་བའི་ཚལ་དུ་བཀྲུང་། །རྒྱལ་ཛ་བརྡུངས་པའི་པཎ་ཆེན་མང་པོས་ཀྱང་། །ཕྱོད་ཞབས་ཡ་མཚན་བསྟོད་པའི་ཕྲེང་བས་བསྟགས། །དུས་དེར་བདུད་རྩིས་སྤྲགས་པའི་དུག་ཅན་མཚོ། །གདངས་ཅན་ཁོར་ཡུག་དབུས་སུ་འཕྱུར་བ་ན། །ལུང་རིགས་མཁའ་ལྡིང་ཁ་སྐོར་རྣམ་དཔྱོད་ཀྱི། །རོ་འཛིན་རྩེ་མོར་བླངས་པའི་སྦྲང་རྩི་ནི། །འཆད་རྩོམ་དཔག་བསམ་ཡོངས་འདུའི་དཔྱིད་པར་བླངས། །དེ་ཡི་རེས་ན་རྣམ་དཔྱོད་མདངས་གསལ་ཞིང་། །ངེས་དོན་ཆ་ཤས་གང་བའི་བློ་བཟང་པོ། །རིག་པའི་གནས་བརྒྱར་འཕྲོ་བའི་འོད་དཀར་ཅན། །བདེ་འབྱུང་གཙུག་རྒྱན་གཉིས་པ་དེང་འདིར་ཤར། །དྲག་པོའི་ཅོད་པན་མ་ཉམས་ཤིང་། །འཆི་མེད་ལམ་ལས་མ་ལྷུང་བར། །རབ་དཀར་ཀུ་མུད་བཞད་པའི་གཉེན། །གངས་ཅན་ལྗོངས་སུ་རྒྱུ་བ་ཡང་། །ཚ་ཟེར་ལམ་ལས་རྒྱང་སྲིངས་པ། །ཐུབ་མཚམས་རི་བོའི་རྩེར་འཛེགས་ནས། །རྒྱུ་སྐར་ཕྲེང་ལྡན་སྔོ་སངས་མའི། །བཞིན་མདངས་རི་མོ་མ་ཉམས་པ། །ཅིག་ཅར་འཆར་བྱེད་དཔྱལ་དཀར་གྱི། །ཐིག་ལེ་ལྷ་ཡི་ལམ་ཆེན་པོར། །གེགས་བྱེད་མེད་པར་རྒྱུ་བ་ནི། །མཚན་མོའི་ཉི་མ་གཉིས་པ་བཞིན། །སྡོམ་གསུམ་བསྟན་བཅོས་མཁས་རྨོངས་མཐའ་དག་གི །བློ་ལ་བཤེན་ཕྱིར་དོན་བཟང་ལུགས་བརྒྱ་པ། །ཚིག་ཟུར་ཕྱིན་པའི་སྦྱོར་བས་མ་བཅིངས་པར། །འཇམ་པོའི་ངག་གིས་ལྷོད་པར་འདོམས་པ་ནི། །གཞུང་བརྒྱའི་ཕ་རོལ་སོན་པའི་བློ་བཟང་གིས། །ཚད་ལྡན་མཁས་པའི་གཞུང་གི་ལམ་སྲང་དུ། །རིགས་པས་དྲངས་ཏེ་ཚིག་ལ་མི་རྟོན་པར། །དོན་རྟོན་བྱེད་པོས་འཁྲུལ་པར་མི་འཆད་མོད། །གཞུང་འདིར་བློ་མི་ཕྱོགས་དང་འདུད་བྱེད་ཀྱང་། །ཉེས་བཤད་ཟེགས་ཕྲེང་བསྡུད་པའི་བློ་ངན་དག ཆོས་མིན་གཏམ་གྱིས་གཞུང་འཆད་དོར་བྱའི་ཕྱིར། །ངོ་མཚར་ལེགས་བཤད་འབེལ་གཏམ་འདི་བྱས་སོ། །གཞུང་ཆེན་འཆད་རྣམས་རྒྱལ་ལན་ལུགས་བརྒྱ་ཡི། །ཤིང་རྟའི་ཁྲི་ལ་བླངས་ནས་འཆད་བྱོས་ཤེས། །བྱམས་པའི་གཞུང་བཞིན་དབྱིག་གཉེན་གྱིས་འདོམས་པ། །ཕྱོགས་གླང་གྲགས

པའི་རིང་ལུགས་འདི་ན་དགེ། །དཔལ་ལྡན་ལེགས་བཤད་སྨྲ་བའི་སྒོ་བརྒྱ་པ། །གང་འདིའི་དོ་ཟླར་ལྷགས་པའི་རྣམ་བཤད་གཞན། །ཕལ་ཆེར་ལྷོངས་ཤིང་ལ་ལ་ལྷབ་ལྷིབ་ཅན། །གཞན་དག་བྱིས་པའི་རོལ་རྩེད་ལྟར་ལེན་བྱེད། །རང་གི་མདུན་སར་ཉི་མ་ཇི་བཞིན་དུ། །མངོན་རློམ་དྲེགས་པས་རྒྱལ་བའི་རྒྱུ་སྐར་འགའ། །ཕྱོགས་ལས་རྣམ་པར་རྒྱལ་བའི་ཟེར་ཕྲེང་གིས། །ཟློས་ཤིང་འཕྲུངས་པས་མུན་པར་བྱས་མིན་ནམ། །སྡོམ་གསུམ་བསྟན་བཅོས་ཡིད་བཞིན་རྒྱ་མཚོ་ཡི། །ཕ་རོལ་བལྟ་འདོད་གཞན་སློད་གྲུར་ཞུགས་ནས། །རང་བསྟོད་སྐྱ་བ་ཐོགས་པའི་མཉན་པ་དག །མང་ཐོས་གྲུ་གཞན་སླར་བཟུང་དགོས་མིན་ནམ། །ཚད་ཐུབ་འགྲེལ་ཆེན་བཞི་དང་གཞུང་ཉིད་དུ། །ཚིག་ཟུར་ཇི་བཞིན་མ་ཕྱིན་འདིར་དཔྱོད་ཀྱི། །ཚངས་པར་རློམ་པའི་ཅོལ་ཆུང་བགྲང་ཡས་དག །དཔྱད་ཡུལ་མིན་ཕྱིར་བདེ་བར་གཉིད་བྱོས་ཤིག །སྙིང་བཀུར་འདྲིས་འབྲེན་འགའ་དང་དབྱེན་དབྱེ་བའི། །རྟོག་དཔྱོད་ལན་བརྒྱར་བཏང་ནས་ཡ་རབས་ཀྱི། །ཚོགས་པར་དབྱུང་བྱ་མིན་པའི་ཚིག་གི་མདའ། །དུག་ཅན་འཕེན་དེས་དེ་ཉིད་སྲེག་མིན་ནམ། །རང་གཞུང་སྐྲུབ་དང་གཞན་གཞུང་སུན་འབྱིན་པའི། །ཟབ་རྒྱས་ལུང་རིགས་སྦྱོར་བའི་མཐུ་གྲུབ་འགའ། །གསོང་པོར་སྨྲ་དང་ལ་ལར་བསྙིངས་པའི་ཚིག །བརྗོད་མཁས་གདན་ཚོགས་རིག་རྣམས་སྨྲ་བའི་རྒྱན། །ཀྱཻ་ཡེ་རབ་དཀར་སེང་ཆེན་མགོ་འཕངས་གྱིན་དུ་བཏེག་འདྲའི་ས་འཛིན་དཀར་པོའི་ངོས་ཀྱི་འཛམ་དབྱངས་ཆོས་ཀྱི་གདུང་འཛིན་རྗེ་བཙུན་གང་གང་གི། །གཞུང་ལུགས་འཛིན་པའི་མངོན་རློམ་ཅན་འགའ་དྲེགས་པས་བསྙེམས་མོད་དེ་དེའི་རིང་ལུགས་སྐྲུབ་བྱེད་ལུང་དང་རིགས་པའི་རྟགས་ཀྱི་ཆེར་མ་འབྱིན་ནུས་སུ། །དེའི་གཞན་ཕྱོགས་ལ་སྟང་བྱེད་མཁན་རྣམས་རང་གཞུང་སྙིང་རྩ་འཁྲོག་བྱེད་སྟེ་པའི་གཞུང་མང་བལྟའམ་རྟོག་གམ་རིགས་པར་སུན་འབྱིན་ནུས་པའང་སུ། །སྟང་འདོད་འདི་ནི་ལྟ་དང་གྲུབ་མཐའི་འཛིན་སྐྱོང་ཟློལ་གྱིས་འོངས་མོད་འཁོར་དང་སྙིང་བཀུར་ངེས་པར་སེམ་བྱེད་མིན་ནམ་གཟུ་བོའི་བློས་རྟོགས་ཤིག རྒྱན་དྲུག་གཞུང་ལུགས་བལྟ་བའི་ལེགས་བཤད་ཀྱི། །སྨིན་ལེགས་རྣམ་དྲུག་ལྡན་པའི་རྣམ་དཔྱོད་འདིས། །ཆེན་པོའི་ཡུལ་འཛིན་གླང་པོའི་གདོང་ཅན་གྱི། །མངོན་རློམ་མཆེ་བའི་རྣོ་དངར་བཅག་སླམ་བྱེད། །མང་ཐོས་ལུང་དང་རིགས་པའི་ཁྲུ་མཆོག་ཏུ༔ །བསྔགས་འོས་གླང་ཆེན་བྱེ་བས་བཙུད་གྱུར་ཀྱང་། །འཇིགས་མེད་གདངས་རིའི་ངོས་ལ་གནས་འཆའ་བའི། །ངོ་མཚར་སྤྱོབས་པའི་སེང་ཆེན་འདི་འཕྲུངས་སོ། །གཞུང་འདིར་ཁས་ལེན་བྱེད་གཞན་མང་པོ་ཡིས། །དྲིས་ལན་གནས་གཅིག་ཙམ་ལའང་ཧེང་ཐོབ་བམ། །དཔྱོད་ལྡན་ཡོད་ན་སླར་ཡང་དྲིས་ཤིག་དང་། །གང་འདིས་གདན་ལ་མ་ཕེབས་ལྷག་མ་གང་། །རབ་དཀར་ཚ་ཤས་རྗོགས་པའི་ཟླ་བ་ནི། །ཐེར་འབུམ་གྲངས་མཉམ་ཅིག་ཆར་ཤར་བ་ན། །དེ་རེ་རེ་ལ་བརྩེ་ཆེན་གཟུགས་ཀྱི་ཉམས། །འབྲི་མཁས་བརྒྱ་བྱིན་ལག་པའི་འཕྲུལ་བཞིན་དུ། །དཀར་

འཇམ་ཤོག་བུའི་ངོས་ལ་ལེགས་བཤད་ཀྱི། །ལང་ཚོ་མ་ཉམས་འཆར་མཁས་བདག་པོའི་རྐྱེན། །རྒྱུ་ཚོགས་མ་ཚང་མེད་པར་སྒྲུབ་བྱེད་པོ། །ཚོགས་གཉིས་ཡན་ལག་བཞི་པའི་དཔུང་ཚོགས་ཅན། །མངའ་རིས་ནོར་འཛིན་སྐྱོང་བར་བཀྲ་ཤིས་ཀྱི། །བགྲང་ཡས་མེ་ཏོག་གསར་པའི་ཆར་ཆེན་པོ། ། ས་གསུམ་སྐྱེ་དགུའི་མགོན་དང་རྒྱལ་བའི་སྲས། །དམ་ཅན་རྒྱ་མཚོས་ངེས་པར་བསྐུལ་དེ་ཡིན། །གང་འདིའི་རྣམ་དཔྱོད་ས་སྐྱོང་གཞན་མང་པོའི། །བློ་གྲོས་བྱིས་པའི་བཟློས་གར་ལྟར་བྱེད་ཅིག རྒྱལ་ཐུབ་ལ་ལའི་ཕྲིན་ལས་རྩ་ཤིང་གི །ལོ་འབྲས་རྒྱས་པའི་སྡོང་པོ་ལྟར་བགྲངས་ནས། །བཀའ་བསྐུལ་དང་དུ་ནོད་པའི་འཁོར་ཡུག་ཁོངས། །ཕན་བདེར་བགྱིས་པའི་སྟོབས་ལ་སུ་ཡིས་འགྲན། ། ཐུབ་བསྟན་འབུམ་ཕྲག་བཞི་པའི་གླིང་ཆེན་པོ། །སྤྲིན་འགྲུས་གཞུང་ཀྱིས་བསླད་པའི་ཡ་མཚན་ནི། །ལྷུན་སྟུག་རིན་ཆེན་ལས་སྒྲུབས་གཙུག་ལག་ཁང་། །མང་པོས་མི་སྐྲུན་བསོད་ནམས་ཕོ་བྲང་ན། །ཡིད་འཕྲོག་བཀོད་ལེགས་བརྩེགས་པའི་ཁྲི་འཕང་ལ། །ཐུབ་ཆེན་མིག་སྟོང་ལྡན་པ་ལྷ་ཡི་བླ། །དབང་སྡོན་ལང་ཚོར་ཞུགས་པའི་གསེར་ཕྲེང་གི །ཉི་འོད་རབ་འབར་བཀའ་འགྱུར་འཛམ་གླིང་རྒྱན། །མཆོད་རྫས་རོལ་མཚོའི་ཕྲེང་བ་མཚར་དུ་དངར། །འདི་དག་ལྷ་ཡི་བཟོ་བོ་ལས་བསྐྲུན་པའི། །ངོ་མཚར་སྒྱུ་མའི་རྣམ་རོལ་བགྲང་ཡས་ཀྱི། །སྒྱུ་འཕྲུལ་མཁན་དེའི་རྣམ་འཕྲུལ་མིན་ནམ་ཅི། །མཆོག་ཚོགས་འདུས་པའི་གླིང་ཆེན་བཅུ་གཉིས་པོར། །མཐུན་རྐྱེན་ཕྱི་ཡི་མཚོ་ཆེན་ངེས་པར་འདུད། །ཕྱི་རྒོལ་བལྟ་ཟེར་བསྲུང་བའི་ཧ་གདོང་མེ། །ཕ་རོལ་རི་གཞན་མཐོན་པོས་དེར་མི་ནོན། །ཚུ་རོལ་ནང་གི་རྒྱ་མཚོ་ངེས་མི་འཁྲུག སྙིང་ནས་གདུང་བྱེད་ཞུགས་ཀྱིས་མི་འགོང་བའི། །འཁོར་ཡུག་རི་བོའི་ཁོངས་དེ་སྐྱབས་གསུམ་གྱིས། །ཕྱོགས་ལས་རྣམ་རྒྱལ་ས་འཛིན་ལྷུན་པོ་བཞིན། །གང་གི་གྲགས་པའི་མེ་ལོང་དུ། །ལེགས་བྱས་རི་མོ་མ་ཉམས་པ། །གང་ཤར་ནམ་ཡང་བསྲུང་མེད་དེ། །སྔོན་གྱི་བྱེད་པོའི་མཐུ་གྲུབ་པས། །བྱས་པ་མིན་ནམ་སྙན་གྲགས་ཀྱི། །ཨུཏྤལ་ཕྱོགས་ཀྱི་བུ་མོ་ཡི། །རྣ་བར་བརྒྱུད་མཁས་རྣམ་དཔྱོད་ཀྱི། །ལག་པས་སླར་ཡང་ཆོས་དང་ནི། །སྲིད་ཀྱི་རྒྱལ་མཚན་ཕྲེང་མཛེས་དང་། །ཕྱོགས་ལས་རྣམ་པར་རྒྱལ་བའི་རྔ། །འཛིན་ཞིང་འཁོར་ཡུག་ཡངས་པའི་ས། །སྐྱོང་ཞིང་བསྲུང་བ་ཉིད་གྱུར་ཅིག དེ་ནས་སྲིད་དང་ཞི་བ་ཡི། །དགྲ་ཚོགས་ཀུན་ལས་རྣམ་རྒྱལ་བའི། །ཆོས་ཀྱི་རྒྱལ་པོ་རྫོགས་སངས་རྒྱས། །དོན་གཉིས་མཐར་ཕྱིན་དེ་བརྙེས་ཤོག །ཀྱེ་ཧོ་འདི་ན་ཁ་ཅིག་རྩྭ་རྩེའི་ཚད་ཀྱིས་བཅལ་བའི་ལེགས་བཤད་ཀྱིས་ཁེངས་གཏི་མུག་ལྗོན་ཕྲེང་རྒྱས་པའི་ནགས་ན་མཁའ་ལྡིང་ལྟ་བུར་རོལ་ཞིང་འགྱིང་། །གཞན་ནི་ཕྲག་དོག་ཟས་ཀྱིས་ལྟོ་ཁེངས་དུག་ཅན་མཚོ་ནས་བརྒྱུད་པའི་སྨྱོས་བྱེད་ཀྱིས་སྨྱོས་དྲན་ཉམས་བཞིན་དུ་མང་པོར་སྨྲ་བ་རབ་འཕྱོ་བྱེད། །ལེགས་བཤད་ཀླུང་བརྒྱས་ཕྱོགས་བཅུར་དྲངས་ཀྱང་མི་ཟད་ལུང་རིགས་མན་ངག་ཆར་ཆེན་བསྟུད་པའི་མཚོ་ཆེན་འདི་དང་དེ་འཛིན་བྱེད་པོའི་གླུ

དབང་ཡང་། །ཐུབ་བསྟན་གསེར་གྱི་ནོར་འཛིན་སྙིག་མའི་འཕང་བར་རིང་འཚོ་བསྟན་བསྲུང་དམ་ཅན་རྒྱ་མཚོས་བསྲུང་ཞིང་སྐྱོང་ལ་རྟག་ཏུ་བརྩོན་པ་ལྷུར་ལོངས་ཤིག །རྒྱལ་བ་ཀུན་དངོས་ཁྱབ་བདག་རྡོ་རྗེ་འཛིན། །སླུ་མེད་དཀོན་མཆོག་གསུམ་དང་སྲུང་མའི་ཚོགས། །ཕན་པར་དགོངས་པའི་བཀྲ་ཤིས་དགེ་ལེགས་ཀྱིས། །སྐྱེ་རྒུའི་མགོན་ལ་བསྲུང་ཞིང་སྐྱོབ་མཛད་ཤོག །གང་འདིའི་ཞུས་དག་མངའ་རིས་པ། །ཆོས་ཀྱི་རྒྱལ་མཚན་སྣན་ངག་མཁན། །ཡི་གེར་འབྲི་པོ་སྟག་ཚང་བ། །ཚུལ་ཁྲིམས་འཕེལ་ཡིན་རྐོས་བྱེད་མཁན། །རས་འཕྲུལ་གྱི་ཆོས་བཟང་དང་། །ཆོས་སྐྱོང་བཟང་པོ་སྣ་གདོང་པ། །ཆོས་དཔལ་ལྡན་སོགས་མཆེད་ལྔ་པོས། །ཐུབ་བསྟན་གསེར་མདོག་ཅན་གྱི་གྲྭར། །སྤུར་མགྱོགས་བར་ཆད་མེད་པར་གྲུབ། །དགེ་དེས་མཆོན་ནས་སྨོས་པ་ཀུན། །དུས་ཀྱི་དཀྲ་ལས་རྣམ་རྒྱལ་ནས། །མ་རྣམས་དོན་དུ་རྗོགས་སངས་རྒྱས། །ཆོས་ཀྱི་རྒྱལ་པོ་དེ་ཐོབ་ཤོག །ས་སྐྱོང་སྲས་དང་དེ་ཡུམ་བཅས། །ཕ་རོལ་འཚེ་བ་མེད་པ་དང་། །མངའ་འབངས་མཆོ་བཞིན་གང་བ་དང་། །དབུ་རྨོག་གོང་ནས་གོང་བཙན་ཤོག །མཛེས་བྱེད་ཅེས་པ་ཆུ་མོ་ཡོས་ཀྱི་ལོའི་ཆོ་འཕྲུལ་ཆེན་པོའི་ཡར་ངོ་ལ་དབུ་བཙུགས་ནས། ལྷ་ལས་བབས་པའི་དུས་ཁྱད་པར་ཅན་ལ་གྲུབ་པའོ།། །།

༄༅། །གསེར་གྱི་ཕྲེང་མ་ལས་བརྩམས་པའི་དོགས་གཅོད་ཀྱི་འཕེལ་གཏམ་རབ་གསལ་རྣམ་ངེས་སམ། ངེས་དོན་རབ་གསལ་ཞེས་པ་བཞུགས་སོ། །

པཎ་ཆེན་ཤཱཀྱ་མཆོག་ལྡན།

ན་མོ་མཉྫུ་བཛྲ་ཡ། མང་པོས་བསྔགས་འོད་ཀུན་གྱི་ཡིད་ཁར་འོད་བྱེད་མིག་སྟོང་ལྡན་པའི་སྐྱེ་མཆེད་མཚར་བས་ནམ་ཡང་མི་སྐྱུན་རྟོག་བྲལ་རབ་དང་འདྲེན་མཛད་དེ་ནི་མཚན་དཔེ་འབར་བའི་སྐུ། །སྣ་ཚོགས་འཕྲིན་བྱེད་གསེར་གྱི་པདྨའི་མངལ་འཛིན་བྱེད་པོའི་དབྱངས་ཀྱི་ཁེངས་པ་ལན་བརྒྱར་གཏོང་བྱེད་སྐལ་བཟང་རྣ་བའི་དཔག་བསམ་བདུད་རྩིར་བྱེད་པ་དེ་ནི་འཇམ་པའི་དབྱངས། །མེས་པོའི་སྙིང་ལ་ཉེར་སིམ་གྱུར་པའི་དགའ་བས་ལྷ་ཡི་ཐུབ་རྣམས་རྟག་པར་དགྱེས་མཛད་ཞི་བའི་བདེ་བ་ཡང་ནི་དཔེ་ཟླར་མི་འོས་རྒྱལ་བ་ཉིད་ཀྱི་ཐུགས། །མཆོག་ཏུ་མི་འགྱུར་བདེ་བ་ཆེན་པོའི་རོས་གང་ཆོས་དབྱིངས་མཆོག་གི་ནགས་སུ་རྟག་པར་གཟིམས་ཀྱང་ཡན་ལག་བདུན་ལྡན་ཉིད་དུ་བཞེངས་ལས་གཡོ་མེད་དེ་ལ་ཕྱག་འཚལ་ལོ། །

ཞེས་མཆོད་པ་བརྗོད་ནས། སྐབས་སུ་བབ་པར་དམ་བཅའ་བ་ནི། རྣམ་དཔྱོད་ཡིད་བཞིན་ནོར་ཆེན་པོ༑ ༑སྐལ་བཟང་བློ་གྲོས་སྤྱི་གཙུག་ཏུ། །བསྟི་མཛད་ཐོས་པའི་རྒྱ་མཚོར་ཡང་། །རྟག་པར་བཞུགས་ལ་འདི་འབུལ་ལོ། །

དེ་ལ་གང་འདིས་སྡོམ་པ་གསུམ་གྱི་རབ་ཏུ་དབྱེ་བའི་བསྟན་བཅོས་ལས་བརྩམས་པའི་འཕེལ་བའི་གཏམ་རྣམ་པར་ངེས་པ་ཞིག་བགྱིས་པ་དེ་ནི། དུས་འདི་ནི་ཆོས་དེ་གཏན་ལ་འཕེབས་པ་པོ་དག །སྡོམ་གསུམ་གནས་གྱུར་གྱི་ཚིག་དོན་ཙམ་ལས་གཞན་རྣམ་པར་དཔྱད་པ་དོན་ཆེན་པོ་ཅན་མང་པོ་དག་གིས་ཕོངས་པར་གྱུར་པ་དང་། བསྟན་བཅོས་ཞལ་གསལ་བ་ཉིད་ལ་དད་པ་ཙམ་གྱིས་རྗེས་སུ་འབྲངས་ནས། ཕྱོགས་སྔ་མར་བཏགས་པ་ཆོས་དང་སྲིད་ཀྱི་གཞུང་ལུགས་ཕུན་སུམ་ཚོགས་པར་གྱུར་པ་དག་ལ་ཏ་ཙང་ཡང་སྨྲ་བའི་ཁམ་ཆེ་བར་གྱུར་པ་དག་མཐོང་བ་དང་། ཚད་ལྡན་གྱི་གཞུང་སྣ་རེ་ཙམ་ལའང་བློ་གྲོས་མ་བྱང་ཞིང་། རིགས་པའི་ཚུལ་ཙུང་ཟད་ཙམ་ཡང་ཚུབ་པར་མ་བྱས་པ་དག་ཀྱང་བསྟན་བཅོས་འདི་འཆད་པའི་དབྱངས་ཀྱི་བྲག་ཆས་ས

གཞི་འགོངས་པར་བྱེད་པ་དག་ཀྱང་མཐོང་ནས། བསྟན་བཅོས་འདིའི་ལུང་དང་རིགས་པས་ཆོས་དང་ཆོས་མ་ཡིན་པ་རྣམ་པར་འབྱེད་པ་ལྟར་ན། ཐོག་མར་རང་དང་གཞན་གྱི་གྲུབ་པའི་མཐའ་རྒྱ་མཚོའི་ཕ་རོལ་ཏུ་སོན་པར་གྱིས་ཤིག་ཅེས་གོ་བའི་དོན་ནོ།

ཐོག་མར་དྲི་བའི་ཕྲེང་བ། དོན་ལ་གནས་པ་དང་། ལ་ལའི་ཞལ་འདྲེན་པ་ཅི་རིགས་སུ་བཀྱིས་པ་ལ། ལན་འདེབས་པར་ཁས་འཆེ་བ་རྣམས་ནི། དང་པོ་ཉིད་དུ་རང་གི་བློ་བ་ལ་གང་ཞེན་པ་དེ་ལས་རྣམ་དཔྱོད་གོང་ནས་གོང་དུ་མི་སྤྲོ་ཞིང་། ཕྲག་དོག་གིས་ཁོང་འཁྲུག་པར་གྱུར་པ་དག་ཀྱང་མཐོང་བས། དྲིས་ནས་ལོ་གྲངས་དུ་མ་ལོན་པའི་འོག་ཏུ། རང་གིས་བཏབ་པའི་ལན་གྱི་ཕྲེང་བ་གསེར་གྱི་ཐུར་མ་ཞེས་བྱ་བའི་བསྟན་བཅོས་དེ་བཀྱིས་སོ༑ ༑དེའི་སྐབས་ཀྱི་གཏམ་དུ་བགྱི་བ་དག་ལ་ཉིད་ཀྱི་ཞལ་སྔ་ནས། མདོ་སྡེ་དང་རྒྱུད་སྡེའི་ལུང་མང་པོ་དང་། རང་གིས་རྣམ་པར་དཔྱད་པ་ཅི་རིགས་སུ་མཛད་པའི་བསྟན་བཅོས། ལེགས་པར་བཤད་པའི་སྙོ་དབྱེ་ཞེས་བྱ་བ་པོ་ཏ་གཅིག་ནས་གཞན་དུ་བརྒྱུད་ཅིང་སྤྲིངས་པ། ཀློག་པ་པའི་གྲྭ་འདིར་ཕེབས་ཤིང་འཕྲོད་པས་རྗེས་སུ་ཡི་རང་བར་གྱུར།

དེའི་མཆིད་ལན་དུ་ཞུས་པ་ནི། ཏ་ཙང་བརྗོད་པ་མང་ན་གཟིགས་མི་བདེ་བ་དང་། བརྗོད་པ་ལ་ཆེར་མ་ཆགས་པ་དག་ཏུའང་འགྱུར་སྲིད་པས་དོན་གྱི་མདོ་བཟུང་སྟེ་ཕུལ་བ་ནི། འདི་ལྟར། ལེའུ་དང་པོ་ལས་བརྩམས་པ་དང་། རིག་པ་འཛིན་པའི་སྐབས་ལས་འཕྲོས་པའོ། །དང་པོ་ནི། ཆོས་ཀྱི་རྗེ་ས་སྐྱ་པའི་བཞེད་པས་སེམས་ཅན་ལ་སངས་རྒྱས་ཀྱི་སྙིང་པོ་ཡོད་པ་མ་ཡིན། ཞེས་དང་། རྒྱུད་བླ་མའི་བསྟན་བཅོས་ཀྱིས་སྙིང་པོའི་མདོ་སྒྲ་ཇི་བཞིན་པ་མ་ཡིན་པའི་དྲང་དོན་དུ་བཀྲལ་བ་འདི་གཉིས་གང་གི་ཐུགས་ལ་གཤིན་ཞིང་ལྡེན་པར་མ་གྱུར་ན། སླར་ཡང་འདི་སྐད་དུ། དེ་ལྟར་དམ་འཆའ་བ་དང་། ཤེས་བྱེད་ཀྱི་དཔེ་དང་གཏན་ཚིགས་དགོད་པའོ། །དང་པོ་ནི། ཆོས་ཀྱི་རྗེ་དེ་ཉིད་ཀྱི་བཞེད་པ་བདེ་གཤེགས་སྙིང་པོའི་མིང་ཅན་ལ། གཉིས་ཏེ། ཁམས་དང་། སྙིང་པོ་དངོས་སོ། །དང་པོ་ནི་རང་བཞིན་ཆོས་སྐུ་དང་དོན་གཅིག་ཅིང་། དེས་སེམས་ཅན་ཐམས་ཅད་ལ་ཁྱབ། དེའི་མཚན་གཞི་ནི་དྲི་མ་དང་བཅས་པའི་སེམས་ཀྱི་ཆོས་དབྱིངས་སོ། །དེ་འདྲ་དེ་ལྟ་བ་ལ་སྤྱོད་པ་མཐར་ཐུག་གི་ཚེ་ནི། སྤྱིར་ཡོད་མེད་གང་དུའང་ཁས་མི་ལེན། བར་དུ་བདག་ཟློག་གི་ཚེ་དོན་དམ་པའི་བདེན་པར་ཁས་ལེན་པས་སེམས་ཅན་ལ་ཡོད་དོ་ཞེས་ཁས་བླངས་པས་ཆོག །དབྱིངས་དེའི་མཚན་གཞི་ཡང་། བཀའ་བར་པ་དང་ཐ་མའི་དགྲེ་བས་སྤྲོས་བྲལ་མེད་དགག་གི་ཆ་ལ་འཆད་པ་དང་། གཞི་དུས་ཀྱི་ཟག་མེད་ཀྱི་ཤེས་པ་ལ་འཆད་པའི་སྐབས་གཉིས་སྲིད། དོན་དེ་ལ་དགོངས་ནས། ཇི་སྐད་དུ། གལ་ཏེ་ཐེམ་པོའི་

ཆོས་ཀྱི་དབྱིངས། །ཞེས་དང་། དེས་ན་དེ་བཞིན་གཤེགས་པ་ཡི། །ཞེས་སོགས་དང་། གང་ལ་སྟོང་པ་ཉིད་རུང་བ། །སོགས་དང་། བདེ་གཤེགས་ཁམས་ཀྱི་སྒྲུབ་བྱེད་ནི། །ཞེས་སོགས་གསུངས།

དེས་སྙིང་པོ་དངོས་ཀྱི་ངོས་འཛིན་བཀའ་ཐ་མ་ནས་བཤད་པ་དེའི་གོ་ཆོད་པ་མ་ཡིན་ཏེ། ཡོན་ཏན་དབྱེར་མེད་པའི་དོན་མ་ཚང་བས་སོ། །དཔེར་ན་རང་བཞིན་ཆོས་སྐུས་ཆོས་སྐུ་དངོས་དང་། རང་བཞིན་ཞེར་ཕྱིན་གྱིས་ཞེར་ཕྱིན་དངོས་ཀྱི་གོ་མི་ཆོད་པ་བཞིན། སྙིང་པོའི་ངོས་འཛིན་བཀའ་ཐ་མ་ལས་སྟོབས་སོགས་ཡོན་ཏན་དང་དབྱེར་མེད་པའི་ཡེ་ཤེས་བདེན་གྲུབ་ཞིག་ལ་འཆད། དེ་སེམས་ཅན་ལ་མེད་པའི་ཤེས་བྱེད། རྒྱུད་བླ་མར་ཡོན་ཏན་དབྱེར་མེད་མ་ཚང་བ་ལ་བཤད། བསྟན་བཅོས་འདིར། མུ་སྟེགས་བདག་དང་མཚུངས་པ་དང་། །བདེན་པའི་དངོས་པོར་འགྱུར་བ་དང་། །ཞེས་བཤད། ཐུབ་དགོངས་སུ་ཆོས་སྐུའི་ཡོན་ཏན་མ་ཚང་བ་ལ་བཤད། དེ་ལྟ་མོད་ཀྱི། བཀའ་ཐ་མ་དང་གཞན་སྟོང་གཞིར་བྱས་ཀྱི་ཚོ་ལྟ་བའི་མཐར་ཡང་བདེན་གྲུབ་ཁས་ལེན་པས་སྐབས་སོ་སོར་ཕྱེ་དགོས། བཀའ་བར་པའི་དངོས་བསྟན་དང་། ངོ་བོ་ཉིད་མེད་པར་སྨྲ་བའི་གཞུང་ན་སྙིང་པོའི་ངོས་འཛིན་རྒྱས་པ་མི་བཞུགས། གང་ཡོད་པ་དེ་ཡང་རང་བཞིན་ཤེར་ཕྱིན་དང་དོན་གཅིག་པ་དང་། དེ་ཡང་སྤྲོས་བྲལ་མེད་དགག་གི་ཆ་ལས་གཞན་ལ་བཤད་པ་མེད། དེ་སྐད་དུ་ཡང་། དེ་བཞིན་གཤེགས་པའི་རང་བཞིན་གང་། །འགྲོ་བ་དེ་ཡི་རང་བཞིན་ཡིན། །དེ་བཞིན་གཤེགས་པའི་རང་བཞིན་མེད། །འགྲོ་བ་འདི་ཡི་རང་བཞིན་མེད། །ཅེས་སོ། །དེས་ན་སྙིང་པོའི་ངོས་འཛིན་དང་། དེ་སེམས་ཅན་ལ་ཡོད་མེད་ཀྱི་རྣམ་གཞག་བྱེད་པ་དེ་སྲིད་དུ། བཀའ་འཁོར་ལོ་ཕྱི་མ་གཞིར་བཞག་ནས་རྣམ་གཞག་བྱེད་པ་ཉིད་ལེགས་ཤིང་མཐའ་ཆོད། དེས་ན་སེམས་ཅན་ལ་ཁམས་བདེ་བར་གཤེགས་པའི་སྙིང་པོ་ཡོད་པ་དང་། བདེ་བར་གཤེགས་པའི་སྙིང་པོ་དངོས་མེད་པ་ནི་ཆོས་རྗེའི་བཞེད་པར་དམ་འཆའོ། །རྗེ་བཙུན་སྐུ་མཆེད་ཀྱི་བཞེད་པ་དེ་ནི་ཁམས་ལ་བཞེད་པ་ཡིན་ཏེ། རྫོགས་སངས་སྐུ་ནི་འཕྲོ་ཕྱིར་དང་། །སོགས་དང་། ལུས་ལ་ཡེ་ཤེས་ཆེན་པོ་གནས། །ཞེས་པའི་དོན་དང་། རྒྱུའི་རྒྱུད་ངོས་འཛིན་པའི་སྐབས་སུ་བྱུང་ལ། དེ་ནི་ཡེ་ཤེས་ཆེན་པོའི་དགོངས་གཞི་འཆད་པས་ཁམས་བདེ་བར་གཤེགས་པའི་སྙིང་པོ་ལས་གཞན་དུ་མི་རིགས་པའི་ཕྱིར། གཞན་དུ་སྙིང་པོ་དངོས་ལ་བཞེད་ན་ཡོན་ཏན་རྣམས་ལྷུན་གྲུབ་ཏུ་བཞེད་དགོས་པ་ལས། དེ་ལྟར་མ་ཡིན་གྱི། རང་བཞིན་རྣམ་དག་གི་ཆ་ལྷུན་གྲུབ་དང་། སྟོབས་སོགས་ཡོན་ཏན་གནས་གྱུར་དུ་བཞེད་པ་ཉིད་རྗེ་བཙུན་གྱི་གཞུང་ན་གསལ་ལོ། །

གཉིས་པ་ལ། གཉིས་ཏེ། གཏན་ཚིགས་དང་། དཔེའོ། །དང་པོ་ནི། ཆོས་རྗེའི་བཞེད་པ་དེ་ཉིད་ཡིན་པར། རིན་པོ་ཆེ་གཡག་པས་བདེ་གཤེགས་སྙིང་པོའི་གསལ་བྱེད་དུ་བཤད། ལོ་ཙཱ་བ་སྐྱབས་མཆོག་དཔལ

བཟང་པོས་སྙིང་པོའི་བསྟན་བཅོས་རྒྱ་འགྲེལ་དུ་བཤད། རྗེ་བཙུན་རེ་མདའ་བས་ཤེས་རབ་གྲགས་ཀྱི་དྲིས་ལན་ཞེས་པ་དེའི་བཞེད་པ་དེ་ཉིད་ཡིན་པར་བཤད། ཀུན་མཁྱེན་ཆེན་པོས་ཏ་དབེན་ནམ་མཁའ་བརྟན་པ་ལ་སྤྲིངས་པའི་ཡི་གེར་ཡང་དེ་ཉིད་དེའི་བཞེད་པར་བཤད། གཉིས་པ་དཔེ་ནི། ཐམས་ཅད་མཁྱེན་པ་བུ་སྟོན་རིན་པོ་ཆེས། མྱ་ངན་ལས་འདས་པ་ཆེན་པོའི་མདོ་དང་། འཕགས་པ་བསམ་གཏན་པའི་དཔེ་མཁྱུད་ཀྱི་མདོ་ཁུངས་སུ་མཛད་ནས། སེམས་ཅན་ལ་སངས་རྒྱས་ཀྱི་སྙིང་པོ་མེད་པ་ཐང་བརྡལ་ནས་བཤད་པས་དེ་ལ་སུ་ཡང་བསྙོན་པ་མེད། རྒྱས་པར་དེས་མཛད་པའི་སྙིང་པོའི་མཛེས་རྒྱན་ཞེས་བྱ་བའི་བསྟན་བཅོས་ན་གསལ། གངས་ཅན་གྱི་གློག་པ་བ་དག་དང་། བསམ་གཏན་པ་མཐའ་དག །སེམས་ཅན་ཐམས་ཅད་སངས་རྒྱས་ཀྱི་སྙིང་པོ་ཅན་ཡིན་ཞེས་པའི་ཚིག་ཙམ་མཐུན་ཀྱང་། དོན་རྒྱབ་འགལ་དུ་སོང་། གློག་པ་པས་ནི་དྲི་བཅས་ཀྱི་སེམས་བདེན་པས་སྟོང་པ་ལ་བསམས། བསམ་གཏན་པས་ནི་སྟོབས་སོགས་ཡོན་ཏན་དང་དབྱེར་མེད་པའི་ཆོས་ཀྱི་སྐུ་ལ་བསམས། བཀའ་ཕྱི་མ་གཞིར་བྱས་ལ། གློག་པ་པའི་འདོད་པ་དེ་འདྲ་དེ་ནི་སྤྱིར་ཡང་མི་རུང་སྟེ། སྙིང་པོ་མེད་པ་ལ་སྙིང་པོ་ཅན་དུ་བཏགས་འདུག་པས་སོ། །མངོན་རྟོགས་རྒྱན་རྒྱ་འགྲེལ་འཆད་པ་ན། སེམས་ཅན་ཐམས་ཅད་སྙིང་པོ་ཅན་དུ་བླ་མ་སྔ་མས་བཤད་ཅིང་། རང་རེས་ཀྱང་འཆད་མོད། བཀའ་བར་པ་ནས་འབྱུང་བའི་སྙིང་པོ་ལ་བསམས་པ་ཡིན་ཏེ། ཤེས་བྱ་ཐམས་ཅད་སྟོང་པ་ཉིད་དུ་རོ་གཅིག་པ་དང་། སེམས་ཅན་སྙིང་པོ་ཅན་ཡིན་པ་དོན་གཅིག་གོ་ཞེས་རྣམ་བཤད་ལས་འབྱུང་བའི་ཕྱིར།

གཉིས་པ་རྒྱུད་བླ་མའི་བསྟན་བཅོས་ཀྱིས་སྙིང་པོའི་མདོ་སྒྲ་ཇི་བཞིན་པ་མ་ཡིན་པར་བཀྲལ་བ་དེ་འདི་པ་དག་གི་རང་བཟོར་ཞེས་གསུང་ན། དེ་ལྟ་མ་ཡིན་པར་འཆད་པ་ལ། གཉིས་ཏེ། དངོས་དང་། ཆེན་པོ་གཞན་གྱིས་ཀྱང་དེ་ལྟར་བཤད་ཟིན་པའོ། །དང་པོ་ནི། སྙིང་པོའི་མདོ་ལས་བྱུང་པའི་དཔེ་དོན་གྱི་དངོས་བསྟན་དང་། བསྟན་བཅོས་ཀྱི་ཁམས་ལེ་ནས་བཤད་པའི་དངོས་བསྟན་མཐུན་པ་མ་ཡིན་ཏེ། མདོར་ནི། དཔེ་དགུར་བཤད་ཀྱང་དོན་གཅིག་ཉིད་ལས་མེད་ལ། གཅིག་པོ་དེ་ཡང་སྟོབས་སོགས་ཡོན་ཏན་ཀུན་ཚང་བའི་རྟག་བརྟན་ཞི་བ་གཡུང་དྲུང་དུ་གྱུར་པའི་སྐུ་གཅིག་ཉིད་སེམས་ཅན་ཐམས་ཅད་ལ་བཞུགས་པ་དང་། བཞུགས་ཚུལ་ཡང་གློ་བུར་གྱི་དྲི་མས་བསྒྲིབས་པའི་ཚུལ་གྱིས་ལྷུན་གྲུབ་ཏུ་བཞུགས་པ་དང་། གཞི་དུས་དང་འབྲས་དུས་ཀྱི་སྙིང་པོ་གཉིས་ཐུམ་ནང་གི་མར་མེ་ལྟར་དྲི་མས་བསྒྲིབས་མ་བསྒྲིབས་ཙམ་མ་གཏོགས་ངོ་བོ་ལ་ཁྱད་མེད་དུ་བཤད། བསྟན་བཅོས་སུ་ནི། དཔེ་དགུས་མཚོན་པའི་དོན་མདོའི་དངོས་བསྟན་ལ་མེད་པ་དགུར་ཕྱེ་ནས། དེ་དག་དཔེ་དགུ་དང་སྦྱར་ཏེ་སེམས་ཅན་ལ་གནས་པ་དང་། ཡོན་ཏན་རྣམས་གནས་འགྱུར་གྱི་ཚུལ་གྱིས་འབྱུང་དགོས་པར་བཤད།

དེའི་ཚེ་དོན་དགུ་པོ་དེ་ལ་ནི་མདོ་ནས་གསུངས་པའི་དོན་གཅིག་པུ་དེའི་མཚན་ཉིད་བཞུགས་པ་མ་ཡིན་ཏེ། ཇི་སྐད་དུ། འདི་ཡི་རང་བཞིན་ཆོས་སྐུ་དང་། །དེ་བཞིན་ཉིད་དང་རིགས་ཀྱང་སྟེ། །དེ་ནི་དཔེ་གསུམ་གཅིག་དང་ནི་། །ལྔ་རྣམས་ཀྱིས་ནི་ཤེས་པར་བྱ། །ཞེས་བཤད་པ་དེའི་ནང་ནས། དེ་བཞིན་ཉིད་དང་རྟོགས་པ་ཆོས་སྐུ་གཉིས་ལ་རེ་ཞིག་དཔྱད་པ་བོར། གཞན་རྣམས་ནི་སྙིང་པོ་དངོས་སུ་མི་རུང་སྟེ། དེའི་མཚན་ཉིད་མ་ཚང་བའི་ཕྱིར། དེ་ཡང་དེ་དག་རྣམས་སངས་རྒྱས་ཀྱི་རྒྱུར་འཆད་ཀྱི། སངས་རྒྱས་དངོས་སུ་མི་འཆད་པའི་ཕྱིར་དང་། བསྟན་པ་ཆོས་སྐུ་གཉིས་དང་། རྒྱས་འགྱུར་གྱི་རིགས་དང་། རིགས་ཀྱི་སྐུ་གསུམ་བསྐྱེད་པའི་ནུས་པ་རྣམས་ནི་འདུས་བྱས་ཡིན་པས་བདེན་པར་མེད་པའི་ཕྱིར་དང་། རྟག་བརྟན་དུ་མི་རུང་བའི་ཕྱིར་དང་། སྟོབས་སོགས་ཡོན་ཏན་དང་དབྱེར་མེད་དུ་མི་རུང་བའི་ཕྱིར་དང་། མདོའི་དངོས་བསྟན་གྱི་སྙིང་པོ་ལ་ནི་ཁྱད་པར་གྱི་ཆོས་དེ་དག་ཚང་བར་བཤད་པའི་ཕྱིར། མདོར་ན་སངས་རྒྱས་པད་དན་ཞེས་སོགས་ནི་མདོའི་དངོས་བསྟན་དེ་ཉིད་བཀོད་པ་ཡིན་ལ། དོན་དགུ་པོ་སྟོན་པའི་བསྟན་བཅོས་ཀྱི་ཚིག་དང་། དཔེ་དགུ་དང་དོན་དགུ་ཆོས་མཐུན་སྦྱོར་བའི་བསྟན་བཅོས་ཀྱི་ཚིག་རྣམས་ལ་ནི་མདོ་དང་དངོས་སུ་སྦྱོར་རྒྱུ་མེད་དོ། །དེའི་ཕྱིར་མདོ་ལས་དཔེ་དགུའི་སྒོ་ནས་དོན་སངས་རྒྱས་ཀྱི་སྙིང་པོ་གཅིག་ཉིད་སེམས་ཅན་ཐམས་ཅད་ལ་ཡོད་པར་གསུངས་པ་དེ། ཆོས་སྐུ་དང་། དེ་བཞིན་ཉིད་དང་། རིགས་ཏེ། བསྡུ་ན་གསུམ་དང་། ཕྱེ་ན་དགུར་འགྱུར་བ་དེ་ལ་དགོངས་པ་ཡིན་ནོ། །ཞེས་བསྟན་བཅོས་ཀྱིས་འཆད་པ་མ་ཡིན་ན་གཞན་ཇི་ལྟར་འཆད་དེ། དོན་གཅིག་ལ་ལྡོག་པས་དགུར་ཕྱེ་བ་ཡིན་ནོ་ཞེས་ཟེར་དུ་ནི་མི་རུང་བའི་ཕྱིར། གལ་ཏེ་འདི་སྙམ་དུ། སེམས་ཅན་ལ་ཆོས་སྐུ་རྣམ་པ་གསུམ་ཡོད་པར་བཤད་པ་འདི་ཉིད་ཀྱིས་ཆོག་མོད་སྙམ་ན། མ་ཡིན་ཏེ། ཇི་སྐད་དུ། ཆོས་སྐུ་རྣམ་གཉིས་ཤེས་བྱ་སྟེ། །ཆོས་དབྱིངས་ཤིན་ཏུ་དྲི་མེད་དང་། །དེ་ཡི་རྒྱུ་མཐུན་ཟབ་པ་དང་། །སྣ་ཚོགས་ཚུལ་ནི་སྟོན་པའོ། ། ཞེས་བཤད་པ་དེར་ཆོས་སྐུ་ནི་རྟོགས་བྱ་དང་བསྟན་བྱ་གཉིས་སུ་བསྡུས། དང་པོ་རང་བཞིན་རྣམ་དག་དང་། གཉིས་པ་དྲང་དོན་དང་ངེས་དོན་གྱི་གསུང་རབ་གཉིས་ལ་བཤད་པ་ཡིན་ལ། དེའི་ཚེ་འབྲས་དུས་ཀྱི་སྐུ་གསུམ་སེམས་ཅན་ལ་ཡོད་པར་ནི་མི་འཆད་ལ། གཞི་དུས་ཀྱི་ཆོས་དབྱིངས་ནི་སྙིང་པོའི་དགོངས་གཞིར་འཆད་པ་དག་གི་ངོར་སྙིང་པོ་དངོས་སུ་བསྒྲུབ་བྱ་ཡིན་ལ། གཞི་དུས་ཀྱི་གསུང་རབ་ཀྱི་ངོས་འཛིན་བྱེ་བྲག་ཏུ་སྨྲ་བ་ལྟར་མིན་འདུ་བྱེད་དང་། མདོ་སྡེ་པ་སྨྲའི་སྒྲ་མཆེད་དང་། རྣམ་རིག་པ་མིང་ཚིག་ཡི་གེའི་ཚོགས་སུ་སྣང་བའི་རྟོག་པ་ཉིད་དུ་འདོད་པས་སྙིང་པོ་དངོས་སུ་མི་རུང་བའི་ཕྱིར། གལ་ཏེ་ཆོས་སྐུ་ཞེས་པ་འབྲས་བུ་བདེ་གཤེགས་སྙིང་པོ་ལ་ངོས་འཛིན་པ་མ་ཡིན་ནམ། ཞེ་ན། ཇོག་ལོ་ཆེན་པོ་དེར་བཞེད་མོད། ལུགས་དེ་ཡའང་། རྫོགས་

སངས་སྐུ་ནི་འགྲོ་ཕྱིར་དང་། །ཞེས་པའི་སྐབས་སུ། ལུས་ཅན་ཀུན་ཆོས་ཅན་དུ་བཟུང་ནས་སྙིང་པོ་ཅན་དུ་སྒྲུབ་པ་ལ། འབྲས་དུས་ཀྱི་ཆོས་སྐུ་ཡོད་པ་རྟགས་སུ་འགོད་ན་དེ་ལས་གཞན་མི་རིགས་པ་ཅི་ཞིག་ཡོད། སྤྱིར་ཡང་སྐབས་དེར་ལུས་ཅན་ཀུན་སྙིང་པོ་ཅན་དུ་སྒྲུབ་པ་ལ་གཏན་ཚིགས་གསུམ་པོ་གང་བཀོད་ཀྱང་ཉེས་པ་དང་བཅས་པ་ཁོ་ན་སྟེ། གཏན་ཚིགས་ཐོག་མཐའ་གཉིས་མི་འགྲུབ་ཅིང་། བར་པ་གྲུབ་ཟིན་པའི་ཚེ་བསྒྲུབ་བྱ་ལ་ཤེས་འདོད་མེད་པ་དང་། ཐ་སྙད་འབའ་ཞིག་སྒྲུབ་ཏུ་འདོད་ནའང་། སྐབས་ཀྱི་དོན་མ་ཡིན་པ་སོགས་ཀྱི་ཉེས་པ་རྒྱ་ཆེར་བརྗོད་ཟིན་ཏོ། །

གལ་ཏེ་འོ་ན། རྗེ་བཙུན་གྱི་སྙིང་པོའི་མདོའི་དོན་ཕྱིན་ཅི་ལོག་ཏུ་བཀྲལ་བར་འགྱུར་ཏེ། སྙིང་པོའི་མདོར་མ་བཤད་པའི་དོན་དགུ་དང་དཔེ་དགུ་དངོས་སུ་སྦྱར་བའི་ཕྱིར་སྙམ་ན། དེ་ནི་བསྒྱུར་བ་ལྡེམ་དགོངས་དང་གཉེན་པོ་ལྡེམ་དགོངས་ཀྱི་འཆད་ཚུལ་སོགས་ཐམས་ཅད་ལ་མཚུངས་མོད། དེ་ལྟ་ན་ཡང་རྗེ་བཙུན་གྱིས་ནི༑ སྙིང་པོའི་མདོའི་དོན་སངས་རྒྱས་ཀྱི་སྐུ་ཡིན་པ་ངོ་ཤེས་པ་གཅིག་ཉིད་དཔེ་དགུ་དང་སྦྱར་བ་དེ། བྱང་ཆུབ་ལེའུའི་བསྟན་བཅོས་སུ་སྒྲ་ཇི་བཞིན་པ་ཉིད་དུ་བཤད་པ་ཡིན་ཏེ། ཇི་སྐད་དུ། ཐུབ་པ་ཁྱུ་མཆོག་སྦྲང་རྩིའི་སྙིང་པོ་དང་། །རིན་ཆེན་གསེར་དང་གཏེར་དང་ལྗོན་པ་དང་། །དྲི་མེད་རིན་ཆེན་ལས་བྱས་གཟུགས་དང་ནི། །ས་བདག་གསེར་གྱི་གཟུགས་འདྲ་རྒྱལ་བ་ཉིད། །ཅེས་གསུངས་པ་འདི་ལ། བཤད་བྱའི་མདོ་ནི་སྔར་ཁམས་ལེར་དྲངས་པ་དེ་ལས་གཞན་ཡོད་པ་མ་ཡིན་པའི་ཕྱིར། གཉིས་པ་ལུགས་དེ་ཆེན་པོ་གཞན་གྱིས་ཀྱང་བཞེད་པར་བསྟན་པ་ནི། རྔོག་ལོ་ཆེན་པོ་ཡང་། རྒྱུད་བླ་མའི་བསྟན་བཅོས་ཀྱི་ཁམས་ཀྱི་ལེའུར་སྙིང་པོའི་མདོ་སྒྲ་ཇི་བཞིན་པ་མ་ཡིན་པ་ཉིད་དུ་བཀྲལ་བ་བཞེད་དེ། མདོར་ནི་དཔེ་དགུས་བསྟན་པའི་དོན་དེ་སྙིང་པོ་དངོས་ཡིན་པ་དང་། དེ་སེམས་ཅན་ཐམས་ཅད་ལ་ཡོད་པར་བཤད་པ་བསྙོན་དུ་མེད་ཅིང་། བསྟན་བཅོས་སུ་བཤད་པའི་དོན་དགུ་པོ་དེ་ནི། ཁ་ཅིག་སྙིང་པོ་དངོས་ཡིན་ཀྱང་སེམས་ཅན་ལ་མེད་པ་དང་། ལ་ལ་སེམས་ཅན་ལ་ཡོད་ཀྱང་སྙིང་པོ་དངོས་མ་ཡིན་པར་ལོ་ཙྪ་བ་ཆེན་པོ་བཞེད་པའི་ཕྱིར། ཇི་ལྟར་ཞེ་ན། རྫོགས་སངས་སྐུ་ནི། ཞེས་སོགས་ཀྱི་གཞུང་འདིས། རྒྱུ་དང་། རང་བཞིན་དང་། འབྲས་བུའི་བདེ་གཤེགས་སྙིང་པོ་གསུམ་བསྟན་པ་ཡིན་ལ། དེ་ཡང་རྐང་པ་དང་པོས་བསྟན་པ་དེ་སྙིང་པོ་དངོས་ཡིན་ཀྱང་སེམས་ཅན་ལ་ཡོད་པ་བརྟགས་པ་བ། རྐང་པ་གསུམ་པས་བསྟན་པ་དེ་སེམས་ཅན་ལ་ཡོད་པ་དངོས་ཡིན་ཀྱང་སྙིང་པོ་བརྟགས་པ་བ། རྐང་པ་བར་པས་བསྟན་པ་དེ་སྙིང་པོ་ཡང་དངོས་དང་། སེམས་ཅན་ལ་ཡོད་པ་ཡང་མཚན་ཉིད་པ་ཡིན་ནོ། །ཞེས་བཞེད། དེ་ལྟར་བཤད་པ་ན་སྙིང་པོའི་མདོ་སྒྲ་ཇི་བཞིན་པ་ཉིད་དུ་ཇི་ལྟར་བཤད་ཅེས་བརྟག་དགོས་ཏེ། མདོའི་དངོས

བསྟན་གྱི་དཔེ་དང་པོ་གསུམ་གྱིས་བསྟན་པའི་དོན་དེ་སེམས་ཅན་ཐམས་ཅད་ལ་ཡོད་པ་ཉིད་མདོའི་དངོས་བསྟན་ཡིན་པའི་ཕྱིར་དང་། དཔེ་ཕྱི་མ་ལྔ་པོ་དག་གིས་མཚོན་པའི་དོན་དེ་སྙིང་པོ་དངོས་སུ་འཆད་པ་མདོའི་དངོས་བསྟན་ཉིད་དུ་འགྱུར་བ་ལས། རྟོག་ལོ་ཆེན་པོས་དེ་ལྟར་མི་འཆད་པའི་ཕྱིར། ཞེས་བྱ་བ་འདི་གྲུབ་པ་ཡིན་ནོ། །འདིར་ལ་ལ་དག །སྙིང་པོ་ཐོས་པའི་ཕན་ཡོན་དང་། མ་ཐོས་པའི་ཉེས་དམིགས་སྟོན་པའི་མདོ་རྣམས་དྲངས་ནས་གྲོལ་བ་དེ་དག་ནི། སྔོམ་གསུམ་གྱི་བསྟན་བཅོས་འདི་ལ་ཀླན་ཀ་ཉིད་དུ་འགྱུར་བ་མ་ཡིན་ཏེ། དེ་ལྟར་བསྟན་པ་ལ་དགོངས་གཞི་ཁམས་ཡོད་པ་ལ་དགོངས་པས་ཟུར་དུ་མི་འགྱུར་བ་དང་། སྤྲོ་དང་སྟོན་པ་བཞིན་གསུས་དང་། །ཤེས་རབ་ཡེ་ཤེས་བྱམས་ཆེན་སྐྱེ། །ཞེས་པའི་དགོས་པ་ཁྱད་པར་ཅན་དག་དང་བཅས་པས་ནི་ཡོད་པར་བསྟན་ལ། དགོས་པ་དེ་གྲུབ་ཟིན་པའི་འོག་ཏུ་གནས་ཚུལ་དང་མཐུན་པར་འཆད་པ་ཉིད་སངས་རྒྱས་རྣམས་ཀྱི་ཆོས་སྟོན་ཚུལ་བླ་ན་མེད་པ་ཡིན་པའི་ཕྱིར། དེ་སྐད་དུ་ཡང་། བདག་གོ་ཞེས་ཀྱང་བཏགས་གྱུར་ཅིང་། །བདག་མེད་ཅེས་ཀྱང་བསྟན་གྱུར་ལ། །སངས་རྒྱས་རྣམས་ཀྱིས་བདག་དང་ནི། །བདག་མེད་འགའ་མེད་ཅེས་ཀྱང་བསྟན། །ཞེས་འབྱུང་བ་ལྟར་རོ། །

དེ་བས་ན་བདེ་བར་གཤེགས་པའི་སྙིང་པོའི་མིང་ཅན་འདི་ནི། བཀའ་འཁོར་ལོ་ཐ་མའི་བསྟན་བྱའི་གཙོ་བོར་གྱུར་པ་དང་། ཕ་རོལ་ཏུ་ཕྱིན་པའི་ཐེག་པ་པ་དག་གིས་གཞི་གང་དུ་ལམ་གང་གིས་དྲི་མ་གང་སྦྱོང་བའི་ཚུལ་ཇི་ལྟ་བ་བཞིན་དུ་ཤེས་པ་དང་། བཅིངས་གྲོལ་གྱི་གཞིར་གྱུར་པའི་བདག་དམ་པ་དེ་ཉིད་ཤེས་དགོས་པ་དང་། དེ་ཉིད་མུ་སྟེགས་ཀྱིས་བཏགས་པའི་བདག་དང་མི་འདྲ་བའི་ཚུལ་དང་། འཁོར་ལོ་དང་པོ་གཉིས་སུ་སངས་རྒྱས་ཀྱི་སྙིང་པོའི་རྣམ་གཞག་རྒྱས་པར་མི་འཆད་པའི་རྒྱུ་མཚན་བསམས་ནས་སྙིང་པོའི་དོན་ཉིད་དུ་ངེས་དགོས་པ་དང་། སྔགས་ཀྱི་ཐེག་པ་པ་དག་གིས། རྒྱུའི་རྒྱུད་དང་། འབྲས་བུའི་རྒྱུད་དང་། བསྐྱེད་པའི་རིམ་པ་དང་། རྫོགས་པའི་རིམ་པའི་ལྷ་སྒྲུབ་པའི་གཞི་གང་ཡིན་པ་དང་། ཐེག་པ་གཉིས་ཀ་ལ་ཐུན་མོང་དུ་གྲགས་པའི་གནས་ཡོངས་སུ་གྱུར་པ་ཞེས་བྱ་བ་དེ་ངོ་ཤེས་པ་ལ་འདིའི་རྣམ་གཞག་ཤེས་པ་མེད་དུ་མི་རུང་བ་དང་། སྟོན་གངས་ཅན་དུ་བྱོན་པའི་ཨ་ཙ་ཡོ་ག་དང་། མ་ཧཱ་མུ་དྲ་ལ་སོགས་པའི་རྣམ་པར་གཞག་པ་ལ་ཡང་འདི་ཉིད་རྩ་བར་བྱས་ནས་འཆད་དགོས་པ་དང་། ཕྱིས་གངས་ཅན་དུ་ཇོ་ནང་གི་གྲུབ་མཐར་གྲགས་པའི་མི་མཐུན་པ་ཡང་། ཡོན་ཏན་ཀུན་ཚང་གི་སྙིང་པོ་སེམས་ཅན་ལ་ཡོད་མེད་དུ་རྩོད་པ་འདི་ལས་གཞན་བཟུང་དུ་རུང་བ་མ་མཆིས་པས། དོན་འདི་ནི་སླད་ནས་ཀྱང་རྒྱ་ཆེར་གཏན་ལ་འབེབ་པ་ཉིད་དུ་རིགས་སོ། །དེ་ལྟ་ཡིན་པ་དེའི་ཕྱིར་ཡང་གལ་ཏེ་འདི་སྐམ་དུ། ཐེག་པ་མཆོག་ཏུ་ཞུགས་པའི་ལས་དང་པོ་པས། བདག་ཉིད་མངོན་

པར་བྱང་ཆུབ་པ་རྣམ་པ་ལྔས་བྱང་ཆུབ་པར་བྱས་པའི་དཀྱིལ་པ་རྡོ་རྗེ་ཉིད་དུ་ངང་རྒྱལ་བྱེད་པ་དེའི་ཚེ། རང་ཉིད་དེ་ཡིན་ནམ་མ་ཡིན། ཡིན་ན་གཞི་དུས་སུ་སྙིང་པོ་དངོས་ཡོད་པར་འགྱུར། མ་ཡིན་ན་དེ་ལྟར་བསྒོམས་པས་བསྒོམ་བྱའི་དོན་ལ་གསལ་སྣང་འབྱུང་བར་མི་འགྱུར་ཏེ། རྡོ་བ་གསེར་དུ་སྒོམ་པ་བཞིན་ནོ། །ཞེ་ན། དེ་ལྟར་དོགས་པ་སེལ་བ་ལ་མཁས་པ་ནི་བསྟན་བཅོས་འདི་ཉིད་ནས་འབྱུང་བ་ཡིན་ཏེ། ཇི་སྐད་དུ། རིགས་གསུམ་ལ་སོགས་སངས་རྒྱས་སུ། །སྒོམ་པ་ཡིན་གྱི་ལྟ་བ་མིན། །ཞེས་གསུངས་པ་ལྟར། དེ་ལྟར་སྒོམ་པའི་བློ་དེའི་ངོར་ནི་སྒོམ་པ་པོ་རང་ཉིད་ཀྱི་དོན་དམ་པའི་བདག་གང་ཡིན་པ་དེ་ཉིད་མཚན་དཔེ་སོགས་ཡོན་ཏན་ཀུན་ཚང་གི་སངས་རྒྱས་ཉིད་ཡིན་ནོ་ཞེས་ངེས་པར་བྱས་ནས་སྒོམ་པ་ཡིན་མོད། ལྟ་བ་དང་གྲུབ་མཐའ་འཛོག་པའི་ཚེ་ནི་དེ་ཉིད་དེར་གྲུབ་ཟིན་པ་ཉིད་དུ་ཁས་ལེན་པ་མ་ཡིན་ཏེ། ཡིན་ན་གྲུབ་ཟིན་སྒྲུབ་པ་ཉིད་དུ་འགྱུར་བའི་ཕྱིར། འདི་ལ་རྗེ་བཙུན་གྲགས་པའི་ཞབས་ཀྱིས། སྒོམ་པའི་བློ་ངོར་ཡིན་པ་ལ་རྣམ་པ་སངས་རྒྱས་ཡིན་པའི་ཐ་སྙད་དང་། ལྟ་བའི་ཚེ་མ་ཡིན་པ་ལ་འབྲས་བུ་དངོས་མ་ཡིན་པ་ཞེས་འཆད་དོ། །ཨ་ཏི་ཡོ་ག་ལས་ཡོན་ཏན་ཐམས་ཅད་ཡེ་ནས་ལྷུན་གྲུབ་ཏུ་བཤད་པ་ལ། བསྟན་བཅོས་འདི་པས་རྣམ་དབྱེ་འབྱེད་པ་ན། དེ་ཡང་སྒོམ་པའི་ཚེ་ཡིན་གྱི། ལྟ་བའི་ཚེ་དེ་ལྟར་མ་ཡིན་ནོ་ཞེས་འཆད་པ་ཡིན་ཏེ། གསང་སྔགས་རྙིང་མའི་ཀུན་རྫོབ་ཀུན། །ལྟ་བ་དང་འབྲེལ་དེ་ལྟར་ཡིན། །ཞེས་འབྱུང་བས་སོ། །དེ་ལྟ་ན་ཡང་སྤྱིར་ལུགས་དེའི་ལྟ་བ་འབྲེལ་པར་ནི་མི་བཞེད་དེ། རྒྱས་པར་འོག་ནས་འབྱུང་ངོ་། །

ཡང་གལ་ཏེ། སྙིང་པོ་མཚན་ཉིད་པ་སངས་རྒྱས་ཀྱི་ས་བོན་ནར་ཡོད་དོ་ཞེས་ཁས་ལེན་པ་དེའི་ཚེ། ཇི་སྐད་དུ། དེ་འདྲའི་སངས་རྒྱས་ཁམས་ཡོད་ན། །མུ་སྟེགས་བདག་དང་མཚུངས་པ་དང་། །བདེན་པའི་དངོས་པོར་འགྱུར་བ་དང་། །ངེས་པའི་དོན་གྱི་མདོ་སྡེ་དང་། །རྣམ་པ་ཀུན་ཏུ་འགལ་ཕྱིར་རོ། །ཞེས་པའི་ཉེས་པ་དེ་སླར་འོང་པ་མ་ཡིན་ནམ། ཞེ་ན། དེ་ལྟར་བཤད་པ་དེ་ནི་འཁོར་ལོ་བར་པ་དང་འགལ་བ་གནོད་བྱེད་དུ་བཀོད་ནས། འཁོར་ལོ་ཐ་མ་ནས་སྙིང་པོ་རྟག་བརྟན་དུ་བཤད་པ་དེ་སྒྲ་ཇི་བཞིན་པ་མ་ཡིན་པར་འཆད་པའི་སྐབས་ཡིན་ལ། བཀའ་ཐ་མའི་དགོངས་པ་གཞིར་བྱས་ནས་འཆད་པའི་ཚེ། དེ་ལྟ་བུའི་མཚན་ཉིད་ཅན་གྱི་སྙིང་པོ་དེ་སངས་རྒྱས་ལ་ཡོད་ཀྱི། སེམས་ཅན་ལ་མེད་པ་ཉིད་བཀའ་ཐ་མའི་མཐར་ཐུག་གི་དགོངས་པའོ། །ཞེས་འཆད་པ་ནི། འདི་དོན་དེ་བཞིན་གཤེགས་པ་ཡི། །སྙིང་པོའི་ལེའུའི་མདོ་སྡེ་ལྟོས། །ཞེས་པའོ། །

འདིའི་དོན་ཡང་། མྱང་འདས་ཆེན་པོའི་མདོ་སྡེ་ན་དེ་བཞིན་གཤེགས་པས་དགོངས་ཏེ་གསུངས་པའི་ལེའུ་ཞེས་བྱ་བ་ཅིག་སྣང་བ་དེ་ལ་བཞེད་པ་ཡིན་ཏེ། དེར་སྙིང་པོ་སེམས་ཅན་ལ་ཡོད་པ་དགོངས་པ་ཅན་དུ

བཀྲལ་བའི་ཕྱིར། སྤྱིར་ཡང་མདོ་སྡེ་མྱང་འདས་འདིས་སེམས་ཅན་ཐམས་ཅད་ལ་ཡོན་ཏན་ཀུན་རྫོགས་ཀྱི་སངས་རྒྱས་བཞུགས་པར་འཆད་པ་ལ་ཕན་པ་ཡིན་ནོ་སྙམ་དུ་དགོངས་པ་དག་ཤིན་ཏུ་མང་མོད་ཀྱང་། མདོ་དེ་ནས་ནི་དེ་ལ་གནོད་པ་ཤིན་ཏུ་མང་སྟེ། འོ་མ་ཡོད་པ་ལ་བསམས་ནས་མར་ཡོད་དོ། །ཞེས་དང་། འཛིམ་པ་ཡོད་པ་ལ་བསམས་ནས་རྫ་མ་ཡོད་དོ་ཞེས་པ་དང་མཚུངས་པ་སོགས་ཀྱི་དཔེ་དོན་དང་སྦྱར་ནས་བཤད་པའི་ཕྱིར་དང་། དེ་ཁོ་ནར་མ་ཟད་མདོ་སྡེ་དེ་ཉིད་ལས་བདེ་བར་གཤེགས་པའི་སྙིང་པོ་ཡོངས་སུ་རྫོགས་པར་མཐོང་བ་ནི་རྫོགས་པའི་སངས་རྒྱས་ལས་གཞན་མེད་པར་བཤད་ལ། དེ་ཉིད་ཀྱིས་ནི་སེམས་ཅན་ཐམས་ཅད་ལ་སྙིང་པོ་དེ་བཞུགས་པ་མ་ཡིན་པར་བཤད་པ་ཉིད་དུ་གྲུབ་སྟེ། ཡོད་ན་བྱང་སེམས་འཕགས་པས་རང་རྒྱུད་ཀྱི་སྙིང་པོ་ཡོན་ཏན་ཀུན་ཚང་བར་ཅིའི་ཕྱིར་མི་མཐོང་སྟེ། དེར་དེ་ཡོད་ན་དེ་དེའི་རང་རིག་གི་མྱོང་བྱ་ཡིན་དགོས་པའི་ཕྱིར་རོ། །འོན་ཇི་སྐད་དུ། རང་བྱུང་རྣམས་ཀྱི་དོན་དམ་དེ། །ཞེས་སོགས་ཀྱི་ཤུགས་ལ་བྱང་སེམས་འཕགས་པས་རང་རྒྱུད་ཀྱི་སྙིང་པོ་མངོན་སུམ་དུ་མཐོང་བར་འཆད་དགོས་པ་མ་ཡིན་ནམ། ཞེ་ན། དེའི་ཚེ་སྙིང་པོའི་ཕྱོགས་གཅིག་མཐོང་བར་འཆད་པ་ཡིན་ཏེ། རང་རྒྱུད་ལ་སྙིང་པོའི་ཕྱོགས་རེ་ཡོད་པ་ཡིན་གྱི། ཡོངས་སུ་རྫོགས་པ་མེད་པའི་ཕྱིར། དེ་སྐད་དུ་ཡང་། འགྲེལ་པར་མདོ་དྲངས་པ་ལས། སྤྲིན་མཐོང་མཁའ་ལ་ཉི་བཞིན་འདིར་ཕྱོད་ཕྱོགས་གཅིག་བློ་གྲོས་ཅན། །བློ་མིག་དག་པའི་འཕགས་མཆོག་གིས་ཀྱང་རྣམ་པ་ཐམས་ཅད་མཐོང་མ་ལགས། །ཞེས་སོ། །རྣམ་པ་ཐམས་ཅད་མ་མཐོང་བའི་གོ་བ་ཡང་། ཆོས་དབྱིངས་ལ་ཆ་ཤས་ཡོད་པར་སྟོན་པ་མ་ཡིན་གྱི༑ སློབ་པའི་སྐབས་དེར་རང་རྒྱུད་ཀྱི་ཆོས་ཉིད་ལ་སྟོབས་སོགས་ཡོན་ཏན་ཐམས་ཅད་མ་ཚང་བའི་རྒྱུ་མཚན་གྱིས་ཚང་བར་མཐོང་རྒྱུ་མེད་ལ། ཡོན་ཏན་ཀུན་མ་ཚང་ཞིང་། སྣ་རེ་ཙམ་ཚང་བ་དེ་སྙིང་པོའི་ཕྱོགས་གཅིག་ཏུ་ཁས་ལེན་རུང་ཡང་། སྙིང་པོ་མཚན་ཉིད་པར་མི་རུང་སྟེ། སྐྱེས་བུའི་ལུས་ཀྱི་ཆ་ཤས་བཞིན་ནོ། །

ཡང་ཇི་སྐད་དུ། གསེར་གྱི་ཕྲེང་མ་བ་ལ་ནང་འགལ་བྱུང་སྟེ། བླ་མེད་ཆོས་ཀྱིས་སྟོང་མ་ཡིན། །ཞེས་པ་ལ་ཚད་མར་བྱས་ནས། སླར་ཡང་རང་སྟོང་ཁས་བླངས་ཏེ། རྒྱུད་བླའི་ལུགས་དེ་ཉིད་ཕྱོགས་སྔ་མར་བྱས་ནས་བཀག་པའི་ཕྱིར། ཞེས་གསུངས་པ་ལྟ་བུ་ཞིག་སྣང་བ། དེ་ལ་བརྟག་པར་བྱ་བ་ནི། སྤྱིར་གནས་སྐབས་སུ་རང་སྟོང་དང་གཞན་སྟོང་གཉིས་ཀ་ཁས་ལེན་པ་ལ་འགལ་བ་མེད་དེ། སློབ་དཔོན་སེང་གེ་བཟང་པོ་བཞིན་ནོ། །དེས་གནས་སྐབས་སུ་གཞན་སྟོང་ཞལ་གྱིས་བཞེས་ཏེ། ཇི་སྐད་དུ། གཉིས་སུ་མེད་པའི་ཡེ་ཤེས་འབའ་ཞིག་འདི་ཡང་དག་པར་ཡོད་པའི་ངོ་བོ་ཡིན་ནོ་སྙམ་དུ་ངེས་པར་བྱས་ནས། ཞེས་བ་འདི། རྣལ་འབྱོར་གྱི་ས་གསུམ་པའི་སྒོམ་བྱུང་གི་རྣལ་འབྱོར་རམ། བསམས་བྱུང་གི་རིགས་པ་གང་རུང་དུ་བཞེད་པའི་ཕྱིར་དང་། བྱང་ཆུབ་ཇི་

ལྟ་དེ་བཞིན་དུ། །ཞེས་པའི་འགྲེལ་པར་དེ་བཞིན་ཉིད་ཀྱི་ངོས་འཛིན་ཡེ་ཤེས་ལ་བཤད་པ་དང་། ངོ་བོ་ཉིད་སྐུའི་འགྲེལ་པར་གནས་ཚུལ་གྱི་སྐུ་ལྟག་མ་གསུམ་པོ་ཆོས་ཉིད་དུ་བཤད་པས་སོ། །གཞན་སྟོང་སྨྲ་བ་རྣམས་ཀྱང་མཉམ་གཞག་ཏུ་སྒོམས་པ་གཙོད་པའི་སྒོམ་ནི་རང་སྟོང་གི་གཞུང་ལུགས་དང་མཐུན་པ་ཁོ་ན་ཡིན་ཏེ། སྒོམས་པའི་མཚན་མ་མཐའ་དག་འགོག་པའི་ཕྱིར། རང་སྟོང་སྨྲ་བས་ཀྱང་སྤྱོད་པ་དང་སྒོམ་པའི་ཚེ་ནི་གཞན་སྟོང་གི་ཚུལ་དང་མཐུན་པ་ཡིན་ཏེ། སྤྱོད་པས་ཚོགས་གཉིས་སོག་པ་ལ་འཇུག་པ་དེའི་ཚེ། གཟུང་འཛིན་གཉིས་སུ་མེད་པའི་ཡེ་ཤེས་ཞེས་བྱ་བ། འགྱུར་མེད་དང་ཕྱིན་ཅི་མ་ལོག་པའི་ཡོངས་གྲུབ་ཀྱི་མིང་ཅན་དེ་ཡོད་པར་ཁས་བླངས་པ་གཞིར་བྱས་ནས་སྤྱོད་པའི་ཕྱོགས་ལ་འཇུག་པའི་ཕྱིར། འོ་ན་གཉིས་པོའི་ཁྱད་པར་ཅི་ཞེ་ན། རྗེས་ཐོབ་ཏུ་ལྟ་བ་གཏན་ལ་འབེབས་པའི་ཚེ་གཉིས་མེད་ཀྱི་ཡེ་ཤེས་ངོ་བོས་སྟོང་མི་སྟོང་ལ་རྩོད་པ་ཡིན་ཏེ། ཇི་སྐད་དུ། དེ་ཡང་རྟེན་ཅིང་འབྲེལ་བར་འབྱུང་བ་ཡིན་པའི་ཕྱིར་སྒྱུ་མ་བཞིན་དུ་ངོ་བོ་ཉིད་མེད་དོ། །ཞེས་འབྱུང་བ་ལྟར་རོ། །དེ་ལྟ་ན་ཡང་འདི་སྐམ་དུ། རང་སྟོང་པ་གཞིར་བཞག་ནས། རྒྱུད་བླ་མ་ནས་བཤད་པའི་སྙིང་པོ་དེ་ཡོད་པ་མ་ཡིན་པར་ཐལ། ཡོད་ན་བདེན་དངོས་སུ་འགྱུར་བ་དང་། ངེས་དོན་གྱི་མདོ་སྡེ་དང་འགལ་བའི་ཕྱིར། ཞེས་པའི་ཉེས་པ་འདི་སྤོང་མི་ནུས་སོ། །ཞེ་ན། དེ་ལ་ནི་ལྟ་བའི་ཚེ་ན་འདོད་པ་དང་། སྤྱོད་པའི་ཚེ་ན་རྟགས་མ་གྲུབ་པ་དང་ཁྱབ་པ་མ་ངེས་པ་གང་རུང་ངོ། །ཕྱིར་ཁོ་བོ་ཅག་ནི་སྟོང་ལུགས་གཉིས་ཀ་ཡང་ཤིང་རྟའི་སྲོལ་སོ་སོ་ལ་བརྟེན་པའི་གྲུབ་མཐའ་བཞིའི་རྩེ་མོར་གྱུར་པའི་དབུ་མར་གནས་པ་ལ་ཁྱད་པར་མེད་ཅིང་། གཉིས་ཀའི་སྐབས་སུ་ཡོད་པ་དང་བདེན་པར་ཡོད་པ་ལ་ཁྱད་པར་མེད་དོ། །དེ་ལྟར་བཤད་པ་འདིས་ནི་སེང་གེ་བཟང་པོས་རྒྱན་གྱི་དགོངས་པ་ཇི་བཞིན་མ་བཀྲལ་བར་འགྱུར་ཏེ། རྒྱན་གྱིས་དེ་བཞིན་ཉིད་དགེ་བར་བཤད་པ་ལ་སློབ་དཔོན་དེས་རང་སྟོང་དུ་བཀྲལ་བའི་ཕྱིར། ཁྱབ་པ་ཁས་བླངས་སོ་ཞེས་པའི་ལན་ཀྱང་བཏབ་པ་ཡིན་ཏེ། རང་ལུགས་ཀྱི་ལྟ་བ་གཞིར་བྱས་ནས་མཐར་ཐུག་པའི་ཚེ། དེ་བཞིན་ཉིད་དགེ་བར་ཁས་ལེན་མི་ལེན་གྱི་ཁྱད་པར་བྱུང་བ་ཡིན་གྱི། ཞི་འཚོ་ཡབ་སྲས་ལྟ་བུ་རྣལ་འབྱོར་སྤྱོད་པའི་དབུ་མ་པ་ཞེས་བྱ་བ་རང་སྟོང་གི་ཚུལ་ལ་གནས་པ་དག་གིས་ཐ་སྙད་ཀྱི་བདེན་པ་དང་། སྤྱོད་པ་རྣམ་འཛོག་གི་ཚུལ་གཞན་སྟོང་པ་དང་མཐུན་པར་སྨྲ་བའི་ཕྱིར་རོ། །

མདོར་ན་དེ་བཞིན་ཉིད་མེད་དགག་གི་ཆ་ནས་འཛིན་པའི་ཚེ་དགེ་བར་རུང་བའི་གོ་སྐབས་མེད་ཅིང་། མ་ཡིན་དགག་གི་ཆ་ནས་ངོས་འཛིན་པ་དེའི་ཚེ། དོན་དམ་དང་ཐ་སྙད་གཉིས་ཆར་དུ་དགེ་བར་འཛོག་པ་ནི་གཞན་སྟོང་སྨྲ་བའི་ལུགས་དང་། མ་ཡིན་དགག་གི་ཆ་དེ་ཉིད་ཐ་སྙད་དང་སྤྱོད་པའི་ཚེ་དགེ་བར་འཛོག་ཅིང་།

ལྟ་བའི་ཚེ་དེར་མི་འཛིན་པ་ནི་རྣལ་འབྱོར་སྤྱོད་པའི་དབུ་མ་རང་སྟོང་པ་དག་གི་ལུགས་ཏེ། འཕགས་སེང་གཉིས་ཀྱིས་སྟོང་པ་ཉིད་སྟོང་པ་ཉིད་ཀྱི་སྟོང་གཞིའི་ཆོས་ཅན་དུ་གྱུར་པའི་སྟོང་ཉིད་དེའི་ངོས་འཛིན་ཡུལ་ཅན་ཡེ་ཤེས་ལ་བཤད་ཅིང་། དེ་ཉིད་དགེ་བ་ལས་འོས་མེད་ལ། དེ་རང་གི་ངོ་བོས་སྟོང་པའི་སྟོང་ཉིད་དུ་འཆད་པ་ནི་ལྟ་བའི་འཛིན་མཚམས་མཐར་ཐུག་པའོ། །སྐབས་འདིར་གསེར་གྱི་ཐུར་མ་ལས། །འོན་ཀྱང་མདོ་སྡེ་འགའ་ཞིག་ཏུ། །གོས་ཧྲུལ་ནང་ན་རིན་ཆེན་ལྟར། །སེམས་ཅན་རྣམས་ལ་སངས་རྒྱས་ཀྱི། །སྙིང་པོ་ཡོད་པར་གསུངས་པ་ནི༏ ༏ཐེག་ཆེན་རྒྱུད་བླའི་བསྟན་བཅོས་སུ། །དགོངས་པ་ཅན་དུ་བཀྲལ་ཞེས་བྱ། །ཞེས་སྨྲས་པ་ལ། གཞུང་བཅོས་པས་ཉེས་པ་ཆེན་པོར་འགྱུར་རོ། །ཞེས་ཟེར་བ་དག་མང་ཞིང་། དེ་ནས་ཀྱང་དེ་དང་ཆ་མཐུན་པ་ཞིག་གསུང་བ་དེའི་ལན་ནི། ཚིགས་བཅད་དེ་གཞུང་གི་ནང་དུ་འཇུག་དགོས་སོ་ཞེས་བྱ་བའི་དོན་ག་ལ་ཡིན། གཞུང་འཆད་ཚུལ་ལ་དཀའ་བའི་གནས་ཤར་བ་ན་འབྲུ་གནོན་པའི་ཚུལ་འདི་ལྟར་རོ་ཞེས་ཚིག་ཉུང་ངུར་བསྡུས་པ་ཡིན་ཏེ། དཔེར་ན་ཚད་མ་རྒྱན་གྱིས་རྣམ་འགྲེལ་བཤད་པའི་ཚུལ་བཞིན་ནོ། །གཞན་དུ་ན་ཊཱི་ཀ་བྱེད་པ་ཐམས་ཅད་ཀྱིས་གཞུང་བཅོས་པར་འགྱུར་ཏེ། གཞུང་ཉིད་སྨྲ་ཧི་བཞིན་པར་ནི་སུས་ཀྱང་མ་བཞག་པའི་ཕྱིར་རོ། །

འདིར་སྨྲས་པ། འཁོར་ལོ་ཐ་མར་གསུངས་པོ་པ། །སྙིང་པོ་སེམས་ཅན་ལ་མེད་ཅེས། །ཟེར་བ་བསྟན་ལ་གནོད་པའི་ཚིག །ཡིན་ནོ་གསུང་བ་མང་ཞེས་གྲགས། །འོ་ན་ས་པཎ་ལྟ་ཅི་སློས། །མཁྱེན་རབ་དབང་ཕྱུག་རིན་ཆེན་གྲུབ། །བསྟན་ལ་གནོད་པའི་བགྱི་བ་ཡིས། །མཛད་པ་དོན་མེད་མ་གྱུར་ཏམ། །དེ་ལ་ཁ་ཅིག་འདི་སྐད་དུ། །འོ་ན་ཀུན་མཁྱེན་དོལ་པོ་བ། །སེམས་ཅན་རྣམས་ལ་ཕན་པའི་ལས། །ཁོ་ན་མཛད་པས་འགྲོད་འགྱུར་རམ། །ཟེར་ན་དེ་ཡིས་སེམས་ཅན་ལ། །དེ་ཡོད་གསུངས་པའི་དགོས་པ་མང་། །སྤྲོ་དང་སྟོན་པ་བཞིན་གུས་དང་། །ཤེས་རབ་ཡེ་ཤེས་བྱམས་ཆེན་སྐྱེ། །ཆོས་ལྟ་སྐྱེས་ཕྱིར་དེ་ལས་ནི། །ཁ་ན་མ་ཐོ་མེད་མཚུངས་བལྟ། །སྐྱོན་མེད་ཡོན་ཏན་ལྡན་པ་དང་། །བདག་དང་སེམས་ཅན་མཚུངས་བྱམས་ལས། །སངས་རྒྱས་ཉིད་ནི་མྱུར་དུ་འཐོབ། །བུ་སྟོན་མཁས་པས་སེམས་ཅན་ལ། །སྟོབས་དང་མ་འདྲེས་ལ་སོགས་པ། །སངས་རྒྱས་ཆོས་རྣམས་ཡོད་མིན་ཞེས། །གསུངས་པ་ལུང་དང་རིགས་པའི་ལམ། །ཡོན་ཏན་ཀུན་ཚང་བདག་དམ་པ། །སེམས་ཅན་ཀུན་ལ་རང་ཆས་སུ། །ཡོད་པ་གྲངས་ཅན་ལུགས་སོ་ཞེས། །གང་གསུང་རྗེ་བཙུན་ས་སྐྱ་པའོ། །དེ་ལྟར་ཁམས་དང་སྙིང་པོ་ཡི། །རྣམ་པར་དབྱེ་བ་ཚུལ་བཞིན་དུ། །བཤད་ལ་དགེ་བ་གང་ཡོད་པ། །དེ་ཡིས་འགྲོ་བ་ཐམས་ཅད་ཀྱིས། །རྒྱུ་རྒྱུད་རང་བཞིན་འོད་གསལ་བའི། །དྲི་མ་ལམ་གྱིས་སྦྱངས་བྱས་ནས། །གནས་གྱུར་ཡོན་ཏན་ཀུན་ཚང་བ། །མངོན་དུ་བྱེད་ལ་གེགས་མེད་ཤོག། ༎

གཉིས་པ་ལེའུ་ཕྱི་མ་ལས་བརྩམས་པའི་འབེལ་པའི་གཏམ་ལ་གཉིས་ཏེ། གསེར་གྱི་ཐུར་མས་སྨྲ་འགྱུར་གྱི་ཆོས་བཀག་པར་དོགས་པའི་ལན་དང༌། མ་བཀག་ན་དཔལ་འཛིན་གྱི་ལུང་བཤད་ཡམས་སུ་འགོད་པ་མི་རིགས་པའི་ལན་ནོ། །དང་པོ་ནི། སྤྱིར་གཞུང་རྩ་བ་ན། གསང་སྔགས་རྙིང་མའི་ཀུན་རྫོབ་ཀུན། །ཞེས་དང༌། གཞན་ཡང་གསང་སྔགས་གསར་རྙིང་ལ། །ཞེས་སོགས་རྙིང་མའི་མཚན་སྨོས་ནས་དཔྱད་གཞིར་བཞག་པ་འགའ་ཞིག་སྣང༌། ཁོ་བོ་ཅག་གི་འབེལ་གཏམ་རྣམ་པར་ངེས་པའི་ཡི་གེ་དཀྲུགས་མ་ན་ནི། གསར་རྙིང་ལ་ཆོས་ཡིན་མིན་གྱི་རྣམ་དབྱེ་བྱས་པ་ལྟ་ཅི་སྨོས། རྙིང་མ་ཞེས་པའི་ཚིག་ཙམ་ཡང་བརྗོད་པའི་ལམ་ནས་བྱུང་བ་མེད་པའི་སྙིང་དུ། དྲི་བ་དང་ལན་གཉིས་ཀའི་ནང་ན་འགོས་ལོ་ཙྪ་བ་སོགས་ཀྱིས་ཆོས་ལོག་དྲི་མ་ཅན་དུ་བགྲངས་པའི་རྣམ་གྲངས་མང་པོ་པ་དེ་དག་དེ་ལྟར་དུ་འཐད་ན་ཧ་ཅང་ཐལ་བར་འགྱུར་བའི་ཀླན་ཀ་དག་བཀོད་ནས། བོད་ཀྱིས་སྦྱར་བའི་རྒྱུད་དུ་འདོད་པ་དེ་དག་གི་ནང་ནའང་བཀའ་དང་འདྲ་བའི་བསྟན་བཅོས་དག་ཡོད་པ་ཡིན་ཞེས་རང་གི་ལུགས་གསལ་པོར་སྨྲས་པ་དེ་ལ་མི་རྟོག་པར། གྲུབ་མཐའ་ལ་མ་ཞུགས་པའི་ཁྱིམ་པ་དག་གིས། དཔལ་འཛིན་གྱིས་སྨྲས་པའི་ཚིག་དེ་དག་ཁ་བརྟོན་དུ་བྱས་པ་ན། གྲུབ་མཐའ་བར་ཁས་འཆེ་བའི་སྨྲ་བ་པོ་དག་ཀྱང༌། ལ་ལ་དག་རྟོག་དཔྱོད་མ་བཏང་བར་གང་ཐོས་དབྱངས་སུ་གྱེར་བའམ། སྨྲ་བ་པོ་ཁ་ཅིག་ནི་འགའ་དང་འགའ་ལ་ཕྲ་མ་བགྱི་བའི་བསམ་པ་ཁོ་ན་སྔོན་དུ་བཏང་ནས། གཞུང་རྩ་བ་ན་ཅི་ཡོད་མི་རྟོག་པར་འབེལ་གཏམ་གྱི་ཚིག་ཁོ་ན་ལ་སྐྱོར་འབྲིན་བྱེད་པ་དག་ཡོད་པར་སྣང་ངོ༌། །

འདི་ལ་བཞི་སྟེ། རང་གི་འདོད་པ་མདོར་བསྡུས་ཏེ་བརྗོད་པ། བསྟན་བཅོས་རྩ་བའི་དགོངས་པ་ཇི་ལྟར་ཡོད་པ། གཞན་གྱི་ན་ཡམས་ཡི་གེར་འགོད་པའི་རྒྱུ་མཚན། བཤད་ཡམས་དེ་ལ་མདོར་ལེན་ཇི་ལྟར་ཡོད་པའོ། །དང་པོ་ནི། གསར་རྙིང་ཞེས་པའི་ཐ་སྙད་འདི་དོན་ལ་ཇི་ལྟར་གནས་ཀྱང༌། རེ་ཤིག་གྲགས་ཆེ་བ་སོར་གཞག་ནས་བརྗོད་ན། ཐོག་མར་གསར་རྙིང་གི་ཆོས་དང་གང་ཟག་ཤན་ཕྱེད་པར་བྱས་ནས། གང་ཟག་གཉིས་ཀ་ལ་འཁྲུལ་པ་མེད་པར་སྨྲ་བ་ནི་མ་ཡིན་གྱི། ཆོས་གཉིས་ཀ་འཁྲུལ་མེད་དུ་ཁས་ལེན་ནོ། །འདི་ལ་གཉིས་ཏེ། ཆོས་འཁྲུལ་མེད་དུ་བསྟན་པ་དང༌། གང་ཟག་ལ་འཁྲུལ་པ་ཡོད་མཉམ་དུ་མཚུངས་པའོ། །དང་པོ་ནི༔ སྤྱིར་རྙིང་མ་ཆོས་མ་ཡིན་པར་ཁས་ལེན་ནུས་པ་དག་ཡོད་ན། དེའི་ཚེ་དེ་ལྟར་འདོད་པ་དེས། ཀ་ཅོག་ཞང་གསུམ་གྱིས་བསྒྱུར་བའི་སྡེ་སྣོད་གསུམ་གྱི་ཆོས་རྣམས་དང༌། བྱ་བ་དང༌། སྤྱོད་པ་དང༌། རྣལ་འབྱོར་གྱི་རྒྱུད། ལོ་ཆེན་རིན་ཆེན་བཟང་པོ་མ་བྱོན་གོང་དུ་འགྱུར་བ་ཐམས་ཅད་ཆོས་མ་ཡིན་པ་ཉིད་དུ་ཁས་ལེན་དགོས་པར་འགྱུར་རོ། །ཕྱི་བྲག་ཏུ་གསང་སྔགས་བླ་མེད་ཀྱི་རྒྱུད་རྙིང་མ་ཆོས་མ་ཡིན་པར་ཁས་ལེན་ནུས་པ་དག་ཡོད་ན།

དཔལ་གསང་བ་འདུས་པ་དང་། ཟླ་གསང་ཐིག་ལེ་དང་། སངས་རྒྱས་མཉམ་སྦྱོར་རྣམས། ཆོས་མ་ཡིན་པ་ཉིད་དུ་ཁས་ལེན་དགོས་པར་འགྱུར་ཏེ། དེ་གསུམ་ནི་རྙིང་མའི་ལུགས་ཀྱི་ཏན་ཏྲ་སྡེ་བཅོ་བརྒྱད་དུ་གྲགས་པ་དེའི་གཙོ་བོར་གྱུར་པ་དང་། རྩ་བ་དེ་གསུམ་ལ་བརྟེན་ནས་བོད་དུ་རྙིང་མར་གྲགས་པའི་ཆོས་མང་ཞིང་བྱུང་བར་སྟོན་གྱི་ཆེན་པོ་དག་གིས་འཆད་པའི་ཕྱིར། བྱེ་བྲག་ཏུ་ཡང་ཕུར་ཆོས་མ་ཡིན་པར་ཁས་ལེན་པ་དག་ཡོད་ན༑ དེ་ནི་རྒྱུད་ཀྱི་རྒྱ་དཔེ་དང་། ལོ་ཙཱ་བ་ཚད་ལྡན་གྱིས་བསྒྱུར་བ་སོགས་ཀྱི་གཏན་ཚིགས་ལས་རྣམ་དག་ཏུ་གྲུབ་ཟིན་པ་དང་། ཁྱད་པར་རྙིང་མའི་རྒྱུད་དུ་གྲགས་པ་གཞན་རྣམས་རྒྱུད་འབུམ་གྱི་དཀར་ཆག་ཏུ་འདེབས་པར་མི་མཛད་པའི་ཆེན་པོ་དེ་དག་གིས་ཀྱང་། ཡང་དག་དང་ཕུར་པ་ནི་རྩོད་མེད་དུ་གྲུབ་ཟིན་པའི་ཕྱིར། དཔེར་ན་རལ་གྲི་དང་བུ་སྟོན་རིན་པོ་ཆེའི་ཆོས་འབྱུང་ལས་བཤད་པ་བཞིན་ནོ། །

འདི་ལ་གཉིས་ཏེ། གསར་རྙིང་གི་ཐ་སྙད་ལ་དཔྱད་པ་དང་། དོན་གྱི་གནས་ལུགས་ཇི་ལྟར་ཡིན་པའོ། །དང་པོ་ནི། སྤྱིར་ཆོས་གསར་རྙིང་གི་ཐ་སྙད་ཅིག་སྣང་བ་དེ་སྔ་འགྱུར་དང་ཕྱི་འགྱུར་ལ་གྲགས། དེའི་གོ་བ་ཡང་ལོ་ཆེན་རིན་ཆེན་བཟང་པོས་འགྱུར་མཛད་པ་ཚུན་ཆད་གསར་འགྱུར་དང་། དེ་ཡན་ཆད་ལ་སྔ་འགྱུར་དུ་བྱེད་པ་ཡིན་མོད། རྗེས་སུ་གསང་སྔགས་གསར་རྙིང་ཞེས་གྲགས་པ་འདི་ནི། ལོ་ཆེན་བྱོན་པ་ཚུན་དག་མ་དག་གི་དཔྱད་གཞི་བྱུང་བ་ལ་བརྟེན། སྤྱི་མིང་བྱེ་བྲག་ལ་བཏགས་ནས་གསང་སྔགས་བླ་མེད་ཀྱི་དབང་དུ་བྱས་པའི་གསར་རྙིང་ཞེས་རང་དགར་གྲགས་པའོ། །གསར་རྙིང་གི་ཁྱད་པར། སྟོན་པ་དང་། འཁོར་དང་། ཆོས་ལ་སོགས་པའི་སྒོ་ནས་འཆད་པ་དག་སྣང་ཡང་། ཡང་དག་པ་མ་ཡིན་ཏེ། ཡིན་ན་འཕགས་ཡུལ་ཉིད་ནས་དེ་ལྟ་བུའི་དབྱེ་བ་འབྱུང་རིགས་པ་ལས་མ་བྱུང་བའི་ཕྱིར་དང་། བོད་དུ་གསར་རྙིང་དུ་གྲགས་པ་འདི་ལ་འཕགས་ཡུལ་དུ་གསར་རྙིང་གི་ཐ་སྙད་ལྟ་ཅི། བོད་དུ་གྲགས་པ་ལྟར་བཤད་སྲོལ་མི་འདྲ་བ་རྒྱུད་སོ་སོར་ངེས་པ་མང་པོ་དག་དང་། གང་ཟག་གི་བརྒྱུད་པ་ཡང་སོ་སོར་ངེས་པ་ཁོ་ན་ཡོད་ན། ཕྱི་མའི་དུས་སུའང་དེ་ལྟར་དུ་གྲགས་པ་ཆེན་པོས་གྲུབ་དགོས་པ་དང་། ཕྱིས་ཀྱི་འགྱུར་མཛད་པ་པོ་རྣམས་ཀྱིས་ཀྱང་ཆ་ཤས་ཙམ་ལ་གསར་འགྱུར་མཛད་པར་རིགས་ཏེ། དཔེར་ན་སྔ་འགྱུར་གྱི་སྡེ་སྣོད་གསུམ་དང་། རྒྱུད་སྡེ་བཞིའི་ཆོས་རྣམས་ལ། ཕྱི་འགྱུར་མཛད་པ་རྣམས་ཀྱིས་ཀྱང་གསར་འགྱུར་དང་། འགྱུར་བཅོས་དང་། ཞུས་དག་གིས་གཏན་ལ་ཕབ་པ་རྒྱུད་མར་བྱུང་བ་བཞིན་ནོ། །དེས་ན་གསར་རྙིང་གི་ཐ་སྙད་ནི། སྤྱིར་བོད་དུ་དང་ཁྱད་པར་སྔ་འགྱུར་གྱི་ལྷ་སྤྱོད་ལ་ལོག་པར་རྟོག་པ་མང་དུ་བྱུང་བ་དེ་ཕྱིས་རྩོད་པ་ཅན་དུ་གྱུར་པ་ལ་བརྟེན་ནས། སྟོན་གྱི་ལྷ་སྤྱོད་དག་པ་དང་མ་དག་པ་གཉིས་ཀ་ལ་རྙིང་མ་ཞེས་བཏགས་ཤིང་། གསར་མའི་ཐ་སྙད་ཀྱང་དེ་དང་འདྲ་སྟེ། ཕྱིས་རྒྱ་གར་ནས

གསར་དུ་འགྱུར་བའི་ཆོས་ཡིན་ངོ་ཤེས་པ་རྣམས་དང་། དེ་ལ་འདྲ་ལེན་བྱས་ནས་བོད་མང་པོས་རྒྱ་གར་ལ་ཁྲུངས་ཕྱུང་སྟེ་སྒྱུར་བའི་མདོ་རྒྱུད་དང་བསྟན་བཅོས་སུ་མཚན་གསོལ་བ་མང་པོ་དག་ལ་ཡང་གསར་མ་ཞེས་བཏགས་སོ། །དེའི་ཕྱིར་གསང་སྔགས་རྙིང་མ་པ་ལ་ཡོད་པའི་རྒྱུད་གཞུང་གི་ཆོས་ཇི་སྙེད་པ་གསང་སྔགས་རྙིང་མ་ཡིན་པའི་ངེས་པ་མེད་ཅིང་། གསར་མ་ལ་ཡང་དེ་བཞིན་ནོ། །དེ་ལྟར་ཐ་སྙད་ལ་དཔྱད་ནས་དོན་གྱི་གནས་ལུགས་ཇི་ལྟར་ཡིན་པ་ནི། བསྟན་པ་འདིའི་བདག་པོ་སྟོན་པ་ཐུབ་པའི་དབང་པོས། ཆགས་བྲལ་གྱི་གཟུགས་སམ་འཁོར་ལོ་བསྒྱུར་བའི་གཟུགས་ཀྱིས་གསུངས་ཀྱང་རུང་སྟེ། སྟོན་པ་གཅིག་བུ་དེ་ཉིད་ཀྱིས་གསུངས་པའི་ལྷ་དང་སྔགས་ཀྱི་རིམ་པ་ཁོ་ན་ཉམས་སུ་བླངས་པ་ལས་གྲུབ་པ་བརྙེས་པའི་སློབ་དཔོན་པདྨ་འབྱུང་གནས་དང་། དེའི་དངོས་ཀྱི་སློབ་མ་རིམ་པ་གཉིས་ལ་བརྟན་པ་ཐོབ་ནས་གྲུབ་པའི་ས་བརྙེས་པ་དེ་དང་དེ་དག་གིས། བོད་དུ་དམ་པའི་ཆོས་དར་བ་ལ་གེགས་སུ་གྱུར་པའི་ལྷ་འདྲེ་གདུག་པ་ཅན་འདུལ་བ་དང་། རྡོ་རྗེ་ཐེག་པའི་སྣོད་དུ་གྱུར་པ་རྣམས་རིག་འཛིན་གྱི་ས་ལ་འགོད་པའི་ཕྱིར་དུ། གང་དང་འཚམ་པའི་ལྷ་དང་སྔགས་དང་ལྷ་བའི་རིམ་པ་རྣམས་གསུངས་པ་དང་། དེའི་དོན་ཚུལ་བཞིན་དུ་སློབ་མས་ཉམས་སུ་བླངས་པ་དང་། དེ་ལས་གྲུབ་པའི་ས་བརྙེས་པའི་རིག་པ་འཛིན་པ་མང་དུ་བྱོན་པ་དང་། དེ་དང་མཐུན་པའི་སྐལ་བརྒྱུད་དང་དགོངས་པ་ཡི་གེར་བཀོད་པ་ལ་བརྟེན་ནས་རྙིང་མར་གྲགས་པའི་ཆོས་རྣམ་པར་དག་པ་དེ་ཉིད་བྱུང་བ་ཡིན་ལ། འདི་དག་ལ་ཡང་ཡང་དག་པར་ན་བསྟན་བཅོས་ཀྱི་མཚན་ཉིད་ཚང་བ་ཡིན་ཏེ། ཇི་སྐད་དུ། གང་ཞིག་རྒྱལ་བའི་བསྟན་པ་འབའ་ཞིག་གིས། །དབང་བྱས་རྣམ་གཡེང་མེད་ཡིད་ཅན་གྱིས་བཤད། །ཅེས་སོགས་ཀྱི་མཚན་ཉིད་དེ་ཚང་བའི་ཕྱིར། སློབ་དཔོན་པདྨས་གསུངས་པའི་བསྟན་བཅོས་ནི་སངས་རྒྱས་ཀྱི་བཀའ་དང་ཁྱད་པར་ཡོད་པ་མ་ཡིན་ཏེ། ཐར་པ་ཐོབ་པའི་ལམ་དང་རྗེས་མཐུན་པ། །དེ་ཡང་དྲང་སྲོང་བཀའ་བཞིན་སྤྱི་བོས་བླང་། །ཞེས་གསུངས་པའི་ཕྱིར། དཔེར་ན། རྗེ་བཙུན་བྱམས་པའི་ཆོས་ལྔ་དང་། དུས་ཀྱི་འཁོར་ལོའི་བསྡུས་པའི་རྒྱུད་དང་། དེའི་འགྲེལ་བ་དྲི་མ་མེད་པའི་འོད་ལ་སོགས་པ་བཞིན་ནོ། །དེའི་སློབ་མ་རིག་འཛིན་གྱི་ས་ལ་བཞུགས་པ་དག་གིས་བཤད་པའང་དེ་དང་འདྲ་སྟེ། སངས་རྒྱས་ཀྱི་བཀའ་དངོས་དང་། རྒྱ་གར་གྱི་མཁས་པོས་བྱས་པའི་བསྟན་བཅོས་མ་ཡིན་ཀྱང་། མཆོག་དང་ཐུན་མོང་གི་དངོས་གྲུབ་ལ་མི་འཁྲུལ་བའི་ཕྱིར། དཔེར་ན་རྗེ་བཙུན་མི་ལ་དང་། ས་སྐྱ་པ་ཆེན་པོ་ལ་སོགས་པས་མཛད་པའི་བསྟན་བཅོས་རྣམས་བཞིན་ནོ། །འཕགས་ཡུལ་ནས་འགྱུར་བའི་བཀའ་དང་བསྟན་བཅོས་དངོས་མ་ཡིན་ཡང་། ཤིན་ཏུ་ཞྙོག་གྱུར་གྱི་དོན་ལ་མི་བསླུ་བ་དག་མཐོང་སྟེ། སྨན་དཔྱད་ཀྱི་རྒྱུད་སྡེ་བཞི་པོར་གྲགས་པ་དག་བཞིན་ནོ། །སྔགས་ཀྱི་ཚིག་རྣམས་འཕགས

ཡུལ་གྱི་སྐད་དང་མཐུན་པར་མ་བྱུང་ཡང་། སྔགས་འབྲས་འགྲུབ་པ་མི་འགལ་ཏེ། སྔགས་འབྲས་བྱིན་གྱིས་བརློབས་པའི་ནུས་མཐུ་དང་ལྡན་པ་དག་གིས་བྱས་པའི་ཕྱིར། དཔེར་ན་རྗེ་བཙུན་དམ་པ་རྒྱ་གར་གྱིས་མཛད་པའི་རྟེན་འབྲེལ་སྣ་ཚོགས་པ་རྣམས་བཞིན་ནོ། །དེ་སྐད་དུ་ཡང་། འགའ་ཡིས་བརྡ་བྱས་ཉིད་ཡིན་ན། །སྔགས་རྣམས་འབྲས་བུ་སྒྲུབ་བྱེད་ཡིན། །ཞེས་དང་། གང་ཡང་རྒྱུད་རིགས་འགའ་ཞིག་གིས། །གསང་སྔགས་འགའ་ཞིག་བྱེད་འགྱུར་བ། །འདི་དག་གི་དེ་གཙོ་བོའི་མཐུ། །དེ་བཤད་རིགས་པས་འཇུག་ཕྱིར་རོ། །ཞེས་འབྱུང་བ་ལྟར་རོ། །དེ་ལྟ་ཡིན་པ་དེའི་ཕྱིར་རྒྱུད་དུ་མིང་བཏགས་ནས་བོད་ཀྱིས་སྦྱར་བ་ལ་ཆོས་ལོག་གི་ཁྱབ་པ་མ་ངེས་ཏེ། རྒྱུད་དངོས་མ་ཡིན་ཀྱང་བསྟན་བཅོས་རྣམ་དག་ཏུ་མི་འགལ་བའི་ཕྱིར་དང་། སྔགས་རྣམས་ལེགས་སྦྱར་ལ་སོགས་པའི་སྐད་དུ་མ་དམིགས་ཀྱང་། སྔགས་འབྲས་བྱིན་གྱིས་བརློབས་པའི་མཐུ་དང་ལྡན་པ་དག་གིས་བྱས་པར་མི་འགལ་བའི་རྒྱུ་མཚན་གྱིས་གང་དང་གང་ལ་དམིགས་པའི་ནུས་པ་ཐོན་པ་དག་མཐོང་བའི་ཕྱིར། བོད་ཀྱི་ལྷ་འདྲེའི་སྔགས་དང་། དཀྱིལ་འཁོར་གྱི་ལྷ་ལ་བཀོད་པ་སོགས་ཡོད་པའི་རྟགས་ཀྱིས། རྒྱ་གར་ནས་བསྒྱུར་བའི་ཆོས་མ་ཡིན་པར་འགྲུབ་ཏུ་ཆུག་ཀྱང་། གསང་སྔགས་ཀྱི་ཆོས་རྣམ་དག་མ་ཡིན་པར་མི་འགྲུབ་སྟེ། ཡང་ཕྱུར་དང་དེ་ལས་འཕྲོས་པའི་གསང་སྔགས་ཀྱི་ཆོས་འདི་དག་ནི། གདུལ་བྱ་བོད་ཀྱི་མི་དང་མི་མ་ཡིན་པ་དག་གི་དབང་དུ་བྱས་ནས་གསུངས་པའི་ཕྱིར། དཔེར་ན། གདུལ་བྱ་འཕགས་ཡུལ་གྱི་དབང་དུ་བྱས་ནས་གསུངས་པའི་སྔགས་དང་ལྷའི་ནང་ན། ཡུལ་དེ་དང་དེར་གྲགས་པའི་ལྷ་ཀླུ་དང་འབྱུང་པོའི་ཚོགས་ཀྱི་གཟུགས་དང་སྔགས་དང་སྒྲུབ་ཐབས་ཀྱི་རིམ་པ་མང་པོ་དག་འབྱུང་བ་བཞིན་ནོ། །སྒྱུར་བཀའ་དངོས་མ་ཡིན་པ་དང་། བོད་ཀྱིས་སྦྱར་བའི་སྒྲུབ་ཐབས་ཉམས་སུ་བླངས་པས། མཆོག་འགྲུབ་པར་མི་འགྱུར་རོ། །ཞེས་སྨྲ་བ་དག་གིས་ནི་ཐམས་ཅད་འཁྲུལ་པར་བྱས་ཏེ། རྒྱུད་སྡེ་ནས་གསུངས་པའི་ལྷའི་ཚོགས་རྣམས་ཀྱི་སྒྲུབ་ཐབས་དང་དཀྱིལ་འཁོར་གྱི་ཆོ་ག་ཕལ་ཆེར་ནི་པཎྜི་ཏས་སྦྱར་བའི་བསྟན་བཅོས་དང་། བོད་ཀྱི་བླ་མ་དག་གིས་སྦྱར་བའི་གསུང་རབ་ལ་བརྟེན་པར་འདུག་པ་འདི་ཐམས་ཅད་ཡིད་བརྟན་མི་རུང་བ་ཉིད་དུ་བཤད་པའི་ཕྱིར་རོ། །གང་ཡང་གསང་སྔགས་རྙིང་མའི་ཆོས་ལ་མོས་པ་དང་རབ་ཏུ་མགུ་བ་ལྟར་བྱེད་པ་དག་གིས་ནི། བཀའ་སྲུང་དག་གི་གསོལ་མཆོད་རེ་ཙམ་དང་། ཕ་ཇོའི་ཆ་ལུགས་རེ་ཙམ་འཛིན་པ་དང་། རྙིང་མའི་རྒྱུད་དུ་གྲགས་པ་རྣམས་ལ་རྒྱ་དཔེ་རེ་ཙམ་འཚོལ་བའི་ངལ་བས་ཆོག་པ་མ་ཡིན་གྱི། དེའི་ལུགས་ཀྱི་ལྟ་བ་དང་སྤྱོད་པ་ལ་ཆོས་ཀྱི་རྗེས་སུ་འབྲངས་པའི་རྣམ་དཔྱོད་ཀྱིས། ཆོས་མིན་དང་མ་འདྲེས་པའི་ཚུལ་ལ་ཚད་མས་དྲངས་པའི་ངེས་པ་བརྟན་པོ་རྙེད་པ་ཞིག་དགོས་སོ། །དེ་ཡང་ཆོས་དེའི་ཁྱད་ཆོས་ཀྱི་གཙོ་བོ་ནི་ལྟ་བས་ཆེ་བར་ཁས་ལེན་དགོས་པ་ཡིན

ཏེ༑ དབུ་མ་ཆེན་པོ་དང་རྣལ་འབྱོར་ཆེན་པོ་ལས་ལྷག་པའི་ལྟ་བ་ཞིག་ཨ་ཏི་ནས་བཤད་པར་ཁས་ལེན་དགོས་པ་དང༌། ལྷག་པར་ཁས་མི་ལེན་དུ་ཆུག་ནའང༌། རང་ལུགས་ཀྱི་ལྟ་བ་ལ་ཞུ་ཐག་ཆོད་པར་བྱས་ནས་ཆོས་གཞན་ལ་འགྲམ་ཆུ་མི་ལྷུང་བ་དང༌། རྐུ་འཕྲོག་གཡར་གསུམ་དང་མ་འདྲེས་པར་བྱ་དགོས་པའི་ཕྱིར། དེང་སང་གངས་ཅན་གྱི་གློག་པ་པ་དག་གི་གསར་མ་ལས་ཀྱང་ཆེས་གསར་མར་གྱུར་པའི་གྲུབ་པའི་མཐའ་དག་གློ་བ་ལ་བྱུང་ཞིང་ཞེན་པར་བྱས་ནས། ཚིག་གི་བརྗོད་པ་ལ་ཁོ་བོ་ཅག་ནི་རྫོགས་པ་ཆེན་པོ་པའམ། ཕྱག་རྒྱ་པའམ། བཀའ་གདམས་པའམ། ས་སྐྱ་པ་ཡིན་ནོ་ཞེས་སྨྲ་བ་དག་མང་བའི་ཕྱིར་རོ། །དེ་ལྟར་ན་དྲུང་དེ་ནས་སྙིང་མ་པ་དང༌། ཁྱད་པར་སེམས་ཕྱོགས་ཞལ་གྱིས་བཞེས་ཐག་ཆོད་ན། འདི་ལྟར་བཞེད་དགོས་ཏེ། ལྟ་བ་ཁས་ལེན་དང་བྲལ་བ། སྒོམ་པ་ཡིད་བྱེད་དང་བྲལ་བ། འབྲས་བུ་རེ་དོགས་དང་བྲལ་བ། སྤྱོད་པ་བླང་དོར་དང་བྲལ་བ། ཞེས་བྱ་བ་འདི་ཞེ་ཐག་པ་ནས་བཞེད་དམ། མི་བཞེད་ན་སེམས་ཕྱོགས་ཞལ་གྱིས་བཞེད་པ་གཞན་ངོ་ཙམ་དུ་ཟད། བཞེད་ན་དེང་སང་གངས་ཅན་ན་ལུགས་དེ་ཐོས་ན་སྙིང་གས་ནས་སྲོག་འདོར་བར་བྱེད་པ་དག་མང་ན། དེ་དག་དང་དགག་སྒྲུབ་ཀྱི་བགྱི་བ་གཟིངས་བསྐྱོད་དེ་ལྷུར་ལེན་པར་མཛོད་ཅིག །ཁོ་བོ་ཅག་ནི་ཆོས་བཞི་པོ་དེ་ལྟར་དུ་ཁས་ལེན་པ་ལ་སྔོན་ཉིད་ནས་སྤྲོབས་པར་གྱུར་རོ། །དེ་ཡང་ལྟ་སྒོམ་འབྲས་གསུམ་པོ་དེ་ནི་ཀླུ་སྒྲུབ་དང་ཐོགས་མེད་གཉིས་ཀའི་ཤིང་རྟའི་སྲོལ་མཐར་ཐུག་ཏུ་མཐུན། སྤྱོད་པའི་ཚུལ་དེ་ལ་གཞན་དག་གིས། ཇི་སྐད་དུ། བླང་དོར་མེད་པ་སྤྱོད་པ་མིན། །དེ་ནི་ལྟ་བའི་རྣམ་གཞག་ཡིན། །ཞེས་ཟེར་ན། དེའི་ལན་ནི། རྣམ་ཤེས་ཀྱི་ངོར་ན་བླང་དོར་ཡོད་ཀྱང༌། ལྟ་བས་ཟིན་པའི་ཚེ་བླང་དོར་གྱི་མཚན་མར་མི་འཛིན་ཞེས་འཆད་ཀྱིན་ཡོད་པ་ཡིན། ཡང་སེམས་ཕྱོགས་བཞེད་ཐག་ཆོད་ན། གནས་སྐབས་སུ་གང་སྣང་ཐམས་ཅད་རང་སེམས་ཡིན་པ་འདི་བཞེད་དམ་མི་བཞེད། མི་བཞེད་ན་སེམས་ཕྱོགས་དཔྱིས་ཕྱིན་པ་ཇི་ལྟར་འཆད། བཞེད་ན་ཆོས་གཞན་ངོ་དང་མི་བསྟུན་པ་ཉིད་དུ་གསུང་གཟིངས་མཐོན་པོས་ཞལ་གྱིས་བཞེས་དགོས། ཁོ་བོ་ཅག་ནི་དེ་ལྟར་ཁས་ལེན། མ་བླངས་ན་ཐེག་པ་རིམ་དགུ་ལྟ་ཅི་སྨོས། མདོ་སྡེ་པ་ཡན་ཆད་ཀྱི་གྲུབ་མཐའ་ཀུན་དང་འགལ། དེའི་རྒྱུ་མཚན་གྱིས་ཁོ་བོ་ཅག་ནི། གཞན་སྣང་གི་གཟུགས་སྐུ་གཉིས་སངས་རྒྱས་དངོས་མ་ཡིན་པ་དང༌། སངས་རྒྱས་རང་སྣང་ལ་ཀུན་རྫོབ་ཀྱི་སྣང་བ་མི་འཆར་བར་ཁས་ལེན་པ་ཡིན། ཡང་དེ་ལྟར་སེམས་ཕྱོགས་དང་སྒྱུ་འཕྲུལ་བཞེད་ངེས་ན། གཞིའི་དུས་སུ་ཀུན་རྫོབ་ཚད་མས་མི་འགྲུབ་པ་དང༌། འབྲས་བུའི་དུས་སུ་སེམས་ཅན་གྱི་ལས་སྣང་ཇི་སྙེད་པ་སངས་རྒྱས་ཀྱི་ཡེ་ཤེས་ལ་མི་སྣང་བ་ཞེས་བྱ་བ་འདི་བཞེད་དམ་མི་བཞེད། མི་བཞེད་ན། ཆོས་དེ་དག་ལ་ངེས་པ་གཏིང་ནས་འདྲོངས་པ་དང༌། བཀའ་སྲུང་ཁྲོ་བོའི་ཚོགས་རྣམས

དགྱེས་པར་མཛད་པ་དང་། སློབ་དཔོན་བདག་ཉིད་ཆེན་པོའི་ཐུགས་འཁྲུག་པར་མི་མཛད་པ་སོགས་སུ་ཞལ་གྱིས་བཞེས་པ་འགལ། ཁོ་བོ་ཅག་གིས་ནི་དེ་ལྟར་ཁས་བླངས་སོ། །དེ་ལ་གཞན་དག་གིས་བརྟགས་པ་ནི། ཀུན་རྫོབ་ཚད་མས་མ་གྲུབ་ན་ལས་རྒྱུ་འབྲས་ལ་སྐྱུར་པ་བཏབ། མཉམ་གཞག་ཏུ་ཅི་ཡང་ཡིད་ལ་མི་བྱེད་པ་ཧྭ་ཤང་གི་ལྟ་བ་ཡིན། སངས་རྒྱས་ཀྱི་རང་སྣང་ལ་ཀུན་རྫོབ་མི་སྣང་ན་ཐམས་ཅད་མཁྱེན་པ་མ་ཡིན་པར་འགྱུར། ཞེས་ཟེར་བའི་འདི་ཐུགས་ལ་ལྡེན་ནམ། སྐྱོན་དེ་སྤོང་། ལྡེན་ན་སྒྱུ་འཕྲུལ་དང་སེམས་ཕྱོགས་ཀྱི་ནང་ནས་བཞེངས། སྐྱོན་སྤོང་ན་ལུང་རིགས་གང་གིས་ཇི་ལྟར་སྤོང་། ཁོ་བོ་ཅག་ནི་ཀུན་རྫོབ་ཐམས་ཅད་འཁྲུལ་སྣང་། ཡིད་བྱེད་ཐམས་ཅད་མཚན་མར་འཛིན་པའི་རྟོག་པ། སངས་རྒྱས་ནས་མ་རིག་པ་མ་མཆིས་ན་ཡུལ་ཀུན་རྫོབ་ཇི་ལྟར་སྣང་བ་ཡིན། ཞེས་འཆད། གྲུབ་མཐའི་འཆའ་ལུགས་འདི་མེད་ན་སྙིང་མའི་ཆོས་ཇི་ལྟར་འཛིན། སྔ་ནམ་དོ་རྗེ་བདུད་འཛོམས་ཀྱི་གདུང་འཛིན་དུ་ཞལ་གྱིས་བཞེས་པ་ཙམ་གྱིས་ཆོག་པ་མ་ལགས་སོ། །འདི་ལ་ཕྱིས་ཀྱི་གློག་པ་པ་དག་ན་རེ། འདི་ལྟ་བུའི་གྲུབ་མཐའ་གསར་བྱུང་བག་ཡངས་སུ་སྨྲ་བའོ། །ཞེས་ཟེར་མོད། ཀུན་རྫོབ་བདེན་པའི་གོ་དོན། སྤྱིར་ཚད་མ་དང་། བྱེ་བྲག་ཇི་སྙེད་པ་མཁྱེན་པ་ཡེ་ཤེས་ཀྱི་སྙེད་དོན་དུ་འཆད་པ་འདི་ནི། དགེ་ལྡན་པ་ཆེན་པོས་རྩ་ཤེའི་ཊི་ཀ་མཛད་ཚུལ་གྱི་ཁ་སྐད་ཡིན་གྱི། དེ་གོང་དུ་གངས་ཅན་གྱི་མཁས་སྐྱོངས་མཐའ་དག་མཐུན་པ། མཐོང་བ་བརྗོན་པ་དང་། བློ་འཁྲུལ་པའི་སྙེད་དོན་དུ་འཆད་པ་ཤ་སྟག་ཡིན། མཉམ་གཞག་དངོས་གཞིའི་དུས་སུ་ཡིད་བྱེད་དང་བྲལ་དགོས་པ་འདི། སྙིང་མ་ལྟ་ཅི་སྨོས། རྔོག་ལོ་ཆེན་པོ་ནས་རྗེ་ཞལ་ཡན་ཆད་ཀྱི་གློག་པ་པ་མཁས་པ་དང་། བསམ་གཏན་བ་འཁྲུལ་མེད་ཀུན་གྱི་ཡི་གེ་ན་སྣང་། རྫོགས་སངས་རྒྱས་ཀྱི་ཡེ་ཤེས་ལ་ཀུན་རྫོབ་མི་སྣང་བ་འདི། དེང་སང་གློག་པ་པོ་ཀུན་གྱི་སྐྱོན་དང་ལྟགས་ཀྱི་དབང་པོར་བྱུང་ཆུབ་པའི་གཞུང་དབུ་མ་ལ་འཇུག་པ་རྩ་འགྲེལ་ན་གསལ་ཏིག་གི་བཞུགས་པ་དེ་ལ་གསར་བྱུང་གི་གྲུབ་མཐའ་ཞེས་ཟེར་ན། ལུགས་སྙིང་པ་གང་ཞིག་གང་ན་ཡོད་པ་སྟོན་རིགས་སོ། །སྣང་མཛད་ཆོས་ཀྱི་ཉི་མ་འོད་འབར་བ༔ །རྣམ་དཔྱོད་ཡངས་པའི་མཁའ་ལ་རྟག་འཆར་མོད། །ཕྱོགས་འཛིན་སྤྲིན་གྱིས་བསྒྲིབས་པའི་གངས་ཅན་པ༔ །མང་ཞིག་ཉིན་ཀྱང་མཚན་མོའི་ལམ་དུ་རྒྱུ། །གཉིས་པ་གང་ཟག་གསར་སྙིང་གཉིས་ཀ་ལ་འཁྲུལ་པ་སྲིད་པ་ནི། ལེགས་བཤད་སྒྲོ་དབྱེའི་ནང་ན། དེ་ལྟ་ན་གསར་མ་ལ་ཡང་མཚུངས་ཤེས་པ་མང་ཞིག་སྣང་བ། དེའི་ལན་ནི། ཆོས་གསར་མ་འཁྲུལ་མེད་དུ་ཁས་ལེན་ཀྱང་། ཆོས་དེ་འཛིན་པའི་གང་ཟག་ཐམས་ཅད་འཁྲུལ་མེད་དང་། དེས་བརྩམས་པའི་གཞུང་ལུགས་གང་འདྲུག་འཁྲུལ་མེད་དུ་ཁས་ལེན་པ་མ་ཡིན་ཏེ། སྟོན་བཅོམ་ལྡན་རལ་གྲི་དཔོན་སློབ་དང་། མཁྱེན་རབ་ཀྱི་དབང་ཕྱུག་བུ་སྟོན་སོགས་ཀྱིས་བཀའ་དང་བསྟན་བཅོས་ཀྱི་

དག་ཐེར་མཛད་པ་ན། གསར་འགྱུར་གྱི་དབང་དུ་བྱས་པའི་བཀའ་དང་བསྟན་བཅོས་སུ་སྒྲོ་བཏགས་པ་རྣམ་གྲངས་ཆེས་ཤིན་ཏུ་མང་པོ་དག་དོར་བྱར་བཤད་པ་དང་། རྗེ་བཙུན་ས་སྐྱ་པའི་བསྟན་བཅོས་འདི་ཉིད་ཀྱིས་ཆོས་དང་ཆོས་མིན་ཕྱེ་བ་ཡང་། རྙིང་མ་སྔ་བ་དག་ལ་བརྟག་དཔྱད་མཛད་པ་ཆ་ཤས་ཙམ་ལས་མེད་ལ། ཚིག་དོན་གྱི་ནོར་པ་ཕལ་ཆེ་བ་གསར་མ་སྔ་བ་དག་ལས་བརྩམས་ནས་བཤད་པ་ཡིན་ཏེ། ཇི་སྐད་དུ། དེས་ན་ད་ལྟའི་ཆོས་འགའ་ལ། །གནད་ཀྱི་གནད་རྣམས་བཅོས་པ་སྲུ། །དོགས་པའི་ཆོས་ལུགས་འགའ་ཞིག་ཡོད། །དེ་ཡང་མདོ་ཙམ་བཤད་ཀྱིས་ཉོན། །སོ་སོར་ཐར་པའི་སྡོམ་པ་ནི། །བྱང་ཆུབ་བར་དུ་བླངས་གྱུར་ན། །སོ་སོར་ཐར་པ་ཅི་ནས་འཇིག །འདི་ཡང་གནད་རྣམས་བཅོས་པར་དོགས། །བྱང་ཆུབ་སེམས་དཔའི་སྡོམ་པ་ལ། །དབུ་མའི་ལུགས་བཞིན་མི་བྱེད་པར། །སེམས་ཙམ་པ་ཡི་ཆོ་ག་ནི། །སྐྱེ་བོ་ཀུན་ལ་བྱེད་པ་མཐོང་། །འདི་ཡི་ཆོ་ག་ངེས་པར་འཇིག །འདི་ཡང་གནད་རྣམས་བཅོས་པར་དོགས། །སེམས་བསྐྱེད་ཀྱི་ནི་བསླབ་བྱའི་མཆོག །བདག་གཞན་བརྗེ་བའི་བྱང་ཆུབ་སེམས། །སྒོམ་དུ་མི་རུང་ཞེས་སྨྲ་བ། །འདི་ཡང་གནད་རྣམས་བཅོས་པར་མཐོང་། །གསང་སྔགས་ཀྱི་ནི་དབང་བསྐུར་བ། །མེད་ཀྱང་གསང་སྔགས་སྒོམ་རུང་ཟེར། །རྡོ་རྗེ་འཆང་གིས་བཀག་པས་ན། །འདི་ཡང་གནད་རྣམས་བཅོས་པར་དོགས། །ཞེས་པ་ནས། ཡོད་པའི་དགེ་བ་ཞེས་བྱ་བ། །ཆོས་ཀྱི་དབྱིངས་ལ་བསམས་ནས་ནི། །དེ་ནི་བསྔོ་བའི་རྒྱུར་བྱེད་པ། །ཞེས་པ་ནས། དམ་ཚིག་དང་ནི་སྡོམ་པ་ཡི༑ ༑གནད་རྣམས་བཅོས་པ་མང་མོད་ཀྱི། །གསང་སྔགས་ཡིན་ཕྱིར་འདིར་མི་འཆད། །ཅེས་དང་། སེམས་བསྐྱེད་ཇོ་བོའི་ལུགས་བྱེད་ཅིང་། །ཇོ་བོ་གཏན་ནས་མི་བཞེད་པའི། །སེམས་བསྐྱེད་ཀུན་ལ་བྱེད་པ་དང་། །དོན་དམ་སེམས་བསྐྱེད་བྱེད་པ་ནི། །གཞན་དང་འགལ་བ་སྨོས་ཅི་དགོས། །རང་ལུགས་དང་ཡང་འགལ་བ་ཡིན། །ནཱ་རོ་ཏ་པ་དབང་བསྐུར་དང་། །རིམ་གཉིས་ཆོས་ཀྱི་གཙོ་བོར་མཛད། །ནཱ་རོའི་བརྒྱུད་པ་འཛིན་བཞིན་དུ༑ ༑དབང་དང་རིམ་གཉིས་མི་སྒོམ་པ། །ཞེས་སོགས་ནས། རྡོ་རྗེ་ཕག་མོའི་བྱིན་རླབས་ནི། །མར་པ་ལྷོ་བྲག་པ་ལ་མེད། །ཅེས་སོགས་རྒྱ་ཆེར་གསུངས་པ་བཞིན་ནོ། །

དེ་ལྟར་བཤད་པས་གྲུབ་པའི་དོན་ནི། འདི་ལྟར་དམ་བཅའ་བ་ཡིན་ཏེ། གསར་མ་པ་ལ་ཡོད་པའི་ཆོས་ལོག་ཇི་སྙེད་པ་གསར་མའི་ཆོས་མ་ཡིན། དེ་བཞིན་དུ་རྙིང་མ་པ་ལ་ཡོད་པའི་ཆོས་ལོག་ཇི་སྙེད་པ་རྙིང་མའི་ཆོས་མ་ཡིན། དེ་ཉིད་ཀྱིས་ན་དེ་དག་ལུང་རིགས་ཀྱིས་བཀག་པས་གསར་རྙིང་གི་ཆོས་བཀག་པར་མི་འགྱུར་རོ། །ཤེས་རབ་ཅན་མ་ཡིན་པ་དག་རྙིང་མའི་ཆོས་མ་ཡིན་པ་ལ་ཆོས་སུ་སྒྲོ་བཏགས་པ་དེ་ལུང་རིགས་ཀྱིས་སུན་ཕྱུང་བ་ན། རྙིང་མ་བཀག་གོ་ཞེས་ཚ་ངེ་འདོན་པ་དེ་ནི། སྨྲ་བ་པོ་དེ་ཉིད་ཀྱིས་ཉམས་ལེན་དུ་བྱེད

པའི་ཆོས་མ་ཡིན་པ་དེ་རྙིང་མའི་ཆོས་སུ་ཁས་བླངས་པ་ལས་བྱུང་བ་ཡིན་ཏེ། དཔེར་ན། སྦྱོར་སྒྲོལ་ཞེས་བྱ་བའི་དོན་མཐར་ཐུག་པ་ནི། གཟུང་འཛིན་གྱི་རྣམ་པར་རྟོག་པ་བསྒྲལ་ནས། ཆོས་ཀྱི་དབྱིངས་སུ་སྦྱོར་བ་ཞེས་བྱ་བ་དེ་ཡིན་པ་ལ། ཆགས་སྡང་ལས་གྱུར་པའི་སྦྱོར་སྒྲོལ་ཆོས་སུ་སྨྲ་བ་བཀག་པ་ན་རྙིང་མ་བཀག་གོ་ཅེས་ཟེར་བ་དང་། སྐབས་འདི་ནའང་། བསྟན་བཅོས་འདིའི་དགོངས་པ་གཞན་དག་ཟེར་པ་དེ་མ་ཡིན་ནོ། །ཞེས་སྨྲས་པ་ནས་སྡོམ་གསུམ་རབ་དབྱེའི་བསྟན་བཅོས་བཀག་གོ་ཅེས་ཟེར་བ་དག་སྣང་བ་བཞིན་ནོ། །གཉིས་པ་བསྟན་བཅོས་རྩ་བའི་དགོངས་པ་ཇི་ལྟར་ཡོད་པ་ལ། གཉིས་ཏེ། བསྟན་བཅོས་འདི་ན་རྙིང་མ་པ་ལ་ཟུར་གྱིས་ཕོག་པ་ཇི་ལྟར་ཡོད་པ་དང་། དངོས་སུ་གསལ་བའི་དགག་སྒྲུབ་ཇི་ལྟར་ཡོད་པའོ། །དང་པོ་ལ། གཉིས་ཏེ། དངོས་དང་། དེའི་ཤེས་བྱེད་དཔྱད་པའོ། །དང་པོ་ནི། ཇི་སྐད་དུ། ད་ལྟའི་ཕྱག་རྒྱ་ཆེན་པོ་དང་། །རྒྱ་ནག་ལུགས་ཀྱི་རྫོགས་ཆེན་གཉིས། །ཞེས་པ་འདི་དང་། ལ་ལ་དཀར་པོ་གཅིག་ཐུབ་ལས། །འབྲས་བུ་སྐུ་གསུམ་འབྱུང་ཞེས་ཟེར། །ཞེས་དང་། ལ་ལ་དབང་བཞི་ མི་འདོད་ཅིང་། །བསྐྱེད་རིམ་ལ་སོགས་བཞི་པོ་ཡི། །རྣམ་པར་བཞག་པ་མི་འདོད་པར། །རྫོ་རྗེ་ཐེག་པའི་འབྲས་བུ་ནི། །སྤྲུལ་སྐུ་ལ་སོགས་སྐུ་བཞི་ཞེས། །འདོད་པ་དེ་ཡང་ལོག་ཤེས་ཡིན། །ཞེས་དང་། ཁ་ཅིག་འབྲས་བུའི་མཐར་ཐུག་ནི། །འོད་གསལ་ཡིན་ཞེས་སྨྲ་བ་ཐོས། །ཞེས་དང་། གཏེར་ནས་བྱུང་བའི་གླེགས་བམ་དང་། །ཞེས་སོགས་བཤད་པ་འདི་ཟུར་གྱིས་ཕོག་གོ །གཉིས་པོ་ནི། སེམས་ཕྱོགས་ཀྱི་རྒྱུད་མ་བུ་འཁོར་དང་བཅས་པའི་དགོངས་པ་ཇི་ལྟར་ཡིན་ཀྱང་། དེ་ནས་བཤད་པའི་ལྟ་བ་གཅིག་པུས་གྲོལ་བ་ཉིད་དུ་ཁས་བླངས་ནས། ཐབས་ཀྱི་ཆ་རྣམས་ཡལ་བར་དོར་བ་དང་། ཐབས་ཀྱི་ཆ་སྣ་ཚོགས་གསུངས་པ་དེ་ལྟ་བ་མ་རྟོགས་པའི་དབང་དུ་བྱས་པ་ཡིན་ཞེས་ཟེར་བ་དག་བྱུང་བར་སྣང་སྟེ། དཔེར་ན། ལྟ་བ་རྒྱང་པས་ཀླུ་སྒྲུབ་གྲོལ། །ཞེས་ཟེར་མཁན་ཞིག་བྱུང་བ་དང་འདྲའོ། །རྒྱ་ནག་མཁན་པོའི་ཆོས་ལུགས་ལ་རྫོགས་ཆེན་གྱི་མིང་འདོགས་པ་ཁོང་རང་གི་ལུགས་ལ་མེད་ཀྱང་། ཨ་ཏི་བས་ཐབས་ཀྱི་ཆ་མི་དགོས་པ་དེ་ལྟར་ཁས་བླངས་ན་དེར་སོང་ཞེས་ཕུལ་བའོ། །ལྷག་མ་རྣམས་ཀྱང་ཕལ་ཆེར་དེ་ཉིད་ཀྱིས་མཚོན་པར་ནུས་སོ། །གཉིས་པ་ནི། ཐེག་པ་རིམ་དགུའི་རྣམ་གཞག་འདི་རྙིང་མའི་ཆོས་རྩོད་མེད་ཡིན་པར་གསལ་ཞིང་། དེ་དག་ལ་ལྟ་བའི་རིམ་པ་གོང་འོག་དགུ་ཡོད་པར་བཞེད་པ་པོ་ཇི་ལྟར་བྱུང་ཡང་། བསྟན་བཅོས་འདིའི་ཕྱོགས་སྔ་མ་ཉིད་དུ་གསལ་ལ། དེའི་སྐབས་ཀྱི་ལྟ་བའི་མཐར་ཐུག་དེ་འབྲུལ་ཞེས་གསུང་པ་མ་ཡིན་ཞིང་། འཆད་པ་པོས་ལྟ་སྒོམ་ཤན་མ་ཕྱེད་པའི་ཉེས་པ་ཡོད་དོ་ཞེས་འཆད་པའི་སྐབས་ཀྱི་གཞུང་རྣམས་གོང་འོག་ཏུ་འཐོར་སྣང་བས། འདི་ལྟར་སྦྱར་ན་འཆད་བདེ་བ་ཡིན་ཏེ། ལ་ལ་ཐེག་པ་རིམ་དགུ་ལ། །ལྟ་བ་ཐ་དད་ཡོད་ཅེས་ཟེར། །ཐ་དད་ཇི་

ལྟར་ཡོད་གྱུར་ན། །ཁ་ཅིག་དབུ་མའི་ལྟ་བ་ནི། ཀུན་རྫོབ་ཇི་ལྟར་སྣང་བཞིན་ཡིན། །དོན་དམ་མཐའ་བཞི་སྤྲོས་པ་བྲལ། །བྱ་བའི་རྒྱུད་ཀྱི་ཀུན་རྫོབ་ནི། །རིགས་གསུམ་རྒྱལ་བའི་དཀྱིལ་འཁོར་ཡིན། །དོན་དམ་དབུ་མ་དང་མཚུངས་ཟེར། །སྤྱོད་པའི་རྒྱུད་ཀྱི་ཀུན་རྫོབ་དང་། །རྣལ་འབྱོར་རྒྱུད་ཀྱི་ཀུན་རྫོབ་ནི། །རིགས་ལྔའི་རྒྱལ་བར་སྣང་བ་ཡིན། །རྣལ་འབྱོར་ཆེན་པོའི་ཀུན་རྫོབ་ནི། །དམ་པ་རིགས་བརྒྱ་ཡིན་ཞེས་ཟེར། །ཞེས་པས་རྒྱུད་སྡེ་བཞིའི་ལྟ་བའི་རིམ་པ་ངོས་བཟུང་ནས། རྣལ་འབྱོར་ཆེན་པོ་ཉིད་ལ་གསུམ་དུ་ཕྱེ་བའི་རིམ་པ་ངོས་འཛིན་པ་ནི། གསང་སྔགས་སྔ་འགྱུར་པ་རྣམས་ནི། །རྣལ་འབྱོར་རྣལ་འབྱོར་ཆེན་པོ་དང་། །རྗེས་སུ་རྣལ་འབྱོར་ཤིན་ཏུ་ནི། །རྣལ་འབྱོར་ཞེས་བྱ་རྣམ་པ་བཞི། །ཐེག་པའི་རིམ་པ་ཡིན་ཞེས་ཟེར། །ཞེས་པ་རྣམས་ཡིན་ལ། དེ་དག་གོ་རིམ་བཞིན་དུ་སྦྱོར་འབྱིན་པ་ནི། ཉན་ཐོས་དང་ནི་ཐེག་ཆེན་ལ། །ལྟ་བའི་རིམ་པ་ཡོད་མོད་ཀྱི། །ཕ་རོལ་ཕྱིན་དང་གསང་སྔགས་ལ། །ལྟ་བའི་དབྱེ་བ་བཤད་པ་མེད། །ཅེས་སོགས་དང་། ལྟ་སྒོམ་རྣམ་དབྱེ་མ་ཕྱེད་ཅིང་། །ཐབས་དང་ཤེས་རབ་མ་ཤེས་པས། །འདི་འདྲའི་རྣམ་དབྱེ་འཁྲུལ་པ་ཡིན། །ཞེས་པ་ནས། དེས་ན་གསང་སྔགས་གསར་མ་ལ། །རྣལ་འབྱོར་ཆེན་པོའི་ལྟག་ན་ནི། །དེ་བས་ལྷག་པའི་རྒྱུད་སྡེ་མེད། །སྒོམ་པ་དམིགས་པ་ཉིད་ཀྱང་ནི། །རྣལ་འབྱོར་ཆེན་པོའི་གོང་ན་མེད། །དེ་ལས་སྐྱེས་པའི་ཡེ་ཤེས་ནི། །སྤྲོས་པ་མེད་ཅིང་བརྗོད་བྲལ་བས། །ཐེག་པའི་རིམ་པར་མི་བཞེད་དོ། །ལུགས་འདི་ལེགས་པར་ཤེས་གྱུར་ན། །ཨ་ཏི་ཡོ་གའི་ལྟ་བ་ཡང་། །ཡེ་ཤེས་ཡིན་གྱི་ཐེག་པ་མིན། །བརྗོད་བྲལ་བརྗོད་བྱར་བྱས་པ་ནི། །མཁས་པའི་དགོངས་པ་མིན་ཞེས་བྱ། །དེས་ན་ཐོས་པའི་ལྟ་བ་ནི། །དབུ་མ་ཡན་ཆད་ཐམས་ཅད་མཐུན། །དེ་ཕྱིར་ལྟ་བའི་ལུང་སྦྱོར་ཀུན། །ཕ་རོལ་ཕྱིན་བཞིན་ཐམས་ཅད་མཛད། །དེ་རྟོགས་པ་ཡི་ཐབས་ལ་ནི། །ཐེག་པའི་རིམ་པ་ཡོད་པ་ཡིན། ། ཞེས་གསུངས་སོ། །དེ་དག་གི་ངག་དོན་མདོར་བསྡུས་ན། སྤྱིར་རིམ་པ་དགུ་པོ་ལ་ལྟ་བ་ཐ་དད་མི་འཐད། ལྟ་བ་དང་སྒོམ་པའི་ཁྱད་པར་མ་ཕྱེད། དེ་མ་ཕྱེད་པས་ཐབས་ཀྱི་བྱེ་བྲག་ཀྱང་ལྟ་བའི་ཁྱད་པར་དུ་འཁྲུལ། དེར་འཁྲུལ་པའི་རྒྱུ་མཚན་གྱིས་རྒྱུད་སྡེ་བཞི་ལ་ལྟ་བ་གོང་འོག་གི་ཁྱད་པར་ཁས་བླངས་སོ། །ཀུན་རྫོབ་ཀྱི་ལྡོག་པ་དང་ལྟ་བའི་ལྡོག་པ་ཤན་མ་ཕྱེད། རྒྱུད་སྡེའི་རྩེ་མོ་རྣལ་འབྱོར་བླ་མེད་གཞིར་བྱས་ལ། ཐེག་པ་གསུམ་མམ་བཞིར་འབྱེད་པ་མི་རིགས། བཞི་པོ་དེའི་ནང་ནས་ཀྱང་རྣལ་འབྱོར་ཆེན་པོ་ལས་ཤིན་ཏུ་རྣལ་འབྱོར་བཟང་ཞེས་ཟེར་བ་དེ་མི་འཐད། དེ་ལྟར་ཤེས་པ་ན་ཐེག་པ་ཐམས་ཅད་ཀྱི་མཐར་ཐུག་ཏུ་ཁས་བླངས་པའི་ཨ་ཏི་ཡོ་ག་ཞེས་པ་དེ་ཡང་ལྟ་བའི་མཐར་ཐུག་ཡིན་གྱི་ཐེག་པ་ལོགས་སུ་གྱུར་པ་མ་ཡིན། ཞེས་འཆད་པ་ཡིན་ནོ། །དེ་ཡང་ཅུང་ཟད་ཕྱེ་སྟེ་བཤད་ན། ལྟ་སྒོམ་མ་ཕྱེད་ཅེས་པ་ནི་ལྟ་བའི་ཡུལ་ནི་གནས་ལུགས་ཀྱི་དོན་དང་། ཡུལ་

ཅན་ནི་དེ་རྟོགས་པའི་ཤེས་རབ་ཡིན་ལ། སྒོམ་པ་ནི་གནས་ལུགས་དང་མཐུན་པའི་ངེས་པ་མེད་དེ། ཡུལ་ཀུན་རྫོབ་པ་ལ་དམིགས་ནས་ཡུལ་ཅན་ཀུང་ཀུན་རྫོབ་ཀྱི་རྣམ་པར་སྐྱེ་བ་དག་མཐོང་བའི་ཕྱིར། དཔེར་ན། བྱམས་པ་དང་སྙིང་རྗེ་དང་བྱང་ཆུབ་ཀྱི་སེམས་སྒོམ་པ་བཞིན་ནོ། །དེས་ན་ཀུན་རྫོབ་ཇི་ལྟར་སྣང་བ་འདི་དང་། དེའི་ཡུལ་ཅན་གྱི་ཤེས་རབ་གཉིས་དབུ་མའི་ལྟ་བར་མི་རུང་། རྒྱུད་སྡེ་འོག་མ་གསུམ་དུ་སྣང་བ་ལྟར་གསུངས་པ་མེད་ཅིང་། ཡོད་ན་ཡང་དེའི་ཡུལ་དང་ཡུལ་ཅན་གཉིས་ཀ་གནས་ཚུལ་དང་མཐུན་པ་མེད་པས་ལྟ་བར་མི་རུང་། དཔེར་ན། ཁྲིས་སྐྱ་ལྟ་དངོས་མ་ཡིན་པའི་རྒྱུ་མཚན་གྱིས་དེ་དེར་གོམས་པའི་བློ་དེ་ལྟ་བ་མིན་ཞེས་པ་ལྟ་བུའོ། །རྣལ་འབྱོར་ཆེན་པོའི་སྐབས་སུ་ཀུན་རྫོབ་ཀྱི་སྣང་བ་མཐའ་དག་ལྷ་ཡིན་ཞེས་པ་ཙམ་ཞིག་སྨྲས་ཟིན་ལ་ཡོད་ཀྱང་། དེ་ལྟར་འཛོག་པ་ལ་དག་པ་གསུམ་གྱི་རང་བཞིན་ཤེས་དགོས་པ་ཡིན་ཏེ། དཔེར་ན། གཟུགས་རྣམ་པར་སྣང་མཛད་ཅེས་པ། གཟུགས་ཀྱི་ཕྱོག་ཆ་ནས་མ་དག་པ་ཡིན་པས་ལྷ་དང་ལྷ་བའི་ཡུལ་དུ་མི་རུང་། ལྷ་རྣམ་པར་སྣང་མཛད་ཀྱི་ངོ་བོ་ནི་གཟུགས་ཀྱི་ཆོས་ཉིད་ལ་འཇོག་པས་ཕྱོག་ཆ་སོ་སོར་དབྱེ་དགོས་པའི་ཕྱིར། དེས་ན། རྣལ་འབྱོར་ཆེན་པོའི་ཀུན་རྫོབ་ཀུན། །དམ་པ་རིགས་བརྒྱ་ཡིན་ཞེས་ཟེར་བ་དེ་སྤྱིར་མི་འཐད། འཐད་དུ་ཆུག་ཀྱང་ཀུན་རྫོབ་པའི་ཡུལ་ཅན་གང་ཡིན་ལྟ་བར་མི་འཐད་དོ། །ཡང་རྣལ་འབྱོར་ཆེན་པོ་གཞིར་བྱས་ལ། རྣལ་འབྱོར་གསུམ་དུ་འབྱེད་པ་འདི་སྤྱིར་གསང་བ་འདུས་པ་ལ་སོགས་པའི་རྒྱུད་ལས་བྱུང་བས་རྣལ་འབྱོར་གྱི་རིམ་པར་འཐད་ཀྱང་། ཐེག་པ་དང་རྒྱུད་སྡེའི་རིམ་པར་མི་འཐད་དེ། རྣལ་འབྱོར་བཞིའི་ནང་གི་རྣལ་འབྱོར་ཆེན་པོ་དང་། རྒྱུད་སྡེའི་རྣལ་འབྱོར་ཆེན་པོ་དོན་མི་གཅིག་པའི་ཕྱིར། གོ་རིམ་ཡང་མི་མཐུན་ཏེ། རྣལ་འབྱོར་བཞིའི་ནང་གི་བཟང་ཤོས་རྣལ་འབྱོར་ཆེན་པོ་ཡིན་པ་ལ། ཁྱེད་ཐེག་པ་རིམ་དགུ་འདོད་པ་དག་གིས་ཤིན་ཏུ་རྣལ་འབྱོར་བཟང་བར་ཁས་བླངས་པའི་ཕྱིར། ཅེས་འཆད་པར་གསལ་ལོ། །བསྟན་བཅོས་འདིའི་ལུགས་ལ། ཨ་ཏི་ཡོ་གའི་ལྟ་བ་དེ་ལྟ་བ་རྫུང་པའི་ཆ་ནས་འབྲུལ་བཅས་སུ་ཞལ་གྱི་ནི་མི་བཞེས་ལ། མ་འབྲུལ་པར་བཞེད་ཀྱང་། དབུ་མའི་ལྟ་བ་ལས་ལྷག་པ་མེད་ཅིང་། དེའི་རྒྱུ་མཚན་གྱིས་རྒྱུད་སྡེ་བཞིའི་ལྟ་བ་ལས་ལྷག་པ་ཡང་མེད་དོ། །དེ་ བཞིན་དུ་ཕྱག་རྒྱ་པ་ལ་གྲགས་པའི་ལྟ་བ་ཡང་། ཁོང་རང་རྣམ་པ་ཆེན་པོ་གསུམ་ལས་ལྷག་ཅེས་གསུང་ཡང་། དབུ་མའི་ལྟ་བ་ལས་གོང་དུ་སོང་བ་མེད། དེ་ལྟ་ན་ཡང་ཨ་ཏི་དང་ཕྱག་རྒྱ་པའི་ལྟ་བ་གཉིས་ཀ་རྟོགས་པའི་ཐབས་ལ་ནི། དབུ་མ་ལས་གསང་སྔགས་ཁྱད་པ་དུ་འཕགས་པ་ཡིན་ཏེ། ཕ་རོལ་ཏུ་ཕྱིན་པ་པས་ནི་ཐོག་མར་ཐོས་པ་དང་བསམ་པའི་ཤེས་རབ་ཀྱིས་སྤྱིའི་ཚུལ་གྱིས་རྟོགས་ནས། ཡུན་རིང་དུ་གནས་པ་ལས་མཐོང་དགོས་ལ། གསང་སྔགས་པས་ནི་རྡོ་རྗེ་ལུས་ལ་གནད་དུ་བསྣུན་པ་དང་། ཡེ་ཤེས་པ་དབབ་པ་དང་།

དབང་གསུམ་པ་ལྷ་བུའི་ཐབས་ཀྱིས་སྐད་ཅིག་མ་དེ་ཉིད་ལ་མངོན་སུམ་དུ་མཐོང་བར་ནུས་པའི་ཕྱིར། ཞེས་བྱ་བ་འདི་ནི། འཇམ་དབྱངས་ཆོས་ཀྱི་རྗེ་ས་སྐྱ་པཎྜི་ཏའི་བཞེད་པར་གསལ་བ་ཉིད་དུ་བསྟན་བཅོས་འདིའི་དངོས་བསྟན་ལ་ཆེས་གསལ་བར་བྱུང་བས་རབ་རིབ་ཀྱི་ཚུལ་གྱིས་སྨྲ་བར་མ་ནུས་སོ། །རྗེ་བཙུན་ས་སྐྱ་པཎྜི་ཏའི། །བསྟན་བཅོས་ཉིད་ཀྱི་དབང་བྱས་ནས། །འཆད་ཚེ་དྲང་པོའི་གཏམ་འདི་ཡིས། །འགའ་ལ་ཟུང་རྫུར་མ་གྱུར་ཅིག །སྙིང་མའི་ཆོས་ཀུན་འཕགས་ཡུལ་ནས། །བསྒྱུར་བར་འབད་པས་སྒྲུབ་མི་དགོས། །སློབ་དཔོན་སྤྲུལ་པའི་སྐུ་ཉིད་ཀྱིས། །གསུངས་པ་ཉིད་དུ་གྲུབ་པས་ཆོག །འཕགས་པའི་ཡུལ་ནས་ཕྱིས་འགྱུར་བའི། །སྔགས་དང་བརྡ་སྐད་མ་མཐུན་ཀྱང་། །མཆོག་དང་ཐུན་མོང་གྲུབ་པ་ལ། །མི་བསླུར་གྲུབ་ཕྱིར་དེ་ཚད་མ། །དཔེར་ན་ཡུལ་ཆེན་སོ་སོ་ནས། །གྲུབ་པ་མཆོག་རྣམས་ཀྱིས་བླངས་པའི། །ཆོས་ཀྱང་གླེགས་བམ་སོ་སོ་ལས། །འཕགས་པའི་ཡུལ་དུ་བསྒྱུར་བ་མེད། །ཇོ་རྗེ་སེམས་དཔས་གནང་ཐོབ་པའི། །བཀའ་ཡི་བསྡུ་བ་པོ་ཉིད་ཀྱིས། །ཡུལ་ཁམས་སོ་སོའི་སྐད་ཉིད་དུ། །བཤད་པས་ཆོག་པར་གསུངས་པ་ཡིན། །སྙིང་མའི་ཆོས་ལུགས་འཕགས་ཡུལ་ནས། །འགྱུར་བར་ངེས་རྣམས་སྒྲུབ་མི་དགོས། །མ་ངེས་པ་རྣམས་བསྟན་བཅོས་སུ། །བསྒྲུབས་ལས་གྲུབ་པར་གྱུར་འདི་ཡང་། །གང་འདིའི་རྣམ་རྟོག་རང་བཟོའི་ལམ། །སྙིད་ནས་འཕྲུན་པར་གྱུར་མིན་གྱི། །བོད་ཀྱི་ཡུལ་དུ་སྟོན་བྱོན་པའི། །ཆེན་པོ་རྣམས་ཀྱིས་དེར་བཤད་པའོ། །གཉིས་པ་གཞན་གྱིས་བཤད་པའི་ན་ཡམ་བཀོད་པའི་ཚུལ་བཤད་པ་ལ། གཉིས་ཏེ། དགོས་པ་དང་། རྒྱུ་མཚན་ནོ། །དང་པོ་ནི། གཞུང་འདི་ལས། བོད་ཀྱིས་སྒྱུར་བའི་རྒྱུད་སྡེ་མང་། །ཞེས་པ་ཙམ་ལས་རྐང་གྲངས་ནི་མ་སྨོས་ལ། འགོས་དང་། ཚག་དང་། ཕོ་བྲང་ཞི་བ་འོད་དང་། ལྷ་བླ་མས་མཛད་པ་གྲགས་པ་དང་། རྟོག་གེ་གཟེ་མར་མགོར་གྲགས་པ་རྣམས་ལ་ནི། གང་ཟག་འདི་ཞེས་བྱ་བས་བྱས་པ་འདི་ནི་ཆོས་ལོག་དྲི་མ་ཅན་ནོ་ཞེས་དབང་ཆེའི་སྒོ་ནས་བཀའ་ལུང་བསྒྲགས་པའི་རྣམ་པ་མ་གཏོགས། ཤེས་བྱེད་ཀྱི་དཔེ་དང་གཏན་ཚིགས་གསལ་བར་མ་བཀོད་ཅིང་། འགོས་ཀྱིས་ནི་རྒྱ་གར་ན་མ་གྲགས་པ་ཙམ་ཞིག་ཤེས་བྱེད་དུ་བཀོད་དོ། །དཔལ་འཛིན་གྱིས་ནི། གང་ཟག་འདིས་རྒྱུད་དུ་བཏགས་པ་འདི་བྱས་ཟེར་བ་ཙམ་དུ་མ་ཟད། ཚིག་དོན་ལ་ནོངས་པ་ཡོད་པའི་ཤེས་བྱེད་རྒྱས་པར་བཀོད་པ་དང་། དེ་ཡང་ཨ་ཚུགས་ཀྱི་རིགས་པ་མ་ཡིན་པར་རྣམ་དཔྱོད་ཅན་དུ་མཆོན་ནུས་པའི་ཚིག་དང་། ཐོས་པ་དང་ཆོས་རྒྱུས་ཀྱི་སྒོ་ནས་བཤད་འདུག་པའི་ཕྱིར་ན། གཞུང་འདིར། རྒྱལ་པོ་དར་མས་བསྟན་པ་བསྣུབས། །དེ་རྗེས་ཆོས་ལོག་དུ་མ་འཕེལ། །དེ་ཚེ་བླ་མ་ཡེ་ཤེས་འོད། །ཅེས་བཤད་པས། དེ་སྐབས་ཀྱི་ཆོས་ལོག་འཕེལ་བ་དེ་ངོས་འཛིན་དགོས་ཤིང་། གསར་མའི་འགྱུར་མགོ་ནི་དུས་དེར་མ་ཚུགས། སྙིང་མ་ལ་དཔྱད་པའི་སྐུན་འ

བྱིན་མཛད་པ་པོས་ཆོས་ལོག་གི་ཤེས་བྱེད་གསལ་བར་མ་བཤད་པའི་ཕྱིར་ན། དཔལ་འཛིན་གྱི་གཞུང་འདི་སྣང་ངོ་ཞེས་ན་ཡམས་སུ་བཀོད་པ་ཡིན་ནོ། །གཉིས་པ་རྒྱུ་མཚན་ནི། འོ་ན་འདི་ལ་རྣམ་དཔྱོད་དང་ཐོས་པ་ཇི་ལྟར་སྣང་ཞེ་ན། བསྟན་བཅོས་འདིའི་རིགས་པ་སོར་གཞག་ནས་བཤད་པ་དག་ཀྱང་འདི་ལ་སྣང་སྟེ། ཇི་སྐད་དུ། ཐུགས་ཀྱི་ཁྱད་ཆོས་ལྟ་བ་མིན། །དབུ་མ་ལས་ལྷག་ག་ལ་ཡོད། །ཚེ་འདིར་སངས་རྒྱས་འགྲུབ་བྱེད་པ། །ཕྱག་རྒྱ་ཆེན་པོ་ཞེས་བྱ་བ། །ཐབས་ཀྱིས་ཁྱད་པར་འཕགས་སོ་ཞེས། །ཟབ་མོའི་རྒྱུད་འགྲེལ་ཀུན་ལས་བྱུང་། །ཞེས་དང་། བླང་དོར་མེད་པ་སྤྱོད་པ་མིན། །དེ་ནི་ལྟ་བའི་རྣམ་གཞག་ཡིན། །སྤྱོད་པ་ཆོས་དབྱིངས་རྟོགས་ནས་ཀྱང་། །སྡོམ་སྤྱང་ཐམས་ཅད་དུ་གདོད་སྤོང་། །ཞེས་དང་། མ་ཧཱ་ཡ་ནུ་ཡ་ཏི་གསུམ། །འདུས་པའི་བསྐྱེད་རྫོགས་ཉམས་ལེན་གྱི། །རིམ་པ་ཙམ་གྱིས་སོ་སོར་ཕྱེ། །རྒྱུད་སྡེ་སོ་སོར་དབྱེ་བ་མིན། །ཞེས་དང་། རྡོ་རྗེ་ཐེག་པའི་ཁྱད་ཆོས་ནི། །དབང་དང་རིམ་པ་གཉིས་སུ་འདུས། །ཞེས་པ་འདི་དག་གིས་ནི་བསྟན་བཅོས་འདི་པའི་དགོངས་པ་དཔྱིས་ཕྱིན་པར་ལོན་ནས་སྨྲས་འདུག་པ་དང་། ཡང་ཇི་སྐད་དུ། མདོན་པར་བྱང་ཆུབ་རྣམ་ལྔ་དང་། །ཞེས་པ་ནས། ཕྱི་རོལ་པ་ཡང་བསྐྱེད་རིམ་བྱེད། །དག་པ་སྒོམ་པ་སངས་རྒྱས་ཆོས། །ཞེས་པ་དང་། ཁྱུངས་མའི་རྒྱུད་གཞུང་ཐམས་ཅད་ལས། །ཕྱི་ཡི་མཆོད་པ་ཀུན་རྫོགས་ནས། །བསྟོད་པའི་རྗེས་ལ་ནང་མཆོད་དང་། །ཀུན་གྱི་མཐའ་ལ་གཏོར་མ་མཛད། །ཅེས་པ་འདི་དག་གིས་ནི་ཆོས་ཀྱི་རྒྱུས་དང་། ཐོས་པ་ཆེ་བར་ཡང་མཚོན་ནུས་ཤིང་། སྔོན་དུ་བཤད་པ་དེ་དག་སྙིང་མའི་རྒྱུད་དུ་བཏགས་པའི་ནང་དུ་བྱུང་ན་དཔལ་འཛིན་གྱིས་སྨྲས་པ་དེ་ཁུངས་དག་པར་ཡང་བྱ་དགོས་སོ། །དེ་ལས་གཞན་ལུང་དེ་ནས་བཤད་པའི་རྟགས་ཀྱིས་བསྒྲུབ་བྱ་ཞིག་བསྒྲུབས་འདུག་ན་ལུང་དུ་བྱས་པ་ཞེས་བྱ་བའི་ཐ་སྙད་ཡོད་པ་ཡིན་མོད། རང་ལུགས་དཔྱིས་ཕྱིན་པར་གོང་དུ་བཀོད་ཟིན་པའི་འོག་ཏུ་ཡམས་བཀོད་པ་ལ་ལུང་དུ་བྱས་པ་ཞེས་བྱ་བའི་ཐ་སྙད་མཁས་པ་ལ་མི་འབྱུང་བས། ཐ་སྙད་ལའང་མི་མཁས་པ་རྣམས་ཀྱི་ཁ་ན་རྒྱུ་བ་གང་ཡིན་པ་དེ། ཐ་སྙད་ལ་མཁས་པ་རྣམས་ཀྱིས་ཚིག་གི་ལམ་དུ་སྤྱན་འདྲེན་པར་མི་བྱའོ། །བཞི་པ་དེ་ནས་བཤད་པ་ལ་མདོར་ལེན་ཇི་ལྟར་ཡོད་པའི་ཚུལ་ལ་གཉིས་ཏེ། རྒྱུད་ཀྱི་ལུང་ལ་དང་། ལུང་དོན་ལ་ཇི་ལྟར་ཡོད་པའོ། །དང་པོ་ལ། སྤྱི་དང་། ཁྱད་པར་གཉིས་ལས། དང་པོ་ནི། སྤྱིར་བོད་དུ་བརྩམས་པའི་རྒྱུད་ལ། མཛད་པ་པོ་རིག་འཛིན་གྱིས་བརྐྱེས་པ་དང་མ་བརྐྱེས་པ་གང་གིས་སྤྱིར་བ་ཡིན་ཀྱང་རུང་སྟེ། ལྟད་ཞུགས་ན་ཁོ་བོ་ཅག་ནི་རྒྱུད་དྲི་མ་ཅན་ཞེས་མིང་འདོགས་པ་ཡིན་གྱི། རྒྱུད་དེ་དང་དེའི་རང་ལྡོག་ནས་ཆོས་ལོག་ཅེས་སྨྲ་བ་ནི་སྤྱོབས་པ་མ་ཡིན་ཏེ། ཇི་སྐད་དུ། མི་རིགས་པ་ཡི་གཟུགས་ལའང་མི་རིགས་ན། །ཐེ་ཚོམ་ཟ་བའི་ཆོས་ལ་སྨོས་ཅི་དགོས། །ཞེས་གསུངས་པས་སོ། །དེས་ན་བསྟན་བཅོས་ཀྱི་ནང་

དུ་ལྟར་ཞུགས་པ་ཙམ་གྱིས་བསྟན་བཅོས་དེ་ཆོས་ལོག་ཏུ་གྲུབ་པར་མི་ནུས་ཏེ། དེའི་ནང་ན་ཆོས་ཡང་དག་པ་དུ་མ་བཞུགས་པའི་ཕྱིར་རོ། །དེས་ན་རྒྱ་བར་ཆོས་ལོག་ཅེས་གསུང་བ་མང་དུ་སྣང་ཡང་། གསེར་གྱི་ཕྱུར་མར་དེའི་གོ་དོན་འཆད་པ་ན། ཆོས་དང་རྒྱུད་དྲི་མ་ཅན་ཞེས་པའི་མིང་གིས་བསྟན་མཆིས་སོ། །གཉིས་པ་ནི། སྔོན་གྱི་འཆད་པ་པོ་དེ་དག་གིས་ཕྱུར་པའི་རྒྱུད་ལ་རྩོད་པ་མ་མཛད་ཅིང་། འགོས་ལོ་ཙྪ་བ་སོགས་ཀྱིས་གསང་བ་སྙིང་པོ་ལོ་ཙྪ་བ་རིན་ཆེན་མཆོག་གིས་མཛད་པར་འཆད་ཅིང་། དེ་ལ་ལོག་པའི་སྐྱོན་བཞི་ལ་སོགས་པ་ཡོད་པར་འཆད། དེ་ལྟར་འཆད་པ་ཉིད་ཀྱིས་ཆོས་ལོག་ཏུ་མི་འགྲུབ་པར་ངེས་ཏེ། ལོ་ཙྪ་བ་དེ་ཉིད་ཀྱིས་མཛད་པར་གྲུབ་པའི་ཕྱིར། བཅོམ་ལྡན་རལ་གྲིས་གསང་སྙིང་སྒྲུབ་པ་ལ་འདི་ལྟར་གསུངས་ཏེ། སངས་རྒྱས་ལ་ཕྱག་འཚལ་ལོ། །རྒྱུད་ཟབ་མོ་དཔལ་གསང་བ་སྙིང་པོ་ལ། འགོས་ལྷས་བཙས་ལ་སོགས་པས་སྒྲོ་སྐུར་བྱས་པ་དེ་སྤང་བར་བྱ་སྟེ༑ འདི་རྒྱུད་ཡང་དག་པ་ཡིན་པའི་རྒྱུ་མཚན་ནི། དཔལ་གསང་བ་འདུས་པའི་འགྲེལ་ཆེན་སློབ་དཔོན་བི་ཤྭ་མི་ཏྲས་མཛད་པ་ལས། ཡེ་ཤེས་སེམས་པ་གང་རིག་པ། །ཞེས་པའི་འགྲེལ་པར། གསང་བ་སྙིང་པོ་ལས། འོག་མིན་གྱི་གནས་མཐའ་དང་མུ་མེད་པ་ན་གཞི་ཚད་མེད་པའི་ཡེ་ཤེས་ཀྱི་དཀྱིལ་འཁོར་གསལ་བ་ལ། ཡེ་ཤེས་རིན་པོ་ཆེ་འབར་བའི་གཞལ་ཡས་ཁང་། རྒྱ་ཕྱོགས་བཅུར་ཡོངས་སུ་འཆད་པ་ཞེས་བྱ་བ་དང་། བསམ་གྱིས་མི་ཁྱབ་པ་ཐམས་ཅད་དུ་སྐུ་གསུང་ཐུགས་སྣ་ཚོགས་པར་ཀུན་ཏུ་སྣང་བ་ཞེས་བྱ་བ་དང་། མཆོད་རྟེན་སངས་རྒྱས་ཐམས་ཅད་ཀྱི། །ཕོ་བྲང་གནས་ཤེས་བྱ་བ་ཡིན། །ཞེས་པའི་འགྲེལ་པར། རྩ་མོ་ཕྱོགས་བཅུ་དུས་བཞིའི་སངས་རྒྱས་ཀྱི་དཀྱིལ་འཁོར་མ་ལུས་པ་ཐམས་ཅད་ཀྱང་སོ་སོ་མ་ཡིན། ངོ་བོ་ཉིད་གཅིག་པ་ཡེ་ཤེས་ཀུན་ཏུ་འཁྱིལ་བ་ཞེས་བྱ་བ་དང་། རང་བཞིན་རང་བཞིན་མེད་པའི་རྒྱུ། །ཞེས་པའི་འགྲེལ་པར། ཨ་མ་ཧོ་མཚར་རྨད་ཀྱི་ཆོས། །རྫོགས་པའི་སངས་རྒྱས་ཀུན་གྱི་གསུང་། །སྐྱེ་བ་མེད་ལས་ཐམས་ཅད་སྐྱེས། །སྐྱེས་པ་འདི་ན་སྐྱེ་བ་མེད། །ཅེས་པ་དང་། གསང་བའི་དོན་འཆད་པ་ན། གསང་སྙིང་ལས། རང་བཞིན་དང་། གབ་པ་དང་། སྦས་པ་དང་། མི་བསྟན་པའི་གསང་བ་ཞེས་འབྱུང་། བྱ་བ་དང་། གསང་སྙིང་ལས། དབང་ལྔ་འབྱུང་། བྱ་བ་དང་། མཐིང་ཁ་དཀར་པོ་སེར་ལེབ་རྐྱན། །ཞེས་པ་ནས། མཐའ་དབུས་མེད་པར་ལྷུན་གྱིས་གྲུབ། །ཅེས་བྱ་བའི་བར་དང་། གསང་སྙིང་ལས། དེ་ཁོ་ན་ཉིད་གསུམ་དུ་འབྱུང་། །ཞེས་བྱ་བ་ལ་སོགས་པ་ཐམས་ཅད་ལ་གསང་སྙིང་གིས་མཚན་སྨོས་ནས་དྲངས་སོ། །ལོག་པའི་སྐྱོན་བཞི་ལ་སོགས་པ་སྤང་བ་ནི། འདི་སྐད་བཤད་པ་ནི་སངས་རྒྱས་ཀྱི་གསུང་ཐམས་ཅད་ས་བཅུ་པ་བས་ཀྱང་བསྡུ་བར་མི་ནུས་པས་སངས་རྒྱས་ཉིད་ཀྱིས་བསྡུས་པར་འདོད་པའི་ལུགས་ཡིན་ཏེ། གསང་འདུས་ཀྱི་འགྲེལ་པ་སློབ་དཔོན་མཚོ་སྐྱེས་ཀྱིས་མཛད་པའི་

གསང་བ་གྲུབ་པ་ལས། སློབ་དཔོན་ཕལ་ཆེར་འདི་སྐད་བརྗོད། །དཔལ་ལྡན་འདུས་པ་མདངས་ཆེན་གྱི། །རྒྱུད་ཀྱི་སྟོད་པར་བྱེད་པ་པོ། །དཔའ་བོ་འཇིག་རྟེན་དབང་ཕྱུག་ཟེར། །བླ་མའི་ཞབས་ཀྱི་བཀའ་དྲིན་གྱིས། །དཔལ་ལྡན་འདུས་པའི་སྟོད་པ་པོ། །གཞན་དག་ཡོད་པ་མ་ཡིན་ཞེས། །བདག་ཉིད་འབའ་ཞིག་སྨྲ་བར་བྱེད། །རྒྱུད་མཛད་པ་ནི་ཐུགས་རྡོ་རྗེ། །ཞེས་བཤད་པ་བཞིན་གསུང་མཁན་ཉིད་ཀྱིས་བསྡུས་པའི་ལུགས་ཡིན། གཞི་ཚད་མེད་པ་ནི་ཆོས་མངོན་པ་ནས་ཀྱང་འོག་མིན་ལ་ཚད་མེད་པར་བཤད་པ་ཡོད་དོ། །དུས་བཞི་ནི་པི་ཤྭ་མི་ཏྲའི་འགྲེལ་ཆེན་ནས་ཀྱང་། དུས་བཞི་མཉམ་པ་ཉིད་དུ་དེ་བཞིན་རིག་པར་བྱ། །ཞེས་པ་དང་ཕྱོགས་བཅུ་དུས་བཞིའི་མགོན་པོ་ཀུན་གྱིས། ཞེས་གསར་མ་ནས་ཀྱང་བཤད་ལ། སངས་རྒྱས་གསང་བས་བསྐལ་པ་བཞི་ལ་བཤད་དོ། །རྡོ་རྗེ་སེམས་དཔའ་དབུས་སུ་འབྱུང་བ་ནི་དཀྱིལ་འཁོར་གྱི་གཙོ་བོ་འཕོ་བ་བྱ་བ་གསར་མ་ནས་ཀྱང་བཤད་དོ། །ཧྲིག་ནི་ཤེས་རབ་མིང་དུ་སྨྲ། །ཞེས་པ་ནི། གསང་སྙིང་གི་རྒྱ་དཔེ་ལས། སྭ་ཧཱ་བཛྲ་ཧི་ཀཱུ་ཧི་བྱ་བ་ཡོད་དེ། སྭ་ཧཱ་ཐིག་གི་རྒྱ་སྐད་ཡིན། ཉི་འོད་སེང་གེའི་འགྲེལ་པ་ནས་ཀྱང་ཐིག་ལ་བཤད། ཧྲིག་མནའ་སྟོད་ཡིན། རྒྱུད་གཞན་དུ་ཁ་འཕངས་པ་ནི། དགྱེས་པ་རྡོ་རྗེ་ལ་སོགས་པ་ཕྱིས་གསུངས་པ་ཐམས་ཅད་ཀྱང་དང་པོར་གསུངས་པའི་དེ་ཉིད་བསྡུས་པར་ཁ་འཕངས་ནས་ཡོད་དོ། །དཔལ་གསང་བ་སྙིང་པོ་སྒྲུབ་པ་མང་དུ་ཐོས་པའི་དགེ་སློང་བཙོམ་ལྡན་རལ་གྲིས་བཀོད་པའོ། །གསང་སྙིང་ལ་འགྲེལ་པ་སངས་རྒྱས་གསང་བ་དང་། བི་མ་ལ་མི་ཏྲ་དང་། ཉི་འོད་སེངྒེ་གསུམ་གྱི་ཡོད་དོ། །ཞེས་འབྱུང་། ཁོ་བོ་ཅག་ལ་ནི་བཀའ་བསྡུད་པ་པོ་གཞན་གྱིས་མ་བསྡུས་པའི་རྒྱུད་དངོས་ཡིན་པ་དང་། ལོ་ཙྪ་བ་རིན་ཆེན་མཆོག་གིས་བསྡུས་པ་ལ་བཙན་མི་བཙན་གྱི་ཁྱད་པར་ཡོད་པ་མ་ཡིན་ཏེ། ཇི་སྐད་དུ། གང་ཞིག་རྒྱལ་བའི་བསྟན་པ་འབའ་ཞིག་གི། །དབང་བྱས་རྣམ་གཡེང་མེད་ཡིད་ཅན་གྱིས་བཤད། །ཅེས་འབྱུང་བ་ལྟར་རོ། །དེ་བཞིན་དུ་རྫོགས་པ་ཆེན་པོའི་རྒྱུད་ཀུན་བྱེད་རྒྱལ་པོ་ཉིད་ཀྱིས་ཆོས་སྐུའི་འཁོར་ལ་བཤད། ཅེས་པ་དང་། ལོ་ཙྪ་བ་བཻ་རོ་ཙ་ནས་བརྩམས་པར་འཆད་པ་གཉིས་ལ་ཡང་ཆོས་རྣམ་དག་ཏུ་བཙན་མི་བཙན་གྱི་ཁྱད་པར་ཡོད་པ་མ་ཡིན་ནོ། །ཡང་ལ་ལ་དག་ན་རེ། དཔལ་འཛིན་གྱི་ལུང་ཁུངས་སུ་མི་བྱེད་ན། ཆོས་ལོག་འཕེལ་བའི་རྣམ་གྲངས་འདི་དང་འདིའོ་ཞེས་ཁུངས་དག་ཅིང་ཚིག་ཉུང་བར་བསྡུས་པའི་བསྡུགས་པ་མི་འཐད་དོ། །ཞེས་ཟེར། ཆོས་ལོག་འཕེལ་ཞེས་པ་ནི། རྩ་བར། དེ་རྗེས་ཆོས་ལོག་དུ་མ་འཕེལ། །ཞེས་པའི་ངོས་འཛིན་དུ་བྱས་འདུག་པ་ལ་བསམས་པ་དང་། ཁུངས་དག་ཅེས་པ; ཁོང་གིས་རྒྱུད་དེ་ན་དེ་ཡོད་ཅེས་བཤད་པ་རྣམས་ལ་དེ་ན་མེད་དོ་ཞེས་འཆད་པ་དག་མ་མངོན་པའི་ཕྱིར། འོ་ན་དེ་རྣམས་སྐྱོན་ཅན་ཉིད་དུ་སོང་བར་ངེས་སམ་ཞེ་ན། དག་པ་སྒོམ་པ་ནི་གསང་བ་སྙིང་པོའི་རྩ་བ་ཉིད་

ནས་ཕལ་ཆེར་ཐོན་ལ། རྒྱུ་འབྲས་ཀྱི་ཧོ་རྗེ་འཛིན་པ་དང་། མངོན་པར་བྱང་ཆུབ་པ་ལྔ་སོགས་ནི། ལ་ལ་ན་རེ། རྒྱུད་འདི་ཐ་མར་ཟུར་ལ་བབས། །བྱ་བ་ཡིན་པའང་ཟུར་ཆེ་ཆུང་གིས་རྩ་རྒྱུད་དང་བཤད་རྒྱུད་དུ་སྦྱར། འགྲེལ་པ་དང་སྟོང་ཐུན་དུ་སྦྱར་བས་ཐོན་པར་ཡོད་དོ། །ཞེས་གསུངས། རྒྱལ་བ་རིགས་ལྔ་མནན་པ་སོགས་ནི་རྫོགས་པ་ཆེན་པོའི་ཐེག་པ་ལ་གནས་པའི་ཚེ། ཤིན་ཏུ་རྣལ་འབྱོར་གྱི་དབང་དུ་བྱས་པ་ཡིན་ཞེས་བཤད་ན་ལུགས་དེ་ཉིད་ལ་འབྱོར་པ་ཡིན་ཏེ། ལུགས་དེ་ལ་གནས་པའི་ཚེ་རྣལ་འབྱོར་གོང་མ་གསུམ་གྱི་ལྷའི་རྣལ་འབྱོར་སོགས་སྒོམ་པ་དེ་ཤིན་ཏུ་རྣལ་འབྱོར་ལ་ལྟོས་ཏེ་སྙིང་པོའི་དོན་མ་མཐོང་བ་དང་། ཐེག་པ་འདིས་འོག་མ་ཐམས་ཅད་ཟིལ་གྱིས་གནོན་པར་འཆད་པའི་ཕྱིར། ཡང་ཆོས་ཀྱི་རྗེས་ཆོས་རྫོགས་ཆེན་གསན་པར་བཤད་པས་རྣམ་དག་ཏུ་འགྲུབ་པ་དང་། སྐབས་བརྒྱད་ཅིག་ཆར་སྒོམ་པ་དང་། །ཞེས་པས་སྒྲུབ་པ་བཀའ་བརྒྱད་རྣམ་དག་ཏུ་བཞེད་པར་འགྲུབ་བོ། །ཞེས་གསུངས་པ་དག་སྣང་བ་ནི། སྒྲུབ་པ་བཀའ་བརྒྱད་བསྟན་བཅོས་མཛད་པ་པོ་འདིས་རྣམ་དག་ཏུ་བཞེད་མི་བཞེད་ཀྱི་དཔྱད་པ་རེ་ཞིག་བོར་ནས། འདིར་ཡི་གེའི་བརྡ་མ་གཅིག་པས་སྙིང་མའི་ཆོས་ལ་ཟེར་བ་མ་ཡིན་གྱི། ཕ་རོལ་ཏུ་ཕྱིན་པའི་གདམས་ངག་ཞིག་ཡིན་ལ། དེ་ཡའང་རྣམ་བཤད་མཛད་པ་ཁ་ཅིག་ནི་ཧོ་བོའི་གདམས་ངག་ཡིན་ཞེས་དང་། ལ་ལ་ནི་དམ་པ་རྒྱ་གར་ནས་བརྒྱུད་པའོ། །ཞེས་གསུང་། འདིར་གསན་ཚུལ་མང་པོ་དག་བཤད་པ་དེ་དག་གིས་ནི་གང་གསན་པ་ཐམས་ཅད་དག་པར་འགྲུབ་པ་མ་ཡིན་ནོ། །འོ་ན་ཅི་ཞེ་ན། འདིར་ཆོས་དང་ཆོས་མ་ཡིན་པའི་རྣམ་དབྱེ་མཛད་པ་ལ། གཞན་དག་ན་རེ། རྗོམ་པ་པོ་ཉིད་ཀྱིས་གང་ཐོས་པ་དེ་ཐམས་ཅད་དག་ལ། མ་ཐོས་པ་དེ་མ་དག་པ་ཡིན་ནོ་ཞེས་ཟེར་རམ་སྙམ་པའི་དོགས་པ་བསལ་བའི་ཕྱིར། དེ་ཕྱིར་ཆོས་རྣམས་ཕལ་ཆེར་ཐོས། །དེས་ན་བདག་ལ་ཕྱོགས་ལྷུང་མེད། །ཅེས་གསུངས་སོ༔ ༔

དེ་ལྟ་ན་ཡང་བསྟན་བཅོས་མཛད་པ་འདིའི་བཞེད་པས། རྫོགས་ཆེན་དང་། ཞི་བྱེད་དང་། སྤྱོད་ཡུལ་དང་། བློ་སྦྱོང་རྣམས་ཀྱི་དོན་འཁྲུལ་པར་མི་བཞེད་ཀྱང་། ཐ་སྙད་ནི་རྒྱ་གར་དུ་གྲགས་པ་མི་བཞེད་དེ། དེང་སང་བོད་ལ་གྲགས་པ་ཡི། །ཞེས་ཟུར་བཏོན་པའི་ཕྱིར། ཆོས་དེ་པ་རང་གི་ལུགས་ལ་ནི། རྒྱ་གར་སྐད་དུ། མཧཱ་སནྡྷི་ཞེས། དེའི་ཐ་སྙད་ཀྱང་འཕགས་ཡུལ་ནས་བྱུང་བར་བཞེད་པ་དང་། ཨ་ཏི་ཡོ་ག་དང་རྫོགས་པ་ཆེན་པོ་དོན་གཅིག་པར་བཞེད་ལ། བསྟན་བཅོས་འདིར་ནི་རྣལ་འབྱོར་བཞིའི་ནང་གི་ཤིན་ཏུ་རྣལ་འབྱོར་དང་། རྫོགས་ཆེན་གྱི་ལྟ་བ་དོན་ཅིག་ཏུ་མི་བཞེད། དེ་ལྟ་ན་ཡང་རྫོགས་ཆེན་ལ་ཨ་ཏི་ཡོ་ག་ཞེས་པ་དེ་ཕྱོགས་སྔ་མ་བ་རང་ལ་གྲགས་ཆེ་བའི་དབང་དུ་མཛད་དོ། །དེ་ལྟ་མོད་ཀྱི། ཀུན་བྱེད་རྒྱལ་པོ་ནས་གསུངས་པའི་ལྟ་བ་དེ་ལྟ་བའི་

ལོག་པ་ནས་ཡང་དག་པ་ཡིན་ཀྱང་། ཆོས་དེའི་རྒྱུད་འཛིན་རྣམས་ཀྱིས་སྤྱོད་པའི་ཕྱོགས་དང་མི་སྦྱོར་ཞིང་། སྤྱོད་པ་ཡལ་བར་དོར་བས་ཆོག་པའི་གྲུབ་མཐའ་དང་ལག་ལེན་དུ་བྱེད་ན། རྒྱ་ནག་མཁན་པོའི་ཆོས་ལུགས་སུ་སོང་ཞེས་པ་ནི། བསྟན་བཅོས་འདིའི་བཞེད་པ་ཉིད་དུ་ངེས་ལ། རྫོགས་ཆེན་གྱི་ཆོས་ལུགས་དེ་ལྟར་འཆད་ན་; དཔལ་འཛིན་གྱིས། ཁྱད་པ་ཏྲ་ཤང་གྲུབ་མཐའ་དང་། །མན་ངག་ལྟ་བའི་ཕྲེང་བ་བསྲེས། །ཞེས་དང་། རྒྱལ་པོ་གཡུ་སྒྲ་སྙིང་པོ་ཡི། །ཐུགས་དམ་མན་ངག་ལྟ་ཕྲེང་ཡང་། །ཕྱི་ནས་དེ་ཡི་རྒྱུད་འཛིན་གྱིས། །རྫོགས་པ་ཆེན་པོའི་ཆོས་སུ་བསྒྱུར། །ཞེས་པའི་ཉེས་པ་དེ་དག་མི་འཇུག་པའི་ངེས་པ་མེད་དེ། ཇི་སྐད་དུ། རྒྱ་ནག་ལུགས་ཀྱི་རྫོགས་ཆེན་དང་། །ཞེས་པའང་དོན་དེ་ལ་བསམས་པའི་ཕྱིར་རོ། །གལ་ཏེ་འོ་ན་ཀུན་བྱེད་རྒྱལ་པོའི་ལུགས་ཀྱི་ལྟ་བ་མ་འཁྲུལ་བའི་རྒྱུ་མཚན་ཅི། ལྟ་བ་དེའི་གྲོགས་སུ་བསོད་ནམས་ཀྱི་ཚོགས་དགོས་པ་ཀུན་བྱེད་ཀྱི་ལུགས་ཡིན་ན་རྒྱུད་དེ་རང་དང་དངོས་སུ་འགལ། དེ་དེའི་ལུགས་མ་ཡིན་ན། རྒྱ་ནག་མཁན་པོའི་ཆོས་ལུགས་དང་། ལྟ་བ་ཡས་འབབས་དང་། ལམ་ཅིག་ཆར་བ་ཞེས་བྱ་བ་དེའི་ལུགས་སུ་སོང་བ་མ་ཡིན་ནམ། ཞེ་ན།

དེ་ལ་གཉིས་ཏེ། ལྟ་བ་མ་འཁྲུལ་བར་བསྟན་པ་དང་། ཀུན་རྫོབ་ཆོས་མེད་པར་བཤད་པས་ལས་རྒྱུ་འབྲས་ལ་སྐུར་བ་བཏབ་པར་མི་འགྱུར་པའོ། །དང་པོ་ནི། ཀུན་རྫོབ་གཟུང་འཛིན་གྱི་ཆོས་གཉིས་མེད་ཅིང་། གཉིས་མེད་ཀྱི་ཡེ་ཤེས་དེ་ཉིད་རང་བཞིན་ཆོས་སྐུ་དང་། ཆོས་དབྱིངས་ཡེ་ཤེས་དང་། སེམས་ཀྱི་རྡོ་རྗེ་དང་། དགྱེས་པ་རྡོ་རྗེ་སོགས་སུ་ཁས་ལེན་པ་ནི་བཀའ་འཁོར་ལོ་ཐ་མའི་ངེས་དོན་མཐར་ཐུག་པ་དང་། གསང་སྔགས་ཕྱི་འགྱུར་བ་རྣམས་ཀྱིས་ཀྱང་ངེས་དོན་མཐར་ཐུག་དང་། ལྟ་བའི་ཡུལ་དང་། དོན་དམ་པའི་བདེན་པ་ཞིག་ཁས་ལེན་པ་དེའི་ཚེ་དེ་ལས་གཞན་ཡོད་པ་མ་ཡིན་ཏེ། འཕགས་པ་རྣམས་ཀྱི་སོ་སོར་རང་གིས་རིག་པའི་ཡེ་ཤེས་ཀྱི་ཉམས་སུ་མྱོང་བྱ་ནི་དེ་ལས་གཞན་ཁས་མི་ལེན་པའི་ཕྱིར་རོ། །དེ་ཉིད་ལ་རྫོགས་པ་ཆེན་པོའི་ཆོས་སུ་ཀུན་བྱེད་རྒྱལ་པོ་ཞེས་གྲགས་སོ། །

དེ་སྐད་དུ་ཡང་། དགྱེས་པ་རྡོ་རྗེ་ལས། འཆད་པ་པོ་ང་ཆོས་ཀྱང་ང་། །རང་གི་ཚོགས་ལྡན་ཉན་པ་ང་། །འཇིག་རྟེན་འཇིག་རྟེན་འདས་པ་ང་། །འཇིག་རྟེན་སྟོན་པ་བསྒྲུབ་བྱ་ང་། །ཞེས་དང་། དངོས་ང་དངོས་པོ་མེད་པ་ང་། །ཞེས་དང་། ང་ལས་འགྲོ་བ་ཐམས་ཅད་འབྱུང་། །ང་ལས་གནས་གསུམ་པོ་ཡང་འབྱུང་། །ང་ཡིས་འདི་ཀུན་ཁྱབ་པ་སྟེ། །འགྲོ་བའི་རང་བཞིན་གཞན་མ་མཐོང་། །ཞེས་དང་། རིན་ཆེན་སེམས་ལས་ཕྱིར་གྱུར་པའི། །སངས་རྒྱས་མེད་ཅིང་སེམས་ཅན་མེད། །ཅེས་སོགས་རྒྱ་ཆེར་གསུངས་པ་རྣམས་དང་། རྫོགས་པ་ཆེན་པོའི་

ཆོས་ཀྱི་བཞུགས་ཚུལ་གཅིག་ཏུ་སྣང་བའི་ཕྱིར་རོ། །གཉིས་པ་ནི། གལ་ཏེ་འོ་ན། ཆོས་འདིའི་ལུགས་ལ་བསོད་ནམས་ཀྱི་ཚོགས་སོག་པ་དང་ས་ལམ་གྱི་རིམ་པ་ཡོད་པར་འཆད་ན། སེམས་ཅན་ལ་སངས་རྒྱས་ལྷུན་གྱིས་གྲུབ་པ་དང་། ཀུན་རྫོབ་དང་དོན་དམ་ཞེས་བྱ་བ་གཉིས་མེད་པར་བཤད་པ་དང་འགལ་ཏེ། ཇི་སྐད་དུ། ཡོ་ག་ཤིན་ཏུ་རྣལ་འབྱོར་རྫོགས་ཆེན་ལ། །རྒྱུ་དང་འབྲས་བུར་ཡོད་ཟེར་སྨྲ་བྱེད་པ། །དེ་ནི་རྫོགས་ཆེན་རྟོགས་པའི་དོན་མི་ལྡན། །དོན་དམ་ཀུན་རྫོབ་གཉིས་སུ་སྨྲ་བྱེད་ན། །སྒྲོ་དང་སྐུར་པ་འདེབས་པའི་ཚིག་ཡིན་ཏེ། །དེ་ཡིས་གཉིས་སུ་མེད་པར་རྟོགས་པ་མེད། །དུས་གསུམ་སངས་རྒྱས་རྣམས་ཀྱིས་རྟོགས་པ་ཡང་། །གཉིས་སུ་མཐོང་རྣམ་གཞག་གཅིག་ཏུ་རྟོགས། །ཞེས་གསལ་བར་གསུངས་པ་མ་ཡིན་ནམ་ཞེ་ན། ལུང་དེར་ཀུན་རྫོབ་ཀྱི་ཆོས་རྣམས་མེད་པ་དང་། ཀུན་བྱེད་གཅིག་ཉིད་ཡོད་པར་བཤད་མོད། དེ་ཙམ་གྱིས་བསོད་ནམས་ཀྱི་ཚོགས་སོག་མི་དགོས་པར་འགྲུབ་ན། ཕར་ཕྱིན་ཐེག་པ་པ་དག སྒྱུ་དང་འདས་པ་བདེན་གཅིག་པུ། །ཞེས་ཟེར་བ་དང་། ཀྱཻ་རྡོ་རྗེ་ལས། སྒོམ་མེད་སྒོམ་པ་པོ་ཡང་མེད། །ལྷ་མེད་སྔགས་ཀྱང་ཡོད་མ་ཡིན། །ཞེས་པས་ཀྱང་དེ་ལྟར་དུ་བསྟན་པར་འགྱུར་རོ། །ལུགས་དེ་པ་དག་གི་བསམས་པ་ལ། དེ་ཡང་བསྟན་ནོ་ཞེ་ན། མ་ཡིན་ཏེ། དེ་མ་ཐག་ཏུ། སྤྲོས་པ་མེད་པའི་རང་བཞིན་ལ། །ལྷ་དང་སྔགས་ནི་རྣམ་པར་གནས། །ཞེས་འཆད་པའི་ཕྱིར་རོ། །རྣལ་མའི་ལན་ནི། འབྲུལ་ངོར་ཡོད་པས་ཡོད་པའི་གོ་མི་ཆོད་ཅིང་། དོན་དམ་དུ་མེད་པས་མེད་པའི་གོ་ཆོད་པའི་རྒྱུ་མཚན་གྱིས་ན། དོན་དམ་ལས་མ་གཏོགས་པའི་ཀུན་རྫོབ་མི་འདོད་མོད། དེ་ལྟ་ན་ཡང་བསོད་ནམས་ཀྱི་ཚོགས་ཡལ་བར་འདོར་དུ་རུང་བ་མ་ཡིན་ཏེ། ཀུན་རྫོབ་འཁྲུལ་པའི་ངོར་བསོད་ནམས་ཀྱི་ཚོགས་རྒྱ་ཆེན་པོ་སོག་པ་མེད་དུ་མི་རུང་བའི་ཕྱིར། འཁྲུལ་ངོ་ཡིན་ན་དེ་ལྟར་བསགས་པ་ལ་དགོས་པ་མེད་དོ། །ཞེ་ན། མ་ཡིན་ཏེ། དེ་མེད་ན་འཁྲུལ་ངོའི་སྟོན་པ་ལོངས་སྤྲུལ་གཉིས་མི་འབྱུང་བའི་ཕྱིར། མ་འཁྲུལ་བའི་སྟོན་པ་ཆོས་སྐུ་གཅིག་པུས་ཆོག་མོད། འཁྲུལ་ངོའི་སྟོན་པས་ཅི་ཞིག་བྱ་ཞེ་ན། ཇི་སྲིད་མ་རིག་པའི་གཉིད་མ་སད་པ་དེ་སྲིད་དུ་ཆོས་སྐུའི་སྟོན་པ་གཅིག་པུས་ཆོག་པ་མ་ཡིན་ཏེ། མ་རིག་པའི་གཉིད་སད་པ་ན་གཟུགས་སྐུའི་རྣམ་པ་སྣ་ཚོགས་པ་མིག་ཤེས་ལ་སྣང་བ་དང་། དེས་ཆོས་གསུངས་པའི་སྒྲ་ཉན་ཤེས་ལ་གྲགས་པ་སོགས་མི་འབྱུང་ཡང་ཇི་སྲིད་མ་རིག་པའི་གཉིད་མ་སད་པ་དེ་སྲིད་དུ་སྟོན་པ་ཆོས་ཀྱི་སྐུ་མངོན་སུམ་དུ་མཐོང་བར་མ་ནུས་པས། སེམས་ཅན་རང་སྣང་གིས་བསྡུས་པའི་གཟུགས་སྐུ་གཉིས་ཀྱི་སྣང་བ་འཆར་དགོས་ལ། དེ་འཆར་བ་སངས་རྒྱས་རྣམས་ཀྱི་སྔོན་གྱི་སྨོན་ལམ་དང་གདུལ་བྱ་རང་རང་གི་བསོད་ནམས་ཀྱི་ཚོགས་བསགས་པ་ལ་རག་ལས་པའི་ཕྱིར། དེ་སྐད་དུ་ཡང་། དོན་གྱི་སྙིང་པོ་རྣལ་མ་བྱ་མེད་ལ། །རྣལ་འབྱོར་ཆེན་པོ་རྣམས་ཀྱིས་མཐོང་བ་ནི། །

ཡེ་ནས་རང་རྒྱུད་དག་པའི་དཀྱིལ་འཁོར་ལ། །རྒྱུ་ལས་འབྲས་བུ་ལྷ་ཡི་དཀྱིལ་འཁོར་དེ། །བསྐྱེད་སྒྲུབ་ཡན་ལག་བཞི་ཡིས་རྫོགས་བྱས་ནས། །འགྲོ་འདུ་བདག་ཉིད་ལྷུན་གྱིས་གྲུབ་པ་ལྟ། །ཞེས་གསུངས་སོ། །དེ་ལྟར་གསུངས་པ་འདི་དང་། དགྱེས་པ་རྡོ་རྗེ་ལས། སྤྲོས་པ་མེད་པའི་རང་བཞིན་ལ། །ལྷ་དང་སྔགས་ནི་རྣམ་པར་གནས། །ཞེས་གསུངས་པ་རྣམས་དང་དོན་མཐུན་པར་གྲུབ་པའོ། །

དེ་ནས་གྲུབ་པའི་དོན་སྨྲས་པ་ནི། རི་གཞན་ཐོད་དུ་རྐང་པའི་སྟེགས་འཆའ་ཡང་། །ལྷུན་པོའི་སྤོ་ལ་ཁེངས་པས་མི་སྟེག་པ། །གསེར་གྱི་ཆར་པས་སྦགས་པའི་མདངས་གསལ་ཅན། །གཉའ་ཤིང་འཛིན་རིའི་རྩེ་ནས་རྣམ་དཔྱོད་ཀྱི། །ལེགས་བཤད་ཉི་མ་ལན་བརྒྱར་ཤར་བ་ན། །གླིང་ཆེན་རྣམ་བཞིའི་མུན་པ་སེལ་རློམ་ཡང་། །རང་འདོད་རྣམ་གཡེང་རྒྱས་པའི་སྤྲིན་རུམ་ནས། །གཞན་ཟེར་ཕྱོགས་འཛིན་ལམ་དུ་མཆོན་མ་ནུས། །སྐལ་བཟང་རྣམ་དཔྱོད་མང་པོའི་གདེངས་ཀ་ཅན། །མདོ་ལུང་རྒྱ་མཚོའི་དབུས་ན་བཞུགས་གང་ཉིད། །བློ་གྲོས་ལྟེ་བརྒྱ་བརྒྱུད་པའི་ཆུ་འཛིན་གྱིས། །ཡིད་བཞིན་མཚོ་ནས་བླངས་པའི་ལེགས་བཤད་ཆར། །སྨོ་འབྱེད་ཀླུ་དབང་རྒྱལ་པོའི་བུ་མ་ཧཱ། །སྔོན་བྱོན་ཐན་པོའི་ལམ་དུ་འཇུག་བྱེད་མཁན། །བློ་གསལ་སྤྲིན་གྱི་བུ་མོ་བཞད་ལྡན་མ། །ལེགས་བཤད་དབྱངས་སུ་ལེན་པའི་ཆོས་ཀྱི་སྒྲ། །ཁོར་ཡུག་ཡངས་པའི་དབུས་སུ་བདེ་བར་བྱོན། །ངོ་མཚར་ཀུན་དགའི་བཞིན་གྱིས་བག་ཕེབས་ནས། །མོལ་མཆིད་འབེལ་གཏམ་རྒྱས་པ་ཅི་ཡང་བྱས། །ལུགས་སྙིང་མཛའ་བོའི་ཡིད་དང་མི་འཁྲིད་པའི། །གསར་ཆོས་འཕྱོན་པའི་གཏམ་གྱིས་ཡིད་སིམ་ནས། །ངོ་བསྲུང་གཅམ་བུར་སླ་བའི་མཛེས་སྟུག་གིས། །གོང་མའི་གཞུང་མཆོག་འཛིན་པའི་རྩོལ་མི་ཐོད། །གཏམ་སྙིང་ཆང་གིས་མྱོས་པའི་གླང་པོ་ནི། །གསར་བྱུང་གཏམ་གྱིས་ཁེངས་རྒྱས་ཁྲུར་ལོངས་པའི། །ཡིད་ཀྱི་ཤིང་རྟ་འདྲེན་པའི་སྐབས་བྲལ་ཞེས། །སློམ་ལས་འཛམ་པོའི་མལ་དུ་གཉིད་ལོག་མོད། །ལེགས་བཤད་གླང་རྗེ་གྲིམས་པོའི་ལྷུགས་ཀྱུ་ཡིས། །མ་དུལ་གླང་ཆེན་འདི་ན་ཡོད་མིན་ཞེས། །ཡིད་གཙུགས་མཆིད་འཕྲིན་བཟང་པོས་བག་ཡོད་པ། །མཆིད་ལན་རིགས་པར་འབུལ་ལ་གླུ་བ་སྤྲོ། །སྔ་འགྱུར་ཆོས་ཀུན་ཐར་པའི་སྒོ་མང་དང་། །མངོན་མཐོའི་ལམ་ཆེན་འབྱེད་པར་ཆབས་ཅིག་མོད། །དེ་འཛིན་བྱེད་འགས་འཁྲུག་པོའི་ལམ་བསྟན་པ། །སྔོན་བྱོན་མང་པོས་དཔྱད་ཕྱིར་འབད་མི་འཚལ། །ཕྱིས་བྱུང་གཏམ་གྱི་འཐོར་རླུང་མི་ལྡང་ཞིང་། །སྔོན་རབས་ཆོས་ཀྱི་ཆུ་འཛིན་བསྟུས་པ་ལས། །འབེལ་གཏམ་ཆར་ཆེན་དུས་སུ་ཕེབས་པ་འདི། །སྐལ་བཟང་ཆོས་ཀྱི་རྒྱ་མཚོར་འབབས་མཁས་ཤོག །

ཅེས་པ་འདི་ནི། རིགས་རུས་ཀྱི་དཔལ་གྱིས་མངོན་པར་མཐོ་ཞིང་། རྣམ་པར་དཔྱོད་པའི་བློ་གྲོས་དང་།

མང་དུ་གསན་པ་རྒྱ་མཚོའི་དབུས་ན་བཞུགས་པ། ཆོས་ཀྱི་རྡོ་རྗེ་སྐལ་བཟང་རྒྱ་མཚོའི་སྟེས་རྒྱུང་རིང་པོ་ནས་འཕེལ་གདམས་དུ་སྦྲིངས་པའི་མཆིད་ལན་དུ། ཡུལ་དབུས་ཀྱིས་ཀློག་པ་པ་དཔལ་ཤཱཀྱ་མཆོག་ལྡན་དྲི་མེད་ལེགས་པའི་བློས། གཡས་རུ་གཙང་གི་སའི་ཐིག་ལེ་གསེར་མདོག་ཅན་ཞེས་བྱ་བའི་ཆོས་ཀྱི་གྲྭ་ནས། ཆུ་སྟོད་ཀྱི་ཉ་བའི་ཆོས་ལ་ཕུལ་བའི་ཡི་གེ་པ་ནི་ཆོས་ཀྱི་རྒྱལ་མཚན་ནོ།། །།མངྒ་ལཾ།

༄ སྤྱན་རས་གཟིགས་ལ་ཕྱག་འཚལ་ནས། །དགེ་བ་ཡིན་ན་དེའི་འབྲས་བུ། །སྡུག་བསྔལ་སྐྱེད་པར་འགལ་ཞེས་པ། །འདི་ལ་དངོས་དང་བརྒལ་ལན་ནོ། །དང་པོ་བརྗེ་པའི་བྱང་སེམས་ཀྱིས། །བླངས་པའི་སྡུག་བསྔལ་གང་ཡིན་པ། །སེམས་དེའི་འབྲས་བུར་མི་རུང་སྟེ། །དེ་དང་དེ་ལ་རྒྱུ་དྲུག་དང་། །འབྲས་བུ་རྣམ་ལྔའི་རྣམ་གཞག་ནི། །གང་ཡང་རྫི་རྒྱུ་མེད་ཕྱིར་རོ། །བྱེད་རྒྱུ་ནུས་མེད་ཅེས་བྱ་བ། །དེ་ཡིས་འབྲས་བུ་བསྐྱེད་པ་མེད། །གཞན་གྱི་སྡུག་བསྔལ་བླངས་པ་ལས། །རྒྱལ་བའི་སྲས་ཀྱི་ཞབས་སྣུང་བ། །དེ་ཡི་ཚོན་སྡུག་བསྔལ་དེ། །གཞན་སྡིག་ཉིད་ཀྱི་འབྲས་བུ་ཡིན། །གཞན་གྱི་སྡིག་པ་རང་རྒྱུད་ལ། །སྨིན་པ་སྲིད་ན་སྡིག་དེ་ཉིད། །གཞན་གྱི་སྡུག་བསྔལ་རང་རྒྱུད་ལ། །བླངས་པ་དེ་ཡི་རྒྱུར་འདོད་མོད། །འོན་ཀྱང་གཞན་སྡིག་རང་རྒྱུད་ལ། །སྨིན་པར་གྱུར་ཅིག་ཅེས་བྱ་བའི། །སྨོན་ལམ་འགྲུབ་པ་མི་སྲིད་ཕྱིར། །གནས་མ་ཡིན་པའི་སྨོན་ལམ་མོ། །དེ་ཕྱིར་བདག་གཞན་བརྗེ་བའི་སེམས། །བསྒོམས་པས་གཞན་གྱི་སྡུག་བསྔལ་དག །སེལ་ཞིང་རང་ལ་སྨིན་པ་ལྟར། །སྣང་བ་དེ་ནི་སེམས་བཟང་པོས། །ལན་གྲངས་གཞན་ལ་སྨྱོང་འགྱུར་གྱི། །ལས་འགའ་མཐོང་ཆོས་ལ་སྨྱོང་བར། །བྱས་པ་ཡིན་ཏེ་ཡུལ་འཕོན། །བུ་ལོན་ལྡང་བའི་དཔེ་ཡིས་གསུངས། །ཤེས་རབ་ཕ་རོལ་ཕྱིན་འཛིན་པ༑ ༑མནར་བར་འགྱུར་ཞེས་གསུངས་དེ་བཞིན། །གཉིས་པ་རྒལ་ལན་བཤད་པ་ལ། །དགྲུས་མ་ཉིད་དང་འཕྲོས་པའོ། །དང་པོ་ལ་གཉིས་དྲི་བ་དང་། །དེ་ཡི་དངོས་ལན་བཏབ་པའོ། །དང་པོ་དགེ་ལས་སྡུག་བསྔལ་དག །སྐྱེ་བ་སྲིད་པ་མ་ཡིན་ན། །རྒྱལ་བའི་སྲས་པོ་གཞན་དག་གི །དམྱལ་བའི་སྡུག་བསྔལ་བླངས་པ་དང་། །རྒྱལ་པོ་ནམ་མཁའ་སྙིང་གཏོང་གི །རྐྱེན་གྱིས་འབྲོག་དགོན་གནས་དག་ཏུ། །སྤྱུགས་ནས་སྲོག་ཆགས་མང་པོ་ཡིས། །ཟོས་པའི་སྡུག་བསྔལ་མྱོང་དེ་ཅི། །གཉིས་པ་ལན་ནི་གཞན་གྱི་ཕྱིར། །དམྱལ་བའི་སྡུག་བསྔལ་མྱོང་ཞེས་པ། །འགའ་ཞིག་དམྱལ་བ་མྱོང་ངེས་ཀྱི། །ལས་བྱེད་པ་ལས་བཟློག་གྱུར་ན། །རང་ཉིད་དེ་ཡི་ཚབ་ཞུགས་པས། །ཡུད་ཙམ་དམྱལ་བ་མྱོང་གྱུར་ནས། །རྣམ་སྨིན་འབྲུལ་པ་མེད་པའི་ཚུལ། །རྒྱལ་བར་གསུངས་པ་དེ་ཉིད་དེ། །དེད་དཔོན་སྙིང་རྗེ་ཆེན་པོ་ཡིས། །མཚོང་པ་གཡོ་ཅན་བསད་དེ་བཞིན། །གཉིས་པའི་ལན་ནི་སྦྱིན་གཏོང་གི། །བསམ་པ་ཁྱད་པར་ཅན་དེ་ཡིས། །ལན་གྲངས་གཞན་ལ་སྨྱོང་འགྱུར་གྱི། །ལས་འགའ་སྨིན་པར

གྱུར་ཡིན་གྱི། །སྦྱིན་པ་གཏོང་བའི་བསོད་ནམས་ལས། །སྡུག་བསྔལ་བྱུང་བ་མ་ཡིན་ཏེ། །བྱེད་རྒྱུ་ནུས་མེད་མ་གཏོགས་པ། །རྒྱུ་དང་འབྲས་བུའི་རྣམ་གཞག་ཀུན། །དེ་ལ་འཐད་པ་མིན་ཕྱིར་རོ། །ཐམས་ཅད་སྒྲོལ་གྱི་སྦྱིན་གཏོང་གིས། །སྐྱོང་ངེས་ལས་འགའ་སྨིན་པ་བཞིན། །གཉིས་པ་འཕྲོས་པའི་དོན་འགའ་ཡང་། །དཔྱད་པ་འཇུག་ཕྱིར་བསམ་པར་བྱ། །དགེ་བ་གང་ཡིན་སྤྱིར་བཏང་དུ། །སྡུག་བསྔལ་རྒྱུ་མིན་ཞེས་བྱ་བ། །འདི་ལ་ཞིབ་མོར་བཤད་དགོས་ཏེ། །དགེ་བ་ཟག་བཅས་འདུ་བྱེད་ཀྱི། །སྡུག་བསྔལ་རྒྱུར་ནི་ཤིན་ཏུ་ཡང་། །རྩུང་བ་ཉིད་དུ་བཤད་ཕྱིར་རོ། །ཇི་ལྟར་ཞེ་ན་ཟག་བཅས་ཀྱི། །ལས་ཀུན་འཁོར་བའི་རྒྱུ་ཕྱིར་དང་། །འཁོར་བའི་གཙོ་བོ་འདུ་བྱེད་ཀྱི། །སྡུག་བསྔལ་ཉིད་དུ་བཤད་ཕྱིར་རོ། །གཞན་ཡང་འཕེན་བྱེད་མི་དགེ་བས། །འཕངས་ཤིང་རྫོགས་བྱེད་དགེ་བ་ཡིས། །རྫོགས་པའི་སྡུག་བསྔལ་ཕྱུང་པོ་ཡང་། །ངེས་པར་སྲིད་པ་ཉིད་དུ་བཤད། །ཟེར་བ་བྱུང་ན་དེ་ཡི་ལན། །གལ་ཏེ་དགེ་བ་ཡིན་ན་ནི། །དེ་ལ་སྡུག་བསྔལ་འབྱུང་བར་འགལ། །ཞེས་པ་ཚོར་བ་སྡུག་བསྔལ་གྱི༑ ༑དབང་དུ་བྱས་པ་ཉིད་ཡིན་ཏེ། །བདེ་དང་སྡུག་བསྔལ་བཏྲེ་ཞེས་པ། །ཚོར་བ་བདེ་སྡུག་ཁོ་ན་ཡི། །དབང་དུ་མཛད་པ་ཉིད་ཕྱིར་རོ། །ཟག་བཅས་དགེ་བ་རྒྱུར་བྱས་པའི། །འབྲས་བུ་ལྔ་པོ་གང་ལ་ཡང་། །ཚོར་བ་སྡུག་བསྔལ་མི་སྲིད་དེ། །མཚན་ཉིད་ཐམས་ཅད་འགལ་ཕྱིར་རོ། །དགེ་བ་འདུ་བྱེད་སྡུག་བསྔལ་གྱི། །འགྲུབ་བྱེད་རྒྱུ་རུ་བཤད་པ་ཡང་། །ངན་སོང་གནས་སུ་སྐྱེས་པ་ཡི། །ཚོར་བ་བདེ་བ་འདུ་བྱེད་ཀྱི། །སྡུག་བསྔལ་ཡིན་ཀྱང་ཟག་བཅས་ཀྱི། །དགེ་བས་བསྐྱེད་པའི་འབྲས་བུ་སྟེ། །དེ་ཡི་རྒྱུ་མཐུན་འབྲས་བུ་ཞེས། །མངོན་པ་གོང་མར་བཤད་ཕྱིར་རོ། །དེ་ལྟར་བཅད་པ་འདི་ཙམ་ཞིག །ཆུང་ངུའི་ཚིག་ཏུ་བསྡུས་གྱུར་ཀྱང་། །འདི་ལས་འཕྲོས་པའི་རྣམ་དཔྱོད་ནི། །གོང་འོག་མངོན་པའི་གཞུང་གང་ལ། །དཔྱད་པ་མང་དུ་ཞུགས་རྣམས་དང་། །འབེལ་བའི་གཏམ་གྱིས་བསྐྱེད་བསྲིངས་ན། །སྤྱི་སྟོད་གཟིགས་པའི་དཔྱལ་དཀར་གྱི། །མི་ལོང་ཉིད་དུ་འགྱུར་སྙམ་བྱེད། །ཅེས་པ་འདི་ཡང་གསེར་མདོག་ཅན། །སྤྱི་སྟོད་ཀློག་པའི་ནགས་ཁྲོད་ནས། །སྐལ་བཟང་ཆོས་ཀྱི་རྒྱ་མཚོའི་སྐྱེ། །གང་དུ་བཞུགས་པའི་གནས་སུ་ཕུལ།། །།མངྒ་ལཾ།

༄༅། །སྡོམ་པ་གསུམ་གྱི་རབ་དབྱེའི་དྲི་བ་བརྒྱ་དང་བརྒྱད་པ་ལས་ཀུན་ལ་གྲགས་ཆེ་བའི་དྲི་བ་གསུམ་གྱི་ལན་གདབ་པ་བཞུགས་སོ། །

པཎ་ཆེན་ཤཱཀྱ་མཆོག་ལྡན།

ན་མོ་ཞ་གི་ཤྲཱ་ནྡྲ་ཡེ། འགྲོ་ཀུན་ཀུན་ནས་དགའ་བ་བསྐྱེད་པའི་གསུང་། །རྣམ་རྒྱལ་རྒྱལ་བའི་དགེ་མཚན་དཔལ་གྱི་སྐུ། །སྐལ་བཟང་བཟང་པོར་མཛད་པའི་ཐུགས་རྗེ་ཡིས། །བདག་དང་དང་བའི་བློ་ཅན་ཀུན་ཟྱུང་ཤིག །རང་ལ་ཆགས་པའི་ཆང་གིས་མ་མྱོས་ཤིང་། །གཞན་ལ་སྡང་བའི་མིག་གིས་མ་བལྟས་པར། །ཆོས་རབ་འབྱེད་པའི་མཁྱེན་པ་མཐོར་བཏེག་ནས། །དཀའ་བའི་གནས་འགའ་དེང་འདིར་བཤད་འདིའོ། །

དེའང་འདི་ལྟར། སྡོམ་པ་གསུམ་གྱི་རབ་ཏུ་དབྱེ་བ་ཞེས་བྱ་བའི་བསྟན་བཅོས་ལས་བརྩམས་པའི་དྲི་བ་བརྒྱ་དང་བརྒྱད་པ་ལས། ཀུན་ལ་གྲགས་ཆེ་བའི་དྲི་བ་གསུམ་གྱི་ལན་གདབ་པར་བྱ་བ་ལ། དཀའ་གནས་ཆེ་འབྲིང་ཆུང་གསུམ་ལས་བརྩམས་པའི་དྲི་བ་རྣམ་པ་གསུམ་མོ། །དང་པོ་ནི། ཇི་སྐད་དུ། དྲི་བ་ལས། ཐེག་པ་ཆེན་པོ་རྒྱུད་བླ་མར། གོས་རུལ་ནང་ན་རིན་ཆེན་གྱི། །དཔེས་བསྟན་དགོངས་པ་ཅན་ཡིན་ན། །སེམས་ཅན་རྣམས་ལ་རང་བཞིན་གྱི། །གནས་རིགས་མེད་པར་མི་འགྱུར་རམ། །ཞེས་པའོ། །དེ་ལ་དྲི་བའི་ཞེ་འདོད་བསམ་པ། དེའི་དངོས་ལན་གདབ་པ། ལན་དེའི་རྒྱབ་རྟེན་བཤད་པའོ། །དང་པོ་ལ་གསུམ་སྟེ། འདྲི་བའི་རྒྱུ་མཚན། དྲིས་པའི་དགོས་པ། མ་དྲིས་ན་སྐྱོན་ཡོད་པའོ། །དང་པོ་ནི། ཐེག་པ་ཆེན་པོ་རྒྱུད་བླ་མར། ཞེས་པ་བྱམས་པའི་བསྟན་བཅོས་ལ་ངོས་བཟུང་ནས། དེར་སེམས་ཅན་ཀུན་ལ་མཚན་དཔེ་གསལ་རྫོགས་ཀྱིས་བརྒྱན་པའི་སངས་རྒྱས་ཀྱི་སྙིང་པོ་ཡོད་པར་བཤད་པ་དེ་དགོངས་པ་ཅན་ཡིན་ནོ་ཞེས་པའི་དོན་དུ། གཞུང་འདིའི་ཊཱི་ཀ་བྱེད་པ་མཁས་རློམས་ཀུན་གྱིས་བྲག་ཆ་བཞིན་དུ་བཀྲལ་ལ། དེ་ལྟར་བཀྲལ་ན་མཁས་པའི་བསྟན་བཅོས་ཆུད་གསན་པར་འགྱུར་བའི་རྒྱུ་མཚན་གྱིས་སོ། །དེའི་ཤེས་བྱེད་ཀྱང་རྒྱུད་བླ་མའི་བསྟན་བཅོས་དེ་ན། དེ་ལྟར་བཤད་པ་གཅིག་ཀྱང་མེད་ཅིང་། མདོ་ལས་དེ་ལྟར་བཤད་པ་དེ། བསྟན་བཅོས་དེར་དགོངས་པ་ཅན་དུ་བཀྲལ་ཟིན་པའི་རྒྱུ་མཚན་གྱིས་སོ། །དེར་ཇི་ལྟར་བཀྲལ་ན། དགོངས་གཞི་ནི་དོན་རྣམ་པ་གསུམ་ལ་དགོངས། དགོས་

པ་ནི་སྐྱོན་ལྟ་སྣང་བའི་ཕྱིར་དུའོ། །གནོད་བྱེད་ནི། སངས་རྒྱས་ཉིད་ལས་མ་གཏོགས་མྱ་ངན་འདས་པ་མེད། ། ཅེས་པའོ། །དེ་འགྲོ་བའི་རྒྱུ་མཚན་ནི། ཆོས་ཀྱི་སྐུ་དང་། བདེ་བར་གཤེགས་པའི་སྙིང་པོ་དང་། མྱ་ངན་ལས་འདས་པ་གསུམ་མིང་གི་རྣམ་གྲངས་སུ་མདོ་ལས་གསུངས་པས་སོ། །

དྲིས་པའི་དགོས་པ་ནི། ཐེག་པ་ཆེན་པོ་རྒྱུད་བླ་མ་ཞེས་པ་རྡོ་རྗེའི་གནས་བདུན་གཙོ་བོར་སྟོན་པ་བཀའ་འཁོར་ལོ་ཐ་མའི་མདོ་ལ་གོ་བའོ། །དེ་ལ་དེ་སྐད་ཟེར་བའི་རྒྱུ་མཚན་ཡང་། ཤེར་ཕྱིན་དང་། དེའི་བསྟན་བཅོས་སོ་སོར་ཕྱེད་དགོས་པ་བཞིན་དུ་རྒྱུད་བླ་མ་དང་། དེའི་བསྟན་བཅོས་སོ་སོར་ཕྱེད་དགོས་པའི་རིགས་པ་ལས་དང་། རྒྱུད་བླའི་བསྟན་བཅོས་ཉིད་དུའང་། སླར་ཡང་བླ་མའི་རྒྱུད་འདིར་ནི། ཞེས་མདོ་ཉིད་ལས་བཤད་པའི་ལུང་ལས་སོ། །གསུམ་པ་མ་དྲིས་ན་སྐྱོན་ཡོད་པ་ནི། རྒྱུད་བླའི་བསྟན་བཅོས་ཀྱིས་སྙིང་པོའི་མདོའི་དགོངས་པ་བཀྲལ་ཚུལ་མི་ཤེས་པའི་ཉེས་པ་དང་། དེ་ལྟར་མ་ཤེས་པའི་ཚེ་ན་བསྟན་བཅོས་དེ་སྒྲ་ཇི་བཞིན་པ་མ་ཡིན་པར་འགྲེལ་ན། སེམས་ཅན་ལ་རང་བཞིན་གནས་རིགས་མེད་པར་ཁས་ལེན་དགོས་པའི་ཉེས་པ་དང་། རབ་དབྱེའི་བསྟན་བཅོས་འདིར། ཆོས་དབྱིངས་མེད་པར་དགག་པའི་ཚ། རྫོག་ལོ་ཙྪ་བས་སྙིང་པོར་འདོད་པ་བཀག་པ་མ་ཤེས་པའི་ཉེས་དམིགས་དང་། སེམས་ཅན་གྱི་ཁམས་དང་སྙིང་པོ་དོན་གཅིག་ཏུ་མདོ་ལས་གསུངས་པ་དེ་བསྟན་བཅོས་འདིར་དགོངས་པ་ཅན་དུ་བཀྲལ་བ་མ་ཤེས་པའི་ཉེས་དམིགས་དང་། བསྟན་བཅོས་འདིར། སེམས་ཅན་གྱི་ཁམས་དང་། སེམས་ཅན་གྱི་ཆོས་དབྱིངས་སྙིང་པོ་ཡིན་པ་བཀག་ཀྱང་། དགེ་བ་ཡིན་པ་མ་བཀག་པས་དེ་མ་ཤེས་པའི་ཉེས་དམིགས་དང་། སྙིང་པོ་དང་དགེ་བའི་གཞི་མཐུན་མེད་ན་ཆོས་སྐུ་མཚན་ཉིད་པ་དེ་སྙིང་པོ་དངོས་མིན་པར་ཁས་ལེན་དགོས་པའི་ཉེས་དམིགས་དང་། མདོ་ལས། སེམས་ཅན་ཐམས་ཅད་སངས་རྒྱས་ཀྱི་སྙིང་པོ་ཅན་ནོ་ཞེས་གསུངས་པ་དེའི་སྒྲ་ཇི་བཞིན་པའི་དོན། སེམས་ཅན་ཐམས་ཅད་ལ་སངས་རྒྱས་མཚན་ཉིད་པ་རེ་རེ་བཞུགས་སོ་ཞེས་བྱ་བ་དེ་ཡིན་པར་མ་ཤེས་པའི་ཉེས་པ་དང་། དེ་མ་ཤེས་ན་སྙིང་པོས་སེམས་ཅན་ལ་ཁྱབ་པར་གསུངས་པས། སྐྱོན་ལྟ་སྤོང་མི་ནུས་པའི་ཉེས་པ་དང་། སྙིང་པོའི་ངོས་འཛིན་རྫོག་ལོ་དང་། ས་ལོའི་བཞེད་པ་གཅིག་ཏུ་འདྲེས་པའི་ཉེས་པ་རྣམས་ཡོད་དོ། །

གཉིས་པ་དངོས་ལན་གདབ་པ་ལ། རང་ལན་གྱི་རྣམ་གྲངས་མི་འདྲ་བ་གཉིས་གདབ་པ་དང་། གཞན་ལན་མི་འཐད་པའོ། །དང་པོ་ལ་གཉིས་ལས། རྣམ་གྲངས་ཐོག་མ་ནི། ཕྱོགས་སྔ་མས་སྨྲས་པ། ཡོད་དགེ་མི་འཐད་ན་སེམས་ཅན་ཐམས་ཅད་སངས་རྒྱས་ཀྱི་སྙིང་པོ་ཅན་དུ་བཀའ་འཁོར་ལོ་བར་པ་དང་། ཐ་མ་གཉིས་སུ་གསུངས་པ་དང་འགལ་ལོ་ཞེ་ན། ཆོས་དབྱིངས་ཡོད་དགེར་མི་འཐད་པ་འོན་ཀྱང་། ཤེར་ཕྱིན་ཚུལ་བརྒྱ་ལྔ་

བཅུ་པ་ལྷ་བུ་འཁོར་ལོ་བར་པའི་མདོ་སྡེ་འགའ་ཞིག་དང་། ཐེག་པ་ཆེན་པོའི་རྒྱུད་བླ་མ་ཞེས་བྱ་བ་འཁོར་ལོ་ཕྱི་མར། སེམས་ཅན་རྣམས་ལ་སངས་རྒྱས་ཀྱི། །སྙིང་པོ་ཡོད་པར་གསུངས་པ་ནི། །དགོངས་པ་ཡིན་པར་ཤེས་པར་བྱ། །ཞེས་སོགས་སྨྲ་རོ། །འདིར་བཤད་པའི་དགོངས་གཞི་དང་དགོས་པ་ནི། རྒྱུད་བླ་མའི་བསྟན་བཅོས་སུ་བཤད་པ་དེ་ཉིད་ཡིན་ལ། དངོས་ལ་གནོད་བྱེད་ནི། ལང་ཀར་གཤེགས་པའི་མདོ་དང་། མྱ་ངན་ལས་འདས་པའི་མདོ་ཇི་ལྟ་བ་བཞིན་ཡིན་ལ། དོན་དེ་ཉིད་རྒྱུད་བླའི་བསྟན་བཅོས་སུ་ཡང་གསལ་བར་བཤད་པ་སྟེ། ཇི་སྐད་དུ། སྤྲིན་དང་རྨི་ལམ་ཞེས་སོགས་ཀྱི་དོན་འཁོར་ལོ་བར་པར་ཐམས་ཅད་བདག་མེད་དུ་གསུངས་པ་དང་། འཁོར་ལོ་ཐ་མར་དམ་པའི་བདག་གསུངས་པ་དང་འགལ་ལོ་ཞེས་རྩོད་པ་ལན་དང་བཅས་པ་གསུངས་པ་ཡིན་ནོ། །

རྣམ་གྲངས་གཉིས་པ་ནི། གཞུང་འདི་ལྟར་འདོན་པར་བྱ་སྟེ། འོན་ཀྱང་མདོ་སྡེ་འགའ་ཞིག་ཏུ། །སེམས་ཅན་རྣམས་ལ་སངས་རྒྱས་ཀྱི། །སྙིང་པོ་ཡོད་པར་གསུངས་པ་ནི། །ཐེག་པ་ཆེན་པོ་རྒྱུད་བླ་མར། །དགོངས་པ་ཅན་དུ་གསུངས་ཞེས་བྱ། །དེའི་དགོངས་གཞི་སྟོང་ཉིད་ཡིན། །ཞེས་སོགས་སོ། །དེའི་རྒྱུད་བླ་མ་དེ་མདོ་དང་བསྟན་བཅོས་གཉིས་ཀ་ལ་མི་འགལ་ཏེ། མྱང་འདས་དང་ལང་ཀར་གཤེགས་པ་ལྟ་བུ་སྙིང་པོ་སྒྲ་ཇི་བཞིན་པ་མ་ཡིན་པར་སྟོན་པའི་འཁོར་ལོ་ཕྱི་མའི་མདོ་ཤིན་ཏུ་མང་བས་སོ། །གཞུང་རང་བཟོར་སྒྱུར་བ་མི་རིགས་སོ་སྙམ་ན། དེ་ལྟར་མ་སྒྱུར་ན་གོང་གི་ཉེས་དམིགས་དེ་དག་སེལ་མི་ནུས་པ་དང་། གཞུང་འདི་ཉིད་ལ་དག་རྒྱ་སྟེར་དགོས་པ་འགའ་ཞིག་སྣང་བས་སོ། །ཇི་ལྟར་ཞེ་ན། འཕགས་པ་དཀོན་མཆོག་འབྱུང་གནས་ལས། སེང་གེ་གང་ལའང་མི་འཇིགས་མོད། །ཅེས་གསུངས་རྒྱུ་ཡིན་པ་ལ། དཀོན་མཆོག་བརྩེགས་པ་ལས། ཞེས་བཤད་པ་དང་། ཤེས་རབ་ཕ་རོལ་ཕྱིན་པ་ལས། ཆོས་ཀྱི་དབྱིངས་ནི་དུས་གསུམ་དང་། །ཁམས་གསུམ་ལས་ནི་གྲོལ་ཞེས་བཤད། །ཀླུ་སྒྲུབ་གཞུང་དུ་དགེ་སྡིག་ལས། །རྣམ་པར་གྲོལ་བ་ཡིན་ཞེས་གསུངས། །ཞེས་གསུངས་རྒྱུ་ཡིན་པ་ལ། རྩ་བར་ཤེར་ཕྱིན་ཙམ་ལས་མ་གསུངས་ཤིང་། ཊཱི་ཀ་བྱེད་པ་དག་གིས་བརྒྱད་སྟོང་པའི་མདོ་མ་དག་པ་དྲངས་པ་དང་། རྡོ་རྗེ་རྒྱལ་མཚན་བསྔོ་བ་ལས། །ཡོད་པ་ཞེས་བྱ་བསྒྲུབས་པར་གསུངས། །ཞེས་གསུང་རྒྱུ་ཡིན་པ་ལ། སྒྲུབ་པར་གསུང་ཞེས་འཆད་པ་དང་། དེ་ཚེ་འཛམ་པའི་རྡོ་རྗེ་ཡི། །སྤྲུལ་པ་དྲག་པོ་ཞེས་བྱ་བས། །ཞེས་ཟེར་རྒྱུ་ཡིན་པ་ལ། དེ་ཚེ་ཕྱག་ན་རྡོ་རྗེ་ཡི། །ཞེས་བཤད་པ་ལྟ་བུའོ། །དེ་ལྟར་ཡིན་པའི་རྒྱུ་མཚན་ཡང་། ལུང་ཁུངས་དེ་དག་གང་དང་གང་ན་ཅི་དང་ཅི་འདུག་བལྟས་པས་ཤེས་སོ། །

གཉིས་པ་གཞན་ལན་མི་འཐད་པ་ནི། ཊཱི་ཀ་བྱེད་པ་སྔ་མ་རྣམས་སེམས་ཅན་རྣམས་ལ་མཚན་དཔེ་གསལ་

རྫོགས་ཀྱིས་བརྒྱན་པའི་སྐུ་ཡོད་པ་དགོངས་པ་ཅན་དུ་འཆད་པ་ཡིན་ཞེས་པ་ནི་མ་ཡིན་ཏེ། མདོ་སྡེ་དག་ན་དཔེ་དགུ་ལ་སོགས་པའི་སྒོ་ནས་མི་གསལ་བའི་ཚུལ་གྱིས་ཡོད་པར་བཤད་པ་ཤ་སྟག་ཏུ་སྣང་བས་སོ། །ལ་ལ་སྙིང་པོ་རྟག་བརྟན་ཡོད་པར་བཤད་པ་དགོངས་པ་ཅན་དུ་འགྲེལ་ཟེར་ཞིང་། སྙིང་པོའི་ངོས་འཛིན་ཆོས་དབྱིངས་མེད་དགག་གི་ཆ་ལ་འདོད་པ་གཉིས་ནང་འགལ་བ་དང་། གཞན་དག་སེམས་ཅན་ཐམས་ཅད་སྙིང་པོ་ཅན་དུ་ཁས་ལེན་བཞིན་དུ། སེམས་ཅན་ལ་སྙིང་པོ་ཡོད་པ་དེ་ཀུན་རྫོབ་བདེན་པ་ཡིན་པའི་རྒྱུ་མཚན་གྱིས་དྲང་དོན་དགོངས་པ་ཅན་དུ་འཆད་ཟེར་བ་ཡང་དངོས་ལ་གནོད་བྱེད་བཤད་པའི་ཚེ། འཁོར་གསུམ་དངོས་འགལ་དུ་འགྲོ་བ་མ་དྲན་པས་ནོངས་པ་དང་། ལ་ལ་རྒྱུད་བླའི་བསྟན་བཅོས་སུ་དཔེ་དགུས་དོན་དགུ་མཚོན་པ་དང་། དོན་གཅིག་མཚོན་པ་གཉིས་ལས་ཕྱི་མ་དགོངས་པ་ཅན་དུ་བསྟན་བཅོས་འདིས་འགྲེལ་ཞེས་ཟེར་བ་ཡང་། དོན་གཅིག་མཚོན་པ་དེ་མདོའི་བསྟན་ཚུལ་ཡིན་གྱི་བསྟན་བཅོས་ན་དཔེ་དགུ་དོན་གཅིག་པོ་ཉིད་ལ་སྦྱར་བ་མེད་པ་མ་ཤེས་པས་ནོངས་སོ། །འོན་བསྟན་བཅོས་སུ་ཇི་ལྟར་ཡོད་ན། མདོ་ལས་གསུངས་པའི་དོན་གཅིག་པོ་དེ་བསྒྲུབ་བྱའི་ཆོས་སུ་བྱས་ནས། དོན་དགུ་པོ་སྒྲུབ་བྱེད་ཀྱི་གཏན་ཚིགས་དང་། དཔེ་དགུ་པོ་ཤེས་བྱེད་ཀྱི་དཔེར་བཀོད་པ་ཡིན་ནོ། །ཅི་སྟེ་ཁོ་བོ་ཅག་གི་དོན་དེ་ཉིད་གྲུབ་པ་མ་ཡིན་ནམ། ཞེ་ན་མིན་ཏེ། དོན་གཅིག་པོ་དེ་ཉིད་ཚད་སྒྲུབ་དུ་བྱས་ནས་བསྒྲུབ་བྱའི་ཆོས་སུ་བྱེད་པ་མ་ཡིན་གྱི། འོ་ན་ཅི་ཞེ་ན། ལུས་ཅན་ཀུན་ཆོས་ཅན་དུ་བྱས་ནས། དོན་གཅིག་པོ་དེ་ཉིད་འབྱུང་རུང་དུ་བསྒྲུབ་པ་ལ། དོན་དགུའམ། དེའང་བསྡུ་ན། གསུམ་དུ་འདུས་པས། གསུམ་པོ་དེ་རྟགས་སུ་བཀོད་པ་ཡིན་ནོ། །དེ་སྐད་དུ་ཡང་། རིགས་ཡོད་ཕྱིར་ན་ལུས་ཅན་ཀུན། །རྟག་ཏུ་སངས་རྒྱས་སྙིང་པོ་ཅན། །ཞེས་གསུངས་སོ། །དེ་ལས་གཞན་དུ་ན། སྙིང་པོ་ཅན་ཡིན་པ་ཚད་སྒྲུབ་དུ་བྱས་ན་གཏན་ཚིགས་འདིར་རང་བཞིན་དང་། འབྲས་བུའི་གཏན་ཚིགས་གང་ཡིན། དང་པོ་ལྟར་ན། རིགས་ལ་ལྟར་ཕྱེ་བ་དེ་ཐམས་ཅད་སྙིང་པོ་ཅན་མཚན་ཉིད་པར་ཁས་ལེན་མི་དགོས་སམ། གཉིས་པ་ལྟར་ཡང་མ་ཡིན་ཏེ། རིགས་ལྔ་པོ་སྙིང་པོའི་འབྲས་བུར་མི་རུང་བས་སོ། །ཁོ་བོ་ཅག་ལྟར་ན་ནི་རྒྱུ་རྟགས་སུ་བཀོད་ནས་ཕྱོགས་ཆོས་ཅན་གྱི་གཞིར། འབྲས་བུ་འབྱུང་རུང་དུ་བསྒྲུབ་པའི་རང་བཞིན་གྱི་གཏན་ཚིགས་སོ། །འཕྲོ་བ་དང་དབྱེར་མེད་པ་གཉིས་ཀྱི་རྣམ་བཅད་ཀྱང་། སྤྱི་མ་ནི་དྲི་མས་དག་པ་ན་ཆོས་སྐུ་འབྱུང་དུ་རུང་བ་དང་། ཅིག་ཤོས་ནི་རང་བཞིན་རྣམ་དག་ལ་ངོ་བོའི་སྒོ་ནས་དབྱེར་མེད་པའོ། །དེ་ལྟར་དངོས་ལན་བཤད་ཟིན་ནས།

དེའི་རྒྱབ་རྟེན་གྱི་ལུང་རིགས་བཤད་པ་ནི། དེང་སང་འགའ་ཞིག་གི་བསམ་པ་ལ། སེམས་ཅན་ཐམས་ཅད་སངས་རྒྱས་ཀྱི་སྙིང་པོ་ཅན་མ་ཡིན་པར་བཤད་པ་དེ། རྗེ་བཙུན་ཆེན་པོའི་དགོངས་པ་མ་ཡིན་ལ། དེའི་ཚེ

ཆོས་ཀྱི་རྡོར་ཡང་དགོངས་པ་མ་ཡིན་པར་གྲུབ་པོ་སྙམ་ན། དེའི་ལན་ལ་གཉིས་ཏེ། རྗེ་བཙུན་གྱིས་ཇི་ལྟར་གསུངས་པ་དང་། དེའི་དགོངས་པ་ཆོས་ཀྱི་རྗེས་ཇི་ལྟར་བཀྲལ་བའོ། །དང་པོ་ནི། རྣམ་བཤད་དག་ལྡན་ལས། ཐོག་མར་སེམས་ཅན་ཐམས་ཅད་རང་བཞིན་གྱི་སངས་རྒྱས་ཡིན་པས། སངས་རྒྱས་ཐམས་ཅད་ཀྱི་སྙིང་པོ་ཅན་དུ་བསྟན་པ་ནི། རང་རང་གི་རྟོག་པ་ལས། ཞེས་བྱ་བ་སྟེ། རྣམ་པར་རྟོག་པའི་ཆོས་ཉིད་ཐམས་ཅད་ཀྱང་ཡེ་ཤེས་ཡིན་པའི་ཕྱིར་རོ། །ཞེས་པ་ནས། མདོར་ན་སེམས་ཅན་ཐམས་ཅད་ཆོས་ཉིད་གཅིག་སྟེ། སེམས་རྟོགས་ན་སངས་རྒྱས་ཡིན་པའི་ཕྱིར་རོ། །འཕགས་པ་འདའ་ཀ་ཡེ་ཤེས་ལས་ཀྱང་། སེམས་རྟོགས་ན་སངས་རྒྱས་ཡེ་ཤེས་ཡིན་པའི་ཕྱིར། སངས་རྒྱས་གཞན་དུ་མི་བཙལ་བའི་འདུ་ཤེས་རབ་ཏུ་བསྒོམ་པར་བྱའོ། །ཞེས་གསུངས་ལ། རྒྱུད་བླ་མ་ལས། རྫོགས་སངས་སྐུ་ནི་འཕྲོ་ཕྱིར་དང་། །དེ་བཞིན་ཉིད་དབྱེར་མེད་ཕྱིར་དང་། །རིགས་ཡོད་ཕྱིར་ན་ལུས་ཅན་ཀུན། །རྟག་ཏུ་སངས་རྒྱས་སྙིང་པོ་ཅན། །ཞེས་གསུང་ངོ་། །ཞེས་འབྱུང་ངོ་། །

གཉིས་པ་ལ། རང་བཞིན་གྱི་སངས་རྒྱས་ཡིན་ན། སངས་རྒྱས་ཡིན་དགོས་པ་དེ་རྗེ་བཙུན་གྱི་དགོངས་པ་མ་ཡིན་པར་བསྟན་པ་དང་། སངས་རྒྱས་གཞན་དུ་མི་བཙལ་བའི་འདུ་ཤེས་སྒོམ་པར་གསུངས་པ་དེ་སྒྲ་ཇི་བཞིན་པ་མ་ཡིན་པར་ཆོས་ཀྱི་རྗེས་བཀྲལ་བའི་ཚུལ་ལོ། །དང་པོ་ནི། ཇི་སྐད་དུ། དག་ལྡན་ལས། ལྟ་བ་འཁོར་འདས་དབྱེར་མེད་ཀྱང་ཀྱཻའི་རྡོ་རྗེ་ཡིན་པས་ན། དེ་དག་སྟོན་པར་བྱེད་པའི་གཞུང་འདི་ལ་ཡང་ཀྱཻ་རྡོ་རྗེ་ཞེས་གདགས་སོ། །དེ་སྐད་དུ། ཕྱོགས་གླང་གིས། ཤེས་རབ་ཕ་རོལ་ཕྱིན་གཉིས་མེད། །ཡེ་ཤེས་དེ་ནི་དེ་བཞིན་གཤེགས། །བསྒྲུབ་བྱ་དེ་དོན་སྦྱོར་བ་ཡི། །གཞུང་དང་ལམ་ཡང་དེ་སྒྲ་ཡིན། །ཞེས་གསུངས་ཏེ། །འདིར་ཡང་། ཀྱཻ་རྡོ་རྗེ་གཉིས་སུ་མེད། །ཡེ་ཤེས་དེ་ནི་དེ་བཞིན་གཤེགས། །བསྒྲུབ་བྱ་དེ་དོན་སྦྱོར་བ་ཡི། །གཞུང་དང་ལམ་ཡང་དེ་སྒྲ་ཡིན། །ཞེས་སྦྱར་བར་བྱའོ་ཞེས་གསུངས་ལ། དེ་ལྟར་གསུངས་པ་དེ་ནི་གཞུང་ལམ་རང་བཞིན་གྱི་དེ་གསུམ་དེ་བཏགས་པ་བར་བཤད་པ་ཡིན་ནོ། །འོན་ཏེ་གཞུང་ལ་དེར་བཤད་ཀྱང་རང་བཞིན་ལ་དེར་མ་བཤད་དོ་སྙམ་ན། འོ་ན་ཅིད་ལྟར་ན་དེ་ཡང་དེར་མི་འགྲུབ་ཏེ། ཇི་སྐད་དུ། འཆད་པ་པོ་ང་ཆོས་ཀྱང་ང་། །ཞེས་གསུངས་པས་ཆོས་ཀྱང་རང་བཞིན་གྱི་ཀྱཻ་རྡོ་རྗེར་ཁས་ལེན་དགོས་པས་སོ། །དེར་མ་ཟད་རྒྱུད་བླའི་བསྟན་བཅོས་ཀྱི་དགོངས་པ་ སྟར་ཇི་སྐད་བཤད་པ་དེ་ཉིད་རྗེ་བཙུན་གྱིས་ཀྱང་གསུངས་པའི་ཕྱིར་ཏེ། དག་ལྡན་ལས། རང་གི་ལུས་ཉོན་མོངས་པ་དང་བཅས་པ་འདི་ཉིད་ཆོས་ཅན་དང་ཆོས་ཉིད་ཀྱི་ཚུལ་གྱིས། འཁོར་བ་དང་མྱ་ངན་ལས་འདས་པ་ཐམས་ཅད་ཀྱི་རྒྱུ་ཡིན་ཏེ། རྒྱུད་བླ་མ་ལས། རྫོགས་སངས་སྐུ་ནི་འཕྲོ་ཕྱིར་དང་། །ཞེས་པ་ནས། རྟག་ཏུ་སངས་རྒྱས་སྙིང་པོ་ཅན། །ཞེས་འབྱུང་བ་དེར་རང་གི་ལུས་མྱང་འདས་ཀྱི་རྒྱུར་བཤད་ཀྱི། མྱང

འདས་དངོས་སུ་བཤད་པ་མེད་དོ། །གཞན་ཡང་ཁྱེད་ལྟར་ན། སངས་རྒྱས་མ་ཡིན་སེམས་ཅན་ནི། །གཅིག་ཀྱང་ཡོད་པ་མ་ཡིན་ནོ། །ཞེས་པ་དེ་སྒྲ་ཇི་བཞིན་པར་ཁས་བླངས་ན། ཇི་སྐད་དུ། ལུས་ལ་ཡེ་ཤེས་ཆེན་པོ་གནས། །ཞེས་པ་དེ་ཡང་དེར་ཁས་ལེན་དགོས་ལ། དེ་ལྟར་ན། དག་ལྡན་གྱི་ལུང་དང་འགལ་བ་དང་། རིགས་པ་དང་འགལ་བ་གཉིས་འབྱུང་ཏེ། དག་ལྡན་དུ། ཡེ་ཤེས་ཆེན་པོ་ཞེས་པར་སྤྱིར་འཇིག་རྟེན་ལས་འདས་ལམ་དང་། ཁྱད་པར་རྫོགས་པའི་སངས་རྒྱས་ཀྱི་ཡེ་ཤེས་ལ་བཤད་ལ། གནས་པའི་གོ་དོན་ཡང་། ཆོས་ཉིད་ཀྱི་ཚུལ་གྱིས་ཁྱབ་པ་ལ་བཤད་དོ། །རིགས་པ་དང་འགལ་བའི་ཚུལ་ཡང་། དེའི་ཆོས་ཉིད་ཡོད་པས་ཁྱབ་པ་ལ། དེ་ཡོད་པས་ཁྱབ་པ་རིགས་པའི་ལམ་མ་ཡིན་ཞིང་། སེམས་ཅན་ཐམས་ཅད་ལ་འཇིག་རྟེན་ལས་འདས་པའི་ཡེ་ཤེས་ཡོད་ན། དེ་ཐམས་ཅད་ལ་མཐོང་བའི་ལམ་རྒྱུད་ལ་སྐྱེ་སྒོང་བས་ཁྱབ་པར་འགྱུར་རོ། །མདོར་ན། རྣམ་བཤད་དེར་རྒྱུད་བླ་མའི་ལུང་དྲངས་པ་ཉིད་ཀྱིས་ཁོ་བོ་ཅག་གིས་ཇི་ལྟར་འདོད་པ་དེ་ཉིད་གྲུབ་པ་ཡིན་ནོ། །

གཉིས་པ་ནི། ཐུབ་པའི་དགོངས་པ་གསལ་བ་ཞེས་བྱ་བའི་བསྟན་བཅོས་ལས། འོ་ན་སེམས་རྫོགས་ན་སངས་རྒྱས་ཡིན་པས་སངས་རྒྱས་གཞན་དུ་མི་བཙལ་བའི་འདུ་ཤེས་སྒོམ་པར་བྱའོ་ཞེས་གསུངས་པ་མ་ཡིན་ནམ་ཞེ་ན། དེ་སྐད་གསུང་པ་ནི་མུ་སྟེགས་ཅན་ལ་སོགས་པ་རྗེས་སུ་འཛིན་པའི་ཕྱིར་དགོངས་པ་ཅན་ཡིན་ཏེ། གྲངས་ཅན་གྱི་གཞུང་ལས། ལྷ་མིག་རྣམ་དག་བསྒྲུབས་ནས་ནི། །སེམས་ཀྱི་བདག་ཉིད་རྟོགས་པར་བྱ། །སྐྱེས་བུའི་བདག་ནི་ཤུས་རྟོགས་པ། །ཆ་ལུགས་གང་གིས་གནས་ཀྱང་གྲོལ། །ཞེས་བྱ་བ་རྗེས་སུ་བཟུང་བའི་ཕྱིར་དུ། དགོངས་གཞི་ཆོས་ཀྱི་སྐུའི་སངས་རྒྱས་ལ་དགོངས། དགོས་པ་ནི། གྲངས་ཅན་ལ་སོགས་པ་དེ་དག་གི་སྙིང་གི་དཀྱིལ་ན་ཤེས་རིག་གི་སྐྱེས་བུ་ཐམས་ཅད་མཁྱེན་པ་རང་ཆས་སུ་འདོད་པ་དག་དྲང་བའི་ཕྱིར་ཡིན། དངོས་ལ་གནོད་བྱེད་ཀྱི་ཚད་མ་ཡང་། གལ་ཏེ་རྒྱུ་ལ་འབྲས་གནས་ན། །ཟན་ཟ་མི་གཙང་ཟ་བར་འགྱུར། །ཞེས་པ་ནས། ཤེས་དེ་འཇིག་རྟེན་ལ་ཡང་ནི། །ཡོད་ན་ཇི་ལྟར་མཐོང་མི་འགྱུར། །ཞེས་བྱ་བའི་བར་གསུངས་པ་དང་། གཞན་ཡང་རྣམ་འགྲེལ་སོགས་ནས་གྲངས་ཅན་འགོག་པའི་རིགས་པ་ཇི་སྐད་དུ་གསུངས་པ་རྣམས་ཀྱིས་གནོད་པ་དང་། སྐུ་གསུམ་ལ་སོགས་པའི་རྣམ་གཞག་ཐམས་ཅད་འདི་ལ་མི་རུང་བའི་ཕྱིར་རོ། །ཞེས་གསུངས་སོ། །དེའི་དོན་ལ་བལྟས་པ་ན་ཆོས་ཀྱི་སྐུའི་སངས་རྒྱས་སམ། རང་བཞིན་གྱི་སངས་རྒྱས་དེ་སངས་རྒྱས་ཀྱི་དགོངས་གཞི་ཡིན་གྱི་སངས་རྒྱས་དངོས་མ་ཡིན་པ་དང་། སེམས་ཅན་ཐམས་ཅད་ལ་སངས་རྒྱས་ཡོད་པར་གསུངས་པས་གྲངས་ཅན་རྗེས་སུ་འཛིན་ནུས་པ་ཡིན་གྱི། དེ་ལ་སེམས་བདེན་སྟོང་ཙམ་ཡོད་པར་བཤད་པས་དེ་རྗེས་སུ་བཟུང་མི་ནུས་པ་དང་། རང་བཞིན་གྱི་སངས་རྒྱས་དེ་སངས་རྒྱས་གོ་ཆོད་པོ་ཡིན་ན་སྐུ་གསུམ་

གྱི་རྣམ་གཞག་མ་ཚང་བའི་སངས་རྒྱས་ཡོད་པར་ཐལ་བའི་གནོད་བྱེད་རྣམས་འཕངས་པ་ཡིན་ནོ། །ཡང་འགའ་ཞིག་གི་བསམ་པ་ལ་སེམས་ཅན་ཐམས་ཅད་སངས་རྒྱས་ཀྱི་སྙིང་པོ་ཅན་མ་ཡིན་པ་འདི་རྗེ་བཙུན་ཆོས་ཀྱི་རྗེ་ཀུན་དགའ་བཟང་པོའི་བཞེད་པ་དང་འགལ་ལོ་སྙམ་ན་དེ་ཡང་མ་ཤེས་པ་ཡིན་ཏེ། དགྱེས་པ་རྡོ་རྗེའི་བསྟོད་པ་ཉི་ཤུ་པའི་འགྲེལ་པ་དེས་མཛད་པ་ལས། ཇི་སྐད་དུ། འཆིང་བ་ཀུན་ལྡན་གྱི་སོ་སྐྱེ་ལ་སྟོབས་སོགས་ཀྱི་ཡོན་ཏན་ཡོད་པར་སྨྲ་བ་ནི། ཐུབ་པའི་བསྟན་པ་ལ་ཕྱིན་ཅི་ལོག་ཏུ་གྱུར་པ་ཡིན་ཏེ། རྒྱུད་བླ་མར། རིགས་ཡོད་ཕྱིར་ན་ལུས་ཅན་ཀུན། །རྟག་ཏུ་སངས་རྒྱས་སྙིང་པོ་ཅན། །ཞེས་སངས་རྒྱས་ཀྱི་རིགས་ཡོད་པ་བཤད་ཀྱི། སངས་རྒྱས་དངོས་ཡོད་པར་མ་བཤད་པ་དང་། དུས་འཁོར་འགྲེལ་ཆེན་ལས་ཀྱང་། གང་གི་ཚེ་བདུད་ཡོད་པ་དེའི་ཚེ་སངས་རྒྱས་ཉིད་མ་ཡིན་ཏེ། སེམས་སྒྲིབ་པ་དང་བཅས་པའི་ཕྱིར་རོ། །ཞེས་བཤད་པས་སོ། །ཞེས་སོགས་གསུངས་པ་དེ་ཡང་ལྟ་བར་བྱོས་ཤིག །

འདིར་སྨྲས་པ། འདི་དང་མཉམ་པའི་དེ་ལན་འགའ་ཡོད་ན། །གང་འདིར་སྨྲོན་དང་དེ་ཡི་རང་བཞིན་ཤེས། །ཕྲག་དོག་དབྱངས་སུ་བླངས་པ་མ་གཏོགས་པ། །གཞུང་གི་རང་བཞིན་ཤེས་པ་འགའ་ཡོད་དམ། །

གཉིས་པ་དཀའ་བའི་གནས་བར་པ་ལས་བརྩམ་པའི་དྲི་བ་ནི། ཆོས་ཀྱི་དབྱིངས་ལས་མ་གཏོགས་པའི། །ཆོས་གཞན་མེད་ཕྱིར་དངོས་ཀུན་ཀྱང་། །ཡོད་པར་མི་བཞེད་དེ་ཅི་ཞིག །ཅེས་དང་། ཆོས་དབྱིངས་ལུང་མ་བསྟན་ཡིན་ན། །མི་དགེ་བ་དང་དགེ་བ་ཡང་། །ལུང་མ་བསྟན་དུ་མི་འགྱུར་རམ། །ཞེས་དང་། ཆོས་དབྱིངས་གསུམ་ཀ་མ་ཡིན་ན། །དེ་མཚུངས་ཉིས་པར་མི་འགྱུར་རམ། །ཞེས་དྲིས་སོ། །འདི་ལ་གསུམ་སྟེ། དྲི་བ་དེའི་དགོས་པ་བསམ་པ་དང་། དངོས་ལན་གདབ་པ་དང་། དེ་ལས་འཕྲོས་པའི་དོན་འགའ་ཞིག་བཤད་པའོ། །

དང་པོ་ལ། འདྲི་བའི་རྒྱུ་མཚན་ནི། གཞུང་གི་དངོས་བསྟན་ལ། ཕ་རོལ་པོས་ཆོས་དབྱིངས་དགེ་བར་ཁས་བླངས་པ་ན། རང་གིས་གཞི་གྲུབ་ན་ཆོས་དབྱིངས་ཡིན་པས་ཁྱབ་པ་དང་། སྡིག་པ་དང་ལུང་མ་བསྟན་ཡང་གཞི་གྲུབ་པར་ཁས་བླངས་པ་ལྟ་བུར་སྣང་བའི་རྒྱུ་མཚན་གྱིས་སོ། །དགོས་པ་ནི། ཆོས་ཀྱི་དབྱིངས་ལས་མ་གཏོགས་པའི། །ཆོས་གཞན་མེད་ཚུལ་གོ་བས་སོ། །

གསུམ་པ་མ་དྲིས་ན་སྐྱོན་ཡོད་པ་ནི། འདི་ཆེད་དུ་གཉེར་ནས་མ་དྲིས་པ་ཏེ་ཀ་བྱེད་པ་དག་གིས་འཆད་ཚུལ་སོར་གཞག་ན། དངོས་པོ་ཀུན་ཆོས་ཅན། ཆོས་དབྱིངས་སུ་ཐལ། ཡོད་པའི་ཕྱིར་ཞེས་དང་། ཡོད་པ་མ་ཡིན་པར་ཐལ། ཆོས་དབྱིངས་མ་ཡིན་པའི་ཕྱིར། ཞེས་འཕངས་ན། སྔ་ཕྱི་གཉིས་ཀ་ལ་འཁོར་གསུམ་ཚང་བ་དང་། ཡང་ཆོས་དབྱིངས་ལུང་མ་བསྟན་དུ་ཁས་ལེན་དགོས་པར་འགྱུར་ཏེ། ཇི་སྲིད་སྲོས་བྲལ་གྱི་རྣམ་གཞག

མི་བྱེད་པ་དེ་སྲིད་དུ་ནི། ཇི་སྐད་དུ། དམིགས་པ་ཆོས་རྣམས་ཐམས་ཅད་དེ། །དེ་ཡང་དགེ་ལ་སོགས་པ་ཡིན། ། ཞེས་པ་ལྟར། ཤེས་བྱ་ཐམས་ཅད་ཆོས་གསུམ་གང་རུང་དུ་འདུས་པར་ཁས་ལེན་དགོས་ལ། དེའི་ཚེ་དེ་ལུང་མ་བསྟན་ལས་འོས་མེད་པས། འོ་ན་སྡིག་པ་དང་དགེ་བ་ཡང་ཆོས་ཅན། ལུང་མ་བསྟན་ཡིན་པར་ཐལ། ཆོས་དབྱིངས་ཡིན་པའི་ཕྱིར། ཞེས་འཕངས་ན་འཁོར་གསུམ་ཚང་བ་དང་། གལ་ཏེ་སྒྲིས་བྲལ་གྱི་སྐབས་ཡིན་པས། ཆོས་ཀྱི་དབྱིངས་གསུམ་པོ་གང་དུ་ཡང་ཁས་མི་ལེན་ན་ནི། འོ་ན་ཆོས་གསུམ་པོ་རེ་རེ་ནས་ཆོས་ཅན། རེ་རེ་ནས་མ་ཡིན་པར་ཐལ། ཆོས་དབྱིངས་ཡིན་པའི་ཕྱིར། ཞེས་འཕངས་ན་འཁོར་གསུམ་ཚང་བ་དང་། ཡང་ལ་ལ་དག་འདོད་ལེན་ཐེབས་པར་འདོད་ན། དེ་ལྟ་ཡིན་ན་སེམས་ཅན་ཐམས་ཅད་བདེ་འགྲོ་དང་ངན་འགྲོར་འགྲོ་བ་མི་སྲིད་པར་འགྱུར་རོ། །ཞེས་འཕངས་ན་ཡང་འཁོར་གསུམ་ཁས་བླངས་ཀྱིས་ཚང་བ་དང་། ཡང་འདིའི་ལན་བྱེད་པ་ལ་ལ་དག །ཐལ་བ་བར་པ་འདི་དགག་བཞགས་ཡིན་པས། ཁྱབ་པ་མ་ངེས་སོ་ཞེས་ཟེར་བ་ཡོད་པ་དག་ཐོས་སོ། །དངོས་འགལ་དྲན་མོ་ལ་ལན་བཏབ་ནས་དགག་བཞགས་ཡིན་ཟེར་བས་ཅི་ལ་ཕན། གལ་ཏེ་དངོས་འགལ་དུ་མ་སོང་སྟེ། ཆོས་དབྱིངས་དེ་ཆོས་གསུམ་པོ་རེ་རེ་ནས་མ་ཡིན་པར་ཁས་བླངས་ཀྱི། དེ་ལ་དེ་གསུམ་གང་རུང་མ་ཡིན་པས་ཁྱབ་པ་ཁས་མ་བླངས་སོ་སྙམ་ན། ཞེ་འདོད་ལ་དངོས་འགལ་ཡིན་མོད། དེ་ལྟ་ན་ཡང་རིམ་པ་བཞིན་དུ་ཆོས་དབྱིངས་དང་། དགེ་བའི་དང་། མི་དགེ་བའི་དང་། ལུང་མ་བསྟན་གྱི་གཞི་མཐུན་སྲིད་པར་འགྱུར་ཏེ། དེ་ཡིན་ན། དེ་དག་རེ་རེ་ནས་མ་ཡིན་མི་དགོས་པའི་ཕྱིར་རོ། །མདོར་ན་ཁོ་བོས་དྲི་བ་འདི་དག་མ་བྱས་ན། ཏིཀ་བྱེད་པ་སྨྲ་མ་གཅིག་གིས་གང་དྲིས་པ་དེ་ཉིད། ཕྱི་མ་རྣམས་ཀྱིས་ཀྱང་། ནེ་ཙོའི་འདོན་པ་བཞིན་དུ་གླགས་པ་ན་ཉེས་པ་འདི་དག་འཇུག་མི་འཇུག་དང་། ཇི་ལྟར་སེལ་གྱི་དོགས་པ་ཙམ་ཡང་མ་ཞུགས་པའི་ཕྱིར། མཁས་པའི་བསྟན་བཅོས་ཆུད་གསན་པ་ཡིན་ནོ། །

གཉིས་པ་དངོས་ལན་གདབ་པ་ལ། དབུ་མ་པའི་གནས་སྐབས་ཀྱི་རང་ལུགས་ལ་གནས་ནས། གཞི་གྲུབ་ན་ཆོས་དབྱིངས་ཡིན་པས་ཁྱབ་པར་ཁས་ལེན་ཀྱང་། ཀུན་རྫོབ་ཚད་གྲུབ་ཏུ་མི་འདོད་པའི་ལུགས་ལ་གནས་ནས་དངོས་ལན་གདབ་པ་དང་། དབུ་མ་པའི་མཐར་ཐུག་གི་ལུགས་ལ་ཁས་ལེན་གང་ཡང་མེད་པའི་ལུགས་ལ་གནས་ནས་དངོས་ལན་གདབ་པ་དང་། ཆོས་དབྱིངས་སྙིང་པོར་འདོད་པ་ལ་ཧ་ཅང་ཐལ་བ་འཕངས་པའི་སྒོ་ནས་དངོས་ལན་གདབ་པའོ། །དང་པོ་ནི། ཕྱོགས་སྔ་མས་ཆོས་དབྱིངས་དེ་ཡོད་པའི་དགེ་བར་ཁས་བླངས་པ་ལ། འོ་ན་ཆོས་དབྱིངས་དོན་དམ་པའི་བདེན་པར་རང་ལུགས་སུ་ཁས་ལེན་པ་དེའི་ཚེ། ཡོད་པའི་དགེ་བ་ཁས་བླངས་ན་ཆོས་གསུམ་ལྟོས་གྲུབ་ཡིན་པའི་ཕྱིར། སྡིག་པ་དང་ལུང་མ་བསྟན་ཡང་ཡོད་པར་ཁས

ལེན་དགོས་པས། འོ་ན་དེའི་ཚེ། སྡིག་པ་དང་ལུང་མ་བསྟན་ཆོས་ཅན། ཆོས་དབྱིངས་སུ་ཐལ། གཞི་གྲུབ་པའི་ཕྱིར། རྟགས་ཁས་བླངས། ཁྱབ་པ་ཚད་མས་གྲུབ། ཐལ་བ་ལ་ཁས་བླངས་ཀྱི་བསལ་བ་འཇུག་ཚུལ་ནི། དེ་ཆོས་ཅན། དགེ་བར་ཐལ། ཆོས་དབྱིངས་ཡིན་པའི་ཕྱིར། རྟགས་ཁས་བླངས། ཐལ་བ་ལ་ཚད་མའི་བསལ་བ་འཇུག་ཚུལ་ནི། དེ་ལྟ་ཡིན་ན་སེམས་ཅན་རྣམས། །ངན་འགྲོར་འགྲོ་བ་མི་སྲིད་དོ། །ཞེས་པའོ། །ཁྱབ་པ་སྒྲ་མ་ཚད་མས་གྲུབ་པའི་ཤེས་བྱེད་ནི། དབུ་མའི་གནས་སྐབས་ཀྱི་རང་ལུགས་ལ། གཞི་གྲུབ་ན་དོན་དམ་བདེན་པ་ཡིན་པས་ཁྱབ་པ་ལ་ཐུག་གོ །དེའི་ཤེས་བྱེད་ཀྱང་ཀུན་རྫོབ་བདེན་པ་ཚད་མས་མ་གྲུབ་པ་དང་། དེ་ཡང་མཐོང་བ་རྫུན་པ་ཡིན་ན། ཚད་མ་མ་ཡིན་པས་ཁྱབ་པ་ལ་ཐུག་གོ །ལན་གཉིས་པ་ནི། ཆོས་དབྱིངས་ཞེས་བྱ་བ་སྤྲོས་པའི་མཐའ་བྲལ་མེད་པར་དགག་པ་ཡོད་པའི་དགེ་བར་ཁས་ལེན་ན། དེ་ལས་མ་གཏོགས་པའི་ཆོས་གཞན་མེད་པའི་ཕྱིར། ཆོས་ཐམས་ཅད་དགེ་བར་འགྱུར་རོ་ཞེས་འཕེན་པའོ། །འོ་ན་བསྟན་བཅོས་མཁན་པོ་རང་གི་ལུགས་ལ་སྤྲོས་བྲལ་དེ། ཆོས་གསུམ་པོ་གང་དུ་ཁས་ལེན་ཞེ་ན། དེ་འདྲ་དེ་གཞི་གྲུབ་པར་ཁས་མི་ལེན་པས། དེ་གསུམ་གང་དུ་ཡང་ཁས་མི་ལེན་ནོ། །འོ་ན་དགེ་བ་ཆོས་ཅན། དགེ་བ་མ་ཡིན་པར་ཐལ། སྤྲོས་བྲལ་ཡིན་པའི་ཕྱིར་ཞེ་ན། ཤིན་ཏུ་འདོད་པ་ཡིན་ཏེ། སྤྲོས་བྲལ་ཡིན་ན་དགེ་བ་ཡིན་པ་ཕར་ཞོག །སྤྲོས་པ་ཙམ་དུ་ཡང་འགལ་བའི་ཕྱིར་རོ། །འོ་ན་སེམས་ཅན་རྣམས་ངན་འགྲོར་འགྲོ་བ་མི་སྲིད་པར་འགྱུར་རོ་ཞེ་ན། འདོད་པ་ཡིན་ཏེ། དེ་དེ་ལྟར་འགྲོ་བ་དེ་འཁྲུལ་པའི་སྣང་ངོ་ཙམ་ཡིན་གྱི་ཚད་མས་མ་གྲུབ་པའི་ཕྱིར། འོ་ན། སྔར་ཕ་རོལ་པོས་ཀྱང་འདོད་ལན་ཅིའི་ཕྱིར་མི་ཐེབས་ཞེ་ན། མི་མཚུངས་ཏེ། ཕ་རོལ་པོ་དེས་སྤྲོས་བྲལ་གྱི་ཚེ་ཡང་ཡོད་པའི་དགེ་བ་ཁས་བླངས་པས། དེའི་ཚེའང་ཀུན་རྫོབ་ཀྱི་སྤྲོས་པ་ཁས་བླངས་པས། ངན་འགྲོར་འགྲོ་བ་དང་། བདེ་འགྲོར་འགྲོ་བ་ཡང་ཁས་བླངས་པའི་ཕྱིར་དང་། ཁོ་བོ་ཅག་ནི་སྤྲོས་བྲལ་གྱི་ཚེ་སྤྲོས་པ་གང་ཡང་ཁས་མི་ལེན་པའི་ཕྱིར་རོ། །

ལན་གསུམ་པ་ནི། ཆོས་དབྱིངས་དེ་ཡོད་པའི་དགེ་བ་ཞེས་བྱ་བ་དང་། བདེ་བར་གཤེགས་པའི་སྙིང་པོ་དངོས་ཡིན་ན། ལས་ཉོན་གྱི་དབང་གིས་འཁོར་བར་འགྲོ་བའི་སེམས་ཅན་མི་སྲིད་པར་འགྱུར་ཏེ། དེ་ཡིན་ན་དེའི་སྙིང་པོ་ཅན་ཡིན་དགོས། སྙིང་པོ་ཡིན་ན་ཤེས་སྒྲིབ་ལ་ལྟོས་པའི་གློ་བུར་རྣམ་དག་གི་ཆོས་སྐུ་ཡིན་དགོས་པས་སོ། །ཞེས་བྱ་བ་འདི་དག་ངེས་སོ། །ཅི་ནས་ཆོས་དབྱིངས་སྙིང་པོ་ཉིད་ཡིན་པའང་ཐལ་བར་འགྱུར་ཏེ། ཆོས་དབྱིངས་ལས་མ་གཏོགས་པའི་ཆོས་གཞན་མེད་པའི་ཕྱིར། ཆོས་ཀུན་ཀྱང་སྙིང་པོ་ཡིན་པར་ཐལ་བར་འགྱུར། དེ་ལྟ་ཡིན་ན་ཆོས་རྣམས་ཀུན། །མ་འོངས་རྫོགས་སངས་རྒྱ་བར་འགྱུར། །ཞེས་ཀྱང་སྦྱར

ར༑ ༑གསུམ་པ་འཕྲོས་པའི་དོན་ནི། དབུ་མའི་གནས་སྐབས་ཀྱི་རང་ལུགས་སུ། གཞི་གྲུབ་ཚད་དོན་དམ་པའི་བདེན་པ་ཡིན་པ་དང་། ཀུན་རྫོབ་ཚད་མས་མི་འགྲུབ་པ་དང་། མཐར་ཐུག་དོན་དམ་པའི་བདེན་པ་ཉིད་ཀྱང་ཁས་མི་ལེན་པའི་ཚུལ་ནི། ཀླུ་སྒྲུབ་ཡབ་སྲས་ཀྱི་གཞུང་ན་ཇི་ལྟར་གསལ་བ་བཞིན། མངོན་པར་རྟོགས་པ་རིན་པོ་ཆེའི་ལྗོན་ཤིང་། ཐུབ་པའི་དགོངས་པ་གསལ་བ་ཞེས་བྱ་བའི་བསྟན་བཅོས་གཉིས་ན་གསལ་བ་ཡིན་ཏེ། གསུང་རབ་དེ་དག་ན་ཀུན་རྫོབ་འཁྲུལ་སྣང་གི་ཆ་ཁོ་ན་ལ་འཇོག་པ་དང་། དོན་དམ་ཡེ་ཤེས་ཁོ་ནའི་ཡུལ་ལ་འཇོག་པའི་གནས་སྐབས་གཅིག་དང་། མཐར་དོན་དམ་པའི་བདེན་པ་བློའི་ཡུལ་ལས་འདས་ཤིང་། ཡོད་མེད་ལ་སོགས་པའི་སྤྲོས་པ་དང་བྲལ་བར་འཇོག་པའི་གནས་སྐབས་གཉིས་དམིགས་པས་སོ། ༑གསུམ་པ་ཞར་ལ་འདི་ཡང་བཤད་པར་བྱ་སྟེ། ཡོད་ན་ཆོས་དབྱིངས་ཡིན་པས་ཁྱབ་པ་འདི་ངོ་བོ་ཉིད་མེད་པར་སྨྲ་བ་ཁོ་ནའི་ལུགས་སམ་ཞེ་ན། དེ་ཁོ་ནར་མ་ཟད། སེམས་ཙམ་རྣམ་རྫུན་པར་གྲགས་པ་དེའི་ཡང་མཐར་ཐུག་གི་ལུགས་ཏེ། ཇི་སྐད་དུ། ཆོས་ཀྱི་དབྱིངས་ལས་མ་གཏོགས་པ། ༑འདི་ལྟར་ཆོས་ཡོད་མ་ཡིན་ཏེ། ༑ཞེས་རྒྱན་དང་། དབུས་མཐའ་གཉིས་ཀ་ལས་འབྱུང་བས་སོ། །

དེ་ཡང་ལུགས་དེ་ལ་ཤེས་བྱ་ཐམས་ཅད་མཚན་ཉིད་གསུམ་དུ་ཁ་ཚོན་ཆོད་ཅིང་། ཀུན་བརྟགས་ཡིན་ན་རང་གི་མཚན་ཉིད་ཡོད་པ་མ་ཡིན་དགོས་པ་ནི་ཤེས་པར་སླ་ལ། གཞན་དབང་ནི་གཉིས་སྣང་འཁྲུལ་པའི་ཆ་དང་། སྒྲོང་བ་གསལ་རིག་གི་ཆ་གཉིས་སུ་ཁ་ཚོན་ཆོད། དང་པོ་ལ་ནི། འཛིན་པ་ཀུན་བརྟགས་ཞེས་བྱ་ལ། གཉིས་པ་ནི། ཡོངས་གྲུབ་ཀྱི་ནང་དུ་འདུས་པས། དེའི་ཕྱིར། ཡོངས་གྲུབ་ལས་ལོགས་སུ་གཞན་དབང་ཡོད་པ་མ་ཡིན་པར་ཐེག་བསྡུས་ལས་བཤད་པ་བཞིན་ནོ། ༑འོ་ན། ལུགས་དེ་ལ་ཆོས་དབྱིངས་དགེ་སོགས་གསུམ་པོ་གང་ཡང་མིན་པར་འཆད་ནུས་སམ་ཞེ་ན། དེ་ལ་དེ་ལྟར་མི་ནུས་ཏེ། ལུགས་དེ་ལ་ཡོངས་གྲུབ་དགེ་བ་ཐམས་ཅད་ཀྱི་མཆོག་ཡིན་པར་ཐེག་བསྡུས་ལས་གསལ་བར་གསུངས་པའི་ཕྱིར། འོ་ན་ལུགས་དེ་ལ་ཆོས་ཀྱི་དབྱིངས་ལས་མ་གཏོགས་པའི་ཆོས་གཞན་མེད་པའི་ཕྱིར། སྡིག་པ་དང་ལུང་མ་བསྟན་ཡང་དགེ་བར་ཐལ་བ་མ་ཡིན་ནམ་ཞེ་ན། མ་ཡིན་ཏེ། དེར་ཀུན་རྫོབ་གང་ཡིན་ཡོད་པ་མ་ཡིན་པས་སོ། ༑དེ་ནས་འོ་ན་ཆོས་དབྱིངས་དགེ་བར་ཁས་ལེན་མི་ལེན་གྱི་གནས་སྐབས་ཇི་ལྟ་བུ་ཞེ་ན། ཉན་ཐོས་སྡེ་པས་ལྷག་མེད་ཀྱི་མྱང་འདས་དགེ་བར་འདོད་ཀྱང་། ཐེག་ཆེན་པས་བཅལ་བ་ན་རིག་པ་རྒྱུན་ཆད་ཅིང་དགེ་བའི་རྩ་བ་ཟད་པས། སྡིག་པ་མེད་ཙམ་མ་གཏོགས་དགེ་བའི་མཚན་ཉིད་མ་ཚང་། རྣལ་འབྱོར་སྤྱོད་པའི་གཞུང་ན་དེ་བཞིན་ཉིད་དང་ཆོས་ཉིད་དགེ་བར་བཤད་ཅིང་། དེ་ཡང་མཚན་ཉིད་པ་ཡིན་ཏེ། དེའི་མཚན་ཉིད་ཚང་བ་དང་། མཚན་གཞི་ཡང་གཟུང

འཛིན་གཉིས་ཀྱིས་སྟོང་པའི་གསལ་རིག་ལ་འདོད་ཅིང་། ཐེག་པ་གསུམ་ཀའི་མྱང་འདས་ཀྱི་ངོ་བོ་ཡང་དེ་ལས་གཞན་མེད་ལ། གནས་སྐབས་དེ་ན་མི་ཟད་པ་བརྒྱད་ཅུ་ལྔ་བུ་དགེ་བའི་རྒྱ་བ་གང་ཡོད་ཐམས་ཅད་ཀྱང་དེའི་ངོ་བོར་ཡོད་དགོས་པའི་ཕྱིར་རོ། །

ངོ་བོ་ཉིད་མེད་པར་སྨྲ་བའི་གཞུང་ན་གཉིས་ཏེ། དེ་བཞིན་ཉིད་ཀྱི་ངོ་བོ་ཡེ་ཤེས་ཀྱི་ཆ་ནས་འཛོག་པ་དང་། མེད་དགག་གི་ཆ་ལ་འཛོག་པ་གཉིས་ལས། དང་པོ་ནི། དེ་བཞིན་ཉིད་མཚན་ཉིད། བྱང་ཆུབ་ཅེས་པའི་འགྲེལ་པར་སེང་གེ་བཟང་པོས་བཤད་པ་ལྟར། རྣལ་འབྱོར་སྤྱོད་པའི་དབུ་མ་པ་རྣམས་ཀྱི་གཞུང་དང་། རྒྱུད་བླའི་བསྟན་བཅོས་རྩ་འགྲེལ་དང་། ཆོས་དབྱིངས་བསྟོད་པ་དང་། བྱང་ཆུབ་སེམས་འགྲེལ་དང་། རྗེ་བཙུན་ཀྱི་དག་ལྡན་གཉིས་ན་བཤད་པ་ཤིན་ཏུ་མང་ཞིང་། ཆོས་དབྱིངས་ཡེ་ཤེས་ཞེས་པའང་དེ་ཉིད་དོ། །འཁོར་ལོ་སྡོམ་པ་དང་། དགྱེས་པ་རྡོ་རྗེ་དང་། གསང་བ་འདུས་པ་སོགས་ངེས་དོན་གྱི་སངས་རྒྱས་རྣམས་ཆོས་དབྱིངས་དང་དགེ་བའི་གཞི་མཐུན་དུ་ཁས་མ་བླངས་ན། དོན་དམ་ཆོས་སྐུའི་རྣམ་གཞག་ཐམས་ཅད་ཉམས་པར་འགྱུར་རོ༑ ༑དེ་ལྟ་ན་ཡང་། དེ་དག་བསྔོ་རྒྱུའི་དགེ་བ་ནི་མ་ཡིན་ཏེ། བསྔོ་བས་མི་འགྱུར་བའི་ཕྱིར་དང་། བསྔོས་མ་བསྔོས་ལ་ཁྱད་པར་མེད་པའི་ཕྱིར། རང་བཞིན་དུ་གནས་པའི་རིགས་བཞིན་ནོ། །དེ་བཞིན་ཉིད་ཀྱི་འཆད་ཚུལ་གཉིས་པ་ནི། སྤྲོས་པའི་མཐའ་ཐམས་ཅད་བཀག་ཙམ་གྱི་མེད་པར་དགག་པ་དེ་ཉིད་ཀུན་ལ་གྲགས་ཤིང་། དེ་དགེ་བ་ཡིན་པ་ནི། རིན་ཆེན་ཕྲེང་བ་དང་། བྱང་ཆུབ་སེམས་འགྲེལ་གཉིས་ལས་དངོས་སུ་བཀག་ཅིང་། བསྟན་བཅོས་འདིར་སྤྱིར་དགེ་བ་དང་། བྱེ་བྲག་ཏུ་བསྔོ་རྒྱུ་ཡིན་པ་བཀག་པ་ཡང་དེ་ཉིད་ཡིན་པས། དེ་ནི་སྤྲོས་བྲལ་ཡིན་ཕྱིར་རོ། །ཞེས་གཞུང་ཉིད་ན་གསལ་ཞིང་། ཕྱོགས་སྔ་མ་ལ་ཡང་དེ་བཞིན་ཉིད་ཀྱི་འཆད་ཚུལ་མེད་དགག་དེ་ལས་གཞན་མེད་དོ། །ཇི་སྐད་དུ། མངོན་པའི་གཞུང་ལས་ཉན་ཐོས་རྣམས། །དེ་བཞིན་ཉིད་ལ་དགེ་བ་ཞེས། །ཞེས་སོགས་གསུངས་པའང་ཀུན་ལས་བཏུས་དང་པོ་མདོ་སྡེ་པའི་རང་གཞུང་དུ་འཆད་པའི་ལུང་ཡིན་གྱི། རྣལ་འབྱོར་སྤྱོད་པ་བའི་ལུགས་ཀྱི་དེ་དེར་འཆད་ན། ངོ་བོ་ཉིད་སྐུ་དང་། འགོག་པའི་བདེན་པ་མཐའ་དག་ཀྱང་ལུང་མ་བསྟན་ཡིན་པ་དེར་འགྱུར་ལ། སངས་རྒྱས་དང་དམ་པའི་ཆོས་ཀྱི་གཙོ་བོ་གནས་སྐབས་དགེ་བར་མ་བཤད་ན་ནོངས་པར་འགྱུར་རོ། །

སྨྲས་པ། ཁོ་བོས་རྣམ་བརྟགས་དྲི་བ་འདི། །མཁས་དང་མཁས་པ་མིན་པ་རྣམས། །ཀྱི་ཡང་འཇལ་བའི་སྲང་ཡིན་ཕྱིར། །སློ་བ་མང་ཉུང་འཚམས་ན་མཛེས། །གསུམ་པ་དཀའ་གནས་ཆུང་བའི་དྲི་བ་ནི། ཇི་སྐད་དུ༔ ཡོད་པ་ཉིད་ལ་མི་རྟག་པས། །ཁྱབ་པར་ཆོས་ཀྱི་གྲགས་པས་གསུངས། །ཡོད་པ་ཙམ་ལ་དེ་ཁྱབ་པ། །

རིག་པའི་གཞུང་ལུགས་གང་གིས་སྟོན། །ཞེས་བྱ་བ་འདི་ལ་དྲི་བ་དང་ལན་ནོ། །

དང་པོ་ལ། དྲི་བའི་རྒྱུ་མཚན་ནི། ཡོད་ཙམ་དང་། དངོས་པོ་ཙམ་ལ་མི་རྟག་པས་ཁྱབ་པ་སྒྲ་ཇི་བཞིན་དུ་ཁས་བླངས་ན། སྔོ་བདུན་མཛད་པ་ལ་འགལ་འདུ་འབྱུང་སྟེ། རྣམ་འགྲེལ་ངེས་གཉིས་ཀའི་འགྱུར་སྔ་ཕྱི་ལས་དངོས་པོའི་ཁྱད་པར་ཙམ་དུ་ནི། ཞེས་དང་། ཡོད་པའི་ཁྱད་པར་ཙམ་དུ་ནི། །བསྒྲུབ་བྱ་སྤྱིའི་ཆོས་ཅན་ལ། །དོན་འགའ་ཞིག་ཀྱང་འགྲུབ་མི་འགྱུར། །དེ་འདྲ་བ་ཡང་བཀག་པ་མེད། །ཅེས་དང་། མེད་པ་མ་ཡིན་སྒྲ་སྒྲོར་ཕྱིར། །ཞེས་བཤད་ལ། དེའི་ཚེ། ཇི་སྐད་དུ། རྣམ་པར་ངེས་པ་ལས། དགག་པ་གཉིས་ཀྱི་རྣལ་མ་གོ་བར་བྱེད་དོ༑ ༑ཞེས་བཤད་པས། མེད་པ་མ་ཡིན་ན། ཡོད་ཙམ་དང་། དངོས་པོ་ཙམ་ཡིན་དགོས་པའི་ཕྱིར་རོ། །དེའི་ཤེས་བྱེད་ཀྱང་མེད་པ་མ་ཡིན་ཞེས་པ་སེལ་ངོར་མེད་པ་མ་ཡིན་པ་ལ་བཤད་དགོས་སོ། །གཉིས་པ་དྲིས་པའི་དགོས་པ་ནི། རྣམ་འགྲེལ་མཛད་པའི་གཞུང་ལུགས་ལ། དངོས་པོ་དང་ཡོད་པ་མིང་གི་རྣམ་གྲངས་ཡིན་པ་དང་། གཉིས་པོ་སྒྲ་ཡངས་ན་ཡངས་མཉམ་དང་། དོག་ན་དོག་མཉམ་ཡིན་པར་གོ་བ་དང་། ཡོད་ཙམ་དང་། ཡོད་ཉིད་ཀྱི་ཤན་ཕྱེད་པ་དང་། ཡོད་ཉིད་ལ་ཡང་ཡོད་ཉིད་ཙམ་དང་། ཡོད་ཉིད་ཁྱད་པར་ཅན་གྱི་ཤན་ཕྱེད་པའི་དགོས་པ་ཡོད་དོ། །མ་དྲིས་ན་སྐྱོན་ཡོད་པ་ནི། གཙོ་བོའི་སྒྲ་དོན་ཆོས་ཅན། མི་རྟག་པར་ཐལ། ཡོད་ཙམ་ཡིན་པའི་ཕྱིར་ཏེ། སེལ་ངོར་ཡོད་པའི་ཕྱིར་ཞེས་དང་། མེད་པ་མ་ཡིན་པའི་ཕྱིར། ཞེས་པའི་སྐྱོན་འཇུག །དེ་སྐད་དུ་ཡང་། དེ་ཡང་སྒྲ་འཇུག་པ་ཉིད་ལས། ཡོད་ཅེས་ཐ་སྙད་བརྗེན་པར་འདོད། །ཅེས་བཤད་པས་སོ། །

གཉིས་པ་ལན་ལ། དངོས་ལན་གདབ་པ་དང་། མཐའ་དཔྱད་པའོ། །དང་པོ་ནི། འདི་ལྟར། ཆོས་ཉིད་ཡོད་པ་མ་ཡིན་ཏེ། །ཡོད་ཉིད་ཙམ་ལ་མི་རྟག་པས། །ཁྱབ་པར་ཆོས་ཀྱི་གྲགས་པས་གསུངས། །ཞེས་བྱའོ། །

གཉིས་པ་ནི། དེ་ལྟར་འདོན་དགོས་པའི་རྒྱུ་མཚན་ཡང་ཡོད་ཉིད་བཞིན། ཞེས་དང་། ཉིད་ཕྱིར་སྒྲ་ནི་མི་རྟག་ཉིད། །ཅེས་སོ། །ལ་ལ་དག་གི་བསམ་པ་ལ། །ཡོད་པ་ཙམ་དང་འབྲེལ་པ་ཡིས། །ཞེས་དང་། འཇིག་པ་ཡོད་ཙམ་འབྲེལ་པ་ཅན། །ཞེས་བཤད་པས་ཡོད་ཙམ་རྟགས་སུ་འགོད་དགོས་པར་གསལ་ལོ། །སྙམ་ན་མ་ཡིན་ཏེ། དེར་ཙམ་ཞེས་པ་འབྲེལ་ཡུལ་ཡིན་གྱི། འབྲེལ་པོ་ལ་འཆད་རྒྱུ་མ་ཡིན་པ་དང་། རྟགས་བསྒྲུབ་བྱའི་ཆོས་ལ་ཕར་འབྲེལ་བར་འཆད་དགོས་ཀྱི། ཅིག་ཤོས་ཚུར་འབྲེལ་བར་འཆད་པའི་སྐབས་མ་ཡིན་པའི་ཕྱིར་རོ། །འོན་ཀྱང་ཡོད་ཙམ་ལ་མི་རྟག་པས་ཁྱབ་པའི་སྒྲས་ཟིན་གྱི་ལུང་ཚོལ་དགོས་ན། ཇི་སྐད་དུ། དངོས་པོ་ཙམ་ནི་བསྒྲུབ་པ་ན། །ཞེས་པ་དེ་འདྲེན་དགོས་ལ། དེ་ཡང་སྒྲ་ཇི་བཞིན་པ་མ་ཡིན་ཏེ། དེ་ལྟར་ན། དེ་འདྲ་བ་ཡང་བཀག་པ་མེད། །ཅེས་པ་དང་དངོས་སུ་འགལ་བའི་ཕྱིར་རོ། །འོན་ཅི་ཞེ་ན། གལ་ཏེ་གཏན་ཚིགས་ཡོད་རང

བཞིན། །ཞེས་སོགས་སུ་གྲངས་ཅན་གྱིས་ཡོད་པ་ཉིད་ཅེས་བྱ་བ་ཁྱོད་ལ་རྟགས་སུ་རུང་ན། ངེད་ལ་བསྒྲུབ་བྱའི་ཆོས་སུ་ཡང་རུང་བར་མཚུངས་སོ། །ཞེས་ཟེར་བ་ལ་མི་མཚུངས་ཏེ། གྲངས་ཅན་གྱི་སྐབས་ཙམ་ལ་ནི་ཁྱད་པར་ལྔ་ལྡན་གྱི་གཙོ་བོ་ཆོས་ཅན་དུ་བཟུང་ནས་ཡོད་དེ། ཁྱད་པར་རྣམས་ཀྱི་རྗེས་སུ་འགྲོ་བའི་ཕྱིར། ཞེས་གཏན་ཚིགས་ལྟ་བཀོད་པ་དེའི་ཚེ། ཡོད་ཙམ་བསྒྲུབ་བྱའི་ཆོས་སུ་བཟུང་བ་ཡིན་གྱི། ཡོད་ཉིད་དེར་མ་བཟུང་། ཞེ་འདོད་ལ་ནི། ཁྱད་པར་ལྔ་པོ་ཉིད་བསྒྲུབ་བྱའི་ཆོས་ཀྱི་ཁྱད་པར་དུ་བཟུང་ནས་ཡོད་པར་བསྒྲུབས་པ་ཡིན་པས། སྐབས་ཙམ་ལ་ཞེ་འདོད་དང་དཔག་འདོད་གཉིས་ཀ་མེད། ཞེ་འདོད་ཀྱི་བསྒྲུབ་བྱ་དེ་བསྒྲུབ་པ་ལ་གཏན་ཚིགས་ཡང་དག་མི་སྲིད་ལ། སངས་རྒྱས་པ་ལྟར་ན་སྒྲ་འཇིག་པར་བསྒྲུབ་པ་ལ་ཡོད་ཉིད་ཀྱི་ཁྱད་པར་གང་ཡང་རྟགས་སུ་མི་འགོད་ཀྱི། ཡོད་ཉིད་ཙམ་པོ་རྟགས་སུ་འགོད་ལ། དེའི་ཚེ་ཚུལ་གསུམ་ཚང་བས་སོ་ཞེས་འཆད་པ་ཡིན་ནོ། །མདོར་ན་སངས་རྒྱས་པས་ནི་ཞེ་འདོད་དང་། སྐབས་ཙམ་གཉིས་ཀ་ལ་ཡོད་ཉིད་ཙམ་རྟགས་སུ་བཀོད་ལ། གྲངས་ཅན་གྱིས་ནི་ཁ་ཙམ་དུ་ནི་ཡོད་ཙམ་ཆོས་སུ་བྱས་ལ། ཞེ་འདོད་ལ་ནི་ཁྱད་པར་ལྔ་ལྡན་དུ་ཡོད་པ་བསྒྲུབ་བྱའི་ཆོས་སུ་བྱས་པས་མི་མཚུངས་པ་ཡིན་ནོ། །དོན་དེ་དག་གི་ཤེས་བྱེད་ཀྱང་ལེགས་པར་བཤད་ན། ཉིད་ཅེས་བྱ་བའི་སྒྲ་དོན་ནི་གཉིས་ཏེ། དངོས་པོའི་རྐྱེན་དུ་སྒྱུར་བ་དང་། ངེས་བཟུང་གི་ཚིག་ཏུ་བྱས་པའོ། །དང་པོ་ནི། དེ་བཞིན་ཉིད་དང་། དེ་ཁོ་ན་ཉིད་དང་། དངོས་པོ་ཉིད་ཅེས་བྱ་བ་ལྟ་བུའོ། །

གཉིས་པ་ནི། ཇི་སྐད་དུ། དང་པོ་རང་ལ་བུ་གཉིས་སྐྱེ་འགྱུར་ཏེ། །ན་ར་དང་ནི་སྲེད་མེད་བུ་ཉིད་དོ། །ཞེས་བཤད་པ་ལྟ་བུའོ། །དེ་ལྟར་ན་སེམས་ཙམ་པའི་སྐབས་སུ། དེ་བཞིན་ཉིད་ལ་སོགས་པ་ལ་ཡང་དངོས་པོས་ཁྱབ་པ་ཡིན་ཏེ། མངོན་པ་ཀུན་ལས་བཏུས་སུ་འདུས་མ་བྱས་ཀྱི་དངོས་པོ་བརྒྱད་པོ་དེ་དག་ལ་བདེན་གྲུབ་དང་། དོན་དམ་པས་ཁྱབ་པར་བཤད་པའི་ཕྱིར་རོ། །འོ་ན། དངོས་པོ་ཙམ་དང་དངོས་པོ་ཉིད་ལ་ཁྱད་པར་ཅི་ཞེ་ན། དང་པོ་ནི། སེལ་ངོའི་དངོས་པོ་ལ་བྱ་ལ། གཉིས་པ་ནི། སྣང་ངོའི་དངོས་པོ་ལ་བྱའོ། །ཞེས་བྱ་བ་འདིས་ནི་དྲི་བ་གསུམ་གྱི་ལན་མཚོན་བྱེད་ཙམ་ཞིག་བཏབ་པའོ། །ཨེ་མ་ཧོ། སྡེ་སྣོད་གསུམ་གྱི་གཞུང་དོན་མ་བསླབས་པར། །དག་ལྡོན་སྐོར་གསུམ་ཐང་ལན་འགའ་ཀླུགས་པས། །རྗེ་བཙུན་གསུམ་གྱི་གཞུང་ལུགས་ཤེས་རློམ་ནས། །སྡོམ་གསུམ་བསྟན་བཅོས་འཆད་པ་གད་མོའི་གནས། །དེ་ནས་གཞུང་ལུགས་ཇི་བཞིན་ཤེས་བྱའི་ཕྱིར། །དཔྱོད་ལྡན་འགའ་ཡིས་ཚུལ་བཞིན་དྲིས་པ་ན། །ལེགས་པར་སྦྱོང་ལ་བཏབ་བཏོབ་མིན་པར་སྨྲོས། །སླུ་བོའི་བློ་གྲོས་གོང་ནས་གོང་འཕེལ་ཞིང་། །མཁས་པའི་གཞུང་ལུགས་མང་པོའི་བརྟེན་བྱར་འགྱུར། །མི་མཁས་བཞིན་དུ་མང་པོས་བསྐུར་བ་ཡིས། །མེས་པོར་རློམ་རྣམས་སླུ་བ་རན་ན་བརྗོད། །ཇི་བཞིན་ཤེས་ན་མང་པོར་

སླུས་པས་ཆོག །མཁས་རྣམས་མགུ་ཞིང་སློབ་མའི་བློ་གྲོས་འཕེལ། །ཞེས་ཐུབ་བསྟན་གསེར་མདོག་ཅན་གྱི་གཙུག་ལག་ཁང་ཆེན་པོ་ནས་མགྱོགས་པར་བྲིས་པའོ།། །།མངྒ་ལཾ།

༄༅། །ཕྱག་རྒྱ་ཆེན་པོ་གསལ་བར་བྱེད་པའི་བསྟན་བཅོས་ཚངས་པའི་འཁོར་ལོས་གཞན་བློའི་དྲེགས་པ་ཉམས་བྱེད་ཅེས་བྱ་བ་བཞུགས་སོ། །

པཎ་ཆེན་ཤཱཀྱ་མཆོག་ལྡན།

སྭ་སྟི། དགེ་ལེགས་སུ་བགྱི་བ་གྲུབ་པར་གྱུར་ཅིག ཕྱག་རྒྱ་ཆེན་པོ་གསལ་བར་བྱེད་པའི་བསྟན་བཅོས་ཚངས་པའི་འཁོར་ལོས་གཞན་བློའི་དྲེགས་པ་ཉམས་བྱེད་ཅེས་བྱ་བ། རང་བཞིན་རྣམ་དག་རྫོགས་སངས་རྒྱས་ཀྱི་བློ༑ ༑བློ་བུར་དྲི་མའི་ཚོགས་དང་མ་འདྲེས་པ། །དུས་རྣམས་རྟག་ཏུ་ཀུན་ལ་བཞུགས་གྱུར་པ། །གཡོ་མེད་ཕྱག་རྒྱ་ཆེ་ལ་ཕྱག་འཚལ་ནས། །དེ་ཡི་རང་བཞིན་གསལ་བར་རྟོགས་དཀའ་བ། །བརྗོད་དང་རྟོག་པའི་ཡུལ་ལས་འདས་གྱུར་ཀྱང་། །མཛུབ་མོས་ནམ་མཁའ་མཚོན་པ་ཇི་བཞིན་དུ། །ཕྱོགས་ཙམ་བརྗོད་ལ་དེང་འདིར་སྤྲོ་བ་སྐྱེས། །སངས་རྒྱས་དང་ནི་སེམས་ཅན་དང་། །སྲིད་དང་མྱ་ངན་འདས་པ་དང་། །སྔགས་དང་ཕ་རོལ་ཕྱིན་པ་དང་། །གྲུབ་མཐའ་ཀུན་ལ་ཐུན་མོང་དུ། །བཞུགས་ཀྱང་བརྡའ་འཕྲོད་ཆེས་དཀའ་བས། །སེམས་ཀྱི་རང་བཞིན་འོད་གསལ་ལ། །ཕྱག་རྒྱ་ཆེན་པོའི་མཚན་གསོལ་ནས། །གངས་ཅན་ལྗོངས་སུ་ཆེར་གྲགས་པ། །དེ་ཉིད་མདོ་ཙམ་གསལ་བར་བྱ། །དེ་ལྟར་མཆོད་པ་བརྗོད་པ་དང་། །རྩོམ་པར་དམ་བཅའ་སྔོན་བཏང་ནས། །

བློ་འོད་གཞོན་ནུའི་རང་རྩལ་གྱིས། །བརྟོན་པའི་ཕྱག་རྒྱ་ཆེན་པོ་ལ། །རྣམ་གཞག་རྒྱས་པར་བཤད་པ་དང་། །ངོས་འཛིན་བསྡུས་ཏེ་བསྟན་པ་དང་། །མཉམ་པར་འཇོག་ལུགས་གསལ་པོ་དང་། །བརྒལ་ལན་ཕྱེ་སྟེ་བཤད་པའོ། །དང་པོར་བཤད་བྱ་གང་ཡིན་པ། །རྣམ་པར་ཕྱེ་སྟེ་མ་བཤད་ན། །གཞན་གྱི་ཀླན་ཀ་མ་བཟློད་པའི། །ཅལ་ཅོལ་དབྱངས་སུ་ལེན་པ་མཐོང་། །སྤྱིར་ནི་རྣལ་འབྱོར་རྒྱུད་གཞུང་ལས། །དེར་བཤད་དེ་དང་བླ་མེད་ལས། །གང་བཤད་རྣམ་གྲངས་མང་པོ་དང་། །ཕ་རོལ་ཕྱིན་པའི་ངེས་དོན་དུ། །བཤད་པ་ཀུན་ལ་ཁྱབ་གྱུར་པའི། །སེམས་ཀྱི་རང་བཞིན་འོད་གསལ་ལ། །དུས་འདིར་ཕྱག་རྒྱ་ཆེ་ཞེས་གསུང་། །དེ་ཕྱིར་ཕྱོགས་སུ་ཆད་པ་མེད། །འདི་དོན་རྟོགས་ནས་ཕར་ཕྱིན་དང་། །སྔགས་ནས་གསུངས་པའི་ངེས་དོན་གྱི། །རྟོགས་བྱེད་ཐབས་ལམ་སོ་སོ་བ། །གང་དུ་ཞུགས་ཀྱང་མཆོག་ཉིད་འགྱུར། །བཤད་པའི་སྒྲོལ་རྣམས་སོ་སོ་བ། །དེར་མ་ཞུགས་ཀྱང་འདི་ཁོ་ན། །གཅིག་པུས་སོ་སོ་རང་རིག་པའི། །ཡེ་ཤེས་མཐོང་བའི་ལམ་ཉིད་འཐོབ། །བསོད

ནམས་ཚོགས་རྩལ་ལོགས་ཤིག་ཏུ། །རྣམ་པར་བཞག་ནས་ལྟ་བ་འདི། །ཁོ་ན་རྟོགས་པའི་ཡན་ལག་ཏུ། །སྦྱོར་དང་སྤྱོད་འགྲོ་གཞན་མི་དགོས། །ཅི་ཕྱིར་ཞེ་ན་ལྟ་བ་འདི། །ཚིག་ཏུ་བརྗོད་པ་སྤྲངས་པའི་ཕྱིར། །ཐོས་བསམ་དང་ནི་འཇིག་རྟེན་པའི། །སྒོམ་བྱུང་བློ་ཡིས་དེ་མ་འཇལ། །གལ་ཏེ་གང་གིས་རྟོགས་ཤེ་ན། །སྔ་མའི་ལས་འཕྲོ་བདག་པོའི་རྐྱེན། །བླ་མར་མོས་པའི་དམིགས་རྐྱེན་དང་། །ཤེས་རིག་སྔ་མའི་ཉེར་ལེན་ལས། །དེ་མ་ཐག་པའི་མངོན་སུམ་འབྱུང་། །དེ་ཕྱིར་འདི་ལ་ཚོགས་ལམ་དུ། །ཐོས་བསམ་བྱེད་དང་སྦྱོར་ལམ་དུ། །དོན་སྤྱི་ཙམ་ཞིག་མཐོང་ཞེས་པའི། །དབྱེ་བ་མཛད་པ་མ་ཡིན་ནོ། །མངོན་སུམ་མཐོང་བའི་འཕགས་ལམ་ལ། །དབྱེ་བ་མེད་པ་ཉིད་དགོངས་ནས། །ས་ལམ་དབྱེ་བ་མེད་གསུངས་མོད། །ཐབས་ལ་སྐྱུར་འདེབས་མ་ཡིན་ནོ། །

ཟླ་འོད་གཞོན་ནུས་གང་མཛད་པའི། །ལྟ་བ་ཚོགས་སུ་འཆད་པ་ན། །ཐོག་མར་སྦྱོར་བ་གཅོད་པའི་ཚུལ། །ཀླུ་སྒྲུབ་གཞུང་བཞིན་འཆད་མི་བཞེད། །གཟུང་འཛིན་རྟོག་པ་འགོག་པའི་ཚུལ། །ཐོགས་མེད་གཞུང་བཞིན་འཆད་མི་དགོས། །ངེས་དོན་རང་རིག་རང་གསལ་ལ། །ཉམས་མྱོང་ཚད་དུ་མ་འཁྱོལ་ན། །སྔགས་ལས་ཕྱག་རྒྱ་ཆེ་རྟོགས་པ། །གོ་ལ་ས་ཉིད་དུ་ལྷུང་བར་དོགས། །དེ་བས་ཀུན་ལ་ཁྱབ་བྱེད་དུ། །འཇུག་པའི་ཕྱག་རྒྱ་ཆེན་པོ་ནི། །སྔ་མ་བཞིན་དུ་རྟོགས་བྱས་ནས། །དེ་ལ་རྟོགས་པ་བརྟན་མི་བརྟན། །བརྟག་པར་བྱ་སྟེ་མི་བརྟན་ན། །ཤིང་རྟའི་སྲོལ་གཉིས་ལས་བྱུང་པའི། །གཟུང་འཛིན་སྤྲོས་པ་འགོག་པའི་ཚུལ། །གོམས་པར་བྱས་ཀྱང་མི་འགལ་མོད། །བརྟོན་འགྲུས་ཅན་གྱིས་སྔར་རྟོགས་པ། །དེ་ཉིད་སྐྱོང་བའི་འདུ་བྱེད་ཀྱིས། །རྩོལ་བཞིན་གོམས་པར་བྱེད་པ་དང་། །རྗེས་ཐོབ་རྟེན་འབྲེལ་སྣ་ཚོགས་པ། །སྣང་ལ་རྣམ་པར་རྟོག་པ་ཡིས། །འཛིན་མེད་ཉིད་དུ་གོམས་བྱེད་པ། །དེ་ཉིད་ཆོས་འདིའི་གཙོ་བོར་འཆད། །སྔར་བཤད་རྟོགས་པ་བརྟན་གྱུར་ནས། །གསང་སྔགས་ལམ་གྱི་ཕྱག་རྒྱ་ཆེ། །རྟོགས་པའི་ཐབས་གང་ཡིན་པ་ལ། །འཇུག་པར་བྱ་ཡི་མི་བརྟན་པར། །ཞུགས་ན་ཉེས་པའི་ཚོགས་འཕེལ་བས། །བག་ཡོད་ཉིད་དུ་གདམས་པ་ཡིན། །

ཟླ་འོད་གཞོན་ནུའི་ཕྱག་རྒྱ་ཆེ། །དཀར་པོ་ཆིག་ཐུབ་ཅེས་བྱ་བའི། །སྨན་དང་འདྲ་བར་བཤད་པ་དེ། །ངོས་འཛིན་ཚུལ་ལ་ལ་ལ་དག །གནས་ལུགས་དང་ནི་ཐབས་ལམ་ལས། །མངོན་འགྱུར་གཉིས་སུ་འབྱེད་ཅེས་ཟེར། །འདི་ནི་གཞན་དག་གིས་རྨོལ་བའི། །ཀླུན་ཀ་མ་བཟོད་དབྱངས་སུ་བླངས། །ཅི་ཕྱིར་ཞེ་ན་ལུགས་དེ་ཡི༏ ༏ཕྱག་རྒྱ་ཆེ་ལ་སངས་རྒྱས་པའི། །ཆེན་པོ་གསུམ་གྱིས་མ་རེག་པས། །ཁྱད་པར་འཕགས་པ་ཡིན་ཞེས་གསུངས། །དེ་ལ་ཁ་ཅིག་འདི་སྐད་དུ། །ཆེན་པོ་གསུམ་གྱིས་མ་རེག་པ། །ཁྱད་པར་མི་འཕགས་ཆོས་ཉིད་དུ། །འགྱུར་ཞེས་དོགས་པ་དེ་བསམ་བྱ། །རིགས་པས་དཔྱད་པའི་སྟོང་པ་ཉིད། །མེད་དགག་ནམ་མཁའ་ལྟ་བུ་ནི། །

ཡུལ་དུ་བྱེད་པ་སྦྲ་རྟོག་ལས། །མ་འདས་ཕྱིར་ན་དེ་མི་རུང་། །འདིར་བཤད་ཕྱག་རྒྱ་ཆེན་པོ་ནི། །མངོན་དུ་བྱེད་པ་སྔགས་ལམ་ལ། །ངེས་པར་ལྟོས་པ་མིན་ཕྱིར་ཡང་། །སྔགས་ཀྱི་ཡེ་ཤེས་འདིར་མི་འཆད། །རྫོགས་པ་ཆེན་པོའི་ཡེ་ཤེས་ཀྱང་། །མངོན་དུ་འགྱུར་བ་སྦྱོར་བ་དང་། །སྐུ་གོན་མང་པོས་བསྒྲུབས་པའི་ཕྱིར། །དེ་ཡང་འདིར་འཆད་མ་ཡིན་ནོ། །བློས་བྱས་སྤྲོས་པ་མང་པོ་ཡིས། །རྣམ་པར་གཡེང་ལ་མ་རེག་པར། །རྐྱེན་གསུམ་ཙམ་ལས་མངོན་འགྱུར་བའི། །ཕྱག་རྒྱ་ཆེན་པོའི་ཡེ་ཤེས་ནི། །ཕར་ཕྱིན་འཁོར་ལོ་གསུམ་པ་ཡི། །ངེས་དོན་གཟུང་འཛིན་ལས་གྲོལ་བའི། །ཡེ་ཤེས་ཉིད་དུ་གང་བཤད་དང་། །བློ་མེད་ཐེག་པའི་ཨེ་ཝཾ་དང་། །རྣམ་ཀུན་མཆོག་ལྡན་སྟོང་ཉིད་དང་། །དགྱེས་པ་རྡོ་རྗེ་ལ་སོགས་པའི། །ངོ་བོ་ངོས་འཛིན་འདི་ལས་གཞན། །ཡོད་པ་མིན་ཡང་རང་རང་གི །ཐབས་ལས་མངོན་དུ་གྱུར་པ་ན། །མིང་འདོགས་གཞན་དང་གཞན་བྱས་སོ། །

དེ་ཡང་སྣམ་པོ་པས་གསུངས་པ། །ང་ཡི་ཕྱག་རྒྱ་ཆེན་པོ་ཡི། །ངོས་འཛིན་རང་གི་རིག་པ་སྟེ། །གཞུང་ནི་རྒྱུད་བླའི་བསྟན་བཅོས་ཞེས། །གསུངས་པའི་དགོངས་པ་དཔྱད་པ་ན། །མངའ་བདག་རྒྱལ་སྲས་མི་ཏྲི་ལས། །བརྒྱུད་པ་དེ་ཡི་ངོས་འཛིན་ནི། །རྒྱུད་བླའི་གཞུང་དུ་གསལ་བ་དང་། །དེ་གོམས་བྱས་པ་ལས་བྱུང་བའི། །ལམ་གྱི་རིམ་པ་ཆོས་དང་ནི། །ཆོས་ཉིད་རྣམ་པར་འབྱེད་པ་ཡི། །ལུང་ལས་རྟོགས་པར་བྱ་ཞེས་དགོངས། །རྒྱུད་བླར་བཤད་པ་གང་ཞེ་ན། །དྲི་མ་རྣམ་དགུས་བསྒྲིབས་པ་ཡི། །དཔེ་བསྟན་བདེ་གཤེགས་སྙིང་པོའི་ཁམས། །སེམས་ཀྱི་རང་བཞིན་འོད་གསལ་བ། །མཁའ་བཞིན་འགྱུར་བ་མེད་ལ་བཤད། །འདི་ནི་གཞི་དུས་མ་དག་དང་། །ལམ་དུས་ཕྱོགས་གཅིག་དག་པ་དང་། །འབྲས་དུས་ཐམས་ཅད་དག་པ་སྟེ། །གསུམ་པོ་འདི་ཡིས་མ་ཁྱབ་པའི། །ཆོས་གང་ཡོད་པ་མ་ཡིན་ནོ། །གསུམ་པོའི་རང་བཞིན་ཁྱད་མེད་ཀྱང་། །གནས་སྐབས་གསུམ་དུ་ཕྱེ་བ་ནི། །འཁྲུལ་སྣང་བག་ཆགས་མ་དག་པའི། །འཇིག་རྟེན་ལྡན་ཅིག་སྐྱེས་བློ་ཡི། །སྣང་ཚུལ་དག་ལ་ལྟོས་ནས་ཕྱེ། །བདེ་གཤེགས་སྙིང་པོའི་ཁམས་གང་ལ། །ཕྱ་རྒྱ་ཆེན་པོར་མཚན་གསོལ་བ། །གང་འདི་དྲི་མའི་སྒྲིབ་གཞི་ལ། །སྒྲིབ་བྱའི་དྲི་མ་རྣམ་དགུ་པོ། །སྦྱོང་བྱེད་བདེ་གཤེགས་སྙིང་པོ་དེ། །རིག་པའི་ཡེ་ཤེས་ཀྱིས་སྦྱངས་པས། །སྦྱང་འབྲས་གཙང་བདག་བདེ་སོགས་ཀྱི། །ཡོན་ཏན་ཕ་རོལ་ཕྱིན་པ་འབྱུང་། །ཡོན་ཏན་འདི་དག་རྗེས་མཐུན་པ། །གནས་སྐབས་མཐོང་བའི་ལམ་གནས་ཏེ། །བདག་དང་བདག་མེད་སྤྲོས་པ་དག །ཉེ་བར་ཞི་བའི་བདག་མཐོང་ནས། །དེ་བཞིན་གཤེགས་སྙིང་མཐོང་བའི་ཕྱིར། །ཕྱག་རྒྱ་ཆེན་པོ་མཐོང་བར་བཤད། །རྟོགས་ཏེ་སླར་ལྡོག་སྲིད་པ་དང་། །སླར་མི་ལྡོག་པའི་དབྱེ་བས་གཉིས། །རྒྱུད་སྡེ་དག་ལས་བཤད་པ་ལྟར། །མཐོང་བའི་ལམ་ལའང་རྣམ་གཉིས་སུ། །འཆད་ལ་འགལ་བ་ཡོད་མ་ཡིན། །དེ་ལྟར་རྟོགས་པའི་རྗེས་ཐོབ་ཏུ། །

ཆོས་ཉིད་དག་ལ་འཇུག་པའི་ཚུལ། །རྣམ་པ་མང་པོ་གོམས་བྱེད་པའི། །རིམ་པ་དག་ལས་ཕྱེ་གྱུར་པའི། །ལམ་གྱི་རིམ་པ་ཆོས་དང་ནི། །ཆོས་ཉིད་རྣམ་འབྱེད་དག་ཏུ་བཤད། །ཆོས་ཉིད་མངོན་སུམ་མཐོང་རྗེས་སུ། །མཚན་འཛིན་འགོག་པའི་རིམ་པ་ནི། །རྣམ་པ་མང་པོ་གོམས་བྱེད་པ། །ཕ་རོལ་ཕྱིན་པའི་ཐེག་པ་ལས། །བཤད་པ་དག་དང་འགལ་སྣམ་ན། །དེ་ལྟ་བུ་ནི་གསང་སྔགས་ལས། །བཤད་པ་ཤིན་ཏུ་མང་བ་སྟེ། །དབང་ལས་སྐྱེས་པའི་ཡེ་ཤེས་ལ། །བདག་ཏུ་རྟོག་པ་བཟློག་ཕྱིར་དུ། །སྐྱེས་བུ་སྟོན་རབ་དབང་ཕྱུག་དང་། །ཞེས་སོགས་གསུངས་པ་དག་དང་ནི། །འཕགས་པ་སྤྱན་རས་གཟིགས་དབང་གིས། །རྣལ་འབྱོར་སྤྱོད་གཞུང་རྒྱ་མཚོ་ཡི། །ཕ་རོལ་ཕྱིན་པའི་རྗེས་ཐོགས་སུ། །ཡེ་ཤེས་དེ་ཡང་དོན་དམ་དུ། །ཡོད་པ་མིན་པའི་རིགས་པ་གསུངས། །ཆོས་ཀུན་རང་རང་ངོ་བོ་ཡིས། །སྟོང་པའི་ཚུལ་ཅན་ཤེས་འོག་ཏུ། །དེ་བཞིན་གཤེགས་སྙིང་མཐོང་བ་ལ། །རྗེས་ཐོབ་རིགས་པའི་ཚུལ་མང་པོར། །བློབ་མི་དགོས་པ་སྤྱོད་པའི་ཕྱོགས། །རྒྱ་ཆེན་པོ་ལ་འཇུག་པའི་ཚུལ། །བརྗོད་མཛད་མཚན་ཉིད་ཐེག་པའི་ལུགས། །གཉིས་པ་ངོས་འཛིན་བསྡུས་བཤད་པ། །ལུང་ལས་གསུངས་དང་སླམ་པོ་པས། །ངོས་གཟུང་པ་དེ་གཅིག་གོ་ཞེས། །འཆད་པའི་ཚུལ་གྱིས་རྟོགས་པར་བྱ། །ཤེས་རབ་ཕ་རོལ་ཕྱིན་པ་ལས། །སེམས་ལ་སེམས་ནི་མ་མཆིས་ཏེ། །སེམས་ཀྱི་རང་བཞིན་འོད་གསལ་ཞེས། །གསུངས་པ་དེ་དང་མངོན་པའི་མདོར། །ཐོག་མ་མེད་པའི་དུས་ཀྱི་དབྱིངས། །ཆོས་རྣམས་ཀུན་གྱི་གནས་ཡིན་ཏེ། །ཞེས་སོགས་གསུངས་དོན་འགྲེལ་པ་ན། །ཞང་པོ་སྐྱེ་མཆེད་ཁམས་དབང་རྣམས། །སོགས་ནས་ཚུལ་མིན་ཡིད་བྱེད་ནི། །སེམས་ཀྱི་དག་པ་ལ་རབ་གནས། །ཞེས་པས་འཁོར་བའི་ཆོས་ཀུན་ཡང་། །དེ་བཞིན་གཤེགས་སྙིང་ལས་བྱུང་ཕྱིར། །སེམས་ཅན་ཁམས་དང་སངས་རྒྱས་ཁམས། །ཐ་དད་ཡོད་མ་ཡིན་པ་ལ། །སྐབས་འདིར་ཕྱག་རྒྱ་ཆེར་འཆད་པའི། །ཤེས་བྱེད་ས་ར་ཧས་གསུངས་པ། །

སེམས་ཉིད་གཅིག་པུ་ཀུན་གྱི་ནི། །ས་བོན་ཡིན་པའི་སླུབ་བྱེད་དུ། །སྲིད་དང་མྱ་ངན་འདས་པ་ཡི། །དགེ་ལེགས་མ་ལུས་འབྱུང་བའི་ཕྱིར། །ཡིད་བཞིན་ནོར་བུ་འདྲ་བར་གསུངས། །དེ་ཡི་ཤེས་བྱེད་འདིར་འཆད་པ༑ ༑ཕྱག་རྒྱ་ཆེན་པོའི་ཡེ་ཤེས་ལ། །འབྲུལ་པས་བཟུང་བའི་རྣམ་ཤེས་དང་། །འབྲུལ་མེད་རྟོགས་པའི་ཡེ་ཤེས་སོ། །འབྲུལ་པ་ལ་ཡང་ཆགས་སྡང་གིས། །ལས་སོགས་པ་དང་དེ་མེད་པའི། །དགེ་བས་རྣམ་དཀར་ལས་བསགས་པ། །དེ་ལས་ངན་སོང་སྡུག་བསྔལ་དང་། །མཐོ་རིས་གནས་ཀྱི་བདེ་བ་འབྱུང་། །བདེ་སྡུག་ཚོགས་ཀྱི་ཕྱག་རྒྱ་ཆེ། །འཁོར་བའི་གནས་སུ་དྲངས་གྱུར་ཀྱང་། །འཁོར་བའི་ཆོས་དང་དབྱེར་མེད་དུ། །འདྲེས་མི་སྲིད་ཕྱིར་ནམ་ཞིག་ཚེ། །འབྲལ་རུང་ཉིད་དུ་གནས་པའི་ཕྱིར། །སེམས་ཅན་ཁམས་ཀྱང་ཕྱག་རྒྱ་ཆེ། །

ཁམས་དེར་འབྲུལ་མེད་ཡེ་ཤེས་ནི། །གོམས་པས་བསྒོམ་པའི་སེམས་ཉིད་དང་། །དབྱེར་མེད་ཉིད་དུ་འདྲེས་གྱུར་པས། །སངས་རྒྱས་ཁམས་ཀྱང་ཕྱག་རྒྱ་ཆེ། །དེ་ལྟར་ལུང་དང་རིགས་པ་ཡིས། །སེམས་ཅན་ཀུན་ལ་ཕྱག་རྒྱ་ཆེས། །རྒྱས་བཏབ་པར་ནི་ཤེས་གྱུར་མོད། །དེ་ཙམ་གྱིས་དེ་རྟོགས་པ་མིན། །རང་བྱུང་རྣམས་ཀྱི་དོན་དམ་དེ༑ ༑དད་པས་རྟོགས་བྱར་གསུངས་དེ་ཡིན། །སེམས་ལ་ཞེས་གསུངས་གཞི་དུས་ཀྱི། །ཡེ་ཤེས་ཉིད་ཡིན་སེམས་མ་མཆིས། །ཞེས་པ་རྣམ་ཤེས་ཚོགས་བརྒྱད་པ། །སེམས་ལས་བྱུང་བ་ཇི་སྙེད་དང་། །གཉིས་སྣང་འབྲུལ་པའི་བག་ཆགས་ཀྱིས། །བསྒྲུབས་པ་མིན་ཡང་རྣམ་བྱང་གི །ཕྱོགས་ལ་ཞེན་པའི་རྟོག་པ་ཡང་། །འོད་གསལ་བ་ལ་སྒྲིབ་བྱེད་དོ། །སྒྲིབ་བྱེད་དེ་དག་རང་རང་གི །ངོ་བོར་རང་རིག་རང་གསལ་བར། །གྱུར་པའི་ཚེ་ན་སྒྲིབ་བྱ་དང་། །སྒྲིབ་བྱེད་གཉིས་སུ་དབྱེ་བ་མེད། །ཇི་སྲིད་སྒྲིབ་བྱ་སྒྲིབ་བྱེད་ཀྱི། །གཉིས་འཛིན་རྟོག་པ་ཡོད་དེ་སྲིད། །སྒྲིབ་བྱེད་ངོ་བོ་མ་ཤེས་པས། །འོད་གསལ་ཕྱོགས་རེར་ཞེན་པའི་ཕྱིར། །ཕྱག་རྒྱ་ཆེ་དེ་རྟོགས་པ་མེད། །རྒྱུད་ལས་འཆད་པོ་ཉན་པོ་དང་། །འཁོར་དང་མྱ་ངན་འདས་པ་དང་། །དངོས་དང་དངོས་པོ་མེད་པ་དང་། །སངས་རྒྱས་སེམས་ཅན་ཀུན་ང་ཞེས། །གསུངས་པ་རང་རིག་རང་གསལ་བ། །གཞི་ལམ་འབྲས་བུའི་རྒྱུད་གསུམ་དང་། །ཆོས་དབྱིངས་ཡེ་ཤེས་འཁོར་བ་དང་། །མྱ་ངན་འདས་པ་ཐམས་ཅད་དང་། །སངས་རྒྱས་སེམས་ཅན་ཐམས་ཅད་ཀྱི། །ཁམས་གྱུར་སོ་སོ་རང་རིག་པའི། །ཡེ་ཤེས་ཉིད་ཀྱིས་སྦྱོང་བྱ་བ། །དེ་ཡིས་གང་ལ་རྒྱས་གདབ་ཀྱང་། །མི་ཐེབས་གྱུར་པ་ཡོད་མིན་པ། །དེ་ཕྱིར་འདི་ལ་ཕྱག་རྒྱ་ཆེའི། །མཚན་གསོལ་བ་ནི་བཤད་དང་འདུག །གཉིས་ཀ་ཡོད་པའི་དངོས་མིང་སྟེ། །རྗེས་གྲུབ་ཉིད་དུ་སྦྱར་བ་དང་། །དངོས་མིང་ཡིན་པ་མི་འགལ་ལོ། །

འདི་དོན་རྗེ་བཙུན་བྱམས་པ་ཡི། །གཞུང་ན་ཆོས་དབྱིངས་མ་གཏོགས་པའི། །ཆོས་གཞན་ཡོད་པ་མིན་པ་དང་། །ཆོས་དབྱིངས་དེ་ཡང་འཕགས་རྣམས་ཀྱི། །སོ་སོ་རང་རིག་གིས་སྦྱོང་བས། །སེམས་ཀྱི་རང་བཞིན་ཡིན་པ་དང་། །རང་བཞིན་དེ་ལ་རིགས་ཚོགས་ཀྱིས། །རིགས་པས་ཇི་ཙམ་དཔྱད་གྱུར་ཀྱང་། །དོན་དམ་ཉིད་ཕྱིར་རྒོལ་མི་ནུས། །དེ་ཕྱིར་ཆགས་སོགས་ཐམས་ཅད་ལས། །ངེས་འབྱུང་ཆགས་སོགས་ཡིན་པར་གསུངས། །དེ་ཕྱིར་ཕྱག་རྒྱ་ཆེ་འདི་ཡི། །ལུང་ལུངས་བྱམས་པའི་ཆོས་རྣམས་ནི། །རྗེས་འབྲང་བཅས་པ་དེ་ཡིན་ཕྱིར། །རིགས་ཚོགས་གཞུང་གིས་རྣམ་བརྟགས་པའི། །མེད་པར་དགག་ལ་དེར་མི་འཆད། །འོན་ཀྱང་དེ་ཡིས་དེར་བརྟགས་པའི། །ཡུལ་དུ་ལྟག་མ་ཉིད་གྱུར་པའི། །ངེས་པའི་དོན་ཞིག་སྐྱོང་གྱུར་ན། །དེར་ཡང་དེར་འདོགས་དཔེར་མཚོན་ན། །འཁོར་ལོ་བར་པ་ཆོས་རྣམས་ཀུན། །རང་སྟོང་ཉིད་དུ་བཤད་འོག་ཏུ། །འཁོར་ལོ་གསུམ

པར་ངེས་སྟོང་པའི། །འགྱུར་བ་མེད་པའི་ཡོངས་གྲུབ་ཉིད། །ངེས་པའི་དོན་དུ་བཤད་དེ་བཞིན། །གཞན་ཡང་ཆུ་ཤིང་སྙིང་པོ་ནི། །རྩ་ལ་བས་མ་རྙེད་གྱུར་མོད་ཀྱང་། །ལོ་འདབ་རྒྱས་པའི་དབུས་ཞིག་ཏུ། །འབྲས་བུ་མངར་པོར་སྨིན་དེ་བཞིན། །གསུམ་པ་ཉམས་ལེན་གོམས་ཚུལ་ལ། །མཉམ་པར་བཞག་ཚེ་ཞི་གནས་དང་། །མཉམ་རྗེས་གཉིས་ཀར་ལྷག་མཐོང་གི །སླར་ལྡོག་མེད་པར་སྐྱོང་ཚུལ་ལོ། །དང་པོར་མཐོང་བྱ་འོད་གསལ་དེ། །ཇི་སྲིད་རྟོག་པའི་ཡུལ་གྱུར་པ། །དེ་སྲིད་ཕྱག་རྒྱ་ཆེ་མ་མཐོང་། །དོན་སྤྱི་ཙམ་མཐོང་འདིར་མི་བཞེད། །དེའི་ཕྱིར་མངོན་སུམ་གང་མཐོང་བ། །དེ་ལ་རྩེ་གཅིག་མཉམ་བཞག་གནས། །དེའི་རྒྱུན་རྣམ་པར་མ་གཡེངས་པ། །དེ་ཚེ་ཞི་ལྷག་ཟུང་དུ་འཇུག །དེ་ཚེ་སྒོང་བའི་འདུ་བྱེད་བརྒྱད། །མངོན་དུ་བྱེད་ཚེ་ཞི་ལྷག་གི །ཉེས་པ་སེལ་བའི་ཕྱིར་ཡིན་མོད། །སྒོམ་གྱི་ངོ་བོ་མ་ཡིན་ཏེ། །ཕལ་ཆེར་སྒྲ་དོན་འཛིན་པ་ཡི། །རྟོག་པ་ཉིད་ལས་མ་འདས་ཕྱིར། །དེ་ཡང་གོལ་བར་འགྱུར་བར་སྲིད། །ལྷག་པར་མཐོང་བའི་སྒོམ་ཚུལ་ལ། །མཉམ་པར་བཞག་དང་རྗེས་ཐོབ་ལ༑ ༑མཉམ་པར་བཞག་ཚེ་སྲིད་པ་དང་། །ཞི་བའི་རྣམ་རྟོག་གང་འཕྲོས་པ། །དེ་ལ་རྟོག་དཔྱོད་གཞན་ཞིག་གིས། །བལྟས་པས་སྦྱ་མ་དབྱིངས་སུ་ཐིམ། །ལྟ་བྱེད་རྟོག་དཔྱོད་དེ་ལ་ཡང་། །ཤེས་རབ་གསུམ་པས་བལྟས་པ་ན། །བལྟ་བྱ་ལྟ་བྱེད་གཉིས་ཀ་ཡང་། །ལྷག་མཐོང་ངོ་བོ་ཉིད་དུ་འདྲེས། །དེ་ཚེ་གསལ་དང་རྟོག་མེད་ཀྱི། །ལྷག་མཐོང་མངོན་དུ་གྱུར་ཞེས་བྱ། །དུས་དེར་ཡང་དག་མིན་རྟོག་ནི། །ཐམས་ཅད་འགོག་པ་སྨོས་ཅི་དགོས། །གཉེན་པོའི་ཕྱོགས་ཀྱི་རྟོག་པ་ཡང་། །མཚན་འཛིན་ཉིད་ཕྱིར་དགག་བྱའོ། །ཡང་དག་མིན་རྟོག་གང་ཞེ་ན། །ཐོག་མེད་དུས་ནས་གང་གོམས་པའི། །རྣམ་ཤེས་ཚོགས་བརྒྱད་འཁོར་བཅས་ལ། །ཁམས་གསུམ་པ་ཡི་རྣམ་པ་ཅན། །གང་སྣང་ཐམས་ཅད་དེར་བཤད་བྱ། །རིགས་པས་དཔྱད་པ་མ་བྱས་པར། །དེར་སྣང་འགོག་མི་ནུས་ཤེ་ན། །དེ་མ་བྱས་ཀྱང་དེ་ནུས་ཏེ། །དཔེར་ན་འགོག་པའི་སྙོམས་འཇུག་ལྟར། །ལྷག་མཐོང་མངོན་དུ་གྱུར་པ་ན༑ ༑བརྒྱད་པོའི་གོ་སྐབས་མེད་ཕྱིར་རོ། །

དེ་ལས་ལངས་པའི་རྗེས་ཐོབ་ནི། །ཇི་སྲིད་སངས་མ་རྒྱས་དེ་སྲིད། །ཡང་དག་མིན་རྟོག་རང་ཤུགས་ཀྱིས། །འཆར་བ་དགག་མི་ནུས་པས་ན། །གང་ཤར་སྣང་བ་ཐམས་ཅད་ནི། །བཟོ་བཅོས་མེད་པར་བཞག་པ་ལ༑ ༑སྒྲ་དོན་འཛིན་པའི་རྟོག་པ་ནི། །བཟང་ངན་གང་ཡང་བསྲེ་མི་བྱ། །མཉམ་རྗེས་ཀུན་ཏུ་སོ་མ་དང་། །མ་བཅོས་ལྷུག་པར་བཞག་བྱས་ཏེ། །འདས་དང་མ་འོངས་ལ་སེམས་པ། །རྟོག་པ་ཉིད་དུ་སོང་བས་ན། །ད་ལྟ་ཤེས་པ་སྣད་ཅིག་མ། །ཐ་མལ་རྟོག་དང་ཡང་དག་པའི། །རྟོག་པས་བཟོ་བཅོས་མ་བྱས་པར། །གང་ཤར་ཉིད་དུ་བཞག་བྱས་པ། །དེ་ལ་ལྷུག་པ་ཞེས་བརྗོད་ཀྱི། །ལྷུག་པའི་ངོས་འཛིན་གཞན་མི་དགོས། །ཡང་ན་རྣམ་རྟོག

འགོག་པ་ཡི། །འབད་རྩོལ་མང་པོས་རྟོག་པ་སྤེལ། །རྟོག་པ་འགོག་པའི་རྩོལ་མེད་པར། །བཞག་པས་རྟོག་པ་ངང་གིས་འཆར། །ཅེས་པ་འཇུར་བུས་བཅིངས་པའི་སེམས། །གློད་ན་གྲོལ་བ་སོགས་དོན་ཏེ། །འདི་ཡང་མཉམ་གཞག་སྟོན་སོང་བའི། །རྗེས་ཀྱི་ཤེས་པའི་སྐབས་ལ་དགོངས། །བཞི་པ་བརྒྱལ་ལན་བཤད་བྱ་བ། །ངོ་བོ་གཉིས་མེད་སླ་རྣམས་ནི། །གཅིག་དང་དུ་བྲལ་ལ་སོགས་པའི། །རིགས་པས་གཏན་ལ་མ་ཕབ་པར། །སྟོང་ཉིད་རྟོགས་པ་མི་སྲིད་ཅིང་། །རྟོགས་རློམ་ཐེ་ཚོམ་ལས་མ་འདས། །ལྟ་བ་གང་གི་རྟོགས་བྱའི་ཡུལ། །དོན་དམ་དཔྱོད་བྱེད་རིགས་པ་ཡིས། །དཔྱད་མ་བྱས་ན་ཡུལ་དེ་ལ། །མཚན་མར་འཛིན་པ་མི་ལྡོག་ཟེར། །དོན་དམ་དཔྱོད་བྱེད་རིགས་པའི་ཚུལ། །སྤྲོན་སོང་མེད་པར་དོན་དམ་པ། །རྟོགས་པའི་ཐབས་མཁས་གསང་སྔགས་དང་། །མན་ངག་ལས་བྱུང་རྒྱལ་བས་གསུངས། །དཔེར་ན་ལུས་ཀྱི་བྱེད་བཅིངས་དང་། །བཟློག་ཁྲབ་ཐབས་ཀྱི་འཁྲུལ་འཁོར་དང་། །ཡེ་ཤེས་སེམས་དཔའ་སྤྱན་འདྲེན་པ། །སོགས་ལས་ལྟ་བ་རྟོགས་དེ་བཞིན། །སོ་སོ་རང་རིག་གིས་མྱོང་བ། །དེ་ལ་རིགས་པས་དཔྱད་བྱས་ཀྱང་། །བདེ་གསལ་ལ་སོགས་སྔགས་ལུགས་ཀྱི། །དོན་དམ་མཐའ་དག་སྤྱངས་པར་འགྱུར། །རིགས་པས་དཔྱད་ཀྱང་མི་ཁེགས་ན། །དུས་དེར་དཔྱད་པ་དོན་མེད་འགྱུར། །འཛིན་རྟོག་མཐའ་དག་ཁེགས་ནས་ནི། །ཡུལ་ལ་དཔྱོད་པ་དོན་མེད་དོ། །

འདི་ན་མདོན་པ་པ་རྣམས་ནི། །ལྷག་མཐོང་གྲུབ་པའི་འོག་རོལ་ཏུ། །ཞི་གནས་བསྒྲུབ་པ་མི་འཐད་ཅེས། །ཟེར་བ་དེ་ཡང་བརྟག་བྱ་བ། །དེ་འདྲ་མདོན་པ་བ་ལ་ཡང་། །ཤིན་ཏུ་མང་སྟེ་དཔེར་མཚོན་ན། །འདོད་ལ་ཆགས་བྲལ་བྱས་འོག་ཏུ། །དངོས་གཞིའི་བསམ་གཏན་བསྒྲུབ་པར་བཤད། །རྣལ་འབྱོར་ཡན་ལག་དྲུག་པ་རུ། །སོར་བསྡུད་གྲུབ་ནས་བསམ་གཏན་གསུངས། །ལུགས་འདིའི་རྗེས་འབྲང་ཁ་ཅིག་ནི། །གནས་ལུགས་ཕྱག་རྒྱ་ཆེན་པོ་དང་། །བདེ་སྟོང་ཕྱག་རྒྱ་ཆེ་ཞེས་པ། །སྔ་མ་དབུ་མའི་མན་ངག་དང་། །ཕྱི་མ་སྔགས་ཀྱི་མཐར་ཐུག་ཟེར། །དབུ་མའི་ལུགས་ཀྱིས་རྗེས་དཔག་གིས། །ལུགས་དེ་ཉིད་ཀྱི་དོན་དམ་ཡང་། །རྟོག་པ་མིན་ཞེས་ཨ་ཏིས་ཤིས། །ལུང་མང་དྲངས་ནས་བཤད་གྱུར་ན། །གནས་ལུགས་ཕྱག་རྒྱ་ཆེན་པོ་ནི། །རྗེས་དཔག་གིས་རྟོགས་སློས་ཅི་དགོས། །དབུ་མའི་ལུགས་ཀྱི་སྟོང་པ་ཉིད། །རང་རིག་མངོན་སུམ་གྱིས་རྟོགས་ཞེས། །བྱ་བ་ལེགས་ལྡན་འབྱེད་དང་ནི། །ཐྭ་བ་གྲགས་པའི་གཞུང་ན་མེད། །བདེ་སྟོང་ཕྱག་རྒྱ་ཆེན་པོ་ནི། །རྟོགས་པའི་སྟོན་དུ་སྒོམ་པོ་པའི། །ཕྱག་ཆེན་རྟོགས་པ་སྟོན་འགྲོ་ཞེས། །ཟེར་བ་བཀའ་བརྒྱུད་ལུགས་མིན་ཟེར། །བསྐྱེད་རིམ་བསྒོམ་པའི་ཕྱི་རོལ་དུ། །ཡེ་ཤེས་ཚོགས་སོགས་པ་དེ་ཅི། །བསྐྱེད་རིམ་མེད་པར་བདེ་སྟོང་གི །ཡེ་ཤེས་ཕྱག་རྒྱ་ཆེ་རྟོགས་སམ། །ཁྱེད་ལའང་ཅི་ཞེས་འདྲི་ཞེ་ན། །དང་པོར་སྔགས་དོན་བསམ་བྱས་པས། །རྟོགས་པའི་

སྟོང་པ་ཉིད་དོན་ནི། །སྟོང་ཉིད་ཡེ་ཤེས་རྡོ་རྗེར་གསུངས། །དེ་དང་བཀའ་བརྒྱུད་ཕྱག་ཆེན་གྱི། །ཁྱད་པར་མང་པོ་དབྱེ་འདོད་ན། །ལེགས་པར་སེམས་ལ་གཟུང་བཞིན་སློས། །དེ་ནས་ཆོས་ལ་གདེངས་ཐོབ་འགྱུར། །ཁྱེད་ལའང་ཅི་ཞེས་འདྲི་བ་ན། །དོན་དམ་བྱང་ཆུབ་སེམས་གོམས་ལས། །ལྷག་པའི་ཕྱག་རྒྱ་ཆེན་པོ་ནི། །ཡོད་པར་རྒྱུད་པ་འདིས་མི་བཞེད། །དོན་དམ་བྱང་ཆུབ་སེམས་དེ་ཡི། །ངོས་འཛིན་སེམས་ཀྱི་རྡོ་རྗེ་ལ། །མཛད་པ་གསང་བ་འདུས་པའི་ལུགས། །ཡིན་པར་ཀླུ་སྒྲུབ་ཞབས་ཀྱིས་བཤད། །ཡང་ནི་ལུགས་གཞན་གྱིས་རློལ་བ། །བླ་མས་མན་ངག་མ་བསྟན་པར། །མོས་གུས་ཙམ་གྱིས་ལས་དང་པོ། །གྲོལ་བ་བླུན་པོའི་ལུགས་ཞེས་ཟེར། །རྫོད་བྱེད་ངག་གིས་གང་བརྫོད་པ། །དེ་ནི་དོན་སྤྱིའམ་གཞན་སེལ་ལས། །མ་འདས་ཕྱིར་ན་དོན་དམ་མིན། །དེ་ཕྱིར་ངག་གིས་བརྫོད་དུ་མེད། །མོས་གུས་ཞེས་པ་རྟོགས་པ་ཡི། །ཡོན་ཏན་ཉིད་ལ་དད་ཐོབ་པ། །སྐྱེས་པས་ཐོག་མ་མེད་ཐོབ་པའི། །རང་རིག་རང་གསལ་མངོན་དུ་འགྱུར། །

རང་རིག་རང་གསལ་བདེ་བ་ཆེ། །གདོད་མ་ཉིད་ནས་ཀུན་ཁྱབ་པ། །རང་རང་དབང་པོའི་བྱེ་བྲག་གི །སད་བྱེད་མཐའ་གཅིག་ཏུ་མ་ངེས། །གདོད་ནས་རྟོག་བྲལ་མ་འཁྲུལ་བའི། །མངོན་སུམ་ཉིད་དུ་གང་སྐྱེས་པ། །གནས་དེར་ངེས་པ་འདྲེན་པའི་རྐྱེན། །བྱུང་ཚེ་རྣལ་འབྱོར་པའི་མངོན་སུམ། །ཡང་ནི་འདི་ལ་དངོས་གཞིའི་དུས། །ཡིད་བྱེད་སྤངས་པར་བཤད་པ་ལ། །གཉིད་དང་བརྒྱལ་བ་ལ་སོགས་ཀྱང་། །དེར་འགྱུར་ཞེས་ནི་རྩོལ་བ་དང་། །སྟོན་བྱུང་ཧྭ་ཤང་རྫོགས་ཆེན་དང་། །ཁྱད་པར་མེད་ཅེས་ཟེར་བ་ཡོད། །ཡིད་བྱེད་ཅེས་པ་མངོན་པ་ལས། །སྒྲ་དོན་འཛིན་པའི་རྟོག་པར་བཤད། །དེ་མེད་པ་ཡིས་དེར་ཐལ་ན། །འཕགས་ལམ་མཉམ་གཞག་ཀུན་ལའང་མཚུངས། །མཁས་པ་པདྨའི་ངང་ཚུལ་གྱིས། །དེ་ལ་དེ་ཐལ་བཤད་ཅེ་ན། །དེ་ནི་ཀླུ་སྒྲུབ་གཞུང་ལུགས་དང་། །ཅིག་ཤོས་རྩོད་པའི་དབང་དུ་མཛད། །ཐོས་བསམ་སྟོན་དུ་མ་སོང་བར། །རང་རིག་རང་གསལ་མི་རྟོགས་ན། །ལས་དང་པོ་ཡི་ཡེ་ཤེས་ཀྱི། །ཚོགས་སོགས་ཐོག་མར་སྒོམ་དེ་ཅི། །ལྷ་བ་ཡས་བབས་ཧྭ་ཤང་གི །བསྒོམ་དང་མཚུངས་ཞེས་གསུངས་མོད་ཀྱང་། །སྔགས་ལུགས་ཕལ་ཆེར་ལྟ་བ་ནས། །བརྩམས་ཏེ་ལམ་ལ་འཇུག་པར་བཤད། །དཀར་པོ་ཆིག་ཐུབ་ཅེས་བྱ་བ། །ལྟ་བ་རྒྱུད་པའི་ལྡོག་ཆ་ནས། །ཡིན་གྱི་བསོད་ནམས་ཚོགས་དག་ལ། །སྐུར་པ་འདེབས་པའི་ཚིག་མ་ཡིན། །དེ་ཡང་ཉོན་མོངས་རྣམ་པར་རྟོག །སོ་སོའི་གཉེན་པོ་ཐ་དད་ལ། །འབད་མི་དགོས་པར་ཕྱག་རྒྱ་ཆེ། །གཅིག་པུས་ཆོག་པའི་དོན་ཉིད་དོ། །བླུན་པོས་ཕྱག་རྒྱ་ཆེ་གོམས་པ། །ངན་འགྲོའི་ལམ་དུ་འགྱུར་ཞེས་སོགས། །གང་ཟག་དང་ནི་ཆོས་རྣམས་ཀྱི། །བདག་མེད་གསལ་བར་མི་ཤེས་པའི། །སྨོངས་པས་ལས་རྣམས་གང་བསགས་པ། །འཁོར་བའི་ལམ་ལས་འདའ་བ་མེད། །དེ་

ཡང་རྒྱུ་དུས་ཀུན་སློང་གི །དབྱེ་བས་བཟང་ངན་སོ་སོར་དབྱེ། །དེ་ཡང་རྣམ་པར་རྟོག་པ་ཡི། །འཛིན་པ་མེད་ལ་སྲིད་མ་ཡིན། །ཕྱག་ཆེན་ཐ་ཤལ་གྱུར་ན་ཡང་། །རྣམ་པར་རྟོག་ལ་དེ་མི་སྲིད། །གཞན་ཡང་ཤེར་ཕྱིན་ལྟར་སྣང་དང་། །སེམས་ཙམ་རྣམ་མེད་བསྒོམ་དང་ནི། །ཕྱག་ཆེན་ངོ་སྤྲོད་གསུམ་པ་སོགས། །བྱ་བ་དེ་དག་འཁྲུལ་ལོ་ཞེས། །གསུངས་བ་སྟགས་ཀྱི་ཕྱག་རྒྱ་ཆེ། །མ་ཡིན་པ་ལ་དགོངས་མོད་ཀྱང་། །སེམས་ཉིད་གསལ་སྟོང་འཛིན་མེད་ཀྱིས། །རྒྱས་མི་ཐེབས་པའི་ཆོས་གང་ཡང་། །ཡོད་མ་ཡིན་པ་ལ་དགོངས་ན། །ཕྱག་རྒྱ་ཆེན་པོ་མཚན་གསོལ་བ། །འདི་ཡི་བྱེ་བྲག་ཤིན་ཏུ་མང་། །གང་ཟག་ཙམ་གྱིས་དབང་བྱས་པའི། །གཟུང་འཛིན་གཉིས་མེད་རང་གསལ་བ། །ཤེས་རབ་ཕ་རོལ་ཕྱིན་ལྟར་སྣང་། །ཆོས་རྣམས་ཀུན་གྱིས་དབང་བྱས་པའི། །གཟུང་འཛིན་གཉིས་བྲལ་ཡེ་ཤེས་ནི། །བྱམས་ཆོས་ངེས་དོན་མཐར་ཐུག་ལ། །སེམས་ཙམ་ཞེས་བྱར་བླ་བས་བཤད། །ཅིར་སྣང་སེམས་སུ་ངོ་སྤྲོད་པས། །གཟུང་བའི་རྣམ་པར་རྟོག་པ་ཁེགས། །སེམས་སྣང་ནམ་མཁར་ངོ་སྤྲོད་པས། །འཛིན་པའི་རྣམ་པར་གཡེང་བ་ཁེགས། །གཉིས་བྲལ་ཡེ་ཤེས་ལྷུན་གྲུབ་པ། །དེ་ཀུན་ཕྱག་རྒྱ་ཆེ་ཞེས་བྱ། །ཡང་ནི་ལུགས་འདིའི་རྗེས་འབྲང་ཀུན། །སེམས་བཙལ་བས་ནི་གང་དུ་ཡང་། །མ་རྙེད་ཆོ་ན་སེམས་ངོ་འཕྲོད། །དེ་ལ་ཕྱག་རྒྱ་ཆེ་ཞེས་པར། །ངོས་འཛིན་པ་དེ་དཔྱད་པར་བྱ། །ཕྱག་རྒྱ་ཆེ་འདི་མཉམ་གཞག་ལས། །ལངས་པའི་རྗེས་ཐོབ་དུས་རྟག་ཏུ། །སྟགས་སྨྱོང་ཡེ་ཤེས་དེ་ཉིད་ལས། །མཚན་མར་འཛིན་པ་འགོག་བྱའི་ཕྱིར། །ཚོལ་བྱེད་བློ་ཡིས་གང་དུ་ཡང་། །བཙལ་བས་མི་རྙེད་དེ་ཡི་ཚེ། །ཞེན་ངོར་མཚན་འཛིན་དེ་ཁེགས་པ། །མཆོག་ཡིན་དེ་ལ་སྐྱོན་མི་སྲི། །བཙལ་བས་གང་དུའང་མ་རྙེད་པའི། །མེད་པར་དགག་པ་ཕྱག་ཆེན་དུ། །འདོད་ན་རྒྱུད་བླའི་གཞུང་དང་ནི། །མདའ་བསྟན་ཞབས་ཀྱི་གཞུང་དང་འགལ། །རྣམ་ཤེས་ཚོལ་བྱེད་རིགས་པ་ཡིས། །གང་དུ་ཡང་ནི་མ་རྙེད་ཚེ། །ཡེ་ཤེས་ལྷག་མར་བཞག་པ་དེ། །ཕྱག་རྒྱ་ཆེན་པོའི་ངོས་འཛིན་ཏུ། །ལེགས་པར་ཤེས་ནས་རྟོགས་བྱའི་ཕྱིར། །སེམས་ངོ་སྤྲོད་པར་བྱེད་ན་ནི། །སེམས་ཉིད་གཅིག་པུ་ཀུན་གྱི་ནི། །ས་བོན་ཡིད་བཞིན་ནོར་བུ་མཆོག །དེ་ལྟར་མདོ་སྔགས་ཐམས་ཅད་ལས། །གསུངས་པའི་ཕྱག་རྒྱ་ཆེ་ཀུན་ལ། །ཁྱབ་བྱེད་ཐུན་མོང་དུ་འཇུག་པའི། །ཕྱག་རྒྱ་ཆེན་པོའི་ངོས་འཛིན་འདི། །སྟོན་གྱི་བག་ཆགས་སད་བྱེད་རྐྱེན། །གཞུང་མང་དག་ལས་མཐོང་བ་དང་། །དགེ་བའི་བཤེས་ལས་ཐོས་པ་དང་། །བསྐལ་བར་བྱེད་པོས་མཚམས་སྦྱར་ནས། །ལེགས་པར་བཤད་པ་འདིའི་དགེ་བས། །བདག་དང་སྐལ་བར་མཉམ་ཐམས་ཅད། །རྗོགས་སངས་རྒྱས་ཏེ་མ་རྣམས་ཀུན། །སྲིད་པའི་རྒྱ་མཚོ་ལས་སྒྲོལ་ཤོག །

ཅེས་ཕྱག་རྒྱ་ཆེན་པོ་གསལ་བར་བྱེད་པའི་བསྟན་བཅོས་ཚངས་པའི་འཁོར་ལོས་གཞན་བློའི་དྲེགས་པ་

འཇོམས་བྱེད་ཅེས་བྱ་བ་འདི་ནི་གྲུབ་པའི་དབང་པོ། བླ་དགོན་ཆོས་ཀྱི་བཟང་པོའི་སྲས། ཆོས་ཀྱི་རྒྱལ་མཚན་བཟང་པོས་གསོལ་བ་ནན་གྱིས་བཏབ་པའི་ངོར་བགྱིས་ནས། ཡུལ་དབུས་ཀྱི་གློག་པ་བ་དཔལ་ཤཱཀྱ་མཆོག་ལྡན་དྲི་མེད་ལེགས་པའི་བློས། གཙང་གཡས་རུའི་སའི་ཐིག་ལེ་ཐུབ་བསྟན་གསེར་མདོག་ཅན་ཞེས་བྱ་བའི་གཙུག་ལག་ཁང་དུ་ཉེ་བར་སྦྱར་བ་འདི། ཡང་དག་པར་རྫོགས་པའོ།། །།

༄། །ཕྱག་རྒྱ་ཆེན་པོའི་ཤན་འབྱེད་ཅེས་བྱ་བའི་བསྟན་བཅོས།

པཎ་ཆེན་ཤཱཀྱ་མཆོག་ལྡན།

ཨོཾ་སྭ་སྟི་སིདྡྷཾ་ཧཾ། ཕྱག་རྒྱ་ཆེན་པོའི་ཤན་འབྱེད་ཅེས་བྱ་བའི་བསྟན་བཅོས། །སངས་རྒྱས་ཐམས་ཅད་དགོངས་པ་གཅིག་ཏུ་ངེས་པའི་རྒྱལ་པོ་ལ་ཕྱག་འཚལ་ལོ། །ཁ་བ་ཅན་དུ་ཕྱིས་གྲགས་པའི། །ཕྱག་རྒྱ་ཆེན་པོའི་ཉམས་ལེན་ཚུལ། །ལ་ལའི་རྩོད་པ་སྤྱངས་ཕྱིར་དུ། །གཞན་དུ་གཞན་གྱིས་བརྟགས་འགའ་མཐོང་། །ཁ་ཅིག་དབུ་མའི་རིགས་པ་ཡིས། །རྣམ་པར་དཔྱད་པའི་སྟོང་པ་ཉིད། །སྒོམ་པ་ཆོས་འདིའི་དངོས་གཞིར་འདོད། །ལ་ལ་རང་བྱིན་རླབས་པ་ཡི། །རིམ་པས་འཁོར་ལོ་ཀུན་ཁེངས་པའི། །བདེ་སྟོང་ཟུང་དུ་འཇུག་པ་ནི། །ཆོས་འདིའི་དངོས་གཞི་ཡིན་ཞེས་སྨྲ། །གཞན་འགའ་ཞིག་(འབྲུ་གཉིས་ཆད)གནས་ཀྱིས། །རྟོག་པའི་འགྱུར་བ་ཐམས་ཅད་དང་། །བྲལ་བའི་རང་སེམས་རྗེན་པ་ནི། །མཐོང་བ་ཆོས་འདིའི་དངོས་གཞིར་འདོད། །ཁ་ཅིག་དེ་ལྟར་མཐོང་བའི་སེམས། །ཕྱི་དང་ནང་དང་སྤྲོ་སེར་སོགས། །གང་དུ་བརྟགས་པས་མ་རྙེད་པ། །དེར་བསྒོམ་ཆོས་འདིའི་དངོས་གཞིར་འདོད། །ལ་ལ་ཀུན་གྱི་བྱེད་པ་པོ། །ཀུན་གཞིའི་རྣམ་ཤེས་ཡིན་ནོ་ཞེས། །ཐག་གཅོད་བྱས་ནས་བསྒོམ་པར་འདོད། །འདི་དག་འཚོ་བྱེད་གཞོན་ནུ་ཡིས། །རྒྱལ་གཏོན་དཀར་པོ་གཅིག་ཐུབ་ཀྱི། །དཔེས་བསྟན་ཚིག་ཟུང་དོན་འབྲེལ་བ། །འབད་རྩོལ་མེད་པར་རྟོགས་སླ་བས། །མཐར་འཛིན་དབྱུངས་ནས་འབྱིན་མཁས་པ། །དེ་དེ་མིན་ནོ་དང་པོ་ནི། །ཁ་བ་ཅན་དུ་ཕྱིས་གྲགས་པའི། །དབུ་མ་སྙིང་ལ་ཞུགས་གྱུར་པ། །འགའ་ཡིས་དེ་དང་དེ་སྦྱར་ནས། །བརྩམས་པ་ཡིན་ནོ་དེ་དེ་མིན། །ཅི་ཕྱིར་ཞེ་ན་རིགས་ཚོགས་ཀྱི། །དབུ་མ་མེད་པར་དགག་པ་སྟེ། །ཕྱག་རྒྱ་ཆེན་པོའི་སྟོང་ཉིད་ནི། །མཐའ་བྲལ་གདོད་མའི་ཡེ་ཤེས་སོ། །ལུགས་དེ་དག་གི་ཆོས་ཉིད་ནི། །གཞན་སེལ་ཉིད་ཕྱིར་སྒྲ་རྟོག་གི །ཡུལ་དང་ཡེ་ཤེས་རང་མཚན་ཕྱིར། །མངོན་སུམ་ཡུལ་གྱི་ཁྱད་པར་ཅན། །དེ་དེར་མ་ཟད་ལྐོག་གྱུར་དང་། །མངོན་དུ་གྱུར་དང་བློས་བྱས་དང་། །མ་བཅོས་ལྷུག་པའི་ཁྱད་པར་ཅན། །དེ་དེ་རྟོགས་བྱེད་ཐབས་ཀྱང་ནི། །དབུ་མར་གྲགས་པའི་སྟོང་པ་ཉིད། །རང་དང་གཞན་གྱི་གཞུང་སྒྲུབ་དང་། །སྨིན་འབྱེད་རིགས་པ་ལས་གོ་ཞིང་། །ཕྱག་རྒྱ་ཆེན་པོའི་སྟོང་ཉིད་ནི། །བླ་མར་མོས་དང་བྱིན་རླབས་དང་། །ལས་འཕྲོ་བསོད་ནམས་ཚོགས་ལས་ཡིན། །གྲུབ་ནས་གོམས་པར་བྱེད་ཚུལ་ཡང་། །

དཔྱོད་དང་འཇོག་པའི་སྒོམ་ཞེས་པ། །སྔོན་རབས་མཁས་པའི་བརྡ་ལས་བྱུང་། །ལུགས་གཉིས་པ་དེ་ས་རཧའི། །གཞུང་ལས་བྱུང་མོད་གསང་སྔགས་ཀྱི། །ཕྱག་རྒྱ་ཆེ་ཡིན་དྭགས་པོ་པས། །རྩལ་དུ་བཏོན་པ་དེ་མ་ཡིན། ཁོང་གི་དཀར་པོ་གཅིག་ཐུབ་དེར། །ཆེན་པོ་གསུམ་གྱིས་འདྲེས་མེད་བཞེད། །དེ་འདྲ་མི་འཐད་ཐེར་བའི་ལན། །གསུམ་པོ་གཞན་རྐྱེན་ཁོ་ན་ཡིས། །བརྟགས་ཕྱིར་མ་བཅོས་པ་མིན་ལ། ཁོ་བོའི་ཆིག་ཐུབ་རང་བྱུང་གི །ཡེ་ཤེས་གསར་དུ་བཅོས་མིན་པ། །ཡིན་ཞེས་དེ་ཉིད་ཀྱིས་གསུངས་སོ། །ངོས་འཛིན་བཞི་པ་ཞི་བྱེད་དུ། །སྒྱུར་དངོས་ཕྱག་རྒྱ་ཆེར་གྲགས་ཀྱི། །ཉམས་ལེན་དང་མཚུངས་རྗེས་ཀྱི་ཚེ། །ཉམས་མྱོང་ཡེ་ཤེས་སྟོང་ཉིད་དུ། །ངོ་སྤྲོད་བྱེད་ཚུལ་རྒྱུས་མིན་ནམ། །བརྒྱུས་ཀྱང་སྐྱོན་ཡོད་མ་ཡིན་མོད། །རང་རང་གི་གཞུང་ལྟད་མེད་པར། །འཛིན་པ་འཛངས་པའི་ལུགས་ཞེས་བྱ། །ངོས་འཛིན་གཉིས་པ་དངོས་གཞིའི་དུས། །མཐོང་ཚུལ་དེ་ལས་གཞན་མེད་ཀྱང་། ཁོ་བོས་ཕྱག་རྒྱ་ཆེ་མཐོང་ཞེས། །ཞེན་པར་བྱེད་ན་དུག་དང་བཅས། །རྩེ་གཅིག་ཞི་གནས་ལ་འཐད་མོད། །སྦྱོར་བྲལ་ཆོས་འདིའི་དངོས་གཞིར་ཡང་། །བྱེད་ན་དེ་ཡི་ངོས་འཛིན་ཅི། ངོ་བོ་ཉིད་མེད་སྨྲ་གཞུང་དང་། །མཐུན་པར་བཤད་ན་དུག་དང་བཅས། །རིག་པ་རྗེན་པར་མཐོང་ཙམ་ལ། །གཞན་མེད་ཅེ་ན་གྲངས་ཅན་གྱི། །ཤེས་རིག་བདག་དང་ཁྱད་པར་ཅི། །རྗེས་ཀྱི་དུས་སུ་གང་ཟག་གི །བདག་མེད་ཉིད་དུ་ངོ་སྤྲོད་པས། །གྲངས་ཅན་ལུགས་ལས་ཁྱད་པར་དུ། །འབྱེད་དོ་སྙམ་ན་དངོས་གཞིའི་ཚེ། །བདག་འཛིན་གཉེན་པོ་མ་གོམས་པ། །རྗེས་ཤེས་སྒྲོ་འདོགས་གཅོད་བྱེད་ཀྱི། །བསམ་བྱུང་བསྒོམ་དུ་འཐད་མ་ཡིན། །ངོས་འཛིན་ལྔ་པ་རྫོགས་ཆེན་པོའི། །ཆོས་ཀྱི་སྐད་དང་བསྲེས་པའི་ཚེ། །ངོས་འཛིན་ཤེས་ན་སྐྱོན་མེད་མོད། །སེམས་སྡེ་ནས་བཤད་ཀུན་གཞི་ཡི། །ངོས་འཛིན་གང་ལ་བྱེད་ཅེས་དྲི། །ཀུན་གཞིའི་རྣམ་ཤེས་གཞུང་ཆེན་ནས། །ཡང་དག་མིན་རྟོག་ལ་བཤད་ཕྱིར། །ཕྱག་རྒྱ་ཆེན་པོའི་ངོས་འཛིན་དུ། །བཤད་ན་མཁས་པའི་བཞད་གད་གནས། །ཀུན་གཞི་རྒྱུ་རྒྱུད་ལ་འཆད་ན། །ལམ་འབྲས་དང་བསྲེས་སྐྱོན་མེད་ཀྱང་། །རང་གཞུང་འཆད་ཚེ་ཀུན་གཞི་དེ། །ཡེ་ཤེས་ཉིད་ལ་ངོས་འཛིན་ན། །ཀུན་བྱེད་རྒྱལ་པོ་ཞེས་བྱ་དང་། །དམ་པའི་བདག་དང་སངས་རྒྱས་ཀྱི། །སྙིང་པོ་ཞེས་བྱར་ཞེན་པ་ཡི། །གཉེན་པོ་གང་དུ་བསྒོམ་ཞེས་དྲི། །དངོས་གཞིའི་ཚེ་ན་གང་དུ་ཡང་། །འཛིན་པ་མེད་པ་དེས་བསྟན་ནོ། །ཞི་ན་ཕྱག་ཆེན་བརྗོད་བྲལ་བ། །རྟོག་པའི་ཡུལ་ལས་འདས་གྱུར་གང་། །རྗེས་ཀྱི་ཤེས་པས་དེ་དེ་ཤེས། །རྟོག་པས་ངོས་བཟུང་བསྟན་གྱུར་ན། །དངོས་གཞི་སྣང་ཡང་དུག་བཅས་སུ། །བཏང་བ་མིན་ནམ་ཞེན་བློ་དེ། །སྣང་བཟློག་བྱེད་ན་སྣང་ཆེན་གྱི། །ཁྲུས་དང་མཚུངས་པར་གྱུར་མིན་ནམ། །དང་པོའི་ཆིག་ཐུབ་ལ་གཞན་གྱི། །གྲོལ་བའི་ལན་དུ་ལྔ་ལྡན་ཞེས། །བྱ་བའི་ཕྱག་རྒྱ་ཆེ་བསྒོམ་པ། །མི་འཐད་མིན་མོད་ལྔ་རྗེ་ཡིས། །

རྩལ་དུ་བཏོན་པའི་ཕྱག་ཆེན་དེར། །དོན་ལྟ་མེད་ན་མི་འབྱུང་རྒྱུ། །ཡིན་ནམ་ཕྱུན་སུམ་ཚོགས་ཡན་ལག །གང་ཅེས་བརྟགས་ཆེ་དང་པོ་ལྟར། །ཡིན་ན་རྩ་བའི་དམ་བཅའ་ཉམས། །ཕྱི་མ་ལྟར་ན་ལམ་འབྲས་དང་། །བསྲེས་པས་རང་གཞུང་ཚུགས་པ་མིན། །དེ་ནས་དོན་ཆེ་ཚིག་ཉུང་ཞིང་། །ལས་འཕྲོ་ཅན་གྱི་སྒྲུབ་སླ་བ། །རྟོགས་སླ་རྟོགས་ན་བདག་འཛིན་གཉིས། །ས་བོན་བཅས་དེ་འཇོམས་སླ་བ། །སོ་སོ་རང་རིག་གིས་མྱོང་ཞིང་། །སྒྲོ་རྟོག་ཡུལ་དུ་མ་བྱས་པའི། །ལྷན་ཅིག་སྐྱེས་འདི་ལུང་དང་ནི། །རིགས་པར་བརྟེན་དགོས་མ་ཡིན་ཞིང་། །བླ་མའི་དུས་ཐབས་བསྟེན་པ་ལ། །རག་ལས་མིན་ཀྱང་ཐེག་ཆེན་པ། །ཀུན་ལ་ཁྱབ་བྱེད་དུ་འགྲོ་ཞིང་། །ཀུན་གྱི་ངེས་པའི་དོན་དང་ནི། །དངོས་གཞིའི་ཚེ་ན་འགལ་མེད་པ། །འདི་གྲུབ་པ་ལ་སྦྱོར་བའི་ཚེ། །སྒྲུབ་བྱེད་སྣ་ཚོགས་དགོས་མིན་ཀྱང་། །དངོས་གཞིའི་ཚེ་ན་བསྒྲུབ་བྱའི་དོན། །མདོ་རྒྱུད་ཀུན་དང་མཐུན་པར་མཐོང་། །མཐོང་བྱ་གསར་དུ་བསྒྲུབས་མིན་གྱི། །གདོད་ནས་གྲུབ་པའི་ཡེ་ཤེས་མཆོག །ཡིད་བཞིན་ནོར་བུ་དང་འདྲ་བས། །བྱིང་དང་རྒོད་པ་དང་བྲལ་བར། །རེ་ཞིག་མཉམ་པར་འཛོག་ནུས་ན། །རྩེ་གཅིག་མིང་ཅན་ཆོས་དང་ནི། །གང་ཟག་ཉིད་དུའང་འཛིན་མེད་པར། །གྱུར་པ་སྤྲོས་བྲལ་མིང་ཅན་དེ། །དངོས་གཞིའི་ཞི་ལྷག་ཟུང་དུ་འཇུག །དེ་ལ་རྗེས་ཐོབ་ཀྱིས། །བོགས་འབྱིན་པ་ནི་གང་ཟག་དང་། །ཆོས་ཀྱི་སྣང་བ་ཅི་ཤར་ཡང་། །དེ་དེར་འཛིན་པ་མེད་གྱུར་ཚེ། །རྣམ་ཤེས་ངོ་ན་གཟུང་འཛིན་གྱི། །སྣང་བ་འགགས་པར་མ་གྱུར་ཀྱང་། །ཡེ་ཤེས་ངོ་ན་བདག་གཉིས་པོ། །གང་དུ་ཡང་ནི་འཛིན་མེད་པའི། །ཡེ་ཤེས་དང་གིས་དྭངས་གྱུར་པ། །དེ་ཚེ་སྣང་སྲིད་ཀུན་ཐམས་ཅད། །ཕྱག་རྒྱ་ཆེན་པོར་རོ་གཅིག་པ། །ཡིན་ནོ་དེ་ནས་འབད་མེད་པར། །དེ་མངོན་གྱུར་ལ་སློམ་མེད་ཀྱི། །ཐ་སྙད་བཏགས་པ་ཡིན་སྙམ་བྱེད། །འདི་ལ་ཕྱི་རབས་པས་རྒོལ། (འབྲུ་གཅིག་ཆད)། །དངོས་གཞིའི་ཚེ་ན་གང་དུ་ཡང་། །ཡིད་མི་བྱེད་དང་མི་འཛིན་པ། །ཧྭ་ཤང་ལུགས་དང་ཁྱད་པར་ཅི། །ཟེར་དང་མདོ་སྔགས་ནས་གསུངས་པའི། །སྦྱོར་བས་མ་བསྒྲུབས་ལྷག་མཐོང་དེ། །མུ་སྟེགས་ལུགས་དང་ཁྱད་པར་ཅི། །བླུན་པོས་གོམས་པའི་ཕྱག་རྒྱ་ཆེ། །ཕལ་ཆེར་དུད་འགྲོའི་རྒྱུ་ཞེས་དང་། །གོམས་པ་ལེགས་ཀྱང་དབུ་མ་ལས། །མ་འདས་ཕྱིར་ན་གསང་སྔགས་དང་། །བསྲེ་བ་དོན་མེད་ཡིན་ཞེས་སོགས། །རྩོད་རྣམས་སེལ་བའི་ལན་ཧི་བཞིན། །མདོ་རྒྱུད་མན་ངག་རྒྱས་པར་ནི། །ཤེས་ཡོད་མིན་པས་དོན་དཀའ་བ། །དེ་ཕྱིར་རྒྱས་པ་འདིར་བཛོད་བྱ། །རྒྱ་ནག་མཁན་པོས་ཀུན་རྫོབ་དང་། །དོན་དམ་དབྱེ་བ་མི་འབྱེད་ཅིང་། །དེ་བཞིན་ལྟ་དང་སྤྱོད་པ་དང་། །ཡེ་ཤེས་དང་ནི་རྣམ་ཤེས་དང་། །ཐོས་བསམ་དུས་དང་བསྒོམ་པ་དང་། །དྲང་བའི་དོན་དང་ངེས་པའི་དོན། །སོ་སོའི་གནས་སྐབས་མི་འབྱེད་པར། །ཅི་ཡང་ཡིད་ལ་མི་བྱེད་པ། །ཙམ་ཞིག་སྙིང་པོ་ཡིན་པར་འདོད། །ཕྱག་རྒྱ་ཆེན་པོའི་

དངོས་གཞི་ནི། །དོན་དམ་པ་དང་ལྟ་བ་དང་། །མཉམ་པར་བཞག་དང་ཡེ་ཤེས་དང་། །སྒྲིབ་ཀུན་རྩ་བ་མ་རིག་པའི། །ས་བོན་བྱུངས་ནས་འབྱིན་བྱེད་བློ། །འདི་ལ་དཔེ་དང་དོན་གཉིས་སུ། །འབྱེད་མོད་རྟོག་བྲལ་མ་འབྲུལ་ཕྱིར། །གཉིས་ཀ་ལྡན་སྐྱེས་ལ་མངོན་སུམ། །རྟོག་པའང་ཞེ་ན་ཁོ་ནར་ནི། །མ་ཟད་ཡང་དག་མིན་རྟོག་པ༑ ༑ཀུན་དང་བྲལ་ཕྱིར་འཇིག་རྟེན་ལས། །འདས་པའི་མངོན་སུམ་དང་འདྲ་བ། །དཔེར་ན་འགོག་པའི་སྙོམས་འཇུག་ཚེ། །རྣམ་ཤེས་ཚོགས་བདུན་འཁོར་བཅས་པ། །བཀག་པས་ཡིད་ལ་མི་བྱེད་ཅིང་། །མཚན་མར་འཛིན་པ་ཀུན་བྲལ་ཡང་། །ཧྭ་ཤང་བསྒོམ་དང་དེ་མི་འདྲ། །འདི་ན་ཁ་ཅིག་འགོག་སྙོམས་དེ། །སེམས་ཙམ་ལུགས་བཞིན་དབུ་མ་ཡི། །ལུགས་ལ་ཡེ་ཤེས་ཡིན་ཞེས་སྨྲ། །དབུ་མ་ངོ་བོ་ཉིད་མེད་ཀྱི། །འགོག་པའི་སྙོམས་འཇུག་མེད་པར་དགག །རྣམ་བརྟེན་དབུ་མའི་འགོག་སྙོམས་ན། །ཡེ་ཤེས་ཡོད་ཕྱིར་དེ་འདི་ལ། །མཚུངས་ལྡན་བཀག་པའི་སྙོམས་འཇུག་ཅེས། །ཕྱི་རབས་པས་འདི་རྩུལ་པོར་བྱས། །ཡིད་ཀྱི་རྣམ་ཤེས་མ་གཏོགས་པའི། །ཡེ་ཤེས་གང་ནས་བཙལ་ཞེ་ན། །མཐོང་བསྒོམ་སོགས་ཀྱི་མཉམ་གཞག་ཏུ། །འཇུག་ཤེས་དྲུག་དང་ཉོན་མོངས་ཡིད། །མེད་ཕྱིར་ཡིད་ཀྱི་དབང་པོ་དགོན། །ཡིད་ཀྱི་དབང་པོའི་བདག་རྐྱེན་ལས། །གདོད་མའི་ཡེ་ཤེས་འབྱུང་བ་མིན། །ངོ་བོ་ཉིད་མེད་སྣ་གཞན་དུ། །ཆོས་ཀུན་རང་རང་ངོ་བོ་ཡིས། །སྟོང་ལ་རྩེ་གཅིག་མཉམ་འཇོག་པའི། །ཡེ་ཤེས་ཁས་ལེན་ཁོ་བོ་ཡིས། །མ་ནི་མོ་གཤམ་ཟེར་དང་མཚུངས། །མཉམ་པར་བཞག་དུས་སོར་རྟོག་གི །ཡེ་ཤེས་ཁས་ལེན་དགོས་ཟེར་བ། །སྒོམ་རིམ་གཞུང་དུ་མི་འབྱུང་བ། །ཤིང་ལ་རག་མོད་དེ་ཉིད་ཀྱིས། །དེ་བསྲིག་དཔེ་བསྟན་པ་དང་འགལ། །སྟུགས་ཀྱི་དབང་བསྐུར་བྱིན་རླབས་དང་། །དབུ་མའི་རིགས་པས་མ་སྦྱངས་པར། །དོན་དམ་ཡེ་ཤེས་མངོན་སུམ་དུ། །མཐོང་བའི་ཐབས་འགའ་མེད་གྱུར་ན། །ལུས་ཀྱི་བྱེད་ཅིང་ལོངས་སྤྱོད་ཀྱི། །རླབས་དང་སྐྱུ་མའི་དཔེ་སོགས་ལས། །དེ་མཐོང་མན་ངག་ལུང་དང་ནི། །རིགས་པ་ལས་ཀྱང་ཤེས་པ་ཀུན། །ནང་ལྟར་རང་རིག་རང་གསལ་བས། །རང་ལ་ངེས་པ་འདྲེན་པར་བཤད། །དེ་གོམས་བྱེད་པའི་ཡན་ལག་དང་། །བྲལ་མ་གྱུར་ན་གསལ་བ་དེ། །རབ་ཀྱི་མཐར་ཕྱིན་འབྱུང་མིན་ནམ། །སྟོང་ཉིད་བསྒྲུབ་པའི་རིགས་པ་ལ། །བརྟེན་པ་མིན་པར་དེ་རྟོགས་བློ། །ཚད་མར་གྱུར་པ་ཡོད་མིན་ཕྱིར། །དེ་ལ་མ་བརྟེན་ཚད་མིན་བློ༑ ༑ཟེར་བ་སྟོན་དང་ཕྱི་མཐར་བྱུང་། །དེ་སྐད་དེ་ཡིས་བསྟགས་པ་དང་། །མན་ངག་པ་ཀུན་ཞུམ་པར་བྱས། །ཞུམ་བཅས་རྩོལ་བ་དོར་བའི་མིས། །རང་གཞུང་ཚུགས་པ་ག་ལ་སྲིད། །བླུན་པོའི་ཕྱག་ཆེན་དུད་འགྲོའི་རྒྱུར། །སོང་ཚེ་གསུང་བ་འཕྲིད་དེ་ཡི། །དངོས་གཞིའི་ཚེ་ན་བདག་འཛིན་གྱི། །གཉེན་པོ་མ་བསྟན་པ་སྐམ་དུ། །དགོངས་པ་ཡིན་མོད་བདག་གཉིས་པོ། །གང་དུ་ཡང་ནི་འཛིན་པ་མེད། །དེ་ལ་དེ་རྟོགས་པ་ཡི་ནི། །ཐ་སྙད

ཕར་ཕྱིན་པ་ཀུན་གྱི། །ཐེད་པ་མིན་ནམ་བདག་མེད་དོ། །སྙམ་དུ་འཛིན་དགོས་ཟེར་བ་བརྫུན། །ཐ་སྙད་དེ་འདྲ་སྦྱོར་དུས་སུ། །དཔྱད་པ་སྔོན་སོང་བ་ལ་དགོངས། །ཞེན་འདིར་ཡང་རྗེས་ཐོབ་ཆེ། །མཐའ་གཞན་འགོགས་པའི་རིགས་པས་གྲུབ། །འཛིན་རྣམ་རང་གསལ་དོན་དམ་པའི། །བདེན་པར་གང་ལས་ཤེས་ཅེ་ན། །དེ་ཕྱིར་གཉིས་སྟོང་གང་ཡིན་པ། །དེ་ཉིད་དུ་བཤད་པ་ལས་ཤེས། །དེ་ཉིད་སྒྲིབ་སེལ་ཡེ་ཤེས་ཀྱིས། །རྟོགས་བྱའི་སྟོང་ཉིད་ངོས་འཛིན་ནི། །དེ་ལས་གཞན་དུ་ས་ར་ཧས། །མ་བཤད་བི་རྨ་པས་དེ་བཞིན། །འདི་རྟོགས་པ་ལ་ཐལ་རང་གི། །རིགས་པ་དོན་མེད་རྣམ་འགྲེལ་གྱི། །མཛད་པོའི་རིགས་པ་ཁོ་ནས་གྲུབ། །དེ་ལ་འཇུག་བྱེད་ཞི་གནས་ཀྱི། །སྒྲུབ་ཚུལ་གཞུང་གཞན་ལས་བྱུང་བཞིན། །རང་གསལ་བ་དེ་རིགས་པ་ཡིས། །དཔྱད་མི་བཟོད་ཕྱིར་ཀུན་རྫོབ་ཀྱི། །བདེན་ཞེས་སླུས་ན་སངས་རྒྱས་ལ། །དེ་ལས་གཞན་དུ་སྣང་མེད་ཕྱིར། །དམ་པའི་དོན་གྱི་བདེན་ཁོ་ན། །དེ་འདྲ་སེམས་ཙམ་རྣམ་བརྫུན་པའི། །སྒོམ་ཞེས་སླུ་མོད་རྗེས་ཐོབ་ཆེ། །རྟེན་ཅིང་འབྲེལ་བར་འབྱུང་རྟགས་ཀྱིས། །ཡོད་མེད་ལ་སོགས་མཐའ་ཀུན་དང་། །བྲལ་བར་བྱས་པའང་འདི་ལ་སྲིད། །སོ་མ་མ་བཅོས་ལྷུག་པ་ཡི། །འཛོག་ཚུལ་མུ་སྟེགས་བྱེད་པ་ཡང་། །བསམ་གཏན་དངོས་གཞི་ལ་ཡོད་ཅེས། །ཟེར་མོད་བདག་ཏུ་འཛིན་པ་ཡིས། །བཅིངས་ཕྱིར་ཐར་པའི་ལམ་མ་ཡིན། །སྐྱོངས་རྣམས་སེལ་བྱེད་སྟོང་ཉིད་ཀྱི། །ངོས་འཛིན་སྒྱུ་མ་རིགས་གྲུབ་དང་། །རབ་ཏུ་མི་གནས་ལས་གཞན་པ། །ཡོད་མིན་ཟེར་མོད་གསང་སྔགས་སུ། །ཉམས་སུ་བླང་བྱའི་སྟོང་པ་ཉིད། །དེ་དེར་མ་འདུས་དེ་ཉིད་ནི། །བདེ་ཆེན་པོ་ལས་གཞན་དུ་མེད། །དབུ་མའི་བསྒོམ་མཐར་ཕྱིན་པ་ལ། །གྲངས་མེད་གསུམ་གྱི་དཀའ་སྤྱད་ནི། །དགོས་པར་མ་ངེས་བྱམས་ཆོས་ནས། །གང་བཤད་དབུ་མའི་ཡེ་ཤེས་དེ། །ཐེག་མཆོག་ལམ་གྱི་རིམ་པ་གཉིས། །སྒྲུབ་པའི་གཞི་དང་ཐབས་མཆོག་ཕྱིར། །མེད་པར་དགག་པའི་སྟོང་ཉིད་ལ། །དགོངས་ནས་གསུང་དུ་འདི་སྐད་ཅེས། །གལ་ཏེ་སྟོང་པ་ཐབས་ཡིན་ན། །དེ་ཚེ་སངས་རྒྱས་ཉིད་མི་འགྱུར། །རྒྱུ་ལས་འབྲས་བུ་གཞན་མིན་ཕྱིར། །ཞེས་བཤད་ནས་ནི་དེ་འོག་ཏུ༑ ༑དེ་ཕྱིར་དཀྱིལ་འཁོར་འཁོར་ལོ་ཞེས། །ཐབས་ནི་བདེ་བའི་སྡོམ་པ་སྟེ། །སངས་རྒྱས་ང་རྒྱལ་རྣལ་འབྱོར་གྱིས། །སངས་རྒྱས་ཉིད་ཡུན་རིང་མི་འགྱུར། །ཞེས་གསུངས་པ་དེ་མཁས་པར་སློབ། །དེ་ལྟར་དེ་བརྩམས་པ་ལས་ནི། །བྱུང་བའི་དགེ་བས་གངས་ཅན་ན། །ཟླ་འོད་གཞོན་ནུའི་རྣམ་དཔྱོད་ཀྱིས། །རྩལ་བརྟོན་ཕྱག་རྒྱ་ཆེན་པོའི་ལུགས། །འཛིན་པོར་ཁས་ལེན་བྱེད་མཐའ་དག །རང་གཞུང་ཚུགས་པར་འཛིན་མིན་པ། །ལ་ལ་ཐེག་མཆོག་ཕྱག་རྒྱ་ཆེ། །ས་ར་ཧས་གསུངས་ངོ་སོར་བྱེད། །འགའ་ཞིག་སྙིང་པོའི་གཞུང་དག་ཏུ། །ཡིད་མི་བྱེད་གསུངས་ལ་འཁྲུལ་ནས། །མེད་པར་དགག་པའི་སྟོང་པ་ཉིད། །ཁོ་ན་ལྟར་བླངས་ཙ་ཙོ་ཡིས། །རྟོགས་ལྡན་ཡེ་

ཤེས་ཀུན་སྲུན་འབྱིན། །ཁ་ཅིག་བཀའ་ཕྱག་ཆུ་བོ་ཆེ། །གཉིས་འདུས་ཟེར་བའི་ཁ་སྐད་ལ། །འཕྲུལ་ནས་ཛོ་བོའི་དབུ་མ་ཡི། །མན་ངག་ལྟར་ལེན་བྱེད་པོ་ཡོད། །དེ་ཡི་དབུ་མ་རྟོག་བཅས་དང་། །རྟོག་མེད་ཤེས་པའི་སྤྱོད་ཡུལ་མིན། །འདི་བཤད་ཕྱག་རྒྱ་ཆེན་པོའི་ལམ། །གོམས་བྱེད་རྣལ་འབྱོར་པ་དེ་ནི། །གསང་སྔགས་ཆེན་པོར་ཞུགས་ཟིན་ནམ། །ད་ལྟ་ཞུགས་ཟིན་པ་མིན་ཡང་། །དབང་དང་བྱིན་གྱིས་རློབ་ཐོབ་ནས། །ཆོས་དྲུག་དང་ནི་རིམ་པ་ལྔའི། །འོད་གསལ་བ་ལས་ཟུང་འཇུག་སྐུ། །ལྟང་ལ་ཚོགས་ཡོད་མ་ཡིན་ནོ། །དེ་ལྟར་ལུགས་འདི་འཆད་པ་པོ། །གཞན་ཟེར་དགག་དང་རང་གི་ལུགས། །བཞག་དང་བརྒལ་ལན་རྒྱས་བཤད་པའི། །བྱུང་ཚུལ་རིམ་པ་རྣམ་གསུམ་གྱིས། །ཕྱག་ཆེན་ཡིད་བཞིན་ནོར་བུ་ཡི། །དྲི་མ་ཕྲ་རགས་ཀུན་སྦྱངས་ནས། །ཚད་ལྡན་གཞུང་ཆེན་མང་པོ་ཡི། །རྒྱལ་མཚན་རྩེ་མོར་འདི་བཀོད་པ། །དེ་ཚེ་གང་གང་ལ་འགའ་བའི། །རེ་འདོད་གསོལ་བ་དུས་སུ་ཐེབས། །དགོས་འདོད་ཆར་ཆེན་འདིར་ཕེབས་ཤོག །ཅེས་ཕྱག་རྒྱ་ཆེན་པོའི་ཤན་འབྱེད་ཀྱི་བསྟན་བཅོས། གྲུབ་པ་མཆོག་གི་དགོངས་པ་རྣམས་ངེས། ཞེས་བྱ་བ་འདི་ནི། ལུགས་དེ་ལ་མི་ཕྱེད་པའི་དགོངས་པ་རྣམ་པར་དཀར་བའི་ས་སྐྱོང་མཆོག་གིས་གསོལ་བ་བཏབ་པའི་ངོར་བགྱིས་ནས། འཇམ་དཔལ་དགའ་བའི་བཤེས་གཉེན་གྱིས། རང་ལོ་དོན་དྲུག་པ་ལ་ཉེ་བར་སྨྲར་བའི། ཡི་གེ་པ་ནི་བསོད་ནམས་ཡེ་ཤེས་ལྷུན་གྲུབ་པོ།། །།

༄༅། །ཕྱག་རྒྱ་ཆེན་པོའི་ཤན་འབྱེད་བཞུགས།

པཎ་ཆེན་ཤཱཀྱ་མཆོག་ལྡན།

ན་མོ་བུདྡྷཡ། ཉོན་མོངས་པ་དང་ཤེས་བྱ་ཡི། །སྒྲིབ་ཀུན་སེལ་བྱེད་དམ་པའི་ཆོས། །དེ་སྟོན་མཛད་དང་དེ་འཛིན་ལ། །རབ་ཏུ་གུས་པས་ཕྱག་བཙལ་ནས། །སྔོན་དུས་གངས་ཅན་ཡུལ་ལྗོངས་སུ། །ངེས་དོན་ཉི་མ་ཆེ་འབར་བ། །སྒྲིབ་བྱེད་སྤྲིན་སྟུག་དང་བྲལ་ཡང་། །མཁས་འགའ་བརྟག་ཅིང་དཔྱོད་པར་མཛད། །དེང་དུས་སྟོང་ཉིད་ཉི་མ་ནི། །མུན་པའི་མལ་དུ་གཟིམས་གྱུར་ནས། །ལོ་གྲངས་བརྒྱ་ཕྲག་གཅིག་ཏུ་ཉེ། །སྟོང་ཉིད་འཚོལ་གཏམ་གཅིག་ཏུ་འདྲེས། །ཟླ་འོད་གཞོན་ནུའི་ངེས་དོན་ལ། །ཕྱག་རྒྱ་ཆེན་པོའི་མཚན་འདོགས་པ། །འཐད་དང་མི་འཐད་ཙམ་ཞིག་ནི། །སྔོན་གྱི་འབེལ་བའི་གཏམ་དུ་སྣང་། །དེ་དུས་སོ་སོའི་ལུགས་འཛིན་པ། །མཐའ་དག་རང་རང་ལུགས་པོར་ནས། །ཕྱིས་དུས་རང་བཟོའི་ལམ་ཆེན་པོར། །ཀུན་ཀྱང་ཞུགས་ཟིན་མ་ཡིན་ནམ། །

ཞེས་མཆོད་པར་བརྗོད་ཅིང་རྩོམ་པ་དམ་བཅའ་བ་སྔོན་དུ་བཏང་ནས། སྐབས་སུ་བབ་པའི་འབེལ་གཏམ་དུ་གླེང་བ་ནི། ཇི་སྐད་དུ། ད་ལྟའི་ཕྱག་རྒྱ་ཆེན་པོ་དང་། །རྒྱ་ནག་ལུགས་ཀྱི་རྫོགས་ཆེན་གཉིས། །ཡས་འབབ་མས་འཛེག་ཅེས་བྱ་བ། །རིམ་གྱིས་པ་དང་ཅིག་ཅར་བའི། །མིང་འདོགས་སྒྱུར་བ་མ་གཏོགས་པ། །དོན་ལ་ཁྱད་པར་འགའ་ཡང་མེད། །ཅེས་དང་། བླུན་པོས་ཕྱག་རྒྱ་ཆེ་བསྒོམ་པ། །ཕལ་ཆེར་དུད་འགྲོའི་རྒྱུ་རུ་གསུངས། །མིན་ན་གཟུགས་མེད་ཁམས་སུ་སྐྱེ། །ཡང་ན་ཉན་ཐོས་འགོག་པར་ལྟུང་། །གལ་ཏེ་དེ་ནི་བསྒོམ་ལེགས་ཀྱང་། །དབུ་མའི་བསྒོམ་ལས་འདའ་བ་མེད། །དབུ་མའི་བསྒོམ་དེ་བཟང་མོད་ཀྱི། །དེ་ཉིད་འགྲུབ་པ་ཤིན་ཏུ་དཀའ། །གྲངས་མེད་གསུམ་གྱི་དཀའ་སྤྱད་དགོས། །

ཞེས་པ་ལ། དྲི་བ་དང་། ལན་ནོ། །དང་པོ་ནི་གལ་ཏེ། ཕྱག་ཆེན་ཡས་འབབ་ཀྱི་ལྟ་བ་དང་། ཧྭ་ཤང་གི་ལམ་ཅིག་ཅར་བའི་ལྟ་བ་ཁྱད་མེད་ན། ཕྱག་ཆེན་པས། བྱམས་པ་སྙིང་རྗེ་ཕ་རོལ་ཏུ་ཕྱིན་པ་ལྔ་དང་། བྱང་ཆུབ་སེམས་དཔའི་སེམས་བསྐྱེད་སོགས་ལམ་དུ་མི་འདོད་པར་འགྱུར་ལ། འདོད་ན་ཕྱག་ཆེན་པས་ཐབས་ཀྱི་ཆ་དེ་དག་ལ་ཤིན་ཏུ་གཅེས་སྤྲས་ཆེ་བར་བཤད་པ་དང་འགལ། ཡང་ཕྱག་ཆེན་གྱི་ལྟ་བ་དཀར་པོ་ཆིག་ཐུབ་ཏུ

མི་འཐད་ན། ཤེར་ཕྱིན་གྱི་ནང་དུ་ཕར་ཕྱིན་དྲུག་ཀ་འདུས་པར་འཆད་པ་དང་འགལ། ཞེས་རྒོལ་བ་དང་། ཡང་ཕྱག་ཆེན་བླུན་པོས་བསྒོམ་པ་དེ་དུད་འགྲོའི་རྒྱུ་རུ་གསུངས་ཞེས་ཟེར་ན། དེ་ལྟར་གསུངས་པའི་ལུང་གང་ཡིན། དེ་དེའི་འཕེན་བྱེད་ཀྱི་རྒྱུ་དང་། འགྲུབ་བྱེད་རྒྱུ་གང་དུ་འཆད། ཕྱག་ཆེན་གྱི་ལྟ་བ་དེ་ཉོན་མོངས་པར་འདོད་དམ། དེས་ཀུན་ནས་བསླངས་པའི་ལས་སུ་འདོད། དེ་དག་གང་དུ་འདོད་ཀྱང་དབུ་མའི་ལྟ་བ་དེ་ལས་དང་ཉོན་མོངས་པ་གང་རུང་དུ་ཁས་བླངས་ན་སྐྱོན་ཅི་ཡོད། ཡང་དེ་དུད་འགྲོའི་རྒྱུ་བྱེད་པ་དེ་ཆོས་ཀྱི་སྐྱོན་ཡིན་នམ་སྒོམ་པ་པོ་གང་ཟག་གི་སྐྱོན་ཡིན། དང་པོ་ལྟར་ན། བླུན་པོས་ཟེར་ཅི་དགོས། མཁས་པས་བསྒོམ་ན་ཡང་། ངན་སོང་གི་རྒྱུར་མི་འགྲོ་བའི་ཤེས་བྱེད་གང་ཡིན། གཉིས་པ་ལྟར་ན། དེའི་ཚེ་བླུན་པོས་ལམ་འབྲས་དང་གསང་འདུས་རིམ་ལྔ་ལ་སོགས་པ་བསྒོམ་ན་ཡང་དུད་འགྲོའི་རྒྱུར་མི་མཚུངས་པའི་རྒྱུ་མཚན་ཅི་ཡིན། ཡང་ཕྱག་ཆེན་བསྒོམས་པས་འགོག་པར་ལྷུང་ཞེས་པའི་འགོག་པ་དེ་གང་ལ་བྱེད་འགོག་པའི་སྙོམས་འཇུག་དང་། ལྷག་མེད་ཀྱི་མྱང་འདས་གང་ལ་བྱེད་ཀྱང་། དེ་དག་མངོན་དུ་བྱེད་པ་ལ་འདས་ལམ་དགོས་པས་ལྟ་བ་དེ་རྣམ་དག་དུ་འགྱུར། ཡང་ཧྭ་ཤང་གི་ལྟ་བ་དང་རྗེ་དྭགས་པོའི་ལྟ་བ་དོན་གཅིག་པ་མིན་ཏེ། རྗེ་དྭགས་པོས་མཛད་པའི་ལམ་མཆོག་ཐར་པའི་རྒྱན་ལས། ཤེར་ཕྱིན་གྱི་ལྟ་བ་ལ་སོ་སོར་རྟོག་པའི་ཤེས་རབ་ཀྱི་དཔྱད་པ་སྔོན་དུ་འགྲོ་བའི་ཚུལ་རྒྱས་པར་གསུངས་པའི་ཕྱིར། ཞེས་པའོ། །

གཉིས་པ་ལ་གཉིས་ཏེ། དོན་གྱི་ཁོག་ཕུབ་པ་དང་། དངོས་ལན་གདབ་པའོ། །དང་པོ་ལ་གཉིས་ཏེ། ཕྱག་རྒྱ་བར་གྲགས་པ་དག་གིས་བཞེད་པའི་རྩ་བ་ངོས་བཟུང་། རྗེས་འཇུག་གི་འདོད་པས་སོ་སོར་བཏགས་པའི་ཚུལ་ལོ། །དང་པོ་ལ་གསུམ་སྟེ། རྩ་བའི་གཞུང་གང་ལས་བྱུང་བ། དམིགས་པ་ཡུལ་གྱི་ཕྱག་རྒྱ་ཆེན་པོ་གང་ཡིན་པ། དམིགས་བྱེད་བློའི་ཕྱག་རྒྱ་ཆེན་པོ་གང་ཡིན་པའོ། །དང་པོ་ནི། དཔལ་ས་ར་ཧའི་གཞུང་དོ་ཧ་སྐོར་གསུམ་ཡན་ལག་དང་བཅས་པ་ནི་འདིའི་ཁུངས་སོ། །གཉིས་པ་ནི། གཉུག་མ་སེམས་ཀྱི་རང་བཞིན་འོད་གསལ་བ་འདི་ཉིད་དོ། །འདི་ལ་ནི་མིང་གི་རྣམ་གྲངས། རང་བཞིན་ལྷན་ཅིག་སྐྱེས་པའི་ཡེ་ཤེས་དང་། བདེ་བར་གཤེགས་པའི་སྙིང་པོ་དང་། བདེ་བ་ཆེན་པོ་དང་། རང་བཞིན་ཆོས་སྐུ་ཞེས་བྱའོ། །གསུམ་པ་ནི། ཡུལ་དེ་ཉིད་ཉམས་སུ་མྱོང་བའི་ཡེ་ཤེས་ཏེ། རྗེས་མཐུན་པ་སོ་སྐྱེ་ལ་ཡང་ཡོད་པ་དང་། མཚན་ཉིད་པ་འཕགས་པ་ལ་ཡོད་པའི་དབྱེ་བས་གཉིས་སོ། །དེ་ལྟ་བུའི་ཡུལ་དང་ཡུལ་ཅན་གཉིས་ཀ་ལ་ཡང་ཕྱག་རྒྱ་ཆེན་པོ་ཞེས་བྱ་སྟེ། ཕྱག་རྒྱ་འདིས་མ་བཏབ་པ་དང་མ་ཐེབས་པའི་ཤེས་བྱ་ཅི་ཡང་མ་དམིགས་པའི་ཕྱིར་རོ། །ཕྱག་རྒྱ་དེས་མ་ཐེབས་པའི་ཆོས་གང་ཡང་ཡོད་པ་མ་ཡིན་མོད། དེ་སྟོན་དུ་བྱེད་པའི་ཐབས་ནི་གཉིས་ཏེ། ཕྱི་མཚན་ཉིད་ཀྱི་ཐེག་པའི

ལུགས་དང་། ནང་རྣལ་འབྱོར་པའི་ལུགས་སོ། །དང་པོ་ནི། ཐོས་བསམ་གྱི་རིགས་པས་གཏན་ལ་འབེབས་པའོ། །དེ་ལྟར་གཏན་ལ་ཕབ་ནས་སྒོམ་བྱུང་གི་ཤེས་པས་ཉམས་སུ་མྱོང་བྱར་གྱུར་པའི་གནས་ལུགས་ཕྱག་རྒྱ་ཆེན་པོ་དེ་ལའང་ངོས་འཛིན་ཚུལ་མི་འདྲ་བ་གཉིས་ཏེ། དབུ་མ་ངོ་བོ་ཉིད་མེད་པ་བས་མེད་དགག་ནམ་མཁའ་ལྟ་བུར་བཞེད་པ་དང་། དབུ་མ་རྣལ་འབྱོར་སྤྱོད་པ་བས་ལྷན་ཅིག་སྐྱེས་པའི་ཡེ་ཤེས་སུ་འདོད་པའོ། །དེ་ལྟར་འདོད་པ་དེ་གཉིས་ལ་ཐོས་བསམ་གྱི་རིགས་པས་གཏན་ལ་འབེབས་ཚུལ་ཡང་མི་འདྲ་བ་གཉིས་ཏེ། རང་སྟོང་གི་ཚུལ་གྱིས་དང་། གཞན་སྟོང་གི་ཚུལ་གྱིས་སོ། །ལུགས་དང་པོ་ལས་བྱུང་བའི་ཉམས་སུ་མྱོང་བྱ་དེ་ནི་ཕྱག་ཆེན་གྱི་རྩ་བའི་གཞུང་དང་མ་མཐུན་མོད་ཀྱང་། མཐའ་བྲལ་དུ་གཏན་ལ་ཕབ་ནས། ཟུང་འཇུག་ཏུ་ཉམས་སུ་ལེན་པ་ཞེས་བྱ་བ་དེར་འཆད་པ་ནི། བཀའ་བརྒྱུད་པའི་ལུགས་ཀྱི་ཕྱག་ཆེན་དེར་བཞག་ཏུ་རུང་བ་ཡིན་ནོ། །གཉིས་པ་ནང་རྣལ་འབྱོར་པའི་ལུགས་སུ་བྱས་པའི་ཐབས་མཁས་ལ་གསུམ་སྟེ། བླ་མའི་བྱིན་བརླབས་ཀྱི་ཐབས་མཁས་ལ་བརྟེན་པ་དང་། ཡེ་ཤེས་པ་ཕབ་པའི་ཐབས་དང་། དབང་བསྐུར་བའི་ཐབས་ལས་མངོན་དུ་བྱས་པའོ། །ཐབས་འདི་གསུམ་གྱིས་མངོན་དུ་བྱས་པའི་ཕྱག་རྒྱ་ཆེན་པོའི་ལྟ་བ་དེ་ལ་ནི་སོ་སོར་རྟོག་པའི་ཤེས་རབ་ཀྱིས་དཔྱད་པ་མངོན་དུ་འགྲོ་དགོས་པ་མ་ཡིན་ཏེ། ཕ་རོལ་ཏུ་ཕྱིན་པ་དང་སྔགས་ཀྱི་ལུགས་སོ་སོ་བ་ཡིན་པའི་ཕྱིར། ལུགས་གཉིས་ལས་ཕྱི་མ་འདི་ཁྱད་པར་དུ་འཕགས་པ་ཡིན་ཏེ། ཐབས་དེ་གསུམ་གྱི་ལྟ་བ་དུག་མེད་སྐད་ཅིག་ཙམ་ལ་མངོན་དུ་བྱས་པའི་ཕྱིར་དང་། ལུགས་སྔ་མ་སོ་སོར་རྟོག་པའི་ཤེས་རབ་ཀྱིས་མངོན་དུ་བྱས་པ་དེ་ནི་རྟོག་པ་དང་བཅས་པའི་ཕྱིར་རོ། །མྱོང་བྱེད་ཀྱི་ལྟ་བ་ལ་ཁྱད་པར་ཡོད་པ་ཁོ་ནར་མ་ཟད་ཉམས་སུ་མྱོང་བྱའི་ངེས་དོན་དེ་ཡང་ཕྱི་མ་ཁྱད་པར་དུ་འཕགས་པ་ཡིན་ཏེ། ལུགས་སྔ་མའི་སྟོང་ཉིད་མེད་དགག་དེ་ནི་དངོས་པོར་མེད་པ་དང་སྤྱི་མཚན་ལས་མ་འདས་པས་ཀུན་རྫོབ་བདེན་པར་བཤད་པ་ཡིན་གྱི། ངེས་དོན་དུ་མི་རུང་བའི་ཕྱིར་དང་། ཡུལ་ཅན་བློ་རྟོག་པ་ལས་མ་འདས་པའི་ཕྱིར། ཡང་རྒྱུད་བླ་སོགས་བྱམས་ཆོས་པས། འདོད་པ་ལྟར་ལྷན་ཅིག་སྐྱེས་པའི་ཡེ་ཤེས་ཀྱི་གནས་ལུགས་ཡུལ་གྱི་ཕྱག་རྒྱ་ཆེན་པོར་འཆད་པ་དེའི་ཚེ་ནི་སྔགས་ལུགས་དང་ཁྱད་པར་མེད་དོ། །

དེ་ལྟར་མངོན་དུ་བྱེད་པའི་ཐབས་བཟང་ངན་གྱི་རིམ་པ་ལས་བྱུང་བའི་ཡུལ་ཅན་རང་རིག་པའི་ཡེ་ཤེས་དེ་ལ་བཟང་ངན་གྱི་རིམ་པ་ཡོད་ཀྱང་། ཕྱི་ནང་གི་ཐབས་མཁས་དེ་དག་གིས་མངོན་དུ་བྱས་པའི་རང་རིག་པའི་ཡེ་ཤེས་དེ་ཐམས་ཅད་ཕྱག་རྒྱ་ཆེན་པོའི་ཡེ་ཤེས་སུ་འདྲ་བ་ཡིན་ཏེ། བདེ་སྟོང་ཟུང་དུ་འཇུག་པའི་ཡེ་ཤེས་ཡིན་པའི་ཕྱིར། དེའི་ཚེ་བདེ་བ་ནི་གཉུག་མ་ལྷན་ཅིག་སྐྱེས་པའི་ཡེ་ཤེས་ཞེས་བྱ་བ། སངས་རྒྱས་ནས

སེམས་ཅན་གྱི་བར་ཐམས་ཅད་ལ་ངོ་བོ་དབྱེར་མེད་དུ་བཞུགས་པ་དེ་ཡིན་ལ། སྟོང་པ་ནི། གཟུང་འཛིན་གཉིས་དང་ཡོད་མེད་སོགས་སུ་ཞེན་པའི་རྟོག་པས་སྟོང་པའོ། །དེ་ན་ཡུལ་གྱི་ཕྱག་རྒྱ་ཆེན་པོ་ནི། གཉུག་མ་ཡེ་ཤེས་ཀྱི་ངོ་བོར་གནས། སྟོང་ལུགས་སྤྲོས་པའི་མཐར་ཞེན་པའི་རྟོག་པས་སྟོང་། རྟོགས་ལུགས་སོ་སོར་རང་རིག་པའི་ཡེ་ཤེས་ཀྱིས་རྟོགས་པའོ། །འཁོར་འདས་ཀྱི་རྣམ་རོལ་ཇི་སྙེད་པ་འདི་ལས་ལོགས་སུ་གྱུར་པ་ནི་ཅི་ཡང་ཡོད་པ་མ་ཡིན་ཏེ། འདི་ཉིད་མ་རྟོགས་པ་དེ་སྲིད་དུ་འཁོར་བ་དང་། རྟོགས་ནས་མྱ་ངན་ལས་འདས་པར་འཇོག་པའི་ཕྱིར། དེ་བས་ན་མཉམ་བཞག་བདེ་བ་ཆེན་པོར་འཆར་བ་དང་། རྗེས་ཐོབ་སྒྱུ་མ་ལྟ་བུར་འཆར་བ་གཉིས་ཀ་ཡང་གནས་ལུགས་སོགས་གསུམ་གྱི་ངོས་ནས་ཕྱག་རྒྱ་ཆེན་པོར་ཁྱད་པར་མེད་དོ། །མདོར་ན་རྒྱུད་སྡེ་དང་། ཐུམས་ཆོས་དང་། ནཱ་ཏ་བསྐོར་གསུམ་ནས་འབྱུང་བའི་ངེས་དོན་གྱི་གནས་ལུགས། སྟོང་ལུགས་དང་། རྟོགས་ལུགས་འདི་ཁོ་ནར་ངེས་ལ། དོན་འདི་ལ་ཕྱག་རྒྱ་བའི་བླ་མ་གོང་མ་རྣམས་ཀྱིས་ཕྱག་རྒྱ་ཆེན་པོའི་ཐ་སྙད་མཛད་པ་ཡིན་ནོ། །འདི་ལ་ནི་རྣམ་ཀུན་མཆོག་ལྡན་གྱི་སྟོང་པ་ཉིད་ཅེས་བྱ་བའི་ཐ་སྙད་ཀྱང་སྣགས་དང་ཕར་ཕྱིན་གཉིས་ནས་འབྱུང་བ་ཡིན་ལ། དེའི་གོ་བ་ནི། འཇིག་རྟེན་ལས་འདས་པའི་ལམ་དུ་སླེབ་པ་ན། བྱང་ཕྱོགས་དང་བྱམས་སྙིང་རྗེ་སོགས་རྣམ་བྱང་གི་ཡོན་ཏན་ཇི་སྙེད་པ། བདེ་བ་ཆེན་པོའི་མིང་ཅན་ཆོས་དབྱིངས་ཡེ་ཤེས་ཀྱི་ངོ་བོ་རོ་གཅིག་པའི་ཕྱིར་རོ། །དེའི་ཚེ་སྨན་དཀར་པོ་ཆིག་ཐུབ་དང་འདྲ་བ་ཡིན་ནོ། །ཞེས་བྱ་བ་འདི་བཞེད་པར་ངེས་སོ། །གཉིས་པ་རྗེས་འབྲང་གིས་འདོད་པས་སོ་སོར་བརྟགས་པའི་ཚུལ་ལ། སྤྱིར་བསྟན་པ་དང་སོ་སོར་བཤད་པའོ། །དང་པོ་ནི་ཕྱག་རྒྱ་བར་གྲགས་པའི་སྒོམ་ཆེན་པ་མཐའ་དག་འདི་སྐད་ཅེས་གསུངས་སྟེ། ཕྱག་རྒྱ་ཆེན་པོ་འདི་ཐོས་བསམ་དང་བཤད་པས་མི་རྟོགས། བླ་མས་བསྟན་དུ་མེད། སློབ་མས་བསྒོམ་དུ་མེད། སྦྱོར་དུས་སུ་བླ་མའི་བྱིན་བརླབས་དང་སློབ་མའི་མོས་གུས་ལ་བརྟེན་ནས། དངོས་གཞིའི་དུས་སུ་གཉུག་མའི་སེམས་མ་བཅོས་པ་ལྷུག་པར་འཇོག །དེ་ལྟར་བཞག་པས་མཉམ་གཞག་ཏུ་སེམས་གསལ་སྟོང་ཟུང་འཇུག་ཏུ་འཆར། རྗེས་ཐོབ་ཏུ་ཡུལ་སྣང་སྟོང་འཛིན་མེད་དུ་འཆར། དེའི་ངང་ནས་གང་ཤར་ཐམས་ཅད་འཛིན་མེད་དུ་ལོངས་སྤྱོད་པ་ཡིན་གྱི། སྒོ་གསུམ་འབད་རྩོལ་གྱི་བྱ་བས་འཚང་མི་རྒྱ། ཞེས་པའོ། །

གཉིས་པ་ནི། ཕྱག་ཆེན་པ་ལ་ལའི་གསུང་གིས། སྤྱིར་བསྒོམ་ལ་པཎྜི་ཏའི་དཔྱད་བསྒོམ་དང་ཀུ་ས་ལིའི་འཇོག་བསྒོམ་གཉིས་ལས། རང་རེ་ཕྱི་མའི་ལུགས་ཡིན། འདི་ལ་སྔོན་འགྲོ་ལོགས་པ་གཅིག་བསྟན་རྒྱུ་མེད། དངོས་གཞི་ལོགས་པ་གཅིག་བསྒོམ་རྒྱུ་མེད། སྦྱོར་དངོས་རྗེས་གསུམ་ཐམས་ཅད་དུ་སེམས་མ་བཅོས་པ་ལྷུག་པར་འཇོག་པ་ཉིད་ལ་ཕྱག་རྒྱ་ཆེན་པོ་ཞེས་ཟེར་བ་ཡིན། ཞེས་གསུངས། ལ་ལའི་གསུང་གིས། གདུལ་

བྱའི་གང་ཟག་ལ། །རིམ་གྱིས་པ་དང་ཅིག་ཅར་བ་གཉིས། དང་པོ་ལ་སྐྱབས་འགྲོ་སེམས་བསྐྱེད་དབང་བྱིན་བརླབས་སོགས་ཀྱིས་གསང་སྔགས་ཀྱི་སྣོད་རུང་དུ་བྱས། བཟོད་ཕྱག་རྒྱ་ཆེན་པོ་འདི་སྟོན་པ་ཡིན་ནོ། །ཅིག་ཅར་བ་ཚེ་རབས་མང་པོར་རྒྱུད་ཡོངས་སུ་སྨིན་པ་ལ་ཚེ་འདིར་སྟོན་འགྲོ་སོགས་ཀྱི་མགོ་སྐོར་ལ་མ་ལྟོས་པ་དང་པོ་ཉིད་ནས་དངོས་གཞི་དེ་སྟོན་པ་ནི། དེ་ཡང་ཕྱག་རྒྱ་ཆེན་པོ་དེ་འདི་ཡིན་ཞེས་སྟོན་ནུས་པ་མ་ཡིན་གྱི། འོན་ཀྱང་སེམས་མ་བཅོས་ལྷུག་པར་ཞོག་ཤིག་ཅེས་བསྟན་པ་ཙམ་གྱིས་བརྡའ་དོན་འཕྲོད་ནས་འོང་པ་ཡིན་གསུངས། ཡང་ལ་ལའི་གསུང་གིས་ཅིག་ཅར་བའི་ཉམས་ལེན་འདི་ལྟ་བ་ཡས་འབེབས་བྱ་བ་ཡིན། རིམ་གྱིས་པའི་ལྟ་བ་འདི་ལ་སྤྱོད་པ་མས་འཛེག་བྱ་བ་ཡིན། །ལྟ་བ་རྟོགས་ན་སྤྱོད་པ་ལ་མ་འབད་ཀྱང་ལྷུན་གྱིས་གྲུབ་པ་ཡིན། ཞེས་གསུངས། ཡང་ལ་ལའི་གསུང་གིས། ཕྱི་མཚན་ཉིད་པ་ལྟར་ན་ས་ལམ་གྱི་རྣམ་གཞག་མང་པོ་བྱེད་ཀྱང་དེད་ཀུ་སུ་ལི་པའི་ལུགས་ཀྱིས། རྩེ་གཅིག །སྤྲོས་བྲལ། རོ་གཅིག །བསྒོམ་མེད་བཞི་ལས་ལྷག་པ་མི་དགོས། ཡང་ན་ཉམས་དང་གོ་བ་དང་། །རྟོགས་པ་ཞེས་བྱ་བ་གསུམ་དུ་འདུས། ས་དང་ལམ་དང་སངས་རྒྱས་ཐམས་ཅད་ཀྱང་སེམས་ཀྱི་ངོ་བོ་ལྷན་ཅིག་སྐྱེས་པའི་ཡེ་ཤེས་བྱ་བ་འདི་ཉིད་དུ་འདུས་གསུངས། ཡང་ལ་ལའི་གསུང་གིས། ཕྱག་རྒྱ་ཆེན་པོ་ཆིག་ཆོད་ལ། །ས་ལམ་རྩེ་བའི་རྨོངས་པ་འཁྲུལ། །ཞེས་བརྗོད་ནས། ཕྱག་རྒྱ་ཆེན་པོའི་ཡེ་ཤེས་གཅིག་ཉིད་ལ་མཉམ་པར་བཞག་པས། ལོ་ཟླ་ཙམ་གྱིས་འཚང་རྒྱ་བ་ཡིན་ནོ། །ཞེས་གསུངས། མདོར་ན་ས་ར་ཧའི་ལུགས་འདི་གདུལ་བྱ་ཅིག་ཅར་བའི་ལུགས་སུ་བྱས། ལམ་ཅིག་ཅར་བ་ཉིད་ཡང་སྟོན། ཅིག་ཅར་བ་དེ་ཡང་དབང་པོ་ཇི་ལྟར་རྟུལ་ཡང་། རྩེ་གཅིག་སོགས་བཞི་ལས་ལྷག་པའི་རིམ་པ་མི་དགོས། དབང་པོ་རྣོ་ན་ཟླ་མས་ཚིག་གཅིག་མ་བསྟན་ཀྱང་མོས་གུས་ཙམ་གྱིས་རྟོགས་པ་འདི་འཆར། རྟོགས་པ་འདི་ལམ་དུ་བྱས་ནས་འཚང་རྒྱ་བ་ལ་བསྐལ་པ་གྲངས་མེད་ལ་སོགས་པའི་དཀའ་སྤྱད་དང་ས་ལམ་གྱི་རིམ་པ་ཕ་རོལ་དུ་ཕྱིན་པ་ནས་བཤད་པ་ལྟར་བགྲོད་དགོས་པ་མ་ཡིན་ནོ། །ཞེས་བཞེད་པ་ཡིན་ནོ། །གཉིས་པ་དངོས་ལན་བཏབ་པ་ལ་གཉིས་ཏེ། དོན་དེ་ལ་ས་སྐྱ་པས། དགག་པ་ཇི་ལྟར་མཛད་པ་ནི་ཕྱི་མའི་དུས་འདིར་སྟོང་སྐད་སླ་བ་པོ་མཐའ་དག་ལུགས་གཉིས་ལས་ཉམས་པར་བསྟན་པའོ། །དང་པོ་ནི་འདི་སྐད་ཅེས་འཆད་པ་ཡིན་ཏེ། ཁྱེད་ཀྱི་ཕྱག་རྒྱ་ཆེན་པོའི་ལྟ་བ་འདི་ཕ་རོལ་དུ་ཕྱིན་པའི་ལུགས་ཀྱི་ཕྱག་རྒྱ་ཆེན་པོ་ཡིན་ནམ། སྔགས་ཀྱི་ལུགས་ཀྱི་ཕྱག་རྒྱ་ཆེན་པོ་ཡིན། དང་པོ་ལྟར་ན་མི་འཐད་པ་གསུམ་སྟེ། ཐོས་བསམ་གྱི་ཤེས་རབ་སྔོན་དུ་མ་སོང་བས་ན་མི་འཐད། ལམ་ལྔ་ས་བཅུའི་རྣམ་གཞག་ཁས་མི་ལེན་པས་དེར་མི་འཐད། གྲངས་མེད་གསུམ་གྱི་དཀའ་སྤྱད་དགོས་པར་མི་འདོད་པ་མི་འཐད་པའོ། །

གཉིས་པ་ལྟར་ན་ཡང་མི་འཐད་པ་གསུམ་སྟེ། རྣལ་འབྱོར་རྒྱུད་ཀྱི་ཕྱག་ཆེན་དུ་མི་འཐད། རྣལ་འབྱོར་བླ་མེད་ཀྱི་ཕྱག་ཆེན་དུ་མི་འཐད། ལས་དང་ཡེ་ཤེས་དང་ཕྱག་རྒྱ་ཆེན་པོ་གསུམ་དུ་མ་གཏོགས་པས་ན་དེར་མི་འཐད་པའོ། །གལ་ཏེ་སྔགས་སུ་འཐད་པ་ཡིན་ཏེ། བླ་མའི་བྱིན་བརླབས་ཀྱི་སྟོབས་ཀྱིས་རྟོགས་པའི་ལྟ་བ་ཡིན་པའི་ཕྱིར་ཞེ་ན་མ་ཡིན་ཏེ། ཁྱེད་ཀྱིས་གང་ལ་མོས་གུས་བྱས་པའི་སྟོབས་ཀྱིས་རང་བྱུང་གི་ཡེ་ཤེས་སྐྱེད་པར་ཁས་ལེན་པའི་བླ་མ་དེ་ལ། ཁྱེད་ཀྱིས་དབང་བསྐུར་ཕྱིན་ཅི་མ་ལོག་པ་ཐོབ་ན་ཧེ་སྐད་དུ། གང་གི་དྲིན་གྱི་བདེ་ཆེན་ཉིད། །སྐད་ཅིག་ཉིད་ལ་འཆར་བ་གང་། །ཞེས་གསུངས་པ་དེ་ལྟར་ཡིན་མོད་ཀྱང་། དབང་མ་བསྐུར་བས་བླ་མར་མི་འཐད་དོ། །ཞེས་སྟོན་པ་ནི། ཧེ་སྐད་དུ། དབང་མ་བསྐུར་ལ་བླ་མ་མེད། །ཅེས་དང་། བླ་མ་ལ་ནི་མོས་ན་ཡང་། །དེ་འདྲའི་བླ་མ་བླ་མ་མིན། །ཞེས་བཤད་དོ། །གལ་ཏེ་དེད་ཀྱི་ལྟ་བ་འདི་ཕ་རོལ་ཏུ་ཕྱིན་པའི་ལུགས་སུ་འཐད་དེ། རྗེ་དྭགས་པོ་པའི་གསུང་གིས། ངའི་ཕྱག་རྒྱ་ཆེན་པོ་འདི་ཐེག་པ་ཆེན་པོ་རྒྱུད་བླ་མའི་ལྟ་བ་དང་དོན་གཅིག་ཅེས་དང་། ཐར་པའི་རྒྱན་ཅེས་བྱ་བའི་བསྟན་བཅོས་སུ་ཤེར་ཕྱིན་གྱི་ལྟ་བ་གཏན་ལ་འབེབས་ཚུལ་རྒྱས་པར་བཤད་པ་ན། ཐོས་བསམ་གྱིས་གཏན་ལ་ཕབ་པའི་དོན་དེ་ཉིད་བསྒོམ་བྱར་བཤད་པའི་ཕྱིར་སྙམ་ན། དེའི་ཚེ་ཕར་ཕྱིན་ཐེག་པའི་ལུགས་སུ་སོང་བས་ཕྱག་རྒྱ་ཆེན་པོ་བའི་ཐ་སྙད་མི་འཐད། གྲངས་མེད་གསུམ་གྱི་དཀའ་སྤྱད་མི་དགོས་པ་མི་འཐད། ཁྲིད་ཀྱི་སྔོན་འགྲོའི་དུས་སུ་ལྟ་བ་གཏན་ལ་མི་འབེབས་པར་ལུས་ངག་ཡིད་གསུམ་རང་བབས་སུ་བཞག་པས་ཆོག་པར་འདོད་པ་དེ་མི་འཐད་པའོ། །ཞེས་འཆད་པ་ནི་ཧེ་སྐད་དུ། གལ་ཏེ་འདི་བཞིན་སྒྲུབ་འདོད་ན། །རྡོ་རྗེ་ཕག་མོའི་བྱིན་བརླབས་མེད། །ལྟུན་སྐྱེས་ལ་སོགས་འདིར་མི་བསྒོམ། །གཏུམ་མོ་ལ་སོགས་ཐབས་ལམ་བྲལ། །ཕྱག་རྒྱ་ཆེན་པོའི་ཐ་སྙད་མེད། །ཚེ་འདི་འམ་ནི་བར་དོ་དང་། །ཕྱི་མར་འཚང་རྒྱ་ཁོང་མི་བཞེད། །ཅེས་སོ། །ཡང་རྒྱུད་བླའི་ལྟ་བ་དེ་ཉམས་སུ་ལེན་པ་ལ་ནི་ཐོས་བསམ་སྔོན་དུ་འགྲོ་དགོས་ཏེ། མདོ་སྡེ་རྒྱན་ལས། གལ་ཏེ་མ་ཐོས་པར་ཡང་བསྒོམ་འཇུག་འགྱུར་ན་བསྟན་པ་དོན་མེད་པ་འགྱུར། །ཞེས་སོ། །གཏན་ལ་འབེབས་ལུགས་ཀྱང་། ཐོག་མར་སྣང་བ་སེམས་དང་། དེ་ནས་གཟུང་བ་བདེན་མེད་དང་། དེ་ནས་འཛིན་པ་མེད་པར་ཐག་བཅད་ནས། དངོས་གཞི་ཚེ་གཟུང་འཛིན་གཉིས་སུ་མེད་པའི་ཡེ་ཤེས་ལ་མཉམ་པར་འཇོག་པ་ཉིད་བྱམས་ཆོས་ཀྱི་དགོངས་པ་མ་ཡིན་ལ། དེའི་ཚེ་ནི་བསྒོམ་དེ་འཐར་ཕྱིན་པ་ལ་བསྐལ་པ་གྲངས་མེད་གསུམ་དུ་བསོད་ནམས་ཀྱི་ཚོགས་བསོག་དགོས་པ་ཡིན་ནོ། །ཞེས་འཆད་པ་ནི། ཧེ་སྲིད་ཚོགས་གཉིས་མ་རྫོགས་པ། །དེ་སྲིད་བསྒོམ་དེ་མཐར་མི་ཕྱིན། །འདི་ཡི་ཚོགས་གཉིས་རྫོགས་པ་ལ། །བསྐལ་པ་གྲངས་མེད་དགོས་པར་གསུངས། །ཞེས་དང་། དབུ་མའི་བསྒོམ་དེ་བཟང་མོད་ཀྱི། །དེ་ནི

འགྲུབ་པ་ཤིན་ཏུ་དཀའ། །ཞེས་སོ། །གལ་ཏེ་རྒྱུད་བླ་མའི་ལྟ་བ་དེ་རྫོགས་བྱེད་གསང་སྔགས་ཡིན་པས་ཅི་འགལ་སྙམ་ན། དེ་ལྟ་ན་དབང་དང་། །རིམ་གཉིས་སྔོན་དུ་འགྲོ་མི་དགོས་པར་འདོད་པ་འགལ་ལོ། །ཞེས་འཆད་པ་ནི། དབང་དང་རིམ་གཉིས་མི་བསྒོམ་ན། །རྡོ་རྗེ་ཐེག་པའི་བསྟན་པ་མིན། །ཞེས་སོ། །ཡང་གལ་ཏེ། ངེད་ཀྱི་ལྟ་བ་འདི་ལུགས་གཉིས་པོ་གང་དུ་ཡང་འདུ་བ་མ་ཡིན་ཏེ། རྗེ་དྭགས་པོ་པའི་གསུང་གིས། ངའི་ཕྱག་རྒྱ་ཆེན་པོ་འདི་ལ་ནི་ཆེན་པོ་གསུམ་གྱི་མ་རིག་པ་ཡིན་ཏེ། ཆེན་པོ་གསུམ་ནི། བློས་གཞལ་བློས་བྱས་པ་ཡིན་ལ༑ འདི་ནི་བློ་ལས་འདས་པ། རྒྱུ་དང་རྐྱེན་གྱིས་མ་བཅོས་པ། ཞེས་གསུངས་པའི་ཕྱིར་རོ། །སྙམ་ན། སྔགས་དང་ཕ་རོལ་ཏུ་ཕྱིན་པ་གང་རུང་དུ་མ་འདུས་པའི་ཐེག་པ་ཆེན་པོ་མི་སྲིད་དོ་ཞེས་སྟོན་པ་ནི། ཡང་ན་ཕ་རོལ་ཕྱིན་པ་ཡི། །མདོ་ལས་ཇི་ལྟར་འབྱུང་བཞིན་གྱིས། །ཡང་ན་རྡོ་རྗེ་ཐེག་པ་ཡི། །རྒྱུད་སྡེ་བཞིན་དུ་ཉམས་སུ་ལོང་། །འདི་གཉིས་མིན་པའི་ཐེག་ཆེན་ནི། །རྫོགས་སངས་རྒྱས་ཀྱིས་གསུངས་པ་མེད། །ཅེས་སོ། །

ཡང་ཁྱེད་ཀྱི་ལྟ་བ་ཡས་འབབས་འདི་ལ་སྦྱོད་པ་ཕྱིན་དྲུག་ལ་སློབ་དགོས་སམ་མི་དགོས་མི་དགོས་ན་རྒྱ་ནག་མཁན་པོའི་ཆོས་ལུགས་སུ་སོང་། དགོས་ན་རིམ་གྱིས་སམ། ཅིག་ཅར་དུ་སློབ། དང་པོ་ལྟར་ན་སྤྱོད་པ་མས་འཛེག་དང་ཁྱད་པར་ཅི་ཡོད་དམ་ཅིག་ཅར་དུ་ན། ལྟ་སྤྱོད་ཀྱི་ཉམས་ལེན་སོ་སོར་འབྱེད་དམ། ལྟ་བའི་ཁོངས་སུ་སྤྱོད་པ་བསྡུ། དང་པོ་ལྟར་ན། ལྟ་བ་དེ་དཀར་པོ་ཆིག་ཐུབ་ཏུ་འགལ། གཉིས་པ་ལྟར་ན། ལྟ་སྤྱོད་དབྱེར་མེད་ཀྱི་ལུགས་དེ་སྔགས་ལུགས་ལྟར་ཉམས་སུ་ལེན་ནམ། ཕར་ཕྱིན་ལྟར་ལེན། དང་པོ་ལྟར་ན། དབང་དང་རིམ་གཉིས་ལ་གཙོ་བོར་མི་བྱེད་པ་དང་འགལ། གཉིས་པ་ལྟར་ན། ལས་དང་པོ་པ་ཚེ་གཅིག་ལ་འཚང་རྒྱ་བ་འི་ཆོས་སུ་འཐད་ཅེས་བསྟོན་པ་ནི། ད་ལྟའི་ཕྱག་རྒྱ་ཆེན་པོ་ནི། །ཕལ་ཆེར་རྒྱ་ནག་ཆོས་ལུགས་ཡིན། ། ནཱ་རོ་དང་ནི་མཻ་ཏྲི་པའི། །ཕྱག་རྒྱ་ཆེན་པོ་གང་ཡིན་པ། །གསང་སྔགས་རྒྱུད་ལས་ཇི་སྐད་དུ། །གསུངས་པ་དེ་ཉིད་ཁོང་བཞེད་དོ། །ཞེས་སོ། །གལ་ཏེ་ཚེ་འདིར་རིམ་གཉིས་སྔོན་དུ་མ་སོང་ཡང་། ཆོས་འདི་ལ་དད་པ་དང་། བླ་མའི་བྱིན་བརླབས་རྒྱུད་ལ་ཞུགས་པ་དེ་དག །ཚེ་སྔ་མ་ལ་དབང་དང་རིམ་གཉིས་ཀྱི་སྦྱངས་པ་སྔོན་སོང་ཡིན་པས་ཅིག་ཅར་བའི་རིགས་ཅན་ནོ། །ཞེས་ཟེར་བ་དེ་ལ་ནི། ཇི་སྐད་དུ། གང་དག་ཐེག་ཆེན་དད་ཐོབ་པ། ། དེ་དག་སྔར་སྦྱངས་ཡིན་པས་ན། །དབང་བསྐུར་ཆོ་ག་མི་དགོས་ཟེར། །འོ་ན་སོ་སོར་ཐར་པ་ཡི། །སྡོམ་པ་དག་ལ་མོས་པ་ཡང་། །སྔ་མའི་སྡོམ་པ་ཡོད་པའི་ཕྱིར། །ད་ལྟ་རབ་ཏུ་བྱུང་མི་དགོས། །ཞེས་སོ། །དེ་དག་གིས་དྲི་བ་དང་པོའི་ལན་བཏབ་ཟིན་ནས། གཉིས་པ་ཕྱག་རྒྱ་ཆེན་པོ་དུད་འགྲོ་དང་གཟུགས་མེད་ཁམས་པར་སྐྱེ་བ་ལེན་པའི་རྒྱུར་འཆད་པ་ཧ་ཅང་ཐལ་ལོ་སྙམ་པ་དེའི་ལན་ནི། འདི་ལྟར་འཆད་དགོས་ཏེ། ཕྱག་ཆེན་པར་གྲགས་པ་

རྣམས་ཀྱིས་ལྟ་བ་དེའི་ཁྲིད་ལུགས་ཀྱི་རིམ་པ་ལ། སོ་སོར་རྟོག་པའི་ཤེས་རབ་ཀྱིས་དཔྱད་པ་སྔོན་དུ་འགྲོ་དགོས་པའི་བཤད་པ་མེད་ཙམ་དུ་མ་ཟད། དེ་ལྟར་དཔྱད་ན་ཕྱག་རྒྱ་ཆེན་པོ་བློས་བྱས་སུ་སོང་ཞེས་གསུངས་པ་ཉིད་མང་བར་འདུག་ཅིང་། སྒྲུང་གཞི་སྦྱོང་བྱེད་ངོ་འཕྲོད་པའི་དབང་བསྐུར་སྔོན་དུ་འགྲོ་དགོས་པའི་བཤད་པ་མི་མཛད་ཅིང་། བཤད་པ་དེ་མི་མཛད་པ་ཙམ་དུ་མ་ཟད། དབང་ལས་བྱུང་བའི་ལྟ་བ་ཉིད་དུ་ཡང་མི་བཞེད་ལ༔ དངོས་གཞིའི་དུས་སུ་ནི། ཅི་ཡང་མི་བསམ་མི་མནོ་ཞེས་འཛིན་མེད་དུ་འཇོག་པ་ཉིད་ལས་གཞན་མི་སྣང་བ་དེའི་ཚེ་ན། འདི་ལྟར་གང་ཟག་སྤྱིར་དབང་པོ་རྟུལ་པོ། ཕར་ཕྱིན་ཐེག་པའི་ལྟ་བ་ལ་ཐོས་བསམ་གྱི་སྦྱངས་པ་ནི་སྔོན་དུ་མ་སོང་། རྡོ་རྗེ་ཐེག་པའི་ལམ་དུ་འཇུག་པའི་སྨ་གོན་ཙམ་ཡང་བྱེད་མ་མྱོང་བ་ཞིག་ལ། བླ་མས་ཕྱག་ཆེན་གྱི་ལྟ་བ་འདི་སྟོན་པ་ཞིག་རྩོད་མེད་དུ་ཡོད་པ་དེའི་ཚེ་གདུལ་བྱ་དེ་བླུན་པོར་འཇོག་པ་འོས་མེད་པ་དེ་ལ། བླ་མས་དབང་པོ་སྦྱོང་བའི་རིམ་པ་གང་ཡང་མ་བསྟན་པར། སྦྱོར་བ་སྔོན་འགྲོའི་ཚེ་ལུས་ངག་ཡིད་གསུམ་མ་བཅོས་ལྷུག་པར་འཇོག་པ་ཙམ་ཞིག་སྟོན་ལ། དེ་ཙམ་གྱིས་འཛིན་མེད་དུ་སོང་བ་ལ་ཕྱག་རྒྱ་ཆེན་པོ་དངོས་སུ་འཆད་པར་སྣང་བ་དེ་ལྟར་ཡིན་ན། བླུན་པོ་དེའི་རྒྱུད་ཀྱི་ཅི་ཡང་མི་མནོ་ཞིང་མ་བསམ་པའི་དུས་ཀྱི་སེམས་བྱུང་དེ་ཆོས་ཅན། མ་རིག་པ་ཡིན་ཏེ། རིག་པ་ཡེ་ཤེས་ཀྱི་འགལ་བ་མི་མཐུན་ཕྱོགས་སུ་གྱུར་པའི་སེམས་བྱུང་ཡིན་པས་སོ། །དེ་སྐྱབ་པ་ལ། རིག་པ་ཡེ་ཤེས་ནི་གང་། དེ་དེའི་དངོས་ཀྱི་མི་མཐུན་ཕྱོགས་ཡིན་པ་ཅི་ཞེ་ན། ཡེ་ཤེས་ཀྱི་སྐྱེ་ཚུལ་ནི་གཉིས་ཏེ། ཕ་རོལ་ཏུ་ཕྱིན་པའི་ཐབས་ལས་དང་། སྔགས་ཀྱི་ཐབས་ལས་སོ། །དང་པོ་ནི་ཐོས་པ་དང་བསམ་བྱུང་གི་རིགས་པས་གང་ཟག་དང་ཆོས་ཀྱི་ངོ་བོ་ལ་དཔྱད་པ་ན། གང་དུ་ཡང་མ་རྙེད་པའི་ཡེ་ཤེས་ཤིག་ཡིན་ཞིང་། གཉིས་པ་ནི། དབང་སོགས་ལས་སྐྱེས་པའི་བདེ་ཆེན་གྱི་ཡེ་ཤེས་ཤིག་ཡིན་ལ། དེ་དུས་ཀྱི་བླུན་པོས་ཅིར་ཡང་མི་སེམས་ཤིང་མི་མནོ་བ་དེ་ནི་གཞིའི་དུས་ཀྱི་མ་རིག་པ་ཉིད་དུ་འདུས་པའི་ཕྱིར། མ་རིག་པ་ལའང་། ཉོན་མོངས་པ་ཅན་ཡིན་མིན་གཉིས་ལས་ཕྱི་མ་དང་དེ་ཁོ་ན་ཉིད་ལ་རྨོངས་པ་གཉིས་ལས། ཕྱི་མ་དེར་འདུས་ལ། དེས་ཀུན་ནས་བསླངས་པའི་ལས་ནི་གཙོ་བོར་དུད་འགྲོ་འགྲུབ་བྱེད་དུ་གསུངས་པ་ཡིན་ཏེ། དུག་གསུམ་དང་མཚུངས་ལྡན་གྱི་ལས་སོ་སོ་བ་དག །ངན་སོང་གསུམ་འགྲུབ་བྱེད་ཀྱི་ལས་སུ་འཆད་པའི་ཕྱིར་སྣམ་དུ་དགོངས་སོ། །འོན་ཁྱོད་ཀྱང་ལྟ་བའི་མཉམ་གཞག་དངོས་གཞིའི་འཛིན་མེད་དུ་འདོད་པ་མ་ཡིན་ནམ་ཞེ་ན། ཡིན་མོད། སྦྱོར་བའི་སྐབས་ནས་འབྱེད་དགོས་ཏེ། འཛིན་མེད་དུ་འཇོག་པ་པོ་གནས་ལུགས་རྟོགས་པའི་ཤེས་རབ་ཡིན་པ་དང་། མ་རིག་པ་ཡིན་པའི་ཁྱད་པར་ལས་སོ། ཡང་ཇི་སྐད་དུ། མིན་ན་གཟུགས་མེད་ཁམས་སུ་སྐྱེ། །ཞེས་པ་ཡང་། གསང་སྔགས་ཐེག་པའི་ཐབས་ལ་མཁས་པས་མ་ཟིན་པ

གཞིར་བྱས་ནས་སྟོན་འགྲོའི་དུས་སུ་བདེན་གཉིས་རྣམ་འབྱེད་ཀྱི་ཤེས་རབ་ལ་མ་བརྟེན་པར། ཆོས་ཇི་སྙེད་པ་ནམ་མཁའ་ལྟ་བུའོ་ཞེས་དང་། གཟུང་བྱ་ཅི་ཡང་མེད་དོ་ཞེས་དང་། འདུ་ཤེས་རགས་པ་ལ་སྐྱོན་དུ་ལྟ་བ་སྟོན་དུ་བཏང་ནས། དངོས་གཞིའི་དུས་སུ་ཡང་དེ་ཉིད་ལ་གསལ་སྣང་སྐྱེས་ནས་འཛོག་པ་ནི་ཕྱི་རོལ་པ་དང་ཐུན་མོང་བའི་གཟུགས་མེད་པའི་བསྒོམ་ཡིན་ལ། ཁྱེད་ཀྱི་འདི་ལའང་སྦྱོར་དངོས་གཉིས་ཀའི་སྐབས་སུ་འཛིན་མེད་དུ་འཛོག་པ་ལས་གཞན་མི་འདུག་པས་སོ་སྙམ་དུ་དགོངས་སོ། །ཡང་ན་ཉན་ཐོས་འགོག་པར་ལྟུང་ཞེས་པ༑ འགོག་པའི་སྙོམས་འཇུག་དང་ལྷག་མེད་ཀྱི་མྱང་འདས་ཟེར་བ་མ་ཡིན་གྱི། ཆད་པ་མྱང་འདས་སམ། འདུ་ཤེས་མེད་པའི་སྙོམས་འཇུག་གོ །དེའི་ཤེས་བྱེད་ཀྱང་། སྔགས་ཀྱི་རིམ་པ་གཉིས་དང་མ་འབྲེལ་བའི་ལྟ་བ་དེ་ནི་དབུ་མའི་ལྟ་བ་ཉིད་ལས་མ་འདས་ལ། བསྐལ་པ་གྲངས་མེད་དུ་བསོད་ནམས་ཀྱི་ཚོགས་བསོག་པ་དང་མ་འབྲེལ་ན། ཉན་ཐོས་ཀྱི་འགོག་པ་ཞེས་པའི་མིང་ཅན། ཆད་པའི་མྱང་འདས་སུ་འགྲོ་བ་ཡིན་ནོ། ། རྫོགས་སྨིན་སྦྱངས་གསུམ་མ་བྱས་པར་ཡང་དག་པའི་མཐའ་མངོན་དུ་བྱས་པ་ལ་ཉེས་དམིགས་གང་ཡོད་པ་དེ་ཉིད་འདི་ལ་ཡོད་པའི་ཕྱིར་དང་། ལས་དང་པོ་པ་ལྟ་སྨོས། ས་བརྒྱད་པར་སྟོང་ཉིད་ལ་མཉམ་པར་འཛོག་པ་ཡུན་རིང་ན་རྒྱལ་བ་རྣམས་ཀྱིས་དེ་ལས་སློང་དགོས་པར་བཤད་པའི་ཕྱིར། ཞེས་སྟོན་པ་ནི། གལ་ཏེ་དེ་ནི་བསྒོམ་ལེགས་ཀྱང་། །དབུ་མའི་བསྒོམ་ལས་འདས་པ་མེད། །ཅེས་གསུངས། ཡང་ན་ནི། ཐེག་པ་གོང་འོག་གང་གི་ཡང་ཆོས་སྐད་གཅིག་ཙམ་ཡང་སྟོན་དུ་མ་སོང་བའི་བླུན་པོ་ལ་ཐོག་མ་ཉིད་ནས་ཁྱེད་ཀྱི་ཕྱག་རྒྱ་ཆེན་པོའི་ཁྲིད་ལུགས་དེ་ལྟར་བསྟན་ན། མདོན་པ་ལས། ཇི་སྐད་དུ། འདུ་ཤེས་མེད་པ་པ་འདུ་ཤེས། །མེད་པར་སེམས་དང་སེམས་བྱུང་རྣམས། །འགོག་པའོ། །ཞེས་བཤད་པ་དེར་ཐལ་བའི་ཉེས་དམིགས་ཡོད་པ་ཡིན་ཏེ། སྐབས་དེར་རིགས་པས་གཏན་ལ་ནི་མི་འབེབས། སྔགས་ལུགས་ཀྱི་ཆོས་སྒོ་འབྱེད་བྱེད་ནི་ངེས་པར་སྟོན་དུ་འགྲོ་དགོས་པའི་བཤད་པ་ནི་མི་སྣང་བའི་ཕྱིར། བླ་མའི་བྱིན་རླབས་ཀྱིས་སོ་སྙམ་ན། བླ་མ་དེ་གསང་སྔགས་ཀྱི་བླ་མ་ཡིན་ན་ནི་རྩོད་པ་མེད་དོ། །ཞེས་འཆད་པ་ནི། དབང་མ་བསྐུར་ལ་བླ་མ་མེད། །ཅེས་དང་། གལ་ཏེ་གཅིག་ལས་འབྲས་བུ་ཞིག །འབྱུང་ཡང་ཉན་ཐོས་འགོག་པ་བཞིན། །ཞེས་སོ། །

དེ་བས་ན་གང་ཟག་བླུན་པོ་ལ་སྟོང་པ་ཉིད་བསྟན་པ་དང་། །དེས་ཀྱང་དེ་མི་ཤེས་བཞིན་དུ་བསྒོམ་པ་ལ་ནི་དུད་འགྲོ་ལྟ་ཅི་སྨོས། གནས་སྐབས་སུ་དམྱལ་བ་དང་། མཐར་གཏན་ཡོངས་སུ་མྱ་ངན་ལས་མི་འདའ་བའི་ཆོས་ཅན་ཉིད་དུ་ཡང་གསུངས་ཏེ། གང་དག་སྟོང་པ་ཉིད་ལྟ་བ། །དེ་དག་བསྒྲུབ་ཏུ་མེད་པར་གསུངས། །ཞེས་དང་། བླུན་པོ་མཁས་པའི་ང་རྒྱལ་ཅན། །སྟོང་བས་མ་རུངས་བདག་ཉིད་ནི། །སྤྱི་འུ་ཚུགས་མནར་མེད་

དག་ཏུ་འགྲོ། །ཞེས་གསུངས་པ་དང་། དེ་འདྲའི་བླུན་པོ་ལ་སྟོང་པ་ཉིད་བསྟན་ན་སྟོན་པ་པོ་ཡང་ཇི་སྐད་དུ། བློ་སྦྱངས་མ་བྱས་སེམས་ཅན་ལ། །སྟོང་པ་ཉིད་ནི་བརྗོད་པ་དང་། །ཞེས་རྩ་བའི་ལྟུང་བར་གསུངས་སོ། །གལ་ཏེ་འོ་ན། དེད་ཀྱི་ཕྱག་རྒྱ་ཆེན་པོ་འདི་མཁས་པ་ལ་བསྟན་ཞིང་། དེས་བསྒོམས་ན་ཅིར་འགྱུར། ཞེ་ན། མཁས་པ་ནི་གཉིས་ཏེ། ཕ་རོལ་ཏུ་ཕྱིན་པའི་ཐེག་པས་རྒྱུད་སྦྱངས་བ་དང་། དབང་བསྐུར་མཚན་ཉིད་པས་ཡོངས་སུ་སྨིན་པའོ། །གཉིས་པོ་དེ་གང་ཡང་རུང་བ་ལ་ནི་དྭགས་པོ་བཀའ་བརྒྱུད་ཀྱི་ཕྱག་རྒྱ་ཆེན་པོ་འདི་སྟོན་ཤེས་པའི་བླ་མས་བསྟན་པ་ལ་ནི་སྐྱོན་དུ་འགྱུར་བ་ཙུང་ཟད་ཀྱང་ལྟ་ཅི་སྨོས། སྟོད་ལྡན་གྱི་གང་ཟག་ལ་ཟབ་མོའི་དེ་ཁོ་ན་ཉིད་བསྟན་པ་ཡིན་ཏེ། དབུ་མའི་ལྟ་བ་སྟོན་པའི་ཚེ་ཐོས་བསམ་གྱིས་སྦྱངས་པ་སྟོན་དུ་སོང་བའི་མཁས་པ་ལ༑ ལྟ་བ་དངོས་གཞི་སྟོན་པ་སྐབས་སུ་བབ་པ་ན། ཅིར་ཡང་སེམས། གང་དུ་ཡང་ཡིད་ལ་མི་བྱེད། མ་བཅོས་ལྷུན་གྲུབ་དུ་འཇོག་པ་ཉིད་ལས་གཞན་མེད་པའི་ཕྱིར་དང་། སྐབས་དེར་ཤིང་གཉིས་དྲུད་པ་ལས་མེ་འབྱུང་བ་དཔེར་བྱས་ནས། སོ་སོར་རྟོག་པའི་ཤེས་པ་ཉིད་ཀྱང་འགོག་དགོས་པར་བཤད་པའི་ཕྱིར། ཇོ་བོ་རྗེ་ཨ་ཏི་ཤས། ཀླུ་སྒྲུབ་སློབ་མ་ཟླ་གྲགས་ཡིན། །དེ་ལས་བརྒྱུད་པའི་མན་ངག་གིས། །ཆོས་ཉིད་བདེན་པ་རྟོགས་པར་འགྱུར། །ཞེས་བཤད་ནས་མན་ངག་དེ་ངོས་འཛིན་པ་ལ། དབུ་མའི་མན་ངག་ཅེས་བསྟན་བཅོས་མཛད་པ་དེར་ལྟ་བ་དངོས་གཞི་ལ་མཉམ་པར་འཇོག་ཚུལ་ཕྱག་རྒྱ་བ་དག་གིས་དེའི་ཁྲིད་ཡིག་ན་ཇི་ལྟར་བཀོད་པ་དེ་ཉིད་ཇི་ལྟ་བ་བཞིན་དུ་ཞུགས་པའི་ཕྱིར། ཡང་གཉིས་པ་དབང་གིས་སྨིན་པའི་མཁས་པ་ལ་ཡང་། ཕྱག་རྒྱ་བའི་སྟོན་ཚུལ་དེ་ཁོ་ན་ལྟར་བསྟན་ན་ཤིན་ཏུ་ཟབ་ཅིང་བཟང་བ་ཡིན་ཏེ་རྒྱ་བོད་དུ་བྱོན་པའི་མཁས་གྲུབ་ཀུན་གྱི༑ དབང་བཞི་པ་བསྐུར་བའི་དེ་མ་ཐག་ཏུ་དེ་ཡེ་ཤེས་ལ་མཉམ་པར་འཇོག་ཚུལ་ནི། ཕྱག་རྒྱ་བའི་ཁྲིད་ཀྱི་སྟོན་ཚུལ་ཇི་ལྟར་མཛད་པ་དེ་ཁོ་ན་ཤ་སྟག་ཏུ་ཞུགས་པའི་ཕྱིར་རོ། །དེ་ལྟ་མོད་ཀྱི་ཕར་ཕྱིན་པ་མཁས་པ་དེས་སྟོང་ཉིད་ཀྱི་ལྟ་བ་དེ་ལ་འདྲིས་པར་བྱེད་པ་ཡིན་གྱི། ཇི་སྲིད་བསྐལ་པ་གྲངས་མེད་མང་པོར་རྗེས་ཐོབ་ཏུ་བསོད་ནམས་ཀྱི་ཚོགས་མཐའ་དག་ཡོངས་སུ་མ་རྫོགས་པ་དེ་སྲིད་དུ་ལྟ་བ་དེ་མངོན་དུ་བྱེད་རུང་མ་ཡིན་ཏེ། གཞན་དུ་ན་ཆད་པའི་མྱང་འདས་ཀྱི་མཐར་ལྟུང་བས་སོ། །དེ་ལྟར་ཤེས་པ་ན། ཇི་སྐད་དུ། བླུན་པོས་ལམ་འབྲས་བསྒོམ་པ་ཡང་། །ཕལ་ཆེར་དུད་འགྲོའི་རྒྱུ་རུ་འགྱུར། །ཞེས་ཟེར་བ་ཡང་མཚུངས་པ་མ་ཡིན་ཏེ། བླུན་པོ་ལ་ལམ་འབྲས་སྟོན་པའི་ཚུལ་ནི། ཐོག་མར་སྣང་བ་གསུམ་གྱི་སྒོ་ནས་ཐུན་མོང་གི་ཐེག་པས་རྒྱུད་སྦྱངས། བར་དུ་བྱང་ཆུབ་ཆེན་པོར་སེམས་བསྐྱེད། དེ་ནས་བུམ་པའི་དབང་གིས་རྒྱུད་སྨིན་པ་ལ་འཁོར་འདས་དབྱེར་མེད་ཀྱི་ལྟ་བ་བརྡ་སྤྲོད་པའི་ཕྱིར། དེ་ལྟར་སྟོན་པ་དེ་ཡང་ཕྱག་རྒྱ་བའི་ཁྲིད་ལུགས་ཀྱི་དངོས་གཞི་ལས་འདས་མེད་

དོ༔ ༔སྣང་བ་སེམས་ཡིན་པ་དང་། སེམས་དེ་དབྱིབས་སོགས་གང་དུ་ཡང་མ་གྲུབ་པས་སྟོང་པ་དང་། རང་བཞིན་གསལ་བ་དང་། རྣམ་རྟོག་གིས་སྟོང་པ་དབྱེར་མི་ཕྱེད་པ་དེ་ལ་ལྷ་བ་འཁོར་འདས་དབྱེར་མེད་ཅེས་གསུང་གིན་འདུག་པའི་ཕྱིར། དེ་བཞིན་དུ་དབང་གོང་མ་གསུམ་ལས་སྐྱེས་པའི་ལྟ་བ་རང་བྱུང་ལྷན་ཅིག་སྐྱེས་པའི་ཡེ་ཤེས་ཞེས་བྱ་བ་ཐབས་བདེ་བ་ཆེན་པོ་དང་དབྱེར་མེད་དུ་གྱུར་པ་དེ་ལ་ཕྱག་རྒྱ་ཆེན་པོའི་ཡེ་ཤེས་དངོས་ཡིན་ཞེས་ལམ་འབྲས་པས་གསུངས་པ་ཡིན་ལ། ལྟ་བ་དེ་དང་པོར་བསྐྱེད་པ་དང་། བར་དུ་སྐྱོང་བའི་ཚེ་སོ་སོར་རྟོག་པའི་ཤེས་རབ་ཀྱིས་དཔྱོད་པ་དང་། དཔྱད་ཅིང་དཔྱད་ཅིང་བསྒོམ་དགོས་པར་ནི། ས་སྐྱ་པ་མི་བཞེད་དོ། །གཉིས་པ་ཕྱི་མའི་དུས་འདིར་རྗེས་འབྲང་སོ་སོ་རང་རང་གི་ལུགས་དཔྱིས་ཕྱིན་པར་མི་འཆད་པའི་ཚུལ་གཉིས་ཏེ། ས་སྐྱ་པའི་རྗེས་འབྲང་ཕྱི་མས་དེར་མི་འཆད་པ་དང་། བཀའ་བརྒྱུད་པའི་དེས་དེར་མི་འཆད་པའོ། །དཀར་པོ་ཆིག་ཐུབ་བཀག་པའི་དོན་ཇི་བཞིན་དུ་མི་ཤེས་པ་དག །སྤྲོད་པ་ཉམས་ལེན་གྱི་ཚོགས་ཐམས་ཅད་ཀུན་རྫོབ་ཇི་ལྟར་སྣང་བ་འདི་མི་འགོག་པར་ཐད་སོར་བཞག་ནས་ཉམས་སུ་ལེན་དགོས་པ་ཡིན་ཏེ། ཐམས་ཅད་སྟོང་པ་ཉིད་དུ་ཐག་བཅད་ན་དཀར་པོ་ཆིག་ཐུབ་དུ་ཐལ་བས་སོ་སྐམ་དུ་ཡིད་ལ་བཞག་ནས་ཆོས་ཀྱི་གནམ་སྣ་བར་བྱེད་དོ། །དེ་ནི་ཐེག་པ་གཉིས་ཀྱི་རྣམ་དབྱེ་སོ་སོར་མ་ཕྱེད་པ་ཡིན་ཏེ། ཕར་ཕྱིན་ཐེག་པའི་ཚེ་ཇི་སྐད་དུ། ཇི་ལྟར་སྣང་ཞིང་ངོ་བོའི་ཕྱིར། །འདི་ལ་དཔྱད་པ་མི་འཇུག་གོ། །ཞེས་པ་ལྟར་ཡིན་དུ་ཆུག་ཀྱང་སྔགས་སུ་ནི། མཉམ་པར་བཞག་པ་དང་མ་བཞག་པའི་ཀུན་སྤྱོད་མཐའ་དག་སྟོང་པའི་ངང་ལས་བསྒྲུབ་དགོས་པའི་ཕྱིར། གལ་ཏེ་བདེན་པས་སྟོང་པ་ཡིན་གྱི། གཟུང་འཛིན་གྱི་སྣང་བ་འགོག་པ་མ་ཡིན་ནོ། །ཞེ་ན། དེ་ལྟར་འཆད་པ་དེ་ནི། གངས་ཅན་དུ་ཕྱིས་བྱུང་བ་ལུགས་སྤྱི་མ་རྣམས་སྤང་བ་དག་གི་ལུགས་ཡིན་གྱི། ས་སྐྱ་པའི་ལུགས་མ་ཡིན་ཏེ། ས་སྐྱ་པས་ནི་སྔགས་དོན་བསམ་པའི་ཚེ། ཕུང་པོ་དང་ཁམས་དང་སྐྱེ་མཆེད་ཇི་སྙེད་པ་མི་དམིགས་ཏེ་སྟོང་པ་ཞེས་གསུང་གིན་ཡོད་པ་ཡིན་གྱི། བདེན་པར་མི་དམིགས་ཏེ་སྟོང་པ་ཞེས་གསུང་གི་མེད་པའི་ཕྱིར། གལ་ཏེ་གསང་སྔགས་པའི་ཀུན་སྤྱོད་མཐའ་དག་ཡེ་ཤེས་ལས་གྲུབ་པ་ཡིན་མོད། ལྟ་བ་མ་ཡིན་ནོ། །ཞེ་ན། གང་སྟོང་ཉིད་རྟོགས་པའི་ཡེ་ཤེས་ཡིན་ན་ལྟ་བ་ཡིན་པས་ཁྱབ། དཔེར་ན་དམིགས་པ་མེད་པའི་སྙིང་རྗེ་བཞིན། ཐབས་མཁས་ཀྱི་གཙོ་བོ་བདེ་བ་ཆེན་པོ་ཡང་སྟོང་པ་ཉིད་ཀྱི་ཡེ་ཤེས་ཡིན་ནོ། །ཞེས་པས་འགྲུབ་ལ། མི་འགྲུབ་ན་བདེ་སྟོང་དབྱེར་མེད་ཀྱི་དོན་ལས་ཉམས་སོ། །འོ་ན་ཇི་སྐད་དུ། ལྟ་བ་རྟོགས་པས་ཀླུ་སྒྲུབ་གྲོལ་ཞེས་པ་ཕྱོགས་སྔར་བཞག་ནས། དེས་ན་གྲུབ་ཐོབ་ཐམས་ཅད་ཀྱང་། །ཕྱོགས་རེའི་སྟོབས་ཀྱིས་གྲོལ་བ་མིན། །ཞེས་སོགས་བཀག་པ་ཐམས་ཅད་སླར་འོང་བ་མ་ཡིན་ནམ་ཞེ་ན་ནི་ཕར་ཕྱིན་ཐེག་པའི་ལྟ་བ་རྒྱང་པས་ཆོག་པ་ཡིན་གྱི།

ཐབས་རྟེན་འབྲེལ་སྣ་ཚོགས་པ་མི་དགོས་ཞེས་ཟེར་མཁན་བྱུང་བ་དེ་བཀག་པ་ཡིན་མོད། གསང་སྔགས་ཀྱི་ཐབས་ལམ་མཐའ་དག་གསལ་སྟོང་ཟུང་འཇུག་གི་ངོ་བོར་གྱུར་ནས་ཉམས་སུ་ལེན་ལ། ཡེ་ཤེས་དེ་ལྷ་བ་ཡིན་ཟེར་བ་ལ་འགལ་བ་ཅི་ཡང་ཡོད། ཡང་ས་སྐྱ་པའི་རྗེས་འབྲང་ཕྱི་མ་དག །གསང་སྔགས་ཀྱི་ལྟ་བ་རྟོགས་པ་ལ་ཡང་དབུ་མ་ནས་བཤད་པའི་ཤེས་རབ་ཀྱི་དཔྱད་པ་སྔོན་དུ་འགྲོ་དགོས་པ་ཞིག་ཡིན་ནོ་སྙམ་དུ་ངེས་པར་བསམས་ནས། ཆོས་ཀྱི་གཏམ་སྨྲ་བ་དང་། ཡང་བླ་མའི་བྱིན་རླབས་རྒྱུད་པས་སྟོང་ཉིད་རྟོགས་པར་ཁས་བླངས་ན། ལུགས་འདིའི་ཕྱོགས་སྔ་མར་སོང་སྙམ་པ་གཞིར་བྱས་ནས་སྨྲ་བར་བྱེད་དོ། །དེ་ནི་མ་ཡིན་ཏེ། ས་སྐྱའི་རྗེ་བཙུན་དེ་དག་གི་བཞེད་པ་ནི། ཐེག་པ་ཆེན་པོའི་ཚུལ་གཉིས་རྟོགས་བྱ་སྤྲོས་བྲལ་གྱི་ལྟ་བ་གཅིག་ཡིན་ཀྱང་། རྟོགས་བྱེད་ཀྱི་ཐབས་ཡར་ཕྱིན་པ་ལ་མེད་པ་ཞིག་གིས་ལྟ་བ་དེ་རྟོགས་པར་བཞེད་པའི་ཕྱིར་རོ། །ཐབས་དེ་ཡང་གང་ཞེ་ན། སྔ་གོན་གྱི་ཚོ་ཡེ་ཤེས་པ་ཕེབས་པ་དང་། དངོས་གཞིའི་ཚེ་བུམ་དབང་བསྐུར་བ་དང་། གསང་དབང་བསྐུར་ནས་རང་བྱིན་གྱིས་བརླབ་པའི་རིམ་པས་རྡོ་རྗེའི་ལུས་གནད་དུ་བསྣུན་པ་དང་། དབང་གོང་མའི་ཚེ་ཤེས་རབ་ཕྱག་རྒྱ་ལ་བརྟེན་ནས་ལྷ་བའི་ཡེ་ཤེས་མངོན་དུ་བྱེད་པར་བཞེད་པ་ཡིན་ནོ། །ཡང་བསམ་བྱུང་གི་རིགས་པས་དཔྱད་པ་སྔོན་དུ་མ་སོང་བར་བླ་མའི་བྱིན་བརླབས་དང་། སློབ་མའི་མོས་གུས་ཙམ་གྱིས་སྟོང་པ་ཉིད་ཀྱི་ཡེ་ཤེས་སྐྱེས་པ་ཞིག་ཡོད་པར་མི་བཞེད་པ་ཡང་མ་ཡིན་ཏེ། འཁོར་ལོ་སྡོམ་པའི་རིམ་ལྔ་དང་། ལམ་ཟབ་བླ་མའི་རྣལ་འབྱོར་དང་། །ཤིན་ཏུ་སྤྲོས་པ་མེད་པའི་ཁྲིད་ཀྱི་རིམ་པ་དག་མཛད་པ་ན་དེ་ལྟར་བཞེད་ཀྱིན་འདུག་པའི་ཕྱིར་རོ། །མདོར་ན་གསང་སྔགས་བླ་མེད་ཀྱི་ལྟ་བ་རྟོགས་པ་དབུ་མ་ཐལ་འགྱུར་བའི་རིགས་པས་ལྟ་བའི་ཕུགས་ཐག་ཆོད་པ་ལ་ངེས་པར་ལྟོས་དགོས་སོ་ཞེས་འཆད་པ་དེ་ནི། རྗེ་བཙུན་ས་སྐྱ་པའི་ལྟ་བ་ལ་ངེས་ཤེས་རྙེད་པ་དག་གི་ལུགས་མ་ཡིན་ནོ། །

གཉིས་པ་ནི། རྗེ་དྭགས་པོ་བཀའ་བརྒྱུད་ཀྱི་སྒྲོལ་འཛིན་ཕྱི་མ་ལ་ལ་དག་གིས་ནི་ཕྱག་རྒྱ་ཆེན་པོའི་ལྟ་བ་དེའི་ཡུལ་སྟོང་པ་ཉིད་ཀྱི་ངོས་འཛིན་ནི་དབུ་མ་རང་སྟོང་པའི་ལུགས་ལྟར། མེད་དགག་གི་ཆ་ལ་འཆད་པ་ཡིན་ནོ་སྙམ་པ་དང་། དེ་རྟོགས་པའི་ལྟ་བ་སྐྱེད་བྱེད་ཀྱི་ཡན་ལག་དུ་ངོ་བོ་ཉིད་མེད་པ་པའི་རིགས་པ་དེ་སྔོན་དུ་འགྲོ་དགོས་སོ་སྙམ་པ་དང་། ཡང་ལ་ལ་དག་གིས་ནི། ལྟ་བའི་ཡུལ་ལྡན་ཅིག་སྐྱེས་པའི་ཡེ་ཤེས་ལ་འཆད་དགོས་ཀྱང་། དེ་རྟོགས་པའི་ཡན་ལག་ཏུ། ཐོག་མར་གཟུང་བ་མེད་པ་དང་། དེ་འོག་ཏུ་གཟུང་བ་མེད་ན་འཛིན་པ་མེད་དགོས་པ་ལ་སོགས་པའི་རིགས་པས་དཔྱད་པ་སྔོན་དུ་འགྲོ་དགོས་པ་ཡིན་ནོ། །སྙམ་དུ་དགོངས་པ་དག་སྣང་ངོ་། །དྭོ་ཧ་ནས་འབྱུང་བའི་ལྟ་བའི་ཡུལ་སྟོང་ཉིད་མེད་དགག་ལ་མི་འཐད་དེ། སློབ་དཔོན་ལེགས་

ལྡན་འབྱེད་དང་། སློབ་དཔོན་ཟླ་བས་ནི་དབུ་མའི་ལྟ་བ་དེ་རང་རིག་པའི་ཡེ་ཤེས་སུ་འདོད་པ་འབད་ནས་འགོག་པ་ཡིན་ལ། འདིར་ནི་དེ་འབད་ནས་བསྒྲུབས་པའི་ཕྱིར། དགག་བྱ་འགོག་ཚུལ་ཡང་རང་སྟོང་དང་མཐུན་པ་མ་ཡིན་ཏེ། རང་སྟོང་གི་ལུགས་དེར་ནི་ལྷན་ཅིག་སྐྱེས་པའི་ཡེ་ཤེས་ཀྱང་གཅིག་དང་དུ་མའི་རིགས་པས་དཔྱད་པ་ན་བདེ་བ་དང་གསལ་ཙམ་གྱི་ཆ་ཡང་མེད་པར་འགྲོ་ལ། འདིར་ནི་སེམས་ཉིད་གཅིག་པུ་མི་འགོག་པར་འདོགས་པ་དང་། དོ་ཧ་བཞི་བཅུ་པ་ལས། གཅིག་དང་དུ་མས་སེམས་ལ་དཔྱད་པ་ཡིས། །གསལ་བ་སྤྱངས་ནས་སྲིད་པ་དག་ཏུ་འགྲོ། །ཞེས་རང་རིག་རང་གསལ་རང་སྟོང་དུ་གཏན་ལ་ཕབ་པའི་ཉེས་དམིགས་བཤད་པའི་ཕྱིར་དང་། ལྟ་བ་འདི་ལ་རིགས་པས་དཔྱད་པ་སྟོན་དུ་འགྲོ་དགོས་ན། ཇི་སྐད་དུ། ཆེན་པོ་གསུམ་ནི་བློས་བྱས་ཀྱི་ལྟ་བ་ཡིན་པས་དེང་དེར་མི་འདོད་ཅེས་གསུངས་པ་དང་འགལ་བའི་ཕྱིར་དང་། ལྷན་ཅིག་སྐྱེས་པའི་ཡེ་ཤེས་ལ་ཡོད་མེད་ལ་སོགས་པ་མཐར་འཛིན་པ་སྤྱང་བྱར་འཆད་ཀྱང་། ཡེ་ཤེས་དེ་ཉིད་རང་སྟོང་དུ་འཆད་པ་ལུགས་འདིའི་རྩ་བ་ལ་ཙུང་ཟད་ཀྱང་མི་སྣང་བའི་ཕྱིར། ལུགས་གཉིས་པ་དེ་ཡང་དགོངས་པ་མ་ཡིན་ཏེ། གཞན་སྟོང་དབུ་མ་པའི་རིགས་པའི་འཆད་ལུགས། ཐོག་མར་སྣང་བ་སེམས་དང་། དེ་ནས་ཕྱི་རོལ་གྱི་དོན་མ་གྲུབ་པ་དང་། དེ་ནས་ནང་འཛིན་པ་མ་གྲུབ་པ་གཏན་ལ་འབེབས་པ་ཡིན་མོད། འདིར་ནི་སྣང་བ་ཐམས་ཅད་ཐད་སོར་བཞག་ནས། དེ་ལ་རྣམ་རྟོག་གི་འཛིན་པས་མ་གོས་པར་བྱེད་པ་ཉིད་ལུགས་འདིའི་རྗེས་ཐོབ་ཀྱི་རྣམ་རོལ་དང་། སེམས་ཀྱི་རང་བཞིན་འོད་གསལ་བ་ཉིད་ལ་རྟོག་དཔྱོད་ཀྱི་བྱེད་པ་མི་འཇུག་པར་འཛིན་མེད་རང་གསལ་དུ་འདོག་པ་ཉིད་ལུགས་འདིའི་མཉམ་གཞག་གི་འཛོག་ཚུལ་ཡིན་པའི་ཕྱིར། དེའི་ཕྱིར་ན་ལུགས་འདིའི་མཉམ་གཞག་གི་ལྟ་བ་ལ་བཟང་རྒྱུ་མེད། རྗེས་ཐོབ་ཀྱི་ལྟ་བ་ལ་ངན་རྒྱུ་མེད་དོ། །དེ་ལྟ་ན་ཡང་ཁྱད་པར་ནི། ཆོས་ཉིད་འཛིན་མེད་ཀྱི་ངང་དུ་འཛོག་པ་དང་། ཆོས་ཅན་སྤྲོས་བྲལ་དུ་འཛོག་པའོ། །འཛོག་ཚུལ་ཡང་། སེམས་མ་བཅོས་ལྷུན་གྲུབ་ཏུ་བཞག་པས་རྣམ་རྟོག་གི་འཛིན་པ་ཁེགས་པ་ཡིན་གྱི། དབུ་མའི་རིགས་པས་ཕུགས་ཐག་ཆོད་པར་མ་བྱས་ན་ལྟ་བ་རྣམ་དག་ཏུ་མི་འགྱུར་ཞིང་། སྤྱང་བྱའི་ས་བོན་སྤོང་མི་ནུས་སོ་ཞེས་ཟེར་བ་དེ་ནི་ཕྱག་རྒྱ་བ་ལ་སྨྲང་བ་དག་གི་ལུགས་ཡིན་གྱི། དད་པ་དག་གི་མ་ཡིན་ནོ། །དེ་བཞིན་དུ་ཡུལ་སྣང་སྟོང་དང་། ཡུལ་ཅན་གསལ་སྟོང་དང་། ལུས་བདེ་སྟོང་ཟེར་བའི་དུས་ཀྱི་སྟོང་པའི་ངོས་འཛིན། ཡུལ་ལ་སོགས་པ་གསུམ་པོ་བདེན་པས་དང་། ངོ་བོ་ཉིད་ཀྱིས་དང་། རང་གི་མཚན་ཉིད་སྟོང་པ་ལ་འཆད་དགོས་ཀྱི། རྟོག་པས་སྟོང་པ་ལ་བཤད་ན་སྟོང་ཉིད་གོ་ཆོད་པོ་མ་ཡིན་ནོ། །ཞེས་ཟེར་བ་དེ་ཡང་ཕྱག་རྒྱ་བ་ལ་སྨྲང་བ་དག་གི་ལུགས་ཡིན་མོད། དད་པ་དག་གི་ལུགས་མ་ཡིན་ཏེ། ལུགས་འདི་པས་ནི་སྣང་སྲིད་འཁོར

འདས་ཐམས་ཅད་རྣམ་ཤེས་ཀྱི་ཡུལ་དུ་གང་ཤར་བ་འདི་ལ་རྟོག་པས་བཟོ་བཅོས་མི་བྱེད་པར། འཛིན་མེད་རང་སར་རང་གྲོལ་དུ་སོང་བའི་ཡེ་ཤེས་འདི་ལ་ཟུང་འཇུག་ཕྱག་རྒྱ་ཆེན་པོའི་ཡེ་ཤེས་སུ་ཁས་ལེན་དགོས་པའི་ཕྱིར། ཟུང་འཇུག་གི་གོ་བ་ཡང་། སྣང་བཞིན་དུ་འཛིན་པས་སྟོང་། དེས་སྟོང་བཞིན་དུ་སྣང་ཞེས་པ་ཉིད་ཡིན་གྱི། སྣང་བ་སྣ་ཚོགས་འདི་ཚད་མས་གྲུབ་ཅིང་། གྲུབ་བཞིན་དུ་བདེན་པས་སྟོང་པ་ལ་འཆད་པ་དེ་ནི་ཕྱག་རྒྱ་བ་ལ་མོས་པ་དག་གི་ལུགས་མིན་ནོ། །ཕྱག་རྒྱ་བས་ནི་རྣམ་ཤེས་ཀྱི་ཡུལ་དུ་སྣང་ཚད་འཁྲུལ་སྣང་ཡིན་པ་དང་། འཁྲུལ་སྣང་ཇི་སྙེད་པ་སེམས་ཀྱི་ཆོ་འཕྲུལ་དུ་གོ་བ་ཉིད་ཀྱིས་ལྟ་བ་གཏན་ལ་ཕེབས་པ་ཡིན་གྱི། དབུ་མའི་རིགས་པ་ལ་མི་ལྟོས་སོ། །སྔོན་གྱི་མཁན་ངག་པ་དག་གི་གསུང་ལས། མཚན་ཉིད་པ་ནི་ལྟ་རྟོག་ཕྱི་རུ་བྱེད། སྒྲོ་འདོགས་ཕྱི་ནས་བཅོད། རྣལ་འབྱོར་པས་ནི་ལྟ་རྟོག་ནང་དུ་བྱེད་སྒྲོ་འདོགས་ཀུང་ནང་ནས་གཅོད། ཞེས་གསུངས་པ་ཉིད་དོ། །དེ་ལྟར་བཤད་པས་གྲུབ་པའི་དོན་ནི། ཕྱག་རྒྱ་བའི་ལྟ་བ་འདི་ནི། འཁོར་ལོ་གསུམ་པ་ནས་བཤད་པའི་ལྟ་བ་དེ་ཉིད་ཡིན། དེ་ལའང་སྒྲོ་འདོགས་གཅོད་ལུགས་དང་། ཉམས་སུ་མྱོང་ལུགས་གཉིས་ལས། ཕྱག་རྒྱ་བའི་ལུགས་འདི་ཕྱི་མ་དེ་ཡིན། སྔ་མ་དེ་ལ་རང་སྟོང་པའི་ལུགས་དང་། གཞན་སྟོང་པའི་ལུགས་སྲོལ་ཆེན་པོ་གཉིས་ཡོད་ཀྱང་། ཕྱག་རྒྱ་བ་གཉིས་ཀའི་རྗེས་སུ་མི་འཇུག །ཐོས་བསམ་གྱིས་སྒྲོ་འདོགས་བཅད་པའི་ལྟ་བ་དེ་བློས་བྱས་ཀྱི་ལྟ་བ་དང་དུག་ཅན་གྱི་ལྟ་བར་བཞེད་པ་ཡིན། ཕྱག་རྒྱ་ཆེན་པོ་བའི་ཡེ་ཤེས་སྐྱེ་བ་དབུ་མའི་རིགས་པར་མ་ཟད། དབང་གོང་མ་བསྐུར་བ་ལ་ཡང་ངེས་པར་ལྟོས་དགོས་ཉིད་དུ་མི་བཞེད་མོད་ཀྱང་། ཐོས་བསམ་གྱི་རྒྱུན་གོམས་པ་ལས་བྱུང་བའི་ཉམས་མྱོང་གི་ལྟ་བ་མ་འཁྲུལ་བ་དེ་དང་། དབང་གོང་མ་བསྐུར་བ་ལས་བྱུང་བའི་རང་བྱུང་ལྷན་ཅིག་སྐྱེས་པའི་ཡེ་ཤེས་དེ་དང་དེ་ནི། ཕྱག་རྒྱ་ཆེན་པོ་ལྟ་བ་ཉིད་དུ་ངེས་པར་བཞེད་དགོས་པ་ཡིན་ནོ། །ཞེས་བྱ་བ་འདི་གྲུབ་པའོ། །

འདིར་སླས་པ། སྔོན་དུས་གངས་ཅན་ལྗོངས་སུ་བཤད་པ་དང་། །སྒྲུབ་པའི་རྒྱལ་མཚན་སོ་སོར་འཛིན་མཛད་པས། །འགྲོ་བའི་མུན་སེལ་བཀའ་ཕྱག་རྣམ་པ་གཉིས། །ཉི་ཟླ་ལྟ་བུར་ཀུན་ལ་གསལ་ཞིང་མཛེས། །མདོ་སྔགས་ཀུན་དང་བཤད་སྒྲུབ་གཉིས་ཀ་ཡང་། །རང་གཞུང་ཚུགས་པར་འཛིན་མཛད་ས་སྐྱ་པས། །གངས་ཅན་ལྗོངས་ཀྱི་བསྟན་པའི་ནོར་བུ་ལ། །དག་བྱེད་ཁྲུས་ཀྱི་སྦྱོར་བ་ཅི་ཡང་མཛད། །མཛད་པོ་ཉིད་ལའང་བློས་བཟང་རྗེས་འབྲང་གིས། །ལེགས་པར་བཤད་པའང་མང་དུ་བྱུང་གྱུར་མོད། །བློ་ངན་དུ་མས་བརྟགས་པའི་ཉེས་བཤད་ཀྱི། །དྲི་མས་སྦགས་པར་གྱུར་པ་འདི་ལྟར་སྣང་། །ཟུང་འཇུག་ཕྱག་རྒྱ་ཆེན་པོ་ལྟ་བའི་ཡུལ། །རང་སྟོང་མེད་དགག་ཁོ་ནར་ཟད་ཅེས་ཟེར། །མེད་དགག་ཡུལ་དུ་བྱེད་པའི་བདེ་ཆེན་པོ། །རྟོག་པར་འདོད་པ་གང་

དེའི་བཞེད་པ་མིན། །བདེན་མེད་ཡེ་ཤེས་ངོ་བོས་སྟོང་པ་ནི། །བདེ་སྟོང་ཟུང་དུ་འཇུག་པའི་དོན་ཡིན་ཟེར། །བདེ་དང་གསལ་དང་སྣང་བ་གསུམ་ཀ་ཡང་། །འཛིན་པས་སྟོང་པ་ཟུང་འཇུག་དོན་དུ་བཞེད། །ཕ་རོལ་ཕྱིན་པའི་སྤྲོས་བྲལ་ལས་ལྷག་པའི། །ལྟ་བའི་རིམ་པ་སྔགས་ལ་མེད་ཅེས་ཟེར། །དབང་བཞིའི་ལམ་ལ་འཁོར་འདས་དབྱེར་མེད་སོགས། །ལྟ་བའི་ཁྱད་པར་རྣམ་བཞི་ཁོང་གིས་བཞེད། །མཐའ་བྲལ་གཏན་ལ་འབེབས་ཀྱི་རིགས་པ་ནི། །དབུ་མ་ལས་ལྷག་ཁོང་གི་མི་བཞེད་ཀྱང་། །ཉམས་མྱོང་ལྟ་བ་རང་བཞིན་ལྷན་སྐྱེས་དང་། །ཞུ་བདེ་ལྷན་སྐྱེས་ཤེས་བྱའི་ཁྱད་པར་འཆད། །ས་སྐྱའི་ལུགས་ཀྱི་དོན་དམ་ངོས་འཛིན་ནི། །མཐའ་བཞི་སྤྲོས་དང་བྲལ་བ་ཡིན་ཞེས་ཟེར། །མཐའ་བཞིའི་སྤྲོས་བྲལ་ཡང་དག་ཀུན་རྫོབ་ཏུ། །རྗེ་བཙུན་གྲགས་པའི་ཞབས་ཀྱིས་གསལ་བར་བཤད། །འཁོར་བ་གང་ཡིན་མྱང་འདས་ཡིན་ཞེས་པ། །འཁོར་འདས་དབྱེར་མེད་དོན་དུ་འཆད་ཅེས་ཟེར། །སྣང་གྲགས་ཆོས་རྣམས་འཛིན་པས་སྟོང་བ་ལ། །བདེན་གཉིས་དབྱེར་མེད་ཟུང་འཇུག་དོན་དུ་འཆད། །དབུ་མའི་རིགས་པས་དཔྱད་པའི་སྟོང་པ་ཉིད། །གསང་སྔགས་ལུགས་ཀྱི་ངེས་དོན་ཡིན་ཞེས་ཟེར། །ཐོས་བསམ་གྱིས་རྟོགས་སྟོང་ཉིད་ལྟ་བ་ནི། །དུག་ཅན་ལྟ་བ་ཡིན་པར་ཁོང་གིས་བཞེད། །དབུ་མའི་རིགས་པས་སྒྲོ་འདོགས་མ་དཔྱད་ན། །གསང་སྔགས་ཐེག་པའི་སྟོང་ཉིད་མི་རྟོགས་ཟེར། །དབང་གིས་སྟོང་ཉིད་རྟོགས་པའི་ཐབས་མཁས་ནི། །རྡོ་རྗེ་ཐེག་པའི་ཐབས་མཁས་ཡིན་པར་བཞེད། །བཀའ་བརྒྱུད་ཕྱག་རྒྱའི་རྗེས་འབྲང་འགའ་ཡིས་ཀྱང་། །ཕྱག་ཆེན་རིགས་པས་དཔྱད་པ་སྤོན་སོང་ཟེར། །མདའ་སྣུན་ཞབས་ཀྱི་གཞུང་དང་མི་མཐུན་ཞིང་། །ཁྲིད་ཡིག་ཚད་ལྡན་ཀུན་ལ་དེ་མ་བཤད། །ཕྱག་ཆེན་དངོས་གཞིའི་ལྟ་བའི་ཡུལ་དེ་ཡང་། །དཔལ་ལྡན་ཟླ་བས་གང་བཤད་དེ་ཡིན་ཟེར། །མདའ་སྣུན་ཞབས་ཀྱི་ཕྱག་ཆེན་ལྟ་བའི་ཡུལ། །ལྷན་ཅིག་སྐྱེས་པའི་ཡེ་ཤེས་ཉིད་ལ་བཤད། །ཕྱག་ཆེན་མཐར་ཐུག་བདེ་བ་ཆེན་པོ་དེ། །རང་སྟོང་མེད་པར་དགག་དང་དབྱེར་མེད་ཟེར། །མདའ་སྣུན་ཞབས་ཀྱིས་བདེ་བའི་ངོ་བོ་ལ། །རིགས་པས་དཔྱད་ན་སྲིད་པར་འགྲོ་ཞེས་གསུངས། །ཀུན་རྫོབ་མ་ལུས་འཁྲུལ་པར་ཐག་ཆོད་པ། །ཕྱག་ཆེན་རྩ་བའི་ལྟ་བ་ཡིན་པ་ལ། །ཕྱི་རབས་མཁས་པས་ཀུན་རྫོབ་ཚད་གྲུབ་ཅེས། །ཟེར་བའི་རྗེས་ཟློས་དབྱངས་སུ་བླངས་མིན་ནམ། །བཀའ་གདམས་ལུགས་ཀྱི་ཟབ་མོ་ལྟ་བའི་ཡུལ། །མངོན་རྗེས་ཚད་མའི་རྟོགས་བྱ་ཡིན་ཞེས་ཟེར། །དེ་ལྟར་འཆད་པ་ཚུ་རོལ་མཐོང་བ་ཡི། །རྨོངས་པའི་ལུགས་ཞེས་མར་མེ་མཛད་དཔལ་གསུངས། །བཀའ་གདམས་ལྟ་བའི་དངོས་གཞི་བདག་ལྟ་དང་། །འཛིན་སྟངས་འགལ་ཕྱིར་ཞེན་པའི་བློ་ཞེས་ཟེར། །མི་བསམ་མི་མནོ་ཡིད་ལ་མི་བྱེད་པ། །ལྟ་བའི་དངོས་གཞིར་མར་མེ་མཛད་དཔལ་གསུངས། །ཀུན་རྫོབ་ཚད་མས་གྲུབ་པ་བཀའ་གདམས་ཀྱི། །བདེན་གཉིས་འཇོག་ཚུལ་

བླ་མེད་ཡིན་ཞེས་ཟེར། །ཀུན་རྫོབ་འཁྲུལ་པའི་སྣང་བ་ཡིན་ཞེས་པ། །བཀའ་གདམས་གཞུང་ལུགས་ཀུན་ལས་གསལ་དེ་ཡིན། །དཔྱད་བསྒོམ་ངེས་ཤེས་རྒྱུན་དུ་བརྟེན་བྱེད་པ། །པོ་ཏོ་བ་ཡི་གདམས་ངག་ཡིན་ཞེས་ཟེར། །སོར་རྟོག་ཡེ་ཤེས་ཉིད་ཀྱང་སྟོང་ཉིད་ཀྱི། །མེ་ལྕེས་བསྲེགས་ཞེས་ཨ་ཏི་ཤ་ཡིས་གསུངས། །ཕྱི་རབས་བློན་པའི་གྲགས་པ་གསལ་ལྡན་འགས། །སྔོན་དུས་གངས་ཅན་བློན་པའི་བཤད་རྒྱུད་དང་། །སྒྲུབ་རྒྱུད་འཛིན་པོ་དེ་ཀུན་ཕལ་ཆེར་གྱི། །རང་རང་ལུགས་ཀྱི་བཤད་པའི་སྲོལ་ཆེན་དང་། །ལྟ་དང་སྒོམ་པའི་གནས་རྣམས་ཇི་སྙེད་པ༑ ༑ལུང་རིགས་ཉི་ཟླའི་འོད་ཕྲེང་བགྲང་ཡས་ཀྱི། །སྔོན་གྱི་ལུགས་འཛིན་མུན་པའི་མལ་དུ་གཟིམས། །འཁྲུལ་སྣང་ཉི་ཟླའི་སྤྲོབས་པ་ཟ་བྱེད་ཅིང་། །ཡོངས་རྫོགས་བསྟན་པའི་ས་ཆེན་འདེགས་ནུས་པ། །ལུང་རིགས་འཛུག་པ་རྣམ་བཅུའི་རོལ་རྩེད་མཁན། །འགའ་ཞིག་ངེས་དོན་མཁའ་ལ་ཐོགས་མེད་རྒྱུ། །

ཞེས་ལུང་རིགས་གཉིས་ཀྱི་ཕྱག་རྒྱ་ཆེན་པོའི་བཞེད་ཚུལ་ལ་འཁྲུལ་པ་སེལ་བའི་བསྟན་བཅོས་ཟུང་འཇུག་གི་གྲུ་ཆེན་ཞེས་པ་འདི་ནི། གཞུང་ལུགས་རབ་འབྱམས་དུ་སྨྲ་བའི་བཤེས་གཉེན་ཀརྨ་དབང་ཕྱུག་དཔལ་ཞེས་བགྱི་བས། སྡོམ་པ་གསུམ་གྱི་རབ་ཏུ་དབྱེ་བའི་བསྟན་བཅོས་ཀྱི་དྲི་བ་འགའ་ཞིག་ཉེ་བར་བཀོད་པའི་ལན་དུ། དཔལ་ཤཱཀྱ་མཆོག་ལྡན་དྲི་མེད་ལེགས་པའི་བློས། ཐུབ་བསྟན་གསེར་མདོག་ཅན་ཞེས་བྱ་བའི་ཆོས་ཀྱི་གྲྭར་ཉེ་བར་སྦྱར་བའི་ཡི་གེ་པ་ནི། བློ་བཟང་ཆོས་ཀྱི་རྒྱལ་མཚན་ནོ།། །།མངྒལཾ།། །།

༄༅། །དྲི་བ་ལྷག་བསམ་རབ་དཀར་གྱི་དྲིས་ལན་མན་ངག་གི་ དགོངས་རྒྱན་ཞེས་བྱ་བ་བཞུགས་སོ། །

པཎ་ཆེན་ཤཱཀྱ་མཆོག་ལྡན།

ཨོཾ་སྭ་སྟི་སིདྡྷཾ། སྒྲིབ་ཀུན་གསལ་བའི་ཡེ་ཤེས་ཉི་མ་ལ། །འཇམ་པའི་དབྱངས་ཞེས་གྲགས་པའི་འོད་སྟོང་ཅན། །རྨོངས་པའི་མུན་ཆེན་སེལ་ལ་རྟག་གཞོལ་བ། །བརྩེ་ཆེན་མཁྱེན་པའི་དབང་པོ་ལ་ཕྱག་འཚལ། །གང་ཡང་འདི་ན་རྣམ་དཔྱོད་འཕྲུག་པོའི་གནམ་རུ་གྱེན་དུ་བསླང་བའི་མཆོག་མའི་རྩེ་མོ་རབ་ཏུ་མཐོ། །ཉག་ཕྲན་བདག་པོའི་ལག་པས་བཟུང་བའི་ཆངས་ཟུང་ཅན་དེ་སྟོན་ཕྱོན་ཕལ་ཆེར་ཁྱད་གསོད་ཚིག་གི་མདའ། །རང་འདོད་མཐེབ་སྟོང་དམ་པོ་སྦྱར་ནས་དྲང་པོ་མིན་པའི་ལུང་རིགས་རྣ་བའི་བར་དུ་ངེས་བཀང་བ། །སྟོན་ཕྱོན་རྒན་རབས་ཡོངས་ལ་ལན་བརྒྱུར་འཕངས་སོ་འདི་ལན་ལྡོན་ནམ་འདི་རྗེས་འབྲང་ཞེས་འདི་ན་གླེང་། །བློ་བཟང་གྲགས་པ་གསལ་ལྡན་ཙོང་ཁ་པས། །སྟོན་ཕྱོན་རྒན་རབས་ཕལ་ཆེར་ཁྱད་གསོད་པའི། །ལྷག་བསམ་རབ་དཀར་ཞེས་བྱའི་དྲི་བ་མཛད། །ཅི་ཞིག་དགོངས་ནས་དྲིས་པ་འདིར་བསམ་བྱ། །

ཞེས་མཆོད་པར་བརྗོད་ཅིང་རྩོམ་པར་དམ་བཅའ་བ་སྔོན་དུ་བཏང་ནས། །སྐབས་སུ་བབ་པ་ནི། དྲི་བ་དེ་ལས། ཇི་སྐད་དུ། ཚེ་སྟོང་ཟད་དུ་འགྲོ་བའི་སྒོམ་ལ་རང་ཡང་སྙིང་རུས་བསྐྱེད་གཞན་ཡང་འགོད་པ་རྣམས་ལ་ཁོ་བོས་བརྩེ་བས་ཀུན་ནས་བསླངས་ཏེ་དྲི་བ་ནི། ཐོག་མར་རང་ཉིད་འཁོར་བ་ལས་ཐར་འདོད་ཀྱི་བློ་བསྐྱེད་དགོས་པས་དེ་སྐྱེ་བའི་ཐབས་ནི་དེར་མི་སྐྱེ་བ་བྱེད་དགོས་སྙམ་པའི་བློ་གཏུགས་པོ་དེ་བྱས་ན་ཆོད་ཆུང་ཞིང་། གེགས་ཆེ་བས། དེས་ན་ཤིང་བཟོ་བ་མཁས་པའི་འདེགས་བཞིན་དུ་དམིགས་པ་གཞན་མ་གཅིག་གིས་གནང་དམ་ས་ནས་བསྒོམས་ན་བྱིན་གཡོས་འོང་ས་ཡོད་པ་དེ་གང་ཡིན། སེམས་བསྐྱེད་པ་མི་རྟག་པ་བསྒོམ་པ་སོགས་ཡིན་ཟེར་བ་སྲིད་མོད། ཐར་པ་དོན་གཉེར་གྱི་བློ་བཙོས་བུ་མ་ཡིན་པ་སྐྱེ་བའི་ཐབས་རྒྱལ་བས་གསུངས་ངོས་ཤེས་པ་ཅིག་ཡོད་སྣང་བ་དེ་དྲིས་པའོ། །མན་ངག་དེ་ཐུགས་ཀྱིས་དགོངས་ན། འཁོར་བ་འདི་ལས་རང་རེ་རྣམས་ཐར་པར་བྱེད་པའི་ཐབས་དམ་པ་རྒྱལ་བས་གསུངས་པ་འཆང་ཐུབ་ངོས་ཤེས་པ་དེ་གང་ཡིན་འདྲིའོ། །དེ་ལ་ཡང་འཁོར་བའི་རྒྱུའི་གཙོ་བོ་རྒྱལ་བས་གསུངས་ངོ་ཤེས་པ་དེ་གང་ཡིན་པ་ངོས་མ་ཟིན་ན་དེ་འཛོམས་བྱེད་ཀྱི་

གཉེན་པོ་ཅར་ངོས་མི་ཟིན་ཏེ། དཔེར་ན་དགྲ་ངོས་མ་ཟིན་པར་དམག་འདྲེན་ངོ་མི་ཤེས་པ་བཞིན་ནོ། །དེ་ཡང་མ་རིག་པ་ཡིན། དངོས་འཛིན་ཡིན་ཞེས་སོགས་སྨྲ་བ་འོང་སྲིད་མོད། དེ་རྣམས་ཀྱིས་ཀྱང་ཅར་བ་ངོས་མ་ཟིན་ཏེ། དཔེར་ན་ཀུན་མ་ངོས་འཛིན་བཙུག་པའི་ཚེ། མི་ཡིན། དེ་ཡང་བཙུན་པ་ཡིན་ཞེས་ཟེར་བ་བཞིན་ནོ། །དེས་ན་རང་རྒྱུད་ལ་བཀར་ནས་བལྟས་པའི་ཚེ། ང་འཁོར་བར་སྐྱེ་བའི་རྒྱུའི་གཙོ་བོ་འདི་ཡིན་པར་འདུག་སྙམ་པའི་སྨྲོང་བ་ལྷང་བ་རྒྱུ་མཚན་ཡང་དག་ལ་བརྟེན་ནས་མོས་མནོས་སུ་མ་སོང་བ་ཅིག་དང་པོར་སྐྱེ་དགོས་ཏེ། སྨན་གཏོང་བ་ལ་ནད་ངོ་ཤེས་དགོས་པ་བཞིན་ནོ། །གཞན་ཡང་རང་རེ་རྣམས་འཁོར་བ་འདིར་གཅིག་ནས་གཅིག་ཏུ་བརྒྱུད་དེ་འཁོར་བའི་འཁོར་ཚུལ་ལ་སྨྲོང་བ་ལྷང་བ་མ་སྐྱེས་ན། ངེས་འབྱུང་རྣལ་མ་འོངས་ས་མེད་ཅིང་། དེ་སྐྱེ་བ་ལ་ནི་རྟེན་འབྲེལ་བཅུ་གཉིས་ཀྱི་འཁོར་ཚུལ་བསྒོམ་པ་ལ་རག་ལས་པས་ན་རྟེན་འབྲེལ་བཅུ་གཉིས་ཀྱི་འཁོར་ཚུལ་དང་གྲངས་དང་། གོ་རིམ་ངེས་པ་ཅན་དང་། དེ་རྣམས་རྒྱུ་འབྲས་སུ་འགྲོ་ཚུལ་དང་། དེའི་ཁོང་ནས་སྐྱེས་བུ་གསུམ་གྱི་ཁྲིད་འོང་ཚུལ་རྣམས་གང་ཡིན་ཞེས་འབྱུང་ངོ་། །

འདི་བརྟག་པ་ལ་གཉིས་ཏེ། དྲི་བའི་རྣམ་གྲངས་དང་། དེ་ལ་དཔྱད་ནས་ལན་བཏབ་པའོ། །དང་པོ་ལ། གསུམ་སྟེ། ངེས་འབྱུང་གི་བསམ་པ་སྐྱེ་བའི་རྒྱུ་དྲིས་པ་དང་། འཁོར་བའི་རྒྱུའི་གཙོ་བོ་འདྲི་བ་དང་། སྐྱེས་བུ་གསུམ་གྱི་ལམ་རིམ་འདྲི་བའོ། །དང་པོ་ལ་གཉིས་ཏེ། འཁོར་བ་ལས་ཐར་འདོད་ཀྱི་བློའི་རྒྱུ་དྲིས་པ་དང་། ཐར་པ་དོན་གཉེར་གྱི་བློའི་དྲིས་པའོ། །གཉིས་པ་ལ་གཉིས་ཏེ། དངོས་ལན་བཏབ་པ་དང་། དྲི་བ་དེ་ཉིད་ལ་དཔྱད་པའོ། །དང་པོ་ལ། དེ་སྔོན་འདོད་ཀྱི་བློ་སྐྱེ་བའི་རྒྱུ་ནི་འཁོར་བ་མཐའ་དག་སྡུག་བསྔལ་དུ་ཤེས་པའོ། །དེ་ལ་གསུམ་ལས། སྡུག་བསྔལ་གྱི་སྡུག་བསྔལ་ནི་ཐ་མལ་པས་ཀྱང་ཤེས་ལ། དེ་གང་ལ་ཡོད་པའི་གནས་དང་། འགྲོ་བ་ལས་བློ་ལོག་པ་ནི་ཐ་མལ་པ་དེ་དག་ལ་ཡང་ཡོད་མོད། དེ་ཙམ་གྱིས་ཐར་པ་དོན་གཉེར་གྱི་བློ་རང་ཆས་སུ་ཡོད་པ་ནི་མ་ཡིན་ནོ། །འགྱུར་བའི་སྡུག་བསྔལ་ཤེས་པ་ནི་མུ་སྟེགས་བྱེད་དག་ལའང་ཡོད་ལ། དེའང་ཐར་པ་ཁས་ལེན་པ་དང་མི་ལེན་པ་གཉིས་ལས། དང་པོས་ནི། འགྱུར་བའི་སྡུག་བསྔལ་གང་ལ་ཡོད་པའི་གནས་དང་འགྲོ་བ་ལས་བློ་ལྡོག་པར་བྱེད་ལ། དེ་ཙམ་གྱིས་ཐར་པ་དོན་གཉེར་གྱི་བློ་ཡང་བསྐྱེད་དོ། །དེ་ལྟ་ན་ཡང་ཐར་པ་གོ་ཆོད་པོ་ནི་དེ་ལ་ཡོད་པ་མ་ཡིན་ཏེ། སྲིད་པའི་རྩེ་མོ་ལས་རྒྱལ་བྱེད་ཀྱི་གཉེན་པོ་མེད་པས་སོ། །འདུ་བྱེད་ཀྱི་སྡུག་བསྔལ་ཤེས་པ་ནི། ཆོས་འདི་པ་དག་གི་ལུགས་ཏེ། དེ་ཡང་བྱིས་པས་ནི་ལུང་རིགས་ཀྱིས་ཤེས་པར་བྱེད་ལ། འཕགས་པ་ནི་མངོན་སུམ་གྱིས་སོ། །དེ་དག་གིས་ནི་དེ་གང་ན་ཡོད་པའི་གནས་དང་འགྲོ་བ་ལས་བློ་ལོག་པ་དང་། ཐར་པ་དོན་གཉེར་གྱི་བློ་སྐྱེས་པ་གཉིས་གྲུབ་པ་དང་བདེ་བ་ཐ་མི་དད་དོ། །སྡུག་

བསྔལ་དེ་ལ་གཉིས་ཏེ། སེམས་རྒྱུད་མ་ཞི་བར་བྱེད་པའི་ཉོན་མོངས་པས་བསྐྱེད་པའི་སྡུག་བསྔལ་དང་། ནུས་པ་དེ་དང་བྲལ་བའི་འདོད་པ་དང་སྲིད་པའི་བག་ལ་ཉལ་གྱིས་བསྐྱེད་པའི་སྡུག་བསྔལ་གཉིས་ལས། ཕྱི་མ་ལས་ཐར་འདོད་ཀྱི་བློ་ནི་བྱང་ཆུབ་སེམས་དཔའ་རྣམས་ལ་ཡོད་པ་མ་ཡིན་ནོ། །ཐར་པ་དེ་ལ་ཡང་ཐུན་མོང་བ་དང་། ཐུན་མོང་མ་ཡིན་པ་གཉིས་ལས། དང་པོ་ལ་དོན་གཉེར་གྱི་བློ་བསྐྱེད་པའིཐབས་ནི། བོད་ཀྱི་བསམ་གཏན་པ་དག་མི་འཆད་དོ། །

གཉིས་པ་དེ་ལ་དོན་གཉེར་གྱི་བློ་བསྐྱེད་པའི་ཐབས་ནི། རང་བཞིན་དུ་གནས་པའི་རིགས་ཀྱི་ནུས་པ་སད་པ་དང་། བྱམས་པ་དང་སྙིང་རྗེ་སྟེ་དེ་དག་ཉིད་སྔོན་པ་སེམས་བསྐྱེད་ཀྱི་ཐུན་མོང་མ་ཡིན་པའི་རྒྱུར་བཤད་པས་སོ། །དེ་དག་ལའང་ཐུན་མོང་བ་ནི། མུ་སྟེགས་བྱེད་ལའང་ཡོད་མོད། སེམས་ཅན་མཐའ་དག་སྡུག་བསྔལ་དང་བྲལ་འདོད་ཀྱི་སྙིང་རྗེ་ཞིག་ཡིན་ལ། དེ་ཙམ་ནི་ཉན་རང་ལ་ཡང་ཡོད་པས། འཁོར་བ་མ་སྟོངས་ཀྱི་བར་དུ་རྒྱུན་མི་ཆད་པའི་སྙིང་རྗེའོ། །བོད་ཀྱི་བསམ་གཏན་པ་རྣམས་ཀྱིས་འདི་ཉིད་ཁས་ལེན་པ་ཡིན་ཏེ། མན་ངག་ཀུན་གྱི་ཐོག་མར་སེམས་ཅན་ཐམས་ཅད་ཀྱི་དོན་དུ་སངས་རྒྱས་ཀྱི་གོ་འཕང་ཐོབ་པ་བྱ་ཞེས་པས་སོ། །དྲི་བ་གཉིས་པའི་ལན་ནི། དེ་ལྟར་སྡུག་བསྔལ་ཤེས་པ་ན། དེ་སྤོང་འདོད་ཀྱི་བློ་སྐྱེ་བ་ནི་རྟེན་འབྲེལ་གྱི་ཆོས་ཉིད་ཡིན་མོད་ཀྱང་། དེ་སྤོང་བྱེད་ཀྱི་གཉེན་པོ་ལ་རྟོག་པ་ནི། དཔྱོད་པ་དང་ལྡན་པ་དག་སྟེ། དེ་ལའང་ཕྱི་རོལ་པ་དང་ཉན་རང་དང་བྱང་ཆུབ་སེམས་དཔའི་རིགས་ཅན་དག་ལས། ཕྱི་མ་དེས་ནི་སྟོང་ཉིད་སྙིང་རྗེའི་སྙིང་པོ་ཅན་ཉིད་བཙལ་ནས་གོམས་པར་བྱེད་དོ། །བོད་ཀྱི་བསམ་གཏན་པ་དག་གིས་ནི་འདི་ཉིད་ལྟར་བྱེད་པ་ཡིན་ཏེ། མན་ངག་ཀུན་གྱི་ཐོག་མར་ཆོས་ཐམས་ཅད་སྟོང་ཞིང་བདག་མེད་པ་ཡིན་པ་ལ། ཞེས་ཟེར་བས་སོ། །གཉེན་པོ་དེ་རྒྱུད་ལ་བསྐྱེད་ནས་གོམས་པར་བྱེད་པ་ལ། དེའི་འགལ་ཟླ་མ་རིག་པ་དང་། རྣམ་འཚེ་སོགས་ཀྱི་མཚན་ཉིད་དང་མཚན་གཞིའི་རྣམ་གཞག་ཤེས་ནས་དང་། མི་ཤེས་ཀྱང་། གཉེན་པོ་དེ་ཉིད་ཀྱི་ངོ་བོ་བླ་མས་བསྟན་པ་བཞིན་བསྒོམ་པར་བྱེད་པའོ། །བོད་ཀྱི་བསམ་གཏན་པ་དག་ལ་ཚུལ་དེ་གཉིས་ཀ་ཡོད་མོད། ཚུལ་ཕྱི་མ་དེས་འཁོར་བའི་རྩ་བ་སྤོང་མི་ནུས་པ་མ་ཡིན་ཏེ། ནད་པས་ནད་ཀྱི་ངོ་བོ་མ་ཤེས་ཀྱང་། ལྷ་རྗེས་བྱིན་པའི་སྨན་ཟོས་པས་ནད་རྩ་བ་ནས་དྲུངས་འབྱིན་ནུས་པ་བཞིན་ནོ། །དྲི་བ་གསུམ་པ་ནི། སྐྱེས་བུ་གསུམ་གྱི་ལམ་རིམ་ཤེས་པ་ནི། བོད་ཀྱི་བསམ་གཏན་པ་དག་ལ་ངེས་པར་དགོས་པ་མ་ཡིན་ཏེ། ཕལ་ཆེར་ཐེག་པ་ཆེན་པོའི་ལམ་རིམ་ཉིད་ནས་ཐོག་མར་འཕྲིད་པའི་ཕྱིར་རོ། །དཔེར་ན་སྐྱབས་འགྲོའི་དེ་མ་ཐག་ཏུ་ཐེག་ཆེན་སེམས་བསྐྱེད་འཆད་པ་བཞིན་ནོ། །ལམ་འབྲས་པ་དག་ལ་ནི་སྐྱེས་བུ་ཆུང་ངུ་ནས་འཕྲིད་པའི་ཚུལ་ཡང་སྣང་ལ། ལུགས་

དེའི་གཞུང་ཇི་ལྟ་བ་བཞིན་གྱི་བཤད་པ་ནི། སྐལ་དམན་རིམ་གྱིས་འཇུག་པ་ཞེས་ཐོག་མར་ཕར་ཕྱིན་ཐེག་པ་ནས་བརྩམས་པའི་འཕྲིད་ཚུལ་ལོ། །

གཉིས་པ་ལ་གཉིས་ཏེ། དོན་གྱི་ཁོག་ཕུབ་པ་དང་། དྲི་ཚིག་ལ་སྐྱོན་ཆགས་པའོ། །དང་པོ་ནི། བསྟན་པ་འཛིན་ཚུལ་ལ་གཉིས་ཏེ། ཐོས་བསམ་གྱི་འཁོར་ལོ་དང་། སྒྲུབ་པའི་འཁོར་ལོས་འཛིན་པའོ། །ཕྱི་མ་ལ་གཉིས་ཏེ། ཐོས་བསམ་གྱི་ཤེས་རབ་སྔོན་དུ་བཏང་ནས་གཏན་ལ་ཕབ་པའི་དོན་དེ་ཉིད་བསྒོམ་པ་དང་། དེ་ལ་མ་ལྟོས་པར་བླ་མ་བརྒྱུད་པའི་མན་ངག་ལས་བྱུང་བ་དེ་ཉིད་བསྒོམ་པའོ། །དང་པོ་དེ་ནི། གཙོ་བོར་ཕ་རོལ་ཕྱིན་པ་དག་གི་སྒོམ་སྟེ། ཇི་སྐད་དུ། གལ་ཏེ་མ་ཐོས་པར་ཡང་སྒོམ་འཇུག་འགྱུར་ན་བསྟན་པ་དོན་མེད་འགྱུར། །ཞེས་སོགས་དང་། སྒོམ་རིམ་ཐོག་མཐའ་དང་རྣལ་འབྱོར་ས་བཞིའི་རིམ་པ་ལས་འབྱུང་བ་བཞིན་ནོ། །ཕྱི་མ་དེ་ནི་རྡོ་རྗེ་ཐེག་པ་བ་དག་གི་ལུགས་ཏེ། དེའི་ལུགས་ཀྱི་དམིགས་པ་མེད་པའི་སྙིང་རྗེ་དང་སྟོང་ཉིད་རྟོགས་པའི་ཤེས་རབ་རང་རྒྱུད་ལ་སྐྱེ་བ་ནི་ཐོས་བསམ་གྱི་རིགས་པ་ལ་མི་ལྟོས་པའི་ཕྱིར་རོ། །ཇི་སྐད་དུ། དོན་གཅིག་ན་ཡང་མ་རྨོངས་དང་། །ཞེས་སོགས་ཀུན་གྱིས་འདོན་པ་བཞིན་ནོ། །མདོར་ན་ཐོས་བསམ་གྱི་རིགས་པས་གཏན་ལ་མ་ཕབ་པའི་སྒོམ་གྱིས་མི་ཚེ་སྟོང་ཟད་དུ་བྱེད་དོ་ཞེས་གསུངས་པ་དེ་ནི། རྡོ་རྗེ་ཐེག་པ་དང་འབྲེལ་བའི་ལམ་གྱི་རིམ་པ་མཐའ་དག་ལ་སྐུར་པ་བཏབ་པ་ཡིན་ཏེ། ཐེག་པ་དེ་ནས་འབྱུང་བའི་ལམ་གྱི་རིམ་པ་རང་རྒྱུད་ལ་སྐྱེ་དགོས་པ་ཐམས་ཅད་དབང་བསྐུར་བའི་སྟ་རོལ་དུ་ཐོས་བསམ་གྱིས་གཏན་ལ་འབེབས་དགོས་པའི་བཤད་པ་མེད་ཅིང་། དབང་ཙམ་ལས་ཡེ་ཤེས་སྐྱེ་བར་བཤད་པའི་ཕྱིར་རོ། །ཁྱེད་ལྟར་ན་མ་རིག་པའི་མཚན་ཉིད་དང་མཚན་གཞི་ངོས་མ་ཟིན་པའི་གདུལ་བྱ་ལ་དབང་བསྐུར་དུ་མི་རུང་བ་དང་། རུང་དུ་ཆུག་ཀྱང་དེ་ལ་ཡེ་ཤེས་མི་སྐྱེ་བ་དང་། སྐྱེས་སུ་ཆུག་ཀྱང་ཡེ་ཤེས་དེ་མ་རིག་པའི་གཉེན་པོར་མི་འགྲོ་བ་སོགས་སུ་ཁས་ལེན་དགོས་སོ། །

གཉིས་པ་ནི། ངེས་པར་ནང་འགལ་བ་ཡིན་ཏེ། སྒོམ་ཆེན་པས་ཐོག་མར་འཁོར་བ་ལས་ཐར་འདོད་ཀྱི་བློ་སྒོམ་དགོས་སོ་ཞེས་གསུང་བ་དང་། ཐོག་མར་སྐྱེས་བུ་ཆུང་ངུའི་འཕྲིད་ཚུལ་ནས་འཁོར་བ་ལས་ཐར་འདོད་ཀྱི་བློ་ཡིན་ངོ་ཤེས་པ་དེ་ནི་སྐྱེས་བུ་འབྲིང་གི་བསམ་པར་འདུས་པའི་ཕྱིར་དང་། ཐར་པ་དོན་གཉེར་ཙམ་ནི་ཕྱི་རོལ་བ་ལ་ཡང་ཡོད་པའི་ཕྱིར་དང་། བྱང་ཆུབ་སེམས་དཔའ་རྣམས་ནི་འཁོར་བ་མི་སྤོང་བའི་ངང་ཚུལ་ཅན་ཡིན་པའི་ཕྱིར་རོ། །ཡང་འཁོར་བར་མི་སྐྱེས་བ་ཞིག་བྱེད་དགོས་སྙམ་པའི་བློ་གདོང་ཚུགས་དེ་གེགས་ཆེ་ཞིང་། ཚོད་ཆུང་གསུང་བ་ཡང་། དེ་སྐྱེས་པ་ལ་ཉེས་དམིགས་གང་ཡོད་ཀྱི་ཤེས་བྱེད་དང་། དེ་ལ་བརྟེན་པའི་རྗེས

དཔག་མ་སྐྱེས་པ་ལ་བསམས་པ་ཡིན་ནོ། །དེ་ལྟར་ན་ཁྱེད་ཐམས་ཅད་ཀྱི་སྔོན་འགྲོའི་སྐབས་སུ། སྐྱབས་འགྲོ་སེམས་བསྐྱེད་ཚད་མེད་རྣམས་ལ་ཡང་དེ་ལྟ་བུའི་བློ་གདོང་ཚུགས་དེ་གེགས་ཆེ་ཞིང་ཆོད་ཆུང་བར་མཚུངས་སོ། །དེའི་སྔོན་དུ་ཡང་བློ་དེ་དག་ས་གཡོས་པ་བཞིན་ནམ། ཤིང་མཁན་གྱི་འཕྲུལ་འདེགས་བཞིན་ངང་གིས་སྐྱེ་བའི་ཐབས་ཀྱི་སྔོན་འགྲོ་གཞན་ཞིག་སྔོན་དགོས་པར་འགྱུར་ལ། དེ་ལྟ་ན་ཁྱེད་ཀྱི་སྔོན་འགྲོ་ཐུག་པ་མེད་པར་འགྱུར་ཞིང་། ཐོས་བསམ་པ་ཆེས་ཤིན་ཏུ་མཁས་པ་མ་གཏོགས་གཞན་མན་ངག་ཟབ་མོའི་སྣོད་དུ་མི་རུང་བ་ཉིད་དུ་ཁས་བླངས་སོ། །ཡང་ཇི་སྐད་དུ། རྟེན་འབྲེལ་བཅུ་གཉིས་ཀྱི་འཁོར་ཚུལ་མ་ཤེས་ན། འཁོར་བ་སྤོང་བྱེད་ཀྱི་གཉེན་པོ་མི་ཤེས་པ་དང་། ངེས་འབྱུང་གི་བློ་རྣལ་མ་སྐྱེ་མི་སྲིད་ཅེས་གསུང་བ་ཡང་བདེན་པ་བཞིའི་གོ་རིམ་དང་འགལ་བ་ཡིན་ཏེ། ཀུན་འབྱུང་གི་བདེན་པ་མ་ཤེས་པར་སྡུག་བསྔལ་གྱི་བདེན་པ་མི་ཤེས་པ་ཉིད་དུ་ཁས་བླངས་པའི་ཕྱིར་དང་། བཀའ་བསྟན་བཅོས་ལས་ནི། སྟོང་པ་དང་བདག་མེད་ཤེས་པའི་འོག་ཏུ་རྒྱུ་དང་ཀུན་འབྱུང་སོགས་ལ་སློབ་དགོས་པའི་ཕྱིར། ཐོས་བསམ་གྱིས་གཏན་ལ་ཕབ་པ་ངེས་པར་སྔོན་དུ་འགྲོ་དགོས་པའི་སྒོམ་ཆེན་པ་དག་ལ་ཡང་འཁོར་བའི་གཉེན་པོ་ངོ་ཤེས་པ་ལ་འཁོར་བའི་རྒྱ་བ་ངོས་ཟིན་པ་ཞིག་སྔོན་དུ་འགྲོ་དགོས་པའི་ངེས་པ་མེད་དེ། གཉེན་པོ་ཡེ་ཤེས་ངོས་ཟིན་པའི་འོག་ཏུ་མ་རིག་པ་ངོས་འཛིན་དགོས་པའི་ཕྱིར་དང་། བདེན་གྲུབ་ངོས་འཛིན་པ་ལས་བདེན་མེད་ངོ་ཤེས་པ་སླ་བའི་ཕྱིར་དང་། རིག་པ་ཡེ་ཤེས་ཀྱི་འགལ་བ་མི་མཐུན་ཕྱོགས་སུ་གྱུར་པའི་སེམས་བྱུང་རྨོངས་པ་དེ་མ་རིག་པའི་མཚན་ཉིད་དུ་ཁྱེད་ཀྱང་བཞེད་དགོས་པའི་ཕྱིར་དང་། ཇི་སྐད་དུ། རང་བཞིན་མེད་པར་རྟོགས་སླ་དེ་ལྟར་རང་བཞིན་གཞན་དག་ལ། །ཁོང་དུ་ཆུད་པ་བདེ་བླག་ཏུ་ནི་ནུས་པ་མིན་ནོ། །ཞེས་གསུངས་པས་སོ། །

མདོར་ན་ཁྱེད་ཀྱིས་གསུངས་པའི་དཔེ་གསུམ་པོ་ལས་ནི། སྒོམ་ཆེན་པ་ལ་ཐོས་བསམ་གྱི་སྦྱངས་བ་སྔོན་དུ་སོང་མ་སོང་གཉིས་ཡོད་པར་མངོན་དུ་གྲུབ་པ་ཡིན་ཏེ། དཔེར་ན་ནད་པ་རང་གིས་ནད་ངོ་ཤེས་ནས་སྨྲ་བའི་སྨན་འཐུངས་བས་ནད་སེལ་བ་གཅིག་དང་། རང་གིས་ངོ་མ་ཤེས་ཀྱང་ལྷ་རྗེས་ཇི་སྐད་སྨྲས་པ་བཞིན་བྱས་ནས་ནད་སེལ་བ་གཅིག་སྟེ་གཉིས་ཡོད་པ་དང་། ཡང་རང་གིས་ཤ་ཆགས་པའི་དགྲ་བོ་འཇོམས་པ་དང་། རང་གིས་མ་ཤེས་ཀྱང་གཞན་ཞིག་གིས་བསྟན་ནས་འདི་ཆོམས་ཤིག་དང་། ཁྱོད་ལ་དགོས་པ་འགྲུབ་པར་འགྱུར་རོ་ཞེས་ཟེར་བ་གཉིས་ཡོད་པ་བཞིན་དུ། འཁོར་བའི་རྩ་བ་དྲུངས་ནས་འབྱིན་པར་ནུས་པའི་སྒོམ་ཆེན་པ་ལ་ཡང་རང་ཉིད་ཀྱིས་འཁོར་བའི་རྩ་བ་དང་དེའི་གཉེན་པོ་གཉིས་ཀ་ཐོས་བསམ་གྱིས་ཤེས་ནས་སྒོམ་པར་བྱེད་པ་གཅིག་དང་། སྒྲུབ་པ་པོ་རང་གིས་གཏན་ལ་མ་ཕེབས་ཀྱང་སངས་རྒྱས་ནས་བརྒྱུད་པ་བར་མ་ཆད་པའི་

རྣལ་འབྱོར་གྱི་དབང་ཕྱུག་ཞིག་གིས། མ་རིག་པའི་གཉེན་པོ་གང་ཡིན་པ་དེའི་ངོ་བོ་ངོས་བཟུང་ནས་དོན་འདི་ཚུལ་འདི་ལྟར་སྒོམས་ཤིག་དང་འཁོར་བའི་རྩ་བ་དྲུངས་ནས་འབྱིན་པར་འགྱུར་ཞེས་བསྟན་པ་བཞིན་དུ་ཉམས་སུ་བླངས་པས་མཆོག་གི་དངོས་གྲུབ་བརྙེས་པ་དང་གཉིས་ཤིག་ཡོད་པར་གྲུབ་བོ། །ཕྱི་མ་འདི་ལ་ནི་མན་ངག་པ་ཞེས་ཟེར་ཞིང་། འདི་ལ་ཡིད་ཆེས་བསྐྱེད་པ་ལ་བླ་མ་བརྒྱུད་པའི་རིམ་པ་ལས་ཇི་ལྟར་འོངས་པའི་ཚུལ་དང་། བླ་མ་ཚད་མར་བྱ་བ་དང་། སྔན་བརྒྱུད་ཚད་མ་བཞིས་གཏན་ལ་འབེབས་པ་དང་། ཡིད་ཆེས་པ་གསུམ་ལ་སོགས་པས་ཆོག་པ་ཡིན་གྱི། སྟོང་ཉིད་སྙིང་རྗེའི་སྙིང་པོ་ཅན་བསྒོམ་པའི་སྤྱི་རོལ་དུ་དབུ་མ་ངོ་བོ་ཉིད་མེད་པའི་རྟགས་ཀྱི་དགག་བྱ་ངོས་ཟིན་པ་དང་། ཚུལ་གསུམ་པ་ཅན་གྱི་རྟགས་ལས་རྗེས་དཔག་སྐྱེ་བ་སོགས་ལ་རག་ལས་པ་མ་ཡིན་ནོ། །དོན་དེ་ཡང་ཇི་སྐད་དུ། དེ་དག་གིས་དེ་གཙོ་བོའི་མཐུ། །དེས་བཤད་རིགས་པས་འཇུག་ཕྱིར་རོ། །ཞེས་བཤད་པ་དང་ཡང་མཐུན་ནོ། །དེ་བས་ན་གྲུབ་ཆེན་རྣལ་འབྱོར་གྱི་དབང་ཕྱུག་རྒྱུན་མ་ཆད་པར་བྱོན་པའི་སློབ་པ་པོ་དག་ལ་རྟེན་འབྲེལ་ཡན་ལག་བཅུ་གཉིས་ཀྱི་འཁོར་ཚུལ་དང་། སོ་སོའི་མཚན་ཉིད་དང་གོ་རིམ་དང་གྲངས་ངེས་སོགས་མ་ཤེས་པའི་ཕྱིར་ན་མ་རིག་པའི་གཉེན་པོ་རྣལ་མ་བསྒོམ་མི་ཤེས་པས་མི་ཚེ་སྟོང་ཟད་དུ་བྱེད་པར་ཟད་དོ། །ཞེས་སྐུར་བ་མ་གསུངས་ཤིག །འཇིད་ཀྱི་ཕྱོགས་ལ་ཡང་མ་རིག་པའི་མཚན་ཉིད་དང་མཚན་གཞི་འཛོག་མི་ཤེས་པའི་སློབ་པ་པོ་ལ་བླ་མ་ཞིག་གསང་བ་འདུས་པའི་འོད་གསལ་དེ་བསྟན་པ་ན། ཁོའི་བློ་ལ་མི་འཆར་ཤར་ཡང་གོམས་པས་གྲོལ་མི་སྲིད་པར་འགྱུར་ཏེ། དེས་མ་རིག་པའི་མཚན་ཉིད་ངོས་མི་ཟིན་པའི་ཕྱིར་རོ། །

གཞན་ཡང་ཡུལ་སོ་སོར་སླེབ་པ་དེར་འགྲོ་བའི་ལམ་རང་གིས་མི་ཤེས་བཞིན་དུ་གཞན་གྱིས་བསྟན་པའི་རྗེས་སུ་འབྲངས་བས་ཡུལ་དེར་སླེབ་པ་མི་སྲིད་པ་སོགས་སུ་འགྱུར་རོ། །གཞན་བསྒྲུབ་བྱ་རྟོགས་པའི་ཚད་མ་སྐྱེ་བ་ལ་དགག་བྱ་ངོས་ཟིན་པ་ཞིག་དགོས་སོ་ཞེས་ཟེར་བ་ནི་མཚན་ཉིད་ཀྱི་ཐེག་པར་ཡང་མི་རུང་སྟེ། སྒྲ་མི་རྟག་རྟོགས་ཀྱི་རྗེས་དཔག་སྐྱེ་བ་རྟག་པའི་མཚན་ཉིད་ཤེས་པ་ལ་རག་ལས་པ་དང་། ནམ་མཁའ་རྟག་པར་རྟོགས་པའི་རྗེས་དཔག་སྐྱེ་བ་ལ་མི་རྟག་པའི་མཚན་ཉིད་ཤེས་དགོས་པར་ཐལ་བའི་ཕྱིར་རོ། །དྲི་བ་ལྷག་བསམ་རབ་དཀར་ཞེས་བྱ་བ་ལས་བྱུང་བའི་སྟོན་འགྲོའི་སྐབས་ལས་བརྩམས་པའི་བརྒྱལ་ལན་རྣམ་པར་ཕྱེ་བ་སྟེ་ལེའུ་དང་པོའོ།། །།

དངོས་གཞིའི་ཕྱོགས་དང་འབྲེལ་བའི་དྲིས་ལན་ལ་གཉིས་ཏེ། སྤྱོད་པའི་ཕྱོགས་ཀྱི་དང་། ལྟ་བའི་ཕྱོགས་ཀྱི་དྲིས་ལན་ནོ། །དང་པོ་ལ་དྲི་བ་དང་ལན་ནོ། །དང་པོ་ལ་ལྟ་ཚན་གསུམ་ལས། དང་པོ་ནི། བྱང་ཆུབ་

ཀྱི་སེམས་བསྒོམ་པའི་དང་པོར་ཡང་སེམས་ཅན་ཐམས་ཅད་རང་གི་མར་ཤེས་པ་ལ་གོམས་པ་ཐོན་པ་ཞིག་དགོས་ཤིང་། དེ་ཡང་མདུན་གྱི་ཁྲི་མོ་ལྷ་བུ་གཅིག་ལ་མ་ཡིན་སྙམ་པའི་མུ་ཏྲགས་བྱེད་པ་ཡིན་ནམ། འཕྲུལ་འདེགས་བཞིན་དུ་དམིགས་པ་གཞན་ཞིག་ནས་བྱེད་པ་ཡོད། བདག་གཞན་བརྗེ་བ་བསྒོམ་ཞེས་པ་ཚུལ་དེས་རང་དང་གཞན་བསྒོམ་པ་ཡིན་ནམ་གཞན་ཞིག་ཡོད། ཡོད་ན་དེ་གང་ཡིན། གཞན་ཡང་དམིགས་པ་གང་བསྒོམ་ཡང་། དུས་ཚོད་ལ་ཐུན་དངོས་གཞི་དང་ཐུན་པར་གཉིས་སུ་འབྱེད་དགོས་པས་ཐུན་མཚམས་རྣམས་སུ་དགེ་སྦྱོར་ཅི་འདྲ་ཞིག་བྱས་ན་དངོས་གཞི་དེའི་བོགས་འདོན་དུ་འགྲོ། ཐུན་དངོས་གཞི་ལ་ཡང་གྲངས་དང་ཐུན་ཚོད་ཇི་ཙམ་ལ་བྱེད། སྒོམ་རྣམས་ཀྱི་དང་པོ་མགོ་རྒྱ་གར་སྐད་འདྲ་བ་དེ་འདི་ལ་བྱེད་ཀྱི་རྒྱུ་མཚན་ཇི་ལྟར་ཡོད། དེང་སང་གི་སྒོམ་ཆེན་པ་རྣམས་ལ་མཉམ་རྗེས་འདྲེས་པའི་རྟོགས་པ་ཡོད་ཟེར་བ་འདྲེས་ལུགས་ཇི་ལྟར་ཡིན། མ་འདྲེས་པའི་ཚེ་མཉམ་རྗེས་གང་གིས་འབྱེད་ཅེས་གསུང་ངོ་། །དྲི་བ་འདི་དག་ལ་དཔྱད་གཞི་ཆེར་མི་སྣང་བས་དོགས་པ་བཅད་མི་དགོས་ལ། དངོས་ལན་ནི། སྐྱབ་པ་པོ་ལ་གཉིས་ལས། ཐོས་བསམ་གྱི་གདན་ལ་ཕབ་པའི་དོན་སྒོམ་པར་བྱེད་པའི་སྒྲུབ་པ་པོས་ནི་སེམས་ཅན་ཐམས་ཅད་ཕ་མར་རྟོགས་པའི་ཚད་མ་སྐྱེས་ནས་ངེས་ཤེས་དེའི་རྒྱུན་མ་བརྗེད་པའི་ཚུལ་གྱིས་བྱམས་པ་དང་སྙིང་རྗེ་སོགས་བསྒོམ་པའོ། །ཚུལ་དེ་ཡང་གང་ཞེ་ན། དོན་འདི་ནི་ཤིན་ཏུ་ཕྲོག་ཏུ་གྱུར་པ་ཡིན་པས། ཡིད་ཆེས་པའི་ལུང་ལ་བརྟེན་པའོ། །སྒྲུབ་པ་པོ་གཉིས་པ་མན་ངག་གཙོ་བོར་གྱུར་པའི་སྒོམ་ཆེན་པས་ནི་སངས་རྒྱས་ལྟ་བུར་ཡིད་ཆེས་རྙེད་པའི་བླ་མའི་གསུང་ལས་ཇི་ལྟར་གསུངས་པ་ལ་བརྟེན་ནས་སེམས་ཅན་ཐམས་ཅད་ཕ་མར་ཐག་གཅོད་པའོ། །དེ་འདྲ་དེ་མུ་ཏྲགས་ཀྱི་སྒོམ་ཡིན་ནོ་ཞེ་ན། འོ་ན་གཞུང་ལུགས་པ་དག་ཀྱང་། སྲིད་པ་ལས་བདེ་བ་འབྱུང་བར་སངས་རྒྱས་ཀྱིས་གསུངས་པའི་རྟགས་ལས་སྦྱིན་སོགས་དེ་ལྟར་རྟོགས་པའི་རྗེས་དཔག་གི་རྒྱུན་གོམས་པར་བྱེད་པའང་དེར་ཐལ་བ་ཉིད་དུ་འགྱུར་རོ། །དེ་གཉིས་ཚད་མ་དང་ཡིད་དཔྱོད་ཀྱི་ཁྱད་ཞུགས་པས་མི་མཚུངས་སོ་སྙམ་ན། ཡིད་དཔྱོད་ཀྱི་རྒྱུན་གོམས་པས་དོན་བདེན་པ་ལ་གསལ་སྣང་གི་བློ་སྐྱེ་བ་སྲིད་པ་ནི་རྣམ་འགྲེལ་དེས་སུ་གསལ་བར་གསུངས་ལ། ཁྱེད་རང་གིས་ཀྱང་སྦྱོར་ལམ་གྱི་ངོ་བོ་ཡིད་དཔྱོད་དུ་ཁས་བླངས་ནས། དེ་ཉིད་མཐོང་བའི་ལམ་གྱི་དེ་མ་ཐག་རྐྱེན་དུ་འཆད་པ་མིན་ནམ། དེའི་ཕྱིར་མན་ངག་བསྒྲོན་མེད་དག་ནི་བླ་མས་གང་གསུངས་པ་དེ་ཉིད་ཕུར་ཚུགས་སུ་བསྒོམས་པས་གོམས་བྱའི་དོན་ལ་གསལ་སྣང་སྐྱེ་ཞིང་བྱིན་གྱིས་རློབས་པས་ན་ཚོད་མི་ཆུང་ཞིང་གེགས་ཡོད་པ་ཡང་མ་ཡིན་ནོ། །

དྲི་བ་གཉིས་པའི་ལན་ནི། སྒོམ་ཆེན་པ་བླུན་པོ་ལ་བརྟེན་པའི་ཁྱད་གསོད་ཡིན་མོད་ཀྱང་། ཇི་སྐད་དུ།

ཞི་བ་ལྷས། བདག་བདེ་གཞན་གྱི་སྡུག་བསྔལ་དག །ཡང་དག་བརྗེ་བ་མ་བྱས་ན། །ཞེས་སོགས་ལྟར་ཡིན་མོད། འདི་ཡང་རྟོག་པའི་ངོར་བློ་སྦྱོང་བ་ཡིན་གྱི། དངོས་སུ་ཉེ་ཚོང་བྱེད་པ་ལྟ་བུར་དོགས་པ་ག་ལ་སྲིད། འོན་ཀྱང་། རྗེ་ཕག་གྲུབ་པའི་གསུང་གིས་ རྗེ་སྲིད་ས་མ་ཐོབ་པ་དེ་སྲིད་བརྗེ་བ་བསྒོམས་དྲགས་ན་གེགས་ཆེ་ཞེས་གསུངས་པར་གྲགས་སོ། །

དྲི་བ་གསུམ་པའི་ལན་ནི། མཉམ་པར་མ་བཞག་པའི་རྣལ་འབྱོར་ཇི་སྙེད་པ་མཉམ་གཞག་གི་རྣལ་འབྱོར་དེའི་བོགས་འདོན་དུ་འགྲོ་དགོས་པའི་ངེས་པ་ག་ལ་ཡོད། གཙོ་ཆེ་བ་ནི་མཉམ་གཞག་ཏུ་ལྟ་བ་དང་། རྗེས་ཐོབ་ཏུ་སྤྱོད་པ་ཉམས་སུ་ལེན་པ་ཡིན་ལ། དེ་ཡང་ཕ་རོལ་ཕྱིན་པའི་སྒོམ་ཆེན་པ་ལ་ནི་སྤྱོད་པ་གཙོ་ཆེ་བ་ཡིན་ཏེ། བསོད་ནམས་ཀྱི་ཚོགས་ལ་རིང་དུ་སློབ་དགོས་པའི་ཕྱིར། སྔགས་ཀྱི་སྒོམ་ཆེན་པ་ལ་ནི་མཉམ་གཞག་གཙོ་ཆེ་བ་ཡིན་ཏེ། རིམ་པ་གཉིས་ལ་མཉམ་པར་བཞག་པས་ཚོགས་གཉིས་ཅིག་ཅར་དུ་རྫོགས་པའི་ཕྱིར་རོ། །མཉམ་གཞག་གི་བོགས་འདོན་དུ་གང་འགྱུར་ཞེས་ཅིས་ཀྱང་བརྟུད་དགོས་ན། མཉམ་གཞག་དང་མཐུན་པའི་རྗེས་ཐོབ་ཀྱི་ཡིད་ལ་བྱེད་པ་གང་དང་གང་ཡིན་པ་དེ་དག་ལ་བཤད་པས་ཆོག་སྟེ། སྟོང་ཉིད་ལ་མཉམ་པར་བཞག་པས་རྗེས་ཐོབ་སྒྱུ་མ་ལྟ་བུ་དང་། སྙིང་རྗེ་ལ་མཉམ་པར་བཞག་ན་རྗེས་ཐོབ་ཏུ་སེམས་ཅན་གྱི་དོན་བྱེད་པ་ལྟ་བུའོ། །ལས་དང་པོ་པ་མིན་པའི་སྒོམ་ཆེན་པ་ལ་ནི་ལྟ་བའི་བོགས་སྤྱོད་པས་འདོན་པ་དང་། སྤྱོད་པའི་བོགས་ལྟ་བས་འདོན་པར་བཤད་དེ། ཤེས་རབ་མེད་ན་མིག་མེད་ཕ་རོལ་ཕྱིན་ལྔ་འདི། །ཞེས་དང་། བྱང་ཆུབ་ཏུ་སེམས་བསྐྱེད་ན་སྟོང་ཉིད་བསྒོམ་པ་དང་གིས་འབྱུང་བའི་ཕྱིར་དང་། གསང་སྔགས་ཀྱི་སྤྱོད་པ་སྤྱད་པས་བདེ་སྟོང་གི་ཡེ་ཤེས་གོང་འཕེལ་དུ་བྱེད་པའི་ཕྱིར་རོ། །

དྲི་བ་བཞི་པའི་ལན་ནི། སྤྱིར་གསུང་རབས་ནས་ཐུན་གྱི་བཤད་པ་མང་ཡང་། དགེ་སྦྱོར་བ་རྣམས་ལ་ཐུན་ བཞིའི་ རྣལ་ འབྱོར་ དུ་ གྲགས་ པ་ ནི་ ཉིན་ མཚན་ ཞུགས་ གཅིག་ ལ་ ཐུན་ བཞི་ དང་ ཐུན་ མཚམས་ བཞི་ སྟེ་ བརྒྱད་དོ། །ཚད་ནི་སྔ་དྲོ་དང་ཕྱི་དྲོ། སྲོད་དང་། ཐུན་ཐ་མ་ནི་ཉིན་མོ་དང་། མཚན་མོའི་སུམ་ཆར་ཉེ་བ་དང་། གུང་ཐུན་གཉིས་པོ་ཡང་ཉིན་མཚན་གྱི་སུམ་ཆ་རེ་རེ་སྟེ། ཇི་སྐད་དུ། མཚན་མོའང་ཐུན་གྱི་སྟོད་སྨད་འདས་ནས་ནི། །ཞེས་སོགས་དང་། འདུལ་བར་ཉིན་མོའི་སུམ་ཆ་བདེ་བ་མ་ཡིན་པ་ལ་ཕྱི་རོལ་པའི་བསྟན་བཅོས་གློག་ཏུ་གནང་བ་ལྟ་བུའོ། །ཉི་མ་འཆར་ནུབ་ཀྱི་ཐུན་གཉིས་ནི་མཉམ་གཞག་སྔ་ཕྱིའི་མཚམས་འཛིན་ཡིན་པས་ཅུང་ཟད་རེའོ། །དེ་ཡང་ཐུན་རྣམས་ནི་མཉམ་པར་འཇོག་པའི་དུས་དང་། ཐུན་མཚམས་རྣམས་ནི་རྗེས་སྤྱོད་ཀྱི་དུས་སོ། །ཞེས་བཤད་ན་ལེགས་པར་འགྱུར་རོ། །ཡང་སྒོམ་ཆེན་པ་འགའ་ཞིག་ལ་མཉམ་རྗེས་འདྲེས་ནས

འོང་ཟེར་བ་དེ་དྲིས་པའི་ལན་ནི། བདེ་སྟོང་དམ་སྐྱིང་རྗེ་ཆེན་པོ་ལྟ་བུ་ལ་མཉམ་པར་བཞག་པའི་ཚེ་མཉམ་གཞག་དེ་ལས་ལྡང་སེམས་མངོན་དུ་མ་བྱས་པར་མཉམ་པར་བཞག་བཞིན་པ་དེའི་ངང་ནས་ཉམས་མྱོང་འབར་ཏེ་ཉམས་བྱུང་རྒྱལ་དུ་སྐྱོང་བ་ཞེས་པའི་ཐ་སྙད་འདོགས་པ་དེའི་ཚེ་ལྟ་བུ་ལ་བཤད་ན་ལེགས་པ་ཡིན་ཏེ། མཉམ་གཞག་གི་ཡེ་ཤེས་དེས་ཉམས་སུ་མྱོང་བ་གང་ཡིན་པ་དེ་ལས་མ་ཉམས་བཞིན་དུ་རྣམ་ཤེས་ལ་སྣང་ཚུལ་ཡང་དག་པ་མ་ཡིན་པའི་ཀུན་རྟོག་གིས་བསྐྱུས་པ་མ་ཡིན་པ་ཞིག་ཤར་བའི་ཕྱིར་རོ། །ཇི་ལྟ་བུ་ཞེ་ན། གཟུང་འཛིན་གྱི་སྣང་བ་ཞིག་ཤར་ཡང་བག་ཆགས་ཀྱི་དབང་གིས་སྣང་བ་ཡང་མ་ཡིན། དེ་དང་དེར་ཞེན་པ་ཡང་ཡོད་པ་མིན་པའི་ཕྱིར་རོ། །འོ་ན་མཉམ་རྗེས་ཀྱི་མཚམས་གང་གིས་འཛིན་ཟེར་བ་ནི། མཉམ་གཞག་དེ་ལས་ལྡང་སེམས་སྔོན་དུ་བཏང་ནས་ལངས་པའོ། །དེའི་ཚད་ནི་མ་དག་པའི་ས་ཡན་ཆད་དུ་བག་ཆགས་ཀྱི་དབང་གིས་གཟུང་འཛིན་གཉིས་སུ་སྣང་བའི་སྣང་བ་ཤར་བ་དེ་ཡིན་ལ། དེ་ལ་ཡང་སྒྲ་དོན་འཛིན་པའི་རྟོག་པ་དང་རྟོག་མེད་ཀྱི་དབྱེ་བས་གཉིས་སོ། །དེ་ལྟར་སྣང་ཡང་རྗེས་ཀྱི་ཤེས་པས་དེར་ཞེན་མེད་པའི་ཆ་ནས་རྗེས་ཐོབ་ཡེ་ཤེས་སུ་འཇོག་པ་ཡིན་གྱི། སྣང་ཆ་ནས་མ་ཡིན་ཏེ། དེ་ནི་ཡང་དག་མིན་རྟོག་གིས་བསྐྱུས་པའི་ཕྱིར་རོ། །

དྲི་བ་ལྔ་པའི་ལན་ནི། དྲི་བ་པོའི་ཐུགས་ཀྱི་དགོངས་བཞེད་ནི་སྐྱེས་བུ་ཆུང་ངུའི་ལམ་གྱི་རིམ་པ་དེ་ཡིན། དེ་སྔོན་དུ་འགྲོ་དགོས་པའི་རྒྱུ་མཚན་ཡང་དལ་འབྱོར་རྙེད་དཀའ་འཆི་བ་མི་རྟག་པ། ལས་རྒྱུ་འབྲས་སོགས་ལ་མྱོང་བ་མ་འཐོན་ན་འཁོར་བ་ལས་ཐར་འདོད་ཀྱི་བློ་མི་སྐྱེ་བའི་ཕྱིར་སྙམ་དུ་དགོངས་པ་ཡིན་མོད། གདུལ་བྱ་རིམ་གྱིས་པའི་རིགས་ཅན་ལས་དང་པོ་པ་ཞིག་ལ་དེ་ལྟར་ཡིན་ཀྱང་། གཞན་ལ་དེ་ལྟའི་ངེས་པ་མེད་དེ། སྐྱེས་བུ་འབྲིང་གི་བསམ་པ་ཐོས་བསམ་གྱི་སྒོ་ནས་སྐྱེས་ཟིན་པའི་གང་ཟག་སྔོམ་དང་པོར་བྱེད་འདོད་དེ་ལ་མི་དགོས་པའི་ཕྱིར། དཔེར་ན་དབུ་མ་ལྟ་ཁྲིད་དང་། རིམ་ལྔ་ལ་སོགས་པ་རྣམས་སུ་དེ་ལྟར་མི་འཆད་པ་བཞིན་ནོ༔ ༔གཞན་དུ་སྐྱེས་བུ་ཆེན་པོའི་བསམ་པ་སྐྱེས་ཟིན་པ་དེས་ཀྱང་སྐྱེས་བུ་ཆུང་ངུ་དང་ཐུན་མོང་བའི་ལམ་གྱི་རིམ་པ་ལ་བློ་སྦྱོང་དགོས་པར་འགྱུར་རོ། །དྲུག་པའི་ལན་ནི། རིམ་པ་གཉིས་བསྒོམ་པའི་ལམ་གྱི་ཐོག་མ་ནི་སྟོང་པ་ཉིད་བསྒོམ་པ་ལ་བཤད་པ་ཡིན་ཏེ། ཁ་སྦྱོར་ལས། དང་པོར་སྟོང་ཉིད་བསམ་བྱས་ནས། །ལུས་ཅན་རྣམས་ཀྱི་དྲི་མ་བཀྲུ། །ཞེས་སོ། །གཞན་ཡང་སྒོམ་ཁྲིད་ཀྱི་ཐོག་མར་གང་འགྲོ་ཞེས་པ་དེ། སྦྱིར་བྱམས་པ་དང་སྙིང་རྗེ་དང་བྱང་ཆུབ་ཀྱི་སེམས་བསྒོམ་པ་དང་། སྟོང་པ་ཉིད་བསྒོམ་པ་དང་། ལྷ་བསྒོམ་པ་དང་། བདེ་སྟོང་བསྒོམ་པ་སོགས་ཤིན་ཏུ་མང་བས། རང་རང་གི་འཁྲིད་ཚུལ་གྱི་ཡི་གེ་ན་གསལ་མོད། འོ་ཅག་ལྟར་ན་སྒོམ་ཐམས་ཅད་ཀྱི་སྔོན་འགྲོའི་སྒོམ་ནི་ཐོས་བསམ་གྱི་ཤེས་རབ་ཉིད་ཡིན་ཞེས་གསུངས་པ་ལས་མ་འདས་སོ། །སྔོན་འགྲོར་

མ་ཟད་དངོས་གཞི་ཡང་བསམ་བྱུང་གི་ཤེས་རབ་ཉིད་དུ་ཁས་བླངས་ཏེ། དངོས་གཞི་ནི་སེམས་འཛིན་ངེས་པར་རྟོག་པ་ཉིད་དུ་ཁས་བླངས་ལ། དེ་ཡང་བསམ་བྱུང་ལས་མ་འདས་པའི་ཕྱིར་རོ། །

ཡང་དྲི་བ་ལྔ་ཚན་གཉིས་པ་ནི། ཇི་སྐད་དུ། གསུངས་རབ་ནས་བཤེས་གཉེན་བསྟེན་ཚུལ་མཆོག་ཏུ་བསྔགས་ཤིང་ཁྱད་པར་སྒོམ་ཆེན་པ་རྣམས་བླ་མའི་རྣལ་འབྱོར་ལ་རྩལ་དུ་འདོན་པ་ཡིན་ན། བླ་མ་བསྒོམ་པའི་གནས། བླ་མའི་གྲངས། བླ་མའི་རྣལ་འབྱོར་དངོས་གཞིའི་སྒོམ་ཁྲིར། རྩ་བའི་བླ་མ་དང་རྡོ་རྗེ་འཆང་ལྷ་བུ་དབྱེར་མེད་ལུགས། འོད་ཟེར་གྱི་སྤྲོ་བསྡུ་སོགས་ཇི་ལྟར་བྱེད། གཞན་ཡང་དེང་སང་གི་སྒོམ་ཆེན་ཕལ་ཆེ་བ་དལ་འབྱོར་རྙེད་དཀའ་དང་མི་རྟག་པ་བསྒོམ་པ་ལ་བླ་ཆོས་སུ་བྱེད་ན། འདི་གཉིས་བསྒོམ་པའི་གོ་སྣ་རང་རང་གི་ཐུན་མོང་མ་ཡིན་པའི་དགོས་པ་ཆེན་པོ་རེ་ཡོད་པ་དེ་གང་ཡིན། མི་རྟག་པ་ལྟ་བུའི་སྒོམ་ཡང་ཁ་བཤད་དུ་མ་སོང་བར་སེམས་ལ་བསྒོམ་ན་ཇི་ལྟར་བྱེད་ཀྱིན་ཡོད། ཡང་ངན་སོང་གི་སྡུག་བསྔལ་བསྒོམ་པའི་སྒོམ་ལ་མྱོང་བ་གཤའ་མ་ཅིག་མ་སྐྱེས་ན། སྐྱབས་འགྲོ་ཡང་དག་པ་འོང་མི་སྲིད་ཅེས་སྨྲས་ན། དེ་འདྲ་སྲིད་པར་ཁས་ལེན་ནུས་མཁན་ཇི་ལྟར་ཡོད། མི་སྲིད་ན་དེའི་རྒྱུ་མཚན་གང་ཡིན། སྐྱབས་འགྲོ་ངག་ཏུ་བཏོན་ནས་བྱེད་པ་མ་གཏོགས་པ་ཡིད་ལ་སྒོམ་ལུགས་ཀྱི་སྐྱུག་ཁྲིར་ཇི་ལྟར་གདའ། ཡིད་ལ་བསྒོམ་དུས་དཀོན་མཆོག་གསུམ་པོ་ཇི་འདྲ་ཅིག་ཡིད་ངོར་བྱེད། རང་རེ་རྣམས་ཀྱི་སྒོ་ལྔའི་ཡུལ་དུ་སྣང་བའི་དཀོན་མཆོག་གི་རྟེན་གསུམ་འདི་རྣམས་ལས་མ་གཏོགས་པ་ཅིག་ཡིད་ལ་བྱེད་དམ། འདི་རྣམས་ཀ་ཡིད་ལ་བྱེད་པ་ཡིན། དང་པོ་ཡིན་ན་གང་འདྲ་ཅིག་ཡིད་ལ་བསྒོམ། དེ་བསྒོམས་པས་འདི་རྣམས་ལ་མོས་གུས་ཆུང་དུ་མ་སོང་བ་བྱེད་ཚུལ་ཇི་ལྟར་ཡོད། གཉིས་པ་ཡིན་ན། དཀོན་མཆོག་གསུམ་པོ་དངོས་དེ་རང་གང་ཡིན་སྐྱབས་འགྲོའི་ངོ་བོ་ཨེ་ཐེ་བ་དེ་གང་ཡིན། འདི་རྣམས་ལ་གོ་བ་མ་རྙེད་པར་སྐྱབས་འགྲོ་བར་ཁས་ལེན་པ་ནི་བསྲེག་འཚོད་མི་ནུས་པའི་མེ་དང་མཚུངས་སོ། །ཡང་སྡིག་པ་བཤགས་པ་ལ་གཙོ་ཆེ་ཞིང་གལ་ཆེ་ངོས་ཤེས་པ་རང་ཅིག་ངོས་འཛིན་གང་ལ་བྱེད། ཅེས་འབྱུང་ངོ་། །

གཉིས་པ་ལན་ལ། དངོས་ལན་དང་། དོགས་གཅོད་ཐུན་མོང་དུ་བཤད་པ་ལས། འདི་ལྟར་སྒོམ་ཆེན་པ་དག་ནི་རྗེས་ཐོབ་ཏུ་བཤེས་གཉེན་བསྟེན་པར་བྱེད་ཅིང་། མཉམ་གཞག་ཏུ་བླ་མའི་རྣལ་འབྱོར་བསྒོམ་པར་བྱེད་དོ། །དང་པོ་ནི་ལུས་ངག་ཡིད་གསུམ་དང་ལོངས་སྤྱོད་དེ། བཞི་པོ་དོན་ཡོད་པའི་སྒོ་ནས་མཉེས་པར་བྱེད་པ་ནཱ་རོ་ཏ་པས་ཏཻ་ལོ་པ་བཞིན་ནོ། །

གཉིས་པ་ལ། རྗེ་བཙུན་ས་སྐྱ་པ་ནི་དབང་མ་བསྐུར་བའི་བླ་མ་སངས་རྒྱས་དངོས་སུ་སྒོམ་པར་མི་བྱེད་

ལ༔ སྒོམ་ཆེན་པ་གཞན་དག་ནི་ཆོས་ཐོབ་པའི་བླ་མ་གང་ཡིན་ཀྱང་བསྒོམ་པའི་ཚེ་སངས་རྒྱས་དངོས་སམ་དེའི་རྣམ་འཕྲུལ་ཉིད་ལས་མ་འདས་པར་བསྒོམས་པས་བྱིན་རླབས་འཇུག་པར་བྱེད་དོ། །བྱིན་རླབས་དེ་ཡང་གང་ཞེ་ན། རང་བཞིན་དུ་གནས་པའི་རིགས་ཀྱི་ནུས་པ་སད་ནས་གནས་ལུགས་རྟོགས་པའི་ཤེས་རབ་དང་བྱང་ཆུབ་ཀྱི་སེམས་དང་གིས་སྐྱེ་ཞིང་། དེ་ཉིད་རྒྱུན་དུ་གོམས་པར་བྱེད་པའི་བརྩོན་འགྲུས་ཀྱང་རང་ཤུགས་ཀྱིས་འབྱུང་ངོ་། །བླ་མའི་མོས་གུས་དེ་ཡང་ཤེས་བྱེད་ཀྱི་གཏན་ཚིགས་ཁོ་ན་ལ་རག་ལས་པ་མ་ཡིན་ཏེ། བྱིན་རླབས་ཀྱི་བརྒྱུད་པ་མ་ཆད་པའི་རྒྱ་བའི་བླ་མ་དེས་སྤྱིར་དགེ་བའི་བཤེས་གཉེན་ནི་ཡོན་ཏན་མཐའ་དག་གི་རྩ་བ་ཡིན་ནོ། །ཞེས་གསུངས་པ་ཙམ་ལས་སྐལ་བཟང་གི་སློབ་མ་ལ་མི་ཕྱེད་པའི་དད་པ་དེ་སྐྱེ་ཞིང་། དེ་ཉིད་གོམས་པས་ཡོན་ཏན་ཐམས་ཅད་མངོན་དུ་འགྱུར་བ་ཡིན་ནོ། །ཇི་སྐད་དུ། དད་པའི་རྗེས་སུ་འབྲང་བ་རྣམས་ནི༔ ཞེས་དང་། དེ་ལ་རབ་ཏུ་དང་བས་ཀྱང་། །ཞེས་སོགས་འབྱུང་བ་ལྟར་རོ། །བླ་མའི་གྲངས་ནི། ཐུན་མོང་གི་འདུལ་བ་དང་། བྱང་ཆུབ་སེམས་དཔའི་དང་། གསང་སྔགས་ཀྱི་འདུལ་བ་དག་ལས། སོ་སོའི་བླ་མ་རྣམས་ཀྱི་ངོས་འཛིན་དང་། བསྟེན་ཚུལ་རྒྱས་པར་གསུངས་པ་དང་། གསང་སྔགས་ཉིད་ལ་དབང་དང་། རྒྱུད་དང་། མན་ངག་གི་དབྱེ་བས་གསུམ་དང་། དབང་གི་ཉིད་ལ་ཡང་དབང་བཞིའི་དབྱེ་བས་བཞིར་འཆད་དོ། །བསྒོམ་པའི་གནས་ནི། མཆོད་པ་འབུལ་བ་དང་། དངོས་གྲུབ་བླང་བའི་ཚེ་མདུན་གྱི་ནམ་མཁར་ཡིན་ལ། གསོལ་བ་འདེབས་པའི་ཚེ་སྤྱི་གཙུག་དང་སྙིང་ཁར་བཞུགས་སུ་གསོལ་བའོ། །བླ་མའི་གནས་གསུམ་ནས་འོད་ཟེར་སྤྲོ་བའི་ཚེ། དཀོན་མཆོག་གསུམ་དེའི་ཡོན་ཏན་ཕྲིན་ལས་དང་བཅས་པ་ཐམས་ཅད་བླ་མ་ལ་བསྡུས་ནས་དེ་ལ་བྱིན་རླབས་ཞུ་བར་བྱེད་དོ། །མདོར་ན་སྔགས་ཀྱི་དབང་བསྐུར་ཐོབ་པའི་ཉམས་ལེན་པས་ནི། དབང་ཞུས་པའི་བླ་མ་དེར་མ་ཟད། ཆོས་ཀྱིས་སྦྲེལ་བའི་བླ་མ་ཐམས་ཅད་རྡོ་རྗེ་འཆང་དུ་བསྒོམ་དགོས་པ་ཡིན་ཏེ། དེ་ཐམས་ཅད་སྔགས་ཀྱི་དབང་བསྐུར་ཐོབ་པའི་ཉམས་ལེན་པས་ནི་རྡོ་རྗེ་འཆང་ལ་བསྡུས་ནས་རྒྱུད་གཅིག་ཏུ་བྱེད་དགོས་པའི་ཕྱིར། དེ་བས་ན་དབང་བསྐུར་ཐོབ་པའི་བླ་མ་དེ་གང་དུ་དབང་བསྐུར་གྱི་དཀྱིལ་འཁོར་གྱི་གཙོ་བོ་དེར་བསྒོམ་པ་ཡིན་ལ། དེ་ཡང་གདན་གསུམ་ཚང་བའི་ལྷ་ཚོགས་ཉིད་དུ་ཇི་ལྟར་བཤད་པ་བཞིན་ནོ། ། ཡང་ཕར་ཕྱིན་ཐེག་པ་དང་འབྲེལ་བའི་བླ་མ་དེ་ཡི་དམ་གྱི་ལྷར་མ་བསྡུས་པར། བླ་མ་སངས་རྒྱས་སུ་ལྟ་བ་དེའི་ཚེ་ནི་སྟོན་པ་ཐུབ་པའི་དབང་པོ་ཉིད་དུ་བསྒོམ་པ་ཡིན་ཏེ། དེའི་རྣམ་འཕྲུལ་ལས་མ་གཏོགས་པའི་སངས་རྒྱས་མི་སྲིད་པའི་ཕྱིར། དྲི་བ་འདིའི་བསམ་པ་ནི། སྒོམ་ཆེན་པ་རྣམས་ཀྱང་ཐོག་མར་བཤེས་གཉེན་བསྟེན་ཚུལ་ནས་བསླབ་དགོས་ཀྱི། དང་པོ་ཉིད་ནས་ཕྱག་རྒྱ་བ་ལ་སོགས་པར་ཁས་བླངས་པས་མི་ཆོག་ཅེས་དགོངས

པ་སྟེ། ལན་གཉིས་པ་ནི་བཏབ་ཟིན་པ་དེ་ཉིད་དོ། །

དྲི་བ་གཉིས་པའི་ལན་ནི། སྤྱིར་སྐྱབས་འགྲོ་བ་ལ། ཐོས་བསམ་པ་དང་། མན་ངག་པ་གཉིས་ལས། དང་པོས་ནི་ངན་སོང་གསུམ་དུ་མ་ཟད། འཁོར་བ་མཐའ་དག་གི་སྡུག་བསྔལ་ཤེས་པ་སྔོན་དུ་བཏང་ནས། གསུམ་ལ་སྐྱབས་སུ་འགྲོ་དགོས་པ་ཡིན་ཏེ། རང་གཞན་འཇིགས་པ་ལས་སྐྱོབ་པའི་ཕྱིར་གྱི་སྐྱབས་འགྲོ་དང་། གསུམ་པོའི་གོ་འཕང་ཐོབ་ཕྱིར་དང་། སྐྱབས་སུ་འགྲོ་ཚུལ་གཉིས་ལས་མ་འདས་ལ། གཉིས་ཀ་ལ་ཡང་སྔ་མ་དེ་ཤེས་པ་སྔོན་དུ་འགྲོ་དགོས་པའི་ཕྱིར། མན་ངག་པའི་སྐྱབས་སུ་འགྲོ་ཚུལ་ནི། བླ་མས་སྐྱབས་སུ་འགྲོ་ཚུལ་འདི་ལྟར་གྱིས་ཤིག་ཅེས་བསྟན་པ་དེ་ཉིད་ཀྱིས་ཆོག་པ་ཡིན་ཏེ། བླ་མའི་གསུང་ལ་སངས་རྒྱས་ཀྱི་བཀའ་ཉིད་དུ་ཡིད་ཆེས་པའི་ཕྱིར་རོ། །དེ་འདྲའི་ཉམས་ལེན་དེ་མུ་རྟེགས་སོང་ཞེས་འཆད་དུ་མི་རུང་ཏེ། དེ་ལྟར་བྱས་པ་ན་རིགས་ཀྱི་ནུས་པ་རྒྱས་ཏེ་ཡོན་ཏན་ཐམས་ཅད་དང་གིས་སྐྱེ་བའི་ཕྱིར། སྐྱབས་འགྲོའི་ཡུལ་ནི། ཇི་སྐད་དུ། སངས་རྒྱས་དགེ་འདུན་ཞེས་པའི་ཚོས། །ཞེས་སོགས་ལྟར་གྲུབ་མཐའ་སྨྲ་བ་རྣམས་ལ་འདོད་ཚུལ་སོ་སོ་བ་རེ་ཡོད་མོད། འདིར་ཐེག་ཆེན་ཐུན་མོང་མ་ཡིན་པའི་སྔགས་ཀྱི་སྒོམ་ཆེན་དག་ནི། རྩ་བའི་བླ་མ་འཁོར་ལོ་སྡོམ་པ་གཅིག་ཉིད་དཀོན་མཆོག་གསུམ་ཀའི་ངོ་བོར་མོས་ནས་རྒྱུ་དང་འབྲས་བུའི་སྐྱབས་སུ་འགྲོ་ཚུལ་གཉིས་ཀྱི་སྒོ་ནས་སྐྱབས་སུ་འགྲོ་བར་བྱེད་དོ། །དེའི་ཚེ་སྒྲུབ་པ་པོ་རང་གི་སྒོ་ལྔའི་དབང་ཤེས་ལ་སྐྱབས་གསུམ་དུ་སྣང་བ་དེ་ལ་མོས་གུས་ཆུང་དུ་འགྲོ་མི་སྲིད་པ་ནི་མ་ཡིན་ཏེ། སྣང་བ་དེ་སྒྲུབ་པ་པོ་རང་གི་ཡང་དག་མིན་རྟོག་ཏུ་ཁས་ལེན་དགོས་པའི་ཕྱིར། འོན་སྣང་བ་དེ་ལ་ཕྱག་མཆོད་སོགས་བྱེད་པ་ཅི་ཞེ་ན། ཆོས་རབ་ཏུ་རྣམ་འབྱེད་ཀྱི་དབྱེ་བ་ཤེས་པའི་ངོར་ནི་སྣང་བ་དེ་དཀོན་མཆོག་གི་རྟེན་ཡིན་ལ། དེ་དམིགས་ཡུལ་དུ་བྱས་ནས་དེ་ལ་བརྟེན་པའི་སྐྱབས་གསུམ་ཡིན་ངོ་ཤེས་པ་རེ་ཡོད་པ་དེ་ལ་དེ་ལྟར་བྱེད་པའོ། །རྣམ་འབྱེད་མི་ཤེས་པས་ནི། རང་གི་རྣམ་ཤེས་ལ་སྣང་བ་དེ་ལ་སྐྱབས་གསུམ་དངོས་སུ་ཞེན་ནས་ཞུགས་པ་ན་འབྲེལ་པས་མི་བསླུ་བ་འབྱུང་བར་བྱེད་དོ། །སྤྱིར་སྐྱབས་གསུམ་ལ་ཀུན་རྫོབ་དང་དོན་དམ་པའི་སྐྱབས་གཉིས་སུ་འབྱེད་པ་ནི་འཆད་ཚེ་སོ་སོར་ཕྱེ་བའི་རྣམ་གཞག་ཡིན་ལ། འཇུག་ཚེ་གཅིག་ཏུ་འབྲེལ་བ་ལ་ཀུན་རྫོབ་དང་དོན་དམ་གྱི་དབྱེ་བ་མེད་པ་སྐྱབས་སོང་བས་དགོས་པའི་དོན་འགྲུབ་པ་ཡིན་ཏེ། དཔེར་ན་རྟོག་པའི་ཡུལ་དུ་སྣང་བའི་བསྐྱེད་རིམ་ལ་སངས་རྒྱས་དངོས་སུ་ཞེན་ནས་ཞུགས་པ་ན་མཐར་ཐུག་སངས་རྒྱས་ཉིད་འགྲུབ་པ་བཞིན་ནོ། །སྐྱབས་འགྲོའི་ངོ་བོ་ཨེ་ཐེ་པ་ནི། གང་ལ་སྐྱབས་སུ་སོང་བའི་ཡུལ་དེའི་དངོས་པོ་དོན་དུ་གཉེར་བྱར་བྱས་ནས་ཐོབ་བྱར་ཁས་ལེན་པའི་འདུན་པ་མཚུངས་ལྡན་དང་བཅས་པ་ཞིག་སྟེ། མདོ་སྡེའི་རྒྱན་ལས། འདི་ནི་དེའི་དངོས་འདོད་པས་ཁས་ལེན་

དེ་ཡང་སྙིང་རྗེ་ལས་རིག་བྱ། །ཞེས་སོ། །

དྲི་བ་གསུམ་པའི་ལན་ནི། ཐེག་ཆེན་ཐུན་མོང་མ་ཡིན་པའི་སྒོམ་ཆེན་པ་རྣམས་ནི་དལ་འབྱོར་རྙེད་དཀའ་དང་འཆི་བ་མི་རྟག་པ་ཐུན་མཚམས་སུ་བསྒོམ་པར་བྱེད་ཀྱི། ཐུན་དངོས་གཞིའི་དུས་སུ་དེ་དག་ཉིད་ཀྱིས་ཐུན་འདས་པ་ལ་དགོས་པ་མེད་ཅེས་གསུང་མོད། བློ་ཆོས་སུ་བྱེད་པ་ག་ལ་ཡིན། ཁྱེད་ཀྱིས་ནི་སྐྱེས་བུ་ཆུང་ངུའི་བསམ་པ་མ་སྦྱངས་ན་སྐྱེས་བུ་ཆེན་པོའི་བློ་རྣལ་མ་མི་སྐྱེ་ཞེས་དགོངས་པའོ། །གཉིས་པོ་དེའི་ཐུན་མོང་མ་ཡིན་པའི་ལག་རྗེས་ནི། དལ་འབྱོར་རྙེད་དཀའ་བསྒོམ་པས་བློ་ཆོས་སུ་འགྲོ་བར་བྱེད། འཆི་བ་མི་རྟག་པ་བསྒོམས་པས་ཆོས་ལ་མྱུར་དུ་བསྐུལ་བར་བྱེད། ཆོས་ལའང་གཉིས་ཏེ། མངོན་པར་མཐོ་བའི་དང་། ངེས་པར་ལེགས་པའི་ཆོས་སོ། །ལས་རྒྱུ་འབྲས་ཤེས་ཤིང་གོམས་པའི་ལག་རྗེས་ནི། མངོན་མཐོའི་ཆོས་ལ་བློ་འཕྲུལ་ཞིང་གོམས་པར་བྱེད། དེ་ཙམ་ཞིག་ལ་ནི། ཇོ་བོ་ཨ་ཏི་ཤས། སྐྱེས་བུ་ཆུང་ངུའི་ལམ་ཞེས་གསུངས། ངེས་པར་ལེགས་པའི་ཆོས་ལ་མྱ་ངན་ལས་འདས་པ་དང་། དེ་ལའང་མི་གནས་པ་གཉིས་ལས། འཁོར་བའི་ཉེས་དམིགས་ཤེས་པས་ནི་མྱང་འདས་སམ་ངེས་འབྱུང་གི་བསམ་པ་སྐྱེ་བར་བྱེད། རང་དོན་ཞི་བའི་དབྱིངས་ལའང་དོར་བྱར་ཤེས་པས་ནི་སྟོང་ཉིད་སྙིང་རྗེའི་སྙིང་པོ་ཅན་གྱི་བློ་སྐྱེ་བར་བྱེད་དོ། །དེ་བས་ན་རྒྱུར་བཤད་པའི་བསམ་པ་དེ་དག་ནི་རང་རང་གི་ལག་རྗེས་ཐུན་མོང་མ་ཡིན་པ་དེ་དག་ལ་བརྟན་པ་མ་ཐོབ་ཀྱི་བར་དུ་ཐུན་གྱི་དངོས་གཞིར་འཛིན་ཀྱང་། བརྟན་པ་ཐོབ་ནས་ཐུན་མཚམས་སུ་མ་བརྗེད་ཙམ་ལས་ལྷག་པ་ལ་དགོས་པ་མེད་དོ། །

དྲི་བ་བཞི་པའི་ལན་ནི། འཆི་བ་མི་རྟག་པའི་སྒོམ་རང་རྒྱུད་ལ་འགོལ་ལུགས་ཇི་ལྟར་བྱེད་ཅེས་པ། སྤྱིར་མི་རྟག་པ་ལ་ཕྲ་རགས་གཉིས་ལས། འཆི་བ་ཞེས་པའི་ཚིག་དང་འབྲེལ་བའི་ཚེ་རགས་པའི་མི་རྟག་པ་སྟེ། སྤྱིར་འཆི་ངེས་པ་དང་། ནམ་འཆི་ཆ་མེད་པར་ཤེས་པའི་བློའི་རྒྱུན་དེ་ཉིད་ཇི་སྲིད་མྱོང་བ་སྐྱེས་ཀྱི་བར་དུ་གོམས་པར་བྱེད་པའོ། །དྲི་བ་དེའི་བསམ་པ་ནི། མི་རྟག་པའི་དོན་སྐད་ཅིག་མ་ལ་བྱེད་དགོས། དེའི་གོ་བ་ཤེས་པ་རྣམ་འགྲེལ་མཛད་པའི་རིགས་པ་ལ་ལྟོས་དགོས་དེ་སླབ་པ་པོ་དག་ལ་མེད་པ་ཡིན་ཞེས་ཁྱེད་དུ་གསོད་པ་ཡིན་མོད་ཀྱང་། རགས་པའི་མི་རྟག་པ་ནི་མངོན་སུམ་གྱི་ཡུལ་དང་ཡུལ་ཅན་སྣང་ལ་མ་ངེས་པ་ནི་གྲུབ་མཐའ་མི་ཤེས་པ་དག་ལ་ཡང་ཡོད་མོད། མན་ངག་གིས་ངེས་པ་ཡུན་དུ་བསྐྱེད་ནས་མི་བརྗེད་པའི་ཐབས་སུ་བྱེད་པའོ། །

དྲི་བ་ལྔ་པའི་ལན་ནི། སྡིག་པའི་ས་བོན་དྭངས་འབྱིན་པ་ནི་ཟག་མེད་བར་ཆད་མེད་ལམ་གྱི་བྱེད་པ་ཡིན་མོད། ཇི་སྲིད་སོ་སོ་སྐྱེ་བོའི་ས་ལས་མ་བརྒལ་བ་དེ་སྲིད་དུ་སྡིག་པའི་ས་བོན་དང་བག་ལ་ཉལ་དང་བག་ཆགས་

རྣམས་རང་རང་གི་རྣམ་སྨིན་དང་བདག་པོ་དང་རྒྱུ་མཐུན་པའི་འབྲས་བུ་ལས་རྒྱང་རིང་དུ་བྱེད་པ་དང་། གསོས་འདེབས་བྱེད་ཀྱི་རྐྱེན་དང་མི་ཕྲད་པར་བྱེད་པའི་ཐབས་ལ་ནི་བཤགས་པ་ཞེས་བྱ་ལ།

དེ་ལ་ཚིག་ཏུ་བརྗོད་པ་དང་། བསམ་པ་ལ་འཛོག་པ་གཉིས་ལས། དང་པོ་ནི། མཐོལ་ལོ་བཤགས་སོ་ཞེས་བརྗོད་པ་ཡིན་ལ། གཉིས་པ་ནི། སྔར་བྱས་ལ་འགྱོད་པ་དང་། ཕྱིས་བྱ་བ་དེ་མི་བྱེད་པའི་བསམ་པའོ། ། བསམ་པ་འདི་གཉིས་གལ་ཆེ་བ་ཡིན་ཏེ། ཇི་སྐད་དུ། འདུལ་བ་ལས། བསམ་པ་ལྡང་བ་ལས་ལྡང་གི །ཞེས་གསུངས་སོ། །དེ་ཡང་ཉན་ཐོས་དང་ཐུན་མོང་གི་འདུལ་བར་གཏོགས་པའི་བཤགས་བྱ་ནི། ཡུལ་གྱི་དྲུང་དུ་མིང་རིགས་སྡེ་ཚན་རྣམས་ཚིག་ཏུ་འཐོན་པར་བརྗོད་ལ། བྱང་ཆུབ་སེམས་དཔའི་འདུལ་བ་ལས་ནི། བཤགས་ཚུལ་ཚིག་ཏུ་བརྗོད་དམ་མ་བརྗོད་ཀྱང་སྨོན་པ་བྱང་ཆུབ་ཀྱི་མཆོག་ཏུ་སེམས་བསྐྱེད་པ་ཙམ་གྱིས་སྡིག་པ་མ་ལུས་པ་འདག་པ་དང་། སྔགས་ཀྱི་འདུལ་བ་ལས་རྩ་བ་དང་ཡན་ལག་གི་ཉེས་པའི་བཤགས་ཚུལ་སོགས་མང་དུ་གསུངས་མོད། མདོར་ན་སྡིག་པ་འདག་བྱེད་ཀྱི་ཐབས་ནི། སྟོང་ཉིད་སྙིང་རྗེའི་སྙིང་པོ་ཅན་གོམས་པ་ལས་ལྷག་པ་གཞན་ཡོད་པ་མ་ཡིན་ནོ། །སྒོམ་ཆེན་པ་རྣམས་ལ་དྲི་བ་ལྷག་བསམ་རབ་དཀར་གྱི་སྐྱབས་འགྲོ་སོགས་བརྩམས་པའི་བརྒྱལ་ལན་རྣམ་པར་ངེས་པ་སྟེ་ལེའུ་གཉིས་པའོ།། །།

ལྔ་ཚན་གསུམ་པ་ལ་དྲི་བ་དང་ལན་གཉིས་ལས་དང་པོ་ནི། ཇི་སྐད་དུ། ཡང་དགེ་སྡིག་སྟོབས་འདྲ་འདྲེས་མར་སྤྱོད་པ་འདི་ཀུན་གྱི་དགེ་བ་དེའི་མཐུས་སྡིག་པའི་རྣམ་སྨིན་མི་འབྱིན་པར་བྱེད་པ་ཡིན་នམ་མ་ཡིན། ཡིན་ན་ནི། དེའི་སྡིག་པས་ཀྱང་དགེ་བ་མི་འཛོམས་པའི་རྒྱུ་མཚན་ཅི་ཞིག །འོན་ཏེ་སྡིག་པས་ཀྱང་དགེ་བ་འཛོམས་ཏེ། བསྐལ་པ་སྟོང་དུ་བསགས་པ་ཡི། །སྦྱིན་དང་བདེ་གཤེགས་མཆོད་ལ་སོགས། །ལེགས་སྤྱད་གང་ཡིན་དེ་དག་ཀུང་། །ཁོང་ཁྲོ་གཅིག་གིས་འཛོམས་པར་བྱེད། །ཅེས་གསུངས་པས་སོ་སྙམ་ན། དེ་ལྟ་ན་དེ་འདྲའི་གང་ཟག་གིས་དགེ་བ་གང་བྱས་སྡིག་པས་བཅོམ་ནས་འབྲས་བུ་འབྱིན་མི་སྲིད་པར་སོང་བས་ན་གང་ཟག་དེ་དགེ་བ་བྱེད་པ་འཁྲུལ་བར་ཁས་ལེན་ཨེ་ནུས། འོན་ཏེ་དགེ་སྡིག་གཉིས་མགོ་བསྡོས་ནས་གཉིས་ཀའི་འབྲས་བུ་མི་འབྱིན་པར་བྱེད་པ་ཡིན་ནམ་སྙམ་ན། འོན་ཞིང་གཅིག་ལ་ནས་སྲན་གཉིས་མཉམ་དུ་བཏབ་པའི་ཚེ་ཡང་དེ་གཉིས་མགོ་བསྡོས་ལ་སོང་ནས་གཉིས་ཀའི་འབྲས་བུ་མི་འབྱུང་བ་ཡིན་ནམ། ཡང་ན་ནས་སྟོབས་ཆེ་བས་སྲན་མ་བཅོམ་ནས་སྲན་མའི་འབྲས་བུ་མི་འབྱུང་བ་གང་ཁས་ལེན་ནུས། འོན་ཏེ་དཔེ་དེ་ལྟ་ན་གཉིས་ཀའི་འབྲས་བུ་སོ་སོར་སྨིན་གྱི། ཕན་ཚུན་གཅིག་གིས་གཅིག་ལ་མི་གནོད་དོ་སྙམ་ན། དེ་ལྟ་ན་དགེ་བས་ཀྱང་སྡིག་པ་ལ་མི་གནོད་པས་ན། འོན་དགེ་བ་ལ་བརྟེན་ནས་མཚམས་མེད་ལྔའི་ལས་སྒྲིབ་མ་ལུས་པར་འདག་

པར་གསུངས་པའི་དགོངས་པ་གང་ཡིན། ལུང་དེ་བདེན་ན་སྤྱོད་འཇུག་གི་ལུང་དེའི་དགོངས་པ་གང་ཡིན་འདྲིའོ། །སྤྱོད་འཇུག་གི་དོན་ནི། ཁོང་ཁྲོ་སྐད་ཅིག་མ་གཅིག་གིས་བསྐལ་པ་སྟོང་དུ་བསགས་པའི་དགེ་བ་འཇོམས་པ་ལ་བྱེད་ལ། འོ་ན་ཁོང་ཁྲོ་སྐད་ཅིག་མ་གཅིག་སྐྱེས་ཕན་གྱི་དགེ་བ་གང་འབད་དོན་མེད་དུ་སོང་བར་ཁས་ལེན་ཨེ་ནུས། ནུས་ན་ནི་དེང་སང་ཁོང་ཁྲོ་སྐད་ཅིག་མ་སྐྱེས་ཤིང་སྐྱེ་འགྱུར་ཀ་ཤས་ཆེའོ། །གཞན་ཡང་སྔར་སྡིག་བཤགས་ཀྱི་དགེ་བ་གང་བྱས་ཐམས་ཅད་ཀྱང་ཕྱིས་ནས་ཀྱི་ཁོང་ཁྲོ་སྐད་ཅིག་མ་གཅིག་པོ་དེས་བཅོམ་པས་ན་བཤགས་པ་ལ་བརྟེན་ནས་སྡིག་པ་དག་པ་རྣམས་ཀྱང་སླར་ལོག་ནས་འབྲས་བུ་སྨིན་དགོས་པར་ཁས་ལེན་ཨེ་ནུས། འདི་རྣམས་ལ་བློ་རྩེ་གཏད་རྒྱུ་མེད་ན་ནི་ངེད་ལས་འབྲས་པ་ཡིན་ཞེས་པ་ཡང་དད་པ་ཙམ་དུ་བས་པས་སོ་ཞེས་གསུང་། གཉིས་པ་ལན་ལ། དངོས་ལན་དང་དོགས་གཅོད་ཐུན་མོང་དུ་བཤད་པར་བྱ་བ་ལས། དྲི་བ་འདི་དག་གི་སྐབས་སུ་ཟག་མེད་ཀྱི་དགེ་བ་ནི་ལོགས་སུ་བཞག་དགོས་ཏེ། ཟག་མེད་ཀྱི་དགེ་བས་སྡིག་པའི་ས་བོན་དྲུངས་འབྱིན་པར་ནུས་པའི་ཕྱིར། ཁོང་ཁྲོ་དང་ལོག་ལྟ་ལྟ་བུས་ཟག་མེད་ཀྱི་དགེ་བ་ལ་གནོད་པ་བྱེད་མི་ནུས་པའི་ཕྱིར། ཟག་བཅས་ཀྱི་དགེ་སྡིག་གཉིས་ཀྱི་དགེ་བ་དེ་ཤིན་ཏུ་ཕྲ་བ་ལྟ་བུར་སྣང་ཡང་། སྡིག་པ་སྟོབས་ཆེན་དག་ལས་ཕུགས་སུ་སྟོབས་ཆེ་བ་ཡིན་ནོ། །དགེ་བ་ནི་ཡུལ་གྱི་གནས་ཚུལ་ལ་ཞུགས་པའི་དོན་གྱིས་བྱེད་པ་པོའི་སེམས་རྒྱུད་དང་དབྱེར་མེད་དུ་འདྲེས་པའི་ཕྱིར་དང་། རིགས་ཀྱི་ནུས་པ་སད་པའི་ཕྱིར་དང་། དེ་སད་པས་བྱང་ཆུབ་ཉེ་བར་བྱེད་པའི་ཕྱིར་དང་། སྡིག་པ་སྟོབས་ཆེན་ནི་བྱེད་པ་པོའི་སེམས་རྒྱུད་དང་དུས་ནམ་ཡང་འབྲལ་རུང་དུ་འཇུག་པའི་ཕྱིར་དང་། དེས་རིགས་ཀྱི་ནུས་པ་ཉམས་པར་བྱེད་མི་ནུས་པའི་ཕྱིར། དགེ་སྡིག་གནས་སྐབས་སུ་ལྷན་ཅིག་མི་གནས་འགལ་དུ་བཞག་པ་དེའི་ཚེ། དགེ་བ་ཟག་བཅས་ཀྱིས་རང་གི་འགལ་ཟླར་གྱུར་པའི་སྡིག་པ་དེའི་རྣམ་སྨིན་འབྱིན་མི་ནུས་པར་རྒྱུད་བསྒྲིངས་པ་ལ་དེས་དེ་འཇོམས་ཞེས་བཏགས་པ་ཙམ་ཡིན་ཏེ། གཉེན་པོ་ཟག་བཅས་ཀྱིས་སྤང་བྱའི་ས་བོན་དྲུངས་འབྱིན་པ་མི་སྲིད་པའི་ཕྱིར། དེ་བཞིན་དུ་སྡིག་པས་ཀྱང་དགེ་བ་ཟག་བཅས་འགའ་ཞིག་རྣམ་སྨིན་རྒྱུད་སྲིང་བར་བྱེད་པ་ཡིན་གྱི། དགེ་བ་དེའི་ནུས་པ་འཇོམས་པ་ནི་མ་ཡིན་ཏེ། དེས་དེའི་ས་བོན་སྤོང་མི་ནུས་པའི་ཕྱིར། ཟག་བཅས་ཀྱི་དགེ་བས་རང་གི་འགལ་ཟླའི་སྡིག་པ་ལ་གནོད་པ་བྱེད་པས་ཁྱབ་ཀྱང་། ཁོང་ཁྲོ་ལྟ་བུ་རང་གི་འགལ་ཟླར་གྱུར་པའི་ཟག་མེད་ཀྱི་དགེ་བ་ལྟ་ཅི། ཟག་བཅས་ལ་ཡང་གནོད་པས་མ་ཁྱབ་སྟེ། སྦྱོར་བ་རྣམ་མཁྱེན་ཡིད་བྱེད་དང་། དངོས་གཞི་མི་དམིགས་པའི་ཤེས་རབ་དང་། རྗེས་བསྔོ་བས་ཟིན་པའི་ཟག་བཅས་ཀྱི་དགེ་བ་ལ་ནི་སུས་ཀྱང་གནོད་པ་བྱེད་མི་ནུས་པའི་ཕྱིར། དེ་བས་ན་དགེ་སྡིག་སྟོབས་འདྲ་འདྲེས་མར་སྤྱད་པ་ན་གཉིས་ཀ་འབྲས་བུ་འབྱིན་པ

ཡང་ཡོད་དེ། སོ་སོ་དང་འགལ་བའི་གཉེན་པོ་མ་སྐྱེས་པའི་ཚེ་ནའོ། །གཉིས་ཀས་མི་འབྱིན་པ་ཡང་ཡོད་དེ། ཟག་མེད་ཀྱི་ལམ་སྐྱེས་པའི་ཚེ་ནའོ། །གང་རུང་གཅིག་གིས་འབྱིན་ལ་ཅིག་ཤོས་ཀྱིས་མི་འབྱིན་པ་ཡང་ཡོད་དེ། ཅིག་ཤོས་ཀྱི་རྣམ་སྨིན་འགྲུབ་བྱེད་མངོན་དུ་གྱུར་ལ། གང་རུང་གཅིག་མངོན་དུ་མ་གྱུར་པའི་ཚེ་ནའོ། །དེ་ཡང་དཔེར་ན་རབ་ཏུ་བྱུང་བ་གཅིག་ལ་དགེ་སློང་གི་སྡོམ་པ་དང་སྲོག་གཅོད་ཀྱི་ཕམ་པར་རིམ་ཅན་དུ་འབྱུང་བ་དེའི་ཚེ། རྣམ་སྨིན་བདེ་འགྲོ་དང་ངན་འགྲོ་སོ་སོར་འབྱིན་པ་ཡིན་མོད་ཀྱང་། འཆི་ཀར་གང་རུང་གཅིག་གི་འགྲུབ་བྱེད་མངོན་དུ་གྱུར་པ་དེའི་ཚེ་ཅིག་ཤོས་ཀྱི་རྣམ་སྨིན་དངོས་སུ་མི་འབྱིན་པ་དང་། ཚེ་དེ་ལ་དགྲ་བཅོམ་པའི་འབྲས་བུ་མངོན་དུ་བྱས་པའི་རྣམ་སྨིན་གཉིས་ཀ་མི་འབྱིན་པ་ལྟ་བུའོ། །དེ་ལྟ་ན་ཡང་དགེ་བ་ཤས་ཆེན་པོ་བསགས་པའི་གང་ཟག་གི་རྒྱུད་ལ་སྡིག་པ་ཆུང་ངུས་འབྲས་བུ་འབྱིན་མི་ནུས་ལ། སྡིག་པ་མང་པོ་དང་ལྡན་པའི་གང་ཟག་གི་རྒྱུད་ལ་ནི་འབྲས་བུ་འབྱིན་ནུས་པ་དང་། ཡང་བླུན་པོས་བྱས་པའི་སྡིག་པ་ཆུང་ངུ་ལས་ཀྱང་མཁས་པས་བྱས་པའི་སྡིག་པ་ཆེན་པོ་ཡང་བ་སོགས་ཡོད་པས་མཐའ་གཅིག་ཏུ་ངེས་པ་མེད་དོ། །ཡང་གང་ཟག་འགའ་ཞིག་ལ་ཁོང་ཁྲོས་མ་བཅོམ་པའི་དགེ་བ་སྣ་གཅིག་ཀྱང་མེད་པ་དེའི་རྣམ་གཞག་བྱེད་པའི་ཚེ་སྔར་གྱི་དགེ་བ་གང་བྱས་དོན་མེད་དུ་ཁས་ལེན་ནུས་པ་མ་ཡིན་ཏེ། དགེ་བའི་ལས་ཀྱི་བགས་ཆགས་ཀུན་གཞིའི་སྟེང་དུ་བཞག་པ་དེ་སུས་ཀྱང་གཞོམ་པར་མི་ནུས་པའི་ཕྱིར། ཁོང་ཁྲོའི་དབང་གིས་མནར་མེད་དུ་འཕེན་བྱེད་ཀྱི་ལས་བསགས་པ་དེས། ཁོང་ཁྲོའི་གཉེན་པོར་བྱམས་པའི་ཏིང་ངེ་འཛིན་སོགས་བསྒོམས་པས་སྔར་བྱས་ཀྱི་དགེ་བ་དེའི་རྣམ་སྨིན་སོར་ཆུད་པའི་ཕྱིར། དེ་དང་འདྲ་བ་ངན་སོང་དུ་སྐྱེ་ངེས་ཀྱི་ལས་བསགས་པ་འགའ་ཞིག་གིས་དགེ་སློང་གི་སྡོམ་པ་ཡང་དག་པར་བླངས་ནས་བསྲུངས་པ་དེའི་ཚེ་ལས་སྔ་མ་དེའི་ནུས་པ་བཅོམ་པར་ཁས་ལེན་མོད། བསླབ་པ་དེ་ཞུལ་ནས་ཡང་ངན་སོང་འགྲུབ་ངེས་ཀྱི་ལས་བསགས་པ་དེའི་ཚེ་ལས་སྔ་མ་དེའི་རྣམ་སྨིན་སོར་ཆུད་པར་འདོག་པ་ལྟ་བུའོ། །འོ་ན་སྟྲངས་ཟིན་པའི་ལས་ཀྱི་འབྲས་བུ་འབྱིན་པར་ཁས་ལེན་པ་དེའི་ཚེ། ལས་འབྲས་ཀྱི་རྣམ་གཞག་ལ་ཡིད་བརྟན་མི་རུང་བ་མ་ཡིན་ནམ་ཞེ་ན། ཟག་བཅས་ཀྱི་དགེ་བ་དང་སྡིག་པ་རྣམས་ཕན་ཚུན་གནོད་པ་བྱས་པའི་སྟོབས་ཀྱིས་རྣམ་སྨིན་འབྱིན་མི་འབྱིན་གྱི་རྣམ་པར་དབྱེ་བ་འདི་ནི་རྣམ་སྨིན་རྒྱང་བསྲིངས་པ་དང་མ་བསྲིངས་པ་ཙམ་ཡིན་གྱི། འབྲས་བུ་འབྱིན་པའི་ནུས་པ་སྟྲངས་པ་ནི་མ་ཡིན་ནོ་ཞེས་བྱ་བའི་དོན་ཏེ། འདིས་ནི་སྐབས་ཀྱི་དྲི་བ་དེ་དག་གི་ལན་ལེགས་པར་བཏབ་པ་ཡིན་ནོ། །སྡིག་བཤགས་ཀྱི་དགེ་བ་ཁོང་ཁྲོས་བཅོམ་པ་དེའི་ཚེ། བཤགས་ཟིན་གྱི་སྡིག་པ་དེས་འབྲས་བུ་འབྱིན་པར་འགྱུར་རོ་ཞེས་གསུང་པ་ནི་ཧ་ཅང་ཐལ་བ་མ་ཡིན་ཏེ། སྡིག་བཤགས་བྱས་པ་དེ་ཉིད་ལ་ཁོང་ཁྲོའི་དབང་གིས་འཇོམས་པ་སྐྱེས་ནས

རང་གི་སྡིག་པ་ལ་རྗེས་སུ་ཡི་རང་ན། སྔོན་གྱི་སྡིག་པ་དེས་འཕངས་པའི་རྣམ་སྨིན་མྱུར་དུ་འགྲུབ་པ་ལས་འོས་མེད་པའི་ཕྱིར་རོ། །དེ་ཡང་གཉེན་པོ་ཟག་བཅས་སུ་མ་ཟད་ཟག་མེད་ཀྱིས་ཀྱང་སྡིག་པ་དང་ལྟུང་བ་བྱས་ཟིན་སྤྱོང་བ་ནི་མ་ཡིན་ཏེ། མི་ནུས་པའི་ཕྱིར་རོ། །དེ་བས་ན་བྱས་ཟིན་གྱི་སྡིག་པ་དེའི་འབྲས་བུ་ཡིད་དུ་མི་འོང་བ་མ་འོངས་པ་ན་འབྱུང་རུང་དེ་མདུན་ནས་འཕུལ་བ་ལྟར་རྒྱང་བསྲིང་བའོ། །དེ་ཡང་ཟག་བཅས་ཀྱིས་ནི་འབྲས་བུ་དེའི་རྐྱེན་མ་ཚོགས་པ་དེ་སྲིད་དུ་རྒྱང་སྲིང་བར་བྱེད་ལ། ཟག་མེད་ཀྱིས་ནི་གཏན་ནས་འཇོམས་པར་བྱེད་དོ།། །རྣམ་སྨིན་འབྱིན་པའི་ལས་གཞིར་བྱས་པ་ལ་ཡང་། རང་གི་རྣམ་སྨིན་འབྱིན་པ་ལ་དགེ་བ་ཞིག་མཐུ་ཆེ་བ་ཡིན་ཏེ། མི་དགེ་བ་ལྟི་ཤོས་ཀྱི་རྣམ་སྨིན་མཐར་ཐུག་པ་ནི་མནར་མེད་པའི་དམྱལ་བ་ཡིན་ལ། དགེ་བ་ཆེ་ཤོས་ཀྱི་རྣམ་སྨིན་མཐར་ཐུག་ནི་སྲིད་རྩེའི་སས་བསྡུས་པའི་ཕུང་པོ་ཡིན་ཞིང་། གཉིས་པོ་དེའི་རྣམ་སྨིན་ནི་རང་རང་གི་སར་གནས་པའི་ཡུན་ཚད་ལ་བརྟགས་པས་ཤེས་པའི་ཕྱིར། སྡིག་པ་རྣམས་ཀྱི་ལྕི་ཤོས་ནི་ལོག་ལྟ་དང་ཆོས་སྤོང་ཡིན་ལ། འདི་དག་གིས་ནི་ཟག་མེད་ཀྱི་དགེ་བ་ལྟ་ཅི་ཟག་བཅས་ཀྱི་དགེ་བའི་ས་བོན་འཇོམས་ནུས་པ་མིན་ཏེ། རང་བཞིན་དུ་གནས་པའི་རིགས་དང་། ཁམས་བདེ་བར་གཤེགས་པའི་སྙིང་པོ་རྒྱུན་ཆད་པ་མི་སྲིད་པའི་ཕྱིར། འོ་ན་ཆོས་སྤོང་གི་ལས་བསགས་པ་འཁོར་བ་ལས་མི་གྲོལ་བར་བཤད་པ་མ་ཡིན་ནམ་ཞེ་ན། སངས་རྒྱས་ཀྱི་ཆོས་མ་སྤངས་བཞིན་དུ་མཚམས་མེད་ལྔའི་ལས་བྱེད་པ་ཡོད་ལ། སངས་རྒྱས་ཀྱི་ཆོས་མ་སྤངས་པ་དེ་སྲིད་དུ་ཆོས་སྤོང་གི་ལས་བྱེད་པ་མེད་པ་ལ་དགོངས་པའོ། །འོ་ན་ཆོས་སྤོང་གི་ལས་དེའི་རྣམ་སྨིན་འཇིག་རྟེན་པའི་ལམ་གྱིས་སྤངས་བ་དག་སྲིད་དམ་ཞེ་ན། ལྟ་བ་བཀའ་བརྟགས་ཀྱི་ཕྱག་རྒྱ་བཞི་ནམ་ངེས་པའི་ཚད་མ་སྐྱེས་པ་དེའི་ཚེ་ལས་དེའི་རྣམ་སྨིན་རྒྱང་བསྲིངས་བ་ཡིན་ལ། ཚད་མ་དེའི་རིགས་རྒྱུན་གོམས་པར་བྱས་པས་མི་སྐྱེ་བའི་ཆོས་ལ་བཟོད་པ་ཐོབ་པ་དེའི་ཚེ་ན་ལས་དེའི་ས་བོན་སྤངས་པ་ཡིན་ནོ། །སྒོམ་ཆེན་པ་ལ་དྲི་བ་ལྷག་བསམ་རབ་དཀར་གྱི་སྤྱོད་ཕྱོགས་ལས་བརྩམས་པའི་བརྒལ་ལན་རྣམ་པར་ངེས་པ་སྟེ་ལེའུ་གསུམ་པའོ།། །།

གཞུང་མང་པོ་ཡི་བཤད་ཚུལ་མ་ཤེས་ན། །མན་ངག་ཙམ་གྱིས་དལ་འབྱོར་སྟོང་ཟད་ཅེས། །བོད་ཡུལ་འགྱུར་བའི་མདོ་དང་བསྟན་བཅོས་ཀྱི། །བཤད་ཡམས་བསྡུས་ནས་ལམ་རིམ་རྣམ་གསུམ་མཛད། །ད་དུང་ཆོས་སྒོ་བརྒྱད་ཁྲི་བཞི་སྟོང་དང་། །བོད་ཡུལ་མ་འགྱུར་གཞུང་ལུགས་བགྲང་ཡས་ཀྱི། །རྒྱས་བཤད་མ་ཤེས་ལམ་རིམ་ཇི་ལྟར་བསྒོམ། །ཆོས་ཀུན་སྙིང་པོ་བྱང་ཆུབ་སེམས་གཉིས་སོ།། །།

སྭ་སྟི། རྫོགས་སངས་རྒྱས་ལ་ཕྱག་འཚལ་ནས། །ལྟ་སྒོམ་ཚུལ་ལ་མི་མཐུན་པར། །རྩོད་པའི་དྲི་བ་འགའ་ཞིག་གི། །ལན་ཡང་མདོར་བསྡུས་འདིར་བཤད་བྱ། འདི་ལ་གཉིས་ཏེ། དྲི་བ་དང་ལན་ནོ། །དང་པོ་ནི།

ཇི་སྐད་དུ། ད་འོན་སྒོམ་ཆེན་རྣམས་ལྷ་སྒོམ་ལ་གཙོ་བོར་འབད་པ་ལགས་ན། ལྷ་བ་སྟོང་ཉིད་རྟོགས་པའི་བློ་དེ་སྒོམ་པ་ཞི་གནས་དང་མ་བྲལ་བ་ཞིག་དགོས་ཏེ། དེ་བྱུང་ན་ལྷ་སྒོམ་ཟུང་འབྲེལ་ཞི་ལྷག་ཟུང་འཇུག་ཏུ་འགྲོ་བ་ཡིན་ལ། དེ་ཡང་དང་པོ་འབྱུར་རྒྱ་དང་འདྲ་བའི་ཞི་གནས་བརྟན་པོ་མེད་ན་སྟོང་པ་ཉིད་ལ་སེམས་ཙན་གྱིས་སྟོད་མི་ནུས་ལ། སྟོང་ཉིད་ལ་སེམས་ཙན་གནས་པའི་མཉམ་གཞག་བཟང་པོ་མེད་ན། རྗེས་ཐོབ་ཏུ་སྣང་བ་རྣམས་སྒྱུ་མ་ལྟ་བུར་འཆར་ས་མེད་པས་ན། ལྷག་མཐོང་ངམ་ངེས་དོན་བསྒོམ་པའི་སྔོན་ལ་ཞི་གནས་གལ་ཆེ་ཞིང་། དེ་ལ་ཡང་དབྱེ་གཉིས་ཡོད་པའི་བྱེད་བ་དེ་གང་ཡིན་རྨུགས་པ་དང་གཅིག་གམ་མི་གཅིག །གཅིག་ན་ཐོགས་མེད་སོགས་ཀྱིས་དེ་གཉིས་སོ་སོར་ངོས་བཟུང་བ་དེ་ཇི་ལྟར་འགེགས། མི་གཅིག་ན་དེ་གཉིས་ཀྱི་ཁྱད་པར་ཇི་ལྟར་འབྱེད། ཡང་མཉམ་གཞག་གི་དུས་བྱིང་བ་ཕྲ་རགས་སྐྱེ་ཚུལ་ཇི་ལྟར་འོང་། དེ་གཉིས་མི་སྐྱེ་བར་བྱེད་པའི་གཉེན་པོ་གང་དང་གང་ཡོད། ཡང་དྲན་པ་དང་ཤེས་བཞིན་གལ་ཆེ་ཟེར་བ་ཞིག་སྒོམ་ཆེན་པ་ཀུན་གྱི་ཞལ་ནས་རླུང་བཞིན་དུ་འོང་གི་འདུག་པ། དེ་གཉིས་སོ་སོར་ངོས་འཛིན་ཙར་བ་རེ་ཇི་ལྟར་འོང་འདྲིའོ། །མ་ཡེངས་ཙམ་འདི་ལ་དྲན་པ་ཡིན། ཡེངས་མ་ཡེངས་བྱ་ར་བྱེད་པ་དེ་ཤེས་བཞིན་ཡིན་ཟེར་ན། ཡེངས་མ་ཡེངས་ཀྱི་དོན་དེ་གང་ཡིན། དམིགས་པ་འདི་འདྲ་ཞིག་ལས་ཡེངས་པ་དང་མ་ཡེངས་པ་ཞེས་འཛོག་གམ། དམིགས་པ་ལ་མི་བརྩེ་བར་ཡིད་འདི་མ་འཕྲོས་ཙམ་བྱེད་པ་ལ་དྲན་པ་དང་། འཕྲོས་མ་འཕྲོས་བྱ་ར་བྱེད་པ་ལ་ཤེས་བཞིན་ཡིན་ཞེས་འཛོག་པ་ཡིན། ཡང་བདེ་གསལ་མི་རྟོག་པ་སྒོམ་གྱི་ཡང་རྩེ་ཡིན་ཞེས་ཟེར་བ་ཅིག་ཀྱང་འདུག་པ། འདིའི་གསལ་བ་དང་མི་རྟོག་པ་གཉིས་ཇི་ལྟར་ངོས་འཛིན། གསལ་བའི་དོན་དེ་ཡང་། སེམས་འདི་ལ་དམིགས་རྟེན་གསལ་བ་ཞིག་དགོས་པ་ཡིན་ནམ། དམིགས་བརྟེན་ལ་མི་བརྩེ་བར་གང་དུ་ཡང་མ་འཕྲོས་ཙམ་གྱི་ངང་ནས། སེམས་འདི་ཀ་གསལ་ལེ་ཧྲིག་གེ་བའི་དངས་ཆ་ཙན་དེ་ཀས་ཆོག་པ་ཡིན། མི་རྟོག་པའི་དོན་ཡང་དམིགས་རྟེན་གཅིག་ལ་གཏད་ནས། དེ་ལས་གཞན་གང་ལ་ཡང་མི་རྟོག་པ་ཞིག་དགོས་སམ། དམིགས་རྟེན་ལ་མི་བརྩེ་བར་སེམས་འདི་ཀ་གང་ལ་ཡང་མི་རྟོག་པའམ་མི་འཕྲོ་བར་གནས་པ་ཙམ་གྱིས་ཆོག་པ་ཡིན་ཞེས་འདྲིའོ། །དེ་ལ་ལན་དང་པོ་ལྟར་དུ་དྲན་པ་ཡང་དམིགས་རྟེན་གཉིས་ལས་མ་ཡེངས་པ་ཞིག་ལ་བྱ་དགོས། ཤེས་བཞིན་དམིགས་རྟེན་གཅིག་པོ་དེ་ལས་ཡེངས་མ་ཡེངས་ཀྱི་བྱ་ར་བྱེད་པ་ཞིག་དགོས། གསལ་བ་ལ་ཡང་དམིག་རྟེན་གསལ་བ་ཞིག་དགོས། མི་རྟོག་པ་ལ་ཡང་དམིགས་རྟེན་གཅིག་ལ་གནས་ནས་དེ་ལས་གཞན་གང་ལ་ཡང་མི་རྟོག་པ་ཞིག་དགོས་ཟེར་ན། དེ་འདྲའི་དྲན་ཤེས་བཞིན་དང་གསལ་ལ་མི་རྟོག་པ་ལྡན་པའི་ཞི་གནས་དེ་ངེས་དོན་གྱི་སྐབས་སུ་མ་ཚང་ན་ནི་ཞི་ལྷག་ཟུང་འབྲེལ་གྱི་གཅིག་གང་ལ་བྱེད། ཚང་ན་ནི་དེ་འདྲའི་ཞི་གནས་དེ་ལྷག་མཐོང་

དང་སྦྲེལ་བའི་ཚེ་ལྷག་མཐོང་དེ་ཡང་དམིགས་རྟེན་ལ་གཏད་འདུག་པས་ན། དམིགས་བཅས་བསྒོམ་པར་སོང་གི་དམིགས་མེད་བསྒོམ་པ་མིན་ཟེར་ན། དེ་ལ་ལན་ཇི་ལྟར་འདེབས། དེས་ན་དེ་ལ་འགའ་ཞིག་འདི་སྐད་དུ་སེམས་ཏེ། དེ་ཐམས་ཅད་དམིགས་རྟེན་ལ་མི་བརྩི་བར་སེམས་འདི་ཀ་གང་ལ་ཡང་མི་འཛུག་པར་མ་ཡེངས། མ་འཕྲོས། མི་རྟོག་པར་བཙན་ནེ་གནས་ཤིང་། དེའི་ངང་ནས་སེམས་འདི་ཀ་ས་ལེ་ཧྲིག་གེ་བའི་དངས་ཆ་ཅན་དེ་ལ་ཡུན་ཇི་ཙམ་སྐྱོད་ཐུབ་པའི་ཚེ་ནི། དེ་ལ་དྲན་ཤེས་བཞིན་དང་བདེ་གསལ་མི་རྟོག་པ་ལྷུ་ཆར་ཚང་ཞིང་། ཞི་ལྷག་ཟུང་འཇུག་ཡང་འདི་ཀ་ཡིན། མདོར་ན་ངེས་དོན་བསྒོམ་པ། སྟོང་ཉིད་བསྒོམ་པ། ཕྱག་རྒྱ་ཆེན་པོའི་དངོས་གཞི་ཡིན། སྦྱོར་བ་ཡན་ལག་དྲུག་གི་དང་པོ་སོ་སོར་བསྡུད་པ་ཡང་འདི་ཀ་ཡིན་སྙམ་པ་ཡང་འདུག་སྟེ། དེ་རྣམས་ཐམས་ཅད་ཨེ་ཡིན་པ་འདུག་ནི་མདོ་རྒྱུད། དེའི་དགོངས་འགྲེལ་རྣམས་ལས་ངེས་དགོས་ལ། རྒྱལ་བའི་གདམས་ངག་རྣམས་ཀྱི་དགོངས་འགྲེལ་ཡང་། རྒྱ་གར་དུ་ཤིང་རྟའི་སྲོལ་འབྱེད་ཆེན་པོ་གཉིས་སུ་གྲགས་ཏེ༑ ཀླུ་སྒྲུབ་ཡབ་སྲས་ཀྱི་བརྒྱུད་པ་ཚན་གཅིག་དང་། ཐོགས་མེད་སྐུ་མཆེད་ཀྱི་བརྒྱུད་པ་ཚན་གཅིག་སྟེ། འདི་གཉིས་སུ་ངེས་ཤིང་། དེ་གཉིས་ཀྱིས་གསུངས་པའི་དྲན་ཤེས་བཞིན་དང་། གསལ་ལ་མི་རྟོག་པ་རྣམས་དང་ནི་ཁྱེད་ཀྱི་དེ་མི་འགྲིག་པར་འདུག །ཁྱད་པར་དུ་མཁས་པ་ཆེན་པོ་ཀ་མ་ལ་ཤཱི་ལས་སྒོམ་རིམ་རྣམ་པ་གསུམ་གསུངས་པ་ཡོད་པས་དེ་རྣམས་ལ་ལེགས་པར་གཟིགས་དང་། དེ་ཧྭ་ཤང་དང་རྩོད་གཞི་ཅན་དུ་གསུངས་ཡོད་པས་ན། མཁས་པ་དེ་རྣམས་ནོར་རོ་ཞེས་ཁས་ལེན་ཨེ་ནུས། གཞན་ཡང་སྒོམ་ལ་དཔྱད་སྒོམ་དང་འཇོག་སྒོམ་གཉིས་འོང་ངམ་མི་འོང་། མི་འོང་ན་རྒྱ་གར་བའི་ཚད་ལྡན་རྣམས་ཀྱིས་གསུངས་པ་དེ་འགོག་གམ། འོང་ན་སྒོམ་ལ་དེ་གཉིས་སུ་འབྱེད་པའི་རྒྱུ་མཚན་ཅི་ཡིན། ཡང་དཔྱད་སྒོམ་སྒོམ་ཡིན་ནམ་མ་ཡིན། མ་ཡིན་ན་རྒྱ་གར་མཁས་པ་རྣམས་ཀྱིས་སྒོམ་དུ་གསུངས་འདུག་པ་དེ་ནོར་རམ། དེ་ཡིན་ན་བློ་འཕྲོ་བ་སྒོམ་གྱི་གེགས་ཡིན་པས་འཕྲོར་མི་བཏུབ་ཟེར་བའི་རྒྱུ་མཚན་གང་ཡིན། ཐོས་པ་སྔོན་དུ་སོང་བའི་མཁས་པ་དང་མ་སོང་བའི་བླུན་པོ་གཉིས་སྒོམ་པའི་ཚེ་སྒོམ་བཟང་ངན་ལ་ཁྱད་མེད་ཟེར་བའི་རྒྱུ་མཚན་ཡང་ཅི་ཡིན། གཞན་ཡང་འཕྲོ་བ་སྒོམ་གྱི་གེགས་ཡིན་ན་ཐོགས་མེད་ཀྱིས་མངོན་པ་ཀུན་ལས་བཏུས་སུ་ཐོས་བསམ་ལ་མ་བརྟེན་པར་སྒོམ་པ་ཡང་དག་མི་འོང་བར་བཤད་པ་དང་། གཞན་ཡང་མཁས་པ་དུ་མས་ཐོས་བསམ་སྒོམ་གྱི་གྲོགས་སུ་གསུངས་པ་རྣམས་ཕྱིན་ཅི་ལོག་བསྟན་པ་ཡིན་ནམ། ཡང་འགའ་ཞིག་ནི་འཕྲོ་བ་སྒོམ་གྱི་གེགས་ཡིན་ཟེར་བ་དེ། མཐར་ཐུག་གི་ངེས་དོན་བསྒོམ་པའི་དུས་ཡིན་གྱི། རྣམ་པ་ཀུན་ཏུ་མ་ཡིན་ནོ་སྙམ་ན། འོ་ན་ངེས་དོན་བསྒོམ་པའི་ཚེ་སོ་སོར་རྟོག་པའི་ཤེས་རབ་ཀྱིས་དཔྱད་དགོས་སམ་མི་དགོས། དགོས་ན་ནི་འཕྲོ་བ་སྒོམ་གྱི་གེགས་ཡིན་ཟེར་བ་འགལ་

ལ༔ མི་དགོས་ན་ནི་དེ་འདྲའི་ངེས་དོན་ཀླུ་སྒྲུབ་ལུགས་ཀྱི་ལྟག་མཐོང་དང་འགལ་བས་ན་དེ་མཐར་ཐུག་གི་སྒོམ་ཡིན་པ་དོར་ཅིག ཅེས་འབྱུང་ངོ་། །

འདི་དག་ལ་དྲི་བའི་ཚིག་གི་རྣམ་གྲངས་མང་ཡང་། ཞི་འདོད་གཅིག་ཉིད་བསྒྲུབ་པར་བཞེད་ནས་དྲིས་པར་སྣང་བས། ལན་ལ་གཉིས་ཏེ། དྲི་བའི་བསམ་པ་བསླང་བ་དང་། དོགས་པ་དཔྱད་ནས་དངོས་ལན་བཏབ་པའོ། །དང་པོ་ནི། ཞི་ལྷག་ཟུང་དུ་འཇུག་དགོས་པ་དང་། དེའི་མི་མཐུན་ཕྱོགས་བྱིང་རྨུགས་དང་རྒོད་པའི་ངོས་འཛིན་དང་། དེ་དག་གི་གཉེན་པོ་དྲན་པ་དང་ཤེས་བཞིན་ལེགས་པར་ངོས་ཟིན་དགོས་ཞེས་གསུངས་པ་རྣམས་ནི། ཞི་ལྷག་གཉིས་ཀའི་ངོ་བོ་དྲན་ཤེས་བཞིན་དང་འཛིན་སྟངས་མཚུངས་པར་བསྒྲུབས་ནས། ཞི་ལྷག་མཚན་ཉིད་པ་སོ་སོའི་སྐྱོན་དང་བྲལ་བ་ཞིག་ནམ་བྱུང་བའི་ཚེ། དེའི་ངོ་བོ་སྒྲ་དོན་འཛིན་པའི་རྟོག་བཅས་སུ་བསྒྲུབ་པར་བཞེད་ནས་དྲིས་པར་སྣང་ངོ་། །གཉིས་པ་ལ་དོན་གྱི་ཁོག་ཕུབ་པ་དང་། །དོགས་གཅོད་དང་། དངོས་ལན་སོ་སོར་བཏབ་པའོ། །དང་པོ་ནི། དྲི་བ་མཛད་པ་པོའི་དགོངས་པས་ནི་ཡེ་ཤེས་དང་རྣམ་ཤེས་ཀྱི་ཁྱད་པར་མི་འབྱེད། སེམས་དང་སེམས་བྱུང་གང་རུང་ལས་མ་གཏོགས་པའི་ཤེས་པ་ཁས་མི་ལེན། བསམ་བྱུང་གི་རིགས་པ་དང་སྒོམ་བྱུང་གི་རྣལ་འབྱོར་གཅིག་ཏུ་འདྲིལ། ཞི་ལྷག་གི་དངོས་གཞི་དང་མི་མཐུན་ཕྱོགས་སེལ་བྱེད་ཀྱི་ཁྱད་པར་མ་ཕྱེད། ལྷག་མཐོང་དངོས་གཞི་དང་། དེའི་སྦྱོར་བ་ཉེར་བསྡོགས་ཀྱི་ཤན་མ་ཕྱེད། ཞི་ལྷག་ཟུང་དུ་འཇུག་པའི་ཡེ་ཤེས་ལ་ཞི་གནས་རྐྱང་པར་འཁྲུལ། གཟུང་འཛིན་གཉིས་སུ་མེད་པའི་ཡེ་ཤེས་འབའ་ཞིག་པའི་མིང་ཙམ་དེ་ཟླ་བ་གྲགས་པས་བཀག་འདུག་སྙམ་དུ་བསམས་ནས་དེ་འདྲའི་དོན་དང་ཐ་སྙད་ཁས་མི་ལེན། དེའི་རྒྱུ་མཚན་གྱིས་ཆོས་ཀྱི་དབྱིངས་ཀྱི་ཡེ་ཤེས་ཁས་མི་ལེན། ཆོས་མཐའ་དག་གི་ཀུན་རྫོབ་པའི་སྣང་ཆ་རྣམ་ཤེས་དང་། གནས་ལུགས་ཡེ་ཤེས་སུ་གནས་པ་དེ་བརྟག་མ་འཕྲོད་པས་ན། རྣལ་འབྱོར་པའི་ཤེས་པས་ཉམས་སུ་མྱོང་བྱའི་སྟོང་པ་ཉིད་དང་། སྒོང་བྱེད་ཀྱི་ཤེས་པ་སོ་སོར་ཁས་བླངས་པས་འཁོར་འདས་ཀྱི་དང་། བདེན་པ་གཉིས་ཀྱི་དང་། ཞི་ལྷག་གི་ཟུང་འཇུག་རྣམས་མ་མཁྱེན་པས་གསང་སྔགས་རྡོ་རྗེ་ཐེག་པའི་ལྟ་བ་དང་སྒོམ་པའི་གནད་རྣམས་ཤིན་ཏུ་འཁྲུལ་བར་གྱུར་ཏོ། །

གཉིས་པ་ལ་གཉིས་ལས། དོགས་པ་བཅད་པ་ནི། ཞི་ལྷག་ཟུང་འབྲེལ་དང་ཟུང་འཇུག་ནི་དོན་གཅིག་པ་མ་ཡིན་ཏེ། ཟུང་འབྲེལ་ནི་གཉིས་པོ་དབྱེར་མེད་དུ་མ་འདྲེས་པ་སོ་སོར་བའི་གནས་སྐབས་སུ་འཇོག་པ་ཡིན་ལ། ཟུང་འཇུག་ནི་དེར་འདྲེས་ནས་ཐ་ས་གཅིག་ཉིད་ལ་སྒྲ་རྟོག་གི་ཡུལ་དུ་ངོས་འཛིན་པའི་ཚེ། གཅིག་ངོས་བཟུང་བས་གཉིས་ཀའི་ངོས་འཛིན་དུ་འགྲོ་བ་ཞིག་ལ་བྱེད་དགོས་པའི་ཕྱིར། དཔེར་ན་འཁོར་འདས་དང་བདེན་གཉིས

ཀྱི་ཟུང་འབྲེལ་དང་ཟུང་འཇུག་བཞིན་ནོ། །ཞི་གནས་ཀྱི་མི་མཐུན་ཕྱོགས་བྱིང་རྨུགས་གཉིས་ཀྱི་ངོས་འཛིན་གཞུང་ལས་སོ་སོར་བཤད་ཀྱང་། སྒོམ་ཆེན་པས་སོ་སོར་ངོས་འཛིན་དགོས་པ་མ་ཡིན་ཏེ། གཅིག་གི་གཉེན་པོ་རང་རྒྱུད་ལ་བརྟེན་པས་གཉིས་ཀ་སེལ་ནུས་པའི་ཕྱིར། བྱིང་བ་ནི་སྒྱུར་བའི་གནས་སྐབས་དང་། རྨུགས་པ་ནི་དངོས་གཞི་སྟེ། གཉིས་ཀའི་གཉེན་པོ་ནི་ཆོས་རབ་ཏུ་རྣམ་འབྱེད་ཀྱི་ཤེས་རབ་བོ། །དྲན་ཤེས་བཞིན་གྱི་ངོས་འཛིན་དམིགས་པ་ལ་སེམས་མ་ཡེངས་ཙམ་དང་། ཡེངས་མ་ཡེངས་ཀྱི་བྱ་ར་བྱེད་པ་ལ་འཆད་པོ་ནི་སུ་ཡང་མི་སྣང་བས་དེ་ལྟར་ཁས་མི་ལེན་མོད། བླ་མས་བསྟན་པའི་གདམས་ངག་གི་དམིགས་རྣམ་མ་བརྗེད་པར་དྲན་པ་དང་། བྱིང་རྒོད་སེལ་བའི་ཤེས་རབ་ལ་དེ་གཉིས་སོ་སོའི་ངོས་འཛིན་དུ་ཁས་ལེན་ཞིང་། མ་དག་པའི་ས་རྩུབ་ཚད་དུ་དེ་དག་སྒྲ་དོན་འཛིན་པའི་རྟོག་པར་ཁས་ལེན་མོད། ཞི་ལྷག་གི་ངོ་བོར་ཁས་མི་ལེན་ཏེ། འདི་དག་ནི་རྣམ་ཤེས་ལས་མ་འདས་པའི་ཕྱིར། དཔེར་ན་བསམ་གཏན་གྱི་ཡན་ལག་དང་དངོས་གཞིའི་ཏིང་ངེ་འཛིན་བཞིན་ནོ། །

གཉིས་པ་ལ། བྱིང་བ་ནི་རྨུགས་པའི་སྒྱུར་བ་སྟེ་སེམས་བྱུང་གི་དབྱེ་བར་མ་བཤད་དོ། །དེ་བཀག་པས་རྨུགས་པ་རང་ཤུགས་ཀྱིས་ཁེགས་མོད། དངོས་གཞིའི་དུས་སུ་ལུས་སེམས་གློང་གློང་པོར་བྱེད་པའི་སེམས་བྱུང་ཞིག་ལ་བཤད་དོ། །དེ་ལྟ་ན་ཡང་མན་ངག་པས་ནི་གཉེན་པོ་ཤེས་བཞིན་ཉིད་བརྟེན་པས་ཆོག་གི །དེའི་འགལ་ཟླ་བྱིང་རྒོད་ཀྱི་མཚན་ཉིད་ཤེས་པ་སྔོན་དུ་འགྲོ་དགོས་པ་མ་ཡིན་ནོ། །བྱིང་རྒོད་བྱུང་མ་བྱུང་རྟོག་པར་བྱེད་པའི་ཤེས་བཞིན་ནི་རྟོག་པ་ཡིན་པས་རྒོད་པ་ཉིད་ལས་མ་འདས་པའི་ཕྱིར་ཇི་ལྟར་ན་དེའི་གཉེན་པོར་རུང་ཞེ་ན། བདེན་ཏེ། འདིས་ནི་རྒོད་པ་ངོ་ཤེས་པར་བྱེད་པས་རྒོད་པའི་གཉེན་པོ་དངོས་ཀྱི་སྒྱུར་བ་ཡིན་ལ། གཉེན་པོ་དངོས་ནི་རྩེ་གཅིག་ཏུ་གནས་པའི་ཏིང་ངེ་འཛིན་ནོ། །ཞི་གནས་ཀྱི་མི་མཐུན་ཕྱོགས་སུ་གྱུར་པའི་ཉེས་པ་ལྔའི་ནང་ན་སེམས་མངོན་པར་འདུ་བྱེད་པ་ཞེས་བཤད་པ་དེ་ཡང་སྒོམ་དངོས་གཞིའི་དུས་རྟག་ཏུ་ཤེས་བཞིན་གྱི་བྱ་ར་བ་མངོན་དུ་བྱེད་པ་ལ་འཆད་དགོས་པ་ཡིན་ལ། དེས་དྲན་པ་ཡང་མཚོན་ནུས་ཏེ། དངོས་གཞིའི་དུས་ཀྱི་དྲན་པ་ཡང་བསམ་གཏན་གྱི་སྒྲོན་དུ་འཆད་པའི་ཕྱིར། མདོར་ན་ཞི་ལྷག་གི་སྐྱོན་སེལ་བར་བྱེད་པའི་ཡན་ལག་ཏུ་བཤད་པ་རྣམས་དངོས་གཞིའི་ངོ་བོར་ཁས་ལེན་པ་དང་མཚུངས་སོ། །

ཡང་བདེ་གསལ་མི་རྟོག་པ་སྒོམ་གྱི་ཡང་རྩེ་ཞེས་པ་ནི། སྒྱུར་བ་ཟུང་འབྲེལ་གྱི་སྐབས་སུ་མ་ཡིན་གྱི། དངོས་གཞིའི་ཟུང་འཇུག་གི་སྐབས་སུ་བདེ་བ་དང་མི་རྟོག་པས་ཁྱད་པར་དུ་བྱས་པའི་གསལ་བ་དེ་ཉིད་ཞི་གནས་ཀྱང་ཡིན་ལ་ལྷག་མཐོང་ཡང་ཡིན་ནོ། །འདི་ཞི་གནས་ཁོ་ན་ཡིན་མོད། ལྷག་མཐོང་དུ་ཇི་ལྟར་རུང་སྟེ།

སྟོང་པ་ཉིད་ཀྱིས་སྟོང་པ་ཉིད་ལ་སོ་སོར་རྟོག་པ་མེད་པའི་ཕྱིར། ཞེས་ཟེར་མོད་ཀྱང་། རྟོགས་བྱ་གནས་ལུགས་ཀྱི་དོན་དང་། རྟོགས་བྱེད་སོ་སོར་རང་གིས་རིག་པའི་ཡེ་ཤེས་ཀྱང་འདི་ཉིད་ལས་གཞན་ན་མེད་དེ། གསལ་སྟོང་ཟུང་དུ་འཇུག་པ་ཞེས་བྱ་བའི་མིང་ཅན། ཆོས་ཀྱི་དབྱིངས་ཀྱི་ཡེ་ཤེས་དང་། རྣམ་པ་ཀུན་གྱི་མཆོག་དང་ལྡན་པའི་སྟོང་པ་ཉིད་ཅེས་བྱ་བ་ཡང་འདི་ལ་ཟེར་བའི་ཕྱིར་དང་། རིག་བྱ་སྟོང་པ་ཉིད་དང་རིག་བྱེད་ཡེ་ཤེས་ཀྱང་སོ་སོ་བ་མ་ཡིན་པའི་ཕྱིར། གསལ་བ་དང་མི་རྟོག་པའི་ངོས་འཛིན་ཁྱེད་ཅག་གིས་གཞན་གྱི་འདོད་པ་ཁོང་ནས་བསླང་བ་དེ་ལྟར་ནི་སྨྲ་བ་སུ་ཡང་མེད་ལ། དེས་ན་གསལ་བ་ཞེས་བྱ་བ་ནི་ཡུལ་གྱིས་ཁ་མ་བསྒྱུར་བའི་མྱོང་བ་རིག་ཙིང་གསལ་ཙམ་སྟེ། འདི་ལ་ནི། སྔགས་སུ་རང་བཞིན་ལྷན་ཅིག་སྐྱེས་པའི་ཡེ་ཤེས་དང་། རང་བཞིན་ཆོས་སྐུ་དང་། གཞི་ལམ་འབྲས་བུའི་རྒྱུད་ཅེས་སོགས་སུ་བཤད་ལ། ཕ་རོལ་ཏུ་ཕྱིན་པར་ཡང་རང་བཞིན་དུ་གནས་པའི་རིགས་དང་། ཁམས་བདེ་བར་གཤེགས་པའི་སྙིང་པོ་དང་། རང་བཞིན་ཤེར་ཕྱིན་ལ་སོགས་པའི་མིང་གིས་བཤད་པ་འདི་ནི་ཆོས་འཁོར་བར་མཐའ་གཉིས་ནས་བཤད་པའི་ཉམས་སུ་མྱོང་བྱའི་ངེས་དོན་མཐར་ཐུག་པའོ། །མི་རྟོག་པ་ཞེས་པ་ནི། སྒྲ་དོན་འཛིན་པའི་རྟོག་པ་ལྟ་ཅི་སྨོས། ཡང་དག་པའི་རྟོག་པ་དང་ཡང་ཀུན་ཏུ་བྲལ་བ་སྟེ་ཇི་སྐད་དུ། རྣམ་པར་ཤེས་པའི་ཆོས་ཉིད་འདས། །ཡེ་ཤེས་གཉིས་མེད་རྩོལ་འཆང་བ། །ཞེས་འབྱུང་བ་ཉིད་དོ། །ཡང་གསང་སྔགས་ཟབ་མོའི་ཐབས་ལམ་གྱིས་མ་ཟིན་པ་ལ་བདེ་བ་མི་འཐད་དོ་སྙམ་དུ་དོགས་པར་མི་བྱ་སྟེ། གཞི་དུས་ཀྱི་ཡེ་ཤེས་དེ་ཉིད་རྟོགས་བྱེད་ཀྱི་ཐབས་ཀྱིས་ཟིན་པ་དང་མ་ཟིན་པའི་གནས་སྐབས་ཐམས་ཅད་དུ་བདེ་བའི་ངོ་བོ་ལས་གཞན་དུ་མི་འགྱུར་བའི་ཕྱིར། དེ་ཡང་མི་མཐུན་ཕྱོགས་ཀྱི་རྣམ་པར་རྟོག་པ་ཐམས་ཅད་དང་བྲལ་བའི་ཚེ་ནི་ལྷན་ཅིག་སྐྱེས་པའི་ཡེ་ཤེས་མངོན་དུ་གྱུར་པས་ན་བདེ་བ་ཆེན་པོ་ཞེས་བྱའོ། །གཞིའི་དུས་ཀྱི་ཡེ་ཤེས་ལ་ཡང་བདེ་བ་ཞེས་པའི་སྒྲ་དངོས་མེད་དུ་འཇུག་པར་ཇི་སྐད་དུ། དཔལ་བ་ཡི་དྭགས་བྱོལ་སོང་དང་། །བཤང་བའི་སྲིན་བུ་ལ་སོགས་པ། །བདེ་བ་གང་ཕྱིར་མི་ཤེས་པ། །སངས་རྒྱས་ཡེ་ཤེས་བདེ་བ་ཅན། །ཞེས་སོ། །དོན་འདི་ཉིད་ལ་ཕྱག་རྒྱ་བར་གྲགས་པ་རྣམས་ཕྱག་རྒྱ་ཆེན་པོ་ཞེས་ཟེར་ཏེ། ཇི་སྐད་དུ། དགོངས་གཅིག་ལས་ཕྱག་རྒྱ་ཆེན་པོ་བྱ་བ་དེ། །རང་གི་རིག་པ་འདི་ཉིད་ཡིན། །ཞེས་སོ། །

ཞི་བྱེད་པར་གྲགས་པ་རྣམས་ནི་སྡུག་བསྔལ་རབ་ཏུ་ཞི་བྱེད་ཅེས་ཀྱང་བྱ་སྟེ། སེམས་ཀྱི་རང་བཞིན་བདེ་ཆེན་ལ། །ངོ་འཕྲོས་གྱུར་པས་སྡུག་བསྔལ་ཞི། །ཞེས་སོ། །སོ་སོར་བསྟུད་པ་ཞེས་ཀྱང་བྱ་སྟེ། ཇི་སྐད་དུ། སྒོམ་པ་སྟོང་ཉིད་གོམས་པ་ཡིས། །འགག་པ་རླུང་ནི་འགག་པར་འགྱུར། །སྐྱེ་བ་ཤུགས་ལ་བདེ་བ་སྐྱེ། །ཞེས་སོ། །

ལམ་འབྲས་པ་དག་འཁོར་འདས་དབྱེར་མེད་ཅེས་བྱ་སྟེ། ཇི་སྐད་དུ། ཨེ་ཝཾ་འཁོར་བ་ཞེས་བྱ་སྟེ། །ཨེ་ཝཾ་མྱ་ངན་འདས་པ་ཉིད། །ཅེས་སོ། །གསང་བ་འདུས་པའི་ལུགས་གཉིས་ལས་ཀྱང་། འོད་གསལ་དང་ཟབ་གསལ་གཉིས་མེད་ཀྱི་ཡེ་ཤེས་ཞེས་བཤད་པ་དང་། བདེ་མཆོག་ལས་བསམ་གྱིས་མི་ཁྱབ་པའི་རིམ་པ་ཞེས་བཤད་པ་དང་། ཤིན་ཏུ་སྤྲོས་པ་མེད་པའི་དེ་ཁོ་ན་ཉིད་དང་། ཏོག་ཙེ་པའི་བསམ་མི་ཁྱབ་དང་། ངག་དབང་གྲགས་པའི་ཕྱག་རྒྱ་ཆེན་པོ་ཡི་གེ་མེད་པ་དང་། རྫོགས་ཆེན་པས་མ་འདྲེས་ལ་ཡོངས་སུ་རྫོགས་པ་ཞེས་བཞེད་པ་རྣམས་འདི་ཁོ་ནའོ། །གཟུང་འཛིན་གྱི་རྣམ་པར་རྟོག་པས་དབེན་པའི་གསལ་རིག་གི་ཆ་ཞི་ལྷག་གི་ངོ་བོར་ཁས་བླངས་པ་ན། དྲན་ཤེས་བཞིན་གྱི་ངོས་འཛིན་ཤིང་རྟའི་སྲོལ་གཉིས་ལས་བྱུང་བ་དང་འགལ་ལོ་ཞེས་གསུང་པ་ནི་དེ་ལྟར་མ་ཡིན་ཏེ། དྲན་ཤེས་བཞིན་གཉིས་པོ་ཞི་ལྷག་གི་ཡེ་ཤེས་དེའི་མི་མཐུན་ཕྱོགས་སེལ་བྱེད་ཡིན་ཀྱང་། ཡེ་ཤེས་དེ་དང་རྣམ་པ་མཚུངས་པར་ཁས་མི་ལེན་པའི་ཕྱིར། སྤྱིར་གཞི་ལམ་འབྲས་བུའི་དུས་ཀྱི་ཡེ་ཤེས་གང་ཡིན་ཡང་རྣམ་ཤེས་དང་འཛིན་སྟངས་མཚུངས་པ་མི་སྲིད་དེ། གཞན་དུ་ན་ཞི་ལྷག་གི་ངིང་ངེ་འཛིན་རྣམས་སྤྱོང་བའི་འདུ་བྱེད་བརྒྱད་པོའི་ངོ་བོ་ཉིད་དུ་ཐལ་བའི་ཕྱིར་རོ། །ལྷག་མཐོང་གི་ངོ་བོ་གསལ་ལ་མི་རྟོག་པ་ཉིད་དུ་ཁས་ལེན་པ་དེ་གཟུང་འཛིན་གྱི་རྟོག་པས་དབེན་པའི་གསལ་རིག་ཏུ་ཁས་ལེན་པ་ཤིང་རྟའི་སྲོལ་གཉིས་དང་འགལ་བ་མ་ཡིན་ཏེ། ཐོགས་མེད་ཀྱིས་ཕྱེ་བའི་སྲོལ་ལས་ནི་ལྷག་མཐོང་གི་དངོས་གཞི་རྣལ་འབྱོར་མངོན་སུམ་དང་། དེ་ཡང་རྟོག་པ་དང་བྲལ་ཞིང་མ་འཁྲུལ་བའི་རིག་པ་ཉིད་དུ་བཤད་པའི་ཕྱིར། གཞན་དུ་ན་མཐོང་སྒོམ་གྱི་མཉམ་གཞག་བར་ཆད་མེད་ལམ་མཐའ་དག་རྟོག་པ་ཉིད་དུ་ཁས་ལེན་དགོས་པར་འགྱུར་ཏེ། དྲན་ཤེས་བཞིན་དང་འཛིན་སྟངས་མཚུངས་པར་ཁས་བླངས་པའི་ཕྱིར་རོ། །རྟོག་པ་དང་མཚུངས་པར་ལྡན་པ་ཙམ་གྱིས་རྟོག་པར་ཁས་མི་ལེན་ན། བོད་ཀྱི་སྒོམ་ཆེན་པས་ཀྱང་བདེ་གསལ་གཉིས་པོ་མི་རྟོག་པར་ཁས་བླངས་པ་ལ་ཉེས་པ་ཅི་ཞིག་བརྗོད། དེ་ཁོ་ན་ར་མ་ཟད་ཀླུ་སྒྲུབ་ཞབས་ཀྱིས་བཞེད་པའི་སེམས་ཀྱི་རྡོ་རྗེ་ཞེས་བྱ་བ་དེ་དང་བདེ་གསལ་མི་རྟོག་པར་བཤད་པ་གཉིས་དོན་གཅིག་ལ། རྡོ་རྗེ་དེའི་ངོས་འཛིན་ནི། ཇི་སྐད་དུ། གཟུང་དང་འཛིན་པ་རྣམ་པར་སྤངས། །ཆོས་བདག་མེད་པར་མཉམ་པ་ཉིད། །རང་སེམས་གདོད་ནས་མ་སྐྱེས་པ། །སྟོང་པ་ཉིད་ཀྱི་རང་བཞིན་ནོ། །ཞེས་བཤད། དེར་ཡང་སེམས་ཀྱི་རྡོ་རྗེ་རྟོག་མེད་དུ་ཁས་ལེན་ན་ནི། དྲན་པ་དང་ཤེས་བཞིན་དེའི་ཡན་ལག་ཏུ་མི་དགོས་པར་ཐལ་བའི་ཁྱབ་པ་ཁྱེད་ཀྱིས་ཁས་བླངས་སོ། །མདོར་ན་སེམས་ཀྱི་རྡོ་རྗེ་ཞེས་བྱ་བའི་མིང་ཅན་བདེ་གསལ་མི་རྟོག་པའི་ཡེ་ཤེས་དེ་ནི་སེམས་དང་སེམས་ལས་བྱུང་བ་གང་རུང་དུ་གཏོགས་པ་མ་ཡིན་ཏེ། ཐོགས་མེད་སྐུ་མཆེད་ཀྱིས་བཤད་པའི་སེམས་དང་སེམས་ལས་བྱུང་བའི་མཚན་ཉིད་

གང་དང་ཡང་མི་ལྡན་པའི་ཕྱིར་རོ། །

ཀ་མ་ལ་ཤཱི་ལའི་སྒོམ་རིམ་གསུམ་ལས་བཤད་པ་དང་། བདེ་གསལ་མི་རྟོག་པ་སྒོམ་དུ་འདོད་པ་འགལ་ཞེས་གསུང་པ་ཡང་དེ་ལྟར་མ་ཡིན་ཏེ། སྒོམ་རིམ་ལས་ནི་ཐོས་བསམ་གྱི་རིགས་པའི་དཔྱད་པ་སྔོན་དུ་མ་སོང་བར་སྤྱོར་དངོས་ཐམས་ཅད་དུ་ཅི་ཡང་ཡིད་ལ་མི་བྱེད་པ་བསྒོམ་དུ་འདོད་པ་ཙམ་ཞིག་བཀག་པ་ཡིན་གྱི། བོད་ཀྱི་སྒོམ་ཆེན་པ་དག་ཕྱོགས་སྔ་མ་དེ་ཁས་ལེན་པར་མ་ངེས་པའི་ཕྱིར། འོན་ཇི་ལྟར་ཁས་ལེན་ཞེ་ན། དངོས་གཞི་བདེ་གསལ་མི་རྟོག་པ་དེ་སྦྱོར་བའི་དུས་སུ་རྟོགས་བྱེད་ཀྱི་ཐབས་ནི་གཉིས་ཏེ། ཕར་ཕྱིན་ཐེག་པ་པ་དག་གི་ལུགས་དང་། མན་ངག་པ་དག་གི་ལུགས་སོ། །དང་པོ་ལྟར་ན་ནི། སྦྱོར་བའི་དུས་སུ་ཀླུ་སྒྲུབ་ཞབས་ཀྱི་རིགས་པས་གཏན་ལ་ཕབ་པ་སྔོན་དུ་བཏང་ནས། དངོས་གཞིའི་དུས་སུ་ཅིར་ཡང་མི་དམིགས་པའི་རྣམ་པས་བསྒོམ་པར་བྱེད་པ་ཡིན་ལ། གཉིས་པ་ལྟར་ན་ནི། བྱིན་རླབས་དང་། དབང་དང་། ལུས་ཀྱི་བྱེད་པ་བཅིང་བའི་ཐབས་ཀྱིས་གསལ་ལ་མི་རྟོག་པའི་ཡེ་ཤེས་མངོན་དུ་བྱེད་པའོ། །ཐབས་ཕྱི་མ་དེ་ཤིང་རྟའི་སྲོལ་ཆེན་གཉིས་ལས་མ་བྱུང་ཡང་མི་རིགས་པ་མ་ཡིན་ཏེ། གསང་སྔགས་རྡོ་རྗེ་ཐེག་པ་ལས་དེ་ལྟར་བཤད་པའི་ཕྱིར། ཇི་སྐད་དུ༔ དོན་གཅིག་ན་ཡང་མ་རྨོངས་ཞེས་སོགས་དང་། འོན་ཀྱང་སྤྲོས་བྲལ་རྟོགས་པ་ཡི། །ཐབས་ལ་གསང་སྔགས་ཁྱད་པར་འཕགས། །ཞེས་པ་ལྟར་རོ། །སྒོམ་རིམ་ལས་ནི། སྦྱོར་བའི་དུས་སུ་ཤིང་གཉིས་གཙུབས་པ་ལས་མེ་འབྱུང་བའི་དཔེས། སྦྱོར་བའི་དུས་སུ་སོ་སོར་རྟོག་པ་དང་དཔྱོད་པའི་ཤེས་རབ་དགོས་པ་དང་། ཤིང་དེ་ཡང་མེ་དེ་ཉིད་ཀྱིས་བསྲེགས་ནས་མེ་ཤིང་གཉིས་ཀ་ཞི་བའི་དཔེས། དངོས་གཞིའི་དུས་སུ་ཅི་ཡང་མི་དམིགས་པའི་རྣམ་པ་ཅན་དུ་བཤད་པ་དང་། ཇོ་བོ་ཨ་ཏི་ཤའི་དབུ་མའི་མན་ངག་ལས་ཀྱང་དེ་ལྟར་བཤད་པ་དེ་ནི་ཕར་ཕྱིན་ཐེག་པའི་སྒོམ་རིམ་གྱི་དབང་དུ་བྱས་པ་ཡིན་ནོ། །ས་སྐྱ་པས་ཇི་སྐད་དུ། ད་ལྟའི་ཕྱག་རྒྱ་ཆེན་པོ་དང་། །རྒྱ་ནག་ལུགས་ཀྱི་རྫོགས་ཆེན་ནི། །ཞེས་སོགས་བཤད་པ་དེ་ནི་ཕྱག་རྒྱ་པའི་ཁྱད་པར་འགའ་ཞིག་ལ་གསུངས་པ་ཡིན་ཏེ། འདི་ལྟར་ཁྱེད་འདོད་པའི་ཕྱག་ཆེན་དེ་ཕར་ཕྱིན་ཐེག་པའི་སྒོམ་དུ་བྱེད་ན་ནི་སོར་རྟོག་གི་དཔྱད་པ་སྔོན་དུ་འགྲོ་དགོས། གསང་སྔགས་ཀྱི་སྒོམ་ཡིན་ན་ནི་དབང་དང་བྱིན་རླབས་སྔོན་དུ་འགྲོ་དགོས་པ་ལས། དེ་དག་གང་ཡང་མེད་པར་དངོས་གཞིའི་དུས་སུ་ཅིར་ཡང་མི་དམིགས་པའི་གསལ་བ་ཙམ་ནི་རྒྱ་ནག་མཁན་པོའི་སྒོམ་ལ་ཡང་ཡོད་པས་ཐེག་པ་ཆེན་པོའི་ལུགས་གཉིས་ལས་གང་ཡང་མ་ཡིན་ཞེས་བྱ་བའི་དོན་ཏོ། །ས་སྐྱ་པའི་བཞེད་པ་དེ་ལྟར་འཆད་པ་ཡིན་གྱི། ཞི་ལྷག་གི་མཉམ་གཞག་དངོས་གཞིའི་དུས་སུ་སྔ་དོན་འཛིན་པའི་རྟོག་པ་དགོས་པར་ནི་ས་སྐྱ་པས་བཞེད་པ་མ་ཡིན་ནོ། །རྟ་ཤང་དང་རྟོད་པའི་གཞི་དེ་ཡང་ཀླུ་སྒྲུབ་ཞབས་ཀྱི་ལུགས

ཡིན་མིན་ལ་ཐུག་པ་ཡིན་ལ། དེའི་ཁྱད་པར་ཡང་ཀླུ་སྒྲུབ་ཀྱིས་ནི་ཆོས་རྣམས་ཀྱི་ངོ་བོ་རྒྱུ་འབྲས་ལ་དོན་དམ་དཔྱོད་བྱེད་ཀྱི་རིགས་པས་དཔྱད་པ་ན་གང་དུ་ཡང་མ་བརྙེད་པའི་དུས་དེར་ནི་བསམ་བྱུང་གི་ཤེས་རབ་སྐྱེས་པ་ཡིན་ལ་དངོས་གཞིའི་དུས་སུ་ཡང་མ་རྙེད་པའི་ངང་ཉིད་དུ་འཇོག་པར་བྱེད་ལ། རྒྱ་ནག་གི་མཁན་པོས་ནི་དེ་འདྲའི་རིགས་པ་ལ་མ་ལྟོས་པར་བཙན་ཐབས་སུ་ཅི་ཡང་མི་དམིགས་པ་ཉིད་སྒྲོར་དངོས་ཀྱི་བྱེ་བྲག་མེད་པར་གནས་སྐབས་ཐམས་ཅད་དུ་གོམས་པར་བྱེད་པའོ། །ཕྱི་མ་འདི་ནི་རྣམ་ཤེས་ཀྱི་དོན་མི་དམིགས་པ་ཡིན་ལ། སྔ་མ་ནི་ཡེ་ཤེས་ཀྱི་དོན་མི་དམིགས་པའི་དབང་དུ་བྱས་སོ། །ཕྱི་མ་འདི་ནི་སྒོམ་ཡང་དག་པ་མ་ཡིན་ཏེ། རྣམ་ཤེས་ཀྱི་ངོར་མ་དམིགས་ན་ཀུན་རྫོབ་ཏུ་ཡང་མེད་པར་ཐལ་བའི་ཕྱིར་རོ། །སྔ་མ་ནི་སྒོམ་ཡང་དག་པ་ཡིན་ཏེ། རྣམ་ཤེས་ཀྱི་ངོར་དམིགས་ཤིང་། ཡེ་ཤེས་ཀྱི་ངོར་མ་དམིགས་པའི་སྒོམ་གྱིས་མཐའ་གཉིས་སེལ་བའི་ཕྱིར་རོ། ། སྒོམ་ཆེན་པ་རྣམས་ལ་དྲི་བ་ལྷག་བསམ་རབ་དཀར་གྱི་ལན་བཏབ་པ་ལས་ཞི་ལྷག་ཟུང་འབྲེལ་དང་ཟུང་འཇུག་གི་ཁྱད་པར་ཕྱེ་བ་སྟེ་ལེའུ་བཞི་པའོ།། །།

ཡང་དོན་ཚན་གཉིས་པ་དཔྱད་སྒོམ་དེ་སྒོམ་ཡིན་མིན་སོགས་ཀྱི་ལན་ལ་གཉིས་ཏེ། རྣམ་གཞག་སྤྱིར་བསྟན་པ་དང་། དངོས་ལན་སོ་སོར་བཏབ་པའོ། །དང་པོ་ལ། རྒྱ་བོད་ཀྱི་མཁས་པ་དང་རྣལ་འབྱོར་པ་ལ་གྲགས་པའི་དཔྱད་སྒོམ་དང་འཇོག་སྒོམ་གྱི་ངོས་འཛིན་ལུགས་ནི་འདི་ལྟར་ཡིན་ཏེ། སྦྱོར་བའི་དུས་སུ་ལྟ་བ་གཏན་ལ་འབེབས་བྱེད་ཀྱི་ཐོས་བསམ་སྔོན་དུ་བཏང་ནས་དངོས་གཞིའི་ཚེ་ཅི་ཡང་མ་རྙེད་པའི་དོན་ལ་མཉམ་པར་འཇོག་པ་ནི་མཁས་པ་པཎྜི་ཏའི་དཔྱད་སྒོམ་གྱི་ཚུལ་ཡིན་ལ། དེ་ལ་ཡང་ཤིང་རྟའི་སྲོལ་ཆེན་གཉིས་ཀྱི་དབྱེ་བས་སྦྱོར་བའི་ཚེ་ལྟ་བ་གཏན་ལ་འབེབས་ལུགས་དང་། དངོས་གཞིའི་ཚེ་མཉམ་པར་འཇོག་ལུགས་མི་འདྲ་བ་གཉིས་གཉིས་སོ། །དེ་ཡང་བྱམས་པ་ནས་ཐོགས་མེད་ལ་བརྒྱུད་པའི་སྲོལ་ལྟར་ན། གཅིག་ལ་དུ་མར་སྣང་བ་དང་ལྷན་ཅིག་དམིགས་ངེས་ལ་སོགས་པའི་རིགས་པས་གཟུང་བ་མེད་པ་སེམས་ཙམ་གྱི་རིགས་པ་དང་། དེ་མེད་ན་འཛིན་པ་ཡང་མེད་པ་དབུ་མའི་རིགས་པ་གཉིས་ཀྱིས་གཏན་ལ་ཕབ་ནས། དངོས་གཞིའི་དུས་སུ་གཉིས་མེད་ཀྱི་ཡེ་ཤེས་འབའ་ཞིག་ལ་མཉམ་པར་འཇོག་པ་ཡིན་ལ། འཇམ་དབྱངས་ནས་ཀླུ་སྒྲུབ་ལ་བརྒྱུད་པ་ལྟར་ན། ཤེས་བྱ་མ་ལུས་པའི་སྟེང་དུ་གཅིག་དང་དུ་མ་གང་དུ་གྲུབ་ལ་སོགས་པ་ཚོལ་བྱེད་ཀྱི་རིགས་པས་བཙལ་བ་ན། གང་དུ་ཡང་མ་རྙེད་པ་ནི་སྦྱོར་བའི་ཚེ་ཡིན་ལ། དངོས་གཞིའི་འཇོག་ལུགས་ལ་གཉིས་ལས། བྱང་ཆུབ་སེམས་དཔའ་ཞི་བ་འཚོ་ཡབ་སྲས་ནས་བརྒྱུད་པ་རྣམས་ནི་དངོས་གཞིའི་ཚེ་ཡུལ་ཅན་རྣམ་པར་རྟོག་པའི་ཡེ་ཤེས་ཙམ་ཞིག་ཁས་བླངས་ནས། ཡུལ་ཅི་ཡང་མི་དམིགས་པའི་ངང་ལ་མཉམ་པར་འཇོག་པ་སོ་སོར་རང་རིག་གི

ཡེ་ཤེས་ཞེས་བྱ་བའི་ཐ་སྙད་འདོགས་པ་གཅིག་དང་། ལེགས་ལྡན་དང་ཟླ་བ་ཞི་ལྷ་སོགས། དངོས་གཞིའི་དུས་སུ་ཡུལ་ཅན་ཡེ་ཤེས་ཀྱང་སྟོང་པར་ཐིམ་ནས་ཡུལ་དང་ཡུལ་ཅན་སོ་སོ་བར་ཞལ་གྱིས་བཞེས་པ་ལྟ་ཅི། ཡུལ་ཅན་གྱི་བློ་ཉིད་ཀྱང་ཡོད་པར་ཞལ་གྱིས་མི་བཞེས་སོ། །རྣལ་འབྱོར་པའི་འཇོག་སྒོམ་ནི། ཆོས་རབ་ཏུ་རྣམ་འབྱེད་ཀྱི་ཤེས་རབ་མེད་པའི་བླུན་པོའི་སྒོམ་ལ་ཟེར་བ་མ་ཡིན་གྱི། སྦྱོར་བའི་དུས་སུ་ཐོས་བསམ་གྱི་རིགས་པ་ལ་མ་ལྟོས་པར་ཟབ་མོའི་མན་ངག་བརྒྱུད་པ་ལ་བརྟེན་པས་གནས་ལུགས་ཀྱི་དོན་མངོན་དུ་གྱུར་པའི་གནས་སྐབས་དེ་ཉིད་ལ་མཉམ་པར་འཇོག་པའོ། །འདིར་སྦྱོར་བའི་དུས་ཀྱི་མན་ངག་ཅེས་པ་ནི་གཞི་དུས་ཀྱི་ཡེ་ཤེས་དེ་ཉིད་ཉོན་མོངས་པ་དང་རྣམ་པར་རྟོག་པ་ཉི་ཚེ་བ་ནས་མ་ལུས་པའི་བར་རང་ཞི་དང་རང་དག་ཏུ་འགྲོ་བའི་ཐབས་ཤིག་སྟེ། བྱིན་རླབས་དང་ཡེ་ཤེས་དབབ་པ་སོགས་སོ། །དངོས་གཞིའི་དུས་སུ་ཡང་དེ་ཉིད་ལ་མཉམ་པར་འཇོག་པ་ལ་ནི་འཇོག་སྒོམ་ཞེས་བྱ་སྟེ། རྡོ་རྗེའི་ཐེག་པ་པ་དག་གི་རྫོགས་རིམ་ཟབ་མོའི་སྒོམ་ཚུལ་ལ་དེ་ཞེས་བྱའོ། །དོན་འདི་ཡང་ཇི་སྐད་དུ། གཞན་གྱིས་བརྗོད་མིན་ལྷན་ཅིག་སྐྱེས། །ཞེས་སོགས་དང་། ལྷན་ཅིག་སྐྱེས་པར་གང་བརྗོད་པ། །ཞེས་སོགས་ལས་གསལ་བ་ཡིན་ཏེ། དེ་བས་ན་དྲི་བ་འདིའི་མཛད་པ་པོ་ནི། དཔྱད་སྒོམ་ཞེས་པ་སྒོམ་དངོས་གཞིའི་དུས་སུ་སྒྲ་དོན་འདྲེས་རུང་དུ་འཛིན་གྱི་རྟོག་པའི་ངོ་བོར་གནས་པ་དང་། འཇོག་སྒོམ་ཞེས་སོགས་ཧྭ་ཤང་གི་སྒོམ་མམ་བླུན་པོ་ཅི་ཡང་མི་ཤེས་པའི་སྒོམ་ལ་ངོས་འཛིན་པ་ནི། ཇི་སྐད་དུ༔ ནན་གྱིས་ཁྱོད་འདི་འདོད་ཅེས་པ། །གསལ་བར་དབང་ཕྱུག་སྤྱོད་པ་ཡིན། །ཞེས་འབྱུང་བ་དེ་ཉིད་དོ། །ཐོགས་མེད་སོགས་ཀྱིས་བསམ་བྱུང་གི་ཤེས་རབ་སྒོམ་གྱི་སྦྱོར་བའི་ཡན་ལག་ཏུ་བཤད་པ་ཡིན་གྱི། དངོས་གཞིའི་ངོ་བོར་བཞེད་པ་མ་ཡིན་ཏེ། བསམ་བྱུང་དང་སྒོམ་བྱུང་གི་ཤེས་རབ་མ་ཕྱེད་པར་ཐལ་བའི་ཕྱིར་དང་། སོ་སོར་རྟོག་པའི་ཤེས་རབ་ཅེས་པའང་བསམ་བྱུང་ལས་མ་འདས་པའི་ཕྱིར་དང་། གཞི་དང་ལམ་དུས་ཀྱི་ཡེ་ཤེས་གང་ཡིན་ཡང་རྣམ་རྟོག་དང་དམིགས་རྣམ་མཚུངས་པ་མི་སྲིད་པའི་ཕྱིར་དང་། ཁྱེད་ཀྱིས་ཤེས་བྱེད་དུ་དྲངས་ལ། ཇི་སྐད་དུ། ཡང་དང་ཡང་དུ་སེམས་པ་དང་། །མཐའ་དང་ངེས་རྟོག་ཅེས་པའང་ཐོས་བསམ་གྱི་ཤེས་རབ་བམ། མཉམ་གཞག་དངོས་གཞིའི་སྦྱོར་བ་དང་འཇུག་ལ་སེང་གེ་བཟང་པོས་བཤད་པའི་ཕྱིར་རོ། །

གཉིས་པ་དངོས་ལན་ནི། དཔྱད་སྒོམ་ནི་རྩོད་མེད་ཀྱི་སྒོམ་ཆེན་པོ་ཡིན་ཏེ། ཕར་ཕྱིན་ཐེག་པའི་སྒོམ་ཆེན་པ་དག་ལ་ནི་འདི་ཉིད་ཁོ་ན་ངེས་པར་དགོས་པའི་ཕྱིར་དང་། སྔགས་ཀྱི་སྐལ་དམན་རིམ་གྱིས་འཇུག་པ་དག་ཀྱང་འདི་ལ་ངེས་པར་བརྟེན་པའི་ཕྱིར་དེ་ལྟ་ན་ཡང་སྒོམ་དངོས་གཞིའི་ངོ་བོ་སོ་སོར་རྟོག་པ་དང་དབྱེད་པ་མ་ཡིན་ཏེ། སྒོམ་གྱི་དངོས་གཞི་ནི་ཞི་གནས་སུ་ངེས་ལ། དེ་ནི་རྟོག་པར་འགལ་བའི་ཕྱིར། ཞི་གནས་དང་ལྷག

མཐོང་གི་གཞི་མཐུན་ཁས་མི་ལེན་པ་མ་ཡིན་ཏེ། གནས་ལུགས་ཀྱི་དོན་ལས་གཞན་དུ་མ་གཡོས་པའི་སེམས་རྩེ་གཅིག་པ་དེ་གཉིས་ཀའི་གཞི་མཐུན་དུ་ཁས་མ་བླངས་ན་ཟུང་འཇུག་ཅི་ལ་ཟེར་ངོ་མི་ཤེས་པའི་ཕྱིར། ཏིང་ངེ་འཛིན་དང་ཤེས་རབ་ནི་ལྡོག་པས་སོ་སོར་འབྱེད་ཀྱི། རྫས་འགལ་བ་ནི་མ་ཡིན་ཏེ། རྫས་སངས་རྒྱས་ཀྱི་ཡེ་ཤེས་གཅིག་ཉིད་ཡོན་ཏན་ཐམས་ཅད་ཀྱི་ངོ་བོར་གནས་པའི་ཕྱིར། འཕྲོ་བ་སྒོམ་གྱི་སྐྱོན་ཡིན་ཞེས་པ་ཡང་། སྒོམ་དངོས་གཞིའི་ངོ་བོར་འགལ་བ་ལ་བསམས་ནས་སྒོམ་ཆེན་པ་དག་དེ་སྐད་གསུང་པ་མ་ཡིན་གྱི། སེམས་ཕྱིར་འཕྲོ་བས་སྒོམ་ལ་ཕན་འདོགས་མི་སྲིད་པ་མ་ཡིན་ཏེ། སྦྱོང་བའི་འདུ་བྱེད་ཕལ་ཆེར་སྒྲ་དོན་འཛིན་པའི་རྟོག་པར་འདུས་པའི་ཕྱིར་དང་། སྦྱོར་བ་ཐོས་བསམ་གྱིས་ཀྱང་དངོས་གཞི་སྒོམ་ལ་ཕན་པའི་ཕྱིར། དངོས་གཞིའི་དུས་སུ་ཆོས་ཐམས་ཅད་བདེན་པས་སྟོང་པར་ཞེན་པའི་ཤེས་རབ་ནི་མ་རིག་པ་དང་འཛིན་སྟངས་མི་འགལ་བས་སྒོམ་ཡང་དག་པ་མ་ཡིན་ནོ་ཞེས་གསུང་པ་ཡང་དེ་ལྟར་མ་ཡིན་ཏེ། ཤེས་རབ་དེ་ལ་ནི་རྗེ་བཙུན་བྱམས་པས་བཏགས་འཛིན་གྱི་རྟོག་པར་བཤད་པའི་ཕྱིར་དང་། སྟོང་པ་ཉིད་ཅེས་བྱ་བའི་ཆོས་མེད་པར་དགག་པ་ནམ་མཁའ་ལྟ་བུ་དེ་མངོན་སུམ་དུ་རྟོགས་པའི་མཉམ་གཞག་ཡེ་ཤེས་ནི་མི་སྲིད་ལ། དོན་སྤྱིའི་ཚུལ་གྱིས་རྟོགས་པའི་བློ་ནི་རྣལ་འབྱོར་མངོན་སུམ་དུ་རུང་བ་མ་ཡིན་ནོ། །མི་སྲིད་པ་ཅི་ཞེ་ན། སྤྱི་མཚན་དངོས་ཡུལ་དུ་བྱེད་པའི་མངོན་སུམ་སྲིད་ན། རིགས་པ་མཁྱེན་པའི་གཞུང་ལུགས་མཐའ་དག་ནུབ་པར་འགྱུར་རོ། །

དོན་འདི་ལ་ཡང་ཨ་ཏི་ཤས། སྟོང་ཉིད་གང་གིས་རྟོགས་ཞེ་ན། །མངོན་སུམ་དང་ནི་རྗེས་སུ་དཔག །ཚད་མ་གཉིས་པོ་རྟོགས་སོ་ཞེས། །ཀླུ་རིལ་མཐོང་བའི་རྨོངས་པ་སྨྲ། །ཞེས་འབྱུང་བ་ལྟར་རོ། །དེ་བས་ན་ངོ་བོ་ཉིད་མེད་པར་སྨྲ་བའི་དབུ་མ་ལྟ་ཁྲིད་པ་རྣམས་ནི། རིགས་པའི་དཔྱད་པ་སྔོན་དུ་སོང་ནས་དངོས་གཞིའི་དུས་སུ་ཅི་ཡང་མ་མཐོང་བ་ལ་རྗེས་ཀྱི་དུས་སུ་དེ་ཁོ་ན་ཉིད་མཐོང་བ་ཞེས་བྱ་བ་ནི་དེ་དག་གི་གཞུང་ལུགས་ཀུན་ལས་མཐུན་པར་གསུངས་སོ། །མདོར་བསྡུ་ན་ཏྭ་ཤང་གི་ལྟ་བའི་སྒོམ་དང་མན་ངག་པའི་ལྟ་བའི་སྒོམ་གྱི་ཁྱད་པར་ནི། སྦྱོར་བའི་དུས་སུ་ལྟ་བ་རྟོགས་བྱེད་ཀྱི་མན་ངག་ཡོད་མེད་ཀྱིས་འབྱེད་ལ། དེ་དང་ཕར་ཕྱིན་པའི་སྒོམ་གྱི་ཁྱད་པར་ནི་ཀླུ་སྒྲུབ་ཞབས་ཀྱི་རིགས་པ་སྔོན་དུ་སོང་མ་སོང་ལས་འབྱེད་པ་ཡིན་མོད། ལྟ་བ་ལ་ཁྱད་པར་མེད། སྤྱོད་པ་ལ་ཁྱད་པར་ཡོད་ཅེས་ཟེར་བ་དང་། ལྟ་སྤྱོད་གཉིས་ཀ་ལ་ཁྱད་པར་མེད་ཅེས་ཟེར་བའི་སྒོམ་ཆེན་པ་ཞིག་ཡོད་པར་མཛད་ནས། དེ་ལ་དགག་པ་མཛད་པའི་མཁས་པ་དག་སྣང་མོད། དེ་ལྟར་ཁས་ལེན་པའི་སྒོམ་ཆེན་པ་དེའི་མཚན་གཞི་ལོགས་ནས་བཙལ་བར་བྱའོ། །གང་འདིར་ཏྭ་ཤང་དང་ཁྱད་དུ་དབྱེ་བ་ནི། དེས་ནི་ཤེས་བྱ་ལ་བདེན་པ་གཉིས་སུ་མི་འབྱེད། དེའི་རྒྱུ་མཚན་གྱིས་གཞན་ལུགས་ཀྱི་དོན་ཡིན་མིན་གྱི་ངོས

འཛིན་དང་བྲལ། ཀུན་རྫོབ་ལའང་ཡང་ལོག་གི་དབྱེ་བ་གནས་སྐབས་སུའང་མི་འབྱེད། གཉེན་པོའི་རྟོག་པ་དང་སྤང་བྱའི་རྟོག་པ་ལ་བཟང་ངན་མེད། ཆགས་སྡང་དང་དེའི་འགལ་ཟླའི་རྟོག་པ་དང་། ཡང་སྦྱིན་སོགས་དང་སེར་སྣ་སོགས་ཀྱི་རྟོག་པ་ལ་གནས་སྐབས་གང་དུའང་བཟང་ངན་མེད། འཚང་རྒྱ་བ་ལ་ལྟ་བ་ཁོ་ན་དགོས་ཀྱི༑ སྤྱོད་པའི་ཁྱད་པར་མང་པོ་དོན་མེད་ཡིན་ཞེས་ཟེར་བར་སྣང་ལ། དེ་ལྟར་ཁས་ལེན་པའི་ཞི་ཁྲུག་རྫོགས་གསུམ་པ་དག་ཡོད་ན་ནི་ཀླན་ཀ་དེ་དག་འཇུག་པར་རིགས་སོ། །

ཡང་སྔོན་བྱོན་ཁ་ཅིག །ལྟ་བ་ཡས་འབབ་པ་དང་སྤྱོད་པ་མས་འཛེགས་པ་ཞེས་བྱ་བའི་ཐ་སྙད་ཅིག་བྱེད་མོད། གཉིས་པོ་འགལ་བར་ཁས་ལེན་ན་ནི་ཧྭ་ཤང་གི་ལུགས་དང་ཁྱད་པར་མེད་ཞེས་ས་སྐྱ་པས་གསུངས་སོ། །ཡང་འདྲི་བ་པོས། དབུ་མ་རིགས་ཚོགས་ལས་ངེས་དོན་མཐར་ཐུག་ཏུ་བཤད་པ་དེ་སྒོམ་ཆེན་པ་ཀུན་གྱིས་ཀྱང་ངེས་པར་བསྒོམ་དགོས་ཀྱི། དེ་ལྟར་མ་བྱས་ན་སྒྲིབ་པའི་ས་བོན་སྤོང་མི་ནུས་པའི་བཤད་པས་ཐུགས་ཤིན་ཏུ་ཡུས་ཤིང་བརྒྱལ་བར་གྱུར་མོད། ཐལ་རང་ལུགས་ཀྱི་དབུ་མའི་ལྟ་ཁྲིད་ཀྱི་སྒོམ་མ་གཏོགས་གཞན་ལ་དེ་ལྟར་བཤད་པ་མེད་དོ། །དེ་ཡང་འདི་ལྟར། རིགས་ཚོགས་ཀྱི་ངེས་དོན་དེ་ནི་དོན་དམ་དཔྱོད་བྱེད་ཀྱི་རིགས་པ་ཁོ་ནས་གཏན་ལ་ཕབ་པ་ཞིག་ཡིན་ལ། རྡོ་རྗེའི་ཐེག་པ་ནས་བཤད་པའི་ངེས་དོན་མཐར་ཐུག་དེ་ནི་རིགས་པས་གཏན་ལ་མི་ཕེབས་པའི་ཕྱིར་དང་། ངེས་དེ་ལྟར་ཕེབས་སུ་ཆུག་ཀྱང་། སྤྱི་དོན་གྱི་བཤད་པ་ཡིན་པས་ངེས་དོན་མཐར་ཐུག་ཏུ་མི་རུང་བའི་ཕྱིར། དེ་སྐད་དུ་ཡང་། གཞན་གྱིས་བརྗོད་མིན་ལྷན་གཅིག་སྐྱེས། །གང་དུ་ཡང་ནི་མི་རྙེད་དེ། །བླ་མའི་དུས་ཐབས་བསྟེན་པ་དང་། །བདག་གི་བསོད་ནམས་ལས་ཤེས་བྱ། །ཞེས་གསུངས་པ་ལྟར་རྒྱུད་སྡེ་མཐའ་དག་མཐུན་ནོ། །

གཞན་ཡང་རིགས་ཚོགས་ཀྱི་ངེས་དོན་མཐར་ཐུག་ནི་ཡུལ་ཅན་རྟོག་པར་གྱུར་པའི་ཚེ་ན་ངེས་དོན་དུ་མི་རུང་། མེད་པར་དགག་པས་ན་རྟོག་མེད་ཀྱི་ཤེས་པའི་ཡུལ་ལས་ཀྱང་འདས་པར་མདོ་འགྲེལ་ཀུན་ལས་བཤད་ལ། རྡོ་རྗེ་ཐེག་པའི་ངེས་དོན་མཐར་ཐུག་ནི་སོ་སོ་རང་རིག་པའི་ཡེ་ཤེས་ཀྱི་སྤྱོད་བྱ་ཉིད་དུ་ལན་གཅིག་མ་ཡིན་པར་བཤད་པའི་ཕྱིར་རོ། །ཡང་འདྲི་བ་པོས། དཔྱད་སྒོམ་གཞུང་ལུགས་ལས་བཤད་པ་དང་། དེ་ཡང་སྒྲ་དོན་འཛིན་པའི་རྟོག་པར་ཁས་ལེན་དགོས་པ་ཐུགས་ལ་འཚངས་མོད། མཚན་ཉིད་ཐེག་པའི་སྒོམ་ལ་དཔྱད་པ་སྔོན་དུ་འགྲོ་དགོས་པ་ཞིག་ཡོད་ཀྱང་། སྦྱོར་བའི་སྐབས་ཡིན་གྱི། དངོས་གཞིའི་དུས་སུ་ནི་རྟོག་པ་དེ་ཡང་ཡེ་ཤེས་ཀྱི་མེས་བསྲེགས་དགོས་པར་ནི་སྒོམ་རིམ་དང་དབུ་མའི་མན་ངག་སོགས་སུ། ཤིང་གཉིས་དྲུད་པ་ལས་བྱུང་བའི་མེའི་དཔེས་ལན་གཅིག་མ་ཡིན་པར་གསུངས་སོ། །ཡང་གསང་སྔགས་ཀྱི་སྒོམ་ཆེན་པ་འགའ་ཞིག

ལ་དཔྱད་པ་སྟོན་དུ་མ་སོང་ཡང་། རང་བྱིན་གྱིས་རློབ་པའི་རིམ་པ་ལྷ་བུའི་རྐྱེན་གྱིས་རྟོགས་པའི་ངེས་དོན་དེ་ལ་རྗེས་ཀྱི་སྐབས་སུ། བདག་ཏུ་དང་བདེན་པར་ཞེན་པ་འགོག་པའི་ཕྱིར་དུ་སོ་སོར་རྟོག་པའི་ཤེས་རབ་ཀྱིས་དཔྱད་དགོས་པ་ཞིག་སྲིད་ཀྱང་། དེ་སྒོམ་གྱི་དངོས་གཞིར་མི་འདོད་དོ། །དེ་བས་ན་དཔྱད་སྒོམ་ཞེས་བྱ་བའི་སྐབས་ཀྱི་དཔྱད་པ་འདི་ནི་མཚན་འཛིན་འགོག་པའི་ཐབས་ཁྱད་པར་ཅན་དང་། བསམ་བྱུང་གི་རིགས་པ་སྦྱོར་བ་དང་རྗེས་གང་རུང་དུ་ངེས་པ་ཡིན་གྱི། སྒོམ་གྱི་དངོས་གཞིར་འཆད་པ་མེད་དོ། །འདྲི་བ་པོ་སློབ་དཔོན་ཟླ་བའི་ལུགས་ཀྱི་སྟོང་པ་ཉིད་ཁོ་ན་ཐུགས་ལ་འཚངས་མོད། རྒྱ་བོད་དུ་གྲོན་པ་གཞན་དག་ནི་དེ་འདྲ་དེ་ལ་མཚན་འཛིན་བཀག་པའི་དང་། ཕུང་པོ་རྣམ་དཔྱད་ཀྱི་དང་། བེམས་པོའི་སྟོང་པ་ཉིད་ཅེས་བཤད་ནས། སྒོམ་པས་ཉམས་སུ་མྱོང་བྱ་དངོས་ནི་རྣམ་པ་ཀུན་གྱི་མཆོག་དང་ལྡན་པའི་སྟོང་པ་ཉིད་ཅེས་བྱ་བ་ཞིག་ལ་བཞེད་པའི་ཕྱིར་ན་ཀླན་ཀ་དེ་དག་གིས་སྐབས་རྙེད་པ་མ་ཡིན་ནོ། །མདོར་ན་ཁྱེད་ཀྱི་བཞེད་པ་འདི་ནི་སྦྱོར་དུས་ཀྱི་སྦྱོང་བའི་འདུ་བྱེད་བརྒྱད་པོ་སྒོམ་གྱི་དངོས་གཞིར་འཆད་པ་དང་། རྟོག་དཔྱོད་སོགས་བསམ་གཏན་གྱི་ཡན་ལག་རྣམས་བསམ་གཏན་གྱི་དངོས་གཞིར་འཆད་པ་དང་། བསམ་བྱུང་གི་ཤེས་རབ་སྒོམ་བྱུང་དངོས་སུ་ལུང་རིགས་ཀྱིས་བསྒྲུབ་པ་ཉིད་ཀྱི་ཕྱིར་ན་གངས་ཅན་གྱི་སྒོམ་ཆེན་པ་རྣམས་ལ་ལྷག་བསམ་རབ་ཏུ་དཀར་བ་མ་ཡིན་ནོ། །ལྷ་སྒོམ་དངོས་གཞིའི་དྲི་བ་ལས་བརྩམས་པའི་ལན་དུ་བྱ་བ་སྟེ་ལེའུ་ལྔ་པའོ།། །།

ཡང་འདི་སྐད་ཅེས། སྒོམ་ཆེན་པ་ལ་འཕྲོ་བ་སྒོམ་དུ་འགྲོ་བའི་མན་ངག་ཡོད་ཟེར་ཏེ། དེ་ལྟ་ན་རྒོད་པ་ཡང་དེར་འགྱུར། དེ་ལྟ་ན་ཞི་གནས་ཀྱི་སྐྱོན་དུ་འཆད་པ་དང་འགལ་ཏེ། ཞི་གནས་ཀྱི་སྐྱོན་གང་ཡིན་སྒོམ་དུ་འགྱུར་བས་སོ། །ཡང་འཛོག་སྒོམ་གྱི་ཚེ་དམིགས་པ་གཅིག་ལ་སེམས་འཛོག་གམ་མི་འཛོག །འཛོག་ན་དམིགས་བཅས་སུ་འགྱུར། མི་འཛོག་ན་འཛོག་སྒོམ་དུ་འགལ། དམིགས་ཡུལ་མི་དགོས་པར་སེམས་ཁོ་རང་བཙོན་ནེ་འཛོག་ན་དེ་འདྲ་སྒོམ་ཡང་དག་ཏུ་གང་ནས་བཤད། ཧྭ་ཤང་གི་སྒོམ་དང་ཁྱད་པར་མ་མཐོང་ངོ་། །ཞེས་གསུང་། དང་པོའི་ལན་ནི། འཕྲོ་བ་དང་རྒོད་པ་ཙམ་དུ་མ་ཟད། རྟོག་པ་ཇི་སྙེད་པ་སྒོམ་དུ་འགྲོ་བའི་མན་ངག་ནི། རྟོག་པ་སྔ་མ་དེའི་ངོ་བོ་ལ་རྟོག་པ་ཕྱི་མ་ཞིག་གིས་བལྟས་པའི་ཚེ། སྔ་མ་དེ་ཡུལ་ལ་འཇུག་པ་རྒྱུན་ཆད་ནས་གསལ་རིག་ཙམ་དུ་འཆར་བའོ། །དེར་མ་ཟད་ཕྱི་རོལ་གྱི་ཡུལ་གང་ལ་བལྟས་ཀྱང་མན་ངག་གིས་ཟིན་པའི་ཚེ་སྒོམ་དུ་འཆར་བ་ཡིན་ཏེ། ཡུལ་ཇི་ཙམ་རྒྱ་ཆེ་བ་ཙམ་གྱིས་སྒྱུ་མའི་འཆར་ཚུལ་རྒྱ་ཆེ་བ་དང་། ཐམས་ཅད་ཀྱང་གསལ་རིག་ཙམ་དུ་འཆར་བས་སོ། །ཐབས་ཀྱིས་མ་ཟིན་པའི་ཚེ་ནི་འཕྲོ་བ་དང་རྒོད་པས་ཞི་གནས་ཀྱི་རྒྱུན་གཅོད་པར་བྱེད། ཕྱི་རོལ་ཡུལ་གྱི་སྣང་བས་མཉམ་གཞག་ལས་ལྡང་བར་བྱེད་དོ། །འཇོམ་སྒོམ་ལ་དམིགས་མེད་

གྱིས་ཁྱབ་པ་ནི་སུས་ཀྱང་མི་འཛིན་ལ། འཛིན་མེད་དུ་འཛོག་པ་བསྒོམ་དུ་འགྲོ་བ་ནི། ཇི་སྐད་དུ། རྣམ་པར་ཤེས་པའི་ཆོས་ཉིད་འདས། །ཡེ་ཤེས་གཉིས་མེད་ཚུལ་འཆང་བ། །ཞེས་བཤད་པ་དེ་ཉིད་ཡིན་ལ། མཐར་གྱིས་གནས་པའི་སྙོམས་པར་འཇུག་པ་དགུའི་ཚེ། ཁྱེད་རང་ལྟར་ན་ཡང་དབུ་སེམས་གཉིས་ཀས་མཐུན་པར་ཁས་ལེན་པའི་འགོག་པའི་སྙོམས་འཇུག་ཞིག་ཀྱང་མི་འདོད་དམ། རྟོག་པ་བཀག་པའི་སྤྱོད་བ་གསལ་རིག་ཙམ་སྒོམ་ཡང་དག་ཏུ་མི་འདོད་ན། གསང་བ་འདུས་པ་ལས་འབྱུང་བའི་འོད་གསལ་བའི་རིམ་པ་དོན་དམ་པའི་བདེན་པར་ཁས་ལེན་པ་དང་འགལ་ལ། དེ་ཡང་མེད་པར་དགག་པ་ཉིད་དུ་ནི་ཁྱེད་ཀྱང་མི་འདོད་ལ། འདོད་པ་ལྟར་ན་ནི་བར་དོའི་ཤེས་པ་དང་པོའི་ཉེར་ལེན་དང་ཟུང་འཇུག་གི་རིམ་པའི་དངོས་རྒྱུ་འཆད་པར་མི་ནུས་སོ། །གཞན་ཡང་སྤྱོད་བ་གསལ་རིག་གི་ཆ་དོན་དམ་པའི་བདེན་པ་དངོས་དང་། ཆོས་ཀྱི་དབྱིངས་ཀྱི་ཡེ་ཤེས་སུ་འཁོར་ལོ་གསུམ་པ་དགོངས་འགྲེལ་དང་བཅས་པ་ལས་གསལ་བར་གསུངས་པ་ཡིན་ལ། རྒྱ་བོད་ཀྱི་མན་ངག་གི་གཞུང་མཐའ་དག་ནི་བཀའ་འཁོར་ལོ་གསུམ་པའི་གཞུང་འགྲེལ་ཉིད་སོར་བཞག་པ་ཡིན་མོད། ཁྱེད་ཅག་གིས་ནི་དེ་ཐམས་ཅད་སེམས་ཙམ་དུ་བཤད་པས་ནོངས་པ་ཡིན་ནོ། །ཡང་ཇི་སྐད་དུ། ཁྱེད་འདོད་པའི་ཕྱག་རྒྱ་ཆེན་པོ་དེ་ཀླུ་སྒྲུབ་ཀྱི་ལྟ་སྒོམ་དང་མཐུན་ནམ་མི་མཐུན། མཐུན་ན་དེའི་གཞུང་ནས་བཤད་པ་ལྟར་མི་སྒོམ་པ་ཅི། མི་མཐུན་ན་ཁྱི་ལ་སེང་གེར་བཏགས་པ་དང་འདྲ། སེམས་སུ་མ་ཟད་ཡུལ་ཀུན་ལ་དོན་དམ་དཔྱོད་བྱེད་ཀྱི་རིགས་པས་དཔྱད་ནས་ལྟ་བ་ནི་ཁྱེད་ལ་མི་འདུག་མ་དཔྱད་པར་ལྟ་བ་ནི་ཀུན་རྫོབ་ཀྱི་ལྟ་ཚུལ་ལས་མ་འདས་པས་ན། ལྟ་ཚུལ་དེས་ནི་ཆོས་སྐུ་ལྟ་ཞོག །སྟོང་པ་ཉིད་རྟོགས་པ་མི་སྲིད་དོ་ཞེས་སླས་ན་ལན་ཅི་གདའ། ཞེས་གསུང་ངོ་། །དེའི་ལན་ནི་ཀླུ་སྒྲུབ་ཀྱི་ལྟ་བ་ལ་འཆད་ཚུལ་གཉིས་སྣང་སྟེ། རིགས་ཚོགས་སུ་སྤྲོས་པ་མཐའ་བཀག་པའི་མེད་པར་དགག་པ་ལ་གནས་སྐབས་ངེས་དོན་དུ་བཤད་པ་གཅིག་དང་། གསང་བ་འདུས་པར་སེམས་ཀྱི་རྡོ་རྗེ་ལ་བཤད་པའོ། །སྟོང་པ་ཉིད་ཀྱི་འཆད་ཚུལ་ཡང་གཉིས་ཏེ། མེད་པར་དགག་པ་ཉིད་དུ་བཤད་པ་དང་། མ་ཡིན་དགག་ཏུ་ཡང་བཤད་པའོ། །དང་པོ་དེ་དག་ནི་ཐོས་བསམ་གྱིས་བཙལ་བ་ཡིན་ལ། ཕྱི་མ་དེ་དག་ནི་སྒོམ་པས་ཉམས་སུ་མྱོང་བྱའོ། །རྗེ་སྒམ་པོ་པའི་ཕྱག་རྒྱ་ཆེན་པོ་ནི། སྟོང་ཉིད་ཀྱི་འཆད་ཚུལ་སྔ་མ་དང་མི་མཐུན་ཏེ། ཇི་སྐད་དུ། ངའི་ཕྱག་ཆེན་པོ་འདི་ལ་ནི། ཆེན་པོ་གསུམ་གྱིས་མ་རེག་ཅེས་འཆད་པའི་ཕྱིར་དང་། དེའི་ཤེས་བྱེད་ཀྱང་ཐོས་བསམ་གྱིས་བཙལ་ན་བློས་བྱས་ཀྱི་སྟོང་པར་འགྱུར་ཞེས་འཆད་པའོ། །རིགས་ཚོགས་ཀྱི་སྟོང་ཉིད་དང་མ་མཐུན་པས་ཕྱག་རྒྱ་ཆེན་པོར་མི་འགྲོ་ན། གསང་སྔགས་བླ་མེད་ཀྱི་ཕྱག་རྒྱ་ཆེན་པོ་ཅི་ལ་དགོངས། དེ་ཡང་མེད་དགག་ཏུ་འདོད་ན་ནི། ཧ་ཅང་ཐལ་བ་མང་ངོ་། །

ཡང་འདི་སྐད་དུ། དོན་དམ་དཔྱོད་ཀྱི་རིགས་པས་རྣམ་རྟོག་གི་ངོ་བོ་ལ་བརྟགས་པ་ན་དེའི་གནས་ཚུལ་ཞིག་རྙེད་འོང་བ་དེ་སྟོང་པ་ཉིད་དང་བདེ་བར་གཤེགས་པའི་སྙིང་པོ་ཡིན་ཞེས་སྨྲས་ན་ལན་ཅི་གདའ། མདོར་ན་ཀླུ་སྒྲུབ་ཞབས་ཀྱིས་བཤད་པའི་སྟོང་ཉིད་ལས་གཞན་པའི་ངེས་དོན་འདི་འདྲ་ཅིག་ཡིན་ཞེས་བརྒྱ་ཕྲག་སྨྲས་སུ་ཟིན་ཀྱང་ལྟ་བ་ནོར་ཞེས་སྨྲས་ན་ལན་ཅི་གདའ། ཞེས་གསུངས། དྲི་བ་དང་པོའི་ལན་ལ། དངོས་དང་། འཕྲོས་པའོ། །དང་པོ་ནི། ཕྱག་རྒྱ་པས་ཀྱང་དེ་ལྟར་ཁས་བླངས་ན་གནོད་པ་ཅི་ཞིག་འབྱུང་། དེའི་ཚེ་རྟོག་པའི་གནས་ཚུལ་བསྒོམ་བྱར་འགྲོ་བ་ཡིན་གྱི། རྟོག་པ་བསྒོམ་བྱར་སོང་བ་མ་ཡིན་ཞེས་གསུང་པ་ལས་འོས་མི་འདུག་པས། ཤེས་བྱེད་དེ་ཉིད་ཀྱིས་ན་དེ་གྲུབ་པ་ཡིན་ཏེ། དེའི་ཚེ་ན་རྟོག་པའི་གནས་ཚུལ་ལས་མ་གཏོགས་པའི་རྟོག་པ་མི་རྙེད་པའི་ཕྱིར། ཕྱག་ཆེན་པས་རྟོག་པ་དེའི་ངོ་བོ་ལ་བལྟས་པའི་ཚེ། ཀུན་རྫོབ་ཀྱི་རྟོག་པ་མ་མཐོང་ཞིང་། དོན་དམ་པའི་རྟོག་པ་རྙེད་པ་ཡིན་ལ། མཉམ་གཞག་གི་ངོ་ན་དོན་དམ་པའི་རྟོག་པ་ཁོ་ན་ལ་རྟོག་པ་ཞེས་ཟེར་བ་ཡིན་ཏེ། དོན་དམ་པའི་སེམས་ཅན་དང་སངས་རྒྱས་བཞིན་ནོ། །གཉིས་པ་ནི་རྟོག་པའི་ངོ་བོ་དོན་དམ་དཔྱོད་བྱེད་ཀྱི་རིགས་པས་ཇི་ཙམ་དཔྱད་ཀྱང་། དེའི་གནས་ལུགས་ཡིན། ངོ་ཤེས་པ་གསལ་རིག་གི་ཆ་དེ་ནི་དེས་མི་རྙེད་ལ། དེས་རྙེད་པའི་སྟོང་ཉིད་མེད་དགག་གི་ཆ་དེ་ནི་དེའི་གནས་ལུགས་མ་ཡིན་ཏེ། དེའི་གནས་ལུགས་མཐོང་བའི་མངོན་སུམ་གྱི་སྤྱོད་ཡུལ་དུ་མི་རུང་བའི་ཕྱིར། རིག་ཤེས་དེ་ཡང་རྟོག་པ་ཉིད་ཀྱིས་ན་འཁྲུལ་པའི་ཕྱིར་གནས་ལུགས་མཐོང་བའི་བློར་མི་རུང་ངོ་། །སྟོང་ཉིད་མེད་དགག་གི་ཆ་བདེ་གཤེགས་སྙིང་པོར་འཆད་པ་ནི་སྙིང་པོར་མེད་པ་ལ་སྙིང་པོར་སྒྲོ་བཏགས་ནས་དེ་ལྟར་འཆད་པ་ཇོག་ལོ་ཙཱ་བ་ཆེན་པོའི་ལུགས་ཡིན་གྱི། ངེད་ཕྱག་རྒྱ་པ་དེ་ལྟར་མི་འདོད་དོ་ཞེས་ཟེར་བ་བྱུང་ན་དེ་བས་ཀྱང་ལན་ཅི་གདའ། དྲི་བ་གཉིས་པའི་ལན་ནི། དབུ་མ་རིགས་ཚོགས་ཀྱི་སྟོང་ཉིད་ལས་གཞན་པའི་སྟོང་ཉིད་ཀྱི་འཆད་ཚུལ་ཇི་སྙེད་པ་ནོར་བར་ཁས་ལེན་ན། རྣམ་པ་ཐམས་ཅད་ཀྱི་མཆོག་དང་ལྡན་པའི་སྟོང་པ་ཉིད་ལ་སྐུར་པ་བཏབ་བོ། །མ་ཡིན་ཏེ། དེའི་ངོས་འཛིན་རིགས་ཚོགས་ཀྱི་སྟོང་ཉིད་ལ་འཆད་པས་སོ་ཞེ་ན། དེ་ལྟར་འཆད་པ་ནི་ཁྱེད་ཉིད་ལས་སྔོན་དུ་གཞན་བྱོན་པ་མེད་པས་དེ་ལྟར་འཆད་པའི་རྩོད་ཐལ་གྱི་ལུང་ཁུངས་དང་དཔང་པོ་སྟོན་པར་རིགས་སོ། །ཡང་ཇི་སྐད་དུ། ཕྱག་རྒྱ་བ་ཁ་ཅིག་ནི་རྟོག་པ་བཟང་ངན་ཅི་སྐྱེས་ཀྱང་དགག་རྒྱུ་ཡིན་ཟེར་བ་དང་། ཁ་ཅིག་ནི་དེ་མ་ཡིན། རྟོག་པ་ཇི་ཙམ་མང་བ་ཙམ་གྱིས་ཉམས་རྟོགས་ཀྱང་མང་བ་ཡིན་ཟེར་བའི་ཚན་པ་གཅིག་སྟེ་དེ་གཉིས་ཀྱང་འགལ་བ་ལྟག་སྒྲོད་དོ། །ཡང་ཁ་ཅིག་རྟོག་པ་ཐམས་ཅད་མ་རིག་པ་ཡིན་ཟེར་བའི་ཚན་པ་གཅིག་དང་། རྣམ་རྟོག་ཆོས་སྐུ་ཡིན་ཟེར་བའི་ཚན་པ་གཅིག་སྟེ་དེ་ཡང་འགལ་བ་ལྟག་སྒྲོད་དོ། །

ཡང་ཁ་ཅིག་སེམས་འདི་འཁྲུལ་པའི་ཚེ་འཁོར་བ་དང་། མ་འཁྲུལ་པའི་ཚེ་མྱང་འདས་སུ་གནས་ཟེར་བ་དང་། ཁ་ཅིག་རྣམ་རྟོག་གི་ཕྲེང་བ་ལ་ཅེར་གྱིས་བལྟས་པའི་ཚེ་ཆོས་སྐུར་ལམ་ལམ་འཆར་ཟེར་ཏེ། དེ་གཉིས་ཀྱང་འགལ་བ་ལྷག་སྒྲོད་དོ། །ཞེས་གསུངས། ལན་ནི། ཐ་སྙད་དུ་ཟེར་མཁན་མི་གཅིག་པ་ལ་འགལ་བ་ལྷག་སྒྲོད་ག་ལ་འོང་། ཞེ་འདོད་ནི་ལྟ་བའི་ཚེ་རྟོག་པ་ཇི་སྙེད་པ་སྤྱང་བྱ་ཡིན་ཏེ། རྒྱན་རྩ་འགྲེལ་དུ་གཉེན་པོའི་རྟེན་ཅན་གྱི་རྟོག་པ་དང་། བཏགས་འཛིན་གྱི་རྟོག་པ་གཉིས་ཀ་སྤང་བྱར་བཤད་པ་བཞིན་ནོ། །དེ་ཡང་འདི་ལྟར། ཀུན་ནས་ཉོན་མོངས་ཀྱི་རྟོག་པ་སྤྱོང་བའི་ཚེ་རྣམ་བྱང་གི་རྟོག་པ་དང་གིས་སྐྱེ་ཡང་། དེ་ལ་བླང་བྱར་ཞེན་པ་མ་ཡིན། རྫས་འཛིན་རྟོག་པ་སྤྱོང་བའི་ཚེ་བཏགས་འཛིན་རྟོག་པ་དང་གིས་སྐྱེ་ཡང་དེ་ལ་བླང་བྱ་ཉིད་དུ་ཞེན་པར་མི་བྱ་སྟེ། དེ་ལྟར་བྱས་ན་གསོར་མི་རུང་བའི་དུག་ཏུ་གསུངས་པས་སོ། །དེ་ལྟ་ན་ཡང་རྟོག་པ་སྨྲ་མ་ངན་ཤོས་དེ་དང་འཛིན་སྟངས་དངོས་སུ་འགལ་བས་ན་ཕྱི་མ་ལ་བཟང་རྟོག་ཅེས་བཏགས་སོ། །རྟོག་པ་ཇི་སྙེད་པ་ལ་ཐབས་ཀྱིས་ཟིན་ན་རང་བཞིན་ཆོས་སྐུར་འཆར་བ་ཡིན་ཏེ། དབུ་མའི་རིགས་པས་བརྟགས་པ་ན་སྟོང་པ་ཉིད་དང་། མན་ངག་པའི་ལྟ་ཚུལ་གྱིས་ལྟས་པ་ན་གསལ་རིག་ཏུ་འཆར་ལ། དེ་གཉིས་ག་ལ་ཡང་རང་བཞིན་ཆོས་སྐུའི་ཐ་སྙད་མདོ་རྒྱུད་ན་ཡོད་པས་སོ། །དྲི་བ་ཕྱི་མ་གཉིས་ཀྱི་ལན་ཡང་འདི་ལྟར། སེམས་ཀྱི་གནས་ཚུལ་རང་བཞིན་མྱང་འདས་སུ་གནས། གཉིས་སྣང་ཅན་ལ་འཁོར་བར་སྣང་བ་དང་། འཕགས་པས་མྱང་འདས་སུ་གཟིགས། བྱིས་པས་འཁོར་བར་མཐོང་བ་ལ་འགལ་བ་ཅི་ཡང་ཡོད་པ་མ་ཡིན་ཏེ། ཇི་སྐད་དུ། འདི་ཉིད་འཁོར་བ་ཞེས་བྱ་སྟེ། །འདི་ཉིད་མྱང་ངན་འདས་པ་ཉིད། །ཅེས་དང་། དབུ་མ་ལས། འཁོར་བ་མྱ་ངན་འདས་པ་ལ། །ཁྱད་པར་ཅུང་ཟད་ཡོད་མ་ཡིན། །ཞེས་དང་། མདོ་རྒྱུད་གཉིས་ཀ་ལས་ཀྱང་འཁོར་འདས་དབྱེར་མེད་ཀྱི་རྣམ་གཞག་གསལ་བར་གསུངས་སོ། །དེ་བཞིན་དུ་ཀུན་རྫོབ་ཀྱི་རྣམ་རྟོག་མ་རིག་པར་འཆད་པ་དང་། དོན་དམ་པའི་རྣམ་རྟོག་ཆོས་སྐུར་འཆད་པ་ལ་འགལ་འདུས་ཡོད་པ་མ་ཡིན་ཏེ། སྔ་མ་ནི་རིག་པ་ཡེ་ཤེས་ཀྱི་འགལ་ཟླ་དང་། ཕྱི་མ་ནི་རིག་པ་ཡེ་ཤེས་དངོས་སུ་འཆད་པའི་ཕྱིར། དཔེར་ན། ཀུན་རྫོབ་པའི་སེམས་ཅན་འཁོར་བ་དང་། དོན་དམ་པའི་སེམས་ཅན་ཁམས་བདེ་བར་གཤེགས་པའི་སྙིང་པོར་འཆད་པ་བཞིན་ནོ། །

ཡང་འདི་སྐད་དུ། གཞན་ཡང་ཆོས་ཐམས་ཅད་བདེན་པར་མེད་ཅེས་ཟེར་བ་ཞིག་ཐམས་ཅད་ཀྱི་ཞལ་ནས་ རླུང་འགྱུ་བ་བཞིན་དུ་འོང་གིན་འདུག་པ་ལ་འདི་འདྲི་སྟེ། ཆོས་ཐམས་ཅད་རེ་ཞིག་ཞོག །དང་པོར་གང་ཟག་རང་རེ་བདེན་པར་མེད་པའི་དོན་དེ་གང་ལ་བྱེད། བདེན་པར་གྲུབ་སྲིད་ན་ཅི་འདྲ་ཞིག་འོང་རྒྱུ་ཡིན།

དཔེར་ན་རི་བོང་གི་མགོ་ལ་རྭ་མི་སྲིད་མོད། རྒྱལ་གལ་ཏེ་སྲིད་ན་འཆགས་ལུགས་འདི་ཙམ་ཞིག་འོང་རྒྱུ་ཡིན་སྙམ་པ་བློ་ལ་འཆར་དགོས་པ་བཞིན་དུ། བདེན་པར་གྲུབ་པའི་འཆགས་ལུགས་ཀྱང་འདི་འདྲ་ཞིག་འོང་རྒྱུ་ཡིན་སྙམ་པ་དགོས་པ་དེ་གང་། ང་བདེན་སྙམ་དུ་འཛིན་པ་འདི་ཀ་ལ་བྱེད་སྙམ་ན། འོ་ན་ང་བདེན་མེད་དུ་བསྒོམ་ལུགས་ཀྱང་ང་མི་བདེན་སྙམ་པ་འདི་ཀ་ལ་བྱེད་པར་སོང་ལ། དེ་གཉིས་ཀ་ནི་རྒྱུ་མཚན་གང་ལ་ཡང་མ་བརྟེན་པའི་མོས་མནོས་ཙམ་ཡིན་ནོ། །འོན་ཏེ་གང་དུ་ཡང་མ་གྲུབ་པ་དེ་བདེན་མེད་ཀྱི་དོན་ཡིན་སྙམ་ན། འོ་ན་དེར་ལྟ་བ་ནི་ཆད་ལྟ་ཡིན་པས་དོར་རྒྱུ་ཡིན་ནོ། །ཞེས་གསུངས་སོ། །དྲི་བ་འདི་ནི་སྒོམ་ཆེན་པ་ལ་ཁྱད་གསོད་ཡིན་མོད་ཀྱང་། རྒྱ་བོད་ཀྱི་ཤིང་རྟའི་སྲོལ་འབྱེད་ཆེན་པོ་ཀུན་ཀྱང་ཁྱད་དུ་གསོད་པ་ཡིན་ཏེ། དགག་བྱ་བདེན་གྲུབ་ངོས་མ་ཟིན་ན་བདེན་མེད་ངོས་ཟིན་པ་མི་སྲིད་ཅེས་པ་འདི། འདྲི་བ་པ་ཁོ་ནའི་ལེགས་བཤད་གསར་བྱུང་དུ་སྣང་བའི་ཕྱིར་རོ། །འདི་ལ་གཉིས་ཏེ། དེ་ལྟར་མི་འཐད་པ་དངོས་དང་། ཆད་ལྟ་ངོས་མ་ཟིན་པའི་ཉེས་པའོ། །དང་པོ་ནི། བདེན་གྲུབ་ངོས་འཛིན་པ་པས་བདེན་མེད་ངོས་འཛིན་པ་ཆེས་སླ་བ་ཡིན་ཏེ། བདེན་མེད་ནི་ཚད་མས་འགྲུབ་ལ། ཅིག་ཤོས་ཚད་མས་འགྲུབ་པ་མི་སྲིད་པའི་ཕྱིར། རི་བོང་གི་མགོ་ལ་རྭ་ངེས་པ་ལས་རྭ་མེད་ངེས་པ་ཆེས་སླ་བ་ཡིན་ནོ། །དགག་བྱ་ངེས་པ་སྔོན་དུ་འགྲོ་དགོས་པ་འདི་ལ་ཁུངས་ཐུབ་ཀྱི་ལུང་ཡོད་པ་མིན་ལ། སྤྱོད་འཇུག་ཏུ་བརྟགས་པའི་དངོས་ལ་མ་རེག་པར། །ཞེས་སོགས་འདྲེན་མོད། དེའི་དོན་ནི། བདེན་པར་ཡོད་མེད་གཉིས་ལས། གཅིག་མེད་ན་ཅིག་ཤོས་ཀྱང་མེད་པས་ན་གཉིས་ཀ་མི་འགྲུབ་པའི་ལུང་ཡིན་ལ། དེ་ལྟར་ན་ནི་ཁྱེད་ཀྱིས་མི་འདོད་པས་སོ། །དེ་ཡང་མི་སྟོང་ཅུང་ཟད་ཡོད་མིན་ན། །སྟོང་པ་ཡོད་པར་ག་ལ་འགྱུར། །ཞེས་པ་དང་དོན་གཅིག་ཅིང་། བདེན་མེད་ཚད་མས་མ་ཤེས་པར་བདེན་པར་གྲུབ་ན་འདི་ལྟ་བུ་ཞེས་ཀྱང་སྟོན་ནུས་པ་མ་ཡིན་ཏེ། བུམ་པ་ལྟ་བུ་ཚད་མས་དམིགས་པའི་ཚུལ་ངོ་མ་ཤེས་ན་དེ་མེད་པ་གང་ལ་ཟེར་མི་ཤེས་པ་བཞིན་ནོ། །དངོས་ལན་ནི། ཆོས་ཐམས་ཅད་བདེན་པར་མེད་ཅེས་པ་ལ་འཆད་ཚུལ་གཉིས་ཏེ། ཐོགས་མེད་སྐུ་མཆེད་ནས་བརྒྱུད་པ་དང་། ངོ་བོ་ཉིད་མེད་པ་པ་ནས་བརྒྱུད་པའོ། །དང་པོ་ལྟར་ན། ཀུན་བརྟགས་ཀྱིས་བསྡུས་པའི་ཆོས་ཐམས་ཅད་བདེན་པར་མེད་པའོ། །གཉིས་པ་ལྟར་ན། ཤེས་བྱ་ཇི་སྙེད་པ་རང་གི་ངོ་བོས་སྟོང་པའོ། །ལུགས་ཕྱི་མ་འདིར་ཡང་། ཤེས་བྱ་ཇི་སྙེད་པ་ལ་རང་གི་ངོ་བོ་ཀུན་རྫོབ་པ་དང་། དོན་དམ་པ་གཉིས་ལས། གནས་སྐབས་སུ་དང་པོས་སྟོང་ལ། མཐར་ནི་རང་གི་ངོ་བོ་གཉིས་པས་ཀྱང་སྟོང་པ་ཡིན་ཏེ། དཔེར་ན་ལྟ་བའི་ཚེ་གནས་སྐབས་སུ་གཟུགས་གཟུགས་ཀྱིས་སྟོང་ལ་གཟུགས་ཀྱི་ཆོས་ཉིད་ཀྱིས་མི་སྟོང་པ་དང་། མཐར་ནི་ཆོས་ཉིད་དེ་ཡང་ཁོ་རང་གིས་སྟོང་པས་ན་དེ་ཡང་ཡོད་པ་མ་ཡིན་པའོ། །འདྲི་བ་པོའི་བསམ་

པ་ནི། ཆོས་ཐམས་ཅད་ཚད་གྲུབ་ཏུ་ཁས་བླངས་ནས། དེའི་སྟེང་དུ་དགག་བྱ་བདེན་གྲུབ་ཅེས་བྱ་བ་ཚད་མ་གང་གིས་ཀྱང་མི་འགྲུབ་པ་ཞིག་གིས་སྟོང་པ་དེ། ཀླུ་སྒྲུབ་ཞབས་ཀྱི་སྟོང་པའི་ངོས་འཛིན་དུ་འཆད་པ་ཡིན་མོད། དེ་ནི་གཞན་སྟོང་གི་ནང་ནས་ཀྱང་ཐ་ཤལ་ཞིག་སྟེ། ཆོས་ཅན་གཞན་དབང་དང་ཡོངས་གྲུབ་ཀྱི་སྟེང་དུ། དགག་བྱ་ཀུན་ཏུ་བརྟགས་པའི་ཕྱོགས་གཅིག་གིས་སྟོང་པ་ལ་སྨྲོང་བ་གོ་ཆོད་པར་ཁས་བླངས་པའི་ཕྱིར་རོ། །དེ་བས་ན་ཆོས་དང་གང་ཟག་གཉིས་ཀ་ཡང་བདེན་པར་མེད་པའི་དོན་ནི་རང་གི་ངོ་བོས་སྟོང་པ་སྟེ། ཆོས་ཀྱང་ཆོས་སུ་མ་གྲུབ་ཅིང་། གང་ཟག་གང་ཟག་ཏུ་མ་གྲུབ་པའོ། །

གཉིས་པ་ནི། དེ་ལྟར་ཁས་བླངས་ཀྱང་ཆད་པའི་ལྟ་བར་སོང་བ་མ་ཡིན་ཏེ། ལྟ་བའི་ཚེ་དེ་གཉིས་ཀ་ཡང་གདོད་མ་ནས་ཡོད་མ་མྱོང་བའི་ཕྱིར། ཉེས་པ་དེ་ནི་ཁྱེད་ལ་འཇུག་སྟེ། ཆོས་ཐམས་ཅད་སྔར་ཡོད་པར་ཁས་བླངས་ནས། ཕྱིས་རིགས་པས་དཔྱད་པའི་ཚེ་ཚད་མས་མི་འགྲུབ་པར་ཁས་བླངས་པའི་ཕྱིར་རོ། །ཁོ་བོ་ཅག་ལྟར་ན་སྤྱོད་པ་སྦྱིན་སོགས་ལ་སློབ་པའི་ཚེ། རིགས་པས་དཔྱད་པའི་སྟོང་པ་ཉིད་ཁས་བླངས་ན་ཆད་པར་འགྱུར་ཏེ། ཇི་སྐད་དུ། དགེ་མི་དགེ་མེད་བློ་ཅན་ཐར་འགྱུར་ཏེ། །ལས་འབྲས་རྣམས་ལ་སེམས་པའང་དགག་པ་མཛད། །ཅེས་སོ། །དེ་ལྟར་ན་ཡང་རྣམ་ཤེས་ཀྱི་ངོར་སྣང་ཆ་མ་དོར་བའི་ངང་ནས་བླང་དོར་ལ་འཇུག་པ་དང་། ཡེ་ཤེས་ཀྱི་ངོར་ཅི་ཡང་མི་དམིགས་པའི་ཤེས་རྒྱུད་གཅིག་ལ་ཅིག་ཅར་དུ་ཞུགས་པ་དེའི་ཚེ་འཁོར་གསུམ་མི་དམིགས་པའི་ཤེས་རབ་ཀྱིས་ཟིན་པའི་སྦྱིན་སོགས་སུ་འཛོག་པ་ཡིན་ནོ། །ཡང་འདི་སྐད་དུ། གང་ལ་ཡང་བདེན་པར་མི་འཛིན་པ་དང་། བདེན་མེད་དུ་འཛིན་པ་ལ་ཁྱད་པར་ཡོད་དམ་མེད། མེད་ན་ཕུང་གསུམ་མི་སྲིད་པར་འགྱུར། ཡོད་ན་ཁྱད་པར་དེ་གསུངས་ཤིག །ཅེས་དང་། ཁ་ཅིག་སེམས་ལ་བལྟས་པའི་ཚེ་དབྱིབས་དང་ཁ་དོག་གང་དུ་ཡང་མ་གྲུབ་པར་མཐོང་བ་ན་སེམས་མཐོང་བ་ཡིན་ཞེས་དང་། དེའི་ཚེ་སེམས་མ་གྲུབ་པར་མཐོང་བ་ཡིན་ཞེས་དང་། དེའི་ཚེ་སེམས་ཀྱི་ཆོས་ཉིད་མཐོང་བ་ཡིན་ཞེས་ཟེར། དེ་དག་ལ་གནོད་བྱེད་རིམ་པ་བཞིན་དུ། རྣ་རྫོ་ལ་རིང་བ་དེ་རྟ་དང་བོང་བུའི་མགོ་གང་རུང་ལ་མ་མཐོང་བ་དེའི་ཚེ་རྣ་མཐོང་བར་ཐལ་བ་དང་། དེའི་ཚེ་རྣའི་ཆོས་ཉིད་མཐོང་བར་ཐལ་བ་དང་། ཁྱི་དེ་སེང་གེ་དང་ཕྱྭ་གང་དུ་ཡང་མ་མཐོང་བའི་ཚེ་ཁྱི་མ་གྲུབ་པ་ཉིད་དུ་མཐོང་བར་ཐལ་ལོ། །དེ་ལྟར་མཚུངས་པའི་ཤེས་བྱེད་ནི་སེམས་མཐོང་ན་ཁ་དོག་དང་དབྱིབས་གང་རུང་དུ་མཐོང་མི་དགོས་པ་དང་། དབྱིབས་དང་ཁ་དོག་གང་རུང་དུ་མ་གྲུབ་པ་དེ་སེམས་ཀྱི་ཆོས་ཉིད་མ་ཡིན་པའི་ཕྱིར་རོ། །ཞེས་གསུངས།

ལན་ལ་གཉིས་ཏེ། དྲི་བ་དང་པོའི་ལན་དང་། ཕྱི་མ་གསུམ་གྱི་ལན་ཕྱོགས་གཅིག་ཏུ་བཏབ་པའོ། །

དང་པོ་ལ། དྲི་བའི་བསམ་པ་ནི། བོད་ཀྱི་བསམ་གཏན་པ་དག་ལ་བདེན་གྲུབ་ཏུ་མི་འཛིན་ཙམ་ཡོད་ཀྱང་། བདེན་མེད་དུ་འཛིན་པ་ནི་མེད་དེ། འཛིན་པ་ཐམས་ཅད་སྤང་བྱ་ཡིན་པ་དང་། བདེན་མེད་དུ་སྒྲུབ་བྱེད་ཀྱི་རིགས་པ་ཡང་མི་སློབ་པས་སོ། །དེ་མེད་ན་ནི་བདེན་མེད་གང་གིས་སོང་སྙམ་དུ་བསམ་པའོ། །ལན་ནི། བདེན་གྲུབ་རིགས་པས་བཀག་པ་དེ་བདེན་མེད་ཀྱི་འཛིན་པ་སྐྱེ་བའི་ཕྱིར་མ་ཡིན་ཏེ། ཡིན་ན་སྨན་དུག་ཏུ་སོང་བ་དང་འདྲ་བའི་ཕྱིར་དང་། དབུ་མའི་རིགས་པས་མ་ཡིན་དགག་སྒྲུབ་བྱར་བྱེད་པ་ཉིད་དུ་ཐལ་བའི་ཕྱིར་དང་། བདེན་མེད་ཀྱི་འཛིན་པ་ཤར་ན་དེ་ཡང་ཇི་སྐད་དུ། མི་སྟོང་ཙུང་ཟད་ཡོད་མིན་ན། །ཞེས་སོགས་ཀྱི་རིགས་པས་འགོག་དགོས་པའི་ཕྱིར་རོ། །མདོར་ན་དགག་བྱ་བཀག་པ་ལས་ཤུགས་སུ་བསྒྲུབ་བྱ་མི་སྒྲུབ་པ་ནི་དབུ་མ་ཐལ་འགྱུར་བ་དག་གི་ལུགས་སུ་སྣང་ངོ༌། །གཉིས་པ་ལ། ལུང་གིས་མི་གནོད་པ་དང་། རིགས་པ་དང་མི་འགལ་བའོ། །དང་པོ་ནི། སེམས་ཀྱི་ངོ་བོ་སྟོང་པ་ཉིད་གཏན་ལ་འབེབས་པའི་ཚེ། མདོ་དང་བསྟན་བཅོས་མཐའ་དག་ལས་དཔྱིབས་དང་ཁ་དོག་སོགས་སུ་མ་གྲུབ་པ་ཉིད་མཁྱེན་གཅིག་ཏུ་གསུངས་པ་ཡིན་ཏེ། དཔེར་ན་བྱང་ཆུབ་སེམས་འགྲེལ་དང་། བྱང་ཆུབ་སེམས་དཔའི་སྤྱོད་པ་ལ་འཇུག་པ་དང་། དབུ་མའི་མན་ངག་ལ་སོགས་པ་དག་བཞིན་ནོ། །སེམས་ཀྱི་སྟོང་ཉིད་གཏན་ལ་འབེབས་ཚུལ་ཡང་གཉིས་ཏེ། ཞེན་པ་འགོག་པའི་ཕྱིར་ནི་རང་སྟོང་གི་རིགས་པས་འབེབས་ལ། གསལ་རིག་ཙམ་མྱོང་བྱར་བསྟན་པའི་ཕྱིར་ནི་གཞན་སྟོང་གི་རིགས་པས་གཏན་ལ་འབེབས་སོ། །དེ་དག་ཀྱང་རིམ་པ་བཞིན། ཇི་སྐད་དུ། གང་གི་ཕྱིར་ན་དེ་དག་ལ། །གཅིག་དང་དུ་མའི་རང་བཞིན་མེད། །ཅེས་དང་། དེ་ཕྱིར་གཉིས་སྟོང་གང་ཡིན་པ། །དེ་ནི་དེ་ཡིའང་དེ་ཉིད་ཡིན། །ཞེས་གསུངས་པ་ལྟར་རོ། །དེས་ན་ལུང་གི་དོན་ནི་གཞན་སྟོང་གི་འཆད་ཚུལ་ལྟར། སེམས་ཀྱི་ངོ་བོ་དཔྱིབས་དང་ཁ་དོག་སོགས་སུ་གྲུབ་པ་བཀག་ནས། མྱོང་རིག་ཙམ་གྱི་ངོ་བོར་གྲུབ་པ་ཞིག་ཡེ་ཤེས་ཀྱི་མྱོང་བྱར་སྟོན་པ་བཞེད་པ་ཡིན་གྱི། སེམས་རང་སྟོང་དུ་སྒྲུབ་པའི་ཤེས་བྱེད་དུ་དཔྱིབས་དང་ཁ་དོག་སོགས་སུ་མ་གྲུབ་པ་བཀོད་པ་ནི་མ་ཡིན་ནོ། །རིགས་པས་མི་གནོད་པ་ནི། སེམས་ཀྱི་ངོ་བོ་གསལ་རིག་ཏུ་མཐོང་བ་ན་སེམས་མཐོང་བ་དང་། གཟུང་འཛིན་གྱི་སེམས་མ་མཐོང་བ་དང་། སེམས་ཀྱི་ཆོས་ཉིད་མཐོང་བ་ཡང་ཡིན་ཏེ། ཇི་སྐད་དུ་ཡུམ་ལས། སེམས་ལ་ནི་སེམས་མ་མཆིས་ཏེ། །སེམས་ཀྱི་རང་བཞིན་ནི་འོད་གསལ་བའོ། །ཞེས་སོ༔ ༔དེ་ལྟར་ཡིན་དུ་ཆུག་མོད། དཔྱིབས་སོགས་སུ་མ་གྲུབ་པས་འོད་གསལ་དུ་མི་འགྲུབ་པོ་ཞེ་ན། མན་ངག་པ་དག །སེམས་ཀྱི་ངོ་བོ་ཆོས་ཅན་དུ་བཟུང་ནས་གཏན་ཚིགས་འགོད་པ་མ་ཡིན་གྱི། སེམས་གཞིར་བྱས་པ་ལ་བེམ་པོར་མ་གྲུབ་ན་རིག་ཅིང་གསལ་ཙམ་དུ་གྲུབ་དགོས་པ་ཡིན་ནོ། །ཁྱི་དང་རྭ་ཅོ་ལ་རིང་བ་སོགས་ཀྱི་

རིགས་པ་དེ་ཡང་མན་ངག་པའི་སེམས་ཚོལ་གྱི་སྐབས་འདིར་གནོད་བྱེད་དུ་འཇུག་པ་མ་ཡིན་ཏེ། སྐབས་དེར་དེ་དག་ཀྱང་ཡོད་པར་ཁས་མི་ལེན་པའི་ཕྱིར་ཏེ། གཟུང་འཛིན་གཉིས་མེད་དུ་གཏན་ལ་འབེབས་པའི་སྐབས་ཡིན་པས་སོ། །

གཞན་ཡང་ཁྱེད་ཀྱི་ལྟར་ན། ལུང་ལས། སྐྱེས་བུ་ས་མིན་ཆུ་མ་ཡིན། །མེ་མིན་རླུང་མིན་ནམ་ཤེས་མིན། །དེ་ལས་གཞན་ན་སྐྱེས་བུ་གང་། །ཞེས་པས་ཀྱང་སྐྱེས་བུ་མི་ཁེགས་པར་འགྱུར་ཏེ། དེ་དག་ཏུ་མ་གྲུབ་ཀྱང་། ཁྱེད་ཀྱི་ལྟར་ན་སྐྱེས་བུ་ཉིད་དུ་གྲུབ་དགོས་པའི་ཕྱིར་རོ། །ཡང་འདི་སྐད་ཅེས་འབྱུང་སྟེ། སྒོམ་ཆེན་པ་ཁ་ཅིག་ནི། སེམས་སྐད་ཅིག་གི་ཕྲེང་བ་བརྒྱུད་མར་འབྱུང་བ་འདི་ལ་རང་གི་ངོ་བོ་ཇི་ལྟར་གནས་ཀྱི་ལྟ་ཚུལ་ཞིག་མ་ཡེངས་པར་བྱུང་ན། སྐད་ཅིག་དང་པོ་ལ་རྟོག་པར་སྐྱེས་ཀྱང་། སྐད་ཅིག་གཉིས་པ་ལ་རྟོག་པ་དང་པོ་དེ་ཆོས་སྐུར་ངོ་འཕྲོད་པ་དང་། སྟོང་པར་རྟོགས་པ་ཡིན་ཞེས་ཟེར། འོན་ལྟ་ཚུལ་དེ་ཀླུ་སྒྲུབ་ཀྱི་ལུགས་ཀྱི་ལྟ་ཚུལ་ཡིན་ནམ། གཞན་ཞིག་ཡིན། དང་པོ་ལྟར་ན་རིགས་པས་དཔྱོད་དགོས་ལ། དེ་ནི་ཁྱེད་ལ་མེད། ལྟ་ཚུལ་གཞན་གྱིས་སྟོང་པར་རྟོགས་མི་ནུས། གཞན་ཡང་སྟོང་ཉིད་ཆོས་སྐུར་ངོ་སྤྲོད་པ་འདི་གང་ནས་བཤད། རྟོག་པ་སྐད་ཅིག་དང་པོ་སྐད་ཅིག་གཉིས་པར་རང་ཡལ་དུ་སོང་བ་དེ་མི་རྟག་པའི་ལྟ་ཚུལ་ཡིན་གྱི། སྟོང་ཉིད་ཀྱི་ལྟ་ཚུལ་མ་ཡིན་ཞེས་གསུང་ངོ་། །

ལན་གདབ་པ་ནི། སེམས་ཀྱི་གནས་ལུགས་ལ་དཔྱོད་ཚུལ་ཇི་སྙེད་པ་ཀླུ་སྒྲུབ་ཀྱི་གཞུང་བཞིན་བྱེད་དགོས་པས་མ་ཁྱབ་སྟེ། བྱམས་པ་ནས་ཐོགས་མེད་ལ་བརྒྱུད་པའི་རིགས་པས་ཚོལ་བ་ཡང་ཡོད། དབང་དང་བྱིན་རླབས་ཀྱིས་སྟེར་པ་ཡང་ཡོད། མན་ངག་གི་ལུགས་སོ་སོ་བ་དག་ལ་ཡང་སྐུར་པ་གདབ་ཏུ་མི་རུང་བའི་ཕྱིར་དང་། ལྟ་བྱེད་ཀྱི་བློ་ཚད་མ་མ་ཡིན་ཀྱང་རུང་། རྟོག་པའི་སྐྱེ་འགྲོ་བཅད་ནས་གསལ་རིག་ཙམ་དུ་འཆར་བའི་རྒྱུན་བྱུང་ན། དེ་ཉིད་ལ་ཆོས་ཀྱི་དབྱིངས་དང་རང་བཞིན་ཆོས་སྐུ་ཞེས་བྱ་སྟེ། ཆོས་དབྱིངས་ཡེ་ཤེས་དང་རང་བཞིན་ཆོས་སྐུའི་ངོས་འཛིན་འདི་ལས་གཞན་དུ་མེད་པའི་ཕྱིར་རོ། །དེ་ལྟར་མཐོང་བའི་བློ་དེ་ཆོས་ཉིད་ལ་རྟོག་བྲལ་མ་འཁྲུལ་བ་ཡིན་ཀྱང་། རྣལ་འབྱོར་མངོན་སུམ་དུ་བཞག་མི་ནུས་པ་ནི་སོ་སོ་སྐྱེ་བོ་ལ་ཡང་ཡོད་པས་དང་། མན་ངག་པ་དག་མཚོན་བྱེད་དཔེའི་ཡེ་ཤེས་ཞེས་ཐ་སྙད་འདོགས་སོ། །སྟོང་ཉིད་གང་ཡིན་མེད་དགག་ཏུ་སེམས་པ་ནི་ཐལ་རང་གི་ལུགས་ཞེ་ཕྱུགས་སུ་འཚངས་པ་ཡིན་གྱི། འཁོར་ལོ་གསུམ་པ་དགོངས་འགྲེལ་དང་བཅས་པ་ལ་མེད་དོ། །སེམས་གསལ་སྟོང་འཛིན་མེད་ཅེས་པ་དང་། བདེ་སྟོང་ཟུང་འཇུག་ཅེས་པ་ཡང་། གསལ་བ་དང་སྟོང་པ་མི་འགོག་པ་གཞིར་བཞག་ནས། དེ་རྣམ་པར་རྟོག་པའི་འཛིན་པས་སྟོང་པ་ལ་ཟེར་བ

ནི་མན་ངག་གི་གཞུང་ལུགས་ཐུབ་ཀུན་ན་ཡོད་པ་ཡིན་གྱི། ཁྱེད་ཀྱི་བཞེད་པ་ལྟར་ཆོས་ཅན་བདེ་གསལ་གཉིས་པོ་བདེན་པས་སྟོང་པའི་སྟོང་ཉིད་ལ་འཆད་པ་ནི་གློ་བུར་དུ་ལྷགས་པའི་གྲུབ་མཐའ་ཡིན་པ་དང་། ཟུང་འཇུག་གི་དོན་མ་མཆིས་སོ། །ཁྱེད་ཅག་གིས་ནི་གསལ་སྟོང་སྦྱོར་ལུགས་དང་བདེ་སྟོང་སྦྱོར་ལུགས་ཤེས་བྱ་བའི་ཐ་སྙད་ཐོག་མར་མཛད་ནས། དེའི་དོན་ཡུལ་ཅན་བདེ་བ་དང་གསལ་བ་གཉིས་ཀྱིས་ཡུལ་བདེན་སྟོང་མེད་དགག་གི་ཆ་རྟོགས་པ་ལ་འཆད་པར་འདུག་སྟེ། ལུགས་ཐུབ་ཀྱི་ལུང་འདྲེན་རྒྱུ་མ་བྱུང་ལ། རིགས་པ་དང་ཡང་འགལ་ལོ། །ཁོ་བོ་ཅག་ལྟར་ན། རྟོགས་རྒྱུ་ཅི་ཡང་མ་བྱུང་བ་ལ་སྟོང་ཉིད་རྟོགས་པའི་ཐ་སྙད་བཏགས་ཏེ། དེ་ནི་རྣམ་པར་རྟོག་པས་སྟོང་པ་དང་དོན་གཅིག་ལ་འདུ་བ་ཡིན་ནོ། དྲི་བ་ལྷག་བསམ་རབ་དཀར་གྱིས་བསམ་གཏན་པ་དག་ལ་སྙེད་ནས་སྔེ་སྣོད་པ་དག་ལ་དྲིས་པའི་ལན་གདབ་པ་སྙེ་ལེའུ་དྲུག་པའོ།། ༎

ཡང་འདི་སྐད་དུ། ཡང་ཁ་ཅིག །མུན་ཁང་དང་ལུས་གནད་དང་རྣམ་རྟོག་བཀག་པ་ལས་བྱུང་བའི་དུ་བ་ལ་སོགས་པའི་མཐོང་སྣང་བཅུ་བུན་དེ་སྟོང་པ་ཉིད་དང་ཆོས་སྐུ་དངོས་ཡིན་ཟེར་བ་དང་། ཡང་ཁ་ཅིག་དེ་དང་དེ་དངོས་མ་ཡིན་ཀྱང་སྟོང་པ་ཉིད་ཀྱི་གཟུགས་སམ་མདངས་སམ་ཆོས་སྐུའི་རྟགས་ཡིན་ཟེར། དེ་ལྟ་ན་སོ་སོ་སྐྱེ་བོས་ཀྱང་ཆོས་སྐུ་མངོན་སུམ་དུ་མཐོང་བར་འགྱུར་བས་ཚད་ལྡན་གྱི་གཞུང་དང་འགལ། ཡང་ཁ་ཅིག །ཕྱག་རྒྱ་ཆེན་པོ་དང་སོར་བསྡུད་གཉིས་ཀ་རང་སྟོང་གི་ལྟ་བར་འདྲ་ལ། སྦྱོར་དྲུག་ལ་བསམ་གཏན་གྱི་སྐབས་སུ་གཞན་སྟོང་ཟབ་མོའི་ལྟ་བ་སྟོན་རྒྱུ་ཡོད་པས་སྔ་མ་ལས་ལྟ་བ་ཁྱད་པར་དུ་འཕགས་ཞེས་ཟེར། དེ་ལྟ་ན་ཕྱག་ཆེན་གྱི་ལྟ་བ་དེ་མཐར་ཐུག་གི་ལྟ་བར་འགལ། ཡང་ཁ་ཅིག་སྟོང་པ་ཉིད་ཀྱི་གཟུགས་ཤར་བ་དེ་ཟླ་གྲགས་དང་སེང་བཟང་འདོད་པའི་ངན་པ་དེ་མ་ཡིན་ཐོགས་མེད་བཞེད་པའི་བཟང་པོ་དེ་ཡིན། ཞེས་ཟེར་བ་དག་སྣང་ངོ་། །འདི་འདྲ་མདོ་རྒྱུད་དང་མི་མཐུན་ཞིང་། འགལ་བ་ལྷག་སྤྲོད་ཀྱི་གྲུབ་མཐའ་ཀུན་ལ་བཟང་པོ་ཡིན་བྱས་ན་ཇོ་བོ་བཟང་དུ་རེ་བ་དང་། ཆོས་ཐམས་ཅད་དུ་མ་རོ་གཅིག་ཡིན་ཞེས་ཟེར་བ་ནི། འཁོར་འདས་དང་དགེ་སྡིག་སོགས་བཟང་ངན་ཐམས་ཅད་རོ་གཅིག་ཏུ་ཁས་བླངས་པས་བསྟན་པ་ལ་གནོད་པ་ཆེན་པོ་བྱས་པར་འགྱུར་ཞིང་། དེ་འདྲ་དེ་དགག་བསྒྲུབ་ཀྱི་ལམ་ནས་དྲངས་པས་བསྟན་པ་ལ་བྱས་པར་འགྱུར་རོ། །མདོར་ན་ཐོས་བསམ་སྔོན་དུ་མ་སོང་བའི་སྒོམ་དང་། བསྒོམ་པར་མི་འདོད་པའི་ཐོས་བསམ་ནི་ཡང་དག་པ་མ་ཡིན་ནོ་ཞེས་གསུང་།

ལན་ལ་གཉིས་ཏེ། རྩོལ་བ་དང་པོ་གསུམ་གྱི་ལན་སོ་སོར་བཏབ་པ་དང་། ཐམས་ཅད་ཀྱི་གྲུབ་དོན་བསྡུས་ནས་བསྟན་པའོ། །དང་པོ་ནི། བསྒོམས་པའི་སྟོབས་ཀྱིས་ཤར་བའི་དུ་སོགས་ཀྱི་སྣང་བ་དེ། སྣང་ཚུལ

ལ་གཟུགས་སུ་སྣང་ཡང་། གནས་ཚུལ་སྒོམ་པ་པོའི་ཤེས་རྒྱུད་ཀྱིས་བསྡུས་ལ། རྟེན་དེ་ཡང་འཕགས་པ་ཡིན་ན་གཉིས་སུ་མེད་པའི་ཡེ་ཤེས་འབའ་ཞིག་པར་འདུག་པས། དོན་དམ་པའི་བདེན་པ་དང་། རང་བཞིན་ཆོས་སྐུ་དང་། ཇི་སྐད་དུ། བློ་བུར་དག་གིས་ཁམས་སྟོང་གི །བླ་མེད་ཆོས་ཀྱིས་སྟོང་མ་ཡིན། །ཞེས་རྒྱ་འགྲེལ་གྱིས་བསྟན་པའི་སྟོང་པ་ཉིད་དེར་ནི་ངེས་པར་འདོད་དགོས་པ་ཡིན་ནོ། །སྤྱིར་ནི་སོ་སོ་སྐྱེ་བོ་ལ་རྣལ་འབྱོར་མངོན་སུམ་མེད་ཀྱང་། གནས་ལུགས་མངོན་སུམ་དུ་མཐོང་བ་ཞིག་ཡོད་པར་ནི། རྒྱུད་ལས། འདི་ནི་བྱིན་རླབས་རིམ་པའི་ཕྱིར། །ཀུན་མཁྱེན་ཡེ་ཤེས་དེ་ལྟ་བུ། །ཞེས་བཤད་ལ། འདི་ལ་ས་སྐྱ་པས་ནི་མཚོན་བྱེད་དཔེའི་ཡེ་ཤེས་ཞེས་བྱ་ཞིང་། བཀའ་རྒྱུད་པས་ནི་རྣལ་འབྱོར་བཞིའི་རིམ་པས་འཆད་ཚུལ་རྒྱས་པར་མཛད་དོ། །འདྲི་བ་པོས་ནི། སྟོང་པ་ཉིད་དང་དོན་དམ་པའི་བདེན་པ་ཞེས་བྱ་བ་ཞིག་ཡིན་ཕྱིན་ཆད། དབུ་མ་ཚིག་གསལ་འཇུག་ཏུ་བཤད་པའི་སྟོང་ཉིད་ཁོ་ན་ལ་འཆད་ཀྱང་། ཟླ་བ་གྲགས་པས་ནི། སྟོང་ཉིད་དེ་ཡང་མཐར་ཀུན་རྫོབ་ཀྱི་བདེན་པ་ཉིད་དུ་བཤད་ཅིང་། རང་རྒྱུད་པ་དག་ཀྱང་རིགས་ཚོགས་ཀྱི་སྟོང་ཉིད་མཐར་ཀུན་རྫོབ་བདེན་པར་འཆད་དོ། །ཟླ་གྲགས་དང་སེང་བཟང་ཡང་ཆོས་ཐམས་ཅད་རང་སྟོང་དུ་འཆད་པར་འདྲ་མོད། བསྒོམ་བྱུང་གིས་ཉམས་སུ་མྱོང་བྱ་མི་མཐུན་པར་སྣང་སྟེ། སེང་བཟང་ནི་མཉམ་གཞག་སོ་སོར་རང་གིས་རིག་པའི་ཡེ་ཤེས་ཉིད་དུ་ཁས་ལེན་པའི་ཕྱིར། ཡང་ཕྱག་རྒྱ་ཆེན་པོ་དང་སོར་བསྡུད་གཉིས་ཀ་རང་སྟོང་དུ་འཆད་པ་ནི། རང་སྟོང་དང་གཞན་སྟོང་གི་རྣམ་དབྱེ་ཕྱེད་ནས་ལུགས་དེ་འཛིན་པ་དག་ལ་ནི་ཡོད་པ་མ་ཡིན་ཏེ། ཕྱག་རྒྱ་ཆེན་པོའི་མིང་ཅན་མྱོང་བ་གསལ་རིག་གི་ཆ་དེ་དང་། སྟོང་གཟུགས་ཕྱག་རྒྱ་ཆེན་པོའི་མིང་ཅན་དེ་གཉིས་ཀ་ཡང་། གནས་ཚུལ་ལ་རང་གི་ངོ་བོས་མི་སྟོང་པའི་ཡེ་ཤེས་སུ་དོན་གཅིག་པའི་ཕྱིར། དོན་འདི་ལ་འཇམ་དཔལ་མཚན་ཡང་དག་པར་བརྗོད་པ་དང་། རྒྱུད་བླ་མའི་བསྟན་བཅོས་དཔང་པོར་མཛད་དོ། །ཀླུ་སྒྲུབ་ཞབས་ཀྱི་རིགས་པས་གཏན་ལ་མི་ཕེབས་པ་ནི་འགའ་ཡང་མེད་དོ། །ཞེས་གསུངས་མོད། རིགས་པས་དེ་ལྟར་གཏན་ལ་མི་ཕེབས་པའི་ཆོས་གང་ཡང་མེད་པས་ན། ཆོས་གང་ལ་ཡང་མཚན་མར་འཛིན་པའི་རྟོག་པ་འགོག་ནུས་པ་ཡིན་ལ། དེ་ལྟ་ན་ཡང་གནས་ལུགས་སུ་བདེན་པ་ཞིག་མེད་པ་ནི་མ་ཡིན་ཏེ། གནས་ལུགས་ཀྱི་དོན་ནི་རིགས་ཤེས་ཀྱི་ཡུལ་ལས་འདས་པའི་ཕྱིར་ཞེས་པ་ནི་མན་ངག་པ་དག་གི་ལུགས་སོ། །གཉིས་པ་ལ་གསུམ་སྟེ། ཐོས་བསམ་གྱིས་གཏན་ལ་མ་ཕབ་པའི་སྒོམ་ཡང་དག་སྲིད་པར་བསྟན་པ་དང་། ཐོས་བསམ་གྱིས་གཏན་ལ་ཕབ་པའི་ངེས་དོན་ཁོ་ན་བསྒོམ་བྱ་ཡིན་པའི་ངེས་པ་མེད་པ་དང་། ཞི་ལྷག་ཟུང་འཇུག་གི་དོན་བསྟན་པའོ། །དང་པོ་ནི། རྒྱུད་སྡེ་དག་ལས་སྐལ་དམན་རིམ་གྱིས་འཇུག་པ་དང་། སྐལ་ལྡན་ཅིག་ཅར་དུ་འཇུག་པ་ཞེས་བྱ་བ་གཉིས་གསུངས་

ལ༑ ཕྱི་མ་ལ་ནི་དེ་ལྟར་དགོས་པ་མ་ཡིན་ཏེ། ཇི་སྐད་དུ། གདོལ་པ་སླྱིག་མ་མཁན་ལ་སོགས། །གསོད་དོན་དོན་དུ་སེམས་པ་པོ། །དེ་རྣམས་ཀྱི་རྡོ་རྗེར་ཤེས་ན། །གྲོལ་འགྱུར་འདི་ལ་ཐེ་ཚོམ་མེད། །ཅེས་དང་། རྣལ་འབྱོར་དབང་ཕྱུག་རྣམས་ཀྱི་རྣམ་པར་ཐར་པ་ལས་མང་ངོ་། །དེར་མ་ཟད། ཐོས་པ་སྔོན་དུ་སོང་བ་ལ་མ་ལྟོས་པར། རང་བྱིན་གྱིས་བརླབ་པའི་རིམ་པ་དང་། གང་གི་དྲིན་གྱི་བདེ་ཆེན་ཞེས་སོགས་དབང་བསྐུར་བའི་རིམ་པ་དང་བླ་མའི་བྱིན་རླབས་ཀྱི་རིམ་པས་དེ་ཁོན་རྟོགས་པར་བཤད་པ་དང་། དོན་གཅིག་ན་ཡང་མ་རྨོངས་དང་། །ཐབས་མང་། ཞེས་སོགས་ལ་སྐུར་པ་གདབ་པར་མི་བྱའོ། །

གཉིས་པ་ནི། ཁྱེད་ཅག་གི་བཞེད་པ་ལ། ཐོས་བསམ་གྱི་རིགས་པས་གཏན་ལ་ཕབ་པའི་ངེས་དོན་གང་ཡིན་པ་དེ་ཉིད་བསྒོམ་པས་ཉམས་སུ་མྱོང་བྱར་མ་བྱས་ན། ཐོས་བསམ་དོན་མེད་དང་། གསུང་རབ་གདམས་པར་མ་ཤར་བའི་ཉེས་པ་ཁོ་ནར་ཟད་པ་ཡིན་ཏེ། དཔེར་ན་ཏ་དཀྱུས་གཞན་དུ་བསྟན་ནས། རྒྱུག་ས་གཞན་དུ་བྱེད་པ་བཞིན། ཞེས་གསུང་པ་ཡིན་མོད། རྒྱུད་སྡེ་དང་མན་ངག་ལས་ནི་དེ་ལྟར་འཆད་པའི་ངེས་པ་མེད་དེ། བརྟག་པ་གཉིས་པར། ལྟ་བ་རིམ་འཇུག་འཆད་པའི་སྐབས་སུ། དེ་རྗེས་དབུ་མ་བསྟན་པར་བྱ། །སྔགས་ཀྱི་རིམ་པ་ཀུན་ཤེས་ནས། །དེ་རྗེས་ཀྱི་རྡོ་རྗེ་བརྩམ། །ཞེས་བཤད་ལ་དེའི་དོན་ཡང་རྗེ་བཙུན་མཆེད་ཀྱིས་མཐའ་བྲལ་དུ་གཏན་ལ་ཕབ་ནས་ཟུང་འཇུག་ཏུ་ཉམས་སུ་ལེན་པ་ཞེས་བྱ་བ་ཞིག་ལ་བཞེད་པ་ཡིན་ནོ། །

གསུམ་པ་ནི། དྲི་བའི་ཚུལ་ནི་འདི་མཛད་པ་པོའི་བསྟན་བཅོས་གཞན་དག་ཏུའང་སྒོམ་བྱུང་གི་ཤེས་རབ་སྒྲ་དོན་འཛིན་པའི་རྟོག་པར་འཆད་བཞེད་ནས། དགོངས་འགྲེལ་དང་ཉན་ཐོས་ཀྱི་ས་ལ་སོགས་པར། ཇི་སྐད་དུ༑ ལྷག་མཐོང་གང་ཞེ་ན། ཆོས་རྣམས་ལ་སོ་སོར་རྟོག་པར་བྱེད། མཛལ་བར་བྱེད། ཅེས་སོགས་ལུང་གི་རྣམ་གྲངས་མང་ལ་རྒྱ་ཆེ་བ་དག་དྲངས་ནས། ཐུགས་ཤིན་ཏུ་བརྒྱལ་བར་གྱུར་མོད། དེ་དག་ནི་ཞི་ལྷག་སོ་སོ་བ་དང་ཟུང་དུ་འཇུག་པ་ཞེས་བྱ་བའི་རིམ་པ་གསུམ་དུ་འཇོག་དགོས་པ་ཞེས་བྱ་བ་དེ་མ་མཁྱེན་པའམ། མཁྱེན་ནས་ཀྱང་དྲང་པོར་མ་མཛད་པ་ཡིན་ནོ། །དེ་ཡང་འདི་ལྟར། མདོ་སྡེའི་རྒྱན་ལས། སེམས་ལ་སེམས་ནི་འཛོག་ཕྱིར་དང་། །ཆོས་རབ་རྣམ་པར་འབྱེད་པའི་ཕྱིར། །ཞི་གནས་དང་ནི་ལྷག་མཐོང་ཡིན། །ཟུང་དུ་འབྲེལ་བའི་ལམ་དེ་ནི། །བསྒོམས་པ་ཡིན་པར་ཤེས་པར་བྱ། །ཞེས་གསུངས་དེ་ཡང་ཞི་ལྷག་སོ་སོ་བ་ནི་སྦྱོར་བའི་གནས་སྐབས་དང་ཟུང་དུ་འཇུག་པ་ནི་དངོས་གཞིའི་གནས་སྐབས་ཡིན་ལ། ཟུང་དུ་འཇུག་པའི་དོན་ནི། གང་ཟག་གཅིག་ལ་གཉིས་ཀ་ལྡན་གྱིས་གྲུབ་པའི་དོན་ཡིན་གྱི། སོ་སོ་ཐ་དད་པ་གཉིས་ཟུང་དུ་འབྲེལ་བའི་དོན་ལ་འཆད་པ་ནི་མ་ཡིན་ནོ། །དེའི་ཚེ་ཞི་གནས་ཞེས་བྱ་བ་རྟོག་པའི་རླུང་གིས་མ་གཡོས་པ་མྱོང་རིག་ཙམ་དུ་རྩེ

གཅིག་པར་གནས་པ་དེ་ལ་ལྷག་མཐོང་གི་དོན་ཚང་བ་དང་། ལྷག་མཐོང་ཞེས་བྱ་བ་སྤྲོས་པའི་ཚོགས་མཐའ་དག་བཀག་པའི་གསལ་རིག་གི་ཆ་དེ་ལ་ཞི་གནས་ཀྱི་དོན་ཚང་དགོས་པ་ཡིན་ཏེ། གཞན་དུ་ན་ཟུང་འཇུག་གི་དོན་མི་ཚང་བའི་ཕྱིར། ཁྱེད་ཀྱི་ཕྱོགས་ལ་ཟུང་འཇུག་མི་སྲིད་དེ། རྟོག་པ་རྩེ་གཅིག་པ་ཞི་གནས་ཀྱི་སྐྱོན་དུ་འཆད་ལ། ལྷག་མཐོང་གི་ངོ་བོ་ནི་རྟོག་པར་འདོད་པའི་ཕྱིར། དེ་ལྟ་ན་ལྷག་མཐོང་ལ་གཉིས་ཏེ། སྦྱོར་བའི་དུས་སུ་སོ་སོར་རྟོག་པའི་ལྷག་མཐོང་དང་། དངོས་གཞིའི་དུས་སུ་རྩེ་གཅིག་པའི་ལྷག་མཐོང་ངོ་། །དང་པོ་ནི་བསམ་བྱུང་གི་རིགས་པ་གཙོ་ཆེ་བས་སྒོམ་བྱུང་དུ་མི་འདོད་ལ། འདི་ལ་ཞི་གནས་སྔོན་དུ་འགྲོ་དགོས་པའི་ངེས་པ་མེད་དོ། མཚན་ཉིད་རབ་ཏུ་རིག་པ་ཡིད་ལ་བྱེད་པ་བཞིན་ནོ། །ལྷག་མཐོང་གཉིས་པ་ལ་ནི་ཞི་གནས་མཚན་ཉིད་པ་སྔོན་དུ་འགྲོ་དགོས་པར་མ་ཟད། ཞི་གནས་དངོས་སུ་ཁས་ལེན་དགོས་པ་ཡིན་ཏེ། དེའི་མཚན་ཉིད་ཚང་བའི་ཕྱིར་རོ། །ལྷག་མཐོང་གང་ཞེ་ན། ཞེས་དྲིས་པའི་ལན་དུ། མདོ་ལས་བཤད་པ་ཙམ་གྱིས་ལྷག་མཐོང་དངོས་ཡིན་པའི་ངེས་པ་མེད་དེ། ཇི་སྐད་དུ། ཞི་གནས་གང་ཞེ་ན་ཞེས་དྲིས་པའི་ལན་དུ་སེམས་གནས་པའི་ཐབས་དགུ་བཤད་པ་བཞིན་ནོ། །ཞི་ལྷག་གཉིས་ཀ་ལའང་འཇིག་རྟེན་པ་དང་། དེ་ལས་འདས་པ་གཉིས་ལས། དང་པོ་རྟོག་པར་བཤད་ཀྱང་མི་འགལ་མོད། ཕྱི་མ་ནི་དེར་བཤད་དུ་མི་རུང་སྟེ། སྒྲིབ་པའི་ས་བོན་དྲུངས་འབྱིན་པར་བྱེད་པའི་ལྷག་མཐོང་རྩེ་གཅིག་པ་ནི་རྟོག་པ་དང་བྲལ་ཞིང་མ་འཁྲུལ་བའི་རིག་པར་ཁས་ལེན་དགོས་པའི་ཕྱིར་ཞེས་བྱ་བ་འདི་གྲུབ་པ་ཡིན་ནོ། །དྲི་བ་ལྷག་བསམ་རབ་དཀར་གྱི་ལན་བཏབ་པ་ལས་མདོར་བསྡུས་པའི་ལེའུ་སྟེ་བདུན་པའོ།། །།

འདིར་སྨྲས་པ། ལྷག་བསམ་རབ་དཀར་གྱིས་དྲི་ན། །དེ་ལན་ལུང་རིགས་ཀྱིས་གྲུབ་པ། །འབྱུང་མི་སྲིད་ཅེས་གང་བསམས་ཏེ། །དྲིས་ནས་ལོ་བརྒྱ་ལོན་པའི་ཚེ། །མདོ་རྒྱུད་བསྟན་བཅོས་མན་ངག་གི །དགོངས་རྒྱན་ཉི་མ་ཅིག་ཤར་བས། །འཁོར་ལོ་གསུམ་པའི་ངེས་དོན་གྱི། །འོད་སྣང་ཕྱོགས་བརྒྱར་འཕྲོ་བྱེད་ཤོག །གྲུབ་པའི་དབང་ཕྱུག་བརྒྱུད་མར་བྱོན་པའི་བརྒྱུད་འཛིན་གྱིས་བཟུང་དེ་འཛིན་བྱེད་པོའི་བསམ་གཏན་པར་ནི་ཁས་འཆེ་རྣམས། །མདོ་དང་བསྟན་བཅོས་ལུང་དང་རིགས་པ་ཤིང་རྟའི་སྲོལ་ཆེན་ཞེས་བྱའི་བྱིངས་ཆེན་པོ་ཡིས་ཁྱད་དུ་གསོད་བྱེད་མཁན། །ཀླུ་སྒྲུབ་གཞུང་ལུགས་དྲང་པོ་མིན་པའི་གཏམ་གྱིས་འཁྲིག་པོའི་ལམ་དུ་འདྲེན་བྱེད་ལུང་དང་རིགས་པའི་ཁ་ལོ་པ། །བརྒྱ་ཕྲག་སྟོང་དུ་སྒྱུར་བས་དེ་དེ་ཁོ་ནར་མ་ཟད་ཆོས་འཁོར་གསུམ་པའི་ངེས་དོན་མཐའ་དག་འདིར་སྤྲངས་སོ། །དུལ་བའི་གླང་ཆེན་ཞི་བའི་ནགས་ན་དགེ་བར་གནས་རྣམས་རྨོངས་པ་ལྟར་བསམས་ཏེ། །མ་དུལ་གླང་ཆེན་སྟོབས་ཆེན་གྱིས་རྒྱས་གཟུ་བོ་མིན་པའི་ལམ་དུ་ཞུགས་པ་ན། །ཐུབ་

རྣམས་དགྱེས་པའི་སྐལ་ལྡོངས་དག་དང་མཁས་ཀུན་དགའ་བའི་ཡིད་བཞིན་མཚོ་ཆེན་པོ། །རིང་ནས་དགུགས་ཚེ་དྭང་པོའི་ལམ་དུ་འཇུག་མཁས་ལེགས་བཤད་གླང་རྗེ་འདི་འབྲུངས་སོ། །

ཞེས་དྲིས་ལན་མན་ངག་གི་དགོངས་རྒྱན་ཞེས་བྱ་བ་འདི་ནི། བཀའ་གདམས་ཁྲི་དཔོན་བསོད་ནམས་རྒྱལ་མཆོག་རབ་བརྟན་དཔལ་བཟང་པོའི་གསུང་གི་ངོར་བགྱིས་ནས། དཔལ་ཤཱཀྱ་མཆོག་ལྡན་དྲི་མེད་ལེགས་པའི་བློས། གསེར་མདོག་ཅན་ཞེས་བྱ་བའི་ཆོས་ཀྱི་གྲྭར་ལེགས་པར་སྦྱར་བའི་ཡི་གེ་པ་ནི་བློ་བཟང་ཆོས་ཀྱི་རྒྱལ་མཚན་ནོ།། །།མངྒ་ལཾ།

༄༅། །བཤེས་གཉེན་མུས་པ་རབ་འབྱམས་པའི་དྲིས་ལན་མཐོང་བ་དོན་ལྡན་གྱི་སྒོར་བཞུགས་སོ། །

པཎ་ཆེན་ཤཱཀྱ་མཆོག་ལྡན།

སྭ་སྟི། འགྲོ་བློའི་རྨོངས་པ་སེལ་བ་དང་། །ཉམ་ངའི་ལམ་ལས་བསྲུང་བརྩོན་པ། །འཛམ་པའི་དབྱངས་དང་པད་དཀར་གྱིས། །གྲུབ་པ་བླ་ན་མེད་ཀྱུར་ཅིག །གང་འདིར་མང་དུ་གསན་ཞིང་། ཡང་དག་པའི་སྒྲུབ་པ་ལ་མཐའ་གཅིག་ཏུ་གཞོལ་བའི་བཤེན་གཉེན་དམ་པ་མུས་རབ་འབྱམས་པས། འབེལ་བའི་གཏམ་གྱི་ཚིག་ལེའུར་བྱས་པ། རྒྱང་རིང་པོ་ནས་ཡི་གེར་སྤྲིངས་པ་འདིར་འཁྲོད་པས་རྗེས་སུ་ཡི་རང་། དེ་ཡང་། སྐབས་ལ་ལར་འདྲི་བ་དང་། འགའ་ཞིག་ཏུ་རྐྱོལ་བ་དང་། སྐབས་སུ་ལན་འདེབས་པ་དང་། གཞན་དུ་རང་གི་དམ་བཅའ་ལ་ཤེས་བྱེད་ཀྱི་གཏན་ཚིགས་དང་། མི་མཐུན་པ་ལ་སུན་འབྱིན་བརྗོད་པ་དག་གི་རྣམ་གྲངས་སུ་སྣང་བ་ལས། རེ་ཞིག་ཐོག་མར་ཇི་སྐད་དུ། ཐོགས་མེད་ཞབས་ཀྱིས་ངེས་དོན་མ་གཟིགས་ཤེས། །ཟེར་བ་དེ་འདྲ་བླ་བའི་དགོངས་པ་མིན། །ཞེས་བྲིས་པ་འདིའི་ཤེས་བྱེད་ཅི་ཞེས་གསུང་པ། སྤྱིར་ཐོགས་མེད་ཞབས་ཀྱི་གཞུང་དག་ན། ངོ་བོ་ཉིད་མེད་པ་པའི་ལྟ་བ་མཐར་ཐུག་ལ་ཆད་པའི་སྐྱོན་བརྗོད། དབུ་མ་ཐལ་རང་དུ་སྨྲ་བའི་གཞུང་དག་ན་ཅིག་ཤོས་ཀྱི་ལྟ་བའི་མཐར་ཐུག་ལ་སེམས་ཙམ་དུ་གནས་པའི་སྐྱོན་བརྗོད། དེ་ལ་དཔགས་ནས་གངས་ཅན་པ་ཕྱི་མ་དག །ཐོགས་མེད་སྐུ་མཆེད་ཀྱིས་བཤད་པའི་མཐར་ཐུག་གི་ལྟ་བ་སེམས་ཙམ་ཉིད་ལས་མ་འདས་སོ། །ཞེས་ཟེར་བ་འདི་ལ་ཚད་མར་བྱས་ན། སྔོན་གངས་ཅན་དུ་འགྱུར་བའི་མན་ངག་རྣམས་ལས་དབུ་མ་ལྟ་ཁྲིད་ཙམ་མ་གཏོགས། མན་ངག་གི་གཞུང་ཇི་སྙེད་པ་མཐའ་དག་དང་། རྡོ་རྗེ་ཐེག་པའི་ཟུང་འཇུག་གི་རིམ་པ་ཐམས་ཅད་སེམས་ཙམ་དུ་གནས་སོ་ཞེས་ཟེར་བའི་ཁ་ཅང་ཐལ་བ་འདི་མ་བཟོད་ནས་དེ་སྐད་ཅེས་སླས་སོ། །འོན་ཇི་སྐད་དུ། འདི་ནི་གསན་རྒྱ་ཆེ་ཡང་གཞན་གྱི་ཐུགས་སུ་ཆུད་མི་འགྱུར། །ཞེས་འབྱུང་བ་མ་ཡིན་ནམ་ཞེ་ན། སྤྱིར་ངོ་བོ་ཉིད་མེད་པ་པ་དག་ལ། མདོ་སྡེ་དང་། གྲགས་སྡེ་དང་། རྣལ་འབྱོར་སྤྱོད་པ་པར་གྲགས་པ་གསུམ་ལས། ལུགས་ཕྱི་མ་ཞལ་གྱིས་བཞེས་པའི་སློབ་དཔོན་ཞི་བ་འཚོ་རྗེས་འབྲང་དང་བཅས་པས་ནི། སྒོམ་པས་ཉམས་སུ་མྱོང་བྱའི་མཐར་ཐུག་གི་ལྟ་བ་ཐོགས་མེད་སྐུ་མཆེད་དང་མཐུན་པ་ཁོ་ནར་བཞེད་དེ༑ དཔེར་ན་སློབ་དཔོན་སེང་གེ་བཟང་པོ་བཞིན་ནོ། །ལུགས་དང་པོ་གཉིས་ཞལ་གྱིས་བཞེས་པ་ནི་ལེགས་

ལྷན་དང་བླ་བ་གྲགས་པ་དག་ཡིན་ལ། ལེགས་ལྡན་གྱིས་ནི་རྟོག་གེ་འབར་བར། ཐོགས་མེད་སྐུ་མཆེད་གཉིས་ཀའི་གཞུང་དུ་དབུ་མའི་ལྟ་བ་མ་བསྟན་པ་དང་། དབུས་དང་མཐའ་རྣམ་པར་འབྱེད་པའི་གཞུང་དྲངས་ནས་དེ་ལ་དགག་པ་མང་དུ་བརྗོད་པར་མཛད་དོ། །ཟླ་བས་ནི་ཐོགས་མེད་ཞབས་ཀྱི་བཞེད་པ་ཟུར་དུ་བཀར་ནས། དབྱིག་གཉེན་དང་ཆོས་སྐྱོང་སོགས་ཀྱིས་རང་སྟོང་གི་ཚུལ་འདི་ཐུགས་སུ་མ་ཆུད་པར་བཤད་མོད། དེ་ཙམ་གྱིས་དབུ་མའི་ངེས་དོན་ཐུགས་སུ་མ་ཆུད་པར་མི་འགྲུབ་སྟེ། ཐོགས་མེད་ཞབས་ཀྱིས་ཐུགས་སུ་ཆུད་པའི་གཟུང་འཛིན་གཉིས་མེད་ཀྱི་ཡེ་ཤེས་ཞེས་བྱ་བ་དེ་དང་། ཟླ་བའི་ཞབས་རང་ཉིད་ཀྱིས་གསང་བ་འདུས་པར་བཤད་པའི་འོད་གསལ་བའི་རིམ་པ་དང་། སེམས་ཀྱི་རྡོ་རྗེ་ཞེས་བྱ་བའི་ངོས་འཛིན་ལ་ཁྱད་པར་ཅི་ཡང་མི་སྣང་བའི་ཕྱིར་དང་། ཤཱནྟི་པ་དང་སེང་བཟང་སོགས་ཀྱིས་ནི་ཐོགས་མེད་འཕགས་པར་འཆད་ལ། ཟླ་བས་དེར་མི་འཆད་པའི་ངེས་པའང་མེད་པའི་ཕྱིར་དང་། ཟླ་བའི་ལུགས་འདི་ལ། ཕར་ཕྱིན་ཐེག་པའི་ངེས་དོན་ཉམས་སུ་ལེན་པ་ལ། གཏན་ལ་ཕབ་པའི་སྟོང་ཉིད་དང་། ཉམས་སུ་བླང་བྱའི་སྟོང་ཉིད་ཀྱི་དབྱེ་བ་སོ་སོར་མི་མཛད་ཀྱང་། རྡོ་རྗེའི་ཐེག་པར་ཉམས་སུ་བླང་བྱའི་ངེས་དོན་སེམས་ཀྱི་རྡོ་རྗེ་ལ་བཞེད་པའི་ཕྱིར། འོ་ན་ཆོས་སྐྱོང་ཞབས་ལ་མཚུངས་སོ་ཤེ་ན། མ་ཡིན་ཏེ། ཟླ་བས་གཞུང་རྩོམ་པའི་དུས་སུ་ནི། ཇི་སྐད་དུ། ད་ལྟའི་སླན་ངག་མཁན་ཞེས་ཟེར་གྱི་རྣལ་འབྱོར་དབང་ཕྱུག་ཏུ་མ་གྲགས་པའི་ཕྱིར་རོ། །རྗེ་ཙོང་ཁ་པའི་རྗེས་འབྲང་དག་ལ་ནི་འདི་སྐྲུབ་དགོས་པ་མ་ཡིན་ཏེ། ཐོགས་མེད་ཞབས་ཀྱིས་རྒྱུད་བླའི་བསྟན་བཅོས་ཀྱི་དགོངས་པ་ཐལ་འགྱུར་དུ་བཀྲལ་ཞེས་འཆད་པས་སོ། །འོ་ན་དབྱིག་གཉེན་གྱི་གཞུང་དུའང་ངེས་དོན་མཐར་ཕྱིན་ཞིག་བཤད་ན༏ དེས་དེ་ཐུགས་སུ་མི་ཆུད་པ་ཅི་ཞེ་ན། ཐོས་བསམ་གྱི་ཚེ་རང་སྟོང་གི་ལྟ་བ་ནི་ཐུགས་སུ་མ་ཆུད་ཅིང་། སོ་སྐྱེ་བོར་གྱུར་པ་ཉིད་ཀྱི་ཉམས་སུ་མྱོང་བྱའི་ངེས་དོན་ནི་གོམས་པར་མ་མཛད་དོ་སྙམ་དུ་དགོངས་པ་སྟེ། ཕྱོགས་ཀྱི་གླང་པོ་ལ་ཡང་དེ་བཞིན་ནོ། །གཞན་དུ་ན་ཟླ་བའི་ཞབས་ཀྱི་དབུ་མ་དང་སྔགས་གཞུང་གི་ངེས་དོན་ངོས་འཛིན་གང་རུང་ཞིག་གི་གཟུང་མི་ཐུབ་པར་འགྱུར་རོ། །

འོ་ན་ཁྱེད་ལའང་མཚུངས་སོ་ཤེ་ན། མ་ཡིན་ཏེ། ཁོ་བོ་ཅག་ལྟར་ན། ལྟ་བ་གཏན་ལ་འབེབས་པའི་ཚེ་རང་སྟོང་གི་ཚུལ་ལྟར་ཕབ་ནས། ཉམས་ལེན་གྱི་ཚེ་རྡོ་རྗེའི་ཐེག་པར་ཞུགས་པ་ཞིག་ཡིན་ན་ནི། ལྟ་བ་སེམས་རྣམ་པར་དབེན་པ་དང་། འོད་གསལ་བའི་རིམ་པ་ལྟར་ཉམས་སུ་ལེན་ལ། དེར་མ་ཞུགས་ན་ཐོས་བསམ་གྱི་རིགས་པས་སྤྲོ་འདོགས་གང་བཅད་པ་དེ་ཉིད་ཉམས་སུ་ལེན་པར་བྱེད་དོ། །ཞེས་བྱ་བ་འདི་ཟླ་བའི་ཞབས་ཀྱིས་དགོངས་པའོ། །ལེགས་ལྡན་ལྟར་ན་ཡང་། ཐོས་བསམ་གྱི་ཚེ། སྤྲོ་འདོགས་གཅོད་པའི་གཞི་ལ་ལྷག་མ་ཞིག

བཞག་ན། མཐའ་བྲལ་གྱི་རྩེ་མོར་མི་ཕྱིན་ཏེ། དམིགས་པ་དང་མཚན་མར་འཛིན་པའི་ཡུལ་གྱི་ལྷག་མ་བཞག་པའི་ཕྱིར་སྙམ་དུ་དགོངས་པ་ཡིན་གྱི། ཉམས་ལེན་གྱི་ཚེ། སོ་སོར་རང་གིས་རིག་པའི་ཡེ་ཤེས་ཞལ་གྱིས་རྣམ་པ་ཀུན་ཏུ་མི་བཞེས་པ་ནི་མ་ཡིན་ཏེ། གཞན་དུ་ན། རྣལ་འབྱོར་བླ་མེད་ཀྱི་རྒྱུད་གཞུང་ཀུན་དང་འགལ་བའི་ཕྱིར་དང་། དབུས་མཐའི་མཐར་ཐུག་གི་ལྟ་བ་མི་འཐད་ན། དཔལ་ཡང་དག་སྦྱོར་བའི་རྒྱུད་ཕྱི་མར། དབུས་མཐའི་གཞུང་ཉིད་གཞིར་བཞག་ནས་སྟོང་པ་ཉིད་ཀྱི་ལྟ་བ་ངོས་བཟུང་བ་དང་འགལ་བའི་ཕྱིར་རོ། །ཡང་རྒོལ་བའི་ཚུལ་གཞན་ཞིག་ཀྱང་སྣང་བ་ནི། ཇི་སྐད་དུ། རྣམ་རྫུན་གྱི་ལྟ་བ་དབུ་མར་ཁས་ལེན་ན། སེམས་ཙམ་པའི་སློབ་དཔོན་དང་གཞུང་མི་རྙེད་པར་འགྱུར་ཞེས་དང་། རྣམ་བདེན་རྫུན་གཉིས་ཀ་ལ་གཟུང་འཛིན་རྫས་གཞན་གྱིས་སྟོང་པའི་སྟོང་ཉིད་ལས་ལྷག་པའི་ངེས་དོན་ངོས་འཛིན་རྒྱུ་མེད་ཅིང་། དེ་ཡང་མེད་པར་དགག་པ་པོ་ནའོ། །ཞེས་གསུངས་པ་འདི་ལ་བརྟག་པ་ནི། དེ་སྐད་དུ་གླེང་བ་དེ་ནི་བོད་ཕྱི་མ་ཀུན་གྱི་གཏམ་ཡིན་ལ། རྗེ་བཙུན་ས་སྐྱ་པའི་གཞུང་ལུགས་དག་ནའང་སེམས་ཙམ་རྣམ་རྫུན་པ་ཞེས་ཟེར་བ་ཡོད་མོད། རྒྱུད་སྡེ་སྤྱི་རྣམ་དུ་རྣམ་རྫུན་གྱི་ལྟ་བ་དེ་དབུ་མ་དང་ཐུན་མོང་དུ་བཤད་པ་དེ་ཁོ་ནར་མ་ཟད། རྒྱུད་གསུམ་གྱི་ལྟ་བའི་འཆད་ལུགས་ཅོང་ཁ་པའི་འཆད་ཚུལ་དང་མ་འདྲེས་པར་རྗེ་བཙུན་སྐུ་མཆེད་ཀྱི་ཡི་གེ་ན་ཇི་ལྟར་བཞུགས་པ་དེ་ཉིད་ཚུལ་བཞིན་དུ་བཤད་པའི་ཚེ། བྲམས་ཆོས་བར་པའི་ལྟ་བ་ལས་ཁྱད་པར་ཅུང་ཟད་ཀྱང་དབྱེ་ནུས་པ་མ་ཡིན་པས། རང་གི་གཞུང་ལུགས་ནས་བཤད་པའི་ངེས་དོན་ལ་བསླབ་སྦྱང་དཔྱིས་ཕྱིན་པར་མཛད་པ་གལ་ཆེའོ། །ཞེས་མདོར་བསྟན་ནས།

དེ་ཉིད་ཅུང་ཟད་ཕྱེ་སྟེ་བཤད་པ་ནི། ཤིང་རྟའི་སྲོལ་ཆེན་གཉིས་པོ། གྲུབ་མཐའ་བཞིའི་རྩེ་མོར་གྱུར་པའི་དབུ་མ་དང་། དེ་སྨྲ་བ་པོའི་སློབ་དཔོན་གྱི་ངོས་འཛིན་ཤིན་ཏུ་མི་མཐུན་པར་སྨྲ་བ་ལས། ཁུངས་ནི་ཅིག་ཤོས་ཐུབ་པ་ཡིན་ཏེ། འཁོར་ལོ་གསུམ་པའི་དབང་དུ་བྱས་པའི་མདོའི་རྣམ་གྲངས་མང་པོ་དག་དང་། རྗེ་བཙུན་བྱམས་པའི་གཞུང་རྣམས་ན། རྣམ་རྫུན་དུ་གྲགས་པའི་ལྟ་བ་དང་། དེ་སྟོན་པའི་གཞུང་དག་ལ་དབུ་མར་འཆད་ཀྱི། དེ་ལས་གཞན་པའི་དབུ་མའི་གྲུབ་མཐའ་ཡོད་པར་མི་འཆད་པའི་ཕྱིར་དང་། ལྟ་བ་དེ་དང་སེམས་ཙམ་གྱི་ལྟ་བ་སོ་སོར་ཕྱེད་ནས་བཤད་པའི་ཕྱིར། དཔེར་ན། ཇི་སྐད་དུ། དེར་སྣང་སེམས་ཙམ་ལ་ནི་ཡང་དག་གནས། །ཞེས་དང་། དེས་ནས་སེམས་ཀྱང་མེད་པ་ཉིད་དུ་རྟོགས། །ཞེས་འབྱུང་བ་ལྟ་བུ་བྱམས་ཆོས་བར་པ་གསུམ་ན་དབུ་སེམས་ཀྱི་ལྟ་བ་དང་གཞུང་མཚམས་སོ་སོར་ཕྱེ་བ་ཤིན་ཏུ་མང་བ་ཡིན་ནོ། །ངོ་བོ་ཉིད་མེད་པ་གྲུབ་མཐའ་སྨྲ་བ་བཞིའི་རྩེ་མོར་འཆད་པ་ནི་དབུ་མ་ཐལ་རང་དུ་གྲགས་པའི་གཞུང་ལུགས་པ་དག་ཏུ་ངེས་ཀྱི།

མདོ་དང་བསྟན་བཅོས་གཞན་གྱི་ཟིན་སོ་སྟ་མ་ལ་ཡོད་པ་ལྟ་བུ་མི་སྣང་ངོ་། །དེ་བས་ན་ཐོགས་མེད་དང་ཆོས་སྐྱོང་ཞབས་ཀྱིས་ངོ་བོ་ཉིད་མེད་པའི་གྲུབ་མཐའ་ལ་ཞུགས་ནས་གྲུབ་པའི་ས་བརྙེས་པར་འཆད་པ་ནི་ཕྱི་རབས་པ་གཞན་ཕྱོགས་ཀྱི་གཏམ་དང་འདྲེས་པ་ཡིན་ཏེ། འཁོར་ལོ་གསུམ་པ་དང་བྱམས་ཆོས་ཀྱི་གཞུང་ལུགས་ལས་འབྱུང་བའི་ས་ལམ་གྱི་རྣམ་གཞག་ལ་སྐྱུར་བ་བཏབ་པར་འགྱུར་བའི་ཕྱིར། རྣལ་འབྱོར་པ་སྤྱོད་པ་བ་དག་སྔགས་ལམ་དུ་འཇུག་པའི་ཚེ་ཡང་ངོ་བོ་ཉིད་མེད་པ་པའི་གྲུབ་མཐའ་ལ་ཐོག་མར་འཇུག་དགོས་པ་མ་ཡིན་ཏེ། སྟོང་པ་ཉིད་ཀྱི་ལྟ་བ་རྟོགས་པའི་ཐབས་ནི་ཁོང་ལས་ཀྱང་གསང་སྔགས་ཁྱད་པར་དུ་འཕགས་པའི་ཕྱིར་རོ། །སེམས་ཙམ་གྱི་ལྟ་བས་ནི། བྱང་ཆུབ་གསུམ་གྱི་ནང་ནས་རང་རྒྱལ་གྱི་བྱང་ཆུབ་ཙམ་དང་། བྱང་སེམས་ཀྱི་སྦྱོར་ལམ་དང་པོ་གསུམ་ལས་གོང་དུ་མི་འགྲོ་ལ། རྣམ་རྫུན་གྱི་ལྟ་བས་ནི་ལམ་ལྔ་དང་ས་བཅུའི་རིམ་པས་སངས་རྒྱས་ཀྱི་ས་འཐོབ་པར་བྱམས་ཆོས་བར་པ་གསུམ་དུ་གསལ་བར་གསུངས་སོ། །འདི་ལ་གཞུང་ལུགས་དེ་དག་དངོས་པོར་སྨྲ་བའི་ལུགས་དང་། སྨྲ་ཇི་བཞིན་པ་མ་ཡིན་པའི་དྲང་དོན་ནོ་ཞེས། ཕྱི་རབས་པ་གཞན་གྱི་གཏམ་ངོ་སོ་ཉིད་དུ་མི་བྱ་སྟེ། ཁོང་དེ་དག་གིས་ནི་སློབ་དཔོན་ཟླ་བ་གྲགས་པའི་གཞུང་ལུགས་ནས་བཤད་པའི་སྟོང་ཉིད་ཀྱི་ལྟ་བ་ལས། གཞན་གྱི་ལྟ་བ་མཐའ་དག་ལ་སྐྱུར་པ་འདེབས་ཀྱིན་སྣང་བའི་ཕྱིར་རོ། །ཁྱད་པར་དུ། སྤྱིར་ས་སྐྱ་པའི་རྗེས་འབྲང་དང་། ཁྱད་པར་ལམ་འབྲས་ཀྱི་ཉམས་ལེན་པ་དག་གིས་ནི། ངོ་བོ་ཉིད་མེད་པ་པས་བཤད་པའི་སྟོང་པ་ཉིད་ཁོ་ན་མཆོག་ཏུ་བཟུང་བར་མི་བྱ་སྟེ། རྗེ་བཙུན་སྐུ་མཆེད་ཀྱིས་ངོ་བོ་ཉིད་མེད་པ་པས་འདོད་པའི་སྟོང་པ་ཉིད་ནི་དོན་དམ་པའི་བདེན་པ་དངོས་སུ་མི་རུང་བ་དང་། ལུགས་དེའི་སློབ་དཔོན་དག་གིས་རྣམ་གྲངས་པ་མ་ཡིན་པའི་དོན་དམ་བདེན་པ་ཞིག་ངོས་མ་བཟུང་བར་བཤད་པའི་ཕྱིར་དང་། གསུང་ངག་གི་གཞུང་འགྲེལ་ལས། ལུགས་དེ་པའི་སྟོང་ཉིད་ཀྱི་ལྟ་བ་དེ་ཆགས་པ་གཙོད་པའི་ལམ་དུ་འཆད་ཀྱི། བྱང་ཆུབ་ཆེན་པོའི་ལམ་དུ་མི་འཆད་པའི་ཕྱིར་དང་། ཐོས་བསམ་གྱིས་སྒྲོ་འདོགས་བཅད་པའི་སྟོང་པ་ཉིད་ཡུལ་དུ་བྱེད་པའི་ལྟ་བ་ལ་དུག་ཅན་དུ་བཤད་པའི་ཕྱིར་དང་། རྗེ་བཙུན་སྐུ་མཆེད་ཀྱིས། མཐའ་བྲལ་དུ་གཏན་ལ་ཕབ་པའི་ལྟ་བ་དང་ཟུང་འཇུག་ཉམས་ལེན་གྱི་ལྟ་བའི་དབྱེ་བ་སོ་སོར་ཕྱེ་བའི་ཕྱིར་དང་། ཆོས་ཀྱི་རྗེ་པཎྜི་ཏས་ཀྱང་། བཤད་པས་གོ་བའི་ལྟ་བ་དང་། སྒོམ་པས་ཉམས་སུ་མྱོང་བའི་ལྟ་བའི་དབྱེ་བ་སོ་སོར་ཕྱེ་བ་ཡིན་ལ། དེའི་ཚེ་གོ་ཡུལ་གྱི་སྟོང་པ་ཉིད་ནི་ཡུལ་ཅན་རྟོག་པ་ལས་གཞན་སུའི་ཡང་ཡུལ་དུ་མི་རུང་བའི་ཕྱིར་རོ། །དེ་ལྟ་ན་ཡང་། སེམས་ཙམ་གྱི་གཞུང་དང་སློབ་དཔོན་གྱི་ངོས་འཛིན་བྱེད་མི་ནུས་པ་མ་ཡིན་ཏེ། རྒྱན་དང་དབུས་མཐའ་ལྟ་བུའི་གཞུང་རེ་རེ་ན་དབུ་སེམས་ཀྱི་ལྟ་བའི་རིམ་པ་མ་འདྲེས་པར་བཤད་པས་ལྟ་བའི་གཞུང་སོ་སོར་ཡོད་པའི་ཕྱིར་དང་།

རྣལ་འབྱོར་སྤྱོད་པའི་ཐེག་པ་ཆེན་པོ་པ་དག་གི་སྤྱོད་པའི་དབྱེ་བ་སོ་སོར་འཆད་མི་དགོས་པའི་ཕྱིར་དང་། གཞུང་ཐུན་མོང་བ་དེ་དག་གི་རྩོམ་པ་པོའི་སློབ་དཔོན་ཡང་ཐུན་མོང་བར་བཤད་པས་ཆོག་པའི་ཕྱིར། དཔེར་ན་མངོན་པ་མཛོད་བྱེ་མདོ་ཐུན་མོང་བ་དང་། ཚད་མ་རྣམ་འགྲེལ་དང་། མངོན་པ་ཀུན་བཏུས་མདོ་སེམས་ཐུན་མོང་བའི་གཞུང་དང་། རྩོམ་པ་པོ་ཡང་དེར་འཆད་དགོས་པ་བཞིན་ནོ། །དེ་བས་ན་རྣལ་འབྱོར་སྤྱོད་པའི་དབྱེ་བ་གཉིས་ཀ་སེམས་ཙམ་པར་འཆད་པ་དང་། ཤེས་བྱ་ནང་གིར་སྨྲ་བ་ཐམས་ཅད་སེམས་ཙམ་པ་ཡིན་ནོ་ཞེས་པ་ནི་སློབ་དཔོན་ལེགས་ལྡན་དང་ཟླ་བས་འཆད་པ་ཡིན་མོད། ཐོགས་མེད་སྐུ་མཆེད་ལྟ་ཅི་སྨོས། རྡོ་རྗེ་ཐེག་པ་པས་དེ་ལྟར་འཆད་པ་མ་ཡིན་ཏེ། རྡོ་རྗེ་ཐེག་པའི་ལྟ་བ་ནི་གཟུང་འཛིན་གཉིས་སུ་མེད་པའི་ཡེ་ཤེས་འབའ་ཞིག་གི་ནང་ཚན་དུ་སྣང་བའི་ཕྱིར་དང་། ཀུན་རྫོབ་ཀྱི་སྣང་བ་མཐའ་དག་སེམས་སུ་ཁས་ལེན་ཞིང་། གཟུང་འཛིན་གཉིས་མེད་ཀྱི་ཡེ་ཤེས་ཁས་མི་ལེན་པ་དེ་ལ་སེམས་ཙམ་པ་ཞེས་མིང་འདོགས་པ་དེ་དང་། གཉིས་མེད་ཀྱི་ཡེ་ཤེས་ལས་མ་གཏོགས་པའི་དོན་དམ་པའི་བདེན་པ་ཁས་མི་ལེན་པ་དེ་ལ་རྣམ་རྫུན་དབུ་མ་པ་ཞེས་བྱ་ཞིང་། དེ་གཉིས་ཀ་ཡང་ཤེས་བྱ་ནང་གིར་སྨྲ་བ་དང་། རྣམ་པར་རིག་པ་ཙམ་དུ་སྨྲ་བ་ལ་ཁྱད་པར་མེད་དོ། །མདོ་འགའ་ཞིག་དང་ཐོགས་མེད་སྐུ་མཆེད་ཀྱིས་ངོ་བོ་ཉིད་མེད་པ་པ་ལ་ཆད་སྨྲ་བ་ཟེར་བ་ཡང་། སྒོམ་པས་ཉམས་སུ་མྱོང་བྱ་ཞིག་ངོས་མ་བཟུང་བ་ལ་བསམས་པ་ཡིན་གྱི། རིགས་པས་གཏན་ལ་འབེབས་ཚུལ་ལ་གླུན་ཀ་མཛད་པ་མ་ཡིན་ཏེ། རིགས་པ་ནི་ཆོས་ཀྱི་གྲགས་པ་ཡང་ངོ་བོ་ཉིད་མེད་པ་ལྟར་བཞེད་པའི་ཕྱིར་རོ༑ ༑དེས་ན་སྔགས་ལུགས་ཀྱི་ལྟ་བ་ཐུན་མོང་བ་རྣམས་ནི་རྣལ་འབྱོར་སྤྱོད་པ་དང་མཐུན་ཞིང་། ཐལ་རང་དང་མི་མཐུན་ལ། ཐུན་མོང་མ་ཡིན་པ་ནི་ཕར་ཕྱིན་པའི་དབུ་མ་གསུམ་ཀ་ལས་ཁྱད་པར་དུ་འཕགས་སོ། །འོ་ན་ཇི་སྐད་དུ། དེ་རྗེས་དབུ་མ་བསྟན་པར་བྱ། །ཞེས་བཤད་པ་དེ་ཅི་ཞེ་ན། དེ་ནི་ལྟ་བ་རིམ་འཇུག་གི་ཚེ་སྒྲོ་འདོགས་གཅོད་བྱེད་ཀྱི་རིགས་པ་སྟོན་ཚུལ་ལ་དགོངས་པ་ཡིན་གྱི། ཉམས་སུ་བླང་བྱའི་ངེས་དོན་ནི། ཇི་སྐད་དུ། དེ་རྗེས་ཀྱི་ཡི་རྡོ་རྗེ་བརྩམ། །ཞེས་འབྱུང་བ་དེ་ཉིད་དོ། །སྐལ་ལྡན་ཅིག་ཅར་བ་ལ་ནི་ཐོག་མ་ཉིད་ནས་དབང་བསྐུར་བས་ཟུང་འཇུག་གི་དེ་ཁོ་ན་ཉིད་རྟོགས་ནུས་པ་ཡིན་གྱི། འདི་ལ་དབུ་མ་ཐལ་རང་གི་ལྟ་བ་སྟོན་ཚུལ་དང་རྟོགས་ཚུལ་གང་ཡང་དགོས་པ་མེད་དོ། །གཞན་ཡང་སྐབས་འདིར་རྣམ་བདེན་རྫུན་གཉིས་ཀ་ལ་གཟུང་འཛིན་རྫས་གཞན་གྱིས་སྟོང་པའི་སྟོང་ཉིད་ལས་ལྷག་པའི་སྟོང་ཉིད་ཀྱི་ལྟ་བ་འཆད་རྒྱུ་མེད་པ་དང་། གཟུང་འཛིན་གཉིས་མེད་ཅེས་བྱ་བའི་རྣམ་གཞག་ཁས་མི་ལེན་པ་དང་། སྟོང་ཉིད་ཀྱི་ངོས་འཛིན་ཡང་མེད་དགག་ཁོ་ན་ལ་འདོད་པ་དང་། རྒྱན་འགྲེལ་ནས་འབྱུང་བའི་རྣལ་འབྱོར་གྱི་ས་བར་པ་གཉིས་ཀྱི་ལྟ་བ་ལ་གོང་འོག་གི

རིམ་པ་མེད་པ་དང་། གཟུང་བ་ཆོས་ཀྱི་བདག་ཅེས་བྱ་བའི་དངོས་འཛིན་གཟུང་འཛིན་རྫས་གཞན་ལ་འཆད་པ་དང་། རྣམ་རྫུན་གྱི་ལྟ་བས། ཡིན་ལུགས་ལ་རང་རྒྱལ་དང་བྱང་སེམས་ཀྱི་ལམ་ལྟ་ཅི། ཉན་ཐོས་ཀྱི་མཐོང་ལམ་ཙམ་ཡང་ཐོབ་མི་ནུས་ལ། སེང་གེ་བཟང་པོ་ལྟར་ན་ཡང་རང་སངས་རྒྱས་ཀྱི་ལྟ་བ་ལས་ལྷག་པ་རྣམ་རྫུན་པ་ལ་རྟོལ་ཙམ་ཡང་ཡོད་པ་མ་ཡིན་ནོ། །ཞེས་ཟེར་བ་དེ་དག་ནི། ཕྱིས་རྗེ་ཙོང་ཁ་པ་རྗེས་འབྲང་དང་བཅས་པ་དག་ཁོ་ནའི་ལུགས་ཡིན་གྱི། སྔ་རབས་པ་དག་སུའི་ལུགས་ལ་ཡང་དེ་ལྟར་འཆད་པ་མེད་ན། རྗེ་བཙུན་ས་སྐྱ་པའི་རྗེས་འབྲང་དག་གི་ལྟ་ཅི་སྨོས། འོན་ཀྱང་གངས་ཅན་དུ་བྱམས་ཆོས་ཀྱི་བཤད་སྲོལ་གཉིས་བྱུང་བར་གྲགས་ཏེ། ཐོས་བསམ་གྱི་ཚུལ་དུ་འཆད་པ་རྔོག་ལོ་ལས་བརྒྱུད་པ་དང་། སྒོམ་ལུགས་སུ་འཆད་པ་བཙན་ཁའོ་ཆེ་ལས་བརྒྱུད་པ་ཞེས་ཟེར་ལ། དེའི་ཚེ་སྟོང་པ་ཉིད་ཀྱི་དངོས་འཛིན་མེད་པར་དགག་པ་དང་མ་ཡིན་པར་དགག་པ་ལས་འབྱེད་དོ། །དེ་ལྟ་མོད་ཀྱི་རྣམ་འགྲེལ་མཛད་པའི་ལུགས་ལ། དེ་ཕྱིར་གཉིས་སྟོང་གང་ཡིན་པ། །ཞེས་པའི་གཞུང་གིས་བསྟན་པའི་སྟོང་པ་ཉིད་ནི་མེད་དགག་ལ་བཤད་དུ་མི་རུང་སྟེ། མེད་དགག་ཡིན་ན་ལྡོག་པ་གཞན་སེལ་ལས་མ་འདས་པས་དོན་དམ་པའི་བདེན་པར་མི་རུང་བའི་ཕྱིར་དང་། ཡུལ་ཅན་གྱི་བློ་རྟོག་པ་ཁོ་ནར་ཐལ་བའི་ཕྱིར་རོ། །

གལ་ཏེ་འོ་ན། ཆོས་ཀྱི་རྗེས་སེམས་ཙམ་རྣམ་མེད་པ་ཞེས་ལན་དུ་མར་བཤད་པ་མ་ཡིན་ནམ་ཞེ་ན། ངོ་བོ་ཉིད་མེད་པ་པའི་གཞུང་ལུགས་ལ་གནས་པ་དེའི་ཚེ་དེ་སྐད་དུ་བཤད་པས་ཆོག་པ་ཡིན་ཏེ། ཐལ་རང་གི་སློབ་དཔོན་གཉིས་ཀས་དེ་ལྟར་བཤད་པའི་ཕྱིར་རོ། །འདི་ཡང་དོན་དམ་ཤེས་པར་སླ་བའི་ཆ་ནས་དེ་སྐད་ཟེར་ཡང་། སེམས་ཙམ་དངོས་མ་ཡིན་ཏེ། ལུགས་དེར་མཚན་འཛིན་གྱི་རྟོག་པའི་ས་བོན་འཇོམས་པའི་དངོས་གཉེན་གོ་ཆོད་པོ་བཞེད་པའི་ཕྱིར། ཡང་རྣམ་རྫུན་གྱི་གཞུང་ལུགས་ལ་གནས་པའི་ཚེ། ངོ་བོ་ཉིད་མེད་པ་པ་ལ་ཆད་པར་སླ་བ་ཞེས་ཟེར་བས་ཀྱང་ཆོག་པ་ཡིན་ཏེ། ལུགས་དེར་སྟོང་ཉིད་གཏན་ལ་འབེབས་བྱེད་ཀྱི་རིགས་པ་གོ་ཆོད་པོར་བཤད་ཀྱང་། གོམས་བྱེད་ཀྱི་ཡེ་ཤེས་དང་དེའི་སྦྱོང་བྱ་གོ་ཆོད་པོ་མ་བཤད་པའི་ཕྱིར། གསུང་ངག་རིན་པོ་ཆེའི་གཞུང་བཤད་དག་ཏུ་ནི། ལྟ་བའི་དུས་ཀྱི་སྟོན་འགྲོ་ལ་རང་སྟོང་གི་ལྟ་བ་བཤད་ནས། དངོས་གཞིའི་དུས་སུ་ཟུང་འཇུག་བཤད་ལ། འདི་ཡང་འགལ་འདུས་སྐྱོན་མེད་ཅེས་པའི་མིང་ཅན་གཞན་སྟོང་ན་ཆོག་ཅིག་ལ་བཤད་པས་རྣམ་རྫུན་དང་མཐུན་ལ། སྦྱོར་བ་རང་སྟོང་དུ་བཞེད་ཀྱང་། དུག་དང་བཅས་པས་ལྟ་བ་དངོས་མ་ཡིན་ཀྱང་ཐོག་མར་མི་དགོས་ཀ་མེད་ཡིན་ཏེ། ཀུན་ཏུ་རྨོངས་པའི་དུག་སེལ་དགོས་པའི་ཕྱིར། དཔེར་ན་རྡོ་རྗེའི་གདན་དུ་སླེབ་པ་ལ་ཐོག་མར་ལམ་ངོ་ཤེས་དགོས་པ་བཞིན་ནོ། །ཞེས་བཞེད། ལམ་འབྲས་པ་ཕྱི་མ

དག་གི་བསམ་པ་ལ་འདི་ལྟར་ཤར་འདུག་སྟེ། སྣང་བ་དང་། གསལ་བ་དང་། བདེ་བ་ཞེས་བྱ་བ་ཆོས་ཅན་ཚད་མས་གྲུབ་པ་གསུམ་པོ་སོ་སོའི་སྟེང་དུ། དགག་བྱ་བདེན་གྲུབ་ཀྱིས་སྟོང་པ་དེ་འབྲལ་མི་ཤེས་པར་ཡོད་པ་ལ་སྣང་སྟོང་ཟུང་འཇུག་གི་མིང་འདོགས་མཛད་པ་འདྲའོ། །འདི་ཙོང་ཁ་པའི་ཆོས་སྐད་ཡིན་ཀྱི། ས་སྐྱ་པ་ལ་མེད་དོ། །ཅིའི་ཕྱིར་ཞེ་ན། སྐབས་དེར་སྣང་བ་སོགས་ཀྱིས་འཇུག་པ་སེལ། སྟོང་པས་ཆགས་པ་གཅོད། ཟུང་འཇུག་གམ་དབྱེར་མེད་ཀྱིས་བྱང་ཆུབ་ཆེན་པོའི་ལམ་བྱེད་རྒྱུ་ཡིན་པ་ལ། གསལ་སྟོང་ཟུང་འཇུག་ཅེས་གཅིག་ཏུ་བསྡུས་པའི་ཕྱིར་དང་། ཟུང་འཇུག་དང་ཟུང་འབྲེལ་གྱི་ཤན་མ་ཕྱེད་པའི་ཕྱིར་དང་། སྐབས་དེར་སྟོང་པའི་ངོས་འཛིན་རང་སྟོང་གི་ལུགས་ལྟར་ན་ཅི་ཡང་མི་དམིགས་པ་ལ་བྱེད་དགོས། གཞན་སྟོང་གི་ཚུལ་ལྟར་ན་གསལ་བ་སོགས་འཛིན་པས་སྟོང་པ་ལ་འཆད་པ་གཞུང་བཤད་དག་ན་ཡོད་པ་ཡིན་ཀྱི། དེ་དག་གང་ཡང་མ་ཡིན་པའི་བདེན་པས་སྟོང་པ་ཞེས་ཟེར་བ་ནི་གཞན་གྱི་རྗེས་ཟློས་དབྱངས་སུ་བླངས་པའི་ཕྱིར་དང་། ལ་ལ་དག །འཁོར་བ་བདེན་པས་སྟོང་པ་ལ་འཁོར་འདས་དབྱེར་མེད་དང་། གཞན་དག །ཕུང་པོ་ལྷ་ལྔ་ཡིན་པ་ལ་འཁོར་འདས་དབྱེར་མེད་ཅེས་ཟེར་བ་འདི་ཡང་གཞན་གྱི་ལུགས་ཡིན་པའི་ཕྱིར། ཡང་གལ་ཏེ་འོ་ན། ཕར་ཕྱིན་ཐེག་པའི་ཐོས་བསམ་ལ་མ་ལྟོས་པར་དབང་བཞི་བསྐུར་བས་ལྟ་བ་བཞི་རྟོགས་པ་དེ་ལྟ་ན། ལྟ་བའི་སྔོན་འགྲོ་དུག་ཅན་དེ་དག་དང་། ཉམས་སུ་ལེན་པའི་གནད་གསུམ་ལ་སོགས་པས་ཅི་ཞིག་བྱ་ཞེ་ན། བཤད་པ། ཐོས་བསམ་སྔོན་དུ་མ་སོང་བའི་ཅིག་ཆར་བ་འགའ་ཞིག །དབང་དང་། བྱིན་རླབས་དང་། ལུས་གནད་སོགས་ཀྱིས་ཟུང་འཇུག་གི་ལྟ་བ་རྟོགས་པ་ཡོད་ཀྱང་། རྗེས་ཀྱི་ཚེ། མཉམ་གཞག་གི་རྟོགས་བྱ་དེ་ལ་ཆོས་དང་གང་ཟག་གི་བདག་ཏུ་སྒྲོ་འདོགས་པ་སྲིད་པས། སྣང་བ་སེམས་དང་སེམས་སྒྱུ་མར་སྒྲུབ་པ་ནི་གཞན་སྟོང་གི་རིགས་པས་སྒྲོ་འདོགས་དེ་དག་སེལ་བ་ཡིན་ལ། རྟེན་འབྲེལ་དུ་སྒྲུབ་པ་ནི་རང་སྟོང་གི་རིགས་པས་དེ་དག་སེལ་བ་དང་། བརྗོད་བྲལ་གྱིས་ནི་མཉམ་གཞག་གི་རྟོགས་པ་དེ་ཉིད་ངོ་སྤྲོད་པའོ། །གཞན་དག་རིགས་པ་འདི་རྣམས་ལྟ་བ་རྟོགས་བྱེད་དུ་ཁས་ལེན་པ་ནི་ཕར་ཕྱིན་པའི་ལྟ་བ་རྟོགས་ལུགས་དང་ཁྱད་མེད་པས་ནོངས་སོ། །དེ་བཞིན་དུ་མཚོན་བྱེད་དཔེའི་ཡེ་ཤེས་ལན་གཅིག་སྐྱེས་ཀྱང་། སྐྱེས་ཟིན་གོམས་པར་བྱེད་པའི་ཚེ། ཉམས་སུ་ལེན་པའི་གནད་གསུམ་མམ། ཡང་ན་སྣང་སྟོང་དང་གསལ་སྟོང་སོགས་ཀྱི་སྦྱོར་བ་དང་འབྲེལ་ཆགས་སུ་གོམས་པར་བྱེད་དགོས་ཀྱི། གཞན་དུ་ན་སྒྲིབ་བར་གྱི་ཉི་མ་བཞིན་དུ་འགྲིབ་པར་འགྱུར་རོ། །ཡང་གལ་ཏེ་གསལ་སྟོང་ཟུང་འཇུག་གི་ཚེ་ན་གཉིས་མེད་ཀྱི་ཡེ་ཤེས་མི་དམིགས་ཏེ། སྟོང་པར་བྱས་པའི་འོག་ཏུ། ཡང་ཡེ་ཤེས་དེ་ཉིད་མྱོང་བྱར་འཆད་པ་ནི་གླང་ཆེན་གྱི་ཁྲུས་དང་འདྲ་བ་མ་ཡིན་ནམ་ཞེ་ན། ཐལ་རང་བས་ནི་དེ་ལྟར་གྲུར་དུ་དོགས་ནས

ཐོས་བསམ་སྒོམ་གསུམ་གྱི་ཡུལ་སོ་སོ་བ་མི་འདོད་མོད། བྱམས་པའི་ཆོས་ལས་ནི་ཡེ་ཤེས་དེ་རིགས་པས་དཔྱད་པའི་ངོར་མ་གྲུབ་ཀྱང་། སྒོམ་བྱུང་གི་མྱོང་བྱར་མི་འགལ་ཏེ། སྒྲ་རྟོག་གི་ཡུལ་ལས་འདས་པའི་ཕྱིར་ཞེས་བཞེད་ལ། གསུང་རབ་གི་སྐབས་སུ་ཡང་དེ་བཞིན་ནོ། །

དེ་ལྟར་ན་སྟོན་པ་ཐུབ་པའི་སྐྱབ་རྒྱུད་པ་མཐའ་དག་གི་ངེས་དོན་གོམས་པར་མཛད་པའི་ཚུལ་ནི་ཕྱི་མའི་དུས་འདིར་ཤིན་ཏུ་ནུབ་པར་གྱུར་ཀྱང་། ཡིན་ལུགས་ནི་སྒྲོ་སྐུར་དང་བྲལ་བར་བཤད་ཟིན་པ་དེ་ཉིད་དོ། །ནུབ་པའི་རྒྱུ་མཚན་ཡང་རྗེ་བཙུན་རེད་མདའ་བས། ཇི་སྐད་དུ། སེམས་ཙམ་པའི་གྲུབ་པའི་མཐའ་ཇི་ལྟ་བ་བཞིན་དུ་ཤེས་པ་གཞན་མི་སྣང་ངོ་། །ཞེས་དང་། འཕགས་པ་ཡབ་སྲས་ཀྱི་བཞེད་པའི་འོད་གསལ་ཇི་ལྟ་བ་བཞིན་དུ་ངོས་ཟིན་པ་ནི་གངས་ཅན་འདི་ན་གཞན་མི་སྣང་ངོ་། །ཞེས་གསུངས་ལ། གསུང་དེས་ནི་ཞི་ཕྱག་རྫོགས་གསུམ་དང་ལམ་འབྲས་ཀྱི་ལྟ་བ་སེམས་ཙམ་དུ་སྐྱབ་པ་དང་། དགྲོས་རྫོར་ནས་བཤད་པའི་རང་རིག་པའི་དག་པ་སེམས་ཙམ་དུ་སྐྱབ་པ་དང་། དོན་དམ་བདེན་པ་དང་ཤེས་པའི་གཞི་མཐུན་འགོག་པར་བཞེད་ནས་བཤད་པ་ཡིན་པས་ན། རང་གཞན་གྱི་གྲུབ་པའི་མཐའ་ཤན་ཕྱེད་པར་གལ་ཆེའོ། །ཕྱི་དུས་འདི་ན་ས་སྐྱ་པའི། །ལྟ་བ་ཕྱོགས་སྨྲའི་ནང་ནས་ཆོལ། །རང་གཞུང་ཕྱོགས་སྔར་བྱེད་པ་འགའ། །སྙིད་ནས་བསླབ་སྦྱང་དགོས་མིན་ནམ། །ཞེས་སྨྲས་སོ། །ཡང་འབེལ་གཏམ་དུ་བྱ་བའི་མཆིད་ཤོག་དེའི་ནང་ན། ཀུན་གཞི་རྒྱུ་རྒྱུད་ཅེས་བྱ་བ་ཀུན་གཞིའི་རྣམ་ཤེས་ཉིད་ལ་ཟེར་བ་ཡིན་གྱི། ཀུན་གཞི་ལ་རྣམ་ཤེས་དང་ཡེ་ཤེས་སུ་འབྱེད་པ་གཞུང་འགྲེལ་ནས་བཤད་པ་མེད། ཅེས་གསུང་པ་ལྟ་བུ་ཅིག་སྣང་བ། དེ་ལ་འདི་སྐད་དུ། སྤྱིར་ཀུན་གཞི་ཞེས་བྱ་བའི་མིང་ནི་ཀུན་གཞིའི་རྣམ་ཤེས་ལ་ཡང་འཇུག་པའི་སྐབས་དུ་མ་ཡོད་པ་དེའི་ཚེ། ཀུན་གཞི་ཁོ་ནར་མ་ཟད་སེམས་དང་སེམས་ལས་བྱུང་བ་ཐམས་ཅད་ལ་རྣམ་ཤེས་དང་ཡེ་ཤེས་གཉིས་གཉིས་དབྱེ་དགོས་པ་ཡིན་ཏེ། ཕྱི་ལྟ་ལ་རྣམ་ཤེས་ཀྱི་ཆ་དང་། ནང་ལྟ་ལ་འཛིན་རྣམ་གྱི་ཆ་སོ་སོར་དབྱེ་བ་ནི་ཐེག་པ་ཆེན་པོ་པ་དག་གི་སྤྱི་ལུགས་ཡིན་པའི་ཕྱིར་དང་། བསམ་མི་ཁྱབ་ཀྱི་གཞུང་ལས། མིག་གི་རྣམ་ཤེས་རྟོགས་པ་ཡི། །གཉིས་མེད་ཡེ་ཤེས་ངོ་མཚར་ཆེ། །ཞེས་གསུངས་པ་ནི་རྣམ་ཤེས་ཚོགས་བརྒྱད་ཀ་ལ་སྦྱོར་རྒྱུ་ཡིན་པའི་ཕྱིར་དང་། ཐོགས་མེད་ཞབས་ཀྱིས་ཀུན་གཞིའི་སྙིང་གི་ཡེ་ཤེས་ཀྱི་ཆ་སྙིང་པོའི་སྐྱབ་བྱེད་དང་། ས་བོན་དང་རྣམ་སྨིན་གྱི་ཆ་རྣམ་ཤེས་ཀྱི་སྐྱབ་བྱེད་དུ་བཤད་པའི་ཕྱིར། དེ་སྐད་དུ་ཡང་། ཐོག་མ་མེད་པའི་དུས་ཀྱི་དབྱིངས། །ཆོས་རྣམས་ཀུན་གྱི་གནས་ཡིན་ཏེ། །ཞེས་སོགས་ཀྱི་ལུང་དེ། བསྡུ་བར་ཀུན་གཞིའི་རྣམ་ཤེས་ཀྱི་སྐྱབ་བྱེད་དང་། རྒྱུད་བླའི་འགྲེལ་པར་སྙིང་པོའི་སྐྱབ་བྱེད་དུ་དྲངས་སོ། །དེ་ལྟ་ན་ཡང་ཀུན་གཞིའི་རྣམ་ཤེས་དེ་ཡིན་ན་རྒྱུ་རྒྱུད་དུ་འགལ་བ་ཡིན་ཏེ། འགྲོ་བ་རྣམས

སྲུ་འཆི་བ་དང་སྐྱེ་བའི་ཚེ་སོ་སོར་རྒྱུན་ཆད་ཅིང༌། རྣམ་སྨིན་མི་འདྲ་བ་སོ་སོར་སྐྱེ་བའི་ཕྱིར་དང༌། རྒྱུ་རྒྱུད་ཀྱི་མཚན་གཞིར་བཟུང་བ་དེ་ཡིན་ན་རྒྱུན་ཆད་པར་འགལ་བའི་ཕྱིར་དང༌། དེའི་མཚན་གཞིར་བཟུང་བ་ནི་ཕྱོགས་སུ་མ་ཆད་པའི་མྱོང་རིག་ཙམ་པོ་དེ་ཡིན་ལ། དེ་ནི་ཀུན་གཞིའི་རྣམ་ཤེས་སུ་འགལ་བའི་ཕྱིར་དང༌། ལམ་འབྲས་ཀྱི་གཞུང་བཤད་ན་ཀུན་གཞི་ཟེར་བ་མང་དུ་ཡོད་ཀྱང༌། དེ་ལ་རྣམ་ཤེས་སྦྱར་བ་གཅིག་ཀྱང་མེད་པའི་ཕྱིར་དང༌། རྩ་བར་ཀུན་གཞིའི་རྣམ་ཤེས་དག་པ་ཞེས་འབྱུང་བ་དེ་ནི་ཡེ་ཤེས་ལས་མ་འདས་པའི་ཕྱིར། མདོར་ན་ཀུན་གཞི་དངོས་ནི། སེམས་ཅན་གྱི་ཆོས་དབྱིངས་ཡེ་ཤེས་དེ་ཉིད་ཡིན་ལ། དེའི་སྟེང་དུ་འཁོར་བའི་ས་བོན་བཞག་པ་དང་སྨིན་པ་ནི་འབྲལ་རུང་གློ་བུར་བ་ཡིན་ཞིང༌། དེ་ལ་ཀུན་གཞིའི་རྣམ་ཤེས་ཞེས་ཟེར། ཡང་དེའི་སྟེང་དུ་རྣམ་བྱང་ཕྱོགས་ཀྱི་བག་ཆགས་བཞག་པ་དེ་སྨིན་པ་ན། ཡེ་ཤེས་དེ་དང་དབྱེར་མེད་དུ་འགྲོ་བས། ཀུན་གཞི་ལ་འཁོར་འདས་གཉིས་ཀ་ཚང་ཞེས་ཟེར་བ་ཡིན་གྱི། རྣམ་ཤེས་རྐྱང་པ་ལ་མྱང་འདས་ཚང་བ་དང་ཡེ་ཤེས་འཁོར་བའི་ཆོས་སུ་ཁས་ལེན་នུས་པ་མ་ཡིན་ནོ། །ཀུན་གཞིའི་རྣམ་ཤེས་ཀྱི་གསལ་ཆ་ལ་ཟག་པ་མེད་པའི་སེམས་རྒྱུད་ཅེས་ཐེག་བསྡུས་སུ་བཤད་མོད། དེ་མ་སྒྲིབས་ལུང་མ་བསྟན་དུ་འཆད་པ་ནི་ཚུང་དཀའ་བ་ཡིན་ཏེ། རྣམ་བྱང་གི་ཆོས་ཐམས་ཅད་མཐར་གསལ་ཆ་དེ་ཉིད་ཀྱི་ངོ་བོར་སྐྱེ་དགོས་པ་དང༌། ཉོན་ཡིད་ཀྱི་གསལ་ཆ་བསྒྲིབས་ལུང་མ་བསྟན་དུ་འཆད་མི་ནུས་པ་བཞིན་ནོ། །ཡང་བཀའ་བརྒྱུད་པའི་ཡི་གེ་ལ་ལ་ན་ཀུན་གཞིའི་རྣམ་ཤེས་ཉིད་བདེ་གཤེགས་སྙིང་པོར་འཆད་པ་དེ་ཡང་རྣམ་ཤེས་དང་ཡེ་ཤེས་ཀྱི་ཤན་མ་ཕྱེད་པར་འདྲའོ། །ཞེས་ཀྱང་ཞར་ལ་སྨྲས་སོ། །ཡང་འཐེལ་གཏམ་གྱི་མཆིད་ཤོག་དེའི་ནང་ན། སྟོང་ཉིད་མེད་པར་དགག་པའི་ཆ་ལ་ཆོས་དབྱིངས་ཡེ་ཤེས་ཞེས་བྱ་བའི་མིང་གིས་བཏགས་པ་ཙམ་དུ་ཟད་ཀྱི། ཆོས་དབྱིངས་དང་ཡེ་ཤེས་ཀྱི་གཞི་མཐུན་མི་སྲིད་དོ། །ཞེས་དང༌། ཇི་སྐད་དུ། འཆད་པ་པོ་ང་ཆོས་ཀྱང་ང༌། །ཞེས་སོགས་ཀྱིས་བསྟན་པའི་ང་དེ་ཡང་མེད་པར་དགག་པ་ལས་གཞན་དུ་ངོས་མི་བཟུང་ངོ༌། །ཞེས་གསུང་པ་འདི་ལ།

བརྟག་པ་གཉིས་ཏེ། སྤྱིར་བཤད་པ་དང༌། རྒྱུད་ཀྱི་དོན་ལ་དཔྱད་པའོ། །དང་པོ་ནི། ཆོས་དབྱིངས་དང་སྟོང་པ་ཉིད་ཀྱི་ངོས་འཛིན་ལ་ཤིང་རྟ་ཆེན་པོའི་སྲོལ་གཉིས་བྱུང་སྟེ། ཀླུ་སྒྲུབ་ཀྱི་བཞེད་པ་ཐལ་རང་གིས་བཀྲལ་བ་ལ་ནི་ཆོས་དང་གང་ཟག་མཐའ་དག་རང་རང་གིས་སྟོང་པའི་མེད་དགག་སྟེ། དགག་བྱ་བཀག་ཤུལ་དུ་ཆོས་གཞན་ཅི་ཡང་འཕེན་པ་མེད་དོ། །གལ་ཏེ་ཡོད་ན་ཉི་ཚེ་བའི་སྟོང་ཉིད་དུ་སོང་བས་སྟོང་ཉིད་གོ་ཆོད་པོ་མ་ཡིན་ནོ༑ ༑ཞེས་དགོངས་ནས། ཇི་སྐད་དུ། འདིར་འབྱུང་ལུགས་ཀྱང་གཞན་ན་ནི། །མེད་ཅེས་མཁས་རྣམས་ངེས་པར་མཛོད། །ཅེས་གསུངས་སོ། །འདི་ལའང་ལུགས་གཉིས་ཏེ། ཉམས་སུ་མྱོང་བྱ་ཡང་སྟོང་ཉིད་ལས་གཞན་

མེད་པ་ཐལ་རང་གི་ལུགས་དང་། ཤེས་རྣམ་ཉམས་སུ་མྱོང་བྱར་འདོད་པ་རྒྱན་རྩ་འགྲེལ་གྱི་ལུགས་སོ། །ལུགས་ཕྱི་མ་འདི་ལའང་མྱོང་བྱའི་སྟོང་ཉིད་ཤེས་པར་འཆད་པ་ཤིན་ཏུ་མང་སྟེ། བཟང་པོའི་ཞབས་ཀྱིས་སྐུ་ལྷག་མ་གསུམ་དང་སློམ་ལམ་ཆོས་དབྱིངས་ཀྱི་ངོ་བོར་བཤད་པ་དང་། དེ་བཞིན་ཉིད་དང་མི་གནས་པའི་མྱང་འདས་ཀྱི་ངོས་འཛིན་གཉིས་མེད་ཀྱི་ཤེས་པ་ལ་བཤད་པ་བཞིན་ནོ། །སྲོལ་ཆེན་གཉིས་པ་ཐོགས་མེད་སྐུ་མཆེད་དང་ཕྱོགས་གླང་ཡབ་སྲས་ཀྱི་གཞུང་ལས་ནི་སྟོང་ཉིད་གོ་ཆོད་པོ་ཡེ་ཤེས་ཁོ་ན་ལ་འཆད་དགོས་པ་ཡིན་ཏེ། རྒྱུད་བླ་མར་སྟོང་པ་ཉིད་ཀྱི་ངོ་བོ་ངོས་འཛིན་པ་ན། བློ་བུར་དག་གིས་ཁམས་སྟོང་གི །བླ་མེད་ཆོས་ཀྱིས་སྟོང་མ་ཡིན། །ཞེས་པ་རྩ་འགྲེལ་ན་གསལ་བ་དང་། དབུས་མཐར་སྟོང་པ་ཉིད་ཀྱི་མཚན་ཉིད་འཆད་པ་ན། གཉིས་དངོས་མེད་པའི་དངོས་མེད་པའི། །དངོས་པོ། ཞེས་དང་། བརྒྱད་སྟོང་དོན་བསྡུའི་འགྲེལ་པར་ལུང་དྲངས་པ་ལས། སྟོང་ཉིད་ཅེས་བྱ་ཤེས་པ་ལས། །གཞན་ནི་འགའ་ཡང་ཡོད་མིན་ཏེ། །ཞེས་སོགས་དང་། གཞན་ཡང་ལུགས་ཕྱི་མ་འདིར་སངས་རྒྱས་ཀྱི་ངོ་བོ་ཉིད་སྐུ་ཆོས་ཉིད་ཀྱི་སྐུ་དང་ཡེ་ཤེས་ཀྱི་བདག་ཉིད་ཡིན་པར་བཤད་དོ། །

གཉིས་པ་ལ། གཉིས་ཏེ། སྔགས་ལུགས་ཀྱི་ཆོས་དབྱིངས་ངོས་བཟུང་། ལུགས་དེར་གྲགས་པའི་ང་དང་བདག་གི་ངོས་འཛིན་བཤད་པའོ། །དང་པོ་ལ་གཉིས་ཏེ། སྔགས་ལུགས་ཀྱི་ཆོས་དབྱིངས་ཤེས་པར་འདོད་དགོས་པ་དང་། ཆོས་དབྱིངས་ཡེ་ཤེས་པར་གཏན་མི་རུང་ན་དོན་དམ་མི་སྲིད་པར་ཐལ་བའོ། །དང་པོ་ནི། འཇམ་དཔལ་ཡེ་ཤེས་སེམས་དཔའ་ལ་ཆོས་དབྱིངས་ཡེ་ཤེས་ཀྱི་སྒོ་ནས་བསྟོད་པ་དང་། ཆོས་དབྱིངས་གསུང་གི་དབྱུག་ཅེས་འཆད་པ་དང་། འཇམ་དཔལ་གྱི་ལྟ་བའི་འདོད་པ་ལས་རྣམ་ཀུན་མཆོག་ལྡན་གྱི་སྟོང་པ་ཉིད་ལས་གཞན་སྟོང་ཉིད་གོ་ཆོད་པོ་མ་ཡིན་པར་བཤད་པ་དང་། གསང་སྔགས་པ་སྤྱིའི་ཡེ་ཤེས་ཚོགས་གསོག་གི་ཚེ་མ་ཡིན་དགག་ཏུ་གྱུར་པའི་སྟོང་པ་ཉིད་སློམ་པར་བཤད་པ་དང་། གཞན་ཡང་སྟོང་གཟུགས་ཕྱག་རྒྱ་ཆེན་མོ་ཞེས་འཆད་པ་དང་། བདེ་སྟོང་གཉིས་མེད་ཅེས་འཆད་པའི་ཚེ། བདེ་བ་ཉིད་སྟོང་པའི་མཚན་གཞིར་འཆད་རྒྱུ་ཡིན་པ་དང་། དེ་མིན་ན་ཟུང་འཇུག་གི་དོན་མ་གོ་བ་ལས་འོས་མེད་དོ། །ཕྱི་བྲག་ཏུ་ས་སྐྱ་པ་རྣམས་ནི། སྐུ་ཡོངས་སུ་རྫོགས་པ་ཆོས་ཀྱི་དབྱིངས་ཀྱི་ཡེ་ཤེས་ཀྱི་ངོ་བོ་ཞེས་འཆད་པ་དང་། ལམ་འབྲས་གཞུང་བཤད་ཀྱི་ནང་ན་སྟོང་པ་ཉིད་ཀྱི་དབྱེ་བ་དགུར་ཕྱེ་ནས་སྔ་མ་བརྒྱད་སྟོང་ཉིད་ཕལ་པ་དང་། རྣམ་ཀུན་མཆོག་ལྡན་གྱི་སྟོང་པ་ཉིད་ཁོ་ན་ལ་སྟོང་ཉིད་མཆོག་ཏུ་བཤད་ནས། དེའི་ངོས་འཛིན་ཆོས་ཀྱི་སྐུའི་ཡེ་ཤེས་ལ་བཞེད་དོ། །

གཉིས་པ་ནི། དེ་ལྟ་ན་སྔགས་ལུགས་ལ་དོན་དམ་བདེན་པ་ངོས་བཟུང་དུ་མེད་པར་འགྱུར་ཏེ། ཆོས

དབྱིངས་མེད་དགག་གི་ཆ་ནི་དེར་མི་རུང་བའི་ཕྱིར། དཔེར་ན་དབུ་མ་ཐལ་རང་བས། ཀུན་རྫོབ་ལས་མ་གཏོགས་པའི་ཆོས་གཞན་ཁས་ལེན་མི་ནུས་པ་བཞིན་ནོ། །གདན་ཚོགས་ནི་རྣམ་འགྲེལ་མཛད་པའི་རིགས་པར་མ་ཟད། རྗེ་བཙུན་སྐུ་མཆེད་ཀྱི་ལུང་ལས་ཀྱང་སྟེ། སམ་ཊིའི་འགྲེལ་ཆེན་དང་། མངོན་རྟོགས་ལྗོན་ཤིང་ལས། བློ་སྣང་གི་བྲལ་ཆ་དེ་ལ་དོན་དམ་རྣལ་མར་མ་སྟོན་ཅིག །ཅེས་དང་། བསྟན་བཅོས་མཛད་པའི་སློབ་དཔོན་རྣམས་ཀྱིས་རྣམ་གྲངས་པ་མ་ཡིན་པའི་དོན་དམ་བདེན་པ་ལ་སྒྲུབ་བྱེད་མ་གསུངས། ཞེས་སོ། །ཕྱི་དུས་ཀྱི་ས་སྐྱ་པས་རང་ལུགས་ཀྱི་སྟོང་པ་ཉིད་མེད་དགག་གི་ཆ་དེ་ཡང་ངོས་འཛིན་པ་དཀའ་བ་ཡིན་ཏེ། ཆོས་ཅན་ཚད་གྲུབ་ཀྱི་སྟེང་དུ་དགག་བྱ་བདེན་གྲུབ་ཀྱིས་སྟོང་པ་ལ་དེར་འཆད་པ་ནི་ཤར་ཙོང་ཁ་པས་སྤྲུར་བའི་ཁྲུད་ཆོས་ཡིན་པའི་ཕྱིར་དང་། དེ་ལས་གཞན་དུ་འཆད་པ་ནི་འགའ་ཡང་མ་མཐོང་བའི་ཕྱིར་རོ། །རྗེ་བླ་མ་ཨ་ནནྡའི་བཞེད་པ་ནི་སྤྲོས་མེད་མཐོས་རྒྱན་དང་རིམ་ལྔའི་ཁྲིད་ཡིག་ན་གསལ་ཞིང་། རྗེ་རྒྱལ་རིང་པའི་བཞེད་པ་ནི། རྒྱན་གྱི་ཁྲིད་ཡིག་ཏུ་སྟོང་ཉིད་བཞི་སྦྱོར་གྱི་བཤད་པ་ལས་གསལ་ལོ། །མཁས་པའི་དབང་པོ་ཀ་མ་ཤྲཱི་ལ་དང་། རྗེ་དམ་པ་རྒྱ་གར་དང་། རྒྱལ་རིང་བ་ཆེན་པོ་གསུམ་ནི་སྟོང་ཉིད་ཀྱི་ལྟ་བ་གཏན་ལ་འབེབས་ལུགས་ཆོས་འཁོར་བར་པ་ལྟར་བཤད་ནས། མཉམ་པར་འཇོག་པའི་ཡུལ་གྱི་ངེས་དོན་འཁོར་ལོ་གསུམ་པ་ལྟར་འཛོག་པ་ཡིན་ཏེ། དབུ་མ་སྣང་བ་དང་། སྒོམ་རིམ་དང་། གསེར་གྱི་ཨུཏྤལ་འདབ་དྲུག་དང་རྒྱན་གྱི་ཁྲིད་ཡིག་རྣམས་སུ་གསལ་བས་སོ༔ ༔

གཉིས་པ་ལ། གཉིས་ཏེ། རྡོ་རྗེའི་ཐེག་པར་གྲགས་པའི་ང་དང་བདག་སོགས་ངོས་བཟུང་བ་དང་། དེ་ཡང་ཉམས་ལེན་ཐབས་ཀྱིས་ཟིན་དགོས་པའོ། །དང་པོ་ནི། སྤྱིར་དང་གང་ཟག་སོགས་ཀྱི་ཐ་སྙད་འདོགས་ལུགས་ལ་གཉིས་ཏེ། ཀུན་རྫོབ་ཀྱི་ང་སོགས་དང་དོན་དམ་པའི་བདག་སོགས་སོ། །དང་པོ་ནི། ངར་འཛིན་ལྷན་སྐྱེས་ཀྱིས་གདགས་གཞི་ཕུང་པོ་ལྔ་ལ་བརྟེན་ནས་ང་སོགས་སུ་སྒྲོ་བཏགས་པའི་བཏགས་ཡོད་ཞིག་སྟེ། ཇི་སྐད་དུ། ཇི་ལྟར་ཡན་ལག་ཚོགས་རྣམས་ལ། །བརྟེན་ནས་ཤིང་ལྟར་བརྗོད་པ་ལྟར། །དེ་བཞིན་ཕུང་པོ་རྣམ་བརྟེན་ནས། །ཀུན་རྫོབ་སེམས་ཅན་ཞེས་བྱའོ། །ཞེས་གསུངས་སོ། །གཉིས་པ་དོན་དམ་པའི་ང་སོགས་ཀྱི་བརྡ་ཆད་ནི་སྤྱིར་འཁོར་ལོ་གསུམ་པ་དང་། བྱེ་བྲག་ཏུ་རྡོ་རྗེའི་ཐེག་པ་ལ་གྲགས་པའི་སྐད་ཡིན་ཏེ། ཇི་སྐད་དུ། དེ་བཞིན་ཉིད་དབྱེའི་འཇུག་པ་ལས། མ་དག་མ་དག་དག་པ་དང་། །ཤིན་ཏུ་རྣམ་དག་གོ་རིམ་བཞིན། །སེམས་ཅན་བྱང་ཆུབ་སེམས་དཔའ་དང་། །དེ་བཞིན་གཤེགས་པ་ཞེས་བརྗོད་དོ། །ཞེས་གསུངས། །འདི་ནི་ངར་འཛིན་ལྟ་ཅི་སྨོས། སྒྲ་རྟོག་གི་ཡུལ་ལས་འདས་པ་ཡིན་ཏེ། ཇི་སྐད་དུ། བདག་དང་བདག་མེད་སྤྲོས་པ་དག །

ཉེ་བར་ཞི་བ་དམ་པའི་བདག །ཅེས་སོ། །སྟོང་པ་ཉིད་ཀྱི་ཡེ་ཤེས་ལ་བདག་དམ་པ་ཞེས་བྱ་བའི་ཐ་སྙད་ཀྱི་འདོགས་པ་འདི་ནི། རྡོ་རྗེ་ཐེག་པ་ལས་ཤིན་ཏུ་གསལ་བ་དང་ཉེ་བར་འཁོ་བ་ཡང་ཡིན་ཏེ། ཡེ་ཤེས་ཚོགས་བསག་གི་ཐུགས་དོན་ལ་སྟོང་པ་ཉིད་ཀྱི་ཡེ་ཤེས་ཀྱི་རྡོ་རྗེའི་རང་བཞིན་ང་ཡིན་ཞེས་སྒོམ་པའི་ཕྱིར། དེ་ལྟ་བུའི་དེ་སྒྲུབ་པའི་གཞིར་བྱས་ནས། རྟེན་གཞལ་ཡས་ཁང་དང་། བརྟེན་པ་ལྷ་དང་། གསུང་ཡིག་འབྲུ་དང་། ཐུགས་བདེ་བ་ཆེན་པོའི་ཡེ་ཤེས་སོགས་སྒྲུབ་དགོས་པའི་ཕྱིར་དང་། རང་བཞིན་ལྷན་སྐྱེས་དང་། འོད་གསལ་བ་དང་། ཤིན་ཏུ་སྤྲོས་མེད་དང་། བསམ་མི་ཁྱབ་སོགས་མཐའ་དག་ཀྱང་དོན་དམ་པའི་བདག་གམ་སྟོང་པ་ཉིད་ཀྱི་ཡེ་ཤེས་ཞེས་བྱ་བ་འདི་ལས་གཞན་དུ་མ་དམིགས་པའི་ཕྱིར། དོན་དེ་ལ་བསམས་ནས། ཇི་སྐད་དུ། བདེ་བ་རྫོགས་ཕྱིར་ང་སངས་རྒྱས། །ཞེས་དང་། འཇིག་རྟེན་འཇིག་རྟེན་འདས་པ་ང་། །ཞེས་གསུངས་སོ། །ཡང་ང་ལས་གནས་གསུམ་པོ་ཡང་འབྱུང་། །ཞེས་དང་། འགྲོ་བའི་རང་བཞིན་གཞན་མ་མཐོང་། །ཞེས་སོགས་ཀྱང་། ཇི་སྐད་དུ། ཐོག་མ་མེད་པའི་དུས་ཀྱི་དབྱིངས། །ཆོས་རྣམས་ཀུན་གྱི་གནས་ཡིན་ཏེ། །ཞེས་འབྱུང་བ་དེ་ཉིད་དོ༑ ༑དབྱིངས་དེ་ཡང་མེད་དགག་ལ་བཤད་དུ་མི་རུང་སྟེ། ལུང་དེ་ཀུན་གཞིའི་རྣམ་ཤེས་ཀྱི་སྒྲུབ་བྱེད་དུ་དྲངས་པའི་ཕྱིར་རོ། །གཉིས་པ་ནི། ཆོས་དབྱིངས་ཡེ་ཤེས་ཀྱི་ངོ་བོ་ཙམ་ཞིག་ཉམས་སུ་མྱོང་བ་ནི་ཕྱི་ནང་གི་མུ་སྟེགས་བྱེད་དག་ལ་ཡང་ཡོད་ལ། དེ་འདྲ་དེ་ལ་བདག་མེད་གཉིས་ཀྱི་ལྟ་བ་མ་བསྟན་ན། གང་ཟག་གི་བདག་ཏུ་སྒྲོ་བ་དང་། རྣམ་པར་ཤེས་པ་ཙམ་དུ་སྒྲོ་བ་དང་། གཟུང་འཛིན་གཉིས་མེད་ཀྱི་རང་རིག་རང་གསལ་དེ་ལ་བདག་ཤེས་རིག་གི་སྐྱེས་བུར་སྒྲོ་འདོགས་པ་སོགས་འབྱུང་བ་ཡིན་ཏེ། ཇི་སྐད་དུ། ལེན་པའི་རྣམ་པར་ཤེས་པ་ཟབ་ཅིང་ཕྲ། །ས་བོན་ཐམས་ཅད་ཆུ་བོའི་རྒྱུན་བཞིན་འབབ། །བདག་ཏུ་རྟོག་པར་གྱུར་ན་མི་རུང་ཞེས། །དེ་ནི་བྱིས་པ་རྣམས་ལ་ངས་མ་བསྟན། །ཞེས་དང་། རྒྱུད་ལས། རང་རིག་ཡེ་ཤེས་ཉིད་དུ་འགྱུར། །རང་གཞན་ཡང་དག་རིག་པ་སྤྱངས། །མཁའ་མཉམ་རྟུལ་བྲལ་སྟོང་པ་ཉིད། །ཅེས་པ་ནས། བདག་དང་གསོ་བ་སེམས་ཅན་དང་། །དུས་དང་གང་ཟག་ཉིད་དང་ནི། །དངོས་པོ་ཀུན་གྱི་རང་བཞིན་འདི། །སྒྱུ་མའི་གཟུགས་ཀྱིས་ཡང་དག་གནས། །ཞེས་སོ། །དེ་ལྟ་ཡིན་པ་དེའི་ཕྱིར་ཆོས་དབྱིངས་ཡེ་ཤེས་ཉམས་སུ་མྱོང་བའི་རྗེས་ཐོབ་ཏུ་སྣང་བ་སེམས་སུ་ཐག་བཅད་པས་བཟུང་བ་ཡུལ་གྱི་ཞེན་པ་སྤྱོང་། སེམས་སྒྱུ་མར་ཐག་བཅད་པས་འཛིན་པ་ཡུལ་ཅན་གྱི་ཞེན་པ་སྤྱོང་། གཉིས་མེད་རྟེན་འབྲེལ་དུ་བཤད་པས་ཡེ་ཤེས་སྟོང་པ་ཉིད་དུ་ཐག་ཆོད་པས་ན་ཉམས་སུ་མྱོང་བྱ་ཡེ་ཤེས་དེ་ལ་གྲུབ་མཐའ་ངན་པ་སྒྲོ་འདོགས་པ་མི་སྲིད་དོ། །བཞི་པ་བརྗོད་བྲལ་ནི་མཉམ་གཞག་གི་ཉམས་མྱོང་ངོ་འཕྲོད་པ་སྟེ། གྲུབ་པའི་དོན་ནོ། །དེ་ལྟར་དེ་བཤད་པ་ལས་ནི། །བྱུང་བའི་དགེ་བ་རྣམ་དཀར་པོས། །དང

པོར་རང་ཉིད་སྨིན་བྱས་ནས། །གཞན་ཡང་གྲོལ་བར་བྱེད་གྱུར་ཅིག །རྗེ་བཙུན་བརྩེ་ཆེན་ཡབ་སྲས་ཀྱི། །ལྷ་སྒྲུབ་འདི་ལས་གཞན་ཡིན་ཞེས། །རྣལ་འབྱོར་དབང་ཕྱུག་ཉིད་བྱོན་ཡང་། །འདིར་རྗེས་འབྲང་རྣམས་སྙེམས་མི་འཚལ། །གལ་ཏེ་མངོན་པའི་ང་རྒྱལ་གྱིས། །ཡིན་ན་མང་ཐོས་མཁྱེན་པ་ཅན། །རྣམས་དང་རྩེ་གཅིག་སྒྲུབ་པ་ལ། །གཞོལ་རྣམས་དེང་འདིར་བཟོད་མཛོད་ཅིག །འདི་ནི་ཁོ་བོ་གླེག་པ་པའི། །རི་ཆོས་འཆི་སྐབས་གསུམ་མེད་ཚང་། །དཔྱོད་མེད་ཕྲག་དོག་ཅན་གཞན་ལ། །ལྟོས་འགྲོའི་མགྲིན་པར་འོ་མ་བཞིན། །སྐལ་བཟང་དཔག་བསམ་ལང་ཚོ་ལ། །ཉེ་བར་སོང་བའི་ལྷ་གཞོན་དག །ཡོངས་འདུའི་འབབ་སྟེགས་ལས་འཁྲུངས་པའི། །བདུད་རྩི་བཞིན་དུ་སྤྱོད་གྱུར་ཅིག །ཅེས་དཔལ་ཤཱཀྱ་མཆོག་ལྡན་དྲི་མེད་ལེགས་པའི་བློས། དགེ་བའི་བཤེས་གཉེན་དམ་པ་མུས་རབ་འབྱམས་པའི་མཆིད་ལན་དུ་སྤྲུར་བ་འདི་ཡང་དག་པར་རྫོགས་སོ།། །།

༄ སྭ་སྟི། སྤྱན་རས་གཟིགས་དབང་ཕྱུག་རྗེ་ཡི། །སྤྱན་གྱིས་མ་བཟུང་འགྲོ་བ་ནི། །འགའ་ཡང་གང་ན་ཡོད་མིན་པ། །དེ་ཕྱིར་དེ་ལ་སྐྱབས་སུ་མཆི། །ཐོས་བསམ་གྲུ་དང་རྣམ་དཔྱོད་ཀྱི། །སྐྱེ་བ་རིགས་པར་འཛིན་པོ་དེས། །སྡེ་སྣོད་གསུམ་དང་གྲུབ་པའི་མཐའ། །རྒྱ་མཚོའི་གཏིང་མཐའ་འདིར་བཙལ་བྱ། །ཞེས་ཤེས་པར་བརྗོད་ནས་སྐབས་སུ་བབ་པ་ནི། བཤེས་གཉེན་དམ་པ་མུས་པའི་འབེལ་གཏམ་གྱི་མཆིད་ཤོག་ན། འདི་སྐད་དུ༑ བཅས་ལྡན་དགེ་སློང་རྣམ་དག་གི། །ངེས་འབྱུང་ཚུལ་ཁྲིམས་གཟུགས་ཅན་ལ། །སྡོམ་པ་མིན་པ་ཅི་ཞིག་ཡོད། །ཅེས་དྲིས་པ་འདི། དམ་བཅས་པའམ་དྲི་བའི་ཚིག་ཏུ་སྦྱར་བ་གང་ཡིན་ཀྱང་རུང་སྟེ། གཅིག་ཕྱོགས་ལ་སྒྲུབ་བྱེད་དང་། གཞན་ཕྱོགས་ལ་སུན་འབྱིན་རྒོལ་བར་བྱེད་པའི་ཚུལ་འདི་ལྟར། འདིར་བྱེ་བྲག་ཏུ་སྨྲ་བའི་གཞུང་ལུགས་གཞིར་བྱས་ན། ཇི་སྐད་དུ། འཆལ་བའི་ཚུལ་ཁྲིམས་མི་དགེའི་གཟུགས། །ཞེས་པས་བསྟན་པའི་གཟུགས་ལ་རིག་བྱེད་ཡིན་མིན་གཉིས་ཀ་ཡོད་ཅིང་། རིག་བྱེད་ལ་བར་མས་ཁྱབ་པ་དང་། རིག་མིན་ལ་སྡོམ་པ་དང་བར་མ་གཉིས་ཡོད་ཅིང་། ཕྱི་མའི་དཔེ་ནི་སྡོམ་ལྡན་གྱི་རྒྱུད་ཀྱི་མི་དགེ་བའི་ལས་ལམ་དངོས་གཞི་ལྟ་བུའོ། །དེ་སྤོང་ཚུལ་ཁྲིམས་རྣམ་གཉིས་སོ། །ཞེས་པ་འདི་ལ་ཡང་རིག་བྱེད་ཡིན་མིན་གཉིས་ལས། དང་པོ་ལ་བར་མས་ཁྱབ་ཅིང་། ཕྱི་མ་ལ་སྡོམ་པ་ཡིན་མིན་གཉིས་ལས། དང་པོ་རྟོགས་པར་སླ་ལ། ཕྱི་མའི་དཔེ་ནི་ཕྱི་རོལ་པའི་རྒྱུད་ཀྱི་སྤོང་བདུན་གྱི་ཚུལ་ཁྲིམས་རིག་མིན་གྱི་གཟུགས་སུ་གྲུབ་པ་ལྟ་བུའོ། །དེ་ཡང་རྒྱས་པར་ན་མཛོད་འགྲེལ་དུ། ཆོས་འདི་པ་དག་གི་འདོད་པ་ན་སྤྱོད་པའི་ཚུལ་ཁྲིམས་ལ་སོ་ཐར་སྡོམ་པས་ཁྱབ་པ་ལྟ་བུ་བཤད་པའི་འཁྲུལ་གཞི་ཡོད་ཀྱང་། དེར་མ་ངེས་ཏེ། འདུལ་བར་སྤང་བྱ་ལྡོག་པའི་ཚུལ་ཁྲིམས་དང་ཉམས་སུ་བླང་བྱ་འཇུག་པའི་ཚུལ་ཁྲིམས་གཉིས་བཤད་པ་ལས། དང་པོ་ལ་ཡང་སྡོམ་པས་མ་ཁྱབ་ན། ཕྱི་མ་ལ་ལྟ་ཅི

སློས་ཏེ། དཔེར་ན་གནས་དང་གནས་པའི་ཚུལ་ཁྲིམས་བཞིན་ནོ། །ཞེས་སྤྱིར་བསྟན་ནས། དངོས་ལན་ནི། དེ་འདྲ་དེ་ལ་སྡོམ་པས་མ་ཁྱབ་པ་ནི་འདི་ལྟར། བཅས་ལྡན་དགེ་སློང་གི་རྒྱུད་ལ་ཡོད་པའི་སྐྱབས་འགྲོ་དང་། དེའི་བསླབ་བྱ་ལ་སློབ་པའི་རིག་བྱེད་ཡིན་མིན་གྱི་གཟུགས་དང་། སྡོན་ཁྲིམ་པའི་དུས་སུ་བླངས་བའི་སྔ་གཅིག་གཅོད་པ་དང་། སྣ་འགའ་དང་ཕལ་ཆེར་གཅོད་པའི་དགེ་བསྙེན་གྱི་མིང་ཅན་རྣམས་དང་། བར་མ་ཡང་དག་པར་བླངས་པ་གསུམ་དང་། གསོ་སྦྱོང་སོགས་གཞི་གསུམ་གྱིས་བསྡུས་པའི་ཚུལ་ཁྲིམས་དང་། གོས་དང་ལྷུང་བཟེད་དང་སྟན་དང་ཟུང་ཁང་བྱིན་གྱིས་རློབ་པ་ལྟ་བུའི་ཚུལ་ཁྲིམས་རིག་བྱེད་ཀྱི་གཟུགས་སུ་གྱུར་པ་རྣམས་དང་། ལྟུང་བ་བཤགས་པ་དང་བྱིན་གྱིས་རླབས་པ་དང་སྦྱོ་བ་དང་མགུ་བ་དང་དབྱུང་བ་ནོད་པ་དང་། སྤྱོད་པ་སོགས་ཀྱི་རིག་བྱེད་རྣམས་ཀྱང་དེར་མ་ངེས་པ་དང་། རྩོད་པ་ཞི་བར་བྱེད་པའི་ཆོས་བདུན་པོ་དག་ཀྱང་སྡོམ་པར་མ་ངེས་ལ། ཁོ་བོ་ཅག་ལྟར་ན། བཅུ་གཉིས་སྦྱོང་བྱེད་ཀྱི་བསླབ་པ་ཡང་སྡོམ་པར་མི་འདོད་ཅིང་། གཞན་དག་རྣམས་ནི་ཚངས་སྤྱོད་ཉེར་གནས་ཀྱང་སྡོམ་པར་མི་བཞེད་དོ། །

གཞན་ཇི་སྐད་དུ། སངས་རྒྱས་ཀྱིས་ནི་བཅས་པ་ཡང་། །ཞེས་པས་བཅས་རྐྱང་བསྲུང་བའི་ངེས་འབྱུང་གི་ཚུལ་ཁྲིམས་ཀྱང་བཞེད་མོད། དེ་ལ་སྡོམ་པའི་མཚན་ཉིད་ཚང་བ་མ་ཡིན་ནོ། །ཞིབ་མོར་ན་དགེ་སློང་རྣམ་དག་གི་རྒྱུད་ཀྱི་ལུས་ངག་གི་སྤོང་བར་རིག་བྱེད་མ་ཡིན་པའི་གཟུགས་སུ་གྲུབ་པ་བདུན་པོ་དེ། རྒྱུ་འབྱུང་བ་བཞི་ཚན་རྫས་ཐ་དད་པ་རེ་རེ་ལས་སྐྱེ་བ་ཡིན་པས་དེའི་ཚེ་སྤོང་བ་བདུན་པོ་རེ་རེ་ནས་སྡོམ་པ་ཉིད་དུ་ཐལ་བར་འགྱུར་ཏེ། གཏན་ཚིགས་སུ་བཀོད་པ་དེ་ཉིད་ཀྱི་ཕྱིར་རོ། །འདོད་ན་རེ་རེ་ནས་ཀྱང་རྩ་བ་བཞི་ཀ་སྤོང་བའི་ཚུལ་ཁྲིམས་སུ་ཐལ་ལོ། །གལ་ཏེ་ཇི་སྐད་དུ། ཁ་ཆེ་རྣམས་ནི་བྱུང་བ་ལ། བུ་ལོན་ནོར་བཞིན་གཉིས་སུ་འདོད། །ཅེས་བཤད་པས། རྩ་བ་གཅིག་གཉིས་ལ་སོགས་པ་བཏང་ནས་མེད་པའི་དགེ་སློང་ཡང་བཤད་པས་སྔ་མ་ལ་ཁྱབ་པ་མ་ངེས་སོ་ཤེ་ན། དེ་ནི་རྩ་བའི་མ་ངེས་པ་སླར་ཡང་འོངས་པ་ཡིན་ཏེ། དེ་ལ་ཁྲིམས་ལྡན་དང་ཁྲིམས་འཆལ་གྱི་གཞི་མཐུན་པ་ཅིས་འཆད་ཀྱི་སྡོམ་ལྡན་དང་སྡོམ་མེད་ཀྱི་གཞི་མཐུན་ཞེས་མི་ཟེར་བས་སོ། །

གཞན་ཡང་དམ་བཅའ་འདིའི་ཞེ་ཕུགས་ཀྱི་བསམ་དོན་ལ། དགེ་སློང་རྣམ་དག་གི་རྒྱུད་ལ་དགེ་སློང་གི་སྡོམ་པ་དང་ལུས་སམ་ངག་གི་རིག་བྱེད་དུ་གྱུར་པའི་གཞི་མཐུན་ཞིག་ཡོད་པར་ཁས་བླངས་པས་དེའི་མཚན་གཞི་གང་ཡིན། སྔོན་སྡོམ་པ་ལེན་དུས་ཀྱི་ལུས་ངག་གི་རིག་བྱེད་དམ། ད་ལྟ་སྡོམ་པ་རྫོགས་པར་ཡོད་དུས་ཀྱི་རིག་བྱེད་ལ་འདོད། ཕྱི་མ་ལྟར་ན། དེ་དག་ཆོས་ཅན། རང་འཐོབ་བྱེད་ཀྱི་རྒྱུ་བསྙེན་རྫོགས་ཀྱི་འཐོབ་རྒྱུ་ལས་ཐོབ་པར་འགྱུར་ཏེ། དགེ་སློང་གི་སྡོམ་པ་ཡིན་པའི་ཕྱིར། འདོད་མི་ནུས་ཏེ། སྔོན་གྱི་དུས་དེར་རིག་བྱེད་མ་འོངས

པ་དང་མི་ལྡན་པར་བཤད་པས་སོ། །དེ་བས་ན་བཅས་ལྡན་དགེ་སློང་གི་རྒྱུད་ལ་རྩ་བ་བཞི་སྤྱོད་པའི་རིག་བྱེད་ད་ལྟར་བ་ཡོད་སྲིད་ཀྱང་། དེ་སྡོམ་པར་མི་འདོད་དེ། སྡོམ་པའི་འཐོབ་རྒྱུས་ཐོབ་པ་མ་ཡིན་ཞིང་། གཏོང་རྒྱུས་ཀྱང་མི་གཏོང་ལ། ཕམ་པ་འཆབ་བཅས་ཀྱིས་ཉམས་པར་ཡང་བྱེད་པའི་རིགས་ཅན་དུ་མི་གནས་པའི་ཕྱིར། དཔེར་ན་ཁྲིམས་འཆལ་ལམ་རྐྱ་ཐབས་སུ་གནས་པའི་རྒྱུད་ཀྱི་རྩ་བ་བཞི་སྤྱོད་བ་ལྟར་འཚོས་པའི་ངག་གི་སྒྲ་དང་ལུས་ཀྱི་དབྱིབས་བཞིན་ནོ། །མདོར་ན་སོ་ཐར་གྱི་སྡོམ་པ་ཉན་ཤེས་ཀྱིས་ཐོས་པ་དང་། མིག་ཤེས་ཀྱི་གཟུང་བྱར་བྱེ་བྲག་ཏུ་སྨྲ་བས་མི་འདོད་དེ། དེ་ནི་ལུང་ལས་བཤད་པའི་བསྟན་མེད་ཐོགས་མེད་ཀྱི་གཟུགས་སྒྲུབ་བྱེད་དུ་བཀོད་ནས་སྡོམ་པ་གཟུགས་ཅན་དུ་སྒྲུབ་པར་མཛད་པས་སོ། །བརྟག་པ་སྔ་མ་ལྟར་ན། སྔོན་སྡོམ་པ་ལེན་དུས་ཀྱི་ལུས་ཀྱི་དབྱིབས་ནི་ད་ལྟར་གྱི་དུས་སུ་ལྡན་པར་བཤད་ཀྱང་། སྡོམ་པ་མ་ཡིན་ཏེ། དུས་དེར་ཡོད་པ་མ་ཡིན་པས་སོ། །ད་ལྟ་མེད་ཀྱང་སྔོན་སྡོམ་པ་ཐོབ་དུས་སུ་ཡོད་པའི་རིག་བྱེད་དེ་རང་དུས་དེ་ཉིད་དུ་སྡོམ་པར་ཁས་ལེན་ནོ་ཞེ་ན། འོན་རིག་བྱེད་དེ་སྤང་བྱ་བདུན་པོ་སྤོང་བའི་རིག་བྱེད་དུ་འདོད་དམ། སྤངས་པའི་རིག་བྱེད་དུ་འདོད། དང་པོ་ལྟར་ན། སོར་སྡོམ་དུ་མི་རིགས་ཏེ། དགེ་བའི་ལས་ལམ་དངོས་མ་ཡིན་པའི་ཕྱིར། དཔེར་ན་སྲོག་གཅོད་པར་བྱེད་པའི་ལུས་ངག་གི་རིག་བྱེད་དེ་དེའི་ལས་ལམ་དངོས་མ་ཡིན་པ་བཞིན་ནོ། །གཉིས་པ་ལྟར་ན། དེ་ཆོས་ཅན། ལུས་ངག་གི་དགེ་བའི་ལས་ལམ་དངོས་མ་ཡིན་ཏེ། དེའི་མཇུག་ཡིན་པའི་ཕྱིར། དཔེར་ན་ཤི་བའི་རོ་ལ་བསྣུན་པར་བྱེད་པ་བཞིན་ནོ། །རིག་བྱེད་མ་ཡིན་པ་ལ་ནི་མི་མཚུངས་ཏེ། རང་ཉིད་ལས་ལམ་དངོས་གཞིར་སྐྱེ་ཞིང་ལས་ལམ་ཕྱི་མ་གཞན་རྫོགས་བྱེད་མ་ཡིན་པའི་ཕྱིར་དང་། རང་རྒྱུ་རིག་བྱེད་སྔ་མ་ཞིག་སྔོན་དུ་འགྲོ་དགོས་པའི་ཕྱིར། འོན་ལས་ལམ་དངོས་གཞིའི་རྒྱུན་ཕྱི་མ་རྣམས་མཇུག་ཏུ་ཁས་ལེན་ནམ་ཞེ་ན། མ་ཡིན་ཏེ། མཇུག་གི་ངོ་བོར་གྱུར་པའི་རིག་བྱེད་མ་ཡིན་པ་ནི་དངོས་གཞིའི་རྒྱུ་ལས་གཞན་པའི་ཀུན་སློང་དང་སྦྱོར་བ་གཞན་གྱིས་བྱེད་དགོས་པའི་ཕྱིར། སྦྱོར་བ་དང་ཀུན་སློང་དེ་ཡང་ལས་ལམ་དངོས་གཞིའི་གོང་དུ་འབྱུང་བ་ཡང་སྲིད་འོག་ཏུ་འབྱུང་བ་ཡང་སྲིད་དེ། དཔེར་ན་བསད་བྱ་དེ་མ་ཤི་བའི་གོང་དེའི་ཤ་ཟ་བའི་ཀུན་སློང་བྱུང་བ་དང་། ཤི་ཟིན་པའི་འོག་ཏུ་ཀུན་སློང་དེ་བྱུང་བ་བཞིན་ནོ། །མདོར་ན་དེ་བས་ན་སྡོམ་པ་ལེན་པའི་ཚིག་ལ་སྡོམ་པ་ཉིད་དུ་འཇུག་པར་མི་བྱའོ། །ཞེས་སྨྲས་སོ། །ཡང་འབེལ་གཏམ་གྱི་མཆིད་ཤོག་ན། དང་པོའི་རྣམ་རིག་རྣམ་རིག་མིན། །ཞེས་པར། སོ་ཐར་དང་དེའི་སྡོམ་པ་ལ་མུ་བཞི་རྩི་བའི་རྣམ་བཤད་མཛད་མཁན་སུ་བྱུང་ཞེས་དང་། འགྲེལ་པར། སྡོམ་པ་ཡང་དག་པར་བླངས་པའི་རིག་བྱེད་ཅེས་འབྱུང་བས། སྦྱོར་བའི་དུས་ཀྱི་རིག་བྱེད་དུ་མི་འཐད་ཅེས་དང་། དངོས་གཞིའི་རིག་བྱེད་མ་ཡིན་པ་དང་པོ་ཆོས་ཅན།

སོ་ཐར་མ་ཡིན་པར་ཐལ། ཁྱོད་ཀྱི་སྦྱོར་བའི་དུས་ཀྱི་རིག་བྱེད་དེ་སོ་ཐར་ཡིན་པའི་ཕྱིར། །ཞེས་པ་རྣམས་ལས། དང་པོ་དྲི་བར་མཚོན་པ་དེའི་ལན་ནི། དངོས་གཞིའི་དུས་ཀྱི་རིག་བྱེད་དམ། རིག་བྱེད་དང་པོ་སྡོམ་པ་མ་ཡིན་པར་གྲུབ་པ་ན། དེ་འདྲའི་མུ་བཞི་རྩ་འགྲེལ་ཉིད་དུ་རང་ཆས་སུ་བྱུང་བས། བོད་ཀྱི་རྣམ་བཤད་ལ་རག་མ་ལས་ཤིང་། སོ་ཐར་གྱི་རིག་བྱེད་དང་པོ་སྦྱོར་བའི་དུས་ཁོ་ནར་འབྱུང་བ་ནི། ཇི་སྐད་དུ། ཉེར་བསྡོགས་རྣམས་ནི་རྣམ་རིག་བྱེད། །ཅེས་པས་ཐོན་ལ། སྦྱོར་བའི་དུས་སུ་སྡོམ་པ་མ་སྐྱེས་པ་ནི་ཀུན་གྱིས་ཤེས་སོ། །དངོས་གཞིའི་དུས་ཀྱི་རིག་བྱེད་སྡོམ་པ་དངོས་སུ་འཆད་པ་ནི་བུ་སྟོན་རིན་པོ་ཆེའི་མདོ་རྩའི་རྣམ་བཤད་མ་མཛད་གོང་དུ་ནི་དེ་ལྟར་འཆད་པའི་རྒྱ་བོད་ཀྱི་འགྲེལ་བྱེད་སུ་ཡང་མི་སྣང་ལ། རིན་པོ་ཆེ་པས་རིག་བྱེད་དངོས་འཛིན་མ་དགོངས་པ་ནི་མི་སྲིད་མོད། དགོངས་ན་འདི་ལྟར། དེང་སང་བསླེན་པར་རྫོགས་པའི་དགེ་སློང་དེའི་རྒྱུད་ལ་སྡོམ་པ་དངོས་དང་སྐྱེས་དུས་གཅིག་པའི་ངག་གི་རིག་བྱེད་བསྒྲུབ་བྱ་རང་གི་རྒྱུད་ལ་ནི་མེད། ལས་བྱེད་པ་དང་ཡུལ་དགེ་འདུན་གྱི་རིག་བྱེད་ནི་རྟེན་བསྒྲུབ་བྱ་དེའི་སྡོམ་པར་མི་རུང་བས་ན། དེ་དུས་ཀྱི་ལུས་ཀྱི་རིག་བྱེད་ཁོ་ན་སྡོམ་པར་འདོད་དགོས་པས། འདི་ལྟར། བསྒྲུབ་བྱ་ལྟས་སྦྱིན་གྱི་རྒྱུད་ཀྱི་དགེ་སློང་གི་སྡོམ་པ་དང་སྐྱེས་དུས་གཅིག་པའི་ལུས་ཙོག་པུའི་དབྱིབས་དེ་ཆོས་ཅན། དེ་དུས་ཀྱི་བསླེན་རྫོགས་དངོས་མ་ཡིན་ཏེ། རང་རྒྱུད་གསོལ་བཞིའི་ཚིག་ལས་གསར་དུ་བྱུང་བ་མ་ཡིན་པའི་ཕྱིར་དང་། ཚིག་དེ་མ་བྱས་གོང་ནས་ལུས་ཀྱི་དབྱིབས་དེ་ལྟར་བཙོས་ཏེ་འདུག་པའི་ཕྱིར། དེ་བཞིན་དུ་དགེ་ཚུལ་བླངས་པའི་ཚེ། བརྗོད་པ་ཐ་མའི་ཚ་གསུམ་པའི་རྗེས་ཟློས་ཀྱི་ངག་སྒྲ་དེ་ལས་གཞན་པའི་ངག་གི་རིག་བྱེད་ནི་ཁྱོད་ཀྱང་མི་འདོད་པས་དེ་འདྲ་དེ་ཆོས་ཅན། དགེ་ཚུལ་གྱི་སྡོམ་པ་དངོས་མ་ཡིན་ཏེ། རང་འབྲས་དགེ་ཚུལ་གྱི་སྡོམ་པ་འཐོབ་བྱེད་ཀྱི་རྐྱེན་ཚིག་ཡིན་པའི་ཕྱིར། མདོར་ན་དེ་དུས་ཀྱི་ལུས་ཀྱི་དབྱིབས་ནི་རྗེས་ཟློས་ལན་གསུམ་ལས་བྱུང་བ་མ་ཡིན་ཞིང་། བདག་ཇི་སྲིད་འཚོའི་བར་དགེ་ཚུལ་དུ་ཞེས་པའི་ཚིག་ཡན་ཆད་ནི་སྡོམ་པའི་རྐྱེན་ཚིག་ཡིན་པས་སྦྱོར་བར་གཏོགས་ལ། སློབ་དཔོན་གྱིས་ཞེས་པ་མན་ཆད་ནི་མཇུག་ཡིན་པ་ཉིད་ཀྱི་ཕྱིར་ན། སྦྱོར་འཇུག་ལས་མ་གཏོགས་པའི་ངག་གི་རིག་བྱེད་དངོས་གཞིར་གཏོགས་པ་ནི་ཡོད་པ་མ་ཡིན་པ་ནི་འགྲེལ་པ་ཉིད་ལས་ཤེས་སོ། །ལུས་ཀྱི་དབྱིབས་ཀྱང་སྦྱོར་དངོས་རྗེས་གསུམ་ཀའི་ཚེ་ཡོད་ཀྱང་། སྡོམ་པའི་འཐོབ་རྒྱུས་བྱས་པ་མ་ཡིན་པའི་ཕྱིར་དང་། ལུས་ཀྱི་རིག་བྱེད་དེ་ཡང་རང་འབྲས་ལུས་ཀྱི་རིག་བྱེད་མ་ཡིན་པ་དེའི་རྒྱུར་འདོད་ཀྱི། ལུས་ཀྱི་རིག་བྱེད་དེ་ཉིད་སྡོམ་པའི་འཐོབ་རྒྱུ་གཞན་གྱིས་བྱས་པར་ཁས་ལེན་ནུས་པ་ནི་སུ་ཡང་མེད་དོ། །དེ་ལ་དགོངས་ནས་ཆོས་ཀྱི་རྗེས། ཉན་ཐོས་སྡོམ་པ་རྣམ་རིག་མིན། །ལུས་ངག་ལས་ནི་སྐྱེ་བར་འདོད། །ཅེས་གསུངས་མོད།

ལུས་ངག་དེ་ཡང་སྡོམ་པ་ཡིན་ཞེས་གསུངས་པ་ནི་མེད་དོ། །

རྒོལ་བ་གཉིས་པའི་ལན་ནི། སོ་ཐར་གྱི་སྡོམ་པ་ཡང་དག་པར་བླངས་བའི་རིག་བྱེད་ཅེས་བཤད་པ་དེ་བླངས་རྗེས་སུ་བྱུང་བ་ལ་བཤད་ན་ཧ་ཅང་ཐལ་བ་ཡིན་ཏེ། དེ་ལྟ་ན་མཇུག་ཏུ་སོང་བས་དང་པོའི་རྣམ་རིག་ཏུ་འགལ་བའི་ཕྱིར། བླངས་དུས་ཀྱི་རིག་བྱེད་ཉིད་དོ་ཅེ་ན། དེ་ལྟ་ན་ཡང་དང་པོའི་རིག་བྱེད་དུ་འགལ་བ་ཡིན་ཏེ། རང་དང་རིགས་རྒྱུན་གཅིག་པའི་རིག་བྱེད་སྔ་མ་སྔོན་དུ་སོང་བའི་ཕྱིར། རྒོལ་བ་གསུམ་པའི་ལན་ལ། དངོས་དང་། མགོ་མཚུངས་སོ། །དང་པོ་ནི། ལས་ལམ་དངོས་གཞིའི་ངོ་བོར་གྱུར་པའི་དེ་སྐབས་ཀྱི་རིག་མིན་དང་པོ་ཆོས་ཅན། སོ་སོར་ཐར་པ་ཡིན་ཏེ། མི་དགེ་བའི་ལས་ལམ་དངོས་གཞིའི་སྡུག་བསྔལ་ལས་དང་པོར་ཐར་པའི་ཕྱིར་དང་། དེ་འདྲ་དེ་ལས་ཐར་བྱེད་ཀྱི་རིགས་འདྲའི་རྒྱུན་སྔ་མ་སྔོན་དུ་མ་སོང་བའི་ཕྱིར། འོ་ན་མཇུག་ལ་ཡང་མཚུངས་སོ། །ཤེ་ན། མ་ཡིན་ཏེ། སྔོར་དངོས་ལས་དང་པོར་ཐར་ན་མཇུག་ལས་ཀྱང་དང་པོར་ཐར་ཟིན་པས་ཁྱབ་པའི་ཕྱིར་དང་། ཁྱེད་རང་གིས་ཀྱང་གཉིས་པོ་འདོད་ལ། ཅིག་ཤོས་མི་འདོད་པའི་ཕྱིར་དང་། དངོས་གཞིའི་རྗེས་ཐོགས་སུ་གཉེན་པོ་སྐྱེས་པ་དེ་དངོས་གཞིའི་གཉེན་པོར་འདོད་ཀྱི་མཇུག་གི་གཉེན་པོར་མི་འདོད་པའི་ཕྱིར། དཔེར་ན་མཚམས་མེད་ཀྱི་རྗེས་ལ་བསམ་པ་དྲག་པོས་འགྱོད་པ་བཞིན་ནོ། །གཉིས་པ་ནི། འོ་ན་སྡོམ་གསུམ་རིམ་པར་མནོས་པའི་དགེ་སློང་གི་རིག་བྱེད་མ་ཡིན་པ་དང་པོ་ཆོས་ཅན། རྩ་བའི་ལྟུང་བ་རྣམས་ལས་དང་པོར་ཐར་པ་མ་ཡིན་པར་འགྱུར་ཏེ། དེ་ལས་ཐར་བྱེད་ཀྱི་སྡོམ་པ་སྔ་མ་སྔོན་དུ་སོང་ལ་མ་ཉམས་པའི་ཕྱིར། མདོར་ན་རིག་བྱེད་བཏང་སྙོམས་སུ་བཞག་ཀྱང་། སོ་ཐར་དང་དེའི་སྡོམ་པ་ལ་མུ་བཞི་རྩི་བ་ནི་རྟོགས་པར་སླ་སྟེ། བག་ཡོད་དང་བརྟུལ་ཞུགས་ཀྱི་ཡན་ལག་ཏུ་བཞག་པའི་ཚུལ་ཁྲིམས་དང་པོ་ནི་མུ་སྔ་མ་དང་། ཚུལ་ཁྲིམས་ཀྱི་ཡན་ལག་ཏུ་བཞག་པའི་རིག་བྱེད་མ་ཡིན་པ་སྔ་མ་ནི་གཉིས་ཡིན་གྱི་མུ་དང་། དེའི་རིགས་འདྲ་ཕྱི་མ་ནི་སྡོམ་པ་ཡིན་ལ་སོ་ཐར་མ་ཡིན་པའི་མུ། མུ་བཞི་པ་ནི་བཅས་རྐྱང་སྤྱོང་བའི་རིག་མིན་ཕྱི་མ་རྣམས་སོ། །

ཡང་འབེལ་གཏམ་གྱི་མཆིད་ཤོག་དེ་ན། གསེར་གྱི་ཐུར་མ་ལས། བསྟན་བཅོས་ཀྱི་གཞུང་བཅོས་པ་དེ་ཤིན་ཏུ་མི་རིགས་སྙམ་དུ་སེམས་པ་དང་། འཆོས་མི་དགོས་བཞིན་དུ་བཅོས་པ་ནི། སློན་ལམ་དེ་ཡང་མདོར་བསྡུ་ན། །ཞེས་སོགས་དང་། མདོ་སྡེ་ལས་ནི་དུད་འགྲོ་སོགས། །ཞེས་པ་ལྟ་བུ་སྟེ། དེའི་ཤེས་བྱེད་ཀྱང་སྨོན་ལམ་ལ་བསྔོ་བས་ཁྱབ་པའི་ཕྱིར་དང་། མདོ་སྡེ་པ་དང་ཐེག་པ་ཆེན་པོ་དག་གི་འདུལ་བའི་དགོངས་པ་བཀྲལ་བ་ན་རང་རང་གི་གྲུབ་མཐའ་ན་གྲགས་པ་བཞིན་དུ་འགྲེལ་དགོས་ལ། དེའི་ཚེ་ན་དུད་འགྲོ་སོ་ཐར་སྡོམ་པའི་རྟེན་དུ་རུང་བ་ཞིག་ཀྱང་སྲིད་པའི་ཕྱིར་སྙམ་དུ་བསམ་པ་ལྟ་བུར་མངོན་ནོ། །དེ་ལྟར་གསུམ་ལས། རྒོལ་བ་དང་པོའི་ལན་ནི།

གཞུང་འདི་ལྟར་བཏོན་ན་འཁྲུལ་བ་མེད་དོ་ཅེས་པ་ཁ་ཅིག་གསེར་ཐུར་ན་ཡོད་པ་དེ། གཞུང་གི་འབྲུ་གནོན་ཚུལ་ཚིག་ཉུང་ངུར་བསྡུས་པ་ཡིན་མོད། ཚིགས་བཅད་དེ་རྗེ་བཙུན་གྱི་གཞུང་དཀྲུགས་མའི་ནང་དུ་འཇུག་དགོས་ཟེར་བ་ག་ལ་ཡིན། དེ་འདྲ་ཡིན་ན་ལ་ལའི་འཆད་ཚུལ་ལས་ཉན་ཐོས་སྡོམ་པ་རྣམ་རིག་ཡིན། ཟེར་བ་དང་། དེས་ན་སོ་སོར་ཐར་པ་ཡི། །སྡོམ་པ་ཤི་རྗེས་མེད་དོ་ཅེས། །སླ་བའི་སྐྱེས་བུ་དེ་ལ་ནི། །ཞེས་སོགས་གཞུང་དུ་འཇུག་དགོས་པར་འགྱུར་རོ། །དཔེར་ན་རིན་པོ་ཆེ་གཡག་པས་གཞུང་སྒྱུར་ཞེས་བྱ་བའི་རྒྱན་འགྲེལ་མཛད་པ་དང་། རེད་མདའ་བས་ཚད་མ་རྒྱན་གྱི་ཁ་སྐོང་ཚིགས་སུ་བཅད་པ་མཛད་ལ། དེ་ཡང་སློབ་མ་ལ་འཆད་ཚུལ་ཡིན་མོད། གཞུང་གི་ནང་དུ་ཕར་འཇུག་དགོས་སྙམ་དུ་བསམ་པ་ག་ལ་ཡིན། འདི་འདྲ་ཟེར་མཁན་གཞན་ཡང་མང་བ་དེ་དག་ནི། འབེལ་གཏམ་ཞིབ་མོར་དཔྱོད་པའི་མཐུ་མེད་བཞིན་དུ། རློངས་པ་ལ་དོན་མ་ཡིན་པའི་སྨྱུ་གུ་བསྐྱེད་པའི་ས་བོན་འདེབས་པར་ཟད་དོ། །རྒོལ་བ་གཉིས་པོའི་ལན་ནི། སྡོམ་གསུམ་གྱི་བསྟན་བཅོས་མཛད་པའི་ལུགས་འདིར་སྨོན་ལམ་ལ་བསྔོ་བས་ཁྱབ་པ་མ་ཡིན་ཏེ། ཆོས་ཉིད་སྨོན་ལམ་དུ་འདེབས་རུང་ལ། བསྔོ་བའི་རྒྱུར་མི་རུང་། སྨོན་ལམ་དུ་བཏབ་ཀྱང་མི་འགྲུབ་པ་མང་ལ། བསྔོ་བས་བསྒྱུར་ན་མི་འགྱུར་བ་མི་སྲིད་ལ། གང་དུ་སྨོན་པ་དེར་འགྱུར་མི་སྲིད་པ་ཞིག་ཀྱང་དེར་སྨོན་པ་དག་ཚད་ལྡན་གྱིས་གསུངས་པའི་ཕྱིར་དང་། བསྔོ་བ་ནི་ཡུལ་ཁྱད་པར་ཅན་དུ་མ་བསྔོས་ན་བར་དོར་ཆུད་འཛའ་བ་སྲིད་པའི་དགེ་བ་ཞིག་བསྔོ་བ་ཡིན་ལ། སྨོན་ལམ་ནི་ཆུད་འཛའ་བ་མི་སྲིད་པ་དག་དང་། ཆུད་ཟོས་པ་དག་ཀྱང་སྨོན་པར་བྱེད་ལ། སྨོན་ལམ་དུ་བཏབ་ཀྱང་ཆུད་ཟོས་པའང་སྲིད་པའི་ཕྱིར་དང་། མི་དགེ་བ་དང་ལུང་མ་བསྟན་དག་ཀྱང་འབྲས་བུ་ཡིད་འོང་འབྱིན་བྱེད་དུ་སྨོན་པ་དག་ཡོད་པའི་ཕྱིར་དང་། བསྔོ་བ་ལ་དེ་མི་སྲིད་པའི་ཕྱིར་རོ། །དེ་དག་གི་ཤེས་བྱེད་ཀྱང་བསྔོ་བའི་ཕྱོགས་ནི་གཞུང་ཉིད་ན་གསལ་ལ། སྨོན་ལམ་ནི། ང་སངས་རྒྱ་བར་གྱུར་ཅིག་ཅེས་དོན་དམ་པའི་ང་ལ་བསམ་པ་དང་། གཞན་གྱི་སྡིག་སྡུག་ཐམས་ཅད་བདག་ལ་སྨིན་པ་གྱུར་ཅིག་ཅེས་པ་ལྟ་བུ་མཐའ་མི་བཙན་པའི་སྨོན་ལམ་དུ་བཤད་པ་དང་། ཤལ་མ་ལིའི་སྡོང་པོ་དཔག་བསམ་གྱི་ཤིང་དུ་འགྱུར་མི་སྲིད་ཀྱང་དེར་སྨོན་པ་དང་། ལས་ཉོན་ཟད་པ་དང་འཁོར་བ་སྟོང་པ་དང་ཉོན་མོངས་པ་བྱང་ཆུབ་ཀྱི་ལམ་དུ་སྨོན་པ་སོགས་དུ་མ་དམིགས་པའི་ཕྱིར། སྤྱོད་འཇུག་བསྔོ་ལེའི་སྨོན་ལམ་ཀུན་གྱི་ཐོག་མར། བདག་གིས་བྱང་ཆུབ་སྤྱོད་པ་ལ། །ཞེས་སོགས་སྨྲར་བས་ཀུན་ཀྱང་བསྔོ་བར་འགྱུར་བ་ཡིན་གྱི། དེ་མ་སྨྲར་ན་ལོང་བས་མིག་མཐོང་བར་ཤོག་པ་སོགས་བསྔོ་བར་མི་འགྱུར་རོ། །ཆོས་ཉིད་སྨོན་ལམ་གྱིས་འགྱུར་ན་བསྔོ་བས་མི་འགྱུར་བ་འགལ་ཞེས་ཟེར་མོད། །བསྔོ་བ་ལྟ་ཅི་སྨོས། སྨོན་ལམ་གྱིས་ཀྱང་བསྒྱུར་བ་མ་ཡིན་ཏེ། སྨོན་ལམ་བཏབ་ཀྱང་སངས

རྒྱུས་ཀྱི་རིགས་སུ་ངེས་པའི་ཕྱིར་རོ། །འདི་ནི་སྨོན་ལམ་འདེབས་པ་པོ་ཡིན་གྱི། སྨོན་ལམ་འགྲུབ་པའི་རྐྱེན་མ་ཡིན་ཏེ། དེ་ལ་ནི་རྒྱུས་འགྱུར་གྱི་རིགས་ཤིག་དགོས་པའི་ཕྱིར་དང་། བསགས་པའི་དགེ་བ་འདིས་ང་འཚང་རྒྱ་བར་གྱུར་ཅིག་ཅེས་སྨོན་ན་ནི་བསྔོ་བ་དང་སྨོན་ལམ་གཉིས་ཀ་ཡིན་ནོ། །

རྒོལ་བ་གསུམ་པའི་ལན་ནི། ཐེག་པ་ཐུན་མོང་གི་འདུལ་བའི་ལུང་དང་། མདོ་ནི་སྟོན་གྱི་བཀའ་བསྡུ་བ་པོས་གང་བསྡུས་པ་ཉིད་ཐད་སོར་འཇོག་མ་གཏོགས་གྲུབ་མཐའ་སྨྲ་བ་བཞིའི་ལུགས་སོ་སོར་བཀྲལ་བའི་བསྟན་བཅོས་ནི་སྟོན་བྱོན་པ་མེད་པས་དེ་ལྟར་འགྲེལ་པ་མི་འགལ་ཅེས་འཆད་མི་ནུས་སོ། །ཆོས་ཀྱི་རྗེ་ཉིད་ཀྱིས་ཀྱང་། སོ་སོར་ཐར་པ་འདུལ་བ་བཞིན། །ཅེས་སྡོམ་པ་གསུམ་གྱི་རྣླར་བཤད་བའི་སོ་ཐར་ཏེ། ཐུན་མོང་གི་འདུལ་བ་རྣམས་ཇི་ལྟར་ཡོད་པར་བཞིན་རྣམ་གཞག་བྱེད་དགོས་ཀྱི། བྱང་ཆུབ་སེམས་དཔའི་འདུལ་བ་དང་སྔགས་ཀྱི་འདུལ་བ་ལྟར་བཤད་པས་ཆོག་པ་མ་ཡིན་པར་གསུངས་སོ། །སོ་སོར་ཐར་པའི་སྡོམ་པ་ལ། །ཉན་ཐོས་ཐེག་ཆེན་ལུགས་གཉིས་ཡོད། །ཅེས་འཆད་པ་མ་ཡིན་ནམ་ཞེ་ན། ཡིན་མོད། དེའི་རྒྱས་བཤད་ལ་བལྟས་པ་ན། ཐེག་ཆེན་གྱི་སོ་ཐར་དེས་ལེའུ་དང་པོར་བཤད་པའི་སོ་ཐར་གྱི་གོ་མི་ཆོད་པ་དང་། ཐེག་ཆེན་སོ་ཐར་ནི་ལེའུ་གཉིས་པའི་བསྟན་བྱའི་གཙོ་བོ་ཉིད་དུ་འཆད་པར་འགྱུར་རོ། །བདེ་གཤེགས་སྙིང་པོའི་སྐབས་ཀྱི་བརྒྱལ་ལན་ནི་གཞན་དག་གིས་ཀྱང་བརྗོད་པའི་འབེལ་གཏམ་གྱི་ཡི་གེ་པར་དུ་འཁོད་པ་ཉིད་གཟིགས་སུ་ཕུལ་བས་ཆོག་པས་མ་སྤྲོས་ལ། ཡང་དག་པར་ན་རྩོད་པའི་གཞི་ཉུང་ངུ་ཞིག་ལས་མི་སྣང་སྟེ། དེང་སང་གི་མཚན་ཉིད་པར་གྲགས་པ་རྣམས་སེམས་བདེན་སྟོང་ལ་སྙིང་པོར་འདོད་པ་དང་། སྒྲུབ་བརྒྱུད་པ་རྣམས་སེམས་རང་བཞིན་འོད་གསལ་ལ་དེར་འདོད་པ་དང་། སེམས་ཕྱོགས་པར་གྲགས་པ་རྣམས་སྟོབས་སོགས་ཡོན་ཏན་དང་དབྱེར་མེད་པའི་ཡེ་ཤེས་ལ་དེར་འཆད་པ་རྣམས་ལས། དང་པོ་ནི། བཀའ་འཁོར་ལོ་བར་པའི་དངོས་བསྟན་རིགས་ཚོགས་ཀྱིས་བཀྲལ་བའི་ཚེ་ན་དང་། གཉིས་པ་ནི། དེའི་དགོངས་དོན་བསྟོད་ཚོགས་ཀྱིས་བཀྲལ་བའི་ཚེ་ན་དང་། གསུམ་པ་ནི་འཁོར་ལོ་གསུམ་པའི་དབང་དུ་བྱས་པའི་མདོའི་ཁྱད་པར་འགའ་ཞིག་སྟེ། ཇི་སྐད་དུ། འོན་ཀྱང་མདོ་སྡེ་འགའ་ཞིག་དང་། །ཐེག་པ་ཆེན་པོ་རྒྱུད་བླ་མར། །ཞེས་བཤད་པ་ལྟར་རོ། །དང་པོས་ཤེས་བྱ་ཀུན་ལ་ཁྱབ་པ་དང་། གཉིས་པ་དེ་དངོས་པོ་ཀུན་གྱི་རང་བཞིན་དུ་ཁྱབ་པར་གསུངས་པ་བཞིན་ཡིན་མོད་ཀྱང་། སྙིང་པོ་དངོས་མ་ཡིན་ཏེ། སེམས་ཅན་ཐམས་ཅད་ལ་སྙིང་པོས་ཁྱབ་པར་གསུངས་པའི་དགོངས་གཞི་ཡིན་གྱི། དགོས་པའི་ཁྱད་པར་དུ་བཤད་པ་རྣམས་ཀྱང་དེ་ལ་མེད་པའི་ཕྱིར་དང་། དངོས་ལ་གནོད་བྱེད་ཡོད་པའི་ཕྱིར། ཞེས་བྱ་བ་ནི་ཆོས་ཀྱི་རྗེ་ཉིད་ཀྱི་བཞེད་པ་ཡིན་ལ། དོན་དེ་ཉིད་འཁོར་ལོ་གསུམ་པའི་མདོ་དང

སྦྱར་ནས་རྒྱས་པར་འཆད་པ་ནི་བུ་སྟོན་ཐམས་ཅད་མཁྱེན་པས་སྙིང་པོའི་མཛེས་རྒྱན་ཞེས་བྱ་བའི་བསྟན་བཅོས་སུ་བཀོད་པ་ཡིན་ནོ། །དྲི་བ་གསུམ་པ་ལ། ཇོ་བོ་རྗེ་ལྷ་གཅིག་དང་རྗོག་ལོ་ཆེན་པོས་བསྟན་པ་བསྒྱུར་ཚུལ་མདོར་བསྡུས་པའི་ཡི་གེ་ཞིག་སྟོན་ཉིད་ནས་སྦྱར་མཆིས་པས་དེ་ཉིད་གཟིགས་སུ་འབུལ་བ་ཅི་གྲུབ་བྱེད་པ་དང་། སྐྱེས་མཆོག་མར་པའི་རྣམ་ཐར་རྒྱས་པ་ནི་ཤིན་ཏུ་དར་བས་གསར་དུ་སྦྱོར་དགོས་པ་ལ་མ་རག་ཀྱང་། བཞེད་པ་མཆིས་ན་ཚིག་ཉུང་ངུར་བསྡུས་པ་ཞིག་སླད་ནས་འབུལ་འཚལ་ལོ། །

འདིར་སྨྲས་པ། གང་ཁྱོད་སྐྱུ་མས་སྤྲུལ་པའི་ཐང་ཆེན་དུ། །སྨིག་རྒྱུའི་རླབས་ཕྲེང་གཡོ་འདྲའི་ངོ་མཚར་ལ༑ ༑སྲིད་པའི་ཞགས་པས་ནམ་ཡང་མ་བཅིངས་པར། །ཞི་བའི་ནགས་སུ་རི་དྭགས་དབང་པོ་བཞིན། །ངིང་འཛིན་ཀུ་ཤའི་སྟན་འཇམ་ལ་འཁོད་ནས། །རྩ་བརྒྱུད་བླ་མའི་ཐོར་ཅོག་མ་ཉམས་པར། །སྟོང་ཉིད་གཙང་སྦྲའི་ཁྲུས་མཆོག་མཁན་ཁྱོད་ཀྱིས། །འབེལ་གཏམ་འགུགས་པའི་མཆིད་ཤོག་ཕོ་ཉར་མངགས། །འདིར་ཁྱོན་ཁོང་ལ་ཡི་རང་སྣ་ལེན་བགྱིས། །གསོང་པོར་སྨྲ་བའི་གཏམ་གྱི་བཀུར་སྟིས་བསྟབས། །ཕྲག་དོག་ཁྱད་གསོད་སྤངས་པའི་ཆོས་གྲྭ་ནས། །ལེགས་བཤད་འགྱུར་ཁུགས་དབྱངས་སུ་ལེན་བྱེད་མཁན། །མཆིད་ལན་མགྲིན་པར་ཐོགས་པའི་ཁུ་བྱུག་ཁྱོད། །མུས་ཆེན་བསྙེ་བའི་ཕྱོགས་དེར་ཕྱུག་ཕྱོས་ལ། །འབེལ་གཏམ་མཛད་པོའི་དྲུང་དུ་ཁྱོད་འཁོད་ཅིག །ཁྱིས་རྣམས་མགུ་བྱེད་ལུང་རིགས་རྩེ་འཛོ་ཡི། །གློས་གར་ཕྲེང་བས་གང་བློ་འདིར་དུབ་ནས། །མདོ་དང་བསྟན་བཅོས་མང་པོའི་སྐྱིད་ཚལ་དུ། །ངེས་དོན་སྦྲང་རྩི་ར་བྱེད་ཅེས་འདིར་ཁས་བླངས། །གང་ཡིད་ནམ་ཡང་མྱ་ངན་མེད་མ་ཡི། །ཐུབ་རྣམས་དགྱེས་པའི་མཛའ་བོ་དང་འགྲོགས་ནས། །ལེགས་བཤད་སྦྲང་རྩིའི་རོ་བརྒྱ་དོན་གཉེར་བའི། །བློ་གསལ་ཊང་དྲུག་པ་རྣམས་གར་བྱེད་དོ། །ཞེས་ཐུབ་བསྟན་གསེར་མདོག་ཅན་སྟེ་སྟོད་ཀློག་པའི་ཆོས་ཀྱི་གྲྭ་ཆེན་པོ་ནས་ཕུལ་བ་འདི་ཡང་དག་པར་རྫོགས་སོ།། ༎

འདིར་དབུ་མའི་ཚུལ་གཉིས་རྣམ་འབྱེད་ལས་འཕྲོས་པའི་དྲིས་ལན་ནི། དཔྱོད་པ་ཅན་ལ་ལ་དག་ན་རེ༑ ༑བྱམས་ཆོས་ཀྱི་དབུ་མ་དང་ངོ་བོ་ཉིད་མེད་པར་སྨྲ་བའི་ནང་ཚན་གྱི་རྣལ་འབྱོར་སྤྱོད་པའི་དབུ་མ་གཉིས་ལ་ལྟ་བའི་ཁྱད་པར་ཅི་ཡོད་ཟེར་རོ། །ལྟ་བའི་གཙོ་བོར་གྱུར་པ་ཉམས་མྱོང་གི་ལྟ་བ་ལ་ཁྱད་པར་དབྱེ་ནུས་པ་མ་ཡིན་ཏེ། གཉིས་ཀས་ཀྱང་འཕགས་པ་རྣམས་ཀྱི་སོ་སོར་རང་རིག་པའི་ཡེ་ཤེས་ཉིད་ལྟ་བའི་གཙོ་བོར་བཞེད་པས་སོ། །ལྟ་བ་དེ་རྟོགས་བྱེད་ཀྱི་ཐབས། ཐོས་བསམ་གྱི་ལྟ་བའི་ཁྱད་པར་ནི་རང་རང་གི་གཞུང་ལས་གསལ་བ་ཡིན་ཏེ། དང་པོས་ནི་གཟུང་མེད་རྟོགས་པ་རྣལ་འབྱོར་གྱིས་དང་། འཛིན་མེད་རྟོགས་པ་རྣལ་འབྱོར་གྱིས། ཞེས་གྲགས་པ་དེ་ནས་བཤད་པའི་བསམ་བྱུང་གི་རིགས་པས་སྒྲོ་འདོགས་གཅོད་ལ། ལུགས་གཉིས་པས་ནི་

སྔ་མས་བཞེད་པའི་ངེས་དོན་མཐར་ཐུག་གི་ཡེ་ཤེས་དེ་ཡང་རང་གི་ངོ་བོས་སྟོང་པར་རྟོགས་པའི་བསམ་བྱུང་གི་རིག་པ་ཞིག་ཀྱང་འཆད་པས་སོ། །དེའི་ཕྱིར་ལུགས་སྔ་མ་ལ་ཤེས་བྱ་ནང་གིར་སྨྲ་བ་དང་། རྣམ་པར་རིག་པ་ཙམ་དུ་སྨྲ་བའི་དབུ་མ་པ་ཞེས་བྱའོ། །དེ་སྐད་དུ་ཡང་། སྤྱན་རས་གཟིགས་ཀྱིས། གཟུང་དང་འཛིན་པ་ལས་གྲོལ་བའི། །རྣམ་པར་ཤེས་པ་དོན་དམ་ཡོད། །ཅེས་དང་། རྣམ་ཤེས་དེ་ཡང་དོན་དམ་དུ། །ཡོད་པར་མཁས་རྣམས་མི་འདོད་དེ། །གཅིག་དང་དུ་མའི་རང་བཞིན་དང་། །བྲལ་ཕྱིར་ནམ་མཁའི་པདྨོ་བཞིན། །ཞེས་གསུངས་སོ། །ལུགས་དང་པོ་སྨྲ་བ་དེ་གྲུབ་མཐའ་སྨྲ་བ་བཞིའི་སེམས་ཙམ་པ་མ་ཡིན་ཀྱང་། བོད་སྔ་མས་སེམས་ཙམ་པའི་མིང་གིས་འདོགས་པའི་ཤེས་བྱེད་ནི། དོན་དང་ཐ་སྙད་གཉིས་ཀར་ཡང་ཡེ་ཤེས་བདེན་པར་སྒྲུབ་ཅིང་། བདེན་མེད་དུ་སྒྲུབ་པའི་རིགས་པ་ཁས་མི་ལེན་པས་སོ། །དེ་ལྟ་ན་ཡང་ཡེ་ཤེས་དེ་ལ་བདེན་འཛིན་སྐྱང་བྱར་མི་འདོད་པ་མ་ཡིན་ཏེ། འཛིན་པ་ཀུན་བཏགས་ངོ་བོས་སྟོང་པ་དང་། གཞན་དབང་སྐྱང་བྱར་ཁས་ལེན་པས་སོ། །ལུགས་གཉིས་པ་ལ་དབུ་མ་པ་ཞེས་ཟེར་བའི་ཤེས་བྱེད་ནི། དོན་དམ་དཔྱོད་བྱེད་ཀྱི་རིགས་པའི་ངོར་གྲུབ་པའི་ཆོས་ཐ་སྙད་དུ་ཡང་ཁས་མི་ལེན་པ་དང་། མཉམ་གཞག་གི་སྒོམ་བྱ་གནས་ལུགས་ལ་གྲུབ་པས་བདེན་ཡང་། བདེན་པའི་ཐ་སྙད་མི་འདོགས་ཏེ། ཐ་སྙད་ཀྱི་ཡུལ་ལས་འདས་པས་སོ་སྐམ་དུ་དགོངས་སོ། ། དེ་སྐད་དུ་ཡང་། བརྟག་མིན་ཕྱིར་དང་བརྗོད་མིན་ཕྱིར། །འཕགས་པས་མཁྱེན་ཕྱིར་བསམ་མེད་ཉིད། །ཅེས་སོ༑ །ཇོ་རྗེ་ཐེག་པའི་ཚུལ་ཡང་འདི་དང་མཐུན་ཏེ། ཇི་སྐད་དུ། རྣལ་འབྱོར་སྤྱོད་པ་དེ་ལས་ཕྱིས། །དེ་རྗེས་དབུ་མ་བསྟན་པར་བྱ། །ཞེས་སོ། །ཉམས་སུ་མྱོང་བྱ་ནི་ཐལ་རང་གི་གཙོ་བོ་གཉིས་དང་མི་མཐུན་ཏེ། ཇི་སྐད་དུ༑ རང་རིག་བདག་ཉིད་དག་པ་ཉིད། །དག་པ་གཞན་གྱིས་རྣམ་གྲོལ་མིན། ཞེས་དང་། དེ་རྗེས་ཀྱི་ཡི་རྡོ་རྗེ་བརྐམ། །ཞེས་གསུངས་པས་སོ། །གལ་ཏེ་ཡེ་ཤེས་དོན་དམ་དུ་ཡོད་ན། དོན་དམ་པར་མེད་དེ། ཞེས་བསྒྲུབ་བྱར་བྱེད་པ་དང་འགལ་ལོ། །ཞེ་ན། དེ་ནི་དོན་དམ་དཔྱོད་བྱེད་ཀྱི་རིགས་པའི་ངོར་ཡོད་པ་མ་ཡིན་པ་ལ་བསམས་པ་ཡིན་ལ། དེར་མེད་པས་མེད་པའི་གོ་ཆོད་པ་ནི་ཐལ་རང་གི་གཙོ་བོའི་ལུགས་ཡིན་གྱི། རྣལ་འབྱོར་སྤྱོད་པ་པ་ལ་མེད་དོ། །འོན་ཀུན་རྫོབ་དབང་བཙན་པར་ཐལ་ལོ། །ཞེ་ན། མ་ཡིན་ཏེ། དོན་དམ་དཔྱོད་བྱེད་ཀྱི་རིགས་པའི་ངོར་མེད་ན། དོན་དམ་དུ་མེད་པས་ཁྱབ་པ་མ་ངེས་པའི་ཕྱིར། དེས་ན་རྣལ་འབྱོར་སྤྱོད་པའི་དབུ་མ་ལ། བྱམས་ཆོས་ནས་བཤད་པ་དང་། བྱང་ཆུབ་སེམས་དཔའ་ཞི་བ་འཚོ་ཡབ་སྲས་ཀྱིས་བཞེད་པ་དང་གཉིས་འདུག་པ་དེའི་ཁྱད་པར་ནི། གནས་ལུགས་ལ་མཚན་འཛིན་གྱི་རྟོག་པ་འགོག་བྱེད་ཀྱི་རིགས་པ་མི་འདྲ་བ་ཡིན་གྱི། དོན་དམ་གྱི་གནས་ཚུལ་དང་ཉམས་སུ་མྱོང་བྱ་ལ་ཁྱད་པར་མེད་ཀྱང་། ངག་ཏུ་བརྗོད་ཤེས་པ་མ

ཡིན་ཏེ། ཇི་སྐད་དུ། འཇམ་དཔལ་གྱིས་ནི་ཡང་དག་དྲིས། །རྒྱལ་བའི་སྲས་པོ་མི་གསུང་བཞུགས། །ཞེས་འཆད་པས་སོ། །ལུགས་འདིར་རིགས་ངོའི་སྟོང་ཉིད་མེད་དགག་ཏུ་འཆད་ཀྱང་། སྒོམ་པས་ཉམས་སུ་མྱོང་བྱའི་སྟོང་ཉིད་མེད་དགག་ཏུ་མི་འཆད་པས་ཐལ་རང་གི་གཙོ་བོ་ཉིད་དང་ཁྱད་པར་ཕྱེད་དགོས་སོ། །དེ་སྐད་འདི་ཡང་དབུ་མ་ཡི། །ཚུལ་གཉིས་རྣམ་འབྱེད་འགྲེལ་པ་ལས། །འཕྲོས་པའི་བརྒྱལ་ལན་ཞིབ་མོར་ནི། །བསམ་པ་འདི་ཡང་སྨྲ་བར་བྱ།། །།

༄ ན་མོ་བུདྡྷ་ཡ། ཆོས་ཀྱི་འབེལ་གཏམ་ཡིད་འོང་བསིལ་ཟེར་ཅན། །འཕྲོས་དོན་སྐར་མའི་ཚོགས་དང་ལྡན་ཅིག་པ། །ཐུབ་བསྟན་མཚན་མོར་གྱུར་པའི་དུས་སུ་ཡང་། །ཉེ་བར་སྦྲོས་པས་དགའ་བ་མང་ཐོབ་བྱ། །མང་དུ་གསན་ནས་སྨྲ་བ་ལ་རྩེ་གཅིག་ཏུ་གཞོལ་བ་མུས་རབ་འབྱམས་པས། གསེར་གྱི་ཐུར་མ་ལས་བརྩམས་པའི་འབེལ་གཏམ་གྱི་མཆེད་ཤོག་གསེར་མདོག་ཅན་གྱི་ཆོས་གྲྭར་སྤྲིངས་པའི་ནང་ན། སྡོམ་པ་གཟུགས་ཅན་ཡིན་པའི་ཕྱིར། །ཞེས་པའི་ངག་དོན་ལ་མཚུངས་པ་མང་དུ་མཛད་འདུག་པ་དེ་དག་ནི་མཐའ་ཆོད་པའི་རྒོལ་བ་མ་ཡིན་ཏེ། འདི་ལྟར་རྗེ་བཙུན་ཆོས་ཀྱི་རྗེས། རྒོལ་བ་གཞན་ལ་སོར་སྡོམ་ཆོས་ཅན་དུ་བཟུང་ནས། ཚེ་འཕོས་པས་གཏོང་བའི་ཤེས་བྱེད་དུ་རིག་མིན་གྱི་གཟུགས་བཀོད་པ་འདི། ཕྱོགས་ཆོས་རྒོལ་བ་རང་གི་ཚད་མས་མ་གྲུབ་པའི་ཕྱིར་གཏན་ཚིགས་ཡང་དག་ཏུ་མི་རུང་། རྟགས་ཆོས་གཉིས་ཀ་བྱེ་སྨྲའི་ལུགས་གཞིར་འཛིན་ན་གྲུབ་ཟིན་སྒྲུབ་པར་སོང་བས་ན་ངག་དོན་ཐལ་འགྱུར་དུ་བྱས་ན་ལེགས་སོ་བྱས་པ་ལ། བསྒྲུབ་བྱ་སྒྲུབ་པའི་གཏན་ཚིགས་ཐམས་ཅད་ལ་དེ་ལྟར་མཚུངས་པའི་གོ་སྐབས་ཡོད་པ་མ་ཡིན་ཏེ། ཚུལ་གསུམ་སྐབས་ཀྱི་རྒོལ་བའི་ཚད་མས་གྲུབ་པའི་ཕྱིར་རོ། །ཡང་མཆེད་ཤོག་དེའི་ནང་ན། མདོ་སྡེ་པ་རྣམས་དུད་འགྲོ་སོགས། །ཞེས་པ་འདི་སྒྲ་ཇི་བཞིན་པ་ཉིད་ཀྱིས་ཆོག་སྟེ། མདོ་དེ་སྒྲ་ཇི་བཞིན་པར་ཁས་ལེན་པའི་གྲུབ་མཐའ་སྨྲ་བ་བཞི་ག་སྲིད་པའི་ཕྱིར། ཞེས་པ་འདི་ཡང་དེ་ལྟ་མ་ཡིན་ཏེ། དུད་འགྲོ་སོ་ཐར་སྡོམ་པའི་རྟེན་དུ་འདོད་པ་ནི་སྤྱིར་སངས་རྒྱས་པ་ལ་མེད། བྱེ་བྲག་ཏུ་བསྟན་བཅོས་མཛད་པ་འདིས་ཀྱང་དེ་ལྟར་དུ་བཀྲལ་བའི་དམིགས་བསལ་ཡོད་པ་མ་ཡིན་པའི་ཕྱིར། དེ་སྐད་དུ་ཡང་། སོ་སོར་ཐར་པ་འདུལ་བ་བཞིན། །ཞེས་དང་། ཚིག་ཉན་ཐོས་ལུགས་བཞིན་གྱིས། །ཞེས་བཤད་ནས། གསོ་སྦྱོང་རང་གིས་བླང་བ་དང་། དུད་འགྲོའི་རྟེན་ཅན་གྱི་གསོ་སྦྱོང་ལྟ་བུ་ནི་སྡོམ་པ་མ་ཡིན་པར་བཞེད་དོ། །དེ་བས་ན་གཞུང་གི་འབྲུ་གཉེར་བའི་ཚེ། མདོ་སྡེ་པ་སྟེ་ཐེག་པ་ཆེ་ཆུང་གི་མདོ་སྡེ་རྣམས་ལས་དུད་འགྲོ་སོགས་ཞེས་སྨྲར་ན་ལེགས་པར་མངོན་ནོ། །

སྤྱིར་མདོ་སྡེ་པ་ལ་བཤད་ཚུལ་གཉིས་ཏེ། ཀུན་ལ་གྲགས་པ་ཉན་ཐོས་སྡེ་པ་ཉིད་དང་། བྱང་ཆུབ་བཟང་པོ།

མཚོ་སྐྱེས་ཞབས། ལྷན་ཅིག་སྐྱེས་པའི་རྡོ་རྗེ་རྣམས་ཀྱིས་མདོ་སྡེ་པ་ཐེག་པ་ཆེན་པོའི་གྲུབ་མཐའ་སྨྲ་བར་བཤད་པ་ལ་ཡང་བསམས་ནས། ཉན་ཐོས་སྡེ་པ་ཡོད་དམ་ཅི། །ཞེས་དྲིས་ལ། དེ་ཡང་ཉན་ཐོས་མདོ་སྡེ་པས་ནི་མངོན་པའི་སྡེ་སྣོད་ནི་བཀའ་ཡིན་པ་ལྟ་ཅི་སྨོས། དགྲ་བཅོམ་པས་མཛད་པ་ཡང་མ་ཡིན་པས་འཁྲུལ་པའི་ཕྱིར་ཚད་མར་མི་རྩི་ལ། འདུལ་བ་དང་ཉན་ཐོས་ཀྱི་མདོ་སྡེ་ནི་སྒྲ་ཇི་བཞིན་པ་ཉིད་དུ་ཁས་ལེན་ནོ། །ཞེས་པ་ནི་ཐེག་པ་ཆུང་ངུའི་བསྟན་བཅོས་སྨྲ་བ་རྣམས་ཀྱི་བཟད་ཆད་དོ། །ཐེག་པ་ཆེན་པོའི་སློབ་དཔོན་ཐོགས་མེད་ཀྱིས་ཀྱང་འདུལ་བ་བསྡུས་པ་ན་སོ་ཐར་སྡོམ་པའི་རྟེན་སོགས་ཐུན་མོང་གི་འདུལ་བ་ལས་གཞན་དུ་མི་འཆད་དོ། །ཡང་ཉིད་ཀྱི་མཆིད་ཤོག་ན། མདོ་སྡེ་པའི་ལུགས་ལ་བསྙེན་གནས་ཞག་གྲངས་དུ་མར་སྐྱེ་བའི་ལུང་རིགས་ཇི་ལྟ་བུ། ཉིན་མོ་དང་མཚན་མོ་རྒྱུད་པའི་མཐའ་ཅན་གྱི་གསོ་སྦྱོང་གི་ཁུངས་གང་ནས་འབྱུང་ཞེས་པ། རིགས་པ་ནི། མཛོད་འགྲེལ་དུ་ཉིན་ཞག་གཅིག་པའི་སྡོམ་པ་འདི་དབང་པོ་གདུལ་དཀའ་བའམ་ཕྱིན་ཆད་མི་སྐྱེ་བ་ལ་དགོངས་པ་ཡིན་ཞེས་དྲིས་པའི་ལན་དུ། ཇི་སྐད་དུ། དེ་དེ་ལྟར་བཏག་ག་ལ་ནུས། ཕྱིན་ཆད་སྐྱེ་བ་ཡང་རིགས་པ་དང་འགལ་བ་མེད་པའི་ཕྱིར་རོ། །ཞེས་བཤད་ལུང་ནི་ཀུན་ཏུ་རྒྱུ་སེན་རིངས་ཀྱིས་ཞུས་པའི་མདོར་བསྙེན་གནས་ཡན་ལག་བརྒྱད་པ་ཚེ་ཇི་སྲིད་འཚོའི་བར་དུ་ལེན་པའི་ཚོ་ག་གསུངས་པ་དང་། ཐུབ་པ་དགོངས་རྒྱན་ལས། བསྙེན་གནས་ཡན་ལག་བརྒྱད་པ་ཚེ་ཇི་སྲིད་འཚོའི་བར་དུ་བསྲུང་བ་ནི་གོ་མིའི་དགེ་བསྙེན་ནོ་ཞེས་འཕགས་པ་གནས་བརྟན་པའི་མན་ངག་ལས་འབྱུང་ངོ་། །ཞེས་དང་། བྱམས་པ་ལུང་བསྟན་པ་སོགས་ལས། བཅུ་བཞི་དང་ནི་བཅོ་ལྔ་དང་། །ཟླ་བ་ཡར་གྱི་ཚེས་བརྒྱད་དང་། །ཆོ་འཕྲུལ་གྱི་ནི་ཟླ་བ་ལ། །བསྙེན་གནས་ཡན་ལག་བརྒྱད་བསྲུངས་ན། །ཞེས་གསུངས་པ་དེས་ཀྱང་ཞག་གྲངས་དུ་མར་ལེན་པ་བསྟན་དགོས་ཤིང་། རྗེ་བོ་རྗེའི་ཕྱག་ལེན་ཟླ་བ་བཞུད་ངོ་ཅོག་གི་དུས་བཟང་ལ་བསྲུང་བའི་སེམས་པ་སྐབས་གཅིག་ཏུ་བླངས་པ་འདི། བོད་ཀྱི་མཁས་པ་ལ་ལ་དག་བར་མར་བཞེད་པ་དང་། ལ་ལ་དག་སྡོམ་པར་བཞེད་མོད། དེ་ལྟར་འདོད་པ་དེས་ཀྱང་བསྙེན་གནས་ཞག་གྲངས་དུ་མའི་བར་དུ་སྐྱེ་བ་ཉིད་དུ་ཁས་ལེན་དགོས་སོ། །དེ་ལྟ་ན་ཡང་ཐུན་མོང་གི་འདུལ་བ་དང་ཆོས་མངོན་པའི་ནང་ན་དེ་ལྟར་མི་བཞུགས་པས་མདོ་སྡེ་པའི་ལུགས་ཞེས་བགྲང་བར་བྱ་ལ། དེའི་ཚེ་གཞུང་གི་འབྲུ་གཉེར་བ་ན། མདོ་སྡེ་པ་ཡི་ལུགས་བཞིན་དུ། །ཇི་ཙམ་འདོད་པ་ལེན་ན་ཡང་། །ཞེས་སྨྲར་ན་ནུས་པ་ཐོན་པ་ཡིན་གྱི། བསམ་ཡས་པའི་འཆད་ཚུལ་ཟབ་ཟློས་ནས་བླངས་པ་ཞེས་པ་ལ་ནི་ནུས་པ་མེད་ཅིང་། ཡོད་དུ་ཆུག་ནའང་། དེ་འདྲ་མདོ་སྡེ་པའི་ལུགས་མ་ཡིན་ནོ། །དྲི་བ་གཉིས་པའི་ལུང་ཁུངས་ནི་ཐུབ་པ་དགོངས་རྒྱན་དུ་ཉིན་མོ་དང་མཚན་མོའི་མཐའ་ཅན་གྱི་གསོ་སྦྱོང་མདོ་སྡེ་འགའ་ཞིག་གི་ལུགས་སུ་བཤད་པ་དང་།

འདུལ་བ་ལུང་དུ་དྲི་བཞིན་སྐྱེས་ཀྱི་རྟོགས་བརྗོད་ལས་དེ་ལྟར་བཤད་པ་ནི་ཀུན་ལ་གྲགས་སོ། །དེ་འདྲ་དེ་སོ་ཐར་གྱི་སྡོམ་པར་ནི་མི་འཆད་དེ། བསྐལ་བཟང་ལས། རྒྱལ་བ་ཕན་བཞེད་གྲོང་དཔོན་གྱུར་པའི་ཚེ། །དེ་བཞིན་གཤེགས་པ་བསོད་ནམས་འོད་དེ་ལ། ཉིན་གཅིག་སྲོག་གཅོད་སྡོམ་པ་བླངས་ནས་ཀྱང་། དང་པོ་བྱང་ཆུབ་ཏུ་ནི་སེམས་བསྐྱེད་དོ། །ཞེས་པ་ལ། ཆོས་ཀྱི་རྗེས། ལུགས་དེ་སོ་སོར་ཐར་པ་མིན། །ཞེས་སོ། །ཡང་ཉིད་ཀྱི་མཆིད་ཤོག་ན། དགེ་སློང་གིས་དོན་ཞགས་ལུགས་ཀྱི་གསོ་སྦྱོང་བླངས་པ་ན་སེམས་བསྐྱེད་ཀྱི་སྡོམ་པར་འགྱུར་བ་ཡིན་ཞེས་དང་། དེའི་ཚེ་ཉིན་ཞག་གི་གྲངས་ངེས་ཀྱང་མེད་དོ་ཟེར་བ་ལྟ་བུ་ཅིག་སྣང་བ། འདི་བརྟག་པར་བྱ་བ་ལ་གཉིས་ཏེ། རབ་བྱུང་སྡོམ་ལྡན་གྱིས་ཡན་ལག་བརྒྱད་པ་འདི་བླང་དུ་མི་རུང་བ། རུང་དུ་ཆུག་ཀྱང་སྡོམ་པར་མི་འཐད་པའོ། །དང་པོ་ལ་གཉིས་ཏེ། སྒྲུབ་བྱེད་མེད་པ་དང་། གནོད་བྱེད་ཡོད་པའོ། །དང་པོ་ནི། རབ་ཏུ་བྱུང་བས་ཀྱང་བྱ་སྤྱོད་ཀྱི་ཆོ་གའི་སྔོན་དུ་གསོ་སྦྱོང་དང་བསྙེན་གནས་ཀྱི་རྣམ་དབྱེ་མི་འབྱེད་པའམ། ལ་ལ་དག་གིས་འབྱེད་དུ་ཆུག་ཀྱང་། འདི་ངེས་པར་ལེན་པའི་ཕྱག་ལེན་བྱེད་པ་ནི་མི་རུང་སྟེ། དྲི་མེད་དང་སྨན་བླའི་ཆོ་ག་ན། ཞི་བ་འཚོས། ཁྱིམ་པ་ཡིན་ན་བསྙེན་གནས་ཀྱི་ཁྲིམས་བཟུང་། ཞེས་དམིགས་ཀྱིས་བསལ་བའི་ཕྱིར་དང་། དེ་སྡོམ་པར་མི་འདོད་ནའང་བར་མའི་ཚུལ་ཁྲིམས་ལས་གཞན་དུ་མེད་པའི་ཕྱིར། གཉིས་པ་ནི༔ རབ་ཏུ་བྱུང་བས་གསོ་སྦྱོང་འདི་བླང་དུ་རུང་ན་དགེ་བསྙེན་ཀྱང་བླང་དུ་རུང་བ་དང་། དགེ་སློང་གིས་དགེ་ཚུལ་ཀྱང་བླང་དུ་རུང་བར་འགྱུར་ལ། འདོད་ན་དེ་དག་གི་ནི་བསླབ་པ་འབུལ་བའི་ཚེ་གར་བཤད་པས་བསལ་ལོ། །འབུལ་སེམས་མེད་པའི་ཕྱིར་ཏ་ཙང་ཐལ་བར་མི་འགྱུར་རོ། །ཞེ་ན། སང་ཉིན་ཕན་ཆད་ཡན་ལག་བརྒྱད་པོ་འདི་བསྲུང་བའི་བསམ་པ་མེད་པའི་ཕྱིར་དེ་ཕན་ཆད་ཡན་ལག་བརྒྱད་པོ་འདི་མི་བསྲུང་བར་ཁས་ལེན་དགོས་པ་མ་ཡིན་ནམ། ཐེ་བྲག་ཏུ་སླ་བའི་བསྙེན་གནས་ལ་ནི་ཏ་ཙང་ཐལ་བ་མེད་དེ། དགེ་བསྙེན་གྱི་སྡོམ་པ་དང་བསྙེན་གནས་གཉིས་པོ་རིག་མིན་གྱི་གཟུགས་རྫས་ཐ་དད་པ་ཉིད་དུ་འདོད་དགོས་པའི་ཕྱིར། སངས་རྒྱས་དྲིན་ལན་བསབ་པ་ལས། རབ་ཏུ་བྱུང་བས་ཡན་ལག་བརྒྱད་པ་འདི་བླང་བྱ་མ་ཡིན་པ་དང་། དགེ་བསྙེན་གྱིས་ལེན་པའི་ཚེ་ནའང་དགེ་བསྙེན་གྱི་སྡོམ་པ་ལས་ལོགས་ཤིག་ཏུ་བླང་དགོས་པར་བཤད་དོ། །

གཉིས་པ་ནི། དེ་ལྟར་ཐལ་བ་མེད་དེ། འདི་ཐེག་ཆེན་སེམས་བསྐྱེད་ཀྱིས་ཀུན་ནས་བསླང་བའི་ཕྱིར། ཞེ་ན། རབ་ཏུ་བྱུང་བས་ཀུན་སློང་གིས་ཁྱད་པར་དུ་བྱས་པའི་ཡན་ལག་བརྒྱད་ལྡན་ཉིན་ཞག་གཅིག་ཏུ་བླངས་ནས་བསྲུངས་པ་ལ། ཉེས་པ་མེད་ཀྱི་སྟེང་དུ་ཕན་ཡོན་ཆེ་སྲིད་ནའང་། དེ་སེམས་བསྐྱེད་དང་བསྙེན་གནས་ཀྱི་སྡོམ་པ་ནི་གང་དུའང་མི་རུང་སྟེ། སེམས་བསྐྱེད་ཉིན་ཞག་གཅིག་ཏུ་ལེན་པའི་ཆོ་ག་སངས་རྒྱས་ཀྱིས་མ་གསུངས

པའི་ཕྱིར་དང་། སྔགས་ཚིག་ཏུ། སང་ཉི་མ་མ་ཤར་གྱི་བར་དུ་གསོ་སྦྱོང་ངེས་པར་བགྱིའོ། །ཞེས་འབྱུང་བས། སང་གི་ཉི་མ་ཤར་ནས་སེམས་བསྐྱེད་ཀྱི་བསླབ་བྱ་མི་བསྲུང་བའི་བསམ་པ་སྔོན་དུ་གཏོང་ན་ཕན་ཡོན་ལས་ཉེས་དམིགས་ཤིན་ཏུ་ཆེ་སྟེ། བྱང་ཆུབ་མ་ཐོབ་ཀྱི་བར་དུ་བསྲུང་དགོས་ཀྱི་བསླབ་བྱ་དེ་སང་ཉིན་ཕན་ཆད་མི་བསྲུང་བའི་གྲུབ་མཐའ་དང་དམ་བཅའ་བཞག་པའི་ཕྱིར། དེ་ལྟ་ན་སེམས་བསྐྱེད་ཀྱི་སྡོམ་པར་མི་རུང་ལ། བསྙེན་གནས་ཀྱི་སྡོམ་པར་ཡང་མི་རུང་སྟེ། བསྙེན་གནས་སོ་སོར་ཐར་པའི་ལུགས། །གཙོ་ཆེར་ཉན་ཐོས་གཞུང་ལུགས་ཡིན། །ཞེས་བཤད་པས་ལེན་པའི་ཆོ་ག་འདུལ་མདོན་གང་རུང་དང་མཐུན་དགོས་པ་ལས། འདུལ་བ་ལྟར་ན། ཡུལ་དགེ་སློང་གི་དྲུང་དུ་སྐྱབས་འགྲོ་རྗེས་ཟློས་བྱེད་དུ་བྱུས། དངོས་གཞི་ཁས་ལེན་ལན་གསུམ་པའི་མཐར་སྡོམ་པ་སྐྱེས་པའི་འོག་ཏུ་བསླབ་བརྗོད་ལན་གཅིག་གིས་ཚོག་པ་ཡིན་ལ། རྫོགས་པ་ལས་འབྱུང་བའི་ཆོ་ག་འདི་ལ་ནི་མཚན་ཉིད་དེ་དག་གང་ཡང་མེད་པའི་ཕྱིར་དང་། མདོན་པ་ལས་ཀྱང་། གཞན་ལའང་བསྙེན་གནས་ཡོད་མོད་ཀྱི། །སྐྱབས་སུ་མ་སོང་བ་ལ་མེད། །ཅེས་དང་། མི་རྒྱན་ནམ་ནི་ལངས་བར་དུ། །ནང་པར་གཞན་ལས་ནོད་པར་བྱ། །ཞེས་བཤད་པས་སོ། །ཡང་ཉིད་ཀྱི་མཆིད་ཤོག་ན། སྨོན་པ་སེམས་བསྐྱེད་རྒྱུད་ལྡན་བྱང་ཆུབ་སེམས་དཔས་སྤང་བྱའི་གྲངས་མང་ཉུང་དང་དུས་རིང་ཐུང་ཇི་ལྟར་ནུས་པ་ཞིག་ཏུ་བསྲུང་བར་ཁས་བླངས་ན་སེམས་བསྐྱེད་ཀྱི་སྡོམ་པར་འཇོག་ནུས་པ་དང་། དེར་མ་ཟད་སེམས་བསྐྱེད་སྡོམ་ལྡན་གྱི་རྒྱུད་ལ་སྡོམ་པ་གང་སྐྱེས་ཐམས་ཅད་བྱང་ཆུབ་སེམས་དཔའི་སྡོམ་པར་འཇོག་དགོས་གསུང་པ་ལྟ་བུ་ཅིག་སྣང་ངོ། །འདི་བརྟག་པ་ལ། གཉིས་ཏེ། དམ་བཅའ་དང་པོ་ལ་ཙུང་ཟད་བརྟག་དགོས་པ་དང་། གཉིས་པ་དེ་ཆེས་ཤིན་ཏུ་བརྟག་དགོས་པའོ། །དང་པོ་ནི། རྒྱལ་པོ་དང་བཤན་པ་ལྟ་བུ་སྡོམ་མིན་ཅན་གྱིས་ཀྱང་སྨོན་པའི་སེམས་བསྐྱེད་ན་བྱང་ཆུབ་སེམས་དཔའི་སྡོམ་པར་འགྱུར་བ་དང་། དེའི་སྤང་བྱའི་གཙོ་བོ་ཡང་བསྲུང་ནུས་པ་དང་། དེས་འཇུག་སྡོམ་ལེན་པ་དང་བསྲུང་བ་དཀའ་ཡང་། མི་དགེ་བ་སྣ་རེ་ཙམ་གང་ཡང་སྤངས་ནུས་པ་དེ་བསྲུངས་ན༑ དེ་འཇུག་པའི་ཚུལ་ཁྲིམས་སུ་འགྱུར་བ་ཞིག་བཤད་ཅིང་། དེ་ཉིད་ཇི་སྐད་དུ། གལ་ཏེ་སེམས་ཅན་ཐམས་ཅད་ལ། །སངས་རྒྱས་ས་བོན་འཇོག་འདོད་ན། །ཚིག་འཁྲུལ་པ་མེད་པ་ཡི། །དབུ་མ་པ་ཡི་ལུགས་བཞིན་གྱིས། །ཞེས་གསུངས་པ་དེ་ཉིད་ཡིན་མོད། དེའི་ཚེ་ཉེས་བྱས་སྣ་རེ་སྤོང་བའི་སེམས་པ་དེ་སྡོམ་པ་ནི་མ་ཡིན་ཏེ༑ སྨོན་འཇུག་གང་གི་ཡང་སྡོམ་པར་མི་རུང་བའི་ཕྱིར། དུས་ཀྱི་ཁྱད་པར་ཉི་ཚེ་བ་ཙམ་དུ་ཟད་པ་དང་། ཡན་ལག་ངེས་པ་ཅན་དུ་སོང་བའི་ཕྱིར། དེའི་ཤེས་བྱེད་ཀྱང་། སྨོན་པ་ནི་བྱང་ཆུབ་བར་དུ་ཁས་ལེན་དགོས་པའི་ཕྱིར་དང་། ཉེས་སྤྱོད་སྡོམ་པའི་ཚུལ་ཁྲིམས་སུ་འཇོག་པ་ལ་ནི་ཡན་ལག་ངེས་པ་སོགས་ལྔ་དང་བྲལ་དགོས

པའི་ཕྱིར། དཔེར་ན་རབ་ཏུ་བྱུང་བའི་སྡོམ་པ་བཞིན་ནོ། །འོ་ན་སྔ་གཅིག་སྤྱོད་པའི་དགེ་བསྙེན་དང་བསྙེན་གནས་སོགས་རྫོགས་པའི་བྱང་ཆུབ་ཀྱི་ལམ་དུ་འགྱུར་བ་མི་སྲིད་དམ་སྙམ་ན། བྱང་ཆུབ་ཀྱི་སྤྱོད་པ་དང་དེའི་སྡོམ་པ་གཅིག་ཏུ་འབྲུལ་བར་མི་བྱ་བ་ནི་དེ་མ་ཐག་ཏུ་འབྱུང་ངོ་། །

གཉིས་པ་ལ་གཉིས་ཏེ། སྒྲུབ་བྱེད་མེད་པ་དང་། གནོད་བྱེད་ཡོད་པའོ། །དང་པོ་ནི། སྤྱིར་སྡོམ་པ་གསུམ་ལྡན་གྱི་གསུམ་པོའི་གནས་ཚུལ་འཆད་པ་ན། བོད་སྔ་མ་ལ་གྲགས་པ་ནི། ཟིལ་གནོན་དང་། གནས་གྱུར་དང་། ཕྱི་མས་སྔ་མའི་གཏོང་རྒྱུ་བྱེད་པ་ཞེས་བྱ་བ་གསུམ་ལས་གཞན་མ་གྲགས་ལ། སྤྲུལ་ལུང་པས་ས་སྐྱ་པ་ཁུ་དབོན་གྱི་བཞེད་པ་གཅིག་ཏུ་བསྡུས་པ་ནི་གནས་གྱུར་ཏེ་ངོ་བོ་གཅིག་པ་ཞེས་བཤད། ངོ་བོ་གཅིག་པའི་དོན་བསམ་ཡས་པས་གཙོ་བོ་སེམས་གཅིག་གི་འཁོར་དུ་སེམས་པ་ངོ་བོ་ཐ་དད་པ་གཉིས་བྱུང་ན་རྣམས་མཚུངས་ཀྱི་ཚུལ་ཉམས་པར་འགྱུར་ཞེས་གསུངས། རྣམ་གཞག་འདི་ཙམ་ཞིག་མ་གཏོགས་པ། གསུམ་པོ་གཞི་མཐུན་པའི་ཐ་སྙད་ནི་རྗེ་བླ་མ་ཨུ་ནཱའི་ཞལ་སྔ་ནས་ཡན་ཆོད་དུ་འཆད་པོ་སུ་ཡང་མེད་ལ། དམ་ཚིག་དང་སྡོམ་པའི་ཟིན་བྲིས་དག་ཏུའང་བྲིས་པ་མེད་ལ། རྗེ་མུས་ཆེན་པོའི་གསུང་ཡིན་ཟེར་ན། དེས་མཛད་པའི་གསུང་དཔང་པོར་ཡོད་ན་གྲུས་པས་བླང་བར་བགྱིའོ། །གལ་ཏེ། ཇི་སྐད་དུ། རིགས་ཅན་གསུམ་གྱི་སྡོམ་པ་ཡང་། །དཀྱིལ་འཁོར་ཆེན་པོ་འདིར་ཞུགས་ན། །རིག་པ་འཛིན་པ་ཞེས་བྱའོ། །ཞེས་པ་ནི་ལུང་གི་སྒྲུབ་བྱེད་ཡིན་ཞིང་། གཞི་མཐུན་མེད་ན་ངོ་བོ་ཐ་དད་པར་འགྱུར་ལ། དེ་ལྟ་ན་ཟིལ་གནོན་དང་གཏོང་རྒྱུར་འདོད་པའི་ལུགས་གང་རུང་ལས་མ་འདས་པར་ཐལ་ལོ་སྙམ་པ་ནི་རིགས་པའི་སྒྲུབ་བྱེད་དོ། །ཞི་ན། ལུང་དེས་ནི་སྡོམ་གསུམ་གཞི་མཐུན་སྲིད་པར་འཆད་ནུས་པ་མ་ཡིན་ཏེ། གཞན་དུ་ན་རིགས་ཅན་གསུམ་པོས་དཀྱིལ་འཁོར་ཆེན་པོ་གཅིག་ཏུ་ཞུགས་པའི་ཚེ་རིགས་ཅན་གསུམ་གྱི་གཞི་མཐུན་སྲིད་པར་འགྱུར་ལ་དེ་ལྟ་ན་ནི་ལུང་དེས་གང་བཀག་པ་དེ་ཉིད་དུ་སོང་བ་ཡིན་ཏེ། ལུང་གི་དོན་ནི། གསུམ་པོས་དེར་ཞུགས་པའི་ཚེ་རིག་པ་འཛིན་པའི་རིགས་གཅིག་ཉིད་ལས་གཞན་མེད་པར་སྟོན་རྒྱུ་ཡིན་པས་སོ། །གཞན་དུ་ན་གསེར་འགྱུར་གྱི་དཔེ་དེ་ཡང་ཕྱིན་ཅི་ལོག་ཏུ་འགྱུར་རོ། །ངོ་བོ་གཅིག་ལ་གཞི་མཐུན་པས་ཁྱབ་པ་ནི་ཧ་ཅང་ཐལ་ཏེ་གོ་བར་སླའོ། །

ཡང་གནས་གྱུར་ན་གཞི་མཐུན་དགོས་པ་ཡིན་ནོ་ཞེ་ན། གནས་གྱུར་པའི་གོ་བ་ནི། གནས་སམ་གཞི་དེའི་ངོ་བོ་རྫས་གཞན་དུ་མ་སོང་བར། གཞི་དེའི་སྟེང་གི་ཉེས་པའི་ཆ་གཞན་དུ་གྱུར་པ་ལ་འཆད་རྒྱུ་ཡིན་ཏེ། དཔེར་ན་སྣྲང་གཞི་སྦྱོང་བའི་རྣམ་གཞག་བཞིན་ནོ། །གཞན་དུ་ན་དཔེའི་སྐབས་སུ་ཡང་ལྕགས་དང་ཟངས་གསེར་དུ་ཐལ་བ་སོགས་འཇུག་གོ། །འོ་ན་ཁྱེད་ཀྱང་སྡོམ་པ་ཕྱི་མ་དག་སྔ་མའི་གཏོང་རྒྱུར་ཁས་ལེན་པ་ཡིན་ནམ་ཞེ

ན༑ སྡོམ་པ་ཡར་ལྡན་དུ་ཡོད་པའི་ཕྱིར་ན་གཏོང་རྒྱུར་འདོད་པའི་གོ་སྐབས་ཅི་ཡོད། དེ་ཡང་དཔེར་ན་དམན་པའི་རིས་འབྱུང་གིས་ཟིན་པའི་དགེ་སློང་དེས་ཕར་ཕྱིན་ཐེག་པའི་ལུགས་ཀྱི་སྨོན་འཇུག་གི་སྡོམ་པ་ཙམ་ཞིག་བླངས་པའི་ཚེ་ཉན་ཐོས་བྱང་ཆུབ་སེམས་དཔར་གནས་གྱུར་པ་དང་། དགེ་སློང་གིས་རྒྱུའི་ཀུན་སློང་དམན་པའི་ཡིད་ཀྱི་ཆ་མེད་པར་སོང་ནས། གཞན་དོན་དུ་སངས་རྒྱས་ཐོབ་འདོད་ཀྱི་བསམ་པས་དགེ་སློང་གི་སྡོམ་པ་དེའི་དུས་ཀྱི་ཀུན་སློང་བྱེད་བཞིན་པར་སོང་བས་ན། དེའི་ཚེ་ཉན་ཐོས་ཀྱི་སོ་ཐར་བྱང་ཆུབ་སེམས་དཔའི་སོ་ཐར་དུ་གནས་གྱུར་པ་ཞེས་བྱ། དེའི་ཚེ་སྤོང་བ་བདུན་འཁོར་དང་བཅས་པའི་ཚུལ་ཁྲིམས་ཀྱི་ངོ་བོར་གྱུར་པའི་སེམས་བྱུང་སེམས་པ་ནི་སྔོན་ཉན་ཐོས་ཀྱི་དུས་སུ་བླངས་པ་དེ་ཉིད་ལས་རྫས་གཞན་གསར་དུ་སྐྱེ་དགོས་པ་མ་ཡིན་པས་ན་ངོ་བོ་གཅིག་པ་ཞེས་བྱ་སྟེ། དཔེར་ན་ལྕགས་ལ་གསེར་འགྱུར་གྱི་རྩི་བཏབ་པ་བཞིན་ནོ། །

འོ་ན་ཉན་ཐོས་ཀྱིས་འཇུག་པ་སེམས་བསྐྱེད་བླངས་པའི་ཚེ། བྱང་ཆུབ་སེམས་དཔའི་འདུལ་བ་ལས་འབྱུང་བའི་སོ་སོར་ཐར་པའི་སྡོམ་པ་ཞེས་བྱ་བ་དེའི་སྐྱེ་བ་དང་གནས་པའི་ཚུལ་ཇི་ལྟ་བུ་ཞེ་ན། འཇུག་པའི་སྡོམ་པ་ནི་ངོ་བོ་གཅིག་ལ་ལྡོག་པས་ཕྱེ་བ་གསུམ་སྟེ། ཉེས་སྤྱོད་སྡོམ་པའི་དང་། དགེ་བ་ཆོས་བསྡུད་ཀྱི་དང་། སེམས་ཅན་དོན་བྱེད་ཀྱི་ཚུལ་ཁྲིམས་སོ། །དང་པོས་བསྡམ་པར་བྱ་རྒྱུའི་ཉེས་སྤྱོད་ནི། ལུས་ངག་གི་བདུན་དང་། ཡིད་ཀྱི་གསུམ་ལས། གཙོ་བོ་ནི་ཡིད་ཀྱི་ཉེས་པ་ཁོ་ན་སྟེ། བྱང་ཆུབ་སེམས་དཔའི་སོ་ཐར་ལ་སྤང་གཉེན་གཉིས་ཀ་ཡང་ཡིད་གཙོ་བོར་གྱུར་པའི་ཕྱིར། དེ་བས་ན་དགེ་བ་ཆོས་བསྡུད་སོགས་ཕྱི་མ་གཉིས་དང་ཡིད་ཀྱི་ཉེས་པ་སྤོང་བའི་སོ་ཐར་ནི་འཇུག་སྡོམ་གྱི་ཚེ་གསར་དུ་བླངས་པས་འཐོབ་པ་ཡིན་ལ། ལུས་ངག་གི་སྤང་བྱ་བདུན་སྤོང་བའི་ཆ་ནི་སྔོན་ཉན་ཐོས་ཀྱི་དུས་སུ་བླངས་པའི་སྤང་བྱ་བདུན་སྤོང་གི་སེམས་པ་དང་རྫས་གཅིག་ཏུ་སྐྱེ་བ་ཡིན་ཡང་ལྡོག་པས་སོ་སོར་འབྱེད་དགོས་ཏེ། རྒྱུའི་ཀུན་སློང་དང་དུས་ཀྱི་ཁྱད་པར་མི་འདྲ་བའི་ཕྱིར། དེ་སྐད་དུ། ཐེག་ཆེན་སོ་སོར་ཐར་ཡིན་ཡང་། །དགེ་སློང་ལ་སོགས་སྡོམ་པ་ཡི། །ལྡོག་པ་ཞེས་གསུངས་སོ། །དེ་ལྟར་ན་ཡིད་ཀྱི་ཉེས་པ་གསུམ་སྤོང་བའི་ཚུལ་ཁྲིམས་སོགས་གསུམ་པོའི་ལྡན་ཚུལ་ལོགས་སུ་དཔྱད་མི་དགོས་ཏེ། ཉན་ཐོས་ཀྱི་སོ་ཐར་དང་ལྡན་ཚུལ་དཔྱད་དགོས་ཀྱི་དོགས་པ་ཤས་ཆུང་བའི་ཕྱིར། དཔེར་ན་བསམ་གཏན་དང་ཟག་མེད་ཀྱི་སྡོམ་པའི་ངོ་བོར་གྱུར་པའི་སྤོང་བ་བདུན་པོ་དང་འདྲའོ། །དེའི་ཕྱིར་ལ་ལ་དག་སྡོམ་གསུམ་གྱི་ལྡན་ཚུལ་འཆད་པ་ན་སོ་ཐར་རིགས་བདུན་ལོགས་སུ་འབོར་བ་དེས་ནི་དཀའ་གནས་ཀྱི་རྩ་བ་མ་ཆོད་ཅིང་འཁྲུལ་སྤོང་དང་འགལ་ལོ། །དེ་བཞིན་དུ་ཕར་ཕྱིན་རྒྱུད་པའི་བྱང་ཆུབ་སེམས་དཔའ་དེས་གསང་སྔགས་བླ་མེད་ཀྱི་དབང་རྫོགས་པར་ཐོབ་པའི་ཚེ། ཐེག་པ་སྔ་མ་གཉིས་ཀྱི་དུས་སུ་ཐོབ་པའི་སྡོམ་པ་དང་

རིགས་འདྲ་བ་རྣམས་ནི་སྔར་གྱི་རྒྱུན་དེ་དང་ངོ་བོ་གཅིག་ཏུ་སྐྱེ་བ་ཡིན་ཏེ། ཐེག་པ་གསུམ་ཀའི་ཉེས་སྤྱོད་སྡོམ་པའི་ཚུལ་ཁྲིམས་དག་བཞིན་ནོ། །ལྡོག་པས་འབྱེད་དགོས་པ་ནི་སྔ་མ་དང་འདྲ་ལ། ཕྱིས་སྔགས་ཀྱི་ཚེ་གསར་དུ་ཐོབ་པ་རྣམས་ལ་སྔོན་གྱི་དེ་དང་ལྡན་ཚུལ་ཇི་ལྟར་ཡིན་ཞེས་དཔྱད་མི་དགོས་ཏེ། དོགས་པའི་གནས་མེད་པའི་ཕྱིར་དང་། ཡོད་དུ་ཆུག་ཀྱང་ཟིལ་གནོན་དང་གནས་འགྱུར་ལྟ་བུ་གང་གིས་ཀྱང་ལན་མི་ཐེབས་པའི་ཕྱིར། གཉིས་པ་གནོད་བྱེད་ཡོད་པ་ནི། བྱང་ཆུབ་སེམས་དཔའི་རྒྱུད་ཀྱི་དགེ་སློང་གི་སྡོམ་པ་དེ་བྱང་སེམས་དང་སྔགས་ཀྱི་སྡོམ་པར་ཁས་ལེན་ནུས་ན་སེམས་བསྐྱེད་སྡོམ་པའི་འཐོབ་རྒྱུ་ལས་བྱུང་བ་དང་། སྔགས་ཀྱི་དབང་བསྐུར་ལས་བྱུང་བར་ཐལ་བ་དང་། བྱང་ཆུབ་ཀྱི་བར་དུ་ཁས་བླངས་པར་ཐལ་བ་དང་། སློན་པ་བྱང་ཆུབ་ཀྱི་སེམས་བཏང་བ་དང་། སྔགས་ཀྱི་ཐུན་མོང་མ་ཡིན་པའི་རྩ་བའི་ལྟུང་བ་དག་གིས་ཀྱང་གཏོང་ནུས་པར་ཐལ་བ་སོགས་སུ་མ་ཟད། ཅིག་ཤོས་གཉིས་པོ་ཡང་སོ་ཐར་སྡོམ་པའི་འཐོབ་རྒྱུ་ལས་བྱུང་བར་ཐལ་བ་དང་། ཇི་སྲིད་འཚོའི་བར་དུ་ཁས་བླངས་པར་ཐལ་བ་དང་། ཕམ་པ་འཆབ་བཅས་ཀྱིས་གསོར་མི་རུང་དུ་བྱེད་ནུས་པར་ཐལ་བ་སོགས་མཐའ་ཡས་སོ། །

གལ་ཏེ་འོ་ན་སྡོམ་པ་གསུམ་ལྡན་གྱི་རྒྱུད་ལ་ལུས་ངག་གི་སྤོང་བ་བདུན་པོ་ངོ་བོ་གཅིག་ཏུ་ཡོད་ན་གཞན་ལ་བརྗོད་པའི་ཉེས་པ་རྣམས་མཚུངས་པ་དང་། ཇི་སྐད་དུ། གཞན་གྱི་དོན་གྱི་སེམས་བསྟན་པས། །ཕམ་པ་བཞི་པོ་སྤྱད་ན་ཡང་། །བྱང་ཆུབ་སེམས་དཔའི་དགེ་ཆེན་ཏེ། །ཉན་ཐོས་ཀྱི་ནི་སྡིག་ཆེན་ཡིན། །ཞེས་སོགས་དང་འགལ་བ་མ་ཡིན་ནམ་སྙམ་ན། ཉེས་པ་སྔ་མ་རྣམས་ནི་མི་མཚུངས་ཏེ། རྒྱུའི་ཀུན་སློང་གི་དུས་སུ་ཁས་བླངས་པའི་སྤང་བྱའི་གྲངས་དང་། དེ་ལ་ལྟོས་པའི་སྡོམ་པ་ཇི་ཙམ་ཞིག་བླངས་པ་དང་། དུས་ཇི་ཙམ་གྱི་བར་དུ་བླངས་པ་སོགས་མི་འདྲ་བའི་རྒྱུ་མཚན་གྱིས་ན་སྡོམ་པ་གསུམ་པོ་གཞི་མཐུན་པར་ཁས་མི་ལེན་པའི་ཕྱིར། ངོ་བོ་གཅིག་པས་དེར་ཁས་ལེན་དགོས་ན་ཏ་ཙང་ཐལ་ཏེ། གང་ཟག་པ་ཕྱི་མ་དག་བདེན་གཉིས་ངོ་བོ་གཅིག་པ་དང་། ལམ་འབྲས་པ་ཕྱི་མ་རྣམས་འཁོར་འདས་ངོ་བོ་གཅིག་ཏུ་འདོད་པ་བཞིན་ནོ། །འོ་ན་ཁྱེད་ཀྱིས། དགེ་སློང་གིས་སྲོག་གཅོད་སྤོང་བའི་སེམས་པ་དང་། བྱང་སེམས་སྡོམ་པའི་སློན་པའི་སྡོམ་པ་དང་། སྔགས་ཀྱི་ཐུན་མོང་མ་ཡིན་པའི་སྡོམ་པ་འགའ་ཞིག་བསྲུང་བའི་སེམས་བྱུང་སེམས་པ་རྣམས་ཁྱོད་ཀྱིས་རྫས་ཐ་དད་དུ་ཁས་བླངས་པས་རྗེ་བཙུན་ས་སྐྱ་པའི་ལུགས་ལས་ཉམས་སོ། །ཞེ་ན། རྗེ་བཙུན་གྱིས་ནི་ལུས་ངག་གི་སྤང་བྱ་བདུན་སྤོང་གི་ཚུལ་ཁྲིམས་གནས་འགྱུར་དུ་བཤད་ཀྱི། ཡིད་ཀྱི་སྤང་བྱ་གསུམ་སྤོང་གི་ཚུལ་ཁྲིམས་སྔགས་ཀྱི་ཐུན་མོང་མ་ཡིན་པའི་ཚུལ་ཁྲིམས་སུ་གནས་འགྱུར་ནས་ངོ་བོ་གཅིག་པའི་བཤད་པ་ནི་ཡེ་མཛད་པ་མེད་ལ།

དེ་ལྟ་ན་ཡང་གཙོ་བོ་སེམས་གཅིག་གི་འཁོར་དུ་བྱུང་བའི་སྡོམ་པ་གསུམ་གྱི་སེམས་པ་གསུམ་པོ་ངོ་བོ་གཅིག་ཏུ་ཁས་བླངས་པ་ལ་ཉེས་པ་ཡོད་མེད་ཆོས་མངོན་པ་གོང་མ་ལས་དཔྱད་པར་བྱའོ། །གོང་གི་ཉེས་པ་གཉིས་པས་མི་གནོད་པ་ནི། ཁོ་བོ་ཅག་ལྟར་ན་བྱང་ཆུབ་སེམས་དཔའི་དགེ་སློང་གིས་གཞན་དོན་དུ་ཕམ་པ་བཞི་པོ་སྤྱད་ན་དགེ་སློང་གི་སྡོམ་པ་ནི་མ་ཉམས་པར་གྱུར་པ་ཡིན་ཏེ། ཇི་སྐད་དུ། མང་པོ་སྐྱོབ་ཕྱིར་བསད་པ་སོགས། །ཅེས་པའི་སྐབས་ནས་བཤད་པའི་སྲོག་གཅོད་ལ་ནི་ཕམ་པའི་ཡན་ལག་གི་རྒྱུ་བ་རྣམ་པར་གཞག་པ་ཐམས་ཅད་ཚང་དུ་རུང་བའི་ཕྱིར། གསུམ་པོ་གཞི་མཐུན་པར་ཁས་ལེན་པས་ནི། གཞན་གྱི་དོན་གྱི་སེམས་བརྟན་པས། །ཞེས་སོགས་ཀྱི་ལུང་དོན་འཆད་པར་མི་ནུས་སོ། །དེ་དང་འདྲ་བར་ཨ་ཧོ་ཤས་ཀྱང་། དང་པོའི་སངས་རྒྱས་རྒྱུད་ཆེན་ལས། །རབ་ཏུ་འབད་པས་བཀག་པའི་ཕྱིར། །གསང་བ་ཤེས་རབ་དབང་བསྐུར་ནི། །ཚངས་པར་སྤྱོད་པས་བླང་མི་བྱ། །ཞེས་བཤད་དོ། །

དེ་ལྟ་ན་ཡང་དགེ་སློང་གིས་བྱང་ཆུབ་སེམས་དཔའི་སྤྱོད་པ་རླབས་ཆེན་སྤྱོད་པ་དང་། བྱང་ཆུབ་སེམས་དཔས་ཀྱང་ཚེ་འདི་ཉིད་ལ་རྡོ་རྗེ་སེམས་དཔའི་གོ་འཕང་མངོན་དུ་མཛད་པའི་དགོས་པ་ཡོད་ན་ནི། སྡོམ་པ་སྔ་མ་རྣམས་བཏང་སྐོམས་སུ་བཞག་ནས་སྡོམ་པའི་ཁྱད་པར་ཐུན་མོང་མ་ཡིན་པ་ཕྱི་མ་རྣམས་དབང་བཙན་པར་བྱེད་དགོས་པ་ཡིན་ཏེ། ཇི་སྐད་དུ། བསླབ་གསུམ་གནང་བཀག་འགལ་བའི་ཚེ། །དགག་བྱ་དང་ནི་དགོས་པ་གཉིས། །གཙོ་བོ་གང་ཆེའི་དབང་དུ་ཐོང་། །ཅེས་སོགས་དེ་ཡང་དགོས་པ་གཙོ་ཆེ་བ་ནི་ཀུན་ལ་གྲགས་མོད། །དགག་བྱ་གཙོ་ཆེ་བ་ཡང་། འདུལ་བའི་བསྟན་པ་འཛམ་བུའི་གླིང་ཐམས་ཅད་དང་ཡུལ་ཕྱོགས་ཉི་ཚེ་བར་ནུབ་ཏུ་ཉེ་བའི་ཚེ། ཡུལ་དེའི་དགེ་སློང་གཅིག་པུ་དེས་ཚེ་དེ་ཉིད་ལ། ཉེ་རྒྱུའི་སྤྱོད་པ་ལ་འཇུག་པའི་རྟོགས་པ་འཁྲུངས་ཀྱང་། གཞན་དོན་དུ་ཕམ་པ་སྤྱད་པར་མི་བྱ་སྟེ། བསྟན་པའི་རྩ་བ་ནུབ་པའི་ཉེས་དམིགས་ཡོད་པའི་ཕྱིར། མདོར་བསྡུས་པ་དེ་ཙམ་མོ། །

ཡང་ཉིད་ཀྱི་མཆིད་ཤོག་ན། མངོན་པ་འོག་མར་འཆི་སེམས་ལུང་མ་བསྟན་མ་བཤད་པའི་རྒྱུ་མཚན་ཅི་ཞེས་དང་། མངོན་པ་འོག་མ་ཡང་ངོ་བོ་ཉིད་ཀྱི་དགེ་བ་དད་སོགས་བཅུ་གཅིག་ལ་བཞེད་པས་གཞུང་འཚོས་མི་དགོས་སོ། །ཅེས་གསུང་བ། དེ་གཉིས་ཀའི་སྐབས་སུ། ཁོ་ན་ཞེས་པའི་རྣམ་དཔྱད་རེ་ཡོད་པ་ལ་མ་བརྟགས་པའི་སྐྱོན་ཡིན་ཏེ། དེ་ཡང་འདི་ལྟར། རྣམ་བཤད་མཛད་པ་བསམ་ཡས་པས། སོ་ཐར་ཤི་འཕོས་པས་གཏོང་བའི་ཤེས་བྱེད་དུ་གཟུགས་ཅན་གྱི་དགེ་བ་འཆི་སེམས་ལུང་མ་བསྟན་གྱིས་གཏོང་བ་ཡིན་ཞེས་བཤད། དེའི་ཚེ་དེ་ལྟར་གཏོང་དུ་རུག་མོད། འཆི་སེམས་དགེ་བའི་ཚེ་གང་གིས་གཏོང་ཞེས་དྲིས་པ་ན། འཆི་སེམས་ལུང་མ

བསྟན་ཁོ་ནར་ངེས་སོ་ཞེས་ཟེར་བ་ལས་འོས་མི་འདུག་པས། གཞན་ནི་རྣམ་གསུམ། ཞེས་པ་དང་མ་མཐུན་ཞེས་འཆད་རྒྱུ་ཡིན་ནོ། །མངོན་པ་གོང་མར་ནི། འཆི་འཕོ་བ་དང་ཉིང་མཚམས་སྦྱོར་བ་གཉིས་ཀ་ཡང་ཀུན་གཞིའི་རྣམ་པར་ཤེས་པ་ཁོ་ནས་བྱེད་པར་ཐེག་བསྡུས་རྩ་འགྲེལ་ལས་བཤད་ལ། དེ་ལྟ་ན་དགེ་སེམས་ཐམས་ཅད་ཤི་འཕོས་པས་གཏོང་བར་འགྱུར་རོ། །དེས་ན་རང་རྒྱུད་ཀྱི་གཏན་ཚིགས་འགོད་པའི་ཚེ། ཤི་ནས་ཁས་བླངས་མེད་པའི་ཕྱིར། །ཤི་བའི་ཚེ་ན་སྡོམ་པ་གཏོང་། །ཞེས་པ་ཉིད་ཀྱིས་ཚོག་གོ །རྒོལ་བ་གཉིས་པའི་ལན་ནི། ཟློག་ཕྱོགས་མི་དགེ་བར་འཆད་པའི་ཚིག་གི་སྡེབ་སྦྱོར་འགྲིག་པའི་ཕྱིར་དུ་བྱས་པ་ཡིན་ཞེས་མཆིམས་ཊཱི་ཀ་པ་རྣམས་གསུངས་མོད། ཉན་ཐོས་པ་རྣམས་ཞེས་པ། མངོན་པ་འོག་མ་ལ་དགོངས་རྩེ་གཏོད་ན། བཅུ་གཅིག་པོ་ན་ཡིན་ཞེས་གསུང་པ་འདི་བཤད་དཀའ་བ་ཡིན་ཏེ། དེར་ནི་དགེ་བའི་ས་མང་པོ་པ་བཅུ་ལས་མི་འཆད་པའི་ཕྱིར་དང་། གཏི་མུག་མེད་པའི་དགེ་བའི་རྩ་བ་སེམས་ཀྱི་ས་མང་པོ་པའི་ནང་གི་བློ་གྲོས་ཞེས་པ་དེའི་ནང་དུ་འདུས་པར་འཆད་པའི་ཕྱིར། དེ་ལས་གཞན་དུ་འོག་མར་ཡང་དགེ་བའི་ས་མང་བཅུ་གཅིག་ཏུ་འཆད་ན་སེམས་གང་གི་འཁོར་དུ་སེམས་བྱུང་དུ་ཞིག་འབྱུང་གི་གྲངས་ངེས་ལ་གནོད་པ་སོགས་འཁྲུལ་བ་མང་པོ་འབྱུང་ངོ་། །དེས་ན་འབྲུ་གཉེར་ཚུལ་བཅོས་པ་དེ་འགྱུར་བཅོས་པ་དང་འདྲ་བར་གཞུང་དཀྲུགས་མའི་ནང་དུ་འཇུག་དགོས་ཟེར་བ་ག་ལ་ཡིན། དེས་ན་ཆོས་ཉམས་མེད་པ་དག་ལ་དེ་འདྲའི་དོགས་པ་ཡུར་རིང་རེ་བ་ཅིག་བྱུང་སྣང་ངོ་། །

འདི་ཕྲན་ཚེགས་ཡིན་ཀྱང་རྣམ་བཤད་མཛད་པ་རྣམས་དཔྱོད་པ་གང་ཡང་མི་འདུག་པར། ས་པཎ་ཉིད་ཀྱིས་གསུངས་པས་ཆོག །ཅེས་གཞུང་ཚུད་གསོན་པ་དག་མང་བར་སྣང་ངོ་། །ཡང་ཉིད་ཀྱི་མཆེད་ཤོག་ན། སོ་ཐར་སྡོམ་པ་དངོས་གཞིའི་དུས་ཀྱི་རིག་བྱེད་རིག་མིན་གྱི་གཟུགས་གཉིས་ཀ་སྡོམ་པ་དེ་ཉིད་ཀྱི་འཐོབ་རྒྱུ་གང་ཡིན་པ་གཅིག་པུ་དེ་ཉིད་ལས་བྱུང་བར་བཤད་འདུག་པ། འདི་ནི་རྣམ་པ་མ་བརྟགས་པ་ཆེན་པོ་ཡིན་ཏེ། བུ་སྟོན་རིན་པོ་ཆེ་ལྟ་བུས་ཀྱང་མ་བརྟགས་ན། གཞན་དག་གིས་ལྟ་ཅི་འཚལ་བའི་ཕྱིར་རོ། །སོར་སྡོམ་གྱི་རིག་བྱེད་མ་ཡིན་པའི་གཟུགས་ནི་འབྱུང་བ་ལས་གྱུར་པ་ཡིན་པའི་ཕྱིར་རང་གི་རྒྱུ་འབྱུང་བ་ལས་སྐྱེ་དགོས་ལ། དེ་ཡང་དགེ་སློང་དེ་ལྟ་བུའི་རྣམ་སྨིན་གྱི་ལུས་ལས་རྫས་ཐ་དད་པ་ཞིག་གསར་དུ་སྐྱེ་དགོས་པ་ཡིན་ཏེ། རྣམ་སྨིན་གྱི་ལུས་ནི་ལུང་མ་བསྟན་དུ་ངེས་པའི་ཕྱིར། འབྱུང་བ་དེ་ཡང་རྒྱུའི་ཀུན་སློང་། །སྔར་བྱ་ལྔ་བརྒྱད་བཅུ་དང་ནི། །ཞེས་བཤད་ཀྱང་། གོ་བདེ་བ་ནི་ལུས་ངག་གི་སྤང་བྱ་སྤོང་བའི་སེམས་པ་ཀུན་སློང་དྲག་པོར་གྱུར་པ་བདུན་གྱིས་ཀུན་ནས་བསླང་བའི་འབྱུང་བ་བཞི་ཚན་རྫས་ཐ་དད་པ་བདུན་སྐྱེ་ལ། དེ་དག་སོ་སོ་དང་ཚོགས་པ་གཅིག་ཏུ་སྲོག་གཅོད་སྤོང་བའི་དང་། མ་བྱིན་ལེན་སྤོང་བ་སོགས་རིག་མིན་གྱི་གཟུགས་རྫས་ཐ་དད་པ་བདུན་ཅིག་ཆར་དུ་

སྐྱེ། རིག་མིན་འདི་ལའང་སྦྱོར་བ་དང་དངོས་གཞིའི་དུས་སུ་སྐྱེ་བ་གཉིས་ཡོད་ཀྱང་། སྡོམ་པའི་ངོ་བོར་གྱུར་པ་ནི་བརྗོད་པ་གསུམ་པའི་མཐར་སྐྱེས་པ་དེའོ། །སོ་སོར་ཐར་པའི་སྡོམ་པ་སྐྱེས་ནས་ཇི་སྲིད་མ་བཏང་གི་བར་དུ་དེའི་རིག་མིན་གྱི་གཟུགས་ད་ལྟར་བ་དང་ནི་རྟག་ཏུ་ལྡན་ཞེས་པ་གཞུང་འགྲེལ་ན་གསལ་ལོ། །རིག་བྱེད་ལ་ནི་སྐྱེ་ཚུལ་དང་གནས་ཚུལ་དེ་ལྟར་མ་ཡིན་ཏེ། ཇི་སྐད་དུ། དང་པོའི་རྣམ་རིག་ཞེས་བཤད་པ་དེ་ལ་ལུས་དང་ངག་གི་དབྱེ་བ་གཉིས་ལས། དང་པོ་ནི། སྡོམ་པ་ལེན་པའི་ཚེ་ལུས་ཀྱི་སྤྱོད་ལམ་འདི་ལྟར་བྱའོ་སྙམ་པའི་སེམས་པ་བདག་པོའི་རྐྱེན་དུ་གྱུར་པ་ལས། རྣམ་སྨིན་གྱི་ལུས་ལས་རྫས་ཐ་དད་དུ། དགེ་བར་གྱུར་པའི་འབྱུང་བ་བཞི་ཚན་འབྱུང་གྱུར་ལུས་ཀྱི་དབྱིབས་དང་ལྡན་ཅིག་པ་དེ་སྐྱེའོ། །དབྱིབས་དེ་ཡང་རྣམ་སྨིན་གྱི་ལུས་ལས་རྫས་ཐ་དད་དུ་ཡོད་ཀྱང་། དེ་ལྟར་མི་མངོན་པ་ཞིག་སྟེ། མིག་ཤེས་ལ་སྣང་ཚུལ་སྤྱི་གཙུག་ནས་རྐང་མཐིལ་གྱི་བར་ཅོག་བུའི་དབྱིབས་ཅན་དུ་སྣང་བ་ལྟ་བུ་དེའོ། །དཔེར་ན་ནགས་ལ་མེ་ཞུགས་པའི་ཚེ་གཉིས་པོ་རྫས་ཐ་དད་དུ་ཡོད་ཀྱང་མི་མངོན་པ་ལྟ་བུའོ་ཞེས་བྱེ་བྲག་ཏུ་སྨྲ་བས་འཆད་དོ། །

ངག་གི་རིག་བྱེད་ནི། རྒྱུ་འབྱུང་བ་རྫས་གཞན་ལ་མི་ལྟོས་པས་བརྗོད་པ་གསུམ་པོ་སོ་སོའི་ཚེ། དགེ་ཚུལ་དུ་ཞེས་པ་ལྟ་བུའི་ཚིག་དགེ་བའི་ངོ་བོར་སྐྱེས་པ་དེའོ། །འདི་ཡང་སྡོམ་པའི་ངོ་བོར་ཁས་ལེན་པ་ལྟར་ན་བརྗོད་པ་གསུམ་པའི་དུས་ཀྱི་ངག་སྒྲ་རང་མཚན་པ་དེ་དང་ལུས་ཀྱི་དབྱིབས་ཅོག་བུའི་རྣམ་པ་ཅན་དེ་ལས་གཞན་ཕྱིས་གསར་དུ་སྐྱེ་བ་མེད་པས་སོ་སོར་ཐར་པའམ་དེའི་སྡོམ་པ་རིག་བྱེད་ཀྱི་ངོ་བོར་གྱུར་པ་ནི་དུས་གཞན་གྱི་ཚེ་ད་ལྟར་བ་དང་ལྡན་ཞེས་པའི་ཐ་སྙད་མེད་དོ། །དེའི་ཕྱིར་བྱེ་སྨྲའི་བཙན་ཆད་ལ་རིག་བྱེད་མ་ཡིན་པའི་གཟུགས་ནི་རྒྱུའི་ཀུན་སློང་ལ་གཙོ་བོར་ལྟོས་ཤིང་དེ་དབང་ཆེ། རིག་བྱེད་ཀྱི་གཟུགས་ནི་དུས་ཀྱི་ཀུན་སློང་གཙོ་ཆེ་ཞིང་དབང་བཙན་ཞེས་འཆད་དོ། །

དེ་བས་ན་སྡོམ་པ་དངོས་གཞིའི་དུས་ཀྱི་གཟུགས་གཉིས་པོ་རྒྱུ་ཚོགས་གཅིག་ལས་སྐྱེས་པ་ག་ལ་སྲིད། གལ་ཏེ་བསླབ་བྱ་དེས་དགེ་ཚུལ་གྱི་སྡོམ་པ་བླང་བར་བྱ། དེའི་ཆེད་དུ་ལུས་ངག་གི་སྤྱོད་ལམ་འདི་ལྟར་བྱའོ་སྙམ་པའི་བསམ་པ་སྔོན་དུ་གཏོང་དགོས་པ་མ་ཡིན་ནམ་ཞེ་ན། ཡིན་མོད། དེ་ཙམ་གྱིས་ཁོ་བོ་ཅག་གི་འདོད་པ་གྲུབ་པ་ཡིན་ཏེ། བསླབ་བྱའི་རིག་བྱེད། དེའི་སྡོམ་པའི་འཐོབ་རྒྱུར་སོང་བའི་ཕྱིར་དང་། དགེ་ཚུལ་གྱི་སྡོམ་པ་བླང་བར་བྱ་སྙམ་པ་ནི་རིག་མིན་གཟུགས་ཀྱི་རྒྱུ་འབྱུང་བ་བཞི་ཚན་དེའི་འགྲུབ་བྱེད་ཀྱི་རྒྱུ་ཡིན་ལ། དེའི་ཆེད་དུ་སོགས་ཀྱི་བསམ་པ་ནི་རིག་བྱེད་ཀྱི་རྒྱུའི་འགྲུབ་རྒྱུར་སོང་བའི་ཕྱིར། མདོར་ན་སྡོམ་པ་ཡང་དག་པར་བླངས་པའི་ལུས་ཀྱི་རིག་བྱེད་ནི་བརྗོད་པ་གསུམ་ལ་ངེས་པར་མི་ལྟོས་ཏེ། བརྗོད་པ་དང་པོའི་གོང་རོལ་ནས

དབྱིབས་དེ་ལྟར་བྱས་ཟིན་འདུག་པའི་ཕྱིར། དབྱིབས་དེའི་རྒྱུན་སྦྱོར་དངོས་ཐམས་ཅད་ཀྱི་ཚེ་ནར་ཧེ་ཡོད་པ་དེ་ནི་སྐབས་འདིའི་དབྱིབས་སུ་མི་རུང་སྟེ། ཇི་སྐད་དུ། འགྲོ་མིན་གང་ཕྱིར་འདུས་བྱས་ནི། །སྐད་ཅིག་པ་ཡིས་འཇིག་ཕྱིར་རོ། །ཞེས་པའི་ཕྱོགས་སྔ་མ་དེར་སོང་བ་དང་། ཅིག་ཤུ་ལས་ལངས་ཏེ་ཕྱག་འཚལ་བ་ལྟ་བུའི་ཚེ་སྤྱོད་ལམ་སྔ་ན་མ་བཤིག་པར་ཁས་ལེན་ན་ནི་སྡོམ་པ་ཡང་བཤིག་པར་ཐལ་བའི་ཕྱིར། འགྲེལ་པར། སྡོམ་པ་ཡང་དག་པར་བླངས་པའི་ཞེས་འབྱུང་བ་ཡང་། སྦྱོར་བ་སྔོན་དུ་སོང་བའི་དངོས་གཞི་ལ་ཐུགས་རྩེ་གཏོད་པ་ནི་མ་ཡིན་གྱི། སོ་ཐར་ལ་ཡང་དག་པར་བླངས་པ་ལས་བྱུང་བ་དང་། ཆོས་ཉིད་ཀྱིས་ཐོབ་ཞེས་བྱ་བ་གཉིས་ལ་དགོངས་པའོ། །དེ་ལྟར་རྟགས་ཀྱི་ཚུལ་རྒྱས་པར་བསྒྲུབས་ནས། སྦྱོར་བ་ནི། སོ་ཐར་སྡོམ་པ་ཡང་དག་པར་བླངས་པའི་བརྗོད་པ་གསུམ་པའི་དུས་ཀྱི་ལུས་ངག་གི་རིག་བྱེད་ནི་ཆོས་ཅན། རང་དུས་ཀྱི་སོ་ཐར་སྡོམ་པ་དང་རྒྱུ་ཚོགས་གཅིག་ལས་སྐྱེས་པ་མ་ཡིན་ཏེ། ཀུན་སློང་གི་སེམས་པ་རྗེས་ཐ་དད་རྒྱུ་འབྱུང་བ་ལ་གཞི་མཐུན་མི་སྲིད། རང་གི་ངོ་བོ་ཆོས་དང་གཟུགས་ཀྱི་སྐྱེ་མཆེད་སོ་སོར་ངེས་པའི་ཕྱིར། ཞེས་བྱ་བ་འདི་གྲུབ་བོ། །ཡང་ཉིད་ཀྱི་མཆེད་ཤོག་ན།གསེར་གྱི་ཐུར་མར་སྡོམ་པ་ལ་རིག་མིན་གཟུགས་ཀྱིས་ཁྱབ་པའི་ཤེས་བྱེད་དུ། རྣམ་རིག་མིན་རྣམ་གསུམ་ཞེས་བྱ། །ཞེས་དྲངས་པ་དེ་ལ་མ་ངེས་པ་མང་པོ་འཕེན་པ་ལྟ་བུར་སྣང་ལ། ཁོ་བོ་ཅག་ནི་ཁྱབ་པ་དེ་ལྟར་ཁས་མི་ལེན་ཏེ། བྱེ་སྨྲའི་སྐབས་སུའང་ཡིད་དང་དབང་པོའི་སྡོམ་པ་འཆད་པའི་ཕྱིར་དང་། བར་ཆད་མེད་ལམ་སྐྱེས་དེ་གཉིས། །ཞེས་འཆད་པའི་ཕྱིར་དང་། བསམ་གཏན་དང་ཟག་མེད་ཀྱི་སྡོམ་པ་གཉིས་ལའང་ཡིད་ཀྱི་སྤང་བྱ་གསུམ་སྤོང་བའི་སྡོམ་པ་ཁས་ལེན་དགོས་པའི་ཕྱིར། ཇི་སྐད་དུ། གསུམ་ཞེས་བྱ། ཞེས་པ་འདིའི་རྒྱས་བཤད་ན། བསམ་ཟག་གཉིས་དང་བར་མ་ལ་སེམས་པ་དང་རིག་བྱེད་ཀྱི་སྐྱེ་ཚུལ་དང་ལྡན་ཚུལ་གཉིས་ཀ་དངོས་སུ་བཤད། སོ་ཐར་དང་སྡོམ་མིན་གཉིས་ལ་འཐོབ་ཚུལ་འཆད་པ་ན་སེམས་པ་དང་རིག་བྱེད་རྒྱུར་བཤད་ཀྱི། ངོ་བོར་བཤད་པ་གཅིག་ཀྱང་མེད་པ་ལ་བསམས་པའོ། །

འདིར་སྨྲས་པ། སྡོམ་གསུམ་བསྟན་བཅོས་འཆད་པོ་འགའ། །གཞུང་རྩོམ་བྱེད་པོ་མི་བཞེད་པའི། །རིག་བྱེད་འབད་ནས་སྒྲུབ་པ་ནི། །མཁྱེན་ཅན་གཞན་གྱི་ལུགས་ལ་སྣང་། །གཞུང་རྩོམ་བྱེད་པོ་སངས་རྒྱས་ཀྱི། །སྙིང་པོ་དྲང་བའི་དོན་དུ་འཆད། །མཁྱེན་ཅན་གཞན་གྱིས་དེ་སྒྲུབ་པའི། །ལུང་རིགས་བཤད་པ་དེ་ཡང་བཟུང་། །ཅེས་རེ་ཤིག་འཕེལ་བའི་གཏམ་དུ་བྱ་བ་ནི་དེ་ཙམ་མོ།། །།

༈ ན་མོ་བུད་དྷ་ཡཱ། ཡང་གསེར་གྱི་ཐུར་མ་ཞེས་བྱ་བའི་བསྟན་བཅོས་སུ་སངས་རྒྱས་ཀྱི་སྙིང་པོའི་རྣམ་པར་གཞག་པ་མདོ་ཙམ་བཤད་པ་ལ། རྒྱུད་བླ་མའི་བསྟན་བཅོས་རྩ་འགྲེལ་དང་འགལ་བ་ཁོ་ནར་སོང་བ

བཅུ་གསུམ་ཙམ་ཞིག་བརྗོད་པ་འདི་ནི་ཤློག་པར་མི་ནུས་སོ། །ཞེས་གསུང་པ་ལྟ་བུ་ཞིག་སྣང་ངོ་། །འདིར་བརྟག་པར་བྱ་བ་ལ། གཉིས་ཏེ། གློག་པ་བ་དག་གི་འདོད་པ་མདོར་བསྡུས་ཏེ་བརྗོད་པ་དང་། ས་ཧོག་གི་བཞེད་པ་སོ་སོར་ཕྱེ་ནས་ཕྱི་དུས་འདིར་སྲུས་ཀྱང་ལུགས་དེ་དག་གང་ཡང་མ་བཟུང་བར་བསྟན་པའོ། །དང་པོ་ནི། གསེར་གྱི་ཐུར་མར་སེམས་ཅན་ཐམས་ཅད་སངས་རྒྱས་ཀྱི་སྙིང་པོ་ཅན་དུ་མི་འཆད་པ་དེ་ནི་ཁོ་བོ་ཅག་གྲུབ་པའི་མཐའ་རྩོམ་པར་འདོད་པ་མ་ཡིན་གྱི། རྒྱུ་མཚན་དང་དགོས་པ་ཅིའི་སླད་དུ་ཞེ་ན། ཆོས་ཀྱི་རྗེ་པཎྜི་ཏས་ཆོས་ལོག་སུན་འབྱིན་གྱི་བསྟན་བཅོས་ཆེན་པོ་བཞི་མཛད་པའི་ནང་གི་བརྗོད་པར་བྱ་བ་མང་བ་དང་། བརྒྱལ་ལན་གྱིས་གཏན་ལ་མ་ཕབ་ན་གཞན་དག་གི་འདོད་པ་དང་འདྲེས་པར་དོགས་པའི་རྒྱུ་མཚན་གྱིས་སོ། །ལུགས་དེ་དང་མཐུན་པར་ཞལ་གྱིས་བཞེས་པའི་རྩོད་བྲལ་གྱི་ཆེན་པོ་གཞན་ཡང་ཇི་ལྟར་ཡོད་པ་ནི། བུ་སྟོན་རིན་པོ་ཆེས་སྙིང་པོའི་མཛེས་རྒྱན་ཞེས་བྱ་བའི་བསྟན་བཅོས་མཛད་ནས། འཁོར་ལོ་གསུམ་པར་སྙིང་པོ་བསྟན་པའི་མདོ་རྣམས་མདོ་གཞན་གྱིས་དགོངས་པ་ཅན་དུ་ཇི་ལྟར་བཀྲལ་བའི་ཚུལ་རྣམས་རྒྱས་པར་བཤད་ལ། རྗེ་བཙུན་རེད་མདའ་བ་ཡང་དེ་དང་མཐུན་ནོ། །རྗེ་རིན་པོ་ཆེ་གཡག་པ་དང་ལོ་ཙཱ་བ་སྐྱབས་མཆོག་དང་རྒྱལ་རོང་པ་ཆེན་པོ་རྣམས་ནི་ས་སྐྱ་པའི་བཞེད་པ་ སྔ་མ་ལྟར་ཡིན་ཀྱང་། གློག་པ་བ་རྣམས་ལ་ཧོག་ལོའི་བཞེད་པ་འདི་ཤིན་ཏུ་མཛེས་པ་ཡིན་གསུང་། ཁོ་བོ་ཅག་གིས་ནི། མྱ་ངན་ལས་འདས་པ་ཆེན་པོའི་མདོ་དང་། འཕགས་པ་བསམ་གཏན་པའི་དཔེ་མཁྱུད་ཀྱི་མདོ་སོགས་སུ་མ་ཟད། རྒྱུད་བླ་མའི་བསྟན་བཅོས་ཉིད་ཀྱིས་ཀྱང་སྙིང་པོའི་མདོ་སོགས་སུ་སེམས་ཅན་ཐམས་ཅད་སངས་རྒྱས་ཀྱི་སྙིང་པོ་ཅན་དུ་གསུངས་པ་དེ་ལ། དགོངས་གཞི། དགོས་པ། དངོས་ལ་གནོད་བྱེད་གསུམ་གྱིས་བཤད་པ་ཡིན་ནོ། །ཞེས་འཆད་པ་ལ་ཧ་ཅང་ཐལ་བ་མེད་དོ། །བོད་ཕྱི་མས་མཚན་དཔེ་གསལ་རྫོགས་ཀྱི་སྙིང་པོ་དང་། ཆོས་ཉིད་མེད་པར་དགག་པའི་སྙིང་པོ་གཉིས་སུ་འབྱེད་པ་ཡིན་ཞེས་ཟེར་ཀྱང་། གཞུང་འགྲེལ་གྱི་ཐ་སྙད་ལ་མེད་ཅིང་། བྱེ་བྲག་ཏུ་མེད་དགག་ལ་སྙིང་པོར་འཆད་པ་རྒྱུད་བླ་མའི་རྩ་འགྲེལ་དང་འགལ་བ་དང་། ས་སྐྱ་པས་ནི་མེད་དགག་སྙིང་པོའི་དགོངས་གཞིར་འཆད་ཀྱི། སྙིང་པོ་དངོས་སུ་འཆད་པ་མེད་དོ། །

གཉིས་པ་ལ་གཉིས་ཏེ། རྔོག་ལོ་ཆེན་པོའི་ལུགས་བཤད་ནས་དེང་སང་ལུགས་དེ་དཔྱིས་མ་ཕྱིན་པ་དང་། ས་ལུགས་བཤད་ནས་རྗེས་འཇུག་གིས་དེ་མ་བཟུང་བའོ། །དང་པོ་ལ། དེ་ལྟར་བཤད་པ་དངོས་དང་། ཁོ་བོ་ཅག་ལ་ལུང་འགལ་བཅུ་གསུམ་མི་འཇུག་པའོ། །དང་པོ་ནི། ཁོང་འདི་ལྟར་བཞེད་པ་ཡིན་ཏེ། སྙིང་པོ་ངོས་བཟུང་བ་དང་། དེ་སེམས་ཅན་ལ་ཡོད་ཚུལ་ལོ། །དང་པོ་ནི། དག་པ་གཉིས་ལྡན་གྱི་ཆོས་ཀྱི་སྐུ་སྟེ། ཇི་

སྐད་དུ། རྗོགས་སངས་སྐུ་ནི་སོགས་དང་། འདི་ཡི་རང་བཞིན་ཆོས་སྐུ་ཞེས་པས་བསྟན་ནོ། །དེ་སེམས་ཅན་ལ་ཡོད་ཚུལ་ནི་སྙིང་པོ་དེའི་ཕྱོགས་གཅིག་ཡོད་པ་དང་རྒྱུ་ཡོད་པ་ལ་དེར་བརྗོད་པའོ། །དེ་ལྟར་གསུམ་པོ་དེ་ལ་འབྲས་བུ་དང་རང་བཞིན་དང་རྒྱུའི་བདེར་གཤེགས་སྙིང་པོ་ཞེས་འཆད་མོད། རྒྱུ་ནི་སེམས་ཅན་ལ་ཡོད་ཀྱང་སྙིང་པོ་དངོས་མ་ཡིན། འབྲས་བུ་ནི་སྙིང་པོ་དངོས་ཡིན་ཀྱང་སེམས་ཅན་ལ་མེད། རང་བཞིན་ནི་སྙིང་པོ་དངོས་དང་སེམས་ཅན་ལ་ཡོད་པ་གཉིས་ཀའོ། །རང་བཞིན་དང་རིགས་ཀྱི་ཁྱད་པར་ནི། དྲི་མས་རྣམ་པར་དག་པའི་ཆ་ནས་རང་བཞིན་དང་། དྲི་མ་དང་བཅས་པའི་ཆ་ནས་རིགས་སུ་བཞེད་པ་ཡིན་གྱི། རང་བཞིན་བདེར་གཤེགས་སྙིང་པོའི་ངོས་འཛིན་རང་བཞིན་གནས་རིགས་ལ་མི་བཞེད་དོ། །སྦྱོར་བ་ནི། ལུས་ཅན་ཀུན་ཆོས་ཅན། མདོ་ལས་དུས་རྟག་ཏུ་སངས་རྒྱས་ཀྱི་སྙིང་པོ་ཅན་ནོ། །ཞེས་གསུངས་པ་ལ་རྒྱུ་མཚན་ཡོད་དེ། ཆོས་སྐུ་འཕྲོ་བ་དང་། འཕྲོ་བའི་ཚུལ་ཡང་ཆོས་སྐུ་དེའི་ཕྱོགས་གཅིག་རང་བཞིན་རྣམ་དག་གི་ཆ་ལ་དབྱེ་བ་མེད་པ་དང་། དེའི་རྒྱུ་རིགས་ཀྱིས་ཁྱབ་པའི་ཕྱིར། ཞེས་པའོ། །འདིར་བླ་མ་དར་མས་ནི་སྙིང་པོ་དང་རང་བཞིན་གནས་རིགས་ཁྱབ་མཉམ་དུ་བྱས་ནས་སངས་རྒྱས་ལ་སྙིང་པོ་མེད་པར་འདོད། དྲི་མ་དང་བཅས་པའི་སེམས་བདེན་སྟོང་ལ་རང་བཞིན་གནས་རིགས་སུ་འདོད་མོད། གཞུང་དང་རྗོགས་གི་དགོངས་པར་མ་སོང་། བོད་ཕྱི་མ་ཕལ་ཆེར་རང་བཞིན་བདེར་གཤེགས་སྙིང་པོས་ཀུན་ལ་ཁྱབ་པ་བསྒྲུབ་བྱར་བྱེད་མོད། འགྲེལ་པ་དང་འགལ། རྗེ་གཡག་རོང་གཉིས་ཤེས་བྱ་ཐམས་ཅད་སྟོང་པ་ཉིད་དུ་རོ་གཅིག་པ་དང་། ཀུན་ལ་སྙིང་པོས་ཁྱབ་པ་དོན་གཅིག་ཏུ་བཞེད། དེ་ནི་བཀའ་འཁོར་ལོ་བར་པའི་དགོངས་བསྟན་དང་མཐུན། རྗོག་ལོ་ཆེན་པོ། རང་བཞིན་བདེ་གཤེགས་སྙིང་པོའི་ངོས་འཛིན་སྤྲོས་བྲལ་མེད་དགག་གི་ཆ་ལ་འཆད་པ་དེ་ནི་འཁོར་ལོ་བར་པའི་ལུགས་སུ་སོང་ཡང་། རྒྱུད་བླ་རྩ་འགྲེལ་དང་མ་མཐུན། སློབ་དཔོན་སྦྱི་མ་དག་གི་གསུང་ནས། གཉིས་སྟོང་མེད་དགག་གི་ཆ་དང་མ་ཡིན་དགག་གི་ཆ་ལ་སྙིང་པོའི་ངོས་འཛིན་དུ་བྱེད་པ། བྱམས་ཆོས་ཐོས་བསམ་ལྟར་འཆད་པ་དང་། བྱམས་ཆོས་སྒོམ་ལུགས་ལྟར་འཆད་པའི་ཁྱད་ཡིན་གསུང་། རྩ་འགྲེལ་ན་ནི་ལུགས་ཕྱི་མ་དེ་ཉིད་གསལ་བར་བཞུགས། སེམས་ཅན་ཐམས་ཅད་སངས་རྒྱས་ཀྱི་སྙིང་པོ་ཅན་ནོ་ཞེས་གསུངས་པའི་སྙིང་པོ་དེའི་ངོས་འཛིན། སངས་རྒྱས་ཉིད་ལ་བྱེད་པ་དང་། སངས་རྒྱས་ཀྱི་ཆོས་ཉིད་ལ་བྱེད་པའི་ལུགས་གཉིས་ལས། འཁོར་ལོ་གསུམ་པའི་མདོའི་བསྟན་ཚུལ་ནི་སྔ་མ་ལྟར་ཡིན་ལ། བསྟན་བཅོས་ན་ཕྱི་མ་གསལ་ཞིང་། དེ་ཉིད་སྙིང་པོ་དངོས་སུ་འཆད་པ་རྗོག་ལོའི་ལུགས་དང་། སྙིང་པོ་བཏགས་པ་བར་འཆད་པ་ས་ལོའི་ལུགས་གཉིས་བྱུང་ངོ་། །རྗོག་ལོ་ཆེན་པོས་བྱམས་ཆོས་ལྔའི་ནང་ནས་རྒྱུད་བླ་མ་ཁོ་ན་ངེས་དོན་གྱི་བསྟན་བཅོས་དང་། སྤྲོས

བྲལ་མེད་དགག་གི་ཆ་ཁོ་ན་བསྟན་བྱའི་གཙོ་བོར་བཞེད་མོད། འཁོར་ལོ་བར་པའི་དངོས་བསྟན་གྱི་སྟོང་པ་ཉིད་དེ་བསྟན་བཅོས་འདིའི་བརྗོད་བྱའི་གཙོ་བོར་འཆད་པ་ནི་གཞུང་འགྲེལ་གཉིས་ཀ་དང་མ་མཐུན་ནོ། །

གཉིས་པ་ལ་གཉིས་ཏེ། དོན་གྱི་ཁོག་ཕུབ་པ་དང་། དངོས་ལན་སོ་སོར་བཏབ་པའོ། །དང་པོ་ནི། རྒྱུད་བླ་མ་འགྲེལ་དུ་བཤད་པའི་སྙིང་པོའི་ངོས་འཛིན་གསལ་ཤོས་འཆད་ཐུབ་པ་ནི། ཇི་སྐད་དུ། འདི་ལ་བསལ་བྱ་ཅི་ཡང་མེད། །ཅེས་སོགས་ཚིགས་བཅད་གཉིས་པོ་འདི་ཡིན་ལ། འདིས་ནི་བློ་བུར་རྣམ་དག་གི་དེ་བཞིན་ཉིད་ཁོ་ན་སྙིང་པོར་བསྟན་པ་ཡིན་ཏེ། རྩ་འགྲེལ་དང་ཕྱི་འགྲེལ་དག་ལས་གསལ་བས་སོ། །ཇི་ལྟར་ཞེ་ན། རྩ་འགྲེལ་དུ། དེ་ལ་སྟོང་པ་ཉིད་ཀྱི་ཚུལ་དུ་བརྗོད་པའི་དེ་བཞིན་གཤེགས་པའི་སྙིང་པོ་དེ་གང་ཞེ་ན། ཞེས་མཚམས་སྦྱར་ནས། དྲི་མ་སྤུར་ཡོད་བསལ་དུ་མེད། །སྟོབས་སོགས་སངས་རྒྱས་ཀྱི་ཡོན་ཏན་གང་གཱའི་ཀླུང་གི་བྱེ་མ་སྙེད་སྤུར་མེད་གསར་དུ་བཞག་མི་དགོས་པའི་སེམས་ཀྱི་རང་བཞིན་འོད་གསལ་བ་དེ་ཉིད་ལ་ངོས་བཟུང་བ་ཡིན་ནོ༑ ༑དེ་ཉིད་སྤྱིར་བློ་བུར་རྣམ་དག་གི་ཆོས་སྐུ་ཡིན་པ་དང་། ས་མཚམས་ས་དང་པོ་ནས་འཛིན་པར་ཡང་འདི་ཉིད་ཀྱི་དངོས་འགྲེལ་ན་གསལ་ཞིང་། རྫོགས་པའི་སངས་རྒྱས་མ་ཡིན་པས་སྙིང་པོ་དེ་རྫོགས་པར་མངོན་སུམ་དུ་མི་མཐོང་བའི་ཚུལ་ཡང་འདི་ཉིད་ཀྱི་ཕྱི་འགྲེལ་ན་གསལ་ལོ། །ལོ་ཆེན་རྔོག་འབྲང་དང་བཅས་པས། བདེན་གྲུབ་བསལ་དུ་མེད། བདེན་མེད་བཞག་ཏུ་མེད། སེམས་ཀྱི་ཆོས་ཉིད་དང་ཡོན་ཏན་གྱི་ཆོས་ཉིད་དབྱེར་མེད། ཞེས་འཆད་པ་ནི་འགྲེལ་པ་དང་མ་མཐུན། ཡང་སྙིང་པོའི་ངོས་འཛིན་ཡུམ་ཤེར་ཕྱིན་གྱི་སྟོང་པ་ཉིད་ལ་བཤད་ནས། དེ་སེམས་ཅན་ཐམས་ཅད་ལ་ཡོད་ཅེས་འཆད་པ་དེ་ལོ་ཙཱ་བའི་དགོངས་པ་ཡིན་ན། གཞུང་རྩ་བ་ཉིད་དང་མ་མཐུན་ནོ། །གལ་ཏེ། འདི་ལ་ཞེས་སོགས་ཀྱི་གཞུང་དེས་སྙིང་པོའི་ངོས་འཛིན་དེ་ལྟར་འཆད་ན། ཡོན་ཏན་དབྱེར་མེད་པ་ཞེས་བྱ་བ་རང་བཞིན་རྣམ་དག་གི་ཆ་ནས་སམ། བློ་བུར་རྣམ་དག་གི་ཆ་ནས་ཡིན། ཇི་སྐད་དུ༔ ཉི་དང་ཟེར་བཞིན་ཞེས་བཤད་པས་ན་ཕྱི་མ་ལྟར་ཡིན་ལ། དེ་ཡང་ཡོན་ཏན་རེ་རེ་བ་དང་དབྱེར་མེད་པ་ནི་ས་དང་པོ་ནས་ཀྱང་ཡིན་ཏེ། ཇི་སྐད་དུ། འཆི་བ་མེད་དང་ཡང་དག་དོན། །ངོ་བོ་ཉིད་ལ་ཞེས་བཤད་པ་ལྟར་རོ། །གལ་ཏེ་ཡོན་ཏན་དབྱེར་མེད་པ་ཡང་གཞི་སོ་སོ་སྐྱེ་བོའི་དུས་ནས་ཡོད་པ་ཡིན་ཏེ། ཇི་སྐད་དུ། ཡོན་ཏན་རང་བཞིན་ཉིད་ལྡན་ཕྱིར། །ཞེས་བཤད་པས་སོ། །གོམས་བྱེད་ཀྱི་རྐྱེན་ལ་ལྟོས་ནས་དེར་འགྱུར་དུ་རུང་བ་ལ་དགོངས་པ་ཡིན་ཏེ། ཇི་སྐད་དུ། དེ་གོམས་པ་ལས་བདག་གྱུར་པས། །ཞེས་དང་། སེམས་ལ་བརྩེ་སོགས་གོམས་སྐྱེས་པས། །རང་གི་ངང་གིས་འཇུག་འགྱུར་ཏེ། །མེ་ལ་སོགས་པས་ཤིང་དག་དང་། །དངུལ་ཆུ་དང་ནི་གསེར་སོགས་བཞིན། །ཞེས་གསུངས་སོ། །གཞི་ཡི་དུས་ཉིད་ནས་དབྱེར་མེད་དུ་ཡོད་པར་འདོད་ན་ནི།

ཇི་སྐད་དུ། དེ་ཕྱིར་སྦྱར་ཡང་ནུས་མེད་རྣམས། །དེའི་བདག་གྱུར་ལ་ཕྱིས་ནུས་མེད། །ཞེས་པ་དང་འགལ་ལོ། །འོ་ན་ཡོན་ཏན་སྦྱར་མེད་བཞག་ཏུ་ཡོད་པར་འགྱུར་རོ། །ཞེ་ན། དེའི་དོན་ནི། སྦྱར་མེད་པའི་ཡོན་ཏན་རྣམས་ལུས་ལ་རྒྱན་བཏགས་པ་ལྟར་གསར་དུ་འཛོག་པ་མ་ཡིན་གྱི། སེམས་རང་བཞིན་གྱིས་འོད་གསལ་བ་ཉིད་བློ་བུར་གྱི་དྲི་མ་དང་བྲལ་བའི་ཡོན་ཏན་གྱི་ངོ་བོར་སྐྱེས་པ་ལ་དེ་སྐད་ཅེས་བརྗོད་པའོ། །དེ་དྲི་མ་དང་ཇི་ཙམ་འགྲོགས་ཀྱང་དྲི་མའི་ངོ་བོར་སོང་བ་མི་སྲིད་པས་ན་དྲི་མ་སྤྱར་ཡོད་ཅེས་བྱ་བའི་ཐ་སྙད་མ་ཐོགས་པ་ཡིན་ནོ། །གཉིས་པ་ནི། གཞི་སེམས་ཅན་གྱི་དུས་སུ་སྙིང་པོ་མེད་པ་ལ་གནོད་བྱེད་ཀྱི་ལུང་འགལ་དང་པོར་བརྗོད་པ་ནི། འགྲེལ་པར། ཐ་ན་དུད་འགྲོའི་སྐྱེ་གནས་སུ་གྱུར་པ་ལ་ཡང་དེ་བཞིན་གཤེགས་པའི་སྙིང་པོ་ཡོད་པར་ས་དང་པོ་ནས་མཐོང་བ་དེ་དགེ་འདུན་དཀོན་མཆོག་གི་ཇི་སྙེད་པ་རིག་པའི་ཡོན་ཏན་དུ་བཤད་དོ། །ཅེས་པ་དེའི་ལན་ནི། སྤྱིར་རྒྱུད་བླའི་གཞུང་འདི་ནི། ཚིག་རིངས་ཀྱི་སྒོ་ནས་མདོའི་དངོས་བསྟན་སོར་བཞག་པ་རེ་དང་། དེ་ཉིད་ཚིག་ཐུང་གི་སྒོ་ནས་བསྟན་བཅོས་སུ་བཤད་པ་གཉིས་གཉིས་ཡོད་པ་ནི་ཤིན་ཏུ་མང་ལ། འདིར་ཡང་། འགྲོ་ཀུན་ལ། རྫོགས་པའི་སངས་རྒྱས་རྗེས་ཞུགས་མཐའ་ཡས་ཡུལ་ཅན། ཞེས་པ་ནི་མདོའི་དངོས་བསྟན་དང་། དེ་ཉིད་ཀྱིས་སེམས་ཅན་ཐམས་ཅད་སངས་རྒྱས་ཀྱི་སྙིང་པོ་ཅན་དུ་བརྗོད་པ་ཡིན་གྱི། དེའི་དགོངས་པ་བསྟན་བཅོས་སུ་འཆད་པ་ན། སངས་རྒྱས་དངོས་མ་ཡིན་གྱི། དེའི་ཆོས་ཉིད་ལ་དགོངས་པ་ཡིན་ནོ། །ཞེས་འཆད་པ་ནི༑ ཇི་སྐད་དུ། ཤེས་བྱའི་མཐར་ཐུག་རྟོགས་པའི་བློས། །ཐམས་ཅད་མཁྱེན་པའི་ཆོས་ཉིད་ནི། །སེམས་ཅན་ཐམས་ཅད་ལ་ཡོད་པར། །མཐོང་ཕྱིར། ཞེས་གསུངས་སོ། །དེ་ལས་གཞན་དུ་ན། ཁྱེད་ཀྱིས་ཀྱང་། སེམས་ཅན་ཐམས་ཅད་རྫོགས་པའི་སངས་རྒྱས་སུ་ཁས་ལེན་དགོས་ཏེ། འདིར། རྫོགས་པའི་སངས་རྒྱས་རྗེས་ཞུགས། ཞེས་དང་། འོག་ནས་ཀྱང་། རྫོགས་སངས་རིན་པོ་ཆེ། དུད་འགྲོ་ལ་ཡང་གཟིགས་ནས། ཞེས་འབྱུང་བས་སོ། །ལུང་འགལ་གཉིས་པས་མི་གནོད་པ་ནི། དྲི་བཅས་དེ་བཞིན་ཉིད་སྙིང་པོ་དངོས་ཡིན་ཞེས་འཆད་པ་ནི་འགྲེལ་པ་ན་མེད་ལ། ཇི་སྐད་དུ། དྲི་མ་དང་བཅས་པའི་དེ་བཞིན་ཉིད་ནི་བདེ་བར་གཤེགས་པའི་སྙིང་པོ་ཞེས་བརྗོད་པ་གང་ཡིན་པའོ། །ཞེས་གནས་སྐབས་དུ་མར་འབྱུང་བ་དེ་ནི་བཏགས་པ་བའི་ཤེས་བྱེད་དུ་གསལ་བ་ཡིན་ནོ། །མདོར་ན་སེམས་ཅན་གྱི་ཤེས་རྒྱུད་ལ་ཡོན་ཏན་ཀུན་ལྡན་གྱི་སངས་རྒྱས་བཞུགས་པར་འདོད་པའི་གྲུབ་མཐའ་ལ་དྲི་བཅས་དེ་བཞིན་ཉིད་སྙིང་པོ་དངོས་སུ་འཆད་ནུས་པ་ཡིན་གྱི། འགྲེལ་པ་དང་ས་རྫོག་གང་གི་ལུགས་ལ་ཡང་དེ་ལྟར་འཆད་པ་མེད་དོ། །རྫོག་ལོ་ཆེན་པོ་རང་བཞིན་རྣམ་དག་གི་དེ་བཞིན་ཉིད་སྙིང་པོ་དངོས་དང་། ངེས་དོན་མཐར་ཐུག་ཏུ་བཞེད་ཀྱང་། དེའི་ངོས་འཛིན་ངོ་བོ་ཉིད་མེད་པ་པ་དང་མཐུན་པར་བཤད་ན། རྒྱུད་བླ་

རྩ་འགྲེལ་གྱི་དགོངས་པར་སོང་བ་མ་ཡིན་ནོ། །

ཡང་ལུང་འགལ་ཡིན་གསུང་པ་ཕྱི་མ་རྣམས་ལ་ནི་ངེས་པ་མི་སྣང་སྟེ། གཞུང་གི་དོན་མ་ཡིན་པ་ཁོ་ན་ལ་དེར་བཤད་འདུག་པས་སོ། །དེ་ཡང་འདི་ལྟར། རྟག་ཏུ་སངས་རྒྱས་སྙིང་པོ་ཅན། ཞེས་པས་སེམས་ཅན་ལ་ཆོས་ཉིད་ཡོད་པར་སྒྲུབ་པ་ག་ལ་ཡིན། སྙིང་པོ་ཅན་དུ་གསུངས་པའི་དགོངས་གཞི་འཆད་པ་ཡིན་ཏེ། འགྲེལ་པར། སངས་རྒྱས་རིགས་ལ་དེ་འབྲས་ཉེར་བཏགས་ཕྱིར། །སེམས་ཅན་སངས་རྒྱས་སྙིང་པོ་ཅན་དུ་བརྗོད། ཅེས་འབྱུང་བས་སོ། །མདོར་ན་ རྗོགས་སངས་སྐུ་ཞེས་སོགས་ཀྱི་ཤློ་ཀ་འདི་ཁོ་བོ་ཅག་གི་སྒྲུབ་བྱེད་དང་། གཞན་ཕྱོགས་ལ་གནོད་བྱེད་བླ་ན་མེད་པ་ཡིན་ཏེ། ཇོ་ནང་པ་ལྟ་བུས་ནི་གཞུང་འདིའི་རྟགས་སྦྱོར་འགོད་ཐུབ་པ་ཡེ་མ་བྱུང་། ལོ་ཆེན་ཐ་སྙད་འབའ་ཞིག་སྒྲུབ་ཏུ་བཞེད་ཀྱང་ནུས་པ་མི་སྣང་བས་སོ། །ང་བོའི་དོན་སོགས་ཀྱང་འཆད་ཚུལ་དེ་འདྲ་མ་ཡིན་ཏེ། མཐུ་དང་། ཞེས་སོགས་ནི་དོན་གསུམ་དང་སོ་སོར་སྦྱོར་རྒྱུ་ཡིན། རྒྱུའི་དོན་ནི་སྦྱང་བྱའི་དྲི་མ་བཞི་དང་སྦྱོང་བྱེད་ཀྱི་གཉེན་པོ་བཞི་དང་སྦྱོར་རྒྱུ་ཡིན། འབྲས་བུ་དང་ལྡན་པའི་དོན་ནི་ཕལ་ཆེར་སངས་རྒྱས་ཀྱི་ས་དང་སྦྱོར་བ་ཡིན། ལས་ཀྱི་དོན་ནི། རྒྱུ་ཁམས་མེད་ན་འབྲས་བུ་སྡུག་བདེའི་སྐྱོན་ཡོན་མི་འབྱུང་ཞེས་ཐལ་བར་འཕངས་པ་ཡིན་གྱི། སྙིང་པོ་ཡོད་པའི་སྒྲུབ་བྱེད་དུ་བཀོད་པ་མ་ཡིན། རིགས་ཡོད་ལས་ཡིན། ཞེས་པ་ཡང་རང་བཞིན་གནས་རིགས་ལ་ཟེར་བ་མ་ཡིན། ཀྱེན་འཁོར་ལོ་བཞི་པོས་ཁམས་ཀྱི་ནུས་པ་བསྐྱེད་པའི་གནས་སྐབས་ལ་བཤད་པས་རྒྱས་འགྱུར་གྱི་རིགས་ལ་ཟེར་བ་ཡིན། དཔེར་ན་ཆུ་ལུད་དྲོད་གཤེར་དང་ཕྲད་ན་མྱུ་གུ་སྐྱེ་བ་དེ་ཞིང་གི་བྱེད་ལས་སུ་བཤད་པ་དང་འདྲ། ལོག་སྲེད་ཅན་གདན་མུ་དན་ལས་མི་འདའ་བའི་ཆོས་ཅན་ལ་ཁམས་བདེ་བར་གཤེགས་པའི་སྙིང་པོ་ཡོད་ཀྱང་། འདི་སྐབས་ཀྱི་རིགས་དེ་ཡོད་པར་མི་འཆད། རྒྱུད་བླ་དང་རྒྱན་གཉིས་ཀར་དུ་མི་འདྲ་བའི་ཆོས་ཅན་དེ་ཞལ་གྱི་བཞེས་ཀྱང་། མཐར་ཐུག་ཐེག་པ་གསུམ་དང་གཅིག་ཏུ་འཛོག་པའི་ཁྱད་པར་འབྱེད། གཉིས་ཀས་ཀྱང་སེམས་ཅན་ཀུན་ལ་ཁམས་དང་རང་བཞིན་གནས་རིགས་ཀྱིས་ཁྱབ་པར་བཞེད། བྱང་ས་ནས་རང་བཞིན་གནས་རིགས་ཆད་པའི་སེམས་ཅན་བཤད་ཟེར་བ་མི་བདེན། ཁོ་བོ་ཅག་སེམས་ཅན་ཐམས་ཅད་ལ་ཁམས་བདེར་གཤེགས་སྙིང་པོས་ཁྱབ་པར་འདོད་པས་རྩོད་པ་ཕལ་ཆེར་དོན་མེད་དུ་སོང་། མདོ་དང་བསྟན་བཅོས་གཉིས་ཀར་དུ་སྙིང་པོ་ལ། ཁམས་ཞེས་དང་། སྙིང་པོ་ཞེས་དང་། ཆོས་ཀྱི་སྐུ་ཞེས་རྣམ་གྲངས་གསུམ་གསུངས་པ་དེ་གཞི་ལམ་འབྲས་བུའི་གནས་སྐབས་ལ་བཤད། མ་དག་པ་སེམས་ཅན་གྱི་སྐབས་སུ་སངས་རྒྱས་ཀྱི་ཁམས་དངོས་ཡིན་ཀྱང་སྙིང་པོ་དངོས་མ་ཡིན། ལམ་བྱང་ཆུབ་སེམས་དཔའི་རྒྱུད་ཀྱི་བློ་བུར་རྣམ་དག་གི་ཆོས་ཉིད་དེ་སྙིང་པོ་དངོས་ཀྱི་ཕྱོགས་གཅིག

ཡིན་ཀྱང་ཡོན་ཏན་ཐམས་ཅད་མ་ཚང་བས་ན་མདོའི་དངོས་བསྟན་གྱི་སྙིང་པོ་དངོས་མ་ཡིན། སེམས་ཅན་ཀུན་གྱི་ཆོས་ཉིད་ཡོན་ཏན་དང་དབྱེར་མེད་དུ་འགྲོགས་རུང་བ་ལ་དགོངས་ནས་བཤད་པ་ཡིན་གྱི། དབྱེར་མེད་དངོས་མ་ཡིན་ཏེ། ཇི་སྐད་དུ། དེ་གོམས་པ་ལས་བདག་འགྱུར་བས། །ཞེས་དང་། དེ་བདག་གྱུར་ལ་ཕྱིས་ནུས་མེད། །ཅེས་དང་། རྗེ་བཙུན་གྱིས། མཐའ་ཡས་ཡོན་ཏན་ཚོགས་རྣམས་གནས་གྱུར་ཡིན། །ཞེས་བཤད་པས་སོ། །འདི་དག་ཏུ། གནས་ཞེས་པ་དྲི་བཅས་དེ་བཞིན་ཉིད་ཡིན་ལ། འདི་ཀུན་གཞིའི་ཕྱོགས་གཅིག་ཡེ་ཤེས་ཀྱི་ཆ་དང་རྒྱུའི་རྒྱུད་དུ་འཛོག་ལ། གྱུར་པ་ནི་བྱང་ཆུབ་དང་ཡོན་ཏན་གྱི་མིང་ཡིན་ཞིང་། གྱུར་ཚུལ་ནི། ཆོས་ལ་ཁོང་ཁྲོ་སོགས་ཀྱི་སྒྲིབ་པ་བཞི། ཆོས་མོས་སོགས་བཞི་པོས་སྤྱངས་པ་ལས་གྱུར་པའོ། །རྫོགས་པའི་བྱང་ཆུབ་མ་ཐོབ་ཀྱི་བར་དུ་དེའི་ཡོན་ཏན་རྣམས་དབྱེར་མེད་དུ་མི་འབྱུང་བའི་ཤེས་བྱེད་ནི། འོད་དང་འོད་ཟེར་སྤྱངས་ནས་ནི། །ཉི་མ་ལྟ་བར་མི་ནུས་བཞིན། །ཞེས་དང་། ཉི་མ་དེ་རིང་ཤར་བ་ཡི། །འོད་ཟེར་ནང་པར་འབྱུང་བ་མཚར། །ཞེས་འབྱུང་བ་དེ་ཡིན་ནོ། །

ཡང་། རྣམ་དབྱེར་མེད་པའི་མཚན་ཉིད་ཅན། །བླ་མེད་ཆོས་ཀྱི་སྟོང་མ་ཡིན། །ཞེས་པ་སེམས་ཅན་གྱི་ཁམས་ལ་སྦྱོར་བཞིན་དུ། ཇོ་ནང་པ་ལ་བཞད་གད་དུ་བྱེད་པ་ནི་གསལ་བྱེད་པའི་ལུགས་སོ། །ཡོན་ཏན་གྱི་ཆོས་ཉིད་དང་སེམས་ཅན་གྱི་ཆོས་ཉིད་དབྱེར་མེད་པ་རྒྱུ་མཚན་དུ་འགོད་པ་ནི། ཉི་དང་ཟེར་བཞིན་ཞེས་པ་རྒྱ་འགྲེལ་དང་འགལ་ཞིང་། དགོངས་གཞི་དེ་ཙམ་ལ་དགོངས་ནས་དེར་འཆད་ཅེས་ཟེར་ན་ནི་འདོད་པ་གྲུབ་པའོ། །ཡང་འདི་ལ་བསལ་བྱ་ཞེས་སོགས་ཀྱི་ཤློ་ཀ་གཉིས་པོ་འདི་སྙིང་པོ་གང་ལ་དགོངས་ནས་གསུངས་པའི་སྟོང་པ་ཉིད་དེ་ངོས་འཛིན་པའི་གཞུང་ཡིན་ལ། དེ་ལ་ཡང་གནས་སྐབས་གསུམ་ལས། འབྲས་བུའི་གནས་སྐབས་ཉིད་བསྟན་བྱའི་གཙོ་བོ་ཡིན་ཏེ། འདིའི་ཕྱི་འགྲེལ་དུ། དབྱེར་མེད་པའི་མཚན་ཉིད་ཅན་གྱི་སྙིང་པོ་འདི་ས་བཅུ་པ་བས་ཀྱང་མི་མཐོང་བ་དང་། ཕྱོགས་གཅིག་ས་དང་པོ་ནས་ཀྱང་མཐོང་བར་བཤད་ནས། དེ་ལྟ་ན་སེམས་ཅན་ཐམས་ཅད་ལ་སྙིང་པོ་དེ་ཡོད་པར་བཤད་པ་དང་འགལ་ལོ། །ཞེས་རྐྱོལ་བའི་ལན་དུ། དགོས་པའི་དབང་གིས་སོ། །ཞེས་གསལ་བར་བཤད་པས་སོ། །སྟོང་པ་ཉིད་དེ་ཡང་ངོ་བོ་ཉིད་མེད་པ་པ་དང་མཐུན་པར་འཆད་པ་མང་མོད། བླ་མེད་ཆོས་ཀྱིས་སྟོང་མ་ཡིན། །ཞེས་དང་། ཡང་དག་མཐའ་ནི་འདུས་བྱས་ཀྱི། །ཞེས་སོགས་ཀྱིས་གཞན་སྟོང་གི་ཚུལ་གསལ་བར་བཤད་པ་ཡིན་ནོ། །གཞན་སྟོང་ཅི་ལ་ཟེར་མི་ཤེས་པར། བདེན་གྲུབ་ཁས་བླངས་པས་སྒྲིབ་པའི་གཉེན་པོར་མ་སོང་ངོ་། །ཞེས་ཟེར་བ་དེ་དག་ནི་མདོ་སྡེའི་རྒྱན་དུ་ཐེག་ཆེན་བཀར་སྒྲུབ་ཀྱི་ལེའུ་དང་། རྒྱུད་བླ་མར། གང་ཕྱིར་རྒྱལ་ལས་ཆེས་མཁས་འགའ་ཡང་། ཞེས་སྙིང་བརྩེ་

བའི་ཡུལ་དུ་བསྟན་པ་དེ་ཉིད་དོ། །བདེན་ཀྱང་རིགས་པས་དཔྱད་པའི་ངོར་མ་གྲུབ་པ་ནི། ཇི་སྐད་དུ། བརྗོད་མེད་དོན་དམ་ཡིན་ཕྱིར་རོ། །ཞེས་སོགས་ཤིན་ཏུ་མང་ངོ་། །

འདིར་བདེན་གྲུབ་བསལ་བར་བྱར་མེད་བདེན་མེད་བཞག་པར་བྱར་མེད། ཅེས་འཆད་པ་ནི། ངོ་བོ་ཉིད་མེད་པ་པའི་རྒྱུས་འགེབས་ཡིན་མོད། འགྲེལ་པ་དང་མ་མཐུན་ནོ། །ཡང་གཞུང་འདི་གཞི་ལམ་གྱི་སྙིང་པོ་དང་སྦྱོར་བའི་ཚེ། བློ་བུར་གྱི་དྲི་མ་རྣམས་ནི་སེམས་རྒྱུད་ལ་ཡུན་ཇི་ཙམ་གོམས་ཀྱང་འབྲལ་རུང་ཡིན་པས་དབྱེར་ཡོད་ཅེས་བྱ། བརྟེ་སོགས་ཡོན་ཏན་ནི་ཡུན་རིང་དུ་གོམས་ན་འབྲལ་མེད་ཁོ་ནར་འགྱུར་བས་དབྱེར་མེད་ཅེས་བྱ། དོན་དེ་ལ་དགོངས་ནས་སྙིང་པོས་སེམས་ཅན་ཐམས་ཅད་ལ་ཁྱབ་པ་ཡིན་ནོ། །ཞེས་བཤད་པས་ཆོག་གོ། །ཡང་སྟོམ་གསུམ་གྱི་བསྟན་བཅོས་དང་མ་མཐུན་ནོ་ཞེས་རྩོལ་བའི་ལན་ནི། བདེར་གཤེགས་ཁམས་ཀྱི་སྒྲུབ་བྱེད་འཐད། །ཅེས་བཤད་པས། ཁོ་བོ་ཅག་ལ་གནོད་རྒྱུ་མེད་ལ། འོན་ཀྱང་ཇི་སྐད་དུ། མེ་ཡི་བྱེད་ལས་ཚ་བ་ལྟར། །སེམས་ནི་རང་གནས་སྙིག་པའི་ཕྱིར། །བདེར་གཤེགས་ཁམས་ཀྱི་བྱེད་ལས་འཐད། །ཅེས་བཤད་ན་མཛེས་པ་མ་ཡིན་ནམ། གཞུང་དེ་སྐབས་འདིར་འདྲེན་པའི་ཤེས་བྱེད་ནི། ཕྱོགས་སྔ་མས་སྙིང་པོའི་ངོས་འཛིན་ཆོས་དབྱིངས་ལ་མི་བྱེད་ཅེས་ཟེར་བ་དེ་ལ་འཁོར་ལོ་བར་མཐའ་གཉིས་ཀའི་ལུང་འགལ་བསྟན་པའོ། །ཡང་བརྒྱད་སྟོང་པ་དང་དབུ་མའི་ལུང་དྲངས་པ་དེར་སྤྲོས་པ་དང་བྲལ་བའི་མེད་དགག་ལ་སེམས་ཅན་དང་སངས་རྒྱས་ཀྱི་སྙིང་པོར་བཤད་ཅེས་ཟེར་མོད། སྙིང་པོ་དེ་ནི་སྙིང་པོ་མེད་པ་ལ་སྙིང་པོར་མིང་བཏགས་པ་ཡིན་ཏེ། གནས་ལུགས་ཡོད་པ་མ་ཡིན་པ་ལ་དེར་བཏགས་པ་དང་། ཅི་ཡང་མ་མཐོང་བ་ལ་ཆོས་དབྱིངས་མཐོང་བར་བཏགས་པ་བཞིན་ནོ། །

དེ་སྐད་དུ་ཡང་། དེ་བཞིན་གཤེགས་པའི་རང་བཞིན་མེད། །འགྲོ་བ་འདི་ཡི་རང་བཞིན་མེད། །ཅེས་སོ༔ ༔དེའི་ཕྱིར་སྤྲོས་བྲལ་མེད་དགག་ཏུ་ཁས་ལེན་པ་དང་། དེ་སེམས་ཅན་ལ་ཡོད་པར་ཁས་ལེན་པ་ནི་འགལ་བ་འདུས་པ་ཡིན་ནོ། །ཇི་སྐད་དུ། དེས་ན་སངས་རྒྱས་བསྟན་པ་ལ། །གུས་པར་བྱེད་ན་ཆོས་ཀྱི་དབྱིངས། །ཡོད་མེད་གང་དུའང་མ་འཛིན་ཅིག །ཅེས་སོ། །

གཉིས་པ་རྗེ་བཙུན་ས་སྐྱ་པའི་ལུགས་མ་ཡིན་པ་ནི། དེང་སང་པ་དག །རྗེ་བཙུན་གྱི་དག་ལྷོན་དུ་སེམས་ཅན་ཐམས་ཅད་སངས་རྒྱས་ཀྱི་སྙིང་པོ་ཅན་དུ་བཤད་པ་མང་ངོ་། །ཞེས་ཟེར་མོད། དཔྱིས་ཕྱིན་པ་མ་ཡིན་ཏེ། རྩ་བའི་རྒྱུད་དུ། ལུས་ལ་ཡེ་ཤེས་ཆེན་པོ་གནས། །ཞེས་པ་དང་། རྒྱུད་བླ་མ། ལུས་ཅན་ཀུན། རྟག་ཏུ་སངས་རྒྱས་སྙིང་པོ་ཅན། །ཞེས་པའི་དངོས་བསྟན་གཉིས་པོ་དོན་གཅིག་པ་དང་། དེ་ཡང་སྒྲ་ཇི་བཞིན་པ་མ

ཡིན་པའི་དགོངས་པ་ཅན་དུ་དག་ལྡོན་གཉིས་ཀ་ལས་བཤད་པས་སོ། །དེ་ཡང་འདི་ལྟར། རྣམ་བཤད་དེ་གཉིས་ཀ་ལས་ཡེ་ཤེས་ཆེན་པོ་ནི་འཇིག་རྟེན་ལས་འདས་པའི་སངས་རྒྱས་ཀྱི་ཡེ་ཤེས་ཡིན་ལ། ཡེ་ཤེས་དེ་ཡང་ལུས་ཅན་ཀུན་ལ་ཆོས་ཉིད་ཀྱི་ཚུལ་དུ་གནས་པ་ཡིན་པས། དེ་དངོས་གནས་པ་མ་ཡིན་པའི་ཚུལ་རྒྱས་པར་བཤད་པས་སོ། །ཆོས་ཉིད་དེ་སྙིང་པོ་དངོས་ཡིན་པར་རྗེ་བཙུན་གྱིས་བཞེད་དོ། །ཞེ་ན། ཆོས་ཉིད་དོན་དམ་པའི་ངོས་འཛིན་ཡང་རྗེ་བཙུན་དང་ཁྱེད་ཅག་མཐུན་པ་མ་ཡིན་ཏེ། ཁྱེད་ཅག་གིས་ནི་ཕར་ཕྱིན་ཐེག་པའི་ལུང་རིགས་ཀྱིས་གཏན་ལ་ཕབ་པའི་སྟོང་པ་ཉིད་དང་ཆོས་ཉིད་ལ་སྙིང་པོ་དང་དོན་དམ་པའི་བདེན་པར་འདོད་པ་ལ། རྗེ་བཙུན་སྐུ་མཆེད་ཀྱིས་ནི་དོན་དེ་ལ་རྣམ་གྲངས་པའི་དོན་དམ་ཞེས་བྱ་བ་དོན་དམ་བཏགས་པ་བ་དང་། ཀུན་རྫོབ་བདེན་པ་དངོས་སུ་བཤད་པའི་ཕྱིར་དང་། སྤྱི་དོན་གྱི་སྒོ་ནས་བཤད་པའི་གནས་ལུགས་དང་དོན་དམ་པ་དང་ཆོས་ཉིད་སོགས་ཀྱིས་དེའི་གོ་མི་ཆོད་པར་རྒྱས་པར་བཤད་པའི་ཕྱིར་རོ། །

དེ་ལྟར་ལུང་དང་རིགས་པ་ཡིས། །པཎ་ཆེན་དགོངས་པ་དེར་གྲུབ་མོད། །སེམས་ཅན་ཀུན་ལ་གློ་བུར་གྱི༑ ༑དྲི་མའི་སྒྲིབས་ན་རྫོགས་སངས་རྒྱས། །བཞུགས་ཞེས་བསྒྲགས་ན་འགྲོ་མང་པོ། །ཆོས་ལ་བསྐུལ་བའི་གདམ་བཟང་དང་། །མདོ་སྡེ་མང་པོའི་དངོས་བསྟན་གྱི། །ལུང་རྣམས་ཆུད་མི་ཟ་བར་འགྱུར། །ས་སྐྱའི་གཞུང་ལུགས་ཕལ་ཆེར་ན། །སེམས་ཙམ་པ་དང་རང་རྒྱལ་གྱི། །ལྟ་བ་མཐོ་དམའ་མེད་པར་བཞེད། །དེ་ལ་བུ་སྟོན་ཁ་ཆེ་ཡིས། །རྣམ་རྫུན་པ་ཡང་སེམས་ཙམ་པར། །བསམས་ནས་ལུང་གི་སྐྱེ་མར་ནི། །གཙོམ་སྒྲོགས་འགའ་ཞིག་མཛད་པ་ཡིན། །གཟུང་འཛིན་རྫས་གཞན་གྱིས་སྟོང་པའི། །སྟོང་ཉིད་ཙམ་བྱའི་ཐ་སྙད་ནི། །ཙོང་ཁ་པ་ཡི་ཁྱད་ཆོས་ཏེ། །གཟུང་འཛིན་གཉིས་མེད་སྟོན་གྱི་གཞུང་། །ཁྱེད་ཅག་སྟོན་དུ་གང་སྤྱངས་པ། །དེ་ཉིད་དྲན་པ་ལ་སེམ་མོད། །ལུང་མང་གཟིགས་པའི་སྐབས་མཆིས་ན། །ལ་ལར་སྤྲོ་བ་མཆོག་ཏུ་འགྱུར། །ཞེས་པ་འདི་ཡང་མུས་རབ་འབྱམས་པས་སྙིང་པོ་ལས་བརྩམས་པའི་དྲིས་ལན་དུ་རྒྱས་བསྡུས་འཚམ་པར་སྦྱར་བ་ཡིན་ནོ།། །།

༄༅། །གཟི་བསམ་འགྲུབ་གླིང་པའི་དགེ་འདུན་སྤྱིའི་དྲིས་ལན་ཡ་མཚན་བཅུ་བདུན་པ་ཞེས་བྱ་བ་བཞུགས་སོ། །

པཎ་ཆེན་ཤཱཀྱ་མཆོག་ལྡན།

ཨོཾ་སྭ་སྟི་སིད་དྷཾ། ལྷ་དབང་དབང་པོའི་དགྲ་དང་པད་དཀར་མིག །མིག་གསུམ་པས་མཆོད་མཆོད་སྦྱིན་བརྒྱ་པའི་ལྷ། །ལྷ་ཡི་བླ་མ་མ་ལུས་འགྲོ་བ་ཀུན། །ཀུན་མཁྱེན་མཁྱེན་བརྩེའི་དཔལ་གྱིས་སྐྱོང་ཁྱོད་ལ། །ཟུང་འཇུག་བདེ་བ་ཆེན་པོས་ཕྱག་བགྱིའོ། །བདག་བློ་ཆོས་དབྱིངས་མལ་དུ་གཉིད་ལོག་པ། །དམ་པའི་ཆོས་ཀྱིས་མགྲོགས་པར་ནམ་བསླངས་ནས། །ལེགས་བཤད་ཉི་གཞོན་འཆར་ཀའི་མདངས་གསལ་བས། །ཁྱོད་བློ་ཉིན་མོར་བྱེད་པ་འདི་སྤྲིངས་སོ། །

གང་འདིར་བོད་ཆེན་དམར་ཁམས་ཀྱི་སའི་ཐིག་ལེ། བསམ་གྲུབ་གླིང་ཞེས་བྱ་བའི་ཆོས་གྲྭ་ནས། མདོ་སྔགས་ཀྱི་ཆ་ཤས་ཡོངས་སུ་རྫོགས་པའི་བཤེས་གཉེན་དགེ་འདུན་དཔལ་ཞེས་བྱ་བའི་མཚན་རྣམ་པར་དཀར་བ་གང་དེས། མང་དུ་ཐོས་པའི་གློག་པ་བཀྲན་པོ་ལ། བསྟོད་བཀུར་བསྔགས་པའི་མཆིད་ཤོག །འཕེལ་བའི་གཏམ་མང་པོ་བ་དག་གིས་མཛེས་པར་བརྒྱན་པ། དེ་ནང་དུ་ཤར་བའི་འབྲུལ་སྐྱེས་ཀྱི་རྣམ་པར་བཞག་པ་རྣམས་དང་བཅས་པ། ཆུ་མོ་ཕག་གི་ལོ་ཧོར་ཟླ་བདུན་པའི་ཚེས་བཅུ་བདུན་ལ། སྡེ་སྣོད་ཀྱི་ཚོགས་རྣམས་ཀློག་པའི་ཆོས་ཀྱི་གྲྭ་ཆེན་པོར་ཕེབས་པས་རྗེས་སུ་ཡི་རང་། འབུལ་བའི་མོལ་མཆིད་ཀྱི་ལན་མདོར་བསྡུས་པ་དྲི་བ་སོ་སོའི་གོ་རིམ་དང་མཐུན་པར་བརྗོད་པ་ནི། དེང་སང་། གངས་ཅན་གྱི་ལྗོངས་སུ་བརྒྱུད་པ་རྣམ་པར་དག་པ་ལས་འོངས་པའི་ཆོས་ལུགས་བདུན་ཙམ་ཡོད་ཟེར་བ་དེ་གང་ཡིན་གསུང་བ། སོ་ཐར་གྱི་སྡོམ་བརྒྱུད་མ་ཆད་པ་ཞི་འཚོ་ནས་བརྒྱུད་པ། བྱང་སེམས་ཀྱི་སྡོམ་བརྒྱུད་མ་ཆད་པ། ཨ་ཏི་ཤ་ནས་བརྒྱུད་པ། གསང་སྔགས་ཀྱི་སྡོམ་བརྒྱུད་མ་ཆད་པ་འབྲོག་མི་དང་མར་ལོ་ནས་བརྒྱུད་པ། སྔགས་ཀྱི་བཤད་སྲོལ། སློབ་དཔོན་གྱི་ཐུགས་ནས་བསྒྱུར་བ་ལ་རྙིང་མ་དང་། རྒྱ་དཔེ་ནས་བསྒྱུར་བ་ལ་གསར་མར་གྲགས་པ་དང་། མཚན་ཉིད་པའི་བཤད་སྲོལ། ལུང་རིགས་གཉིས་ཀ་རྔོག་ལོ་ནས་བརྒྱུད་པ་དང་། ཁ་ཆེ་བ་ནས། ས་ལོ་ལ་བརྒྱུད་པ་དང་། རྗེ་བཙུན་དམ་པ་རྒྱ་གར་ནས་བརྒྱུད་པ་དང་། ཤངས་པ་གདུ་བུ་བ་ནས་བརྒྱུད་པ་ལྔ་བུ་ཡང་ཡོད་པ་དེ་དག་ནི། འཕགས་

ཡུལ་ནས་གྲུབ་ཐོབ་ཀྱི་རྒྱུན་མ་ཆད། བདེན་པ་གཉིས་དང་ལྟ་སྒོམ་དང་ཞི་ལྷག་གི་འཇོག་ལུགས་རྣམས་ཀྱི་རྩ་བ་མཐུན་པ་ཁོ་ན་ཡིན་ལ། དུས་ཕྱིས་གངས་ཅན་དུ། དེ་དང་དེ་དག་གི་རྣམ་པར་བཞག་པ། སྟོན་པོད་ཡུལ་དུ་བྱོན་པའི་བཤད་བརྒྱུད་པ་དང་། སྒྲུབ་བརྒྱུད་པ་ཀུན་དང་ཕྱོགས་གཅིག་ཏུ་མི་མཐུན་པའི་གླེགས་བམ་གྱི་ཚོགས་གསར་བྱུང་གི་སླ་བ་རབ་ཏུ་མང་པོ་དག་གིས། ཆོས་བརྒྱུད་སྔ་མ་དེ་དག་གི་རྗེས་འབྲང་དུ་ཁས་འཆེ་བའི་ཕྱིས་བྱོན་བཤད་ཉན་པ་དག་གི་ཐུགས་རྒྱུད་རྣམ་པར་བསླད་ནས། རང་རང་གི་བརྒྱུད་པ་ལ་མེད་པའི་གཏམ་ཆོས་སྐད་དུ་སླ་བ་དག་ལ་ཟུར་ཟ་བའོ། །དེ་དག་ཀྱང་གང་ཞེ་ན། གཙོ་བོར་ཀུན་རྫོབ་ཀྱི་བདེན་པ་ལ་ལྷག་པར་ཞེན་པའི་གྲུབ་མཐའ་གཞུང་ཤིང་དུ་བཙུགས་པ་ལས་འཕྲོས་པའི་གླེགས་བམ་གྱི་ཚོགས་རྣམས་ཏེ། དེ་དག་གི་རང་མཚང་། ཁོ་བོ་ཅག་གིས་གཞན་དུ་རྒྱ་ཆེར་བསྒྲགས་ཟིན་པས། འདིར་མང་དུ་དོགས་པའོ། །འཕེལ་གཏམ་གཉིས་པ། རང་རིག་རང་གསལ་བདེན་གྲུབ་ཏུ་འདོད་པ་སེམས་འགྲེལ་སྐོར་གསུམ་གྱི་ལུགས་ཡིན་ན། རྗེ་ངོར་པ་ཆེན་པོས། སེམས་འགྲེལ་སོགས་ཕྱོགས་སྔར་བྱས་པ་ཡིན་ནམ་གསུངས་པ། དེ་ལྟར་དོགས་པ་འདི་ནི༑ སྟོན་བྱུང་གི་ཆོས་གཏམ་ནུབ་ནས། ཕྱིས་བྱུང་གི་ཆོས་སྐད་རྒྱ་ཆེར་འདྲེས་པའི་ནོངས་པ་མང་པོས་དེང་སང་ཀུན་ལ་ཁྱབ་པ་ཡིན་ནོ། །འདི་ལྟར་དོན་དམ་པའི་བདེན་པ་ཁས་བླངས་ནས་བདེན་པར་མ་གྲུབ་ཟེར་བ་དང་། ཀུན་རྫོབ་ཏུ་ཡོད་པས་ཡོད་པའི་གོ་ཆོད་ཅིང་། དོན་དམ་དུ་མ་ཡིན་པ་དང་མེད་པས་དེ་དང་དེའི་གོ་མི་ཆོད་པར་འདོད་པ་དང་། རྣམ་མཁྱེན་དང་ལྷན་ཅིག་སྐྱེས་པའི་ཡེ་ཤེས་སོགས་ཤེས་པ་མཐའ་དག་ཀུན་རྫོབ་ཀྱི་བདེན་པ་ཉིད་དུ་ཁས་བླངས་ནས། གཟུང་འཛིན་གཉིས་སུ་མེད་པའི་ཡེ་ཤེས་ཁོ་ན། གནས་ལུགས་དང་དོན་དམ་པའི་བདེན་པར་བཤད་ན་སེམས་ཙམ་ལས་མ་འདས་སོ། །ཞེས་བླ་མ་རེད་མདའ་བས་བཤད་ལ། འདིའི་རྒྱབ་བརྟེན་དབུ་མ་འཇུག་པར་ཐུག་ཅིང་། རང་གཞན་གྱི་ཕྱི་རབས་པ་དག་ལ་ནི། འཇུག་པར་བཤད་པ་ལས་མ་གཏོགས་པའི་དོན་དམ་བདེན་པའི་ངོས་འཛིན་མི་འདུག་པས་རྡོ་རྗེ་ཐེག་པའི་ལམ་སྒྲོལ་མཐའ་དག་ལས་ཉམས་ཏེ། ཀུན་རྫོབ་ཀྱི་བདེན་པ་གང་ཡིན་མཐའ་དག་ནི་མ་རིག་པ་ཁོ་ནའི་འཁྲུལ་སྣང་དུ་མི་འཆད་པའི་མདོ་སྔགས་ཀྱི་གཞུང་མེད་ཅིང་། དེ་ལྟར་མི་འཆད་པའི་བོད་སྔ་རབས་པ་སུ་ཡང་མེད་དོ། །དེའི་ཕྱིར་བདེན་གྲུབ་ལ་འཇིགས་མི་དགོས་ཏེ། ཡོད་ན་བདེན་དགོས་པའི་ཕྱིར་རོ། །དེ་ལྟ་མོད་ཀྱི་ཡོད་འཛིན་གྱི་རྟོག་པ་སྤྱང་བྱར་མི་འདོད་པའི་དབུ་མ་དང་སྔགས་ཀྱི་གཞུང་ལུགས་ཡོད་པ་མ་ཡིན་ནོ། །

རྒྱུད་གསུམ་གནོད་འཇོམས་ལས། རྒྱུད་གསུམ་དགོངས་པ་རྣམ་རིག་ཏུ། །གནས་ན་རྡོ་རྗེ་འཆང་ཆེན་གྱིས། །སྟོང་པ་ཉིད་ཀྱི་གདུལ་བྱ་རྣམས། །ལོག་པའི་ལམ་དུ་འཁྲིད་པར་འགྱུར། །ཞེས་གསུངས་པ་དེ་ནི།

སེམས་ཙམ་པ་རང་རྐྱང་ལ་སྟོང་ཉིད་གོ་ཆོད་པོ་འཇོག་རྒྱུ་མེད་པ་ལ་ཐུག་སྟེ། ལུགས་དེར་གཟུང་བ་ཕྱི་རོལ་གྱི་དོན་ཙམ་ཁེགས་ཀྱང་། འཛིན་པ་བདེན་གྲུབ་འདོད་ལ། ཇི་སྲིད་གཟུང་འཛིན་གཉིས་མེད་གཏན་ལ་མ་ཕེབས་པ་དེ་སྲིད་དུ། ནང་སྟོང་པ་ཉིད་ལ་སོགས་པ་ལྷག་མ་རྣམས་འཇོག་རྒྱུ་མེད་པ་ལ་དགོངས་པ་དང་། སྟོང་པ་ཉིད་ཀྱི་འཆད་ཚུལ་ངོ་བོ་ཉིད་མེད་སྨྲ་དང་མཐུན་ཤས་ཆེ་བ་ནི། སྒྲོ་སྐུར་སེལ་བྱེད་ཀྱི་ལྟ་བ་ལ་དགོངས་པ་ཡིན་ནོ།། །།

ཕྱི་རབས་པ་ནི། མདོ་སྔགས་ཀྱི་མཐར་ཐུག་གི་ལྟ་བའི་ཡུལ། སློབ་དཔོན་ཟླ་བས་བཤད་པའི་སྟོང་ཉིད་དེ་ལས་གཞན་ངོས་འཛིན་རྒྱུ་མེད་ཅིང་། དེ་ལས་གཞན་པའི་དོན་དམ་བདེན་པའི་མཚན་གཞི་ཡང་ངོས་འཛིན་མེད་པར་འདོད་ལ། འདོད་པ་དེ་དེང་སང་རང་ཕྱོགས་པ་ཀུན་ལ་འདྲིས་བྱུང་། སསྐྱ་པ་ནི། ངོ་བོ་ཉིད་མེད་སྨྲའི་གཞུང་ནས་དོན་དམ་བདེན་པ་གོ་ཆོད་མ་བཤད་པར་བཞེད་པ་དང་། ལུགས་དེའི་སྟོང་པ་ཉིད་ནི་སྤྱི་དོན་དང་རྣམ་གྲངས་པའི་དོན་དམ་ཙམ་དང་། ཐོས་པ་དང་། བཤད་པས་གོ་བའི་ལྟ་བར་བཞེད་ཀྱི། མཐར་ཐུག་གི་དང་སྒོམ་པས་ཉམས་མྱོང་གི་ལྟ་བ་ནི། རང་བྱུང་ལྷན་ཅིག་སྐྱེས་པའི་ཡེ་ཤེས་ལས་གཞན་དུ་མི་བཞེད། དེ་རྗེས་དབུ་མ་བསྟན་པར་བྱ་ཞེས་ལུང་གིས་བསྟན་པའི་སྟོང་ཉིད་དེ་ཐོས་བསམ་གྱི་ཡུལ་དུ་གྱུར་ཀྱང་། ཉམས་མྱོང་གི་ཡུལ་དུ་བྱས་ན་ལྟ་བ་དུག་ཅན་དུ་འགྱུར་བ་བཞེད། ཕྱི་རབས་པ་ནི། ཐོས་བསམ་གྱི་ཡུལ་དུ་གང་བྱས་དེ་སྒོམ་དགོས་པར་འདོད། སསྐྱ་པ་ནི། ཐོས་བསམ་གྱི་ཡུལ་དུ་བྱས་པ་དེ་ཀུན་ཏུ་རྨོངས་པ་མ་རིག་པའི་གཉེན་པོར་འགྱུར་ཡང་། རྣམ་རྟོག་རྒྱུན་ཆགས་ཀྱི་གཉེན་པོར་མི་བཞེད། ཡང་དེ་འདྲ་དེ་ཆགས་པ་གཅོད་པའི་ལམ་དུ་བཞེད་ཀྱང་། བྱང་ཆུབ་ཆེན་པོའི་ལམ་དུ་མི་བཞེད། ཕྱི་རབས་པ་ནི། སྔགས་ཀྱི་ལྟ་བའི་མཐར་ཐུག་ཡིན་ན། དབུ་མ་ནས་བཤད་པའི་སྟོང་པ་ཉིད་ཁོ་ན་ཡུལ་དུ་བྱས་པའི་ཤེས་རབ་ཞིག་ཡིན་པས་ཁྱབ་པར་འདོད་པ་དང་། ལམ་འབྲས་ནས་བཤད་པའི་ལྟ་གྲུབ་བརྒྱད་པོ་ཡུལ་དང་བཅས་པ་ཀུན་རྫོབ་ཀྱི་བདེན་པ་ཁོ་ནར་འདོད། སསྐྱ་པ་ནི། ལྟ་བ་རིམ་འཇུག་གི་མཐར་ཐུག །དེ་རྗེས་ཀྱེའི་རྡོ་རྗེ་བསམ་ཞེས་པ་དེར་བཞེད་ཅིང་། དེ་ནི་ཡེ་ཤེས་སུ་ངེས་ལ། ཡེ་ཤེས་ཀུན་རྫོབ་བདེན་པར་བཞེད་པའི་བོད་སྔ་རབས་ཀྱི་གསང་སྔགས་པ་མི་འདུག་པ་དེའི་ཚེ་དོན་དམ་དུ་བདེན་ན་བདེན་གྲུབ་ལས་འོས་མེད་ལགས་སོ། །དྲི་བ་གསུམ་པ། བྱམས་ཆོས་དང་ཐོགས་མེད་ཀྱི་ཤིང་རྟའི་སྲོལ་དབུ་མ་ཡིན་ན། སེམས་ཙམ་གྱི་གཞུང་དང་སློབ་དཔོན་གྱི་མཚན་གཞི་གང་ཡིན་གསུང་པ། འདི་ལ་སྤྱིར་བཤད་པ་དང་དངོས་ལན་བཏབ་པའོ། །དང་པོ་ནི། ཐོགས་མེད་སྐུ་མཆེད་ཀྱི་གཞུང་ལས་ནི། ཐལ་རང་གི་ལྟ་བ་དེ་ངན་གཡོ་དང་ཆད་སྨྲ་སོགས། མདོ་ལས་ལྟ་བ་ངན་པ་ཉི་ཤུ་རྩ་བརྒྱད་ལུང་

བསྟན་པ་དེའི་ནང་དུ་འདུས་པར་བཤད། ལེགས་ལྡན་དང་ཟླ་བས་ནི། ཐོག་མེད་སྐུ་མཆེད་ཀྱིས་དབུ་མའི་ལྟ་བར་བཤད་པ་དེ། ངོ་ཚ་དང་ཁྲེལ་མེད་པའི་ལྟ་བ་དང་། སེམས་ཙམ་གྱི་དང་། རྟག་པའི་ལྟ་བར་འཆད། འཕགས་ཡུལ་དུ་ཕྱིས་བྱོན་པའི་མཁས་པ་ཆེན་པོ་ཤཱནྟི་པ་སོགས། ཐོས་བསམ་གྱི་ཆོ་འཁོར་ལོ་བར་པ་ངེས་དོན་དང་། སྒོམ་བྱུང་གི་ཆོ་འཁོར་ལོ་གསུམ་པ་ངེས་དོན་དུ་བཞེད། ཇི་སྐད་དུ། ཤཱནྟི་པས། ཐམས་པ་ཐོགས་མེད་ཀྱིས་གསུངས་ཤིང་། །ཀླུ་སྒྲུབ་ཀྱང་ནི་བཞེད་པ་ཡི། །ཚད་མ་ལུང་དང་ལྡན་གྱུར་པའི། །བདེན་པ་གཉིས་པོ་འདིར་བཤད་བྱ། །ཞེས། ལུགས་གཉིས་ཀའི་དབུ་མ་ཚད་ལྡན་དུ་འཆད་པ། སློབ་དཔོན་ཞི་འཚོ་ནས་སེང་གེ་བཟང་པོའི་བར་སློབ་དཔོན་རྣམས་མཐུན་པར་ཐོས་བསམ་གྱི་སྒྲོ་འདོགས་གཅོད་ཚུལ་རིགས་ཚོགས་དང་། སྒོམ་པས་ཉམས་སུ་མྱོང་བྱ་ཐོགས་མེད་སྐུ་མཆེད་ཀྱི་སྲོལ་ལྟར་འཆད་པར་གྲགས་ཤིང་། དེ་ལྟར་གསལ་བ་ཡང་ཡིན་ལ། ས་སྐྱ་པས་ཇི་སྐད་དུ། མཐའ་བྲལ་དུ་གཏན་ལ་ཕབ་ནས། ཟུང་འཇུག་ཏུ་ཉམས་སུ་ལེན་ཞེས་པ་དང་། གཞུང་བཤད་ན་དེ་ལྟར་གསལ་བས། སྲོལ་གཉིས་ཀ་དབུ་མར་བཞེད་ལ། རྗེ་བཙུན་གྲགས་པས་ཀྱང་རྫོད་དུས་ཀྱི་ཐམས་ཅད་མཁྱེན་པ་གཉིས་པ། ཤཱནྟི་པ་ཞེས་གསུང་ངོ། །

རྣལ་འབྱོར་དབང་ཕྱུག་གི་དགོངས་པ་ཡང་དེ་ཁོ་ན་ལྟར་ངེས་པ་དང་། དེ་རྗེས་དབུ་མ་བསྟན་པར་བྱ། ཞེས་དང་། དེ་རྗེས་ཀྱིའི་རྡོ་རྗེ་བསམ་ཞེས་པས། ཐོས་བསམ་སྒོམ་གསུམ་གྱི་ལྟ་བ་རིམ་འཇུག་བསྟན་པར། རྡོ་རྗེ་བདག་མེད་མས་དགོངས་པ་ཡིན་ཏེ། ལུང་དེ་བདག་མེད་མས་སངས་རྒྱས་ལ་ཞུས་པའི་ལན་དུ་གསུངས་པའི་ཕྱིར་རོ། །བོད་ཡུལ་དུ་སྔོན་བྱོན་པའི་གསང་སྔགས་གསར་རྙིང་ཕལ་ཆེ་བ་དང་། ཞི་བྱེད་རྫོགས་གསུམ་པ་སོགས། སྒྲུབ་བརྒྱུད་པ་མཐའ་དག་བཀའ་འཁོར་ལོ་གསུམ་པ་ནས་འབྱུང་བའི་ལྟ་བ་ཁོ་ན་ངེས་པའི་དོན་ཅན་དུ་འདོད་ཅིང་། དེའི་འགྲེལ་ཚུལ་བྱམས་ཆོས་ཕྱི་མ་དང་མཐུན་པ་ཁོ་ན་ཡིན། ས་སྐྱ་པས་ནི། མཐའ་བྲལ་དུ་གཏན་ལ་ཕབ་ནས་ཤེས་པ། བཀའ་འཁོར་ལོ་བར་པའི་དངོས་བསྟན། གཙོ་བོར་འཛོག་པ་དང་། ཟུང་འཇུག་ཏུ་ཉམས་སུ་ལེན་ཞེས་པ། བཀའ་འཁོར་ལོ་གསུམ་པ་དགོངས་འགྲེལ་དང་བཅས་པ་ལྟར་གཙོ་བོར་ངེས་པ་ཡིན་ལ། རྒྱུད་ནས་གསུངས་པའི་དག་པ་གསུམ་གྱི་རྣམ་གཞག་འཆད་ཚུལ་ཀྱང་དེ་ཉིད་དོ། །སྔོན་དུས་བོད་ཡུལ་གྱི་མཚན་ཉིད་པ་ཕལ་ཆེར་ཐལ་རང་གི་དབུ་མ་དེ་གྲུབ་མཐའ་སྨྲ་བ་བཞིའི་རྩེ་མོ་དང་། བྱམས་ཆོས་ཀྱི་དབུ་མ་ནི། སེམས་ཙམ་པ་ལ་རྣམ་བདེན་རྫུན་གཉིས་སུ་ཕྱེ་ནས། རྣམ་རྫུན་གྱི་ལུགས་སུ་འཆད། རྗེ་བཙུན་གྲགས་པ་ནི་མངོན་རྟོགས་ལྗོན་ཤིང་སོགས་སུ་དབུས་མཐའི་དབུ་མ་ལ་ཐུགས་རྩིས་ཆེ། མི་ཏྲི་པ་རྗེས་འབྲང་དང་བཅས་པ་ནི། ཐལ་རང་ལུགས་ཀྱི་དབུ་མ་དེ་ཟླ་མའི་མན་ངག་གིས་མ་བརྒྱན་པས། དབུ་མ་འབྲིང་པོ་ཙམ་

ལས་མ་ཡིན། སྔགས་ཀྱི་དབུ་མ་ནི་དེས་བརྒྱན་པས་ན་དབུ་མ་ཆེན་པོའོ་ཞེས་བཞེད།

དགེ་ལྡན་པ་ནི། ཐལ་རང་གི་དབུ་མ་ལས་ལྷག་པའི་སྔགས་ཀྱི་དབུ་མ་ཞེས་པའི་དོན་དང་ཐ་སྙད་མི་འདོད། རྗེ་ས་པཎ་ནི་སྔགས་ཀྱི་དབུ་མའི་ངོས་འཛིན་མེད་པར་དགག་པའི་སྟོང་ཉིད་ཀྱི་ཚ་ནས་མི་འཇོག ། ཐབས་ཀྱི་ཆ་ནས་འཇོག །ཐབས་བདེ་བ་ཆེན་པོའོ། །དེ་ཡང་། དོན་དམ་བདེན་པར་འདོད་པ་རང་ལུགས་དང་། ཀུན་རྫོབ་ཏུ་འདོད་པ་ཕྱི་རབས་པའི་ལུགས་ཡིན་མོད། འདི་དེང་སང་རང་ལུགས་སུ་འདྲིས་བྱུང་། གུར་དུ། གལ་ཏེ་སྟོང་པ་ཐབས་ཡིན་ན། །ཞེས་སོགས་ཕྲེང་གཅིག་ཕྱུ། ས་པཎ་གྱི་དྲངས་པ་དེ་ལ་རྟོག་དཔྱོད་ཞིབ་མོར་གཏོང་དགོས། གཉིས་པ་དངོས་ལན་གདབ་པ་ནི། བྱམས་ཆོས་བར་པ་གསུམ་གྱི་གཞུང་ན། ཐེག་པ་ཆེན་པོའི་ལྟ་བ་རིམ་འཛིག་ལ། སེམས་ཙམ་དུ་དང་དབུ་མར་འཇུག་ཚུལ་ཏེ། གཉིས་གཉིས་སུ་བཤད་པ་ཡིན་ཏེ། རྒྱན་དུ། དེར་སྣང་སེམས་ཙམ་ལ་ནི་ཡང་དག་གནས། །ཞེས་དང་། དེ་ནས་སེམས་ཀྱང་མེད་པ་ཉིད་དུ་རྟོགས། ། ཞེས་དང་། དབུས་མཐར། ཡང་དག་མ་ཡིན་ཀུན་རྟོག་ཡོད། །ཅེས་དང་། དེ་ལ་གཉིས་པོ་ཡོད་མ་ཡིན། །ཞེས་པ་ལྟ་བུ། རྒྱབ་འགལ་གཉིས་གཉིས་སུ་ཕྱེ་བ་ཤིན་ཏུ་མང་ཞིང་། རྣམ་འགྲེལ་དུ། དེ་ལ་གཅིག་ནི་མེད་པས་ཀྱང་། །གཉིས་ཀའང་ཉམས་པར་འགྱུར་བ་ཡིན། །ཞེས་དང་། རིགས་གཏེར་དུའང་། དོན་མེད་དེས་ན་རྣམ་པའང་མེད། །ཅེས། ཚིག་ཕྱི་མས་བསྟན་པའི་དོན་རྣམས། སེམས་ཙམ་པ་ལ་ཧ་ཞི་ལྟར་འཐད། ཆོས་ཀྱི་དབྱིངས་ལས་མ་གཏོགས་པའི། །ཆོས་གཞན་མེད་པ་ཞེས་བྱ་བ་འདི། བྱམས་ཆོས་བར་པའི་གཞུང་ཤིང་གི་རྩ་བ་ཡིན། དེ་སེམས་ཙམ་པ་ལ་ཧ་ཞི་ལྟར་འཐད་དེ། ཁམས་གསུམ་པོ་སེམས་ཙམ་དུ་ཁས་ལེན་པའི་གོང་དུ་མི་འཕགས་པའི་ཕྱིར། ཡང་དགེ་ལྡན་པ་ནི། བྱམས་ཆོས་བར་པའི་ལྟ་བས་ཉན་ཐོས་ཀྱི་མཐོང་ལམ་ཙམ་དུའང་མི་སླེབ་པར་འདོད་ལ། བར་པ་གསུམ་གྱི་གཞུང་ན་ནི། ལྟ་བ་དེ་ཉིད་ལ་གནས་པའི་ལམ་ལྔ་དང་ས་བཅུའི་རྣམ་གཞག་རྒྱས་པར་གསུངས་པས་ན། ཕྱི་རབས་པའི་རྗེས་སུ་འབྲངས་ན་ཆོས་སྦྱོང་གི་ལས་གསོག་ཅིང་། གསོག་པ་དེ་ཉིད་བྱམས་པས་ལུང་བསྟན་པ་ཡིན་ཏེ། ཇི་སྐད་དུ། གང་ཞིག་ཡིད་ནི་ཆོས་ལ་སྡང་བ་དེ་ལ་ཐར་པ་ག་ལ་ཡོད། ། ཅེས་པའི་སྐབས་ཀྱི་ཆོས་དེའི་ངོས་འཛིན་གཉིས་སུ་མེད་པའི་ཡེ་ཤེས་དོན་དམ་བདེན་པའི་མཆོག་ཏུ་བསྟན་པ་དེ་ལ་བྱེད་དགོས་པའི་ཕྱིར་དང་། སློབ་དཔོན་སེང་གེ་བཟང་པོས་འགྲེལ་ཆེན་དུ། མདོ་སྡེ་རྒྱན་གྱི་ལུང་སོར་བཞག་ནས། སེམས་ཙམ་པའི་ལྟ་བས་ཐེག་ཆེན་གྱི་བཟོད་པ་དང་། ལྟ་བ་ཕྱི་མ་དེས། ཆོས་མཆོག་ནས་ས་བཅུ་རིམ་གྱིས་བགྲོད་པར་བཤད་པ་དང་། ས་སྐྱ་པ་གོང་མས། སེམས་ཙམ་པ་དང་རང་རྒྱུད་ལྟ་བ་མཚུངས་སོ་ཞེས། ལན་གཅིག་མ་ཡིན་པར་བཤད་ལ། རང་རྒྱུད་ལ་ནི་འཛིན་པ་བདེན་མེད་ཀྱི་ལྟ་བ་སྨྲ་བའི་རལ་པ

བཞིན་ནོ། །

ཡང་རང་རེ་ཚང་དད་པའི་རྗེས་འབྲང་གཙོ་བོར་བྱེད་ན། བྱམས་ཆོས་ལྔ་ཆར་གྱི་དགོངས་པ་དབུ་མར་གནས་པ་དང་། སེམས་ཙམ་དུ་གནས་པ་གཉིས་ནི། རིན་པོ་ཆེ་གཡག་གཞོན་གཉིས་ཀྱི་དགོངས་པ་སོ་སོ་ཡིན་པར་ཀུན་ལ་གྲགས་སོ། །ཡང་གཟུང་འཛིན་གཉིས་མེད་ཀྱི་ཡེ་ཤེས་སྟོབས་ལུགས་ལ་དོན་དམ་བདེན་པར་ཁས་བླངས་ན། རྒྱུད་གསུམ་གནོད་འཛོམས་དང་འགལ་བསམ་པ་ཅིག །

ངོར་ལུགས་པར་ཁས་ལེན་པ་རྣམས་ལ་མཆིས་མོད། དེ་དག་གིས་ནི། རྗེ་བླ་མས་མཛད་པའི་གཤེད་དམར་ལྷ་ལྔའི་སྒྲུབ་ཐབས་ཀྱི་ཐོག་མར་སྟོང་པ་ཉིད་ཀྱི་སྟོབས་དོན་བསམས་པའི་ངེས་དོན་མཐར་ཐུག་རང་རིག་རང་གསལ་ལ་བཞག་པ་དང་། སྤྲོས་མེད་མཛེས་རྒྱན་དུ་ཇི་སྐད་བཤད་པ་རྣམས་མ་བལྟས་པའམ། བལྟས་ཀྱང་མི་ཤེས་པར་ཟད་དོ། །དེ་བས་ཀྱང་ཐག་ཉེ་བ་འཁོར་འདས་དབྱེར་མེད་ཀྱི་འགྲེལ་པར་སྣང་བ་སེམས་སུ་བསྒྲུབས་པས་ཕྱི་དོན་ཙམ་ཁེགས་ཀྱི་སེམས་ཙམ་དང་། སེམས་སྒྱུ་མར་བསྒྲུབས་པས་རྣལ་འབྱོར་སྤྱོད་པའི་དབུ་མ་དང་། རྟེན་འབྲེལ་དུ་བསྒྲུབས་པས་ངོ་བོ་ཉིད་མེད་པའི་དབུ་མ་དང་། བརྗོད་བྲལ་དུ་བསྒྲུབས་པས་སྔགས་ཀྱི་ཉམས་སུ་མྱོང་བྱའི་དབུ་མ་ངོས་བཟུང་བ་ཡིན་མོད། རང་ཕྱོགས་པ་རྣམས་ཀྱང་བརྣ་མ་འཕྲོད་པས། གཞན་ཕྱོགས་ཁོ་ན་དང་དུ་ལེན་པར་སྣང་ངོ་། །སེམས་ཙམ་གྱི་གཞུང་དང་། སློབ་དཔོན་གྱི་མཚན་གཞི་གང་ཡིན་འདྲི་བ་ནི། སྤྱིར་གྲུབ་མཐའ་བཞི་ཀ་སངས་རྒྱས་ཀྱིས་གསུངས་པས་མཛད་པ་པོ་སངས་རྒྱས་ཡིན་མོད། གནས་སྐབས་སུ་མཛད་པོ་གང་དང་གང་གི་གཞུང་སོ་སོ་ན། གྲུབ་མཐའ་སྨྲ་བ་གང་དང་གང་གི་གཞུང་བཙུགས་པ་གང་ན་འདུག་པ་དེ། དེའི་གཞུང་དང་མཛད་པ་པོ་དེ་ཉིད་གྲུབ་མཐའ་དེ་དང་དེ་ལ་ལྟོས་པའི་སློབ་དཔོན་དུ་ཁས་བླངས་ཆོག་པ་ཡིན་མོད། དེར་འཛོག་པ་ལ་སེམས་ཙམ་གྱི་ལྟ་བ་རྒྱུད་ལ་སྐྱེས་ཤིང་། དེ་ལས་གོང་དུ་མ་འཕགས་པ་གཅིག་ཅིས་ཀྱང་དགོས་ན། ཐེག་ཆེན་གྱི་སྦྱོར་ལམ་བཟོད་པ་ཙམ་རྒྱུད་ལ་སྐྱེས་པའི་པཎྜི་ཏའམ། བྱང་ཆུབ་ཏུ་སེམས་བསྐྱེད་པའི་རང་རྒྱལ་དགྲ་བཅོམ་པ་ཞིག་ཡིན་ཞེས་བརྗོད་དོ། །སྤྱིར་ནི། དེ་འདྲ་དགོས་པ་མ་ཡིན་ཏེ། སློབ་དཔོན་དབྱིག་གཉེན་དང་སེང་བཟང་ལ་སེམས་ཙམ་དང་དབུ་མའི་ལྟ་བ་མ་འཁྲུངས་ཀྱང་། དེ་དང་དེའི་སློབ་དཔོན་དུ་འཇོག་པ་ཡིན་ནོ། །

སེམས་ཙམ་གྱི་གཞུང་མཛད་པ་པོ་ཡིན་པས། སེམས་ཙམ་གྱི་པཎྜི་ཏ་ཡིན་པའི་ངེས་པ་མེད་དེ། ཨཱ་ཙཱ་རྱ་དེ་ལྟ་བཞིན་དང་། ཐེག་བསྡུས་དབུ་མའི་གཞུང་ཡིན་པས། མཛད་པ་པོ་དབུ་མ་པར་གྲུབ་པ་ཡང་ཡིན་ལ། འཕགས་པ་ཐོགས་མེད་བཞིན་ནོ། །གཞན་དག་ལ་ཕར་འདྲི་དགོས་པ་ཡང་། བྱམས་ཆོས་བར་པར། རྣམ་

ཤེས་བདེན་པར་ཡོད་མེད་ཀྱི་རྒྱུབ་འགལ་གཉིས་རིམ་ཅན་དུ་བྱུང་བ། གཉིས་པོ་གང་སེམས་ཙམ་པའི་གྲུབ་མཐར་བྱེད། སྤྱིར་ནི། དབུ་མ་པའི་སློབ་དཔོན་གྱིས་ངོས་འཛིན་འདྲི་ན་ཡང་། མཐའ་གཅིག་ཏུ་ངེས་པ་མི་འབྱུང་སྟེ། དཔེར་ན། སློབ་དཔོན་ཆོས་སྐྱོང་གིས་ནི། ཤེར་ཕྱིན་གྱི་མདོའི་ངེས་དོན། འཁོར་ལོ་གསུམ་པས་བཀྲལ་པ་དེ་ཉིད་རྒྱབ་རྟེན་ཏུ་མཛད་ནས། རིགས་ཚོགས་ཀྱི་འགྲེལ་པ་དཀར་པོ་རྣམ་པར་འཆར་བ་མཛད་པས་ན། ཁོང་དབུ་མའི་སློབ་དཔོན་དུ་འཆད་དགོས། ཐ྄་བ་གྲགས་པས་ནི། ཁོང་སེམས་ཙམ་པའི་སློབ་དཔོན་དུ་འཆད། ཁོང་གིས་ཀྱང་ཟླ་བའི་དབུ་མ་ཉམས་མྱོང་གི་ལྟ་བ་དེ་དུག་ཅན་དུ་འཆད། སློབ་དཔོན་སངས་རྒྱས་ཡེ་ཤེས་སོགས་ཀྱང་། ཟླ་བས་བཤད་པའི་སྟོང་ཉིད་ལ། ཟབ་མོ་ཐལ་བྱུང་གི་ལྟ་བ་ལ་ངམ་མི་དད་དོ་ཞེས། ཉམས་སུ་མྱོང་བྱ་མ་ཡིན་པ་ལ་འཆད། འདིར་ཞར་བྱུང་གལ་ཆེ་བ་འདི་ལྟ་སྟེ། བླ་མ་གོང་མའི་གསུང་ལས། གནས་བརྟན་ཆོས་སྐྱོང་དབུ་མ་ཉིད་དུ་གནས་གྱུར་གསུང་པའི་གོ་བ། དེང་སང་ནི་ངོ་བོ་ཉིད་མེད་སྨྲའི་གྲུབ་མཐར་ཞུགས་པ་ཡིན་ནོ། །སྙམ་དུ་དོགས་པར་འགྱུར་ཏེ། དེང་སང་མདོ་སྔགས་ཀྱི་འཆད་ཉན་པ་ལ་ནི། དབུ་མའི་མཚན་གཞི་དེ་ལས་གཞན་མ་དམིགས་པའི་ཕྱིར། འདོད་པ་ཁོ་ནའོ་སྙམ་ན། དེའི་ཚེ་རྣལ་འབྱོར་དབང་ཕྱུག་གི་ལྟ་གྲུབ་ཀྱི་ཉམས་ལེན་མཛད་ཚུལ། གླང་ཆེན་གྱི་ཁྲུས་དང་འདྲ་བར་གྱུར་ཏེ། ལམ་འབྲས་སུ་བཤད་པའི་ལྟ་གྲུབ་བརྒྱུད་ཀྱི་ནང་ན། ངོ་བོ་ཉིད་མེད་སྨྲ་བའི་སྟོང་ཉིད་ཀྱི་ལྟ་བ་དེ་འདྲ་ཅི་ཡང་མ་དམིགས་པའི་ཕྱིར། གལ་ཏེ་དེ་དུས་ཀྱི་བདེ་སྟོང་ཟུང་འཇུག་འཆད་པའི་སྟོང་པ་ཉིད་དེ། ངོ་བོ་ཉིད་མེད་སྨྲའི་སྟོང་ཉིད་དོ་སྙམ་ན། དེ་ལ་ནི་ཟུང་འཇུག་གི་དོན་མེད་དེ། མེད་པར་དགག་པ་ཁོ་ན་ཉིད་ཀྱི་ཕྱིར་རོ། །

དེ་ནས་དྲི་བ་བཞི་པ། དབུ་མ་ལྟ་ཁྲིད་ཚུང་ངུ་དེ་ལ་ལུང་སྦྱོར་གཅིག་བྱུང་ན་གསུང་བ། སྤྱིར་ནི། ནང་པའི་གྲུབ་མཐའ་སྨྲ་བ་བཞི་ཀ །རང་རང་གི་ལྟ་བ་དབུ་མར་ཁས་ལེན་ཞེས། མཁས་པ་ཀུན་ལ་གྲགས་པས་གྲུབ་ལ། ཁྱད་པར་དུ། ཉན་ཐོས་ལ་གཙོ་བོར་དགོས་པ། གང་ཟག་གི་བདག་མེད་པའི་ལྟ་བ་ནི། ཉན་ཐོས་པའི་གཞུང་ལས་བཤད་པ་དེ་ཉིད་ལྟ་བ་གོ་ཆོད་པོ་ཡིན་ཏེ། ལྟ་བ་དེའི་ངོས་འཛིན་མཛོད་ཀྱི་འགྲེལ་པར་བཤད་པ་ལས་ལྷག་པ་དབུ་མ་ལ་འཇུག་པ་སོགས་ན་ཡང་མ་དམིགས་པའི་ཕྱིར། རང་རྒྱལ་དང་སེམས་ཙམ་པ་ལ་གཙོ་བོར་དགོས་པ། གཟུང་བ་ཆོས་ཀྱི་བདག་མེད་པའི་ལྟ་བ་ཡང་གོ་ཆོད་པོ་ཡིན་ཏེ། ཕྱི་རོལ་གྱི་དོན་རང་སྟོང་དུ་འཆད་ཚུལ་ཤེར་མདོ་ཧྲི་ལྟ་བ་ལས་མ་འདས་པའི་ཕྱིར། ཉན་ཐོས་སྡེ་པའི་གྲུབ་མཐའ་གཞིར་བྱས་ལ། བདག་མེད་དང་པོའི་ངོས་འཛིན་མེད་པ་དགག་པ་དང་མ་ཡིན་དགག་པ་གཉིས་ལས། དོན་དམ་བདེན་པའི་མཚན་གཞི་ནི་གཉིས་པ་ཁོ་ན་ལ་འཇོག་དགོས་ཏེ། དོན་དམ་པར་དོན་བྱེད་ནུས་དགོས་པའི་ཕྱིར། སེམས་ཙམ་པའི་

གཟུང་བ་ཆོས་ཀྱི་བདག་མེད་འཆད་ཚུལ་ཡང་དེ་དང་འདྲ་ཞིང་། དེ་དག་ནི་ཕྱོགས་རེ་ན་དབུ་མ་གོ་ཆོད་པོ་ཡིན་ཡང་། ཆོས་ཐམས་ཅད་ལ་མ་ཁྱབ་པས་ཉི་ཚེ་བ་ཉིད་དོ། །རྣལ་འབྱོར་སྤྱོད་པའི་དབུ་མ་ནི། བྱམས་ཆོས་ཕྱི་མ་རྣ་འགྲེལ་མཐའ་དག་ཏུ། གཟུང་འཛིན་གཉིས་སུ་མེད་པའི་ཡེ་ཤེས་ཁོ་ན་ལ་དབུ་མའི་ལམ་དང་ཆོས་ཐམས་ཅད་ཀྱི་དེ་ཁོ་ན་ཉིད། དོན་དམ་པའི་བདེན་པར་བཤད་ལ། དེ་དག་ཀྱང་དོན་དམ་པར་དོན་བྱེད་ནུས་དགོས་པའི་ཕྱིར། ཡེ་ཤེས་ཁོ་ནའོ། །གཟུང་འཛིན་ཀུན་བཏགས་བཀག་པའི་མེད་དགག་གི་ཆ་ནི། ཐོས་བསམ་གྱི་ཚེ་ལྷོག་པ་མེད་དགག་གི་གཞན་སེལ་ལས་མ་འདས་པའི་ཕྱིར། ཀུན་རྫོབ་ཀྱི་བདེན་པ་ཁོ་ནའོ། །གསང་སྔགས་བླ་མེད་ཀྱི་ཚེ་ན་ཡང་། རྟོགས་བྱེད་ཀྱི་བློ་དང་། ཐབས་ཁྱད་པར་དུ་འཕགས་པ་ཡིན་གྱི། རྟོགས་བྱའི་ཡུལ་ནི། གཉིས་མེད་ཀྱི་ཡེ་ཤེས་འདི་ལས་ལྷག་པ་གཞན་འཛིན་རྒྱུ་མེད་དེ། ཇི་སྐད་དུ། ཤྲཱི་ནི་གཉིས་མེད་ཡེ་ཤེས་ཏེ། །ཞེས་གསུངས་པ་དེ་ཉིད་དོ། །དེ་ལ་དགོངས་ནས། དོན་གཅིག་ན་ཡང་མ་རྨོངས་དང་། །ཞེས་གསུངས་སོ། །ངོ་བོ་ཉིད་མེད་སྨྲའི་སྟོང་ཉིད་ལ་དོན་གཅིག་པར་བཤད་མི་ནུས་སོ། །དེའི་ཕྱིར་རྣལ་འབྱོར་སྤྱོད་པའི་མཐར་ཐུག་གི་ལྟ་བ་འདི་ནས། སྔགས་ཀྱི་དབུ་མར་ཞུགས་ན། ལམ་བདེ་ཞིང་འཇུག་པ་མྱུར་བ་ཡིན་ཏེ༑ དཔེར་ན། རྣལ་འབྱོར་དབང་ཕྱུག་བཞིན་ནོ། །ལྟ་བ་འདི་ནས་སྔགས་ཀྱི་སྒྲུབ་པ་ལ་ཐོག་མར་འཇུག་པ་ན༑ ཡེ་ཤེས་ཚོགས་གསོག་གི་ཚེ། ཀུན་རྫོབ་ཐབས་ཅད་རང་སྟོང་དུ་བསྒོམས་ནས། དོན་དམ་པའི་ཡེ་ཤེས་ཉག་གཅིག་བསྐྱེད་རྫོགས་ཀྱི་སྒྲུབ་གཞིར་འཛིན་ལ། ཉམས་ལེན་དངོས་གཞིའི་དུས་སུ་ཡང་དོན་དམ་པའི་ཡེ་ཤེས་དེ་ཉིད་གཞན་སྟོང་གི་ངོ་བོར་ཉམས་སུ་བླངས་པས། བདེ་སྟོང་ཟུང་འཇུག་སོགས་འཛིན་པ་འོང་བ་ཡིན་གྱི༑ རང་སྟོང་གི་ངོས་འཛིན་མ་ནོར་བ་ལ་ནི། ཟུང་འཇུག་གི་གོ་སྐབས་མེད་དོ། །

གསུམ་པ། ཐལ་རང་གི་དབུ་མ་ནི། དུས་འཁོར་འགྲེལ་ཆེན་དང་། ཡེ་ཤེས་སྙིང་པོ་ཀུན་བཏུས་སུ། གྲུབ་མཐའ་སྨྲ་བ་བཞིའི་རྩེ་མོར་གྱུར་པའི་དབུ་མ་ཉིད་དུ། བཤད་པ་ལ་རྩོད་པ་མེད་མོད། ཐོགས་མེད་ཀྱི་ཤིང་རྟའི་སྲོལ་ལས་ནི། འདི་དག་ལ་དབུ་མའི་རྩེ་མོར་ཕྱིན་པའི་ལུང་མེད་དོ། །ངོ་བོ་ཉིད་མེད་སྨྲའི་བསྟན་བཅོས་མཛད་པ་པོ། ཀླུ་སྒྲུབ་ཡབ་སྲས་ཀྱིས་ནི། ཕར་ཕྱིན་ཐེག་པའི་གཞུང་རྣམས་སུ། ལྟ་བའི་ཡུལ་མཐར་ཐུག་ནི། སྤྲོས་པའི་ཚོགས་མཐའ་དག་དང་བྲལ་བའི་མེད་པར་དགག་པ་ནམ་མཁའ་ལྟ་བུ་ཞིག་ལས། གཞན་མ་བཤད་ལ༑ རྟོགས་ཚུལ་ཡང་མ་རྟོགས་པ་ལ་རྟོགས་པའི་ཐ་སྙད་མཛད་དོ། །དེ་དག་གིས་མཛད་པའི་སྔགས་གཞུང་རྣམས་སུ་དོན་དམ་པ་བྱང་ཆུབ་ཀྱི་སེམས་ཀྱི་རྡོ་རྗེ་ཉིད། ལྟ་ཡུལ་མཐར་ཐུག་དང་། དོན་དམ་པའི་བདེན་པར་བཞེད་པས། ཁྱད་པར་ཤིན་ཏུ་ཆེ་བ་གཉིས་བྱུང་བ་དེའི་ཚེ། མཚན་ཉིད་ཐེག་པ་ཁོ་ནས་ལམ་བགྲོད་པ་ལ།

ལུགས་དང་པོ་དེ་ཙམ་གྱིས་ཆོག་ཅིང་། རིགས་པའི་སྟོབས་ཀྱིས་སྤྲོས་པའི་ཚོགས་འགོག་པ་ལ། ཆེས་ཤིན་ཏུ་ཁྱད་པར་དུ་འཕགས་པ། དེ་ལ་གནས་སྐབས་སུ། ཐལ་རང་གི་སྔོལ་གཉིས་བྱུང་ཡང་། མཐར་ཐུག་གི་ལྟ་བའི་འཛོག་ཚུལ་ལ་ཁྱད་པར་མི་སྣང་ངོ་། །

བོད་ཕྱི་མ་དག་གིས། བཤད་པས་ནི། ངོ་བོ་ཉིད་མེད་སྨྲའི་གཞུང་ལུགས་ཤིན་ཏུ་ཉམས་པར་བྱས་ཤིང་། ཁྱད་པར། ཐལ་འགྱུར་བའི་ལུགས་དམིགས་མེད་དུ་གཏོང་དགོས་བྱུང་བ་ནི། གཙོ་བོར། ཀུན་རྫོབ་ཀྱི་བདེན་པ་ལ་ཞེན་ཆེས་པས་ནོངས་པ་ཡིན་ལ། དེ་ཡང་སྟོང་ཉིད་གཏན་ལ་འབེབས་བྱེད་ཀྱི་རིགས་པ་གཞན་གྲགས་སུ་མི་བྱེད་པར། རྟོག་གེའི་རང་རྒྱུད་དང་བསྟུན་ཐ་སྙད་ཀྱི་རྣམ་གཞག་འཇིག་རྟེན་ལྷན་སྐྱེས་ཀྱི་བློ་དང་མཐུན་པ་རང་ལུགས་སུ་བྱེད། ཡོད་མེད་སོགས་སྤྲོས་པའི་ཚོགས་མཐའ་དག་མི་འགོག་པར། ཆོས་ཅན་ཚད་གྲུབ་ཀྱི་སྟེང་དུ། དགག་བྱ་བདེན་གྲུབ་སོགས་བཀག་ཙམ་ཞིག་ལ། སྤྲོས་བྲལ་དང་སྟོང་ཉིད་དང་། དོན་དམ་བདེན་པའི་མཚན་གཞིར་འདོད། ཀུན་རྫོབ་ཏུ་ཡོད་པས་ཡོད་པའི་གོ་ཆོད་པ་དང་། དོན་དམ་དུ་ཡོད་པ་མ་ཡིན་པས། དེའི་གོ་མི་མཆོད་པ་དང་། དོན་དམ་པའི་བདེན་པ་དང་། རྫས་དང་། དེ་ཁོ་ན་ཉིད་དང་། ཡུལ་གྱི་གནས་ལུགས་ཞེས་བྱ་བ་ཡོད་ཀྱང་། དེ་དང་དེར་གྲུབ་པ་ནི་མེད་དོ། །དབུ་མའི་གྲུབ་མཐའ་འཛོག་པའི་གསང་ཚིག་ཡིན། ཞེས་ཟེར། འདི་འདྲ་དེ་ནི་དེང་སང་རང་ལུགས་ཀྱི་བཤད་ཉན་པ་རྣམས་ལ། གོས་གཙང་མ་སྣུམ་གྱིས་སྦགས་པ་བཞིན་དུ། ཆེས་ཤིན་ཏུ་ཞེན་པར་སྣང་བས། སྟོམ་པར་དཀའོ། །དེ་ལྟ་ན་ཡང་། ཇི་སྐད་དུ། ཡང་དག་རིགས་པས་ལེགས་པར་བརྡ་སྤྲད་ན། །འགའ་ཡི་ཡིད་ལ་ཅི་སྟེ་འབབ་མི་འགྱུར། །ཞེས་གསུངས་པས། འདི་ལྟར་དབུ་མ་ལ་འཇུག་པ་རྩ་འགྲེལ་ཙམ་ཞིག་གི །ཚིག་དོན་ལ་བརྟགས་པ་ན། ཐ་སྙད་ཀྱི་བདེན་པ་ཐམས་ཅད་གཞན་གྲགས་ཁོ་ན་ཡིན་གྱི། རང་ལུགས་མཐར་ཐུག་ལ་ཡོད་པ་ཞེས་བྱ་བ་སྐྲ་རྩེ་ཙམ་ཡང་ཁས་མི་ལེན། ཡོད་པ་མ་ཡིན་ན། མེད་དགོས་པ་དེ། ཕན་ཚུན་སྤྱངས་ཏེ་གནས་པ་ཁས་ལེན་པའི་ལུགས་ཡིན། སྤྱིར་ཡོད་པར་ཁས་བླངས་ན་རྟག་པར་སོང་། ཡོད་པ་དེ་རིགས་པས་བཤིག་པའི་ཚེ་མེད་པར་སོང་ན། ཆད་པའི་མཐར་སོང་བ་དང་། སྟོང་ཉིད་དངོས་པོའི་འཇིག་རྒྱུར་ཐལ་བ་ཡིན། ཆོས་དང་གང་ཟག་ཡོད་ན། རང་ཉིད་རང་གིས་མི་སྟོང་པར་སོང་བས། ངོ་བོ་ཉིད་མེད་སྨྲ་བའི་གཞུང་ལས་ཉམས། འཇིག་རྟེན་གྱི་བློ་ལྷན་སྐྱེས་ལ་གྲགས་པ་ཚད་མས་གྲུབ་ན། འཕགས་པའི་ལམ་དོན་མེད་དུ་ཐལ་བ་ཡིན། སངས་རྒྱས་ལ་ཀུན་རྫོབ་སྣང་ན། མཉམ་གཞག་སྣང་བཅས་སུ་མི་འདོད་བཞིན་དུ་ཐལ་བ་དང་། སངས་རྒྱས་ཀྱི་སར་མ་རིག་པ་མ་སྤངས་པར་ཐལ་བ་ཡིན། རྟེན་འབྲེལ་ལ་ཡོད་དགོས་ན། ལྟོས་གྲུབ་ཏུ་འགལ་བ་ཡིན། ལྟོས་གྲུབ་ལ་ཡོད་པས་ཁྱབ་ན་གཞུང་དང་

དངོས་སུ་འགལ་བ་ཡིན། སྟོང་ཉིད་བདེན་པ་དང་ཡོད་པར་ཁས་ལེན་ན། མི་སྟོང་པ་ཡང་དེ་ལྟར་ཁས་ལེན་དགོས་པ་ཡིན། དོན་དམ་བདེན་པ་ཡོད་པ་དང་། ཡོད་ན་བརྟེན་དགོས་ཟེར་བ། དངོས་སུ་འགལ་བ་ཡིན། ཡོད་པའི་ཆོས་ཁས་མ་བླངས་པ་ལ། ལས་རྒྱུ་འབྲས་སོགས་མེད་པར་ཐལ་བ་དང་། ཐ་སྙད་དུ་ཡོད་པའི་ཕྱིར་ཡོད་དོ་ཟེར་བ་དེ་ནི། དོན་དམ་སྒྲོ་ཅན་དང་། ཀུན་རྫོབ་སྒྲོ་ཅན་གྱི་ཀླན་ཀ་ཡིན་པས། དེ་ལ་ལན་འདེབས་ཚུལ་ནི། དབུ་མ་རྩ་བར། སངས་རྒྱས་རྣམས་ཀྱིས་ཆོས་བསྟན་པ། །ཞེས་སོགས་ཀྱིས་བཤད་ཟིན་པ་དེ་ཡིན།

རང་ལུགས་ལ། ལས་འབྲས་ཀྱི་རྟེན་དུ་གྱུར་པའི་གང་ཟག་ཡོད་པར་ཁས་བླངས་པས། སངས་རྒྱས་པའི་གྲུབ་མཐའ་ལས་ཉམས། ཕྱི་དོན་ཡོད་པར་ཁས་བླངས་པས། སེམས་ཙམ་པ་དང་རང་རྒྱལ་ལས་ཀྱང་ལྷ་བ་དམན་པར་སོང་། ཡང་ཡོད་ན་སྤྲོས་བྲལ་དང་། བརྟེན་པས་ཁྱབ། ཅེས་ཟེར་བ་དེ་འགལ་ཁྱབ་ཏུ་སོང་བ་ཡིན། ཡང་ཐ་སྙད་དུ་ཡོད་ན། ཡོད་དགོས་ཟེར་བ་དང་། གང་ཟག་གི་བདག་དང་བདེན་གྲུབ་གནས་སྐབས་གང་དུའང་མེད་ཅེས་འཆད་པ་འགལ་བ་ཡིན། ཐལ་འགྱུར་བའི་ལྟ་བ་རང་རྒྱུད་ལ་འབྱུངས་པ་ཞིག་གིས། རྗེས་ཐོབ་ཏུ་ཆོས་འཆད་པ་དང་། ཟན་ཟ་བ་སོགས་ཡོད་པར་ཁས་ལེན་པ་དེའི་ཚེ། འཇིག་རྟེན་མཐུན་འཇུག་ཡིན་གྱི༑ རང་ལུགས་མ་ཡིན་ཞེས་བྱ་བ་འདི་ཙམ་ཞིག་ནི། རང་གཞན་གྱི་གྲུབ་མཐའ། ཤན་མི་ཕྱེད་པ་དག་གི་ངོར་ཞུས་པ་ཡིན། འདི་དག་ལ། ས་སྐྱ་པའི་མཚན་ཉིད་ཀྱི་ལྟ་གྲུབ་དང་འགལ་བ་འདུག་གམ། ལེགས་པར་གཟིགས། དེ་ནི། དེ་བས་ཀྱང་རང་གཞན་ཀུན་གྱི་བློ་བར་མི་ཤོང་བ་ནི། དབུ་མ་ཐལ་འགྱུར་བའི་ལྟ་བ་གཙང་མ་གཅིག་འཆད་ན། ཐེག་ཆེན་འཕགས་པའི་མཉམ་གཞག་ན། ཡེ་ཤེས་ཡོད་པར་ཁས་ལེན་མི་នុས། དེའི་ཤེས་བྱེད་ཆོས་དང་གང་ཟག་ཐམས་ཅད་སྟོང་པར་བཏང་ནས། ཡེ་ཤེས་གཅིག་པུས་རང་རྒྱང་ཐུབ་པར་འཛོག་མི་བཏུབ། ས་བཅུའི་ཁྱད་པར་ནི་རྗེས་ཐོབ་ཏུ། སངས་རྒྱས་བརྒྱ་མཐོང་བ་སོགས་ཀྱིས་འབྱེད། ཡེ་ཤེས་དེའི་དངོས་ཀྱི་ཉེར་ལེན་ནི། ཇི་སྲིད་གཉིས་སྣང་འཁྲུལ་པའི་བག་ཆགས་མ་ཟད་པ་དེ་སྲིད་དུ། འཕེན་པའི་དབང་གིས། ཆོས་ཉིད་ལ་མཉམ་པར་འཇོག་སེམས་ཐ་མས་བྱེད། ས་དྲུག་པར་འགོག་པའི་སྙོམས་འཇུག་མངོན་དུ་གྱུར་པ་དང་། ས་བདུན་པར། སྐད་ཅིག་རེ་ལ་འཇུག་ལྡང་ནུས་པ་དང་། ས་བརྒྱད་པར་འགོག་པ་ལས་སློང་དགོས་པར་བཤད་པའི་འགོག་སྙོམས་དེ། མེད་པར་དགག་པ་ནམ་མཁའ་ལྟ་བུ་ཞིག་ལ་ངོས་འཛིན་དགོས་ཀྱི། ཡེ་ཤེས་ལ་འཆད་པ་བླ་བའི་དགོངས་པ་མ་ཡིན། ས་བདུན་པར། ཉན་རང་བློས་ཀྱང་གནོན་ནུས་པར་བཤད་པ་དེ། ས་དེའི་རྗེས་ཐོབ་ཏུ། ཉོན་སྒྲིབ་མ་ལུས་པར་སྤངས་ཟིན་པའི་སྐབས་སུ། ས་བདུན་པ་མན་ཆད་ཀྱི་ཤེས་སྒྲིབ་ཀྱང་སྤངས་ཟིན་པ་ལ་དགོངས། ས་དྲུག་པ་མན་ཆད་དུ། སྒྲིབ་པ་གཉིས་རགས་པ་ཆེད་དུ་གཉེར་ནས་སྤོང་

ཡང་། སྲིད་པར་སྐྱེ་བ་ལེན་པའི་སྲིད་པ་མི་སྲིད་པ་མི་སྲིད་ཅེས་པ། ་

ཡང་། སྲིད་པར་སྐྱེ་བ་ལེན་པའི་སྲིད་པ་མི་སྲོང་། ས་བདུན་པར་ནི། དེ་ཡང་སྤོང་ཞིང་། ས་བརྒྱད་པ་ལ་འཇུག་ཀར་ནི། སྤངས་ཟིན་པས། དུས་དེ་ནས་བཟུང་སྟེ། སྲིད་པར་སྐྱེ་བ་མི་ལེན་གྱི། ཟག་མེད་ལས་ཀྱིས། དག་པའི་ཞིང་དུ་ཡེ་ཤེས་ཀྱི་སྐྱེ་བ་བླངས་ནས། མཉམ་གཞག་ཏུ་ཤེས་སྒྲིབ་ལྷག་མ་སྤོང་བ་དང་། རྗེས་ཐོབ་ཏུ་བསོད་ནམས་ཀྱི་ཚོགས་མ་ལུས་པར་རྫོགས་པར་བྱེད། ལུགས་འདིར། མཉམ་གཞག་བར་ཆད་མེད་ལམ་དང་། རྣམ་གྲོལ་ལམ་གྱི་ཐ་སྙད་མི་མཛད། དོན་ཐོབ་ལ་དགོས་སྲིད་ནའང་། མཉམ་གཞག་གི་ཚེ་སྤང་བྱ་སྤོང་བཞིན་པ་དང་། རྗེས་ཀྱི་ཚེ་སྤང་བྱ་ལས་གྲོལ་བའི་ལམ་མོ། །ཇི་སྲིད་གཉིས་སྣང་གི་བག་ཆགས་ལས་མ་གྲོལ་བ་དེ་སྲིད་དུ། མཉམ་རྗེས་དང་ཀུན་རྫོབ་ཀྱི་སྣང་བ་འཆར་མོད། སངས་རྒྱས་ནས་ནི་དེ་ལས་གྲོལ་བའི་ཕྱིར། ཀུན་རྫོབ་བདེན་པའི་སྣང་བ་ཟད་ཅིང་། ཤེས་བྱ་ཐམས་ཅད་དེ་བཞིན་ཉིད་དུ་རོ་གཅིག་པ་དང་། དེ་བཞིན་ཉིད་དེ་ནི་བློ་ཡི་ཡུལ་ལས་འདས་པའི་ཕྱིར། དེ་ཡུལ་དུ་བྱེད་རིས་ཀྱི་བློ་ཀུན་རྫོབ་པ་ག་ལ་སྲིད། །དེའི་ཕྱིར། ལུགས་འདི་ལ་ནི། སྔོན་གྱི་དུས་སུ། རྒྱུན་ཆད་རབ་ཏུ་མི་གནས་པའི་དབུ་མ་ཞེས་གྲགས་སོ། །འོ་ན་སངས་རྒྱས་ཀྱི་ཁྲིན་ལས་རྒྱུན་ཆད་པར་ཐལ་ལོ། །ཞེ་ན་མ་ཡིན་ཏེ། རང་རྒྱུད་ཀྱིས་བསྡུས་པའི་ཡེ་ཤེས་མེད་ཀྱང་། རང་གི་སྔོན་གྱི་སྨོན་ལམ་དང་། གདུལ་བྱའི་བསོད་ནམས་ཀྱིས། རྒྱུ་མཐུན་གྱི་སྐུ་དང་། ལོངས་སྤྱོད་རྫོགས་པའི་རྣམ་རོལ། གདུལ་བྱའི་སྐལ་པ་དང་འཚམས་པར། ཇི་སྲིད་འཁོར་བ་མ་སྟོངས་ཀྱི་བར་དུ་རྟག་པ་ཡིན་ནོ། །དེ་ལྟར་བཤད་པ་དེ་ཡང་སྤྱོད་འཇུག་མཁན་པོའི་ཡང་དགོངས་པ་སྟེ། གཞུང་དེ་ཉིད་ན་གསལ་ལོ། །དེ་ཙམ་དུ་རྒྱས་པར་བཤད་པས་ཅི་ཞིག་བྱ་སྙམ་ན། ས་སྐྱ་པའི་རྗེས་འཇུག་དག་གི་བསམ་པ་ལ། གནས་བརྟན་ཆོས་སྐྱོང་དབུ་མ་པར་གནས་གྱུར་ཅེས་པའི་གསུང་གཅིག་ནས་གཅིག་ཏུ་བརྒྱུད་པ་དེའི་གོ་བ། དེང་སང་། མཚན་ཉིད་པ་རྣམས་ཀྱིས་འཆད་པའི་དབུ་མ་པ་འདིའི་ལྟ་སྒོམ་དུ། འཇུག་པ་ཡིན་ནོ་སྙམ་པ་དེ་སྤང་བའི་ཕྱིར་ཡིན་ནོ༑ ༑དེ་ཡང་། དང་པོ་གསང་སྤྱོད་མཛད་པའི་ཚེ་དང་། ཕྱིས་ཕྱོགས་ལས་རྣམ་རྒྱལ་གྱི་སྤྱོད་པའི་དུས། གང་དུ་ཡང་། དབུ་མ་འདིར་འཇུག་དགོས་པ་མེད་དེ། སྐུ་ཚེ་དེ་ཉིད་ཀྱིས་བཅུ་གསུམ་རྡོ་རྗེ་འཛིན་པའི་ས་མངོན་དུ་བྱེད་པར་བཞེད་པའི་ཕྱིར་རོ། །

དོན་འདི་ནི། རྡོ་རྗེ་གུར་ལས་གསལ་ཏེ། སྟོང་པ་ཉིད་ཀྱི་ལྟ་བས་མཚན་འཛིན་འགོག་པ་དང་། དཀྱིལ་འཁོར་འཁོར་ལོའི་ཐབས་ཀྱིས། སངས་རྒྱས་མངོན་དུ་བྱེད་པ་རྒྱུད་དེ་ན་གསལ་བ་ལྟར། ཆོས་ཀྱི་རྗེས་ལུང་དུ་དྲངས་པའི་ཕྱིར་རོ། །རྗེ་བཙུན་གྱིས། སློབ་དཔོན་ཟླ་གྲགས་སངས་རྒྱས་ལ་ཡེ་ཤེས་མེད་པར་འདོད་ན། སངས་རྒྱས་དང་སློབ་དཔོན་གཉིས་ཀ་ལ་སྐུར་འདེབས་ཡིན་གསུང་བ་ནི། སློབ་དཔོན་དེའི་ཐུགས་ལུགས་ཀྱི་

བཤད་སྒྲོལ་ལ་དགོངས་ཤིང་། ཆོས་རྗེས། སངས་རྒྱས་ཀྱི་སར། ཡེ་ཤེས་ཡོད་མེད་ཀྱི་སྤྲོས་པ་ལས་འདས་པ། ཟླ་བའི་དགོངས་པར་འཆད་པ་ནི། སློབ་དཔོན་དེའི་ཕར་ཕྱིན་ཐེག་པའི་བཤད་སྒྲོལ་ལ་དགོངས་སོ། །བཞི་པ་སྔགས་ཀྱི་དབུ་མ་ལུང་དང་སྦྱོར་བ་ནི། བོད་ཕྱི་མ་དག་གི་བསམ་པ་ལ། ཐལ་འགྱུར་བར་གྲགས་པ་ལས་ལྷག་པའི་དབུ་མ་ནི། མདོ་སྔགས་གང་ན་ཡང་ཡོད་པ་མ་ཡིན་ནོ། །ཞེས་ཟེར་བ་དེ། རང་ཕྱོགས་པ་དག་ལ་ཡང་ལྷག་པར་ཞེན་ནས། སྔགས་ཀྱི་དབུ་མ་ཞེས་བྱ་བའི་ཐ་སྙད་མེད་དོ་སྙམ་དུ་སེམས་པ་དེ་ནི་མ་གོ་བ་ཡིན་ཏེ། དབུ་མ་ཞེས་བྱ་བ་འདི་ནི་ལྟ་བས་ཁྱད་པར་དུ་བྱས་པ་ཡིན་ལ། དེ་ལྟ་བུ། ཕར་ཕྱིན་པ་ལ་མེད་པ་ཞིག །སྔགས་ལ་ཧེ་ལྟར་ཡོད་པའི་ཚུལ་ནི། ལམ་འབྲས་ན་ཡོད་པའི་ལམ་བསྐོར་དང་། གསང་འདུས་དང་བདེ་མཆོག་གི་རིམ་ལྔ་སོ་སོ་བ་དང་། དུས་ཀྱི་འཁོར་ལོའི་རྣལ་འབྱོར་ཡན་ལག་དྲུག་པ་ལྟ་བུ་ནི། སྔགས་ཀྱི་དབུ་མའི་མཚན་གཞི་ཡིན་ལ། ལྟ་བའི་ཡུལ་དུ་གྱུར་པའི་སྟོང་པ་ཉིད་ཀྱང་། ཕར་ཕྱིན་པ་ལས་ཁྱད་པར་དུ་གྱུར་པ། རྣམ་཈ུན་མཆོག་ལྡན་གྱི་སྟོང་པ་ཉིད་ཅེས་བྱ་བ་ཞིག་སྔགས་སུ་ངོས་འཛིན་དགོས་པ་ཡིན་ཏེ། ཇི་སྐད་དུ། འཇམ་དཔལ་གྱི་ལྟ་བ་མདོར་བསྟན་པ་ལས། ཕུང་པོ་རྣམ་བཅད་སྟོང་པ་ཉིད། །ཆུ་ཤིང་བཞིན་དུ་སྙིང་པོ་མེད། །རྣམ་པ་ཀུན་གྱི་མཆོག་ལྡན་པའི། །སྟོང་ཉིད་དེ་ལྟར་འགྱུར་མ་ཡིན། །ཞེས་དང་། ཨཱ་ཏྲེ་བས། ཆོས་ཀུན་རྨི་ལམ་སྒྱུ་འདྲ་ཞེས། །སངས་རྒྱས་པ་ཀུན་སྨྲ་མོད་ཀྱི། །བདག་བྱིན་བརླབས་ལས་ཕྱིར་ཕྱོགས་པས། །རྨི་ལམ་སྒྱུ་འདྲ་རྟོགས་པ་མེད། །ཅེས་དང་། ལྟ་ཡུལ་སྒྱུ་མ་ལྟ་བུ་དང་། དེ་རྟོགས་བྱེད་ཀྱི་ཐབས་ཀྱང་། ཕར་ཕྱིན་པ་ལ་མེད་པ་ཞིག །སྔགས་སུ་བཤད་པ་དང་། བརྟག་གཉིས་ལས། གཞན་གྱིས་བརྗོད་མིན་ལྷན་ཅིག་སྐྱེས། །གང་དུ་ཡང་ནི་མི་རྙེད་དེ། །བླ་མའི་དུས་ཐབས་བསྟེན་པ་དང་། །བདག་གི་བསོད་ནམས་ལས་ཤེས་བྱ། །ཞེས་གསུངས་པ་ཡིན་ནོ། །ཆོས་ཀྱི་རྗེས། ཕ་རོལ་ཕྱིན་པའི་སྤྲིས་བྲལ་ལས། །ཞེས་སོགས་གསུངས་པ་དེ་ནི། ཐོས་བསམ་གྱིས་གཏན་ལ་ཕབ་པའི་ལྟ་བ་ལ་དགོངས་པ་ཡིན་གྱི། བསྒོམས་པས་ཉམས་མྱོང་གི་ལྟ་བ་ལ་བཤད་ན་ནི། རྒྱུད་དང་མན་ངག་ཀུན་དང་མི་མཐུན་ནོ། །དེའི་ཕྱིར་དབུ་མ་ཆེན་པོ་ནི་འདི་ཁོ་ན་ཏེ། འཇིགས་མེད་ཆོས་སྐྱོང་ཞབས་ཀྱང་། དབུ་མ་ཆེན་པོ་འདིར་བྱོན་ནས། །རྣལ་འབྱོར་དབང་ཕྱུག་ཏུ་གྱུར་པའོ། །དེར་མ་ཟད་དབུ་མའི་རིགས་པས་གཏན་ལ་ཕབ་པའི་སྟོང་པ་ཉིད་དེ་ནི། འཇལ་བྱེད་ཀྱི་བློ་རྟོག་པ་ཁོ་ན་དང་། གཞལ་བྱའི་ཡུལ་དོན་སྤྱི་ཙམ་ལས་མ་འདས་ལ། ཇི་སྐད་དུ། སངས་རྒྱས་ཀུན་གྱི་སྡོམ་པ་ནི། །ཨེ་ཝཾ་རྣམ་པར་ཡང་དག་གནས། །ཨེ་ཝཾ་རྣམ་པ་བདེ་ཆེན་པོ། །དབང་ལས་ཡང་དག་ཤེས་པར་བྱ། །ཞེས་པའི་སྐབས་ཀྱི། ཨེ་ཝཾ་དེའི་འཇལ་བྱེད་མངོན་སུམ་དང་། གཞལ་བྱ་བདེ་སྟོང་ཟུང་འཇུག་དང་། རྟོགས་བྱེད་ཀྱི་ཐབས་དབང་དང་བྱིན་རླབས་ལ་

བཤད་པས། ཐལ་འགྱུར་བའི་དབུ་མ་དང་ཁྱད་པར་ཤིན་ཏུ་ཆེའོ། །དེ་འདྲ་དེ་གྲུབ་མཐའ་བཞི་པའི་དབུ་མར་མི་རུང་ངོ་སྙམ་དུ་ཡང་བསམ་པར་མི་བྱ་སྟེ། བདེ་མཆོག་བསྟོད་འགྲེལ་ལས། སངས་རྒྱས་པ་ཡི་བཞི་པ་དང་། །ཐུབ་པའི་དགོངས་པ་ལྷ་པ་མེད། །ཅེས་གསུངས་པའི་ཕྱིར་རོ། །དེ་བས་ན། ཐལ་འགྱུར་བ་དང་སྔགས་ཀྱི་དབུ་མ་གཉིས་ལས། དྲང་པོར་སྨྲ་བའི་ཚེ་ཁྱད་པར་ཤིན་ཏུ་ཆེ་བ་ཡིན་ཏེ། ཐལ་འགྱུར་བས་ནི། གཞི་དབུ་མའི་གནས་ལུགས་མེད་དགག་ཡིན་ན། ལམ་དབུ་མའི་གཙོ་བོ་འཕགས་པའི་མཉམ་གཞག་ནི་མེད་དགག་ཡིན་ན། འབྲས་བུ་དབུ་མའི་གཙོ་བོ། སངས་རྒྱས་ཀྱི་ཆོས་སྐུ་ནི་མེད་པར་དགག་པ་ཡིན་ནོ། །སྔགས་བླ་མེད་ཀྱི་གཞི་དབུ་མ་ནི། ཀུན་གཞི་རྒྱུ་རྒྱུད། ལམ་དབུ་མ་ནི། ཨེ་ཝཾ་ཟུང་འཇུག །འབྲས་བུ་དབུ་མ་ནི། ཡན་ལག་བདུན་ལྡན་གྱི་ཟུང་འཇུག་ལོངས་སྤྱོད་རྫོགས་པའི་སྐུ་ཉིད་དོ། །དེ་ཕྱིར་ཤིང་རྟའི་སྲོལ་ཤིན་ཏུ་མི་མཐུན་པ་འདི་དག །ཉམས་ལེན་གཅིག་ཏུ་བསྲེས་པས་ནི། གསང་འདུས་དང་ཐལ་འགྱུར་བའི་ཞབས་ཏོག་ཏུ་ག་ལ་འགྱུར། །རང་ཕྱོགས་པ། རྗེ་བཙུན་གོང་མ་ཞེས་ཁ་བཏོན་དུ་བྱེད་པ་དག །གཞན་ཟེར་གྱིས་འཇིགས་ནས། དཔའ་ཞུམ་པར་མ་མཛད་ཅིག །ཅེས་སྨྲས་པ་ཡིན་ནོ། །

དྲི་བ་ལྔ་པ་ནི། མ་དག་པའི་ཕུང་པོ་ལྷར་མི་སྒོམ་ཟེར་བ་འདི་ལ། ཁོ་བོ་ཅག་མང་པོ་ཞིག་བློ་ལ་མི་འཚམ་པར་གྱུར་ཏེ། ཕུང་པོ་སངས་རྒྱས་ལྔ་བདག་ཉིད། །ཅེས་དང་། གཟུགས་ཕུང་རྡོ་རྗེ་མ་ཡིན་ཏེ། །ཞེས་སོགས་ལུང་དུ་མ་དང་འགལ་བའི་ཕྱིར་དང་། ལུས་དཀྱིལ་ནི། བཅོས་མ་གཉིས་དང་མི་འདྲ་བར། ལུས་གྲུབ་ཙམ་ནས། ལྷག་པའི་ལྷའི་དཀྱིལ་འཁོར་དུ་གྲུབ་པའི་ཕྱིར་དང་། ལུང་མ་བསྟན་དགེ་བར་འགྱུར་མི་སྲིད་ན། ལུང་མ་བསྟན་ལམ་དུ་བྱེད་པའི་ཐབས་མཁས་གསུངས་པ་རྣམས་དང་འགལ་བའི་ཕྱིར་དང་། རྣམ་སྨིན་གྱི་ཕུང་པོ་སྒོམས་སྟོབས་ཀྱིས་ལྷར་མི་འགྲོ་ན། སྟག་མོ་བྲག་དང་གེང་རུས་ཞེས་སོགས་ཀྱི་རྣམ་གཞག་གསུངས་པ་རྣམས་དང་འགལ་བའི་ཕྱིར། ཞེས། སྒྲུབ་བྱེད་བཞི་འགོད་དོ། །འདིའི་ལན་གདབ་པ་ལ་གཉིས་ཏེ། སྒོམ་གྱི་དབྱེ་བ་སྤྱིར་བཤད་པ་དང་། སྒྲུབ་བྱེད་སོ་སོའི་ལན་བཏབ་པའོ། །དང་པོ་ལ་གཉིས་ཏེ། སྤྱིར་དབྱེ་བ་དང་སྐབས་བབ་ངོས་བཟུང་བའོ། །དང་པོ་ལ་གཉིས་ཏེ། དབང་རྟུལ་དད་པའི་རྗེས་འབྲང་གི་དང་། དབང་རྣོན་ཆོས་ཀྱི་རྗེས་འབྲང་གི་སྒོམ་མོ། །དང་པོ་ནི། འཇིག་རྟེན་པ་དང་དེ་ལས་འདས་པའི་ཤེས་རབ་ཀྱི་བརྟག་དཔྱད་གང་ཡང་མེད་པར། ཀུན་ནས་ཉོན་མོངས་ཀྱི་ཕྱོགས་སམ། རྣམ་བྱང་གི་ཕྱོགས་འགའ་ཞིག །ལྷན་སྐྱེས་རྟོག་པའི་ཡུལ་དུ་གོམས་པར་བྱས་པས། ཡུལ་དེ་མངོན་ན་གནས་པ་ལྟ་བུའི་གསལ་སྣང་སྐྱེ་བ་ནི། ཇི་སྐད་དུ། རྣམ་འགྲེལ་ལས། འདོད་འཇིགས་མྱ་ངན་གྱིས་བརླམས་དང་། །རྨུན་པོ་རྨི་སོགས་ཀྱིས་བསླད་པ། མདུན་ན་

གནས་པ་བཞིན་དུ་ནི། །ཡང་དག་མིན་པ་མཐོང་བར་འགྱུར། །ཞེས་པ་ལྟ་བུ། དེ་འདྲའི་མོས་པ་ཡིད་བྱེད་ལ་བརྟེན་ནས་གསལ་སྣང་ཅི་སྐྱེས་ཀྱང་། ཡང་དག་པའི་ཤེས་པ་མ་ཡིན་ཏེ། །ཁམས་གསུམ་པའི་རྣམ་པ་ཅན་དུ་སྣང་བས་ན། ཡང་དག་པ་མ་ཡིན་པའི་ཀུན་ཏུ་རྟོག་པ་ལས་མ་འདས་པའི་ཕྱིར། གཉིས་པ་ནི། ཕྱི་རོལ་པའམ་ནང་པའི་རྣལ་འབྱོར་པ་གང་ཡིན་ཡང་རུང་སྟེ། བསམ་གཏན་གྱི་དངོས་གཞི་ལྟ་བུ་ཞི་གནས་ཁྱད་པར་ཅན་གྲུབ་ནས། སྤྲུལ་པ་པོ་སྣ་ཚོགས་པའི་གཟུགས་ཀྱིས། སྤྲུལ་པ་སྣ་ཚོགས་མངོན་སུམ་ལྟ་བུར་སྟོན་ནུས་པ་དང་། ཟད་པར་ས་ལ་སོགས་པ་ཡང་དག་པ་མ་ཡིན་པའི་དོན་བསྒོམས་པས། གོམས་བྱ་ལ་གསལ་སྣང་སྐྱེ་བ་དང་། བདག་མེད་རྟོགས་པའི་ཤེས་རབ་ལྟ་བུ་ཡང་དག་པའི་དོན་ལ་གསལ་སྣང་སྐྱེ་བ་གཉིས་ཀ་ཡོད་དེ། རྣམ་འགྲེལ་ལས། དེ་ཕྱིར་ཡང་དག་ཡང་དག་མིན། །གང་གང་ཤིན་ཏུ་གོམས་གྱུར་པ། །སྒོམ་པ་ཡོངས་སུ་རྫོགས་པ་ན། དེ་གསལ་མི་རྟོག་བློ་འབྲས་ཅན། །ཞེས་སོ། །དེའི་ནང་ནས་གཅིག་ནི། འཇིག་ཡུལ་དང་མ་འབྲེལ་བས་འཁྲུལ་པ་ཡིན་ཏེ། ཇི་སྐད་དུ། ལྷག་མ་ཉེ་བར་བསླད་པ་ཡིན། །ཞེས་སོ། །

གཉིས་པ་ལ་གཉིས་ཏེ། སྟོང་པ་ཉིད་ཀྱི་ལྟ་བ་དང་མ་འབྲེལ་བའི་སྒོམ་དང་འབྲེལ་བའི་སྒོམ་མོ། །དང་པོ་ནི། འཇིག་ཚེ་གཅིག་ཏུ་འཁྲུལ་པའི་སྒོམ་དེ། སྔོན་འགྲོ་ཡེ་ཤེས་ཚོགས་གསོག་དང་། མཇུག་དག་པ་སྒོམ་པ་གཉིས་ཀ་མེད་པར། ཡི་དམ་གྱི་ལྷ་སྐད་ཅིག་དྲན་རྫོགས་སུ་སྒོམ་པ་སྟེ། འདི་ནི། བོད་ཀྱི་སྒོམ་ཆེན་པ་དང་། གསང་སྔགས་གསར་རྙིང་པ་སོགས་ལ་མང་མོད། སྤྱིར་འཇུག་གི་རྟོག་པ་སྔོན་དུ་སོང་བ་དག་ལ་ནི། བདེན་གཉིས་སོ་སོར་མ་ཕྱེ་བའི་སྒོམ་དེ་རུང་ཙམ་ཡིན་ཏེ། མཐར་འབྲེལ་བས་མི་བསླུ་བ་སྲིད་པའི་ཕྱིར། གཉིས་པ་ནི; འཆད་ཚེ་རྣམ་པར་ཕྱེ་བའི་རྣམ་གཞག་ལ་ནི། རྒྱ་བོད་ཀྱི་གསང་སྔགས་པ་ཁུངས་ཐུབ་ཀུན་གྱི་སྒྲུབ་དཀྱིལ་ན། བསྐྱེད་རིམ་གྱི་ཚེ། མ་དག་པའི་ཕུང་ཁམས་ཉིད། ལྷར་སྒོམ་པའི་བཤད་པ་སུ་ལའང་མི་སྣང་སྟེ། ས་སྐྱ་པའི་ སྔགས་དོན་སྟོན་དུ་བཏང་ནས། དག་ཏུ་སྟོང་པའི་ངང་ལས་ཞེས་འདོན་དགོས་པ་ཤ་སྟག་ཏུ་དམིགས་པའི་ཕྱིར། གཉིས་པ། སྒྲུབ་བྱེད་སོ་སོའི་ལན་ལ་བཞི་ལས། གཏན་ཚིགས་དང་པོའི་ལན་ལ། ལུང་གི་དོན་དང་སྒོམ་ཚུལ་གྱི་ཁྱད་པར་རོ། །དང་པོ་ནི། ཕུང་པོ་སངས་རྒྱས་ལྔ་བདག་ཉིད། །ཅེས་སོགས། མ་དག་པའི་ཕུང་ཁམས་སྐྱེ་མཆེད་སངས་རྒྱས་དངོས་སུ་བཤད་པ་དེ་ནི། སྤྱིར། སངས་རྒྱས་ལ། རང་བཞིན་རྣམ་དག་གི་དང་། གློ་བུར་རྣམ་དག་གི་དབྱེ་བ་གཉིས་ལས། དང་པོ་ལ་དགོངས་པ་ཡིན་ཏེ། ཇི་སྐད་དུ། སེམས་ཅན་རྣམས་ནི་སངས་རྒྱས་ཉིད། །ཅེས་གསུངས་པ་དེའོ། །སེམས་ཅན་གྱི་ངོས་འཛིན་ལ་གཉིས་ཏེ། ཀུན་རྫོབ་པའི་སེམས་ཅན་ཞེས་བྱ་བ། ཉེར་ལེན་གྱི་ཕུང་པོ་ལ་མ་རིག་པ་ལྷན་སྐྱེས་ཀྱིས་བཏགས་པའི་གང་ཟག་དང་། ང་དང་བྱེད་པ་པོ

སོགས་སུ་ཞེན་པ་དེ་ཡིན་ལ། དོན་དམ་པའི་སེམས་ཅན་ཞེས་བྱ་བ་ནི། རང་བཞིན་གནས་རིགས་སམ། ཁམས་བདེ་བར་གཤེགས་པའི་སྙིང་པོ་དང་། དང་པོའི་སངས་རྒྱས་ཞེས་བྱ་བའི་མིང་ཅན་དེའོ། །དེའི་ཚེ། ཕུང་སོགས་རྣམས་ནི་ཆོས་དང་གང་ཟག་གི་དབྱེ་བ་སོ་སོར་ཕྱེ་བ་ན། ཆོས་སུ་འཛོག་གི །གང་ཟག་ཏུ་མི་འཆད་པས་ན། ལམ་དུ་སྒྲུབ་པ་པོ་དང་འབྲས་བུར་སངས་རྒྱས་པ་ནི། དོན་དམ་པའི་སེམས་ཅན་ཁོ་ན་ཡིན་གྱི། ཀུན་རྫོབ་པའི་སེམས་ཅན་ནི་མ་ཡིན་ཏེ། ཡིན་ན་གྲོལ་བ་པོའི་བདག་ཁས་བླངས་པར་ཐལ་བའི་ཕྱིར་རོ། །རྡོ་རྗེ་ཐེག་པའི་ངེས་དོན་མཐར་ཐུག་གི་ཚེ་ནི། ཆོས་དང་གང་ཟག་གི་དབྱེ་བ་སོ་སོར་མི་འབྱེད་དེ། ཇི་སྐད་དུ། འཆད་པ་པོ་ང་ཆོས་ཀྱང་ང་། །ཞེས་གསུངས་སོ། །བསྐྱེད་རིམ་གྱི་ཉམས་ལེན་མཐར་ཕྱིན་ནས། གཞི་དུས་ཀྱི་དོན་དམ་པའི་སེམས་ཅན་ནམ། ཆོས་དབྱིངས་ཡེ་ཤེས་དེ། དྲུག་པ་རྡོ་རྗེ་འཆང་དུ་སངས་རྒྱས་པའི་ཚེ། ཕུང་ཁམས་སོགས་ཆོས་ཅན་སོ་སོ་དང་འབྲེལ་བའི་སྟོང་པ་ཉིད་ཀྱི་ཡེ་ཤེས་ཆོས་ཅན་གྱི་དབྱེ་བས་སོ་སོར་ཕྱེ་བ་རྣམས་ཀྱང་། རྒྱལ་བ་རིགས་ལྔ་དང་ཡུམ་བཞི་ལ་སོགས་པ་སོ་སོའི་མིང་ཅན་རྣམས་སུ་སངས་རྒྱས་པ་ཡིན་ཏེ། ལམ་གྱི་སྐབས་སུ། ཉམས་ལེན་གྱི་དབྱེ་བ་དེ་ལྟར་བྱས་པས་སོ། །ཆོས་ཉིད་ཀྱི་དབྱེ་བ་འདི་དག་ལ་ནི། རང་བཞིན་རྣམ་དག་གི་ཕུང་སོགས་དང་། དོན་དམ་པའི་ཕུང་སོགས་ཀྱི་མིང་གིས་བཏགས་སོ། །

གཉིས་པ་ཉམས་སུ་ལེན་ཚུལ་ནི། རྡོ་རྗེ་ཐེག་པའི་སྐབས་འདིར། རང་བཞིན་རྣམ་དག་གི་སངས་རྒྱས་སུ་མ་འདུས་པའི་ཕུང་ཁམས་སོགས་མི་སྲིད་ཀྱང་། ཉམས་སུ་ལེན་པའི་ཚེ། ལྷའི་སྒྲུབ་གཞི་རང་བཞིན་རྣམ་དག་གི་ཡེ་ཤེས་དེ་ཉིད། བློ་བུར་རྣམ་དག་གི་ལྷའི་ཚུལ་དུ་བསྒྲུབས་ནས། དེ་ཉིད་མོས་པ་ལམ་དུ་བྱེད་པ་ཡིན་ཏེ། མི་བསྐྱོད་པ་སོགས་ཡན་ལག་བཞི་རྫོགས་སུ་གྲུབ་པར་བྱས་ནས། དེ་ཉིད་ལ་མཉམ་པར་འཇོག་དགོས་པའི་ཕྱིར། བིརྺ་པའི་ལུགས་ཀྱི་བསྐྱེད་རིམ་གྱི་ལྷ་སྒོམ་ཚུལ་ལ། བསྙེན་སྒྲུབ་ཡན་ལག་བཞི་མ་ཚང་བ་མེད་དོ། །ཞེས། བླ་མ་གོང་མ་དག་གི་གསུང་ལས་བྱུང་བ་ཡིན་ནོ། །ཡིན་མོད་དེ་ལས་ཅིར་འགྱུར་ཞེ་ན། དེ་ཚང་བ་ལ་སྟོང་པ་ཉིད་ཀྱི་ལྟ་བ་ལ་ཐོག་མ་ཉིད་དུ་མཉམ་པར་འཇོག་དགོས་ཏེ། དེ་མེད་ན་ཡན་ལག་བཞི་རྫོགས་མི་འབྱུང་བའི་ཕྱིར་རོ། །དེ་ཉིད་གོམས་བྱེད་ཀྱི་ཚུལ་ལ་གཉིས་ཏེ། ཐུན་མོང་བ་ཕ་རོལ་ཏུ་ཕྱིན་པ་དང་། ཐུན་མོང་མ་ཡིན་པ་སྔགས་ལས་བྱུང་བའོ། །དང་པོ་ལ་གཉིས་ཏེ། འཁོར་ལོ་བར་པ་དང་རིགས་ཚོགས་ཀྱི་དངོས་བསྟན་ངོ་བོ་ཉིད་མེད་སྨྲ་བས་ཕྱེ་བ་དང་། འཁོར་ལོ་གསུམ་པ་དང་བྱམས་ཆོས་ཀྱི་དངོས་བསྟན། ཐོགས་མེད་སྐུ་མཆེད་ཀྱིས་བཀྲལ་བའོ། །བོད་ཕྱི་མ་དག་ནི། གསང་སྔགས་ཀྱི་སྒྲུབ་ཐབས་ལ་འཇུག་པའི་ཚེ། དཔལ་ལྡན་ཟླ་བས་བཀྲལ་བའི་ལྟ་བས་ཕུ་ཐག་ཆོད་པ་གཅིག་དགོས་ཀྱི། གཞན་གྱིས་ནི། ཅིར་ཡང་མི་རུང་ངོ་། །ཞེས་ཟེར་ཞིང

རང་ཕྱོགས་པ་ཕྱི་མ་དག །དེ་ལ་འཕྱོར་ཆས་སུ་བྱེད་པ་དག་ཀྱང་སྣང་ངོ་། །དེའི་ལུགས་མ་ནོར་བར་ངོས་འཛིན་ན་ནི༑ མཚན་འཛིན་གྱི་རྟོག་པ་སེལ་བྱེད་ཙམ་དུ་རུང་ཡང་། རིམ་པ་གཉིས་ཀྱི་ལམ་སྒྲུབ་པའི་རྟེན་དུ་རུང་བ་མ་ཡིན་ཏེ། ལུགས་དེའི་སྟོང་པ་ཉིད་ཀྱི་མཉམ་གཞག་ཏུ་ནི། རང་ཉིད་རང་གིས་མི་སྟོང་བའི་ཆོས་མི་སྲིད་ལ། ལམ་རིམ་པ་གཉིས་པོའི་མཉམ་གཞག་གི་ཡུལ་ནི། རང་སྟོང་དུ་ཁས་བླངས་ན་ཧ་ཅང་ཐལ་བའི་ཕྱིར། དེ་སྐད་དུ་ཡང་། གྲུར་ལས་གལ་ཏེ་སྟོང་པ་ཐབས་ཡིན་ན། །དེ་ཚེ་སངས་རྒྱས་ཉིད་མི་འགྱུར། །རྒྱུ་ལས་འབྲས་བུ་གཞན་མིན་ཕྱིར། །ཞེས་གསུངས་སོ། །སྲོལ་འབྱེད་གཉིས་པའི་སྟོང་པ་ཉིད་ཀྱི་ངོས་འཛིན་ནི། ཀུན་རྫོབ་ཀྱི་བདེན་པ་ཐམས་ཅད་རང་སྟོང་དུ་གཏན་ལ་ཕབ་ནས། དོན་དམ་པའི་ཡེ་ཤེས་འབའ་ཞིག་ལྷག་པར་འཛོག་པ་ཡིན་ལ། ལྟ་བ་འདི་ནས། སྔགས་ཀྱི་ཡེ་ཤེས་ཚོགས་གསོག་ལ་འཇུག་པ། མཐུན་ཤས་ཤིན་ཏུ་ཆེ་བ་ནི་སྔགས་དོན་བསམས་པ་ཉིད་ལས་ཤེས་སོ། །

གཉིས་པ་ཐུན་མོང་མ་ཡིན་པ་སྔགས་ལུགས་ཀྱི་སྟོང་པ་ཉིད་ནི། ཐོག་མར་རྒྱུ་དུས་ཀྱི་དབང་བསྐུར་དང་། བྱིན་བརླབས་ལ་བརྟེན་ནས། རྟོགས་བྱའི་ལྟ་བ་འཁོར་འདས་དབྱེར་མེད་ལྟ་བུ། རྟོགས་ཚུལ་གྱི་ཁྱད་པར། ཕར་ཕྱིན་པ་ལྟར་རྟོག་པའི་ཡུལ་དུ་བྱས་པ་མ་ཡིན་གྱི། མཚོན་བྱེད་དཔེའི་ཡེ་ཤེས་ཙམ་ལས་མ་སྐྱེས་ཀྱང་། མངོན་སུམ་པ་ཉིད་དུ་གྱུར་པ་གཞིར་བྱས་ནས། ཕྱིས་སྒྲུབ་ཐབས་ལ་འཇུག་པའི་ཐོག་མར། སྭ་བྷཱ་ཤྭའི་སྔགས་བསམ་ཞིང་ཡིད་ལ་དྲན་པ་ཙམ་གྱིས། སྔར་རྒྱུ་དུས་སུ་སྐྱེས་པའི་ལྟ་བ་དེ་ཉིད་ཉམས་སུ་མྱོང་བར་བྱེད་པ་ཡིན་ཏེ། སྟོང་པ་ཉིད་ཀྱི་ཡེ་ཤེས་ཀྱི་རྡོ་རྗེ་ང་ཡིན་ཞེས་མཉམ་པར་འཇོག་པའི་ཕྱིར། དེ་ལྟར་བཞག་པ་དེ་ནས་བཟུང་སྟེ། མངོན་པར་རྟོགས་པ་བསྐྱེད་རིམ་ལ་མ་ཐུག་གི་བར། གང་དུ་ཡང་མ་དག་པའི་ཕུང་སོགས་ཀྱི་སྣང་བ་ཡུལ་དུ་མི་བྱེད་དེ། རྟེན་དང་བརྟེན་པའི་སྒྲུབ་ཐབས་རེ་རེའི་ཐད་དུ་ཡང་། སྟོང་པའི་ངང་ལས་ཞེས་པ་དེ་མ་ཆད་པར་བྱེད་དགོས་པའི་ཕྱིར། ས་སྐྱ་པའི་གཞུང་ན་སྟོང་ཉིད་བཙན་ཐབས་སུ་སྒོམ་པ་དང་། གཤིག་ནས་སྒོམ་པའི་ཚུལ་གཉིས་ཡོད་ཟེར་མོད། དགོངས་པ་ཤེས་དགོས་ཏེ། བཤིག་ནས་ཅི་ཡང་མ་དམིགས་པའི་མེད་དགག་ལ་འཆད་ན། དེ་ཟབ་མོ་ཐལ་ཆུང་དུ་སོང་བས། གཞན་ཟེར་དབྱངས་སུ་མ་ལེན་ཅིག །དེ་ཁོ་ནར་མ་ཟད་ཀྱི། རྣལ་འབྱོར་ཕ་མའི་རྒྱུད་སྡེ་གང་ཡང་། མ་དག་པའི་ཕུང་པོ་ཉིད་ཀྱི་རང་ལྡོག་ནས་ལྟར་མ་བསྒོམ་ན༑ ཉེས་པ་ཆེན་པོར་འགྱུར་བའི་སྐད་ཆ་གསལ་པོ་རང་མི་སྣང་སྟེ། ཕུང་པོ་ལྔ་སངས་རྒྱས་ཟེར་མཁན་གྱི་གཙོ་བོ་གསང་འདུས་པ་ཡིན་ཡང་། དེའི་ལུགས་ཀྱི་ཆོས་སྐད་ལ། མ་དག་པའི་ཕུང་པོ་སྣོད་ཟམ་ཏོག་ལྟ་བུ་དེའི་ནང་དུ་སྟོང་པ་གསུམ་གྱི་ཡེ་ཤེས། བསྐྱེད་རྫོགས་ཀྱི་ལྟར་གྲུབ་ནས། རྣལ་འབྱོར་པས་ཟུང་འཇུག་མངོན་

དུ་བྱས་པ་དེའི་ཚེ། སྤྲུལ་གྱི་ཤུན་སྤྱགས་བརྗེས་པ་བཞིན་དུ། མ་དག་པའི་ཕུང་པོ་ཤུལ་དུ་འདོར་བར་འཆད་ཀྱིན་འདུག་པའི་ཕྱིར་དང་། མ་རྒྱུད་དུ། བསྐྱེད་རིམ་གྱི་ལྷ་སྒོམ་ཚུལ་ལ། མངོན་པར་བྱང་ཆུབ་པ་ལྔ་དང་། ཆོ་ག་གསུམ་བསྐྱེད་དང་། དབང་རྫོགས་ལ་ལྟ་བ་སྟོན་སོང་གི །དཀྱིལ་བསྐྱེད་དང་གསུམ་ལས་མ་བཤད་ལ། དེ་ཐམས་ཅད་ལ་ཡང་། ཀུན་རྫོབ་ཀྱི་ཕུང་པོ་དམིགས་མེད་དུ་གཏོང་དགོས་པའི་ཕྱིར། ཞར་ལ་འདི་ཤེས་དགོས་ཏེ། སྔགས་ཀྱི་གཞི་ལམ་ཐམས་ཅད་དུ། གང་ཟག་དང་ཆོས་གཉིས་ལས་མ་གཏོགས་པའི་ཤེས་བྱ་མི་སྲིད་ལ། དེ་རེ་རེ་ལ་ཡང་ཀུན་རྫོབ་པའི་དང་དོན་དམ་པའི་གང་ཟག་དང་ཆོས་གཉིས་གཉིས་སུ་ཕྱེ་བ་ལས། ཀུན་རྫོབ་པའི་གང་ཟག་ནི། མཉམ་པར་གཞག་པའི་རྣལ་འབྱོར་གྱིས་ལམ་སྒྲུབ་པ་པོར་མི་རུང་སྟེ། གང་ཟག་དེ་ཡུལ་དུ་བྱེད་པའི་བློ་ནི་འཇིག་ལྟ་ལས་མ་འདས་པས། ཕྱི་རོལ་པའི་རྣལ་འབྱོར་དང་མཚུངས་པའི་ཕྱིར། ཀུན་རྫོབ་པའི་ཆོས་རྣམས་ཀྱང་། ལམ་རིམ་པ་གཉིས་ལ་མཉམ་པར་བཞག་པའི་རྟེན་བརྟེན་པ་མཆོད་རྫས་སོགས་གང་གིས་ཡང་སྒྲུབ་གཞིར་མི་འཇོག་སྟེ། དེ་འཛིན་སྣང་ས་ཀྱི་ཡུལ་དུ་བྱེད་པའི་བློ་ནི། རྣམ་ཤེས་སམ། ཡང་དག་པ་མ་ཡིན་པའི་ཀུན་ཏུ་རྟོག་པ་ཁོན་ནར་ངེས་པས། དངོས་པོར་སྨྲ་བའི་སྒོམ་དང་ཁྱད་མེད་དུ་ཐལ་བའི་ཕྱིར་རོ། །དེ་ལྟ་མོད་ཀྱི་མཉམ་པར་མ་གཞག་པའི་རྣལ་འབྱོར་ལ་ནི། མ་རིག་པ་ལྷན་སྐྱེས་ཀྱིས་བཏགས་པའི་ཀུན་རྫོབ་ཀྱི་བདེན་པ་ཐད་སོར་འཇོག་པ་ཡིན་ནོ། །དེ་ལྟ་བས་ན། མཉམ་པར་བཞག་པའི་སྒྲུབ་པ་པོ་དང་། བསྒྲུབ་བྱའི་ཆོས་མཐའ་དག་ནི། དོན་དམ་པའི་དེ་དང་དེའི་དབང་དུ་བྱས་པ་ཁོ་ནའོ། །འདི་གྲངས་ཅན་གྱི་བཏགས་པའི་བདག་ཤེས་རིག་གི་སྐྱེས་བུ་དང་འདྲ་བ་མ་ཡིན་ཏེ། འདི་ནི་བདག་འཛིན་རྟོག་པའི་ཡུལ་ལས་འདས་པའི་ཕྱིར། རྒྱུད་བླ་མ་ལས། བདག་དང་བདག་མེད་སྤྲོས་པ་དག །ཉེ་བར་ཞི་བ་དམ་པའི་བདག །ཅེས་སོ། །དེ་ལྟར། སྒྲུབ་བྱེད་དང་པོའི་ལན་བཤད་ཟིན་ནས། སྒྲུབ་བྱེད་གཉིས་པས་ཀྱང་མི་འགྲུབ་པར་བསྟན་པ་ནི། ལུས་ཀྱི་དཀྱིལ་འཁོར་ནི། ཕྱིའི་དཀྱིལ་འཁོར་དང་མི་འདྲ་བར། ལུས་གྲུབ་ཙམ་ཉིད་ནས། ལྷ་དང་གཞལ་ཡས་ཁང་པར་གྲུབ་ཟིན་པས། ཇི་ལྟར་གྲུབ་པ་དེ་ཉིད་ལམ་དུ་བྱེད་པ་ཡིན་ནོ། །

ཞེས་འཆད་པ་འདིའི་ལན་ལ་གཉིས་ཏེ། སྤྱིར་བསྟན་པ་དང་། ཞིབ་མོར་བཤད་པའོ། །དང་པོ་ནི། གྲུབ་ལུགས་ཇི་ལྟར་ཡིན་ཡང་། ངག་འདོན་བྲག་ཆ་ལྟ་བུར་སོང་བས་ནོངས་པ་ཡིན་ཏེ། དགྱེས་པ་རྡོ་རྗེ་མན་ངག་པའི་ལུགས་ཀྱིས། འབྲས་བུ་རྡོ་རྗེ་འཛིན་པའི་སྐུ་ལ། ལུས་ཀྱི་དཀྱིལ་འཁོར་ཡོངས་སུ་རྫོགས་པར་གསལ་བཏབ་ནས། གོམས་པར་བྱེད་པ་ཡིན་ལ། རྡོ་རྗེ་འཛིན་པ་དེའི་སྐུ་ནི། མངོན་པར་བྱང་ཆུབ་པ་ལྔ་ཡོངས་སུ་རྫོགས་པའི་ཆོས་ཀྱི་དབྱིངས་ཀྱི་ཡེ་ཤེས་ཀྱི་ངོ་བོ་ཞེས། ངག་ཏུ་འདོན་པ་ཡིན་གྱི། དེར་མ་དག་པའི་ཕུང་པོ་མི་

འཛོག་པའི་ཕྱིར་དང་། དྲིལ་བུ་ལུས་དཀྱིལ་སྒོམ་པའི་ཐོག་མར། ཤྲཱི་ནི་གཉིས་མེད་ཡེ་ཤེས་ཏེ། །ཞེས་སོགས། ངག་ཏུ་བཀོད་ནས་དགའ་བ་གསུམ་ཉམས་སུ་མྱོང་བའི་ཡེ་ཤེས་ཀྱི་ངོ་བོ་དེ་ཉིད། ལྷག་པའི་ལྷར་བཞེངས་པའི་ལུས་ལ། དཀྱིལ་འཁོར་ཡོངས་སུ་རྫོགས་པར་གསལ་འདེབས་པ་ཡིན་གྱི། མ་རིག་པ་ལྷན་སྐྱེས་ཀྱི་བདགས་པའི་གང་ཟག་དང་ཆོས་ཐམས་ཅད་དགའ་བ་གསུམ་པོ་ཉམས་སུ་མྱོང་བ་ཉིད་ཀྱིས་དམིགས་མེད་དུ་བྱས་ཟིན་པའི་ཕྱིར་དང་། དེ་ལས་གཞན་དུ་ན། ལམ་ཟབ་རྒྱུན་གྱི་རྣལ་འབྱོར་དང་། རྣལ་འབྱོར་པ་ལ་དུས་ཐ་མའི་ཆོ་ག་བྱས་པའི་ཚེ། རྩ་ལྟུང་བརྒྱད་པ་ངེས་པར་ཉམས་སུ་ལེན་དགོས་པ་ཉིད་དུ་ཐལ་བར་འགྱུར་རོ། །

གཉིས་པ་ལ་དངོས་དང་ཤེས་བྱེད་དགོད་པའོ། །དང་པོ་ནི། སྐྱེར་མིའི་ལུས་གྲུབ་ཙམ་ནས། རྟེན་དང་བརྟེན་པར་བཅས་པའི་དཀྱིལ་འཁོར་རང་བཅས་སུ་གྲུབ་པ་ཡིན་པས། མ་དག་པའི་ལུས་ཉིད། ལྷར་སྒོམ་པར་མ་ཟད། ལྷ་ཉིད་ཡིན་ནོ། །ཞེས་འཆད་པ་དེ་དག་ནི། ལུས་ལ་ཐ་མལ་དུ་ཞེན་པ་སྤྱོང་བ་སོགས། ཕན་ཡོན་དུ་མ་ཡོད་པའི་ཆ་ནས། སྒྲུབ་པ་པོ་དད་པའི་རྗེས་འབྲང་ཙམ་དུ་འགྱུར་མོད། ཆོས་ཀྱི་རྗེས་སུ་འབྲང་བ་ནི་མ་སོང་སྟེ། ལུས་དཀྱིལ་ལ་ཉམས་ལེན་བྱེད་པའི་སྔོན་འགྲོ། དངོས་གཞི་རྗེས་སུ་ཡིད་ལ་བྱེད་ཚུལ་རྣམས་ཚད་ལྡན་གྱི་སྒྲུབ་དཀྱིལ་ནས་བཤད་པ་ལ། བརྡ་དོན་མ་འཕྲོད་པར་སྣང་བའི་ཕྱིར། ཇི་ལྟར་ཞེ་ན། དང་པོར། རྣལ་འབྱོར་པ་རང་ཉིད་ཡེ་ཤེས་ལྔའི་ངོ་བོར་གྱུར་པའི་ཧཱུྃ་ལས། ལྷག་པའི་ལྷ་ཞལ་བཞི་ཕྱག་བཅུ་གཉིས་པར་གྲུབ་པའི་སྐུ་ལ། ལུས་ཀྱི་དཀྱིལ་འཁོར་ཡོངས་སུ་རྫོགས་པར་གསལ་འདེབས་པ་དེ། ངག་ཏུ་འདོན་བཞིན་དུ་ཡང་གོ་ཡུལ་དུ་མི་འཛོག་པར། སྒྲུབ་པ་པོ་ཞལ་གཅིག་ཕྱག་གཉིས་པའི་ཐ་མལ་གྱི་ལུས་ལ། ལུས་དཀྱིལ་རྫོགས་པར་གྲུབ་ཟིན་པ་དེ་ཉིད་སྒོམ་པའི་གྲུབ་མཐའ་འཛོག་པ་ནི། སྔོན་འགྲོ་དགའ་བ་གསུམ་ངོས་མ་ཟིན་པས་ལེན་པ་དང་། ལུས་དཀྱིལ་གྱི་རྟེན་བརྟེན་པ་ཀུན། ཡེ་ཤེས་སུ་ཁས་མི་ལེན་པར། ཐ་མལ་གྱི་ཕུང་ཁམས་སྐྱེ་མཆེད་དུ་ཁས་ལེན་པ་ནི། བླ་མས་ལུས་དཀྱིལ་དུ་དབང་བསྐུར་དུས་དང་། ཕྱིས་རང་ཉིད་དེར་བདག་འཇུག་ལེན་དུས་སུ། སྭ་བྷཱ་ཝའི་སྔགས་ཀྱིས། མ་དག་པའི་ཕུང་པོ་ལྔ་སོ་སོ་ནས་མི་དམིགས་པར་བྱས། སྟོང་པ་དེ་ཉིད་ཀྱི་ངང་ལས་རྒྱལ་བ་རིགས་ལྔ་སོ་སོར་ཡན་ལག་བཞི་རྫོགས་སུ་བསྒྲུབས་ནས། ཉམས་སུ་ལེན་དགོས་པ་དེ་མ་གོ་བས་ནོངས་པ་དང་། གཞུང་ལས། ཇི་སྐད་དུ། འདི་དག་གནས་སུ་མཁའ་འགྲོ་མ། །རྩ་གཟུགས་མཛེས་པ་ཡང་དག་འཛིན། །དཔའ་བོ་ཉི་ཤུ་རྩ་བཞི་ནི། །ལུས་ཀྱི་ཁམས་སུ་རྣམ་པར་བརྟག །ཅེས་གསུངས་པ་དེས། ཐ་མལ་གྱི་རྩ་ཁམས་ཉིད། དཔའ་བོ་དང་རྣལ་འབྱོར་མ་དངོས་སུ་བསྟན་ནོ། །ཞེས་ཟེར་བ་དེས་ནི། ལུས་དཀྱིལ་གྱི་བརྟེན་པ་ལྷ་ངོས་འཛིན་པ་ན། ཆོས་རྣམས་རང་བཞིན་རྟོག་བྲལ་དག །སངས་རྒྱས་

ཡེ་ཤེས་བལྟ་བར་བྱོས། །ཞེས་དང་། ཕོ་བྲང་ལྔའི་ལྷ་ངོས་འཛིན་པ་ན། ཕུང་པོ་ལྔ་དང་ཉོན་མོངས་པ་ལྔ་སོ་སོ་ནས་རྣམ་པར་དག་པ་ཉིད། རྒྱལ་བ་རིགས་ལྔ་འཁོར་བཅས་སུ་ངོས་བཟུང་བ་དེ་མ་གོ་བས་ནོངས་པ་དང་། ལུས་ཀྱི་རྩ་ཁམས་ལྷ་ཡིན་པ་དང་། ལྷ་རྩ་ཁམས་ཀྱི་རྣམ་པར་བསྟན་པའི་རྣམ་དབྱེ་མ་ཕྱེད་པས་ནོངས་པ་དང་། རྟེན་གྱི་གཞལ་ཡས་ཁང་བྱང་ཕྱོགས་སོ་བདུན་གྱི་ངོ་བོ་ཉིད་དུ་གནས་པའི་བཤད་པ་བྱེད་བཞིན་དུ། དེ་འདྲ་དེ་ལུས་ཀྱི་གཞལ་ཡས་ཁང་ལ་སྦྱོར་མི་ཤེས་པས་ནོངས་པའི་ཕྱིར་ན། སློབ་པ་པོ་ཚོས་ཀྱི་རྗེས་འབྲང་དུ་མ་སོང་ངོ་༎ ༎

འདིར་ཅུང་ཟད་སྤྲོས་ན། ལུས་དཀྱིལ་གྱི་རྟེན་བརྟེན་པའི་རྣམ་གཞག་ནི། གདོད་མ་ནས་བྱང་ཕྱོགས་སོ་བདུན་གྱི་ངོ་བོ་ཉིད་དུ་གྲུབ་པ་ཡིན་གྱི། ལས་དང་ཉོན་མོངས་པའི་རྣམ་སྨིན་དང་བདག་པོའི་འབྲས་བུ་ནི་མ་ཡིན་ནོ། །བྱང་ཕྱོགས་ལ་ཡང་། གཉིས་ཏེ། རང་བཞིན་རྣམ་དག་གི་དང་གློ་བུར་རྣམ་དག་གིའོ། །དང་པོ་ནི༔ གདོད་མ་ཉིད་ནས་བཅོས་མིན་གྱི་རྟེན་བརྟེན་པ་སོ་སོ་བ་ཉིད་མ་ཡིན་པའི་དཀྱིལ་འཁོར་དུ་གྲུབ་པ་ཡིན་གྱི༔ མིའི་ལུས་གསར་དུ་གྲུབ་པ་ལ་ལྟོས་དགོས་པ་མ་ཡིན་ཏེ། ལྟོས་ན་གསར་དུ་བཅོས་མར་ཐལ་བའི་ཕྱིར་རོ༔ ༔དེ་ལྟ་མོད་ཀྱི་རྣམ་འགྱུར་པས་ལམ་དུ་བྱེད་པ་ལ་ནི། མིའི་ལུས་སུ་གྲུབ་པ་ལ་ལྟོས་དགོས་པ་ཡིན་ཏེ། ལུས་དེའི་གནས་དེ་དང་དེར། རྟེན་དང་བརྟེན་པ་སོ་སོ་ཐ་དད་པའི་ཚུལ་གྱིས་གསལ་འདེབས་དགོས་པའི་ཕྱིར། དཔེར་ན། གནས་ཚུལ་གྱི་རྒྱལ་བ་རིགས་ལྔ་ཆོས་ཀྱི་དབྱིངས་སུ་རོ་གཅིག་པར་བཞུགས་ཀྱང་། ཉམས་ལེན་གྱི་ཚེ་སོ་སོར་བརྡ་འཕྲོད་པ་ཐིག་ཆོན་དང་། རི་མོར་བྲིས་པ་སོགས་དང་། རྣམ་ཤེས་ཀྱི་ཡུལ་དུ་སོ་སོར་འཆར་བ་ལ་རག་ལས་པ་བཞིན་ནོ། །དེ་ཁོ་ན་ཉིད་ཀྱི་མཆོད་པ་སྣ་བདུན་ནི། ཡེ་ཤེས་སུ་རོ་གཅིག་ཀྱང་སོ་སོར་ངོ་འཕྲོད་པ་མཆོད་གཡོམས་ལ་རག་ལས་པ་བཞིན་ནོ། །འོ་ན་བཅོས་མ་བཅོས་ཀྱི་དབྱེ་བ་མེད་པར་འགྱུར་རོ། །ཞེ་ན། དབྱེ་བ་དེ་ནི། སློབ་ཐབས་དང་སློབ་པ་པོའི་ཁྱད་པར་ལས་ཏེ། ཕྱི་དབྱིབས་ཀྱི་དཀྱིལ་འཁོར་གསར་དུ་འཆེས་དགོས་མི་དགོས་ཀྱི་ཁྱད་པར་ལས་སོ། །རྟེན་བརྟེན་པ་ཐམས་ཅད་རང་བཞིན་རྣམ་དག་གི་ཡེ་ཤེས་ལ་འཛོག་ན། ཕྱི་ནང་གི་དབྱེ་བ་གང་གིས་འབྱེད། ཅེ་ན། སློབ་པ་པོའི་བློ་ཀུན་རྫོབ་པའི་དབྱེ་བ་ལས་ཏེ། དོན་དམ་པར་ནི། རས་བྲིས་དང་རྡུལ་ཚོན་ཡང་། མི་དམིགས་པར་བྱས་ཟིན་པའི་འོག་ཏུ་ཡེ་ཤེས་འབབ་ཞིག་ལས་གྲུབ་དགོས་པའི་ཕྱིར་རོ། །དེ་ལྟར་སློབ་པ་བཅོས་མ་གཉིས་ལ་ཡིན་གྱི། ལུས་དཀྱིལ་ལ་མེད་དོ་སྙམ་ན། བརྟག་པར་བྱ་སྟེ། ལུས་དཀྱིལ་དུ་དབང་མ་བསྐུར་བར་ནི། དེའི་ཉམས་ལེན་ལ་འཇུག་ཏུ་མི་རུང་ལ། དེའི་དབང་བསྐུར་བའི་ཚེ་ནི། དཔོན་སློབ་གཉིས་ཀས་སློབ་མའི་ཕུང་པོ་ལྔ་དམིགས་མེད་དུ་གཏོང

ཐེངས་ལྔ་ཙམ་བྱས་ཤིང་། བརྟུལ་ཞུགས་ཀྱི་ཆོ་ཆོས་དབྱིངས་ཡེ་ཤེས་ལྷག་མར་བཞག་ནས། སློབ་དཔོན་གྱི་དབང་གི་ཚེ། དཀྱིལ་འཁོར་དང་། ལྷ་དང་། རྡོ་རྗེ་དྲིལ་བུ་སོགས་ཀྱི་དེ་ཁོ་ན་ཉིད་བཤད་ནས། ཐམས་ཅད་ཡེ་ཤེས་སུ་རོ་གཅིག་པར་ངོ་སྤྲོད་པའི་ཕྱིར་དང་། དབང་གི་རྫོགས་པ་བརྗོད་པ་ན། ལུས་རྩ་དང་། རྩ་ཡི་གེ་དང་། ཁམས་བདུད་རྩི་སོགས་གནས་གྱུར་པ་ཉིད་དུ་ངོ་སྤྲོད་པའི་ཕྱིར་རོ། །

སྒྲུབ་བྱེད་གསུམ་པས་མི་འགྲུབ་པར་བསྟན་པ་ནི། ལུང་མ་བསྟན་ལམ་དུ་བྱེད་པ་ཡོད་པས། རྣམ་སྨིན་གྱི་ཕུང་པོ་ལྟར་སྨོམ་མོ། །ཞེས་གསུང་མོད། ལམ་བྱེད་བཤད་པའི་དོན་ནི། ཐ་མལ་པ་ལ་ལུང་མ་བསྟན་དུ་འཆར་རྒྱུའི་གཉིད་ལྟ་བུ་སྟེ། ཐབས་ལ་མཁས་པས། འོད་གསལ་དུ་བསྒྱུར་བ་ལྟ་བུ་ལ་འཆད་མོད། དེའི་ཚེ་ལུང་མ་བསྟན་དང་དགེ་བའི་གཞི་མཐུན་ཁས་བླངས་ན། སྔེ་སྣོད་ཆེན་པོ་རྣམས་ཀྱི་རྣམ་གཞག་དང་འགལ་བར་འགྱུར་རོ། །དེ་བས་ཀྱང་ཙུང་ཟད་རགས་པ། ཉོན་མོངས་པ་བྱང་ཆུབ་ཀྱི་ལམ་དུ་བྱེད་པ་ཞིག་ཀྱང་བཤད་མོད། དེའི་ཚེ། མི་དགེ་བ་དང་མཐོང་ལམ་ལྟ་བུའི་གཞི་མཐུན་ཁས་ལེན་པ་ནི་མ་ཡིན་གྱི། ཉོན་མོངས་པ་འདོད་ཆགས་ལྟ་བུའི་དོན་དམ་པའི་ངོ་བོ་མྱོང་བ་གསལ་རིག་གི་ཆ་དེ། བདག་བྱིན་གྱིས་བརླབས་པ་ལྟ་བུའི་ཐབས་མཁས་ཀྱིས། མཐོང་བའི་ལམ་དུ་གནས་གྱུར་ཐུབ་པ་ལྟ་བུ་ལ་བྱ་བ་ཡིན་གྱི། དེའི་ཚེ་ཉོན་མོངས་རང་མཚན་པ་དང་མཐོང་ལམ་གྱི་གཞི་མཐུན་གསང་སྔགས་པས་ཁས་ལེན་དུ་ག་ལ་རུང་། སྒྲུབ་བྱེད་བཞི་པས་ཀྱང་མི་འགྲུབ་པ་ནི། སྟག་མོར་བསྒོམས་པས་གསལ་སྣང་སྐྱེས་པ་ནི། སྔགས་དང་རྫས་ཀྱི་ནུས་པ་ལས་འབྱུང་བ་སྟེ། བརྫུས་སྟག་ཏུ་གྲགས་པ་ལྟ་བུ་དང་། གེང་རུས་ནི། བསམ་གཏན་གྱི་དངོས་གཞི་ཐོབ་པས། རྒྱ་མཚོའི་མཐའ་ཀླས་པ་ཉིད་དུ་ཁྱབ་པར་སྤྲོ་ནུས་པ་དག་བཤད་མོད། དེ་དག་ནི་འཇིག་རྟེན་ཐ་མལ་པའི་དང་། གནས་སྐབས་སུ་ལུས་གཙང་འཛིན་གྱི་གཉེན་པོར་བཤད་པ་ཙམ་ཡོད་མོད། དེ་འདྲ་ཀུན་ནི། ཡང་དག་པ་མ་ཡིན་པའི་དོན་གོམས་པས་གོམས་བྱ་ལ་གསལ་སྣང་སྐྱེ་བའི་དཔེ་ཡིན་གྱི། འདིར་ནི། སངས་རྒྱས་ཉིད་དུ་སྒྲུབ་པར་བྱེད་པའི་ཉེར་ལེན་གྱི་རྒྱུ་དང་། ལྷན་ཅིག་སྐྱེས་པའི་རྐྱེན་ཡིན་ངེས་གཅིག་ངོས་བཟུང་ནས། དེ་གོམས་བྱེད་ཀྱི་ཡན་ལག་དང་མ་བྲལ་བར་གོམས་པས། མཐར་སངས་རྒྱས་ཉིད་དུ་འགྱུར་ངེས་པའི་ཤེས་བྱེད་ཀྱི་གཏན་ཚིགས་ཡང་དག་གཅིག་འཚོལ་དགོས་པ་བྱུང་བ་དེའི་ཚེ། སངས་རྒྱས་པའི་ལུང་ནི། ཕྱི་རོལ་པ་སོགས་ཀྱི་ངོར་སྒྲུབ་བྱེད་དུ་མི་འཇུག་པས། དངོས་པོ་སྟོབས་ཞུགས་ཀྱི་རིགས་པ་ཉིད་དགོས་ཤིང་། རིགས་པ་དེ་ནི། རྣམ་འགྲེལ་མཛད་པས་བཤད་པ་ལས་ལྷག་པ་ལྟ་ཞོག །མཉམ་པ་ཙམ་ཡང་ཤིང་རྟའི་སྲོལ་གཞན་ལས་མ་བྱུང་ངོ་། །དེ་ཡང་གང་ཞེ་ན། སྟོང་ཉིད་རྟོགས་པའི་ཤེས་རབ་དང་བརྩེ་བ་སྙིང་རྗེ་ཆེན་པོ་ཟུང་དུ་འབྲེལ་བ་དེ་ཆོས་ཅན།

གོམས་བྱེད་ཀྱི་ཡན་ལག་དང་མ་བྲལ་བར་གོམས་ན། གོམས་བྱའི་དོན་ལ་གསལ་བ་རབ་ཀྱིས་མཐར་ཕྱིན་པ་འབྱུང་དུ་རུང་སྟེ། རྟེན་བརྟན་བྱས་ཟིན། འབད་རྩོལ་བསྐྱར་མ་ལ་མི་ལྟོས། གོམས་པ་རང་གི་ངང་གིས་ཁྱད་པར་དུ་འགྱུར་བའི་སེམས་ཀྱི་ཡོན་ཏན་ཡིན་པའི་ཕྱིར། ཞེས་གསུངས་པ་འདི། ཆོས་ཀྱི་རྗེས་རིགས་གཏེར་དུ་གཏན་ལ་ཕབ་པ་ཡིན་ནོ། །དེ་ལྟ་བུའི་རིགས་པ་དེ་ནི། གཞི་དུས་དང་ལམ་དུས་ཀྱི་རང་བཞིན་རྣམ་དག་གི་ཡེ་ཤེས། ཤེས་འདོད་ཆོས་ཅན་དུ་བཟུང་ནས། བསྒྲུབས་ན་འགྲུབ་པ་ཡིན་གྱི། རྣམ་སྨིན་གྱི་ཕུང་པོའམ། དེ་ལྟར་སྣང་བའི་རྣམ་རིག་གང་ཆོས་ཅན་དུ་བཟུང་ཀྱང་། གཏན་ཚིགས་གསུམ་ག་མི་འགྲུབ་པས། སྒྲུབ་བྱེད་མེད་དོ། །རེ་ཤིག་དང་པོར། རྟེན་བརྟན་པ་མི་འགྲུབ་སྟེ། སྔགས་ལམ་གྱི་སྐྱེ་བ་བརྒྱུད་ནས་ལེན་པ་ནི། སྐྱེ་བ་བདུན་དང་བཅུ་དྲུག་ལྟ་བུ་ལ། སངས་རྒྱ་བ་ནི། རྣམ་སྨིན་གྱི་ཕུང་པོ་སྔ་མ་འདོར་ཞིང་། ཕྱི་མས་ལེན་པས། བརྟན་པ་མ་ཡིན་ལ། ལུས་དཀྱིལ་བཛྲ་འཕྲོད་པའི་ཚེ་འདི་ཉིད་ལ་སངས་རྒྱ་བ་ནི། དུས་ཀྱི་འཁོར་ལོ་དང་། མ་རྒྱུད་ཀྱི་གདམས་ངག་བ་དག །གསེར་འགྱུར་གྱི་རྩེས། ལྕགས་ཀྱི་ཁམས་ཟད་པར་བྱས་ཤིང་། གསེར་དུ་བསྒྱུར་བ་ལྟར། བདག་བྱིན་གྱིས་བརླབས་པའི་རིམ་པས། རྣམ་སྨིན་ཕུང་པོའི་རང་གི་ངོ་བོ་ཟད་པར་བྱེད་དགོས་པ་ཉིད་དུ་བཤད་པས་ན། མི་བརྟན་པར་མ་ཟད། སངས་རྒྱས་ཀྱི་ཉེར་ལེན་དུ་ཡང་མ་བཤད་དོ། །བྱས་ཟིན་འབད་རྩོལ་ལ་མི་ལྟོས་པ་དང་། ངང་གིས་འཕེལ་བའི་དོན་ཡང་། ཐབས་གང་དང་གང་གིས། ཆོས་ཉིད་མངོན་སུམ་དུ་མཐོང་བ་དང་། མཐོང་ནས་འབད་རྩོལ་ལ་མི་ལྟོས་པར་འཕེལ་བའི་དོན་ཡིན་ལ། རྣམ་སྨིན་གྱི་ཕུང་པོ་ལྟར་མཐོང་བ་ནི། ཇི་ལྟར་བཟང་ཡང་བསྐྱེད་རིམ་ལས་མ་འདས་ལ། བསྐྱེད་རིམས་ཀྱི་ལྷའི་སྒྲུབ་གཞི་ཡིན་ངོ་ཤེས་པ་ཞིག་ལས་བསྒྲུབས་ན། ཆོས་ཉིད་མངོན་སུམ་དུ་མཐོང་སྲིད་ཀྱང་། སྒྲུབ་གཞི་མ་ཡིན་པ་ལས་བྱུང་བའི་གསལ་སྣང་ནི། དེ་མ་ཡིན་པ་ལ་དེར་བཟུང་བའི་ཕྱིར། རྟོག་མེད་འཁྲུལ་ཤེས་ལས་མ་འདས་སོ། །མདོར་ན་བདག་བསྐྱེད་ཀྱི་དཀྱིལ་འཁོར་དང་། ཟག་བཅས་ཀྱི་ཕུང་པོའི་གཞི་མཐུན་མི་སྲིད། མདུན་བསྐྱེད་ཀྱི་དཀྱིལ་འཁོར་དངོས་དང་། རྡུལ་ཚོན་དང་རས་བྲིས་སོགས་ཀྱི་གཞི་མཐུན་མི་སྲིད། བྱིན་གྱིས་བརླབས་པའི་མཆོད་རྫས་དངོས་དང་། ལས་ཉོན་གྱི་བདག་འབྲས་སུ་གྱུར་པའི་མེ་ཏོག་སོགས་ཀྱི་གཞི་མཐུན་མི་སྲིད། མ་དག་པའི་སྣོད་ཀྱི་འཇིག་རྟེན་དང་། ལྷའི་གཞལ་ཡས་ཁང་གི་གཞི་མཐུན་མི་སྲིད་དོ། །ཞེས་བྱ་བ་ནི་སྒྲུབ་པ་པོ་ཆོས་ཀྱི་རྗེས་འབྲང་དག་གིས། འཆད་ཚེ་རྣམ་པར་ཕྱེ་བའི་རྣམ་གཞག་ཤེས་པར་བྱས་ནས། རྣལ་འབྱོར་དུ་བྱ་བའི་རིམ་པ་ཡིན་ལ། ཇི་སྐད་བཤད་མ་ཐག་པ་ལས་ལོག་སྟེ། དེ་དང་དེའི་གཞི་མཐུན་པ་ཉིད་དུ་ཞེན་ནས་འཇུག་པ་ནི། སྒྲུབ་པ་པོ་དད་པའི་རྗེས་འབྲང་དག་གིས། འཇུག་ཚེ་གཅིག་ཏུ་འབྲེལ་བའི་རྣམ་གཞག་ལས་

གཞན་མ་ཤེས་པས། ཡིད་ལ་བྱ་བའི་རིམ་པ་ཉིད་དུ་མཛད་དགོས་པས་ན། རྣམ་པ་ཀུན་ཏུ་དཔག་པར་བྱ་བ་ནི་མ་ཡིན་ནོ། །

དྲི་བ་འདིའི་ཞར་བྱུང་གི་སྐབས་ན། ལྟ་ཡིན་ཡང་ཀུན་རྫོབ་བདེན་པ་སྲིད་ཅེས་དང་། གཞི་ལམ་འབྲས་བུའི་ཟུང་འཇུག་གི་རྣམ་གཞག་རེ་རང་ལུགས་སུ་མཛད་འདུག་པ་དེ་ལ། ཕྱི་རབས་པ་གཞན་གྱིས་བཏགས་པའི་ཆོས་སྐད་འདྲེས་པས། འདི་སྐད་ཅེས། སངས་རྒྱས་ཀྱི་སས་བསྡུས་པའི་ཀུན་རྫོབ་བདེན་པ་ནི། མདོ་སྔགས་གཉིས་ཀ་ནས་མི་སྲིད། གཞན་སྣང་གི་གཟུགས་སྐུ་གཉིས། སེམས་ཅན་གྱིས་བསྡུས་པ་བྱམས་ཆོས་ཀྱི་ལུགས། སངས་རྒྱས་དང་སེམས་ཅན་གཉིས་ཀས་མ་བསྡུས་པ། ཟླ་གྲགས་ཀྱི་ལུགས། ཟུང་འཇུག་ལོངས་སྤྱོད་རྫོགས་པའི་སྐུ། དོན་དམ་བདེན་པར་འཇོག་པ། སྔགས་ཀྱི་ལུགས། ཟུང་འཇུག་ཅེས་པ། ཐ་དད་པར་གཉིས་སུ་དབྱེར་མེད་པའི་ཆོས་སྐད། ཟུང་འབྲེལ་ཞེས་པ་གཉིས་སུ་དབྱེར་ཡོད་པའི་བརྡ་སྐད་ཡིན་པ་དེ་རྣམས་བོད་ཕྱི་མ་ལ་མི་སྣང་ངོ་། །ཡང་དྲི་བ་དྲུག་པ་ནི། སོ་སོར་ཐར་པའི་སྡོམ་པ་ལ། ཡིད་ཀྱི་སྡོམ་པ་མི་སྲིད་པར་བཤད་འདུག་པ་དང་། མདོ་ལས། དགེ་བསྙེན་ཙམ་གྱིས་ཀྱང་མི་དགེ་བཅུ་སྤོང་བར་བཤད་འདུག་པ། མི་འགལ་ལམ་གསུངས་པ་ནི། སྤྱིར་འདུལ་བའི་མིང་ཅན་ལ། ཉན་ཐོས་ཀྱི་དང་། བྱང་ཆུབ་སེམས་དཔའི་དང་། གསང་སྔགས་ཀྱི་དང་གསུམ་གསལ་བར་བཤད། སོ་སོ་ཐར་པ་ལའང་། ཉན་ཐོས་ཀྱི་དང་། བྱང་ཆུབ་སེམས་དཔའི་སོ་སོ་ཐར་པ་ནི་གསལ་བར་བཤད་ལ། གསང་སྔགས་ལའང་དོན་གྱིས་གྲུབ། སྡོམ་པ་ལའང་ལུས་ཀྱི་དང་། ངག་གི་དང་། ཡིད་ཀྱི་དང་གསུམ་བཤད། འདིར་ཉན་ཐོས་ཀྱི་འདུལ་བ་དང་། སོ་ཐར་ནི་བསྟན་པའི་རྩ་བ་དང་། ཐེག་པ་ཐམས་ཅད་ལ་ཁྱབ་བྱེད་ཐུན་མོང་བ་ཡིན། བྱང་སེམས་ཀྱི་སོ་ཐར་ནི། ཐེག་པ་གོང་མ་གཉིས་ལ་ཁྱབ་བྱེད་དུ་འགྲོ། སྔགས་ཀྱི་དེ་དག་ནི་ཐུན་མོང་མ་ཡིན་པའོ། །འདིར་ཉན་ཐོས་ཀྱི་འདུལ་བ་དང་སོ་ཐར་གྱི་དབང་དུ་བྱས་ན། འདི་ལ་ཡིད་ཀྱི་སྡོམ་པ་མི་འཆད། སོ་ཐར་རིགས་བརྒྱད་པོ་གང་ལེན་ཀྱང་། ཡིད་ཀྱི་སྡོམ་པ་མ་བླངས། བསླབ་བྱ་བརྗོད་པའི་ཚེ་ཡང་། ཡིད་ཀྱི་ཉེས་པ་མ་བཤད། དགེ་སློང་གི་སྡོམ་པ་ལ་ལྟོས་པའི་ལྟུང་བ་འཆད་པའི་ཚེ། ལུས་ངག་གི་རིག་བྱེད་གང་དུ་ཡང་མ་གྲུབ་ན། ཡིད་ཁོ་ནའི་ཉེས་པ་ལ་ནི། ལྕི་བ་ཕམ་པ་ནས། ཡང་བ་ཉེས་བཅས་ཀྱི་བར་གང་དུ་ཡང་འཆད་མི་ཐུབ། སོ་ཐར་སྡོམ་པ་ལེན་དུས་ཀྱི་ཀུན་སློང་ལ། འཁོར་བ་སྤོང་སེམས་དང་། མྱང་འདས་ལ་དོན་གཉེར་དགོས་ཀྱང་། དེ་སྡོམ་པའི་ངོ་བོར་མི་འཆད། ཡིད་ཀྱི་ཉེས་པའི་མཐར་ཐུག །ལོག་པར་ལྟ་བས། སོ་ཐར་གྱི་སྡོམ་པ་རྩ་བ་ནས་གཏོང་བར་བྱེད་ཀྱང་། དེ་དགེ་སློང་གི་སྡོམ་པ་ལ་ལྟོས་པའི་ལྟུང་བ་སྡེ་ལྔ་པོ་གང་དུ་ཡང་མི་འཆད། མདོར་ན། དགེ་སློང་གི་སྡོམ་པ་ལ།

སྤྱོང་བདུན་འཁོར་བཅས་ལས་གཞན་མི་འཆད་པ་དང་། རིགས་བརྒྱད་ཀ་ལ། ཡིད་ཀྱི་སྟོམ་པ་མི་འཆད་པ་ནི། འདུལ་བ་འདིའི་ལུགས་ཀྱི་མདོ་འགྲེལ་པ་དང་བཅས་པའི་དངོས་བསྟན་རང་ཡིན་པས། ཡིད་གཉིས་འཚོལ་དགོས་པ་མེད། སྡོམ་གསུམ་རབ་དབྱེ་འཆད་དུས་ཀྱི་སོ་ཐར་སྡོམ་པ་དེ་ཡང་། འདི་ཁོ་ན་ལས་གཞན་དུ་མ་འབྲུལ་ཅིག །དེ་ནས་ཡང་། དྲི་བ་བདུན་པ། སོ་ཐར་སྡོམ་པའི་སྐབས་སུ། རིག་བྱེད་དང་རིག་བྱེད་མ་ཡིན་པ་ཅི་ལ་ཟེར་ཞེས་གསུངས་པ་ནི། སྤྱིར། རིག་བྱེད་ཅེས་པ་ལུས་ངག་གི་བྱ་བྱེད་འཕྲུལ་དུ་མཐོང་ཐོས་སུ་གྱུར་པ་འདི་ལས། གཞན་ལ་ངོས་འཛིན་རྒྱུ་མེད། སྡོམ་པ་ལེན་པའི་སྦྱོར་འཇུག་གི་ཚེ། རིག་བྱེད་མང་པོ་དགོས་ཀྱང་། སྡོམ་པའི་ངོ་བོ་རིག་བྱེད་དུ་འདོད་མཁན་གྱི་ཐེག་པ་ཆེ་ཆུང་བ་སུ་ཡང་མེད། ལུས་ངག་གི་སྡོམ་པའི་ངོ་བོ། རིག་བྱེད་མ་ཡིན་པའི་གཟུགས་སུ་འདོད་པ། བྱེ་བྲག་ཏུ་སྨྲ་བ་ཁོ་ནའི་ལུགས་ཡིན།

དེ་ནས་ཡང་དྲི་བ་བརྒྱད་པ། སྤྱི་བོ་སྣ་ཚོགས་རྡོ་རྗེ་ཞེས་པའི་དོན། སྤྱི་བོའི་དབང་དུ་བྱས་པའི་ཆོས་ཉིད་དམ། ཡེ་ཤེས་གང་ལ་འཆད་ཀྱང་། སྐབས་སུ་མ་བབ་པས། ངེད་མང་པོའི་བློར་མ་ཤོང་། ཇི་ལྟར་ཡིན་གསུངས་པ་ནི། འདི་ལ་གཉིས་ཏེ། དངོས་ལན་བཏབ་པ་དང་། སྒྲུབ་བྱེད་བཤད་པའོ། །དང་པོ་ནི། འདིར་ཀྱི་རྡོ་རྗེ་མན་ངག་ལུགས་ཀྱི་དབང་དུ་བྱས་ན། སྤྱི་བོ་ནས་རྐང་བརྒྱད་ཀྱི་བར་ལ་ཀུན་རྫོབ་ཀྱི་སྤྱི་བོ་སོགས་དང་། དོན་དམ་པའི་སྤྱི་བོ་སོགས་གཉིས་སུ་འབྱེད་དགོས་པ་ཡིན་ཏེ། འཇིག་རྟེན་གྱི་ཐ་སྙད་བྱེད་པའི་ཚེ་ནི། ཀུན་རྫོབ་ཀྱི་སྤྱི་བོ་སོགས་གཞིར་འཛིག་ལ། སྒྲུབ་པ་ཉམས་ལེན་གྱི་ཚེ་ནི། དོན་དམ་པའི་སྤྱི་བོ་སོགས་དབང་བཙན་པ་ཡིན་ཏེ། དེ་དུས་ཀྱི་སྣ་ཚོགས་རྡོ་རྗེ་ནས། ཀ་བ་བརྒྱད་ཀྱི་བར་ནི། ཡུལ་དོན་དམ་པའི་བདེན་པ་དང་། ཡུལ་ཅན་ཡེ་ཤེས་ཁོ་ནའི་དབང་དུ་བྱས་པ་དང་། མཐར་ཐུག་རིགས་འདྲའི་རྒྱུན་མ་ཆད་པ་སངས་རྒྱས་ཀྱི་སར་འགྲོ་དགོས་ལ། ཀུན་རྫོབ་ཀྱི་སྤྱི་བོ་སོགས་ནི་དེ་དང་དེར་མི་རུང་བའི་ཕྱིར། ནང་གི་ལྷ་གྲངས་ལ་ཡང་དེ་བཞིན་དུ་སྦྱོར་དགོས་ཏེ། ལྷའི་ངོ་བོ་ནི། རང་བཞིན་གསལ་སྟོང་དང་། ངོ་བོ་ཟུང་འཇུག་ཏུ་ཁས་ལེན་དགོས་པའི་ཕྱིར་དང་། ལུས་དཀྱིལ་དུ་དབང་མ་བསྐུར་བར་ནི། ནང་གི་བསྐྱེད་རིམ་སྒོམ་པར་མི་རུང་ལ། དབང་དེ་བསྐུར་བའི་ཚེ་ནི། ཀུན་རྫོབ་ཀྱི་གཟུགས་ཀྱི་ཕུང་པོ་མཐའ་དག་མི་དམིགས་པར་བྱས་ནས། དོན་དམ་པའི་གཟུགས་ཕུང་གི་ངོ་བོ་ཉིད་དུ་རྟོགས་པ་བསྐྱེད་དགོས་པའི་ཕྱིར་དང་། ཀུན་རྫོབ་པའི་གཟུགས་ཕུང་ནི། རྒྱུ་མ་རིག་པ་ལས་བྱུང་ཞིང་། ངོ་བོ་ནི་གནས་ཚུལ་ལ་སྒྲིབ་པར་བྱེད་པ་ཞིག་ཡིན་ལ། དོན་དམ་པའི་གཟུགས་ཕུང་ནི། རྒྱུ་ཡེ་ཤེས་ལས་བྱུང་ཞིང་། ངོ་བོ་གནས་ཚུལ་ཉིད་ཡིན་པས། དེ་དང་དེར་སྒོམ་དུ་རུང་ཞིང་། སྒོམ་པ་མཐར་ཕྱིན་པ་ན། སྣ་ཚོགས་རྡོ་རྗེ་ལ་སོགས་པ་ཉིད་དུ་གསལ་བར་སྣང་དུ་རུང་བ་ཉིད་ཡིན་ནོ། །དེ་བས་ན་རྡོ་རྗེ

དྲིལ་བུ་དང་། ཕྱག་རྒྱ་དང་། སློབ་དཔོན་རྣམས་ལ་བདེན་པ་གཉིས་གཉིས་སུ་ཕྱེ་ནས། དཀྱིལ་འཁོར་ལ་སོགས་པའི་དེ་ཁོ་ན་ཉིད་བཤད་པ་བཞིན་དང་། ཕྱག་དང་མཆོད་པ་ལ་ཡང་། བདེན་པ་གཉིས་སུ་ཕྱེ་ནས། ཉམས་ལེན་གྱི་ཚེ་དོན་དམ་པའི་ཕྱག་མཆོད་དབང་བཙན་པ་ནི། གསང་སྔགས་པ་ཀུན་གྱི་ལུགས་ཡིན་དགོས་པ་ལས། ཁྱེད་རྣམ་པ་ལྟར་ན། མི་རྟོག་ཕྱུལ་ཞེས་བརྗོད་པའི་ཚེ། མི་རྟོག་གི་དབང་དུ་བྱས་པའི་གཟུང་འཛིན་གཉིས་མེད་ཀྱི་ཡེ་ཤེས་ལ་གོ་བ་བློ་ཡུལ་དུ་མི་ཤོང་བར་འགྱུར་བ་དེ་ལྟ་ན་ནི། གསང་སྔགས་ཐེག་པ་ཆེན་པོ་ལས་ཀྱི་གོ་བ་ལྟ་བུ་ཡིན་ན། གསང་སྔགས་ཀྱི་ཐེག་པ་ལ་ཐོས་བསམ་བྱས་པ་ལ་འབྲས་བུ་ཅི་འབྱུང་། བཛྲ་པུཥྤེ་ལ་སོགས་པ་ཅི་ལ་ཟེར་བསམ་དགོས་པ་ཡིན་ནོ། །དེང་སང་། རང་ཕྱོགས་ཀྱི་གསང་སྔགས་པ་དག་ནི། ཟག་བཅས་ཀྱི་ཕུང་པོ་སྣང་གཞི་ཡིན། སྣང་གཞི་གང་ཡིན་ཐམས་ཅད་སྣང་བྱ་ཡིན། སྣང་བྱ་དེ་ཐམས་ཅད་ལྷ་དང་གཞལ་ཡས་ཁང་ཡིན། ཞེས་འཆད་པར་སྣང་ངོ་། །ཁོ་བོ་ཅག་ནི། གསང་སྔགས་བླ་མེད་ནི་ཐེག་པ་ཀུན་གྱི་རྩེ་མོ་ཡིན་ལ། དེར་སླེབ་ནས་ཕྱི་རོལ་གྱི་དོན་ཁས་མི་ལེན། དེར་སྣང་བའི་རྣམ་རིག་ལ། རྣམ་ཤེས་དང་ཡེ་ཤེས་ཀྱི་ཆ་གཉིས་སུ་ཕྱེ་ནས། དང་པོ་ནི། འཁྲུལ་སྣང་དང་ལས་སྣང་ལས་མ་འདས་པས་སྣང་བྱ་ཁོ་ན་ཉིད་ཀྱི་ཕྱིར། ས྄་བླ྄་ཞབས་དམིགས་མེད་དུ་གཏོང་གི །ལྷ་དང་གཞལ་ཡས་ཁང་དུ་མི་བསྒྱོད་དོ། །

གཉིས་པ་སྐྱབ་བྱེད་བཤད་པ་ནི། བཀའ་འཁོར་ལོ་བར་པའི་ནང་ནས། ཤེས་བྱའི་རྣམ་པ་རེ་རེ་ལ་ཀུན་བཏགས་གཞན་དབང་ཡོངས་གྲུབ་གསུམ་གསུམ་དུ་ཕྱེ། དེའི་དགོངས་པ་འགྲེལ་པ་ན་བྱམས་པས། དེ་མ་རྫོགས་དང་རབ་རྫོགས་དང་། ཞེས་གསུམ་པོ་གཉིས་སུ་བསྡུས་ནས། སྔ་མ་གཉིས་ཡོན་ཏན་གྱི་རྟེན་དུ་མ་རྫོགས་པས། ཀུན་རྫོབ་ཀྱི་བདེན་པ་དང་། ཡོངས་གྲུབ་གཅིག་པུ་ཡོན་ཏན་གྱི་རྟེན་དུ་རྫོགས་པས། དོན་དམ་བདེན་པར་གསུངས། །བཀའ་འཁོར་ལོ་གསུམ་པ་བྱམས་ཆོས་སུ་བཅས་པའི་དགོངས་འགྲེལ། དབྱིག་གཉེན་གྱིས་མཛད་པ་ན། རྣམ་པར་རྟོག་པས་བརྟགས་པའི་དོན། །ཀུན་ཏུ་བརྟགས་པའི་ངོ་བོ་ཉིད། །རྣམ་པར་རྟོག་པ་གཞན་གྱི་དབང་། དེ་ཡི་ཆོས་ཉིད་ཡོངས་སུ་གྲུབ། །ཅེས་སྔ་མ་གཉིས། ཀུན་ཏུ་རྟོག་པ་དང་རྣམ་ཤེས་ཀྱི་དབང་དུ་བྱས་པས་ན་ཀུན་རྫོབ་དང་ཡོངས་གྲུབ་ཁོ་ན་དོན་དམ་པའི་བདེན་པར་གསུངས། དེའི་ཕྱིར་གཟུགས་སྒྲ་ལ་སོགས་པ་རེ་རེའི་སྟེང་དུ། མཚན་ཉིད་གསུམ་གསུམ་དང་། བདེན་པ་གཉིས་གཉིས་སུ་ཕྱེ་ནས། ཕར་ཕྱིན་ཐེག་པར་བསོད་ནམས་ཚོགས་གསོག་གི་ཚེ། ཀུན་རྫོབ་བདེན་པའི་སྣང་ཆ་མི་འགོག་པས་ཐད་སོར་འཇོག །རྡོ་རྗེ་ཐེག་པ་རང་ལུགས་ཀྱི་བསོད་ནམས་ཚོགས་གསོག་གི་ཚེ། ཀུན་རྫོབ་དམིགས་མེད་དུ་བྱས་ནས། ཡེ་ཤེས་ཁོ་ནའི་རྣམ་རོལ་གྱིས། ཚོགས་གཉིས་པོ་གཙོ་ཆེར་མཉམ་པར་བཞག་པའི་རྣལ་འབྱོར་གྱིས་རྫོགས་པར

བྱེད་པས་ན། ཚོགས་གཉིས་ཀ་དོན་དམ་བདེན་པ་དབང་བཙན། དེའི་ཕྱིར་སྔགས་ལུགས་སུ་ཚོགས་གསོག་པ་ལ་གྲངས་མེད་གསུམ་གྱི་ཡུན་མི་འགོར། བླ་མེད་པ། ཚོགས་དང་པོ་རྫོགས་བྱེད་ཀྱི་གཙོ་བོ་བསྐྱེད་རིམ་ཡིན། དེ་གོམས་པའི་ཐོག་མར། སྟོང་པ་ཉིད་ལ་མཉམ་པར་འཇོག་ཅིང་། དེ་ལས་མ་བཞེངས་པའི་ངང་ཉིད་ནས། རིམ་པ་དང་པོ་སྒོམ་པར་བྱེད། ཕར་ཕྱིན་པས་ནི། ཇི་སྐད་དུ། བསོད་ནམས་འདོད་པས་སྟོང་པ་ཉིད། ། ཀུན་ཆེའང་བརྗོད་པར་མི་བྱ་སྟེ། ཞེས་འཕགས་པ་ལྷས་དང་། ཟླ་བས། དགེ་མི་དགེ་མེད་བློ་ཅན་ཐར་འགྱུར་ཏེ༔ །ལས་འབྲས་རྣམས་ལ་སེམས་པའང་དགག་པ་མཛད། །ཅེས། ཐེག་པ་གཉིས་ཀྱི་བསོད་ནམས་ཚོགས་གསོག་ལ། བདེན་པ་གཉིས་པོ་གང་དང་གང་དབང་བཙན། །ཞེས་བསམ་པར་བྱས་ནས། དོན་དམ་པའི་བདེན་པར་གྲུབ་པའི་སྤྱི་བོ་དང་རྐང་མཐིལ་སོགས་ལ། སོམ་ཉིད་མཛད་མི་འཚལ་ལོ། །

རང་ལུགས་པ་ཕྱི་མ་དག་ན་རེ། ཤེས་བྱའི་རྣམ་པ་རེ་རེ་ལ། གསུམ་གསུམ་དུ་འབྱེད་པ་ནི་རྣ་བས་མཚོར། སྤྱིར་ཤེས་བྱ་ལ་ཀུན་བརྟགས་སོགས་གསུམ་དུ་འབྱེད་པ་ནི། སེམས་ཙམ་པའི་ལུགས་སོ། །ཞེས་ཟེར། འོ་ན། རྗེ་བཙུན་གྲགས་པས། གུར་རྒྱན་དུ། ཀུན་བརྟགས་ལ་གཞན་དབང་གིས་རྒྱས་འདེབས། གཞན་དབང་ལ་ཡོངས་གྲུབ་ཀྱིས་རྒྱས་འདེབས་ཞེས་གསུངས་ལ། རྒྱས་འདེབས་ནི་ཉམས་ལེན་གྱི་ཐབས་ཀྱི་གཙོ་བོ་ཡིན། དེ་སེམས་ཙམ་ལུགས་སུ་བྱེད་དམ། འོ་ན་ཅི་ཞེ་ན། ཀུན་རྫོབ་ཀྱི་ཆོས་གང་ཡང་རྣམ་ཤེས་ལ་སྣང་ཙམ་ལས་མ་གཏོགས། གཞན་ཡོད་པ་མ་ཡིན་པར་ཐག་གཅོད་པ་ནི། ཀུན་བརྟགས་ལ་གཞན་དབང་གི་རྒྱས་འདེབས་ཡིན། ཀུན་རྫོབ་པར་སྣང་བའི་རྣམ་ཤེས་དེ་ཡང་། འཁྲུལ་པར་ཐག་བཅད་ནས། ཡེ་ཤེས་འབའ་ཞིག་ལྷག་པར་འཇོག་པ་ནི། །གཞན་དབང་ལ་ཡོངས་གྲུབ་ཀྱི་རྒྱས་འདེབས་ཡིན། ཡེ་ཤེས་དེ་ཡང་། རྣམ་ཤེས་ཡུལ་དང་བཅས་པས་དབེན་ཞིང་། ཡེ་ཤེས་ཉིད་བསྐྱེད་རྫོགས་ཀྱི་རྣམ་རོལ་སྣ་ཚོགས་སུ་འཆར་ཞེས་ཐག་གཅོད་པ་ནི་ཟུང་འཇུག་གི་དོན་ནོ། །ཞེས་བྱ་བ་ནི་གྲུབ་པའོ། །དྲི་བ་དགུ་པ་ནི། དབང་པོ་རྟུལ་འབྲིང་གིས། སུ་ཧླ་ཕ་ཞེས་སོགས་ནས། སོ་སོར་ངོ་སྤྲོད་དགོས་པ་མེད་དོ་ཞེས་པའི་བར་གྱི་དོན་ཅི་ཡིན་གསུང་པ་ནི། ཕལ་ཆེར་གོང་དུ་བཤད་ཟིན་པ་དག་ཏུ་འདུས་སམ་སྙམ་དུ་བསམས་ནས། ཟུར་པ་མ་བྲིས་སོ། །དྲི་བ་བཅུ་པ་ནི༔ གསེར་གྱི་ཐུར་མར། སྦྱང་གཞི་བརྒྱ་ཡི་དབྱེ་བས་དམ་པ་རིགས་བརྒྱ་སོགས། ཇི་ལྟར་འབྱེད་པའི་ཚུལ་ནི་ཞེས་པ་ནས། གོང་མའི་དགོངས་པ་སྙིང་རྣམས་རན་པར་སློས། །ཞེས་པའི་བར། འགག་འདྲིལ་བ་ཞིག་གནང་བར་ཞུ། ཞེས་གསུངས་པ་ལ། རང་རེ་འདི་བས། སྦྱང་གཞི་དྲི་མ་དང་བཅས་པའི་སེམས་ཀྱི་ཆོས་དབྱིངས་དང་། སྦྱང་བྱ་དྲི་མ་གཉིས་དང་། སྦྱོང་བྱེད་ལམ་རིམ་པ་གཉིས་སུ་ཁ་ཆེན་བཅད་པ་ལ། ས་སྐྱ་པ་གོང་མའི་དགོངས

པ་འཆད་ཟེར་བ་དག་ན་རེ། སྦྱང་གཞི་ཆོས་དབྱིངས་ལ་འཆད་པ། གང་ནས་ཀྱང་མ་བཤད། སྦྱང་གཞི་དང་སྦྱང་བྱའི་དབྱེ་བ་གོང་མས་མི་བཞེད། སྦྱང་གཞི་གང་ཡིན་ཐམས་ཅད་སྦྱང་བྱ་ཡིན། ཞེས་འཆད་པ་དང་། ཡང་ཁ་ཅིག །སྦྱང་གཞི། སྦྱོང་བྱེད་སྦྱང་བྱ་གསུམ་ཀ །རྣལ་འབྱོར་པ་རང་གི་ལུས་གཅིག་པུ། ཐབས་ཀྱིས་ཟིན་མ་ཟིན་གྱི་བྱེ་བྲག་ལས། སོ་སོར་ཕྱེ་བ་ཙམ་ཡིན་ཞེས་འཆད་པ་དག་ཡོད་པར་གྲགས་སོ། །དེ་ལ་བཤད་གད་དུ་བྱ་བའི་ཕྱིར། རྒྱུ་རྒྱུད་སྦྱང་གཞིར་བཞག་པ་མ་བལྟས་ཤིང་། །ཞེས་སོགས། ཚིགས་བཅད་གཅིག་པུ་དེ་སྨྲས་པར་སྣང་ངོ་། །

འདིའི་དོན་ལ་གསུམ་སྟེ། མཐར་ཐུག་དང་གནས་སྐབས་ཀྱི་སྦྱང་གཞི་ངོས་བཟུང་བ། སྦྱང་གཞི་དང་སྦྱང་བྱ་སོ་སོར་དབྱེ་དགོས་པའི་ཤེས་བྱེད་དགོད། ལུས་སོ་སོར་བརྟགས་པའི་འགོག་པ་སྦྱོང་བྱེད་ལམ་དུ་འགྲོ་ཚུལ་བཤད་པ། དེ་ལ་རྩོད་པ་སྤང་བའོ། །དང་པོ་ལ། མཐར་ཐུག་གི་སྦྱང་གཞི་ནི། དྲི་མ་དང་བཅས་པའི་ཆོས་དབྱིངས་ཡེ་ཤེས་དང་། ཁམས་བདེ་བར་གཤེགས་པའི་སྙིང་པོ་དང་། རང་བཞིན་དུ་གནས་པའི་རིགས་ཤེས་བྱ་བའི་མིང་ཅན་རྣམས་ཏེ། དཔེར་ན། རྙོག་པ་དང་བཅས་པའི་ཆུ་དང་། གཡའ་དང་བཅས་པའི་གསེར་དང་། སྤྲིན་དང་བཅས་པའི་ནམ་མཁའ་བཞིན་ནོ། །རྣལ་འབྱོར་དབང་ཕྱུག་གི་མན་ངག་ལས། མཐར་ཐུག་གི་སྦྱང་གཞི་ནི། ཀུན་གཞི་རྒྱུ་རྒྱུད་ལ་འཆད་པ་ཡིན་ལ། དེ་དང་སྔ་མ་གསུམ་པོ་དོན་གཅིག་མིང་གི་རྣམ་གྲངས་ཡིན་མོད། ལམ་འབྲས་པ་ཕྱི་མ་དག་ནི། ཀུན་གཞིའི་རྣམ་ཤེས་ལ་འཆད་པར་སྣང་ངོ་། །སྦྱང་བྱ་མཐར་ཐུག་ནི༑ སྒྲིབ་པ་གཉིས་ཀྱི་ས་བོན་དང་བག་ཆགས་ཏེ། དེ་སྦྱོང་ནུས་པའི་ཤེས་བྱེད་ནི། སྦྱང་གཞི་དང་འབྲལ་རུང་ཡིན་པའི་ཕྱིར། དཔེར་ན། རྙོག་པ་དང་། གཡའ་དང་། སྤྲིན་བཞིན་ནོ། །སྦྱང་གཞི་དེ་དག་ནི་སྤང་བྱ་མ་ཡིན་ཏེ༑ ཐབས་ཀྱིས་རྒྱུ་རྒྱུད་སྤངས་ན། འབྲས་རྒྱུད་མི་འགྲུབ་པའི་ཕྱིར་རོ། །སྦྱོང་བྱེད་ཀྱི་གཉེན་པོ་མཐར་ཐུག་ནི༑ ལམ་རིམ་གཉིས་པོ། འཇིག་རྟེན་ལས་འདས་པའི་སར་སླེབ་པ་དེའོ། །གནས་སྐབས་ཀྱི་སྦྱང་གཞི་རགས་པ་ནི། སྐབས་པ་པོ་ལ་ཡོད་པའི་ཟག་བཅས་ཀྱི་ཕུང་ཁམས་སྐྱེ་མཆེད་རྣམས་ཏེ། དེའི་མཚན་གཞི་ནི། བདག་དང་ཕུང་སོགས་སུ་སྣང་བའི་རྣམ་རིག་ཙམ་ལས་གཞན་ཡོད་པ་མ་ཡིན་ཏེ། ཐེག་པ་འདིར་ཞུགས་ནས། སེམས་ལས་གཞན་པའི་ཆོས་དང་གང་ཟག་ཁས་མི་ལེན་པའི་ཕྱིར། སྦྱང་བྱ་ནི་དེ་ལྟ་བུའི་རྣམ་རིག་དེ་ལ་ལྡོག་པའི་སྒོ་ནས། ནང་བལྟ་ཡེ་ཤེས་ཀྱི་ཆ་དང་། ཕྱི་བལྟ་རྣམ་ཤེས་ཀྱི་ཆ་གཉིས་སུ་ཕྱེ་ནས། ཕྱི་མ་དེ་ཡིན་ལ། འདི་ནི་ཡང་དག་པ་མ་ཡིན་པའི་ཀུན་ཏུ་རྟོག་པ་དང་ཁྱབ་མཉམ་ལ། ཉོན་མོངས་པ་དང་ཤེས་བྱའི་སྒྲིབ་པ་དབང་དང་མཐོང་གྱུར་དུ་ལྡན་པ་རྣམས་སོ། །སྦྱོང་བྱེད་གཉེན་པོ་ནི། ནང་བལྟ་ཡེ་ཤེས་ཀྱི་ཆ་ལས་བསྒྲུབས་པའི་ལམ་རིམ་པ

གཉིས་སུ་ཡོད་ལ། འདི་དང་པོ། རྟོག་པའི་ངོ་བོར་སྐྱེས་སྲིད་ཀྱང་། སྔགས་ཀྱི་ཚོགས་ལམ་དུ་བཞག་ནུས་ཤིང་། དེ་ཡང་། བསྐྱེད་རིམ་ནི་གཙོ་བོར་ཉོན་སྒྲིབ་སྦྱོང་བྱེད་དང་། རྫོགས་རིམ་ནི་གཙོ་བོར་བདེ་ཆེན་གྱི་སྒྲིབ་པའི་མིང་ཅན་ཤེས་བྱའི་སྒྲིབ་པ་དག་གི་གཉེན་པོའོ། །གཉིས་པ་ནི། སྦྱང་གཞི་དང་སྦྱང་བྱ་སོ་སོར་འབྱེད་དགོས་པའི་ཤེས་བྱེད་ནི། སྦྱང་གཞི་དང་སྦྱང་བྱ་དོན་གཅིག་པ་མ་ཡིན་ཏེ། མཐར་ཐུག་གི་སྦྱང་གཞི་ནི་ཆོས་དབྱིངས་ཡིན་པས། ཆོས་ཀྱི་དབྱིངས་ཀྱི་ཡེ་ཤེས་དང་སྦྱང་བྱའི་གཞི་མཐུན། བསྟན་པ་འདི་ལ་མི་སྲིད་དོ། །

སྦྱང་བྱའི་དྲི་མ་གང་ཡིན་སྦྱང་གཞིར་འཛོག་པ་ཡང་མ་ཤེས་པ་ཡིན་ཏེ། དྲི་མ་ནི་རྣམ་པ་ཀུན་ཏུ་སྤང་བྱ་ཁོ་ན་ཡིན་པས། གནས་སུ་འཇོག་པའི་གོ་སྐབས་མེད་ལ། སྦྱང་གཞི་ནི་གནས་ཀྱི་དོན་ཡིན་ཞིང་། དེ་ལ་བརྟེན་ནས་གནས་གྱུར་གྱི་རྣམ་གཞག་འཇོག་པའི་ཕྱིར། གཞན་དག་གིས་ནི། སྦྱང་གཞི་སྦྱོང་བ་དང་སྤང་བྱ་སྤོང་བའི་ཁྱད་པར་མ་ཕྱེད་དོ། །ཁྱད་པར་དེ་ཉིད་ཅི་ཞེ་ན། སྦྱང་གཞི་རང་གི་ངོ་བོ་ནི། སེམས་ཅན་ནས། སངས་རྒྱས་ཀྱི་བར་རྒྱུན་མི་འཆད་པར་འགྲོ་ལ། སྤང་བྱ་ནི། རང་རང་གི་གཉེན་པོ་བར་ཆད་མེད་ལམ་ནམ་སྐྱེས་པ་དེའི་ཚེ་རྩ་བ་ནས་འདོན་པའོ། །སྦྱང་གཞི་དང་སྦྱང་བྱ་ཁྱད་མེད་དུ་འཆད་པ་དེ་དག །རང་རང་གི་ངག་འདོན་ན། རྣམ་པར་ཤེས་པའི་ཕུང་པོ་གནས་གྱུར་ཉོན་མོངས་ཞེ་སྡང་དག །ཅེས་སོགས་ལྟ་ཚན་གཅིག་གོམས་པས་འདོན་པར་བྱེད་པ་མ་ཡིན་ནམ། དེའི་ཕྱིར་ཡང་། གནས་གྱུར་པ་དང་སྤང་བྱ་སྤངས་པའི་ཁྱད་པར་ཤེས་སླ་བ་ཡིན་ནོ། །མདོར་ན། གནས་གྱུར་འཆད་པའི་དུས་ཀྱི། གནས་ཀྱི་ངོས་འཛིན་དེ་ཡིན་ན། དོན་དམ་པའི་བདེན་པ་ཉིད་དུ་གནས་དགོས་པ་དེའི་ཕྱིར། བོད་ཕྱི་མ་གང་དག །སྦྱང་གཞི་ལ་ཀུན་རྫོབ་བདེན་པས་ཁྱབ་པར་འདོད་པའང་ཉམས་སོ། །གལ་ཏེ། གོང་མ་དག་གིས་གཞི་མི་སྤོང་བའི་འཐད་པ་གསུངས་པ་དེས། སྦྱང་གཞི་སྤང་བྱ་མ་ཡིན་པ་ལ་ཇི་ལྟར་ཕན་ཞེ་ན། ཟག་པ་དང་བཅས་པའི་ཕུང་ཁམས་སྐྱེ་མཆེད་ཇི་སྙེད་པ་ནི། རྡོ་རྗེ་ཐེག་པའི་ལམ་གྱི་སྦྱང་གཞིར་མི་འདོད་པ་སུ་ཡང་མི་སྣང་ལ། དེའི་ཚེ། ཐེག་པ་མཆོག་གི་ཉམས་ལེན་བྱེད་པོས། བསྐྱེད་རིམ་གྱི་ཚེ་ཡང་། དེ་དག་སྤོང་བར་བྱེད་པ་མི་འཐད་ཅིང་། རྫོགས་རིམ་གྱི་ཚེ་ཡང་། དེ་དག་སྤང་བྱར་བྱས་ན་ཤིན་ཏུ་འགལ་བ་ཡིན་ནོ། །དེ་ཡང་གང་གི་ཕྱིར་ན། བསྐྱེད་རིམ་གྱི་ཟབ་ཤོས་ནི། ནང་བསྐྱེད་པའི་རིམ་པ་ཞེས་བྱ་བ་དེ་ཡིན་ལ། ཟག་བཅས་ཀྱི་ཕུང་ཁམས་སྐྱེ་མཆེད་ཇི་སྙེད་པ། གནས་དང་བརྟེན་དང་སྦྱང་གཞིར་མ་བཞག་ན། དེ་ལ་བརྟེན་པའི་ཟག་མེད་ཀྱི་ལུས་དཀྱིལ། གང་དུ་གནས་པ་དང་། ཇི་ལྟར་སྒོམ་པ་དང་། དེས་དྲི་མ་གང་སྦྱོང་བའི་ཚུལ་རྣམས་མི་ཤེས་པའི་ཕྱིར་དང་། ཁྱེད་རང་དག་ཀྱང་། བསྒོམ་བྱ་ལུས་དཀྱིལ་ཟག་བཅས་ཀྱི་ལུས་སུ་ཁས་ལེན་པས་ཀྱང་གནོད་པའི་ཕྱིར། རྫོགས་རིམ་གྱི་ཚེ། ཟག་བཅས་ཀྱི་ཕུང་

ཁམས་སྐྱེ་མཆེད་སྤྱངས་ན། ཟག་པ་མེད་པའི་བདེ་ཆེན་གྱི་ཡེ་ཤེས་འདྲེན་པར་མི་ནུས་པའི་ཕྱིར་ཏེ། དེ་དག་དེའི་མེད་ན་མི་འབྱུང་བའི་རྒྱུ་ཡིན་པའི་ཕྱིར་རོ། །དཔེར་ན། ཇི་སྐད་དུ། འདོད་པའི་ཡོན་ཏན་ཐམས་ཅད་ལ། །ཅི་འདོད་པར་ནི་བརྟེན་བཞིན་དུ། །ཞེས་གསུངས་པ་ལྟར། ཟག་བཅས་ཀྱི་འདོད་ཡོན་ལྔ། མ་སྤྱངས་པར་བརྟེན་པས། ཟག་མེད་ཀྱི་ཡོན་ཏན་ལྔ་སྐྱེ་བར་འཆད་དགོས་པ་བཞིན་ནོ། །འོ་ན་ཁྱེད་ཀུན་རྫོབ་ཀྱི་བདེན་པ་མཐའ་དག་རང་སྟོང་དུ་འཆད་པ་མ་ཡིན་ནམ། ལམ་གྱི་གནས་སྐབས་སུ་ཇི་ལྟར་མི་སྤོང་ཞེ་ན། ཆོས་ཅན་ཀུན་རྫོབ་པ་རྣམས། ཡེ་ཤེས་ཀྱི་ཡུལ་དུ་ཡོད་པ་མ་ཡིན་པས། ལམ་དུ་མི་འགྱུར་ཡང་། ཡེ་ཤེས་སྐྱེ་བའི་སྣ་འདྲེན་དུ༑ རྣམ་ཤེས་ལྷན་སྐྱེས་ཀྱི་ཡུལ་དུ་གྱུར་པ་རྣམས་ཀྱང་བསྟེན་དགོས་པ་ནི། རྡོ་རྗེ་ཐེག་པ་པ་རྣམས་ཀྱི་ཐབས་མཁས་ཀྱི་ཁྱད་པར་ཡིན་ཏེ། ཇི་སྐད་དུ། ཤིན་ཏུ་བདེ་བ་དམ་པའི་ཐབས། །འདོད་པའི་ལོངས་སྤྱོད་ཐམས་ཅད་ལ། །ཅི་འདོད་པར་ནི་བརྟེན་བཞིན་དུ། །ཞེས་གསུངས་སོ། །དེ་བས་ན་མཉམ་གཞག་ཏུ་མི་དམིགས་པ་དང་། རྗེས་ཐོབ་ཏུ་བསྟེན་དགོས་པའི་ཤན་ཕྱེད་པ་གལ་ཆེའོ། །འོ་ན། མཉམ་གཞག་གི་ཚེ་ཡང་། ཀུན་རྫོབ་ཀྱི་སྤྲི་བོ་དང་རྐང་མཐིལ་སོགས་སུ། སྣ་ཚོགས་རྡོ་རྗེ་སོགས་བཀོད་ནས་སྒོམ་པ་མ་ཡིན་ནམ་ཞེ་ན། དེ་ཚེ་ནི། ལྷག་པའི་ལྷ་ཉིད་ཀྱི་སྤྱི་བོ་སོགས་དེ་དང་དེར་སྒོམ་པ་ཡིན་ཞེས་བཤད་ཟིན་ལ། དེ་ལྟར་གོམས་པས། རྣལ་འབྱོར་པ་རང་གི་རྣམ་ཤེས་ཀྱི་ཡུལ་དུ་གྱུར་པའི་སྤྱི་བོ་སོགས། གནས་གྱུར་པ་ཉིད་དུ་བྱེད་དོ། །ཞེས་འཆད་པ་ནི། སྐབས་ཀྱི་དོན་ནོ། །

གསུམ་པ་ནི། གལ་ཏེ་ཟག་བཅས་ཀྱི་ཕུང་ཁམས་སྐྱེ་མཆེད་རྣམས། ལམ་རིམ་པ་གཉིས་ཀྱི་ངོ་བོར་མི་རུང་ན། རྡོ་རྗེའི་ཚིག་རྐང་དུ། ལུས་ཐབས་རྒྱུད་ཅེས་དང་། ལུས་ལ་བརྟེན་ནས་བདེ་ཆེན་གྱི་སྦྲིབ་པ་འགག་ཅེས་དང་། ལུས་སོ་སོར་བརྟགས་པའི་འགོག་པ་ཞེས་བཤད་པ་རྣམས་དང་འགལ་ལོ་སྙམ་ན། ལན་ལ་གཉིས་ཏེ། སྤྱིར་བཤད་པ་དང་། དངོས་ལན་བཏབ་པའོ། །དང་པོ་ལ། སྤྱིར་སྔགས་ཀྱི་རྣལ་འབྱོར་པ་ལ་གཉིས་ཏེ། སོ་སོ་སྐྱེ་བོ་དང་འཕགས་པའོ། །ཕྱི་མ་ལ་ཡང་གཉིས་ཏེ། སློབ་པ་དང་མི་སློབ་པའོ། །རྣལ་འབྱོར་པ་དང་པོས། ལམ་རིམ་པ་གཉིས་ལ་སློབ་པའི་ཚེ། མཉམ་གཞག་དངོས་གཞིའི་དུས་སུ་ནི། རློམ་ཚོད་ལ་དོན་དམ་པའི་བདེན་པ་འབའ་ཞིག་ཡུལ་དུ་བྱེད་པ་ཡིན་ཏེ། དེའི་ཚེ། ཡེ་ཤེས་ཀྱི་ཚོགས་གསོག་སྔོན་དུ་བཏང་བ་ལས་མ་བཞེངས་པ་དེའི་ངང་ཉིད་ནས། ལམ་གོམས་པར་བྱེད་པའི་ཕྱིར། སོང་ཚོད་ལ་ནི། ཀུན་རྫོབ་ཡུལ་དུ་བྱས་པར་སོང་སྟེ། རྟེན་འདི་ལ་རྣལ་འབྱོར་མངོན་སུམ་མ་སྐྱེས་པས། དོན་དམ་ཡུལ་དུ་བྱེད་མཁན་གྱི་བློ་དེ་ཡང་རྟོག་པ་ལས་མ་འདས་པའི་ཕྱིར། དེ་ལྟ་ན་ཡང་། འཇུག་ཡུལ་དོན་དམ་པ་ལ་འབྲེལ་བས་ན་མི་བསླུ་བ་ཉིད་དོ། །

འཕགས་པ་སློབ་པའི་རྣལ་འབྱོར་པས། མཉམ་གཞག་དངོས་གཞིའི་དུས་སུ། ལམ་རིམ་པ་གཉིས་ཀྱི་དངོས་པོར་གྱུར་པའི་དོན་དམ་ཡུལ་དུ་བྱེད་པ་ཡིན་ཏེ། འདིས་ཆོས་ཉིད་མངོན་སུམ་དུ་མཐོང་ནས། ཇི་སྲིད་བྱ་བ་མ་རྫོགས་ཀྱི་བར་དུ། དོན་དེ་ཉིད་ལ་མཉམ་པར་འཇོག་པའི་ནུས་པ་ཐོབ་པས་སོ། རྗེན་འདིས། རྫོགས་རིམ་ལ་འཇུག་པའི་སྦྱོར་བའི་དུས་སུ་ནི། ཀུན་རྫོབ་ཀྱི་བདེན་པ་ཡུལ་དུ་བྱེད་དེ། རྫོགས་རིམ་གྱི་ཡེ་ཤེས་དངོས་སུ་འདྲེན་པའི་ཐབས། རང་ལུས་ཟག་བཅས་ཀྱི་རྩ་རླུང་ཐིག་ལེ་རྣམས་ཡུལ་དུ་བྱེད་དགོས་པའི་ཕྱིར་དང་། བདེ་ཆེན་གྱི་ཡེ་ཤེས་ཐོག་མར་སྐྱེ་བ་ལ་ནི། དེ་འདྲ་དེ་དག་མེད་ན་མི་འབྱུང་བའི་རྒྱུ་ཉིད་ཀྱི་ཕྱིར་རོ། །རྗེས་ཐོབ་ཀྱི་ཚེ་ཡང་དེ་དང་འདྲ་སྟེ། ཚོགས་ཀྱི་འཁོར་ལོ་སོགས། མཉམ་པར་མ་བཞག་པའི་རྣལ་འབྱོར་དུ་བཤད་པ་རྣམས་ཉམས་སུ་ལེན་པའི་ཕྱིར་དང་། ཇི་སྲིད་གཟུང་འཛིན་གཉིས་སྣང་གི་བག་ཆགས་མ་སྤངས་པ་དེ་སྲིད་དུ། རྣལ་འབྱོར་པ་རང་སྣང་གི་ཡུལ་ཅན་རྣམ་ཤེས་ལ། ཡུལ་ཀུན་རྫོབ་པའི་སྣང་བ་འཆར་བས་སོ། །རྣལ་འབྱོར་པ་མི་སློབ་པ་ལ་ནི། འབྲས་དུས་ཀྱི་རིམ་པ་གཉིས་དག་པ་རབ་འབྱམས་འབའ་ཞིག་ཏུ་འཆར་ཏེ། གཉིས་སྣང་གི་བག་ཆགས་མ་ལུས་པར་སྤངས་པས། རྣམ་པར་ཤེས་པའི་ཆོས་ཉིད་ལས་འདས་པའི་ཕྱིར་དང་། རྣམ་པར་མི་རྟོག་པའི་ཡེ་ཤེས་ལྷུན་གྱིས་གྲུབ་པའི་ཕྱིར་རོ། །

གཉིས་པ་དངོས་ལན་བཏབ་པ་ནི། ལུས་ལ་བརྟེན་ནས་བདེ་ཆེན་གྱི་སྒྲིབ་པ་འགག་པ་དང་། ལུས་སོ་སོར་བརྟགས་པའི་འགོག་པ་ནི། ལུས་ཀྱི་ཐབས་ལས་བྱུང་བའི་བདེ་ཆེན་ཉིད་ལས་གཞན་དུ་མི་འཆད་དེ། ཇི་སྐད་དུ། ལུས་ལ་ཡེ་ཤེས་ཆེན་པོ་གནས། །ཞེས་དང་། ལུས་གནས་ལུས་ལ་མ་སྐྱེས་པ། །ཞེས་གསུངས་སོ། །མ་སྐྱེས་པ་ནི། ལུས་ལ་སྐྱེས་ན་ལུས་ཆེར་བདེ་བ་ཉིད་དུ་ཐལ་བས་སོ། །འདོད་ནུས་པ་མ་ཡིན་ཏེ། རྟོག་པ་ཐམས་ཅད་ཡང་དག་སྤངས། །ཞེས་གསུངས་པས་སོ། །ལུས་ཐབས་རྒྱུད་ཀྱི་བཤད་པ་ནི། ལུས་ཀྱི་སྒྲ་འཇུག་པ་ན་ཀུན་རྫོབ་དང་དོན་དམ་པ་གཉིས་ལས། ཕྱི་མ་ནི་ཐབས་རྒྱུད་དུ་ཏ་ཅང་ཐལ་བ་མེད་དེ། ལུས་ཀྱི་དབང་དུ་བྱས་པའི་གཉིས་མེད་ཀྱི་ཡེ་ཤེས་ལ་འདོད་པས་སོ། །དེ་ལྟ་ན་ཡང་། ལུས་ཐབས་རྒྱུད་ཅེས་པའི་རྩ་ཚིག་གི་སྐབས་འདིར། ཟག་བཅས་ཀྱི་ལུས་ལ་ཐབས་རྒྱུད་དུ་མིང་གིས་བཏགས་པ་ཡིན་ཏེ། འདོགས་པའི་རྒྱུ་མཚན་ནི༑ དེ་ལ་གནད་དུ་བསྣུན་པས་བདེ་ཆེན་གྱི་ཡེ་ཤེས་འདྲེན་པའོ། །དགོས་པ་ནི། ཡེ་ཤེས་དེ་འདྲེན་པ་ཟག་བཅས་ཀྱི་ལུས་ལ་རགས་ལས་པར་ཤེས་པའི་དོན་དུའོ། །དངོས་ལ་གནོད་བྱེད་ནི། ལས་དང་ཉོན་མོངས་པ་ཁོ་ནའི་རྣམ་སྨིན་དང་རྒྱུ་མཐུན་ཉིད་ཀྱི་ཕྱིར་རོ། །གལ་ཏེ་རྣལ་འབྱོར་པས། དེ་ལས་དེ་འདྲེན་པའི་ཚུལ་ཇི་ལྟ་བུ་ཞེ་ན། རང་ལུས་ཟག་བཅས་ཀྱི་དཀྱིལ་འཁོར་རྣམ་པ་བཞི་དང་པོར་དབང་གིས་སྨིན་པ་དང་། བར་དུ་ལམ

གྱིས་གྲོལ་བ་དང་། ཐ་མར་འབྲས་བུ་ལ་མཚམས་སྦྱོར་བའོ། །དང་པོ་ནི། རང་ལུས་རྩའི་དབྱིབས་ཅན་ལ་བུམ་པ་དང་། རྩ་ཡི་གེ་ལ་གསང་བ་དང་། ཁམས་བདུད་རྩི་ལ་གསུམ་པ་དང་། སྙིང་པོ་ཡེ་ཤེས་ལ་བཞི་པའི་དབང་བསྐུར་བས། དཀྱིལ་འཁོར་བཞི་པོ་སོ་སོའི་དྲི་མ་འབྱུད་ཅིང་། སྨྲངས་པས་གནས་གྱུར་གྱི་ནུས་པ་མཐུ་ཅན་དུ་བྱེད་པའོ། །གཉིས་པ་ནི། ལུས་རྩ་སོགས་བཞི་པོ་ལ། སོ་སོར་གནད་དུ་བསྣུན་པས། ཐོག་མར་ལྷ་བ་བཞི་དང་། དེ་ནས་གྲུབ་མཐའ་བཞི་རྟོགས་པར་འགྱུར་བ་ཡིན་ཏེ། ནང་བསྐྱེད་པའི་རིམ་པ་དང་བདག་བྱིན་གྱིས་བརླབས་པའི་རིམ་པ་གསུམ་པོ་གོམས་པས། ལྷ་གྲུབ་བཞི་འཁོར་འདས་དབྱེར་མེད་ནས། བདེ་སྟོང་རྒྱ་ཆེ་བའི་བར་རིམ་གྱིས་འདྲེན་པས་སོ། །རྫོགས་རིམ་དངོས་ནི། གྲུབ་མཐའ་གཙོ་ཆེ་བ་ཡིན་ཏེ། སྤྱང་བྱའི་ས་བོན་དྲུང་འབྱིན་པ་ནི། ས་ཐོབ་པ་ལ་རགས་ལས་པའི་ཕྱིར། གསུམ་པ་ནི། རྣལ་འབྱོར་པ་ཇི་སྲིད་སློབ་པའི་ས་ལ་གནས་པ་དེ་སྲིད་དུ། རེས་འགའ་ནི། རང་ལུས་ཀྱི་དཀྱིལ་འཁོར་བཞི་པོ། གཟུང་འཛིན་གྱི་ལམ་དུ་ཞུགས་ནས། རང་ལུས་ཐེམ་པོའི་ཁམས་ཉིད་དུ་སྐྱེད་པར་བྱེད་ཅིང་། རྣམ་སྨིན་གྱི་སྲོག་འཛིན་པར་བྱེད། རེས་འགའ་ནི། བཞི་པོ་དབུ་མའི་ལམ་དུ་འབད་རྩོལ་གྱིས་བཙུག་ནས། ཟག་མེད་དོན་དམ་པའི་ལུས་སུ་དང་། འཇའ་ཚོན་ལྟ་བུའི་སྐུ་གྲུབ་པར་བྱེད་དོ། །དེ་ཡང་། དང་པོ་ནི། སྦྱོར་འཇུག་གི་དུས་དང་། ཕྱི་མ་ནི་དངོས་གཞིའི་དུས་སོ། །

གསུམ་པ་ནི། དེ་ལྟར་དཀྱིལ་འཁོར་བཞི་པོ། གཟུང་འཛིན་འཁོར་བའི་ལམ་དང་། དབུ་མ་མྱུ་ངན་ལས་འདས་པའི་ལམ་དུ་འཇུག་ལྡོག་བྱེད་པ་དེ་ལ་ནི། འགྲོས་ཤེས་བྱ་ལ། བཞི་པོ་དབུ་མའི་ལམ་དུ་སོང་ནས། སླར་མི་ལྡོག་པར་བྱས་པ་དེ་ལ་ནི། འགྲོས་བཞི་ཐིམ་པ་ཞེས་དང་། རྡོ་རྗེ་འཛིན་པའི་ས་གྲུབ་པ་ཞེས་བྱའོ། །དེའི་ཕྱིར་རྣམ་སྨིན་གྱི་ལུས་འདི་སངས་རྒྱས་ཀྱི་སར་འགྲོ་དགོས་པ་མ་ཡིན་ཞིང་། འཇའ་ལུས་རྡོ་རྗེའི་སྐུ་དེ་ལ་རྟེན་དང་བརྟེན་པ་མཐའ་དག་གསལ་བ་ཉིད་དུ་མཐར་ཕྱིན་པ་དེ་ལ། སྐུ་དབྱིབས་སྤྲུལ་སྐུ་རང་བཞིན་ལྷུན་གྲུབ་དང་། དེ་དུས་ཀྱི་བདེ་སྟོང་ཟུང་འཇུག་དེ་ལ། གསུང་ལོངས་སྐུ་དང་། ཐུགས་ཆོས་སྐུ། རང་བཞིན་ལྷུན་གྲུབ་གནས་གྱུར་མཐར་ཕྱིན་པ་ཞེས་བྱ་བ་དེ་ཡིན་ནོ། །

བཞི་པ་ནི། གལ་ཏེ་འོ་ན། བསྐྱེད་རིམ་དངོས་གཞིའི་དུས་སུ་ཀུན་རྫོབ་ཀྱི་སྣང་བ་འགོག་ལ། རྫོགས་རིམ་དངོས་གཞིའི་དུས་སུ་ཀུན་རྫོབ་ཀྱི་སྣང་བ་ཡུལ་དུ་བྱེད་པ་ཅི་ཞེ་ན། དེ་ནི་བསྐྱེད་རིམ་གྱི་ཐོག་མར་ཡེ་ཤེས་ཀྱི་ཚོགས་གསོག་ལ་རྩལ་དུ་འདོན་པ་དང་། རྫོགས་རིམ་གྱི་དུས་སུ་དེ་ལྟར་བྱེད་པ་མ་ཡིན་པའི་ཁྱད་པར་ལས་སོ། །འོ་ན། རྫོགས་རིམ་དངོས་གཞིའི་དུས་སུ། མཚན་འཛིན་གྱི་རྟོག་པ་འགོག་དགོས་པ་མ་ཡིན་ནམ་ཞེ་ན། དུས་དེར། རླུང་སེམས་དབུ་མར་ཚུད་པ་ཙམ་གྱིས། རྟོག་པ་རང་ཤུགས་ཀྱིས་ཁེགས་པ་ན། རྣམ

ཤེས་ཀྱི་མིང་ཅན་རྟོག་མེད་རྣམས་ཀྱང་ཉེ་བར་ཞི་བ་ཉིད་དོ། །ཡང་གལ་ཏེ། སྦྱང་བྱའི་དྲི་མ་སྦྱོང་ལ། སྦྱང་གཞི་མི་སྦྱོང་བའི་ཁྱད་པར་དེ་ལྟར་ན། ལམ་དུ་ཆགས་སོགས་ཆེད་དུ་གཉེར་ནས་སྦྱོང་མི་སྦྱོང་གི་ཁྱད་པར་ལས། རྡོ་རྗེའི་ཐེག་པ་འདིར་ཆགས་ལམ་དང་གྲོལ་ལམ་ཞེས་གཉིས་སུ་འབྱེད་པ་མ་ཡིན་ནམ། དེ་ལྟར་འཆད་པ་དེའི་དོས་འཛིན་ནི། བདག་པོའི་རྐྱེན་རང་བྱིན་གྱིས་བརླབས་པའི་རིམ་པ་ལ། དབང་ཐོབ་པའི་རྣལ་འབྱོར་པས། ལྷན་ཅིག་བྱེད་པའི་དམིགས་རྐྱེན། ཐ་མལ་གྱི་ཆགས་པའི་ཡུལ་མངོན་དུ་བྱས་པ་ན། སྐད་ཅིག་དང་པོར་ལུས་ཚོར་བདེ་བ་སྐྱེས་པ་དེའི་ངོ་བོ། རིག་ཅིང་གསལ་ཙམ་གྱིས། དེ་མ་ཐག་པའི་རྐྱེན་བྱས་ནས། སྐད་ཅིག་ཕྱི་མར་བདེ་བ་ཆེན་པོ་ཉིད་མངོན་དུ་གྱུར་པ་དེ་ལ་ནི། ཆགས་པ་ཆེན་པོ་ཞེས་བྱ་ལ། དེ་ཉིད་ལམ་དུ་བྱེད་པ་སྟེ། །ཇི་སྐད་དུ། མཆོད་པ་ཆེན་པོ་ཆགས་པ་ཆེ། །ཆགས་པ་ཐམས་ཅད་སེལ་བར་བྱེད། །ཅེས་གསུངས་སོ། །དེ་བཞིན་དུ་གཏི་མུག་དང་ཞེ་སྡང་ལ་ཡང་སྦྱར་ཏེ་གསུངས་སོ། །གལ་ཏེ། སྦྱང་གཞི་རྣམས་རང་སྟོང་དུ་ཐག་གཅོད་ན། མི་སྦྱོང་བར་འགལ་བ་མ་ཡིན་ནམ་ཞེ་ན། གནས་སྐབས་ལ་ལྟོས་ཏེ། དེ་སྐད་ཟེར་ན་ནི། དབུ་མ་པ་ཀུན་གྱི་ཐ་སྙད་དང་མི་མཐུན་ལ། མཐར་ཐུག་ལ་ལྟོས་ནས་ནི། བདེན་པ་གཉིས་ཀྱི་དབྱེ་བས་སོ་སོར་འབྱེད་དོ༑ ༑ཞེས་བྱ་བ་འདི་གྲུབ་པའོ། །དེ་ལྟར་ན། བསྟན་བཅོས་སུ་བཀྲི་བ། འདི་པ་དག་གིས་ཉེ་བར་སྦྱར་བའི་ཡིག་སྣ་བཞི་ཚན་གཅིག་གཟིགས་པ་ལ་བརྟེན་ནས། བཤེས་གཉེན་དམ་པ་མང་པོས་དོགས་པའི་གནས་བཀོད་པའི་དྲི་བ་བཅུ་ཕྲག་གཅིག་མཛད་ནས་སྩྀངས་འདུག་པ། ལོ་ཤས་བར་སྐབས་སུ་བགྱང་མཆིས་ནའང་། ལག་ཏུ་སོན་མ་ཐག །དོ་གལ་ཆེན་པོས་ལན་འདེབས་ཀྱི་ཡི་གེ །ཕོ་ཉ་བའི་ཕྱག་ཏུ་གསལ་བར་སྩྀངས་པ་འདི་ནི། ཕག་མོ་རྫོང་ཟླ་བརྒྱད་པའི་ཚེས་བཅུ་ལ་གྲུབ་པའོ།། །།

སྭ་སྟི། དེ་ནས་ཡང་། རང་སྟོབས་ཀྱིས། དྲི་བ་རྣམ་གྲངས་བཞི་མཛད་བྱུང་བ་ལས། དང་པོ་ནི། བྱམས་ཆོས་སྙེ་ལྔའི་སྐབས་སུ། གཟུང་འཛིན་གཉིས་མེད་ཀྱི་ཡེ་ཤེས་འདུས་བྱས་སུ་བཞེད་ན། དེའི་རྒྱུ་དང་རྐྱེན་གང་ལགས། ཞེས་གསུངས་པ་དེའི་ལན་མདོར་བསྡུས་པ་ནི། གཉིས་སུ་མེད་པའི་ཡེ་ཤེས་ཀྱི་མིང་ཅན་ལ་གཉིས་ཏེ༑ རང་བཞིན་རྣམ་དག་གི་དང་། གློ་བུར་རྣམ་དག་གི་ཡེ་ཤེས་སོ། །གཉིས་པོ་ཡང་། འབྲས་དུས་སུ་ནི་ལྡོག་པ་ཁོ་ནས་འབྱེད་ལ། ལམ་དུས་སུ་དག་པ་ཕྱོགས་རེ་བ་ཙམ་དང་། གཞི་དུས་སུ་རང་བཞིན་རྣམ་དག་ཁོ་ནར་གནས་པ་ལས། འདི་དག་ལ། འདུས་བྱས་དང་འདུས་མ་བྱས་ཀྱི་མཚན་ཉིད་ཇི་ལྟར་ཚང་ཚུལ་འཆད་པ་ལ་གཉིས་ཏེ། བྱམས་ཆོས་པའི་སྒྲོལ་འཛིན་སྐྱི་པའི་ལུགས་དང་། རྣམ་འགྲེལ་མཛད་པའི་ལུགས་བྱེ་བྲག་ཏུ་བཤད་པའོ། །དང་པོ་ལ། རང་བཞིན་རྣམ་དག་གི་ཆ་ནི། གནས་སྐབས་གསུམ་ཆར་དུ་ཡང་། འདུས་མ་བྱས

པ་ཁོ་ན་ཡིན་ཏེ། ཇི་སྐད་དུ། ཐོག་མ་དབུས་མཐའ་མེད་པ་ཡི། །རང་བཞིན་ཡིན་ཕྱིར་འདུས་མ་བྱས། །ཞེས་པས། སྐྱབ་བྱེད་དང་འདུས་བྱས་ལ་གནོད་བྱེད་ཀྱང་། དེ་ལྟར་ན། མི་རྟག་པར་ཐལ་བ་ལས། འདོད་མི་ནུས་པ་ནི། རྒྱུད་བླར། འདུས་མ་བྱས་པའི་དབྱིངས་ལ་ནི། །རྟག་པ་ལ་སོགས་དོན་ཞེས་བྱ། །ཞེས་རྟག་བརྟན་ཞི་བ་གཡུང་དྲུང་ཉིད་དུ་ཚིག་གིས་ཟིན་པ་དང་། ཁྱབ་པ་ཚད་མས་གྲུབ་པའི་ཚུལ་ཡང་། མདོ་སྡེ་རྒྱན་དུ། འདུས་བྱས་ཐམས་ཅད་སྐད་ཅིག་མར་སྒྲུབ་པའི་ཚུལ་རྒྱས་པར་གསུངས་སོ། །དབྱིངས་དེའི་མཚན་གཞི་ནི། གཞི་དུས་སུ་ཁམས་བདེ་བར་གཤེགས་པའི་སྙིང་པོ་དང་། རང་བཞིན་དུ་གནས་པའི་རིགས་དང་། དོན་དམ་པའི་སེམས་ཅན་ཞེས་དང་། ལམ་དུས་སུ་དོན་དམ་པའི་བྱང་ཆུབ་སེམས་དཔའ་དང་། འབྲས་དུས་སུ། གཙང་བདེ་རྟག་བདག་གི་ཕ་རོལ་ཏུ་ཕྱིན་པ་ཞེས་བྱ་སྟེ། ངོ་བོ་ཉིད་ཀྱི་སྐུའོ། །འདི་ཡང་། ཐོག་མར། སྤྲར་མེད་གསར་སྐྱེ་དང་། མཐར་རིགས་འདྲ་རྒྱུན་བཅད་ཀྱི་འཇིག་པ་མི་སྲིད་པས་ན། ཐོག་མཐའ་མེད་པ་དང་། སྐྱེ་འཇིག་མེད་པ་ཞེས་བྱ་ལ། དེའི་རྒྱུ་མཚན་གྱིས་སུས་ཀྱང་ངོས་འཛིན་པར་མི་ནུས་མོད། གནས་པ་ཁས་མི་ལེན་པ་ནི་མ་ཡིན་ཏེ། རྟག་གནས་དང་ཞེས་འཆད་པའི་ཕྱིར། དེ་ལྟ་ན་ཡང་། དངོས་པོར་ནི་ཁས་ལེན་དགོས་ཏེ། ཆོས་དབྱིངས་སུ་འཇོག་པའི་སྒྲུབ་བྱེད་ནི། ཇི་སྐད་དུ། འཕགས་པའི་ཆོས་ཀྱི་རྒྱུ་ཡི་ཕྱིར། །ཞེས་གསུངས་པ་ལ། རྒྱུའི་དོན་ནི་འབྲས་བུ་སྐྱེད་བྱེད་དང་། དེ་ལ་ནི་དོན་བྱེད་ནུས་པ་ཞེས་འཆད་པའི་ཕྱིར། དངོས་པོ་ལ་མི་རྟག་པས་ཁྱབ་པ་ནི། སློལ་འདིའི་སྤྱི་ལུགས་ལ་མེད་དོ། །

གཉིས་པ་བློ་བུར་རྣམ་དག་གི་ཡེ་ཤེས་ནི། གནས་ཚུལ་གྱི་སྐུ་ལྷག་མ་གསུམ་དང་། ལམ་དུས་སུ་ཡང་རྣམ་པར་གྲོལ་བའི་ལམ་དག་ལ་ངོས་འཛིན་དགོས་ལ། དེའི་ཉེ་བར་ལེན་པའི་རྒྱུ་ནི། ཐོག་མེད་ནས་རྒྱུན་མ་ཆད་པའི་རིག་པ་སྟོང་མ་དང་། རྐྱེན་བར་ཆད་མེད་ལམ་གྱི་སྟོབས་ལས་སོ། །རང་བཞིན་རྣམ་དག་གི་ཆ་ལའང་རིག་པ་སྟོང་མ་ཉིད་རྒྱུར་ཡོད་པ་མ་ཡིན་ནམ་ཞེ་ན། དེ་མ་ཐག་པའི་རྐྱེན་ཡོད་ཀྱང་། དམིགས་བདག་སོགས་རྐྱེན་གཞན་ལ་ལྟོས་པ་མེད་པའི་རྒྱུ་མཚན་གྱིས། འདུས་མ་བྱས་པའོ། །འོ་ན། སེང་གེ་བཟང་པོས། བཅོས་མ་མ་ཡིན་པའི་དོན་གྱིས་ཞེས་བཤད་པ་མ་ཡིན་ནམ་ཞེ་ན། དེ་ནི། དག་པ་གཉིས་པོ་ལྡོག་པས་སོ་སོར་ཕྱེ་ནས། རྐྱེན་ལ་ལྟོས་མ་ལྟོས་གཉིས་ཀ་འགྲེལ་པ་དེར་གསལ་ལོ། །དེའི་ཕྱིར་བློ་བུར་རྣམ་དག་གི་འགོག་པ་དང་ཡེ་ཤེས་ཀྱི་ཚོགས་དོན་ལ་བཤད་པས་ན། གནས་སྐབས་འདུས་བྱས་སུ་འཆད་དགོས་པའི་ཕྱིར། མི་རྟག་པར་གྲུབ་ལ་དེར་གྲུབ་པ་ན། ཡོད་པ་མ་ཡིན་པ་ཉིད་དུ་གྲུབ་སྟེ། ཇི་སྐད་དུ། མི་རྟག་དོན་ནི་མེད་དོན་དང་། །ཞེས་པ། ཚོས་འདིའི་སློལ་ཡིན་པས་སོ། །དེའི་ཕྱིར་ལུགས་འདིར། ཆོས་ཀྱི་དབྱིངས་ལས་མ་གཏོགས་པའི་ཆོས་གཞན

མེད་ལ། དབྱིངས་དེ་ཡོད་པ་ཉིད་ཀྱི་ཕྱིར། །རྟག་སོགས་བཞི་དང་དོན་དམ་པའི་བདེན་པ་དང་། བདེན་པར་གྲུབ་པ་ཉིད་དོ། །འོ་ན། འགོག་པའི་བདེན་པ་འདུས་བྱས་སུ་ཁས་བླངས་པ་མ་ཡིན་ནམ་ཞེ་ན། བདེན་པར་འཛོག་པ་ནི་ཡེ་ཤེས་ཀྱི་ཆ་ནས་ཡིན་ལ། བྲལ་ཆ་ནི། རྐྱེན་ལ་ལྟོས་ཀྱང་གཞན་སེལ་ཉིད་ཀྱི་ཕྱིར། དངོས་པོར་ཡོད་དོ། །འོ་ན། ཆོས་ཀྱི་དབྱིངས་སུ་འགལ་ལོ་ཞེ་ན། ཞིབ་མོར་ན་འགལ་མེད། རགས་པའི་ཚེ། སོ་སོར་བརྟགས་འགོག་དང་བདེན་པ་སོ་སོར་མི་འབྱེད་པའི་སྐབས་ཤིན་ཏུ་མང་བས། འཆད་འཇུག་གི་སྐབས་ནས་ཤེས་དགོས་སོ། །

གཉིས་པ་རྣམ་འགྲེལ་མཛད་པའི་ལུགས་ཇི་ལྟར་ཡིན་པ་ལ་གཉིས་ཏེ། གནས་སྐབས་འགལ་བ་ཅན་དང་། མཐར་ཐུག་དགོངས་པ་གཅིག་པའི་ཚུལ་ལོ། །དང་པོ་ནི། བྱམས་ཆོས་སྤྱི་ལས་དེ་ལྟར་བཤད་ཀྱང་། རྣམ་འགྲེལ་རིགས་ལས། ཡོད་པ་ཉིད་ལ་མི་རྟག་པས་ཁྱབ་པ་དང་། མི་རྟག་པའི་དོན་སྐད་ཅིག་མ་གཅིག་ཏུ་ཡང་མི་གནས་པ་ལ་བཤད་པས་ན། དགོངས་པ་དཔྱིས་ཕྱིན་པ་ཤེས་པར་དཀའོ། །རིགས་གཏེར་ལས། མེད་པ་རྟག་ཉིད་གང་ལས་ཡིན། །ཞེས་པའི་ལུང་དྲངས་ནས། རྟག་པ་ཉིད་ལ་དངོས་པོས་ཁྱབ་པ་དང་། དེ་ལྟར་འདོད་པ་ཡང་རྟག་སྨྲ་བའི་ལུགས་ཡིན་པ་དང་། ཆོས་ཀྱི་གྲགས་པ་ནི། འཇིག་པ་བཀག་ཙམ་ལ། རྟག་པའི་ཐ་སྙད་འདོགས་ཀྱི། རྟག་པ་མཚན་ཉིད་པ་མི་བཞེད་པ་དང་། ནམ་མཁའ་དང་། སོ་སོར་བརྟག་འགོག་དང་། བརྟགས་མིན་གྱི་འགོག་པ་དང་། དོན་སྤྱི་དང་། མེད་པ་གསལ་བ་རྣམས་ཚད་མས་མི་གྲུབ་པ་ཉིད་དང་། རྣམ་འགྲེལ་མཛད་པའི་དགོངས་པར་བཤད་དོ། །དེ་ལྟར་བཤད་པའི་ཚེ། དངོས་མེད་དང་རྟག་པ་ལྟ་ཅི་སྨོས། དངོས་པོའི་ཆོས་ཀྱང་ཡོད་པར་ཁས་ལེན་རྒྱུ་ཞིག་མ་བྱུང་བས། བྱམས་པའི་ཆོས་ཀྱི་བཤད་སྲོལ་དུ། རྟག་པའི་དངོས་པོ་ཞིག །ངེས་དོན་མཐར་ཐུག་ཏུ་བཤད་པ་ལས་བཀལ་བར་ནུས་ཞེ་ན། རྣམ་འགྲེལ་དུ་དངོས་པོ་དང་དངོས་མེད་རྣམས་རྟག་པ་ཉིད་དུ་མི་སྲིད་པར་བཤད་ཀྱང་། ཆོས་དབྱིངས་རྟག་བརྟན་སོགས་མ་ཡིན་པར་མ་བཤད་བྱམས་ཆོས་རྒྱ་བར་ཆོས་དབྱིངས་རྟག་བརྟན་སོགས་སུ་བཤད་ཀྱང་། གཞན་དབང་གི་དངོས་པོ་ཞིག་དེ་དང་དེར་བཤད་པ་མེད། མདོར་ན། སྔ་བདུན་དུ་བཤད་པའི་དངོས་པོ་དང་དངོས་མེད་གང་རུང་ཡིན་ན། ཀུན་བཏགས་དང་གཞན་དབང་གི་དངོས་པོ་གང་རུང་ཡིན་དགོས། བྱམས་ཆོས་རྒྱ་བར་བཤད་པའི་རྟག་དངོས་དེ་ཡིན་ན། ཇི་སྐད་དུ། སྲིད་གསུམ་སྐྱེ་འཇིག་མེད་པའི་དངོས། །ཞེས་གསུངས་པ་ལྟར། སྐྱེ་འཇིག་མེད་པའི་དངོས་པོ་ཞིག་ཡིན་དགོས་པའོ། །འོ་ན། སྐྱེ་འཇིག་ཡོད་མེད་ཀྱི་དངོས་པོའི་ཁྱད་པར་གང་གིས་འབྱེད་ཅེ་ན། ཀུན་བཏགས་དང་ཡོངས་གྲུབ་ཀྱི་དང་། ཀུན་རྫོབ་དང་དོན་དམ་གྱི་དང་། ཆོས་ཅན་དང་ཆོས་ཉིད་ཀྱི་དངོས

པོའི་ཁྱད་པར་གང་ཡིན་པ་དག་གོ། །

འདིར་སྨྲས་པ། ཆོས་འཁོར་གསུམ་པའི་ཆོས་ཀྱི་སྐད། །མཐོང་བ་ལྟ་ཅི་ཐོས་པ་ཡང་། །བསླབས་པ་ལྟ་ཅི་སློབ་འདོད་ཀྱང་། །ཉིན་སྐར་ལྟ་ཅི་ནམ་མཁའ་ཡི། །པདྨ་ཇི་བཞིན་པ་དུས་འདིར། །ཉིད་དང་ཉིད་ཅག་དང་འདྲ་བ། །གཞན་ཡང་ད་དུང་གཞན་དག་ཏུ། །སེམས་པས་ངལ་བར་མི་འགྱུར་རམ། །ཁོ་བོ་ཁོ་ནས་ཆོས་འདི་ལ༑ ༑ངལ་བས་དེ་རིང་ངལ་བསོ་ཐོབ། །

དྲི་བ་གཉིས་པ་ནི། ཁྲོ་ཕུ་ལོཙྪ་བའི་བསྔོ་བ་རིན་ཆེན་ཕྲེང་བ་ན། ཡོད་པའི་དགེ་བ་ཞེས་བཤད་པ་དེ། ཅི་ལ་ཟེར་གསུངས་པ། བཀའ་ཕྱག་པའི་བསྔོ་བ་སྙིང་པ་ཐམས་ཅད་ཀྱི་ནང་ན། བདག་དང་སེམས་ཅན་ཐམས་ཅད་ཀྱིས། དུས་གསུམ་དུ་བསགས་པ་དང་ཡོད་པའི་དགེ་བ་རྣམས། ཕྱོགས་གཅིག་ཏུ་བསྡོམས་པའི་མཐུ་ལ་བརྟེན་ནས་ཞེས་སོགས་འབྱུང་ལ། དེ་ཡང་ཕལ་པོ་ཆེར། འགྲོ་ཀུན་དགེ་བ་ཇི་སྙེད་ཡོད་པ་དང་། །ཞེས་སོགས་ཀྱི་དགོངས་པར་འཆད་ཅིང་། ཡོད་པ་དེའི་ངོས་འཛིན། བདེ་བར་གཤེགས་པའི་སྙིང་པོ་ལ་འཆད་པ་སོགས། དགག་བཞག་རྒྱས་པར་སྡོམ་གསུམ་གྱི་བསྟན་བཅོས་སུ་མཛད་ཟིན་པས། འདིར་མི་སྤྲོ་ལ། རང་གིས་རྣམ་པར་བརྟགས་པ་ནི། སྤྱིར་དགེ་བ་ལ། མ་བྱས་པ་དང་བྱས་པ་གཉིས། །དང་པོ་ནི། རང་བཞིན་དུ་གནས་པའི་རིགས་སོ། །འདིའི་མིང་གི་རྣམ་གྲངས་ལ་ནི། དོན་དམ་པའི་བདག་ཅེས་བྱ་ཞིང་། སེམས་ཅན་ཀུན་ལ་ཀུན་རྫོབ་པའི་དང་། དོན་དམ་པའི་བདག་གཉིས་གཉིས་གསལ་བར་ཕྱེ་ནས། གང་གིས་བསྔོ་བར་བྱེད་པ་པོ་དང་། གང་དུ་བསྔོ་བར་བྱ་བའི་ཡུལ་དང་། གང་བསྔོ་བར་བྱ་བའི་དངོས་པོ་རྣམས་སོ་སོར་ངོས་བཟུང་ནས། སྨོན་ལམ་ལ་ཡང་དེ་བཞིན་དུ་སྦྱར་ནས། བསྔོ་བའི་ཚེ། གང་གིས་བསྔོ་བར་བྱེད་པ་པོ་ནི། ཀུན་རྫོབ་པའི་གང་ཟག་དང་། བྱེད་པ་པོ་ལ་སོགས་པ་སྟེ། ཇི་སྲིད་ལྷག་མེད་ཀྱི་མྱང་འདས་དང་། སངས་རྒྱས་མ་ཐོབ་ཀྱི་བར་དུ། ལྷན་ཅིག་སྐྱེས་པའི་མ་རིག་པས་ཀུན་ཏུ་སྒྲོ་བཏགས་པའི་ངའོ་སྙམ་པའི་འཛིན་སྟངས་ཀྱི་གཟུང་བྱ་དེ་ཉིད་དོ། །གང་དུ་བསྔོ་བར་བྱ་བའི་ཡུལ་ནི། བློའི་བྱེ་བྲག་གིས་མངོན་པར་མཐོ་བ་དང་། ངེས་པར་ལེགས་པ་གཉིས་སོ། །ཕྱི་མ་ལ་ཡང་། དམན་པའི་ལྷག་བཅས་དང་། སངས་རྒྱས་ཀྱི་གཟུགས་ཀྱི་སྐུ་གཉིས་སོ། །སོ་སོ་སྐྱེ་བོས་ནི་ལྷག་མེད་དུ་བསྔོ་བར་མི་བྱ་སྟེ། བདག་ཆད་ཀྱིས་དོགས་པའི་ཕྱིར་རོ། །དོན་དམ་གྱི་བསྔོ་བའི་ཚེ༑ བསྔོ་བ་པོ་དོན་དམ་པའི་བདག་དང་། བསྔོ་ཡུལ་སངས་རྒྱས་ཀྱི་ཆོས་སྐུ་དང་། བསྔོ་བྱ་ཡེ་ཤེས་ཀྱི་ཚོགས་རང་གིས་བསགས་པ་དང་། གཞན་ལ་རྗེས་སུ་ཡི་རང་བ་སོགས་སོ། །དེ་བཞིན་དུ་སྨོན་ལམ་ལ་ཡང་། བསྔོ་བ་ཇི་ལྟ་བ་བཞིན་དུ། ཀུན་རྫོབ་དང་དོན་དམ་པའི་དབྱེ་བ་སྨོན་ལམ་ལ་ཡང་སྦྱར་ནས། ཐུན་མོང་དུ་ཤེས

པར་བྱ་ཞིང་། ཐུན་མོང་མ་ཡིན་པ་ནི། བསྔོ་བྱ་དང་སྨོན་བྱའི་རྫས་ཀྱི་ཁྱད་པར་ལས་ཏེ། ཀུན་རྫོབ་ཀྱི་ང་སོགས་སྐྱེས་བུ་བཅུ་གཉིས་པོ་ཉིད། མངོན་པར་མཐོ་བ་དང་། ལྷག་བཅས་དང་། གཟུགས་ཀྱི་སྐུ་གཉིས་སུ་གྱུར་ཅིག་པའི་སྨོན་ལམ་སོ་སོར་འདེབས་པ་ཡིན་ལ། དོན་དམ་པའི་སྨོན་ལམ་གྱི་ཚེ་ནི། སྨོན་པར་བྱ་བའི་དངོས་པོ། །དོན་དམ་པའི་བདག་གམ། གཞི་དུས་ཀྱི་ཆོས་དབྱིངས་ཡེ་ཤེས་སམ། ཁམས་བདེ་བར་གཤེགས་པའི་སྙིང་པོ་ཉིད། བློའི་དྲི་བྲག་གིས་ལྷག་མེད་ཀྱི་མྱང་འདས་སམ། སངས་རྒྱས་ཀྱི་ཆོས་སྐུ་ཉིད་དུ་གྱུར་ཅིག་པའི་སྨོན་ལམ་འདེབས་པར་བྱེད་དོ། །དམ་པའི་བདག་འདི་ལ་དགོངས་ནས། ཇི་སྐད་དུ། ང་དེའི་ཚེ་དེའི་དུས་ན་ཞེས་སོགས་དང་། ང་ལུང་བསྟན་པར་གྱུར་ཅེས། རྒྱལ་བ་དེ་སྐད་གསུང་། ཞེས་བཤད་དོ། །དེའི་ཚེ། ང་དང་བདག་སོགས་སངས་རྒྱ་བར་གྱུར་ཅིག་ཅེས་པ་ནི། སྨོན་ལམ་དུ་མི་རུང་ན་ནི། སྨོན་ལམ་རྒྱུན་ཆད་པར་འགྱུར་ལ། བསྔོ་བྱའི་རྫས་སུ་ནི་མི་རུང་སྟེ། བསགས་པའི་དགེ་བ་མ་ཡིན་པའི་ཕྱིར་དང་། མ་བསྔོས་ཀྱང་ལོག་ལྟ་སོགས་ཀྱིས་གཞོམ་མི་ནུས་པའི་ཕྱིར་དང་། མ་བསྔོས་ཀྱང་སངས་རྒྱ་རུང་ཉིད་དུ། ངོ་བོ་ཉིད་ཀྱིས་གནས་པའི་ཕྱིར་དང་། དགེ་རྩ་ཆད་པའི་གང་ཟག་ཀུན་ལའང་ཡོད་པའི་ཕྱིར་དང་། སྨོན་ལམ་ལ་ནི། གནས་དང་གནས་མ་ཡིན་པ་གཉིས་སུ་གསུངས་མོད། བསྔོ་བ་ནི། གནས་ཀྱི་བསྔོ་བ་ཁོ་ན་ཉིད་དུ་མདོ་ལས་གསུངས་པའི་ཕྱིར་རོ། །འོན་ཀྱང་བདེ་གཤེགས་སྙིང་པོའི་ངོས་འཛིན་སྟོང་ཉིད་མེད་དགག་གི་ཆ་ལ་འཆད་པ་ལྟར་ན། དགེ་བར་ཡང་མི་རུང་ལ། འཁོར་ལོ་གསུམ་པའི་དགོངས་པས། མ་ཡིན་དགག་གི་ཆ་ནས་ངོས་འཛིན་པ་ལྟར་ན། དགེ་བར་བཤད་པའི་རྣམ་གྲངས་མང་ཡང་། གང་ཞིག་བསྔོ་བར་བྱ་བའི་དངོས་པོ་ཉིད་དུ་མི་འཆད་པ་ནི། རྗེ་བཙུན་ས་སྐྱ་པ་དག་གི་བཞེད་པའོ། །

སྨྲས་པ། རང་དང་གཞན་གྱི་ཕྱོགས་དག་ལ། །ཆགས་དང་སྡང་བས་མ་ཡིན་པར། །ལུང་དང་རིགས་པས་སྦྲུང་འདི་ལ། །ཁྱེད་དང་འདྲ་བ་གཞན་དག་ཀྱང་། །དགའ་དང་གུས་པ་མང་བར་མཛོད། །

དྲི་བ་གསུམ་པ་ནི། སངས་རྒྱས་ཀྱི་མཛད་པ་བཅུ་གཉིས་སོགས། འཇིག་རྟེན་མཐུན་འཇུག་ལ་དགོངས་ན། དགའ་ལྡན་གནས་ནས་འཕོ་བའི་ཚེ། གླང་པོ་ཆེའི་གཟུགས་སུ་བྱོན་པ་ཇི་ལྟར་ཡིན་གསུང་པ་འདི་ལ་ནི། མཛོད་ཀྱི་འགྲེལ་པར། དྲིས་ལན་གྱི་སྒོ་ནས་ལན་བཏབ་ཟིན་པར་འདུག་ལ། དེ་ཡང་། ཇི་སྐད་དུ། དེ་ནི་འཕེན་པ་གཅིག་པའི་ཕྱིར། །སྔོན་དུས་སྲིད་འབྱུང་ཤ་ཚུགས་ཅན། །ཞེས་པ་ལ། ཀློལ་བ་ནི། དེ་ལྟར་ན། སྐྱེ་བ་གཅིག་གིས་ཐོགས་པའི་བྱང་ཆུབ་སེམས་དཔའ། འཛམ་གླིང་དུ་འཕོ་བའི་བར་སྲིད་གླང་པོ་ཆེའི་རྣམ་པས་བྱོན་པ་ལ། ཅི་ཞེས་པ། བར་སྲིད་དངོས་ནི། མིའི་བྱང་ཆུབ་སེམས་དཔའ་གཞོན་ནུ་མཚན་དཔེས་སྤྲས་པ་གཅིག་ལས

འོས་མེད་ཀྱང་། ཡུམ་ལྷ་མོ་སྒྲུ་འཕྲུལ་གྱི་སྐྱེ་ལམ་དུ་དེ་ལྟར་བསྟན་པ་ནི། དོན་དང་དགོས་པ་འགའ་ཞིག་མཚོན་པའི་ཕྱིར་ཡིན་ཏེ། དཔེར་ན། རྒྱལ་པོ་ཀྲི་ཀྲིའི་རྨི་ལམ་ལུང་བསྟན་པའི་མདོ་ལས་འབྱུང་བ་བཞིན་ནོ། །ཞེས་པ་ཉིད་ལན་ནོ། །

དྲི་བ་བཞི་པ་ནི། ཤེར་ཕྱིན་གྱི་མདོ་ལས་གཟུགས་སྟོང་པའོ། །ཞེས་དང་། བསྟན་བཅོས་ལས། གཟུགས་ནི་སྟོང་ཉིད་མི་རིགས་ཏེ། །ཞེས་སོགས་འགལ་བ་ལྟ་བུར་སྣང་བ། ཅི་གསུང་བ་འདི་ལ། གཉིས་ཏེ། དངོས་ལན་བཏབ་པ་དང་། ཤེས་བྱེད་བཀོད་པའོ། །དང་པོ་ནི། མདོའི་དངོས་བསྟན་ལ་བཤད་ཚུལ་གཉིས་ཡོད་ཀྱང་། ཁྱད་གཞི་ཉིད་དུ་གཟུང་བྱར་གྱུར་པའི་གཟུགས་སོགས་ཇི་སྙེད་པ། གདོད་མ་ནས་ཡོད་མ་མྱོང་བ་ནི། སྟོང་པའི་དོན་ནོ། །བརྒྱད་སྟོང་དོན་བསྡུས། དེ་སྐད་བཤད་པའི་དགོངས་པ་ནི། ཐོགས་མེད་ཞབས་ཀྱིས་ཕྱེ་བའི་ཤིང་རྟའི་སྲོལ་ལས་བྱུང་བ་སྟེ། གཟུགས་ནི་ཞེས་པ། མཚོན་པ་ཙམ་སྟེ། ཀུན་བཏགས་སུ་གྱུར་པའི་གཟུགས་ནས་རྣམ་མཁྱེན་བར་གྱི་ཐམས་ཅད་དོ། །སྟོང་ཉིད་ཅེས་པ་ལ། གཟུང་འཛིན་ཀུན་བཏགས་ཁེགས་པའི་མེད་དགག་ནམ་མཁའ་ལྟ་བུ་དང་། གཉིས་སྟོང་དེས་ཁྱད་པར་དུ་བྱས་པའི་ཡེ་ཤེས་དག་ལ་ངོས་བཟུང་ནས། ཁྱད་གཞི་གཟུགས་སོགས་དེ་དང་དེ་ཐམས་ཅད་ཆོས་ཅན་དུ་གཟུང་ནས། སྟོང་ཉིད་ཅེས་པ་ཁྱོད་ཀྱི་ངོས་འཛིན་དེ་དང་དེ་མ་ཡིན་པའི་ཤེས་བྱེད་དུ། སྟོང་ཉིད་ཅེས་བྱ་གཟུགས་དང་བྲལ། །གཟུགས་ནི་རྣམ་པ་དང་འབྲེལ་ཡིན། །ཞེས་བཀོད་པའོ། །མདོར་ན། ཀུན་བཏགས་དང་ཡོངས་གྲུབ་ཕན་ཚུན་འགལ་བའི་ཤེས་བྱེད་དོ། །འགལ་ཞེས་པ་ཡང་། རྟོག་གེ་པ་ལྟར། གཉིས་ཀ་ཡོད་མཉམ་དུ་ཁས་ལེན་པ་ནི་མ་ཡིན་ཏེ། ཕྱོགས་ཀྱི་གླང་པོའི་སྲོལ་འདི་ལ། ཀུན་བཏགས་ཇི་སྙེད་པ་རང་སྟོང་དུ་བཤད་པའི་ཕྱིར། འོ་ན། རྣམ་པ་དང་འབྲེལ་བ་ཅི་ཞེ་ན། རྣམ་ཤེས་ལ་དེ་ལྟར་སྣང་བའོ། །འོ་ན། ཀུན་བཏགས་སུ་གྱུར་པའི་སྟོང་ཉིད་དང་རྣམ་མཁྱེན་སོགས་ཇི་ལྟ་བུ་ཞེ་ན། དེ་འཛིན་རྟོགས་པས་དེ་དང་དེར་བཟུང་བ་ལ། དེ་དང་དེ་ཉིད་དུ་སྒྲོ་བཏགས་པའོ། །

གཉིས་པ་ཤེས་བྱེད་བཀོད་པ་ནི། སྟོང་ཉིད་བཞི་སྐོར་གྱི་འགྲེལ་ཚུལ་ལ། ཤིང་རྟའི་སྲོལ་སྣ་ཕྱི་གཉིས་ལས། དང་པོ། བྱམས་ཆོས་ཀྱི་ལུགས་ལྟར་ན། ཀུན་བཏགས་དང་གཞན་དབང་གི་ཆོས་ཐམས་ཅད་ནི་སྟོང་པའོ། །དེ་ཡང་དང་པོ། རང་སྟོང་ནམ་མཁའི་མེ་ཏོག་ལྟ་བུ་དང་། གཉིས་པ། གཞན་སྟོང་སྒྱུ་མ་ལྟ་བུ་སྟེ། དེ་དག་ནི། ཡོད་པ་སྒྲོ་འདོགས་ཀྱི་མཐའ་སེལ་བྱེད་དོ། །མེད་པ་སྐུར་འདེབས་ཀྱི་མཐའ་སེལ་བྱེད་ནི། སྟོང་པ་ཉིད་གཟུགས་སོ་ཞེས་པ། སྟོང་ཉིད་ཀྱི་ངོས་འཛིན། གཟུང་འཛིན་གཉིས་སུ་མེད་པའི་ཡེ་ཤེས་དེ་ཉིད། གཟུགས་སོ་ཤེས་པ། གཟུགས་ནས་རྣམ་མཁྱེན་གྱི་བར་ཐམས་ཅད་ཀྱི་དབང་དུ་བྱས་པའི་ཆོས་ཉིད་ཀྱི་གཟུགས་ལ་སོགས་པ་

ཡིན་ལ། དེ་ནི་རྟག་པ་དང་བདེན་པའོ། །དེ་ལྟར་སྒྲོ་སྐུར་གྱི་མཐའ་གཉིས་བསལ་བའི་དོན་བསྡུ་བ་ནི། གཟུགས་ལས་ཀྱང་ཞེས་དང་། སྟོང་པ་ཉིད་ལས་ཀྱང་ཞེས་པའོ། །ལུགས་འདི་ལ་ཆོས་ཀྱི་དབྱིངས་དང་སྟོང་པ་ཉིད་ལས་མ་གཏོགས་པའི་ཆོས་གཞན་མེད་ལ། དབྱིངས་དེ་དག་ནི། འཇིག་རྟེན་ལས་འདས་པའི་ཡེ་ཤེས་ཁོ་ནའི་སྤྱོད་ཡུལ་དང་། བདེན་པའི་དངོས་པོར་གྱུར་པའོ། །སྲོལ་འབྱེད་གཉིས་པ་ནི། དབུ་མ་ངོ་བོ་ཉིད་མེད་པ་དག་གི་སྲོལ་ཏེ། གཟུགས་སྟོང་པའོ་ཞེས་པ། བློའི་ཡུལ་དུ་བྱར་རུང་བ་ཐམས་ཅད་གདོད་མ་ནས་ཡོད་མ་མྱོང་བའོ། །སྟོང་པ་ཉིད་གཟུགས་སོ་ཞེས་པ། གང་ལ་སྟོང་པ་ཉིད་རུང་བ། །དེ་ལ་ཐམས་ཅད་རུང་བ་ཡིན། །ཞེས་བཤད་པ་ལྟར་གནས་ཚུལ་སྟོང་པ་ཉིད་དུ་མི་རུང་ན། སྣང་ཚུལ་རྟེན་འབྲེལ་སྣ་ཚོགས་འཆར་བ་ཡང་མི་རུང་ཞེས་པའོ། །གཟུགས་ལས་ཀྱང་ཞེས་པའི་མདོ་གཉིས་ནི། གཟུགས་སོགས་ཀུན་རྫོབ་པ་དང་། དེའི་ཆོས་ཉིད་སྟོང་པ་ཉིད་དུ་ཐ་སྙད་བྱས་པ་རྣམས་དེ་ཉིད་དང་གཞན་དུ་བརྗོད་དུ་མེད་པའོ། །འདིར་ནི་སྒྲོ་སྐུར་ལ་སོགས་པའི་སྤྲོས་པ་ཐམས་ཅད། སྟོང་པ་ཉིད་དམ་རྟེན་འབྲེལ་ཁོ་ནས་སེལ་ནུས་པ་ཡིན་ཏེ། སྤྱིར་བཏང་དུ། ཡིན་མིན་དང་ཡོད་མེད་ལ་སོགས་གང་དུ་ཁས་བླངས་ཀྱང་། སྟོང་ཉིད་དང་རྟེན་འབྲེལ་དུ་འཆད་མི་ནུས་པའི་ཕྱིར། དེང་སང་པ་དག་ན་རེ། ཆོས་གང་ཡང་ཡོད་པ་མ་ཡིན་ན། ལས་འབྲས་སོགས་ལ་སྐུར་པ་བཏབ་ཟེར་མོད། ཁོ་བོ་ཅག་ནི། དེ་དག་མེད་པར་ཡང་ཁས་མི་ལེན་པའི་ཕྱིར་དང་། ལྟོས་གྲུབ་ཏུ་ཁས་ལེན་པའི་ཕྱིར་དང་། ཀུན་རྫོབ་ཏུ་ཡོད་པར་ཁས་ལེན་པའི་ཕྱིར། སྤྲོས་པའི་མཐར་ལྷུང་བ་མེད་དོ། །ལུགས་འདི་ལ་ཡང་ཆོས་ཀྱི་དབྱིངས་ལས་མ་གཏོགས་པའི་ཆོས་གཞན་མི་སྲིད་ལ། དབྱིངས་དེ་ནི། ཡོད་པ་ལྟ་ཞོག །མེད་པ་སོགས་གང་ཡང་རུང་བ་གཅིག་ཏུ། གནས་པ་མེད་ཅིང་། ཁས་ལེན་དུ་ཡང་རུང་བ་མ་ཡིན་པ་ལ་དགོངས་ནས། ཚིག་གསལ་དུ། འཕགས་པ་རྣམས་ཀྱི་དོན་དམ་ནི། །ཅང་མི་གསུང་པ་ཡིན་ནོ་ཞེས་དང་། ཞི་བ་ལྷས། དོན་དམ་བློ་ཡི་སྤྱོད་ཡུལ་མིན། །ཞེས་གསུངས་སོ། །དེ་ལྟ་ན་ཡང་། ཤེས་པར་བྱ་བ་ནི་ཡིན་ཏེ། འཇིག་རྟེན་པའི་ཐོས་བསམ་སྒོམ་པ་ལས་བྱུང་བའི་ཤེས་རབ་ཀྱིས་ཤེས་དགོས་པའི་ཕྱིར་དང་། ཡབ་སྲས་མཇལ་བའི་མདོར། ཤེས་པར་བྱ་བ་ཡང་གཉིས་པོ་འདི་ཙམ་ཁོ་ན་ཡིན་ཏེ། ཀུན་རྫོབ་དང་དོན་དམ་པའི་བདེན་པའོ་གསུངས་པ་ཡིན་ནོ།། །།

སྭ་སྟི། འདི་ན་བདེན་དང་བདེན་པ་མིན་པའི་གཏམ་གང་གསལ་བར་སྨྲ་ནུས་གང་ཡིན་བཅོམ་ལྡན་ཐུབ་པ་དེ་ནི་རིང་དུ་གཤེགས། །དེ་གསུང་བདུད་རྩི་མང་པོར་གྱུར་པའི་བཀའ་དང་བསྟན་བཅོས་དེང་སང་འདི་ན་དཔང་པོར་བཞུགས་སྐམ་བྱེད་པ་ཡིན་མོད་ཀྱང་། །གླེགས་ཐག་འཁྲིལ་ཤིང་མང་པོས་དམ་པར་འགྱུར་པའི་གླེགས་བམ་དཔག་བསམ་དབང་པོ་མུན་པའི་ཁྲི་ལ་བཞུགས་པར་གྱུར་མིན་ནམ། །དེ་དོན་འབྱེད་པའི་ཉིན་བྱེད་བགྲང་

ཡས་སྒྲོ་བྱེད་མཁན་ནི་དེང་འདིར་ཤཱཀྱ་མཆོག་ལྡན་དྲི་མེད་ལེགས་པའི་བློ། །འདྲི་བར་འདོད་ན་ཤེས་ལ་འདྲི། །གོ་བར་འདོད་ན་གཟིགས་པས་གོ། །མཁས་ལ་བསླབས་ན་ཀུན་ལ་མཁས། །འཆད་པོ་མང་ཡང་ཆོས་མི་འཆད། །འཆད་མཁས་གཅིག་ཕྱུས་འདི་ན་འཆད། །རྩོད་པར་དགོངས་ནས་མཁས་ལ་རྩོད། །རྩོམ་པ་པོ་ནི་གཞུང་བཞིན་རྩོམ། །ད་ལན་འདི་ཙམ་སྤྲིངས་སོ་ད། །བཞེད་པ་ཡོད་ན་འདིར་ཡང་བཞེད། །སྒྲོ་བར་ནུས་སོ་རང་སེམས་སྒྲོ། །དགེ་བའི་བཤེས་ཀྱིས་མཛད་འདི་དགེ །ལ་ལ་མཁས་མཁས་འདོད་འདོད་ནས། །མང་མང་ཐོས་ཐོས་བྱེད་བྱེད་པོ། །སྐབས་དོན་སྐབས་ལས་མ་ཉམས་སམ། །འགའ་འགའ་བཙུན་བཙུན་བཟང་བཟང་པོ། །ཅང་མི་སྨྲ་འགའ་ཅང་ཡོད་དམ། །མཁས་པར་མཁྱེན་ནས་འདིར་དྲིས་སམ། །སོམ་ཉི་བསལ་ཕྱིར་དྲིས་ཀྱང་རུང་། །རང་གཞན་གཞུང་ལུགས་རྒྱ་མཚོ་ཡི། །ཕ་རོལ་ཕྱིན་ནས་འདི་སྤྲིངས་སོ། །དེ་ཡི་དགེ་བ་རྣམ་དཀར་པོ། །མཚན་མར་འཛིན་ཀུན་ལས་གྲོལ་བ། །མཐའ་ཡས་གདུལ་བྱའི་ཚོགས་རྣམས་དང་། །ཐམས་ཅད་མཁྱེན་མཆོར་རོ་གཅིག་ཤོག །ཅེས། ག་ཟི་བསམ་གྲུབ་ཆོས་སྡེ་ནས། མང་དུ་གསན་ཞིང་སྦྱང་པ་ལ་གཞོལ་བའི་བཤེས་གཉེན་དམ་པ་དགེ་འདུན་དཔལ་གྱིས་དུལ་ཞིང་དགེ་བར་དྲིས་པའི་ལན། ཡ་མཚན་བཅུ་བདུན་པ་ཞེས་བྱ་བ་འདི་ནི། དཔལ་ཤཱཀྱ་མཆོག་ལྡན་དྲི་མེད་ལེགས་པའི་བློས། ཆུ་མོ་ཕག་གི་ལོ་ཁྲུམས་ཀྱིས་ཉ་བའི་ཡར་ཚེས་བཅོ་ལྔ་ལ། གཙང་གསེར་མདོག་ཅན་གྱི་ཆོས་གྲྭ་ཉིད་དུ། ལྷག་པའི་བསམ་པས་སྦྱར་ཏེ་སྤྲིངས་པའི་ཡི་གེ་པ་ནི་བསོད་ནམས་ཡེ་ཤེས་ལྷུན་གྲུབ་པོ།། །།ཤུ་བྷཾ།

༄ སྭ་སྟི། དྲིས་ལན་འདི་མདང་སང་དར་ནས་ཡ་མཚན་བཅུ་བདུན་པོ་གང་ཡིན་གསུང་བྱུང་བ། སྔོན་བྱོན་བོད་ཡུལ་གྱི་ཐེག་ཆེན་པ་རྣམས་བདེན་པ་གཉིས་ཀྱི་འཇོག་ཚུལ་མཐུན་པས་རང་རང་གི་ཆོས་རྒྱུད་འཛིན་ནུས་པའི་ཡོན་ཏན་ཕྱིས་བྱོན་ཀུན་ཇོབ་ཚད་གྲུབ་ཀྱི་གཞུང་བཙུགས་པའི་རྗེས་སུ་ཕལ་ཆེ་བ་དག་འབྲངས་པས་རང་རང་གི་ལུགས་འཁྲུགས་པའི་སྐྱོན་ཅན། རྣལ་འབྱོར་སྤྱོད་པའི་དབུ་མ་དང་། ཐལ་རང་གི་དབུ་མ་དང་། སྔགས་ཀྱི་དབུ་མ་གསུམ་གྲུབ་མཐའ་བཞི་རྩེ་མོར་གཞུང་ཚུགས་ཤིང་། ནང་ཚན་གྱི་དབྱེ་བ་སོ་སོར་འབྱེད་པའི་ཚུལ་གསུམ་དང་། ཉན་རང་གི་ལྟ་བ་ཡང་དབུ་མར་ཚུད་པས་མཐར་མ་ལྷུང་བའི་ཡོན་ཏན་དང་བཞི་ཚན་གཅིག་སྟེ་མ་གཉིས་དང་དྲུག་གོ། །དཔལ་ལྡན་ཆོས་སྐྱོང་སྔགས་ཀྱི་དབུ་མར་ཞུགས་པའི་ཡོན་ཏན་གྱིས། ཐལ་རང་བའི་དབུ་མར་མ་ཞུགས་པའི་ཚུལ་དང་། རྣལ་འབྱོར་སྤྱོད་པའི་དབུ་མ་ནས་སྔགས་ཀྱི་དབུ་མར་འཇུག་པ་བདེ་ཞིང་། དངོས་གཞིའི་ཉམས་ལེན་མཐུན་པའི་ཚུལ། ཐལ་རང་གི་དབུ་མ་ནས། སྔགས་ཀྱི་དབུ་མར་འཇུག་པ་མི་བདེ་ཞིང་། དངོས་གཞིའི་ཉམས་ལེན་མི་མཐུན་པའི་ཚུལ། དེའི་ཤེས་བྱེད། སྔགས་ཀྱི་གཞི་ལམ་འབྲས

གསུམ་གྱི་ངོ་བོ་དོན་དམ་དང་ཡེ་ཤེས་སུ་མཚུངས་ཤིང་། ཐལ་རང་གི་གཞི་ལམ་འབྲས་གསུམ་གྱི་གཙོ་བོ་ཕལ་ཆེར་མེད་དགག་ཏུ་མཚུངས་པའི་ཚུལ། དེ་ལྟ་ན་ཡང་ཕར་ཕྱིན་ཐེག་པ་རྒྱུད་པས། སངས་རྒྱ་བ་ལ་དེ་ཙམ་གྱིས་ཆོག་ཅིང་། སྔགས་སུ་མཐའ་གཉིས་པོ་ལ་ཚུལ་དེ་དང་མཚུངས་པ་ཡོད་ཀྱང་དེ་ལས་ལྷག་པ་གཞན་མེད་པར་བསྟན། དེ་ལྟར་འཆད་པ་རྗེ་བཙུན་ས་སྐྱ་པའི་དགོངས་པར་གྲུབ་པ་སྟེ། དྲུག་ཚན་གཅིག །ཀུན་གཞི་རྒྱུ་རྒྱུད་ཀྱི་ངོས་འཛིན་ཀུན་གཞི་ཡེ་ཤེས་སམ་ཟག་པ་མེད་པའི་སེམས་རྒྱུད་ལ་བཤད་ནས། སྣང་གཞིའི་མཐར་ཐུག་སྒྲིབ་བཅས་སེམས་ཀྱི་ཆོས་དབྱིངས་ལ་ཆད་དགོས་པ་དང་། སྒྲོང་བྱེད་རིམ་པ་གཉིས་པོ། རྣོམ་ཚོད་ལ། དོན་དམ་པའི་བདེན་པ་ཁོ་ནར་ངེས་ཀྱང་། ལས་དང་པོ་པས་ཐོག་མར་རྣམ་ཤེས་ཀྱིས་ཞུགས་ཤིང་། ས་ཐོབ་ནས་ཡེ་ཤེས་ཁོ་ནའི་རྣམ་རོལ་གྱིས་འཇུག་པར་བསྟན་པ་དང་། ཤེས་བྱའི་རྣམ་པར་རེ་རེ་ལ་ཡུལ་བདེན་པ་གཉིས་གཉིས་སུ་ཕྱེ་ཞིང་། ཡུལ་ཅན་རྣམ་ཤེས་དང་ཡེ་ཤེས་གཉིས་གཉིས་སུ་འབྱེད་པ། ཐེག་པ་ཆེན་པོའི་ཉམས་ལེན་མཐའ་དག་ལ་དགོས་པར་བསྟན་པ་དང་། དེ་ཡང་རྗེས་ཐོབ་དང་རྗེས་འཇུག་གི་ཚེ་ཡུལ་ཅན་རྣམ་ཤེས་དང་ཡུལ་ཀུན་རྫོབ་དབང་བཙན་ཞིང་། མཉམ་གཞག་དང་ཉམས་ལེན་དངོས་གཞིའི་ཚེ་ཡུལ་ཅན་ཡེ་ཤེས་དང་། ཡུལ་དོན་དམ་དབང་བཙན་པ་བསྟན། གཞི་ལམ་དུ་དོན་དམ་པའི་སེམས་ཅན་གྱིས། ཡེ་ཤེས་ཀྱི་ཚོགས་བསགས་པས། འབྲས་དུས་སུ་ཆོས་སྐུར་སངས་རྒྱ་བ་དང་། གཞི་ལམ་དུ་ཀུན་རྫོབ་པའི་སེམས་ཅན་གྱིས། བསོད་ནམས་ཀྱི་ཚོགས་བསགས་པས་འབྲས་དུས་སུ་གཟུགས་སྐུར་སངས་རྒྱ་བ་རྣམས་སོ། །

དེ་ལྟར་ཡ་མཚན་བཅུ་བདུན་པོ། །ལུས་རྣམ་གཞག་ཡིན་དེ་ལས་ཀྱང་། །གྲེས་པའི་ཡ་མཚན་བཅུ་བདུན་པོ། །ཡན་ལག་རྒྱས་བཤད་དེ་ལས་ཀྱང་། །ཉིང་ལག་ཡ་མཚན་བཅུ་བདུན་པོ། །ཡོད་དོ་ཤེས་རབ་ཅན་གྱིས་སྦྱོར། །དེ་ལྟར་ཡ་མཚན་བཅུ་བདུན་ཕྲག །གསུམ་གྱིས་བསྐོར་བའི་སྙིང་ཚལ་ནས། །དགོས་འདོད་དཔག་བསམ་འདོད་འཇོ་ནི། །ཤེས་རབ་སྨྲུན་ཡངས་སྟོང་འཛིན་པའི། །བརྒྱ་བྱིན་ཉེ་དབང་དང་བཅས་ཀྱི། །འཆི་མེད་བདུད་རྩིའི་འབབ་སྟེགས་མཆོག །ཐོག་མར་འདི་བཟུང་དེ་ནས་ནི། །བོད་ཆེན་སྔོན་མའི་གསུང་རབ་གཟིགས། །དེ་ནས་ཐེག་པ་ཆེན་པོ་ཡི། །བཀའ་དང་བསྟན་བཅོས་མཐའ་དག་གི། །ངེས་པའི་དོན་ལ་གདེང་ཐོབ་ནས། །ཕྱིས་བྱོན་གདམ་གྱི་རོལ་མོ་མཁན། །ཀུན་གྱི་དེ་ཉིད་མཐོང་བར་གྱུར། །མངྒལཾ།། །།

༄༅། །དུས་ཚིགས་ཀྱི་རྣམ་པར་བཞག་པ་བློ་གསལ་གྱི་མགུལ་རྒྱན་ཞེས་བྱ་བ་བཞུགས་སོ། །

པཎ་ཆེན་ཤཱཀྱ་མཆོག་ལྡན།

སྭ་ར་སྭ་སྟི། དུས་ཚིགས་ཀྱི་རྣམ་པར་བཞག་པ་བློ་གསལ་གྱི་མགུལ་རྒྱན་ཞེས་བྱ་བ། སླ་བའི་གཙུག་རྒྱན་ཐམས་ཅད་མཁྱེན་པའི་ཞབས་ཀྱི་པདྨོ་རྟོག་པ་མེད་པའི་མགོ་བོས་བཏུད་ནས་ཡིད་རབ་ཏུ་དང་བ་དང་བཅས་པའི་ངག་གིས་ཕྱག་འཚལ་ལོ། །ཁྱོད་སྐུ་བརྗོད་པ་འབྲུག་གིས་ཉི་ཟེར་འཕྲུངས་པའི་ལི་ཁྲིའི་ལྷུན་པོ་དེ་ཟི་བཞིན། །གང་གསུང་སྣན་པ་དྲི་ཟའི་རྒྱུད་མངས་བསྒྱུར་བ་ལ་དགའི་དབྱངས་ཅན་མ་དེ་བཞིན། །ཉིད་ཐུགས་ཟབ་གསལ་སྟོང་ཕྲག་ཆུ་ཀླུང་ངལ་གསོའི་ཡིད་བཞིན་རྒྱ་མཚོ་ཟི་བཞིན་དུ། །འཛམ་དཔལ་ཡིད་འཕྲོག་མཁྱེན་པའི་གཏེར་དེ་དེ་རིང་སྙིང་གི་དཀྱིལ་དུ་བྱོན། །ཡིད་འོང་མར་གད་ཞུ་བ་འཁྱིལ་བའི་ཆུ་གཏེར་ཨིནྡྲ་ནི་ལའི་རླབས་ཕྲེང་འདྲེན་འདྲའི་འགྲམ་ངོགས་དཔག་བསམ་ཤིང་གི་གུར་ཁང་ཉམས་དགའ་བར། །ཤེལ་དཀར་འདབ་མ་སྟོང་ལྡན་གསེར་གྱི་ཟེའུ་གཡོ་བའི་པད་དཀར་ངོས་ལ་དཔྱལ་གྱི་ཐིགས་པ་འཁྱིལ་བའི་རབ་མཛེས་ཟླ་བའི་གདན་གྱི་སྟེང་། །གདུགས་དཀར་ཐིག་ལེའི་བསིལ་ཡབ་རབ་འབབ་མཐོ་རིས་བུ་མོ་སྙིག་པའི་ཉམས་ལྡན་སྟོང་གི་ལག་པས་བསྐྱུན་པའི་མེ་ཏོག་གསར་པའི་ལྡིང་ཁང་ན། །ཡིད་དམ་ལྷ་མོ་ཅིག་པུའི་ཚུལ་བཞུགས་ཕྱག་གཉིས་རྒྱུད་མངས་བསྒྱུར་པ་ལ་འབྲེལ་ཀུན་གྱི་ཡིད་འོང་མ་དེ་དི་རིང་མདུན་དུ་བྱོན། །དེ་ལྟར་མཆོད་པར་བརྗོད་ནས་རྩོམ་པར་དམ་བཅའ་བ་ནི། ཐ་སྙད་ཆུང་ངུ་ལ་ཡང་སྦྱང་བྱས་ན། །མང་པོའི་དབུས་སུ་མཁས་པའི་གོ་འཕངས་ཐོབ། །དེ་ཕྱིར་གཞན་གྱིས་བསྐུལ་ངོར་སྟེ་སྟོད་དོན། །ཐ་སྙད་གཞུང་ལུགས་ཇི་བཞིན་འདིར་བརྗོད་བྱ། །

འདི་ལ་དོན་གཉིས་ཏེ། འདུལ་མདོན་གཉིས་ནས་གསུངས་པའི་དུས་ཚིགས་ཀྱི་རྣམ་གཞག་གཙོ་བོར་བཤད་པ་དང་། དེ་ལས་འཕྲོས་ནས་བསྟན་པའི་གནས་ཚད་སོགས་བཤད་པའོ། །དང་པོ་ལ། དུས་ཚིགས་ཀྱི་དང་པོ་དང་། ལོའི་ཐོག་མ་གང་ནས་འཛིན་པའི་ཚུལ་འཕྲོས་དོན་དང་བཅས་པ། དེ་ལ་བརྟེན་ནས་དུས་སྒོ་བ་དང་། དབྱར་ཁས་ལེན་དང་གསོ་སྦྱོང་སོགས་ཀྱི་རྣམ་གཞག་རྟོགས་པའི་ཚུལ་ལོ། །དང་པོ་ལ་ལོ་གཅིག་ལ་དུས་ཚིགས་དུ་འཛོག་པ་རྣམ་གྲངས་དང་བཅས་པ། ཟླ་ཤོལ་འབྱུང་བའི་རྒྱུ་མཚན་རྣམ་གྲངས་དང་བཅས་པའོ། །དང་

པོ་ལ་སྦྱོར་བཤད་པའི་རྣམ་གྲངས་བཀོད་པ་དང་། ལུགས་གཉིས་ཀྱི་རྣམ་གཞག་བྱེ་བྲག་ཏུ་བཤད་པའོ། །དང་པོ་ནི། སྦྱོར་འདུལ་མངོན་གཉིས་ཀྱི་ཚོས་སྐོར་ནས་དུས་ཚིགས་གསུམ་དུ་བཤད་པ། བཞིར་བཤད་པ། ལྔར་བཤད་པ། དྲུག་ཏུ་བཤད་པ་དང་། སྐབས་མི་འདྲ་བ་བཞི་ཡོད་དོ། །དང་པོ་ནི། དགུན་གྱི་དུས་ཟླ་བ་བཞི། དཔྱིད་ཀྱི་དུས་ཟླ་བ་བཞི། དབྱར་ཟླ་བ་བཞི་རྣམས་དུས་ཚིགས་རེ་རེར་བྱས་པ་སྟེ། ཇི་སྐད་དུ། དགུན་རྣམས་ཀྱི་ནི་བཞི་པ་ལ། །ཞེས་པའི་སྐབས་སུ་དགུན་དཔྱིད་དབྱར་གསུམ་དུ་བསྡུས་པ་དང་། འདུལ་བ་ལས་དུས་ཚིགས་སུ་བཅད་པ་ལས་ནི་ཉིས་འགྱུར་དུའོ། །ཞེས་པའི་སྐབས་སུ་ཟླ་བ་བཞི་ལ་དུས་ཚིགས་གཅིག་གིས་ཚད་དུ་བཤད་པ་ལྟ་བུའོ། །དགོས་པ་ནི་འདུལ་བ་ལས་དེ་ལྟར་བཤད་པ་ནི་ཕྱུག་དར་ཁྲོད་ཀྱི་གོས་ངོས་བཟུང་བའི་ཆེད་ཡིན་ལ་ཞེས་སློབ་དཔོན་སྡེ་མ་རྣམས་གསུངས་ལ། མངོན་པ་ནས་དེ་ལྟར་བཤད་པ་ནི། སྟོན་ཉིན་མཚན་མཉམ་པའི་དུས་དེ་ནས་བཟུང་བའི་ཟླ་བ་བཞི་པ་ལ་དགུན་ཉི་ལྡོག་པ་དང་། དེ་ནས་བཟུང་བའི་ཟླ་བ་བཞི་པ་ལ་དཔྱིད་ཉིན་མཚན་མཉམ་པ་དང་། དེ་ནས་བཟུང་བའི་ཟླ་བ་བཞི་པ་ལ་དབྱར་ཉི་ལྡོག་པ་དང་། དེ་ནས་བཞི་པ་ལ་སྟོན་ཉིན་མཚན་མཉམ་པ་འབྱུང་བའི་ཚུལ་དེ་བདེ་བླག་ཏུ་རྟོགས་པར་བྱ་བའི་ཆེད་ཡིན་ནོ་ཞེས་ཁོ་བོ་སེམས་སོ། །དེ་ཡང་ཟླ་བ་བཞིའི་ངོ་མཐོང་བ་ལ་བྱ་བ་ཡིན་ཏེ། ཟླ་བ་གསུམ་དང་ཞག་གསུམ་ཙམ་མེད་པ་དེ་ལ་དུས་བཞི་པོ་དེ་བཞག་མཚམས་རེ་འབྱུང་བའི་ཕྱིར་རོ། །

གཉིས་པ་ནི། དགུན་དཔྱིད་དབྱར་སྟོན་བཞི་པོ་ཟླ་བའི་དབང་དུ་བྱས་ན་རབ། འབྲིང་པོ་ཐ་ཆུང་གསུམ་གསུམ་དུ་ཕྱེ་བ་སྟེ་འཇིག་རྟེན་གྱི་གྲགས་པ་དང་བསྟུན་པ་ཡིན་ནོ། །གསུམ་པ་ནི་དུས་ཚིགས་གསུམ་དུ་བཞག་པ་དེ་ཉིད་གཞིར་བྱས་ནས། དེའི་ལུགས་ཀྱི་དབྱར་འབྲིང་དུས་དེ་ལ་དབྱར་གྱི་དུས་ཟླ་བ་གཅིག་དབྱར་ཐུང་ངུའི་དུས་ཉིན་ཞག་གཅིག །དབྱར་རིང་པོའི་དུས་ཟླ་བ་གསུམ་ལ་ཉིན་ཞག་གཅིག་གིས་མ་ཚོག་པ་སྟེ་གསུམ་དུ་ཕྱེ་བ་ཡིན་ཏེ། ཇི་སྐད་དུ། འདུལ་བ་ལས། དེ་དག་ནི་རྣམ་པ་ལྔའོ། །དགུན་གྱི་དུས་དང་། དཔྱིད་ཀྱི་དུས་དང་། དབྱར་གྱི་དུས་དང་། དབྱར་ཐུང་ངུའི་དུས་དང་། དབྱར་འབྲིང་པོའི་དུས་སོ། །དང་པོ་གཉིས་ནི། ཟླ་བ་བཞི་བཞིའོ། །འོག་མ་ནི་ཟླ་བ་གཅིག་གོ། །དེའི་འོག་མ་ནི་ཉིན་ཞག་གཅིག་གོ། །ཐ་མ་ནི་དེས་ཟླ་བ་གསུམ་དུ་མ་ཚོག་པའོ། །ཞེས་གསུངས། འདིའི་དགོས་པ་ནི་དབྱར་ཐུང་ངུཤི་བ་དང་འདྲ་བ་དེ་བདེ་བླག་ཏུ་རྟོགས་པར་བྱ་བའི་ཆེད་ཡིན་ལ། དེ་རྟོགས་པའི་དགོས་པ་ཡང་། དབྱར་ཕྱི་མའི་ཁས་ལེན་བདེ་བླག་ཏུ་རྟོགས་པའི་ཆེད་ཡིན་ནོ༑ ༑དབྱར་ཐུང་ངུ་ལ་ཤི་བ་དང་འདྲ་ཞེས་བྱ་སྟེ། ཤི་བའི་ལུས་ལ་རྣམ་ཤེས་སླར་མི་འཇུག་པ་བཞིན་དུ་དབྱར་སྔ་མ་གནས་པར་ཁས་མ་བླངས་པར་ཉིན་ཞག་འདི་འདས་པའི་ཚེ། ལོ་དེ་ལ་དབྱར་མེད་པར་འགྲོ་བའི་ཕྱིར་ཞེས

སྤྲོབ་དཔོན་རྣམས་གསུང་ངོ་། །བཞི་པ་ནི། དུས་ཚིགས་གསུམ་པོ་དེ་ཉིད་བཞིར་བཞག་ནས་རེ་རེ་ལ་དུམ་བུ་གཉིས་གཉིས་སུ་བྱས་པ་སྟེ། དེ་ཡང་དཀྱུན་སྟོད་དང་། དཀྱུན་སྨད་དང་། དཔྱིད་དང་། སོ་ཁ་དང་། དབྱར་དང་། སྟོན་རྣམས་ཟླ་བ་གཉིས་གཉིས་སུ་ཕྱེ་ནས་བཞག་པ་ཡིན་ནོ། །དགོས་པ་ནི། ལོ་གཅིག་ལ་ཞག་མི་ཐུབ་དྲུག་འབྱུང་བ་དེ་བདེ་བླག་ཏུ་རྟོགས་པའི་ཆེད་ཡིན་ནོ། །དེའི་དགོས་པ་ཡང་། འདུལ་བ་ལྟར་ན་ལོ་གཅིག་ལ་གསོ་སྦྱོང་མི་ཐུབ་པའམ་བཅུ་བཞི་པ་དྲུག་འབྱུང་བ་དེ་བདེ་བླག་ཏུ་རྟོགས་པའི་ཆེད་ཡིན་ལ། མདོན་པ་ལྟར་ན། ཞག་མི་ཐུབ་དྲུག་དང་བཅས་པའི་ཟླ་བ་བཅུ་གཉིས་ལ་ལོ་གཅིག་ཏུ་འཇོག་པ་དེ་རྟོགས་པའི་ཆེད་ཡིན་ནོ། །ཇི་སྐད་དུ་འདུལ་བ་ལས། ཉིན་ཞག་གཅིག་གིས་མི་ཆོག་པར་བྱའོ། །དུས་ཚིགས་རྣམས་ཀྱི་ཟླ་བ་ཕྱེད་ལུས་པ་ཉིད་ལའོ་ཞེས་དང་། མཛོད་འགྲེལ་ལས། དཀྱུན་དང་དཔྱིད་དང་དབྱར་རྣམས་ཀྱི། །ཟླ་བ་ཕྱེད་དང་གཉིས་འདས་ཤིང་། ། ཟླ་བ་ཕྱེད་ནི་ལུས་པ་ན། །མཁས་པས་ཞག་མི་ཐུབ་པ་དོར། །ཞེས་གསུངས་པས་སོ། །དེ་ཡང་ཉིན་ཞག་སུམ་བརྒྱ་དང་ལྔ་བཅུ་རྩ་བཞི་ན་ཚེས་ཞག་གི་དབང་དུ་བྱས་པའི་ཟླ་བ་བཅུ་གཉིས་རྫོགས་པས་ལོ་གཅིག་ཏུ་བཞག་པ་ཡིན་ལ། ལོའི་རྣམ་གཞག་བྱེད་པ་ན་འདི་ཉིད་དབང་བཙན་པར་བྱེད་དགོས་ཤིང་ཟླ་ཤོལ་གང་ལ་འདོན་དགོས་པའི་ལོ་དེ་ལ་ཟླ་བ་བཅུ་གསུམ་ཚང་དགོས་པ་གཅིག་བྱེད་ཀྱང་། དབྱར་དཀྱུན་སྟོན་དཔྱིད་ཀྱི་དུས་བཞི་རྫོགས་པ་ལ་ཟླ་ཤོལ་འདོན་དགོས་པ་བྱུང་བ་ཡིན་གྱི། ལོ་དེ་ཁ་ཚང་བའི་ཆེད་དུ་འདོན་དགོས་འབྱུང་བ་མིན་པས། ཤོལ་གྱི་ཟླ་བ་དེ་ཆོས་ཞག་གི་དབང་དུ་བྱས་པའི་ལོ་གཞན་གྱི་ནང་དུ་བགྲང་དགོས་ཏེ། འདུལ་བར་ཟླ་ཤོལ་རྩིས་ནས་ལོ་གྲངས་བགྲང་བར་གསུངས་པ་དང་། དུས་འཁོར་ལས། དབྱར་དཀྱུན་སྟོན་དཔྱིད་ཡོངས་རྫོགས་ཀྱི་ལོ་བརྒྱན་ལོ་གསུམ་དང་། ཕྱོགས་གསུམ་གྱིས་འཕེབ་འབྱུང་བར་གསུངས་པའི་ཕྱིར་རོ། །དེ་ནས་ཟླ་འཕེབ་སྲིད་ཀྱང་ལོ་འཕེབ་མེད་དོ་ཞེས་ཟེར་བ་ནི་གྲོང་རྩིས་པ་མི་ཤེས་པ་རྣམས་ཀྱི་གཏམ་ཡིན་ནོ། །

འོ་ན་འབྲུག་གི་ལོ་ལྟ་བུ་ལ་ཟླ་ཤོལ་འབྱུང་བའི་ཚེ་ལོ་དེ་ལ་ཟླ་བ་བཅུ་གསུམ་ཡོད་པར་འཆད་མི་དགོས་སམ་ཞེ་ན་མི་དགོས་ཏེ། དེའི་གོང་གི་སྟག་ཡོས་ལ་སོགས་པའི་ལོ་ལྔ་པོ་རེ་རེ་བཞིན་ཟླ་བ་བཅུ་གཉིས་རེ་དང་། ཆོས་ཞག་དྲུག་རེ་ཡོད་པ་དེ་འབྲུག་ལོར་སླེབ་པ་ན་ཟླ་བ་གཅིག་ཏུ་ལོངས་པ་ཡིན་གྱི། འབྲུག་ལོ་རྐྱང་པ་ལ་ཟླ་བ་བཅུ་གསུམ་བྱེད་པ་མ་ཡིན་པའི་ཕྱིར་རོ། །དེས་ན་འབྲུག་ལོ་ལ་སོགས་པའི་བདག་རེ་རེ་རྫོགས་པ་ལ་ཉིན་ཞག་སུམ་བརྒྱ་དང་དྲུག་བཅུ་རེ་རྫོགས་དགོས་ལ། སྤྱིར་བཏང་གི་ལོ་རེ་རྫོགས་པ་ལ་ཉིན་ཞག་སུམ་བརྒྱ་དང་ལྔ་བཅུ་རྩ་བཞི་རེས་ཆོག་པ་ཡིན་ནོ། །དེ་ཡང་འདུལ་མདོན་གྱི་སྐོར་ནས་དུས་བཞི་རྫོགས་པ་ལ་ཉིན་ཞག་སུམ་བརྒྱ་དང་དྲུག་ཅུས་ཆོག་པ་ལྟ་བུ་གཅིག་བཤད་ལ། དུས་འཁོར་ལས། དུས་བཞི་རྫོགས་པ་ལ་ཁྱིམ་ཞག་སུམ་བརྒྱ

དང་དྲུག་ཅུ་ཚང་དགོས་ལ། དེ་ལ་ཉིན་ཞག་སུམ་བརྒྱ་དང་དྲུག་ཅུ་རེ་ལྔ་དང་། ཆོས་ཞག་སུམ་བརྒྱ་དང་བདུན་ཅུ་དོན་གཅིག་ཙམ་ཞིག་དགོས་པར་བཤད་པ་ཡིན་ནོ། །དེ་ལྟར་ན། ལོ་འཛོག་པའི་ཚེ། ཆོས་ཞག་རྫོགས་པའི་ལོ་དབང་བཙན་ལ། ཉིན་ཞག་གི་ལོ་དང་ཁྱིམ་ཞག་གི་ལོ་ཞེས་པ་ནི་ལོའི་ཐ་སྙད་བཏགས་པ་བ་ཡིན་ནོ། །ཞག་འཛོག་པའི་ཚེ་ཆོས་ཞག་དང་། ཁྱིམ་ཞག་ནི་ཞག་བཏགས་པ་བ་ཡིན་གྱི། ཉིན་ཞག་དབང་བཙན་པར་བྱེད་དགོས་ཏེ། ཡུད་ཙམ་སུམ་ཅུར་ལྷག་ཆད་མེད་པ་གཅིག་ལ་ཞག་གཅིག་ཏུ་འཛོག་དགོས་པའི་ཕྱིར་ཏེ། ཡུད་ཙམ་ཉིན་ཞག་ཟླ་གསུམ་ནི། །གོང་ནས་གོང་དུ་སུམ་ཅུས་བསྒྱུར། །ཞེས་གསུངས་པས་སོ། །འོན་ཀྱང་དུས་འཁོར་ལས། ཞག་རེ་ཆུ་ཚོད་དྲུག་ཅུ་རེའི་ཚད་དུ་བཤད་ཀྱང་། ཆུ་ཚོད་ལ་ཡུལ་གྱི་ཆུ་ཚོད་དང་། དུས་ཀྱི་ཆུ་ཚོད་སོ་སོར་ཕྱེ་ནས། ཁྱིམ་ཞག་དང་ཆོས་ཞག་ཆོས་ཞག་དང་གཉིས་ལ་ཡུལ་གྱི་ཆུ་ཚོད་དྲུག་ཅུ་རེ་ཡོད་པར་འདྲ་ཡང་། ཡུན་རིང་ཐུང་གི་ཁྱད་པར་ཤིན་ཏུ་ཆེ་བས་ཆུ་ཚོད་ཀྱི་ཚད་ལ་རིང་ཐུང་གིས་ཚད་ངེས་པ་གཅིག་སྤྱིར་བཤད་ཀྱང་དུས་ཀྱི་ཆུ་ཚོད་དབང་བཙན་པར་བྱེད་དགོས་པས་དེ་དང་ཡང་འདི་འདྲའོ། །དེ་ལྟ་ན་ཟླ་བ་བཅུ་གཉིས་ལ་ལོ་གཅིག་ཏུ་བྱས་པའི་ལོ་ནི་ལོ་མཚན་ཉིད་པ་དང་། དེའི་དུས་ཀྱི་ཟླ་བ་དེ་ཡང་ཆོས་ཞག་སུམ་ཅུ་ལ་བྱས་པ་ཡིན་ཞིང་། འབྲུག་ལོ་ལ་སོགས་པའི་ལོ་བདག་རེ་རྫོགས་པ་ལ་ལོ་གཅིག་ཏུ་བྱས་པ་ནི། དབྱར་སོགས་ཀྱི་དུས་བཞི་རྫོགས་པའམ་ཡང་ན་སྟོ་ལོའི་དགུན་ཉི་ལོག་ནས་ཕྱིར་ལོའི་དགུན་ཉི་ལོག་པའི་བར་ཏེ། དུས་འཁོར་ལྟར་ན་ཁྱིམ་ཞག་སུམ་བརྒྱ་དང་དྲུག་ཅུ་ཚང་དགོས་པ་ཡིན་ནོ། །དེའི་ཕྱིར་ལོ་བདག་རེ་རེ་རྫོགས་པ་ལ་ལོ་རེ་རེ་བྱས་པའི་ལོ་གཅིག་དང་། ཁྱིམ་ལོ་གཅིག་དང་། དགུན་ཉི་སྟོ་མ་ལོག་ནས་ཕྱི་མ་ལོག་ཁའི་བར་དང་། དུས་བཞི་ཚང་མ་རྫོགས་པ་རྣམས་རྣམ་གྲངས་པ་ཡིན་པ་ལ། །འདི་ལ་ཉིན་ཞག་སུམ་བརྒྱ་དང་དྲུག་ཅུ་རེ་ལྔ་དགོས་ཀྱང་། དེ་ལྟ་བུའི་ཚུལ་གསལ་བར་མངོན་པ་ནས་བཤད་པ་མེད་དོ། །ཡང་ཞག་མི་ཐུབ་དང་བཅས་པའི་ཟླ་བ་བཅུ་གཉིས་ལ་ལོར་བྱས་པ་དེ་དང་། འདུལ་བ་ལས་ལོ་གཅིག་ལ་གསོ་སྦྱོང་ཉེར་བཞི་རྫོགས་པར་འབྱུང་བར་བཤད་པའི་ལོ་དེ་དང་། མི་རྣམས་ཀྱི་ལོ་ལྔ་བཅུ་ལ། །འདོད་པ་དག་གི་ལྷ་རྣམས་ལས། །ཞེས་པ་ལྟ་བུ་དང་། བསྙེན་པར་རྫོགས་ནས་ལོ་བཅུ་མ་ལོན་པར་མཁན་པོ་ཉིད་དང་། གནས་ཉིད་དང་མི་གནས་པར་འདུག་པར་མི་བྱའོ། །ཞེས་པ་ལྟ་བུ་དང་། དུས་འཁོར་ལས། ཆོས་ཀྱི་ལོའི་ཐ་སྙད་གསུངས་པ་རྣམས་དོན་གཅིག་མིང་གིས་རྣམ་གྲངས་ཡིན་ལ། འདུལ་མངོན་དང་གསུང་རབ་ཕལ་ཆེར་ནས་ལོ་གྲངས་ཀྱི་ཚད་བཤད་པ་ཐམས་ཅད་འདི་ཉིད་དབང་བཙན་ལ། དུས་འཁོར་ལས། ལོ་འདི་ནས་ནི་དྲུག་བརྒྱའི་ལོ་ཡིས་གསལ་བར་མི་བདག་རྒྱལ་པོ་དྲག་པོ་ཤམ་བྷ་ལ་ཞེས་བྱ་བར་འབྱུང་ཞེས་དང་། །མི་མཁའ་རྒྱ་མཚོ་རྣམས་ལ་རབ་བྱུང་ལ་སོགས་འདས་ལོ་རྣམས

བསྲེས་ཀླུ་ཀློའི་དབང་པོའི་ལོ་ནི་རབ་ཏུ་གྲུབ་ཅེས་སོགས་ཕལ་ཆེར་བར་ཁྱིམ་ལོ་དབང་བཙན་པར་བཤད་དོ། །

གཉིས་པ་ལ། འཇིག་རྟེན་ལུགས་ཀྱི་དུས་བཞིའི་འཆད་ཚུལ་བསྟན་པ་དང་། བསྟན་བཅོས་ལུགས་ཀྱི་དུས་གསུམ་འཆད་ཚུལ་ལོ། །དང་པོ་ལ་དུས་བཞི་ངོས་བཟུང་བ་དང་། སྤྱིར་དུས་བཞི་འབྱུང་བའི་རྒྱུ་མཚན་དང་། གླིང་བཞིའི་དུས་བཞི་ཇི་ལྟར་འབྱུང་བའི་ཚུལ་ལོ། །དང་པོ་ནི། གསེར་འོད་དམ་པའི་མདོ་དང་། སྨན་དཔྱད་ཀྱི་བསྟན་བཅོས་ལས། ཟླ་གསུམ་དབྱར་སྟེ་ཟླ་གསུམ་སྟོན་དུ་ཤེས། །གསུམ་ནི་དགུན་ཏེ་གསུམ་ནི་དཔྱིད་ཡིན་ནོ། །ཞེས་དབྱར་ཟླ་ར་བ་འབྲིང་པོ་ཐ་ཆུང་གསུམ་དེ་བཞིན་གཞན་ལ། གསུམ་གསུམ་དུ་སྦྱར་ཏེ་ལོ་གཅིག་ལ་ཟླ་བ་བཅུ་གཉིས་ཡོད་པར་བཤད་ཅིང་། དེས་དུས་བཞི་རྫོགས་པར་བཤད་ལ། འདི་ཡང་འཇིག་རྟེན་པས་ཟླ་བ་རེ་ལ་ཞག་སུམ་ཅུ་རེ་ཡོད་པར་འདོད་པའི་དབང་དུ་བྱས་ཤིང་། དེ་ཡང་རགས་པའི་དབང་དུ་བྱས་པ་ཡིན་གྱི། ཞིབ་མོར་ཕྱེ་ན་ཉིན་ཞག་སུམ་བརྒྱ་དང་དྲུག་ཅུས་དུས་བཞི་མི་རྫོགས་ཏེ། དེ་རྫོགས་པ་ལ་ཉིན་ཞག་སུམ་བརྒྱ་དང་དྲུག་ཅུ་རེ་ལྔ་དགོས་པའི་ཕྱིར་རོ། །གཉིས་པ་དུས་ཚིགས་བཞི་འབྱུང་བའི་རྒྱུ་མཚན་ལ་ཉི་མ་བགྲོད་པའི་དབང་གིས་དུས་བཞི་འབྱུང་བའི་ཚུལ་དང་། ཟླ་བ་བགྲོད་པའི་དབང་གིས་དུས་བཞི་ལ་ཟླ་བ་བཅུ་གཉིས་སུ་འགྱུར་བའི་ཚུལ་ལོ། །དང་པོ་ནི། ལོ་གཅིག་ལ་དབྱར་དགུན་སྟོན་དཔྱིད་ཀྱི་དུས་བཞི་འབྱུང་བའི་རྒྱུ་མཚན་ཅི་ཡིན་ཞེ་ན་ཉི་མ་ལྷོ་བྱང་གི་བགྲོད་པའི་དབང་གིས་དུས་བཞི་འབྱུང་བ་ཡིན་ཏེ། མཛོད་འགྲེལ་ལས། ཉི་མའི་འགྲོས་ཀྱི་བྱེ་བྲག་ལས། འདི་ནི་ཉིན་མོ་དང་མཚན་མོ་རིང་ཐུང་དུ་འགྱུར་ཏེ་ཞེས་དང་། དུས་འཁོར་ལས། ཁྱིམ་གཅིག་ལ་ནི་ཉི་མ་གནས་པས་མཐའ་དག་དུས་ཀྱི་ཚོད་དང་ཟླ་བ་དང་ནི་ཕྱོགས་རྣམས་བྱེད་ཅེས་གསུངས་སོ། །དེ་ཡང་ཉི་མ་ལྷོར་གནས་པའི་ཟླ་བ་དྲུག་ལ་དགུན་དཔྱིད་ཀྱི་དུས་དང་། ཉི་མ་བྱང་དུ་གནས་པའི་ཟླ་བ་དྲུག་ལ་དབྱར་དང་སྟོན་དུ་བྱེད་པ་ཡིན་ནོ། །འོན་ཉི་མ་ལྷོ་བྱང་དུ་ཚད་ཇི་ཙམ་འགྲོ་བར་བྱེད་ཅེ་ན། མངོན་པ་ལྟར་ན། ཉི་མ་བྱང་བགྲོད་མཐར་ཐུག་པའི་ཚེ་གླིང་གི་དཀྱིལ་ནས་རྒྱུ་ལ། དེ་ནས་ལྷོར་ལྡོག་ཅིང་། ལྷོར་བགྲོད་མཐར་ཐུག་པའི་ཚེ། འཛམ་བུའི་གླིང་ལས་དཔག་ཚད་དྲུག་དང་། བཅོ་བརྒྱད་ཆ་གཅིག་གིས་ཕྱི་རོལ་དུ་འགྲོ་བར་གདགས་པ་ལས་གསུངས་ཤིང་། དུས་འཁོར་ལས་ཉི་མ་ལྷོར་བགྲོད་མཐར་ཐུག་པའི་ཚེ། ལན་ཚྭའི་རྒྱ་མཚོ་ལས་འགོངས་ནས་མེའི་དཀྱིལ་འཁོར་གྱི་མཚམས་ཀྱི་དང་པོའི་བར་དུ་འགྲོ་ལ། དེ་ལས་ལོག་ནས་བྱང་བགྲོད་མཐར་ཐུག་པའི་ཚེ། ཀེ་ལ་ཤའི་བར་དུ་འགྲོ་གསུངས་ལ། འདི་ཡང་ཉི་མའི་གདུང་བྱེད་དེར་ཐུག་པ་ལ་བྱེད་པར་འཆད་དོ། །ཀེ་ལ་ཤའི་རི་ནི་མུ་ཁྱུད་འཛིན་གྱི་རི་དང་དོན་གཅིག་གོ། །ལྷོ་བྱང་གི་བར་གྱི་ཐག་ལ་དཔག་ཚད་སྟོང་ཕྲག་བདུན་ཅུ་རྩ་ལྔ་ཡོད་པར་བཤད་དེ། འགྲེལ་ཆེན་ལས། མེ་ནས་གངས་ཅན་གྱི་བར་སྟོང་ཕྲག་བདུན་ཅུ་རྩ་ལྔ་ནི་ལྷོ་བགྲོད་

ལས་བྱང་དུ་བགྲོད་པའི་ཕྱོགས་ཀྱི་ཆའོ། །ཕྱོགས་ཀྱི་ཆ་དེ་ཟླ་བ་དྲུག་གི་རིམ་པ་བཞིན། བྱང་དུ་བགྲོད་པ་དང་ལྷོར་བགྲོད་པ་དག་ལ་བགྲོད་དོ། །ཞེས་གསུངས་པས་སོ། །ཉི་མ་རེ་ལ་ནམ་མཁའི་རྒྱ་ཁྱོན་ཇི་ཙམ་རེ་བྱང་དུ་བགྲོད་པར་ནུས་ཞེ་ན། དཔག་ཚད་བཞི་བརྒྱ་དང་བཅུ་དང་། རྒྱང་གྲགས་རེ་ལྷག་ཙམ་རེ་ཉི་མ་རེ་རེ་བཞིན་འདོར་བར་ནུས་ཏེ། རྒྱུད་འགྲེལ་ལས། ཕྱེད་བཅས་མིག་ཀླུ་ཟླས་ཐོབ་ཉིན་དང་ཉིན་ལ་འདོར་ཞེས་གསུངས་པས། ལྷོ་བྱང་བགྲོད་པ་གཉིས་སྟོམས་པས་ཉིན་ཞག་སུམ་བརྒྱ་དང་དྲུག་ཅུ་རེ་ལྔ་ཚང་དགོས་ཏེ། རྒྱུད་འགྲེལ་ལས། དེ་ལྟར་བགྲོད་པ་གཉིས་ཀའི་ཉིན་ཞག་གི་གྲངས་ནི། དྲུག་ཅུ་རྩ་ལྔ་ལྷག་པའི་སུམ་བརྒྱར་འགྱུར་རོ། །ཞེས་གསུངས་སོ། །འོན་བགྲོད་པ་གཉིས་ཀྱི་ཚེ་ཉི་མ་ལ་མཐོ་དམན་གྱི་ཁྱད་པར་ཡོད་དམ་ཞེ་ན། ཡོད་པར་བཤད་དེ། བྱང་བགྲོད་མཐར་ཐུག་པའི་ཚད་དཔག་ཚད་སྟོང་ཕྲག་བཅུ་གཅིག་གིས་མཐོ་བར་རྒྱུ་ཞིང་། ལྷོ་བགྲོད་མཐར་ཐུག་གི་ཚེ་དེས་དམའ་བར་རྒྱུ་ལ། ཉི་མ་རེ་རེ་ལ་དཔག་ཚད་དྲུག་ཅུ་རྒྱང་གྲགས་གཉིས་ལྷག་རེ་མཐོ་དམན་དུ་འགྲོ་ཞིང་ཕྱེན་དུ་འགྲོ་བའི་ཚེ་བུལ་བ་དང་། མཐུར་དུ་འགྲོ་བའི་ཚེ་མྱུར་བའི་རྒྱུ་མཚན་གྱིས་ཉི་མ་རིང་ཐུང་བྱེད་པར་བཤད་དོ། །འོན་ཉི་མ་བགྲོད་པའི་དབང་གིས་དུས་བཞི་འཛོམ་ན་རང་འགྲོས་རླུང་འགྲོས་རང་དབང་བཙན་པར་བྱེད་ཅེ་ན། གླིང་གཅིག་གི་དབྱར་དགུན་དུ་འཛོམ་པ་ནི་རླུང་བགྲོས་དབང་བཙན་པ་ཡིན་ཏེ། ཉི་མ་ལྷོར་བགྲོད་པའི་ཚེ་དགུན། བྱང་དུ་བགྲོད་པའི་ཚེ་དབྱར་དུ་འཛོམ་པའི་ཕྱིར། གླིང་སོ་སོ་ལ་ལྟོས་ནས་རང་འགྲོས་དབང་བཙན་པ་ཡིན་ཏེ། འཛམ་བུ་གླིང་དུ་དགུན་གྱི་སྒྲ་མི་སྙན་དུ་དབྱར་འབྱུང་བ་སོགས་ནི་ཉི་མའི་རང་འགྲོས་ཀྱི་དབང་ལས་བྱུང་བའི་ཕྱིར་རོ། །དེ་ལྟར་ན་ཉི་མའི་རང་བགྲོས་གཡོན་བསྐོར་དུ་བྱས་ཏེ་ཁྱིམ་བཅུ་གཉིས་འཁོར་ནས། གླིང་བཞིར་བསྐོར་བ་གཅིག་བྱས་པ་ན། ས་དུམ་བུ་བཅུ་གཉིས་པོ་ཐམས་ཅད་དུ་དབྱར་དགུན་སྟོན་དཔྱིད་ཀྱི་དུས་བཞི་རྫོགས་པ་དང་། ཁྱིམ་ལོ་གཅིག་གི་ཐ་སྙད་བྱེད་པ་ཡིན་ལ། དེ་ལ་ཚེས་ཞག་སུམ་བརྒྱ་དང་བདུན་ཅུ་དོན་གཅིག་དགོས་པ་ཡིན་ནོ། །རྒྱུད་འགྲེལ་ལས། གཟའ་རྣམས་ནི་ཁྱིམ་ཞག་ལ་གཡས་མིན་གྱི་རྒྱུའོ། ཁྱིམ་གྱི་འཁོར་ལོ་ནི་གཡས་སྐོར་གྱིས་འཁོར་རོ་ཞེས་གསུངས་ངོ་། །

དེ་ཡང་གཟའ་ཐམས་ཅད་རང་གཡས་མིན་དུ་རྒྱུ་བའི་ཁྱབ་པའང་མེད་དེ། སྒྲ་གཅན་ནི་བསོད་ནམས་དང་ལྡན་པས་གཡས་བསྐོར་ཁོ་ནར་རྒྱུ་བར་ཡང་བཤད། དེ་དག་ནི་དུས་ཀྱི་འཁོར་ལོའི་དགོངས་པ་ཡིན་ལ། མངོན་པ་ལས་ཉི་མ་ལ་རླུང་འགྲོས་མ་གཏོགས་རང་འགྲོས་ཀྱི་བཤད་པ་མེད་ལ། ཟླ་བ་ལ་རང་འགྲོས་ཁས་ལེན་དགོས་པ་ནི། ཉི་མ་དང་ནི་ཉེ་བ་ལས། །རང་གི་གྲིབ་མས་སྒྲིབ་པར་སྣང་། །ཞེས་པས་ཐོབ་བོ། །ཡང་ན་ཉི་ཟླ་གཉིས་ཀྱི་འཕུལ་བྱེད་ཀྱི་རླུང་ལ་དྲག་ཞན་ཡོད་པར་ཁས་ལེན་དགོས་སོ། །མདོར་ན་དབྱར་གྱི་དུས་སུ་ཉི་

མའི་འོད་ཟེར་ཚ་བ་ཡིན་ཏེ། ཉི་མའི་འོད་ཟེར་གླིང་གི་དཀྱིལ་ནས་ཐད་ཀར་འབབ་པའི་ཕྱིར། ཉི་མ་རིང་བའང་ཡིན་ཏེ། ཉི་མ་གྱེན་དུ་རྒྱུ་བས་བྱུལ་བའི་ཕྱིར་དང་། ཤར་ནུབ་ཀྱི་བགྲོད་ཐག་རིང་བའི་ཕྱིར། རྟགས་དང་པོ་ནི། དུས་འཁོར་གྱི་དགོངས་པ་དང་། གཉིས་པ་ནི་མངོན་པའི་དགོངས་པ་སྟེ། འོག་ནས་ཀྱང་འཆད་དོ། །དགུན་ནི་ཉི་མའི་འོད་ཟེར་དེ་ཙམ་གྱིས་ཚ་བར་མི་སྣང་སྟེ། གླིང་གི་སྟེང་གི་ཐད་ཀ་ནས་མི་ཕོག་པར། ཟུར་ནས་ཕོག་པའི་ཕྱིར། ཉི་མ་ཐུང་བ་ཡིན་ཏེ། ཉི་མ་སྟེང་ནས་འོག་ཏུ་འབབ་པས། མྱུར་བ་དང་། བགྲོད་ཐག་ཉེ་བར་མངོན་སུམ་གྱིས་གྲུབ་པའི་ཕྱིར། ཡང་ཉི་མའི་རླུང་འགྲོས་ཀྱིས་ཁྱིམ་བཅུ་གཉིས་འཁོར་བ་དང་། གླིང་བར་བསྐོར་བ་གཅིག་བྱས་པ་ལ་ཉིན་ཞག་གཅིག་ཅེས་བྱ་ཞིང་། དེ་ལ་ནི་ཡུད་ཙམ་སུམ་ཅུ་དང་། དུས་ཀྱི་ཆུ་ཚོད་དྲུག་ཅུ་ཚང་དགོས་པ་ཡིན་ནོ། །ཟླ་བས་རླུང་འགྲོས་ཀྱིས་གླིང་བཞིར་འཁོར་བ་ཉི་མ་བས་བྱུལ་བར་མངོན་སུམ་གྱིས་མཐོང་བས། དེ་ལ་ཡུད་ཙམ་སོ་གཅིག་ཏུ་ཉེ་བ་གཅིག་དགོས་པ་རིགས་པས་གྲུབ་པ་ཡིན་ཞིང་། ཟླ་བའི་རང་འགྲོས་ཀྱིས་ཉིན་ཞག་ཉི་ཤུ་རྩ་དགུ་ཕྱག་ཙམ་ན་གླིང་བཞི་འཁོར་བར་མངོན་སུམ་གྱིས་གྲུབ་པ་ལྟར་ཁས་ལེན་དགོས་སོ། །འོན་ཉི་ཟླ་གཉིས་ཀྱི་རང་འགྲོས་ཀྱི་ནམ་མཁའི་རྒྱུ་ཁྱོན་ཇི་ཙམ་དུ་ཉིན་རེ་བཞིན་དུ་བགྲོད་པར་ནུས་ཞེ་ན། དུས་འཁོར་ལས། ཉི་མ་ཟླུམ་པོར་བསྐོར་བའི་དཔག་ཚད་འབུམ་ཕྲག་དྲུག་ཡིན་པར་བཤད་པས། ཉི་མའི་རང་འགྲོས་ཀྱིས་ཉིན་རེ་བཞིན། དཔག་ཚད་འབུམ་ཕྲག་དྲུག་ལ་ཉིན་ཞག་སུམ་བརྒྱ་དང་དྲུག་ཅུ་རེ་ལྷས་བགོས་པའི་ཆ་རེ་བགྲོད་པར་ནུས་ལ། རླུང་འགྲོས་ཀྱིས་འཁྱོག་པོར་འཁྱེར་བའི་དབང་དུ་བྱས་ན། དེ་བས་ཀྱང་ཆེས་ལྷག་པར་གཅིག་བགྲོད་པར་ནུས་པར་ཁས་ལེན་དགོས་སོ། །དེའི་རིགས་པས་ཟླ་བའི་རང་འགྲོས་ཀྱིས་ཉིན་རེ་བཞིན། འབུམ་ཕྲག་དྲུག་ལ་ཉིན་ཞག་ཕྱེད་དང་སུམ་ཅུ་དགོས་པའི་ཆ་རེ་བགྲོད་པར་ནུས་སོ། །

གཉིས་པ་ཟླ་བའི་བགྲོད་པའི་དབང་གིས་ཟླ་བ་བཅུ་གཉིས་འགྲོ་བའི་ཚུལ་ལ། སྤྱིར་ཟླ་བའི་ཐ་སྙད་འཇོག་མཚམས་ལ་གཉིས་ཏེ། དོན་ལ་གནས་པ་དང་། ཐ་སྙད་དུ་བཏགས་པའོ། །དང་པོ་ནི། ཉིན་ཞག་སུམ་ཅུ་ངེས་པར་ཚང་དགོས་པར་བཤད་ཟིན་པ་ཡིན་ལ། གཉིས་པ་ནི། ཟླ་བའི་དཀྱིལ་འཁོར་འཕེལ་འགྲིབ་ཀྱི་ཆ་སུམ་ཅུ་རྫོགས་པ་ན་ཟླ་བ་གཅིག་གི་ཐ་སྙད་བྱེད་པ་སྟེ། འདི་ལའང་འདུལ་མངོན་ལྟར་ན། ལོ་གཅིག་ལ་ཉིན་ཞག་སུམ་ཅུ་ཚང་བའི་ཟླ་བ་དྲུག་ཉིན་ཞག་ཉི་ཤུ་རྩ་དགུ་རེ་ལས་མེད་པའི་ཟླ་བ་དྲུག་སྟེ་བཅུ་གཉིས་བྱེད་ལ། དུས་འཁོར་ལྟར་ཉིན་ཞག་ཕྱེད་དང་སུམ་ཅུ་རེ་ལ་ཟླ་བའི་དཀྱིལ་འཁོར་གྱི་འཕེལ་འགྲིབ་ཀྱི་ཆ་སུམ་ཅུ་ཚང་བར་རྫོགས་པ་ཡིན་པས་ལོ་གཅིག་ལ་ཉིན་ཞག་ཕྱེད་དང་སུམ་ཅུ་རེ་ལ་ཟླ་བར་བྱས་པའི་ཟླ་བ་བཅུ་གཉིས་འབྱུང་ལ། དེ་ལ་དཀར་ཕྱོགས་དང་ནག་ཕྱོགས་ཉི་ཤུ་རྩ་བཞི་འབྱུང་ཞིང་། དེ་ལ་ཉིན་ཞག་གིས་དབང་དུ་བྱས་ན། སུམ་བརྒྱ་

དང་ལྔ་བཅུ་ང་བཞི་འབྱུང་ངོ་། །དེ་ལྟར་ལུགས་དེ་གཉིས་ཀ་ལ་ཡང་ཟླ་བ་བཅུ་གཉིས་ཀྱི་རྣམ་གཞག་བྱེད་པ་ནི་ཟླ་བའི་རང་འགྲོས་ཉི་མའི་རང་འགྲོས་ལས་མགྱོགས་ཤིང་། ཉི་མའི་རླུང་འགྲོས་ཟླ་བའི་རང་འགྲོས་ལས་ཆེས་མགྱོགས་པའི་རྒྱུ་མཚན་གྱིས་ཡིན་ཏེ། གནམ་སྟོང་གི་ཉིན་ཉི་ཟླ་གཉིས་བར་མཉམ་དུ་ཡོད་པ་ལ། ཚེས་གཅིག་གི་ཉིན་ཟླ་བའི་རང་འགྲོས་ཤར་ལ་ནུབ་པས་ཉི་མའི་རླུང་འགྲོས་རྗེས་མ་ཟིན་པར་ཉི་མ་ནུབ་ཕྱོགས་སུ་འགྱུར་བས་ཟླ་བ་རང་གི་གྲིབ་མ་མ་ཡོག་པའི་དཀར་བའི་ཆ་ཤས་གཅིག་བྱུང་བས་ཟླ་བའི་དཀྱིལ་འཁོར་གྱི་ཆ་ཤས་གཅིག་ཚོ། དེ་བཞིན་དུ་ཚེས་གཉིས་ལ་སོགས་པ་ལ་ཟླ་བའི་རང་འགྲོས་མགྱོགས་པའི་སྟོབས་ཀྱིས་ཉི་མའི་རླུང་འགྲོས་ཀྱིས་རྗེས་མ་ཟིན་པས་ཉི་ཟླ་གཉིས་ཇེ་ཆེར་འགྱུར་བས་ཚེས་བཅོ་ལྔའི་ཉིན་ཉི་མའི་འོད་ཟེར་ཟླ་བའི་དཀྱིལ་འཁོར་ལ་མ་ཡོག་ཅིང་། དེའི་སྟོབས་ཀྱི་ཟླ་བ་ལ་ཉི་མས་སྒྲིབ་པའི་ཆ་མེད་པར་ཆ་ཤས་རྫོགས་པར་ཉ་གང་བ་འཇིག་རྟེན་དུ་སྣང་བ་ཡིན་ནོ། །འདིའི་རིགས་ཅན་ཉིན་ཞག་བཅོ་ལྔ་ཚང་བའི་ངེས་པ་མེད་དོ། །དེར་རྗེས་ཚེས་བཅུ་དྲུག་གི་ཉིན་ཟླ་བའི་རང་འགྲོས་ཀྱིས་ཉི་མའི་རླུང་འགྲོས་ཀྱིས་མདུན་དུ་སླེབ་སྟེ། ཉི་མའི་འོད་ཟེར་ཤར་ཕྱོགས་ནས་ཟླ་བ་ལ་ཡོག་པས་ཟླ་བ་ལ་རང་གི་གྲིབ་པ་ཅུང་ཟད་གཅིག་བྱུང་སྟེ་དེས་དཀར་ཆ་གཅིག་འགྲིབ་པ་ཡིན་ལ། དེ་བཞིན་དུ་ཚེས་བཅུ་བདུན་ལ་ཆ་ཤས་གཅིག་འགྲིབ་པ་སོགས་སྦྱར་བར་བྱའོ། །དེ་ནས་འཇིག་རྟེན་པས་ཉེར་དགུའི་ཐ་སྐད་བྱེད་པ་དེའི་ཉིན་ནམ་ལངས་ཁར་ཟླ་བའི་ཆ་ཤས་ཅུང་ཟད་གཅིག་སྣང་ལ། ཉི་མ་ནུབ་ཙམ་ན་ཟླ་བའི་རང་འགྲོས་ཉི་མའི་རླུང་འགྲོས་ཀྱི་སར་སླེབས་པས་དོན་དུ་ན་གནམ་སྟོང་ཡིན་ལ། འཇིག་རྟེན་པ་རྣམས་དེའི་ཕྱི་ཉིན་པར་གནམ་སྟོང་ཟེར་བས། འདིར་ཉིན་ཞག་གཅིག་གིས་ཕྱེད་དེ་ཟླ་བ་རེ་རེ་བཞིན་ཆད་པ་ཡིན་ཀྱང་། འདི་འཇིག་རྟེན་པས་མ་བརྟགས་ན་ཇི་བཞིན་མི་རིག་པ་ལྟར་མངོན་པ་ལས་ཀྱང་ཟླ་བ་དྲུག་ལ་འདི་བཞིན་སྦྱར་ཞིང་དྲུག་ལ་མ་སྦྱར་ཞིང་། དུས་འཁོར་དུ་ཟླ་བ་བཅུ་གཉིས་པོ་ཐམས་ཅད་ལ་སྦྱར་བས། ཟླ་བ་བཅུ་གཉིས་པོ་ཐམས་ཅད་ལ་ཞག་མི་ཐུབ་ཕྱེད་རེ་འདོད་དགོས་པ་ཡིན་ནོ། །དེ་ལྟར་མངོན་པའི་ལུགས་ཀྱི་དོན་གནས་ཚོད་ཀྱིས་ཟླ་བ་བཅུ་གཉིས་ལ་ཉིན་ཞག་སུམ་བརྒྱ་དང་དྲུག་ཅུ་ཡོད་ཅིང་། དེས་དུས་བཞི་རྫོགས་ལ། ཟླ་བའི་འཕེལ་འགྲིབ་ལ་བརྟགས་པའི་ཟླ་བ་བཅུ་གཉིས་ཀྱིས་ནི་དུས་བཞི་མི་རྫོགས་ཏེ། དེ་རྫོགས་པ་ལ་སླར་ཡང་ཉིན་ཞག་དྲུག་བསྣོན་དགོས་པས་སོ། །

དུས་འཁོར་གྱི་དགོངས་པ་ནི། དུས་བཞི་རྫོགས་པ་ལ་གནས་ཚོད་ཀྱི་ཟླ་བ་བཅུ་གཉིས་ཀྱི་སྟེང་དུ་འང་ཉིན་ཞག་ལྔ་བསྣན་དགོས་པ་ཡིན་ཏེ། དེ་རྫོགས་པ་ལ་ཉིན་ཞག་སུམ་བརྒྱ་དང་རེ་ལྔ་ཚང་དགོས་པའི་ཕྱིར་རོ། །ཚེས་ལ་བརྟགས་པའི་ཟླ་བ་བཅུ་གཉིས་ཀྱི་སྟེང་དུ་ཉིན་ཞག་བཅུ་བསྣོན་དགོས་པ་ཡིན་ཏེ། དེ་རྫོགས་པ་ལ་ཚེས

ཞག་སུམ་བརྒྱ་དང་དོན་གཅིག་ཚང་དགོས་པའི་ཕྱིར། དེ་ལྟར་བྱས་ན་ལུགས་གཉིས་ཀ་ལ་ལོ་གཅིག་འཁོར་བ་ལ་ཟླ་བ་བཅུ་གཉིས་ལས་ལྷག་པ་དགོས་པ་མིན་ལ། དུས་བཞི་རྫོགས་པ་དང་། འབྲུག་གི་ལོ་ཞེས་པ་ལྟ་བུའི་ལོ་བདག་རེ་རྫོགས་པ་ལ་ཟླ་བ་བཅུ་གཉིས་དང་ཚེས་བཅུ་གཅིག་རེས་ལྷག་པ་རེ་དགོས་ཀྱི་ཡིན་པ་ལ། ལོ་རེ་རེ་ཞིང་ལྷག་མ་མ་སྦྱོན་པར་བསགས་པས་ཟླ་བར་ལོངས་པ་ན་ཟླ་ཤོལ་བྱུང་བ་ཡིན་ནོ། །མདོར་ན་དུས་བཞི་འབྱུང་བ་ཉི་མའི་བགྲོད་པ་ལ་རག །ཟླ་བ་བཅུ་གཉིས་ཀྱི་རྣམ་གཞག་བྱེད་པ་ཟླ་བའི་བགྲོད་པ་ལ་རག་ལས་སོ། །ཞེས་བློ་དང་ལྡན་པ་དག་གིས་ཤེས་པར་བྱ་དགོས་སོ། །གསུམ་པ་གླིང་རྣམས་སུ་དུས་བཞི་ཇི་ལྟར་འབྱུང་བའི་ཚུལ་ལ། མངོན་པ་བ་རྣམས་ཇི་ལྟར་བཞེད་པའི་ཚུལ། དུས་འཁོར་ལས་ཇི་ལྟར་གསུངས་པའི་ཚུལ་ལོ། །དང་པོ་ལ། བཞེད་པའི་རྣམ་གྲངས་བཀོད་པ། རང་གིས་ལུགས་སོ། །དང་པོ་ནི། ཆོས་མངོན་པ་འཆད་པའི་སློབ་དཔོན་གླིང་བཞིར་དུས་བཞི་མཉམ་པོར་འདོད་པ་དག་ན་རེ། ནམ་ཕྱེད་ཉི་མ་ནུབ་པ་དང་། །ཉི་མ་ཕྱེད་དང་འཆར་དུས་གཅིག །ཅེས་པ་གླིང་བཞིར་དུས་བཞི་མཉམ་དུ་འབྱུང་བར་བསྟན་པ་ཡིན་ཏེ། དུས་བཞི་འཚོལ་བར་འདོད་པ་ལ་དེ་མི་འགྲིག་ཅིང་། འགྲིག་པའི་སྐབས་གཅིག་ཀྱང་མེད་པའི་ཕྱིར་ཏེ། བྱང་བགྲོད་མཐར་ཐུག་པའི་དུས་ཀྱི་འཛམ་བུའི་གླིང་གི་ཕྱི་དྲོ་ཡུད་ཙམ་དགུ་ཡོད་པ་དེ་དང་། བ་ལང་སྤྱོད་ཀྱི་སྔོན་ཉིན་མཚན་མཉམ་པའི་སྔ་དྲོ་ཡུད་ཙམ་ཕྱེད་དང་བརྒྱད་ཡོད་པ་དེ་མི་མཉམ་པར་ལ་སོགས་པའི་ཕྱིར་རོ། །འོ་ན་དུས་བཞི་མཉམ་པོར་འདོད་པ་ལའང་མི་འགྲིག་ཅིང་། གལ་ཏེ་འགྲིག་ན་དགུན་གྱི་དུས་ཉིན་ཞག་ཕྲུགས་གཅིག་ལ་ཡུད་ཙམ་ཉི་ཤུ་རྩ་བཞི་ལས་མེད་པ་དང་། དབྱར་གྱི་དུས་སུ་ཉིན་ཞག་ཕྲུགས་གཅིག་ལ་ཡུད་ཙམ་སུམ་ཅུ་རྩ་དྲུག་ཡོད་པར་ཐལ་བའི་ཕྱིར་རོ། །ཞེ་ན་སྐྱོན་མེད་དེ། དུས་ཐམས་ཅད་དུ་དེ་ལྟར་ཁས་མི་ལེན་གྱི། སྔོན་དཔྱིད་ཉིན་མཚན་མཉམ་པའི་དུས་དེར་ཉི་མ་ཕྱེད་དང་འཆར་དུས་གཅིག་པར་ཁས་ལེན་པའི་ཕྱིར་ཞེས་གསུངས་སོ། །ཡང་གླིང་བཞིར་དུས་བཞི་འཚོལ་མར་འདོད་པའི་སློབ་དཔོན་ལ་ལ་དག་ན་རེ། ལུགས་སྔ་མ་འདི་མི་འཐད་དེ་ཉི་མ་གླིང་བཞི་ཀར་བགྲོད་ཐག་རིང་ཞིང་བསྐོར་རྒྱ་ཆེ་བའི་ཚེ་ཉི་མ་ཐུང་ལ། ཉི་མས་གླིང་བཞི་བསྐོར་རྒྱ་ཆུང་ཞིང་བགྲོད་ཐག་ཉེ་བའི་ཚེ་ཉི་མ་རིང་བར་འདོད་པ་ནི་མངོན་སུམ་ལ་སྐྱོན་པར་འདོད་པའི་ཕྱིར་དང་། ལྷོ་བགྲོད་དང་བྱང་བགྲོད་ཀྱི་ཚེ་འཕྲུལ་བྱེད་ཀྱི་རླུང་དྲག་གཞན་ཁྱད་པར་ཡོད་དོ། །ཞེས་ཀྱང་འཆད་མི་ནུས་པའི་ཕྱིར། དེས་ན་གླིང་བཞིར་དུས་བཞི་འཚོལ་བ་ཡིན་ཏེ། འཛམ་བུའི་གླིང་དུ་དགུན་ལྷོ་བགྲོད་མཐར་ཐུག་དང་། ཤར་དུ་སྔོན་ཉིན་མཚན་མཉམ་པ་དང་། བྱང་སྒྲ་མི་སྙན་དུ་དབྱར་བྱང་བགྲོད་མཐར་ཐུག་དང་། ནུབ་བ་ལང་སྤྱོད་དུ་དཔྱིད་ཉིན་མཚན་མཉམ་པ་དུས་བཞི་ཡིན་པའི་ཕྱིར། ལུགས་འདི་ལ་ཉི་མ་ཕྱེད་དང་འཆར་དུས་གཅིག་པ་མི་འགྲིག་པའི་སྐྱོན་མེད་དེ། གླིང

འདིར་ལྷོ་བགྲོད་མཐར་ཐུག་པའི་སྔ་དྲོ་ཕྱི་དྲོ་ལ་ཡུད་ཙམ་དགུ་རེ་མཉམ། ཤར་གྱི་སྟོན་ཉིན་མཚན་མཉམ་པའི་དུས་ཀྱི་སྔ་དྲོ་ཡུད་ཙམ་དགུ། ཕྱི་དྲོ་ཡུད་ཙམ་དྲུག །ནུབ་བ་ལང་སྤྱོད་ཀྱི་དཔྱིད་ཉིན་མཚན་མཉམ་པའི་སྔ་དྲོ་ཡུད་ཙམ་དྲུག །ཕྱི་དྲོ་ཡུད་ཙམ་དགུ་ཡོད་པར་འདོད་དགོས་པའི་ཕྱིར། དེ་དགོས་པའི་རྒྱུ་མཚན་ཡང་དཔྱིད་ཀྱི་དུས་ཕྱི་དྲོ་རིང་བ་དང་། སྟོན་གྱི་དུས་སྔ་དྲོ་རིང་བ་དང་། དབྱར་དགུན་གཉིས་ཀྱི་སྔ་དྲོ་ཕྱི་དྲོ་ལ་རིང་ཐུང་མེད་པར་མངོན་སུམ་གྱིས་གྲུབ་པའི་ཕྱིར། སླུབ་བྱེད་གཞན་ལ་རག་མ་ལས་སོ། འོན་ཉི་མ་ཕྱེད་ཀྱི་ཐ་སྙད་འཇུལ་བར་འགྱུར་རོ་ཞེ་ན་སྐྱོན་མེད་དེ། ཕྱི་མས་གླིང་གི་ཕྱེད་དྲང་པོར་སླེབ་པའི་ཚེ། ཉི་མ་ཕྱེད་ཀྱི་ཐ་སྙད་འདོགས་པའི་ཕྱིར། ཞེས་གསུངས་སོ། །

ཡང་དུས་བཞི་ཕྱེད་འཚོལ་དང་། ཕྱེད་མཉམ་དུ་འདོད་པའི་སློབ་དཔོན་དབུས་པ་བློ་གསལ་དང་། འཇམ་དབྱངས་སྙིག་པོ་ལ་སོགས་པ་ན་རེ། ལུགས་དང་པོ་མི་འཐད་པའི་ཚུལ་ནི་སྔ་མ་དང་འདྲ་ལ། སྟོན་དཔྱིད་ཀྱི་སྔ་དྲོ་དང་ཕྱི་དྲོ་ལ་རིང་ཐུང་དེ་ལྟར་འདོད་པའི་ཚུལ་བྱེད་པས། ཡང་མངོན་སུམ་དང་མི་འགྲིག་སྟེ། འདིར་དགུན་ཡིན་པའི་ཚེ་ནུབ་ཏུ་དཔྱིད། ཤར་དུ་སྟོན་ཡིན་ན་དེ་ལྟར་འགྲིག་ཏུ་ཆུག་ཀྱང་། འདིར་དགུན་ཡིན་པའི་ཚེ། ཤར་དུ་དཔྱིད་ཡིན་པ་ཁས་ལེན་དགོས་པའི་ཕྱིར་རོ། །དེ་ལྟར་མ་ཡིན་པར་དུས་བཞི་གཡས་བསྐོར་དུ་འཁོར་ན་ཉི་མའི་རང་འགྲོས་ཀྱང་རླུང་འགྲོས་དང་མཐུན་པར་ཐལ་བའི་ཕྱིར་རོ། །ཞེས་སྐྱོན་བརྗོད་ནས། རང་ལུགས་ལ། ལྷོ་བྱང་གཉིས་སུ་ལྷོ་བགྲོད་མཐར་ཐུག་མཉམ་དུ་འབྱུང་ལ། དེའི་ཚེ་ཤར་ནུབ་བྱང་བགྲོད་མཐར་ཐུག །ལྷོ་བྱང་གཉིས་སུ་བྱང་བགྲོད་མཐར་ཐུག་མཉམ་དུ་འབྱུང་ལ། དེའི་ཚེ་ཤར་ནུབ་ཏུ་ལྷོ་བགྲོད་མཐར་ཐུག་ལྷོ་བྱང་གཉིས་སུ་དཔྱིད་ཀྱི་ཉིན་མཚན་མཉམ་པ་དང་། ཤར་ནུབ་གཉིས་སུ་སྟོན་གྱི་ཉིན་མཚན་མཉམ་པ་རྣམས་དུས་གཅིག་ཏུ་འབྱུང་བས། དུས་དེར་ཉིན་མཚན་མཉམ་པ་གླིང་བཞི་ཀ་ཡོད་པ་དེའི་ཚེ། ནམ་ཕྱེད་ཉི་མ་ནུབ་པ་དང་། ཉི་མ་ཕྱེད་དང་འཆར་དུས་གཅིག་པ་ཡིན་ནོ། །དེའི་རྒྱུ་མཚན་ཡང་། ཤར་ནུབ་གཉིས་སུ་ཉི་མ་རིང་བའི་རྒྱུ་མཚན་ལྷོ་བྱང་གཉིས་སུ་ལྷོ་བགྲོད་མཐར་ཐུག་པ་ལ་རག་ལས་པ་དང་། ལྷོ་བྱང་གཉིས་སུ་ཉི་མ་རིང་བའི་རྒྱུ་མཚན་ཡང་ཤར་ནུབ་གཉིས་སུ་ལྷོ་བགྲོད་མཐར་ཐུག་པ་ལ་རག་ལས་པ་ཡིན་ཏེ། ཉི་མ་རིང་བའི་ཚེ་ཤར་ནུབ་ཏུ་རིང་བར་རྒྱུ་དགོས་པ་དང་། ཉི་མ་ཐུང་བའི་ཚེ་ལྷོ་བྱང་དུ་རྒྱུ་བ་ཐུང་བའི་ཕྱིར་རོ། །གཉིས་པ་རང་གང་གི་རྗེས་སུ་འབྲང་བའི་ལུགས་བརྗོད་པ་ནི། དེ་ལྟར་ལུགས་གསུམ་ལས་ལུགས་དང་པོ་མི་འཐད་དེ། གླིང་བཞི་ཀར་བྱང་བགྲོད་མཐར་ཐུག་པའི་ཚེ། ཉི་མས་ནམ་མཁའ་ལ་བགྲོད་པའི་ལམ་གྱི་རྒྱ་ཁྱོན་ཆུང་བར་ཁྱོད་ཀྱིས་ཁས་བླངས་ལ། དེ་ནི་མངོན་སུམ་གྱིས་འགལ་བའི་ཕྱིར་རོ། །འཛམ་བུའི་གླིང་འདིར་བྱང་བགྲོད་མཐར་ཐུག་པའི་ཚེ་ཉི་མས་ནམ་

མཁའ་ལ་བགྲོད་པའི་ལམ་གྱི་རྒྱ་ཁྱོན་ཆེ་བར་མངོན་སུམ་གྱིས་གྲུབ་ལ། དེ་ནི་གླིང་གཞན་ལའང་མཚུངས་དགོས་པའི་ཕྱིར། ལུགས་གཉིས་ལའང་སྤྱིར་ཚད་ལྡན་གྱིས་གཞུང་ལས་འབྱུང་མོད། ཁྱེད་ཀྱི་དུས་བཞི་གཡས་བསྐོར་དུ་ཁས་བླངས་པས་རྒྱུད་འགྲེལ་གྱི་དགོངས་པ་མ་ཡོན་ཞིང་། རྒྱུད་འགྲེལ་ལས་ལེགས་པར་བཤད་པ་བཞིན་ཁས་ལེན་ན་ཁྱེད་འདོད་པ་ལྟར་གྱི། ནམ་ཕྱེད་ཉི་མ་ནུབ་པའི་རྣམ་གཞག་དང་། དབྱར་གྱི་ཟླ་བ་གཉིས་པ་ཞེས་སོགས་ཀྱི་དགོངས་པ་དང་མི་འགྲིག་པ་ཡིན་ཏེ། ཤར་གླིང་གི་དཔྱིད་ཉིན་མཚན་མཉམ་པའི་དུས་ཀྱི་ཕྱི་དྲོ་ཡུད་ཙམ་དགུ་ཡོད་པར་ཁས་ལེན་པ་དང་། འཛམ་བུའི་གླིང་དུ་ལྷོ་བགྲོད་མཐར་ཐུག་པའི་སྔ་དྲོ་ཡུད་ཙམ་དྲུག་འབྱུང་བ་དེ་མི་འགྲིག་པའི་ཕྱིར་དང་། དགུན་གྱི་ཟླ་བ་བཞི་པ་དང་། དབྱར་གྱི་ཟླ་བ་གཉིས་པ་ཉི་མ་ལོག་པ་རྒྱུད་འགྲེལ་ལས་མི་འབྱུང་བའི་ཕྱིར་ཏེ། གཞུའི་ཁྱིམ་གྱི་མཐར་དགུན་གྱི་ཉི་མ་ལྡོག་པར་གསུངས་ལ། དུས་དེར་དགུན་གྱི་བཞི་པ་དགུན་ཟླ་ཐ་ཆུང་དང་དཔྱིད་ར་གང་ལ་བྱེད་ཀྱང་མི་འགྲིག་པའི་ཕྱིར་དང་། འབྲིག་པའི་ཁྱིམ་གྱི་མཐར་དབྱར་ཉི་ལྡོག་པར་གསུངས་ལ། དེ་ལ་དབྱར་གྱི་ཟླ་བ་གཉིས་པ་དབྱར་ཟླ་ཐ་ཆུང་དང་། སྟོན་ར་གང་ལ་བྱེད་ཀྱང་མི་འབྱུང་བའི་ཕྱིར་ཏེ། རྒྱུད་འགྲེལ་ལས་དགུན་ར་དང་། དབྱར་ར་ལ་ཉི་མ་ལྡོག་པར་གསུངས་སོ༔ །དུས་འཁོར་ནས་གསུངས་པ་བཞིན་ཁས་ལེན་ནའང་། ལྡོག་མི་ནུས་པའི་ཉེས་པ་འདི་ལྟར་མཐོང་སྟེ། འཛམ་བུའི་གླིང་གི་ལྷོ་བགྲོད་མཐར་ཐུག་པའི་ཉི་མ་འཆར་ས་དང་། འཛམ་བུ་གླིང་གི་བྱང་བགྲོད་མཐར་ཐུག་པའི་ཉི་མ་འཆར་ས་གཅིག་པར་འགྱུར་ཏེ། ཤར་ལུས་འཕགས་པོའི་སྟོན་དཔྱིད་ཉིན་མཚན་མཉམ་པའི་དུས་ཀྱི་ཉི་མ་ཕྱེད་ས་ཚོད་གཅིག་པའི་ཕྱིར། ཁྱབ་པ་ཁས་བླངས་ཏེ། ཉི་མ་ཕྱེད་དང་འཆར་དུས་གཅིག་པ་དང་། དུས་བཞི་འཚོལ་མར་ཁས་བླངས་པས་སོ། །དེ་བཞིན་དུ་སྦྱར་ཏེ་འཛམ་བུའི་གླིང་དུ་བགྲོད་པ་མཐར་ཐུག་གཉིས་ཀྱི་ཉི་མ་ཕྱེད་པའི་ས་མཚམས་གཅིག་པར་འགྱུར་ཏེ། ཤར་གླིང་སྟོན་དཔྱིད་ཉིན་མཚན་མཉམ་པའི་དུས་ཀྱི་ཉི་མ་ནུབ་ས་གཅིག་པའི་ཕྱིར། ཡང་ནུབ་བ་ལང་སྤྱོད་ཀྱི་སྟོན་དཔྱིད་ཉིན་མཚན་མཉམ་པའི་དུས་ཀྱི་ཉི་མ་འཆར་ས་མི་གཅིག་པར་འགྱུར་ཏེ། འཛམ་བུའི་གླིང་གི་བགྲོད་པ་མཐར་ཐུག་པ་གཉིས་ཀྱི་ཉི་མ་འཆར་ས་མི་གཅིག་པའི་ཕྱིར། ཁྱབ་པ་ཁས་བླངས་སོ། །ཞེས་པའི་ཉེས་པས་རྒྱ་ཆེར་གནོད་དོ། །དེས་ན་ལུགས་གསུམ་པ་ཁས་བླངས་པར་བྱ་སྟེ། ཇི་སྐད་བཤད་པའི་ཉེས་པ་ཐམས་ཅད་ཕྱི་མ་འདི་ལ་མི་འཇུག་པའི་ཕྱིར་དང་། ནམ་ཕྱེད་ཉི་མ་ནུབ་པ་དང་། །ཞེས་སོགས་གཞུང་གོང་འོག་གཉིས་དགོངས་པ་དང་ཤིན་ཏུ་འབྲེལ་བའི་ཕྱིར། ཇི་ལྟར་འབྲེལ་ཞེ་ན། འདི་ལྟར་རང་ལུགས་ཀྱི་གཞུང་དོན་འཆད་ཚུལ་དང་། གཞན་གྱི་གཞུང་དོན་འཆད་ཚུལ་མི་འཐད་པར་སྟོན་པའོ། །དང་པོ་ནི། ལོ་གཅིག་ལ་གླིང་བཞིར་ཉིན་མཚན་མཉམ་པའི་དུས་གཉིས་འབྱུང་སྟེ། འདི་ལྟར། ལྷོ་བྱང་

གཉིས་སུ་དཔྱིད་ཀྱི་ཉིན་མཚན་མཉམ་པ་དང་། ཤར་ནུབ་གཉིས་སུ་སྟོན་ཉིན་མཚན་མཉམ་པ་ཅིག་ཆར་འབྱུང་། ལྷོ་བྱང་གཉིས་སུ་སྟོན་ཉིན་མཚན་མཉམ་པ་དང་། ཤར་ནུབ་གཉིས་སུ་དཔྱིད་ཀྱི་ཉིན་མཚན་མཉམ་པ་ཅིག་ཆར་འབྱུང་ལ། དུས་དེར་ནམ་ཕྱེད་ཉི་མ་ནུབ་པ་དང་། ཉི་མ་ཕྱེད་དང་འཆར་དུས་གཅིག་པ་ཡིན་ཏེ། ཇི་སྐད་དུ། སའི་བསྟོད་འགྲེལ་ལས། གང་གི་ཚེ་ཉིན་མཚན་མཉམ་པ་དེའི་ཚེ། དེ་ལྟར་བགྲང་གི་གཞན་ནི་ཆ་ཡོད་པར་ལྟའོ། །ཞེས་གསུངས་པ་ལྟར་རོ། །དེ་ལྟར་ན་གཞུང་འདིས་ཉིན་མཚན་མཉམ་པའི་དུས་ངོས་བཟུང་ནས། ཉི་མ་ལྡོག་པའི་དུས་སམ། བགྲོད་པ་མཐར་ཐུག་པའི་དུས་གཉིས་ངོས་འཛིན་པ་ནི། དབྱར་གྱི་ཟླ་བ་གཉིས་པ་ཡི། །ཞེས་སོགས་ཏེ། དེའི་དོན་ནི། སྟོན་ཉིན་མཚན་མཉམ་པའི་དུས་དེ་ནས་བཟུང་སྟེ། ཟླ་བ་བཞི་པ་ལ་དགུན་གྱི་ཉི་མ་ལྡོག་པ་ཡིན་ཏེ། སྟོན་ཉིན་མཚན་མཉམ་པའི་དུས་ནས་ཟླ་བ་གསུམ་དང་། ཚེས་ཞག་གསུམ་ནས་དགུན་ཉི་ལྡོག་པ་ཆོས་ལུགས་ཡིན་པའི་ཕྱིར། དཔྱིད་ཉིན་མཚན་མཉམ་པའི་དུས། དེ་ནས་བཟུང་བའི་དབྱར་ཟླ་རབ་དང་འབྲིང་པོ་ཐལ་ཞིང་། དབྱར་གྱི་ཟླ་བ་གཉིས་པ་སྟེ་དབྱར་ཟླ་འབྲིང་པོའི་ཐ་མ་དབྱར་ཟླ་ཐ་ཆུང་གི་ཡར་ངོའི་ཚེས་བརྒྱད་ནས་དབྱར་གྱི་ཉི་མ་ལྡོག་པ་ཡིན་ཏེ། དཔྱིད་ཉིན་མཚན་མཉམ་པའི་དུས་ནས་ཟླ་བ་གསུམ་དང་ཞག་གསུམ་ནས་དབྱར་ཉི་ལྡོག་པ་ཆོས་ལུགས་ཡིན་པའི་ཕྱིར། དགུན་གྱི་ཟླ་བ་བཞི་པ་དགུན་ཟླ་ཐ་ཆུང་དང་། དབྱར་གྱི་ཟླ་བ་གཉིས་པ་ནི་དབྱར་ཟླ་འབྲིང་པོ་ཡིན་ལ། དེའི་ཐ་མ་དབྱར་ཟླ་ཐ་ཆུང་ལ་བྱེད་པར་རང་འགྲེལ་དང་གདགས་པ་ལས་གསུངས་པ་ལྟར་ཁས་ལེན་དགོས་ཀྱི། དབྱར་ཟླ་ཐ་ཆུང་ལ་དབྱར་གྱི་ཟླ་བ་གཉིས་པའི་ཐ་སྙད་བྱེད་པ་ནི་དུས་ཚིགས་ཀྱི་རྣམ་གཞག་གང་དང་ཡང་མི་མཐུན་ཞིང་། ཐ་མ་ཡར་ངོ་ལ་བྱེད་པ་ནི་ཆེས་འཁྲུལ་ཏེ། རབ་དང་། འབྲིང་པོ་ཐ་ཆུང་གསུམ་གྱི་རྣམ་གཞག་བྱེད་པ་ན་ངེས་པར་ཡར་ངོ་སྔོན་འགྲོ་དང་། རིལ་ཆོས་ཀྱི་རྣམ་གཞག་བྱེད་དགོས་པའི་ཕྱིར། ཐ་ཆུང་གཉིས་ལ་ཉི་མ་ལྡོག་པར་བཤད་ཀྱང་། ཐ་ཆུང་གཉིས་པོ་ཟླ་བ་འདི་ཁོ་ན་ལ་བྱེད་ཀྱི་ངེས་པ་ནི་མེད་དེ། ལོ་གསུམ་གྱི་དབྱར་དགུན་གྱི་ཉི་མ་ལྡོག་པའི་དུས་ལ་ཟླ་བ་རེའི་བར་འགྱངས་བྱུང་བས་ལོ་གསུམ་གྱི་དབྱར་དགུན་གྱི་ཐ་ཆུང་གསུམ་ཀྱང་འཆོལ་བས་སོ། །

དེ་ལྟར་བཤད་ན་དགུན་ཟླ་ཐ་ཆུང་ཧོར་ཟླ་བཅུ་གཅིག་པ་མགོས་ཉ་བ་ལ་འབྱུང་བ་ཡང་སྲིད། ཧོར་ཟླ་བཅུ་གཉིས་པ་རྒྱལ་གྱིས་ཉ་བ་ལ་འབྱུང་བའང་སྲིད། དབྱར་ཟླ་ཐ་ཆུང་ཧོར་ཟླ་ལྔ་པ་སྣྲོན་གྱིས་ཉ་བ་ལ་བྱེད་པའང་སྲིད། ཧོར་ཟླ་དྲུག་པ་ཆུ་སྟོད་ཀྱིས་ཉ་བ་ལའང་བྱེད་དགོས་པའང་སྲིད་པ་ཡིན་ནོ། །དགུན་གྱི་ཟླ་བ་ཞེས་པའང་སྔར་བཤད་པ་ལྟར་ཡིན་གྱིས། དུས་ཚིགས་ལ་གསུམ་དུ་ཕྱེ་བའི་དགུན་ར་ནས་བགྲངས་པའི་དགུན་ཟླ་བཞི་པ་མ་ཡིན་ཏེ། དེ་ལྟར་ན་དགུན་ཟླ་ཐ་ཆུང་ལ་ཇི་ལྟར་འགྲིག །འགྲེལ་པ་རྒྱལ་སྲས་ལས། དགུན་གྱི་བཞི་པ

དཔྱིད་ཟླ་ར་བ་དང་། དབྱར་གྱི་ཟླ་བ་གཉིས་པ་སྟོན་ར་ལ་བཤད་པ་ལྟར་ཁས་ལེན་ནོ་ཞེ་ན། རྒྱལ་སྲས་ལས་དེ་ལྟར་བཤད་མོད། དེ་ལྟར་བཤད་པ་དེ་ནི་གདགས་པ་དང་རང་འགྲེལ་དང་། འདུས་བཟང་གིས་མཛད་པའི་འགྲེལ་པ་དང་། ཕྱོགས་གླང་གིས་མཛད་པའི་འགྲེལ་པ་ཐམས་ཅད་དང་མི་མཐུན་ཞིང་། མདོན་པ་བ་ལ་གྲགས་པའི་ལོ་འགོ་འཛིན་ཚུལ་གསུམ་པོ་གང་བྱས་ཀྱང་དཔྱིད་ར་དང་སྟོན་ར་ལ་ཉི་མ་ལྡོག་པ་མི་སྲིད་པའི་ཕྱིར་རོ། །འདུལ་བ་ལས་དབྱར་གྱི་དུས་ནི་ཟླ་བ་གཅིག་གོ། །དེའི་འོག་མ་ནི་ཉི་མ་ཞག་གཅིག་གོ། །ཞེས་དགུན་དཔྱིད་དབྱར་གསུམ་པོ་ལ་ཟླ་བ་བཞི་བཞིར་ཕྱེ་ནས་དེའི་དབྱར་གྱི་ཟླ་བ་གཉིས་པ་ལ། དབྱར་ཕྱི་མའི་ཁས་ལེན་འབྱུང་བར་བཤད་ཅིང་། སྟོན་ཟླ་ར་བ་ལ། དབྱར་ཕྱི་མའི་ཁས་ལེན་གྱི་བཤད་པ་འདུལ་བའི་ཡི་གེ་གང་ནའང་མེད་པའི་ཕྱིར་དང་། གལ་ཏེ་ལོ་དྲི་སོགས་ཀྱི་ཡི་གེ་ཁ་ཅིག་ནས་འབྱུང་སྲིད་ནའང་མ་དག་པར་བཤད་དགོས་ཏེ། དགུན་ཟླ་ར་བ་ལ་དགག་དབྱེ་མི་སྲིད་པར་བཤད་པས་དོན་འདི་ལ་མདོན་པ་འཆད་པ་རྣམས་ཀྱིས་མ་རྟོགས་པ་ཆེས་ཤིན་ཏུ་ཆེ་བར་སྣང་ཞིང་དབྱར་གྱི་ཟླ་བ་གཉིས་པ་དབྱར་ཟླ་ཐ་ཆུང་ལ་བྱས་ནས་དེའི་ཡར་ངོ་སྟོན་རའི་ཡར་ངོ་ལ་འཆད་པའང་ཆེས་མ་བརྟགས་པའོ། །

གཉིས་པ་གཞན་གྱི་གཞུང་དོན་འཆད་ཚུལ་མི་འཐད་པ་ལ། དབྱར་གྱི་ཟླ་བ་གཉིས་པ་ཞེས་སོགས་ཀྱི་དོན་ལ། ཁ་ཅིག །ཧོར་ཟླ་བརྒྱད་པ་ཁྲིམས་ཀྱིས་ཉ་བའི་ཚེས་བཅུ་དྲུག་ནས་དགུན་ཟླ་དང་པོར་བྱས། དགུན་ཟླ་བཞི་པ་ཧོར་ཟླ་བཅུ་གཉིས་པ་རྒྱལ་གྱིས་ཉ་བ་ལ་བྱས་ནས་དེ་ལ་དགུན་ཉི་ལྡོག་པ་སོགས་ཀྱི་རྣམ་གཞག་མཛད་མོད། འཐད་པར་མ་མཐོང་སྟེ། དེ་ལྟར་ན། ཧོར་ཟླ་དགུ་པ་དབྱུགས་ཉ་བ་དེ་དགུན་ཟླ་ར་བ་ཡིན་པར་ཁས་ལེན་དགོས་ཤིང་ལེན་པའང་ཡིན་ལ། དེ་ལྟར་ན་འདུལ་བ་ལུང་ཕྲན་ཚེགས་ལས། དེའི་ཉ་བ་ལ། དགག་དབྱེ་འབྱུང་བ་དང་། ལྷ་བབས་ཀྱི་དུས་ཆེན་འབྱུང་བར་བཤད་པ་དང་། ཇི་ལྟར་མི་འགལ་ཏེ། དགུན་ཟླ་ར་བ་ལ་དགག་དབྱེ་བྱས་པ་ནི་ཆེས་བཞད་གད་ཀྱི་གནས་སོ། །ཡང་ཁ་ཅིག་གཞུང་འདིས་ཉིན་མཚན་མཉམ་པའི་དུས་ངོས་བཟུང་བ་ཡིན་ཞེས་སྨྲ་གཟེངས་མཐོན་པོས་སྨྲ་བ་ནི། རང་ཉིད་ངོ་ཚ་བ་དང་། གཞན་གྱིས་ཁྲེལ་བའི་གནས་ཡིན་ཏེ། གདགས་པ་ལས། ལོ་གཅིག་ལ་དུས་གཅིག་ཏུ་མཚན་མོ་ནི་ཡུད་ཙམ་བཅོ་བརྒྱད་དོ། །ཉིན་མོ་ཡུད་ཙམ་བཅུ་གཉིས་པ་ཡོད་དེ། དེ་གང་ཞེ་ན། དགུན་ཟླ་ཐ་ཆུང་ཡར་གྱི་ཚེས་བརྒྱད་ལ་མཚན་མོ་ནི་ཡུད་ཙམ་བཅོ་བརྒྱད་དོ། །ཉིན་མོ་ནི་ཡུད་ཙམ་བཅུ་གཉིས་ཡོད་དོ། །ལོ་གཅིག་ལ་དུས་གཅིག་ཏུ་ཉིན་མོ་བཅོ་བརྒྱད། མཚན་མོ་ཡུད་ཙམ་བཅུ་གཉིས་པ་ཡོད་དེ། དེ་གང་ཞེ་ན། དབྱར་ཟླ་ཐ་ཆུང་ཡར་གྱི་ངོའི་ཚེས་བརྒྱད་ལ་ཉིན་མོ་ནི་ཡུད་ཙམ་བཅོ་བརྒྱད། མཚན་མོ་ནི་ཡུད་ཙམ་བཅུ་གཉིས་ཡོད་དོ། །ཚེས་དགུ་ཕན་ཆད་ནི་ཉིན་མོ་འགྲིབ།

མཚན་མོ་སྐྱེ་སྟེ་ཞེས་གསུངས་ཤིང་། དཔྱིད་ཟླ་ཐ་ཆུང་དང་། སྟོན་ཟླ་ཐ་ཆུང་གི་ཡར་ཚེས་བརྒྱད་ལ་ཉིན་མཚན་མཉམ་པར་གསུངས་པ་དེའི་དོན་འཆད་པ་ལ། དབྱར་གྱི་ཟླ་བ་གཉིས་པ་ཡི། །ཞེས་སོགས་གསུངས་པ་ཡིན་ལ། དེའི་རང་འགྲེལ་ལས། དབྱར་རྣམས་ཀྱི་ཟླ་བ་གཉིས་པ་དབྱར་ཟླ་ཐ་ཆུང་གི་ཡར་གྱི་ངོའི་ཚེས་དགུ་ནས་མཚན་མོ་རིང་ངོ་ཞེས་དགུན་ཟླ་ཐ་ཆུང་ཡར་གྱི་ངོའི་ཚེས་དགུ་ནས་སོ་ཞེས་གསུངས་པའི་ཕྱིར། ཉིན་མཚན་རིང་ཐུང་དུ་འགྱུར་པའི་ཚད་ཇི་ཙམ་ཞེ་ན། ཉིན་མཚན་རིང་བ་ཐང་གཅིག་གོ་ཞེས་ཏེ། ཉིན་ཞག་གཅིག་གི་དགུ་བཅུའི་ཆས་རིང་ཐུང་དུ་བྱེད་པ་སྟེ། དུས་འཁོར་བ་ལྟར་ན་དབུགས་འཛུག་གནས་འབྱུང་གསུམ་ལ་གཅིག་ཏུ་བྱས་པའི་དབུགས་ཉི་ཤུ་རྩ་བཞི་རེས་རིང་ཐུང་དུ་བྱས་པ་ཡིན་ཏེ། ཆུ་སྲང་བཞི་བཞིས་བྱེད་པར་བཤད་ཅིང་། ཆུ་སྲང་རེ་རེ་ལ་དབུགས་དྲུག་དྲུག་ཡོད་པའི་ཕྱིར་རོ། །གཉིས་པ་དུས་ཀྱི་འཁོར་ལོའི་དགོངས་པ་འཆད་པ་ནི། གླིང་བཅུ་གཉིས་དུས་བཞི་དང་། ཟླ་བ་བཅུ་གཉིས་གཡོན་བསྐོར་གྱི་ཚུལ་གྱིས་འབྱུང་བ་ཡིན་ཏེ། ཇི་སྐད་དུ། རྒྱུད་འགྲེལ་ལས། ལྷོའི་དུམ་བུ་འདིར་ལུག་ལ་ཉི་མ་གནས་པས། དཔྱིད་ཀྱི་དུས་སུ་ས་གའི་ཟླ་བ་བྱེད་དོ། །མེ་ཟུར་གྱི་དུམ་བུ་གཉིས་པ་ལ་སྣྲོན་གྱི་ཟླ་བ་བྱེད་དོ། །མེ་ཟུར་གྱི་དུམ་བུ་གསུམ་པ་ལ་ཆུ་སྟོད་ཀྱི་ཟླ་བ་བྱེད་དོ། །ཤར་གྱི་དུམ་བུ་ལ་ལུས་འཕགས་པོར་གྲོ་ཞུན་གྱི་ཟླ་བ་བྱེད་དོ། །ལྷ་པ་དབང་ལྡན་གྱི་ཕྱེད་ཀྱི་དུམ་བུར་ཁྲུམས་ཀྱི་ཟླ་བ་བྱེད་དོ། །དབང་ལྡན་གྱི་དུམ་བུ་དྲུག་པར་ཐ་སྐར་གྱི་ཟླ་བ་བྱེད་དོ། །རླུང་གི་དུམ་བུ་བརྒྱད་པར་མགོའི་ཟླ་བ་བྱེད་དོ། །རླུང་ཟུར་གྱི་དུམ་བུ་དགུ་པར་རྒྱལ་གྱི་ཟླ་བ་བྱེད་དོ། །ནུབ་ཏུ་དུམ་བུ་བཅུ་པར་མཆུའི་ཟླ་བ་བྱེད་དོ། །བདེན་བྲལ་གྱི་ཟུར་གྱི་དུམ་བུ་བཅུ་གཅིག་པ་ལ་དབོའི་ཟླ་བ་བྱེད་དོ། །བདེན་བྲལ་གྱི་དུམ་བུ་གཞན་ལ་ནག་པའི་ཟླ་བ་བྱེད་དོ། །དེ་བཞིན་དུ་ཟླ་བ་གཉིས་ཀྱི་དུམ་བུ་གཉིས་སུ་དུས་སུ་འགྱུར་རོ། །དུམ་བུ་སོ་སོར་དཀར་པོ་དང་ནག་པོའི་ཕྱོགས་ཀྱི་དབྱེ་བས་ཕྱོགས་གཉིས་སུ་འགྱུར་ཏེ། དེ་ལྟར་ན་དུས་དྲུག་དང་ཟླ་བ་བཅུ་གཉིས་དང་ཕྱོགས་ཉི་ཤུ་རྩ་བཞི་པོ་རྣམས་དུམ་བུ་བཅུ་གཉིས་ལ་འཁོར་ལོའི་རྣམ་པས་འཁོར་བར་ཤེས་པར་བྱའོ། །ཞེས་གསུངས་ཤིང་། གཡས་བསྐོར་དུ་དབྱུག་གུ་ལྔ་ལྔས་ཉི་མ་འཆར་བ་སྔ་བར་བཤད། ཉི་མ་རི་རབ་ལ་ཐག་རིང་བའི་ཚེ་མགྱོགས་པ་དང་། རི་རབ་ལ་ཐག་ཉེ་བའི་ཚེ་བུལ་བའི་རྒྱུ་མཚན་ཡང་། སོ་བ་འཆག་པའི་བ་ལང་ཀ་བ་ལ་བརྟགས་པ་ན་ཐག་རིང་བ་དང་ཐུང་བའི་དཔེ་ཡང་གསུངས་སོ། །ཞར་ལ་ཉི་མ་ལྡོག་པའི་ཚུལ་བརྗོད་པར་བྱ་སྟེ། ཉི་མ་ལྡོག་པའི་དོན་ལྷོ་བྱང་གི་བགྲོད་པ་གཉིས་མཐར་ཐུག་ནས་སླར་ཡང་ལྷོ་བྱང་གང་རུང་དུ་འཁོར་བ་སྟེ། དུས་འཁོར་གྱི་དགོངས་པ་ལ་གཞུའི་ཁྱིམ་མཐར་དགུན་གྱི་ཉི་མ་ལྡོག །འབྲིག་པའི་ཁྱིམ་མཐར་དབྱར་གྱི་ཉི་མ་ལྡོག །བུ་མོའི་ཁྱིམ་མཐར་སྟོན་གྱི་ཉིན་མཚན་མཉམ། ཉའི་ཁྱིམ་མཐར་དཔྱིད་ཀྱི་ཉིན་མཚན་མཉམ་ཞེས་བཤད་པ་ལ། མངོན་པར་དབྱར་

དགུན་གྱི་ཟླ་ཆུང་གཉིས་ལ་ཉི་མ་ལྡོག་པ་དང་། སྟོན་དཔྱིད་ཀྱི་ཟླ་ཆུང་གཉིས་ལ་ཉིན་མཚན་མཉམ་པར་བཤད་པ་ཡིན་ལ། དེ་ལྟར་བཤད་ཀྱང་སྟོན་ཟླ་ཟླ་ཆུང་མཐའ་གཅིག་ཏུ་གང་ལ་བྱེད་ཀྱི་ངེས་པ་མེད་དེ། དེ་ཡང་ཧོར་ཟླ་བརྒྱད་པའི་ཆེས་བརྒྱད་ནས་ཧོར་ཟླ་དགུ་པའི་ཆེས་བརྒྱད་ཀྱི་བར་གང་རུང་གཅིག་ལ་སྟོན་ཉིན་མཚན་མཉམ་པ་དེ་བྱུང་ལ། དེ་གང་ལས་བྱུང་བའི་ཟླ་བ་དེ་ལ་སྟོན་ཟླ་ཟླ་ཆུང་ཞེས་བྱ་ཞིང་། དེ་ནས་རྩིས་པའི་ཆེས་ཀྱི་ཟླ་བ་གསུམ་དང་ཆེས་ཞག་གསུམ་ན་དགུན་ཉི་ལྡོག །དེ་ནས་ཆེས་ཟླ་དང་ཆེས་ཞག་གསུམ་ན་དཔྱིད་ཉིན་མཚན་མཉམ། དེ་ནས་ཆེ་ཟླ་གསུམ་དང་ཆེས་ཞག་གསུམ་ན་དབྱར་གྱི་ཉི་མ་ལྡོག །དེའི་ཉིན་ནས་ཆེས་ཟླ་གསུམ་དང་ཆེས་ཞག་གསུམ་ན་སྟོན་གྱི་ཉིན་མཚན་མཉམ། དེ་བཞིན་དུ་འཁོར་མོར་སྒྱུར་བས་ལོ་གསུམ་ན་ཉི་མ་ལྡོག་མཚམས་དང་ཉིན་མཚན་མཉམ་པའི་དུས་ཐམས་ཅད་ལ་ཆེས་གཅིག་གི་སྔ་ཕྱིའི་ཁྱད་པར་ཞུགས་པ་ལ་མངོན་སུམ་གྱིས་གྲུབ་ཅིང་། བྱེད་རྩིས་ལའང་དེ་ལྟར་འབྱུང་བས་སོ། །དེའི་ཕྱིར་ལོ་གསུམ་ལ་ཧོར་ཟླ་བཅུ་གཅིག་པའི་ཆེས་བརྒྱད་ནས། བཅུ་གཉིས་པའི་ཆེས་བརྒྱད་ཀྱི་བར་གང་རུང་ལ་དགུན་ཉི་ལྡོག །ཧོར་ཟླ་གཉིས་པའི་ཆེས་བརྒྱད་ནས་གསུམ་པའི་ཆེས་བརྒྱད་ཀྱི་བར་གང་རུང་ལ་དཔྱིད་ཀྱི་ཉིན་མཚན་མཉམ། ཧོར་ཟླ་ལྔ་པའི་ཆེས་བརྒྱད་ནས་དྲུག་པའི་ཆེས་བརྒྱད་ཀྱི་བར་གང་རུང་ལ་དབྱར་གྱི་ཉི་མ་ལྡོག་ལ། དེ་རྗེས་ཟླ་འཕེལ་གཅིག་བྱུང་བས་ཡང་སྔར་གྱི་ཟླ་མཚམས་སྔ་མ་དེར་སླེབ་པ་ཡིན་ནོ། །འཇིག་རྟེན་པ་རྣམས་ཉི་མ་བརྒྱད་གསུམ་དག་ལ་ལྡོག །སྔ་འགྱུར་དག་གིས་ཤེས་པར་བྱ། ཞེས་ཟེར་ཞིང་། དེ་ཉིད་བྱེད་རྩིས་དང་ཡང་མཐུན་པ་ཡིན་ནོ། །སྨན་གྱི་རྒྱུད་ཕྱི་མ་ལས། དགུན་ཉི་གང་ལྡོག་དགུན་ཟླ་འབྲིང་པོར་བཞག་ཅིང་། དབྱར་ཉི་གང་ལྡོག་དབྱར་ཟླ་འབྲིང་པོར་རྩིས་པ་ཡིན་པར་བཤད་དོ། །

གཉིས་པ་བསྟན་བཅོས་ལུགས་ཀྱི་དུས་གསུམ་བཤད་པ་ལ། དངོས་དང་། དེ་ལས་ཟླ་བ་བཅུ་གཉིས་བྱེད་པའི་ཚུལ་ལོ། །དང་པོ་ལ། སྤྱིར་ལུགས་གཉིས་ཀྱི་དུས་ཚིགས་ཀྱི་འཇོག་ཚུལ་མི་འདྲ་བའི་རྒྱུ་མཚན་ནི། འཇིག་རྟེན་པ་རྣམས་དབྱར་དགུན་སྟོན་དཔྱིད་བཞི་ལ་ར་བ་འབྲིང་པོ་ཐ་ཆུང་གསུམ་གསུམ་དུ་ཕྱེ་ནས་དུས་ཚིགས་བཞིར་འཇོག་པ་དང་། ཡང་དགུན་ལ་སྟོད་སྨད་གཉིས་དང་། དཔྱིད་སོ་ཁ་དབྱར་དང་སྟོན་དྲུག་ཏུ་ཕྱེ་ནས་ཁས་ལེན་པ་ཡིན་ཞིང་། དེ་ཉིད་གསུང་རབ་ཏུའང་ཁས་ལེན་པ་ཡིན་ཏེ། ཇི་སྐད་དུ། གསེར་འོད་དམ་པ་ལས། ཟླ་གསུམ་དབྱར་ཏེ་ཟླ་གསུམ་སྟོན་དུ་ཤེས། །གསུམ་ནི་དགུན་ཏེ་གསུམ་ནི་དཔྱིད་ཡིན་ནོ། །ཟླ་བའི་གོ་རིམ་འདི་སྐེ་དུས་ནི་དྲུག །ཅེས་གསུངས་པ་ལྟར་རོ། །བསྟན་བཅོས་ལ། གཙོ་བོར་དུས་ཚིགས་གསུམ་དུ་བཤད་ནས་གསུམ་པོ་དེ་ཉིད་ལ་དགོས་པའི་དབང་གིས་རེས་འགའ་གསུམ་རང་ རྐང་དུ་བཞག་ནས་བཤད་པ་དང་།

རེས་འགའ་གསུམ་པོ་ལ་དྲུག་ཏུ་ཕྱེ་བ་དང་། རེས་དགའ་གསུམ་པོ་ལྔར་ཕྱེ་ནས་བཤད་པ་ཡིན་ཏེ། ཇི་སྐད་དུ། རྒྱལ་པོའི་ཁྲིམས་ལས། གསུང་རབ་ལས་ནི་དུས་གསུམ་ཁོ་ན་ཡིན་ཏེ། འཇིག་རྟེན་པ་ལྟར་དྲུག་ནི་མ་ཡིན་ཏེ། དཀྱུན་སྟོད་ནི་གྲང་བར་འདྲ་བའི་ཕྱིར་དཀྱུན་དུ་བཤད་དོ། །སོ་ཁ་ནི་ཚ་བ་འདྲ་བའི་ཕྱིར་དཔྱིད་དུ་བཤད་དོ། །སྟོན་ནི་ཆར་འབབ་པའི་ཕྱིར་དབྱར་དུ་བཤད་དོ། །དེ་ལྟར་ན་དཀྱུན་དང་དཔྱིད་དབྱར་དག་ཡིན་ནོ། ཞེས་གསུངས་སོ། །དེ་ཡང་ལོ་གཅིག་ལ་དུས་གསུམ་དུ་བསྡུ་བ་དང་། དེ་ལས་ལྔར་ཕྱེ་བ་ནི་གསུང་རབས་ཁོ་ན་ལ་གྲགས་ཀྱི་འཇིག་རྟེན་ལ་མ་གྲགས་པའི་བསྟན་བཅོས་ལུགས་ཤེས་བྱ་ལ་དུས་བཞི་དང་དྲུག་ནི་གསུང་རབ་ལས་ཀྱང་ཁས་ལེན་མོད། འཇིག་རྟེན་གྲགས་པ་ལྟར་ཁས་ལེན་པས་འཇིག་རྟེན་གྱི་ལུགས་ཞེས་བྱ་བར་བཏགས་སོ། །དུས་གསུམ་ལ་དྲུག་ཏུ་འབྱེད་ཅིང་དྲུག་པོ་གསུམ་དུ་བསྡུས་པ་འདི་ན་མངོན་འདུལ་དུས་འཁོར་གསུམ་ཀ་ནས་གསུངས་པ་ཡིན་ཏེ། ཇི་སྐད་དུ། མཛོད་འགྲེལ་ལས། དཀྱུན་དང་དཔྱིད་དང་དབྱར་རྣམས་ཀྱི། །ཟླ་བ་ཕྱེད་དང་གཉིས་འདས་ཤིང་། །ཟླ་བ་ཕྱེད་ནི་ལུས་པ་ན། །མཁས་པས་ཞག་མི་ཐུབ་པར་དོར། །ཞེས་དང་། འདུལ་བའི་མདོ་ལས། ཉིན་ཞག་གཅིག་གིས་མི་ཚོག་པར་བྱའོ། །དུས་ཚིགས་རྣམས་ཀྱི་ཟླ་བ་ཕྱེད་ལུས་པ་ཉིད་ལའོ། །ཞེས་དང་། དུས་འཁོར་འགྲེལ་ཆེན་ལས། ཁྱིམ་གང་ཡང་རུང་བ་གཅིག་ལ་ཉི་མ་གནས་པས་དུམ་བུ་བཅུ་གཉིས་སུ་དུས་དྲུག་དང་ཟླ་བ་བཅུ་གཉིས་དང་། ཕྱོགས་ཉི་ཤུ་རྩ་བཞིར་བྱེད་དེ། ཁྱིམ་གྱི་འཁོར་ལོ་འཁོར་བའི་དབང་གིས་སོ། །ཞེས་གསུངས་སོ། །མདོར་ན་གསུང་རབས་ལས་དུས་ཚིགས་ཀྱི་འཇོག་མཚམས་མི་འདྲ་བ་བཞི་འབྱུང་བ་ལས། གཉིས་ནི་བསྟན་བཅོས་ཁོ་ན་ལ་གྲགས་ཤིང་། གཉིས་ནི་འཇིག་རྟེན་གྲགས་པ་དང་ཐུན་མོང་བ་ཡིན་ནོ། །

གཉིས་པ་དེ་ལ་ཟླ་བ་བཅུ་གཉིས་སུ་འཇོག་པའི་ཚུལ་ནི། འཇིག་རྟེན་པ་ལྟར་ན་དཀྱུན་ཟླ་ར་བ་ལ་སོགས་པ་བཅུ་གཉིས་སུ་བྱེད་ཅིང་ཡར་ངོ་སྔོན་དུ་འགྲོ་བ་ཡིན་ཏེ། ཇི་སྐད་དུ། དབྱར་གནས་པར་ཁས་བླང་བར་བྱའོ། །ཆོས་བཅུ་དྲུག་ལའོ། །དབྱར་ཟླ་འབྲིང་པོའོ། །ཞེས་སོགས་རྒྱ་ཆེར་གསུངས་པ་དང་། འཇིག་རྟེན་ན་ཚེས་བཅོ་ལྔ་དང་ཉི་ཤུ་ལ་སོགས་པར་གྲགས་པའི་ཕྱིར་རོ། །ཉི་མའི་སྙིང་པོ་ལས་དཔྱིད་ར་འབྲིང་ཐ་ཆུང་གསུམ་ལ་མར་ངོ་སྔོན་འགྲོ་ཡང་བཤད་ཅིང་། ཡང་འདུལ་བའི་ཆོས་བསྐོར་ནས་ར་འབྲིང་ཐ་ཆུང་གི་རྣམ་གཞག་བྱེད་པ་ནའང་མར་ངོ་སྔོན་དུ་འགྲོ་བ་གཅིག་ཀྱང་བཤད་པ་ཡོད་དེ། དགེ་ཚུལ་གྱི་ལོ་དྲི་བ་ལས། དབྱར་ཐུང་ངུའི་དུས་ཉིན་ཞག་གཅིག་པོ་དེ་གང་ཞེ་ན། སྟོན་ཟླ་ར་བའི་ཚེས་གཅིག་གི་ཉིན་ཞག་གཅིག་གོ་ཞེས་གསུངས་ལ། འདིར་ཡང་ལུགས་གཉིས་བསྲེས་པའི་དབང་དུ་བྱས་ཀྱི། ར་འབྲིང་སོགས་ཀྱི་འཇོག་མཚམས་རང་རྐང་པ་མིན་ནོ། །

ཡང་མདོ་རྒྱ་བར་ཡར་ངོ་སྔོན་འགྲོ་བཤད་པ་དང་། ཕྲན་ཚེགས་འགྲེལ་པར་དབྱར་ཟླ་ཐ་ཆུང་གི་ཚེས་བཅུ་དྲུག་ནི་དབྱར་ཐུང་དུའི་དུས་ཡིན་ནོ་ཞེས་སོགས་ནི་ར་བ་འབྲིང་གསུམ་གྱི་འཇིག་མཚམས་རང་རྐང་ལ་ཡིན་ལ། འདི་ཉིད་དབང་བཙན་པར་བྱེད་དགོས་སོ། །འོན་ར་འབྲིང་ཐུང་རྣམས་ཀྱི་ཉ་སྐར་ལ་སྐར་མ་གང་འཆར་ཞེ་ན། མདོ་སྡེ་ཉི་མའི་སྙིང་པོ་ལས། ཉ་སྐར་ལ་སྐར་མ་མགོ་འཆར་བའི་ཟླ་བ་ལ་དགུན་ཟླ་ར་བ་ཞེས་བྱ་བ་ནས། ཉ་སྐར་ལ་སྐར་མ་སྨིན་དྲུག་འཆར་བའི་ཟླ་བ་ལ་སྟོན་ཟླ་ཐ་ཆུང་ཞེས་འཇིག་རྟེན་ན་གྲགས་སོ་ཞེས་གསུངས་པའང་དཔེར་བརྗོད་ཡིན་གྱི་དུས་ཐམས་ཅད་དུ་དེའི་ངེས་པ་མེད་ལ། སྟོན་ཉིན་མཚན་མཉམ་པའི་ཟླ་བ་དེའི་ཉ་སྐར་ལ་གང་བྱུང་བ་དེ་སྟོན་ཟླ་ཐ་ཆུང་གི་ཉ་སྐར་ཡིན་དགོས་པ་ནས་དགུན་ཉི་གང་ལྡོག་པའི་ཟླ་བ་དེའི་ཉ་སྐར་ལ་གང་བྱུང་བ་དེ་དགུན་ཟླའི་ཉ་སྐར་ལ་བྱེད་དགོས་ཤིང་ཡར་ངོ་སྔོན་དུ་འགྲོ་བར་བྱེད་དགོས་སོ། །རྒྱལ་སྲས་ལས། སངས་རྒྱས་པ་རྣམས་ཀྱི་དུས་ཀྱི་དང་པོ་ནི་དགུན་ནོ། །གཉིས་པ་ནི་དཔྱིད་དོ། །གསུམ་པ་ནི་དབྱར་རོ། །ཞེས་གསུངས། འདི་ཡང་འཇིག་རྟེན་གྱི་ལུགས་ཡིན་ཞིང་། བསྟན་བཅོས་ལས་ནི་སངས་རྒྱས་པ་ཐམས་ཅད་ཀྱི་དུས་ཀྱི་དང་པོ་དགུན་ཡིན་པའི་ངེས་པ་མེད་པར་འོག་ནས་འཆད་དོ། །ལུགས་གཉིས་པ་བསྟན་བཅོས་ལས་ནི། སླལ་པོ་རྒྱལ་དང་མཆུ་ཉ་དགུན། །དབོ་དང་ནག་པ་ས་ག་དཔྱིད། །སྣྲོན་དང་ཆུ་སྟོད་གྲོ་བཞིན་དབྱར། །ཁྲུམས་སྟོད་ཐ་སྐར་སྨིན་དྲུག་སྟོན། །ཞེས་པ་ལྟར། ཉ་སྐར་གྱི་དབྱེ་བས་ཟླ་བའི་གྲངས་འཛིན་ཞིང་མར་ངོ་སྔོན་འགྲོ་ཁོ་ནར་ངེས་པ་ཡིན་ཏེ། །ཇི་སྐད་དུ། བསྟན་བཅོས་ལས། མར་ངོ་སྔོན་དུ་འགྲོ་བ་སྟེ། འཇིག་རྟེན་པ་རྣམས་ཀྱི་ལྟར་ཡར་ངོ་སྔོན་དུ་འགྲོ་བ་ནི་མ་ཡིན་ནོ། །ཞེས་རྒྱལ་སྲས་ལས་གསུངས་སོ། །འོན་ཀྱང་དུས་འཁོར་ལས་ནི་ནག་པའི་ཟླ་བ་སོགས་ལ་ཡར་ངོ་སྔོན་དུ་འགྲོ་བའང་བཤད་པར་ཡོད་དོ། །ཇི་སྐད་དུ། ནག་པ་ལ་སོགས་འདས་པ་རྣམས་བསྲེས་ཞེས་པ་རིལ་ཆོས་ཀྱི་དབང་དུ་བྱས་ནས་བསྲེ་དགོས་པའི་ཕྱིར་རོ། །ལུགས་འདི་ལྟར་ན། ནག་པའི་ཟླ་བ་དང་དཔྱིད་འབྲིང་དོན་གཅིག་པ་དང་། ས་གའི་ཟླ་བ་དང་། དཔྱིད་ཐུང་དོན་གཅིག་པའི་སྐབས་སྲིད་པར་ཁས་ལེན་ཀྱང་། མངོན་འདུལ་གྱི་ཉ་སྐར་གྱི་མིང་ཅན་གྱི་ཟླ་བའི་འཇོག་མཚམས་མར་ངོ་སྔོན་འགྲོ་ཁོ་ནར་ངེས་སོ། །

གཉིས་པ་ལོ་མགོ་གང་ནས་འཛིན་རྣམ་གྲངས་དང་བཅས་པ་ལ། བཤད་པའི་རྣམ་གྲངས་བཀོད་པ་དང་། རང་ལུགས་ངོས་བཟུང་བའོ། །དང་པོ་ལ་སྤྱིར་གསུང་རབ་ལས་བཤད་པའི་རྣམ་གྲངས་དང་། སྔོན་གྱི་སློབ་དཔོན་རྣམས་ཀྱིས་ཇི་ལྟར་བཞེད་པའི་ཚུལ་ལོ། །དང་པོ་ནི་དུས་འཁོར་ལས། དཔྱིད་འབྲིང་ནག་པས་ཉ་བའི་ཆོས་གཅིག་ནས་ལོ་འགོ་ངོས་འཛིན་པ་ཡིན་ཏེ། ཇི་སྐད་དུ། ནག་པ་ལ་སོགས་འདས་པ་རྣམས་བསྲེས་ཞེས་བཤད་པའི་ཕྱིར། དེ་ལ་དེར་འཇོག་པའི་རྒྱུ་མཚན་ཡང་། ནག་པའི་ཉ་ལ་དུས་ཀྱི་འཁོར་ལོའི་རྒྱུད་ཀྱི་རྒྱལ་པོ་

གསུངས་པའི་རྒྱུ་མཚན་གྱིས་ཡིན་པར་བྱེད་དོ། །རྒྱ་རྩིས་གསར་པ་དཔྱིད་ར་སྟག་གི་ཟླ་བ་སྐར་མ་རྒྱལ་གྱིས་ཉ་བའི་ཟླ་བ་ནས་ལོ་འགོ་ངོས་འཛིན་ཅིང་། དེའི་རྒྱུ་མཚན་ཧྲེ་བཙུན་འཇམ་དབྱངས་ཀྱིས་རྩིས་གསུངས་པའི་དུས་ཀྱི་དང་པོ་དེ་ཡིན་པ་ལ་ཐུག་པར་བཞེད་དོ། །གསེར་འོད་དམ་པ་ལས། དབྱར་ནས་དུས་ཀྱི་དང་པོ་ངོས་འཛིན་པར་བཤད། སོ་སོ་ཐར་པའི་མདོ་ནས། དུས་བརྗོད་པའི་དང་པོར་སོ་ཁ་རྣམས་ཀྱི་ཟླ་བ་འདས་པ་དང་། ལྷག་མ་ཇི་ཙམ་པ་ཙམ་ཞེས་སོ་ཁས་དུས་ཀྱི་དང་པོ་ངོས་འཛིན་པར་བཤད། འདུལ་བར་དུས་སྒོ་བའི་ཐད་དུ་དུས་ཀྱི་དང་པོ་དགུན་ཡིན་པ་དང་། དེ་ཡང་སྟོན་ཟླ་ཐ་ཆུང་གི་ཚེས་བཅུ་དྲུག་ནས་འཛིན་པར་འགྲེལ་པ་ལས་བཤད་ཅིང་། མངོན་པའི་གཞུང་འགྲེལ་ཕལ་ཆེ་བ་ནས་ཀྱང་དགུན་དུས་དང་པོར་བཤད་ཅིང་། ཡང་འཇིག་རྟེན་པ་ལྟར་ན། དགུན་ཟླ་ར་བའི་ཚེས་གཅིག་ནས་དང་། བསྟན་བཅོས་པ་ལྟར་ན། སྟོན་ཟླ་ཐ་ཆུང་གིས་ཚེས་བཅུ་དྲུག་ནས་དགུན་གྱི་ཐོག་མར་འཛིན་པར་བྱེད་པ་དང་། མདོ་སྡེ་ཉི་མའི་སྙིང་པོར་སྟོན་ཟླ་ཐ་ཆུང་ལ་མར་ངོ་སྟོན་འགྲོར་བྱས་པའི་མར་ངོའི་ཚེས་བཅུ་གཅིག་ནས་ལོ་འགོ་འཛིན་པ་དང་། ཧོར་གྱི་ཁྲིམས་ལུགས་ཀྱི་སྐར་མ་མཆུས་ཉ་བའི་ཡར་ཚེས་གཅིག་ནས་ལོ་མགོ་འཛིན་པར་བྱེད་དོ། །

གཉིས་པ་སློབ་དཔོན་རྣམས་ཀྱིས་བཞེད་ཚུལ་ལ། དངོས་དང་། དེ་ལ་དཀའ་གནད་ཇི་ལྟར་འབྱུང་བའི་ཚུལ་ལོ། །དང་པོ་ལ། འདུལ་བ་འཛིན་པ་ཕལ་ཆེ་བ་དག་ན་རེ། སྟོན་ཟླ་ཐ་ཆུང་གི་ཚེས་བཅུ་དྲུག་ནས་ལོ་མགོ་འཛིན་པ་འདུལ་བའི་ཆོས་བསྐོར་ན་ཤིན་ཏུ་གསལ་ཡང་། སྟོན་ཟླ་ཐ་ཆུང་དེ་གང་ལ་བྱེད་མི་གསལ་ལ། དེ་ནི་ཧོར་ཟླ་བཅུ་པ་སྨིན་དྲུག་གིས་ཉ་བ་དེ་ལ་བྱེད་དགོས་པར་མདོ་སྡེ་ཉི་མའི་སྙིང་པོ་ལས་གསུངས་ཏེ། དེར་བདག་གིས་རྒྱུ་སྐར་སྨིན་དྲུག་བརྗོད། །ཟླ་བ་ཉ་ཚེ་ཟླ་རངས་འགྱུར། །སྟོན་ཟླ་ཐ་ཆུང་ཞེས་བྱ་བ། །འདི་ར་ནི་རབ་ཏུ་གྲགས་པ་ཡིན། །ཞེས་གསུངས་པས་སོ། །ཞེས་ཟེར། དམར་སྟོན་པ་ཁ་ཅིག །ཧོར་ཟླ་བཅུ་པ་ནས་ལོ་མགོ་བྱེད་པར་མདོ་སྡེ་མིག་བཅུ་གཉིས་ནས་བཤད་ཅིང་། ཉི་མའི་སྙིང་པོའི་ལུགས་འདི་ཉིད་ཧོར་ཟླ་དགུ་པ་དབྱུག་པས་ཉ་བའི་ཚེས་བཅུ་དྲུག་ནས་ལོ་འགོ་འཛིན་པར་བསྟན་ཞེས་ཟེར་བ་དང་། ཡང་ཁ་ཅིག་དགེ་ཚུལ་གྱི་ལོ་དྲི་བ་ལས། སྨིན་དྲུག་ཟླ་བའི་ཡར་ངོ་ལ་གསོ་སྦྱོང་བཅུ་བཞི་པ་གཅིག་འབྱུང་བར་བཤད་པས་ཧོར་ཟླ་དགུ་པའི་བཅུ་དྲུག་ནས་ལོ་མགོ་འཛིན་དགོས་པར་བསྟན་ཞེས་གསུངས་ཤིང་། ཡང་སློབ་དཔོན་མང་པོ་དག་ན་རེ། མཛོད་ལས། དབྱར་གྱི་ཟླ་བ་གཉིས་པ་ཡི། །ཞེས་སོགས་ཀྱིས་ཧོར་ཟླ་བརྒྱད་པར་གྲགས་པ་སྐར་མ་ སྒྲོག་ཁྲུམས་ཀྱིས་ཉ་བའི་ཚེས་བཅུ་དྲུག་ནས་ལོག་འགོ་འཛིན་པར་བསྟན་ཞེས་གསུངས་ཤིང་། ལ་ལ་ན་རེ་འདུལ་བའི་ལུགས་ཀྱི་ཧོར་ཟླ་བཅུ་པའི་ཚེས་བཅུ་དྲུག་ནས་དང་། མངོན་པའི་ལུགས་ཀྱི་ཧོར་ཟླ་བརྒྱད་པའི་ཚེས་བཅུ་དྲུག་ནས་ལོ་

མགོ་འཛིན་དགོས་པ་ཡིན་ནོ་ཞེས་ཟེར། མཁྱེན་རབ་དབང་ཕྱུག་བུ་སྟོན་གྱི་ཞལ་ནས་མདོ་སྡེ་ཉི་མའི་སྙིང་པོར་བདག་གིས་རྒྱ་སྐར་སྨིན་དྲུག་བརྗོད། །ཅེས་བཤད་པ་དེ་དྲང་སྲོང་ཧ་བོང་གི་དུས་ཀྱི་སྟོན་ཟླ་ཐ་ཆུང་ཡིན་ལ། དེ་ནས་སྟོན་པ་སངས་རྒྱས་བྱོན་པའི་བར་ལ་ཉི་མ་ཟློག་པ་ཟླ་བ་གཅིག་གིས་སྔར་སོང་བའི་སྟོབས་ཀྱི་ཟླ་བ་གཅིག་གིས་འཆུགས་བྱུང་བས། སྟོན་པའི་དུས་དེར་དབྱུག་པའི་ཟླ་བ་ལ་སྟོན་ཟླ་ཐ་ཆུང་དུ་འཛོག་པ་ཡིན་ཏེ། རྟེན་འབྲེལ་མདོ་འགྲེལ་དུ་མདོ་དྲངས་པ་ལས། ཉ་ཆོས་དབྱུག་པ་གང་ཡིན་པ། །དེས་ནི་སྟོན་ཟླ་ཐ་ཆུང་བཤད། ། ཅེས་གསུངས་པས་སོ། །སྟོན་པའི་དུས་དེ་ནས་དེང་སང་གི་བར་ལ་ཞག་བཅུ་གསུམ་ཙམ་གྱི་འཆུགས་བྱུང་ཡོད་ཅེས་གསུངས་ཤིང་། དེའི་རྗེས་འབྲང་དག་སྟོན་པ་བྱོན་ནས་དཔྱིག་གཉེན་བྱོན་པའི་བར་ལ་ཞག་ཉི་ཤུ་ཙམ་འཆུགས་པས་ཁྲིམས་ཀྱིས་ཉ་བ་ལ་སྟོན་མཐར་བྱེད་དགོས་ཏེ། ཇི་སྐད་དུ། དབྱར་གྱི་ཟླ་བ་གཉིས་པ་ཡི། །ཞེས་ཉི་མ་ལྡོག་དུས་བཤད་པས་ཤེས་སོ་ཞེས་གསུངས་སོ། །གཉིས་པ་དེ་ལ་དཀའ་གནས་ཇི་ལྟར་ཡོད་པའི་ཚུལ་ནི། ཧོར་ཟླ་བཅུ་པ་ལ་སྟོན་ཟླ་ཐ་ཆུང་དུ་བྱས་ན་ཆར་ཆུའི་སྐང་ཡོལ་ནས་དབྱར་ཁས་ལེན་དགོས་པ་དང་། སྟོན་ཐོན་ནས་དགག་དབྱེ་བྱེད་དགོས་པ་དང་། ཧོར་ཟླ་བཅུ་པ་ལ་ཉིན་མཚན་མཉམ་པ་དང་ཤེས་བྱེད་ཀྱི་ལུང་མེད་པ་སོགས་ཀྱི་དཀའ་གནས་འབྱུང་། ཧོར་ཟླ་དགུ་པ་ཁོན་ལ་སྟོན་ཟླ་བྱེད་པ་ལ་ནི་གསོ་སྦྱོང་མི་ཐུབ་པའི་འབྱུང་དུས་འགྲིག་པའི་སྐབས་མི་སྲིད་པ་དང་། ཤེས་བྱེད་ཀྱི་ལུང་ཁུངས་གསལ་པོ་ཁྱོད་ཀྱིས་འདྲེན་མ་ནུས་པ་དང་། ཉ་ཆོས་དབྱུག་པ་གང་ཡིན་པ། ཞེས་པའང་རྟེན་འབྲེལ་མདོ་འབྲེལ་ཕལ་ཆེར་ན་མི་སྣང་བས་ཡིད་བརྟན་དུ་རུང་བའི་ལུང་རང་དུའང་མི་སྣང་བ་སོགས་ཀྱི་དཀའ་གནས་འབྱུང་། ཧོར་ཟླ་བརྒྱད་པ་ཁོན་ལ་སྟོན་ཟླར་བྱེད་པ་ལ་ནི་དགུན་ཟླ་ར་བ་ལ་དགག་དབྱེ་བྱེད་དགོས་པ་དང་། ཁུང་ཐུབ་ཀྱི་ལུང་མེད་ཅིང་། མཛོད་ཀྱི་དགོངས་པ་ལའང་ཁྱོད་རང་ལྟར་ན་དེར་མ་ངེས་ཏེ། རྒྱལ་པོ་སྲས་སུ་དགུན་ཟླ་བཞི་པ་དཔྱིད་ར་ལ་བཤད་པ་ལྟར་ཁྱོད་ཁས་ལེན་པས། ཧོར་ཟླ་བདུན་པ་ལ་སྟོན་མཐར་བྱེད་དགོས་པར་ཐལ་བ་སོགས་ཀྱི་དཀའ་གནས་འབྱུང་། མཁྱེན་རབ་དབང་ཕྱུག་གི་ལུགས་དེའང་སྟོན་པ་སངས་རྒྱས་དང་དབྱིག་གཉེན་གྱི་བར་དུ་འཆུགས་ཡོད་པའི་ཤེས་བྱེད་དུ། དབྱར་གྱི་ཟླ་བ་གཉིས་པ་ཞེས་སོགས་འདྲེན་པ་ནི་མ་འབྲེལ་ཏེ། དབྱར་གྱི་ཞེས་སོགས་ནི། གདགས་པའི་གཞུང་སོར་བཞག་པ་ཡིན་པའི་ཕྱིར་དང་། སྟོན་པ་ནས་ད་ལྟའི་བར་དུ་འཆུགས་ཡོད་ན། འདུལ་བ་ནས་གསུངས་པའི་དབྱར་དང་། དགག་དབྱེ་དང་། སྲ་བརྐྱང་གདིང་བའི་དུས་སོགས་འདུལ་བ་ནས་བཤད་པ་བཞིན་ད་ལྟ་ཁས་ལེན་མི་རུང་ཞེས་སོགས་འདོད་དགོས་ལ། དུས་འཁོར་ནས་གསུངས་པའང་སྟོན་པ་ནས་ད་ལྟའི་བར་དུ་འཆུགས་པར་ཁས་ལེན་དགོས་ན། ད་ལྟའི་སྐབས་སུ་གཞུའི་ཁྱིམ་མཐར་ཉི་མ་ལྡོག་པར་ཁས་ལེན་མི་རུང་བ

སོགས་དང་། ཁྲིམ་ཞག་གི་དུས་ཚོད་ངེས་མེད་དུ་ཐལ་བས་ད་ལྟའི་སྐྱེ་ས་པ་ཐམས་ཅད་མ་དག་པར་སོང་བ་སོགས་ཀྱི་དཀའ་གནད་འབྱུང་ངོ་། །

གཉིས་པ་རང་གི་ལུགས་ལ། སྤྱིར་ལོའི་འཛོག་མཚམས་བཤད། ལོ་མགོ་ངོས་འཛིན་དངོས་སོ། །དང་པོ་ལ་སྤྱིར་ལོའི་འཛོག་འཚམས་ལ་རྣམ་གྲངས་མང་པོ་སྣང་སྟེ། ཉིན་ཞག་སུམ་བརྒྱ་དང་ལྔ་བཅུ་ང་བཞི་ལ་ལོར་བྱས་པ་གཅིག་དང་། ཉིན་ཞག་སུམ་བརྒྱ་དང་དྲུག་ཅུ་ལ་ལོར་བྱས་པ་གཅིག་དང་། ཉིན་ཞག་སུམ་བརྒྱ་དང་དྲུག་ཅུ་རེ་ལྔ་ལ་ལོར་བྱས་པ་རྣམས་ལས། དང་པོ་ནི། ཞག་མི་ཐུབ་དང་བཅས་པ་ཡི། །ཟླ་བ་བཅུ་གཉིས་ལ་ལོ་གཅིག །ཅེས་པའི་གཞུང་གིས་བསྟན་པ་ཡིན་ལ། འདུལ་མདོན་ལས་ལོ་གྲངས་རྩིས་པ་ཕལ་ཆེ་བ་འདིའི་དབང་དུ་བྱས་སོ། །འདི་ལ་དུས་འཁོར་ལས། ཆོས་ཞག་གི་དབང་དུ་བྱས་པའི་ལོ་ཞེས་གསུངས་སོ། །གཉིས་པ་ནི་འཇིག་རྟེན་པ་རྣམས་ལ་གྲགས་པ་སྟེ། ཆོས་མངོན་པ་ལྟར་ན། ད་ལོའི་དགུན་ཉི་ལོག་པ་ནས། སང་ཕོད་དགུན་ཉི་ལོག་པའི་བར་ལོ་གཅིག་བྱས་པ་དང་། དུས་བཞི་རྫོགས་པ་ལ་ལོ་གཅིག་ཏུ་བྱས་པ་ནི་འདི་ཉིད་ཡིན་ལ། འདི་ལ་ཉིན་ཞག་གཅིག་གི་ལོ་ཞེས་བྱ་ལ། དུས་འཁོར་ལས་ཀྱང་། ཉིན་ཞག་སུམ་བརྒྱ་དང་དྲུག་ཅུས་ལོར་འགྱུར་རོ་ཞེས་སོ། །གསུམ་པ་འདུལ་མངོན་དུ་མ་གྲགས་ཤིང་། དུས་འཁོར་ལས་གསུངས་པ་སྟེ། དྲུག་ཅུ་སྐོར་གྱི་ལོ་བདག་རེ་རེ་རྫོགས་པ་ལ་འདི་ཚང་དགོས་ཤིང་། དོན་གནས་ཚོད་ལ་དུས་བཞི་རྫོགས་པ་ལ་ལོ་གཅིག་ཏུ་བྱས་པ་དེ་དང་། ད་ལོའི་དགུན་ཉི་ལོག་ནས་སང་ཕོད་དགུན་ཉི་ལྡོག་པའི་བར་ལ་ཞག་གྲངས་འདི་ལ་ཚང་དགོས་ལ། འདི་ལ་ནི་ཁྲིམ་ལོ་ཞེས་བྱ་ཞིང་། སྟོན་པ་སྐུ་བལྟམས་ནས་ལོ་དུ་སོང་རྩི་བ་དང་། འདས་ལོ་རྩི་བ་དང་། བསྟན་རྩིས་བྱེད་པ་རྣམས་ཀྱང་འདིའི་སྟེང་ནས་རྩི་བ་ཡིན་ནོ། །

ཞར་ལ་འདིར་བཤད་པར་བྱ་སྟེ། དྲུག་ཅུ་སྐོར་གྱི་སྐོ་ནས་ལོ་མཚམས་འཛིན་པ་ནི་གཙུག་ལག་གཉིས་ཀའི་ལུགས་ཡིན་ལ། དེ་ཡང་རྒྱ་གར་ན་གྲགས་པ་ནི། བདེ་མཆོག་བསྟོད་འགྲེལ་ལས། རབ་བྱུང་རྣམ་བྱུང་དཀར་པོ་དང་། །རབ་མྱོས་སྐྱེས་བདག་ཨཾ་གི་ར། །དཔལ་གདོང་དངོས་པོ་ན་ཚོད་ལྡན། །འཛིན་བྱེད་དབང་ཕྱུག་འབྲུ་མང་པོ། །མྱོས་ལྡན་དཔའ་བོ་ཁྱུ་མཆོག་དང་། །སྣ་ཚོགས་ཉི་མ་ཉི་སྒྲོལ་བྱེད། །ས་སྐྱོང་མི་ཟད་ཐམས་ཅད་འདུལ། །ཀུན་འཛིན་འགལ་བ་རྣམ་འགྱུར་དང་། །བོང་བུ་དགའ་བ་རྣམ་རྒྱལ་ཉིད། །རྒྱལ་བ་མྱོས་བྱེད་གདོང་ངན་དང་། །གསེར་འཕྱང་རྣམ་འཕྱང་བསྒྱུར་བྱེད་དང་། །ཀུན་ལྡན་འཕར་དང་དགེ་བྱེད་དང་། །མཛེས་བྱེད་ཁྲོ་མོ་སྣ་ཚོགས་དབྱིག །ཞིལ་གནོན་སྤྲེའུ་ཕུར་བུ་དང་། །ཞི་བ་ཐུན་མོང་འགལ་བྱེད་དང་། །ཡོངས་འཛིན་བག་ཡོད་ཀུན་དགའ་དང་། །སྲིན་པོ་མེ་དང་དམར་སེར་ཅན། །དུས་ཀྱི་ཕོ་ཉ་དོན་གྲུབ་དྲག །བློ་ངན་རྔ་ཆེན་

ཁྲག་སྐྱུག་པ། །མིག་དམར་ཁྲ་བོ་ཟད་པའོ། །ཞེས་གསུངས་པ་ལ། དེ་ཡང་མེ་མོ་ཡོས་ནས་མེ་ཕོ་སྟག་གི་བར་དྲུག་ཅུ་དང་རིམ་པ་བཞིན་སྦྱར་བར་བྱའོ། །རྒྱ་ནག་ལུགས་ཀྱི། བྱི་བ་གླང་སྟག་ཡོས་འབྲུག་སྦྲུལ། །རྟ་ལུག་སྤྲེའུ་བྱ་ཁྱི་ཕག །ཅེས་བཅུ་གཉིས་པོ་རེ་རེ་ལ། ཤིང་མེ་ས་ལྕགས་ཆུ་ཞེས་འབྱུང་བ་ལྔ་ལྔ་སྦྱར་བའི་དྲུག་ཅུར་འགྱུར་ལ། དེ་ཡང་ཤིང་ཕོ་བྱི་བ་ཤིང་མོ་གླང་ཞེས་སོགས་ཕོ་མོ་སྤེལ་མར་སྦྱར་རོ། །དེ་ལྟར་ན་བྱི་བ་ལ་མོ་མི་སྲིད་པ་ནས། གླང་ལ་ཕོ་མི་སྲིད་པ་སོགས་ཤེས་པར་བྱ་དགོས་སོ། །ནག་རྩིས་པ་རྣམས་ནི་དྲུག་ཅུ་སྐོར་གྱི་ཐོག་མར་ཤིང་ཕོ་བྱི་བ་འཛུགས་ལ། ཤིང་ཕོ་བྱི་བའི་ལོ་ལ་རྗེ་བཙུན་འཇམ་དབྱངས་རི་བོ་རྩེ་ལྔར་རྩིས་ལ་སོགས་པའི་ཆོས་གསུངས་པའི་རྒྱུ་མཚན་གྱིས་ཡིན་པར་འདོད་ལ། དེ་ནས་ལོ་བཞི་པར་མེ་མོ་ཡོས་ཀྱི་ལོ་ལ་རྒྱ་གར་དུ་སྟོན་པ་ཡུམ་གྱི་ལྷུམས་སུ་ཞུགས་པས་རྒྱ་གར་བ་རབ་བྱུང་གི་ལོ་དྲུག་ཅུ་བསྐོར་གྱི་ཐོག་མར་འཛུགས་པ་ཡིན་ནོ། །ཞེས་དཔལ་ལྡན་ས་སྐྱ་པ་རྣམས་གསུངས་ལ། རྗེ་བོ་ཆེན་པོ་རྗེ་ནི། སྟོན་པ་ཤིང་ཕོ་བྱི་བ་ལ་ལྷུམས་སུ་ཞུགས་ནས་ཤིང་མོ་གླང་ལ་སྐྱེ་བལྟམས་པར་བཞེད་དོ། །ལོ་ཙྪ་བ་ནམ་མཁའ་བཟང་པོ་ནི། བཅོམ་ལྡན་འདས་མེ་ཕོ་རྟ་ལོ་བ་ཡིན་པར་བཞེད་པས་ཟླ་མ་རྣམས་ལས་སྟོང་དང་སུམ་བརྒྱུས་འཕྱི་བར་འདོད་དོ། །

གཉིས་པ་ལོ་འགོ་ངོས་བཟུང་བ་དངོས་ལ། འདིར་སྐབས་སུ་བབ་པ་འདུལ་མདོན་གྱི་ལུགས་ལ། སྟོན་ཟླ་ཐ་ཆུང་གི་ཚེས་བཅུ་དྲུག་ནས་ལོ་འགོ་འཛིན་པར་གཞུང་འགྲེལ་ཀུན་ལས་གསལ་བར་གསུངས་ཀྱང་། སྟོན་ཟླ་ཐ་ཆུང་འདི་ལ་བྱེད་ཀྱི་ངེས་པ་མཐའ་གཅིག་ཏུ་མ་གསུངས་སོ། །དེ་ལྟར་མི་གསུངས་པའི་རྒྱུ་མཚན་ཡང་ལོ་རེ་བཞིན། སྨིན་དྲུག་གི་ཟླ་བ་གཅིག་ལ་སྟོན་ཟླ་ཐ་འབྱུང་བའི་ངེས་པ་མེད་པའི་རྒྱུ་མཚན་གྱིས་ཡིན་ལ། དེའི་རྒྱུ་མཚན་ཡང་། དབྱར་དགུན་གྱི་ཉི་མ་ལྡོག་མཚམས་ལོ་རེ་བཞིན་མགོའི་ཟླ་བ་ལྟ་བུ་གཅིག་ལ་མ་ངེས་པ་ལ་ཐུག་པ་ཡིན་པར་ངེས་སོ། །དེས་ན་འཛིག་རྟེན་པ་དང་བསྟུན་ནས་རྩིས་ན། ཟླ་བ་གང་ལ་སྟོན་གྱི་ཉིན་མཚན་མཉམ་པ་འབྱུང་བའི་ཟླ་བ་དེ་ལ་སྟོན་ཟླ་ཐ་ཆུང་དང་། དཔྱིད་ཀྱི་ཉིན་མཚན་མཉམ་པ་བྱུང་བའི་ཟླ་བ་དེ་ལ་དཔྱིད་ཟླ་ཐ་ཆུང་དང་། གང་ལ་དགུན་ཉི་ལྡོག་པ་དེ་ལ་དགུན་ཟླ་ཐ་ཆུང་དང་། དབྱར་ཉི་གང་ལ་ལྡོག་པའི་ཟླ་བ་དེ་གང་ལ་བྱུང་ཡང་དབྱར་ཐ་ཆུང་ཡིན་པར་བྱེད་དགོས་ཏེ། གདགས་པ་དང་། མཛོད་ཀྱི་རང་འགྲེལ་དང་། ཕྱོགས་གླང་གིས་མཛད་པའི་འགྲེལ་པ་རྣམས་སུ་དགུན་གྱི་ཟླ་བ་བཞི་པ་དང་། དབྱར་གྱི་ཟླ་བ་གཉིས་པ་ལ་དབྱར་དགུན་གྱི་ཉི་མ་ལྡོག་པ་དང་། དེ་གཉིས་ཀྱང་དབྱར་དགུན་གྱི་ཐ་ཆུང་གཉིས་ལ་བཤད་པ་དང་། སྟོན་དཔྱིད་ཐ་ཆུང་གཉིས་ལ་ཉིན་མཚན་མཉམ་པར་བཤད་པའི་ཕྱིར་དང་། དུས་ཀྱི་འཁོར་ལོའི་དགོངས་པ་ལའང་། སྟོན་ཉིན་མཚན་མཉམ་པའི་དུས་དེ་ནམ་སོང་བ་ཞེས་བྱ་བའི་ཐ་སྐད་བྱེད་ཅིང་ཆར་ཞོད་པའི་དུས་རྫོགས་པ་ཡིན་ལ།

འདུལ་བར་ཡང་དུས་དེ་ལ་དབྱར་ཕྱི་མའི་དབང་དུ་བྱས་པའི་དགག་དབྱེ་བྱེད་པར་བཤད་པས་སོ། །འོན་སྟོན་གྱི་ཉིན་མཚན་མཉམ་པ་དེ་ཟླ་བ་གང་ལ་བྱུང་ཞེ་ན། མཐའ་གཅིག་ཏུ་ངེས་པ་མེད་ལ། ཕལ་ཆེར་ཧོར་ཟླ་བརྒྱད་པའི་ཚེས་བརྒྱད་ནས་ཧོར་ཟླ་དགུ་པའི་ཚེས་བརྒྱད་ཀྱི་ཉི་མ་གང་རུང་གཅིག་ལ་འབྱུང་བར་ངེས་པས། རེས་འགའ་ཧོར་ཟླ་བརྒྱད་པ་ཁྲིམས་ཀྱིས་ཉ་བ་ལ་སྟོན་ཟླ་ཐ་ཆུང་དང་། རེས་འགའ་དགུ་པ་དབྱུག་པས་ཉ་བ་ལ་སྟོན་ཟླ་ཐ་ཆུང་འབྱུང་བའང་སྲིད་དེ། དུས་དེ་དག་ཏུ་སྟོན་གྱི་ཉིན་མཚན་མཉམ་པ་འབྱུང་སྲིད་པའི་ཕྱིར་རོ། །ཞིབ་མོར་རྩིས་ན་སྟོན་གྱིས་ཉིན་མཚན་མཉམ་པ་འབྱུང་བའི་ཉི་མ་དེ་ཕན་ཆད་སྟོན་ཟླ་འབྲིང་པོར་བྱེད་ཅིང་། དེའི་ཉིན་ནས་སྟོན་ཟླ་ཐ་ཆུང་དུ་བྱེད་དགོས་ཏེ། དུས་འཁོར་ལས་ཀྱང་སྟོན་དཔྱིད་ཀྱི་ཉིན་མཚན་མཉམ་པའི་དུས་དེ་ལ་སྟོན་དཔྱིད་ཀྱི་ཕྱེད་ཡིན་པར་བཤད་པས་སོ། །དེ་སྐད་དུ་ཡང་འགྲེལ་པ་ལས། སའི་དུམ་བུ་གང་དུ་ལུག་གི་ཉི་མ་ལ་དཔྱིད་ཀྱི་ཉིན་མཚན་མཉམ་པར་འགྱུར་ན། སྲང་གི་ཉི་མ་ལ་སྟོན་ཕྱེད་དུ་འགྱུར་རོ། །དེ་བཞིན་དུ་ལུག་གི་ཉི་མ་ལ་སྟོན་ཕྱེད་དུ་འགྱུར་ན། སྲང་གི་ཉི་མ་ལ་དཔྱིད་ཀྱི་ཕྱེད་ཀྱི་ཉིན་མཚན་མཉམ་པར་འགྱུར་རོ། །ཞེས་པ་དང་། མངོན་པ་ལས་ཀྱང་། སྟོན་གྱི་ཉིན་མཚན་མཉམ་པའི་དུས་དེ་ནས་ཟླ་བ་བཞི་པ་ལ་དགུན་ཉི་ལྡོག་པར་བཤད་ལ། བཞི་པོ་ཡང་སྟོན་ཟླ་ཐ་ཆུང་དང་། དགུན་ཟླ་ར་བ་དང་། དགུན་ཟླ་འབྲིང་པོ་དང་། དེ་ནས་ཞག་གསུམ་ནས་དགུན་ཉི་ལྡོག་པས་དུས་དེར་ཟླ་བ་བཞི་པར་འཇོག་པའི་ཕྱིར་དང་། དུས་དེ་ནས་བཟུང་བའི་དབྱར་གྱི་ཟླ་བ་གཉིས་པའི་ཐ་མའི་ཚེས་དགུ་ལ་དབྱར་ཉི་ལྡོག་པར་བཤད་ལ། དེ་ཡང་དབྱར་ཟླ་ཐ་ཆུང་ལ་བྱེད་པར་འགྲེལ་པ་ལས་བཤད་པ་བཞིན། དགུན་ཉི་ལོག་ནས་ཟླ་བ་དྲུག་དང་ཞག་དྲུག་ན་དབྱར་ཉི་ལྡོག་དགོས་ལ། དེ་ཡང་དབྱར་ཟླ་ཐ་ཆུང་གི་དུས་ལ་འཁྲིག་པའི་ཕྱིར། མདོར་ན་སྟོན་ཉིན་མཚན་མཉམ་པ་གང་ལ་འབྱུང་བའི་ཟླ་བ། ཡར་ངོ་སྔོན་འགྲོར་བྱས་ནས་རིལ་པོ་སྟོན་ཟླ་ཐ་ཆུང་ཡིན་པར་བྱེད་པ་དེ་འཇིག་རྟེན་པའི་ལུགས་དང་། རགས་རྩིས་ཡིན་ལ། འདུལ་བ་ལས་ཀྱང་དེའི་དབང་དུ་བྱས་ནས་དབྱར་ཁས་ལེན་དུས་སྔོ་དང་། དགག་དབྱེ་སོགས་བྱེད་པ་ཡིན་ལ། སྟོན་ཉིན་མཚན་མཉམ་པ་གང་ལ་བྱུང་བའི་ཉིན་ཞག་གཅིག་པོ་དེ་ཚུན་ཆད་ལ། སྟོན་ཟླ་འབྲིང་པོར་བྱས་ནས་དེའི་ཕྱི་ཉིན་ཕན་ཆད་སྟོན་ཟླ་ཐ་ཆུང་དུ་བྱེད་པ་ཞིབ་མོའི་རྣམ་གཞག་དང་། ཐ་སྙད་ཀྱི་བསྟན་བཅོས་ཀྱི་རྗེས་སུ་འབྲང་བའི་ལུགས་ཞེས་བྱ་ལ། དུས་དེ་ནས་དགུན་ཉི་ལྡོག་པའི་བར་དེ་ལ་ཟླ་བ་གསུམ་དང་ཞག་གསུམ་གྱི་ངེས་པ་ཅན་ཡིན་ཞིང་། ལོ་འགོའི་ཚེས་གཅིག་ནས་དགུན་ཉི་ལྡོག་པའི་བར་ཟླ་བ་གསུམ་ལ་ཞག་གཅིག་མ་ཚང་བའང་སྲིད་ལ། ཟླ་བ་གསུམ་དང་ཞག་གསུམ་ལས་ཞག་ཤས་ཀྱི་ལྷག་པའང་སྲིད་དོ། །

རགས་པའི་རྣམ་གཞག་ལ་ལོ་འགོ་སྟོན་ཟླ་ཐ་ཆུང་གི་ཚེས་བཅུ་དྲུག་ནས་འཛིན་ཀྱང་ཞིབ་མོའི་རྣམ་གཞག་ལ་

སྟོན་ཟླའི་ཚེས་བཅུ་དྲུག་ལས་ཞག་ཤས་ཀྱིས་སྔ་བ་སྲིད་ལ། རེས་འགའ་འཕྱི་བའང་སྲིད་པར་བཤད་ཟིན་ཏོ། ། འོན་མདོ་སྡེ་ཉི་མའི་སྙིང་པོ་ལས་སྨིན་དྲུག་གིས་ཉ་བའི་ཟླ་བ་དེ་ཁོ་ན་ལ། སྟོན་ཟླ་ཐ་ཆུང་དུ་བཤད་པ་མ་ཡིན་ནམ་ཞེ་ན། །དེ་ལྟར་བཤད་མོད། སྨིན་དྲུག་གིས་ཉ་བའི་བཅོ་ལྔའི་དུས་དེར་ཉིན་མཚན་མཉམ་པ་ཡང་བཤད་དེ། ཟླ་གསུམ་ཟླ་བ་རངས་པའི་ཚེ། །སྨིན་དྲུག་ཀྱང་ནི་འགྲོ་བར་བགྱི། །ཞག་ནི་སུམ་ཅུ་ཟླ་བ་རངས། །ཉིན་དང་མཚན་ནི་མཉམ་པ་སྟེ། །ཡུད་ཙམ་བཅོ་ལྔ་བཅོ་ལྔ་ཡིན། །ཞེས་བཤད་པས། སྨིན་དྲུག་གི་ཟླ་བ་ལ་ཉིན་མཚན་མཉམ་པ་གཅིག་བྱུང་ན། དེ་འདྲ་དེ་སྟོན་ཟླར་ཁས་ལེན་ནུས་ལ། དེ་ལྟར་མ་བྱུང་ན་སྟོན་ཟླར་ཡང་ཁས་མི་ལེན། དེ་ལྟར་སྟོན་པའི་ལུང་དོན་ཤེད་སྙོམས་པས་སོ། །དེས་ན་མདོ་སྡེའི་དགོངས་པ་ལ། སྟོན་ཟླ་ཐ་ཆུང་ལ་ཉིན་མཚན་མཉམ་པ་དང་། དགུན་ཟླ་ཐ་ཆུང་ལ་དགུན་ཉི་ལྡོག་པ་དང་། དབྱར་ཟླ་ཐ་ཆུང་ལ་དབྱར་ཉི་ལྡོག་པར་བཞེད་པ་ཡིན་ཏེ། ལུང་དྲངས་མ་ཐག་པ་དང་། དེའི་འཕྲོས་ཉིད་ནས། དགུན་ཟླ་ཐ་ཆུང་རང་བཞིན་ཡང་། ། མཐར་གྱིས་ཀྱང་ནི་བཟོད་པར་བྱ། །ལྷོ་ཡི་ཕྱོགས་སུ་ཕྱིན་ནས་ཀྱང་། །ཉི་མ་ཡོངས་སུ་འཁོར་བར་བྱེད། ། མཚན་མོ་བཅོ་བརྒྱད་ཤེས་པར་གྱིས། །ཉིན་པར་ཡང་ནི་བཅུ་གཉིས་ཡིན། །ཞེས་དང་། ཟླ་རངས་ཚེས་ནི་བཅོ་བརྒྱད་ལ། །སག་ཡིན་ཏེ་སག་ཡི། །གོ་རིམ་ཀྱང་ནི་འདིར་བཟོད་བྱ། །ཉིན་མཚན་མཉམ་པོར་མཚུངས་པ་སྟེ། ། བཅོ་ལྔ་བཅོ་ལྔར་བཤད་པ་ཡིན། །ཞེས་དང་། ཟླ་བ་རངས་ལ་གྲོ་བཞིན་ཏེ། །བདག་གིས་དབྱར་ཟླའི་རིམ་བཟོད་བྱ། །དེ་བཞིན་བྱང་གི་ཕྱོགས་སུ་ནི། །ཉི་མ་གདོང་ཕྱེད་ལྟས་ཏེ་འཁོར། །ཉིན་པར་བཅོ་བརྒྱད་ཐོབ་ནས་ཀྱང་། །མཚན་མོ་ཡང་ནི་བཅུ་གཉིས་ཏེ། །ཞེས་གསུངས་པས་སོ། །དེ་ལྟར་ན་སྨིན་དྲུག་གིས་ཉ་བའི་ཟླ་བ་དེ་ལ་ཉིན་མཚན་མཉམ་བ་མི་སྲིད་ཅིང་། ཟླ་བ་དེ་ལ་སྡིག་པའི་ཁྱིམ་དུ་བཤད་ཀྱང་སྡིག་པའི་ཁྱིམ་དུ་ཉིན་མཚན་མཉམ་པའང་མི་སྲིད་པས། སྨིན་དྲུག་གིས་ཉ་བ་ལ་སྟོན་མཐར་བཤད་པ་ནི་དྲང་སྲོང་ཌ་བོང་གི་དུས་སུ་དེ་ལྟར་ཡིན་པ་སྲིད་ཀྱང་། དེང་སང་གི་དུས་སུ་མངོན་སུམ་དང་ཡིད་ཆེས་པའི་ལུང་གཞན་དང་འགལ་བ་དུ་མ་འབྱུང་བས་སྒྲ་ཇི་བཞིན་པར་མི་བཟུང་ངོ་། །མདོ་སྡེའི་ལུགས་ལ་ཡང་སྨིན་དྲུག་གི་ཟླ་བ་དེ་ཧོར་ཟླ་བཅུ་གཉིས་པར་བྱས་ན། དེ་སྟོན་ཟླ་ཐ་ཆུང་ཡིན་ན་གྲོ་བཞིན་ཅན་གྱི་ཟླ་བ་དེ་ཧོར་ཟླ་དྲུག་པ་ལ་བྱས་ནས། ཟླ་བ་དེ་དབྱར་ཟླ་འབྲིང་པོ་ཡིན་དགོས་པ་ལས། དྲངས་མ་ཐག་པའི་ལུང་དེར་ཟླ་བ་དེ་དབྱར་ཟླ་ཐ་ཆུང་དུ་བཤད་པས་ཧོར་ཟླ་ལྔ་པའི་ཚེས་བཅུ་དྲུག་ནས་དྲུག་པའི་ཚེས་བཅོ་ལྔའི་བར་དེ་དབྱར་འབྲིང་ཡིན་པར་གྲུབ་པས། རྣམ་པར་བརྟག་དགོས་སོ། །ཡང་མདོ་དེར་སྟོན་ཟླ་ཐ་ཆུང་ལ་ཉིན་མཚན་མཉམ་པ་སོགས་ཇི་སྐད་བཤད་པ་དེ་ནི་སྒྲ་ཇི་བཞིན་པར་བཟུང་དགོས་ཏེ། མངོན་སུམ་དང་། དུས་འཁོར་དང་། མངོན་པ་ནས་བཤད་པའི་འགྲིག་རྩིས་དང་མཐུན་

པས་སོ། །

ཡང་མདོ་སྡེ་ལས་ནི། ཐ་སྐར་གྱིས་ཉ་བའི་ཕྱི་ཉིན་བཅུ་དྲུག་གི་ལྷ་ཆ་ལ་བྲ་ཉེ་དང་། ཕྱི་ཆ་ལ་སྐྱིན་དྲུག་འཆར་བ་ནས་བཟུང་སྟེ། ཟླ་བ་ཕྱི་མའི་བཅོ་ལྔ་ལ་སྐྱིན་དྲུག་གིས་ཉ་བའི་བར་གྱི་ཟླ་བ་གཅིག་པོ་དེ་སྟོན་ཟླ་ཐ་ཆུང་དང་། སྟོན་ཟླ་ཐ་ཆུང་གི་ཐོག་མའི་ཚེས་གཅིག་ནས་ལོ་འགོ་འཛིན་པ་གཅིག་གསལ་བར་བཤད་པས་དེང་སང་ཧོར་ཟླ་བཅུ་པའི་ཚེས་བཅུ་དྲུག་ནས་ལོ་འགོ་འཛིན་པའི་ཤེས་བྱེད་དུ་ཉི་མའི་སྙིང་པོའི་མདོ་ཁུངས་སུ་བྱེད་པ་དག་གིས་ནི། མདོ་སྡེ་དེའི་ཡི་གེ་ཙམ་ཡང་མ་མཐོང་བར་ཟད་དོ། །དེ་ལྟར་ན་ཧོར་ཟླ་དགུ་པའི་ཚེས་བཅུ་དྲུག་ནས་སྟོན་ཟླར་བྱེད་པའི་དོན་དེ་དགོངས་ནས། མདོ་དེར། བྲ་ཉེ་དང་ནི་སྐྱིན་དྲུག་ཀྱང་། །ལན་གཉིས་ཡོངས་སུ་འཁོར་བར་བྱེད། །ཅེས་གསུངས་པ་ཡིན་ཏེ། དེ་ལྟ་མིན་པར། ཧོར་ཟླ་བཅུ་པའི་ཚེས་གཅིག་ནས་གནམ་སྟོང་གི་བར་ལ་སྟོན་ཟླར་བྱེད་ན་བྲ་ཉེ་དང་སྐྱིན་དྲུག་ལན་གཉིས་འབྱུང་བའི་ཐབས་མེད་པའི་ཕྱིར། དེ་ལྟར་རྣམ་པར་བཤད་པ་ན་ཧོར་ཟླ་བཅུ་པའི་ཚེས་བཅུ་དྲུག་ནས་ལོ་མགོ་ངོས་འཛིན་པ་ལ་ཤེས་བྱེད་ཀྱི་ཁུངས་ཅི་ཡང་མི་སྣང་ཞིང་། གལ་ཏེ་ཁུངས་གཅིག་ཡོད་ན། རྒྱལ་དང་དབོ་དང་ས་ག་ཟླ། །ཞེས་པ་འདི་ཡིན་དགོས་ལ། འདི་ནི་ཧོར་ཟླ་བརྒྱད་པར་གྲགས་པའི་ཚེས་བཅུ་དྲུག་ནས་ལོ་འགོ་ངོས་འཛིན་པ་ལ་འཐད་འགྲིག་ཅིང་། རྒྱལ་དང་ཞེས་སོགས་ཀྱི་གོ་རིམ་ཡང་དེ་ཁོ་ན་ལྟར་ངེས་པ་མིན་ཏེ། མེ་ཏོག་ཕྲེང་རྒྱུད་ལས། རྒྱལ་དང་དབོ་ཞེས་བྱ་བ་ཉིད། །དྲུག་པའི་མར་ངོ་བཅུ་བཞིར་བརྗོད། །ཅེས་ཐ་མར་ཡང་གསུངས་པའི་ཕྱིར་རོ། །ཉི་མའི་སྙིང་པོའི་ལུང་གིས་ནི། ཧོར་ཟླ་དགུ་པར་གྲགས་པའི་ཚེས་བཅུ་དྲུག་ནས་ལོ་འགོ་འཛིན་པར་གྲུབ་པ་ཡིན་ཏེ། །མདོ་དེ་ལས། རི་ཤིག་དང་པོར་སྐྱིན་དྲུག་ཅེས། རྒྱུ་སྐར་དཀྱིལ་འཁོར་ཐམས་ཅད་ཀྱི། །ནང་གི་དངོས་པོར་བཞག་པར་བྱ། །ཇི་ལྟར་སྐྱིན་དྲུག་བཞག་པ་བཞིན། །འདི་ལ་སུ་ཞིག་དད་པ་འབུལ། །ལྷའི་བུ་ནི་ཉི་མ་ཡང་། །སྐར་མ་དྲུག་པོ་སྟོན་པར་བྱེད། །སྐྱིན་དྲུག་རྒྱུ་སྐར་དེ་དག་ནི། །མཁའ་ལ་རྟག་ཏུ་རྒྱུ་བཤོག །ཅེས་མར་ངོའི་ཚེས་གཅིག་ལ་སྐྱིན་དྲུག་འབྱུང་ཞིང་། ཡང་ངོའི་ཚེས་བཅོ་ལྔ་ལ་སྐྱིན་དྲུག་འབྱུང་བའི་ཟླ་བ་དེ་ལོ་སྐོར་གཅིག་གི་ཟླ་བ་དང་པོ་དང་། སྐྱིན་དྲུག་རྒྱུ་སྐར་ཐམས་ཅད་ཀྱི་དང་པོ་ཡིན་པར་བཤད་ཅིང་། ཡང་ཇི་སྐད་དུ། ཟླ་རངས་ཉ་ཚེས་ཐ་སྐར་ཡིན། །སྟོན་ཟླ་འབྲིང་པོའི་ངོ་ལ་ནི། །ལོ་བསྐོར་བདག་གིས་བརྗོད་པར་བྱ། །ཟླ་བ་བཅུ་གཉིས་བཤད་པ་ཡིན། །ཡོངས་སུ་འཁོར་བ་དེ་ཡིས་ནི། །ལོ་ནི་དེ་ལྟར་འགྲོ་བར་བྱེད། །ཅེས་ཐ་སྐར་གྱིས་ཉ་བའི་ཉིན་ཞག་དེས་ལོ་གཅིག་གི་ཟླ་བ་དེས་ལོ་གཅིག་གི་ཟླ་བ་བཅུ་གཉིས་ཡོངས་སུ་རྫོགས་པར་བཤད་པའི་ཕྱིར་རོ། །གསུམ་པ་ཟླ་ཤོལ་འབྱུང་བའི་རྒྱུ་མཚན་རྣམ་གྲངས་བཅས་པ་ལ། མངོན་པའི་ལུགས་དང་། དུས་འཁོར་བའི་ལུགས་སོ། །

དང་པོ་ནི། ཆོས་ཞག་གིས་ཉིན་ཞག་གི་དོད་མི་ཐུབ་པའི་དབང་གིས་འབྱུང་བ་ཡིན་ཏེ། དེ་ཡང་འདི་ལྟར། ཟླ་བའི་དཀྱིལ་འཁོར་གྱི་འཕེལ་འགྲིབ་ཀྱི་ཆ་སུམ་ཅུར་ལོངས་པ་ལ་ཆོས་ཟླ་ཞེས་བྱ་ཞིང་། དེའི་ཆ་རེ་ལ་ཆོས་ཞག་གཅིག་ཅེས་བྱ། ཉི་མས་གླིང་བཞི་འཁོར་བའི་ཡུན་ཚད་དེ་ལ་ཉིན་ཞག་གཅིག་ཏུ་འཇོག་ཅིང་། ཟླ་བའི་འཕེལ་འགྲིབ་ཀྱི་ཆ་རེ་རྫོགས་ཀྱང་། ཉི་མས་གླིང་བཞི་ཙུང་མ་འཁོར་བས་ཉིན་རེ་བཞིན་ཡུད་ཙམ་ཕྱེད་ཕྱེད་ཀྱིས་ནུར་བྱུང་བས་ཉིན་ཞག་ཕྱེད་དང་སུམ་ཅུ་ལ་ཆོས་ཞག་སུམ་ཅུ་རྫོགས་ཤིང་། དེའི་རྒྱུ་མཚན་གྱིས་ཆོས་ཞག་དྲུག་ཅུ་ན་ཉིན་ཞག་ལྔ་བཅུ་ང་དགུ་ལས་མ་སོང་བས། ཟླ་བ་གཉིས་གཉིས་ནས་ཞག་མི་ཐུབ་རེ་རེ་འབྱུང་བ་ཡིན་ཞིང་། ཆོས་ཀྱི་ལོ་གཅིག་ན་ཞག་མི་ཐུབ་དྲུག་འབྱུང་བ་ཡིན་ནོ། །དེ་ལྟར་བྱས་པས་ཆོས་ལོ་ལྔ་ན་ཞག་མི་ཐུབ་སུམ་ཅུ་འབྱུང་། དེ་ལྟར་བྱུང་བ་ན་ལོ་དྲུག་པའི་ནང་དུ་ཟླ་ཤོལ་གཅིག་འདོར་དགོས་པ་ཡིན་ཏེ། དེ་མ་དོར་ན་ལོ་དྲུག་གི་དུས་བཞི་རྫོགས་མི་ནུས་པའི་ཕྱིར། ཞིབ་མོར་བརྟགས་ན། ལོ་རེ་ལ་ཞག་མི་ཐུབ་དྲུག་འབྱུང་ཞེས་པ་སྟེ། ཞག་ལྷག་པོ་དྲུག་འབྱུང་བ་ནི་མ་ཡིན་གྱི་ཉིན་ཞག་ཆད་པ་ཡིན་ཏེ། ཆོས་ལོ་གཅིག་ལ་ཆོས་ཞག་སུམ་བརྒྱ་དང་དྲུག་ཅུ་ཐོར་ཀྱང་། སྐྱོ་བྱང་གི་ཉི་མའི་བགྲོད་པ་གཉིས་རྫོགས་པ་ལ་ཉིན་ཞག་སུམ་བརྒྱ་དང་དྲུག་ཅུ་དགོས་པས། ཆོས་ལོ་གཅིག་གིས་དེར་སླེབ་པ་ལ་ཉིན་ཞག་བསྣན་དགོས་ཤིང་། ཆོས་ལོ་ལྔས་ཉི་མའི་སྐྱོ་བྱང་གི་བགྲོད་པ་གཉིས་མཐར་ཐུག་པའམ། དུས་བཞི་རྫོགས་པའི་ལོ་ལྔར་སླེབ་པ་ལ་ཉིན་ཞག་སུམ་ཅུ་བསྣན་དགོས་པས་སོ། །དོན་འདི་མ་གོ་ན་ཆད་པ་བསགས་པས། ལྷག་པོ་འབྱུང་བ་ངོ་མཚར་ཆེ་ཞེས་པ་ལ་སོགས་པའི་འཆལ་གཏམ་སྣ་ཚོགས་འབྱུང་བ་ཡིན་ནོ། །

དེ་ཡང་ལོ་རེ་བཞིན་ཟླ་བ་བཅུ་གཉིས་ཀྱི་སྟེང་དུ་ཞག་དྲུག་རེ་བསྣན་དགོས་རྒྱུ་མ་བསྣན་པས་ལོ་ལྔ་སོང་བ་ན། ཐམས་ཅད་བསྡོམས་ནས་བསྣན་པ་ཡིན་གྱི། ཁ་ཅིག་ལོ་རེ་ལ་ཞག་དྲུག་ལྷག་པས་ལོ་དྲུག་ན་ཤོལ་འབྱུང་ཞེས་ཟེར་བ་ནི་ཆེས་མི་རིགས་ཏེ། ལོ་རེ་བཞིན་ཞག་དྲུག་རེའི་ཤོལ་སྟོན་ཟེན་ན། ལོ་ལྔ་པའི་དྲུག་པ་ལ་འདོན་རྒྱུ་ཅི་ཡང་མེད་པའི་ཕྱིར་རོ། །དོན་དེ་དག་ནི་མངོན་པ་ལས། ཞག་མི་ཐུབ་དང་བཅས་པ་ཡིས། །ཟླ་བ་བཅུ་གཉིས་ལ་ལོ་གཅིག །ཅེས་དང་། །དེའི་འགྲེལ་པར། དགུན་དང་དཔྱིད་དང་དབྱར་རྣམས་ཀྱི། །ཟླ་བ་ཕྱེད་དང་གཉིས་འདས་ཤིང་། །ཟླ་བ་ཕྱེད་ནི་ལུས་པ་ན། །མཁས་པས་ཞག་མི་ཐུབ་པ་དོར། །ཞེས་པའོ། །དེ་ལ་ཞག་མི་ཐུབ་དྲུག་རེ་འབྱུང་བར་གསུངས་པ་དང་། འདུལ་བ་ལུང་ལས། དེ་ལྟ་བས་ན་ལོ་རེ་རེ་བཞིན་ཤོལ་མ་དོར་བར་ལོ་དྲུག་དྲུག་ན་ཤོལ་དོར་ཅིག །དྲུག་ལྔ་སུམ་ཅུ་སྟེ། དེ་ལྟ་བུར་ཞག་རང་ཟླ་བ་ཕྱེད་པོ་དང་། ཟླ་བ་དང་ལོ་སྒྲིས་ནས་མཉམ་པོར་འགྱུར་རོ། །མུ་སྟེགས་ཅན་རྣམས་ཀྱིས་གླགས་བཙལ་ཀྱང་གླགས་བརྙེད་པར་མི་འགྱུར་རོ་ཞེས་

གསུངས་སོ། །

མདོ་རྩའི་འགྲེལ་པ་ཆུང་བ་ལས། ལོ་ཕྱེད་དང་གསུམ་ན་ཟླ་ཤོལ་འབྱུང་བར་བཤད་ཀྱང་འདུལ་བའི་རང་སྐད་ཀྱི་ཚོས་སྐད་མ་ཡིན་ནོ་ལྟར་ལོ་དྲུག་ན་ཟླ་ཤོལ་རེ་དོར་བ་ན་རྒྱལ་པོ་དང་མི་མཐུན་ཞིང་། དེ་ཙམ་གྱི་ལོ་དྲུག་གིས་དུས་བཞི་རྫོགས་མ་ནུས་པས་མངོན་སུམ་དང་འགལ་བས་སློབ་དཔོན་དག་འཕྱུ་བ་ལ་བརྟེན་ནས་ཟླ་ཤོལ་དོར་བ་ནི་རྒྱལ་པོའི་རྗེས་སུ་འབྲང་བར་བྱ་བ་ཞེས་གསུངས་སོ། །འོན་རྒྱལ་པོའི་ལུགས་དེ་གང་ཡིན་ཞེ་ན། འདུལ་བ་འཛིན་པ་མང་པོས་ཏྲ་བྱ་བྱེ་བ་ཡོས་ལ་ཤོལ། །སྟོན་དབྱར་དཔྱིད་དགུན་འབྲིང་པོ་གཉིས། །སྨྲ་མ་ཤོལ་དེ་ཐུབ་པར་ངེས། །ཞེས་རྒྱལ་པོའི་ལུགས་ལྷ་བླ་མ་ཡེ་ཤེས་འོད་ཀྱིས་རྩིས་པ་ཡིན་ཟེར་ཡང་ཡིད་གཏན་ཐུབ་པར་མི་སྣང་ངོ་། །གཉིས་པ་དུས་ཀྱི་འཁོར་ལོའི་ལུགས་བཤད་པར་བྱ་སྟེ། ཞག་ནི་གསུམ་སྟེ། ཆོས་ཞག །ཉིན་ཞག །ཁྱིམ་ཞག་གོ། །དང་པོ་ནི། གཟའ་བདུན་ཚེས་ལ་སྦྱོད་པའི་ཡུན་ཚད་དེ། དེ་ལ་ཡུལ་གྱི་ཆུ་ཚོད་དྲུག་ཅུའི་ཐ་སྙད་བྱས་ཀྱང་། དུས་ཀྱི་ཆུ་ཚོད་ང་དགུ་ལས་མི་འབྱུང་ལ། དེ་ཡང་ཟླ་བའི་དཀྱིལ་འཁོར་གྱི་འཕེལ་འགྲིབ་ཀྱི་ཆ་རེའི་དུས་ཚོད་དོ། །

གཉིས་པ་ནི། ཉི་མས་གླིང་བཞི་འཁོར་བའི་ཡུན་ཚད་ལ་དུས་ཀྱི་ཆུ་ཚོད་དྲུག་ཅུ་ཚང་བ་ཡིན་ནོ། །གསུམ་པ་ནི། ལུག་གླང་འཁྲིག་པ་ཀརྐ་ཊ། །སེང་གེ་བུ་མོ་སྲང་སྡིག་པ། །གཞུ་དང་ཆུ་སྲིན་བུམ་པ་ཉ། །ཞེས་པའི་ཁྱིམ་བཅུ་གཉིས་པོ་རེ་རེ་ཉི་མ་གནས་པའི་སུམ་ཅུའི་ཆ་གཅིག་ལ་ཁྱིམ་ཞག་ཅེས་བྱ་ལ། དེའི་ཡུན་ཚད་ལ་ཁྱིམ་ཞག་རང་ལུགས་ཀྱི་ཆུ་ཚོད་དྲུག་ཅུའི་ཐ་སྙད་བྱེད་ཀྱང་། ཆོས་ཀྱི་དབང་དུ་བྱས་པའི་ཆུ་ཚོད་དྲུག་ཅུ་རེ་གཅིག་ལོང་ལ་ཁད་པ་ཙམ་བྱུང་བ་ཡིན་ཏེ། ཉི་མས་ཁྱིམ་བཅུ་གཉིས་འཁོར་བའི་ཡུན་ཚད་དེ་ལ་ཁྱིམ་ཞག་སུམ་བརྒྱ་དང་དྲུག་ཅུ་ཡིན་ལ། དེ་ལ་ཚེས་ཞག་སུམ་བརྒྱ་དང་བདུན་ཅུ་དོན་གཅིག་ལྷག་ཙམ་འབྱུང་བར་བཤད་པའི་ཕྱིར། འོན་ཁྱིམ་རེ་རེའི་ཚད་ལ་ཇི་ཙམ་ཡོད་ཅེ་ན། ཉི་མས་བགྲོད་པའི་ནམ་མཁའི་ལམ་འཁོར་མོ་ཡུག་འདི་རྒྱུ་སྐར་ཉི་ཤུ་རྩ་བདུན་གྱི་དབང་རིས་ཐོབ་ཐང་གིས་ཡུལ་གྱི་ཁྱོན་ཉི་ཤུ་རྩ་བདུན་གྱིས་ཁྱབ་པར་འཁོར་བ་ལས། རྒྱུ་སྐར་གཉིས་དང་གཅིག་གི་བཞི་ཆའི་ཡུལ་གྱི་ཁྱོན་རེ་ལ་ཁྱིམ་རེ་ཞེས་བྱ་ཞིང་། ཉི་མའི་རང་འགྲོས་ཀྱིས་དེ་ལྟ་བུའི་ཁྱིམ་དེར་ཁྱིམ་ཞག་སུམ་ཅུ་རེ་འགོར་ཞིང་། བཅུ་གཉིས་པོ་རྫོགས་པར་འཁོར་བ་ན་ཁྱིམ་ལོ་གཅིག་ཀྱང་བྱ། དེའི་རིང་ལ་ཉི་མའི་ལྷོ་བྱང་གི་བགྲོད་པ་གཉིས་རྫོགས་ཤིང་། ལོ་གཅིག་གི་དབང་དུ་བྱས་པའི་དུས་བཞི་རྫོགས་པ་ཡིན་ནོ། །དེ་ལྟར་ན། ཆོས་ཀྱི་ཟླ་བ་སུམ་ཅུ་སོ་ཕྱེད་དང་གསུམ་ན། ཆོས་ཀྱི་ཟླ་བ་རེའི་ཤོལ་འདོན་དགོས་ཏེ། དེ་མ་བཏོན་ན་ཁྱིམ་ཞག་གི་ཟླ་བ་སུམ་ཅུ་སོ་ཕྱེད་དང་གསུམ་པོ་དེ་མི་རྫོགས་ཏེ། དེ་མ་རྫོགས་ན་ལོ་རེ་བཞིན་གྱི་དུས་བཞིའི་

ལོངས་སྤྱོད་མི་རྫོགས་པའི་ཕྱིར། དེ་ལྟར་བྱས་པས་ཟླ་བ་དྲུག་ཅུ་རེ་ལྔ་ན། ཟླ་བ་གཉིས་ཤོལ་འབྱུང་ལ། དེ་སྒྲིགས་པས་ཆེས་ལོ་བརྒྱ་ན་ཆེས་ཟླ་སུམ་ཅུ་སོ་བདུན་དང་ཟླ་བ་ཕྱེད་ཀྱི་ཤོལ་འབྱུང་། དེ་ལ་ལོ་གསུམ་དང་ཕྱོགས་གསུམ་འབྱུང་ཞིང་། དེ་ཚེ་ལོ་བརྒྱ་པོ་དེ་བསྒྲིས་པས་ཁྲིམས་ལོ་བརྒྱུར་འགྱུར་བ་ཡིན་ནོ། །དེ་དག་གི་ཤེས་བྱེད་ཀྱང་ཆོས་ཞག་གཅིག་གིས་ཉིན་ཞག་གཅིག་ཏུ་དུས་ཀྱི་ཆུ་ཚོད་གཅིག་དང་། ཆུ་སྲང་ལྔ་བཅུ་རྩ་གཉིས་དང་། དབྱུག་གུ་གསུམ་གྱིས་མ་ལོངས་པའི་རྒྱུ་མཚན་གྱིས་ཡིན་ལ། དེའི་རྒྱུ་མཚན་ཡང་། ནང་གི་རིས་པའི་དབང་གིས་ཡིན་ཏེ། རླུང་ཉི་ཁྲི་ཆིག་སྟོང་དྲུག་བརྒྱ་རྒྱུ་བའི་ཡུན་ཚད་གཅིག་ལ་ཞག་ཏུ་བྱས་པའི་ཞག་སུམ་བརྒྱ་དང་དྲུག་ཅུ་རེ་ལྔ་ནི། ལོ་གཅིག་གི་ཉི་མའི་བགྲོད་པ་གཉིས་མཐར་ཐུག་པའི་ཚད་ཡིན་པ་ལས། ཞག་རེའི་རླུང་གི་སྟེང་ན་དབུགས་དྲུག་བརྒྱ་དང་བདུན་ཅུ་རྩ་ལྔ་རེ་ཡེ་ཤེས་ཀྱི་ཆར་སོང་ཞིང་ཆད་པས་ཆུ་ཚོད་གཅིག་དང་ཆུ་སྲང་ལྔ་བཅུ་དང་ཕྱེད་དང་གསུམ་མ་ལོངས་པ་དེས་ཆོས་ཀྱི་ལོངས་སྤྱོད་རྫོགས་པར་འཛོམ་ལ། ཁྲིམས་ཀྱི་ལོངས་སྤྱོད་རྫོགས་པ་ལ། ཉི་ཁྲི་ཆིག་སྟོང་དྲུག་བརྒྱའི་རླུང་རྒྱུ་བའི་ཚད་དེ་རྫོགས་དགོས་པ་ཡིན་ནོ། །དེ་ཙམ་རེ་ཆད་པའི་རྒྱུ་མཚན་ཡང་འཕོ་ཆེན་བཅུ་གཉིས་པོ་རེ་རེའི་མཚམས་སུ་དྲུག་ཁང་བཅས་ཆད་པར་བྱེད་ལ། དེའི་རྒྱུ་མཚན་ཡང་འཕོ་ཆེན་དེ་ལ་འཕོ་ཆུང་ལྔ་ལྔ་ཡོད་པའི་མཚམས་སུ་ས་རླུང་སོགས་རེ་རེ་ནས་བཅུ་གཅིག་དང་ཁང་བཅས་རེ་ཆད་པར་བྱེད་པའི་རྒྱུ་མཚན་ལ་ཐུག་གོ། །

གཉིས་པ་དེ་ལས་གསོ་སྦྱོང་དང་དགག་དབྱེ་སོགས་ཀྱི་རྣམ་གཞག་རྟོགས་པའི་ཚུལ་ལ། ལོ་འགོ་ངོས་འཛིན་པས་དུས་སྟོན་དང་དབྱར་གྱི་ཁས་ལེན་རྟོགས་པའི་ཚུལ་དང་། ཟླ་ཤོལ་འབྱུང་དུས་ཤེས་པ་ན་གསོ་སྦྱོང་གི་དུས་རྟོགས་པའི་ཚུལ་ལོ། །དང་པོ་ནི། གོང་དུ་ངོས་བཟུང་བའི་ལོ་འགོ་དེ་ཡང་ལོ་འགོ་ལོ་མཚན་ཉིད་པ་ཆོས་ལོའི་དབང་དུ་བྱས་པ་ཡིན་གྱི། ལོ་བརྟགས་པ་བ་ཁྲིམས་ལོའི་དབང་དུ་བྱས་པ་ནི་མིན་ཏེ། ཆོས་ལོ་ནི་ཟླ་བའི་དབང་གིས་བཞག་ཁྲིམས་ལོ་ནི་ཉི་མའི་བགྲོད་པའི་དབང་གིས་བཞག་པ་ཡིན་པས་སོ། །ཁྲིམས་ལོའི་ལོ་འགོ་ནི། སྟོན་གྱི་ཉིན་མཚན་མཉམ་པའི་ཕྱི་ཉིན་ནས་བྱེད་དགོས་པ་ཡིན་ནོ། །དེ་ལྟར་ན་ཁྲིམས་ཀྱིས་ཉ་བའི་ཟླ་བ་ལ་ཉིན་མཚན་མཉམ་ན། སགས་ཉ་བ་ལ་དབྱར་ཟླ་འབྲིང་པོར་བྱེད་ཅིང་། སྨྲོན་གྱིས་ཉ་བ་ལ་དབྱར་ཟླ་ཐུང་ངུར་བྱས་ནས། དེ་གཉིས་ཀྱི་ཆེས་བཅུ་དྲུག་ནས་དབྱར་སྔ་ཕྱིའི་ཁས་ལེན་བྱེད། ཐ་སྐར་གྱིས་ཉ་བ་ལ་ཉིན་མཚན་མཉམ་ན། སྨྲོན་གྱིས་ཉ་བའི་ཟླ་བ་དེ་ལ་དབྱར་ཟླ་འབྲིང་པོ་དང་། ཆུ་སྟོད་ཀྱིས་ཉ་བའི་ཟླ་བ་དེ་ལ་དབྱར་ཟླ་ཐ་ཆུང་དུ་བྱས་ནས་དབྱར་སྔ་ཕྱིའི་ཁས་ལེན་བྱེད་ཅིང་། སྨིན་དྲུག་གིས་ཉ་བ་ལ་ཉིན་མཚན་མཉམ་ན་ཆུ་སྟོད་ཀྱིས་ཉ་བའི་ཟླ་བ་དེ་ལ་དབྱར་འབྲིང་པོ་དང་། གྲོ་ཞུན་གྱིས་ཉ་བ་ལ་དབྱར་ཟླ་ཐ་ཆུང་དུ་བྱེད་དགོས་ཀྱང་འདི་ནི་དེང

སང་མི་སྲིད་དོ། །དེའི་རིམ་པ་ལས། དགག་དབྱེ་འབྱུང་ཚུལ་ཡང་རྟོགས་པར་བྱ་ཞིང་། དེ་ལྟར་ན་ཕ་སྐར་གྱིས་ཉ་བའི་བཅོ་ལྔ་ལ་དགག་དབྱེ་འབྱུང་བ་གཅིག་གྲུབ་ཅིང་། དེ་འདྲའི་དུས་དེར་རང་ཅག་གི་སྟོན་པ་ཐུགས་རྗེ་ཆེན་པོ་དང་ལྡན་པ་དེས། སུམ་ཅུ་གསུམ་གྱི་གནས་སུ་དགག་དབྱེ་མཛད་ཟིན་ནས་ལྷ་ལས་བབས་པའི་ཚུལ་བསྟན་པས་ལྷ་བབས་ཀྱི་དུས་ཆེན་དུ་གྲགས་པ་ཡིན་ནོ། །ཟླ་ཤོལ་གྱི་དབང་གིས་ལོ་གཅིག་ལ་ཟླ་བ་བཅུ་གསུམ་བྱུང་བའི་ཚེ། ཧོར་ཟླ་བཅུ་པ་ལ་ཉིན་མཚན་མཉམ་པ་གཅིག་སྲིད་ཙམ་ཡིན་ལ། དེའི་ཚེ་དེ་འདྲའི་སྨིན་དྲུག་ཅན་ནི་མ་ཡིན་ཏེ། ཟླ་ཤོལ་གྱི་ཧོར་ཟླ་བཅུ་པ་སྨིན་དྲུག་གིས་ཉ་བ་དང་མི་འགྲིག་པའི་ཕྱིར་རོ། །དེ་འདྲ་གཅིག་སྲིད་པ་ན། འདུལ་བ་ཚིག་ལེ་ལས། གྲོ་བཞིན་ཅན་གྱི་ཚེས་གཅིག་ནས། །སྔ་མའི་དབྱར་དེ་གཙོ་བོ་ཡིན། །དེ་ཉིད་ཁྲིམས་ཀྱི་ཟླ་བ་ཡི། །ཚེས་གཅིག་ནས་ནི་ཕྱི་མར་གྲགས། །ཞེས་པའང་འགྲིག་པ་ཡིན་ཏེ། ལོ་གཅིག་ལ་ཟླ་བ་བཅུ་གསུམ་འབྱུང་བའི་ཚེ། ཧོར་ཟླ་ལྔ་པའི་ཚེས་བཅུ་དྲུག་ནས་དྲུག་པའི་བཅོ་ལྔའི་བར་གྲོ་བཞིན་ཅན་དུ་མིང་བཏགས་དགོས་པའི་ཕྱིར་རོ། །ཕ་སྐར་གྱིས་ཉ་བའི་ཚེས་བཅུ་དྲུག་ནས་ལོ་མགོ་འཛིན་པ་ལ་ཡང་། རྒྱལ་དང་དབོ་དང་ཞེས་སོགས་མི་འགྲིག་པའི་སྐྱོན་ཆེར་མི་འདུག་སྟེ། ལོ་དྲི་ལས་སྔར་གྲགས་པ་ལྟར། རྒྱལ་གྱི་ཟླ་བ་སོགས་ལ་ཡར་ངོ་སྔོན་དུ་འགྲོ་བ་གཅིག་ཀྱང་བཤད་པའི་ཕྱིར། གཞན་ཡང་ལོ་མགོ་འཛིན་ཚུལ་འདི་ལ་དཔགས་ནས་དུས་སྒོ་ཡང་རིག་པར་བྱེད་དགོས་ཏེ། སྟོན་ཟླ་ཐ་ཆུང་གི་ཚེས་བཅུ་དྲུག་ནས། དགུན་ཟླ་བཞིའི་ཐོག་མ་འཛིན་དགོས་པའི་ཕྱིར་རོ། །དེ་ལྟར་ན་ཚུལ་འདི་ནི་མདོ་སྡེ་ཉི་མའི་སྙིང་པོ་དང་། རྟེན་འབྲེལ་མདོ་འགྲེལ་དུ་གྲགས་པའི་ལུང་དང་། མཛོད་ཀྱི་ལུང་གསུམ་ཀ་དང་མི་འགལ་ཞིང་མཐུན་ལ། འདུལ་བའི་ཁྲིད་པར་དང་དགག་དབྱེ་འབྱུང་དུས་དང་། རས་ཆེན་འཆང་དགོས་པའི་དུས་སོགས་དང་ཤིན་ཏུ་འགྲིག་པ་ཡིན་པས་ཡིད་ཆེས་པའི་གནས་སུ་རྟོགས་པར་བྱ་དགོས་སོ། །ཡང་མགོའི་ཟླ་བའམ། སྨལ་པོའི་ཟླ་བ་ཞེས་པ་ཡར་ངོ་སྔོན་འགྲོར་བྱས་ནས། དེའི་ཡར་ངོའི་ཚེས་གཅིག་ནས་མཐའ་གཅིག་ཏུ་ལོ་མགོ་འཛིན་པའི་ལུགས་གཅིག་ཀྱང་ཡོད་ལ། དེ་ནི་ཕྱི་རོལ་པ་དང་ཐུན་མོང་བའི་འཇིག་རྟེན་པ་དག་གི་ལུགས་ཡིན་པར་སྣང་སྟེ། ཇི་སྐད་དུ། མངོན་བརྗོད་ཀྱི་བསྟན་བཅོས་ལས། ལོ་མགོ་ཞེས་བྱ་སྨལ་པོའི་མིང་། །རི་དྭགས་མགོ་ཅན་མགོ་ཡི་མིང་། །ཞེས་ཟེར། གཉིས་པ་གསོ་སྦྱོང་རྟོགས་པའི་ཚུལ་ལ། ཟླ་ཤོལ་གྱི་འདོན་ཚུལ་མངོན་འདུལ་ལས་དེ་ལྟར་བཤད་ཀྱང་། དུས་འཁོར་ནས་བཤད་པ་ལྟར་ཁས་བླངས་ནས། གསོ་སྦྱོང་ལག་ལེན་དུ་བྱེད་དགོས་ཏེ། དེ་ནས་བཤད་པ་དང་། མངོན་སུམ་གྱིས་གྲུབ་པ་དང་མཐུན་པར་སྣང་བ་དང་། རྒྱལ་པོའི་རྗེས་སུ་འབྲང་དགོས་པར་གསུངས་པས་སོ། །དེ་ལྟར་ན་ལོ་རེ་རེ་བཞིན་ཚེས་ཞག་བཅུ་གཅིག་རེའི་ཤོལ་ཡོད་ཀྱང་མི་འདོན་པར་ལོ་གསུམ་པའི་ཕྱེད་ཡོལ་ན། ཟླ་

ཤོལ་རེ་འདོན་དགོས་པས་ལོ་གཉིས་ནི་ཆོས་ཟླ་བཅུ་གཉིས་རེར་ངེས་ལ། དེ་ནས་ལོ་གཅིག་ལ་ནི་ཆོས་ཟླ་བཅུ་གསུམ་འབྱུང་ངོ་། །ཞེས་འཁོར་མོར་སྨྲར་བས། །ལོ་གཉིས་ལ་གསོ་སྦྱོང་ཉི་ཤུ་རྩ་བཞི་རེ་ལོ་གསུམ་པ་ལ་གསོ་སྦྱོང་ཉི་ཤུ་རྩ་དྲུག་འབྱུང་། ཞེསཤེས་པར་བྱེད་དགོས་སོ། །ཉི་ཤུ་རྩ་བཞིའི་ནང་ནས་བཅོ་བརྒྱད་ནི་གསོ་སྦྱོང་བཅོ་ལྔ་པ་ཁོན་ཡིན་ཏེ། གསོ་སྦྱོང་སྔ་མ་བྱས་པའི་ཉིན་ཞག་དེ་ཐལ་རྗེས་སུ་ཉིན་ཞག་བཅུ་བཞི་ནི་རྫོགས་ཟིན། ཉིན་ཞག་བཅོ་ལྔ་པ་དེའི་སྟེང་དུ་བྱེད་དགོས་ཀྱི་གསོ་སྦྱོང་ཡིན་པས་སོ། །དྲུག་ནི་གསོ་སྦྱོང་བཅུ་བཞི་པ་ཞེས་བྱ་སྟེ། གསོ་སྦྱོང་སྔ་མ་བྱས་པའི་ཉིན་ཞག་དེ་ཐལ་རྗེས་སུ་ཉིན་ཞག་བཅུ་གསུམ་ཐལ་ཟིན་ཅིང་། བཅུ་བཞི་པ་དེའི་སྟེང་དུ་བྱེད་དགོས་ཀྱི་གསོ་སྦྱོང་ཡིན་པའི་ཕྱིར། དྲུག་པོ་དེ་ལ་གསོ་སྦྱོང་མི་ཐུབ་པ་ཞེས་བྱ་སྟེ། ཆོས་ཞག་གིས་ཉིན་ཞག་གི་དོད་མ་ཐུབ་པའི་སྟོབས་ཀྱིས་ཆོས་བཅོ་ལྔར་སླེབ་ཀྱང་། ཉིན་ཞག་བཅུ་བཞི་པའི་སྟེང་དུ་བྱས་པའི་གསོ་སྦྱོང་ཡིན་པའི་ཕྱིར། བཅུ་བཞི་པ་དྲུག་པོ་དེ་ཡང་ཆོས་ནི་བཅོ་ལྔ་ལ་བྱེད་དགོས་པ་ཡིན་ཏེ། རྒྱ་ཆེར་འགྲེལ་པ་ལས་ཐམས་ཅད་ཀྱང་ཆོས་གྲངས་ཀྱི་ཡང་དག་པ་ལ་བཅོ་ལྔ་པ་ཁོན་ཡིན་ནོ། །ཞེས་འབྱུང་བས་སོ། །དྲུག་པོ་དེ་མར་ངོ་ཁོན་ལ་འབྱུང་བས་ཁྱབ་པ་ཡིན་ཏེ། མར་ངོ་སྟོན་འགྲོའི་དབང་དུ་བྱས་པའི་དུས་ཚིགས་རེ་རེའི་ཟླ་བ་ཕྱེད་དང་གཉིས་འདས་ཀྱི་གསོ་སྦྱོང་ཡིན་པའི་ཕྱིར། དེ་ལྟར་གསོ་སྦྱོང་བཅོ་ལྔ་རྣམས་ལ་ནི། ཉིན་ཞག་བཅོ་ལྔ་རེ་ཚང་མར་ཡོད་དགོས་ཤིང་། བཅུ་བཞི་པ་རྣམས་ལ་ནི་ཉིན་ཞག་བཅུ་བཞི་རེ་ལས་མེད་པས་ལོ་གཅིག་ལ་ཉིན་ཞག་ཉི་ཤུ་རྩ་དགུ་རེ་ལས་མེད་པས་ཟླ་བ་དྲུག་མི་འབྱུང་བ་ཡིན་ནོ། །དྲུག་པོ་དེའི་དུས་ཀྱི་ཆོས་གྲངས་རྩི་བའི་ཚུལ་ནི་སྐྱིན་དྲུག་གིས་ཉ་བའི་ཆོས་བཅུ་དྲུག་གི་ཉིན་ཆོས་གཅིག་ཅེས་མི་ཟེར་བར་ཆོས་གཉིས་ཞེས་རིམ་པར་བགྲངས་ནས་ཆོས་བཅོ་ལྔའི་ཉིན་བར་གསོ་སྦྱོང་བྱེད་པ་ཡིན་པའམ། ཡང་ན་ཆོས་གཅིག་ནས་རིམ་པར་བགྲངས་པའི་ཆོས་བཅོ་ལྔའི་ཉིན་གསོ་སྦྱོང་བྱ་ནས་གསོ་སྦྱོང་བྱས་པའི་ཉིན་ཞག་གཅིག་པོ་དེ་ཟླ་བ་རྙིང་མའི་གསོ་སྦྱོང་བཅོ་ལྔ་པ་དེའི་ཉིན་ཞག་གི་གྲངས་ལ་ཕན་པ་བྱེད་དགོས་པ་ཡིན་ནོ། །འདི་ན་ལ་ལ་ཉེར་དགུ་ལ་གསོ་སྦྱོང་བཅུ་བཞི་པ་འབྱུང་ཞེས་སྨྲ་བ་ནི་ཆེས་མི་མཁས་པའི་གཏམ་ཁོན་ཡིན་ཏེ། ཉེར་དགུ་ཞེས་པ་ནི་མར་ངོའི་ཆོས་བཅུ་བཞིའི་མིང་ཡིན་ལ། དུས་དེ་ཟླ་བའི་དཀར་ཆ། ལྷག་མ་གཅིག་འབྱུང་སྟེ། དེ་ལྟ་ན་གནམ་སྟོང་ཡིན་པར་འགལ་ལ། གནམ་སྟོང་མིན་པ་ལ་མར་ངོའི་གསོ་སྦྱོང་མི་འབྱུང་བའི་ཕྱིར་རོ། །

ཡང་ཁ་ཅིག་གསོ་སྦྱོང་གི་ཆེད་དུ་སྔ་ཆོས་ཁོན་རྟག་པར་བྱེད་པ་ནི་གཞུང་ལུགས་མ་ཤེས་བཞིན་དུ་མཁས་པར་རློམ་པའི་ང་རྒྱལ་གྱིས་བྱས་པར་སྣང་སྟེ། དེ་ལྟར་ན་བཅོ་ལྔ་པ་རྣམས་ཆོས་བཅུ་བཞི་ལ་བྱེད་པ་དང་། བཅུ་བཞི་པ་རྣམས་ཉེར་བརྒྱད་ཀྱི་ཉིན་བྱེད་དགོས་པའི་ཉེས་པར་འགྱུར་བ་དང་། དུས་རྟག་ཏུ་མངོན་སུམ་དང

མི་མཐུན་པའི་ཉེས་པ་དང་། ལོ་གཅིག་ལ་ཞག་མི་ཐུབ་དགོས་རྒྱུ་ལ་གཅིག་ལས་མི་འབྱུང་བའི་ཉེས་པ་སོགས་འབྱུང་བ་ཡིན་ནོ། །དེའི་ཕྱིར་བཅོ་ལྔ་པ་རྣམས་ནི་ཚེས་གཅིག་ནས་རེ་རེ་བཞིན་ལྷག་ཆད་མེད་པར་བགྲང་བར་བྱ་ཞིང་། བཅུ་བཞི་པ་དྲུག་པོ་ལ་སྟྲ་ཚེས་སུ་བྱས་ནས་བགྲངས་ཀྱང་འགལ་བ་མེད་དོ། །འདི་ཡང་འདུལ་བ་ནས་བཤད་ཚོད་ཙམ་ཡིན་གྱི། དགར་ཕྱིས་དང་བསྟུན་ན་མི་ཐུབ་པ་འབྱུང་ངོ་སྙམ་དུ་དོགས་པར་མི་བྱ་སྟེ། དགར་ཕྱིས་ཀྱི་ལུགས་ལའང་ཟླ་བ་བཅུ་གཉིས་ལ་ཉིན་ཞག་སུམ་བརྒྱ་དང་། ལྔ་བཅུ་རྩ་བཞི་ལྷག་ཆད་མེད་པར་འབྱུང་དགོས་པའི་ཕྱིར། དེ་ལྟར་ན་གསོ་སྦྱོང་གི་རྩི་ཞག་འདུལ་བ་ན་ཇི་ལྟར་འབྱུང་བ་བཞིན་ལག་ལེན་དུ་བཀལ་བ་ན། དགར་ཕྱིས་དང་མི་མཐུན་པ་ཅུང་ཟད་ཀྱང་མི་འབྱུང་ངོ་། །ཞེས་ཤེས་པར་བྱོས་ཤིག །འོན་གསོ་སྦྱོང་མི་ཐུབ་པ་དྲུག་པོ་དེ་ཟླ་བ་གང་ལ་འབྱུང་ཞེ་ན། རྒྱལ་དང་དབོ་དང་ས་ག་ཟླ། །ཞེས་སོགས་ནི་རྣམ་གསལ་གྱི་དཔེ་བརྗོད་ཙམ་ཡིན་གྱི་ངེས་པ་ཅན་མ་ཡིན་ཏེ། ཟླ་ཤོལ་མེད་པའི་ཚེ་འགྲིག་པ་དང་། དེ་ཡང་ཁྲིམས་ཀྱིས་ཉ་བའི་ཚེས་བཅུ་དྲུག་ནས་ལོ་འགོ་བྱས་ན་དེ་ལྟར་ངེས་ལ། གཞན་ལ་མར་ངོ་སྔོན་འགྲོར་བྱས་ན་ངེས་པ་མེད་པ་བཤད་ཟིན་ཏོ། །ལོ་གཅིག་ལ་གསོ་སྦྱོང་ཉི་ཤུ་རྩ་དྲུག་འབྱུང་བའི་ཚེ་ན་ཐུབ་པ་བཅོ་བརྒྱད་མི་ཐུབ་པ་དྲུག་ཁོ་ནར་ངེས་སོ། །དེའི་རྒྱུ་མཚན་ཡང་། ཟླ་ཤོལ་ཟླ་བ་དེ་ལ་ཉིན་ཞག་སུམ་ཅུ་ངེས་པར་ཚང་དགོས་སོ། །གཉིས་པ་ཞར་ལ་གཏན་ཚིགས་ཀྱི་རྣམ་གཞག་བཤད་པ་ལ་ཐུན་མོང་དུ་གྲགས་ཆོད་བཤད་པ་དང་། ཐུན་མོང་མིན་པའི་དུས་ཀྱི་འཁོར་ལོའི་ལུགས་བཤད་པ། དེ་གཉིས་ལས་དོན་ལ་གནས་ཚོད་གང་ཡིན་དཔྱད་པའོ། །དང་པོ་ལ་ཪོ་བོ་རྗེ་དང་ས་སྐྱ་པའི་ལུགས་ཐུན་མོང་དུ་བཤད། ཁ་ཆེ་པཎ་ཆེན་གྱི་བཞེད་པ་བཀོད། དེ་ལ་འཐད་མི་འཐད་ཀྱི་དགག་སྒྲུབ་ཇི་ལྟར་བྱུང་བའི་ཚུལ་ལོ། །དང་པོ་ལ་སྦྱིར་བསྟན་པའི་གནས་ཚད་ལ་བཤད་ཚུལ་མང་དུ་ཡོད་ཀྱང་། མཁས་པ་ཆེན་པོ་དབྱིག་གཉེན་གྱི་འབུམ་ཊཱི་ཀ་ལས་བསྟན་པ་ལོ་ལྔ་སྟོང་དུ་གནས་པར་གསུངས་ལ། སློབ་དཔོན་འཛམ་དཔལ་གྲགས་པས་མངོན་པར་རྫོགས་པའི་དུས་ལྔ་བརྒྱ་ཕྲག་གསུམ། སྒྲུབ་དུས་ལྔ་བརྒྱ་ཕྲག་གསུམ། ལུང་གི་དུས་ལྔ་བརྒྱ་ཕྲག་གསུམ། རྟགས་ཙམ་འཛིན་པའི་དུས་ལྔ་བརྒྱ་ཕྲག་གཅིག་ཞེས་ཐ་སྙད་མཛད་དོ། །འོན་སྟོར་བསྟན་པ་ཇི་ཙམ་འདས། ལྷག་མ་ཇི་ཙམ་ལུས་ཞེ་ན། ཪོ་བོ་ཆེན་པོ་ལྷ་གཅིག་ནི། སྟོན་པ་ཤིང་ཕོ་བྱི་བ་ལ་ལྷུམས་སུ་ཞུགས། ཤིང་མོ་གླང་ལ་སྐུ་བལྟམས། ས་མོ་ཕག་ལ་མངས་རྒྱས། ཤིང་ཕོ་སྤྲེའུ་སྟོན་ཟླ་ཐ་ཆུང་གི་ཡར་ཚེས་བརྒྱད་ལ་མྱ་ངན་ལས་འདས་པར་བཞེད། བསྟན་པའི་བདག་པོ་དཔལ་ལྡན་ས་སྐྱ་པ་ནི་སྟོན་པ་མེ་མོ་ཡོས་ལ་ལྷུམས་སུ་བཞུགས། ས་ཕོ་འབྲུག་ལ་སྐུ་བལྟམས། ཆུ་ཕོ་སྟག་ལ་མངས་རྒྱས། མེ་མོ་ཕག་གི་དཔྱིད་མཐའི་ཉའམ། སྟོན་ཟླའི་ཚེས་བརྒྱད་ལ་མྱ་ངན་ལས་འདས་པར་བཤད་དེ། འདིའི་ལུགས་བཞིན་རྗེ་བཙུན་བསོད་

ནམས་རྩེ་མོ། ས་སྐྱ་པཎྜི་ཏ། འགྲོ་མགོན་འཕགས་པ་སོགས་ཀྱིས་རྩིས་པ་དེའི་རྗེས་སུ་འབྲངས་ནས་རྩིས་ན་སྟོན་པ་མྱ་ངན་ལས་འདས་ནས་ལོ་གསུམ་སྟོང་དང་དྲུག་བརྒྱ་ཐལ་ཟིན་ནས། ད་ལྟ་རྟ་གཅིག་པའི་ས་ཕོ་བྱི་བ་ལོའི་སྟེང་ན་ཡོད་པས། མངོན་པར་རྫོགས་པའི་དུས་ལྔ་བརྒྱ་ཕྲག་གསུམ། སྒྲུབ་པའི་དུས་ལྔ་བརྒྱ་ཕྲག་གསུམ། ལུང་མངོན་པའི་དུས་ལྔ་བརྒྱ་ཕྲག་གཅིག་ཐལ། མདོ་སྡེའི་སྟེང་ནས་ལྔ་བརྒྱ་ཕྲག་གཅིག་དང་ལོ་གཅིག་ཐལ། མདོ་སྡེའི་སྟེང་ནས་ལོ་བཞི་བརྒྱ་དང་། འདུལ་བའི་དུས་ལྔ་བརྒྱ་དང་། རྟགས་ཙམ་འཛིན་པའི་དུས་ལོ་ལྔ་བརྒྱ་སྟེ། ལོ་སྟོང་དང་བཞི་བརྒྱ་ལུས་པ་ཡིན་ནོ། །

ལུགས་སྔ་མ་དེའི་ལུགས་བཞིན་དུ་མཆིམས་ནམ་མཁའ་གྲགས་ཀྱིས་རྩིས་པའི་རྗེས་སུ་འབྲངས་ནས་རྩི་ན། སྟོན་པ་མྱ་ངན་ལས་འདས་ནས་ལོ་གསུམ་སྟོང་དང་ཉིས་བརྒྱ་དང་བརྒྱད་འདས་པ་ལྕགས་མོ་ཕག་གི་ལོ་ལ། རྔོག་ལེགས་པའི་ཤེས་རབ་ཀྱིས་གསང་ནེའུ་ཐོག་གི་གཙུག་ལག་ཁང་ཆེན་པོ་བཏབ། རྔོག་ལོ་བློ་ལྡན་ཤེས་རབ་སྐུ་འཁྲུངས་པར་བྱེད་པ་ཡིན་ཏེ། ཇི་སྐད་དུ། ཆོས་རྗེ་བླ་མ་དམ་པས། དེ་ཉིད་ཡོངས་འདས་ལོ་ནི་གསུམ་སྟོང་དང་། །བརྒྱ་ཕྲག་གཉིས་དང་བརྒྱད་འདས་གངས་རིའི་ཁྲོད། །སྟོན་ཆད་མེད་པའི་ཆོས་སྒོ་པད་མོའི་ཚལ། །རྒྱས་མཛད་ལེགས་པའི་ཤེས་རབ་རྒྱལ་གྱུར་ཅིག །ཅེས་གསུངས་སོ། །དུས་དེ་ནས་རྩིས་པས་ས་ཕོ་བྱི་བའི་ལོ་ཡན་ཆད་ལ། གསང་ཕུའི་གཙུག་ལག་ཁང་ཆེན་པོ་བཏབ་ནས་ལོ་གསུམ་བརྒྱ་དང་དགུ་བཅུ་གོ་བརྒྱད་སོང་ཞིང་སྔ་ཕྱི་གཉིས་ཀ་སྡོམས་པས་སྟོན་པ་མྱ་ངན་ལས་འདས་ནས་ལོ་སུམ་སྟོང་དང་དྲུག་བརྒྱ་དང་ཉག་མ་དྲུག་ཐལ་ནས་བདུན་པའི་སྟེང་ན་ཡོད་དོ། །བསྟན་པའི་གནས་ཚད་དང་འདས་ཚད་ཞིབ་མོར་ཕྱེ་ན། སངས་རྒྱས་ནས་མྱ་ངན་ལས་འདས་ཀྱི་བར་ཆོས་བསྟན་པའི་བར་གྱི་ལོ་བཞི་བཅུ་ཞེ་དྲུག་པོ་དེ་རྩི་དགོས་སོ། །

ཁ་ཆེ་པཎ་ཆེན་གྱིས་ཤིང་ཕོ་བྱི་བ་ལ་ཁྲོ་ཕུར་རྩིས་པ་དང་། མི་མོ་ཡོས་ལ་ཐང་ཆེན་དུ་རྩིས་པ་ལས། སྨིན་དྲུག་ཟླ་བའི་དཀར་ཕྱོགས་ཀྱི། །ཚེ་བརྒྱད་ནམ་གུང་མཉམ་པ་ལ། །ཟླ་བ་རི་བོ་ལ་ནུབ་ཚེ། །ཐུབ་དབང་ཡོངས་སུ་མྱ་ངན་འདས། །དེར་རྗེས་ལོ་ནི་སྟོང་ཕྲག་གཅིག །བདུན་བརྒྱ་དང་ནི་ལྔ་བཅུ་དང་། །ཟླ་བ་གཉིས་དང་ཟླ་བ་ཕྱེད། །དེ་བཞིན་ཉི་མ་སྨྲ་རབ་འདས། །ལོ་ནི་སྟོང་ཕྲག་གསུམ་དང་ནི། །ཉིས་བརྒྱ་དང་ནི་བཞི་བཅུ་དགུ། །ཟླ་བ་དགུ་དང་ཉི་མ་བཅུ། །མ་འོངས་བསྟན་པའི་ལྷག་མར་གནས། །ཞེས་གསུངས་ལ། མེ་མོ་ཡོས་ཀྱི་དཔྱིད་འབྲིང་ནག་པའི་ཟླ་བའི་ཡར་ཚེས་ལྔ་ལ་རྩིས་པར་སྣང་ངོ་། །དེའི་ལུགས་ཀྱི་སྟོན་པ་མྱ་ངན་འདས་ནས་ལོ་ཉིས་སྟོང་དང་བཅུ་གཉིས་ཙམ་ཞིག་ད་ལྟའི་ལོ་ས་ཕོ་བྱི་བ་ཡན་ཆད་དུ་འདས་པ་ཡིན་ཏེ། ཁ་ཆེ་པཎ་ཆེན་གྱིས་བསྟན་རྩིས་མཛད་པའི་དུས་དེ་ནས་ད་ལྟའི་ལོ་ས་ཕོ་བྱི་བ་ཡན་ཆད་ལ་དྲུག་ཅུ་སྐོར་བཞི་དང་ལོ་ཉི་ཤུ་རྩ་གཅིག་ཙམ

འདས་པས་སོ། །འདི་ལ་ས་སྐྱ་པཎྜི་ཏའི་ཞལ་ནས། ལོ་དེ་ནི་རྒྱ་གར་ན་ཉན་ཐོས་སེ་རྡ་བ་རྣམས་དུས་བརྗོད་པའི་ཚེ། སྟོན་པ་མྱ་ངན་ལས་འདས་ནས་འདི་ཙམ་སོང་ཞེས་ནུབ་རེ་བཞིན་རྩི་བ་ཞིག་ཡོད་པ་ལས། མ་ག་དྷའི་བྱང་ཆུབ་ཆེན་པོའི་སྐུ་དེ། སློབ་དཔོན་ཐུ་བཙུན་གྲུབ་རྗེ་དང་བདེ་བྱེད་བདག་པོས་མཛད་པར་བཞེད་ནས་ཙན་དན་གྱི་ལྗི་གུ་སྒྲུངས་པ་ཙམ་གྱི་རང་བྱུང་དུ་བྱོན་པའི་དུས་དེ་ནས་བཟུང་བས་དུས་ཚིགས་འཁྲུལ་ཏེ། སྟོན་པ་འདས་ནས་ལོ་འདི་སོང་ཞེས་རྩིས་པས་དེའི་རྗེས་སུ་འབྲང་ནས་རྒྱ་བལ་ཁ་ཆེའི་པཎྜི་ཏ་ཕལ་ཆེར་བཞེད་ཀྱང་ཡིད་བརྟན་པར་མི་བྱ་སྟེ། ལྷ་མོ་དྲི་མ་མེད་པའི་འོད་ལུང་བསྟན་པའི་མདོ་ལས། ང་ཡོངས་སུ་མྱ་ངན་ལས་འདས་ནས་ལོ་ཉིས་སྟོང་ལྔ་བརྒྱ་ན་གདོང་དམར་ཅན་གྱི་ཡུལ་དུ་དམ་པའི་ཆོས་རྒྱས་པར་འགྱུར་རོ་ཞེས་གསུངས་ལ་གདོང་དམར་ཅན་ཞེས་བོད་ཡིན་པ་དང་། ཀླུ་སྒྲུབ་སོགས་ལུང་བསྟན་པའི་ལོ་གྲངས་དང་། རྒྱལ་པོ་ལ་སོགས་པའི་རབས་རྩིས་ན་མི་འཐད་པའི་ཕྱིར་རོ། །ཞེས་གསུངས་སོ། །གསུམ་པ་དེ་ལ་དགག་སྒྲུབ་ཇི་ལྟར་བྱུང་བའི་ཚུལ་ལ། དུས་འཁོར་བ་ཕྱོགས་ལས་རྣམ་རྒྱལ་ན་རེ། དེ་ལྟར་བསྟན་རྩིས་ཀྱི་ལུགས་དེ་གཉིས་ཀྱི་ནང་ནས་སྔ་མ་མི་འཐད་དེ། གཏམ་རྒྱུད་དང་རྒྱ་བལ་གྱི་རྒྱལ་པོས་ལོ་བཙོས་པའི་རྣམ་གཞག་གཅིག་ནས་གཅིག་ཏུ་བརྒྱུད་པ་ཙམ་ཡིན་གྱི། ཡིད་ཆེས་ཀྱི་ཁུངས་མེད་པའི་ཕྱིར་དང་། དུས་ཀྱི་འཁོར་ལོའི་རྒྱུད་འགྲེལ་གྱི་དགོངས་པ་དང་འགལ་བའི་ཕྱིར་རོ། །ལུགས་གཉིས་པ་ཁ་ཆེ་པཎ་ཆེན་གྱི་ལུགས་དེ་ཅུང་ཟད་རྣམ་པར་དག་པ་ཡིན་ཏེ། དེའི་ལུགས་ཀྱི་འདས་ལོ་དུས་འཁོར་གྱི་ལུགས་ལས་ལོ་སུམ་བརྒྱ་དང་སུམ་ཅུ་རྩ་དྲུག་ཙམ་གྱིས་ཉུང་བ་བྱུང་ཀྱང་། དེ་མ་ག་དྷའི་བྱང་ཆུབ་ཆེན་པོའི་སྐུ་རང་བྱོན་པའི་དུས་དེ་ནས་བཟུང་བ་ཡིན་གསུངས་པས། སངས་རྒྱས་མྱ་ངན་ལས་འདས་ནས་མ་ག་དྷའི་བྱང་ཆེན་གྱི་སྐུ་རང་བྱུང་དུ་བྱོན་པའི་བར་ལ་ལོ་སུམ་བརྒྱ་དང་སུམ་ཅུ་དྲུག་ཙམ་ཞིག་ཁོ་ན་སོང་བ་སྲིད་ཅིང་། འདི་ལ་ཤེས་བྱེད་ཀྱང་སྣང་སྟེ། སངས་རྒྱས་འདས་ནས་ལོ་བཞི་བརྒྱ་ན་འཕགས་པ་ཀླུ་སྒྲུབ་འབྱོན་པ་འཇམ་དཔལ་རྩ་རྒྱུད་ལས་གསུངས་ལ། ཀླུ་སྒྲུབ་ཀྱིས་རྡོ་རྗེ་གདན་གྱི་བྱང་ཆེན་གྱི་སྐུ་ལ་ཞབས་ཏོག་ཆེན་པོ་མཛད་པར་གྲགས་པ་ལྟར་དུས་འགྲིག་ལ། ལུགས་སྔ་མ་དེ་དག་ལྟར་ན། སངས་རྒྱས་མྱ་ངན་ལས་འདས་ནས་ལོ་སྟོང་དང་ཕྱེད་དང་དྲུག་བརྒྱ་ཙམ་ན་རྡོ་རྗེ་གདན་གྱི་བྱང་ཆེན་གྱི་སྐུ་དེ་འབྱུང་ཀླུ་སྒྲུབ་དང་དུས་མི་འགྲིག་པའི་ཕྱིར་རོ། །མདོ་ལས་གདོང་དམར་ཅན་ཞེས་གསུངས་པ་དེ་བོད་ཡིན་མིན་ཡང་བརྟག་དགོས་ཏེ། གལ་ཏེ་ཡིན་ན་མཁན་རབས་བགྲངས་པ་དང་མི་མཐུན་ཏེ། ཀླུ་སྒྲུབ་མྱ་ངན་ལས་འདས་པ་ཡན་ཆད་ལ་ལོ་སྟོང་ཐིམ་ལ། དེ་ནས་ལེགས་ལྡན་འབྱེད། དཔལ་སྦས། ཡེ་ཤེས་སྙིང་པོ། མཁན་ཆེན་ཞི་བ་འཚོ་རྣམས་བར་མ་ཆད་པ་ཡིན་ལ། ཞི་བ་འཚོ་ཁྲི་སྲོང་ལྡེའུ་བཙན་གྱི་སྐུ་རིང་ལ་བྱོན་པ་ཡིན་ཞིང་། བོད་དུ་ཆོས་བྱུང་བ་ནི་རྒྱལ་པོ་སྲོང་བཙན་སྒམ་པོའི་

རིང་ལ་ཡིན་པས། དེ་དུས་མཁན་པོ་དཔལ་སྦས་ཙམ་ཡིན་དགོས་ཏེ། སྲོང་བཙན་ནས་ཁྲི་སྲོང་གི་བར་ལ་རྒྱལ་རབས་བཞི་ཙམ་ཡིན་པའི་ཕྱིར་ཏེ། དེ་ལྟར་ན་ལེགས་ལྡན་འབྱེད་རྒྱང་པའི་རིང་ལ། ལོ་སྟོང་དང་བརྒྱད་བརྒྱ་ཙམ་འདས་དགོས་པར་འགྱུར་བ་དང་། མཁན་རྒྱུད་གསར་པ་ལུགས་ལའང་། ཀླུ་སྒྲུབ། གུ་ན་མ་ཏི། རཏྣ་མི་ཏྲ། ཛམྦྷུ་པྲ་ལ། གུ་ན་པ་ཏི། ཆོས་ཀྱི་ཕྲེང་བ། ཞི་བའི་འབྱུང་གནས་སྦས་པ། དེ་ནས་པཎ་ཆེན་ཤཱཀྱ་ཤྲཱི་ཡིན་པས། མཁན་རབས་བདུན་གྱི་རིང་ལ་ལོ་ཉིས་སྟོང་དང་བཞི་བརྒྱ་ཙམ་འགྲོ་དོན་མེད་པའི་ཕྱིར་ཞེས་གསུངས་སོ། །

གཉིས་པ་ཐུན་མོང་མ་ཡིན་པ། དུས་ཀྱི་འཁོར་ལོའི་ལུགས་ལ། དེ་བཞིན་གཤེགས་པ་ཤཱཀྱ་ཐུབ་པས་ཆོས་བསྟན་ནས་རིགས་ལྡན་དྲག་པོས། ཀླ་ཀློ་འཇོམས་པའི་བར་གྱི་བསྟན་པའི་གནས་ཚད་དང་། རིགས་ལྡན་དྲག་པོས་ཀླ་ཀློ་བཅོམ་ནས་སླར་ཡང་བསྟན་པ་འཕེལ་བའི་གནས་ཚད་དོ། །དང་པོ་ནི་དེ་ནས་དེའི་བར་ལ་ལོ་གསུམ་སྟོང་དང་སུམ་བརྒྱ་དང་གཅིག་འབྱུང་བ་ཡིན་ཏེ། དེ་བཞིན་གཤེགས་པས་དུས་ཀྱི་འཁོར་ལོའི་རྒྱུད་གསུངས་ནས་ཀླ་ཀློ་འཇོམས་པའི་བར་ལ་ལོ་སྟོང་དང་ལྔ་བརྒྱ་ཡོད་ཅིང་ཀླ་ཀློའི་གནས་ཚད་ལོ་སྟོང་དང་བརྒྱད་བརྒྱ་ཡིན་པར་གསུངས་པའི་ཕྱིར་རོ། །རྟགས་དང་པོ་གྲུབ་སྟེ། སྟོན་པ་ས་གའི་ཟླ་ལ་མངོན་པར་རྫོགས་པར་སངས་རྒྱས་ནས་ལོ་གཅིག་ཏུ་ཐེག་པ་གསུམ་གྱི་ཆོས་སྟོན་ཞིང་སངས་རྒྱས་ནས་ཟླ་བ་བཅུ་གཉིས་པ་ནག་པའི་ཟླ་བའི་ཚེས་བཅོ་ལྔ་ལ་དཔལ་ལྡན་འབྲས་སྤུངས་སུ་དུས་ཀྱི་འཁོར་ལོའི་རྩ་བའི་རྒྱུད་གསུངས་པའི་ལོ་དེའི་རྗེས་ལ་རྒྱལ་པོ་ཟླ་བ་བཟང་པོས་ལོ་གཅིག་ཏུ་རྩ་བའི་རྒྱུད་གསུངས། དེ་ནས་རྩིས་པའི་ལོ་དྲུག་བརྒྱ་ན་རིགས་ལྡན་ཆོས་ཀྱི་རྒྱལ་པོ་འཇམ་དབྱངས་གྲགས་པ་བྱོན་ནས་ལོ་བརྒྱར་ཆོས་བསྟན་ནས་བསྡུས་རྒྱུད་མཛད་པ་དང་། དེ་ནས་ལོ་བརྒྱད་བརྒྱ་ནས། འཕགས་པའི་ཡུལ་དུ་ཀླ་ཀློའི་ཆོས་འཇུག་པར་གསུངས་པའི་ཕྱིར་ཏེ། ཇི་སྐད་དུ། ལོ་འདི་ནས་ནི་དྲུག་བརྒྱའི་ལོ་ཡིས་གསལ་བར་མི་བདག་རྒྱལ་པོ་གྲགས་པ་ཞེས་བྱ་བ་འབྱུང་། །དེས་ལོ་བརྒྱར་ཆོས་བསྟན་ནས། དེ་ནས་ཀླུའི་ལོ་བརྒྱ་རྣམས་ཀྱིས་ངེས་པར་མ་གའི་ཡུལ་དུ་ཀླ་ཀློའི་ཆོས་ནི་འཇུག་པར་འགྱུར་ཞེས་གསུངས་པས་སོ། །

རྩ་བའི་རྟགས་གཉིས་པ་ནི། ཀླ་ཀློ་ཞུགས་ནས་དྲག་པོས་ཀླ་ཀློ་འཇོམས་པའི་བར་ལ་ལོ་སྟོང་དང་བརྒྱད་བརྒྱ་ཡོད་དགོས་ཏེ། ཀླ་ཀློའི་གནས་ཚད་འཆད་པ་ན། འཇིག་རྟེན་ཁམས་ལེར་གོ་སླར་དེ་ལྟར་དུས་བུ་ཐམས་ཅད་དུ་ཡང་དུས་བཞིའི་དུས་སུ་ཀླ་ཀློའི་ཆོས་ནི་རབ་ཏུ་འཇུག་པ་སྟེ། །ལོ་ནི་སྟོང་དང་བརྒྱད་བརྒྱར་ནི་ངེས་པར་གནས་ཏེ་དེ་ནས་ཀླ་ཀློའི་ཆོས་ནི་ཉམས་པའོ། །ཞེས་གསུངས་ཤིང་། རྒྱུད་ཕྱི་མར། བཅོ་བརྒྱད་ལོའི་བརྒྱ་ཕྲག་རྣལ་འབྱོར་ཏེ། །བརྒྱ་ཡིས་འཕགས་པའི་ཡུལ་གྱི་ལ་སོགས་པར། ཀླ་ཀློ་རྣམས་ཀྱིས་གྲགས་པ་གང་དང་གང་

ཞིག་མུན་ཅན་གྱུར་པ་དེ་རྣམས་བདག་གིས་དྲངས་ཕྱུང་སྟེ། ཞེས་གསུངས་སོ། །ཞིབ་པར་རྩིས་ན་རྩ་རྒྱུད་མ་བསྟན་གོང་གི་ལོ་གཅིག་དང་། མེ་མཁའ་རྒྱ་མཚོའི་ལྷག་མ་ལོ་གསུམ་པོ་བསྣན་པས་བཞི་འབྱུང་བ་ཡིན་ནོ། །འོ་ན་སྔར་བསྟན་པ་ཅི་ཙམ་ཞིག་འདས་ཞེ་ན། ཐུབ་པས་ཆོས་ཐོག་མར་གསུངས་ནས། མེ་མཁའ་རྒྱ་མཚོའི་བར་ལ་སྟོང་དང་ལྔ་བརྒྱ་དང་། ལོ་གཅིག་སོང་བར་རྒྱུད་ཉིད་ཀྱིས་ཟིན་ལ། དེ་ནས་ད་ལྟའི་བར་དུ་ནི། མེ་མཁའ་རྒྱ་མཚོ་ལ་དྲུག་ཅུ་བསྐོར་བདུན་དང་ལྷག་མ་ཉི་ཤུ་རྩ་གཅིག་བསྲེ་དགོས་པ། ད་ལོ་ཀུན་འཛིན་ཞེས་པ་ས་ཕོ་བྱི་བའི་སྟེང་ན་ཡོད་པ། ལོ་ཉིས་སྟོང་དང་སུམ་བརྒྱ་བཞི་ཅུ་རྩ་ལྔ་འདས་ནས་ད་ལྟ་ཞེ་དྲུག་པའི་སྟེང་ན་ཡོད་དོ། །ལྷག་མ་ནི་དགུ་བརྒྱ་དང་ལྔ་བཅུ་ང་བརྒྱད་ཙམ་ཞིག་ལུས་པ་ཡིན་ནོ། །འོ་ན་ཐུབ་པ་བལྟམས་ནས་ད་ལྟའི་བར་དུ་ལོ་དུ་སོང་ཞེ་ན། སྟོན་པ་དགུང་ལོ་སོ་ལྔ་པ་ལ་སངས་རྒྱས་པར་འདོད་པ་དང་། སོ་བདུན་པ་ལ་སངས་རྒྱས་པར་འདོད་པའི་ལུགས་གཉིས་ལས། དང་པོ་ནི། བསྟན་རྩིས་པ་ཐུན་མོང་བ་རྣམས་ཀྱི་ལུགས་ཡིན་ལ། གཉིས་པ་ནི་དུས་འཁོར་བ་འགའ་ཞིག་གི་ལུགས་ཡིན་པས་མི་མཐུན་པ་ཆེར་མེད་དོ། །འོན་ཀྱང་ལུགས་གཉིས་པ་ལྟར་ན། །ཟླ་བ་གདེང་ཅན་མེ་མིག་ལ། །ཀུན་འཛིན་ལ་སོགས་འདས་ལོ་བསྲེ། །དེ་ནི་དོན་གྲུབ་བལྟམས་པ་ནས། །ད་ལྟའི་བར་གྱི་འདས་པའི་ལོ། །ཞེས་བྱ་བའོ། །དེའི་ཕྱིར་ཉིས་སྟོང་སུམ་བརྒྱ་བརྒྱད་ཅུ་རྩ་གཅིག་ཐལ་ནས་རྩ་གཉིས་པའི་སྟེང་ན་ཡོད་དོ། །ཞེས་བརྗོད་པར་བྱའོ། །གཉིས་པ་འཁོར་ལོ་ཅན་གྱི་བསྟན་པའི་གནས་ཚད་ནི། །རིགས་ལྡན་གྱི་རྒྱལ་པོ་ཉི་ཤུ་རྩ་ལྔ་པ་དྲག་པོས། ལོ་བརྒྱར་ཆོས་བསྟན་པའི་རྗེས་སུ་ཀླ་ཀློ་འཛོམས་པར་བྱེད་ཅིང་། །ཀླ་ཀློ་བཅོམ་པ་ནས། དྲག་པོ་འཁོར་ལོ་ཅན་གྱིས་བསྟན་པ་གསར་དུ་སྤེལ་བའི་དུས་བཞི་སྐོར་བས་ས་དུམ་བུ་བཅུ་གཉིས་པོར་མི་ལོ་ཉི་ཁྲི་ཆིག་སྟོང་དྲུག་བརྒྱར་གནས་ཤིང་། ས་དུམ་བུ་རེ་རེའི་བགོ་སྐལ་ལ་སྟོང་བརྒྱད་བརྒྱ་རེ་རེ་ཐོབ་པ་ཡིན་ཏེ། དཔལ་ལྡན་རྒྱུད་ལས། ལྷུན་པོའི་རྒྱབ་ཀྱི་ཕྱོགས་རྣམས་སུ་ནི་ས་གཞི་དག་ལ་ལྷ་མིན་རྣམས་ཀྱིས་རྒྱལ་བར་དཀའ་བ་འཁོར་ཞེས་དང་། །རྫོགས་ལྡན་གསུམ་ལྡན་གཉིས་ལྡན་ཐུབ་པའི་རྩོད་པའི་དུས་ནི་ནུས་པའི་ཚད་ཀྱི་ས་གཞི་དག་ལ་རྒྱུ། །ཞེས་གསུངས་ལ། །ནུས་པའི་ཚད་ཅེས་པ་འོག་མིན་པའི་ཚེ་ཚད་དོ། །དེ་ལྟར་བསྟན་པའི་གནས་ཚད་སྔ་ཕྱི་གཉིས་ཀ་སྡོམ་པས་ལྔ་སྟོང་དང་། ཆིག་བརྒྱ་ལྷག་གཅིག་འབྱུང་བར་གསལ་ལོ། །གསུམ་པ་ལུགས་དེ་གཉིས་དོན་ལ་གང་གནས་དཔྱད་པ་ལ། བུ་སྟོན་ཐམས་ཅད་མཁྱེན་པའི་ཞལ་ནས། བསྟན་རྩིས་ཀྱི་ལུགས་གཉིས་པོ་འདི་ལ་ལོ་སྟོང་དང་བརྒྱད་བརྒྱ་ཙམ་གྱི་ཁྱད་པར་ཞུགས་པས། བློ་དང་ལྡན་པ་རྣམས་ཀྱིས་བརྟག་དགོས་ཏེ། བསྟན་རྩིས་གཞན་གྱིས་ལུགས་དེ་དགོངས་པ་ཅན་ཡིན་ནམ། དུས་འཁོར་བའི་ལུགས་མེ་མཁའ་རྒྱ་མཚོའི་གོང་དུ་ཆོས་བསྟན་པའི་ལོ་གྲངས་རྣམས་དོར་བ་ཡིན་མིན་དཔྱད་པར་

བྱ་ཞིང་། མི་མཁའ་རྒྱ་མཚོ་ཚུན་ཆད་ལ་ལྷག་ཆད་མེད་པར་ཤེས་པར་བྱའོ། །ཞེས་གསུངས། གསུང་འདི་ལ་དཔགས་ནས། ཇོ་ནང་པ་མཁན་ཆེན་ཕྱོགས་ལས་རྣམ་རྒྱལ་ན་རེ། ལུགས་གཉིས་ཀྱི་ནང་ནས་དུས་འཁོར་ལུགས་འདི་དག་པར་མཁན་རབས་རྩིས་པས་གྲུབ་བོ་ཞེས་ཟེར། ལ་ལ་ནི་ཐུབ་པ་མྱ་ངན་ལས་འདས་ནས་ལོ་སྟོང་ཙམ་ན་དབྱིག་གཉེན་བྱོན་པར་གྲུབ་ཅིང་དེའི་དངོས་སློབ་འཕགས་པ་གྲོལ་སྡེ་ཡིན་ལ། དེའི་དངོས་སློབ་མཆོག་གི་སྡེ་དང་། དེའི་དངོས་སློབ་དུལ་བའི་སྡེ་དང་། དེའི་དངོས་སློབ་རྣམ་སྣང་མཛད་བཟང་པོ་ཡིན་ཞིང་། དེ་ཡང་མཁན་ཆེན་ཞི་བ་འཚོ་དང་གཅིག་པ་ཡིན་ནོ། །དེའི་རྒྱུ་མཚན་གྱིས་ལུགས་གཉིས་པ་དེ་དག་པ་ཡིན་ཞེས་ཟེར། སྒྲ་པ་ནམ་མཁའ་བཟང་པོ་དང་། དུས་འཁོར་བ་བློ་མ་རྟོགས་ལྡན་ན་རེ། དུས་ཀྱི་འཁོར་ལོའི་ལུགས་འདི་ཉིད་རྣམ་པར་དག་པ་ཡིན་ཏེ། ལུགས་འདི་ལྟར་ན་བཅོམ་ལྡན་འདས་མེ་ཕོ་རྟའི་ལོ་ལ་སྐུ་འཁྲུངས་པར་གྲུབ་ལ། དེ་ནས་སུམ་ཅུ་སོ་བདུན་པ་ཤུ་ཕོ་རྟའི་ལོ་ས་ག་ཟླ་བའི་ཚེས་བཅོ་ལྔའི་ཉིན། མངོན་པར་རྫོགས་པར་སངས་རྒྱས་པ་ཡིན་ཞིང་། ལུགས་འདིའི་རྩིས་འགྲོ་བཙལ་ནས་རྩིས་པས་ཤུ་ཕོ་རྟའི་ས་གའི་ཉིན་ཟླ་བ་གཟས་ཟིན་འབྱུང་བར་འགྲུབ་པའི་ཕྱིར། དེའི་ཉིན་དེ་ལྟར་འབྱུང་དགོས་པ་ཡིན་ཏེ། འདུལ་བ་ལུང་གཞི་ལས། བཅོམ་ལྡན་འདས་ཀྱིས་བླ་ན་མེད་པའི་ཡེ་ཤེས་བརྙེས་པ་ན། གྲགས་འཛིན་མ་ཡང་ཁྱེའུ་ཞིག་བཙས་སོ། །ཟླ་བ་ཡང་སྒྲ་གཅན་གྱིས་ཟིན་ནོ། །གྲགས་འཛིན་མའི་བུའི་མིང་འདོགས་པར་བྱེད་དོ། །བཙུན་མོའི་འཁོར་གྱིས་སྨྲས་པ། འདི་བཙས་པ་ན་ཟླ་བ་ཡང་སྒྲ་གཅན་གྱིས་ཟིན་པས། ཁྱེའུ་འདི་ལ་ཡང་སྒྲ་གཅན་ཟིན་ཞེས་བཏགས་སོ། །ཞེས་འབྱུང་བས་སོ། །ཞེས་སྨྲས་པའི་གཞི་རྒྱ་ཆེར་འཆད་དོ། །

འདི་ལ་ཕྱིས་ཀྱི་མཁས་པ་མཚུར་ཕུ་བ་ན་རེ། སྐད་གཉིས་སྨྲ་བ་ནམ་མཁའ་བཟང་པོ་ཡིས། །འདས་དུས་གསལ་བའི་སྒྲོན་མེ་འདི་ཙམ་མོད། །དག་པ་གྲུབ་མཐའི་རྩིས་འགྲོ་ཇི་བཞིན་མིན། །དེ་ནས་འདི་ཡིས་རྒྱུ་བ་ལ་རྟགས་ཆེས། །སྐར་མ་གཉིས་ཙམ་བར་ཁྱད་འབྱུང་བས་སོ། །ཞེས་གསུངས་སོ། །དེ་ལྟར་སྟོན་པ་དགུང་ལོ་སོ་བདུན་པ་ལ་མངོན་པར་རྫོགས་པར་སངས་རྒྱས་ནས་བཞི་བཅུ་རྩ་དྲུག་གི་བར་དུ་ཆོས་གསུངས་པས་སྟོན་པའི་སྐུ་ཚེའི་ཚད་བརྒྱད་ཅུ་རྩ་གཉིས་པ་ཡིན་པར་གྲུབ་བོ། །ཞེས་དུས་འཁོར་བ་རྣམས་གསུང་ངོ་། །ཞར་ལ་དུས་ཆེན་བཞི་དང་བརྒྱད་དུ་གྲགས་པ་དེ་ཡང་བཤད་པར་བྱ་སྟེ། རྟ་པ་ཟླ་བའི་ཡར་ངོའི་ཚེས་ནས་བཅོ་ལྔའི་བར་ལ་ནི་བདུད་བཏུལ་ཞིང་ཆོ་འཕྲུལ་ཆེན་པོ་བསྟན་པའི་དུས་ཡིན་པར་མདོ་སྡེ་འཛང་བླུན་ལས་གསུངས་སོ། །འདི་ལ་ཁ་ཅིག་འཛང་བླུན་རྒྱ་ནག་ནས་བསྒྱུར་བ་ལས། ཆོ་འཕྲུལ་ཆེན་པོ་དཔྱིད་ར་ལ་འབྱུང་བར་བཤད་པས། དཔོའི་ཟླ་བའི་ཡར་ངོ་ལ་འབྱུང་བ་ཡིན་ནོ། །ཞེས་ཟེར་བ་ནི་མི་འཐད་དེ། རྒྱ་ནག་པས་རྟ་ཆེན་ནམ་མཆུའི་ཟླ་བ་ལ་

དཔྱིད་ཟླ་ར་བར་འདོད་པའི་ཕྱིར་ཏེ། ནག་རྩིས་པས་དཔྱིད་ར་རྟའི་ཐོབ་ཐང་ཞེས་འབྱུང་བས་སོ། །ཞེས་དཔལ་ལྡན་བློ་གྲོས་བརྟན་པ་བཞི་པ་གསུང་ངོ་། །ས་གའི་ཉ་ལ་མངོན་པར་སངས་རྒྱས་པའི་དུས་ཡིན་པར་འདུལ་བ་ལུང་གཞི་ལས་གསུངས་སོ། །འདི་མྱང་འདས་ཀྱི་དུས་ཡིན་པར་ཡང་མདོ་སྡེ་མྱང་འདས་ལས་བཤད་ཅེས་ས་སྐྱ་པ་བཞེད། ཆུ་སྟོད་ཀྱི་ཡར་ཚེས་བཞི་ལ་ཆོས་ཀྱི་འཁོར་ལོ་ཐོག་མར་བསྐོར་བའི་དུས་ཡིན་པར་རྒྱ་ཆེ་རོལ་པ་ལས་གསུངས་སོ། །ཐ་སྐར་གྱིས་ཉ་བའི་བཅོ་ལྔ་ལ་སུམ་ཅུ་རྩ་གསུམ་གྱི་གནས་སུ་དགག་དབྱེ་མཛད་ནས་འཛམ་བུའི་གླིང་དུ་བབས་པའི་དུས་ཡིན་པར་ལུང་ཕྲན་ཚེགས་ལས་གསུངས་སོ། །བརྒྱད་དུ་བྱེད་ན་བཞི་པོ་དེའི་སྟེང་དུ་སྨིན་དྲུག་གིས་ཉ་བའི་ཆོས་བརྒྱད་ནི་སྟོན་པ་མྱ་ངན་ལས་འདས་པའི་དུས་ཡིན་པར་ཇོ་བོ་རྗེ་དང་། ཁ་ཆེ་པཎ་ཆེན་བཞེད། རྒྱལ་གྱི་ཆོས་བརྒྱད་ནས་བཅོ་ལྔའི་བར་ནི་བྱང་ཆུབ་ཀྱི་ཤིང་དྲུང་དུ་བཞུགས་ཏེ། བྱང་ཆུབ་ཆེན་པོའི་དུས་སོ། །དབོའི་ཆོས་གཅིག་ནས་བརྒྱད་ཀྱི་བར་ནི་དམ་པ་ཏོག་དཀར་པོ་ཡུམ་གྱི་ལྷུམས་སུ་ཞུགས་པའི་དུས་སོ། །ནག་པ་ཟླ་བའི་ཚེས་པ་ལྔ་ནི་དཔལ་ལྡན་འབྲས་སྤུངས་ཀྱི་མཆོད་རྟེན་དུ་དུས་ཀྱི་འཁོར་ལོའི་ཆོས་འཁོར་བསྐོར་བའི་དུས་སོ། །ཞེས་གསུངས་སོ། །

འདུལ་བའི་སྡེ་སྣོད་ཕྱོགས་ཙམ་ངས་ཤེས་མངོན་པའི་གཞུང་ལུགས་ཤེས་ཤིང་མཐོང་བ་དང་། །དུས་འཁོར་ཤེས་པའི་མངོན་རློམ་གྱིས་མཐོ་གང་དེ་ང་ཡིན་དེ་སྐད་བརྗོད་དེ་ཡི། །རྣམ་དཔྱོད་གསེར་གྱི་ཉག་ཐག་ལ་རྒྱུས་མང་དུ་ཐོས་པའི་ལེགས་བཤད་མུ་ཏིག་ཕྲེང་། །དེ་རིང་ཁྱེད་ཀྱི་མགུལ་པར་བྱིན་གྱིས་དེང་ནས་མཁས་པའི་གྲལ་མགོར་འདུག་གཅིག་གོ། །ང་ཡི་ལེགས་བཤད་མངོན་པའི་ཉམས་ཀྱི་སླེག་ཅིང་དུལ་བའི་འཛུམ་དཀར་ཅི་ཡང་སྟོན། །དུས་འཁོར་ཤེས་པའི་དོ་ཤལ་རིང་པོས་མཛེས་བྱས་ཐ་སྙད་ལུགས་བརྒྱའི་གཞོན་ཉམས་ཅན། །ལུགས་གསུམ་གསལ་བའི་མེ་ལོང་བློ་གསལ་དགའ་བྱེད་འཆད་རྩོམ་གསར་བའི་ལང་ཚོ་མ། །འདི་ཡིས་ཀུན་གྱི་ཡིད་འཛིན་འཇིགས་མེད་སྨྲ་བའི་དབང་པོར་བྱེད་ཅེས་གདོན་མི་ཟ། །ཕྲག་དོག་གདོན་གྱིས་ནག་པར་རྒྱུད་དཀྲུགས་ཤིང་། །མང་ཐོས་ལེགས་བཤད་མཐོང་བའི་མིག་ཉམས་པའི། །སྐལ་མེད་གཡོ་ཅན་ཁེངས་པ་ལྡན་དེ་ལ། །ངོ་མཚར་ཆོས་འདིས་ཕན་པར་ག་ལ་འགྱུར། །འདི་ལ་ཡི་རང་མགོ་བོ་འདར་བྱེད་ཅིང་། །གཟོ་བོའི་མགྲིན་པ་དུད་པར་གུག་བྱས་ནས། །སྟོན་པའི་ཚིགས་བཅད་ཕྱོགས་མཐར་སྒྲོག་བྱེད་པའི། །སྐལ་བཟང་དེ་དག་དབྱངས་ཅན་སྲས་གྱུར་ཅིག །ཐ་སྙད་ཆུང་ངུ་ལ་ཡང་ངལ་བྱེད་དེ། །མཁས་པའི་འདུག་ས་དག་ཏུ་འདུག་ལ་དབང་། །དགེ་འདིས་བདག་ཀྱང་ཚེ་རབས་ཐམས་ཅད་དུ། །མཁས་པས་བཏེག་པའི་ཁྲི་ལ་འཁོད་གྱུར་ཅིག །

ཅེས་དུས་ཚིགས་ཀྱི་རྣམ་པར་བཞག་པ་ལུགས་གསུམ་གསལ་བྱེད་བློ་གསལ་གྱི་མགུལ་རྒྱན་ཞེས་བྱ་བ།

དོན་དུ་གཉེར་བ་དུ་མས་བསྐུལ་བའི་ངོར། དབུ་རུ་བྱང་ཕྱོགས་ཀྱི་རྒྱུད་དུ་བྱུང་བའི་ཐོས་པ་འཛིན་པའི་དགེ་སློང་དཔལ་ཤཱཀྱ་མཆོག་ལྡན་དྲི་མེད་ལེགས་པའི་བློ་གྲོས་ཀྱིས་ཀུན་འཛིན་ཞེས་པ་ས་ཕོ་བྱི་བའི་ལོ། སྨིན་དྲུག་ཅན་གྱི་ཡར་ཚེས་བརྒྱད་ལ་འཕན་ཡུལ་རིག་པའི་འབྱུང་གནས་ཀྱི་སའི་ཐིག་ལེ། ཆོས་འཁོར་རྩེ་མོའི་གཞལ་ཡས་ཁང་དུ་སྦྱར་བ་ཡིན་ནོ།། །།ཛ་ཡནྟུ།

༄༅། །སྡོམ་གསུམ་རབ་དབྱེའི་གཞུང་པར་དུ་བསྒྲུབ་པའི་དཀར་ཆག་ཏུ་གནང་བ།

པཎ་ཆེན་ཤཱཀྱ་མཆོག་ལྡན།

སྭསྟི་པྲ་ཛྙཱ་བྷྱ། བྱམས་པའི་ཕྱག་གིས་བདེ་བའི་གནས་སུ་འདྲེན། །ཐུགས་རྗེའི་རྒྱུན་ཆེན་འཕོངས་པའི་གནས་སུ་འབེབས། །ཐེག་གསུམ་ཆོས་ཀྱིས་འགྲོ་ཀུན་གོང་ནས་གོང་། །རྣམ་འདྲེན་སྟོན་པ་དེ་ལ་ཕྱག་བགྱིའོ། །ཐུབ་ཆེན་རྒྱལ་བ་དེ་ཡིས་འཕགས་ཡུལ་དུ། །ཆགས་བྲལ་སྐུ་ཡི་རྣམ་རོལ་བགྲང་ཡས་ཀྱིས། །ངོ་མཚར་ཐེག་གསུམ་ཆོས་ཀྱི་འཁོར་ལོ་ནི། །རྣམ་གྲོལ་སྒོ་བརྒྱ་ལྡན་པ་ཐོག་མར་སྒོར། །དེ་ནས་དུས་གཞན་འདས་པའི་བར་དག་ཏུ། །དགྲ་བཅོམ་ཆོས་ཀྱི་སྤྱན་ལྡན་དུ་མ་ཡིས། །སྟོན་པའི་བསྟན་པ་རིང་དུ་གནས་བྱའི་ཕྱིར། །ཐུན་མོང་ཆོས་ལ་བསྡུ་བ་ལན་གསུམ་མཛད། །ཡུལ་གཞན་ལ་ལར་འཁོར་ལོས་བསྒྱུར་བའི་གཟུགས། །ཡིད་འོང་སྒྱུ་མའི་རོལ་རྩེད་བརྒྱ་ཕྲག་གིས། །ཆགས་ཅན་འགྲོ་བ་སྒྲོལ་བའི་ལམ་ཟབ་མོ། །སླེན་གྲོལ་རོ་བརྒྱ་ལྡན་པ་གང་དེས་བསྒྲུངས། །གསང་བའི་མཛོད་འཛིན་སྟུད་པོ་དེ་གཅིག་གིས། །ལན་གཅིག་བསྡུས་ནས་རྡོ་རྗེའི་ཕྱག་རྒྱས་བཏབ། །མཁའ་ལ་སྤྱོད་དང་གྲུབ་པའི་གནས་དག་ཏུ། །གསལ་བར་བཞུགས་ལ་འཕེལ་འགྲིབ་ཡོངས་མི་མངའ། །དེ་ནས་ཡུན་རིང་ལོན་པའི་དུས་ཤིག་ན། །བོད་ཀྱི་ལྷ་གཅིག་ཁྲི་ལྡེའི་བཀའ་སྩལ་གྱིས། །རྩོད་བྲལ་ཐེག་གསུམ་དམ་ཆོས་ཐོག་མར་བསྒྱུར། །མཆོ་སྐྱེས་ལ་སོགས་གྲུབ་ཆེན་མང་པོ་ཡི། །ཐུགས་ལ་བཞུགས་པའི་གསང་སྔགས་ཟབ་མོའི་གཏམ། །གསལ་བར་གླེགས་བམ་ངོས་སུ་བཀོད་པ་ན། །གསང་སྔགས་སྔ་འགྱུར་ཞེས་བྱའི་ལམ་ཆེན་དོད། །དེ་ནས་རིམ་གྱིས་འདོད་ལྷའི་ཞགས་པ་ཡིས། །གང་བཅིངས་གསང་སྔགས་འཛིན་རློམ་ཕལ་ཆེ་བས། །སྔགས་གཞུང་དམ་ཚིག་ཁྲབ་འཇུག་གཞུང་ལུགས་དང་། །དྲག་པོའི་གཞུང་བཞིན་བསྒྲུབ་པ་མང་ཞིག་བྱུང་། །དུས་དེར་རྒྱལ་བའི་རྣམ་འཕྲུལ་ལོ་ཙཱ་བ། །སྐད་གཉིས་སྨྲ་བ་རིན་ཆེན་བཟང་པོ་ཡིས། །རྒྱུད་སྡེ་རྣམ་བཞིའི་གླེགས་བམ་མ་ཉམས་པར། །ཚིག་དོན་མ་འཁྲུལ་ཇི་བཞིན་བོད་དུ་བསྒྱུར། །གསང་སྔགས་ལོག་པར་སྤྱོད་རྣམས་སུན་འབྱིན་པའི། །བསྟན་བཅོས་མཛད་ནས་བཤད་པའི་སྒྲོལ་ཆེན་གྱིས། །མི་ནུབ་བསྟན་པའི་རྒྱལ་མཚན་བསྒྲེང་བྱས་ནས། །སྒྲུབ་པའི་གདུགས་དཀར་དྲི་མ་མེད་དེ་བཟུང་། །དེ་ནས་འཇིགས་མེད་དཔལ་

ལྡན་ས་སྐྱ་པ། །འཇམ་དཔལ་རྣོན་པོའི་རྣམ་འཕྲུལ་ལོ་ཙྪ་བས། །མདོ་སྔགས་ཆོས་ཀྱི་རྒྱ་མཚོ་འདིར་བླངས་ནས། །ཆོས་དང་ཆོས་མིན་འབྱེད་པའི་བསྟན་བཅོས་ཀྱི། །གྲུབ་ཆེན་མང་པོའི་འདུ་འཕོད་རབ་སྦྱར་ནས། །ལུང་དང་རིགས་པའི་སྦྱོར་ཚུལ་རིམ་གསུམ་གྱིས། །ཐུབ་བསྟན་ནོར་བུའི་དྲི་མ་ཀུན་སྦྱངས་ཏེ། །བཤད་སྒྲུབ་རྒྱལ་མཚན་རྩེ་མོར་བཀོད་དེའོ། །ཁྱད་པར་སྡོམ་གསུམ་ཟབ་མོའི་ཉམས་ལེན་འདི། །མདོ་སྔགས་བསྟན་པའི་རྩ་བར་གཟིགས་གྱུར་ནས། །དེ་ཐོབ་རྒྱུ་དང་དེ་སྲུང་ཐབས་ཚུལ་ལ། །འཁྲུལ་འཛོམས་ཡིད་འོང་བསྟན་བཅོས་ཆེ་འདི་མཛད། །སོ་ཐར་སྡོམ་པའི་ཐོབ་གཏོང་བསྲུང་མཚམས་དང་། །དགེ་སྡིག་སྤང་བླངས་ལས་འབྲས་རྣམ་གཞག་ཀུན། །འདུལ་བའི་ལུང་དང་རྒྱ་ཆེན་མཛོད་པ་བཞིན། །མ་ནོར་གསལ་བར་སྟོན་པ་འདི་ན་བཞུགས། །ཐེག་ཆེན་སོ་ཐར་འཇུག་སྡོམ་ཡན་ལག་ཏུ། །རིགས་པར་བསྡུས་ནས་དབུ་སེམས་སོ་སོ་ཡི། །སེམས་བསྐྱེད་ཚུལ་ལུགས་མ་འདྲེས་ཇི་བཞིན་པར། །ཐེག་ཆེན་མདོ་སྡེའི་སྙིང་པོ་འདི་ན་བཞུགས། །དབང་བསྐུར་མེད་པར་ཟབ་ལམ་ལེན་པ་དང་། །བྱིན་རླབས་ཙམ་ཞིག་དབང་དུ་འདོད་པ་དང་། །དབང་བསྐུར་ལམ་གྱི་གཞུང་དུ་མི་ཤེས་པའི། །འཁྲུལ་གཏམ་འགོག་བྱེད་གཞུང་ཆེན་འདི་ན་བཞུགས། །གང་ལ་དབང་བསྐུར་སློབ་མའི་གྲངས་ངེས་དང་། །གང་གིས་དབང་བསྐུར་བླ་མའི་མཚན་ཉིད་དང་། །གང་དུ་དབང་བསྐུར་དཀྱིལ་འཁོར་རྣམ་གཞག་ལ། །འཁྲུལ་པའི་ལག་ལེན་འགོག་ཚུལ་འདི་ན་བཞུགས། །གང་དུ་སྦྱོང་དང་གང་གིས་སྦྱོང་བ་དང་། །གང་ཞིག་སྦྱོང་བའི་བསྐྱེད་རིམ་རྣམ་གཞག་དང་། །གང་དུ་གང་གིས་རྫོགས་དང་གང་རྫོགས་པའི། །རྣམ་གཞག་ཇི་ལྟར་དགོས་ཚུལ་འདི་ན་བཞུགས། །ཐེག་ཆེན་ཚུལ་ལུགས་གཉིས་ཀྱི་ལྟ་བའི་ཡུལ། །ཁྱད་པར་མེད་ཀྱང་ལྟ་བྱེད་རིམ་པ་ལས། །ཕྲག་ཆེན་རྣམ་གཞག་གང་ལས་འབྱུང་བའི་ཚུལ། །གསལ་བར་ཕྱེ་ནས་སྟོན་པའང་འདི་ན་བཞུགས། །གཞུང་ཙམ་བཀླགས་པས་སྐབས་ཀྱི་དོན་གྲུབ་ཅིང་། །ཇི་བཞིན་གཏིང་དཔག་དཀའ་བའི་བསྟན་བཅོས་འདི། །མདོ་སྔགས་སྒོ་བརྒྱ་འབྱེད་པའི་ལྡེ་མིག་སྟེ། །འདི་ཡིས་མི་ཁྲོལ་ཆོས་ཀྱི་མདུད་པ་ཅི། །རྟོག་བྲལ་ཟླ་བ་ཡིད་འོངས་དྭངས་པའི་མཚོ། །ཇི་བཞིན་འཕོད་པའི་གྲངས་ལ་འཇུག་པ་བཞིན། །མ་ནོར་ཆོས་ཀྱི་རི་མོ་བརྒྱ་ཕྲག་ཞིག །བསྐྱེན་མཁས་རིག་བྱེད་འཛིན་པ་དེ་ཀུན་གྱིས། །ལུགས་གཉིས་མཁྱེན་པའི་ཤིང་རྟ་ལ་ཆིབས་ནས། །ཆོས་དང་སྲིད་ཀྱི་གཞུང་ལུགས་གོང་ནས་གོང་། །འདྲེན་མཁས་གཞན་ལ་མེད་པའི་ལུགས་བརྒྱ་པ། །སྟོན་མཛད་བཀྲ་ཤིས་ཉིན་མོའི་མགོན་གང་གིས། །ངོ་མཚར་བཀའ་ལུང་སྤྱི་བོར་ནོད་བྱས་ཤིང་། །སྙིད་དང་བཀུར་སྟི་དང་དུ་བླངས་གྱུར་ནས། །ངོ་མཚར་པར་གྱི་ཉིན་བྱེད་འབར་བ་འདི། །ཐུབ་བསྟན་ཕུ་བོ་དང་གི་རབ་འདུ་ཞིང་། །ཕུན་ཚོགས་སྲིད་པའི་འབྱོར་པ་བརྒྱ་ཕྲག་གིས། །རྣམ་པར་འདུད་པ་གློ་བོའི་ཡུལ་ལྗོངས་འདིར། །སྨོན་ཐང་གསེར་གྱི་ཁྲམས

ཆེན་ཉམས་དགའ་བར། །ལེགས་གྲུབ་དེ་ལས་བྱུང་བའི་རྣམ་དཀར་པོ། །དུས་ཀྱི་མེ་ཆེན་གདུག་པས་མི་འཕྲུད་ཅིང་། །ཕྲག་དོག་ཁྲབ་འཇུག་ལག་པས་མི་རེག་པར། །རྫུ་འཕྲུལ་རྐང་པའི་དཔུང་ཚོགས་བཞིས་བདེགས་པའི། །ཆོས་ཀྱི་རྒྱལ་པོའི་ཁྲི་ལ་ཞབས་བརྟན་ཤོག །རིགས་རྣམས་ཀུན་གྱི་བདག་པོ་རྡོ་རྗེ་འཛིན། །ཟག་མེད་དགའ་བཞིའི་ཆོས་ཀྱི་བང་མཛོད་ནས། །དཔལ་ལྡན་འཕྲིན་ལས་བཟང་པོའི་ཆར་འབེབས་པ། །དཀོན་མཆོག་གསུམ་དངོས་དེ་ཡིས་བཀྲ་ཤིས་སྩོལ། །ཁྲིམས་ལ་མཁས་པ་འདི་དང་ནི། །འདི་ཞེས་བྱ་བ་ཁྲིམས་པ་ལྟར། །བཀྲོས་ལ་མཁས་པ་འདི་དང་ནི། །དེ་ཞེས་བྱ་བ་རྣམས་ཀྱིས་སོ། །དགེ་བས་དེ་དང་དེ་རྣམས་ཀྱང་། །རྟག་ཏུ་ཟབ་མོའི་གཏམ་དང་ནི། །རྒྱ་ཆེའི་ཆོས་ཀྱི་མཛོད་བཟུང་ནས། །རང་གཞན་དོན་གཉིས་འགྲུབ་གྱུར་ཅིག །ཅེས་འདི་ཞེས་བྱ་བའི་ལོ་ཟླ་བ་དེ་ཞེས་བྱ་བའི་ཡར་ངོའི་འགྲུབ་སྦྱོར་བཟང་པོ་ལ་ཐུབ་ཆེན་མངོན་པར་དགེས་པའི། གཙུག་ལག་ཁང་ཆེན་པོར་གྲུབ་པའོ།། །།སརྦ་མངྒ་ལཾ།

༄༅། །སྡོམ་པ་གསུམ་གྱི་རབ་ཏུ་དབྱེ་བའི་ཟིན་བྲིས་གསལ་བར་བྱེད་པ་ལེགས་བཤད་ཉི་མའི་འོད་ཟེར་ཞེས་བྱ་བ་བཞུགས་སོ། །

ཡག་ཆོས་པ་ལྷ་དབང་བློས་མཛད།

བླ་མ་དམ་པའི་ཞབས་ལ་ཕྱག་འཚལ་ལོ། །སྡོམ་པ་གསུམ་གྱི་རབ་ཏུ་དབྱེ་བའི་ཟིན་བྲིས་གསལ་བར་བྱེད་པ་ལེགས་བཤད་ཉི་མའི་འོད་ཟེར་འཆད་པ་ལ། དད་ལྡན་སངས་རྒྱས་གསུང་བཞིན་བསྒྲུབ་འདོད་པ། །དེ་ལ་སྡོམ་གསུམ་དབྱེ་བ་བདག་གིས་བཤད། །ཅེས་སྐབས་སུ་གཞུང་གི་འབྲེལ། དགོས་དོན་གྱི་སྦྱོར་བ། མཐའ་དཔྱོད་དང་གསུམ་ལས། དངོས་སུ་བཤད་པ་ལ་འཇུག་པའི་ཡན་ལག །བཤད་པ་ཉིད་ཉེ་བར་འགོད་པ། བཤད་པ་ཡོངས་རྫོགས་ཀྱི་བྱ་བ་དང་གསུམ། དང་པོ་ལ། མཚན་གྱི་དོན་དང་། སྡོམ་པ་གསུམ་གྱི་རབ་ཏུ་དབྱེ་བ་ཞེས་བྱ་བ། །ཞེས་པས་བསྟན། མཆོད་པར་བརྗོད་པ་ལ། བརྒྱུད་པའི་བླ་མ་ལ་ཕྱག་འཚལ་བ། བླ་མ་དམ་པའི་ཞབས་ལ་ཕྱག་འཚལ་ལོ། །ཞེས་པས་བསྟན། རྩ་བའི་བླ་མ་རྗེ་བཙུན་གྲགས་པ་རྒྱལ་མཚན་ལ་ཕྱག་འཚལ་བ། བདེ་གཤེགས་བསྟན་པའི་ཞེས་སོགས་ཀྱིས་བསྟན། འགྲོ་བའི་བླ་མ་སྟོན་པ་སངས་རྒྱས་ལ་ཕྱག་འཚལ་བ། འགྲོ་བའི་བླ་མའི་ཞབས་ལ་ཕྱག་འཚལ་ནས། །ཞེས་པས་བསྟན། གང་ཟག་འགའ་ཞིག་འདུལ་བྱར་ངེས་འཛིན་པ། །དད་ལྡན་སངས་རྒྱས་གསུང་བཞིན་བསྒྲུབ་འདོད་པ། །དེ་ལ་ཞེས་བསྟན། བརྗོད་བྱའི་གཙོ་བོ་ཆོས་ངེས་འཛིན་པ༔ སྡོམ་པ་གསུམ་དབྱེ་བ་བདག་གིས་བཤད། ཅེས་སོ། །བསྟན་བཅོས་རྩོམ་པའི་རྒྱུའི་གཙོ་བོ་གདུལ་བྱ་སྨིན་སྦྱོར་ཤེས་མི་ཤེས་ཀུན་གྱིས་གོ་བའི་ངག་ཁྱད་པར་ངེས་འཛིན་པ་ནི། མཁས་རྣམས་དགའ་བའི་ཞེས་སོགས། བསྟན་བཅོས་རྩོམ་པའི་རྒྱུའི་གཙོ་བོ་ཀུན་སློང་གི་བསམ་པས། སངས་རྒྱས་ཀྱི་བསྟན་པ་ལ་མི་ཕྱེད་པའི་དད་པ་ཁྱད་པར་ཅན་ཡོད་པ་འཆད་པ། བདག་ནི་སངས་རྒྱས་བསྟན་པ་ལ། །ཞེས་སོགས། འཁྲུལ་པའི་གྲུབ་མཐའ་སུན་འབྱིན་ནུས་པའི་ཤེས་རབ་ཁྱད་པར་ཅན་ཡོད་ཚུལ་འཆད་པ། འོན་ཀྱང་སངས་རྒྱས་བསྟན་པ་ལ། །ཞེས་སོགས་ཀྱིས་བསྟན།

གཉིས་པ་བཤད་པ་ཉིད་ཉེ་བར་འགོད་པ་ལ། དོན་ལ་འཁྲུལ་པ་དགག་པ་དང་། ཚིག་ལ་འཁྲུལ་པ་དགག་པ་གཉིས་ལས། དང་པོ་ནི། སོ་སོ་ཐར་པའི་སྡོམ་པ་དང་། །ཞེས་སོགས། གཉིས་པ་ནི། དེ་ནས་ཚིག་ལ་འཁྲུལ་པ་ཡི། །ཞེས་སོགས་ཀྱིས་བསྟན། གསུམ་པ་བཤད་པ་ཡོངས་རྫོགས་ཀྱི་བྱ་བ་ནི། སངས་རྒྱས་གསུང་རབ་དྲི་མ་མེད། །ཅེས་སོགས་ཀྱིས་བསྟན། བཞི་པ་དགོས་དོན་ནི། སྡོམ་པ་གསུམ་རབ་དབྱེ་ཆོས་ཅན། ཁྱོད་ཀྱི་བརྗོད་བྱའི་གཙོ་བོ་ཡོད་དེ། ཁྱོད་ཀྱི་ཡོན་ཏན་གསུམ་དང་ལྡན་པའི་གདུལ་བྱ་ལ་སྡོམ་པ་གསུམ་གྱི་ཉམས་ལེན་དག་མ་དག་གིས་རབ་དབྱེ་ཕྱིན་ཅི་མ་ལོག་པར་བསྟན་ལ་འབེབས་པར་བྱེད་པའི་ཕྱིར།

གཉིས་པ་མཐའ་དཔྱད་པ་ལ། སྡོམ་གསུམ་སོ་སོའི་རྣམ་པ་དང་། སྡོམ་པ་གསུམ་ཐུན་མོང་གི་ཁྱད་པར་གཉིས། དང་པོ་སྐབས་ཐ་དད་དུ་འཆད། གཉིས་པ་ལ། སྡོམ་གསུམ་ཐུན་མོང་དུ་ཐོབ་པ། ཐོབ་པ་གནས་པའི་ཚུལ། མི་ཉམས་པར་བསྲུང་བའི་བསླབ་པ། སྡོང་པའི་ཚུལ། ཉམས་པ་ཕྱིར་འཆོས་པ་དང་ལྔ། དང་པོ་ལ། སྐལ་དམན་རིམ་འཇུག་པའི་ཐོབ་པ་དང་། སྐལ་ལྡན་ཅིག་ཅར་དུ་ཐོབ་པའི་ཚུལ་གཉིས། དང་པོ་ལ་གནས་སྐབས་ཐེག་ཆེན་དུ་རིགས་མ་ངེས་པའི་གང་ཟག་གིས་ཐོབ་པ་དང་། གནས་སྐབས་ཐེག་ཆེན་དུ་རིགས་ངེས་པའི་གང་ཟག་གིས་ཐོབ་པའི་ཚུལ་གཉིས་ལས། དང་པོ་ནི། དེ་ལྟ་བུ་གང་ཟག་གིས་དང་པོར་དམན་པའི་རིགས་བརྒྱུད་གང་རུང་གི་སྡོམ་པ་ཐོབ། དེ་རྗེས་བྱང་སེམས་ཀྱི་སྡོམ་པ་ཐོབ། དེ་རྗེས་རིག་འཛིན་གྱི་སྡོམ་པ་ཐོབ་པའི་ཚེ་ན། གང་ཟག་དེས་སྡོམ་གསུམ་རིམ་ཅན་དུ་ཐོབ་སྟེ། རྩ་རྒྱུད་བརྟག་གཉིས། དང་པོར་གསོ་སྦྱོང་སྦྱིན་པར་བྱ། །དེ་རྗེས་བསླབ་པའི་གནས་བཅུ་སྦྱིན། །དེ་ལ་བྱེ་བྲག་སྨྲ་བ་བསྟན། །མདོ་སྡེ་པ་ཡང་དེ་བཞིན་ནོ། །དེ་ནས་རྣལ་འབྱོར་དསྤྱོད་པ་ཉིད། །དེ་ཡི་རྗེས་སུ་དབུ་མ་ཉིད། །སྔགས་ཀྱི་རིམ་པ་ཀུན་ཤེས་ནས། །དེ་རྗེས་ཀྱེ་ཡི་རྡོ་རྗེ་བརྩམ། །ཞེས་གསུངས་པའི་ཕྱིར།

གཉིས་པ་ནི། དེ་ལྟ་བུའི་གང་ཟག་གིས། དང་པོར་བྱང་སྡོམ་ཐོབ། དེ་རྗེས་རིག་འཛིན་གྱི་སྡོམ་པ་ཐོབ་པའི་ཚེ། གང་ཟག་དེས། དེ་གཉིས་རིམ་ཅན་དུ་ཐོབ། དེའི་རྗེས་སུ་དབུ་མ་བསྟན་ཞེས་པའི་ཕྱིར། གཉིས་པ་སྐལ་ལྡན་ཅིག་ཅར་བ་ནི། གང་ཟག་དབང་པོ་ཡང་རབ་སྔར་སྡོམ་པ་མ་ཐོབ་པ་ཞིག་གི། དམ་ཚིག་དང་ལྡན་པའི་བླ་མ་ལ། དབང་བསྐུར་དམ་ཚིག་དང་ལྡན་པ་ཐོབ་པའི་ཚེ། གང་ཟག་དེས་སྡོམ་པ་གསུམ་ཅིག་ཅར་དུ་ཐོབ་སྟེ། འདིར་ཡང་། སྨིན་པར་བྱེད་པའི་དབང་བསྐུར་ཡང་། །ཞེས་པ་ནས། དེ་ཡི་སྡོམ་པ་གསུམ་ལྡན་འགྱུར། །ཞེས་པའི་བར་གྱིས་ལེགས་པར་གྲུབ་པའི་ཕྱིར། དེའི་ཤུགས་ལ། དེ་ལྟ་བུའི་གང་ཟག་གིས། བྱང་སྡོམ་ཐོབ་པའི་ཚེ། གང་ཟག་དེས་བྱང་སྡོམ་དང་སོ་སོ་ཐར་གྱི་སྡོམ་པ་ཅིག་ཅར་དུ་ཐོབ་སྟེ། དེའི་རྒྱུད་ཀྱི་བྱང་སྡོམ་ཡིན་ན། སོ་ཐར

ཀྱི་སྡོམ་པ་ཡིན་པའི་ཕྱིར་ཏེ། དེ་ཡིན་ན་ངེས་འབྱུང་གི་སྡོམ་པ་ཡིན་དགོས་པའི་ཕྱིར་རོ། །

གཉིས་པ་གནས་པའི་ཚུལ་ལ། རྫས་གཞན་དུ་གནས་པར་འདོད་པའི་ལུགས། ལུང་རིགས་ཀྱི་སྒོ་ནས་མི་འཐད་པར་བསྟན། ཡིད་ཆེས་ཀྱི་ལུང་། དངོས་སྟོབས་ཀྱི་རིགས་པ། བླ་མའི་མན་ངག་གསུམ་གྱི་སྒོ་ནས། རྫས་གཞན་དུ་གནས་པར་འདོད་པ་དགག་པ་དང་། རྫས་གཅིག་ཏུ་གནས་པར་སྒྲུབ་པ་གཉིས། དང་པོ་ལ་གཉིས་ལས། འདོད་པ་བརྗོད་པ་ནི། སློབ་དཔོན་ཨ་བྷ་ཡ་ཀ་ར་དང་། རིན་པོ་ཆེ་བུའི་བཞེད་པས། སྐྱེས་བུ་གཅིག་ལ། གསེར། དངུལ། ཟངས་ཀྱི་རྒྱན་གསུམ་བརྒྱན་པའི་ཚེ་ན། དེ་གསུམ་རྫས་གཞན་དུ་གནས་པ་ལྟར། གསུམ་ལྡན་དགེ་སློང་རྡོ་རྗེ་འཛིན་པ། སྡོམ་གསུམ་རིམ་ཅན་དུ་ཐོབ་པ་ཞིག་གི་རྒྱུད་ལ། སྡོམ་གསུམ་རྫས་གཞན་དུ་གནས་ཞེས་གསུངས་སོ། །རྗེ་ཡོང་ཁ་པ་རྗེས་འབྲངས་དང་བཅས་པ་རྣམས། མཁར་གཞོང་གི་ནང་དུ་ཆུ་བླུག །ཆུའི་ནང་དུ་ནོར་བུ་བཞག་པའི་ཚེ། དེ་གསུམ་རྫས་གཞན་རྟེན་དང་བརྟེན་པའི་ཚུལ་དུ་གནས་པ་ལྟར། གསུམ་ལྡན་དེའི་རྒྱུད་ཀྱི་སྡོམ་གསུམ་ཡང་། སྔགས་སྡོམ་བྱང་སེམས་ལ་བརྟེན། བྱང་སྡོམ་སོར་སྡོམ་ལ་བརྟེན་ནས། རྫས་གཞན་རྟེན་དང་བརྟེན་པའི་ཚུལ་དུ་གནས་ཞེས་གསུངས། པཎ་ཆུང་བུདྡྷ་ཙནྡྲ་ནི། ཉིན་པར་གྱི་གནས་སྐབས་སུ་ནམ་མཁའ་ན་ཉི་མ་ཆེས་གསལ་བར་སྣང་། ཟླ་བ་ཅུང་ཟད་མི་གསལ་བར་སྣང་། རྒྱུ་སྐར་རྣམས་བག་ལ་ཉལ་གྱི་གནས་པ་བཞིན་དུ། གསུམ་ལྡན་དེའི་རྒྱུད་ལ་སྔགས་སྡོམ་ཆེས་གསལ་བར་གནས། བྱང་སྡོམ་ཅུང་མི་གསལ་བར་གནས། སོར་སྡོམ་བག་ལ་ཉལ་གྱི་གནས། ཞེས་ཟེར། ཡང་ས་སྐྱ་པའི་རྗེས་འབྲངས་ཁ་ཅིག །གསུམ་ལྡན་དེའི་རྒྱུད་ཀྱི་སྡོམ་གསུམ་རྫས་གཞན་ཡིན་ཏེ། དེའི་རྒྱུད་ཀྱི་སྡོམ་པ་བེམ་པོ་ཡིན་པའི་ཕྱིར། གཞན་གཉིས་ཤེས་པ་ཡིན་པའི་ཕྱིར། རྟགས་གཉིས་རིམ་བཞིན་གྲུབ། སྡོམ་པ་གཟུགས་ཅན་ཡིན་པའི་ཕྱིར། ཞེས་དང་། བྱང་ཆུབ་སེམས་དཔའི་སྡོམ་པ་ནི། །སེམས་ལས་བསྐྱེད་ཕྱིར་གཟུགས་ཅན་མིན། །ཞེས་གསུངས་པའི་ཕྱིར། ཞེས་ཟེར་རོ། །དེས་ན་ལེགས་དག་(ལེགས་པར་བརྟགས་ན་)ཕྱུན་མོང་དུ་གསུམ་ལྡན་དེའི་རྒྱུད་ཀྱི་སྡོམ་པ་གསུམ་རྫས་གཞན་ཡིན་ཏེ། དེ་གསུམ་དང་པོར་ཐོབ་པའི་ལུས་རྟེན། ཐོབ་པའི་དུས། དགག་བྱའི་ལྡོང་བ། བསྒྲུབ་པའི་བསླབ་བྱ། སྡོང་པའི་ཚུལ་མི་འདྲ་བའི་ཕྱིར། ཞེས་ཟེར་རོ། །

གཉིས་པ་དེ་དགག་པ་ལ། གསུམ་ལྡན་དེ་ལྟ་བུ། དགེ་སློང་ཡིན་པ། བྱམས་སེམས་ཡིན་པ། རྡོ་རྗེ་འཛིན་པ་ཡིན་པ་གསུམ་པོ་རྫས་ཅན་ཡིན་པར་ཐལ། དེའི་རྒྱུད་ཀྱི་སྡོམ་གསུམ་རྫས་གཞན་ཡིན་པའི་ཕྱིར། གཞན་ཡང་། དེའི་རྒྱུད་ཀྱི་སོར་ཐར་སྡོམ་པ། བྱང་སྡོམ་པ། རིག་འཛིན་གྱི་སྡོམ་པའི་མི་མཐུན་ཕྱོགས་སྤོང་བའི་ངེས་འབྱུང་ངམ་སྡོམ་པའི་ངོ་བོར་གྱུར་པའི་སྤོངས་སེམས་གསུམ་ལྡན་ཡིན་པར་ཐལ། དེའི་རྒྱུད་ཀྱི་སྡོམ་པ་གསུམ་

རྫས་གཞན་ཡིན་པའི་ཕྱིར། རྟགས་ཆོས་ཅན། འདོད་མི་ནུས་ཏེ། ཆོས་རྗེ་པས་སོ། །གཞན་ཡང་། སངས་རྒྱས་འཕགས་པའི་རྒྱུད་ཀྱི་མཁྱེན་གསུམ་རྫས་གཞན་ཡིན་པར་ཐལ། དེའི་མཁྱེན་གསུམ་དང་པོར་ཐོབ་པའི་ལུས་རྟེན་མི་མཚུངས། ཐོབ་པའི་དུས་མི་མཚུངས་པའི་ཕྱིར། སྟོབས་མི་མཚུངས་ཏེ། བརྟག་གཉིས་པ་ལ། དང་པོར་སོ་ཐར་རིགས་བརྒྱད་གང་རུང་ཐོབ། དེ་རྗེས་བྱང་སྡོམ་ཐོབ། དེ་རྗེས་རིག་འཛིན་གྱི་སྡོམ་པ་ཐོབ་པའི་ཚེ། སྡོམ་གསུམ་གནས་གྱུར་ངོ་བོ་གཅིག་མིན་པར་ཐལ། དེའི་རྒྱུད་ཀྱི་སྡོམ་གསུམ་རྫས་གཞན་ཡིན་པའི་ཕྱིར། རྟགས་དངོས། འདོད་མི་ནུས་ཏེ། ཆོས་རྗེ་པས། སྡོམ་གསུམ་གནས་གྱུར་ངོ་བོ་གཅིག །ཅེས་སོགས་གོང་མའི་གསུང་དང་འགལ་བའི་ཕྱིར།

གཉིས་པ་རྫས་གཞན་དུ་གནས་པའི་ཚུལ་ལ། སྤྱིར་རྫས་གཅིག་ཐུན་མོང་དུ་གནས་པའི་ཚུལ་དང་། རྒྱུད་གཅིག་དེར་གནས་པའི་ཚུལ་གཉིས། དང་པོ་ནི། སྡོམ་གསུམ་སྤྱི་བྱེ་བྲག་གི་ཚུལ་དུ་རྫས་གཅིག་པ་ཡིན་ཏེ། སྔགས་སྡོམ་དེ་བྱང་སྡོམ་གྱི་བྱེ་བྲག་ཡིན། བྱང་སྡོམ་དེ་སོར་སྡོམ་པའི་བྱེ་བྲག་ཡིན་པའི་ཕྱིར། རྟགས་ཀྱི་རང་བཞིན་གྲུབ་སྟེ། དེ་ཐེག་ཆེན་སེམས་བསྐྱེད་ཀྱི་སྡོམ་པ་དང་། ངེས་འབྱུང་གི་སྡོམ་པའི་བྱེ་བྲག་ཡིན་པའི་ཕྱིར་དང་། བྱང་སྡོམ་དེ་ངེས་འབྱུང་སྡོམ་པའི་བྱེ་བྲག་ཡིན་པའི་ཕྱིར། ཁྱབ་སྟེ། མདོ་རྩ་བ་ལས། ངེས་པར་འབྱུང་བའི་ཚུལ་ཁྲིམས་ཀྱི་དབང་དུ་བྱས་ཏེ། ཞེས་གསུངས་པའི་ཕྱིར།

གཉིས་པ་ལ། ཁྱབ་པའི་རྫས་གཅིག །གྲུབ་བདེ་རྫས་གཅིག །དབྱེར་མེད་རྫས་གཅིག །གཞུང་བཞིན་སྲིད་པའི་རྫས་གཅིག་ཏུ་འདོད་པ་དང་བཞི། དང་པོ་ལ་གཞན་དག་ན་རེ། དགེ་སློང་བྱང་སེམས་རང་བཞིན་གྱི་རྒྱུད་ཀྱི་དེ་གསུམ་ཡིན་ཁྱབ་མཉམ་ཡིན་ཏེ། དེའི་རྒྱུད་ཀྱི་སོར་སྡོམ་པ་ཡིན་ན། དེའི་རྒྱུད་ཀྱི་གོང་མ་གཉིས་ཡིན་པས་ཁྱབ། དེའི་རྒྱུད་ཀྱི་བྱང་སྡོམ་ཡིན་ན། ཐོག་མཐའ་གཉིས་ཡིན་པས་ཁྱབ། དེའི་རྒྱུད་ཀྱི་སྔགས་སྡོམ་ཡིན་ན། འོག་མ་གཉིས་ཡིན་པས་ཁྱབ་པའི་ཕྱིར། རྟགས་དངོས་གྲུབ་སྟེ། དེའི་སོར་སྡོམ་ཡིན་ན། རིག་འཛིན་གྱི་སྡོམ་པ་ཡིན་པས་ཁྱབ་པའི་ཕྱིར་ཏེ། དེ་ཡིན་ན། རིག་འཛིན་གྱི་དགེ་སློང་རྡོ་རྗེ་འཛིན་པའི་སྡོམ་པ་ཡིན་པས་ཁྱབ་པའི་ཕྱིར། གན་རྣམས་ལ་ཡང་འགྲེའོ། །

གསུམ་པ་ལ་ཁ་ཅིག །དེའི་རྒྱུད་ཀྱི་སྡོམ་གསུམ་གྲུབ་བདེ་རྫས་གཅིག་ཡིན་ཏེ། རྫས་གཅིག་ཅིང་། ཡིན་ཁྱབ་མཉམ་པའི་ཕྱིར། ཁ་ཅིག་དེ་གསུམ་དབྱེར་མེད་རྫས་གཅིག་ཡིན་ཏེ། གྲུབ་བདེ་རྫས་གཅིག་གང་ཞིག །ཡིན་ཁྱབ་མཉམ་ཡིན་པའི་ཕྱིར་ཟེར། དེ་དག་གི་རྗེས་འབྲངས་ཁ་ཅིག །དང་པོ་ཁོ་ན་ཁས་ལེན་ཏེ། སློབ་དྲེད་སྟར་བཞིན་ནོ། །ཁ་ཅིག་ཕྱི་མ་ཁོ་ན་ཁས་ལེན་ཏེ། སློབ་དྲེད་སྟར་བཞིན་ནོ། །ཁ་ཅིག་གཉིས་ཀ་ཁས་ལེན་ནོ་

ཞེ་ན། འོ་ན་དེའི་རྒྱུད་ཀྱི་དེ་གསུམ་སྐྱེ་འགག་གནས་གསུམ་གཅིག་ཅར་བྱེད་པར་ཐལ། དེ་གསུམ་གྲུབ་བདེ་རྫས་གཅིག་དང་། དབྱེར་མེད་རྫས་གཅིག་ཡིན་པར་ཐལ། རྟགས་དངོས་འདོད་ན། དེ་གསུམ་སྟོང་ཐོབ་ཅིག་ཅར་བྱེད་པར་ཐལ། འདོད་པ་དེའི་ཕྱིར། འདོད་ན། དེ་གསུམ་རིམ་གྱིས་ནོད་པའི་གང་ཟག་དེའི་རྒྱུད་ལ་དེ་གསུམ་སྟོང་ཐོབ་ཅིག་ཅར་བྱེད་པར་ཐལ། འདོད་པའི་ཕྱིར། འདོད་ན། དེའི་རྒྱུད་ལ་དེ་གསུམ་ཅིག་ཅར་ཐོབ་པར་འགྱུར་ཞིང་། འདོད་ན། མིན་ཏེ། དེས་དེ་གསུམ་རིམ་བཞིན་དུ་ཐོབ་པའི་ཕྱིར། གཞན་ཡང་། དེ་འདྲའི་གང་ཟག་དེས། སྔགས་སྡོམ་བཏང་ནས། དགེ་སློང་བྱང་སེམས་སུ་འགྱུར། བྱང་སྡོམ་བཏང་ནས། ཐེག་ཆེན་དགེ་སློང་ཁོ་ནར་གནས་པ་མེད་པར་ཐལ། དེས་དེ་གསུམ་སྟོང་ཐོབ་ཅིག་ཅར་དུ་བྱེད་པའི་ཕྱིར། དེ་ལ་ཁོ་ན་རེ། དང་པོར་གཞི་ཤེས། དེ་རྗེས་ལམ་ཤེས། དེ་ནས་རྣམ་མཁྱེན་ཐོབ་པའི་ལོངས་སྐུའི་རྒྱུད་ལ། མཁྱེན་གསུམ་ཅིག་ཅར་ཐོབ་པར་ཐལ། དེའི་རྒྱུད་ཀྱི་མཁྱེན་གསུམ་ཅིག་ཅར་ཐོབ་པའི་ཕྱིར། མ་ཁྱབ་ན། གསུམ་ལྡན་དེས། རང་རྒྱུད་ཀྱི་སྡོམ་གསུམ་ཅིག་ཅར་ཐོབ་ན། དེའི་རྒྱུད་ལ་སྡོམ་གསུམ་ཅིག་ཅར་ཐོབ་པའི་ཁྱབ་སྟེང་དུ་སྒྲིག །རྟགས་གྲུབ་སྟེ། དེ་གསུམ་དབྱེར་མེད་རྫས་གཅིག་ཡིན་པའི་ཕྱིར་ཏེ། གྲུབ་བདེ་རྫས་གཅིག་གང་ཞིག་ཡིན་ཁྱབ་མཉམ་ཡིན་པའི་ཕྱིར། རྩ་མོ་ན། དེས་དེ་གསུམ་ཅིག་ཅར་མ་ཐོབ་པར་ཐལ། དེ་གསུམ་རིམ་བཞིན་དུ་ཐོབ་པའི་ཕྱིར། རིམ་བཞིན་ཁས་བླངས་སོ་ཟེར་ན། དེའི་རྒྱུད་ཀྱི་མཁྱེན་གསུམ་སྟོང་ཐོབ་ཅིག་ཅར་བྱེད་པར་ཐལ། སྔར་གྱི་གསུམ་ལྡན་དེའི་རྒྱུད་ཀྱི་སྡོམ་གསུམ་སྟོང་ཐོབ་ཅིག་ཅར་བྱེད་པའི་ཕྱིར། རྟགས་དངོས། འདོད་ན། དེ་གསུམ་ཅིག་ཅར་སྟོང་བར་ཐལ། འདོད་པའི་ཕྱིར། འདོད་མི་ནུས་ཏེ། དེས་དེ་གསུམ་སྟོང་བར་མི་སྲིད་དེ། གཞན་ཡང་། གསུམ་ལྡན་དེའི་རྒྱུད་ཀྱི་ཐུན་མོང་མ་ཡིན་པའི་སྔགས་སྡོམ་ཆོས་ཅན། དེའི་རྒྱུད་ཀྱི་དགེ་སློང་གི་སྡོམ་པ་ཡིན་པར་ཐལ། དེའི་རྒྱུད་ཀྱི་སྔགས་སྡོམ་ཡིན་པའི་ཕྱིར། དེ་བཞིན་དུ། དེའི་རྒྱུད་ཀྱི་ཐུན་མོང་མིན་པའི་བྱང་སྡོམ། དེའི་རྒྱུད་ཀྱི་དགེ་སློང་གི་སྡོམ་པར་འགྱུར། ཡང་དེའི་རྒྱུད་ཀྱི་ཐུན་མོང་མིན་པའི་དགེ་སློང་གི་སྡོམ་པ། དེའི་རྒྱུད་ཀྱི་སྔགས་སྡོམ་དང་བྱང་སྡོམ་དུ་འགྱུར་རོ། །འདོད་ན། སྡོམ་པ་དེ་རྣམས་ཀྱི་ཐུན་མོང་མ་ཡིན་པའི་རྩ་ལྟུང་རྣམས། ཅིག་ཤོས་ཀྱི་རྩ་ལྟུང་དུ་འགྱུར་ཏེ། མ་གྲུབ་ན། དེ་ཆོས་ཅན། ཁྱོད་དེ་ཡིན་པར་ཐལ། ཁྱོད་ཡོད་པ་གང་ཞིག ། ཁྱོད་ཡོད་ན། ཁྱོད་དེ་ཡིན་པའི་ཕྱིར། དང་པོ་མ་གྲུབ་ན། ཤེས་བྱ་ཆོས་ཅན། དེ་འདྲའི་གང་ཟག་དེ། དེ་གསུམ་ཉམས་སུ་ལེན་པའི་ཚེ། ཐུན་མོང་བ་རྣམས་མི་གསལ་བ་དང་། ཐུན་མོང་མིན་པ་རྣམས་མ་འདྲེས་པར་ཉམས་སུ་ལེན་ཚུལ་མེད་པར་ཐལ། དེའི་རྒྱུད་ཀྱི་ཐུན་མོང་མིན་པའི་སྡོམ་གསུམ་མེད་པའི་ཕྱིར། རྟགས་ཁས་སོ། ། འདོད་ན། ཅི་རྫོལ་དུ་སྨྲ་བས་ཏ་ལང་ངོ་། །

བཞི་པ་ནི། གཞུང་བཞིན་སྲིད་པའི་ཚུལ་ལ། སྐལ་དམན་རིམ་འཇུག་པའི་གནས་ཚུལ། སྐལ་ལྡན་ཅིག་ཅར་བའི་གནས་ཚུལ། དེ་དག་དོགས་པ་དཔྱད་པ་དང་གསུམ། དང་པོ་ལ། དེ་གནས་པའི་ཚུལ་ཡོད་དེ། དེ་འདྲའི་གང་ཟག་གིས། དང་པོར་དགེ་སློང་གི་སྡོམ་པ་ཐོབ། དེ་རྗེས་བྱང་སྡོམ་ཐོབ། དེ་རྗེས་སྔགས་སྡོམ་ཐོབ་པའི་ཚེ། སྡོམ་པ་འོག་མ་གཉིས་སྔགས་སྡོམ་དུ་གནས་གྱུར་རྫས་གཅིག་པ་ཡིན་ཏེ། དཔེར་ན་རིའི་བྱེ་བྲག་འགའ་ཞིག་ལས་ལྕགས་སྲང་སྟོང་བླངས། འགའ་ཞིག་ལས་ཟངས་སྲང་སྟོང་བླངས། འགའ་ཞིག་ལས་དངུལ་སྲང་སྟོང་བླངས་ཏེ་གསེར་འགྱུར་གྱི་རྩིས་བཏབ་པ་ན། ཐམས་ཅད་ཀྱང་གསེར་དུ་འགྱུར་ཏེ་གསེར་གྱི་རིགས་སུ་རྫས་གཅིག་པ་བཞིན་ནོ། །ཇི་སྐད་དུ་ཀྱེ་རྡོ་རྗེའི་རྩ་རྒྱུད་རྒྱས་པ་ལས། རྡོ་རྗེ་རིགས་ཀྱི་བྱེ་བྲག་གིས། །བཞུ་བ་ལྕགས་དང་ཟངས་དངུལ་འགྱུར། །གསེར་འགྱུར་རྩི་ཡིས་བཏབ་པ་ལས། །ཐམས་ཅད་གསེར་དུ་འགྱུར་བ་ལྟར། །དེ་བཞིན་སེམས་ཀྱི་སྡོམ་པ་ཡང་། །དཀྱིལ་འཁོར་ཆེན་པོ་འདིར་བཞུགས་ན། །རིག་པ་འཛིན་པ་ཞེས་བརྗོད་དོ། ། ཞེས་པ་དེའི་དོན། རྗེ་བཙུན་གྱིས་འབྲུལ་སྤོང་དུ་བཤད་པ་ལས། སོ་སོའི་སྡོམ་པ་དགེ་སློང་གི་བར་དུ་ཐོབ་པ་ཞིག་གིས་བྱང་དང་ཆུབ་མཆོག་ཏུ་སེམས་བསྐྱེད་ན། བྱང་ཆུབ་སེམས་དཔའ་ཞེས་བྱ་ལ། ཕྱིས་དཀྱིལ་འཁོར་དུ་ཞུགས་ན། ཐམས་ཅད་ཀྱང་རིག་པ་འཛིན་པ་ཞེས་བརྗོད་དོ། །ཞེས་གསུངས་པས་གྲུབ་བོ། །

གཉིས་པ་ལ། སྔགས་སྡོམ་ལ་མོས་པ་ཞིག་གིས། སྔགས་སྡོམ་ཐོབ་པའི་ཚེ། དེ་གསུམ་ཅིག་ཅར་དུ་ཐོབ་ཅིང་། དེ་ཡང་རྫས་གཅིག་ཏུ་གནས་པ་ཡིན་ཏེ། དེའི་སྔགས་སྡོམ་དེ་སྔགས་སྡོམ་གྱི་མི་མཐུན་ཕྱོགས་ཐ་མལ་གྱི་རྣམ་རྟོག་སྤོང་བའི་སྤོང་སེམས་ཀྱི་ངོ་བོར་གྱུར་པའི་ཕྱིར། ངེས་འབྱུང་གི་སྡོམ་པ་དང་། དགེ་སློང་སྡོམ་པའི་མི་མཐུན་ཕྱོགས། གཞན་གནོད་གཞི་བཅས་སྤོང་བའི་དེ་དང་། བྱང་སེམས་སྡོམ་པའི་མི་མཐུན་ཕྱོགས། སྲིད་ཞིའི་མཐའ་སྤོང་བའི་དེ་གསུམ་ཡིན་པའི་ཕྱིར། རྗེ་བཙུན་གྱིས། སྡོམ་པ་ཉི་ཤུ་པའི་འགྲེལ་པ་དང་། འབྲུལ་སྤོང་གཉིས་ལས། སོ་ཐར་གྱི་སྡོམ་པ་ནི་གཞན་ལ་གནོད་པ་གཞི་དང་བཅས་པ་ལས་ལོག་པ་ཞིག་ཡིན་ལ། བྱང་ཆུབ་སེམས་དཔའི་སྡོམ་པ་ནི་དེའི་སྟེང་དུ་གཞན་ལ་ཕན་འདོགས་པར་ཞུགས་པ་ཡིན་ཞིང་། རིག་པ་འཛིན་པའི་སྡོམ་པ་ནི་དེ་དག་ཀྱང་ལྷའི་རྣམ་པར་ཡོངས་སྤྱོད་པས་འདི་ལ་འགལ་བ་ཅི་ཡང་ཡོད་པ་མིན་ནོ། །ཞེས་གསུངས་པའི་ཕྱིར།

གསུམ་པ་ནི། རིག་པ་འཛིན་པའི་དགེ་སློང་བྱང་སེམས་སྡོམ་པ་གསུམ་གྱི་གནས་ཚུལ་ཡོད་དེ། ཐུན་མོང་བ་རྣམས་མི་གསལ་བར་རྫས་གཅིག །ཐུན་མོང་མིན་པ་རྣམས་རྫས་གཞན་དུ་གནས་པའི་ཕྱིར། འདི་ལ་གཞན་དག་ན་རེ། སྡོམ་གསུམ་རིམ་ཅན་དུ་ཐོབ་པའི་གང་ཟག་གིས། དེ་གསུམ་གནས་གྱུར་རྫས་གཅིག་མིན་པར་ཐལ།

དེའི་ཐུན་མོང་མིན་པའི་དགེ་སློང་གི་སྡོམ་པ་དང་། ཐུན་མོང་མིན་པའི་བྱང་སེམས་ཀྱི་སྡོམ་པ་གཉིས། སྔགས་སྡོམ་མིན་པའི་ཕྱིར་ཏེ། དེའི་ཐུན་མོང་མིན་པའི་སྔགས་སྡོམ་འགལ་བའི་ཕྱིར་ཞེ་ན། ཕྱི་མ་ལ་མ་ཁྱབ་སྟེ། ཐུན་མོང་མིན་པའི་དགེ་སློང་གི་སྡོམ་པ་དེ། ཐུན་མོང་བའི་སྔགས་སྡོམ་ཡིན་པའི་ཕྱིར། ཐུན་མོང་དུ་སྟོང་པའི་ཚུལ་ནི༑ དེའི་རྒྱུད་ཀྱི་སྡོམ་པ་གོང་མ་གཉིས་ཤི་འཕོས་པས་མི་སྟོང་། བྱང་ཆུབ་སེམས་དཔའི་སྡོམ་པ་ནི། །སེམས་ལས་སྐྱེས་ཕྱིར་ཞེས་དང་། ཤི་འཕོས་ནས་ཀྱང་རྗེས་སུ་འབྲང་། །ཞེས་གསུངས་པའི་ཕྱིར། དེའི་རྒྱུད་ཀྱི་དགེ་སློང་གི་སྡོམ་པ་ཤི་འཕོས་པས་སྟོང་སྟེ། ཐེག་ཆེན་སོ་སོར་ཐར་ཡིན་པས་སྨྲར། དགེ་སློང་ལ་སོགས་སྡོམ་པ་ཡི། །ལྡོག་པ་ཤི་བའི་ཚེ་ན་སྟོང་། །ཞེས་གསུངས་པའི་ཕྱིར། གལ་ཏེ་དེའི་དབང་གིས་མི་སྟོང་ན། དེ་ལྟ་བུ། བསླབ་པ་ཕུལ་བ་ལ་སོགས་པ། །སྟོང་རྒྱུ་ཀུན་གྱིས་མི་སྟོང་འགྱུར། ཁྱབ་པ་ནི། འོ་ན་སེམས་བསྐྱེད་ཀྱིས་ཟིན་པའི། །ཞེས་པ་ནས། སྟོང་རྒྱུ་ཀུན་གྱིས་མི་སྟོང་འགྱུར། །ཞེས་པའི་བར་གྱིས་གྲུབ་པོ། །གཞན་དུ་ཁྲིམ་པ་རྡོ་རྗེ་འཛིན་པས། ཆོས་བཅོ་ལྔ་ལ་ཉིན་ཞག་ཕྲུག་གཅིག་གིས་བསྙེན་གནས་སྡོམ་པ་བླངས་པའི་ཚེ། ཆོས་བཅུ་དྲུག་གི་སྐྱ་རེངས་ཤར་བ་དང་། དེ་ལྟ་བུ་མི་སྟོང་བར་ཐལ། རྩ་བའི་དམ་བཅའ་དེའི་ཕྱིར། འདོད་ན། སེམས་བསྐྱེད་ལྡན་པའི་བསྙེན་ནས་ཀྱང་། །ཞེས་པ་ནས། སྡོམ་པ་རྒྱུན་དུ་འབྱུང་བ་འགལ། །ཞེས་པའི་བར་དང་འགལ་ལོ། །དེ་ལ་སྨྲ་མ་ན་རེ། གསུམ་ལྡན་དེ་ཤི་འཕོས་པའི་དབང་གིས། དེའི་དགེ་སློང་གི་སྡོམ་པ་མི་སྟོང་བར་ཐལ། དེའི་རྒྱུད་ལ་ཤི་འཕོས་པས་མི་སྟོང་བའི་དེ་ལྟ་བུ་ཡོད་པའི་ཕྱིར་ཏེ། དེའི་རྒྱུད་ཀྱི་བྱང་སྡོམ་དེ་ཡིན་པའི་ཕྱིར་། ཞེ་ན་མ་ཁྱབ་སྟེ། ཉན་ཐོས་དགེ་སློང་ཐེག་ཆེན་ལམ་དུ་ཞུགས་པའི་ཚེ། དེའི་རྒྱུད་ཀྱི་ཉན་ཐོས་སྡོམ་པ་མི་སྟོང་བར་ཐལ། དེའི་ཚེ་མི་སྟོང་བའི་ཉན་ཐོས་སྡོམ་པ་ཡོད་པའི་ཕྱིར་ཏེ། དེའི་རྒྱུད་ཀྱི་དགེ་སློང་སྡོམ་པ་དེ་དེ་ལྟ་བུ་ཡིན་པའི་ཕྱིར། སྨྲ་ཕྱི་རྣམས་ཁས་བླངས་སོ། །

གསུམ་པ་ལ། ཐུན་མོང་བ་མི་འགལ་བར་བསྒྲུང་ཚུལ་དང་། གོང་འོག་ནང་འགལ་ན་ཇི་ལྟར་བསྲུབ་པའི་ཚུལ་གཉིས། དང་པོ་ནི་གསུམ་ལྡན་དེས། ཉན་ཐོས་སྡོམ་པ་དང་། ཐུན་མོང་པའི་སྡོམ་གསུམ་གྱིས། མི་མཐུན་ཕྱོགས་ཁ་ན་མ་ཐོ་བ་སྤོང་བའི་ཚེ། ཉན་ཐོས་སྟེ་སྣོད་ནས་བཤད་པ་ལྟར་སྤོང་དགོས་ཏེ། རྡོ་རྗེ་རྩེ་མོ་ལས། ཕྱི་རུ་ཉན་ཐོས་སྤྱོད་པ་སྤྱོད་ཅེས་དང་། འདིར་ཡང་། འདི་ལ་སྡིག་ཏོ་མི་དགེའི་ཕྱོགས། །ཕལ་ཆེར་ཉན་ཐོས་ལུགས་བཞིན་བསྲུང་། །ཞེས་གསུངས་པའི་ཕྱིར། བྱང་སྡོམ་དང་ཐུན་མོང་བའི་སྡོམ་གསུམ་གྱི་མི་མཐུན་ཕྱོགས་མཐར་ཕྱིན་སྤོང་བའི་ཚེ། བྱང་སེམས་སྡེ་སྣོད་ནས་བཤད་པ་ལྟར་སྤོང་དགོས་ཏེ། བྱང་སེམས་ཀྱི་བསླབ་པ་དེ། རྩེ་མོར་བྱང་སེམས་ཀྱི་སྡེ་སྣོད་ནས་འབྱུང་བའི་ཕྱིར།

གཉིས་པ་ལ། ལུས་ངག་གི་བསླབ་པ། སེམས་ཀྱི་བསླབ་པ། རྩ་བ་དང་ཡན་ལག་གི་བསླབ་པ། ནང་འགལ་བའི་ཚེ་ཇི་ལྟར་སྒྲུབ་པའི་ཚུལ་རྣམས་ལས། དང་པོ་ནི། གསུམ་ལྡན་དེས། ལུས་ངག་གི་བསླབ་པ་གོང་འོག་ནང་འགལ་བའི་ཚེ། བྱང་སེམས་སྡེ་སྣོད་ནས་བཤད་པ་ལྟར། ཉམས་སུ་ལེན་དགོས་ཏེ། ཉན་ཐོས་ཀྱི་སྡེ་སྣོད་ནས། དགེ་སློང་ལ་བཀག་པའི་ཁ་ན་མ་ཐོ་བ། ཐེག་ཆེན་དགེ་སློང་ལ་གནང་བའི་ཕྱིར། ཇི་སྐད་དུ་སྤྱོད་འཇུག་ལས། ཐུགས་རྗེ་མངའ་བ་རིང་གཟིགས་པས། །བཀག་པ་རྣམས་ཀྱང་དེ་ལ་གནང་། །ཞེས་དང་། འདིར། དཔེར་ན་ཉན་ཐོས་དགེ་སློང་ནི། །གསེར་དངུལ་ལེན་པ་ཐུབ་པས་བཀག །ཅེས་དང་། འཇིག་རྟེན་འཇུག་པའི་རྒྱུར་འགྱུར་ན། །ཐེག་ཆེན་སོ་སོར་ཐར་ལ་གནང་། །ཞེས་གསུངས་པའི་ཕྱིར། གཉིས་པ་ནི། གསུམ་ལྡན་དེས། སེམས་ཀྱི་བསླབ་པ་ནང་འགལ་བའི་ཚེ། བྱང་སེམས་སྡེ་སྣོད་ནས་བཤད་པ་ལྟར་ཉམས་སུ་ལེན་དགོས་ཏེ༑ སྡོམ་པ་ཉི་ཤུ་པ་ལས། སྙིང་རྗེ་ལྡན་ཞིང་བྱམས་ཕྱིར་དང་། །སེམས་དགེ་བ་ལ་ཉེས་པ་མེད། །ཅེས་དང་། འདིར། ཉན་ཐོས་སེམས་ཅན་དོན་ཡིན་ཡང་། །འདོད་ཆེན་པོ་ལ་ལྟུང་བ་འབྱུང་། །ཞེས་གསུངས་པའི་ཕྱིར། གསུམ་ལྡན་དེས། ཐེག་དམན་སྡེ་སྣོད་ནས་བཤད་པ་ལྟར། ཉམས་སུ་བླང་མི་རུང་སྟེ། དེ་ལྟར་ན། རྩ་ལྟུང་འབྱུང་བའི་ཕྱིར། བྱང་སེམས་ཉན་ཐོས་ལམ་དུ་ཞུགས་ན། ཐེག་ཆེན་སེམས་བསྐྱེད་ཀྱི་སྡོམ་པ་གཏོང་བའི་རྩ་ལྟུང་འབྱུང་བའི་ཕྱིར། དེ་སྐད་དུ་ཡང་། སྤྱོད་འཇུག་ལས། དེ་ནི་བྱང་ཆུབ་སེམས་དཔའ་ལ། །ལྟུང་བ་དེ་ནི་ལྕི་བ་སྟེ། །ཞེས་དང་། མདོ་ལས། གལ་ཏེ་བསྐལ་པ་བྱེ་བར་དགེ་བའི་ལས་ལམ་བཅུ། །སྤྱོད་ཀྱང་རང་རྒྱལ་དགྲ་བཅོམ་ཉིད་དུ་སེམས་བསྐྱེད་ན། །དེ་ནི་ཚུལ་ཁྲིམས་སྐྱོན་འབྱུང་ཚུལ་ཁྲིམས་ཉམས་པ་སྟེ། །སེམས་བསྐྱེད་དེ་ནི་ཕས་ཕམ་བས་ཀྱང་ཤིན་ཏུ་ལྕི། །ཞེས་དང་། འདིར། བསྐལ་པ་དུ་མར་དགེ་སྤྱད་ཀྱང་། །ཉན་ཐོས་ས་རུ་སེམས་བསྐྱེད་ན། །བྱང་ཆུབ་སེམས་པའི་སྡིག་པ་ལྕི། །དེ་ནི་ཉན་ཐོས་དགེ་ཆེན་ཡིན། །ཞེས་གསུངས་པའི་ཕྱིར། འདི་དག་གི་དོན་ལ་ཁ་ཅིག་ན་རེ། བྱང་སེམས་ཉན་ཐོས་ལམ་དུ་ཞུགས་པའི་ཚེ། དེར་འཇུག་ཁ་མའི་རང་དོན་ཡིད་བྱེད་ཀྱི་བསམ་པ་དང་། ཞུགས་མ་ཐག་གི་ཉན་ཐོས་སེམས་བསྐྱེད་གཉིས། བྱང་སེམས་ཀྱི་སྡིག་པ་དང་། ཉན་ཐོས་ཀྱི་དགེ་བའི་གཞུང་བཞིན་ཡིན་ཞེས་ལྟ་བུ་མི་རིགས་ཏེ། དེ་ཆོས་ཅན། དགེ་བར་ཐལ། ཉན་ཐོས་ཀྱི་དགེ་བ་ཡིན་པའི་ཕྱིར་དང་། སྡིག་པར་ཐལ། བྱང་སེམས་ཀྱི་སྡིག་པ་ཡིན་པའི་ཕྱིར། ཞེས་བརྗོད་ན་ལན་མེད་དོ། །རང་གི་ལུགས་ནི། བྱང་སེམས་ཉན་ཐོས་ལམ་དུ་ཞུགས་པའི་ཚེ། ཉན་ཐོས་ཀྱི་སེམས་བསྐྱེད་དང་། བྱང་སེམས་ཀྱི་རྩ་ལྟུང་གཉིས། རྒྱུད་དེ་ལ་ཅིག་ཅར་དུ་འབྱུང་སྟེ། དགེ་སློང་བྱང་སེམས་ཀྱིས་ཡན་ལག་ཚང་བའི་སྒོ་ནས། མི་བསད་ན། དེའི་རྐྱེན་གྱིས། མི་བསད་པའི་ཕམ་པ་འབྱུང་བ་བཞིན་ནོ། །

གསུམ་པ་ནི། དགག་དགོས་མེད་པར། རྒྱ་བ་དང་ཡན་ལག་འཛོམས་པའི་ཚེ། རྒྱ་བ་ནང་འཛོམས་པའི་ཚེ། གོང་མའི་རྒྱ་བ་དབང་ཅན། ཡན་ལག་ལ་ཡང་དེ་བཞིན་ནོ། །དོན་གཉིས་སྒྲུབ་པའི་དགག་དགོས་ལྡན་པའི་ཚེ། གཞན་དོན་དབང་བཙན་ནོ། །དེ་ལྟར་སྤྱོད་འཇུག་ལས། གཙོ་བོར་གཞན་གྱི་དོན་བསམ་མོ། །ཞེས་དང་། འདིར། གཞན་གྱི་དོན་གྱི་སེམས་བརྟན་པས། །ཕམ་པ་བཞི་པོ་སྤྱད་ན་ཡང་། །ཞེས་དང་། ཡང་ཆོས་རྗེ་པས། དགག་བྱ་དང་ནི་དགོས་པ་གཉིས། །གཙོ་བོ་གང་ཆེའི་དབང་དུ་ཐོངས། །གཙོ་ཆེར་གཞན་གྱི་དོན་བསམ་མོ། །ཞེས་གསུངས་པའི་ཕྱིར། འདི་དག་གི་དོན་ལ་ཁ་ཅིག །དགེ་སློང་བྱང་སེམས་ཀྱིས་གཞན་ཕན་གྱི་བསམ་པ་བརྟན་པོའི་སྒོ་ནས། འདུལ་བ་ནས་བཤད་པའི་གཞི་བསམ་སྦྱོར་བ་མཐར་ཐུག་བསམ་པའི་སྒོ་ནས་མི་བསད་པའི་ཚེ་བྱང་སེམས་ཀྱི་དགེ་བ། ཉན་ཐོས་ཀྱི་ཕམ་པ་ཡིན་ནོ་ཞེ་ན། དེ་ཆོས་ཅན། བྱང་སེམས་ཀྱི་ལམ་དུ་ཐལ། དེའི་དགེ་བ་ཡིན་པའི་ཕྱིར། འདོད་ན་མིན་པར་ཐལ། ཕམ་པ་ཡིན་པའི་ཕྱིར་ཏེ། ཉན་ཐོས་ཀྱི་ཕམ་པ་ཡིན་པའི་ཕྱིར། ཁ་ཅིག །དེ་ལྟ་བུའི་ལས་ལམ་དེ། བྱང་སེམས་ཀྱི་དགེ་བ་དང་། དེའི་རྒྱུད་ཀྱི་ཕམ་པ་གཞུང་བཞིན་ཡིན་ཞེ་ན། དེ་ཆོས་ཅན། དེའི་རྒྱུད་ཀྱི་རྒྱ་ལྟུང་དུ་ཐལ། དེའི་རྒྱུད་ཀྱི་ཕམ་པ་ཡིན་པའི་ཕྱིར་འདོད་ན། མིན་པར་ཐལ། དེའི་རྒྱུད་ཀྱི་སྡོམ་པ་རྣམ་དག་ཡིན་པའི་ཕྱིར། རང་ལུགས་ནི། དགེ་སློང་བྱང་ཆུབ་སེམས་དཔའ་དེས། གཞན་ཕན་ལྷག་བསམ་རྣམ་དག་གི་སྒོ་ནས། འདུལ་བ་ནས་བཤད་པའི་ཡན་ལག་ཚང་བའི་མི་གསད་ན། བྱང་སེམས་ཀྱི་དགེ་བ་དང་། ཕམ་པའི་གཟུགས་བརྙན་གཉིས་ཅིག་ཅར་འབྱུང་སྟེ། དགེ་བའི་སེམས་ཀྱིས་གསད་པ་སོགས། །ལྟུང་བའི་གཟུགས་བརྙན་ཡིན་ཞེས་གསུངས། །ཞེས་གསུངས་པའི་ཕྱིར།

ཉམས་ན་ཕྱིར་བཅོས་པའི་ཐབས་ལ། དགེ་སློང་གི་སྡོམ་པ། བྱང་སྡོམ། སྔགས་སྡོམ་ཕྱིར་འཆོས་དང་གསུམ། དང་པོ་ནི། བཅས་ལྡན་དགེ་སློང་ལ་ཕམ་པ་བྱུང་པའི་ཚེ། སྡོམ་པ་རྣམ་དག་དགོས་པ་སྒྲུབ་ནུས་བྱའི་རྫས་ཡིན་པས་སོ། །འཆབ་བཅས་བྱུང་བའི་ཚེ། ཚེ་འདིར་སྡོམ་པ་སོར་མི་རུང་ཞིང་། རྣམ་སྨིན་གྱི་སྒྲིབ་པ་འདག་པའི་ཆེད་དུ། སྡོབས་བཞི་ཚང་བའི་བཤགས་པ་བྱེད། འཆབ་མེད་བྱུང་བའི་ཚེ་གསོལ་བཞིའི་ལས་ཀྱི་སྒོ་ནས། སྡོམ་པ་སླར་ཡང་ལེན་པ་ཡིན་ཏེ། དགེ་བསྙེན་གྱི་སྡོམ་བརྒྱ་ལས། སྡོམ་པ་སླར་ཡང་བླང་བར་བྱ། །ཉོན་མོངས་མི་སྤྱོད་བདག་སེམས་བཞིན། །ཞེས་གསུངས་པའི་ཕྱིར།

གཉིས་པ་ལ། དབུ་མའི་ལུགས་ཀྱི་སྡོམ་པ་འཆོས་ཚུལ་དང་། སེམས་ཙམ་ལུགས་ཀྱི་སྡོམ་པ་འཆོས་ཚུལ་ལོ༑ ༑དང་པོ་ནི། སྨོན་པ་སེམས་བསྐྱེད་བཏང་བའི་རྩ་ལྟུང་མ་བྱུང་ན། ཐབས་མཁས་ཀྱིས་མདོ་ནས་བཤད་པའི་རྩ་ལྟུང་དང་། ནམ་སྙིང་གི་མདོ་ནས་བཤད་པའི་རྩ་ལྟུང་བཅུ་བཞི། གང་བྱུང་ཡང་སྡོམ་པ་མི་གཏོང་ཞིང་། ཕྱིར་

འཆོས་པའི་ཚུལ་ཡང་། རྨི་ལམ་དུ་འཕགས་པ་ནམ་མཁའི་སྙིང་པོ་སྤྱན་དྲངས་ཏེ། བཤགས་པ་བྱེད་པ་ཡིན་ཏེ། སླབ་བཏུས་ལས། རྨི་ལམ་འཕགས་པ་ནམ་སྙིང་པོའི། །མདུན་དུ་འདུག་སྟེ་བཤགས་པར་བྱ། །ཞེས་གསུངས་པའི་ཕྱིར། དང་པོ་འབྱུང་བའི་ཚེ། ཆོས་གས་སྡོམ་པ་བླང་བའི་སྒོ་ནས། ཕྱིར་འཆོས་པ་ཡིན་ཏེ། སྡོམ་པ་སླར་ཡང་བླང་བར་བྱ། །ཞེས་གསུངས་པའི་ཕྱིར།

གཉིས་པ་ལ་སྨོན་པ་སེམས་བསྐྱེད་བཏང་བའི་རྩ་ལྟུང་དང་། རྩ་ལྟུང་ཆེན་པོ་བྱུང་བའི་ཚེ། །སྡོམ་པ་སྟོང་ཞིང་། ཚོགས་ལེན་དགོས། འབྲིང་དང་ཆུང་ངུ་བྱུང་བའི་ཚེ། སྡོམ་པ་མི་སྟོང་ཞིང་། དང་པོ་བྱང་ཆུབ་སེམས་དཔའ་གསུམ་དང་། གཉིས་པ་གཅིག་གི་དྲུང་དུ་བཤགས་པ་བྱ་དགོས་ཏེ། ཟག་པ་འབྲིང་ནི་གསུམ་ལ་བཤགས། །གཅིག་གི་མདུན་དུ་ལྷག་མ་རྣམས། །ཞེས་གསུངས་པའི་ཕྱིར།

གསུམ་པ་ལ། རྒྱུད་སྡེ་བཞི་པོ་རང་རང་གི་རྩ་ལྟུང་གང་བྱུང་ཡང་། དེ་དང་དེའི་སྡོམ་པ་སྟོང་ཞིང་། འཆོས་པའི་ཚུལ་ནི། རང་ཉིད་དཀྱིལ་འཁོར་དུ་ཞུགས་ཏེ། བདག་འཇུག་བླངས་པའི་སྒོ་ནས་འཆོས་པར་བྱེད་དོ། །སོ་སོར་ཐར་པའི་སྡོམ་པ་དང་། །ཞེས་སོགས་ཀྱི་སྐབས་སུ། གསུམ་ལས། དང་པོ་གཉིས་ལ་ནི། བཤད་པ་ཉིད་ཉེ་བར་འགོད་པ་དང་། དོན་ལ་འཁྲུལ་ལ་དགག་པ་དང་། ཚིག་ལ་འཁྲུལ་པ་དགག་པ་གཉིས། དང་པོ་ལ། ཡུལ་གྱི་སྒོ་ནས་མདོར་ན། ཡན་ལག་གི་སྒོ་ནས་རྒྱས་པར་བཤད། གཞན་འཁྲུལ་པར་སྡོམ་པའི་སྒོ་ནས་འཇུག་པ་བསྒྱུ་བ་དང་གསུམ་ལས། དང་པོ་གཞུང་འདི་བསྟན། གཉིས་པ་ངག་དོན་ནི། སྡོམ་གསུམ་མ་འཁྲུལ་བར་ཉམས་སུ་ལེན་པའི་གནད་ཀྱི་གཙོ་བོ་ནི། བཅུ་གཅིག་ཡོད་དེ། སོར་སྡོམ་ལ་མ་འཁྲུལ་བའི་གནད་སོགས་བཅུ་གཅིག་ཡོད་པའི་ཕྱིར། གསུམ་པ་མཐའ་དཔྱད་པ་ལ། ཆོས་གསུམ་གྱི་སོ་སོའི་ངོ་བོ། གྲངས་ངེས། གོ་རིམ་ངེས་པ་དང་གསུམ་ལས། དང་པོར། སོར་སྡོམ་གྱི་རང་བཞིན། དེའི་དབྱེ་བ་གཉིས་ལས། དང་པོ་ལ། ཁ་ཅིག་ན་རེ། བསྟན་བཅོས་འདིའི་ལུགས་ལ། སོ་ཐར་སྡོམ་པ་གཟུགས་ཅན་བེམ་པོ་ཡིན་ཏེ། སྡོམ་པ་གཟུགས་ཅན་ཡིན་པའི་ཕྱིར། །ཞེས་པ་དེ་ས་པཎ་གྱིས། རང་གཞུང་གི་རྣམ་གཞག་ཡིན་པའི་ཕྱིར། ཞེ་ན། སྡོམ་པ་གཟུགས་ཅན་བེམ་པོ་ཡིན་པར་ཐལ། ལུང་དེའི་ཕྱིར། ཁྱབ་པ་ཁས། འདོད་ན་མིན་པར་ཐལ། ཤེས་པ་དང་དེའི་གཞུང་བཞིན་ཡིན་པའི་ཕྱིར། བྱང་སྡོམ་དེ་དེ་ཡིན་པའི་ཕྱིར་ཏེ། སེམས་ལས་སྐྱེས་ཕྱིར་གཟུགས་ཅན་མིན། །ཞེས་གསུངས་པའི་ཕྱིར། གཞན་ཡང་བེམ་པོ་མ་ཡིན་པར་ཐལ། དེ་ཤེས་པར་གནས་གྱུར་པ་ཡིན་པའི་ཕྱིར། རིག་འཛིན་ནི་བྱང་སེམས་དགེ་སློང་གི་རྒྱུད་ཀྱི་སྡོམ་གསུམ་གནས་གྱུར་རྫས་གཅིག་ཡིན་པའི་ཕྱིར། རང་གི་ལུགས་ནི། དེ་ཤེས་པ་ཡིན་ཏེ། བྱང་ཆུབ་སེམས་དཔའི་རྒྱུད་ཀྱི་རིགས་བདུན་ཤེས་པ་ཡིན་པའི་ཕྱིར་ཏེ། དེ་བྱང་སེམས་ཀྱི་ཉེས་སྤྱོད་སྡོང་བའི་

ངེས་འབྱུང་སྡོམ་པ་གང་ཞིག །ངེས་འབྱུང་གི་སྡོམ་པ་ཤེས་པ་ཡིན་པའི་ཕྱིར། དང་པོ་གྲུབ་སྟེ། བྱང་ས་ལས། བྱང་ཆུབ་སེམས་དཔའི་ཉེ་བར་སྤྱོད་པའི་ཚུལ་ཁྲིམས་གང་ཞེ་ན། དགེ་སློང་གི་སྡོམ་པ་དང་། ཞེས་གསུངས་པའི་ཕྱིར། གཉིས་པ་ནི། སྡོམ་མིན་གྱི་གཞན་ལ་གནོད་པ་གཞི་བཅས་སྤོང་བའི་ངེས་འབྱུང་གི་སྡོམ་པ་དེ་དེའི་མཚན་ཉིད་ཡིན་ཏེ། མདོ་རྩ་བ་ལས། ངེས་པར་འབྱུང་བའི་ཚུལ་ཁྲིམས་ཀྱི་དབང་དུ་བྱས་ཏེ། ཞེས་གསུངས་པའི་ཕྱིར།

གཉིས་པ་དབྱེ་བ་ལ། ཉན་ཐོས། རང་རྒྱལ། ཐེག་ཆེན་གྱི་སོར་སྡོམ་པ་དང་གསུམ། དང་པོ་ལ། ཉན་ཐོས་ཀྱི་སྐྱབས་འགྲོ། བསྙེན་གནས། དགེ་བསྙེན་ཕ་མའི། དགེ་ཚུལ་ཕ་མའི། དགེ་སློབ་ཕ་མའི། ཚངས་སྤྱོད་ཉེར་གནས་ཀྱི། དགེ་སློང་ཕ་མའི་སྡོམ་པ་དང་བཅུ་ཡོད་དེ། ཉན་ཐོས་རྣམས་ཀྱི་སྐྱབས་འགྲོ་ནས། །དགེ་སློང་གི་ནི་སྡོམ་པའི་བར། །ཞེས་གསུངས་པའི་ཕྱིར། གཉིས་པ་ལ། རང་རྒྱལ་གྱི་སྐྱབས་འགྲོ། བསྙེན་གནས། དགེ་བསྙེན་ཕའི། དགེ་ཚུལ་ཕའི། དགེ་སློང་ཕའི་སྡོམ་པ་དང་ལྔ་ཡོད་ཀྱི། དགེ་སློང་མ་སོགས་མེད་དེ། རང་རྒྱལ་བུད་མེད་ཀྱི་རྟེན་ཅན་མེད་པའི་ཕྱིར། ཇི་སྐད་དུ། ཡེ་ཤེས་རྒྱས་པའི་མདོ་ལས། བུད་མེད་རང་སངས་རྒྱས་སུ་གྱུར་པ་གང་ཡིན་པ་དེ་ནི་གནས་མེད་ཅིང་། སྐབས་མེད། ཅེས་གསུངས་པའི་ཕྱིར། གསུམ་པ་ལ། ཉན་ཐོས་ཀྱི་ཆོ་ག །བྱང་སེམས་ཀྱི་ཆོ་ག །རིག་པ་འཛིན་པའི་ཆོ་ག་དང་ཐུན་མོང་བའི་སོར་སྡོམ་དང་། ཐུན་མོང་མིན་པའི་སོར་སྡོམ་པ་དང་བཞི། དང་པོ་ནི། བསམ་པ་ཐེག་ཆེན་སེམས་བསྐྱེད་ཀྱིས་ཟིན་པའི་སྒོ་ནས། ཆོ་ག་ཉན་ཐོས་ཀྱི་ལུགས་བཞིན་བྱས་པ་ལས་ཐོབ་པའི་རིགས་བདུན་ལ་འཇོག་སྟེ། དེས་ན་ད་ལྟའི་ཆོ་ག་ནི། །བསམ་པ་སེམས་བསྐྱེད་ཀྱིས་ཟིན་པའི། །ཆོ་ག་ཉན་ཐོས་ལུགས་བཞིན་གྱིས། །སོ་སོར་ཐར་པ་རིགས་བརྒྱད་པོ༑ ༑བྱང་སེམས་སོ་སོར་ཐར་པར་འགྱུར། །ཞེས་གསུངས་པའི་ཕྱིར། གཉིས་པ་ནི། དབུ་མ་དང་། སེམས་ཙམ་ལུགས་ཀྱི་སེམས་བསྐྱེད་ལེན་པའི་ཆོ་ག་ལས་ཐོབ་པའི་འཇུག་པའི་གནས་སྐབས་ཀྱི་རིགས་བདུན་ལ་འཇོག །གསུམ་པ་ནི། རྒྱུད་སྡེ་བཞིའི་དབང་སྡོམ་ཐམས་ཅད་དེ་ཡིན་ཏེ། ཐེག་ཆེན་ངེས་འབྱུང་གི་སྡོམ་པ་ཡིན་པའི་ཕྱིར། སྔ་མ་ལ་ཡང་འགྲེ།

བཞི་པ་ལ། སྔོན་གྱི་ཆོ་ག་ལས་ཐོབ་པའི་ཐེག་ཆེན་ཐུན་མོང་མིན་པའི་སོར་སྡོམ་དང་། ད་ལྟར་གྱི་ཆོ་ག་ལ་བརྟེན་པའི་དེ་གཉིས། དང་པོ་ནི། རྒྱལ་སྲས་བྱམས་པ་འཇམ་དབྱངས་སོགས། །ཞེས་པའི་དངོས་བསྟན་གྱི་བསྙེན་རྫོགས་ཀྱི་སྡོམ་པ་དང་། ཙན་དན་སྤྱོས་ཀྱི་ངད་ལྡན་པའི། །ཞེས་པའི་དགེ་སློང་སྡོམ་པ་དང་། བུ་མོ་གསེར་མཆོག་འོད་ལྡན་གྱི། །ཞེས་པའི་སྐབས་ཀྱི་བྱང་སེམས་རབ་བྱུང་གི་བསྙེན་རྫོགས་སྡོམ་པ་ལྟ་བུ་ལ་འཇོག་གོ༑ ༑གཉིས་པ་ལ། ལག་ལེན་ནུབ་པ་དང་། མ་ནུབ་པ་གཉིས། དང་པོ་ནི། དགེ་བསྙེན་ཕ་མ། དགེ་ཚུལ་ཕ་མ།

དགེ་སློབ་མའི་སྡོམ་པ་རྣམས། རྟེན་གྱི་དྲུང་དུ་རང་ཉིད་ཀྱིས་ལེན་པར་བྱུང་ས་ནས་བཤད་པ་ལྔ་བུའོ། །གཉིས་པ་ནི། ཐེག་ཆེན་ཐུན་མོང་མིན་པའི་སྐྱབས་འགྲོའི་སྡོམ་པ་དང་། དོན་ཞགས་རྟོག་པ་ནས་བཤད་པའི་དགེ་བསྙེན་གྱི་སྡོམ་པ། རྟེན་གྱི་དྲུང་དུ་རང་གིས་བླངས་པའི་སྡོམ་པ་ལྔ་བུའོ། །

གཉིས་པ་བྱང་སྡོམ་ལ་གསུམ་ལས། དང་པོ་མཚན་ཉིད་ནི། བྱང་ཆུབ་མཆོག་ཏུ་སེམས་བསྐྱེད་ནས། །གཞན་དོན་དུ་དགེ་བའི་ཆོས་བསྡུས་པའི། ངེས་འབྱུང་གི་སྡོམ་པའོ། །གཉིས་པ་གཞི་ནི། ཐེག་ཆེན་སེམས་བསྐྱེད་དང་དོན་གཅིག་སྟེ། དེ་བཞིན་ཕ་རོལ་ཕྱིན་པ་ལ། །སེམས་བསྐྱེད་མིན་པའི་ཆོས་གཞན་མེད། །ཅེས་གསུངས་པའི་ཕྱིར། གསུམ་པ་དབྱེ་བ་ལ། སྒྲུབ་བྱའི། རྒྱུའི། བསླབ་བྱའི། ངོ་བོའི། སྤྱང་བྱའི་སྒོ་ནས་དབྱེ་བ་དང་ལྔ། དང་པོ་ལ། དབུ་སེམས་གཉིས་ཀྱི་དབྱེ་བ་འཇུག་པ་སེམས་བསྐྱེད་དེ་གཉིས། འདི་དག་ལ་མི་འདྲའི་ཁྱད་པར་བཅུ་ཡོད་དེ། གང་ལས་བརྒྱུད་པའི་བླ་མ། གང་གིས་འགྲེལ་བའི་སློབ་དཔོན། གང་བཤད་པར་བྱ་བའི་བཀའ། གང་གིས་འཆད་པར་བྱེད་པའི་བསྟན་བཅོས། གང་གདན་ལ་འབེབ་པའི་ལྟ་བ། གང་ལ་འབོག་པའི་ལུས་རྟེན། གང་ལས་ཐོབ་པའི་ཆོ་ག །གང་མི་ཉམས་པར་བསྲུང་བའི་བསླབ་བྱ། ཐོབ་པ་སྟོང་བའི་ཚུལ། ཉམས་ན་ཕྱིར་འཆོས་པའི་ཚུལ་མི་འདྲའི་ཁྱད་པར་དང་བཅུ་ཡོད་པའི་ཕྱིར། དང་པོ་གྲུབ་སྟེ། དབུ་མ་ལུགས་ཀྱི་འཇུག་པ་སེམས་བསྐྱེད་དེ། ཐུབ་པའི་དབང་པོ། རྗེ་བཙུན་འཇམ་དབྱངས། ཀླུ་སྒྲུབ་ཡབ་སྲས། སློབ་དཔོན་ཞི་བ་ལྷ། ཇོ་བོ་ཨ་ཏི་ཤ། རྗེ་བཙུན་ས་སྐྱ་པ་ཡབ་སྲས་ལ་གཙོ་བོར་བརྒྱུད་པ་འདི་ཡིན་ཅིང་། གཅིག་ཤོས་སྟོན་པ་སངས་རྒྱས། རྗེ་བཙུན་བྱམས་པ། ཐོགས་མེད་སྐུ་མཆེད། སློབ་དཔོན་ཙནྡྲ་གོ་མི། ཇོ་བོ་རྗེ་སོགས་བཀའ་གདམས་པའི་བླ་མ་རྣམས་ལས་གཙོ་བོར་བརྒྱུད་པའི་ཕྱིར། གཉིས་པ་གྲུབ་སྟེ། དབུ་མའི་ལུགས་དེ། ཀླུ་སྒྲུབ་ཡབ་སྲས་དང་། རྗེ་ས་སྐྱ་པ་ཡབ་སྲས་ཀྱིས་གཙོ་བོར་བཀྲལ། སེམས་ཙམ་ལུགས་དེ། ཐོགས་མེད་སྐུ་མཆེད་དང་། ཇོ་བོ་རྗེ་ལ་སོགས་པས་གཙོ་བོར་བཀྲལ་བའི་ཕྱིར། གསུམ་པ་གྲུབ་སྟེ། དབུ་མའི་ལུགས་དེ། སྡོང་པོ་བཀོད་པ། བསྐལ་པ་བཟང་པོ། ནམ་མཁའི་སྙིང་པོ། དཀོན་མཆོག་བརྩེགས་པའི་མདོ་སོགས་ལས་གཙོ་བོར་གསུངས། སེམས་ཙམ་པའི་ལུགས་དེ། བྱང་ཆུབ་སེམས་དཔའི་སྡེ་སྣོད་ལས་གཙོ་བོར་གསུངས་པའི་ཕྱིར། བཞི་པ་གྲུབ་སྟེ། དབུ་མའི་ལུགས་དེ། བསླབ་བཏུས་དང་། སྤྱོད་འཇུག་གིས་གཙོ་བོར་འཆད། སེམས་ཙམ་པའི་ལུགས་དེ། བྱང་ས་དང་། སྡོམ་པ་ཉི་ཤུ་པས་གཙོ་བོར་འཆད་པའི་ཕྱིར། ལྔ་པ་གྲུབ་སྟེ། དབུ་མའི་ལྟ་བ་དེ། དེ་ཉིད་ཀྱི་ལྟ་བ་ལ་བརྟེན་ནས་གཙོ་བོར་གདན་ལ་འབེབས། སེམས་ཙམ་པའི་ལྟ་བ་དེ། སེམས་ཙམ་པ་ཉིད་ཀྱི་ལྟ་བ་ལ་བརྟེན་ནས་གཙོ་བོར་གདན་ལ་འབེབ་པའི་ཕྱིར། དེ་གཉིས་ལྟ་བ་ཐ་དད་པས། །ཚོག་ཡང་ནི་ཐ་དད་

ཡིན། །ཞེས་གསུངས་པའི་ཕྱིར། དྲུག་པ་གྲུབ་སྟེ། དབུ་མའི་ལུགས་དེ། གཞན་དོན་དུ་རྫོགས་བྱང་དོན་གཉེར་གྱི་གང་ཟག་ཀུན་ལ་སྐྱེར་རུང་། སེམས་ཙམ་པའི་ལུགས་དེ། སྨོན་པ་སེམས་བསྐྱེད་དང་ལྡན་པ། རིགས་བདུན་གང་རུང་གི་སྡོམ་པ་དང་ལྡན་པ། བྱང་ཆུབ་སེམས་དཔའི་སྡེ་སྣོད་ཀྱི་མ་མོ་ཤེས་པ། བྱང་སེམས་ཀྱི་བསླབ་བྱ་ཉམས་འོག་ཏུ་ཚུད་པ། སྡོམ་པ་རྫོགས་པར་ཐོབ་ནས་བསྲུང་ནུས་པའི་ཁྱད་པར་སོགས་ལྔ་ལྡན་གྱི་གང་ཟག་ལ་སྐྱེ་བའི་ཕྱིར། དང་པོ་གྲུབ་སྟེ། དབུ་མའི་ལུགས་ཀྱི་སེམས་བསྐྱེད་འདི། །སེམས་ཅན་ཀུན་གྱི་ལེགས་ཐོབ་ན། །རྫོགས་སངས་རྒྱས་ཀྱི་རྒྱུར་འགྱུར་ཞེས། །མདོ་དང་བསྟན་བཅོས་རྣམས་ལས་གསུངས། །ཞེས་གསུངས་པའི་ཕྱིར། གཉིས་པ་གྲུབ་སྟེ། དེས་ན་སེམས་ཙམ་པའི་ལུགས། གལ་ཏེ་སེམས་བསྐྱེད་དེ་འདོད་ན། །ཐོག་མར་སོ་སོར་ཐར་པ་ལོངས། །བྱང་ཆུབ་སེམས་པའི་སྡེ་སྣོད་སློབ། །དད་ཅིང་སྒྲུབ་པར་ནུས་གྱུར་ན། །ཕྱི་ནས་སེམས་བསྐྱེད་སྡོམ་པ་ལོངས། །ཞེས་དང་། ལམ་སྒྲོན་ལས། སོ་སོར་ཐར་པ་རིགས་བདུན་གྱི། །རྟག་ཏུ་སྡོམ་གཞན་ལྡན་པ་ལ། །བྱང་ཆུབ་སེམས་དཔའི་སྡོམ་པ་ཡི། །སྐལ་བ་ཡོད་ཀྱི་གཞན་དུ་མིན། །ཞེས་དང་། བྱང་ས་ལས། ཁྱོད་བྱང་ཆུབ་སེམས་དཔའ་ཡིན་ནམ། བྱང་ཆུབ་ཏུ་སྨོན་ལམ་བཏབ་བམ། བྱང་ཆུབ་སེམས་དཔའི་སྡེ་སྣོད་ཀྱི་མ་མོ་ཤེས་སམ། བྱང་ཆུབ་སེམས་དཔའི་བསླབ་བྱ་ཉམས་འོག་ཏུ་ཚུད་དམ། བྱང་ཆུབ་དོན་དུ་གཉེར་རམ། ཞེས་པའི་དྲི་བ་ལྔ་ལ་ལན་དོན་མཐུན་ཐེབས་དགོས་པར་བཤད་པའི་ཕྱིར། བདུན་པ་གྲུབ་སྟེ། དབུ་མའི་ལུགས་དེ། སྦྱོར་བ་ཡན་ལག་བདུན་པ། དངོས་གཞིས་སྨོན་འཇུག་གི་སྡོམ་པ། རྗེས་ཚིག་ལན་གསུམ་གྱི་སྒོ་ནས། སྐབས་ཅིག་ཏུ་ལེན། རྗེས་རང་གཞན་དགའ་བ་བསྒོམས་པའི་སྒོ་ནས་ལེན་པར་བྱེད་དོ། །སེམས་ཙམ་པའི་ལུགས་དེ། སྦྱོར་བ་རྟེན་གྱི་དྲུང་དུ། ཕྱག་མཆོད་རྒྱས་པ་དང་། བར་ཆད་ཀྱི་ཆོས་ལྔ་དྲི་བ། དངོས་ཀྱི་རྒྱ་བའི་ལྟུང་བ་བཞི་དང་། ཡན་ལག་གི་ལྟུང་བ་བཅུ་བཞི་སྟེ། རྒྱ་གསུམ་ཁས་ལེན། དེ་རྗེས་མཐྱེན་གསོལ་བྱས་པའི་སྒོ་ནས་ལེན་པའི་ཕྱིར། བརྒྱད་པ་གྲུབ་སྟེ། དབུ་མའི་ལུགས་དེ། སྨོན་པ་སེམས་བསྐྱེད་གཏང་བའི་རྒྱ་ལྟུང་། ཐབས་མཁས་ནས་བཤད་པའི་རྒྱ་ལྟུང་བཞི། ནམ་སྙིང་གི་མདོ་ནས་བཤད་པའི་རྒྱ་ལྟུང་བཅུ་བཞི། མདོ་བསྡུད་པ་ནས་བཤད་པའི་རྒྱ་ལྟུང་ཡན་ལག་དང་བཅས་པ་སྤོང་དགོས། སེམས་ཙམ་པའི་ལུགས་དེ། རྒྱ་ལྟུང་བཅུ་བཞི་དང་། ཡན་ལག་གི་ལྟུང་བ་བཞི་བཅུ་སྤོང་བར་བྱེད་པའི་ཕྱིར། ཕྱི་མ་གཉིས་གོང་དུ་བཤད་ཟིན།

གཉིས་པ་རྒྱུའི་སྒོ་ནས་དབྱེ་ན། དོན་དམ་སེམས་བསྐྱེད་དང་། ཀུན་རྫོབ་སེམས་བསྐྱེད་གཉིས་ཡོད་དེ། དོན་དམ་སེམས་བསྐྱེད་ཅེས་བྱ་བ། །ཞེས་སོགས་རྐང་པ་གསུམ་གསུང་བའི་ཕྱིར། གསུམ་པ་བསླབ་བྱའི་སྒོ་ནས་དབྱེ་ན། བདག་གཞན་མཉམ་པ་དང་། བརྗེ་བའི་བྱང་ཆུབ་སེམས་གཉིས་ཡོད་དེ། བྱང་ཆུབ་སེམས་དཔའི

བསླབ་པ་ལ། །བདག་གཞན་མཉམ་བརྗེས་གཉིས་སུ་གསུངས། །ཞེས་གསུངས་པའི་ཕྱིར། བཞི་པ་ངོ་བོའི་སྒོ་ནས་དབྱེ་ན། སེམས་ཅན་དོན་བྱེད། དགེ་བ་ཆོས་བསྡུད། ཉེས་སྤྱོད་སྡོང་བའི་ཚུལ་ཁྲིམས་དང་གསུམ་མོ། །ལྔ་པ་སྤང་བྱའི་སྒོ་ནས་དབྱེ་ན། ལྷུང་བ་མེད་པའི་བྱང་སྡོམ་དང་། ལྷུང་བའི་གཟུགས་བརྙན་ཅན་གྱི་བྱང་སྡོམ་གཉིས་ཡོད་དེ། དེ་ལྟར་སེམས་ཙམ་དབུ་མ་གཉིས། །ཞེས་སོགས་རྐང་པ་བཞི་གསུངས་པའི་ཕྱིར། གསུམ་པ་སྔགས་སྡོམ་ལ། གསུམ་ལས་དང་པོ་ནི། མཚན་ཉིད་ནི། རིག་པ་འཛིན་པའི་ངེས་འབྱུང་གི་སྡོམ་པའོ། །གཉིས་པ་ལ་བཞི་ལས། དང་པོ་ལ་དངོས་དང་། རྩོད་སྤང་གཉིས་ལས། དང་པོ་ལ། སྔགས་སྡོམ། དབང་སྡོམ། རིག་པ་འཛིན་པའི་སྡོམ་པ་རྣམས་དོན་གཅིག་སྟེ། རིག་པ་འཛིན་པའི་སྡོམ་པ་ཡིན་ན། དབང་སྡོམ་ཡིན་པའི་ཕྱིར། གཉིས་པ་ལ། ཁ་ཅིག །དབང་བསྐུར་དང་། འཇུག་པའི་སེམས་བསྐྱེད་མ་ཐོབ་པར། བྱ་རྒྱུད་དོན་ཞགས་ནས་བཤད་པའི་ཐེག་ཆེན་གྱི་བསྙེན་གནས་ཡན་ལག་བརྒྱད་པ་རང་གིས་བླངས་ཏེ། བསྙེན་ནས་བྱེད་པའི་སྡོམ་པ་ཡིན་ནོ། །དབང་སྡོམ་ཡིན་པར་ཐལ། སྔགས་སྡོམ་ཡིན་པའི་ཕྱིར་ཏེ། བྱ་རྒྱུད་ཀྱི་སྔགས་སྡོམ་ཡིན་པའི་ཕྱིར་ཏེ། བྱ་རྒྱུད་དོན་ཞགས་ཀྱི་སྔགས་སྡོམ་ཡིན་པའི་ཕྱིར། ཁྱབ་ཡོད་པ་གང་ཞིག ཁྱབ་ཡོད་ན། དེ་ཡིན་པའི་ཕྱིར། རྟགས་གྲུབ་སྟེ། བྱ་བའི་རྒྱུད་ལ་རྣམ་གསུམ་ཡོད། །དོན་ཡོད་ཞགས་སོགས་འགའ་ཞིག་ལ། །དབང་བསྐུར་སེམས་བསྐྱེད་མ་ཐོབ་ཀྱང་། །སྨྱུང་གནས་ལ་སོགས་བྱ་ནུས་ན། །གང་ཟག་ཀུན་གྱིས་འགྲུབ་པར་གསུངས། །ཞེས་བཤད་པའི་ཕྱིར། འདོད་ན། དབང་བསྐུར་ཐོབ་པར་འགྱུར་རོ་ཞེ་ན། དེ་ལྟ་བུའི་སྡོམ་པ་ཡོད་ན། རིག་པ་འཛིན་པའི་ཉམས་ལེན་དུ་ཐལ། སྔགས་ཀྱི་ཉམས་ལེན་ཡིན་པའི་ཕྱིར། འདོད་ན་གང་དུ་དབང་བསྐུར་བའི་དཀྱིལ་འཁོར་གྱི་ལྷ་ལ་མི་ལྟོག་དོར་བ་དེའི་རིགས་འཛིན་པར་འགྱུར་རོ། །

གསུམ་པ་དབྱེ་བ་ལ། རྒྱུད་སྡེ་བཞིའི་དབང་སྡོམ་བཞི། དང་པོ་ལ་སྦྱོར་བ། དངོས་གཞི། རྗེས་ཀྱི་གནས་སྐབས་སུ་དང་གསུམ། དང་པོ་ལ། བྱ་རྒྱུད་ཀྱི་དབང་གི་སྦྱོར་བའི་ཚོགས་སྐྱབས་འགྲོའི་སྐབས་སུ། བྱང་ཆུབ་སེམས་གཉིས་བསྐྱེད་པའི་སྐབས་སུ། ཡེ་ཤེས་དབབ་པའི་སྐབས་སུ་ཐོབ་པའི་སྡོམ་པ་དང་གསུམ། གཉིས་པ་དངོས་གཞི་ལ། ཆུ་དང་། ཅོད་པན་གྱི་དབང་སྡོམ་གཉིས། གསུམ་པ་ལ། བྱ་རྒྱུད་ཀྱི་རིག་སྔགས་ཟླས་ལུང་གི་གདམས་པ་ལེན་པའི་སྐབས་སུ་ཐོབ་པའི་སྡོམ་པའོ། །གཉིས་པ་སྤྱོད་རྒྱུད་ལ་སྔར་བཞིན་གསུམ་ལས། དང་པོ་སྔར་དང་འདྲ། གཉིས་པ་ལ། ཆུ། ཅོད་པཎ། རྡོ་རྗེ། དྲིལ་བུ། མིང་གི་དབང་སྡོམ་དང་ལྔ། གསུམ་པ་སྔར་ལྟར་རོ༑ ༑གསུམ་པ་རྣལ་འབྱོར་རྒྱུད་ལ་སྔར་ལྟར་གསུམ་ལས། དང་པོ་ལ། རྣལ་འབྱོར་རྒྱུད་ཀྱི་སྦྱོར་བའི་ཚོགས་སྐྱབས་འགྲོ། རིགས་ལྔའི་སྡོམ་བཟུང་། བྱང་ཆུབ་སེམས་གཉིས་བསྐྱེད་པ། ཡེ་ཤེས་དབབ་པའི་སྐབས་སུ་ཐོབ

པའི་སྡོམ་པ་དང་བཞི། གཉིས་པ་དངོས་གཞི་ལ། རྡོ་རྗེ་སློབ་མའི་དང་། སློབ་དཔོན་གྱི་དབང་གཉིས། དང་པོ་ལ་རིག་པའི་དབང་ལྔ། བརྟུལ་ཞུགས་ཀྱི་དབང་དང་དྲུག །གཉིས་པ་ལ། སྐུ་གསུང་ཐུགས་ཀྱི་དམ་ཚིག་དབང་གསུམ་མོ། །བཞི་པ་བླ་མེད་ལ་སྔར་ལྟར་གསུམ། དང་པོ་རྣལ་འབྱོར་རྒྱུད་དང་འདྲ། གཉིས་པ་ལ། བུམ་དབང་དང་། གསང་དབང་། ཤེས་རབ་ཡེ་ཤེས། དབང་བཞི་པའི་སྐབས་སུ་ཐོབ་པའི་སྡོམ་པ་དང་བཞི། དང་པོ་ལ། རྡོ་རྗེ་སློབ་མའི་དང་། རྡོ་རྗེ་སློབ་དཔོན་གྱི་དབང་དང་གཉིས། དང་པོ་ལ་རིག་པའི་དབང་ལྔ། བརྟུལ་ཞུགས་ཀྱི་དབང་དང་དྲུག །གཉིས་པ་ལ། ཕྱག་རྒྱ་སྐུའི། དྲིལ་བུ་གསུང་གི །རྡོ་རྗེ་ཀྱི་སྐབས་སུ་ཐོབ་པའི་སྡོམ་པ་དང་གསུམ། གསུམ་པ་ལ་རྗེས་ཀྱི་གནས་སྐབས་སུ་ཐོབ་པ་ལ། ལུང་བསྟན་པའི། དབུགས་དབྱུང་གི །གཟེངས་བསྟོད་པའི་རྗེས་གནང་གི་སྐབས་སུ་བཤད་པའི་སྡོམ་པ་དང་ལྔའོ། །ཆོས་བཞི་ལ་རྡོ་རྗེ་ཐོབ་བྱེད་ཀྱི་ཆོ་ག་ལ། སོ་ཐར་གྱི། བྱང་སེམས་ཀྱི། སྔགས་ཀྱི་སྡོམ་པ་ཐོབ་བྱེད་ཀྱི་ཆོ་ག་དང་གསུམ། དང་པོ་ལ། ཉན་ཐོས་ཀྱི་སོ་ཐར་རིས་བརྒྱད་པོ་ཐོབ་བྱེད་ཀྱི་ཆོ་ག་དང་། ཐེག་ཆེན་གྱི་སོ་ཐར་རིས་བརྒྱད་པོ་ཐོབ་བྱེད་ཀྱི་ཆོ་ག་གཉིས། དང་པོ་ལ་ཉན་ཐོས་ཀྱི་བསྙེན་གནས། དགེ་བསྙེན་ཕ་མའི། དགེ་ཚུལ་ཕ་མ་གཉིས། དགེ་སློབ་མའི། དགེ་སློང་ཕ་མ་བཞིའི་སྡོམ་པ་ཐོབ་བྱེད་ཀྱི་ཆོ་ག་དང་བརྒྱད། དང་པོ་ནི། རང་ཉིད་གཅིག་པུ། ཉན་ཐོས་ཀྱི་བྱང་ཆུབ་ཐོབ་ཕྱིར་དུ་ཉིན་ཞག་ཕྲུག་གཅིག་གི་བར་དུ་བསྙེན་གནས་ཡན་ལག་བརྒྱད་པ་ལེན་སླམ་པའི་ཀུན་སློང་དྲག་པོས། དགེ་བསྙེན་ཡན་ཆད་ཀྱི་སྡོམ་ལྡན་གྱི་དྲུང་དུ་གང་རུང་མཆིའོ། །བདག་མིང་འདི་ཞེས་བགྱི་བར། དུས་འདི་ནས་བཟུང་སྟེ། ཇི་སྲིད་སང་ཉི་མ་མ་ཤར་གྱི་བར་དུ། བསྙེན་གནས་པར་སློབ་དཔོན་གྱིས་བཟུང་དུ་གསོལ། ཞེས་སྔགས་ཚིག་ལན་གསུམ་བཟླས་ཏེ། བསླབ་བྱ་བརྒྱད་ལན་ཅིག་བརྗོད་པའི་སྒོ་ནས་ལེན་ཏེ། ཉན་ཐོས་རྣམས་ཀྱི་ཆོ་ག་ཡང་། སྐྱབས་སུ་འགྲོའི་ཚུལ་གྱི་འཕོགས་ཞེས་གསུངས་པའི་ཕྱིར། གཉིས་པ་དགེ་བསྙེན་ཕའི་སྡོམ་པ་ནི༑ རང་ཉིད་གཅིག་པུ་ཉན་ཐོས་ཀྱི་བྱང་ཆུབ་ཐོབ་ཕྱིར་དུ། ཇི་སྲིད་འཚོའི་བར་དུ། དགེ་བསྙེན་གྱི་སྡོམ་པ་ལེན་སླམ་པའི་ཀུན་སློང་དྲགས་པོས་དགེ་བསྙེན་ཡན་ཆད་ཀྱི་སྡོམ་ལྡན་དྲུང་དུ། གང་རུང་མཆིའོ། །བདག་མིང་འདི་ཞེས་བགྱི་བ། དུས་འདི་ནས་བཟུང་སྟེ། ཇི་སྲིད་འཚོའི་བར་དུ། དགེ་བསྙེན་དུ་སློབ་དཔོན་གྱིས་བཟུང་དུ་གསོལ། ཞེས་སྔགས་ཚིག་ལན་གསུམ་བཟླ་སྟེ། བསླབ་བྱ་གང་བསྲུང་འདོད་པ། ལན་ཅིག་བརྗོད་པའི་སྒོ་ནས་ལེན་ཏེ། དགེ་བསྙེན་ཉིད་དུ་ཁས་བླངས་ནས་སྡོམ་པ་བརྟན་པ་དགེ་སློང་བཞིན། ཞེས་གསུངས་པའི་ཕྱིར། དགེ་བསྙེན་མ་ལའང་འགྲེ། བཞི་པ་དགེ་ཚུལ་ཕའི་སྡོམ་པ་ལེན་པའི་ཆོ་ག་ལ། རང་ཉིད་གཅིག་པུ། ཉན་ཐོས་ཀྱི་བྱང་ཆུབ་ཐོབ་ཕྱིར་དུ། ཇི་སྲིད་འཚོའི་བར་དུ། དགེ་ཚུལ་གྱི་སྡོམ་པ་ལེན་སླམ་པའི་ཀུན་སློང་དྲག་པོས། མཁན་པོར

འོས་པའི་དགེ་སློང་རྣམ་དག་གི་དྲུང་དུ། གང་རུང་མཆིའོ། །བདག་མི་འདི་ཞེས་བགྱི་བ། ཇི་སྲིད་འཚོའི་བར་དུ༑ དགེ་ཚུལ་དུ། སློབ་དཔོན་གྱིས་བཟུང་དུ་གསོལ། ཞེས་སྔགས་ཚིག་ལན་གསུམ་བཟླ་སྟེ། རགས་སྡོམ་བཅུ་པོ་ལན་ཅིག་བརྗོད་པའི་སྒོ་ནས་ལེན་ནོ། །དགེ་ཚུལ་མ་ལ་ཡང་འགྲེའོ། །དྲུག་པ། དགེ་སློབ་མའི་ཆོ་ག་ལ། རང་ཉིད་གཅིག་པུ། ཉན་ཐོས་ཀྱི་བྱང་ཆུབ་ཐོབ་ཕྱིར་དུ། ཇི་སྲིད་འཚོའི་བར་དུ། དགེ་སློབ་མའི་སྡོམ་པ་ལེན་སྙམ་པའི་ཀུན་སློང་དྲག་པོས་གསོལ་བ་དང་། ལས་ཀྱི་སྒོ་ནས་ལེན་ནོ། །བདུན་པ་ནི། རང་ཉིད་གཅིག་པུ་ཉན་ཐོས་ཀྱི་བྱང་ཆུབ་ཐོབ་ཕྱིར་དུ། དགེ་སློང་གི་སྡོམ་པ་ལེན་སྙམ་པའི་ཀུན་སློང་དྲག་པོས། མདོན་གྲུར་བཅུའི་སྒོ་ནས་དགེ་སློང་གི་སྡོམ་པ་ལེན་ཏེ། ལུང་གཅིག་ལས་འཕྲོས་པ་ལས། སངས་རྒྱས་ཆོས་དང་དགེ་འདུན་ཏེ། །མཁན་པོ་སློབ་དཔོན་བསྙེན་རྫོགས་འདོད། །ཡོངས་སྐྱོང་ཡོངས་སུ་དག་པ་དང་། །གསོལ་དང་ལས་ནི་མདོན་གྲུར་པའོ། །ཞེས་གསུངས་པའི་ཕྱིར། བརྒྱད་པ་ཐེག་ཆེན་གྱི་སྡོམ་པ་ནི། ཀུན་སློང་ཐེག་ཆེན་སེམས་བསྐྱེད་ཀྱིས་ཟིན་པའི་སྒོ་ནས། ཆོ་ག་ཉན་ཐོས་ཀྱི་ལུགས་བཞིན་བྱེད་དེ། དེས་ན་ད་ལྟའི་ཆོ་ག་ནི། །ཞེས་སོགས་གསུངས་པའི་ཕྱིར། གཉིས་པ་བྱང་སྡོམ་ལེན་བྱེད་ཀྱི་ཆོ་ག་བཤད་པ་ནི། གཉིས་པ་སྔགས་སྡོམ་ལེན་བྱེད་ཀྱི་ཆོ་ག་ལ། སོ་སོའི་རྣམ་གཞག་དང་། ཐུན་མོང་གི་ཁྱད་ཆོས་གཉིས། དང་པོ་ལ། རྒྱུད་སྡེ་བཞིའི་སྡོམ་པ་ལེན་བྱེད་ཀྱི་ཆོ་ག་ལ། དང་པོ་བྱ་རྒྱུད་ཀྱི་སྡོམ་པ་ལེན་བྱེད་ཀྱི་ཆོ་ག་ལ། གང་གིས་དབང་བསྐུར་བའི་རྡོ་རྗེ་སློབ་དཔོན། གང་ལ་དབང་བསྐུར་བའི་རྡོ་རྗེ་སློབ་མའི། གང་དུ་དབང་བསྐུར་བའི་དབང་། ཇི་ལྟར་བསྐུར་བའི་ཆོ་ག །ནམ་གྱི་ཚེ་ཐོབ་པའི་དུས་དང་ལྔ། དང་པོ་ལ། ཁྱད་ཆོས་ལྔ་ལྡན་དགོས་ཏེ། བྱ་རྒྱུད་ཀྱི་དབང་རྫོགས་པར་ཐོབ་པ། བྱ་རྒྱུད་ཀྱི་དམ་ཚིག་དང་སྡོམ་པ་ཐོབ་ལ་མ་ཉམས་པ། བྱ་རྒྱུད་ནས་བཤད་པའི་ཆོ་ག་མ་འཁྲུགས་པར་ཤེས་པ། ཕྱི་ནང་གི་རྟེན་འབྲེལ་སྒྲིག་མཁྱེན་པ། སློབ་མའི་ལུས་ངག་ཡིད་གསུམ་ལ་སྐུ་གསུང་ཐུགས་ཀྱི་ས་བོན་འདེབས་ནུས་པ་སོགས་ཁྱད་ཆོས་ལྔ་ལྡན་དགོས་པའི་ཕྱིར་ཏེ། སྨིན་པར་བྱེད་པའི་དབང་བསྐུར་ཡང་། །ཞེས་སོགས་ཀྱིས་དེ་ལྟར་བསྟན་པའི་ཕྱིར། གཉིས་པ་གང་ལ་བསྐུར་བའི་རྡོ་རྗེ་སློབ་མ་ལ། བྱ་རྒྱུད་ཀྱི་ལྷ་དང་བླ་མ་ལ་དད་པ་ཡོད་པ། དམ་ཚིག་དང་སྡོམ་པ་དོན་དུ་གཉེར་བ། དེ་ཐོབ་ནས་བསྲུང་ནུས་པའི་ཁྱད་ཆོས་གསུམ་ལྡན་དགོས་སོ༑ ༑གསུམ་པ་གང་དུ་དབང་བསྐུར་བའི་དཀྱིལ་འཁོར་ལ། སྤྲུལ་པའི། ཏིང་ངེ་འཛིན་གྱི། རས་བྲིས་ཀྱི། རྡུལ་ཚོན་གྱི་དཀྱིལ་འཁོར་དང་བཞི་ལས། དང་པོ་ནི། རྡོ་རྗེ་འཆང་གིས། བྱར་རུང་བའི་དུས་སུ་སྤྲུལ་པའི་དཀྱིལ་འཁོར་ལྟ་བུའོ། །གཉིས་པ་ནི། ཏིང་ངེ་འཛིན་ལ་དྲན་པ་ཐོབ་པའི་རྡོ་རྗེ་སློབ་དཔོན་གྱིས། ལུས་ངག་ལ་ལྟོས་མེད་དུ་ཏིང་ངེ་འཛིན་དཀྱིལ་འཁོར་དུ་དབང་བསྐུར་བ་ལྟ་བུའོ། །གསུམ་པ་ནི། རས་འདྲུལ་ལ་བྲིས་པའི་བྱ་རྒྱུད་ཀྱི

དཀྱིལ་འཁོར་མཚན་ཉིད་དང་ལྡན་པ་ལ་འཇོག །བཞི་པ་ནི། ཐིག་དང་རྡུལ་ཚོན་ལ་བརྟེན་པའི་དཀྱིལ་འཁོར་ལྷ་བྲིའོ། །

བཞི་པ་ཇི་ལྟར་བསྒྲུབ་པའི་ཆོག་ལ། གསང་བ་སྤྱི་རྒྱུད་ལས། རྣམ་དཔྱད་དང་པོ་ས་གཞི་བཟུང་། །གཉིས་པ་ལ་ནི་སྔ་གོན་བྱ། །ཐུབ་གསུམ་པ་ལ་འཇུག་པ་ཤེས། །ཞེས་གསུངས་པ་ལྟར། ཐུབ་དང་པོ་ལ་ས་ཆོག གཉིས་པ་ལ་ལྷ་གོན། གསུམ་པ་ལ་འཇུག་པའི་ཆོག་བྱའོ། །དང་པོ་ལ་ཡང་། ས་བརྟག་པ། བླངས་བ། སྦྱངས་བ། བཟུང་བ་དང་བཞིའོ། །གཉིས་པ་སྔ་གོན་གྱི་ཆོག་ལ། སའི་ལྷ་མོ། ལྷ། བུམ་པ། སློབ་མ་སྔ་གོན་གྱི་ཆོག་དང་བཞི། དང་པོ་གསུམ་ལ། ལྷ་བསྐྱེད་པ། མཆོད་པ། བསྟོད་པ། རིག་སྔགས་བཟླ་བ། གཏོར་མ་འབུལ་བ། ཕྲིན་ལས་བཅོལ་བ་དང་དྲུག་གོ། །བཞི་པ་སློབ་མ་སྔ་གོན་ནི། འཇུག་པའི་ཆོས་བཅུའི་སྒོ་ནས་སློབ་མ་སྔ་གོན་བྱེད་དོ། །གསུམ་པ་འཇུག་པའི་ཆོག་ལ། དཀྱིལ་འཁོར་འབྲི་བ། རྒྱན་བཀྲམ་པ། ལྷ་སྒྲུབ་པ། མཆོད་པ། བདག་ཉིད་འཇུག་པ། དབང་བླང་བ། སློབ་མ་འཇུག་པ། དབང་བསྐུར་བ་དང་བརྒྱད། དང་པོ་ལ། ཐིག་གིས་འབྲི་བ་དང་། ཚོན་གྱིས་འབྲི་བ་གཉིས། དང་པོ་ལ། ཐིག་སྐུད་དེ་བཞི་ལ་བརྟེན་པའི་ཕྱོགས་དང་། གོ་དྲུག་ལ་བརྟེན་པའི་ཕྱོགས་གཉིས། དེ་གཉིས་ཀ་ལ་ཡང་། ཐིག་སྐུད་ཀྱི་རྒྱུ། དེ་སྒྲིམ་པ། དེ་བྱིན་གྱིས་བརླབས་པ། དེ་བཏབ་པ་དང་བཞི་བཞིའི་སྒོ་ནས་གཏན་ལ་འབེབས་སོ། །གཉིས་པ་ལ། ཚོན་གྱི་རྒྱུ། དེ་ཁ་བསྒྱུར་བ། དེ་བྱིན་གྱིས་བརླབས་པ། དེ་འབྲི་བ་དང་བཞིའོ། །གཉིས་པ་རྒྱན་བཀྲམ་པ་ལ། གནས་ཁང་བརྒྱན་པ་དང་། མཆོད་པ་བཤམ་པ་གཉིས། དང་པོ་ལ། གནས་ཁང་བྱི་དོར་བྱ་སྟེ། བླ་རེ་སོགས་ཀྱིས་བརྒྱན་པར་བྱེད། གཉིས་པ་ལ། དཀྱིལ་འཁོར་གྱི་མདུན་དུ་ལྷ་སྤྱི་དང་བྱེ་བྲག་མཆོད་པ། རང་རིགས་རྒྱུད་སྡེ་ནས་བཤད་པ་ལྟར། ཅི་འབྱོར་བཤམ་མོ། །གསུམ་པ་ལྷ་སྒྲུབ་པ་ལ། དཀྱིལ་འཁོར་གྱི་མདུན་དུ་རང་ཉིད་ཐ་མལ་དུ་གནས་ཏེ། མདུན་དུ་ཞལ་ཕྱག་གི་རྣམ་པ་ཅན་དུ་གསལ་བཏབ་ནས། རྗེ་དཔོན་གྱི་ཚུལ་གྱིས་དངོས་གྲུབ་ལེན་ནོ། །བཞི་པ་ལྷ་མཆོད་པ་ལ༑ ཕྱིའི་མཆོད་པ། དེ་ཁོ་ན་ཉིད་ནང་གི་མཆོད་པ། གྲུབ་པའི་མཆོད་པ་དང་གསུམ་མོ། །ལྔ་པ་བདག་ཉིད་འཇུག་པ་ནི། འཇུག་པའི་ཆོས་བཅུའི་སྒོ་ནས་འཇུག་གོ། །དྲུག་པ་དབང་བླང་བ་ནི། དངོས་གཞི་དང་། མཐའ་བརྟེན་གྱི་དབང་གཉིས། བདག་འཇུག་གི་སྒོ་ནས་ལེན་ནོ། །བདུན་པ་སློབ་མ་འཇུག་པ་ནི། འཇུག་པའི་ཆོས་བཅུའི་སྒོ་ནས་འཇུག་གོ། །བརྒྱད་པ་དབང་བསྐུར་བ་ལ། དངོས་གཞི་དང་། མཐའ་བརྟེན་གྱི་དབང་གཉིས། དང་པོ་ལ། ཆུ་དང་། ཅོད་པན་གྱི་དབང་གཉིས་ལས། དང་པོ་ནི། རྣམ་རྒྱལ་བུམ་པའི་བུམ་ཆུ་སྦྱིན་པའི་སྒོ་ནས་དབང་བསྐུར། གཉིས་པ་ནི། ཅོད་པན་ཕྱག་རྒྱ་བསྟེན་དབང་བསྐུར། བྱ་རྒྱུད་ཀྱི་དངོས་གཞིའི་དབང་ལ་དེ་

གཉིས་སུ་ཡིན་ཏེ། ཡེ་ཤེས་ཐིག་ལེའི་རྒྱུད་ལས། ཆུའི་དབང་བསྐུར་ཅོད་པན་དབང་། །བྱ་བའི་རྒྱུད་ལ་རབ་ཏུ་གསལ། །ཞེས་གསུངས་སོ། །གཉིས་པ་འཁོར་གྱི་དབང་ལ། བྱ་རྒྱུད་ཀྱི་རིགས་སྔགས་བཟླས་ལུང་། བྱབ་འབྲུས་བསྲུང་འདྲའི་དབང་། བཀྲ་ཤིས་རྟགས་བརྒྱད་ཀྱི་དབང་ལྔ། ལྔ་པ་ནམ་གྱི་ཚེ་ཐོབ་པའི་དུས་ནི། བྱ་རྒྱུད་ཀྱི་སྐབས་འགྲོ་ནས། བྱ་རྒྱུད་ཀྱི་སྡོམ་པ་སྐྱེ་བའི་མགོ་བཟུང་སྟེ། དེའི་ཅོད་པན་གྱི་དབང་རྫོགས་པར་ཐོབ་པའི་ཚེ། དེའི་དབང་སྡོམ་རྫོགས་པར་ཐོབ་པའོ། །

གཉིས་པ་སྤྱོད་རྒྱུད་ཀྱི་དབང་སྡོམ་ཐོབ་བྱེད་ཀྱི་ཆོག་ལ། སྔར་ལྟར། གང་གི་བསྐུར་བའི་རྡོ་རྗེ་སློབ་དཔོན་སོགས་ལྔས། ཕལ་ཆེར་བྱ་སྤྱོད་འདྲེན་པ་བསྒྲུར། ལྷ་སྒྲུབ་པ་ལ། བདག་ཉིད་ཀྱང་ལྷའི་ཞལ་ཕྱག་གི་རྣམ་པ་ཅན་དུ་གསལ་བཏབ། མདུན་དུ་ཡང་། ལྷ་ཞལ་ཕྱག་གི་རྣམ་པ་ཅན་གསལ་བཏབ་སྟེ། གྲོགས་པོ་ལྷ་བུའི་ཚུལ་གྱིས་དངོས་གྲུབ་ལེན་ནོ། །དབང་བསྐུར་བ་ལ། དངོས་གཞི་དང་། མཐའ་བརྟེན་གཉིས་ལས། ཕྱི་མ་བྱ་རྒྱུད་དང་འདྲ། སྔ་མ་ལ། ཆུ། ཅོད་པན། རྡོ་རྗེ། དྲིལ་བུ། མིང་གི་དབང་དང་ལྔ་སྟེ། ཡེ་ཐིག་ལས། རྡོ་རྗེ་དྲིལ་བུ་མིང་གི་དབང་། །སྤྱོད་པའི་རྒྱུད་དུ་གསལ་བར་བྱེད། །ཞེས་གསུངས་པའི་ཕྱིར། ལྔ་པ་ཐོབ་པའི་དུས་ལ། བྱ་སྤྱོད་འདྲེན་པ་བསྒྲུར་རོ། །གསུམ་པ་རྣལ་འབྱོར་རྒྱུད་ཀྱི་དབང་སྡོམ་ཐོབ་བྱེད་ཀྱི་ཆོག་ལ། གང་གིས་དབང་བསྐུར་བའི་རྡོ་རྗེ་སློབ་དཔོན་དབང་པོ་ལྔ་ལས། ཕལ་ཆེར་བྱ་སྤྱོད་དང་མཐུན་ཅིང་། མི་མཐུན་པའི་ཁྱད་པར་ནི། རྡོ་རྗེ་སློབ་དཔོན་གྱི་ཁྱད་ཆོས་ནི། སློབ་པའི་ལུས་ངག་ཡིད་གསུམ་ལ་སྐུ་བཞིའི་ས་བོན་འདེབས་ནུས་པ་སོགས་དགོས་ཤིང་། ལྷ་སྒྲུབ་པའི་ཚེ་ཐོབ་པའི་དུས་ལ། བདག་མདུན་གཉིས་ཀ་ལྷར་སྐྱེད་ནས། ཡེ་ཤེས་འཁོར་ལོ་སྤྱན་དྲངས། ཕྱག་རྒྱ་བཞིའི་རྒྱས་བཏབ་ཏེ་སྒྲུབ་པར་བྱེད་དོ། །དབང་བསྐུར་བ་ལ་དངོས་གཞི་དང་། མཐའ་བརྟེན་གཉིས་ལས། དང་པོ་ལ། རྡོ་རྗེ་སློབ་མའི་དང་། རྡོ་རྗེ་སློབ་དཔོན་གྱི་གཉིས་ལས། དང་པོ་ལ། རིག་པའི་དབང་ལྔ་དང་། བརྟུལ་ཞུགས་ཀྱི་དབང་དང་དྲུག །གཉིས་པ་ལ་སྐུ་གསུང་ཐུགས་ཀྱི་དབང་གསུམ་སྟེ། མཐའ་བརྟེན་བྱ་སྤྱོད་དང་མཐུན། ནམ་གྱི་ཚེ་ཐོབ་པའི་དུས་ལ། བླ་མ་ཅོང་ཁ་པའི་བཞེད་པས། རྣལ་འབྱོར་རྒྱུད་ཀྱི་འཇུག་པའི་གནས་སྐབས་རིགས་ལྔའི་སྡོམ་བཟུང་ལན་གསུམ་བཟླ་བའི་དུས་སུ། རྣལ་འབྱོར་རྒྱུད་ཀྱི་དབང་སྡོམ་རྫོགས་པར་ཐོབ་ཏེ༑ དེའི་དུས་སུ་རྣལ་འབྱོར་རྒྱུད་ཀྱི་རིགས་ལྔའི་སྡོམ་པ་རྫོགས་པར་ཐོབ་པ་གང་ཞིག །རྣལ་འབྱོར་རྒྱུད་ཀྱི་ལྷ་ལ་རིགས་ལྔར་གྲངས་ངེས་པའི་ཕྱིར། ཞེས་གསུངས་ཏེ་འོག་ནས་འགོག་གོ། །རང་ལུགས་ནི། བྱ་སྤྱོད་དང་འདྲ། བཞི་པ་བླ་མེད་ཀྱི་སྡོམ་པ་ཐོབ་བྱེད་ཀྱི་ཆོག་ལ། སྔར་ལྟར་ལྔ། ཕལ་ཆེར་བྱ་སྤྱོད་དང་མཐུན་ལ། མི་མཐུན་པའི་ཁྱད་པར་ནི། རྡོ་རྗེ་སློབ་དཔོན་གྱི་ཁྱད་ཆོས་ནི་གཞན་རྣམས་བྱ་སྤྱོད་དང་འདྲ་བ་ལ། སློབ་མའི་ལུས་ངག

ཡིད་གསུམ་ལ། སྐུ་བཞིའི་ས་བོན་འདེབས་ནུས་པ་ཞིག་དགོས། གང་དུ་དབང་བསྐུར་བའི་དཀྱིལ་འཁོར་ལ་བཞི་ཡོད་ཅིང་། སྔར་བླ་མེད་ཀྱི་དབང་སྡོམ་མཚོན་པའི་སོ་སྐྱེ་ལས་དང་པོ་ལ་བླ་མེད་ཀྱི་དབང་བསྐུར་བའི་ཚེ། རྡུལ་ཚོན་གྱི་དཀྱིལ་འཁོར་ངེས་པར་དགོས་ཏེ། དེང་སང་གང་ཟག་རབ་འབྲིང་ཀུན། །ཞེས་གསུངས་པའི་ཕྱིར། ལྷ་སྒྲུབ་པའི་ཚེ། བདག་མདུན་གཉིས་ཀ་ཡན་ལག་བཞི་རྫོགས་སུ་བསྐྱེད་ནས། སྤྱང་གཞི་སྦྱོང་བྱེད་ངོ་འཕྲོད་པའི་བསྐྱེད་རིམ་གྱི་སྒོ་ནས་སྒྲུབ། དབང་བསྐུར་བ་ལ། དངོས་གཞི་དང་། མཐའ་བརྟེན་གཉིས་ལས། དང་པོ་ལ་བུམ་དབང་། གསང་དབང་། ཤེས་རབ་ཡེ་ཤེས། དབང་བཞི་པ་དང་བཞི་ལས། དང་པོ་ལ། རྡོ་རྗེ་སློབ་མ་དང་། རྡོ་རྗེ་སློབ་དཔོན་གྱི་དབང་གཉིས། དང་པོ་ལ། རིག་པའི་དབང་ལྔ། བརྟུལ་ཞུགས་ཀྱི་དབང་དང་དྲུག ། གཉིས་པ་ལ། རྡོ་རྗེ་ཐུགས་ཀྱི། དྲིལ་བུ་གསུང་གི། ཕྱག་རྒྱ་སྐུའི་དམ་ཚིག་གི་དབང་དང་གསུམ། གཉིས་པ་མཐའ་བརྟེན་གྱི་དབང་ལ། ལུང་བསྟན། དབུགས་དབྱུང་། གཟེངས་བསྟོད། རྗེས་གནང་གི་དབང་དང་བཞིའོ། ། ནམ་གྱི་ཚེ་ཐོབ་པའི་དུས་ལ། ཅིག་ཁ་པ། བླ་མེད་ཀྱི་དབང་གི་འཇུག་པའི་གནས་སྐབས་ཀྱི་རིགས་ལྔའི་སྡོམ་བཟུང་གི་སྐབས་སུ། བླ་མེད་ཀྱི་དབང་སྡོམ་རྫོགས་པར་ཐོབ་སྟེ། སྒྲུབ་བྱེད་སྔར་བཞིན་ཞེས་སྨྲ་བ་མི་རིགས་སྟེ། བླ་མེད་ཀྱི་དབང་སྡོམ་ཐོབ་པ་ལ། བླ་མེད་ཀྱི་དངོས་གཞིའི་དབང་དགོས་མེད་དུ་ཐལ་བའི་ཕྱིར། ཡང་ཁ་ཅིག ། བུམ་དབང་ཐོབ་པའི་ཚེ། བླ་མེད་ཀྱི་དབང་སྡོམ་རྫོགས་པར་ཐོབ་སྟེ། དེའི་དུས་སུ་གསང་དབང་སོགས་མ་ཐོབ་པའི་ཕྱིར་ཞེས་པ་ནི་ཀྱི་ན་སྟེ། འོ་ན་ཀྱེ་རྡོ་རྗེའི་རྒྱུ་དུས་ཀྱི་དབང་བཞི་ཐོབ་པའི་དུས་སུ། བླ་མེད་ཀྱི་དབང་སྡོམ་རྫོགས་པར་མ་ཐོབ་པར་ཐལ། དེའི་དུས་སུ་ལམ་དུས་དང་འབྲས་དུས་ཀྱི་དབང་སྡོམ་ཐོབ་པའི་ཕྱིར། ཁྱབ་པ་ཁས། རང་ལུགས་ལ། བླ་མེད་ཀྱི་སྐབས་འགྲོ་ནས། དེའི་སྡོམ་པ་སྐྱེ་བའི་མགོ་བཟུང་སྟེ། དེའི་བུམ་དབང་ཐོབ་པའི་ཚེ། དེའི་དབང་སྡོམ་རྫོགས་པར་ཐོབ་སྟེ། དེའི་རྩ་ལྟུང་བཅུ་བཞི་དང་། ཡན་ལག་གི་ལྟུང་བ་བརྒྱད་སྲོང་ནུས་པའི་སྡོམ་པ་རྫོགས་པར་ཐོབ་པའི་ཕྱིར། གཉིས་པ་ཐུན་མོང་གི་ཁྱད་ཆོས་ལ། རྒྱུད་སྡེ་བཞི་ལ། དབང་གི་བབས་མི་འདྲ་བ་བཞི་སྟེ། བྱ་རྒྱུད་ལ་ཆུ་དང་། ཅོད་པན་གྱི་དབང་གཉིས་ཡོད་ཀྱི། དབང་གོང་མ་རྣམས་མེད། སྤྱོད་རྒྱུད་ལ་དེའི་སྟེང་དུ་རྡོ་རྗེ་དྲིལ་བུ་མིང་གི་དབང་གསུམ་ཡོད་ཀྱི་གོང་མ་རྣམས་མེད། རྣལ་འབྱོར་རྒྱུད་ལ་རིག་པའི་དབང་ལྔ་དང་རྡོ་རྗེ་སློབ་དཔོན་གྱི་དབང་རྣམས་ཡོད་ཀྱི་དབང་བཞི་ཡོངས་རྫོགས་མེད། བླ་མེད་ལ་དེ་དག་གི་སྟེང་དུ་དབང་བཞི་ཡོངས་རྫོགས་ཡོད་དེ། དེས་ན་རྒྱུད་སྡེ་བཞི་པོ་ཡི། །ཞེས་སོགས་གསུངས་པའི་ཕྱིར། བླ་མེད་ལ་དབང་བཞི་ཡོད། དེ་ལ་བསྐུར་བྱའི་དཀྱིལ་འཁོར་མི་འདྲ་བ་བཞི་དང་། སྦྱོང་བྱེད་ཀྱི་ལམ་མི་འདྲ་བ་བཞི་ཡོད། སྐུར་བྱེད་ཀྱི་དཀྱིལ་འཁོར་མི་འདྲ་བ་བཞི་ཡོད། ཐོབ་བྱའི་འབྲས་བུ་མི་འདྲ་བ་བཞི་ཡོད།

གང་གིས་བསྒྲུར་བར་བྱེད་པའི་བླ་མ་མི་འདྲ་བ་བཞི་རྣམས་སུ་ཡོད་པའི་ཕྱིར། དང་པོ་གྲུབ་སྟེ། གང་དུ་དབང་བསྐུར་བའི་སློབ་མའི་དཀྱིལ་འཁོར་ལ། ལུས་རྡུའི་དཀྱིལ་འཁོར། ཀུན་རྫོབ་བྱང་སེམས་ཀྱི་དཀྱིལ་འཁོར། ཕྱག་རྒྱ་ཟླ་གའི་དཀྱིལ་འཁོར། དོན་དམ་མཐར་ཐུག་གི་དཀྱིལ་འཁོར་དེ་བཞི་ཡོད་པའི་ཕྱིར། གང་གིས་དབང་བསྐུར་བ་རྡོ་རྗེ་སློབ་དཔོན་དཀྱིལ་འཁོར་ལ། རྡོ་རྗེ་སློབ་དཔོན་བཞེངས་པ་རྫུལ་ཚོན་གྱི་དཀྱིལ་འཁོར། ཕྱག་རྒྱ་ཟླ་གའི་དཀྱིལ་འཁོར། ཀུན་རྫོབ་བྱང་སེམས་ཀྱི་དཀྱིལ་འཁོར་དང་། དོན་དམ་མཐར་ཐུག་གི་དཀྱིལ་འཁོར་དང་བཞི་ཡོད་པའི་ཕྱིར། གཉིས་པ་གྲུབ་སྟེ། དེ་ལ་ལུས་ངག་ཡིད་གསུམ་སོ་སོའི་དྲི་མ། དེ་གསུམ་ཀའི་དྲི་མ་དང་བཞི་ཡོད་པའི་ཕྱིར། གསུམ་པ་གྲུབ་སྟེ། དེ་ལ་བསྐྱེད་རིམ། རྡོ་རྗེ་གཏུམ་མོ། དཀྱིལ་འཁོར་འཁོར་ལོ། རྡོ་རྗེ་ཐ་རླབས་དང་བཞི་ཡོད་པའི་ཕྱིར། བཞི་པ་གྲུབ་སྟེ། བུམ་དབང་གི་དཀྱིལ་འཁོར་ལ་སོགས་བཞི་ཡོད་པའི་ཕྱིར། ལྔ་པ་གྲུབ་སྟེ། དེ་ལ། སྤྲུལ་སྐུ་སོགས་བཞི་ཡོད་པའི་ཕྱིར། དྲུག་པ་གྲུབ་སྟེ། དེ་ལ་བུམ་དབང་བསྐུར་བའི་བླ་མ་སོགས་བཞིའམ། ཕྱི་སྒྲོ་འདོགས་ཡོངས་སུ་བཅོད་པའི་བླ་མ་སོགས་བཞི་ཡོད་པའི་ཕྱིར། དེ་ལ་གཞན་དག་ན་རེ། རྒྱུད་སྡེ་འོག་མ་གཉིས་ལ། རྡོ་རྗེ་སློབ་དཔོན་གྱི་དབང་ཡོད་པར་ཐལ། དེ་གཉིས་ལ་རྡོ་རྗེ་སློབ་དཔོན་མཚན་ཉིད་པ་ཡོད་པའི་ཕྱིར། ཞེས་སྨྲ་བ་མི་རིགས་ཏེ། དེ་གཉིས་ལ་བུམ་དབང་ཡོད་པར་ཐལ། དེ་གཉིས་ལ་དབང་བསྐུར་བའི་བུམ་པ་མཚན་ཉིད་པ་ཡོད་པའི་ཕྱིར། ཁྱོད་ཀྱིས་འདོད་ན། ཉན་ཐོས་དགེ་སློང་གི་རྒྱུད་སྡེ་བཞི་ཀའི་དབང་སྡོམ་མས་རིམ་ནས་རྫོགས་པར་ཐོབ་པའི་དགེ་སློང་རྡོ་རྗེ་འཛིན་པའི་རྒྱུད་ལ། དེ་དག་གི་སྡོམ་པ་གནས་པའི་ཚུལ་ནི་གང་། དེས་རྒྱུད་སྡེ་བཞིའི་སྡོམ་པ་ཉམས་སུ་ལེན་པའི་ཚུལ་ཇི་ལྟ་བུ་ཞེ་ན། དེའི་རྒྱུད་ལ་སྡོམ་པ་འོག་མ་རྣམས། གོང་མ་གོང་མར་གནས་གྱུར་ནས། རྫས་གཅིག་པ་ཁོ་ནར་གནས་ཏེ། ཆོས་ཀྱི་རྗེའི་ཞལ་ནས། སྡོམ་གསུམ་གནས་གྱུར་ངོ་བོ་གཅིག་ཅེས་གསུངས་པའི་ཕྱིར། གང་ཟག་དེས་དེ་གསུམ་ཉམས་སུ་ལེན་པའི་ཚུལ་ཡོད་དེ། ཆོ་གའི་ཡན་ལག་ཐུན་མོང་བ་ནང་མི་འགལ་བ་དང་། ཐུན་མོང་མིན་པ་འདྲེས་པའི་སྒོ་ནས་ཉམས་སུ་ལེན་པའི་ཕྱིར།

ལྔ་པ་སོ་སོའི་བསླབ་བྱ་ལ། སོ་ཐར། བྱང་སེམས། སྔགས་སྡོམ་གྱི་བསླབ་བྱ་དང་གསུམ། དང་པོ་ལ། སོ་ཐར་རིགས་བརྒྱད་ཀྱི་དང་པོ་བསྙེན་གནས་སྡོམ་པའི་བསླབ་བྱ་ལ། རྩ་བ་བཞི་དང་། ཡན་ལག་གི་ལྷུང་བ་བཞི་སྤོང་བའི་བསླབ་བྱ་བརྒྱད་ཡོད་དེ། ཚུལ་ཁྲིམས་ཀྱི་ཡན་ལག་རྩ་བཞི་སྤོང་བ། བག་ཆགས་ཀྱི་ཡན་ལག་མྱོས་གྱུར་སྤོང་བ། བརྟུལ་ཞུགས་ཀྱི་ཡན་ལག་སོགས་དང་། ཕྲེང་སོགས་སྤོང་བ། ཕྱི་དྲོའི་ཁ་ཟས་སྤོང་བའི་བསླབ་བྱ་སོགས་བཞི་ཡོད་དེ། མཛོད་ལས། ཚུལ་ཁྲིམས་ཡན་ལག་བག་ཡོད་པའི། །ཡན་ལག་བརྟུལ་ཞུགས་

ཡན་ལག་སྟེ། །བཞི་གཅིག་དེ་བཞིན་གསུམ་རིམ་བཞིན། །ཞེས་གསུངས་པའི་ཕྱིར། དགེ་བསྙེན་གྱི་བསླབ་བྱ་ལ་ལྔ་ཡོད་དེ། རྩ་བཞི་སྲུང་བའི་བསླབ་བྱ་བཞི་དང་། མྱོས་གྱུར་སྲུང་བའི་ཡན་ལག་གི་བསླབ་བྱ་གཅིག་ཡོད་པའི་ཕྱིར། འོན་རྩ་བ་བཞི་གང་ཞེ་ན། གཞན་ཡོངས་གྲགས་ལྟར་ལས། མི་ཚངས་སྤྱོད་ཀྱི་ཚབ་ཏུ་འདོད་པས་ལོག་གཡེམ་བགྲང་བ་ཡིན་ཏེ། དེའི་རྒྱུ་མཚན་ལོག་གཡེམ་དེ་ཤིན་ཏུ་སྨད་པའི་གནས་ཡིན་པའི་ཕྱིར་དང་། སྲུང་སླ་བའི་ཕྱིར་དང་། སྐྱེ་བ་ཕྱི་མ་ཕན་ཆད་དུ་མི་བཏྟེད་པར་བསྲུང་བའི་ནུས་པ་ཐོབ་པའི་ཕྱིར། དེར་བགྲང་བ་ཡིན་ཏེ། མཛོད་ལས། ལོག་གཡེམ་ཤིན་ཏུ་སྨད་པའི་ཕྱིར་དང་། བླང་ཕྱིར་མི་བཏྟེད་ཐོབ་པའི་ཕྱིར་རོ། །ཞེས་གསུངས་པའི་ཕྱིར། འོན་ངག་གི་ལས་མི་དགེ་བཞིའི་ནང་ནས་རྫུན་རྩ་བར་འདྲེན་པའི་རྒྱུ་མཚན་ཅི་ཞེ་ན། བསླབ་པ་གཞན་རྣམས་ལས་མི་འདའ་བར་བྱ་བའི་ཕྱིར། དེར་བགྲང་སྟེ། མཛོད་ལས། བསླབ་པ་རྣམས་ལས་འདས་གྱུར་ན། །རྫུན་དུ་ཐལ་བར་གྱུར་ཕྱིར་རོ། །ཞེས་གསུངས་པའི་ཕྱིར། འོན་ཡན་ལག་གི་ལྟུང་བ་རྣམས་ཀྱི་ནང་ནས། སྐབས་འདིར་མྱོས་གྱུར་རྩ་བར་བགྲང་བའི་རྒྱུ་མཚན་ཅི་ཞེ་ན། བསླབ་པ་གཞན་རྣམས་མི་ཉམས་པར་བསྲུང་བའི་ཆེད་དུ་དེར་བགྲང་སྟེ། མཛོད་ལས། དེའི་དྲན་ཉམས་དྲེགས་འགྱུར་བས། །མྱོས་གྱུར་ལས་གཞན་བསྲུང་ཕྱིར་རོ། །ཞེས་གསུངས་པའི་ཕྱིར།

དགེ་ཚུལ་གྱི་བསླབ་བྱ་བཅུ་ཡོད་དེ། རྩ་བ་བཞི། ཡན་ལག་དྲུག་སྟེ་རགས་སྡོམ་བཅུ་ཡོད་པའི་ཕྱིར། དགེ་སློབ་མའི་བསླབ་བྱ་ལ་ཉེར་གཉིས་ཡོད་དེ། རགས་སྡོམ་བཅུ། རྩ་བའི་ཆོས་དྲུག །རྗེས་མཐུན་གྱི་ཆོས་དྲུག་རྣམས་ཡོད་པའི་ཕྱིར། དགེ་སློང་ཕའི་བསླབ་བྱ་ལ་ཉིས་བརྒྱ་ལྔ་བཅུ་རྩ་གསུམ་སྟེ་ཕམ་པ་བཞི། ལྷག་མ་བཅུ་གསུམ། སྤང་ལྟུང་སུམ་ཅུ། ལྟུང་བྱེད་འབའ་ཞིག་པ་དགུ་བཅུ། སོར་བཤགས་བཞི། ཉེས་བྱས་བརྒྱ་དང་བཅུ་གཉིས་སྲུང་བའི་བསླབ་བྱ་རྣམས་ཡོད་པའི་ཕྱིར། དགེ་སློང་མའི་བསླབ་བྱ་སུམ་བརྒྱ་དྲུག་ཅུ་རྩ་བཞི་སྟེ། ཕམ་པ་བརྒྱད། ལྷག་མ་ཉི་ཤུ། སྤང་ལྟུང་སུམ་ཅུ་རྩ་གསུམ། ལྟུང་བྱེད་འབའ་ཞིག་པ་བརྒྱ་དང་བརྒྱད་ཅུ། སོར་བཤགས་བཅུ་གཅིག །ཉེས་བྱས་བརྒྱ་དང་བཅུ་གཉིས་སྲུང་བའི་བསླབ་བྱ་དེ་སྙེད་ཡོད་པའི་ཕྱིར།

གཉིས་པ་བྱང་སེམས་ཀྱི་བསླབ་བྱ་ལ། དབུ་མ་ལུགས་དང་། སེམས་ཙམ་གྱི་བསླབ་བྱ་གཉིས། དང་པོ་ལ། མདོ་སྡུད་པ་ནས་བཤད་པའི་སྨོན་སེམས་བཏང་བའི་རྩ་ལྟུང་དང་། ཐབས་མཁས་མདོ་ནས་བཤད་པའི་བདག་བསྟོད་གཞན་དམོད་པ་ལ་སོགས་པའི་རྩ་ལྟུང་བཞི་དང་། ནམ་སྙིང་མདོ་ནས་བཤད་པའི་དཀོན་མཆོག་གི་དཀོར་འཕྲོག་པ་སོགས་རྩ་ལྟུང་བཅུ་བཞི་ཅི་ནུས་སུ་སྲུང་བའི་དང་། ཉེས་སྤྱོད་སྡོམ་པའི་ཚུལ་ཁྲིམས་ཀྱི་བསླབ་བྱ་དང་། སྦྱིན་སོགས་དགེ་བ་ཅི་ནུས་སུ་སྒྲུབ་པ་ཡི། དགེ་བ་ཆོས་སྡུད་ཀྱི་ཚུལ་ཁྲིམས་ཀྱི་བསླབ་བྱ་དང་། སེམས

ཅན་ལ་ཕན་ཅི་ནུས་སུ་འདོགས་པ་དང༌། གནོད་པ་ཅི་ནུས་སུ་སྤོང་བའི་སེམས་ཅན་དོན་བྱེད་ཀྱི་ཚུལ་ཁྲིམས་ཀྱི་བསླབ་བྱ་དང་གསུམ་ཡོད་དོ། །གཉིས་པ་ལ་ཡང༌། བདག་བསྟོད་གཞན་ལ་དམོད་པ་ལ་སོགས་པའི་རྩ་ལྟུང་བཞི་དང༌། སེར་སྣའི་སྒོ་ནས་ཆོས་ནོར་མི་སྟོང་བ་སོགས་ཡན་ལག་གི་ལྟུང་བ་བཞི་བཅུ་རྩ་གཉིས་རྫོགས་པར་སྤོང་བའི་ཉེས་སྤྱོད་སྡོམ་པའི་ཚུལ་ཁྲིམས་ཀྱི་བསླབ་བྱ་དང༌། སྦྱིན་སོགས་དགེ་བ་རྫོགས་པར་བསྒྲུབ་པའི། དགེ་བ་ཆོས་སྡུད་ཀྱི་ཚུལ་ཁྲིམས་ཀྱི་བསླབ་བྱ་དང༌། སེམས་ཅན་གྱི་དོན་རྒྱ་ཆེན་པོ་སྒྲུབ་པའི་སེམས་ཅན་དོན་བྱེད་ཀྱི་ཚུལ་ཁྲིམས་ཀྱི་བསླབ་བྱ་སྟེ་གསུམ་ཡོད།

གསུམ་པ་སྔགས་སྡོམ་གྱི་བསླབ་བྱ་ལ། རྒྱུད་སྡེ་བཞིའི་སྔགས་སྡོམ་གྱི་བསླབ་བྱ་བཞི། རང་རང་གི་རྒྱུད་སྡེ་ནས་བཤད་པའི་རྩ་ལྟུང་བཅུ་བཞི་དང་ཡན་ལག་གི་ལྟུང་བ་སྤོང་བའི་བསླབ་བྱ་བཞི་བཞིའི་སྒོ་ནས་ཤེས་པར་བྱའོ། །ཆོས་དྲུག་པ་སེམས་བསྐྱེད་ཀྱི་གནད། བདག་གི་དགེ་བ་དང་གཞན་གྱི་སྡུག་བསྔལ་བརྗེ་བ་དང༌། བདག་རྒྱུད་ཀྱི་དགེ་བ་དང༌། གཞན་རྒྱུད་ཀྱི་སྡིག་པ་བརྗེ་བའི་བྱང་ཆུབ་སེམས་དང༌། ཚོགས་གཉིས་མྱུར་དུ་རྫོགས་ནས་བླ་མེད་བྱང་ཆུབ་ཏུ་བགྲོད་པར་བྱེད་པའི་གནད་ཀྱི་གཙོ་བོ་ཡིན་ཏེ། སྤྱོད་འཇུག་ལས། བདག་དང་གཞན་དུ་བརྗེ་བ་ནི། །དང་པོ་ཉིད་དུ་འབད་དེ་བསྒོམ། །ཞེས་དང༌། བདག་བདེ་གཞན་གྱི་སྡུག་བསྔལ་དག །ཡང་བདག་བརྗེ་བ་མ་བྱས་ན། ཞེས་གསུངས་པའི་ཕྱིར་དང༌། འདིར་ཡང༌། བྱང་ཆུབ་སེམས་ཀྱི་གནད་འཆུགས་ན། །ཆོས་གཞན་བཟང་ཡང་འཚང་མི་རྒྱ། །ཞེས་དང༌། བདག་གཞན་བརྗེ་བ་སངས་རྒྱས་ཀྱི། །བསྟན་པའི་སྙིང་པོ་ཡིན་པར་གསུངས། །ཞེས་སོགས་གསུངས་པའི་ཕྱིར། ཆོས་བདུན་པ་སྟོང་ཉིད་སྙིང་རྗེའི་སྙིང་པོ་ཅན་གྱི་སེམས་པ། སྟོང་ཉིད་རྟོགས་པའི་ཤེས་ཁྱད་པར་ཅན་དང༌། ཐབས་སྙིང་རྗེ་ཆེན་པོ་གཉིས། ཟུང་འཇུག་ཏུ་ཉམས་སུ་ལེན་པའི་བྱང་ཆུབ་སེམས་དེ། ཐེག་པ་ཆེན་པོའི་ཆོས་ཀྱི་རྩ་བ་སྟོང་ཉིད་སྙིང་རྗེའི་སྙིང་པོ་ཅན་གྱི་སེམས་ཡིན་ཏེ། འདིར། དེ་ཕྱིར་ཐབས་མཁས་ཤེས་རབ་གཉིས། །སངས་རྒྱས་རྒྱུ་ཡི་གཙོ་བོ་ཡིན། །ཞེས་དང༌། རྡོ་རྗེ་གུར་ལས། སྟོང་ཉིད་སྙིང་རྗེའི་སྙིང་པོ་ཅན། །བསྐྱེད་པས་བྱང་ཆུབ་ཐོབ་པར་གསུངས། །ཞེས་གསུངས་པའི་ཕྱིར། དེས་ན་ཐེག་ཆེན་གྱི་ལམ་ཡིན་ན། ཐེག་ཆེན་སེམས་བསྐྱེད་ཡིན་པའི་ཕྱིར། དེ་ནི་ཕ་རོལ་ཕྱིན་པ་ལ། །སེམས་བསྐྱེད་མིན་པའི་ཆོས་གཞན་མེད། །ཅེས་གསུངས་པའི་ཕྱིར། ཆོས་བརྒྱད་པ་རིམ་པ་གཉིས་ཀྱི་གསང་ཚིག་ལ། བསྐྱེད་རིམ་གྱི་གསང་ཚིག་དང༌། རྫོགས་རིམ་གྱི་གསང་ཚིག་གཉིས། དང་པོ་ལ། ཁྱད་ཆོས་ལྔ་ལྡན་དགོས་ཏེ། གདན་གསུམ་ཚང་བའི་དབང་གིས་རྒྱུད་སྨིན་པ། ཡན་ལག་བཞི་རྫོགས་པའི་སྒོ་ནས་བདག་གི་ལྷར་བསྐྱེད་པ། རྒྱུ་ལ་འབྲས་བུ་དང༌། འབྲས་བུ་ལ་རྒྱུའི་རྒྱུས་བཏབ་པའི་སྒོ་ནས། རིགས་བདག

གི་གནད་མ་འཁྲུལ་བ། སྣང་གཞི་སྣོད་བྱེད་ལེགས་པར་ངོ་འཕྲོད་པ་སྟེ་ལམ་བྱེད་རྣམ་པ་བཞིའི་སྒོ་ནས་ཞེན་པས་འཛུག་ཅིང་། འབྲེལ་བས་མི་འཁྲུལ་བའི་ཁྱད་ཆོས་ལྔ་ལྡན་དགོས་པའི་ཕྱིར།

གཉིས་པ་རྫོགས་རིམ་གྱི་གནད་ལ། ལྔ་པོ་དེའི་སྙིང་དུ་ལུས་རྩ། རྩ་ཡི་གེ། ཁམས་བདུད་རྩི། སྙིང་པོ་ཡེ་ཤེས་རླུང་སྟེ་བཞིའི་གནད་མ་འཁྲུལ་པ་དགོས་སོ། །ཆོས་དགུ་ལ་ཡེ་ཤེས་ཕྱག་ཆེན་ལ། མཚན་ཉིད་དང་། དབྱེ་བ་གཉིས། དང་པོ་ནི། རང་རྒྱུ་དབང་དང་ཡེ་ཤེས་ལས་བྱུང་བའི་རིགས་སུ་གནས་པའི་བླ་མེད་ཀྱི་བདེ་ཆེན་ཡེ་ཤེས། གཉིས་པ་ལ། མཚོན་བྱེད་དཔེའི་ཕྱག་ཆེན་དང་། མཚོན་བྱ་དོན་གྱི་ཕྱག་ཆེན་གཉིས། དང་པོ། བྱང་སེམས་སོ་སྐྱེའི་ཕྱག་ཆེན་དང་དོན་གཅིག །གཉིས་པ་ཐེག་ཆེན་འཕགས་པའི་ཕྱག་ཆེན་དང་དོན་གཅིག །ཆོས་བཅུ་པ་ཕྱི་ནང་གི་རྟེན་འབྲེལ་ལ། སྨིན་བྱེད་དབང་བརྟེན་པའི་ཕྱི་ནང་གི་རྟེན་འབྲེལ། གྲོལ་བྱེད་ཀྱི་ལམ་ལ་བརྟེན་པའི་ཕྱི་ནང་གི་རྟེན་འབྲེལ་གཉིས། དང་པོ་ལ། རྟུལ་ཚོན་དང་། རས་བྲིས་ཀྱི་དཀྱིལ་འཁོར་རྣམས་ཕྱིའི་རྟེན་འབྲེལ་དང་། དེ་དག་ལ་བྱང་ཕྱོགས་སོ་བདུན་གྱི་དག་པ་སྦྱོར་བ་ནི་ནང་གི་རྟེན་འབྲེལ་ཡིན་ནོ། །གཉིས་པ་ལ། བསྐྱེད་རིམ་ལ་བརྟེན་པ་དང་། རྫོགས་རིམ་ལ་བརྟེན་པའི་ནང་གི་རྟེན་འབྲེལ་གཉིས། དང་པོ་ལ། སྣང་བྱ་བརྟེན་པ་དང་། སྣོད་བྱེད་ལ་བརྟེན་པའི་ཕྱི་ནང་གི་རྟེན་འབྲེལ་གཉིས། དང་པོ་ནི། སྣང་བྱ་ཕྱི་སྣོད་ཀྱི་འཇིག་རྟེན་ཕྱིའི་རྟེན་འབྲེལ། ནང་བཅུད་ཀྱི་འཇིག་རྟེན་ནང་གི་རྟེན་འབྲེལ། གཉིས་པ་ནི། སྣོད་ཀྱི་འཇིག་རྟེན་གཞལ་ཡས་ཁང་དུ་བསྐྱེད་པ། བསྐྱེད་རིམ་གྱི་སྣོད་བྱེད་ཕྱི་རྟེན་འབྲེལ། བཅུད་ཀྱི་སེམས་ཅན་ལྷར་བསྐྱེད་པ། བསྐྱེད་རིམ་གྱི་སྣོད་བྱེད་ནང་གི་རྟེན་འབྲེལ་ལོ། །

རྫོགས་རིམ་གྱི་རྟེན་འབྲེལ་ལ་ཡང་གཉིས། སྣང་བྱ་འདྲེན་པ་དང་། སྣོད་བྱེད་ལ་སྟོན་པའི་ཕྱི་ནང་གི་རྟེན་འབྲེལ་གཉིས་ལས། དང་པོ་ནི། རྩ་ཐིག་རླུང་གསུམ་མོ། །གཉིས་པ་ནི། གཏུམ་མོ། དཀྱིལ་འཁོར་འཁོར་ལོ༑ རྡོ་རྗེ་ཐ་ཚབས་ཏེ་ལམ་གསུམ་ལ་འཛོག་གོ། །ཚིག་ཆུའི་དབང་གི་ཕྱི་རྣམ་པ་དང་། བསམ་གྱི་རྣམ་པ་ལ། སའི་རྣམ་པ་དང་གསུམ། དང་པོ་ལ། མཚན་ཉིད་ཐེག་པའི་ལམ་དང་། རྡོ་རྗེ་ཐེག་པའི་ལམ་གཉིས། དང་པོ་ལ། ཉན་ཐོས། རང་རྒྱལ། ཐེག་ཆེན་གྱི་ལམ་ལྔ་ལྔའོ། །གཉིས་པ་ལ། རྒྱུད་སྡེ་བཞིའི་རྡོ་རྗེ་ཐེག་པའི་ལམ་མི་འདྲ་བ་བཞི་ཡོད་དེ། འདིར། དེས་ན་རྒྱུད་སྡེ་བཞི་པོ་ལ། དབང་དང་ལམ་གྱི་དབྱེ་བ་ཡི། །མི་འདྲའི་དབྱེ་བ་རྣམ་བཞི་ཡོད། །ཅེས་གསུངས་པའི་ཕྱིར། དེ་ཡང་བྱ་རྒྱུད་ཀྱི་ལམ་ལ། སྨིན་བྱེད་ཀྱི་དབང་དང་། གྲོལ་བྱེད་ཀྱི་ལམ་གཉིས། དང་པོ་དང་བྱ་རྒྱུད་ཀྱི་དབང་སྡོམ་དོན་གཅིག །གཉིས་པ་ལ། མཚན་བཅས་དང་། མཚན་མེད་ཀྱི་རྣལ་འབྱོར་གཉིས། དང་པོ་ནི། བདག་ཉིད་ཐ་མལ་པར་གནས་པའི་མདུན་དུ། ལྷ་ཞལ་ཕྱག་གི་རྣམ་པ་ཅན་བསྐྱེད་དེ། རྗེ་

དཔོན་ལྷ་བུའི་ཚུལ་གྱིས་ལྷ་སྒྲུབ་པའི་རྣལ་འབྱོར་ལ་འཇོག །གཉིས་པ་ནི། མདོར་གནས། སྔར་གནས། སྔ་མཐའ་ཐར་པ་སྟེར་བའི་བྱ་རྒྱུད་ཀྱི་རྣལ་འབྱོར་གསུམ་ལ་འཇོག་གོ། །གཉིས་པ་སྤྱོད་རྒྱུད་རྡོ་རྗེ་ཐེག་པའི་ལམ་ལ། སྔར་ལྟར་གཉིས་ཀྱི། སྤྱོད་རྒྱུད་ཀྱི་དབང་སྡོམ་དང་དོན་གཅིག །སྨིན་བྱེད་ལ་ཡང་གཉིས་ཀྱི་དང་པོ། བདག་མདུན་གཉིས་ཀ་ལྷར་བསྐྱེད། གྲོགས་པོ་ལྷ་བུའི་ཚུལ་གྱི་ལྷ་སྒྲུབ་པའི་རྣལ་འབྱོར་ལ་འཇོག་གོ །གཉིས་པ་ནི། མདོར་གནས། སྔར་གནས། སྔ་མཐའ་ཐར་པ་སྟེར་བའི་སྤྱོད་རྒྱུད་ཀྱི་རྣལ་འབྱོར་གསུམ་ལ་འཇོག་གོ །གཉིས་པ་རྣལ་འབྱོར་རྒྱུད་ཀྱི་རྡོ་རྗེ་ཐེག་པའི་ལམ་ལ། སྨིན་གྲོལ་གྱི་ལམ་གཉིས། དང་པོ་ལ། རྣལ་འབྱོར་རྒྱུད་ཀྱི་རྡོ་རྗེ་སློབ་མ་དང་། རྡོ་རྗེ་སློབ་དཔོན་གྱི་ལམ་གཉིས། གཉིས་པ་ལ། མཚན་བཅས་དང་། མཚན་མེད་ཀྱི་རྣལ་འབྱོར་གཉིས། དང་པོ་བདག་མདུན་གཉིས་ཀ་ལྷར་བསྐྱེད། ཡེ་ཤེས་འཁོར་ལོ་སྤྱན་དྲངས། ཕྱག་རྒྱ་བཞིའི་རྒྱས་བཏབ་པའི་རྣལ་འབྱོར་ལ་འཇོག་གོ། །གཉིས་པ་ལ། རྣལ་འབྱོར་རྒྱུད་ཀྱི་རྣལ་འབྱོར། རྗེས་སུ་རྣལ་འབྱོར། ཤིན་ཏུ་རྣལ་འབྱོར། རྣལ་འབྱོར་ཆེན་པོ་བཞི། ཕྱག་རྒྱ་བཞིའི་རྒྱས་བཏབ་པའི་རྣལ་འབྱོར་ལ་འཇོག་གོ །དེས་ན་རྒྱུད་སྡེ་འོག་མ་གསུམ་ལ། དབང་བཞི་དང་རིམ་གཉིས་མེད་དེ། འདིར་བྱ་སྤྱོད་རྣལ་འབྱོར་རྒྱུད་གསུམ་གར། དབང་བཞི་དང་ནི་རིམ་གཉིས་མེད། །ཅེས་གསུངས་པའི་ཕྱིར། སྐབས་འདིར་གཞན་དག་འདི་སྐད་གོལ་ཏེ། རྒྱུད་སྡེ་འོག་མ་གསུམ་གྱི་ཉམས་ལེན་ཆོས་ཅན། རྡོ་རྗེ་ཐེག་པའི་བསྟན་པ་མིན་པར་ཐལ། དབང་བཞི་དང་རིམ་གཉིས་མི་ལྡན་པའི་ཉམས་ལེན་ཡིན་པའི་ཕྱིར། ཁྱབ་སྟེ། དབང་དང་རིམ་གཉིས་མི་ལྡན་པས། །རྡོ་རྗེ་ཐེག་པའི་བསྟན་པ་མིན། །ཞེས་གསུངས་པའི་ཕྱིར། ཡང་རྒྱུད་སྡེ་འོག་མ་གསུམ་གྱི་སྒོམ་ཆེན་བཟང་པོ་ཆོས་ཅན། མཚན་ཉིད་ཐེག་པའི་སྒོམ་ཆེན་ཡིན་པར་ཐལ། རིམ་པ་གཉིས་མི་སྒོམ་པའི་སྒོམ་ཆེན་ཡིན་པའི་ཕྱིར། ཁྱབ་སྟེ། རིམ་པ་གཉིས་པོ་མི་སྒོམ་པའི། །སྒོམ་ཆེན་བཟང་ཡང་ཕ་རོལ་དྲུ། །ཕྱིན་པའི་སྒོམ་ཆེན་ལས་མ་འདས། །ཞེས་གསུངས་པའི་ཕྱིར། ཡང་རྒྱུད་སྡེ་འོག་མ་གསུམ་གྱི་སྔགས་ལམ་ལ་ཞུགས་པའི་གང་ཟག་ཆོས་ཅན། རྡོ་རྗེ་ཐེག་པའི་རྣལ་འབྱོར་པ་མིན་པར་ཐལ། དབང་བཞི་དང་རིམ་གཉིས་མི་སྒོམ་པའི་རྣལ་འབྱོར་པ་ཡིན་པའི་ཕྱིར། ཁྱབ་སྟེ༔ དེས་ན་སྨིན་བྱེད་དབང་དང་ནི། །རིམ་པ་གཉིས་ལ་འབད་པར་གྱིས། །ཞེས་གསུངས་པའི་ཕྱིར། ཞེས་མགྲིན་པ་སྟེག་སྟེ་སྒྲ་བར་བྱེད་དོ། །འོ་ན། བསམ་གཏན་གྱི་དངོས་སམ་རྒྱུད་ལ་ལྡན་པའི་ཕྱི་རོལ་པ་ཆོས་ཅན། སྡོམ་པ་རྒྱུད་ལྡན་མིན་པར་ཐལ། མུ་སྟེགས་བྱེད་ཡིན་པའི་ཕྱིར། ཁྱབ་སྟེ། མུ་སྟེགས་བྱེད་ལ་སྡོམ་པ་མེད། །ཅེས་གསུངས་པའི་ཕྱིར། གཞན་ཡང་། སྡོམ་པ་དང་མི་ལྡན་པའི་གང་ཟག་གི་དགེ་བ་རྒྱུན་ཆགས་དེ། དགེ་རྒྱུན་མིན་པར་ཐལ། དེའི་རྒྱུད་ལ་སྡོམ་པ་མེད་པའི་ཕྱིར། ཁྱབ་སྟེ། སྡོམ་པ་མེད་པ་དགེ་རྒྱུན་མེད། །ཅེས་གསུངས

པའི་ཕྱིར། ཡང་དབང་མ་ཐོབ་པའི་བྱང་འཕགས་ཆོས་ཅན། བླ་མ་མིན་པར་ཐལ། དབང་མ་ཐོབ་པའི་གང་ཟག་ཡིན་པར་ཐལ། ཁྱབ་སྟེ། དབང་མ་བསྐུར་ལ་བླ་མ་མེད། །ཅེས་གསུངས་པའི་ཕྱིར། རིགས་པ་འདི་གསུམ་གའི་སྒྲིབ་མཚམས། འཁོར་གསུམ་ལ་རྒྱུན་མར་ཁས་བླངས་སོ། །དེ་ལ་སྔ་མ་ན་རེ་མི་མཚུངས་ཏེ། ལུང་གི་དོན། མུ་སྟེགས་ཀྱི་རྒྱུད་ལ་སོ་ཐར་གྱི་སྡོམ་པ་མེད་པ་ལ་དགོངས་པའི་ཕྱིར། ཞེ་ན། སྔ་མ་རང་ལ་ཡང་མི་མཚུངས་ཏེ། ལུང་དོན། བླ་མེད་རྡོ་རྗེ་ཐེག་པའི་བསྟན་པ་མིན་པ་ལ་དགོངས་པའི་ཕྱིར། བཞི་པ། བླ་མེད་རྡོ་རྗེ་ཐེག་པའི་ལམ་ལ། སྨིན་གྲོལ་གྱི་རྡོ་རྗེ་ཐེག་པའི་ལམ་གཉིས། དང་པོ་དབང་བཞིའི་སྡོམ་པ་ལ་འཇོག །གཉིས་པ་ལ། བསྐྱེད་རྫོགས་ཀྱི་ལམ་གཉིས་ཡོད་དེ། དབང་བཞི་དང་ནི་རིམ་པ་གཉིས། །རྣལ་འབྱོར་ཆེན་པོའི་ཁྱད་ཆོས་ཡིན། ། ཞེས་དང་། རྡོ་རྗེ་ཐེག་པའི་ལམ་ཞུགས་ཏེ། །མྱུར་དུ་སངས་རྒྱས་ཐོབ་འདོད་ན། །སྨིན་གྲོལ་གཉིས་ལ་འབད་པར་བྱ། །ཞེས་དང་། སམ་བུ་ཊི་ལས། སྨིན་པ་དང་ནི་གྲོལ་བའི་ལམ། །སངས་རྒྱས་བྱང་ཆུབ་བསྟན་པའི་མཆོག །ཅེས་གསུངས་པའི་ཕྱིར། གཉིས་པ་སའི་རྣམ་པ་ལ། མཚན་ཉིད་ཐེག་པའི་ལམ་དང་། རྡོ་རྗེ་ཐེག་པའི་ལམ་གཉིས། དང་པོ་ལ། ཐེག་དམན་གྱི་ས་དང་། ཐེག་ཆེན་གྱི་ས་གཉིས། དང་པོ་ལ། དཀར་པོ་རྣམ་པར་མཐོང་བའི་ས་ནས། རང་སངས་རྒྱས་ཀྱི་སའི་བར་བརྒྱད་ཡོད་དེ། ཤེར་ཕྱིན་གྱི་མདོ་ལས། ས་བཅུ་གང་ཞེ་ན། དཀར་པོ་རྣམ་པར་མཐོང་བའི་ས་དང་། རིགས་ཀྱི་ས་དང་། བརྒྱད་པའི་ས་དང་། མཐོང་བའི་ས་དང་། འདོད་ཆགས་དང་བྲལ་བའི་ས་དང་། བྱས་པ་རྟོགས་པའི་ས་དང་། རང་སངས་རྒྱས་ཀྱི་ས་དང་། བྱང་ཆུབ་སེམས་དཔའི་ས་དང་། སངས་རྒྱས་ཀྱི་སའོ། །ཞེས་གསུངས་པའི་ཕྱིར། མཚན་གཞི་ནི། དང་པོ་དང་ཉན་ཐོས་ཚོགས་ལམ་པའི་མཁྱེན་པ་དོན་གཅིག །གཉིས་པ་དང་ཉན་ཐོས་སྦྱོར་ལམ་པའི་མཁྱེན་པ་དོན་གཅིག །གསུམ་པ་དང་རྒྱུན་ཞུགས་ཞུགས་པའི་མཁྱེན་པ་དོན་གཅིག །བཞི་པ་དང་རྒྱུན་ཞུགས་ཀྱི་མཁྱེན་པ་དོན་གཅིག །ལྔ་པ་དང་ཕྱིར་འོང་གི་མཁྱེན་པ་དོན་གཅིག །དྲུག་པ་དང་ཕྱིར་མི་འོང་གི་མཁྱེན་པ་དང་དོན་གཅིག །བདུན་པ་དང་ཉན་ཐོས་དགྲ་བཅོམ་གྱི་མཁྱེན་པ་དོན་གཅིག །བརྒྱད་པ་དང་རང་སངས་རྒྱས་ཀྱི་མཁྱེན་པ་དོན་གཅིག་གོ། །དགུ་པ་ནི༎ རབ་ཏུ་དགའ་བ་ལ་སོགས་པ་བྱང་སེམས་ཀྱི་ས་དང་པོ་དགུ་ལ་འཇོག །བཅུ་པ་ནི་བྱང་སེམས་ཀྱི་ས་བཅུ་པ་ལ་འཇོག་གོ། །

གཉིས་པ་ལ། ཐེག་ཆེན་དད་པའི་ས། མོས་སྤྱོད་ཀྱི་ས། རབ་ཏུ་དགའ་བ་སོགས་བྱང་སེམས་ཀྱི་ས་བཅུ། བཅུ་གཅིག་པ་ཀུན་ཏུ་འོད་ཀྱི་ས་རྣམས་ཡོད་དོ། །གཉིས་པ་རྡོ་རྗེ་ཐེག་པའི་ས་ལ། རྒྱུད་སྡེའི་དབྱེ་བས་བཞི་ཡོད་པ་ལས། དང་པོ་གསུམ་ལ། རང་རང་གི་སྔགས་ལམ་ནས་བཤད་པའི་ཐབས་ཤེས་ཀྱིས་ཟིན་པའི་དད་པའི་ས

ནས་ཀུན་ཏུ་འོད་ཀྱི་སའི་བར་ཡོད་དོ། །བཞི་པ་ལ། བླ་ན་མེད་པའི་ཐེག་ཆེན་གྱིས་ཟིན་པའི་དད་པའི་ས། མོས་སྤྱོད་ཀྱི་ས། དང་པོ་རབ་ཏུ་དགའ་བ་ལ་སོགས་བཅུ། བཅུ་གཅིག་པ་དཔེ་མེད་པའི་ས། བཅུ་གཉིས་པ་ཡེ་ཤེས་ཆེན་པོའི་ས་དང་། བཅུ་གསུམ་རྡོ་རྗེ་འཛིན་པའི་ས་སྟེ་ལྔ་ཡོད་དོ། །རབ་ཏུ་དགའ་བ་ནས་བཅུ་གཉིས་པའི་བར་རིམ་བཞིན། གནས་དང་། ཉེ་བའི་གནས་དང་། ཞིང་དང་། ཉེ་བའི་ཞིང་། ཚནྡྷོ། ཉེ་བའི་ཚནྡྷོ། འདུ་བ། ཉེ་བའི་འདུ་བ། དུར་ཁྲོད། ཉེ་བའི་དུར་ཁྲོད། འཐུང་སྤྱོད། ཉེ་བའི་འཐུང་སྤྱོད་རྣམས་དང་དོན་གཅིག་ཅིང་། བཅུ་གསུམ་པ་དང་རྡོ་རྗེ་འཛིན་པ་དོན་གཅིག་སྟེ། རྩ་རྒྱུད་ལས། གནས་དང་ཉེ་བའི་གནས་དང་ནི། །ཞེས་སོགས་རྒྱང་པ་བརྒྱད་དང་། སམ་ཊ་དང་། བདེ་མཆོག་རྩ་རྒྱུད་ཚིག་མཐུན་པར། གནས་ནི་རབ་ཏུ་དགའ་བའི་ས། །དེ་བཞིན་ཉེ་གནས་དྲི་མ་མེད། །ཞིང་ནི་འོད་བྱེད་ཤེས་པར་བྱ། །ཉེ་བའི་ཞིང་ནི་འོད་འཕྲོ་ཅན། །ཚནྡྷོ་ཞེས་བྱ་སྦྱང་དཀའ་སྟེ། །ཉེ་བའི་ཚནྡྷོ་མངོན་དུ་གྱུར། །འདུ་བ་རིང་དུ་སོང་བ་སྟེ། །ཉེ་བའི་འདུ་བ་མི་གཡོ་བ། །དུར་ཁྲོད་ལེགས་པའི་བློ་གྲོས་ཏེ། །ཉེ་བའི་དུར་ཁྲོད་ཆོས་ཀྱི་སྤྲིན། །ཞེས་དང་། རྒྱུད་གཞན་ལས། འཐུང་སྤྱོད་ཞེས་བྱ་དཔེ་མེད་ལྡན། །ཉེ་བའི་འཐུང་སྤྱོད་ཡེ་ཤེས་ཆེ། །རྡོ་རྗེའི་ས་ནི་བཅུ་གསུམ་པ། །ཞེས་གསུངས་པའི་ཕྱིར། གཉིས་པ་གྲངས་ངེས་པ་ནི། བསྟན་བཅོས་འདིའི་བརྗོད་བྱའི་གཙོ་བོ་ལ་བཅུ་གཅིག་པོ་འདིར་གྲངས་ངེས་ཏེ། འདིའི་བརྗོད་བྱའི་གཙོ་བོ་ཕྱིན་ཅི་མ་ལོག་པར་ཉམས་སུ་ལེན་པའི་གནད་ཀྱི་གཙོ་བོ་ལ་དེར་གྲངས་ངེས་པའི་ཕྱིར། ཆོས་བཅུའི་གོ་རིམ་ངེས་ཚུལ་ཡོད་དམ་བཤད་པའི་གོ་རིམ་ཁྱད་པར་ཅན་ཡིན་པའི་ཕྱིར། གཉིས་པ་ཡན་ལག་རྒྱས་པར་བཤད་པ་ལ། སོ་སོར་ཐར་པའི་སྡོམ་པ་དང་། །ཅེས་སོགས་ལ། གཉིས་ལས་དང་པོ་ནི། སོ་སོར་ཐར་པའི་སྡོམ་པ་དང་། །ཞེས་པའི་སྡོམ་པ་དེ་ལ་དུ་ཡོད་ཅེ་ན། དེ་ལ་ཉན་ཐོས་དང་། ཐེག་ཆེན་གྱི་ལུགས་གཉིས་ཡོད་ཅེས་མདོར་བསྟན་པའི་ཚུལ་གྱི་བཤད་པ། སོ་སོར་ཐར་པའི་སྡོམ་པ་དང་། །ཞེས་སོགས།

སོ་སོའི་ངོ་བོ་ལ་འཁྲུལ་པ་འགོག་པ་རྒྱས་པར་བཤད་པ་ལ། ཉན་ཐོས་ཀྱི་དེ་ལ་འཁྲུལ་པ་འགོག་པའི་ལུགས་དང་། ཉན་ཐོས་རྣམས་ཀྱི་སྐྱབས་འགྲོ་ནས། །ཞེས་སོགས། ཐེག་ཆེན་གྱི་དེ་ལ་འཁྲུལ་པ་འགོག་པའི་ཚུལ་རྒྱས་པར་བཤད། ཐེག་པ་ཆེན་པོ་ལས་བྱུང་བའི། །ཞེས་སོགས། འབྲས་བུའི་རྣམ་དབྱེ་བསྟན་པའི་སྒོ་ནས་བསྟན་ནས་དོན་བསྡུ་བ། སོ་སོར་ཐར་པ་ལུགས་གཉིས་པོ། །ཞེས་སོགས་སོ། །གཉིས་པ་ངག་དོན་ནི། སོར་སྡོམ་ཆོས་ཅན། གཉིས་ཡོད་དེ། ཉན་ཐོས་ཀྱི་ལུགས་དང་། ཐེག་ཆེན་གྱི་ལུགས་ཀྱི་དེ་གཉིས་ཡོད་པའི་ཕྱིར། གསུམ་པ་འཕྲོས་པ་བྱེད་པ་ལ། སོར་སྡོམ་ལ་མཚན་ཉིད་དང་། དབྱེ་བ་གཉིས། དང་པོ་ལ་ཁ་ཅིག །ཆོས་འདི་པ་དག་གི། འདོད་པ་ན་སྤྱོད་པའི་ཚུལ་ཁྲིམས་གང་ཞེ་ན། དེའི་བར་མའི་ཚུལ་ཁྲིམས་ཆོས་ཅན། དེར་ཐལ་

བའི་ཕྱིར་ཏེ། རྟགས་གསལ་ཆོས་ཅན་གྱིས་སྒྲུབ། གཞན་ཡང་། སངས་རྒྱས་པའི་བསམ་གཏན་གྱི་སྡོམ་པ་དེ་དེའི་མཚན་ཉིད་དང་། ཁ་ཅིག །གཞན་གནོད་གཞི་བཅས་སྤོང་བའི་ཚུལ་ཁྲིམས་ནི་དེའི་མཚན་ཉིད་ཡིན་ཟེར་ན;། དེའི་བར་མའི་ཚུལ་ཁྲིམས་ཀྱིས་མ་ངེས། ཁ་ཅིག་ངེས་འབྱུང་གི་ཚུལ་ཁྲིམས་ཟེར་ན། སྔར་ལྟར་འགྲེ། རང་གི་ལུགས་ནི། གཞན་གནོད་གཞི་བཅས་སྤོང་བའི་ངེས་འབྱུང་གི་སྡོམ་པ་ཞེས་བཤད་དོ། །

གཉིས་པ་ཐེག་ཆེན་པ་ལ། ཉན་ཐོས་ལུགས་དང་། ཐེག་ཆེན་གྱི་སོར་སྡོམ་ལུགས་གཉིས། དང་པོ་ལ་གཉིས་ལས། མཚན་ཉིད་ནི། ཉན་ཐོས་ལུགས་ཀྱི་གཞན་གནོད་གཞི་བཅས་སྤོང་བའི་ངེས་འབྱུང་གི་སྡོམ་པ། གཉིས་པ་དབྱེ་བ་ནི། ཉན་ཐོས་ཀྱི་སྡོམ་པ་དང་། ཐེག་ཆེན་གྱི་སོར་སྡོམ་པ་དང་གཉིས། དང་པོ་ལ་དབྱེ་ན། ཉན་ཐོས་ཀྱི་སྐྱབས་འགྲོ། བསྙེན་གནས། དགེ་བསྙེན་ཕ་མ་དང་། དགེ་ཚུལ་ཕ་མ་གཉིས། དགེ་སློབ་མ་དང་། ཚངས་སྤྱོད་ཀྱི་ཉེར་གནས། དགེ་སློང་ཕ་མའི་སྡོམ་པ་དང་བཅུ། གཉིས་པ་ལ། ཉན་ཐོས་རང་ལུགས་ཀྱི་སྐྱབས་འགྲོ། བསྙེན་གནས། དགེ་བསྙེན་མ། དགེ་ཚུལ་མ། དགེ་སློང་མའི་སྡོམ་པ་དང་ལྔ་ཡོད་ཀྱི། དེ་ལ་མའི་སྒོར་རྣམས་མེད་དེ་རང་རྒྱལ་ཡིན་ན། བུད་མེད་ཀྱི་རྟེན་ལ་མིན་པའི་ཕྱིར། གསུམ་པ་ལ་ལྔ། དང་པོ་ལྟར་ལ་བཅུ་ཡོད་པའི་ཐ་མ་ལ། བསྙེན་རྫོགས་ཚུལ་བཅུ་ཡོད་དེ། སངས་རྒྱས་རང་འབྱུང་གི་བསྙེན་པར་རྫོགས་པ་ལ་སོགས་པ་བཅུ་ཡོད་པའི་ཕྱིར། ཉན་ཐོས་རྣམས་ཀྱི་སྐྱབས་འགྲོ་ནས། །ཞེས་སྐབས་གསུམ་ལས། དང་པོ་ནི། སོ་སོར་ཐར་པའི་སྡོམ་པ་ལ། །ཞེས་སྐབས་སུ་བསྟན་པའི་ཉན་ཐོས་གཞུང་ལུགས་ནས་བཤད་པའི་སོ་ཐར་རིགས་བདུན་གྱི་དུས་ཀྱི་ཁྱད་པར་ཇི་ལྟ་བུ་ཞེ་ན། དེ་ཤི་འཕོས་པས་སྟོང་སྟེ། དེ་ཇི་སྲིད་འཚོའི་སྡོམ་པ་ཡིན་པའི་ཕྱིར། ཞེས་པ་ལ། ཉན་ཐོས་རྣམས་ཀྱི་ཞེས་སོགས། ཉན་ཐོས་གཞུང་ལུགས་ནས་འཆད་པའི་བྱང་ཆུབ་སེམས་དཔའི་སེམས་བསྐྱེད་དེ། ཤི་འཕོས་པས་མི་སྟོང་སྟེ། དེ་ནི་བླ་མེད་བྱང་ཆུབ་བར་གྱི་སྡོམ་པ་ཡིན་པའི་ཕྱིར། ཞེས་པ་ལ། བྱང་ཆུབ་སེམས་དཔའི་སྡོམ་པ་ནི། །ཞེས་སོགས། དང་པོའི་རྒྱུ་མཚན་ལ། བྱེ་བྲག་སྨྲ་བའི་ལུགས་ལ། སོ་ཐར་རིགས་བདུན་པོ་ཤི་འཕོས་པས་སྟོང་སྟེ། དེའི་ལུགས་ལ་རྣམ་པར་རིག་བྱེད་མ་ཡིན་པའི་གཟུགས་ཅན་གྱི་སྡོམ་པ་ཡིན་པའི་ཕྱིར། ཞེས་པ་ལ། དེ་དག་གིས་ནི་རྒྱུ་མཚན་ཡང་། །ཞེས་སོགས། གཉིས་པའི་རྒྱུ་མཚན་ལ་བྱང་སྡོམ་ཆོས་ཅན། རང་ཉིད་འཕེན་སེམས་མ་དོར་བར་དུ་གནས་ཏེ། རང་གི་ཉམས་ལེན་སེམས་ལས་སྐྱེས་པའི་སྡོམ་པ་ཡིན་པའི་ཕྱིར། ཞེས་པ་ལ། བྱང་ཆུབ་སེམས་དཔའི་སྡོམ་པ་ནི། །སེམས་ལས་སྐྱེད་ཕྱིར་གཟུགས་ཅན་མིན། །ཅེས་སོགས། དེ་ཡང་དགོངས་གཅིག་པ་རྣམས་ན་རེ། སོ་ཐར་གྱི་སྡོམ་པ་ཇི་སྲིད་འཚོ་པ་ཡིན་ན། ཤི་འཕོས་པའི་ཚེ་སྟོང་བས་མ་ཁྱབ་སྟེ། འདུལ་བ་ལུང་ལས། སོ་སོར་ཐར་པའི་སྡོམ་པ་ཇི་སྲིད་འཚོ་བའི་བར་དུ

ལེན་ཞེས་པའི་ཇི་སྲིད་འཚོ་དེ་སེམས་ཇི་སྲིད་འཚོ་ལ་བྱེད་པའི་ཕྱིར་ཞེས་པ། ཁ་ཅིག་ཇི་སྲིད་འཚོའི་སྒྲ། །ཞེས་སོགས། དེ་འགོག་པ་ལ། ཤེས་བྱེད་མེད་པར་བསྟན་པའི་སྒོ་ནས་དགག་པ་མདོར་བསྟན། མགོ་མཚུངས་ཀྱི་སྒོ་ནས་དགག་པ་རྒྱས་པར་བཤད། ཁྱོད་ལ་རྣམ་དབྱེ་མེད་པར་བསྟན་པའི་སྒོ་ནས་མཇུག་བསྡུ་བ་བསྟན་དང་གསུམ་ལས། དང་པོ་ནི། འདི་འདྲ་སངས་རྒྱས་དགོངས་པ་མིན། །ཅེས་སོགས། གཉིས་པ་ལ། ཐེག་ཆེན་ཐུན་མོང་མིན་པའི་སྐྱབས་འགྲོ་དང་། ཐེག་དམན་དང་ཐུན་མོང་བའི་སྐྱབས་འགྲོ་གཉིས་པོ་ཁྱད་མེད་དུ་ཐལ། དགེ་སློང་གི་སྡོམ་པ་ཤི་འཕོས་པས་མི་སྟོང་བའི་ཕྱིར། ཞེས་པ། ཐུན་མོང་ཐུན་མོང་མིན་པ་ཡི། །ཞེས་སོགས། བསླབ་པ་ཕུལ་བ་སོགས་སྟོང་རྒྱུ་གཞན་རྣམས་ཀྱིས་ཀྱང་དགེ་སློང་སྡོམ་པ་མི་སྟོང་བར་ཐལ། ཤི་འཕོས་པའི་དབང་གིས་དེ་མི་སྟོང་བའི་ཕྱིར། ཞེས་པ། ཤི་ཡང་དགེ་སློང་མི་འདོར་ན་ཞེས་སོགས། ཐེག་ཆེན་སེམས་བསྐྱེད་ཀྱིས་ཟིན་པའི་དགེ་སློང་གི་སྡོམ་པ། སློབ་པ་ཕུལ་བས་མི་སྟོང་བར་ཐལ། དེས་ཟིན་པའི་དགེ་སློང་གི་སྡོམ་པ་ཤི་འཕོས་པས་མི་སྟོང་བའི་ཕྱིར། ཞེས་པ། འོ་ན་སེམས་བསྐྱེད་ཀྱིས་ཟིན་པའི། །ཞེས་སོགས། ཐེག་ཆེན་སེམས་བསྐྱེད་ཀྱིས་ཟིན་པའི་ཉིན་ཞག་མཐའ་ཅན་གྱི་བསྙེན་གནས་ཀྱི་སྡོམ་པ། ཉིན་ཞག་འདས་པས་མི་སྟོང་ལ། དེ་ལྟ་བུའི་དགེ་སློང་གི་སྡོམ་པ་ཤི་འཕོས་པས་མི་སྟོང་བའི་ཕྱིར། ཞེས་པ། སེམས་བསྐྱེད་ལྡན་པའི་བསྙེན་གནས་ཀྱང་། །ཞེས་སོགས། གསུམ་པ་ནི། ཉན་ཐོས་ཀྱི་ལུགས་ལ། སོ་ཐར་རིགས་བདུན་ཤི་འཕོས་པས་མི་སྟོང་བར་འདོད་པའི་གྲོལ་བ་དེ་ལ། ཉན་ཐོས་སྡེ་སྣོད་ཀྱི་རྣམ་དབྱེ་མི་ཤེས་པའི་སྐྱོན་ཡོད་དེ། ཉན་ཐོས་ཀྱི་སྡེ་སྣོད་ལས། ཉན་ཐོས་ཀྱི་རིགས་བདུན་ཤི་འཕོས་པས་སྟོང་བར་བཤད་པའི་ཕྱིར། ཞེས་པ། དེས་ན་སོ་སོར་ཐར་པ་ཡིན། །ཅེས་སོགས་ཀྱིས་བསྟན། གཉིས་པ་ངག་དོན་གྱི་འབྲེལ་བས་ཤེས།

གསུམ་པ་ལ་བྱུང་པ་ལ་རིགས་བདུན་སོ་སོའི་དུས་ཀྱི་ཁྱད་པར་ལ། དགག་བཞག་གཉིས་ལས། དང་པོ་ལ། དགོངས་གཅིག་པའི་འདོད་པ་དགག་པ་དང་། བསྟན་བཅོས་ཀྱི་དགོངས་པ་གཞན་དུ་འཆད་པའི་ལུགས་དགག་པ་གཉིས། དང་པོ་ལ། འབྲི་གུང་འཇིག་རྟེན་མགོན་པོ་རྗེས་འབྲངས་དང་བཅས་པ་རྣམས་ན་རེ། དགེ་སློང་གི་སྡོམ་པ་ཤི་འཕོས་པས་མི་སྟོང་སྟེ། དེ་སེམས་ཇི་སྲིད་འཚོའི་བར་དུ་གནས་པའི་ཕྱིར། གལ་ཏེ་འདུལ་བ་ལུང་ལས། ཇི་སྲིད་འཚོ་བར་བཤད་པ་དང་འགལ་ལོ་སྙམ་ན། སྐྱོན་མེད་དེ། དེ་ནི་སེམས་ཇི་སྲིད་འཚོ་བ་ལ་དགོངས་པའི་ཕྱིར། འོ་ན་ལེན་པའི་ཚུལ་ཇི་ལྟར་ཞེ་ན། སེམས་ཇི་སྲིད་འཚོ་སངས་རྒྱས་མ་ཐོབ་བར་དུ་སོ་ཐར་རིགས་བདུན་དངོས་སུ་བླངས་ཏེ། སེམས་བསྐྱེད་རྒྱ་ཐབས་ཀྱི་ཚུལ་གྱིས་ལེན་པའི་ཕྱིར། ཐེག་ཆེན་དང་། ཐེག་ཆེན་སེམས་བསྐྱེད་ཁྱད་མེད་དུ་འགྱུར་བའི་ཉེས་པ་ཡང་མེད་དེ། གཞན་དོན་དང་། རང་དོན་གྱི་སྒོ་ནས

ཁྱད་པར་ཡོད་པའི་ཕྱིར། ཞེས་སྨྲ་བ་ནི། མ་རྟོགས་པའི་རྣམ་འགྱུར་ཆེན་པོ་སྟེ། འོ་ན་ཉན་ཐོས་དང་ཐེག་ཆེན་གྱི་སྡོམ་པ་གཉིས། དུས་ཁྱད་མེད་དུ་ཐལ། ཉན་ཐོས་ཀྱི་སྡོམ་པ་དེ་ཡང་སེམས་ཇི་སྲིད་འཚོ་སྟེ་སངས་རྒྱས་མ་ཐོབ་བར་དུ་ལེན་པའི་ཕྱིར། དེ་ལྟ་ཡིན་ན་ཉན་ཐོས་དང་། །ཐེག་ཆེན་སྡོམ་པ་ཁྱད་མེད་འགྱུར། །ཞེས་གསུངས་པའི་ཕྱིར།

གཞན་ཡང་། ཐེག་ཆེན་ཐུན་མོང་མིན་པའི་སྐྱབས་འགྲོའི་སྡོམ་པ་དང་། ཐེག་ཆེན་དང་ཐུན་མོང་བའི་སྐྱབས་འགྲོའི་སྡོམ་པ་གཉིས་དུས་ཁྱད་མེད་དུ་ཐལ། ཕྱི་མ་དེ་ཡང་། སེམས་ཇི་སྲིད་འཚོ་སངས་རྒྱས་མ་ཐོབ་བར་དུ་ཁས་བླངས་པའི་སྡོམ་པ་ཡིན་པའི་ཕྱིར་ཏེ། ཐུན་མོང་ཐུན་མོང་མིན་པ་ཡི། །སྐྱབས་འགྲོ་གཉིས་སུ་དབྱེར་མི་རུང་། །ཞེས་གསུངས་པའི་ཕྱིར། རྣམ་པ་གཅིག་ཏུ། ཐེག་ཆེན་དང་ཐེག་དམན་གྱི་སྡོམ་པ་འབོགས་པའི་ཆོ་ག་དང་། དེ་གཉིས་ཀྱི་བསླབ་བྱ་ཡང་གཅིག་ཏུ་ཐལ། ཐེག་དམན་གྱི་སྡོམ་པ་དེ་སེམས་ཇི་སྲིད་འཚོའི་སྡོམ་པ་ཡིན་ཕྱིར་ཏེ། སྡོམ་པ་འབོགས་པའི་ཆོ་ག་དང་། །དེའི་བསླབ་བྱའང་གཅིག་ཏུ་འགྱུར། །ཞེས་གསུངས་པའི་ཕྱིར། ཡང་བསླབ་པ་ཕུལ་བ་སོགས། །སྡོམ་པ་སྟོང་རྒྱུ་གཞན་དག་གིས་ཀྱང་། །དགེ་སློང་གི་སྡོམ་པ་མི་སྟོང་པར་ཐལ། ཤི་འཕོས་པའི་ཚེ་དགེ་སློང་གི་སྡོམ་པ་མི་སྟོང་པའི་ཕྱིར་ཏེ། ཤི་ཡང་དགེ་སློང་མི་འདོར་ན། ། ཞེས་སོགས་རྐང་པ་བཞི་བྱུང་། ཡང་ཐེག་ཆེན་སེམས་བསྐྱེད་ཀྱིས་ཟིན་པའི་དགེ་སློང་གི་སྡོམ་པ། དེའི་བསླབ་པ་ཕུལ་བས་མི་སྟོང་པར་ཐལ། དེ་ཤི་འཕོས་པས་མི་སྟོང་བའི་ཕྱིར། འོ་ན་སེམས་བསྐྱེད་ཀྱིས་ཟིན་པའི། །ཞེས་སོགས་རྐང་པ་ལྔ་གསུངས་པའི་ཕྱིར། ཡང་ལྷའི་འགྲོ་བ་པའི་དགེ་སློང་ཡོད་པར་ཐལ། དེ་ཤི་འཕོས་པས་མི་སྟོང་པའི་ཕྱིར། གལ་ཏེ་དེ་ནི་ལྷར་སྐྱེས་ན། །ལྷ་ཡི་དགེ་སློང་སྲིད་པར་འགྱུར། །ཞེས་གསུངས་པའི་ཕྱིར། དེ་བཞིན་དུ། མིར་སྐྱེས་ན་ཡང་མ་བླངས་པར་བྱིས་པའི་དགེ་སློང་ཡོད་པར་ཐལ། དེ་ཤི་འཕོས་པས་མི་སྟོང་བའི་ཕྱིར། མིར་སྐྱེས་ནའང་བྱིས་པ་ལ། །བླངས་མི་དགོས་པའི་དགེ་སློང་འགྱུར། །ཞེས་གསུངས་པའི་ཕྱིར། དེ་གཉིས་ཀ་ལ་འདོད་མི་ནུས་ཏེ། དེ་གཉིས་ཀ་འདུལ་བའི་སྡེ་སྣོད་ལས་བཀག་པའི་ཕྱིར་ཏེ། ལྷ་དང་བྱིས་པའི་དགེ་སློང་ནི། །འདུལ་བའི་སྡེ་སྣོད་རྣམས་ལས་བཀག །ཞེས་གསུངས་པའི་ཕྱིར། གཞན་ཡང་། ཐེག་ཆེན་སེམས་བསྐྱེད་ཀྱིས་ཟིན་པའི་བསྙེན་གནས་སྡོམ་པ། ཉིན་ཞག་འདས་པས་མི་སྟོང་པར་ཐལ། དེས་ཟིན་པའི་དགེ་སློང་སྡོམ་པ་ཤི་འཕོས་པས་མི་སྟོང་བའི་ཕྱིར་ཏེ། སེམས་བསྐྱེད་ལྡན་པའི་བསྙེན་གནས་ཀྱང་། །ནང་པར་ཕན་ཆད་ཡོད་པའི་ཕྱིར། །ཞེས་གསུངས་པའི་ཕྱིར།

གཉིས་པ་ལ། ཁ་ཅིག་སྟེ་བསྟན་བཅོས་འདིའི་ལུགས་ལ། ཤི་འཕོས་པས་དགེ་སློང་གི་སྡོམ་པ་མི་སྟོང་སྟེ།

ཤི་འཕོས་པས་མི་སྟོང་བའི་དེ་ཡོད་པའི་ཕྱིར། ཡང་དེར་ཐལ། དེའི་མི་མཐུན་ཕྱོགས་སྤོང་བའི་སྤོང་སེམས་མཚུངས་ལྡན་དང་བཅས་པ་ལ་དེར་འཇོག་ཅིང་། དེ་རྣམས་ཤི་འཕོས་པས་མི་སྟོང་བའི་ཕྱིར། ཞེས་པ་ནི། རང་བློའི་དྲི་མ་སྟེ། འོ་ན། བསྙེན་གནས་ཀྱི་སྡོམ་པ་ཉིན་ཞག་འདས་པས་མི་སྟོང་བར་ཐལ། དེས་མི་སྟོང་བའི་དེ་ཡོད་པའི་ཕྱིར། ཡང་དེར་ཐལ། དེའི་མི་མཐུན་ཕྱོགས་སྤོང་བའི་སྤོང་སེམས་མཚུངས་ལྡན་དང་བཅས་པ་ལ་དེར་འཇོག་ཅིང་། དེ་ཉིན་ཞག་འདས་པས་མི་སྟོང་བའི་ཕྱིར། དེ་བཞིན་དུ་དགེ་སློང་གི་སྡོམ་པ་ཧ་སྲིད་འཚོ་བ་མིན་པར་ཐལ། དེ་མིན་པའི་དགེ་སློང་གི་སྡོམ་པ་ཡོད་པའི་ཕྱིར། སྨྲ་ཕྱི་རྣམས་ཀྱི་གསུམ་ག་ཁས་བླངས་སོ། ། རང་ལུགས་ནི། ཤི་འཕོས་པའི་དབང་གིས་དེ་སྟོང་སྟེ། ཐེག་ཆེན་སོ་སོར་ཐར་ཡིན་ཡང་། །དགེ་སློང་ལ་སོགས་སྡོམ་པ་ཡི། །ལྡོག་པ་ཤི་བའི་ཚེ་ན་སྟོང་། །ཞེས་གསུངས་པའི་ཕྱིར། བྱེ་བྲག་སྨྲ་བའི་བསྙེན་གནས་ཀྱང་། །ཞེས་པར་གསུམ་ལས། དང་པོ་ནི། ལུགས་གཉིས་ཡོད་ཅེས་པའི་སྐབས་སུ་བསྟན་གྱི། བསྙེན་གནས་སྡོམ་པ་བྱེ་བྲག་ཏུ་འཆད་པ་ལ། བྱེ་སྨྲའི་ལུགས་ཀྱི། དེའི་ལུས་རྟེན་དང་། གླིང་ཡུལ་ངོས་འཛིན་པ། བྱེ་བྲག་སྨྲ་བའི་ཞེས་སོགས། མདོ་སྡེ་པའི་ལུགས་ཀྱི་དེའི་ལུས་རྟེན་དང་། གླིང་ཡུལ་ངོས་འཛིན་པ། མདོ་སྡེ་པ་རྣམས་དུད་འགྲོ་སོགས། །ཞེས་སོགས། ཉན་ཐོས་ལུགས་ཀྱི་བསྙེན་གནས་ཡན་ལག་བརྒྱད་པ་ལེན་པའི་ཚོག་ངོས་འཛིན་པ། ཉན་ཐོས་རྣམས་ཀྱི་ཆོག་ཡང་། །ཞེས་སོགས། ཐེག་ཆེན་ལུགས་ཀྱི་དེའི་ཆོག་ངོས་འཛིན་པ། དོན་ཡོད་ཞགས་པའི་རྟོག་པ་ལས། །ཞེས་སོགས།

དེ་ལ་འཁྲུལ་པ་དགག་པ་ལ། བསྙེན་གནས་སྡོམ་པ་འབུལ་བ། གཞན་ལ་འཆོལ་བ། དེ་ལེན་པའི་ཚེ། ལྷ་སྒྲིམ་ཐ་དད་དུ་འདོད་པ་རྣམས་རིག་བཞིན་དགག་པ་རྣམས། བསྙེན་གནས་མཚན་མོ་འདས་པ་ན། །ཞེས་སོགས་ཀྱིས་བསྟན། གཉིས་པ་ངག་དོན་ནི། བྱེ་བྲག་སྨྲ་བའི། ཞེས་སོགས་ལ། བྱེ་སྨྲ་བའི་ལུགས་ཀྱི་བསྙེན་གནས་སྡོམ་པ་ལེན་པའི་ལུས་རྟེན་དང་། རྒྱུའི་ཁྱད་པར་ཡོད་དེ། ལུས་རྟེན་གླིང་གསུམ་གྱི་སྐྱེས་པ་དང་བུད་མེད་ཁོ་ན་ལ་སྐྱེ། གླིང་ཡུལ་དགེ་སློང་ཁོ་ན་ལས་ལེན་དགོས་པའི་ཕྱིར། མདོ་སྡེ་པ་རྣམས། ཞེས་སོགས་ལ། མདོ་སྡེ་པའི་ལུགས་ཀྱི་བསྙེན་གནས་སྡོམ་པའི་ལུས་རྟེན་དང་། གླིང་ཡུལ་གྱི་ཁྱད་པར་ཡོད་དེ། ལུས་རྟེན་ལྷ་མི་སོགས་གང་ཡང་རུང་བ་ལ་སྐྱེ། གླིང་ཡུལ་དགེ་བསྙེན་ཡན་ཆད་སྡོམ་ལྡན་ལ་ལེན་པའི་ཕྱིར། ཉན་ཐོས་རྣམས་ཀྱི༑ ཞེས་སོགས་ལ། ཉན་ཐོས་ལུགས་ཀྱི་བསྙེན་གནས་ཡན་ལག་བརྒྱད་པ་འབོག་པའི་ཆོག་ཡོད་དེ། སྐྱབས་གསུམ་སྔོན་དུ་འགྲོ་བས། སྔགས་ཚིག་ལན་གསུམ་བཟླས་པའི་སྒོ་ནས་ལེན་པའི་ཕྱིར། དོན་ཡོད་ཞགས་པའི་རྟོག་པ་ལས། །ཞེས་སོགས་ལ། ཐེག་ཆེན་ལུགས་ཀྱི་བསྙེན་གནས་ཡན་ལག་བརྒྱད་པ་ལེན་པའི་ཆོག་ཡོད་

དེ༔ རྟེན་གྱི་དྲུང་དུ་རང་ཉིད་ཀྱིས། སྔགས་ཚིག་ལན་གསུམ་བཟླས་པའི་སྒོ་ནས་ལེན་པའི་ཕྱིར། བསྙེན་གནས་མཚན་མོ། ཞེས་སོགས་ལ། ནངས་པར་ཟན་ཆད་བསྙེན་གནས་སྡོམ་པ་འབུལ་མི་དགོས་ཏེ། དེ་མཚན་མོ་འདས་པས་སྟོང་པའི་ཕྱིར། མདོ་སྡེ་པའི་ལུགས་བཞིན་དུ། ཞེས་སོགས་ལ། མདོ་སྡེ་པའི་ལུགས་བཞིན་དུ་བསྙེན་གནས་སྡོམ་པ་ལེན་པའི་ཚེ་ན་ཡང་། ནངས་པར་ཟན་ཆད་བསྲུང་མི་དགོས་ཏེ། དེའི་ཚེ་ན་ཡང་ནངས་པར་ཟན་ཆད་བསྲུང་བའི་བསམ་པ་མེད་པའི་ཕྱིར། བསྙེན་གནས་སོ་སོར་ཐར་པའི་ལུགས། །ཞེས་སོགས་ལ། བསྙེན་གནས་ཡན་ལག་བརྒྱད་པ་ལེན་པའི་ཚེ། ལྷ་སྒོམ་ཐ་དད་དུ་བྱེད་མི་དགོས་ཏེ། སོ་ཐར་གཙོ་བོ་ཉན་ཐོས་གཞུང་ནས་བཤད་ཅིང་། ལྷ་སྒོམ་གཙོ་བོ་རིག་པ་འཛིན་པའི་སྡེ་སྣོད་ནས་བཤད་པའི་ཕྱིར།

གསུམ་པ་བསྙེན་གནས་སྡོམ་པའི་མཐའ་དཔྱད་ལ། བྱེ་སྨྲ་བ། མདོ་སྡེ་པ། ཐེག་ཆེན་ལུགས་དང་གསུམ། དང་པོ་ལ། ལུས་རྟེན། སེམས་རྟེན། བླང་ཡུལ། ལེན་པའི་ཆོ་ག །དུས་ཀྱི་ཁྱད་པར་དང་ལྔ། དང་པོ་ལ། གླིང་གསུམ་གྱི་སྐྱེས་པ་དང་བུད་མེད་ཐ་སྙད་ལྔ་ལྡན་དགོས་ཏེ། མདོ་རྩ་བ་ལས། མི་མ་ཡིན་པའི་འགྲོ་བ་པ་དང་། བྱང་གི་སྒྲ་མི་སྙན་པ་གཉིས་ནི་སྡོམ་པའི་རྟེན་ཉིད་མིན་ནོ་ཞེས་དང་། འདིར། གླིང་གསུམ་སྐྱེས་པ་བུད་མེད་ལས། །འགྲོ་བ་གཞན་ལ་སྡོམ་པ་བཀག །ཞེས་དང་། མཛོད་ལས། ཟ་མ་མ་ནིང་སྒྲ་མི་སྙན། །མཚན་གཉིས་མ་གཏོགས་མི་རྣམས་ལ། །སྡོམ་མིན་སྡོམ་པའང་དེ་བཞིན་ནོ། །ཞེས་གསུངས་པའི་ཕྱིར། དེ་ལ་ཁོ་ན་རེ། མི་འཐད་དེ། ཀླུ་ཙམ་པས་བསྙེན་གནས་བླངས་པར་བཤད་པའི་ཕྱིར་ཞེ་ན། སྐྱོན་མེད་དེ། དེ་བར་མ་ལེགས་སྤྱོད་ལ་དགོངས་པའི་ཕྱིར། གཉིས་པ་བསམ་པའི་རྟེན་ལ་གཉིས། བསྙེན་གནས་ཡན་ལག་བརྒྱད་པོ་ཉེས་པ་ལྔ་དང་བྲལ་བའི་སྒོ་ནས། རྒྱུའི་ཀུན་སློང་ཐོབ་འདོད། དུས་ཀྱི་ཀུན་སློང་ཐོབ་ཤེས། ངེས་འབྱུང་གི་བསམ་པ་དང་ལྡན་པ་ཞིག་དགོས་ཏེ། རྒྱ་ཆེར་འགྲེལ་ལས། མུང་འདས་ཀྱི་བསམ་པ་བརྟན་པོ་མེད་པར་སྡོམ་པ་མི་སྐྱེའོ། །ཞེས་གསུངས་པའི་ཕྱིར། གསུམ་པ་བླང་བའི་ཡུལ་ནི། དགེ་སློང་ཁོ་ན་ལས་ལེན་ཏེ། བྱེ་བྲག་སྨྲ་བའི་བསྙེན་གནས་ཀྱང་། །དགེ་སློང་ལས་ལེན་ཞེས་གསུངས་པའི་ཕྱིར། བཞི་པ་ལེན་བྱེད་ཀྱི་ཆོ་ག་ནི། གང་རུང་མཆིའོ། །དུས་འདི་ནས་བཟུང་སྟེ། ཇི་སྲིད་སང་ཉི་མ་མ་ཤར་གྱི་བར་དུ། བདག་བསྙེན་གནས་པར་བཙུན་པས་བཟུང་དུ་གསོལ། ཞེས་སྔགས་ཚིག་ལན་གསུམ་བཟླས་པའི་སྒོ་ནས་ལེན་ཏེ། ཉན་ཐོས་རྣམས་ཀྱི་ཆོ་ག་ཡང་། །སྐྱབས་སུ་འགྲོ་བའི་ཚུལ་གྱིས་འབོགས། །ཞེས་གསུངས་པའི་ཕྱིར། ལྔ་པ་ལ། སྦྱོར་བསྟན་དང་། དམིགས་བསལ་གཉིས། དང་པོ་ནི། ད་ནངས་ནམ་ལངས་ཏེ། ཉི་མ་མ་ཤར་བར་ནས། ཇི་སྲིད་སང་ཉི་མ་མ་ཤར་བར་དུ་ལེན་ནོ། །
གཉིས་པ་ནི། ལོ་གཅིག་གི་དུས་བཟང་རྣམས་ལ། ཉིན་རེ་བཞིན་བསྙེན་གནས་ལེན་པ་དམ་བཅས་པའི་གང་

ཟག་གིས། ཚ་གོང་དུ་ལེན་པ་བརྗོད་པའི་ཚེ། ཚ་བ་ཐོན་ནས་ཀྱང་བླངས་པས་ཆོག་གོ། །

གཉིས་པ་མདོ་སྡེ་པའི་ལུགས་ལ་སྔར་ལྟར་ལྔ་ལས། དང་པོ་ནི། འདོད་པའི་ལྷ་མི་དུད་འགྲོ་སོགས་ལ་སྐྱེ་སྟེ། མདོ་སྡེ་པ་རྣམས་དུད་འགྲོ་སོགས། །ཞེས་གསུངས་པའི་ཕྱིར། གཉིས་པ་ནི། གསོ་སྦྱོང་ཡན་ལག་བརྒྱད་པ་ཇི་ལྟར་འདོད་པའི་དུས་སུ། རྒྱུའི་ཀུན་སློང་སོགས་སྔར་ལྟར་རོ། །གསུམ་པ་ནི། དགེ་བསྙེན་ཡན་ཆད་ཀྱི་སྡོམ་ལྡན་དྲུང་དུ་ལེན་ཏེ། གནས་མཆོག་གི་མདོ་ལས། ཁྱིམ་པའམ། དགེ་སློང་ངམ། བྲམ་ཟེ་གང་ཡང་རུང་། ཚོགའི་ཡན་ལག་ཤེས་པའི་ནང་དུ་དོགས་ཏེ། ཞེས་དང་། འདིར་བླང་བའི་ཡུལ་ཡང་དགེ་བསྙེན་སོགས་ཞེས་སོགས་གསུངས་པའི་ཕྱིར། བཞི་པ་ནི། སྔར་ལྟར་རོ། །ལྔ་པ་ལ། མདོ་སྡེ་པའི་ལུགས་བཞིན་དུ། །ཞེས་སོགས་ཀྱི་དོན་ལ། གཞན་དག་འདི་སྐད་འདོན་ཏེ། ལོ་གཅིག་གི་ཆོས་བཅོ་ལྔ་རྣམས་ལ། བསྙེན་གནས་ཀྱི་སྡོམ་པ་ལེན་པར་དམ་བཅས་པའི་གང་ཟག་གིས། ཟླ་བ་དང་པོའི་ཆོས་བཅོ་ལྔ་ལ་བསྙེན་གནས་ཀྱི་སྡོམ་པ་བླངས་པའི་ཚེ༑ ཟླ་བ་གཉིས་པའི་ཆོས་བཅོ་ལྔ་ལ། དེ་མི་ལེན་པ་ལ་དགོངས་སོ་ཟེར་བ་ནི། ཆེས་འཁྲུལ་པ་སྟེ། ཟླ་བ་དང་པོའི་ཆོས་བཅུ་དྲུག་གི་ཉིན་དེ་སྟོང་ངམ་མི་སྟོང་། དང་པོ་ལྟར་ན། ཟླ་བ་གཉིས་པའི་ཆོས་བཅོ་ལྔ་སོགས་ལ་དེ་བསྲུང་མི་དགོས་པར་ཐལ། སྔར་གྱི་དེ་བཏང་། ཕྱི་མ་བླངས་པའི་ཕྱིར། གཉིས་པ་ལྟར་ན། ཆོས་བཅུ་དྲུག་གི་ཉིན་དེ་བསྲུང་དགོས་པར་འགྱུར་རོ། །འདོད་ན། ནངས་པར་ཕན་ཆད་བསྲུང་བ་ཡི། །བསམ་པ་མེད་ཕྱིར་སྡོམ་པ་སྟོང་། །ཞེས་སོགས་དང་འགལ་ལོ། །ཡང་ཁ་ཅིག །བྱེ་སྨྲའི་དམིགས་བསལ་ལྟར་བྱེད་ཟེར་ན། དེ་ཡང་མི་རིགས་ཏེ། དེ་ཉིད་བྱེ་སྨྲའི་དམིགས་བསལ་ཡིན་ཕྱིར་དང་། ཇི་ལྟར་འདོད་ཚེ་ཞེས་པའི་ཚིག་དོན་ལ་མ་ཞུགས་པའི་སྐྱོན་ཡོད་པའི་ཕྱིར་རོ། །གཞན་དག་ན་རེ། ཡ་མཐའ་ནམ་ལངས་ནས་ཉི་མ་མ་ཤར་བར་ལ་བྱེད་ཅིང་། མ་མཐའ་ཉི་མ་ཤར་བ། ཉི་ཕྱེད་སོགས་ཇི་ལྟར་འདོད་ཚེའི་བར་ལ་བྱེད་ཅེ་ན། དེ་ཡང་མིན་ཏེ། མི་གཉིས་ཀྱི་བར་དུ་ལེན་པ་སོགས་ཡོད་པར་ཐལ་བའི་ཕྱིར་རོ། །རང་གི་ལུགས་ནི། མ་མཐའ་སང་ཉི་མ་མ་ཤར་བ་ལ་བྱེད་དེ། དེ་ཉིན་ཞག་གི་མཐའ་ཅན་ཡིན་པའི་ཕྱིར། ཡ་མཐའ་སྐྱ་རེངས་ཤར་ནས་ནམ་མ་ལངས་བར་ལ་བྱེད་དེ། ཇི་ལྟར་འདོད་ཚེ་ཞེས་གསུངས་པའི་ཕྱིར།

གསུམ་པ་ཐེག་ཆེན་གྱི་ལུགས་ལ། སྔར་ལྟར་ལྔ་ལས། དང་པོ་གཉིས་མདོ་སྡེ་པ་དང་མཐུན། གསུམ་པ་ནི། འབྱོར་ན་དགེ་སློང་སོགས་སྡོམ་ལྡན་མ་འབྱོར་ན། རང་ཉིད་ཀྱིས་རྟེན་གྱི་དྲུང་དུ་བླངས་པས་སྐྱེ་སྟེ། འདིར་དོན་ཡོད་ཞགས་པའི་རྟོག་པ་ལས། །བསྙེན་གནས་རང་གིས་བླང་བ་ཡི། །ཞེས་སོགས་ཀྱི་ཕྱིར། བཞི་པ་ནི། བསམ་པ་ཐེག་ཆེན་སེམས་བསྐྱེད་ཀྱིས་ཟིན་པའི་སྒོ་ནས། ཆོ་ག་ཐེག་ཆེན་གཞུང་ལུགས་ནས་བཤད་པ་ལྟར

བྱས་ཀྱང་ཆོག་སྟེ། འདིར་བསམ་པ་སེམས་བསྐྱེད་ཀྱིས་ཟིན་པའི། །ཞེས་སོགས་རྐང་པ་བཞི་གསུངས་པའི་ཕྱིར། ཡང་ན། དོན་ཡོད་ཞགས་པའི་རྟོག་པ་ནས་བཤད་པ་ལྟར་བྱེད་དེ། དེས་ན་ཆོག་ཁྱད་པར་ཡོད། །ཅེས་གསུངས་པའི་ཕྱིར། ལྔ་པ་ནི། མདོ་སྡེ་པའི་ལུགས་བཞིན་ཤེས་པར་བྱའོ། །ཐེག་པ་ཆེན་པོ་ལས་བྱུང་བའི་ཞེས་སོགས་ལ་གསུམ་ལས། དང་པོ་ནི། ཉན་ཐོས་ཐེག་ཆེན་ལུགས་གཉིས་ཡོད། །ཅེས་པའི། ཐེག་ཆེན་སོ་ཐར་མདོར་བསྟན་པ། ཐེག་པ་ཆེན་པོ། ཞེས་སོགས།

རྒྱས་པར་བཤད་པ་ལ། ཐོབ་ཚུལ་ནི། བྱང་ཆུབ་སེམས་དཔའ་ཉིད་ལ་ཡང་། །ཞེས་སོགས། བསྲུང་ཚུལ་མདོར་བསྟན་པ། དེས་ན་ད་ལྟའི་ཚོག་ནི། །ཞེས་སོགས། རྒྱས་པར་བཤད་པ། འདི་ལ་སྡིག་སྡོ་མི་དགེའི་ཕྱོགས། །ཞེས་སོགས། སྡོང་ཚུལ་ནི། ཐེག་ཆེན་སོ་སོ་ཐར་ཡིན་ཡང་། །ཞེས་སོགས་ཀྱིས་བསྟན། གཉིས་པ་ངག་དོན་ནི། བྱང་ཆུབ་སེམས་དཔའ་ཉིད་ལ་ཡང་། །ཞེས་པ་ནས། དེའི་ཆོག་ཕལ་ཆེར་ནུབ། །ཅེས་པའི་བར་ལ༑ ཐེག་ཆེན་གྱི་སོ་ཐར་རིགས་བདུན་ལེན་པའི་ཆོག་འི་ལག་ལེན་ཕལ་ཆེར་ནུབ་སྟེ། བྱང་ས་ནས་བཤད་པའི། ཐེག་ཆེན་དགེ་བསྙེན་ཕ་མ། དགེ་ཚུལ་ཕ་མ། དགེ་སློང་ཕ་མའི་སྡོམ་པ་དང་། རྟེན་གྱི་དྲུང་དུ་རང་ཉིད་ཀྱིས་ལེན་པའི་ཆོག་འི་ལག་ལེན་རྣམས་ནུབ་པའི་ཕྱིར། གསོ་སྦྱོང་རང་གི་བླང་བ་སོགས། །ཞེས་སོགས་ལ། ཐེག་ཆེན་གྱི་སྡོམ་པ་ལེན་པའི་ཆོག་འི་ལག་ལེན་མ་ནུབ་པ་འགའ་ཞིག་ཡོད་དེ། དོན་ཡོད་ཞགས་པའི་རྟོག་པ་ནས་བཤད་པའི་རྟེན་གྱི་དྲུང་དུ་རང་ཉིད་ཀྱིས་བསྙེན་གནས་ཡན་ལག་བརྒྱད་པ་ལེན་པའི་ཆོག་དང་། ཐེག་ཆེན་ཐུན་མོང་མིན་པའི་སྐབས་འགྲོ་འབོག་པའི་ཆོག་འི་ལག་ལེན་མ་ནུབ་པ་ཡོད་པའི་ཕྱིར། རྒྱལ་སྲས་བྱམས་པ་འཇམ་དབྱངས་སོགས། །ཞེས་པ་ནས། མདོ་ནས་བཤད་པ་ངས་མ་མཐོང་ཞེས་པའི་བར་ལ། དྲག་ཤུལ་ཅན་གྱིས་ཞུས་པའི་མདོ་ལས། བྱམས་པས་མཁན་པོ་མཛད་ནས། ཁྱིམ་པ་བདུན་ཁྲི་བརྒྱད་སྟོང་ལ་དགེ་སློང་གི་སྡོམ་པ་འབོགས་ཚུལ་དང་། འཇམ་དཔལ་གྱིས་མཁན་པོ་མཛད་ནས། ཁྱིམ་པ་བདུན་ཁྲི་དགུ་སྟོང་ལ་དགེ་སློང་སྡོམ་པ་འབོག་ཚུལ་དེ། ཆོག་མིན་ཏེ། དེ་ལ་སྦྱོར་དངོས་རྗེས་གསུམ་གྱི་ཆོག་འི་བྱ་བ་མེད་པའི་ཕྱིར། འདི་འདྲ་སྔོན་གྱི་ཆོག་སྟེ། །ཞེས་སོགས་ལ། སྔ་མ་དེ་གཉིས་སྔོན་ཆོག་ཡིན་ཏེ། དེ་གཉིས་སོ་སྐྱེས་བྱར་མི་རུང་བར། འཕགས་པའི་གང་ཟག་ལ་སྡོམ་པ་འབོགས་པའི་ཐབས་ཙམ་ཡིན་པའི་ཕྱིར། དེས་ན་ད་ལྟའི་ཞེས་པ་ནས། བྱང་སེམས་སོ་སོར་ཐར་པར་འགྱུར་ཞེས་པའི་བར་ལ། ད་ལྟར་གྱི་ཆོག་ལ་བརྟེན་ནས་ཐེག་ཆེན་སོ་ཐར་གྱི་སྡོམ་པ་འབོགས་ཚུལ་ཡོད་དེ། ཀུན་སློང་ཐེག་ཆེན་སེམས་བསྐྱེད་ཀྱིས་ཟིན་པའི་སྒོ་ནས་ཆོག་ཉན་ཐོས་ཀྱི་གཞུང་ལུགས་ནས་བཤད་པ་ལྟར་ཐོག་པས་ཐེག་ཆེན་སོ་ཐར་གྱི་སྡོམ་པ་སྐྱེ་བའི་ཕྱིར། དེས་ན་བྱང་ཆུབ་སེམས་དཔའ་ཡི། །ཞེས

པ་ནས། བཤད་ཀྱི་ཉན་ཐོས་ཅེས་པའི་བར་ལ། བྱང་སེམས་དགེ་སློང་གིས་ཐེག་ཆེན་སོ་ཐར་གྱི་བསླབ་བྱ་བསྲུང་ཚུལ་གཉིས་ཡོད་དེ། ཉན་ཐོས་དང་ཐུན་མོང་བ་དང་། ཐུན་མོང་མིན་པའི་དེ་གཉིས་ཡོད་པའི་ཕྱིར། འདི་ལ་སྡིག་སྡོ་ཞེས་པ་ནས། ལུགས་བཞིན་བསྲུངས་ཞེས་པའི་བར་ལ་དེ་འདྲའི་གང་ཟག་དེས། སོ་ཐར་གྱི་བསླབ་བྱ་བསྲུང་ཚུལ་ཡོད་དེ། སྡིག་སྡོ་མི་དགེ་བའི་ལྟུང་བ་རྣམས། ཉན་ཐོས་དང་མཐུན་པར་བསྲུང་། བཅས་པའི་ལྟུང་བ་རྣམས། བྱང་སེམས་དང་མཐུན་པར་བསྲུང་བའི་ཕྱིར། འཇིག་རྟེན་མ་དད། ཞེས་པ་ནས། ཐེག་ཆེན་སོ་སོར་ཐར་ལ་གནང་། །ཅེས་པའི་བར་ལ། དེའི་གང་ཟག་དེས་བསྲུང་ཚུལ་ཡོད་དེ། གཞན་ལ་གནོད་པའི་ལྟུང་བ་རྣམས་ཉན་ཐོས་དང་མཐུན་པར་བསྲུང་། གཞན་དོན་དུ་འགྱུར་བའི་ལྟུང་བ་རྣམས། བྱང་སེམས་དང་མཐུན་པར་བསྲུང་བའི་ཕྱིར། དཔེར་ན་ཉན་ཐོས་དགེ་སློང་ནི་ཞེས་པ་ནས། འདོད་ཆེན་ལྟུང་བ་མེད་ཅེས་གསུངས། །ཞེས་པའི་བར་ལ། དེ་འདྲའི་གང་ཟག་དེས་དེ་བསྲུང་ཚུལ་ཡོད་དེ། རང་དོན་གྱི་བསླབ་བྱ་རྣམས་ཉན་ཐོས་དང་མཐུན་པར་བསྲུང་། གཞན་དོན་གྱི་བསླབ་བྱ་རྣམས་བྱང་སེམས་དང་མཐུན་པར་བསྲུང་བའི་ཕྱིར། སོ་སོར་ཐར་པ་ལུགས་གཉིས་པོ། །ཞེས་སོགས་ལ། མདོར་བསྟན་གྱི་སྦྱོར་བ་འགོད། ཐེག་ཆེན་སོ་སོར་ཐར་ཡིན་ཡང་། །ཞེས་སོགས་ལ། དགེ་སློང་གི་སྡོམ་པ་ཆོས་ཅན། ཤི་འཕོས་པས་སྟོང་སྟེ། ཇི་སྲིད་འཚོའི་སྡོམ་པ་ཡིན་པའི་ཕྱིར། གསུམ་པ་མཐའ་དཔྱད་པ་ལ། མཚན་ཉིད་དང་། དབྱེ་བ་གཉིས། དང་པོ་ནི། གཞན་གནོད་གཞི་བཅས་སྤོང་བའི་ཐེག་ཆེན་རེས་འབྱུང་གི་སྡོམ་པ། གཉིས་པ་ལ། ཉན་ཐོས་དང་ཐུན་མོང་བ། བྱང་སེམས་དང་ཐུན་མོང་བ། རིག་པ་འཛིན་པ་དང་ཐུན་མོང་བ། ཐེག་ཆེན་ཐུན་མོང་མིན་པའི་སོ་ཐར་དང་བཞི། དང་པོ་ནི། ཀུན་སློང་ཐེག་ཆེན་སེམས་བསྐྱེད་ཀྱིས་ཟིན་པའི་སྒོ་ནས། ཚིག་ཉན་ཐོས་ཀྱི་ལུགས་བཞིན་བྱས་པ་ལས་བྱུང་བའི་སོ་ཐར་རིགས་བདུན་ལྟ་བུའོ། །གཉིས་པ་ནི། དབུ་མ་པ་དང་། སེམས་ཙམ་གྱི་ཚོ་ག་ལས་ཐོབ་པའི་སྨོན་འཇུག་གི་སེམས་བསྐྱེད་ལྟ་བུའོ། །གསུམ་པ་ནི། རྒྱུད་སྡེ་བཞིའི་དབང་བསྐུར་བའི་གནས་སྐབས་སུ་ཐོབ་པའི་ཐེག་ཆེན་སེམས་བསྐྱེད་ལྟ་བུའོ། །བཞི་པ་ལ། ཐེག་ཆེན་སྔོན་གྱི་ཚོ་ག་དང་། ད་ལྟར་གྱི་ཚོ་ག་ལ་བརྟེན་ནས་ཐོབ་པའི་དེ་གཉིས། དང་པོ་ནི། བྱང་ས་ནས་བཤད་པའི་རྟེན་གྱི་དྲུང་དུ་རང་ཉིད་ཀྱིས་བླངས་པའི་ཐེག་ཆེན་གྱི་དགེ་བསྙེན་ཕ་མ། དགེ་ཚུལ་ཕ་མ། དགེ་སློབ་མའི་སྡོམ་པ་ལྟ་བུ་དང་། རྒྱལ་སྲས་བྱམས་པ་འཇམ་དབྱངས་སོགས། །ཞེས་སྐབས་ཀྱི་སྡོམ་པ་དང་། རྒྱན་དང་བཅས་ཤིང་གོས་དཀར་བ། །ཞེས་སྐབས་ཀྱི་དེ་དང་། བུ་མོ་གསེར་མཆོག་འོད་ལྡན་གྱི༑ ༑ཞེས་སྐབས་ཀྱི་དེ་ལྟ་བུའོ། །གཉིས་པ་ད་ལྟར་གྱི་ཚོ་ག་ནི། ཐེག་ཆེན་ཐུན་མོང་མིན་པའི་སྐབས་འགྲོའི་སྡོམ་པ་དང་། དོན་ཡོད་ཞགས་པའི་རྟོག་པ་ནས་བཤད་པའི་རྟེན་གྱི་དྲུང་དུ་རང་ཉིད་ཀྱིས་བླངས་པའི་བསྙེན་

གནས་ཡན་ལག་བརྒྱད་པའི་སྡོམ་པ་ལྟ་བུའོ། །

དེ་ནས་ལས་དང་རྣམ་སྨིན་གྱི། །རྣམ་པར་དབྱེ་བ་བཤད་ཀྱི་ཉོན། །ཅེས་སྐབས་སུ་གསུམ་ལས། དང་པོ་ནི། སོ་སོའི་བསླབ་པར་བྱ་བ་དང་། །ཞེས་པའི་སོ་ཐར་སྡོམ་པའི་བསླབ་བྱ་དང་། དགེ་སྡིག་གི་བླང་དོར་གྱི་གནད་ཕྱིན་ཅི་མ་ལོག་པར་གདན་ལ་འབེབས་པ་ལ། དགེ་སྡིག་གི་ངོ་བོ་ལ་འཁྲུལ་བ་དགག །དེ་དག་གི་འབྲས་བུ་ལ་འཁྲུལ་བ་དགག །བླང་དོར་བྱེད་པ་ལ་འཁྲུལ་བ་དགག་པ་དང་གསུམ་ལས། དང་པོ་མདོར་བསྟན་པ། དེ་ནས་ཞེས་སོགས། གཉིས་པ་རྒྱས་བཤད་ལ། དགེ་སོགས་ཀྱི་ལས་གསུམ་ལ། བསམ་པ་དང་སེམས་པའི་ལས་གཉིས་ལ། དཀར་ནག་སོགས་ལས་བཞི་ལ། འཕེན་རྫོགས་ཀྱི་ལས་གཉིས་ལ། གཅིག་ཏུ་དཀར་བ་སོགས་ལས་གསུམ་ལ་འཁྲུལ་པ་དགག་པ་དང་ལྔ། དང་པོ་ལ། དགེ་སོགས་ཀྱི་མ་འཁྲུལ་བའི་ལས་ངོས་འཛིན་པ༑ ལས་ལ་དགེ་སྡིག །ཅེས་སོགས། དེ་གསུམ་ལ་འཁྲུལ་པ་དགག་པ་ཆོས་ཀྱི་དབྱིངས་ནི་ཞེས་སོགས། གཉིས་པ་ལ། མ་འཁྲུལ་བའི་བསམ་པ་དང་། སེམས་པའི་ལས་ངོས་འཛིན་པ། ལས་ལ་ཐུབ་པས་ཞེས་སོགས། དེ་ལ་འཁྲུལ་པ་དགག་པ། ཆོས་ཀྱི་དབྱིངས་ནི་གཉིས་ཀ་མིན། །ཞེས་སོགས། གསུམ་པ་ལ་འཁྲུལ་པ་དགག་པ། གཞན་ཡང་ལས་ལ། ཞེས་སོགས། བཞི་པ་ལ་འཁྲུལ་པ་དགག་པ། གཞན་ཡང་ལས་ལ། ཞེས་སོགས། ལྔ་པ་ལ་འཁྲུལ་པ་དགག་པ།

གཞན་ཡང་གཅིག་ཏུ་དཀར་བ་དང་། །ཞེས་སོགས། གསུམ་པ་དོན་བསྡུ་ན། འདི་འདྲའི་ལས་དང་། ཞེས་སོགས་ཀྱིས་བསྟན། གཉིས་པ་མཐའ་དཔྱད་པ་ལ་གཉིས་ལས། དང་པོ་མཚན་ཉིད་ནི། སེམས་པ་མཚུངས་ལྡན་དང་བཅས་པ་ལས་ཀྱི་མཚན་ཉིད་ཡིན་ཏེ། རྣམ་བཤད་རིགས་པར་མདོ་དྲངས་པ་ལས། སེམས་པ་ལས་ཡིན་པར་སྨྲས་སོ་ཞེས་གསུངས་པའི་ཕྱིར། གཉིས་པ་ལ། དགེ་སོགས་ཀྱི་ལས་གསུམ་དུ་དབྱེ། སེམས་པ་དང་བསམ་པའི་ལས་གཉིས་སུ་དབྱེ། ལས་དཀར་རྣམ་སྨིན་ནག་པ་སོགས་ལས་བཞིར་དབྱེ། འཕེན་བྱེད་རྫོགས་བྱེད་ཀྱི་ལས་གཉིས་སུ་དབྱེ། གཅིག་ཏུ་དཀར་བ་སོགས་ལས་གསུམ་དུ་དབྱེ་བ་དང་ལྔ། དང་པོ་གསུམ་ནི༑ དགེ་བ་ལ་ནི། མཚན་ཉིད། དབྱེ་བ། དངོས་བཏགས་ཁྱད་པར་ལ་དཔྱད་པ་དང་གསུམ། དང་པོ་ནི། རྣམ་དཀར་གྱི་ལས་དེའི་མཚན་ཉིད་ནི། དགེ་བ་ལེགས་པར་སྤྱད་པ་སྟེ། །རྣམ་སྨིན་བདེ་བ་བསྐྱེད་པ་ཡིན། །ཞེས་གསུངས་པའི་ཕྱིར། གཉིས་པ་ལ། ངོ་བོ་ཉིད་ཀྱི། མཚུངས་ལྡན་གྱི། ཀུན་སློང་གི །དོན་དམ་པའི། ཉེ་བར་ཞི་བའི་དགེ་བ་དང་ལྔ། དང་པོ་ནི། དད་སོགས་དགེ་བ་བཅུ་གཅིག་ལ་འཇོག་ཏེ། མངོན་པའི་གཞུང་ལས་ཉན་ཐོས་རྣམས། །ཞེས་སོགས་རྐང་པ་བཞི་གསུངས་པའི་ཕྱིར། གཉིས་པ་ནི། དེ་དག་དང་མཚུངས་ལྡན་དུ་བྱུང་

བའི་སེམས་སེམས་བྱུང་རྣམས་ལ་འཇོག་གོ། །གསུམ་པ་ནི། ལུས་ངག་གི་དགེ་བའི་ལས་ལམ་བདུན་ལྟ་བུའོ། །བཞི་པ་ནི། ཆོས་ཀྱི་དབྱིངས་ལྟ་བུའོ། །ལྔ་པ་ནི། འགོག་བདེན་ལྟ་བུའོ། །གསུམ་པ་ལ་དང་པོ་གསུམ་དགེ་བ་མཚན་ཉིད་པ་ཡིན་ཏེ། རྣམ་དཀར་གྱི་ལས་ཡིན་པའི་ཕྱིར། དབྱེ་བ། དགེ་བ་ལེགས་པར་སྤྱད་པ་སྟེ། །ཞེས་གསུངས་པའི་ཕྱིར། ཕྱི་མ་གཉིས་བཏགས་པ་བ་ཡིན་ཏེ། འདུས་མ་བྱས་ཡིན་པའི་ཕྱིར། ཁྱབ་སྟེ། འདི་དག་བྱས་པའི་ལས་ཡིན་པས་ཞེས་སོགས་རྒྱང་པ་བཞི་གསུངས་པའི་ཕྱིར། མི་དགེ་བ་ལ་གསུམ་ལས། དང་པོ་ནི། སྡིག་པའི་ལས་དེའི་མཚན་གཞི་ཡིན་ཏེ། སྡིག་པ་ཉེས་པར་སྤྱོད་པ་སྟེ། །རྣམ་སྨིན་སྡུག་བསྔལ་བསྐྱེད་པར་བྱེད། །ཅེས་གསུངས་པའི་ཕྱིར། གཉིས་པ་ལ། སྔ་མ་ལྟར་ངོ་བོ་ཉིད་ལ་སོགས་པ་ལྔས། དང་པོ་ནི། ངོ་ཚ་མེད་པ་དང་། བག་མེད་པའི་སེམས་སེམས་བྱུང་ལྟ་བུའོ། །གཉིས་པ་ནི། དེ་དག་དང་མཚུངས་ལྡན་གྱི་སེམས་སེམས་བྱུང་ལྟ་བུའོ། །གསུམ་པ་ནི། ལུས་ངག་གི་མི་དགེ་བའི་ལས་ལམ་བདུན་ལྟ་བུའོ། །བཞི་པ་ནི། འཁོར་བ་ལྟ་བུའོ། །གསུམ་པ་ལ༑ དང་པོ་གསུམ་མཚན་ཉིད་པ་ཡིན་པའི་ཕྱིར་ཏེ། སྡིག་པ་ཉེས་པར་སྤྱོད་པ་སྟེ་ཞེས་གསུངས་པའི་ཕྱིར། བཞི་པ་བཏགས་པ་བ་ཡིན་པའི་ཕྱིར་ཏེ། སྡིག་ལས་མིན་ཕྱིར། ཁྱབ་སྒྲུབ་སྔར་བཞིན།

ལུང་མ་བསྟན་ལ་གསུམ་ལས། དང་པོ་མཚན་ཉིད་ནི། དགེ་སོགས་སུ་ལུང་བསྟན་དུ་མི་རུང་བའི་ཆོས། གཉིས་པ་ལ། ངོ་བོ་ཉིད་ལ་སོགས་པ་བཞི། དང་པོ་ནི། ཀུན་གཞི་ལྟ་བུའོ། །གཉིས་པ་ནི། དེ་དང་མཚུངས་ལྡན་གྱི་སེམས་སེམས་བྱུང་ལྟ་བུའོ། །གསུམ་པ་ནི། སེམས་ལུང་མ་བསྟན་གྱིས་ཀུན་ནས་བླངས་པའི་བཟོད་པ་ལྟ་བུའོ། །བཞི་པ་ནི། འདུས་མ་བྱས་ཀྱི་ནམ་མཁའ་ལྟ་བུའོ། །གསུམ་པ་ལ། དང་པོ་གསུམ་མཚན་ཉིད་པ་དང་། ཕྱི་མ་བཏགས་པ་བ་ཡིན་ནོ། །དབྱེ་སྒོ་གཉིས་པ་ལ་སེམས་པའི་ལས་དང་། བསམ་པའི་ལས་གཉིས། དང་པོ། ཡིད་ཀྱི་ལས་དང་དོན་གཅིག །གཉིས་པ་ལུས་ངག་གི་ལས་དང་དོན་གཅིག་སྟེ། ལས་ལ་ཐུབ་པས་རྣམ་གཉིས་གསུངས། །ཞེས་སོགས་རྒྱང་པ་བཞི་གསུངས་པའི་ཕྱིར། དབྱེ་སྒོ་གསུམ་པ་ལ། མདོན་པའི་ལུགས། དབུ་མ་པའི་ལུགས། བསྟན་བཅོས་འདིའི་དགོངས་པ་དཔྱད་པ་དང་གསུམ། དང་པོ་ལ། དཀར་ལ་དཀར་བའི་ལས། གནག་ལ་གནག་པའི་ལས། འདྲེས་མའི་ལས། གཉིས་ཀ་མིན་པའི་ལས་དང་བཞི། དང་པོ་ནི། བསམ་གཏན་ཟག་མེད་ཀྱི་དགེ་བ་ལྟ་བུ་ལ་འཇོག །གཉིས་པ་ནི། འདོད་པའི་མི་དགེ་བ་ལྟ་བུ་ལ་འཇོག །གསུམ་པ་ནི༑ འདོད་པའི་ཟག་བཅས་ཀྱི་དགེ་བ་ལྟ་བུ་ལ་འཇོག །བཞི་པ་ནི། ཟག་མེད་ཀྱི་དགེ་བ་ལ་འཇོག །གསུམ་གྱི་ཁྱད་པར་ལ། དཀར་ལ་དཀར་བའི། གནག་ལ་གནག་པའི། འདྲེས་མའི། མི་གནག་ཅིང་དཀར་ལ་རྣམ་པར་སྨིན་པ་དཀར་པོའི་ལས་དང་བཞི། དང་པོ་གསུམ་གོང་དང་འདྲ། བཞི་པ་ཟག་མེད་ཀྱི་དགེ་བ་དང་དོན་གཅིག །

གསུམ་པ་ལ་ཁ་ཅིག །འབྲས་བུ་སྡུག་བསྔལ་བསྐྱེད་པའི་དགེ་བ་དེ་ལས་དཀར་རྣམ་སྨིན་ནག་པའི་ལས་སུ་འདོད། འབྲས་བུ་བདེ་བ་བསྐྱེད་པའི་མི་དགེ་བ་དེ་ལས་ནག་རྣམ་སྨིན་དཀར་བའི་ལས་ཡིན་ནོ་ཞེས་སྨྲ་བ་ནི་མི་རིགས་ཏེ། གནས་དང་གནས་མིན་མཁྱེན་པའི་སྟོབས་ཀྱི་འཛིན་སྟངས་ཀྱི་ཡུལ་མེད་པར་ཐལ་བ་དང་། དགེ་བ་ལེགས་པར་སྤྱད་པ་སྟེ། །ཞེས་པའི་གཞུང་ལས་ཕྱིར་ཕྱོགས་པར་འགྱུར་བའི་ཕྱིར། རང་གི་ལུགས་ནི། མི་དགེ་བ་དང་མ་འདྲེས་པའི་དགེ་བ་དཔྱད་པ་ལས། འབྲས་བུ་བདེ་བ་འབྱུང་བ་དེ། ལས་དཀར་རྣམ་སྨིན་དཀར་བར་འཇོག་སྟེ། དཔེར་ན་ལྷག་བསམ་རྣམ་པར་དཀར་བའི་སྒོ་ནས་གཏོང་བའི་སྦྱིན་པ་ལྟ་བུའོ། །དགེ་བ་དང་མ་འདྲེས་པའི་མི་དགེ་བ་སྤྱད་པ་ལས། འབྲས་བུ་སྡུག་བསྔལ་འབྱུང་བ་དེ། ལས་ནག་རྣམ་སྨིན་ནག་པར་འཇོག་སྟེ། དཔེར་ན་བཟའ་བའི་ཆེད་དུ་སྲོག་གཅོད་པའི་ལས་ལྟ་བུའོ། །གཞན་གྱི་སྲོག་གཅོད་པའི་ཆེད་དུ་སྦྱིན་པ་གཏོང་བའི་ལས་དེ། ལས་དཀར་བའི་གཟུགས་བརྙན་རྣམ་སྨིན་སྡུག་བསྔལ་བསྐྱེད་པའི་སྡིག་ལས་སུ་འཇོག་ལ༑ མང་པོ་སྐྱོབས་པའི་ལྷག་བསམ་གྱིས་ཀུན་ནས་བླངས་པའི་སྲོག་བཅོད་པའི་ལས་དེ་ལས་ནག་པོའི་གཟུགས་བརྙན་རྣམ་སྨིན་བདེ་བ་བསྐྱེད་པའི་དགེ་བར་འཇོག་སྟེ། དགེ་བའི་སེམས་ཀྱིས་གསོད་པ་སོགས། །ལྟུང་བའི་གཟུགས་བརྙན་ཡིན་ཞེས་གསུངས། །ཞེས་གསུངས་པའི་ཕྱིར།

དབྱེ་སྒོ་བཞི་པ་ལ། མཚན་ཉིད་དང་། སྤུ་བཞི་བརྩི་ཚུལ་གཉིས། དང་པོ་ནི། རང་འབྲས་རྣམ་སྨིན་འཕེན་བྱེད་ཀྱི་ལས་དང་། རང་གི་བདག་འབྲས་རྫོགས་པར་བྱེད་པའི་ལས་གཉིས་རིམ་བཞིན་འཕེན་རྫོགས་ཀྱི་ལས་ཀྱི་མཚན་ཉིད་ཡིན་ནོ། །གཉིས་པ་ལ། འཕེན་བྱེད་དགེ་བས་འཕངས་པ་ལ། རྫོགས་བྱེད་དགེ་བས་རྫོགས་པ་ནི༑ བདེ་འགྲོའི་རྣམ་སྨིན་གྱི་ལུས་རྟེན་དགེ་བས་འཕངས་ལ། དེའི་རྒྱུད་ཀྱི་བདེ་བ་དགེ་བས་རྫོགས་པ་ལྟ་བུའོ། །འཕེན་བྱེད་སྡིག་པས་འཕངས་པ་ལ། རྫོགས་བྱེད་སྡིག་པས་རྫོགས་པ་ནི། ངན་འགྲོའི་སྡུ་མ་ལྟ་བུའོ། །འཕེན་བྱེད་དགེ་ལ། རྫོགས་བྱེད་སྡིག་པས་རྫོགས་པ་ནི། བདེ་འགྲོའི་ལུས་རྟེན་དགེ་བས་འཕངས་ལ། དེའི་རྒྱུད་ཀྱི་སྡུག་བསྔལ་མི་དགེ་བས་རྫོགས་པ་ལྟ་བུའོ། །འཕེན་པར་བྱེད་པའི་ལས་སྡིག་ལ་རྫོགས་བྱེད་དགེ་བ་ནི། དུད་འགྲོའི་ལུས་རྟེན་སྡིག་པས་འཕངས་ལ། དེའི་རྒྱུད་ཀྱི་བདེ་བ་དགེ་བས་འཕངས་པ་ལྟ་བུའོ། །དབྱེ་སྒོ་ལྔ་པ་ལ། མི་དགེ་བ་དང་མ་འདྲེས་པའི་དགེ་བ་སྟེ། གཅིག་ཏུ་དཀར་བའི་ལས། དགེ་བ་དང་མ་འདྲེས་པའི་མི་དགེ་བ་སྟེ་གཅིག་ཏུ་ནག་པའི་ལས། དགེ་སྡིག་སྤེལ་མར་སྤྱད་པའི་ལས་དེ་འདྲེས་མའི་ལས་སུ་འཇོག་གོ། །གསུམ་པ་ངག་དོན་ལ། དེས་ན་ལས་དང་ཞེས་སོགས་ལ། ལས་རྒྱུ་འབྲས་ཀྱི་རྣམ་གཞག་ཕྱིན་ཅི་མ་ལོག་པར་གཏན་ལ་ཕབ་པ་ཆོས་ཅན། དགོས་པ་ཡོད་དེ། སོ་སོར་ཐར་པའི་སྡོམ་པའི་བསླབ་བྱ། རྒྱུ་འབྲས་ཀྱི་རྣམ་གཞག་ལ་མཁས

པའི་ཆེད་ཡོད་པའི་ཕྱིར། ལས་ལ་དགེ་སྡིག་ལུང་མ་བསྟན། །ཞེས་སོགས་ལ། ལས་ཆོས་ཅན། གསུམ་ཡོད་དེ༑ དགེ་མི་དགེ་ལུང་མ་བསྟན་གསུམ་ཡོད་པའི་ཕྱིར། དགེ་བ་ལེགས་པར་སྤྱོད་པ་སྟེ་ཞེས་སོགས་ལ། རྣམ་དཀར་གྱི་ལས་ཆོས་ཅན། དགེ་བའི་མཚན་ཉིད་ཡིན་ཏེ། དེའི་འཇོག་བྱེད་ཡིན་པའི་ཕྱིར། སྡིག་པ་ཉེས་པར་སྤྱོད་པ་སྟེ་ཞེས་སོགས་ལ། སྡིག་ལས་ཆོས་ཅན། མི་དགེ་བའི་མཚན་ཉིད་ཡིན་ཏེ། དེའི་འཇོག་བྱེད་ཡིན་པའི་ཕྱིར། འདི་དག་བྱས་པའི་ལས་ཡིན་པས། །ཞེས་སོགས་ལ། ཆོས་དབྱིངས་ཆོས་ཅན། དགེ་སོགས་གསུམ་པོ་མ་ཡིན་པར་ཐལ། འདུས་མ་བྱས་ཡིན་པའི་ཕྱིར་དང་། དེ་གསུམ་འདུས་བྱས་ཡིན་པའི་ཕྱིར། ལས་ལ་ཐུབ་པས་རྣམ་གཉིས་གསུངས། །ཞེས་སོགས་ལ། བཞི་པ་ཆོས་ཅན། གཉིས་ཡོད་དེ། སེམས་པའི་ལས་དང་། བསམ་པའི་ལས་གཉིས་ཡོད་པའི་ཕྱིར། སེམས་པ་ཡིད་ཀྱི་ལས་ཡིན་ཏེ། །ཞེས་སོགས་ལ། དེ་གཉིས་ཀྱི་འཇོག་པ་ཡོད་དེ། དང་པོ་ཡིད་ཀྱི་ལས་དང་། གཉིས་པ་ལུས་ངག་གི་ལས་ལ་འཇོག་པའི་ཕྱིར། གཞན་ཡང་ལས་ལ་རྣམ་བཞི་ཡོད། །ཅེས་སོགས་ལ། ལས་ཆོས་ཅན། བཞི་ཡོད་དེ། ལས་དཀར་རྣམ་སྨིན་དཀར་སོགས་བཞི་ཡོད་པའི་ཕྱིར། གཞན་ཡང་ལས་ལ་རྣམ་གཉིས་གསུངས། །ཞེས་སོགས་ལ། ལས་ཆོས་ཅན་གཉིས་ཡོད་དེ། འཕེན་རྫོགས་ཀྱི་ལས་གཉིས་སུ་ཡོད་པའི་ཕྱིར་ཏེ། དེ་དག་དབྱེ་བ་མུ་བཞི་ཡོད་དེ། ཞེས་སོགས་ལ། དེ་གཉིས་ལ་མུ་བཞི་བརྩི་རུང་སྟེ། འཕེན་བྱེད་དགེ་ལ་རྫོགས་བྱེད་དགེ་བས་རྫོགས་པ་སོགས་བཞི་ཡོད་པའི་ཕྱིར། གཞན་ཡང་གཅིག་ཏུ་དཀར་བ་དང་། །ཅེས་སོགས་ལ། ལས་ཆོས་ཅན། གསུམ་ཡོད་དེ། གཅིག་ཏུ་དཀར་བའི་ལས་སོགས་གསུམ་ཡོད་པའི་ཕྱིར། འདི་འདྲའི་ལས་དང་རྣམ་སྨིན་གྱི། །ཞེས་སོགས་ལ། ལས་འབྲས་ཀྱི་རྣམ་གཞག་ཕྱིན་ཅི་མ་ལོག་པར་བཤད་པ་ཆོས་ཅན། དགོས་པ་ཡོད་དེ། སོ་ཐར་སྡོམ་པའི་ཞར་ལ་ལས་འབྲས་ཀྱི་རྣམ་གཞག་ལ་མཁས་པའི་ཆེད་ཡོད་པའི་ཕྱིར། གྲངས་ཅན་ལུགས་འདི་མི་འཐད་པས། །ཞེས་སོགས་ལ་གསུམ་ལས། དང་པོ་ནི༑ སོ་སོའི་བསླབ་པར་བྱ་བ་དང་། །ཞེས་པའི་སྐབས་སུ་བསྟན་པའི་སོ་ཐར་སྡོམ་པའི་བསླབ་བྱ་ལས་འབྲས་ཀྱི་རྣམ་དབྱེ་གཏན་ལ་འབེབས་པ་ལ། ལས་འབྲས་ཀྱི་ངོ་བོ་ལ་འཁྲུལ་བ་དགག །འབྲས་བུ་ལ་འཁྲུལ་བ་དགག །བླང་དོར་བྱེད་པ་ལ་འཁྲུལ་པ་དགག་པ་དང་གསུམ། དང་པོ་ལ། ལས་འབྲས་ཀྱི་རྣམ་དབྱེ་ལ་འཁྲུལ་པ་དགག །གནད་མ་འཁྲུལ་བར་བསྟན་པའི་སྒོ་ནས་དོན་བསྡུ་བ་གཉིས། དང་པོ་ལ་བསྟན་བཤད་བསྡུ་གསུམ། དེ་ནས་ལས་དང་རྣམ་སྨིན་གྱི་ཞེས་སོགས་བཤད་ཟིན།

གཉིས་པ་འབྲས་བུ་ལ་འཁྲུལ་པ་དགག་པ་ལ། གཞན་གྱི་འདོད་པ་བརྗོད་པ་དང་། དེ་དགག་པ་ལ་གཉིས། དང་པོ་ནི། མུ་སྟེགས་གྲངས་ཅན་པ་རྣམས་ནི། །ཞེས་སོགས། གཉིས་པ་ལ། བསྔོ་རྒྱུའི་དགེ་བ་ལ

འཁྲུལ་པ་དགག །བསྔོ་བའི་ལག་ལེན་ལ་འཁྲུལ་པ་དགག །བསྔོ་བའི་འབྲས་བུ་ལ་འཁྲུལ་པ་དགག་པ་དང་གསུམ། དང་པོ་ལ། ཆོས་ཉིད་བསྔོ་རྒྱུའི་དགེ་བར་འདོད་པ་དགག །ཆོས་ཉིད་ལས་གཞན་པའི་ལམ་བདེ་གཤེགས་སྙིང་པོར་འདོད་པ་དགག །ཆོས་ཉིད་ལ་བསྔོ་རྒྱུའི་དགེ་རྩ་ཡིན་མིན་གྱི་ཁྱད་པར་འདོད་པ་དགག །བདེ་གཤེགས་སྙིང་པོས་བཟུང་བ་དང་བཞི། དང་པོ་ལ། ཆོས་ཉིད་འགྱུར་མེད་དུ་ལུང་རིགས་ཀྱིས་གཏན་ལ་ཕབ་སྟེ་དགག །མདོན་པའི་གཞུང་ལས་ཆོས་ཉིད་དོན་དམ་པའི་དགེ་བར་བཤད་པའི་ལུང་གི་དོན་བརྗོད་པའི་སྒྲོ་ནས་དགག །རྡོ་རྗེ་རྒྱལ་མཚན་བསྔོ་བའི་མདོ་དོན་བཤད་པའི་སྒོ་ནས་བཤད་པ་དང་གསུམ། དང་པོ་ལ་གཉིས་ལས། དང་པོ་དངོས་ནི། གྲངས་ཅན་ལུགས་འདི་མི་འཐད་པས། །ཞེས་སོགས། ཞར་བྱུང་སྟོང་ཉིད་སྙིང་རྗེའི་སྙིང་པོ་ཅན་གྱི་བྱང་ཆུབ་ཀྱི་སེམས་བདེ་གཤེགས་སྙིང་པོར་འདོད་པ་དགག་པ་ནི། ཁ་ཅིག་བདེ་གཤེགས་སྙིང་པོའི་སྒྲ། །ཞེས་སོགས། གཉིས་པ་ལ་ཡང་། གཉིས་ལས། དང་པོ་དངོས་ནི། མདོན་པའི་གཞུང་ལས་ཉན་ཐོས་རྣམས་ཞེས་སོགས། ཞར་བྱུང་བྱམས་སྙིང་རྗེའི་བྱང་ཆུབ་ཀྱི་སེམས་གཤིས་ཀྱི་དགེ་བར་འདོད་པ་དགག་པ་ནི། ལ་ལ་བྱམས་དང་སྙིང་རྗེ་སོགས། །ཞེས་སོགས། གསུམ་པ་ལ་བསྟན་བཤད་གཉིས་ལས། དང་པོ་ནི། དེས་ན་འགྲོ་བ་ཐམས་ཅད་ཀྱི་ཞེས་སོགས།

གཉིས་པ་ལ་དངོས་དང་། ཉེས་སྤྱོང་གི་ལན་དགག་པ་གཉིས། དང་པོ་ལ། གཞན་ལུགས་དགག །རང་ལུགས་གཞག །ཆོས་ཉིད་བསྔོ་རྒྱུའི་དགེ་བ་ཡིན་པ་བྲེ་བྲག་ཏུ་དགག་པ་དང་གསུམ། དང་པོ་ནི། གལ་ཏེ་ཆོས་ཀྱི་དབྱིངས་ཡིན་ན། །ཞེས་སོགས། གཉིས་པ་ནི། དེས་ན་གཞུང་འདིའི་དགོངས་པ་ནི། །ཞེས་སོགས། གསུམ་པ་ནི། ཆོས་དབྱིངས་དགེ་བར་བྱས་ནས་ནི། །ཞེས་སོགས། གཉིས་པ་ཉེས་སྤྱོང་གི་ལན་དགག་པ་ནི། གལ་ཏེ་ཆོས་ཉིད་དེ་བཞིན་ཉིད་ཅེས་སོགས། གཉིས་པ་ཆོས་ཉིད་ལས་གཞན་པའི་ཆོས། བདེ་གཤེགས་སྙིང་པོར་འདོད་པ་དགག་པ་ནི། ལ་ལ་བདེ་གཤེགས་སྙིང་པོའི་སྒྲ། །ཞེས་སོགས། གསུམ་པ་ཆོས་ཉིད་ལ་བསྔོ་རྒྱུ་ཡིན་མིན་གཉིས་སུ་འདོད་པ་ནི། གལ་ཏེ་བེམས་པོའི་ཆོས་ཀྱི་དབྱིངས། །ཞེས་སོགས། བཞི་པ་བདེ་གཤེགས་སྙིང་པོས་བཟུང་བ་ནི། དེས་ན་བདེ་བར་གཤེགས་པ་ཡི། །ཞེས་སོགས། གཉིས་པ་བསྔོ་བའི་ལག་ལེན་ལ་འཁྲུལ་པ་དགག་པ་ནི། འགའ་ཞིག་བསྔོ་བའི་ཚེ་ན་ཆུ། །ཞེས་སོགས། གསུམ་པ་བསྔོ་བའི་འབྲས་བུ་ལ་འཁྲུལ་པ་དགག་པ་ནི། བསྔོ་བ་དེ་ཡང་མདོར་བསྡུ་ན། །ཞེས་སོགས། གསུམ་པ་གནད་མ་འཁྲུལ་བར་བསྟན་པའི་སྒོ་ནས་དོན་བསྡུ་བ་ནི། དེས་ན་བསྔོ་རྒྱུའི་དགེ་བ་དང་། །ཞེས་སོགས་ཀྱིས་བསྟན། གཉིས་པ་མཐའ་དཔྱད་པ་ལ། བདེ་གཤེགས་སྙིང་པོ་ངོས་བཟུང་བ། ཆོས་ཉིད་བསྔོ་རྒྱུའི་དགེ་བ་ཡིན་པ་དགག་པ་གཉིས། དང་པོ་ལ། བདེ་

གཤེགས་སྙིང་པོའི་དབྱེ་བ་དགོས་དང་བཏགས་པའི་ཁྱད་པར། མདོ་དོན་གཏན་ལ་དབབ་པ་དང་གཉིས། དང་པོ་ལ། རྒྱུ་བདེ་གཤེགས་སྙིང་པོ་དང་། འབྲས་བུ་བདེ་གཤེགས་སྙིང་པོ་གཉིས། དང་པོ་ལ། རང་བཞིན་དུ་གནས་པའི་རིགས་དང་། རྒྱས་འགྱུར་གྱི་རིགས་གཉིས། དང་པོ་ལ། འདུས་བྱས་ཀྱི་རང་བཞིན་གནས་རིགས་དང་། འདུས་མ་བྱས་རང་བཞིན་གནས་རིགས་གཉིས། དང་པོ་ཡོད་དེ། འགའ་ལ་ཟག་མེད་སེམས་རྒྱུད་ཅེས། །ཞེས་སོགས་རྐང་པ་གསུམ་དེ་ཉིད་གསལ་བར་བྱེད་པའི་ཕྱིར། གཉིས་པ་ཡོད་དེ། དེས་ན་དེ་བཞིན་གཤེགས་པ་ཡི། །སྙིང་པོ་སྒྲིབ་བྲལ་ཡིན་པའི་ཕྱིར། །ཞེས་གསུངས་པའི་ཕྱིར། གཉིས་པ་འབྲས་བུ་བདེ་གཤེགས་སྙིང་པོ་ལ། ཆོས་སྐུ་དང་། གཟུགས་སྐུ་གཉིས། དང་པོ་ལ། ངོ་བོ་ཉིད་སྐུ་དང་། རྟོགས་ཡེ་ཆོས་སྐུ་གཉིས། གཉིས་པ་ལ▯ ཟག་བཅས་རྒྱུ་མཐུན་གྱི་སྐུ། རྒྱ་ཆེ་བ་རྒྱུ་མཐུན་གྱི་སྐུ་གཉིས་ཡོད་དེ། རྒྱུད་བླ་མ་ལས། ཆོས་སྐུ་རྣམ་གཉིས་ཤེས་བྱ་སྟེ། །ཆོས་དབྱིངས་ཤིན་ཏུ་དྲི་མེད་དང་། །དེ་ཡི་རྒྱུ་མཐུན་ཟབ་པ་དང་། །སྣ་ཚོགས་ཚུལ་ནི་སྟོན་པའོ་ཞེས་གསུངས་པའི་ཕྱིར།

གཉིས་པ་དགོས་བཏགས་ཀྱི་ཁྱད་པར་ལ། རྒྱུ་བདེ་གཤེགས་སྙིང་པོ་དང་རང་བཞིན་གནས་རིགས་དོན་གཅིག་སྟེ། རིགས་དེ་རྣམ་གཉིས་ཤེས་བྱ་སྟེ། །ཐོག་མེད་རང་བཞིན་གནས་པ་དང་། །ཡང་དག་བླངས་པ་མཆོག་ཉིད་དོ། །ཞེས་གསུངས་པའི་ཕྱིར། རྒྱས་འགྱུར་གྱི་རིགས་ནི་རྟགས་པ་བ་ཡིན་ཏེ། དེའི་སྒྲུབ་བྱེད་ཙམ་ཡིན་པའི་ཕྱིར་ཏེ། འདི་ནི་བདེ་གཤེགས་སྙིང་པོ་ཡི། །སྒྲུབ་བྱེད་ཡིན་གྱི་ཁམས་དངོས་མིན། །ཞེས་གསུངས་པའི་ཕྱིར། འབྲས་བུའི་བདེ་གཤེགས་སྙིང་པོ་དང་། ཆོས་སྐུ་དོན་གཅིག་གོ། །གསུམ་པ་ཆོས་ཉིད་བསྔོ་རྒྱུའི་དགེ་བ་ཡིན་པ་དགག་པ་ལ། འབྲི་ཁུང་བ། འཚལ་པ་ཀུན་དགའ་ཆོས་རྗེ། བླ་མ་སྟག་ལུང་པ། ཇོ་ནང་ཀུན་མཁྱེན་དང་བཅས་པ་རྣམས། ཆོས་དབྱིངས་བསྔོ་རྒྱུའི་དགེ་བ་ཡིན་ཏེ། འགྲོ་ཀུན་དགེ་བ་ཇི་སྙེད་ཡོད། །ཅེས་པའི་ཡོད་དགེ་དེ། བསྔོ་རྒྱུའི་དགེ་བ་ཡིན་པའི་ཕྱིར། ཞེས་སྐད་གཟེངས་མཐོན་པོར་སྨྲ་བ་ནི། བློ་གྲོས་རྩིང་པོའི་རྣམ་འགྱུར་ཡིན་པས། བསྔོ་བས་འགྱུར་ན་འདུས་བྱས་འགྱུར། །ཞེས་སོགས་ཀྱི་དོན་རྒྱས་པར་བཤད་པའི་སྒོ་ནས། ལུང་དང་རིགས་པས་རྒྱ་ཆེར་བཀག་པས་རྟོགས་སླའོ། །གསུམ་པ་ངག་དོན་ལ། གྲངས་ཅན་ལུགས་འདི་མི་འཐད་པས། །ཞེས་སོགས་ལ། གྲངས་ཅན་གྱི་ལུགས་དང་མཐུན་པར། ཆོས་ཉིད་ཆ་མེད་རྟག་པ། བསྔོ་རྒྱུའི་དགེ་བར་འདོད་པ་མི་འཐད་པར་ཐལ། དེ་ལུང་རིགས་གཉིས་ཀྱི་སྒོ་ནས་འགོག་རིགས་པའི་ཕྱིར་ཏེ། ཤེས་རབ་ཕ་རོལ་ཕྱིན་པ་ལ། །ཞེས་པ་ནས། བསྔོ་བ་མེད་ཅེས་རྒྱལ་བས་བཤད། །ཅེས་པའི་བར་ལ། ཆོས་ཉིད་བསྔོ་རྒྱུའི་དགེ་བ་མིན་ཏེ། དེ་དགེ་སོགས་ཀྱི་སྒྲིབ་པ་དང་བྲལ་བའི་ཕྱིར། འདི་ནི་བདེ་གཤེགས། ཞེས་སོགས་ལ། སྟོང་ཉིད

སྙིང་རྗེའི་སྙིང་པོ་ཅན་གྱི་བྱང་ཆུབ་ཀྱི་སེམས་ཆོས་ཅན། བདེ་གཤེགས་སྙིང་པོ་དངོས་མིན་ཏེ། དེ་སྒྲུབ་བྱེད་ལམ་ཡིན་པའི་ཕྱིར། མངོན་པའི་གཞུང་ལས་ཞེས་སོགས་ལ། ངོ་བོ་ཉིད་ཀྱི་དགེ་བའི་མཚན་གཞི་ཡོད་དེ། དད་སོགས་དགེ་བ་བཅུ་གཅིག་པོ་དེ་ཉིད་ཡིན་པའི་ཕྱིར། དོན་དམ་དགེ་བ་ཞེས་བཤད་པ། །ཞེས་སོགས་ལ། དོན་དམ་པའི་དགེ་བའི་མཚན་གཞི་ཡོད་དེ། ཆོས་ཉིད་དེ་དེ་ཡིན་པའི་ཕྱིར། དེ་བཞིན་ཉིད་ལ་དགེ་བ་ཞེས། །ཞེས་སོགས་ལ༔ ཆོས་ཉིད་དགེ་བར་བཤད་པའི་མདོ་དོན་འཆད་ཚུལ་ཡོད་དེ། མདོ་དེ། ཆོས་ཉིད་རང་འབྲས་སྡུག་བསྔལ་སྐྱེད་བྱེད་པའི་ལས་མིན་པ་ལ་དགོངས་པའི་ཕྱིར། དེ་བཞིན་ཆོས་ཀྱི་དབྱིངས་ལ་ཡང་། །ཞེས་སོགས་ལ། སྔ་མ་དེ་ཉིད་འགོད། གཞུང་འདི་ནས། དགེ་བ་དངོས་ནི་མིན་ནོ། །ཞེས་པའི་བར་ལ། ཆོས་ཉིད་ཆོས་ཅན། རྣམ་དཀར་གྱི་ལས་མིན་ཏེ། དགེ་བ་མིན་པའི་ཕྱིར། ཅི་ནས་ཆོས་དབྱིངས་དགེ་བ་ཉིད། །ཅེས་སོགས་ལ། ཆོས་ཉིད་དགེ་བ་མིན་ཏེ། དེ་ཡིན་ན་ཧ་ཅང་ཐལ་བའི་སྐྱོན་ཡོད་པའི་ཕྱིར། འདི་ཡང་དེ་ལྟར་ངེས་པ་མེད། །ཅེས་སོགས་ལ༔ བྱམས་སྙིང་རྗེ་གཉིས། གཤིས་ལ་གྲུབ་པའི་དགེ་བ་མིན་ཏེ། ཐབས་མཁས་ཀྱིས་མ་ཟིན་པའི་སྙིང་རྗེ་བཙོས་མ། ཆགས་པ་དེ། མི་དགེ་བ་དང་། ཐབས་མཁས་ཀྱིས་ཟིན་པའི་བྱམས་སྙིང་རྗེ་གཉིས་དགེ་བ་ཡིན་པའི་ཕྱིར། དེས་ན་འགྲོ་བ་ཐམས་ཅད་ཀྱི། །ཞེས་སོགས་ལ། འགྲོ་ཀུན་དགེ་བ་ཇི་སྙེད་ཡོད་ཅེས་པའི་ཡོད་དགེ་ཆོས་ཅན། ཆོས་ཉིད་མིན་པར་ཐལ། འདུས་བྱས་ཡིན་པའི་ཕྱིར། གལ་ཏེ་ཆོས་ཀྱི་དབྱིངས་ཡིན་ན། །ཞེས་སོགས་ལ། དེ་ཆོས་ཉིད་མིན་པར་ཐལ། དེ་དེ་ཡིན་ན། ཇི་སྙེད་ཀྱི་སྒྲ་དང་། ཡོད་པའི་སྒྲ་མི་འཐད་པའི་སྐྱོན་ཡོད་པའི་ཕྱིར། དེའི་རྒྱུ་མཚན་འདི་ལྟར་ཡིན་ན། །ཞེས་སོགས་ལ། ཆོས་ཉིད་དེ་ཡོད་དགེ་མིན་ཏེ། དེ་མང་ཉུང་མེད་པའི་སྤྲོས་བྲལ་ཡིན་པའི་ཕྱིར། ཆོས་དབྱིངས་ཡོད་པའང་མིན་ཏེ། ཅེས་སོགས་ལ། ཆོས་དབྱིངས་དངོས་པོར་ཡོད་པ་མིན་ཏེ༔ དངོས་ཡོད་ལ། དོན་བྱེད་ནུས་པས་ཁྱབ་པར་ཆོས་ཀྱི་གྲགས་པས་གསུངས་པའི་ཕྱིར། དེས་ན་སངས་རྒྱས་བསྟན་པ་ལ་ཞེས་སོགས་ལ། སངས་རྒྱས་བསྟན་པ་ལ་གུས་པའི་གང་ཟག་གིས། ཆོས་ཉིད་ཡོད་མེད་ཀྱི་མཐར་བཟུང་བྱ་མིན་ཏེ། དེ་སྤྲོས་བྲལ་ཡིན་པའི་ཕྱིར། རིགས་པས་ཀྱང་ནི་འདི་འགྲུབ་བོ། །ཞེས་སོགས་ལ། ཆོས་ཉིད་དགེ་བ་མིན་པར་ཐལ། དགེ་བ་ཡིན་ན་འདུས་བྱས་ཡིན་པའི་ཕྱིར་རོ། །

དེས་ན་གཞུང་འདིའི་དགོངས་པ་ནི། ཞེས་པ་ནས། ཡང་ན་མདོར་བསྟན་རྒྱས་བཤད་དོ། །ཞེས་པའི་བར་ལ། རྡོ་རྗེ་རྒྱལ་མཚན་གྱི་མདོ་དོན་འཆད་ཚུལ་ཡོད་དེ། སྤྱིར་བསྟན་དམིགས་བསལ་གཉིས་དང་། རང་རྒྱུད་གཞན་རྒྱུད་གཉིས་དང་། མདོར་བསྟན་རྒྱས་བཤད་གཉིས་ཀྱི་སྒོ་ནས་འཆད་ཚུལ་ཡོད་པའི་ཕྱིར། ཆོས་དབྱིངས་དགེ་བར་བྱས་ན་ནི། །ཞེས་སོགས་ལ། ཆོས་ཉིད་ཆོས་ཅན། དགེ་བ་མིན་ཏེ། བསྔོ་བས་འགྱུར་མི་

འགྱུར་བརྟགས་ན་མི་འཐད་པའི་ཕྱིར། དངོས་པོ་ཡིན་ན་བེམ་པོ་དང་། ཞེས་སོགས་ལ། ཆོས་ཉིད་དེ་བེམ་ཤེས་གང་རུང་དུ་ཐལ། དེ་དངོས་པོ་ཡིན་པའི་ཕྱིར། རིག་པ་ཡིན་ན་རྣམ་ཤེས་ཀྱི། །ཞེས་སོགས་ལ། དེ་ཚོགས་བརྒྱད་གང་རུང་དུ་ཐལ། དེ་རིག་པ་ཡིན་པའི་ཕྱིར། འགའ་ལས་ཟག་མེད་སེམས་རྒྱུད་ཅེས། །ཞེས་སོགས་ལ། ཀུན་གཞིའི་རིག་གསལ་དེ། དགེ་བ་མིན་ཏེ། དེ་མ་སྒྲིབ་ལུང་མ་བསྟན་ཡིན་པའི་ཕྱིར། གལ་ཏེ་བེམ་པོའི་ཆོས་ཀྱི་དབྱིངས། །ཞེས་སོགས་ལ། བེམ་པོའི་ཆོས་ཉིད་བསྔོ་རྒྱུའི་དགེ་བ་མིན་ལ། དྲི་བཅས་སེམས་ཀྱི་ཆོས་ཉིད། བསྔོ་རྒྱུའི་དགེ་བ་ཡིན་པའི་ཁྱད་པར་མི་འཐད་པར་ཐལ། བསྔོ་རྒྱུའི་དགེ་བ་ཡིན་མིན་གྱི་ཁྱད་པར་མེད་པའི་ཕྱིར། དེས་ན་བདེ་བར་གཤེགས་པ་ཡི། །ཞེས་སོགས་ལ། བདེ་གཤེགས་སྙིང་པོ་དེ། འཁོར་འདས་ཐམས་ཅད་ཀྱི་གཞི་མིན་ཏེ། དེ་སྤྲོས་བྲལ་ཡིན་པའི་ཕྱིར། འོན་ཀྱང་མདོ་སྡེ་འགའ་ཞིག་དང་། །ཞེས་སོགས་ལ། མདོ་སྡེ་འགའ་ཞིག་ལས་སེམས་ཅན་ཐམས་ཅད་ཀྱི་རྒྱུད་ལ། བྲལ་བ་རྣམ་སྨིན་གྱི་བརྒྱན་པའི་བདེ་གཤེགས་སྙིང་པོ་ཡོད་པར་བསྟན་པའི་དགོངས་པ་འཆད་ཚུལ་ཡོད་དེ། དགོངས་གཞི། དགོས་པ། དངོས་ལ་གནོད་བྱེད་གསུམ་གྱི་སྒོ་ནས་དེ་འཆད་པའི་ཕྱིར། འདི་དོན་དེ་བཞིན་གཤེགས་པ་ཡི། །ཞེས་པ་ནས། གསུངས་པ་དེ་ཡང་ཤེས་པར་གྱིས། །ཞེས་པའི་བར་ལ། སེམས་ཅན་ཐམས་ཅད་ཀྱི་རྒྱུད་ལ་བདེ་གཤེགས་སྙིང་པོ་ཡོད་པར་བཤད་པའི། སངས་རྒྱས་ཀྱི་ཡོན་ཏན་ཐམས་ཅད་ཚང་བའི་བདེ་གཤེགས་སྙིང་པོ་ཡོད་པར་བཤད་པ། དྲང་དོན་དུ་འགྲེལ་བའི་ཤེས་བྱེད་ཀྱི་ལུང་ཡོད་དེ། ཕལ་པོ་ཆེའི་ལེའུ་སུམ་ཅུ་རྩ་ལྔ་པ། དེ་བཞིན་གཤེགས་པའི་སྙིང་པོའི་མདོ་དང་། འཇུག་པ་རང་འགྲེལ་ལས་དེ་ལྟར་བཤད་པའི་ཕྱིར། འདོད་ཆགས་ཞེ་སྡང་གཏི་མུག་གསུམ། །ཞེས་སོགས་ལ། རང་རྒྱུ་ཉོན་མོངས་ཀྱི་ཀུན་སློང་བྱས་པ་ལས་བྱུང་བའི་སྡིག་ལས་ཆོས་ཅན། མི་དགེ་བའི་མཚན་གཞི་ཡིན་ཏེ། དེའི་འཇོག་བྱེད་ཡིན་པའི་ཕྱིར། ཉན་ཐོས་དགེ་བ་ཕལ་ཆེར་ཡང་། །ཞེས་པ་ནས། ཉན་ཐོས་སྡིག་པར་འགྱུར་བར་གསུངས། །ཞེས་པའི་བར་ལ། ཉན་ཐོས་དང་བྱང་སེམས་གཉིས་ལ། དགེ་སྡིག་གི་ལས་འབྱུང་ཚུལ་མི་འདྲ་བའི་ཁྱད་པར་ཡོད་དེ། བྱས་པའི་ལས་གཅིག་ཉིད། ཉན་ཐོས་ཀྱི་རྒྱུད་ལ་སྐྱེས་ན་དགེ་བ་འབྱུང་། བྱང་སེམས་ཀྱི་རྒྱུད་ལ་སྐྱེས་ན་སྡིག་པ་འབྱུང་བ་དང་། བྱ་བའི་ལས་གཅིག་ཉིད། བྱང་སེམས་ཀྱི་རྒྱུད་ལ་སྐྱེས་ན་དགེ་བ་འབྱུང་། ཉན་ཐོས་ཀྱི་རྒྱུད་ལ་སྐྱེས་ན་སྡིག་པ་འབྱུང་བ་ཡོད་པའི་ཕྱིར། རྟགས་དང་པོ་དཔེའི་སྒོ་ནས་སྒྲུབ་པ། བསྐལ་པ་དུ་མར་དགེ་སྤྱོད་ཀྱང་། །ཞེས་སོགས། རྟགས་གཉིས་པ་དཔེ་གསུམ་གྱི་སྒོ་ནས་རིམ་བཞིན་སྒྲུབ་པ། འདོད་པའི་ཡོན་ཏན་ལྔ་སྤྱོད་ཀྱང་ཞེས་དང་། གཞན་གྱི་དོན་གྱི་སེམས་བརྟན་པའི། །ཞེས་དང་། འཁོར་བའི་འགྲོ་ལ་ཆགས་པ་ནི། །ཞེས་པ་གསུམ་ལས། རིམ་བཞིན། རྟགས་དང་པོ་གྲུབ་སྟེ། རང་དོན་ཡལ་བར་དོར

ནས། རང་ཉིད་གཅིག་པུ་ཞི་བདེ་དོན་གཉེར་གྱི་བསམ་པས་ཏེ། ཉན་ཐོས་ཀྱི་རྒྱུད་ལ་སྐྱེས་ན་དགེ་བ་འབྱུང་ལ། དེ་བྱང་སེམས་ཀྱི་རྒྱུད་ལ་སྐྱེས་ན་སྡིག་པ་འབྱུང་བའི་ཕྱིར། རྟགས་གཉིས་པ་གྲུབ་སྟེ། གཞན་དོན་རྒྱ་ཆེན་སྒྲུབ་པའི་ཐབས་མཁས་ཀྱི། འཁོར་ལོ་སྒྱུར་རྒྱལ་དུ་སྐྱེ་བ་བླངས་ཏེ། འདོད་ཡོན་ལ་སྤྱོད་པའི་ལས་དེ། བྱང་སེམས་ཀྱི་རྒྱུད་ལ་སྐྱེས་ན་དགེ་བ་འབྱུང་། དེ་ཉན་ཐོས་ཀྱི་རྒྱུད་ལ་སྐྱེས་ན་སྡིག་པ་འབྱུང་བའི་ཕྱིར། ཡང་གྲུབ་སྟེ། གཞན་ལ་ཕན་པའི་བསམ་པས། མི་བསད་པའི་ལས་དེ། བྱང་སེམས་ཀྱི་རྒྱུད་ལ་སྐྱེས་ན་དགེ་བ་འབྱུང་། དེ་ཉན་ཐོས་ཀྱི་རྒྱུད་ལ་སྐྱེས་ན་སྡིག་པ་འབྱུང་བའི་ཕྱིར། ཡང་གྲུབ་སྟེ། སྙིང་རྗེས་གཞན་དོན་དུ་འཁོར་བ་ལ་ཆགས་པའི་ལས་དེ། བྱང་སེམས་ཀྱི་རྒྱུད་ལ་སྐྱེས་ན་དགེ་བ་འབྱུང་། དེ་ཉན་ཐོས་ཀྱི་རྒྱུད་ལ་སྐྱེས་ན་སྡིག་པ་འབྱུང་བའི་ཕྱིར། ཉན་ཐོས་དགེ་བ་ཕལ་ཆེར་ཡང་། །ཞེས་སོགས་ལ། རྩོད་ངོར་དགེ་སྡིག་གཟུགས་བརྙན་ཞེས་སྨྲ་ལ་རྟོག་ཞིག ། དེ་དག་གིས་ནི་དྲང་བའི་དོན་ལ་ངེས་པའི་དོན་དུ་འཁྲུལ་བར་ཟད། ཅེས་སྐབས་སུ་གསུམ་ལས། དང་པོ་ནི། ལས་འབྲས་ཀྱི་འབྲས་བུ་ལ་འཁྲུལ་པ་འགོག་ཚུལ་འཆད་པ་ལ། ཉན་ཐོས་དགེ་བ་ཕལ་ཆེར་ཡང་ཞེས་པའི་སྐབས་སུ། ཉན་ཐོས་དང་བྱང་སེམས་གཉིས་ལ། དགེ་སྡིག་གི་ལས་འབྱུང་ཚུལ་མི་འདྲ་བའི་ཁྱད་པར་ཁས་བླངས་པ་ལ།

འབྲི་སྟག་གི་རྗེས་སུ་འབྲང་བ་རྣམས་ན་རེ། ཁམས་གསུམ། ས་དགུ། རིགས་དྲུག །རང་བཞིན་གསུམ་གྱི་གང་ཟག་ཐམས་ཅད་ཀྱིས། དགེ་སྡིག་གི་འབྲས་བུ་བདེ་སྡུག་ཐམས་ཅད། དཀར་ནག་ཟང་ཐལ་ཡིན་ཏེ། དཔྱལ་བ་ནས། སངས་རྒྱས་ཀྱི་བར་གྱི་དགེ་སྡིག་གི་རྣམ་སྨིན་ཐམས་ཅད། དཀར་ནག་ཟངས་ཐལ་ཡིན་པའི་ཕྱིར། དེ་ཡང་། ཐུབ་པའི་དབང་པོས། སྔོན་སློབ་པ་ལམ་གྱི་གནས་སྐབས་སུ། དེད་དཔོན་སྙིང་རྗེ་ཅན་དུ་གྱུར་ཏེ། ཚོང་པ་མགོ་ཅན་གསད་པའི་རྣམ་སྨིན། སྟོན་པ་ཐུབ་པའི་དབང་པོས་མྱོང་བའི་ཕྱིར་ཏེ། དེ་ལྟར་འདུལ་བ་ལུང་ལས་བཤད་པ་དེ། ངེས་དོན་སྒྲ་ཇི་བཞིན་དུ་ཁས་བླངས་བྱ་ཡིན་པའི་ཕྱིར། ཞེས་པའི་ཚིགས་སུ་འཆད་པ༑ དཀར་ནག་ཟངས་ཐལ་ཞེས་བྱ་བ། །ཞེས་སོགས། དེ་དགག་པ་ལ། ལུགས་དེ་ནི་རྒྱུ་འབྲས་ཟབ་མོའི་གནད་ལ་དྲང་ངེས་འབྱེད་པའི་བློ་གྲོས་ཀྱི་མིག་ལྡོང་བའི་དྲི་མ་ཆེན་པོ་ཡིན་པས་ཤིན་ཏུ་མི་རིགས་ཏེ། འདུལ་བ་ལུང་ལས་དེ་ལྟར་བཤད་པ་དེ་དྲང་བའི་དོན་དུ་འགྲེལ་པའི་ཕྱིར། ཐབས་མཁས་མདོ་སྡེ་ལས་བཤད་པ་དེ། ངེས་དོན་སྒྲ་ཇི་བཞིན་པར་ཁས་བླངས་བྱ་ཡིན་པའི་ཕྱིར། ཞེས་མདོར་བསྟན་པའི་ཚུལ་གྱིས་འཆད་པ། དེད་དཔོན་སྙིང་རྗེ་ཆེན་པོ་ཡི། །ཞེས་པ་ནས། དྲང་བའི་དོན་ལ་ཡིད་མ་རྟོན། །ཞེས་པའི་བར་རོ། །

གཞན་ཡང་། ལོངས་སྐུ་དེ་ཚོགས་གཉིས་མ་རྫོགས་པ་དང་། ལྷག་བཅས་མྱང་འདས་ལ་གནས་པའི་ཉན་

ཐོས་དགྲ་བཅོམ་དང་ཁྱད་པར་མེད་པ་དང་། སྐུ་གསུམ་གྱི་རྣམ་གཞག་མི་འཐད་པ་དང་། ལོངས་སྐུ་ལས་ངན་གྱི་རྣམ་སྨིན་མྱོང་བར་འགྱུར་ཞེས་འཆད་པ། གལ་ཏེ་རྫོགས་པའི་སངས་རྒྱས་ལ་ཞེས་པ་ནས། སྐུ་གསུམ་རྣམ་གཞག་བྱར་མི་རུང་། །ཞེས་པའི་བར་རོ། །དེའི་རྟགས་གྲུབ་སྟེ། རྫོགས་པའི་སངས་རྒྱས་ཀྱིས། ལས་ངན་གྱི་རྣམ་སྨིན་མྱོང་བ་གང་ཞིག །དེ་སྤྲུལ་སྐུ་ཁོ་ནས་མི་མྱོང་བའི་ཕྱིར། །ཞེས་བཤད་པ། གལ་ཏེ་སངས་རྒྱས་དངོས་ལ་ནི། །ཞེས་སོ། །ཕྱི་མ་ལ་མ་ཁྱབ་སྟེ། སྒྱུ་མ་མཁན་གྱིས་བསགས་པའི་ལས་ངན་དེར། སྒྱུ་མ་མཁན་གྱིས་མི་མྱོང་བར། སྒྱུ་མའི་སྤྲུལ་པ་ཁོ་ནས་མྱོང་བར་ཐལ། སྔོན་པས་སློབ་ལམ་དུ་བསགས་པའི་ལས་ངན་གྱི་འབྲས་བུ་སྡུག་བསྔལ་དེ། ལོངས་སྐུས་མི་མྱོང་བར་སྤྲུལ་སྐུ་ཁོ་ནས་མྱུང་བའི་ཕྱིར། ཞེས་འདི་ལས། དཔེར་ན་སྒྱུ་མའི་མཁན་པོ་ལ། །ཞེས་སོགས། དེ་དག་གི་དོན་བསྡུ་བ། དེས་ན་དགོངས་པ་ཤེས་དགོས་སོ། །ཞེས་སོགས་ཀྱིས་བསྟན། གཉིས་པ་ངག་དོན་ནི། གཞན་རྣམས་འགྲེལ་པས་རྟོགས། དེའི་འཐད་པ་བཤད་ཀྱིས་ཉོན། །ཅེས་སོགས་ལ། གཟུགས་སྐུ་ཆོས་ཅན། གཉིས་ཡོད་དེ། ལོངས་སྐུ་དང་། སྤྲུལ་སྐུ་གཉིས་ཡོད་པའི་ཕྱིར། གསུམ་པ་མཐའ་དཔྱད་ནི། འགྲེལ་པར་བརྟགས་ཏེ་རྒྱ་ཆེར་ཤེས་པར་བྱིས་ཤིག་གོ། །

གསུམ་པ་བླང་དོར་བྱེད་ཚུལ་ལ་འཁྲུལ་བ་དགག་པ་ནི། ཕྱོགས་སྔ་བརྗོད་པ་དང་། དེ་དགག་པ་གཉིས། དང་པོ་ནི། དགོངས་གཅིག་པའི་བཞེད་པ་རྣམས་མདོར་བསྡུས་ཏེ་བཀོད་ན། རྡོ་རྗེའི་གསུང་བརྒྱ་ལྔ་བཅུ་པ་ལས། བཀག་པ་ཐམས་ཅད་ཡེ་ནས་བཀག །གནང་བ་ཐམས་ཅད་ཡེ་ནས་གནང་། །ཞེས་དང་། རང་བཞིན་གྱི་ཁ་ན་མ་ཐོ་བ་དང་། བཅས་པའི་ཁ་ན་མ་ཐོ་བ་གཅིག་ཡིན་ནོ། །ཞེས་གསུངས། དེའི་དོན་ཡང་། འཁོར་འདས་ཀྱི་གཞིས་ལ་དགེ་སྡིག་གནས་པས། སངས་རྒྱས་ཀྱིས་གནས་དང་གནས་མིན་མཁྱེན་པའི་ཡེ་ཤེས་ལས་མི་འདའ་བའི་གནད་དང་། སྡིག་པ་དང་འབྲེལ་བའི་ལས་ལས། སྡུག་བསྔལ་འབྱུང་བའི་གནད་དང་། སངས་རྒྱས་སེམས་ཅན་ལ་བུ་གཅིག་པར་གཟིགས་ཀྱང་། འཇིག་ལྟོག་གི་ཚུལ་ཁྲིམས་ལ་མ་ཞུགས་ན། སྨིན་སྤྱང་བ་དང་། ཡོན་ཏན་བླང་མི་ཤེས་པའི་གནད་ཀྱིས་ན། གནང་བ་ཐམས་ཅད་ཡེ་ནས་གནང་། བཀག་པ་ཐམས་ཅད་ཡེ་ནས་བཀག་པར་གྲུབ་བོ། །ཞེས་དང་། ཁམས་གསུམ་ཆོས་ཀྱི་རྒྱལ་པོས་འགྲོ་བ་སྤྱི་ལ་བཅས་པ་དང་། འདུལ་བ་ལུང་ལས། གང་ཟག་གཅིག་ལུང་སྟོན་པའི་ཚེ་ཞལ་གྱི་སྒོ་ནས་འོད་ཟེར་སྣ་ཚོགས་བསྐྱེད་དེ། འོད་ཀྱིས་སྟོང་གསུམ་གྱི་འཇིག་རྟེན་གྱི་ཁམས་ཐམས་ཅད་སྣང་བར་བྱས་ནས། འོད་ཟེར་གྱི་རྩེ་ལ། བརྩམ་པར་བྱ་ཞིང་དབྱུང་བར་བྱ། །ཞེས་པ་ནས། སྡུག་བསྔལ་ཐ་མར་བྱེད་པར་འགྱུར་ཞེས་པའི་བར། ཚིགས་བཅད་གཉིས་སྒྲགས་པའི་སྣང་བ་དང་། འདུལ་བ་ལུང་ཆོས་འཁོར་དང་པོ་ཡིན་ལ། དེའི་དོན་མ་ལུས་པར་བསྡུས་པ། སྡིག་པ་ཅི་ཡང་མི་

བྱ་ཞིང་། །ཞེས་པ་ནས། སྡུག་བསྔལ་ཀུན་ལས་ངེས་པར་གྲོལ། །ཞེས་པའི་བར་གསུངས་པའི་གནད་གསུམ་གྱིས། བཅས་རང་གཅིག་ཡིན་པར་གྲུབ་བོ། །ཞེས་གསུངས། དེའི་དོན་ཡང་། སེམས་ཅན་ནས་སངས་རྒྱས་ཀྱི་བར་གང་ཟག་ཐམས་ཅད་ལ། བཀག་པ་ཐམས་ཅད་ཡེ་ནས་བཀག །གནང་བ་ཐམས་ཅད་ཡེ་ནས་གནང་སྟེ། བཅས་རང་གཅིག་ཡིན་པའི་ཕྱིར། མདོར་ན། སངས་རྒྱས་ནས་སེམས་ཅན་གྱི་བར་གང་ཟག་ཐམས་ཅད་ཀྱི་དགེ་བའི་བསམ་པས་ཀུན་ནས་སླང་སྟེ་བྱས་པའི་ལས་ཐམས་ཅད་རྣམ་པ་ཀུན་ཏུ་མ་བཀག་ཅིང་གནང་། མི་དགེའི་བསམ་པས་ཀུན་ནས་བསླང་པའི་ལས་ཐམས་ཅད་རྣམ་པ་ཀུན་ཏུ་གནང་ཞིང་བཀག་པ་ཡིན་ནོ། །ཞེས་གསུངས་པ་ནི། དྲང་ངེས་ཀྱི་ཁྱད་པར་མ་རྟོགས་ཞིང་། གསུང་རབ་ཀྱི་གནད་ལ་འཁྲུལ་པར་སྤྱོད་པ་ཡིན་ནོ། ། དེ་ལྟར་རིགས་མན་ངག་གི་སྒོ་ནས་རྣམ་པར་བརྟགས་ན་མི་འཐད་པས།

གཉིས་པ་དེ་དགག་པ་ལ། རྒྱས་པར་བཤད་པ་དང་། དོན་བསྡུ་བ་གཉིས། དང་པོ་ལ། གནང་བཀག་གཅིག་ཏུ་འཁྲུལ་བ་དགག །ལག་ལེན་འགའ་ཞིག་ལ་འཁྲུལ་པ་དགག་པ་གཉིས། དང་པོ་ལ་དངོས་དང་། རྩོད་སྤོང་གཉིས། དང་པོ་ལ་གསུམ་ལས། མདོར་བསྟན་པ་ནི། ཡེ་བཀག་ཡེ་གནང་ཞེས་བྱ་བ། །ཞེས་སོགས། གཉིས་པ་རྒྱས་བཤད་ལ། ཉན་ཐོས་ནང་པན་ཚུན་བཅས་རང་ཐ་དད་དུ་བསྟན། ཉན་ཐོས་དང་ཁྱིན་པར་བཅས་རང་ཐ་དད་དུ་བསྟན། ཉན་ཐོས་དང་བྱང་སེམས་བཅས་རང་ཐ་དད་དུ་བསྟན། ཐེག་ཆེན་མདོ་སྔགས་བཅས་རང་ཐ་དད་དུ་བསྟན་པ་དང་བཞི། དང་པོ་ནི། ཉན་ཐོས་རྒྱ་བའི་སྡེ་བཞི་ལ། །ཞེས་སོགས། གཉིས་པ། ཁ་ཅིག་རབ་ཏུ་བྱུང་བ་ལ། །ཞེས་སོགས། གསུམ་པ། ཉན་ཐོས་རྣམ་གསུམ་དག་པའི་ཤ །ཞེས་སོགས། བཞི་པ། དེ་བཞིན་ཕ་རོལ་ཕྱིན་པ་དང་། །ཞེས་སོགས། གསུམ་པ། དོན་བསྡུ་བ། དེས་ན་ཡེ་བཀག་ཡེ་གནང་གི །ཞེས་སོགས། གཉིས་པ་རྩོད་སྤང་ལ། ཐུབ་པས་རབ་བྱུང་ལ་སྔིང་གནད་བྱས་པར་ཐལ་བའི་ཕྱིར། ཐུབ་པ་ལས་འབྲས་ཀྱི་བྱེད་པ་པོར་ཐལ་བའི་རྩོད་སྤང་གཉིས། དང་པོ་ནི། གལ་ཏེ་སྡོམ་པ་མ་བླངས་ན། །ཞེས་སོགས། གཉིས་པ་ནི། དེ་ལ་ཁ་ཅིག་འདི་སྐད་དུ། །ཞེས་སོགས། གཉིས་པ་ལག་ལེན་ནོར་བ་འགའ་ཞིག་འགོག་པ་ནི། མདོ་བསྐུལ་རིང་མོ་ཞེས་བྱ་བ། །ཞེས་སོགས། རྒྱ་བའི་གཉིས་པ། བསྟན་པ་རྣམ་དག་གི་སྒོ་ནས་དོན་བསྡུ་བ་ནི། དེས་ན་སངས་རྒྱས་གསུང་རབ་དང་། །ཞེས་སོགས་ཀྱིས་བསྟན། གཉིས་པ་མཐའ་དཔྱད་ཅེས་པ་ཉན་ཐོས་ནང་པན་ཚུན་བཅས་རང་ཐ་དད་དུ་བསྟན་པ་སོགས་སྔར་ལྟར་བཞི་ལས། དང་པོ་ནི། ཉན་ཐོས་ནང་པན་ཚུན་བཅས་རང་ཐ་དད་ཡིན་ཏེ། ཉན་ཐོས་རྒྱ་བའི་སྡེ་བཞིས་གྱིས་པའི། སྡེ་པ་བཅོ་བརྒྱད་པོ་ཐམས་ཅད་བཅས་རང་ཐ་དད་ཡིན་པའི་ཕྱིར། དེ་བཅོ་བརྒྱད་ལ། བརྗོད་བྱ་དོན་གྱི་འདུལ་བ་མི་འདྲ་བ་བཅོ་བརྒྱད་ཡོད། དེ་གཏན་ལ་འབེབ་

བྱེད། རྫོད་བྱེད་ཚིག་གི་འདུལ་བ་མི་འདྲ་བ་བཅོ་བརྒྱད་ཡོད་པའི་ཕྱིར། དང་པོ་གྲུབ་སྟེ། བཅོ་བརྒྱད་པོ་ལ། དགེ་སློང་གི་སྡོམ་པའི་རྣམ་གཞག་མི་འདྲ་བ་བཅོ་བརྒྱད། དེ་དག་ལེན་པའི་ཆོག །བསྲུང་ཚུལ། སྡོང་ཚུལ། ཕྱིར་བཅོས་ཀྱི་ཚུལ་མི་འདྲ་བ་བཅོ་བརྒྱད་རེ་ཡོད་པ་གང་ཞིག །དེ་དག་ལ་ལྟུང་བ་སྡེ་ལྔ་མི་འདྲ་བ་བཅོ་བརྒྱད་ཡོད་པའི་ཕྱིར། དང་པོ་གྲུབ་སྟེ། ཉན་ཐོས་རྩ་བའི་སྡེ་བཞི་ལ། །ཞེས་སོགས་རྐང་པ་བཅུ་གསུམ་གསུངས་པའི་ཕྱིར། གཉིས་པ་གྲུབ་སྟེ། མདོ་ལས་ཕམ་པ་བཞི་པོ་ནས། །ཞེས་སོགས་རྐང་པ་བཞི་གསུངས་པའི་ཕྱིར། རྩ་རྟགས་གཉིས་པ་གྲུབ་སྟེ། རྒྱལ་པོ་ཀྲི་ཀྲིའི་རྨི་ལམ་ལུང་བསྟན་པའི་མདོ་སྦྲགས་ཏེ། དེའི་རྨི་ལམ་ལུང་བསྟན་པ་ལྟར། བཅོ་བརྒྱད་ཀྱི་འདུལ་བ་རྣམས། བཀའ་རྣམ་དག་ཏུ་བསྟུས་པའི་ཕྱིར་ཏེ། རྒྱལ་པོ་ཀྲི་ཀྲིའི་རྨི་ལམ་ལྟར། །སྡེ་པ་ཐམས་ཅད་བདེན་པར་གསུངས། །ཞེས་དང་། འོད་ལྡན་ལས། སྡེ་པ་གཞན་འདོན་པ་རྣམས་ཀྱང་། སངས་རྒྱས་ཀྱི་གསུང་ནི་ཡིན་པ་ཐེ་ཚོམ་མེད་དོ། །ཞེས་གསུངས་པའི་ཕྱིར།

དེ་ལ་གཞན་དག་ན་རེ། སྡེ་པ་བཅོ་བརྒྱད་ཀྱི་འདུལ་བ་ལུང་ཐམས་ཅད། བཀའ་རྣམ་དག་མིན་ཏེ། དེ་རྣམས་སྟོན་པ་ཞལ་གཤེགས་པའི་དུས་སུ་ཡང་མ་གསུངས། མྱ་ངན་ལས་འདས་པའི་རྗེས་སུ་ཡང་མ་གསུངས་པའི་ཕྱིར། དང་པོ་གྲུབ་སྟེ། ཞལ་བཞུགས་པའི་དུས་སུ་སྡེ་པ་བཅོ་བརྒྱད་མེད་པའི་ཕྱིར་ཏེ། དེ་རྣམས་བཀའ་བསྡུ་གཉིས་ཀའི་རྗེས་སུ་བྱུང་བའི་ཕྱིར་ཏེ། སྡེ་པ་བཅོ་བརྒྱད་དུ་གྱེས་པ་ལ་བརྟེན་ནས། བཀའ་བསྡུ་གསུམ་པ་བྱུང་བའི་ཕྱིར་ཏེ། བཀའ་བསྡུ་གསུམ་པ་བྱས་པ་ལ་དགོས་པ་ཡོད་པའི་ཕྱིར། ཟེར་ན། སྡེ་པ་བཅོ་བརྒྱད་ཀྱི་འདུལ་བ་ལུང་བཀར་བསྡུའི་བཀའ་བསྡུ་མེད་པར་ཐལ། སྡེ་པ་བཅོ་བརྒྱད་ཀྱི་འདུལ་བ་ལུང་བཀའ་མིན་པའི་ཕྱིར། རྟགས་ཁས། འདོད་ན། བཀའ་བསྡུ་གསུམ་པ་དགོས་མེད་དུ་འགྱུར་རོ། །ཡང་ཁོ་ན་རེ་བུ་རམ་ཕྱི་དྲི་ཟར་རུང་བར་ཐལ། དེ་ལྟར་བཅས་པའི་བཅས་པ་དེ། བཅས་པ་རྣམ་དག་ཡིན་པའི་ཕྱིར། ཁྱབ་པ་ཁས། རྟགས་གྲུབ་སྟེ། དེ་འདྲ་ཡོད་པའི་ཕྱིར། བཅས་ལྡན་དགེ་སློང་ནད་པས། ཕྱི་དྲོ་འབྲས་ཟར་རུང་བའི་བཅས་པ་དེ། བཅས་པ་རྣམ་དག་ཡིན་པའི་ཕྱིར། རྩ་བར་འདོད་ན། སྨར་ལྟར་འགྲེ། གཉིས་པ་ནི། ཁྲིམ་པ་དང་། རབ་བྱུང་གནང་བཀག་ཐ་དད་ཡིན་ཏེ། དགེ་ཚུལ་དང་། དགེ་སློང་གི་སྡོམ་པ་མ་ཐོབ་པའི་ཁྲིམ་པས། དགེ་སློང་གི་ཁྲིམས་ཉིས་བརྒྱ་ལྔ་བཅུ་རྩ་གསུམ་དང་། དགེ་ཚུལ་གྱི་རང་རྫོག་བཅུ་བསྲུང་མི་དགོས་པའི་ཕྱིར་ཏེ། གང་ཟག་དེས་སྡོམ་པ་དེ་གཉིས་ཀྱི་མ་ཐོབ་པའི་ཕྱིར། གསུམ་པ། ཉན་ཐོས་དང་། བྱང་སེམས་གནང་བཀག་ཐ་དད་ཡིན་ཏེ། ཉན་ཐོས་དགེ་སློང་ལ་རྣམ་གསུམ་དག་པའི་ཤ་གནང་། བྱང་སེམས་ལ་དེ་བཀག་པའི་ཕྱིར་ཏེ། ལུང་སྨན་གྱི་གཞི་ལས། ཡ་རབས་རྣམས་ལ་གནང་བའི་ཉ་དང་། ཤ་ལ་སོགས་པ་ལྷུང་བཟེད་ཀྱི་ནང་དུ་འོངས་པ་ལ། མི་ལ་སོགས་

པ་མིན་ནམ་མཉམ་དུ་བརྟགས་ཏེ། མིན་ན་ཟ་བར་བྱ་སྟེ། ཞེས་དང་། འོད་ལྡན་ལས། ཡ་རབས་རྣམས་ལ་ཉ་དང་ཤ་གནང་གང་། །གནོད་དང་འཚེ་མེད་ རོ་སོགས་ལ་ཆགས་དང་། །ཡོངས་སུ་བཙལ་བའི་སེམས་དག་སྤངས་ནས་ནི། །ལྷུང་བཟེད་འོངས་པ་བརྟགས་ཏེ་ཟ་བར་བྱ། །ཞེས་དང་། རྟོག་གེ་འབར་བ་ལས། ཉན་ཐོས་ཐེག་པའི་གཞུང་ལས་ནི། །རྣམ་གསུམ་དག་པའི་ཤ་དག །ཟོས་ཀྱང་སྡིག་ཏུ་མི་འགྱུར་ཏེ། །དེ་ལ་སོགས་སུ་འགྱུར་ཕྱིར་རོ༑ ༑ཞེས་དང་། འདིར། ཉན་ཐོས་རྣམ་གསུམ་དག་པའི་ཤ །བཟར་རུང་ཞེས་སོགས་གསུངས་པའི་ཕྱིར། ཐེག་ཆེན་རབ་བྱུང་ལ་ཤ་བཀག་སྟེ། ལང་ཀར་གཤེགས་པ་ལས། མྱ་འདས་སོར་མོའི་ཕྲེང་བ་དང་། །གླང་པོའི་རྩལ་དང་སྤྲིན་ཆེན་དང་། །ལང་ཀར་གཤེགས་པའི་མདོ་ལས་ཀྱང་། །ངས་ནི་ཤ་ཡང་རྣམ་པར་སྤང་། །སངས་རྒྱས་བྱང་ཆུབ་སེམས་དཔའ་དང་། །ཉན་ཐོས་རྣམས་ཀྱང་སྨད་པས་ན། །ངོ་ཚ་མེད་པར་ཟ་བ་ནི། །རྟག་ཏུ་སྨྱོན་པར་སྐྱེ་བར་འགྱུར། །ཞེས་དང་། ངའི་འཕགས་པ་ཉན་ཐོས་རྣམས་ཀྱིས། ཁ་ཟས་ཐ་མལ་པ་ཡང་མི་ཟ་ན། ཤ་དང་ཁྲག་གི་ཟས་ལྟ་ཅི་སྨོས། ཞེས་དང་། ངའི་རབ་ཏུ་བྱུང་བ་རྣམས་ནི། ཤའི་ཟས་མི་རུང་བར་བཤད་དོ། །ཞེས་དང་། འཕགས་པ་འཇམ་དཔལ་གྱི་ལྷ་བའི་འདོད་པ་མདོར་བསྟན་ལས། ཤ་ཟ་བ་ཡི་མི་གང་ཞིག །དང་པོར་ཡི་དྭགས་རྣམས་སུ་སྐྱེ། །ཕྱིས་ནི་དུ་འབོད་ཆེན་པོར་སྐྱེ། །ཞེས་དང་། འདིར། ཐེག་པ་ཆེ་ལས་ཤ་རྣམས་བཀག །ཞེས་གསུངས་པའི་ཕྱིར། དེ་ལ་ཁོ་ན་རེ། འདུལ་བ་ལུང་ལས། རྣམ་གསུམ་དག་པའི་ཤ་གནང་བ་དང་འགལ་ལོ་ཞེ་ན། དེ་ནི་མིན་ཏེ། འདུལ་བ་ལུང་སོགས་ཆོས་འཁོར་དང་པོའི་སྐབས། ཉན་ཐོས་རབ་བྱུང་ལ་དེ་གནང་། ཆོས་འཁོར་གསུམ་པར། ཐེག་ཆེན་རབ་བྱུང་ལ་དེ་བཀག་པའི་ཕྱིར།

དེ་ཡང་ལང་གཤེགས་ལས། བསྟན་པ་བརྗོད་པ་དེ་དང་དེར། །བསླབ་པ་རིམ་གྱིས་བཅའ་བའི་ཕྱིར། །སྐས་ཀྱི་སྲིད་པ་ཇི་བཞིན་དུ། །དང་པོར་རྣམ་པ་གསུམ་བཅས་སོ། །དེའི་རྗེས་སུ་ཆེད་དུ་བྱ་བ་ཡང་བཀག་གོ། །དེའི་རྗེས་སུ་རང་ཤི་བ་བཅུ་ཡང་བཀག་གོ། །ཞེས་གསུངས། མྱང་འདས་ཆེན་མོ་ལས། གསོལ་པ་བཅོམ་ལྡན་ཇི་ལྟར་ན། མུ་གསུམ་གྱིས་ཡོངས་སུ་དག་པ་གནང་བ་ལགས། བཀའ་སྩལ་པ། མུ་གསུམ་གྱིས་ཡོངས་སུ་དག་པ་ནི། བསླབ་པ་རིམ་གྱིས་བཅས་པའི་ཕྱིར། དེ་ཡང་དང་པོར། ད་ཕྱིན་ཆད་ངའི་རབ་ཏུ་བྱུང་བ་རྣམས་ལ་ཤ་མི་གནང་ངོ་། །ཞེས་གསུངས་པའི་ཕྱིར། ཉན་ཐོས་རྣམ་གསུམ་དག་པའི་ཤ །ཞེས་པའི་སྐབས་སུ་གསུམ་ལས། དང་པོ་གཉིས་བཤད་ཟིན། གསུམ་པ་ལ། བཤད་པའི་སྡོམ་པ་ལ་འགོད་པ་དང་། དྲང་ངེས་ཀྱི་དོན་ལ་དཔྱད་པ་གཉིས། དང་པོ་ལ། ཉན་ཐོས་སྡེ་སྣོད་ལས་ཤ་གནང་བའི་ཚུལ། ཐེག་ཆེན་སྡེ་སྣོད་ལས་ཤ་བཀག་པའི་ཚུལ་གཉིས། དང་པོ་ལ། རྣམ་གསུམ་དག་པའི་ཤ་གནང་ཚུལ་དང་། དགེ་ཚོད་ལ་དཔྱད་པ་གཉིས། དང་པོ་ནི། ཉན་

ཐོས་སྡེ་བརྒྱད་ལས། རབ་བྱུང་ལ་རྣམ་གསུམ་དག་པའི་ཤ་གནང་སྟེ། ལུང་སྨན་གྱི་གཞི་ལས། ཡ་རབས་རྣམས་ལ་གནང་བའི་ཉ་དང་ཤ་ལ་སོགས་པ་ལྷུང་བཟེད་ཀྱི་ནང་དུ་འོངས་པ་ལ། མིའི་ཤ་ལ་སོགས་པ་མིན་ནམ་ཞེས་བརྟགས་ཏེ། མིན་ན་བཟའ་བར་བྱའོ། །ཞེས་དང་། མདོ་རྩ་ར། ཤའི་བྱིན་ལེན་སྟོན་པའི་སྐབས་སུ། དཔྱད་པ་ལས་བྱུང་བ་མིན་ནམ་ཞེས་དྲིས་ཏེ་བཟའ་བར་བྱའོ། །གོང་མས་མ་ནུས་ན་གཉིས་པས་སོ། །ཞེས་དང་། སུམ་བརྒྱ་པ་ལས། ཡ་རབས་རྣམས་ལ་ཉ་དག་ཤ་གནང་གང་། །སྡོད་དང་འཚེ་མེད་རོ་སོགས་ལ་ཆགས་དང་། །ཡོངས་སུ་བཙལ་བའི་སེམས་དག་སྤངས་ནས་ནི། །ལྷུང་བཟེད་འོངས་པ་བརྟགས་ཏེ་བཟའ་བར་བྱའོ། །ཞེས་དང་། རྟོག་གེ་འབར་བ་ལས། ཉན་ཐོས་ཐེག་པའི་གཞུང་ལས་ནི། །ཞེས་སོགས་དང་། འདིར། ཉན་ཐོས་རྣམ་གསུམ་དག་པའི་ཤ །བཟའ་རུང་གལ་ཏེ་མི་བཟའ་ན། །ལྷས་སྦྱིན་གྱིས་ནི་བརྟུལ་ཞུགས་འགྱུར། །ཞེས་སོགས་རྒྱ་ཆེར་གསུངས་པའི་ཕྱིར། གཉིས་པ་ལ། ཁ་ཅིག །རང་ཉིད་ཀྱི་ཆེད་དུ་བྱས་པའི་མཐོང་ཐོས་དོགས་གསུམ་དང་བྲལ་བ་ལ། རྣམ་གསུམ་དག་ཚད་མི་འཛོག་པར། ཤའི་ཆེད་དུ་བྱས་པའི་མཐོང་ཐོས་དོགས་གསུམ་དང་བྲལ་བ་ལ་བྱེད་དེ། ཚོགས་ལེ་ལས། གང་ཕྱིར་ཆེད་དུ་བྱས་པའི་ཤ །མཐོང་དམ་ཐོས་སམ་དོགས་པ་ནི། །དེ་ནི་བཟའ་བར་བྱ་མིན་པས། །འགྲོ་ལ་ཕན་པར་བྱེད་པས་གསུངས། །ཞེས་བཤད་པའི་ཕྱིར། ཞེ་ན། མི་འཐད་དེ༏ ལང་གཤེགས་ལས། དང་པོ་རྣམ་པ་གསུམ་བཅས་ནས། དེའི་རྗེས་སུ་ཆེད་དུ་བྱས་པའི་ཤ་ཡང་བཀག་གོ། །ཞེས་ཆེད་དུ་བྱས་པ་དང་། རྣམ་གསུམ་གྱི་དང་པོ་སོ་སོར་བཤགས་པ་བཤད་པའི་ཕྱིར། རང་གི་ལུགས་ནི། རང་ཉིད་ཀྱི་ཆེད་དུ་བྱས་པའི་མཐོང་ཐོས་དོགས་གསུམ་དང་བྲལ་བའི་ཤ་ལ་རྣམ་གསུམ་དག་པའི་ཤར་འཛོག་སྟེ། ལུང་སྨན་གཞི་ལས། མུ་གསུམ་གྱིས་ཡོངས་སུ་མ་དག་པའི་ཤ་བཟའ་བར་མི་བྱའོ། །ཞེས་བཀའ་བསྩལ་ན། རྣམ་པ་གསུམ་གང་ལ་བཀའ་སྩལ་པ། རང་ཉིད་ཀྱི་ཆེད་དུ་བྱས་པར་མངོན་སུམ་དུ་མཐོང་བ་དང་། ཡིད་ཆེས་པ་ལས། ཁྱོད་ཀྱི་ཆེད་དུ་བྱས་པ་ཡིན་ནོ། །ཞེས་ཐོས་པ་དང་། བདག་གི་རྒྱུད་ལ་རྣམ་པར་རྟོག་པ་སྐྱེས་པ། ཞེས་གསུངས་པའི་ཕྱིར། གཉིས་པ་ནི། ཐེག་ཆེན་སྡེ་སྣོད་ལས་རྣམ་གསུམ་དག་པའི་ཤ་ཡང་བཀག་སྟེ། འཇམ་དཔལ་གྱི་ལྷ་བའི་འདོད་པ་མདོར་བསྟན་ནས། ཟ་པོ་ཤ་ལ་སྲེད་པ་དག །བསྐལ་པ་བྱེ་བར་འཚེད་པ་དང་། །གསོད་པོ་ནོར་ལ་སྲེད་པ་ནི། །བསྐལ་པ་འབུམ་དུ་འཚེད་པར་འགྱུར། །ཞེས་དང་།

ལང་གཤེགས་ལས། གླང་པོའི་རྩལ་དང་སྤྲིན་ཆེན་དང་། །ཅེས་དང་། མདོ་དེ་ཉིད་ལས། བློ་གྲོས་ཆེན་པོ༏ ངའི་འཕགས་པ་ཉན་ཐོས་རྣམས་ནི། ཞེས་སོགས་དང་། མྱང་འདས་ཆེན་མོ་ལས། འོན་ཏེ་ཇི་ལྟར་རྣམ་པ་གསུམ་དག་པའི་ཤ་ཟ་བར་གནང་བ་ལགས། བཀའ་སྩལ་པ། རྣམ་པ་གསུམ། ངའི་བསླབ་པ་རིམ་གྱི་སྡོམ

པའི་ཕྱིར། དེ་ཡང་དང་པོར། ད་ཕྱིན་ཆད། ཞེས་སོགས་གསུངས་པའི་ཕྱིར། གཉིས་པ་དྲང་ངེས་ཀྱི་དོན་ལ། ཆོས་འཁོར་དང་པོའི་སྐབས་སུ་རབ་བྱུང་ལ་རྣམ་གསུམ་དག་པའི་ཤ་གནང་། ཆོས་འཁོར་གསུམ་པའི་སྐབས་སུ་རབ་བྱུང་ལ་རྣམ་གསུམ་དག་པའི་ཤ་ཡང་བཀག་པའི་རྒྱུ་མཚན་ཇི་ལྟ་བུ་ལགས་ཞེ་ན། འདི་ལ་མཁས་པ་ཁ་ཅིག །དང་པོ་དགོངས་པ་ཅན་དང་། ཕྱི་མ་སྒྲ་ཇི་བཞིན་པ་ཡིན་ཏེ། དང་པོ་ལ། དགོངས་གཞི། དགོས་པ། དངོས་ལ་གནོད་བྱེད་གསུམ་ཡོད་པའི་ཕྱིར། དང་པོ་གྲུབ་སྟེ། རྒྱལ་པོ་ཆང་ཁྲ་མི་ཟན་དང་། དགེ་སློང་ཡང་དག་བློ་གྲོས་ལྟ་བུ་ལ་དགོངས་པའི་ཕྱིར། གཉིས་པ་གྲུབ་སྟེ། ཤ་མ་ཟོས་པ་དག་པར་ལྟ་བའི་ལྟས་སྤྲིན་ང་རྒྱལ་སྤང་བ་དང་། རྒྱལ་པོ་ཆང་ཁྲ་མི་ཟན་ལྟ་བུ་ཤ་ལ་ཆགས་ཏེ། བསྟན་པ་ལ་མི་འཇུག་པ་སྤང་བའི་ཆེད་ཡོད་པའི་ཕྱིར། གསུམ་པ་གྲུབ་སྟེ། རབ་ཏུ་བྱུང་བ་གཞན་ལ་གནོད་པ་དང་། །གཞན་ལ་འཚེ་བ་དགེ་སྦྱོང་མ་ཡིན་ནོ། །ཞེས་པ་ལྟར། གཞན་གནོད་གཞི་བཅས་སྤོང་བ་རབ་བྱུང་གི་བསླབ་བྱའི་གཙོ་བོ་ཡིན་ཏེ། བསླབ་བཏུས་ལས། འདུལ་བ་ལ། རྣམ་གསུམ་དག་པའི་ཤ་ཟོས་ཀྱང་། །སྤོང་བའི་བར་ཆད་དུ་མི་འགྱུར་རོ། །ཞེས་གང་གནང་བ་ནི༑ དེ་སྤངས་པས་དག་པར་ལྟ་བའི་ང་རྒྱལ་སྤང་བ་དང་། སྐལ་བ་ཡོད་ཀྱང་དེ་ལ་ཆགས་པས་བསྟན་པ་ལ་མི་འཇུག་པ་སྤང་བའི་ཆེད་ཡོད་པའི་ཕྱིར།

དེ་སྐད་དུ་ཡང་ལང་གཤེགས་ལས། བསྟན་པ་བརྗོད་པ་དེ་དང་། ཞེས་པ་ནས། དེའི་རྗེས་སུ་རང་ཤི་བ་བཅུའི་ཤ་ཡང་བཀག་གོ། །ཞེས་དང་། དགེ་སློང་འདི་དང་འཆི་བའི་དུས་བྱས་ན། །འཛམ་བུ་གླིང་དུ་ཉིང་འཛིན་སྒྲ་རྣམས་ནི། །སེམས་ཅན་རྣམས་ལ་རྟག་ཏུ་ནུབ་པར་འགྱུར། །དེ་ཟོས་པ་ན་ཏིང་འཛིན་རྣམས་ཀྱང་ཐོབ། །ཞེས་གསུངས་པའི་ཕྱིར། འོ་ན། སྨན་གཞི་དང་། མདོ་རྩ་བ་ལས། ཤའི་བྱིན་ལེན་བཤད་པ་དང་འགལ་ལོ་ཞེ་ན། སྐྱོན་མེད་དེ། དེ་ཤ་ལ་ཤིན་ཏུ་སྲེད་པའི་དགེ་སློང་ནད་པ་ལྟ་བུ་ལ། བག་ཟན་ལ་ཤའི་གཟུགས་བྱ་སྟེ། ནད་པ་སྐྱོང་བ་ལ་དགོངས་པའི་ཕྱིར། ཞེས་གསུངས། ཡང་མཁས་པ་ཁ་ཅིག །དང་པོ་དེ་སྒྲ་ཇི་བཞིན་པ་དང་། ཕྱི་མ་དགོངས་པ་ཅན་ཡིན། ཕྱི་མ་ལ། དགོངས་གཞི། དགོངས་པ། དངོས་ལ་གནོད་བྱེད་གསུམ་ཡོད་པའི་ཕྱིར། དང་པོ་གྲུབ་སྟེ། ཆེད་དུ་བྱས་པའི་ཤ་ལ་དགོངས་པའི་ཕྱིར། གཉིས་པ་གྲུབ་སྟེ། སེམས་ཅན་ལ་གནོད་འཚེ་སྤང་བའི་ཆེད་ཡོད་པའི་ཕྱིར། གསུམ་པ་གྲུབ་སྟེ། ཤའི་རོ་ལ་མ་ཆགས་ཤིང་། གཞན་ཕན་ལྷག་བསམ་གྱིས་ཀུན་སློང་ས་ཏེ་ཐུབ་པས་གནང་བ་བཞིན། ཤ་ལ་ལོངས་སྤྱོད་པས་སེམས་ཅན་ལ་ཕན་འདོགས་པའི་ཆེད་ཡིན་པའི་ཕྱིར། དཔེར་ན་སྒྲོག་ཆགས་དེས་པའི་ཤ་ཟོས་པས། ཟ་མཁན་གྱི་སེམས་ཅན་རྣམས་ལ་བྱང་སེམས་བསྐྱེད་པ་བཞིན་ནོ། །ཞེས་གསུངས་སོ། །གཞན་དག་ན་རེ། གཞན་དག་སྔ་ཕྱི་གཉིས་ཀ་སྒྲ་ཇི་བཞིན་པ་ཡིན་ཞེ་ན།

རབ་བྱུང་ལ་རྣམ་གསུམ་དག་པའི་ཞ་གནང་བར་ཐལ། ཆོས་འཁོར་དང་པོ་ལས་དེར་གནང་བ་གང་ཞིག །དེ་སྦྲ་ཧི་བཞིན་པར་ཁས་ལེན་རིགས་པའི་ཕྱིར། འདོད་ན། རབ་བྱུང་ལ་དེ་བཀག་པར་ཐལ། ཆོས་འཁོར་གསུམ་གར་དེ་བཀག་ལ་དེ་ཉིད་སྦྲ་ཧི་བཞིན་པར་ཁས་ལེན་པའི་ཕྱིར། ཁ་ཅིག །ཆོས་འཁོར་དང་པོ་གསུངས་པའི་སྐབས་སུ། རབ་བྱུང་ལ་དེ་གནང་། ཆོས་འཁོར་གསུམ་པ་གསུང་པའི་སྐབས་སུ། རབ་བྱུང་ལ་དེ་བཀག་པ་ལ་དགོངས་ཞེ་ན། ད་ལྟའི་རབ་བྱུང་རྣམས་ལ་དེ་བཀག་པར་ཐལ། ཆོས་འཁོར་གསུམ་པ་གསུངས་པའི་སྐབས་སུ་རབ་བྱུང་ལ་དེ་བཀག་པའི་ཕྱིར།

རང་ལུགས་ནི། རབ་བྱུང་ལ་རྣམ་གསུམ་དག་པའི་ཤ་གནང་བར་བསྟན་པའི་མདོ་རྣམས་ཀྱི་དགོངས་པ་ཉན་ཐོས་རབ་བྱུང་ལ་དེ་ལྟ་བུའི་དུས་ན་གནང་། ཐེག་ཆེན་རབ་བྱུང་ལ་དེ་བཀག་པའི་ཕྱིར། དེ་བཞིན་ཕ་རོལ་ཕྱིན་པ་དང་། །ཞེས་པའི་སྐབས་སུ་གསུམ་ལ། དང་པོ་བཤད་ཚུལ་ནི། གཉིས་པ་མཐའ་དཔྱད་པ་ལ། ཕར་ཕྱིན་ཐེག་པ་པའི་ལུགས་པའི་རྣམ་གཞག་དང་། རྡོ་རྗེ་ཐེག་པ་པའི་དེའི་རྣམ་གཞག་གཉིས། དང་པོ་ལ། མདོ་སྡུད་པ་ནས་བཤད་པའི། ཐབས་མཁས་མདོ་ནས་བཤད་པའི། ནམ་མཁའི་སྙིང་པོའི་མདོ་ནས་བཤད་པའི། སྡོམ་པ་ཉི་ཤུ་པ་ནས་བཤད་པའི། རྒྱ་བ་དང་ཡན་ལག་གི་ལུགས་བའི་རྣམ་གཞག་གོ། །དང་པོ་ནི། བྱང་སེམས་ཚོགས་ལམ་པས། གཞན་དོན་ཡལ་བར་དོར་ཏེ། ཉན་ཐོས་ཀྱི་སར་སེམས་བསྐྱེད་པའི། རང་ཉིད་གཅིག་པུ་ཞི་བདེ་དོན་གཉེར་གྱི་བསམ་པ་ལ་འཇོག་སྟེ། མདོ་སྡུད་པ་ལས། གལ་ཏེ་བསྐལ་པ་བྱེ་བར་དགེ་བའི་ལས་ལམ་བཅུ། །སྤྱོད་ཀྱང་དགྲ་བཅོམ་རང་རྒྱལ་ཉིད་དུ་སེམས་བསྐྱེད་ན། །དེ་ནི་ཚུལ་ཁྲིམས་སྐྱོན་བྱུང་ཚུལ་ཁྲིམས་འཆལ་བ་སྟེ། །སེམས་བསྐྱེད་དེ་ནི་ཕས་ཕམ་བས་ཀྱང་ཤིན་ཏུ་ལྗི། །ཞེས་དང་། འདིར་བསྐལ་པ་དུ་མར་དགེ་སྤྱོད་ཀྱང་། །ཞེས་སོགས་ཇི་ལྟར་གསུངས་པ་བཞིན་ནོ། །འདིའི་དོན་ལ་དཔྱད་པར་བྱ་བ་ནི། གཞན་དག་འདི་སྐད་སྒྲོག་སྟེ། བྱང་སེམས་ཚོགས་ལམ་པས། གཞན་དོན་ཡལ་བར་དོར་ཏེ། ཉན་ཐོས་ཚོགས་ལམ་དུ་ཞུགས་ཏེ། རང་ཉིད་གཅིག་པུ་ཞི་བདེ་དོན་གཉེར་གྱི་ཉན་ཐོས་ཀྱི་སེམས་བསྐྱེད་དེ། དགེ་བར་འགྱུར་བའི་ཉན་ཐོས་ཀྱི་སེམས་བསྐྱེད་དང་། བྱང་སེམས་ཀྱི་རྩ་ལྟུང་གི་གཞུང་བཞིན་ཡིན་པ་ལུང་གི་དགོངས་པ་ཡིན་ནོ། །ཞེས་སྨྲ་བ་ནི་རྣམ་པར་འཁྲུལ་ཏེ། དེ་འདྲ་ཆོས་ཅན་སེམས་བསྐྱེད་ཡིན་པར་ཐལ། ཉན་ཐོས་ཀྱི་དེ་ཡིན་པའི་ཕྱིར། རྟགས་ཁས་ཏེ། འདོད་ན། མིན་པར་ཐལ། རྩ་ལྟུང་ཡིན་པའི་ཕྱིར་ཏེ། བྱང་སེམས་དེ་ཡིན་པའི་ཕྱིར་ཏེ། རྟགས་ཁས་ཏེ། གཞན་ཡང་། ཉན་ཐོས་ཀྱི་སེམས་བསྐྱེད་ཡིན་ན། བྱང་སེམས་ཀྱི་རྩ་ལྟུང་ཡིན་པར་ཐལ། ཉན་ཐོས་ཚོགས་ལམ་པ་ལ་དེ་ཡོད་པའི་ཕྱིར། བྱང་སེམས་ཚོགས་ལམ་པའི་རྟོགས་པ་སྔོན་སོང་གི་ཉན་ཐོས་ཚོགས་ལམ་པ་ལ་དེའི་ཕྱིར།

ཡང་མཁས་པ་གཞན་དག །བྱང་སེམས་ཚོགས་ལམ་པས་སྨོན་པ་སེམས་བསྐྱེད་བཏང་སྟེ། ཉན་ཐོས་ལམ་དུ་འཇུག་ཁ་མའི་རང་ཉིད་གཅིག་པུ་ཞི་བདེ་དོན་གཉེར་གྱི་བསམ་པ་དེ། ཐེག་ཆེན་གྱི་རྩ་ལྟུང་ཡིན་ཞེ་ན། དེ་ཆོས་ཅན། ཁྱོད་ཐེག་ཆེན་སེམས་བསྐྱེད་དུ་གཏང་བའི་རྩ་ལྟུང་མིན་པར་ཐལ། ཐེག་ཆེན་གྱི་རིས་འབྱུང་གི་བསམ་པ་ཡིན་པའི་ཕྱིར། རང་ལུགས་ནི། བྱང་སེམས་ཚོགས་ལམ་པས་གཞན་དོན་དུ་རྫོགས་བྱང་དོན་གཉེར་གྱི་སྨོན་སེམས་གཏང་སྟེ། ཉན་ཐོས་ཚོགས་ལམ་དུ་ཞུགས་པའི་ཚེ་ན། དེའི་རྒྱུད་ལ་ཐེག་ཆེན་སེམས་བསྐྱེད་གཏང་བའི་རྩ་ལྟུང་གཅིག་དང་། ཉན་ཐོས་ཀྱི་སེམས་བསྐྱེད་དུ་གྱུར་པའི་དགེ་བ་གཉིས་འབྱུང་བ་ལུང་གི་དགོང་པ་ཡིན་ནོ། །

གཉིས་པ་ཐབས་མཁས་མདོ་སྡེ་ནས་བཤད་པའི་ཚུལ་ལ། བཤད་བྱའི་ལུང་དྲང་བ་དང་། ལུང་དོན་ལྟུང་བ་འགྲོ་ལམ་དང་བཅས་ཏེ་གཏན་ལ་དབབ་པ་གཉིས། དང་པོ་ནི། མདོ་དེ་ཉིད་ལས། རིགས་ཀྱི་བུ་གཞན་བྱང་ཆུབ་སེམས་དཔའ་སོ་སོར་ཐར་པའི་བསླབ་པ་ལ། བསྐལ་པ་བརྒྱད་སྟོང་དུ་རྩ་བ་དང་འབྲས་བུ་ཟ་བར་འགྱུར་ལ། སེམས་ཅན་རྣམས་ཀྱིས་ལེགས་པར་སླུས་པ་དང་། ཉིས་པར་སླུ་བ་བཟོད་ཀྱང་། ཉན་ཐོས་དང་རང་སངས་རྒྱས་དང་ལྡན་པའི་ཡིད་ལ་བྱེད་པས་གནས་ན། འདི་ནི་བྱང་ཆུབ་སེམས་དཔའི་ལྟུང་བ་ལྕིའོ། །རིགས་ཀྱི་བུ་འདི་ལྟ་སྟེ། དཔེར་ན། ཉན་ཐོས་ཀྱི་ཐེག་པ་ཅན་ལ་རྩ་བའི་ལྟུང་བ་བྱུང་ན། ཕུང་པོ་དེ་ཉིད་ཀྱིས་མྱ་ངན་ལས་འདའ་བའི་སྐལ་བ་མེད་དོ། །རིགས་ཀྱི་བུ་དེ་བཞིན་དུ་ལྟུང་བ་བཤགས་ཤིང་། ཉན་ཐོས་དང་རང་སངས་རྒྱས་ཀྱི་ཡིད་ལ་བྱ་བ་མ་སྤྲངས་ན། སངས་རྒྱས་ཀྱི་ས་ལ་ཡོངས་སུ་མྱ་ངན་ལས་འདའ་བའི་སྐལ་བ་མེད་དོ། །ཞེས་གསུངས། གཉིས་པ་དེའི་དོན་ནི། གཞན་དོན་དུ་རྫོགས་བྱང་དོན་གཉེར་གྱི་སྨོན་སེམས་བཏང་བའི་རྩ་ལྟུང་། རང་ལ་ཆོས་དང་ཡོ་བྱད་ཡོད་བཞིན་དུ་དེ་དག་གིས་གཞན་ལ་ཕན་མི་འདོགས་པའི་རྩ་ལྟུང་། ཁོང་ཁྲོའི་སྒོ་ནས་གཞན་ལ་གནོད་པ་བྱེད་པའི་རྩ་ལྟུང་། དམ་ཆོས་སྤོང་བའི་ལྟུང་བ་དང་བཞི་ཡིན་ཏེ། མདོ་དེ་ཉིད་བྱང་སར་ཚིགས་བཅད་དུ་བསྡེབས་པ་ལས། བྱང་ཆུབ་སེམས་ནི་ཡོངས་དོར་དང་། །ཆགས་དང་སེར་སྣ་མི་ཟད་པས། །སློང་ལ་སྦྱིན་པར་མི་བྱེད་དང་། ཁྲོས་ནས་སེམས་ཅན་རྡེག་པ་དང་། །སྒྲིབ་སྟེ་དགའ་བར་བྱེད་པ་ནི། །སེམས་ཅན་ལ་ནི་མི་བཟོད་དང་། །ཉན་ཐོས་པ་དག་གཞན་མཐུན་པས། །ཆོས་ལྟར་བཅོས་པ་བརྗོད་པའོ། །ཞེས་གསུངས་པའི་ཕྱིར།

འོ་ན་བཞི་པོ་དེ། ལྟུང་བར་འགྲོ་བའི་ཚད་གང་ཞེ་ན། ཉིན་ཞག་གཅིག་ལ་དུས་དྲུག་ཏུ་བྱས་ཏེ། དུས་གཅིག་གི་ཆ་ལ་ཉེས་པ་དང་རྒྱུན་མ་ཆད་པར་གནས་ན། རྩ་ལྟུང་ཆུང་ངུ། ཉིན་ཞག་གཅིག་གནས་ན་རྩ་ལྟུང

འབྲིང་། དེ་གཉིས་གནས་ན་རྒྱ་ལྟུང་། ཡང་ན་ཀུན་སློང་གི་ཉོན་མོངས་ཆུང་ངུ་འབྲིང་ཆེན་པོ་གསུམ་གྱི་སྒོ་ནས། རིམ་བཞིན་དཔྱད་པའི་ཚེ། རྩ་ལྟུང་ཆུང་འབྲིང་ཆེ་གསུམ་དུ་འཇོག་གོ། །འོ་ན་ཉེས་པ་བཞི་པོ་དེ་དག་གཙོ་བོར་གང་ཉམས་པར་བྱེད་པའི་རྩ་ལྟུང་ཡིན་སྙམ་ན། དེ་བཞི་གས་སློན་འཇུག་ཐུན་མོང་དུ་ཉམས་པར་བྱེད་ཅིང་། དང་པོ་དེ། སློན་སེམས་ལ་གཙོ་ཆེ། ཕྱི་མ་གསུམ་འཇུག་སེམས་ལ་གཙོ་ཆེའོ། །ཞེས་ཤེས་པར་བྱའོ། །

གསུམ་པ་ནི་སྙིང་པོའི་མདོ་ལས་བཤད་པའི་ལ། རྩ་བའི་ལྟུང་བ་བཅུ་བཞི་ཡོད་དེ། ཁྱིམ་པའི་རྟེན་ཅན་གྱི་བྱང་སེམས་ཀྱིས་གཙོ་བོར་སྤང་དགོས་དྲུག །བྱང་སེམས་ལས་དང་པོ་པས་གཙོ་བོར་སྤང་དགོས་བརྒྱད་ཡོད་དོ། །འོ་ན་དང་པོ་དྲུག་གང་ཞེ་ན། དཀོན་མཆོག་གི་དཀོར་འཕྲོག་པའི་རྩ་ལྟུང་། དམ་ཆོས་སྤོང་བའི་ངུར་སྨྲིག་གི་རྒྱལ་མཚན་འཕེབ་པའི། མཚམས་མེད་ལྔ་བྱེད་པའི། ལོག་ལྟ་སྐྱེས་པའི། གྲོང་ཁྱེར་འཇིག་པའི་རྩ་ལྟུང་དང་དྲུག་གོ། །ཕྱི་མ་བརྒྱད་ནི། ཐེག་ཆེན་གྱི་སྣོད་དུ་མ་གྱུར་པའི་གང་ཟག་ལ་ཆོས་ཉིད་ཟབ་མོ་བསྟན་པའི་ཐེག་ཆེན་གྱི་ཆོས་སྤོང་བའི། སོ་ཐར་སྤངས་པའི། ཐེག་ཆེན་གྱི་ལམ་ལ་སྐུར་པ་བཏབ་པའི། རྙེད་བཀུར་གྱི་ཆེད་དུ་བདག་བསྟོད་གཞན་སྨོད་པའི། སྟོང་ཉིད་ཟབ་མོ་མ་རྟོགས་བཞིན་དུ་དེར་ཁས་བླངས་པའི། བྱང་སེམས་ལ་ནོར་གྱི་ཆད་པས་བཅད་པའི། ཞི་གནས་འདོར་བའི་རྩ་ལྟུང་དང་བརྒྱད་ཡོད་དེ། མདོ་དེ་ཉིད་ལས། རིགས་ཀྱི་བུ་རྒྱལ་རིགས་ཀྱི་སྤྱི་བོ་ནས་དབང་བསྐུར་བའི་རྩ་བའི་ལྟུང་བ་ལྔ་སྟེ། རྩ་བའི་ལྟུང་བ་དེ་དག་གིས། རྒྱལ་རིགས་སྤྱི་བོ་ནས་དབང་བསྐུར་བ། དགེ་བའི་རྩ་བ་སྔོན་བསྐྱེད་པ་ཐམས་ཅད་ཐལ་བར་བརླག་སྟེ། ཕམ་པར་འགྱུར་ཅིང་། ལྷ་དང་མིའི་དགེ་བའི་གནས་ཐམས་ཅད་ལྟུང་སྟེ། ངན་སོང་དུ་འགྲོ་བར་འགྱུར་རོ། །ལྔ་གང་ཞེ་ན། རིགས་ཀྱི་བུ་རྒྱལ་རིགས་སྤྱི་བོ་ནས་དབང་བསྐུར་བས། མཆོད་རྟེན་གྱི་རྫས་འཕྲོག་པ། དགེ་འདུན་གྱི་ས་དང་། ཕྱོགས་བཞིའི་དགེ་འདུན་ལ་འབུལ་བ་འཕྲོག་པའམ། འཕྲོག་ཏུ་འཇུག་པ་འདི་ནི། རྩ་བའི་ལྟུང་བ་དངོས་སོ། །གང་ཡང་ཆོས་སྤོང་ཞིང་འོག་ཏུ་བཅུག་སྟེ། ཉན་ཐོས་ཀྱི་ངེས་པར་འབྱུང་བ་བཤད་པའམ། རང་སངས་རྒྱས་ཀྱི་ངེས་པར་འབྱུང་བ་བཤད་པའམ། ཐེག་པ་ཆེན་པོའི་ངེས་པར་འབྱུང་བ་བཤད་པ་སྤོང་ཞིང་འོག་ཏུ་འབྱུང་བ་བཤད་པ་འཇུག་པ་འདི་ནི། རྩ་བའི་ལྟུང་བ་གཉིས་པའོ། །

གཞན་ཡང་ངའི་རབ་ཏུ་བྱུང་སྟེ། སྐྲ་དང་ཁ་སྤུ་བྲེགས་ནས། གོས་ངུར་སྨྲིག་གྱོན་པ། བསླབ་པ་བཟུང་ཡང་རུང་། བསླབ་པ་མ་བཟུང་ཡང་རུང་སྟེ། ཚུལ་ཁྲིམས་འཆལ་ཡང་རུང་། ཚུལ་ཁྲིམས་དང་ལྡན་ཡང་རུང་། དེའི་གོས་ངུར་སྨྲིག་འཕྲོག་པ། ཁྱིམ་ན་གནས་པར་བྱེད་འཇུག་པ། ལུས་ལ་ག་ཞས་བསྣུན་པ། བཙོན་རར་འཇུག་པ། སྲོག་དང་བྲལ་བར་བྱེད་དུ་འཇུག་པ་འདི་ནི། རྩ་བའི་ལྟུང་བ་གསུམ་པའོ། །རྒྱལ་རིགས་གང་ཡང་

ཆེད་དུ་བསམ་སྟེ། མའི་སྲོག་གཅོད་པ། མ་དང་ཕ་དང་། བཅོམ་ལྡན་འདས་ཉན་ཐོས་དགྲ་བཅོམ་པའི་སྲོག་གཅོད་པ་དང་། དགེ་འདུན་འདུམས་པ་འབྱེད་པ་དང་། ཆེད་དུ་བསམ་སྟེ་ཡང་དག་པར་རྫོགས་པའི་སངས་རྒྱས་ལ་ངན་སེམས་ཀྱི་ཁྲག་འབྱིན་པ་དང་། མཚམས་མེད་པའི་ལས་ལྔ་པོ་འདི་དག་ལས། གང་ཡང་རུང་བའི་ལས་བྱེད་པ་འདི་ནི། རྩ་བའི་ལྟུང་བ་བཞི་པའོ། །རྒྱལ་རིགས་གང་ཡང་རྒྱུ་མེད་པར་སླུ་བར་གྱུར་ལ། འཇིག་རྟེན་ཕ་རོལ་ལ་གཡེལ་ཏེ། མི་དགེ་བ་བཅུའི་ལས་ཀྱི་ལམ་ཡང་དག་པར་བཟུང་སྟེ་གནས་ཤིང་། སེམས་ཅན་གཞན་མང་པོ་དག་ཀྱང་། མི་དགེ་བ་བཅུའི་ལས་ཀྱི་ལམ་ཡང་དག་པར་ལེན་དུ་འཇུག་ཏེ། འདུལ་ཞིང་འཛུད་ལ། འགོད་པ་འདི་ནི་རྩ་བའི་ལྟུང་བ་ལྔ་པའོ། །དེ་བཞིན་དུ་སྦྱར་ཏེ། གང་ཡང་གྲོང་འཇོམས་པ་དང་། ལྗོངས་གྲོང་ཁྱེར་དང་ཡུལ་འཁོར་འཇོམས་པ་འདི་ནི། རྩ་བའི་ལྟུང་བའོ། །དེ་བཞིན་དུ་སྦྱར་ཏེ་རིགས་ཀྱི་བུའམ། རིགས་ཀྱི་བུ་མོ་ཐེག་པ་ཆེན་པོ་ལ་ཡང་དག་པར་ཞུགས་པ། ལས་དང་པོ་པ་རྣམས་ཀྱི་རྩ་བའི་ལྟུང་བ་བྱས་ཏེ། རྩ་བའི་ལྟུང་བ་དེ་དག་གི་ཐེག་པ་ཆེན་པོ་ལ་ཡང་དག་པར་ཞུགས་པ། ལས་དང་པོ་པ་འཁྲུལ་པ་རྣམས་ཀྱི། སྔོན་དགེ་བའི་རྩ་བ་བསྐྱེད་པ་རྣམས་ཐལ་བར་རློག་སྟེ། ཕམ་པར་འགྱུར་ཞིང་། ལྷ་དང་མིའི་ཐེག་པ། ཐེག་པ་ཆེན་པོའི་བདེ་བའི་གནས་ལས་ལྟུང་ནས། ངན་སོང་གསུམ་དུ་འགྲོ་བར་འགྱུར། ཡུན་རིང་པོར་འཁོར་བ་ན་འཁོར་བར་འགྱུར། དགེ་བའི་བཤེས་གཉེན་དང་བྲལ་བར་འགྱུར་རོ། །

བརྒྱད་གང་ཞེ་ན། སེམས་ཅན་གང་དག་སྔོན་ཉེ་བར་སྤྱོད་པའི་རྒྱུས། རྙོགས་མ་ལྔ་པའི་འཇིག་རྟེན་གྱི་ཁམས་འདིར་སྐྱེས་པ་འདི་དག །དགེ་བའི་རྩ་བ་ཆུང་དུ་ལ་དགེ་བའི་བཤེས་གཉེན་ལ་བསྟེན་ཏེ། ཐེག་པ་ཆེན་པོ་མཆོག་ཏུ་ཟབ་པ་འདི་ཉན་ཞིང་། རིགས་ཀྱི་བུ་བློ་ཆུང་དུ་དེ་དག །བླ་མེད་བྱང་ཆུབ་ཏུ་མངོན་པར་སེམས་བསྐྱེད་པ་དེ་དག་གི་ནང་ནས། བྱང་ཆུབ་སེམས་དཔའ་ལས་དང་པོ་པ་གང་དག །སྟོང་པ་ཉིད་དང་ལྡན་པའི་མདོ་སྡེ་མཆོག་ཏུ་ཟབ་པ་འདི། ཉན་པ་དང་། ལུང་འབོག་པ་དང་། ཀློག་པ་དེ་དག །ཇི་ལྟར་ཐོབ་པ་དང་། ཇི་ལྟར་བྱང་ཆུབ་པར་བྱས་པ་བཞིན་དུ། སྔ་མའི་བློ་དང་། འགྲོ་བ་གཞན་དག་གི་མདུན་དུ། དོན་བཟང་པོ་དང་། ཚིག་འབྲུ་བཟང་པོ་རྒྱས་པར་བསྟན་ཏེ། རབ་ཏུ་སྟོན་པ་དེ་ནི། ནན་ཏན་དུ་མ་སྦྱངས་པས། བྱིས་པ་སོ་སོའི་སྐྱེ་བོ་དག་སྟེ༑ སྐྲག་པ་དང་། སྐྲག་ཅིང་། མང་བས་དངངས་པར་འགྱུར་ཞིང་། དེ་དག་དངངས་པས་བླ་མེད་བྱང་ཆུབ་ཀྱི་སེམས་ལས་ཕྱིར་ལོག་སྟེ། ཉན་ཐོས་ཀྱི་བྱང་ཆུབ་ལ་སློན་ན། འདི་ནི་བྱང་ཆུབ་སེམས་དཔའ་ལས་དང་པོ་པའི་རྩ་བའི་ལྟུང་བ་དངོས་ཏེ། རྩ་བའི་ལྟུང་བ་དེས། རིགས་ཀྱི་བུ། འདིའི་དགེ་བའི་རྩ་བ་སྔོན་བསྐྱེད་པ་དེ་ཉིད་ཐལ་བར་རློག་སྟེ། ཕམ་པར་འགྱུར་ཞིང་། མཐོ་རིས་དང་ཐར་པའི་བདེ་བའི་གནས་ལས་ལྟུང་བ་དང་། དེས་

བྱང་ཆུབ་ཀྱི་སེམས་སླུས་ཤིང་ངན་སོང་དུ་འགྲོ་བར་འགྱུར་རོ། །

དེ་ལྟ་བས་ན། བྱང་ཆུབ་སེམས་དཔའ་སེམས་ཅན་གཞན་དང་གང་ཟག་གཞན་རྣམས་ཀྱི་བསམ་པ་དང་། བག་ལ་ཉལ་ཤེས་པར་བྱས་ལ། བསམ་པ་ཇི་ལྟ་བ་བཞིན་དུ། སེམས་ཅན་རྣམས་ལ་བག་ཆགས་ཀྱི་ཆོས་སྟོན་པར་བྱས་ཏེ། དཔེར་ན་རྒྱ་མཚོ་ཆེན་པོར་བག་ཆགས་ཀྱི་འཇུག་པ་བཞིན་བྱའོ། །དེ་བཞིན་དུ་སྦྱར་ཏེ། གཞན་ཡང་བྱང་ཆུབ་སེམས་དཔའ་ལས་དང་པོ་པས། ཁ་ཅིག་ལ་འདི་སྐད་དུ། ཁྱོད་ཀྱིས་ཕ་རོལ་ཏུ་ཕྱིན་པ་དྲུག་སྤྱད་པར་མི་ནུས། ཁྱོད་ཀྱིས་བླ་མེད་རྫོགས་བྱང་དུ་སངས་རྒྱ་བར་མི་ནུས་ཀྱི། ཁྱོད་ཉན་ཐོས་ཀྱི་ཐེག་པའམ། རང་སངས་རྒྱས་ཀྱི་ཐེག་པ་པར་འགྱུར་བས་སེམས་བསྐྱེད་གཉིས་དང་བསྟེན་ན་ཁྱོད་འཁོར་བ་ལས་ངེས་པར་འབྱུང་ངོ། །ཞེས་སྨྲ་བ་འདི་ནི། བྱང་ཆུབ་སེམས་དཔའ་ལས་དང་པོ་པའི་རྩ་བའི་ལྟུང་བ་གཉིས་པ་སྟེ། གོང་དུ་ཇི་སྐད་སྨོས་པའི་བར་དུའོ། །

གཞན་ཡང་བྱང་ཆུབ་སེམས་དཔའ་ལས་དང་པོ་པས། ཁ་ཅིག་ལ་འདི་སྐད་དུ། ཀྱེ་སོ་སོར་ཐར་པ་དང་། འདུལ་བའི་སྡོམ་པ་ལེགས་པར་བླངས་ཏེ། ཁྱེད་མྱུར་དུ་བླ་མེད་བྱང་ཆུབ་ཏུ་སེམས་བསྐྱེད་པས་ཅི་བྱ། ཐེག་པ་ཆེན་པོ་ཀློག་ཅིག་དང་། དེས་ན་ཁྱོད་ཀྱིས་ཉོན་མོངས་པའི་རྐྱེན་གྱིས་ལུས་དང་ངག་དང་ཡིད་ཀྱིས་མི་དགེའི་ལས་གང་བསྒྲུབ་པ་དེ་དག་རྣམ་པར་སྨིན་པར་མི་འགྱུར་བར་དག་པར་འགྱུར་རོ། །ཞེས་སྨྲ་བ་འདི་ནི། བྱང་ཆུབ་སེམས་དཔའ་སྤྱིའི་ལྟུང་བ་གསུམ་པ་སྟེ། གོང་དུ་ཇི་སྐད་སྨོས་པའི་བར་དུའོ། །རིགས་ཀྱི་བུ་གཞན་ཡང་། བྱང་སེམས་ལས་དང་པོ་པས། ཁ་ཅིག་ལ་འདི་སྐད་དུ། ཁྱོད་ཉན་ཐོས་ཀྱི་ཐེག་པའི་གཏམ་མ་ཉན་ཅིག །མ་ཀློག་ཅིག །གཞན་དག་ལ་ལུང་མ་འབོགས་ཤིག །ཉན་ཐོས་ཀྱི་ཐེག་པའི་གཏམ་ཆོམ་ཤིག །དེས་ནི་ཁྱོད་ཀྱིས་འབྲས་བུ་ཆེན་པོ་རྙེད་པར་མི་འགྱུར་ཞིང་། གཞི་དེས་ནི་ཁྱོད་ཀྱི་ཉོན་མོངས་པ་མཐར་འབྱིན་པར་མི་ནུས་ཞིང་། ཐེག་པ་ཆེན་པོའི་གཏམ་འདི་ལ་དད་པར་གྱིས་ཤིག །ཐེག་པ་ཆེན་པོ་ཉོན་ཤིག །ཐེག་པ་ཆེན་པོ་ཀློག་ཅིག །གཞན་དག་ལ་ཡང་ལུང་ཕོག་ཅིག་དང་། དེས་ནི་ངན་འགྲོ་དང་། ངན་སོང་གི་ལས་ཐམས་ཅད་ཞི་བར་འགྱུར་རོ། །བླ་མེད་བྱང་ཆུབ་ཏུ་སངས་མྱུར་དུ་རྒྱ་བར་འགྱུར་རོ། །ཞེས་སྨྲས་ལ། གལ་ཏེ་དེ་དག་གིས་དེ་བཞིན་དུ་མཉན་ཏེ། འདི་འདྲ་བའི་ལྟ་བར་གྱུར་པ་སླངས་ན། གཉིས་ཀའི་ཡང་རྩ་བའི་ལྟུང་བར་འགྱུར་ཏེ། འདི་ནི་བྱང་ཆུབ་སེམས་དཔའ་ལས་དང་པོ་པའི་རྩ་བའི་ལྟུང་བ་བཞི་པའོ། །

གཞན་ཡང་བྱང་ཆུབ་སེམས་དཔའ་ལས་དང་པོ་པ་དག །ལྷེ་གཉིས་བྱེད་ཡིན་ཏེ། གཞན་དུ་སྟོང་ཉིད་བརྗོད་པ་དང་། སྲ་དང་ཚིགས་སུ་བཅད་པ་དང་། འཐོབ་པ་དང་། བཀུར་སྟིའི་ཕྱིར། ཐེག་པ་ཆེན་པོ་འདི་ནི

ཚིག་ཏུ་འདོན་པ་དང་། ཁ་ཏོ་བྱེད་པ་དང་། ཀློག་པ་དང་། སྟོན་པ་དང་། ཐོས་པ་ཙམ་གཞན་ལ་སྟོན་ལ། འདི་སྐད་དུ་བདག་ནི། ཐེག་པ་ཆེན་པོ་ཡིན་གྱི། གཞན་ནི་མིན་ནོ་ཞེས་སྨྲ་ཞིང་། གཞན་དག་ཕ་རོལ་གང་ཟག་ལས། ལོངས་སྤྱོད་ཡོངས་སུ་སྤྱོད་པ་རྙེད་པར་གྱུར་པ། དེའི་རྐྱེན་གྱིས་འཐོབ་པ་དང་། བཀུར་བསྟིའི་ཕྱིར་དེ་དག་ལ་ཕྲག་དོག་བྱེད་དེ། དེ་དག་འཕྲུག་པར་འགྱུར་ཞིང་། དེ་དག་གི་བསྔགས་པ་མིན་པ་བརྗོད་དོ། །སྨོད་དོ། །བཤུང་ངོ་༏ ༏རྣམ་པར་སྨད་དོ། །དེ་དག་ལ་ཡང་འདུད་པ་དེ་ཡང་། ཕྲག་དོག་གི་རྒྱུས་བདག་བསྟོད་ཅིང་། མི་ཆོས་བླ་མས་བདག་ཉིད་སྒྲོགས་སོ། །དེའི་ཕྱིར་དེ་དག་ལ་དངོས་པོ་དེས། ཕམ་པར་འགྱུར་ཞིང་། ཐེག་པ་བདེ་བ་ལས་ལྷུང་སྟེ། དེ་དག་ལ་ལྟི་བ་ཆེན་པོའི་ལྷུང་བ་དེ་འབྱུང་ངོ་། །དེས་ན་ངན་སོང་དུ་འགྲོ་བར་འགྱུར་ཏེ། དཔེར་ན་མི་ལ་ལ་ཞིག །རིན་པོ་ཆེའི་གླིང་དུ་འགྲོ་བར་འདོད་ནས། གྲུ་ལས་རྒྱ་མཚོར་ཞུགས་ལ། དེ་རྒྱ་མཚོ་ཆེན་པོའི་ནང་དུ་བདག་ཉིད་ཀྱི་གྲུ་ཞིག་ནས། དེ་ཉིད་དུ་འཆི་བར་གྱུར་པ་དེ་བཞིན་དུ། བྱང་ཆུབ་སེམས་དཔའ་ལས་དང་པོ་པ། ཐེག་པ་ཆེན་པོའི་རྒྱ་མཚོར་འཇུག་པར་འདོད་པ་གང་དག །ཕྲག་དོག་གི་རྒྱུ་དེ་དང་དེ་དག་སྨྲ་སྟེ། དེའི་རྐྱེན་གྱིས། དེ་དག་དད་པའི་གྲུ་ཞིག་ནས་ཤེས་བྱའི་སྲོག་དང་བྲལ་བར་འགྱུར་རོ། །དེ་ལྟར་ན་བྱང་ཆུབ་སེམས་དཔའ་ལས་དང་པོ་པ་དེ་དག་ལ། ཕྲག་དོག་གི་རྒྱུ་དང་། རྟེན་གྱི་རྐྱེན་གྱིས་ལྟི་འབབ་པ་ཆེན་པོའི་ལྷུང་བ་འབྱུང་སྟེ། འདི་ནི་རྗེས། གཞན་ཡང་མ་འོངས་པའི་དུས་ན། ཁྱིམ་ན་གནས་པས་གནས་པ་དང་། རབ་ཏུ་བྱུང་བ་ལས་དང་པོ་པའི་བྱང་ཆུབ་སེམས་དཔའ་དག །བྱང་ཆུབ་སེམས་དཔའ་ནན་དུ་སྦྱངས་པ་དག །མཁས་པ་ཆེན་པོ་སྐྱེས་བུ་ཆེན་པོའི་གཟུངས་དང་། བཟོད་པ་དང་། ཏིང་ངེ་འཛིན་གྱིས་ལེགས་པར་བརྒྱན་པ། བྱང་ཆུབ་སེམས་དཔའ་རྣམས་ཀྱི་སྤྱོད་ཡུལ། མདོ་སྡེ་ཟབ་མོ་སྟོང་པ་ཉིད་དང་ལྡན་པ་གང་ཡིན་པ། ཐེག་པ་ཆེན་པོའི་མདོ་སྡེ་དག་འཛིན་ཞིང་། ཚིག་ཏུ་འདོན་ལ། ཁ་སྟོན་བྱེད་ཅིང་། གཞན་ལ་ཡང་རྒྱ་ཆེར་ཀློག་ཏུ་འཇུག་ནས། ཆོས་འདི་ཉིད་ནི། ཁོ་བོ་ཉིད་ཀྱི་བློས་རྟོགས་ནས། ཁོ་བོས་སྙིང་བརྩེ་བས་དེ་བཞིན་དུ་ཁྱོད་ལ་བསྟན་གྱིས། ཁྱོད་ཀྱིས་ཀྱང་ཅི་ནས། འདིར་སངས་རྒྱས་ཀྱི་ཆོས་ཟབ་མོ་རྣམས། མངོན་དུ་གྱུར་པ་དེ་ལྟར་སྒོམས་ཤིག །དེ་ལྟར་བྱས་ན་ཁྱོད་ད་ལྟ་ཁོ་བོ་བཞིན་དུ་ཡེ་ཤེས་མཐོང་བར་འགྱུར་རོ། །ཞེས་སྨྲ་ཡི།

འདི་སྐད་དུ་ཁོ་བོས་མདོ་སྡེ་ཟབ་མོ་འདི་ལྟ་བུ་འདི། བཀླག་པ་ཙམ་གྱིས་བསྟན་པར་བགྱིའོ། །མངོན་དུ་བྱས་ནས་ནི་མིན་ནོ་ཞེས་མི་སྨྲ་སྟེ། རྙེད་པ་དང་བཀུར་སྟིའི་ཕྱིར། བདག་བསྟོད་ཅིང་། དེའི་རྐྱེན་གྱིས་དུས་གསུམ་དུ་གཤེགས་པའི་དེ་བཞིན་གཤེགས་པ་དགྲ་བཅོམ་པ་ཡང་དག་པར་རྫོགས་པའི་སངས་རྒྱས་དང་། བྱང་ཆུབ་སེམས་དཔའ་དང་། འཕགས་པའི་གང་ཟག་ཐམས་ཅད་ཀྱི་སྤྱན་སྔར། ཉེས་པ་དང་བཅས་པ་ཡིན་ཏེ། ལྟི་

པ་ཆེན་པོའི་ལྟུང་བར་ཐེག་པ་ཆེན་པོས་ལྷ་དང་བཅས་པའི་འཇིག་རྟེན་བསླུས་པར་འགྱུར་རོ། །དེ་ནི་ཉན་ཐོས་ཀྱི་ཐེག་པར་མི་འགྱུར་ན། ཐེག་པ་ཆེན་པོ་ལ་འཇུག་པའི་ཁྱད་པར་ཐོབ་པ་ལྟ་སྨོས་ཀྱང་ཅི་དགོས། བླ་མེད་བྱང་ཆུབ་སྨོས་ཀྱང་ཅི། དགོས་པ་དག་འབྱུང་བར་མི་འགྱུར་ཏེ། དཔེར་ན་མི་ལ་ལ་ཞིག་འབྲོག་དགོན་པ་ཆེན་པོར་ཆས་ལ་བཀྲེས་པ་དང་སྐོམ་པས་ཉེན། དེ་ན་ཟས་ཀྱི་ཕྱིར། འབྲས་བུ་ཆེན་པོའི་ཤིང་ལ་འཛེགས་ལ། དྲི་ཞིམ་ཞིམ་ཚོགས་པ་དང་། རོ་ཞིམ་ཞིམ་ཚོགས་པ་མ་མྱང་བར། འབྲས་བུ་ཆེན་པོའི་ཤིང་བོར་ཏེ། དུག་གི་ཤིང་ལ་འཛེགས་ནས། དུག་ཤིང་གི་འབྲས་བུ་འཚོས་ཏེ། འཆི་བའི་དུས་བྱེད་པ་ལྟར། གང་དག་དེ་བཞིན་གཤེགས་པ་དེ་ལྟར་ཞེས་སྨྲའོ། །གང་ཟག་རྟེད་པར་དཀའ་བ་མི་རྟེད་ལ། རྟེད་ནས་ཀྱང་དེ་དགེ་བའི་བཤེས་གཉེན་ལ་བསྟེན་ཏེ། ཐེག་པ་ཆེན་པོ་ལ་འཇུག་པར་འདོད་ལ། རྟེད་པ་དང་བཀུར་བསྟིའི་རྒྱུས་བདག་ལ་བསྟོད་ཅིང་། གཞན་ལ་སྨོད་ལ། ལྟོ་བ་ཆེན་པོའི་ལྟུང་བ་འདི་ལྟ་བུ་འབྱུང་སྟེ། ལྟུང་བ་ལྟོ་བ་དེས། མཁས་པ་ཐམས་ཅད་ཀྱིས་སྨད་པར་གྱུར་པ། ངན་སོང་དུ་འགྲོ་བའི་མི་གང་ཟག་དེ་ལྟ་བུ་ནི། རྒྱལ་རིགས་དང་། བྲམ་ཟེ་དང་། རྗེའུ་རིགས་དང་། དམངས་རིགས་ཐམས་ཅད་ཀྱིས་བསྟེན་པར་བྱ་བ་མིན་ནོ། །

གང་དེ་ལ་བསྟེན་པ་དེ་ནི། མཁས་པ་ཐམས་ཅད་ཀྱིས་སྨད་པར་འགྱུར་ཏེ། འདི་ནི་སོགས་སོ། །རིགས་ཀྱི་བུ་གཞན་ཡང་མ་འོངས་པའི་དུས་སུ། རྒྱལ་རིགས་རྣམས་ཀྱི་མདུན་ན་འདོན་གདོལ་པ་དང་། བློན་པོ་གདོལ་པ་དང་། ཤོར་བ་གདོལ་པ་བློན་པོ་དང་། མཁས་པའི་ང་རྒྱལ་ཅན། ནོར་ཆེ་བ། ལོངས་སྤྱོད་ཆེ་བ་དག་འབྱུང་སྟེ། དེ་དག་སྦྱིན་པའི་བསོད་ནམས་བྱ་བའི་དངོས་པོ་རྣམས་ལ། དེ་དག་ལ་སྣང་ཞིང་། དེ་དག་སྟོངས་པས་རྒྱགས། དྲེགས་ནས་ང་རྒྱལ་དང་། རྒྱགས་པས་དྲེགས་ཏེ། རྒྱལ་རིགས་ལ་དགེ་སློང་དང་། རྒྱལ་རིགས་རྣམས་འབྱེད་པའི་དབེན་བྱེད་ཅིང་། དེ་དག་རྒྱལ་རིགས་ལ་བསྟེན་ནས། དགེ་སློང་རྣམས་ལ་དེས་འཆད་པས་སྤྱོད་དུ་འཇུག །འཆད་པས་ནོར་འཕྲོག་ཏུ་འཇུག་སྟེ། གནོད་པ་དེས་དགེ་སློང་དེ་དག །གང་ཟག་གམ། དགེ་འདུན་གྱིས་སམ། ཕྱོགས་བཞིའི་དགེ་འདུན་གྱི་མཆོད་རྟེན་གྱི་དཀོར་དག་དགེ་སློང་རྣམས་ཀྲུར་བཅུག་ནས། དེ་དག་ལ་བཟུང་དུ་འབུལ་ལོ། །གདོལ་པ་དེ་དག་གིས་ཀྱང་། རྒྱལ་རིགས་ལ་འབུལ་བར་འགྱུར་ཏེ། དེ་གཉིས་ཀ་ལ་རྩ་བའི་ལྟུང་བར་འགྱུར་རོ། །རྒྱལ་རིགས་གདོལ་པ་དེ་དག་ཀྱང་། དགེ་སློང་རྣམས་ལ་རབ་ཏུ་སྡང་བར་འགྱུར་ཏེ། ཆོས་འདི་ལྟ་བུ་ནི། ཆོས་མིན་པའི་ཕྱིར། བློག་ཆེ་ཞིང་ཆོས་ནི་རབ་ཏུ་སྤྱངས་ནས། ཆོས་མིན་པ་ལ་འཛེག་པར་འགྱུར་རོ༑ ༑མདོ་དང་། འདུལ་བ་དང་། བསླབ་པ་ལ་མི་འདའ་ཞིང་། ནག་པོ་བསྟན་པ་དང་། ཆེན་པོ་བསྟན་པ་སྤངས་ཏེ། སྙིང་རྗེ་ཆེན་པོའི་ཚུལ་དང་། ཤེས་རབ་ཀྱི་ཕ་རོལ་ཏུ་ཕྱིན་པའི་བསླབ་པ་དང་། ཐབས་ལ་མཁས

པའི་བསླབ་པ་དང་། མདོ་གཞན་དག་ལས། བསླབ་པ་བསྟན་པ་དེ་དག་ཀུང་སྤྱངས་ནས། ཆོས་འདི་ལྟ་བུ་དང་ལྡན་པའི་དགེ་སློང་རྣམས་ལ། གཙེས་ཕྱིར་སྐྲ་གྲིམས། གང་གིས་དགེ་སློང་རྣམས་ལ་གནོད་པར་འགྱུར་བ་དང་། ཞི་གནས་དང་། ལྷག་མཐོང་དང་མཐུན་པའི་རྣལ་འབྱོར་ཡིད་ལ་བྱེད་པ་འདོར་བར་བྱེད་པ་དང་། འཕགས་པ་དང་། གནོད་སེམས་མང་དུ་འགྱུར་བའི་ཁྲིམས་འཆའ་བར་བྱེད་དོ། །རྒྱུ་དེས་ན་དགེ་སློང་ཉེ་བར་མ་ཞི་སྟེ། ཉོན་མོངས་པ་ཉེ་བར་ཞི་བར་མི་འགྱུར། སྲབ་པར་མི་འགྱུར་རོ། །དེའི་ཚེ་ན། དགེ་སྦྱོང་དེ་དག་བསམ་པ་ཉམས་པར་འགྱུར། ཚུལ་ཁྲིམས་ཉམས་པར་འགྱུར། ཆོ་ག་ཉམས་པར་མི་འགྱུར། ལྟ་བ་ཉམས་པར་མི་འགྱུར་རོ། །དེ་ཅིའི་ཕྱིར་ཞེ་ན། སྒྲིད་ལུག་པར་གྱུར་པ་དང་། བྱ་བ་མང་བར་གྱུར་པ་དང་། དགེ་སྦྱོང་མིན་པར་དགེ་སྦྱོང་དུ་ཁས་འཆེ་བ་དང་། ཚངས་པར་སྤྱོད་པ་མིན་པར་ཚངས་པར་སྤྱོད་པར་ཁས་འཆེ་ཞིང་། ལུང་པོགས་གཏང་སྤྱོད་པ་དང་། རིག་པར་བྱ་བའི་ཆོས་སྟོན་པའི་ཕྱིར། དེ་དག་དེ་བས་ཀྱང་། རྒྱལ་རིགས་འཁོར་དང་བཅས་པ་ལ་བསྟི་སྟངས་བྱེད་ཅིང་། རིམ་གྲོ་དང་། མཆོད་པ་བྱེད་པར་འགྱུར་རོ། །དེ་དག་ཀུང་ཁྲིམ་པ་རྣམས་ལ། དགེ་སྦྱོང་སྦྱོང་བ་ལ་བརྩོན་པ་རྣམས་ཀྱིས། བསྔགས་པ་མིན་པ་བརྗོད་པར་འགྱུར་རོ། །རྒྱལ་རིགས་འཁོར་དང་བཅས་པ་དེ་ཡང་། དགེ་སྦྱོང་སྦྱོང་བ་ལ་རྩོད་པ་རྣམས། རབ་ཏུ་སྡང་བར་འགྱུར་རོ། །འཕྲོ་བར་འགྱུར་རོ། །

དེས་ན་དགེ་སློང་སྦྱོང་བ་ལ་བརྩོན་པ་རྣམས་ཀྱི་ལོངས་སྤྱོད་དང་ཉེ་བར་ལོངས་སྤྱོད་པ་གང་ཡིན་པ་དེ། དགེ་སློང་ཁ་ཏོ་བྱེད་པ་དགའ་བ་རྣམས་ལ་སྦྱིན་པར་འགྱུར་རོ། །དེ་དག་གཉིས་ཀ་ལའང་རྒུ་བའི་ལྟུང་བར་འགྱུར་རོ། །དེ་ཅིའི་ཕྱིར་ཞེ་ན། དགེ་སློང་བསམ་གཏན་པ་ནི་ཞིང་དམ་པ་ཡིན་གྱི། ཀློག་པ་དང་། ཞལ་ཏ་བྱེད་པ་ལ་གནས་པ་དང་། ཀློག་པ་ལ་བརྩོན་པ་ནི་ཏིང་ངེ་འཛིན་དང་གཟུངས་དང་། སྤྱོད་པའི་ས་རྣམས་ཀྱི་སྣོད་དུ་གྱུར་པའམ། ཤིན་ཏུ་སྦྱིན་པའི་གནས་སུ་གྱུར་པའམ་སྣོད་དུ་གྱུར་པའམ། འཇིག་རྟེན་ལ་སྣང་བར་བྱེད་པའམ། ལམ་ཉེ་བར་སྟོན་པའམ། ལས་ཀྱི་ཞིང་དང་། ཉོན་མོངས་པའི་ཞིང་ལས། སེམས་ཅན་རྣམས་སྒྲོལ་བ་དང་། མྱ་ངན་ལས་འདས་པའི་ལམ་ལ་འཇོག་པ་མིན་པའི་ཕྱིར། རིགས་ཀྱི་བུ་བརྒྱད་པོ་འདི་དག་ནི། རྒུ་བའི་ལྟུང་བ་ཞེས་འབྱུང་ངོ་། །ཞེས་གསུངས་པའི་ཕྱིར།

དོན་དེ་ཉིད་ཚིགས་བཅད་དུ་བསྡེབ་ན། བསླབ་བཏུས་སུ་གསུངས་པ། དཀོན་མཆོག་གསུམ་གྱི་དཀོར་རྐུ་བ། །ཕམ་པ་ཡི་ལྟུང་བར་འདོད། །དམ་པའི་ཆོས་ནི་སྤོང་བྱེད་པ། །གཉིས་པར་ཐུབ་པས་གསུངས་པ་ཡིན། །ཚུལ་ཁྲིམས་འཆལ་བའི་དགེ་སློང་ལ། །ཏུར་སྐྱིག་འཕྲོག་དང་བརྡེག་པ་དང་། །བཙོན་རར་འཇུག་པར་བྱེད་པ་དང་། །རབ་ཏུ་བྱུང་ལས་འབེབས་པ་དང་། །མཚམས་མེད་ལྔ་པོ་བྱེད་པ་དང་། །ལོག་པར་ལྟ་བ་འཛིན་

པ་དང་། །གྲོང་ལ་སོགས་པ་འཇིག་པ་ཡང་། །རྩ་བའི་ལྟུང་བར་རྒྱལ་བས་གསུངས། །བློ་སྦྱངས་མ་བྱས་སེམས་ཅན་ལ། །སྟོང་པ་ཉིད་ནི་བརྗོད་པ་དང་། །སངས་རྒྱས་ཉིད་ལ་ཞུགས་པ་དག །རྫོགས་པའི་བྱང་ཆུབ་ཟློག་པ་དང་། །སོ་སོར་ཐར་པ་ཡོངས་སྤངས་ཏེ། །ཐེག་པ་ཆེ་ལ་སྦྱོར་བ་དང་། །སློབ་པའི་ཐེག་པས་ཆགས་ལ་སོགས། །སྤོང་བར་འགྱུར་བ་ཡིན་ཞེས་འཛིན། །ཕ་རོལ་དག་ཀྱང་འཛིན་འཇུག་དང་། །རང་གི་ཡོན་ཏན་བརྗོད་པ་དང་། །རྙེད་པ་དང་ནི་བཀུར་སྟི་དང་། །ཚིགས་བཅད་རྒྱུ་ཡི་གཞན་སྨོད་དང་། །བདག་ནི་ཟབ་མོ་བཟོད་པའོ་ཞེས། །ལོག་པ་ཉིད་དུ་སྨྲ་བ་དང་། །དགེ་སློང་འཆད་པས་གཅོད་པ་དང་། །དཀོན་མཆོག་གསུམ་གྱི་སྦྱིན་བྱེད་དང་། །སྦྱིན་པ་ལེན་པར་བྱེད་པ་དང་། །ཞི་གནས་འདོར་བར་བྱེད་པ་དང་། །ཡང་དག་འཇོག་གི་ལོངས་སྤྱོད་རྣམས། །ཁ་སྟོན་བྱེད་ལ་སྦྱིན་བྱེད་རྣམས། །དེ་དག་རྩ་བའི་ལྟུང་བ་སྟེ། །སེམས་ཅན་དམྱལ་བ་ཆེན་པོའི་རྒྱུ། །ཞེས་གསུངས་པས་སོ། །དེ་དག་རྩ་ལྟུང་དུ་འཇོག་པའི་རྒྱུ་མཚན་ནི། སྔར་ལྟར་རོ། །

དེ་དག་ཕྱིར་འཆོས་པའི་ཚུལ་ཇི་ལྟར་ཞེ་ན། དེ་ཡོད་དེ། སྐྱ་རེངས་འཆར་ཁར་སྨྲེ་ལམ་དུ་བྱང་ཆུབ་སེམས་དཔའ་ནམ་མཁའི་སྙིང་པོ་མདུན་དུ་སྤྱན་དྲངས་ཏེ། དེ་ལ་བཤགས་པ་བྱེད་དེ། ནམ་སྙིང་གི་མདོ་ལས། གལ་ཏེ་བྱང་ཆུབ་སེམས་དཔའ་དེ་དག །བྱང་ཆུབ་སེམས་དཔའ་ནམ་མཁའི་སྙིང་པོ་མ་མཐོང་ནས། ངན་སོང་དུ་ལྟུང་བས་འཇིགས་པའི་ཕྱིར། མཐོང་བར་འདོད་ཅིང་། རྩ་བའི་ལྟུང་བ་འཆགས་པར་འདོད་ཅིང་། གལ་ཏེ་བྱང་ཆུབ་སེམས་དཔའ་ནམ་མཁའི་སྙིང་པོ་ལ་ཕྱག་འཚལ་ཞིང་། དེའི་མིང་བརྗོད་ན། རིགས་ཀྱི་བུ་དེ་དག་གི་མདུན་དུ༑ བསྐལ་བ་ཇི་ལྟ་བ་བཞིན་དུ། དེ་རང་གི་གཟུགས་གནས་པར་གྱུར་ཏེ། བྲམ་ཟེའི་གཟུགས་ནས་ཁྱེའུའི་གཟུགས་ཀྱི་བར་གྱི་མདུན་དུ་གནས་པར་འགྱུར་རོ། །བྱང་ཆུབ་སེམས་དཔའ་ལས་དང་པོ་པ་དེ། ལྟུང་བ་ཇི་ལྟ་བུ་འབྱུང་བ་དེ་དག་འཆགས་སུ་འཇུག་གོ། །དེས་ཐབས་ལ་མཁས་པ་ཟབ་མོ་དང་། ཐེག་པ་ཆེན་པོ་ལ་སྤྱོད་པའང་ཉེ་བར་སྟོན་ཏོ། །ཕྱིར་མི་ཟློག་པའི་སའི་བར་ལ་ཡང་རབ་ཏུ་འཇོག་གོ། །དེ་བཞིན་དུ་སྦྱར་ཏེ། གང་གསོལ་བར་བྱེད་པའི་བྱང་ཆུབ་སེམས་དཔའ་ལས་དང་པོ་པ་ཉེས་པ་དང་བཅས་པ་དེས། ཐོ་རངས་ལངས་ལ། ཤར་ཕྱོགས་སུ་བལྟས་ཏེ་འདུག་ལ། བདུག་པས་བདུག་པར་བྱ། སྐྱ་རེངས་ཀྱི་ལྷའི་བུ་ལ་གསོལ་བ་བཏབ་པར་བྱ་སྟེ། ཚིག་འདི་སྐད་དུ། སྐྱ་རེངས་སྙིང་རྗེ་ཆེན་པོ། ལེགས་པ་ཆེན་པོ། ཁྱོད་འཛམ་བུའི་གླིང་དུ་ཤར་མ་ཐག་ཏུ༑ སྙིང་རྗེས་བདག་ལ་ལྟེབས་པར་མཛད་དུ་གསོལ། ནམ་མཁའི་སྙིང་པོའི་སྙིང་རྗེ་ཆེན་པོ་དང་ལྡན་པ་ལ་ཡང་། བདག་གི་ཚིག་གིས་མྱུར་དུ་བསྒྲུབ་ཏེ། ཐབས་གང་གིས་བདག་གི་ལྟུང་བ་འཆགས་པར་འགྱུར་བ་དང་། ཐེག་པ་ཆེན་པོ་ཁྲིད་པར་དུ་འཕགས་པ་ལ། ཐབས་དང་ཤེས་རབ་ཐོབ་པར་འགྱུར་བའི་ཐབས་དེ། བདག་གི་རྨི་

ལམ་དུ་བསྟན་དུ་གསོལ་ཞེས་སྨྲས་ལ། དེའི་ཚེ་གཉིད་ལེགས་པར་ཉོལ་ཅིག་དང་། འཛམ་བུའི་གླིང་འདིར་སྐྱེ་རེངས་ཤར་མ་ཐག་འགྲོན་ཏེ། ནམ་མཁའི་སྙིང་པོ་འཕྲད་པར་འགྱུར་ཏེ། བྱང་ཆུབ་སེམས་དཔའ་ལས་དང་པོ་པ་དེའི་སྨྲི་ལམ་དུ། འདིའི་གཟུགས་ཀྱིས་མདུན་དུ་འདུག་སྟེ། ཇུ་བའི་ལྟུང་བ་དེ་དག་འཆག་དུ་འཇུག་གོ། །དེ་ལ་ཐེག་པ་ཆེན་པོའི་ཐབས་ཀྱི་ཐབས་ཤེས་ས་ལ་བུའི་གཞིའང་སྟོན་ཏེ། ཐབས་མཁས་པ་དེས། བྱང་ཆུབ་སེམས་དཔའ་ལས་དང་པོ་པ་དེས་དེ་ཉིད་དུ། བྱང་ཆུབ་ཀྱི་སེམས་མི་བརྗེད་པ་ཞེས་བྱའི་ཏིང་ངེ་འཛིན་ཐོབ་བོ། །ཐེག་པ་ཆེན་པོ་ལ་སེམས་བརྟན་པོ་གནས་པོར་འགྱུར་རོ། །ཞེས་གསུངས་པའི་ཕྱིར་དང་། དེ་ཉིད་ཀྱང་བསླབ་བཏུས་ལས། ཇི་ལྟར་འཕགས་པ་ནམ་སྙིང་པོ། །མདུན་དུ་འདུག་སྟེ་བཤགས་པར་བྱ། །ཞེས་གསུངས་པའི་ཕྱིར།

བཞི་པ་སྡོམ་པ་ཉི་ཤུ་པ་ལས་བཤད་ཚུལ་ལ། དེ་ཉིད་ལས་ཇུ་བའི་ལྟུང་བ་བཞི་འབྱུང་སྟེ། རྙེད་བཀུར་ལ་ཆགས་སྟེ། བདག་བསྟོད་ཅིང་གཞན་ལ་སྨོད་པའི། སྡུག་བསྔལ་ཞིང་མགོན་མེད་པའི་སེམས་ཅན་ལ། རང་ལ་ཆོས་དང་ཟང་ཟིང་ཡོད་བཞིན་དུ་ཕན་མི་འདོགས་པའི་ཁྲོ་བས་སེམས་ཅན་ལ་འཚོག་པའམ། དམ་ཆོས་སྤོང་བའི་ཇུ་ལྟུང་དང་བཞི་ཡོད་པའི་ཕྱིར། སྡོམ་པ་ཉི་ཤུ་པ་ལས། ཉོན་མོངས་དྲག་ལས་བྱུང་བ་ཡི། །སྡོམ་པ་ཞིག་པར་གང་གྱུར་པ། །དེ་ཡི་ཉེས་པ་བཞི་པོ་ནི། །ཕས་ཕམ་པ་འདྲ་དགོངས་པ་ཡིན། །རྙེད་དང་བཀུར་སྟི་ཆགས་སོགས་ཀྱི། །བདག་བསྟོད་གཞན་ལ་དམོད་པ་དང་། །སྡུག་བསྔལ་ཅན་དུ་གྱུར་པ་ལ། །སེར་སྣས་ཆོས་ནོར་མི་གཏེར་དང་། །གཞན་གྱིས་བཤགས་ཀྱང་མི་ཉན་པར། །ཁྲོ་བས་སེམས་ཅན་འཚོག་པ་དང་། །ཐེག་པ་ཆེན་པོ་སྤོང་བྱེད་ཅིང་། །དམ་ཆོས་ལྟར་སྣང་སྟོན་པའོ། །ཞེས་གསུངས་པའི་ཕྱིར། དེ་དག་ཇུ་ལྟུང་དུ་འཇོག་པའི་ཚུལ་དང་། གང་ཉམས་པར་བྱེད་པའི་ཇུ་ལྟུང་ཡིན་པ་སོགས་སྔར་ལྟར་སྨྲར་རོ། །འདི་དག་གི་དོན་ལ་ཅུང་ཟད་དཔྱད་ན། ཇོ་བོ་ཆེན་པོའི་བཞེད་པས། བྱང་ཆུབ་མཆོག་ཏུ་སེམས་བསྐྱེད་པ་ལ། གཞན་གྱི་དོན་དུ་རྫོགས་བྱང་དོན་གཉེར་གྱི་བློ་བཅོས་མ་མ་ཡིན་པ་གཅིག་སྐྱེ་དགོས། དེའི་ཡན་ལག་ཏུ། དགེ་བ་ཆོས་སྡུད། སེམས་ཅན་དོན་བྱེད། ཉེས་སྤྱོད་སྡོམ་པའི་ཚུལ་ཁྲིམས་གསུམ་ངེས་པར་བསྲུང་དགོས། དེའི་ལོག་ཕྱོགས་ནི་སྨོན་སེམས་གཏང་བའི། སེམས་ཅན་ལ་ཕན་མི་འདོགས་པའི། སེམས་ཅན་ལ་གནོད་པ་སྐྱེལ་བའི། དམ་ཆོས་སྤོང་བའི་ཇུ་ལྟུང་བཞི་ཡོད། ཅེས་གསུངས།

འབྲུལ་བའི་དྲི་མ་ཟད་པ་རྗེ་བཙུན་ས་སྐྱ་པ་ཡབ་སྲས་ནི། ཐེག་པ་ཆེན་པོའི་སེམས་བསྐྱེད་ལ། དབུ་མ་ལུགས་དང་། སེམས་ཙམ་ལུགས་གཉིས། དང་པོ་ལ་གཉིས་ལས། དང་པོ་སྨོན་པ་སེམས་བསྐྱེད་ལ། གཞན་དོན་དུ་རྫོགས་བྱང་ཐོབ་འདོད་ཀྱི་བློ་མ་དོར་བས་ཆོག་གི། ཉེས་སྤྱོད་སྤོང་བ་སོགས་དེའི་ཡན་ལག་ཏུ་དགོས་

པའི་ངེས་པ་མེད་དེ། འདི་ཁས་ལེན་པའི་ཚེ་ན། དེ་དག་གི་བསླབ་བྱ་ལེན་དགོས་པའི་ངེས་པ་མེད་པའི་ཕྱིར་ཏེ། དགེ་བ་ཅི་ནུས་སུ་སྒྲུབ། མི་དགེ་བ་ཅི་ནུས་སུ་སྤོང་བ་ཙམ་གྱིས་ཆོག་པ། དབུ་མ་ལུགས་ཀྱི་ཟབ་ཁྱད་ཡིན་པའི་ཕྱིར། ཞེས་པ་འདི། གནད་ཀྱི་སྙིང་པོར་ཟུངས་ཤིག །གཞན་དག་ན་རེ། བྱང་སེམས་ལ་དབང་པོའི་རིམ་པ་གསུམ་དུ་བྱས་ནས། རྟུལ་པོས་མདོ་བསྡུད་པ་ནས་བཤད་པའི་རྩ་ལྟུང་ཙམ་སྤོང་། འབྲིང་པོས་ཐབས་མཁས་མདོ་སྡེ་ནས་བཤད་པའི་རྩ་ལྟུང་ཙམ་སྤོང་། རྣོན་པོས་ནམ་མཁའི་སྙིང་པོའི་མདོ་ནས་བཤད་པ་སོགས། རྩ་བ་དང་ཡན་ལག་གི་ལྟུང་བ་མ་ལུས་པ་སྤོང་ངོ་། །ཞེས་གསུངས་ཏེ། བརྟག་པར་བྱའོ། །

གསུམ་པ་རྡོ་རྗེ་ཐེག་པའི་རྩ་ལྟུང་གི་རྣམ་གཞག་ལ། རྒྱུད་སྡེའི་དབྱེ་བས་རྣམ་གཞག་རྣམ་པ་བཞིས། དང་པོ་བླ་མེད་ཀྱི་རྩ་ལྟུང་ལ་བཅུ་བཞི་ཡོད་དེ། རྣལ་འབྱོར་ཆེན་པོའི་དབང་བསྐུར་རྒྱུད་བཤད། མན་ངག་ཐོབ་པའི་རྡོ་རྗེ་སློབ་དཔོན་ལ། སྒྲ་ཟིན་གྱི་སྒོ་ནས་ཁྲོས་པའི་ཉེས་པ། བཤགས་ཚད་ལས་འདས་ན་བླ་མེད་ཀྱི་རྩ་ལྟུང་འབྱུང་། བདེ་གཤེགས་བཀའ་འདས་ཀྱི། སོ་ཐར། བྱང་སེམས། རྒྱུད་སྡེ་བཞི་ནས་བཤད་པའི་ཉེས་པ་དཔྱད་དེ་བཤགས་ཚད་ལས་འདས་ན། དབང་བསྐུར་ཐོབ་པའི་གང་ཟག་ཐམས་ཅད་རྡོ་རྗེའི་སྤུན་ཡིན་ཞིང་། དེ་ལ་སྒྲ་ཟིན་གྱི་སྒོ་ནས་ཁྲོས་པའི་ཉེས་པ། བཤགས་ཚད་ལས་འདས་ན། སེམས་ཅན་ཀུན་ལ་མནར་སེམས་པའི་སྒོ་ནས་བྱམས་པ་སྤངས་པའི་ཉེས་པ། བཤགས་ཚད་ལས་འདས་ན། ཐེག་པ་ཆེན་པོའི་སེམས་བསྐྱེད་གཏང་ན། རང་བཞིན་གྱིས་གྲུབ་པའི་མཐའ་ལ་ཞེ་སྡང་བའི་སྒོ་ནས་དམོད་པ། བཤགས་ཚད་ལས་འདས་ན། དབང་གི་རྒྱུད་མ་སྨིན་པའི་སེམས་ཅན་ལ། གསང་སྔགས་ཟབ་མོའི་གནད་སྒྲགས་ན། དགེ་སློང་རྡོ་རྗེ་འཛིན་པའི་གཟུགས་ཕུང་ལ་ཞེ་སྡང་བའི་སྒོ་ནས་སྨད་པ། བཤགས་ཚད་ལས་འདས་ན། རང་བཞིན་རྣམ་དག་གི་ཆོས་ཉིད་ལ་ཐེ་ཚོམ་ཟ་བའི་ཉེས་པ། བཤགས་ཚད་ལས་འདས་ན། མཐའ་བཞིའི་སྤྲོས་བྲལ་གྱི་ཆོས་དབྱིངས་སྤྲོས་བྱས་སུ་ཁས་བླངས་པའི་ཉེས་པ། བཤགས་ཚད་ལས་འདས་ན། སེམས་ཅན་དད་པ་དང་ལྡན་པའི་དད་པ་སུན་འབྱིན་པའི་ཉེས་པ། བཤགས་ཚད་ལས་འདས་ན། བསྒྲལ་བའི་ཞིང་ཚང་བའི་གང་ཟག་ལ་སྙིང་རྗེ་བའི་སྒོ་ནས་སྙིང་རྗེ་སྐྱེས་པའི་ཉེས་པ། བཤགས་ཚད་ལས་འདས་ན། རྣལ་འབྱོར་ཆེན་པོའི་དབང་གི་སྐབས་སུ་ཆང་དང་ཤ་ལྔ་སོགས་དམ་རྫས་སྤོང་བའི་ཉེས་པ། བཤགས་ཚད་ལས་འདས་ན། ཤེས་རབ་ཀྱི་རང་བཞིན་བུད་མེད་ལ་སྨོད་པ་ལམ་གྱི་རྟེན་དུ་མི་རུང་བའི་ཉེས་པ། བཤགས་ཚད་ལས་འདས་ན། བླ་མེད་ཀྱི་རྩ་ལྟུང་འབྱུང་བའི་ཕྱིར་ཏེ།

ཇི་སྐད་དུ་བཙུན་པ་རྟ་དབྱངས་ཀྱིས། གང་ཕྱིར་རྡོ་རྗེ་འཛིན་པ་ཡི། །དངོས་གྲུབ་སློབ་དཔོན་རྗེས་འབྲང་གསུང་། །དེ་བས་དེ་ལ་སྨད་པ་ནི། །རྩ་བའི་ལྟུང་བ་དང་པོར་བཤད། །བདེ་གཤེགས་བཀའ་ལས་འདས་པ་

ནི། །ལྟུང་བ་གཉིས་པ་ཡིན་པར་བཤད། །རྡོ་རྗེ་སྤྱུན་ལ་ཁྲོས་པ་ནི། །ཉེས་པར་སྤྱོད་པ་གསུམ་པ་ཡིན། །སེམས་ཅན་རྣམས་ལ་བྱམས་པ་སྤོང་། །བཞི་པ་ཡིན་པར་རྒྱལ་བས་གསུངས། །ཆོས་ཀྱི་རྩ་བ་བྱང་ཆུབ་སེམས། །དེ་སྤོང་བ་ནི་ལྔ་པ་ཡིན། །རང་དམ་གཞན་གྱི་གྲུབ་པའི་མཐའ། །ཆོས་ལ་སྨོད་པ་དྲུག་པ་ཡིན། །ཡོངས་སུ་མ་སྨིན་སེམས་ཅན་ལ། །གསང་བ་སྒྲོག་པ་བདུན་པ་ཡིན། །ཕུང་པོ་ལྔ་བདག་སངས་རྒྱས་ཉིད། །དེ་ལ་སྨོད་པ་བརྒྱད་པ་ཡིན། །རང་བཞིན་དག་པའི་ཆོས་རྣམས་ལ། །སོམ་ཉི་ཟ་བ་དགུ་པ་ཡིན། །གདུག་ལ་རྟག་ཏུ་བྱམས་ལྡན་པ། །བྱེད་པ་དེ་ནི་བཅུ་པ་ཡིན། །མིང་སོགས་བྲལ་བའི་ཆོས་རྣམས་ལ། །དེར་རྟོག་པ་ནི་བཅུ་གཅིག་པ། །སེམས་ཅན་དད་དང་ལྡན་པ་ཡི། །སེམས་སུན་འབྱིན་པ་བཅུ་གཉིས་ལ། །དམ་ཚིག་ལ་ནི་ཇི་བཞིན་ཉིད། །མི་བསྟེན་པ་ནི་བཅུ་གསུམ་པ། །ཤེས་རབ་རང་བཞིན་བུད་མེད་ལ། །སྨོད་པར་བྱེད་པ་བཅུ་བཞི་པ། །ཞེས་གསུངས་པའི་ཕྱིར།

གཉིས་པ་རྣལ་འབྱོར་རྒྱུད་ཀྱི་རྩ་ལྟུང་གི་རྣམ་གཞག་ལ། རྗེ་བཙུན་ས་སྐྱ་པའི་རྗེས་འབྲང་ཁ་ཅིག་ནི། དེ་ལས་རྣམ་པ་བཅུ་བཞི་ནི། །ཕལ་ཡམ་པར་ནི་རབ་ཏུ་བཤད། །སྤང་ཞིང་དོར་བར་མི་བྱ་སྟེ། །རྩ་བའི་ལྟུང་བ་ཞེས་བཤད་དོ། །ཉིན་དང་མཚན་མོ་ལན་གསུམ་དུ། །ཉིན་རེ་བཞིན་ནི་བཟླས་པར་བྱ། །གང་ཚེ་ཉམས་གྱུར་རྣལ་འབྱོར་པ། །ཁ་ན་མ་ཐོ་སྡོམ་པོར་འགྱུར། །ཞེས་སོགས། རྡོ་རྗེ་རྩེ་མོའི་ཚིག་གིས། རྣལ་འབྱོར་རྒྱུད་ཀྱི་རྩ་ལྟུང་བསྟན། དེ་ཡང་ཇི་ལྟར་བསྟན་པའི་ཚུལ་ནི། ཇི་ལྟར་དུས་གསུམ་མགོན་པོ་རྣམས། །བྱང་ཆུབ་ཏུ་ནི་ངེས་མཛད་པའི། །བྱང་ཆུབ་སེམས་ནི་བླ་ན་མེད། །དམ་པ་བདག་གིས་བསྐྱེད་པར་བགྱི། །ཅེས་པས་སྨོན་པ་སེམས་བསྐྱེད་བསྟན། སངས་རྒྱས་རྣལ་འབྱོར་སྡོམ་པ་ལ། ཚུལ་ཁྲིམས་ཀྱི་ནི་བསླབ་པ་དང་། །དགེ་བའི་ཆོས་ནི་བསྡུད་པ་དང་། །སེམས་ཅན་དོན་བྱེད་ཚུལ་ཁྲིམས་གསུམ། །བདག་གིས་བརྟན་པོར་བཟུང་བར་བགྱི། །ཞེས་པས་འཇུག་པ་སེམས་བསྐྱེད་བསྟན། སངས་རྒྱས་ཆོས་དང་དགེ་འདུན་ཏེ། །བླ་ན་མེད་པའི་དཀོན་མཆོག་གསུམ། །དེང་ནས་བཟུམས་ཏེ་བཟུང་བར་བགྱི། །ཞེས་པས་རྣམ་སྣང་གི་རིགས་ལ། དཀོན་མཆོག་གསུམ་ལ་སྐྱབས་སུ་འགྲོ་བའི་དམ་ཚིག་དང་སྡོམ་པ་གསུམ་བསྟན། རྡོ་རྗེ་རིགས་མཆོག་ཆེན་པོ་ལ། །རྡོ་རྗེ་དྲིལ་བུ་ཕྱག་རྒྱ་ཡང་། །ཡང་དག་ཉིད་དུ་བཟུང་བར་བགྱི། །སློབ་དཔོན་དག་ཀྱང་བཟུང་བར་བགྱི། །ཞེས་པས། མི་བསྐྱོད་པའི་རིགས་ལ། རྡོ་རྗེ་དྲིལ་བུ། རྡོ་རྗེ་སློབ་དཔོན་གྱི་དམ་ཚིག་གི་སྡོམ་པ་གསུམ་བསྟན། རིན་ཆེན་རིགས་མཆོག་ཆེན་པོ་ཡི། །དམ་ཚིག་ཡིད་དུ་འོང་བ་ལ། །ཉིན་རེ་བཞིན་དུ་དུས་དྲུག་ཏུ། །སྦྱིན་པ་རྣམ་བཞི་རྟག་ཏུ་སྦྱིན། །ཞེས་པས། རིན་འབྱུང་གི་རིགས་ལ། སྦྱིན་པ་རྣམ་བཞི་སྦྱིན་པའི་དམ་ཚིག་གི་སྡོམ་པ་བསྟན། པདྨའི་རིགས་མཆོག་དག་པ་ལ། །ཕྱི་

ནང་གསང་བ་ཐེག་པ་གསུམ། །དམ་པའི་ཆོས་ནི་མ་ལུས་བཟུང་། །ཞེས་པས་བདེ་མའི་རིགས་ལ། ཕྱིའི་དམ་ཆོས། གསང་བའི་དམ་ཆོས། ཐེག་པའི་དམ་ཆོས་གསུམ་གྱི་དམ་ཚིག་གི་སྡོམ་པ་བསྟན། ལས་ཀྱི་རིགས་མཆོག་ཆེན་པོ་ལ། །སྡོམ་པ་ཐམས་ཅད་ལྡན་པར་ནི། །ཡང་དག་ཉིད་དུ་བཟུང་བར་བགྱི། །མཆོད་པའི་ལས་ཀྱང་ཅི་ནུས་བགྱི། །ཞེས་པས་དོན་གྲུབ་ཀྱི་རིགས་ལ། མཆོད་པའི་ལས་ཅི་ནུས་སུ་སྒྲུབ་པའི་དམ་ཚིག་གི་སྡོམ་པ་བསྟན། དེ་རྣམས། དེས་ན་དེ་དག་དེ་ལས། ཅེས་པའི་དོན་ནོ། །

གཞན་ཡང་བཅུ་བཞི་ནི་ཞེས་པས། རིགས་ལྔའི་སྡོམ་པ་བཅུ་བཞི་པོ་དེ་དག་གི་ལོག་ཕྱོགས་སུ་དེ་དག་གི་རྩ་ལྟུང་བཅུ་བཞི་ཡིན་ནོ། །ཞེས་གསུངས་སོ། །རྒྱུད་འཆད་པ་གཞན་དག་ནི། གང་ཕྱིར་རྡོ་རྗེ་འཛིན་པ་ཡི། །ཞེས་སོགས། བླ་མེད་ཀྱི་རྩ་ལྟུང་བཅུ་བཞི་པོ་དེ། རྣལ་འབྱོར་རྒྱུད་ཀྱི་ཡང་རྩ་ལྟུང་བཅུ་བཞི་པོ་ཡིན་ཏེ། རྣལ་འབྱོར་ཆེན་པོའི་རྒྱུད་ཐམས་ཅད། སཾ་བྷུ་ཊི། རྡོ་རྗེ་མཁའ་འགྲོ། རྡོ་རྗེ་རྩེ་མོ་གསུམ། རིགས་ལྔའི་སྡོམ་བཟུང་གི་ཚིག་ཀུན་ལ་འབྱུང་བའི་ཕྱིར། ཞེས་གསུངས། ཁ་ཅིག །དེ་མི་འཐད་དེ། ཆང་དང་ཤ་ལྔ་སོགས་དམ་རྫས་མི་བསྟེན་པའི་རྩ་ལྟུང་དང་། ཤེས་རབ་རང་བཞིན་བུད་མེད་ལ་སྨོད་པའི་རྩ་ལྟུང་། རྣལ་འབྱོར་རྒྱུད་ལ་མེད་པའི་ཕྱིར་ཏེ། རྣལ་འབྱོར་རྒྱུད་ལ་ཤ་ལྔ་ལ་སོགས་པའི་དམ་རྫས་མི་དགོས་པ་དེ་དང་། རིག་མ་བསྟེན་པ་མེད་པའི་ཕྱིར། ཞེས་ཟེར་རོ། །དེ་ལ་སྔ་མ་ན་རེ། དེ་ནི་མིན་ཏེ། ཡོ་ག་ལ་བླ་མེད་ནས་བཤད་པ་ལྟར་གྱི། དམ་རྫས་བསྟེན་པ་མེད་ཀྱང་། རྣལ་འབྱོར་རྒྱུད་རང་ཤུགས་ནས་བཤད་པའི་དམ་རྫས་སྤྱོད་པའི་རྩ་ལྟུང་ལ། འདིར་བསྟན་གྱི་རྩ་ལྟུང་དུ་འཛོག་པའི་ཕྱིར་དང་། རྣལ་འབྱོར་རྒྱུད་ལ་མཉམ་སྦྱོར་གྱི་བདེ་བ་ལམ་བྱེད་ཀྱི་རིག་ལ་བསྟེན་ཚུལ་མེད་ཀྱང་། ལག་བཅངས་ཀྱི་བདེ་བ་ལམ་དུ་བྱེད་པའི་རིག་མ་བསྟེན་ཚུལ་ཡོད་པའི་ཕྱིར། ཞེས་བྲིས་སོ། །ཡོ་ག་སྟོད་ལུགས་པ་རྣམས་ཀྱི་བཞེད་པ། རིགས་ལྔའི་སྡོམ་པའི་མི་མཐུན་ཕྱོགས། སྲོག་གཅོད་པའི་ལས་ལ་སོགས་པ་བཅུ་བཞི་ལ་འཛོག་སྟེ། རྡོ་རྗེ་རྩེ་མོ་ལས། གང་ཚེ་ཉམས་གྱུར་རྣལ་འབྱོར་པ། །ཁ་ན་མ་ཐོ་སྦོམ་པོར་འགྱུར། །ཞེས་སོ༔ །སྦོམ་པོ་དེ་ཉིད་ངོས་འཛིན་པ་ནི། རྒྱུད་སྡེ་ཉིད་ལས། ཁྱོད་ཀྱིས་སྲོག་ཆགས་གསད་མི་བྱ། །མ་བྱིན་པར་ཡང་མི་བླང་ངོ་། །འདོད་པས་ལོག་པར་མི་སྤྱོད་ཅིང་། །བརྫུན་དུ་སྨྲ་བར་མི་བྱའོ། །ཕུང་གྲོལ་ཀུན་གྱི་རྩ་བ་ཡི། །ཆང་ནི་རྣམ་པར་སྤང་བར་བྱ། །སེམས་ཅན་འདུལ་ཕྱིར་མ་གཏོགས་པ། །བྱ་བ་མ་ཡིན་ཐམས་ཅད་སྤོངས། །དམ་པ་ཉེ་བར་བསྟེན་བྱ་ཞིང་། །རྣལ་འབྱོར་པ་རྣམས་རྗེད་བཀུར་བྱ། །ལུས་ཀྱི་ལས་ནི་རྣམ་གསུམ་དང་། །ངག་གི་རྣམ་པ་བཞི་དག་དང་། །ཡིད་ཀྱི་རྣམ་པ་བཞི་(དཔྱད་)རྣམས་ནི། །ཅི་ནུས་པར་ནི་རྗེས་སུ་སྐྱོངས། །ལྷ་དང་ལྷ་མིན་གསང་བ་པ། ཁྱོད་ཀྱིས་བརྙས་པར་མི་བྱ་ཞིང་། །ཕྱག་རྒྱ་བཞོན་པ་མཆོན་བྱ་དང་། །མཚན་མ་སྨྲོམ་

པར་མི་བྱའོ། །འདི་དག་དམ་ཚིག་ཡིན་པར་བཤད། ཁྱོད་ཀྱིས་རྟག་ཏུ་བསྲུང་བར་བྱ། །རྗེས་མཐུན་སྡོམ་པ་རྒྱ་ཆེར་ནི། །གསང་བའི་རྒྱུད་ལས་རབ་ཏུ་བཤད། །ཅེས་བཤད་པའི་ཕྱིར། ཞེས་པ་བྲིས་སོ། །ཡོ་ག་སྣང་ལུགས་པ་རྣམས་ཀྱི་བཞེད་པ། རྡོ་རྗེ་རྩེ་མོའི་འཇུག་པའི་ཚེས། དམ་བཞག་གི་སྐབས་སུ། དེ་མ་ཐག་ཏུ་བྲལ་ཏེ་བཤགས། ཞེས་པའི་དགོས་བསྟན། རྣལ་འབྱོར་རྒྱུད་ཀྱི་དམ་ཚིག་མ་བསྲུངས་ན། དེ་ནས་བཤད་པའི་དམ་ཚིག་དང་། སྡོམ་པ་དང་བྲལ་ཏེ། ཉེས་པ་འབྱུང་བར་གསུངས་པའི་བཅུ་བཞི་པོ་དེ། རྣལ་འབྱོར་རྒྱུད་ཀྱི་རྩ་ལྟུང་དུ་འཇོག་གོ། །བཅུ་བཞི་པོ་དེ་གང་ཞེ་ན། རྡོ་རྗེ་རྩེ་མོ་ལས། སངས་རྒྱས་ཆོས་དང་དགེ་འདུན་ཏེ། །གཙོ་བོ་དེ་དག་ལྟུར་བླང་བྱ༑ ༑འཚོ་བའི་སྲོག་གི་ཕྱིར་ཡང་ནི། །བྱང་སེམས་ནམ་ཡང་དོར་མི་བྱ། །ལྷ་རྣམས་ལ་ནི་སྨད་མི་བྱ། །ཕྱགས་པ་ཕྱག་རྒྱ་ནམ་ཡང་མིན། །རྡོ་རྗེ་སློབ་དཔོན་སྨད་མི་བྱ། །བླ་མ་སངས་རྒྱས་ཀུན་དང་མཉམ། །བཞོན་པ་མཚོན་བྱ་ཕྱག་མཚན་དང་། །སྣོན་པའི་གཟུགས་ཀྱི་བྲིས་མ་ལའང་། །ཀྱུ་ཚོམ་དུ་ནི་འགོམ་པ་ནི། །ནམ་ཡང་ཟ་བར་མི་བྱ་ཞིང་། །བདག་གི་སྟོན་ཆད་ཇི་ལྟར་མཐོང་། །སེམས་ཅན་གཞན་ལ་འཛུད་མི་བྱ། །ཕྱགས་དང་ཕྱག་རྒྱའི་བསླབ་པ་ནི། །ནམ་ཡང་དོར་བར་མི་བྱ་ཞིང་། །སེམས་ཅན་གསད་པར་མི་བྱའོ། །ཐེག་པ་གཞན་ལ་དགའ་མི་བྱ༑ ༑སེམས་ཅན་དོན་དང་འཁོར་བ་ལ། །ནམ་ཡང་སྐྱོ་བར་མི་བྱ་ཞིང་། །ཕ་རོལ་ཕྱིན་དྲུག་སྤྱོད་པ་རྣམས། །ནམ་ཡང་དོར་བར་མི་བྱའོ། །བྱ་བ་མིན་པ་རྟག་ཏུ་སྤོང་། །ཞེས་གསུངས་སོ། །དེ་དག་གི་དོན་ནི། དཀོན་མཆོག་སྤོང་བའི་བྱང་སེམས་འདོར་བའི། རྣལ་འབྱོར་རྒྱུད་ཀྱི་ཡི་དམ་ལ་སྨོད་པའི། དེའི་ཕྱགས་དང་ཕྱག་རྒྱ་ལ་སྨོད་པའི། རྡོ་རྗེ་སློབ་དཔོན་སྨོད་པའི། རྣལ་འབྱོར་རྒྱུད་ཀྱི་བཞོན་པ་དང་ཕྱག་མཚན་ལ་དགོས་མེད་དུ་འགོམ་པའི། དེ་ལ་ཕུལ་བའི་ཞལ་ཟས་དགོས་མེད་དུ་ཟའི། གསང་བ་སྒྲོགས་པའི། དེའི་ཕྱགས་དང་ཕྱག་རྒྱའི་བསླབ་པ་སྤོང་བའི། སྲོག་གཅོད་པའི། ཐེག་དམན་ལམ་དུ་འཇུག་པ། གཞན་དོན་ཡལ་བར་འདོར་བའི། ཕྱིན་དྲུག་གི་སྤྱོད་པ་འདོར་བའི་བྱ་བ་མིན་པའི་སྤྱོད་པ་བྱེད་པའི་རྣལ་འབྱོར་རྒྱུད་ཀྱི་རྩ་ལྟུང་བཅུ་བཞི་ཡོད་དོ་ཞེས་གསུངས། ལོངས་སྤྱོད་རྣམས་ཀྱི་ནང་ནས།

རང་གི་ལུགས་ནི། དང་པོ་ཉིད་ཁས་བླང་བར་བྱའོ། །གསུམ་པ་དང་བཞི་པ། སྤྱོད་རྒྱུད་དང་། བྱ་རྒྱུད་ཀྱི་རྩ་ལྟུང་གི་རྣམ་གཞག་ནི། བྱ་སྤྱོད་གཉིས་ལ། རྒྱུད་སྡེ་འོག་མ་གཉིས་ནས་བཤད་པ་ལྟར་རིགས་ལྔའི་ལྷ་མེད་ཅིང་། དེས་ན་བྱ་སྤྱོད་གཉིས་ལ་རིགས་ལྔའི་སྡོམ་པ་མེད། དེ་ཉིད་ཀྱི་ཕྱིར་ན། བྱ་སྤྱོད་གཉིས་ལ་རིགས་ལྔའི་སྡོམ་པ་བཅུ་བཞིའི་ལོག་ཕྱོགས་རྩ་ལྟུང་བཅུ་བཞི་མེད་དོ། །དེ་བས་ན། བྱ་སྤྱོད་ཀྱི་ལྷ་ཐམས་ཅད་སྐུ་གསུང་ཐུགས་ཀྱི་ལྷའི་རིགས་གསུམ་དུ་འདུ། དེའི་ཕྱིར་དེ་དག་གི་སྡོམ་པ་ཡང་། རིགས་གསུམ་གྱི་དམ་ཚིག་གི་སྡོམ་པ་གསུམ་

དུ་འདུ། དེས་ན་བདག་ཉིད་ཀྱི་རྒྱ་ལྟར་ཡང་། རིགས་གསུམ་གྱི་དམ་ཚིག་གི་སྡོམ་པ་དང་འགལ་བའི་མི་དགེ་བ་བཅུ། བྱང་སེམས་དང་ཐུན་མོང་བ་རྡོ་རྗེ་སློབ་དཔོན་སྨོད་པ། ཐེག་ཆེན་སེམས་བསྐྱེད་གཏོང་བ། སེམས་ཅན་ལ་གནོད་པ། དཀོན་མཆོག་སྤོང་བའི་རྒྱ་ལྟར་དང་བཅུ་བཞི་ལ་འཇོག་གོ། །

དེས་ན་མདོ་དང་བསྟན་བཅོས་ལས། །ཞེས་སོགས་ལ་གསུམ་ལས། དང་པོ་འབྲེལ་ནི། བླང་དོར་ཡེ་བཀག་ཡེ་གནང་འགོག་པ་ལ། དངོས་དང་། རྩོད་སྤོང་གཉིས། དང་པོ་ལ་བསྟན་བཤད་བསྡུ་གསུམ་ལས། དང་པོ་ནི། ཡེ་བཀག་ཡེ་གནང་། ཞེས་སོགས། གཉིས་པ་ནི། ཉན་ཐོས་རྒྱ་བའི། །ཞེས་སོགས། གསུམ་པ་ནི། དེས་ན་ཡེ་བཀག །ཅེས་སོགས། གཉིས་པ་རྩོད་སྤོང་ལ། ཐུབ་པས་རབ་བྱུང་ལ་སྔིང་གནང་བྱས་པར་ཐལ་བའི། ཐུབ་པ་ལས་འབྲས་ཀྱི་བྱེད་པ་པོར་ཐལ་བའི་རྩོད་སྤོང་གཉིས། དང་པོ་ནི། གལ་ཏེ་སྡོམ་པ། ཞེས་སོགས། གཉིས་པ་ནི། གལ་ཏེ་གཞིས་ལ་དགེ་བ་དང་། །ཞེས་སོགས། གཉིས་པ་མཐའ་དཔྱད་པ་ལ། བཅས་རང་གི་རྣམ་གཞག་ལ་དཔྱད་ན། རྗེ་འབྲི་ཁུང་པའི་རྗེས་འབྲང་ཁ་ཅིག །བཅས་རང་གཅིག་ཡིན་ཏེ། ཀུན་སློང་དགེ་བའི་སེམས་ཀྱི་སྤྱད་ན། གང་ཟག་སུས་བྱས་ཀྱི་དགེ་བ་ཁོ་ན་འབྱུང་གི་མི་དགེ་བ་མི་འབྱུང་། ཀུན་སློང་མི་དགེའི་སེམས་ཀྱི་སྤྱད་ན། གང་ཟག་སུས་སྤྱད་ཀྱང་། མི་དགེ་བ་ཁོ་ན་འབྱུང་གི་དགེ་བ་མི་འབྱུང་བའི་ཕྱིར། ཞེས་སྨྲ་བ་ནི་རྣམ་པར་འཁྲུལ་སྟེ། བཅས་རང་གཅིག་མིན་པར་ཐལ། བསླབ་པ་མ་བཅས་པའི་གང་ཟག་གི་རྒྱུད་ལ་རང་བཞིན་གྱི་ཁ་ན་མ་ཐོ་བ་འབྱུང་གི། བཅས་པའི་ཁ་ན་མ་ཐོ་བ་མི་འབྱུང་བའི་ཕྱིར། གཞན་དག་ན་རེ། རབ་བྱུང་གི་ཁ་ན་མ་ཐོ་བ་དང་བཅས་པའི་ཁ་ན་མ་ཐོ་བ་དོན་གཅིག །ཁྱིམ་པའི་ཁ་ན་མ་ཐོ་བ་དང་རང་བཞིན་གྱི་ཁ་ན་མ་ཐོ་བ་དོན་གཅིག །ཞེས་ཟེར་བ་མི་རིགས་ཏེ། ཁྱིམ་པའི་རྒྱུད་ལ་བཅས་པའི་ཁ་ན་མ་ཐོ་བ་ཡོད་པ་དང་། རབ་བྱུང་གི་རྒྱུད་ལ་རང་བཞིན་གྱི་ཁ་ན་མ་ཐོ་བ་ཡོད་པའི་ཕྱིར། དང་པོ་གྲུབ་སྟེ། ཁྱིམ་པའི་རྒྱུད་ལ་དགེ་བསྙེན་གྱི་སྡོམ་པ་དང་འགལ་བའི་བཅས་པའི་ཁ་ན་མ་ཐོ་བ་འབྱུང་བ་ཡོད་པའི་ཕྱིར། གཉིས་པ་གྲུབ་སྟེ། རབ་བྱུང་གི་རྒྱུད་ལ་ངོ་བོ་ཉིད་ཀྱི་མི་དགེ་བ་འབྱུང་བ་ཡོད་པའི་ཕྱིར།

ཡང་ཁ་ཅིག བསླབ་པ་བཅས་པའི་ཁ་ན་མ་ཐོ་བ་དང་། བཅས་པའི་ཁ་ན་མ་ཐོ་བ་དོན་གཅིག །བསླབ་པ་མ་བཅས་པའི་གང་ཟག་གི་ཁ་ན་མ་ཐོ་བ་དང་། རང་བཞིན་གྱི་ཁ་ན་མ་ཐོ་བ་དོན་གཅིག །ཞེས་པའང་མི་རིགས་ཏེ༑ བསླབ་པ་བཅས་པའི་གང་ཟག་གི་རྒྱུད་ལ། རང་བཞིན་གྱི་ཁ་ན་མ་ཐོ་བ་འབྱུང་བ་ཡོད་པའི་ཕྱིར་ཏེ། དེའི་རྒྱུད་ལ་ངོ་བོ་ཉིད་ཀྱི་མི་དགེ་བ་འབྱུང་བ་ཡོད་པའི་ཕྱིར། ཁ་ཅིག །ཀུན་སློང་གི་སྒོ་ནས་འཇོག་སྟེ། ཀུན་སློང་ཉོན་མོངས་པས་བྱས་པའི་ཁ་ན་མ་ཐོ་བ་དེ་རང་བཞིན་གྱི་ཁ་ན་མ་ཐོ་བར་འཇོག །ཉོན་མོངས་པ་མིན་པའི་ཤེས

པས་ཀུན་ནས་བླངས་པའི་ཁ་ན་མ་ཐོ་བ་དེ་བཅས་པའི་ཁ་ན་མ་ཐོ་བར་འདོག །ཞེ་ན། དེ་ཡང་མིན་ཏེ། ཉོན་མོངས་སུ་སྤྲུལ་པའི་བཅས་པའི་ཁ་ན་མ་ཐོ་བ་ཡོད་པའི་ཕྱིར། ཡང་ལ་ལ་དག །མི་དགེ་བར་གྱུར་པའི་ཁ་ན་མ་ཐོ་བ་དེ། རང་བཞིན་གྱིས་ཁ་ན་མ་ཐོ་བར་འདོག །མི་དགེ་བ་མིན་པའི་ཁ་ན་མ་ཐོ་བ་དེ་བཅས་པའི་ཁ་ན་མ་ཐོ་བར་འདོག །ཞེ་ན་མིན་ཏེ། མི་དགེ་བར་གྱུར་པའི་བཅས་པའི་ཁ་ན་མ་ཐོ་བ་ཡོད་པའི་ཕྱིར། ཡང་ཁ་ཅིག །ཁ་ན་མ་ཐོ་བ་གཞིར་བཞག་ལ། བཅས་ལྡན་རབ་བྱུང་ནད་པ་འཚོན་པའི་ཕྱིར་དུ། གནང་བའི་སྐབས་ཡོད་པ་དང་། མེད་པ་ལ་འདོག་ཞེ་ན། མིན་ཏེ། སྨོས་འགྱུར་འཕུང་བའི་ཁ་ན་མ་ཐོ་བ་དེ། ནད་པ་འཚོན་པའི་ཕྱིར་དུ་ཡང་འདུལ་བའི་བཅས་པའི་སྐབས་སུ་བཅས་ལྡན་རབ་བྱུང་ལ་གནང་བའི་སྐབས་མེད་པའི་ཕྱིར།

རང་ལུགས་ནི། བཅས་པའི་བསླབ་པ་དང་བཅས་པའི་ཁ་ན་མ་ཐོ་བ་དེ། བཅས་པའི་ཁ་ན་མ་ཐོ་བར་འདོག །བཅས་མ་བཅས་ཀུན་གྱི་གཞི་དེ་ལ་ཞུགས་ན། ཁ་ན་མ་ཐོ་བ་འབྱུང་བའི་རིགས་སུ་གནས་པའི་ཁ་ན་མ་ཐོ་བ་དེ། རང་བཞིན་གྱིས་ཁ་ན་མ་ཐོ་བར་འདོག་སྟེ། འདིར། རང་བཞིན་གྱིས་ཁ་ན་མ་ཐོ་བ། སེམས་ཅན་ཀུན་ལ་སྡིག་པར་འགྱུར། །བཅས་པའི་ཁ་ན་མ་ཐོ་བ། །བཅས་པ་ཕྱིན་ཆད་ལྷུང་བར་འགྱུར། །ཞེས་གསུངས་པའི་ཕྱིར། རང་བཞིན་གྱིས་ཁ་ན་མ་ཐོ་བ་དང་། བཅས་པའི་ཁ་ན་མ་ཐོ་བ་མི་འགལ་ཏེ། དེ་གཉིས་ཀྱི་གཞུང་བཞིན་ཡོད་པའི་ཕྱིར་ཏེ། དགེ་སློང་གི་ལྟུང་བ་སྟེ་ལྔ་པོ་དེ། བཅས་པའི་ཁ་ན་མ་ཐོ་བ་ཡིན་པའི་ཕྱིར་ཏེ། དེ་བཅས་པའི་བསླབ་པ་དང་འགལ་བའི་ཕྱིར། གསུམ་པ་ངག་དོན་ནི། དེས་ན་མདོ་དང་བསྟན་བཅོས་ལས། །ཞེས་སོགས་ལ། ཁ་ན་མ་ཐོ་བ་ཆོས་ཅན། གཉིས་ཡོད་དེ། བཅས་རང་གི་དེ་གཉིས་ཡོད་པའི་ཕྱིར། རང་བཞིན་ཁ་ན་མ་ཐོ་དང་། །ཞེས་སོགས་ནས། ལྟུང་བར་འགྱུར་རོ་ཞེས་པའི་བར་ལ། བཅས་རང་གཅིག་མིན་ཏེ། བསླབ་པ་མ་བཅས་པའི་གང་ཟག་ལ་རང་བཞིན་གྱི་ཁ་ན་མ་ཐོ་བ་འབྱུང་ཡང་། བཅས་པའི་དེ་མི་འབྱུང་བའི་ཕྱིར། དེ་ལྟ་མིན་པར་མ་བཅས་ཀྱང་། །ཞེས་སོགས་ལ། ཉེ་བའི་སྲས་བརྒྱད་ཅེས་སོགས་དང་། རྣལ་འབྱོར་དབང་ཕྱུག་བིརྺ་པ། །ཞེས་སོགས་དང་། ཞེས་བྱའི་འདིག་རྟེན་གྱི། །ཞེས་སོགས་རྣམས་ལ། རྒྱལ་བ་རིགས་ལྔ་ལ་སོགས་པའི་ལོངས་སྐུ་རྣམས་དང་། ཉེ་བའི་སྲས་བརྒྱད་ལ་སོགས་པ་ཁྱིམ་པའི་རྟེན་ཅན་གྱི་བྱང་འཕགས་རྣམས་དང་། བིརྺ་པ་སོགས་དབུ་སྐྲ་རིང་པོ་རྟུལ་ཤུགས་སྤྱོད་པའི་གྲུབ་ཐོབ་རྣམས་དང་། ལྷ་ལྷས་ཞེས་བྱ་བའི་འདིག་རྟེན་ཁམས་ཀྱི་དབུ་སྐྲ་རིང་ཞིང་རྒྱན་དང་བཅས་པའི་དགེ་སློང་རྣམས་སྐྲ་ཚད་ལྷག་བཞག་པའི་སྡིག་ཅན་དང་། གོས་དཀར་གྱོན་པའི་ལྟུང་བྱེད་ཀྱི་སྡིག་ཅན་དང་། གསེར་དངུལ་ལ་རེག་པའི་ལྟུང་བཟེད་ཀྱི་སྡིག་ཅན་དུ་འགྱུར་ལ། དེ་རྣམས་འབྱུང་བ་སངས་རྒྱས་ཀྱིས་བཅས་པ་ལ་མི་ལྟོས་པར། གཤིས་ཀྱི་མི་དགེ་བ་ཡིན་པའི་ཕྱིར། དགེ་བསྙེན་

དགེ་ཚུལ་སྡོམ་བརྒྱན་ལའང་། །ཞེས་སོགས་ལའང་། བཅས་ལྡན་གྱི་དགེ་བསྙེན་དང་དགེ་ཚུལ་ལ། དགེ་སློང་གི་ལྟུང་བ་སྡེ་ལྔ་འབྱུང་བར་ཐལ། དེ་ལྔ་སངས་རྒྱས་ཀྱི་བཅས་པ་ལ་མི་ལྟོས་པར། གཤིས་ཀྱི་མི་དགེ་བ་ཡིན་པའི་ཕྱིར། འདི་འདྲ་གང་དག །ཅེས་སོགས་ལའང་རིགས་འགྲེའོ། །དེས་ན་མདོ་ལས་རྟུལ་ཞུགས་ལ། །ཞེས་སོགས་ལ། བཅས་ལྡན་རབ་བྱུང་དུར་སྨྲིག་གི་རྟུལ་ཞུགས་བསྙེན་པ་ཆོས་ཅན། དགོས་པ་ཡོད་དེ། ཚུལ་ཁྲིམས་ཀྱི་བསླབ་པ་ལ་གུས་པ་བསྐྱེད་པའི་ཆེད་ཡོད་པའི་ཕྱིར། དེས་ན་འདོད་པས་དབེན་པ་དང་། །ཞེས་སོགས་ལ། དབེན་པའི་དགེ་བསྙེན་ནོ། །གཉིས་པོ་དེ། འདོད་པ་ལས་དབེན་པ་དང་། སྡིག་ཏོ་མི་དགེ་བའི་ཆོས་ཀྱིས་དབེན་པའི་དེ་གཉིས་ཡོད་པའི་ཕྱིར། བུ་མོ་གསེར་མཆོག་འོད་ལྡན་གྱིས། །ཞེས་སོགས་ལ། བཅོམ་ལྡན་རང་བྱུང་གི། དུར་སྨྲིག་གི་གོས་བཤམས་ཀྱི་དགེ་བ་མིན་ཏེ། བུ་མོ་གསེར་མཆོག་འོད་ལྡན་གྱིས་འཇམ་དཔལ་ལ་རབ་བྱུང་ཞུས་པའི་ཚེ། ལུས་ཀྱི་རབ་བྱུང་གོས་དུར་སྨྲིག་སོགས་བཀག་ནས། སེམས་ཀྱིས་རབ་བྱུང་ཐོབ་པར་མཛད་པ་ལ་དགོས་པ་ཡོད་པའི་ཕྱིར། དེས་ན་སྡོམ་པ་དགེ་བ་ཡིན། །ཞེས་སོགས་ལ། བཅོམ་ལྡན་རབ་བྱུང་གི་དུར་སྨྲིག་གི་གོས་སྡོམ་པ་མིན་ཏེ། སྡོམ་པ་རྣམ་དཀར་གྱི་ལས་ཡིན་པའི་ཕྱིར། གཉིས་པ་དངོས་པོའི་ལན་ལ་ནི། ཞེས་སོགས་ལ། སངས་རྒྱས་འཕགས་པ་སློབ་པ་འཆའ་བ་པོ་ཡིན་ན། དེ་ལས་འབྲས་ཀྱི་བྱེད་པ་པོར་འགྱུར་བའི་སྐྱོན་མེད་དེ། སེམས་བཟང་ངན་ལས། དགེ་སྡིག་གི་ལས་འབྱུང་། དགེ་སྡིག་གི་བླང་དོར་བྱེད་པ་བསླབ་པ་མི་འདྲ་བ་ལ་ལྟོས། བསླབ་པ་མི་འདྲ་བ་འཆའ་བ་སངས་རྒྱས་ཁོ་ནའི་སྤྱོད་ཡུལ་ཡིན་པའི་ཕྱིར།

གཉིས་པ། དགེ་སྡིག་གི་བླང་དོར་བྱེད་པའི་ཐབས་འདུལ་བའི་ལག་ལེན་ལ་འཁྲུལ་པ་དགག་པ་ལ། གཉིས་ལས། དང་པོ་རང་ལུགས་བཞག་པ་ནི། མདོ་བསྡུས་ལ་སོགས་ཞེས་སོགས། གཉིས་པ་གཞན་ལུགས་དགག་པ་ནི། མདོ་བསྡུས་རིང་མོ་ཞེས་སོགས། སྔར་བ་རིམ་བཞིན། བཅས་ལྡན་རབ་བྱུང་གི་མདོ་བསྡུས་སོགས། འཕྲུལ་གྱི་ལག་ལེན་ཀུན་འདུལ་བའི་གཞུང་དང་མཐུན་པར་བྱ་དགོས་ཏེ། དེ་རྣམས་གཙོ་བོར་འདུལ་བའི་གཞུང་ལས་གསུངས་པའི་ཕྱིར། མདོ་བསྡུས་རིང་མོ་ཞེས་བྱ་བ། །བཀའ་ལ་ནོར་བ་བྱེད་པ་དེ་ཀུན་འཐད་པ་མིན་ཏེ། དེ་ཀུན་མདོ་རྒྱུད་ཚད་ལྡན་ནས་མ་གསུངས་པའི་ཕྱིར། གསུམ་པ་དགེ་སྡིག་གི་བླང་དོར་བྱེད་པའི་ཐབས། ཐོས་བསམ་སྒོམ་གསུམ་ལ་འཁྲུལ་པ་དགག་པ་ལ་གཉིས་ལས། དང་པོ་འགོག་ལ་རྒྱས་པར་བཤད་པ་ནི། ཚིག་ཀུང་ཞེས་སོགས། གཉིས་པ་དམ་ཆོས་ཉམས་ལེན་བྱེད་ཚུལ་བསྡུས་ཏེ་བསྟན་པ་ནི། དེས་ན་སངས་རྒྱས་ཞེས་སོགས། དེའི་སྦྱོར་བ་ནི། དམ་ཆོས་རྣམ་དག་གི་ཉམས་ལེན་བྱེད་ཚུལ་ཡོད་དེ། ཐོས་བསམ་སྒོམ་གསུམ་རྣམ་དག་བྱེད་ཚུལ་གསུམ་ཡོད་པའི་ཕྱིར།། །།

༄། གཉིས་པ་བྱང་སྡོམ་ལ་འཁྲུལ་པ་དགག་པ་ལ། སེམས་བསྐྱེད་ཀྱི་དབྱེ་བ་སྤྱིར་བསྟན། བྱང་སྡོམ་ལ་འཁྲུལ་པ་འགོག་ཚུལ་གཙོ་བོར་བཤད། འཕྲོས་དོན་དམ་ཆོས་ཉམས་སུ་ལེན་ཚུལ་ལ་འཁྲུལ་པ་དགག་པ་དང་གསུམ། དང་པོ་ནི། སེམས་བསྐྱེད་ལ་ནི་ཉན་ཐོས་དང་། །ཞེས་སོགས་ལ། སེམས་བསྐྱེད་ཆོས་ཅན། གཉིས་ཡོད་དེ། ཉན་ཐོས་ཀྱི་ལུགས་དང་། ཐེག་ཆེན་གྱི་སེམས་བསྐྱེད་གཉིས་ཡོད་པའི་ཕྱིར། ཉན་ཐོས་རྣམས་ལ་སེམས་བསྐྱེད་གསུམ། །ཞེས་པ་ལ། ཉན་ཐོས་ལུགས་ཀྱི་སེམས་བསྐྱེད་ཆོས་ཅན། གསུམ་ཡོད་དེ། ཉན་ཐོས། རང་རྒྱལ། སངས་རྒྱས་ཀྱི་སར་སེམས་བསྐྱེད་པའི་སེམས་བསྐྱེད་གསུམ་ཡོད་པའི་ཕྱིར། ཉན་ཐོས་བསྟན་པ་ནུབ་པས་ན། །ཞེས་པ་ལ། ཉན་ཐོས་ཀྱི་སེམས་བསྐྱེད་ལེན་པའི་ཆོ་ག་ད་ལྟ་བོད་ན་མེད་དེ། དེའི་ལག་ལེན་ད་ལྟ་བོད་ན་ནུབ་པའི་ཕྱིར། གཉིས་པ། བོད་ན་ལུགས་གཉིས་ཀྱི་སེམས་བསྐྱེད་ལ་འཁྲུལ་པ་དགག་པ་སོ་སོར་བཤད། བདག་གཞན་མཉམ་བརྗེའི་སེམས་བསྐྱེད་ལ་འཁྲུལ་པ་དགག་པ་སོ་སོར་བཤད་པ་ལ་གཉིས། དང་པོ་ལ། ཐོབ་ཚུལ་སོ་སོར་བཤད་པ་དང་། ཐོབ་ནས་བསྲུང་ཚུལ་གྱི་བསླབ་བྱ་བསྡུས་ཏེ་ཐུན་མོང་དུ་བཤད་པ་གཉིས། དང་པོ་ལ་གཉིས་ལས། ཀུན་རྫོབ་སེམས་བསྐྱེད་ཐོབ་པ་ལ་འཁྲུལ་པ་དགག་པ་ལ། བསྟན་བཤད་བསྡུ་གསུམ་ལས། དང་པོ་ནི། ཐེག་པ་ཆེན་པོའི་སེམས་བསྐྱེད་ལ། །ཞེས་སོགས། ངག་དོན་ནི། དབུ་སེམས་ཀྱི་འཇུག་སེམས་ལེན་པའི་ལུས་རྟེན་ལ་མི་འདྲ་བའི་ཁྱད་པར་ལྔ་ཡོད་དེ། གཏན་ལ་འབེབ་བྱེད་ལྟ་བ། ལེན་བྱེད་ཆོ་ག །སྲུང་བྱ་ལྡང་བ། ཉམས་ན་ཕྱིར་བཅོས་ཚུལ། བསྲུང་བྱ་བསླབ་པ་མི་འདྲ་བའི་ཁྱད་པར་དང་ལྔ་ཡོད་པའི་ཕྱིར།

གཉིས་པ་རྒྱས་བཤད་ལ། ཐོབ་ཚུལ་སོ་སོར་བཤད། སོ་སོར་མཚོན་པའི་དཔེ། ཤེས་བྱེད་ལུང་ལ་མཚུངས་པ་སྦྱང་བའོ། །དང་པོ་ལ། སེམས་ཙམ་ལུགས་ཀྱི་འཇུག་པ་སེམས་བསྐྱེད་ཐོབ་པ་ལ་འཁྲུལ་བ་དགག །དབུ་མ་ལུགས་ཀྱི་འཇུག་པ་སེམས་བསྐྱེད་བཤད་པ་གཉིས་ལས། དང་པོ་ནི། སེམས་ཙམ་པའི་སེམས་བསྐྱེད་འདི། །ཞེས་སོགས། སྦྱོར་བ་ནི། སེམས་ཙམ་ལུགས་ཀྱི་འཇུག་པ་སེམས་བསྐྱེད་དེ། སེམས་ཅན་ཀུན་ལ་སྐྱེར་མི་རུང་སྟེ༑ དེའི་ལུས་རྟེན་ལ་ཁྱད་ཆོས་ལྔ་ལྡན་དགོས་པའི་ཕྱིར། བྱང་ཆུབ་སེམས་དཔའི་ས་དང་ནི། །ཞེས་སོགས་ལ། རོང་པ་ཕྱུག་སོར་བའི་བློ་ལམ་གྱི་རྗེས་སུ་འབྲངས་ནས། སེམས་ཅན་ཀུན་ལ་སེམས་ཙམ་གྱི་འཇུག་སེམས་འབོག་པའི་ཆོ་ག་བྱེད་པ། བསྟན་པ་རྣམ་དག་མིན་ཏེ། བྱང་སས། རྗོ་བོ་རྗེའི་ལམ་སྒྲོན། གནས་བསྟན་བྱང་བཟང་གི་སེམས་ཙམ་ལུགས་ཀྱི་འཇུག་སེམས་འབོག་པའི་ཆོ་ག་རྣམས་ལས་བཀག་པའི་ཕྱིར། གཉིས་པ་དབུ་མའི་ལུགས་ཀྱི་སེམས་བསྐྱེད་འདི། །ཞེས་སོགས་ཀྱི་སྦྱོར་བ་ནི། དབུ་མ་པའི་འཇུག་སེམས་དེ། གཞན་དོན་རྫོགས་

བྱང་དོན་གཉེར་གྱི་བློ་དོན་གཉེར་བཅོས་མ་མིན་པའི་སེམས་ཅན་ཐམས་ཅད་ལ་སྐྱེ་རུང་སྟེ། དེ་ལྟར་མདོ་དང་བསྟན་བཅོས་རྣམ་དག་ལས་གསུངས་པའི་ཕྱིར། མདོ་ལས་གསུང་ཚུལ་ཇི་ལྟ་བུ་ཞེ་ན། དེ་ཉིད། དེ་ཡང་སྡོང་པོ་བཀོད་པ་དང་། །ཞེས་སོགས། བསྟན་བཅོས་ལས་བཤད་ཚུལ་ནི། འཕགས་པ་ཀླུ་སྒྲུབ་ཀྱིས་མཛད་དང་། །ངག་དོན་རིམ་བཞིན། རྩ་བའི་རྟགས་གྲུབ་སྟེ། སྡོང་པོ་བཀོད་པ་སོགས། མདོ་ལྟ་ལས་བཤད་པའི་ཕྱིར། གཉིས་པ་གྲུབ་སྟེ་འཕགས་པ་ཀླུ་སྒྲུབ་དང་། རྒྱལ་སྲས་ཞི་བ་ལྷས་མཛད་པའི་བསྟན་བཅོས་ལས་དེ་ལྟར་གསུངས་པའི་ཕྱིར།

གཉིས་པ་ཇི་ལྟར་མཚོན་པའི་དཔེ་ནི། ཇི་ལྟར་འབྲས་ཀྱི་ས་བོན་ནི། །ཞེས་སོགས། དོན་དབུ་སེམས་ཀྱི་འཇུག་པ་སེམས་བསྐྱེད་པའི་ལུས་རྟེན་སོ་སོར་མཚོན་པའི་དཔེ་ཡོད་དེ། འབྲས་ཀྱི་ས་བོན་སྐྱེ་བའི་ཡུལ་དང་། ནས་ཀྱི་ས་བོན་སྐྱེ་བའི་ཡུལ་གཉིས་པོ་དེ་དག་གི་དཔེ་ཡིན་པའི་ཕྱིར། གསུམ་པ་ཤེས་བྱེད་ཀྱི་ལུང་ལ་མཚུངས་པ་སྤྲང་བ་ནི། གལ་ཏེ་མདོ་ལས། ཞེས་སོགས། ངག་དོན་ནི། མདོ་ལྟ་པོ་དེ་སེམས་ཙམ་པའི་འཇུག་པ་སེམས་བསྐྱེད་ཀྱི་ཤེས་བྱེད་ཀྱི་ལུང་མིན་ཏེ། སེམས་ཙམ་ལུགས་ལ། རྒྱལ་བ་ཕན་བཞེད་ཉིན་གཅིག་གི་སྲོག་བཅོད་སྡོམ་པ་བླངས་པ་ལ། བྱང་སེམས་ཀྱི་སེམས་བསྐྱེད་བླངས་པའི་སྡོམ་པ་དེ། སོ་ཐར་རིགས་བདུན་གང་རུང་མིན་པའི་ཕྱིར། གསུམ་པ་དོན་བསྡུ་བ། དེས་ན་སེམས་ཙམ་པའི་ལུགས། ཞེས་སོགས་ལ། སེམས་ཙམ་ལུགས་ཀྱི་འཇུག་སེམས་འབོག་པའི་ལུས་རྟེན་ཡོད་དེ། རིགས་བདུན་གང་རུང་དང་ལྡན་པ། བྱང་ཆུབ་སེམས་དཔའི་སྡེ་སྣོད་ཀྱི་མ་མོ་ཤེས་པ། དེའི་བསླབ་བྱ་ཉམས་ལེན་ཏུ་ཚུད་པ། དེའི་རྩ་ལྟུང་བཞི་དང་། ཡན་ལག་གི་ལྟུང་བ་ཞེ་གཉིས་སྲུང་བར་བྱེད་པའི་སྡོམ་པ་དོན་དུ་གཉེར་ཞིང་། ཐོབ་ནས་བསྲུང་ནུས་པའི་ཁྱད་ཆོས་བཞི་ལྡན་གྱི་རྒྱུད་ལ་དེ་འབོག་པའི་ཕྱིར། ཅི་སྟེ་སེམས་ཅན་ཐམས་ཅད་ལ། །ཞེས་སོགས་ལ། དབུ་མ་ལུགས་ཀྱི་འཇུག་སེམས་དེ། སེམས་ཅན་མང་པོ་ལ་འབོག་པ་ཆོས་ཅན། དགོས་པ་ཡོད་དེ། སེམས་ཅན་མང་པོ་ལ་སངས་རྒྱས་ཀྱི་ས་བོན་འཇོག་པའི་ཆེད་ཡོད་པའི་ཕྱིར། གཉིས་པ། དོན་དམ་སེམས་བསྐྱེད་ལ་འཁྲུལ་པ་འགོག་ཚུལ་ནི། དོན་དམ་སེམས་བསྐྱེད་ཅེས་བྱ་བ། །ཞེས་སོགས། ངག་དོན་ནི། དོན་དམ་སེམས་བསྐྱེད་ཆོ་གའི་སྒོ་ནས་མི་སྐྱེ་སྟེ། དེ་སྒོམ་སྟོབས་ཀྱིས་བསྐྱེད་པའི་ཕྱིར། གལ་ཏེ་ཆོ་གས་སྐྱེ་ན་ནི། །ཞེས་སོགས་ལ། དེ་འདྲའི་སེམས་བསྐྱེད་དེ། རགས་པ་བརྫ་བྱུང་གི་སེམས་བསྐྱེད་དུ་ཐལ། དེ་ཆོ་གའི་སྒོ་ནས་སྐྱེ་བའི་སེམས་བསྐྱེད་ཡིན་ཕྱིར། འདི་ནི་དོན་དམ་ཆོས་ཉིད་ཀྱིས། །ཞེས་སོགས་ལ། དེ་འདྲའི་སེམས་བསྐྱེད་དེ་རགས་པ་བརྫ་བྱུང་གི་དེ་མིན་ཏེ། ཟབ་པ་ཆོས་ཉིད་ཀྱིས་ཐོབ་པའི་དེ་ཡིན་པའི་ཕྱིར། འདི་ལ་སྦྱོར་དངོས་རྗེས་གསུམ་གྱི། །ཞེས་སོགས་ལ། དོན་དམ་སེམས

བསྐྱེད་ལེན་པའི་སྒྲོར་དངོས་རྗེས་གསུམ་གྱི་ཆོ་ག་རྣམ་དག་མེད་དེ། དེ་སངས་རྒྱས་ཀྱིས་མ་གསུངས། རྒྱན་དྲུག་སོགས་མཁས་པ་རྣམས་ཀྱིས་མ་མཛད། བླུན་པོས་བྱས་པ་ཡོད་ཀྱང་། དེ་རྣམ་དག་མིན་པའི་ཕྱིར། དོན་དམ་བྱང་ཆུབ་སེམས་དང་ནི། །ཞེས་སོགས་ལ། དོན་དམ་སེམས་བསྐྱེད་དང་། ཟག་མེད་ཀྱི་སྡོམ་པ་དང་། བསམ་གཏན་གྱི་སྡོམ་པ་གསུམ། ཆོ་གའི་སྒོ་ནས་ཐོབ་པ་མིན་ཏེ། དེ་རྣམས་སྒོམ་སྟོབས་ཀྱིས་ཐོབ་པའི་ཕྱིར།

གཉིས་པ་ཐོབ་ནས་བསྲུང་བའི་བསླབ་བྱ་བསྡུས་ཏེ་ཐུན་མོང་དུ་བཤད་པ་ནི། དེ་ལྟར་སེམས་ཙམ་དབུ་མ་གཉིས། །ཞེས་སོགས་ལ། ངག་དོན་ནི། དབུ་སེམས་ཀྱི་འཇུག་པ་སེམས་བསྐྱེད་གཉིས་ལ། ལྟུང་བའི་རྣམ་གཞག་མུ་བཞི་ཡོད་དེ། ལྟུང་བ་མེད་པ། ལྟུང་བ་དང་བཅས་པ། ལྟུང་བའི་གཟུགས་བརྙན། ལྟུང་བ་མེད་པའི་གཟུགས་བརྙན་དང་བཞི་ཡོད་པའི་ཕྱིར། རྟགས་དཔེའི་སྒོ་ནས་རིམ་བཞིན་སྒྲུབ་པ། བསམ་པ་དག་པའི་སྦྱིན་པ་སོགས། །ཞེས་སོགས། ངག་དོན་ནི། བྱང་སེམས་ལ་ལྟུང་བ་མི་འབྱུང་བ་ཡོད་དེ། བསམ་པ་དག་པའི་སྦྱིན་པ་སོགས་རྣམ་པ་ཀུན་ཏུ་དགེ་བ་ཡིན་པའི་ཕྱིར། དེ་ལ་ལྟུང་བ་འབྱུང་བ་ཡོད་དེ། འཚེ་བའི་བསམ་པས་སྲོག་གཅོད་པའི་ལས་སོགས་མི་དགེ་བ་ཡིན་པའི་ཕྱིར། དེ་ལ་ལྟུང་བའི་གཟུགས་བརྙན་འབྱུང་བ་ཡོད་དེ། དགེ་བའི་སེམས་ཀྱིས་གསོད་པའི་ལས་སོགས་དེའི་གཟུགས་བརྙན་ཡིན་པའི་ཕྱིར། དེ་ལ་ལྟུང་མེད་ཀྱི་གཟུགས་བརྙན་འབྱུང་བ་ཡོད་དེ། གཞན་ལ་གནོད་ན་ཇུན་མིན་ཡང་། དེའི་གཟུགས་བརྙན་ཡིན་པའི་ཕྱིར། མདོར་ན་སེམས་ཀྱི་འཕེན་པ་ལས། །ཞེས་སོགས་ལ། སེམས་ཀྱི་འཕེན་པ་ལས་དགེ་སྡིག་གི་ལས་འབྱུང་སྟེ། དེ་ལྟར་མདོ་དང་བསྟན་བཅོས་རྣམ་དག་ལས་གསུངས་པའི་ཕྱིར།

གཉིས་པ་བདག་གཞན་མཉམ་བརྗེའི་བྱང་ཆུབ་ཀྱི་སེམས་ལ་འཁྲུལ་པ་དགག་པ་ལ། བསྟན་བཤད་གཉིས་ལས། དང་པོ་ནི། བྱང་ཆུབ་སེམས་དཔའི་བསླབ་པ་ལ། །ཞེས་སོགས་ལ། སྦྱོར་བ་ནི། བྱང་ཆུབ་སེམས་དཔའི་བསླབ་པ་ཆོས་ཅན། གཉིས་ཡོད་དེ། བདག་གཞན་མཉམ་བརྗེའི་བསླབ་པ་གཉིས་ཡོད་པའི་ཕྱིར། གཉིས་པ་ལ། འཁྲུལ་པ་འགོག་ཚུལ་རྒྱས་པར་བཤད། མ་འཁྲུལ་བའི་རྣམ་གཞག་རྒྱས་པར་བཤད་པ་གཉིས། དང་པོ་ལ་གཉིས་ལས། དང་པོ་འདོད་པ་བརྗོད་པ་ནི། ཁ་ཅིག་བརྗེ་བའི་བྱང་ཆུབ་སེམས། །ཞེས་པ་ནས། ནོར་བ་ཆེན་པོའི་ཆོས་ཡིན་ལོ། །ཞེས་པའི་བར་རོ། །དེ་འགོག་པ་ནི། དེ་དོན་འདི་ལྟར་བསམ་པར་བྱ། །ཞེས་པ་ནས། བདག་གཞན་བརྗེ་བའི་བྱང་སེམས་སྒོམ་པ་ལ། འབྲས་བུ་སྡུག་བསྔལ་འབྱུང་བ་མེད་དེ། སེམས་དེ་དགེ་སྡིག་གང་ཡིན་བརྟགས་ན་མེད་པའི་ཕྱིར། བྱང་ཆུབ་སེམས་དཔའི་བློ་སྦྱོང་བའི། །ཞེས་སོགས་ལ། དེང་དཔོན་ཛྙ་བོའི་བུ་དང་། དུས་གསུམ་གྱི་རྒྱལ་བ་རྣམས་རྟག་ཏུ་སྡུག་བསྔལ་ཅན་དུ་འགྱུར་བར་ཐལ། དེ་རྣམས་བདག་

གཞན་བརྗེ་བ་དེ་རྒྱུན་མི་ཆད་པར་སྒོམ་པའི་ཕྱིར། གཉིས་པ་མ་འཁྲུལ་བའི་རྣམ་གཞག་རྒྱས་པར་བཤད་པ་ནི། བདག་གཞན་བརྗེ་བ་སངས་རྒྱས་ཀྱི་ཞེས་སོགས། ངག་དོན་ནི། བདག་གཞན་བརྗེ་བའི་བྱང་ཆུབ་ཀྱི་སེམས་སྒོམ་པ་ནི། བྱང་ཆུབ་སེམས་དཔའི་བསླབ་བྱའི་གཙོ་བོ་ཡིན་ཏེ། དེ་བསྟན་པའི་སྙིང་པོ་ཡིན་པར་མདོ་རྒྱུད་ལས་གསུངས་པའི་ཕྱིར། སྤྱོད་འཇུག་ལས་ཀྱང་འདི་སྐད་དུ། ཞེས་སོགས་ལ། བྱང་ཆུབ་སེམས་དཔས་བདག་གཞན་བརྗེ་བའི་བྱང་ཆུབ་སེམས་མ་སྒོམ་ན། མཐར་ཐུག་སངས་རྒྱས་མི་འགྲུབ་ཅིང་། འཁོར་བའི་གནས་སྐབས་སུ་བདེན་པས་མི་གྲུབ་སྟེ། ཐེག་ཆེན་གྱི་གནས་སྐབས་དང་། མཐར་ཐུག་གི་ཕུན་ཚོགས་ཐམས་ཅད་བདག་གཞན་མཉམ་བརྗེའི་བྱང་སེམས་ལ་རག་ལས་པའི་ཕྱིར། བྱང་ཆུབ་སེམས་ཀྱི་གནད་འཕྲུགས་ན། །ཞེས་སོགས་ལ། བྱང་ཆུབ་སེམས་ཀྱི་གནད་འཕྲུགས་ན་ཆོས་གཞན་བཟང་ཡང་སངས་མི་རྒྱ་བའི་དཔེ་ཡོད་དེ། ཉན་ཐོས་ལ་སྟོང་ཉིད་རྣམ་ཐར་གྱི་སྒོ་ཡོད་ཀྱང་། བདག་གཞན་མཉམ་བརྗེའི་བྱང་སེམས་མེད་པས་དེས་སངས་རྒྱ་མི་ནུས་ཕྱིར། བདག་གིས་བྲམ་ཟེ་འདོད་པ་ལ། །ཞེས་སོགས་ལ། བདག་གཞན་མཉམ་བརྗེའི་བྱང་སེམས་སྒོམ་ལམ་པའི་ཐབས་མཁས་ཁྱད་པར་ཅན་དང་། སྤྲོས་བྲལ་རྟོགས་པའི་ཤེས་རབ་གཉིས། སངས་རྒྱས་འཐོབ་པའི་རྒྱུའི་གཙོ་བོ་ཡིན་ཏེ། འདུལ་བ་ལུང་ལས། ཡོངས་སྤྱོད་རྒྱ་ཆེན་སྦྱིན་པར་བཏང་སྟེ། བསྔོ་བ་རྣམ་དག་བྱེད་པའི་ཐབས་མཁས་དང་། ནམ་མཁའ་དང་ལག་མཐིལ་མཉམ་པར་རྟོགས་པའི་ཤེས་རབ་ཡོད་ཀྱང་། བདག་གཞན་མཉམ་བརྗེའི་བྱང་སེམས་སྒོམ་པའི་ཐབས་མཁས་མ་གསུངས་པས་དེ་བསྟན་པའི་གང་ཟག་སངས་རྒྱ་མི་ནུས་པའི་ཕྱིར།

གསུམ་པ་འཕྲོས་དོན་དམ་ཆོས་ཀྱི་ཉམས་ལེན་ལ་འཁྲུལ་པ་དགག་པ་ལ། འགོག་ཚུལ་རྒྱས་པར་བཤད་པ་དང་། མ་འཁྲུལ་བའི་རྣམ་གཞག་བསྡུས་ཏེ་བསྟན་པ་གཉིས། དང་པོ་ནི། སངས་རྒྱས་དགོངས་པ་མི་ཤེས་པར། །ཞེས་སོགས། ཆང་དང་དུག་དང་མཚོན་བྱ་དང་། །ཞེས་སོགས་ལ། ཆང་དང་དུག་སྟེར་བའི་སྦྱིན་པ་དེ་རྣམ་དག་མིན་ཏེ། དེ་རྣམ་དག་ཡིན་པར་མདོ་ལས་བཀག་པའི་ཕྱིར། ཉན་ཐོས་ཀྱི་ནི་སྡོམ་པ་ལ། །ཞེས་སོགས་ལ; ཉན་ཐོས་དང་ཐེག་ཆེན་ཕན་ཚུན་འཆོལ་བའི་ཚུལ་ཁྲིམས་དེ་རྣམ་དག་མིན་ཏེ། རྟགས་སྔར་བཞིན། རང་ཉིད་ཚུལ་ཁྲིམས་བསྲུངས་ན་ཡང་། །ཞེས་སོགས་ལ། གཞན་ལ་ཁྱད་གསོད་བྱེད་པའི་མཆོག་འཛིན་གྱི་ཚུལ་ཁྲིམས་དེ་རྣམ་དག་མིན་ཏེ། རྟགས་སྔར་བཞིན། དཀོན་མཆོག་གསུམ་དང་བླ་མ་ལ་ཞེས་སོགས་ལ། སངས་རྒྱས་ཀྱི་བསྟན་པ་ལ་གནོད་བྱེད་ཟློག་ནུས་བཞིན་དུ། དེའི་གནོད་པ་བཟོད་པའི་བཟོད་པ་དེ་རྣམ་དག་མིན་ཏེ། རྒྱ་མཚན་གོང་བཞིན། ལོག་པའི་ཆོས་ལ་དགའ་བ་དང་། །ཞེས་སོགས་ལ། ཐོས་བསམ་སྒོམ་གསུམ་ནོར་བ

ལ་བཙོན་པའི་བཙོན་འགྲུས་དེ་རྣམ་དག་མིན་ཏེ། རྟགས་སྔར་བཞིན། མི་མཁས་སྟོང་ཉིད་སྒོམ་པ་དང་། །ཞེས་སོགས་ལ། ཐབས་ཤེས་བྲལ་བའི་ཏིང་འཛིན་དེ་རྣམ་དག་མིན་ཏེ། རྟགས་སྔར་བཞིན། སངས་རྒྱས་གསུང་དང་མི་མཐུན་པའི། །ཞེས་སོགས་ལ། ཆོས་ལོག་སྤྱོད་པ་ལ་མཁས་པའི་ཤེས་རབ་དེ་རྣམ་དག་མིན་ཏེ། རྟགས་སྔར་བཞིན། བླ་མ་ངན་ལ་དད་པ་དང་། །ཞེས་སོགས་ལ། དད་ཡུལ་མིན་པ་ལ་དད་པའི་དད་པ་དེ་རྣམ་དག་མིན་ཏེ། རྟགས་སྔར་བཞིན། ནད་པ་དགའ་བའི་ཁ་ཟས་སྟེར། །ཞེས་སོགས་ལ། གནོད་པ་མི་འདོར་བའི་སྙིང་རྗེ་དེ་རྣམ་དག་མིན་ཏེ། རྟགས་སྔར་བཞིན། གདུག་པ་ཅན་ལ་བྱམས་པ་དང་། །ཞེས་སོགས་ལ། བསྒྲལ་བའི་ཞིང་ཚང་བ་ལ་ཚར་མི་གཅོད་པར་བྱམས་པ་སྒོམ་པ་དེ་རྣམ་དག་མིན་ཏེ། རྟགས་སྔར་བཞིན། མདོ་རྒྱུད་ཀུན་ལས་མ་གསུངས་ཤིང་། །ཞེས་སོགས་ལ། བདེ་ཆེན་ཡེ་ཤེས་མི་བསྐྱེད་པའི་གཏུམ་མོ་དེ་རྣམ་དག་མིན་ཏེ། རྟགས་སྔར་བཞིན། བདག་ལྟའི་རྩ་བ་མ་ཆོད་ཅིང་། །ཞེས་སོགས་ལ། ལན་དང་རྣམ་སྨིན་ལ་རེ་བའི་སྨོན་ལམ་དེ། བསྔོ་བ་རྣམ་དག་མིན་ཏེ། དེ་རྣམ་དག་ཡིན་པར་མདོ་ལས་བཀག་པའི་ཕྱིར།

གཉིས་པ་མ་འཁྲུལ་བའི་རྣམ་དག་བསྡུས་ཏེ་བསྟན་པ་ནི། མདོར་ན་སངས་རྒྱས་གསུང་རབ་དང་། །ཞེས་སོགས་ལ། དམ་ཆོས་རྣམ་དག་གི་ཉམས་ལེན་ཡོད་དེ། རྒྱལ་བས་གསུངས་པའི་ཐོས་བསམ་སྒོམ་གསུམ་གྱི་ཉམས་ལེན་རྣམ་དག་གསུམ་ཡོད་པའི་ཕྱིར། སྐབས་འདིར་དཔྱད་པར་བྱ་བ་ནི། ཚང་སྟེར་བའི་སྦྱིན་པ་སོགས་སྦྱིན་པ་ཡིན་ནམ་མིན། དང་པོ་ལྟར་ན། མདོ་ལས་བཀག་པ་དང་འགལ། གཉིས་པ་ལྟར་ན། སྦྱིན་སོགས་ཡིན་ན་དེ་རྣམ་དག་ཡིན་པར་འགྱུར་རོ་ཟེར་ན་མིན་ཏེ། དེ་རྣམས་མ་དག་པའི་སྦྱིན་སོགས་ཡིན་པའི་ཕྱིར། སྐྱོན་དང་པོ་མི་འཇུག་སྟེ། དཔེར་ན་ཟས་ཀྱི་སྦྱིན་པ་བཞིན། །མདོ་དང་མི་འགལ་ཏེ། རྣམ་དག་ཡིན་པ་བཀག་པའི་ཕྱིར། བདེ་ཆེན་ཡེ་ཤེས་བསྐྱེད་མི་ནུས་པའི་གཏུམ་མོ་དེ། གཏུམ་མོ་མིན་ཏེ། དེ་ཡིན་ན་རང་རྒྱུ་རིམ་གཉིས་ལས་འབྱུང་དགོས་པའི་ཕྱིར། ཞེས་པ་ཡང་སྔར་ལས་རྟོགས་ནུས་སོ། །བྱང་སེམས་ཀྱི་སྡོམ་པ་ལ་འཁྲུལ་པ་དགག་པ་ལེགས་པར་བཤད་ཟིན་ཏོ།། །།

༄ རྡོ་རྗེ་ཐེག་པའི་ལམ་ཞུགས་སྟེ། །ཞེས་སོགས་ཀྱི་སྐབས་སུ་གསུམ་ལས། དང་པོ་འབྲེལ་ནི། གསུམ་པ་སྔགས་སྡོམ་ལ་འཁྲུལ་པ་འགོག་པ་རྒྱས་པར་འཆད་པ་ལ། མ་འཁྲུལ་བའི་རྣམ་གཞག་བསྡུས་ཏེ་བསྟན། འཁྲུལ་པ་འགོག་ཚུལ་རྒྱས་པར་འཆད་པ་གཉིས། དང་པོ་ནི། རྡོ་རྗེ་ཐེག་པའི། ཞེས་སོགས། གཉིས་པ་ལ། ཕ་རོལ་ཕྱིན་གཞུང་མི་ནུས་པར། །ཞེས་པ་ནས། དེ་ཉིད་ཡིན་པར་ཤེས་པར་བྱ། །ཞེས་སོགས་ཀྱི་མན་ངག་ལྟར་ས་བཅད་ན། སྨིན་བྱེད་དབང་ལ་འཁྲུལ་པ་དགག །གྲོལ་བྱེད་རིམ་གཉིས་ལ་འཁྲུལ་པ་དགག །ཡེ་ཤེས་ཕྱག་ཆེན་

པོ་ལ་འབྲུལ་པ་དགག །བོགས་འབྱིན་དཔྱོད་པ་ལ་འཁྲུལ་པ་དགག །དཔྱོད་པའི་འབྲས་བུ་ས་ལམ་ལ་འཁྲུལ་པ་དགག་པ་དང་ལྔ། དང་པོ་ནི། སྨིན་པར་བྱེད་པའི་དབང་བསྐུར་ཡང་། །ཞེས་སོགས། གཉིས་པ་ནི། ཁ་ཅིག་འབྲུལ་དང་མ་འཁྲུལ་མེད། །ཞེས་སོགས། གསུམ་པ་ནི། ཕྱག་རྒྱ་ཆེན་པོ་སྒོམ་ན་ཡང་། །ཞེས་སོགས། བཞི་པ་ནི། དབང་བཞི་ཡོངས་སུ་རྫོགས་པ་དང་། །ཞེས་སོགས། ལྔ་པ་ནི། ཁ་ཅིག་དཀར་པོ་ཆིག་ཐུབ་ལས། །ཞེས་སོགས་ཀྱིས་བསྟན་པ་ཡིན་ནོ། །

གཉིས་པ་མཐའ་དཔྱད་པ་ལ། རྫོད་བྱེད་རྒྱུད་སྡེའི་རྣམ་གཞག །རྒྱུད་བཤད་ཐབས་ཀྱི་མན་ངག །བརྗོད་བྱ་སྔགས་ལམ་གྱི་རྣམ་པར་བཞག་པའོ། །དང་པོ་ལ། རྒྱུད་སྡེའི་དབྱེ་བསྡུ། དབྱེ་བ་སོ་སོའི་རང་བཞིན། དང་པོ་ལ་༔ དབྱེ་བའི་ཚུལ། བསྡུ་ཚུལ། གྲངས་ངེས་པ་དང་གསུམ། དང་པོ་ལ། རྒྱུད་སྡེ་ལ་དྲུག་ཏུ་འབྱེད་པའི་ལུགས་ནས། གཉིས་སུ་འབྱེད་པའི་ལུགས་བར་ལྔ་ལས། དང་པོ་ལ། རྣལ་འབྱོར་གསང་མཐའི་ལུགས་ནི། བདེ་མཆོག་རྩ་རྒྱུད་ལས། ཇི་སྲིད་ཡོད་བྱ་སྤྱོད་པ་དང་། །རྣལ་འབྱོར་གསང་མཐའི་དབྱེ་བ་ལས། །ཞེས་གསུངས་པ་ལྟར། རྒྱུད་སྡེ་ལ་དྲུག་ཏུ་ཡོད་དེ། མདོ་སྡེ་རྟོག་པའི་རྒྱུད། བྱ་བ། སྤྱོད་པ། རྣལ་འབྱོར། རྣལ་འབྱོར་བླ་མེད། མའི་གསང་བ་མཐར་ཐུག་པའི་རྒྱུད་དང་དྲུག་ཡོད་པའི་ཕྱིར། དང་པོ་ནི། རྒྱུད་ཀྱི་ལས་རྫོགས་གཙོ་བོར་སྟོན་པ་དང་། མདོ་མང་ན་བཞུགས་པའི་གཟུངས་ཐུང་བརྒྱ་དང་དྲུག་ཅུ་ལྟ་བུའོ། །གཉིས་པ་ནི། བྱ་བ་སྤྱིའི་རྒྱུད་ཆེན་བཞི་ལྟ་བུའོ། །གསུམ་པ་ནི། རྣམ་སྣང་མངོན་བྱང་དང་། ཕྱག་རྡོར་དབང་བསྐུར་བའི་རྒྱུད་ལྟ་བུའོ། །བཞི་པ་ནི། རྣལ་འབྱོར་རྒྱུད་ཀྱི་རྩ་བ། བཤད་པ། མན་ངག་གི་རྒྱུད་གསུམ་ལྟ་བུའོ། །ལྔ་པ་ལ། གཉིས་ལས། དང་པོ་ཕའི་རྒྱུད་ནི། གསང་བ་འདུས་པའི་རྒྱུད་ལྟ་བུའོ། །གཉིས་པ་ནི། ཀྱེ་རྡོ་རྗེའི་རྒྱུད་ལྟ་བུའོ། །དྲུག་པ་ནི། བདེ་མཆོག་རྩ་རྒྱུད། ཨ་བྷི་དྷ་ན། རྡོ་རྗེ་མཁའ་འགྲོ། སྡོན་སྦྱོད་ཀྱི་རྒྱུད་རྣམས་ལྟ་བུའོ། །ལུགས་གཉིས་པ་ནི། ཡེ་ཤེས་རྡོ་རྗེ་ཀུན་ལས་བཏུས་པ་ལས། རྒྱུད་སྡེ་ལ་ལྔར་བཤད་དེ། རྟོག་པ། བྱ་བ། སྤྱོད་པ། གཉིས་མེད། བླ་མེད་ཀྱི་རྒྱུད་དང་ལྔར་འབྱེད་དོ། །བསྟན་བཞིར་འདུ་སྟེ། རྟོག་པའི་རྒྱུད་དེ་བླ་མེད་ཀྱི་ནང་དུ་འདུ་བའི་ཕྱིར། ལུགས་གསུམ་པ་ནི། མཁའ་འགྲོ་མ་རྡོ་རྗེ་གུར་ལས། དམན་པ་རྣམས་ལ་བྱ་བའི་རྒྱུད། །བྱ་མིན་རྣལ་འབྱོར་དེ་ལྷག་ལ༔ །སེམས་ཅན་མཆོག་ལ་རྣལ་འབྱོར་མཆོག །རྣལ་འབྱོར་བླ་མེད་དེ་ལྷག་ལའོ། །ཞེས་གསུངས་པ་ལྟར། རྒྱུད་སྡེ་ལ་བཞི་ཡོད་དེ། བྱ་བ། སྤྱོད་པ། རྣལ་འབྱོར། རྣལ་འབྱོར་བླ་མེད་ཀྱི་རྒྱུད་དང་བཞི་ཡོད་པའི་ཕྱིར། ལུགས་བཞི་པ་ནི། ཡོ་ག་བ་མཁས་པ་ཀུན་སྙིང་གི་བཞེད་པས། རྒྱུད་སྡེ་ལ་གསུམ་དུ་ཡོད་དེ། བྱ་སྤྱོད་གཉིས་རྣལ་འབྱོར་རྒྱུད་དང་གསུམ་དུ་ཡོད་པའི་ཕྱིར། དེ་ལ། ཀྱེ་རྡོ་རྗེ། དུས་ཀྱི་འཁོར་ལོ། སྒྱུ་འཕྲུལ་དྲ་བ་སོགས་བླ་མེད་ཀྱི་རྒྱུད་

མེད་པར་ཐལ། དམ་བཅའ་མེད་པའི་ཕྱིར། ཞེན་སྐྱོན་མེད་དེ། དེ་རྣམས་རྣལ་འབྱོར་རྒྱུད་ཡིན་པའི་ཕྱིར། ལུགས་ལྔ་པ། སློབ་དཔོན་སངས་རྒྱས་གསང་བའི་བཞེད་པས། རྒྱུད་སྡེ་ལ་གཉིས་སུ་ངེས་ཏེ། ཕྱིའི་རྒྱུད་དང་། ནང་གི་རྒྱུད་གཉིས་སུ་ངེས་པའི་ཕྱིར། དེ་ཡང་བྱ་སྤྱོད་གཉིས་དང་པོ་དང་། གོང་མ་གཉིས་ཕྱི་མའི་ལན་ཡིན་པར་འདོག་གོ། །

གཉིས་པ་བསྡུ་བ་ལ། ལུགས་དེ་ལྔ་ཀ་ཡང་། བཞིར་འདུ་སྟེ། བྱ་བ། སྤྱོད་པ། རྣལ་འབྱོར། རྣལ་འབྱོར་བླ་མེད་དང་བཞིར་འདུས་པའི་ཕྱིར། གསུམ་པ་གྲངས་ངེས་ལ། སྤང་བྱའི་སྒོ་ནས། བདེ་བ་ལམ་བྱེད་ཀྱི་སྒོ་ནས། གྲུབ་མཐའ་སྨྲ་བ་དང་སྒོ་བསྟན་པའི་གང་ཟག་གི་དབང་གིས། ལམ་གྱི་སྒོ་ནས་གྲངས་ངེས་པའོ། །དང་པོ་ལ། འབྲས་བུ་ལ་ལོག་རྟོག་ཕྱི་རོལ་པའི་ལོག་དཔྱོད་དང་། རྒྱུད་ཉོན་མོངས་པ་དང་སྒོ་བསྟན་པའི་གྲངས་ངེས་གཉིས། དང་པོ་ནི། ཕྱི་རོལ་པའི་ལོག་དཔྱོད་ཀྱི་དབང་དུ་བྱས་ནས་རྒྱུད་སྡེ་ལ་བཞིར་གྲངས་ངེས་ཏེ། གཏི་མུག་ཅན་ཚངས་པའི་རྗེས་སུ་འབྲངས་ཏེ། གཙང་སྦྲ་ཆོས་སུ་སྨྲ་བའི་ལོག་སྤྱོད་ལ་དགའ་བ་རྣམས་རྗེས་སུ་བཟུང་བའི་ཕྱིར་དུ་བྱ་རྒྱུད་གསུངས། ཞེ་སྡང་ཅན་ཁྱབ་འཇུག་གི་རྗེས་སུ་བཟུང་སྟེ་འཚེ་བ་ཆོས་སུ་སྨྲ་བའི་ལོག་སྤྱོད་ལ་དགའ་བ་རྣམས་རྗེས་སུ་བཟུང་བའི་ཕྱིར་དུ་སྤྱོད་པའི་རྒྱུད་གསུངས། འདོད་ཆགས་ཅན་དབང་ཕྱུག་གི་རྗེས་སུ་བཟུང་སྟེ་ཆགས་པ་ཆོས་སུ་སྨྲ་བའི་ལོག་སྤྱོད་ལ་དགའ་བ་རྣམས་རྗེས་སུ་བཟུང་བའི་ཕྱིར་དུ་བླ་མེད་ཀྱི་རྒྱུད་གསུངས། གསུམ་གའི་སྤྱོད་པ་ལ་དགའ་བ་རྣམས་རྗེས་སུ་བཟུང་བའི་ཕྱིར་དུ་རྣལ་འབྱོར་རྒྱུད་གསུངས་པའི་ཕྱིར་ཏེ། བྱ་རྒྱུད་ཀྱི་ལྷ་རྣམས་གཙོ་བོར་ཞི་བའི་ཉམས་དང་ལྡན། སྤྱོད་རྒྱུད་ཀྱི་ལྷ་རྣམས་ཁྲོ་བའི་ཉམས་དང་ལྡན། བླ་མེད་ཀྱི་ལྷ་རྣམས་གཙོ་བོར་ཆགས་པའི་ཉམས་དང་ལྡན། རྣལ་འབྱོར་རྒྱུད་ཀྱི་ལྷ་རྣམས་གཙོ་བོར་ཁྲོ་ཆགས་འདྲེས་མའི་ཉམས་དང་ལྡན་པའི་ཕྱིར། གཉིས་པ་ནི། རྒྱུད་ཉོན་མོངས་པའི་དབང་དུ་བྱས་ནས་རྒྱུད་སྡེ་ལ་བཞིར་གྲངས་ངེས་ཏེ། གཏི་མུག་ཅན་རྗེས་སུ་བཟུང་བའི་ཕྱིར་དུ་བྱ་རྒྱུད་གསུངས། ཞེ་སྡང་ཅན་རྗེས་སུ་བཟུང་བའི་ཕྱིར་དུ་སྤྱོད་རྒྱུད་གསུངས། འདོད་ཆགས་ཅན་རྗེས་སུ་བཟུང་བའི་ཕྱིར་དུ་བླ་མེད་ཀྱི་རྒྱུད་གསུངས། དུག་གསུམ་ཆ་མཉམ་ལ་སྤྱོད་པ་རྗེས་སུ་བཟུང་བའི་ཕྱིར་དུ་རྣལ་འབྱོར་རྒྱུད་གསུངས་པའི་ཕྱིར། གསུམ་པ་ནི། འདོད་པའི་ཆགས་པའི་བདེ་བ་ལམ་དུ་བྱེད་པའི་དབང་དུ་བྱས་ནས་རྒྱུད་སྡེ་ལ་བཞིར་ངེས་ཏེ། གཞན་འཕྲུལ་དབང་བྱེད་པ་རྣམས་ལྟས་པ་ཙམ་གྱིས་ཚིམ་པའི་ཆགས་པའི་བདེ་བ་ལམ་དུ་བྱེད་པའི་དབང་དུ་བྱས་ནས་བྱ་རྒྱུད་གསུངས། འཕྲུལ་དགའ་བ་རྣམས་དགོད་པ་ཙམ་གྱིས་ཚིམ་པའི་ཆགས་པའི་བདེ་བ་ལམ་དུ་བྱེད་པའི་དབང་དུ་བྱས་ནས་སྤྱོད་རྒྱུད་གསུངས། དགའ་ལྡན་པ་དང་འཐབ་བྲལ་བ་རྣམས་ལག་བཅངས་ཀྱིས་ཚིམ་པའི་ཆགས་བདེ་ལམ་དུ

བྱེད་པའི་དབང་དུ་བྱས་ནས་རྣལ་འབྱོར་གྱི་རྒྱུད་གསུངས། སུམ་ཅུ་རྩ་གསུམ་མན་ཆད་ཀྱི་ལྷ་མི་རྣམས་དབང་པོ་གཉིས་སྦྱོར་གྱི་བདེ་བས་ཚིམ་པའི་དབང་དུ་བྱས་ནས་བླ་མེད་ཀྱི་རྒྱུད་གསུངས་པའི་ཕྱིར། གསུམ་པ་ནི། གྲུབ་མཐའ་སྨྲ་བ་བཞི་དང་བསྟུན་ན། རྒྱུད་སྡེ་ལ་བཞིར་ངེས་ཏེ། བྱེ་བྲག་ཏུ་སྨྲ་བའི་ནང་ཚན་གནས་མ་བུའི་སྡེ་པ་རྣམས་རྟག་མི་རྟག་གང་དུ་ཡང་བརྗོད་དུ་མེད་པའི་བདག་ཁས་ལེན་པ་ལྟར། དམ་ཚིག་པ་དང་ཡེ་ཤེས་པ་གང་ཡང་མིན་པའི་ལྷ་ལ་རྗེ་དཔོན་གྱི་ཚུལ་གྱིས་དངོས་གྲུབ་ལེན་པའི་བསྐྱེད་ཚོག་གི་དབང་དུ་བྱས་ཏེ་བྱ་བའི་རྒྱུད་གསུངས། མདོ་སྡེ་པ་རྣམས་དོན་ཤེས་རྫས་ཅན་དུ་འདོད་པ་ལྟར། བདག་མདུན་གཉིས་དམ་ཚིག་པར་བསྐྱེད་དེ། གྲོགས་པོ་ལྟ་བུའི་དངོས་གྲུབ་ལེན་པའི་བསྐྱེད་ཚོག་གི་དབང་དུ་བྱས་ཏེ་སྤྱོད་པའི་རྒྱུད་གསུངས། སེམས་ཙམ་པ་རྣམས་ཕྱི་དོན་བདེན་པར་མེད་ཀྱང་ཤེས་པ་བདེན་གྲུབ་ཏུ་འདོད་པ་ལྟར་བདག་མདུན་ལྟར་བསྐྱེད་ཡེ་ཤེས་འཁོར་ལོ་སྤྱན་དྲངས། ཕྱག་རྒྱ་བཞིས་རྒྱས་བཏབ། ཐུན་མཚམས་སུ་ཡེ་ཤེས་པ་གཤེགས་གསོལ་བྱེད་པའི་བསྐྱེད་ཚོག་གི་དབང་དུ་བྱས་ཏེ། རྣལ་འབྱོར་གྱི་རྒྱུད་གསུངས་པ། དབུ་མ་པ་དོན་ཤེས་ཐམས་ཅད་དོན་དམ་པར་མ་གྲུབ་ཀྱང་། ཀུན་རྫོབ་ཏུ་གྲུབ་པར་ཁས་ལེན་པ་ལྟར། བདག་མདུན་ལྟར་བསྐྱེད་ཡེ་ཤེས་འཁོར་ལོ་སྤྱན་དྲངས་ཏེ། རིམ་གཉིས་ཀྱི་རྒྱས་བཏབ། ཐུན་མཚམས་ཡེ་ཤེས་པ་མི་གཤེགས་པའི་བསྐྱེད་ཚོག་གི་དབང་དུ་བྱས་ཏེ་བླ་མེད་ཀྱི་རྒྱུད་གསུངས་པའི་ཕྱིར། བཞི་པ་ནི། གང་ཟག་གི་སྒོ་ནས་རྒྱུད་སྡེ་ལ་བཞི་པོར་ངེས་ཏེ། གང་ཟག་དམན་པ་གཙང་སྦྲ་ལ་དགའ་བ་རྗེས་སུ་བཟུང་བའི་ཕྱིར་དུ་བྱ་རྒྱུད་གསུངས། དབང་འབྲིང་ལུས་ངག་གི་སྤྱོད་པ་གཙང་སྦྲ་དང་། ནང་གི་སྤྱོད་པ་ཏིང་ངེ་འཛིན་ལ་དགའ་བ་རྣམས་རྗེས་སུ་བཟུང་བའི་ཕྱིར་དུ་སྤྱོད་རྒྱུད་གསུངས། དབང་རབ་གཙོ་བོར་ཏིང་ངེ་འཛིན་ལ་དགའ་བ་རྗེས་སུ་བཟུང་བའི་ཕྱིར་དུ་རྣལ་འབྱོར་རྒྱུད་གསུངས། དབང་པོ་ཡང་རབ་རྗེས་སུ་བཟུང་བའི་ཕྱིར་དུ་བླ་མེད་ཀྱི་རྒྱུད་གསུངས་པའི་ཕྱིར། ལྔ་པ་ནི། དབང་གི་སྒོ་ནས་རྒྱུད་ལ་བཞི་པར་ངེས་ཏེ། རྒྱུད་སྡེ་བཞི་ལ་དབང་གི་ཐབས་མི་འདྲ་བ་བཞི་ཡོད་པའི་ཕྱིར། སླབ་བྱེད་བཤད་པའི་དོན། དྲུག་པ་ནི། ལམ་གྱི་སྒོ་ནས་རྒྱུད་སྡེ་པ་བཞིར་ངེས་ཏེ། རྒྱུད་སྡེ་བཞི་ལ་ལམ་གྱི་བབས་མི་འདྲ་བ་བཞི་ཡོད་པའི་ཕྱིར་ཏེ། བྱ་རྒྱུད་ཀྱི་སྐབས་སུ། དམ་ཡེ་གང་ཡང་མིན་པའི་ལྷ་ལ་རྗེ་དཔོན་གྱི་ཚུལ་གྱི་དངོས་གྲུབ་ལེན་པའི་ལམ་གྱི་ཐབས། སྤྱོད་རྒྱུད་དུ་བདག་མདུན་ལྟར་བསྐྱེད་དེ། ཡེ་ཤེས་སེམས་དཔའ་སྤྱན་མི་འདྲེན་པར་ལྷ་གྲོགས་པོ་ལྟ་བུ་ལ་དངོས་གྲུབ་ལེན་པའི་སྐབས་ལམ་གྱི་ཐབས། རྣལ་འབྱོར་རྒྱུད་དུ་གཉིས་ཀ་ལྟར་བསྐྱེད། ཡེ་ཤེས་འཁོར་ལོ་སྤྱན་དྲངས། ཕྱག་རྒྱ་བཞིའི་རྒྱས་བཏབ་སྟེ། དངོས་གྲུབ་ལེན་པའི་ལམ་གྱི་ཐབས། བླ་མེད་ཀྱི་སྐབས་སུ་རྣལ་འབྱོར་རྒྱུད་ལྟར་ལམ་རིམ་གཉིས་ཀྱིས་རྒྱས་བཏབ་སྟེ་དངོས་གྲུབ་ལེན་པའི་ལམ་གྱི་ཐབས་ཏེ་མི་འདྲ་བ་བཞི་ཡོད་པའི་ཕྱིར་ཏེ།

གཞུང་འདིར། དབང་དང་ལམ་གྱི་དབྱེ་བ་ཡི། །མི་འདྲའི་དབྱེ་བ་རྣམ་བཞི་ཡོད། །ཅེས་གསུངས་པའི་ཕྱིར།

གཉིས་པ་སོ་སོའི་རྣམ་གཞག་ལ། བཞི་ལས། དང་པོ་བྱ་རྒྱུད་ལ་གསུམ་སྟེ། དང་པོ་དེ་ནི། བདག་བསྐྱེད་དང་ཡེ་ཤེས་སེམས་དཔའི་བདེ་བ་མེད་པར། ཕྱི་རོལ་ལུས་ངག་གི་སྤྱོད་པ་གཙོ་བོར་སྟོན་པས། ལྷ་རྗེ་དཔོན་ལྟ་བུ་ལ་དངོས་གྲུབ་ལེན་པའི་ཚུལ་གཙོ་བོར་སྟོན་པའི་རྒྱུད་ཅེས་འཐད་དེ། ཡེ་ཤེས་རྡོ་རྗེ་ཀུན་བཏུས་ལས། བདག་ཉིད་ལྷའི་བསྙེན་པ་མེད་པ་དང་། ཡེ་ཤེས་སེམས་དཔའི་བདེ་བ་དམ་པ་མེད་པ་ནི། བྱ་བའི་རྒྱུད་ལ་བཞུགས་སོ༔ ༔ཞེས་གསུངས་པའི་ཕྱིར། གཉིས་པ་དབྱེ་བ་ལ། བྱ་བ་སྤྱི་དང་། སོ་སོའི་རྒྱུད་གཉིས། དང་པོ་ལ། དབང་ཆོག་གཙོ་བོར་སྟོན་པ་གསང་བ་སྤྱི་རྒྱུད། བསྙེད་ཆོག་གཙོ་བོར་སྟོན་པ་ལེགས་གྲུབ། མཚན་མེད་ཀྱི་རྣལ་འབྱོར་གཙོ་བོར་སྟོན་པ་བསམ་གཏན་ཕྱི་མ། དམ་ཚིག་གཙོ་བོར་སྟོན་པ་དམ་ཚིག་གསུམ་བཀོད་པའི་རྒྱལ་པོ། མཆོད་(དཔྱད་མ་དཔེ་གསལ་པོ་མེད།)མཆོག་གཙོ་བོར་སྟོན་པ་རིག་པ་མཆོག་གི་རྒྱུད་རྣམས་སོ། །གཉིས་པ་ལ་སྤྱན་རས་གཟིགས་པདྨ་དྲ་བ། དོན་ཞགས་ཀྱི་རྟོག་པ་སོགས་དུ་མ་ཡོད་དོ། །གསུམ་པ་ཚད་ནི་གཞུང་སྟོང་ཕྲག་བརྒྱད་ཡོད་དེ། ཡེ་ཤེས་རྡོ་རྗེ་ཀུན་བཏུས་ལས། རྟག་པའི་རྒྱུད་སྟོང་ཕྲག་བཞིའོ། །བྱ་བའི་རྒྱུད་ཀྱང་སྟོང་ཕྲག་བཞིའོ། ། ཞེས་གསུངས་པའི་ཕྱིར།

གཉིས་པ་སྤྱོད་རྒྱུད་ལ་གསུམ་གྱི་དང་པོ་ནི། བདག་མདུན་གཉིས་ཀ་ལྟར་བསྐྱེད་དེ། ཡེ་ཤེས་སེམས་དཔའི་བདེ་བ་མེད་པར་ལྷ་གྲོགས་པོ་ལྟ་བུས་དངོས་གྲུབ་ལེན་པའི་ཚུལ་གཙོ་བོར་སྟོན་པའི་རྒྱུད། ཅེས་འཇོག་གོ༔ ༔གཉིས་པ་ནི། སྐུའི་རིགས་རྣམ་པར་སྣང་མཛད་མངོན་པར་བྱང་ཆུབ་པ། གསུང་གི་རིགས་འཇམ་དཔལ་རྩ་རྒྱུད། ཐུགས་ཀྱི་རིགས་ཕྱག་རྡོར་དབང་བསྐུར་བའི་རྒྱུད་ལ་སོགས་པ་ཡོད་དོ། །གསུམ་པ་ནི་དེའི་རྒྱུད་ལ་སྟོང་ཕྲག་བརྒྱད་ཡོད་དེ། ཡེ་རྡོར་ལས། སྤྱོད་པའི་རྒྱུད་སྟོང་ཕྲག་བརྒྱད་དོ། །ཞེས་གསུངས་པའི་ཕྱིར། གསུམ་པ་རྣལ་འབྱོར་རྒྱུད་ལ་གསུམ་གྱི་དང་པོ་ནི། དབང་བཞི་དང་རིམ་གཉིས་མེད་པར། བདག་མདུན་གཉིས་ཀ་ལྟར་བསྐྱེད་དེ། ཡེ་ཤེས་སེམས་དཔའ་སྤྱན་དྲངས། ཕྱག་རྒྱ་བཞིའི་རྒྱས་བཏབ་པའི་རྣལ་འབྱོར་གཙོ་བོར་སྟོན་པའི་རྒྱུད། ཅེས་འཇོག་གོ། །གཉིས་པ་ལ། སྤྱིར་བསྟན་ལ། རྩ་རྒྱུད་དེ་ཉིད་འདུས་པ། བཤད་རྒྱུད་རྡོ་རྗེ་རྩེ་མོ། ཕྱོགས་མཐུན་གྱི་རྒྱུད་དཔལ་མཆོག་ལ་སོགས་པའོ། །གསུམ་པ་ནི་རྣལ་འབྱོར་རྒྱུད་ལ་དྲུག་བརྒྱ་ཡོད་དེ། ཡེ་རྡོར་ལས། རྣལ་འབྱོར་རྒྱུད་ནི་དྲུག་བརྒྱའོ། །ཞེས་གསུངས་པའི་ཕྱིར། བཞི་པ་བླ་མེད་ལ་གསུམ་གྱི་དང་པོ་ནི། དབང་བཞི་དང་རིམ་གཉིས་གཙོ་བོར་སྟོན་པའི་རྒྱུད། ཅེས་འཇོག་གོ། །གཉིས་པ་ལ། སྤྱིར་བསྟན་པ་དང་། སོ་སོའི་རང་བཞིན་གཉིས། དང་པོ་ལ། བུ་སྟོན་ཁ་ཆེ་དང་། ཙོང་ཁ་པའི་རྗེས་འབྲངས་རྣམས་ན་རེ། བླ་མེད་ཀྱི་

རྒྱུད་ལ། ཕ་རྒྱུད་མ་རྒྱུད་གཉིས་སུ་ཡོད་ཅིང་། མ་རྒྱུད་ལས་ཕ་རྒྱུད་ཟབ། དེ་ལས་ཀྱང་གསང་བ་འདུས་པ་ཆེས་ཟབ་པ་ཡིན་ཏེ། སྔགས་ལམ་ལ་བརྟེན་ནས། གང་ཟག་གཅིག་ཚེ་གཅིག་ལུས་གཅིག་ལ་སངས་རྒྱ་བ། ངེས་པར་གསང་བ་འདུས་པ་ལ་བརྟེན་དགོས་པའི་ཕྱིར་ཏེ། དཀྲ་ནག་དང་། གཤེད་དམར་ཚིག་མཐུན་པར། རྒྱུད་ཀྱི་མཐར་ཐུག་འདུས་པ་སྟེ། །མ་བྱུང་འབྱུང་བར་མི་འགྱུར་རོ། །ཞེས་གསུངས་པའི་ཕྱིར། ཞེས་ཟེར་རོ། །དཔལ་འཇིགས་མེད་གྲགས་པའི་བཞེད་པས། བླ་མེད་ཀྱི་རྒྱུད་ལ། ཕ་རྒྱུད། མ་རྒྱུད། གཉིས་མེད་ཀྱི་རྒྱུད་དང་གསུམ། དང་པོ་ནི། གསང་བ་འདུས་པ་གཤེད་སྐོར། རྣམ་སྣང་རྒྱ་འཕྲུལ་དྲ་བའི་རྒྱུད་ལྟ་བུ། གཉིས་པ་ནི། བདེ་མཆོག །གདན་བཞི། སངས་རྒྱས་མཉམ་སྦྱོར། སངས་རྒྱས་ཐོད་པ་ལ་སོགས་པའི་རྒྱུད་ལྟ་བུ། གསུམ་པ་ལ། ཟབ་པ་གཉིས་སུ་མེད་པ་དང་། རྒྱ་ཆེ་བ་གཉིས་སུ་མེད་པའི་རྒྱུད་དང་གཉིས། དང་པོ་ཀྱེ་རྡོར། གཉིས་པ་དུས་ཀྱི་འཁོར་ལོ་ལྟ་བུའོ། །ཞེས་གསུངས།

རང་ལུགས་འགྲེལ་པའི་དྲི་མ་ཟད་པ་རྗེ་བཙུན་ས་སྐྱ་པའི་བཞེད་པ་ལ། དྲང་དོན་ལ་གཉིས་སུ་དབྱེ་བ་དང་། ངེས་དོན་ལ་གཅིག་ཏུ་སྒྲུབ་པའོ། །དང་པོ་ལ། ཕ་རྒྱུད་དང་། མ་རྒྱུད་གཉིས། དེ་གཉིས་ལ་གླེང་གཞི་མི་འདྲ་བའི་ཁྱད་པར་ཡོད་དེ། གསང་བ་འདུས་པ་སོགས། ཕ་རྒྱུད་རྣམས་ཀྱི་གླེང་གཞིར། འདི་སྐད་བདག་ཐོས་ཡོད་པ་གཙོ་ཆེ། བདེ་མཆོག་སོགས་མ་རྒྱུད་རྣམས་སུ། གསང་བ་མཆོག་གི་བགྱིས་པ་ན། །ཞེས་འབྱུང་བ་གཙོ་ཆེ་བའི་ཕྱིར་ཏེ། ནག་པོ་སྤྱོད་པའི་དེ་ཁོ་ན་ཉིད་བསྡུས་པ་ལས། རྣལ་འབྱོར་རྒྱུད་དུ་དེ་བཞིན་གཤེགས། །འདི་སྐད་ལ་སོགས་གསུངས་པ་གང་། །དེ་ཉིད་རྣལ་འབྱོར་ཕ་རྒྱུད་དུ། །གསང་བ་མཆོག་གི་བགྱིས་པ་ན། །ཐམས་ཅད་བདག་ཉིད་རྟག་ཏུ་བཞུགས། །ཞེས་གསུངས་པའི་ཕྱིར། ལྷ་ཕོ་མོའི་ཁྱད་པར་ཡོད་དེ། ཕ་རྒྱུད་རྣམས་སུ་ཡབ་གཙོ་བོར་གྱུར་ཞིང་། འཁོར་རྣམས་ཀྱང་ཡབ་ཀྱི་ལྷ་གྲངས་མང་བ་གཙོ་ཆེ། མ་རྒྱུད་རྣམས་སུ་ཡུམ་གཙོ་བོར་གྱུར་ཞིང་། འཁོར་རྣམས་ཀྱང་ཡུམ་གྱི་ལྷ་གྲངས་མང་བ་གཙོ་ཆེ་བའི་ཕྱིར་ཏེ། རྡོ་རྗེ་གུར་ལས། མཁའ་འགྲོ་མ་ཉིད་དམ་པ་ཡི། །མཁའ་འགྲོ་ལྷ་ནི་རབ་གྲུབ་ཕྱིར། །མཁའ་འགྲོ་མ་ཡི་རྒྱུད་ཅེས་བྱ། །ཞེས་གསུངས་པའི་ཕྱིར། གདུལ་བྱའི་ཁྱད་པར་ཡོད་དེ། ཕ་རྒྱུད་རྣམས་གཙོ་བོར་སྐྱེས་པ་འདུལ་བའི་ཕྱིར། ཞུ་བ་པོ་སྐྱེས་པས་ཞུས་པ་གཙོ་ཆེ། མ་རྒྱུད་རྣམས་གཙོ་བོར་བུད་མེད་རྗེས་སུ་བཟུང་བའི་ཕྱིར་དུ་ཞུ་བ་པོ་བུད་མེད་ཀྱིས་ཞུས་པ་གཙོ་ཆེ་བའི་ཕྱིར་ཏེ། འདུས་པ་ཕྱི་མ་ལས། ཕྱི་ནས་རྣལ་འབྱོར་མ་རྒྱུད་ཉིད། །དེ་ནི་བུད་མེད་བཟུང་བའི་ཕྱིར། །ཞེས་དང་། རྡོ་རྗེ་གུར་ལས། སྐྱེས་པ་རྣམས་ནི་འདུལ་བའི་ཕྱིར། །རྣལ་འབྱོར་གྱི་ནི་རྒྱུད་བཤད་དོ། །བཙུན་མོ་རྣམས་ནི་བཟུང་བའི་ཕྱིར། །རྣལ་འབྱོར་མའི་རྒྱུད་ཅེས་བྱ། །ཞེས་གསུངས་པའི་ཕྱིར། བརྗོད་བྱ་རིམ་གཉིས

སྟོན་ཚུལ་ལ་ཁྱད་པར་ཡོད་དེ། ཕ་རྒྱུད་དུ་བསྐྱེད་རིམ་གསལ་པོར་རྒྱས་པར་བསྟན་ནས། རྫོགས་རིམ་མི་གསལ་བར་བསྟུས་ཏེ་བསྟན། མ་རྒྱུད་དུ་རྫོགས་རིམ་གསལ་པོར་རྒྱས་པར་བསྟན་ནས། བསྐྱེད་རིམ་མི་གསལ་བར་བསྡུས་ཏེ་བསྟན་པའི་ཕྱིར། ནག་པོ་སྤྱོད་པའི་དེ་ཁོ་ན་ཉིད་བསྡུས་པ་ལས། བསྐྱེད་དང་རྫོགས་པའི་དབྱེ་བ་ཡིས། །རྣལ་འབྱོར་ཕ་དང་རྣལ་འབྱོར་མའོ། །བསྐྱེད་པ་རྣལ་འབྱོར་ཕ་ཞེས་བྱ། །རྫོགས་པ་རྣལ་འབྱོར་མ་ཞེས་གྲགས། །ཞེས་གསུངས་པའི་ཕྱིར། དེ་ཉིད་ལ་རྫོགས་རིམ་མི་འདྲ་བའི་ཁྱད་པར་ཡོད་དེ། ཕ་རྒྱུད་དུ་རགས་པ་ཕུང་ཁམས་སྐྱེ་མཆེད་སྦྱོང་ཚུལ་གཙོ་བོར་སྟོན། མ་རྒྱུད་དུ་ཕྲ་བ་རྩ་ཐིག་རླུང་གསུམ་སྦྱོང་ཚུལ་གཙོ་བོར་བསྟན་པའི་ཕྱིར། མདོར་ན་ཕུང་པོ་ལྔ་རྒྱལ་བ། །དེ་བཞིན་གཤེགས་པ་ཐམས་ཅད་ཡིན། །ཞེས་དང་། བདེ་མཆོག་ལས། འདི་དག་གཞན་དུ་མཁའ་འགྲོ་མ། །རྩ་གཟུགས་མཛེས་པ་མང་དག་གནས། །ཞེས་གསུངས་པའི་ཕྱིར། དེ་ཉིད་ལས། ཐབས་ཤེས་སྟོན་ཚུལ་གྱི་སྒོ་ནས་ཁྱད་པར་ཡོད་དེ། ཕ་རྒྱུད་ལས་ཐབས་གཙོ་བོར་བསྟན་ནས་ཤེས་རབ་སྦྲས་པའི་ཚུལ་དུ་བསྟན། མ་རྒྱུད་དུ་ཤེས་རབ་གཙོ་བོར་བསྟན་ནས་ཐབས་སྦྲས་པའི་ཚུལ་དུ་བསྟན་པའི་ཕྱིར་ཏེ༑ བདག་ཉིད། ཐབས་དང་ཤེས་རབ་བདག་ཉིད་རྒྱུད། །ཅེས་གསུངས་པའི་ཕྱིར།

གཉིས་པ་ངེས་དོན་ལ་གཅིག་ཏུ་བསྡུ་བའི་ཚུལ་ནི། བླ་མེད་ཀྱི་རྒྱུད་ཐམས་ཅད་གཅིག་ཏུ་སྟེ། དེ་ཐམས་ཅད་གཉིས་སུ་མེད་པའི་རྒྱུད་དུ་འདུས་པའི་ཕྱིར། ཇི་སྐད་དུ། ཀྱེའི་རྡོ་རྗེའི་རྒྱུད་རྒྱས་པ་འབུམ་ཕྲག་ལྔ་པ་ལས། གང་དུ་ཐབས་ནི་ཀུན་སྤྱོད་ཅིང་། །ཤེས་རབ་གནས་པར་སྤྱོད་པ་ནི། །ཀུན་རྫོབ་རྣལ་འབྱོར་ཕ་རྒྱུད་དུ། །གང་ཡིན་དེ་ནི་ང་ཡིས་བཤད། །གང་དུ་ཤེས་རབ་ཀུན་སྤྱོད་ཅིང་། །ཐབས་ནི་གནས་པར་སྤྱོད་པ་ནི། །ཀུན་རྫོབ་རྣལ་འབྱོར་མ་རྒྱུད་དུ། །གང་ཡིན་དེ་ནི་ང་ཡིས་བཤད། །ཀྱེའི་རྡོ་རྗེ་ཕྱོགས་གཅིག་མིན། །དོན་གྱི་འདུས་པ་ལ་སོགས་པ། །ཤེས་རབ་ཐབས་ཀྱི་བདག་ཉིད་དོ། །ཞེས་དང་། འགྲེལ་ཆེན་དྲི་མེད་འོད་ལས། རྣལ་འབྱོར་མ་དང་རྣལ་འབྱོར་གྱི་རྒྱུད་ཅེས་ཡོད། ཀུན་རྫོབ་ཀྱི་གང་དུ་རྣལ་འབྱོར་མ་རྣམས་ཡང་དག་པར་རྒྱུ་ཞིང་། ཐབས་མི་གཡོ་བ་ནི་རྣལ་འབྱོར་མའི་རྒྱུད་ཅེས་བྱའོ། །གང་དུ་ཐབས་ཡང་དག་པར་རྒྱུ་ཞིང་། ཤེས་རབ་མི་གཡོ་བ་ནི། ཐབས་ཀྱི་རྒྱུད་ཅེས་བྱའོ། །རང་གིས་ངེས་ནས་ཐམས་ཅད་ཀྱང་ཐབས་དང་ཤེས་རབ་ཀྱི་བདག་ཉིད་ཀྱི་རྒྱུད་ཅེས་བྱའོ། །ཞེས་གསུངས་པའི་ཕྱིར།

གཉིས་པ་སོ་སོའི་རང་བཞིན་ལ། ཕ་རྒྱུད། མ་རྒྱུད། གཉིས་མེད་རྒྱུད་དང་གསུམ། དང་པོ་ནི། བླ་བཟང་ཐིག་ལེའི་རྒྱུད་ལས། འདོད་ཆགས་ཞེ་སྡང་གཏི་མུག་གིས། །རྒྱུད་ཀྱང་རྣམ་པ་གསུམ་དུ་གྲགས། །ཞེས་གསུངས་པ་ལྟར། འདོད་ཆགས་ཅན་འདུལ་བའི་ཆེད་དང་། གསང་བ་འདུས་པའི་རྒྱུད། ཞེ་སྡང་ཅན་འདུལ་བའི་ཆེད་

དུ་ག་ཤིན་རྗེ་གཤེད་ཀྱི་རྒྱུད། གཏི་མུག་ཅན་འདུལ་བའི་ཆེད་དུ་རྣམ་སྣང་སྒྱུ་འཕྲུལ་དྲ་བ་རྣམས་གསུངས་སོ། །
དང་པོ་ལ། རྩ་རྒྱུད་ལེའུ་བཅུ་བདུན་མ། བཤད་རྒྱུད་ཡེ་ཤེས་རྡོ་རྗེ་ཀུན་ལས་བཏུས། དགོངས་པ་ལུང་སྟོན་པ།
ལྷ་མོ་བཞིས་ཞུས། རྡོ་རྗེ་སྙིང་པོ་རྒྱན་གྱི་རྒྱུད། བཤད་རྒྱུད་རྡོ་རྗེ་ཕྲེང་བ། འདུས་པའི་རྒྱུད་ཕྱི་མ་སྟེ་བདུན་ནོ། །
གཉིས་པ་བཤད་དེ་བགོད་པ་ལ། རྩ་རྒྱུད་དགྲ་ནག་ལེའུ་བཅུ་བདུན་མ། བཤད་རྒྱུད་ལ་ནག་པོའི་སྐོར་ནི། གདོང་
དྲུག་དང་། རྟོགས་བདུན་གཉིས་སོ། །དཀར་པོའི་སྐོར་ལ། ལེའུ་བཅུ་དགུ་མ་དང་། ཉེར་གཅིག་མ་གཉིས་སོ། །
གསུམ་པ་སྒྱུ་འཕྲུལ་དྲ་བ་ལ། རྩ་རྒྱུད་དང་བཤད་རྒྱུད་གཉིས། གཉིས་པ་མ་རྒྱུད་ལ། ཧེ་རུ་ཀའི་རིགས་ཀྱི་
རྒྱུད། ཧྲག་པའི། རྡོ་རྗེ་ཉི་མའི། པདྨ་གར་དབང་གི། ཧ་མཆོག་གི། རིགས་ཐམས་ཅད་འདུས་པ། རྡོ་རྗེ་བདེ་
བའི་རིགས་རྒྱུད་དང་དྲུག་གོ། །དང་པོ་ལ། ཀྱེའི་རྡོ་རྗེ། བདེ་མཆོག །ཨ་ར་ལི། གདན་བཞི། དུས་ཀྱི་འཁོར་
ལོ་དང་དྲུག །དང་པོ་ལ། རྩ་བའི་རྒྱུད་བརྟག་པ་གཉིས་པ། བཤད་རྒྱུད་ཐུན་མོང་བ་སཾ་བུ་ཊ། ཐུན་མོང་མིན་
པ་རྡོ་རྗེ་གུར་གཉིས་སོ། །གཉིས་པ་ལ། རྣལ་འབྱོར་གསང་མཐའི། མཁའ་འགྲོ་རྒྱ་མཚོའི། སྡོམ་བྱུང་གི།
སངས་རྒྱས་མཉམ་སྦྱོར་གྱི། སངས་རྒྱས་ཐོད་པའི་རྒྱུད་ལྔའོ། །དང་པོ་ལ། རྩ་བའི་རྒྱུད་བདེ་མཆོག་རྩ་རྒྱུད།
བཤད་པའི་རྒྱུད་ལ་ཧེ་རུ་ཀ་མངོན་བྱུང་གི། ཕག་མོ་མངོན་བྱུང་གི། རྡོ་རྗེ་མཁའ་འགྲོ་མ་ཀུན་སྤྱོད་ཀྱི། ཨ་བྷི་དྷ་
ནའི་རྒྱུད་དང་བཞིའོ། །གཉིས་པ་མཁའ་འགྲོ་རྒྱ་མཚོ་དུས་འཁོར་དང་ཆ་མཐུན། གསུམ་པ་སྡོམ་བྱུང་གསང་འདུས་
དང་ཆ་མཐུན། བཞི་པ་དང་ལྔ་པ་གདན་བཞི་དང་ཆ་མཐུན། གསུམ་པ་ཨ་ར་ལིའི་རྒྱུད་ལ། རྡོ་རྗེ་ར་ལིའི།
རིགས་ར་ལིའི། ཐིག་ལེ་ར་ལིའི་རྒྱུད་དང་གསུམ། བཞི་པ་ཐིག་ལེའི་རྒྱུད་ལ། ཡེ་ཤེས་ཐིག་ལེ། ཕྱག་ཆེན་
ཐིག་ལེ། ཟླ་བཟང་ཐིག་ལེའི་རྒྱུད་དང་གསུམ་མོ། །ལྔ་པ་དུས་ཀྱི་འཁོར་ལོའི་རྒྱུད་ལ། རྩ་རྒྱུད་རྒྱས་པ་སྟོང་
ཕྲག་བཅུ་གཉིས་པ་དང་། རྩ་རྒྱུད་དུམ་བུ་ལྔ་པ་གཉིས། གཉིས་པ་བཤད་རྒྱུད་ལ། གསང་བ་འདུས་པའི་དུས་
ཀྱི་འཁོར་ལོ། རྒྱུ་འཕྲུལ་དྲ་བའི་འཁོར་ལོ་སྡོམ་བྱུང་གི། དཔལ་ལྡན་རྒྱུ་སྐར་གྱི། དུས་འཁོར་རྩ་བའི་དུས་འཁོར་
དང་ལྔའོ། །གཉིས་པ་ཧྲགས་པའི་རིགས་ཀྱི་རྒྱུད་ནི། རྡོ་རྗེ་གདན་བཞི་དང་། མི་གཡོ་བ་བླ་མེད་ཀྱི་རྒྱུད་ལྔ་
བུའོ། །གསུམ་པ། རྡོ་རྗེ་ཉི་མའི་རིགས་ཀྱི་རྒྱུད་ནི། རྡོ་རྗེ་བདུད་རྩིའི་རྒྱུད་ལྔ་བུའོ། །བཞི་པ་པདྨ་གར་དབང་
གི་རིགས་ཀྱི་རྒྱུད་ནི། ཀུ་རུ་ཀུ་ལེའི་རྟོག་པ་དང་། འཇིག་རྟེན་མགོན་པོ་ལྔ་པའི་རྟོག་པ་ལྔ་བུའོ། །ལྔ་པ་ཧ་མཆོག
གི་རིགས་ཀྱི་རྒྱུད་ནི། སྒྲོལ་མ་བླ་མེད་ཀྱི་རྒྱུད་ལྔ་བུའོ། །དྲུག་པ་རིགས་ཐམས་ཅད་འདུས་པ་རྡོ་རྗེ་སེམས་དཔའི་
རིགས་ཀྱི་རྒྱུད་ནི། དཔལ་ནམ་མཁའ་དང་མཉམ་པའི་རྒྱུད་ལྔ་བུའོ། །

གསུམ་པ་གཉིས་མེད་ཀྱི་རྒྱུད་གཏན་ལ་དབབ་པ་ལ། རྒྱུད་ཀྱི་ངེས་ཚིག་དང་། ཐེ་བྲག་ཏུ་ཀྱེའི་རྡོ་རྗེའི་

རྒྱུད་བཤད་པ་གཉིས། དང་པོ་ལ། རྩ་བའི་རྒྱུད་དང་། བཤད་པའི་རྒྱུད་དུ་འགྱུར་ཚུལ། རྒྱུད་ཀྱི་བཞུགས་ཚུལ། རྒྱས་བསྡུས་ཀྱི་ཁྱད་པར། རྒྱུད་ཀྱི་ཚད་དང་བཞི། དང་པོ་ལ། མཚན་ཉིད། དབྱེ་བ། བཤད་རྒྱུད་དུ་འགྱུར་ཚུལ་དང་གསུམ། དང་པོ་ནི། རྒྱུད་གང་ཞིག་དང་པོར་བྱུང་ཞིང་། རྒྱུད་ཕྱི་མ་རྣམས་ཀྱི་བཤད་གཞིར་གྱུར་པའོ། །རྩ་རྒྱུད་ཀྱི་རྗེས་སུ་བྱུང་ཞིང་། འཆད་བྱེད་དུ་འཇུག་པའི་རྒྱུད་དེ་བཤད་རྒྱུད་ཀྱི་མཚན་གཞི། གཉིས་པ་ལ། རྩ་རྒྱུད་ལ་དབྱེ་ན། དེ་རྒྱས་པ་དང་། བསྡུས་པ་གཉིས། དང་པོ་ནི། རྡོ་རྗེ་འཆང་གིས་རྒྱུད་གསུངས་པའི་དུས་ཀྱི་འཁོར་རྣམས་ལ་གསུངས་པའི་རྒྱུད་ལྟ་བུའོ། །གཉིས་པ་ནི། བློ་དམན་ཞིང་། ཚེ་ཐུང་བ། མ་འོངས་པའི་གདུལ་བྱ་ལ་གསུངས་པའི་རྒྱུད་ལྟ་བུའོ། །གཉིས་པ་བཤད་པའི་རྒྱུད་ལ་དབྱེ་ན། དེ་ཐུན་མོང་བ་དང་། ཐུན་མོང་མིན་པ་གཉིས། དང་པོ་ནི། བླ་མེད་ཀྱི་རྒྱུད་ཕྱི་མ་གསལ་བར་བྱེད་པའི་རྒྱུད་ལྟ་བུའོ། །གསུམ་པ་ནི། རང་གི་རྩ་རྒྱུད་ཁོ་ན་གསལ་བར་བྱེད་པའི་རྒྱུད་ལྟ་བུའོ། །

གསུམ་པ་བཤད་རྒྱུད་དུ་འགྱུར་ཚུལ་ལ། རྣམ་པ་དྲུག་ཡོད་དེ། མི་གསལ་བ་གསལ་བར་དགེ་བའི། མ་ཚང་བ་ཁ་སྐང་བའི། ཚུལ་མི་འདྲ་བ་གསལ་བར་བྱེད་པའི། དོན་བསྡུས་ཏེ་སྟོན་པའི། ཆ་མཐུན་ངེས་པ་བསྐྱེད་པའི། ཚིག་དང་དོན་ལ་ངེས་པ་བསྐྱེད་པའི་བཤད་རྒྱུད་དང་དྲུག་ཡོད་པའི་ཕྱིར་ཏེ། དང་པོ་ནི། བརྟག་གཉིས་ལས། གང་གི་དབང་ནི་རབ་དབྱེ་བས། །རང་གི་བསྐྱེད་པའི་ཆོ་ག་སྦྱིན། །ཞེས་པ་ཙམ་ལས་མ་གསུངས་ཀྱང་། སམ་ཊི་ལས། ཁ་སྐང་སྟེ་གསལ་བར་བྱེད་པ་ལྟ་བུའོ། །གཉིས་པ་མ་ཚང་བ་ཁ་སྐང་བ་ནི། བརྟག་གཉིས་སུ་ཚིག་མི་གསལ་བ་རྣམས། གུར་དུ་གསལ་བར་ཕྱེ་བ་ལྟ་བུའོ། །གསུམ་པ་ཚུལ་མི་འདྲ་བ་ནི། བརྟག་གཉིས་དང་གུར་གཉིས། ལྷ་མོ་བརྒྱད་ཀྱི་ཁ་དོག་དང་ཕྱག་མཚན་མི་འདྲ་བ་སོ་སོར་སྟོན་པ་ལྟ་བུའོ། །གསུམ་པ་དོན་བསྡུ་བ་ནི། བརྟག་གཉིས་སུ་སྤྱོད་པ་རྒྱས་པ་བསྟན་པ། གུར་དུ་བསྡུས་ཏེ་བསྟན་པ་ལྟ་བུའོ། །ལྔ་པ་ཆ་མཐུན་པ་ནི། གུར་བརྟག་གཉིས། ལྷ་མོ་བཅོ་ལྔའི་བསྐྱེད་ཚུལ། ཆ་མཐུན་པར་སྟོན་པ་ལྟ་བུའོ། །དྲུག་པ་ཚིག་ལ་ངེས་པ་བསྐྱེད་པ་ནི། ཉེ་རྒྱུའི་མཚམས་སྦྱོར་རྣམས་བརྟག་གཉིས་སུ་བསྡུས་པ་དང་། གུར་དུ་རྒྱས་པར་བསྟན་པ་ལྟ་བུའོ། །གཉིས་པ་བཞུགས་ཚུལ་ལ། སྐྱེ་བའི་རིམ་པའི་དབང་དུ་བྱས་པའི། སྡུད་པའི་རིམ་པའི་དབང་དུ་བྱས་པའི། དཀྱུགས་བཤད་དུ་སྡེབས་པའི། བཞུགས་ཚུལ་དང་གསུམ། གསུམ་པ་རྒྱས་བསྡུས་ཀྱི་ཁྱད་པར་ལ། དོན་གྱི་དབང་དུ་བྱས་པ་དང་། ཚིག་གི་དབང་དུ་བྱས་པ་གཉིས་སོ། །བཞི་པ་ཚད་ལ། ཤློ་ཀ་གཅིག་ལ་ཚིག་རྐང་པ་གཉིས་པ། གསུམ་པ། བཞི་པ། ལྔ་པ། དྲུག་པ་བྱས་པ་སོགས་ལུགས་ཐ་དད་ཀྱི་སྒོ་ནས་འཇོག་གོ །

གཉིས་པ་བྱེ་བྲག་ཏུ་ཀྱེའི་རྡོ་རྗེའི་རྒྱུད་གཏན་ལ་དབབ་པ་དང་། རྩ་བཤད་ཀྱི་ཁྱད་པར། བཞུགས་པའི་

ཚུལ། མདོ་རྒྱས་བསྡུས་ཀྱི་ཁྱད་པར། གཞུང་གི་ཚད་དང་བཞིའོ། །དང་པོ་ལ་གཉིས་ལས། རྩ་བ་ལ། རྒྱས་པ་དང་བསྡུས་པ་གཉིས། དང་པོ་ནི། ཤློ་ཀ་འབུམ་ཕྲག་ལྔ་ཡོད་པ། ལེའུ་སྟོང་ཕྲག་སུམ་ཅུ་ཡོད་པ། རྟག་པ་པོ་གཉིས་ཡོད་པའི་རྒྱུད་ད་ལྟ་བོད་ན་མ་འགྱུར་བ་ལ་འཇོག་སྟེ། གུར་ལས། འབུམ་ཕྲག་ལྔའི་རྒྱ་མཚོ་ཆེ། །ཨེ་མ་རྒྱུད་ཀྱི་རྒྱས་བཏབ་པ། །ཞེས་དང་། སྟོང་ཕྲག་སུམ་ཅུའི་གྲངས་ཀྱི་ནི། །འབུམ་ཕྲག་ལྔའི་རྒྱ་མཚོ་ཆེ། །ཞེས་དང་། རྡོ་རྗེ་སྙིང་པོ་མངོན་པར་བྱང་ཆུབ་བརྟག་པའི་རྒྱལ་པོ་དང་པོ་ཉིད། །ཅེས་པ་ནས། བརྟག་པ་སུམ་ཅུ་པར་ཡང་བཤད། ཅེས་པའི་བར་དང་། བརྟག་གཉིས་ལས། བརྟག་པ་སུམ་ཅུ་རྩ་གཉིས་ལས་ཕྱུང་བ་ཞེས་གསུངས་པའི་ཕྱིར། གཉིས་པ། རྩ་རྒྱུད་བསྡུས་པ་ནི། བརྟག་པ་གཉིས་ཡོད་པ། ལེའུ་ཉི་ཤུ་རྩ་གསུམ་པ། ཤློ་ཀ་བདུན་བརྒྱ་ལྔ་བཅུ་པ། དེང་སང་བརྟག་གཉིས་སུ་གྲགས་པ་འདི་ལ་འཇོག་གོ། །འོ་ན་འདི་རྒྱུད་རྒྱས་པ་ལས་ཕྱུང་བ་ཡིན་ནམ། རྒྱུད་ལོགས་པར་འདོད་ཅེ་ན། དེ་ལ། བལ་པོ་ཟམ་མཐིང་པ་ནི། ཕྱི་མ་ཡིན་ཏེ། རྒྱས་པ་ལ། བརྟག་པ་སོ་གཉིས་པ། དེ་འོག་བཅུ་གཉིས་པ། དེ་འོག་དགུ་པ། དེ་འོག་གཉིས་པའོ། །ཞེས་གསུངས་པ་མི་འཐད་དེ། བརྟག་གཉིས་ལས། རྒྱུད་ཀྱི་རྒྱལ་པོ་ཆེན་པོ། སྒྱུ་མའི་བརྟག་པ་ཞེས་བྱ་བ། བརྟག་པ་སུམ་ཅུ་རྩ་གཉིས་ལས་ཕྱུང་བ། ཞེས་པ་དང་འགལ་བའི་ཕྱིར། དཔལ་ནཱ་རོ་པ་ལ་སོགས་པའི་བཞེད་པས། འདི་རྒྱུད་རྒྱས་པའི་བརྟག་པ་དང་པོ་གཉིས་ཡིན་ཏེ། གུར་ལས། རྡོ་རྗེ་སྙིང་པོ་མངོན་བྱང་ཆུབ། །བརྟག་པའི་རྒྱལ་པོ་དང་པོ་ཉིད། །སྒྱུ་མའི་བརྟག་པ་གཉིས་པ་སྟེ། །ཞེས་དང་། བརྟག་གཉིས་ལས། རྡོ་རྗེ་སྙིང་པོ་མངོན་པར་བྱང་ཆུབ་པ་ཞེས་བྱ་བ། བརྟག་པའི་རྒྱལ་པོ་ཆེན་པོ་སྒྱུ་མའི་བརྟག་པ་ཞེས་གསུངས་པ་དང་མི་མཐུན་པའི་ཕྱིར་དང་། འདི་ལ་རྒྱུད་ཀྱི་ཐོག་མར་འབྱུང་བའི་གླེང་གཞི་ཡོད་པའི་ཕྱིར། ཞེས་གསུངས་པ་ཡང་མི་རིགས་ཏེ། བརྟག་གཉིས་ཀྱི་ལེའུ་བཅུ་གཅིག་ཡོད་པའི་ཕྱིར། གོང་དུ་བརྟག་པ་བཅུ་གཉིས་པར། །རྒྱས་པར་གསུངས་པ་མདོ་རུ་བསྡུ། །ཞེས་དང་། གོང་མའི་རྒྱུད་ཀྱི་ཚིག་རིམ་པས། །མཚོན་ཡོན་ཞབས་བསིལ་གོང་མ་བཞིན། །ཞེས་གསུངས་པ་དང་འགལ་བའི་ཕྱིར། །དེས་ན་འདི་རྒྱས་པའི་བརྟག་པ་ཐ་མ་གཉིས་ཡིན་ཏེ། བརྟག་གཉིས་ལས། བརྟག་པ་སུམ་ཅུ་རྩ་གཉིས་ལས་ཕྱུང་བ། །ཞེས་དང་། གུར་ལས། བརྟག་པ་སུམ་ཅུ་པར་ཡང་བཤད། །ཅེས་སུམ་ཅུ་པའི་མིང་གསུངས་པའི་རྗེས་ལ། མཁའ་འགྲོ་མཁའ་འགྲོ་མ་རྣམས་ཀྱི། །དག་པའི་སྙིང་པོ་ཡོངས་བསྡུས་པ། །རྡོ་རྗེ་མཁའ་འགྲོས་གསུངས་པ་སྟེ། །འདི་ནི་རྒྱུད་ཀྱི་ངེས་པའོ། །ཞེས་གསུངས་པའི་ཕྱིར།

གཉིས་པ་བཤད་རྒྱུད་ལ་གཉིས་ལས། ཐུན་མོང་མིན་པ་ནི། རྡོ་རྗེ་གུར་དེ། བརྟག་གཉིས་ཁོ་ནའི་བཤད་རྒྱུད་ཡིན་པ་ལྟ་བུའོ། །ཐུན་མོང་བ་ནི། སཾ་བུ་ཊི་དེ། རྒྱུད་སྡེ་དུ་མའི་བཤད་རྒྱུད་ཡིན་པ་ལྟ་བུའོ། །རྒྱལ་

པོ་ཨིནྡྲ་བྷུ་ཏིའི་བཞེད་པས། འདི་རྒྱུད་སྡེ་འབུམ་ཕྲག་སུམ་ཅུ་རྩ་དྲུག་གི་བཤད་རྒྱུད་དུ་འཆད་དོ། །གཉིས་པ་རྒྱུད་ཀྱི་བཞུགས་ཚུལ་ནི། བརྟག་གཉིས་སྐྱེ་བའི་རིམ་པ་དང་མཐུན་པར་གྱུར། འཛུག་པའི་རིམ་པ་དང་མཐུན་པར་བཞུགས། སཾ་ཊི་དཀྱུགས་བཤད་ཀྱི་ཚུལ་དུ་བཞུགས་སོ། །བཞི་པ་ཚད་ནི། བརྟག་གཉིས་ལ་ཤློ་ཀ་བདུན་བརྒྱ་ལྔ་བཅུ། གུར་ལ་སྟོང་ཉེར་ལྔ། སཾ་ཊི་ལ་ཉིས་སྟོང་བརྒྱད་བརྒྱ་དང་གསུམ་ཡོད་དོ། །བཞི་པ་བླ་མེད་ཀྱི་རྒྱུད་ཀྱི་ཚད་ནི། ཕ་རྒྱུད་བྱེ་བ་དྲུག །མ་རྒྱུད་བྱེ་བ་བཅུ་དྲུག་ཡོད་དེ། བདེ་མཆོག་སྡོམ་བྱུང་ལས། རྣལ་འབྱོར་རྒྱུད་རྣམས་ཀྱི་ནི་ཚད། །བྱེ་བ་ཕྲག་ནི་དྲུག་ཏུ་ངེས། །དེ་བཞིན་རྣལ་འབྱོར་མ་རྒྱུད་གྲངས། །བྱེ་བ་ཕྲག་ནི་བཅུ་དྲུག་གྲངས། །དེ་བཞིན་ཕ་རོལ་ཕྱིན་པའི་ཚུལ། །ས་ཡ་དང་ནི་དུང་ཕྱུར་ལྔ། །ཐེག་ཆེན་ལས་གཞན་མདོ་སྡེ་རྣམས། །དུང་ཕྱུར་ཕྲག་བརྒྱད་གསུངས་པ་ཡིན། །ཞེས་བཤད་པའི་ཕྱིར།

གཉིས་པ་རྒྱུད་འཆད་ཐབས་ཀྱི་མན་ངག་ལ། རྒྱུད་དང་པོར་བྱུང་བའི་ཚུལ་དང་། འཆད་ཐབས་ཀྱི་མན་ངག་དངོས་ལ་དཔྱད་པ་གཉིས། དང་པོ་ལ། གཞན་གྱི་འདོད་པ་དགག་པ་དང་། རང་ལུགས་ཐེག་ཆེན་ཐུན་མོང་མིན་པའི་ལུགས་སུ་བཤད་པ་གཉིས། དང་པོ་ལ། ཉན་ཐོས་སྡེ་པའི་འདོད་པ་དགག་པ། ཐེག་ཆེན་ཐུན་མོང་བ་སེམས་ཙམ་པའི་འདོད་པ་དགག་པ་གཉིས། དང་པོ་ནི། མདོ་ལས། ཐུབ་པས་བྱང་ཆུབ་ཀྱི་འཐོབ་བྱ༔ ༔ཞེས་སོགས་ཀྱི་སྐབས་ནས་བསྟན་པའི་ལམ་ལྔ་ལ་བརྟེན་ནས་སངས་རྒྱ་བའི་ཚུལ་དེ་འགོག་གོ། །གཉིས་པ་ནི་ས་སྡེ་ནས་བཤད་པའི་སེམས་ཙམ་གྱི་ལྔ་བ་ལ་བརྟེན་ནས། ལམ་ལྔ་ས་བཅུ་བསྒྲོད་དེ། སངས་རྒྱ་བའི་ཚུལ་དེ་ཉིད་འགོག་གོ། །

གཉིས་པ་ལ། དུས་ནམ་གྱི་ཚེ་སངས་རྒྱ་བ། གནས་གང་དུ་སངས་རྒྱ་བ། ཚུལ་ཇི་ལྟར་སངས་རྒྱ་བ། སངས་རྒྱས་ནས་ཆོས་འཁོར་བསྐོར་བའི་ཚུལ། སྤྱིར་སངས་རྒྱས་ཀྱི་མཛད་པ་མཐའ་ཡས་པར་བསྟན་པ། བྱེ་བྲག་མི་མཇེད་ཀྱི་འཇིག་རྟེན་དུ་སྤྲུལ་སྐུའི་མཛད་པ་བསྟན་ཚུལ་དང་དྲུག །དང་པོ་ལ། ཡོ་ག་བ་ཤཱཀྱ་བཤེས་གཉེན་ན་རེ། རྒྱལ་པོ་ཟས་གཙང་གི་སྲས། དགའ་བ་སྐྱོང་པ་ཚུན་ཆད། བྱང་སེམས་རང་རྒྱུད་པ་ཡིན་ཞིང་། དེའི་གནས་སྐབས་སུ། གཞན་རྣམ་སྨིན་གྱི་ལུས་འཛམ་གླིང་དུ་བཞག །ཡིད་ལུས་འོག་མིན་དུ་ལོངས་སྐུར་སངས་རྒྱས་ཏེ། སླར་རྡོ་རྗེ་གདན་དུ་སྤྲུལ་སྐུར་སངས་རྒྱས། ཞེས་སྨྲ་བ་ནི་མི་རིགས་ཏེ། བཅོམ་ལྡན་འདས་བསྐལ་པ་དཔག་ཏུ་མེད་པའི་སྔོན་དུ་སངས་རྒྱས་པའི་ཕྱིར་ཏེ། མདོ་ལས། བཅོམ་ལྡན་འདས་ནི་བསྐལ་པ་བསམ་གྱིས་མི་ཁྱབ་པའི་སྔོན་དུ་ཡང་དག་པར་རྫོགས་པར་སངས་རྒྱས་ནས། སླར་ཤཱཀྱའི་རིགས་སུ་སྐྱེ་བ་སྟོན་པར་མཛད་དོ༔ ༔ཞེས་གསུངས་པའི་ཕྱིར། རང་གི་ལུགས་ནི། ཐུབ་པའི་དབང་པོ། བསྐལ་པ་དཔག་མེད་ཀྱི་སྔོན་དུ་སངས

རྒྱས་པ་ཡིན་ཏེ། སློབ་དཔོན་དབྱིག་གཉེན། སློབ་དཔོན་ཟླ་གྲགས། ཡོ་ག་ལ་མཁས་པ་ཀུན་སྙིང་། པཎྜི་ཏ་སྐལ་ལྡན་གྲགས་པ་ལ་སོགས་པ་དང་། རྗེ་བཙུན་ས་སྐྱ་པ་གོང་མ་རྣམས་ཀྱིས་དེ་ལྟར་གསུངས་པ་ཁོ་ན་འཐད་པའི་ཕྱིར། གཉིས་པ་གང་དུ་སངས་རྒྱ་བའི་གནས་ལ། བཅོམ་ལྡན་འདས་ལོངས་སྐུར་སངས་རྒྱས་པའི་གནས་དེ་ལ་འོག་མིན་ཞེས་ཀྱང་བྱ། སྟུག་པོ་བཀོད་པ་ཞེས་ཀྱང་བྱ་སྟེ། པཎྜི་ཏ་ངག་དབང་གྲགས་པས། དཔལ་ལྡན་སྟུག་པོ་བཀོད་པ་ཉིད་དུ་དོན་དམ་ཐུགས་ཆུད་ཅིང་། །འཛམ་གླིང་སྐྱེ་བོའི་དོན་ཕྱིར་ཤཱཀྱའི་རྟོག་འགྱུར་གང་། །ཞེས་དང་།

ལང་གཤེགས་ལས། གཙང་མའི་གནས་རྣམས་སྤངས་པ་ཡི། །འོག་མིན་ཞེས་བྱ་ཉམས་དགའ་བར། །ཡང་དག་རྫོགས་སངས་དེར་སངས་རྒྱས། །སྤྲུལ་པ་པོ་གཅིག་འདིར་སངས་རྒྱ། །ཞེས་གསུངས་པའི་ཕྱིར། འོ་ན་ཐུབ་པའི་དབང་པོས་དང་པོར་ལོངས་སྐུར་སངས་རྒྱས་པའི་ཞིང་དེ་ལ་འོག་མིན་ཏུ་འཇོག་པའི་རྒྱུ་མཚན་ཅི་ཞེ་ན། རྒྱུ་མཚན་ཡོད་དེ། རྩ་རྒྱུད་དེ་ཉིད་འདུས་པའི་གླེང་གཞིར། བཅོམ་ལྡན་འདས་འོག་མིན་ལྷའི་རྒྱལ་པོའི་གནས་ན་བཞུགས་ཏེ། ཞེས་དང་། དེའི་འགྲེལ་པར། ཀུན་དགའ་སྙིང་པོས། འོག་མིན་གྱི་ལྷ་ཞེས་བྱ་བ་ནི། ཐོག་མའི་ལྷ་ཞེས་བྱ་སྟེ། བཅོམ་ལྡན་འདས་རྣམ་པར་སྣང་མཛད་ཀྱི་སྲས་ཀྱི་མཐུ་བོ་སྟེ། ས་བཅུ་པའི་བྱང་ཆུབ་སེམས་དཔའོ། །དེའི་གནས་ནི་ཐོག་མར་སངས་རྒྱས་པའི་གནས་སོ། །ཞེས་གསུངས་པའི་ཕྱིར། འོ་ན་འོག་མིན་དེ་གང་ན་ཡོད་ཅེ་ན། ཁ་ཅིག་གཟུགས་ཁམས་གནས་རིགས་བཅུ་བདུན་གྱི་སྟེང་མའི་འོག་མིན་དེ་ཡིན་ཞེས་ཟེར། ཁ་ཅིག་དེ་དག་གི་སྟེང་ན་ཡོད་པའི་དབང་ཕྱུག་ཆེན་པོའི་གནས་དེ་ཡིན། ཞེས་ཟེར། གཉིས་ཀ་ཡང་མི་རིགས་ཏེ། དེ་དག་ལས་ཉོན་གྱི་དབང་གིས་སྐྱེ་འཇིག་བྱེད་པའི་འཇིག་རྟེན་གྱི་ཁམས་ཡིན་ལ། འོག་མིན་སྟུག་པོ་བཀོད་པ་དེ་ལྟ་མིན་པའི་ཕྱིར་ཏེ། རྒྱུད་རྡོ་རྗེ་རྩེ་མོ་ལས། འོག་མིན་སྟྱོད་པོ་ཉམས་དགའ་འདི། །སྟྱོད་པོའི་ཞིང་ཁམས་འཇིག་མེད་པ། །དེ་ན་སངས་རྒྱས་རྣམས་ཀྱི་ཆོས། །རྫོགས་པར་ལོངས་སྤྱོད་ཚུལ་འདི་འབྱུང་། །ཞེས་གསུངས་པའི་ཕྱིར།

དེས་ན་རང་ལུགས་ལ། མི་མཇེད་སོགས་འཇིག་རྟེན་གྱི་ཁམས་བསམ་གྱིས་མི་ཁྱབ་པ་ནང་དུ་ཚུད་པ་ནི། གཞི་དང་སྙིང་པོ་མེ་ཏོག་གིས་བརྒྱན་པ་ཞེས་བྱ་བའི་འཇིག་རྟེན་གྱི་ཁམས་སོ། །དེ་བསམ་གྱིས་མི་ཁྱབ་པ་ནང་དུ་ཚུད་པ་ནི། འཇིག་རྟེན་གྱི་ཞིང་ཁམས་རྒྱ་མཚོའོ། །དེ་རྣམ་སྣང་གངས་ཆེན་མཚོའི་ཕྱག་མཐིལ་གྱི་ལྷུང་བཟེད་ནང་ན་ཡོད། དེ་ལྟ་བུའི་རྣམ་སྣང་གངས་ཆེན་མཚོ་བྱང་ཆུབ་སེམས་དཔའི་འཁོར་དང་བཅས་ཏེ་བཞུགས་པའི་གནས་དེ་ལ་འོག་མིན་སྟུག་པོ་བཀོད་པ་ཞེས་པ་སྟེ། སངས་རྒྱས་ཕལ་པོ་ཆེ། རྩ་རྒྱུད་དེ་ཉིད་འདུས་པ། ཕྱག་

ན་རྡོ་རྗེའི་དབང་བསྐུར་བའི་རྒྱུད་རྣམས་ལས་དེ་ལྟར་གསུངས་པའི་ཕྱིར། གསུམ་པ་ཇི་ལྟར་གྲུབ་པའི་ཚུལ་ལ། ཕྱིའི་མངོན་བྱང་ལྟར་གྲུབ་པའི་ཚུལ་དང་། ནང་གི་མངོན་བྱང་ལྟར་གྲུབ་པའི་ཚུལ་གཉིས། དང་པོ་ལ། དངོས་དང་། སྐུ་གསུམ་རོ་གཅིག་ཏུ་གྲུབ་པའི་ཚུལ་གཉིས། དང་པོ་ནི། སྔོན་པས་དང་པོར་སེམས་བསྐྱེད་དེ། བར་དུ་ཚོགས་བསགས་ནས། འོག་མིན་དུ་མི་གཡོ་བའི་ཏིང་ངེ་འཛིན་ལ་མཉམ་པར་བཞག །ཕྱིའི་མངོན་བྱང་ལྔ་ལ་བརྟེན་ནས། མཐར་ལོངས་སྐུར་སངས་རྒྱས་ཏེ། དེ་ཉིད་འདུས་པ་ལས། བྱང་ཆུབ་སེམས་དཔའ་མཉམ་པར་བཞག་པས། མངོན་པར་བྱང་ཆུབ་པ་ལྔ། ཡེ་ཤེས་ལྔའི་རང་བཞིན་དུ་སངས་རྒྱས་ཏེ། དེ་བཞིན་གཤེགས་པ་ཐམས་ཅད་ལ་གསོལ་པ། བཅོམ་ལྡན་འདས་དེ་བཞིན་གཤེགས་པ་ཐམས་ཅད་ཀྱི་སྐུ་ནི། བདག་གིས་ལེགས་པར་མཐོང་ལགས་སོ། །ཞེས་བྱ་བའི་བར་དུ་གསུར་ཏོ། །

དེས་ན་དེ་བཞིན་གཤེགས་པ་ཐམས་ཅད་ཐུགས་སུ་ཞུགས་པས། སངས་རྒྱས་ཐམས་ཅད་རོ་གཅིག་པར་གསུངས་པས། མངོན་པར་བྱང་ཆུབ་པ་དེ་བསྟན་པར་མཛད་པས། དེ་བཞིན་གཤེགས་པ་ཐམས་ཅད་ཀྱི་ཐམས་ཅད་མཉམ་པ་ཉིད། རང་བཞིན་གྱིས་འོད་གསལ་བའི་ཡེ་ཤེས་ཀྱི་འབྱུང་གནས་སུ་གྱུར་པའི། དེ་བཞིན་གཤེགས་པ་དགྲ་བཅོམ་པ་ཡང་དག་པར་རྫོགས་པའི་སངས་རྒྱས་སུ་འགྱུར་རོ། །དེ་ལྟར་མངོན་པར་རྫོགས་པ་སངས་རྒྱས་པ་དེ་ཉིད་ཀྱིས་སྐུ་གསུམ་འགྲུབ་སྟེ། ཞེས་གསུངས་པའི་ཕྱིར། གཉིས་པ་སྐུ་གསུམ་རོ་གཅིག་ཏུ་གྲུབ་པའི་ཚུལ་ལ༑ སྔོན་པ་དང་པོར་ལོངས་སྐུར་སངས་རྒྱས་པའི་ཚེ། སྐུ་གསུམ་གཅིག་པར་གྲུབ་སྟེ། ཕྱིའི་མངོན་བྱང་ལྔ་དང་། འབྲས་བུའི་དབང་བཞི་ལ་བརྟེན་ནས། ལོངས་སྐུ་རིགས་ལྔ་དང་། ཡེ་ཤེས་ལྔ་གཅིག་པར་གྲུབ་པའི་ཕྱིར། གཉིས་པ་ནང་གི་མངོན་བྱང་ལྟར་བགྲོད་པའི་ཚུལ་ལ། དམ་བཅའ་སྔར་བཞིན། བླ་མེད་ཀྱི་རྒྱུད་སྡེ་ནས་བཤད་པ་ལྟར། ཉེ་རྒྱུའི་མཚམས་ལ་བརྟེན་ནས། རྩ་ཐིག་རླུང་གསུམ་སྟོབས་སུ་གྱུར་ཏེ། ནང་གི་མངོན་བྱང་ལྔ་བགྲོད་ནས། ཡེ་ཤེས་ལྔ་དང་ལོངས་སྐུ་རིགས་ལྔ་ཅིག་ཅར་དུ་འགྲུབ་པའི་ཕྱིར།

བཞི་པ་སངས་རྒྱས་ནས་ཆོས་འཁོར་བསྐོར་ཚུལ་ལ། ངེས་དོན་གྱི་ཆོས་འཁོར་བསྐོར་ཚུལ་དང་། སོ་སོའི་ཞིང་དུ་སོ་སོའི་གདུལ་བྱ་ལ་སྤྲུལ་པ་མཆོག་གིས་བསྐོར་ཚུལ་གྱི་ཆོས་འཁོར་གཉིས། དང་པོ་ལ་གང་དུ་འཆད་པའི་གནས། གང་གིས་འཆད་པའི་སྟོན་པ། གང་ལ་འཆད་པའི་འཁོར་ལོ། ནམ་གྱི་ཚེ་འཆད་པའི་དུས། གང་བཤད་པར་བྱ་བའི་ཆོས་ཕུན་སུམ་ཚོགས་པ་དང་ལྔ། དང་པོ་ནི། སྔར་འཆད་པའི་འོག་མིན་སྟུག་པོ་བཀོད་པ་ལ་འཛོག །གཉིས་པ་ནི། ལོངས་སྐུ་དང་། ཆོས་སྐུ་གཉིས་ལ་བྱེད། འོ་ན་ཆོས་སྐུ་ཆོས་འཁོར་བསྐོར་བ་པོར་ཇི་ལྟར་འགྱུར་ཞེ་ན། ཆོས་སྐུ་དེ་གཟུགས་སྐུའི་རྣམ་པར་བཞེངས་ཏེ། ཆོས་ཀྱི་འཁོར་ལོ་བསྐོར་བ་ཡིན་ཏེ། རྗེ་བཙུན་

རྩེ་མོས། སྤྲི་རྣམ་དུ། ཡང་ཆོས་ཀྱི་སྐུ་ཉིད་ཀྱང་། གཟུགས་ཀྱི་སྐུའི་རྣམ་པར་མཛད་དེ། ཆོས་སྟོན་པར་སྤྱོད་པ་དེ་ལ། སྟོན་པ་དཔལ་རྡོ་རྗེ་འཆང་ལ་ཞེས་བྱའོ། །དེ་སྐད་དུ་ཡང་དེ་ཉིད་འདུས་པ་ལས། ཨེ་མ་ཧོ་བདག་ནི་རབ་བྱུང་བའི། །ཀུན་ཏུ་བཟང་པོའི་སེམས་དཔའ་བསྟན། །དེ་ནི་བསྟན་ཕྱིར་ལུས་མིན་ཡང་། །སེམས་དཔའི་ལུས་སུ་གྱུར་པ་ཡིན། །ཞེས་རྡོ་རྗེ་སེམས་དཔའི་སྐུར་མཛད་ནས་ཆོས་སྟོན་ནོ། །ཞེས་གསུངས་པའི་ཕྱིར། གསུམ་པ་ལ། དེ་བཞིན་གཤེགས་པའི་འཁོར་དང་བྱང་ཆུབ་སེམས་དཔའི་འཁོར་གཉིས། དང་པོ་ནི། རྒྱུད་ལས། ནམ་མཁའི་ཁམས་འདི་ཐམས་ཅད། ཏིལ་གྱི་གང་བུ་ཏིལ་གྱི་གང་བ་བཞིན་དུ། དེ་བཞིན་གཤེགས་པས་གང་བ་མཐོང་། །ཞེས་གསུངས་པ་ལྟར་རོ། །གཉིས་པ་ནི་བརྗོད་དུ་མི་ལང་བའི་བྱང་ཆུབ་སེམས་དཔའ། ཞེས་གསུངས་པ་ལྟར་རོ། །དེ་དག་ལ་ཡང་རང་རྒྱུད་པ་དང་། སྤྲུལ་པ་གཉིས་གཉིས་སོ། །དང་པོ་ནི། ཆོས་སྐུ་རྣམ་སྣང་ཆེན་པོས། དེ་བཞིན་གཤེགས་པ་དང་། བྱང་ཆུབ་སེམས་དཔའི་སྐུར་བཞེངས་ཏེ། སྤྲུལ་པ་ལྟ་བུ་སྟེ། ཇི་སྐད་དུ་སཾ་ཊེ་ལས། འཆད་པ་པོ་ང་། །ཆོས་ཀྱང་ང་། །རང་གི་ཚོགས་ལྡན་ཉན་པ་ང་། །ཞེས་གསུངས་པའི་ཕྱིར། བཞི་པ་ནི། དུས་རྟག་ཏུ་རྒྱུན་མི་འཆད་དུ་གསུངས་ཏེ།

སཾ་ཊའི་ཕྱི་མ་ལས། བཅོམ་ལྡན་འདས་ནི་འོག་མིན་ལས་བསྐྱོད་པར་མི་མཛད་དོ། །ཞེས་དང་། བརྟག་པ་བརྟག་པ་མཆོག་ཏུ་ཡང་། །ཞེས་གསུངས་པའི་ཕྱིར། ལྔ་པ་ནི། ཟབ་པ་དང་རྒྱ་ཆེ་བའི་ཆོས་ཀྱི་འཁོར་ལོ་རྒྱུན་མི་འཆད་པར་བསྐོར་རོ། །གཉིས་པ་ལ་ཡང་། ཕུན་ཚོགས་ལྔ་ལས། གྲུབ་པའི་ས་བརྙེས་པའི་བྱང་ཆུབ་སེམས་དཔའ་ལ། མངོན་སུམ་དུ་སྣང་བའི་སྤྲུལ་པ་མཆོག་གི་སྐུ་ལྟ་བུའོ། །གཉིས་པ་ལ་སྤྱིར་ལྟར་གཉིས་ལས། དང་པོ་སྤྱིར་བཤད་པ་ལྟར་རོ། །གཉིས་པ་ལ་ཡང་། སྤྲུལ་པ་དང་། རང་རྒྱུད་པ་གཉིས། དང་པོ་སྤྱིར་ལྟར། གཉིས་པ་ཡོད་དེ། ཁམས་གསུམ་རྣམ་རྒྱལ་གྱི་སྤྲུལ་པས། ཁམས་གསུམ་གྱི་སེམས་ཅན་ཐམས་ཅད་དཀྱིལ་འཁོར་གྱི་ནང་དུ་བཙུད་པ་ལས། དེ་ཡང་དག་ཏུ་གྲུབ་པར་འགྱུར་རོ། །གསུམ་པ་ནི། དུས་རྟག་ཏུ་རྒྱུན་མི་འཆད་པར་གསུང་ངོ་། །བཞི་པ་གནས་ནི། ངེས་པ་མེད་དེ། སྟུག་པོ་བཀོད་པ་སོགས་དུ་མར་གསུངས་པའི་ཕྱིར། ལྔ་པ་ནི། རྡོ་རྗེ་ཐེག་པའི་ཆོས་བྱེ་བྲག་ཏུ། ལོངས་སྐུ་རྣམ་སྣང་ཆེན་པོའི་སྤྲུལ་པ་མཆོག་གི་སྐུ་དེས། གནས་གང་དུ། དུས་ནམ་གྱི་ཚེ་ཆོས་གསུངས་ཞེ་ན། འོག་མིན་སྟུག་པོ་བཀོད་པ་དང་། གནས་གཙང་གི་འོག་མིན། གཞན་འཕྲུལ་དབང་བྱེད། སུམ་ཅུ་རྩ་གསུམ། བྱང་ཕྱོགས་ལྕང་ལོ་ཅན། མི་ཡུལ་ལ་སོགས་པར་གསུངས་ཏེ། རྩ་རྒྱུད་དེ་ཉིད་འདུས་པ་འོག་མིན་ཏེ། དེའི་རྒྱུད་ཕྱི་མ་སུམ་ཅུ་རྩ་གསུམ། རྒྱུད་ཉེ་བར་བསྡུ་བ་ལྕང་ལོ་ཅན་དུ་གསུངས་པའི་ཕྱིར་ཏེ། དེ་ཉིད་འདུས་པ་ལས། བཅོམ་ལྡན་འདས་རྣམ་པར་སྣང་མཛད་མངོན་པར་རྫོགས་པར་སངས་

རྒྱས་ནས། རིང་པོར་མ་ལོན་པར། དེ་བཞིན་གཤེགས་པ་ཐམས་ཅད་ཀྱི་ཐུགས་ཀུན་ཏུ་བཟང་པོ་ཞེས་བྱ་བ་དང་། ཡང་རི་རབ་ཀྱི་རྩེ་མོ་གང་ན་བ་དང་། ཁང་བུ་བརྩེགས་པ་གང་ན་བ་དེར་ཕྱིན་ནས། ཞེས་གསུངས་པའི་ཕྱིར། གདན་བཞིའི་རྒྱུད་གནས་གཙང་མའི་འོག་མིན་དུ་གསུངས་ཏེ། རྒྱུད་དེ་ཉིད་ལས། གནས་གཙང་མ་ན་བཞུགས་ནས་སུ། །ཐམས་ཅད་མཁྱེན་པ་འདི་སྐད་གསུངས། །ཞེས་གསུངས་པའི་ཕྱིར། དཔལ་མཆོག་དང་པོའི་རྒྱུད། གཞན་སྤྲུལ་དབང་བྱེད་དུ་གསུངས། ཕྱག་རྡོར་དབང་བསྐུར་བ་དང་། མི་གཡོ་བའི་རྒྱུད་གཉིས། གཞི་དང་སྙིང་པོ་མེ་ཏོག་གིས་བརྒྱན་པར་གསུངས། བདེ་མཆོག་རྩ་རྒྱུད་དང་གསང་འདུས་རྩ་རྒྱུད་སོགས་རྡོ་རྗེ་བཙུན་མོའི་བྷ་གར་གསུངས་པའི་ཕྱིར།

ལྔ་པ། སྤྱིར་སངས་རྒྱས་ཀྱི་མཛད་པ་མཐའ་ཡས་པར་བསྟན་པ་ལ། མཛད་པ་པོ། རྒྱུ། དུས། གནས། ཚུལ་ཇི་ལྟར་མཛད་པ་དང་ལྔ། དང་པོ་ནི། ཆོས་སྐུ་དང་གཟུགས་སྐུའི་བདག་ཉིད་ཅན། རྣམ་སྣང་གངས་ཆེན་མཚོ་གཅིག་པུ་ཡིན་ཏེ། ཕྱག་རྡོར་དབང་བསྐུར་བའི་རྒྱུད་ལས། འཇིག་རྟེན་གྱི་ཁམས་དེ། དེ་བཞིན་གཤེགས་པ་རྣམ་པར་སྣང་མཛད་གཅིག་པུ་ཉིད་ཡིན་ཏེ། སྔོན་གྱི་སྨོན་ལམ་གྱི་སྟོབས་ཀྱིས་བཞུགས་སོ། །ཞེས་གསུངས་པའི་ཕྱིར། གཉིས་པ་ནི། དམིགས་པ་མེད་པའི་ཐུགས་རྗེ་ཆེན་པོ་ལས་བྱུང་སྟེ། སངས་རྒྱས་མཉམ་སྦྱོར་ལས། རྟག་ཏུ་དྲི་མ་མེད་པ་ཐུགས་རྗེའི་ཤུགས་ལས་བྱུང་། །སྨོན་ལམ་གྲུབ་པས་འགག་པ་མེད་པའི་ཆོས་ཉིད་ཅན། །འགྲོ་བའི་དོན་གྲུབ་རབ་ཏུ་བརྩོན་པ་མཐའ་ཡས་པ། །ཐུགས་རྗེ་ཆེན་པོའི་བདག་ཉིད་རྟག་ཏུ་རྣམ་པར་སྣང་། །ཞེས་གསུངས་པའི་ཕྱིར། གསུམ་པ་ནི། བསྐལ་པ་དཔག་ཏུ་མེད་པའི་སྔོན་རོལ་དུ་སངས་རྒྱས་ནས་གདུལ་བྱའི་འཁོར་བ་མ་སྟོངས་ཀྱི་བར་དུ་རྒྱུན་མི་འཆད་པའི་མཛད་པ་སྟོན་ཏེ། རྟག་ཏུ་དྲི་མ་མེད་པ་ཞེས་དང་། འཇུག་པ་ལས། བདེ་བར་གཤེགས་པ་མ་ལུས་ཕྱོགས་ཞིང་ཐམས་ཅད་ན། །ཕྲ་རབ་རྡུལ་གྱི་རྡུལ་རྣམས་བགྲོག་པ་ཇི་སྙེད་པ༑ ༑བྱང་ཆུབ་མཆོག་རབ་གཤེགས་པའི་བསྐལ་པ་དེ་སྙེད་དེ། །འོན་ཀྱང་གསང་བ་འདི་ནི་གཞན་གྱིས་བསྙད་ཀྱི་མ་ལགས་སོ། །རྒྱས་པ་ཇི་སྙེད་མཐའ་ཡས་མཆོག་ཏུ་རབ་ཞི་བ། །འགྲོ་བ་མིན་ཞིང་ནམ་མཁའ་རྣམས་འཇིག་འགྱུར་མིན་དེ་སྲིད་དུ། །ཤེས་རབ་ཡུམ་གྱིས་བསྐྱེད་པ་ཁྱོད་ལ་ཐུགས་རྗེའི་མ་མ་ཡི། །ཚུལ་ལུགས་མེད་པར་རབ་ཏུ་ཞི་བར་འགྱུར་བ་ག་ལ་མངའ། །ཞེས་གསུངས་པའི་ཕྱིར། བཞི་པ་ནི། ནམ་མཁའི་མཐའ་དང་མཉམ་པའི་ཞིང་དུ་མཛད་དེ། ཇི་སྐད་དུ་སངས་རྒྱས་མཉམ་སྦྱོར་ལས། ནམ་མཁའ་ཀུན་གྱི་སྐབས་ན་དཔལ། །རྡོ་རྗེ་སེམས་དཔའ་རབ་ཏུ་གནས། །གྲུབ་པའི་དབང་ཕྱུག་རབ་སྐྱབ་པས། །ཐམས་ཅད་བདག་ཉིད་འཇུག་པར་བྱེད། །ཅེས་གསུངས་པའི་ཕྱིར། ལྔ་པ་ནི། གདུལ་བྱ་གང་ལ་གང་འདུལ་གྱི་གཟུགས་སྣ་ཚོགས་སུ་སྤྲུལ་པའི་

སྒོ་ནས་མཛད་དེ། ཕྱག་རྡོར་དབང་བསྐུར་བའི་རྒྱུད་ལས། བཅོམ་ལྡན་འདས་རྣམ་པར་སྣང་མཛད། འཇིག་རྟེན་གྱི་ཁམས་ཐམས་ཅད་ན་གཟུགས་བརྙན་གྱི་རྣལ་འབྱོར་སེམས་ཅན་ཐམས་ཅད་ཀྱི་ཀུན་ནས་འཇུག་གོ། །ཞེས་དང་། སཾ་ཊི་ལས། ཁ་ཅིག་ཏུ་ནི་བྱང་ཆུབ་ཆེན་པོའི་སེམས། །ཞེས་གསུངས་པའི་ཕྱིར། དྲུག་པ། བྱེ་བྲག་ཏུ་མི་མཇེད་ཀྱི་ཁམས་འདིར། སྤྲུལ་སྐུ་ཤཱཀྱ་ཐུབ་པས་མཛད་པ་སྟོན་པའི་ཚུལ་ལ། སྤྲུལ་སྐུར་སངས་རྒྱས་པའི་ཚུལ། དེའི་འཁོར་བྱུང་ཚུལ། དེས་ཆོས་ཀྱི་འཁོར་ལོ་བསྐོར་ཚུལ། བསྐོར་བའི་བཀའ་བསྡུས་ཚུལ། དེ་མི་མཇེད་འཇིག་རྟེན་དུ་ཇི་ལྟར་འཕེལ་དང་ལྔ། དང་པོ་ལ། གནས། དུས། ཚུལ། མཛད་པ་དང་བཞིས། དང་པོ་ནི། ངེས་དོན་ལ་བསམ་གྱིས་མི་ཁྱབ་ཀྱང་། དྲང་དོན་ལ། སྤྱིར་མི་མཇེད་ཀྱི་འཇིག་རྟེན། བྱེ་བྲག་ཏུ་དབུས་ཀྱི་འཛམ་གླིང་དུའོ། །གཉིས་པ་ནི་ངེས་དོན་ལ་བསམ་གྱིས་མི་ཁྱབ་ཀྱང་། དྲང་དོན་ལ་བསྐལ་པ་དཔག་ཏུ་མེད་པའི་སྔ་རོལ་དུ་སངས་རྒྱས་ནས། རྡོ་རྗེ་ཐེག་པའི་ཆོས་ཀྱི་འཁོར་ལོ་བསྐོར། དེ་རྗེས་བསྐལ་པ་བཟང་པོ་ཆེ་ལོ་བརྒྱ་པའི་དུས་སུ། མཆོག་གི་སྤྲུལ་སྐུར་སངས་རྒྱས་སོ། །

ཇི་སྐད་དུ། རྡོ་རྗེ་འཁོར་ལོ་མཆོག་བསྐོར་ཞིང་། །མགོན་པོ་རབ་ཏུ་སྤྲུབ་པ་མཛོད། །ཅེས་དང་། དེ་ནས་རི་རབ་ཀྱི་རྩེ་མོ་ནས། སྙིང་པོ་བྱང་ཆུབ་ག་ལ་བ་དེར་གཤེགས་ནས། ཆེད་དུ་བཅོམ་ལྡན་འདས་ཀྱི་བྱང་ཆུབ་ཤིང་དྲུང་དུ། འཇིག་རྟེན་དང་བར་བྱ་བའི་ཕྱིར་རྫུ་བླངས་ནས། ཞེས་དང་། ཕྱག་རྡོར་དབང་བསྐུར་བའི་རྒྱུད་ལས། བྱང་ཆུབ་སེམས་དཔའ་ཀུན་ཏུ་བཟང་པོ་དང་། ཕྱག་ན་རྡོ་རྗེས། འཇིག་རྟེན་གྱི་ཁམས་གཞི་དང་སྙིང་པོ་མེ་ཏོག་གིས་བརྒྱན་པར་དབང་བསྐུར་བའི་རྗེས་ལ། དེ་ནས་འཇིག་རྟེན་གྱི་ཁམས་མི་མཇེད་འདིར། བཅོམ་ལྡན་འདས་ཤཱཀྱ་ཐུབ་པའི་མཚན་གྱིས་གླིང་བཞི་པ་བར་མའི་འཇིག་རྟེན་གྱི་ཁམས་འཛམ་བུའི་གླིང་དུ་བདུད་ཕམ་པར་མཛད་ནས། བྱང་ཆུབ་ཏུ་མངོན་པར་རྫོགས་པ་སངས་རྒྱས་ནས། ཞེས་གསུངས་པའི་ཕྱིར། གསུམ་པ་ནི། བསྐལ་པ་དཔག་ཏུ་མེད་པའི་སྔ་རོལ་དུ་ལོངས་སྐུར་སངས་རྒྱས། དེ་རྗེས་འཛམ་བུའི་གླིང་དུ་སྤྲུལ་སྐུར་སངས་རྒྱས་པའི་ཚུལ་སྟོན་པ་ཙམ་ཡིན་ཏེ། ཇི་སྐད་དུ་དེ་ཉིད་འདུས་པ་ལས། ལྷ་རྣམས་ཀྱིས་སྨྲས་པ། གྲོགས་པོ་རྣམས་འདི་ནི་སྔོན་དུ་མངོན་པར་རྫོགས་པར་སངས་རྒྱས་ཟིན། འོན་ཀྱང་འཇིག་རྟེན་དང་མཐུན་པར་མཛད་ཅིང་། སླར་ཡང་བླ་ན་མེད་པའི་བྱང་ཆུབ་སྟོན་ཏོ། །ཞེས་པ་ནས། དེ་ནི་དེའི་མཚན་མོ་བདུད་ཕམ་པར་མཛད་ནས། ཐོ་རངས་བླ་ན་མེད་པ་ཡང་དག་པར་རྫོགས་པའི་བྱང་ཆུབ་ཏུ་སངས་རྒྱས། སེམས་ཅན་གྱི་ཁམས་མ་ལུས་པ་ལ་ཕན་པར་མཛད་ནས། ཞེས་གསུངས་པའི་ཕྱིར། བཞི་པ་ནི། དགའ་ལྡན་གྱི་གནས་ན་བཞུགས་པ་ནས། མྱ་ངན་ལས་འདས་པ་ཆེན་པོའི་བར་མཛད་པ་བརྒྱད་དམ། བཅུ་གཉིས་སམ། བཅུ་དྲུག་གམ། མཐའ་ཡས་པའི་

མཛད་པ་སོགས། ཐུན་མོང་བའི་མཛད་པ་རྣམས་རྒྱ་ཆེ་རོལ་པ་ལས་རྟོགས་པར་བྱའོ། །

གཉིས་པ་དེའི་འཁོར་བྱུང་བའི་ཚུལ་ལ། ཐུན་མོང་བ་དང་། ཐུན་མོང་མིན་པ་བཀའ་བསྡུ་བ་བྱུང་ཚུལ་གཉིས། དང་པོ་ནི། སྤྱིར་བཅོམ་ལྡན་འདས་རྣམ་པར་སྣང་མཛད་ཀྱིས་ཡོངས་སུ་བཟུང་ཞིང་སྨོན་ལམ་བཏབ་པ་ལ་བརྟེན་ནས། རྒྱུད་ཡོངས་སུ་སྨིན་པའི་ཚོགས་ལམ་ཆེན་པོ་ནས་སྒོམ་ལམ་ཐ་མའི་བར་བཞིའོ། །དེ་དག་ལ་གནས་བརྟན་ཀུན་དགའ་བོ་ཞེས་བྱ་སྟེ། ཇི་སྐད་དུ་ཕྱག་ན་རྡོ་རྗེ་དབང་བསྐུར་བའི་རྒྱུད་ལས། བྱང་ཆུབ་སེམས་དཔའ་ཀུན་ཏུ་བཟང་པོས་བྱིན་གྱིས་བརླབས་ནས་སངས་རྒྱས་ཀྱི་མཛད་པ་གཅིག་ནས་རྒྱུན་མི་ཆད་པར་བྱ་བའི་ཕྱིར། དུས་ཀྱི་དབང་གིས་སྐྱེ་བ་ཡོངས་སུ་བཟུང་བར་བྱིན་གྱིས་བརླབས་ཏེ། ཞེས་དང་། བྱང་ཆུབ་སེམས་དཔའ་ཀུན་ཏུ་བཟང་པོས་དབང་བསྐུར་ནས། དེ་ཉིད་ལ་བསྟན་པ་བཏད་དོ། །ཞེས་དང་། ཡང་དེ་ཉིད་ལས། བྱང་ཆུབ་སེམས་དཔའ་ཀུན་ཏུ་བཟང་པོ་ཞེས་བྱ་བ། འཇིག་རྟེན་གྱི་ཁམས་མི་ཏོག་གི་སྙིང་པོའི་རྒྱན་བཀོད་ཐམས་ཅད་དུ། བཅོམ་ལྡན་འདས་སྟོན་གྱི་སྤྱོད་པ་སྟོན་པར་སྨོན་ལམ་བཏབ་ནས་གདོད་སྲིན་འདུལ་བའི་དབང་པོར་ཉེ་བར་བཟུང་སྟེ། དབུས་ཀྱི་འཛམ་བུའི་གླིང་མི་མཇེད་འདིར། ལྷུང་ལོ་ཅན་གྱི་གནོད་སྦྱིན་གྱི་སྡེ་དཔོན་ཆེན་པོ་འབྲོག་གནས་གནས་ན་འདུག་གོ། །ཞེས་དང་། ཐུན་མོང་མིན་པའི་དབང་གི་རྒྱུད་ལས། དེ་ནས་ཡང་དག་པར་རྫོགས་པའི་སངས་རྒྱས་ཀྱི་འཁོར་ཕུན་སུམ་ཚོགས་པ་བཤད་པར་བྱ་སྟེ། འདི་ལྟ་སྟེ། འཛམ་དཔལ་རྒྱལ་པོ་ཟླས་གཙང་མར་གྱུར་ཏོ། །འཇིག་རྟེན་དབང་ཕྱུག་ནི་ལྷ་མོ་སྒྲོ་འཕྲུལ་མར་གྱུར་ཏོ། །ཀུན་ཏུ་བཟང་པོ་ནི་གནས་བརྟན་ཀུན་དགའ་བོར་གྱུར་ཏོ། །ཞེས་གསུངས་པའི་ཕྱིར།

གསུམ་པ་དེས་ཆོས་ཀྱི་འཁོར་ལོ་བསྐོར་ཚུལ་ལ། ཐུན་མོང་བའི་བསྐོར་ཚུལ་དང་། ཐུན་མོང་མིན་པ་རྡོ་རྗེ་ཐེག་པའི་བསྐོར་ཚུལ་གཉིས། དང་པོ་ལ། དགག་བཞག་གཉིས་ལས། དང་པོ་ལ་ཁ་ཅིག །ཝཱ་རཱ་ཎ་སཱིར་བདེན་བཞིའི་ཆོས་འཁོར་བསྐོར་ཏེ། གདུལ་བྱ་རྣམས་ཉན་ཐོས་ལྷ་ལ་བཀོད། དེ་རྗེས་བྱ་རྒོད་ཕུང་རིར་མཚན་ཉིད་མེད་པའི་ཆོས་འཁོར་བསྐོར་ཏེ་གདུལ་བྱ་རྣམས་ཆད་ལྟ་ལ་བཀོད། དེ་རྗེས་ཡངས་པ་ཅན་དུ་ངེས་དོན་མཐར་ཐུག་པ་དོན་དམ་རྣམ་ངེས་ཀྱི་ཆོས་འཁོར་བསྐོར་བ་ཡིན་ཏེ། དགོངས་པ་ངེས་འགྲེལ་ལས། བཅོམ་ལྡན་འདས་ཀྱི་དང་པོ་ཁོ་ནར་ཡུལ་ཝཱ་རཱ་ཎ་སཱིར། ཉན་ཐོས་ཀྱི་ཐེག་པ་ལ་ཡང་དག་པར་ཞུགས་པ་རྣམས་ལ་འཕགས་པའི་བདེན་པ་བཞི་རྣམ་པར་བསྟན་ནས། སྔོན་སུས་ཀྱང་མ་བསྐོར་བའི་ཆོས་ཀྱི་འཁོར་ལོ་བསྐོར་ཏེ། ཆོས་ཀྱི་འཁོར་ལོ་དེ་ཡང་བླ་ན་མཆིས་པ། སྐབས་མཆིས་པ། དྲང་བའི་དོན། རྩོད་པའི་གཞིའི་གནས་སུ་གྱུར་པ་ལགས་སོ། །ཞེས་པ་ནས། རྩོད་པའི་གཞིའི་གནས་སུ་མ་གྱུར་པ་ལགས་སོ། །ཞེས་གསུངས་པའི་ཕྱིར་དང་། ཤེར་ཕྱིན་གྱི་

མདོ་ལས། ཀྱི་མ་འཇིག་རྟེན་དུ་ཆོས་ཀྱི་འཁོར་ལོ་ལན་གསུམ་དུ་བསྐོར་རོ། །ཞེས་གསུངས་པའི་ཕྱིར་ཞེ་ན། མི་འཐད་དེ། ལུང་རིགས་དང་འགལ་བ་དང་། ཉན་ཐོས་སྡེ་པའི་རྩོད་པ་སྤོང་མི་ནུས་པ་དང་། དེ་བཞིན་གཤེགས་པ་ལ་བསྐུར་པ་བཏབ་པའི་སྐྱོན་གསུམ་ཡོད་པའི་ཕྱིར། གཉིས་པ་རང་གི་ལུགས་ནི། སྟོན་པས་རྡོ་རྗེའི་གསུང་གཅིག་ཉིད། གདུལ་བྱའི་བློ་དང་འཚམ་པར། ཆོས་ཀྱི་འཁོར་ལོ་ཐ་དད་དུ་བསྐོར་བ་ཡིན་ཏེ། དགོངས་པ་ལུང་སྟོན་ལས། རྟོག་པ་མེད་ཅིང་འཁྱུག་མེད་པ། །ཡིད་འོང་རྡོ་རྗེའི་ཚིག་གཅིག་པོ། །གདུལ་བྱའི་བསམ་པའི་དབང་གིས་ནི། །བྱེ་བྲག་མང་པོར་འགྱུར་བ་ཡིན། །ཞེས་གསུངས་པའི་ཕྱིར།

གཉིས་པ་ཐུན་མོང་མིན་པ་རྡོ་རྗེ་ཐེག་པའི་ཆོས་འཁོར་བསྐོར་ཚུལ་ལ། དངོས་དང་། འགལ་སྤོང་གཉིས། དང་པོ་ལ། སྤྱིར་བསྟན་པ་དང་བྱེ་བྲག་ཏུ་བཤད་པ་གཉིས། དང་པོ་ནི། བཅོམ་ལྡན་འདས་དྲི་མ་མེད་པའི་གསུང་གཅིག་ཉིད་ཀྱིས། གདུལ་བྱ་བློ་དང་འཚམ་པར། རྒྱུད་སྡེ་ཐ་དད་དུ་གསུངས་པ་ཡིན་ཏེ། དགོངས་པ་ལུང་སྟོན་ལས་དེ་ལྟར་གསུངས་པའི་ཕྱིར། གཉིས་པ་ལ། སྤྲུལ་སྐུ་ཤཱཀྱ་ཐུབ་པའི་སྔ་རོལ་དུ། སྤྲུལ་པ་མཆོག་གིས་རྒྱུད་བཞི་གསུངས་པ་དང་། དེ་རྗེས་སྤྲུལ་སྐུ་ཤཱཀྱ་ཐུབ་པས། ཟླས་ཏེ་གསུངས་པ་དང་། དེར་མ་གསུངས་པ་ཚུལ་གཞན་གྱི་སྒོ་ནས་གསུངས་པ་གསུམ་ཡོད་དོ། །དང་པོ་ནི། ཕྱག་རྡོར་དབང་བསྐུར་བའི་རྒྱུད། འཇིག་རྟེན་གྱི་ཁམས་གཞི་དང་སྙིང་པོ་མེ་ཏོག་གིས་བརྒྱན་པར་དང་པོར་གླིང་གཞི་གསུངས་ནས། དེ་རྗེས་གྲོང་ཁྱེར་དཔལ་ཡོན་ཅན་དུ་སྤྲུལ་སྐུ་ཤཱཀྱ་ཐུབ་པས་དེའི་རྒྱུད་གསུངས་པ་ལྟ་བུའོ། །གཉིས་པ་ནི། བདེ་མཆོག་རྩ་རྒྱུད་བཞིན་ནོ༑ ༑གསུམ་ནི་གསང་འདུས་རྩ་རྒྱུད་ལྟ་བུ་ཡིན་ཏེ། དེ་ཉིད་ལས། དེ་ནས་ཕྱག་ན་རྡོ་རྗེ་དེ་བཞིན་གཤེགས་པ་ཐམས་ཅད་ཀྱི་བདག་པོས་དེ་བཞིན་གཤེགས་པ་ཐམས་ཅད་དང་བྱང་ཆུབ་སེམས་དཔའ་ཐམས་ཅད་ལ་བཀའ་སྩལ་པ། བཅོམ་ལྡན་འདས་དེ་བཞིན་གཤེགས་པ་ཐམས་ཅད་སྔོན་དུ་བྱུང་བ་བརྗོད་ཀྱི་མི་ལང་བའི་སངས་རྒྱས་ཀྱི་ཞིང་རྡུལ་ཕྲ་རབ་དང་མཉམ་པའི་བསྐལ་པ་འདས་ནས། བཅོམ་ལྡན་འདས་དེ་བཞིན་གཤེགས་པ་དགྲ་བཅོམ་པ་སངས་རྒྱས་མར་མེ་མཛད་འདས་ནས། ཐུབ་པ་འོད་སྲུང་ཆེན་པོ་སངས་རྒྱས་པའི་བར་གྱིས་ཀྱང་མ་གསུངས་ཏེ། དེ་ཅིའི་ཕྱིར་ཞེ་ན། བཅོམ་ལྡན་འདས་གསང་བ་ཆེན་པོའི་གནས་ཀྱི་དོན་བསྟན་པ་དེའི་དུས་སུ་སེམས་ཅན་རྣམས་ལ་སྐལ་བ་མེད་པའི་ཕྱིར། ཞེས་གསུངས་པའི་ཕྱིར།

གཉིས་པ་ལ། དུས་དང་འགལ་བའི་རྩོད་པ་དང་། སྟོན་པ་དང་འགལ་བའི་རྩོད་པ་གཉིས། དང་པོ་ལ། རྒྱུད་འཆད་པ་པོ་ཁ་ཅིག །འཇམ་དཔལ་མཚན་བརྗོད་ལས། འདས་པའི་སངས་རྒྱས་རྣམས་ཀྱིས་གསུངས། །མ་འོངས་རྣམས་ཀྱང་གསུང་འགྱུར་ལ། །ཞེས་པ་དང་། འདུས་པ་ལས། ཐུབ་པ་ཆེན་པོ་འོད་སྲུང་ཞེས་སོགས

དང་ནང་འགལ་བའི་སྐྱོན་ཡོད་དོ་ཞེ་ན། སྐྱོན་མེད་དེ། དོན་ལ་དུས་གསུམ་གྱི་སངས་རྒྱས་ཐམས་ཅད་ཀྱིས་གསང་སྔགས་གསུངས་ཤིང་། ཐ་སྙད་དུ་སྔགས་ཀྱི་ཆེ་བ་བསྟན་པ་དང་། དེ་ཉིད་དཀའ་བར་བསྟན་པའི་ཕྱིར་ཏེ༑ གསང་འདུས་ལས། དེ་སྐད་དུ་གསུངས་ཙམ་ཡིན་པའི་ཕྱིར། གཉིས་པ་ལ། སྤྲུལ་སྐུ་ཤཱཀྱ་ཐུབ་པའི་སྟོ་རོལ་དུ༑ རྒྱུད་སྡེ་གསུང་པའི་སྤྲུལ་པ་མཆོག་བྱོན་ན། ཤཱཀྱ་སེང་གེ་མཆོག་གིས་ནི། དྲག་པོ་ཆེན་པོ་བདུད་ཀྱི་སྡེ། །སྟོབས་ཆེན་དག་ཀྱང་དེས་བཅོམ་སྟེ། །འཁོར་ལོ་བསྐོར་ནས་མྱ་ངན་འདས། །ཞེས་པ་དང་འགལ་ལོ་ཞེ་ན། སྐྱོན་མེད་དེ། སྤྲུལ་སྐུ་ཤཱཀྱ་ཐུབ་པ་དང་། སྤྲུལ་པ་མཆོག་གི་རྣམ་སྣང་གངས་ཅན་མཚོ་རྒྱུད་གཅིག་པའི་ཕྱིར།

བཞི་པ་བཀའ་བསྡུ་བའི་ཚུལ་ལ། ཞར་བྱུང་ཉན་ཐོས་ཀྱི་བཀའ་བསྡུས་ཚུལ། ཕར་ཕྱིན་ཐེག་པའི་བཀའ་བསྡུས་ཚུལ། ཁྱད་པར་སྔགས་ཀྱི་བཀའ་བསྡུས་ཚུལ་དང་གསུམ་མོ། །དང་པོ་ནི། ཉན་ཐོས་ཀྱི་སྡེ་སྣོད་རྣམས། ཡུལ་བི་མ་ལ་ཡ་ནའི་ཕུག་པར་དགྲ་བཅོམ་པ་ལྔ་བརྒྱ་འདུས་ནས། མདོ་སྡེའི་སྡེ་སྣོད་རྣམས་ཀུན་དགའ་བོས་བསྡུས། འདུལ་བའི་སྡེ་སྣོད་རྣམས་ཉེ་བ་འཁོར་གྱིས་བསྡུས། མངོན་པའི་སྡེ་སྣོད་རྣམས་འོད་སྲུང་ཆེན་པོས་བསྡུས་པ་ཡིན་ནོ། །གཉིས་པ་ལ། གཞན་དག་ན་རེ། ལྷོ་ཕྱོགས་ཀྱི་ཡུལ་བི་མ་ལ་སཾ་བྷ་བར། བྱང་ཆུབ་སེམས་དཔའ་བྱེ་བ་ཕྲག་དགུ་འདུས་ཏེ། ཐེག་ཆེན་གྱི་བཀའ་རྣམས་བསྡུས། ཞེས་ཟེར། རང་གི་འདོད་པ་ནི། ཕྱག་ན་རྡོ་རྗེས་བསྡུས་པ་ཡིན་ཏེ། མཁས་མཆོག་དབྱིག་གཉེན་གྱིས་གཞུང་འགྲེལ་ལས། བྱང་ཆུབ་སེམས་དཔའ་ཕྱག་ན་རྡོ་རྗེ་ལ། བྱང་ཆུབ་སེམས་དཔའ་བྱམས་པས་དྲིས་པའི་ལན་དུ། ཤེས་རབ་ཀྱི་ཕ་རོལ་ཏུ་ཕྱིན་པ་འདི། བདག་གིས་ཐོས་པ་ཡིན་པའི་ཕྱིར། འཁོར་གྱི་ནང་དུ་ཁས་མཆིའོ། །ཞེས་གསུངས་པའི་ཕྱིར།

གསུམ་པ་ལ། ཁ་ཅིག །དཔལ་སྡོམ་པའི་རྒྱུད་ཕྱི་མ་ཞེས་བྱ་བ་ལས། ང་ནི་འདི་ན་མི་སྣང་ནས། །ལོ་ནི་བརྒྱ་དང་བཅུ་གཉིས་ན། །བསྟན་པའི་སྙིང་པོ་དམ་པ་ཞིག །ལྷ་གནས་གསུམ་དུ་གྲགས་པ་སྟེ། །འཛམ་གླིང་ཤར་ལྷོའི་ཕྱོགས་མཚམས་ན། །དཔལ་ཞེས་བྱ་བའི་རི་བོ་ལ། །ཐུགས་རྗེ་མཐུན་པའི་བྱིན་རླབས་ཀྱིས། །རྒྱལ་པོ་ཛ་ཞེས་བྱ་བ་ལ། །ཕྱག་ན་རྡོ་རྗེ་སྣང་བར་བྱེད། །མི་ལས་སྐལ་ལྡན་དམ་པ་ཞིག །བྱང་ཆུབ་མཆོག་ཏུ་གྲུབ་འགྱུར་བས། །དེ་ལ་རྟག་ཏུ་མོས་པར་བྱོས། །ཞེས་བྱ་བའི་རྗེས་སུ་འབྲངས་ནས། རྒྱ་གར་ཤར་ལྷོ་ཟ་ཧོར་གྱི་ཡུལ་ཨུ་རྒྱན་ཞེས་བྱ་བར། རྒྱལ་པོ་ཛ་འམ་ཨིནྡྲ་བྷུ་ཏིའི་ཁང་ཐོག་ཏུ་རིན་པོ་ཆེའི་གླེགས་བམ་མང་པོ་བབས། རྒྱལ་པོས་ལྟས་པས་ཤེས་ནས་གྲུབ་པ་ཐོབ་སྟེ། རང་གི་འཁོར་རྣམས་ལ་རྒྱུད་བཤད་པའི་སྒྲོན་ནས་བསྡུས་པའམ། ཡང་ན་རང་གི་མ་ཤེས་པར། ཀུ་ཀུ་རི་པ་སྤྱན་དྲངས་ཏེ། དེས་རྡོ་རྗེ་སེམས་དཔའ་ཞལ་མཐོང་གི་ལེའུ་ཤེས་ཏེ་ཉམས་སུ་བླངས་པས་རྡོ་རྗེ་སེམས་དཔའི་ཞལ་མཐོང་སྟེ། རྒྱལ་པོ་ལ་དབང་བསྐུར། རྒྱུད་བཤད་རྒྱལ་པོས་ཀྱང་རང

གི་འཁོར་རྣམས་ལ། རྒྱུད་བཤད་པའི་སྒོ་ནས་སྔགས་ཀྱི་བཀའ་བསྡུས་ཞེས་སྨྲ་བར་བྱེད་དོ། །དེ་ནི་རིགས་པ་མིན་ཏེ། རྒྱ་གར་ཤར་ཕྱོ་ཟ་ཧོར་གྱི་ཡུལ་དང་། ཕྱོ་ནུབ་ཨུ་རྒྱན་གྱི་ཡུལ་འགལ་བའི་ཕྱིར་དང་། བླ་མ་མེད་པར་རང་ཉིད་ཀྱིས། སྔགས་ལམ་ཉམས་སུ་ལེན་པར་བྱེད་པ་བླ་ན་མེད་པའི་རྒྱུད་སྡེ་དང་འགལ་བའི་ཕྱིར་ཏེ། གསང་སྔགས་རང་ཉིད་ལེན་པ་ནི། །ལུས་ཅན་དམྱལ་བ་འབབ་ཞིག་རྒྱུ། །ཞེས་གསུངས་པའི་ཕྱིར། འོ་ན་རྒྱུད་དེའི་དོན་ཅི་ཞེ་ན། ཤར་ཕྱོའི་གྲོང་ཁྱེར་པ་ཏི་ཀེ་ཞེས་བྱ་བར་རྒྱལ་པོ་རབ་གསལ་ཟླ་བ་ལ་ཕྱག་ན་རྡོ་རྗེས། སྤྲུལ་པའི་དཀྱིལ་འཁོར་དུ་གསང་འདུས་ཀྱི་དབང་བསྐུར་ཏེ། ཆོས་ཀྱི་འཁོར་ལོ་བསྐོར་བའི་ཚུལ་དུ་ལུང་བསྟན་པ་ཙམ་ཡིན་པའི་ཕྱིར་རོ། །རང་གི་ལུགས་ནི། ཡུལ་ཨུ་རྒྱན་དང་། གསང་བདག་ཕྱག་རྡོར་གྱི་སྤྲུལ་པ། ཨིནྡྲ་བྷཱུ་ཏིས། གསང་སྔགས་ཀྱི་བཀའ་བསྡུས་པ་ཡིན་ཏེ། ཡེ་ཤེས་ཐིག་ལས། མ་འོངས་པའི་དུས་སུ་གསང་བའི་རྒྱུད། སྐལ་བ་དང་ལྡན་པའི་སེམས་ཅན་ལ་སུས་བཤད་པར་བྱེད། བཀའ་སྩལ་པ། ཕྱག་ན་རྡོ་རྗེ་མགོན་པོས་འཆད་པར་བྱེད་དོ༔ ༔ཞེས་དང་། རྣལ་འབྱོར་མའི་རྒྱུད་གསང་བའི་སྒྲོན་མེ་ལས། གསང་བ་ཆེན་པོའི་རྒྱུད་ཤེས་པ་དང་བཤད་པ་ལ་འཁོར་བ་ན་སུས་ཤེས། བཀའ་སྩལ་པ། ནུབ་ཕྱོགས་ཨུ་རྒྱན་གྱི་ཡུལ། དཔལ་རྡོ་རྗེ་ཆེན་པོའི་གནས་སུ། ཨུ་རྒྱན་གི་རྒྱལ་པོ་ཨིནྡྲ་བྷཱུ་ཏི་ཞེས་བྱ་བས། ཤེས་པ་དང་། བཤད་པ་དང་། གསལ་བར་བྱེད་དོ། །གསོལ་པ། རྒྱལ་པོ་ཨིནྡྲ་བྷཱུ་ཏི་དེ། ས་དུའི་དབང་ཕྱུག་ལགས། བཀའ་སྩལ་པ། དཔལ་ཡེ་ཤེས་ཐིག་ལེའི་རྒྱུད་ཀྱི་རྒྱལ་པོ་ལས། གང་ཞིག་གི་བསྟོད་པ། ཕྱག་ན་རྡོ་རྗེ་ཡེ་ཤེས་ཀྱི་སྐུ། ས་བཅུའི་དབང་ཕྱུག་དེ་ཉིད། སྤྲུལ་པའི་སྐུ་སྟེ། ས་བཅུའི་དབང་ཕྱུག་གོ་ཞེས་བཤད་དོ། །ཞེས་གསུངས་པའི་ཕྱིར།

དུས་ནི་སྟོན་པ་ཞལ་བཞུགས་པའི་དུས་སུ་ཡིན་ཏེ། སྟོན་པ་མངོན་ཡོད་ན་བཞུགས་པའི་དུས་སུ། ཨུ་རྒྱན་གྱི་ཡུལ་ན། རྒྱལ་པོ་ཨིནྡྲ་བྷཱུ་ཏི་ཡོད་ལ། དེའི་དུས་སུ། རྒྱལ་པོའི་སྟེང་གི་ནམ་མཁའ་ལ་དགྲ་བཅོམ་པ་མང་པོ་གཤེགས་པ་མཐོང་། དེ་ལ་བརྟགས་པས། མཉན་ཡོད་ན་སྟོན་པ་བཞུགས་པའི་འཁོར་ཡིན་པར་ཤེས། དེ་ནས་རྒྱལ་པོ་སྟོན་པ་ལ་མི་ཕྱེད་པའི་དད་པ་སྐྱེས་ཏེ། དེ་ཉིད་ཀྱི་ཕྱོགས་ལ་ཕྱག་དང་མཆོད་པ་ཕུལ་བས། དེའི་ཞལ་མཐོང་ནས། སྟོན་པ་གདུགས་ཚོད་ལ་སྤྱན་དྲངས། དེ་ནས་སྟོན་པ་དེ་ཉིད་རྡོ་རྗེ་བཙུན་མོའི་བྷ་ག་ལ་བཞུགས་ཏེ༔ རྒྱལ་པོ་གསང་འདུས་རྩ་བའི་དཀྱིལ་འཁོར་དུ་བཅུག་སྟེ་དབང་བསྐུར། རྒྱུད་བཤད་ནས། རྒྱལ་པོ་བཀའ་བསྡུ་བ་པོར་ལུང་བསྟན་པའི་ཕྱིར། འོ་ན་དེས་བསྡུས་པའི་ཚུལ་ཇི་ལྟ་བུ་ཞེ་ན། རྒྱལ་བ་ཉིད་ཀྱི་ཐུགས་ཀྱི་སྤྲུལ་པ༔ ཕྱག་ན་རྡོ་རྗེས་སྤྲུལ་པའི་དཀྱིལ་འཁོར་དུ་སྐལ་བ་དང་ལྡན་པའི་གདུལ་བྱ་རྒྱུད་སྨིན་པ་རྣམས་ལ། དབང་བསྐུར་རྒྱུད་བཤད་པའི་སྒོ་ནས་སྔགས་ཀྱི་བཀའ་ཐམས་ཅད་བསྡུས་པ་ཡིན་ཏེ། གསང་བ་གྲུབ་པའི་རྒྱུད་ལས།

ཡེ་ཤེས་སྒྱུ་མའི་རང་བཞིན་ཐུགས་རྡོ་རྗེ། སྐྱེས་བུ་ཆེན་པོའི་མཚན་སུམ་ཅུ་རྩ་གཉིས་ཀྱིས་བརྒྱན་པའི་སྐུར་གྱུར་ནས། འདི་སྐད་བདག་གིས་ཞེས་བྱ་བ་ལ་སོགས་པ། དོན་དམ་པའི་དེ་ཁོ་ན་དང་། སངས་རྒྱས་དང་བྱང་ཆུབ་སེམས་དཔའ་རྣམས་ལ་བདག་ཉིད་སྟོན་ཏོ། །ཞེས་འབྱུང་བ། འདིའི་སྟུད་པར་བྱེད་པ་པོ། །གཞན་དག་ཡོད་པ་མིན་ནོ་ཞེས། །བདག་ཉིད་འབའ་ཞིག་སྨྲ་བར་བྱེད། །རྒྱུད་མཛད་པ་དེ་ཐུགས་རྡོ་རྗེ། །ཞེས་གསུངས་པའི་ཕྱིར། དེས་ན་རྒྱུད་རྣམས་ཀྱི་འདི་སྐད་བདག་གིས།ཞེས་པས། ངེས་དོན་ལ་རྒྱུད་ཀྱི་ལུས་རྣམ་གཞག་བསྟན། དྲང་དོན་ལ། ཕྱག་ན་རྡོ་རྗེས་བཅོམ་ལྡན་འདས་ལ་རྒྱུད་ཐོས་པའི་ལམ་བསྟན། དེས་ན། ཕྱག་ན་རྡོ་རྗེས་རྒྱུད་ཐམས་ཅད་བསྡུས་ཏེ། རྒྱལ་པོ་ཨིནྡྲ་བྷཱུ་ཏི་འཁོར་དང་བཅས་པ་ལ་དབང་བསྐུར་རྒྱུད་བཤད་པས་རྒྱལ་པོ་འཁོར་བཅས་ཀྱིས་གྲུབ་པ་ཐོབ་སྟེ། རང་བཞིན་གྱི་དཔའ་བོ་དང་མཁའ་འགྲོ་མར་འགྱུར། དེ་ནས་ཕྱག་ན་རྡོ་རྗེས་རྒྱུད་ཐམས་ཅད་རིན་པོ་ཆེ་གསེར་གྱི་པི་ཊཱ་ཀ་ཞུན་མ་ལ་གླེགས་བམ་དུ་བྲིས་ཏེ། གླེགས་བམ་ཐམས་ཅད་ཨུ་རྒྱན་གྱི་ཡུལ་དུ་ཀླུ་རྣམས་ལ་བཏད། ཀླུ་རྣམས་ཀྱིས་དེའི་དོན་ཉམས་སུ་བླངས་པས། གྲུབ་པ་ཐོབ་སྟེ། དེ་དག་གིས་རྒྱུད་ཀྱི་བདག་པོ་བྱས་སོ། །

ལྷོ་པ་མིའི་ཡུལ་དུ་ཇི་ལྟར་འཕེལ་ཚུལ་ནི། ཡུལ་ལྷོ་ཕྱོགས་ཀྱི་རྒྱུད་ན་རྒྱལ་པོ་བི་སུ་ཀ་ཞེས་བྱ་བ། ཉན་ཐོས་ཀྱི་ཐེག་པ་ལ་ཞུགས་པ་ཞིག་གི་རྨི་ལམ་ན། ཁྱོད་ཨུ་རྒྱན་དུ་སོང་ཤིག །སྐྱེ་བ་འདི་ལ་རིག་པ་འཛིན་པར་འགྱུར་རོ། །ཞེས་ཐོས་ཏེ་ཕྱིན་པས་ཨུ་རྒྱན་གྱི་ཡུལ་དུ་རྒྱུད་རྣམས་ཐོས། དེ་ནས་ཨུ་རྒྱན་གྱི་ཡུལ་ནས། འཕགས་ཡུལ་དུ། གསང་འདུས་ཀྱི་རྒྱུད་དང་། དེ་ཉིད་འདུས་པའི་རྒྱུད་སྤྱན་དྲངས། དེ་རྗེས་ཊཻ་ལོ་ཏེ་རུ་ཀས། ཀྱེའི་རྡོ་རྗེའི་རྒྱུད་སྤྱན་དྲངས། སློབ་དཔོན་ཀུ་ཀུ་རི་པས་མ་ཧཱ་མཱ་ཡའི་རྒྱུད་སྤྱན་དྲངས། སློབ་དཔོན་ལ་ལི་ཏ་བཛྲས་རྡོ་རྗེ་འཇིགས་བྱེད་ཀྱི་རྒྱུད་སྤྱན་དྲངས། གཞན་ཡང་གྲུབ་པ་ཐོབ་པའི་དཔའ་བོ་དང་རྣལ་འབྱོར་མ་རྣམས་ཀྱིས་རྒྱུད་གཞན་སྤྱན་དྲངས་ཏེ། མི་རྣམས་ལ་ལེགས་པར་འཕེལ་ལོ། །

གསུམ་པ་རྒྱུད་འཆད་ཐབས་ཀྱི་མན་ངག་དགོས་ལ། བརྗོད་བྱ་རྒྱུད་ཀྱི་མཚན་དོན། འཆད་བྱེད་ཡན་ལག་གི་རབ་དབྱེ་གཉིས་ལས། དང་པོ་ལ། བརྗོད་བྱ་དོན་གྱི་རྒྱུད་དང་། རྗོད་བྱེད་སྒྲའི་རྒྱུད་གཉིས་ལས། དང་པོ་ལ། སྤྱིར་རྒྱུད་ཀྱི་ངོ་བོ་ངོས་བཟུང་། དེ་ལ་གསུམ་དུ་དབྱེ་བ། གསུམ་པོ་སོ་སོའི་ངེས་ཚིག །དེ་གསུམ་སོ་སོ་ལ་ཐབས་དང་ཤེས་རབ་སོགས་ཀྱི་མཚན་བཏགས་པ། རྒྱལ་པོ་ལ་སོགས་པའི་མཚན་བཏགས་པ་དང་ལྔའོ། །

དང་པོ་ནི། གང་ཟག་ཀུན་གྱི་རྒྱུད་ལ་ཡོད་པའི་སེམས་རིག་ཅིང་གསལ་ཙམ་ལ་རྒྱུན་མི་འཆད་པ་ལ་རྒྱུད་ཅེས་བྱ་སྟེ། དཔལ་གསང་བ་འདུས་པ་དང་། རྡོ་རྗེ་རྩེ་མོ་ལས། རྒྱུད་ནི་རྒྱུན་ཆགས་ཞེས་བྱ་སྟེ། །ཞེས་དང་། སྒྱུ་དྲ

ལས་ཀྱང་དེ་ལྟར་གསུངས་པའི་ཕྱིར། གཉིས་པ་ལ། རྒྱུའི་རྒྱུད། ཐབས་ཀྱི་རྒྱུད། འབྲས་བུའི་རྒྱུད་དང་གསུམ་མོ༑ ༑དེ་དག་གི་དང་པོ་ནི། ལམ་མ་ཞུགས་ཀྱི་སེམས་རིག་ལ་རྒྱུན་མི་ཆད་པ་རྒྱུའི་རྒྱུད། ལམ་ཞུགས་སློབ་པའི་སེམས་རིག་གསལ་བ་རྒྱུན་མི་ཆད་པ་ཐབས་ཀྱི་རྒྱུད། སངས་རྒྱས་ཀྱི་སེམས་རིག་གསལ་རྒྱུན་མི་ཆད་པ་འབྲས་བུའི་རྒྱུད་ཡིན་ཏེ། འདུས་པའི་རྒྱུད་ཕྱི་མ་ལས། རྒྱུད་ནི་རྒྱུན་ཆགས་ཞེས་བྱ་སྟེ། །རྒྱུད་དེ་རྣམ་པ་གསུམ་དུ་འགྱུར། །གཞི་དང་དེའི་རང་བཞིན་དང་། །མི་འཕྲོག་པའི་རབ་ཕྱེ་བའོ། །རང་བཞིན་རྣམ་པ་རྒྱུ་ཡིན་ཏེ། །གཞི་ནི་ཐབས་ཞེས་བྱ་བ་ཡིན། །དེ་བཞིན་མི་འཕྲོག་འབྲས་བུ་སྟེ། །གསུམ་གྱིས་རྒྱུད་ཀྱི་དོན་བསྡུས་པའོ། །ཞེས་གསུངས་པའི་ཕྱིར།

གསུམ་པ་ནི། ལམ་མ་ཞུགས་ཀྱི་སེམས་རིག་གསལ་རྒྱུན་མི་འཆད་པ་ལ། རྒྱུའི་རྒྱུད་ཅེས་བྱ་སྟེ། དེ་ད་ལྟ་སངས་རྒྱས་དངོས་སུ་མ་གྲུབ་ཀྱང་། ཐབས་དང་ཕྲད་ན། སངས་རྒྱས་ཀྱི་ཡེ་ཤེས་སྐྱེ་རུང་གི་ནུས་པ་དང་ལྡན་པའི་ཕྱིར། དཔེར་ན་སྨྲིམ་ནང་གི་ས་བོན་བཞིན་ནོ། །ཇི་སྐད་དུ་བརྟག་གཉིས་ལས། སེམས་ཅན་རྣམས་ནི་སངས་རྒྱས་ཉིད། །འོན་ཀྱང་གློ་བུར་དྲི་མས་བསྒྲིབས། །དེ་ཉིད་བསལ་ན་སངས་རྒྱས་ཉིད། །ཅེས་གསུངས་པའི་ཕྱིར། དེ་ལ་རྒྱུད་ཅེས་བྱ་སྟེ། འཁོར་བ་ཐོག་མེད་ནས་སངས་རྒྱས་ཀྱི་བར་དུ་ངོ་བོ་མི་འགྱུར་ཞིང་། རྒྱུན་མི་ཆད་པར་འབྱུང་བའི་ཕྱིར། དེ་སྐད་དུ་ཧེ་རུ་ཀ་དཔལ་འབྱུང་ལས། ནམ་མཁའ་ཇི་སྲིད་མི་འཇིགས་པ། །ནམ་མཁའ་ཇི་སྲིད་དེ་སྲིད་ཐེམས། །ཞེས་གསུངས་པའི་ཕྱིར། ལམ་ཞུགས་སློབ་པའི་སྨིན་གྲོལ་གྱི་ལམ་འཁོར་བ་ལ་ཐབས་རྒྱུད། ཅེས་གསུངས་ཏེ། སཾ་ཊི་ལས། སེམས་ཅན་ཡེ་ཤེས་སྦྱོལ་བའི་ཕྱིར། །ཐབས་ནི་སངས་རྒྱས་རྣམས་ཀྱིས་བསྟན། །ཞེས་གསུངས་པའི་ཕྱིར། དེ་ལ་རྒྱུད་ཅེས་བྱ་སྟེ། མན་ངག་གི་རྒྱུད་བར་མ་ཆད་པར་འབྱུང་བ་དང་། ཉམས་མྱོང་ཏིང་ངེ་འཛིན་བར་མ་ཆད་པར་འབྱུང་བའི་ཕྱིར།

སཾ་ཊི་ལས། བསྟན་བཅོས་ཚད་མ་སློབ་དཔོན་དང་། །ལུང་གི་རྗེས་འབྲངས་དེ་ཉིད་རིག །གསང་དོན་དེ་ཉིད་ངེས་དོན་ཡང་། །གཅིག་ནས་གཅིག་རྒྱུད་ཤེས་པར་བྱ། །ཞེས་དང་། བརྟག་གཉིས་ལས། ཆུ་བོའི་རྒྱུན་ནི་རབ་འབབ་དང་། །མར་མེའི་རྩེ་མོ་རབ་བཅིང་ལྟར། །ཞེས་གསུངས་པའི་ཕྱིར། སངས་རྒྱས་ཀྱི་ཡེ་ཤེས་ལ་འབྲས་བུའི་རྒྱུད་ཅེས་བྱ་སྟེ། བརྒྱུད་ནི་རང་འདོད་རྣལ་འབྱོར་པའི། །སངས་རྒྱས་རྣམས་ཀྱི་འབྲས་བུའི་དོན། །ཞེས་གསུངས་པའི་ཕྱིར། དེ་ལ་རྒྱུད་ཅེས་བྱ་སྟེ། དེ་རང་བཞིན་གྱིས་རྟག་ཅིང་རྒྱུན་མི་ཆད་པའི་ཕྱིར་དང་། རང་བཞིན་གྱིས་འགྱུར་བ་མེད་པའི་ཕྱིར། དེ་སྐད་དུ་མདོ་སྡེ་རྒྱན་ལས། རང་བཞིན་དང་ནི་རྒྱུན་མི་ཆད། །རྒྱུན་གྱི་དེ་དག་རྟག་པ་ཉིད། །ཅེས་གསུངས་པའི་ཕྱིར།

བཞི་པ་ཐབས་དང་ཤེས་རབ་ལ་སོགས་པའི་སྒོ་ནས་ཕན་ཡོན་བདགས་པ་ལ། འདོགས་པའི་རྒྱུ་མཚན་དང་། བདགས་པའི་ལམ་གཉིས། དང་པོ་ནི། འབྲེལ་རྒྱུད་སངས་རྒྱས་ཀྱི་ཡེ་ཤེས་ལ་དངོས་སུ་བདགས་ན། ཐབས་རྒྱུད་དང་། རྒྱུ་རྒྱུད་ལ་ཤུགས་ཀྱིས་བདགས་པ་ཡོད་དེ། ཀྱའི་རྡོ་རྗེ་དང་། གསང་བ་འདུས་པ་དང་། ཡང་དག་པར་སྦྱོར་བ་སོགས་ཡོད་པའི་ཕྱིར། འབྲས་བུའི་རྒྱུད་ལ་བདགས་པ་ཡོད་པའི་ཕྱིར། དེ་ཉིད་འདུས་པ་ཡོད་པའི་ཕྱིར། ཐབས་རྒྱུད་ཁ་ནའི་སྒོ་ནས་བདགས་པ་ཡོད་དེ། ལེགས་པར་གྲུབ་པ་ཡོད་པའི་ཕྱིར། ཞབ་པོའི་སྒོ་ནས་བདགས་པ་ཡོད་དེ། དཔུང་བཟང་གི་ཞུས་པའི་རྒྱུད་ཡོད་པའི་ཕྱིར། གཞུང་ཚད་ཀྱི་སྒོ་ནས་བདགས་པ་ཡོད་དེ། ཀྱེ་རྡོ་རྗེའི་རྒྱུད་འབུམ་ཕྲག་ལྔ་པ་ཡོད་པའི་ཕྱིར། གཉིས་པ་ལ་སྦྱིར་བསྟན་པ་དང་། ཟུང་དུ་འཇུག་པའི་རྒྱུ་མཚན་དངོས་ལ་དཔྱད་པ་གཉིས། དང་པོ་ལ། སངས་རྒྱས་འཕགས་པའི་རྒྱུད་ཀྱི་ཐབས་ཤེས་ཟུང་དུ་འཇུག་པ་ལ། འབྲེལ་རྒྱུད་ཀྱའི་རྡོ་རྗེ་ཞེས་བྱ། དེ་ཉམས་སུ་ལེན་པའི་ཐབས། ལམ་ཞུགས་སློབ་པའི་སྨིན་གྲོལ་གྱི་ལམ། ཐབས་ཤེས་ཟུང་འཇུག་རྣམས་ལ། ཐབས་རྒྱུད་ཀྱེ་རྡོ་རྗེ་ཅེས་བྱ། དེའི་ཐབས་ལམ་མ་ཞུགས་ཀྱི་སེམས་རྒྱུད་ལ་ཀྱེ་རྡོ་རྗེ་ཞེས་བྱ་སྟེ། བརྟག་གཉིས་ལས། ཧེ་ནི་སྙིང་རྗེ་ཆེན་པོ་ཉིད། །བཛྲ་ཤེས་རབ་བརྗོད་པར་བྱ། །ཐབས་དང་ཤེས་རབ་བདག་ཉིད་རྒྱུད། །དེ་ནི་ང་ཡིས་བཤད་བྱ་ཡི། །ཞེས་དང་། འདུས་པའི་རྒྱུད་ཕྱི་མ་ལས། ཤེས་རབ་ཐབས་ནི་སྙོམས་འཇུག་པས། །རྣལ་འབྱོར་ཞེས་ནི་བཤད་པ་ཡིན། །གང་གི་དངོས་མེད་ཤེས་རབ་སྟེ། །ཐབས་ནི་དངོས་པོའི་བདག་ཉིད་དོ། །འཁོར་བ་སྤངས་ནས་གཞན་དུ་ནི། །མྱ་ངན་འདས་པ་རྟོགས་མི་འགྱུར། །འཁོར་བ་གཟུགས་དང་སྒྲ་ལ་སོགས། །འདི་རྣམས་ཆོས་ནི་མྱ་ངན་འདས། །ཞེས་གསུངས་པའི་ཕྱིར།

གཉིས་པ་ལ། རྒྱུའི་རྒྱུད་ཟུང་དུ་འཇུག་པའི་ཚུལ་ནི། མ་དག་པ་འཁོར་བའི་གནས་ཀྱི་སྣང་བ་ཐམས་ཅད་ཐབས། དེ་བདེན་སྟོང་པའི་རང་བཞིན་མྱང་འདས་ཤེས་རབ། དེ་ཉིད་ཟུང་དུ་འཇུག་པ་ལ་རྒྱུ་རྒྱུད་ཀྱའི་རྡོ་རྗེ་ཞེས་བྱའོ། །ཐབས་རྒྱུད་ཀྱི་ཟུང་དུ་འཇུག་པ་ནི། ཀྱའི་རྡོ་རྗེའི་ལམ་ཉམས་སུ་ལེན་པའི་ཚེ། སྨིན་ལམ་ཐབས། གྲོལ་ལམ་ཤེས་རབ། དེ་ལ་ཡང་བུམ་དབང་ཐབས། དབང་གོང་མ་གསུམ་ཤེས་རབ་ཏུ་འདོག་གོ། །གཉིས་པ་ལ་ཡང་། བསྐྱེད་རིམ་ཐབས། རྫོགས་རིམ་ཤེས་རབ། དང་པོ་ལ་ཡང་། ལྷ་ཡབ་སྙོམ་པའི་ཆ་ཐབས། ယུམ་སྙོམ་པའི་ཆ་ཤེས་རབ། གཉིས་པ་ལ་ཡང་། དམིགས་བཅས་ཐབས། དམིགས་མེད་ཤེས་རབ། འབྲས་བུའི་ཟུང་འཇུག་ལ། གཟུགས་སྐུ་ཐབས། ཆོས་སྐུ་ཤེས་རབ། དང་པོ་ལ་ཡང་། ཡབ་ཀྱི་ཆར་སྣང་བ་ཐབས། ཡུམ་གྱི་ཆར་སྣང་བ་ཤེས་རབ་བོ། །གཉིས་པ་ལ་ཡང་། ཡེ་ཤེས་ཆོས་སྐུ་ཐབས། ངོ་བོ་ཉིད་སྐུ་ཤེས་རབ་ཏུ་འདོག་གོ། །ཇི་སྐད་དུ་སཾ་ཊི་ལས། སྤྲོས་པ་མེད་པའི་རང་བཞིན་ཉིད། །ཤེས་རབ་ཅེས་ནི་ཡོངས་སུ་སྒྲགས། །ཡིད་

བཞིན་ནོར་བུ་ལྟར་འདུས་པའི། །ཐམས་ཅད་དོན་མཛད་སྙིང་རྗེ་ཆེ། །དམིགས་མེད་གནས་སུ་ཤེས་རབ་དང་། །དམིགས་ཉིད་སྙིང་རྗེ་ཆེན་པོ་ཉིད། །བློ་དང་ལྡན་ཅིག་གཅིག་གྱུར་པས། །ནམ་མཁའ་ནམ་མཁའ་ཇི་ལྟ་བུ། །ཞེས་གསུངས་པའི་ཕྱིར། ལྔ་པ་ལ། ཀྱཻ་རྡོ་རྗེའི་རྒྱུད་སོགས་ལ་རྒྱལ་པོ་ཞེས་བྱ་སྟེ། རྒྱུའི་རྒྱུད་རྣམས་རང་བཞིན་གྱིས་རྣམ་པར་རྟོག་པས་རྫི་མི་ནུས། ཐབས་རྒྱུད་རྣམས་ཀྱིས་གློ་བུར་གྱི་རྣམ་པར་རྟོག་པ་སྦྱོང་ནུས། འབྲས་བུའི་རྒྱུད་རྣམས་གློ་བུར་རྣམ་རྟོག་གིས་རྫི་མི་ནུས་པའི་ཕྱིར། མདོར་ན་སེམས་ཉིད་གཉིས་སུ་མེད། གཟུང་འཛིན་གཉིས་སུ་མེད་པའི་ཐབས་ཤེས་ཟུང་འཇུག་ལ་བརྗོད་བྱ་དོན་གྱི་རྒྱུད་ཅེས་བྱའོ། །

གཉིས་པ། རྗོད་བྱེད་སྒྲའི་རྒྱུད་ལ། དངོས་དང་། དེ་ལས་བྱུང་བའི་རྒྱུད་ཀྱི་དགོས་འབྲེལ། དེ་ལ་བརྟེན་ནས་རྒྱུད་ལ་འཇུག་ཚུལ་ལོ། །དང་པོ་ལ། མཚན་ཉིད་པ་དང་། བཏགས་པ་བ་གཉིས། དང་པོ་ནི། རྒྱུད་སྡེ་བཞིའི་སངས་རྒྱས་ཀྱི་བཀའ་རྣམས་ལ་འཇོག །གཉིས་པ་ནི། དེ་དག་བྲིས་པའི་གླེགས་བམ་དང་། དེ་དག་ཀློག་པའི་སེམས་ཅན་གྱི་ངག་གི་རྣམ་རིག་རྣམས་ལ་འཇོག །གཉིས་པ་དགོས་འབྲེལ་ལ། རྒྱུད་གསུམ་པོ་དེ་བརྗོད་བྱ༏ རང་གཞན་གྱིས་རྒྱུད་གསུམ་ཉམས་སུ་ལེན་ཤེས་པ་དེ་དགོས་པ། རྒྱུད་གསུམ་རྟོགས་པ་མཐར་ཐུག་པ་དེ་ཉིང་དགོས། དེ་དག་ཐབས་ཐབས་བྱུང་གི་ཚུལ་གྱི་གྲུབ་པ་འབྲེལ་བའོ། །

གསུམ་པ་འཇུག་ཚུལ་ནི། རྒྱུད་ཀྱི་དགོས་སོགས་ཆོས་བཞི་པོ་ཤེས་པའི་སྒོ་ནས་རྒྱུད་ལ་འཇུག་པའི་རྒྱུ་མཚན་ཡོད་དེ། རྒྱུད་ཀྱི་དགོས་སོགས་ཆོས་བཞིའི་སྒོ་ནས་རྒྱུད་བཤད་པས། རྒྱུད་བཤད་ཐབས་ཀྱི་མན་ངག་ཁྱད་པར་ཅན་དུ་འགྱུར་བའི་ཕྱིར། གཉིས་པ་འཆད་བྱེད་མན་ངག་གི་རབ་དབྱེ་ལ། ངག་དྲུག་གི་སྒོ་ནས་བཤད་པ༏ རྒྱུད་གསུམ་གྱི་སྒོ་ནས་བཤད་པ། བདག་ཉིད་གསུམ་གྱི་སྒོ་ནས་བཤད་པ། གནས་པ་བཞིའི་སྒོ་ནས་བཤད་པ༏ དག་པ་གསུམ་གྱི་སྒོ་ནས་བཤད་པ། གསང་བ་བདུན་གྱི་སྒོ་ནས་བཤད་པ་དང་དྲུག །དང་པོ་ནི། དཔལ་ནམ་མཁའ་དང་མཉམ་པའི་རྒྱུད་ལས། ཡི་གེ་དང་ནི་ཡན་ལག་དང་། །བསྡུས་པའི་དོན་དང་སྤྱི་ཡི་དོན། །སྦས་དོན་དེ་བཞིན་མཐར་ཐུག་པར། །རྒྱུད་རྣམས་ངེས་པ་ཁོ་ན་ཡིན། །ཅེས་གསུངས་པ་ལྟར། བརྗོད་བྱ་དོན་གྱི་རྒྱུད་འཆད་པའི་མན་ངག་གསུམ་ནི། སྤྱི་དོན་དུ་བཤད་པ། སྦས་དོན་དུ་བཤད་པ། མཐར་ཐུག་ཏུ་བཤད་པ་དང་གསུམ། རྗོད་བྱེད་ཚིག་གི་རྒྱུད་འཆད་པའི་མན་ངག་གསུམ་ནི། ཡན་ལག་གི་དོན་གྱིས་བཤད་པ། ཡི་གེའི་དོན་གྱིས་བཤད་པ། བསྡུས་པའི་དོན་གྱི་མན་ངག་གིས་བཤད་པ་དང་གསུམ་མོ། །དེ་དག་སོ་སོའི་ངོས་འཛིན་ལ་དྲུག་ཡོད་པའི། དང་པོ་སྤྱི་དོན་ནི། ཐུན་མོང་བ་ལ་འཇོག །དེ་ལ་ཡང་། ཕར་ཕྱིན་ཐེག་པ་དང་ཐུན་མོང་བ་དང་། བསྐྱེད་རིམ་དང་ཐུན་མོང་བ་གཉིས། དང་པོ་ནི། ཕར་ཕྱིན་ཐེག་པ་ནས་བཤད་པའི་བྱང་ཕྱོགས

སོ་བདུན་དང་ལམ་ལྔ་དང་ས་བཅུ་ལ་སོགས་པ་གསང་སྔགས་ཀྱི་བརྗོད་བྱ་ཡིན། ཐུན་མོང་བ་ཡིན་པ་ལྟ་བུའོ། ། གཉིས་པོ་ནི། བསྐྱེད་རིམ་དེ་མཆོག་དང་ཐུན་མོང་བ་གཉིས་ཀ་བསྒོམ་བྱ་ཡིན་པས། ཐུན་མོང་བ་ཡིན་པ་ལྟ་བུའོ། །དེ་ལྟར་ཡང་། འགྲེལ་པ་སྒྲོན་གསལ་ལས། མདོ་སོགས་ལ་ནི་རབ་ཞུགས་པའི། །འགྱོད་པ་ཟློག་པར་བྱེད་པ་དང་། །བསྐྱེད་པའི་རིམ་དང་ལྡན་པ་དག །སྤྱིའི་དོན་ནི་ཡིན་པར་བཤད། །ཅེས་གསུངས་པའི་ཕྱིར། གཉིས་པ་སྦས་དོན་ལ། དབང་གོང་མ་གསུམ་ཐོབ་པ་རྣམས་ཀྱི་ཡུལ་ཡིན་ལ། བུམ་དབང་ཙམ་ཐོབ་པ་མན་ཆད་ཀྱི་ཡུལ་མིན་པས་སྦས་པའི་དོན། དེ་ཡང་ཐབས་ཀྱི་མིང་བཏགས་ན། རང་བྱིན་བརླབས་དང་། དཀྱིལ་འཁོར་འཁོར་ལོ་གཉིས། བྱང་སེམས་ཀྱི་མིང་བཏགས་ན། ཀུན་རྫོབ་བྱང་ཆུབ་ཀྱི་སེམས་དང་། དོན་བྱང་ཆུབ་སེམས་གཉིས། བརྟག་གཉིས་ལས། དཀྱིལ་འཁོར་འཁོར་ལོའི་ཐབས་དང་ནི། །རང་བྱིན་རླབས་པའི་རིམ་པས་ཀྱང་། །ཀུན་རྫོབ་དོན་དམ་ཚུལ་ཅན་གྱི། །བྱང་ཆུབ་སེམས་ནི་རབ་ཏུ་བསྐྱེད། །ཅེས་གསུངས་པའི་ཕྱིར། ཡེ་ཤེས་ཀྱི་མིང་བཏགས་ན། རང་བྱུང་ཡེ་ཤེས་དང་། ལྷན་སྐྱེས་ཀྱི་ཡེ་ཤེས་གཉིས་སོ། །

མདོར་ན་གསང་བ་ཆོས་ཀྱི་འཁོར་ལོ་གསུམ་ལ་བློ་གཏད་དམ་པའི་བཤད་པ་མཐའ་དག་སྦས་དོན་གྱི་བཤད་པའོ། །དཀྱིལ་འཁོར་གསུམ་གང་ཞེ་ན། རྩ་ལུས་ཀྱི་དཀྱིལ་འཁོར། ཕྱག་རྒྱ་ཧྲ་གའི་དཀྱིལ་འཁོར། དོན་དམ་བྱང་སེམས་ཀྱི་དཀྱིལ་འཁོར་དང་གསུམ་ལ་འཇོག་སྟེ། སཾ་ཊ་ལས། དཀྱིལ་འཁོར་ལུས་སུ་གསུངས་པ་སྟེ། །དཀྱིལ་འཁོར་རྫོགས་པར་བརྗོད་པའི་ཕྱིར། །དཀྱིལ་འཁོར་བྱང་ཆུབ་སེམས་ཉིད་དེ། །དཀྱིལ་འཁོར་གསུམ་ནི་བརྟག་པར་བྱ། །ཞེས་གསུངས་པའི་ཕྱིར། དེ་ཡང་ལུས་རགས་པ་དང་གཉིས་པ་རྩ་བའི་གནས་ལུགས་སྟོན་པ་ལུས་ཀྱི་དཀྱིལ་འཁོར། ཐབས་ཤེས་རབ་ཀྱི་ཧཱུྃ་ཧེ་དང་། པདྨ་དང་རྩ་ཡིག་གི་གནས་ལུགས་སྟོན་པ། ཕྱག་རྒྱ་ཧྲ་གའི་དཀྱིལ་འཁོར། ཀུན་རྫོབ་ཐིག་ལེའི་གནས་ལུགས་དང་། དེ་ལས་བྱུང་བའི་བདེ་སྟོང་ཡེ་ཤེས་བསྐྱེད་པའི་ཚུལ་སྟོན་པ་བྱང་སེམས་ཀྱི་དཀྱིལ་འཁོར་རོ། །

གསུམ་པ་མཐར་ཐུག་དོན་ལ། དངོས་དང་། དངོས་བཏགས་སྤྱོད་པ་གཉིས། དང་པོ་ནི། དེ་ལས་བོགས་དབྱུང་དུ་མེད་པ་ལ་བྱ་སྟེ། རྗེ་བཙུན་རྩེ་མོས། མཐར་ཐུག་པ་ནི་དེ་ལས་བོགས་དབྱུང་རྒྱུ་མེད་པས་མཐར་ཐུག་པ་སྟེ། ཞེས་གསུངས་པའི་ཕྱིར། དེ་ལ་སྤྱི་དོན་དང་། སྦས་དོན་གྱི་མཐར་ཐུག་གཉིས། ཐེག་པ་ཐུན་མོང་བ་ལ་གྲགས་པའི་ས་བཅུ་གཅིག་པ་ལྟ་བུའོ། །གཉིས་པ་ནི། གསང་སྔགས་པ་ལ་གྲགས་པའི་ས་བཅུ་གཉིས་པ་དང་། ས་བཅུ་གསུམ་པ་ལྟ་བུའོ། །དེ་སྐད་དུ་རྗེ་བཙུན་རྩེ་མོས། དེ་ལ་གཉིས་ཏེ། སྤྱི་དོན་གྱི་མཐར་ཐུག་པ་ནི་ཐེག་པ་ཐུན་མོང་བར་གྲགས་པའི་ས་བཅུ་གཅིག་པ་དང་། སྦས་དོན་གྱི་མཐར་ཐུག་སྟེ་གསང་སྔགས་པ་ལ

གྲགས་པའི་ས་བཅུ་གཉིས་པ་དང་། བཅུ་གསུམ་པའོ། །ཞེས་གསུངས་པའི་ཕྱིར། གཉིས་པ་དངོས་བཏགས་ལ༑ ཐེག་པ་ཐུན་མོང་བའི་ས་བཅུ་གཅིག་པ་དང་། གསང་སྔགས་པའི་ས་བཅུ་གཉིས་པ་གཉིས་མཐར་ཐུག་མཚན་ཉིད་པ་མིན་ཏེ། དེ་ལས་ཡོན་ཏན་སྐྱེ་དགོས་པའི་ཕྱིར་ཏེ། སཾ་ཊི་ལས། གང་དག་བསམ་གྱིས་མི་ཁྱབ་པའི་གནས་མངོན་དུ་མ་བྱས་པ། ཞེས་གསུངས་པའི་ཕྱིར། འོན་དེ་ལ་མཐར་ཐུག་གི་མིང་འདོགས་པའི་རྒྱུ་མཚན་ཅི་ཡིན་ཞེ་ན། དེ་ལ་རྒྱུ་མཚན་ཡོད་དེ། དེ་ལ་ཉེ་བའི་བྱང་སེམས་ཡིན་པའི་ཕྱིར། དཔེར་ན། མངོན་རྟོགས་རྒྱན་ལས། ས་བཅུ་པ་ལ་གནས་པའི་བྱང་སེམས་ལ་སངས་རྒྱས་ཀྱི་མིང་གིས་བཏགས་པ་བཞིན་ནོ། །

དེ་སྐད་དུ་སཾ་ཊི་ལས། མཚན་གཞི་མཚོན་པར་བྱེད་པ་ནི་རྡོ་རྗེ་སེམས་དཔའ་ཡང་དག་པའོ། །ཞེས་གསུངས་པའི་ཕྱིར། བཅུ་གསུམ་པ་དེ་མཐར་ཐུག་མཚན་ཉིད་པ་ཡིན་ཏེ། སཾ་ཊི་ལས། མཚན་གཞི་མཚོན་པར་ཞེས་སོགས་ཀྱི་ཕྱིར། འོ་ན་ཟླ་བ་གྲགས་པས། འགྲེལ་པ་སྒྲོན་གསལ་ལས། འོད་གསལ་བ་ནི་རབ་སྟོན་དང་། །ཟུང་དུ་འཇུག་པ་རྟོགས་པ་སྟེ། །རྣམ་པ་གཉིས་སུ་བཤད་པ་སྟེ། །མཐའ་ནི་མཐར་ཐུག་པའི་ཚིག །ཅེས་སོགས་དང་འགལ་ལོ་ཞེ་ན་སྐྱོན་མེད་དེ། འོད་གསལ་དང་ཟུང་འཇུག་གཉིས་ལ་བཏགས་པ་བ་བྱང་སེམས་ཀྱི་མཁྱེན་པ་དང་། མཚན་ཉིད་པ་ས་བཅུ་གསུམ་པ་གཉིས་ཡོད་པ་ལས། འདིར་ཕྱི་མའི་དབང་དུ་བྱས་པའི་ཕྱིར། གཉིས་པ་ལ་ཡན་ལག་གི་དོན་གྱིས་བཤད་པ། ཡི་གེའི་དོན་གྱིས་བཤད་པ། བསྡུས་པའི་དོན་གྱིས་མན་ངག་གིས་བཤད་པའོ། །དང་པོ་ལ། འཇིག་རྟེན་ལ་གྲགས་པའི་སྒྲ་དང་། བསྟན་བཅོས་ལ་གྲགས་པའི་སྒྲ། སྒྲ་འཇུག་པའི་རྒྱུ་མཚན་ངེས་ཚིག་དང་བཅས་པས་གཞུང་དངོས་ཀྱི་དོན་ལ་འཇུག་པའོ། །དེའང་། དང་པོ་ནི། རྒྱ་མེ་ཤེལ་ལས་གྲུབ་པ་ནམ་མཁའ་ལ་གནས་པ་ཚ་བའི་འོད་ཅན་དེ་ལ་ཉི་མ་ཞེས་གྲགས་སོ། །གཉིས་པ་ནི་དེ་ཉིད་ལ། བསྟན་བཅོས་ལས། བཅུ་གཉིས་པ་དང་། འོད་ཟེར་བརྒྱ་པ་དང་། པད་མོའི་གཉེན་དང་། སྣང་དབྱེ་དང་། འོད་སྟེར་དང་། ཉིན་མོར་བྱེད་པ་ལ་སོགས་གྲགས་པའི་ཕྱིར་རོ། །

གསུམ་པ་སྒྲ་འཇུག་པའི་རྒྱུ་མཚན་ལ། ཉི་མ་ལ་ཁྱིམ་བཅུ་གཉིས་ཡོད་པས་བཅུ་གཉིས་པ་དང་། པདྨོ་ཁ་འབྱེད་པས་པདྨོའི་གཉེན་དང་། མུན་པ་སེལ་བས་སྣང་བྱེད་དང་། མཚན་མོ་འཇོམ་པར་བྱེད་པས་ཉིན་མོར་བྱེད་པ་ཞེས་བྱའོ། །གཉིས་པ་ཡི་གེ་ནི། གཞུང་དངོས་ལ་རྒྱ་མཚན་མི་རྙེད་ཀྱང་། ཡི་གེ་སོ་སོར་བྱས་ནས་རྒྱ་མཚན་རྙེད་པ་ལ་འཇོག །དེ་ལ། སྒྲ་དྲངས་ཏེ་བཤད་པ། ཡི་གེ་ཁ་འཕྲུལ་ཏེ་སྒྲ་དྲངས་ཏེ་བཤད་པ། ཡི་གེའི་དབྱིབས་མཐུན་གྱིས་བཤད་པ་དང་གསུམ། དང་པོ་ནི། དཔེར་ན། ན་ག་ཏ་ཨ་ན། ཞེས་བྱ་བ་ལྟ་བུ། དངོས་སུ་བཤད་དུ་མི་བཏུབ་པ་ལྟ་བུ་ལ། སྒྲ་དྲངས་ན། ན་ན་ར་སྟེ་མི། ག་གའི་གང་སྟེ་བ་གླང་ཞེས་པ་ལྟ་བུའོ། །

གཉིས་པ་ནི། ཡི་གེ་ཧཱུྃ་གཅིག་ཉིད་ཕྱིངས་སྒྲུབ་བྱས་པའི་ཚེ། གཟུང་འཛིན་དང་བྲལ་བ་ལ་འཇུག་པ་ལྟ་བུའོ། །གསུམ་པ་དཔྱིབས་མཐུན་པས་བཤད་པ་ནི། དཔེར་ན་ཨེ་ཝཾ་མ་ཡ་ལ། ལྟེ་བ་དང་། སྙིང་ཁ་དང་། མགྲིན་པ་དང་། སྤྱི་བོ། ཞེས་དངོས་སུ་བཤད་དུ་མི་རུང་བ་ལ། དཔྱིབས་ཀྱིས་མཚོན་ནས། ཨེ་གྲུ་གསུམ་དང་དཔྱིབས་མཐུན་པ་སྟེ། ལྟེ་བ་སྤྲུལ་པའི་འཁོར་ལོ་ཞེས་བརྗོད་པ་ལྟ་བུའོ། །གསུམ་པ་མན་ངག་གིས་བཤད་པ་ནི། འཇིག་རྟེན་ལ་གྲགས་པའི་སྒྲས་བཤད་དུ་ཡང་མི་རུང་། བསྟན་བཅོས་ལ་གྲགས་པའི་སྒྲས་བཤད་དུ་ཡང་མི་རུང་། ཡི་གེའི་སྒོ་ནས་བཤད་དུ་ཡང་མི་རུང་བ་ལ། མཁའ་འགྲོས་བརྡ་མཛད་པ་ལ་འཇོག་ལ། དེ་ཡང་། དཔེར་ན། ཆང་ལྟ་བུ་ལ་འཇིག་རྟེན་ན་ཆང་ཞེས་གྲགས། བསྟན་བཅོས་ལ་མྱོས་བྱེད་དུ་གྲགས། མཁའ་འགྲོ་མས་བརྡ་ལས་མ་དན་ཞེས་བསྒྱུར་བ་ལྟ་བུ་ལ་འཇོག་སྟེ། འགྲེལ་ཆེན་སྒྲོན་གསལ་ལས། །

རེ་ཞིག་འདི་ཡན་གྱི་དཔེ་ལས་མ་འབྱོར་བས་ཕྱི་ཐབས་མ་བྱུང་། ལྷག་མ་རྣམས་ཀྱང་དཔེ་འབྱོར་དང་བསྟུན་ནས་ཡོངས་སུ་རྫོགས་པར་འགྲི་བར་བྱའོ། །[མ་དཔེའི་མཆན།]